SÆCULUM XII.

S. HILDEGARDIS

ABBATISSÆ

OPERA OMNIA,

AD OPTIMORUM LIBRORUM FIDEM EDITA.

PHYSICÆ TEXTUM PRIMUS INTEGRE PUBLICI JURIS FECIT D' CAR. DAREMBERG
Bibliothecæ Mazarinæ Præfectus;

PROLEGOMENIS ET NOTIS ILLUSTRAVIT D' F. A. DE REUSS,
Professor Wirceburgensis,

ACCURANTE J.-P. MIGNE,
BIBLIOTHECÆ CLERI UNIVERSÆ
SIVE
CURSUUM COMPLETORUM IN SINGULOS SCIENTIÆ ECCLESIASTICÆ RAMOS EDITORE.

TOMUS UNICUS.

VENIT 7 FRANCIS GALLICIS.

EXCUDEBATUR ET VENIT APUD J.-P. MIGNE EDITOREM
IN VIA DICTA *D'AMBOISE*, PROPE PORTAM LUTETIÆ PARISIORUM VULGO *D'ENFER* NOMINATAM
SEU PETIT-MONTROUGE.

1855

ELENCHUS

AUCTORUM ET OPERUM QUI IN HOC TOMO CXCVII CONTINENTUR.

SANCTA HILDEGARDIS ABBATISSA.

	Col.	
Epistolæ.		145
Scivias seu Visiones.		383
Liber divinorum operum simplicis hominis.		739
Solutiones triginta octo quæstionum.		1037
Explanatio Regulæ S. Benedicti.		1053
Explanatio Symboli S. Athanasii.		1065
Vita S. Ruperti.		1081
Vita S. Disibodi.		1093
Physica, cujus titulus ex cod. ms.: Subtilitatum diversarum naturarum creaturarum libri novem.		1117

SANCTÆ HILDEGARDIS
NATALES, RES GESTÆ, SCRIPTA

(*Acta sanctorum Bolland.*, Sept. tom. V, die 17, p 629.)

§ I. *Acta S. Hildegardis jam edita, et illius auctores : alia quædam ex ms. edenda : Vita supplenda in hoc Commentario maxime ex Sanctæ scriptis.*

1. Inter sanctos qui sæculo XII floruerunt, locum non vulgarem habet S. Hildegardis virgo, virtutibus, miraculis, propheticis scriptis, ac mira nominis celebritate clarissima, cujus gesta modo illustranda suscipio. Vita ipsius ad hunc diem impressa est apud Surium, et jam anno 1566 Coloniæ edita. Auctorem Vitæ Theodoricum abbatem Benedictinum omnes passim recentiores dicunt, sed non addunt cujus monasterii sit abbas. Apud Surium de Theodorico hæc notantur : « Claruit is anno 1200, estque diversus a Theodorico abbate S. Trudonis. » Distinctio hæc certa est, cum Theodoricus Trudonopolitanus abbas anno 1100 floruerit. Trithemius in Catalogo illustrium virorum, pag. 138, parum exacte de Theodorico, ejusque ætate loquitur : « Theodoricus, inquit, abbas ordinis S. Benedicti, beatæ Hildegardis quondam amator castissimus, vir tam in Scripturis sanctis quam in litteris sæcularibus exercitatus et doctus, ingenio promptus, sermone scholasticus, scripsit ad multorum ædificationem vitam ejusdem Hildegardis sponsæ Christi lib. IV, Epistolas quoque varias ad diversos, et quædam alia nobis incognita. Claruit temporibus Henrici VI (defuncti anno 1198) anno Domini 1200. » Trithemius memoriæ lapsu, aut, ut magis credo, errore transcribentium aut imprimentium, vitam in quatuor libros videtur dividere, cum tantum sint libri tres, ut clarum et certum est ex singulorum præfatione, et conclusione libri tertii. De scriptorum ætate infra.

2. Primus forte est Trithemius qui Theodoricum, biographum, vocavit *abbatem;* multumque dubito an revera abbas fuerit, imo potius credo monachum fuisse, non abbatem. Certe monachum tantum fuit, quando vitam conscripsit. Præterea non solus Theodoricus laudatam Hildegardis Vitam scripsit; sed eam ante ipsum scribere cœpit Godefridus monachus, cujus est liber primus. Secundum vero et tertium composuit Theodoricus, jubentibus Ludovico et Godefrido abbatibus. Hæc omnia clare eruuntur ex præfationibus, quas omnes composuit Theodoricus. Etenim toti vitæ ita præfari incipit : «Dominis venerabilibus, Ludovico et Godefrido abbatibus, Theodoricus humilis servorum Dei servus salutem cum devotis orationibus. Auctoritatis

vestræ præceptum accepi, ut post Godefridum, virum ingenio clarum, Vitam sanctæ ac Deo dilectæ Hildegardis virginis (quam ille honesto stylo inchoavit, sed non perfecit) in ordinem redigerem, et quasi odoriferis floribus serta contexens, visiones ejus, gestis suis insertas, sub divisione librorum, in unius corporis formam redigerem. » Tum post aliquot excusationes, quid fecerit, sic explicat : « Itaque parui eo modo, ut præfati viri liber, primæ positionis locum obtineat, nullam suæ dispositionis patiatur jacturam; deinde secundus liber visionum pulcherrimum et admirabilem textum : tertius miraculorum... a nobis digestam, divisam et ordinatam contineret scripturam. » Itaque primus liber est Godefridi, excepta præfatione, continetque pleraque Sanctæ gesta; non tamen mortem, visiones quoque et miracula in hoc libro aliqua referuntur. At liber secundus de visionibus et tertius de miraculis et morte Hildegardis, solius sunt Theodorici.

3. Jam vero ambos hosce scriptores, non abbates, sed monachos fuisse, habeo ex Actis mss., pro canonizatione S. Hildegardis compositis, et apud nos edendis, in quibus num. 7 hæc leguntur : « Bruno custos S. Petri in Argentina et presbyter juratus dicit de vita beatæ Hildegardis,... quod in libello qui de ejus vita a duobus religiosis, scilicet Gotfrido et Theodorico, qui cum beata virgine morabantur, statim post ejus obitum est scriptus, legit : quem omnibus modis vera credit continere, etc. » Ex his habemus primo, auctores Sanctæ convixisse, et non modo esse contemporaneos, sed in multis etiam testes oculatos. Hac de causa Theodoricus, licet in præfationibus de more multis utatur excusationibus, nunquam pro excusatione allegat ignorantiam gestorum, visionum aut miraculorum S. Hildegardis, et ne insinuat quidem nisi raro, se aliorum instructione indigere, aut aliorum relatione uti, ad gesta Sanctæ conscribenda. Itaque dubitare non possumus quin Godefridus et Theodoricus fuerint ex iis monachis, qui in monasterio B. Hildegardis rem divinam peragebant, eaque de causa poterant omnia habere perspectissima. Godefridus verosimiliter erat natu major, isque solus Vitam scripsisset, nisi mors intervenisset. Nam defunctum fuisse Godefridum, quando scribebat Theodoricus, liquet ex præfatione libri secundi, in qua « Godefridus bonæ memo-

riæ, vocatur. Habemus secundo, Vitam fuisse scriptam *statim post* Sanctæ obitum. Habemus tertio, errasse Bailletum in tabula critica, non modo quia Theodoricum facit abbatem, et solum Vitæ scriptorem, cum Trithemio, sed etiam magis, quia dixit, eum vixisse « viginti aut triginta annis » post mortem S. Hildegardis, ac si non esset scriptor omnino contemporaneus. Hanc Vitam primo loco recudam ex Surio, collatam tamen cum ms. Bodecensi, cujus lectiones variantes accepimus.

4. Alteram quoque habemus Vitam S. Hildegardis in codice nostro ms., qui notatur P. ms. 17: eademque nonnihil interpolata nobis transmissa est ex codice Ultrajectino S. Salvatoris. Utrumque ms. contuli, et initio nullam fere differentiam inveni, circa finem vero adnotationes quasdam vitæ insertas reperi in codice S. Salvatoris, quæ non habentur in codice nostro, olim etiam Ultrajectino. Auctor hujus Vitæ ignoratur, sed verisimiliter non habitavit Moguntiæ, aut in ejus territorio, cum de scriptis Sanctæ ita loquatur: « Sane si cui placet de illius visionalibus verbis legere, acquirat de ejus scriptis, quæ jam circa partes Moguntiæ vulgantur dispersæ. » Præterea non opinor auctorem illius Vitæ prorsus fuisse Sanctæ contemporaneum. Qua de causa illam edendam non censeo, præsertim cum paucissima doceat quæ in priori Vita non leguntur, et tota fere ex scriptis Sanctæ sit contexta sine multo delectu. Dabo igitur ex brevi illa Vita in Commentario, quidquid utile ad lectorem instruendum crediderim, omissis longis textibus, qui in ipsis Sanctæ scriptis legi possunt, et ad ipsius gesta aut mores minime spectant.

5. Aliud scriptum de S. Hildegarde anno 1641 ad Bollandum misit P. Joannes Gamans, frequentissime in hoc opere laudatus. Unde acceptum sit, ascripsit Gamansius his verbis: « Ex Bodecensis cœnobii Regularium S. Augustini, diœcesis Paderbornensis, Passionali pergameno ms. insigni mensis Septembris fol. 247, ubi post mutilam Vitam S. Hildegardis attexuntur sequentia. » Titulus scripti hic est: *De testimonio miraculorum sanctæ Hildegardis, quæ Dominus ejus meritis operatus est, tam in vita ejus, quam post mortem.* Compendium est Actorum quæ anno 1233 composita sunt ab iis qui in virtutes et miracula S. Hildegardis inquisiverunt, et Acta inquisitionis suæ ad sedem apostolicam transmiserunt. De tempore et Actis ad summum Pontificem missis liquet ex fine hujus compendii. Verum collector hujus compendii adeo omnia resecuit ad solam Actorum formam spectantia, ut ex illo nequeam perspicere, cujus auctoritate delegati fuerint inquisitores illi, archiepiscopi Moguntini, qui tunc erat Sigefridus III, an vero summi pontificis Gregorii IX. Verum ex epistola Gregorii IX, recitanda num. 208 et 209, habemus, Acta illa fuisse composita jussu ipsius Gregorii, qui ad examen illud instituendum delegavit præpositum, decanum et scholasticum Moguntinos. In eadem vero epistola conqueritur pontifex, defectus aliquot in Actis illis esse inventos quod non essent omnia satis clare exposita. At illis defectibus non perit Actorum fides historica. Quare dabo hæc inquisitionis Acta post vitam, debitis adnotationibus illustrata.

6. Præter antiqua hæc documenta de S. Hildegarde multa ipsius opera partim impressa, partim etiamnum manuscripta habemus. Ex bisce majorem præ cæteris ad augendum hunc commentarium materiam præbebunt epistolæ, quarum magnum numerum habemus impressum Coloniæ anno 1566 una cum aliquot opusculis et Vita Sanctæ, recusumque in *Bibliotheca Patrum* editionis Lugdunensis tom. XXXIII. Alteram non modicam partem dedit Martenius *Amplissimæ Collect.* tom. II. Nonnullas etiam aliis locis editas inveni, nonnullas habeo mss.; nec dubito quin plures variis locis etiamnum in tabulariis aut bibliothecis lateant. Præcipuas tamen, quæ in cœnobio Sanctæ in unum volumen erant collectæ, omnes editas existimo. Alia quoque Sanctæ opera, quæ latius suo loco recensebo, aliquod etiam dabunt subsidium ad gesta et virtutes ipsius illustrandas. Scriptores aliqui paulo posteriores, quales sunt Vincentius Bellovacensis, Richerius Senonensis, Albericus monachus in Chronico, qui sæculo XIII floruerunt, aliique plures, pro gestis S. Hildegardis, non sunt omnino negligendi. Verum hos aliosque suis locis laudabimus, et sequemur vel refutabimus, prout ratio exigere videbitur. Cæterum necesse non est recensere omnes Vitas posterioribus sæculis et variis linguis scriptas. Habeo sane Italicam, Hispanicam, Germanicam, Gallicam, Belgicam; at nulla illarum quidquam addit ad antiqua documenta præter errores. Bailletus quidem crisim profitetur, eamque severam, sed sæpe plura corrumpit quam corrigit, et raro producit documenta aliis ignota. Hunc tamen subinde solemus corrigere, quia saltem severitate crisis nomen sibi pepererit.

§ II *Natales, pueritia, vita monastica in Monte S. Disibodi: visionibus a pueritia illustratur, easque demum scribere cogitur: quo modo opera sua scripserit.*

7. De tempore natali S. Hildegardis vita ms. tam in codice nostro quam in Ultrajectino S. Salvatoris, ita habet: « Anno Incarnationis Domini 1100, qui erat annus quadragesimus quintus Henrici illustris, hujus nominis quarti regis, et tertii imperatoris, fuit in Galliæ citerioris partibus virgo tam generis quam sanctitatis ingenuitate nobilis, in territorio Moguntinæ civitatis. » Pro designato anno mox adducuntur S. Hildgardis verba hoc modo: « Post Incarnationem, inquit, Domini anno millesimo centesimo, dum doctrina apostolorum, et ardens justitia, quam in populo Christiano san-

ctus Spiritus constituerat, laxari cœpit, nata sum, et parentes mei cum suspiriis Deo me vovebant. » Hæc quidem Hildegardem natam faciunt anno 1100, laudanturque tanquam ipsa Sanctæ verba pro illa opinione. Verum ex Vita edenda, in qua lib. II, cap. 1, ille ipse S. Hildegardis locus rectius allegatur, intelligimus, epocham anni 1100 solum dari pro designando tempore quo justitia laxari cœpit; et Sanctam solum dicere, *illis temporibus* se natam. Voces autem *illis temporibus* explicari debent cum aliqua latitudine, ac si dictum esset *circa illa tempora*; cum S. Hildegardis annum suum natalem alio modo et certius assignet in præfatione operis sui præcipui, quod *Scivias* nominavit. Certe in laudata præfatione asserit se scribere jussam visiones suas anno 1141, et tunc fuisse « quadraginta duorum annorum, septemque mensium. » Secundum hæc verba, anno 1098 aut prioribus mensibus anni 1099 nata est Sancta. Quo minus vero nativitatem ipsius ad annum 1099 differri posse credamus, facit annus emortualis, non alius figendus quam 1179, quo annum agebat octogesimum secundum. Nata igitur est anno 1098, et quidem ante 17 Septembris, quo defuncta est, cum alias non inchoasset annum ætatis octogesimum secundum.

8. Joannes Trithemius, abbas Spanheimensis, in *Chronico Hirsaugiensi* ad annum 1150 de parentibus et patria S. Hildegardis ita loquitur: « Fuit autem hæc sanctissima virgo... oriunda ex comitatu Spanheimensi de villa Bickelleheim dicta, patre Hildeberto milite, matre vero Mechtilde progenita, temporibus Henrici imperatoris IV nata in mundum, anno videlicet Gebhardi abbatis Hirsaugiensis VII. Cujus pater in curia comitum de Spanheim cum aliis nobilibus militans versabatur, homo rectus et Deo devotus. » Comitatus Spanheimensis est in Palatinatu inter fluvios Mosellam et Naham, et pro spirituali jurisdictione in diœcesi Moguntina. Annus septimus Gebhardi abbatis, quo Hildegardem natam statuit Trithemius, ab eodem connectitur cum anno 1098, quem et nos Sanctæ natalem statuimus. Quid tertio ætatis suæ anno contigerit S. Hildegardi, ipsa exponit in Vita, lib. II, num. 16. Consentit vita ms., in qua hæc leguntur ex Hildegardis scriptis adducta: « Ac in tertio ætatis meæ anno tantum cœlitus lumen vidi, quod anima mea in visceribus meis contremuit: sed præ impedimentis infantiæ de his nil potui proferre. » Mirabile etiam est quod traditur in testimonio miraculorum inferius edendo num. 7; idque dixisse asseritur, « cum quinque annos haberet. » In procemio vero jam allegato de his ita scribit: « Virtutem autem mysteriorum, secretarum et admirandarum visionum a puellari ætate, scilicet a tempore illo, cum quinquennis essem, usque ad præsens tempus, mirabili modo in me senseram, sicut et adhuc, quod tamen nulli hominum, exceptis quibusdam paucis et religiosis, qui in eadem conversatione vivebant, qua et ego eram, manifestavi. » Itaque tertio ætatis anno mirabile lumen vidit sine intelligentia sufficienti, quinquennis vero visiones cœpit intelligere.

9. Neoterici aliqui memoriæ lapsu quinquennem Hildegardem vitæ monasticæ ascribunt sub disciplina Juttæ. At Vita num. 2 testatur, *octo fere annorum* fuisse quando tradita est Juttæ, sorori comitis Spanheimensis, instituenda religiosis disciplinis. Consentit de *octavo ætatis suæ anno* testimonium miraculorum, num. 7, eamque ab ea ætate *sub beati Benedicti Regula* a parentibus oblatam fuisse *in Monte Sancti Disibodi* testatur. De hisce vero in Vita ms., verba ipsius Sanctæ ista allegantur: « In octavo autem anno in sanctam conversationem spiritualis vitæ oblata sum, et usque ad quintum decimum annum fui multa videns, et plura simpliciter loquens, ita quod illi admirabantur, qui hæc audierunt, a quo essent, et unde venirent. Tunc et ego in memetipsa admirata sum, quod, cum intra in anima mea hæc vidi, exteriorem etiam visum habui, et quod hoc de nullo homine audivi. Quapropter et magno timore correpta sum, nec amplius de meo interiori lumine cuiquam manifestare audebam. Attamen multa loquendo ac de futuris dicendo sæpe protuli. Et quando hujus visione luminis plene perfundebar, multa, quæ audientibus aliena videbantur, loquebar. » Hæc ipsa uberius recitata leguntur in Vita edenda, lib. II, cap. 1, ubi etiam declarat, crescente ætate, magis se magisque de suis visionibus siluisse, quandiu erat sub disciplina magistræ suæ B. Juttæ, et post mortem quoque ipsius aliquot annis, donec Deus cogeret visa revelare, et demum conscribere. Hinc de istis visionibus rursum dicit in procemio ad librum *Scivias*: « Interim usque ad id temporis, quo illud Deus sua gratia manifestari voluit, sub quieto silentio compressi. » De modo autem quo visionibus istis fruebatur, ibidem hæc subjungit: « Visiones vero quas vidi, non eas in somniis nec dormiens, nec in phrenesi, nec corporeis oculis, aut auribus exterioris hominis, nec in abditis locis percepi; sed eas vigilans, circumspiciens in pura mente oculis et auribus interioris hominis, in apertis locis secundum voluntatem Dei accepi. Quod quomodo fit, carnali homini perquirere difficile est. » Hæc interim de visionibus Sanctæ, de quibus plura dabo inferius.

10. Dum vero visiones suas tanto studio occultabat S. Hildegardis, e vivis abiit Jutta magistra, cui humiliter solebat obedire, ipsaque cœpit aliis præesse. Dodechinus, sub finem ejusdem sæculi abbas S. Disibodi, in Appendice ad *Chronicon* Mariani Scoti, ad annum 1136, ad propositum nostrum ita habet: « Obiit divæ memoriæ domina Jutta, quæ viginti quatuor annis in Monte S. Disibodi inclusa, soror Megenhardi comitis de Spanheim. Hæc sancta mulier inclusa est Kalendis Novembris, et aliæ tres cum ea, scilicet Hildegardis, et Samet (*Mabillonius legit* suimet, *id est* Juttæ) vo-

cabuli duæ, quas etiam, quoad vixit, sanctis virtutibus imbuere studuit. » Hæc quidem chronotaxis non omnino consonat assertis de vita monastica per S. Hildegardem inchoata, dum fere octo erat annorum: Nam, si Jutta viginti et quatuor annis fuit reclusa, et defuncta anno 1136, reclusit se primum anno 1112, aut certe circa 1112, si anni illi forte non fuerint completi, aut si qui illis superaddendi sint menses. At S. Hildegardis anno 1106 erat octo annorum, eaque de causa videtur sex annis cum B. Jutta vitam monasticam duxisse ante epocham Dodechini. Dicendum itaque videtur aut in numeros Dodechini errorem irrepsisse, aut Hildegardem alio prius loco vixisse sub disciplina ejusdem Juttæ. Certe omnia antiqua instrumenta unanimi consensu Hildegardem ab anno ætatis octavo faciunt monacham in Monte S. Disibodi. Erat locus in comitatu Spanheimensi, eratque ibi cœnobium ordinis Benedictini, de quo fuse actum est ad 8 Julii in Commentario prævio ad Vitam S. Disibodi fundatoris. Abbas vero cœnobii Fulchardus eodem anno cum Jutta obiit, et successorem habuit Cunonem aut Cunonem, sub finem anni 1136 consecratum. Sub hujus obedientia igitur erat S. Hildegardis, quando anno eodem paucis præesse cœpit.

11. Post obitum B. Juttæ, de qua ad 20 Decembris agendum erit, S. Hildegardis, ut ipsa asserit in Vita, num. 17, perrexit de more visiones habere, easque silentio premere, donec tandem stimulis divinis excitata, de iis monachum magistrum suum consuleret. De his in Procemio ad *Scivias* sic habet: « Sed puellari meta transacta, cum ad præfatam ætatem perfectæ fortitudinis pervenissem, audivi vocem de cœlo dicentem : « Ego lux vivens et « obscura, illuminans hominem quem volui, et « quem mirabiliter, secundum quod mihi placuit, « excussi, in magnis mirabilibus ultra modum an« tiquorum hominum, qui in me multa secreta vi« derunt posui. » Hæc omnia dicuntur de S. Hildegarde, quam Deus ad sublimem visionum gradum provehere volebat. Quæ sequuntur de eadem sunt, docentque, quantum Deus illam humiliaverit, ne excellentia visionum in superbiam elevaretur. Verba subdo: « Sed in terram stravi illum, ut se non erigeret in ulla elatione mentis suæ. Mundus quoque non habuit in eo gaudium nec delectationem, nec exercitationem in rebus illis, quæ ad ipsum pertinent, quia eum de pertinaci audacia abstraxi, timorem habentem, et in laboribus suis paventem. » Hæc sæpe obscura sunt, sed sensus est: mundum pro S. Hildegarde nihil habuisse de quo gauderet, quo delectaretur aut exercitaretur, quia Dei timore erat plena.

12. Hæc utcunque explicantur sequentibus verbis: « Ipse enim in medullis et in venis carnis suæ doluit, constrictum animum et sensum habens, atque multam passionem corporis sufferens, ita quod in eo nulla securitas habitavit, sed in omnibus causis suis se culpabilem æstimavit. Nam ruinas cordis ejus circumsepsi, ne mens ipsius per superbiam aut per vanam gloriam se elevaret, sed magis in omnibus his timorem et dolorem, quam gaudium aut petulantiam sentiret. Unde in amore meo scrutatus est in animo suo, ubi illum inveniret, qui viam salutis curreret. Et quemdam (*scilicet monachum directorem*) invenit, et eum amavit, agnoscens, quod fidelis homo esset, et similis sibi in aliqua parte laboris illius, qui ad me tendit; tenensque illum simul cum illo in omnibus his per supernum studium contendit, ut absconsa miracula mea revelarentur. Et idem homo super semetipsum se non extulit, sed ad illum in ascensionem humilitatis, et intentione bonæ voluntatis, quem invenit, se in multis suspiriis inclinavit. Tu ergo, o homo, qui hæc non inquietudine deceptionis, sed in puritate simplicitatis accipis, ad manifestationem absconditorum directa, scribe quæ vides et audis. » Hæc omnia, licet utcunque obscura sunt, dirigebantur a Deo ad animandam Hildegardem, ut scriberet visiones suas secundum consilium illius monachi quem tunc cœperat consulere.

13. Quid illa post ejusmodi visionem fecerit, subjungit hoc modo: « Sed ego, quamvis hæc viderem et audirem, tamen propter dubietatem et malam opinionem, et propter diversitatem verborum hominum, tandiu, non in pertinacia, sed in humilitatis officio, scribere recusavi, quousque in lectum ægritudinis, flagello Dei depressa, caderem; ita quod tandem multis infirmitatibus compulsa, testimonio cujusdam nobilis et bonorum morum puellæ, et hominis illius, quem occulte, ut præfatum est, quæsieram et inveneram, manus ad scribendum apposui. » De visione porro illa qua præcipue ad scribendum animata fuit et adjuta, statim in principio Proœmii sui hæc memorat: « Ecce quadragesimo tertio temporalis cursus mei anno, cum cælesti visioni magno timore tremula intentione inhærerem, vidi maximum splendorem, in quo facta est vox de cœlo, ad me dicens: « O homo fragilis, et cinis ci« neris, et putredo putredinis, dic et scribe quæ « vides et audis. Sed quia timida es ad loquendum, « et simplex ad exponendum, et indocta ad scriben« dum ea, dic et scribe ea, non secundum os homi« nis, nec secundum intellectum humanæ adinven« tionis, nec secundum voluntatem humanæ com« positionis; sed secundum id quod ea in cœlesti« bus desuper in mirabilibus Dei vides et audis, ea « sic differendo proferes, quemadmodum et auditor « verba præceptoris sui percipiens, ea secundum « tenorem locutionis illius, ipso volente, ostendente « et præcipiente, propalat. Sic ergo et tu, o homo, « dic ea quæ vides et audis: et scribe ea, non se« cundum te, nec secundum alium hominem, sed « secundum voluntatem scientis, videntis et dis« ponentis omnia in secretis mysteriorum suorum. »

14. « Et iterum audivi vocem de cœlo mihi d'cen-

tem. « Dic ergo mirabilia hæc, et scribe ea hoc modo edocta, et dic : Actum est millesimo centesimo quadragesimo primo Filii Dei Jesu Christi Incarnationis anno, cum quadraginta duorum annorum septemque mensium essem, maximæ coruscationis igneum lumen aperto cœlo veniens, totum cerebrum meum transfudit, et totum cor totumque pectus meum velut flamma, non tamen ardens, sed calens, ita inflammavit, ut sol rem aliquam calefacit, super quam radios suos immittit. Et repente intellectum expositionis librorum, videlicet Psalterii, Evangeliorum, et aliorum catholicorum, tam Veteris quam Novi Testamenti, voluminum sapiebam, non autem interpretationem verborum textus eorum, nec divisionem syllabarum, nec cognitionem casuum aut temporum calebam. » Hactenus Sancta ipsa, cujus posteriora verba Vitæ inserta sunt, num. 2. Nunc quædam veniunt observanda. Primo ex allegatis clarum est Sanctam humili et verecundo timore diu noluisse de visionibus suis scribere, divinisque inspirationibus ad scribendum invitantibus utcunque restitisse, donec gravi et mirabili correpta morbo, rem communicaret cum monacho, et per hunc cum abbate Conone, ut Vita habet num. 4, ubi etiam additur, morbo liberatam fuisse, simul atque animum ad scribendum appulit. Prodigiosa ista sanatione non minus, quam præcedenti morbo æque prodigioso, excitatus abbas, post aliquod tempus priora Sanctæ scripta detulit Moguntiam, ibique ea cum archiepiscopo Henrico et cum præcipuis viris ecclesiasticis communicavit, ut habet Vita num. 4, et rursum num. 17, ubi ipsa allegantur Sanctæ verba sequentia : « Hæc ad audientiam Moguntinæ Ecclesiæ allata cum essent et discussa, omnes ex Deo esse dixerunt, et ex prophetia, qua olim prophetæ prophetaverant. »

15. Secundo constat ex allatis verbis, scientiam S. Hildegardis non fuisse studio acquisitam, sed infusam a Deo. Hinc in Vita, num. 17, ipsa dicit scribere se cœpisse, « cum vix notitiam litterarum haberem, inquit, sicut indocta mulier me docuerat. » Ignorabat certe linguam Latinam, quia eam nunquam didicerat. Attamen superno illustrata lumine, intelligebat scripta Latina, quantum apparet, eo sensu ut sciret quid scriptis illis contineretur, non quid singula verba significarent. De mirabili illo modo quo intelligebat mysteria, quoque ea demum scribere compulsa fuit, ex variis ipsius scriptis, quæ partim edita non sunt, plura habentur corrasa in Vita ms. Hæc igitur, cum non omnia habeantur in Vita imprimenda, huc transferam : « Ab infantia ergo mea, inquit, usque ad præsens tempus, cum jam plus quam septuaginta annorum sim, hoc lumen in anima mea semper video, et non exterioribus oculis, nec cogitationibus cordis, nec ulla collatione quinque sensuum exteriorum illud percipio, manentibus tamen exterioribus oculis apertis, et aliis corporeis sensibus in sua virtute. Lumen enim quod video locale non est, sed nube quæ solem portat multo lucidius; nec altitudinem, nec longitudinem, nec latitudinem in eo considerare valeo. Illudque umbra viventis luminis mihi nominatur : atque sicut sol, luna et stellæ in aqua apparent, ita scripturæ et sermones, et virtutes, et quædam opera hominum formata in illo mihi resplendent. Quidquid autem in hac visione video, vel didicero, hujus memoriam per longum tempus habeo : et simul video et audio et scio, et quasi in momento, quod scio, disco. Sed quodcunque non video, illud nescio, quia velut illitterata sum, et de his quæ ex illo lumine scribo, non alia verba pono quam quæ audio, Latinisque verbis non limatis [adde utor vel quid simile]. Nec audio verba, sicut quæ ab ore hominis sonant, sed sicut flamma coruscans, et ut nubes mota in aere puro. Hujus quoque luminis formam nullo modo cognoscere valeo, sicut nec sphæram solis perfecte intueri possum.

16. « Attamen aspicio interdum in eodem lumine aliam lucem, quæ mihi lux vivens nominatur ; sed hanc non video frequenter, ejusque formam multo minus, quam prioris luminis formam, sufficio determinare. Dumque istam lucem intueor, omnis mihi tristitia omnisque dolor aufertur de memoria, ita ut tunc mores simplicis puellæ, et non vetulæ mulieris habeam. Anima autem mea nulla hora caret primo lumine, quod umbra viventis luminis vocatur ; et illud video velut in lucida nube firmamentum absque stella aspiciam ; et in ipso video quæ de fulgore viventis lucis loquor. Permansi autem ab infantia mea usque ad quadragesimum ætatis annum prædicta semper videns, et sæpe aliquid inde loquens, sed penitus nihil scribens. Et tunc in eadem visione sensi venas meas et medullas plene viribus restitutas, quibus per multas infirmitates a juventute mea defeceram. Tuncque compellente me Spiritu, intimavi ista cuidam monacho, quem mihi magistrum proposueram. Qui satis admirans de his, injunxit mihi, ut, quæ viderem et quæ vidissem, absconse scriberem, quatenus ipse, viso initio et fine scriptorum, posset de iis judicare, vel saltem æstimare, quid rei esset. »

17. Porro Sancta ubi morbo se tandem scribere compulsam testatur verbis jam datis ex prooemio ad *Scivias*, hæc subjungit : « Quod dum facerem, altam profunditatem expositionis librorum, ut prædixi, sentiens, viribusque receptis de ægritudine me erigens, vix opus istud decem annis consummans ad finem perduxi. In diebus autem Henrici Moguntini archiepiscopi, et Conradi Romanorum regis, et Cunonis abbatis in Monte beati Disibodi pontificis, sub papa Eugenio, hæ visiones et verba facta sunt. Et dixi et scripsi hæc, non secundum adinventionem cordis mei aut ullius hominis, sed ut ea in cœlestibus vidi, audivi, et percepi per secreta mysteria Dei. Et iterum audivi vocem de cœlo mihi dicentem : *Clama ergo, et. scribe sic.* » Epocha data non habet difficultatem, præterquam in Eugenio papa et Hen-

rico archiepiscopo; Conradus enim diu fuit rex et Cuno abbas, antequam Sancta cœpit scribere, sive ante annum 1141. Verum Eugenius tantum papa creatus est anno 1145, Henrici archiepiscopi Moguntini initium in *Gallia Christiana*, tom. V, col. 471, figitur anno 1142. Respondeo hæc non obstare quo minus credamus Sanctam cœpisse anno 1141. Nam Eugenium nominasse videtur, quia major pars istius operis sub ejus pontificatu scripta est, et quia ille partem operis vidit et probavit, licet sub duobus Eugenii decessoribus aliqua scribere cœpisset. Eadem fuit ratio nominandi Henricum Moguntinum, qui partem operis jam ante Eugenium viderat. Hinc tamen colligimus scripta Sanctæ non statim ubi illa scribere cœperat ad Moguntinum archiepiscopum perlata esse, sed serius, ubi pars notabilis erat absoluta. Albericus in *Chronico*, ad annum 1141, nobis omnino consentit, ita scribens : « Hoc anno S. Hildegardis cum esset annorum quadraginta duorum et septem mensium, librum *Scivias* per Spiritum sanctum visitata incœpit, et per decem annos consummavit, etc. »

18. Restat inquirendum an S. Hildegardis libros suos conscripserit propria manu, et eo plane sermone et modo quo eos habemus conscriptos. Trithemius in *Chronico Hirsaugiensi*, ad annum 1147, ita de scriptis Sanctæ loquitur ac si credidisset, nullo alterius subsidio in scribendo usam fuisse, et sic aliis quoque locis loquitur. At rem videtur magis examinasse in *Chronico Spanheimensi* ad annum 1179, ubi de conscriptis per S. Hildegardem operibus ita scribit : « Hæc sancta virgo divinis revelationibus visitari a juventute sua meruit, ex quibus multa jussione divina ad utilitatem posterorum conscripsit. Verum cum esset Latini sermonis ignara, et præter simplicem psalmodiam nihil ab homine didicisset, interno Spiritus sancti magisterio educta, omnem scripturam, positionem, seu constructionem orationis perfecte intellexit. Revelationes autem suas et visiones cœlestes partim Latino, partim Teutonico protulit eloquio; quas Gotfridus monachus S. Disibodi, capellanus et confessor ejus, fecit Latinas et congruas, redigens in eum ordinem et formam in qua hodie leguntur. Inter cætera vero ejus volumina, magnum in eodem loco volumen, quod Epistolas ejus ad diversos, Homilias, Vitas sanctorum, et alia, quæ divinitus edocta edidit, continet : quod moniales istius loci eam propria manu scripsisse falso confirmant, cum et Latini sermonis fuerit ignara, et ad scribendum propter crebras infirmitates et humidum caput penitus indisposita. Nihil enim eorum quæ ibi ostenduntur hodie, propria manu scripsisse credendum est, quippe cum nesciret scribere; sed præfatus monachus omnia vel scripsit, vel scribi procuravit. » Hactenus Trithemius, cujus opinio conformis est antiquis documentis. Gotfridus vero ille aut Godefridus monachus, cujus opera in scribendo usa est Sancta, idem forte est cum illo qui librum primum Vitæ composuit.

19. Eo autem modo, quo exponit Trithemius, composita esse omnia scripta S. Hildegard's, colligitur ex ipsa ejus Vita, in qua num. 2 asserit Godefridus, litterarum ignaram ita fuisse, ut « nec interpretationem verborum nosceret, nec divisionem syllabarum; nec cognitionem casuum aut temporum vocum Latinarum haberet. » Deinde Theodoricus in præfatione libri secundi modum scribendi insinuat, ita scribens : « Magnum est etiam illud et admiratione dignum, quod ea quæ in Spiritu audivit vel vidit, eodem sensu et eisdem verbis, circumspecta et pura mente, manu propria scripsit, et ore edidit, uno solo fideli viro symmysta contenta, qui ad evidentiam grammaticæ artis, quam ipsa nesciebat, casus, tempora et genera quidem disponere, sed ad sensum vel intellectum eorum nihil omnino addere præsumebat vel demere.» Addit auctor ex ipsius Hildegardis epistola ad Adrianum papam, a Deo monitam fuisse, ut, quando *desuper ostensa* non « protulisset *in lingua Latina* more apto hominibus, ille, qui limam habet, ad aptum sonum hominum explere non negligat. » Utebatur igitur adjutore in scribendo, Deo ipso jubente, quia non noverat cogitationes suas Latino sermone explicare. Sic ipsa dicit verbis num. 14 adductis : « Quodcunque non video, illud nescio, quia velut illitterata sum. Et de his quæ ex illo lumine scribo, non alia verba pono quam quæ audio, Latinisque verbis non limatis. » Dictio est imperfecta. At hæc Sanctam velle dicere existimo : Scribo verba Latina audita, et alia non addo Latina ad explendam dictionem, aut adjuncta exponenda.

20. Quare, quantum concipere possum, S. Hildegardis has in scriptis suis habuit partes. Visiones suas vernaculo sermone explicabat, verba vero Latina, quæ in iis audiebat, manu sua scribebat prout audierat. Deinde, ipsa dirigente, Godfridus omnia faciebat Latina, omniaque apte connectebat. Hinc laudatus Trithemius dicit : « Visiones cœlestes partim Latino (nimirum verba audita), partim Teutonico protulit eloquio, » scilicet personas aliasque res visas. Hoc modo scribere cœpit in monte S. Disibodi, ubi monasticam vitam inchoaverat, teste Theodorico in Vita, num. 14. At primum opus suum, ut idem testatur, diu post absolvit in monasterio novo, de cujus fundatione modo agendum.

§ III. *Aucto monialium numero, S. Hildegardis fundat cœnobium in Monte S. Ruperti; non vidit ibi S. Bernardum, nec regulam Cisterciensem amplexa est : scripta Sanctæ ab Eugenio III probata : finitum opus Scivias.*

21. Ubi S. Hildegardis revelationes suas scriptis consignare cœperat, pusillus virginum cœtus, cui a morte B. Juttæ præfuerat, multum cœpit accrescere. Cum igitur locus in quo habitabant nimis fieret angustus, cogitatum est de construendo

novo coenobio, ut habet Vita, num. 6, ubi additur locum Sanctæ fuisse revelatum. Vel sic tamen morbus intervenire debuit, ut Cono aut Cuno, abbas S. Disibodi, in discessum virginis consentiret. Verum plura non addo de iis, quæ satis in Vita sunt exposita. Trithemius de nova illa fundat'one in *Chronico Spanheimensi* ad annum 1148 scribit sequentia : « Anno 1148,... sancta virgo Hildegardis, magistra sponsarum Christi in Monte S. Disibodi post mortem B. Juttæ, sicut diximus, constituta, divinitus admonita, cum decem et octo sanctis virginibus ad Bingos transivit, et monasterium in monte trans Naham fluvium, juxta sepulcrum S. Ruperti ducis et confessoris ædificavit, ipsumque locum cum omnibus rebus et possessionibus partim pretio de manu comitis Hildenhe'mensis, in Trevirensi parochia manentis, partim commutatione, partimque donatione comitis de Spanheim et aliorum fidelium, in jus proprietatis redigens, defensioni Ecclesiæ Moguntinæ temporibus perpetuis , apostolico interveniente privilegio, commendavit. » Deinde, post aliqua de natalibus et de scriptis Sanctæ, de causa novæ fundationis rursum ista scribit: « Verum, cum multi in circuitu nobiles filias suas magisterio ejus traderent, et fieret eis locus ad manendum angustus, de licentia tam summi pontificis quam abbatis sui, ad Montem S. Ruperti, sicut diximus, cum octodecim sacris monialibus transivit, inter quas una erat Hiltrudis, filia comitis Meginhardi, virgo sanctissimæ conversationis, et B. Hildegardi multum familiaris, ob ejus intuitum comes pater multa eidem loco beneficia impendit. » Hactenus Trithemius, qui fundationem figit anno 1148.

22. In *Gallia Christiana* novissimæ editionis , V, col. 653, coenobium vocatur: « Sanctus Ruperti s Bingensis, seu Mons S. Ruperti vel Roberti juxta Bingam. » Ibidem observatur, esse aliud coenobium monialium ordinis Cisterciensis, quod etiam vocatur *Mons S. Roberti*, in dioecesi Leodiensi. De tempore vero et loco fundationis laudata *Gallia Christiana* sic habet: « Fundatur hoc coenobium puellare ordinis S. Benedicti, anno 1147, a S. Hildegarde, prima ejusdem abbatissa, prope oppidum Bingen ex altera parte fluminis Nahæ, ubi in Rhenum influit, quatuor a Moguntia milliaribus, » Germanicis videlicet. Hæc satis accurata credo. *Bingen* vero oppidum est in ditione electoris Moguntini, jacetque ad ripam Rheni, Latine olim *Pinguia* sæpius, nunc passim *Bingium* dictum. Porro videt lector, uno anno hic citius figi fundationem quam apud Trithemium, et recte, cum certum sit, saltem coeptam esse anno 1147. Etenim, quando Eugenius papa III anno 1148 scripsit ad S. Hildegardem, ut videbimus, epistolam inscripsit, « Dilectæ in Domino filiæ Hildegardi præpositæ in Monte beati Roberti. » Erat igitur fundatio jam tunc facta, et anno præcedenti inchoata, præsertim cum epistola non in fine anni, sed circa initium, mense Januario aut Februario fuerit data. Finis tamen ejusdem epistolæ insinuat, fundationem fuisse recentem. Nam ita ad ipsam scribit Eugenius: « Quod autem insinuasti nobis de loco illo quem in spiritu tibi prævidisti, hoc permissione et benedictione nostra et episcopi tui fiat, ita quod ibi regulariter cum sororibus tuis vivas secundum Regulam S. Benedicti sub clausura ejusdem loci. » Ad hæc respondit Sancta: « Ego autem, o Pater, in loco coelitus mihi ostenso, juxta verba benedictionis tuæ, secundum Regulam S. Benedicti, sub clausura ejusdem loci cum sororibus meis maneo, et hoc me tam vivente, quam defuncta, semper observari desidero. »

23. Trithemius in *Chronico Hirsaugiensi*, ad annum 1147, narrat, S. Bernardum venisse ad Montem S. Ruperti, sive ad oppidum Bingium, ibique cum S. Hildegarde egisse, quando in Germania circa partes Rheni prædicabat, hortabaturque fideles crucem assumere ad expeditionem in Terram Sanctam. Res figenda esset anno 1146, si satis videretur certa. At Mauricus in *Annalibus Cisterciensibus*, et post ipsum Pinius noster ad 20 Augusti, in S. Bernardo, pag. 193, merito dubitarunt. Accedit Mabillonius in *Annalibus Benedictinis* tom. VI, pag. 410, aut fortasse Martenius, qui tomum illum, defuncto dudum Mabillonio, complevit, et anno 1739 edidit. Nam ille edicit candide: « Quæ de Bernardi cum ea (S. Hildegarde) colloquio refert Trithemius, valde suspecta sunt. » Addit etiam rationes quas paulo magis exponam. At audiamus prius Trithemium, cujus relatio saltem docebit quam varia fuerint judicia hominum de scriptis Sanctæ, quidque de iis senserit S. Bernardus. « Inde (Francofurto, ubi prædicaverat S. Bernardus) navigio descendens pervenit ad Bingios, ubi Hildegardis monialis, virgo Christi devotissima..., in Monte Sancti Ruperti construxit coenobium, cum qua dulces fertur de futura felicitate miscuisse sermones. Erat namque divæ Bernardo sancta Christi famula et scriptis nota, et relatione multorum in Domino comprobata. Ad quam cum pervenisset, post orationes consuetas et salutationis obsequia, præcepit sibi volumina exhiberi, quæ illa divinitus inspirata conscripsit.

24. « Quibus diligenter ex parte revisis, ultra quam dici potest admirans, dixisse fertur ad socios': « Hæc scripta non sunt humanitus adinventa, nec « potest ea mortalis homo capere, nisi ad Dei simi« litudinem intus et in anima fuerit reformatus per « amorem. » Ad hæc præpositus virginum, monachus devotus et sanctus, nomine Heribertus, viro Domini respondit: « Reverende Pater, vera quidem « sunt quæ dixisti; sed multi homines, docti et in« docti, religiosi et mundani, animam famulæ Chri« sti quotidianis oblocutionibus cruciant, dum cere« bri phantasmata, aut fallaciter per dæmones in« doctæ feminæ garrulantur immissa. » Cui vir Dei: « Non miramur, inquit, frater charissime, si dor« mientes in peccatis divinas revelationes existi« ment somnia, cum sciamus verum dixisse sanctum

« Apostolum: *Animalis homo non percipit ea quæ* « *sunt Spiritus Dei; stultitia enim est illi, et non po-* « *test intelligere, quia spiritualiter examinatur* « (*I Cor.* II, 14). Omnibus enim in peccatis super- « biæ, luxuriæ, avaritiæ, seu aliis vitiis, quasi « dormiendo, jacentibus, divinæ admonitiones con- « sueverunt somnia videri, quoniam, si vigilarent « in timore Domini, signa divinæ operationis vera « cognoscerent. Qui autem hæc immitti a dæmoni- « bus existimant, ostendunt se divinæ contempla- « tionis nullam penitus habere scientiam, similes « illis judicandi sunt, qui Dominum et Salvatorem « nostrum Jesum Christum in Beelzebub potestate « ejicere dæmonia dixerunt. » Ad sanctam quoque Hildegardem per interpretem: « Et tu, filia, inquit, « non timeas locutiones hominum, cum Deum ha- « beas protectorem, quoniam illorum sermones pe- « ribunt ut stipula, verbum autem Domini manet in « æternum. » Post hæc vir Dei navigio descendit ad Bopardiam, etc. » Hactenus Trithemius, ad cujus relationem aliqua breviter observabimus.

25. Primo, verba S. Bernardo attributa omnino conformia sunt tam admirabili sanctitati et sapientiæ ipsius, quam judicio ejusdem de scriptis et meritis S. Hildegardis, in epistola inferius danda expresso. Quapropter facile crediderim, similia de scriptis Sanctæ dixisse Bernardum, quando ea Treviris allata vidit et examinare potuit. Secundo, visitatio illa S. Bernardi, et lustratio scriptorum S. Hildegardis in ipso monasterio, prorsus apparent commentitiæ, aut certe ex errore solum profectæ. Etenim de adventu S. Bernardi ad S. Hildegardem tacent antiqui scriptores omnes, cum qui de S. Bernardo scripserunt, tum qui de S. Hildegarde, licet biographus noster S. Bernardum commemoret, ut Sanctæ et scriptis ejus addictissimum. Præterea S. Bernardus ad S. Hildegardem scripsit anno verisimiliter 1148; hæc vero respondit, ut videbimus. Epistolæ autem sic scriptæ sunt, ut videantur invicem nunquam se vidisse. Demum nec S. Bernardus in itinere de quo agit Trithemius, per Rhenum navigio descendisse videtur, cum in libro *Miraculorum* ipsius, tom. IV Augusti, pag. 358, terrestre iter describatur, ita ut ipse non modo Bingium non venerit, sed neque illud præternavigaverit, aut prope accesserit. Ipsa quoque Hildegardis verisimiliter necdum erat Bingii, quando eo ad ipsam venisse dicitur S. Bernardus. Visitatio igitur illa S. Bernardi prorsus est improbabilis: neque nos morari debet quod eam admiserit Bailletus, alias non raro justo severior in crisi exercenda, Nam nimis sæpe experimur scriptorem illum non tanta diligentia inquisivisse in facta sanctorum a recentioribus tantum tradita, quanta uti debuisset, ut vitas sanctorum scriberet erroribus vulgaribus expurgatas.

26. Sane idem Bailletus aliam quorumdam scriptorum Cisterciensium opinionem æque improbabilem pari facilitate adoptavit. Chrysostomus Henriquez, quem ille laudat, in *Menologio Cisterciensi*, pag. 316, ordini Cisterciensi attribuit Hildegardem, quam tamen initio Benedictinam fuisse agnoscit. Habitum vero ab ea mutatum dicit, « hortante sancto Bernardo. » Laudat pro sua opinione Barnabam de Montalbo, qui asserit mutationem a S. Hildegarde factam « ob devotionem, qua in D. Bernardum ferebatur. » Deinde adducit Annales ordinis, in quibus eadem asseruntur. Mitto alios scriptores idem ex errore asserentes. Errorem hunc jam observavit Papebrochius noster ad 18 Junii in S. Elizabetha Schonaugiensi (1), quam aliqui æque ac Hildegardem Cisterciensibus ascripserunt, quamvis utraque sit Benedictina. Contigisse hoc videtur ex confusione plurium monasteriorum ejusdem nominis: nam num. 22 monui in diœcesi Leodiensi esse monasterium monialium Cisterciensium, quod Mons S. Roberti dicitur, quemadmodum illud quod juxta Bingium S. Hildegardis incoluit. Hoc vero esse instituti Benedictini certum est. Laudatus Papebrochius pag. 606, num. 11, testem oculatum exhibet se his verbis: « De Hildegarde pridem nobis constabat, qui Bingii fueramus anno 1660, ibique sacra illius et ossa et scripta, nec non cucullam videramus, coloris non candidi, ut Cisterciensium, sed ex rufo subnigri, ut Benedictinarum fuit. » Plura non addo, quia res est minime dubia.

27. Anno 1148 contigerunt quæ biographus num. 5 narrat de examinatis Treviris Sanctæ scriptis jussu Eugenii papæ III, et præsente S. Bernardo. Biographus ait, ea Treviris acta esse post concilium Remense. At Pagius ad annum 1148, quo passim concilium Remense creditur habitum, quod inchoatum est mense Martio, pluribus ostendit, Eugenium fuisse Treviris, ibique concilium celebrasse ante Remense. Certe ex Actis Inventionis S. Matthiæ apostoli, apud nos datis tom. III Februarii, cap. 4, pag. 453, habemus, Eugenium III fuisse Treviris 13 Januarii anni 1148, cum eo die templum S. Matthiæ dedicaverit. Cum autem ibi tribus mensibus dicatur substitisse, necesse est ut dicamus ipsum jam Treviris fuisse mense Decembri anni 1147. Brouwerus itaque in *Annalibus Trevirensibus*, ad annum 1147, bisce conformia scribit, quando ait, Eugenium III Treviros ingressum esse die Sabbato ante Dominicam primam Adventus. Egit igitur pontifex Treviris totis fere mensibus Decembri, Januario et Februario, ita ut Januario aut Februario mense figenda sint quæ de examinatis ibi in concilio Sanctæ scriptis tradit Vitæ scriptor. At hic, ut ex dictis liquet, in levi illo temporis adjuncto erravit, quod examen scriptorum postponat concilio Remensi; nec incredibile est in eum errorem incidere potuisse scriptorem

(1) Vide *Patr.* t. CXCV.

contemporaneum, quandoquidem hoc factum plus quam triginta annis esset præteritum, dum ab ipso fuit conscriptum. Ipsa tamen S. Hildegardis in eumdem errorem non incidit : nam asserens in Vita, num. 17, scripta sua ab Eugenio examinata, non aliud assignat tempus quam quo Treviris erat pontifex.

28. Trithemius in *Chronico Hirsaugiensi*, ad annum 1150, facta Treviris paulo latius quam legantur in Vita, enarrat, hæc scribens : « Anno prænotato (imo anno 1147) Eugenius papa III venit ad Treviram cum decem et octo cardinalibus, episcopis quoque et abbatibus multis, invitatus ab Adelberone Trevirorum archiepiscopo, quibus ipse per menses tres ibidem commorantibus in cibo et potu copiosissime providit. Eugenius autem papa, convocatis episcopis, abbatibus et clericis multis ex tota Germania et parte Galliæ, synodum celebravit, et multa constituit ad Ecclesiæ Dei honorem simul et utilitatem... In memorato concilio Treviris celebrato miracula, visiones et scripta, quæ omnipotens Deus per famulam suam Hildegardem operabatur apud Bingios, ad aures summi pontificis Eugenii plurimorum narratione pervenerunt. Quibus auditis, pontifex volens rem novam et arduam investigare diligentius, misit ad virginem Christi Adelbertum (*seu potius* Alberonem) Virdunensem episcopum cum quibusdam aliis viris doctis et Deum timentibus, dans eis in commissis quatenus dictorum omnium inquirerent veritatem. Qui cum pervenissent ad famulam Dei, et ea quæ a summo pontifice habebant in commissis, cum reverentia exsequerentur, non solum revelationum seriem et famam, sed modum quoque et causas ab ea diligentissime inquirebant. Quibus illa simpliciter respondebat ad omnia, et quid circa eam operata fuisset Divinitas, cum summa humilitate aperuit. Informatione sufficienti accepta, nuntii apostolici, libris visionum virginis, illa petente, secum assumptis, ad papam Trevirim redierunt : et quod omnia invenerunt vera, quæ dicebantur de famula Christi, et solida, renuntiarunt. Deinde volumina quæ illa divinitus illuminata scripserat, una cum epistola quam dederat, Eugenio papæ cum reverentia tradiderunt. »

29. Monendus hic lector nonnihil exaggerationis esse in illis quæ dicuntur de voluminibus Sanctæ. Neque enim volumina multa eo tempore conscripserat Sancta, sed primum revelationum suarum opus solum inchoaverat, ita ut folia intelligere debeamus per volumina. Quod additur de epistola, incertum, ut minimum, et parum verisimile est. Petiit tamen ab Eugenio, verisimiliter per dictos nuntios, ut sibi liceret habitare in Monte S. Ruperti. At pergamus cum Trithemio : « Pontifex scripta virginis coram multis fecit publice recitari, et per se, lectoris quandoque functus officio, partem non modicam legens recitavit. Omnes qui audiebant verbum lectionis, in admirationem ducti, Omnipotentis misericordiam, qui talia operabatur in fragili sexu, collaudabant. Aderat his D. abbas Bernardus, aderat et Ludovicus abbas S. Matthiæ Trevirensis, amicus sanctæ virginis : quibus mediantibus, omnium dubitationum nebulæ a cogitationibus auditorum pellebantur. Omnibus ergo rogantibus, qui aderant, simul et hortantibus Romanum pontificem, ne lucernam tam insignem, divinaque illustratione succensam, pravorum hominum machinatione pateretur exstingui, libenter consensit, et litteras virgini Hildegardi tenoris sequentis transmisit. »

30. Litteras Eugenii ex collectione tom. XXIII *Bibliothecæ Patrum* editionis Lugdunensis, pag. 537, huc transfero: « Eugenius servus servorum Dei, dilectæ in Domino filiæ Hildegardi, præpositæ in Monte beati Roberti, salutem et apostolicam benedictionem. Miramur, o filia, etc. » *Vide infra inter epistolas sanctæ Hildegardis*, epist. 1. Respondit Eugenio Sancta per epistolam admodum prolixam, et ex visione compositam, libertate sibi consueta, quam mirari non debemus, cum ipsa non sequeretur ingenium suum, sed accepta in visione proferret, juvante et combinante omnia monacho directore. Initium epistolæ hoc est : « O mitis Pater, ego paupercula femina scripsi tibi hæc (hanc epistolam) in vera visione in mystico spiramine, sicut Deus voluit me docere etc. » Deinde multa stylo prophetico dat Eugenio monita, quæ videri possunt. In fine dicit, se manere *in loco cælitus* sibi *ostenso*, ita ut certum sit, ipsam jam habitasse in monte S. Ruperti, quando ad Eugenium rescripsit.

31. In eodem jam habitasse loco videtur, dum ad ipsam scribebat Eugenius, cujus epistola anno 1148 data est, et verisimiliter mense Januario aut Februario, cum sub finem Februarii aut initium Martii pontifex discesserit Treviris, concilium Remense mense Martio inchoaturus. Certe epistolæ inscriptio, *Præpositæ in Monte B. Roberti* insinuat, Hildegardem ibi tunc habitasse. Attamen non æque certum apparet in eodem loco fuisse Hildegardem quando ipsa examinata est a nuntiis apostolicis. Vita enim num. 5 habet missos fuisse « ad cœnobium, sub quo eadem virgo tot annis degebat inclusa, » id est ad cœnobium in Monte S. Disibodi, nulla mentione facta de commoratione Hildegardis in Monte S. Ruperti, cujus fundationem auctor narrat post omnia quæ de examine scriptorum diximus. Conjicere quidem possemus auctorem prius omnia spectantia ad scripta narrare voluisse, et deinde novam fundationem. At nuntiorum adventus ad Montem S. Disibodi semper perget suspicionem ingerere, Hildegardem tunc ibi habitasse, nisi eo ex nova habitatione fuerit vocata, ut coram abbate S. Disibodi examen fieret. At hæc evocatio est incerta, et a nullo asserta. Itaque forte S. Hildegardis adhuc habitabat in Monte S. Disibodi, quando fuit examinata, peractoque examine, licentiam ab abbate et nuntiis obtinuit discedendi ad novum monasterium. At, quidquid sit de conjecturis illis incertis, constat certo

monasterium novum a Sancta inhabitari cœptum circa tempus quo scripta ipsius Treveris examinata sunt, id est ineunte anno 1148, aut anno præcedente.

32. Porro quando S. Hildegardis ad Eugenium papam rescribebat, absoluta erat « pars scripturæ » de revelationibus ipsius. Loquitur autem Sancta de primo opere suo, quod tribus libris distinxit, et *Scivias* nominavit, duabus vocibus connexis, *Scivias*, id est *Nosce vias Domini*. Hujus operis verisimiliter liber primus erat perfectus, dum ipsa ad Eugenium scribebat, partem esse absolutam. Omnes tres libri fuerunt perfecti circa annum 1154 : nam ipsa decennium attribuit compositioni operis prædicti, quod inchoatum anno 1141 vidimus num. 17. Ex his clare intelligimus, partem solam operis visam fuisse in concilio Trevirensi, non totum opus, nedum omnia S. Hildegardis Opera, quæ diu post paulatim fuerunt conscripta. Probatio vero scriptorum Sanctæ in concilio Trevirensi hæc est. Judicavit Eugenius papa cum Patribus concilii, Sanctam non ex illusione dæmonis, non ex cerebri phantasmatis, ut calumniabantur aliqui, sed ex divinis revelationibus haurire quæ scribebat; ideoque permisit Sanctæ ut scribere « prudenter » pergeret visiones suas. Sollicite tamen monet ut in humilitate se conservet; idemque monuit S. Bernardus in epistola inferius danda. Recte quidem illi et prudenter, cum humilitas Christiana donorum Dei et virtutum tutissima sit custos ac conservatrix. At id ipsum non ignorabat S. Hildegardis, a Deo docta et donis cœlestibus, inter quæ locum non minimum habet humilitas, largissime ditata, ut ex ipsis ejus scriptis intelligitur.

33. Cæterum opus *Scivias* impressum fuit Parisiis anno 1513, typis Henrici Stephani. Deinde recusum fuit Coloniæ anno 1628 una cum Revelationibus S. Brigittæ et S. Elizabetæ Schonaugiensis. Has editiones ante me habeo ; plures alias aliis investigandas relinquo. Primus liber complectitur sex visiones prolixe expositas; secundus, multo prolixior, septem alias ; tertius, omnium prolixissimus, visiones tredecim. Totum opus attente perlegere studui, multaque in eo inveni præclara documenta : sed non pauca sunt obscuriora, quam ut facile a quolibet intelligi valeant. Sancta raro de se loquitur. Ubi vero id facit, insigni cum humilitate loquitur. Accipe, lector, pauca. Librum secundum sic orditur : « Et ego homo, litteras non callens more fortium leonum, nec docta ex infusione illorum, sed manens in mollitie fragilis costa [id est mulier], imbuta mystico spiramine, vidi, etc. » Tertii libri hoc est initium : « Et ego homo sumpta ab aliis hominibus, quæ non sum digna nominari homo propter transgressionem legis Dei, cum deberem esse justa, et sim injusta, nisi quod Dei creatura sum psius gratia, quæ me etiam salvabit, vidi, etc. » In illa visione paulo post sic habet : « Et iterum audivi eum dicentem mihi : « O quam pulchri sunt oculi « tui in divina narratione, dum ibi consurgit aurora « divino consilio. » Et iterum respondi de interiori scientia visionis ipsius : Ego mihi appareo in sinu animæ meæ ut cinis cinereæ putredinis, et sicut pulvis instabilitatis : unde sedeo pavens in umbra sicut penna. Sed ne deleas me de terra viventium ut peregrinam, quia in magno sudore laboro in hac visione, et quia etiam de vilitate mei stulti sensus, qui meus est in carne, reputo me frequenter in minimum et in vilissimum locum, ita quod non sim digna vocari homo, quia valde timeo, non audens tua mysteria narrare. O bone ac mitis Pater, doce me, quæ tua voluntas sit, quid debeam proferre : o tu metuende Pater, et o tu dulcissime, et o tu plene omnis gratiæ, ne derelinquas me, sed conserva me in tua misericordia. Et iterum audivi eumdem mihi dicentem : « Nunc dic, quomodo edocta es. Volo, « ut dicas ; quamvis cinis sis. » Plura in Opere ipso videri possunt.

§ IV. *Fama Sanctæ multum inclarescit ; ad ipsam scribunt S. Bernardus, Conradus Romanorum rex, multi episcopi, quibus illa liberrime respondet.*

34. Baronius in Annalibus ad annum 1148, relato examine scriptorum S. Hildegardis, num. 33 hanc subjungit observationem : « Visitatio ista et examinatio de Hildegarde facta majorem illi conciliavit existimationem, de qua Joannes Saresberiensis hæc habet libro 1 Epistolarum sancti Thomæ, Epist. 171, in fine : Visiones et oracula beatæ illius et celeberrimæ Hildegardis, quæ apud vos sunt [mittite *scilicet*]. Quæ mihi ex eo commendata est et venerabilis, quod eam dominus Eugenius specialis charitatis affectu familiarius amplectebatur. Explorate etiam, et rescribite, an ei sit de fine hujus schismatis aliquid revelatum. Prædixit enim in diebus papæ Eugenii, quod non esset, nisi extremis diebus, pacem et gratiam in Urbe habiturus. » Albericus monachus, scriptor sæculi XIII, in Chronico ad annum 1141 multa refert de revelationibus S. Hildegardis, quæ ex ipsa jam dedi, et de scripto opere *Scivias* omnino dictis consentit. De auctoritate ejusdem Sanctæ observat sequentia : « Quæ fuit ista Hildegardis, et quantæ auctoritatis, insinuant epistolæ magnatum terræ ad eam transmissæ, apostolicorum Eugenii, Anastasii et Adriani, imperatoris Conradi et Frederici, patriarchæ Hierosolymitani, et archiepiscoporum, abbatum et præpositorum, et una specialis epistola B. Bernardi abbatis Clarevallensis. » Addit ibi multa quæ omitto quia jam aliunde data sunt.

35. Idem Albericus ad annum 1153 de S. Hildegarde hæc scribit : « Eodem anno quædam virgo Christi Hildegardis de Alemannia, cum esset magni nominis, Spiritu sancto inebriata, per capitulum et seniores Cistercienses, qui litteras suas ei dederant, sciscitata et rogata ut secundum quod Deus ei manifestaret, rescriberet eis, si quid esset in ordine quod Deo displiceret, rescripsit litteram istam in persona Domini nostri Jesu Christi Cisterciensi

capitulo generali in hæc verba : « Ego fons vivus dico ad illos, qui propter nomen meum tunica mea induti, peregrini sunt in venatione mundi, etc. » Hæc autem Hildegardis, cum neque litteras neque Latinum didicerit, fecit librum Epistolarum egregium, in quibus multa de temporibus novissimis continentur : et alium librum, qui *Scivias*, id est *Sciens*, intitulatur ; et tertium, qui inscribitur : *Divinorum operum expositio.* » Hactenus Albericus.

36. Verum, ut magis perspiciamus quanta fuerit fama S. Hildegardis apud viros, quos præcipuos tunc habebat Ecclesia, ipsas adibimus epistolas ad Sanctam datas, et ab eadem rescriptas. Inter priores certe, si non omnium prima, est epistola S. Bernardi, quam conjicio datam anno 1148, tempore concilii Trevirensis : « Dilectæ in Christo filiæ Hildegardi, frater Bernardus Clarævallensis vocatus abbas, si quid potest oratio peccatoris. Quod de nostra exiguitate, etc. » *Vide ep. 29 in libro epp. S. Hildeg.*

37-38. Si ad gloriam S. Hildegardis conducit epistola S. Bernardi, uti revera conducit plurimum, non minus S. Bernardo honorifica est epistola S. Hildegardis, præsertim cum ipsa passim omnibus epistolis suis hortari soleat, monere, et subinde acriter etiam increpare: rarissime vero et parcissime laudare, ita ut nullam inter epistolas ipsius inveniam tot laudibus plenam, et omni simul redargutione ac monitione vacuam. (*Vide infra inter epistolas S. Hildegardis.*) Hildegardis epistola in editis epistolæ S. Bernardi postponitur ; attamen existimo hanc prius scripsisse, Bernardum vero respondisse. Utcunque etiam suspicor, scripsisse Hildegardem, antequam ipsa et scripta ejus erant jussu Eugenii III examinata ; dictumque examen occasione harum litterarum institutum esse.

39-40. Inter priores principes qui ad S. Hildegardem scripserunt, fuit Henricus archiepiscopus et elector Moguntinus, anno 1153 de dignitate dejectus, et defunctus post annum et medium, ut habet Pagius ad annum 1153, num. 1. Hic ad Hildegardem scribens, epistolam suam orditur his verbis (ep. 5) : « Cum multa bona et admiranda miracula de te audiamus, pigritiæ nostræ reputandum est, quod te tam sæpe non visitamus, ut possemus, etc. » Tum rogat, imo præcipit, ut quamdam monialem, abbatissam electam, permittat abire cum illis, qui veniebant ipsam abducturi ad prædictam dignitatem. Epistola humana est, excepto mandato satis forti de tradenda moniali. Mirabitur fortasse lector responsum S. Hildegardis ; sed tanto magis videbit, ipsam non suo ingenio epistolas composuisse; sed revelata a Deo scripsisse. Si quem enim revereri et amare alias debebat, revereri debebat archiepiscopum, et protectorem suum, qui se, quantum certe novimus, semper benignum exhibuerat. Attamen prophetico more respondet et non obscure exemplo Nabuchodonosor prædicit, Henricum dignitate sua privandum, et non diu admodum victurum, prout revera factum est. Multi tamen voluerunt, Henricum non adeo fuisse culpabilem, et deinde pie defunctum. Illam vero monialem, quæ abbatissa erat electa, et cujus electionem tam graviter Sancta improbabat, existimo fuisse sororem Hartvici archiepiscopi Bremensis, de cujus morte agetur num. 46, et de qua verisimiliter loquitur Sancta in Actis num. 23. Cæterum non dubito quin in hac quoque epistola vere dicere potuerit S. Hildegardis, quæ scripsit ad Arnoldum Henrici successorem : « Mystica verba a me non profero, sed secundum ea in viventi lumine video, ita quod sæpe, quæ mens mea non desiderat, et quæ etiam voluntas mea non quærit, mihi ostenduntur, sed illa multoties coacta video. » Verum de scriptis ad Arnoldum plura dabo inferius.

41. Prioribus qui litteras ad S. Hildegardem dederunt, annumerandus est etiam Conradus III rex Germaniæ (ep. 26), vulgo imperator dictus, licet non fuerit coronatus: nam anno 1152 defunctus est, ita ut epistola ipsius, inter annum 1148 et 1152 figenda sit. Incipit : Quia regali culmine impediti, etc. Addicit favores suos, et filium suum Sanctæ precibus commendat.

42. Ad has litteras Sancta respondit, partim Conradum suaviter monendo, partim prædicendo pejora tempora, qualia fuerunt sub Frederico I, Conradi successore. Non obscure Sancta prædicit schismata, aliaque Ecclesiæ mala quæ nata sunt sub Frederico I, ad quem deinde etiam scripsit epistolam hac multo fortiorem. Addit multa eodem spiritu prophetico de variis Ecclesiæ temporibus et vicissitudinibus, illaque non difficulter explicari possent, si luberet futura tunc tempora propius lustrare.

43. Arnoldus archiepiscopus Coloniensis circa eadem tempora ad Hildegardem humanissimam scripsit epistolam (ep. 11), qua librum ipsius petiit. Quæ ad Arnoldum respondet S. Hildegardis, mystica sunt pleraque et utcunque obscura. De libro suo clariora subjungit his verbis : « Nunc autem, o pastor populi tui, ego paupercula scripta veracium visionum istarum tibi misi, sicut petisti, nihil humani ingenii et propriæ voluntatis meæ continentia; sed quæ indeficiens lumen compositione sua, et eisdem verbis manifestare voluit, quomodo sibi placuit; cum nec ipsum, quod nunc tibi scribo, ingenio meo, nec ullo humano arbitrio, sed superna ostensione compositum sit. »

44. Ad eadem fere tempora spectat epistola Hillini Trevirensis archiepiscopi (ep. 13), ad quam rescripsit S. Hildegardis epistola partim mystica et ænigmatica, partim etiam prophetica et hortatoria in conclusione, quæ talis est : « Species columbæ te docet, et verbum Dei non caret in te scientia. Nunc ergo vigila et in virga ferrea constringe : doce, et vulnera tibi commissorum unge, et in æternum vives. »

45. Scripsit etiam circa hæc tempora ad S. Hildegardem Gonterus Spirensis episcopus (ep. 15), qui inter alia sic illam alloquitur : « Quod bonus odor es tam remotis quam vicinis, et de Spiritu sancto solamen omnibus te quærentibus, divinæ pietati gratias referimus. » Sancta vero respondens, multis ad emendationem vitæ hortatur Gonterum. Sic autem orditur : « Lux summæ inspirationis, o homo, tibi dicit : Admonitionem Spiritus sancti, qui in te ascendit, ne abscindas a te per malam consuetudinem operum tuorum, etc. » Tota epistola est hortantis ad pœnitentiam. Talis fere est responsio S. Hildegardis ad episcopum Constantiensem, cujus nomen non exprimitur (ep. 17), et cujus hanc ob causam epistola temporis est magis incerti. Ille Sanctæ preces et litteras petit. Rescripsit sancta Hildegardis minime blandiens, sed inanem gloriam in ipso præcipue redarguens. Epistolam vero concludit hoc modo : « Surge ergo citius, et ambula recta itinera, antequam sol tibi occidat, et antequam dies tui deficiant. »

46. Incerti etiam temporis est epistola Hartvici archiepiscopi Bremensis (ep. 10), qui hic *Hertuvigus* vocatur, cum ultra annos viginti fuerit episcopus, et obiisse dicatur circa annum 1168. Perscribit ille obitum sororis suæ, Richardis abbatissæ, quæ monialis fuerat sub disciplina S. Hildegardis, et a fratre ad memoratam dignitatem pertracta, ita ut possit esse ea quam petebat Henricus Moguntinus archiepiscopus, ut dictum est num. 40. Porro testatur Hartvicus pie admodum defunctam fuisse, et « ex toto corde lacrymabiliter desiderasse, » ut mansisset in claustro S. Hildegardis, a quo invita fuerat avulsa. Hinc veniam de illo recessu petit. Rescripsit Sancta epistolam satis prolixam, et præclaris monitis plenam. Laudat etiam Hartvicum, et Richardem ipsius sororem, de qua dicit: « Plena charitas in anima mea fuit ad ipsam, quoniam vivens lux in fortissima visione docuit me ipsam amare. » Post multas ipsius laudes, animam ipsius fratri commendat.

47. Abbas Eberbacensis, ordinis Cisterciensis, in diœcesi Moguntina, et fere inter Moguntiam et Bingium, sed ultra Rhenum, et magis prope Moguntiam, ex prioribus videtur fuisse abbatibus qui ad S. Hildegardem scripserunt (ep. 31). Nomen exprimitur, littera E, sed mendose, opinor, cum nequeat fere alius esse a Ruthardo, primo illius cœnobii abbate, et littera E sequentibus etiam non congruat. Laudatus abbas preces Sanctæ flagitat, et sua eidem servitia offert. Ad has litteras S. Hildegardis egregia monita reposuit, et in fine optima abbati prædixit.

§ V. *Ad Sanctam scribunt Anastasius IV et Adrianus IV, Romani pontifices, Fredericus imperator, episcopi, abbates, aliique multi, quibus resvondet.*

48. Quanquam difficile est epistolas S. Hildegardis in ordinem redigere, cum notis chronologicis non sint insignitæ, volui tamen ex tempore quo personæ floruerunt, qualemcunque saltem ordinem inducere, et sic huc usque dedi solas fere epistolas inter annum 1148 et 1153 scriptas. Nunc prosequendo ordior ab epistola Anastasii IV, quæ data est anno 1153 aut 1154 (ep. 2), cum ille priori anno sit papa creatus, sequenti defunctus. Anastasii epistola hæc habet : « Anastasius episcopus, servus servorum Dei, Hildegardi dilectæ filiæ in Christo, salutem et apostolicam benedictionem. Exsultamus in Domino, etc. » *Vide infra inter epistolas S. Hildegardis.*

49. Responsum S. Hildegardis prolixum est. Hortatur Dei nomine Anastasium, ut mala fortiter eradicet. Deinde varia prophetice prædicit, et de suis visionibus aliqua subjungit. Demum iterum hortatur Anastasium ad subditos corrigendos. Sic orditur : « O persona, quæ es præcellens armatura, et mons magistrationis valde ornatæ civitatis [id est Ecclesiæ], quæ constituta est in desponsatione Christi; audi illum, qui non incœpit vivere, nec lassatur in defectione, etc. » Hanc admonitionem post multa concludit, et ad prædictionem pergit hoc modo : ... « Et ideo omnis terra turbatur per magnam vicissitudinem errorum; quia quod Deus destruxit, homo amat. Et tu, o Roma, velut in extremis jacens conturbaberis, etc. » Roma certe multum turbata est per schisma quod exortum est quinque aut sex annis post hanc prædictionem : et jam ante turbari cœpta est Ecclesia sub Adriano IV per Fredericum imperatorem.

50. Deinde Sancta de se subjicit verba partim laudata in Vita num. 14, ubi tamen scripta dicuntur ad Adrianum IV, ita ut vel in Vitam irrepserit mendum, vel in collectionem epistolarum; sed primum est verisimilius. Epistolam demum claudit admonitione tali : « Tu autem, o homo, apparens constitutus pastor, surge, et curre citius ad justitiam, ita ut coram magno Medico non accuseris quod ovile ipsius a sorde non exterseris, nec oleo unxeris, etc. »

51-52. Adrianus IV, qui Anastasio successit sub finem anni 1154, ad S. Hildegardem scribit (ep.3): « Gaudemus, filia, et exsultamus in Domino, quod honestatis tuæ opinio ita late longeque diffunditur, etc. » Addit tamen pulchrum exhortationem ad perseverantiam, subditque in fine : « De cætero autem commonitoria verba de te audire desideramus, quia spiritu miraculorum Dei imbuta diceris, etc. » Respondit breviter S. Hildegardis, multaque Adriano prædicens et gravia certamina, hortatur ad fortitudinem, non sine ipsius laude, ita ut etiam salutem æternam ipsi satis clare videatur prædicere.

53. Non multis verisimiliter annis post Adrianum ad S. Hildegardem scripsit Fredericus I imperator, cognomento *Ænobarbus* aut *Barbarossa*, qui coronatus est imperator anno 1155. Epistola igitur fi-

genda est inter annum 1155 et 1159, quo defunctus est Adrianus IV, quoque schisma contra Alexandrum III exortum est, favente Frederico antipapæ. Epistola enim a Frederico tum imperatore, et ante schisma, quantum apparet, data est, sed fortasse non ante dissensiones inter Fredericum et Adrianum exortas. Fredericus autem ad Sanctam ita scribit (ep. 27) : « Notum facimus sanctitati tuæ, quoniam ea quæ prædixisti nobis, cum Ingelheim manentes, te ad præsentiam nostram venire rogavimus, jam in manibus tenemus, etc. » Ex his habemus primo S. Hildegardem habuisse colloquium cum Frederico in Ingelheim, quod est inter Moguntiam et Bingium ; secundo, tunc aliqua Frederico a Sancta fuisse prædicta, quæ impleta sunt. Habitum verisimiliter illud colloquium, dum rex erat Fredericus, et necdum coronatus imperator, sive inter annos 1152 et 1155, de anno tamen certo non constat, uti neque de rebus prædictis, nisi forte Sancta prædixerit Frederico dissensiones, quas cum Adriano IV erat habiturus. Habemus tertio, S. Hildegardem habuisse aliquam controversiam, quæ judicanda erat in curia Frederici ; at qualis illa fuerit æque est ignotum.

54-55 Ex responso vero S. Hildegardis abunde colligitur, molitiones varias Frederici ab ipsa minime fuisse probatas, aut potius a Spiritu sancto, qui per Sanctam alias indoctam loquebatur, aperte improbatas. Nam imperatorem sic incipit alloqui : « A summo Judice hæc verba diriguntur ad te: Valde admirabile est, quod hanc personam homo habet necessariam, scilicet quæ tu, rex, es. » Deinde dat parabolam minus claram, qua ipsius imperium videtur improbari, et mox clariorem subjicit monitionem, ita scribens : « Nunc, o rex, sollicite provide, quia omnes regiones sunt obumbratæ cum fallaci turba illorum, qui in nigredine peccatorum justitiam delent, etc. » Cujus epistolæ verba si quis attente consideret, videbit satis longum imperium Frederico prædici, sed turbulentum, quale revera fuit, maxime ob discordias ipsius cum Romanis pontificibus, quibus tamen finem imposuit ante mortem.

56. Epistola Arnoldi archiepiscopi Moguntini (ep. 6) data non est post annum 1160, et verisimiliter non ante schisma anno 1159 exortum (cui Arnoldus adhæsit cum Frederico imperatore) aut saltem non diu ante. Arnoldus preces Sanctæ flagitat. Respondit S. Hildegardis, Arnoldum fortiter increpans, et interitum ipsi prædicens, ut multi jam observarunt, cujus cædem, a Moguntinis anno 1160 in Nativitate S. Joannis Baptistæ peractam, ex Conrado narrat Baronius ad annum 1160, num. 32, observans, ipsum eodem anno in conciliabulo Papiensi primum subscripsisse sententiæ contra Alexandrum III legitimum pontificem latæ.

57. Florebat eodem tempore S. Eberhardus archiepiscopus Juvavensis, sive Salisburgensis, qui partes Alexandri pontificis defendebat, multumque sollicitus metu Frederici imperatoris, ad S. Hildegardem circa annum 1160 ita scribebat (ep. 12) : « Ego peccator in valle lacrymarum positus, multis sæculi turbinibus et procellis attritus, intus timores, foris pugnas passus, etc. » Deinde petit litteras Sanctæ, sed sigillo obsignatas.

58. Ad sanctum hunc episcopum alio plane stylo utitur Sancta quam usa fuerat in priore epistola ; nam Eberhardum passim laudat et pulchre docet, labores externos, ex charitate et obedientia susceptos, minime obesse viro Deum amanti. Vita hujus S. Eberhardi, cujus nomen in epistola non exprimitur, sed ex sede et tempore innotescit, data est apud nos ad 22 Junii. Defunctus est anno 1164.

59. Ad eadem fere tempora fortasse spectat epistola Conradi I, episcopi Wormatiensis, qui tom. V Galliæ Christianæ, col. 674, defunctus dicitur anno 1163. Attamen magis credo scriptam esse ante schisma Ecclesiæ. Quidquid sit, Conradus aliorum more ad S. Hildegardem recurrit tanquam ad oraculum, eique hæc scribit (ep. 16) : « Deo gratias agimus, qui te lucernam clarissimam aureo candelabro imposuit, etc. » Addit, nuntium plura de rebus suis dicturum, et responsum flagitat. Respondit Sancta partim hortando, partim laudando.

60. Adelbertus episcopus Virdunensis, qui anno 1148 ab Eugenio III ad S. Hildegardem examinandam fuerat legatus, cum primicerius erat, anno 1156, ut aliqui habent, admotus episcopatui, quem deinde cum vita monastica mutavit, circa eadem tempora, verisimiliter ante schisma, ad S. Hildegardem scripsit (ep. 18), sic exordiens : « Benedicta gloria Domini de loco sancto suo, quæ te sibi a teneris annis mancipavit famulam. » Tum hortatur ad humilitatem, et preces flagitat ac litteras. Respondens vero Sancta, hortatur ad curam pastoralem, sic incipiens : « Lux vivens, quæ miracula ostendit, dicit : Qui Pater es in persona tua, et pastor in proposito animarum, extende brachium tuum, ne inimicus homo superseminet zizania in agro tuo, etc. »

61. Magis incerta est epocha epistolæ patriarchæ Hierosolymitani, qui ad S. Hildegardem scripsit ex Oriente epistolam, ut ipsius ac sororum ejus precibus se commendaret. Nomen patriarchæ solum insinuatur littera I, et quidem mendose, ut existimo, quia Amalricus fuit Latinus patriarcha toto illo tempore quo fama S. Hildegardis adeo inclaruerat. Itaque dubitandum non videtur, quin Epistola sit Amalrici, qui Hildegardem sic alloquitur (ep. 22) : « A multis per longa terrarum spatia partes nostras adeuntibus, et genua sua ad sepulcrum Domini flectentibus, multoties percepimus, quod divina virtus in te et per te operetur : unde ipsi gratias indefessas, prout possumus, humiliter offerimus. »

Mox ait, se diu desiderasse occasionem scribendi, qua demum oblata utitur; et in laudes Sanctæ excurrit et ejus preces expostulat. Respondit S. Hildegardis per epistolam initio plenam allegoriis satis obscuris. Deinde vero patriarcham his consolatur verbis : « Pugnam quam intus et exterius, in utroque scilicet homine, pateris, Deus in temporibus tuis circa te hoc modo allevabit, ut eam sustinere possis : unde fiduciam tuam in ipsum pone, nec de misericordia ejus despera. Et hoc faciens in gratia Dei ad vitam vives. »

62. Post hanc sequitur epistola Henrici, episcopi de Bevez (ep. 23), cujus nominis nullam invenio civitatem, ita ut suspicer nomen esse corruptum. Quidquid sit, ille etiam ex longinquis partibus ad S. Hildegardem recurrit, ita scribens : « Manifesta Dei circa te dignatio mihi peccatori ac turbinibus sæculi gravato, magna est consolatio, etc. » Respondens S. Hildegardis, pulchra utitur parabola, qua ipsum ad veram sapientiam et charitatem hortatur.

§ VI. *Sancta a multis personis consulta de occultis et arcanis, quæ sine revelatione divina scire non poterat.*

63. Tanta est multitudo litterarum quas accepit et quibus respondit S. Hildegardis, ut nullo modo ad suos singulæ annos reduci possunt defectu notarum chronicarum, præsertim cum non paucæ sint personarum quæ aut minus sunt cognitæ, aut quæ diu in eodem officio fuerunt versatæ. Hac de causa ad quemdam rerum ordinem epistolas Sanctæ reducam, et modo recensebo illas quibus consulta fuit de occultis et arcanis. Harum tantus est numerus, ut manifeste liqueat, quasi universalem fuisse hominum persuasionem, occulta et arcana multa S. Hildegardi revelata fuisse. Ordior a Cunone aut Conone abbate S. Disibodi, sub cujus præfectura fuerat Sancta, antequam fundaret cœnobium in Monte S. Ruperti. Hic igitur ipsam optime noverat, et eidem hæc scribit (ep. 38) : « Quia Sanctitas vestra in eo, qui nec fallit nec fallitur, plurima secreta spiritu videt, peto, ut, si qua de patrono nostro B. Disibodo Deus vobis revelaverit, mihi aperiatis, quatenus cum fratribus meis illi ex hoc devotissimas laudes referre non differam. » Precibus ipsius enixe se commendat.

64. Respondit Sancta ad interrogata de S. Disibodo, de quo aliqua generatim ibi scribit, ut in ipsa epistola videri potest : de Vita ejusdem Sancti scripta inferius agemus. Verum non solum id egit Sancta, sed Cunonem etiam libere reprehendit de nimia in subditos severitate, et instantem mortem eidem prædicit.

65. Adamus abbas de Ebra, sive Ebracensis, ordinis Cisterciensis, in diœcesi Herbipolensi, vir sane multum laudatus apud Mauricum in *Annalibus Cisterciensibus*, ad S. Hildegardem scribit sequentia (ep. 30) : « Cum primum notitiam nominis vestri suscepi, gavisus sum gaudio magno, » etc. Mox petit preces, et rescripta Sanctæ ad dubitationem suam, quæ videtur fuisse de retinendo aut deponendo abbatis munere, ut colligitur ex responso S. Hildegardis. Interim observo, Sanctam aliquando excurrisse versus partes Herbipolenses, sicut eamdem in aliis quoque provinciis fuisse videbimus. Quod vero spectat ad negotia Sanctæ per Adamum abbatem imperatori commendata, qualia illa fuerint, ignoramus. At vix dubitamus quin eadem sint de quibus loquitur Fredericus imperator in epistola ad S. Hildegardem, commemorata num. 53. Nunc pauca de Sanctæ responso. Epistola est admodum longa, parabolis non nimis obscuris tota fere contexta, laudibus Adami abbatis conspersa, et præclaris monitis. De officio non deponendo ipsum monentes inducit varias virtutes, et nominatim charitatem et humilitatem. Solam dabo conclusionem : « Et tu, Pater, audi : Sicut stella matutina auroram in lumine suo præcurrit, sic omnibus præbe auxilium ab osculo dilectionis, quam tibi Deus dedit : et vitam tibi dabit, quam in prima die inspexit. »

66. Ordinis item Cisterciensis erat abbas S. Anastasii in Urbe, quem ad scribendum S. Hildegardi, præter vulgarem famam, movere potuerat non solum S. Bernardi auctoritas, sed etiam Eugenii III, qui ex abbate ejusdem cœnobii pontifex fuerat electus. Quid ille petat a Sancta, quam ante mirifice laudat, his verbis exprimit (ep. 32) :... « Rogo ut Spiritus, qui revelat arcana et occulta sapientiæ suæ, indicet tibi, quid mihi expediat in portando obedientiæ Christi onere, scilicet perseverare, an quiescere, ut vacem ipsius contemplationi. » Ad propositam dubitationem S. Hildegardis ita respondet : « Perfice ergo sustentationem ovilis tui, et da ei præcepta, scilicet virgam magistri præbendo, et postea unguentum medici exhibendo, quia utilius tibi est, ut in hoc labore vigiles, aliis per doctrinam tuam in subjectione ministrantibus, quam teipsum in voluntate tua exerceas. »

67. Conradus abbas de Keisheim, (in titulo scribitur, *de Ketsheim*, et forte legendum *de Reisheim*, ut habet Trithemius) similem dubitationem S. Hildegardi proponit (ep. 33). Respondit Sancta non dissimulando crimina subditorum ipsius, sed ea gravibus verbis innuendo, nec ipsum videtur Conradum excusare, sed ad pœnitentiam hortatur. Tum eumdem sic alloquitur :... « Ergo pastoralem curam non relinque... » Addit tamen restrictionem verbis obscuris, quæ insinuant, ipsi relinquendum officium, ubi nihil boni præstare apud suos posset.

68. Manegoldus abbas celeberrimi olim cœnobii Hirsaugiensis in Silva-Nigra, et in diœcesi Spirensi, simile quid petierat, ut colligitur ex responso S. Hildegardis, quamvis ipse in epistola id non declaret, sed ingentem de S. Hildegarde existimationem solum insinuet cum hac petitione (ep. 34) : « Rogo te,

mea mater et domina, memento mei in tuis sanctissimis orationibus, dilige humillime te diligentem: recognosce in Christo te reverentem, et litteras mihi rescribe in Deo rogata. » Sancta respondet, varia prædicens. Ejus verba de turbine ad futurum tempus referenda omnino existimo, licet Trithemius |in *Chronico Hirsaugiensi*, ad annum 1161, recitans hanc epistolam, crediderit eam fuisse scriptam, quando orta erat dissensio inter monachos, qui ea de causa ad S. Hildegardem scripserunt, et abbatem hunc Manegoldum. Agnoscit quidem Trithemius turbas Hirsaugiensis cœnobii a Sancta fuisse prædictas, sed verbis coram, non scriptis litteris. Agam de re tota § sequenti, ibique dabo epistolam monachorum cum Sanctæ responso.

69. Abbas S. Mariæ, Trithemio *S. Mariæ ad Martyres apud Trevirim*, similem interrogationem proposuit S. Hildegardi (ep. 37), videlicet utrum in hoc officio honoris et oneris, prælationis et periculi, illum animæ salutem mereri providerit, vel ab hoc absolvi, utile ei fore perspexerit. » Non respondit S. Hildegardis ad quæsita omnia : insinuavit tamen nimis anxium esse abbatem, eique potius cogitandum esse de se et subditis corrigendis, quam de officio dimittendo, ita concludens : « Sed ego hanc causam, quam requiris, inutilem tibi esse vidi. Unde teipsum cum officio tuo coerce, apprehenso aratro. Deus autem succurrat tibi in omnibus necessitatibus tuis, et non sinat te inutiliter laborare. »

70. Abbas Campidonensis in Suevia ad S. Hildegardem similiter recurrit, arcana intelligere desiderans (ep. 40). S. Hildegardis responsum dedit satis prolixum, hortans ad excidenda diligenter mala semper pullulantia. In fine egregiam addit consolationem, ubi observarat « per pœnitentiam et confessionem » deleri peccata, hæc scribens : « Sic tu, chare fili Dei, fac, quia in æternum vives, et quoniam lapis in cœlesti Jerusalem eris ; ideo etiam acriter luctari debes. »

71-72. Magna sollicitudine ad S. Hildegardem, tanquam ad interpretem Dei, recurrit abbas S. Martini Coloniensis cujus nomen *A* expressum, Alardus est, ut existimo, quia ipse Sanctæ contemporaneus fuit, et defunctus est ante annum 1160. Hic epistolam suam ita orditur (ep. 41) : « Domina, domina, ut vere creditur, a Deo dilecta et benedicta, omnia, quæ per vos virtus operatur divina, vera profecto esse novi et sancta. » Desiderasse se ait ad ipsam venire, si fieri potuisset, ut omnia verbis explicaret. Responsum S. Hildegardis et pulchram instructionem, et magnam cum adhortatione perpetua consolationem continet.

73. Anxia etiam et dubia erat abbatissa S. Glodesindis Metensis, quæ ad S. Hildegardem hæc scribit (ep. 42) : « Quia de gratia vestra et benevolentia multum præsumimus, nolumus vos latere, quod in periculo magno positæ sumus, dum multorum regere animas cogimur, quæ nobis non sufficimus, etc. » Reposuit Sancta epistolam satis prolixam, in qua varia dat monita ad recte regendum, et præfecturam non deponendam, satis clare insinuat.

74. Hactenus huc spectantes evolvi epistolas, Coloniæ primum editas, et in *Bibliotheca Patrum* recusas. Hisce plurimas adjecit Martenius tom. II *Collectionis amplissimæ*, ex quibus aliqua ad propositum nostrum similiter decerpam. Verum cum multa ibi locorum nomina videantur luxata, aliqua conabor restituere ex Trithemio in *Chronico Hirsaugiensi*, ad annum 1150, ubi enumerat eos qui ad S. Hildegardem scripserunt. Albertus abbas Elvacensis in Suevia (nunc præpositura ibi est Canonicorum) ad S. Hildegardem scribens (ep. 62) orat ut divinum de suis inimicis consulat oraculum et rescribat quid sibi de Dei misericordia exspectandum sit. Sancta, ad hæc respondens, partim hortatur ad majorem constantiam, partim afflictum consolatur, ac prædicit, tempus ultionis divinæ necdum venisse.

75. Bertholdus abbas Zwinieldensis (Trithemio *Zwifaltensis* in Suevia) conqueritur « de injuriis et tribulationibus, quas crudeles persecutores ipsi inferebant, » petitque ut « voluntatem Dei inquirens, aliquod solatium per litteras remittat, » idque claritate ingenio suo accommodatum (ep. 63). Sancta breviter sic rescribit : « Lux vivens dicit : Quemdam hominem vidi, quem quasi debilem ac claudum in præcellentia magisterii dimisi. Quomodo? Qui in imbecillitate carnis suæ, velut nudi naufragi, rebelles erant, hos ipse fugit propter timorem belli. Sed nunc illum video, sicut humilem, flebilem, peregrinum. Unde illum inspicio, velut filium hæreditatis, virga verberatum propter inquietudinem morum mentis suæ, etc. »

76. Abbas Rettinhasilensis, cum etiam electus esset abbas Salemensis in Suevia, ordinis Cisterciensis, dubitans quid facere deberet, cum S. Hildegarde rem communicavit (ep. 66), « sicut cum sponsa et famula Christi et conscia secretorum Dei, » petiitque, ut « sancti Spiritus voluntatem..., simpliciter de hac re insinuaret. » Respondit Sancta hoc modo : « Quicunque agrum vel ovile propter fidem procurationis susceperit, ipsa dimittere non debet, sed sicut paterfamilias ea reget. Qui enim ovile suum relinquit, et aliud recipit, præceptorum Dei prævaricator nominatur. » Addit pia ad regendum monita. Abbas Zwetellensis, ordinis Cisterciensis in Austria, cura gregis multum gravatus, consulit Sanctam, an abbatis deponere dignitatem debeat, petitque (ep. 70), ut, « quidquid placuerit Spiritui sancto, » rescribat. At Sancta partim hortatur ad curam pastoralem strenue et mansuete continuandam, salutaria dans ei in finem monita. Consilium vero istud abbatis ab initio improbat, sic ordiens : « In mente tua cogitando exaggeras, quod

de unoquoque labore quiescere vel desistere velis, etc. »

77. Richardus, abbas in Sprinchersbat, (Trithemio Germanice *Sprengerbach*, olim idiomate magis Belgico *Springersbach*, ut invenio nomen expressum in aliquo diplomate apud Hontheimium in Historia diplomatica archiepiscopatus Trevirensis, sed etiam ibi nomen variatur. Est autem Regularium Canonicorum in diœcesi Trevirensi), cum crederet se viribus destitutum « tam mentis quam corporis, » diu desideraverat S. Hildegardem visere, quando per litteras ad ipsam venit (ep. 74). Rescripsit Sancta, ipsum hortans ad onus portandum, consolansque ut virum Deo charum. Prælatus in Hegennehe (apud Trithemium *præpositus Canonicorum Regularium in Heyna*) de multis queritur corporis et mentis infirmitatibus et defectibus, uti et de 'jugo inimicorum suorum: atque his omnibus malis liberari cupit per S. Hildegardis preces. Respondit breviter S. Hildegardis, fugeret prælationem, « si te non audiunt, » inquit. Magis tamen eidem suadet ut eam retineat, et vigil sit.

78. Hanc quæstionem summa cum sollicitudine S. Hildegardi proponit abbas de Vescera, ordinis Præmonstratensis, in comitatu Hennebergensi (ep. 78), « solatium simul et consilium » quærens, quod se inutilem crederet. Huic omnino suadere videtur Sancta, ut curam pastoralem deponat ob defectum fortitudinis. Nam post aliqua defectum illum insinuantia, hæc subdit: « Unde idem faciat se similem ovi, et non pastori. Tu homo es, sicut undans in aquis, qui vix liberatur, ne demergatur: ita quod ubique prudentiam inspicis, sed tamen deficis in viribus, non autem in voluntate. Unde et gratia Dei ad te resplendet. »

79. Præpositus Vallis-Dei, diœcesis Moguntinæ in Rhingavia, ubi modo sunt moniales ordinis Augustiniani, rogat S. Hildegardem (ep. 85) ut velit solvere, quod promiserat. Ex responso autem liquet, ipsum petiisse consilium de præpositura deponenda. Hoc enim Sancta fortiter dissuadet.

80. Abbas in Rappenberg (Trithemio *præpositus in Coppenberg*, ac forte legendum *in Cappenberg*, ordinis Præmonstratensis in Westphalia) longe diversam S. Hildegardi quæstionem proponit (ep. 86). Voluit ipse ad Sanctam venire; sed inquit, « in tanto turbine tempestatum et procellarum, qua tota Ecclesia nunc quatitur et turbatur, impeditus, rebus et corpori teneus, retardatus venire non potui. » Videntur hæc insinuare schisma Ecclesiæ, quod contra Alexandrum III fovit Fredericus imperator, ita ut prælatus Ecclesia sua ejectus, de illo verisimiliter Sanctam consuluerit, per fratrem, quem pro se misit, et de quo scribit: « Ad consulendum enim Spiritum Dei, qui in vobis habitat, de præsenti statu Ecclesiæ nostræ, eum ad vos direxi. » Ad hæc S. Hildegardis prælatum pulchre consolatur, docens Deum adversa homini immittere, ut eum corrigat. In fine sic hortatur: « Ideo tormenta tua ne timeas, quia locum tuum in dispersione non video, sed ligaturam oneris tui (id est præfecturam) Deus sic vult: et oves, quæ ad te currere volunt, collige. Quæ autem te nolunt, in miseratione tolera, donec te vocent, et in æternum vive. »

81. Quanta esset multorum existimatio de cognitione arcanorum quorumlibet in S. Hildegarde, ostendunt etiam epistolæ sequentes trium præpositorum (epp. 87, 88, 89). Prima est præpositi S. Victoris Moguntini, qui multis peccatis inquinatum se fatetur, « quæ vos, inquit, domina, Spiritu sancto revelante, melius scitis: meque scire faciatis an mihi sit spes salutis, an prædestinatus ad vitam, aut præscitus ad mortem; etc. » Verum S. Hildegardis ad ultimam quæstionem non respondit, ut passim alias, licet aliquando viris sanctis æternam vitam clare videatur prædicere. Hortatur igitur ut declinet a malo et faciat bonum; spemque ingerit his verbis: « Unde elige tibi rectas vias, et in æternum vives. » Metum etiam incutit, ita concludens: « Ergo, o fili Dei, cito surge, antequam tibi sol occidat. » Præpositus Confluentinus Sanctam sic alloquitur: « Quia in omnibus tribulationibus meis semper tuis consolationibus me mercasti [forte recreasti], et cuncta jam sunt impleta quæ mihi prædixisti, quæso ut et nunc misericordiæ Dominum in cunctis quæ me foris et intus premunt, consolari deposcas, etc. » Rescribens Sancta, hortatur, « vicissitudinem morum » corrigat, monetque occulta esse Dei judicia, hoc addens: « Sed Deus non jubet, ut judicia sua super te edisseram, sed ut pro te orem. » Præpositus S. Andreæ Coloniensis multis tentationibus oppugnatum se queritur, Sanctamque consulit, « paratus, inquit, facere quidquid mihi, sive revelatione divina, sive consilii tui sapientia præceperis. Ne paveas, nec celes, etc. » Ad hæc ita respondit S. Hildegardis, ut simul doceret præpositum, qualis moribus esset, instrueretque et moneret, ut fieret melior.

82. Abbas quidam multum sollicitus de schismate quod erat contra Alexandrum III, patrocinante Frederico imperatore, et cujus causa multi prælati persecutionem patiebantur, consilium S. Hildegardis quæsivit, ita scribens (ep. 95): « Igitur quoniam Ecclesia in apostolica dignitate et nomine claudicat, et ad quod caput suum respiciat, veraciter ignorat,... inito bono consilio, ad vos confugio, simulque efflagito, ut quidquid, Spiritu sancto edocta, de hoc vel de me ipso sentiatis, mihi rescribere velitis: vestris enim consiliis in omnibus obedire paratus sum. » Non absolute respondit ad hanc quæstionem S. Hildegardis, quia, ut innuit, responsio non profuisset. Nam sic orditur: « Hæc verba ad te dicere vidi et audivi: Mens tua aratro similis est, quod dura, aspera, ac mollia evertit et dividit. Tu enim cognoscere, evertere ac dividere illa attendis, quæ in tanta duritia sunt, quod ea perfringere non potes; et quæ in tanta asperitate sunt, quod te vulnerarent, si ea tangeres, et quæ in tanta mollitie sunt, quod ea conterreres, si illa dire et aspere tangere velles. Duritia namque, quæ a Sole justitiæ claudicavit, Ecclesiam nunc circumdedit, quam tu perforare non prævales. Unde in corde tuo ad Deum dic: « Domine, qui omnia nosti, in magistris meis tibi obedire volo, quandiu Catholicæ fidei me resistere non cogunt. » Hæc utcunque exponuntur. Duritia erat in ipso schismate, asperitas in principibus sæcularibus, mollities in episcopis; ac si diceretur : Durius est schisma, quam ut possis illud tollere : « et principes sæculi in tanta asperitate sunt, quod te non audirent, si eis diceres, quod in scientia tua justum habes, » ut sequitur: episcopi vero « tantam mollitiem nunc sectantur,» ut nescires quid cum illis ageres. Monet tamen Sancta abbatem, ut Christi exemplo discipulos suos teneat, reliquos Deo dimittat.

83. Quemadmodum abbates multi, sic non paucæ abbatissæ S. Hildegardem consuluerunt. Abbatissa in Altuvich (Trithemio *in Altwick*, Trajectensis diœcesis) ad Sanctam hæc scribit (ep. 100): « Dominus noster... inspiravit cordi meo, ut puto, quatenus onus regiminis, quod graviter porto derelinquam, et me solitudini alicujus cellulæ includam... » Post pauca S. Hildegardis ita respondet: « O filia, non est utile apud Deum, ut onus tuum abjicias, et ovile Dei relinquas, cum illud lumen habes per quod illi luceas etc. » Abbatissa in Kizingun (forte *Kitzingen* in Franconia ad Mænum, ubi modo sunt Ursulinæ) post multa elogia Sanctam his verbis compellat (ep. 101): « Sonet vox tua in auribus meis, et quid salubrius sit, utrum onus, quod porto, deseram, an diutius feram, mihi petenti divinitus enarra. » Respondet S. Hildegardis, abbatissam laudans, et ad fiduciam de Deo excitans. Abbatissa in Widergoldesdorf idem rursum petit hoc modo (ep. 108): « Quapropter, dulcissima, obnixe supplico, ut dignemini a Deo perquirere vobis, utrum sit ipsius voluntas ut istam sarcinam portem, aut abjiciam; quia plus adhuc constrictione obedientiæ, quam Dei amore perseveravi. » Hortatur S. Hildegardis ut pergat martyrium, quo eam in officio suo affligi fatetur, constanter portare, sic eam consolans: « Sed tamen in hac parte plurimi sancti sicut martyres ad Deum veniunt. Ac ideo et tu confide in Deum, quia non derelinquet te, et Spiritus sanctus dolorem tuum minuet. »

84. Abbatissa de Crouchdal, in Vita *Crutendal*, quæ S. Hildegardem apud se viderat, ad ipsam sic incipit scribere (ep. 109) : « Postquam diu desiderata præsentia et affabilitate vestra, Deo opitulante, merui relevari a pusillanimitate spiritus, et tempestate priori, aliquantisper quievi, et quia verba vestra non ab humano ingenio, sed a Luce vera... non dubito procedere, consilio vestro, quod proposui facere, distuli adhuc perficere. » Ex responso liquet, ipsam etiam consilia agitasse de officio de- ponendo. Respondet S. Hildegardis breviter: « Ubi vides lutum, illud ablue, et quod aridum est, fac saporem habere. » Deinde monet ne temere de aliis judicet. De solitaria vita sic ipsam instruit : « Quoniam in solitaria vita, quam requirit sonus verborum tuorum, non valeres quiescere propter vicissitudinem diversorum morum : quia tunc novissima tua multo pejora fierent, quam prima, et etiam tam gravia, ut jactura lapidis est. »

85. Abbatissa superioris monasterii Ratisponensis ad S. Hildegardem scribens (ep. 112), « de duabus inquisitionibus, » responsum petit, « si videlicet, inquit, de re, pro qua jam maxime affligitur cor meum, aliquod periculum timendum, vel de Dei misericordia præsumendum sit. » Hoc in alia epistola expositum fuerat. Alterum est de officio abbatissæ deponendo. Ad hoc ita S. Hildegardis respondet: « Nunc autem, dulcissima filia, curam tibi creditam in tali veritate provide, ne propter tædium aut laborem eam dimittas. » Mox hortatur ad studium bonorum operum. Primam vero quæstionem, quæ forsan erat de prædestinatione, gravibus verbis reprehendit.

86. Sacerdos quidam, volens amplecti vitam monasticam, dolensque suum illud propositum differri, ad Sanctam recurrit (ep. 119). Rescribens S. Hildegardis hortatur ad constantiam in proposito: nec tamen edicit locum aut ordinem cui illæ se aggregaret. Ratio silentii non alia erat, opinor, quam quod Deus de illis nihil ipsi revelaret. Sic frequenter observo, ad interrogata non respondere Sanctam, aut solum ex parte respondere, quia plura petebantur quam Deus per ipsam manifestare volebat.

87. Non minus arcanum erat quod quærebat magister quidam Trajectensis (ep. 123), taleque, ut rarissime ea de re responderit Sancta, quando erat interrogata, licet id ipsum personis aliquot piis interrogata indicaverit. Queritur ille se ob peccata sua multis modis esse afflictum. Rescribit Sancta instructionem, et tum addit: « Nunc autem, o serve Dei, in meliore via parvæ fenestellæ in splendido lumine in te apparent, ita quod exoptando bonum desideras. In altera vero via in nigro turbine occupatus es. Sed tu, o miles, cum clara militia surge, et turbinem hunc vince, quoniam gratia Dei te tangit et monet, etc. »

88. Anonymus quidam Weisionensis multum obtestatur Sanctam, non solum ut pro se preces fundat, sed etiam ut apud Deum exquirat arcana his verbis proposita (ep. 133): « Quid sit, quod me toties ad se clamantem de profundis nequitiarum et de luto fæcis eripere dedignatur, si sperare ulterius veniam, si spiritum contribulatum et contritum mihi largiri velit, domina, intenta prece exquire, » etc. Verum S. Hildegardis pro responso ad ejusmodi quæstionem, quam satis clare improbat, rescribit utilem monitionem, ut stabilis sit in bono. Canonicus quidam Trajectensis ita ad S. Hildegar-

dem scribit (ep. 134) : « In humilitate itaque supplico,... quatenus arcana divinæ revelationis de statu meo, præcipue secundum interiorem hominem, mihi in ministerio tuæ manifestationis ad doctrinam et candelam spiritus mei exhibeas. Quod debes quidem ex promisso; quia cum in transitu meo versus Romam irem, hæc a tua charitate impetraverim. » At respondens S. Hildegardis monet ut velocius surgat, et a diabolo fugiat.

§ VII. *Sancta a multis congregationibus consulta de iis quæ emendari possent, aut etiam de arcanis aliis, et invitata ad monita conscribenda.*

89. Hactenus ostendi S. Hildegardem ab abbatibus et abbatissis multis, et ab aliis etiam personis consultam fuisse de rebus occultis, quas sine revelatione divina scire non poterat. Nunc integras clericorum aut monachorum producam congregationes, quæ simili de causa et pari fiducia ad Sanctam scripserunt. Agmen ducat clerus ecclesiæ metropolitanæ Coloniensis, qui S. Hildegardem in urbe sua viderat, et monita salutaria dantem admirabundus audiverat. Unde Philippus decanus cum omni clero ad ipsam hæc scribit (ep. 48) : « Quia maternam pietatem vestram diligimus, vobis notum facimus, quia postquam a nobis recessistis, cum per divinam jussionem ad nos venissetis, ubi verba vitæ, prout Deus vobis inspiravit, nobis aperuistis, in maximam admirationem ducti sumus pro eo, quod Deus in tam fragili vase, in tam fragili sexu hominis, tanta mira secretorum suorum operatur. » etc.

90-92. Remisit Sancta scriptum longissimum, quo gravissimis verbis et Dei nomine negligentiam clericorum in cura animarum, aliaque vitia reprehendit, monitaque dat plurima multasque etiam miscet prædictiones. Circa medium epistolæ multa incipit prædicere mala, quibus Deus Ecclesiam castigaturus erat, quia ecclesiastici nec in moribus nec in doctrina tales erant quales esse debuissent. Tam clare autem prædicit futuros hæreticos, ut ea de re nullum videatur dubium relinqui. Attamen bona aliqua immiscet, et satis declarat hæreticos non omnino prævalituros.

Videtur hic S. Hildegardis Lutheri tempora prædixisse; sed id clarius perspicit, qui omnia non modo Coloniensibus, sed etiam Trevirensibus, et Wernero de Kircheim prædicta, accurate voluerit expendere. Periculum non modicum eo tempore imminuit Coloniæ, quæ archiepiscopum suum vidit ab hæreticis corruptum ; sed feliciter caput erexit et hæreticos expulit, ut Sancta ipsos monere videtur.

93-96. Treviris item fuerat S. Hildegardis, in eadem verisimiliter excursione qua Colonienses invisit. Hinc præpositus S. Petri cum toto clero Trevirensi ad eamdem scribit (ep. 49) ; cui S. Hildegardis prolixe respondit, multa monendo et increpando. Postquam negligentiam pastorum et prælatorum a multis redarguit, ad prædictiones bonorum et malorum futurorum pergit, et non dubito observare, nihil in omnibus istis me reperire quod non fuerit impletum. Facile hoc videbit, qui historiam ecclesiasticam utcunque cognitam habet, modo attendere voluerit quantum Ecclesia sæculo xvi passa sit detrimentum, quantumque eo etiam tempore Catholici doctrina et moribus præstare cœperint majoribus suis, qui multis ante S. Hildegardem sæculis, et aliquot etiam post ipsam vixerunt. Treviris ab hæreticis multum passa est, ut prædixerat Sancta ; sed prævaluit, et mores pristinos emendavit, ut futurum clare enuntiat.

97. Jam vidimus num. 47 epistolam abbatis Eberbacensis ad Sanctam. Eidem quoque cum tota congregatione scripsit Meffridus, prior illius cœnobii Cisterciensis, preces flagitans, et epistolam Sanctæ, quam « de sæcularibus inquiunt (ep. 51), et idiotis ad spiritalem conversationem conversis, quos nos conversos dicimus, Spiritu sancto vos scripsisse audivimus. » Misit haud dubie Sancta epistolam, « ad Griseos monachos, » id est Cistercienses, inscriptam, quæ admodum prolixa est (*resp. ad ep.* 51). Multam sane laudem ordinis illius epistola continet ; sed arguit illos, « quos ipsi conversos vocant, quorum plurimi se ad Deum in moribus suis non convertunt, » inquit Sancta. Alia quoque documenta prudens lector inveniet in eadem epistola.

98. Wernerus de Kirchem (oppidum est Sueviæ in ducatu Wirtenbergensi, ubi etiam fuerat Sancta) « cum cæteris societatis suæ fratribus, » non modo preces S. Hildegardis enixe postulavit, insigni eam ornans elogio, sed etiam, quemadmodum Colonienses et Trevirenses, verba ipsius scripto commendata habere voluit (ep. 52).

99-100. Sancta ita incipit respondere : « In lecto ægritudinis diu jacens, anno Dominicæ Incarnationis millesimo centesimo septuagesimo, vidi vigilans corpore et animo pulcherrimam imaginem, » etc. Sequuntur querelæ gravissimæ illius imaginis, quæ, ut inferius exponitur, Ecclesiam repræsentabat, contra vitia et peccata non levia sacerdotum. Deinde sequuntur prædictiones quæ sæculo xvi omnino impletæ sunt, hoc modo : « Principes enim, et temerarius populus super vos, o sacerdotes, qui me hactenus neglexistis, irruent, et vos abjicient et fugabunt, et divitias vestras vobis auferent, pro eo quod tempus sacerdotalis officii vestri non attendistis. » etc.

101. Nescit sane, quid sæculo xvi factum sit in magna parte Germaniæ, et in aliis quoque regnis, imo in ipsa Suevia, ubi hæc dicta fuerunt, qui non perspicit omnia esse completa. Ad majorem vero prædictionis claritatem observo, hic non addi illam consolationem, quæ additur in scriptis ad Colonienses et Trevirenses, quod civitates istæ in fide deinde sint futuræ magis florentes, sicut revera in Kircheim factum non est. Contra additur alia prædictio, his verbis expressa : « Et iterum ego pau-

percula feminea forma gladium evaginatum in aere pendentem vidi, cujus acies una ad cœlum, altera ad terram versa erat. Et gladius iste super spiritalem populum extendebatur.... Et vidi, quod gladius iste quædam loco spiritalium hominum abscindebat, quemadmodum Jerusalem post passionem Domini abscissa est. » Hoc iterum clarissime factum est Lutheri temporibus. Demum adjungitur hæc qualiscunque consolatio : « Sed tamen vidi, quod plurimos timoratos, puros et simplices sacerdotes in adversitate ista sibi Deus observabit, » etc.

102. Ad S. Hildegardem alia de causa scripsit congregatio fratrum in Hagenbe (ep. 53), discordiis scissa, quod Sanctæ innotuerat, et cui malo jam mederi cœperat. Respondit S. Hildegardis per epistolam longam, quæ de multis vitiis et virtutibus instructionem continet, admonitionemque et adhortationem ad studium virtutum.

103. Sacerdotes in Rutdelingan [forte *Reutlingæ*, vulgo *Reutlingen* in Suevia] ad S. Hildegardem ita scribunt (ep. 124) : « Exsultavimus et delectati sumus in his quæ dicta sunt nobis, scilicet legationem consolatoriam nobis adfuturam. Et exspectantes exspectavimus, et nondum intendisti. » Paulo post innuunt novi aliquid se aggressos, precesque Sanctæ instanter postulant. Suspicor fuisse congregationem sacerdotum, qui vitam religiosam erant amplexi, quique consilia S. Hildegardis sequi volebant. Certe ita respondet Sancta, ac si scriberet ad sacerdotes, qui mundanis rebus nuntium remiserant, dicens : « O quales illi sint qui in peregrinatione vitam requirunt, et qui in exsilio alieni sunt partis illius, quam propter Deum reliquerint. » Cæterum laudat ipsorum propositum, et hortatur ad fortitudinem in servitio Dei.

104. Præfectus cuidam hospitali domui, dictus « magister pauperum in Lutherum, » cum suis S. Hildegardem consulit (ep. 136) his verbis : Salutaria itaque sanctitatis vestræ documenta exoptamus a vobis audire, et statum vitæ nostræ diligenter a vobis intelligere, etc. Rescribens S. Hildegardis, eleganter exponit parabolam hominis qui in latrones inciderat, per Samaritanum sublevati et curati; monetque ut, sicut Christus vulnera Adami sanavit per se et suos, ita ipsi imitentur verum illum Samaritanum, curando scilicet corpus et animam pauperum.

105. Monachi Benedictini Sigebergenses, in diœcesi Coloniensi trans Rhenum, ad S. Hildegardem ita scribunt (ep. 137) : « Quam speciali charitatis affectu vos in matrem spiritualem elegerimus, et in consortium orationum nostrarum susceperimus, omnium secretorum cognitor novit, etc. » Rescripsit demum S. Hildegardis monitionem cum laude cœnobii Sigebergensis, in quo tamen non omnes æque ferventes fuisse insinuat.

106-107. Monachi Hirsaugienses, quorum abbatem S. Hildegardi scribentem vidimus num. 68, alia de causa ad ipsam recurrunt (ep. 138). In cœnobio illo, alias florentissimo, discordia orta erat inter abbatem et priorem, cui major monachorum pars adhærebat. Hi ea de causa Sanctæ sententiam exquirunt. Rescripsit Sancta litteras multum consolationis habentes, quæ pacem reduxerunt. Contumaciam ait inferiorum contra superiores ortam fuisse ex defectu misericordiæ horum, et omnes invitantur ad misericordiam invicem exhibendam. Trithemius, qui discordiam illam narrat in *Chronico Hirsaugiensi*, ad annum 1161, post recitatas S. Hildegardis litteras subjungit : « Postea vero quam fratres has a B. Hildegarde litteras suscepissent, non parum in Domino gavisi sunt, et mentibus compuncti, de pace inter se tractare unanimiter cœperunt. Manegoldus quoque abbas (de cujus ad Sanctam epistola, et hujus responso actum est num. 68) monita virginis secutus, omnem de corde amaritudinem expulit, et se patrem filiis juxta Regulam deinceps sapientissimum pro viribus exhibiturum in omnibus repromisit. Unde fratres dulcedine verborum ejus compuncti, se ut humiles et obedientes patri subjectos præstare in cunctis pollicentur. Per misericordiam itaque omnipotentis Dei, et orationes S. Hildegardis, pax inter dissidentes reformata est, et finis optatus turbationi impositus. » Porro laudatus Trithemius ad annum 1160 scribit, S. Hildegardem tunc Hirsaugiæ fuisse, et monachis illam discordiam, nisi se emendarent, prædixisse. Verum in allegatis litteris nulla fit mentio illius excursionis ad Hirsaugienses, et prædictionis S. Hildegardis. Quapropter, etiamsi revera apud Hirsaugienses aliquando fuerit Sancta, ut videbimus § 12, omnino mihi persuadeo illam Sanctæ excursionem serius figendam. Quod vero spectat ad prædictionem relatæ discordiæ, non aliam fuisse putem quam quæ legitur in epistola ad Manegoldum abbatem, num. 68.

108. Monachi Eberbacenses, quorum abbas S. Hildegardi ante scripsit, ut vidimus num. 47, ut et eorum prior num. 97, unanimi consensu ad Sanctam has detulere preces (ep. 139) : « Precamurque humili petitione, ne quod in nobis corrigendum est, nos celetis ; sed ut Domino, qui vobis multa secreta reserat, placuerit, nobis id insinuare studeatis. » Fecit Sancta quod petebatur, monuitque ut caveant a discordia et contentione.

109. Prior et monachi Zwifeldenses ad Sanctam recurrunt pro reformatione sua (ep. 140). Respondit Sancta per monitionem longam et fortem, qua negligentiam et varia monachorum illorum vitia acriter perstringit, eosque ad pœnitentiam et emendationem hortatur. Moniales Zwifeldenses simili modo ad S. Hildegardem scribunt (ep. 141) : « Rogamus etiam pietatem vestram, inquiunt, ut, cum divinæ visioni insistitis, commonitoria verba ad nos dirigatis, et quomodo a via negligentiæ ad viam correctionis redire debeamus, nobis ostendere non negligatis. » Hisce fortissimam monitionem remisit Sancta, arguens et increpans, hortansque ad

vitam magis regularem. Cæterum de Swifaltensibus Monachos vero ad majorem etiam ex ejus monitis in Suevia monachis et monialibus hic agi, ostendam num. 179

110. Prior et monachi Montis S. Disibodi, quibus S. Hildegardis non poterat non esse notissima, monita ipsius partim precibus, partim querelis exigunt (ep. 142). Rescripsit S. Hildegardis prolixam adhortationem, cui admiscere videtur prædictiones futurorum, quaque monet monachos illos, ut ad primum fervorem redeant.

111. Monachi S. Eucharii Treverensis ad S. Hildegardem tanquam ad matrem scribunt (ep. 143), laudantes Deum, qui, inquiunt, « hæc à sapientibus et prudentibus hactenus abscondit, quæ mirabiliter diebus nostris humilitati tuæ revelat. » Sancta prolixe rescripsit, nonnulla in monachis istis laudans, nonnulla reprehendens, docensque obedientiam, humilitatem, charitatem et alias virtutes. Sequitur epistola « prioris et monachorum Cistellensium » ad Sanctam (ep. 144), quam « ut superiorem et ut charissimam matrem » venerari se dicunt. Si consulimus responsum ad hanc epistolam, videbimus idem hujus responsi esse principium cum initio epistolæ S. Hildegardis, relato in Chronico Alberici ad annum 1153, ubi illa Sanctæ epistola dicitur anno 1153 scripta « Cisterciensi capitulo generali. » Recte, opinor, id habet Albericus, quia Cisterciense cœnobium aliquando etiam vocatur *Cistellense*, ut habet Valesius in *Notitia Galliarum*, pag. 146, et revera *Cistellæ* nomen cum Gallico *Cisteaux* magis convenit, quam vulgare nomen *Cistercium*. Hi autem Cistellenses inter alia S. Hildegardem sic alloquuntur : « Clementiam vestram petimus, ut, quod in nobis et in ordine nostro, scilicet monastico, vobis, imo, divinis oculis displicet, secundum quod Deus vobis ostenderit, nobis rescribere non ambigatis. » Præstitit S. Hildegardis quod petebatur; rescripsit epistolam bene longam, qua vehementer queritur, « dulcissimam charitatem » ab ipsis scissam esse. Priorem tantum epistolæ partem dedit Martenius, quod tria folia a codice abscissa essent.

112. Ultima tandem epistola illarum quas edidit Martenius, ad S. Hildegardem, est « Henrici [imo Helingeri] abbatis et conventus Montis S. Disibodi (ep. 145), » nec responsum Sanctæ ad hunc edidit Martenius. Jam vero occasione mutati nominis Helingeri in Henricum, quæ tam certa est quam notabilis luxatio, lectorem monendum censeo, plura nomina propria hominum aut locorum procul dubio luxata esse apud Martenium, et non pauca me restituere conatum ex Trithemio aut aliunde, non tamen omnia certo emendare potuisse : nam etsi clare subinde videam nomina Germanica ab editore Gallo a naturali sono detorta esse, non æque est facile vera substituere. Malui igitur inemendata relinquere illa quæ non poterant conjectura quasi certa restitui. Epistola Helingeri ostendit fructum quem præsens in Monte S. Disibodi tulerat Sancta

fructum colligendum anhelasse monstrat ipsa postulatio.

113. Altera eorumdem petitio subjungitur hoc modo : « Super hæc unanimi consensu januam vestræ charitatis opportune et importune pro descriptione gestorum ac virtutum, nec non et vitæ patroni nostri, nec non et vestri, beatissimi Disibodi, in cujus domo ab ipsis cunabulis nutrita estis, pulsamus, » etc. Huic petitioni, quantum voluit, satisfecit Sancta. Nam habemus Vitam S. Disibodi, editam apud nos ad 8 Julii. Eadem exstat in codice nostro, qui notatur O Ms. 12. Quid vere ad priorem postulationem responderit S. Hildegardis, et, an omnino ad illam responderit, plane ignoro. Dicit quidem Martenius : « Responsum ad hanc epistolam (Helengeri) exstat inter editas S. Hildegardis epistolas ; sed fallitur, nam solum exstat responsum ad aliam Helengeri epistolam (ep. 39), num. 123 memorandam.

§ VIII. *Sancta etiam consulta de quæstionibus theologicis scripturisticis, aliisque ad fidem vel ad mores spectantibus.*

114. Quanquam non possumus non mirari Sanctam a tot viris, dignitatibus et scientia inclytis, de rebus occultis et arcanis consultam fuisse, magis tamen obstupescere cogor dum perspicio, ad mulierem indoctam, et omnis scientiæ studio acquisitæ expertem, delatas fuisse quæstiones ex theologia subtilissimas, ex sacris litteris difficillimas, ipsamque non dubitasse responsa dare theologica et scripturistica, quamvis aliquando ad quæsita, curiosa magis quam utilia, plenum responsum non dederit. Eberhardus episcopus Bambergensis, qui Sanctam antea inviserat, quæstionem eidem subtilem admodum proposuit, ita scribens (ep. 14) : « Cum de curia imperatoris per te transiremus, quia Spiritu sancto imbuta es, tuæ charitati exponendum commisimus. *In Patre manet æternitas, in Filio æqualitas, in Spiritu sancto æternitatis æqualitatisque connexio*. Quod et nunc, secundum quod Deus tibi revelavit, expositum videre desideramus. » Orditur Sancta a brevi hortatione, qua ad gregem suum diligenter pascendum excitat Eberhardum. Tum Patris æternitatem, Filii æqualitatem, connexionem Spiritus sancti, oratione satis longa et subtili sic exponit, ut doctissimus theologus multum sudaret, et frustra fortasse, ad talem expositionem dandam. Concludit demum epistolam hoc modo : « Nunc, o pastor et Pater populorum, Deus tibi det, ut ad lumen pervenias, ubi scientiam veræ beatitudinis accipias. »

115. Sacerdos quidam, cujus nomen per C solum designatur, multum se precibus S. Hildegardis commendat (ep. 43), ut, inquit, « orationibus vestris ad Dominum adductus, merear illuminari, et a cæcitate cordis sanari. » Et mox : « De corpore et sanguine Christi, in quibus tota spes fidelium est, etiam docete me, » etc. Respondere sic incipit

Sancta : « In vera visione vigilantibus oculis de sacramento Dominici corporis hæc verba audivi et vidi : Deus id, quod fuit, permansit; et, quod non erat, assumpsit. » Subjungit Incarnationem Filii Dei, eaque enarrata, ita pergit : « Itaque eadem virtus Altissimi, quæ in utero Virginis carnem operata est, super altare ad verba sacerdotis oblationem panis et vini in sacramentum carnis et sanguinis convertit, virtute sua illud fovens. » Addit alia multa quæ brevitatis causa mitto, ibidem videnda.

116. Wibertus aut Guibertus, monachus Gemblacensis, ordinis S. Benedicti in Brabantia, triginta et octo quæstiones difficillimas, ex Veteri Novoque Testamento, et ex historia ecclesiastica collectas, quas monachi Villarienses, abbatiæ item in Brabantia celeberrimæ, ad Sanctam proficiscenti commiserant, S. Hildegardi transmisit, eamque per litteras rogavit, ut earum solutionem aggrederetur. Cur eas ipse non tulerit in litteris (nunc inter opuscula) exponit. Aggressa est Sancta opus arduum quod proponebatur, et ad omnes quæstiones respondit. Attamen tale est responsum istud, ut dubia omnia non solvantur. Responso addidit litteras elegantes, quibus Wibertum hortatur ad virtutes instituto monastico congruas et necessarias, maxime ad cnaritatem et humilitatem.

117. Congregatio coenobii Hunniensis utilem magis pro vita recte instituenda doctrinam a S. Hildegarde petiit, videlicet expositionem Regulæ S. Benedicti, dicens ad eam se confugere « in necessitatis articulo, tanquam ad firmissimum inexpugnabilis municipii asylum, ac post magnifica elogia, hæc subdens : « Pedibus sanctitatis vestræ convoluti, omnes in commune petimus pietatis vestræ almitatem ut aliquid super Regulam B. Benedicti Patris nostri memoriale vestrum relinquatis, admodum nobis necessarium... » Fecit Sancta quod rogabatur, et in Regulam S. Benedicti scripsit commentarios, post epistolas ipsius impressos.

118. Sacerdos quidam Trevirensis, qui curam animarum habebat, simul flagitat pro se preces S. Hildegardis, et « consolatoria verba (ep. 125), » ac deinde addit : « Et quomodo his præesse possim, quos sub regimine sacerdotii regere debeo, benigne insinuetis. » Breviter quidem ad hæc, pulchre tamen, aliqua documenta rescribit Sancta. Primo monet, ut peccatorem « medicus frequenter cum misericordia ungat, nec fetentem livorem in illo esse sinat, quia lepra per summum Medicum abstergitur, ubi se homo sacerdoti ostendit. » Secundo observat, aliquos venire sine debita præparatione et proposito se emendandi. Addit tertio : « Homo autem, qui semper cum dolore iniquitates suas deserit, ita quod non vult in sordida peccata sæpius demergi, non est prædicto modo ligandus, sed in doloribus suis ungendus, in quocunque loco sit. Magnus enim Medicus vigilantes suscitat, et dormientes corripit, et in malis suis perseverantes occidit. »

119. Magister quidam theologus Parisiensis ostendit (ep. 127), magnam etiam fuisse Parisiis famam S. Hildegardis. Nam post varia elogia, difficilem et subtilem ei proponit quæstionem, ita scribens : « Nos autem, quamvis a te longe positi simus, fiduciam in te habentes, quædam a te petimus; scilicet quoniam plurimi contendunt, quod Paternitas et Divinitas Deus non sit, quid inde in coelestibus sentias, nobis exponere et transmittere non differas. » Error ille erat Gilberti Porretani episcopi Pictaviensis, qui illum retractavit anno 1148 in concilio Remensi, agente maxime S. Bernardo. Ad propositam quæstionem insigni cum humilitate respondet S. Hildegardis, comparans se cum parva penna, quam de terra levat, et volare jubet Deus.

120. Frater quidam (ep. 128) multum conqueritur de schismate, quo divisa tunc erat Ecclesia; sed ea de re tunc S. Hildegardis nihil respondit. Ille vero in fine aliam proponit quæstionem his verbis : « Nam a malignis spiritibus multoties tam occulte quam aperte impugnor, qui me plurimum fatigant et seducere volunt : et quid de his sentias, rogo, ut per scripta tua mihi renunties. » Ad hanc quæstionem prolixe satis respondit Sancta, dividens aerios spiritus in quatuor partes, hominesque variis modis ab illis tentari asserens. Primæ parti attribuit tentationes « per luxuriam..., in omni genere vitiorum. » Secundam partem dicit dominari « in omni inconstantia, et hominem, inquit, in insanam iracundiam immittit. » De tertia ait, eam « velut in ostensione angelorum et prophetiæ » errores producere, multumque lædere « in vana gloria per jactantiam et per contumaciam. » Quartam demum partem ait « in multiplici diversitate » familiarius agere cum hominibus, abhorrere tamen a cruce et passione Domini; permittere vero « quædam bona in hominibus, » sed « ipsis in eisdem bonis moderationem abstrahere. »

§ IX. *Multi ad Sanctam scribunt, ut preces, consolationem, monita aliaque similia obtineant : quibus illa rescribit.*

121. Vidimus S. Hildegardem a multis fuisse consultam de rebus arcanis, aut de quæstionibus difficilibus. Nunc eamdem videbimus plurimorum litteris pulsari variis de causis, ac si commune fuisset omnium fere refugium. Primam hic pono S. Elisabetham Schonaugiensem, quæ eodem tempore in dioecesi Trevirensi florebat, et multis revelationibus inclaruerat. Citius tamen obiit S. Elisabetha, nimirum anno 1165, ut apud nos ostensum est ad Acta ipsius, data ad 18 Junii (*Patr.* t. CXCV), ubi etiam recitatur epistola satis prolixa, quam ad impetrandam consolationem scribit ad S. Hildegardem. (ep. 45).

122. Respondit S. Hildegardis de more præmittens non se loqui de suo ingenio, « sed de serena Luce. » Tum disserit de homine, et de inspiratione Dei, qua

homines aliquos præ cæteris illustrare dignatur. Demum ad S. Elisabetham ita se convertit : « Audi, o sollicita filia, quia homines istos, quos inspiratio Dei ita imbuit, aliquantulum fatigat ambitiosa suggestio antiqui serpentis... » Ex Chronico Alberici monachi, ad annum 1155, colligitur, S. Hildegardem aliquando etiam a S. Elisabetha visitatam fuisse.

123. Helengerus, abbas S. Disibodi, et Cononis anno 1155 successor, qui S. Hildegardem diu noverat, ita eidem scribit (ep. 39) : « Cum totus mundus veraci præconio clamet vos sancti Spiritus ditatam esse jubilo, ego, qui primus debueram esse, et alios ad beatitudinem vestram invitare, huc usque inerti tædio delitui : sed nunc tandem timore et pudore correptus, his verbis vos salutare necessarium duxi. » Mox se ipse accusare incipit, et conqueri de male observata in suo monasterio disciplina regulari. In fine vero ait : « Consolationis ergo vestræ scripta humilitati meæ dirigite, » etc. Rescripsit Sancta multum hortando ad emendationem vitæ. Demum circa finem hæc addit : « Ego autem paupercula video in te nigerrimum ignem contra nos accensum : sed ejus in bona scientia obliviscere, ne gratia et benedictio ipsius a te recedat tempore officii tui. » Habuit revera S. Hildegardis difficultates cum abbate S Disibodi circa liberam electionem directorum suorum, ut postmodum videbimus.

124. Abbas S. Emmerami Ratisponensis (qui provisorem se vocat in inscriptione, sed epistola utraque satis innuit præfectum fuisse sive abbatem cœnobii) opem S. Hildegardis pro alio implorat, (ep. 35). Utrum fuerit monachus, an alius, qui mittebatur ad Sanctam, non liquet manifeste; nec invenio quo successu S. Hildegardis pro ipso laboraverit. Attamen ex hujus responso suspicor monachum fuisse gravibus conscientiæ stimulis et fortasse scrupulis agitatum. Qualiscunque fuerit, Sancta abbatem gravibus verbis hortatur ad curam gregis sui.

125. Abbas Neuenburgensis magno etiam cum affectu scribit ad S. Hildegardem (ep. 36), dicitque belli timore impeditum se fuisse, quominus ad ipsam veniret. Tum preces ipsius studiose flagitat. Rescripsit S. Hildegardis, ipsumque hortata est ad fortitudinem in cura pastorali, recte observans belli tempore non abjicienda militi arma ob difficultates exortas. Similia per litteras (ep. 44) petit abbatissa in Elostal, insigne texens Sanctæ elogium. Breviter, sed amice admodum rescribit S. Hildegardis, ipsam animans ad laborem pro suis continuandum. Prudentia tamen opus esse in Dei servitio, recte observat. Similiter amicam epistolam (ep. 46) scribit G. præpositus Francofurtensis, cui illa respondit per adhortationem seriam ad mores corrigendos.

126. Epistolas olim editas quæ huc spectant, hactenus recensui. Accedunt aliæ multæ apud Martenium tom. II *Collect. Ampl.* nuper vulgatæ. Hic scribit (ep. 63) abbas Mulenbrunnensis (alias *Mulbrunnensis* in diœcesi Spirensi et in ducatu Wirtenbergico) petens litteras , « quibus instruatur, confortetur, consoletur corpus ipsius et anima. » Abbas S. Michaelis Bambergensis, morti se propinquum credens, preces S. Hildegardis vehementer rogat (ep. 64), et « scripta consolationis. » Utrique sic rescripsit Sancta, ut ad virtutem hortetur, et instructionem utilem subministret. Abbas S. Eucharii Trevirensis ad Sanctam scribit (ep. 67), preces flagitans et « admonitoria verba. » Idem rursus litteris aliis (ep. 68) exigit « litteras promissas, » et in fine addit : « Sed et etiam, quod tibi visum fuerit de negotio tibi commisso, rescribas. » Ad priorem epistolam S. Hildegardis apta rescripsit ad pascendum gregem monita, uti etiam ad secundam.

127. Abbas Bosonis-villæ in Lotharingia, cum ob turbas in cœnobio suo ortas infamia laboraret cum monachis, ad S. Hildegardem scribens (ep. 69) flagitat super hoc « aliquod consolationis verbum, » et preces, quibus reconcilientur « Deo et hominibus. » Rescribens S. Hildegardis, cœnobii illius statum exponit, et ad emendationem hortatur. Nicolaus, abbas Halesbrunnensis (Trithemio *in Heilsbronn*), insinuans (ep. 71) se solitum S. Hildegardem subinde visitare, litteras, quibus præmoneatur petit, ac preces, quibus a malo eripiatur. Rescribit Sancta, ipsius intentionem laudans, ipsumque ad laborem adhortans. Addit alia quædam obscuriora. Hanc sequitur epistola (ep. 72) quinque simul abbatum ordinis Cisterciensis, ac diœcesis Bisontinæ, videlicet Bellæ-vallis, Cari-loci, Clari-fontis, Charitatis et Bethaniæ. Hi duo diversa petunt, Sanctam prius magnifico elogio ornantes. Primum sic exprimunt : « Quatenus aliqua nobis de nostro statu divinitus vobis revelari, nobisque insinuare curetis, humillime deposcimus. » Alterum hoc modo : « Sed hæc mulier præsentium latrix, femina nobilis est, et cujusdam amantissimi viri uxor est. Hæc devotione multa venit ad te humilis et pedestris, cum in equis et multo comitatu possit venire. Causa autem hæc est adventus ejus. Jam multo tempore sterilis permansit, cum tamen primum pueros generavit; sed illis mortuis, et alios non gignens, dolore vehementi afficiuntur ipsa et maritus ejus. Hinc est, quod ad te ancillam et familiarem Christi confugit, habens fiduciam, quod meritis et orationibus tuis obtineas apud Deum , ut possit adhuc fecundari, et benedictum fructum ventris in prolis procreatione exhibere Christo, » etc. Ad primum S. Hildegardis cum laude illorum abbatum egregia reposuit monita et documenta. Ad secundum ita respondit : « Quod vero matronam Dei adjutorio fecundari petitis, hoc in Dei voluntate et potestate est ; quia ipse novit, ubi prolem concedat, ubi prolem auferat... Ego enim, quoniam rogastis, pro

ipsa Deum orabo ; sed ipse faciat, quod inde pie et misericorditer fieri disposuit.

128. Abbas Eberburdæ, extra Germaniam positus, forsan Averbodiensis in Brabantia, cum hujus abbatiæ nomen Belgicum et Gallicum utcunque cum *Eberbude* consonet, epistola satis prolixa, et elogiis plena (ep. 73), preces S. Hildegardis postulat. Hæc contra hortatur ut gregem suum diligenter pascat, et in se etiam oculos deflectat. Alius abbas (ep. 75), qui frequenter coram egerat cum S. Hildegarde, quam cum antiquis prophetis comparat, petit « verba consolationis, » quibus « in procellis fluctuantium erigat. » Illa vero per varias figuras ipsum hortatur ad strenue vigilandum, « antequam, inquit, umbra obitus tui appropinquet. » Præpositus de Flanheim « tunc Regularium, » ait Trithemius, diœcesis Moguntinæ, ita preces suas S. Hildegardi proponit (ep. 76). « Interim igitur accepta sit vobis, quæso, devotio mea : et, sicut dudum verbo rogavi, orate pro me ad Dominum, ut vobis revelet, quæ circa me sunt, » etc. Monet Sancta ut strenue vigilet, et ovile suum corripiat, hæc in fine addens : « O bone miles, nunc surge, quia gratia Dei ad te currit, et in æternum vives, ita quod vivens lapis sis in cœlesti Jerusalem. « Prælatus monachorum in Elvestat conqueritur (ep. 79) de non accepto ad litteras suas responso, et preces S. Hildegardis postulat. Hæc vero rescribens, videtur in illo aliquid scrupuli improbare, illumque hortari ad sacrificandum, dicens : « Tu habes fiduciam cogitando in Filium Dei : sed tamen dubitas cibum illum frangere, quem ipse comedere vis in dictante mente tua » etc.

129. Prælatus in Selboth, in diœcesi olim Moguntina, magnis elogiis S. Hildegardem celebrans, non modo preces enixe flagitat (ep. 80) : sed etiam hæc addit : « nec de hoc ambigo, quin omnem statum meum, et omnia quæ circa me aguntur, præterita, præsentia et futura, per præsentes litteras, ipso revelante, cognoscas. Unde, si ullo modo vilitas parvitatis meæ id petere præsumit, pedibus sanctitatis tuæ toto animo et corpore submissus deprecor, ut pro eodem statu meo, sive admonendo de præteritis atque præsentibus, sive præmonendo et cautum faciendo de futuris, et vitæ meæ fine, si id contrarium tibi non sit, per scripta tua animam meam lætificare ne dedigneris. » Respondit S. Hildegardis ad petita, non tamen ad omnia. Humilitatem vero ipsi maxime necessariam esse insinuat, et hanc addit rationem : « Quia Deus non habitat in illo habitaculo quod in se ipso stare vult, sed amat domum illam quæ se nescit, et dat illi unguentum optimum. » Præpositus in Herde (ep. 81) ita ad Sanctam scribit : « Quas gratiarum actiones, Domina et Mater sanctissima, vestræ condigne referre poterimus pietati, quæ ad visitationem nostri monasterii, nec imbecillitatem nimiam corporis vestri attendere voluistis, nec difficultatem itineris præ nimia cordis vestri dulcedine abhorruistis : et rursum iterata visitatione nos lætificare studuistis. » Deinde preces flagitat et « rescripta. » Rescribens S. Hildegardis hortatur ut in loco suo stet, ac si petiisset consilium de loco mutando, quod præsens fortasse fecerat.

130. Præpositus Augustinianorum Hameliensis in ducatu Brunswicensi, qui S. Hildegardem aliquando inviserat, diuturna corporis infirmitate fatigatus, preces et scripta Sanctæ postulat (ep. 82). Et hoc adjicit : « Finem laborum, si licet, Sanctissima, ut remandes, imploro. » Reposuit Sancta instructionem et adhortationem ad corporis infirmitates fortius et constantius tolerandas ; sed laborum finem non memorat. Abbas in Wadego (apud Trithemium *in Wadegos*. Wadegotiensis designatur seu Vadegotiensis, ordinis Præmonstratensis in diœcesi Trevirensi) vehementer Sanctam videre desiderans, visitationem ipsius flagitat (ep. 83), saltem « scripto et precibus, si nequit præsentia corporali. » Misit illa scriptam epistolam, qua hortatur ad cautelam et pœnitentiam. Sic præpositus in Underesdorf (Trithemio *in Elversdorff*) brevi epistola (ep. 84) « auxilium consolationis » a S. Hildegarde petens, responso ipsius monetur ut Deum timeat, in ovibus pascendis fortitudinem adhibeat, et candorem in verbis. Præpositus Erfordiensis in Thuringia commendat « familiarem » suum (ep. 90), « amore Dei proficiscentem ad S. Hildegardem, cujus etiam preces flagitat. Rescripsit S. Hildegardis salutaria monita, inter alia dicens : « Cessa a peccatis tuis, quoniam Deus non vendidit te in perditione, sed requirit te in perdita ove, quæ revocata est ad vitam. » Hartmannus præpositus ecclesiæ metropolitanæ Moguntinæ postulat doceri (ep. 91) quid in se Deo displiceat, et quomodo illud emendare possit. Reposuit Sancta monitionem, ut fugeret duplicitatem, et alia quædam vitia, ita finiens : « Nunc autem ora et confide, quod Deus non derelinquat te, et aurora cito ad te procedet in liberatione. »

131. Heldericus, præpositus S. Simeonis Treverensis, preces S. Hildegardis flagitat (ep. 92), eamque insigni celebrat elogio. Reposuit Sancta hortationem seriam, ad « rubiginem peccatorum abstergendam, antequam umbra mortis superveniat. » Præpositus in Knethstede, ordinis Præmonstratensis in diœcesi Coloniensi, multum de Sancta confidens (ep. 93), quærit « remedium consolationis, » cupitque doceri, « quo ordine magis placare possit offensam divinæ majestatis. » Rescribens Sancta hortatur ad magnam de Dei ope fiduciam. « Tu etiam, inquit, in ipsum confide, ita quod omnia opera tua ante eum ponere non erubescas, et dic, sicut filius patri suo dicit, cum delinquens corripitur, quod prolis suæ in ipso non obliviscatur. » Præpositus Bonnensis (ep. 94) mirum in Sanctam declarat amorem, quia, ut dicit, ipse probaverat omnia quæ ante de ipsa per famam audiverat. Respondens S. Hildegardis, egregiam mittit instructionem, hortans maxime ad mundi contemptum.

132. Abbatissæ quoque complures ad S. Hildegardem recurrerunt, ut preces, consolationem, monita salutaria, aliaque similia ab ipsa impetrarent. Inter has prima occurrit Hadelheidis, abbatissa Ganderheimnensis (ep. 96), in ducatu Brunswicensi, olim Sanctæ discipula, quæ suum declarat affectum, preces pro se et pro grege suo petit, venturam se « expedito tempore » ad Sanctam promittit, « ut ore, inquit, ad os loquamur, manu ad manum, quod bonum est, operemur; sicque antiqua stabilietur societas, quam in nobis confirmet Deus charitas. » Rescribens S. Hildegardis, hortatur, ut uni Deo constanter servìat. Altera abbatissa loci non nominati preces similiter postulat, et « consolationis litteras (ep. 97). » Hanc Sancta respondens hortatur ad constantiam, et fiduciam de Deo. Abbatissa in Wethderswinkele (Trithemio *in Wekerswinkel*, legendum *in Wechterswinkel*, eratque ordinis Cisterciensis in diœcesi Herbipolensi) cupit assumi in filiarum S. Hildegardis numerum (ep. 98), petitque ipsius orationes, et « litteras commonitorias, quas, inquit, pro Dei amore libenti animo semper observabo. » Huic Sancta sic respondet : « Vivens Lux dicit: Aridum sabulum inutile est, et terra quæ per aratrum nimis frangitur, rectum fructum non dabit... Et sicca terra quæ saxosa est, germinat spinas atque alias inutiles herbas. Sic incongrua abstinentia, quæ non habet justum modum et rectum statum, prosternit carnem hominis, quia non datur ei viriditas justæ refectionis : unde etiam homo arescit, » etc. Tota epistola pergit idem argumentum pulchre tractare. Abbatissa de Altena (ep. 99) queritur de non acceptis diu litteris, easque petit. Respondet Sancta per varias parabolas, quibus hortatur ad fortiter Deo serviendum.

133. Abbatissa S. Mariæ Ratisbonensis (ep. 102) sibi multum gratulatur de notitia S. Hildegardis, quam sibi fuisse saluti declarat, imo et meritis ipsius, « in articulum mortis ruentem, » se servatam insinuat. Sancta vero ipsam hortatur ad patientiam, monetque ut ab ira caveat. Abbatissa in Koufungim (Trithemio *in Kessungen*) hæc ad S. Hildegardem scribit (ep. 103) : « Celebre factum est in ore omnium volumen illud volans, quod prophetæ datum est in escam, in tuo quoque ore..... requiescere... Discurre autem, festina, excita Ecclesiam, imo principes Ecclesiæ... Virgam enim ab Aquilone super iniquitatem vigilantem te vidisse, et gaudemus et contremiscimus : unde et litteras tuas consolatorias recipere desideramus » etc. Ad hæc nihil respondit S. Hildegardis, sed serio monet abbatissam de vita emendanda ante mortem, quam non longe abesse prædicit. « In spiritu, inquit, veraciter tibi dico : animam tuam custodi.... Hoc ante diem mortis facito... » Abbatissa in Gerbestethde (apud Trithemium *in Gerbstede*) preces S. Hildegardis flagitat (ep. 104). « Præterea rogo, inquit, ut aliquid mihi de libris vestris transmittatis, omni devotione semper deserviendum. » Rescripsit Sancta disserens

de lapsu Adami, et de Incarnatione Christi, qui hominem lapsum reparavit.

134. Abbatissa Montis S. Cyriaci prope Erphordiam (ep. 105) enixe pro se suisque flagitat preces S. Hildegardis. Hæc vero prædictæ abbatissæ charitatem non parum laudat, sed in ea requirit mentem magis quietam. « Omnia, inquit, quæ pro anima tua poscis, implebo. Nunc cessa de inquieta mente, et quietem tibi assume. » Monet etiam, ne corpus nimia abstinentia frangat. Demum in fine hanc dat consolationem : « Video animam tuam valde rutilantem in puro homine. » Abbatissa in Lubboldesberge (apud Trithemium *in Lubbelsberg*) (ep. 106) consolationem afflicta quærit ; et hanc abunde obtinuit. Nam S. Hildegardis, laudans ipsam, quod abstineret a peccatis, hæc subdit : « Unde video te sicut rutilantem fulgorem solis per inspirationem Spiritus sancti, nec omnino exsilium perditionis; sed aspicientem ad solem sicut aquilam per pœnitentiam, quæ dulcissima mater est : et ideo Deus valde amat te. » Abbatissa alia loci non expressi (ep. 106) queritur, multum se affligi et periclitari « tentationibus malorum spirituum. » Reposuit Sancta monitionem egregiam.

135. Abbatissa Bambergensis (ep. 110) cupit « in consortium fraternitatis » a S. Hildegarde recipi, et « commonitoriis litteris » confirmari. Rescribens Sancta ipsam hortatur ad laborandum apud populum, et ad filias suas sub disciplina continendas. Abbatissa Veteris-monasterii Moguntini (ep. 111) ita S. Hildegardem alloquitur : « Si aliquantulum, Domina mea, de infirmitate vestra convaluistis, gaudeo : sin autem, ex animo condoleo. » Preces insuper petit, et litteras. Respondet Sancta : « Voluntas Dei quasi in signo mortis me straverat, velut anima mea de hoc sæculo suspiraret : sed gratia Dei aliquantulum me in novo dono nunc erexit. » Addit, Deo gratum esse commiserationis affectum, ipsamque hortatur ad constantiam in Dei servitio. Abbatissa Nussimensis (Trithemio *in Nusia*) multum sollicita, « causam animæ » suæ se S. Hildegardi permittere scribit (ep. 113), et rescripta petit. Hanc Sancta ad pœnitentiam hortatur, et ad bona opera, priusquam moriatur, facienda. Abbatissa Coloniensis (ep. 114) ad S. Hildegardem, quam habere matrem cupiebat, filiæ instar scribit, ut ab ea consolationem obtineat. Reposuit Sancta instructionem brevem, ut constans esset in bonis. Abbatissa de Didenkirkim (apud Trithemium *in Didenkirchen*) juxta Bonnam, quam Sancta ante inviserat, enixe rogat (ep. 115) « commonitoria verba. » Rescripsit S. Hildegardis instructionem satis prolixam ad recte regendum, et ad mores suos corrigendum.

136. Abbatissa Auturnacensis (apud Trithemium *prope Andernach* (ep. 116) varia inquirit de consuetudinibus monasterii S. Hildegardis, quarum quod novæ viderentur, reverenter rationem petit abbatissa, aliquot etiam Scripturæ textus objiciens.

Rescripsit S. Hildegardis epistolam prolixam, in qua rationes reddit de ornatu monialium suarum, et de instituto suo recipiendi solas nobiles, prout ibidem videri poterit. Abbatissa de Crouchdal [Crudendal] (alia verisimiliter, quam cujus epistolam memoravi num. 84, cum in altera *H.* nomen indicet, in altera *A.*) (ep. 117) magno studio flagitat, ut S. Hildegardis indicet, quo modo « pro excessibus » suis Deum placare possit. Rescripsit Sancta longam instructionem, in qua multas virtutes commendat, maxime charitatem, obedientiam et humilitatem.

157. Sanctimonialis quædam, littera *G.* nomen suum indicans (ep. 118), olim discipula S. Hildegardis, sed diu ab illa et longe remota, verisimiliter quia ad aliquam dignitatem erat promota, suum in Sanctam amorem declarat his verbis : « Quid scribam vel quid dicam tam unicæ tamque in Christo dilectissimæ Matri, » etc. Subjungit spem suam de ea adhuc videnda, et preces enixe flagitat. Ad hæc Hildegardis magna cum laude et consolatione illius virginis respondet, circa finem sic eam alloquens : « Nunc autem de te gaudeo, quia in te completa sunt, quæ de te audivi et desideravi, et tu mecum gaude... » Et concludens : « Gaude igitur et lætare in Deo tuo, quoniam in æternum vives. » Aliquis anonymus (ep. 120) multum se excusat, et veniam petit, quod Sanctam diu non visitasset, ne litteris quidem : et miram ipsius affabilitatem simul exprimit. Remisit Sancta brevem instructionem, qua hortatur ad mundi contemptum. Monachus quidam Benedictinus (ep. 121) flagitat preces, et « litteras correctionis. » Rescribens S. Hildegardis, desideria ipsius bona laudat, ipsumque instruit, ut sint puriora, ipseque sit fortis.

158. Alius anonymus (ep. 122) preces S. Hildegardis flagitat his verbis : « Cognosco me peccasse, orate pro me. Non quæro terrenum lucrum, non rem transitoriam, sed gratiam Dei mei, et salutem animæ meæ. Succurrite mihi, » etc. Respondit Sancta hortando ad pœnitentiam, cujus quinque gradus assignat. Quidam frater (ep. 126) queritur, peccatis se gravatum, et « blasphemiæ spiritu » circumvallatum. Huic S. Hildegardis instructionem remittit, in qua dicit : « Unde et homo, qui per scientiam boni et mali se multum peccasse recordatur, cum ad Deum suspirat, denuo per pœnitentiam in Deo renascitur. » Decanus S. Martini Moguntini, cupiens videre iterum S. Hildegardem, magno cum affectu (ep. 129) litteras ipsius petit, quibus consolationem obtineat. At illa utilia magis, quam blanda, rescribere solita, serio hortatur ad pœnitentiam. Alius cuidam congregationi præfectus (ep. 130) se suamque congregationem precibus S. Hildegardis multum commendat. Hæc vero rescribens, docet variis similitudinibus, à quibus in regimine suorum cavere debeat. Monachus quidam Mulenbrunnensis [al. Mulbrunnensis] (ep. 131) petit a S. Hildegarde, ut sibi mittat « aliquid de cœlesti admonitione. Mi-

sit revera ad ipsum Sancta elegantem instructionem, qua egregie docet, illos, quos præteritorum peccatorum pœnitet, et qui se emendare student, benigne recipi a cœlesti Patre familias, non vero tædiosos, qui contra superiores suos obmurmurare volunt magis quam se emendare.

159. Monachus Ebrensis, ordinis Cisterciensis, humillimis litteris (ep. 132) orationes et verba consolationis a S. Hildegarde petens, responsum accepit, cujus hoc est initium : « Video quod Deus faciem suam a te non abscondit, sed cum flagellis suis te constringit, sicut ipsi placet. Item in animam tuam, et in gaudium corporis magnum lumen consolationis Dei venturum video, cum ipse voluerit. » Addit alia similia ; sed monet ut quædam inutilia fugiat. Monachus quidam et presbyter (ep. 135) multum sibi gratulatur, quod benevole a S. Hildegarde fuisset exceptus, petitque sequentia : « De cæteris, inquit, quæ vobiscum secretius contuli, cum opportunum fuerit, scriptis me certificare curabitis. » Rescribit Sancta pulchram parabolam de tribus mulieribus, quam lector inveniet in hac epistola.

§ X. *Epistolæ quædam S. Hildegardis ad Philippum abbatem Parcensem, et hujus ad ipsam ex ms.: gesta cum S. Gerlaco: aliæ epistolæ serius ad Sanctam datæ cum responsis ejusdem.*

140-145. Joannes Masius, abbas Parcensis, ordinis Præmonstratensis, prope Lovanium, anno 1641 ad Bollandum transmisit tres epistolas S. Hildegardis ad Philippum abbatem Parcensem, et unam Philippi ad Hildegardem, quam aliquando inviserat. Cum autem duo abbates Parcenses contemporanei fuerint S. Hildegardi, qui ambo *Philippi* nomen habuerunt, merito dubitarem utrum primus an secundus fuerit Philippus qui illud litterarum commercium cum Sancta habuit, nisi epistolis addita esset hæc adnotatio : « Fuit iste Philippus secundus abbas Parcensis ab anno Christi 1142 usque ad annum 1165, vir non tantum multum pius, sed et doctus. Unde plurimos libros suo tempore in pergameno exscribi curavit, qui adhuc modo exstant. » Inter hos numerantur *Visiones S. Hildegardis*. Fuit ille Philippus primus, sed inter abbates secundus, cui post breve alterius regimen Philippus II successit, ut hic æque ac primus a S. Hildegarde litteras accipere potuerit. De epistolis porro huc missis tale testimonium dedit ipse Masius : « Copiæ supra positarum epistolarum R. D. Philippi abbatis Parcensis ad S. Hildegardem, et S. Hildegardis ad ipsum R. D. Philippum, sunt extractæ et exscriptæ ex antiquissimo codice bibliothecæ nostræ Parcensis, et de verbo ad verbum cum originalibus conveniunt. Quod testor hac x Octob. 1641. JOANNES MASIUS abbas Parcensis. » (*Epistolæ supradictæ exstant nunc in libro epistolarum S. Hildegardis ordine* 56, 57, 58, 59.)

146. Cum autem versemur in Belgio, lubet hoc loco referre quid S. Hildegardi intercesserit commercii cum S. Gerlaco eremita, qui ipsius tempore vitam valde austeram duxit in ducatu Limburgensi, duobus fere milliaribus Belgicis a civitate Trajectensi, et in hodierna diœcesi Ruræmundensi, ubi modo est cœnobium virginum ordinis Præmonstratensis, *Sanctus Gerlacus* dictum. Auctor Vitæ S. Gerlaci, datæ ad 5 Januarii, cap. 8, ad propositum nostrum scribit sequentia : « Erat eo tempore in partibus Maguntiæ virgo quædam sanctissima, Hildegardis nomine, famosissima illa prophetissa Novi Testamenti, cum qua familiariter locutus est Deus, et ostendit ei secreta cœlestia. Hæc per manum sanctæ memoriæ domini Henrici Maguntinensis archiepiscopi sacro velamine Domino consecrata, cum nullis litteris, nisi tantum Psalmis Davidicis esset erudita, per Spiritum sanctum edocta, de divinis oraculis et sacramentis sibi revelatis grandia edidit volumina..... Hæc per multa temporum curricula doctrinæ salutaris lampade sanctam Ecclesiam illuminavit, epistolis ad diversas personas missis corroboravit, et claris miraculis illustravit. »

147. « Hæc igitur Christi sponsa, dum Regem et Dominum dominantium sedentem in throno more solito in vera videret visione, et assistentium ei sanctorum distinctos ordines et choros lustrando circuiret, inter confessorum splendidissimum chorum sedem conspexit lucidissimam, inæstimabili decore circumdatam, et mirifice adornatam. Et videns, vehementer super hoc admirata, didicit divino edocta oraculo, hanc gloriam et honorem sancto præparatam esse Gerlaco, qui S. Servatium quotidiana peregrinatione frequentaret in Trajecto. Hac revelatione virgo Domini de meritis B. Gerlaci certificata, tota in ejus sacrum amorem succensa flagravit; et in signum perpetuæ, quam cum eo quandoque perceptura erat, societatis et felicitatis, coronam, qua in die consecrationis suæ ab episcopo coronata est, ei transmisit: quæ hujus rei testis, devote nunc usque in ecclesia nostra conservatur. » Hæc auctor anonymus quidem, sed S. Gerlaco et magis Hildegardi suppar, cum cap. 16 narrat se egisse cum aliquo sene qui S. Gerlacum viventem cognoverat.

148. Supersunt aliquæ illustrium virorum epistolæ, necdum memoratæ, quas in hunc locum distuli, quia datæ sunt posterioribus S. Hildegardis annis, ut ex his perspiciat studiosus lector insignem sanctitatis et sapientiæ cœlestis famam, qua circa annum 1148 Sancta inclarescere cœpit, usque ad obitum ejus continuatam esse. Rudolfus, alias Rodulfus episcopus Leodiensis ab anno 1168 usque ad 1191, ad S. Hildegardem scribit (ep. 19), « in maxima mentis et corporis fluctuatione constitutus, » quia, ut fatetur, et alii scriptores consentiunt, « innumeris malis » Deum offenderat. Petit autem preces et rescripta Sanctæ « ad excitandam somnolentiam, » in qua erat, et « ut vel ultimam æternæ quietis sortiretur mansionem. » Rescripsit S. Hildegardis, hortando ad vitam bonam, et ad curam animarum, finitque epistolam his verbis : « Deus te protegat, et animam tuam de æterna pœna liberet. »

149. Godefridus episcopus Ultrajectinus (ep. 20) suum erga S. Hildegardem affectum declarat his verbis : « Soror charissima, ex quo primo te cœpi in Christi charitate diligere, nunquam memoria tua, super mel et favum dulcis, in animo meo potuit excidere, » etc. Reposuit S. Hildegardis adhortationem seriam et satis claram.

150. Episcopus Pragensis, cujus nomen littera *H* innuitur, ad sanctam etiam scripsit (ep. 21). Fuerit fortasse Henricus qui episcopatum Pragensem adeptus certe non est, nisi sub finem vitæ S. Hildegardis: nam huic nullus alius Pragensium episcopus convixit cum illo nominis initio. Quisquis fuerit, ad Sanctam scribit postulans, ut orationibus suis subveniat, et « bona consilia » porrigat. Remisit S. Hildegardis monitionem seriam, qua hortatur ad majorem in virtute constantiam, cum in prosperis tum in adversis.

151. Arnoldus I, ab anno circiter 1170 archiepiscopus Trevirensis, suum erga S. Hildegardem affectum per litteras (ep. 24) gratiose declarat, testaturque ad episcopatum se promotum esse contra voluntatem suam. Hac igitur de re Sanctam consulit. Rogat etiam de energumena in Monte S. Ruperti liberata, de qua postmodum agam. Nunc vero quid ad alia responderit Sancta, audiamus. Orditur illa hoc modo : « Tu arbor es a Deo constitutus, quemadmodum Paulus dicit : Omnis potestas a Deo est (*Rom.* XIII, 1); quia secundum summum Magistrum per invocationem nominis sui omnis potestas nominata est. » Deinde incipit salutaria dare documenta, serioque monet, ut caveat a superbia, a cupiditate divitiarum, ab injustitia, a vanitate, ac ut virtutes amplectatur statui suo congruas.

152. Philippus, archiepiscopus Coloniensis, (ep. 25) Sanctam Hildegardem per litteras laudat ut « perfusam divini charismatis munere, » et « in cœlo conversantem ; » petitque « ex occulto Dei » inquirat, sibique « commonitoria verba, prout Deus... donaverit, » transmittat. Paruit S. Hildegardis, misitque adhortationem satis claram.

153. Philippus Alsatius, Flandriæ comes, ad S. Hildegardem hæc scribit (ep. 28) : « Vestra noverit Sanctitas, me paratum esse ad faciendum, quidquid scirem vobis placere,... cum ego tamen multo libentius ad vos venissem, et vobis locutus fuissem... sed... ad hæc vacare non poteram. Instat enim jam tempus, quo aggredi debeam iter Hierosolymitanum,... super quo consilium vestrum mihi intimare dignemini per litteras vestras. » Postulat insuper preces S. Hildegardis, consiliumque, utrum manere potius debeat in Terra Sancta, an post expeditionem susceptam reverti ad suos. Rescripsit Sancta ad comitem instructionem qua ipsum maxime hortatur ad justitiam.

§ XI. *Sancta monasterium suum omni onere liberat : energumena ibi liberata : ob sepulturam cujusdam olim excommunicati Sanctæ ecclesia interdicto subjecta.*

154. Acta num. 9 et 10 testantur S. Hildegardem, Deo jubente, effecisse ut monasterium suum in Monte S. Ruperti careret omni onere, et ut nullum jus pro re temporali in illud haberet abbatia S. Disibodi; pro directione vero secundum Regulam S. Benedicti non aliter dictæ abbatiæ subesset, quam quod religiosæ virgines ex illa abbatia directores et præpositos suos libera electione assumerent. De hisce S. Hildegardis in opusculo ad congregationem sororum suarum, post epistolas impresso, sic loquitur : « O filiæ, quæ vestigia Christi in amore castitatis subsecutæ estis, et quæ me pauperculam in humilitate subjectionis propter supernam exaltationem vobis in matrem elegistis, non ex me, sed ex divina ostensione per materna viscera vobis dico: Locum istum, videlicet locum requietionis reliquiarum beati Roberti confessoris, ad cujus patrocinium confugistis, inveni in evidentibus miraculis per voluntatem Dei in sacrificium laudis, et in permissione magistrorum meorum ad ipsum perveni, et eum mihi et omnibus me subsequentibus cum divino adjutorio libere attraxi. » Hæc initio fundationis facta sunt, probante et confirmante Henrico archiepiscopo Moguntino. Nam ab hoc fundationem confirmatam testatur Vita, num. 10.

155-156. Quod vero adjungit ibi biographus, ab Arnoldo etiam archiepiscopo, qui anno 1153 Henrico successit, omnia fuisse confirmata, factum existimo, postquam abbas S. Disibodi aliquid juris attribuere sibi voluerat in bona monasterii S. Ruperti. Nam tunc S. Hildegardis, jubente et per morbum cogente Deo, fecit ea quæ pergit narrare loco supra laudato: « Postea autem per admonitionem Dei ad Montem B. Disibodi, a quo per licentiam secesseram, perrexi; » etc. Hæc facta sunt, ut jam dixi, tempore Arnoldi archiepiscopi Moguntini, qui præfuit ab anno 1153 usque ad 1160. Porro videtur S. Hildegardis, quando hæc scribebat, in spiritu prævidisse dissensiones in monasterio suo orituras. Nam satis insinuat, post obitum suum fore, ut non eodem modo floreret, solliciteque monet filias suas, ut a discordiis caveant. Verba Sanctæ subjungo: « Sed o quam magnum planctum hæ filiæ meæ post obitum Matris suæ habebunt, quoniam verba ejusdem Matris suæ amplius non sugent; et sic in gemitu et luctu per plurima tempora cum lacrymis dicent: Heu, heu ! » etc.

157-158. Non invenio ullam deinde difficultatem S. Hildegardi creatam fuisse de possessione libera bonorum temporalium. Verum abbas S. Disibodi, sive Helingerus iste fuerit, sive Helingeri successor, quod edicere nequeo, difficultatem movit, contra liberàm electionem præpositi seu directoris. Scripsit ea de re S. Hildegardis ad Alexandrum III papam (ep. 4), durante adhuc schismate, ita ut controversia illa certo figenda sit inter annum 1159, quo Alexander III electus, et schisma inchoatum, ac inter annum 1177, quo Fredericus imperator cum suis Alexandro se subjecit, et schisma finivit. Existimo tamen rem contigisse aut post annum 1170, aut non diu ante illum annum, cum quod S. Hildegardis in epistola sua dicat, Ecclesiam *diu* schismate laborasse, tum quod in scripto mox memorato, quod composuit, dum septuaginta erat annorum, id est circa annum 1168, nullam de illa controversia faciat mentionem. His breviter de tempore observatis, audiamus controversiam ipsam ex epistola S. Hildegardis ad Alexandrum III, quem alloquitur hoc modo : « Nunc, o mitissime Pater..., in magna tristitia sumus, eo quod abbas de Monte S. Disibodi et fratres ejus privilegiis et electioni nostræ contradicunt, quam semper habuimus... Unde, domine mi, propter Dominum adjuva nos, ut vel electionem nostram obtineamus, vel alios, ubi possimus, qui nos secundum Deum et utilitatem nostram procurent, libere quæramus et accipiamus, » etc. Obtinuit Sancta quod cupiebat. Alexander tamen ad ipsam non rescripsit, sed ad Wezelinum præpositum S. Andreæ Coloniensis (*resp. ad* ep. 4). Verisimile est abbatem S. Disibodi maluisse consentire electioni jam factæ, quam permittere ut præpositus ex alio cœnobio eligeretur.

159. Porro occasione epistolæ S. Hildegardis ad Alexandrum observo Sanctam in schismate adhæsisse Alexandro legitimo pontifici, etiamsi archiepiscopatus Moguntinus tunc occupatus esset a Christiano, qui antipapæ et Frederico imperatori adhærebat, sed deinde Alexandro se submisit. De legitimo autem Alexandri pontificatu mentem suam in ipso epistolæ initio sic declarat Sancta : « O summa et gloriosa persona, qua primum constituta es per Verbum Dei. » Eumdem deinde hortatur ut facilem se præbeat in venia schismaticis concedenda, si pœniteant. Hæc epistola, opinor, occasionem erroris præbuit Trithemio, qui in *Chronico Hirsaugiensi*, ad annum 1150, Alexandrum III ponit inter illos qui ad S. Hildegardem scripserunt, nisi Alexander revera ad ipsam scripserit, et epistola non sit edita.

160. Vita lib. III, cap. II, longam refert historiam de quadam muliere nobili quæ multis annis a dæmone fuerat obsessa, ductaque ad varia loca sanctorum celebrata patrocinio, nec tamen malo illo liberata, antequam venit ad monasterium S. Hildegardis, ubi dæmon mulierem tandem reliquit. Contigit hæc liberatio circa annum 1170, ut colligo ex epistola Arnoldi archiepiscopi Treverensis (ep. 24), num. 151 memorata. Nam scripsit Arnoldus ad Sanctam, quando non diu electus erat archiepiscopus (electionem Arnoldi figunt alii anno 1169, alii

1170, quod exactius investigare non est necesse), et de liberatione illius energumenæ, tanquam de re recenti Sanctam interrogat his verbis : « Et scimus quod Deus in loco sancto suo apud vos salutem operatus, obsessam misericorditer liberando, visitaverit plebem suam. Unde, ut modum liberationis obsessæ nobis rescribatis,... attentissime rogamus. » Ad hæc S. Hildegardis ita respondit : « In illa autem quæ obsessa fuit, multa mirabilia vidimus, quæ modo per scripta proferre non possumus : sed cognovimus, quod diabolicus afflatus de die in diem usque ad recessum suum defecit : et eadem mulier a fatigatione diaboli liberata est : et etiam infirmitate, quam ante in se non cognovit, tunc occupata est. Sed nunc vires tam corporis quam animæ plena sanitate recepit. »

161. Mulier illa videtur fuisse Coloniensis, dictaque Sigewize. Certe decanus ecclesiæ Coloniensis Sanctorum Apostolorum ipsam optime noverat, et pro filia habebat, ut discimus ex ipsius ad S. Hildegardem epistola (ep. 50), in qua hæc scribit : « Ex die qua nobis innotuit, quod sororem, imo filiam nostram specialem, dominam Sigewizen, in vestræ Beatitudinis consortium collegistis, non solum nos , imo universa Coloniensium civitas, nutu Dei ad pietatis amorem succensa est. Inde est, quod jam manifeste per omnes terminos terræ nostræ a cunctis proclamatur : Ecce odor dominarum de S. Roberto, sicut odor agri pleni, cui benedixit Dominus. Benedictæ itaque sitis a Domino, » etc.

162. Humillime respondit Sancta , multorum simul bonis operibus ejectionem dæmonis attribuens, et sic ordiens : « Deus opus suum fecit, sed illud uno modo non constituit. » Deinde docet Deum varia variorum bona opera ad unum finem dirigere. Hæc læta sane erant ; sed modo alia referam quæ non potuerunt non gravissimum Sanctæ dolorem creare.

163. Tempore schismatis duo erant de archiepiscopatu Moguntino contendentes, alter nimirum legitimus, et adhærens Alexandro III papæ, erat Conradus ; alter vero Christianus per Fredericum imperatorem intrusus, qui tamen archiepiscopatum postea retinuit , nam anno 1177, quando pax inita est inter Alexandrum et Fredericum, cedente Conrado, Christianus ab Alexandro papa confirmatus est, ita ut ab eo tempore legitimus fuerit archiepiscopus Moguntinus, et cum Alexandro III conjunctissimus. Mansit autem Christianus in Italia aliquot annis post pacem initam, et interfuit concilio Lateranensi, quod inchoatum est anno 1179, die 2 Martii. Ante illud concilium, verisimiliter anno 1178, juvenis aliquis, qui antea fuerat excommunicatus, sed dudum absolutus, in cœmeterio S. Hildegardis fuit sepultus. Hac de causa prælati Moguntini, qui pro absente archiepiscopo ecclesiam illam administrabant , mandatum miserunt S. Hildegardi ut corpus illud juberet exhumari, vel abstinere a divinis in ecclesia sua celebrandis. Quomodo mandatum illud exceperit Sancta, exponit in scripto, inter epistolas edito (ep. 47), quod hunc habet titulum : « Ad prælatos Moguntinenses propter divina per illos interdicta. » Illud scriptum sic inchoatur : « In visione quæ animæ meæ, antequam nata procederem, a Deo opifice infixa est, coacta sum ad scribendum ista, pro ligatura, qua a magistris nostris alligatæ sumus propter quemdam mortuum, conductu sacerdotii sui apud nos sine calumnia sepultum.

164. « Quem post paucos sepelitionis suæ dies cum eumdem magistri nostri nos a cœmeterio nostro ejicere jussissent, ex hoc non minimo terrore correpta, ad verum Lumen, ut solita, aspexi, et vigilantibus oculis in anima mea vidi, quod, si juxta præceptum ipsorum corpus ejusdem mortui efferretur, ejectio illa in modum magnæ nigredinis ingens periculum loco nostro minaretur, et in similitudine atræ nubis, quæ ante tempestates et tonitrua apparere solet, nos circumvallaret. Unde corpus ejusdem defuncti, utpote confessi, inuncti, et communicati, et sine contradictione sepulti, nec efferre præsumimus, nec consilio seu præcepto istud suadentium vel jubentium acquievimus, non consilium proborum hominum, aut prælatorum nostrorum omnino parvipendentes : sed ne Sacramentis Christi, quibus ille vivens adhuc munitus fuerat, injuriam sævitate feminea facere videremur. » In examine de miraculis, infra dando, num. 6, dicitur ille *injuste* fuisse excommunicatus, ut suspicio oriatur, excommunicatum fuisse tempore schismatis, et fortasse quia defendebat partes Alexandri III, legitimi pontificis. Additur ibidem de S. Hildegarde, quando ejiciendus erat ille sepultus : « Ipsa tumulum ejus baculo suo signo crucis signavit, et sic sepulcrum ejusdem adhuc non poterat inveniri. »

165. Redeo ad scriptum S. Hildegardis, quæ pergit hoc modo : « Sed ne ex toto inobedientes existeremus, a divinarum laudum canticis hactenus secundum eorum interdictum cessavimus, et a participatione Dominici Corporis (quoniam per singulos fere menses ex consuetudine frequentavimus) abstinuimus. Super quo dum magna amaritudine tam ego quam omnes sorores meæ affligeremur, et ingenti tristitia detineremur, magno tandem pondere compressa, verba ista in visione audivi : « Propter verba humana , sacramenta indumenti [*i. e.* corporis] Verbi mei, quod salus vestra est, et quod in virginea natura ex Maria Virgine natum est, dimittere vobis non expedit : sed inde vobis a prælatis vestris, qui vos ligaverunt, licentia quærenda est. » Hujus mandati ratio additur. Tum vero subjungit Sancta : « In eadem quoque visione audivi quoniam in hoc culpabilis essem, quod cum omni humilitate et devotione ad præsentiam magistrorum meorum non venissem, ut ab eis licentiam communicandi quærerem, maxime cum susceptione illius mortui culpa non teneremur, qui omni Christiana rectitudine munitus a sacerdote suo, cum tota Pingensi proces-

sione sine contradictione cujusquam sepultus esset. Et ita hæc vobis dominis et prælatis nuntianda, mihi divinitus imposita sunt. Aspexi etiam aliquid super hoc, quod vobis obediendo hactenus a cantu divini officii cessantes, illud tantummodo legentes remisse celebramus, et audivi vocem a vivente Luce procedentem de diversis generibus laudum, de quibus David in Psalmis dicit: *Laudate eum in sono tubæ,* » etc. Pergit hic multa proferre de cantu sacro, quem diabolo exosum affirmat.

166. Deinde vero ad prælatos Moguntinos hanc dirigit monitionem: « Quapropter summa vigilantia vobis et omnibus prælatis satagendum est, et antequam os alicujus ecclesiæ laudes Deo canentium per sententiam claudatis, vel eam a tractandis vel percipiendis sacramentis suspendatis, causas, pro quibus hoc faciendum sit, diligentissime prius discutiendo ventiletis. Et studendum vobis, ut ad hoc idem zelo justitiæ Dei, non indignatione vel injusto motu animi, seu desiderio ultionis trahamini: et cavendum semper, ne in judiciis vestris circumveniamini a Satana, qui hominem a cœlesti harmonia, et a deliciis paradisi extraxit. Pensate itaque, quoniam, sicut corpus Jesu Christi de Spiritu sancto ex integritate Virginis Mariæ natum est, sic etiam canticum laudum secundum cœlestem harmoniam per Spiritum sanctum in Ecclesia radicatum. Corpus vero indumentum est animæ, quæ vivam vocem habet; ideoque decet, ut corpus cum anima per vocem Deo laudes decantet... Qui ergo Ecclesiæ in canticis laudum Dei sine pondere certæ rationis silentium imponunt, consortio angelicarum laudum in cœlo carebunt, qui [*forte quia*] Deum in terris decore suæ laudis injuste spoliaverunt, nisi per veram pœnitentiam et humilem satisfactionem emendaverint. Qui ergo cœli claves tenent, districte caveant, ne eis et claudenda aperiant, et aperienda claudant, quia judicium durissimum in his, qui præsunt, fiet; nisi, ut ait Apostolus, præsint in sollicitudine, » etc. Plura non addo ex illo scripto, quod longissime productum est, quia nihil fere præterea habet quod pertineat ad hanc controversiam, imo cum omnia deinde sint moralia, suspicor non unum esse Sanctæ opusculum, sed multa variis occasionibus ad Moguntinos scripta in fine huic addita fuisse.

167-168. Hoc S. Hildegardis scriptum tale est, ut administratores Ecclesiæ Moguntinæ non videantur sine insigni duritia negare potuisse quod petebat. Etenim non solum venit Moguntiam, ut laudatum scriptum offerret, sed etiam probare voluit sepultum in cœmeterio suo dudum ante mortem fuisse absolutum. Vel sic tamen, non nisi interposita auctoritate archiepiscopi Coloniensis ad tempus obtinere potuit quod cupiebat, ac deinde in easdem reducta fuit angustias. Hæc omnia habemus ex litteris S. Hildegardis ad Christianum archiepiscopum in Italia degentem anno 1179 datis (ep. 8). Ab eodem ante illam controversiam humanissimas acceperat litteras (ep. 7), hoc modo a Christiano conclusas: « Nos autem vobis in omnibus necessitatibus vestris adesse, ac in omnibus prodesse, prout Deus denaverit, pro certo sciatis. » In iisdem Sanctam ante sic alloquitur : « Et quia divino Spiritu te inspiratam cognoscimus, exhortatoria verba tua desideramus » etc. Ad hæc quoque responderat S. Hildegardis per egregiam adhortationem ad curam pastoralem, docens episcopi esse gregem suum pascere.

169-171. Attamen, sive Moguntini administratores nimis exacerbati fuerint in S. Hildegardem, quod ipsa tempore schismatis se satis declarasset pro Alexandro III, sive nimis ægre tulissent quod non statim obedivisset præcepto de exhumando homine excommunicato, Christianus archiepiscopus renovavit interdictum, instigantibus procul dubio vicariis Moguntinis. Nam S. Hildegardis in epistola prius laudata : « Cum autem, inquit, dulcissime domine , fiduciam maximam de tua misericordia haberemus, per eosdem prælatos nostros post reversionem suam a Roma e synodo litteras tuas divinorum interdictorias accepimus ; quas, ut paternæ pietati tuæ confido, nunquam misisses, si veritatem hujus rei agnovisses. » etc. In hac eadem epistola S. Hildegardis orditur a gratiarum actione de litteris gratiosis quas antea a Christiano acceperat; indeque fiduciam sibi ortam dicit ad causam ipsi exponendam. S. Hildegardis epistolam hanc si quis recte consideret, non minus fortem reperiet quam humilem et supplicem. Non possum sane non admirari tam duriter actum fuisse cum Sancta, præsertim postquam absolutio excommunicati abunde videtur probata fuisse, curante archiepiscopo Coloniensi. Ut autem magis etiam miretur studiosus lector , Christiani archiepiscopi responsum adeat necesse est (ep. 9). Christianus archiepiscopus, vir multis naturæ dotibus ornatus, sed miles potius fuit quam episcopus. Invaserat ille archiepiscopatum Moguntinum tempore schismatis, expulso Conrado legitimo archiepiscopo, anno 1165. Ab eo tempore semper aut rebus bellicis aut politicis occupatus fuit, non ducis tantum, sed et militis subinde officium exercens. Inita anno 1177 pace inter Alexandrum papam et Fredericum imperatorem , hortante frustra S. Hildegarde, ut Christianus ad Ecclesiam suam veniret, mansit tamen in Italia, rebus plerumque bellicis occupatus, et illo ipso anno, quo datam epistolam scripsit ad Hildegardem , cum clade suorum captus est, et biennio in carcere detentus, ac demum anno 1183 in castris defunctus. Hæc fusius relata videri possunt in *Moguntiacis* Serarii actis, et Francofurti impressis anno 1722 , tom. I , pag. 569. Si miles ille episcopus tanti faciebat « statuta sanctorum Patrum non evitanda, » poterat ea tanto rectius sibi occinere, quanto evidentius, ut fatebatur, innocentiam Sanctæ perpendere valebat.

§ XII. *Varia S. Hildegardis itinera, et loca ubi fuit exposita. Fundat cœnobium Eibingense.*

172. Non litteris tantum scriptis S. Hildegardis Christi fideles, religiosos maxime et clericos, ad pietatem instituere conata est, sed viva etiam voce accedentes ad se erudiebat. Horum autem ingentem fuisse multitudinem testatur Vita, num. 19, ubi auctor ait, « ex omni tripartita Gallia atque Germania confluxisse ad eam undique utriusque sexus populorum examina. » Hominum non vulgaris notæ, qui ex longinquis Germaniæ, Galliæ et Belgii partibus ad Sanctam profecti fuerunt, varia in recensendis epistolis se nobis obtulerunt exempla. Vidimus insuper S. Hildegardem in variis locis fuisse, et ubique dedisse monita salutaria. De hisce Vita num. 44 sic habet : « Inter hæc etiam illud de ipsa est notabile quod Coliam, Trevirim, Metim, Herbipolim, Babenberg, Spiritu divino non modo acta, sed coacta, veniens, clero et populo, quæ Deus voluit, annuntiavit : et in monte Sancti Disibodi, Siberg, Eberbach, Hirsaugia, Swifelden, Mulenbrunnen, Rudenkyrchen, Kitzingen, Crutendal, Ilerde, Werde, Andernacho, in Monte S. Mariæ, in Elsim et Winkelo, quæ ad utilitatem animarum pertinebant, juxta ea quæ ei Deus revelaverat, manifestavit. » Loca hic nominata, et alia aliunde addenda ostendunt Sanctam itinera instituisse satis longa ad varias Germaniæ partes, ita ut procul dubio multum temporis itineribus illis insumptum fuerit.

173. At dubitari potest utrum S. Hildegardis eodem tempore consequenter tot civitates aliaque loca adiverit, an diversis temporibus, modo proficiscendo versus unam partem, modo versus aliam. Secundum mihi apparet verisimilius, imo satis etiam certum est, aliquas excursiones S. Hildegardis non posse conjungi cum itinere Coloniensi et Trevirensi. Etenim ex epistola Frederici imperatoris, num. 53 memorata (ep. 27), habemus Sanctam certe ante annum 1159, et verisimiliter ante annum 1155 fuisse Ingelheimii cum Frederico, et ibidem nonnulla ipsi prædixisse, quæ impleta erant ante 1159. Eodem forsan tempore, quo fuerat Ingelheimii, Sancta profecta est in Franconiam. Nam ibi fuerat, antequam ad ipsam scribebat abbas Ebracensis, de cujus epistola egi num. 65. Manricus autem in *Annalibus Cisterciensibus*, ad annum 1155, num. 4, existimat epistolam Adami abbatis Ebracensis scriptam esse circa dictum annum, idque admodum verisimile est; et non longe a vero abesse potest, cum obitus Adami abbatis figatur anno 1161. Quare videtur Sancta in Franconia fuisse inter annum 1150 et 1160, et consequenter credibile est ipsam eo tempore fuisse Herbipoli, et Bambergam, quæ antiquo nomine *Babenberg* in Vita vocatur, usque pervenisse. In eodem etiam itinere viserit cœnobium monialium Benedictinarum Kitzengense, quod paucis milliaribus supra Herbipolim ad Mœnum erat situm, sed postea ab hæreticis destructum est, ut docet Ignatius Gropp in *Collectione rerum Wirceburgensium*, dissert. 6, num. 8, ubi addit monasterium illud modo inhabitari ab Ursulinis. De epistola abbatissæ Kitzingensis ad Sanctam (ep. 101) egi num. 83.

174. Alio verisimiliter itinere excurrit S. Hildegardis ad partes Germaniæ Inferioris, et Coloniam usque pervenit. Fuit autem Coloniæ quando Philippus, qui anno 1167 aut 1268 factus est archiepiscopus, illius Ecclesiæ erat decanus. Videtur igitur iter figendum inter annum 1160 et 1167, nam etiam innuit num. 92 Ecclesiam jam aliquo tempore divisam fuisse, schismate, opinor, quod anno 1159 exortum est, antequam Coloniensibus prædiceret ea quæ num. 90 et seqq. videri possunt. In eodem itinere inviserit procul dubio cœnobium Sigebergense instituti Benedictini, quod in diœcesi Coloniensi ultra Rhenum ad Sigam amnem situm est, non longe a Bonna oppido. In Vita quidem *Siberg* scribitur; sed leviuscula illa nominis mutatio scrupulum movere non debet, præsertim cum alias frequenter *Sigberg* et etiam *Siberg* vocetur. Sigebergenses affectu speciali, tanquam matrem prosequebantur S. Hildegardem, ut patet ex ipsorum epistola (ep. 137), de qua egi num. 105. In diœcesi etiam Coloniensi est Werde, abbatia ordinis Benedictini, Latine *Werthina, Werdena* aut *Werda*, quam S. Hildegardis legitur invisisse. Multo longius itaque progressa est : nam Werthina est ad confinia comitatus Marchiæ, et ad Ruram flumen sita. Attamen et aliud fuit cœnobium in diœcesi Coloniensi Werda dictum, situmque ad Rhenum duobus aut tribus milliaribus infra Dusseldorpium, ubi modo oppidum vulgo *Keisersweert*, sive *Cæsaris Werda* nominatum. Alterutrum certo visitaverit Sancta. Ad oppositam plane partem diœcesis Coloniensis, et in limite fere Trevirensis ad Rhenum, est Andernachum, alias *Antenacum* dictum, ubi etiam in illo itinere fuit S. Hildegardis. Prope Antenacum erat cœnobium feminarum, cujus abbatissa ad Sanctam scripsit, ut vidimus num. 136. Tale quoque cœnobium erat in Didenkirchen juxta Bonnam; nam abbatissa in Didenkirchen scripsit ad S. Hildegardem (ep. 116), ut dictum est num. 135. Quantum vero præsentiæ ipsius Sanctæ ibidem placuisset, liquet ex laudata epistola. Abbatissa enim (ep. 115) monita flagitans, hac utitur ratione : « Me etenim ex his corroborari, dum præsens aderatis, opportuno tempore proposuistis. » Ex hac porro epistola, uti et ex aliis quibusdam, certo habemus, plura monasteria fuisse visitata a Sancta quam quæ exprimuntur in Vita. An etiam plura ex memoratis in Vita spectent ad diœcesim Coloniensem, aut ad hanc S. Hildegardis excursionem, edicere nequeo, cum aliquorum situm non satis certo inveniam.

175. Treviris fuisse S. Hildegardem in diebus Pentecostes, novimus ex epistola cleri Trevirensis ad Sanctam (ep. 49), num. 93 laudata. At de anno quo ibi fuit nihil certi reperio. Browerus quidem

in *Annalibus Trevirensibus*, aliique ipsum secuti, existimant S. Hildegardem anno 1160 venisse Treviros; sed nullam aut rationem aut conjecturam illius epochæ assignat. Quapropter mihi annus est incertus, et æque incertum utrum ante an post iter Coloniense Treviros venerit Sancta. Verumtamen, cum in fine epistolæ ad Colonienses Sancta dicat : « Per duos annos valde fatigata sum, ut coram magistris et doctoribus ac cæteris sapientibus in quibusdam majoribus locis, ubi mansio illorum est, vivente voce ista proferrem, » cum his, inquam, duorum fere annorum itinera insinuet, suspicor intra biennium et Coloniam et Treviros venisse Sanctam, et ad alia loca, ita ut duorum annorum spatio frequenter fuerit in itinere, licet subinde ad monasterium suum redire potuerit. Verum, quidquid sit de tempore, id certum est, S. Hildegardem Trevirensibus æque ac Coloniensibus multa tam mala quam bona prædixisse. Quod autem credit Browerus, illa fuisse impleta in schismate quo anno 118 per septennium divisa est Ecclesia Trevirensis, nequaquam admittendum videtur, nisi de malis cito venturis, quæ modica tantum futura dixerat. Nam præcipua mala et bona quæ prædicebat diu post superventura, ipsa clare satis insinuat. Porro Treviris Metas proficisci potuit S. Hildegardis. Certe ipsam Metis fuisse Vita testatur; sed non invenio quid ibi nominatim egerit.

176. Inter majores civitates ad quas S. Hildegardis profecta est, Trithemius in *Chronico Hirsaugiensi* ad annum 1160 ponit etiam Moguntiam, de qua tacet Vita. Non dubito quin fuerit aliquando Moguntiæ, cum illam in itinere pertransire potuerit; an vero ibi quoque ea manifestaverit quæ in aliis civitatibus, ob silentium biographi, minus est certum. Certius est ipsam in variis Moguntinæ diœcesis monasteriis fuisse, variaque sibi a Deo revelata ibidem manifestasse. Hac de causa fuit in Monte S. Disibodi, ubi erat educata. Quantum vero ibi emendationis fructum suis monitis produxerit, jam dictum est ex epistola abbatis num. 112 (ep. 145). In eadem diœcesi est Everbach, ut in Vita scribitur, alias *Eberbach*, abbatia Cisterciensis, jam sæpius memorata, sitaque in Rhingavia. Hanc et facile, utpote non longe distantem, adire poterat Sancta, et cum fructu sua enuntiare, cum monachi Eberbacenses monita ipsius maximi facerent, ut liquet ex ipsorum epistola num. 108 commemorata (ep. 139). Tertium cœnobium diœcesis Moguntinæ, quod adivisse S. Hildegardis dicitur, in Vita est Rudenkyrchen, alias *Rodenkirchen*, quasi *Rubia Ecclesia*. Erat abbatia ordinis Præmonstratensis, et diœcesis Moguntinæ, ut clarum fit ex aliquot epistolis pontificiis apud Martenium tom. IV *Collect. Ampl.*, col. 468 et seqq. : nam hæ inscribuntur episcopis Wormatiensi et Spirensi, « et dilecto filio abbati monasterii in Rodenkirchen, Præmonstratensis ordinis, Moguntinæ diœcesis. »

Hoc jam observatum erat in *Gallia Christiana*, tom. V, col. 600, sed ulterior illius monasterii situs ibidem non adjungitur. In Winkelo etiam fuisse dicitur S. Hildegardis, quo nomine designari monasterium diœcesis Moguntinæ existimo. Certe ad ripam Rheni in Rhingavia inter Bingium et Moguntiam est vicus Winkel, qui aliquando *Vinicella* Latine dicitur. Erat ibi prope abbatia Mons S. Joannis dicta, de qua videri potest *Gallia Christiana* tom. V, col. 582. An aliud etiam in Winkel fuerit monasterium, me latet.

177. Ad eamdem Rheni partem uno tantum milliari a suo cœnobio S. Hildegardis aliud monasterium fundavit, nec dubitandum est quin illud sæpius inviserit. In actis inquisitionis de miraculis, num. 8, hæc secunda fundatio breviter sic exprimitur : « Præterea trans flumen Rheni ad unam leucam aliud monasterium fundavit, ubi triginta præbendas instituit, » id est censum sufficientem triginta monialibus. Nomen loci Ilibingen exprimitur ibi num. 3, diciturque S. Hildegardis ivisse « ad villam Ilibingen, ubi monasterium etiam fundaverat, » atque in transitu Rheni puellæ, quæ cæca erat nata, visum dedisse, aqua Rheni oculos ejusdem lavans. Tempus illius fundationis expressum nullibi invenio. In *Gallia Christiana*, tom. V, col. 654, mentio fit monasterii Eibingensis in catalogo abbatissarum Montis S. Ruperti, quæ se cum suis monialibus Eibingam receperunt, quando sæculo XVII cœnobium S. Ruperti a Suecis in cineres fuit redactum. Hoc contigisse anno 1632 asseritur, indeque abbatissæ utriusque monasterii titulum sumpserunt, nimirum *Montis S. Ruperti et Eibingæ*, ut adjungitur. Situs vero et fundatio ibi sic exprimuntur : « Porro Eibingense hoc monasterium, S. Giselberti memoriæ sacrum, situm est in Rhingavia, proxime Rudesheimium, montana versus, ab ipsa B. Hildegarde excitatum, fuitque semper titulo prioratus parthenoni Rupertino subjectum adunatumque. » Majores nostri, Henschenius et Papebrochius, anno 1660 Eibingæ fuerunt, et ab abbatissa, cum monialibus ibi tunc degente, perhumaniter excepti fuerunt, ut ipse Papebrochius notavit in *Itinere* suo *Romano* ms.

178. Excurrit etiam S. Hildegardis in Sueviam. Etenim inter monasteria quæ invisit, duo certe reperiuntur in Suevia, Mulbrunnum videlicet in ducatu Wirtenbergico, et in diœcesi Spirensi situm, vulgo *Maulbron* dictum ; et Hirsaugia, eidem inclusa diœcesi, sed situm paulo longius in Silva Nigra. De adventu S. Hildegardis ad cœnobium Hirsaugiense agit Trithemius ad annum 1160, atque ab illa ante discessum hæc verba ad Hirsaugienses fuisse prolata : « Lux divina negligentias filiorum suorum valde odit et detestatur, quia nemo recte servit Deo, qui spiritum torporis et negligentiæ non penitus a corde suo repellit. Et ideo dicit vobis Lux illa, quæ omnia potest: Considerate semitas vestras, et nolite declinare a via recta, quoniam exp

vos Satanas ad tentandum, et nisi caute ambulaveritis in timore Domini, cito et velociter suscitabit vobis gravem in medio vestri perturbationem. » Non negaverim ejusmodi monita Hirsaugiensibus a Sancta fuisse data; at non existimo, iis prædictam fuisse discordiam, de qua egi num. 106 et 107, quia mihi persuadeo hanc Sanctæ excursionem serius fuisse susceptam. Magis credo, verum esse, quod de ulteriori S. Hildegardis itinere Trithemius subjungit his verbis: « Ab Hirsaugia digrediens sponsa Christi religiosissima Hildegardis, ad cœnobium Swifaltense nostri ordinis proficiscitur, et tam monachis quam virginibus Christi tunc ibidem commorantibus verbum a Domino sibi commissum fideliter annuntiavit. »

179. Hæc, inquam, vera esse opinor, licet iter illud satis prolixum non uno tractu verisimiliter absolverit, et fortasse adierit loca quædam intermedia. In Vita quidem monasterium illud vocatur *Swifelden*, non *Swifaltem*, ut modo passim dicitur; sed, præmissa diligenti inquisitione, eumdem utroque nomine locum designari puto. Situm autem est cœnobium Swifaltum, vulgo *Swifaltem*, in diœcesi Constantiensi, et in montibus Sueviæ, ad rivum geminum concurrentem, et paulo inferius, aliquot milliaribus supra Ulmam, Danubio se miscentem. De epistola abbatis Zwifaltensis, qui *Zwinieldensis* scribitur apud Martenium (ep. 65), egi num. 75. De epistola Prioris et monachorum, qui ibidem *de Zwifelda* scribuntur, et de monialium Swifeldensium litteris (ep. 140) disserui num. 109. Ex tribus illis epistolis, et maxime ex illis quibus S. Hildegardis singulas respondit, aperte colligitur disciplinam in duplici illo virorum et mulierum cœnobio multum fuisse relaxatam eo tempore, ipsosque monachos et moniales modum quæsivisse quo reformarentur. Itaque dubitari vix potest quin S. Hildegardis tantum iter susceperit, ut disciplinam collapsam in illo monasterio restitueret. Non alios autem esse Swinieldenses, Swifeldenses aut Swifildenses, quam Swifaltenses, de quibus agitur, ob has rationes existimo. Primo Trithemius, qui omnes S. Hildegardis epistolas vidit, inter abbates qui ad ipsam scripserunt recenset Swifaltensem, et nullum alium similis nominis. Secundo idem docet Sanctam ibidem fuisse, licet Vita habeat eam fuisse in Swifelden. Tertio Swifaltense cœnobium erat duplex, virorum et feminarum. Tale erat etiam Swifeldense dictum, cum tam monachi quam moniales ad Sanctam scripserint. Quarto, multum quæsivi an abbatia aliqua Swifeldensis reperiretur in Germania præter Swifaltensem, nec ullam aliam reperire potui. Quinto, demum, in Spicilegio ecclesiastico Germaniæ part. III, pag. 864 et seqq., aliqua addita sunt decreta, ad cœnobium Swifaltense spectantia, in quibus video nomen illius abbatiæ sæculo xii et xiii varie scribi: nam variis vicibus vocatur *Swifulda*, alias *Swifeltum*, sed sæpius *Swifalten*.

180. In eodem itinere S. Hildegardis videtur venisse ad oppidum Kircheim, quod Sueviæ est in ducatu Wirtenbergico, vulgo *Kirchen* modo dictum. Nam Sanctam ibi quoque fuisse, multaque et gravia de futuris temporibus prædixisse in Kircheim, liquet ex iis quæ narrata sunt num. 98 et seqq. Porro ex initio visionis, quam Sancta figit « anno Dominicæ Incarnationis millesimo centesimo septuagesimo, » videtur satis evinci totum illud S. Hildegardis iter in Sueviam contigisse aut illo ipso anno 1170, quo visionem ibi verbis prolatam et postea scriptam, habuerat, aut certe non diu post. Cæterum si incolæ ducatus Wirtenbergensis velint attente considerare quæ S. Hildegardis in Kircheim prædixit de ejiciendis sacerdotibus, et de locis sacris abscindendis, divitiisque ecclesiarum auferendis, videbunt impleta esse quæ illa sæculo xii futura dixerat. An in illo itinere plura monasteria inviserit Sancta, mihi non constat. Restant certe alia quæ in Vita asseritur adivisse. At hactenus invenire non potui ubi terrarum illa fuerint sita, præter ultimum mox in diœcesi Moguntina memoratum.

181. Primum ex illis in Vita vocatur *Crutendal*, in epistolis *Crouchdal*. Erat abbatia feminarum, eaque in Germania, ut nomen Germanicum insinuat. Epistolam abbatissæ in Crouchdal, in qua ait se S. Hildegardem vidisse præsentem, recensui num. 84, et alteram quoque alterius forsan illius monasterii abbatissæ num. 136. Secundum ex illis monasteriis est Herde. Bucelinus in *Germania sacra*, part. II, pag. 44, ait, Herde esse præposituram ordinis Præmonstratensis. Idem scribit Hugo in *Annalibus Præmonstratensibus*, tom. I, col. 816, laudans Trithemium in *Chronico Hirsaugiensi*, ad annum 1150, ubi habet in editione Francofurtensi *Præmonstratensium*. Verum in editione posteriore anni 1690, quæ accuratius facta est typis S. Galli, *Regularium* dicitur præpositura, et locus *Herad* scribitur, ita ut res sit valde incerta. Attamen certum est S. Hildegardem bis in Herde fuisse, et « iterata visitatione » illius monasterii religiosis gaudium attulisse, ut ex epistola præpositi ad ipsam (ep. 80), de qua egi num. 129, intelligitur. Tria posteriora cœnobia, de quibus nihil invenio in epistolis, sic in Vita exprimuntur: « In Monte S. Mariæ, in Elsim et Winkelo. » De Winkelo egi num. 176; de aliis nihil habeo dicendum.

182. Cæterum ad itinera S. Hildegardis, modo ex actis et epistolis memorata, accedit aliud satis longinquum in Galliam. Hoc in Vita omnino prætermissum est. At Acta inquisitionis in virtutes et miracula S. Hildegardis, num. 9 et 10, testantur, ipsam fuisse peregrinatam ad sepulcrum S. Martini, sive ad civitatem Turonensem, et in illo itinere venisse Lutetiam Parisiorum, ubi scripta sua dedit examinanda; quæ, ubi Turonibus Parisios redierat, examinata recepit, ut infra licetur. Iter illud hiemali tempore, aut saltem autumnali susceptum, cum

in octava S. Martini, sive circa medium Novembris fuerit Parisiis, quo rediit mense Januario. De anno illius peregrinationis non constat; certum tamen est sub finem vitae suae eam a Sancta susceptam esse, cum anno 1233 adhuc duo testes viverent qui Parisiis sacrae theologiae studebant, quando ibidem fuit Sancta. Itaque, cum inter annum 1173 et 1233 sint anni sexaginta, verisimilius est, post annum 1173 ibidem fuisse Sanctam, quam ante, ne dicere necesse sit, testes illos fuisse octogenariis majores.

§ XIII. *Scripta S. Hildegardis multorum elogiis celebrata : scriptorum enumeratio, aliqua eidem afficta.*

183. Quanta fuerit fama sapientiae divinae S. Hildegardis viventis, quanta existimatio de scientia ipsius prophetica, sive de cognitione quorumlibet arcanorum, abunde vidimus ex epistolis ad ipsam scriptis. Epistolas enim ultra centum et triginta recensui ad Sanctam datas, et plerasque personarum minime vulgarium. Adeo autem inveni omnes elogiis ipsius insignes, ut vix ulla sit quae testimonium non dicat, aut certe persuasionem non insinuet, de cognitis a S. Hildegarde occultis iis, ad quae scientia hominum non solet pertingere. Vitae quoque scriptores de visionibus Sanctae, et de scientia rerum arcanarum clarissima dant testimonia. Accedunt Acta anno 1233 composita ad inquirendum in virtutes et miracula S. Hildegardis : nam in hisce plurimi rursum testes communem illam opinionem suis testimoniis confirmant. Eodem fere tempore vixit scriptor Vitae S. Gerlaci, cujus elogium de S. Hildegarde dedi num. 146. Vocatur ab ipso « famosissima prophetissa Novi Testamenti, cum qua familiariter locutus est Deus. » Asseritur « per Spiritum sanctum educta, de devinis oraculis et sacramentis sibi revelatis grandia edidisse volumina, et doctrinae salutaris lampade sanctam Ecclesiam illuminasse, » etc. Ex *Chronico* Alberici monachi, qui etiam saeculo XIII floruit, jam aliqua de sanctitate et scriptis propheticis S. Hildegardis antea recitavi.

184. Eodem etiam saeculo floruit Vincentius Bellovacensis, qui in *Speculo historiali*, lib. XXVII, cap. 83, de S. Hildegarde scribit sequentia : « Per idem tempus in Alemanniae partibus admirabilis quaedam virgo provectae aetatis erat, cui tantam divina virtus gratiam contulerat, ut, cum laica et illitterata esset, mirabiliter tamen rapta frequentius in somnis disceret, non solum quod verbis effunderet, sed etiam quod scribendo Latine dictaret, ut dictando Catholicae doctrinae libros conficeret. » Haec ille ex alio, quem non nominat, corrigenda in eo quod in *somnis* dicatur sua didicisse, cum ipsa passim testetur se vigilantem et apertis oculis fuisse, quando visiones habebat. Deinde Vincentius subjungit : « Haec fuit, ut aestimo, S. Hildegardis, quae multa fertur praedixisse de futuris : ad quam scripsisse dicitur etiam beatus Bernardus Clarevallensis. » Richerius monachus Senonensis, ejusdem saeculi XIII scriptor, in *Chronico Senonensi*, lib. IV, cap. 15, S. Hildegardem celebrat hoc elogio : « Ante hos annos fere triginta (imo fere octoginta) fuit in inferioribus Alemanniae partibus sanctimonialis quaedam inclusa sanctissimae conversationis et vitae, Hildegardis nomine, cui Deus etiam inter caetera gratiam prophetiae contulerat. Et, quod mirum est dictu, quod nunquam antea didicerat, lingua loquebatur Latina, et scribebat. Prophetavit quippe de statu regnorum, et eventibus futurorum : et inde libros propria manu conscripsit. Scripsit etiam librum medicinalem ad diversas infirmitates, quem ego Argentinae vidi.

185. « Scripsit siquidem de ordine futurorum Praedicatorum et Fratrum Minorum, qui temporibus nostris primum esse coeperunt. Dixit quippe aperte quosdam fratres futuros aetate tonsuratos in habitu religioso, sed inusitato, qui in principio sui quasi Deus a populo reciperentur : nec aliquid proprium habituros praedixit ; sed tantummodo eleemosynis fidelium victitarent, nec de his eleemosynis in crastinum reservarent : et ita tali paupertate contenti, civitates, et castella, et regiones praedicando circuirent; et ita in primordio suo Deo et hominibus chari haberentur : sed proposito suo decidentes, viliores haberentur. Haec Hildegardis de Praedicatoribus et Minoribus Fratribus fertur praedixisse, quod postea verum actus ipsorum esse probavit. » Hactenus Richerius. Verum exiguam ille fidem meretur in iis quae de ordinibus Praedicatorum et Minorum dicit, tum quod ubique in *Chronico* suo Praedicatoribus iratum se exhibeat et inimicum, tum quod in referenda utriusque ordinis institutione varios committat errores, ut verisimile sit ipsum pauca de utroque ordine novisse, praeter malignos vulgi rumores, quos avide videtur arripuisse. Certe modo tam improbabili contra Praedicatores variis locis declamat, ut sibi magis apud prudentes nocuerit quam laudato ordini. An autem S. Hildegardis aliquid praedixerit de origine ordinum Praedicatorum et Minorum, mihi plane incompertum est ; imo et minus probabile, quia id apud alium auctorem satis probatum non reperi. Vix tamen dubito quin Richerius viderit fictitiam illam prophetiam, de qua inferius plura dicemus.

186. Praetermitto elogia scriptorum qui sequentibus saeculis prophetica S. Hildegardis scripta celebrarunt, quia de fama Sanctae nullus dubitare merito poterit. Ex omnibus tamen duos seligo, quod ipsi libros S. Hildegardis legisse se testentur. Primus est Vincentius Carthusianorum Axpacensium in Austria prior, qui remittens exscriptos S. Hildegardis libros, de iis ita scribit in *Thesauro Anecdotorum* Bernardi Pez, tom. VI, pag. 336 : « Praedilecte mi Pater, ante aliquot dies finivi dicta S. Hildegardis, quae potuissem citius finivisse, nisi Patres de Tegernsee (abbatia est in Bavaria)

suasissent mihi, ne in scribendo me gravarem. Quæ dicta Hildegardis præ festinatione scribendi parum attendi, dum scriberem. Idcirco oportebit me ipsa de novo perlegere. Attamen scribendo aliqua memoriæ adhæserunt, videlicet de triplici tempore, scilicet muliebri, acro et cadente : quorum primum, cujus finem spero adesse, multum et plus quam credi potest, Ecclesiam debilitavit. Secundum, scilicet acre vel acrum [*alias* virile a S. Hildegarde *dictum*] ipsam mirabiliter confortabit, per multos labores et sudores ipsam a peccantibus humoribus expurgando. De uno miror et doleo, quod videlicet ex auditu prophetiarum ipsius Hildegardis, aut ex lectione earumdem non invenio aliquem, qui percutiat pectus suum, vel qui scindat vestimenta sua, sicut Josias rex propter inventionem libri Legis fecisse legitur. Sed quasi omnes ipsam nec approbant nec improbant..... Scriptum per fratrem Vincentium in Axpach in profesto S. Martini anno 1460. »

187. Trithemius, qui variis locis et in diversis opusculis suis de S. Hildegarde scribit, in *Chronico Hirsaugiensi* dicit : « Nos vero cuncta ejus scripta non solum legimus in virginalibus libris, qui sunt in ejus monasterio apud Bingios repositi, sed fecimus etiam pro nobis rescribi, cum adhuc monasterio præsideremus D. Martini in Spanheim. » Ibidem paulo ante de scriptis Sanctæ ita loquitur : « Et revera, in quantum nos judicare possumus, ejus scripta, non humano sensu vel intellectu sunt edita, sed divino potius Spiritu mirabiliter infusa, et ideo non passim intelliguntur ab omnibus, sed ab illis duntaxat utcunque possunt intelligi, quorum pura mens Deo per amorem meruit uniri. » Idem scriptor S. Hildegardem laudat, ut prophetiis, scriptis opusculis et miraculis illustrem in *Chronico Spanheimensi*, ad annum 1180, et in *Catalogo Virorum illustrium Germaniæ*, pag. 138, ac demum in *Viris illustribus ordinis S. Benedicti*, lib. II, cap. 119, et lib. III, cap. 354. Ex ultimo hoc loco quædam huc transfero : « Sancta vero Hildegardis famula Christi, per multos annos in camino paupertatis et infirmitatis decocta, quo plus affligebatur in corpore, eo amplius proficiebat in mente. Crebris enim revelationibus angelicis consolabatur ægritudinem carnis. Sub ejus magisterio maxima disciplina regularis vitæ in præfato cœnobio vigebat, » etc. Addit plura, jam satis ante dicta, et aliqua etiam minus accurata, tam hoc loco quam aliis; sed illa ex antea disputatis poterunt corrigi.

188. Opuscula S. Hildegardis Trithemius variis etiam locis enumerat, prout ea viderat manuscripta, et pro se exscribi curaverat. In *Chronico Hirsaugiensi*, ad annum 1147, ea enumerare incipit hoc modo : « De cujus mirandis opusculis nos vidimus et legimus subjecta : « In Regulam sancti Patris nostri Benedicti brevem Explanationem, lib. I. » Impressa est hæc Explanatio cum epistolis S. Hildegardis in editione Coloniensi anni 1566, pag. 231, hoc titulo : *Regula S. Benedicti juxta S. Hildegardem explicata*. Deinde vero recusa est in *Bibliotheca Patrum Lugdunensi*. « Ad Wigbertum monachum Gemblacensem super triginta quæstiones Responsalem lib. I. » Hic item liber iisdem locis una cum epistolis impressus est. « Vitam S. Ruperti ducis Bingionum lib. I. De Vita S. Disibodi Hiberniensis episcopi lib. I. » Ambas has Vitas habemus in codice ms, una cum explanatione Regulæ S. Benedicti. Ambæ etiam impressæ sunt apud Surium et in opere nostro, prior nimirum ad diem 15 Maii, altera ad 8 Julii. « Octo et quinquaginta homilias super Evangelia Dominicalia per anni circulum lib. I. » Hoc opusculum non vidi, nec editum esse novi. Idem tamen Homiliarum opusculum aliis quoque locis recenset Trithemius, et in laudato *Catalogo illustrium Virorum*, pag. 138, de laudatis Homiliis dicit : « Super Evangeliis Dominicalibus homelias 58 composuit valde obscuras, et [non] nisi devotis et eruditis intelligibiles. » Forte obscuritatis causa non sunt editæ. Redeo ad enumerationem Trithemii. « De Sacramento altaris contra quosdam hæreticos, lib. I. » In *Viris illustribus ordinis S. Benedicti*, lib. II, cap. 119, hunc librum dicit esse scriptum *contra Catharos*, uti in Germania nominabantur illius temporis hæretici, in Gallia *Albigenses* dicti, qui non pauca cum Calvinianis deinde natis habebant communia. Hic quoque liber non est editus, nisi sit illa epistola prolixissima, quam « ad Moguntinenses » inscriptam habemus inter epistolas.

189. « Volumen quoque magnum, quod *Scivias* prænotavit, in quo de via Domini atque sanctorum ejus valde subtiliter disputat. » Hoc opus editum est ab anno 1513, et deinde variis vicibus recusum. Non meminit de operis in tres libros divisione Trithemius, sed « grande volumen » vocat. In tres tamen libros divisum est, et libri singuli in varias visiones. Subjungit Trithemius : « Aliud etiam volumen, quod *Vitæ meritorum* prænotavit, et in tres libros divisit. » Hoc ineditum hucusque puto. « Volumen simplicis medicinæ, opus naturale multumque mirabile lib. I. Aliud compositæ medicinæ librum unum. » De his duobus libris addit Trithemius in *Catalogo Virorum illustrium*, pag. 138 : « In his duobus mirabilia et secreta naturæ subtili expositione ad mysticum sensum refert, ut nisi a Spiritu sancto talia femina scire minime posset. » Joannes Albertus Fabricius in *Bibliotheca mediæ et infimæ Latinitatis*, tom. III, pag. 260, de his ita scribit : « Liber simplicis et alius compositæ medicinæ eidem Hildegardi a Trithemio tribuuntur : atque typis excripti exstant sub ejus nomine libri quatuor physicæ, quorum primus medicamenta ex aquis, terris, salibus et metallis; secundus et tertius ex plantis, quartus ex animalibus persequitur. Prodiere Argentorati apud Joannem Scotum 1533, » etc. Libros illos impressos S. Hildegardis esse, certo affirmare

non ausim: sed, cum nec impressos ejus nomine viderim nec scriptos, malim ea de re judicium relinquere iis qui utrosque conferre potuerunt. Matthæus Westmonasteriensis ad annum 1292 etiam aliqua S. Hildegardis scripta recenset, et de his sic loquitur: « Atque librum simplicis medicinæ secundum creationem, octo libros continentem, librumque compositæ medicinæ de ægritudinum causis, signis atque curis, qui omnes recepti sunt, atque incanonizati a papa Eugenio in concilio Treviresi, » etc. Hoc ultimum certe, quod de omnibus S. Hildegardis scriptis oscitanter asseritur a variis, plane falsum est, quia necdum inchoati erant illi libri, quando anno 1148 Eugenius papa probavit prima Sanctæ scripta, sive partem libri *Scivias* dicti.

190. Post data verba subjungit Trithemius: « Volumen magnum, » cujus titulus est, *Divinorum operum*. Hoc ineditum puto: sed quatuor diversis locis a Trithemio insertum est catalogo operum S. Hildegardis, uti et liber *Vitæ meritorum*. Utrumque etiam recenset Westmonasteriensis loco mox allegato. Verumtamen laudatus mox Fabricius existimat duo illa opuscula non distingui a tribus libris Visionum S. Hildegardis, qui titulo *Scivias* impressi sunt. Ratio Fabricii hæc est, quod Trithemius variorum operum initia recensens in libro *De scriptoribus ecclesiasticis*, pag. 281, idem fere initium attribuat libro *Scivias* et libro *Divinorum operum*. At nec idem prorsus initium est, quod recitat Trithemius, et mox videbimus opera illa certissime distingui, et diversis longe temporibus esse composita. Interim pergamus cum Trithemio, qui subdit: « Epistolarum ad diversos magnum volumen composuit. » In *Catalogo Virorum illustrium*, pag. 138, alia quædam addit, ita scribens: « Ad clerum Treverensis urbis (scripsit) de futuris Ecclesiæ calamitatibus librum unum: ad Colonienses quoque de eadem materia librum unum. Miranda in his prædicit, tamen sine determinatione temporis. » Hæc inter epistolas impressa sunt, et de illis egi § 7. « Scripsit etiam, ad petitionem quorumdam sacerdotum, *Exhortatorium sæcularium* lib. unum: ad sorores suas Exhortationis lib. unum. » Posterius hoc editum est cum epistolis loco ultimo, et continet expositionem Symboli S. Athanasii vulgo dicti. At *Exhortatorium sæcularium* non videtur editum. « Ad Monachos griseos lib. unum. » Editus hic liber inter epistolas, uti et alia a Trithemio memorata, exceptis carminibus. De his vero subdit: « Carmina diversa, dulci melodia composita. » Et lib. II *Virorum illustrium ordinis S. Benedicti*, cap. 119: « Carmina et cantica cum dulci et mirabili melodia de vitiis et virtutibus per modum dialogi plura composuit. » De his hactenus ineditis mox plura videbimus.

191. Porro certiora S. Hildegardis scripta recensentur etiam in Actis inquisitionis de miraculis, anno 1233 compositis, et infra edendis; ibique additur quo ordine et quanto tempore singula fuerint conscripta. Ibidem num. 9 de primo opere legitur: « Librum suum *Scivias* decem annis complevit, » nimirum illum inchoavit anno 1141, ac finivit circa annum 1151, aut hoc ipso anno, ut jam observavi num. 32, ubi plura de illo opere. Sequuntur alia opera sequentibus octo annis composita hoc modo: « Librum (scripsit) simplicis medicinæ, librum expositionis Evangeliorum, Cœlestis harmoniæ cantum, linguam ignotam cum suis litteris: quæ omnia octo annis perfecit: quod plenius in accessu (*sive præfatione*) libri *Vitæ meritorum* colligitur. » Tria hic recensentur opuscula intra octo annos, sive ab anno circiter 1151 usque ad 1159 composita, de quibus etiam mentio fit in *Vita*, num. 14. At suspicor illo etiam tempore compositum fuisse librum *Compositæ medicinæ*, et forte incuria transcribentium illius memoriam hoc loco excidisse. Certe in iisdem Actis inferius num. 11 cum aliis Sanctæ opusculis recensetur, ita ut dubium non sit quin illud quoque opusculum Sancta exaraverit, æque ac librum *Simplicis medicinæ*. De expositione Evangeliorum nunquam edita jam satis egimus superius. De Cœlestis harmoniæ cantu illud observo, voces cantui additas fuisse ignotas, sive ignotæ linguæ, ut etiam Vita habet num. 14. An alia ab hoc Cantu sint Carmina, quæ Trithemius supra dicit composita « de vitiis et virtutibus per modum dialogi, » et an hæc satis certo sint S. Hildegardis, judicandum relinquo iis qui codices ipsos mss. consulere poterunt. At minime credo S. Hildegardis esse carmina illa quæ de secta Flagellantium hæreticorum edita sunt apud Ignatium Gropp in Collectione scriptorum Wirceburgensium, pag. 122, in Chronica Michaelis de Leone.

192. Laudata Acta post verba jam data sic pergunt: « Postea quinque annis subsequentibus (id est, ab anno circiter 1159 usque ad 1164) librum *Vitæ meritorum* scripsit. Postremo vero librum *Divinorum operum* septem annis scripsit, quod per accessum ipsius libri plenius patet. » Itaque hic liber videtur inchoatus circa annum 1164, finitusque circa 1171. Verum enumeratio data annorum tam certam non producit epocham, ut ultimum opus non potuerit duobus aut tribus annis serius esse finitum. Potuit enim, absoluto uno opere, subinde multis mensibus exspectare antequam aliud aggrederetur, præsertim cum multas et aliquando prolixas iisdem temporibus scriberet epistolas, et parva quædam opuscula epistolarum codici deinde inserta, et idcirco epistolis annumerata. Hæc autem scripta modo ex Actis enumerata, una cum codice epistolarum, de quo mentio fit num. 11, S. Hildegardis esse in illo examine, cujus Acta laudamus, « conventus fuit confessus, » ut legitur num. 11. Præterea, cum posterioribus vitæ suæ annis S. Hildegardis Lutetiam Parisiorum pertransiret, ut sepulcrum S. Martini inviseret in urbe Turonensi, tria præcipua opuscula sua doctoribus

Parisiensibus examinanda dedit, « scilicet librum *Scivias*, librum *Vitæ meritorum*, librum *Divinorum operum*, » ut dicitur num. 9. Dicuntur autem fuisse in manibus doctorum Parisiensium « ab octava Martini usque ad octavam Epiphaniæ, » id est per duos fere menses. Deinde libri examinati dicuntur redditi per magistrum Wilhelmum Antissiodorensem, S. Hildegardi dicentem : « Quod esset magistrorum sententia, non in eis esse verba humana, sed divina. » De hoc librorum examine, præter monialium partem, quatuor laudantur jurati testes, ex quibus duo eodem tempore Parisiis studuerant.

193. Certissimis his S. Hildegardis opusculis accedit volumen epistolarum, quo continentur etiam sequentia saltem opuscula, superius ex Trithemio enumerata, videlicet *Expositio Regulæ S. Benedicti; Responsio ad Wibertum Gemblacensem, de triginta,* aut potius *triginta octo quæstionibus; ad clerum Trevirensem de futuris Ecclesiæ calamitatibus; Ad Colonienses* de eadem materia; *Exhortatio ad sorores suas; Ad griseos monachos.* Opusculum *De sacramento altaris* etiam editum videtur inter epistolas (ep. 47) alio titulo, ubi inscribitur : *Ad prælatos Moguntinenses propter divina per illos interdicta.* Nam hoc inchoatur : « In visione, quæ animæ meæ, » quale initium opusculo *De sacramento altaris* assignat Trithemius in libro *De scriptoribus ecclesiasticis.* Certe in illo ad Moguntinenses opusculo *De sacramento altaris* variis locis disserit Sancta. Præter epistolam ad S. Bernardum, quam inter libros ponit, Trithemius mox laudatus recenset codicem « Epistolarum ad diversos centum triginta quinque, » uti etiam in *Catalogo Virorum illustrium.* At in *Viris illustribus ordinis S. Benedicti,* lib. II, cap. 119, inter scripta S. Hildegardis recenset « Epistolas multas ad diversos numero centum triginta sex, » nimirum tunc reliquis annumerans epistolam ad S. Bernardum. Ex hac vero enumeratione colligo, editas modo esse omnes S. Hildegardis epistolas, quas codex ille continebat, excepta forsan ultima ad abbatem S. Disibodi. Nam in editione Coloniensi præter adjecta opuscula impressas invenio epistolas quinquaginta et tres, recusas in *Bibliotheca Patrum.* Martenius vero edidit alias octoginta et tres Hildegardis epistolas, et ultimam ad abbatem S. Disibodi omisit, si scripta fuit. Editæ igitur sunt ex illo codice epistolæ centum triginta sex. Si autem aliqua ibi sit omissa, poterit illa, quæ exstat longissima ad Moguntinenses, inter opuscula numerari.

194. Cæterum dubitandum non est quin et plures quam illas 136 codici insertas, Sancta Epistolas scripserit : nam et alia Vitæ inserta est, et tres alias dedi ad solum abbatem Parcensem datas. Præterea Mabillonius tom. II *Veterum Analectorum,* pag. 548, ubi enumerat opuscula ms. Guiberti sive Wiberti Gemblacensis, ad quem S. Hildegardis scripsit *Responsum de triginta octo quæstionibus,* memoratum num. 116, et iterum ex Trithemio num. 188 ait se vidisse aliquot epistolas Guiberti ad S. Hildegardem, et hujus Sanctæ ad Guibertum, quæ certo non sunt editæ præter unam dictis quæstionibus, adjunctam. Asserit ibidem etiam Mabillonius vidisse se epistolam Guiberti ad Philippum archiepiscopum Coloniensem, « cujus mandato de scribenda sanctæ Hildegardis Vita se parere dicit. » Hinc oriri potest suspicio laudatum Guibertum Gemblacensem etiam scripsisse Vitam S. Hildegardis. Verumtamen non existimo id ab ipso revera perfectum, cum quia Mabillonius non dicit se tale ipsius opusculum vidisse, quod invenisset æque ac epistolas Guiberti, tum quod nullus unquam de Vita S. Hildegardis per Guibertum scripta meminerit. Itaque meditatus fuerit tale opusculum, sed verisimiliter prætermiserit, quia intelligebat Vitam Sanctæ jam scriptam esse a Godefrido et Theodorico, et fortasse alia etiam de causa. Quidquid vero sit causæ, ex ineditis Guiberti et Hildegardis epistolis, abunde liquet, non omnes S. Hildegardis epistolas fuisse codici insertas, et deinde editas. Idem rursum ostendi potest ex enumeratione Trithemii, de qua aliquid observabo in adnotatis ad Miracula lit. z (infra, not. 83). Verisimiliter aliquæ conservatæ non fuerint, quod non videretur operæ pretium, aliæ forsan aliis de causis neglectæ.

195. Alia quædam S. Hildegardis nomine invenio laudata, quæ illius non sunt. Sic Matthæus Westmonasteriensis ad annum 1292 laudat inter Opera S. Hildegardis aliquod *Speculum temporum futurorum,* sive *Pentacronum* [legendum *Pentachronon*]... in titulo *De novis religionibus,* ex eoque producit locum bene prolixum, quem inepte intorquet contra Fratres Minores. Verum opus illud non est proprie S. Hildegardis, sed ex ipsius Operibus collectum a Gebenone, priore Eberbacensi, qui floruit sub initium sæculi XIII, et suppar fuit S. Hildegardi. Bernardus Pez in *Thesauro Anecdotorum,* tom. III, part. III, dat Monumenta monasterii Benedictoburani in Bavaria historiam illustrantia, recensensque codices mss., pag. 629, sic habet num. 14 : « Gebenonis prioris in Eberbach *Speculum futurorum temporum,* sive *Pentachronon* sanctæ virginis Hildegardis. Codex scriptus est manu sæculi XIV. Incipit opus : « Honorabilibus viris semper in Christo dili- « gendis mag. Raymundo scholastico et mag. Rein- « hero canonicis S. Stephani in Moguntia frater « Seleno [legendum Gebeno], dictus prior in Eler- « bach [Eberbach], si quid potest peccatoris oratio. « Sancta virgo Hildegardis fundatrix et magistra « monasterii S. Ruperti, » etc. Fabricius in opere jam laudato, pag. 79, de Gebenone agit, eumque ait floruisse circa annum 1220, ipsique laudatum ex Pezio *Speculum futurorum temporum* attribuit. Quapropter, si paululum attendisset, non attribuisset idem opus deinde S. Hildegardi.

196. Hermannus Cornerus, scriptor ordinis Præ-

dicatorum, qui floruit sub initium sæculi xv, optime noverat laudatum Gebenonis opus, et dicta nostra egregie confirmat. Nam in *Chronico* suo edito apud Georgium Eccardum, tom. II *Corporis historici medii ævi*, ad annum 1140 hæc scribit de S. Hildegarde, post natales ejus non bene expositos : Hæc multa et miranda prædixit. Quantæ autem sanctitatis fuerit hæc sancta mulier, ostenditur in epistola Gebenonis in *Pentachronon* S. Hildegardis, ubi dicitur :
« Sancta virgo Hildegardis [*adde* fundatrix] et ma-
« gistra monasterii S. Ruperti, quod situm est apud
« Pinguiam, quantæ sanctitatis quantique meriti fue-
« rit apud Deum et apud homines, charitatem ve-
« stram latere non credo. Sed, si forsitan ignora-
« tis, legite libellum Vitæ ejus, legite diversas epi-
« stolas magnatum terræ ad eam transmissas, et
« præsertim trium Apostolicorum, puta Eugenii,
« Anastasii et Adriani, Conradi quoque regis et
« Frederici imperatoris, patriarchæ Jerosolymitani,
« archiepiscoporum, episcoporum, abbatum et præ-
« positorum, et nunc dicere potestis in veritate :
« Magnificavit eam Deus in conspectu regum, et fa-
« cies principum admirata est eam (*Eccli.* xlv).
« Hæc sancta virgo libros quosdam, Deo jubente,
« imo cogente, scripsit, in quibus quædam valde
« utilia, et nostris temporibus necessaria, de præ-
« senti statu Ecclesiæ, et de futuris usque ad Anti-
« christum, et de ipso Antichristo prophetavit.

197. « Sed quia omnes libros ejus pauci habere pos-
« sunt vel legere ea, quæ de futuris temporibus, et de
« Antichristo tribus libris suis, scilicet *Scivias*, quem
« nominavit sic eo, quod doceat scire vias, et libro
« *Divinorum Operum*, et libro Epistolarum suarum
« prophetavit, in hunc unum libellum ex maxima
« parte collegi, et prout melius potui, in quinque
« tempora ordinavi. Quæ quidem quinque tempora
« qui diligenter legere et studiose distinguere volue-
« rit, et præsentem statum Ecclesiæ, et omnia futura
« tempora, et pericula ac adventum Antichristi, quasi
« in speculo pervidebit. Unde, si placet vobis, vocetur
« liber ipse Speculum futurorum temporum, sive
« *Pentachronon* sanctæ Hildegardis, id est de quin-
« que temporibus, de quibus in eo prophetat. *Pente*
« enim quinque, et *chronos* tempus Græce dici-
« tur, » etc. Hactenus ex epistola Gebenonis Cornerus, qui multa addit de S. Hildegarde, sed minus necessaria ad propositum nostrum. Hæc vero abunde docent, cujus sit opus quod laudat Westmonasteriensis. Attamen sunt dicta pleraque et vaticinia S. Hildegardis, sed subinde mendosa, quæ attulit Westmonasteriensis, ut videre poterit studiosus lector, si conferre voluerit epistolas S. Hildegardis ad Colonienses, laudatam a nobis num. 90 et seq.; cui aliqua etiam inserta sunt ex epistola ad Trevirenses.

198. In epistola ad Colonienses nihil prorsus invenio quod spectare possit ad ordinem S. Francisci præter hæc verba : « Sed et quasdam congregationes sanctorum, quorum conversatio sancta est, movere non poterunt, » deceptores scilicet hæretici, qui prædicuntur. Sicut autem ordo S. Francisci merito haberi potest una ex sanctis istis congregationibus quibus hæretici non prævalerent, prædicente S. Hildegarde, sic etiam videtur produxisse aliquot ex viris illis quos iisdem temporibus futuros prædixit S. Hildegardis in epistola ad Trevirenses his verbis : « Et tunc fortes viri surgent, et prophetabunt, et omnia vetera ac nova Scripturarum, et omnes sermones per Spiritum sanctum effusos colligent, et intellectum eorum, sicut monile cum pretiosis lapidibus, ornabunt. Per hos et per alios sapientes plurimi sæculares boni fient et sancte vivent. Hoc autem studium sanctitatis cito non arescet, sed diu durabit, » etc. Hæc, inquam, rectius congruunt præclaro ordini Minorum, quam quæ sine judicio et delectu attulit Westmonasteriensis. At nec Franciscani tam sui ordinis amantes erunt, opinor, ut eadem aliis quibusdam religiosis ordinibus congruere non fateantur.

199. Catholici auctores, qui Bibliothecas scriptorum ediderunt, meritis passim laudibus S. Hildegardem celebrarunt. Ipse etiam Guilielmus Cave, licet heterodoxus, in *Historia litteraria*, ad annum 1170, Sanctam his verbis laudat : « Raris animi dotibus prædita, et egregia erga Deum pietate, erga religionem zelo insignis, visionibus divinitus concessis et prophetiis inclarescere cœpit. » Addit plura, sed sine omni obtrectatione. Attamen Casimirus Oudinus in *Commentario de scriptoribus ecclesiasticis*, tom. II, col. 1572, post recitata Cavei verba, pergit in hunc modum : « Claruit igitur multis, ut volunt, revelationibus, quæ apud amantes mysticarum visionum, devotosque simplices, plurimi æstimantur: sed apud graves atque a muliebri simplicitate alienos viros modici admodum ponderis sunt, nullius meriti, purissimæ vacui cerebri illusiones nocturnæ: qui idem omnino ac merito sentiunt de aliis omnibus mulierum ejusmodi visionibus, sexum muliebrem præsertim, utpote infirmiorem, afficientibus. » Vides, lector, Oudinum nihili facientem visiones et vaticinia S. Hildegardis, licet iis in admirationem sui et amorem traxerit Romanos pontifices, imperatores, principes alios, sæculares et ecclesiasticos, episcopos et abbates plurimos, doctores eruditione præstantes, congregationes clericorum et monachorum complures, ac demum quasi totam Germaniam, ac magnam Galliæ et Italiæ partem.

200. At audiamus iterum hominem, illis omnibus suo judicio sapientiorem. Post enumerata aliquot Sanctæ opuscula, sic loquitur : « Inter prophetias Hildegardis præstantissima illa est quam necdum impressam vidi ; nempe *Revelatio Hildegardis de fratribus quatuor Mendicantium ordinum*. » Et mox : « Quam (prophetiam) ab aliquo Cisterciensi concessam mihi aliquando, ex ms. codice transcriptam, admiratus sum ita clare depingentem ordines quatuor Mendicantes cum Jesuitis, etiam longo post

tempore ipsis succedentibus. » Verum talia scribere non potuit, nisi excæcatus malitia sua, odioque virorum religiosorum, quos tam stolide oppugnat. Etiam aut ea tantum scribere voluit quæ vera credidit, aut sine veri cura calumniari studuit Oudinus. Si primum, quomodo existimare potuit, ex purissimis vacui cerebri illusionibus, quales dicit visiones S. Hildegardis, potuisse ita clare depingi « ordines quatuor Mendicantes cum Jesuitis, etiam longo post tempore ipsis succedentibus?» Quomodo, inquam, credere potuit, ex illusionibus cerebri prævisos esse viros diu post futuros, eorumque mores clare descriptos, nisi ipse fatuas passus sit cerebri illusiones? Si vero calumniari solum studuit Oudinus, quomodo saltem curam non habuit, ut caute procederet, et invicem pugnantia in brevi elogio non conjungeret? Verum frustra hæc ego in Oudino requiro, nam et auctoritatem revelationibus S. Hildegardis detrahere voluit, et rursum illius, vel invitæ, uti voluit auctoritate ad infamandum ordines religiosos ; neque illa facere potuit, nisi secum ipse pugnaret.

201. Nunc breviter examinemus utramque seorsum assertionem Oudini. Quod spectat ad primam, de exigua fide adhibenda revelationibus et visionibus quibuslibet, maxime mulierum, minus me haberet hac in re repugnantem, si modum non excessisset, si non nimis omnem fidem iis detrahere voluisset, si distinxisset inter visiones et prædictiones nullius judicio probatas, et visiones celeberrimæ S. Hildegardis, aliarumque aliquot sanctarum. Etenim satis novimus quaslibet visiones mulierum, subinde potius imaginationes phantasticas, non admittendas esse pro veris ac divinis revelationibus. At non minus constat spirituum prophetiæ non esse exstinctum in Ecclesia, darique aliquando revelationes vere divinas, tam virorum quam mulierum. Itaque ad extremum nimis declinat non solum ille, qui omnibus visionibus indifferenter fidem adhibet, sed ille etiam qui omnes habet pro vacui cerebri illusionibus. Jam vero, si non omnes indifferenter admittendæ sunt visiones, nec omnes rejiciendæ, necessario dicendum est inter personas quæ visiones habere se dictitant, distinguendum esse. Si autem ulla est persona medii ævi, de qua multorum judicio, aliisque indiciis constat gavisam fuisse divinis revelationibus, ea est S. Hildegardis. Hanc enim gratia prophetica a Deo ornatam judicavit S. Bernardus, judicarunt Eugenius III papa cum Treviranensi concilio, Anastasius IV et Adrianus IV, summi pontifices : et hi quidem tale tulerunt judicium post maturum examen personæ ipsius, et scriptorum ejus usque ad id tempus. Hisce assensæ sunt per annos triginta, quibus deinde supervixit Sancta, personæ innumeræ, interque has multi doctores, episcopi, principes; multi item qui Sanctam a pueritia noverant, multi qui familiariter sæpe cum ipsa egerant. Horum omnium judicio cum suum præferre velit Oudinus, meretur profecto ut rideamus potius hominis arrogantiam et superbiam, quam ad ipsius dicta attendamus, præsertim cum censendus sit illa protulisse eadem levitate qua religionem suam et fidem apostata deseruit.

202. *Revelatio Hildegardis*, ut vocat Oudinus, *de fratribus quatuor Mendicantium ordinum*, quam ipse tantopere mirari se fingit, et Jesuitis etiam liberaliter adaptat, ac si nulla inter institutum aut mores Jesuitarum et ordinum Mendicantium esset differentia, nihil quatuor ordines Mendicantes invicem differrent, est declamatio inepta, cujus stylus S. Hildegardi adeo non convenit, ut vix aliud scriptum produci possit quod a stylo ipsius magis sit alienum. Facta vero enuntiata in illo scripto, sive mores hominum ibidem expositi, minime congruunt cum moribus ordinum Mendicantium aut Jesuitarum ; ego sane non modo nullum ex dictis ordinem novi, sed ne unum quidem in ullo ex laudatis ordinibus hominem, cujus mores tales sunt quales in dicto scripto depinguntur. Imo tam aperta est calumnia Oudini, qui inter Catholicos diu vixit, ut plus quam muliebris simplicitatis essem, si credere possem, ipsum tales existimasse ordines Mendicantes et Jesuitas, quales homines insulsa illa lacinia describit. Fuerit perversus, fuerit pessimus Oudinus, atque ea de causa facile mala de aliis formaverit judicia ; non sinam tamen mihi facile persuaderi, ipsum adeo fuisse insipientem, ut sine mendacio scribere potuerit, mores ordinum Mendicantium et Jesuitarum in scripto illo recte exprimi, aut ordines illos dicto scripto fuisse prædictos. Cæterum prophetiam illam verisimiliter confictam esse circa medium sæculi XIII, et quidem contra Dominicanos et Franciscanos, quando Guilielmus de S. Amore cum aliis ordines Mendicantes oppugnare cœpit; postea vero nonnihil immutatam ; nec inventam in monasterio Bingensi, ubi alia S. Hildegardis scripta servantur, jam observarunt majores nostri tom. 1 Martii, pag. 667, in Adnotatis ad Vitam S. Thomæ Aquinatis.

§ XIV. *Mors Sanctæ figenda anno* 1179 *: sepultura; reliquiæ, destructo cœnobio S. Ruperti, ad Eibingense translatæ : miracula : tentata canonizatio, sed non perfecta : nomen Martyrologiis ascriptum, et cultus.*

203. De anno quo S. Hildegardis ad meliorem vitam translata est, non convenit inter scriptores. Trithemius in *Chronico Hirsaugiensi*, ad annum 1180, scribit sequentia : « Anno Conradi abbatis IV, indictione Romanorum XIII, in die S. Lamperti, hoc est XV Kalend. Octobris, moritur sanctissima Christi famula Hildegardis, præposita et magistra sanctimonialium in monte Divi Ruperti prope oppidum Bingen, quod in descensu Rheni fluminis quatuor distat a Moguntia milliaribus, anno ætatis suæ octogesimo secundo. Cujus corpus in eadem ecclesia, quam ipsa dudum a fundamentis construxerat, ante majus altare fuit cum reverentia populi

magna sepultum. » Consentientia hisce de ætate, anno mortuali et sepultura S. Hildegardis habet Trithemius aliis quoque locis, nimirum in libro *De scriptoribus ecclesiasticis* et in *Chronico Spanheimensi*. Epocham Trithemii, quam non longe a vera abesse alia quædam insinuant, sine ulteriori examine secuti sunt scriptores varii. At Pagius vidit epocham Trithemii non recte consonare cum Vita S. Hildegardis, ideoque ad annum 1178 eam corrigere voluit, ita scribens num. 8 : « Hoc anno S. Hildegardis abbatissa (præposita aut magistra monialium alias nominata) in monte S. Ruperti prope Bingium in diœcesi Coloniensi (*imo Moguntina*) ad Deum migravit. Theodoricus enim abbas (*potius monachus*) qui anno 1200 floruit (*recte dixisset*, qui S. Hildegardi convixit), in ejus Vita cap. ult. ait, eam LXXXII ætatis suæ anno, XV Kalend. Oct., ad cœlestem Sponsum migrasse. Subdit id contigisse primo crepusculo noctis Dominicæ diei. Quare, cum XV Kalend. Octob., seu dies 17 mensis Septembris hoc anno in Dominicam incidat, evidens est Trithemium in *Chronico Hirsaugiensi*, quem passim alii sequuntur, perperam hanc mortem in annum 1180 distulisse. » Hactenus Pagius.

204. Verum recte quidem ostendit Sanctam non vixisse usque ad annum 1180, quia tunc dies 17 Septembris incidebat in diem Mercurii, sive in feriam quartam; sed non æque evincit defunctam non esse anno 1179, quo dies 17 Septembris concurrebat cum die Lunæ. Etenim dicitur obiisse « primo crepusculo noctis Dominicæ diei, » id est primo diluculo, sub finem noctis illius quæ diem sequitur Dominicum, sive die Lunæ, oriente aurora, ut pluribus probabo in Adnotatis ad Vitam. Hæc expositio non est violenta, sed ob alia argumenta omnino necessaria. Nam ex dictis § 11 constat Sanctam superfuisse aliquo tempore post concilium Lateranense, anno 1179, mense Martio habitum. Præterea aliunde etiam necessaria est, quia alio argumento probari potest, S. Hildegardem certo non obiisse ante annum 1179. Rem paucis ostendo. Ex præfatione ad librum *Scivias* S. Hildegardis scribere cœpit anno 1141, « cum quadraginta duorum annorum septemque mensium » esset. Si autem anno 1141, etiam primo die anni, tantum annos habebat quadraginta duos et menses septem, non poterat anno 1178 annum ætatis agere octogesimum secundum, quo defuncta est, quia sic annum octogesimum primum complebat die 1 Junii anni 1179 aut serius. Constat igitur Sanctam usque ad annum 1179 supervixisse : et ulterius ex dictis liquet annum ætatis ipsius octogesimum secundum fuisse tantum inchoatum, aut eam certe non vixisse nisi ad annos octoginta unum, et ut summum menses tres aut fere quatuor.

205. Corpus S. Hildegardis, teste Trithemio, sepultum fuit in choro ante altare majus. Magnum vero fuisse concursum populi ad ipsius sepulcrum in anniversario Sanctæ die, testantur Acta inquisitionis num. 5 : neque id mirandum, cum et ante et post sepulturam ipsius varia facta sint miracula, iisdem Actis asserta, aut in Vita num. 57. Porro solemnem corporis elevationem nullam invenio. Ea verisimiliter nunquam est facta, quod canonizatio sæpius quidem fuerit tentata, sed hactenus, ut videbimus, ad finem non perducta. De visitatione reliquiarum minus solemni Serarius in *Moguntiacis*, lib. II, cap. 38, hæc scribit : « Cum ibi (in Monte S. Ruperti) diversarer, volumenque (in quo collecta sunt Sanctæ scripta) de quo paulo ante percurrerem, inveni notata hæc : « Anno 1489, « Novembris die 17, ex commissione reverendissimi « et gratiosissimi domini, D. Bertholdi (archie- « piscopi Moguntini) missi reverendus et nobilis domi- « nus Wolfgangus de Bicken, Ecclesiæ Moguntinæ « canonicus et in spiritualibus vicarius, et honora- « bilis D. Jo. Bertram de Numburg, artium et sacræ « Scripturæ doctor, reliquias S. Hildegardis aperue- « runt : sed sine testimonio litterali de ejus canoni- « zatione. Acta in præsentia nob. et devotæ dominæ « Alheidis de Reiffenberg abbatissæ, et virginum « Sanctimonialium, et nob. et venerabilis domini « Petri Nothafti canonici Moguntini, » etc. Laudatus Serarius, cujus opus anno 1604 impressum, paulo ante dixerat : « In Rupertino ipsius cœnobio servantur adhuc ejus reliquiæ, ac magnum scriptorum in pergameno volumen, sicuti et epistolarum in Eberacensi Rhingaviæ monasterio. »

206. Verum, postquam anno 1632 per Suecos combustum est monasterium Rupertinum, ut dictum est num. 177, alio delatæ sunt reliquiæ S. Hildegardis, et S. Ruperti aliorumque, videlicet ad monasterium Eibingense, de cujus per S. Hildegardem fundatione et situ in Rhingavia num. 177 egi. Etenim Papebrochius noster in *Itinere Romano* ms., pag. 25, narrat se anno 1660 cum Henschenio Moguntia excurrisse « in Eibingen. » Tum subdit de reliquiis ibi visis : « Ibique, monstrante abbatissa, vidimus reliquias præclarissimas, corpus S. Ruperti..., totum corpus S. Hildegardis, quæ monasterium in monte S. Ruperti Bingii fundaverat virginibus nobilibus, quod cum esset per bella Suecica dirutum, in hoc Eibingense sibi subjectum cum abbatissa sua se transtulerant virgines, toto reliquiarum thesauro mirabiliter detecto, et conservato per ipsos Suecos, nocturnis luminibus circa locum, conspectis incitatos, ut Catholicis quærendas reliquias et asportandas permitterent. Ibidem vestis illius erat, et caput cincinnis crinium ex rufo canescentibus obductum, culter quoque hyacinthino instructus manubrio veluti dimidius, a S. Bernardo (ut fertur) donatus Divæ una cum theca ex bubalino corio confecta. Inter libros ingens volumen membranaceum erat ms. ac bicolumnare, continens omnia Opera S. Hildegardis : sed nusquam illa fabulosa revelatio de hominibus Antichristum præcessuris, quæ contra Dominicanos ac Franciscanos pri-

num concinnata, his temporibus de Societatis hominibus exposita, per calumniatorum nostrorum manus vagatur cum plausu ignorantis plebis. » Hactenus Papebrochius. Cæterum non reperio ossa S. Hildegardis divisa fuisse, aut aliis donata. At de capillis Sanctæ in veneratione habitis apud Trevirenses testantur Acta miraculorum, num. 5. Gelenius etiam in *Colonia* sua, recensens thesaurum sacrum ecclesiæ SS. Joannis et Cordulæ, ei pag. 445 aliquid adnumerat « de capillis S. Hildegardis. »

207. Sanctam et in vita et post mortem multis claruisse miraculis, habent Vita et Acta miraculorum; in his tamen num. 10 additur miracula deinde cessasse, præcipiente archiepiscopo Moguntino, « ut a signis cessaret, » ne videlicet nimio populi ad Sanctæ sepulcrum confluentis tumultu divinum officium et religio monialium detrimentum pateretur. His conformia scribit laudatus supra Serarius. « Cæterum, inquit, narrat Germanicus Vitæ libellus tot ad illas ejus reliquias divina vi miracula fieri solita, ut propter ingentes hominum concursus valde impediretur virginum quies, in templo pietas ac religio : venisse igitur Moguntinum archiepiscopum, et Beatæ ipsi præcepisse mirabilium id genus operum finem ut faceret : ipsamque, ut majoribus obsequendum mortua etiam doceret, paruisse : illorum tamen vel oculatos, vel diligentes ac certos examinatores fuisse non paucos, qui anno Domini 1233, Decembris die 16, suis communita sigillis ea Romam mitterent, et a sede peterent apostolica, in sanctorum ac sanctarum catalogum Beata hæc referretur. » Acta hunc in finem confecta de virtutibus Sanctæ et miraculis, quæ jam frequenter laudavimus, et post Vitam edemus, prædicta omnia abunde confirmant.

208. Illud porro examen institutum esse, eaque Acta confecta jussu Gregorii IX summi pontificis, discimus ex Annalibus ecclesiasticis Odorici Raynaldi ad annum 1237, num. 50. Nam ibi in aliis suis litteris Gregorius IX de illis sic loquitur : « Supplicantibus nobis olim dilectis in Christo filiabus abbatissa et sororibus monasterii S. Ruperti de Bingia Moguntinensis diœcesis, ut recolendæ memoriæ Hildegardem abbatissam ejusdem monasterii, quæ in vita et post mortem multis dicitur coruscasse miraculis, sanctorum ascribere catalogo curaremus, deferri ad nos libros ipsius, quos sancti Spiritus revelatione composuisse creditur, facientes, cum præter Psalterium nullas litteras didicisset, nos præposito majoris ecclesiæ W... decano et A. scholastico S. Petri Moguntini nostris dedimus litteris in mandatis ut de ipsius vita, conversatione, fama, meritis et miraculis, ac generaliter de omnibus circumstantiis per testes fide dignos inquirerent diligentius veritatem, nobis quod invenirent cum prædictis libris sub sigillis suis fideliter remittentes. » Hæc pontifex de mandato suo, vi cujus laudata Acta sunt composita.

209. Verum cum hoc exsecutioni mandatum non fuisset cum tanta accuratione, quantam in re tanti momenti requirebat Gregorius, per litteras modo recitari cœptas aliud jubet examen institui. In his enim litteris, anno 1237 datis, ita pergit : « Quorum ad nos inquisitione remissa, quosdam invenimus in illa defectus; cum enim habeatur in depositionibus testium ad nostram præsentiam destinatis, quod eadem multos curaverat dæmoniacos et infirmos, nec personæ, nec loca, nec tempora designantur; neque reperitur in eis quid vel quæ magistra dixerit, cum tamen dicatur ibidem, majorem partem conventus idem, quod magistra, dixisse. Præterea cum magistra ipsa primo interrogata deposuerit illam multa signa fecisse, in dictis depositionibus invenitur, tam [forte tantum] dixisse idem quod testes alii et conventus. Quocirca mandamus, quatenus in inquisitione præfata diligenter ac provide juxta formam illis traditam procedentes, quæ inveneritis, sub sigillis vestris distincte ac prudenter exposita, usque ad nostrum beneplacitum fideliter conservetis. Dat. Viterbii, II Non. Maii, pontif. nostri anno XI. » Utrum hoc Gregorii IX mandatum exactius fuerit perfectum, nullibi invenio. Forte priores illi miraculorum inquisitores partim erant defuncti, aut ad alias dignitates promoti. Ex testibus etiam non pauci poterant deesse, cum interim quatuor anni post primum examen effluxissent, et provectæ ætatis essent testes complures. Quidquid fuerit causæ, de repetito illo examine nihil invenio.

210. Innocentius IV, Gregorii successor, anno 1243 alias dedit litteras ad decanum, scholasticum, et alium canonicum Moguntinum, repetens defectus prioris inquisitionis, teste ibidem Raynaldo num. 39, et adjungens sequentia : « Mandamus, quatenus si processistis, in inquisitione hujusmodi, recipiendo singillatim super præmissis testes fide dignos, et eorum dicta, prout quilibet per se simpliciter et seriatim deposuit, faciendo conscribi, processum ipsum sub sigillis vestris nobis transmittere studeatis. Alioquin de prædictis omnibus, et novis miraculis, si quæ fecisse dicitur ; nec non de vita ipsius per fide dignos inquirentes sollicite veritatem, dicta ipsorum testium, quos singillatim examinare curetis, prout eorum quilibet per se coram vobis pure, simpliciter, et distincte ac ordinate quod super prædictis omnibus scivorit, deposuerit, faciatis cum attentione conscribi, nobis illa sub sigillis eisdem fideliter remittentes. Datum Later. VIII Kal. Decemb. » Quem hoc mandatum habuerit effectum, ignoro : at certe causa S. Hildegardis ad finem perducta non est sub Innocentio IV, aut sub ipsius successoribus toto sæculo XIII ; et sic res fiebat semper magis difficilis.

211. Attamen sæculo XIV iterum tentata est canonizatio S. Hildegardis, ut refert Trithemius in *Chronico Hirsaugiensi* ad annum 1317, ita scribens : « Joannes papa vicesimus secundus ad instantiam

Petri archiepiscopi Moguntini, Willichino abbati Spanheimensi et quibusdam canonicis Ecclesiæ Moguntinæ per apostolica scripta mandavit, quatenus ad montem Sancti Ruperti prope oppidum Bingen, ubi Nahus Rhenum influit accedentes, de vita, moribus, signis atque miraculis divæ Hildegardis, primæ fundatricis et abbatissæ dicti monasterii.... inquisitionem facerent diligentem : et quidquid invenissent veritate probatum, ad apostolicæ sedis examen fideli narratione transmitterent. Inquisitionis peracto scrutinio memorati commissarii vitam præfatæ monialis religiosam atque sanctissimam, ac multis miraculis, tam post mortem ejus, quam prius, sufficienter comprobatam invenerunt : eamque dignam canonizatione censentes, necessaria pro effectu negotii ad Romanum pontificem memoratum destinarunt. Pontifex autem, testimoniis sibi destinatis diligenter relectis, ad canonizandam virginem non fuit difficilis, quemadmodum apostolico scripto factus sum certior, quamvis optatum a multis negotium non perduxit ad effectum. Ejus quoque prædecessor, Clemens papa quintus, in eadem re commissarios ante dederat. » Hæc Trithemius de tentata sæculo xiv canonizatione. At illa semper flebat difficilior, quia ad mandatum archiepiscopi Moguntini miracula cessaverant, nec testes superesse poterant ad probandum miracula prioribus post mortem annis patrata. Itaque solemnis canonizatio, quæ facile fieri potuisset, si primi delegati ad causam examinandam accuratius processissent, nunquam est peracta.

212. Verumtamen Martyrologi a sæculo saltem xv S. Hildegardem celebrare cœperunt, ita ut verisimile sit cultum ipsius fuisse permissum, etiamsi canonizatio non fuerit solemniter celebrata. Codex Hagenoyensis, exhibens auctum nonnihil Usuardi Martyrologium, et anno 1412 exaratus, apud Sollerium nostrum in Usuardi auctariis hoc die sic habet: « In monasterio S. Ruperti in Pingwia, Moguntinæ diœcesis sanctæ Hildegardis sanctimonialis et prophetissæ. » Ibidem « Hildegardis virginis » meminit matricula Carthusiæ Ultrajectinæ. Longius elogium contexuit Grevenus hoc modo: « Apud Pinguiam in diœcesi Moguntinensi, depositio sanctæ memoriæ Hildegardis virginis, quæ tempore S. Bernardi abbatis odorem suæ sanctitatis late sparsit, adeo ut plurimi Romani pontifices ei scribentes, se et Ecclesiam Romanam orationibus illius commendaverint : cumque Latini sermonis esset ignara, Spiritu sancto docente, omnia quæ scripsit, Latine exceptoribus dictavit. » Molanus eamdem celebrat his verbis: » Apud Bingam, sanctæ Hildegardis virginis, quæ tempore S. Bernardi abbatis odorem suæ sanctitatis late sparsit. » Accedit Baronius in Martyrologio Romano, ita scribens : « Apud Bingiam in diœcesi Moguntinensi sanctæ Hildegardis virginis. » Baronium secuti sunt omnes qui Martyrologium Romanum variis idiomatibus exhibent.

213. In *Florario Sanctorum* ms., quod sæculo xv compositum, de S. Hildegarde ad 17 Septembris hæc habentur : « In Brugis [lege Bingis] depositio sanctæ Hildegardis virginis anno ætatis suæ LXXXII, anno salutis 1181, » imo 1179. Petrus de Natalibus, episcopus Equilinus, qui floruit sæculo xiv, de S. Hildegarde virgine multo prolixius dat elogium, in quo nihil invenio corrigendum præter diem obitus male fixum x Kal. Julii. Mitto tamen istud elogium, quia omnia ibi dicta jam abunde sunt exposita. Menardus in Martyrologio Benedictino ad hunc diem sic habet : « Apud Bingiam, in diœcesi Moguntinensi, sanctæ Hildegardis virginis et abbatissæ. » Wion ad eumdem diem : « Apud Bingam depositio S. Hildegardis virginis et abbatissæ, quæ tempore S. Bernardi abbatis odorem suæ sanctitatis late sparsit. » Hi cum aliis pluribus S. Hildegardi dant titulum *abbatissæ*, quia cœnobio a se fundato præfuit. Attamen abbatissæ titulo ipsa nunquam usa videtur, nec viventem unquam abbatissam ab aliis dictam inveni ; sed frequenter *magistram* monialium, alias *præpositam*, alias *priorissam*. Quæ vero post Sanctam cœnobio ipsius Rupertino præfuerunt, abbatissæ fuerunt dictæ. Bucelinus in Menologio Benedictino affert gestorum plerorumque compendium, quod in paucis corrigi potest ex disputatis in hoc Commentario. De cultu S. Hildegardis Trithemius *De viris illustribus*, lib. III, cap. 334, breviter hæc scribit : « Cujus festum agitur IV Kalendas Octobris ; » sed verisimiliter legendum est xv *Kalendas Octobris*, sive die 17 Septembris. Cultum hunc sæculo xiv aut xv inchoatum suspicor, quia nomen Hildegardis tunc Martyrologiis insertum.

VITA SANCTÆ HILDEGARDIS

AUCTORIBUS

GODEFRIDO ET THEODORICO MONACHIS.

(*Acta SS. Bolland.*, Sept. tom. V, die 17, ex editione Coloniensi et Surii, collata cum ms. Bodecensi.)

PRÆFATIO THEODORICI

IN VITAM TOTAM.

1. (2) Dominis venerabilibus Ludovico et Godefrido abbatibus, Theodoricus, humilis servorum Dei servus, salutem cum devotis orationibus.

Auctoritatis vestræ præceptum accepi, ut post Godefridum, virum ingenio clarum, Vitam sanctæ ac Deo dilectæ Hildegardis virginis (quam ille honesto stylo inchoavit, sed non perfecit) in ordinem redigerem, et quasi odoriferis floribus serta contexens, visiones ejus, gestis suis insertas, sub divisione librorum, in unius corporis formam redigerem. Visum est mihi hoc opus viribus meis nimis arduum, quin etiam et verecundum, ut scilicet quasi quidam arbiter sederem, et de alieno opere sententiam tenerem. Cum ecce dubio et anxio influxit animo, quod vires, quas imperitia denegat, charitas ministrat: et melius esse, cum pudore hominum ferre ridiculum, quam inobedientiæ subire periculum. Itaque parui eo modo, ut præfati viri liber, primæ positionis locum obtinens, nullam suæ dispositionis patiatur jacturam; deinde secundus liber, visionum pulcherrimum et admirabilem textum; tertius, miraculorum, quæ mirabilis Deus per eam operari dignatus est, a nobis digestam, divisam et ordinatam contineret scripturam. Ita præcedentis scriptoris non minuetur gloria et ad veram sapientiam cœlestemque visionem et divinam virtutem legentium incitabitur memoria. Quis enim bonus non magis incitabitur magnis affectibus ad vitam perennem, sancte, et pie, et juste vivendo, anhelare, cum viderit gemmam præclaram, tot ornamentis virtutum, videlicet virginitatis, patientiæ simul doctrinæ, tam insigniter radiare? Idcirco dedimus operam ne in abscondo vel sub modio accensa lucerna Christi poneretur, quasi occultanda, sed super candelabrum posita, luceret omnibus qui in domo Dei sunt, vitæ, verborum et morum splendidis exemplis imitanda. Quod si quid in hac re indocta obsequentis peccavit temeritas, benigna jubentium dominorum indulgeat charitas: totumque suo delictum ascribat studio, quæ tam gravi nos imbecillos voluit onerare operis negotio (2).

---

(2) Præfatio deest in codice Bodecensi. Qui fuerint duo illi abbates, Ludovicus et Godefridus, aliis divin*ndum* relinquo.

(3) Hactenus locutus est Theodoricus, tum sequetur toto libro primo dictio Godefridi. Titulos capitum antiquæ divisionis, datos in editione Coloniensi sed a Surio omissos, hoc loco dare possem, sed quia nimis multa et minuta sunt capita, titulis historiæ nihil addentibus Vitam augere nolo.

LIBER PRIMUS

DE GESTIS SANCTÆ.

CAPUT PRIMUM.

Sanctæ natales, pueritia visionibus illustrata; vita monastica sub Jutta magistra.

2. In Romana republica regnante Henrico (4), fuit in Galliæ citerioris partibus virgo, tam generis quam sanctitatis ingenuitate illustris, nomine Hildegardis, patre Hideberto (5), matre Mechtilde progenita. Qui, licet mundanis impliciti curis et opu-

---

(4) Tempus natæ virginis propius exponitur in Commentario num. 7, et locus num. 8. Vocatur Gallia citerior respectu Germaniæ. Ms. Bodecense sic incipit: « Henrico hujus nominis quarto Aug. » etc.

(5) In ms. Bodecensi: « Patre Hildeberto, matre Mathilde, » etc.

lentia conspicui, Creatoris tamen donis non ingrati, filiam praenominatam divino famulatui manciparunt, eo quod jam incuntis aetatis ejus praematura sinceritas ab omni carnalium habitudine multum dissentire videretur. Mox namque, ut poterat primam tentare loquelam, tam verbis quam nutibus significabat his qui circa se erant secretarum visionum species (6), quas praeter communem caeteris aspectum, speculatione prorsus insolita intuebatur. Cum [*ms.* cumque] jam fere esset octo annorum, consepelienda Christo, ut cum ipso ad immortalitatis gloriam resurgeret, recluditur in monte Sancti Disibodi, cum pia Deoque devota femina Jutta [*ms.* Juttha], quae illam sub humilitatis et innocentiae veste diligenter instituebat, et carminibus tantum Davidicis instruens, in psalterio decachordo jubilare praemonstrabat. Caeterum praeter simplicem psalmorum notitiam, nullam litteratoriae vel musicae artis ab homine percepit doctrinam, quamvis ejus exstent scripta non pauca, et quaedam non exigua volumina. Verum hoc ex ipsius potius dictis in promptu est declarare. Ait enim sic in libro suo, qui *Scivias* praenotatur : « Cum quadraginta duorum annorum, septemque mensium essem, maximae coruscationis igneum lumen aperto coelo veniens, totum cerebrum meum transfudit, et totum cor, totumque pectus meum, velut flamma, non tamen ardens, sed calens, ita inflammavit, ut sol rem aliquam calefacit, super quam radios suos ponit. Et repente intellectum expositionis librorum, videlicet Psalterii, Evangelii, et aliorum Catholicorum, tam Veteris quam Novi Testamenti voluminum sapiebam, non autem interpretationem verborum (7) textus eorum, nec divisionem syllabarum, nec cognitionem casuum aut temporum habebam. »

3. Sed ut ad propositum redeam, virgo Christo voto monasticae professionis et sacri velaminis benedictione provecta [*ms.* perfecta] crescebat, et ibat de virtute in virtutem, annitente et congaudente provectibus ejus supra praenominata [*ms.* nominata] matre venerabili, quae jam ex discipula magistram, ac praeviam semitarum excellentium, eam fieri cum admiratione cernebat. Flagrabat siquidem in ejus pectore charitatis benignitas, quae nullum a sua latitudine excluderet. Turrim quoque virginitatis murus tuebatur humilitatis : hinc cibi potusque parcimonia vestium vilitate fovebatur : inde tranquillitas cordis pudibunda silentio [*ms.* pudibunda silentii] ac verborum parcitate monstrabatur : quae omnia sanctarum monilia virtutum, summi fabricata manu Artificis, patientia custos in sponsa Christi exornanda servabat. Sed quoniam vasa figuli probat fornax, et virtus in infirmitate perficitur, non defuerunt ei ab ipsa fere infantia crebri et pene continui languorum dolores, ita ut pedum incessu perraro uteretur : et cum tota carnis materia fluitaret, vita illius esset quaedam pretiosae mortis imago. Quantum vero exterioris hominis viribus deerat, tantum interiori per spiritum scientiae ac fortitudinis accedebat : et, corpore tabescente, mirum in modum fervor spiritus inaestuabat.

4. Cumque in sancto proposito multis annis succrescens, soli Deo complacere satageret, jamque tempus instaret, quod ad multorum provectum vita ejus ac doctrina patesceret, commonetur divinitus, voce ad eam facta, ut de caetero quae videret et audiret, scribere non cunctaretur. Illa vero per femineam verecundiam, et vulgi vaniloquia, et temeraria hominum judicia trepidante, cum quae ostensa sunt coelitus secreta, revelare stimulo acriori coarctaretur non haesitare, tandemque dum longa aegritudine tabefacta decubuisset, primo cuidam monacho, quem sibi magistrum proposuerat, et per eum abbati suo, cum metu et humilitate causam hujus flagelli aperuit. Ille rei novitatem insolitam mente pertractans, quanquam Deo nihil impossibile esse cognosceret, adhibitis de collegio prudentioribus, experiendum judicavit quod audiebat : ac de scripturis et visionibus ejus quaedam sciscitatus, ea quae Deus daret, monuit declarare. Mox ut illa scribendi opus, quod non didicerat, attentavit, redeunte virium sibi solita possibilitate [*ms.* potestate], de lecto languoris erigitur. Tunc abbas, accepta inusitati miraculi certitudine, non suo contentus judicio, rem ad publicam notitiam vidit [*ms.* judicavit] esse proferendam : veniensque ad matricem sedem Moguntinam [*ms.* Moguntiam], coram venerabili archipraesule Henrico et capitaneis Ecclesiae, quod cognoverat exposuit. Scripta quoque quae Virgo beata nuper ediderat, ostendit.

5. Per idem tempus sanctae Romanae sedis antistes, felicis memoriae Eugenius, celebrato Remis universali concilio (8), per Adalberonem Trevirorum archiepiscopum devocatus [*ms.* vocatus], Treviri morabatur. Visum est pontifici Moguntinae civitatis et majoribus cleri, ad Apostolici cognitionem esse [*ms.* de his esse] veniendum, quatenus ipsius auctoritate nosceretur quid de compertis recipiendum aut refutandum foret. At papa summae discretionis, auditu tantae novitatis attonitus, cum Deo sciret cuncta esse possibilia, rem diligentius investigare gestiens, venerabilem Virduni praesu-

---

(6) De visionibus Sanctae ab ipsa infantia consule Commentarium § 2, ubi etiam num. 9 de tempore quo tradita est vitae monasticae sub disciplina B. Juttae.

(7) Quam mirabiliter a Deo illuminata fuerit, et quot stimulis ad scribendum excitata, fuse ostendi in Commentario num. 11 et seqq. Deinde num. 19 probavi ipsam adjutore monacho usam esse ad componenda Opera sua.

(8) Fuit Eugenius III Treviris sub finem anni 1147 et anno 1148 ante concilium Remense, ut ostendi in Comment. num. 27, ubi vide omnia haec exposita.

lem (9), et cum eo Adelbertum (10) primicerium, aliasque personas idoneas dirigit ad cœnobium, sub quo eadem virgo tot annis degebat [*ms.* tegebatur] inclusa, ut sine strepitu vel curiositatis acumine, quid rerum [*ms.* quod verum] esset, ab ipsa sciscitarentur. Quibus humiliter inquirentibus, cum illa simpliciter, quæ de se erant, aperuisset, ad Apostolicum redierunt, et magna ipsius, magna cunctorum astantium exspectatione, quæ audierant, retulerunt. His papa recognitis, jubet repræsentari scripta beatæ Hildegardis, quæ sibi de præfato cœnobio perlata susceperat, et ex manibus propriis tenens, ipseque recitatoris vice functus, archiepiscopo et cardinalibus omnibusque qui de clero aderant, publice legit, ac responsa virorum, quos ad hæc indaganda miserat, pronuntians, omnium mentes et voces in laudem Conditoris et congratulationem excitavit. Aderat etiam ibidem sanctæ recordationis Bernardus abbas Claravallis, quo mediante, cæterisque adnitentibus, monebatur summus pontifex, ne tam insignem lucernam silentio tegi pateretur, sed gratiam tantam, quam tempore ipsius Dominus manifestare vellet, sua auctoritate confirmaret. Ad hæc reverendus Pater patrum, tam benigne quam et sagaciter, assensum præbens, litteris salutatoriis beatam virginem visitavit in quibus concessa sub Christi et beati Petri nomine licentia proferendi, quæcunque per Spiritum sanctum cognovisset, eam ad scribendum animavit. Sed et locum, quo illa fovebatur, honoravit, datis ad abbatem (11) et fratres cœnobii gratulatoriis ex suo nomine litterarum apicibus.

CAPUT II.
Fundat cœnobium in monte S. Ruperti prope Bingium, illudque cum sororibus suis inhabitat: pergit perpetuis visionibus illustrari.

6. Igitur beata Hildegardis cum fiducia humillima verbis, quæ non ab homine, neque per hominem acceperat, aperuit et perfudit tam sanctæ opinionis odorem bonum longe lateque fragrantem. Tunc confluebant [*ms.* circumfluebant] ad eam filiæ nobilium non paucæ, sub habitu religionis regularibus semitis instituendæ. Cumque omnes unum reclusionis habitaculum vix caperet, jamque de transferendis et ampliandis earum mansionibus consilium versaretur; demonstratur illi per Spiritum [*ms.* Spiritum sanctum] locus, ubi Naha (12) fluvius Rheno confluit, videlicet collis a priscis diebus sancto Ruperto (13) confessori ex nomine attitulatus, quem ille olim patrimonii jure possederat, ibique cum beata genitrice sua, Bertha nomine, et sancto Wiberto confessore, vitam feliciter in Dei opere ac famulatu consummavit, ac de sepultura ejus ac reliquiis loco nomen inhæserat. Itaque dum virgo Dei locum transmigrationis, quem non corporalibus oculis, verum intima visione cognoverat, abbati suo et fratribus designaret, sed illis hæsitantibus, eo quod discessum ejus moleste ferrent, ne jussum Dei peragere impediretur, decidit, ut pridem [*ms.* prius], in lectum prolixi languoris, de quo non antea surrexit, quam abbas et cæteri divino se nutu urgeri conspicerent ad consentiendum, nec obstarent, sed pro posse adniterentur. Ex quibus Arnoldus ex laico monachus, qui forti obstinatione renitendo cæteros ad obsistendum videbatur animare, dum esset in prædio ecclesiæ villa Wilara, tanta vexatione subito percussus est corporis, ut de vita quoque desperaret, linguamque in immensum turgentem ore continere non posset.

7. Postulavit ergo nutibus quibus poterat, ut ad Sancti Roberti ecclesiam deferretur: moxque, ut illic vovit, quod ulterius non obstaret, sed pro posse adniteretur, protinus recepta incolumitate, cœpit adjutor esse præparantium mansiones, et propriis manibus dissipare vinela, ubi domus ædificarentur, sanctimonialium receptaculis aptæ. Ipsa vero, cujus migrationi hæc habitacula præparabantur, dum propter moras divinæ visionis exsequendæ jaceret gressuum penitus officio destituta, et tanquam saxea rupes, de lecto, in quem deciderat, nullatenus moveri posset, non satis credulus abbas referentibus, intravit, ut videret. Cumque totis viribus per se conaretur, vel de capite illam sustollere, vel de latere in latus reclinare, nihilque conando penitus efficeret, tam insolito stupefactus miraculo, cognovit non passioni humanæ, sed divinæ correptionis esse, quod gerebatur, nec ulterius [*ms.* nec sibi ulterius] contraeundum fore cœlesti edicto, ne deterius quidpiam ut ipse pateretur. Quoniam vero locus prænominatus partim ad Moguntinæ Ecclesiæ canonicos pertinebat, et fundus cum oratorio Sancti Roberti possessio erat comitis Bernardi de Hildensheim, facta per interventum fidelium legatione, virgo Dei præscia licentiam sibi et sororibus suis obtinuit illic inhabitandi.

8. Igitur post longam gradiendi defectionem, dum jam utrinque deliberatum esset, ut cum consororibus [*ms.* addit suis] dimitteretur ad locum, quem in spiritu præviderat, ingressus abbas ad jacentem et afflictam, dixit, ut in nomine Domini surgeret, abitura ad mansionem sibi cœlitus prædestinatam. Tunc illa dicto citius surgente, tanquam nihil tam

---

(9) Albero vocabatur, et episcopatum ultro dimisit anno 1156. Deinde defunctus dicitur anno 1158. *Beati* honoratur titulo in *Gallia Christiana* Sammarthanorum inter episcopos Virdunenses. Castellanus vero Alberonem ut venerabilem memorat ad 2 Novembris, ubi de cultu inquiremus.

(10) Hic Alberoni in episcopatu successit anno 1156, et scripsit ad S. Hildegardem, ut dictum in Commentario num. 60.

(11) Nimirum ad Cononem abbatem S. Disibodi. At hæ litteræ nunquam videntur editæ.

(12) *Nava* Latine, aut *Navus* dicitur, vulgo *Naw*. Modicus est amnis in Palatinatu inferiori, et prope Bingium, juxta quod cœnobium fuit conditum, in Rhenum influit. Locus expositus est in Commentario, num. 22.

(13) De S. Ruperto Bingii duce et B. Bertha ejus matre actum est apud nos ad 15 Maii.

prolixo tempore debilitatis sensisset, stupor et admiratio cunctos, qui aderant, apprehendit. Nec immerito, cum et ea quæ circa decumbentem fieri [*ms.* geri] visa erant, non minus essent stupenda, quia ex quo locum mutandi cœlitus accepit mandatum, quoties res ad effectum tendere videbatur, toties illa levamen passionis in suo corpore sentiebat, ac vice mutata, quoties obnitentium contradictione cassari negotium cernebatur, toties ista, licet absens, intensiore gravamine laborabat. Aliquando de stratu repente consurgens, cunctosque reclusionis angulos et habitacula perambulans, loqui omnino non poterat : rursumque ad lectum rediens, deficiente gressu, loquebatur ut prius. Quo languoris genere non tunc solum laboravit, sed et quotiescunque feminea trepidatione tardasset vel dubitasset supernæ voluntatis peragere negotia, hoc certitudinis in se capiebat argumentum.

9. Tandem ergo Dei famula cum decem et octo puellis Deo sanctis [*ms.* sacratis] pristinæ habitationis loco decedente, quantum his quos deserebat, doloris et luctus derelinquebat, tantum regioni, ad quam accedebat, gaudii et exsultationis afferebat. Fuerant namque illi de Bingensi [*ms.* Binguensi] oppido et contiguis villis multi honoratorum, et de plebe non exigua multitudo, qui eam cum grandi tripudio et divinis laudibus exceperunt. At ipsa cum suo, imo Christi, grege pusillo paratum sibi locum ingressa, divinam, quæ cuncta dispensat, Sapientiam devota cordis alacritate magnificabat, et commissas tutelæ suæ sanctimoniales virgines materno affectu fovebat, et regularibus institutis prudenter imbuere non cessabat. Et ne alieni juris possessionem videretur invasisse vel occupare, de donariis fidelium quæ fama nominis ejus adducti deferebant, locum suæ habitationis, partim dato pretio, partim facto concambio, a proprietariis prædictis obtinuit. Quem quia liberum suscepit, liberum manere perpetuo constituit ; ita ut patrocinio tantum Moguntinæ Ecclesiæ subjectus, non alium quam sedis ipsius archiepiscopum haberet defensorem, ne, si laicum advocatum assumeret, ovili lupum videretur inducere : quo fere generali morbo per orbem plurimæ vexantur ac vastantur ecclesiæ. Erga prælatos cœnobii, de quo migraverat, hoc tantum subjectionis sibi suisque filiabus retinuit, ut quæ de spiritualibus, hoc est de ordinis tenore et de monachatus professione quærenda essent, ab eis potius quam aliunde susciperent : et prout res et tempus posceret, sacerdotes de ipso cœnobio susciperent, quos propria et libera electione (14) nominatim expetivissent, qui eas tam in cura animarum ac divinis exsequendis officiis, quam in temporalium procuratione sustentarent.

10. Quæ omnia non solum permissu, sed et consulto venerabilis Henrici atque Arnoldi (15) Moguntinæ metropolis archipræsulum, sed et scriptis eorumdem cum consensu abbatum, decreta et confirmata sunt ; ne quid potestatis in prædia Sancti Ruperti sibi usurparet ecclesia Sancti Disibodi, privilegiorum auctoritate, imo, ut pressius dicam, superni Numinis interdicto vetitum est : siquidem hæc ipsa virgo, dum revelatione intima cognosceret pro tali negotio eundum sibi esse ad idem cœnobium, et instar Jonæ prophetæ trepidatione quadam detineretur, divinæ castigationis flagello tacta, pene languit usque ad mortem. Quo verbere commonita, se fecit in oratorium deportari, ibique se quo Deus jubebat ituram, si correptio cessaret, devovit. Deinde petiit ut equo imposita et manibus sustentata deduceretur : mox que ut viæ pauxillum deducta est, receptis viribus, lætabunda procedebat. Perveniensque ad Montem prænominati confessoris, cui [*ms.* quomodo] venire compulsa esset, exposuit, atque locum suæ habitationis cum allodiis ad se pertinentibus, ab illis [*ms.* illis] cœnobii fratribus absolvit, relicta illis plurima portione possessionum, quæ illi cum sororibus susceptis traditæ fuerant et insuper pecuniarum non modica quantitate, ne quid usquam justæ querelæ relinqueretur.

11. Verum, et ea quæ series narrationis exigit, repetam, beata Hildegardis, quamvis in se Liæ (16) parturientis crebros dolores sustineret, nihilominus speciosæ Rachelis oculos claros lumine speculationis internæ pascebat, et quæcunque interius aspexisse, dictis et scriptis, prout noverat expedire, pandebat. De quo genere speculandi seu videndi modo, qui perrarus ac pluribus etiam excellentium sanctorum noscitur in hac mortalitatis umbra incompertus fuisse, res poscit ut aliqua dicantur [*ms.* aliquid dicatur] : quod ipsius verbis potissimum, quantum vel ipsa pandere potuit, cognoscatur. Sic enim dicit in epistola, qua ad Wibertum Gemblacensem (17) monachum, de his quæ de ea relata famæ audierat, sciscitantem, rescripsit : « Deus, inquit, ubi vult, ad gloriam nominis sui, et non terreni hominis, operatur. Ego quidem [*ms.* addit semper] trementem timorem habeo, quoniam nullam securitatem ullius possibilitatis in me scio. Sed manus meas ad Deum porrigo, quatenus velut penna, quæ omni gravedine virium caret, et quæ per ventum volat, ab ipso sustinear, nec ea, quæ video, perfecte scire possum, quandiu in corporali

---

(14) Pro libertate electionis ad Alexandrum papam recurrit aliquando Sancta, ut dictum in Commentario, num. 157. Itaque. cum Alexander creatus sit pontifex anno 1159, non uno aut altero anno laboravit Sancta, sed plus quam toto decennio, ut omnia recte ordinarentur.

(15) De Henrico et Arnoldo archiepiscopis actum est in Commentario variis locis.

(16) Respicit auctor ad frequentes Liæ partus, non ad difficultatem, quæ major fuit Rachelis.

(17) Habemus responsum S. Hildegardis ad multas quæstiones Guiberti Gemblacensis monachi, ut dictum est in Commentario, num. 116. At epistolam hic citatam necdum editam vidi ; et plures ad Guibertum inedites esse observavi num. 194.

officio sum, et in anima invisibilis [*ms.* invisibili], quoniam in his duobus homini defectus est. Ab infantia autem mea, ossibus, et nervis, ac venis meis nondum confortatis, visionem hanc in anima mea usque ad præsens tempus semper video, cum jam plusquam septuagesima annorum sim ; animaque mea, prout Deus vult, in hac visione sursum in altudinem firmamenti, et in vicissitudinem diversi aeris ascendit, atque inter diversos populos se dilatat, quamvis in longinquis regionibus et locis a me remoti sint. Et quoniam hæc tali modo in anima mea video, idcirco etiam secundum vicissitudinem nubium et aliarum creaturarum ea conspicio. Ista autem nec exterioribus oculis video, nec exterioribus auribus audio, nec cogitationibus cordis mei, nec ulla collatione quinque sensuum meorum percipio, sed tantum in anima mea, apertis exterioribus oculis, ita quod nunquam in eis defectum exstasis passa sum, sed vigilans die ac nocte ea video.

12. Itaque sicut ex verbis præcedentibus colligimus, vere mirus et perrarus [*ms.* perdius] huic sanctæ virgini speculationis adfuit modus. Nempe ad similitudinem sanctorum animalium, quæ vidit Ezechiel (18), ipsa certum pennatum animal ibat, et non revertebatur : et iterum ibat, et revertebatur (*Ezech.* i) : quia ab activa vita, quam apprehenderat, ad quælibet infima non revertebatur; et a contemplativa, quam, carne obsita, jugiter tenere non poterat, in activam vitam revertebatur. Quasi enim ei de activæ vitæ modo diceret Deus : *Non te deseram neque derelinquam* (*Hebr.* xiii), a bono proposito non permisit eam redire ; et iterum, quasi de contemplativæ vitæ modo ei diceret : *Averte oculos tuos, quia ipsi me avolare fecerunt* (*Cant.* vi), de speculatione suæ incomprehensibilis majestatis ad actualis vitæ laborem eam permisit redire. Averte, inquit, oculos tuos a mea contemplatione, quia ipsi me avolare faciunt, dum me in hac vita ad perfectum comprehendere non sufficiunt. Unde et Psalmista ait : *Accedit homo ad cor altum et exaltabitur Deus* (*Psal.* lxiii) : quia quo altius puro corde quæritur, eo sublimius, quam sit incomprehensibilis, comprehenditur. Eo modo beata virgo in carne adhuc posita, et per activam laborabat, et per contemplativam in ipsam divinitatis lucem totis desideriis inhiabat. Sed hic primo libro ponentes terminum, benedicamus Dominum, qui ancillam suam ab ipso ortus sui principio electam respexit, et eam dilectam usque ad claritatem visionis suæ provexit.

(18) Locus in ms. sic exprimitur : « Quæ Ezechielis prophetia tangit, ipsa certe tanquam pennatum animal, » etc.

LIBER SECUNDUS

DE VISIONIBUS SANCTÆ

PROLOGUS.

13. Grandem quidem materiam ingenia parva non sufferunt: sed charitas et obedientia, quibus me totum semper vobis debere profiteor, Ludovice et Godefride abbates optimi, mentem meam etiam de impossibilibus ad possibilem facultatem efferunt. Unde quamvis nullo fretus ingenio, tamen præceptis vestris in charitate Christi obtemperavi, et libellum secundum de Vita beatæ Hildegardis virginis, secretis et arcanis visionibus quasi quibusdam amœnis floribus respersum, ab eo loco, quo præcedentem librum Godefridus (19) bonæ memoriæ terminavit, ordinare et perficere, Deo favente, curavi. In quo ex verbis ipsius Deo dilectæ virginis tanta elucet claritas prophetiæ, ut nihil minus antiquis Patribus videatur percepisse gratiæ. Nempe sicut legitur de Moyse, quod indesinenter fuerit in tabernaculo, sic et ipsa in visionum cœlestium morabatur umbraculo, videlicet ut, sicut ille, sic ista a Deo, ut aliquid disceret, aut auditores suos aliquid doceret. An non morabatur in cœlesti tabernaculo, et transcenderat nebulam totius carnalitatis, cum dictatum et verba Evangelii Joannis, *In principio erat Verbum,* etc. (*Joan.* i), eam docuit Spiritus veritatis? Ipse enim Spiritus sanctus, qui in cor Joannis profluxit, quando hanc profundissimam revelationem de pectore Jesu suxit, per divinam suæ dignationis gratiam hoc istam voluit discere, quod ille dignus fuit dicere. Sed de his iterum loqui differamus, et proposita, aspirante ipso Spiritu disseramus. Nec moveat lectorem, quod quædam, quæ in præcedenti libro Vitæ ejus præscripta sunt, eadem in subsequenti etiam opere visionum ejus, nihilominus descripta sunt : quia dignum judicavimus, ut et qualitas ordinis in recitatione historiæ ejus servaretur, et auctoritas vel integritas verborum, quæ per Spiritum sanctum prolata sunt, in descriptione visionum ejus nullatenus mutilaretur (20).

(19) Godefridus ille primum librum scripsit, excepto prologo. Reliqua omnia sunt Theodorici, qui hæc scribit.

(20) Præcipua ratio repetitionis, est diversitas scriptorum. Noluit Theodoricus librum primum mutilare iis, quæ erant allata de visionibus, nec ea hic omittere voluit. Prologus ille in ms. Bodecensi erat omissus.

CAPUT PRIMUM.

Sancta, Latini sermonis ignara, libros tamen Latine scribit: visionibus a pueritia gaudet: eas cogitur scribere: multos consilio juvat et monitis, et suas recte dirigit.

14. Igitur beata virgo in loco ad quem visu divino migraverat, librum visionum suarum, quem apud montem Sancti Disibodi inchoaverat, consummavit (21), et quaedam de natura hominis et elementorum, diversarumque creaturarum, et quomodo homini ex his succurrendum sit, aliaque multa secreta prophetico spiritu manifestavit. Patet etiam quam eleganter epistolis, de diversis provinciis ad se directis, responderit, si quis tenorem verborum ejus, ex revelatione divina (22) prolatorum, altius considerare voluerit. Sunt tamen in unum volumen compilatae et suae, et illae, quae ad se fuerant [*ms.* venerant] destinatae. Quis vero non miretur, quod cantum dulcissimae melodiae mirabili protulit symphonia, et litteras non prius visas, cum lingua edidit antea inaudita? (23) Praeter haec, Evangelia quaedam exposuit, aliasque typicas expositiones composuit: quae omnia, quia ei clavis David aperuit, gratulari merito et cantare animae suae licuit, quod eam Rex in cellaria sua introduxerit, ut inebriaretur ab ubertate domus suae, et potaretur torrente voluptatis suae: unde et ipsa, sicut scriptum est, a timore Domini concipiens, pareret spiritum, et salutes (24) super terram faceret. Magnum est etiam illud et admiratione dignum, quod ea, quae in spiritu audivit vel vidit, eodem sensu et eisdem verbis, circumspecta et pura mente, manu propria scripsit, et ore edidit (25), uno solo fideli viro symmista contenta, qui ad evidentiam grammaticae artis, quam ipsa nesciebat, casus, tempora et genera quidem disponere, sed ad sensum vel intellectum eorum nihil omnino addere praesumebat vel demere. De hoc certe etiam ad Adrianum papam (26) scripsit, quod sic in coelesti visione sibi dictum audivit : « Cum desuper tibi ostensa ad formam humanae consuetudinis non protuleris in Latina lingua, quia haec consuetudo tibi non est data, ille qui limam habet [*ms.* scientiam haberet], ad aptum sonum hominum explere non negligat. »

15. Congruum autem videtur, ut hoc in loco scripta visionum ejus aliqua inseramus; et ex his, quam convenienter sententia illa de Canticis, *Dilectus meus misit manus suas per foramen, et venter meus intremuit ad tactum ejus* (Cant. v), sibi aptari queat, videamus. Haec scripta ita se habent. « In mystica, inquit, visione et in lumine charitatis [*ms.* claritatis] de sapientia, quae nunquam deficiet, verba haec sic audivi et vidi: Quinque toni justitiae humano generi a Deo missi intonant, in quibus salus et redemptio credentium constat. Et hi quinque toni excellentiores omnibus operibus hominum sunt, quia omnia opera hominum de his nutriuntur, qui sunt, qui in sonis non eunt, sed cum quibus omnia opera hominis in quinque sensibus corporis ejus perficiuntur. Et de illis talis ratio est : Primus tonus per fidele Abel sacrificium, quod Deo immolavit, opere completus est. Secundus autem, quando Noe per praeceptum Dei arcam aedificavit; tertius vero per Moysen, quando ei lex data est, quae punctum [*forte* pactum] circumcisionis Abrahae fuit. Sed in quarto tono Verbum summi Patris in Virginis uterum descendit, et carnem induit, quia idem Verbum cum aqua limum coagulaverat, et sic hominem formaverat : unde et omnis creatura per hominem ad ipsum clamavit, qui eam fecerat, sicque propter hominem Deus omnia in se portavit. Alio enim tempore hominem creavit, alio autem ipsum portavit, ut omnes, quos consilium serpentis perdiderat, sibi attraheret. Quintus autem tonus perficietur, cum omnis error et irrisio finietur : et tunc homines videbunt et cognoscent quod nullus citra Dominum [*ms.* contra Deum] quidquam facere possit. Hoc vero [*ms.* modo] in quinque tonis a Deo missis Vetus et Novum Testamentum perficietur, ac mirificus numerus hominum complebitur. Et post hos quinque tonos Filio Dei quoddam lucidum tempus dabitur, ita quod ab omni carne palam cognoscetur. Postea divinitas in semetipsa operabitur, quamdiu vult.

16. Sapientia quoque in lumine charitatis docet, et jubet me dicere quomodo in hac visione constituta sum. At ego verba haec non dico de me, sed vera Sapientia ista dicit de me, et sic loquitur ad me : « Audi, o homo, verba haec, et dic ea, non secundum te, sed secundum me : et docta per me, hoc modo dic de te : In prima formatione mea, cum Deus in utero matris meae spiraculo vitae suscitavit me, visionem istam infixit animae meae. Nam post Incarnationem Christi anno millesimo centesimo doctrina apostolorum et ardens justitia, quam in Christianis et spiritualibus constituerat, tardare coepit, et in haesitationem vertebatur. Illis temporibus nata sum, et parentes mei cum suspirio [*ms.*

---

(21) Loquitur auctor de primo opere *Scivias* dicto, quod anno 1141 in monte S. Disibodi inchoavit; et circa 1151 in monte S. Ruperti finivit.

(22) De epistolis, quae, aeque ac alia opera, spiritu prophetico scriptae sunt ex visionibus divinis, multa dedimus § 4 et seqq.

(23) De opere musico, quod Sancta composuit, consule Commentarium, num. 191, ubi et reliqua ipsius opera enumerari.

(24) Ultima verba in ms. sic leguntur : « Concipiens pareret, et spiritum salutis super terram faceret. »

(25) Audita Latine scripsit, visa, opinor, Germanice aut scripsit aut adjutori suo Latine vertenda oretenus exposuit. Consule dicta in Commentario, num. 19 et 20.

(26) Epistola data est ad Anastasium papam, quae allegatur, ut observavi in Commentario num. 50. Scripsit tamen Sancta etiam ad Adrianum IV, indeque factum puto ut ex epistolis in codice conjunctis unam pro altera nominaverit auctor.

suspiriis] Deo me vovebant, ac tertio ætatis meæ anno tantum lumen vidi, quod anima mea contremuit : sed præ infantia de his nihil proferre potui. In octavo autem anno ætatis meæ in spiritualem conversationem Deo oblata sum, et usque in quintum decimum annum sui multa videns, et plura simpliciter loquens, ita quod et admirabantur, qui hæc audierunt, unde venirent, et a quo essent. Tunc et ego in meipsa admirata sum, quod cum infra [*forte* intra] in anima vidi, exteriorem etiam visum habui : et quod hoc de nullo homine audivi, atque visionem, quam in anima vidi, quantum potui, celavi : multaque exteriora ignoravi de frequenti ægritudine, quam a lacte matris meæ hucusque passa sum, quæ carnem meam maceravit, et ex qua vires meæ defecerunt. His valde fatigata, a quadam nutrice mea quæsivi, si aliqua, exceptis exterioribus, videret, et nihil mihi inde respondit, quoniam nihil [*ms.* nihil horum] videbat. Tunc magno timore correpta, non audebam hæc cuiquam manifestare, sed tamen plura loquendo, dictando, de futuris solebam enarrare. Et quando hac visione pleniter perfundebar, multa, quæ audientibus aliena erant, loquebar. Sed cum vis visionis aliquantulum cessit, in qua me plus secundum mores infantis, quam secundum annos ætatis meæ exhibui, valde erubui, et sæpe flevi, et multoties libenter tacuissem, si mihi licuisset. Præ timore autem, quem ad homines habebam, quomodo viderem, nulli dicere audebam. Sed quædam nobilis femina, cui in disciplina eram subdita, hæc notavit, et cuidam sibi notæ monachæ (27) aperuit. »

17. Eidem feminæ Deus per gratiam suam quasi rivulum ex multis aquis infudit, ita quod bonis operibus quietem non tribuit (28), quousque bono fine præsentem vitam finivit, cujus etiam merita Deus per quædam pulchra ostendit signa. Post cujus finem ita permansi videns in quadragesimum ætatis meæ annum. Tunc in eadem visione magna pressura coacta sum palam manifestare ea quæ videram et audieram. Sed valde timui et erubui proferre quæ tam diu silueram. Venæ autem medullæ [*ms.* et medullæ] meæ tunc plenæ virium erant, in quibus ab infantia et juventute mea defectum habebam. Ista cuidam monacho magistro meo intimavi, qui bonæ conversationis et diligentis intentionis ac veluti peregrinus a sciscitationibus morum multorum erat. Unde et eadem miracula libenter audiebat : qui admirans mihi injunxit, ut ea absconsa [*ms.* absconse] scriberem, donec videret, quæ [*ms.* quæ essent] et unde essent. Intelligens autem quod a Deo essent, abbati suo intimavit, magnoque desiderio deinceps mecum in his laboravit. In eadem visione scripta prophetarum, Evangeliorum, et aliorum sanctorum quorumdam philosophorum, sine ulla humana doctrina intellexi, ac quædam ex illis exposui, cum vix notitiam litterarum haberem, sicut indocta mulier me docuerat. Sed et cantum cum melodia in laudem Dei et sanctorum absque doctrina ullius hominis protuli et cantavi, cum nunquam vel neumam (29), vel cantum aliquem didicissem. Hæc ad audientiam Moguntinæ ecclesiæ allata cum essent et discussa, omnes ex Deo esse dixerunt, et ex prophetia, qua olim prophetæ prophetaverant. Deinde scripta mea Eugenio papæ (30), cum Treberi esset, allata sunt, qui ea gratanter coram plurimis legi fecit, ac per seipsum legit, multumque de gratia Dei confidens, benedictionemque suam cum litteris mihi mittens, præcepit ut ea, quæ in visione viderem vel audirem, scriptis attentius commendarem. »

18. Itaque [*ms.* igitur ex] beatæ virginis pulcherrima visione, et sui timoris, quem ad accessum Spiritus sancti capiebat, recitatione, de Apostolici quoque benedictione, et de percepta ab eo scribendi permissione, patenter colligimus, quod ille dilectus suus Sponsus cœlestis Jesus Christus vere misit manum suam, id est operationem et inspirationem Spiritus sancti, per foramen, hoc est, per occultam gratiam suam, et venter ejus, scilicet mens sua, ad tactum ejus, hoc est ad infusionem gratiæ suæ intremuit, ob insolutum vigorem spiritus et pondus, quod interius sensit. Quid aptius ? quid convenientius ? Certe sicut per illum in Elia (31) sibilum auræ tenuem [*ms.* tenuis] frequentior visitatio signatur, ita divini Spiritus saporem toties degustabat mens ejus, quoties in contemplationis sublimitate suspendebatur. Et quid fecit? *Surrexi*, inquit, *ut aperirem dilecto meo (Cant. v)*. O vere beata virgo, quæ, sicut scriptum est, quia dilexit cordis munditiam, propter gratiam labiorum suorum habet amicum Regem, id est, Christum, a quo tale percepit donum ! Secundum mensuram enim, quam sibi dare Spiritus sanctus voluit, nam sicut spirat, ubi vult, sic etiam dividit singulis, prout vult, quin surgeret et dilecto aperiret, recusare non poterat : et nunc voce, nunc litteris, pessulum ostii sui aperiens dilecto, foris exsequebatur, quod intus audivit. Quid intus audivit? *Deriventur foras fontes tui, et in plateis aquas tuas divide (Prov. v)*.

19. Igitur dum ad hunc modum bonorum operum

---

(27) In ms. legitur : « Cuidam noto sibi monacho aperuit. » Hæc lectio verior videtur : nam femina, cui Sancta rem aperuit, fuit B. Jutta magistra ipsius, et hæc verisimiliter directori suo.
(28) Hæc de B. Jutta, de qua ad 22 Decembris agemus, iterum rectius habentur in ms. hoc modo : « Ita quod corpori suo in vigiliis, jejuniis, et cæteris bonis operibus quietem non tribuit. »

(29) In ms. *neuma*, quod pro modulatione sumitur.
(30) De examine scriptorum Treviris facto consule Commentarium, num. 27 et 28. Reliqua vero de visionibus ipsius § 2 exposita sunt.
(31) Sibilus auræ tenuis (*III Reg.* xix, 12) significabat Eliæ visitationem Domini.

rivis affluentibus quasi paradisi fluminibus irrigaretur, non modo tota vicinia, verum etiam ex omni tripartita Gallia atque Germania confluebant ad eam undique utriusque sexus populorum examina, quibus per gratiam Dei utriusque vitæ affatim accommoda impendebat exhortamina. Ad salutem enim animarum suarum proponebat eis et solvebat quæstiones sanctarum Scripturarum (31*). Plurimi consilium ab ea percipiebant necessitatum corporalium, quas patiebantur; nonnulli quoque benedictionibus suis a languoribus alleviabantur. Quia vero prophetico spiritu cogitationes et intentiones hominum cognoscebat, quosdam perversa et frivola mente ad se, quasi ad explorandum, accedentes redarguebat ; qui dum spiritui, qui loquebatur, non valerent resistere, correpti et emendati, cogebantur a pravo incepto desistere. Sed et Judæos, dum ad se venirent causa interrogationis, convictos de lege sua, ad Christi fidem exhortabatur verbis piæ admonitionis. Omnibus enim, juxta Apostolum, omnia facta (I Cor. IX), extraneis quidem adventantibus, quamvis reprehensibilibus, blande et leniter, prout eis videbat competere, loquebatur.

20. Secum autem commorantes puellas cum multo dilectionis ac maternæ dulcedinis affectu castigabat, quoties vel rancor cujuslibet controversiæ, vel dolor sæcularis tristitiæ, sive desidia, aut negligentia in eis oriebatur. Denique voluntates, intentiones et cogitationes earum in tantum perspiciebat, quod in officiis etiam divinis, secundum qualitatem cordis sui, propriis benedictionibus eis [ms. benedictis sine eis] respondebat. Prævidebat enim in spiritu vitam hominum et conversationem, nec non et vitæ præsentis quorumdam consummationem, ac secundum qualitatem morum et meritorum, gloriam et pœnas animarum eorum: quæ tamen tanta mysteria nulli, præterquam illi soli homini revelabat, cui, ut prædiximus, omnia secreta sua manifestabat. Sicut denique tempus tacendi, ita noverat, quid et ubi, et cui, et cur, quomodo, et quando tempus esset loquendi. In his autem omnibus summam omnium virtutum servabat humilitatem. Et sciens quia *Deus superbis resistit, humilibus autem dat gratiam* (I Petr. V), semper gratiæ divinæ omnipotentem laudabat benignitatem.

CAPUT II.

Sancta in visione discit locum ad fundandum monasterium, eaque occasione multa patitur: Deum tamen in omnibus adjutorem habet et consolatorem.

21. Tantis ac talibus gratiarum adornatam dotalibus Sponsus cœlestis sponsam suam dilectam licet crebris inviseret visitationibus, tamen, ut scriptum est, quanto magna erat, humiliaret se in omnibus, permisit eam sæpe variis ægritudinum vexari passionibus. Quod ut evidentius pateat, textus visionum ejus producatur in medium, ut et virtus in infirmitate perfecta non lateat et lectoris etiam, dum alternis uti delectatur, allevietur tædium. Vis scire, quid perpessa fuerit pro eo, quod non manifestaverit ostensam sibi cœlitus visionem, propter suam de loco, in quo tunc erat, in alium transmigrationem? Audi ipsam ita scribentem: « Quodam, inquit, tempore ex caligine oculorum nullum lumen videbam, tantoque pondere corporis deprimebar, quod sublevari non valens, in doloribus maximis occupata jacebam: quæ ideo passa sum, quia non manifestavi visionem, quæ mihi ostensa fuit, quod de loco, in quo Deo oblata fueram, in alium cum puellis meis moveri deberem. Hæc tam diu sustinui, donec locum, in quo nunc sum, nominavi: et, illico visu recepto, levius quidem habui, sed tamen infirmitate nondum ad plenum carui. Abbas autem meus, et fratres et populus ejusdem provinciæ, cum percepissent de hac mutatione, quid hoc esset, quod de pinguedine agrorum et vinearum et de amœnitate loci illius ad inaquosa, ubi nulla essent commoda, ire vellemus, mirum habuerunt : et ne hoc fieret, sed ut nobis resisterent, in invicem conspiraverunt. Me quoque quadam vanitate deceptam esse dicebant. Cumque hæc audissem, cor meum contritum est, et caro mea et venæ aruerunt : et per dies plurimos lecto decumbens, vocem magnam audivi, me prohibentem, ne quidquam amplius in loco illo de visione hac proferrem vel scriberem.

22. « Tunc quædam nobilis marchionissa, nobis nota, archiepiscopum Moguntinum adiit, et ei hæc omnia, aliisque sapientibus manifestavit. Qui dixerunt quod nullus locus, nisi per bona opera sanctificaretur : unde et hoc, ut fieret, conveniens videtur [ms. videretur]. Tunc antiquus deceptor per multas irrisiones me excribravit, ita quod multi dixerunt : « Quid est hoc, quod huic stultæ et in« doctæ feminæ tot mysteria revelantur, cum multi « fortes et sapientes viri sint ? In dispersionem ita« que vertetur. » Multi enim de revelatione admirabantur, utrum a Deo esset, an de inaquositate aereorum spirituum, qui multos seducunt. Et ita in isto loco (32) cum viginti puellis nobilibus, et de divitibus parentibus natis, mansi, nullam [ms. nullamque] habitationem seu habitatorem hic inveniens, excepto veterano quodam et uxore ejus ac filiis. Tanta quoque adversitas tribulationum et pressura laborum super me cecidit, velut cum tem-

(31*) Quot quamque diversæ de sacris Litteris, de rebus theologicis, de arcanis et occultis, quæstiones S. Hildegardi proponerentur, videri potest ex disputatis in Commentario § 6, 7 et 8.

(32) Loquitur de loco sibi ostenso, sive de monte S. Ruperti, licet verbum *mansi* contrarium videatur innuere; sed *mansi* idem ibi est ac *habitare cœpi*. At sancta, cum dicit « cum viginti puellis, » videtur contraria biographo num. 9, ubi dicit eam ex monte S. Disibodi discessisse « cum decem et octo puellis. » Utrumque erit verum, si duæ se adjunxerint in adventu ad montem S. Ruperti.

pestuosa nubes solem obtegit, ita quod valde suspirans et lacrymas fundens, dixi : O, o, Deus nullum confundit, qui in ipsum confidit. Sed iterum Deus gratiam suam mihi adhibuit, quemadmodum cum sol recedentibus nubibus, apparet, et velut cum mater flenti infanti lac praebet, unde ipse post fletum gaudet. Tunc in vera visione vidi quod tribulationes istae in exemplo Moysis super me venissent, quia, cum ille filios Israel Ægypto trans mare Rubrum duceret in desertum, ipsi contra Deum murmurantes, Moysen quoque valde afflixerunt, quamvis eos Deus mirificis signis illustrasset. Ita Deus aliqua parte me affligi permisit a communi populo, a propinquis meis et ab aliquantis, qui mecum manserunt, cum eis necessaria defuerunt, nisi quantum nobis per gratiam Dei in eleemosynis dabatur, quia sicut filii Israel Moysen afflixerunt, ita et isti super me caput moventes, dixerunt : « Quid prodest, quod nobiles et divites puellae de loco, in quo eis nihil defuit, in tantam penuriam devenerunt? Nos vero gratiam Dei nobis succurrere exspectabamus, qui hunc locum nobis [*ms. addit* solum] ostenderat. »

23. « Post pressuram doloris hujus, gratiam suam Deus super nos pluit. Nam multi, qui nos prius contemnentes inaquosam inutilitatem nominaverant, venerunt ad nos undique adjuvantes, et benedictionibus nos replentes. Multi etiam divites mortuos suos in honore apud nos sepelierunt. Plurimi quoque visionem hanc in fide cognoscentes, magno desiderio ad nos venerunt, sicut per Prophetam dictum est : *Venient ad te, qui detrahebant tibi* (*Psal.* xxxvii). Tunc spiritus meus revixit, et quae prius in dolore fleveram, nunc, quia Deus in oblivionem me non duxisset, prae gaudio flevi, cum locum istum extollendo, et multis utilibus [*vox utilibus non est in ms.*] rebus et aedificiis multiplicando confirmavit. Sed tamen Deus voluit, quod in plena securitate constanter perseverarem, sicut ab infantia mea in omnibus causis meis fecerat, cum nullam securitatem gaudii vitae istius mihi dimisit, per quod mens mea elevari posset. Nam cum librum *Scivias* scriberem, quamdam nobilem puellam, supradictae marchionissae filiam, in plena charitate habebam, sicut Paulus Timotheum, quae in diligenti amicitia in omnibus se mihi conjunxerat, et in passionibus meis mihi [*non est in ms.* mihi] condoluit, donec ipsum librum complevi. Sed post haec propter elegantiam generis sui, ad dignitatem majoris [*ms.* majorem] nominis se inclinavit, ut mater cujusdam sublimis ecclesiae nominaretur : quod tamen non secundum Deum, sed secundum honorem saeculi hujus quaesivit. Haec in alia regione a nobis remota, postquam a me recessit, vitam praesentem cum nomine dignitatis cito perdidit (33).

Aliae etiam quaedam nobiles puellae similiter fecerunt, se a me separantes : ex quibus quaedam postea tam negligenter vivebant , quod multi dixerunt, quia opera earum ostenderent, quod in Spiritum sanctum et in hominem, qui de Spiritu sancto loquebatur, peccassent. Ego autem et diligentes me admirabamur, cur tanta persecutio super me veniret, et Deus consolationem mihi non adhiberet, cum in peccatis perseverare non vellem, sed bona opera, Deo adjuvante, perficere desiderarem. In his librum *Scivias* complevi, sicut Deus voluit. »

24. Ex praecedenti visionis descriptione et beatae virginis liquet afflictione, quod locum, quem sibi praemonstratum, et pro quo retardantem ea citate castigavit, ipse Dominus elegit et praelegit in haereditatem sibi, ut nomen suum sanctum impensius glorificaretur ibi, tum propter S. Ruperti merita, et secum ibi in Christo quiescentium, tum propter profectum sanctae virginis, et secum illuc venientium. Inter haec subit mentem veteris historiae recordatio, et pulchra se nobis offert de Debbora prophetissa (34), et loco, in quo sedit, ad nostram prophetissam et locum nostrum comparatio. Sic enim Origenes dicit : « Praestat non minimam consolationem mulierum sexui, et provocat eas, ne pro infirmitate sexus desperent, etiam prophetiae gratiae capaces se fieri posse : sed intelligant et credant, quod meretur hanc gratiam puritas mentis, non diversitas sexus. » Debbora quippe, quae *apes* interpretatur, in prophetiae forma versatur. Certum namque est quod omnis prophetia suaves coelestis doctrinae favos et dulcia divini eloquii mella componat, ut David dicit : *Quam dulcia faucibus meis eloquia tua super mel ori meo!* (*Psal.* cxviii.) Haec inter Rama et Bethel sedere dicitur : et Rama, *excelsa*, Bethel *domus Dei* interpretatur. Nihil enim humile, nihil dejectum erga prophetiae sedem reperitur. Sicut et apud Salomonem sedes sapientiae, vel in portis civitatum consistit, vel in murorum moenibus habitat, vel in turribus libere agit. Hoc modo prophetia in beata Hildegarde inter domum Dei et excelsa dicitur habitasse, quod nunc videri etiam in prompto sit localiter: potest tamen accipi et spiritualiter. Docet enim te, o sancta anima, quaecunque ibi habitas, quae super terram sunt, respuere, et quae in coelorum excelsis sunt, ubi Christus in dextera Dei sedet, quaerere. Illic te prophetia ejus hortatur ascendere, illuc auditores suos molitur imponere. Benedicta ergo gratia Dei [*ms.* gloria Domini] de loco suo, de cujus emancipatione, quam in spiritu praevidit beata virgo, dicit ita in scripto suo :

25. « Vidi in visione, et docta et coacta sum, ut praelatis meis revelarem, quod locus noster cum

---

(33) Haec abbatissa, de cujus recessu Sancta doluit, videtur esse soror Hartvici Bremensis archiepiscopi, qui mortem ipsius ad S. Hildegardem perscripsit, ut dictum in Commentario,
num. 46.
(34) De Debbora videri potest liber Judicum, cap. iv.

suis pertinentiis loco, in quo Deo oblata fueram, absolvendus esset, præterquam quod subjectionem et obedientiam Deo ibi servientibus deberemus, quandiu bonam fidem erga nos inveniremus (35). Hæc abbati meo (36) intimavi, sed infirmitate correptus, nihil inde disposuit, quoniam et [ms. quia etiam] post paucos dies vitam finivit. Ad abbatem vero succedentem et Moguntinum archiepiscopum et majores ecclesiæ cum hæc pervenissent, in fide et charitate ea susceperunt, atque ita fieri cum sigillo scripturæ confirmaverunt. Inter hæc a quibusdam multas infestationes pertuli, sicut Josue, quem præ aliis victorem inimici conabantur ducere in confusionem: sed sicut Deus ipsum adjuvit, ita me et filias meas liberavit. Sed sicut Joseph fratres sui invidebant, quod a Patre plus aliis amaretur; ac ipsum vendentes, tunicam ejus scissam patri retulerunt, dicentes quod fera illum devoraverit, ita et quidam malevoli tunicam gratiæ et laudis Domini in nobis scindere volebant: sed Deus nobis succurrit, sicut Joseph in honorem restituit. Quamvis autem multam pressuram haberemus, tamen per gratiam Dei augmentabamur, sicut et filii Israel, qui quanto plus opprimebantur, tanto magis crescebant. In gaudio itaque cordis mei ad Deum aspiciebam, et quia in tribulationibus mihi astiterat, secura esse volebam. »

26. Hic opportune considerare possumus quod beata virgo, licet corpore infirmitatis attritione, diabolicæ quoque et humanæ infestationis prægravaretur vexatione, semper tamen divina roborari et confirmari meruit consolatione. Siquidem Spiritus sanctus gratiam suam multis profuturam in electo vase suo volens conservare, omnis fæculentiæ rubiginem lima correctionis in ea studuit elimare, ut ex castigatione proficiens, voluntatem Domini diligenter investigaret; et, juxta Apostolum, rationabile obsequium Deo reddens, totum vitæ suæ cursum ad ejus sententiam ordinaret, et merito. Gratuito enim suo dono, naturæ et gratiæ simul illustrans eam bono, præparabat ei gratiam in abundantia magna et gloriam: gratiam in terris, gloriam in cœlis, gratiam sublimium meritorum, gloriam ineffabilium præmiorum dabat. Inde est, quod a terrenis castigabatur, sicut scriptum est: *Flagellat Deus omnem filium, quem recipit* (Hebr. XII), ut in ea meritorum augerentur merita, sicut et in subsequenti visione declaratur, quam describit ita:

27. « In lectum ægritudinis quodam tempore me Deus stravit, et aeris pœnis totum corpus infudit, ita quod venæ cum sanguine, caro cum liquore, medulla [ms. medullæ] cum ossibus in me aruerunt, velut anima mea a corpore eximi deberet. In isto strepitu triginta dies fui, ita quod ex calore aerei ignis venter meus fervebat. Unde quidam hanc ægritudinem pro pœna computabant. Virtus quoque spiritus mei, carni meæ infixa, defecit, nec ex hac vita translata, nec pleniter sui in ea. Corpus etiam meum immutatum sternebatur in terram super cilicium, nec tamen vidi finem meum, cum et prælati mei, filiæ et proximi, cum planctu magno venirent, et obitum meum viderent. At ego in vera visione aciem magnam angelorum, humano intellectui innumerabilem, per hos dies interdum vidi, qui de exercitu illo erant, qui cum Michaele contra draconem pugnabant, et hi sustinebant, quid de me Deus fieri juberet. Sed unus fortis ex eis, clamabat ad me, dicens: « Ei, Ei, aquila, « quare dormis in scientia? Surge de dubitatione. Co- « gnosceris, o gemma in splendore, omnes aquilæ « videbunt te, sed mundus lugebit, vita autem æterna « gaudebit: et ideo, aurora, ad solem surge. Surge, « surge, comede et bibe. » Mox acies tota clamabat voce sonora: « Vox gaudii, nuntii siluerunt, non- « dum venit tempus transeundi: puella, ergo surge. » Statim corpus meum et sensus mei ad præsentem vitam mutabantur. Quod filiæ meæ, quæ prius fleverant, cernentes, de terra me levantes, in lectum reposuerunt, et sic pristinas vires recepi. Pœnalis autem infirmitas a me pleniter non recessit: sed tantum spiritus meus de die in diem plus quam prius in me confortabatur. Nam pessimi aerei spiritus, quibus pœnales cruciatus hominum injuncti sunt, pœnam hanc, quæ mihi ab eis, ut Deus permisit, inferebatur, subministrabant, sicut et tortores fecerunt, qui beato Laurentio et aliis martyribus prunas apponebant, qui et ad me festinantes, voce magna clamabant: « Seducamus istam, ut de Deo « dubitet et blasphemet, cur eam tantis pœnis impli- « cet. » Sicut enim in Job permissione Dei factum est, quod Satan corpus ejus ita percussit, quod vermibus scateret, ita aerius ignis subintrans, carnem meam consumpsit: quod et Jeremiæ accidit, qui dolorem suum flebiliter planxit. Sed diabolus ei persuadere non potuit, quod Deum blasphemaret. Ego vero mollis in carne, timida in mente, de pœnis istis plurimum terrebar. Sed Deus me confortavit, quod eas patienter ferebam, atque in spiritu meo dixit: O, o, Domine Deus, omnia per quæ me tangis, bona esse scio, quoniam cuncta opera tua, bona et sancta sunt, quoniam hæc ab infantia mea promerui. Sed tamen confido, quod animam meam in futura vita sic cruciari non permittas.

CAPUT III.

Morbi mirabiles Sanctæ, instructio monialium, conversio male suspicantis philosophi; visiones variæ.

28. « Cumque in his doloribus adhuc laborarem, in vera visione admonita sum, ut ad locum, in quo Deo oblata eram, irem, et verba, quæ Deus mihi ostenderat, proferrem: quod et feci, ac in eodem

---

(35) In ms. est, « quam diu bonum videre illorum erga nos inveniremus. »

(36) Hic abbas S. Disibodi verisimiliter fuit Cuno aut Cuno, anno 1155 defunctus, quando successit Helingerus.

dolore ad filias meas redii. Ad alia quoque loca congregationum iter arripui, ac verba quæ Deus jussit, explanavi. In his omnibus vas corporis mei quasi in clibano coctum est, sicut et Deus multos probavit, quos verba sua proferre jussit : unde laus sibi sit. Qui et magnum auxilium in duabus filiabus meis et aliis mihi præbuit, quod passionibus meis infatigabiliter condolebant. Unde et suspirans Deo gratias egi, quod homines tædium mei non habebant. Si enim tantam pressuram dolorum, qui a Deo non essent, in carne mea habuissem, tam diu vivere non potuissem. Quamvis autem in his cruciarer, in superna visione tamen dictavi, cantavi ac scripsi, quæ Spiritus sanctus per me proferre volebat (37). In his autem languoribus triennio finito, vidi quod cherubim in flagrante igne, in quo speculum mysteriorum Dei est, aereos spiritus, qui me torquebant, quasi igneo gladio insequebatur, ita quod a me fugerent, clamantes : « Ah, ah, « Væ, væ! Num ista, ista sic abibit, quod eam non «.rapiemus ? » Mox spiritus meus in me pleniter revixit, corpusque meum in venis et medullis recreatum est, sicque tota convalui. »

29. Ecce qualiter sancta virgo duplici modo nunc languorum doloribus cruciata, nunc dæmonum terroribus vexata (38), sub defensione angelica glorificabatur. Denique ex una parte, qua laborabat infirmitate, femina miræ innocentiæ munivit se virtute patientiæ, et quasi ejus molestiæ sermo divinus blandiretur, *sufficit*, inquiens, *tibi gratia mea; nam virtus in infirmitate perficietur (II Cor. xii)* : libenter gloriabatur in infirmitatibus, ut inhabitaret in se virtus Christi : et eo præsumebat se diligi, quo merebatur argui. At ex altera parte, qua dæmonum irritabatur arte, bellatrix egregia iterum se doctrinæ apostolicæ armavit custodia. Qua ? *Galeam*, inquit, *salutis assumite, et gladium spiritus, quod est verbum Dei (Ephes.* vi). Et iterum : *Induite vos armaturam Dei, ut possitis stare adversus insidias diaboli, quia non est nobis colluctatio adversus carnem et sanguinem, sed adversus principatus et potestates tenebrarum harum (ibid.).* Hac itaque magna bellandi arte, et his armis propugnatrix invicta decertabat : et adhuc carne inclusa, et in terris posita, contra spiritualia nequitiæ in cœlestibus dimicabat. Quapropter et ipsi principes tenebrarum horruerunt, quando tanta arte instructam et omni armatura fortium vallatam feminam contra se procedere viderunt. Horruerunt, inquam, et Væ suum conclamantes, cum confusione fugerunt, quoniam timor et tremor super eos venerunt, cum viderunt cherubim terribilem, ut castrorum aciem ordinatam, famulam quidem Dei protegentem, se flammea framea, ne eam vexarent, prosequentem. Itaque admirati sunt, conturbati sunt, commoti sunt, tremor apprehendit eos, ita ut dicerent: *Castra Dei sunt hæc, fugiamus Israelem (Exod.* xiv). Et statim fugerunt. Ita inter superos et inferos spiritus athleta Dei luctabatur, propulsatisque adversariis, læta semper victoria gloriabatur. Nec illud silendum, quod cum quadam vice febribus laboraret, quosdam sanctos vidit, qui dicebant : « Vindica, Domine, sanguinem sanctorum tuorum. » Et alii ad ipsam : « Dolorem, inquiunt, quem pateris bona voluntate sufferre debes. » Et ecce alii sancti ita inter se conferebant : « Nobiscum ibit, an non ? » Et alii respondebant : « Præterita, præsentia, et futura nondum permittunt eam ; sed tamen cum opus perfecerit, nobiscum eam tollemus. » Tunc simul omnes clamabant : « O felix anima et certissima, surge, surge sicut aquila, quia sol te produxit, et nescisti. » Et illico convaluit.

30. Nec solum cum molestiam languorum vel sævitiam dæmonum, sed etiam cum insectationes incurrit hominum, adfuit ei Dominus, et corda adversariorum convertit in melius, sicut ipsa describit de conversione philosophi, primo sibi, imo Deo contrarii, in quo vere postea facta est mutatio dexteræ Excelsi; et cum vanitates, quæ per deceptionem Satanæ oriebantur in cordibus puellarum suarum, removit exhortationibus sanctarum Scripturarum, de quibus ita dicit : «Quidam philosophus, de divitiis honoratus, cum de his, quæ viderant, diu dubitasset, tandem ad nos venit, et locum nostrum ædificiis, allodiis, et aliis necessariis valde ornavit : unde anima mea exhilarata fuit, quia Deus in oblivionem nos non adduxit. Acri enim scrutatione, sed sapienti, exquisivit quæ essent vel unde essent visionis hujus scripta, donec inspiratione divina pleniter credidit, et qui prius malitiosis verbis nos spreverat, cum Deus injustitiam in corde ejus suffocasset, majoribus benedictionibus ad nos conversus fuit: sicut et Pharaonem Deus in mari Rubro submersit, qui filios Israel capere voluit. De hujus immutatione multi admirati, magis crediderunt, et per ipsum sapientem Deus benedictionem suam super nos fudit, *sicut unguentum*, *quod descendit in barbam, barbam Aaron (Psal.* cxxxii). Unde et omnes nos eum patrem nominavimus. Hic et qui tantus princeps in nomine suo fuit, petiit ut apud nos sepeliretur, et ita factum est. Tunc mens mea solidata est, et curam egi filiarum mearum in necessariis tam corporum quam animarum, sicut a magistris mihi erat statutum. Ad veram ergo visionem aspiciebam magna sollicitudine, quomodo aerei spiritus contra nos pugnarent : vidique, quod iidem spiritus quasdam nobiles filias meas per diversas vanitates, quasi in rete perplexerant. At ego per ostensionem Dei eis hoc innotui [ms. hoc in eis notavi], ipsasque verbis sanctarum Scripturarum et regulari disciplina, bonaque conversatione circumfodi et munivi. Sed quædam ex eis, torvis luminibus me aspiciebant etiam multiplici victoria sub defensione angelica glorificabatur. »

---

(37) In ms. tantum : « quæ proferre volebam. »
(38) Post vocem *vexata*, in ms. aliqua adduntur hoc modo : « non solum non superabatur; verum

tes, verbis occulte me laniabant, dicentes quod importabilem strepitum regularis disciplinæ, quo eas constringere vellem, sufferre non possent. Sed Deus in aliis bonis sapientibusque sororibus, quæ in omnibus passionibus meis mihi astiterunt, solatium adhibuit, sicut in Susanna factum est, quam Deus a falsis testimoniis liberavit. Quamvis autem hujusmodi tribulationibus frequenter fatigarer, tamen librum *Vitæ meritorum* (39), divinitus mihi revelatum, per gratiam Dei ad finem perduxi. »

31. Sic inter adversa et prospera se agebat virgo Deo devota, ut nec in prosperis elevaretur, nec in adversis deprimeretur : sed in utroque unum et eumdem servans vigorem, nec vituperio concutiebatur, nec laude seducebatur. Intentum enim, tanquam arcum, animum ad omnem disciplinam habebat : quo non languescente, auctoritate modo mansueta, modo severa, se suosque regebat. Erat quippe in ea comitate condita gravitas, et ex ejus lingua melle dulcior orationis profluebat suavitas. Habebat vero in omnibus sanam doctrinam, sicut de natura hominis, de conflictu carnis et spiritus, de sanctorum Patrum exemplis scribit, quod percepit per revelationem divinam. « In vera, inquit, visione vidi figuram hominis, qui, quamvis in duabus naturis (40) sit animæ et corporis, unum tamen ædificium est, velut cum homo ex lapidibus domum componit, de cinerosa quoque materia eam tegit, et confirmat, ne cadat et confundatur. Homo enim opus Dei est, et cum omni creatura est, ac omnis creatura cum ipso est. Sed opus hominis, quod sine vita est, operi Dei, quod vita est, simile non est, sicut vas figuli, ædificationibus fabri simile non est. Natura vero animæ ad infinitam vitam aspicit : corpus autem caducam vitam amplectitur : nec unanimes sunt, quia, quamvis simul sint in homine, in duo tamen dividuntur. Hac similitudine cum Deus Spiritum [*ms.* Filium *mendose*] suum per prophetiam et sapientiam, vel per miracula in hominem mittit; carni illius sæpe dolores infligit, quatenus Spiritus sanctus ibi habitare possit. Si autem eam doloribus non constringit, tunc sæcularibus moribus facile admiscetur : sicut in Samsone et Salomone aliisque accidit, qui in suspiriis spiritus defecerunt, ad delectationem carnis se inclinantes, quia prophetia, sapientia et miracula in gaudio jucunda sunt. Sed cum homo interdum delectationem carnis per suggestionem diaboli colit, sæpe dicit : Ah! immundo fetore fæcis feteo. Quid est quod spiritus carnem affligit? Quia ipse spiritus gustum peccati ex natura sua odio habet. Cum autem caro desideria animæ frangit propter frequentem delectationem, in qua per fetorem peccati se involvit, ita quod spiritus propter eamdem mole-

stiam suspirare non potest, tunc caro affligit spiritum, et afflictio hæc in duas partes per gratiam Dei dividitur.

32. « Conflictus vero iste, qui dictus est de figura, quæ homo est, in Abel incœpit, quem frater suus odio habuit : et in Noe, qui a filiis [*imo a filio*] suis injuriam pertulit; et in Abraham, qui de amicis opprobria sustinuit; et in Jacob, qui propter fratrem suum profugus fuit; atque in Moyse, qui ab amicis afflictus est, quia inimicis consenserunt. Hæc afflictio quoque inter discipulos Christi erat, quia propter duritiam infidelitatis caro unius [Judæ] spiritum suffocavit. Cæteri autem cum spiritu in afflictione contra carnem erant. Zachæus quoque evangelicus cum spiritu in afflictione contra carnem fuit. Juvenis autem, qui in Evangelio cum Christo loquebatur, contra carnem cum spiritu in afflictione non erat : unde et a Filio Dei fugit. Saulus etiam in incredulitate sua spiritum primitus continuit : sed Deus malum hoc in ipso dissipavit, sicut de cœlo Satanam in abyssum projecit, et de Saulo Paulum fecit. Abel autem, qui in affluenti desiderio animæ immolavit, sanctificatus est; Cain autem repudiatus, quia caro spiritum ejus per odium suffocavit. Noe etiam justificatus, quia Deo sacrificavit. Sed filius ejus spurcitiæ carnis patrem deridendo respondit : et ideo libertate caruit, nomine filii indignus, servus vocatus est. Abraham quoque multiplicatus est, quoniam Deo obediens, carnem suam contra carnis jura diligenter affligebat. Hic in alienam gentem conversus est. A filiis autem et amicis ejus libertas illorum, qui sibi resistebant, evanuit; a filiis quippe Israel ejecti sunt, qui liberi exstiterunt. Jacob quoque Deo dilectus, quia in desiderio animæ justitiam semper bibit, in benedictionibus Dei perseveravit. Esau autem frater ejus benedictione spoliatus est, propter odium, quod ad ipsum habuit. Moyses famulus et amicus Dei, quæ in mysteriis et miraculis habuit et servavit, responsum carnis in se oppressit. Unde qui eum odio habebant, perierunt, nec in terram promissionis pervenerunt. Apostoli carnem suam opprimebant. Sed Judas in desiderio animæ totus cæcus fuit, qui Christum magis sequebatur, ut a populo honorificaretur, quam ut in eum crederet; sicut et discipuli, qui desiderium animæ pleniter non habebant, doctrinam quidem Christi libenter audierunt, sed quoniam in spiritu tædiosi erant, cum perfectionem justitiæ ejus sufferre non possent, ab eo fugerunt.

33. « Zachæus in jucunditate carnis afflictionem spiritus contra carnem habuit, ita quod opera sua sibi displicuerunt. Unde cum de Filio Dei audisset, quod justus esset, illico ad eum cucurrit, et in eum credidit, quia peccata sua prius per spiritum planxit. Sed juvenis in Evangelio positus, divitiis onera-

---

(39) Vide dicta de hoc opere in Commentario, num. 192.

(40) Id est, duabus constat partibus. Modus ille loquendi, quo animam et corpus duas vocat natu-

ras, frequentius occurrit in Sanctæ scriptis. At nihil censenda est intelligere illo loquendi modo; nisi duas partes, ut liquet ex sequentibus verbis, ubi dicit « unum esse ædificium. »

tus, famam rerum libenter audiens, ad Dei Filium venit, quærens quid facturus esset: sed cum perfectum responsum accepisset, in tristitiam corruit: et quia caro spiritum suffocavit, a Christo recessit. Saulus quoque importunus corde indurato contra fidem Christi cornua superbiæ erexit: sed Deus illum stravit, carnis voluntatem in eo mortificavit, et ad bonum eum convertit. Ego autem paupercula forma hos præcipue dilexi et invocavi, qui carnem suam in spiritu afflixerunt, et ab his declinavi, qui se contra spiritum induraverunt, et eum suffocaverunt. Nec unquam requievi, sed in tribulationibus plurimis fatigata fui, donec rorem gratiæ suæ super me pluit, sicut familiari suo dixit: *Inimicus ero inimicis tuis, et affligentes te affligam, et præcedet te angelus meus* (*Exod.* XXIII). Et iterum: *Famulo meo præstiti honorem magnum, et omnes inimicos ejus humiliavi* (*I Paral.* XVII). Sed et in plurimis injuriis Deus ita me constrinxit, quod cogitare non audebam, quanta benignitas gratiæ ejus erga me foret, cum tamen magnas contrarietates illis occurrere videbam, qui veritati Dei resistebant. Et de tribulationibus et pœnis, quas de aereo calore passa sum, corpus meum ita conculcatum est, sicut limosa terra, cum aqua conglutinatur. » Magnæ profecto esset utilitatis indagare obscuritatem eloquiorum tantæ sublimitatis, si non esset nobis indicium, potius textum visionum sanctæ virginis scriptis exarare, et historiam vitæ ejus aliquibus verbis explanare. Exercet [*ms.* exerceret] enim sensum nostrum, ut fatigatione fieret dilatatus: et quod capere non posset otiosus, caperet exercitatus. Nunc vero, quia ad alia festinamus, visiones ejus carptim intento calamo perscribamus; ait enim:

34. « Tres turres in visione aspiciebam, per quas Sapientia quædam occulta mihi manifestavit. Prima tria habebat habitacula. In primo nobiles puellæ cum quibusdam aliis erant, quæ in ardenti charitate verba Dei ex ore meo audiebant, atque in hoc quasi esuriem semper habebant. Sed in secundo aliæ quædam stabiles et sapientes fuerunt, quæ in cordibus suis veritatem Dei amplectebantur, dicentes: « O, « quandiu ista nobiscum perseverabit? » Et ex hoc fatigatæ non sunt. In tertio vero habitaculo fortes armati ex communi populo erant, qui vehemens ad nos iter facientes, in admirationem de prædictis miraculis ducti sunt, magnoque desiderio ea amaverunt, et hoc sæpe faciebant, sicut communis populus in firma et forti turri alicujus principis defensionem quærit, ut ab inimicis muniatur. In secunda vero turri tria habitacula erant, quorum duo arida in siccitate fuerunt, et eadem siccitas quasi densa nebula apparebat. Et qui in his duobus habitaculis fuerunt, in unum consentientes, dixerunt: « Quæ « et unde sunt ista, quæ hæc quasi de Deo loquitur?

« Durum est nobis aliter vivere, quam qui nos præ« cesserunt, aut qui adhuc vivunt. Quapropter ad illos, « qui nos cognoscunt, convertemur, quia in aliis per« severare non possimus. » Sicque ad præfatum communem populum (41), et nec in illo, nec in præfata turri ullius utilitatis erant. Et in vera visione audivi vocem ad ipsos dicentem: *Omne regnum in se ipsum divisum desolabitur, et domus supra domum cadet* (*Luc.* XI). In tertio autem ejusdem turris habitaculo communis populus fuit, qui multiplici amore verba Dei, quæ de vera visione proferebam, dilexit, ac in tribulationibus mihi astitit, quemadmodum publicani Christo adhæserunt. Sed et tertia turris tria propugnacula habebat, quorum primum ligneum fuit, secundum ex fulgentibus lapidibus ornatum, tertium de sepi factum. Aliud autem ædificium in visione mihi occultatum est, ita quod verba de eo nunc non dico: sed in vero lumine audivi, quod futura scriptura, quæ de illo exarabitur, fortior et excellentior præcedentium erit.

35. « Subsequenti demum tempore mysticam et mirificam visionem vidi, ita quod omnia viscera mea concussa sunt, et sensualitas corporis mei exstincta est, quoniam scientia mea in alium modum conversa est, quasi me nescirem. Et de Dei inspiratione in scientia [*ms.* scientiam] animæ meæ quasi guttæ suavis pluviæ spargebantur, quia et Spiritus sanctus Joannem Evangelistam imbuit, cum de pectore Jesu profundissimam revelationem suxit, ubi sensus ipsius sancta divinitate ita tactus est, quod abscondita mysteria et opera aperuit, *In principio*, inquiens, *erat Verbum*, etc. (*Joan.* I.) Nam Verbum, quod ante creaturas sine initio fuit, et quod postea sine fine erit, omnes creaturas procedere jussit, et opus suum in ea similitudine produxit, sicut faber opus suum fulminare facit, quia quod ante ævum in prædestinatione sua fuit, modo visibiliter apparuit. Unde et homo opus Dei cum omni creatura est. Sed et homo operarius divinitatis, et obumbratio mysteriorum Dei esse, atque in omnibus sanctam Trinitatem revelare dicitur, quem Deus ad imaginem et similitudinem suam fecit. Sicut enim Lucifer in malignitate sua Deum dispergere non potuit, ita nec statum hominis destruere valebit, quamvis in primo homine id tentavit. Omnem itaque [*ms.* omne quoque] dictatum et verba Evangelii hujus, quod de initio operis Dei est, prædicta visio me docuit, et me explanare fecit. Vidique quod eadem explanatio initium alterius Scripturæ, quæ necdum manifestata erat, esse deberet, in qua multæ scrutationes creaturarum divini mysterii quærendæ essent (42). »

36. Ecce quantum scribentes progressi sumus, tantum nobis insignium visionum, actuum et verborum sanctæ virginis auctus est cumulus. In quibus summæ gratiæ tanta exuberat doctrina et veritas,

---

(41) Dictio, quæ hic imperfecta est, in ms. perfecta est hoc modo: « Sicque ad præfatum communem populum se convertebant, » etc.

(42) Huc usque codex Bodecensis, ex quo lectiones variantes dedi. At sequens caput, et totus liber tertius in illo deest.

ut eam summo opere non amplecti, omni conamine non venerari, ingens sit obstinatæ mentis temeritas. Quis enim nisi Spiritus divinus, gratiarum largitor optimus, tam profluo fonte sapientiæ salutaris eam potavit, quod affluentia spiritualis doctrinæ, quasi flumen aquæ vivæ, tam largiter de ejus corde emanavit? Penna siquidem internæ contemplationis in ipsa abdita volavit supernæ visionis, ubi didicit Evangelium Joannis. Et quis sapiens ambigat hanc sanctam sedem fuisse æternæ Sapientiæ, cui revelavit Deus tantum thesaurum internæ scientiæ? Certe moralis disciplinæ honestas, quæ sibi familiaris fuit, ita naturales animi sui motus composuit, ut amore divinæ speculationis rationabili progressu ad superna proveheretur, ubi læto cordis jubilo sponso suo Christo proclamare delectaretur: *Trahe me post te, curremus in odore unguentorum tuorum* (*Cant.* 1) : ubi inter habentes tres citharas caneret canticum Moysis servi Dei, et canticum Agni, Legis scilicet et Evangelii. Et nos igitur secundi libri termino hic fixo, etiam canticum laudis Domino canamus, dum tam vastum pelagus visionum sanctæ virginis enavigamus. Interim autem respiremus, et ad miraculorum ejus libellum describendum vela navigii nostri, Spiritu sancto favente, reparemus.

LIBER TERTIUS.

DE MIRACULIS ET MORTE BEATÆ

PROLOGUS.

37. Decursis jam duobus libris superioribus de beatæ Hildegardis virginis vita et visionibus, subsequenter de miraculis ejus et virtutibus scribere ulterius mihi quidem non est pigrum, vobis autem necessarium, o Ludovice et Godefride abbates clarissimi. Itaque hunc tertium aggredior ordinare librum, non securitate efficientiæ, sed præsumptione susceptum obedientiæ. Sed quare vobis necessarium? Utique, quia valida causa est amor sanctus, quo sicut eam in vita dilexistis, ita et in morte ab ea non separari pio affectu proposuistis. Hoc itaque sancto amore affectis vobis fuit necessarium, quod per me vestrum vicarium gesta ejus ad notitiam pervenirent futurorum hominum, ut pro his glorificarent Dominum, qui in sanctis suis mirabilis, mirabiliter in ea operatus est, ut in omnibus bonis esset immutabilis. Quidquid enim de ea dici potest, totum est jucundum et amabile, totum decorum, utile et honorabile, quia non solum omni morum sanctitate, vel mysteriorum Dei interna contemplatione, verum etiam spectabilis fuit et est miraculorum insignium operatione, quorum numerum excedens tanta habetur copia, quod eam verbis vix possunt extollere etiam præclara ingenia. Sed tamen ad enarranda pauca de pluribus, si vobis orantibus Dominus dignetur nobis in altum ductis Spiritus sui auram prosperam dare, secundo verbi cursu portum salutis speramus intrare. Valete.

CAPUT PRIMUM.

Sancta varios patrocinio suo sanat ægrotos, etiam aliquos absentes : exponit litteras divinitus productas : adit multa loca pro populi salute.

38. Igitur curationum tam potens gratia in Virgine enituit beata, ut nullus fere ægrotus ad eam accesserit, quin continuo sanitatem receperit. Quod ex subjectis satis patebit exemplis. Puella quædam nobilis Hildegardis parentes, domum et sæculum reliquerat, et sanctæ Hildegardis piæ matris magisterio ad votum adhæserat. Hæc quodam tempore, cum tertianis febribus vexaretur, nec ullo remedio curaretur, unicum sibi incidit consilium, ut sanctæ virginis imploraret auxilium. Quæ juxta verbum Domini, *super ægros manus imponent, et bene habebunt* (*Marc.* xvii), manum sibi imponens cum benedictione et precibus, sanavit eam, propulsatis febribus.

Subsequenti tempore quidam frater Roricus, qui in quadam cella sub monachico habitu et proposito religiose conversabatur, simili modo tertianis acriter torquebatur. Qui audiens in prædicta sorore factum miraculum, devote et humiliter ejus petiit et obtinuit benedictionis signaculum: ex quo statim febris fugata est, ægrotus curatus est.

In eodem cœnobio Bertha quædam ancilla sororibus sedule serviebat, quam tumor colli et pectoris vehementer angebat. Siquidem ad hoc dolor processerat, quod nec cibum, nec potum capere, nec salivam deglutire poterat. Hæc ad famulam Dei adducta, signis potius quam verbis, morbi, morti jam proximi, flagitavit remedia. Cui illa compatiens, etiam propter boni servitii sui assiduitatem, signo sanctæ crucis locis dolentibus contrectatis, optatam reddidit sanitatem.

39. Suevus quidam de vico Dalevingun toto corpore intumuit: et audita fama ejus, emenso magno itinere, ad eam veniens, spe sua frustratus non fuit. Denique per aliquot dies charitative eum secum detinuit, et manibus suis languidum contrectans et benedicens, per gratiam Dei pristinæ incolumitati restituit.

Infans quidam de Rudencsheim (43) Simon, septem hebdomadas natus, miserabili motu membrorum omnium fuit agitatus: qui a nutrice sua delatus, precibus ejus, Deo annuente, est sanatus.

Non solum autem vicinis, sed etiam subveniebat longe positis. Quidam enim Arnoldus de Waccheroehn, olim sibi notus, guttur ita dolens, quod halitum suum difficulter trahebat, quia per se non poterat, orationum ejus suffragia devote expetebat. Quæ confidens de Dei misericordia, aquam benedixit, amico misit: quam ut gustavit, dolor Dei dono eum dimisit.

Mulieris cujusdam Hazechæ filia in Binga infirmabatur, et post triduum nihil loquebatur. Cumque mater currens pro filia, sanctæ virginis auxilium peteret, nihil aliud quam aquam benedictam ab ea accepit: qua illa gustata, statim vocem et vires recepit.

In eodem castro juvenis tanta ægritudine detinebatur, quod jam in extremis esse putabatur: huic præfata mulier, cujus filia convaluerat, quam adhuc reliquam habuit aquam, in potu dedit, et faciem inde abluit: et protinus receptis viribus convaluit.

40. In episcopatu Trevirorum Lutgardis quædam nobilis puella, cum adolescentuli cujusdam ad carnem speciosi vehementi amore deperiret, quia copiam explendæ voluptatis suæ præ sui custodia habere nequiret, parentes ejus, causa rescita hujusmodi defectionis, consilium et auxilium sanctæ virginis per nuntium fideliter expetierunt: et pro desiderio cordis sui efficaciter exaudiri meruerunt. Ipsa enim, oratione præmissa ad Deum, panem profusis lacrymis benedixit de sua mensa, quem puellæ missum cum dedissent ad comedendum, illico ardoris illius penitus in ea refriguit incendium.

Matronam etiam Sibyllam de civitate Lausanensi trans Alpes (44), quæ ejus adjutorium per nuntium expostulavit, missis ei subjectis litteris, a profluvio sanguinis liberavit. « Hæc, inquit, verba circa pectus et umbilicum tuum pones in nomine illius, qui omnia recte dispensat: in sanguine Adæ orta est mors, in sanguine Christi exstincta est mors. In eodem sanguine Christi impero tibi, o sanguis, ut fluxum tuum contineas. » Itaque, ut dixit unus, matrona præfata hoc modo est liberata.

41. Nec hoc prætereunoum quod, cum particulæ crinium vel vestimentorum ejus quibuscunque languidis apponebantur, pristinæ incolumitati restituebantur. Denique uxor Scolteti (45) Bingensis, cum partu diutius laboraret, et de vita jam desperaret, ad monasterium virginis Dei ocius curritur: si aliquid ad subveniendum esset tantopere laboranti, quæritur: puellæ ejus restem capillorum ejus, quam aliquando servaverant, obtulerunt, et ut hac ad nuda circumcingeretur, admonuerunt. Quod ut factum est, illa, partu feliciter edito, morte liberata est.

Similiter et aliæ duæ matronæ per eamdem restim liberatæ sunt simili parturitionis labore.

Nec minus profuit duabus de Sudernesheim mulieribus, quas propter mentis amentiam cum parentes ad loca sancta circumducerent, et nihil proficerent, tandem ut, puellis transmissis, ipsa resti circumcinctæ fuerunt, illico sospitatem mentis et corporis receperunt.

42. Quid illud quod eadem virgo etiam per visum eos præmunire in necessitatibus voluit, quos in orationibus commendatos habuit? Juvenis de Ederich Rudolphus noctu in parva villa fuit hospitatus: qui cum tempore quietis cubitum iret, suffragia sanctæ virginis fuit precatus. Mira res! Illa eodem schemate et habitu, quo in corpore fuit, per visum ei apparuit, et quod periculum vitæ ab insidiantibus sibi inimicis incurreret, si non citius recederet, aperuit. Qui statim ut de loco cum quibusdam sociis discessit, quosdam illic remorantes hostium phalanx circa mane oppressit: qui se stulte egisse cognoverunt, quia tempestive ad visionem ejus non recesserunt.

Quamvis sit miraculosum, non tamen est incredibile, quod sanctæ virgini adhuc in carne degenti, hominibus impendere beneficia in spiritu fuit possibile, cum ad declarandum ejus meritum Christus ei tam absentium quam præsentium desideria revelare dignatus est per spiritum. Nam militem quemdam, juxta Andernacum (46) in extremis jacentem, cum amici ejus inviserent, et de rebus suis consultarent, forte adfuit hora, ut signo audito, relicta ad custodiam sola femina, ipsi ad ecclesiam properarent. At ille silentium nactus, toto corde altis suspiriis Deum invocavit, et ut per merita hujus sanctæ virginis sanitatem sibi conferret, suppliciter postulavit. Nec mora: finita oratione, recreari meruit tali visione. Videri sibi videbatur venerabilem virginem ad se ingredientem, et, si sanus fieri vellet, blanditer inquirentem. Quod ut oppido se desiderare retulit, illa capiti suo manum imponens, subintulit: « In nomine ejus, qui dixit: *Super ægros manus imponent*, *et bene habebunt* (*Marc.* XVII), infirmitas hæc a te recedat, et esto sanus. » Quo dicto, visio disparuit: et æger de lecto sur-

---

(43) Rudesheim oppidum est ad oppositam Rheni ripam prope Bingium.

(44) Lausanna civitas est Helvetiæ, olim episcopalis, sed modo ab hæreticis possessa. Non Germanis proprie, sed potius Italis trans Alpes sita est.

(45) Id est prætoris.

(46) *Antenacum* vocatur a Baudrando, estque oppidum ad Rhenum electoris Coloniensis, situm in confinio ditionis electoris Trevirensis, aliquot milliaribus infra Confluentiam.

gens cum admiratione omnium qui cognoverant, convaluit.

43. Non abs re videtur etiam referre, quod de presbytero quodam factum est, quia et quædam sanctæ virginis virtutum in eo portio est, et res digna miraculo recte memoriæ in exemplum mandatur, quo negligenter quilibet vivens, Deo volente, emendetur. Res in Suevia vico Rudesheim ita gesta est. Presbyter ille quadam vice, peracto jam die, cum nox instaret, intravit ecclesiam, ut lumen sanctis daret, cum ecce vidit super altare duas candelas ardentes radiare. Venerat secum unus juvenis scholaris, in adjutorium divini servitii sibi assiduus et familiaris. Ad quem cum diceret, quare candelas exstinguere neglexisset, et ille responderet, quod eas exstinxisset: accessit sacerdos ad exstinguendum, et invenit pallam altaris explicatam, sicut evolvitur ad divinum sacramentum agendum. Cumque staret stupefactus, juvenis ille corruens in terram, clamavit, et ipse in exstasi factus: « Gladius Domini occidit nos. » Quem cum presbyter percussum putaret, festinavit ut eum a terra levaret. Sed ille nullam habens læsionem protulit hunc sermonem: « Si litteras, quæ in palla altaris sunt, viderimus, non moriemur. » Existimans autem eum hoc præ timore ignoranter clamare, accessit iterum ad altare: et in loco, quo sacra conficiuntur, invenit in palla (47) quinque litteras (48) in modum crucis absque humano opere scriptas, scilicet in expansione; A. P. H: in erectione: K. P. D. His visis, et diligenter notatis, juvenis viribus receptis erigitur. Sacerdos, palla complicata, et candelis exstinctis, domum stupidus revertitur. Litteræ septem diebus duraverunt, octavo die et deinceps non comparuerunt. Quod secum mirans, religiosis et sapientibus factum innotuit. Sed quid portenderet, a nullo homine experiri potuit, donec post sexdecim tandem annos, cum fama toti mundo beatam Hildegardem Spiritu sancto illustratam divulgaret, veniens ad eam, cognoscere meruit, sicut ipsa per Spiritum sanctum didicit, quid tantum oraculum designaret. Sicut enim quondam Daniel in pariete visas, sic ipsa in palla descriptas, in hunc modum exposuit litteras: K Kyrium, P presbyter, D derisit, A ascendat, P pœnitens, H homo. Quod ille audiens, timore correptus, peccatricem accusat conscientiam: et correctus, et monachus effectus, præteritæ vitæ negligentias emendare aggreditur per pœnitentiam, et sicut sancta virgo litteras exposuit, ad altiorem et districtiorem vitam ascendens, perfectum Dei servum se in sancta conversatione exhibuit.

44. Inter hæc etiam illud de ipsa est notabile quod Coloniam (49), Treverim, Metim, Herbipolim, Babenberg, Spiritu divino non modo acta, sed coacta, veniens, clero et populo, quæ Deus voluit, annuntiavit, et in monte Sancti Disibodi, Siberg, Everbach, Hirsaugia, Zuifelden, Mulenbrunnen, Rudenkyrchen, Kitzingen, Crutendal, Herde, Werde, Andernacho, in monte Sanctæ Mariæ, in Elsim et Winkelo, quæ ad utilitatem animarum pertinebant, juxta ea, quæ ei Deus revelaverat, manifestavit.

Interea cum juxta villam Rudesheim, Rheni fluenta navigio sulcaret, et ad contiguum monasterium sanctimonialium properaret, quædam mulier cæcum puerulum gestans in ulnis, navi appropinquavit, et ut ei sanctas manus imponeret, flebiliter acclamavit. Quæ pio affectu memor illius, qui dixit: *Vade ad natatoria Siloe, et lava* (Joan. ix), aquam fluvii sinistra hausit, et benedixit manu dextera: quam ut oculis pueri injecit, divina favente gratia, visum recepit.

Alio tempore homo quidam, qui caducum morbum acriter patiebatur, venerabilem virginem, ut sibi subveniret, anxius deprecabatur. Quæ salubri benedictione ita eum consignavit, quod a die illa et deinceps idem morbus amplius eum non gravavit. Quod cum domi nuntiasset in se factum miraculum, gavisi sunt domestici ejus, Deoque gratias egerunt.

CAPUT II.

Diuturnus S. Hildegardis morbus: mulier nobilis, quæ a dæmone obsessa, et frustra ad varia loca fuerat ducta, in ejus monasterio liberatur.

45. Inter cætera autem virtutum insignia, data est a Domino sanctæ virgini ab obsessis corporibus dæmones ejiciendi gratia, sicut de quadam nobili et adhuc teneræ ætatis femina describit factum ipsa venerabilis mater, ait enim: « Postquam me visio docuit dictatum et verba Evangelii Joannis, in lectum ægritudinis decidi, de cujus pondere nullo modo me levare potui. Hæc de flatu australis venti in me afflata est; unde corpus meum tantis doloribus conterebatur, quod anima vix sustinebat. Post dimidium annum idem flatus corpus meum ita perforavit, quod in tanto agone fui, quasi anima de hac vita transire deberet. Tunc alius ventosus flatus aquarum huic calori se admiscuit: unde caro mea aliqua parte refrigerabatur, ne ex toto combureretur. Sic per integrum annum afflicta sum, sed tamen in vera visione vidi, quod vita mea in temporali cursu necdum finiretur, sed adhuc aliquantulum protraheretur. Interea mihi relatum est quod in inferioribus Rheni partibus a nobis remotis quæ-

---

(47) Palla in tota hac relatione significat linteum, cui tempore missæ sacra hostia imponitur, quod alias modo *corporale* vocamus.

(48) Quinque tantum sunt litteræ, etiamsi bis tres simul legantur, quia P media bis legitur, et hoc

modo ponuntur A P. H.

(49) De locis his aliisque, in quibus Sancta fuit, egi § 12.

dam nobilis femina a diabolo esset obsessa. Nuntii quoque de hac ad me sæpius venerunt. At ego in vera visione vidi quod ipsa permissione Dei quadam nigredine et fumo diabolicæ conglobositatis obsessa erat et obumbrata, quæ totam sensualitatem rationalis animæ illius opprimebat, nec eam elevato intellectu suspirare permittebat, velut umbra hominis aut alterius rei, vel fumus opposita obtegit et perfundit. Unde hæc rectos sensus et actus perdebat, et inconvenientia sæpius clamabat et faciebat. Sed cum hoc malum jussione Dei in illa attenuabatur, tunc levius gravabatur. Et me cogitante et scire volente, quomodo diabolica forma hominem intraret, vidi, et responsum audivi, quod diabolus in forma sua, ut est, hominem non intrat (50), sed cum umbra et fumo nigredinis suæ obumbrat et obtegit. Si enim forma illius hominem intraret, citius membra ejus solverentur, quam stipula a vento dispergatur. Quapropter Deus non permittit quod hominem in sua forma intret. Sed supradictis perfundens, ad insaniam et inconvenientia evertit, et per eum, quasi per fenestram vociferatur, et membra illius exterius movet, cum tamen in eis in forma sua interius non sit, anima interim quasi sopita, et ignorante, quid caro corporis faciat.

46. « Deinde vidi prædictæ artis et perversitatis agmen malignorum spirituum, qui totum mundum pertranseunt, quærentes, ubi inveniant eos, per quos schismata et diversitates morum faciant. Hi ab initio, ut creati sunt, coram justissimis angelis Deum contempserunt, dicentes: « Quis est iste, qui tantam habet potestatem super nos? » Hoc in invidia, odio et irrisione dicentes, adhuc in his perseverant, et omnia in his faciunt, quia errorem irrisionis primi incœperunt. Quoniam vero Deus populum per istos purgare vult, permissione et jussione ejus stuporem in aere commovent, ac per spumam aeris pestilentiam emovunt, atque inundationes et pericula in aquis faciunt, bella excitant, adversitates et mala producunt. Hæc Deus tunc fieri permittit, cum homines per arrogantiam criminibus ac homicidiis involvuntur. Sed cum Deus populum suum sic purgaverit, eosdem spiritus in confusionem ducit, sicut in præfata muliere contigit. Cum enim nequam spiritus, Deo permittente, plures per eam, propter pravos mores et peccata, quæ eis persuaserat, palam confunderet, quibusdam exterritis, et per hoc pœnitentibus idem malignus spiritus confusus est. Nam Deus amicos suos adversitatibus et infirmitatibus affligi permittit, ut a malis purgentur, unde inimici confunduntur, cum electi per purgationem fulgentiores lapides coram Deo efficiuntur. Cumque mulier illa per plurima loca ad sanctos esset deducta, spiritus qui eam oppresserat, devictus meritis sanctorum et votis populorum, vociferabatur, quod in superioribus Rheni partibus Vetula quædam esset, per cujus consilium expellendus foret. Quod amici ejus percipientes, octavo anno fatigationis suæ ad nos eam, sicut Dominus voluit, perduxerunt. »

47. Operæ pretium est, hoc in loco, antequam verba virginis Christi ulterius persequamur, epistolas inserere, quas abbas de Brunwilre (51) sibi, et ipsa vicissim illi, de hac dæmoniaca voluit mittere, ut ex his apertius intelligatur et diaboli nequitia, et laudentur propensius, licet occulta, semper tamen justa, Dei judicia. Cum enim post septem annos ipsa mulier Brunwilre adduceretur, ut ibi meritis sancti Nicolai liberaretur, nequam spiritus conjuratus, dixit se suum non relicturum vasculum, nisi per cujusdam vetulæ in superioribus Rheni partibus, sicut ipsa supra dixerat, consilium et auxilium, nomen ejus evertens, et quod Scrumpilgardis vocaretur, deridens. Itaque consilium inierunt, et litteras deprecatorias in hunc modum ei miserunt: « Hildegardi dominæ et matri venerandæ, totisque visceribus amplectendæ Christi sponsæ, et Regis altissimi filiæ, G. qualiscunque Brunwilarensis cœnobii provisor, cum suis fratribus in valle lacrymarum sedentibus, ut possunt, in orationibus omnimodæ dilectionis devotum famulatum. Quamvis, amantissima Domina, » etc. *Exstat in libro epistolarum S. Hildegardis sub num. 60.*

48. Cumque beata Hildegardis litteras istas suscepisset, diligenterque perspexisset, rogantibus pie condolens, omnes sorores monuit, ut pro præfata necessitate publicis et privatis orationibus humiliter insisterent: ipsaque, oratione præmissa, oculos mentis ad Dominum elevabat: et responsum hoc, secundum quod in vera visione vidit et audivit, et non per alium, quam per inexhaustam sapientiam dictatum, ita rescribit: « G. ecclesiæ Brunwillarensis abbati, H. Cum flagellis Dei sim longa et gravi ægritudine constricta, » etc. *Vide ibid., resp. ad ep. 60.*

Cumque sancta virgo litteras istas, Spiritu sancto revelante, perfecisset, per manus ejus, qui occulte quæsierat, sicut in libro *Scivias* dicit, ad monasterium, ubi mulier tenebatur, misit, ut super eam humiliter recitarentur. Cumque venisset lector ad locum illum, ubi in finem scriptum est: « Et ego indocta et paupercula feminea forma, o blasphemiæ et derisor spiritus, tibi dico in illa veritate, qua ego paupercula et indocta forma de lumine sapientiæ hæc vidi et audivi, et per eamdem sapientiam tibi præcipio, ut de ista homine in vera stabilitate, et non in turbine instabilitatis tuæ exeas, » idem

---

(50) Hæc non congruunt cum sententia theologorum. Vide itaque Benedictum XIV in opere frequenter laudato, lib. IV, part. I, cap. 29, num. 2.

(51) Cœnobium est ordinis Benedicti, unius horæ itinere Colonia distans, quod Brunavillarium aut Brunvillarium, aut etiam Bruwiler vocatum reperio. Secundum Catalogum abbatum, quem tom. III *Galliæ Christianæ*, col. 759 et seqq. dat Dionysius Sammarthanus, abbas hic laudatus debuit esse Geldolphus, cujus mors figitur anno 1177.

nequam spiritus totus infremuit, ac tantos ululatus cum horridis clamoribus ejulando emisit, quod astantibus maximos terrores incussit. Et dum his fere per dimidiam horam bacchando institisset, tandem, ut Deo placuit, vas, quod diu possederat, reliquit. Mulier cum se esse liberatam sensit, manus astantibus porrexit, ut eam erigerent, quia vires non habuit.

49. Tunc ante principale altare Sancti Nicolai se prostravit, et gratias Deo pro liberatione sui egit, populis haec cernentibus, et, ut vulgus solet, perstrepentibus, cum et gratias et laudes Deo cum signorum pulsationibus resonantibus, fratribus quoque hymnum, *Te Deum laudamus*, canentibus : heu, quod miserabile dictum est, idem antiquus hostis occulto Dei judicio rediit : et vas, quod re liquerat, repetiit. Unde femina tota contremiscens, et cum stridore et clamore se erigens, plus quam prius insanire coepit. Unde exterritis, qui aderant, et moestitia completis, nequam spiritus interrogatus, cur repetere ausus fuisset creaturam Dei, quam reliquerat, respondit : « Signum Crucifixi exterius fugi. Sed cum nescirem, quo irem, vas meum vacuum et non signatum repetii. » Cumque praefatis litteris et conjurationibus sanctae virginis, ut exiret, cogeretur, frendens clamabat, quod non nisi in praesentia ejusdem vetulae egrederetur. Tunc, qui sanioris erant consilii, amicis et tutoribus feminae persuaserunt, ut ad beatam virginem eam perducerent. Accepta itaque abbatis et fratrum benedictione cum commendatitiis litteris, coeperunt illo ire. Litterae autem in hunc modum erunt : « H. venerabili dominae, omni gratiarum actione dignae, G. Brunwillarensium abbas indignus, cum suis fratribus vivere, proficere, mundum pede subter habere, et quidquid famulae Christi excellentius optari potest. Quod Dominus vos respexit, » etc. *Vide epist.* 61.

50. His epistolis praelibatis, congruum videtur ut ad hoc, unde paululum deflexit, oratio revocetur, et videamus quomodo Deus ad virginis suae glorificationem tam diu hujus feminae distulit liberationem. Poterat enim Omnipotens et per alios sanctos, ad quos circumducta tot annis fuerat, pro obsessa facile, quod petebatur, praestare. Sed gloriam hujus miraculi in sanctam virginem transferens, meritorum ejus qualitatem evidenter voluit cunctis suo tempore manifestare. Quod qualiter acciderit, ex verbis ipsius melius cognosci poterit. « De adventu, inquit, praefatae mulieris multum exterritae fuimus, quomodo eam videre vel audire possemus, de qua plurimus populus per tot tempora erat commotus. Sed Deus rorem suavitatis suae super nos pluit, et absque horrore et tremore in habitacula sororum absque adjutorio virorum eam locavimus : et deinceps nec pro horrore, nec pro confusione, qua daemon supervenientes pro peccatis confudit, nec pro irrisoriis vel turpibus verbis, quibus nos superare voluit, nec pro pessimo flatu suo, ei ullatenus cessimus. Et vidi, quod in ipsa muliere tres cruciatus passus est : primum, cum illa de loco ad locum sanctorum ducta est ; secundum, cum communis populus eleemosynas pro ea dabat ; tertium, cum per orationes spiritualium ex gratia Dei abire compulsus est. Itaque a Purificatione sanctae Mariae nos et comprovinciales nostri utriusque sexus, jejuniis, orationibus, eleemosynis, et corporum castigationibus usque in Sabbatum Paschae pro ipsa laboravimus. Interim per Dei potentiam coactus immundus spiritus, multa de salute baptismi, de sacramento corporis Christi, de periculo excommunicatorum, de perditione Catharorum (52), et his similium, ad confusionem sui, ad gloriam Christi, coram populo, quamvis invitus, protulit : unde multi fortiores ad fidem, multi promptiores effecti sunt ad peccatorum emendationem. Sed, ubi illum falsa proferre in vera visione vidi, illum statim redargui : unde mox conticescens, dentibus in me frendebat : loqui vero illum propter populum non prohibui, cum vera proferebat.

51. « Denique Sabbato sancto, cum fons baptismatis consecraretur, per flatum sacerdotis, quem in fonte mittit, cum verbis quae Spiritus sanctus rationalitati hominis et doctoribus Ecclesiae infudit, quoniam in prima creatione Spiritus Domini aquas movit, sicut scriptum est : *Spiritus Domini ferebatur super aquas*, mulier illa praesens ibi erat, atque timore magno correpta, ita contremuit, quod terram pedibus perfodit, et de horribili spiritu, qui eam oppresserat, sufflatum saepe emisit. Mox in vera visione vidi et audivi quod vis Altissimi, quae sanctum baptisma obumbraverat, et semper obumbrat, ad diabolicam conglobositatem, qua femina illa fatigabatur, dixit : « Vade, Satana, de tabernaculo corporis mulieris hujus ; et da in eo locum Spiritui sancto. » Tunc immundus spiritus per verenda loca feminae cum egestione horribiliter egressus est, et ipsa liberata est, ac deinceps sana in sensibus animae et corporis permansit, quandiu in praesente saeculo vixit. Quod postquam in populum divulgatum est, omnes cum canticis laudum et verbis orationum dicebant : *Gloria tibi, Domine*. Itaque ut Deus permisit, quod Satan totum corpus Job horrore et fetore vermium perfunderet, et ut ille aestimabat, quod per deceptionem suam, qua honorem Dei abnegaverat, istum etiam superare posset, Deo animam ejus custodiente, tangere eum non potuit, quia Job Deum in fide non dereliquit, unde et confusus ab eo discessit, quia Deus per ipsum Satan supera-

---

(52) Novatiani haeretici, qui orti sunt saeculo III, se Graeco nomine Catharos sive *puros* dixerunt. At hi Cathari qui saeculo XII fuerunt in variis Europae provinciis, longe sunt diversi. Ne dicta repetam, videri possunt ea quae de Catharis saeculi XII et XIII observavit Henschenius tom. III, Aprilis, pag. 679.

vit, ut sciret quoniam Deo nullus praevalere posset; sic et haec mulier cum maligno spiritui ad vexandum tradebatur, Deus non permisit quod anima ejus in bona fide deficeret; unde et inimicus in ea confusus est, quia a justitia Dei eam avertere non potuit. » His et hujusmodi verbis, virgo Dei divinae misericordiae opera, propter se et per se celebrata, nihil sibi attribuens, leniter, suaviter, verecunde et humiliter referebat; quia virtutum jactantiam fugere, virtutis loco ducebat.

CAPUT III.

Gravis morbus Sanctae, quae in visione sanatur; beneficia variis praestita: mors et sepultura miraculis honestata.

52. Unde et post hujus virtutis tam humilem et nihil omnino de se praesumentis recitationem, quasi cum Apostolo diceret : *Ne magnitudo revelationum extollat me, datus est mihi stimulus carnis meae, angelus Satanae, qui me colaphizet* (53), statim subnectit eam, quae subsecuta eam fuit, quasi vere stimulus contra extollentiam, totius carnis suae debilitationem. « Post haec, inquit, nimirum post mulieris illius liberationem, magna aegritudo iterum invasit me, ita quod venae meae cum sanguine, ossa cum medullis emarcuerunt, et viscera mea intra me distracta sunt, totumque corpus meum ita elanguit, sicut herbae viriditatem suam in hieme perdunt. Et vidi, quod nequam spiritus inde irridebant, cachinnando dicentes : « Vah! ista morietur, et amici ejus « flebunt, cum quibus nos confudit. » Ego autem exitum animae meae adesse non vidi. Infirmitatem autem istam plusquam quadraginta dies et noctes patiebar. Inter haec in vera visione mihi ostensum fuit, quod quasdam congregationes spiritualium hominum, virorum ac mulierum, inviserem, eisque verba, quae Deus mihi ostenderet, manifestarem. Quod dum tandem facere tentarem, nec vires corporis haberem, infirmitas mea aliquantulum lenita est : et praeceptum Dei exsequens (54), dissensiones, quas quidam inter se habebant, sedavi. Has vias, quas Deus mihi praecepit, cum negligerem propter populi timorem, dolores mihi corporis sunt augmentati, nec cessabant, quousque obedivi : sicut et Jonae contigit, qui valde afflictus fuit quousque ad obedientiam se reclinavit. »

53. Supernam post haec sponsa Christi meruit visitationem, qua tantam percepit consolationem, ut ex ejus delectatione diceret, se repletam fuisse inaestimabilis gaudii exsultatione. « Pulcherrimus, inquit, et amantissimus vir in visione veritatis mihi aperuit, qui tantae consolationis fuit, quod omnia viscera mea velut odore balsami ejus adspectus perfudit. Tunc gaudio magno et inaestimabili exsultabam, semperque eum prospicere desiderabam. Et ipse his, qui me afflixerunt, praecepit, ut a me discederent, dicens : « Abscedite, quia nolo ut amplius eam « sic torqueatis. » Qui cum magno ululatu recedentes, clamabant : « Ah! quod huc venimus, quia confusi recedimus. » Mox aegritudo, quae me inquietaverat, velut aquae, quae per procellos ventos inundatione commoventur, ad verba viri me dereliquit, et vires recepi, quemadmodum peregrinus, cum in patriam revertitur, possessiones suas recolligit, atque venae cum sanguine, ossa cum medullis in me reparata sunt, quasi de morte suscitata fuissem. At ego tacui in patientia, silui in mansuetudine, et sicut pariens post laborem, ita loquebar post dolorem.

54. « Post haec ab abbate meo et fratribus humillima instantia et devotione coacta sum, ut vitam sancti Disibodi (55), cui prius oblata eram, ut Deus vellet, scriberem, quia nihil certi inde haberent. Et oratione cum invocatione Spiritus sancti praemissa, ad veram Sapientiam, in vera visione commonita, prospexi : ac secundum, quod ipsa me docuit, vitam et merita ipsius sancti conscripsi. Deinde librum *Divinorum operum* (56) scripsi, in quo, ut omnipotens Deus mihi infudit, altitudinem, profunditatem et latitudinem firmamenti vidi, et quomodo sol et luna, stellae et caetera in illo constituta sunt. » Multa et alia scripturarum monumenta, et insignia prophetiae gratiaeque documenta sancta virgo confecit, sicut superius diximus, in quibus eruditae a Spiritu sancto ejus animae ac divinis deditae indicia colligimus. Plurimum enim emolumenti in eis invenire possunt, qui amorem doctrinae et scientiae gerunt, utpote quae a Deo ordinata, et per ipsam hominibus sunt propalata, in qua Dei Sapientia, quasi in solio potentiae sublimi auctoritate sedebat, et per eam mirabilia faciens, rerum judicia decernebat.

55. His, prout possibilitas ingenioli suppetebat, a nobis digestis, calamum ad verba sanctarum filiarum ejus vertamus, et quae de ipsa memoratu digna scripserunt, maxime quae de beato transitu ejus sunt, viderunt et audierunt, et manibus suis tractaverunt, adjuvante Domino, fideliter et veraciter huic operi annectamus.

Mulierem, inquiunt, quamdam acriter a daemonio muto vexatam, super quam et fratres de Lacu (57), plurimum laboraverant, cum ad se magno labore virorum in lecto deportata esset, pia ma-

---

(53) Stimulus carnis et angelus Satanae, de quo loquitur Apostolus (II Cor. xii, 7), variis modis exponitur. Hic auctor cum aliis multis intelligit corporis infirmitatem, qua vexatus fuerit S. Paulus, ne revelationum suarum excellentia in superbiam erigeretur. Hoc sensu verba recte adaptavit S. Hildegardi.

(54) Varia Sanctae itinera exposui in Commentario, § 12.

(55) De scripta Vita S. Disibodi actum est in Commentario, num. 188, et num. 113, ubi etiam recitavi partem epistolae abbatis id petentis.

(56) De scripto libro *Divinorum operum* actum est num. 192.

(57) Coenobium Lacense, sive *de Lacu*, ordinis S. Benedicti, « in finibus Trevirorum, non longe ab Andernaco » ponit Bucelinus in *Germania sacra*, part. II, pag. 51.

ter, audaciæ et præsumptioni dæmonis verbis a Spiritu sancto prolatis confidenter resistens, ab orationibus et benedictionibus non cessavit, quousque per gratiam Dei ab hoste maligno eam liberavit.

Simili modo et alia mulier, quæ propter furorem insaniæ diris vinculis ligata fuit, cum ad se adducta fuisset, solvi eam monuit, et statim sub admiratione omnium, qui aderant, sanitate mentis et corporis recepta, cum gratiarum actione remeavit ad propria.

56. Item de claustro Schefenburch sororem quamdam diabolus ad sancta opera, orationes, vigilias et jejunia, ad perceptionem quoque sacramentorum, simulans se esse angelum lucis, hortabatur, et criminalium confessione, quibus nunquam subjacuerat, confundere eam nitebatur. Inter quæ etiam ita eam afflixit, quod nomina et aspectum quorumdam hominum et animalium in tantum abhorrebat, quod ipsis visis vel auditis, horribili voce per longam horam perstrepebat. Hæc a priore et conventu cum litteris ad sanctam virginem missa, ab ea et confortata, et a diaboli errore est liberata.

Eadem virtute alias duas mulieres a dæmonio obsessas liberavit, quarum una, cum esset paupercula et cæca, in eleemosynam ejus recepta, in spirituali habitu vitam feliciter consummavit.

57. His itaque præmissis, quia ad finem operis hujus festinamus, finem quoque vitæ sanctæ virginis, quibus Deus illustraverit, sicut præfatæ sorores eum descripserunt, videamus. Cum beata, inquiunt, mater Domino multis laborum certaminibus devote militasset, vitæ præsentis tædio affecta, dissolvi et esse cum Christo quotidie cupiebat. Cujus desiderium Deus exaudiens, finem suum, sicut ipsa præoptaverat, spiritu prophetiæ ei revelavit, quem et sororibus prædixit aliquandiu. Itaque infirmitate laborans, octogesimo secundo ætatis suæ anno, xv Kalend. Octobris, ad Sponsum cœlestem felici transitu migravit (58). Filiæ autem ipsius, quarum omne gaudium et solatium ipsa erat, funeri dilectæ matris amarissime flentes assistebant. Nam licet de præmiis et de suffragiis sibi per ipsam conferendis non dubitarent, propter disce s tonem tamen, per quam semper consolabantur, maximo cordis mœrore afficiebantur. Deus vero, cujus meriti apud se esset, in transitu suo evidenter declaravit.

58. Nam supra habitaculum, in quo sancta virgo primo crepusculo noctis Dominicæ (59) diei felicem animam Deo reddidit, duo lucidissimi et diversi coloris arcus in firmamento apparuerunt, qui ad magnitudinem magnæ plateæ se dilataverunt, in quatuor partes terræ se extendentes, quorum alter ab aquilone ad austrum, alter ab oriente ad occidentem procedebant. At in summitate, ubi hi duo arcus jungebantur, clara lux ad quantitatem lunaris circuli emergebat, quæ late se protendens, tenebras noctis ab habitaculo depellere videbatur. In hac luce crux rutilans visa est, primum parva, sed crescendo postea immensa, circa quam innumerabiles varii coloris circuli, in quibus singulis singulæ rutilantes cruciculæ oriebantur cum circulis suis, priore tamen minores conspiciebantur. Et cum hæ in firmamento se dilatassent, latitudine sua ad orientem magis pertingebant, et terram versus domum, in qua sancta virgo transierat, declinare visæ, totum montem clarificabant. Et credendum quod hoc signo Deus ostendit, quanta claritate dilectam suam in cœlestibus illustraverit. Nec defuerunt, antequam sepeliretur, miracula meritum sanctitatis ejus attestantia. Nam duo homines, qui sanctum corpus ejus spe bona tangere præsumpserunt, a gravi infirmitate convaluerunt. Exsequiis igitur venerabiliter a reverendis viris celebratis, in venerando loco est sepulta, ubi meritis ejus, omnibus pio corde quærentibus præstantur multa beneficia. Odor quoque miræ suavitatis de sepulcro ejus redolens, dulcedinis suæ fragrantia aliquorum hominum nares perfundit et pectora. Speramus itaque et indubitanter credimus, apud Deum esse memoriam immortalem, qui in hac vita donorum suorum prærogativam ei contulerat specialem, cui laus sit et honor in sæcula sæculorum. Amen.

(58) Anno 1179, ut ostendi in Commentario, num. 204.

(59) Per crepusculum « noctis Dominicæ diei » intelligenda est aurora sequentis diei lunæ, ut observavi in Commentario, num. 204; non vero aurora diei Dominicæ, ut locus intelligi posset, si nihil obstaret. Itaque obiit sancta die lunæ, 17 Septembris, circa horam quartam post mediam noctem. Datur quidem crepusculum vespertinum et matutinum: sed hic matutinum intelligi, colligo ex sequentibus, ubi dicitur: « Clara lux... tenebras noctis... depellere videbatur. » Nam in primo crepusculo vespertino tantum oriri incipiunt tenebræ; in primo matutino tenebræ sunt, et hæ tantum incipiunt dispelli per modicum lucis. Jam vero Sanctam fuisse defunctam, non die Dominica, ut credidit Pagius; sed die lunæ primo diluculo, quando nox diei Dominicæ adhuc durabat, necessario dicendum est, quia constat non esse defunctam ante annum 1179, quo dies 17 Septembris incidebat in diem lunæ. Nam in epistola ad Christianum archiepiscopum Moguntinum, laudata in Commentario num. 169, S. Hildegardis meminit de prælatis Moguntinis, qui reversi erant « a Roma e synodo, » Lateranensi videlicet, quæ habita est mense Martio anni 1179. Vivebat igitur anno 1179, et non potuit ante illum annum, et ante mensem Junium, inchoare annum ætatis suæ octogesimum secundum, ut in Commentario ostendi num. 204. Quapropter, cum argumentis istis certum fiat, non esse defunctam anno 1178, quo dies 17 Septembris erat Dominica, locus omnino exigit explicationem datam; dicendumque biographum studiose crepusculum noctis Dominicæ diei distinxisse a crepusculo diei Dominicæ; nec dixisse Sanctam die Dominica defunctam esse, sed sub finem noctis sequentis.

ACTA INQUISITIONIS

DE VIRTUTIBUS ET MIRACULIS SANCTÆ HILDEGARDIS.

(*Acta SS. Bolland.* ubi supra, p. 697, ex ms. Bodecensis cœnobii Regularium S. Augustini, dœcesis Paderbornensis.)

1. Nos igitur hujus auctoritate mandati (60) ad monasterium Sancti Ruperti personaliter accedentes, testes fide dignos recepimus, in hunc modum de vita, conversatione, fama, meritis et signis, ac aliis circumstantiis beatæ Hildegardis, numerositatem testium refutantes, cum potius tempus, quam testium copia, non possit haberi. Magistra Sancti Ruperti in Pingoia, Elsa (61) nomine, jurata de miraculis beatæ Hildegardis protestatur, quod viderit Mechildem apud tumbam beatæ Hildegardis liberatam a dæmonio obsessam. Vidit Regnissem, Segnissem, nobiles mulieres, eodem loco liberatas a dæmoniis, quæ postea servirent in eodem monasterio per tempora vitæ suæ. Vidit etiam epilepticos ibidem quam plures liberatos. Similiter tertionarii, quaternarii (62), apud sepulcrum ejus ad nominis ejus invocationem sunt liberati. Idem jurata dicit priorissa Agnes, soror magistræ. Idem dicit Beatrix custodissa (63), Odilia celleraria, Heddewigis conversa mente (64) ibidem dicunt se vidisse. Sophia cantrix idem dicit. Roricus sacerdos juratus idem dicit, sed addidit, quod cum ad jurandum (65) venisset ipsam dæmoniacam, et antequam quidquam loqueretur ei, binomium ipsum vocabat, dicendo: Henrice Rorice: quod ante in partibus illis fuerat ignotum. Vidit etiam quatuor corvos in fenestris infra ecclesiam tunc residentes. Requirens a dæmoniaca, qui illi corvi essent, respondit, dicens quod socii sui, et egressum ejus exspectarent. Quo dicto, hiatum magnum faciens, fumum nigerrimum exhalavit: et sic obsessa liberata, statim non comparuerunt: quod sanior pars ita protestatur. Addidit etiam, quod vidit decem et octo dæmoniacos per invocationem ejusdem virginis liberatos apud ejus sepulcrum. Daniel sacerdos juratus idem dicit. Episcopus (66) loci ejusdem juratus idem dicit.

2. Requisita magistra (67) Jutta, de ipsa dicit, quod infra triginta annos hæc omnia contigerunt. Beatrix custodissa de Confluentia jurata dicit, quod cum esset annorum duodecim, oblata eidem monasterio fuit, et aliquo tempore cum beata Hildegarde conversata, vidit et audivit, quod sancta Hildegardis diem obitus sui publice in capitulo prædixit, et quod post mortem ejus vidit Mechildem (68) cæcam, illuminatam per invocationem ejusdem virginis. Vidit etiam mente captum restitutum sanitati. Idem vidit ancillam Metzam, quæ cum terram de ejus sepulcro deportasset, et loco minus honesto locasset, a beata Hildegarde correptam et percussam: sicque compulsa, terraque reposita, et de hoc conterrita [forte contrita], statim est liberata. Vidit Clementem (69) sororem, quæ nunc est, quod propter crines beatæ Hildegardis, quos fratri suo dederat, flagellata fuit, donec ab eodem deotissime [forte devotissime] crines fuerunt restituti. Vidit etiam laicam mulierem, cui superexcreverat os in crure, quod ire non potuit. Eodem osse beatæ Hildegardis crinibus linito, statim os evanuit, et sic est curata. In istis criminum articulis major pars et sanior capituli regina (70 jurata concordat. Vidit etiam eum, qui ex indignatione beatam Hildegardem trusit pede, pede privatum per flagellum Dei. Hoc idem dicit cellaria jurata, quæ beatæ virgini commorabatur sex annis et amplius; adjiciens, quod quædam tertionaria (71) ejus auxilium implorans, ipsa aquam per calicem suum eidem transmisit: qua gustata, curata est. Adjecit etiam quod, cum duæ puellæ servirent refectorio beatæ Hildegardis, dixit illis: Bene cavete

---

(60) De his Actis egi in Commentario, num. 5, ubi observavi: Acta fuisse composita jussu Gregorii papæ IX, qui ad examen de virtutibus et miraculis S. Hildegardis instituendum delegavit præpositum, decanum et scholasticum Moguntinæ ecclesiæ. At collector Actorum resecuit illa omnia.

(61) Erat illa cœnobii præfecta, quæ abbatissa diceretur, si jam illo titulo usæ fuissent præfectæ S. Ruperti, uti usæ sunt postea.

(62) Id est, laborantes febri tertiana et quartana.

(63) *Custodissa* est præfecta sacrario.

(64) Videtur aliquid esse mendi, forte scriptum fuerit *una mente*.

(65) Verisimiliter, *ad adjurandum*.

(66) Non capio quis ille sit episcopus, et dubito an vox non sit mendosa, nisi forte sit *chorepiscopus*,

qui *episcopus loci* secundum Græcam vocis etymologiam vocatur.

(67) Cujus loci hæc Jutta fuerit magistra, non additur. Elza erat magistra cœnobii S. Ruperti. Eidem igitur non præerat Jutta. Itaque Jutta forte præerat cœnobio Eibingensi, de quo agetur num. 3; aut forte etiam *magistra* vocatur, quia præfuerat cœnobio S. Ruperti, et ob senium vel alia de causa præfecturam deposuerat.

(68) Si omnia recte sint exposita, alia hæc est Mechildis quam sit illa quæ num. 5 testabitur visum sibi puellulæ restitutum.

(69) Verisimiliter *Clementia* vocata fuerit.

(70) Vox *regina* redundat, aut scriptum fuerit *cum Regina*.

(71) Id est, aliqua tertiana febri laborans. Dictio est imperfecta, sed perficietur, si pro *im[p]lorans* legatur *implorante*.

vobis per quatuordecim dies, et agite pœnitentiam; et finitis illis diebus, exspiraverunt. Adjecit etiam eadem de quodam clerico, quod ei simili modo contingeret : cui celleraria (72) Hedewigis conversa jurata concordat.

3. Mechildis jurata dicit, quod ipsa a matre sua audiverit, se esse cæcam natam, et [cum] beata Hildegardis ad villam Hibingen (73), ubi monasterium etiam fundaverat, iret visitatum, occurrit ei mater sua eam deferens, et gratiam beatæ Hildegardis implorans; ipsa vero beata virgo, cum adhuc in navi esset, aqua Rheni oculos cæcæ liniens, visum ei restituit. Irmingardis requisita et jurata dixit se hoc idem vidisse. Addidit etiam quod beata Hildegardis quamdam puellam, quæ in scholarem se transmutaverat, nomine expresso, scilicet Berrudim, licet eam ante non viderit; cui dixit : Convertere ad statum meliorem, quoniam annos tuos non ultra novi; ac si diceret, hoc anno morieris. Sed cum beatam Hildegardim vidisset, compuncta, confessa est, se esse mulierem : et sic conversa, eodem anno mortua est. Cum hac concordant superiores juratæ. Eadem etiam puella propter ejus pulchritudinem, ne a pluribus amaretur, colore tetro se fuscavit, et propterea tota vicinia clamat idem. Adjecit etiam quod, cum quædam matrona de morte sui mariti esset suspecta, et expurgatio ferri candentis sibi indiceretur, ad beatam Hildegardim cucurrit, factum sibi indicans, beata vero virgo Hildegardis ferrum benedixit candens : et cum ferrum candens deportaret, illæsa permansit. Cui facto publica fama concordat in civitate Pinguiensi. Dixit etiam quod, cum bis ipsa in extremis laboraret, invocato ejusdem beatæ virginis auxilio, liberata est. Dicit etiam, quod viderit, ea mortua et viva, ejus nomine invocato, dæmoniacos et epilepticos liberatos.

4. Hoc idem dicit Hedwigis de Alceia jurata, adjiciens quod beata Hildegardis in lecto ægritudinis semper fuit perlustrata (74); et cum sequentiam instinctu Spiritus sancti, quæ sic incipit : O VIRGA ET DIADEMA per claustrum ambulando decantabat. Cui concordat custodissa et celleraria juratæ. Item dicit quod viderit candelam ardentem super tumbam ejus, cum cantabatur missa pro defunctis. Qua exstincta, Evangelio incœpto, per se est accensa,

non semel, sed sæpius. Vidit etiam hominem insanum, et ligatum, et dæmoniacum super tumbam ejus, a quibusdam violenter deductum, a quorum manibus tandem se exemit, et in flumine Nahe, quod est in pede montis, se submersit : et cum multi circumstantes crederent eum esse mortuum, inventa ejusdem virginis gratia, vivus est extractus. Qui se liberatum a dæmonio confessus est, et ab aqua per manicam beatæ virginis esse defensum. Huic facto publica fama concordat, et major pars conventus jurata. Rapodo, Hilde, Humbertus, cives Pinguienses dicunt quod beatam Hildegardim viderint multis diebus, et quod dæmonia ab omnibus (75) suæ provinciæ, et aliunde venientibus ejecerit, epilepticos curarit, et multa alia signa, quæ fecit, et hoc ipsi viderint, et quod de sanctitate ejus non sit dubitandum. Hartradus juratus concordat cum prædictis, et hoc adjecit, quod quatuor dæmoniacos et epilepticos per merita ejusdem virginis vidit liberatos. Henricus canonicus Pinguiensis juratus dicit quod crines beatæ virginis duabus mulieribus infirmis apposuit, et statim sunt liberatæ : de dæmoniacis et epilepticis concordat cum prædictis, scilicet cum Rapodone, Hilde, Humberto civibus, et cum Hartrado canonico Pinguiensi. Conradus tamen Pinguiensis de visu concordat de dæmoniacis cum prædictis.

5. Item magistra (76) jurata certa relatione, et a melioribus fide dignis, et ab ipsa domina de Dorabecq didicit, quod, cum in anniversario sanctæ Hildegardis quoddam lumen, cujus longitudo manum non excessit, quod vix per celebrationem missæ posset durare, accensum in honore præfatæ dominæ, quod ab hora vespertina usque ad horam missæ sequentis diei perduravit : in ejus etiam anniversario tota vicinia confluit et confluxit ad ejus sepulcrum. Intellexit etiam a senioribus monasterii de puero cæco nato (77), cui visum restituit aqua Rheni oculis suis linitis, dum inter Ruedesheym (78), quod distat a sepulcro ejus per milliare, quod ipsa etiam trepida coram nobis est confessa ita esse. Intellexit enim [forte etiam] a majoribus, quod, cum Wilhelmus Trevirensis archidiaconus, cui cum crines beatæ Hildegardis dati pro reliquiis essent, et in pixidula serica recondidisset, et illam intra ligneam locasset, in ecclesia Dalvanii super altare

---

(72) Suspicor deesse hic nomen cellerariæ, quæ num. 4 vocatur *Odilia*, legendumque, ut ibidem, *Odilia celleraria*, *Hedewigis conversa*, etc.

(73) Vicus modo vocatur *Eibingen*, situs ultra Rhenum in Rhingavia. De fundato ibidem monasterio Eibingensi sermo recurret num. 8, et de illa fundatione latius egi in Commentario num. 177.

(74) Testatur, opinor, ipsam fuisse vultu aut capite divinitus radiante.

(75) In margine apographi notatum est, *forte hominibus*. At non video, illam correctionem esse necessariam, si codex clare habuerit, *omnibus*. Neque enim incredibile est, omnes energumenos, qui ad viventem perducti sunt, malo suo fuisse liberatos.

(76) Utrum Elza magistra num. 1 laudata, an Jutta num. 2, non exprimitur.

(77) Mechildis cæca nata num. 3 testatur se infantem aqua Rheni sanatam, allegans matris suæ testimonium. Hic vero *puer* cæcus natus dicitur visu donatus. Attamen suspicio esse potest, idem rursum referri miraculum, cum vox Germanica, quæ respondet Latinæ voci *infans*, æque significat puellum et puellam.

(78) Hic aliquæ voces sunt omissæ. Verosimiliter scriptum fuerit *inter Ruedesheym et Eibingen erat*, quod num. 3 dictum est *Bibingen*, ubi monasterium fundavit; nam hoc num. 8 dicitur *ad unam leucam* distare a sepulcro Sanctæ. Ruedesheim vero intermedium est utrique loco, et minus distat.

posuisset ecclesiæ, et his, quæ erant in altari, exuatis, pyxidula serica permansit illæsa, ipsa pyxidula lignea penitus combusta. Intellexit etiam quod quædam mulier nobilis Trevirensis, cum per incantationem cujusdam juvenis mente capta esset, ita quod penitus mente alienata esset, parentes super hoc dolentes ad beatam Hildegardim confugerunt, gratiam ejus quærentes : quæ panem in mensa sua benedixit, et eidem infirmæ transmisit : quo gustato, statim curata est. Quod miraculum vidit Odilia cellerariae et Hedwigis conversa juratæ, quæ tunc secum fuerunt in mensa (79). Intellexit etiam a majoribus monasterii, quod, quæcunque soror monasterii inania in divino officio cogitaret, beata Hildegardis eam statim reprehendit; et cum lectiones legerent, eis secundum earum intentionem benedictiones dabat, de verbo ad verbum exprimens earum voluntatem : quarum quasdam vidit, quod idem postea in habitu Cisterciensis ordinis sunt confessæ.

6. Item cum quidam injuste excommunicatus in suo monasterio esset tumulatus, et cum propter hoc ecclesia Moguntina divina ibidem suspendisset, et ejici (80) deberet, ipsa tumulum ejus baculo suo signo crucis signavit, et sic sepulcrum ejusdem adhuc non poterat inveniri. Item cum quidam per homagium diabolo se astrinxisset, ut quolibet anno aliquod animal eidem sacrificaret; animalia primo obtulit, deinde filios, ultra uxorem. Ipsa hoc sentiens, ad beatam Hildegardim confugit, auxilium implorans, rem ei ex ordine exponens. Ipsa vero partem crinium suorum eidem tradidit; et illa secundum ejus mandatum suis crinibus innexuit. Quod dæmon sentiens, marito dixit : « Me decepisti: nihil juris in ea habeo propter incantationes Hildegardis. » Ipse maritus eam in balneo denudans locavit, ut sic tandem perficeret quod volebat. Et cum diabolus eam habere non posset, marito collum confregit. Item cum quidam episcopus Maguntinensis, Christianus (81) nomine, per pulsationem campanarum Pinguiæ reciperetur, ipsas campanas personare intellexit, unam hæc verba, « Pastor, luge; » alteram, « In salute tua cito fuge. » Hæc verba videbantur esse ad episcopum. Quasi in persona episcopi : Abeo, terram in confusione relinquo. Et hæc verba præsentibus sororibus dixit in spiritu. Cum qua concordat priorissa Agnes [forte deest Beatrix], custodissa Odilia, Sophia, et aliæ quamplures juratæ. Mechildis etiam jurata dicit, quod ipsa diu vexabatur a dæmonio, et dicit quod per invocationem beatæ Hildegardis sit liberata, et quod conventus eam sic vexari et liberari viderit, qui adhuc hodie ibidem fuit.

7. Dicit etiam quod viderit alios dæmoniacos et quaternarios et tertiarios ibidem lib. ratos : cum qua concordat Jutta, ita quod addidit puerum quemdam epilepticum, pro quo apud tumbam beatæ Hildegardis exoravit, esse liberatum, et quod carpentarius castri matri [forte matris] suæ, cum mente captus esset, invocata beata Hildegarde, auxilio ejus est liberatus : cum qua concordat publica fama ejusdem loci. Mechildis jurata dicit, quod viderit beatam Hildegardim, et quod ei continue permorabatur, quæ etiam concordat cum Mechilde cæca nata. Deta etiam, quæ post mortem beatæ Hildegardis visum recepit, et in aliis concordat cum magistra. Bruno custos sancti Petri in Argentina et presbyter juratus dicit de vita beatæ Hildegardis, sed [forte scilicet] quod per publicam famam audivit, et quod in libello, qui de ejus vita a duobus religiosis, scilicet Gotfrido et Theodorico, qui cum beata virgine morabantur, statim post ejus obitum est scriptus legit : quem omnibus modis vera credit continere, scilicet quod a nobilibus parentibus originem duxit ; quæ, cum quinque annos haberet, vaccam vidit, et suæ nutrici dixit: « Vide, nutrix, quam pulcher vitulus est in vacca illa, albus et diversis maculis in fronte, et in pedibus, et in dorso distinctus; » quod nutrix admirata, statim matri retulit. Mater vero, cujus vacca fuit, præcepit, quod, postquam pareret, partum ei præsentaret. Quo facto, omnia, sicut puella beata Hildegardis prædixerat, vera esse cognovit : quod parentes ejus admirantes, et alienos mores ab aliis hominibus eam habere cernentes, eam monasterio includere disposuerunt : quam octavo ætatis suæ anno cuidam inclusæ, Juttæ nomine, sorori comitis de Spanheim, commendante, sub beati Benedicti Regula eam servire Domino in monte Sancti Disibodi obtulerunt.

8. De conversatione vitæ dicit quod, cum fama de ejus sanctitate late diffunderetur, nobiles quamplurimæ puellæ ad eam confluxerunt. Sed cum domus reclusionis habitaculum omnes capere non valeret, a Domino tum commonita, imo coacta, ut ad sanctum Rupertum ducem se transferret. Quod cum abbati per suum confessarium retulisset, et ipse hoc moleste ferret, quibus miraculis licentiam obtinuerit, et ad locum divinitus ostensum transiverit, et quomodo in loco ignoto monasterium novum construxerit, et cum decem et octo nobilibus puellis ibidem Domino inservire instituerit, in Vitæ ejus libello plenius invenitur. In quo monasterio quinquaginta dominarum præbendas instituit, et duas sacerdotum : præterea pauperum matronarum septem in honore sancti Spiritus, et in honore beatæ Mariæ. Præterea trans flumen Rheni ad unam leu-

---

(79) Ibi nempe viderunt benedicentem pani, misso ad puellam mente captam; at sanationem illius ex aliis intelligere debuerunt, nisi mulier fuisset deducta ad monasterium : quod non asseritur.

(80) De hisce fuse actum est in Commentario § 11.

(81) De Christiano archiepiscopo quædam sunt dicta ibidem num. 163 et 171, ubi mors illius relata. Quæ autem hic referuntur, non potuerunt contingere, nisi tempore schismatis : nam in diœcesi Moguntina Christianus nunquam fuit post pacem anno 1177 Ecclesiæ restitutam.

eam aliud monasterium (82) fundavit, ubi triginta praebendas instituit. De fama dicit quod tres apostolici, ejus fama audita, ei scripserunt, Eugenius, Adrianus, Anastasius, quibus et ipsa scripsit : praeterea Moguntinus, Coloniensis, Trevirensis, Magdeburgensis (83) archiepiscopi; patriarcha Hierosolymitanus, episcopi et quamplures, et sanctus abbas Bernardus ClaraeVallis, ac alii abbates, et praepositi, et caeteri ecclesiarum praelati ei scripserunt : quibus et rescripsit : quae omnia ex libris epistolarum ejus colliguntur.

9. De meritis ejus dicit: Conradus rex, Fredericus imperator, de exitu eorum inquirentes, futura audierunt, et sic ad meliora eos reduxit : quod ex jam dicto Epistolarum libro plenius habetur, et quod annuatim in ejus anniversarii die multus populus tam vicinorum quam remotorum ad ejus concurrit sepulcrum, salutem animae et corporis ab ea postulantes. Praeterea cum magnum tenemium (84) non habuerit, quadragesimo secundo (85) aetatis suae anno libros non paucos scribere incepit Spiritus sancti revelatione, quod plenius in accessu libri ejus Scivias continetur. Librum suum Scivias (86) decem annis complevit: librum simplicis medicinae, librum Expositionis Evangeliorum, Coelestis harmoniae cantum, linguam ignotam cum suis litteris, quae omnia octo annis perfecit: quod plenius in accessu libri Vitae meritorum colligitur. Postea quinque annis subsequentibus librum *Vitae meritorum* scripsit : postremo vero librum *divinorum Operum* septem annis scripsit, quod per accessum ipsius libri plenius patet. De signis ibi dicit, quod modis omnibus credit, quod signa, quae in vita ejus per eam Dominus fecit, quae etiam in Vitae ejus libello scripta, vera sunt: et plura tam in vita quam in morte ejus miracula per eam Dominus sit operatus, quam hominum memoria habeat. De circumstantiis dicit, quod cum libros ejus, scilicet librum *Scivias*, librum *vitae Meritorum*, librum *divinorum Operum*, secundum monasterii sui exemplaria conscripsisset, et cum in peregrinatione ad beatum Martinum Turonis (87) ire disposuisset, libros jam dictos secum Parisius (88) detulit, et, ut securius in eis studere posset, ab episcopo (89) loci, tunc praesidente, per multos labores et magnas tribulationes obtinuit, quod omnes in theologia tunc magistros convocavit legentes, et cuilibet eorum per tres quaternos ipsos libros ad examinandum dedit ab Octava Martini usque ad Octavam Epiphaniae. Quibus examinatis, episcopo restituerunt : qui magistro Wilhelmo Antissiodorensi, pro tempore suo magistro, eos assignavit: qui et sibi [*id est* Hildegardi] eos restituit, affirmans, quod esset magistrorum sententia, non in eis esse verba humana, sed divina.

10. Dicit etiam de fama, quod mater sua, cum de monasterio, quod construxerat, ad duo distaret milliaria, in villa, quae dicitur Lorche (90), cum aliis quampluribus matronis, cognita beatae Hildegardis sanctitatis fama, eam secum transvexit, suppliciter rogans, ut sibi benedictionis manum imponere dignaretur : quod et fecit. De libris examinatis magister Arnoldus, scholasticus sancti Petri, idem dicit, quod Bruno, quia tunc Parisius studuit in theologia : magna pars conventus ita concordat cum Brunone, praeter ejus accessum ad beatam Hildegardim. Magister Joannes, canonicus Maguntinensis, et nunc praepositus Pinguiensis, de examinatione librorum concordat etiam cum praedictis, quia eodem tempore Parisius studuit in theologia, dicens, quod pauci jam viventes melius quam ipse de sancta Hildegarde noverint veritatem. Quaerentibus etiam nobis a conventu, quare beata Hildegardis modo non faceret signa, dixerunt quod, cum post mortem ejus Dominus tot miracula ostenderet, et concursus populorum tantus fieret ad sepulcrum ejus, quod religio et divinum officium per tumultum populi turbabantur in tantum, quod domino archiepiscopo Maguntinensi illud retulerunt. Unde ipse accedens personaliter ad locum, praecepit ei ut a signis cessaret.

(82) Gesta haec latius in Vita sunt exposita. Primum monasterium, quod fundavit, et ubi quinquaginta praebendas, id est reditus pro quinquaginta monialibus nobilibus, fundasse dicitur, est mons S. Ruperti, ubi ipsa habitavit; alterum est coenobium Eibingense, quod primo erat subjectum, et de quo videri possunt dicta in Commentario n. 177. De epistolis quoque late actum est § 4 et seqq.

(83) Inter editas S. Hildegardis epistolas nulla occurrit archiepiscopi Magdeburgensis. Attamen inter eos qui ad Sanctam scripserunt, archiepiscopus Magdeburgensis etiam recensetur a Trithemio in *Chronico* Hirsaugiensi ad annum 1150, ibique additur « archiepiscopus Ravennensis, » cujus epistola similiter non est edita, et « multi de Italia, » cum paucas tantum editas habeamus epistolas ex Italia ad Sanctam datas. Itaque dicendum, quorumdam epistolas non fuisse codici epistolarum insertas, dum ille codex est collectus, nec postea editas, ut ostendi in Commentario, num. 195.

(84) Vox haec verisimiliter mendose scripta est, aut plane est barbara. At suspicor, designari intellectum, et hunc esse sensum : Etsi Sancta intellectu naturali nequaquam excelleret, multos tamen scripsit libros ex Dei revelatione.

(85) Impleverat Sancta annos quadraginta duos et menses septem, quando coepit scribere, ut clare habetur ex praefatione ad librum *Scivias* hic laudata, dictumque in commentario n. 13 et 14.

(86) Anno 1141 coepit hunc scribere ex allegato Commentario, num. 17. At hujus et reliquorum librorum tempora assignavi num. 191 et 192.

(87) Notissimum est sepulcrum et corpus S. Martini in civitate Turonensi multis saeculis fuisse maxime celebratum, magnoque peregrinorum concursu honoratum. Verum de his agemus in S. Martino ad 11 Novembris. Peregrinationem vero illam S. Hildegardis posterioribus vitae ejus annis ligendam, ostendi in Commentario n. 182.

(88) Nimirum Lutetia Parisiorum in itinere occurrebat, et jam eo tempore Universitatem habebat maxime celebrem. Vox *Parisius* frequenter medio aevo ponitur sine immutatione.

(89) Episcopus Parisiensis erat Mauritius, qui cathedram illam longo tempore administravit, pluribus laudatus in *Gallia Christiana*, tom. VII, col. 70 et seqq.

(90) Vicum Lorich ad oppositam Rheni ripam duobus circiter milliaribus Germanicis infra Bingium in variis tabulis notatum invenio.

11. Dicit etiam Roricus sacerdos, supra cum primis testibus numeratus, quod in membris illius obsessæ (91), quam conjuravit, dæmon apparuit in modum magnæ [magni] muris, et appositis crinibus beatæ Hildegardis de uno membro ad aliud fugit visibiliter : quod etiam colore nigro, sicut carbo fuscavit. Tandem, cum diu esset fatigatus, abscessit in modum fumi teterrimi, nec ultra cum corvis apparuit. Scripta (92) etiam ejus, quæ conventus ita confessus est sua esse, scilicet librum *Scivias*, librum *vitæ Meritorum*, librum *divinorum Operum*, Parisius per theologiæ magistros examinatos ; librum Expositionis quorumdam Evangeliorum, librum Epistolarum, librum *simplicis Medicinæ*, librum *compositæ Medicinæ*, ac Cantum ejus cum lingua ignota, cum libello, qui de ejus vita conservatus est scriptus, per eumdem Brunonem sacerdotem, Sancti Petri in Argentina custodem, virum fidelem et bonæ famæ, et supradicti monasterii procuratorem, sub sigillis nostris clausos transmittimus, vestræ sanctitatis paternitatem genibus provolutis exorantes, quatenus lucernam tam eximiam, hactenus quasi sub modio absconsam, nunc super candelabrum ponere velitis, ut luceat omnibus his qui in domo Dei sunt, nomen ejus sanctorum catalogo inserendo, aliquibus viris idoneis dantes in mandatis, ut actum auctoritate vestra tam pium opus ad debitum effectum prosequantur, contradictores per censuram ecclesiasticam compescendo. Acta sunt hæc apud.S. Rupertum. Datum anno Domini millesimo ducentesimo tricesimo tertio, decimo septimo Kalendas Januarii.

(91) De hac obsessa, et testimonio Rorici plura num. 1.
(92) Hic examinatores, qui a Gregorio IX jussi erant etiam opuscula scripta S. Hildegardis transmittere, ut liquet ex verbis Gregorii in Commentario num. 208 datis, ad pontificem se convertunt, et post enumerationem librorum quos mittebant, flagitant canonizationem.

DE VITA ET SCRIPTIS S. HILDEGARDIS
NOTITIA

Auctore D[r]. F. A. REUSS, professore Wirceburgensi.

—

S. Hildegardis nata est in arce Becklheim, sita in sinistra Nahæ fluminis ripa, ineunte anno 1099, parentibus nobilibus et equestri dignitate ornatis, patre Hildeberto, vasallo *Meginharti comitis de Spanheim* justo et Deo devoto, matre Mathilde (93). Annum agens octavum, Juttæ, abbatissæ montis S. Disibodi, Meginharti comitis sorori, curæ tradita, S. Scripturæ exempla discere et Psalmos recitare cœpit. Quibus æque ac legendis sanctorum ejus regionis martyrum, Berthæ et Ruperti, ita adficiebatur puella, præclaris ingenii dotibus prædita (94), ut placidam vitæ monasticæ tranquillitatem unice adpeteret. Itaque voto solemni Christo dicata una cum Hiltrudi, filia Meginharti, aliisque puellis sibi æqualibus, S. Benedicti Regulam amplexa est. Mox illustre inter cœnobii sui virgines candidæ pietatis doctrinæque subtilis exemplum, Jutta anno 1136 (95) mortua, unanimi monialium voce abbatissa electa est. A prima inde infantia debili et infirma valetudine usa, crebrisque vexata morbis, quum terrenas quascunque voluptates contemtui et odio haberet, singulari et eximio Dei favore illustrata cœlesti lumine, insolita rerum scientia, Ecclesiæ dogmata exponere et lingua Latina, quam a magistra sua nunquam edocta fuerat callide loqui novit (96). Quin et præsaga mente futuri temporis fata atque mores stupentibus ævi sui principibus interpretata (97), morbos quoscunque et quævis corporis vitia salubri manu sanavit. Anno

(93) *Acta SS.* Bolland., Sept. V, 629. Mabillon *Annal. ord. S. Bened.*, VI, 353. Surius in *Vita*, 17 Sept. Oudin, *Supplem. de scriptor. eccles.*, p. 452. Du Pin, *Nouvelle Biblioth. des auteurs ecclésiast.*, IX, 185. P. Leyseri, *Histor. poetar.*, p. 437. Saxii *Onomastic.*, II, 241. Heckel, *die edelsten Frauen der deutsch. Vorzeit*, II, 51. Harless, *die Verdienste der Frauen um Natur-und Heilkunde*, 138. Braun, *die Rheinfahrt*, II, 194. Bodmann, *Rheingau Alterthümer*, I, 420. Vogt, *Rheinische Geschichten und Sagen*, I, 364; III, 112.
(94) Trithem: *Annal. Hirsaug.*, I, 416. Theodorici monachi *Vita S. Hildegardis*, supra, 1, 1 : *Ut poterat primam tentare loquelam, tam verbis quam nutibus significabat his, qui circa se erant, secretarum visionum species, quas præter communem cæteris adspectum, speculatione prorsus insolita intuebatur. Cum jam fere octo esset annorum, recluditur in monte S. Disibodi, cum pia domina Jutta, quæ illam curmitibus Davidicis instruens, in psalterio decachordo jubilare præmonstrabat. Cæterum præter simplicem Psalmorum notitiam, nullam litterariæ vel musicæ artis accepit doctrinam.*
(95) Dodechini Append. ad Mariani Scoti *Chronic.*, ad ann. 1136. Alberici *Chronic.*, ad ann. 1141. Centuriat. Magdeburg., XII, 10.
(96) Theodoricus in *Vita S. Hildegard.*, I, 1 : *Cum quadraginta duorum annorum, septem mensium essem, maximæ coruscationis igneum lumen, aperto cœlo, veniens, totum cerebrum meum transfudit et totum cor totumque pectus meum, velut flamma, non tamen ardens, sed calens ita inflammavit, ut sol rem aliquam calefacit. Et repente intellectum expositionis librorum Evangelii et aliorum sapiebam.*
(97) Inde Sibylla Rhenana vocitata est. Vincent. Belvacens. *Specul. histor.*, XXVII, 83. Phil. Bergomat. Supplem. Chronic., XII, ad ann. 1158. Pezii *Thesaur.*, II, 519. Serarii Moguntiac. rer. *Histor.*, cap. 37. Joannis Rer. *Moguntin. Histor.*, 195. Gudenus, *Cod. diplomat.*, I, 229, 247.

1148, divinæ vocis oraculo admonita, relicto S. Disibodi cœnobio, cum octodecim virginibus transiit in montem prope Bingam, ubi in sepulcro SS. Berthæ et Ruperti monasterium novum ampliusque ei fundaverant Henricus archiepiscopus Moguntinus et comites de Spanheim et Hildenheim. Quo tempore S. Bernardus (98), in itinere suo, hospitio ab Hildegardi exceptus, ejusdem revelationes mellifluo suo sermone celebravit in synodo Treviřensi coram Eugenio III papa (99). Qui publice eas recitari jussit et honorifice scripsit Hildegardi (epist. 1, infra), quæ epistola in visione composita, libertate sibi consueta, illico respondit. Quo facto magnam adepta famam Hildegardis a celeberrimis ætatis illius viris literas accepit, quibus vel consulebatur de rebus ad religionem spectantibus, vel rogabatur de oratione sua ad Dominum (100). Scripserunt ei pontifices Romani Anastasius IV et Adrianus IV, imperatores Conradus III et Fridericus Barbarossa, aliique complures episcopi, prælati, et comites. Anno 1150, spiritu Domini excita, ut gentes veritatem cœlestem doceret, iter suscepit in varias Germaniæ Galliæque regiones: 1163, cœnobium Eibingense condidit (1); 1173, Parisios adiit. Anno 1174, in cœnobium suum reversa, variis revelationum libris absolutis, tandem senio confecta, vitæque supernæ desiderio ardens, anno ætatis octogesimo secundo, die 17 Septembris anni 1180 (1179) quem vitæ finem ipsa dudum prædixerat, felici transitu clarissima miraculis morte occubuit (2). Cujus reliquiæ e sepultura in choro ædium S. Ruperti bello Suecico combustarum in ecclesiam Eibingensem sunt translatæ (3), in qua jam nunc religiose observantur. Canonizationis examina trina instituta, primum a Gregorio IX (1237), dein ab Innocentio IV (1243), et iterum a Joanne XXII (1317), imperfecta fuerunt, quod miracula cessarant e testes deerant (4). Veruntamen martyrologia a sæculi inde XV initio S. Hildegardem commemorare cœperunt ad diem 17 Septembr.s.

Insignem sane locum obtinet inter medii ævi fatidicas virgines Elisabetham Schoenaugiensem, Gertrudem, Brigittam, aliasque sequentibus sæculis eximio vaticiniorum dote insignes. Quarum cum visionum ratione, tum ætate Hildegardi proxima est Elisabetha, abbatissa Schoenaugiensis 1129†1165 (5). Verum ab hac quoque eo differt S. Hildegardis, quod revelationes suas, ut ipsa de se tradit in libri I *Scivias* procemio, non in somniis, nec dormiens, nec corporeis oculis, aut auribus exterioris hominis, nec in abditis locis; sed vigilans, circumspiciens in pura mente, oculis et auribus interioris hominis, in apertis locis, secundum Dei voluntatem percepit (6).

S. Hildegardis nomine extant:

I. OPERA TYPIS IMPRESSA.

Libri tres Visionum, SCIVIAS inscripti, princeps S. virginis opus, decem annis absolutum, incipit: *Ecce quadragesimo tertio temporalis cursus mei anno cum cœlesti visioni magno timore et tremula intentione inhærerem, vidi maximum splendorem*, etc. Editi sunt: a.) Parisiis, 1513, fol., ab Jac. Fabro Stapulensi sub titulo: *Liber trium virorum et trium spiritualium virginum*, Hermæ Lib. *I*, Uguetini Lib. *I*., *F. Roberti Libri II*, *Hildegardis Scivias Libri III*, *Elizabeth virginis Libri VI*, *Mechtildis virginis Libri V. Studium piorum.* — b.) Coloniæ Agrippinæ, 1628 fol., sub titulo : *Revelationes sanctarum virginum Hildegardis et Elizabethæ Schoenaugiensis ord. S. Bened.*

Epistolarum liber (7), editus ex archetypo monasterii S. Roberti ab Justo Blanckwalt, presbytero Moguntino, Coloniæ, 1566 4°, apud hæred. J. Quentel et Gervinum. Accedit pag. 275 *Vita S. Hildegardis a Theodorico monacho conscripta*. Versionem Vitæ hujus Teutonicam, (cujus jam meminit Dahl in lucubratione sua, *Die heil. Hildegard, eine historische Abhandlung*. Mainz, 1832 8°, pag. 51), debemus Ludovico Clarus, *Briefe und Leben der heil. Hildegard*, zum ersten Male verdeutscht. Regensburg, 1854. 8°, 2 Baende.

(98) Neander, *Leben des heil. Bernhard*, 210, 300.
(99) Baron. *Annal. ecclesiast.*, XII, ad ann. 1148.
(100) Theodoric. in *Vita*, II, 4 : *Non modo vicinia tota, verum etiam omnis tripartita Gallia atque Germania confluebant ad eam. Prævidebat enim in spiritu vitas hominum, gloriam atque pœnas animarum. Erat in ea comitate condita gravitas, et ex ejus lingua melle dulcior orationis suavitas profluebat.*
(1) Casp. Lerch von Dirmstein, *vom Ursprunge des uralt. Klosters Rupertsberg*, 4.
(2) Theodoric. in *Vita*, III, 32 : *Deus vero, cujus meriti apud se esset, in transitu ejus evidenter declaravit. Nam supra habitaculum, in quo S. virgo primo crepusculo noctis Dominicæ diei felicem unimam Deo reddidit, duo lucidissimi et diversi coloris arcus in firmamento apparuerunt, qui ad magnitudinem magnæ plateæ sese dilataverunt, in quatuor terræ partes se extendentes. Homines, qui sanctum corpus ejus bona spe tangere præsumpserunt, a gravi infirmitate convaluerunt. Odor quoque miræ suavitatis de sepulchro ejus redolebat.*
(3) Papebroch. in *Itin. Romano*, p. 23, narrat

se S. Hildegardis reliquias vidisse Eibingæ anno 1660. Pecten, quo usa S. Hildegardis, describitur in opere : *Frachten des christlich. Mittelalters*, I, 38.
(4) *Acta inquisitionis de virtutibus et miraculis S. Hildegardis* vide infra col. 131.
(5) Meiners im nen. *Goetting. Magasin*, 1794, III, 4.
(6) Theodoric. in *Vita*, I, 8 : *Ista autem nec exterioribus oculis video, nec exterioribus auribus audio, nec cogitationibus cordis mei, nec ulla collatione quinque sensuum percipio; sed tantum in anima mea, apertis exterioribus oculis, ita quod nunquam in eis defectum exstasis passa sum, sed vigilanter ea die ac nocte video.* Cf. G. Arnoldi, *Histor. theolog. myst.*, p. 280. Schmid, *Mystik d. Mittelalt*, p. 85. Sailer, *Briefe aus allen Jahrhundert.*, IV, 3. Roess und Weiss *Leben d. Voet. und Martyr.*, XIII, 111. Tersteegen, *Leben heil. Seelen*, III, 475. Aschbach. allgemein. *Kirchenlexicon*, III, 275.
(7) Epistolarum collectio habetur et in Martene, veter. scriptor *Collect. ampliss.*, II. Abbatissæ Kitzingens. epist. sanctæque Hildegardis responsum exstat in *Archiv. des histor. Vereins zu Wuersburg*, V, 3, 109.

Vita S. Roberti sive *Ruperti* confessoris, ducis Bingionum, qui sæculo nono floruit, vulgata a Joanne Busæo Moguntiæ 1602, 4°, ap. Sur um 15 Maii, et cum notis Henschenii, *Act. SS.*, Maii t. III, p. 504.

Vita S. Disibodi, episcopi et confessoris, an. 674 defuncti, scripta an. 1170, ap. eumdem Surium 8 Julii et in Actis SS., tom. II Jul., p. 588.

Expositio Regulæ S. Benedicti ad congregationem Hunniensis cœnobii.

Quæstiones XXXVIII, cum solutionibus, ad Wibertum monachum Gemblacensem.

Explicatio Symboli Athanasiani, quæ cum duobus superioribus scriptis edita est a Blanckwaldo cum epistolis S. Hildegardis.

Liber divinorum operum simplicis hominis, quem edidit Joannes Dominus Mansi in additionibus ad *Miscellanea* Baluzii, t. II editionis Lucensis a se procuratæ, p. 335 (8).

Physicæ libri quatuor. Prodiere Argentorati, ap. Joannem Schottum, an. 1533. Hos multo auctiores edimus ex codice ms. Parisiensi.

Prophetiæ singulæ selectæ prodierunt, quarum quædam ut spuriæ certissime habendæ sunt, sine l. et a. (: 1500 :) 4°: *Namhaffter offennbarungen zwo. aine sagt der abbt Joachim. die annder die heylig fraw Hildegradis* (sic) *so jnen von gott geoffenbart ist worden, der propheceyen gar nahend sind.*

1527. Nurnberg, 4°. *Sant Hildegardten Weissagung uber die papisten und genanten geistlichen, wilcher* (sic) *Erfullung zu unsern Zeiten hat angefangen und volzogen sol verden.* Ein Vorrede durch Andrean Osiander, Prediger zu Nurmberg.

1529. Haganoæ, 8°, auctore Hieron. Gebuilero, literar. pubis Ilaganoviens. moderatore. *De præsenti clericorum tribulatione futurorumque temporum eventu divæ Hildegardis prophetiarum libellus.*

1620. S. l. 4°. *Prophetia oder Weissagung Hildegardis vor ungefæhr 450 Jahren von diesen unsern letzten Zeiten, also klar und offenbarlich*, von Georg Bellamera Ubio.

Visio S. virginis incognita e cod. ms. Vindobonensi extat in *Anzeiger fuer Kunde d. deutsch. Mittelalt.* von Mone VII, 613 (9). *Scrutinium theologico-criticum visionum* scripsit B. M. Chladenius, Witebergæ, 1716, 4° (10).

II. OPERA E CODICIBUS MSS. NONDUM EDITA.

Liber vitæ meritorum.

Carmina diversa.

Hymnodia cœlestis.

Ignota lingua, cum versione Latina (11).

Tractatus de sacramento altaris.

Homeliæ LVIII *in Evangelia*.

Libri simplicis et compositæ medicinæ.

Spuria vero et S. virgine indigna censenda sunt vaticinia de seraphici ordinis et societatis Jesu fatis, nec non opus quod inscribitur *Pentachronon* (12).

Rever. dominus Ludov. Schneider, parochus in Eibinged, vir in rebus S. Hildegardis versatissimus, ejusque reliquiarum custos, inedita S. virginis opera e codicibus vetustissimis, qui Wiesbadæ asservantur propediem in lucem editurum sese pollicitus est.

(8) « Liber *Scivias*, inquit doctissimus editor in addit. ad *Biblioth.* Fabr. t. III, p. 263, et liber *divinorum operum* duo sunt plane distincta inter se volumina, quæ ambo a sancta virgine scripta feruntur. Libri *Scivias* sat noti sunt; illos vero dedit anno ætatis suæ quadragesimo tertio. Libri *divinorum operum* est apud me codex insignis minio, et imaginibus auro splendentibus ornatus, membranaceus, in folio, quem hic aliquanto latius describendum, utpote parum notum suscipio. In partes dispescitur tres. Prior absolvitur in quarta visione, et capita centum continet. Pars secunda cum quinta visione exorditur, et ad sextam usque pertingit. Capita 49 enumerat. Visio sexta et pars tertia una incipiunt; in decima visione, et capite 38 absolvitur. Scribere opus istud aggressa est anno, ut ibi legitur, ætatis sexagesimo quinto, et millesimo centesimo sexagesimo tertio *Dominicæ Incarnationis pressura apostolicæ sedis nondum sopita* (cum Fridericus Romanum pontificatum exagitaret), *sub Friderico Romanæ dignitatis imperatore.* Superiorum visionum suarum meminit, nec silet scriptiones suas præcedentes : *Veluti in prioribus visionibus meis præfata sum*; et inferius : *Quoniam omnia quæ a principio visionum mearum scripseram.* In principio secundæ visionis sermonem quoque habet do ovo quod per visum spectaverat, juxta ac expresserat *in tertia visione libri* SCIVIAS ante annos XXVIII. Totius operis titulus est : *Liber divinorum operum simplicis hominis.* Curiosa multa continet, ut de totius mundi systemate, de hominis exteriori et interiori physica constitutione, de aeris vicissitudinibus, de morbis hominum, et aliis hujus saporis.

(9) Aliæ visiones latere videntur in codicibus mss. Basileæ, S. Galli et in Middlehill, teste Hænel in *Catal. libr. manuscriptorum*.

(10) Theoph. Spizelii, *S. Biblioth. retecta*, p. 19.

(11) Quam explicare aggressus est J. Grimm in Haupt, *Zeitschrift fur deutsch. Alterthum*, VI, 321.

(12) Engelhardt *Progr. de prophet. S. Hildegard. in Fratr. Minor.*, Erlang, 1833. *Elixir. Jesuitic. augment. cum vaticin.* S. Hildegard., 1645. De vocabulis Theodiscis apud S. Hildegard. obviis conf. Hoffmann, *Althochdeutsche Glossen*, 1, 31; ejusdem *Fundgruben*, 1, 318, et *Sumerlaten*, 6; Pezii *Thesaur. anecdot. noviss.*, I, 1, 414; Mone, *Anzeiger*, 1834, 110; 1835, 239. Haupt, *Zeitschrift*, IX, 388. Grimm, *deutsche Mythologie*, II, ausg. 1121, 1155.

SANCTÆ HILDEGARDIS
ABBATISSÆ
EPISTOLARUM LIBER

CONTINENS

Varias epistolas summorum pontificum, imperatorum, patriarcharum, archiepiscoporum episcoporum, ducum, principum et aliorum plurimorum utriusque, sæcularis et ecclesiastici status, magnatum, ad sanctam Hildegardem, et ejusdem sanctas ad eosdem responsiones.

(*Bibliotheca Patrum Lugdun.*, t. XXIII, p. 537.)

EPISTOLA PRIMA.

EUGENII PONTIFICIS AD HILDEGARDEM.

Auctoritate apostolica concedit ei licentiam proferendi et scribendi quæcunque per Spiritum sanctum cognovisset, eamque ut sine timore revelata sibi conscriberet animat.

EUGENIUS, servus servorum Dei, dilectæ in Domino filiæ HILDEGARDI, præpositæ in monte Beati Roberti, salutem et apostolicam benedictionem.

Miramur, o filia, et supra id quod credi potest, miramur, quia Deus jam nostris temporibus nova miracula ostendit, cum te spiritu suo ita perfudit quod diceris multa secreta videre, intelligere et proferre. Hoc a veridicis personis ita esse percepimus, qui se fatentur te et vidisse et audisse. Sed quid nos ad hæc dicere valemus, qui clavem scientiæ habentes, ita quod claudere et aperire possimus, et hoc prudenter facere per stultitiam negligimus? Congratulamur igitur gratiæ Dei, congratulamur et dilectioni tuæ, hoc admonentes, ut scias quod *Deus superbis resistit, humilibus autem dat gratiam* (Jac. IV). Gratiam autem hanc quæ in te est conserva et custodi, ita ut ea quæ in spiritu proferenda senseris, prudenter proferas, quatenus illud audias: *Aperi os tuum, et adimplebo illud* (Psal. LXX). Quod autem insinuasti nobis de loco illo quem in spiritu tibi prævidisti, hoc permissione et benedictione nostra et episcopi tui fiat, ita quod ibi regulariter cum sororibus tuis vivas secundum Regulam S. Benedicti sub clausura ejusdem loci.

RESPONSUM HILDEGARDIS.

Pontificem de arcanis quæ habebat in corde suo admonet et divinam circa hæc voluntatem et beneplacitum indicat.

O mitis Pater, ego paupercula femina scripsi tibi hæc in vera visione, in mystico spiramine, sicut Deus voluit me docere. O fulgens Pater, in tuo nomine tu venisti in terram nostram, sicut Deus prædestinavit, et vidisti de scriptis veracium visionum, sicut vivens lux me docuit, et audisti eam amplexibus cordis tui. Nunc finita est pars scripturæ hujus. Sed tamen eadem lux non reliquit me, sed in anima mea ardet, sicut eam ab infantia mea habui. Unde nunc mitto tibi litteras istas in vera admonitione Dei. Et anima mea desiderat ut lumen de lumine in te luceat, et puros oculos infundat, et spiritum tuum exsuscitet ad opus scripturæ istius, quatenus anima tua inde coronetur, quod Deo placet; quia multi prudentes de terrenis visceribus spargunt hæc in mutationem mentium suarum propter pauperem formam quæ ædificata est in costa, et quæ est indocta de philosophis. Tu ergo, Pater peregrinorum, audi illum qui est fortiss. Rex, et in palatio suo sedit, et magnas columnas coram se stantes habuit aureis cingulis præcinctas, et multis margaritis et pretiosis lapidibus valde ornatas. Sed regi huic placuit, quod parvam pennam tetigit, ut in miraculis volaret, et validus ventus eam sustinuit ne deficeret. Nunc iterum dicit tibi, qui est lux vivens in supernis, et in abysso lucens, ac latens in abscondito audientium cordium: Præpara scripturam hanc ad auditum me suscipientium, et fac illam viridem in succo suavis gustus, et radicem ramorum, et volans folium contra diabolum, et vives in æternum. Cave ne spernas hæc mystica Dei, quia sunt necessaria in illa necessitate quæ absconsa latet, et quæ nondum aperte apparet. Odor suavissimus sit in te, et non fatigeris in recto itinere. Sed ille qui loquitur, et non silet, hæc dicit propter imbecillitatem illorum qui cæci sunt ad videndum, et surdi ad audiendum, et muti ad loquendum in nocturnis insidiis mortiferi laquei latrocinantium murum. Quid dicit? Gladius radiat et circuit, occidens illos qui pravæ mentis sunt. O qui in tua persona es fulgens lorica, et prima radix in novis nuptiis Christi, et in duas partes divisa, in partem scilicet hanc, quod anima tua iterata est in mystico flore virginitatis; et in partem hanc, quod radix es Ecclesiæ, audi illum qui acutus est in nomine, et fluit in torrente, tibi dicentem: Oculum de oculo non abjicias, et lumen de lumine non abscindas, sed sta in plana via, ne de causis illorum in anima accuseris, quæ in sinum tuum positæ sunt, nec permitte eas in lacum perditionis dimergi per potestatem convivantium prælatorum. Gemma jacet in via; sed ursus veniens, et illam valde elegantem videns, pedem suum porrigit, eamque levare vult, et in sinum suum ponere. Sed subito aquila veniens, ipsam gemmam rapit, et eam in tegmen alarum suarum involvit, et in cancellos palatii regis portat. Et eadem gemma ante faciem regis multum fulgorem dat, unde a rege valde diligitur; et rex propter amorem ejusdem gemmæ, aquilæ illi aurea calceamenta dat, et eam ob probitatem suam valde laudat. Nunc tu qui es in vice Christi sedens in cura ecclesiasticæ cathedræ, meliorem partem tibi elige, ut aquila sis, ursum superans, et ut in animabus tibi commissis cancellos Ecclesiæ ornes, quatenus in aureis calceamentis in superiora veniens, te ipsum alieno subripias. Nam oculus vivens videt et dicit, qui sapit, et discernit quasque creaturas, qui et eas omnes exsuscitat, et vigilat: Valles plangunt super montes, et montes cadunt super valles. Quomodo? Subditi nudati sunt de disciplina timoris Dei, et incitati sunt rabie, vertices montium ascendere, prælatos incusare: et ipsorum temeritas non accusat prava opera sua. Sed dicunt: Utilis sum ut sim prælatus utilitate. Et omnia prælatorum opera habent indigna, quia eos sibi excellentiores esse dedignantur. Quoniam subditi jam sunt nubes nigræ, et in femoribus suis non sunt accincti, sed dispergunt omnia instituta agri, dicentes quod hæc vilia sint. Et hoc faciunt, quia venenosi sunt per invidiam. Pauper homo magnam stultitiam habet quando vestimenta sua scissa sunt, semper in alium aspiciens, considerans quem colorem vestimentum illius habeat, nec suum a sorde abluit. Montes autem transiliunt clavem viæ veritatis, et eorum itinera non sunt parata volare ad montem myrrhæ (*Cant.* IV). Ideo obtenebratæ sunt stellæ diversa nube. Luna stat, stellæ clamant quod luna cadit. Sol illas premit, quia nulla earum clarescit, sed in turbine implicatæ sunt.

Unde, o pastor magne, et post Christum nominate, præbe lumen montibus, et virgam vallibus. Da præcepta magistris et disciplinam subditis; montibus justitiam cum oleo sparsis, et vallibus ligaturam obedientiæ, misto bono odore, et fac illis recta itinera, ut non appareant viles Soli justitiæ. Puros fac ut ubique oculos habeas. Mens tua puro fonte rigetur, ut cum sole splendeas, et Agnum imiteris. Paupercula forma tremit quod in sono verborum loquitur ad tam magnum magistrum. Sed, o mitis Pater, antiquus vir et præliator magnificus dicit hæc: unde audi: De summo judice dirigetur ad te, ut graves et impios tyrannos eradices, et a te ejicias, ne stent in magna irrisione in tua societate. Esto autem misericors publicis et privatis ærumnis, quia Deus non spernit vulneratos, nec spernit dolores trementium se. Unde, o pastor ovium, audi hæc super laborantes in fatigatione multorum. Lux dicit: Mystica Dei sunt judicia super unumquemque secundum meritum illius. Multi tamen homines volunt habere scrutinium per zelum suum, et per ignorantiam morum suorum, sed judicium meum nesciunt. Quapropter in æstimatione sua supra modum mentiuntur, ut lupi prædam rapientes. Ideo quamvis homo dignus sit propter scelera sua judicari, tamen mihi non placet, quod homo sibimetipsi vult habere judicium secundum arbitrium suum. Et hoc nolo. Sed tu unamquamque causam discerne secundum materna viscera misericordiæ Dei, qui a se non separat mendicum et egenum, quoniam plus vult misericordiam quam sacrificium (*Osee* VI; *Matth.* IX, XII). Nunc igitur nigri volunt abluere nigredinem per turpitudinem suam, sed ipsi sunt polluti et surdi in fossa jacentes. Illos erige, et adjuva pusillos. Tu enim qui es pastor populorum, audi ut vivas in æternum. Lux vivens dicit: Dic audaci populo qui sibi terrores invenit in via errantium viarum: Dominus quidam habuit marmoream civitatem; et venatores venientes, civitatem illam inspiciebant, volentes dispergere recta instituta ejus, quæ in flore illo apparuerunt, quem virginea mens invenit. Et ecce mons magnus et excelsus, valde elegans et expolitis lapidibus factus, contra orientem apparuit, supra quem quoddam ædificium ad orientem stabat, de lignis et lapidibus communis ædificationis factum. Tunc venerunt multi rivuli, quasi de medio orientis, in idem ædificium fluentes; sed et in eodem ædificio fortissimus odor boni vini erat, sed tamen cum aqua misti. Et multus populus in idem ædificium corruit, in eo curvo corpore ambulans. Sed alii in quadam valle coram prædicto monte stabant, et illos attendebant qui in eodem ædificio curvi ibant. Et ecce supra eumdem montem etiam aliud marmoreum ædificium candidissimi et integri lapidis, quasi magna turris contra aquilonem stabat, in lucidissima ampulla, plena optimi balsami, velut ignis ardens pendebat, et in cujus pavimento multum oleum diffluebat. Sed tamen ventus de aquilone interdum veniens, balsamum et oleum illud commovit. Tunc multi ex populo in idem ædificium venerunt, qui et oleo illo spargebantur, et balsamo illo in frontibus suis signabantur. Et facta est vox de cœlo, dicens: Isti sunt signati. Et qui hoc modo signati sunt, signum hoc non potuerunt abluere, sed ita signati permanserunt, sicut et illi qui in Christo renati sunt, baptismum suum conservare debent. Qui autem signati erant, ad illos qui signati non fuerunt, non transibant, nec societatem eorum suscipiebant, quia, si hoc fecissent, fatui et inutiles dicerentur; qui vero signati non fuerunt, ad istos qui signati erant transibant, et societatem eorum suscipiebant, et inde optimam partem sibi elegerunt. Sicut stella multiplicat splendorem suum in nube, et sicut feminea forma coronatur in virginitate. Et vir magnus aurea zona præcinctus, supra eadem ædificia stans, dextrum brachium supra marmoreum ædificium, et sinistrum supra aliud posuit. Intellectus iste, ad duo instrumenta ecclesiasticæ dignitatis est. Omnipotens enim Pater instituit nobilem partem a sæcularibus causis separatam, et in secretis suis coram Deo fortiter ardentem: quam quidam insidiatores despicientes, volunt destruere rectitudinem ejus, quæ in Filio Dei manifeste apparuit. Sed tamen mons justitiæ expolitus in multis justificationibus, in ortu veritatis ascendit, in quo utilis institutio ad Deum tendens, et tamen hominibus assistens, surgit, lumen utilitatis hominibus præbens, ita ut etiam plurima doctrina et odor rectarum scripturarum de vigore veritatis ad ipsum fluat; quas quidam eorum in diversa sine ratione multoties refundunt. Quapropter et multi in ea curvi in pravitate ambulant, ita ut etiam aliqui terrenis inhiantes, turpitudinem illorum imitentur. Sed etiam in eodem monte justitiæ prædicta pars, in secretis suis coram Deo ardens, in integritate sua, ut diabolo resistat, exsurgit, optimam partem in Deo habens, in exemplo suo misericordiam ostendens. Sed tamen multæ tentationes a diabolo emissæ, optimam partem et ipsam misericordiam inquietant. Multi autem homines ad eamdem partem transeunt, et veram misericordiam consequuntur, cum optimam partem sibi eligunt. Unde et coram Deo signati dicuntur. Et qui signum hujus partis suscipiunt, in eo sicut et in baptismo suo, fortiter permanent. Quapropter ad suos qui idem signum non habent, socialiter non descendunt, ne inanes velut fatui efficiantur; et qui signum ejusdem partis non habent, ad eumdem ordinem socialiter ascendunt, et ita in plurimis bonis multiplicantur. Quod et ille ostendit qui aurea zona præcinctus (*Apoc.* I), demonstrat se esse Deum et hominem, utrosque, scilicet istos et illos regens cum brachio fortitudinis suæ: istos protegit ita ut in eo fortiter ardeant, sæcularia abjicientes, et brachio mansuetudinis suæ illos tegit, ita ut utiles in divina protectione sint, cum lumen veritatis proximis suis utiliter præbent.

Nunc tu qui es Pater populorum, discerne in perspicuitate verba hæc, e summo judice tibi directa pro necessitate errantium, quia superbia vult opprimere humilitatem, quod esse non debet, velut inconveniens esset si luna vellet pugnare cum sole, splendorem suum cupiens similem facere splendori ipsius. Unde propter hanc ineptam convenientiam, fons aquarum clamat ad te imitatorem ejus: Per me vivum et acutum, comprime atque corrige nigros insidiatores et furtivos speculatores qui in plumbum vertuntur in tortuosis peccatis, et qui de aquilone asperguntur in nequitia diaboli, et qui se contrarie porrigunt ad caput prælatorum suorum per nimietatem iniquitatis. Fuga ergo illos de pastorali cura, quæ pœnam de canibus portat. Et quamvis quidam prælati sint obtenebrati per vicissitudinem morum, tamen non decet aliquos eorum propter quosdam subditos abjici. Ideo inspice hæc per purissimum oculum, ut non deficiat honor tuus, qui propter nomen suum tangit illum qui fuit, et est rectus et justus, parans vias suas in omnibus instrumentis suis, ea prævidendo ante instituta dierum antiquorum. Ipse faciat puros oculos tuos, qui non spernit pupillum et pauperem. (*Psal.* IX), quia mons myrrhæ et thuris es (*Cant.* IV) præ vallibus sordium puteis. Audi ergo illum qui semper vigilat viventibus oculis, et qui non est tædiosus propter procellas, quæ sunt pars calicis eorum, qui assimilantur simulacris quasi duri sint per prosperitatem suam. Tu autem qui vis habere potestatem honoris magni in palatio regis, dilata justitiam Summi ad illius honorem. Hoc decet te, propter te, propter clarum nomen tuum. Nunc ergo aspice in igneum datorem, qui infundit bonum intellectum hominibus. Sed quis homo potest sonare contra vocem illam? Num potest vox hæc parvam pennam facere volare sic, ut nullus gladius contra eamdem pennam se possit movere? Potest. Nunc tu, o imitator excelsæ personæ, fons vivus clamat hæc ad te, quia personam tuam non decet ut habeas oculos cæcorum, et vestigia vipereorum morum, et furtivam rapinam, denudans altare Dei. Et cur hoc faceres? Sed qui hoc facit, non potest solvere corrigiam calceamenti corporis Dominici. Ideo, o cuncti, castigate vos. Ego autem, o Pater, in loco cœlitus mihi ostenso, juxta verba benedictionis tuæ, secundum Regulam S. Benedicti, sub clausura ejusdem loci cum sororibus meis maneo, et hoc me tam vivente quam defuncta semper observari desidero.

EPISTOLA II.

ANASTASII PAPÆ AD HILDEGARDEM.

Ejus scripta approbat. Rogat ut pro ipso preces ad Deum fundat.

ANASTASIUS episcopus, servus servorum Dei, HILDEGARDI dilectæ filiæ in Christo, salutem et apostolicam benedictionem.

Exsultamus in Domino et gratulamur quod nomen Christi de die in diem glorificatur in te, ita ut admirantes dicamus: *Quis similis tui in fortibus, Domine? Quis similis tui? Magnificus in sanctitate, terribilis et laudabilis, faciens mirabilia* (*Exod.* XV). Audivimus enim et vidimus multa de te. Scimus etiam quod piæ memoriæ prædecessor noster, cui ad nutriendum sponsam Christi per divinam gratiam successimus, te multo affectu dilexit, amplexus est et audivit. Cujus et nos vestigia secuti, scribere tibi studuimus, et rescripta tua videre desideramus, quærentes illa quæ Deus in te operatur, quamvis nos in bonis claudicemus, in quibus tam lassitudine corporis quam mentis nostræ suspiramus, cum nos ad cœlestia per negligentiam nostram sursum non erigimus ut jure deberemus : occultorum autem cognitor et voluntatem et possibilitatem nostram novit. Admonemus igitur, rogamus et obnixe tibi injungimus, ut cum sororibus tuis, preces ad Dominum fundas, quatenus per virtutem ipsius ad justitiam nos erigere valeamus, ita ut per hoc æterna præmia adipiscamur, ad illa in præsenti vita anhelare non deficientes. Pax tibi et omnibus tuis sit.

RESPONSUM HILDEGARDIS.

Pontificem Dei nomine hortatur ut mala fortiter eradicet. Deinde varia prophetice prædicit et de suis visionibus aliqua subjungit. Iterum Anastasium hortatur ad subditos corrigendos.

O persona, quæ es præcellens armatura, et mons magistrationis valde ornatæ civitatis, quæ constituta es in desponsatione Christi, audi illum qui non incœpit vivere, nec lassatur in defectione. O homo, qui in oculo scientiæ tuæ lassus es ad refrenandum magniloquia superbiæ, in hominibus in sinum tuum positis, cur non revocas naufragos qui de magnis casibus suis surgere non possunt nisi per adjutorium? Et quare non abscindis radicem mali, quæ suffocat bonas et utiles herbas, dulcem gustum et suavem odorem habentes? Filiam regis, scilicet justitiam, quæ in supernis amplexibus est, et quæ tibi commissa fuerat, negligis. Tu enim permittis hanc filiam regis super terram prosterni, quia diadema et decor tunicæ ejus scinditur per rusticationem diversorum morum hominum illorum, qui in similitudine canum latrant, et in similitudine gallinarum, quæ in noctibus interdum cantare tentantes, ineptam exaltationem vocum suarum emittunt. Isti sunt simulatores, in vocibus suis fictam pacem ostendentes, sed inter se in cordibus suis frendentes, velut canis qui ad sodales sibi notos caudam suam movet, sed probum militem qui in domo regis utilis est, dentibus suis mordet. Cur pravos mores in hominibus suffers, qui in tenebris insipientiæ sunt, ad se quæque nociva colligentes, sicut gallina quæ in nocte clamans, sibimet terrorem incutit : qui sic faciunt, in radice utilitatis non sunt.

Audi ergo, o homo, illum qui acutam discretionem valde amat, quam ut maximum instrumentum rectitudinis instituit, quod contra malum pugnaret. Hoc tu non facis, cum malum non eradicas quod bonum suffocare cupit. Sed malum se superbe attollere permittis ; et hoc facis propter timorem illorum qui pessimi insidiatores sunt in nocturnis insidiis, plus amantes pecuniam mortis, quam pulchram filiam regis, scilicet justitiam. Omnia autem opera quæ Deus operatus est, lucidissima sunt. Audi, o homo. Nam supernus Pater ante exortum mundi in secreto suo intonuit : O mi Fili. Et glo-

bus mundi exortus est, hoc quod Pater intonuit, excipiens, diversis tamen speciebus creaturarum adhuc in obscuro latentibus. In ipso autem quod scriptum est, *Dixitque Deus:* Fiat (*Gen.* 1), diversæ species creaturarum processerunt. Sic per verbum et propter verbum Patris, omnes creaturæ factæ sunt in voluntate Patris. Deus autem omnia videt et omnia prænovit. Sed malum nec surgendo, nec cadendo, quidquam per se facere aut creare aut operari potest, quia nihil est, sed tantum fallax optio, et contraria opinio computatur, ita quod homo malum operatur, cum hoc quod contrarium est facit. Misit autem Deus Filium suum in mundum, ut diabolus, qui malum amplectendo cognovit, et homini suggessit, superaretur per eum, et ut etiam homo, qui per malum perierat, redimeretur. Quapropter Deus spernit perversa opera, videlicet fornicationes, homicidia, rapinas, seditiones, tyrannides et simulationes iniquorum hominum, quoniam ea per Filium suum contrivit, qui spolia tartarei tyranni omnino dispersit.

Unde tu, o homo, qui sedes in principali cathedra Domini, contemnis quando malum amplecteris, ita quod illud non abjicis, sed oscularis, quoniam ipsum sub silentio in pravis hominibus sustines. Et ideo omnis terra turbatur per magnam vicissitudinem errorum, quia quod Deus destruxit, homo amat. Et tu, o Roma, velut in extremis jacens, conturbaberis ita, quod fortitudo pedum tuorum super quos hactenus stetisti, languescet, quoniam filiam Regis, videlicet justitiam, non ardenti amore, sed quasi in torpore dormitionis amas, ita ut eam a te expellas : unde et ipsa a te fugere vult, si non revocaveris eam. Sed tamen magni montes maxillam adjutorii tibi adhuc præbebunt, te sursum erigentes, et magnis lignis magnarum arborum te fulcientes, ita quod non tota in honore tuo, videlicet in decore desponsationis Christi omnino dissipaberis, quin aliquas alas ornamenti tui habens, usque dum veniat nix morum diversarum irrisionum, multam insaniam emittentium. Cave ergo ne ad ritum paganorum te commisceri velis, ne cadas. Nunc audi illum qui vivit et non exterminabitur. Mundus modo est in lascivia, postea erit in tristitia, deinde in terrore, ita ut non curent homines se occidi. In omnibus his sunt interdum tempora petulantiæ, et interdum tempora contritionis, et interdum tempora fulgurum et tonitruum diversarum iniquitatum. Oculus enim furit, nasus rapit, os occidit. Pectus autem salvabit, ubi aurora, velut splendor primi ortus, apparebit. Quæ vero sequuntur in novo desiderio et in novo studio, dicenda non sunt. Sed ille qui sine defectione magnus est, modo parvum habitaculum tetigit, ut illud miraculum videret, et ignotas litteras formaret, ac ignotam linguam promeret, atque ut multimodam, sed sibi consonantem, melodiam sonaret. Et dictum est illi: Hoc quod in lingua desuper tibi ostensa, non secundum formam humanæ consuetudinis protuleris, quoniam consuetudo hæc tibi data non est, ille qui limam habet, ad aptum sonum hominum expolire non negligat. Tu autem, o homo, apparens constitutus pastor, surge, et curre citius ad justitiam, ita ut coram magno medico non accuseris quod ovile ipsius a sorde non exterseris, nec oleo unxeris. Ubi autem voluntas crimina nescit, et ubi homo desiderium non rapuit (13), ibi homo omnino in profundum judicium non cadit. Sed culpa hujus ignorantiæ per flagella tergitur. Ergo tu, o homo, sta in recto itinere, et Deus salvabit te, ita quod in stabulum benedictionis et electionis te reducet, et in æternum vives.

EPISTOLA III.

ADRIANI PAPÆ AD HILDEGARDEM.

Illam ad perseverantiam hortatur.

ADRIANUS episcopus, servus servorum Dei, HILDEGARDI, dilectæ in Christo filiæ, præpositæ Sancti Roberti, salutem et apostolicam benedictionem.

Gaudemus, filia, et exsultamus in Domino, quod honestatis tuæ opinio ita late longeque diffunditur, ut multis fias odor vitæ in vitam (*II Cor.* II), et a turba fidelium populorum in tui præconium exclametur: *Quæ est ista, quæ ascendit per desertum tanquam virgula fumi?* (*Cant.* III.) Unde cum animam tuam usque adeo existimemus divini amoris igne succendi, ut ad bene operandum exhortatione aliqua non indigeas, supervacaneum duximus exhortatoria tibi verba multiplicare, animumque tuum virtute divina sufficienter innixum, aliqua verborum suppositione fulcire. Verumtamen quia et ignis aura flante fit grandior, et velox equus calcaribus urgetur ad cursum, id tuæ religioni duximus proponendum, ut videlicet a memoria tua non excidat quia non incipienti, sed perficienti palma debetur et gloria, dicente Domino : *Vincenti dabo edere de ligno vitæ, quod est in paradiso Dei mei* (*Apoc.* II). Cogita itaque, filia, quoniam ille serpens qui primum hominem a paradiso dejecit, magnos perdere cupit, ut Job, et devorato Juda, ad cribrandos apostolos expetit potestatem (*Luc.* XXII); et quia scis multos esse vocatos, paucos autem electos (*Matth.* XX), ita intra numerum paucorum te collige, ita usque ad finem in sancta conversatione persiste, ita creditas dispositioni tuæ sorores salutis operibus instrue, ut cum eis ad illud gaudium valeas, præstante Domino, pervenire, quod|nec *oculus vidit, nec auris audivit, nec in cor hominis ascendit* (*Isa.* LXIV; *I Cor.* II). De cætero autem commonitoria verba de te audire desideramus, quia spiritu miraculorum Dei imbuta diceris, unde plurimum gaudemus, et divinæ gratiæ gloriam damus.

---

(13) *Id est,* non consensit.

HILDEGARDIS RESPONSUM.

Gravia pontifici certamina prædicit hortaturque ad fortitudinem.

Qui vitam dat viventibus, dicit : O homo, diram duritiam leænarum et fortitudinem leopardorum patiendo sustinebis, et naufragium in captura prædarum senties, quoniam omnibus his datus es in fatigationem ad te currentibus. Habes enim intelligibilem intellectum contra sævissimos mores hominum, in quibus æstuando refrenabis capillos currentium equorum, qui non desistunt currere ad semitas prædarum. Sed tamen rixando contra te ipsum, inclinas te interdum quasi ad probitatem quorumdam hominum, ubi celas loculos aliquorum qui mortui sunt præliari in planis viis. Unde patieris pugnam Semeiæ præliorum, sed destrues mobilia reliquiarum illorum qui in foveam vadunt per asperitatem suam. Attamen venam habes fortiss. clavis, quæ non vadit libenter ad azyma in forma sardii.

In pectore ergo tuo quære salvationem aquarum, ne in turbinem vadas. Sed ut in mansuetudine requiescas ad languorem et livorem illorum qui permisti sunt maceratione diversorum vulnerum, in hoc imitans salvatorem tuum qui te redemit. Sed hoc grave pondus magistérii quod portas, non est in indignatione Dei, ubi etiam mores ursorum et pardorum, et interdum venenum aspidum, tibi et subsequentibus occurrent. Sed gladius Dei illos occidet, ita dum inter illos bonus dux surgat. Nunc autem moneo te, ut subjectis tuis frenum imponas, nec eos malum adversus te loqui sinas.

Unde et vera lux tibi dicit : Quare non percutis nequissimos servos, qui tibi occulte insidiantur, sicut araneæ quæ pungunt ? Vigila ergo strenue, quod postulat causa in moribus populi in hoc tempore. O mitissime Pater, memorare quod homo in terra es, et ne timeas quod Deus derelinquat te, quoniam lumen illius videbis.

EPISTOLA IV.

HILDEGARDIS AD ALEXANDRUM PAPAM.

Quod abbas S. Disibodi privilegiis parthenonis montis S. Ruperti contradicat.

O summa et gloriosa persona, quæ primum constituta es per Verbum Dei, per quod omnis creatura rationalis et irrationalis in genere suo facta est, tibi specialiter idem Verbum claves regni cœlestis per indumentum humanitatis suæ, scilicet ligandi atque solvendi potestatem, concessit (*Matth.* XVI). Tu quoque, excellentissime Pater, materia omnium spiritualium personarum existis, quæ tuba justitiæ Dei sonant in Ecclesia, quæ variis ornamentis circumamicta fulget, dum alii aliis bona exempla, vitam sanctorum imitando, præbent : quæ etsi quid recte agunt, Deo, et non sibi, attribuunt, et de bonis imitatoribus suis gaudent, sequentes priores sanctas, qui carnem suam domabant, et seipsos cum manifesta victoria coelestis militiæ contra vitia diaboli pugnantes roborabant, et cum bona voluntate velut angeli in Deum aspiciebant. Sic et tu, o mitis Pater, benignum patrem imitare qui pœnitentem filium, et ad se revertentem, saginatum vitulum propter illum occidens, cum gaudio suscepit (*Luc.* xv) (14) : et sauciati ex latronibus vulnera vino lavit (*Luc.* x), caligine confusa, asperitatem correptionis et pietatem misericordiæ designat : et stella matutina, quæ solem diei præcucurrit, esto in Ecclesia, quæ diu schismatis caligine confusa, lumine justitiæ Dei caret. Et tu ergo secundum zelum Dei corripe, et de oleo misericordiæ pœnitentes unge, quoniam Deus magis vult misericordiam quam holocaustum (*Ose.* vi).

Nunc, o mitissime Pater, ego et sorores meæ genua nostra coram paterna pietate tua flectimus, orantes ut digneris paupertatem pauperculæ formæ respicere, quæ nunc in magna tristitia sumus, eo quod abbas de monte Sancti Disibodi, et fratres ejus, privilegiis et electioni nostræ contradicunt quam semper habuimus, de qua semper magna cautela providendum nobis est, ne aliquatenus nobis tollatur, quia, si nobis timoratos et religiosos, quales quærimus, non concederent, religio spiritalis omnino in nobis destrueretur. Unde, domine mi, propter Dominum adjuva nos, ut vel electionem nostram obtineamus, vel alios ubi possimus, qui nos secundum Deum et utilitatem nostram procurent, libere quæramus et accipiamus. Nunc iterum rogamus te, piissime Pater, ne petitionem nostram et etiam nuntios istos despicias, qui per fidelem amicum nostrum moniti, te petentes, ad nos diverterunt, et hoc quod apud te obtinere quærunt, facias, quatenus post finem hujus vitæ, quæ ad vesperum jam declinat, in indeficientem lucem pervenias, et dulcem vocem Domini audias : *Euge, serve bone et fidelis, quia super pauca fuisti fidelis, super multa te constituam : intra in gaudium Domini tui* (*Matth.* xxv). Inclina ergo supplicationibus nostris aures tuæ pietatis, et nobis et illis clara dies sit, ut ex indulgentia tuæ largitatis communiter Domino gratulemur, quatenus et tu in æterna felicitate semper gaudeas.

RESPONSIO ALEXANDRI PAPÆ.

AD WEZELINUM PRÆPOSITUM.

De præposito parthenoni montis S. Ruperti præficiendo, non obstante abbatis S. Disibodi contradictione.

ALEXANDER, servus servorum Dei, dilecto filio præposito S. Andreæ in Colonia, salutem et apostolicam benedictionem.

Ex parte dilectæ in Christo filiæ nostræ Hildegard. priorissæ montis S. Roberti in Binga, et sororum ejusdem loci, ad nostram audientiam noveris pervenisse quod cum magistrum sibi et præpositum de monasterio S. Disibodi, sicut consueverant,

(14) Hic aliquid deesse videtur.

elegissent, abbas illius loci, quæ de persona monasterii sui facta fuerat, concedere noluit, sed eamdem personam eis renuit adhuc assignare. Unde quoniam prædictis sororibus in his quæ ad salutem pertinent animarum, diligenter convenit provideri, discretioni tuæ per apostolica scripta mandamus quatenus utramque partem, cum super hoc fueris requisitus, ad tuam præsentiam convoces, et rationibus super electione præpositi hinc inde diligentius intellectis, causam ipsam, justitia mediante, decidas; et si prædictæ sorores de illo monasterio præpositum habere non potuerint, facias ut saltem de alio habeant competentem.

EPISTOLA V.

HENRICI ARCHIEPISCOPI MOGUNTINENSIS AD HILDEGARDEM.

Ut monialem quamdam, abbatissam electam, permittat abire cum illis qui veniebant ipsam abducturi.

HENRICUS Dei gratia Moguntinæ sedis archiepiscopus HILDEGARDI dilectæ magistræ de monte S. Roberti confessoris, gratiam suam cum paterno affectu.

Cum multa bona et admiranda miracula de te audiamus, pigritiæ nostræ reputandum est, quod te tam sæpe non visitamus ut possemus. Sed plurimis negotiis impediti, animam ad ea quæ æterna sunt, vix aliquando et tarde sustollere valemus. Ut autem ad id veniamus, ad quod intendimus, notum tibi facimus, quod nuntii quidam religiosi cujusdam nobilis ecclesiæ nobis notæ, ad nos pervenerunt, obnixe rogantes quatenus soror illa quam petunt, quæ apud te in religioso habitu manet eis secundum electionem suam concedatur in abbatissam. Quod et nos auctoritate prælationis et paternitatis nostræ tibi mandamus, et mandando injungimus, ita ut in præsenti eam quærentibus et desiderantibus, ad magisterium suum repræsentes. Quod si feceris, gratiam nostram deinceps plus, quam hactenus experta fueris, senties; sin autem, eadem tibi iterum fortius mandabimus, nec cessabimus dum præcepta nostra in hoc facto compleas.

RESPONSUM HILDEGARDIS.

Exemplo Nabuchodonosor prædicit Henricum dignitate sua privandum, et non diu admodum victurum, prout revera factum est.

Perspicuus fons, qui non est fallax, sed justus, dicit : Hæ causæ quæ de potestate hujus puellæ sunt allatæ, apud Deum inutiles sunt, quoniam ego altus et profundus et circuiens, qui sum incidens lux, eas nec constitui, nec elegi, sed factæ sunt in conviventi audacia ignorantium cordium. Omnes fideles audiant hæc in capacibus auribus cordis, et non in auribus quæ foris audiunt, ut pecus quod sonum capit, et non verbum. Spiritus Dei in zelo dicit : O pastores, plangite et lugete in hoc tempore, quia nescitis quid facitis, cum officia in Deo constituta dispergitis in facultates pecuniæ, et in stultitiam pravorum hominum, timorem Dei non habentium, ubi maledicta malitiosa et minantia verba vestra non sunt audienda. Virgæ vestræ hoc modo superbe elatæ, non sunt in Deo extentæ, sed in pœnis præsumptionis flagitiosæ voluntatis vestræ. Sed et ille qui est, o homo, tibi dicit : Audi quæ in multis servitiis me negligis. Cœlum de ultione Domini apertum est (*Exod.* III), et nunc in inimicis funes dimissi sunt. Tu autem surge, quia dies tui breves sunt (*Job* XIV), et reminiscere quia Nabuchodonosor cecidit, et quod corona ipsius periit (*Dan.* IV). Et multi alii ceciderunt, qui se temere in cœlum exaltaverunt (*Gen.* III). Ah! tu cinis, quare non erubescis in altum te spargere, cum debeas esse in putredine? Nunc ergo rabidi erubescant. Tu vero surge, et maledictionem relinque, illam fugiendo.

EPISTOLA VI.
ARNOLDI ARCHIEPISCOPI MOGUNTINENSIS AD HILDEGARDEM.
Preces Sanctæ Flagitat.

ARNOLDUS, Dei gratia Moguntinæ sedis archiepiscopus, HILDEGARDI Deo dicatæ virgini et magistræ in monte S, Roberti constitutæ, gratiam suam cum paterna dilectione.

Scimus quia *Spiritus ubi vult*, et quomodo vult, *inspirat* (*Joan.* III), *dividens unicuique* dona sua *prout vult* (*1 Cor.* XII). Hoc autem dicimus, nihil hæsitantes de te. Nam quid mirum est, si ille inspiratione sua te docet, qui quondam agricultores et sycomoros vellicantes (*Amos* VII), prophetas constituit, et asinam humana verba proferre fecit (*Num.* XXII). Dona ergo Dei refutare non debemus, nec valemus. Rogamus ergo dilectionem tuam ut precibus tuum ad Dominum nobis succurras, quatenus dies nostri in timore et amore Creatoris nostri saltem sint, ita ut in bonis consummati, vitam in longitudine dierum perpetuæ felicitatis habere mereamur.

RESPONSUM HILDEGARDIS.
Arnoldum fortiter increpat et illi interitum prædicit.

O Pater, vivens lumen hæc verba mihi ad te dedit : Quare faciem tuam abscondis a Deo, quasi in perturbatione iracundæ mentis tuæ? Nam mystica verba a me non profero, sed secundum ea in viventi lumine video, ita quod sæpe quæ mens mea non desiderat, et quæ etiam voluntas mea non quærit, mihi ostenduntur, sed illa multoties coacta video. Posco tamen a Deo, ut auxilium suum non sit tibi quasi exsilium, et anima tua sit devota in pura scientia, respiciens in speculum salvationis, ut in æternum vivas. Splendidum etiam lumen gratiæ Dei a te nunquam abscindatur. Sed misericordia Dei te protegat ita, ne antiquus insidiator te decipiat. Nunc autem oculus tuus in Deo vivat, et viriditas animæ tuæ non arescat. Lux vivens tibi dicit : Cur non est fortis in timore tuo? Quasi zelum habes, quasi triticum excribres, ita ut superando delicias quod tibi contrarium est. Sed hoc nolo. De oculo autem cordis tui inquietam mentem absterge, et de teipso et de populo tuo injustitiam abscinde, quia tempus bellorum in moribus hominum nunc instat, ita quod nec in disciplina, nec in districtione timoris Domini sunt. Tu autem ne formides eos ad bonum coercere, quoniam si propter hoc tribulationem et angustiam sustinueris, ne paveas, quia Filius Dei eadem passus est. Surge ergo ad Dominum, quoniam tempus tuum cito veniet.

EPISTOLA VII.
CHRISTIANI ARCHIEPISCOPI MOGUNTINENSIS AD HILDEGARDEM.
Ejus orationibus se committit.

CHRISTIANUS Dei gratia Moguntinæ sedis archiepiscopus, HILDEGARDI dilectæ magistræ sororum de S. Roberto in Pingis, devotionem gratiæ suæ tam cum paterno quam cum filiali affectu.

Plurimis negotiis impediti, per pauca tibi scribimus cum tam dilatato corde, toto mentis adnisu ad piam dilectionem tuam anhelemus. Et quia divino Spiritu te inspiratam cognoscimus, exhortatoria verba tua desideramus; quoniam, dum terreno regno exterius servire conamur, cœlestem Regem multoties interius negligimus. Igitur et orationibus tuis ac sororum quæ apud te sunt, nos committimus, ita ut per illas adjuti, turbinibus et procellis hujus sæculi, in quibus multum fatigamur, Deo succurrente, clementer eripiamur. Nos autem vobis in omnibus necessitatibus vestris adesse, ac in omnibus prodesse, prout Deus donaverit, pro certo sciatis.

RESPONSUM HILDEGARDIS.
Egregie illum adhortatur ad curam pastoralem.

Mystica visio tibi dicit : O tu, persona prælationis, in vice Christi ab ipso constitutus es, quemadmodum *omnis potestas a Deo est* (*Rom.* XIII). Deo autem nullus similis inventus est. Ipse Pater omnium est, quoniam ab ipso omnia procedunt, et ob hoc ea regit, et sacerdos in sacerdotali officio est, quia per purum sacrificium, quod homo factus est, hominem liberavit. In juramento namque ille sacerdos est, quod scriptum est : *Juravit Dominus, et non pœnitebit eum; tu es sacerdos in æternum secundum ordinem Melchisedech* (*Psal.* CIX). Deus quippe in semetipso prædestinaverat homo fieri sine omni maculositate peccati, et sine omni indigentia emendantis pœnitentiæ, et sine omni commistione et divisione, quæ in homine cum peccatis sunt, quatenus ita malum vinceret, ut in Melchisedech præfiguratum est. Tu autem, o homo, qui nunc in die es, antequam nox adveniat, cum plus operari non possis, stude ut in vera potestate populum tuum præcepta Dei doceas, et in recta justitia eum regas, sicut Deus eum regit, et per magnum studium in misericordia eum habeas, quoniam Deus per semetipsum eum liberavit. Tali enim modo magistratus, dominatio et potestas a Deo est. Sed et *de mammona iniquitatis amicos* per misericordiam tibi *fac quatenus cum defeceris, in æterna tabernacula te suscipiant* (*Luc.* XVI). Nunc, o Pater et magister, post Christum pauperculam formam de vero lumine tibi hæc scribentem, audi, ut nobis omnibus in necessitate positis, qui ad te confugiunt, auxilium porrigas, quatenus propter gaudium illud quod eis impendis, in gaudium æternorum tabernaculorum suscipiaris, et in æterna beatitudine, ad quam Deus te creavit, in æternum vivas.

EPISTOLA VIII.

HILDEGARDIS AD CHRISTIANUM MOGUNTINENSEM ARCHIEPISCOPUM.

Quod, juvene quodam olim excommunicato, sed dudum absoluto, in cæmeterio montis S. Ruperti sepulto, mandatum a prælatis Moguntinis acceperit ut corpus juberet exhumari, vel abstineret a divinis in ecclesia sua celebrandis (15) pontificis opem implorat.

O mitiss. Pater et domine, qui in vice Jesu Christi super oves Ecclesiæ pastor constitutus es, summo Deo et paternæ pietati tuæ gratias humiliter agimus, pro eo quod litteras paupertatis nostræ misericorditer suscepisti, et quod pro nobis tribulatis et angustiatis in misericordia tua litteras ad prælatos nostros Moguntiam mittere dignatus es, et etiam pro dulcibus verbis solitæ clementiæ tuæ, quibus per dominum Hermannum ecclesiæ Sanctorum Apostolorum in Colonia decanum, ita consolatæ et lætificatæ sumus, quod in omni tribulatione et angustia nostra, sicut filiæ ad te dilectum Patrem securæ confugimus. Unde, bone domine, nos famulæ tuæ quæ sedemus in tristitia tribulationis et angustiæ, in spiritu humilitatis pedibus tuis provolutæ, causam intolerabilis doloris nostri in pura veritate lacrymabiliter tibi aperimus, ea fiducia, quod ignea charitas, quæ Deus est (*Joan.* IV), tibi inspiret, ut cum paterna pietate lamentabilem vocem, quam in tribulatione nostra afflictæ ad te clamamus, misericorditer exaudiri digneris. O mitis Pater, cum prælati nostri Moguntini mortuum juvenem ante mortem suam ab anno diu absolutum, et omnibus Christianæ fidei sacramentis munitum, sicut etiam ante in litteris tibi insinuavi, apud nos sepultum, a cœmeterio nostro ejicere nos jussissent, vel a divinis nos cessare, ego ad verum lumen, ut soleo, aspexi, et in illo Deus mihi præcepit, ne unquam voluntario consensu meo ejiceretur, quem ipse a sinu Ecclesiæ in gloriam salvationis deputandum susceperit, quoniam nigredo magni periculi nobis inde proveniret, eo quod contra voluntatem ejus veritatis esset. Si enim iste timor omnipotentis Dei mihi non obstitisset, eis humiliter obedissem, et quemcunque in nomine tuo, qui Dominus et advocatus noster es, eumdem mortuum jussissent efferre, si excommunicatus non esset, servandum jus Ecclesiæ, grata voluntate concessissem.

Cum autem per aliquod tempus non sine magno dolore et tristitia cessassemus, in vera visione animæ meæ a summo judice (cujus præcepto resistere ausa non fui) pondere gravissimæ infirmitatis coacta, ad prælatos nostros in Moguntiam veni, et verba quæ in vero lumine videram, ut ipse mihi præcepit, scripta repræsentavi, quatenus in illis cognoscerent quæ voluntas Dei in hac causa esset. Veniam quoque coram ipsis, qui tunc aderant, amaris lacrymis petens ab eis, flebiliter et suppliciter misericordiam quæsivi. Sed cum eorum oculi ita caligassent, ut nullo respectu misericordiæ me respicere potuissent, plena lacrymis ab eis discessi. Sed cum plurimi homines super nos misericordia moverentur, licet pro voluntate sua nos adjuvare non possent, fidelis amicus meus, scilicet Coloniensis archiepiscopus ad ipsos in Moguntiam venit, et quodam milite libero homine assistente, qui sufficientibus testibus probare voluit, quod ipse et prædictus mortuus, adhuc in corpore vivens, cum pariter in eodem excessu fuissent, pariter etiam ab anno, eodem loco, eadem hora, ab eodem sacerdote soluti essent, eodem sacerdote, etiam qui eos absolvit, præsente, ab eis cognita hujus rei veritate, idem præsul de te præsumens, licentiam celebrandi divina, usque ad reditum tuum secure et in pace obtinuit. Cum autem, dulcissime domine, fiduciam maximam de tua misericordia haberemus, per eosdem prælatos nostros post reversionem suam e Roma, e synodo litteras tuas divinorum interdictorias accepimus: quas ut paternæ pietati tuæ confido, nunquam misisses, si veritatem hujus rei agnovisses. Sicque, mitissime Pater, in priori ligatura multo majori dolore et tristitia tuimetipsius jussione constitutæ sumus. Unde in visione animæ meæ, in qua nunquam me aliquo verbo turbasti, jussa sum corde et ore dicere: Melius est mihi incidere in manus hominum, quam derelinquere præceptum Dei mei (*Dan.* XIII). Ergo, mitissime Pater, obsecro te in amore Spiritus sancti, ut propter pietatem æterni Patris, qui pro salute hominis in suavi viriditate misit Verbum suum in Virginis uterum, dolentium et plorantium filiarum tuarum lacrymas despicere non velis, quæ ob timorem Dei, tribulationes et angustias hujus injustæ ligaturæ sustinemus. Spiritus sanctus infundat tibi, ut ita super nos misericordia movearis, ut etiam tu post finem vitæ tuæ pro hoc misericordiam consequaris.

EPISTOLA IX.

CHRISTIANI ARCHIEPISCOPI MOGUNTINENSIS AD HILDEGARDEM.

Ejus afflictioni compatitur; mandat se Ecclesiæ Moguntinæ significasse, ut si bonorum virorum veraci assertione de absolutione præfati defuncti ei ostensum fuerit, divina sororibus montis S. Ruperti officia celebrentur.

CHRISTIANUS D. g. Moguntinæ sedis archiepiscopus, reverendæ et in Christo dilectæ dominæ HILDEGARDI, et universis sponsis Christi, cum ipsa Deo famulantibus, de virtute in virtutem ascendere, et Deum deorum in Sion videre (*Psal.* LXXXIII).

---

(15) Vide Commentarium supra laudatum, § XI, num. 167.

Etsi in admiranda ac laudanda potentia Dei et Salvatoris nostri clementia, minime sufficientes, imo prorsus indigni simus, tuo tamen ut digni efficiamur, charissima in Christo domina, sedulo confisi suffragio, illum gratiarum actione prosequimur, a *quo omne datum optimum, et omne donum perfectum descendens*, utpote *a Patre luminum* (*Jac*. I), cui in anima tua digne complacuit, et eam vero et inæstimabili lumine suo illustravit, cujus gratia præveniente et subsequente collatum est sanctæ devotioni tuæ, cum Maria ad pedes Domini sedere (*Luc*. x), et supernæ Jerusalem visionibus vacare. Hæc manifesta sanctæ conversationis tuæ indicia et stupenda veritatis testimonia, ita animam nostram, charissima in Christo domina, tuis jussionibus, ne dicam precibus obligatam tenent, ut quidquid unquam sanctis votis tuis accedere noverimus, ad hoc cordis nostri intentionem merito inclinare debeamus; sperantes, et summam, post Deum, in tua sanctitate fiduciam habentes, nos sanctissimo odoramento orationum tuarum, gratiam Dei prævenientem et subsequentem percipere, et hanc peccatricem animam nostram, tuæ sanctitatis interventu, clementiam Creatoris sui, sibi tandem placitam invenire. Inde est quod super tribulatione et afflictione, quam ex suspensione divinorum una tecum sacer conventus sustinet, tanto arctius vobis condolemus, quanto evidentius innocentiam vestram in hac parte perpendere valemus. Verum quia constabat ecclesiæ sepultum apud ecclesiam vestram defunctum, in vita sua excommunicationis sententiam incurrisse, dum adhuc eidem ecclesiæ de absolutione ipsius incertum exstitit, vobis interim propter statuta sanctorum Patrum (non evitanda) clamorem cleri declinare, et scandalum Ecclesiæ dissimulare, periculosum nimis fuit, donec idoneo testimonio bonorum virorum, in facie Ecclesiæ illum absolutum fuisse comprobetur. Proinde vestræ, ut dignum est, afflictioni ex intimo corde compatientes, Ecclesiæ Moguntinæ rescripsimus in hunc modum, ut si bonorum virorum veraci assertione, de absolutione præfati defuncti ei ostensum fuerit, divina vobis officia celebrari præcipimus, rogantes et obnixe sanctitati vestræ supplicantes, quatenus si ex culpa nostra vel ignorantia vos in hac parte molestavimus, petenti veniam non subtrahatis misericordiam; et Patrem misericordiarum exorare dignemini, ut sanos incolumes nos vestro sancto conspectui et Ecclesiæ Moguntinæ repræsentet, ad honorem Dei et Ecclesiæ vestræ, et salutem animæ nostræ. Conservet vobis Dominus sanitatem et sanctitatem.

EPISTOLA X.

HERTUVIGI BREMENSIS ARCHIEPISCOPI AD HILDEGARDEM.
Obitum sororis suæ, Richardis abbatissæ, nuntiat.

HILDEGARDI magistræ S. Roberti in Christo HERTUVIGUS Bremensis archiep. et Richardis abbatissæ frater, Id quod est loco sororis, et plus quam sororis, obedientiam.

Notifico tibi sororem nostram, illam meam, imo tuam, meam corpore, tuam anima, universæ carnis viam intrasse, et honorem quem ei contuleram parvipendisse, dum ad regem terrenum, regi cœlorum Domino suo obedisse, et sancte et pie confessam fuisse, et inunctam oleo sancto post confessionem, habita plena Christianitate, et claustrum tuum ex toto corde lacrymabiliter desiderasse, seque Domino per matrem et Joannem committens, et signo crucis tertio signato, Trinitatem et unitatem confitens in perfecta fide Dei, et spe, et charitate, certi sumus, IV Kalend. Novemb. obiit. Rogo ergo te, si dignus sum, quantum possum, quantum te dilexit, eam diligas: et si in aliquo deliquisse videtur, cum ex ea non fuerit, sed ex me, saltem lacrymas ejus, quas pro recessu claustri istius effudit, quarum multi testes sunt, attendas; et nisi mors impedivisset, vix habita licentia ad te venisset; et quia morte detenta est, me pro ea venturum, si Deo placet, scias. Sed Deus, qui remunerator omnium bonorum est, de bonis quæ sibi exhibuisti sola inter omnes, et super omnes tam cognatos quam amicos, de quibus Deo et mihi gratulabatur, hic et in futuro ad omnem voluntatem tuam te remuneret. Sororibus tuis de omnibus benefactis suis gratias referas.

RESPONSUM HILDEGARDIS.

Hertuvigum et Richardem laudat. Præclara monita suggerit.

Qui in primo die te vidit, et oculos tibi ad videndum cum volantibus pennis omnis creaturæ dedit, et qui hominem speculum in plenitudine omnium miraculorum suorum fecit, ut scientia Dei in illo clareat, sicut scriptum est: *Quoniam dii estis, et filii Excelsi omnes* (*Psal*. LXXXI); ille ad te aspiciat, et te ad ipsius voluntatem dirigat. Homo tangit Deum, qui nec initium nec finem habet, ubi rationalitas in homine Deum imitatur, et scientia boni et mali Deum ostendit. Sic est rota æternitatis. Ipse etiam Deus faciat ut malum illud fugias, quod in primo die incœpit, et bona voluntate careat, et quod Deo semper contradicit. Faciat etiam in te fenestras, quæ in cœlesti Jerusalem luceant, quæ sunt pulchra ædificia in virtutibus, et faciat te volare in amplexibus charitatis Dei, sicut ille dixit, quem Deus perfuderat: *Qui sunt hi qui ut nubes volant, et quasi columbæ ad fenestras suas?* (*Isa*. LX.) Et iterum: Ego paupercula forma vidi in te lumen salvationis. Nunc præcepta Dei imple, quæ gratia ipsius tibi dat, et quæ Spiritus sanctus te docet. Sed et in Spiritu mystici doni tibi dico: Tu es laudabilis persona, quæ necessaria est homini, habens in altissimo Deo successionem, quod est pontificale officium: ideo oculus tuus Deum videat, sensus tuus justitiam ejus intelligat, et cor tuum in amore Dei valde ardeat, ut anima tua non deficiat, sed sit in summo studio ædificare turrim cœlestis Jerusalem, et Deus det tibi adjutricem, videlicet dulcissimam matrem misericordiam. Esto etiam lucida stella, lucens in tenebris noctium pravorum hominum; et velox cervus currens ad fontem aquæ vivæ. Respice, quia hoc tempore multi pastores sunt cæci, claudi et raptores pecuniæ mortis, suffocantes justitiam Dei. Sed Deus sciens omnia, scit ubi pastoralis cura utilis est. Ideo fidelis homo non circumeat quærens prælationem. Quod si quæsierit, in inquieta mente sua potestatem magis voluptate appetens, quam voluntatem Dei inspiciens, lupus rapax in persona sua est, et anima ipsius nunquam quærit spiritalia, sed ibi Simonia est. Unde et in spiritu tibi dico : O quam magnum miraculum est in salvatione animarum hominum illorum, qui in prælatione absque Simonia sunt, quos Deus ita inspicit, quod gloria ejus in ipsis non obumbratur; sed facit in ipsis velut fortis bellator, qui hoc studet, ne ab ullo superetur, sed ut victoria ipsius stabilis sit. Nunc audi : Sic factum est in filia mea Richardi, quam filiam meam nomino, quia plena charitas in anima mea fuit ad ipsam, quoniam vivens lux in fortissima visione docuit meipsam amare. Audi : Deus eam in hoc zelo habuit, quod voluptas sæculi illam amplecti non potuit; sed contra eam pugnavit, quamvis ipsa velut flos in pulchritudine et decore in symphonia hujus sæculi appareret. Sed dum ipsa adhuc in corpore viveret, audivi de ipsa in vera visione dici : O virginitas, in regali thalamo stas. Ipsa enim in virginea virga in sanctissimo ordine societatem habet, unde filiæ Sion gaudent. Sed tamen antiquus serpens voluit eam a beato honore retrahere per altam generositatem humanitatis. Sed summus judex traxit hanc filiam meam ad se, abscindens de illa omnem humanam gloriam. Unde anima mea magnam fiduciam habet in ea, quamvis mundus pulchram formam et prudentiam ipsius, dum in corpore viveret, diligeret. Sed Deus illam plus dilexit. Idcirco noluit Deus amicam suam dare inimico amatori, id est mundo. Nunc tu, o chare, sedens in vice Christi, perfice voluntatem animæ sororis tuæ, quoniam postulat necessitas obedientiæ. Et ut ipsa semper sollicita fuit pro te, ita et nunc esto pro anima ipsius, et fac bona opera secundum studium ipsius. Unde et ego abjicio dolorem illum de corde meo quem mihi fecisti in hac filia mea. Deus concedat tibi per suffragia sanctorum rorem gratiæ suæ et beatam remunerationem in futuro sæculo.

EPISTOLA XI.

ARNOLDI COLONIENSIS ARCHIEPISCOPI AD HILDEGARDEM.
Librum ipsius petit.

ARNOLDUS D. g. Coloniensis archiepiscopus, HILDEGARDI lucernæ ardenti in domo Domini, de monte S. Roberti, in protectione Dei cœli commorari,

Si bene valetis, et omnia quæ circa vos sunt, diriguntur a Domino, congaudemus. Sed et nos meritis vestris valeamus. Quia enim uti jamdiu disposuimus, ad vos minime venire valeamus, in quantum inpræsentiarum possumus, nos vobis committimus, manus nostras in vestras damus, fidem fide conjungimus, totum nos vobis commendamus. Præterea librum quem ipsa divino Spiritu inspirata scripsistis, remota omni occasione, quia nec volumus nec possumus eo carere, sive imparatus sive non, per præsentium portitorem nobis transmittere non dubitetis; ubi Deum tentare nolumus, sed ubi mirabilia ejus videre desideramus.

RESPONSUM HILDEGARDIS.

Mystice et utcunque obscuré loquitur; clariora tamen de libro suo subjungit.

In vera visione hæc vidi, audi ergo : Quemdam hominem in valle cujusdam magni montis video stantem, qui optionem in gustu animæ suæ habet. Et idem homo mittit opinionem quam habet, in altitudinem ejusdem montis, aer ipsius montis illam suscipit, ita quod inde igneum colorem accipit, sicut oleum quod ab igne accenditur. Sed mundæ aves quæ ab immundis separatæ sunt, veniunt, et aerem illum in alas suas suscipiunt, et inde celeres in volatu suo fiunt. Quod nobilissimus Pater videns, dicit : Unde venitis? Quæ respondent : Quidam alienus homo in valle montis stans, suavissimum ventum in altitudinem ipsius ad nos misit, et inde veloces factæ sumus ad volandum ad te. Et idem paterfamilias ad eas dicit : Iste homo quamvis a longe stet a me tamen propter cursum quo vos ad me misit, volo illum amare. Qui autem bene vult vigilare, hunc intellectum percipiat. Deus multoties propter orationes sanctorum, de lupis agnos facit, sicut etiam de peccatoribus justos. Unde et qui omnia novit, dicit : Vide ne Deum in speluncis latronum ames et ne ipsum in vanitatibus nomines, ita quod Deum tantum in verbis invoces, et non in operibus. Qui in verbo loquitur, illi respondebo : qui autem in verbo loquitur, illi alienus sum. Nam contumaciam deleo, et contradictionem illorum, qui me contemnunt, per memetipsam contero. Væ, væ malo iniquorum spernentium me. Hoc audi, o homo, si vivere vis; alioquin gladius meus percutiet te. Nunc autem, o pastor populi tui, ego paupercula scripta veracium visionum istarum tibi misi, sicut petisti, nihil humani ingenii et propriæ voluntatis meæ continentia, sed quæ indeficiens lumen compositione sua, et eisdem verbis manifestare voluit, quomodo sibi placuit, cum nec ipsum quod nunc tibi scribo, ingenio meo, nec ullo humano arbitrio, sed superna ostensione compositum sit.

EPISTOLA XII.

EBERHARDI ARCHIEPISCOPI JUVAVENSIS AD HILDEGARDEM.
Sanctæ precibus se commendat et ejus litteras petit.

Juvavensis Ecclesiæ Dei gratia minister et archiepiscopus, licet indignus, HILDEGARDI sorori et magistræ de S. Roberto in Pingis, quidquid valet peccatoris oratio, et post hujus carnis tropæum, ad amplexus cœlestis sponsi cum prudentibus virginibus introire (*Matth.* xxv). Ego peccator in valle lacrymarum positus, multis sæculi turbinibus et procellis attritus, *intus timores, foris pugnas* (*II Cor.* vii) passus, obnixe tuam postulo dilectionem, ut pro me preces fundere digneris quatenus divina misericordia suæ pietatis viscera super me aperiat, et ab omnibus tribulationibus clementer eripiat, quia et imperator pro schismate, quod nunc in Ecclesia est, nobis vim inferre conatur. Meminisse etenim debet charitas tua, virgo Deo digna, quia, cum essem apud Moguntiam in curru ejusdem imperatoris, sanctis obedientiæ tuis attentius me commendavi, pro eo ut per tuam intercessionem status vitæ meæ profectum haberet in Domino et felicem consummationem. Unde etiam pollicita es parvitati meæ, ut acceptis litteris meis, secundum quod Dominus dignaretur tibi revelare, non gravareris mihi rescribere. Hujus pollicitationis debitum requirit parvitas mea a tua sanctitate. Vale, virgo Dei, et memento mei. Quidquid tamen illud est quod rescribis, pone sub sigillo.

RESPONSIO HILDEGARDIS.

Eberhardum passim laudat. Pulchre docet labores externos, ex charitate et obedientia susceptos, minime obesse viro Deum amanti.

O tu persona, quæ in vice Filii Dei viventis es, statum tuum nunc video, velut duos parietes quasi angulari lapide conjunctos, quorum alter ut candida nubes apparet, alter aliquantulum umbrosus; sic tamen, quod nec candor ille huic umbrositati, nec eadem umbrositas huic candori se intermiscet. Parietes isti labores tui sunt, animo tuo conjuncti, ubi ex altera parte intentio et suspiria tua angustam viam ad Deum in candore anhelant, et ex altera circuitus laboris tui aliquantulum in umbrositate ad populum tibi subjectum pertinet; ita tamen, quod candorem intentionis tuæ velut domesticum habes, et umbrositatem sæcularium laborum velut quoddam tibi alienum inspicis, nec hæc tibi intermisceri permittis, et ideo fatigationem in animo tuo frequenter habes. Nam intentionem tuam ad Deum, et laborem tuum ad populum non habes velut unum; sed cum bona intentione ad cœlestia anhelas, et cum populum in Deo procuras, in una mercede conjungi possunt; sicut et Christus cœlestibus inhæsit, et tamen ad populum se inclinavit, ut scriptum est: *Ego dixi: Dii estis, et filii Excelsi omnes* (*Psal.* lxxxi; *Joan.* x). Dii scilicet in cœlestibus, et filii Excelsi in procuratione populi. Tu ergo, o Pater, labores tuos fonte sapientiæ perfunde, quem duæ filiæ hauserunt, quæ regalibus circumdatæ sunt vestibus, videlicet charitas et obedientia, quoniam Sapientia cum charitate omnia ordinavit, plurimos rivulos educendo, ut dicit: *Girum cœli circuivi sola* (*Eccli.* xxiv); et quia Deus homini per obedientiam præceptum dedit, vestimentum quidem charitatis est, quod vultum Dei in angelico ordine aspicit, sed vestimentum obedientiæ, circumamictio humanitatis Domini est. Istæ puellæ ad januam tuam pulsant, et charitas ad te dicit: Tecum manere desidero, et volo ut in lectum strati tui me ponas, et in diligenti amicitia me habeas. Nam quando vulnera cum misericordia tangis et tergis, in lecto tuo jaceo; et quando simplices et bene viventes cum benevolentia in Deo tenes, in diligenti amicitia tua sum. Sed et obedientia ad te dicit: Tecum maneo propter ligaturam legis et præceptorum Dei. Ergo strenne et in forti vi me tene, non ut villicum, sed ut clarissimam amicam. Nam in initio baptismi me suscepisti, et in aliqua progressione tua me tenuisti, scilicet in disciplina subjectionis, et in prælatione ubi præceptis Dei obedisti. Charitas enim materia mea est, et ex illa orta sum. O Pater, sapientia verum tibi dicit: Esto similis patrisfamilias, qui stultitiam filiorum suorum invite audit; et tamen prudentiam suam non deserit, velut etiam ego cœlestia et terrestria in utilitate populi in unum conjungo. Tange ergo et tinge vulnera et simplices et bene viventes, atque gaudium in utraque parte habe, Deo adjuvante. Nunc, o Pater, ego, paupercula forma video quia voluntas tua januam virtutum optat quæ tibi veniet, ita quod in istis virtutibus molendinum finis corporis tui complebis. Qui est, et qui omnia perscrutatur, animam et corpus tuum in salute sua teneat.

EPISTOLA XIII.

HILLINI TREVIRORUM ARCHIEPISCOPI AD HILDEGARDEM.

Rogat ut « de cella regis vinaria guttas aliquas ad ipsum stillare scripto dignetur. »

Hillinus Dei gratia Trevirorum humilis minister et servus, ac eorumdem archiepiscopus, licet indignus, Hildegardi clarissimæ sorori Agnum et Sponsum sequi quocunque ierit (*Apoc.* xiv).

Quoniam Dei sapientia quæ *infirma mundi eligit, ut fortia confundat* (*I Cor.* i), jucundum tibi habitaculum in tua virginitate eligere complacuit, lucis suæ gratiam in spiritu consilii et scientiæ amplioris in te largius effudit, cujus, ut arbitror, lucis effusione etiam aliorum mentes ad studia meliora et saluti viciniora excitari voluit (*Hebr.* vi), et illustrari, te mediante, mater veneranda, et sincerissima charitate amplectenda. Superest igitur, virgo Christi dilectissima, veræ vitis (*Joan.* xv), cujus sub umbra quiescis, cujus fructus gutturi tuo dulcis et amplexabilis (*Cant.* ii); veræ, inquam, vitis propagines in hoc mare procellosum latius extendere, cœlestis poculi, quod inebriaris (*Cant.* v), dulcissimum saporem ad lucra animarum quaquaversum propensius derivare, quæ *gratis accepisti gratis dare* (*Matth.* x), ne forte arguaris lucernam, ad utilitatem proximorum accensam, sub modio abscondere voluisse (*Matth.* v; *Luc.* viii, xi). Rogo ergo, mater sancta, cum cæteris ad portum consolationis tuæ confugientibus, spe desiderii mei uberrima fretus, rogo, inquam, et contestor viscera tua materna, per sanctam charitatem, quatenus de cella illa regis vinaria (*Cant.* ii), (cujus voluptatis abundantia etiam in hac vita mirabiliter inebriaris), guttas aliquas ad me peccatorem, per præsentium latorem, stillare scripto digneris ; tum propter eum, qui tibi ea posse præstitit, tum eapropter, ut veritatis experientia comprobet quod quorumdam auribus, de gratia tibi cœlitus infusa, rumor dubitanter infert. Ille igitur qui cœpit in te bonum opus, consummet in vita viventium (*Philip.* 1).

RESPONSUM HILDEGARDIS.
Prophetice et hortatorie scribit.

Sapientia sonat, dicens: Nunc squalidum tempus muliebris formæ est, Oi, Oi, Adam novum testamentum omnis justitiæ, et radix omnis seminis hominum fuit. Postea in genere ipsius virilis animus surrexit, qui inter turmas exiit, velut arbor quæ se in tres ramos extendit. Prima turma talis erat, quod filii Adæ elegerunt quidquid possibilitas eorum habuit. Secunda, quod homines in temeritate homicidii surrexerunt. Tertia vero, quod fecerunt quidquid in idolis et similibus erroribus voluerunt. Nunc arbor hæc arida est, et mundus in multis periculis eversus est. Tempus enim istud, ad tempus istud respicit, quando prima mulier nutum primo viro in deceptione fecit (*Gen.* III). Sed tamen vir plures vires habet, quam mulier perficere possit. Mulier autem est fons sapientiæ et fons pleni gaudii, quas partes vir ad perfectum ducit. He, He, tempus hoc nec frigidum, nec calidum est, sed squalidum. Post hæc tempus veniet, quod in magnis periculis, in timore, in justitia et ferocitate virorum viriles vires proferet. Deinde error errantium errorum flabit, sicut quatuor venti, qui in magnis periculis famam suam effundunt. Nunc autem, o pastor, audi, quia gratia Dei in vanum te non constituit, unde justitiam ipsius contine. Cum bona opera facis, cito fatigaris ; cum vero ad symphoniam vocaris, ita quod ad orationem consistis, illico arescis. He, He, qui in vice Christi es, iterum audi : Quidam rex quamdam urbem in magnis honoribus habuit, quam tribus viris de suis hominibus commendavit, ita ut curam illius in custodia haberent. Primo autem turrim, secundo planitiem urbis, tertio murum ipsius cum propugnaculis commisit. Tu in turrim positus es ; populus tuus in planitie urbis ; clerus autem tuus super murum ejus cum propugnaculis. Quod si murus urbis impugnabitur, et planities ejus deprædabitur; tu autem turrim ejus custodi, et talis esto, ne tota urbs destruatur, et non dissipabitur. Species columbæ te docet, et verbum Dei non caret in te scientia. Nunc ergo vigila (*Apoc.* III), et in virga ferrea constringe (*Psal.* II), doce, et vulnera tibi commissorum unge, et in æternum vives.

EPISTOLA XIV.
EBERHARDI BAMBERGENSIS EPISCOPI AD HILDEGARDEM.
Quæstionem subtilem admodum proponit : « *In Patre manet æternitas, in Filio æqualitas, in Spiritu sancto æternitatis æqualitatisque connexio.* »

EBERHARDUS Dei gratia Bambergensis Ecclesiæ episcopus, licet indignus, HILDEGARDI venerabili sorori et magistræ S. Roberto, devotæ devotionis obsequium et æternæ beatitudinis meritum.

Superna favente gratia, tuæ sanctitatis præconium, circumquaque auribus populorum dulciter resonat, ita ut vere possimus dicere : *Quia Christi bonus odor sumus Deo* (*II Cor* II). Sed et quoniam *Dominus de cœlo prospexit super filios hominum, ut videat si quis intelligat, aut forte habitantem in te requirat* (*Psal.* XIII), hujus bonæ opinionis tuæ fragrantiam odorati, ad Dominum qui in te veneratur et consulitur, ex toto corde occurrimus. Quod enim multis præstitisti, uni mihi non denegabis. Nam cum de curia imperatoris per te transiremus, quia Spiritu sancto imbuta es, tuæ charitati exponendum commisimus. In Patre manet æternitas, in Filio æqualitas, in Spiritu sancto æternitatis æqualitatisque connexio : quod et nunc secundum quod Deus tibi revelavit, expositum videre desideramus. Dominus tecum sit, et ut nos orationibus tuis adjuvemur.

RESPONSUM HILDEGARDIS.
Post brevem hortationem, qua ad gregem suum diligenter pascendum excitat Eberhardum, ad quæstionem progreditur.

Qui est (*Exod.* III), et quem nihil latet, dicit : O pastor, non arescas in dulci fluento odoris balsami, quod est viredo, quæ præbenda est stultis mentibus, quæ non habent ubera maternæ misericordiæ quæ sugant. Quæ hæc non habent, deficiunt. Præbe ergo tuis lampadem regis, ne asperitate dispergantur, et surge vivens in lumine. Nunc, o Pater, ego paupercula ad verum lumen prospexi, et secundum quod ibi in vera visione vidi et audivi, quod tibi exponi petisti, ita expositum, non verbis meis, sed veri luminis, cui nunquam ullus defectus est, in hunc modum transmitto : In Patre manet æternitas, hoc est æternitati Patris nec abscindendum nec addendum est ; quia æternitas manet in similitudine rotæ, quæ nec incipit, nec finem habet. Sic in Patre est æternitas ante omnem creaturam, quia semper et semper æternitas fuit. Et quæ est æternitas ? Deus est. Æternitas autem non est æternitas, nisi in perfecta vita. Ideo Deus nunc in æternitate. Vita autem non procedit de mortalitate. Sed vita est in vita. Arbor enim non floret nisi de viriditate, nec lapis est sine humore, nec ulla creatura sine vi sua. Ipsa enim vivens æternitas, non est sine floriditate. Quomodo Verbum Patris omnem creaturam in officio suo protulit, et sic Pater in fortissima vi sua otiosus non est. Unde Deus Pater nominatur, quoniam omnia ab eo nascuntur. Et ideo etiam in Patre manet æternitas, quia ipse ante principium Pater fuit, et æternus ante inceptionem fulgentium operum, quæ omnia in præscientia æternitatis apparuerunt. Quod autem in Patre manet, hoc ita non est, sicut causa in homine est, quæ aliquando dubia est, aliquando præterita, aliquando futura, aliquando nova, aliquando vetus ; sed semper stabile, quod in Patre est. Pater claritas est, et illa claritas splendorem habet, et splendor ille ignem, et unum sunt. Quisquis hoc in fide non habet, Deum non videt, quia ab eo abscindere vult quod est, quoniam Deus dividendus non est. Opera etiam quæ Deus condidit, integram proprietatem nominum suorum non habent, quando homo illa dividit. Claritas est paternitas, ex qua omnia nascuntur, et quæ omnia circumdat, quia de vi ipsius sunt. Nam et eadem vis hominem fecit, et in ipsum spiraculum vitæ misit (*Gen.* ii). Sed et homo in eadem vi efficacem effectum in se habet. Quomodo? Caro de carne, et bonum de eo quod bonum est, in bona fama emittitur, et id bono exemplo in alio homine augetur. Ista et carnaliter et spiritaliter in homine sunt, quia aliud de alio procedit. Homo utilia opera sua valde diligit, quia de scientia sua in actu sunt. Sic et Deus vult, ut et sua vis per omnia genera sua se ostendat, quia opus ejus sunt. Et splendor oculos dat, et splendor ille filius est, qui oculos dedit, cum dixit: *Fiat* (*Gen.* i). Tunc omnia in viventi oculo corporaliter apparuerunt. Et ignis hæc duo vocabula penetrat, qui Deus est, quia possibile non esset, ut claritas splendore careret. Et si iste ignis deesset, claritas non claresceret, nec splendor fulgeret. In igne enim flamma et lumen latent; alioquin ignis non esset. In Filio æqualitas. Quomodo? Omnes creaturæ ante ævum in Patre fuerunt, ipso eas in semetipso ordinante, quas postea Filius perfecit in opere. Quomodo? Scilicet, sicut homo qui in semetipso scientiam magni operis habet, quod postea in verbo suo profert, ita ut illud in bono rumore procedat. Pater ordinat, Filius autem operatur. Nam Pater omnia in semetipso, omnia ordinavit, et Filius ea in opere complexit. Et lumen est de lumine ante ævum in æternitate, quod erat in principio, et hoc est Filius, qui ex Patre splendet, et per quem omnes creaturæ factæ sunt. Et etiam Filius tunicam induit de homine, quem de limo formaverat, quæ ante corporaliter non apparuerat. Sic Deus omnia opera sua coram se, ut lumen vidit, et quando *Fiat* dixit, unumquodque secundum genus suum tunicam induit. Tunc Deus ad opus suum se inclinavit, et sic in parte ista æqualitas etiam ad hominem in Filio Dei manet, quoniam ipse humanitatem induit, sicut et opera Dei corpora sua induerunt. Deus enim omnia opera sua præscivit, quæ patravit: unde in humilitate humanitati ad hominem se inclinavit; quia divinitas tam perfecta est, quod nihilo in homine non parceret, quod contra bonum pugnat, nisi humanitatem induisset, quoniam *omnia per ipsum facta sunt, et sine ipso factum est nihil* (*Joan.* i). Omnes enim res visibiles et palpabiles atque gustabiles, per ipsum factæ sunt, et has omnes in aliqua necessitate hominis prævidit, quasdam scilicet ad amplexionem charitatis, quasdam ad timorem, quasdam ad disciplinam, quasdam ad cautelam cujusque causæ. *Et sine ipso factum est nihil*: hoc nihil, superbia est.

Illa enim opinio est quæ in se respicit, et quæ in nullum confidit. Nam ipsa vult, quod Deus non vult; et semper hoc computat, quod ipsa constituit; et tenebrosa est, quia lumen veritatis despexit, et incœpit quod perficere non potuit: unde nihil est, quia a Deo nec facta, nec creata est. Ipsa in primo angelo incœpit, cum ille fulgorem suum inspexit, et opinionem iniit, et non vidit de quo eumdem fulgorem haberet; sed in seipso dixit: Dominus esse volo, et alium nolo. Sic gloria ejus ab ipso evanuit, et eam perdidit, et princeps gehennæ factus est (*Isa.* xiv). Tunc Deus alio filio suo gloriam illius dedit, qui in tam robusta vi factus est, quod omnes creaturæ ipsi adsunt: et qui etiam in tam forti vi constitutus est, ut gloriam illam per omnia non perderet. In illa enim maledictione qua diabolus Deum noluit, stultitia in homine, Deo in honore similis esse desideravit, scilicet ut Deus est. Sed tamen illum amorem, quod Deum esse scivit, non amisit. Unde materia diaboli omnino tenebrosa est, quia claritatem Dei esse noluit. Adam claritatem Dei esse voluit, sed in societate ejus esse desideravit, unde perfectus in materia sua est, quoniam aliquid lucidi, sed tamen plenus multis miseriis est. In Spiritu sancto, æternitatis æqualitatisque connexio. Spiritus sanctus igneus est, et non exstinguibilis ignis, qui interdum per flagrantiam apparet, et interdum exstinguitur. Ipse enim Spiritus sanctus æternitatem et æqualitem perfundit et connectit, ita ut unum sint, sicut homo manipulum constringit; quia, si manipulus non constringeretur, manipulus non esset, sed dispergeretur, et sicut faber duas vires æris cum igne in unum conjungit. Unde est sicut versatilis ensis, qui undique vibratur. Spiritus sanctus æternitatem ostendit, æqualitatem accendit: ita quod unum sunt. Spiritus sanctus ignis et vita in æternitate et æqualitate ista est, quia Deus vivit. Sol enim candidus est, et lumen ejus flagrat, atque ignis in eo ardet; qui totum mundum illuminat, et una tota apparet. Sed quælibet causa, in qua nulla vis est, mortua est, sicut abscissum lignum ab arbore aridum est, quia viriditatem non habet. Spiritus sanctus enim est solidamentum et vivificatio. Nam æternitas non esset æternitas sine Spiritu sancto. Æqualitas quoque non esset æqualitas sine Spiritu sancto. Et Spiritus sanctus in ambobus est et unum in Divinitate unus Deus est. Rationalitas etiam tres vires habet, scilicet sonum, verbum, sufflatum. In Patre Filius est, ut verbum in sono, Spiritus sanctus in utroque, ut sufflatus in sono et verbo. Et hæ tres personæ, ut præfatum est, unus Deus sunt. In Patre æternitas, quia nullus ante illum, et æternitas non incœpit, sicut opera Dei principium habent. In Filio autem æqualitas, cum Filius de Patre nunquam abscissit, nec Pater Filio caruit. Sed in Spiritu sancto connexio, quia Filius in Patre semper mansit, et Pater cum Filio; quoniam Spiritus sanctus in eis ignea vita est, et unum sunt.

Et scriptum est: *Spiritus Domini replevit orbem terrarum* (*Sap.* 1). Hoc est, omnes creaturæ quæ videntur et non videntur, spirituali vita non carent, et quas homo non cognoscit. Nam de viriditate flores, de floribus fructus pomorum sunt. Nubes etiam cursum habent. Luna quoque et stella cum igne flagrant. Ligna per viriditatem flores educunt, aqua tenuitatem et ventum mundando et rivulos educendo habet. Tertia etiam humiditatem cum sudore habet. Nam omnes creaturæ habent quod videtur, et quod non videtur. Quod videtur, debile est; et quod non videtur, forte et vitale est. Hoc intellectus hominis quærit, ut cognoscat quoniam illud non videt. Hæ sunt vires operum Spiritus sancti. Et hoc quod continet omnia. Quid hoc est? Homo *continet omnia* (*ibid.*). Quomodo? Dominando, utendo, jubendo. Hoc Deus illi secundum se donavit. *Scientiam habet vocis.* Hoc est rationalitas quæ cum voce sonat. Vox est corpus, rationalitas anima, calor aeris ignis, et unum sunt. Ideo quando rationalitas dictando, creando per vocem auditur, omnia opera ipsius perficiuntur, et per hoc adest ei creare; quia ut jubet, sic erit. Ideo omnia opera Dei inania non sunt. Nam si quispiam vas plenum pecunia haberet, magnum gaudium inde teneret. Sed si in vase nihil esset, pro minimo illud haberet. In pravis operibus inanitas est, et fugiunt ignem Spiritus sancti. Tunc adest eis delectatio peccandi, de suggestione diaboli. Cum autem homo prava opera sua pro nihilo computat et cognoscit, et tamen ab eis reversionem facit, similis est peregrino filio, qui post famem suam, panis patris sui recordatus est, et dixit: *Pater, peccavi in cœlum et coram te* (*Luc.* xv): *in cœlum,* quia in rationalitate cœlestia sum, *et coram te,* quia te Deum scio. Tunc diabolum repudiat, et denuo Dominum suum eligit. Inde omnia vitia diaboli confunduntur, et omnes cœlestes harmoniæ mirantur; quia quod in inutilitate lutum prius computabant, in principali utilitate columnam nubis postea vident; quia quæ vilia viderunt, postea pulchriora eligunt, quoniam omnia vitia diaboli pro nihilo computant: (in ipsis enim pravis operibus utilitas non est), sed utilitatem in bonis operibus faciunt. Hæc sunt opera Spiritus sancti. Nunc, o pastor et Pater populorum, Deus tibi det ut ad lumen pervenias, ubi scientiam veræ beatitudinis accipias.

EPISTOLA XV.

EPISCOPI SPIRENSIS AD HILDEGARDEM.

GONTERUS D. g. Spirensis Ecclesiæ minister et episcopus, HILDEGARDI magistræ de monte S. Ruberti in Pingis, salutem æternam in Christo.

Quod bonus odor es tam remotis quam vicinis, et de Spiritu sancto solamen omnibus te quærentibus, divinæ pietati gratias referimus. Unde et certum habere dicitur dilectio tua, quod honorem et utilitatem Ecclesiæ tuæ libenti animo videmus, et modis omnibus, quibus voluntatem vestram in provectum ejusdem Ecclesiæ tuæ effectui mancipare poterimus, libenter faciemus. Rogamus autem intime sanctitatem tuam, quatenus pro dilectione nostra Deum pro nobis interpelles, et orationibus tuis eum nobis placabilem facias, et scias omni ambiguitate remota, quod si Deus vitam nobis concesserit, non carebis honesta remuneratione. Nam justum est ut orationum tuarum suffragia nobis impendas, sicut et nos de necessitate tua sollicitamur. Rescripta quoque tua ad nos desideramus.

RESPONSUM HILDEGARDIS.
Multis ad emendationem vitæ Gunterum hortatur.

Lux summæ inspirationis, o homo, tibi dicit: Admonitionem Spiritus sancti, qui in te ascendit, ne abscindas a te per malam consuetudinem operum tuorum, quia Deus requirit in te, quod olim attendit perditam ovem reducere, quando crimina hominum abstersit. Et antiquus illusor confusus est, cum eum fortissimus bellator superavit. Deus per fenestras aspicit ad te, quia pius et misericors est. Hoc nullus homo derideat per ullam opinionem voluntatis suæ. Audi: Hanc causam admonitionis noli abscindere a te, ne Deus te percutiat per flagella sua. Quoniam vult in zelo suo hanc inimicabilem causam prosternere, quod sodales ipsius per socios suos ipsum in ostensione sua derident. Unde arcum admonitionis suæ vibrat, demonstrans quod nullus ei resistere possit. Unde tu, homo, qui multa nigredine involutus es, surge citius ad ruinam, et ædifica in cœlestibus ut nigri et sordidi erubescant in tua exsultatione, cum surgis a nigredine tua, quia anima tua vix vivit propter opera tua. Tua autem aspicis quasi per figuram ad aliam vitam, quæ intentio fulget in te sicut aurora lucis. Mens tua cribrat et excutit se in magnis tormentis, ubi pinguis natura te affligit in tortuosis desideriis. Hunc humorem evade. Audi, homo: Vir quidam terram habuit, quæ magnam vim in se ostendit, quando aratrum ipsam evertit, ita quod multo germine protulit quemque fructum, qui in ipsa seminabatur. Tunc placuit viro huic, ut in terra illa hortum aromatum faceret, et in eo crescente aromata in suavissimo odore ad medicinam vulnerum et cicatricum. Et terra illa melior effecta est, quam prius fuisset. Nunc tu, o homo, elige quid in his duabus partibus tibi utilius sit. Fundamentum enim cœlestis Jerusalem positum est primum de istis lapidibus, qui in magnis casibus vulnerati erant, et in cicatricibus vitiorum polluti, qui postmodum crimina sua opprimunt in pœnitentia. Faber mundi, fundamentum istud primum de rugosis, et impolitis lapidibus posuit, et lapides isti totam civitatem Dei sustentant. Ideo fuge lasciviam hujus mundi in naufragio immunditiæ, et esto similis sardio et similis topazio, et velox sicut cervus haurire in lingua purissimum fontem, et vives in æternum.

EPISTOLA XVI.

EPISCOPI WORMATIENSIS AD HILDEGARDEM.
Sanctam encomiis exornat et responsum flagitat.

Conradus Dei gratia Wormatiensis Ecclesiæ (indignus licet) episcopus, Hildegardi dilectæ sorori de Monte S. Roberti, cum heu! parva orationum exhibitione, suavem in omni obsequio devotionem.

Deo gratias agimus, qui te lucernam clarissimam aureo candelabro imposuit, et lucis suæ claritatem longe lateque per te in domo sua clarescere fecit. Quapropter, soror et filia dilectissima, ex radiis qui te Solem justitiæ indubitanter illuminare credimus, nubila mentis nostræ, quæ nos opprimunt, ex incongruenti tribulationum turbine et diversarum cogitationum inundatione, depelli obnixe exoramus. Plurima quidem sanctitati tuæ necesse haberemus insinuare, si prolixitas verborum tibi ea explicare non obstitisset, viva autem voce per præsentem latorem tibi præsentialiter loquimur, et responsum admonitionis tuæ toto corde efflagitamus.

RESPONSUM HILDEGARDIS.
Illum laudat et hortatur.

Tu persona es sedens super cathedram Christi, et virgam ferream in manu tua habes ad regendum oves tuas. Aspice ad solem justitiæ, et ad plurimas stellas, quæ sunt genera virtutum, ut non deficias in cibo vitæ; quia bonus pastor est, qui semper in bonis operibus floret, et qui in recta viriditate oves suas pascit. Hoc tibi det, qui in prima die sonuit (*Gen.* 1), et in cujus verbo omnis creatura processit, et qui in novissimo die tuba canet, ita quod omnes filios hominum suscitabit (*I Cor.* xv). Nam quidam homines juste viventes tabernaculum Dei sunt, quia Deus in eis habitat. Homo enim ædificium Dei est, in quo ipse mansionem habet (*Joan.* xiv), quoniam igneam animam in illum misit, quæ cum rationalitate in dilatatione volat, quemadmodum murus latitudinem domus comprehendit. Sed et qui per præcepta Dei in operibus suis justificatus est, in quibus legem Dei non neglexit, cœlestem Jerusalem ædificat. Qui vero secundum carnem operatur et non secundum spiritum, de sancta ædificatione cadet. Qui vero proprietatem voluntatis suæ de se abscidit, cœleste ædificium, cum margaritis et pretiosis lapidibus et optimo auro ornat. Tu igitur te talem fac ut lapis pretiosus fias, et in summa Jerusalem orneris.

EPISTOLA XVII.

EPISCOPI CONSTANTIENSIS AD HILDEGARDEM.
Sanctæ preces et litteras petit.

Constantiensis Ecclesiæ D. g. episcopus, quamvis inutilis et indignus, Hildegardi sponsæ Christi de cœnobio S. Roberti in Pingis, intimæ charitatis augmentum, et utriusque vitæ felicissimum cursum.

Fama sapientiæ tuæ longe lateque diffusa a nonnullis veridicis mihi relata, ad id desiderium me provocavit, ut de remotis partibus solatium atque sublevamen tuum quærerem, et me precibus tuis commendarem. Durum namque est, ut qui vitæ suæ moderamina nescit tenere, judex fiat vitæ alienæ. Quapropter dilectionem tuam sincera devotione deposco, quatenus apud Dominum orationibus tuis mihi succurras, et rescripto tuo me munias; quia tam propria voluntas mea quam cura terrena fere omnibus modis a servitio Dei me abstrahit.

RESPONSUM HILDEGARDIS.
Inanem gloriam in ipso redarguit.

Justissima Lux dicit : O homo, mentem tuam argue quæ perforat consilium antiquorum prælatorum, quos non tetigit ventosa mens vanitatum. Qualis est æstimatio tua, qui non erubescis ambulare in tenebris per gustum operis tui? Nam revelatio illius cui nihil occultum est, ostendit per viventem oculum, quod arcus zelus Dei, temeritati hominum minatur. Cur non vides, ubi sit mammona iniquitatis (*Luc.* xvi), in quo te excuses? Multi operarii veniunt in causis suis, et quærunt arctam viam et angustam, tu vero labia tua moves per magniloquos sufflatus morum cordis tui, et ad indignationem illos reducis. Unde dirige te in tenebris in vias rectas, et illumina sensum cordis tui, ne tibi dicat Pater omnium : Quid per stultitiam ascendis columnam quam non fecisti? Nam dies obscuratur illi, qui non operatur in viis recti itineris : quod tu precave; surge ergo citius, et ambula recta itinera, antequam sol tibi occidat, et antequam dies tui deficiant.

EPISTOLA XVIII.

EPISCOPI VIRDUNENSIS AD HILDEGARDEM.
Sanctam hortatur ad humilitatem, ac preces ejus flagitat ac litteras.

Adelbertus Dei gratia Virdunensis Ecclesiæ minister et episcopus, quamvis indignus, Hildegardi matri suæ clarissimæ de Monte S. Roberti, visionibus Dei delectari præsentibus et æternis.

Benedicta gloria Domini de loco sancto suo (*Ezech.* iii), quæ te sibi a teneris annis mancipavit famulam. Ego autem, tanquam si cæcus iter videnti monstrare vellet; charitati tuæ suggero, ut gratiam istam cum humilitate cognoscas, attendendo prophetiam illius antiquam Balaam (*Num.* xxiii), qui licet novissima sua in contrarium direxerit, memorabile tamen est in visione sua, cum dixit : *Qui cadit, et sic aperiuntur oculi ejus* (*Num.* xxiv); humilitatem profecto in visione significans. Doctor quoque gentium dixit : *Ne magnitudo revelationum extollat me* (*II Cor.* xii), etc. Hæc itaque magis fiducia mei affectus ad vos dicta sint, quam præsumptione doctrinæ. Porro noveritis quod ad vos in præsenti venire non possum, licet prope vos sim, tamen in adversitatibus meis vos fidam patronam in orationibus vestris expeto, et suffragiis sororum vestri collegii ancillarum Dei adjuvari postulo. Diu est quod scriptum vestrum habere non merui; quod nunc saltem merear, oro.

RESPONSUM HILDEGARDIS.
Illum hortatur ad curam pastoralem.

Lux vivens, quæ miracula ostendit, dicit : Qui Pater es in persona tua, et pastor in propositio animarum extende brachium tuum, ne inimicus homo superseminet zizania in agro tuo (*Matth.* XIII). Provide ergo hortum illum, quem divinum donum plantavit; et cave ne aromata illius sint arida, sed ab eis putredinem abscinde, et eam foras mitte, quæ utilitatem illorum suffocat. Et sic fac ea virescere. Namque sol radios suos abscondit, mundus etiam gaudium suum subtrahit. Et dico : Non obscura hortum tuum in tædio silentii, sed in vero lumine cum discretione corripe ea quæ corripienda sunt. Illumina quoque templum tuum per benevolentiam, atque in thuribulo tuo ignem accende, myrrham imponens, ita ut fumus ejus ascendat ad palatium viventis Dei, et in æternum vives.

EPISTOLA XIX.
EPISCOPI LEODIENSIS AD HILDEGARDEM.

Se in maxima mentis et corporis fluctuatione constitutum ait, quod, ut fatetur, innumeris malis Deum offenderat. Petit preces et rescripta sanctæ Hildegardis.

RUDOLPHUS Dei gratia Leodiensium episcopus, HILDEGARDI famulæ Christi de S. Roberti in Pingis, Regi regum incessanter servire, et bravium æternæ beatitudinis apprehendere.

In maxima mentis et corporis fluctuatione constitutus, tibi scribere disposui, quia clementia Dei nimis indigeo, quam innumeris malis me offendisse et irritasse non abnego. Quia igitur, dilectissima soror, veraciter Deum tecum esse novi, admoneo et rogo per misericordiam ipsius sanctitatem tuam, ut omnino mihi fluctuanti et ad te confugium facienti, manum porrigas. Cura namque tibi sit pro negligentia a me removenda, devotis precibus invigilare : et quidquid ex indeficienti et vivente lumine tibi ostensum fuerit ad excitandam somnolentiam meam mihi rescribas. Concedat clementissimus Deus, ut scriptis tuis certissimam per te consolationem percipiam, et ut intercessionis tuæ obtentu vel ultimam æternæ quietis sortiar mansionem.

RESPONSUM HILDEGARDIS.
Illum hortatur ad vitam bonam et ad curam animarum.

O! vivens Lux dicit : Viæ Scripturarum directæ sunt ad excelsum montem, ubi flores pretiosissima aromata crescunt, et ubi suavissimus ventus volat, validum odorem eis faciens, et ubi rosæ et lilia splendidas facies ostendunt. Idem mons dudum non apparuerat propter umbras cæci viventis aeris, quia etiam Filius Altissimi mundum nondum illustraverat. Tunc Sol venit de aurora, mundum hunc illuminans, et omnes populi viderunt aromata illius. Et dies valde ornatus est, et dulcis rumor ortus est. O pastores, nunc plangendum et lugendum est quod in nostro tempore mons istis nigerrimis nebulis tectus est, ita ut bonus odor ex eo non redoleat. Tu autem esto pastor bonus et nobilis in moribus. Et sicut aquila in solem videt, sic recordare et respice ubi possis pigros et peregrinos ad patriam revocare, et aliquod lumen huic mundo conferre, quatenus anima tua vivat, et ut amantissimam vocem illam audias de summo judice : *Euge, serve bone et fidelis* (*Matth.* XXV), et ut anima tua in hac parte fulminet, sicut miles in prælio fulget, cum socii ejus ipsi congaudent, quia victor exstitit. Unde tu, o præcessor populi, pugna in bona victoria, ac sic errantes corrige, et pulchras margaritas de putredine ablue, præparans illas summo Regi : et sic mens tua in bono studio anhelet has margaritas ad montem istum revocare, sicut eas donum Dei instituit. Deus te protegat, et animam tuam de æterna pœna liberet.

EPISTOLA XX.
EPISCOPI TRAJECTENSIUM AD HILDEGARDEM.

Suum erga Sanctam affectum declarat.

GODEFRIDUS, divina favente gratia, Trajectensium episcopus, unicæ suæ, speciali suæ, singulari suæ HILDEGARDI, magistræ sororum de S. Roberti, salutem ab eo qui mandat salutem in Jacob (*Psal.* XLIII).

Soror charissima, ex quo primo te cœpi in Christi charitate diligere, nunquam memoria tua super mel et favum dulcis (*Psal.* XVIII), in animo meo potuit excidere. Cogit enim me in tuam dilectionem virtus Dei, quæ habitat in te, quæ operatur per te, quæ familiarem præ cæteris illi sponso reddit te, qui æternaliter *salvat omnes sperantes in se* (*Psal.* XVI). Et quoniam *chàritas diffusa est in corde tuo* (*Rom.* V), rogo te in charitate, qua in omnes abundas, ut in omni diligentia, omni conamine studeas Deum pro me exorare, quatenus in hoc sæculo oneribus peccatorum meorum merear alleviari. Dominus te illuc perducat, ubi est felix æternitas, et æterna felicitas, jucunda tranquillitas, sine fine jucunditas. Ut sitiens fontem, sic tua scripta desidero.

RESPONSUM HILDEGARDIS.
Illum hortatur ad perseverantiam in bono.

O tu persona a Deo sumpta et vocata es, quatenus secundum ipsum opereris, eum imitando, quoniam Deus omnia ædificat, regit et ungit. Omnipotens enim Deus per verbum suum mundum creavit, quem etiam regit, et omnia in aqua sanctificat, peccata hominum abluendo. Deus namque omnes creaturas creavit, et eas gubernavit, et hominem cum illis perfudit, quemadmodum faber vasa sua per ignem elegantia facit. Sed deinde præaltus dies in obscuram noctem per inobedientiam in casu Adæ se declinavit, et ob hoc homines in peccatis et in oblivione, quasi Deus non esset, vixerunt. Tunc Deus omnem terram per aquas diluvii de criminalibus peccatis hominum inundavit (*Gen.* VII), et sic sancti et lex et prophetæ surrexerunt. Novissime autem Filius Dei venit, quem non decebat, ut in vacuo tempore adesset, in quo nullam justitiam inveniret, sicut etiam homo creatus non est, antequam omnis creatura eum ostendebat. Sed et Filius Dei venit, ut totum mundum per obedientiam, per chrisma baptismatis, et per pœnitentiam redimeret. Nunc tu, o pastor provide, ne puerili tempore, quod Dominum nescit, sis; sed esto in tempore justorum et sanctorum, et in ostensione prophetarum, in operibus tuis justitiam apprehendens, sicut et Deus omnia prævidit, antequam illa operaretur, et secundum ipsum populum tuum rege. Tu etiam populo adjutorium in vice Christi præbe, ne sis sicut tuba quæ sonat, et non operatur. Sed esto bonus odor virtutum, ut in æternum vivas. Et dic : *Exaltabo te, Deus, meus rex, et benedicam nomini tuo in sæculum, et in sæculum sæculi* (*Psal.* CXLIV). Nam quando intelligis, quia in episcopali cathedra es, in omnibus viis tuis Deum lauda, in bonis operibus eum exalta, et præcepta ejus sine tædio iterando rumina, per fidem eum osculare, et in bonis operibus eum amplectere; in bona conversatione Deum tuum ipsum ostende, et in judiciis suis eum ut justum regem magnifica, ita ut populum tuum recte regas, et cum misericordia ungas, et noxiale crimen post te non trahas, scilicet ut munus pro justitia accipias; et sic invoca nomen ipsius, ut in omnibus his timorem ad ipsum habeas, quoniam rex est, et hoc omnibus diebus vitæ tuæ facias, quousque in hoc sæculo vivis, quatenus postea in infinito sæculo in æternum vivas.

EPISTOLA XXI.
EPISCOPI PRAGENSIUM AD HILDEGARDEM.
Postulat ut orationibus suis subveniat et bona consilia porrigat.

II., Dei gratia Pragensium minister inutilis et episcopus, licet indignus, HILDEGARDI sponsæ Christi, et magistræ de S. Roberto in Pingis, qualecunque munusculum orationum suarum cum omni devotione.

Dominum Deum nostrum magnificando glorificamus, cujus spiritu illuminata, plurimorum tribulationibus, consolando et sublevando, subvenis, et fructum boni operis, eodem Spiritu cooperante, in multorum mentibus multiplicas, sicut etiam per plurima terrarum spatia de te referri audivimus. Unde sanctitas tua noverit quia magnum desiderium inest nobis te videre atque colloquio tuo perfrui in Christo, sed magna difficultas locorum hoc fieri impedit, et quoniam charitatem tuam plurimorum necessitatibus subvenisse percepimus, hac fiducia animati, dilectionem tuam imploramus, quatenus nobis in tribulationibus mundanis quassatis, orationibus tuis subvenias, et bona consilia porrigas. Quia ex quo nomen tuum et gratiam tibi a Deo collatam audivimus, memoriam tuam in cordibus nostris semper habuimus, et ut eadem gratia quæ de vero lumine est, apud te semper maneat, exoptamus.

RESPONSUM HILDEGARDIS.
Illum ad majorem in virtute constantiam hortatur, tum in prosperis, tum in adversis.

Vox vitæ et salutis dicit : Quid est hoc, quod homo manducat, et non vult scire quæ sit uva, quæ de terra alio modo sudavit post peremptionem populi, cum Deus terram extersit et excribravit in aliam modum, quam primus homo illam derideret. Hoc est quod homo levis est per vicissitudinem morum suorum, et per tempora lucis et tenebrarum.

Nam homo interdum se aliquantulum in prosperitatem erigit, interdum in pericula cadit. In his utrisque homo non inspicit amplexus filiæ regis, scilicet justitiæ et veritatis; sed amputat coronam de capite illius, cum pastor fugit, non defendens Ecclesiam Christi; quia arma sua in fortitudine non tenet, sed in moribus suis sicut lascivus puer, qui nullam sollicitudinem habet, ludit. Homo qui istud facit, desiderat sic manducare et vivere per voluntatem suam, sicut natura hominis postulat cibum, et non videt acutis oculis suis, ubi discretio sit, quæ de sapientia sudavit, quæ in hac uva intelligitur. Cum enim Adam in ortu mundi obedientiam derisit, tempora temporum perierunt usque ad effusionem aquarum. Ubi Deus terram de horribili iniquitate tersit, et aliam vim dedit. Ubi Noe nobilissimum germen obedientiæ in vineis protulit (*Gen.* IX), quod Adam fugit, per simplicitatem morum suorum, sicut lascivus puer, sed in Noe terra vim uvæ protulit, ubi etiam post eum pigmentum surrexit in salvatione. Nunc, o tu homo, qui circuis in moribus tuis per plateas vicissitudinum tuarum, et non ardenter intueris, aspiciens in medicinam tuam et alterius, surge, respiciens in solem, in recta moderatione, et lumen non fuge, illud abjiciens per austeritatem iniquitatis, quatenus non erubescas, quando summus Rex inquirit opera tua in sacculo tuo, et in æternum vives.

EPISTOLA XXII.
EPISCOPI HIEROSOLYMITANORUM AD HILDEGARDEM.
Ipsius ac sororum ejus precibus se commendat. In laudes Sanctæ excurrit.

I., Dei gratia et ordinatione Hierosolymitanorum servus et episcopus, HILDEGARDI dilectæ filiæ et magistræ de Monte S. Roberti in Pingis, scilicet in Moguntino episcopatu, humillimam orationem et salutem in Christo.

A multis per longa terrarum spatia partes nostras adeuntibus, et genua sua ad sepulcrum Domini flectentibus, multoties percepimus, quod divina virtus in te et per te operetur, unde ipsi gratias indefessas, prout possumus, humiliter offerimus. Ad te igitur filiam dilectissimam sermo nobis jamdiu fuit, sed quia internuntius hactenus abfuit, desiderium nostrum penitus frustra processit. Nunc vero quoniam quidem post longa temporum curricula opportunitas se obtulit, per præsentia scripta, te cunctasque sorores tuas, tibi, ut audio, in Christo subjectas, alloqui congruum duximus. Inde est, quod si qua dulcia verba præ nimiis angustiis, quibus assidue premimur, nobis adessent, quoniam ex altero, gladio paganorum, ex altero latere insidiis malignorum spirituum impugnamur, te ut Christi sponsam, ut Christi arcanis semper intentam, extollere dignum existimaremus. Sed non opus est laudibus humanis extolli, quam divina gratia laudibus concessit angelicis admisceri ; et illas felices dicimus, quæ de die in diem dulcissimis alloquiis tuis interesse ac satiari merentur. Felices etenim illas haud incongrue dixerimus, quæ speculo divinæ candidationis innixæ, bravium cursus sui meritorum suorum a Domino quotidie percipere affectant. Felices, inquit, ac nimium felices, quibus ob remunerationem cœlestium, terrena cuncta viluerunt, et a quibus despicitur, calcatur, vilipenditur, quidquid in hac vita cæteris mortalibus dulce, delectabile atque præstabile videtur. Ecce veræ filiæ Jerusalem, in quibus non est inventa macula (*Cant.* iv), in quibus mundus nihil quod diligat habet : quæ etiam *sequuntur Agnum quocunque ierit* (*Apoc.* xiv). Nunc autem, o filia, ad te referentes consolationem tuam cœlitus tibi ostensam, humiliter requirimus, ac nos orationibus tuis cunctarumque sororum tuarum commendamus, quatenus nobis in procellis mundanarum curarum fluctuantibus, pie apud illum intervenialis, cujus thalamum post hujus vitæ terminum intrare desideratis. Faciat Dominus, o dilecta, ut *videas bona Jerusalem omnibus diebus vitæ tuæ* (*Psal.* cxxvii).

RESPONSUM HILDEGARDIS.
Patriarcham consolatur.

Vivens Lux hæc in miraculis suis dicit : Prima radix in die apparuit, et in omnibus ramis floruit, atque duas vias constituit. Altera via plena ædificiorum erat, in quibus aquilæ et alia volatilia habitabant. Altera autem magnæ optionis plena fuit, in qua gigantes concurrerunt, qui contra aquilas istas et cætera volatilia pugnabant, sed eis prævalere non poterant. Tunc sol processit, et in extremo brachio suo aureos clypeos habuit, et contra gigantes illos pugnavit. Nam casus primi angeli a vita ceciderat, et postea casus Adæ luce paradisi carebat, et idem Adam in suggestione diaboli cum omnibus filiis suis ambulavit (*Gen.* iii). Sed sol in topazio et sapphiro emicuit, quod est in misericordia et charitate quæ Verbum Dei incarnatum protulit. Sol autem æqualiter fulsit, sicut in initio processerat, et ita permansit, ut omnino nulla umbra vicissitudinis super illum ceciderit, veluti in primo angelo, in Adam et in suggestione diaboli factum fuerat. Et ideo dictum est : *Tu es sacerdos in æternum secundum ordinem Melchisedech* (*Psal.* cix). Nam in topazio misericordia, et in sapphiro charitas intelligenda est, quas virtutes sacerdos iste velut testimonium sacerdotale propter hominem induit. Nunc tu, o Pater, qui es in vice sacerdotis hujus, anima tua fluat sicut aqua quæ de petra in virga Moysis effluxit, ita quod verba tua incredulis cordibus potum salvationis dent, atque dies, quæ in anima tua lucet, crescat in multitudine virtutum. Vides autem te in anima tua sollicitum in via, quæ ad Deum tendit. Sed cum mens tua in turbinem ierit propter vicissitudinem laborum tuorum et aliorum, columba te perfundet, et simplicem turrim ante conspectum Dei te faciet. Pugnam vero quam intus et exterius in utroque scilicet homine pateris, Deus in temporibus tuis circa te hoc modo allevia- bit, ut eam sustinere possis, unde fiduciam tuam in ipsum pone, nec de misericordia ejus despera. Et hoc faciens in gratia Dei, ad vitam vives.

EPISTOLA XXIII.
EPISCOPI DE BEVEZ AD HILDEGARDEM.
Ejus preces et litteras exspostulat.

Henricus, Dei gratia de Bevez solo nomine vocatus episcopus, Hildegardi dilectæ magistræ sororum in Monte S. Roberti de Pingis, si quid in spiritu contrito et humilitate valet peccatorum oratio.

Benedictus Deus, qui benedixit te in omni benedictione spirituali (*Ephes.* i), ita, quod in odore unguenti, quo unxit te Deus unctione misericordiæ suæ, trahatur etiam per te in longinquis partibus mundi multorum devotio. Nam manifesta Dei circa te dignatio, mihi peccatori ac turbinibus sæculi gravato, magna est consolatio, quamvis a te corpore sed non mente plurimum remoto. Confidimus enim sine dubio meritis et precibus tuis Christi misericordiam patere cunctis, auxilium orationum tuarum fideliter quærentibus. Nos igitur propriæ conscientiæ diffidentia nullam in actibus nostris adipiscendæ salutis habentes confidentiam per charitatem Spiritus sancti te obsecramus in remotis regionibus, ut orationibus tuis indulgentiam peccatis nostris implores a Domino. Præterea quantulamcunque consolationem seu admonitionem saluti nostræ necessariam, nobis rescribere non pigeat tuam dilectionem. Ipse autem qui omnia potest, et quem nulla latet cogitatio, secundum beneplacitum suum precibus satisfacere dignetur cordis nostri desiderio.

RESPONSUM HILDEGARDIS.
Pulchra utitur parabola qua ipsum ad veram sapientiam et charitatem hortatur.

Vivens Lux ostendit mihi hæc, et dixit : Dic ad hominem illum : Vidi quasi pulchram formam virtutis quæ fuit pura scientia. Facies ejus valde clara erat, oculi ejus velut hyacinthus, et indumenta ipsius quasi pallium sericum. Habebat quoque super humeros suos episcopale pallium simile sardio. Et hæc advocavit pulcherrimam amicam regis, videlicet charitatem, dicens : Veni mecum. Et venientes pulsabant ambæ ad januam cordis tui, dicentes : Tecum habitare volumus. Cave ergo, ne resistas nobis; sed esto fortis ad resistendum vitiis et sæcularibus causis et vicissitudinibus illorum ventorum, qui in turbinibus sicut malus fumus ascendunt, et ut aquæ quæ in tempestate volant. Hæc sunt inquietudines mentium hominum in iracundia et in aliis similibus. Silentium non habe in tædio, sed vox tua sit sicut tuba resonans in cæremoniis Ecclesiæ, et oculi tui sint puri in scientia, ita quod non sis piger tergere te ab indigno pulvere oneris tui. Nam plenus es guttis noctium (*Cant.* v). Et persuasio superbiæ sic locuta est tibi : Ne abluas te. Sed nos hoc nolumus ; volumus autem ut quæque tenebrosa de te abstergas, et non sis timidus de multis terroribus inimicorum tuorum, qui nec recte nec bene loquuntur de te. O miles, da nobis habitaculum in corde tuo, et perducemus te ad palatium regis nobiscum.

EPISTOLA XXIV.

EPISCOPI TREVIRORUM AD HILDEGARDEM.

Suum erga sanctam Hildegardem affectum gratiose declarat, testaturque ad episcopatum se promotum esse contra voluntatem suam. Sanctam itaque consulit ita scribens : « *Sed quia nescimus cujus vocatione promoti simus, hoc maxime anxietatem nobis infligit.* »

ARNOLDUS, Dei gratia Trevirorum Ecclesiæ humilis electus, dilectæ in Christo cognatæ suæ HILDEGARDI de S. Robert., salutem et dilectionem ab eo qui est salus et dilectio.

Amicitia cognatione cœlestis est, quia senium ei non obest, sed confert ; et vera est, stare nescit, sed in aliquo crescit et proficit quotidie. Cum autem ab ineunte ætate ulnis veri amoris nos amplexi sumus, miramur cur vos adulatorem plus vero amico diligatis, quum dicat propheta : *Oleum autem peccatoris non impinguet caput meum* (*Psal.* CIII). Fratrem nostrum præpositum S. Andreæ, hic adulatorem vestrum reputamus ; nos autem verum amicum intelligi volumus Quia vero proventum nostrum, gladii vestri materiam esse scimus, ideo per Dei gratiam prospere nos rediisse, vestræ dilectioni significandum duximus. Sed quia nihil est beatum alicui quod ipse pro pœna reputat, coram Deo et vobis dicimus, quod dignitas, ad quam vocati sumus, contra nostram, teste Deo, voluntatem nunquam (ut fieri solet) nos dilexit, nunquam permulsit : et ideo hoc, quia nostra inscitia, nostra fragilitas suam deflet insufficientiam, suam deplangit indignitatem. Sed quia nescimus cujus vocatione [promoti] simus ad tale ministerium, hoc maxime anxietatem nobis infligit. Si ex Deo esse sciremus, crederemus quod qui cœpisset in nobis opus bonum, et perficeret (*Philip.* I), cum necessitate magis quam virtute, ad sacerdotium promoveri proponamus. Et scimus quod *Deus in loco sancto suo* (*Psal.* LXVII) apud vos *salutem operatus* (*Psal.* LXXIII), obsessam misericorditer liberando, visitaverit plebem suam (*Luc.* VII). Unde ut modum liberationis obsessæ nobis rescribatis, et sæpius in verum lumen aspiciendo, sæpius nobis aliquid salutaris gratiæ per litteras tuas impartiamini, et ut manus vestras ad petram refugii pro nobis interpellando, exemplo Moysis levetis (*Exod.* XVII), dum nos contra Amalech in valle mundanæ miseriæ pugnamus, attentissime rogamus. Cum autem hæc coram abbate S. Euchari fideli et dilecto nostro conscriberentur, ipse opitulando dulcedine sua verba nostra condivit. Volumus ergo ut per ipsum rescriptum vestrum nobis transmittatis.

RESPONSUM HILDEGARDIS.

Post salutaria documenta, serio illum monet: ut caveat a superbia, a cupiditate divitiarum, ab injustitia, a vanitate, ac ut virtutes amplectatur statui suo congruas.

Tu arbor es a Deo constitutus, quemadmodum Paulus dicit : *Omnis potestas a Deo est* (*Rom.* XIII), quia secundum summum Magistrum per invocationem nominis sui, omnis potestas nominata est, unde in illa, arbor viriditatem honoris nominis sui habet. Quod absque Deo est, et quod sinistra operatur, tibi non adsit, ne in cadente morbo superbiæ, cum primo angelo (*Isa.* XIV), scilicet Satana, qui contra Deum honorem furtim rapere voluit, cadas, quem multi secundum voluntatem suam rapiunt, non curantes, quoquo modo eis ille conferatur. Istud coram Deo nihil est, quoniam *sine ipso factum est nihil* (*Joan.* I), et sic Deus occidit quidquid ipsum non tangit. Ob hoc ergo sollicitus esto, ut per præcepta Dei, quæ sicut folia arboris multiplicata sunt, populo testimonium, quantum per gratiam ipsius potueris, perhibeas. Multæ enim tribulationes oneris tui, velut paupertas, te constringunt, quia divitiæ et multæ pecuniæ cœlestia non amant : ideo propriam voluntatem homini Dei abstrahit, quatenus ad cœlestem patriam suspiret. Unde decet, ut pauper pauperem diligat, et dives divitem agnoscat, quia sapientia pauperi annulum dat, et diviti inaurem negat. Propter sacerdotale enim officium tuum tibi istud adest. *Justitiam tuam non abscondi in corde meo, veritatem tuam et salutare tuum dilexi* (*Psal.* XI). Quid dicitur? Justitia Dei se non abscondit, sed itinera sua dilatat, nec ea currere erubescit. Vulnera quoque non abscondit, malum bono præponendo, velut in justitia vitam et gehennam esse, et in utraque parte currendum esse dicit. In hac fallacia justitia se non macerat, nec multiplicibus verbis injustitiam osculatur, sed ipsam totam conculcat. Veritas quoque opera, quæ sine Deo operantur, non laudat ; sed in pugnam, contradicere illa, ut probus miles se præparat. Justitia Dei scutum tibi sit, et veritate ipsius quasi lorica induere, ita ut coram Deo bene armatus et non fugitivus per societatem vanitatis appareas, et disce ut ubera justitiæ sugas. Disce quoque vulnera peccatorum cum pœnitentia in misericordia curare, quemadmodum summus medicus salutare exemplum vobis ad salvandum populum reliquit. Tu namque qui in viriditate beati viri per instructionem nominis sui positus es, qui impium diabolum non attendit, qui ideo impius nominatus est, quia nullum bonum amavit, vide ne in thesauris pecuniæ glorieris (*Eccli.* XXXI), quæ in fine malitiosa est, quia post tricesimum annum, velut post annum unum deficit. Sed exsulta in monte Sion, ubi adjutorium Altissimi æternale in æternitate est, et *omnis spiritus laudat Dominum* (*Psal.* CL). Tu autem eburneus mons esto, de quo fenestralia jacula in recto judicio justitiæ Dei, contra adversarios tuos volitant. Curre quoque in altitudinem legis et justitiæ Dei, sicut capricornus, ne per instabilitatem inermis cadas, et filii tui de latere Ecclesiæ surgant, et postulent a te cibum justitiæ : et ideo bonam doctrinam disce, quatenus per te saturentur. Ego autem, ut jussisti, ad verum lumen aspexi, et vix incœptionem bonorum operum aspicere potui. Tu quidem bona opera studiosius operare, ut postea per gratiam Dei plura scribam; et fidelis amicus animæ tuæ esto, ita ut in æternitate vivas. In illa autem quæ obsessa fuit, de qua quæritis, multa mirabilia vidimus, quæ modo per scripta proferre non possumus, sed cognovimus quod diabolicus sufflatus de die in diem usque ad recessum suum defecit, et eadem mulier a fatigatione diaboli liberata est, et etiam infirmitate, quam ante in se non cognovit, tunc occupata est. Sed nunc vires tam corporis quam animæ plena sanitate recepit.

EPISTOLA XXV.

EPISCOPI COLONIENSIS AD HILDEGARDEM.

Sanctam laudat; petit ut « ex occulto Dei » inquirat, sibique « commonitoria verba, prout Deus donaverit » transmittat.

PHILIPPUS, Dei gratia Coloniensium archiepiscopus, HILDEGARDI sorori dilectæ, divino spiramine mirabiliter infusæ, illum in cœlestibus gloriose videre, cujus amplexibus exoptat jugiter inhærere.

Quamvis locorum diversitas mutui aspectus et desiderabilem collocutionis subtrahat gratiam, quos Christi charitas conjunxit, semper tamen tenebit animorum vicinitas. Unde est mihi desideratissimum, quod in hoc anno, dum transitus viæ et gratia te videndi, diu desiderata, occurrit. Sed ægritudo et tenuitas tui corporis, cor meum, multorum in terra nostra a te in Christo amplectentium turbavit et perculit, semper exoptantium vitæ tuæ sospitatem, veræque salutis æternitatem. Complacuit ergo et dignum duximus, perquiri certosque reddi de statu tuo, et maxime indicare et notificare tibi quod turbinibus et procellis sæcularium quotidie ita perturbamur, quod etiam aliquando mentis oculos ad cœlestia levare conamur. Sed quia plurimorum novit industria, te perfusam divini charismatis munere, de quo gaudet concio fidelis Ecclesiæ, et nos pro modulo nostræ discretionis congratulamur; scientes hominem carnis tegmine degentem, et juxta Apostoli vocem in cœlo conversantem (*Philip.* III). Tali igitur dote ditata, quasi bonæ margaritæ inventrix (*Matth.* XIII), ex occulto Dei quod petimus, inquiras, nobisque commonitoria verba, prout Deus tibi donaverit, transmittas; quoniam in sapientia et thesauro abscondito, juxta veridicum, non est utilitas (*Eccli.* XX). Valete.

RESPONSUM HILDEGARDIS.

Quæ in visione audierit et viderit notificat. Præclaram adhortationem subjungit.

In mystico spiramine veræ visionis, hæc verba vidi et audivi : Ignea charitas, quæ Deus est (*I Joan.* IV) tibi dicit : Stella quæ sub sole lucet, quod nomen in parte sua habere potest, lucida scilicet nominatur, quoniam per solem aliis stellis amplius irradiatur. Sed quomodo deceret quod eadem stella lumen suum ita absconderet, quod aliis minoribus stellis minus luceret? Si enim hoc faceret, gloriosum nomen suum non haberet, sed cæco nomine nominaretur; quia, quamvis lucida diceretur, lumen tamen ejus non videretur. Miles etiam qui ad prælium sine armatura venerit, ab inimicis certissime conculcabitur, quia corpus suum lorica non circumdederat; nec capiti suo galeam imposuerat, nec clypeo se texerat, unde et in magna confusione caperetur. Tu autem qui lucida stella per episcopale officium appellaris, et qui de nomine summi sacerdotis radias, lumen tuum, quod verba justitiæ sunt, subditis tuis non abscondas, quoniam in corde tuo sæpe dicis : Si ego mihi subjectos verbis terrerem, molestum me haberent, quia eos superare non valeo, utinam amicitiam eorum, tacens retinere possem. Itaque sic dicere et facere tibi non expedit. Sed quid? Terribilibus verbis propter episcopale nomen et corporis tui nobilitatem, eos ut rapiens accipiter non terreas, nec periculosis verbis, velut clava eos percutias; sed verba justitiæ cum misericordia ejus misce, et ipsos cum timore Dei inunge, proponens eis quam periculosa animabus et felicitati eorum injustitia sit. Certissime, certissime, certissime, hoc modo audient te. Per squalidos autem et instabiles mores te illis non admisceas, nec quid cuique placeat seu displiceat, inspicias; quoniam si hoc feceris, minor cæteris coram Deo et hominibus apparebis. Nam talia personam tuam non decent. Vide etiam quod munda animalia quæ ruminant, macerarentur, si pabulo eorum, cibus porcorum per quem ipsi pinguescunt, admiscerentur. Sed et tu, si squalidis moribus et societati peccatorum te adjungeres, pollueraris, per quod nefarii gauderent, perfecti viri turbarentur, dicentes : Ah, ah; væ, væ, qualis episcopus noster est? per recta itinera justitiæ nobis lucet. Populum autem tuum ab inimica infidelitate corripe, et averte ita, ne lorica fidei nudus sis, et de Scripturis sanctis viam justitiæ illi ostende, et galeam spei capiti tuo, et scutum veræ defensionis collo tuo impone (*Ephes.* VI), quatenus in omnibus ærumnis et periculis Ecclesiæ defensor, quantum prævales, existas. Lumen quoque veritatis sic tene, ut probus miles in militia mea, quæ vera charitas sum, appareas, et in naufrago mundo, et in duris bellis iniquitatis, strenuus et fortis sis., quatenus lucida stella in æterna felicitate fulgeas. Nunc, o tu Pater, qui in pastorali nomine es, paupertatem hominis hæc scribentis non dedigneris, quoniam ista non secundum me, nec secundum altum hominem dictavi nec protuli; sed ea hoc modo scripsi, quemadmodum ipsa in vera visione, vigilans mente et corpore, vidi et audivi; quia, ut aliqua ad te scriberem, jussisti.

EPISTOLA XXVI.

CONRADI IMPERATORIS (16) AD HILDEGARDEM.
Favores suos addicit et filium suum Sanctæ precibus commendat.

CONRADUS, divina favente gratia, rex Romanorum, HILDEGARDI Deo dicatæ virgini, et magistræ sororum de sancto Roberto in Pingis, salutem et gratiam suam.

Quia regali culmine impediti, ac diversis turbinibus et procellis quassati, te invisere pro velle nostro non possumus, litteris tamen nostris te adire non omittimus. Nam, ut audivimus, revera superabundat in te confessio summæ laudis per sanctimoniam vitæ innocentis, et per magnificentiam Spiritus desuper mirifice in te venientis. Unde lquamvis sæcularem vitam agamus, ad te properamus, ad te confugimus, ac orationum et exhortationum tuarum suffragia humiliter quærimus, quoniam longe aliter vivimus quam debeamus. Pro certo autem scias quod tibi et sororibus tuis, in omni causa et in omni necessitate vestra prodesse et adesse, ubi possumus, properabimus. Unde et filium meum, quem superstitem desidero esse, orationibus tuis, sicut et meipsum, attentius commendo.

RESPONSUM HILDEGARDIS.
Non obscure prædicit schismata aliaque Ecclesiæ mala quæ nata sunt sub Friderico I, Conradi successore. Addit multa eodem spiritu prophetico de variis Ecclesiæ temporibus et vicissitudinibus.

Qui vitam dat omnibus, dicit: Beati sunt, qui candelabro summi Regis digne subjacent, et quos Deus in magna providentia procuravit, ita ut eos de sinu suo non abscindat. In illo, o tu Rex, permane, et squalorem de mente tua abjice; quoniam Deus omnem, qui eum devote, et pure quærit, conservat. Sed et regnum tuum ita tene, et tuis unamquamque justitiam provide, ut a superno regno alienus non fias. Audi, in quadam parte a Deo te avertis; et tempora, in quibus es, velut in muliebri persona, levia sunt, et etiam in contrariam injustitiam, quæ justitiam in vinea Domini destruere tentat, se inclinant. Postea vero pejora tempora venient, in quibus veræ Israelitæ flagellabuntur, et in quibus catholicus thronus in errore movebitur: et ideo novissima eorum, velut cadaver in morte, blasphemiæ erunt. Unde et hic dolor in vinea Domini fumigat. Et post hæc fortiora prioribus tempora surgent, in quibus justitia Dei aliquantulum erigetur, et in quibus injustitia spiritalis populi ad ejiciendum notabitur. Sed tamen provocari et exacerbari ad contritionem acriter nondum audebitur. Sed deinde alia tempora instabunt, in quibus divitiæ Ecclesiæ dispergentur, ita quod etiam spiritalis populus velut a lupis lacerabitur, et a locis suis et de patria sua expelletur. Unde primi eorum ad solitudinem transibunt, pauperem vitam in multa contritione cordis deinceps habentes, et sic Deo humi-

(16) Hujus nominis tertii.

liter servientes. Prima etenim hæc tempora ad justitiam Dei sunt squalida, sequentia vero tædiosa. Quæ autem deinde supervenient, ad justitiam se ad modicum erigent; sed quæ postea insurgent, quasi ursus cuncta divident, et divitias sibi per malum congerent; sed quæ illa sequentur, signum virilis fortitudinis ostendent, ita ut omnes pigmentarii ad primam auroram justitiæ cum timore, verecundia et sapientia currant; et principes concordiam unanimiter habeant, eam quasi vir præliator sicut vexillum contra errantia tempora maximorum errorum elevantes, quos Deus destruet et exterminabit secundum quod ipse novit, et ut sibi placet. Et iterum ille, qui omnia novit, tibi, o rex, dicit: Hæc tu homo audiens, teipsum a voluntate tua compesce, et te corrige, quatenus ad tempora illa purificatus venias, in quibus de factis tuis amplius non erubescas.

EPISTOLA XXVII.

FREDERICI IMPERATORIS AD HILDEGARDEM.
Quædam a Sancta in colloquio apud Ingelheim prædicta impleta esse nuntiat. Preces ejus petit. Solius æquitatis respectu in controversia quæ quosdam inter et S. Hildegardem in ipsius curia dirimenda erat, se judicaturum promittit.

FREDERICUS, Dei gratia Romanorum imperator et semper Augustus, dominæ HILDEGARDI de Pingis, gratiam suam et omne bonum.

Notum facimus sanctitati tuæ, quoniam ea quæ prædixisti nobis, cum Ingelheim manentes, te ad præsentiam nostram venire rogavimus, jam in manibus tenemus. Sed nos tamen in omni conatu pro honore regni laborare non cessabimus. Quapropter dilectionem tuam quam intime admonemus, ut cum sororibus tibi commissis, ad omnipotentem Deum preces pro nobis fundas, quatenus in terrenis negotiis laborantes, ita se convertat, ut gratiam ipsius obtinere valeamus. Certum autem debes habere, quod super omni negotio tuo, ad nos per te directo, neque amicitiam, neque odium alicujus personæ attendemus, sed solius justitiæ respectu, æquitatem judicare proponimus.

RESPONSUM HILDEGARDIS.
Frederici molitiones varias improbat. Ejus regnum satis longum, sed turbulentum fore prædicit.

A summo judice hæc verba diriguntur ad te. Valde admirabile est, quod hanc personam homo habet necessariam, scilicet quæ tu rex es. Audi: Quidam rex stabat in excelso monte, et in omnes valles respiciebat, quid quisque faceret in eis, videns. Et virgam manu tenens, quæque recte dividebat, videlicet quod erat aridum, ut viride esset, et quod dormiebat, ut vigilaret. Sed et virga hæc istis pœnam stuporis abstulit, qui in magno studio erant. Cumque idem vir oculum suum non aperiret, venit nigra nebula, quæ valles istas tetigit. Sed et corvi et aliæ volucres, quæque circumposita dissipabant. Nunc, o rex, sollicite provide, quia omnes regiones sunt obumbratæ cum fallaci turba illorum qui in nigredine peccatorum justitiam delent. Raptores et errantes viam Domini destruunt. O tu rex, cum sceptro misericordiæ pigros et peregrinos et sævissimos mores rege. Tu enim habes nomen gloriosum, quod rex es in Israel. Valde gloriosum est nomen tuum! Vide ergo, quando summus Rex te considerat, ne accuseris, quod officium tuum recte non dijudicaveris, et ne tunc erubescas. Quod absit! Manifestum est, quod justum est, ut præceptor prædecessores suos in bono imitetur, quia nigerrimi sunt mores illorum prælatorum, qui in lascivia et in putredine currunt. Hoc fuge, o rex. Sed esto armatus miles, diabolo fortiter repugnans, ne te Deus dissipet, et ne terrenum regnum pro hoc erubescat. Deus liberet te de æterna perditione, et tempora tua non sint arida, et Deus te protegat, ut vivas in æternum! Avaritiam abjice, abstinentiam elige, quod summus Rex valde amat. Nam valde necesse est ut in causis tuis providus sis. Video enim te in mystica visione, in plurimis turbinibus et contrarietatibus viventem ante oculos vivos: sed tamen ad tempus regnandi habes in terrenis materiis. Cave ergo ne summus Rex prosternat te propter cæcitatem oculorum tuorum, qui non recte vident, quomodo virgam recte regendi in manu tua habeas. Vide etiam, ut talis sis, ne gratia Dei in te deficiat.

EPISTOLA XXVIII.

PHILIPPI COMITIS FLANDRIÆ AD HILDEGARDEM.
Preces S. Hildegardis postulat consiliumque utrum manere potius debeat in Terra Sancta, an post expeditionem susceptam reverti ad suos.

PHILIPPUS Flandriæ et Viromensis [Veromandensis] comes, domicillæ HILDEGARDI, ancillæ Christi, salutem et plurimam dilectionem.

Vestra noverit sanctitas me paratum esse ad faciendum quidquid scirem vobis placere, quia sancta conversatio vestra et vita honestissima sæpissime meis insonuit auribus, omni fama suavior. Quamvis enim peccator sim et indignus, tamen Christi servos et amicos toto corde diligo, et omnimoda veneratione libenter honoro, illius Scripturæ memor: *Multum valet assidua justi deprecatio* (*Jac.* 5). Unde est quod ad pietatis vestræ gratiam mitto præsentium latorem, fidelissimum servientem meum, qui pro me misero peccatore vobiscum loquatur, cum ego tamen multo libentius ad vos venissem, et vobis locutus fuissem, quod desideravi. Sed tot et tanta sunt negotia mea, quæ singulis diebus emergunt, quod ad hæc vacare non poteram. Instat etiam jam tempus, quo aggredi debeam iter Hierosolymitanum, ad quod opus est mihi magno operatu, super quo consilium vestrum mihi intimare dignemini, per litteras vestras. Credo enim quod ad vos sæpius pervenit fama nominis mei et actuum meorum, et multis de Dei miseratione indigeo. Unde et vos maxima precum instantia suppliciter exoro, ut pro me miserrimo et indignissimo peccatore, ad Dominum intercedere velitis. Rogo etiam humiliter, ut inquantum vobis concesserit divina misericordia, inquiraris a Deo quid mihi expediat, et litteris vestris per latorem præsentium mihi renuntietis consilium vestrum, quid et quomodo faciam, ut nomen Christianitatis temporibus meis exaltetur, et dira Saracenorum feritas deprimatur; et si utile mihi erit in terra illa morari vel reverti, juxta id videlicet, quod de statu meo forsitan audistis, et divina revelatione cognovistis, aut cognitura estis. Valete in Christo, soror dilecta, et scitote, quod multum desidero audire consilium vestrum, et quod maximam in vestris orationibus habeo fiduciam.

RESPONSUM HILDEGARDIS.
Instructionem mittit qua ipsum maxime hortatur ad justitiam.

O fili Dei, quia ipse in primo homine te plasmavit, audi verba, quæ vigili mente et corpore in anima mea vidi et audivi, cum propter sollicitam inquisitionem tuam, ad verum lumen aspexi. Deus præceptum Adæ in paradiso dedit, et post prævaricationem ejusdem præcepti eum (qui consilio serpentis consenserat) justo judicio de paradiso expulit (*Gen.* III). Cum justo quoque judicio, homines qui eum omnino oblivioni tradiderant, ita quod eum nec desiderabant, nec quærebant, per diluvium demersit (*Gen.* VI), ubi illos qui eum amabant et quærebant, a diluvio per arcam salvavit (*Gen.* VII). Sed mitissimus Agnus, scilicet Filius Dei, in sanguine suo, quem in cruce pendens effudit, omnia crimina et peccata, quæ homo per veram pœnitentiam cognoscit, salvat. Nunc autem attende, o Fili Dei, ut puro oculo justitiæ in Deum, velut aquila in solem, aspicias, ita ut absque proprietate voluntatis tuæ judicia tua justa sint, ne a summo judice, qui præceptum homini dedit, quem etiam in misericordia per pœnitentiam ad se vocat, tibi dicatur: Quare proximum tuum sine justitia mea interemisti? Homines quoque qui judicio rei sunt, illos secundum Scripturas sanctorum (qui columnæ Ecclesiæ erant), cum lege et cum timore mortis constringe, et omnibus tamen attendens maledictionem hominis illius, qui homicidium in ira sua perpetravit. Tu etiam pro omnibus negligentiis et peccatis ac pro omnibus injustis judiciis tuis cum signaculo crucis, ad Deum vivum confuge, qui via et veritas est (*Joan.* XIV), et qui etiam dicit: *Nolo mortem peccatoris, sed magis ut convertatur et vivat* (*Ezech.* XVIII). Et si tempus venerit, quod infideles fontem fidei destruere laborant, tunc eis (quantum per adjutorium gratiæ Dei potueris) resiste. Ego enim in anima mea video, quod sollicitudo, quam de angustiis animæ tuæ habes, auroræ quæ mane oritur, similis est. Unde Spiritus sanctus te in pura et vera pœnitentia ardentem solem efficiat, ut cum quæras, et ipsi soli servias, ita ut in summa beatitudine in æternum vivas.

EPISTOLA XXIX.
BERNARDI CLARAEVALLIS ABBATIS AD HILDEGARDEM.
Merita ejus et sanctitatem extollit.

Dilectae in Christo filiae HILDEGARDI, frater BERNARDUS Claraevallensis vocatus abbas, si quid potest oratio peccatoris.

Quod de nostra exiguitate longe aliter, quam nostra sese conscientia habeat, quidam sentire videntur, non nostris meritis, sed stultitiae hominum imputandum est. Ad dulcedinem autem piae charitatis tuae scribere properavi, quamvis id brevius omnino quam vellem, negotiorum multitudo compellat. Congratulamur gratiae Dei, quae in te est, et ut eam tanquam gratiam habeas, et toto ei humilitatis et devotionis affectu studeas respondere, admonemus; sciens quod *Deus superbis resistit, humilibus autem dat gratiam* (*Jac.* IV). Quod in nobis est, hortamur et obsecramus (*I Petr.* V). Caeterum ubi interior eruditio est, et unctio docens de omnibus, quid nos aut docere possumus aut monere? Diceris enim coelestia secreta rimari, et ea quae supra homines sunt, Spiritu sancto illustrante dignoscere. Unde rogamus magis et suppliciter postulamus, ut nostri memoriam habeas apud Deum, et eorum pariter qui nobis in spirituali societate juncti sunt. Nam cum Spiritus Deo conjungitur, confidimus quod nobis multum prodesse valeas et subvenire. *Multum enim valet deprecatio justi assidua* (*Iac.* V). Nos etiam pro te assidue oramus, ut conforteris ad bona, instruaris ad interiora, dirigaris ad permansura, ita ut ne hi qui spem suam in Deum posuerunt, desperando pro te claudicent; sed ut in profectu benedictionis, quam a Deo accepisse cognosceris, bene confortati, in melius et melius proficiant.

RESPONSUM HILDEGARDIS.
Eum magnis laudibus exornat.

In spiritu mysteriorum tibi dico, o venerabilis Pater, qui mirabiliter in magnis honoribus virtutis Dei, valde metuendus es, illicitae stultitiae hujus mundi, vexillo sanctae crucis cum excelso studio in ardenti amore Filii Dei, capiens homines, ad bella pugnanda in Christiana militia, contra tyrannorum saevitiam, quod sum valde constricta in visione, quae apparet mihi in Spiritu mysterii, quam non video exterioribus oculis carnis. Ego misera et plus quam misera in nomine femineo, ab infantia mea vidi mirabilia magna, quae lingua mea non potest proferre, nisi quod me docet Spiritus Dei, qualiter ea dicam. Certissime et mitissime Pater, audi me, in tua bonitate indignam famulam tuam, quae nunquam ab infantia mea secure vixi, et de tua pietate et sapientia intellige in anima tua, secundum quod doctus fueris in Spiritu sancto, quoniam ea quae tibi de me dicta sunt, secundum hunc modum sunt. Scio enim in textu interiorem intelligentiam expositionis Psalterii, Evangelii et aliorum voluminum, quae monstrantur mihi in hac visione, quae pectus meum tangit, et animam meam sicut flammam comburens, docens me haec profunda expositionis, sed tamen non docet me litteras in Teutonica lingua, quas nescio. Sed tantum scio in simplicitate legere, non in abscissione textus, quia homo sum indocta, de ulla magistratione cum exteriori materia; sed intus in anima mea sum docta, unde loquor tibi, de te non dubitans, sed de sapientia et pietate tua consolabor pro eo, quia multa schismata sunt in hominibus sicut audio homines dicere. Nam cuidam monacho, quem scrutata sum in conversatione probatioris vitae, haec primum dixi, et illi omnia secreta mea monstravi, et consolatus est me, ita quod haec magna et timenda sunt. Volo, pater, ut propter amorem Dei in orationibus tuis mei recorderis. Ego ante duos annos te in hac visione vidi, sicut hominem in sole aspicere, et non timere, sed valde audacem; et ploravi quod ego tantum erubesco, et inaudax sum. Bone Pater et mitissime, pono me in animam tuam, ora pro me, quia magnos labores in hac visione habeo, quatenus, quod video et audio, dicam. Et interdum in magnis infirmitatibus de hac visione, in lectum prosternor, quia taceo, ita quod non possum me erigere. Ergo cum moerore coram te plango, quia mobilis sum, cum motu in torculari arbore in natura mea, orta de radice surgente in Adam, qui factus est exsul in peregrinum mundum de suggestione diaboli. Nunc autem surgens, curro ad te. Ego dico tibi : Tu es mobilis, sed semper erigens arborem, et victor in anima tua es, non tantum teipsum solum, sed etiam alios homines in salvationem erigens. Tu autem aquila es aspiciens in solem. Oro te per serenitatem Patris, et per ejus Verbum admirabile, et per suavem humorem compunctionis, scilicet Spiritum veritatis, et per sanctum sonitum, per quem sonat omnis creatura, et per ipsum Verbum, de quo ortus est mundus, et per altitudinem Patris, qui Verbum suavi viriditate in uterum Virginis misit; unde illud carmen, sicut circum aedificatur mel favo, suxit, ut non otiose in verbis meis torpeas. Sed ea in cor tuum pone, ita ut non cesses, tum transeas per formam animae tuae, ad Deum pro me aspiciens, quia ipse te vult. Vale, vale in anima tua, et esto robustus in certamine in Deo. Amen.

EPISTOLA XXX.
ADAMI ABBATIS DE EBRA AD HILDEGARDEM.
Precibus Sanctae se commendat et ejus rescripta petit ad dubitationem suam quae videtur fuisse de retinendo aut deponendo abbatis munere, ut colligitur ex responso S. Hildegardis.

Dominae et matri suae dilectissimae HILDEGARDI, magistrae sororum de Sancto Roberto in Pingis, frater ADAM abbas, licet indignus, de Ebra, modicum id quod est.

Cum primum notitiam nominis vestri suscepi, gavisus sum gaudio magno (*Matth.* II). Adauxit Deus gaudium meum, cum nutu benigno et mirabili direxit, ut videretur facies, et audiretur vox vestra in terra nostra, mihique quod vix sperare poteram, mutuam concessit collocutionem. De quibus autem me vobis dixi anxium, confido vos non immemorem esse, et quia diversi diversa sentiunt, alii istud, alii illud, si bonum est et salus apud Dominum, benedictus Deus : si periculum, orate Deum, bonum mihi et salutem animæ tribuat, et omne periculum excludat. Nunc vero litteras mitto, et nuntium nostrum domino imperatori pro causa vestra, et spero per gratiam Dei nos exaudiri, et ubicunque servitii nostri indigueritis, parati erimus servire vobis. Exoramus quoque, ut pro nobis orare dignemini, quia vere in turbine sumus pro sollicitudine fratrum nostrorum, ut Spiritus sancti gratia, quæ multa mirabilia Spiritu prophetico in vobis operatur, inspiciat etiam et nos, et muniat. Rogamus etiam ut et nos scriptis vestris consolari et præmunire dignemini.

RESPONSUM HILDEGARDIS.

De officio non deponendo ipsum monentes inducit varias virtutes, et nominatim charitatem et humilitatem.

In vera visione Spiritus vigilans corpore, hæc verba audivi : *Qui est (Exod.* III*)*, dicit : Sol micat, et radios emittit. Quidam autem vir amicus solis, hortum habuit, in quo multa aromata et multos flores in magno studio plantare desiderabat, et sol in igne radiorum suorum calorem super aromata et flores misit, et ros et pluvia illis humorem viriditatis dederunt. Tunc ab aquilone tortuosa imago nigris crinibus et horribili facie exivit, et ab oriente pulcherrimus juvenis, candidis crinibus, plena et amicabili facie, processit; et ad ipsum hortum venerunt. Et tortuosa imago ad juvenem illum dixit : Unde venis? Qui respondit : Ab oriente ad hortum hujus sapientis viri venio, quia magnum desiderium veniendi ad illum habui. Tortuosa imago dixit : Audi me : Periculosus ventus, grando, ignis et pestilentia super hortum illum venient, et eum arefacient. Sed juvenis ille respondit : Non sic, non sic erit, quia hoc nolo, sed purissimum fontem educam, et hortum illum irrigabo. Et tortuosa imago respondit : Vah, vah, hoc ita possibile est, velut si locusta durum lapidem transfodiat. Et sic imago illa in dolo suo hiemem super hortum illum induxit, et aromata et flores illius arefacere voluit. Sed præfatus juvenis officium suum in citharis suis colens, illud non videbat. Et cum deinde hoc vidisset, in magno sono solem advocavit, ut in signo tauri veniret, et denuo viriditatem æstatis super hortum illum adduceret. Ac ita cornu eburneum et cornu de cervo sumptum tollens, tortuosam imaginem illam ad terram per ea prostravit. Et tunc ad virum illum, cujus prædictus hortus erat, dixit : Amodo in te ita negligenter non confidas, quin hortum tuum tanta munitione circumdes, ut nigerrimæ aves in tempestatibus eum non arefaciant. Nunc, O tu Pater, qui per summam vocationem in vice Christi es, hæc verba ad te dicta intellige. Audi ergo : Gratia Dei velut sol micat, et dona sua sic interdum emittit, uno videlicet modo in sapientia, altero in viriditate, tertio in humilitate. Sapientia autem in pinguem naturam cadit, viriditas vero magnos labores subintrat, et humiditas in duram amaritudinem vadit. Sed tu vir amicus gratiæ Dei hortum populi habes in quo per vicem Christi multa bona desideria et bona opera studiose plantare debes. Et gratia Dei in virtute donorum suorum efficaciam bonæ voluntatis super desideria et super opera illa emittit, et rore ac pluvia fontis aquæ vivæ virescere facit. Sed a diabolo vitia in inquietudine vanæ gloriæ, et in strepitu propter me justo magisterio resistentis, exeunt : a Deo autem virtutes in contemptu sæcularium, cum plena benevolentia subjectionis in charitate procedunt, ad populum istum venientes : at vitia a virtutibus quærunt, ad quid venerint. Sed illud respondent, quod a Deo ad populum amici Dei venerint, quia magnum desiderium ædificandi in eo hostiam laudis habeant. Et vitia dicunt, ut verba hæc audiant : Ruina magna, et ira, et sciscitatio cum multa inquietudine, super populum istum irruent, ita quod in ministerio Dei fatigabitur. Et virtutes respondent : Non sic eveniet, quoniam in bonis non cessabimus ; sed vivus fons emanabit, et populum hunc misericordia sua defendet. At vitia dicunt cachinnantia, quod hoc possibile sit, velut si fragilitas in carnea fixa, durare valeat sine ruga. Tunc vitia in dolis suis frigidam nebulam ignorantiæ populo huic inducunt, ita quod bona desideria et bona opera illius jam in defectu sunt, cum in seipsum confidit. Sed virtutes famulatum in laudibus suis Deo exhibentes, hoc justo Dei judicio fieri permittunt, ita ut homines intelligant quid sint. Qui cum ad seipsos in humilitate virtutum redeunt, eædem virtutes magno studio circumspectionis gratiam Dei tenent, ut mentibus illorum passionem Christi imponant, quatenus hoc modo ad primam laudem Dei eumdem populum adducant. Et sic divinitatem et humanitatem Filii Dei attendentes, vitia illa ad contritionem prosternunt. Sed et ad illum, sub quo populus iste est, dicunt : Per hoc admonitus, propriis viribus non confidas; sed prævide ut ad gratiam Dei fugias, ut tuos in omnibus modis ita munias et moneas, ne diabolicæ insidiæ diversis vitiis eos per negligentiam evertant. Vidi etiam quasi pulcherrimam puellam in tanto fulgore splendidæ faciei fulgentem, ut eam perfecte intueri non possem. Et pallium candidius nive et clarius stellis habebat. Calceamentis quoque velut de purissimo auro induebatur. Solem autem et lunam in manu dextera tenebat, et eos suaviter amplexabatur. In pectore etiam ejus tabula eburnea erat, in qua species hominis sapphirini coloris apparebat, et omnis creatura puellam hanc dominam nominabat. Sed et ipsa ad speciem, quæ in pectore suo apparuit, dicebat : *Tecum principium in die virtut's tuæ in splendoribus sanctorum, ex utero ante Luciferum genui* *te (Psal. cix). Et audivi vocem mihi dicentem :* Puella hæc quam vides, charitas est, quæ in æternitate tabernaculum habet. Cum Deus mundum creare voluit, declinavit se in suavissimo amore, et omnia necessaria prævidit, quemadmodum Pater Filio suo hæreditatem præparat, et sic in magno ardore omnia opera sua disposuit. Tunc creatura in his speciebus, et in formis suis Creatorem suum agnovit, quoniam charitas in principio materia ejusdem creaturæ sic fuit, ubi Deus dixit : *Fiat, et facta est (Gen.* 1), quia omnis creatura quasi in ictu oculi per illam formata est. Quæ in tanto fulgore splendidæ faciei fulget, ut eam perfecte intueri non possis, quia ipsa timorem Domini in tam pura scientia ostendit, quod mortalis homo eam ad finem perducere non poterit. Et pallium candidius nive, et clarius stellis habet, quoniam sine simulatione in candida innocentia cuncta comprehendit, cum splendidissimis operibus sanctis. Calceamentis quoque velut de purissimo auro induitur, quia hæc itinera habet, quæ in optima parte electionis Dei sunt. Solem autem et lunam in manu dextera tenet, et eos suaviter amplectitur, quoniam dextera Dei omnes creaturas complectitur, et quia etiam dilatata est in gentibus, in regnis, et in omnibus bonis. Unde etiam scriptum est : *Dixit Dominus Domino meo : Sede a dextris meis (Psal.* cix). In pectore quoque ejus tabula eburnea est, quoniam in scientia Dei integritas scilicet in virgine Maria semper floruit, ita quod in ea species hominis sapphirini coloris apparet, quia Filius Dei in charitate ex Antiquo dierum effulsit. Et omnis creatura puellam hanc dominam nominat, quoniam ab ipsa processit, et illa primitiva fuit omnia creans, quemadmodum species in pectore ejus ostendit, quia Deus humanitatem propter hominem induit. Nam omnis creatura in jussione Dei impleta fuit, sicut ipse dixit : *Crescite et multiplicamini, et replete terram (Gen.* 1). Calor veri solis sicut ros in uterum virginis descendit, et de ejus carne hominem fecit, ut etiam ipsum Adam de limo terræ carnem et sanguinem formavit. Et virgo illum in integritate genuit. Sed non decuit ut charitas pennis careret. Nam quando creatura in primo circuivit, ita quod in pressura volare voluit, et cecidit, pennæ charitatis illam elevabant. Hoc sancta humilitas fuit. Cum enim horribilis sensus Adam prostravit, divinitas acute inspexit, ne ille in casu omnino periret, sed ut eum in sancta humanitate redimeret. Nec alæ magnæ potentiæ fuerunt, quod hominem, qui perditus fuit, humilitas in humanitate Salvatoris elevavit, quoniam charitas hominem creavit, humilitas autem eum redemit. Spes vero est quasi oculus charitatis, amor autem cœlestis velut cor illius, et abstinentia compago ipsius. Fides est velut oculus humilitatis, obedientia vero quasi cor ejus, et contemptus mali quasi compago illius. Charitas in æter-

nitate fuit, et in initio omnis sanctitas omnes creaturas sine commistione mali produxit, et Adam et Evam de munda creatura terræ procreavit. Et sicut hi duo omnes filios hominum generaverunt, ita et hæ duæ virtutes, omnes reliquas virtutes producunt. Istæ virtutes ad januam tuam, o homo, cui hæc loquor, pulsant, et dicunt : O tabernaculum viri hujus, qui in mane nobiscum manet, jam in fatigatione est. Et charitas ad te dicit : O fide amice, nolumus ut te abstrahas de officiali ligatura tua. Nam cum Deus in gyro cœli omnes creaturas disseminare voluit, omnia opera ejus in amplexione habuimus, et cum eo laboravimus. Sed homo cecidit, et cum illo flevimus, nec eum reliquimus, quamvis in maxillam nostram nos cæderet. Et humilitas ad te specialiter dicit : Hei, hei, quam magnis doloribus hominem sustinui ! Tu autem dicis : Fugere volo. Sed sarcinam ad portandum in vineam habes, et stas ; nec ambulare vis, sed in tædio involveris, et in aliam viam aspicis. Certe comes noster sic non faciet. Cum autem populus te amat, cum illo labora. Sed cum rugitum venti cum inquietudine belli vicissitudinis morum effluat, vide ad me, et in tota potentia alarum mearum te adjuvabo. Samson fortissimus, per stultitiam mulieris vim suam perdidit *(Judic.* xvi). Cave ergo, ne tibi sic contingat, si tædio per consensum dederis responsum. Gloria quoque Salomonis, per stultitiam mulierum evacuata est *(II Reg.* xi) Vide etiam cum sollicitudine ne per vicissitudinem harum cognitionum tuarum, viriditas, quam a Deo habes, accrescat ; sed ornamenta auri et pretiosi lapidis ; quæ charitas et humilitas in te habent, observa. Tu etiam propter armillas, quas sapientia tibi dedit, et propter quas populus tibi accurrit, da gloriam Deo, et cum populo labora ; et ita cum sole permanebis. Et tu, Pater, audi : Sicut stella matutina auroram in lumine suo præcurrit, sic omnibus præbe auxilium ab osculo dilectionis, quam tibi Deus dedit ; et vitam tibi dabit, quam in prima die inspexit.

EPISTOLA XXXI.
ABBATIS DE EBERBACH AD HILDEGARDEM.

Preces Sanctæ flagitat et sua eidem servitia offert.

Dilectæ Deo et hominibus venerandæ dominæ et magistræ HILDEGARDI in Binga, frater E. (17) abbas, licet indignus, de Eberbach, modicum id quod est.

Magnificamus et glorificamus pro vobis Christum Salvatorem nostrum, qui respicit se trementes, potens exaltat humiles, qui et magna vobis fecit, quia potens est *(Luc.* 1). Elegit, sicut ipsi audivimus et vidimus, sacrarium pectoris vestri in habitaculum sibi, scientiamque divinam, incerta et occulta sapientiæ suæ vobis manifestavit *(Psal.* L), introducens in cubiculum suum ad flores rosarum et lilia convallium, ad florida rura montium æternorum. Læva ejus sub capite vestro, et dextra ejus ample-

---

(17) Vide commentarium Bollandianum, num. 47.

xatur vos (*Cant.* ii), ita ut veraciter dicere valeatis : *Dilectus meus mihi, et ego illi.* In omnibus his oleum effusum nomen vestrum, et ideo adolescentulæ dilexerunt vos, et nos currimus in odorem unguentorum vestrorum (*Cant.* i). Rogamus et Dominum, ut et dona naturæ et munera gratiæ suæ vobis conservare dignetur, sibi ad gloriam, vobis ad coronam, nobis ad gaudium, multis ad exemplum. Oramus quoque et humili prece deposcimus, ut nostri etiam memor esse dignemini, atque in adventu Sponsi vestri nostram sibi parvitatem commendare, ut sicut de opinione sanctitatis vestræ lætamur et gaudemus, sic intercessione vestra mereamur gaudium et exsultationem percipere. Si quid de servitio nostro percipere dignamini, lætanter amplectimur, faciemus quoque, sicut et modo facimus, et ad omnem sanctam voluntatem vestram subservire parati sumus.

RESPONSUM HILDEGARDIS.

Egregia monita reponit et in fine optima abbati prædicit.

Qui est (*Exod.* iii), dicit : Serena lux videt stabulum et statutum prandium cujusque congregationis, quæ officium in ministerio suo habet, cibum refectionis in recta moderatione distribuens, ne fidelibus sibi adhærentibus lætitia animæ desit, pastoralis villicus debet fortissimis moribus sagittas in pharetra ostendere, et capaci benevolentiæ, aromata medicinarum tribuere. Nigri autem tyranni flagella occisionis portant ; probus miles sine tædio derisionis pugnat, et suavis sensus sufficientiam in communi bono labore captat, et epulantes mores in rectitudine, præcincti sunt in omnibus virtutibus, ita ut famem habeant justitiam perficere. Sed sævissimi et a nobili matre misericordiæ peregrini, simplices oves quæ in atriis domus regis sunt, jugulant. Heu, heu, qui sic in occisione insaniunt, a domo regis, nisi pœniteant, peregrini sunt, quia oves Domini dispergunt. Tu autem, o pastor, lætam faciem in miseria pauperum, qui pusillanimes sunt, habe, non valentes aratrum disciplinæ apprehendere. Boni vero et benevolentiam habentes, sint tibi in symphoniam Spiritus sancti. Cave etiam ne torpescas in lumine. Sed intellectus tuus vigilet, et non sit duplex in sono, ita ne aliud dictes interius quam sonas exterius. Qui hoc faciunt, in tenebris faciem suam obnubilant. Sed si postea in tremore timent quoniam in corde suo hoc non capiunt, quod in facie sua ostendunt, eripiuntur ab infidelitate, conclusi in pœnitudine. Tibi autem, o homo, refectio fiet in cinctura femorum tuorum, ubi verum desiderium in manibus tuis habes, cum thesaurum veræ pecuniæ non negligis. Terra tibi dormit, quoniam naufragium mundi te non lædit. In fine temporis tui Deus suscitabit te. Ipse in magno honore te constituet. O serve bone, illum laudabis, et ipse in æternum salvabit te.

EPISTOLA XXXII.
ABBATIS S. ANASTASII AD HILDEGARDEM.
An munus abbatis retinere vel deponere debeat, ut contemplationi vacet.

Dilectæ in Domino, et devotissimæ sorori HILDEGARDI, Dei gratia magistræ in cœnobio S. Roberti, frater E, Sancti Anastasii vocatus abbas, salutem et orationem.

Gloria Deo, qui bonus odor Christi es (*II Cor.* ii), et apud tuos et apud nostros. Bonum nomen Christi, et benedicitur, et laudatur per te, et qui sanctificatur in te. Glorificas enim et portas in corpore tuo Christum (*I Cor.* vi), digne digna vocatione qua vocata es (*I Cor.* vii), teipsam faciens et cooperando gratiæ, quæ data est tibi, in domo Domini omnibus te exhibens vas in honorem. Et quoniam familiare Christi organum et receptaculum Spiritus ejus es, humili prece te poscimus, ut in spiritu et veritate ores pro me et his, qui curæ nostræ commissi sunt, ut quod cœpit in nobis, perficiat et velle et perficere pro bona voluntate sua (*Philip.* i), ut et nos cursum boni certaminis in Christo consummemus (*II Tim.* iv), et gloriemur simul in laude ejus (*Psal.* cv). De cætero rogo, ut Spiritus qui revelat arcana et occulta sapientiæ suæ, indicet tibi, quid mihi expediat in portando obedientiæ Christi onere, scilicet perseverare, an quiescere, ut vacem ipsius contemplationi. Quidquid super hoc revelatum fuerit tibi, ne abscondas mihi ; quia *paratum cor meum, Deus, paratum cor meum* (*Psal.* cvii), *ut faciam voluntatem tuam* (*Hebr.* x). Librum quem scripsistis, ut scribatur nobis, et consilio et adjutorio vestro opus habemus, et bona vestra voluntate. Desideramus enim quam maxime habere illum, et inspicere mirabilia Dei in illo. Præterea obnixe rogo, ut rescripto litterarum vestrarum visitemur, et consolemur in labore et patientia pro Christo ab uberibus consolationum per vos. Valete, salutate sorores vestras, et orate pro nobis.

RESPONSUM HILDEGARDIS.
Ut officio adhæreat.

Qui est (*Exod.* iii), dicit tibi, o homo : Mens tua desideranter surgit per opinionem bonorum operum, et te erigis in altum, plura desiderans quam operis. Sed aliquando ipsa mens tua decipit te, cribrando causas tuas, sic dicendo : Hæc optima sunt, quæ tamen non operaris ad præsens. Unde et ipsam causam, quam in proposito tua habes, si a te excutis. Perfice ergo sustentationem ovilis tui, et da ei præcepta, scilicet virgam magistri præl en o, et po tea unguentum medici exhibendo, quia utilius tibi est ut in hoc labore vigiles, aliis per doctrinam tuam in subjectione ministrantibus, quam teipsum in voluntate tua exerceas. Nam si te supponeres, tædium te vallaret, ita ut mens tua aresceret. Ideo vigila super gregem tuum, præbendo ei bona exempla, quæ desiderat anima tua, ne mens tua in irrisionem reducatur. Nam ille qui in alto stat, et in vallem clamat, interdum in utroque nescit, qua vadet. Propterea sta in humilitate, ita ut, Deo adjuvante, bona opera exerceas, quæ cœpisti, et permane in vestigiis Christi, nec teipsum decipias, et in æternum vives.

EPISTOLA XXXIII.

ABBATIS DE KEISHEYM AD HILDEGARDEM.
Similem dubitat'onem Sanctæ proponit.

Conradus de Keisheym abbas, licet indignus, sanctissimæ dominæ HILDEGARDI, in claustro S. Roberti in Binga prælatæ, devotas orationes cum humili obsequio.

Ex quo primum insignia virtutum tuarum, mater sanctissima et speciale munus a Deo tibi collatum, audire potui, quamvis corporali præsentia tibi incognitus, tamen te tota mentis affectione dilexi. Congaudeo ergo gloriæ tuæ, quia dilectum quem quæsivit anima mea, invenire meruisti, et non necesse habes vagari post gregem sodalium, quoniam qui in liliis pascitur, requievit in tabernaculo tuo, implens hortum tuum copia diversarum deliciarum (*Cant.* I). Miror tamen, domina charissima, quia cum sis quidam rivulus, ab ipso fonte bonitatis emanans, diffundens benevolentiam tuam in omnes, qui desiderant scire et audire magnalia Dei per te, cur mihi tantillo in magna cordis anxietate laboranti, viscera pietatis claudis, et munusculum quod ex charitate magis quam ex præsumptione desidero, tam morose transmittis. Obsecro igitur cum omni devotione, ut ad ipsum Sponsum, qui requiescit in cubiculo cordis tui, qui tuis petitionibus aurem clementiæ suæ libenter inclinat, pro me intercedas, et ab ipso petas, quatenus tibi manifestetur, utrum mihi utilius sit onus pastoralis curæ deponere, an diutius ferre, quia in eo valde premor, et memetipsum oblivioni trado. Sed in hoc sciam te exauditam, si responsum tuum inde habuero. Vale, Deo chara.

RESPONSUM HILDEGARDIS.

Crimina subditorum ejus non dissimulat, sed nec ipsum videtur Conradum excusare, sed ad pœnitentiam hortatur. Addit tamen restrictionem verbis obscuris, quibus insinuat ipsi relinquendum officium ubi nihil boni præstare apud suos posset.

Lux acuta videt, et dicit: O homo, pallidus es per dubitatem mentis tuæ, quasi non possis stare. Et quare hoc? Video opera tua. Ipsa enim tangunt me. Sed tu nosti agnitionem rebellium. Quare ergo erubescis ante altare meum despicere ad sanctuarium meum, ut ornes illud velut templum quod viventes oculos habet? O onus, ubi pastor bonus agnos suos levavit super humeros suos. Ubi enim oves per vias rectas non ambulant, debet eas mitis pastor levare per sollicitudinem animi sui, et corrigere et ungere, ac docere in bonis operibus. Et sicut manus operatur in brachio, sicut etiam brachium movetur in scapula; sic pastor ovibus suis exempla in manu bonorum operum porrigat, et medicinam in brachio adjutorii, et solutionem diversorum vitiorum per ligaturam crucis velut in humero potestatis. Nam vere pœnitentibus vitia sua remittenda sunt. Diabolus enim vim cordis sui, et gustum gutturis sui, et flagrantem flammam viperei oris sui evomit. O homo, audi planctum doloris in effusione criminis, quod est in contagione carnis in pulchra forma hominis. Plange, o virginitas, integritatem primi ortus tui. Nam manus summi artificis formavit te, et posuit te in hortum voluptatis. Sed flagrans mens hominis decepit eum in vana optione voluntatis suæ, per superbiam consilii criminosi deceptoris. Unde ipse expulsus est per gustum inobedientiæ. Et sic venter ejus prævaricatus est, cum prius latus ejus per sanctissimum donum perforatum esset. At nunc femur ejus pollutum est veneno sudante. Sic tetigit homo gustum gutturis serpentis, quando æstuavit in venenosis venis suis. Unde et postea fornicatus est in vipereo desiderio, quod est flagrans flamma ab ore diaboli. Nunc in obedientia cibum operata est. Et quia Deus feminam de costa fecit (*Gen.* II), ideo diabolus deinde homicidium suggessit, ita ut omnia opera sua per aliam viam duceret in revelationem peccatorum ebullientium per vim cordis sui. O homo, quam magna crimina facis in similitudine antiqui proditoris! Quomodo? Pessimus enim accusator retro dejectus est, et abscissus ab omni beatitudine. Et quia retro projectus est, ideo cogitavit in malignitate cordis sui, ut hominem duceret retrorsum in contrarium peccatum. Sic homo reliquit formam costæ, unde et formatio hominis ibi perit in hujusmodi effuso semine. Lugeat ergo terra, et tremiscant cœlestia propter hæc crimina. Nam cum homo peccat per gustum operis sui, non relicta formatione costæ, sentit aliquantulum quod factura Dei est. Sed crimina ista retro incidentia, non sunt in ulla creatione; quia homo, qui ea facit, se hominem esse non videt. O homo, cur abjicis quod factura es? Ah, ah, o homo, in magno studio Deus te formavit, sed tu in multa crimina te involvis; sed Deus iterum per Filium suum te ad se reducet. Unde per pœnitentiam surge, et cito curre ad me. Nunc tu, o miles, esto robustus et armatus per vias planas, et ibi viriditatem fac, ubi viriditas est; et cura eincturam renum, illorum qui tecum sunt, et coerce teipsum in bonis operibus, ut cor tuum illuminetur in sole, et non fatigeris in recto itinere, contra teipsum bellans. Ergo pastoralem curam non relinque, quia pigmentarius qui irriguum et bene olentem hortum habet, videat, ut hortus ipsius utilitatem fructuum afferat, ut non deficiat. Nam cum oculus tuus videat, et cum scientia tua vigilet, quare dormis sicut lassus in cinctione rectæ providentiæ oculi tui? Circui ergo sollicite in bona providentia, ne talentum tuum infeliciter abscondas (*Matth.* XXV), quoniam tibi non prodest, ut abjicias alligationem illam qua ligatus es, dum duos oculos vel unum, aut aliquam partem vivendi sub tua custodia habes. Si autem nullum oculum vivendi in tuis vives, sed semper claudicationem, tunc fuge, et abstine a villicatione tua.

EPISTOLA XXXIV.
ABBATIS DE HIRSAUGIA AD HILDEGARDEM.
Sanctam magnis laudibus exornat.

Sanctissimæ dominæ ac matri suæ HILDEGARDI, M. abbas indignus de Hirsaugia, orationem cum obsequio.

Audivi quidem et apud Cyrenem, quamdam aquarum venam vino effluere, et te, bona mater, apud Alemannos ingredientium et egredientium aquarum venam atque specierum suavium fumum sicut myrrhæ et thuris visum esse. Hauris enim, mea domina, et effundis, et in formas specificas et practicis in theoriam vis et motus existis. Eapropter mihi impetus fuit diu et est, diligere te, honorare te, mirari te, servire tibi tuisque, et in omnibus verbo vel opere, tuis et tuarum esse orationibus, inquantum mihi fas est et obsequiis. Rogo te, mea mater et domina, memento mei in tuis sanctissimis orationibus, dilige humillime te diligentem; recognosce in Christo te reverentem, et litteras mihi rescribe in Deo rogata.

RESPONSUM HILDEGARDIS.
Varia prædicit.

O dulcissime Pater, et in amore Christi frater: Ollam video circumdatam tam magna charitate, ut vix videre possim si olla sit. Sed et ibi video aliquantulum amari gustus, contrariam tamen magna contentione, et postea turbinem, qui tamen ad præmium Dei prædestinatur. Vigila ergo strenue, quia causa populi in moribus in hoc tempore talia postulat. O mitissime Pater, ego paupercula forma in vera luce non video, ut omnino de officio tuo movearis. Memorare autem quia homo es in terra, et ac valde timeas, quoniam Deus in te diversa non requirit. Tu enim in præsentia Dei es, sicut fumus myrrhæ et thuris, unde mons Sion quærit, ut sis esca in domo Jacob. Sed si quis columnam quæ totam domum sustentat, absciderit, domum dejicit. Quapropter per septem fenestras prospice, considerans ubi accipiter veniat, et cave ne ille te decipiat. Pasce ergo oves tuas in mansuetudine correptionis, quia dies salutis non fugit, et nondum cinis eris. Esto quoque speculum vitæ in oculis vitæ.

EPISTOLA XXXV.
PROVISORIS SANCTI EMMERAMNI AD HILDEGARDEM.
Pro quodam de salute sua desperanti.

Religiosissimæ Christi ancillæ HILDEGARDI, A. indignus provisor coenobii S. Emmeramni Ratisponæ, perseverantiam in omnibus bonis, a Patre luminum collatis.

Gratias agimus Deo nostro, qui Ecclesiam suam mirifice ornavit, te ei donando. Per te enim omnes justi magnifice gloriantur, et hactenus desperati beatifice lætificantur, quia sperant se per te posse reconciliari Christo. Unde et præsentium litterarum lator, ut asserit, de salute sua desperans, nuper mihi miserias suas conquestus est, obsecrans, ut eum, ad præsentiam tuæ beatitudinis cum litteris commendatitiis dirigerem. Idcirco, o famula Christi, pietati et compassioni tuæ eum commonendo, suppliciter rogans, ut pro amore Dei omnipotentis, pro salvatione ejus totis viribus cum omnibus tibi obedientibus labores. Insuper, o Deo dilecta, almitati tuæ supplico, ut me et omnes mihi commissos assiduis orationibus tuis digneris commendare Christo, qui est retributor et retributio laborum sanctorum suorum. Amen. Vale.

RESPONSUM HILDEGARDIS.
Abbatem gravibus verbis hortatur ad curam gregis sui.

Qui est (*Exod.* III), dicit: O homo, ubique circumspicere debes, ut abigas insidiatores ovium tuarum. Vide etiam ut inspicias cicatrices vulnerum illorum, quia multæ nebulæ circumeunt in spiritali populo. Et hæ nebulæ vitiis plenæ sunt. Quas cum diabolus viderit, ad illum festinanter persuasionem suam in irrisione mittit, et cum diversis modis eum volantibus jaculis ubique movet. Nebulæ istæ sunt molestiæ et incredulitates in variis quæ pœnas habent, et non epulas; quia ubi hæc sunt, ibi tristitia est, et rara victoria, et aridæ venæ in eisdem hominibus cum requirunt peccata sua in inquietudine mentis suæ, semper aspicientes ad infelicitatem, velut salvari non possint, contradicentes etiam gloriæ Dei, non tamen sic, quasi Deus non sit. Sed quædam nebula scientiam ipsorum comprehendit, hæc illis suggerens cum fallacibus verbis. Sed ipsi tamen repugnantes, sciunt ea sic non esse; sed tantum illa in scientia sua ita percipiunt, sicut auditus hominis turpissima verba capit, quæ tamen mala esse cognoscit. Pœnæ istæ sæpe martyres faciunt, ubi homo vitia eorum non perficit in operibus. Nunc, o tu homo, qui in ovibus tuis ad speculationem positus es, inspice in oculo scientiæ tuæ ubi istæ nebulæ in ovili tuo sunt, et cum misericordia et consolatione unge homines, in his pœnis laborantes. Sed epulantia crimina corrige in virga disciplinæ, ne in lacum vadant. Nam in conscientia tua fulget lumen gladii, sed tamen in moribus tuis turbines sunt. Tu autem ad verum lumen aspice, et vives.

EPISTOLA XXXVI.
ABBATIS NUENBURGENSIUM AD HILDEGARDEM.
Belli timore impeditum se fuisse quominus ad ipsam accederet. Preces ipsius studiose flagitat.

HILDEGARDI beatissimæ sanctimoniali feminæ, E. solo nomine Nuenburgensium fratrum abbas, quidquid utriusque hominis valet optare affectus.

Quia fama sanctitatis vestræ cunctorum aures dulci rumore respersit, ad videndam faciem vestram, animum ardentissime provocavit. Unde in æstate præterita, sumptus ad viaticum iter arrepturus, ad vos properavi. Sed bellorum tempestatibus territus sum. Nuntium tamen cum litteris ad vos direxi, per quem nihil aliud responsionis accepi. Et ne hoc ex nuntii incuria evenerit, in eis continentia iterum replicabo. Primum de consortio fraternitatis a nobis susceptæ ex intimo gratias ago, deinde vestris preeibus et in instantibus et periculis apud Deum juvari deposco. Quia enim in regimine positus, sæcularium turbinibus impellor, ad portum sanctitatis et orationis vestræ confugio, ut in his per omnia et super omnia non...... peccato. Et licet hæc studiose deposcam, præcipue tamen, expleto vitæ cursu, ut a Domino salvari merear et corpore et spiritu, vestris precibus exoro. Inter quas pressuras una præstantior cæteris imminet, pro qua et vos instantius Dominum exorare peto. Aliquod pignus salutis per quod prosperare valeam, et vestri memoriam habeam, per præsentium latorem transmitte. Veniendi ad vos mihi non deerit affectus, donec (si vita comes fuerit) opere compleam. Valete.

RESPONSUM HILDEGARDIS.

Illum hortatur ad fortitudinem in cura pastorali; non abjicienda belli tempore militi arma ob difficultates exortas.

Mens tua in similitudine est, quæ fixuram luminarium habet, et illa hac et illac distribuit: sed de turbine et nigredine ignium et aquarum nubes sæpe turbatur, usquedum sol per igneam sphæram suam omnia perforet. Tu tædium dubitando habes, et propter varia bella morum hominum laborare non vis. Nam novus miles gaudet cum arma portat, quia in fortissima vi miles nominatur, cum inimici ejus contra eum præliantur. Sed si dixerit, Inimicos meos superare non possum, et arma abjecerit, stultus nominatur, propter irrisionem hominum, quoniam arma illius in probitate belli non fulminant. Tu enim magister nudum te nominans, sicut coluber in foraminibus jaces, cum per armaturam non contendis superare varietatem tempestatum hominum. Sed non sic erit. Nam in prima ætate Dominus villicos et procuratores in omni possessione constituit, qui rationem sibi darent. Cum enim villicus dona accepit, arma et sagittas ad se colligat, in armis scilicet rabidos scripturis, et in sagittis impios et dolosos et furtivos imbuendo cum parabolis cæterarum scripturarum. Sed cum interim tempestas magna cum nigredine ignis et aquæ, et ira, et oblivione, et transgressione præceptorum Dei, occurrerint, cedat usquedum tempestas illa attenuatur; adhibeat medicinam cum sole Scripturarum, ut scriptum est, quia *misericordiam volo, et non sacrificium* (*Ose.* VI; *Matth.* IX). Misericordia orationem postulat quam Deus diligat, et quam Spiritus sanctus inter nos et vos igneam faciat, quatenus nos in cœlestem Jerusalem perducat. Amen.

EPISTOLA XXXVII.

ABBATIS S. MARIÆ AD HILDEGARDEM.

Post multa in laudem Sanctæ prolata, an officium retinere vel dimittere debeat petit.

Dominæ suæ HILDEGARDI, sanctæ religionis honore præfulgenti, H., S. Mariæ inutiliter dictus abbas, qualecunque orationum et precum officium, et S. debitæ servitutis affectum.

Mallemus præsentiæ vestræ loqui, quam absentiæ scribere, si aut tempus nobis vacaret, aut viæ longinquitas, nostræ non obsisteret voluntati. Siquidem vestræ sanctitatis alloquium, licet brevissimum aliquando nacti sumus, et idcirco crebro vos audire vellemus; quia tunc placet quidquid audivimus. Hac vero occasione nunc scribendi vobis fiduciam concepimus, quod utrisque nobis in Christo dilectus lator præsentium, sicut in plerisque cœnobiis fecit, sic etiam pauperculis nostris orationibus, cum apud nos moraretur, vestram beatitudinem commendavit, et se internuntio id nos flagitare asseruit. Memoriam igitur vestri, quamvis nihil simus et facimus, et faciemus, nosque cum nostris omnibus vestras intercessiones mereri, humiliato corde et corpore supplicamus. Per ipsum autem cui devote vivitis, a quo et arrham Spiritus accepistis, hoc singulare ac secretum munus a vobis expetimus, quatenus familiaritatem impetrandi obtinere studeatis a Domino, ut inter cætera revelationum charismata, nostræ conditionem humilitatis vobis insinuare dignetur, videlicet utrum in hoc officio honoris et oneris, prælationis et periculi, animæ salutem mereri me providerit, vel ab hoc absolvi, utile mihi fore prospexerit; et si quid revelationis super hac re acceperitis, per eumdem præsentium latorem scripto id continente, mœstitiam nostram consolari, vestram non pigeat charitatem. Nam et nos vestram salutem sitimus, ut diximus, atque ut in revelationum magnitudine necessariæ humilitatis augmentum vobis Dominus subministret, exoptamus: quatenus lampadem quam accensam accepistis cœlitus, tali ad homines custodiatis lumine, ut indeficienti oleo, Christo quem exspectatis, cum venerit (*Matth.* XXV), in gloria possitis occurrere.

RESPONSUM HILDEGARDIS.

Illum nimis anxium; ei potius cogitandum de se et subditis corrigendis quam de officio dimittendo.

In speculo veræ visionis vidi te valde turbidum, sicut mistam nubem, cum periculosus aer in implexo vento infusionis magnæ pluviæ movetur, sic sunt cogitationes tuæ per inquietam mentem tuam in hac re, quam amplexus es in medio cordis tui. Et audivi vocem de te dicentem: Vir qui in aratro et bobus in arida terra laborat, dicens ad seipsum: Hunc magnum laborem sustinere non possum, quia durus mihi est. Et ita vadit ad inaquosa loca, ubi tamen sunt molles flores, sine labore hominum crescentes, qui etiam per inutiles herbas suffocantur, et dicit: Aratrum dimittam, et has inutiles herbas auferam, quæ utilitas in hoc est? Nunc tu, homo, vide utrum ille probior sit, laborans cum utilitate aratri in terra, an cum eradicatione inutilium herbarum in floribus. Sed ego hanc causam, quam requiris, inutilem tibi esse vidi. Unde teipsum cum officio tuo coerce, apprehenso aratro. Deus autem succurrat tibi in omnibus necessitatibus tuis, et non sinat te inutiliter laborare.

EPISTOLA XXXVIII.

ABBATIS S. DISIBODI AD HILDEGARDEM.

Petit ut si qua de S. Disibodo Deus Sanctæ revelaverit, ipsi aperiat. Precibus ejus enixe se commendat.

CUNO abbas de monte S. Disibodi, licet indignus, HILDEGARDI dominæ et matri suæ dilectissimæ de Monte S. Roberti, gratia Dei tantillum quod est.

Quia variis hinc inde præpeditus occupationibus, per aliquod tempus supersedi invisere, salutare vos et alloqui, accepta tunc opportunitate temporis, eo me attentius orationibus vestris committo, quo me, proh dolor! inveterari potius in augmento delicti, quam in aliquo profectu justitiæ recognosco. Sed quia sanctitas vestra in eo qui nec fallit nec fallitur, plurima secreta spiritu videt, peto, ut si qua de patrono nostro beato Disibodo Deus vobis revelaverit, mihi aperiatis, quatenus cum fratribus meis illi ex hoc devotissimas laudes referre non differam. Sed quia negligentiam, quæ in me est, nulla meæ possibilitatis manu de me excutere possum, suffragium tam vestrum quam cæterarum filiarum Dei vobiscum conversantium, devoto corde requiro : et non solum parvitatis meæ personam, verum etiam commissos mihi fratres et locum nostrum orationibus omnium vestrum commendo, sicut etiam cum apud vos sum, viva voce sæpius facere soleo.

RESPONSUM HILDEGARDIS.

Post quædam generatim de S. Disibodo, Cunonem libere reprehendit de nimia in subditos severitate, eique instantem mortem prædicit.

O quam magna stultitia in homine illo est, qui seipsum non corrigit, sed quærit quid in alieno sinu sit, et crimina illa quæ in eo invenit, non celat secundum modum in impetu decurrentium aquarum. Qui hoc facit, audiat responsum istud a Deo : O homo, quare dormis, in sonitu gustus, quæ coram Deo quasi symphonia sonant? Et cur petulantiam lasciviæ non abnegas, per scrutinium domus cordis tui? Sed in maxillis meis me percutis, quando membra mea repudias in vulneribus suis, ubi ad me non aspicis, errantem ad gregem reportantem (*Luc.* xv). Et ideo de domo cordis tui mihi respondebis, et de civitate, quam feci, et quam in sanguine agni ablui. Et quare non times frangere hominem, quem non creasti? Tu enim non ungis eum ita, ut nec eum regas, nec colas. Sed in nimietate illum corrigis. Nunc tempus deficiendi tibi adest. Sed Deus qui te creavit, te perdere non vult. Hæc ergo intellige. Quod autem, o Pater, petiisti, ut tibi scriberem, si aliqua de beato Disibodo, sub cujus patrocinio es, viderem et intelligerem. Hæc de ipso in visione Spiritus audivi, vidi et intellexi secundum modum hunc: O mirum admirandum quod absconsa forma præcellit ardua in honesta statura, ubi vivens altitudo profert mystica. Unde, o Disibode, surges in fine, succurrente flore omnium ramorum mundi ut primum surrexisti. Et, o viriditas digiti Dei, in qua Deus constituit plantationem, quæ in excelso resplendetur, ut statuta columna, tu gloriosa es in præparatione Dei. Et, o altitudo montis, quæ nunquam dissipaberis in discretione Dei. Tu tamen stas a longe ut exsul; sed non est in potestate armati qui te rapiat. Sed et, o præsul veræ civitatis, qui in templo angularis lapidis ascendens in cœlum, in terra prostratus fuisti propter Deum, tu peregrinus a semine mundi, desiderasti exsul fieri propter amorem Christi. O mons clausæ mentis, tu assidue pulchram faciem aperuisti in speculo columbæ. Tu in abscondito latuisti inebriatus odore florum, per cancellos sanctorum emicans Deo. Oculum in clavibus cœli, quod propter perspicuam vitam mundum vendidisti, hoc certamen, alme confessor, semper habens in Domino. In tua enim mente, fons vivus clarissima luce purissimos rivos eduxit per viam salutis. Tu magna turris ante altare summi Dei, et hujus turris cultum obumbrasti per fumum aromatum. O Disibode, in tuo lumine per exempla puri soni membra mirificæ laudis ædificasti in duabus partibus per filium hominis. In alto stas, non erubescens ante Deum vivum, et protegis viridi rore laudantes Deum ista voce : O dulcis vita, o beata perseverantia, quæ in hoc beato Disibodo gloriosum lumen semper ædificasti in cœlesti Jerusalem. Nunc sit laus Deo in forma pulchræ tonsuræ viriliter operante, et superni cives gaudeant de his, qui eos hoc modo imitantur. Tu autem, o Pater, qui hæc a me paupercula forma petisti, talem te in conspectu Dei fac, ut cum tempus in hoc sæculo tibi defecerit, tempus tuum in æternitate feliciter prolongetur, ita ut in salvatione justorum appareas.

EPISTOLA XXXIX.

BELENGERI ABBATIS S. DISIBODI AD HILDEGARDEM.

Seipsum accusat et conqueritur de male observata in suo monasterio disciplina regulari.

HILDEGARDI dilectæ matri suæ, supra omnem pretiositatem amplectendæ, H. filius ejus et provisor ovilis B. Disibodi, heu! non opere, sed nomine tenus, quidquid bono temporali est melius.

Cum totus mundus veraci præconio clamet vos sancti Spiritus ditatam esse jubilo, ego qui primus debueram esse, et alios ad beatitudinem vestram invitare hucusque inerti tædio delitui : sed nunc tandem timore et pudore correptus, in verbis vos salutare necessarium duxi. Nam quibus prodesse deberem, præesse magis studeo, quærens quæ mea sunt, non quæ aliorum. Sed tamen pondus diei et æstus in vinea Domini hucusque, quamvis tepide, portavi, et Deo adjuvante, donec quandoque denarium percipiam (*Matth.* xx), perseverare decrevi. Verum nunc, mater mea, in Dominicis nuptiis spiritale vinum omnino defecit, quia fervor monasticæ religionis pene deperiit, quoniam mater Jesu ibi non est, nec ipse Jesus, nec discipuli ejus advocantur; et ideo omnia adversa contra nos grassantur. Itaque non est opus longa vos protrahi verbositate, præsertim cùm imperitus sim sermone et scientia. Scio, mater mi, scio quod a planta pedis usque ad verticem, non est in me bonitas. Consolationis ergo vestræ scripta humilitati meæ dirigite, ut nomen vestrum habeat in Sion liber æternæ vitæ. Valete.

RESPONSUM HILDEGARDI.
Illum hortatur ad emendationem vitæ.

In spiritali visione, quæ a Deo est, hæc verba audivi : Valde necessarium est homini, qui animam suam in desideriis ipsius invenire vult, ut mala opera perdat, et beatam scientiam habeat, quo modo vivat, ita etiam, ut anima ejus domina, et caro ancilla sit, secundum quod Psalmista dicit : *Beatus homo, quem tu erudieris, Domine, et de lege tua docueris eum* (*Psal.* xcIII). Et quis est homo iste ? Scilicet ille, qui corpus suum sicut ancillam, et animam suam sicut dilectissimam dominam habet. Nam qui etiam ferox est in impietate tanquam ursus et ferocitatem illam recusans, ad Solem justitiæ, qui pius et clemens est, anhelat. Hic Deo placet, ita ut illum super præcepta sua constituat, dans virgam ferream in manu ipsius ad erudiendum oves suas ad montem myrrhæ (*Psal.* II). Nunc audi et disce, ut in gustu animæ tuæ super his erubescas, quia aliquando mores ursi (qui in seipso occulte murmurat) habes, interdum etiam mores asini, quia non es providus in causis tuis, sed tædiosus, et etiam in aliis quibusdam rebus inutilis : ideo malitiam ursi aliquando in impietate non perficis. Interdum etiam mores aliquorum volatilium, quæ nec de superioribus, nec de infimis sunt, ita ut ea superiora vincant, et infima illa lædere non possunt. Ad hujusmodi mores nobilis Pater respondet : Hei, hei ! hanc vicissitudinem morum tuorum nolui, ut mens tua de justitia mea murmuret. Sic quod rectum responsum de ea non quæris. Sed quamdam murmurationem in te abscondis secundum murmurationem ursi. Cum autem bonum intellectum in te habes, modicum curas, et iterum tædium incurris, et orationem tuam non perficis. Sed viam quam corpus tuum sapit, libenter facis, et eam a te totam non abscindis. Sed et desideria tua ad me, aliquando ascendunt in aliqua parte, quæ non est ex toto sancta in opere, sed tantum jacens velut in opinione fidei. Tales tamen aliquando elegi de vicissitudine morum suorum, ut sonum intellectus ipsorum audirem, quid in semetipsis reputarent, ubi tamen inutiles inventi sunt, et ceciderunt. Nunc autem mens tua non derideat opus, quod Deus fecit, quia nescis quando gladio suo te percutiat. Ego autem paupercula video in te nigerrimum ignem contra nos accensum ; sed ejus in bona scientia obliviscere, ne gratia Dei et benedictio ipsius a te recedat tempore officii tui. Dilige ergo justitiam Dei, ut a Deo diligaris ; et fideliter crede mirabilibus ipsius, ut æterna præmia percipias.

EPISTOLA XL.
ABBATIS CAMPIDONENSIS AD HILDEGARDEM.
Ejus precibus se commendat.

HILDEGARDI sponsæ Christi, sed ancillæ Deo et hominibus acceptæ, H. solo nomine abbas Campidonensis Ecclesiæ, devotum cum assidua oratione servitium.

Benedictus Deus, cujus *Spiritus ubi vult spirat* (*Joan.* III), et cordis vestri penetralia dulcedine cœlestis harmoniæ sic implere et pinguescere consuevit, ut admodum mirabilem ac venerabilem viris æque et feminis vos effecerit. Jam enim, jam, inquam, vestræ opinio sanctitatis, longe lateque diffusa, quia magna vobis fecerit, qui potens est (*Luc.* I) facile advertitur : quodque vos ancillam humilem respexerit, dum inaudita cunctis nobis instillare curat, non ambigitur. Jam vos sibi sponsam, imo et filiam Rex ille cœlestis manu tenens assumpsit, et in voluntate deducens, in cubiculum introduxit, ubi innixa dilecto vestro (*Cant.* III), secreta ipsius audire meruistis, eaque mortalibus diligenter enuntiare. Hæc vestræ conveniunt sanctitati, quæ ut relatu cognovimus, ab ipsis infantiæ cunabulis audistis : *Audi filia, et vide* (*Psal.* XLIV), etc. Et nos : *Quanta audivimus et cognovimus ea* (*Psal.* LXXVII). Et hæc : *Sicut audivimus et vidimus* (*Psal.* XLVII). Ut ergo in his suæ virtutis efficaciam ipse qui cœpit, in vobis perficiat, votis omnibus expetimus : utique et vos pro nostris supplicare curetis peccatis, et aliqua de statu nostro et Ecclesiæ nostræ, vobis divinitus revelata, intimare humillime deposcimus.

RESPONSUM HILDEGARDIS.
Præclaram exhortationem mittit.

O homo, *declina a malo, et fac bonum* (*Psal.* XVI); quia homo in se habet, quod semper in mente errat, et millenarium numerum ibi proponit, quem nequaquam perficit, sicut etiam Adam non aspexit quod faceret, desiderans se similem Deo esse. Sed tamen illud malum non habuit, ut Deum honorem et potestatem habere invideret. O Fili Dei, unamquamque potestatem per fidem abscinde. Adam enim cum Deo in potestate et honore se simul gaudere æstimabat, quod magna vanitas fuit : et eum tamen Deum esse scivit. Sic etiam omni homini adest, ut se Deum habere sciat, quem Creatorem et liberatorem suum credit : et ob hoc etiam tu ad Deum confuge, quoniam eum in fide Deum esse scis, quemadmodum scriptum est : *Omnes gentes quascunque fecisti venient et adorabunt coram te, Domine, et glorificabunt nomen tuum* (*Psal.* LXXXV).

Hoc est : Homo qui cum creaturis factus est se Deum habere scit : et ob hoc in bona fide sit, et studiose eum quærat et adoret, atque nomen ejus glorificet. Unicuique enim homini adsit, ut ab illo malo declinet, quod Deum esse dubitet, qui ipsum creavit ; sed ipsum, qui eum creavit et liberavit, amet ; et in illo proximum suum diligat, qui ei benefacit ; et non imitetur diabolum, qui Creatorem suum, qui multa bona illi concesserat, odio habuit,

Diabolus Deum amando non cognovit, et ideo liberationem ab ipso non quærit, sed illum super se scit. In hac autem odiali parte Adam Deum non recusavit, sed in multa vanitate similitudinem ejus quæsivit, Et diabolus odium, quo Deum odit, in Adam non invenit; sed per consilium suum eum decepit : unde et millenis artibus suis circuit, quærendo illum, qui in fide dubitet. Cum millenis enim artibus homini bonum prohibet; quia cum homo bona facere anhelat, tela sua ad ipsum mittit; et cum toto corde Deum in charitate amplecti desiderat, noxiali molestia eum pervolat, ne hoc coram Deo rectum sit; et cum viriditates virtutum quærit, ille in suggestione sua dicit ad ipsum, quod nesciat quid faciat; eumque docet, ut secundum proprietatem suam hanc legem sibi constituat, quam ipse bene cognoscat. Contra hæc prælium est, ut scriptum est : *Mille clypei pendent ex ea, omnis armatura fortium* (*Cant.* IV), hoc est : Primus enim clypeus confessio peccatorum est, quam vetus lex non habuit, unde etiam cæca fuit; et pœnitentia post confessionem peccatorum, ut bonus pastor jubet, pallium nuditatis veteris legis est : et ideo turris David, collum ejus exaltatum est (*ibid.*) in humanitate Salvatoris, de qua pendet omnis armatura fortium, quod sunt bene viventes in conjunctione secundum præceptum legis, et continentes et virgines, qui ex turre ista pendent : quæ omnia vetus lex præsignavit, et Christus in Incarnatione sua per seipsum ostendit, et post ascensionem suam per discipulos suos, et per cæteros, qui eos sequuntur usque in novissimum diem, complebit quod sunt mille clypei qui pendent ex ea, cum quibus bellum contra antiquum serpentem (qui in primo homine cæteros seduxit [*Gen.* III]) fit, ut cum homo in medio inimicorum suorum stat, his defendat, et ubique pugnet, ne ab inimicis suis occidatur, quemadmodum sponsus ad sponsam in Canticis loquitur : *Caput meum plenum est rore, et cincinni mei guttis noctium* (*Cant.* V). Quid dicitur? Christo Jesu, qui caput omnium est, homines velut crines adjuncti sunt, qui delictis per dulcedinem carnis, et criminosis peccatis pleni sunt, quos illi Ecclesia denuo regenerat, et ab immundo fetore pulveris peccatorum, per pœnitentiam et confessionem purificat, velut etiam crines de rore et de guttis concutiuntur et solvuntur : quemadmodum etiam lana de pulvere excutitur et mundatur; sic tu, chare fili Dei, fac, quia in æternum vives, et quoniam lapis in cœlesti Jerusalem eris; ideo etiam acriter lucrari debes.

EPISTOLA XLI.

ABBATIS SANCTI MARTINI IN COLONIA AD HILDEGARDEM.

Ejus se precibus commendat.

Deo amabili dominæ HILDEGARDI, A. qualiscunque minister S. Martini in Colonia, post cursum vitæ præsentis, paradisum possidere æternæ amœnitatis.

Domina, domina, ut vere creditur, a Deo dilecta et benedicta, omnia quæ per vos virtus operatur divina, vera profecto esse novi et sancta. Nec etiam fallor, quin quæcunque a Deo petieris, impetrare possitis (*Joan.* XIV); uti fideles homines astruunt, qui hoc in veritate probaverunt. Unde et ego certus, quantum audeo, sanctitatem vestram rogo, Deo pro me peccatore clementiam implorare, quatenus mihi nimium fluctuanti, et in miseriis laboranti, quodlibet solatium, consolationis impendere dignetur. Siquidem *anxiatus est* in me inopinabiliter *spiritus meus, et in me turbatum est cor meum* (*Psal.* CXLII), pro his quæ, heu! peccatis meis exigentibus, multis annis et nunc maxime patior, et nemo præter Deum nosse poterit, cujus *oculis omnia nuda sunt et aperta* (*Hebr.* IV). Et quia tantum in solius Dei cognitione sunt, quæ erga me sentio, nec certe cuilibet mortalium (si referrentur, essent credenda) quippe qui inexperta audiret, ac extra fidem constituta ; idcirco per gratiam cooperatoris et protectoris nostri Spiritus sancti obsecro, ut quidquid, eo revelante, vobis innotuerit, vel spei de me ostendere dignatus fuerit, per omnia, sicut se res habet, scriptis tradita, per hunc reverendissimum D. abbatem renuntientur, uti ipse idem repromisit. Domina in Christo venerabilis, utinam ad præsentiam sanctitatis vestræ, quod optatissimum haberem, venire potuissem, et agere vobiscum facie ad faciem : procul dubio quæ hactenus a scientia omnium abscondi, per singula vobis explananda crederem. Quid ergo? Novi, docente Scriptura et fide Christiana tenente, nemini in carne constituto de Dei misericordia desperandum esse. Qua spe ductus, et præsertim Deum manifeste vobiscum esse sciens, his scriptis causas miseriarum mearum vobis suggerere præsumpsi, non incertum habens per vos quodammodo consolari, quod et summopere precor, si possibile est. Sponsus vester Christus, in suis vos perseveranter teneat amplexibus.

RESPONSUM HILDEGARDIS.

Pulchram instructionem et magnam cum adhortatione perpetua consolationem suggerit.

De vivente Lumine hæc verba audivi : Tu fabro similis es, qui multa vasa fundit, et ea fulgentia per ignem non facit. Hinc disce quod opera tua fulgore charitatis non careant. Sed discretione ea circumfode, quatenus unumquodque opus tuum rationabile sit. Et hæc quoque in abstinentia et oratione, ac in bona consuetudine sanctorum fiant, qui de vivo fonte velut rivuli emanabant, et qui cibum hominibus dederunt, quem in gaudio deglutire potuerunt. Si enim tribuli pro pane dantur, comedi non possunt; ita etiam si stridentia verba per magistros discipulis dicuntur, ipsos non ædificant, sed in errorem eos ducunt. Magister namque verba doctrinæ suæ in materia dulcedine cribrare debet, ita ut discipuli gaudentes os suum aperiant, et illa deglutiant. Molendinum quippe granum molit, et hoc in multas varietates dividit. Sic etiam plantatores Ecclesiæ ex veteri et nova lege legalia præcepta sumpserunt. Vetus enim lex Christum Dominum nasciturum prophetando ostendit. Sed ipse Christus verbum suum in omnem terram prædicando emisit. Molendinum namque vetus lex est quæ in Christo omne granum veritatis protulit; et pura farina, quæ de omni strage cribratur, virginitas est? quæ materies omnis spiritalis vitæ in Ecclesia existit, et hæc prolem obedientiæ gignit. Unde etiam obedientes filii, osculum oris Christi sunt. Magister quoque obedientes discipulos in amplexione charitatis, et non in offensione iræ habeat; quia osculum Dei sunt, et pane puræ farinæ pascendi sunt. Inobedientibus autem filiis dura farina, id est aspera correctio danda est. Sed his qui obedientiam omnino relinquunt, furfures proponendi sunt, quos animalia illa comedunt, quæ intellectu carent. Tu autem providus esto, et memoriam sanctitatis illorum, *qui manna manducaverunt (Joan. VI),* tene, et de rivulis aquæ vivæ bibe, et pacificus, et timoratus esto in Deo, quatenus in horto ipsius de viriditate aliorum bonorum pigmentorum floreas; et stultitiam illorum fuge, qui solem quem vident, relinquunt, et alium quem nec vident, nec invenire possunt, quærunt. Sed novos pigmentarios fuge, qui in proprietate sua legem ponere volunt, et non prævalent. Nunc ergo incipe in eo qui est, ut in illo finiaris qui erat, et qui venturus est. In duabus viis a Deo constitutus es, ita quod ipse in bona scientia te vocat, et a mala scientia te protegit. In his enim viis fulgentia opera et multæ passiones tribulationum et ærumnarum sunt, quando temetipsum per duas alas scientiæ boni et mali elevas. Unde etiam tres vires addendæ, quas Deus homini posuit, scilicet intellectum, et sensualitatem, et corporis motionem: quæ omnia ipsi secundum possibilitatem suam nota sunt. In istis tribus viribus, et in istis prædictis duabus viis, Deus te habet. Nam per spiritum, Deum cum intellectu vides; et per corpus, mala cum sensualitate sentis. Bonum enim et malum scis, et spiritualis, et corporalis es. Gratia Dei in admonitione te vocat, et Spiritus sanctus igne suo te accendit, ut Deum diligas, et cum bonis operibus ad Deum ascendas. Sed suggestio diaboli interdum ab admonitione Dei abstrahit, et prohibet ne Deum diligas, et per incendium suum te hominem esse ostendit, et propter hoc etiam declarat, impossibile tibi esse, quod invisibilia interdum facias. Quamdam enim nigram et malam vicissitudinem suggestio diaboli ad hominem flat, cum Deum negat; cum enim diabolus Deum esse negat, se fallacem scit, quia cum se esse scit, Deum esse novit. Ipse autem in peccato nascentium hominum aliquam partem habet, per quam multos in carne lacerat. Qui enim in corde suo Deum non esse dicit (*Psal.* LII), cœlum et terram, et omnia viventia, quæ in Deo et cum Deo sunt, et seipsum esse negat. Magna autem insipientia est, quod homo, qui se videt, et se scit, in dubietate dicit, non sum; quia etiam parvus pulvis absque Deo non est. Sed cum homo in hac dubietate corpus suum superat, in spiritualibus etiam nequitiis diabolum occidit: unde præmium et coronam coram Deo et angelis ejus, et coram omni cœlesti exercitu accipiet. Sufflatus quoque diaboli multa illicita homini infert, quæ bona scientia dicere erubescit. Consilium autem ejus est, quod vana gloria hominem adeat, sicut ibi fecit, ubi magnam ruinam ædificavit, qua rotam nativitatis hominis torrenter circuire fecit (*Jac.* III). Incendium quoque suum est, quod hominem, quem ad imaginem Dei factum esse scit, ad plurima illicita provocat: unde etiam in creaturis multa impossibilia ei ostendit. Sed ipse nullam possibilitatem in eis habet. Unde persuasiones suas homini immittit, ut ipse malitiam suam in opinione perficiat, et sic iter legis Dei in irrisionem ducit, quatenus unusquisque homo legem, quasi Deus, per proprietatem voluntatis suæ sibi ponat. Et hoc illi valde placet; quoniam nec se, nec alium Deo subditum esse vult. Tu autem, o fili Dei, Deus qui te creavit, per victoriam militiæ suæ te vult, ut in oculo scientiæ suæ appareas; quoniam te non derelinquet. Solem ergo per fidem aspice, ut fidelis servus sis, et in nocte lunam attende, quando vitia te opprimere volunt; ita ut timor Domini omnia in te pertranseat, et non læderis; sed in æternum vives.

EPISTOLA XLII.

ABBATISSÆ S. GLODESINDIS AD HILDEGARDEM.

Anxietates et dubitationes suas exponit, « dum multorum animas regere cogitur. »

Charissimæ sibi in Christo sorori dominæ HILDEGARDI, A. abbatissa, quamvis indigna, S. Glodesindis in Meti, salutem in vero Salutari.

Quia de gratia vestra et benevolentia multum præsumimus, nolumus vos latere, quod in periculo magno positæ sumus, dum multorum regere animas cogimur, quæ nobis non sufficimus. Inde est quod sanctitatem vestram rogamus attentius, et obsecramus in Domino Jesu, quatenus inscitiam nostram litteris vestris confirmare et exhortari curetis, quid facere debeamus, vel stare in obedientia nobis injuncta, vel cedere, ut alia succedat, et melius agat, si quid Dominus Jesus inde vobis revelare dignabitur. Valete, et pro Deo Deum pro me orare, et beneplacitum vestrum mihi cito rescribite.

RESPONSUM HILDEGARDIS.

Varia dat monita ad recte regendum, et præfecturam non deponendam satis clare insinuat.

Mons Sion altus est, et umbra ipsius in valles extenditur, altitudinem ipsius sic ostendens. Alii etiam montes in hac peregrina terra sunt, per quos ipsa firmatur, et qui etiam populis ad intuendum pulchri sunt. In altitudine Sion et aliorum montium prælati et magistri qui firmamentum Ecclesiæ sunt designantur, et discipulæ filiæ Sion nominantur. Sed si mons iste caderet, vel si eum alii destruerent, magna injuria esset. Hinc enim quisque qui in magisterio est, recte provideat quomodo seipsum deponat, et quomodo per alios dejiciatur. Nam, sicut montes plurimis ad defensionem minorum suorum sunt, sic etiam qui in magisterio stant, per doctrinam et obedientiam, quæ eis in Deo exhibetur, defensio multorum ab insidiis inimicorum suorum est. Unde unusquisque magister, quandiu verba doctrinæ proferre potest, virgam correctionis, quam de manu Dei accepit, non abjiciat; quia sæpe lutum luto abjicitur, sicut magister per discipulos, et discipuli per magistrum abluuntur. Propter metum enim discipulorum se affliget, et a tortoribus inquietorum discipulorum punitur, ut summum magistrum, qui eum sic præcessit, imitetur. Et dicet: *Præcepta tua eis ostendi* (*Exod.* XVIII), etc. Et etiam dicet: *Qui habet aures audiendi, audiat* (*Matth.* XIII). In his enim disce, ne propter nebulam vicissitudinis discipulorum tuorum; nec etiam propter tædium laboris fugias. Nam multi plus propter tædium laboris, quam propter necessitatem illam, quod discipulos suos vincere non possunt, fugiunt. Clara autem dies, quam tempestas non obnubilat, gaudium pleniter habet. Illam Adam ante casum habuit. Sed primus fallax deceptor ipsam diem, et per suggestionem suam obnubilavit, in qua septem plagæ sunt, quæ animam vulnerant.

Prima plaga, vana gloria est, quæ hoc ad se colligit, quod nec messuit, nec seminavit; et quod ei donatum a Deo non est, sibi constituit. Hoc primus deceptor docuit; quia ipse idem fecerat, et ideo vana gloria Deum non quærit. Secunda, quod homo sentit, quia peccare potest; et inde delectationem carnis sibi thesaurizat, et de gustu ipsam delectationem amplectendo osculatur. Tertia ruinam cum magnis doloribus in squalidis moribus ædificat, ita quod homo vivit quasi Deo mortuus sit, et quod vix etiam sperat quod Deus eum sciat. Sed quarta fallacia est, per quam homo de prædictis peccatis se excusat et defendit; ita scilicet quod periculosa non sunt ut ei ostendantur, atque ideo ita odiosus ad homines fit, quod nemini confidit. Quinta, superbia est, quæ dicit; quia homo propter carnem humanitatis suæ, de peccatis se abstinere non possit, et ideo inconveniens esset, quod a carnalibus desideriis secederet. Hanc legem superbia in temeritate sibi ponit, unde et nullum respectum ad Deum habet. Et sexta plaga est, quod homo salutem suam a creatura quærit, et ab ea postulat, ut ipsi unamquamque rem ostendat, et ita Creatorem suum in irrisione habet, et nihil ab eo quærit velut ipsum adjuvare non possit. Septima vero plaga, est idololatriæ servitus quæ diabolum adorat et Deum contemnit. Et ista septem vitia, quasi militiam sibi subditam in negotiis suis super numerum ramorum arborum habent; quia omnia hæc in transgressione comestionis, quod Adam comedit, latuerunt; ideoque Deus ad ipsum dixit: *In qua hora comederis, morte morieris* (*Gen.* III). Id-circo Deus hoc præceptum ei constituit, ne diabolo quid simile faceret, scilicet quod sine præcepto non esset, sicut ille esse voluit; unde nullus homo propter primam suggestionem diaboli, quam Adam suscepit, in hac vita securus esse potest. Unde, o tu, filia Dei, fortissima armatura septem donorum Spiritus sancti te circumcinge, cum quibus hæc septem vitia tibi subjicias, ne de ipsis plangens vulnereris, et ut probus miles per fortissima bella ea superando surge, quatenus in æternum vivas. Deus in speculo salvationis te, o filia, videat.

EPISTOLA XLIII.
SACERDOTIS CUJUSDAM AD HILDEGARDEM.
De corpore et sanguine Christi edoceri petit.

HILDEGARDI castæ columbæ in foraminibus petræ latitanti (*Cant.* II), C. ex famulis Christi minimus sacerdos, intimæ orationis devotionem, et quidquid spectat ad æternam salutem.

Quia Dei gratia lux vestra coram hominibus salubriter lucet (*Matth.* V), Patrem vestrum qui vos ardentem lucernam ad illuminationem Ecclesiæ supposuit, glorifico: et quamvis fragilis et peccator, sanctitati tamen vestræ qua cœlestis sponsi amplexibus singulari privilegio inhæretis, cordialiter congaudeo. Charitatem etiam vestram ignorare nolo, quod die noctuque facie tenus videre desidero, et assidue vestri memoriam in oratione mea faciens, vos absentem corpore quasi præsentem interdum amplector mente. Ergo perfectionem vestram humillime deprecor, ut sponso vestro, sub cujus umbra requiescitis, me juxta viam mendicantis (*Marc.* X) commendetis, ne præteriens turba clamorem meum compescat; sed orationibus vestris ad Dominum adductus, merear illuminari, et a cæcitate cordis sanari. De corpore et sanguine Christi, in quibus tota spes fidelium est, etiam docete me, et qualiter in spiritu tam incorrectum quam correctum, ad idem sacramentum sacerdotem accedentem videatis, mihi in Domino manifestare curetis. Dominus qui in omnibus, et super omnia est, vobis infundat ea, quæ Ecclesiæ sanctæ suæ ad gloriam conveniunt. Valete.

RESPONSUM HILDEGARDIS.
De corpore et sanguine Christi.

[AUGUST.] In vera visione vigilantibus oculis, de sacramento Dominici corporis hæc verba audivi et vidi: Deus id quod fuit, permansit; et quod non erat, assumpsit. Quod est: Divinitas ut ante ævum fuit, ita in æternum permansit, velut tota divisa non est. Sed incarnatio Filii nondum caro et sanguis apparuit, quæ ante ævum in corde Patris prædestinata latuit. Tempore autem illo, quo prædestinatum fuit, Filius carnem induit, et vi fortitudinis suæ se præcinxit, quemadmodum scriptum est: *Indutus est Dominus fortitudinem, et præcinxit se* (*Psal.* XCII). Et ipsa indumenta sanctæ Incarnationis angelus simplicitati Virginis nuntiavit (*Luc.* I), in qua fundamentum humilitatis invenit, sicut Deus illud posuit, quia ancillam Domini se nominavit, ubi idem angelus ad eam dixit : *Spiritus sanctus superveniet in te, et virtus Altissimi obumbrabit tibi* (*ibid.*). Nam Spiritus sanctus omni humanæ scientiæ superexcellentia eam visitavit, alio scilicet modo se illi infundens, quam nunquam ulli feminæ in pariendo infunderetur, et virtus Altissimi illam obumbravit, quoniam in calore suo ipsam ita delinivit, ut ei omnem fervorem peccati in dulcissima obumbratione sua ex toto abstergeret, velut homo propter æstum solis umbram quærit. Itaque eadem virtus Altissimi, quæ in utero Virginis carnem operata est, super altare ad verba sacerdotis oblationem panis et vini in sacramentum carnis et sanguinis convertit, virtute sua illud fovens. Unde et nativitas, passio, sepultura, resurrectio, ascensioque Filii superni Patris, in eodem sacramento apparent, velut circulus nummi dominum suum ostendit : et hoc ideo fit, quia vulnera hominum, qui in prævaricatione Adæ involuti in peccatis semper peccantes sunt, in vulneribus et sanguine Christi sanentur, abstergantur et ungantur; et sic membra ipsius efficiantur, et hoc usque ad novissimum diem erit. Et iterum vidi : Quod si etiam sacerdos propter multas putredines cicatricum peccatorum suorum dignitate sanctitatis caret; si tamen per ligaturam superioris magistri ligatus non est, virtus Altissimi miracula sua in eadem oblatione operatur : et omnes qui idem sacramentum de manu ejus fideliter accipiunt, quasi radio solis illuminantur. Si autem ille fide et opere justus est, anima ipsius super radiantem fulgorem solis illustratur. Sed omnes qui per consilium antiqui serpentis, illusiones et schismata in hac sacratissima oblatione faciunt, similes perditis angelis sunt, qui Deum in honore suo unum esse negaverunt, cum similes illi esse voluerunt ; et ita homines isti proprietatem voluntatis suæ, per sacramenta hæc perficere volunt : quapropter etiam una cum illis pereunt, nisi per confessionem peccatorum, et per pœnitentiam eorum, ac per lacrymabilem vocem ad Deum currant, dicentes : *Ah ! ah ! quia peccavimus* (*Thren.* III). Tunc Deus Pater suscipit eos, qui Filium suum ignorantes vulneraverunt. Hoc sacramentum resurrectionemque vitæ Sadducæi, qui per omnia errant, hoc modo proterve errando negant : velut homo ille erraret, qui carnem sine spiritu, et spiritum sine carne hominem esse diceret : quod nullo modo esse potest. Ideo isti omnibus errantibus pejores, quoniam cum minima creatura, quæ a Deo facta est, solummodo uno vocabulo non perficiatur, quomodo homo, qui omnem creaturam comprehendit, uno vocabulo diffiniri posset? Hiems enim arescit, æstas vero floret ; sed tamen hiems æstati viriditatem suam retinet, donec ipsa grossos suos in plenitudine proferat. Sic sunt corpus et anima, Corpus deficit, anima autem indeficienti vita permanet, in quacunque parte sit.

EPISTOLA XLIV.
ABBATISSÆ IN ELOSTAT AD HILDEGARDEM.
Quod in regimine abbatiali multum anxietur.

HILDEGARDI dominæ suæ, O. famularum Christi in Elostat gubernatrix indigna, per hoc quod intime gustavit cœleste donum consequi, perfectumque illud bonum.

Benedictus Jesus Christus, cujus odor bonus estis Deo in omni loco (*II Cor.* II), quoniam non jam odor balsami, sed ipsa substantia sacri in vos defluxit unguenti, cujus odor suavissimus, nomen vestrum cunctorum ita indulcavit cordibus et auribus, ut insimul omnes vestræ humilitatis et affabilitati insignia commendent, *et Patrem vestrum qui in cœlis est, in vobis glorificent* (*Matth.* V). Igitur mater benedicta da veniam, et sustine non modicum quid insipientiæ meæ ; sed magnam insipientiam meam sine ut paululum coram te cordis mei dolorem aperiam, et cum audieris, consolare, obsecro, ancillam tuam. Porro enim pondus importabile, quoniam jubeor tortitudines sororum mearum corrigere, cum nec aliqua pericula, quæ me ubique impugnant (*II Cor.* XI), quamvis modice valeam devitare. Cum ergo egressa fueris ad videndum regem Salomonem in decore suo, memor esto horum quæ a te petivi toto ex animo. Valete.

RESPONSUM HILDEGARDIS.
Abbatissam amice hortatur ad laborem pro suis continuandum. Prudentia tamen opus esse in Dei servitio.

O filia Dei, quandiu possibilitatem habueris inter filias ipsius, labora, et in pusillanimitate ad Deum suspirando, legem tuam observa ; quia labor tuus ad Deum clamat et orat. Homo enim qui in caverna justitiæ Dei et in arcta via laborat (*Matth.* VII) ; sed tamen casui Adæ annuit, et de hoc flagella pœnitentiæ quærit : et nullus in hoc dubitet quin post flagella pœnitentiæ cœlestis janua eum suscipiat. Nam quicunque agrum corporis sui per discretionem lacerat, subitanea præventio finis illi non nocebit, quia symphonia Spiritus sancti et læta vita eum suscipiet. Sed cavendum est ne homo per nimietatem laborum, corpus suum occidat, sed in rationalitate peccata prohibeat. Filia, memor esto quod possibilitatem, hominem creare, non habes, unde Deum leniter ora, ut meliorem vitam tibi det, et hoc Deo acceptius est, quam quod in nimietate tristitiæ ipsum depreceris. Deus te templum vitæ faciat.

EPISTOLA XLV.
ELISABETH MAGISTRÆ IN SCHONAUGIA AD HILDEGARDEM.
Preces flagitat et consolatoria verba.

Dominæ HILDEGARDI venerabili magistræ sponsarum Christi, quæ sunt in Pingia, E. humilis monacha et magistra sororum quæ in Schonaugia sunt, devotas cum omni dilectione orationes.

Gratia et consolatio Altissimi repleat nos gaudio ; sicut quia meæ perturbationi benigne compassa estis, ex verbis consolatoriis mei intellexi; quem de mei consolatione diligenter commonuistis. Sicut enim vobis de me revelatum fuisse dixistis, fateor vere quamdam perturbationis nubem me nuper in animo concepisse, propter ineptos sermones populi multa loquentis de me, quæ vera non sunt. Sed vulgi sermones facile sustinerem, si non et hi qui in habitu religionis ambulant, spiritum meum acerbius contristarent. Nam et hi nescio quibus stimulis agitati, gratiam Dei in me derident, et de his quæ ignorant, temere judicare non formidant. Audio et quosdam, litteras de suo spiritu scriptas sub nomine meo circumferre: de die judicii me prophetasse diffamaverunt (*Matth.* xxiv), quod certe nunquam facere præsumpsi, cum omnium mortalium cognitionem fugiat ejus adventus. Sed ejus famæ occasionem vobis aperiam, ut indicetis utrum præsumptuose quidquam in hac re fecerim, aut dixerim. Sicut per alios audistis, *Magnificavit Dominus misericordiam suam* (*Luc.* i) mecum supra quam meruerim, aut mereri ullatenus possim, in tantum ut coelestia quædam mihi sacramenta frequenter revelare dignatus sit. Significavit etiam mihi per angelum suum frequenter, qualia ventura erant super populum in his diebus nisi agerent pœnitentiam de iniquitatibus, atque ut palam hæc annuntiarem, præcepit. Ego autem ut arrogantiam evitarem, et ne auctrix novitatum viderer, in quantum potui, omnia hæc studui occultare.

Cum ergo solito more quadam Dominica die essem in mentis excessu, astitit mihi angelus Domini, dicens: Quare abscondis aurum in luto? hoc est, verbum Dei, quod per os tuum missum est in terram, non ut abscondatur, sed ut manifestetur ad laudem et gloriam Domini nostri, et salvationem animarum populi sui? Et hoc dicto elevavit super me flagellum, quod quasi in ira magna quinquies mihi amarissime inflixit; ita ut per triduum in toto corpore meo ex illa percussione languerem. Post hæc apposuit digitum ori suo, dicens: Eris tacens usque ad horam nonam, quando manifestabis ea quæ operatus est Dominus tecum. Ego vero usque ad horam nonam muta permansi. Tunc significavi magistræ, ut afferret ad me libellum quemdam quem in strato meo absconderam, continentem ex parte ea quæ fecerat Dominus mecum. Quem cum offerrem in manus domini abbatis, qui ad visitandum me venerat, soluta est lingua mea in hæc verba: *Non nobis, Domine, non nobis: sed nomini tuo da gloriam* (*Psal.* cxiii). Post hæc cum et alia quædam ipsi revelassem, quæ scripta committi nolueram, videlicet de vindicta Domini magna, quam universo mundo in brevi superventuram ab angelo didiceram, rogavi illum diligentissime ut verbum illud apud se haberet absconditum. Præcipitur autem mihi ut operam darem orationi, atque a Domino postularem, ut daret mihi intelligere, utrum ea quæ dixeram, silentio tegi vellet, an non. Cumque per aliquod tempus pro hac re orationi insistendo me afflixissem, in adventu Domini in festivitate S. Barbaræ, in prima vigilia noctis corrui in exstasim, et astitit mihi angelus Domini, dicens: Clama fortiter, et dic: Heu! ad omnes gentes quia totus mundus in tenebras est conversus. Et dices: Exite; ille vos vocavit qui de terra vos formavit, et dicit: *Pœnitentiam agite, quia prope est regnum Dei* (*Matth.* iii). Hoc ergo sermone inductus dominus abbas, cœpit divulgare verbum coram magistratibus Ecclesiæ et viris religiosis. Quorum quidam cum reverentia verbum exceperunt, quidam vero non sic, sed sinistre locuti sunt. Factum est ergo ut multi apud quos sermo iste diffamatus est, per totum tempus quadragesimale in timore magno per pœnitentiam sese affligerent, et eleemosynis et orationibus insisterent. In tempore illo quidam nescio quo zelo ductus, ad urbem Coloniam in persona domini abbatis, ipso (novit Deus) ignorante, litteras direxit, in quibus terribiles quædam comminationes, audiente omni populo, lectæ sunt. Unde quanquam ab insipientibus illusum nobis sit, prudentes tamen, ut audivimus, reverenter sermonem animadverterunt, et pœnitentiæ fructibus Deum honorare non contempserunt. Factum est autem in quarta feria ante diem Paschæ, cum post magnos labores corporis in exstasim venissem, apparuit mihi angelus Domini, et dixi ad eum: Domine, quid fiet de verbo quod locutus es ad me? Qui respondit: Noli contristari, neque perturberis, si non in die quam determinavi tibi, evenerint quæ prædixi; quoniam multorum satisfactione placatus est Dominus. Post hæc in sexta feria circa horam tertiam cum gravi passione veni in mentis excessum, et rursum astitit mihi, dicens: *Vidit Dominus afflictionem populi sui* (*Exod.* iii), *et avertit indignationis suæ iram ab eis* (*Psal.* lxxxiv). Cui dixi: Quid ergo, Domine mi? nonne ero in irrisionem omnibus, apud quos verbum hoc divulgatum est? Qui ait: Omnia quæ occasione hac evenerunt tibi, patienter et benevole sustineto. Illum diligenter animadverte, qui, cum esset totius orbis Creator, hominum irrisiones sustinuit. Nunc primum Dominus patientiam tuam probat. Ecce, domina mea, totum ordinem rei vobis explicavi, quatenus et vos innocentiam meam et abbatis mei cognoscatis, et aliis manifestare possitis. Obsecro autem ut et orationum vestrarum participem me faciatis, et prout Spiritus Domini vobis suggesserit, aliqua mihi consolatoria verba rescribatis. Gratia Christi vobiscum.

RESPONSUM HILDEGARDIS.

Non se loqui de suo ingenio, sed de « Serena Luce. » Disserit de homine et de inspiratione Dei qua homines aliquos præ cæteris illustrare dignatur.

Ego paupercula et fictile vas, hæc non a me, sed de serena luce dico: Homo vas est, quod Deus sibimetipsi ædificavit, et quod sua inspiratione imbuit, ut opera sua in illo perficeret; quia Deus non operatur ut homo, sed in jussione præcepti ejus omnia perfecta sunt. Herbæ, ligna et arbores apparuerunt; sol quoque, luna et stellæ in sua ministratione processerunt, et aquæ pisces, et volatilia produxerunt; precor etiam, et bestiæ surrexerunt quæ omnia ministrant homini, sicut Deus ea posuit (*Gen.* I). Solus autem homo illum non cognovit. Nam cum Deus magnam scientiam homini paret, homo in animo suo se erexit, et se a Deo avertit. Deus omnium, illum sic inspexerat, quod cuncta opera sua in illo perficeret. Sed antiquus deceptor illum fefellit, et crimine inobedientiæ illum infecit cum delectatione incongrui venti, dum plus quæreret quam deberet. Ah! o væ! Tunc omnia elementa implicuerunt se in vicissitudinem luminis et tenebrarum, sicut et homo fecit in transgressione præceptorum Dei. Deus autem quosdam homines irrigavit, ne homo ex toto derideretur. Abel bonus erat, Cain autem homicida (*Gen.* IV). Et multi mystica Dei in luce viderunt, sed alii plurima peccata fecerunt, usque dum venit tempus illud, in quo verbum Dei claruit, ut dictum est : *Speciosus forma præ filiis hominum* (*Psal.* XLIV). Tunc Sol justitiæ processit et homines cum bonis operibus illuminavit in fide et in opere, sicut aurora primum procedit, et cæteræ horæ diei subsequuntur, usque dum nox accedat; sic, o filia Elisabeth, mundus mutatur. Jam enim mundus lassus est in omni viredine virtutum, scilicet in aurora, in prima, in tertia, et fortissime in sexta hora diei. Et ideo in hoc tempore necesse est, quod Deus aliquos homines irriget, ne instrumenta ipsius otiosa sint. Audi, o sollicita filia, quia homines istos quos inspiratio Dei ita imbuit, aliquantulum fatigat ambitiosa suggestio antiqui serpentis. Cum enim idem serpens elegantem gemmam viderit, mox rugit, dicens : Quid est hoc? Et fatigat illam multis miseriis flagrantis mentis, supra nubes volare cupientis, quasi dii sint, sicut et ipse facit. Nunc iterum audi : Qui opera Dei perficere desiderant, semper attendant, quod fictilia vasa sunt (*II Cor.* IV), quoniam homines existunt, et semper aspiciant quid sint, et quid futuri sint et cœlestia relinquant illi qui cœlestis est, quoniam ipsi exsules sunt, cœlestia nescientes, sed tantum mystica Dei canentes; sicut tuba, quæ solummodo sonos dat, nec operatur; sed in quam alius spirat, ut sonum reddat. Sed et loricam fidei induant mites, mansueti, pauperes et miseri existentes, sicut etiam agnus ille fuit, cujus sonus tubæ ipsi sunt, mores etiam simplices infantis habentes, quia Deus illos semper flagellat, qui in tuba ipsius canunt, prævidens ne fictile vas illorum pereat, sed ut sibi placeat. O filia, Deus faciat te speculum vitæ. Sed et ego quæ jaceo in pusillanimitate timoris, interdum sonans aliquantulum velut parvus sonus tubæ a vivente lumine; unde Deus juvet me, ut permaneam in suo ministerio.

EPISTOLA XLVI.
PRÆPOSITI IN FRANCKENFORT AD HILDEGARDEM.
Precibus ejus se commendat.

HILDEGARDI in Christo dilectæ dominæ suæ, G. solo nomine præpositus in Franckenfort, post Marthæ laborem, Mariæ consolationem.

Desiderio desideravi vestram conspicere personam. Sed diversis negotiis nos impedientibus, nunc saltem facultatem nobis dedit Deus per litteras vos amplecti atque salutare. Nolumus etiam vos ignorare nomen nostrum, personam nostram, simulque cum salute super omni diligentia nos amplecti atque honorare, Deumque pro vobis pro posse nostro die noctuque interpellare. Rogamus ergo clementiam vestram, ut mei peccatoris coram divinæ majestatis clementia mentionem facere velitis. Valete quandiu in supernis dicitur hodie.

RESPONSUM HILDEGARDIS.
Illum hortatur ad mores corrigendos.

In vera visione hæc verba vidi et audivi : Prima lux diei rutilat, postea aurora denudatur, et etiam interdum cum magna vicissitudine nubium implicatur, et sic aquilo surgit, et magna suspiria facit; quia priora tempora diei absque vicissitudine turbinis pulchra erant. Unde, o vir, qui scientiam boni et mali habes, provide qui mores tui, et quæ opera coram Deo sint a pueritia tua, ne zelus Domini percutiat te, et ne anima tua, cum de corpore tuo exierit, dicat : O væ mihi! quo ambulo? et quo ibo? vel quales dies mihi sunt? et qualia opera me tangunt? Illa scilicet, quæ mihi molendinum corporis mei exhibuit. Cave etiam ne tremiscas, cum superni cives tibi dixerint : Vide qualis sit Deus. Nunc in æternum vives.

EPISTOLA XLVII.
AD PRÆLATOS MOGUNTINENSES
Propter divina per illos interdicta (18).

In visione, quæ animæ meæ antequam nata procederem, a Deo opifice infixa est, coacta sum ad scribendum ista, pro ligatura, qua a magistris nostris alligatæ sumus propter quemdam mortuum, conductu sacerdotis sui apud nos sine calumnia sepultum. Quem post paucos sepelitionis suæ dies, cum eumdem magistri nostri nos a cœmeterio nostro ejicere jussissent, ex hoc non minimo terrore correpta, ad verum lumen ut solita aspexi, et vigilantibus oculis in anima mea vidi : quod si juxta præceptum ipsorum corpus ejusdem mortui efferretur, ejectio illa in modum magnæ nigredinis ingens periculum loco nostro minaretur, et in similitudine atræ nubis, quæ ante tempestates et tonitrua apparere solet, nos circumvallaret. Unde corpus ejusdem defuncti, utpote confessi, inuncti et communicati, et sine contradictione sepulti, nec efferre præsumimus, nec consilio

---

(18) Vide Commentarium de vita et rebus gestis S. Hildegardis, huic volumini præfixum, § XI, num. 163 et seq., col. 63

seu præcepto istud suadentium vel jubentium acquievimus, non consilium proborum hominum, aut prælatorum nostrorum omnino parvipendentes; sed ne sacramentis Christi, quibus ille vivens adhuc, munitus fuerat, injuriam sævitate feminea facere videremur. Sed ne ex toto inobedientes existeremus, a divinarum laudum canticis hactenus secundum eorum interdictum cessavimus, et a participatione Domini corporis; quoniam per singulos fere menses ex consuetudine frequentavimus, abstinuimus. Super quo dum magna amaritudine tam ego quam omnes sorores meæ affligeremur, et ingenti tristitia detineremur, magno tandem pondere compressa, verba ista in visione audivi : Propter verba humana, sacramenta indumenti verbi mei, quod salus vestra est, et quod in virginea natura ex Maria virgine natum est, dimittere vobis non expedit. Sed inde vobis a prælatis vestris, qui vos ligaverunt, licentia quærenda est. Ex quo enim Adam de lucida regione paradisi in hujus mundi exsilium depulsus est (*Gen.* III), omnium hominum conceptio merito primæ transgressionis corrupta est, et ideo necesse est ut ex impenetrabili consilio Dei, ex humana natura homo sine contagione totius læsionis nasceretur, per quam omnes ad vitam prædestinati, a sordibus cunctis mundarentur, et ut ipse in eis, et illi in ipso ad munimentum suum semper manerent, corpore ipsius communicando, sanctificarentur. Qui autem, sicut Adam, præceptis Dei inobediens existit, et eum omnino in oblivionem habet, hic a corpore ejus separari debet, quemadmodum per inobedientiam ab eo aversus est, donec per pœnitentiam purgatus, a magistris iterum corporis ejusdem Domini communicare concedatur. Qui vero in tali ligatura se esse nec conscientia, nec voluntate cognoverit, securus ad perceptionem vivifici sacramenti accedat, mundandus sanguine Agni immaculati, qui seipsum obediens Patri ad salutem omnibus restituendam in ara crucis immolari permisit. In eadem quoque visione audivi, quoniam in hoc culpabilis essem, quod cum omni humilitate et devotione ad præsentiam magistrorum meorum non venissem, ut ab eis licentiam communicandi quærerem, maxime cum susceptione illius mortui culpa non teneremur, qui omni Christiana rectitudine munitus a sacerdote suo, cum tota Pingensi processione sine contradictione cujusquam sepultus esset. Et ita hæc vobis domini et prælatis nuntianda, mihi divinitus imposita sunt. Aspexi etiam aliquid super hoc, quod vobis obediendo hactenus a cantu divini officii cessantes, illud tantummodo legentes remisse celebramus, et audivi vocem a vivente luce procedentem de diversis generibus laudum, de quibus David in Psalmis dicit : *Laudate eum in sono tubæ, laudate eum in psalterio et cithara* (*Psal.* CL), etc., usque ad id : *Omnis spiritus laudet Dominum* (*ibid.*). In quibus verbis per exteriora de interioribus instruimur, quomodo secundum materialium compositionem, vel qualitatem instrumentorum, interioris hominis nostri officia, ad Creatoris maxime laudes convertere et informare debeamus. Quibus cum diligenter intendimus, recolimus qualiter homo vocem viventis Spiritus requisivit, quam Adam per inobedientiam perdidit, qui ante transgressionem adhuc innocens, non minimam societatem cum angelicarum laudum vocibus habebat, quam ipsi ex spirituali natura sua possident, qui a spiritu qui Deus est, semper vocantur. Similitudinem ergo vocis angelicæ, quam in paradiso habebat, Adam perdidit, et in scientia qua ante peccatum præditus erat, ita obdormivit, sicut a somno evigilans de his, quæ in somnis viderat, inscius et incertus redditur, quando suggestione diaboli deceptus, et voluntati Creatoris sui repugnans, tenebris interioris ignorantiæ ex merito iniquitatis suæ involutus est. Deus vero qui animas electorum luce veritatis, ad pristinam beatitudinem reserval, ex suo hoc adinvenit consilio, ut quandoque corda quamplurium, infusione prophetici spiritus innovaret, cujus interiori illuminatione aliqua deficientia in illa recuperarent, quam Adam ante prævaricationis suæ vindictam habuerat.

Ut autem etiam divinæ illius dulcedinis et laudationis, qua in Deo, priusquam caderet, idem Adam jucundabatur, et non ejus in hoc exsilio recordarentur, et ad hæc quoque ipsi provocarentur, iidem S. Prophetæ eodem spiritu quem acceperant, edocti, non solum psalmos et cantica, quæ ad accendendam audientium devotionem cantarentur, sed et instrumenta musicæ artis diversa, quibus cum multiplicibus sonis proferrentur, hoc respectu composuerunt, ut tam ex formis quam ex qualitatibus eorumdem instrumentorum, quam ex sensu verborum, quæ in eis recitarentur audientes, ut prædictum est, per exteriora admoniti et exercitati, de interioribus erudirentur. Quos, videlicet sanctos prophetas, studiosi et sapientes imitati, humana et ipsi arte nonnulla organorum genera invenerunt, ut secundum delectationem animæ cantare possent, et quæ cantabant, in juncturis digitorum, quæ flexionibus inclinantur, adaptarunt, ut et recolentes Adam digito Dei, qui Spiritus sanctus est, formatum, in cujus voce sonus omnis harmoniæ, et totius musicæ artis antequam delinqueret, suavitas erat, et si in statu quo formatus fuit, permansisset, infirmitas mortalis hominis virtutem et sonoritatem vocis illius nullatenus ferre posset. Cum autem deceptor ejus diabolus audisset, quod homo ex inspiratione Dei cantare cœpisset, et per hoc ad recolendam suavitatem canticorum cœlestis patriæ invitaretur, machinamenta calliditatis suæ in irritum ire videns, ita exterritus est, ut non minimum inde torqueretur, et multifariis nequitiis suæ commentis semper deinceps excogitare et exquirere satagit, ut non solum de corde hominis per malas suggestiones et immundas cogitationes seu diversas occupationes, sed etiam de corde Ecclesiæ, ubicunque potest, per dissensiones et scandala, vel injustas depressiones, confessionem et pulchritudinem divinæ laudationis et spiritualium hymnorum, perturbare vel auferre non desistit. Quapropter summa vigilantia vobis et omnibus prælatis satagendum est, et antequam os alicujus Ecclesiæ, laudes Deo canentium, per sententiam claudatis, vel eam a tractandis, vel percipiendis sacramentis suspendatis, causas pro quibus hoc faciendum sit, diligentissime prius discutiendo ventiletis.

Est studendum vobis, ut ad hoc idem zelo justitiæ Dei, non indignatione vel injusto motu animi, seu desiderio ultionis trahamini, et cavendum semper, ne in judiciis vestris circumveniamini a Satana, qui hominem a cœlesti harmonia, et a deliciis paradisi extraxit. Pensate itaque, quoniam sicut corpus Jesu Christi de Spiritu sancto ex integritate virginis Mariæ natum est, sic etiam canticum laudum, secundum cœlestem harmoniam per Spiritum sanctum in Ecclesia radicatum; corpus vero indumentum est animæ, quæ vivam vocem habet, ideoque decet ut corpus cùm anima per vocem Deo laudes decantet. Unde et propheticus Spiritus per significationem jubet ut in cymbalis jubilationis, et cæteris instrumentis musicis Deus laudetur (*Psal.* CL), quæ sapientes et studiosi adinvenerunt, quoniam omnes artes quæ ad utilitatem et necessitatem hominum pertinent, a spiraculo, quod Deus misit in corpus hominis (*Gen.* II), repertæ sunt: et ideo justum est, ut in omnibus laudetur Deus. Et quoniam in auditu alicujus cantionis interdum homo sæpe suspirat et gemit, naturam animæ cœlestis harmoniæ recolens, propheta spiritus naturam considerans et sciens (quia symphonialis est anima) hortatur in psalmo, ut confiteamur Domino in cithara, et in psalterio decem chordarum psallamus ei (*Psal.* XXXII, XCI): citharam quæ inferius sonat, ad disciplinam corporis; psalterium, quod de superioribus sonum reddit, ad intentionem spiritus; decem chordas, ad contemplationem legis referre cupiens. Qui ergo Ecclesiæ in canticis laudum Dei, sine pondere certæ rationis, silentium imponunt, consortio angelicarum laudum in cœlo carebunt, qui Deum in terris decore suæ laudis injuste spoliaverunt, nisi per veram pœnitentiam et humilem satisfactionem emendaverint (*Sap.* XI). Qui ergo cœli claves tenent, districte caveant, ne eis et claudenda aperiant, et aperienda claudant; quia judicium durissimum in his qui præsunt, fiet, nisi, ut ait Apostolus, præsint in sollicitudine (*Rom.* XII). Et audivi vocem sic dicentem: Quis creavit cœlum? Deus. Quis aperit fidelibus suis cœlum? Deus. Quis ejus similis? nullus. Et ideo, o fideles, nemo vestrum resistat, vel se opponat, ne fortitudine sua super vos cadat, et nullum adjutorem, qui vos in judicio ejus tueatur, possitis habere. Istud tempus muliebre est, quia justitia Dei debilis est. Sed fortitudo justitiæ Dei exsudat, et bellatrix contra injustitiam existit, quatenus devicta cadat.

O vera sapientia, quæ absque omni initio et constitutione æternus Deus existis, quanta mysteria in creaturis operi tuo, scilicet homini, subditis, fecisti, quando vires potentiæ tuæ creando emisisti? Tu enim pulchrum tectum cum pulcherrimis fenestris suis, scilicet firmamentum cum luminariis illis creasti, in quod solem, qui lumine suo omnia super terram et sub terra regit et illuminat, constituisti, cui etiam cætera luminaria adhærent, et per quem lucent, sicut omnes creaturæ tibi obsecundant, et in te in genere suo vita existunt. Tu autem summus infimam creaturam tetigisti, et humanitatem ex illa induisti, per quam inimicum tuum ex toto superasti, qui invidia sua hominem quem plasmaveras, in paradiso seduxit. Tu enim vera charitas, æterne Deus, omnibus creaturis tuis sapienter creatis, et ordinatis, et præparatis, tandem hominem, quasi ad prandium præparatum vocandum, formasti in tam brevi mora. Sic vocatur initium diei esse, quando scilicet aurora consurgit ante solem : et statim inspirasti in ipsum spiraculum vitæ (*Gen.* II); sicut etiam sol post auroram statim radios suos fulgendo emittit, spiraculum autem vitæ, anima est, quæ ignis existit, cujus flamma rationalitas est, per quam vires animæ in scientia boni et mali cognoscuntur, sicut etiam sol per splendorem suum cognoscitur. Mora autem, in qua Dominus Adam in paradisum posuit, et gloriosam jucunditatem ejusdem paradisi ei ostendit, omnem fructum illius, excepto ligno scientiæ boni et mali, ei concedens, fuit quasi prima usque ad tertiam. Mora vero, qua vocavit Adam nominibus eorum cuncta animantia et volatilia cœli, quæ in visione scientiæ suæ vidit et cognovit, et in qua Dominum in claritate divinitatis suæ sibi loquentem audivit, spatium habebat sicut horæ tertiæ usque ad sextam : qua scilicet Deus ei tunc in orientali parte apparuit, nec ejus vultum, sed claritatem quamdam vultus ejus vidit. Qua cognitione lætificatum, Deus in ipsum soporem misit; et ita læto animo in desiderio soporis, velut filius coram patre suo obdormivit. In sopore autem illo Deus spiritum ipsius in eam altitudinem sustulit, de qua in corpus ejus miserat cum scientia boni et mali, et ea, quæ ventura erant, scilicet de progenie illius ad cœlestem Jerusalem implendam, præostendit. Et in eodem sopore costam de ipso tulit, et in mulierem ædificavit, qua adducta et visa, Adam gavisus est valde. Ipse autem et uxor ejus considerantes quid comedere vel operari primum deberent, ipsa propius lignum scientiæ boni et mali stans, virum suum exspectabat. Antiquus vero serpens cognoscens, quia in alium respiceret, sicut angeli in Dominum respiciunt, eam ad decipiendum aggressus est. Mora autem in qua hæc facta sunt, fuit quasi spatium sextæ usque ad nonam. Mulier quam Dominus in paradiso de vivificati hominis costa ædificaverat (*ibid.*); tunc in præscientia sua habens et prævidens vitam per quam omnis vita subsistit, quandoque in mulierem descensuram, per quam homo in gloriam paradisi cœlestis intraturus esset, a serpente seducta, cibum mortis viro suo porrexit. Ipsis ergo claritate sua ita denudatis, claritas Dei, quæ prius Adæ apparuerat, quasi in flamma eis apparuit in australi parte, et dixit : *Adam, ubi es* (*Gen.* III). Per hoc præsignavit quid in beneplacito suo haberet, quia ipsum per tunicam humanitatis suæ ex feminea forma assumendam, quærere et retrahere vellet. Et hic dies eorum salutis se declinaverat. Mora vero ista, quasi spatium nonæ horæ diei fuit usque in vesperum. Postea autem expulsi de paradiso, in mundum venerunt, et noctem jam supra terram invenerunt. Tunc etiam secundum naturam humanam, omnia sibi, et aliis animalibus necessaria repererunt, et ea usui suo assumpserunt.

Hæc dicit, qui spirans vita et mente sua, unus Deus est, mens omnipotentis Dei, Filius suus est, cui adest opus, scilicet omnis creatura; quoniam per Verbum Dei, quod Filius suus est, *omnia facta sunt* (*Joan.* I), quæ spiranti vita vivificata sunt in altitudine cœli, et in infimo, quod terra est, quæ obstaculum est superioribus lucentibus. Deus vero operi suo possibilitatem laudandi et operandi tribuit: et quia ipse signifer præliator contra inimicos suos tenebrarum habitatores existit, tenebris deputat omnes, qui sibimetipsis attribuunt ea, quæ gratia Spiritus sancti in eis operata fuerit, et ipsi apostatæ nominantur; quoniam in se, et non in suscitatorem vitæ aspiciunt; et paternum ministerium, quod ei exhibere debent, cum obcæcatione scientiæ suæ retrorsum abjiciunt, et illi cum omnibus operibus, quæ sibi thesaurizaverunt in tenebris, quæ sine ipso factæ sunt, torquebuntur cum illo, qui similis Altissimo esse voluit (*Isa.* XIV). Tales enim viscera diaboli sunt, quoniam ex consilio illius operantur, et a claritate divinæ lucis denudantur, et instigatione ejusdem tyranni, Scripturam et doctrinam, quam Spiritus sanctus dictavit, destruunt. Sicut cœlum ante tempus scindi non potest, sic etiam verba Spiritus sancti mutari non possunt.

De sacerdotali officio, quod in primo sacerdote Melchisedech in umbra miraculorum Dei ostensum est (*Gen.* XIV), et ante eum homines latebat, eo quod præ mollitie sua illud capere non possent, Deus mihi hæc ostendit : Vidi quamdam nubem velut auroram rutilantem, et in illa arietem in spinis pendentem, quemadmodum aries qui pro filio Abrahæ oblatus est (*Gen.* XXII), pendebat, cujus cornua velut sapphirina existentia, fulgorem topazii ex se reddebant, et corpus totum colori candidæ nubis apparebat. Aries iste, Jesum Christum Filium Dei vivi, qui, absque admistione ullius contagii, candidissimus ex virginea natura natus est, significat. Cujus sapphirina cornua dulcissimam et coæternam ipsi claritatem ejus, per quam in vera humilitate humanitatem ad liberandum perditum hominem assumpsit, designant : qui de Spiritu sancto ex Maria virgine Deus et homo natus processit : quod fulgor topazii, qui ex sapphirinis cornibus resplendebat, exprimit. Nubes vero, quæ ut aurora rutilabat, angelicam multitudinem declarat, quæ sacramento corporis et sanguinis Jesu Christi ministrat, quod in virtute Altissimi fit, quæ Mariam, eumdem Filium Dei de Spiritu sancto concipientem, ab omni calore humanæ voluntatis obumbravit, quem aries in spinis pendens, ut prædictum est, significat. Spinæ autem clavos, quibus corpus ejus cruci est affixum, ac lanceam, qua latus ipsius perforatum est (*Joan.* XIX), atque totius passionis ejus asperitatem, quam patientissime ut mitissimus agnus pro peccatis nostris sustinuit, designant. Ovis enim præ aliis animalibus patiens, humilis, mansueta et munda existit. Unde etiam Deus pelliceas tunicas primis hominibus, per inobedientiam a claritate, qua vestiti erant, denudatis, pelles scilicet ovium pro veste tribuens, significationes ovis, calliditati antiqui serpentis opposuit, et tali veste eos obtexit, ne nudi paradisum exirent (*Gen.* III). Ipse enim æternus Deus, qui in scientia sua æternaliter habuit tunicam, id est humanitatem Filii sui, ad cujus imaginem hominem fecit, quemadmodum Moyses ipsum ad imaginem et similitudinem Dei creatum esse testatur (*Gen.* I), hominem deceptum vocavit, et tali veste induit, in hoc ostendens, verbum scilicet unicum Filium sibi coæternum ad requirendum et liberandum ex virginea natura humanitate induendum jussione in significatione ovis, patiens, humilis, mansuetus, et absque omni macula ullius contagii mundus existeret. Joannes enim Baptista et cæteri prophetæ, idem in Spiritu sancto intelligentes, eum nomine agni et ovis, sæpissime appellant (*Joan.* I). Ipse namque est immaculatus agnus, et *speciosus forma præ filiis hominum* (*Psal.* XLIV), qui non de virili semine, sed de Spiritu sancto conceptus virtute altissimi Dei, de carne Mariæ virginis, Deus et homo natus processit. In eadem vero virtute altissimi Dei, oblatio panis cum vino et aqua, in carnem et sanguinem Salvatoris, quam de Maria Virgine assumpsit, ad verba sacerdotis transubstantialiter, quemadmodum lignum in ardentem carbonem per ardorem ignis mutatur. Per hoc enim sacramentum corporis et sanguinis Jesu Christi, qui panis vivus est (*Joan.* VI), ut ipse testatur, animæ salvandorum reficiuntur. Unde, o sacerdotes, qui ad mensam Domini ordinati estis, præparate vos ad sacrificandum saginatum vitulum (*Luc.* XV), qui omni macie peccatorum caret, et induite vos lorica veræ fidei, et scuto spei æternæ vitæ (*Ephes.* VI), et collum vestrum stola observationis præceptorum Dei circumdate, ut competenter ei servire possitis. Vos enim angeli Domini exercituum estis (*Malac.* II); quia, sicut ad verba angeli Gabrielis Deus incarnatus est ex Maria virgine (*Luc.* I), ut per ejus nativitatem, passionem et ascensionem homo perditus liberari et salvari posset : sic ad verba vestra idem corpus et sanguis ejusdem Filii Dei, cum repræsentatione nativitatis, passionis, resurrectionis et ascensionis ejus, pro salute nostra et omnium fi delium, tam vivorum quam mortuorum fit. Currite ergo desideranter in gaudio lætæ mentis ad ministerium Agni immaculati, qua multa salus vobis et aliis fidelibus inde provenit, cum propter celebrationem illius peccata remittuntur, et animæ liberantur, et multa pericula animæ et corporis effugantur. Sanctitas autem ejusdem sacramenti nobis invisibilis est, ut etiam Deum, et quamlibet incorpoream creaturam videre non possumus; sed per illam anima nostra et corpus per remissionem peccatorum sanctificatur, et invisibiliter refocillatur. Si autem circa corpus Domini aliqua indigna accidunt, ut vel putrescere, vel ab aliquo animali corrodi seu consumi videatur, ista tantum in sacramento visibili, vel sola specie exteriori sunt, virtute et gratia ipsius sacramenti, illibata et incorrupta divinitus conservata. Quando sacerdos verba Dei ruminat, corpus incarnati Verbi Dei iterato conficitur, per quod omnes creaturæ processerunt, quæ prius non apparuerunt, et quod etiam ex Maria virgine quasi in momento ictus oculi incarnatum, cum ipsa cum humilitate dixit: *Ecce ancilla Domini* (*Luc.* I). Et caro ejusdem Verbi Dei in verbis sacerdotis floret, et immutata caro permanet: Dominus Jesus Christus nondum passus fuit, quando verba ista dixit, et discipulis suis prænuntiavit se passurum, et sanguinem suum in ablutionem peccatorum effundendum, id est ablutio, quæ per nullam carnem ante eum fieri potuit; sed in carne ipsius, quæ absque livore peccati ex igne Patris divina existit. In verbis vero sacerdotis, qui sigillatim super utrumque sacrificium dicuntur, et singulatim virtute Altissimi, quasi in momento ictus oculi sacramentum corporis et sanguinis Jesu Christi fit. Et officio altaris rationabiliter peracto, multa remissio peccatorum vivis et defunctis provenit. Si autem per negligentiam vinum et aqua defuerint, vel sola aqua ibi fuerit, in verbis prædictis corpus Domini fit, in se habens sanguinem. In calice autem sanguis, qui in passione sua effusus est, non fit, quia vinum et aqua defuerunt, vel sola aqua ibi fuit, unde denuo eadem verba et signa repetenda sunt, quia sacrificium vini et aquæ neglectum fuit, et statim ex aqua et vino sanguis non aridus, sed integer et fluens fit, corpore tamen ita permanente, ut in verbis antedictis factum est; sed sanguine, qui prius defuit, et gaudio redemptoris, qua homo liberatus est, adornatur. Hæc, fili Dei, in vero lumine mihi ostensa, tibi scripsi, ut sacerdos Dei læto animo fias, Spiritusque sanctus efficiat, quatenus vera humilitate, et patientia, et mansuetudine Agnum Dei imiteris, et a quotidianis peccatis, quæ vitari non possunt, vera pœnitentia laveris, et a sarcina criminalium, quæ quasi convivio perperantur; Deus omnipotens te custodiat, ut in munditia ei, dum vivis, ita servias, ut post finem hujus vitæ, in summa beatitudine in æternum cum ipso gaudeas. O serve Dei, qui in bona voluntate ad utilitatem tui et aliorum multa ad te colligis, et tamen in hoc reprehensibilis es, quod bonam terram in agro Domini tui diligenter non evertis, audi: Negotium illud, quod mihi commisisti, in eo tibi lucidum video, quod per te avertitur, ne bona illius Ecclesiæ per inutilem præpositum dissipentur. Sed in claritate ista nullo modo videre possum, ut per te religio spiritalis vitæ in ipsis restituatur. Sicut enim lutulentus puteus putredine immundorum vermium squalidus et inveteratus, facile mundari non potest; sic etiam mala consuetudo peccatorum, difficile in eis prohibenda erit. Quicunque enim lupum fugat et persequitur, ne oves ab illo rapiantur, et sic eas postea in reclam pascuam ducit, benefacit. Nunc autem ex consilio bonorum, et sanctorum hominum, elige quod tibi melius est, secundum statum Ecclesiæ qui modo est, scilicet ut minus malum eligatur.

Cœnantibus autem eis, accepit Jesus panem, et benedixit ac fregit, deditque discipulis suis, et ait: Accipite et comedite: Hoc est corpus meum (*Matth.* xxvi). Benedicit scilicet panem ea benedictione, qua de corde Patris, quemadmodum et ipse exivit. Per hoc autem quod dicit, *fregit*, corpus suum per infixionem clavorum terebrandum, et tormento crucis vexandum, et postea mutandum esse, ostendit. Sic enim granum per molendinum contritum cum aqua et igne panis efficitur, sic etiam corpus ejus multa afflictione pœnarum, et passione crucis contritum, et per resurrectionem ad immortalitatem roboratum, panis vitæ fidelibus factum est. Quia vero non de carnali patre in terra, sed de Spiritu sancto in Virgine conceptum est, non potuit aut debuit corpus idem in cineres redigi vel spargi, per quod anima et corpus cujusque homini ad salvationem reficiuntur, sicut etiam *panis cor hominis confirmat* (*Psal.* CIII). Maria autem terra erat, in qua sancta divinitas granum sevit, scilicet filium suum, de cujus corpore omnis fidelis vivere debet, quemadmodum etiam de pane, qui ex granis fit homines vivunt, id est in cœna sua. Corpus tamen dedit eis impassibile divina potentia sua in salvationem, eo quod gaudia æternæ salvationis, passione omnium dolorum careant, et hoc ei possibile fuit; quia in aliena natura homo est; et ideo eumdem panem in divinitate sua benedixit. Item per hoc quod panem fregit, eis innotescit, se desiderare idem corpus suum pro redemptione humani generis passibile in mortem tradi, nec ab alio (si ipse nollet) sibi mortem inferri posse. *Et accipiens calicem, gratias egit* (*Matth.* xxvi), qui per effusionem sanguinis sui hominem de livore peccatorum redempturus erat. Et dedit illis sanguinem novi testamenti, scilicet salvationem perficiendo, quæ utique in veteri testamento inveniri non potuit. Quod autem dixit, non se de genimine vitis hujus bibiturum, donec illud novum biberet in regno Patris sui, hoc ita intelligendum est, ac si diceret: Donec eas et alias animas sanctas in regnum Patris sui in gaudio susciperet per effusionem sanguinis sui. Dominus Jesus ante passionem suam corpus passibile in cœna discipulis suis dedit, ut eis esset cibus vitæ, quo et animæ et corpora sanctificarentur. Per effusionem autem sanguinis sui, qui in cruce effusus est, rationalis anima a casu animæ renovatur et lætatur, sicut etiam vinum lætificat cor hominis (*Psal.* CIII). Christus itaque, qui in cœna divina potentia sua impassibilis fuit, divina etiam misericordia super hominem motus, et postea se passibilem voluit; quia, nisi ut passibilis mori potuisset, homo liberatus non esset; et ita sine fructu redemptionis, solus Deus et homo mansisset, sicut ipse dicit: *Nisi granum frumenti cadens in terra, mortuum fuerit, ipsum solum manet; si autem mortuum fuerit, multum fructum affert* (*Joan.* XII). Homo ergo non potentia, sed justitia liberari debuit, qui recto judicio ad mortem deputatus est. Et ideo Filius Dei in mortem traditus est, ut per satisfactionem innocentis justitia peccatori redderetur.

Quicunque ex infirmitate corporis sui vomitum patitur, et corpus Christi tota devotione desiderat, huic presbyter idem sacramentum dare non præsumat, propter honorem ejusdem corporis Christi, quod in specie panis latet. Sed corpus Domini super caput ejusdem hominis ponat, ac Deum qui animam in corpus misit, invocet, ut corpore et sanguine animam illius sanctificare dignetur. Ponat quoque super cor ipsius, dicens: Deus omnipotens, cujus Filium Maria in fide suscepit, da, quæsumus, ut in vera fide anima et corpus hujus hominis sanctificetur per corporis et sanguinis ejus sanctificationem. Divinum enim sacramentum in specie panis latet, quemadmodum anima hominis invisibilis existit. Unde invisibilis anima, invisibilem sanctitatem statim in se trahit; quia spiritus hominis illum qui eum misit, mox sentit, et nunquam ab eo recedet, qui in fide eum suscipit. Ab indigno autem sanctitas illa, sicut a Juda, aufertur. Itaque vomitum patienti, propter cautelam et reverentiam, corpus Domini est vitandum. Fides tamen ejusdem sacramenti, firmissima habenda est, quod in specie panis solemniter sanctificatum est.

Joannes qui speculum sanctitatis et virginitatis est, quia propterea terrenam desponsationem repudiabat, et quem Filius Dei, qui a Patre suo in virginalem materiam humanitatis suæ descendit, quam omni ornamento virtutum ornavit, præ cæteris sanctis specialiter diligendo, occultorum miraculorum suorum signaculum posuit, in mystica visione dicit: *Vidi civitatem sanctam* (*Apoc.* XXI), etc.

Quod sic intelligendum est: Cœlestis Jerusalem, quæ per summum artificem, scilicet omnipotentem Deum, ornanda erat coram ipso, quemadmodum materia omnium rerum, ante creationem mundi apparuit: et sicut hominem quem de limo formaverat, spiraculo vitæ suscitavit (*Gen.* II); sic etiam sancta civitas Jerusalem, quæ virum suum, scilicet Filium Dei, cui desponsanda erat, expectabat per effusionem sanguinis sui, cum omni ornamento nova effecta est. Ipsa enim, cum elementa tenebris involuta essent, victorioso vexillo ad crucem, in qua Filius Dei pendebat, descendit, et dotem istam ab eo qui in virginitate conceptus et natus est, suscepit: quod etiam ipsa spirituali genitura filios virgo procrearet, quia per rubicundum sanguinem Filii Dei, cœli illuminati sunt, et janua paradisi, quæ in expulsione Adæ homini clausa est, aperiebatur. Deus namque Jerusalem, quæ de sanctis operibus hominum ædificata est, et quæ ut sponso viro suo ornata apparet, ad laudem humanitatis suæ fieri voluit; sicut etiam ad laudem et honorem divinitatis suæ angelos creavit. Et audivit vocem quasi dicentem: Ego qui per verbum meum, quando, fiat, dixi, super omnes creaturas intonui, dico, ut hæc quæ tibi de cœlesti Jerusalem ostenduntur, ad tutelam et salutem hominum cognoscas et manifestes, qui ad similitudinem nostram factus est, vox scilicet in anima, et tabernaculum in corpore, ut etiam vox ego in tuba, quæ per vocem sonat. Deus enim dilecto suo Joanni sanctam civitatem vivis ex lapidibus, qui homines sunt, et etiam ex operibus eorum constructam ostendebat (*Apoc.* XXI), in qua Jesus Christus lapis angularis consistens, utrumque parietem in templo cœlestis Jerusalem conjungit. Ipse quoque per indumentum humanitatis suæ cum hominibus habitat, et ipsi populus suus sunt, quem dote sanguinis sui eruit, ac ipse Deus ejus est, quoniam magna potestate eum liberando, antiquum serpentem despoliavit, sicque Deus potentiæ, Deus misericordiæ et pietatis, ac plenum bonum super omnes creaturas consistit, quem nunquam ullæ tenebræ tangebant, sed qui super eas fortissimus judex est. Deus namque per humanitatem suam, et etiam per ornamenta cœlestis Jerusalem, populo suo omnem lacrymam ignorantiæ et infidelitatis, in qua cæcus veræ fidei erat, abstergit, et in pura pœnitentia, confessa peccata remittendo, ei a potestate et habitatione gehennalis mortis salvat. In dulcissimo quoque et amarissimo rumore humanitatis Filii Dei qui, esurie exspectationis suæ cessante, in magna saturitate gaudiorum in omnem terram exivit, luctus Adæ, et posteritatis suæ, qui introitum cœlestis regni non potuerunt habere, et clamor prophetarum, qui in magnis suspiriis Deum ad redemptionem populi vocabant, amplius non erunt. Dolor quoque et asperitas legis, in qua nullius peccati reatum per veniam misericordiæ aliquis redimere potuit, etiam amplius non erunt, quomodo nobilis filius hominis, qui justus et misericors est, omnia peccata hominis in vera pœnitentia misericorditer abluit. Sicque per plenam bonitatem humanitatis suæ, omnes prædicti dolores, qui in primis erant, abierunt. Hæc quæ Joannes in sancta revelatione vidit et audivit, vera sunt; quoniam Filius Dei opera sua, ut Pater suus voluit, in magna claritate finivit: unde etiam in magna potentia in throno suo, omnes inimicos suis conculcando, sedet. Ipse etiam omnia nova facit; quia ut ex prima materia omnes creaturæ per verbum Dei (scilicet *Fiat*) procedendo illuminatæ sunt; et sicut primus homo de limo formatus, spiraculo vitæ in carnem et sanguinem mutatus est, sic etiam homo peccator, per misericordiam Filii Dei, qui in throno suo sedet, cum pœnitentia peccatorum suorum renovatus, novus efficitur. Beatus enim homo, quem Deus tabernaculum Sapientiæ cum sensualitate quinque sensuum fecit, usque in finem vitæ suæ cum sanctis desideriis bonorum operum, et cum esurie justitiæ, ac dulcissimarum virtutum, quibus nunquam saturari potest, de novitate in novitatem per gratiam Dei semper ascendit; et sic ad gloriam incommutabilis vitæ, quæ sine tædio, et sine fine semper manet, feliciter perveniet. Sic enim Deus usque ad novissimum diem omnia nova facit, quæ autem post novissimum diem cum potentia et possibilitate sua facere velit, in sola ipsius scientia sunt, cum beati homines, qui in prædicta novitate vivebant, in citharis et symphoniis, ac in sono omnium laudum, in conspectu Dei gaudium omnium gaudiorum sine fine habebunt. O serve et fili Dei, quia ipse in primo homine te formavit, stude ut per abstinentiam carnalium desideriorum in sanctis desideriis et bonis operibus in cœlesti Jerusalem tabernaculum tibi facias, et ut pulcherrimis fenestris per esuriem justitiæ et charitatis Dei exornes; quia, ut domus per fenestras illustratur, sic etiam per charitatem omnes virtutes illuminantur et cognoscuntur. Vide etiam ut tribulationes quas patienter sufferas, quoniam per eas quæque virtutes in te elegantiores efficiuntur; et vide ut etiam in corde tuo pulchram formam, de qua tibi dixi, caute custodias, quatenus ipsa in cœlesti Jerusalem luceat.

In vera visione, quam in anima mea vigilantibus oculis semper video, cum modo septuaginta et trium annorum sim, a vivente lumine ad scribendum hæc verba coacta sum: Deus vivus fons est, qui aquas emisit, quando per verbum *Fiat*, dixit: *Fiant luminaria* (*Gen.* 1), etc. Quæ luminaria firmamentum, solem scilicet, lunam et stellas portant, et quæ speculum eorumdem luminarium sunt, quoniam radios suos in eas mittunt. Ipse etiam splendens ignis ac æternitas ante ævum est; in quo imago sua, scilicet forma hominis, semper et semper sine tempore radiavit.

Homo enim, quem ad imaginem et similitudinem suam formavit, opus suum et indumentum Deitatis suæ est, qui secundum Creatorem suum operando, ad utilitatem suam, quomodocunque voluerit, utitur creatura. De limosa namque et aquosa terra homo creatus est (*ibid.*), quæ per humorem aquarum, quas ipsa obtegit, ac pondere suo aggravat, infunditur. Aquæ vero cum calore solis, qui infra circulum rotæ suæ quamdam imaginem habet, et qui per aquosum aerem humidus est, totam terram perfundunt; et ita se invicem admiscendo, omnia germina proferunt; et aquæ, quæ speculum ejusdem solis sunt, ipsum coercent, ne terra nimio ardore suo comburat, ipseque aquas constringit, ne illæ per immoderationem pluviarum terram submergant. Deus quoque igneam rationalitatem animæ, quæ spiraculum vitæ est, homini quem formaverat, immisit, per quod in carne et sanguine, velut cibus per ignem, confortatur et solidatur. Anima etiam per corpus, et corpus per animam operatur; et anima viriditas corporis est, et sic plenus homo existit, in quo ignis, aqua et aquosus aer sunt, per quæ ipse humidum spiramentum attrahit et emittit. Sicut enim sol de constituto loco rotæ circuli sui, cum mobili vento per calorem radiorum suorum, omnes vires et virtutes suas perficit; sic etiam rationalis anima in corpore cum humido spiramine, quæcunque vult, dictat; et ea in creatura, quam per rationalitatem cognoscit, operatur. Anima vero et corpus cum singulis viribus et nominibus, quemadmodum caro et sanguis unum sunt, ac per tria, scilicet per corpus et animam, et rationalitatem homo perficitur et operatur. Ipsa namque anima toti corpori se infundit, et cum rationalitate in illo operando, gustum et nutrimentum ipsi ministrat: ac ita homo, omnis creatura est, quam ipse per rationalitatem scit et cognoscit, et quæ ex præcepto Dei per omnia ei subdita est. Deus enim ignis occultus est, quem nemo mortalium inspicere valet. Sed angeli qui ignei sunt, etiam igneam faciem semper inspiciunt, et splendor Patris, Filius ejus, de cujus indumento, quod tempus habet, prophetæ prophetabant; et qui semper sine tempore ante ævum cum Patre fuit, ut Joannes Evangelista testatur, dicens: *In principio erat Verbum, et Verbum erat apud Deum* (*Joan.* 1). Sed Verbum quod in principio apud Deum erat, de Maria virgine incarnatum, fons vivus processit, qui omnes in se credentes aqua vitæ reficit, quemadmodum ipse dicit: *Qui in me credit, flumina de ventre ejus fluent aquæ vivæ* (*Joan.* vii). Ipse etiam per inexstinguibilem ignem Deitatis, omnem ignem spurcitiæ exstinguit, quia ante ævum in Patre genitus erat, cujus voluntas indumentum ejusdem Filii sui æternaliter habuit. Idem quoque Filius Dei in aquis se baptizari voluit, ubi eum paterna vox dilectum Filium suum (*Matth.* iii, xvii), qui ante ævum in æternitate cum ipso erat, testatur; et qui per speciosam formam humanitatis suæ, omnes inimicos suos, qui contra eum pugnare volunt, conculcabit. In aquis enim memor erat, quomodo illas per verbum suum creavit, super quas spiritus Domini (qui vivus fons est) ferebatur (*Gen.* 1), qui eas movit et fluere fecit, ita quod omnem immunditiam mundant, et nullam putredinem in se continere poterunt. Deus namque humanitatem suam diabolico celavit, quem cum magna multitudine diabolicorum spirituum de cœlo dejecit (*Isa.* xiv), ipsorumque numerum, diabolo ignorante, cum beatis hominibus complevit. Et sic Deus per casum Adæ, ruinam diaboli (qui ex toto perditus est) reparabit. Filius etiam hominis, comedit et bibit, ut homini facere concessit, per quod caro et sanguis crescunt et nutriuntur, ne in officiali opere suo arescendo deficiant. Cibum vero istum serpens contaminavit, quando primi homines ipsi consentientes de paradiso expulsi sunt (*Gen.* III); unde et per suggestionem diaboli, filios suos in peccatis concipiendo, in dolore generabant. Sed istam mortiferam conceptionem hominis, Filius Dei abstersit, cum de Spiritu sancto ex Maria virgine sine omni peccato virilis naturæ conceptus et natus est (*Luc.* I, II). Filius etiam Dei, corpus et sanguinem suum in pane et vino discipulis suis dedit (*Matth.* XXVI), quia hæc duo maxime ei conveniunt et comparantur; quoniam sicut granum in terra absconditum, ex nulla alia coagulatione, nisi per calorem solis, et humorem aquæ, per gratiam Dei in viriditate sua occulte nascendo surgit (*Joan* XII), et sicut botrus vini, non per putationem, sed per mysticam gratiam Dei viret et crescit; sic etiam ipse Filius Dei sine omni coagulatione, et viriditate peccati carnalis naturæ ex occulta divinitate verus homo processit. Ignis enim qui in altum siccum puteum absconsus est, ubi postea crassa aqua inveniebatur, cum qua sacrificia aspergebantur, quæ per magnum ignem, qui accensus est, consumpta sunt (*II Machab.* I), Deum inexstinguibilem ignem, et vivum fontem esse designant. Nam ipse Deus, quem idem ignis et aqua significant, in alta profunditate sua tam occultus est, quod omnem intellectum humani ingenii excedit: unde etiam omne carnale desiderium in Maria virgine ita consumpsit, quod filius suus absque omni incendio peccati ex ipsa humanitatem suam induit: Spiritus sanctus enim, qui vivus fons est, suavissimo humore suo eam perfudit, sicut ros super granum descendit; ita ut per virtutem Altissimi ab omni ardore, qui per suggestionem diaboli nascentibus hominibus fit, et ab omni dolore humanæ naturæ et genituræ obumbrata sit, quemadmodum angelus ad ipsam dixit: *Et virtus Altissimi obumbrabit tibi* (*Luc.* I).

Primus autem ortus immundæ coagulationis, quæ sine Spiritu sancto exoritur, in aquis baptismi per Spiritum sanctum, velut aurum in igne mundatur et purificatur; quoniam *Spiritus sanctus super aquas ferebatur* (*Gen.* I), ac eas moveri, et fluere fecit. Ipsæque etiam spiritale elementum præ cæteris sunt, et in eis etiam animalia in natura ab aliis animalibus aliena, nascuntur et pascuntur. Homo namque charismate et oleo per gratiam Dei inunctus, et igne Spiritus sancti accensus, in baptismate sanctificatur, ac denuo in confusionem antiqui serpentis, qui primum ortum suum tetigit, renascitur (*Joan.* III); et ita per gratiam Dei ab ipso hoc modo potenter eripitur, ac in fonte baptismatis per fontem vivum, scilicet Spiritum sanctum, ad æternam salvationem regeneratur. Eadem etiam virtus Altissimi, quæ supervenit in Mariam, ex ipsa carnem et sanguinem Filii Dei efficiens, super oblationem panis et vini, apertis vulneribus Jesu Christi, descendit, ita ut eadem oblatio panis et vini occulte in conspectu Dei et sanctorum angelorum, in carnem et sanguinem transformetur; sicut etiam granum et vinum per occultam viriditatem, quam homo videre non potest, crescunt. Sed quia homo post ablutionem baptismi in peccatis sæpissime labitur, vulnera ejusdem Filii Dei tandiu aperta sunt, quousque rationalis homo peccaverit, quatenus ipse per pœnitentiam et confessionem in eisdem vulneribus mundetur et recipiatur. Sed homines, qui hæretici et Sadducæi dicuntur, sanctissimam humanitatem Filii Dei, et sanctitatem corporis et sanguinis sui, quæ in oblationem panis et vini est, negant; ideoque diabolus, qui initium est ab illo, qui nec initium nec finem habet, et qui in principio honoris sui, unitati æternæ divinitatis contradixit, per homines istos, totam terram pulvere mortis aspergit. Ipse enim mendax est (*Joan.* VIII), quoniam obcæcationem infidelitatis, oculis hominum istorum infundit, eos ita obcæcando, ut in Deum verum nec sperare, nec credere possint; et ita vipereo more omnem sanctitatem et honorem Dei per homines istos mordet, qui eum per suggestionem suam sequuntur, et qui per omnia Deum vivum per infidelitatem despiciunt. Deum namque verum, qui invisibilis est, et etiam animam, ac spiritum hominis in recta fide non habent; quoniam omnis eorum intentio ad illa quæ carnalia sunt, tendit: ideoque omnia quæ Dei sunt, quemadmodum ille qui eos seducit, conculcant; quia verba veritatis contemnentes in mendacio et in falsa doctrina sua gloriantur. Perditus vero angelus, per rationalitatem suam scit, quod homo rationalis possibilitatem operandi quæ vult, habet: et hoc in primo homine, qui præceptum a Deo acceperat, recognovit; ac ita in eadem qua mulierem deceperat, illud quod præcepit, scilicet ut crescerent et multiplicarentur, in hominibus istis destruere conatur, eis suggerendo, ne secundum præceptum legis, sed secundum hoc, quod ipsi per suggestionem diaboli sibimetipsis eligunt, vivant (19). Ipse quoque eis suggerit, ut corpus suum per jejunium macerando constringant, et postea omnem voluntatem incesti desiderii eorum perficiant; et ita, ipso suadente, ab omni sanctitate legalium præceptorum omnipotentis Dei deficiunt; quoniam in omnibus præceptis quæ Deus per Moysen, ac per alios prophetas suos protulit; et quæ postea per Filium suum revelavit, mortui sunt; ideoque per eos tota terra polluta est. Unde vos, o reges, duces et principes, ac cæteri Christiani homines, qui Dominum timetis, verba ista audite, et populum istum ab Ecclesia, facultatibus suis privatum, expellendo, et non occidendo, effugate, quo nullum præceptum legis observant, non vere continentes.

---

(19) Notandum illud, *ne secundum præceptum legis.* Anabaptistæ et concubinarii hic notantur, qui

niam forma Dei sunt. Igneus autem Spiritus Dei, qui vivus fons est, per gratiam suam vobis infundat, ut hæc ante diem ultionis Dei, faciatis, quatenus de omni honore et beatitudine corporis et animæ non deficiatis.

Deus homini præceptum, in quo omnis lex latebat, dabat; sed homo illud prævaricatus est, et ideo per casum expulsionis judicatus est, in duobus modis mortalis existens, corpore scilicet moriendo, et veræ lucis visione carendo. Unde etiam in mansione illa perdurare non potuit, ac prædictam visionem perdidit. Ipse enim Deum veraciter scivit, et quod præceptum illius custodire deberet, agnovit; sed quia servum audivit, et quoniam mulieri sibi subditæ consensit, justum judicium justi Judicis super eum venit. Et judicium istud Deus homini super illos dedit, qui magistrum in obedientia agnoscere nolunt, et qui omnia mandata legis prævaricantur; unde et corpora ipsorum morti dabantur, quoniam in luce legis mortui sunt. Sed tamen magistri, qui in vice Christi sunt, prævidere debent, si aliquam emendationem in se habeant, antequam illos morti tradant. Et cor eorumdem magistrorum in hoc purissimum esse debet, ne ullam injuriam, aut blasphemiam ipsis ab illis illatam, in judicio attendant, et ita morti sanguinem damnatorum cum judicio tradant. Quod si cor eorum purum non fuerit, a præsentia hujus judicii fugiant, ne verba ipsorum proximos suos interficiant, diligentissime Evangelium Domini attendentes, ubi dicitur : *Nolite judicare, ut non judicemini. In quo enim judicio judicaveris, judicabimini* (*Matth.* VII). Sed nec judicabunt secundum quod ipsi constituunt, nec secundum placitum voluntatis suæ, sed secundum judicium omnipotentis Dei, ita ut quicunque intolerabiliter omnibus præceptis legis adversarius exstiterit, et qui a criminalibus peccatis se abstinere noluerit, hic secundum judicium Dei, et non secundum voluntatem hominis judicetur. Quod si ille propter timorem mortis, culpam suam se emendare promiserit, semel et secundo judicium Dei differatur : et cum sic probatus non emendaverit, secundum verbum Filii Dei, pœnæ judicii reus erit. Hoc modo de omni judicio quisque homo provideat, ut non secundum voluntatem hominis fiat. Attendendum quoque est, quid Jacobus de divite et de paupere loquatur, de divite scilicet bene aurato et vestito (*Jac.* II). Dives enim propter magnam pecuniam suam honorari vult, recipitur, et honoratur, videlicet propter auxilium adversitatis, et propter timorem potentiæ, qua sæpe homines lædit. Pauper autem propter amorem Christi suscipiendus est, et quoniam frater hominis existit. Nec isti pares habendi sunt, quia hoc sine discretione esset; quoniam qui divitem et pauperem in una sede sedere faceret, dives hoc facere dedignaretur, et pauper inde terreretur. Pauper namque propter amorem Dei recipiendus et habendus est; quia frater hominis est, et quamvis Deus divitem permittat divitias habere, et eas pauperi subtrahat, formam pauperis, quæ sua imago est, tamen diligit. Dives enim per superbiam divitiarum suarum hominibus, quibus nocere potest, imperat, et eos tractat sicut non sint homines in forma sua : et hoc modo bonum nomen hominis, scilicet quod ipse imago et similitudo Dei est, blasphematur.

Deus itaque præcepit : *Diliges proximum tuum sicut teipsum* (*Levit.* XIX; *Matth.* V), formam tuam scilicet in ipso attendendo, eique omnibus condolendo, et omnia quæ male egerit, moleste ferendo, quia forma tua in malis ejus per ipsum blasphematur. Cumque homo hæc fecerit, bonum opus secundum Filium Dei operatur, qui carnem induit ut homini condolere possit. Sed qui spernit pauperem, non solum in illum, sed etiam in omnipotentem Deum peccat, qui formam hominis apprehendit, per quam legem dedit, et ex qua redarguetur, quoniam transgressiones legis sunt. *Quicunque autem totam legem servaverit, offendat autem in uno, factus est omnium reus* (*Jac.* II); quoniam quicunque cætera legis mandata tenuerit, et uno mandato in lege caruerit, illud propter odium non diligendo, sed velut picturam pictoris illud habendo, hic alia præcepta perfecte non implet. Sic etiam fit, cum homo debilitatur in uno membro sive per nativitatem, sive per aliquod infortunium, cætera membra sua ei condolebunt, nec in illo debilitato perfectum solatium aut auxilium habebunt. Cibus quoque non bene coctus et insulsus, homini nec vim, nec gustum confert; sed vix homo per illum vivit. Sic etiam qui igneam charitatem non habet, omnia mandata legis non recte coquit; sed ea ut debile membrum suum habet : et qui de sapientia opera sua non colligit nec discit, sed illa a seipso connectit et operatur, hic comparatur homini, qui imaginem secundum formam hominis ex ligno facit, quæ vivere non potest; sicut etiam ipse, et opera sua mortua sunt, et etiam velut mutus est, qui voce rationalitatis caret; unde et sicut reus in omnibus mandatis Dei existit, et de ipsis in judicio Domino respondebit, quoniam ea secundum voluntatem suam operatus est. Prævaricatio itaque mandatorum legis, in ethnicis, et in infidelibus, et in eorum sequacibus est, quia fide carent. Qui autem per baptismum et fidem fideles existunt, et quantum potuerunt, in mandatis Dei operantur, atque toto corde gemunt, et ad Deum anhelant, auxilium illius postulando, et pœnitentiam de illis quæ prævaricantur faciendo; quoniam alii ab infantia, alii a juventute, alii in senectute Deum quærunt, et ab ipso omnia postulant, hi licet peccaverint, tamen per judicium non abjiciuntur. Nam in omnibus istis, o *Jerusalem*, multitudo sanctorum, justorum et electorum, pœnitentium et publicanorum ad te veniet (*Isa.* LX).

Divina claritas, claritatis, quæ inter opus tuum clarescit, tu radix illa es, quæ plurimos ramos emisisti, et sol es cum innumerabilibus sphæris, scilicet sanctis et electis tuis, quorum numerum nemo capere potest. Tu enim in principio radicem unam plasmasti, quam spiraculo vitæ vigilare fecisti (*Gen.* II), et ad Jeremiam dixisti : *Quid vides, Jeremia?* Qui tibi respondit: *Virgam vigilantem ego video* (*Jer.* I).

Quædam radix cum ramis suis processit, et noxiali pomo obnubilata est, quod nox super eam evomuit; unde et ipsa in tenebris ramos suos multiplicans, justitiam cœli conculcare voluit. Sed tu, clara divinitas, in aquas claruisti, et eas quasi in utrem congregasti (*Psal.* XXXII), in quibus omnes homines, excepto Noe et ramis ejus, submersi sunt (*Gen.* VII). Istum vero, scilicet Noe, ad operandum miracula tua imbuisti: et ideo opus suum quasi in scientia infantis cum gaudio operatus est; quia nondum scivit nec sapuit, quæ ei locuta es. Aereum quoque fumum ei objecisti, qui venas et medullas hominis concutit, ut humanis sensibus non impediret, ædificium quod eum docuisti, velut in lætitia infantis ædificaretur. Sic etiam facis in hominibus, in quibus miracula tua operaturus es, cum per tuam inspirationem aliena humanis sensibus loquuntur. Postquam autem Noe in altitudine, in quam levaveras, ædificium suum fecerat, primum ædificium Abel, quod in effusione sui transierat, de ipso excitasti, eumque ita inspirasti, ut altare ædificaret, super quod tibi altissimo Deo sacrificium obtulit.

Clara divinitas, quæ innumerabiles sphæras vitæ habuisti, primum hominem plasmasti de limo terræ, et illum in loco paradisi constituisti (*Gen.* IV), ut in angelica laude societatem haberet. Serpens autem in dolo oculum suum movit, et illum fallacibus verbis decepit, te apud eum accusans, qui etiam primum se tibi opposuit. Quod diabolus fecit, quatenus homo de paradiso expelleretur, et ne in locum, de quo ipse expulsus est rediret, quem novum opus creatum, præterquam se cognovit. Clara et ignea divinitas, in igneis sphæris, quas in te habuisti, per sanctam imaginem humanitatis tuæ caput serpentis contrivisti, ut se, priusquam opus tuum perfecisses, nunquam erigeret. Ipse enim ignem, qui tu es, nequaquam tangebat. Sed in quadam luce claritatis, in qua mendax factus fuit, et ideo humanitas tua ei absconsa est, et ideo etiam angeli, qui ignem tuum tangunt, ab eo recesserunt. Postea vero opus tuum, scilicet hominem, cum igne et claritate fecisti, ita ut illi perdito nunquam ex toto similis efficeretur, quæ in tanto numero ad imaginem tuam colliges, ut nec angeli, nec animæ eum dinumerare possint. Quidam enim hominum ignei sunt, et ad ignem se convertunt, et quidam in luce claritatis sunt, et de luce ruunt; et iterum postea ad ignem resurgunt, ac columnæ cœli efficiuntur. Tu, clara divinitas, ignis et claritas es, quibus etiam filiole vas fecisti, de quo indumentum tuum induisti; et sic in tribus viribus existens, opus tuum etiam in tribus viribus constituisti. In claritate Adam constituisti, et in igne Noe conservasti, ut de ipso novus mundus cum igne sanctitatis procederet, qua ingluvies serpentis clausa, et vis ejus ita combusta et superata est, ut illi qui per ignem et aquam regenerantur, in vera fide persistentes, nullo modo perdantur. Tu enim in igne tuo aquam exsiccasti, ne in utrem Noe flueret, in quo præsignasti mortem perditionis hominum finiendam, sicut etiam homines in aqua morte finiti sunt. O sanctitas aquæ, in qua Filius tuus mortem contrivit, quem Virgo de tuo igne concepit, qui in ea omnem livorem aquosi peccati exsiccavit, ut ex illo non læderetur, quemadmodum etiam Noe non lædebatur. In his enim signis prævidisti quod in Maria perfecisti, quæ caput serpentis contrivit (*Gen.* III), per quem prima mulier decepta est. Noe, qui salutiferum signum es, quia Deus occulte te docuit, qualiter per aquam salvari posses (*Gen.* IX), et cordi tuo inspiravit, ut ad sacrificandum ei, mensam ædificares, tu velut aurora existis; quæ scintilla solis es. Deus in te præsignavit novam et veterem sanctitatem prophetarum, et sapientium, et observationem integritatis, quæ non in latere viri, sed in forma mulieris plantata est, quæ in potestate viri non fuit; sicut etiam potestas aquæ tibi nocere non potuit. Deus etiam novum mundum ex te procedere fecit, et rigatam terram per aquas tibi dedit, in qua vineas plantasti, vim vini tamen ignorans, per quod sensus hominis denudantur. Sicut enim filius, qui nuditatem tuam, te ut patrem honorans, texit, gloriose libertatem suam detinuit, alio in servum illius redacto; sic bonæ scientiæ mala scientia servitus constat. Tu etiam tam tortuosus in peccatis, ut filii tui, non fuisti, sicut etiam filii Adæ criminosiores ipso fuerunt. In benedictionibus enim libertatis, sancti et electi sunt, et etiam illi qui per pœnitentiam de servitio peccatorum in libertatem redierunt. Illis quoque omnibus datur tuba canere, cujus sonus ante thronum Dei sonet (*Apoc.* V). Angeli quoque vocibus suis Deo laudes symphonizant, de operibus bonorum hominum adhuc in corpore viventium, quæ semper multiplicantur, et ante Deum ascendunt super aureum altare, quod in conspectu ejus est, et de ipsis semper novum canticum Deo concinunt. Aureum enim altare, opera sanctorum intelligenda sunt, quæ ipsi, in corpore manentes, operati sunt, et quæ in conspectu Dei, quasi aureum altare fulminant, et quibus Agnum, scilicet Filium Dei imitati sunt.

Ipsi quoque sancti opera sua, et etiam opera ipsorum beatorum, qui feliciter operantur, dinumerant cum canente tuba, cujus sonus est ut vox aquarum multarum (*Apoc.* I), quæ dulcissimo sono circumientis firmamenti intermista esset, et hac voce laudis auxilium illi a Deo quærunt, quæ sanctis operibus, quæ sursum super altare ante Deum ascendunt, opera et merita ipsorum tangunt. Sic namque Deum pro ipsis orant, quatenus ipsi a bonis operibus, Leviathan deceptione, non impediantur, quæ exemplis eorum cum elementis operabuntur, quod canens tuba eorum significat, quia Deus ab eis, sicut ab angelis, quos claritate sua perfudit, laudatur et glorificatur. Vox enim sanctorum, qua Deum de suis et de aliorum bonorum hominum operibus laudant, quasi canens tuba est: unde et ipsi canticum novum ante thronum et Agnum cantant (*Apoc.* xiv), et terra, scilicet terreni populi in voces eorum resultant, in meritis eorum Deum laudantes, et dicentes: *Gloria tibi, Domine.* O sancta Divinitas, tu in cœlo ab occultis angelis glorificaris, qui de tua claritate scintillæ existunt, et de homine (quem de limo formasti ad indumentum tuum) laudaris in terra. Quod Joannes evangelista claritate Dei inclaruit, et in flamma Spiritus sancti exarsit; et ideo in corpore suo cœlestis fuit, ut homo ante ruinam exstitit, unde pondus et gravedo corporis sui in terra remansit, ipso in cœlestia sublevato, quasi in ictu oculi, sicut post novissimum diem omnis corporalis gravedo comburetur, sanctis animabus ad cœlestia volantibus. Joannes Baptista fortitudine Divinitatis perfusus in carne sua (*Matth.* iii), omnino a spuma serpentis mortuus fuit; et ideo amaris verbis peccantes corripuit. Istum Deus ante humanitatem suam præmisit, antequam plenitudo temporis veniret, in quo Deus homo factus est (*Gal.* iv). Nunc autem invoco et adoro te, ut me pusillanimem, quæ verba ista vidi et audivi, quod tu solus scis, in canticis beatarum animarum conservare velis, et omnes qui propter puram fidem nominis tui studiose mecum laborant, in sinum gratiæ ita collige, ut a te nunquam peregrinemur. Tu enim solus ignorantiam meam scis, quæ doctrina Scripturarum stellata non sum, quæ miracula tua narrant, ut etiam in stellis tempora discernuntur. Unde rogo te, ut ab omni nigredine malignorum spirituum me liberes, et ab omni dubio ignorantiæ meæ in corpore et anima conserves. Iterum rogo te, mitis Pater, ut mecum laborantes, igne charitatis tuæ ames, et in libro vitæ, qui scientia tua est, scribas, ut a te nunquam separentur. O Noe qui principium es sanctitatis et ramorum, qui a te processerunt, rogamus te, ne nostri in canticis laudum tuarum obliviscaris propter negligentias nostras, sed propter amorem illius, qui te in miraculis suis elegit, in laudibus et orationibus tuis ante Deum nostri memor esse digneris semper. Amen. Sancta Divinitas, quæ absque omni divisione integra existis, tu per verbum tuum in omni creatura puro nomine generas. Formæ, quæ per verbum tuum formatæ sunt in genere suo, a vita non evanuerunt. Quædam creatura ex viriditate, quædam carnibus induta ex sensibili natura sua, quædam ex ventoso flatu suo, quædam ex aere fluentis aquæ vivit. Tu enim integram et indivisam obedientiam indumenti verbi tui, in Abraham præsignando scripsisti, et eam puram et integram propter liberationem eorum qui pœnitentiam (de inobedientia, quæ in Adam exoria) agunt, custodisti. Tu præcepisti Abrahæ, ut in carne sua se vulneraret, quæ de deceptione, de sanctitate castitatis in incesta desideria mutata est, quæ tu per aquam et baptismum abluisti, in occultis mysteriis, quibus etiam ipse nescienter deceptus est. Abraham ad præceptum meum, carnem suam vulnerante, et diabolum confudit, qui mysterium illud non cognovit, et in ea parte hominis confusus est, qua etiam hominem decepit. Tu etiam præcepisti, ut dilectum suum filium tibi sacrificaret (*Gen.* xxii), in quo præsignasti tuum Filium pro populo sacrificandum. Sed vibrantem gladium super ipso ligato extensum, angelus tuus prohibuit, et arietem ex aliis ovibus non procreatum, sed ostensionem tui miraculi illi ostendisti. Homo enim, quem tu plasmasti, per diabolum deceptus est. Unde omnis humana natura ita contaminata est, quod omnis homo totus in peccatis carnalis desiderii concipitur. Natura etiam hominis ita distorta et tortuosa facta est, ut nullus socium suum liberare posset de captivitate diaboli; unde in teipso ordinasti tunicam Filii tui extentam de simplici terra, quæ de nullo germinaverat, cujus sanguinis calorem calor Spiritus sancti accenderat, quæ sicut ovum a carne nata est, quod per gallinam fotum, pullum emittit; sic ipsa Virgo calore Spiritus sancti fota, filium genuit: et sicut pullus absque calore gallinæ ex ovo nunquam procederet, sic Virgo absque calore Spiritus sancti nunquam Filium procrearet.

Mysterium istud totum in ariete præfiguratum fuit, qui in spinis pendebat, ut Dominus ad Adam dixit: *Cum operatus fueris terram, spinas et tribulos germinabit tibi* (*Gen.* iii). In laboribus operis sui malitiosa vindicta ei ostensa est, quia contempsit præceptum Dei, quod incœpit, et non perfecit, et non gloriam suam contrivit: et ideo lucida vestis, quæ absque omni obnubilatione fuit, ab eo ablata et scissa est, ut etiam spinæ et tribuli hominem scindunt. Filius, qui absque omni virili sanguine natus est, in claritate Dei calore Spiritus sancti, ille solus in lignum suspensus est pro crimine Adæ; quia nullum similem habuit, animas liberavit, infernum despoliando: et quis est iste qui hoc fecit? Deus scilicet, qui absque omni incœptione, defectu et mutatione, dies illa est, cujus claritas nunquam aliqua luce illustrata est. Sed ipse lux omnis facturæ et creaturæ suæ est, de quo David dicit: *Quis est iste rex gloriæ? Dominus fortis et potens, Dominus potens in prælio* (*Psal.* xxiii). Hoc est, Deus inexstinguibile lumen est, quod nunquam inveterascet, nec evanescet, nec in tædium ducetur, et ipse est Rex gloriæ, cujus gloria absque omni noxiali obscuritate persistit, et non deficit, sicut tempora hominis deficiunt, quæ incipiunt et arescunt, et semper mutantur. Sed ipsa in viriditate sua stabilis et immutabilis permanebit, sicut *lignum quod plantatum est secus decursus aquarum* (*Psal.* i). Gloriam enim, quæ ipse Deus est, nec angelus, nec homo ullo numero finire nec dinumerare valet. Quoniam ipse integra plenitudo est; et ideo angeli nunquam saturabuntur eum intueri; quoniam semper ignota et nova in eo vident cum gloriosa jucunditate. Ipse vero *fortis et potens;* quoniam omnes creaturas in fortitudine sua potenter perduxit, et unamquamque in genere suo mobilem constituit; et ita absque cæcitate omnia creata sunt et absque defectu. *Dominus potens in prælio,* qui contra draconem pugnavit, et eum in cœlo superavit, ac in inferno ad pœnas malitiæ suæ prostravit, et portas inferni confregit, et animas illorum qui eum agnoverant, secum duxit, nec istud alius facere posset, nisi potens sit. O pura, vera et ignea Divinitas, in tua potenti vi plantasti primum immortalem et immutabilem terram, in qua primi homines se contaminabant, contra præceptum et voluntatem tuam delinquentes, quos de eadem lucida regione expellebas forti potentia tua. Ruinam tamen istorum reædificavit, post effusionem aquarum nubium per novam progeniem quæ ex Noe processit, postquam serpentino generi ostendebas quid in forti potentia tua facere posses contra furorem draconis, qui in æstimatione sua omne humanum genus deglutire deberet, quod diabolus tamen non cognovit; quia tibi nunquam servire incœpit. In omnibus quæ cum diluvio faciebas, quando homines demersisti, ruinam errantis turbæ ostendebas. Tu enim, sancta Divinitas in Noe novam sobolem plantasti, sicut etiam terra in alium modum eversa, novum succum vini protulit. Abraham prima radix fuit, quæ in ramis generis sui floruit, sicut virga Aaron de radice abscissa fronduit (*Num.* xvii), in qua præsignasti Nati tui Incarnationem, qui in pudica alvo Virginis, de vi tua, sancta Divinitas, absque omni carnali conceptione floruit. O pura Divinitas, tu attendisti malitiosum auditum primæ mulieris per serpentem deceptæ, et nobilissimam virgam Mariam, de vi tua florere fecisti, quæ nuntium archangeli cum auditu veræ humilitatis suscepit, et in vera fide tibi obedivit (*Luc.* 1). Hanc tu super sidera in cœlum unicam matrem tuam alienæ naturæ levasti, quo non venerat Eva: quæ nobis perdidit Eva, ea per matrem salvationis cum omnibus ornamentis paradisi, nobis reddita et reservata sunt. Nunc, o laudabilis Divinitas, laus tibi sit, quoniam omnia malitiosa hominis reparabas, et in scientia tua scripsisti qualiter inimicum tuum superares. Ad pronuntiandam hanc Scripturam viros elegisti, de quibus isti præcipui fuerunt, in quibus ostendisti omnia malitiosa casus Adæ, per Filium tuum reparanda in melius, sicut post diluvium terra et homines quadam novitate in melius reparata sunt, et in Abraham inobedientia per obedientiam deleta est. Abraham fuit radix incipientis sanctitatis, qui per obedientiam præceptum Dei servavit, et omnipotenti Deo hostiam bonæ voluntatis obtulit, unde et merito pater multarum gentium dicitur (*Gen.* xvii); quia his, scilicet obedientia, observatione præceptorum Dei, te, sancta Divinitas, tetigit et signavit. Unde etiam nobilis Maria de stirpe ipsius processit, quæ nobile germen Filium Dei genuit, quod totum mundum illuminavit, per quod etiam caput serpentis contrivit. O mitis sapientia, cujus ordinatio in omnibus creaturis tuis justa et vera est, salva hominem illum, qui istam Scripturam vidit et audivit, et fac eam principem redemptionis Filii tui, ut a numero istorum nunquam separetur, qui in regno tuo gaudent. Libera me ab omni fallacia malignorum spirituum, qui me cum omni humano genere odio habent, ne me, ipsis consentiento, contaminem: hoc mihi concedere velis per sanctam Mariam, maris stellam, et per Filium tuum. Amen.

Divina Deitas, quæ, cum aliis potentiæ tuæ *super pennas ventorum volas* (*Psal.* xvii), quorum elevatio et volatus per vim tuam existit, per fortitudinem tuam rationalitas in angelis et hominibus, qui opus tuum sunt, volat; et tu sapientia es, quæ istorum rationabilitati scientiam das, ut qualia opera eorum sint, agnoscant; et ea, velut sapiens vir, domum suam supra petram, scilicet Christum, ædificent. Rationalitas hominis, cum sapientia terram profunde fodit, quatenus supra petram domum suam ædificet (*Matth.* vii). Unde qui cum sapientia ad cœlestem amorem æterni Dei volat, viam vanam in peccatis vivendo despicit. Tædiosus autem et stultus homo, quem tædet terram in altum fodere, et domum suam supra petram fundare, hic desideria carnis suæ colit et deridebitur. Tu, pura Divinitas, Moysen de aquis sumptum servasti, quem filia Pharaonis tanquam filium suum nutrivit, ne morte suffocaretur (*Exod.* ii). Aqua Spiritui sancto adest, quoniam per eam omnis fornicatio et forma examinatur, cui humiditas adest, quia omnia temperantur, ut etiam ignis magisterio suo omnia temperat. Sapientia rationalitati adjuncta est, et corpus ejusdem rationalitatis indumentum existit. O sancta Divinitas, his tribus viribus omne opus tuum perfecisti, in illa unitate in qua nulla divisio est, nec ullum eorum aliud injuste excellit. Sed tu es omne in omnibus (*I Cor.* xv). In possibilitate potentiæ tuæ creaturam tuam multiplicasti, quæ in una forma multos sensus habet. Tu etiam prævidisti in visione antiquorum sanctorum, et in sanctis novi testamenti incarnationem tuam, cui ipsi adsunt, sicut fecisti per nubem in Noe, et per arietem in Abraham, et in Moyse, quem de aquis sumpsisti, in quo legale fundamentum tuum scripsisti, et occulta mysteria et miracula quæ hominibus ignota sunt, in mirabilibus tuis fecisti. Tu enim per clavem nubium aquas effudisti, et per circumcisionem baptismum Abrahæ ostendisti, cujus vinctionem per Moysen sanctificasti, quem filia Pharaonis de aquis sumptum servavit. Filia Pharaonis Ecclesiam significat, quæ ex gentilibus idola colentibus ad Deum per ablutionem baptismi, et unctionem Spiritus sancti (cui maxime aqua pertinet) ad Deum conversa est. Futura miracula in Moyse prævidisti, qui per igneam columnam in nocte Israeliticum popu-

...um duxit, et mare Rubrum divisit (*Exod.* xiv), per cujus significationem diabolus cum omnibus sequacibus suis submersus est. Virga vero qua aquas divisas confluere fecit, legalem correctionem, qua plenum numerum primum constituit, supplebit per Filium suum. Ecclesia namque per incendium vitiorum multas persecutiones patitur, sicut etiam Israel in eremo multas perturbationes, contra Deum murmurans, pertulit. Moysi, qui rubum non ardentem ardere vidit (*Exod.* iii), Israeliticum populum salvandum nuntiasti, qui ignis signavit Virginem per Spiritum sanctum absque omni commistione viri Filium tuum genituram, per quem populum Israeliticum in aquis sanctificasti, quem in Abraham plantasti. Tu etiam Moysi diligentissimo amico tuo dorsum tuum ostendisti, faciem tuam videre desideranti (*Exod.* xxiv), per quod ostenditur, a vivente homine æternitatem tuam in hac terra videri non posse, nisi quantum in fide cognoscitur. Ipse enim secreta miracula tua amplius humano sensu suscepit, quam cæteri homines, unde etiam exterritus et excussus est, et homines latet quid de corpore ipsius fecerit. O sancta Divinitas, laus tibi in omnibus operibus, quæ in his tribus columnis operatus es, et de omnibus miraculis quæ ad novissimum hominem operaberis, quia per Spiritum sanctum in his tribus viris omnes cæteri prophetæ pennati sunt, et cum ipsis volant. Nunc observa magnos et parvos, qui de Spiritu tuo scripserunt, et me pusillam quæ de spiramine Spiritus tui, cum ista scriptura laboravi. Josue volantes pennas Moysis fecit, quia ab ipso pennatus fuit. Abraham etiam post Noe Spiritu sancto inspiratus, novam legem (*Gen.* xvii), scilicet circumcisionem, protulit, et omnis philosophia prophetarum ab ipso solo exorta est et generata. Deus etiam cum cœlum et terram creavit, cœlum cum cœlestibus signis ornavit, et terram cum herbis et bestiis, et tandem hominem creavit (*Gen.* i), insignitum omni creatura, et intelligibilem omni scientia.

Omnia miracula quæ ante Jesum fuerunt, scilicet per signum circumcisionis, et omnis prophetia prophetarum, in ipso omnia completa sunt et constiterunt, quia in aliena natura novus homo in mundum venit. Deus enim misit eum in terram inaratam, et in terram aratro non eversam, in qua ipse nobilissimus flos crevit, et dulcissimum odorem præbuit universo mundo, sicut et nobiles flores in inarata terra crescunt. In floriditate namque sua novus mundus processit in similitudine, sicut Deus Adæ dixit: *Crescite et multiplicamini, et replete terram* (*Gen.* i). Sed quia germen illud periit per deceptionem antiqui serpentis, ita quod in primo ortu non processit, postea Filius Dei mortem primi hominis suffocavit, et magnos botros in nova vinea plantavit, qui optimum vinum dederunt, ex quo omnes cum magno gaudio inebriati sunt. Vinea vero ista fidem, quæ ex verbo, scilicet Filio Dei, emanavit, designat; cujus processionem totus mundus enarrare non posset. Botrorum autem optimum vinum suam dulcissimam doctrinam significat, qua homines in parabolis docebat; quia divina mysteria, generi per consilium serpentis obnubilato, videnda non sunt, nisi ut facies hominis in speculo, in quo tamen non est, resplendet. Quomodo enim posset vita a mortali homine videri? Ipse enim obscura verba hominibus locutus est, scilicet parabolas, quia in peccatis concepti verba vitæ aliter capere non possent. Filius enim Dei, qui divina vita est, in mundum venit, qui tabernaculum est hominis, noxiali pomo decepti, quatenus eum ad vitam revocaret verbis doctrinæ suæ, quem in humana specie, quæ deitatem suam texerat, videbat. Fons vivus, cujus divinitatem nullus intueri potest, Deus omnipotens est, qui in præscientia sua prædestinaverat incarnandum Filium suum ex homine, quem ad imaginem et similitudinem suam creaverat, quatenus per ipsius sanctam humanitatem, homo perditus, liberaretur, ab æterna morte, qui nullo modo aliter liberari potuit. Filius namque Dei, unica vita absque principio et fine existens, mortalem hominem ad vitam suscitavit, a morte æterna resuscitavit, quem in duabus naturis creavit de materia terræ, unde peccata sentit; et ex anima, per quam Deum omnipotentem et invisibilem intelligit, qui altissimus mons est, ad quem nulla creatura ascendere valet : unde decebat eum, a quo omnis creatura descendit et movetur, ut per Filium suum, Deum scilicet et hominem, liberaret, quatenus vacuus angelicus chorus per eum suppleretur. Deus enim cœlum et terram constituit, quemadmodum Moyses inspiratus Spiritu sancto, scripsit, quem in fictili vase, scilicet homine, designavit, quem diabolus ad plenum, ut in miraculis Dei constitutus est, non cognovit, sicut etiam divinitas in humanitate latens et occultata est; quia, si perfecte eum cognovisset, nunquam ad decipiendum eum aggressus fuisset. Diabolus vero etiam ante ruinam suam eum nunquam vidit, quoniam a charitate cæcus fuit, quæ in omnibus rebus velut anima et oculus existit, Jesum Christum sine peccato esse sensit, et in eo opera, quibus homo ad vitam resurgit: ideo recolens primum hominem a se deceptum, eum etiam tentatum, decipere volens, et ut memoria ipsius deleretur, omni modo quamvis incassum, laborat. Sed cum superatum se vidisset, omnino perterritus erubescebat, et in malitia sua confidit, ut per Antichristum, Deum in opere suo confundere debeat, quia ex forti vena primæ deceptionis, suæ confidit in terreno homine perficere, quod in inexstinguibili lumine non valuit, quod Job, qui in dolore suo perfusus est, in prophetia sua intellexit, quando : *Diabolus fiduciam habet, quod Jordanis in os suum fluat* (*Job.* xl). Ipse enim maxime odit ignem et aquam, quoniam omnes creaturæ per ipsa firmatæ et animatæ sunt. Ignis vero in quo secundum impietatem suam ardet, omni lumine caret, ipse etiam omnis viriditatis expers est, et ideo cum luce et humiditate partem non habet. Nobilissimus flos virgæ Aaron, per ignem florem, et in aqua mortem suffocavit, de quo floriditas sanctitatis et cœlestium virtutum exorta est, quoniam ipse nobile germen ab alto monte descendit, unde etiam novum genus plantavit. Prophetica namque verba, quæ in umbra famæ sonuerunt, tunc formata apparuerunt, quando Filius Dei de alto monte, scilicet de corde Patris sui, descendit ad induendam humanitatem, qui omnem vocavit creaturam, et eam in cavernam naturæ suæ constituit, quoniam ipsum decebat ut nova sanctitate cœlestium virtutum homines indueret, nova humanitate indutus. Illi enim, secundum Joannem, *non ex sanguinibus, neque ex voluntate carnis, neque ex voluntate viri, sed ex Deo nati sunt (Joan.* 1); quia, sicut Maria virgo contra naturam Deum et hominem genuit, ita isti contra naturam carnalis concupiscentiæ, ipsum imitando, in novam sanctitatem nati sunt, quam ex ipso suxerunt. Filius namque Dei, sicut bonus et sapiens hortulanus, bonas et ad cujusque utilitatem perfectas colligit herbas, bonos et perfectos homines, qui quasi bona herba in bona terra fuerunt, quoniam eum audierunt, et sermones ipsius audientes, præceptis ipsius libenter obtemperabant in fide et charitate. Ipse quoque duodecim apostolos elegit (*Matth.* x), ad numerum duodecim prophetarum, qui umbra fuerunt Christi, sicut umbra corpus ostendit.

EPISTOLA XLVIII.

PHILIPPI DECANI ET CLERICORUM COLONIENSIUM AD HILDEGARDEM.

Ejus preces flagitant. Rogant ut quæ viva voce illis prius dixerat, litteris commendet et ipsis transmittat.

Philippus decanus, licet indignissimus, majoris ecclesiæ, totusque clerus Colonien., Hildegardi de S. Roberto in *Pinguia venerandæ sectatrici Patris illius, quam elegit Maria (*Luc.* x), et nunc per munditiam cordis, et in futuro facie ad faciem Deum intueri.

Quia maternam pietatem vestram diligimus, vobis notum facimus, quia postquam a nobis recessistis, cum per divinam jussionem ad nos venissetis, ubi verba vitæ, prout Deus vobis inspiravit, nobis aperuistis, in maximam admirationem ducti sumus pro eo quod Deus in tam fragili vase, in tam fragili sexu hominis, tanta mira secretorum suorum operatur. Sed *Spiritus ubi vult spirat (Joan.* III). Nam ex multis rerum indiciis manifestum fit, quod in præcordiis vestris placitam sibi sedem elegerit: merito et nos in admirationibus nostris ad vos quasi ad vivum Dei templum, preces oblaturi, accedimus, et de corde vestro, sicuti revera de Dei oraculo, veritatis responsa flagitamus. Beatitudinem enim vestram quam intime exoramus, ut desideria nostra, quoniam ad curam animarum respiciunt, intentius Deo commendetis: et si quid adhærens Deo, animus vester in vera visione, ut solet, de nobis perviderit, litteris nobis intimare

curetis. Rogamus etiam, ut ea quæ viva voce nobis prius dixistis, litteris quoque commendetis, et nobis transmittatis; quia, dum carnalibus concupiscentiis dediti sumus, spiritalia quæ nec videmus, nec audimus, facile per negligentiam oblivioni tradimus. Valeat dilectio vestra, et ille vobiscum sit quem toto corde diligitis.

RESPONSUM HILDEGARDIS.

Gravissimis verbis et Dei nomine negligentiam clericorum in cura animarum aliaque vitia reprehendit; monita dat plurima multasque etiam prædictiones miscet.

Qui erat, et qui est, et qui venturus est (Apoc. I), pastoribus Ecclesiæ dicit: Qui erat, creaturam facturus erat, ita quod testimonium testimoniorum in semetipso habuit, omnia opera sua faciendo sicut voluit. Qui enim omnem creaturam fecit, et testimonium testimoniorum in omnibus operibus suis ostendebat, ita quod quodque formarum apparuit. Qui venturus est, omnia purgabit, et ea denuo in alia vicissitudine, iterabit, et omnes rugas temporum et temporum absterget, et omnia simul nova esse faciet, et post purgationem ignota ostendet. De ipso ventus flavit, sic dicens: Firmamentum cum omnibus ornamentis suis posui, nulla vi carens. Oculos enim quasi ad videndum, aures ad audiendum, nares ad odorandum, os ad gustandum habet. Nam sol, quasi lumen oculorum ejus est; ventus autem auditus aurium ejus; aer, odoramentum ejus; ros, gustus ejus, viriditatem sudando, ut oris spiramen. Luna quoque tempora temporum dat, et sic scientiam hominibus ostendit. Stellæ autem, velut rationales sint, sic sunt, quia circulum habent; sic etiam rationalitas multa comprehendit. Quatuor etiam angulos orbis, igne, nube et aqua firmavi, et sic omnes terminos terræ, quasi venas conjunxi. Lapides de igne et aqua sicut ossa fudi, et terram de humiditate et viriditate quasi medullam constitui. Abyssos velut qui corpus sustinent, in fixura extendi circa quas sudantes aquæ sunt ad firmamentum eorum. Sic omnia sunt constituta, ne deficiant. Si nubes ignem et aquam non haberent, velut cinis essent. Sed si cætera luminaria lumen de igne solis non haberent, per aquas non fulminarent, sed cæca essent. Hæc sunt etiam instrumenta ædificationis hominis, quæ tangendo, osculando et amplectendo comprehendit, cum ei ministrant, tangendo scilicet quia nobilem potestatem cum eis exercet. Sed et homo nullam licentiam possibilitatis haberet, si ista cum eo non essent. Sic ista cum homine, et homo cum illis. O filioli, qui greges meos pascitis, de instanti instructione Dominicæ vocis, quare non erubescitis, cum cæteræ creaturæ præcepta, quæ de magistro suo habent, non deserunt, sed perficiunt? Vos constitui sicut solem et cætera luminaria, ut luceretis hominibus per ignem doctrinæ in bono rumore fulgurantes, et ardentia corda parantes. Hoc in prima ætate mundi feci. Abel enim elegi, Noc dilexi, Abrahæ me ostendi

(*Gen.* IV, VI, XII), Mosen ad institutionem legis imbui, prophetas etiam amantissimos amicos meos constitui (*Exod.* III, IV, V). Unde etiam Abel sacerdotium præfigurabat, Noe principale magisterium, Abraham renovationem sobolis, Moyses regale nuntium, et prophetæ plurima magisteria. Sed et Abel, ut luna, splendorem suum effudit, quia tempus obedientiæ in munere suo ostendit, et Noe velut sol, quoniam ædificium obedientiæ perfecit; ac Abraham, ut fortes planetæ, cum circumcisionem attulit; et Moyses, ut cæteræ stellæ, cum per obedientiam legem collegit; et prophetæ, ut quatuor anguli, qui terminos terræ sustinent, in fortitudine perstiterunt, cum orbem terræ propter instantem iniquitatem corripuerunt, per quod etiam Deum ostenderunt. Linguæ autem vestræ mutæ sunt in clamante voce canentis tubæ Domini, sanctam rationalitatem non amantes, quæ sicut stellæ circulum circuitionis habent. Tuba Domini, justitia Dei est, quam magno studio ruminare deberetis, eam quoque in officiali lege et obedientia cum sancta discretione per convenientia tempora iterando populis, et non in nimietate eam illis incutiendo. Sed hoc propter pertinaciam propriæ voluntatis vestræ non facitis. Unde firmamento justitiæ Dei, luminaria in linguis vestris desunt, velut cum stellæ non lucent. Vos enim nox spirans tenebras estis, et quasi populus non laborans, nec propter tædium in luce ambulans; sed velut nudus coluber in caverna se abscondit, sic vos fœditatem in vilitate pecorum intratis. He, he, vos esse deberetis, ut dictum est : *Mons Sion in quo habitasti in eo* (*Psal.* LXXIII). Nam benedicti et signati in cœlestibus personis habitaculum esse debuistis, myrrham et thus redolens, in quo etiam Deus habitaret. Sed hoc non estis, sed veloces estis ad laciviam puerilis ætatis, illorum scilicet, qui de salute sua loqui nesciunt. Sed et quidquid caro vestra postulat facitis : quapropter de vobis dicitur : *Leva manus tuas in superbias eorum in finem, quanta malignatus est inimicus in sancto?* (*ibid.*) Nam potestas Dei, colla vestra iniquitate erecta deprimet, et ad nihilum deducet quæ velut in sufflatu venti inflata sunt, cum Deum non cognoscitis, nec hominem timetis, nec iniquitatem contemnitis, ut eam in vobis finiri desideretis. Deum non videtis, nec videre desideratis. Sed opera vestra inspicitis, et ea in vobismetipsis judicatis, scilicet faciendo et relinquendo secundum placitum vestrum quæ vultis.

O quanta malignitas et inimicitia hæc est, quod homo nec propter Deum, nec propter hominem, in bona conversatione esse vult; sed quod honorem appetit sine labore et præmia æterna sine abstinentia, et quod tantum velut in sanctitate inaniter cupit personare, secundum quod diabolus dicit : Bonus et sanctus sum. Sed non hoc. Quid nunc dicitis? Oculos non habetis, cum opera vestra in igne Spiritus sancti hominibus non lucent, et cum bona exempla eis non ruminatis. Unde firmamentum justitiæ Dei in vobis luce solis caret, et aer ædificio virtutum

in odore suavitatis. Unde dictum est : *Oculos habent, et non videbunt; nares habent et non odorabunt* (*Psal.* CXIII). Nam sicut venti flant, et omnem orbem perfundunt; sic vos, veloces venti cum doctrina vestra omni populo esse deberetis, sicut dictum est : *In omnem terram exivit sonus eorum* (*Psal.* XVIII). Vos autem in unaquaque volante sæculari fama jam lassati estis, ita quod interdum milites, interdum servi, interdum ludificantes cantores existitis, sed per fabulosa officia vestra muscas in æstate aliquando abigitis. Per doctrinam quoque Scripturarum, quæ de igne Spiritus sancti compositæ sunt, anguli fortitudinis Ecclesiæ esse deberetis eam sustentantes, sicut anguli qui terminos terræ sustinent; sed prostrati estis, nec Ecclesiam tenetis, sed in cavernam voluptatis vestræ fugitis, et propter tædium divitiarum et avaritiæ et cæterarum vanitatum subditos vestros non imbuitis, nec eos doctrinam a vobis quærere permittitis, dicentes : Omnia elaborare non possumus. Nam eos per præcepta legis perfundere et constringere debetis, ne ullus eorum per fragilitatem, quasi per medullam faceret quod sibi eligit, velut terra humiditate et viriditate perfusa et constricta est ne cinis sit. Propter vos autem sparguntur, et in unaquaque causa , quæ volunt faciunt. Vos enim ignea columna esse deberetis, illos perducendo, et eis clamando; ac bona opera coram illis exercendo, ac dicendo : *Apprehendite disciplinam, ne quando irascatur Dominus, et pereatis de via justa* (*Psal.* II). Nam lex Domini per amorem et timorem plena disciplinæ est, et ideo quæque natura, et spiritualis et carnalis, in recto itinere exercenda est, ne Creator minetur eis quos creavit, quod vias suas non ambulant. Sed vosmetipsos seducitis, dicentes : Nec hos, nec illos superare possumus. Quod si per rationalitatem, quam Deus vobis dedit, subditos vestros veraciter corriperetis, veritati resistere non auderent; sed quantum possint, verba vestra vera esse dicerent. Sed quia hoc non facitis, de vobis dicitur : *Turbati sunt, et moti sunt sicut ebrius, et omnis sapientia eorum devorata est* (*Psal.* CVI). Hoc tale est. Nam turbati estis, cum nullum respectum boni in vobis habetis, ita ut bene ambuletis. Moti quoque in magna dubitatione estis, cum opera vestra rectum responsum vobis non dant, velut nesciatis quid faciatis, sicut ebrius, quando illa quæ optio mentis ac propriæ voluntatis vestræ desiderat, facitis. Unde omnis sapientia, quam de Scripturis et de doctrina ubique quæsivistis, in puteo propriæ voluntatis vestræ devorata est, cum hoc quod tangendo et sapiendo sciebatis, in plenis desideriis vestris et in pinguedine carnis vestræ faciebatis, velut infans qui in infantia sua nescit quid faciat.

Quapropter ad vos dicitur : Mores moralitatis ad populum in recta stabilitate non habetis, sicut pedes reliquum corpus sustinent, quatenus Scripturis eos circumdetis, velut abyssus aquis sudantibus undique circumdata est. Sed dicitis : *Tempus loquendi modo* non habemus, nec etiam nunc tempus est ut audiamur, sicut in prioribus temporibus erat. Sed dico: Abel autem propter odium fratris sui, munus suum non deseruit, sed illud Domino suo obtulit, quamvis ob hoc occisus sit (*Gen.* iv). Noe in tremendo judicio suffocationis creaturarum angustiatus, multum sudorem emisit, cum mortem valde timuit, ubi jussa Dei complevit (*Gen.* vi). Quod quidam alii homines dixerunt: Quid facit stultus iste? Venti enim destruent eum, sed tamen ipse implevit quod Dominus ei præceperat. Abraham vero nec propter dolorem cordis sui, nec propter amorem filii sui cessavit quin eumdem filium suum in holocaustum figaret (*Gen.* xxii). Moyses quoque legislator dura et aspera a fratribus et vicinis suis in multo dolore passus est; sed tamen legem non dereliquit, sed præcepta Dei adimplevit. Prophetæ etiam de infidelibus hominibus, velut de rapidis lupis occisi sunt, cum Deo obediant. Vos autem in modico et congruente tempore injurias a populis sufferre non vultis; et ideo innumerabilia et infinita tormenta in sinum vestrum colligitis. Dies esse deberetis, sed nox estis. Nam aut nox aut dies eritis. Eligite vobis in qua parte stare velitis. Vos autem in firmamento justitiæ et legis Dei, sol et luna, et stellæ non estis, sed tenebræ, in quibus velut mortui jacetis. Unde iterum dico: Deus opera quæ per semetipsum fecit, illis qui ab eo declinant, proponit, quoniam manipulos bonorum fructuum recte non ferunt. Quemadmodum pater opera probitatis suæ filiis suis, cum ab eo recedunt, ostendit, ubi in honestate non bene ambulant. Adam in benevolentia præceptum Dei suscepit, sed consilio diaboli defecit; unde claritatem quam velut lucidum vestimentum habuit, et patrimonium paradisi perdidit, ac lamentabile vestimentum induit, et in tenebrosa terra ivit. Tunc diabolus gaudebat, quia hominem deriserat, et hoc fecit usque ad Abel, qui bona voluntate Deum dilexit, et voluntatem illam bono opere ostendit. Ibi autem diabolus Cain invasit, ita quod fratrem suum occidit (*Gen.* iv). Hæc Deus in mente sua velut in libro scripta inspexit, quæ mysteria diabolus nescivit, quoniam in sancta divinitate tantum apparuerunt. Quia virginitas in Abel sacerdotali officio et sangui e martyrii ornata est, quod postea totum in Filio Dei completum est. Deinde Deus per Noe in ædificatione arcæ cœleste fundamentum præfiguravit, ubi novum mundum produxit. Tunc namque terra novum succum, scilicet vinum dedit, in quo mors et vita est, ubi etiam diabolus filio Noe persuasit, quod propter nuditatem patrem suum inhonoraret (*Gen.* ix); unde etiam idem filius ejus, de benedictione libertatis denudatus, etiam servus factus est (*Gen.* xvii). Postea Divinitas per circumcisionem et veram ostensionem muros ejusdem fundamenti in Abraham demonstrabat, et etiam in sterili muliere. Circumcisio enim confusio serpentis et vulnus mortis erat. Prima quoque mulier sterilis vitæ fuit; Ecclesia autem feta vitis per fidem erat.

Diabolus autem in quibusdam in genere Abrahæ, cum maledictione irrisionem per homicidium et per alia prava opera fecit, unde de benedictione Dei ceciderunt. Sed digitus Dei legem Moysi scripsit, ubi turres prædicti fundamenti in altum produxit. Quapropter idem diabolus ibi pessimum et summum malum, quod prius consiliatus, hic manifeste ostendit, cum in Baal se esse Deum dixit. Unde Deus filios Israel multis plagis percussit (*III Reg.* xviii). Tunc unicornis venit, et in sinu Virginis dormivit, quando Verbum Dei caro factum est (*Joan.* i), et ecclesiæ fundamentum totum complevit. Ipse enim in virginea natura, sacrificium Abel per sanguinem martyrii pleniter factus est. Antiquus quippe serpens ei insidiabatur, quia nescivit quis esset, et quoniam mysteria illa quæ in mente Dei erant, non cognovit, et Judaicum populum hortabatur, ne illum in mirabilibus suis audirent, sed quod eum a discipulo suo venditum caperent. Quapropter ipsi in diversas regiones venditi sunt, et regionem suam perdiderunt. Filius autem Dei Ecclesiam quasi arcam Noe super alios altos montes posuit, quando per discipulos suos, principes, duces et reges fidem docuit, ubi eam quoque omnibus generibus, silicet justorum, publicanorum, peccatorum implevit. Ipse quoque in Abraham obedientiam incœpit, cum incarnatus, Patri suo usque ad mortem obedivit (*Philipp.* ii), et in circumcisione baptismum in nomine sanctæ Trinitatis dedit, cum discipulos suos baptizare credentes præcepit (*Matth.* xxviii). In eodem autem baptismo serpens in confusione suffocatus est et mors devicta ac vulnerata est, unde Ecclesia novam generationem per alienam viam genuit, quia Eva sterilis vitæ fuit, Maria autem majorem gratiam contulit, quam Eva nocuisset.

Sed antiquus serpens Judæis ac infidelibus hominibus persuasit ut sanctos Dei persequerentur et occiderent. Filius autem Dei vexillum victoriæ in omnibus operibus suis obtinuit, et discipulis suis sicut Moysi legem dedit, ut omnes populos docerent, et magistros constituerent, et Ecclesiam in omnibus ordinibus sui ornarent, et hoc perfecerunt per inspirationem spiritus Dei, qui in cordibus eorum veram doctrinam scripsit. Et quia Verbum Dei incarnatum erat, Deo placuit, quod omnes ordines angelorum, qui per nomina sua hominibus nota sunt, in spiritali populo spiritaliter designarentur, velut in presbyteris et episcopis, ac in cæteris hujusmodi spiritualibus ordinibus. Tunc Ecclesia in spiritualibus hominibus sicut aurora apparuit, et ita in virtutibus fulgebat, quoniam in tribulationibus eorum defensionem quasi scutum et protectionem quasi loricam habebat. Et ita spiritalis populus in magno honore coram Deo et hominibus stabat, usque ad tyrannum quemdam qui Baalhicus cum servitute idolorum esse cœpit. Quod spiritalis populus videns, primo suspiravit et contremuit. Sed tamen idem spiritalis populus deinde singularitatem ac singularem proprietatem in actibus suis iniit, et a pacto quod Deo per Spiritum sanctum promiserat, declinavit, ac velut Judæi fecerant, illud post illud, et aliud post aliud præceptum reliquerunt, et unusquisque ordo legem secundum voluntatem proprietatis suæ sibi posuit, et de bona conversatione et de bona doctrina se averterunt. Tunc etiam veste obedientiæ sicut Adam denudabantur, et ita secundum voluntatem carnis vivere cœperunt. Et illud in tenebrosa terra fecerunt, sicut etiam Adam post inobedientiam a Deo tenebrosus nominatus est, et Ecclesiæ sicut prius fulserant, non lucebant, sed velut obnubilatio turbinis facti sunt, quemadmodum etiam Adam propter inobedientiam obnubilatus, nec sibi nec aliis lucebat, sed in tenebris incedebant. Et de vivente luce iterum audivi vocem dicentem: O filia Sion, corona honoris capitis filiorum tuorum inclinabitur, et pallium dilatationis divitiarum eorum imminuetur, quia tempus illud non cognoverunt, quod eis ad videndum et subditos suos ad docendum dedi. Nam et ubera, ad nutriendum parvulos meos, eis data sunt, quæ ipsis recto et congruenti tempore non præbent, unde sicut peregrini filii fame multi defecerunt, quoniam recta doctrina non reficiuntur. Vocem quoque habent, et non clamant, opera etiam eis data sunt, et non operantur. Gloriam absque merito habere volunt, et meritum absque opere. Qui gloriam cum Deo habere vult, proprietatem suam abscindat, et qui meritum apud Deum habere desiderat, opus ad hoc exhibeat. Sed quia hoc non facitis, ad servos servorum computabimini, et ipsi judices vestri erunt, ac libertas vestra a vobis declinabit, sicut beneditio a Chanaan. Ista flagella præcurrent, alia autem et postea alia et pejora venient. Nam et diabolus in semetipso de vobis dicit: Escas epulantium et convivia omnis voluntatis meæ in istis invenio. Sed et oculi et aures et venter meus ac venæ meæ de spumis istorum plenæ sunt, et ubera mea plena sunt de vitiis eorum. Nam ipsi in Deo suo laborare nolunt, sed eum quasi nihilum computant. Quapropter incipiam cum eis militare, et jocando cum eis ludere, quoniam eos in agro Domini sui laborantes non invenio, quemadmodum Dominus eorum ipsis jubet.

Sed, o vos discipuli et subditi mei, multo plus eis coram populo disciplinati estis. Et quia sic estis, erigite vos super illos, et omnes divitias et omnem honorem eorum abstrahite ab eis, et omnino despoliantes suffocate eos. Hæc diabolus in semetipso dicit, quæ etiam in multis judicio Dei complebit. Sed ego qui sum, audientibus me dico: In tempore illo cum istud fiet, per quemdam errantem populum pejorem erranti populo, qui nunc est, super vos prævaricantes prævaricatores ruina cadet, qui ubique vos persequetur, et qui opera vestra non celabit. Sed ea denudabit, et de vobis dicet: Isti scorpiones sunt in moribus, et in operibus serpentinis. Sed et quasi in zelo Domini de vobis imprecabitur: *Iter impiorum peribit* (Psal. 1). Nam vias vestras in iniquitate vestra ad internecionem deridebunt et subsannabunt.

Sed populus iste qui hoc faciet, a diabolo seductus et missus, pallida facie veniet, et velut in omni sanctitate se componet, et majoribus sæcularibus principibus se conjunget. Quibus et de vobis sic dicent: Quare hos vobiscum tenetis, et quare eos vobiscum esse patimini, qui totam terram in maculosis iniquitatibus suis polluunt? Isti enim ebrii et luxuriosi sunt, et nisi eos a vobis abjiciatis, tota Ecclesia destruetur. Populus autem qui hoc de vobis dicet, vilibus cappis quæ alieni coloris sunt, induitur; et recto modo tonsus incedet, atque omnibus moribus suis placidum et quietum se hominibus ostendet. Avaritiam quoque non amat, pecuniam non habet, et in occultis suis tantam abstinentiam imitatur, ut vix ullus ex eis reprehendi possit. Diabolus enim cum hominibus istis est, latitante fulgore eis se ostendens, velut in constitutione mundi ante ruinam fuit, et prophetis aliquantum se similem facit, et dicit: Populus jocando loquitur, scilicet quod velut rabida et immunda animalia et velut muscas ei me ostendam. Sed nunc in pennas ventorum fulgurante tonitru volare volo, et eos omnibus modis ita infundere, ut omnem voluntatem meam perficiant. Et sic in hominibus istis signa mea omnipotenti Deo assimilabo. Nam diabolus per aerios spiritus hæc operatur, qui propter prava opera hominum in sufflatu venti et aeris, ita innumerabiles circa quosdam discurrunt, sicut muscæ et culices, qui in ardore caloris homines multitudine sua infestant. Ipse enim homines istos hoc modo infundit, quod castitatem eis non aufert, et quod eos castos esse permittit, cum castitatem habere voluerint. Et iterum intra se dicit: Castitatem et continentiam Deus diligit, quod et ego in istis imitabor. Et sic idem antiquus hostis per aerios spiritus eosdem homines inflat, ita quod ab incestis peccatis se abstinent. Unde et mulieres non amant, sed eas fugiunt. Et ita quasi in omni sanctitate hominibus se ostendent, et illudentibus verbis dicent: Cæteri homines qui ante nos castitatem habere volebant, ut assum piscem se torrebant. Nulla autem pollutio carnis et concupiscentiæ nos tangere audet, quia sancti sumus, et Spiritu sancto infundimur. Vah! errantes homines qui nunc sunt, nesciunt quid faciunt, sicut et illi qui nos in prioribus temporibus præcesserunt. Nam alii homines qui eo tempore in fide catholica errant, istos homines timebunt, et servili officio eis ministrabunt, et quantum poterunt, eos imitabuntur. Tunc de conversatione istorum populus gaudebit, quoniam ei justi videbuntur.

Cumque isti cursum erroris sui hoc modo confirmaverint, doctores et sapientes, qui tunc in fide catholica fideliter persistunt, undique persequentes expellent. Sed tamen non omnes, quoniam aliqui eorum fortissimi milites in justitia Dei sunt. Sed et quasdam congregationes sanctorum, quorum conversatio sancta est, movere non poterit. Quapropter principibus et divitibus consilium dant, ut eosdem Ecclesiæ magistros et reliquos spirituales homines, scilicet, subditos eorum, fustibus et lignis coerceant, quatenus justi fiant. Et in aliquibus hoc complebitur, unde alii territi contremiscent. Sed tamen secundum quod Eliæ dictum est, multi justorum servabuntur, qui in erroribus istis non confundentur, nec a fundamentis suis destruentur (*III Reg.* xix). Seductores autem isti, in inceptione seductionis erroris sui mulieribus dicent : Non licet vos nobiscum esse. Sed quoniam rectos doctores non habetis, nobis obedite ; et quæcunque vobis dicimus et præcipimus, facite, et salvæ eritis. Et hoc modo feminas sibi contrahunt, et eas in errorem suum ducunt. Unde etiam ipsi in superbia tumentis animi dicent : Omnes superavimus. Qui tamen postea eisdem feminis secreta luxuria commiscebuntur, et ita iniquitas et secta eorum denudabitur. Sed qui sum, dico : Sic iniquitas, quæ iniquitatem purgabit, super vos ducetur, sicut scriptum est: *Posuit tenebras latibulum suum, in circuitu ejus tabernaculum ejus, tenebrosa aqua in nubibus aeris* (*Psal.* xvii). Nam Deus prava opera vestra quæ absque luce sunt, constituet ad vindictam, in qua se a vobis sine adjutorio abscondet, quoniam æquitatem super vos non clamabit, sed vos iniquos esse dicet. De cœlo enim lex et doctrina est, in quibus apud vos habitare debuit, si ornamentum virtutum et redolens hortus deliciarum essetis. Sed malum exemplum in mentibus hominum estis, cum rivulus bonæ famæ de vobis non fluit, ita quod nec cibum ad vescendum, nec vestimentum ad operiendum in recta respectione animæ habetis, sed injusta opera absque bono scientiæ. Unde honor vester peribit, et corona de capite vestro cadet. Sic justitia justitiam provocat, et quærit ac perscrutatur omnia scandala (*Matth.* xiii), ut scriptum est : *Verumtamen væ homini per quem scandalum venit* (*Matth.* xviii). Nam oportet ut per tribulationes et contritiones prava hominum opera purgentur. Sed tamen multæ ærumnæ et illis accumulantur, qui aliis in impietate sua miserias inferunt. Infideles autem homines isti, et a diabolo seducti, scopa vestra erunt ad castigandum vos, quia Deum pure non colitis, et tandiu vos cruciabunt, quousque justitiæ et iniquitates vestræ purgentur. Isti autem deceptores illi non sunt, qui ante novissimum diem venturi sunt, cum diabolus in altum volaverit, ut ipse in initio contra Dominum pugnare cœpit (*Isa.* xiv), sed præcurrens germen illorum sunt, sed tamen postquam ipsi in perversitatibus Baal et in aliis pravis operibus sic inventi fuerint, principes et alii majores in eos irruent, et velut rabidos lupos eos occident, ubicunque eos invenerint. Tunc aurora justitiæ et novissima vestra, meliora prioribus erunt, ac de omnibus præteritis timorati eritis, et quasi purissimum aurum fulgebitis, et sic per longa tempora permanebitis. Nam prima aurora justitiæ, in spiritali populo tunc surget, ut primitus cum parvo numero incœpit, nec ipsi multas facultates, nec multas divitias habere volunt, quæ animas occidunt, sed dicent : *Væ nobis, quia peccavimus!* (*Thren.* v.) Ipsi namque de præterito timore et de præterito dolore ad justitiam confortabuntur, quemadmodum angeli in casu diaboli in amore Dei confortati sunt. Et sic postea in humilitate vivent, nec pravis operibus Deo rebellare cupient. Sed a multis erroribus purgati, deinceps in fortissima vi rectitudinis persistent, sed et multi homines mirabuntur, quod tam valida tempestas hanc lenitatem præcucurrit. Homines autem qui ante tempora ista fuerunt, multas et validas pugnas contra voluntates suas in periculis corporis sui sustinuerunt, de quibus eripere se non potuerunt. Sed in temporibus vestris multa inquieta bella propter proprias voluntates et incompositos mores vestros habetis, in quibus multas tribulationes patiemini.

Quicunque ergo pericula ista effugere voluerit, caveat ne in oculis suis ita contenebretur, quod in retibus ærumnarum istarum occupetur. Sed unusquisque, quantum prævalebit, per bona opera et respectum bonæ voluntatis illa fugiat, et Deus auxilium suum illi providebit. Diabolus namque in opere Dei errorem fecit, etiam in primo homine incœpit, unde spumas vitiorum suorum super spiritalem populum exspuit. Sed Deus populum quem sibi elegit, in rectitudine servabit, sicut etiam quosdam homines contra novissimum errorem servat, ut illum dissipent. Sic diabolus in cauda erroris hujus confundetur, et sicut coluber in cavernam abscondetur, velut etiam in novissimo errore in confusionem ducetur. Deus enim opera sua in Adam prævidit, quem de limo carnem et ossa fecit, cum ei spiraculum vitæ inspiravit (*Gen.* i, ii). Sed cum Spiritus hominis ab eo recesserit, caro et ossa in cinerem vertuntur, sed tamen in novissimo die renovabuntur. Quod autem Deus hominem de limo fecit, veterem legem homini dandam præfiguravit. Sed quod idem homo de limo in carnem et ossa surrexit, spiritalem legem ostendit quam Filius Dei per semetipsum attulit. Qui etiam post cinerem renovabitur, et æternus erit, in quo demonstrabitur, quod cum præmio sanctitatis et cum præmio veræ legis faciem Creatoris videbit, quia ibi vere renovatus est, quemadmodum scriptum est : *Emitte Spiritum tuum et creabuntur, et renovabis faciem terræ* (*Psal.* ciii). Quod dicitur : Tu, Deus, qui omnia creasti, emittes in novissima tuba Spiritum tuum, et homines in immortalitate surgent ; ita quodammodo non crescent, nec arescent, nec in ullam putredinem convertentur. Et sic renovabis faciem terræ, scilicet quod corpus et anima in una scientia et in una perfectione erunt. Hoc Deus faciet, in quo nec initium nec finis est. Nam Deus in nullum respicit, quia ipse totus est. Et ipse hominem creavit, in quem opus et miracula sua posuit, et cui quodque ædificium virtutum commisit, per quod, in idipsum tendat, quod idem Deus valde amat, quia charitas est (*I Joan.* iv). Nam Deus facit velut aliquis paterfamilias, qui familiari amico suo bona sua committit, quatenus pro bono opere eorumdem bonorum mercedem ab ipso recipiat. Nunc, o filii Dei, audite et intelligite, quid Spiritus Dei ad vos dicat, ne de meliore parte pereatis. Et Spiritus Dei vobis dicit : In civitatem et regionem vestram aspicite, et nefarios homines a vobis abjicite, qui pejores Judæis sunt, et similes Sadducæis. Nam quandiu vobiscum manserint, tuti esse non poteritis. Ecclesia enim super iniquitate istorum plorat et plangit, quoniam filii ejus in iniquitate istorum contaminantur. Quapropter ipsos a vobis projicite, ne congregatio et civitas vestra pereat, quoniam in Colonia pridem convivium regalium nuptiarum præparatum est, unde plateæ ejus adhuc fulminant. Ego autem timida et paupercula per duos annos valde fatigata sum, ut coram magistris et doctoribus ac cæteris sapientibus in quibusdam majoribus locis ubi mansio illorum est, vivente voce ista proferrem. Sed quia Ecclesia divisa erat, vocem hanc interim subtraxi.

EPISTOLA XLIX.

PRÆPOSITI SANCTI PETRI TOTIUSQUE CLERI TREVIRORUM AD HILDEGARDEM.

Orant ut quæ ipsis nuper in diebus Pentecostes prædixerat, scriptis commendet et transmittat.

R. peccator et præpositus majoris ecclesiæ S. Petri, ac totus Trevirorum clerus, HILDEGARDI famulæ Dei, ac mysteriorum ipsius quamplurimorum consciæ, in cœnobio B. Roberti devote viventi, cum gratiarum actione manus extensas pro ipsa.

Cum per divinam permissionem *revelentur ex multis cordibus cogitationes* (*Luc*, II) nostræ ad vos, per divinam voluntatem, cum toto adnisu corporis, tota devotione mentis vos diligimus. Scimus enim Spiritum sanctum vos inhabitare (*Rom.* VIII), et plurima cæteris hominibus incognita, per ipsum vobis manifestari. Nam ex quo a nobis recessistis, cum in diebus Pentecostes nuper ad nos superna dispositione venissetis, ubi comminationem Dei nobis imminere prædixistis, multa dispendia Ecclesiarum, et multa pericula hominum circa nos et apud nos vidimus et experti sumus, quia secundum bonum consilium, quod nobis dedistis, iram Dei placare neglex imus, et nisi per misericordiam Dei vindicta ipsius retracta fuisset, forsitan eisdem periculis imminentibus in desperatione succubuissemus. Et quia Deus in vobis est, et verba ipsius ab ore vestro sonant, quam intime maternalem dilectionem vestram exoramus, ut ea quæ viva voce nobis tunc propalastis, per præsentem bajulum, scripta nobis transmittatis, quatenus succedens posteritas et vindictam Dei, et misericordiam ejus super nos directam videat, et vos consciam secretorum ipsius veracem et dilectam esse cognoscat. Protectio Domini super vos semper maneat, et quod in vobis cœpit, bono fine in vobis perficiat.

'RESPONSUM HILDEGARDIS.

Postquam negligentiam pastorum et prælatorum multis redarguit, pergit ad prædictiones bonorum et malorum futurorum.

Ego paupercula forma, quæ in me nec sanitatem, nec vim, nec fortitudinem, nec doctrinam habeo, sed quæ magistris subdita sum, de mystico lumine veræ visionis, ad prælatos et clerum Trevirensium hæc verba audivi : Doctores et magistri tuba justitiæ canere nolunt, ideo oriens bonorum operum in eis exstinctus est, qui totum mundum illuminat, et qui quasi speculum luminis est. Oriens enim iste cum doctrina in eis lucere deberet, quæ diversa præcepta regeret, sicut et sphæra solis diversa est. Auster etiam virtutum cum calore suo in ipsis frigidus ut hiems est, quia bona opera et de igneo Spiritu sancto ignita, in se non habent, et quoniam absque viriditate aridi sunt. Occidens quoque misericordiæ, in nigredinem sacci cilicini versus est (*Apoc.* VI), quia bene vivendo passionem Christi non colunt, qui per humilitatem in humanitatem descendit, et divinitatem suam obtexit, sicut sol interdum absconditur. Sed septentrio cum aquilone in eis operantur, ubi unusquisque eorum latitudinem proprietatis suæ in pœnas animarum convertetur, sicut etiam cilicium corpus hominis constringit. Ipsi namque per bona opera cum oriente non surgunt, et ardore solis non ardent, nec cum occidente a malis declinant, sed cum septentrionali aquilone in proprietatem cordis sui se abscondunt. Ob hoc vere diabolus tres nigros ventos ex aquilone cum ludibili sibilo emittit, primum scilicet cum superbia et odio contra orientem, qui exstinctus est; secundum, cum oblivione Dei contra austrum ; tertium, cum infidelitate contra occidentem. Nam cum doctores et magistri recte ambulando Deum imitati sunt, oriens aquilonem ita constrinxit, quod suspirare non potuit, et auster in bonis operibus eum in illis cremabat, et occidens vires ejus in tenebras dejecit, quando isti mundum et seipsos, Agnum sequentes, relinquebant. Nunc autem vis virilis fortitudinis in muliebrem debilitatem inclinata est, quæ cum virili fortitudine pugnare non debet, quia vir caput est (*Ephes.* V). Muliebre vero tempus istud, cum quodam tyranno incœpit, cum omne malum exortum est. Ego autem in vera visione didici, quod multoties quilibet paterfamilias, qui potens Dominus est, filiis et famulis suis, qui propter prævaricationem præceptorum suorum ipsi displicent, probitatem ac potentiam et possibilitatem suam proponit : et quod postea manum suam extendendo cum virga correptionis eos inclinat, et dissipat secundum qualitatem ipsorum, dicens : Unde venitis, et quid absque me estis? Et de zelo Domini audivi, quod Deus absque ultione prævaricationem præceptorum suorum non dimittit. Adam enim præcepta Dei prævaricatus, visionem cœlestium et claram vestem amisit, et in locum miseriæ missus est. Per zelum etiam Domini Cain propter effusionem sanguinis fratris sui, quem occidit, expulsus est (*Gen.* IV). Plurimi etiam populi ex filiis Adam surrexerunt, qui oblivionem Dei habebant, ita quo se homines esse scire nolebant, unde turpiter peccando secundum mores pecorum vivebant, exceptis filiis Dei, qui ab eisdem hominibus et amoribus eorum se separabant, de quibus Noe natus est. Tunc zelus Domini elevatus est, et *Spiritus Domini super aquas ferebatur* (*Gen.* 1), et nubes scidit, et aquas in diluvio eduxit, et sic terra de criminalibus peccatis mundata est, et de sanguine Abel quem biberat, Deus enim ista fecit. Et sic collum cupiditatis antiqui serpentis extritum est. Tunc terra quæ in sanguine Abel prius violata fuerat, novum succum vini protulit, et sapientia iterum operari cœpit. Sed diabolus cum irrisione scelus in filio Noe perpetravit: unde et zelus Domini peccantem in servitutem dedit, ac benedictionem ei subtraxit, et in maledictionem servitutis peccantes tradidit. Et ita sapientia nova in cœlo et in terra operata est. Deinde S. Trinitas in Abraham magnum opus ostendit, præsignando et ostendendo obedientiam, ubi ille patriam reliquit, et ubi se circumcidit, et in obedientia illos præsignavit, de quibus dictum est: *Qui sunt hi, qui ut nubes volant?* (*Isa.* LX) et in circumcisione vulnus confusionis antiqui serpentis accepit. Sed mulier per cachinnum stultitiam primæ mulieris secuta est, in fecunditate autem ejus, filius Dei præfiguratus est. Nam in obedientia Abrahæ Deus prævaricationem Adæ mutavit, et in circumcisione ipsius morti intulit, et in fecunditate sterilis feminæ prævidit, quod alia femina, alium filium paritura esset, quoniam Filius Dei omnem præsignificationem istam in nativitate sua complevit. Moyses autem legifer in adjutorium circumcisionis venit, et legem dedit, quod etiam a Deo perpetratum est. Sed populus illius propter multas prævaricationes præceptorum Dei, in idolis et in aliis peccatis interiit. Zelus autem Domini hujusmodi purgationes usque in finem mundi operabitur. Sed tamen Deus vindictam suam emittit, multoties eam per hominem aut per aliam aliquam creaturam præpuntiat, ne homines excusationem malorum suorum habeant: quapropter sæpe et multi inter eos surgunt, et pœnitentiam agunt, sicut et in Jona factum est. Et sic Deus per amicos suos laudatur, et per inimicos suos prædicatur. Nam Deus formam digiti sui cum præfata ostensione in viris et in feminis sæpe tetigit, ut scriptum est: *Et prophetabunt filii vestri et filiæ vestræ* (*Joel.* II). Postquam autem Deus præfiguravit quod facere voluit, recordatus est, quod dixerat, quod contereret caput serpentis. Et quamdam mulierem, scilicet Virginem, obedientia et castitate ac omni bono perfudit, et omni bono implevit, ita quod superbia, quæ in Eva fuit, in hac aruit. Sed virgo hæc Filium Dei de Spiritu sancto concepit, sui mirabiliter processit, et in mundum miraculis venit. Tunc Deus ab opere illo cessavit, quod sic carnaliter patrarat. Et huic Filio suo omnia carnalia ad spiritalia revocare dedit, quia ille caro sanctitatis est, quæ per alienam naturam processit, et quam consilium serpentis nunquam violavit. Unde idem Filius Dei veterem legem rigavit, cum in baptismo per fidem et obedientiam, et per abstinentiam carnalium desideriorum, viam sanctitatis demonstravit: et cum pœnitentiam hominibus dedit, et cum omnia hæc in mortali corpore cum morte sua confirmavit, et cum miracula et signa discipulis suis dedit, sicut Pater ipsi dederat, quando Deus homo apparuit, cum tonitru divinitatis in discipulos suos novum ignem misit qui antea nunquam apparuerat, et discipuli novis igneis linguis et nova scientia infusi sunt (*Act.* II), quæ secundum cœlestem harmoniam homines vivere docuit. Tunc oriens virtute sua resplenduit, et auster in calore suo arsit, nec occidens noxialis erat, nec septentrio cum aquilone bacchabatur, quia per passionem Christi temperati fuerunt, usque ad tyrannum quemdam, a cujus tempore omne malum et injustitia ac prævaricatio exorta est.

Sed et hæc cum fame et pestilentia exanimata sunt, et cum bellis et præliis incurvata sunt, et cum pœnis pœnitentiæ purgata sunt. Nunc autem lex in spiritali populo neglecta est, qui bona facere et docere contemnit. Magistri quoque et prælati, relicta justitia dormiunt. Unde vocem hanc de cœlo dicentem audivi: O filia Sion, corona de capite tuo inclinabitur, et pallium dilatationis divitiarum tuarum tibi imminuetur, et in parvum numerum constringetur, et de regione in regionem expelleris. Per potentes enim homines plurimæ civitates et claustra dissipanda sunt. Et principes dicent: Abstrahamus ab eis iniquitatem, quæ totum mundum in ipsis subvertit. Et vidi et audivi, quod hæc pericula et contritiones regionibus et claustris propter prævaricationem obedientiæ aliorum præceptorum legalium constitutionum occurrent, et vidi quod tum in hujusmodi prævaricationibus, aliqui Deo adhærebunt, et ad ipsum anhelabunt, quemadmodum in tempore Eliæ factum est (*III Reg.* XVIII). Hi vero cum magno honore persistent, et velut holocaustum Dei habebuntur, quia a malis recesserunt, ut Noe et Lot. Et hæc eadem purgatio in hoc muliebri tempore in modico incipiet, et postea major fiet, et deinde virile tempus veniet, in quo bella et prælia ex justo Dei judicio erunt. Sed hoc muliebre tempus tandiu non durabit, quandiu hucusque perstitit. Tunc justitiæ et judicia Dei surgent, et disciplina ac timor Dei in populo erunt, et justi et boni homines in spiritali populo fient, qui tamen in parvo numero propter humilitatem manebunt, et in primam auroram sicut eremitæ revertentur: et hoc etiam in timore præteritorum temporum faciunt, quæ sibi adversa fuisse perspexerunt. Et homines stultitiam lascivorum morum non habebunt more puerorum, sed tristitiam de ignotis temporibus sustinebunt quæ ventura sunt. Et tunc fortes viri surgent et prophetabunt, et omnia vetera et nova Scripturarum, et omnes sermones per Spiritum sanctum effusos colligent, et intellectum eorum, sicut monile cum pretiosis lapidibus ornabunt. Per hos et per alios sapientes plurimi sæculares, boni fient, et sancte vivent. Hoc autem studium sanctitatis cito non arescet, sed diu durabit, quia hæc omnia propter errans tempus fient, ubi multi martyres in fide erunt. Nam vir præliator hæc faciet, qui initium et finem operum suorum in his aspicit, quatenus erranti populo in hoc resistat. Ipse namque prophetas primum constituit velut caput, sapientes velut oculos, doctores velut os, sicut etiam per verbum Dei omnia facta sunt. Et quia deinde reliqua membra, scilicet fideles, bona opera operabuntur, Deus in sinum eorum caput ponit, id est intellectui ipsorum prophetiam aperiet. Tunc et principes citharas et tympana in ærumnas et in tristitiam vertent, quemadmodum filii Israel fecerunt cum capti fuerunt (*Psal.* cxxxvi). Post hæc omnia spiritalia sine tædio et defectu confortabuntur, et homines pupillam viventis Libri inspicient. Et tunc vires et fortitudo ac sanitas in populo fient, quia vir præliator aerem sanitate replebit, et etiam viriditatem virtutum producet, ne fideles corpore et anima in errante tempore deficiant. Istud autem usque in errans tempus ita perdurabit, in quo fidelis populus, ad mortem quasi ad epulas festinabit. Sed et tempus hoc errorem hoc modo tenebit, usque dum illud Deus in gratia et misericordia ac in zelo suo discutiat. In omnibus his hortulanus inutilia de horto suo projiciet, et utilia ad se colliget, quemadmodum scriptum est: *Deus ultionum Dominus, Deus ultionum libere egit* (*Psal.* xciii). Quod tale est: Deus in zelo suo caput iniquitatis conterit, et illud Dominus in casu prosternit, quia omnis iniquitas ex diabolo est, qui in inferno sepultus est. Ipse namque Deus ultionum est, quia in nullum aspexit vel respexit, a quo quidquam sibi addendum assumeret. Sed in semetipso unumquodque distribuit, constituit et facit, et istud libere hoc modo egit, quia ipse solus, et justus, et bonus, et timendus in omnibus judiciis suis est. Deus enim in ultione perditorum est, quia bona noluerunt, et ideo cum diabolo eos damnat, multos quoque per dolorem libere inclinat, quos iterum postea elevat, ut propter bona opera velut columnæ cœli sint, sicut plurimos ex publicanis et peccatoribus sanctos fecit. Tunc diabolus se erigens, in perdito filio suo super pennas ventorum volare vult. Deus autem in semetipso disponit ea quæ vult, quoniam nemo eum superare potest, et omnem vim diaboli dissipat, velut faber qui omnia inutilia in fabrica sua redigit et manum suam in zelo suo extendit, sicut ibi fecit, ubi eumdem Satanam in prima dilectione in abyssum projecit. Unde ille sicut coluber foramen suum intrat, ita in abyssum se abscondit; nec amodo se eriget, quia nunc totus deceptus est. Postea divinitas

ignota omni creaturæ operabitur, quia omni homini ignotum est, quando purgatio mundi per ignem fiat. Et Treverim novo igne, qui discipulis in igneis linguis apparuit (*Act.* ii), inter fideles primo valde ornatam vidi, ita quod omnes plateæ ipsius in aurea fide cum miraculis tunc diffusæ fuerant. Sed nunc per vagationem squalidorum morum, cum tædio, quasi Deum nesciat, circumdata, et aliis plurimis malis coinquinata est, et etiam in his tædio et defectione jucunditatis et pulchritudinis principalium et honestarum institutionum inveterata est, atque in oblivionem multorum peccatorum inclinata. Quapropter igneæ ultiones ab inimicis super eos venient, nisi per pœnitentiam, sicut in Jona factum est, deleantur (*Jon.* ii, iii).

EPISTOLA L.

DECANI SS. APOSTOLORUM IN COLONIA, PRIMI MAGISTRI SCHOLARUM, AD HILDEGARDEM.

De muliere dæmoniaca ab Hildegarde liberata.

T. Dei gratia, ecclesiæ SS. Apostolorum, quæ est in Colonia, dictus decanus, primus magister scholarum, cum universis ejusdem ecclesiæ fratribus, dominæ HILDEGARDI, omnibusque in monte S. Roberti Christo militantibus, devotam in Domino orationem, et in vero salutari salutem.

Ex die qua nobis innotuit, quod sororem, imo filiam nostram specialem dominam Sigewizen, in vestræ beatitudinis consortium collegistis, non solum nos, imo universa Coloniensium civitas, nutu Dei ad pietatis amorem succensa est. Inde est quod jam manifeste per omnes terminos terræ nostræ a cunctis proclamatur: *Ecce odor* dominarum de S. Roberto, *sicut odor agri pleni, cui benedixit Dominus* (*Gen.* xxvii). Benedictæ itaque sitis a Domino, quæ in modico et humili vestro monticulo ea opera pietatis celebrastis, quæ cunctæ sublimitates montium, universæque vallium nostrarum latitudines celebrare non dicimus, non potuerunt, sed neglexerunt. Audivimus siquidem nuperrime, fama prodente, quod ille hostis antiquus per orationes vestras ejectus sit : quod si ita est, obsecramus ut modum et ordinem ejectionis nobis rescribendo significetis, quatenus vobis congaudeamus, et perpetua vobiscum devotione Deum collaudemus. Ipsam quoque dominam Sigewizen sicut familiarius cognoscimus, ita specialius salutamus, devotas in Christo orationes promissas renovantes, et easdem ab ipsa exspectantes. Vale.

RESPONSUM HILDEGARDIS.

Humillime respondet multorum simul bonis operibus ejectionem dæmonis attribuens. Deum varia variorum bona opera ad unum finem dirigere.

Deus opus suum fecit, sed illud uno modo non constituit. Adam enim periit; nam cursum circuli sui non complevit. Sed post meridiem requisitus est. Deus autem spiramen suum in prophetas misit, ut veritatem nuntiarent, et sic sapientia in ore illorum, quos ipsa constituit, loquebatur, quatenus miracula proferrent, apostoli etiam per Spiritum sanctum opus Dei in fide perferrent, martyrium eorum et aliorum, Deum ostendit; spiritales quoque populos Spiritus sanctus inflavit, qua sæculum in semetipsis finiunt, et angelicum ordinem colunt, si opus Dei simile diei est. Omnes enim unum dixerunt, sed tamen singulatim clamaverunt. In ortu namque diei aurora solem præcedit, et in mane radius solis resplendet, qui in tertia in calore suo pleniter ardet, et circa nonam calorem suum inclinat, circa vesperam autem calorem suum quem in die habuit, finit et ante noctem se abscondit, et sic dies completur, et ab operibus suis requiescit. Quæ si uno modo complerentur, homini displicerent. Unde etiam Deo est nomen Sabaoth, quia unusquisque hujus mundi cursus plenum officium habet. Tali modo Deus in omnibus operibus suis operatur. Sic etiam in hac muliere, de qua quæritis, gestum est : pro qua alti et altiores, parvi et minores, cum laboribus et orationibus unum dixerunt, et singulatim clamaverunt, secundum quod Spiritus sanctus eos hoc officium docuit. Nam quidam per suspiria misericordiæ, et quidam per orationes et vigilias pro ipsa laboraverunt, quidam etiam jejunia et castigationem in corpore suo sustinebant, multi quoque pro ipsa eleemosynas dederunt, et maxima turba cum adjutorio cujusque boni quod facere potuit, se ad ipsam declinavit, et aliqui in magno studio sine tædio hoc perfecerunt, et ita omnes ad Deum pro ipsa simul aspiciebant, quemadmodum etiam dies circulum suum complet. Nunc autem cum laude simul dicamus : *Gloria tibi, Domine.* Benedictio Dei in gratia ipsius super vos sit, et super omnes qui super illam misericordia moti sunt, quoniam ipse Dominus dicit : *Misericordiam volo, et non sacrificium* (*Ose.* VI ; *Matth.* IX ; XII).

EPISTOLA LI.

MEFFRIDI PRIORIS IN EBERBACH AD HILDEGARDEM.

Preces sanctæ flagitant et epistolam quam « de secularibus ad spiritalem conversationem conversis, quos nos conversos dicimus, illam scripsisse » audierant.

Dei dilectæ, Dei electæ HILDEGARDI dominæ venerab., M. prior, totaque congregatio fratrum in Eberbach, in thalamo summi Regis perfrui deliciis sempiternis.

Deo dignissima sanctitatis vestræ odorifera et suavissima opinione sæpe audita, nos inertes et indigni ineffabili spiritus lætitia sumus gavisi pro eo quod Deus omnipotens gratia et misericordia vobis tanta suæ largitatis contulit dona mirifica. Patet enim luce clarius, quod vos diligat Dominus in hominibus ipsum diligentibus, quoniam tam digna, tam grata, tam amabilis, tam venerabilis estis eis omnibus, in quibus habitat, ut eum in vobis esse, vobiscum manere nullus ambigat. Cui vero virtutum tanta collata sunt beneficia, sanctæ quoque pietatis vobis inesse non dubitamus munera, et piæ charitatis, piæque compassionis non deesse viscera. Unde pietatis vestræ largitatem suppliciter exoramus, ut quia pro peccatoribus redimendis ac salvandis natus est Dominus ex carne B. Mariæ semper virginis, amore ipsius Domini nostri omnipotentis, nostri Conditoris ac piissimi Redemptoris, nostri misereamini, participesque orationum vestrarum facere nos dignemini. Insuper etiam obnixe rogamus, ut litteras quas de sæcularibus et idiotis ad spiritalem conversationem conversis, quos nos conversos dicimus, Spiritu sancto vos scripsisse audivimus, nobis benigne transmittere non dubitetis, quatenus mirifica opera Dei et voluntatem ejus in ipsis videamus, et quantum poterimus, toto affectu bonorum operum illa sequamur et compleamus. Vale.

RESPONSUM HILDEGARDIS.

AD GRISEOS MONACHOS (20) HILDEGARDIS.

Ordinem Cisterciensem laudat, sed arguit illos « quos ipsi conversos vocant, quorum plurimi se ad Deum in moribus suis non convertunt. » Alia documenta addit.

Ego paupercula in lecto ægritudinis plusquam per biennium jacens, hæc vidi, et vocem de cœlo ad me sic dicentem audivi : Ad spiritalem populum, quem Deus in præscientia sua cum miraculis prophetiæ, secundum quod ipsi placuit, præscivit, quæ vides et audis scribe, hoc modo incipiens : Deus quædam virtuosa opera, quæ in sanctis et electis suis operatus est, per quatuor secretorum Dei animalia præsignavit. Ipse enim homini per eadem animalia et per cætera miracula occulta mysteria sua manifestat, quemadmodum Ezechieli prophetæ et Joanni dilecto suo per ipsa animalia ostendebat (*Ezech.* I), quod ex communi populo spiritalem populum segregari et congregari vellet. Joannes quippe dicit : *In medio sedis, et circuitu sedis quatuor animalia, plena oculis ante et retro* (*Apoc.* IV). Quid dicitur ? In fortitudine potestatis Dei, qui Deus et homo est, et in omni parte qua potestas ipsius extenditur, quatuor evangelistis imbuti fideles, præcepta Dei ruminantes, et plenitudinem circumspectionis virtutum habentes esse debent, ita ut videant unde facti processerint, et etiam quid futuri sint. Deus enim ignis est (*Deut.* IV), et angeli miracula ejus hominibus sæpe nuntiant et mirabilia throni sui, urentes spiritus sunt (*Hebr.* I), qui ante faciem ejus lucent, et qui in amore suo ita ardent, ut non aliud velint quam quod ipse vult. De quibus dictum est : *Qui facis angelos tuos spiritus, et ministros tuos ignem urentem* (*Psal.* CIII). Quid dicitur ? Omnipotens, tu ille es qui facis nuntios tuos, scilicet eos qui ad salutem hominum a te diriguntur, esse spiritus cum emissione, cessantes in indeficienti vita in conspectu tuo sunt, et iterum spiritus esse nuntios tuos, cum ad præcepta tua adimplenda nuntii fiunt. Angeli namque nuntii sunt, quoniam unamquamque inspirationem spiraculi illius, quod

---

(20) Id est Cistercienses.

Deus in hominem misit (*Gen.* II), Deo renuntiant. Hoc enim modo propter homines officiales sunt, quia propter opera eorum colligunt et discernunt, et propter opera hominum, quæ per Spiritum operantur, ipsi etiam spiritus vocantur et angeli, quoniam a superno rectore ad judicia sua explenda multoties diriguntur. Sed ministros tuos, qui ubique voluntati tuæ deserviunt, facis ignem urentem, cum in amore tuo ardent, in quo etiam ardore cum indefessa laude tibi iterum ministrant. Ministri enim Dei, qui faciem ejus semper inspiciunt, velut flamma coruscant, et in eadem coruscatione miracula ejus vident, et illa mirando et laudando agnoscunt, ideoque et ignis urens sunt (*Deut.* IV), et per Deum qui ignis est, ardent, nec per alium accendi nec exstingui poterunt; sed in amore ipsius inexstinguibiliter ardentes, quia ipse pallio humanitatis circumdatus, ad admiranda miracula eos semper inducit. Nam pallio fortitudinis suæ Deus se præcinxit (*Psal.* XCI); per quod hominem speculum honoris sui et miraculorum suorum constituit, quatenus homo contra diabolum pugnaret et eum superaret, et sic in divina laude semper persisteret. Eodem quoque modo Deus facit illos, qui nuntii sui sunt, filiis Ecclesiæ verba salutis pronuntiantes spiritus, cum eos carni suæ resistere et spiritui servire jubet, quos sic toto corde spiritales effectos, iterum deinde tanto fiducialius præcepta sua populo propalare instituit: facit etiam et illos, qui sibi ministrando die ac nocte laboribus sunt, in amore suo ardere, et ita ignem urentem esse, et sic etiam ignem effectos, iterum servitio suo sine tædio insudare. Deus namque in præscientia sua præordinaverat, quod miracula et occulta sua, quæ in angelis sunt, etiam in hominibus signanter operaretur, unde et angelos hominibus loqui fecit, ut in Abraham et Jacob factum est, quemadmodum etiam Balaam asina locuta est (*Num.* XXII). Angelicos etenim spiritus, qui ei ministrant, faciem ipsius laudantes et honorantes, occultis suis quasi vestimento operit, et ideo etiam urens ignis dicuntur. Et per hos igneos ministros, qui secretis Dei velut vestimento tecti sunt, eremitæ designantur, qui seipsos abnegantes, quasi homines non sint, vivunt, et consortium hominum fugiunt. Nam Deus per opus suum quod homo est, magna mirabilia operatur, quæ in angelicis spiritibus prædestinavit, et quæ coram ipso cum laude et mirifico honore fulminant. Sed et, ut præfatum est, *in circuitu sedis, quatuor animalia plena oculis ante et retro* (*Apoc.* IV) ostenduntur: quod sunt omnia opera sancta, quæ Deus in hominibus istis operatur, qui ad ipsum et ad thronum suum respiciunt, per fidem oriens, per spem auster, per recordationem lapsus, qui in primo parente factus est, occidens, quasi retro existentibus, atque per providentiam oculos in ante, ad aquilonem dirigentibus, ne bellator aquilonis cum cadente morbo superbiæ, et cum ardente flamma incestus eos corruere faciat. Cum oculis itaque istis, quos undique habent, ad Deum anhelare debent, ne a fide exstinguantur, et ne a luce separentur, et ne sic aquiloni appropinquent, ut morte æterna suffocentur. Istud quippe est, quasi in circuitu sedis; quoniam oriens, auster et occidens Deum ostendunt; sed aquilo totus ab ipso superatus, velut scabellum pedum ei subjectus est. Et deinde scriptum est: *Et animal primum simile leoni, et secundum animal simile vitulo, et tertium animal habens quasi faciem hominis, et quartum animal simile aquilæ volanti* (*Apoc.* IV). Quid dicitur?

Animal hoc primum cucullatos homines significat, qui primi in fortitudine leonis, se omnino a sæculo abstrahunt: unde etiam et illis igneis, qui occultis Dei velut vestimento cooperti sunt, et qui faciem Dei semper inspiciunt, assimilantur. Vestitus enim istorum non a sæculo est, sed mirabiliter a Deo, quemadmodum Deus in illis ordinavit, qui hunc primitus ostendendo et docendo protulerunt. Nam cuculla ejus ab angelicis spiritibus præsignata est, qui in faciem Dei et non in alium aspiciunt; et latitudo ejus ad similitudinem nubis tendit, quoniam et angeli in nubibus multoties visi sunt: et quia etiam vestis innocentiæ Adæ, quasi lucida nubes erat. Homines itaque isti cuculla caput tegunt, ne ad sinistram vel ad dextram declinantes, recte coram se in impetu spiritus gradiantur, Deum semper inspicientes, ne de bonis operibus revertantur. Hæc omnia in obedientia, quam Filius hominis per semetipsum ostendit, fieri debent, quatenus præcepta magistrorum cum timore Dei observentur, ita etiam, ut sicut homo a voce tonitrui perire formidat, sic etiam peccata timeat. Nam, sicut leo cæteras bestias in fortitudine præcellit, sic isti in fortissima vi divinitatis cæteros homines præcellunt, quoniam, quamvis homines sint, non sicut homines vivunt. Cum enim homo sæculo abrenuntiando seipsum Deo obtulerit, mundum accusat, ita ut ille in omnibus sibi inutilis sit, et sic mentem suam elevat, quemadmodum Daniel dicit: *Aspiciebam in visione noctis, et ecce cum nubibus cæli, Filius hominis veniebat, et usque ad Antiquum dierum pervenit* (*Dan.* VII). Quid dicitur? Cum mentem meam ad cœlestia sursum elevarem, aspiciebam in consideratione plurimarum adversitatum, quod omnia superna et divina miracula, quæ Deus in angelicis spiritibus operatus est, per Filium suum in hominibus præsignaret: et ita idem Filius usque ad Antiquum dierum pervenit, quia Filius Dei, Deus et homo est, et ita Deus et homo, unus Deus est. Deus enim homo est, et homo iste Deus est. Sed et bona opera hominum, et laudes angelorum se conjungunt, et unum in Deo sunt. His quoque cucullatis hominibus turba virginum associatur, quæ virum cum amore et divitiis et totum mundum relinquunt. Sicut enim virgo deliciis mundi ablata esse debet, ne ubera voluptatis sugat; sic etiam turba cucullata, a mundo relicta esse debet, ne ulla officia sæcularia cum illo exerceat. Et virgo a viro relicta est, ita ut sub cura et potestate ipsius non sit, sicut libera ab eo est; sic etiam monachus a mundo relictus, illi subjugatus non sit, sed liber ab illo maneat. Virginitas quoque solem significat, qui totum mundum illuminat, quia Deus virginitatem sibi adjunxit, quæ viro relicto illum genuit, quem radius divinitatis perfudit, qui et omnia regit. Rex namque qui cuncta regit, Deus est; et illa virginitas conjuncta est, quando Deus et homo de Virgine natus est. Sic *astitit regina a dextris ejus in vestitu deaurato, circumdata varietate* (*Psal.* XLIV), quoniam diabolo repugnans astitit virginitas virtuti divinitatis in opere fulgente, ubique comprehensa multitudine diversarum virtutum. Divinitas quippe virginitatem sibi desponsavit, cum primus angelus ad sinistram partem cecidit, et tunc etiam populum salvationis in Adam sibi elegit, quem dexteram suam nominavit, de quo populo virginitatem sibi adjunxit, quæ maximum opus protulit; quia, ut Deus per Verbum suum omnia creavit, ita et virginitas per calorem sanctæ divinitatis Filium Dei genuit. Sic virginitas absque fecunditate non est, quoniam Virgo Deum et hominem, per quem omnia facta sunt, genuit. Sed et hoc modo omnes virtutes veteris et novi testamenti; quas Deus in sanctis suis operatus est, velut vestimentum auro decoratum, deauratæ sunt, et has virgo ad se libere colliget, quoniam ligatura viri eam non constringet. Rota quoque quam Ezechiel vidit (*Ezech.* I), virginitatem præsignavit, quia eadem virginitas ante Incarnationem Filii Dei in lege præfigurata est. Post Incarnationem autem ejus illa mirabiliter plurima miracula operatur, quoniam Deus per ipsam omnia piacula purgavit, et unamquamque institutionem recte ordinavit. Virginitas quippe vetera sufferт, et nova sustinet, et ipsa radix et fundamentum est omnium bonorum, quia semper et semper cum illo fuit, qui sine initio et sine fine est. Nam natura hominis quæ propter peccata perdita fuit, per illam in salvatione revixit, cum per alienam naturam peccata hominibus abstraxit.

Secundum autem animal simile vitulo, in clericali habitu divino sacrificio insistentes ostendit, hos videlicet, qui vineam Domini Sabaoth circumfodiunt, et agrum præceptorum Dei arando ubique evertunt, et hos etiam qui angeli Domini exercituum nominantur, qui ab hoc quoque cingulo castitatis se cingere debent, ne in vanitate carnalium voluptatum vadant, sed ut agrum cum aratro strenue evertant. Circumcisionem quoque sobrietatis habebunt, quoniam per ipsos peccata hominum abluuntur, et hoc in misericordia fiet, quia in semetipsis peccata sentient. Hæc itaque præclara genera, videlicet hominum illorum, qui per leonem et vitulum designati sunt, aliud quoddam genus hominum ad se trahunt, quos ipsi conversos vocant, quorum plurimi se ad Deum in moribus suis non convertunt, quia contrarietatem potius quam rectitudinem diligunt, et opera sua cum sono temeritatis agunt, de prælatis suis sic dicentes: Qui sunt, et quid sunt isti? Et quid fuimus, aut quid sumus nos? Et quoniam sic agunt, pseudo-prophetis similes sunt, et quia non recte dijudicant, quomodo Deus populum suum constituit. Vos ergo qui Deum timetis, audite Spiritum Domini ad vos dicentem: Hæc supradicta mala a vobis auferte, et vosmetipsos ante dies tribulationum illarum purgate, cum inimici Dei et nostri vos fugabunt, et in rectum locum humilitatis et paupertatis vos convertent, ne amodo in tanta latitudine permaneatis, quanta hactenus fuistis, quemadmodum etiam veterem legem Deus a consuetudine sua in spiritalem vitam mutavit, et ut unamquamque priorem institutionem ad utiliora purgavit. In primo enim ortu Deus Adæ concessit terram colere, Abel sacrificare, Noe ædificare, et hoc usque ad summum sacerdotum, quod in Christi Incarnatione exortum est, quod prius Abraham per circumcisionem, Moyses per legislationem præfigurabat. Sed hæc omnia idem Filius Dei postea in humanitate sua perfecit, unde et ad homines intelligenda sunt. Post ruinam autem Adæ, Deus tam in hominibus quam in angelis ordinationem suam recte præsignavit. Nequaquam autem deceret ut sacerdos officia agricolæ, discipulus officia magistri coleret, cum agricola sacerdotem, discipulus magistrum in timore et humili patientia imitari debeat. Omnipotens enim Deus in operibus suis cognoscitur, quemadmodum in Adam operari incæpit, cui terram colere et homines procurare dedit, quia et ipse Deus omnia creavit, et ut per sacrificium Abel Filium suum pro redemptione populi sacrificandum præsignavit, et sicut per Noe, qui arcam ædificavit (*Gen.* VI), quod in spiritali populo magistri constituendi essent, præfiguravit. Nunc vos magistri supradictos homines, scilicet conversos, in ordine vestro corripite et corrigite, quia plurima pars eorum nec in die, nec in nocte operatur, quoniam nec Deo, nec sæculo ad perfectum serviunt, et eos ab ignorantia ista excitate, velut bonus pigmentarius hortum suum ab inutilibus herbis purgat; in vobismetipsis autem secundum ordinem vestrum prævidentes, et juste intelligentes ne injuste judicetis. Inconveniens itaque esset, ut leo, vitulus, homo et aquila, in significationibus suis sibi invicem adversarentur; sed unumquodque istorum alteri justitiam in figura hominis, ad curationem hominum signati sunt, sanare, ungere, et baptismum sanctificare cum humili obedientia possunt. Nam omnis sacerdos qui a Deo unctus et sacerdos nominatus est, vulnera peccatorum curare cum judicante justitia poterit, quoniam officium hoc a Deo habet; et ideo illud implere non negligat. Et ego paupercula et indocta femina forma, quamdam bestiam vidi, cujus facies et anteriores pedes ejus similes urso erant, et cujus reliquum corpus similitudinem bovis ostendebat, excepto quod posteriores pedes ejus similitudinem pedum asini habebant, et quod cauda carebat. Tria autem cornua in capite habuit, quorum duo similitudinem bovis habentia, juxta aures erant; tertium vero, in medio frontis existens, cornu capricorni assimilabatur; facies vero ejusdem bestiæ ad orientem, posterior autem pars ejus ad occidentem versa fuit. Quod sic intelligendum est: Bestia hæc, cujus facies et anteriores pedes similes urso sunt, bestiales mores latenter habentes quosdam homines ostendit, qui quidem mansuetudinem verborum proferunt, sed in exemplis vestigiorum suorum, ubi vi ante ad rectitudinem incedere deberent, temeritatem et duritiam perversitatis demonstrant. Cujus reliquum corpus similitudinem bovis ostendit, excepto quod posteriores pedes ejus similitudinem pedum asini habent, et quod cauda caret; quoniam iidem homines jugum Dei ut bos se ferre simulant, cum tamen in subsequentibus exemplis mores asini, qui sub pondere cadit, in se manifestant, nec se caudam habere demonstrant, quia in ipsis deficit quod Dominus jubet, hostiam cum cauda offerri (*Levit.* IV), scilicet quomodo bonum quod in humilitate et paupertate inceperunt, ad finem beatitudinis non perducunt. Quod autem tria cornua in capite habet, quorum duo similitudinem cornuum bovis habentia, juxta aures sunt, in hoc tres vitas hominum in principali commercio stantes, designant, ita quod duæ effigiem in agro Dominico laborantium, et verbo Domini auditam præbentium simulant; tertium vero in medio frontis existens, cornui capricorni assimilatur, quoniam hoc in fortitudine fiduciæ suæ spiritales homines istos manifestat, qui in squalore capricorni altitudinem illam, in qua nullatenus permanere possunt, ascendere satagunt. In hac etenim altitudine cæteros populos, ut Pharisæi publicanos spernunt et velut inutiles despiciunt (*Luc.* XVIII), et se etiam officialibus quibusdam causis regionum adjungunt, quatenus per illas aliis duobus cornibus meliores et excellentiores habeantur; et ut etiam ita altitudinem sanctitatis, ascendere videantur. Nam et sæculari sollicitudini se adjungunt, et multiplicem locupletationem comprehendunt, velut totam terram laboribus suis evertunt, et per hoc latitudinem divitiarum plus quam deberent capiunt, in similitudine quoque juvenis hujus illud facientes, cui Filius Dei dixit, quod quæcunque haberet venderet et daret pauperibus, et ille abiit mœrens, quia et divitias sæculi et vitam æternam habere volebat (*Matth.* XIX), quod difficile erat ut fieret. Homines enim isti cœlum et terram simul habere volunt, quod impossibile est; quoniam in comprehensione et possessione divitiarum, absque superbia elationis et absque proprietate voluptatis nequaquam stare possunt, sicut etiam impossibile esset, quod homo in cacumine verticis alicujus montis staret, et tempestate validi venti quassatus non caderet. Amorem quoque hunc et timorem non habent, quos egenus habet, qui manum suam ad auxilium et eleemosynam porrigit, sed in stultitiam asini se involvunt, qui magnis oneribus se onerari patitur, quousque sub eodem onere succumbit, quoniam jugum spiritalis vitæ et sollicitudinem sæculi habere volunt; sed in ipsis stare non possunt, et idcirco ut asinus cadunt. Unde et facies ejusdem bestiæ ad orientem, posterior autem pars ejus ad occidentem versa est; quia, cum spiritalem vitam attendere videntur, sæculari quoque inhærent, in hoc perditos angelos imitantes, qui in semetipsos confidentes, de cœlesti gloria corruerunt (*Isa.* XIV).

Et tertium animal habens faciem quasi hominis, sæculares homines istos significat, qui opera sua cum sollicitudine corporis et animæ faciunt, et tamen bona intentione ad Deum ascendunt, quasi cum pennis volant, quia quæque bona desideria, sicut radius solis, ex corde justi emittuntur, unde et velut penna videntur. Sed et ad observanda præcepta legis et sacerdotis currunt, et ad dividendas eleemosynas in misericordia moventur, atque in terram aspiciunt, quomodo in illa crescant, et in genitura prolis se pulveri terræ pares æstimant, et peccatores se nominant, et ita in sæculari vita, magis pœnam quam voluptatem carnalis gaudii habent, et sic ad magistros suos scilicet sacerdotes perveniunt, faciem suam, qua peccata gustabant, mutantes, atque per gratiam Spiritus sancti in pœnitentia peccata sua confitentes, et sic renovabantur, ut scriptum est: *Renovabis faciem terræ* (*Psal.* CIII). Quod dicitur: O Deus, in novo Spiritu renovabis voluntatem hominis, qui peccare studebat; ita cum de malo studio ad bonum desiderium converses. Nam per pœnitentes faciem terræ renovabis, cum homo sentit, et scit se peccatis ita involutum, ut se continere non possit quin peccet; et tamen ad renovationem pœnitendo se convertit: si enim homo non peccaret, non renovaretur. Quidam etiam alio modo renovantur, videlicet cum peccata propter pœnam pœnitentiæ fugiunt, ita quod peccare non quærunt; et quidam alio modo, cum peccata, quæ in se sentiunt, et quæ facere possent, propter amorem virtutum devitant: unde et sic renovationem per Spiritum sanctum accipiunt. Sicut enim terra in tempore viriditatis non omittit quin fructum afferat, et sicut in tempore sicco pallescit et arescit, et deinde iterum ad viriditatem suam redit; sic etiam Deus hominem posuit, ut in operibus suis in semetipso renovetur. Scriptura namque in omnibus operibus hominis recte dividenda est, velut etiam ex una aqua multæ aquæ dividuntur, quemadmodum et Deus aqua in totum orbem terrarum divisit. Isti quoque sæculares homines semetipsos semper inspiciunt et considerant, quid sint et qualiter vivant, et quomodo sibi peccata abstrahant; et sic viventes in timore Dei, in terrenis sunt, et cœlestia non dimittunt. Nam Deo in semetipsis immolant, cum eum adorant; ita quod ipsi velut luna fulminant, cum ad ipsum ex intimo corde suspirant. Sed cum in peccatis ut luna defecerint, illico per pœnitentiam resurgunt, quemadmodum etiam luna post defectum suum per solem resurgit. Ipsi etiam dormiunt *inter medios cleros pennæ columbæ deargentatæ* (*Psal.* LXVII); quoniam ubi dormiunt, ne peccent, in medio magistrorum volantium in simplicitate puræ scientiæ sunt; et hoc faciunt, cum de incœptis peccatis declinant, et cum ab eis quiescunt, quemadmodum ales caput inter medias alas suas ad quiescendum declinat, videlicet cœlestia amantes, et in terrenis causis peccata sua per pœnitentiam confitentes. Unde et *beati mortui qui in Domino moriuntur* (*Apoc* XIV), sunt qui sæculariter secundum legem vivunt. O quantum miraculum in ipsis est, quod sic vivendo, et quod per amaritudinem pœnitentiæ peccata relinquendo, homines existunt! Sed et animali, quod faciem hominis habet, similes erunt, quoniam cum terrenis peccatis per pœnitentiam se opponunt, et eis alieni fiunt, quemadmodum etiam natura animalium, naturæ hominis aliena est. Itaque in scientia bonorum operum deargentati apparent, quia simplices mores infantis, qui peccatum nescit, habent, cum ipsi peccatum nec amplecti, nec pascere volunt. Cumque in simplicitate hac fulgere student, tunc posteriora dorsi eorum in pallore auri apparebunt, quia posteriora eorum, in quibus in peccatis prius fortes erant, cum peccare consueverant, nunc retro projecta, in timore Domini sapientiam demonstrant, quoniam in bonis actibus deaurata resplendent.

Quartum vero animal simile aquilæ volanti, quosdam homines de peccatis se continentes ostendit, qui ex præfatis sæcularibus ad continentiam surgent, velut in Maria Magdalena factum est, quæ omnia peccata sua abjiciens, ea pro luto computavit, et ita optimam partem elegit (*Luc.* X), et in aurora sanctitatis consedit, sed in veteri testamento multi propter tædium sæculi hujus peccata relinquebant, et multi etiam propter amorem justitiæ, de peccatis se continebant; nunc autem in novo sole, scilicet in Christo Jesu, continentes nominantur, quia in simplicitate infantis qui peccata nescit, vertuntur, cum ipsi peccata repudiant, et cum ea in voluntate nesciunt. In duabus enim partibus ad cœlestia ascendunt, quoniam cum bona intentione et cum sancto desiderio, ea quæ sursum sunt, præ cæteris qui sæculum prius non cognoscebant, diligunt; et quia, sicut aquila, quæ præ aliis volatilibus altiora petit, sic sursum volant, quod ita in candorem æternæ vitæ convertuntur, ut de illa saturari non possint; et quod hoc per ardorem veri Solis conculcant, quod prius, peccatis involuti, fecerunt. In fortissima quoque vi sanctitatis considerant, quanti dolores et quam gravia pondera in peccatis sunt, quæ ipsi palpando prius attigerant, et illa nunc ut mortiferum cadaver in semetipsis occidunt, et corpus suum ut occisam ovem constringunt et persequuntur; atque sic in ardentem solem aspiciunt, omnia sæcularia quæ ante cognoverant, retro abjiciendo, et pro pulvere computando, et in ardenti amore Dei timorem gehennæ spernendo, et ut in fide et in spe perseverare debeant, confidendo.

Hoc itaque modo faciunt, ut Isaias dicit, quoniam *Seraphin aliis duabus velabant faciem ejus* (*Isat.* VI), quæ alæ fidem et spem significant; quia in fide fideles homines Deum vident, et per spem præmia æterna desiderant, et duabus velabant pedes ejus, qui sensualitatem et intellectum offendunt, quandoquidem iidem homines nuditatem peccatorum suorum tegunt, ne carnalia desideria propriæ voluntatis suæ perficiant. Sed et aliis duabus volabant, quæ charitatem Dei et proximi demonstrant; quoniam, cum Deum super omnia diligunt proximo suo in necessitatibus suis assistunt, et ita in fortitudine Dei super omnia volant, cum cuncta terrena transcendunt, atque unamquamque rem in peccatis diligenter aspiciunt, quatenus per abstinentiam peccatorum se affligant, et sic etiam in pleno desiderio cum pretiosis lapidibus bonorum operum cœlestem Jerusalem ornant. In læta quoque via præceptorum Dei non dormitant, sed semper in novitate desiderii animæ velut canens tuba sonant, quod sunt ardentia suspiria, quæ in nocturna obscuritate in peccatis nati ad Deum habent, quando eum in timore et amore cognoscunt, dicentes, quod ipse sanctus sit qui omnia creaverit, et quod sanctus sit qui nunquam mortalis fuerit, et quod sanctus sit qui infernum fregerit, et ab illo electos suos eduxerit. Beati namque homines bene operando et Deum laudando nunquam cessabunt, et cum operari cessaverint, post finem tamen vitæ suæ a laude Creatoris sui non desistent. Ego autem paupercula, ab infantia mea debilis et infirma, in mystica et vera visione ad hanc scripturam coacta sum, eamque in gravi ægritudine in lecto jacens, Deo jubente et adjuvante, conscripsi, quatenus illam prælatis et magistris, qui ad servitium Dei signati sunt, repræsentarem, ut in ipsa quasi in speculo considerarent, qui et quales essent, et ut eam illis demonstrarent et aperirent, qui per obedientiam illis subjecti sunt. Et audivi vocem de cœlo dicentem: Nemo verba hæc contemnat, ne si ea contempserit, vindicta Dei super eum cadat.

EPISTOLA LII.

Werneri de Kircheim, cum cæteris societatis suæ fratribus ad Hildegardem.

Preces Sanctæ Hildegardis enixe postulant; verba ipsius scripto commendata habere volunt.

[Hildegardi mente et corpore virgini immaculatæ, et a cunabulis Deo dicatæ, Wernerus de Kircheim cum cæteris societatis suæ fratribus, in parochiis suis Deo quamvis indignum famulatum exhibentibus, exemplo Debboræ hostiles turmas, Deo duce, proterere (*Judic.* V).

Quia virtutum vestrarum fragrantia non modica terrarum spatia dispersit; eo quod non solum operari bona, verum etiam prophetare futura, contemplari cœlestia Spiritus sancti gratia cor vestrum mundum illustraverit, dignum duximus, licet indigni, vestræ sanctitati obtentu fraternitatis nos committere. Et certe quia nos ultima Christi membra vobiscum fore credimus, fidenter dicimus, quod quidquid in ejus nomine vos poscimus, cum præstare potestis, non negetis postulantibus. Rogamus ergo benignitatem vestram, mater et sponsa Agni, quatenus in vestris orationibus nostri memineritis propensius, certa de nostris, si quid possunt apud Deum, quod inter orandum semper vestri memoriam faciemus (*Philip.* 1). Adhuc unam petitionem vos petere præsumpsimus, scilicet ut verba quæ, Spiritu sancto vos docente, nobis et aliis quamplurimis in Kyrcheim præsentibus, de negligentia sacerdotum, quam in divino sacrificio habent, aperuistis, materna pietate nobis scribere et transmittere non negligatis, ne a memoria nostra elabantur, sed ut ea attentius præ oculis nostris habeamus; quoniam cum terrenis et sæcularibus causis plus quam opus, inhiamus, verba transitoria in ventum multoties negligenter emittimus. Valeat materna dilectio in vobis.

RESPONSIO HILDEGARDIS

Ecclesiæ imaginem inducit querelas gravissimas contra peccata sacerdotum fundentis. Varia prædicit quæ sæculo XVI omnino impleta sunt.

In lecto ægritudinis diu jacens, anno Dominicæ Incarnationis millesimo centesimo septuagesimo, vidi vigilans corpore et animo, pulcherrimam imaginem, muliebrem formam habentem, quæ electissima in suavitate, et charissima in deliciis tantæ pulchritudinis erat, ut eam humana mens nequaquam comprehendere valeret, et cujus statura a terra usque ad cœlum pertingebat. Facies quoque ipsius maxima claritate effulsit, et oculus ejus in cœlum aspexit. Candidissima etiam veste ex albo serico induebatur, et pallio pretiosissimis lapidibus, scilicet smaragdo, sapphiro, baccis quoque et margaritis ornato circumdabatur, calceamenta ex onychino circa pedes habens. Sed facies ejus pulvere aspersa erat, et vestis in dextero latere scissa fuerat, atque pallium ejus elegantem pulchritudinem suam amiserat, et calceamenta ipsius denigrata erant. Et ipsa voce magna et lugubri in altitudinem cœli clamabat, dicens : Audi, cœlum, quod facies mea sordidata est; et, terra, luge, quod vestis mea scissa est ; et , abysse , contremisce, quod calceamenta mea denigrata sunt. *Vulpes foveas habent, et volucres cœli nidos* (*Matth.* VIII), ego autem adjutorem et consolatorem non habeo, nec baculum super quem incumbam, et a quo sustenter. Et iterum dicebat : Ego in corde patris latui, quousque Filius hominis, qui in virginitate conceptus et natus est, sanguinem suum fudit, qui etiam cum eodem sanguine me sibi desponsavit et dotavit, quatenus in pura et simplici regeneratione spiritus et aquæ, contractos et contaminatos a spuma serpentis, regenerarem. Nutritii autem mei, videlicet sacerdotes, qui faciem meam facere deberent velut auroram rubere, et vestem meam ut fulgur coruscare, ac pallium meum ut pretiosos lapides radiare, et calceamenta mea ut candorem fulgere, faciem meam pulvere consperserunt, et vestem meam sciderunt, palliumque meum umbrosum fecerunt, et calceamenta denigraverunt, et qui me ubique ornare debuerant, me in omnibus his destituerunt. Nam faciem meam per hoc sordidant, quod corpus et sanguinem sponsi mei cum magna immunditia lasciviæ morum suorum, et magna spurcitia fornicationum et adulteriorum, et pessima rapina avaritiæ, vendendo et emendo quæque inconvenientia tractant et accipiunt, atque tanta sorde circumvolvunt, velut si infans in lutum ante porcos poneretur. Sicut enim homo, cum Deus ipsum de limo terræ fecit, et in faciem ejus spiraculum vitæ inspiravit (*Gen.* II), mox caro et sanguis factus est, ita etiam eadem virtus Dei, oblationem panis et vini et aquæ super altare, ad verba sacerdotis divinitatem invocantis, in veram carnem et verum sanguinem Christi, videlicet sponsi mei transfert, quod tamen propter cæcitatem hanc, qua homo in casu Adæ cæcatus est, homo carnalibus oculis videre non potest. Fixura namque vulnerum sponsi mei recens et aperta est, quandiu vulnera peccatorum hominum patebunt. Hæc eadem vulnera Christi sacerdotes, qui me candidam facere, et mihi in candore servire deberent, in nimia avaritia sua de Ecclesiis ad Ecclesias discurrentes contaminant. Vestem quoque meam per hoc scindunt quoniam prævaricatores legis et Evangelii ac sacerdotii sui sunt, et pallium meum in hoc obfuscant, quia præcepta quæ in eis instituta sunt, per omnia negligunt, nec ea in abstinentia velut in smaragdo, nec in largitione eleemosynarum velut in sapphiro, nec in aliis bonis et justis operibus (quibus Deus velut aliis generibus gemmarum honoratur) bona voluntate et perfecto opere complent. Sed et calceamenta mea superius denigrantur, quoniam ipsi nec recta scilicet, nec dura et aspera justitiæ itinera habent, nec bona exempla subditis suis præbent, cum tamen subtus in calceamentis meis quasi in secreto meo candorem veritatis in aliquibus habeam. Falsi quippe sacerdotes in semetipsis decepti sunt, quoniam honorem sacerdotalis officii sine opere habere volunt, quod esse non potest, quia nulli merces, nisi præmisso labore operis, dabitur. Ubi autem gratia Dei hominem tangit, ibi ipsum operari, ut mercedem accipiat, facit. Cum itaque varios dolores, qui hominibus contrarii sunt, in ultione Dei pluat, et totam terram nebula obtegat, ita ut viriditas ejus arescat, et ornamenta ipsius fusca fiant, abyssus quoque contremiscat, quoniam in ultione et dolore cum cœlo et terra in furorem movebitur. Principes enim et temerarius populus super vos, o sacerdotes (qui me hactenus neglexistis), irruent, et vos abjicient et fugabunt, et divitias vestras vobis auferent, pro eo quod tempus sacerdotalis officii vestri non attendistis. Et de vobis dicent : Adulteros istos et raptores et plenos omni malo, ab Ecclesia ejiciamus. Et in hoc facto obsequium Deo se exhibuisse volunt, quia Ecclesiam per vos pollutam esse dicunt. Unde Scriptura dicit : *Quare fremuerunt gentes, et populi meditati sunt inania? Astiterunt reges terræ, et principes convenerunt in unum (Psal. 11).* Nam permissione Dei, super vos in judiciis suis fremere incipient plurimæ gentes, et multi populi de vobis meditabuntur inania, cum sacerdotale officium vestrum et consecrationem vestram pro nihilo computabunt. His assistent in eversione vestra reges terræ, et terrenis rebus inhiabunt, et principes qui vobis dominabuntur, convenient in hoc uno consilio, quatenus vos de terminis suis expellant, quoniam innocentem Agnum a vobis per pessima opera fugastis. Et audivi vocem de cœlo dicentem : Imago hæc Ecclesiam demonstrat. Quapropter tu, o homo, qui ista vides et audis plangentia verba, hæc sacerdotibus qui ad regendum et docendum populum Dei constituti et ordinati sunt profer, quibus cum apostolis dictum est : *Ite in orbem universum, et prædicate Evangelium omni creaturæ (Marc. xvi).* Cum enim Deus hominem creavit, omnem creaturam in ipso signavit, quemadmodum in parvo loco membranæ, tempus et numerus totius anni describitur; et ideo Deus hominem nominavit omnem creaturam. Et iterum ego paupercula femina forma gladium evaginatum in aere pendentem vidi, cujus acies una ad cœlum, altera ad terram versa erat. Et gladius iste super spiritualem populum extendebatur, quem propheta olim præviderat, cum admirando dicebat : *Qui sunt hi qui ut nubes volant, et quasi columbæ ad fenestras suas? (Isai. xvi.)* Isti etenim, qui de terra elevati, et de communi populo separati, sancte vivere et in columbina simplicitate morum et operum esse debuerunt, nunc pravi in moribus et operibus suis sunt. Et vidi quod gladius iste quædam loca spiritualium hominum abscindebat, quemadmodum Jerusalem post passionem Domini abscissa est. Sed tamen vidi quod plurimos timoratos, puros et simplices sacerdotes in adversitate ista sibi Deus observabit, velut Eliæ respondit, ubi dicebat, quod dereliquisset sibi in Israel septem millia virorum, quorum genua non sunt incurvata ante Baal *(III Reg. xix).* Nunc autem inexstinguibilis ignis Spiritus sancti, ut in meliorem partem convertamini, vobis infundat.

EPISTOLA LIII.

FRATRES HAGENHENSIUM AD HILDEGARDEM.

Ut discordiam apud ipsos ortam sedare et exstirpare non omittat, precantur.

HILDEGARDI, castæ columbæ in foraminibus petræ latitanti *(Cant. 11),* fratres, heu ! conturbati in Hagenhe, orationum suarum devotionem, et quod spectat ad æternam salutem.

Quoniam Dei gratia, lux vestra coram homin'bus salubriter lucet *(Matth. v),* Patrem vestrum qui vos ardentem lucernam ad illuminationem Ecclesiæ superposuit, glorificamus, et quamvis peccatores, sanctitati tamen vestræ, qua cœlestis sponsi amplexibus singulari privilegio inhæretis, cordialiter congaudemus. Charitatem etiam vestram ignorare nolumus, quod die noctuque vos facietenus videre desideramus, et assiduæ vestri memoriam in orationibus nostris facientes *(Rom. 1),* vos absentem corpore, quasi præsentem interdum amplectimur mente. Ergo perfectionem vestram humiliter deprecamur, ut sponso vestro, sub cujus umbra secure requiescitis *(Cant. 11),* nos juxta viam mendicantes commendetis *(Luc. xvIII),* ne præteriens turba clamores nostros compescat; sed orationibus vestris ad Dominum adjuti, mereamur a cæcitate cordium nostrorum illuminari. Hoc autem idcirco dicimus, ut dissensionem, quam in loco nostro ortam esse scitis, quemadmodum incepistis (Spiritu sancto vos docente), sedare et exstirpare non omittatis; et ut per hoc quoque litteras commonitorias nobis transmittatis, quia nisi citius exstinguatur, periculum magnum tam animarum quam corporum facile incurreremus. Gratia Spiritus sancti quæ vos interius docet et multa secreta vobis demonstrat, hæc etiam nobis, secundum quod sibi placuerit, manifestare dignetur.

RESPONSUM HILDEGARDIS.

Præclaram mittit de multis vitiis et virtutibus instructionem admonitionemque et adhortationem ad studium virtutum.

Ego paupercula forma, multa ægritudine diu gravata, per veram sapientiam cogebar, ut hæc verba ipsius, populo loci hujus proferrem. Et audivi quod eadem sapientia populo huic opus suum proponebat, scilicet, quomodo cœlum et terram in recta mensura constituisset, quatenus fratres ejusdem populi cognoscerent, qualiter institutio eorum primitus constituta esset, et qualiter nunc destituta esset. Et dixit: *Gyrum cœli circuivi (Eccli. xxiv),* altitudinem et profunditatem ejus ita constituens, ne rectum modum suum superexcellerent; et latitudinem totius orbis sic ordinavi, ne ipsa mensuram suam inordinate excederet. Solem quoque feci, ut in die luceret et tenebras obtegeret; et lunam, ut in nocte cum stellis claresceret. In verbo quippe illo, cum Deus dixit : *Fiat;* omnia hæc facta sunt, ut etiam nunc persistunt : unde in his velut in speculo vos populi considerate, quatenus in hoc quod incepistis, permaneatis. Deus enim homini spiraculum vitæ inspiravit *(Gen. 1);* et ita vivificatus, caro et sanguis factus est. Deinde autem consortiis angelorum cum laude et ministerio illi dedit, et reliquam creaturam illi subjecit. Nam Deus lumen æternitatis illi concesserat. Sed ipse in omni honore isto vermem audivit, et ita præcepta Dei prævaricando obcæcatus et exstinctus est. Unde diabolus in se gavisus, ait : Deum quem in cœlo superare nequivi, in opere suo, videlicet in homine, qui alius Deus est, superavi. Diabolus namque hominem Deum nominavit, quemadmodum etiam seipsum esse Deum voluit. Sed Deus in antiquo consilio, quod ante ævum in se habuit, computabat quomodo ordinationem suam ita observaret, ut ei in illa nullus resistere posset, et idem antiquum consilium a scientia omnium creaturarum in seipso abscondit, unde et diabolus illud nec scivit, nec scit, atque ejusdem consilii usque in novissimum diem iuscius erit, ubi tunc in maxima confusione sua ejusdem consilii, quædam sentiet et cognoscet, per quæ per omnia confundetur. Nam diabolus hominem inseparabiliter perdidum, ut ipse voluit, putabat. Homines enim in magna sævitia et oblivione Dei, se homines fore obliti, inhumane vixerunt, quousque idem antiquum consilium quemdam sanctificatum populum sibi elegit. Et Deus sobrietatem et virginitatem in Abel præsignavit, qui propter justitiam martyr effectus (*Gen.* iv), hoc fecit quod pater suus facere neglexit. Sanctificati autem populi se homines esse cognoscebant, et humane vivebant, de quibus etiam Noe surrexit, quem Deus in arca observavit (*Gen.* vi). Sed Deus volens iniquitatem submergere, os abyssi aperuit, et plurimam creaturam in aqua submersit: et tunc per semetipsum juravit, quod nequaquam ultra omnem carnem aqua perderet (*Gen.* ix), recordans quia homo per aquam regenerandus et salvandus esset. Post diluvium vero antiquum consilium multa miracula ad confusionem diaboli ostendebat, qui de occisione Abel intra se gaudebat, dicens: Ecce opus Dei quod de paradiso ejeci, in terra divisum jacet. Sed Noe sanctificatus, in Spiritu sancto operatus est, et altare Deo ædificavit, in quo antiquum consilium altare illud præsignavit, quod Joannes in Apocalypsi vidit (*Apoc.* viii), super quod orationes sanctorum ascendebant. Cum enim homo in pœnitentia peccatorum orat, et cum salutem a Deo quærit, sanctus nominatur. Antiquum quoque consilium plurima signa in Abraham operabatur, qui patriam et cognationem suam cum propria voluntate sua reliquit, et duram legem, per quam mors confusa, et serpentis nequitia insanabili vulnere vulnerata est, in sanctitate iniit, quando præcepta Dei adimplevit, quod Adam non fecit, cum præceptum Dei prævaricatus, voluntatem suam secutus est. Idem etiam consilium purificationem legis in Moyse constituit, et per sanguinem hircorum et vitulorum præsignavit, quod innocens agnus pro homine immolandus esset. Nam Filius Dei de corde Patris exiens, de virgine natus est, et omnia hæc per semetipsum implevit. Virginitas in Filio Dei surrexit, quæ erecto vexillo cœlos penetravit, quoniam idem Filius Virginis totus integer, totus sanctus fuit, et per eum magnus ordo virginum surrexit, quem vetus lex non cognoverat. Sed et ipse sacerdos fuit, cum seipsum in ara crucis pro hominibus immolavit; cui etiam sacerdotes in sacerdotio suo adjuncti sunt, quia angelos imitari debent, qui nuntii Dei existunt. Angeli quippe opera hominum ex debito officii sui velut scripturam Deo ostendunt, quod et sacerdotes faciunt, cum peccata hominum per pœnitentiam suscipiunt, et ea per indultam misericordiam Deo ostendunt. Sic et villicus fecit (*Luc.* xvi), qui diffamatus est apud dominum suum, quasi dissipasset bona ipsius, cum unumquemque debitorem domini sui minus scribere jussit quam deberet. Villicus etiam iste Synagoga est, quæ nullam liberationem per sanguinem hircorum et vitulorum habere potuit; sed immolationem innocentis agni præfiguravit, per quem officio suo privari timuit, et intra se dicebat quod sufferre non posset duritiam legis quæ jussit: Si quis hoc vel illud fecerit, morte moriatur; et etiam erubescat quod foras projiceretur, ita ut in nulla petitione misericordiæ reficeretur. Ex qua dum multi in Filio Dei ad indulgentiam converterentur, ipsa pro indulgentia meritæ pœnæ laudabatur, quia dum servus per pœnitentiam et confessionem domino suo retributionem dederit, ab illo multum laudatur, quoniam eum multum dilexit, quemadmodum Maria Magdalena Christum dilexit. Scriptura hæc sacerdotibus adest, unde etiam decet illos, ut Christum imitentur, et castitatem ament, et incestum fugiant. Filius namque Dei, ut injustos justos faceret, in cruce passus est; et etiam ipsos ad se trahit, ut de villico dictum est. Sed Abel pro justitia martyr exstitit.

Post passionem autem Filii Dei multitudo martyrum exorta est, qui pro fide et confessione ipsius passi sunt, quos etiam alii martyres comitantur, scilicet illi qui contra peccata et vitia pugnando se vincunt, et isti prædictorum martyrum pennæ sunt. Qui autem hos injuste persequuntur, vindicta Dei super illos cadet. Sed et illi qui virginitatem tribulando persequuntur, ita quod illam doloribus perfundunt, vindictam Dei non effugient; et ideo multoties accidit quod nobiles ex judicio Dei ignobiles, et divites egeni efficiuntur, et quod multis aliis periculis et calamitatibus subjiciuntur. Qui vero sacerdotale officium injuste premunt et blasphemant, hi in reatu suo similes sunt Cain, qui fratrem suum occidit: unde pœna illius constringendi et puniendi sunt. Sacerdotale namque officium in magisterio suo a Domino Deo est. Itaque Sapientia in turba loci hujus turrim ædificavit (*Prov.* ix), quam baccis, topazio et sapphiro exornavit, et in ipsam speculatores posuit, et juxta eam torcular construxit: quod quibusdam hominibus commisit, qui vinum in ipsa exprimerent: atque secus illud domum etiam fecit, in qua alios esse jussit, qui omnia quæ ad agros pertinebant, procurarent. Sed tempestas valida et pestifera insania exorta est, ita quod homines prædictum torcular custodientes, ad eamdem turrim jacula emittebant, et quod alii in præfata domo manentes, saxa contra ipsam turrim projiciebant; unde et illi qui in ipsa turri erant, lapides adversus istos jaciebant. Turris hæc altitudinem magisterii designat, quæ baccis, videlicet illis qui a pueritia in innocentia et sanctitate vixerunt, decoratur, et quæ topazio, id est his qui optimam partem eligentes, sæculo renuntiant, elucidatur : et quæ sapphiro, videlicet ipsis qui propter amorem Dei pompam sæculi et semetipsos abnegant, exornat. In ista speculatores sunt, videlicet hi. qui subjectis suis in magisterio præsunt. Torcular autem officium illorum ostendit, qui per consecrationem jugati, ministerio passionis Christi ad altare insistunt, et vineam Domini Sabaoth colunt et conservant. Sed domus custodiam et constrictiónem istorum demonstrat, qui idiotæ existentes, et in sæculo viventes, sæculum et semetipsos propter Deum relinquunt, et in necessariis rebus corporalibus laborant; et tamen spiritalem vitam conservant: tempestas vero temeritatem notat, in qua in torculari manentes ad prælatos suos acumina superbiæ mittunt, et per quam etiam in domo stantes, duritiam inobedientiæ contra ipsos dirigunt : quapropter iidem prælati ad injuriam provocati, se immites per verba iracundiæ subjectis suis exhibent. At omnibus istis sapientia inducias emendationis constituit, quemadmodum in Evangelio cultor vineæ ad dominum suum de ficu dicebat: *Domine, dimitte illam et hoc anno, usque dum fodiam circa illam, et stercora mittam* (Luc. XIII). Nam fodere circa illam, est ut homo voluntatem proprietatis suæ premat; alioquin nunquam obedire poterit : sed mittere stercora, est in humilitate et subjectione prælato subdi. Cum enim homo ad obedientiam se inclinat, omnia carnalia desideria et semetipsum quasi pro luto computat.

Nunc itaque ego paupercula et debilis forma, vobis loci hujus præfatis fratribus dico : Inexstinguibilis vitæ ignis in vobis ardeat, et vos lumine suo ita perfundat, ut in ipso permanere valeatis, ut prius incepistis. Nam cum fructuosum tempus correctionis, et emendationis in vobis surrexerit, lapides turris vestræ fulgorem suum, ut prius erat, recipient.

EPISTOLA LIV.

GUIBERTI GEMBLACENSIS MONACHI AD HILDEGARDEM.

Triginta octo quæstionum solutionem petit.

(Exstat infra, cum sanctæ Hildegardis responsione, inter opuscula sanctæ virginis.)

EPISTOLA LV.

SORORUM PARTHENONIS HUNNIENSIS AD S. HILDEGARDEM.

Regulam Benedictinam sibi explanari petunt.

(Vide infra Expositionem sanctæ Hildegardis in Regulam S. Benedicti.)

Epistolas 56-59 huc adducimus ex amplissimo Commentario in Vitam et res gestas sanctæ Hildegardis, quod ex die 17 mensis Octobris Bollandiani, pag. 729, dedimus initio voluminis; epistolas 60-61 habemus ex Vita sanctæ Hildegardis a Godefrido et Theodorico monachis scripta.

EPISTOLA LVI

HILDEGARDIS AD PHILIPPUM PARCENSEM ABBATEM.

Mittit ad ipsum mulierem quamdam pœnitentem quæ non fuerat recte confessa, et cui peccatum exponendum indicaverat, ut ex responso Philippi patebit.

PHILIPPO abbati, HILDEGARDIS.

O Pater, qui in omni negligentia tua Deum times, et qui eum diligis, ita quod pro quibusque inutilibus ad ipsum suspiras, tu ad fontem aquæ vivæ curre, non solum te, sed etiam alios infirmos, quos vulneratos vides, lavando; ipsisque vinum pœnitentiæ infunde, et eos oleo misericordiæ ungere non cesses. In hoc enim illum, qui vivus fons et integra rota est, imitaris, qui peccatores ad auxilium misericordiæ ejus confugientes comprehendit, impiosque ei contradicentes amaro judicio judicat. Circulum vero hujus rotæ nullus mons tangere valet, quoniam umbra ipsius super omnia excelsa est : nec ipse etiam ab ullis infimis obnubilari potest, cum omnia excellat. Deus namque per nullum, nisi per se ipsum, vivit: unde nec initium nec finem habet. Ideo quicunque ad auxilium gratiæ suæ confugerit, a beatitudine æternæ vitæ nunquam deficiet; sed denuo per Deum vivum scintilla salvationis excitetur, quia ipse peccatoris mortem non vult, sed ut per eum vivere incipiat. Nunc autem, o mitis Pater, qui in vice Christi es, suscipe hanc mulierem, scilicet Idam, quæ occulta vulnera sua nondum perfecte manifestavit, et eam, ac cæteros ad te confugientes diligentissime medicina pœnitentiæ percura, quatenus in rota veræ Trinitatis in æternum vivas.

EPISTOLA LVII.

PHILIPPI PARCENSIS ABBATIS AD HILDEGARDEM.

Superiori respondet.

PHILIPPUS, Dei gratia ecclesiæ Beatæ Mariæ, quæ est in Parco Lovaniensi, dictus abbas, H. de Binga ancillarum Dei venerabili, magistræ bonum salutis æternæ.

Crede, mater venerabilis, crede, dilecta Deo, ex quo virtutum tuarum, quibus ancillam suam divina benignitas mirificavit, fama prædicante, notitiam habui, te dilexi, de te mihi sermo cum laudibus frequenter sine fastigio [forte, fastidio], tu cordis mei meditatio fuisti sæpissime. Hujus rei testis est labor itineris, quem assumpsi, ut venerabilem vultum tuum, speculum videlicet illuminatæ mentis tuæ, videre, et tecum loqui ore ad os possem: Deo gratias : quam quæsivi, quam diu multum optaveram præsentiæ tuæ dulcedinem promerui, et collocutionis tuæ consortium indigno mihi non denegasti. Sed doleo, quod acquievi fratribus meis, qui mecum venerant, et nullam moram facere sinebant tecum, ut volebam. Sed spero, quod adhuc te fruar in Domino, sive in præsenti vita, sive post eam, tuis orationibus amœna paradisi introductus. Ora igitur, Mater venerabilis, ora pro me amante, et venerante gratiam Dei in te, et pro congregatione fratrum et sororum, quam habeo regere, ut pacem et concordiam nobis Dominus tribuat, peccata dimittat, perseverantes in suo servitio faciat. De pœnitente autem muliere, Ida videlicet, voluntati tuæ, quam Dei credo, obedivi, pœnitentiam jungens [forte, injungens] pro peccato, quod, Domino revelante, ad purum ei detexisti. Sed quia senio confecta, et legibus pœnitentiæ multo jam tempore confracta est, peto ut, quomodo scis, et animæ suæ utile prospexeris, unde relevetur, ei impendas.

EPISTOLA LVIII.
HILDEGARDIS AD PHILIPPUM PARCENSEM ABBATEM.
Præclara monita suggerit.

PHILIPPO abbati, HILDEGARDIS.

Fides, quam homo per inspirationem Spiritus sancti ardenti corde ad Dominum habet, valde gloriosa est, cum in amplectione dilectionis invisibilia, tanquam ea, quæ visa delectant amplectitur. Sic etiam laudabile est in te, quod propter amorem Dei me debilem et indoctam femineam formam videre et audire dignatus es. Ventus enim de excelso monte flavit, coram ornatis civibus et turribus parvam pennam flatu suo movens, nullam per se possibilitatem [*i. e.* potentiam] volandi, nisi per ventum, habentem. Quod nimirum Deus omnipotens idcirco facere curavit, ut ostenderet, qui per rem, quæ nec minima de se præsumeret, operari posset. Vos autem, qui in officio prophetarum, cu. adjuncta est cura apostolici ordinis, viriliter statis, suffragium orationum vestrarum mihi, quam super stratum infirmitatis meæ usque adhuc decumbentem coram positam vidistis, porrigite, ut in gratia Dei valeam permanere, quoniam nullam in me securitatem retinens, omnem spem meam et fiduciam in Dei solius misericordiam constitui.

Nunc autem, o Pater, qui in vice Christi es, curam super oves congregationis tuæ cum virga præceptorum Dei habe, quibus eas corripias et regas, ne in superbiam eleventur: quod vitium assimilatur urbi, quæ supra petram nequaquam fundata est ideoque ruendo destruitur, quoniam firmum fundamentum non habuit. Peccatores quoque, qualicunque crimine vulneratos, oleo misericordiæ frequenter inunge : ne in mala consuetudine peccatorum, velut quatriduanus Lazarus, fœteant : cornuque salutis, id est veræ humilitatis in omnibus tuis erige : (quæ virtus nubi sapphirini coloris, per quam sol potenter fulget comparatur) in hoc verum Solem, scilicet Filium Virginis, imitando : qui in summa humilitate ad terras descendit, in qua etiam ad dextram Patris sui ascendit. Ab eis etiam malam consuetudinem peccatorum abscinde, eosque hoc modo, velut monile, cum pretiosis lapidibus adornare satage, ut tu cum eis, et ipsi tecum, ad æternum gaudium pariter veniatis. Nunc autem gratia Spiritus sancti lucernam veræ charitatis omnipotenti Deo te efficiat : qui etiam pro adjutorio, quod animæ et corpori modo exhibes æternam mercedem tibi donare dignetur.

EPISTOLA LIX.
EJUSDEM AD EUMDEM.

Rescripta est ad interrogationem Philippi timentis ob signum quod ei in celebratione divinorum acciderat et de quo multum sollicitus erat. Ejus timorem solvit Hildegardis.

PHILIPPO abbati, HILDEGARDIS.

O bone et fidelis serve Dei, qui causam vel significationem signi Dei, nuper ostensi, pertimescens scrutaris, quod in scientia solius Spiritus Dei est, qui initium non habet, et cui nulla creatura assimilari valet, audi, quæ ad interrogationem tuam respondeo. Istud, quod tibi accidit, velut ramum, in multis ramusculis divisum, video. Quare non propter te solum factum est; sed etiam propter subditos tuos, et propter alios multos, ut corda eorum, qui hoc audierint paveant, et negligentias suas corrigant, et non nisi cum timore et reverentia divina celebrent, ne ut [*forte vel*] judicio Dei, vel irrisioni dæmonum ex permissione ipsius Dei subjaceant. Nam et istud ego factum esse vidi quadam irrisione aereorum spirituum, permittente tamen Deo propter causas supra dictas. Unde, dulcis et mitis Pater, non conturberis : sed age Deo gratias, si causa tui aliqui hoc audientes corrigantur. Et sacerdotale officium propter hoc ulterius agere non differas : sed confessione et pœnitentia purgatus, in celebratione missarum Deo servire stude. Nunc ergo, serve Dei, sine trepidatione gaude, et exsulta in Domino, quia ipse Deus te amat, et animam tuam suscipiet.

EPISTOLA LX.
G. ABBATIS ET FRATRUM BRUNWILLARENSIUM AD HILDEGARDEM.
De muliere dæmoniaca (21).

HILDEGARDI dominæ et matri venerandæ, totisque visceribus amplectendæ Christi sponsæ, et Regis altissimi filiæ, G. qualiscunque Brunwillarensis cœnobii provisor, cum suis fratribus in valle lacrymarum sedentibus, ut possunt, in orationibus omnimodæ dilectionis devotum famulatum.

Quamvis, amantissima domina, facie nobis sitis incognita, virtutum tamen vestrarum fama nobis estis celeberrima, et licet absentes simus corpore, spiritu tamen vobis præsentes sumus assidue, et

---

(21) Vide lib. III, cap. 2, Vitæ sanctæ Hildegardis, a Godefrido et Theodorico monachis scriptæ, quæ exstat initio hujus voluminis.

qualis sit erga vos nostræ dilectionis affectus, novit scientiarum Dominus. Auditum est itaque in terra nostra, et celebri sermone vulgatum verbum hoc, quod factum est de vobis a Domino, qui [forte quia] fecit vobis magna, qui potens est, et sanctum nomen ejus. Sed quibus quantisque miraculis in vobis clarescat fons vividæ lucis, tam nomen, tam clerus, quam populus, et rerum protestatur eventus. Nam in vobis fulget opus non humanum, sed divinum, gratia præcedens, donum præpollens, quod non dictat humana ratio, sed quod procedit ex fonte lucidissimo. Sed quid moramur? Flere magis libet, quam loqui. Ergo sanctitatis vestræ, o domina piissima, dulcedo non reputet temeritati, quod in simplicitate cordium, sed nimia necessitate compellente, aperire vobis causam necessitatis nostræ præsumimus, quoniam a vobis bonum consilium recipere non dubitamus. Nam quædam nobilis femina a maligno spiritu per aliquot annos obsessa, per amicorum manus ad nos deducta pervenit, hactenus adjutorio beati Nicolai (sub cujus patrocinio sumus) ab hoste imminenti liberaretur. Sed versutia et nequitia callidissimi et nequissimi hostis tot hominum fere millia duxit in errorem et dubium, quod Ecclesiæ sanctæ maximum timemus detrimentum. Nam omnes nos cum multitudine populi pro liberatione feminæ istius jam per tres menses multis modis laboravimus, et quod sine mœrore dicere non possumus, peccatis nostris exigentibus, nihil profecimus. Omnis itaque spes nostra post Deum in vobis est. Dæmon enim iste nunc quadam die conjuratus, tandem manifestavit nobis mulierem hanc obsessam liberandam esse per virtutem vestræ contemplationis, magnitudinem divinæ revelationis. Nunquid et magna in ejus liberatione intendit Deus? Utique. Itaque largissima benignitas nostri Redemptoris laborem nostri negotii et mœroris, sed et lætitiæ et exsultationis, per vos plenissime consummare dignabitur, ut omnis error et infidelitas hominum adnihiletur, et obsessa famula Dei liberetur, ut cum Propheta dicamus: *A Domino factum est istud, et est mirabile in oculis nostris* (Psal. CXVII, 23), et: *Laqueus contritus est, et nos liberati sumus* (Psal. CXXIII, 7) Quid ergo Deus de his vobis insinuaverit, seu visione revelaverit, nobis sanctitas vestra litteris designare studeat, obnixe et humiliter deprecamur. Vale.

RESPONSUM HILDEGARDIS
De muliere liberanda consilium dat.

G. ecclesiæ Brunwillarensis abbati, H. Cum flagellis Dei sim longa et gravi ægritudine constricta, vix aliquantulum petitioni vestræ respondere valeo. Hæc a me non dico, sed ab illo, qui est. Diversa genera malignorum spirituum sunt. Hoc vero dæmonium, de quo quæritis, has artes habet, quæ moribus hominum in vitiis assimilantur: unde et cum hominibus libenter manet, ac ideo etiam crucem Domini et reliquias sanctorum, ac cætera, quæ ad servitium Dei pertinent, aliquantum negligit, et deridet, nec multum pertimescit. Ea quidem non diligit, sed fugere dissimulat, velut aliquis stultus et negligens homo verba et minas, quæ sibi a sapientibus inferuntur, parvipendit: quapropter et difficilius, quam aliud dæmonium, expellitur. Nam nisi jejuniis, flagellis, orationibus, eleemosynis, ac ipso jussu Dei [*deesse videtur non*] ejicietur. Audite ergo, et non responsum hominis, sed ipsius qui vivit. Eligite septem boni testimonii, et quos vitæ meritum probat, sacerdotes in nomine et ordine Abel, Noe, Abraham, Melchisedech, Jacob, et Aaron, qui viventi Deo sacrificium obtulerunt, septimum in nomine Christi, qui seipsum Deo Patri in cruce obtulit; et jejuniis, flagellis, orationibus, eleemosynis, et missarum celebrationibus præmissis, humili intentione et habitu sacerdotali, cum stolis ad patientem accedant, et eam circumstantes, unusquisque eorum virgam in manu teneat, in figura virgæ, qua Moyses Ægyptum, mare Rubrum, petramque præcepto Dei percussit, ut sicut Deus ibi per virgam miracula ostendit, ita et hic pessimo hoste virgis ejecto, seipsum glorificet. In figura septem donorum Spiritus sancti septem sacerdotes erunt, ut Spiritus Dei, qui in initio ferebatur super aquas, et qui inspiravit in faciem hominis spiraculum vitæ, spiritum immundum ab homine fatigato exsufflet. Et primus, qui in nomine Abel erit, virgam in manu tenens, dicat: Audi, maligne et stulte spiritus, quicunque in homine isto habitas, audi verba hæc non per hominem præmeditata, sed per illum, qui est, et qui vivit, manifestata, etc.

EPISTOLA LXI.
G. ABBATIS ET FRATRUM BRUNWILLARENSIUM AD HILDEGARDEM.
Mulierem eamdem iterum a dæmone vexari.

H. venerabili dominæ, omni gratiarum actione dignæ, G. Brunwillarensium abbas indignus, cum suis fratribus vivere, proficere, mundum pede subter habere, et quidquid famulæ Christi excellentius optari potest.

Quod Dominus vos respexit, gratiamque suam infudit, jam totus mundus novit. Sed nos qui hactenus per nuntios nostros et litteras pro necessitate mulieris, maligno spiritu obsessæ, sanctitati vestræ locuti sumus, nunc saltem per personam ipsius cum magna spe ad vos directam, urbem necessitatis repetimus, et preces precibus devote superaddimus, ut, quo magis est vobis vicina corporaliter, eo amplius sitis ei propitia spiritualiter. Nam dæmon litteris vestris, quas, Spiritu sancto dictante, misistis, conjuratus, vas possessum per brevem horam reliquerat: sed heu! nescimus quo judicio Dei, rediit, vasque derelictum denuo invadens, illud nunc acrius quam prius fatigat. Nobis autem eum iterum conjurantibus, et fortiter ei insistentibus, tandem respondit, quod vas possessum non nisi in præsentia vestra relinquet. Enpropter ipsam ad sanctitatem vestram mittimus, ut quod nos, peccatis exigentibus, non meruimus, per vos compleat Dominus, et antiquo hoste ejecto, ille, A qui potens super omnes est, in vobis glorificetur. Valeat materna dilectio vestra.

MONITUM IN EPISTOLAS SEQUENTES.

(D. Marten., *Ampliss. Collectio*, II, 1013.)

Epistolas circiter quinquaginta habes typis mandatas in Bibliothecis Patrum editionis Coloniensis et Lugdunensis, præter unam ad abbatem Brunvillariensem, quæ exstat in Vita S. Hildegardis a Theoderico abbate Trudoniensi composita, apud Surium 17 Septembris. Nos longe plures invenimus in optimæ notæ codice Himerodensis monasterii, ordinis Cisterciensis, in diœcesi Trevirensi. Codex, ab annis circiter quingentis exaratus, varia Hildegardis continet opuscula, scilicet epistolas diversarum personarum ad cam directas cum rescriptionibus ejus de diversis inquisitionibus; Vitam S. Desibodi, Vitam S Ruperti ducis, et S. Berthæ ipsius matris; Expositionem brevem in Regulam S. Benedicti, et libros sex vitæ Meritorum, quos illa conscripsit in sexagesimo primo ætatis suæ anno, qui erat millesimus centesimus quinquagesimus octavus annus, sub pressura apostolicæ sedis, regnante Frederico Romanorum imperatore. Primus liber continet capita 124, secundus 85, tertius 84, quartus 70, quintus 85, sextus 45. Hinc colliges Trithemium, qui tres duntaxat vitæ Meritorum libros S. Hildegardi ascribit, integrum ipsius opus hoc non vidisse. Sed longe plura alia opuscula ejus recenset, quæ hic referre supervacaneum videtur. Ut autem ad epistolas redeam, eas omnes continet codex Himerodensis quæ in utraque Patrum Bibliotheca editæ sunt, et insuper octoginta quatuor, quæ plane publica luce indignæ non videntur nobis. Nam præterquam quod omnia sanctorum scripta eam spirare solent pietatem quæ legentibus ad animæ salutem non parum conducit, in omnibus quæ ad Hildegardem directæ sunt epistolis non meram offendet rerum spiritualium seu moralium narrationem, sed omnes fere sunt historicæ. Ex his aliquæ occasione schismatis quod Alexandrum III papam inter et Victorem IV antipapam suscitavit Fridericus, scriptæ sunt; una a doctore Universitatis Parisiensis consulitur quid de opinione Gilberti Porretani episcopi Pictavensis in concilio Remensi proscripta, sit credendum; in aliis agitur de ratione restaurandæ disciplinæ regularis in collapsis monasteriis. Pluribus etiam persecutiones monasteriis illatæ, tentationes ac dispositiones interiores scribentium exponuntur. Neque pauci tum abbates tum abbatissæ utrum dignitatem retinere aut dimittere debeant, ab ea inquirunt. Hinc patet omnes illas epistolas ad illustrandam historiam cum ecclesiasticam tum monasticam non parum conducere. Cæterum obiter non est prætereundum quod ab abbate Rettinhasili ad abbatiam Salemensem postulato consulta, an utramque dignitatem abjicere deberet, respondit Hildegardis: Quicunque agrum vel ovile propter fidem procurationis susceperit, ipsa dimittere non debet; sed sicut paterfamilias ea regat. Qui enim ovile suum relinquit et aliud recipit, præceptorum Dei prævaricator nominatur. Quod velim attendant ii qui de sede ad sedem contra præscripta canonum et sanctorum Patrum edita adeo facile transmigrant. Porro has epistolas debemus humanitati reverendissimi et amplissimi Roberti abbatis Himerodensis, qui eas non modo ex suo ms. transcribere permisit, sed codicem etiam ipsum nobis sponte Parisios transmisit

EPISTOLA LXII.

A. ABBATIS ELEVACENSIS AD HILDEGARDEM.

Orat ut divinum de suis inimicis consulat oraculum, et rescribat quid sibi de Dei misericordia exspectandum sit.

HILDEGARDI, dilectæ sponsæ Christi, A. solo nomine Elevacensis dictus abbas, post vallem lacrymarum gaudia supernorum civium.

Libenter beatitudini vestræ salutationis officium tanto terrarum spatio interjecto porrigimus, amplectentes in vobis magnalia Dei, qui vos et purioris vitæ sanctitate pollere fecit, ac spiritu prophetiæ supra humanam opinionem vobis indidit præsentia tangere, revolvere præterita, futura prævidere, ut divini muneris novitate dupliciter honorata, vere hominibus hujus temporis stupenda sitis et veneranda. Visitavit enim nos Oriens, et jam ruente sæculo superposuit manum suam, qui talem ac tantam inter nebulas sæculi nequam nostra feliciter ætate dedit clarescere, cujus interventu et veniam peccatorum, et remedium laborum, et consolationem dolorum obtinere, atque divinæ secretum dispositionis cognoscere gaudemus. Accusat

B nos conscientia nostra, terret culpa, peccata redarguunt. Turbamur intus, foris periclitamur, nusquam nobis securitas, undique circumsonat hostis. A dextris fraudulentus amicus insidiatur, a sinistris truculentus inimicus oppugnat. De his et aliis super quibus maturitatem vestram nuntii nostri consuluerint, divinum oraculum consulite, et quidquid nobis de misericordia Dei, exspectandum sit, mater sanctissima, rescribite.

RESPONSUM HILDEGARDIS.

Afflictum consolatur, torpentem hortatur, et ad pugnandum viriliter excitat.

Qui videt, nec vicissitudine mutatur, dicit: Tu homo, nondum habes alas volandi, quæ tempestates tolerant, et quæ ad rectam moderationem acris pertinent, sed tantum quasi columna es in platea sine instrumento ædificii, et sine ascensu scalæ stans, ita quod luto scalæ aspergeris. Nam lenis es, et non acutus in oculo correptionis ad arguendum pravos et nigros mores hominum; sed tamen gratia Dei inspicit te, non habentem clausuram duritiæ cordis, sed tantum dormientem in torpore lasciviæ, ita quod Deum non attendis. Ergo Dominum tuum non habe sicut villicum; sed aspice in illum, improbitates, ut fortissimus miles, fortissime pugnans, armatus lorica et galea. Nunc enim sunt tempora quasi in oblivione Dei, et lassa in certamine Christi. Sed fama volat in mendaciis per vicissitudinem vanitatum, quasi Deum videant, sed tamen nesciunt eum. Ubi est ergo homo qui ambulet in recto itinere? Pauci sunt. Sed qui est dicit: Nullus hominum valet per vomitum garrulitatis suæ, gladium ultionis meæ de vagina sua præcipitanter educere, antequam veniat tempus voluntatis meæ in ultione. Tu ergo, o homo, surge, et clarifica animum tuum in me, ita quod vigilanter quæras ubi me invenias, et vives.

EPISTOLA LXIII.
H. ABBATIS MULEBRUNNENSIS AD HILDEGARDEM.
Anxius de regimine animarum ejus exposcit orationum suffragia.

HILDEGARDI matri et sorori venerandæ, H. abbas nomine Mulebrunensis (utinam merito!), perpetuam salutem a Domino.

Audivimus de te bona, o Christi famula. Audivimus, et bonorum omnium largitori grates exsolvimus. Ego ergo qualiscunque non sine spe exanditionis ad te scripta dirigo, et orationum tuarum aliquod singulare suffragium deposco. Commissum enim habens arduum et anxium, regimen scilicet animarum, peto, quæro, pulso per te a Domino adjuvari possibilitate et effectu felici. Non autem tibi sit onerosum et indignum epistolæ tuæ scripta mihi remittere, quibus instruatur, confortetur, consoletur corpus meum et anima. Vale.

RESPONSUM HILDEGARDIS.
Hortatur ad bona opera et ad frenandas in se sæcularium rerum curas.

Prudens vir veracis lucis. O homo, hæc verba audienda sunt: Homo qui ad vitam transire vult, debet habere speculativam spectionem animi viventium oculorum, quia Deus in talibus factis vigilat. Nam cum venerit inguinaria submersio cinereæ causæ diversa crimina evomens; tunc homo frenet gustum mentis suæ, et tabescat in importabili facto duritiæ, surgens ad auroram lucis, id est ad misericordiam quæ mortem stravit, et squalida viscera gehennæ contrivit. Ubi eadem misericordia abstersit crimina hominum. Sic habeat homo fenestras ad restaurandum semetipsum in bono. Sed, o tu qui generosus es in voluntate tua, attende quod multa flumina undarunt in te, rixando in magno strepitu. O fortis ligatura, totque mammas voluptatum pullulantium vitiorum. Sta quoque in exemplo turturis, flectens genua tua quando te ipsum vincit. O vivens figura, aperi clausuram mentis tuæ in pulchra facie, quod decet te in conspectu summi Regis. Cave etiam ne sis vehemens plumbum propter duritiam oris tui, si non unxeris vulnera dolentium cicatricum. Oculare autem Deum in mente tua, et desideria tua non erubescant in bona voluntate sua perficere recta et justa opera. Nunc sit tibi refectio in labore tuo, et frena in te sæculares causas, et faciem animi tui fac decoram columbæ, ita ut fenestræ coelestis Jerusalem suscipiant te. Dominus non derelinquet te, sed dabit tibi refectionem salutis.

EPISTOLA LXIV.
B. ABBATIS S. MICHAELIS BAMBERGENSIS AD HILDEGARDEM.
Ut divinam imploret misericordiam, quatenus flagellum quo affligitur, temperet, et ut proxime de hoc sæculo migraturam animam habeat commendatam.

Dominæ H. summo Regi desponsatæ et sororum de S. Ruperto magistræ, B. de S. Michaele in Bavenbergh abbas immeritus, quidquid valet oratione et devotione.

In amore ipsius qui sanguine proprio nos redemit vos fervere audimus, quem etiam juxta modulum nostrum, ut munera vobis collocata perpetuo custodiat obnixe flagitamus. Magno autem cordis desiderio præsentiam vestram desideramus. Verum peccatorum obstaculis præpedientibus huc usque id adipisci nequivimus. Per ipsum ergo quem amatis, dulcedinem vestram quam intime exoramus, ut Domini misericordiam pro me imploretis, quatenus flagellum misericordiæ quo me tetigit, et quotidie me tangit, taliter temperare dignetur, ut hic salutem et in futuro misericordiam et gratiam invenire merear. Quod si prædestinatio divina in proximo, ut spero, de his tenebris me vocare dignata fuerit, volo animam meam vestris manibus et orationibus commendari. Scripta autem consolationis vestræ per præsentem nuntium nobis dirigite.

RESPONSUM HILDEGARDIS.
Ut strenue vigilet et virgam patris honeste ferat sibi profuturam.

In ignea admonitione prædestinatum est; quod viva voce populus iste auditurus sit, quod de torrente lapide haurietur in obscuritate mysteriorum Dei. Sed te video in intentione tua aliquando ut aurora rutilantem, sed tamen laborem et angustiam interdum in temetipso et in aliis habentem, ita quod inde tam fortiter fatigaris, quasi ignores quid facere possis. Nunc autem nobilissimum Patremfamilias te admonentem audi: Vigila strenue et surge in lumine, ut virgam ipsius honeste in die feras, nam si exterior homo in flagello Dei aliquando fatigatur, interior tanto fortior exsurgit, de fortissima vi, quæ te sustentare vult in circumeunte rota gratiæ suæ.

EPISTOLA LXV.
BERTHOLDI ABBATIS ZWNIELDENSIS AD HILDEGARDEM.
Persecutiones patiens quærit ab ea aliquod consolationis præsidium.

HILDEGARDI, ancillæ Dei de Monte S. Ruperti in Pinguis, BERTHOLDUS Zwnieldensis, solo nomine abbas, pulvis et cinis, si quid potest oratio peccatoris.

Colloquium vestrum jam multo tempore desiderans volui ore ad os clamorem vobis facere de injuriis et tribulationibus quas crudeles persecutores mihi inferunt, dum me ad nihilum redigere contendunt. Licet enim consolationibus verborum vestrorum factus sum sæpe lætior, obscuritatibus tamen eorum, eo quod non pene intellectui meo paterent, factus sum tristior. Unde nuntium hunc ad vos mittens lacrymosis et miserabilibus petitionibus aures vestras pulso, ut pro capacitate ingenioli mei super angustiis quæ nobis incumbent voluntatem Dei inquirentes, aliquod solatium per litteras mihi remittatis. Valde enim pertimesco, ne mens mea tempestate insolitæ tribulationis dispergatur, et ne profundo desperationis immergatur.

RESPONSUM HILDEGARDIS.

Declarat filium hæreditatis virga vulneratum propter inquietudinem morum mentis suæ.

Lux vivens dicit: Quemdam hominem vidi, quem quasi debilem ac claudum in præcellentia magisterii dimisi. Quomodo? Qui in imbecillitate carnis suæ velut nudi naufragi rebelles erant, hos ipse fugit propter timorem belli. Sed nunc illum video sicut humilem et flebilem peregrinum. Unde illum inspicio velut filium hæreditatis, virga verberatum propter inquietudinem morum mentis suæ. Volo autem eum in primitivam Ecclesiam restituere, quasi felicem hominem, cum mons in Tauro demergitur. Nunc in æternum vive.

EPISTOLA LXVI.

G. ABBATIS SALEMENSIS AD HILDEGARDEM.

Abbas Rettinhasilis electus in abbatem Salemensem, cupiens utrique præfecturæ renuntiare, quærit ab ea Dei investigari voluntatem.

Dilectissimæ in Christo dominæ et matri suæ H., G. minister fratrum in Salem, si quid potest peccatoris oratio.

Omnis qui amat Christum, hic etiam Spiritum Christi habet, et *nemo potest dicere: Dominus Jesus, nisi in Spiritu sancto* (I Cor. xii). Tu vero, mater dulcissima, speciali a cæteris Christi membris dono sancti Spiritus finem hujus mundi visitare missa es. Sanctus enim veraciter Spiritus per te atque in te sicut in organo suo loquens, apertissime agnitus revelatur. Denique vidi et legi maxima sacramenta mysteriorum Dei, quæ per te in libro a te scripto Dominus scientiarum indignis hominibus aperiens reservavit. Credo itaque et certissime teneo Spiritum veritatis qui a Patre Deo Filioque procedit, contra mendacii Spiritum, qui a patre diabolo in proximo venturus est, per te et loquendo coruscare, et coruscando fulgurare. Tecum igitur sicut cum sponsa et famula Christi et conscia secretorum Dei pro anxietate cordis mei, humiliter ac simpliciter voluntatem opinionis requiro, si tamen hic affectus et hoc desiderium non est contra ipsius voluntatem. Communi fratrum de Salem consilio, abbate ipsius domus defuncto, in patrem electus sum, cum et ante per multa tempora eamdem curam pastoralem, licet inutiliter, in Rettinhasili administrassem. Deus, qui occultorum cognitor est, ipse novit quoniam et istam et illam administrationem semper omnino invitus habui et habeo. Quapropter, quæso, sancti Spiritus voluntatem simpliciter quærenti mihi simpliciter de hac re insinues, scilicet ut si cautius et salubrius est hoc onus abjicere, digneris mihi dicere; sin autem, et hoc per te scire merear. Quidquid tamen volueris, sigillatæ litteræ mihi a te per latorem præsentium transmissæ referant. Vale, mea domina, in Domino.

RESPONSUM HILDEGARDIS.

Eum qui propter fidem susceperit ovile regendum, curam pastoralem dimittere non debere; eum vero esse prævaricatorem qui ovile relinquit ut aliud suscipiat.

Quicunque agrum vel ovile propter fidem procurationis susceperit, ipsa dimittere non debet, sed sicut paterfamilias ea reget. Qui enim ovile suum relinquit et aliud recipit, præceptorum Dei prævaricator nominatur. Tu autem pastor secundum pietatem Patris, et secundum curam pastoris virgam correctionis habe. Pastor etiam furem non faciat se. Quomodo? Fur enim quæ vult aufert, et quæ non vult dimittit. Sic quoque multi pastores secundum propriam voluntatem quod volunt eligunt, et quod nolunt reprobant. Sæpe etiam perfectos discipulos contemnunt, et vagos atque vanos requirunt. Pius namque pater in omni dilectione filium suum corripit, et quod bonum est ipsi non abstrahit. In congregatione autem tua quosdam per bona opera et per patientiam rutilantes sicut auroram video, sed majorem partem per vicissitudinem morum et per vanitates nebulosas, et proprietatem suam in verbis excusationis cerno. Illos admone et corripe quantum poteris. Deus enim vetus et novum testamentum elegit, et ea filiis suis reliquit, ut per Spiritum sanctum recta lege vivere docerentur. Deus autem te vult. Vide ergo ne ab illo discedas.

EPISTOLA LXVII.

B. ABBATIS S. EUCHARII AD HILDEGARDEM.

Dona Dei in ipsa laudat, ejusque precibus se commendat.

Hildegardi, margaritæ prælucidæ, B. pauper Christi servus et abbas de S. Euchario immeritus, in virginitatis proposito placere virgineum sponso.

Audivimus et novimus famam vestræ virtutis, imo virtutem quæ operatur in fictili vase vestro divinæ pietatis. Audivimus et novimus, statimque propheticum illud expletum in vobis consideravimus: *Bonum est viro, cum portaverit jugum*, etc. (Thren. iii), vere multum et super vos extulistis: quia quod nos aggredi formidamus, in virili animo supergressa sic in consuetudinem duxistis, ut cum Apostolo dicatis: *Nostra autem conversatio in cœlis est* (Philipp. iii). Sed nos, licet tumultuantis sæculi fluctuationibus impediti, salutare sanctitatem vestram per nuntios nostros diu supersedissemus, in nullo tamen refriguisse credendus est ignis ille charitatis, qui semel erga vos ardere cœpit in cordibus nostris; unde et in nullo minus beatitudo vestra memoriam pusillanimitatis nostræ apud eum, cum quo unus spiritus estis, habeat, et idem pro nobis et pro loco nostro agere commissas vobis sorores incessanter admoneat, admonitoria quoque verba vestra desideramus, et vos semper bene valere ex omnibus visceribus nostris exoptamus. Valete.

RESPONSUM HILDEGARDIS.

Pia ei dat monita, præsertim, ut in subditos mansuetudinem exerceat.

Qui est dicit: O homo, tu indutus es lorica fidei, et circumamictus cingulo sanctitatis. Velut homo faciem suam in speculo videt, non habens in hoc plenum gaudium, quia interdum dubitat utrum facies ipsius pulchra sit, an non. Nam mens tua similis est ædificio quod a longe aspicitur, et quod nebula aliquando tegit. Sed et præceps es sicut sarcina, quam portator in venditione portat. Unde vide utrum utilior sit bos, an asinus; an viridis terra, an arida; an nomen, an pronomen; an mons, an vallis liter inimicos hominis. Sed probus magister multo utilior est cætera turba. Quemadmodum et aer utilis est, diversos fructus in aliis suis producens. Opera enim hominis parum valent sine providentia magistri. Nunc cave ne tabescas in magistratione quamdiu velut oculum unum habes vitæ; sed præbe lumen tuis in materna dulcedine, et vulnera eorum terge sine fama tyrannidis, quoniam bonus medicus vulnera hominum cum misericordia ungit, nec in hoc tardat. Nam propriæ ovi suæ osculum dedit, et in sanguine suo eam lavit. Tu autem, o homo, misericordiam, scilicet pulchram amicam regis, in thalamo mentis tuæ pone, et suavissima charitate indue sanctitatem sicut purpuram, ac sicut diadema decoris atque dulcissima aromata in sinum tuum collige, et in æternum vives, sicut mons myrrhæ et thuris. Vigila ergo, portans onera tua cum clave remunerationis, ita ut cum sol super omnia sine turbine diversarum tempestatum radiat, ibi utiliter tibi appareas.

EPISTOLA LXVIII.
L. ABBATIS S. EUCHARII AD HILDEGARDEM.

Suam erga eam testatur reverentiam, oratque ut de sibi commisso negotio rescribat.

Sanctæ et Deo dicatæ virgini H., matri suæ dilectæ, L. solo nomine abbas de S. Euchario salutem, et tantæ devotionis affectionem, quod si quis præter me sciret, vel nihil, vel ea quæ non sunt scibilia sciret.

Satis ridiculosum videretur si aquilas papiliones, si cervos pulices, si leones lumbrici missis litteris salutarent. Sic, imo plusquam sic mirandum, vel ut verius dicam ridendo, quod peccator in divinis vel humanis artibus parum, vel nihil valens, illi scribere præsumit quam Deus cum mirabili castitatis prærogativa, tam alta et tam insigni mirificavit ingenii excellentia, ut non solum philosophorum et dialecticorum, verum etiam antiquorum prophetarum exsuperes acumina. Temerariæ tamen præsumptioni, mater piissima, solita benignitate non denegabis veniam, cum rescribendi causa fuerit familiaritatis audacia. At tibi scribendum et ad te sæpe veniendum non me viæ absterrebit difficultas, dum sermonum tuorum me invitet utilitas, tanto gratior, quanto majori fuerit studio comparata. Gratius enim possidemus quæ cum labore acquirimus. Unde, domina, nostra te non moveat improbitas, quoniam vires quas tibi corporis denegat infirmitas, compatiens administrabit charitas. Litteras a te promissas cum magno desiderio exspecto, quas per præsentium latorem mittere non differas. Sed et etiam quod tibi visum fuerit de negotio tibi commisso rescribas.

RESPONSUM HILDEGARDIS

Docet quomodo suos erga subditos se gerere debeat.

In vera visione vidi et audivi hæc: Quidam vir hortum studiose colebat, sed nebula superveniens illum arefaciebat, et vir ille eumdem hortum incultum dimisit, postea eumdem hortum fodiendo evertit, et rosas et lilia ac alia bona aromata in illo posuit; sed iterum flores herbarum istarum de superveniente turbine commovebantur. Tunc idem vir intra se dicebat: Agrum de horto isto faciam, in quo triticum et hordeum seminabo. Nunc tu, qui Pater nominaris, audi. Hortus iste initium tuum erat, quod primum per variam vicissitudinem aliquantum nebulosum fuit, sed postea per admonitionem Spiritus sancti, illud ad meliorem partem convertisti, et in Spiritu sancto velut in bonis herbulis delectabaris. Tædium tamen te interdum fatigavit, quemadmodum turbo flores inclinat. Nunc Deo placuit quod agricolam te constituit, ut cum magna sollicitudine undique circumspicias, et aratrum recte in terra ponas; quoniam tibi non proderit quod per tædium torpeas. Hæc secundum exempla sanctorum facies, et in eorum moribus mores pii Patris disces. Bonos et rectos ama, vanos autem et delinquentes corripe, ac eos qui ut lapides duri sunt patienter tolera, ne cum duritia, ne cum impetu iræ sicut aquila super eos cadas, sed ut omnia cum moderatione facias. Sic fac ne gregem Christi dispergas. Te ipsum quoque coerce, et secundum Regulam doctissimi magistri vive, et de fortissimo viro instruere, qui aquas produxit et eas in rivulos divisit, et qui terram facit germinare et pomiferam florere; et qui montes exaltavit, et eos super valles posuit; et qui firmamentum cum omnibus ornamentis suis constituit, et qui ventos eduxit flare, ac aerem cum igne volare. Idem etiam vir beatus est, quia omnis beatitudo ab ipso procedit, et vir nominatur, quoniam omnia creavit, et omnia quæ virtuosa et fortia sunt viriliter pertulit. Ergo sensum tuum rivulis aquarum Scripturarum et conversatione sanctorum et quomodo vivebant imbue, et corpus tuum prohibe, ne divitias diaboli, sed virtutes per bonam doctrinam faciat germinare, atque montem virtutum attende: et hoc per humilitatem facito, et in fratribus tuis flores velut de arboribus producito. Sol quoque esto per doctrinam, luna per differentiam, ventus per strenuum magisterium, aer per mansuetudinem, ignis per pulchrum doctrinæ sermonem. Hæc in pulchra aurora incipe, et in rutilante lumine ea perfice, in quibus etiam strenue persiste, ut in æternum vivas.

EPISTOLA LXIX.
W. ABBATIS BOSONIS-VILLÆ AD HILDEGARDEM.
Persecutiones et calumnias passus, ab ipsa orationes et consolatorias litteras petit.

W. Dei gratia, licet indignus, Bosonis-villæ abbas, H. dilectissimæ suæ ac Deo dicatæ virgini, illud quod felicissimum in vita æterna est.

Quoniam in tribulationum procellis portum salutarem omnibus ad te confugientibus gratia Dei te donavit, idcirco et nos periclitantes, manus ad te supplices extendere non dubitamus. Præsenti igitur litterarum cautione tibi insinuamus, quod ecclesiam nostram, quæ per Dei misericordiam annis multis in magno honore habita est, jam peccatis nostris exigentibus, detestandus infamiæ rumor aspersorat. Nam quidam ex nostris incentores malorum, suggerente eis, qui bonis semper infestus est, diabolo, domum nostram, nos et totum conventum qua possunt perturbatione gravare non desinunt; et ut totum concludamus, egerat hoc effrenata eorum superbia, ut universi peccata nostra latentia jam patuisse dicant. Hujusmodi ergo oppressionis sarcinam sublevationis causa deferentes ad te, petimus humiliter ut super hoc aliquod consolationis verbum nobis rescribas; ante omnia et ut orationibus tuis Deo et hominibus nos reconcilies, instanter rogamus. Vale.

RESPONSUM HILDEGARDIS.
Monasterium ipsius Dei auxilio sustentari docet, monetque ut quædam vitanda fugiat.

In visione qua anima mea frequenter videt, vigilans aspicio in loco tuo turbinem, quasi in aliqua vicissitudine nubis rutilantis et nigræ ac turbidæ, et ipsum locum valde commotum. Sed in anima tua tres colores video. Primum in nigredine malitiæ et iracundiæ, secundum in fumo gustus inutilitatis, tertium in similitudine rutilantis auroræ benevolentiæ et suspirii ad Deum anhelantis. Gloriosum autem lumen in aliquibus turbæ tuæ video ad Deum ascendere, unde Deus ipsum locum in auxilio suo sustentat. Tu autem, probe pastor, agrum illum aspice, qui in plenitudine fructuum a Deo benedictus est, et super quem nigra nebula venit, quæ eum valde lædit, ac fructum suum pejorem priore facit. Hoc est tædium et malignitas quæ in corde illius sunt qui bonum scit et perficere potest, sed in utraque parte, scilicet tædii et malignitatis, mentem suam occupat, et sic a bono opere impeditur. Fili Dei, ista fuge, et in fructuoso agro igne Spiritus sancti operare antequam dies illa veniat, quod plus operari non valueris.

EPISTOLA LXX.
R. ABBATIS ZWETELLENSIS AD HILDEGARDEM.
Consilium petit an curam pastoralem dimittere debeat.

Sanctæ ac venerandæ matri H., R., servus servorum Dei de Zwetel, Regem regum in decore suo videre in terra viventium.

Gratiam Dei in labiis vestris esse diffusam probat manifestatio Spiritus data vobis ad multorum utilitatem. Nam illum qui ex Deo est spiritum sapientiæ et intellectus accepisse vos credimus, qui *ubi vult spirat* (Joan. III), *et cui vult misereretur, et quem vult indurat* (Rom. IX). Hæc mihi scienti placuit his litteris prudentiam vestram consulere, imo prudentiæ vestræ actorem Spiritum sanctum ad discutiendam caliginem mentis meæ per vos invocare. Nam porro onus grave, pastoralis scilicet curæ officium, quod usque in finem portare mihi tantæ rei nec vitæ merito, nec sapientiæ doctrina congruenti difficile est ac laboriosum, deponere vero æque periculosum. Obsecro igitur vestram sanctitatem ut in hac fluctuatione pusillanimitatem meam consolemini, et quidquid placuerit Spiritui sancto mihi rescribere dignemini.

RESPONSUM HILDEGARDIS.
Pia et salutaria ad suorum regimen ei dat monita.

In mente tua cogitando exaggeras quod de unoquoque labore quiescere vel desistere velis, ac sic manum ad operandum opus magistri tui non levas, sed frementibus dentibus intra te dicis: Omnia quæ mihi contradicendo adversantur sustinere non possum. Tempus enim istud tempori filiorum Israel simile est, quo illorum præpositi præcepta Dei eos instruendo valde laborabant; sed ipsi in lacum proprietatis eorum Deum contemnendo aspexerunt. Hoc etiam nunc in filiis Israel, scilicet in spirituali populo, qui in contemplatione Dei est, contingit. Sed filii Israel quomodocunque peccaverunt, Deus nunquam eos sine magistro esse dereliquit. Novissime quoque immaculatus Magister venit, qui in humanitate sua omnem iniquitatem vulneravit, et qui super omnes potentissimus fuit, quia nullus ei simul apparuit. Sed quod ille ab injustis passus sit, et quale exemplum magistris reliquerit, attende. Sed tu intra te dicis: Nullum bonum in ipsis perficere possum. Nunc autem in teipsum respice, et quomodo eos portes et sustineas vide, ita quod nec ipsi tecum culpentur, nec tu cum illis culpabilis sis. Qui vero justitiam diligit et injustitiam affligit, nec ei in ullo communicat, etiamsi a discipulis non audiatur, justus est. Christus enim dilectos et electos suos collegit, quamvis a cunctis hominibus receptus non sit. In teipsum etiam respice cum circumcinctione justitiæ Dei, ut scriptum est: *At intus in fimbriis aureis circumamicta varietate* (Psal. XLIV), hoc est in animo ac in corde tuo mansuetus et mitis esto. Et hoc quoque in fimbriis aureis, ita ut hæc dilatando sapienter facias, ac cum circumcinctione justitiæ subditos tuos corripias, charitatem cum varietate illa habens, quod eam ubique spargas, quemadmodum venti in viribus suis divisi sunt. Aquilo namque percutit, et nullo modo parcit; sed alius ventus isti in aliquo similis est qui eum sustinet. Alios vero ventus Iris in blandimento obvius est; sed alius omnes eos temperat. Aquilo enim firma correptio est, in qua quædam ira latet. Sed quidam alius ventus eum cum severitate et discretione sustentat, ut homo juste corripiat. Ventus autem qui ipsis declivior est hominem misericordiæ et pium esse docet, ita quod in seipso etiam unumquemque alium hominem esse recordetur; et ita ventus iste oculus corumdem ventorum est. Sed ardens ventus omnes ventos istos cum charitate temperat et dividit, ac discernit, scilicet ne aquilo cum cadente morbo cadat, sicut Satan cecidit; sed ut in rectitudine perseveret, et ut ille ventus, qui severus est, in constantia justæ vindictæ consistat, quomodo scriptum est : *Irascimini et nolite peccare* (*Ephes.* IV). Hoc est, ira talis esse debet, ne ipsa iniquitati societur consentiendo, et ne hominem odibili crimine totum conciliet. Unde et lenior ventus ille prædicto ardente vento temperatus, cum discreta correptione persistat, ut ille facit qui filium suum cum virga percutit, quem tamen diligit. Tali modo teipsum tempera, divide, ac discerne, et in fide ac in timore Dei te corripe, et tunc joculatrix vitiorum et obnubilatio inquietorum morum a te fugabuntur, ac ignis Spiritus sancti in te ardebit.

EPISTOLA LXXI.
NICOLAI ABBATIS HALESBRUNENSIS AD HILDEGARDEM.
Consolatorias ab ea petit litteras.

Venerabili in Christo multum dilectæ matri dominæ H. de S. Ruperto, frater Nicolaus dictus abbas in Halesbrunnen, quidquid optari potest felicius vel sperari sublimius.

Certus de vobis, quod universis utiliora providere jucundum semper habueritis, precor attentius ut et mihi solito affectu consulatis. Cur autem tandiu sanctitatem vestram non visitaverim, credo vos non latere, cum medullitus id desideraverim. Verum quod nequeo opere, mente perago. Utrumne hoc ita sit, non opus est præter vos alio teste. Nunc vero supplex peto, quæro, pulso, ut mihi per vos divina detur consolatio, scilicet ut litteris vestris præmonear, et sanctis orationibus a malo eripiar. Nam Deo nihil est impossibile, nec vobis hoc denegari scimus. Valete.

RESPONSUM HILDEGARDIS.
Bonam ipsius ad Deum intentionem laudat, hortaturque ad laborem.

Lux vera in lumine dicit per os Sapientiæ : Vetus lex officialia signa reliquit, et in auditione verbi tædium habuit, nec laborare voluit, ac sic finita est. Tunc Ecclesia in vexillo Regis surrexit, et eamdem legem in purissimo oculo observavit, nec tædium habuit, sed libenter laboravit. Sic tu, o probe miles, fac. Et iterum : Cum vir prœliator exercitum suum educit, si vexillum suum aliquis vilis homo cadere permittit, alius vir fortissimus illud elevat ac strenue portat, propter quod dominus suus ipsum valde amat, et magnum præmium ei dat. Sic et tibi fiet, si in vice Christi strenue cum eo laboras. Mens autem tua in quadam bona intentione ad Deum rutilat, sed quidam ventus turbinis cujusdam inutilitatis te fatigat, quem tamen Spiritus sanctus a te abjiciet. Et plateæ quarumdam civitatum lutulentæ sunt, et calceamenta quorumdam hominum putredine plena sunt, ac justitia cum iniquitate obnubilata est, et præcepta legis cum prævaricatione præceptorum Dei violata sunt. Quapropter pastores ululent, et cinere se aspergant, quia constituti gradus Ecclesiæ jam scire nolunt quid sint. Nam caput oculis caret, ac pedes itinera non habent, quoniam flagitia superfluæ iniquitatis hominum de manu Dei nondum ad plenum purgata sunt; sed tamen eadem mala non post longum tempus finientur, et melior lux priore lucebit. Nunc autem quidam homines in duas partes cordis sui divisi sunt, scilicet in alteram partem, quod cum elatione propriæ mentis omnia scire volunt, in alteram vero quod odio habent profectum illorum qui in via recta ambulant. Hos pessima diabolica turba, quæ cor mali nominatur, acerrime et noxie fatigat. Et hoc genus malignorum spirituum contradicere non audet illud quod Deus construxit, sed unamquamque causam alieno distrahit, ita ut quod ipsi in perditione volunt et eligunt, hoc in æstimatione sua bonum et sanctum in Deo esse dicunt, et sic in magna irrisione populum ducunt. Sed quomodo hoc genus effugiendum est, in humilitate et stabilitate fidelium hominum destruitur.

EPISTOLA LXXII.
ABBATUM BELLÆVALLIS, G. CARI-LOCI, A. CLARIFONTIS, R. CARITATIS, ET G. BETHANIÆ, AD HILDEGARDEM.
Divina in ea dona laudant, mittuntque ipsi sterilem nobilem feminam, ut, suffragantibus ad Deum illius meritis et precibus, parere possit.

Bellævallis, G. Cari-loci, A. Clarifontis, R. Caritatis, G. Bethaniæ, dicti abbates, H. prælectæ Christi, sponsæ florere in gratiam et collaudare canticum.

Cunctorum spiritualium Deo largitori chrismatum toto cordis jubilo gratiarum exsolvimus actiones, qui dignationis suæ antiqua miracula nostro non dedignatur renovare in tempore. Ex quo facile advertimus ejus nos minime fraudari promissis, quibus suos olim consolatus est dicens : *Ecce ego vobiscum sum usque ad consummationem sæculi* (*Matth.* XXVIII). His licet nos indigni inveniamur promissis, eis tamen sic vestri cordis, cooperante Spiritu sancto, recognoscimus inflata præcordia, ut quamvis idiota condendi libros, aliaque mira perplura faciendi, hisque qui inpræsentiarum sunt stupendi, cœlestis mirabiliter aspiret harmonia, et ante incognita mortalibus per vos fiant manifesta. Et quid mirum? jam enim, jam, inquam, ut vera Christi sponsa et immaculata innixa super dilecto suo, cujus laeva sub capite vestro, et ejus dextra amplexatur vos (*Cantic.* 1), qui vos in suum cubiculum duxit, suaque vobis secreta excellenter reservavit. Ut in his vos confortet Dominus sedulo vobis optantes, quatenus aliqua nobis de nostro statu divinitus vobis revelari, nobisque insinuare curetis, humillime deposcimus. Sed haec mulier, praesentium latrix, femina nobilis est et cujusdam amantissimi viri uxor est. Haec devotione multa venit ad te humilis et pedestris, cum in equis et multo comitatu possit venire. Causa autem haec est adventus ejus. Jam multo tempore sterilis permansit, cum tamen primum pueros generavit: sed illis mortuis, et alios non gignens, dolore vehementi afficiuntur ipsa et maritus ejus. Hinc est quod ad te ancillam et familiarem Christi confugit, habens fiduciam quod meritis et orationibus tuis obtineas apud Deum, ut possit adhuc fecundari, et benedictum fructum ventris in prolis procreatione exhibere Christo. Inde est, quod nos ab ipsa et a marito ejus rogati, rogamus te, ut in hac petitione pro ipsis stes apud Deum, et quod desiderant mereantur obtinere.

RESPONSUM HILDEGARDIS.

Post varia eis data pia monita, ait in Dei voluntate esse fecundare vel non fecundare matronum, interim oraturam se pro ea pollicetur.

O personae quae per gratiam Dei in Dominica vocatione pastoralis curae estis, discite primam vocationem Adae, cum Deus illi dixit: *Ubi es?* (*Gen.* III.) quando per inobedientiam praevaricator exstitit. Tunc etiam illi nomen quasi tenebrosa terra erat, et Deus ipsi vestitum dedit, sciens quod propter eum tunicam humanitatis sumpturus esset. In qua etiam clara voce misericordiae illum revocabat, quando peregrinus filius in semetipso ad memoriam sui rediit, cum dixit: *Quanti mercenarii in domo patris mei abundant panibus, ego autem hic fame pereo* (*Luc.* XV), et pater ejus ipsum in gaudio suscepit, Nunc decet vos magistros, ut in primo oculo claritatis videatis, quod Deus per alienam viam Adam revocavit, scilicet per osculum humanitatis in saginato vitulo, sic dicens: Homo per inobedientiam perierat, sed eum per poenitentiam reducam. Sed et in excelsum montem ascendite, ac in valle tabernacula facite, et in eis diu manete. Cum enim sursum aspicitis, Deum sequendo montem ascenditis. Tunc etiam in profundam humilitatem respicite, quoniam Filius Dei in humanitate sua totum hominem portavit, ac in omnibus operibus vestris, scilicet in vobismetipsis ac in aliis humilitatem attendite, et in ea diu perseverate. Cavete ergo ne mens vestra similis sit nigro monti, ubi in ignitis carbonibus aera fluunt per artes fabrorum. Hoc squalidi mores in mala consuetudine sunt, interdum cogitando, interdum desiderando, interdum operando quae inutilia sunt, quae sanctitatem non parant, sed quae laesionem lasciviae faciunt. Ista, milites Dei, fugite et lucem illam inspicite quam aliquantulum gustastis, et ad sanctitatem citius surgite, quia nescitis quando finem accipiatis. Deus enim rationalitatem homini dedit. Nam per verbum Dei homo rationalis est. Irrationalis autem creatura velut sonus est. Sic Deus omnem creaturam in homine constituit; sed rationalitati duas alas dedit, quarum dextra ala bonam scientiam, sinistra autem malam scientiam significat. In his homo est quasi volatilis sit. Homo etiam velut dies, et velut nox est. Cum autem dies noctem in homine opprimit, homo bonus miles nominatur, quoniam in militari virtute malum superat. Unde vos, o filii Dei, Christo per diem militemini, et in quiete mentis nebulam fugite, quae diem obnubilat, ac etiam nocturnas insidias quae per propriam voluntatem in dilatatione cordis nimietatem loquuntur declinate, et estote dies quae a cadente rore in mane tangitur, et quae postea in placida temperie temperatur, ita quod omnia in discretione probetis, et quod vobis et aliis bona recte provideatis. In cavernis ergo columbae cum pura simplicitate habitate, ut vocem exsultationis et salutis in tabernaculis justorum habeatis. Nam Deus vitalem vocem spiraculi vitae in rationalitatem posuit, vocem scilicet exsultationis, quae cum bona scientia Deum in fide videt et cognoscit, et eadem vox in bene sonante tuba cum operibus benevolentiae sonat. Vox enim amplexionem charitatis habet, ita quod etiam humilitate mansuetos colligit, et misericordia vulnera ungit. Charitas etiam cum torrente aqua Spiritus sancti fluit, videlicet cum pace bonitatis Dei. Humilitas quoque hortum cum omnibus pomiferis gratiae Dei parat, quae circulum omnis viriditatis donorum Dei habet. Misericordia autem balsamum sudat ad omnes necessitates quae homini adsunt. Haec etiam vox charitatis in symphonia omnium laudum salutis sonat. Ipsa quoque per humilitatem in excelsum sonat, ubi Deum videt, et ubi cum victoria contra superbiam pugnat. Ista enim vox per misericordiam lacrymabili et jucunda voce clamat, quia pauperes et claudos ad se colligit, et quia sic auxilium de Spiritu petit, ut haec omnia bonis operibus impleat. Ipsa enim in tabernaculis sonat, ubi sancti per aedificia illa fulminant quae sibi in hoc saeculo praeparaverunt. Vos autem, o filii Dei, voci bonorum vos adjungite ubi jussi sunt, et Deus suscipiet vos, quoniam vos vult, et in aeternum vivetis. Quod vero matronam Dei adjutorio fecundari petitis, hoc in Dei voluntate et potestate est, quia ipse novit ubi prolem concedat, ubi prolem auferat, quoniam non secundum visum hominum, sed secundum interius judicium judicat. Ego enim, quoniam rogastis, pro ipsa Deum orabo, sed ipse faciat quod inde pie et misericorditer fieri disposuit.

EPISTOLA LXXIII.

N. ABBATIS EBERBURDÆ AD HILDEGARDEM.
Gratias immensas agit Deo pro collatis Hildegardi donis, petitque ab ea orationis suffragium.

Floribus virtutum sanctorum redimitæ H. gloriosissimæ ancillæ Christi de Binga, N. humilis et indignus provisor fratrum in Eberburde, pro studio boni propositi, denario diurno evangelico remunerari.

Gratias immensas referre non cessabo Deo, qui vestræ personæ celsitudinem tanquam lucernam ardentem non modio subtectam, sed super candelabrum posuit, qui angelica visitatione et Spiritus sui gratia vestram reverendam sanctitatem tueri ac consolari non desistit; qui etiam bonam famam opinionis vestræ non solum in regione Germaniæ, sed etiam in nostris atque aliis mundi partibus longe lateque velut bonum suum odorem respersit, ut merito cum Apostolo dicere possitis : *Christi bonus odor sumus Deo in omni loco* (II Cor. II). Et nos congratulantes tanto pietatis vestræ culmini, dicere compellimur: *Quam pulchra facta es in deliciis, filia principis, exsultabimus et lætabimur in te, memores uberum tuorum super vinum* (Cant. III), in quibus nos infirmi invenimus quod fugamus, et fortes quique ac robusti secundum a Deo datam vobis sapientiam solidum cibum sumentes dicere irreprehensibiliter possint : Labia tua, o sponsa, Deo dilecta. Civitas enim in monte virtutum collocata abscondi non potest, quia columnam immobilem et inconcussam in medio Ecclesiæ suæ Dominus vos constituit, ut inter ærumnosa hujus mundi discrimina plebs sua suo sanguine redempta per vos discat quid appetere, quid cavere debeat, et exemplis bonarum virtutum vestrarum inducta de die in diem proficiat, et de virtute in virtutem non segniter ascendens videre possit Deum deorum in Sion. Obtentu igitur precum vestrarum confisus, ac si dignus non sim coronam laborum percipere, saltem sit mihi primum fugisse supplicium. Vestris igitur orationibus studiose me commendo, quia magnis peccatis sæpius pietatem Dei offendi. Vale, domina dilectissima, et pro me indigno Deum exora, verbisque tibi a Deo datis saluta.

RESPONSUM HILDEGARDIS.

Hortatur ut gregem strenue doceat, et in seipsum oculos deflectat.

Jacula quæ in incredulitate et in contumelia malitiosorum verborum veniunt, similia periculoso vento sunt, qui repente ad cor hominis venit. Et hæc est tempestas primi angeli, in quo ipse Deum despexit. Sæpe autem video in felicitate hominis, quem Deus valde amat, quod hæ pœnæ se illi objiciunt, quia inimicus felicitatem illius cognoscit, ac eum in hac tempestate opprimere vult, ut cum eo cadat. Sed ipsum de sinu Dei rapere non valet. Attamen angustia et tribulatio illi ab elementis occurrunt, in illa tamen temperantia quod Deus eum observat. Sicut autem Ecclesia novam genituram no-A væ prolis in sanguine Christi suscepit, ita oportebat et decuit dotem Spiritus sancti, scilicet aquam sanguini Christi conjungi, quia etiam tabes in sanguine cujusque hominis est. Sed admoneo te, o paterfamilias in monte Sion, ut facias quod sis tuba canens strenue in spiritali populo tui gregis, ut non deficiat in charitate et in obedientia, et in æternum vivens. Et iterum in temetipso undique habe oculos ad aspiciendum justitiam et veritatem, ita ut anima tua semper vigilet, ne in strepitu hujus sæculi impediaris.

EPISTOLA LXXIV.

RICHARDI ABBATIS SPRINCHERSBAT AD HILDEGARDEM.
Pastoralis curæ pertæsus consultat Hildegardem, eam an retinere aut abjicere debeat.

Richardus servorum Dei in Sprinchersbat minister indignus, H. congregationis S. Ruperti sanctissimæ et Deo dignæ dispensatrici post hujus mundi terminum supernæ civitatis recipere consortium.

Quod litteris vel ipsi sane præsentium latori pro me nunc vestræ sanctitudini interim præcepi assistere et loqui, hæc causa est, quia ego ipse per me atque pro me venire quidem volens, sed non valens, dies fateor et annos non paucos hactenus in vanum hæc cogitando consumpsit. Nam quantum certe et ex quanto magnificæ sanctitatis vestræ præsentiam et collocutionem ab initio semper desideraverim, ipsum nunc cui nuda et aperta sunt omnia, non fallaciter, sed vere et veraciter Deum testificor. Infelix igitur ego in dispensanda vel administranda cura pastorali constitutus, viribusque nimirum tam mentis quam corporis prorsus pene destitutus, quia hæc dispensanda vel administranda me satis inutilem, debilem et imparem conspicio, dolere tantum et flere, et de corpore mortis hujus liberari magis ac magis desidero (*Rom.* VII, 24). Nunc itaque, sanctissima et inter feminas benedicta, per vos Dominum quærere de causa mea, ex more Dominum cupio consulere, et an mihi jam ab hac ipsa occupatione et dispensatione potius cessandum et desistendum sit. Si id liceret, per vos maxime vellem cognoscere et investigare. Litteris ergo sigillatis mere et clausis, hujus rei tenorem me, quæso, causa Dei quantocius rescire facite, et mœrens cor meum consilio et auxilio vestro in Domino lætificare.

RESPONSUM HILDEGARDIS.

Hortatur ad portandum strenue onus sibi a Deo impositum.

Audi mystica Dei. Dominus qui possidet familiam sibi subjectam, cum aliquem de eadem familia elegit, dans illi locum sanctificationis, ut onus suum secum portet, ita tamen quod illo se excusat quod non sit dignus onus illud sufferre; tunc si dominus suus eum in hoc non audit, quia sibi placet ut onus illud ferat, dominum suum non commoveat, sed quantum prævalet, illi humiliter obediat. Quod si postea in eadem causa ullus defectus alicujus utilitatis propter imbecillitatem sensus et scientiæ illius subripuerit, ipsi non oberit, quia Dominus suus illud providebit. Nunc, Pater et amice, in vice Christi respice ad sermonem istum et audi : os enim tuum cœleste est, et mens tua cum nube floret : unde radix tua ascendat, ac Dominum Deum tuum adora, et indue loricam, atque militare contra bacchantia vitia, lasciviam fugiendo et avaritiam non amplectendo. Deus autem quem occulte invocas, in amore tuo suscipiet te.

EPISTOLA LXXV.

CUJUSDAM ABBATIS AD HILDEGARDEM.

De collatis Hildegardi donis, quorum ipse testis fuit, Deo gratias agit, ac fluctuanti petit consolatoria verba dari.

Pauperis prælati habens officium, dominæ et matri suæ, H. de S. Ruperto in Pinguis, intimæ dilectionis et orationis affectum.

Sicut multitudo fidelium proclamat, non est mirum quod Deus requisitus a vobis invenitur et appareat vobis, quia fidem non fictam habetis in illum, et quod majus est, ejus favore et gratia integritatem pueritiæ ipsi consecrastis, et extunc in sanctitate et justitia, utpote vas electionis hactenus coram eo vixistis. Et procul dubio qui vos tales conversari constituit, et quod præcipuum est, qui arcana mysteriorum suorum per vos innotescit, dignam quoque exauditione judicat pro quibuscunque in nomine ejus petieritis. Et certe quæ erga vos sunt, quæ et audivi et ex parte vidi, absque ulla ambiguitate divina et sancta esse credo, et nulla ratione de his possum dubitare, cum sciam nihil Deo esse impossibile. Deus namque sicut per viros prophetantes, sic et per sanctas feminas secreta divinitatis suæ pandere aliquando voluit et potuit, testante Joele : *Effundam*, inquit, *Spiritum meum super omnem carnem, et prophetabunt filii vestri et filiæ vestræ, et super servos et ancillas meas effundam de Spiritu meo.* Porro legitur Deboram, Olliam, Annam matrem Samuel, Elisabeth matrem S. Joannis Baptistæ, aliasque mulieres Deo devotas spiritum prophetiæ habuisse, et tamen conjugatas fuisse ; quanto magis vos omnino carnis fragilitate expertem, a puerilibus annis pudicitiam Deo servantem ? Immensas gratias, domina, omnipotenti misericordiæ refero, quod tantumdem ad beatitudinis vestræ notitiam pertingere promerui : unde et materna viscera humiliter pulso, quatenus verba consolationis per scripta vestra ad me dirigatis, et multum in procellis fluctuantem, sicut et sæpius viva voce fecistis ita etiam nunc ex scripto ad confirmationem memoriæ erigatis.

RESPONSUM HILDEGARDIS.

Sub quibusdam figuris eum ad bene operandum hortatur.

Mens tua niveæ nubi similis est, quæ aeriam nubem in qua sol fulminans transcendit, et etiam interdum similis est turbidæ nubi, quæ tempestatem portat. Nivea enim nubes tædium vagantis mentis est ; aeria autem nubes puram scientiam per patientiam quæ fidem habet intendit ; sed turbida turbulentiam multæ tristitiæ in inquietis mentibus portat. Nunc disce quod nivea nubes aerem aquilonis habet, qui omnem viriditatem arescere facit, et de quo flores cadunt. Nunc tu ista fuge, et in puro aere sta et permane, ac in vita quam nescis Creatoris tui memento, nec illum fugias, cum eum videndo non cognoscis. De vita etiam illa spiritus tuus redolebat, qui anima nominatus est, quando anima de ipsa processit. Anima namque opera ponit et probat, et sive bona sive mala sint, et eisdem operibus Spiritus fortissima vi molendinum est. Tu autem ædificium bonorum operum ædifica, ut cum circuitus animæ tuæ fuerit otiosus, ædificium istud inveniat ; quod si non invenerit, in ruinam vadit. Unde quoque atrenue vigila, antequam umbra obitus tibi appropinquet. Igneus Spiritus sanctus in hoc te adjuvabit.

EPISTOLA LXXVI.

H. PRÆPOSITI DE FLANHEIM AD HILDEGARDEM.

Precibus ipsius se commendat.

Sanctæ et venerandæ in Christo matri domnæ H. de Pinguia, H. de Flanheim, præpositus licet indignus, multam orationis et obsequii devotionem.

Cordium inspector Deus novit quam libenter sanctitatem vestram obsequiis honorarem, si ordinatione divina locum et facultatem acciperem. Inter im igitur, accepta sit vobis, quæso, devotio mea ; et sicut dudum verbo rogavi, orate pro me ad Dominum, ut vobis revelet quæ circa me sunt, quatenus de bonis reddere gratias ; de malis vero dignis pœnitentiæ fructibus Deo satisfacere merear antequam moriar. Quidquid vero Dominus ostenderit de me, scripto mihi significare dignemini, et orationibus vestris me habere commendatum. Familiarius et amplius vobis scripsissem, si corporis infirmitas non obstitisset.

RESPONSUM HILDEGARDIS.

Ut ovile suum corripiat, et Deum in purissimo fonte inspiciat.

Lux vivens tibi dicit, ut strenue vigiles, et ne tædium in cophino mentis tuæ colligas quasi alienus sit, ita scilicet velut possibilitatem loquendi non habeas. Deus autem in te requirit hoc, quod possibilitatem habes, corripe ovile tuum. Unde te ipsum accusa quod Deum in purissimo fonte in hoc non inspicis, sed tantum dicis : Deus, Deus meus, adjuva me ; et tamen sic operando eum non tangis. O bone miles, nunc surge, quia gratia Dei ad te currit, et in æternum vives, ita quod vivens lapis sis in cœlesti Jerusalem.

EPISTOLA LXXVII.

W. ABBATIS NECENNEHE AD HILDEGARDEM.

Animæ suæ defectus illi aperit, et corporis infirmitatem, petitque utriusque suis vrecibus medeantur.

H. Deo dilectæ et sororum de S. Ruperto in

Pinguis magistræ venerandæ, W. fratrum in Hegennehe prælatus quamvis indignus, donum scientiæ et sapientiæ et perpetuæ integritatis præmium.

Ut primum vestræ sanctitatis famam audivi, ad salutandam eam missis vobis litteris meis maturavi; sed quia utrum præsentiæ vestræ allatæ sint an non, incertum habeo, et ideo novas prioribus adjiciens, multoties mittere non cesso, quousque eas præsentiæ vestræ exhibitas esse cognoverim. Et nunc in his vobis transmissis litteris meis, ad opem orationum vestrarum pauper valde et egenus confugio, quia præter figuram hominis nescio quid de donis Altissimi acceperim. Caligat visus, surdescit auditus, inopia loquelæ lingua constringitur, defectu vocis et devotione mentis in divinis laudibus mutesco, tarditate intellectus præpeditur, memoria labilitate exinanitur, superbia animus inflatur, ira accenditur, tristitia constringitur, accidia dejicitur, pusillanimitate et verecundia continue confunditur.

Sed his malis omnibus accessit mihi gravis et molesta infirmitas, quam nisi misericordia Dei per te evadam, necesse est mihi per eam, post modicum, periculum vitæ imminere. Sed quia pius et misericors est Deus, et voluntatem timentium se faciet, peto ut per orationes vestras hæc omnia mala tam in corpore quam in anima evadam, sublimatoque a me jugo dominationis inimicorum meorum, valde enim aggravatum est super me jugum eorum, mihi aliquam partem de multitudine misericordiarum suarum impendat. Num et mihi servavit benedictionem? Mihi obsecro etiam benedicat. Peto etiam vestram sanctitatem, si tamen petere audeo, ut de futuro statu vitæ meæ me doceatis. Hæc autem omnia a vobis quærere ea præsumptio fecit, quia hæc omnia vobis possibilia esse per eum qui in vobis habitat Christum celebris fama divulgavit. Vale, domina, et dignum me Deus faciat tam responsione quam adjutorio orationum vestrarum. Nam vivum et defunctum sanctis orationibus vestris me committo.

RESPONSUM HILDEGARDIS.

Ut prælationem fugiat si suis sit inutilis.

Lux vivens dicit: Prima causa quam corde tuo sustinuisti flumen dedit, secunda claritatem ostendit, tertia vero quæ est in pastorali cura optima est: ita si oves tuæ vocem tuam audiunt; quod si te non audiunt, prælationem fuge, sic tamen quod rationem reddas de talento tuo. Nam si non potes operari per magistrationem tuam in fratribus tuis, esto similis eis in subjectione. Sed dico tibi: Tu fatigatus es ædio diversitatis vicissitudinum conversationis tuæ mentis? unde magis tibi expedit ut angustiam habeas pro aliis fratribus tuis, quam te solum in subjectione coerceas. Vive ergo in igneo datore, et ne tardes in vigili sensu.

EPISTOLA LXXVIII.

ABBATIS DE VESCERA AD HILDEGARDEM.

Dubius an debeat prælationem retinere, auxilium et consilium quærit an curam animarum sit dimissurus.

Venerabili et dilectissimæ in Christo sorori, dominæ H. F. fratrum de Vescera, videre Dominum Deum in Sion.

Quantum desiderium habeam, quamvis peccator, videndi beatitudinem vestram, hinc æstimari potest quod, longe positus, præsentiam vestram spiritu intueor. Quis enim eam videre, ei colloqui non appetat, quæ, ut cætera sileam, Spiritu Dei infusa, crebro cœlestia arcana eructat? Hujus gratia ad vos præsentia scripta direxi, recepturus, ut spero, solatium simul et consilium super curis quibus vehementer coarctor. Ecce enim ego, qui pro me rationem reddere non sufficio, aliorum multorum curam tremens ago. Dei timore et amore fratrum id extorquente. Cum autem perpenderem me locum prælati tenere, quem factis implere non possem, subito apprehenderunt me dolores ut parturientis, quippe cum longe fatigatio pene omnem scientiæ intellectum mihi subduxit. Ne igitur Domini gregem propter meam negligentiam contingat periclitari, cogitavi curam susceptam derelinquere et ad alterum locum me transferre. Quapropter suppliciter precor ut dubiam mentem consilio vestro confirmetis, et quæ sit voluntas Domini super hac re mihi scriptis vestris remandate. Novi humilitatem vestram, quod colloquium nostrum non abhorretis, Domino loquente cum publicanis. Ecce vestrum super hac causa exspectamus judicium, quoniam quidquid, Domino inspirante, mihi suggesseritis, id me subire proposui. Vos autem angustiis meis compassa tanto affectuosius Dominum exorate. Abyssus reversa sollicitudinum continuarum circumdat me, et pelagus curarum vigentium pene absorbet me. Miserere ergo, mater, miserere filii ad te de longe clamantis, atque jam prolabentem consilio, oratione, quantocius sublevare curato. Semper valeatis in Domino.

RESPONSUM HILDEGARDIS.

Fluctuantem erigit, certumque facit de gratia Dei.

Secreta Lux dicit: Tu exterritus es quasi de vento, et dormitas in ligno viriditatis mentis tuæ. Sed homo qui viriditatem interioris cordis non habet, in excelso parietis ædificat. Pastor autem qui ovile pascit, non habens intrinsecus adjutorium in necessitatibus ovilis sui, sed fatigatus fugit, illi pastoralis cura non proderit: unde idem faciat se similem ovi et non pastori: Tu, homo, es sicut undans in aquis, qui vix liberatur ne dimergatur: ita quod ubique prudentiam inspicis, sed tamen deficis in viribus, non autem in voluntate; unde et gratia Dei ad te resplendet.

EPISTOLA LXXIX.

N. ABBATIS IN ELVESTAT AD HILDEGARDEM.

Causatur quod sæpius scribenti non rescripserit, oratque ut angustiis circumdatum relevare dignetur.

Dominæ suæ et magistræ H., frater N. in Elvestat, inops et pauper, una cum grege sibi commisso perenni virginum admitti collegio.

Multis vos sæpe pulsavi litteris, multa vos præsentialiter petitione conveni, nunquam a vobis, uti promisistis, litteras extorquere potui. Nunquid, quod credi nefas, hoc generis mei non admittit vilis natio aut personæ abjectio, aut forsitan, quod magis credi potest, nulla meritorum intercessio? *Sapientibus,* ait Apostolus, *et insipientibus debitor sum* (Rom. 1), et ipsa Veritas: *Sinite parvulos venire ad me* (Marc. x). Numquid apud te, mater, est personarum acceptio? Absit! Nunc autem sæpius ad te clamantem vel semel me pauperem exaudi, et Dominum nostrum pro misero exora, quatenus servulum in te confidentem multis et variis tribulationibus et angustiis circumdatum relevare dignetur.

RESPONSUM HILDEGARDIS.

Videtur illum hortari ad celebrandum sæpius.

Serena Lux dicit: Qui dat verba ruminandi dicit: O homo, tu habes fiduciam cogitando in Filium Dei; sed tamen dubitas cibum illum frangere, quem ipse comedere vis indictante mente tua. Quomodo et quare circuis diversa cribrando et undique aspiciendo, ubi inveniatur res illa quæ in cerimonia sit. Quare facis hoc? Deus ædificat in quacunque bene et juste operante causa. Surge ergo ad Lumen et in æternum vives. Nam Deus habet sibi holocaustum in instrumento suo. Beatus est ille qui Deum semper tenet in omnibus causis suis, quia diabolus illum nunquam decipiet. Vive ergo tu, o homo, et esto victoriosus in umbroso mundo.

EPISTOLA LXXX.

H. ABBATIS IN SELBOLTH AD HILDEGARDEM.

Ut pro calamitatibus et miseriis suis Deum orare non dignetur.

Hildegardi venerabili omnipotentis Dei famulæ, H. humilis et modicus provisor in Selbolth omni gratia divinæ largitatis affluere, et post hæc omnium regum Domino Jesu Christo in cœlesti thalamo copulari.

Benedicta omnipotentis Dei misericordia, quæ in his temporibus iniquitatis tanquam lampadem fulgentem in tenebris te suis donavit fidelibus consolandis. Famam igitur tuæ beatitudinis per multum temporis audiens, et jamdudum vera esse quæ dicebantur cognoscens, in tantum tuæ beatitudini congaudeo et condelector, ut licet nulla sit in conspectu Dei petitio mea, tamen, quod stultitia et fatuitas videri potest, memoriam tui semper habens in orationibus meis, id petens, id optans, ut collata tibi misericordiæ suæ beneficia Dominus in te semper custodiat, et custodienda in te semper magis et magis adaugeat, sanctorumque suorum in æterna glo-

A ria te sociam faciat. Sed quoniam præsentiam tuam, cujus magno teneor desiderio, corporaliter adire nequeo, per præsentes litteras, in quantum valeo, supplex et humilis adeo, et almitatis tuæ pedibus sæpius sæpiusque miserandus advolvor, quatenus pro calamitatibus meis et miseriis Deum omnipotentem attentius exorare non dedigneris. Neque enim dubito quin omnia quæ volueris, apud habitatorem tui sancti pectoris Spiritum sanctum obtinere possis. Sed nec de hoc ambigo quin omnem statum meum, et omnia quæ circa me aguntur, præterita, præsentia et futura, per præsentes litteras ipso revelante cognoscas. Unde si ullo modo vilitas, parvitatis meæ id petere præsumit, pedibus sanctitatis tuæ toto animo et corpore submissus deprecor, ut pro eodem statu meo sive admonendo de præteritis atque præsentibus, sive præmonendo et cautum faciendo de futuris et vitæ meæ fine. Si id contrarium tibi non sit, per scripta tua animam meam lætificare ne dedigneris.

RESPONSUM HILDEGARDIS.

Fluctuantem hortatur ad humilitatem.

Gratia Dei induxit te ad aquas potationis, et mens tua non ædificata est in hac ædificatione in qua es. Unde provide castellum mentis tuæ, discernens quæ et qualia sunt opera tua, quoniam interdiu in bona intentione ad Deum aspicis, quasi sanus sis in anima tua; sed in mista nube es, quando scissuram mentis tuæ habes in tribulatione suspiriorum et molestiarum propter constitutionem laboris tui. Aliquando etiam mens tua in altum vadit, velut utilis sis. Proba ergo te ipsum et habe viventes oculos in opere, et prosterne te in terram quasi te nescias, et vives: quia Deus non habitat in illo habitaculo quod in se ipso stare vult, sed amat domum illam quæ se nescit, et dat illi unguentum optimum, unde sit tibi bona et salutaris vita.

EPISTOLA LXXXI.

H. PRÆPOSITI IN HERDE AD HILDEGARDEM.

Gratias agit quod etiam infirma monasterium suum visitaverit, et precibus ipsius se commendat.

H. dominæ suæ beatissimæ, et, si audet dicere, matri charissimæ, H. in Herde præpositus licet indignus, et sanctitatis ejus devotissimus famulus, cum suis omnibus subjectionem orationem et devotissimam servitutem.

Quas gratiarum actiones, domina et mater sanctissima, vestræ condigne referre poterimus pietati, quæ ad visitationem nostri monasterii nec imbecillitatem nimiam corporis vestri attendere voluistis, nec difficultatem itineris præ nimia cordis vestri dulcedine abhorruistis, et rursum iterata visitatione nos lætificare studuistis. Nescit enim tarda molimina Spiritus sancti gratia. Proinde vos, summi Regis sponsa dilecta et prælecta, quæ ab ipsius Sponsi clementia digna estis audire specialis laudis præconia: *Ecce,* inquit, *tu pulchra, amica mea, ecce tu pulchra, oculi tui columbarum* (Cant. 1); vos, inquam, quæ multigenis virtutum coronata sertis, inter fil

Jerusalem, sicut lilium inter spinas, bonus et suavis odor Christi redoletis, sicut luminare cœli inter tenebras hujus sæculi vitæ et sanctitatis compositionis refulgetis, nobis peccatoribus spei consolationem ingeritis, dum vestræ maternæ visitationis gratiam toties nobis prætenditis. Licet enim nos consortes Publicani illius evangelici oculos nostros ad cœlum levare non simus digni, tamen dum per organum oris vestri vocem illius qui in vobis habitat audire meremur, Domini Christi, facti sumus sicut consolati. Proinde Christo Domino, qui nos indignos per vos consolari dignatur, humiliter gratias referentes genua flectimus, vos quoque dominam et matrem nostram humili prece deposcimus : quatenus ei qui vos in cubiculum mysteriorum suorum introduxit, preces pro nobis peccatoribus dignemini fundere, quo vestrorum meritorum intercessione, nos et a peccatis et ab hostibus clementer dignetur eripere, et de ærumnoso hujus sæculi naufragio ad æternæ beatitudinis et securitatis portum una vobiscum perducere. Præveniat vos Dominus in benedictionibus dulcedinis, et orantem pro nobis exaudiat Pater totius consolationis. Sanctarum quæ vobiscum et sub vestro magisterio fideliter serviunt Domino nostro Jesu Christo conventum humiliter per vos salutamus et earum orationibus suppliciter nos commendamus, et rescripta vestra omni devotione desideramus.

RESPONSUM HILDEGARDIS.

Hortatur ut in loco suo stet et vagationem fugiat.

Hæc dicit ille qui bonum et suavem intellectum infundit hominibus : Suavissimus odor donorum Spiritus sancti adest fidelibus hominibus ; ideo in quocunque loco sanctimonia est, ibi potest homo restaurari ad vitam in naufrago mundo : unde , o probe miles Christi, salvationem animæ tuæ require, dum fons vivus animum tuum infundit suavi infusione, quia dubietates quas statuisti in animo tuo non operantur in te securitatem. Ergo in loco tuo sta, ibi amans primum datum, quod tibi desuper datum est, cum anima tua in rectitudine iterata est, quoniam utilitati animæ tuæ non convenit ut aliam vicissitudinem quæras, sed fuge vagationem hanc, ne mens tua in tremore confundatur. Nunc talis esto ut amicus Dei fias, et non fuge cerimonias Dei, et Deus salvabit te.

EPISTOLA LXXXII.

H. HAMELENENSIS MONASTERII PROVISORIS AD HILDEGARDEM.

Gravi pressus infirmitate optat rescire an laborum finis sit proximus.

Hildegardi Pinguensium gemmæ, Christi veræ sponsæ, regulari quoque disciplinæ informatæ, H. in Augustini Regula Hamelen indignus provisor, devotæ preces non abstinentiam.

Longævi temporis intervallo spiritalis charitatis, demum corporis mei ægritudine crebra, præsentiam tuam sæpius adoptavi. Novisti enim, filia Christi, dum tibi præsentiam meam quondam exhibueram, eximium corpori meo inhærere languorem, quo nondum cessante, die noctuque non modice torqueor, velutique humana fragilitas divinæ ultionis est cæca, si ob benefactorum increscentiam in morbum seu tentationem inciderim non novi, et gratia Dei sum id quod sum, quia pondus parvi laboris tam in vigiliis quam in orationibus pro diversis rebus omnipotenti Deo exhibere non cesso. Finem laborum, si licet, sanctissima, ut remandes imploro. Et te matrem filiarum tuarum pietatis auxilio fisus, in Domini opis postulationem internuntiam esse deprecor, pietatis tuæ auxilium peto, precibus tuis meum erui languorem rogo. *Multum enim valet deprecatio justi assidua (Jac.* v). Ego vero peccator non modicus in infirmitate corporis animæque periculose obrutus, explicare multa. nequeo. Scripta mihi visenda quæso mitti, si qua sunt in divinis agenda mysteriis delegari. Vale, mi domina, et pro me Sponsum tuum exora.

RESPONSUM HILDEGARDIS.

Hortatur ut ad Deum recurrat.

Qui est, dicit : Rex videt scalam quæ obtenebrata est in vicissitudine pestilentiæ. Et sol effulsit, et obtenebrationem illam scidit. Et hoc regi placuit, et dixit : Hæc figitiva scala in fatigatione est, quia interdum ad ardua scandit, et interdum obtenebratur. Talis est mens tua, o homo, in die scitationis animi tui, ascendis in lato gaudio ad me, et iterum in nociva pestilentia colis cadentem morbum, quasi non exquirenda sit causa salutis. Impossibile est quod cinis immobilis sit. Aspice ad me, et semper require unguentum medicinæ in die et in turbine, et in æternum vives. Puram legem cole, et dubietatem fuge, et Deus salvabit te.

EPISTOLA LXXXIII.

H. ABBATIS IN WADEGO AD HILDEGARDEM.

Orat ut si corpore non possit, saltem litteris se visitet.

Dominæ H. sponsarum Christi quæ sunt in Pinguia venerabili magistræ, H. in Wadego, prælatus quamvis indignus, orationem cum affectuosæ dilectionis obsequio.

Charitas sine affectu frigido igni simillima videtur. Nam sicut ignis sine fervore ferrum ferro conglutinare non valet, ita et charitas sine affectu nunquam efficere potest ut credentium sit cor unum et anima una in Domino. Charitas vera ipsa est affectuosa. Hæc animam adhærere Deo facit, ut unus cum eo Spiritus efficiatur. Hæc velut uniticum gluten mentes fidelium connectit, ut sit unius voluntatis in Deo, facitque gaudere cum gaudentibus, et flere cum flentibus. Hæc certe, Domino largiente, recordationem sanctitatis vestræ in suavitate sancti amoris jucundam mihi facit. Ipsa in celebratione divini officii memoriam vestri cordi meo semper insusurrat. Ipsa etiam crebris suspiriis, affectum meum mihi exoptat. Et multo utique tempore desideravi facie ad faciem vos videre, et ore ad os loqui, et ad familiaritatem vestram pertingere, ut ædificationem aliquam et consolationem a vobis aliquando habere possem. Nimis enim infirmus sum intus in anima mea et curatione multa opus habeo. Igitur quia et in vobis et in dilectione qua vos diligo fiduciam magnam habeo, rogo ut quandoque me visitare non negligatis. Quod si fieri nequit præsentia corporali, cum placuerit vobis, fiat hoc scripto, semper autem orationum vestrarum subsidio.

RESCRIPTUM HILDEGARDIS.
Ut caveat ab inimicis et pœnitentiam agat.

Qui non silet, sed acute omnia aspicit, dicit: Cum sapiens vir per desideria sua in excelso monte civitatem ædificat, decet ut in magno studio præcaveat ne inimici ipsius ædificium ejus in multis terroribus destruant. Audi ergo, o fili, serva sollicite templum tuum, ne inimici tui possint destruere civitatem Dei in te. Qui rutilat in pectore suo propter timorem Dei, quatenus peccata sua plangat in vultu mentis suæ, hic probus miles est, et a Deo accipit responsum hoc: O fili chare, bonum gustum in te habeo et in te delector. Qui vero pallidam faciem in sua mente habuerit, sic dicens: Nescio quid sim, vel quid sint alii sodales mei, hic probus miles est, sed in tædio deducit animum suum, et huic tale responsum do: O homo, tu nescis quid dicis, sed primum peccata tua plange, et postea fratres tuos quantum possis terge, atque patientiam habe, quoniam Deus peccatores vos omnes videt, sed tamen pœnitentiam facientes non spernit. Idcirco in Deo vive ac materna felicitate ambula.

EPISTOLA LXXXIV.
N. PRÆPOSITI IN UNDERESTLORF AD HILDEGARDEM.
Ut consolationis auxilium sibi impendat.

N. Dei favente gratia dilectus præpositus in Underestlorf, sorori HILDEGARDI et magistræ in Monte S. Ruperti, in spiritu fortitudinis abundare.

Vestræ piæ opinionis devotio multorum maxime religiosorum mentes affecit, et quadam sanctæ dilectionis suavitate indulcoravit. Unde pro gratia vobis divinitus collata grates summo referimus bonorum omnium largitori, qui femineo pectori robur immisit virile, non solum ad devitanda flagitia vel facinora, sed etiam impendenda indigentibus necessaria consilia, simul et auxilia. Sed quia occupatis auribus vestris loquimur, in longum protrahere sermonem non audemus. Rogamus ergo clementiam vestram ut auxilium consolationis vestræ nobis benigne impendatis.

RESPONSUM HILDEGARDIS.
Sub figura hortatur ad timorem et fortitudinem.

Qui est ostendit mihi hæc, dicens: Dic homini isti: O homo video te quasi ligneum tabernaculum de manibus artificum factum, ad cujus januam duæ imagines pulsant, altera plena oculis nigris capillos habet, et nomen ejus Timor Domini, et tibi dicit:

Volo in te sanctificationem cum hostiis facere. Cede ergo mihi et cubiculum tuum intrabo; atque bonum gustum musco et aromatibus tibi faciam. O miles, cave ne sis tardus cum ovili tuo currere, et vivente oculo id ad rectitudinem ducere. Sed altera imago quasi tuba canens in candida nube velut circulum rubis habet, et nomen ejus Fortitudo, et ad te sic dicit: He, he, he, quare dormis in scientia tua, quasi rusticus in moribus suis, qui libenter tacet, nec militare vult in lorica, galea, gladio et hasta? Resona ergo quasi tuba per multas aquas, et non sile, et adjuvabo te cum sodalibus meis, atque sta in pariete templi, nec sis formidolosus propter inquietudinem ventorum; sed disce ut sis columna in palatio regis. Fuge quoque duas linguas, quæ sunt vulnera animæ; sed loquere ubique in veritate secundum similitudinem solis, et habitacula nostra libenter in te parabimus.

EPISTOLA LXXXV.
FREDERICI PRÆPOSITI VALLIS-DEI AD HILDEGARDEM.
Ipsius orationibus se commendat.

FREDERICUS gratia Dei in Valle-Dei præpositus, licet indignus, H. Christo devotæ famulæ, benedictionem accipere a Domino et misericordiam a Deo salutari suo.

Gratias Deo quam intimas persolvimus, quod in ipso valetis, quod virtutum decore floretis, quod dilecto ex dilecto una cum commissis vobis sororibus toto cordis affectu innixtæ estis, quia confidimus in Domino quod apud ipsum nostri memoriam habeatis. Multis autem negotiis præpeditus sum, quod juxta placitum, nuntium non misi: unde rogo ne gravetur dilectio vestra, nunc per præsentem latorem solvere quod promisistis, ut ex hoc mercedem a Deo acquiratis. Vos una cum sororibus imploro universis ut apud Christum mei memores sitis.

RESPONSUM HILDEGARDIS.
Sub figura dehortatur eum ne suos deserat, sed eos potius adjuvet et pœnitentiam agat.

Nunc tibi dico: Homo qui vineam aut saxosum habet agrum, et intra se dicit: Laboriosum est hic laborare, ac sic eos reliquit, tædiosus laborator est. Sed cum tempus fructuum advenerit, dominus ejus ad ipsum dicet: Vade ad campos, et quære fructum in floribus, qui interdum florent, ac interdum arescunt; sed ibi nihil invenit. Audi: Vinea sacerdotale officium est. Qui autem virgam correptionis in populo gravi habet, hic saxosum agrum possidet. Quem ista fatigant, intra se dicit: Illa vita est aliena vita, ac ista vita mihi melior est. Et sic quod hoc tempore excogitat, hoc tempore derelinquit, sicut flos qui arescit. Sed si tu ista faceres, tibi dicendum esset sicut villico qui de villicatione sua coram Domino suo diffamatus est, et qui de abjectione sua intra se cogitabat, ac unicuique minus scribebat quam deberet, unde dominus suus ipsi dixit: *Filii hujus mundi sapientio-*

filiis lucis in generatione sua sunt (*Luc.* XVI). Primus angelus cadens in pœnitentia suspirare noluit, nec ut alii suspirent permittit. Sacerdos autem erigat se, et alios festinet adjuvare : nunc hæc provide, et in sapientiore parte cum filiis hujus mundi mane, quia si secundum cogitationes tuas quæ in te volant faceres, in utraque parte deficeres, et in pœnitentia recordareris quid deliquisses. Tu autem cum populo isto mane, et eum non relinque, ut in æternum vivas.

EPISTOLA LXXXVI.
N. ABBATIS IN RAPPENBERH AD HILDEGARDEM.
Ab ea consilium petit de præsenti statu Ecclesiæ.

Dominæ suæ reverendæ virgini et sponsæ Christi H. N. prælatus servorum Dei in Rappenberh, sanctæ virginitatis et piæ conversationis præmium et coronam perpetuam.

Fama religionis et Deo acceptæ conversationis vestræ ubique in Ecclesia respersa, multos super odorem balsami cæterorumque odoramentorum delectat, quem et nos in cellulis quasi in subterraneis caveis extremi tandem odorari cœpimus. Unde et ego minimus omnium odorem tantum sequi cupiens, ad vos venire disposui ; sed in tanto turbine tempestatum et procellarum, quo tota Ecclesia nunc quatitur et turbatur, impeditus, rebus et corpori timens, retardatus venire non potui. Rogo autem per eum qui in vobis habitat Christum ut præsentem litterarum portitorem, fratrem nostrum dilectum, tanquam meipsum præsentem audiatis. Ad consulendum enim Spiritum Dei qui in vobis habitat, de præsenti statu (22) Ecclesiæ nostræ cum ad vos direxi. Vos quidem quod Dei est, quod charitatis est, quod pietatis est nobis communicare non dedignemini, ut nos per eum qui in vobis multos consolatur consolati respiremus. Ultra dulcedinem vestram inculto sermone amaricare non præsumimus. Obnixius autem supplicantes vobis, ut non pigeat vos aliqua fratri præsenti indicare et tandem perpauca in extrema ungula schedulæ rescribere. Cum omnibus vobis a Christo commissis in Christo valete, et mei propter ipsum ad ipsum mementote.

RESPONSUM HILDEGARDIS.
Hortatur ne tormenta timeat, sed confugientes ad se oves recipiat.

In aliqua parte in te tenebras video. Quomodo ? Quia cor tuum illa tristitia implicatum est quæ dubio circumfertur sicut molendinum, ita dicendo : Quæ vel qualis est causa mea ? Nunc adest tibi ut aspicias diem qui primo mane in purissima aurora surgit, sed postea vicissitudine tempestatum circumdatur. Sic est vita tua. Nam si semper prosperitatem haberes, cancro similis esses, qui recte non ambulat; unde permittit te Deus fatigari, quia filium quem pater amat cum virga percutit hoc

(22) Hic innuere videtur schisma quod in Ecclesia suscitavit Fredericus imperator, cum, abjecto

modo : *Veritas de terra orta est, et justitia de cælo prospexit* (*Psal.* LXXXIV), hoc est, omnem veritatem Deus per hominem probat, quem de limo terræ formavit. Terra quæ dura et lapidea est vix aratro scinditur, sed bona et mollis terra in gaudio colitur, et in utraque parte Deus verax est ; durum et asperum hominem cum labore frangit, sed suavem et benevolum amplectitur osculo charitatis, qui omnia bona opera libenter adimplet, et gratia Dei quæ omnia dura et benevola pro sole justitiæ perfundit, omnes qui ad ipsum per suspiria cordis clamant eum sciendo audit : quia sicut Deus solem constituit ut omnem terram illuminet, nec tenebras sustineat, ita possibilitas Dei per gratiam suam hanc recusat duritiam, ne illi respondeat qui ipsum vocat. Ideo tormenta tua ne timeas, quia locum tuum in dispersione non video, sed ligaturam oneris tui Deus sic vult, et oves qui ad te currere volunt, collige. Quæ autem te nolunt, in miseratione tolera, donec te vocent, et in æternum vive.

EPISTOLA LXXXVII.
G. PRÆPOSITI S. VICTORIS AD HILDEGARDEM.
Multis obvolutus peccatis quærit utrum sibi supersit spes salutis.

H. divinæ contemplationis speculo, G. abjectio plebis et præpositus de S. Victore in Moguntia, si quid valent contriti et humiliati cordis suspiria.

Super bono vestræ opinionis odore illectus, et in spem salutis ex profunda iniquitate animatus, miserias meas in conspectu almitatis vestræ exponere et deplorare, hinc auxilium et consilium quærere piæ præsumptionis spiritu aggrediar. Quantum enim miseriarum inciderim, quantum ruboris et confusionis exceperim, quantum lacrymarum effuderim, vix sermone effari potero. Sed non mirum. Cum enim tot flagitiis et immunditiis animus corpusque polluerentur, justissimo et benignissimo Dei judicio, si tamen fas est fateri, dignum correctione divina, licet non condignæ passiones sequebantur. Nam sæpius abominabili iniquitate tam factis quam cogitationibus lapsus sum, quæ vos, domina, Spiritu sancto revelante, melius scitis. Quapropter non omnia recte aguntur circa animum meum, quæ non est necesse scribere. Spiritus enim docet vos omnia. Ego vestræ sanctitatis pedibus advolutus, cum sim pulvis et cinis, humillima devotione posco ut super me consolatorem et liberatorem animarum nostrarum invocetis, meque scire faciatis an mihi sit spes salutis, an prædestinatus ad vitam an præscitus ad mortem. Sed quæso ne reputetur mihi in stultitiam hæc præsumptio. Cæterum Spiritus sanctus, qui habet in vobis mansionem, tribuat vobis secundum fidem et humilitatem meam respondere ad omnia votis meis. Valete.

Alexandro III, legitimo pontifice, Victorem IV antipapam in sede Petri poni procuravit.

RESPONSUM HILDEGARDIS.

Ad surgendum animat hortaturque ut declinet a malo et faciat bonum.

Lux in serenitate dicit : Quidam ascendit et in turbine vadit; unde memor esto, fili, ut recta itinera facias in gustu boni intellectus, sicut Psalmista dicit : *Declina a malo et fac bonum* (Psal. xxxvi), *inquire pacem et persequere eam* (Psal. xxxiii). Sed etiam collige ad te bona, quatenus anima tua non deficiat, quia Deus non derelinquit justos, sed in sua pietate suscipit peccatores. Unde elige tibi rectas vias et in æternum vives, purosque oculos habe in mente, ut illusio non decipiat te. Nam inter spinas sedes, et undique circumspicis, et ad te diversas res colligis, ac benevolentia in te manet; sed tamen in operibus tuis quidam defectus est : unde nunc surge, et ne tædium habeas, ut de spinis surgas ne te suffocent, quia Deus non delectatur in opere illo quod inter spinas ædificatur. Ergo, o fili Dei, cito surge, antequam tibi sol occidat.

EPISTOLA LXXXVIII.

S. PRÆPOSITI IN CONFLUENTIA AD HILDEGARDEM.

Cum omnia quæ de seipso prædixerat S. Hildegardis sint impleta, quærit consolationem super his quæ foris et intus eum premebant.

H. in Christo d'lectæ, S. fratrum in Confluentia præpositus, quamvis immeritus, salutem in Domino.

Quia in omnibus tribulationibus meis semper tuis consolationibus me mercasti [f. levasti], et cuncta jam sunt impleta quæ mihi prædixisti, quæso ut et nunc misericordiæ Dominum in cunctis quæ me foris et intus premunt consolari deposcas; et si quid de me vides, et maxime si a benigno Jesu aliquam spem in futura vita audeam sperare, o dilectissima et amantissima, transcribas. De reliquo autem scias Dominum quam intimis precibus me orare, ut ante mortem meam a peccatis meis digna pœnitentia me convertam. Vale.

RESPONSUM HILDEGARDIS.

Occulta esse Dei judicia, qui parentum etiam peccata in quarta generatione punit ; cæterum speret in Domino.

O tu, qui factura digiti Dei es, corrige vicissitudinem morum tuorum, et non extende te in ventilationem mentis tuæ, de qua te non potes excusare, quia Deus omnia prævidit. Sed Deus non jubet ut judicia sua super te edisseram, sed ut pro te orem, quoniam quædam ante peracta opera parentum tuorum nunc habent oculos ad vindictam, quia Deus etiam flagella sua aliquando extendit ad tertiam et quartam generationem. Confide tamen in Domino, quod te liberet de manu gladii inimicorum tuorum. De salute autem animarum magis loquor quam de casibus hominum, et ideo multoties de his sileo, quia Spiritus sanctus non effudit manifestationem in confusionem criminum populorum, sed justum judicium. Nunc Deus ponat te in prædium vitæ, ut in æternum vivas. Et dico nullum A pondus in ponderibus adæquandum est diebus, mensibus, annis vel aliis temporibus quæ a Deo ordinata sunt. Sed tantum vivus Deus, qui Rex regum est, et cujus judicia justa sunt intime exorandus est, ut peccata peccatorum absolvat per orationes illas quæ in Spiritu sancto exquisitæ sunt, quia multæ occasiones seipsas in stultitia decerpserunt, sicut idola per strepitum incredulitatis voluerunt, quod in irrisionem populos eduxerunt.

EPISTOLA LXXXIX.

A. S. ANDREÆ IN COLONIA PRÆPOSITI AD HILDEGARDEM.

Tentatus interius et exterius ad ipsam recurrit sciturus quid sibi faciendum incumbat

H. Dominæ et matri charissimæ, A. Sancti Andreæ in Colonia præpositus immeritus, semper in Domino valere.

Quantis tentationum tribulationibus intus et exterius angustietur anima mea, tam ex verbis meæ præsentiæ quam ex revelatione divina, charissima domina, nosti. Nunc igitur quia deficio, et nullum profectum, quantum ad Deum, in me video, scripsi ad te dominam meam, paratus facere quidquid mihi sive revelatione divina, sive consilii tui sapientia præceperis. Ne paveas, nec celes, nec iniquitatem meam abscondas, obsecro, pauperis animæ meæ, quantulumque timeo, et me totum in profundum dimergi pavesco. Quapropter intercede et ora pro paupere anima mea, valens in Christo, mater charissima, Dominus tecum et cum omnibus tuis.

RESPONSUM HILDEGARDIS.

Hortatur ad bona opera facienda.

Lux quæ tota vivit dicit : O tu homo, audi : Quædam vallis erat quæ interdum aruit et interdum floruit, nec stabilis fuit in herbis quæ utilitatem proferunt; sed pulchra erat hominibus ad videndum, et non multum utilis ad refectionem. Sic est mens tua. Nam eum temetipsum inspicis, ita quod cogitas quod non sis fortis in bona conscientia tua, mox arescis, quasi spem non habeas; et cum postea surgit mens tua quasi mons myrrhæ et thuris ad timorem ascendens; velut mortuus sis in temetipso rixando cum tremore vires, et tunc ita oras dicens : Nimia sunt crimina mea in vulneribus peccatorum meorum. Sed deinde tabescis in plateis, id est in propria voluntate tua, et properas ad sæcularia, et non perficis bona opera, temetipsum in eis exercendo. Sed in tali opinione est æstimatio tua dicens : Volo bona opera facere; sed bona opera sic non accipiunt formam claritatis in te, ita quod in peccatis tabescas. Clama ergo per bona opera, et Deus suscipiet te. Audi, Vide ut arescas in malis, et ut virescas in bonis. Clama incipiendo Deum videre in bona voluntate, et opera bona fac in perfectione. Qui bonum operatur Deum videt, sed qui opinionem boni habet, est quasi speculum, in quo forma aliqua fulget, sed forma illa in eo non est. Ideo surge, et incipe bona opera, et fac ea in perfectione, et Deus suscipiet te. Sed tu respondes: Curam sæcularem habeo. Quæ est hæc conversio? Sed ego ostendo tibi ut habeas misericordiam, et benignitatem, ac virtutem quæ conculcat superbiam, et ut manus porrigas deficientibus, et in plenis doloribus jacentibus, et ut parcas delinquentibus in te. Ita ne pascas culturam idolorum, quæ est avaritia, et ne verberes faciem Dei, scilicet felicitatem quam Deus alii dedit, ne per invidiam occidas, et vives.

EPISTOLA XC.
A. ERPHORDIÆ PRÆPOSITI AD HILDEGARDEM.
Commendat illi præsentium latorem.

Dominæ H. sponsæ Christi dilectæ, A. Erphordiæ præpositus, licet indignus, devotæ orationis et obsequii affectum.

Gratiarum actiones sanctitati vestræ longe lateque respersæ assurgere non cessamus, quæ tam dulci litterarum salutatione quamplurimos salutat. Desiderio namque desideramus videre vos, et benignissimis consolationis vestræ verbis quandoque jucundari, et vultus vestri præsentia flagrantes per vos lætificari, intimo corde oramus. Divina ergo clementia, quæ tam sanctum tamque magnificum opus in vobis incepit, divinitus perficiat, et ejusdem bonitatis vestræ per assiduam orationem vestram nos participes efficiat. Nunc igitur litterarum latorem, scilicet familiarem nostrum, amore Dei et pietatis vestræ iter ad vos facientem dilectioni vestræ fidelissime commendamus, quatenus a vobis clementer susceptus, Spiritus sancti per os vestrum loquentis verba per vos audire mereatur.

RESPONSUM HILDEGARDIS.
Ut purum habeat cordis oculum, et declinet a peccatis.

Deus prævidet te quærens sacrificium de corde tuo in simplicitate, quoniam ipse verax est, nolens duplicitatem in via una quæ fides est inter proximos, sicut et oculus Dei in simplicitate inspicit felicitatem hominum. Hoc tibi Deus concedat, ut liberet te ab omni tempestate flagrantium vitiorum. Fac ergo oculum cordis tui purum. Nam quasi lassus et quasi derelictus es de domo illius qui te creavit; sed revocaberis inter alienos, et ideo cessa a peccatis tuis, quoniam Deus non vendidit te in perditione; sed requirit te in perdita ove, quæ revocata est ad vitam. Cur dubitas quasi non sis in salvatione? Quære ergo Deum in augustia et in dolore animi tui et vives.

EPISTOLA XCI.
H. DE DOMO (23) IN MOGUNTIA PRÆPOSITI AD HILDEGARDEM.
Cupit ab ipsa rescire quid in se displiceat Deo et quid emendandum.

H. omni honore dignissimæ dominæ H. de Domo in Moguntia præpositus, et peccator sordidus, A quidquid servus et filius dilectissimæ dominæ et matri suæ.

Animus meus æstuat et veretur; æstuat ut loquatur, sed sapientiæ et eloquentiæ tuæ magnitudinem veretur. Tibi enim cumulata felicitate concessum est et sentire sapienter et proferre utiliter. Stillantium auctoritas Scripturarum sedem invenit in te, manet apud te, de te facit armarium. Accedit ad hæc quod disciplinæ dotibus approbata, decus Ecclesiæ, populorum exemplum effecta. Utinam mihi desuper datum esset assidue tibi adhærere, semper audire te, tuo consortio sine intermissione refoveri! Tum denique non essem fraudatus a desiderio meo, quia semper desideravi audire te. Unde quidquid tibi displicet in me, et quomodo depellere valeam a me, ipso Deo ac Domino nostro donante, tuis litteris insigillatis denuntiare mihi digneris obsecro. Valeat in æternum sanctitas tua, valeant ac fideles permaneant omnes filiæ tuæ præcordialissimæ sorores meæ.

RESPONSUM HILDEGARDIS.
Ut bonis operibus dignum se reddat Dei protectione.

Mystica Dei hæc verba proferunt: O homo Dei per ligaturam legis Deus scit te in nigra vicissitudine aliquorum operum. Sed tamen a longe aspicis, velut in opinione, quasi egredientem lucem rutilantis lucis. Nunc curre ut bona opera facias sine contumelia duplicitatis duarum viarum, scilicet ubi sonus unus est oris, alius mentis. Provide autem ut Deus te amet in bonis operibus, quia ipse porrigit ad te manus protectionis suæ; sed tu infirmus es et fugis. Cave ergo ne abscondas te a protectione illa, ne Deus virga sua te percutiat, quoniam ipse te requirit. Nam itinera illa quæ quærere voluisti non recte prævidisti, quando in cœlum ascendisti. Nunc autem in duabus partibus concuteris, scilicet promissione Dei et diabolicis artibus. Deus enim funem tibi solutum dimittit, ut cognoscas quid sis. Sed tamen omnino non cades in foveam tristitiæ. Nunc autem ora et confide quod Deus non derelinquat te, et aurora cito ad te procedet in liberatione.

EPISTOLA XCII.
HELDERICI PRÆPOSITI S. SIMEONIS TREVIRENSIS AD HILDEGARDEM.
Laudat mira Dei in ipsa dona, et precibus ipsius se commendat.

Heldericus frater S. Simeone in Trevirorum ecclesia solo nomine præpositus, et ex numero super flumina Babylonis sedentium et flentium, H. filiæ Sion in ipsa Deum deorum quandoque videre.

Multorum relatu propriique corporis mei auditu suavissimum tuæ beatitudinis odorem hauriens, lætatus et admiratus sum in his quæ dicta sunt mihi. Lætatus, inquam, quia hoc tempore nequis-

---

(23) Id est ecclesia cathedrali, quæ domus appellatur, Gallice *dôme*, unde et canonici Gallice dicti *domheres*.

simi sæculi vere in maligno positi, talem sibi sponsam Sponsus ille speciosus præ filiis hominum elegisse cognoscitur. Admiratus vero, quia insolite et inaudito charismate ipsam et in hoc exsilio dotare videtur. Quis enim unquam legit vel audivit mulierem indoctam vel penitus illitteratam de profundissima abysso divinorum arcanorum tantas eructationes exhalare, de fluminibus aquæ vivæ tantam abundantiam sitientibus propinare? Vere mirabilis Deus, vere benedictus Dominus Deus, qui facit mirabilia magna solus. Sed quid mirum, si rationalem et ratiouabilem hominem organum suum quomodo vult facit, qui etiam brutum animal magistrum magistri fecit. Facit enim quomodo vult Deus, de quo scribitur: *Omnia quæcunque voluit fecit* (*Psal.* CXIII). Precor autem tuam dilectionem, quatenus ipsa dilecto tuo propensius et frequentius humilitatem meam commendare studeat, eamdem vicissitudinem a me fideliter et indesinenter sciens sibi rependi.

RESPONSUM HILDEGARDIS.
Ut bonis operibus mortem præveniat.

Tu, serve Dei, attende, ut brevi tempore tuo ab injustitia iniquæ mammonæ te divertas; et in magno studio provide, ut rubiginem peccatorum a te excutias, antequam umbra mortis superveniat, cum plus operari non potes, ne tunc plangendo dicas: O væ mihi quia in negligentia inventus sum! Tu etiam patremfamilias attende, qui a prima usque ad vesperam operarios in vineam vocavit, et alios cur otiosi starent interrogavit, cui respondebant, quod nemo eos conduceret. A prima enim usque ad vesperam Dominus operarios vocat, et alios cur otiosi starent interrogat, qui se excusant, quia nemo eos conducat. Sæpe homini contingit, quod a prima ætate sua usque ad vesperam, scilicet ad senectutem in oblivione Dei vivat, et hoc intra se emendare tandiu cogitat, quousque per gratiam Dei rixando intra se dicit: Quare bona opera non operabar? quia Deus a malo me abstrahere non prohibuit, et ita in senectute sua propter tædium peccatorum pœnitere incipit. Iste in itineribus Domini velut non ignitum fictile vas apparet, quoniam operari non potest, et sic primus ex merito suo per gratiam Dei mercedem accipiet, quam per ætates postea mutare non potest. In pueritia enim et in juventute, ac in matura ætate, homo sæpe malum et postea bonum operatur. Hoc in decrepita ætate esse non potest. Nunc oculos tuos ad vigilandum aperi, et omnes negligentias ætatum istarum considera, et emenda operando, ut in æternum vivas.

EPISTOLA XCIII.
R. PRÆPOSITI IN KNETHSTERTDE AD HILDEGARDEM.

Quærit quomodo Deum pro peccatis suis placare possit.

H. qualiscunque Dei gratia præpositus in *Knethstehtde*, venerabili ancillæ Christi, H. Spiritus sancti gratia confortari, bonoque fine consummari.

Si fieri posset ut præsens essem, et alternatim sermonem vobiscum agere possem, modis omnibus optarem. Ea enim quæ circa me sunt, quæ Dominus solus novit, profusiori vobis relatione expositurus essem, quæ singula breviandi causa præsenti loco committere nolui. Gratiam, dilectissima, quam Pater luminum, a quo est omne datum optimum et omne donum perfectum desursum (*Jac.* 1), vobis prærogavit audivimus: qua scilicet multum confidens, charitatis vestræ dulcedinem opus duxi præsentibus convenire, supplicans attentius quod pro meis miseriis divinam clementiam devotis precibus implorare non desistatis. In multis namque eam me offendisse scio, quod me impune non fecisse sentio.

Quia igitur in gratia quam in vobis cognovi, spem potiorem habui, utile existimavi auxilium exaudibilium orationum vestrarum implorare, sperans me recepturum a vobis quodlibet remedium consolationis, quod pro Christo precor facere non omittatis scriptis vestris, innectentes eisdem quo ordine magis placem offensam divinæ majestatis. Valete in Christo semper.

RESPONSUM HILDEGARDIS.
Ut ad Deum suspiret, ac cum fiducia ad eum recurrat.

In mystica visione ad petitionem verborum tuorum aspiciebam, et audivi vocem ad te sic dicentem: Arbori te assimilo, quæ in æstate grossos suos producit, et cujus fructus a turbinibus et nebulis aliquantulum læditur, et iterum ex rore cœli et puro æthere renovatur. Isto enim modo mens tua est, quia cum fiduciam in aliqua prosperitate habes, velut grossos producens, ex vicissitudine morum tuorum quasi ex turbine fatigaris, et etiam ab illis, qui sub onere tuo sunt, sicut ex nebulis læderis. Sed tu ad Deum tunc suspira, et dic: *Ad te, Domine, levavi animam meam; Deus meus, in te confido, non erubescam* (*Psal.* XXIV). In te enim spiraculum est, quod Deus infinite vivificavit, et cui pennas rationalitatis dedit. Ideo cum illis per fidem et per bonum desiderium ad Deum vola, ad eum levando animam tuam, et ipsum Deum tuum cognosce, in cujus scientia fuisti, et a quo principium sumpsisti; unde eum roga, quod spiramine Spiritus sui bona sua te doceat, et de adversis te liberet. Tu etiam in ipsum confide, ita quod omnia opera tua ante eum ponere non erubescas, et dic sicut filius patri suo dicit, cum delinquens corripitur, quod prolis suæ in ipso non obliviscatur. Ego autem Deum libenter rogabo, quod ab omni nimietate inquietorum morum et aliorum criminum ac periculorum vobis occurrentium per gratiam suam clementer vos defendat et liberet.

EPISTOLA XCIV.

H. PRÆPOSITI IN BUNNA AD HILDEGARDEM.
Cum indesinenter pro ea oret, ipsius vicissim orationes postulat.

Hildegardi sponsæ Christi et magistræ probatissimæ sororum de S. Ruperto in Pinguia, H. præpositus in Bunna indignus, servitium cum omni devotione.

Si Dominus solus potens, solus bonus, solus pius, solus misericors, voci cujuspiam peccatoris, quod fide teneo, aurem suæ majestatis acclinare dignatur, indefesso corde et oris mei clamore pro vobis pulsatur. Testor nempe secretorum omnium cognitorem Deum, ex quo primum de bonitate vestra, fama prodente, audivi, quoniam postmodum in vobismet ipsa probavi, totus in vestram dilectionem pronus fui. Vos quoque omnium eorum quæ ab inde hactenus vel bene dixi, vel bene gessi, si dignamini, p rticipem constitui. Idipsum igitur a vobis et spero et quasi quodam debito, magis autem pro Dei amore et vestra bonitate exigo. Postremo nec ignis, nec ferrum, nec aqua, nec alterius cujuslibet timoris, aut periculi instantia, sed nec ipsa mors vestræ integritatem dilectionis animæ meæ aut imminere in quoquam, aut submovere ullo modo poterit. Valete.

RESPONSUM HILDEGARDIS.

Arguit eum quod sæculum diligat, hortaturque ut desideria sua cum timore Dei in bono opere purificet.

O homo, qui sæculum diligis, et qui illud in voluntate tua habes, in comprehensione morum tuorum tempestati similis es, quæ raro pura est, et quæ etiam non multum periculosa est. Hoc tale est : Tu sæpe in rebus tuis a consolatione alienus es, et interdum per tædium et per tristitiam, et interdum per dubium, in omnibus causis tuis opprimeris. Unde surge, et Deum Israel invoca, dicendo : *Proba me, Domine, et tenta me; ure renes, et cor meum* (Psal. xxv). Hoc est proba me, Domine, per fidem et spem, ut fides mihi sit oculus ad videndum, et spes speculum vitæ; et tenta me in bona obedientia ut Abraham, quatenus contra voluntatem meam operer; ita ut voluntatem meam derelinquam propter te, ut intrem in præcepta tua, quatenus diligens amicus tuus fiam ; et per hæc ure renes meos, qui ex peccatis quibus conceptus sum inundant, faciens ne me seducant; quia contra me operor, sed ut semper in igne Spiritus sancti ardeam, et de die in diem desiderem justitiam tuam ; et ut ascendam de virtute in virtutem. Sed et, o homo, mens tua similis nubi est, quæ grandinem et pluviam non portat, sed quæ per solem dividitur. Tu enim propter securitatem levium verborum et morum, nubem cum grandine sicut iram, et litem sicut pluviam non habes; sed per bona opera in desiderio supernorum claudicas, et ob hoc desiderium tuum cum timore Dei in bono opere purifica, et hoc modo Deum osculare dicens : *Inclina, Domine, aurem tuam, et exaudi me, quoniam inops et pauper sum ego* (Psal. LXXXV). Cum enim per osculum amoris Dei bona opera Deum tangendo facis, statim ipse aurem suam in desiderium et orationem tuam inclinat, et complet. Sicut etiam per auditum verbum sonat, quoniam in magna inopia es ; quia adjutorio indiges, et etiam in magna paupertate, quoniam bonum perficere tibi deest ; sed Deus hoc in te perficiat.

EPISTOLA XCV.

H. ABBATIS AD HILDEGARDEM.
Ecclesia schismate laborante, quærit quid sibi sit faciendum.

Dominæ H. veræ Dei famulæ de cœnobio S. Ruperti, H. prælati officium habens, quidquid pauperis quamvis peccatoris valet oratio.

Quoniam omnis qui pestifero sauciatur veneno, cervi more ad verum fontem, id est Christum, properans, veneni a se rejicit nociva, ego hujusmodi incommodis oneratus ad fontem quem Deus per Spiritum suum nobis dignatus est revelare recurro, remedium quærens. Scire enim vos non ambigo, quoniam cursim jam interierit pene omnis ante habita religio, quoniam impudenter locum ejus occupaverit odiosa præsumptio. Igitur quoniam Ecclesia in apostolica dignitate et nomine claudicat, et ad quod caput suum respiciat veraciter ignorat, quia quisque vagus inde exemplum sumens religionem bonæ conversationis abhorret, hi qui Spiritu Dei aguntur, non minime sollicitantur quis finis eorum in voluntate Dei esse debeat. Quapropter inito bono consilio ad vos confugio, simulque efflagito ut quidquid Spiritu sancto edocta de hoc vel de meipso sentiatis, mihi rescribere velitis. Vestris enim consiliis in omnibus obedire paratus sum.

RESPONSUM HILDEGARDIS.

Obediendum magistris quandiu catholicæ fidei non resistunt, atque ad Deum confugiendum, qui Ecclesiam suam non derelinquet.

In visione qua ab infantia mea vigilanti oculo in spiritu meo vidi ; per aliam viam quam in hoc sæculo nata sim in altum aspexi, et hæc verba ad te dicere vidi et audivi : Mens tua aratro similis est, quod dura, aspera ac mollia evertit et dividit. Tu enim cognoscere, evertere ac dividere illa attendis, quæ in tanta duritia sunt, quod ea perfringere non potes, et quæ in tanta asperitate sunt, quod te vulnerarent si ea tangeres, et quæ in tanta mollitie sunt, quod ea contereres, si illa dire et aspere tangere velles. Duritia namque quæ a sole justitiæ claudicavit, Ecclesiam nunc circumdedit, quam tu perforare non prævales : unde in corde tuo ad Deum dic : Domine qui omnia nosti, in magistris meis tibi obedire volo, quandiu catholicæ fidei me resistere non cogunt. Apostolica etenim potestas, quæ nunc in duas partes divisa est, proprietatem suam ligare recusat, et principes sæculi in tanta asperitate sunt, quod te non audirent, si eis diceres quod in scientia tua justum habes, ac discipuli magistrationum tantam mollitiem nunc sectantur, quod dubitares, velut ignorares quid cum ipsis facere debes. Magister namque sancta et justa docere et bona exempla ostendere debet, quemadmodum etiam Christus fecit, ad quem multi currebant, et a quo multi fugiebant. Ipse tamen dilectos et electos suos ad se colligit. Unde qui te per obedientiam osculantur, et per charitatem amplexantur, in summo studio tene, nec eos relinque, alios autem Deo dimitte, quatenus cum Propheta dicas: *Veritatem tuam et salutare tuum dixi* (Psal. XXXIX). Tu ergo spe tua ad unum Deum tende, quia ipse Ecclesiam suam non derelinquet. Haec namque spes Ecclesiae est, quod ipsa oculata fiat, et spes ista secura est, quatenus dolor diu maneat, in quo plurimae congregationes spiritualium commovebuntur, plurimae quoque destruentur. Ego vero auroram sicut splendorem in te video, quod studium in bona voluntate bonorum operum in te est. Turbinem quoque propter has et alias vicissitudines in te discurrentem, qui aliquando splendorem in te obnubilat. Hoc minue, et fiduciam habe, quod in Deo finiaris et in aeternum vives.

EPISTOLA XCVI.

HADELHEIDIS ABBATISSAE GANDERHEIMNENSIS AD HILDEGARDEM.

Ab Hildegarde educata petit ipsius et sororum suffragia et mutuam inter utriusque parthenonis sorores societatem.

HADELHEIDIS Ganderheimnensis ecclesiae abbatissa, quamvis indigna, H. dilectae matri de S. Ruperto liberae sponsae Jerusalem, oscula Sponsi.

Arbor bona, bono ex fructu cognita, nequaquam duci debet in oblivionem, quia fructificando dulcedinem, dulcem bonorum commeruit amorem. Bruto ergo animali jure inferior habebitur, qui bene dulcia minus bene amplectitur. Tu itaque Christi columba, non seducta, sed corde magna et munda, sicut bonum malum, lux tenebras, dulce amarum non facit, ita mihi a corde non excidis; unde debes et tu frequenter mei recordari, quoniam constat et amoris et intimae devotionis propinquitate tibi conjungi. Nolo ergo ut antiqui nutrimenti flos in corde tuo aruerit, qui quondam inter me et te floruit, cum me dulciter educasti: cujus amore et dilecti Sponsi tui charitate te obtestor, precorque ut pro me et meo grege, locoque mihi tua permissione commisso orationes et obsecrationes tuae fiant ad Deum, atque nos committas orationibus omnium sororum tuarum; oro etiam ut societatem fraternitatis tuae sororibus meis apud easdem sorores tuas, imo meas obtineas, et dum aliquis per vos ad nos transierit, litteris transmissis, id et si quid aliud volueris in Christo innotescas. Ego autem expedito tempore, si Deo placuerit, ad vos non differam venire, ut ore ad os loquamur, manu ad manum quod bonum est operemur, sicque antiqua stabilietur societas, quam in nobis confirmet Deus charitas. Quae habitas in hortis auscula, omnesque cohabitatrices tuas, scilicet sorores meas, ex me quam intime saluta, et litteris commendatitiis me laetifica.

RESPONSUM HILDEGARDIS.

Ut pura fide bona opera in die prosperitatis suae exerceat, et det Deo quod suum est.

O filia Dei, in magna sollicitudine per duas vias mens tua occupata est. Nam per quamdam sollicitudinem tabescis, quasi de vita tua desperes; unde et interdum cum super montem conscenderis fidei, ad Deum ascendis; eum interrogas, quasi nescias quid in ista dubitatione facias. Sed tu cum pura fide bona opera operando in die prosperitatis tuae ambula, et Deo quod suum est da. Nam solem vides, quod est honor ille quem nondum Deus abstrahet a te, et saeculum in suspirio et in timore legis Dei habes, sicut luna in nocte. In utraque ergo parte serviens esto Deo, quia sacrificium tuum vult, et quia bona opera a te in vita tua postulat antequam moriaris. Lux gratiae Dei operiat te, et unctione misericordiae suae te ungat, qua David ungebat, cum peccata sua confitendo Deum vidit. Ipse unctione viriditatis Spiritus sancti te ungat, et bona et sancta opera in te faciat, per devotionem illam qua veri adoratores Deum adorant. Nunc praecepta Dei conserva, et in aeternum vives.

EPISTOLA XCVII.

N. ABBATISSAE AD HILDEGARDEM.

Ipsius preces pro se suaque congregatione deprecatur.

Amantissimae dominae et in Christo matri dilectissimae, N. abbatissa, licet indigna, sororum ecclesiae...., Regem gloriae in suo decore videre et cum eo gaudere perenniter.

Benedictus Deus, qui mysteria secretorum suorum, mundo antea nunquam audita, temporibus nostris mirifice per te declarare dignatur, fidemque nostram per te, o mater sanctissima, confirmat, et sanctam Ecclesiam suam solito fulgentioribus signorum suorum virtutibus, velut quibusdam novi solis radiis ineffabiliter illuminat. O quis ista unquam audivit? quis vidit talia? Ergo dicamus singuli, dicamus omnes: Benedictus Deus. Vultum sanctitatis vestrae videre, et verba ex ore vestro divino audire cupio ardentissime; sed quia hoc pro tempore et locorum instantia per praesentiam corporis implere non valeo, corde et animo te semper videbo, te semper amabo. Precor etiam sanctitatem tuam, o mater piissima, ut pro me peccatrice et pro congregatione nostra tibi mecum supplicante, ad Deum, qui te procul dubio exaudit, intercedere digneris. Scias quoque quia memoria tua apud nos semper in benedictione erit, et nomen Domini per te magnificabitur. Ora pro nobis, piissima mater et domina. Super haec omnia rogamus tum pro Deo, tum pro materno affectu, ut nobis consolationis tuae litteras mittere in proximo non differas. Christus Dominus noster in regno suo nos tecum congregare dignetur.

RESPONSUM HILDEGARDIS.
Ne sit instabilis, neve vana scrutetur.

Provide ne tibi sit circuiens mens instabilitatis, in qua nubes sapphirinei coloris apparere non potest, et quæ etiam frequenter lucem solis obtegit. Magnum autem studium habe, ut in stabilitate stes, nec unamquamque vanam ac stultam inquisitionem scruteris, quoniam qui hoc faciunt, sæpe a charitate Christi decepti cadunt. Sicut etiam sapphirinea nubes per circumeuntem mentem instabilitatis obtegitur, amplexionem Christi attende, et omnia bona ab eo quære, et illi opera tua manifesta, et ipse tibi beatitudinem dabit, quia absque eo vana est salus hominis; quia gratia et salus non per hominem, sed per Deum habetur, ubi et sanctæ Scripturæ, quæ de divino fonte fluunt, mammas ad sugendas hominibus præbent. Disce ergo ut hanc vanitatem fugias, quæ lucem solis obtegit, scilicet quæ hominem a Christo separat, et in æternum vives, et a Christo coronaberis.

EPISTOLA XCVIII.
M. ABBATISSÆ IN WETHDERSWINKELE AD HILDEGARDEM.
Ut se suasque in filiarum numero admittere velit, ac precibus adjuvare.

Hildegardi dominæ et matri reverendissimæ, omni laude dignissimæ, M. Dei gratia dicta abbatissa in Wethderswinkele, cum omnibus sororibus suis, filialem dilectionem et omnem subjectionem.

Quoniam odorem sanctitatis vestræ longe lateque per orbem terræ diffusum Dei gratia in tantum crevisse cognovimus, ut jam in toto mundo virtutum vestrarum insignia ab universis Ecclesiæ filiis digna veneratione commendarentur, nos quoque, licet indignæ specialis dilectionis privilegio, maternitati vestræ ascribi optantes, quantum licet pro nostri parvitate, tantæ dignitati vestræ congaudemus. Quapropter, dulcissima mater, sanctitatem vestram toto cordis affectu imploramus, ut nos filiarum loco recipere, et sanctarum precum vestrarum tutamine confovere dignemini, quatenus, vestris sanctissimis opitulantibus meritis, arreptæ viæ stadium tandem contingere mereamur. Ego autem quæ cæteris non meritis, sed sola nominis dignitate præstare videor, obnixis precibus sanctitati vestræ singulari devotione me committo, orans ut pio orationum interventu, ita omnium mihi commissarum curam agere possim, quod pariter cum illis in æterna vita vestri consors efficiar. Semper optasse me scitote aliquid de vobis accipere, per quod vestri memoriam habere possim, videlicet litteras commonitorias, quas pro Dei amore libenti animo semper observabo. Quædam etiam ex sororibus nostris speciali dilectione vos complectentes, vestris purissimis se per omnia commendant orationibus.

RESPONSUM HILDEGARDIS.
In abstinentia servandam esse discretionem.

Vivens Lux dicit: Aridum sabulum inutile est, et terra quæ per aratrum nimis frangitur rectum fructum non dabit, quia justum modum involutionis suæ non habet. Et sicca terra quæ saxosa est germinat spinas atque alias inutiles herbas; sic incongrua abstinentia, quæ non habet justum modum et rectum statum, prosternit carnem hominis, quia non datur ei viriditas justæ refectionis. Unde etiam homo arescit. Ubi hoc est, certe ibi peribunt volatiles virtutes, scilicet humilitas et charitas pulcherrimorum florum, quoniam nimia abstinentia caret viriditate virtutum, sed ibi crescit ventosa fama inutilitatis, ibique insurgunt multi terrores quasi sancti sint, et sancti non sunt. Qui in hac vanitate sunt, iracundiam habent et non pacem, atque in multis moribus suis inutiles sunt. Homo qui vult regalem vitam in spirituali habitu habere, tabescat in deliciosis epulis incongruorum ciborum, de quibus lascivia surgit, tabescatque in fortissimo vino, in quo luxuria palpitat, et alia moventia mala nullam sanitatem habentia. Hæc casti homines animam suam diligentes fugiant; sed tamen recto frumento utantur, et vi potus qui non flagrat in igne coloris sui. Quod homini ad vescendum dedi, non aufero ei; sed horribiles cibos nescio, quia vanitas in eis est. Sed tamen per incongruam abstinentiam nulla anima fugiat ad me, sed in recta mensura mihi adhæreat homo, et illum recipiam, nec ullus homo certet in fremitu dentium suorum pro non emerito præmio in operibus, quia do unicuique juxta mercedem, secundum merita sua, ut me amat.

EPISTOLA XCIX.
H. ABBATISSÆ DE ALTHENA AD HILDEGARDEM.
Congratulatur de Dei donis, optatque eam videre.

Dominæ et matri H. dilectæ et venerabili in Christo suæque dilectionis intimæ, H. abbatissa, licet immerita, de Althena, et peccatrix pœnitens ad pedes Jesu cum Maria sedens, Dilectum suum videre sicuti est.

Congratulator vestræ beatitudini, omnium feminarum dilectissima, quæ, sicut in delictis evidentissimis probari potest, quem diligit anima vestra, quantum mortalibus possibile est, invenistis, et jam cum ipso in secreto cordis periculo feliciter vacans gustatis et videtis, quoniam suavis est Dominus, quodque ita esse perpendo, oportet me æquanimiter ferre, quod multo jam tempore per litteras vestras visitare me vobis tam devotam neglexistis. Credo enim quod si vel ad momentum aciem mentis ab intuitu Dilecti vestri reflectere, atque pedem extra habitaculum quietis movere possetis, minime omitteretis, quin sæpius me per nuntium vestrum consolari faceretis, qui et me de statu vestri qualitate lætificaret, et de meo vobis referret. Nam et si non dabitur mihi dilectam faciem vestram ultra in hac vita videre, quod sine lacrymis non possum dicere, læta tamen semper de vobis ero, quippe quam ut propriam animam statui diligere. Quapropter oculo orationis videbo vos, quousque perveniamus illuc quo et nos invicem æternaliter videre, et Dilectum nostrum facie ad faciem in decore suo mereamur contemplari.

RESPONSUM HILDEGARDIS.
Sub figuris hortatur ad militandum Deo.

O tu quæ magistra es in fulgore salientis fontis, quod est in vice Christi, audi : *Ecce vicit Leo de tribu Juda, radix David (Apoc. v).* Hoc tale est. Filius enim splendor sanctæ divinitatis velut radix est. Ipse namque rugit velut leo, cum primum angelum in casu ipsius imitantes in infernum projicit, ita quod et ibi omnem injustitiam frendentibus dentibus a se depellit, et ita radix fortitudinis est. Omnes autem qui eum fide confitentur, et bono opere tangunt, ad se trahit, et ob hoc omnia quasi leo vincit. Nunc audi me admonentem te. Omnibus viam unam Deus instituit, ut omnes in ea ambularent. Sed duo viri in latere ejusdem viæ stabant, et alter ad alterum dixit : « In plateis tam libenter quam in via ambulo; » et alter dixit : « Ita et ego » Et postea respexerunt ad spinas et ad tribulos, et illa desiderabant. Et Dominus dixit eis : « Isti me nolunt, neque in vexillo meo pugnare volunt, ideo de me abscissi sunt. » Tunc de oriente milites in armis valde ornati venerunt dicentes : Ista via ambulare volumus, et Dominus illis pennas cujusdam architecti dedit, et cherubim oculis suis ad illos vidit. Ac isti de Lumine tam fortes facti sunt, quod certamine boni prælii satiari non potuerunt. Alii autem viri in brevi tempore fatigati sunt, et ita perierunt, quia cibo vitæ pasti non sunt. Nunc, o chara filia Dei, ad illos militantes milites respice, quatenus in aliqua parte cum eis sis, et in æternum vives.

EPISTOLA C.
S. ABBATISSÆ IN ALTUVICH AD HILDEGARDEM.
Cupienti curæ regiminis renuntiare, et cella singulari includi, orat Dei beneplacitum per Hildegardem significari.

Beatæ memoriæ H. de S. Ruperto, S. solo nomine abbatissa in Altuvich Trajectensis Ecclesiæ, introire chorum Luminis luminum illuminatum.

Quia nullus hominum valet mundanis concupiscentiis renuntiare, et ad supernam patriam omni intentione anhelare, nisi ei desursum datum fuerit Christi juvamine, ideo religioni vestræ intimare cupio quid, Deo instigante, et Spiritus sui gratia cooperante, conceperim in animo meo. Dominus noster, qui non vult aliquam de ovibus suis esse erroneam, sed sicut bonus pastor cupit omnes revocare ad salutis æternæ viam, inspiravit cordi meo, ut puto, quatenus onus regiminis, quod graviter porto, derelinquam, et me solitudini alicujus cellulæ includam. Hujus itaque propositi velle adjacet mihi, sed posse et consummare in Domini nostri est potestate. Ergo quoniam scio vos apud Deum esse tanti meriti, quod ex Spiritus sancti revelatione cognoscere valeatis quid expediat homini facere, propterea humilibus precibus exoro pietatem vestram, quatenus pro me Dominum velitis consulere, si sibi placita sit conversatio mea, ne me post hac sententia illa Gregoriana denotet, quæ dixit : « Melius fuerat eis viam veritatis non cognovisse, quam post cognitionem ab ea in deterius decidisse. » De cætero valeatis in Domino, et ea quæ postulavi pietas vestra non renuat mihi per præsentem portitorem scriptis designare, et quidquid gratiæ Dei per Spiritum suum sanctum vobis de his placuerit revelare.

RESPONSUM HILDEGARDIS.
Ipsi non esse utile onus regiminis abjicere.

In vera visione mysteriorum Dei hæc verba audi : O filia de latere viri orta, et figura in ædificatione Dei formata, quare tabescis, ita quod mens tua in vicissitudine nubium volat, quas tempestas circumducit, sic quod interdum ut lux lucet, et interdum obscuratur. Sic est mens tua per strepitum morum illorum, qui non fulgent ante Deum. Sed tu dicis : Volo requiescere, et locum requirere ubi cor meum nidum habeat, ita ut et anima mea ibi requiescat. O filia, non est utile apud Deum ut onus tuum abjicias et ovile Dei relinquas, cum illud lumen habes per quod illi luceas, ita ut ad pascua illud educas. Nunc autem te ipsa coerce, ne mens tua flagret per hanc dulcedinem quæ valde tibi nocet in vicissitudine singularis vitæ. Tu vero vive, quia grata Dei te vult. Cave igitur ne te ab ipsa abstrahas in vagatione mentis tuæ. Deus adjuvet te, ut in pura scientia vigiles.

EPISTOLA CI.
SOPHIÆ ABBATISSÆ IN KISINGUN AD HILDEGARDEM (24).
Quærit an onus quod portat deserere debeat.

Hildegardi singularis meriti magistræ, spiritualium virtutum sapphiris distinctæ, Sophia, in Kizingun dicta abbatissa, sed parum proficiens, orationis obsequium indeficiens.

Audita prærogativa tuæ sanctitatis, pennis præpetibus ad sinum convolo tuæ charitatis, pro luce cupiens apud te commendari, quæ per veram lucem ad illuminationem gentium meruisti revelari. Quis enim non delectetur in laribus matris Sophiæ? Quis non sponte apponat aurem cœlesti harmoniæ? Aut quis non optet audire sancti Spiritus organum tot virtutum tremulis præfinitum, tot miraculorum anaglyphis mystice insignitum ? Bene quidem sonus iste in omnem terram exivit, cujus euphoniam Spiritus, qui a Patre procedit, condivit. Ergo clama in fortitudine qui annuntias pacem in latitudine; venient ad te omnes gentes ultra flumina Æthiopiæ, munera laudis offerentes. Nam et ego, licet non secundum bravium, secundum spem tamen, ut cæteri, curro ad stadium, quia juxta illud Apostoli : *Neque volentis, neque currentis, sed Dei est miseren-*

---

(24) Hanc epistolam cum S. Hildegardis responsione, ex archivio monasterii Kitzingensis eruit et nobis transmisit D. de Reuss, Wirzeburgensis; exstat apud Martenium, sed minus integra. Edit.

tis (*Rom.* IX), quisquis comprehendit partem sanctissimæ tuæ orationis, quam gratis præstas omnibus debito proximitatis et Dei dilectionis. Adduco mecum nobile par, monialem scilicet laudabilem, perfectissimamque sororem acceptabilem, quam spiritu mihi generavit cœlestis Pater non minus illi quam mihi, cupiens tui notitiam, veneranda et omni laude dignissima mater. Sonet vox tua in auribus meis, et quid salubrius sit, utrum onus quod porto deseram, an diutius feram, mihi petenti divinitus enarra.

RESPONSUM HILDEGARDIS.
Onus quod portat, cum Deo sit acceptum, non esse deserendum.

O Sophia, in mystica visione tibi dico : Anima tua confortetur a Deo, in recta suspiratione tangens Deum. Bonum est tibi onus laboris tui quod in Deo suscepisti portare : ita si oves volunt audire admonitionem Dei per magistrationem tuam. Et si nulla scintilla in eis coruscat, non relinque illas, ne raptor eas rapiat. Anima tua clarescat in Deo, et dies tui ardeant in igneo datore, et confide in Domino, et esto sollicita pro te et pro filiabus tuis secundum præceptum Dei atque devotionem, quam Deus tibi dedit et dat in amplexione charitatis suæ ; ne deseras, quia tu mundum istum quasi peregrinum in corde tuo habere debes. Deus adjuvet te, ut vivus lapis fias in cœlesti Jerusalem.

EPISTOLA CII.
R. ABBATISSÆ S. MARIÆ RATISPONENSIS AD HILDEGARDEM.
Ipsius se precibus commendat, quibus a mortis faucibus se ereptam declarat.

Per Dei gratiam humilis dispensatrix ministrantium S. Mariæ inferioris monasterii Ratisponæ, speciali amicæ suæ HILDEGARDI, quidquid continua oratio et condignæ servitutis operatur devotio.

Si modus et locus vobis serviendi mihi adimitur, eo tandem remedio affectus meus utitur, ut utriusque hominis vestri incolumitatem per transmissas quantocius litteras experiar. Sciatis, charissima, quamvis prærupta montium, voragines fontium, me de vestri avellant præsentia, perfectæ tamen fidei et dilectionis cor meum vobis adjungitur benevolentia. Optandam vestri notitiam, et in salutem optantis feliciter exoptatam, non meis meritis ascribo, sed gratuitæ pietati Dei, qui pius pie cum suis operatur fidelibus. Attamen credatis me vestra non abuti amicitia, quia ea plenissime fruor, cum per gratiam Dei ad internæ dulcedinis suavitatem vocata, cum eo aliqua familiarius audeo et valeo conferre. Sub ejusdem charitatis solatio quæso ut certis litterarum signis me faciatis experiri, si juxta petitionem meam et condictum memoria mei quidquam apud vos postea valuerit. In gratia et licentia vestri quam fideliter, quam amabiliter saluto sorores nostras debiti famulatus obsequio, quæ in spiritu fortitudinis Dei robur virtutis resumentes, viriliter pro me steterunt, et ut ita dicam, bonis actibus vestris præcedentibus, in articulum mortis ruentem me salvam reddiderunt. Valete.

RESPONSUM HILDEGARDIS.
Ut a quibusdam pravis consuetudinibus se emendet et ad Deum aspiciat.

O filia Dei, in formatione primi hominis ad Patrem tuum accede, et in ipsum ita aspice, ut voluntatem ejus facias, quia ipse te creavit. In proximo enim tempore ipse castigando te admonuit, et ob aliquam causam, quam in te video, adhuc monebit de mala consuetudine, quam tibi bonum est vitare. Tu quoque in ipsum aspice, et illi omnes vias tuas manifesta, et columbam pietatis imitare. Ipsa enim unumquodque bonum opus testificatur et exsulem tristitiam laborum habet. Tu enim in hoc disce, ut puram mentem habeas, et cum mens tua in in quietudine circuit multa comprehendendo quæ perficere non potes, tunc in stabilitate sta et moderationem disce, quia columba etiam moderata et stabilis est. Quando namque vehemens ira te fatigat, in purum fontem patientiæ aspice, et ira mox finitur, et tempestas cessabit, et unda fluctuosæ aquæ, quia columba patiens est. Sed cum in tædio es, ita quod naturalis motio te concutit, exsilium hujus vitæ attende, et quod etiam ad aliam vitam exspectando anhelas, ac istud secundum tristitiam columbæ facito, et unaquæque utilia aliorum bonorum hominum collige, et secundum exemplum columbæ vive et in æternum vives.

EPISTOLA CIII.
N. ABBATISSÆ IN KOUFUNGIM AD HILDEGARDEM.
Hortatur ut principes Ecclesiæ excitet.

Dominæ et sorori HILDEGARDI, peccatrix N. et solo nomine abbatissa in Koufungim, lumen scientiæ sub modio silentii non occultare.

Nuntii hujus inopina festinatione prævenla, ut dominæ et matri nihil polite vobis scribere potui, quin potius vulgata enuntio verba, ut dilectæ sorori ; igitur sic accipite. Celebre factum est in ore omnium volumen illud volans, quod prophetæ datum est in escam, in tuo quoque ore, utpote sapiens, requiescere. O quam pretiosus thesaurus iste! Cave ergo ne cum stulto glutias eum. Discurre autem, festina, excita Ecclesiam, imo principes Ecclesiæ, quibus in Petro dicitur: *Simon, non potuisti una hora vigilare mecum* (*Matth.* XXVI). Virgam enim ab Aquilone super iniquitatem vigilantem te vidisse et gaudemus et contremiscimus, unde et litteras tuas consolatorias recipere desideramus. Vale in Christo, ad ipsius invocationem semper mei memor, ut gratiæ quæ in te est particeps fieri merear.

RESPONSUM HILDEGARDIS.
Dies sibi paucos superesse, et ut mortem bonis operibus præveniat.

In spiritu veraciter tibi dico: Animam tuam custodi, ne cum iniquitate coinquinetur. Tu etiam corpus tuum cum justitia Dei circumcinge. Hoc ante diem mortis facito, quia postea nullum remedium invenire poteritis, nisi quantum per gratiam Dei et per ornamentum operum tuorum inveneris. Accipiter enim inimicus tuus circuit, tentans quomodo animam tuam vulnerare possit. Ab illo te custodi per studium bonorum operum et per abstinentiam peccatorum, quia dies tui longa tempora non habent. Unde Spiritus sanctus in te ignem suum accendat, ut verborum istorum recorderis. Unde et iterum hanc parabolam tibi dico : Arbores in hieme arescunt, et in æstate florent, et grossos suos producunt. Nunc animo tuo hoc intende, quam diu per prævaricationem spiritalis vitæ in hieme sis, et per mutationem morum tuorum in viriditate Spiritus sancti, quæ æstas est, festinanter curre, et hoc modo flores virtutum producito, ac collige manipulos tuos quanto citius possis ; et tamen interim a peccatis te custodi, quia in veritate tibi dico : si gratiam Dei quæsieris, ipsa a te non fugiet.

EPISTOLA CIV.
N. ABBATISSÆ IN GERBESTETHDE AD HILDEGARDEM.
Ejus petit orationibus adjuvari, suasque vicissim illi promittit.

Venerabili dominæ H., lucernæ ardenti et lucenti, N. gratia Dei in Gerbestethde abbatissa, licet indigna, sic certare in studio ut æternum comprehendatis bravium.

Quoniam, testante Apostolo (*Rom.* xii), unusquisque membrum est alterius, singulis Ecclesiæ filiis plurimum est gaudendum, quod scilicet fama sanctitatis vestræ ubique pervolans, odorem virtutum vestrarum per totam innotuit Ecclesiam ; qui etiam in partibus nostris respirans, ad gratiarum actiones referendas auctori totius boni nostra non modice excitavit corda. Unde ego, ultima fidelium, participari cupiens meritis vestris, precor quam intime ut assiduitati precum vestrarum interesse merear : quam petitionem si exaudieritis, orationem meam, licet vilissimam, promptissimam vobis tamen promitto. Præterea rogo almitatem vestram, domina amanda, ut aliquid mihi de libris vestris transmittatis, omni devotione semper deserviendum. Insuper quatenus memoria vestra tanto apud nos abundantius vigeat, quanto his bonitas vestra nos lætificat. Valete.

RESPONSUM HILDEGARDIS.
De casu primorum parentum et eorum per Christum suscitatione.

Tu, filia Dei, in noctibus per quatuor elementa ascende, quæ in die omnia opera complent. Nox enim per tenebras tristitiam, et dies per lucem gaudium profert. Scriptum est enim : *Dies diei eructat verbum et nox nocti indicat scientiam* (*Psal.* xviii). Hoc tale est ; Deus dies illa est quæ non obscuratur, et quæ per tempora temporum nunquam mutatur, et sibimetipsi diem scilicet claram, lucem de luce elegit : quia ipse facturam suam, scilicet hominem, cum omnibus quæ sibi adsunt integram fecit. Sed serpens veniens mulierem per eloquium afflavit, et ipsa illud suscepit, ac se ad serpentem reclinavit.

Et sicut a serpente hoc gustaverat, sic viro suo idem dedit, et illud in viro permansit, quia vir omnia opera pleniter perpetrat. Hoc autem Deus fieri non jussit ; sed serpens per blanda et lusoria verba mulierem decepit. Tali enim modo gustus carnis a serpente susceptus est, et ipse ideo lubricus, et levis ac fallax, ut consilium serpentis est. Serpens namque in fallacia sua homini maledictionem abscondit, quoniam si ei perditionem ostendisset, consilio ejus non consensisset. Et ut homo scientiam boni et mali habet, sic et serpens dolum et maledictionem habet. Sed deinde velox cervus et fortis leo in cubiculo suo habuit quomodo hoc divideret. Deus enim virginalem maceriam sibi elegit, in qua Verbo suo humanitatem præparavit, quia Virgo commistionem gustus carnis non cognoscit, et ita Verbum Dei aliene homo factum est. Sic quoque homo Christus de die in diem processit, et ita serpentem decepit, qui hominem blasphemaverat. Dies enim Christus omnia noxialia noctis superavit, quia gustum carnis, quem serpens blande in hominem misit, per emendatam pœnitentiam abluit, ac hominem alienum in hoc modo facit, cum illum membrum suum ad se colligit. Serpens etiam cum fallacia sua, in qua malitiam abscondit, multos sæpe lædit, ac eos dubios esse facit, sic ut Deum nesciant, ita quod et ipsos sine fide et sine spe discerpit. Multi tamen contra hoc pugnant dicentes : Creator meus me non perdet, nisi pro peccatis meis peream. Pugna hæc tortoribus martyrum et dolori vulnerum Christi assimilatur. Prima autem mulier nox supradicta fuit, et ipsa nocti, scilicet viro suo, scientiam indicavit. Tu vero, filia Dei, per martyrium boni operis te decoram fac, ita quod anima tua in Deo clarescat.

EPISTOLA CV.
N. ABBATISSÆ MONTIS S. CYRIACI AD HILDEGARDEM.
Se sibique commissas ipsius commendat precibus.

Hildegardi sanctitatis speculo N. indigna abbatissa ancillarum Christi in Monte S. Cyriaci Erphordiæ commorantium, æternæ claritatis perfrui gaudiis.

Gloriosa dicuntur de te, famula Dei ; proinde te rogo ut mihi, onere peccatorum prægravatæ, precis tuæ porrigas manum, Dilectum tuum imitando, qui manus extendit leproso. Cognovi enim te unctam esse oleo lætitiæ præ consortibus tuis. Unde te flexis genibus precando adjuro ut cum illa cœlestia et æterna comprehenderis, sanctaque sanctorum interius, meis condoleas miseriis, Sponsum tuum et meum pro me exorando, et in gratiam ejus meos excessus reconciliando. Quomodo tu, dilecta Christi, charitatem haberes, si compati infirmitatibus aliorum detrectares ? Sim ergo tuæ sanctitati commendata, et sorores quæ mihi commissæ sunt, et ora ut pes noster stet in via recta, ut gradientes perfecte, diem attingamus lætitiæ. Interpella eum qui nos abscondit in abscondito faciei suæ a conturbatione hominum, ut nos protegere dignetur in tabernaculo suo a contradictione linguarum, detque velle et posse quæ præcipit, qui veritatem in sæculum custodit. Fraternitatis igitur nostræ plenitudinem sanctitati vestræ designa modo, et ut vestræ precis certitudinem habeamus intime exoramus. Sanctitatis vestræ gloria vigeat, floreat, valeat.

RESPONSUM HILDEGARDIS.
Hortatur ne mente sit inquieta, et ne in abstinentia excedat.

O filia Dei, cum charitate Christi circumdata es, sed tamen cum amaritudine tui corporis constricta es bellis, et rebellas contradicendo diabolum. Quod constructionem populi, cum quo es, Deo placidam video, et etiam in meliorem partem strenue ascendentem, et in bona conversatione plus ædificari quam institutus sit. Anima autem tua in Deo exsultet, et in illo devote permaneat. Sed tamen nescis nec cogitare potes vincula ligatorum disrumpere, eorum scilicet qui in semitis irrisionis ambulant. Quomodo? Quidam homo ad magnam turrim aspexit ne se moveret, sed tamen hoc prohibere non potuit, et in inquietis clamoribus clamavit: « Væ, væ, » et sic in irrisionem populi ductus est dicentis: « Quid proderit tibi semper contra eos bellare, qui te nolunt. » Sed in montem excelsum aspice; et ad illum qui diligenti charitate tibi respondeat. Filia mi, filia mi, quid vis? Omnia quæ pro anima tua poscis impleho. Nunc cessa de inquieta mente, et quietem tibi assume. Nam video in vero Lumine quod hoc utile animæ tuæ sit. Sed provide ut terram tuam in solitudine habeas, et eam non confringas, ita ut viridas herbarum et aromatum virtutum per aratrum laboris attrita germinare non possit. Sæpe video quando homo per nimietatem abstinentiæ corpus suum affligit, quod tædium in illo surgit, et tædio vitia se implicant, plus quam si illud juste pasceret. Sed quia benevolens anima charitatis in te constituta est, custodi ut non frequenter videas hoc quod carnem imperat vulnerare. Sed adhibe tuis recte constituta tempora unguentorum salutis, ut in æternum vivas. Video animam tuam valde rutilantem in puro homine.

EPISTOLA CVI.
N. ABBATISSÆ IN LUBBOLDESBERGE AD HILDEGARDEM.
Consolatorias ab ea exposcit litteras.

Hildegardi sponsæ Christi in Monte S. Ruperti, N. humilis gubernatrix sororum in Lubboldesberge, piam in Christo orationem.

Quanto desiderio faciem tuam videre, tuoque colloquio gaudere diu desideravi et desidero, novit scrutator cordis et renum Deus, nunquam tamen, peccatis meis impedientibus, ad desiderii mei effectum potui pervenire. Verumtamen, quoniam sæpe cognovi multos per tuas litteras consolationem accepisse, quibus tamen faciem tuam videre non contingit, propterea et ego peccatrix idem sperans, consilium tuum per præsentem chartulam quærere ausa sum, si forte divina clementia per bonitatem tuam consolari afflictionem meam disposuerit. Multiplex siquidem est cordis mei contrisio, quam per te alleviari totis visceribus meis exopto.

RESPONSUM HILDEGARDIS.
A Deo eam valde diligi.

Dies lucem clarificat, et nox tenebras obnubilat. Si autem nox contra diem pugnare vult, eum exstinguere non potest. Si vero dies noctem superare vult, possibilitatem eam vincere habet. Verum autem lumen tibi adsit, quod in primo die Deus homini providit. Nam Pater Filium diligit, quamvis eum foras exire videat; cum tamen ille tempus tempestivum peccandi non quærat, quasi Deus non sit. Deus animam tuam in vagatione mentis tuæ videt, sed tamen mens tua illicita peccandi deridet quæ animam decerpunt. Unde video te sicut rutilantem fulgorem solis per inspirationem Spiritus sancti; nec omnino exsilium perditionis, sed aspicientem ad solem sicut aquilam per pœnitentiam, quæ dulcissima mater est, et ideo Deus valde amat te. Nunc in æternum vive.

EPISTOLA CVII.
N. ABBATISSÆ AD HILDEGARDEM
Tentationibus impugnata ipsius consilium auxiliumque precum postulat.

Hildegardi venerabili et in Christo dilectæ, N. peccatrix et solo nomine abbatissa sororum.. orationem et omnium operum in laude Dei transactorum seu futurorum communionem.

Scimus, dilectissima, in omnibus vos providam semper exstitisse, et in hoc nondum defecisse: unde rogamus ut litteras nostras benigne recipiatis, et quid in eis contineatur audiatis. Conquerimur enim vestræ sanctitati quod tentationibus malorum spirituum multoties impugnamur, et in partes varias inclinamur, et nisi, Deo adjuvante, confortemur, a procellis eorumdem opprimimur. Eapropter vestram sanctitatem iterum et iterum et etiam tertio imploramus ut pro æterna remuneratione consilio vestræ bonitatis nobis subveniatis. Et quidquid super hac re deliberaveritis, non viva voce, sed litteris per præsentium latorem renuntiate.

RESPONSUM HILDEGARDIS.
Propriam dimittendam esse voluntatem ac carnalia desideria, ut Deo obediatur.

O filia Adæ, in vera visione sic docta sum: Quicunque hoc facit quod voluntates corporis sui relinquit, hic Abrahæ, qui patriam suam reliquit, et viro sapienti qui domum suam supra petram ædificat assimilatur. Homo enim qui in hac terrena vita aliam vitam colit, hujus vita angelica esse probatur, quia tempestas hujus sæculi eum non movet, nec terroribus diabolicæ deceptionis prosternitur. Sed sicut Abraham patriam suam reliquit, et præceptis Dei obedivit, sic iste carnalia desideria sua derelinquit, et præceptis Dei per eleemosynas et orationes ac per alia bona opera obedit. Sed providendum est ut in his bonis homo stabilis sit, ne per diabolum seducatur, qui primum hominem decepit, et qui eum gloria sua despoliavit. In omnibus quoque bonis suis doctrinæ supernorum judicum obedire debet, quorum linguæ claves cœli sunt. Deus victoriam hujus prælii in te perficiat, ita quod ab angelis lauderis, et quod sancti in te gaudeant, et quod etiam in æterna gaudia recipiaris.

EPISTOLA CVIII.

N. ABBATISSÆ APUD WIDERGOLDESDORF AD S. HILDEGARDEM.

Optans dignitati renuntiare, petit ab ea quid sibi sit agendum.

Dominæ suæ HILDEGARDI, piæ matri ancillarum Christi apud B. Rupertum Domino Deo militantium, N. humilis ministra et dicta gubernatrix sororum apud Widergoldesdorf Deo et sanctæ Mariæ servientium, intimam dilectionem et devotum obsequium.

Scio, domina, quia omnes viæ vestræ misericordiæ et veritas, et hoc merito, quia misericordia quæ de cœlo ad terram Filium Dei attraxit, super vos prospexit, et superna Sapientia sedem suam in vobis paravit. Quapropter, dulcissima, obnixe supplico ut dignemini a Deo perquirere vobis utrum sit ipsius voluntas ut istam sarcinam portem aut abjiciam, quia plus adhuc constrictione obedientiæ quam Dei amore perseveravi. Idcirco, si auderem, de loco magisterii libenter discederem, quia mihi valde durum esse videtur ut omnibus moribus aliorum serviam, et ut in voluntate illorum permaneam, et ideo mercedem aliquam me recepturam non spero. Valete. Sapienti animo pauca sufficiant.

RESPONSUM HILDEGARDIS.

Ut constanter sustineat impositum sibi onus et in Deum confidat.

Multum iste valet, et magnum donum Dei est in homine illo, qui talis est in scientia, quod cœlum sustinere potest. Hic est sensus. Nullus hominum fugere debet, qui ad hoc valet, ut per virgam Dei congregationem sanctorum sustineat. Sed donum Dei tibi hoc inspiret, o filia, ut lumen ipsius diligenter feras. Quædam autem natura hominis est, quæ in primo ortu ejus sicut fumus ascendit, et hæc dolorem et amaritudinem portat, ac huic multæ cogitationes, et timor atque dubietas se implicant. Hoc martyrium tu, filia, habes; ac in eo angustiam, et timorem, et dolorem in æquitate vitæ sustines. Sed tamen in hac parte plurimi sancti sicut martyres ad Deum veniunt. Ac ideo et tu confide in Deum, quia non derelinquet te, et Spiritus sanctus dolorem tuum minuet.

EPISTOLA CIX.

H. ABBATISSÆ DE CROUCHDAL AD HILDEGARDEM.

Ut quid in se correctione dignum sit indicet.

HILDEGARDI, summi Patrisfamilias domus providæ dispensatrici, H. de Crouchdal abbatissa humilis et indigna, maternam venerationem cum ea qua in Christo conjunctæ sumus charitate.

Postquam diu desiderata præsentia et affabilitate vestra, Deo opitulante, merui relevari, a pusillanimitate spiritus et tempestate priori aliquantisper quievi; et quia verba vestra non ab humano ingenio, sed a luce vera, quæ plus cæteris hominibus vos illuminavit, non dubito procedere, consilio vestro quod proposui facere distuli adhuc perficere. Scire vos volo, domina et soror charissima, quia sicut prius vos videre multum desideravi, non minus adhuc desidero, et cum corpore non possim, corde vobis semper adhæreo : et quia certum est charitatem in vobis et vos in charitate manere, per eam vos deprecor, ut quid correptioni vel correctioni dignum lux viva per spiritum suum de me vobis manifestaverit, scribere mihi non differatis.

RESPONSUM HILDEGARDIS.

Eam dijudicare alios in quibus dijudicari nollet.

Qui omnia videt, dicit : Oculos habes ad videndum et undique ad circumspiciendum. Ubi vides lutum, illud ablue, et quod aridum est fac viride. Sed et aromata quæ habes fac saporem habere. Quod si oculos non haberes, te excusare posses. Nunc autem oculos habes, et quare per eos non circumspicis? Sed magniloquium habes in rationalitate. Multoties enim alios in his dijudicas, in quibus te dijudicari non cupis; sed tamen aliquando sapienter ea dicis quæ profers. Attende ergo attente quod onus tuum portes, et collige bonum opus in sacculum cordis tui; ne deficias, quoniam in solitaria vita, quam requirit sonus verborum tuorum, non valeres quiescere propter vicissitudinem diversorum morum, quia tunc novissima tua multo pejora fierent quam prima, et etiam tam gravia ut jactura lapidis est. Imitare autem turturem in castimonia, sed electam vineam diligenter procura, ut Deum recta et pura facie inspicias.

EPISTOLA CX.

L. ABBATISSÆ IN BABEMBERCH AD HILDEGARDEM.

Petit ab ea et ejus conventu mutuum fraternitatis consortium.

H. Dominæ et matri amabili, religione ac dignitate venerabili, L. licet indigna abbatissa in Babemberch dicta, una cum omnibus sibi commissis a Deo, quidquid valet humilium devota et frequens oratio.

Beatitudini vestræ in Christo congaudeamus, quantum pro modulo nostro valemus, quod Dominus, qui vos præscivit et sibi præelegit, nostris temporibus spiritu prophetiæ illustravit ac replevit. Nos ergo præcipue in hoc Christus lætificavit, quod non solum ad hoc vos ex femineo sexu prævidit et prædestinavit, verum multos gratia sua per doctrinam illuminavit. Quapropter grates permaximas ipsi pro vobis referimus, et humili supplicatione deposcimus, ut quæ in vobis cœpit clementer perficiat, donec ad æterna perducat. Petimus igitur obnixe ut nos in consortium fraternitatis vestræ dignemini recipere, et nos sancto conventui vestro studeatis commendare, et commonitoriis litteris vestris nos confirmare. Valeat dilectio vestra.

RESPONSUM HILDEGARDIS.

Hortatur ad laborem, et ad filias sub disciplina constringendas.

O mater, homo qui agrum illum qui plenitudinem fructuositatis habet, non fodit, nec fructiferum facit, delinquit, quia pro præmio patrisfamilias non laborat. Quis enim bovem et asinum constituit? Scilicet Deus ad servitutem hominis eos creavit. Cur autem homo propria utilitate sua non laboret, cum ipse totum opus Dei sit, et cum Deus ipsum vacuum non constituit? Deus namque hominem firmamento similem facit, quod solem, et lunam, ac stellas portat, quatenus omni creaturæ luceant, et quatenus tempora temporum ostenderet. Sed si hæc omnia nigra nubes obtegeret, creatura se finiri timeret. Tu, filia Dei, agrum hunc te esse cognosce, quia propter benevolentiam tuam amplexionem cum populo habes, ita quod ipse verba et opera tua capere potest. Ideo cum ipso laborare non fugias, nec propter vacans otium delinquas, quia sæpe inutiles herbæ in otiositate crescunt. Tu quoque ostensionem firmamenti tibi propone, ne lumen rationalitatis tuæ ob nigras nequitias, fallente diabolo, abscondas, quasi vix vivas, ac in his omnibus in disciplina filias tuas constringe; quia quemadmodum puer timet quod virga percutiatur, ita magister ab omnibus timeri debet. Afflictionem autem in his ne timeas, sed cum hac præmia tua in æterna vita auge, ita ut spiramina Spiritus sancti in te fluant.

EPISTOLA CXI.

N. ABBATISSÆ VETERIS-MONASTERII MOGUNTIÆ AD H. L. DEGARDEM.

Ut pro peccatis suis Deum placare studeat.

Dominæ suæ H. Deo dicatæ virgini, N. solo nomine abbatissa sororum in Veteri-monasterio Moguntinæ Ecclesiæ, post diutinam ægritudinem cœlestis vitæ beatitudinem.

Si aliquantulum, domina mea de infirmitate vestra convaluistis, gaudeo; sin autem, ex animo condoleo. En scribo vobis ausu familiaritatis, petens ut meam circa vos devotionem attendatis, et pro peccatis meis faciem Domini placare studeatis. Precor enim vos in vinculo charitatis ut per præsentium litterarum portitorem me commoneatis, quod rescripto vestro, prout Spiritus sanctus vobis donaverit, me lætificetis.

RESPONSUM HILDEGARDIS.

Ut pondus suum devotissime portet, et in Dei servitute perseveret.

Voluntas Dei quasi in signo mortis me straverat, velut anima mea de hoc sæculo suspiraret; sed gratia Dei aliquantulum me in novo dono nunc erexit. Sed mystica Dei dicunt, ut in vera visione video: Qui in nomine meo ulli dolenti succurrit, illi in parte mea, quod præmium laudis est, succurretur. Mens autem tua flagrat quasi ignito oleo aspersa sit, unde interdum dolendo fatigaris, velut nescias quid facere possis. Nunc vive in Deo, et pondus tuum devotissime suffer, quantum præ viribus tuis potes et Deus faciat ut in servitute ipsius perseveres.

EPISTOLA CXII.

E. ABBATISSÆ SUPERIORIS MONASTERII RATISBONENSIS AD HILDEGARDEM.

An creditam sibi curam dimittere possit, et de his quæ jam inquisierat an sibi formidandum sit aliquid.

Reverendæ in Christo multum diligendæ matri H. E. Dei gratia, si quid est, scilicet abbatissa, quamvis indigna in superiori monasterio Ratisbonæ, orationes quas potest cum sinceræ fidei et dilectionis affectu.

Videre faciem vestram, domina dilectissima, multum desiderat anima mea, et ad audienda verba oris vestri multo tempore arrectæ sunt aures meæ. Pro magno etiam desiderio meo aliquando litteris sanctitatem vestram salutavi, sed rescripta nulla recepi. Rogo igitur, atque pedibus vestris eminus provoluta humiliter deprecor, ut per præsentem nuntium saltem de duabus inquisitionibus mihi respondere dignemini, si videlicet de re pro qua jam maxime affligitur cor meum, aliquod periculum timendum, vel de Dei misericordia præsumendum sit. Scire cupio consilium vestrum de cura mihi credita, quomodo vel quando expediri possim de illa. Iterum atque iterum charitatem vestram suppliciter implorans efflagito, si qua sint in vobis viscera misericordiæ, ut maximam angustiam cordi meo imminentem scriptis vestris relevare vos non pigeat.

RESPONSUM HILDEGARDIS.

Non inquirenda quæ Deus nesciri vult, nec dimittendam ipsi impositam curam.

O filiæ Adæ, Deus rationalitas illa est quæ nec initium nec finem habet, et per quam homo rationalis est; et eadem rationalitas in ipso animata vita est, quæ nunquam deficiet. Nunc autem vide et attende Scripturas quæ de radice Spiritus sancti radicatæ sunt, et quæ etiam de rationalitate quæ Deus est scriptæ sunt. Scriptura enim speculum est in quo per fidem Deum aspicimus, quia adversarius noster vigilat et non dormit. Ideo cum illa adversus eum pugnare debemus, et Deum tentare non debemus, sed devote adorare. Diabolus enim [hominem] mutabilem et diversorum morum esse scit et videt, et ob hoc in quietis moribus pacis eum quiescere non permittit. Sæpe etenim homo quasi in impetu a Deo scire vult quod scire non licet, et per hoc servitutem Dei dimittit: unde diabolus multum gaudet, et in utraque parte eum deficere videt. Talis vero sciscitatio stulta est, sicut illa quæ a falso propheta quæritur. In omnibus his Deus non tentari, sed adorari debet. Diabolus namque ex sævissima nequitia sua jacula in cor hominis sæpe mittit, quibus homo Deum confundat. Beatus autem homo ea nec facere vult, nec eis consentit, sed sicut cum passione mortis in eis vivit. Homo autem cum originali peccato naturaliter peccat: cum deinde possidet, et cum illud propter honorem Dei dimittit, diabolo per fidem resistit. Deus vero hominem nunquam perdet, qui majorem partem peccatorum suorum ipsi offert, sed aliam partem minorem peccatorum illi remittit. Nunc autem, dulcissima filia, curam tibi creditam in tali veritate provide, ne propter tædium aut laborem eam dimittas. Et vide quod recte attendas utrum bona an mala Ecclesiæ loci illius cogitatio tua sit, quia tibi magnum peccatum aderit, si istud recte non attenderis. Nam arbor quæ floribus plena est, pulchra ad videndum est; sed cum fructus ejus ad vescendum maturescit, multo utilior est. Desiderium bene operandi mentem hominis velut flores lætificat; sed studium operis, scilicet cum fructus crescere incipit, multo melius est. Cum autem homo bona opera perpetraverit, fructus maturi apparent, et bona opera ipsius in æternis pascuis cibum vitæ sibi præstant, cum de hac vita migravit. Unde, bona filia Dei, bona desideria tua in bonis operibus perfice, ut cum anima tua de corpore tuo exierit, pulcherrimum præmium a Deo tibi emicet. Hæc gratia Dei te doceat.

EPISTOLA CXIII.
N. ABBATISSÆ NUSSIMENSIS MONASTERII AD HILDEGARDEM.

Orationum ejus suffragia exposcit super fluctuanti statu sui monasterii.

H. dominæ et matri suæ amantissimæ, N. abbatissa, licet immerita, sororum in Nussim, tantillum orationis et servitium cum intima devotione.

Quia de statu nostro, qualiter in id quod ante fuit, ab eo quod, heu! frustra esse voluit immutatus sit, beatitudinem vestram accepisse fama currente non ambigimus; suffragium orationis vestræ eo nobis propensius et instantius propter Deum impertiri deposcimus, quo nunc fluctuanti animo labore oneris quod circa nos factum est, variis hinc inde motibus impellimur et angustiamur. Scimus enim quia terribilis est Deus in consiliis suis super filios hominum; ideoque districtionis ejus occulta quidem, sed nunquam injusta judicia formidantes, causam animæ nostræ et vobis, cui præ cunctis mortalibus amplius confidimus, et reverendis sororibus vestris totaliter committimus, atque rescripta vestra toto corde desideramus. Valete.

RESPONSUM HILDEGARDIS.
Hortatur ad pœnitentiam et bona opera facienda.

O famula Dei, in circulo solis cum intentione cordis tui curre, et pro peccatis tuis ad Deum suspirando anhela, et bona opera operare priusquam dies tui inclinentur, ubi postea operari non potes. Villicum etiam illum attende, qui apud dominum suum diffamatus est, et qui debita debitorum domini sui scribendo minuit. Sic tu quoque facito. Nam ubi officium tuum non bene servasti, filias tuas per adjutorium consilii tui adjuva, et in motu misericordiæ super illas esto, sicut congrua pluvia super gramen ascendit, et multum fructum provocat; et prudentior per pœnitentiam et per misericordiam filiis lucis, scilicet perditis angelis, eris, quoniam ipsi hoc facere noluerunt. Cum opera namque ista feceris, in æterna tabernacula post mortem tuam ipsa te suscipient. Nam si aratrum recte in terram verteres, et congruam pluviam haberes, germinans terra esses. Ros enim unde germinare debuisti in te defecit, et cum rota quam salutem tuam esse dicis, et quæ tamen cinerosa est, circuis. Nam aratrum tuum cum scientia sanctæ Scripturæ in cor tuum verte, et per suspiria bonæ intentionis pluviam habe, et felici consuetudine per bona opera rorem benedictionis retine. Hæc autem ante diem mortis tuæ facito, ut in æternum vivas.

EPISTOLA CXIV.
N. ABBATISSÆ COLONIENSIS AD HILDEGARDEM.

Eam cupiens habere in matrem, petit consolatorias litteras.

Dominæ ac matri suæ H. commoranti in terra Jerusalem, N. solo nomine abbatissa in loco sanctarum virginum Coloniensis Ecclesiæ, devotissimam orationem et debitam servitutem.

Quantum congratuler beatitudini vestræ, verbis non possum exprimere. Licet enim a vobis corporali disjungar aspectu, tamen vobis intimo charitatis astringor affectu. Desidero enim vos videre, et dolorem quem in corde meo absque omni humano solatio fero vobis explicare. Vos autem quæ estis omni charitate plena in loco matris meæ cupio vos habere; post Deum etiam spem meam in vos posui, et amodo a vobis cupio consolari et lætificari. Quapropter moveant vos lacrymæ, moveant gemitus dilectæ filiæ, et mementote mei, et rogate Deum, qui pro nobis pauper factus est, ut dignetur me liberare a perpetua paupertate, vel in ultimo loco æternæ beatitudinis collocare. Valete et omnem congregationem vestram mei parte salutate.

RESPONSUM HILDEGARDIS.
Ut onus suum firmiter portet, et oves suas coerceat.

Onus tuum in recto itinere firmiter porta, et oves tuas quantum potes coerce, et hoc melius tibi est quam diversa vagatio mentis, quia Deus in omnibus locis æqualem potestatem secundum opera hominum habet. Prohibe a te, cum adjutorio Dei, ne mens tua in vagatione sit, similis diei quæ præcedit aliquantulum in puro sole et aliquantulum in turbine. Mens enim tua aliquando est velut in tanta amaritudine, quod eam sustinere non potes; aliquando etiam in lassitudine et in cæteris. Nunc autem in purissimo sole et in recto calore surge, quia Deus te vult, quamvis quocunque modo vacilles, quoniam constituit te quasi oculum aliis, et ideo ab illo non recede.

EPISTOLA CXV.
N. ABBATISSÆ DE DIDENKIRKIM AD HILDEGARDEM.

Petit ab ea commonitoria verba quæ animam suam ædificent.

H. de S. Ruperto magistræ, divinique luminis gratia illuminatæ, N. de Didenkirkim juxta Bonnam abbatissa, licet indigna, tantilla tantæ, et indigna dignæ, orationis instantiam, et debitæ servitutis perseverantiam.

De vestra pietate et humilitate tanta confidens, ad vos misi per præsentium latorem has litteras, eo tenore conscriptas, quatenus si liceat, atque oculos vestræ pietatis non offendat, aliqua mihi commonitoria verba, quæ animam meam ædificent, et quæ mihi fiduciam ad Deum præbeant, mater amantissima, brevi scripto remittatis. Me etenim ex his corroborari, dum præsens aderatis, opportuno tempore proposuistis. Præterea si amplius non audeo rogare, utar tamen precibus Chananeæ, quæ respondebat Domino in Evangelio, dicens : *Quod etiam catelli edant de micis quæ cadunt de mensa dominorum suorum* (*Matth.* xv). Eadem fidei devotione vos secundario rogo, ut de mensa vestra, id est de visione illa qua multa mirabilia frequenter videtis, mihi valde desideranti de supradictis summatim apponatis. Mementote quod pergamenum ea de causa nuper transmisi. Verumtamen, quantum in nobis est, supplicando Deum rogamus ut bonum quod cœpit in vobis gratuita pietate et bonitate perseverante fine compleat.

RESPONSUM HILDEGARDIS.
Hortatur ut cordis sui terram colat, ut suis sit utilis.

Inquietam mentem propter lutulenta loca, et propter sollicitudinem multarum aquarum, quæ fluendo deficiunt, habes. Lutulenta enim loca illis sunt qui vicissitudinem pessimorum morum habent, et aquæ quæ deficiunt, illis scilicet qui duri et lapidei sunt, nec rivulis doctrinæ sanctæ Scripturæ molliuntur. Sed tu intra te dicis : Quæ vel quid ego sum? et quomodo talia perferre possem? Nunc autem sapientis viri fabulam audi. Quidam cavernatum locum fodere voluit; sed cum ligno et ferro foderet, ignis de quodam lapide in quem foderat evolavit, ita quod idem locus perfodi non potuit; sed tamen ille ejusdem loci latitudinem notavit, et cum magno labore aliquas cavernas in eo perforavit; et homo iste intra se dixit : Ego valde laboravi; sed qui post me veniet, levius me laborabit, quia sibi hæc omnia præparata inveniet. Hic nempe homo coram domino suo laudabitur, quia opus suum longitudine et latitudine multo utilior est quam opus in molli terra quæ aratro subvertitur. Ideo quoque dominus suus eum pro fortissimo milite computat, qui exercitum suum bene sustentare potest, et aliis agricolis, qui fructum in temporibus suis dant, eum proponit. Quicunque enim prius laboravit, laborem illius qui cum subsequitur supereminet. Faber enim mundi primo creare cœpit, et postea ministris suis secundum ipsum operari dedit. O filia Dei, terram tuam in temetipsa coerce, ne ipsa sine fructuosa utilitate filiarum arescat. Cor etiam tuum in unum collige, nec illud in immoderationem inquietorum morum ligas, ne filias tuas a te fuges. Tu quoque similis esto bonæ terræ quæ frequenter congrua pluvia irrigatur, quatenus bonas et delectabiles herbas proferat. Quomodo? Cum enim homo carnem suam moderate pascit, lætos et mansuetos mores habet; sed cum in nimietate ciborum et conviviorum vivit, unumquodque nocivum vitium in se pullulare facit. Qui autem per immoderatam abstinentiam corpus macerat, semper iratus vadit. In omnibus his bona terra esto, quatenus filias tuas, cum fleverint, consoleris, et cum in iram surrexerint, eas recte corripias; et cum rabidæ fuerint, per te regulari disciplinæ subjaceant. Quæ autem se in oblivione a te verterint, has cum historialibus verbis et cum verbis Evangelii inter te et alios duos revoca; et si tunc tibi non obedierint, tu summo Magistro obediens esto, et memor esto Jacob, qui duos filios Joseph cum benedictionibus suis commutavit. Nunc ergo initium boni studii tui considera, ut cum fiduciali fine fruaris, et ut æterna præmia a summo Magistro recipias.

EPISTOLA CXVI.
T. ABBATISSÆ ANTURNACENSIS AD HILDEGARDEM.
Certa fieri cupit de quibusdam monasterii ejus consuetudinibus, præsertim an solas nobiles virgines admittat.

HILDEGARDI magistræ sponsarum Christi, T. dicta magistra sororum Anturnacensium, summis spiritibus quandoque conjungi in cœlestibus.

De sanctitatis vestræ opinione celebris fama late pervolans quædam mira et stupenda auribus nostris insonuit, summæque religionis ac singularis propositi vestri excellentiam exiguitati nostræ maxime commendavit. Multorum namque testimonio didicimus de secretis cœlestibus plurima mortalibus intellectu difficilia et rara, vobis divinitus ascribendum revelari, et quæque vobis agenda, non deliberatione humana, sed Deo edocente ordinari. Aliud etiam quoddam de consuetudine vestra ad nos pervenit, virgines videlicet vestras festis diebus pro ornamento candidis quibusdam uti velaminibus, coronas etiam decenter contextas capitibus earum desuper impositas, et his utraque parte et retro angelicas imagines insertas; in fronte autem Agni figuram decenter impressam : insuper et digitos earumdem quibusdam decorari annulis : quæ omnia, ut credimus, ad amorem superni Sponsi ducitis, cum justum sit ut sint mulieres cum verecundia se componentes, non in tortis crinibus, neque auro, neque margaritis, aut veste pretiosa.

Præterea, et quod his omnibus non minus mirandum nobis videtur, in consortium vestrum genere tantum spectabiles et ingenuas introducere, quod nos plurimum etiam admiramur. Scimus tamen vos hoc rationabili causa facere, cum non ignoratis ipsum Dominum in primitiva Ecclesia piscatores, modicos et pauperes elegisse, ac B. Petrum conversis postea ad fidem gentibus dixisse : *In veritate comperi quod non est personarum acceptor Deus* (*Act.* x). Verborum insuper Apostoli non immemores ad Corinthios dicentis : *Non multi potentes, non multi nobiles, sed ignobilia et contemptibilia hujus mundi elegit Deus (I Cor.* 1). Omnia quippe præcedentium Patrum instituta, quibus cunctos, maxime spirituales, informari condecet, pro posse nostro persectantes, vestra etiam justa et sancta omnino esse scimus. Tanta namque, o sponsa Christi venerabilis, consuetudinis vestræ novitas exiguitatis nostræ modulum longe incomparabiliter excellit, atque non modicam admirationem nobis incutit. Igitur nos tantillulæ profectibus vestris intime congaudentes, de hac re tamen aliquid a vobis certius experiri cupientes, litteras nostras sanctitati vestræ placuit dirigere, humiliter ac devotissime obsecrantes, quatenus ejus auctoritate talis religio adaugeatur, dignitas vestra in proximo non dedignetur nobis rescribere. Valete et in orationibus vestris memores nostri estote.

RESPONSUM HILDEGARDIS.

Mulieres non debere quærere ornatum, virgines decere vestes candidas; discernendas esse nobiles ab ignobilibus, ne se odio habeant.

Fons vivus dicit : Mulier intra cubiculum lateat, ita quod magnam verecundiam habeat, quia magna pericula horribilis lasciviæ species in primam mulierem sufflavit. Quomodo ? Forma mulieris fulminavit et radiavit in prima radice, in qua formatum est hoc in quo omnis creatura latet. Quomodo ? In duabus partibus scilicet, in altera parte ex parte facturæ digiti Dei, et in altera supernæ pulchritudinis. O quam mira res es, quæ in sole fundamentum posuisti, et terram superasti ! Sed Paulus apostolus, qui in summa volavit, et in terra tacuit, ita quod non revelavit quod absconsum fuit, hæc attendit : Mulier quæ subjacet virili potestati mariti sui, illi conjuncta in prima costa, magnam verecundiam habere debet, sic quod non debet dare aut revelare præconium proprii vasculi viri sui ad alienum locum qui ad illam non pertinet. Et hoc faciat in verbo illo quod Dominator terræ dicit : *Quod Deus conjunxit, homo non separet (Matth.* XIX), in irrisione diaboli. Audi : terra sudat viriditatem graminis, usque dum eam hiems superat; et hiems aufert pulchritudinem floris illius, et illa tegit viriditatem sui floris, deinde non valens se revelare, quasi nunquam aruerit, quia hiems illam abstulit. Ideo non debet mulier se in crinibus suis sublevare, nec ornare, nec exigere in ulla sublimitate coronæ, et auri ullius rei, nisi in voluntate viri sui, secundum quod illi in recta mensura placuerit.

Hæc non pertinent ad virginem; sed ipsa stat in simplicitate et integritate pulchra paradisi, qui nunquam aridus apparebit, sed semper permanet in plena viriditate floris virgæ. Virgo non habet tegmen crinium viriditatis suæ in præcepto, sed in propria voluntate sua per summam humilitatem se tegit, quoniam homo pulchritudinem animæ abscondet, ne accipiter eam per superbiam rapiat. Virgines conjunctæ sunt in Spiritu sancto sanctimoniæ et auroræ virginitatis : unde decet illas pervenire ad summum sacerdotem, sicut holocaustum a Deo dedicatum. Quapropter decet per licentiam et per revelationem in mystico spiramine digiti Dei, quod virgo candidam vestem induat, in clara significatione desponsationis Christi, videns quod intextæ integritati mens ejus solidetur. Considerans etiam quis ille sit cui conjuncta est, sicut scriptum est : *Habent nomen ejus, et nomen Patris ejus scriptum in frontibus ejus (Apoc.* XIV). Et iterum , *sequuntur Agnum quocunque ierit (ibid.).* Deus etiam habet scrutinium, scrutationes in omni persona, ita quod minor ordo super superiorem non ascendat, sicut Satanas et primus homo fecerunt, qui altius volare voluerunt quam positi essent. Et quis homo congreget omnem gregem suum in unum stabulum, scilicet boves, asinos, oves, hœdos, ita quod non dissipet se? Ideo et discretio sit in hoc, ne diversus populus in unum gregem congregatus, in superbia elationis et in ignominia diversitatis dissipetur, et præcipue ne honestas morum ibi dirumpatur, cum se invicem odio dilaniant, quando altior ordo super inferiorem cadit, et quando inferior super altiorem ascendit, quia Deus discernit populum in terra sicut et in cœlo, videlicet angelos, archangelos, thronos, dominationes, cherubim et seraphim discernens. Et hi omnes a Deo amantur, sed tamen æqualia nomina non habent. Superbia amat principes et nobiles in persona elationis; et iterum illos odit, cum ipsam interimunt. Et scriptum est : *Deus potentes non abjicit, cum et ipse sit potens (Job* XXXVI). Ipse autem personas non amat, sed opera quæ gustum habent in illo, sicut Filius Dei dicit : *Meus cibus est, ut faciam voluntatem Patris mei (Joan.* IV). Ubi humilitas est, ibi semper Christus epulatur. et ideo necesse est ut illi homines discernantur qui plus vanum honorem quam humilitatem appetunt, cum hæc videret quæ illis superiora sunt. Morbida etiam ovis abjiciatur, ne totus grex contaminetur. Deus bonum intellectum hominibus infundit, ne nomen ipsorum deleatur. Bonum enim est ne homo montem apprehendat, quem movere non poterit, sed in valle subsistat, paulatim discens quod capere potest. Hæc dicta sunt a vivente lumine, et non ab homine. Qui audit, videat et credat unde sint.

EPISTOLA CXVII.

A. ABBATISSÆ DE CROUCHDAL AD HILDEGARDEM.

Ut Deum exoret, quatenus pro excessibus in officio suo commissis satisfacere possit.

Amantissimæ dominæ H. divinarum ac verissimarum visionum sacratissimo munere divinitus illustratæ, A. de Crouchdal, solo nomine abbatissa, super effluentissimum perfectæ charitatis donum.

Eloquia vestra, mi domina, ab illa sanctissima anima vestra, ab illa celsitudine contemplationis vestræ, tanquam de vertice æternorum collium defluentia in profundissimam cæterarum convallem animarum, quasi imber super herbam, et quasi stillæ super gramina rigant eas, infundunt eas; et germinare eas faciunt germen sine spina, germinare eas faciunt supernorum desideriorum viva germina, usque ad thronum gloriæ summi Dei miro odore prosilientia. Opto igitur ego, ancilla vestra, litteras vestræ sanctitatis intueri, et alloquio dulcissimæ consolationis vestræ tanquam levis auræ flatu refoveri. Nam, mi mater et domina, omnis spes, et securitas, et refugium, ac tutela mea, in vestra post Deum maternitate dependet; ideoque ad vos sola recurro, et me consilio et auxilio vestro post Christum committo. Posco igitur iterum suppliciter, deprecor misericorditer, quatenus pro me Deum exoretis, et quid mihi agendum sit pro pluribus excessibus meis, quibus et in onere nominis [f. muneris] mihi impositi, seu in aliis transgressionibus delinquo, ut supra deprecata sum, benigne insinuetis. Timeo enim et valde pertimesco me offensam Dei incurrere. Valete.

RESPONSUM HILDEGARDIS.
Commendat illi charitatem, obedientiam et propriæ voluntatis abnegationem.

In vera visione hæc verba, quæ propter admonitionem magnæ necessitatis ardenti desiderio a me quærebas audivi : Valde gloriosa laus ubi fidele magisterium has acies habet, videlicet illam quæ cum clypeis et loricis atque aliis armis custos turris posita est, ut contra illos pugnet qui turrim ipsius destruere volunt, et etiam illam quæ civitatem suam probis militibus ita munit, ne muri ejus ab inimicis comprehendantur, et ne hostium ejus perfidis speculatoribus aperiatur, ipsique non interficiantur. Isti homines in beatitudine sunt. Qui autem sic non faciunt, squalidiores rusticis sunt, qui per seipsos et per pecora sua villas suas sapienter procurant, ne in pascuis suis deficiant. De his dicendum non est : *Quæ est ista quæ ascendit per desertum sicut virgula fumi ex aromatibus myrrhæ et thuris, et universi pulveris pigmentarii?* (Cant. III) nec illud : *Quam pulchri sunt gressus tui in calceamentis, filia principis* (Cant. VII). Hoc est, qui in exsilio hujus sæculi, quod per desertum intelligitur, voluntati suæ contradicit, et in omnibus operibus suis suspirando ad Deum ascendit, sicut scriptum est : *Ascendit fumus aromatum in conspectu Domini*, mortificationem carnis sibi elegit, unde et de fumo aromatum, et de mortificatione carnis omnes virtutes in eo crescunt, quibus nunquam saturatur. Illi qui hoc facit de supernis angelorum et sanctorum dicitur : *Quam pulchri sunt gressus tui*, id est studium, in quo in ista mortificatione ambulas, filia principis. Sed ab ore prophetæ iste abjiciendus est, qui nec frigidus, nec calidus est, quia nec in terrenis, nec in cœlestibus qui quam laborat. Sed eum locustis assimilo, quæ nec cum volatilibus recte volant, nec cum animalibus in terra recte ambulant, sed quæ similes turbini, qui cito deficit sine utilitate vaduut.

O filia sacri nominis, aures tuas aperi, atque diligenti corde proposita signa hujus parabolici sermonis audi, videlicet, quam magna gloria in summa laude de turribus hujus civitatis ita constitutæ sit; turris civitatis istius charitas cum concordia est. Et quare turris nominatur? Quia de altissimo Deo ipsa fons saliens omnem terram circuiens fluxit, quoniam ipse Deus omnes creaturas in plena charitate ita disposuit, quod nulla necessitas in eis sit. Unde disce quod sancti homines, in quibus charitas habitat, in nulla necessitate deficiunt, quia corda eorum mansuetudine et pace velut fluenti odore balsami circumdantur, quapropter et antiquus serpens eos discerpere non potest, quoniam ut fetens odor ab odore balsami segregatus est, ita diabolus charitatem fugit, et in cavernam ab ea se abscondit. Ubicunque autem sancti homines, in quibus charitas non habitat, in nomine Domini congregati sunt, civitati quæ sine turri est, et pulchris domibus quæ sine celsitudine sunt, assimilantur. Unde in hac confusione pecunia justitiæ atque regulæ, quia firma habitacula non habent, dispoliantur, ideoque etiam sæpe destruuntur. Quoniam ut turris civitatem ornat ac sustinet, ita charitas omnes virtutes. Milites charitatis qui in turri positi sunt, obedientia, fides et spes sunt. Obedientia clypeo circumdatur, quia semper subdita est; fides lorica induitur, quia omnia bona quæ in Deo sunt, quæ oculus nunquam vidit probat; spes autem cœlum cum omnibus ornamentis suis per fidem complectitur. Fides vero per obedientiam Deum semper aspicit, ita faciens ut ei præcepit. Deus enim charitas est, quia omne opus suum pium est; sed per humilitatem de cœlo descendit, ut captivos suos liberaret, qui charitatem reliquerunt, quando ipsum non cognoverunt. Hoc per humanitatem suam fecit, et idem exemplum nobis reliquit. Quomodo? Quando propriam voluntatem nostram in officiis hujus sæculi relinquimus, post vestigia ejus ambulamus. Quando autem in nomine ejus in unum gregem congregamur, quemadmodum ad aquilam alia volatilia congregantur, Abraham imitamur, qui populum suum et regionem patriæ suæ reliquit, atque in aliena re circumcisionem secundum præceptum Dei perfecit. Sed quando per hominem qui nobis similis est, præceptis Dei obedimus, in benedictionibus sicut stellæ cœli multiplicamur, velut etiam Deus Abrahæ per angelum suum repromisit, et alienam rem secundum incarnationem suam requirimus, pro nihilo nos reputantes, ac in spiritali vita laborantes. Cum hoc facimus, turrim nostram probis militibus per humilitatem undique munimus : probique milites sumus, cum voluptatem hujus sæculi superamus, et cum furorem iræ vincimus, utique paupertatem nostram propter amorem Christi toleramus, et cum inimicabilia homicidia odii ac invidiæ a nobis abjicimus; atque cum alios peccatores similes nobis non spernimus, nec injusta judicia super eos judicamus, et cum super justos atque innocentes falsum testimonium non quærimus. Hi probi milites sunt qui civitatem nostram undique custodiunt, ita et murus sanctæ regulæ et conversationis nostræ ab inimicis, videlicet odiosis ac invidiosis moribus, non perfodiatur, et ne ostium pacis per contradictionem repudictur; quoniam si hoc fit, clausula ostii nostri reseratur, inimicique nostri in civitatem nostram secure ambulant. Et ne simus cum illis, qui semper erranti corde sunt dicentes : Hoc quod hominis rationalitas nobis ponit et eligit, nolumus, quia quæ nos ponimus et eligimus, utiliora et justiora illo sunt. Isti insidiatores sunt, qui civitatem nostram per insidias suas destruunt, quia quæ de antiquis et sanctis magisterialibus medicis nostris in jejunando, in vigilando et in orando, sive in aliis virtutibus constituta sunt, repudiant, et voluntatem suam pro Deo, qui ipsos creavit, eligunt. O filia sanctimoniæ, nunc audi : Turris tua sine probis militibus vacua est, et custodes civitatis tuæ obdormierunt, atque ita in inaquositatem, et maxime propter proprietatem voluntatis suæ ducti sunt. Ideoque turris et civitas tua tam aridæ sunt, quod vix consistunt. De somno itaque tuo surge, quia funes navis tuæ, qui consuetudo sanctæ conversationis sunt, nondum rupti sunt; sed in magna stultitia morum te occupantes, rumores qui tibi conveniant quæris. Hoc tibi non expedit; sed sicut in desertis habitaculis magni et parvi atque cæci mures sunt, qui vestimenta hominum corrodunt, ita per hæc omnis consuetudo sancta discinditur. Majores mures inquietæ mentes impietatis sunt; parvi vero stultitiam, quæ a via veritatis nocturnalis est, significant : cæci autem vanitatem hujus sæculi, quæ a luce justitiæ cæca est, ostendunt. Unde in Evangelio scriptum est : *Omne regnum in seipso divisum desolabitur* (*Luc.* xi). Nunc aspice in quam magno ardore Spiritus sancti plantata sis. Quapropter et ministerio suo in te carere non vult, et primam regulam B. Benedicti aliorumque magistrorum diligenti corde attende, ut non pereas, sed ut in æternum vivas. Vos autem, o cuncti magistri, providete ne stultis agricolis illis similes sitis, qui cum aratrum per seipsum recte ambulans vident, gaudium habent; cum autem curve incidit, tædium habent id recte vertere; et etiam cavete ne Paterfamilias vobis dicat : Inutiles mihi estis, quia villicationem vestram non recte perficitis; sed sollicite considerate, quæ necessitas et quæ adversitas subditorum vestrorum sit, et cum omni sollicitudine eos protegite.

EPISTOLA CXVIII.

G. SANCTIMONIALIS AD HILDEGARDEM.

Quam grave ipsius ferat absentiam.

HILDEGARDI matri suæ sibi in Christo dilectissimæ, G. illa sua et vere tota sua, *quod oculus non vidit, nec auris audivit, nec in cor hominis ascendit* (*II Cor.* II).

Quid scribam vel quid dicam tam unicæ, tanquam in Christo dilectissimæ matri, penitus ignoro, quia ipsa vis amoris omnem nihi sustulit scientiam locutionis; imo etiam vinum mœroris, quo divina absentia tua me inebriari fecit, tantum me afflixit, ut non solum dictandi, verum etiam vivendi mihi fastidium generarit. Melius enim mihi fore crederem nunquam te vidisse, nunquam te erga me tam benignam tamque maternam viscera gerentem sensisse, quam per tanta locorum spatia late separata sine mora lugeo te quasi perditam. Spero autem Deo meo, et ideo meo, quia nihil habeo charius, eo quod nunquam cænulentam corporis hujus deponere me sinat formulam, priusquam dulci tua visione ac mellifua collocutione me fecerit lætificatam. Quod si, peccatis meis exigentibus, non evenerit, tamen in hoc, ut pietati ejus confido, spem meam non frustrabit quin me ibi te concedat videre, ubi nunquam ab ipsius separemur visione. Quid plura? Rogo autem te, mater allectissima, ut cum in cujus amplexibus jugiter commoraris, et sub cujus umbra, ut hinnulus a fervore tentationum et vitiorum requiescis, pro me deprecari digneris, quatenus mihi adhuc erranti et eum perquirenti, sed heu! minime invenienti, se inveniendum manifestet, et sub umbra illius quem desidero, me quandoque sedere faciat. Vale.

RESPONSUM HILDEGARDIS.

Gratulatur illi quod viam angustam sit amplexa.

O filia Dei, in pura scientia fidei hæc verba ad te dicta audi : *Vox turturis audita est in terra nostra* (*Cant.* II). Hoc est de Filio Dei, qui contra carnis jura ex integra terra Mariæ Virginis natus est. Flores omnium virtutum et ornamenta omnium pigmentorum processerunt, quæ in se odorem suavitatis virtutum habuerunt. Hortus enim harum virtutum in peregrino filio surrexit, qui ad patrem suum, scilicet omnipotentem Patrem, in se reversus, peccata sua confitendo cucurrit, quem ipse osculo humanitatis Filii sui suscepit. Et tunc vox turturis auditur, cum propter amorem Dei mundum cum voluntate nostra relinquimus, ut etiam turtur præ reliquis volatilibus solus manet cum socium suum amittit. Sic tu etiam, charissima filia, fecisti quando pompam hujus mundi reliquisti. O quam pulchra calceamenta tua, filia regis, fuerunt, cum propter amorem Dei arctam et angustam viam spiritalis vitæ intrasti! Unde, o filia Sion, gaude, quia in medio cordis tui Spiritus sanctus habitat. Considera enim quod consolator tuus sicut lilium inter spinas te constituit, cum pompam et divitias sæculi hujus, quas Filius Dei spinas nominavit, habens, spiritalem vitam elegisti. Tu etiam, sicut rosa in Jericho, in passionibus conversionis tuæ rutilabas. Nunc autem de te gaudeo, quia in te completa sunt quæ de te audivi et desideravi; et tu mecum gaude. Ego vero in vera optione opto ut murus pretiosis lapidibus et margaritis ornatus fias in conspectu Dei, et in laudibus omnis cœlestis exercitus fias. Gaude igitur et lætare in Deo tuo, quoniam in æternum vives.

EPISTOLA CXIX.

B. SACERDOTIS AD HILDEGARDEM.

Ægre fert quod propositum deserendi sæculi differatur, ipsius preces exposcit, et librum ejus ad transcribendum.

HILDEGARDI magistræ sponsarum Christi dignissimæ, B. Dei gratia, licet indignus Dei sacerdos et peccator, intimæ dilectionis et omnis obsequii devotam certitudinem.

Tædet me vitæ meæ, quia repletus sum amaritudine, et quia propositum cujus conscia es, virgo sanctissima, exspectando quosdam fideles amicos meos, adhuc differo. Via mea, ut propheticis star verbis, undique sepla est spinis et maceria. Verumtamen flagella quæ per omnia erudiunt Israel penitus non renuo; sed quia cum tentatione proventum non faciunt, ne succumbam, et ad finem propositi non perveniam valde pertimesco : non quod ex consolatione tua, quam frequenter aspicio, plurimum confidens, cor meum et inter peccata et ærumnas lætificatur. Quapropter, virgo Deo devota, nos omnes post Deum ad te suspirantes summopere petimus, quærimus, pulsamus, quatenus a solitis precibus nullatenus desistas, donec locum certum habitationis nobis, aut si id tibi tentatio in Deum videatur, saltem nunc discretum religionis ordinem misericors Deus tibi pro nobis insinuare dignetur. Ista Deum per te ordinasse non dubium esse nos credimus; tu re experta es. Nihil enim in terris fit sine causa. Et idcirco sicut animam meam occultorum Dei judicio ab angustiis ex parte liberabas, ita nos omnes per dispositum in te a Deo modum liberare a dubietatis errore debita peccatrix non diffugias. De cætero litteras tuas et de his et aliis desidero. Præterea librum tuum transcribere multum cupio.

RESPONSUM HILDEGARDIS.

Animat eum ad propositum suum prosequendum.

Hæc dicit Spiritus : Laude dignissimum est et mirabile quod peregrinus ad patriam festinat. O quam magnus luctus et mæror tunc oritur inter cives et notos illius qui cum ipso epulabantur et ludebant! et o quam valde erubescunt lascivi, quod sodalis ipsorum relinquit vasculum quod cum ipsis portabat! Respice quod in oculo viventis in magno studio prævisus es, sicut mitissimus pater ovem suam requirit. Socii qui in latitudine otiosi sedent, mutuam pacem habent; fortissimus autem miles in magnis turbinibus est. Sta in via rectitudinis, et præpara animam tuam ad pugnandum cum illis qui semper militant in legatione regis. Vide quia si aliquod volatile crabronum a sociis suis recederet, et in altum respiciens ad solem volare inciperet, omnis turba muscarum irrueret in illud, volens ipsum opprimere; sed sol tegeret illud lumine suo, ne ipsum ultra viderent, et sic aufugeret. Tunc omnis turba illa scandalizaretur, et sic illud probus miles efficeretur. Deus manum suam tibi porrigat, ut vivas in æternum, ubi sol non obscuratur.

EPISTOLA CXX.

V. AD HILDEGARDEM.

Excusat se quod eam nec corpore, nec scriptis visitaverit.

Dominæ H. religione, sapientia, disciplina, moribus, postremo omni utriusque hominis virtute plenissimæ, ille suus per omnia V. in sexta cum Martha laborare, in septima reintegrari, in octava cum Maria jocundari.

Quomodo me, domina dilectissima, ab aspectu et colloquio vestræ dulcedinis, mihi omni mellis sapore gratioris, tandiu subtraxisse potuerim, vel interim litterulis saltem visitasse vos distulerim, memetipsum satis admirari nequeo, totumque id parvitatis meæ desidiæ deputo. Vestram etiam pietatem hujusmodi mea inconcinnitate, quod absit! offendisse valde timeo, et merito, quippe quem antea nec voce, nec habitu, nec facie, necdum etiam fama agnitum, ut primum veni, quod factu perdifficile est, gratia vestri benignissime recepistis, et statim vestri colloquii participatione, quod magnum duco, recreare dignata estis. Verum quia pœnitet, ignoscetis. Animus enim meus nunquam non promptus fuit, facultas vero defuit. Promitto igitur, si quid promittere possum, me, si Deus facultatem dederit, quantocius emendaturum. Interim aut orationibus vestris pro Deo mei miserrimi peccatoris memor esse dignemini.

RESPONSUM HILDEGARDIS.

Hortatur ad contemptum mundi.

Qui vita est, hæc verba mihi ostendit dicens : Tu similis es aquæ quæ movetur in tempestate, et quæ iterum manet in tranquillitate. Victoria tibi dicit : Libenter ingredere ad te ; sed tu cædis me, quando faciem mentis tuæ abscondis : ita quod dubius es, non habens volantes pennas in securitate, ubi non es in amplexione contemptus mundi. O homo cito veniet tibi resurrectio, si pulverem cineris a te excutis dicens : Si non possum stare in sole, volo tamen me abstrahere de luto pulveris, et vestem meam abluere de vicissitudine morum hujus sæculi. Tunc columba dabit tibi unguentum, et vulnus tuum terget. Nunc surge et vive in æternitate.

EPISTOLA CXXI.

T. MONACHI S. BENEDICTI AD HILDEGARDEM.

Optet ejus præsentia perfrui aut saltem ipsius litteris in Deo corroborari.

Dominæ serenissimæ ac vere beatæ H. Spiritu divinæ visionis decoratæ, monachorum S. Benedicti infimus, quamvis indignus sacerdos, T., devotæ servitium obedientiæ cum omni humilitatis subjectione.

Qui confidunt in Domino intelligent veritatem, et fideles in dilectione, etc. (Sap. III.) Hæc sacrosancta dicta per os supernæ sapientiæ edita multorum relatione veridica in te fore cognovi et credo completa. Quod enim sacris Scripturis testantibus invenio, fidelissime teneo, quod omne verbum impossibile non sit apud Deum. Igitur famam quam rumore vulgante agnovi, quamvis sanctas tuas revelationes non viderim, veram esse non dubitavi. Scio itaque in veritate quod quia fiduciam tuam in Domino posuisti, ideo veritatem ipsius intellexisti, et quia fidelis in dilectione illi acquievisti, donum divinæ revelationis et Spiritum cœlestis consolationis suscepisti, et pacem electorum Dei acquisisti. Nunc vero quia omnipotentis Dei misericordia amplior in te est inventa quam in cæteris mortalibus, ideo non tentando, neque superbiendo, sed solius Dei gratiam simpliciter per te deprecando, supplex rogo, ut memor sis illius vocis Dominicæ, *Unum ex meis pusillis nolite contemnere.* Considera ergo ne litteras meæ pusillanimitatis contemnas, sed per amorem Jesu Christi preces meas te oro clementer exaudias, et ut pro delictis meis apud Deum intervenias, et sanctis tuis precibus vitam meam subleves, et negligentias meas admonere digneris per litteras tuæ correctionis. Valde enim mihi est optabilis correptio tuæ dulcissimæ charitatis. Ergo indignum me judico munere tuæ chartæ amantissimo, sed credulitatis meæ mercedem a te recipere cupio. Credo enim per Spiritum, per quem cuncta præterita, præsentia et futura perspicis, etiam tibi patere secreta mei cordis. Vere nunquam vidi diem mihi dulciorem, quam ut ad tuam præsentiam pervenirem. Mallem namque nudis pedibus incedere pro sola verborum tuorum auditione, et nimis jucundum mihi esset atque optabile, si vel tuas excellentissimas visiones, vel aliquas tuæ beatitudinis litteras mererer percipere. Omnipotens Pater per virtutem sui Filii Domini nostri Jesu Christi et per cooperationem Spiritus sancti incolumem te longo tempore dignetur conservare ad correctionem sanctæ suæ Ecclesiæ.

RESPONSUM HILDEGARDIS.
Ejus desideria esse bona, et ut fortis sit in prælio.

Lux vivens dicit : O homo, rivuli fluunt de me ad viriditatem mentis tuæ; sed tamen mens tua est ligata, et etiam acuta per vicissitudinem morum in tenebrositate dispersi venti : et occultæ cogitationes tuæ in mente tua interdum decipiunt te, et gustus operis tui interdum tangit te. Vultus autem desideriorum tuorum videt ad me per gaudium ascensionis, quod nondum potes in opere tuo capere. Valde bona sunt desideria quæ turrim ædificant in altitudine suavitatis boni odoris. Unde gaudent angeli propter opera facturæ digiti Dei, quæ opera Deum gustant, rumpendo cibum nequitiæ peccatorum. Nunc tu, o miles, esto fortis in prælio quandiu vivis in corpore tuo, quia inimicus tuus non fatigatur, et pugna non deficit. Talia sunt opera tua, ut mitissimus Pater super te gaudeat, et ut verbum ejus animam tuam clarificet, et ut igneus amator unguentum tibi salutis infundat et viriditatem floris sapientiæ.

EPISTOLA CXXII.
B. AD HILDEGARDEM.
Peccatis gravatus ipsius petit orationes.

Amantissimæ ac desiderantissimæ dominæ suæ ac matri H. B. peccator, post hanc vitam fragilem et caducam perenniter gaudere cum Christo Domino.

Beatum me fore existimo, si litteris sanctitatis vestræ consolari promeruero; sed quia prudentis medici est sæpius vulneratum hominem visitare, et carnem superfluam et putridam resecare, ne postmodum deterior fiat corruptio, si caute et diligenter recisa non fuerit, rogo ut pro amore pii Redemptoris plagas vulnerum meorum crebrius inspiciatis, ut nullum in eis per Dei misericordiam et vestrum consilium vestigium corruptionis remaneat. O dulcissima mater ac desiderantissima, jam diu desideravi de baculo meo venire ad vos. O dulcissima domina, oculis cordis vos semper intueor, vobiscum loquor mente et conversor. Scio quod Deo meo peccavi in opere suo. Cognosco me peccasse, orate pro me. Non quæro terrenum lucrum, non rem transitoriam, sed gratiam Dei mei et salutem animæ meæ. Succurrite mihi. O quanti mihi sunt orationum vestrarum continuata præsidia. Ut igitur a desiderio meo omnino non fraudarer, domina mea, satisfacere mihi volens, clientem hunc cum litteris istis ad vos mittere curavi, qui vos ut dominam et matrem pio complectitur amore. Consolationem vitæ præsentis et perpetuam beatitudinem cum sanctis tribuat vobis Deus. Amen.

RESPONSUM HILDEGARDIS.
Hortatur ad pœnitentiam cujus varios gradus refert.

Hæc in vera visione audivi : Quinque operationes opus Dei in homine habuit Prima est quod homo formatus est, secunda quod spiraculum vitæ accepit, tertia quod intellexit quod operari potuit, quarta quod bonum opus suscepit, quinta quod malum cognovit. Hæc similitudo ad quemlibet hominem respicere potest. Prima vice intelligitur quod homo criminum suorum cum suspiriis meminit, ita quod inutilia sunt; secunda, quod a criminibus aliquantulum declinat; tertia, quod ea confitendo aperit; quarta, quod pœnitentiam agit; quinta, quod se malo alienum facit. Ideo tu, homo, in his operibus quæ Deus in homine operatus est, fac timendo et tremendo pœnitentiam, quoniam in aliqua parte opus ipsius contrivisti. In audientia enim sacerdotis quandiu vixeris, et possibilitatem habueris, aliquid laudis in gemitu et suspirio Deo exhibebis.

EPISTOLA CXXIII.
H. MAGISTRI DE TRAJECTO AD HILDEGARDEM.
In camino tribulationis excoctus, ipsius scriptis cupit refrigerari, et an sit in numero salvandorum rescire.

H., salve, Christi nobilis sponsa, susceptura incorruptæ vitæ sponsalia. Quis, qualis, quantus, quomodo, unde sim, scilicet H. magister de Trajecto indignus, ex præsenti latore habes cognoscere.

Christi bonus odor, quasi unguentum effusum, de te longe lateque fragrans nostris indignis auribus spirando influxit, te superna visitante gratia, frequenti illustratione splendoris divini cœlitus ita desuper irradiari, ut nonnunquam quarumlibet causarum eventus, et rerum exitus occulta dispensatione Dei præfinitos, per inhabitantem in te ejus gratiam tibi concedatur contemplari, maxime cum hoc tibi instanter flagitaveris revelari. Qua de re ego humilis et dejectus, variis doloribus ac multimodis adversitatibus exagitatus, nimirum ineffabilibus propriis reatibus id provocantibus, tuis me piis precibus ex intimis commendo visceribus, per illum te testans, qui te sibi proprio reconsignavit pretio, ut tuis justis laboribus, me ejus clementi bonitati studeas complacare indefesso labore. Sum enim humiliatus usquequaque, et usque in finem curvatus, tanquam vas perditum et a facie oculorum ejus projectum, quia circumdederunt me mala quorum non est numerus, et comprehenderunt me iniquitates meæ, quæ supergressæ sunt caput meum, sicut onus grave, et super hæc omnia sustinui: qui simul contristaretur, et non fuit; et qui consolaretur, nec inveni. Unde non inani quidem temeritate, nec superflua curiositate sed tanquam in camino tribulationis excoctus æstuanti desiderio ex tuis cupitis rescriptis supplex et anhelus expecto refrigerari, desiderans ex ipsis tam superni dispensatoris de statu vel exitu mearum angustiarum præfinitam sententiam animadvertendo experiri, quam a te consilium sanitatis ex ipsius inspiratione suscipere. Sed ante omnia et per omnia ardenter sitio ex te certificari, si tandem in cœtu salvandorum me divinitas præordinavit computari. Vale, gaude, vive, et sit nomen tuum in libro vitæ.

RESPONSUM HILDEGARDIS.
Ut declinet a malo et faciat bonum.

Mysticum spiramen et vox Sapientiæ sonat: Deus æternus est, et in semetipso hoc consilium habuit, quod magnum opus facere voluit, ita quod omnia miracula sua in illo per rationalitatem sonarent. Et in hoc antiquo consilio valde delectabatur, et opus suum plurima ædificia boni ædificari debuit, et sic Deus hominem fecit. Homo autem imago Dei est, in qua Deus aureum spiraculum misit, quod in se duas vias in scientia boni et mali habet, altera cœlum sustinet, altera malum ostendit. Illa cœlum sustinet, ista quod Deus virtutem potentiæ suæ perfecit in aureo spiraculo hominis fulgentibus operibus; ista autem tangit statum nigredinis primi incipientis mali, quod contra pugnare voluit. Et in his duabus viis quinque sensus hominis cum sapientia, scientia, intellectu et voluntate, ad magnum honorem computati sunt, sicut etiam ordines angelorum ad laudem Dei positi sunt, qui in conspectu ejus assistunt. Nunc autem, o serve Dei, in meliore via parvæ fenestellæ in splendido lumine in te apparent, ita quod exoptando bonum desideras; in altera vero via in nigro turbine occupatus es. Sed tu, o miles, cum clara militia surge, et turbinem hunc vince, quoniam gratia Dei te tangit et monet, sicut etiam in scientia secreti tui intelligere potes. Sic declina a malo et fac bonum, et Deus te requiret et in te quiescet.

EPISTOLA CXXIV.
C. B. SACERDOTUM IN RUTHDELINGUN AD HILDEGARDEM.
Ejus precibus se commendant.

Hildegardi Deo familiari et super homines hujus temporis admirandæ virgini, C. et B. sacerdotes indigni in Ruthdelingun, sicut cœpit in Dei timore et amore persistere, et tenebras mundi per viventem, quam aspicit, lucem incessanter illuminare.

Exsultavimus et delectati sumus in his quæ dicta sunt nobis, scilicet legationem consolatoriam nobis adfuturam. Et exspectantes exspectavimus et nondum intendisti. Unde contristati sumus, gratiam Dei præstolantes, qui non deseruit in se sperantes. Nunc vero quia mittere legatum nos tibi jussisti, facti sumus consolati. Verum quia meminisse te cupimus, Deo dilecta, quemadmodum ad vicissitudinem hujus instrumenti, in quo velut rudes ac delicati milites versari cupimus, recta spe properamus. Idcirco te, mater sancta, adjutorem in opportunitatibus in tribulatione instanter pro nobis interpellare, ut vias nostras in te post Deum confidentium dirigat suppliciter exoramus. Nec ista dicimus quasi nos supramodum gravatos hujus facti pœnitet, sed ut sanctitas tua apud misericordem Deum consolationem aliquam, quam nostra peccata præpediunt, nobis infirmis, ne deficiamus, obtineat: de qua tibi diligentius aliquid non præsumimus insinuare, imo interno Judici modum petitionis nostræ, qui scit quid cuique expediat volumus committere. Ipse namque ait: *Scit enim Pater vester cœlestis quid vobis necesse sit antequam petatis,* qui singulis congrua medicamina suis temporibus novit, nec desinit exhibere. Hoc tamen solum libet exclamare: Væ, væ, terrenæ causæ, quando coram vivente oculo putas abscondet se? De cætero præpositum vestrum et sorores vestras, et omnes tecum commanentes in Domino salutamus, et ut nostri pauperum suorum memores sint devote rogamus.

RESPONSUM HILDEGARDIS.
Ut currant ad Deum et propter eum fortiter pugnent.

Lux vivens dicit: O fortissimi milites, qui in vobismetipsis contradicentibus bilinguium contradicitis, audite: O quales illi sunt qui in peregrinatione vitam requirunt, et qui in exsilio alieni sunt partis illius, quam propter Deum reliquerunt. Manus enim operantium divitias semper præparant. O quanta est sanctitas quæ in mortifera peste venenum conculcant! Unde in eversione peccati pulcher flos crescit, qui socius est angelorum. Vos autem, o filii peregrinationis, currite et transite ad me et multas divitias vobis præparate, quia vos videt vivens oculus, qui semper in speculum columbæ aspicit. Nunc laborate, et non fatigemini propter tædium fallacis et parvi operis, quoniam Sol lucis vitam æternam vobis præparavit; et sollicite ad Deum currite, quia dies ejus venit, et hominem illum qui constrictus est propter dubietatem suam in multis varietatibus, sicut undans aqua multis procellis, sinite sic, quasi arborem quæ non valet curvari sicut virga, quia voluntas ipsius ad curam suam sollicite videt. Sed ipse hoc modo seipsum consideret. Si culpabile crimen in ipso non æstuat, curam sui habeat. Vos autem, amatores mei, currite ad me, quia gemitum vestrum video ut aurum lucidum et robustum, et mentem vestram lætam et desideria benevolentiæ habentem. Intrate ergo pugnam ut fortes vernaculi. Qui enim in exsilio sunt, non possunt habere certam victoriam in corpore manentes; sed fugere debent pestilentiam naufragi mundi, et solidare columnam mentis suæ cum angulari lapide. Ideo, o fortissimi milites, non fatigemini per vicissitudinem instrumenti, quia Deus requiret agnos suos inter lupos.

EPISTOLA CXXV.

B. SACERDOTIS TREVIRENSIS AD HILDEGARDEM.

Ut sibi consolatoria verba rescribat, et quomodo his præesse possit, quos sub regimine sacerdotii regere debet.

Sacræ Dei virgini venerabili sponsæ Jesu Christi, B. Dei gratia in Trevirensi Ecclesia qualiscunque sacerdos, quamvis sacerdotii dignitate indignus, seipsum.

Etsi oculis corporalibus vos raro conspiciam, illa tamen nostræ animæ admiranda potentia, quæ imaginatio dicitur, quotidie vultus vestri serenitatem mihi repræsentat, et jucunda vestri recordatione lætificat, et ad Dei laudem me excitat, qui in diebus nostris dignatus est manifesta ostensione atque evidenti exemplo per vos declarare, quod sacra Scriptura quotidie recolit, hoc scilicet quomodo Spiritus sanctus castarum lumen animarum in antiquis Patribus atque in sanctis Dei apostolicis hominibus indoctis mirabiliter locutus sit. Videtur enim mihi quod vos cum Petro voce David dicere possitis: *Quoniam non cognovi litteraturam, introibo in potentiam Domini.* (Psal. LXX). Per illam itaque piæ divinitatis clementiam, quæ sacri vestri pectoris intima clarissimis suis radiis inusitato modo perlustravit, vos obnixe deprecor ut vestra oratione me miserum peccatorem adjuvare velitis. Rogo etiam ut per consolationem divinam, quoniam supernæ visioni frequenter innixa estis, mihi consolatoria verba rescribatis, et quomodo his præesse possim quos sub regimine sacerdotii regere debeo, benigne insinuetis. Valete.

RESPONSUM HILDEGARDIS.

Docet qualiter se gerere debeat erga peccatores.

Spiritus veritatis in mystico dono suo dicit: Hominem in se vulnera habentem et ea cum oleo aspergentem, sed tamen infusum vinum in vulneribus suis sustinere non valentem, medicus frequenter cum misericordia ungat, nec fetentem livorem in illo esse sinat, quia lepra per summum medicum abstergitur, ubi se homo sacerdoti ostendit. Multi autem veniunt ad me, cum verbositate mentis suæ, volentes sciscitari cum videntibus oculis quæ sit salus vulnerum suorum, et nolunt me tangere per linguam suam in diversis verbis sudantem. Et interior mens eorum non intelligit me, ita quod educant consuetudinem eos absorbentem in prævaricatione antiquorum vitiorum ebrietatis suæ. Sed dicunt: Amaritudinem correptionis bibimus, et iniquitatem nostram extersimus. Et ita nolunt relinquere malas vias suas. Certe hi debent ligari, ne possint se movere per sæculares vias, quoniam iniquitates suas deserere nolunt. Homo autem qui semper cum dolore iniquitates suas deserit, ita quod non vult in sordida peccata sæpius demergi, non est prædicto modo ligandus, sed in doloribus suis unguendus in quocunque loco sit. Magnus enim medicus vigilantes suscitat, et dormientes corripit, et in malis suis perseverantes occidit. Ideo, o tu modice, in his duabus partibus provide quæ sit necessaria necessitas.

EPISTOLA CXXVI.

FRATRIS S. AD S. HILDEGARDEM.

Peccatis gravatus ipsius se commendat precibus.

Dominæ H. matri spirituali Fr. S..... ecclesiæ fratrum extimus, sed super omnes peccatorum sordibus obfuscatus, cum Martha dapes spirituales ministrare, et cum Maria gaudia vitæ cœlestis anhelare.

Gaudio gaudeo, o mater spiritualis, vos in conspectu Domini Dei nostri gratiam invenisse, lampademque felicis animæ vestræ propter ipsius adventum absque temporis illius fatigatione igne sancti Spiritus hactenus accensam habuisse. Vos igitur, o symmysta Dei, quia cum prudentibus virginibus castitatis integritate polletis, oculumque contemplationis circa divinam claritatem fixum jugiter habetis, pusillanimitatis meæ precatur devotio, ut faciem Domini, quam perversitatis cauteriatæ nimis exacervavi, vestris justissimis orationibus pro me placare curetis. Certus enim sum quia Deus noster refugium et virtus, vestram pro me libenter dignabitur exaudire deprecationem, ut pro sua pietate blasphemiæ spiritu per quem nimis infelix anima mea circumvallatur longius fugato, mihique propter vos justificato non in æternum det fluctuationem. Sed et hæc a largiflua vestra bonitate deposco, ut per præsentium litterarum portitorem vestræ sanctitatis litteras parvitati meæ rescribatis. Vestris sanctimonialibus monasticæ religionis servatricibus tot de me dicite salutationes et orationes quot sunt in domo Domini æternæ mansiones. Valete.

RESPONSUM HILDEGARDIS.
Ut ad Deum suspiret per pœnitentiam.

Mens tua ut ales circuit, et unamquamque causam in qua vadit disponit et dividit. Initium enim tuum consecratum fuit, quia gratia Dei te ita imbuit, quod virtutes et alia multa bona capere potes. Quidam vero ventosi sunt, et de viriditate et humiditate terræ, ac de aere et aquis comprehensionem per sensualitatem habent. Deus namque, ut sibi placuit, *Fiat* dixit, in quo omnis creatura in genere suo processit, quomodo scriptum est : *Semel locutus Deus, duo hæc audivi, quia potestas Dei est; et tibi, Domine, misericordia, quia tu reddes unicuique juxta opera sua* (*Psal.* LXI). Nam per jussionem suam Deus omnia creavit, et hoc semel fecit, quando *Fiat* dixit ; et in hoc etiam duo intellexit, scilicet quia magna potestas fuit, quod Deus homini legem dedit : unde et illi qui omnibus dominatur misericordia, quia per incarnationem suam reddit quæ reddenda sunt, quoniam unicuique peccata dimittit qui ea per pœnitentiam videt et cognoscit ; sed qui ea nec videre, nec cognoscere vult, ejicit, ac eum in rectam retributionem operum suorum mittit. Primum enim angelum qui se injuste exaltavit, in lacum miseriæ Deus stravit, et etiam primum hominem propter stultitiam vanæ gloriæ in carcerem hujus mundi misit. Nam nullum opus suum vacuum constituit. Primus enim angelus magnam scientiam et sapientiam habuit, sed propter magnam malitiam suam honorem Domino suo impendere noluit, et corruit, ac sic remansit. Homo autem per gustum tibi lapsus est. Quapropter Filius Dei sacrificium pro peccato illius se præbuit. Unde et homo qui per scientiam boni et mali se multum peccasse recordatur, cum ad Deum suspirat, denuo per pœnitentiam in Deo renascitur. Tu autem, o fili, die ac nocte disce, ut in æternum vivas.

EPISTOLA CXXVII.
V. PARISIENSIS MAGISTRI THEOLOGI AD HILDEGARDEM.
Quærit a sancta Hildegarde an dici possit, quod paternitas et divinitas Deus non sit.

Dominæ H. eximiæ virgini Christi, V. Parisiensis humilis et indignus magister nomine et loco quo fungitur, orationem, et quidquid tantæ sanctitatis et nobilitatis personæ condignum censetur.

Quia tu, domina, ancillam te fecisti Christi, ipse te super te elevavit, et secreta tibi virginalis thalami adhuc in carne positæ revelasse ex parte creditur, ut una ex his credatis, de quibus canitur: *Introduxit me rex in cubiculum suum* (*Cant.* II). Sed quia prophetica et fidelis anima dicit et ingeminat: *Secretum meum mihi, secretum meum mihi* (*Isa.* XXIV), et Ezechias rex, qui cellas aromatum et thesauros templi nuntiis Babyloniorum aperuit, Deum in hoc graviter offendit. Beati illi qui nos peccatores in tantum præcellunt, ut cœlestia rimentur, in viis suis spiritum discretionis ex his per tentationem magis quam per revelationem, Deo dante, proventum profecerunt, præstolentur, et inferius etiam apud homines de visionibus suis discant quæ proferant vel quæ reticeant. Sic namque, Deo donum ipsorum per humilitatem disponente, quædam subsigillant, nec ea proferunt quæ apostolicam et ecclesiasticam institutionem permoveant. Hæc, prudens femina, attende, quia mulier timens Deum ipsa laudabitur. Dicitur quod elevata in cœlestibus multa videas, et multa per scripturam proferas, atque modos novi carminis edas, cum nihil horum didiceris. Super his nequaquam miramur, quia non excedunt munditiam et sanctimoniam tuam, sine quibus talia ab homine non capiuntur. Scire autem possumus quidquid ibi de sanctis revelatur, innuat gloriam ; quidquid hic abest agitur (25), exigat humiliationis formam. Nos autem quamvis a te longe positi simus, fiduciam in te habentes, quædam a te petimus, scilicet, quoniam plurimi (26) contendunt quod paternitas et divinitas Deus non sit, quid inde in cœlestibus sentias, nobis exponere et transmittere non differas. Valeat dilectio tua.

RESPONSUM HILDEGARDIS.
Respondet in visione sibi demonstratum esse quod paternitas et divinitas Deus sit.

Ego paupercula forma in fumo aromatum montis excelsi dico : Sol lumine suo descendit, et multas indignationes vicissitudinum locorum illustrat. Et sic, o tu magister, in magistratione multos rivulos in scripturis habes, quos inter alios interdum spargis, scilicet inter magnos et parvos. Sed valde tremisco propter humilem formam quæ in me est. Nunc audi : Rex in solio suo sedit, et magnas columnas et valde elegantes in magnis ornamentis coram se statuit, quæ sunt ornamenta eboris erecta sunt, et quæ omnia indumenta regis in magnis honoribus gestabant. Tunc Regi placuit, et parvam pennam de terra levavit, et illi præcepit ut volaret, sicut idem rex voluit. Penna autem a seipsa non volat, sed aer eam portat. Sic ego non sum imbuta humana doctrina, nec potentibus viribus, nec etiam æstuo in sanitate corporis, sed in adjutorio Dei consisto. Et dico tibi quomodo in vera visione edocta sum, quid paternitas et divinitas sit, quoniam ego a te percepi hoc plurimis necessarium esse : quatenus veraciter in vera fide roborentur. Nam ad verum lumen vidi et didici vigilanter et aperte videndo, quod non per me in me requirendo, quod paternitas et divinitas Deus est, quia homo hanc potestatem non habet, ut de Deo dicat, sicut de humanitate hominis, et sicut de colore facti operis de manu hominis. Vivens ergo lux in secreto

---

(25) Forte leg. *absconditur* pro *abest agitur.*
(26) Hujus doctrinæ præcipuus auctor fuit Gilbertus Porretanus, episcopus Pictaviensis, quam retractavit in concilio Remensi sub Eugenio papa III.

verbo sapientiæ dicit: Deus plenus est et integer, et absque principio temporum, et ideo non potest dividi sermone, sicut homo dividi potest: quoniam Deus totum est et non alius, ac idcirco illi nihil abstrahendum aut addendum est. Nam etiam et paternitas et divinitas est ille, qui est, ut dictum est, *Ego sum qui sum* (*Exod.* III), etc. Qui est plenitudinem habet. Quomodo? Faciendi, creandi, proficiendi. Quicunque enim dicit quod paternitas et divinitas non sit Deus, hic nominat punctum absque circulo, illum qui æternus est negans. Et quicunque negat quod paternitas et divinitas Deus sit, Deum negat, quia vult quod aliqua vacuitas in Deo sit, quod non est, sed Deus plenus est, et quod in Deo et Deus est. Deus enim nec excuti, nec excribrari potest secundum hominem, quia in Deo nihil est quod Deus non sit. Et quoniam creatura initium habet, ex hoc invenit rationalitas hominis Deum per nomina, sicut et ipsa in proprietate sua plena est nominum. Nunc iterum audi, o homo, pauperculam formam in spiritu tibi dicentem; Deus vult ut recta itinera facias, et ut illi subjectus sis, et ut etiam vivus lapis sis in lapide angulari et de libro vitæ non deleberis.

EPISTOLA CXXVIII.

FRATRIS O. AD HILDEGARDEM.

Deplorat Ecclesiæ per schisma scissuram, oratque ut pro ea suas preces interponat, pro se etiam qui a dæmonibus vexabatur.

Hildegardi dilectæ matri, fr. O., filialis dilectionis obsequium.

O mater dilecta, quid facient infantes, nullum qui eis lac præbeat habentes? Parvuli petunt panem et est non qui frangat eis (*Thren.* IV). Sol quoque opposuit sibi nubem, ne pertranseat oratio. Quid ergo faciet homo languidus, quærens salutis remedium, et non inveniens consolationis auxilium? Ecclesia schismate vulnerata est per verbum divisionis. Ecce hic, ecce illic, quod futurum est in capite jam percurrit in corpore, et non est sanitas ubi gladius iste pertransivit. Quid ergo dicis, mater honorata? Putas inveniri potest quem quæri omnino necesse est! Tandiu medicum deesse puto, dum vulneris putredinem sentio. Accede ergo ad inaccessibilem; intra ubi non patet omnibus accessus; dic Dilecto tuo: Quare obdormis, Domine? Foris stant quærentes te. Anima tua vulnerata charitate non est, si dissensionis gladio percussa est. Veniat eis sanitas orationis tuæ, ut sint unum. Et cum effuderis orationem tuam coram oculis Domini, ad nos regredere, et quid intus agnoveris, nuntia nobis, quantum ille concesserit, cujus sermocinatio cum simplicibus est. Habeo etiam ego animam fœdam, multis itineribus divisam atque vulneratam, pro qua Deum orare velis charitatem tuam devotissime exoro. Nam a malignis spiritibus multoties tam occulte quam aperte impugnor, qui me plurimum fatigant et seducere volunt, et quid de his sentias rogo ut per scripta tua mihi renunties.

RESPONSUM HILDEGARDIS.
De variis dæmoniorum generibus et quomodo eos possit superare.

Animam tuam in duabus partibus video, scilicet in altera ut ascendat, in altera ut maneat; sed Deus mentem tuam colligit secundum voluntatem suam et non secundum tuam, et ideo valde afflictus es. Nam quod a malignis spiritibus te fatigari dicis, hoc in hujusmodi adversitatibus video. Aerii enim spiritus in quatuor partes divisi sunt. Prima pars in omni genere vitiorum incendium parat, et per luxuriam hominem incertum facit; secunda autem pars in omni inconstantia volitat; sicut ventus hac illac spargitur, et hominem in insanam iracundiam immittit; tertia vero velut in ostensione angelorum et prophetiæ errorem facit, et in nullis modis uno statu permanet, ac in vana gloria per jactantiam et per contumaciam homines lædit. Sed quarta pars cum aliis prædictis partibus versatur, et in multiplici diversitate est, et non multum maledicta, sed multum flagellosa in horrore est, sed cum hominibus libenter moratur, et passionem ac crucem Domini fugit, et quædam bona in hominibus suffert, ac ipsis in eisdem bonis moderationem abstrahit: ita quod suggestione sua eos in majorem altitudinem in mentibus suis ascendere permittit, quam perficere possint, et sic ipsos requiescere non sinit. Nam sanctitatem et præcipue vanitatem non formidat, sed fortitudinem et stabilitatem in magno odio habet; et ut porci siliquas propter pinguedinem manducant, sic in delectatione cum hominibus sæpe commoratur, et quasi pœnas sustineat clamando ululat, cum ab homine fugatur. Cum enim homo fortitudinem, et stabilitatem, ac moderationem arripuit, ab eo fugit, et clamat, et ululat, et dicit: Ubi pascar? et ubi cibos habebo? Unde quisque homo paveat et timeat, quoniam hæc pars malorum spirituum et cum malo et cum bono morari non formidat. Nam cum homo in sanctitate odium habuerit, magnam veritatem ingreditur, ac Deo et hominibus velut illusio erit. Sed pars illorum spirituum quomodo fugari et ligari poterit?

Cum homo in prima ætate quasi in prima hora, cum puer est, sanctitatem incœperit, de seipso non loquatur, sed magistros et doctores audiat, et sic diabolum reclamantem et ululantem ligat; sed in secunda ætate, quasi in tertia hora, cum homo juvenis est, sanctitatem in taciturnitate diu contineat et taceat, et in omni sollicitudine et perfectione quod bonum est requirat, ne in superbiam cadat, et sic diabolum occidit. In tertia autem ætate velut in sexta hora homo diu non taceat; sed a magistro in humilitate quod requirendum est requirat, quoniam ætas illa in lasciviam non spargitur, et sic hoc genus mortuorum mortuum apparet. In quarta vero ætate, quasi in hora nona, cum homo a Deo inspiratur, consilium a magistris et a sapientibus requirat, quoniam tunc imbecillis in calore viriditatis carnis est, et Deo gratias agat. Sed prima ætas patientiam fugit, sed ipsa in sanctitate cum patientia tota sancta est. Et secunda ætas timorem Domini sibi non esse necessarium existimat; sed necesse est ut timorem Domini in sanctitate habeat. Sed tertia ætas timorem Domini libenter habet, imo in sanctitate læta sit : quia dubietas ibi facile subintrat. Quarta vero ætas suspiria ad Deum extendit, et illi gaudia in omnibus adhibenda sunt, ne deficiat. Primus enim angelus in prima ætate, velut in pueritia, per lasciviam cecidit et periit. In secunda ætate, quasi in juventute, multi fideles et infideles in cœlum se erigere volebant, et a semetipsis plurima in sermonibus proferebant; unde ceciderunt. Et in tertia ætate, velut in virili fortitudine, prophetæ venerunt, et cum magno timore Domini dixerunt: Non nos in his sumus, sed tu Deus; et sic perseveraverunt, ac omnem terram gaudio repleverunt. In quarta ætate, quasi in plena stabilitate, plures et plures virtutes per inspirationem Spiritus sancti per homines in studio bonorum operum surgent; et sic mundus deficiet. Tempus autem hoc nondum hoc tempus habet, ut judicium universitatis pariat; sed tamen omnia genera dæmoniorum magno studio errores in hominibus faciunt, quia timent ne superentur. Tu autem, o homo, qui in juvenili ætate es, in stabilitate sta, et verba philosophorum et sapientium ac in Spiritu sancto loquentium audi, ut in æternum vivas: Sed et hæc dic: Illa vis quæ me hominem creavit, liberet me de aeriis spiritibus; et igneus amor qui me indeficientem vitam constituit, non sinat opera mea cum illis misceri.

EPISTOLA CXXIX.
N. DECANI S. MARTINI MOGUNTINI AD HILDEGARDEM.
Optat eam videre, seque ejus commendat orationibus.

Hildegardi reverendissimæ dominæ ac dilectissimæ matri, N. de S. Martino Moguntinæ Ecclesiæ decanus indignus, modicum id quod est.

Necessarium mihi non est scribere quanta veneratione meus mea sanctitati vestræ substrata sit, quam sincera charitate vos diligam, quam paratus subservire vobis, si dignata fueritis uti nostro qualicunque servitio. Quanto desiderio scriptis vestris sæpius consolari cupiam, quia splendor divinæ sapientiæ, qui vos intus illuminat, hæc vobis revelat. Ipse quidem proposueram modo videre vos et vestris sermonibus consolari; sed infirmitate corporis præpeditus sum, et venire ad præsens non possum. Cum autem data fuerit opportunitas, Deo volente, videbo vos; et quod scripta a vobis quærere non possum, viva voce requiram. Interim rogo, dilectissima mater, ut oretis pro me Creatorem ac Redemptorem nostrum, ut sic ad omnem voluntatem suam vitam nostram componat, quatenus sibi ipsi in nobis complaceat. Etiam rogo, si quid de nostro servitio indigueritis, præcipiatis quidquid vobis videtur. Sed et scriptis vestris per præsentem nuntium iterum consolari cupio. Deus vos conservare et Spiritu suo sancto semper illustrare dignetur, omni mihi venerationis officio colenda beatissima mater.

RESPONSUM HILDEGARDIS.
Hortatur ad pœnitentiam.

De nimio cibo et de immoderato potu vini immoderata vitia crescunt, et caro etiam hominis sæpe languescit; ita quod vix vivere potest. Postea tædio peccatorum, quo caro illius fatigata est, quasi gravi somno gravatur. Sed diabolus eum iterum ad peccatum excitat, ac tempora pœnitendi ei proponit; et ita de torpore illo idem homo ad peccatum evigilat, et hoc modo diabolus eum studiose peccare hortatur. Multi etiam homines per deceptionem diaboli pœnitentiam peccatorum suorum differunt, et sic in perditione inveniuntur. Quando autem homo pro peccatis suis suspirat, cum laude angelorum concinit, et cum bona operatur, sicut sol fulminat; sed cum ipse ornamenta hæc incipit, diabolus cum magna tempestate desperationis super eum cadit, qui eum etiam malis consiliis ad peccandum prius excitaverat. Homo autem ille publicanos et peccatores attendat, et quantum peccaverint, et qualiter per pœnitentiam surrexerint, et quomodo postea columna cœli facti sunt, videat, et ita loricam fidei et galeam spei se induat, ac inimicos suos ita superet. Tu autem, serve Dei, vide quod in infantia tua deliciose, et in juventute tua cum peccatis gustus carnis vixisti : unde nunc fatigatio peccatorum tibi sit, et bona opera operare incipe priusquam umbra hujus vitæ a te inclinetur, ut cum gaudio respondeas voci tibi sic dicenti: Tu hortus in quo oculos meos pascerem, esse debuisti; sed non es, quia inutiles herbæ, et spinæ, et tribuli ibi creverunt, quæ omnia utiles herbas suffocaverunt. Has cum acuta falce per pœnitentiam abscide, et filium illum qui in Evangelio legitur imitare, qui in se reversus ad patrem suum cucurrit, qui eum in gaudio suscepit, et qui per humanitatem suam eum osculabatur. Semen etiam fructuosæ virtutis in hortum tuum semina, et mulieri perditam dragmam quærenti assimilare, ut super te gaudium in cœlo fiat, quatenus etiam gemma in cœlesti vita fias, ita ut in æternum vivas.

EPISTOLA CXXX.
N. AD HILDEGARDEM.
Fidei ipsius animam suam, corpusque suum, totamque congregationem suam illi commendat.

Venerabili et dilectissimæ magistræ, H., vasculo divinæ electionis aptissimo, N. gratia Dei in quod est, quidquid valet servitus unica cum oratione assidua.

Spiritu et mente vos valere exopto, et pro statu omnium rerum vestrarum devotis precibus die noctuque pedibus Dei procumbo. Charissima, si ordinatio Dei in hac vita nos separavit, insolubile tamen vinculum benedictionis insolubiliter nos conglutinavit. Ipsius namque dilectionis vicissitudinem a vobis exposco, ut mei memoriam habeatis in orationibus vestris et sancto conventui vestro commendetis. Quid plura? In fidem vestram animam meam et corpus meum, cunctamque congregationem nostram commendo. Valeat in æternum beatitudo vestra.

RESPONSUM HILDEGARDIS.
Ut intelligat quæ sint utilia et quæ nociva.

Mens tua est quasi vallis, quando mons in te surgit, et iterum civitatem te putas ædificare, cum aliquam causam cum contumacia damnas. Nam qui edax vulnus quod in putredine fœdatur, in verberibus vulnerat, venenum mistum sanguine educit. Et hoc non prodest. Sic est mens illius hominis qui in nulla re parcere vult. Bonus autem medicus vulnera ungit. Sed negligentia hominis est velut ventus turbinis, et furor ejus ut magna tempestas. Nunc ergo intellige quæ sint utilia et quæ nociva, quoniam quædam terrenæ creaturæ habent similitudinem operum hominum. Nam volatilia sunt ad hominis benevolentiam, pecora ad ejus intelligentiam, bestiæ ad ejus sapientiam. Vermes autem quos sudor terræ ejicit, respiciunt ad multas cogitationes hominum; incongrui vero vermes ad malignitatem eorum, venenosi autem ad iracundiam, feræ autem ad negligentiam operum illorum. Aspice ergo ad Aquilonem, et vide quomodo tempestas ut fumus in nubes ascendit. Sic sunt opera hominis aliquando inutilia. Sed homo qui undique circumspiciendo bene vigilat, tonitrua abstrahit in benevolentia et in miti scientia sua. Et iste non sit bellator in jactu lapidis, nec negligens in vento turbinis. Sol lucet, unde homo unamquamque rem cum misericordia ungat, quia fabricator qui fundamenta sua non recte ponit, instrumenta sua dejicit. Prævideat ergo homo quis sit casus. Qui suspirium habet, ille tolerandus est. Qui vero Deum contemnit, corripiendus est, si prodest; si non prodest, ad hoc opportunum tempus quæratur, ne ille moriatur. Homo autem per semetipsum operetur, et animam suam illuminet. Mens vero quæ homicidium non ædificat, homicida non est; sed si causa illa evenerit cum opere, semper lugeat, et ad Deum anhelet, quoniam hoc destructum est quod Deus ædificavit.

EPISTOLA CXXXI.
H. MONACHI MULENBRUNNENSIS AD HILDEGARDEM.
Ut aliquid de cœlesti admonitione sibi transmittat.

Hildegardi olivæ speciosæ et margaritæ pretiosæ, H. solo nomine monachus in Mulenbrunnun, cum ardente lampade cœlesti Sponso obviam ire.

O quam pulchra est casta generatio cum claritate; immortalis enim est memoria illius, quia et apud Deum nota est et apud homines (Sap. iv). Ex hac tam pulchra atque beata generatione te, summi Regis filiam, clarescentibus virtutum indiciis patet exortam; quippe quæ in facie præclari operis formam præfers hominis interioris. Tali virtutis decore imaginatur similitudo genitricis tuæ : cum exemplo illius lanam et linum quæsisti, et stragulatam vestem operimentum animæ tuæ texuisti. Stragulata quippe vestis induitur, cum virtute charitatis multiplicibus intexta figuris fidelis quæque anima investitur. Resplendet in hac veste regia humilitas et obedientia, pietas et continentia, carnis castimonia et mentis sanctimonia, denique mille millia memoratis similia. Hac virtutum varietate circumamicta a dextris summi Regis assistis, velut illa prophetica regina, ubi inæstimabilem sapientiæ thesaurum invenisti. Unde lucis æternæ candorem quasi de abysso mortalibus ostendisti. Audi igitur filia, et vide, et inclina aurem tuam, ut quia charitas in proximi dilectione consistit, per tuæ orationis auxilium veniale sentiam quidquid in me minus invenio perfectum. Indubitanter enim cognosco te ab eo specialius audiri, in cujus contemplatione sæpius te contingit immorari. Rogo etiam, salva gratia tua, soror et domina, ut aliquid de cœlesti admonitione mihi transmittas, ut per hoc tuæ sanctitatis memoriam cordis mei oculis anteponas. Quid plura? Corpore absens, spiritu præsens te saluto, obnixe orans ut mei peccatoris memineris quæ gressum mentis cum Apostolo semper in anteriora extendis. Vale.

RESPONSUM HILDEGARDIS.
Sub parabola docet in hoc sæculo laborandum esse.

Umbra mysteriorum Dei dicit : Ventus flat et aer in vicissitudinem vadit, atque nubes complicantur, ita quod aliquando turbidæ, nigræ, candidæ et puræ sunt. Sic tu facis, o miles Dei : nam in sæculari tristitia aliquando es, ut inflante vento, et in voluptate multarum insidiarum diaboli, quasi in vicissitudine aeris atque in inquietis moribus tuis, velut in nubibus se complicantibus, ita quod mores tui interdum sunt squalidi in turbidine, exterriti in nigredine, suaves in candore, atque utiles in puritate. Unde audi. Quidam dominus de monte magno stabat, et servos suos vocavit dicens : « Debitum vestrum reddite. » Alter autem eorumdem servorum coram eo stabat, alter vero sedebat. Et qui stabat respondit : « Domine de longinqua regione exsilii veni, ubi diversam vicissitudinem morum in multis criminibus et peccatis didici. O væ quod præcepta tua sic præterivi ! Unde per timorem amoris tui juro quod in omni corde meo pœnitere volo. Sed tamen solem tuum, lunam et stellas in magnis honoribus semper amavi. » Et Dominus ejus ipsi respondit : « Serve bone, responsum tuum, me circumeunte rota, sic accipio dicens : Ego qui sine initio et sine fine vivo, te in magnis honoribus supra omnia quæ amasti ponere volo, nec mea possibilitas te condemnabit, quia per pœnitentiam vocasti me. » Servus autem qui sedebat, sic dedignando respondit : « Sol tuus me combussit, luna tua me tetigit, stellæ tuæ me compresserunt, capilli etiam capitis mei de rore tuo infecti sunt; et pluviæ tuæ super me inundaverunt; et ideo ab his omnibus impeditus te inspicere non potui: unde etiam nescio quid dicere possim. » Et dominus ejus ipsi respondit : « Nequissime serve, quando solem, lunam et stellas constitui, num adjutorii tui indigui ? Et quare non erubescis quod me tam temere in responsis tuis tangis? Nam pro hoc meruisti ut manibus et pedibus tuis ligeris, et in tenebras mittaris usque dum omnia reddas. »

Attu, miles Christi, parabolam ad te attende. Dominus iste Deus est, qui in altitudine illa vigilat, quod Deus ab omnibus invocandus est. Hic homines in admonitione sua sic alloquitur: De operibus vestris judicari debetis. Sed quidam in divino honore laboravit. Quidam autem in molestia tædii torpescunt. Et qui Deum honorant dicunt: De suggestione diaboli in casu Adæ in peregrinatione cecidimus, et in operibus nostris multa vitia contraximus, quam transgressionem flebiliter plangemus. Propter gloriam autem nominis tui promittimus quod a peccatis nostris nos abstinere desideramus. Attamen honorem tuum, justitiam et Scripturas per te datas venerati sumus in dilectione. Et Dominus qui incomprehensibilis est, illos laudat, ac supra multa bona constituit, nec eos damnat, quia ipsum pœnitendo invocabant. Qui autem in tædio divinorum torpescunt, dicunt: Honor tuus nos afflixit, justitia tua nos vulneravit, multitudo Scripturarum tuarum nos suffocavit, voluptatem mentis nostræ viriditas spiritus tui evertit, atque effusio zeli tui nos fatigavit, ita quod in lætitia te inspicere non possumus, nec nos excusare valemus. Et Dominus illos dicit nequissimos servos esse, et quod in justitiis suis adjutorii eorum non indiguerit, dicens, et cur non erubescant quod ipsum in temeritate verborum suorum invadunt, unde et ligandi sint et in pœnas mittendi, dum omnia vitia sua in semetipsis æstimant. Tu autem, o miles Christi, hæc etiam ad te ipsum intellige. Nam servus qui stabat, te significat. Cum enim in sæculo fuisti, pauca bona fecisti: sed admonitio Spiritus sancti te concussit, et ad bonum te convertit. Cave autem ne sedentem servum imiteris, scilicet ne dicas quod in regula sicut in sole ardeas, et ne magisterium quasi in luna contemnas, ac ne de communione fratrum tuorum sicut in stellis fatigeris, atque ne admonitionem Spiritus sancti in irrisionem mentis tuæ quasi in rore inducas et ne correptionem sicut in pluvia dedigneris; sed Deum in bona voluntate et opinione semper amplectere et amplectendo retine et vives.

EPISTOLA CXXXII.

N. MONACHI DE EBRA CISTERCIENSIS ORDINIS AD HILDEGARDEM.

Ipsius se commendat orationibus, verbaque consolatoria ab ea exposcit.

Dominæ ac matri suæ HILDEGARDI, beatissimæ Christi olivæ, N. peccator de Ebra, Cisterciensis ordinis inutilis monachus, Domino vivere in Dominoque mori.

Noscat dilectio vestra quod ideo pauculas litteras vobis misi quia sanctitati vestræ satis digna excogitare nequivi, et etiam tremula mente tali tantaque personæ quidquam scribere vix præsumpsi; sed neque me dignum ad hoc existimavi. Proinde si, salva gratia vestra, audeo, genu flexo tremens orationibus vestris in visceribus Jesu Christi me quamvis sordidum committo, quantumque cooperante gratia pro modulo desidiæ meæ potuero, vestri vestræque familiæ in Christo libentissime memor ero: et si corpore absens sum, corde et dilectione, Deo teste, vobiscum sum. Nunc ergo in memoria vestra me reservate, ac Christo et S. Mariæ, prout vobis confido, assidue me commendate, atque verbis consolationum vestrarum secundum divinam ostensionem me consolari studete. Gratia Spiritus sancti vobiscum sit.

RESPONSUM HILDEGARDIS.

Promittit illi futuras consolationes, utpote qui Deo placeat.

Video quod Deus faciem suam a te non abscondit, sed cum flagellis suis te constringit, sicut ipsi placet. Item in animam tuam et in gaudium corporis tui magnum lumen consolationis Dei venturum video, cum ipse voluerit. Deus autem in tabernaculo tuo vivit, nec gratia ejus in eo obnubilata est; unde et ante Deum in anima tua laudabilis eris, quamvis de hoc dubites, quoniam victoriosus vir Domino suo amabilis est. Sed et mysticum lumen dicit: Terra quæ pinguedinem germinandi habet, multos fructus profert. Sed lolium ac cæteræ inutiles herbæ se multoties his ingerunt. Sed aliquando quædam temperantia cujusdam venti super hanc terram ascendit, cujus vis talis est, quod inutiles herbas debilitari inducit, et tamen utiles fructus non lædit. Nunc audi: Quidam homines qui in pinguedine naturæ suæ ad quæque idonei sunt, huic plenitudini scientiæ quædam inutilia opera per voluptatem carnis intermiscent; sed admonitio gratiæ Dei aliquando hos monet, aut per contritionem mentis aut per tristitiam imbecillitatis, corporalis infirmitatis et per similia, ut mala devitent, et bona opera faciant. Hæc ad te intellige. Deus ergo rorem de cœlo tibi infundat, et in æternum vives.

EPISTOLA CXXXIII.

V. WESSIONENSIS AD HILDEGARDEM.

Peccatis oppressus quærit an debeat adhuc a Deo sperare veniam.

HILDEGARDI sanctæ ac Dei amicæ, sponsæ Christi V. Wessionensis calamus confractus, forma mali, esca diaboli.

Scriptum est: Non habentes tegumenta, amplexantur lapides (*Job* XXIV). Sed hoc, proh dolor! tempore ablati sunt de via lapides, qui viæ iniquitatis obsistant. Cesserunt montes, qui super peccantes cadunt; colles, qui profugos Christi operiant. Denudata sunt apud Deum turpia hominum facta in suo cursu medium iter habentia, nulloque mediante certatim in lapidem offensionis et petram scandali impingunt. Ex quibus et in quibus, mi domina, ego desperatus quotidie huic impingens petræ contritus et confractus, adhuc de Dei misericordia sperare præsumo. Per ipsam itaque Dei misericordiam vos adjuro ne me vobis innitentem abjiciatis, nec spernatis per eum qui propter nos sperni dignatus est. Obtestor vos per pretium sanguinis Jesu Christi, dilecti Sponsi vestri, de cruce fluentis, per quem vos subarrhavit et sponsam assumpsit, verbis præsentium de me narrantis pias aures inclinetis; et apud ipsum Sponsum vestrum sollicitantes, quid sit quod me toties ad se clamantem de profundis nequitiarum et de luto fæcis eripere dedignatur, si sperare ulterius veniam, si spiritum contribulatum et contritum mihi largiri velit, domina, intenta prece exquire, litteris mandans quæ videntur demandanda. Vale iterum atque iterum. Hæc eadem iterans per Christum ne dimittatis adjuro.

RESPONSUM HILDEGARDIS.

Ut mentem ad bona restauret, et justitiam esuriat.

In vera visione mysteriorum Dei scribo videndo et audiendo et sciendo in uno modo. Tu autem, o homo, similis es nubi, quæ progreditur et regreditur, et quæ in hac utraque parte aliquantulum lucida est, et per quam tamen sol sæpius obnubilatur, ita quod diutius exspectatur quando luceat. Et scriptum est, quia *ecce qui elongant se a te peribunt* (*Psal.* LXXII). Hoc est, qui diem scientiæ bonæ habent, sed in alienam suscitationem inutilitatis respiciunt, ac in varietates tenebrarum quæ auxilium in rationalitate non quærunt, sed vanæ sunt, arescunt, nec viriditatem in Deo habent. Adam enim cum plenus innocentiæ sanctitatis fulgeret, in prævaricatione deprehensus est, ita quod in prævaricatione præceptorum Dei periit, cum diadema innocentiæ, scilicet pulcherrimæ filiæ regis, ab eo abscissum est. Nunc mentem tuam ad bona restaura, et aspice in fontem aquæ salientis, et non require diversas causas in aliena domo, quia unaquæque causa quæ utilis non est, arescet, quoniam a Deo plantata non est. Mens tua pura sit in Deo, et in esurie justitiæ Dei, et in recto itinere et Deus suscipiet te. Unde labores quos propter Deum incœpisti et quos facis, tibi sufficiant. Sed mentem tuam et cogitationes tuas, quantum potes, ad Deum dirige. Orationes quoque meas ad Deum semper pro te fundam.

EPISTOLA CXXXIV.

H. TRAJECTENSIS CANONICI AD HILDEGARDEM.

Ut arcana divinæ revelationis de suo statu sibi revelet.

Pauperis Christi paupertatem in fragili sexu imitanti H., divitis Christi divitias exoptans H. Trajectensis canonicus, salutem in Domino qui mandat salutem Jacob.

Spiritus Dei miro et inæstimabili quodam modo in te loquentis et per te scribentis experimentum in me ipso habere desidero. Absit me ut ulla dubietas in me sit de te, quia Spiritus Dei loquitur in te; sed magis cum admirantibus admiratio, et cum devotis devotio, me ad familiaris experimenti desiderium monet et provocat. In humilitate itaque supplico humilitati tuæ, quatenus arcana divinæ revelationis de statu meo, præcipue secundum interiorem hominem, mihi in ministerio tuæ manifestationis ad doctrinam et cautelam spiritus mei exhibeas. Quod debes quidem ex promisso, quia cum in transitu meo versus Romam irem, hæc a tua charitate impetraverim. Spiritus Domini perseveret tecum. Amen.

RESPONSUM HILDEGARDIS.

Ut velociter surgat et a diabolo fugiat.

Deus in arbore offensus est propter maliliosa verba serpentis. Tunc etiam in pulchra formatione qua Deus hominem creaverat, bona scientia in homine erubuit, propter malam concupiscentiam quam ille concupierat. Et ideo quasi in aliena via Deus illi clamavit: *Adam, ubi es?* (*Gen.* III) ac vestitum dedit ei, sic in se ipso dicens: Per tunicam humanitatis meæ te requirere volo; et postea in sancta humanitate sua hominem denuo recreavit, ita ut cum ceciderit, per pœnitentiam in humanitate Dei resurgat. Unde tu, homo, velocius surge, ac in tunicam Dei velocius te involve, et a diabolo fuge, et ego in effusione orationis meæ, quando anima mea ad Deum aspicit, libenter pro te orabo, et vives.

EPISTOLA CXXXV.

M. MONACHI ET PRESBYTERI AD HILDEGARDEM.

Ipsius sororumque preces petit, suas vicissim eis promittens.

HILDEGARDI amantissimæ et in Christo honorabili singulariter matri et dominæ, M. monachus et sacerdos indignus, modicum id quod est.

Si gloriari oportet, imo quia gloriari licet in Domino, convenit et me gratulari non in memetipso, sed in Domino, qui meæ indignitati talem apud vestram sanctitatem familiaritatis gratiam concessit, qualem mea humilitas nec mereri potuit, nec sperare præsumpsit. Unde primum divinæ miserationis, deinde vestræ dignationi grates ex intimo corde referens, eo quod tam præsentem me benigne habueritis, quam et absentem vestra salutatione dignum duxeritis. Denuntio benevolentiæ vestræ, quatenus omnes consorores vestras et dominas meas vice mea salutare dignemini, atque easdem commoneatis ut fraternitatis et orationum solatium quod mihi promiserunt, nequaquam memoriæ ipsarum depereat, quoniam et ego quantum Dominus dignatur modis omnibus feci, et facio quod eis, teste Deo, spopondi. Confido etiam in Domino quod, vita comite, non cessabo pro vobis omnibus deprecans, ut gratia Dei quæ vos tam longe prævenit, jugiter vos prosequatur, et conterat Satan sub pedibus vestris ut et mea parvitas salutem quam non mereor vobis exorantibus obtinere valeat. De cæteris quæ vobiscum secretius contuli, cum opportunum fuerit, scriptis me certificare curabitis. Valete in Domino semper.

RESPONSUM HILDEGARDIS

Sub quadam parabola hortatur ad charitatem, fugam sæculi, et amorem veræ sapientiæ.

Chare fili, parabolam hanc aud', quam in vera visione vidi.

Quædam nobilis et pulchra domina cubiculum ex auro ornatum habuit, quæ frequenter duas puellas elegantes vultus habentes secum habitare elegit. Multæ autem turbæ dominam hanc videntes, faciem ejus laudaverunt, ac cum illa habitare voluerunt. Quibus ipsa dixit : Munera quæ vobis placent, vobis dabo, quia nec mihi, nec vobis prodesset ut simul essemus. Nobilitatem enim et pulchritudinem meam vulpibus et canibus et in irrisiones dare nolo. Sed quædam rugosa mulier rubra et nigra facie huic nobili dominæ assimilare voluit, ac nobilitatem et pulchritudinem ipsius indigne tulit. Hæc eadem rugosa mulier super montibus ambulat, et in regionibus ac in omnibus locis currit, laudem et honorem quærens, et nemo illi dat ; sed omnes dicunt : Ista inquieta et indisciplinata a diabolo est, et ab omnibus abigenda est. Quædam etiam mulier mercatrix de omni arte ad se collegit quæ oculis pulchra ad videndum sunt, et studebat ut ea ignota et mirabilia hominibus in visu et in auditu faceret. Postea vero crystallum pulchram et nimis puram ad ignem solis posuit, quæ de sole sic accendebatur, quod lumen omnibus dedit. Unde etiam ipsa omnes artes suas in moderatione habuit. Nunc, fili mi, primam mulierem et puellas ejus attende ; sed mulierem rugosam omni studio fuge, mulierem autem mercatricem ad te collige. Prima enim mulier charitas est cum puellis, videlicet benevolentia et largitate. Sed mulier rugosa, rubeam et nigram faciem habens, amor sæcularis est, quo turpi studio lascivi homines ad invicem se complicant. Mulier vero mercatrix philosophia existit, quæ omnem artem instituit, et quæ crystallum, id est fidem invenit, cum qua ad Deum pervenitur. Ego autem in Deum confido quod cum iis partem habeas, quoniam in ignea crystallo munera passionis et resurrectionis Domini Deo obtulisti.

EPISTOLA CXXXVI.

N. SACERDOTIS ET MAGISTRI PAUPERUM IN LUTHERUM AD HILDEGARDEM.

Exoptat ab ea salutaria audire documenta, paratus iis obtemperare.

Dominæ H. divini luminis splendore radianti, N. sacerdos indignus et magister pauperum in Lutherum, scilicet in domo hospitali, cum apparuerit gloria Domini cum electis sociari.

Gratiam et benevolentiam quam multi in vobis experti sunt sæpius recolentes, gratias omnipotenti Deo referimus quod in tam fragili sexu, muliere ab infantia viribus corporis destituta, virilem animum et virtutibus non paucis adornatum conferre digna-

tus est. Adaugeat Dominus gratiam suam in vobis et in omnibus qui vobiscum sunt, et faciat ut in spiritu benevolentiæ memores sitis apud Dominum, et nostri, et multorum, qui spem suam in vobis posuerunt. Salutaria itaque sanctitatis vestræ documenta exoptamus a vobis audire, et statum vitæ nostræ diligenter a vobis intelligere, et quidquid vobis Deus super hoc revelaverit, nobis dignamini rescribere ; hoc scientes quod consiliis et monitis vestris pro posse nostro obtemperare decrevimus. Nam nobis injunctum est ut pauperibus serviamus, quod sine gravedine tumultuantis animi implere non possumus. Quapropter, a vobis scire desideramus utrum nobis utilius sit ad claustrum nos recludere, an in tumultu isto perseverare. Deus vobis aperiat quod sibi in hoc melius placeat.

RESPONSUM HILDEGARDIS.

Ut Christi imitetur exemplum, qui ut verus Samaritanus hominem qui in latrones inciderat, curavit per se et stabularios, id est apostolos.

In vera visione vigilantibus oculis in spiritu meo hæc verba audivi : O fili, qui forma Dei es, hanc propositionem audi, quoniam Filius Dei ad illos dixit qui apud se hoc dixerunt quod sibimetipsis elegerant : *Homo quidam descendebat ad Jerusalem in Jericho* (Luc. x). Hoc idem Filius Dei de primo homine dixit. Qui cum per rumorem serpentis, quem per mulierem audivit, sensit quod peccare potuit, in optione sibi hoc elegit quod per rumorem audierat. Mens enim quasi vir est, et optio quasi femina. Sed quando homo aliquam causam sibi elegerit, eamque per optionem sibi attraxerit, ipsam valde amat, sicut et Adam optionem amavit quam per mulierem audivit, quia mulier ei sic adjuncta fuit velut menti electio. Quando Adam hoc fecerat, de visione pacis descendit, et similis lunæ quæ deficit factus est. Sed quamvis peregrinus esset, tamen Creatorem suum scivit, ac in illa cognitione lunæ quæ interdum crescit, similis fuit. *Et incidit in latrones* (ibid.), quod proprietas voluntatis ipsius fuit, quæ ipsum decepit, quemadmodum latro per sibilos dolositatis homines decipit, donec eos capit. *Qui etiam despoliaverunt eum* (ibid.), scilicet eadem proprietas ab omni gloria quam in paradiso habuit, velut latrones homines despoliantes substantiam eorum distribuunt ; ideo unusquisque homo qui felix erit, fugiat quod propria voluntas sua sibi elegerit, quæ ipsi tam nociva est, quemadmodum Adæ, quod mulierem suam audivit, maximaque vulnera ei facit : ita ut si sanari vult, ipsum cum magno suspirio medicum quærere oportet, quia etiam transgressio Adam in peregrinationem hujus exsilii misit, ita quod in scientia boni et mali vix vivebat. Quem nec sacrificium Abel, quod Noe per ædificationem altaris perfecit, nec ministerium obedientiæ Abrahæ, quod Moyses per legem complebat, levare potuerunt ; sed Samaritanus eum levavit. Samaritanus iste Filius Dei est, qui totus in sacrario Spiritus sancti, id est integritate Virginis incarnatus est, sine omni cæcitate Adæ, quam humana natura in peccatis habet, et iste Adam cum membris suis de puteo inferni levavit. In vulnera quoque illius oleum et vinum infudit : oleum videlicet quando in Incarnatione sua motus super illum misericordia illi se ostendebat; vinum autem, quando pœnitentiam peccatorum illi injunxit, ut scriptum est : *Pœnitentiam agite, appropinquavit enim regnum cœlorum (Matth. III).*

Et imponens illum in jumentum suum, duxit in stabulum (Luc. x). Corpus ipsius quasi jumentum est, quia hominem in humeris suis in lignum crucis portavit : quod etiam ostendit, quia quando hominem fecit, jumenta cum illo creavit, sicut etiam Incarnationem suam vidit, cum hominem formavit, et cum eamdem Incarnationem sibi adjunxit sicut voluit, homo cum omni creatura ipsum Deum et hominem aspiciendo cognovit; totumque mundum homini pro tabernaculo velut stabulum dedit, et in illud stabulum ipsum duxit, quando eum per passionem suam liberavit, atque in misericordia et pœnitentia curavit. *Et altera die protulit duos denarios et dedit stabulario (ibid.).* In altera luce post resurrectionem suam vicariis suis, scilicet apostolis, et cæteris qui exempla eorum secuti erant, hominem reliquit, illis injungens ut et ipsi facerent quemadmodum ipse fecerat, et quod ipse etiam operatus erat, quia sicut cum Deus hominem fecit, jumenta cum illo creavit, ita homines in veteri lege primum in creaturis, videlicet in volucribus atque pecoribus Deo sacrificaverunt; sed postea per victimam Incarnationis Christi in Spiritu sancto invisibiliter ipsi immolaverunt, quoniam Incarnationem ejus per nos cognoscimus, divinitatem vero intueri non possumus, sed eam per fidem amplectimur, velut etiam hunc mundum scimus, æternam autem vitam in fide aspicimus. Corpora enim nostra videmus, sed animas nullo modo intuemur, nisi quod solummodo scimus quod sine anima non vivimus. Sic etiam omnia opera sunt, quædam scilicet obscura, quædam manifesta, et ita quoque Creatorem omnium in humanitate et divinitate ipsius habebimus. Tali modo in duobus testamentis Deus vicariis suis hominem reliquit, ut ita cum eo agerent quemadmodum ipsis ostenderat, videlicet vulnera ejus in misericordia ungendo, atque in pœnitentia mundando, et hoc ad novissimum diem. Tunc quoque cum redierit, mansionem æternæ hæreditatis omnibus dabit, qui in bona voluntate hoc fecerunt quod eis demonstraverat.

Nunc o tu, villice Dei, sic fac, et cave ne mens tua tenebrosa sit, sine sole et luna et stellis : ita scilicet ne secundum proprietatem voluntatis tuæ, hoc et illud, ut tibi placuerit eligas, hoc et illud bonum esse dicens, quia mens tua nunc tenebrosa nubes est; sed in illum verum Samaritanum aspice, et sicut ipse fecit, ita et tu fac in ministerio ad quod a magistro tuo constitutus es, quoniam Deo placet ut misericordia egentibus impendatur, et ut peccantes ad pœnitentiam ducantur. Hoc et tu fac quantum poteris, ipsum adjuvans, qui eamdem eleemosynam pro peccatis suis dat, ut in æternum vivas.

EPISTOLA CXXXVII

MONACHORUM SIGEBERGENSIUM AD HILDEGARDEM.

Causantur quod ipsis non rescribat, petuntque ut de statu monasterii Sigebergensis aliquid aperiat, ac verba commonitoria transmittat.

HILDEGARDI dominæ et matri dilectissimæ, fratres unanimes de S. Michaele in Sigeberch, quidquid dominæ suæ famuli, vel matri debent filii.

Quam speciali charitatis affectu vos in matrem spiritualem elegerimus, et in consortium orationum nostrarum susceperimus, omnium secretorum cognitor novit, et ex frequentibus nuntiis quos vobis transmittimus, vestra quoque dilectio animadvertere potuit. Sed vos econtra affectum matris in nobis nunquam ostendistis, litteras commonitorias, quas etiam nolentibus, utpote mater filiis, dirigere debueratis, nequidem desiderantibus unquam obtulistis. Verumtamen, ut cœpimus, ad cordis vestri januam pulsare non desinamus, ut si non surgitis eo quod mater nostra sitis, propter importunitatem tamen nostram surgatis, et quæ necessaria nobis sunt tribuatis. Petimus enim ut aliqua de statu loci nostri in vera visione edocta nobis aperiatis, et ut verba commonitoria et correptionem habentia nobis transmittatis. Hæc sunt, mater dilectissima, quorum indaginem a vobis præcipue desideramus, humiliter deposcentes ut et hæc et cætera quæ nobis magis necessaria nostis, transcribatis; et sicut nos vos, sic quoque vos nos in consortium vestræ orationis suscipiatis. Valete.

RESPONSUM HILDEGARDIS.

Quosdam ipsorum ut stellas lucere, quosdam vero in obscuritate fatigationis lassescere, et de casu primi angeli per superbiam.

In visione Spiritus, qua frequenter video, hæc vidi et intellexi. Congregationem enim istam video, ut nubem quæ apparet, ut lux illa quando dies abscedit et nox appropinquat. Inter vos etiam video quosdam in bona intentione ut stellas lucere, quosdam autem in obscuritate fatigationis lassescere. Unde surgite, et *apprehendite disciplinam, ne quando irascatur Dominus et pereatis de via justa.* Vidi quoque quasi coronam duos circulos habentem, alterum scilicet inferius, et alterum superius, angelis undique plenos, et in medio coronæ hujus Michael archangelus sicut turris stabat, ita quod ii duo circuli velut duo parietes ipsi adhærebant. In pectore autem ejus forma Filii hominis fulgebat, circa quam scriptum fuit : *Virgam virtutis emittet Dominus ex Sion dominare in medio inimicorum tuorum (Psal. CIX).* Ipse quoque dextrum brachium extendens, scutum dextra manu tenebat, et juxta eum quasi nubes velut aureus fumus de thuribulo ascendens apparuit, in qua merita orationum et sancta opera populi istius resplenduerunt. Et audivi illum ad populum istum dicentem : Quandiu splendorem sanctitatis in vobis video, pro vobis pugnare volo contra nigra jacula, quæ de impiis tyrannis ad habitacula loci vestri flagrantia aspexero. Tunc cognovi quod hæc virga virtutis virga Aaron fuit, quæ in ramis virtutum floruit : quod Deus in prima die angelum posuerat, qui per superbiam seipsum a felicitate deposuit. Sed Deus virgam hæreditatis in monte Sion aspexit, quæ ut virtus magnitudinis in homine floruit, ubi omnipotens Deus in virginitate surrexit. Et hic flos de Sion exivit, unde etiam multæ aquæ effluunt suavissimum ventum dantes, quæ sunt virentia opera sanctitatis in mentes hominum, ita quod Deum in omnibus cognoscunt. Quapropter in his vultus Dei fulget, quando suggestionem diaboli a se abscidunt contra illum militantes, quasi in medio potestatis suæ, cum duas alas habent, ita quod Deum plus quam seipsos amant, et quod sanctissima opera faciunt, et tunc stant quasi columna nubis in medio inimicorum suorum, cum eos ex utraque parte percutiunt, Deum scilicet amantes et sanctissima opera facientes : quod quasi sol micat in splendoribus sanctorum. Sed primus angelus magis voluit Deum superare et in honoribus ejus stare, quam illum amare aut bona opera facere : unde homo divinitatem honorat, cum seipsum vincit, ubi in possibilitate sua mala facere posset. Quando virginitas in vexillo Regis in eo permanet, et quando alii in gustu peccati revertuntur a mola iniquitatis mundum relinquentes, quod totum in splendoribus sanctorum est : quos verbum Dei in voluntate Patris sic protulit. Et ideo ad turbam istam in Spiritu sancto manifeste sic dicitur : Benedictio Domini super vos in splendoribus sanctorum, et omnes qui vobis benedicunt benedictionibus repleantur, et qui vobis maledicunt, benedictio ab illis fugiat.

EPISTOLA CXXXVIII.

MONACHORUM HIRSAUGENSIUM AD HILDEGARDEM.

Causantur de abbate, qui non læsus ipsos opprobriis et calumniis onerare non cessabat, occasione discordiæ quæ ipsum inter et priorem intercesserat.

Dominæ Hildegardi ad ædificationem Ecclesiæ divinitus electæ, monachorum grex pauper et pusillus in Hirsaugia, sic divina pietate adornari, ut noverit humiles Christi in tribulatione consolari.

Benedicta gloria Domini, quæ de excelso solio suo mirabili et inusitato ordine prospexit, dum tantum lumen gratiæ suæ mundo per vos illucescere voluit. Inde omnes Ecclesiæ filii jocundantur; sed præcipue nos qui spirituali nova exsultationis luce perfundimur, dum in mœrore quem pro defectu nostri ordinis toleramus, divina consolatione per vos lætificari speramus. Quæ igitur sint quæ summa nobis sollicitudine pariant, quæ maxime mentem nostram remordeant, paucis animadvertite. Deo teste, Domino abbati in nullo detrahimus, quem tamen paternæ lenitatis per multa in nobis immemorem, et quibusdam familiaribus suis laxius indulgentem, libera quoque potestate in omnibus immoderatius utentem ingemiscimus. Si quidem maximis calumniis et infamiis opinionem nostram super hæc lacerari perpendimus, et præcipue pro lacrymabili discordia pridem inter nos orta, et nihilominus inter ipsum abbatem nostrum et priorem nuper commota, religionem nostram quammaximo contemptui a sæcularibus haberi deflemus. Quapropter incerti quid agamus, ut vestris orationibus divina voluntas nobis aliquatenus super his elucescat, humillime imploramus. Quod si litteris consolatoriis, quid potissimum, quidve Deo sit in his beneplacitum per vos certificari meruerimus, id quod solum possumus vestræque charitati gratissimum scimus, precum nostrarum remuneratione huic beneficio rependere semper studebimus.

RESPONSUM HILDEGARDIS.

Deum eorum non oblivisci, tantummodo vitia conculcent et pœnitentiam agant.

Serena lux dicit : O plangens ovile, et ornatum in signo ligaturæ obedientiæ, esto stabile in cogitationibus tuis et desideria tua anhelent ad amorem Dei. Tu ergo considera ubi sit prosperitas vel adversitas. Audi mensuram vallium. Valles interdum virent et florent de rore cœli et de calore solis, ac interdum arescunt et deficiunt in vicissitudine tempestatum. Sed tamen valles istas, quæ propter diversitatem tempestatum aliquando pulchritudinem suam perdunt, non habeo omnino in tali oblivione, quasi amodo in pulchritudine sua non resurgant. Sic etiam non obliviscar loci hujus in quo tu stas, quia sapientia non carebit in eo materia sanctitatis, ut ipse primum in rectitudine processit. Tu autem esto lucidum ovile in victoria, conculcans vitia, quæ in inquieto tempore concutiunt te; et non erubesce, quod te propter mala opera tua accuses, quoniam Deus omnia vulnera ungit et tergit in pœnitentia. Sed tamen vivens oculus notavit præteritam causam in dolore illo quo tu commotum es in contumacia superiorum prælatorum tuorum, quia dulcedo ungentis, matris scilicet misericordiæ, subtracta fuit a quibusdam ovibus tuis in culpa jacentibus, quæ non recte dijudicatæ sunt in pœna quam habuerunt in pœnitentia sua. Incongrua enim pluvia facit terram aridam. Sic homo qui peccaverit, si non habuit illum qui eum ungat, protinus in desperationem fugit et arescit, quoniam nulla medicina exhibetur ei secundum quod ipse sustinere potest. Nunc, chari filii, audite vocem viventis lucis. Apprehendite misericordiam quæ non est vobis orta, sed quæ ex Deo venit, et ideo non abstrahite eam ab illis quibus impendenda est. Retrahite ergo illos ad sanitatem animarum suarum.

EPISTOLA CXXXIX.

MONACHORUM EBERBACENSIUM AD HILDEGARDEM.

Ut quæ in eis corrigenda sint non celet.

Hildegardi dominæ quam sibi elegit in famulam, et plurimorum secretorum suorum consciam, pauper grex fratrum in Eberbach in numero prudentium virginum cum vera lucerna et ardenti lampade, cum fidelium animarum et supernorum civium Sponso feliciter introire ad nuptias.

Spiritus Domini quos elegit sibi et prædestinavit nunquam deseruit, sed cogitatum ipsorum in paterna mansuetudine enutrivit, ita vos felicem animam et beatam elegit sibi in organum et vas electionis suæ. Dilecta domina, obedire debemus maternæ admonitioni vestræ, quia veritas Domini per vos loquitur. Admonitiones enim vestras libenter percipimus, precamurque humili petitione ne quod in nobis corrigendum est nos celetis, sed ut Domino qui vobis multa secreta reserat placuerit, nobis id insinuare studeatis. Angelus consilii et fortitudinis, qui semper circa vos est conservet et custodiat vos sanam et incolumem. Amen.

RESPONSUM HILDEGARDIS.

Ut caveant ne felicitatem quæ in Dei prædestinatione in ipsis esse videtur abjiciant.

Mystica Dei me dicere jubent hæc in umbra visionis : Vos ascendistis in montem valde excelsum, et in valle aspicere voluistis. Interea valde tempestas supervenit, he, he, languorem qui est in lumbis vestris, sicut dicit probatus servus, scilicet David : *Tota die contristatus ingrediebar, quoniam lumbi mei impleti sunt illusionibus, et non est sanitas in carne mea* (Psal. xxxvii), et ideo oculi vestri languent præ inopia. Cavete ergo ne felicitatem illam quæ in prædestinatione Dei in vobis esse videtur, retrorsum abjiciatis per nimietatem bellorum temeritatis, quia cum Deus faciem primi angeli velut valde elegantem et fulminantem lampadem fecisset, ille temeritatem iniit, unde gloria ipsius in ipso periit; quoniam nulla bona desideravit, claritatem illius in alia vinea plantavit. Et quia Deus societatem cum malo non habet, providete ne specialis gratia Dei a vobis moveatur in opere antiqui serpentis, quoniam ille gaudet in semetipso, et dicit : Voluntatem meam invenio cum discordia in spirituali populo, et in erecto collo cum eis ambulo. Quapropter diabolo resistite, ne lumen claritatis deficiat vobis, sicut illi propter superbiam suam ablatum est. Qui enim interdum labuntur, et iterum surgunt, non carebunt hæreditate gratiæ Dei, sed in turbine vindictæ Dei incurvantur; et tamen deinde reædificat Deus in eis radicem primæ inceptionis sacrificii virtutis Dei. Et dico vobis qui plantatio Dei estis, super locum vestrum mystica Dei dicunt hæc : Nunquam delebo te, cum mihi non resistis in impia temeritate, quæ non desiderat ablui, velut etiam ostendit temeritas diabolicæ artis, ut prædictum est; in benedictione Abrahæ, lux vivens te benedicit.

EPISTOLA CXL.

N. PRIORIS DE ZWIFELDA AD HILDEGARDEM.

Quomodo collapsam in suo monasterio disciplinam valeant reparare.

Dominæ suæ de S. Ruperto dilectissimæ Hildegardi, sancti Spiritus cohabitatione reverendissimæ, N. prior de Zwifelda cum cæteris fratribus suis, quorum Deus nomina novit, debitæ orationis exhibitionem.

Si bene valetis et prosperis successibus ad vota polletis, hoc omnimodis exspectamus. Cæterum quia abyssus desperationis in reparanda cœnobii nostri religione vallavit nos, et pelagus irrationabilitatis ejus cooperuit capita nostra, humiliter et suppliciter ante faciem vestram prostrati, consilii vestri solatium cum omni devotione exposcimus. Speramus enim quod vestris orationibus apud Dominum obtinere possitis, quatenus per Spiritus sancti revelationem aliqua nobis profutura denuntiare debeatis, quoniam quorumdam fratrum nostrorum importunitate multoties gravamur. Hæc omnia rogamus vestram sanctitatem, ut styli non dedignata vicissitudine nobis rescribatis. Valete et pro nobis peccatoribus obnixius Dominum rogate.

RESPONSUM HILDEGARDIS.

Arguit eorum negligentiam, hortaturque ut resipiscant.

Serena claritas dicit : Fortissima lux divinitatis integre scit et novit omnia. Quis tangit intellectum istum, aut quis comprehendit eum, nisi ille qui videt in sapphirino oculo, quod Deus Pater super omnia tam immobilis est in justitia sua, quod nullam iniquitatem dimittit indejectam, quia ipsum tangit? Et Deus Pater in semetipso ita delectatus est, quod omnem creaturam per verbum suum creavit : unde et creatura sua ei placuit, et creaturam illam amplexatus est, quæ ipsum tangit amando eum, O magna delectatio hujus operis! Deus Pater immobilis est in rectitudine sua, sed iniquo parcit per Filium suum ad parendum admonitus. Nam Verbum suum carnem factum inspicit, et recordatur quod per Verbum suum omnes creaturæ factæ sunt. Secundum hunc modum etiam sancti Dei illum in admonitione tangunt in sua clara voce, simili candida nube volante quasi volatilis aer aquæ. Audite ergo qui erumpitis in criminibus vestris. Mons Domini idcirco vocamini, quod Filium Dei imitari debetis per conversationem vestram. Quare ergo materna viscera charitatis et rectitudinis negligitis, similes existentes illis qui in Oreb corpus suum in lege castigabant, et iterum in alia via errabant; sicut etiam illi speculatores faciunt qui in alta voce in custodia sonant, sed tamen civitatem in insidiis perforant. Mens vestra est quasi nubes quæ tempestates portat, modo iracundiam in negligentia, modo sordes pecorum in petulantia habens, ubi pacificam hostiam negligitis dicentes : Nolumus resistere nobis, quia corpus nostrum non possumus accingere in constrictione, quoniam nati sumus de Adam. Nam vos in palatio regis non vultis restringere jecur vestrum ut debetis. Cur ergo non erubescitis, quod quasi a stabulo asinorum erepti, et in magnum honorem cæremoniarum sanctificationis per supernum Dominum positi, verum ad stabulum asinorum recurritis? O væ! in hoc similes facti estis Balaam, qui insaniebat in vulneribus ferventium cicatricum, furens in regione umbræ mortis. Nolite ergo relinquere montem sanctificationis in vanitate voluptatis. O væ turpitudini quæ projecta est retrorsum in alienum locum! Nam illi pereunt qui prævaricantur in sancta institutione. Apprehendite autem disciplinam, et ne erretis in via justitiæ, quasi legem non habeatis, et quasi sol non radiet super thuribulum benedictionis, ne quando irascatur Dominus, et pereatis de via justa, cum in prævaricatione jacetis. O metuenda et veneranda sacrificia, quæ incredulitatem idolorum non habent, nec sarcinam percutientium vulnerum! O væ dolori miseriæ, quia Deus destruet in vobis murmurationem Ninivitarum, nisi citius curratis ad olivam sanctificationis! Quare estis curvi in mendaciis istis, quasi cæci non sitis? Sed cæci estis, cum non prævidetis causam illam in qua nati estis per casum Adæ, et cum eam habetis in brachio amplexionis ridentes et cachinnantes quasi eum non habeatis. Fugite ergo et nolite peccare, ut cito veniat salus vestra. Videte et ambulate in recto itinere.

EPISTOLA CXLI.

MONIALIUM ZWIFILDENSIUM AD HILDEGARDEM.

Ut ostendat quomodo a via negligentiæ ad viam correctionis debeant redire.

Hildegardi speciali gratia divinitatis illustratæ, humilis Zwifildensium sororum cœtus, in acceptis cœlitus donis amplificari.

Omnipotentiam suam divina clementia mirabiliter in vobis glorificavit, quam de fragili massa assumptam thesauris gratiæ suæ novo ordine adimplere curavit. Vestræ itaque claritati congaudemus, nosque nostraque omnia vestris orationibus suppliciter commendamus. Rogamus etiam pietatem vestram ut, cum divinæ visioni insistitis, commonitoria verba ad nos dirigatis, et quomodo a via negligentiæ ad viam correctionis redire debeamus, nobis ostendere non negligatis. Valeat in Christo vestra dilectio.

RESPONSUM HILDEGARDIS.

Ut superbiam vitent, nec sint saltatrices, nec extra monasterium prodeant, et ad primam desponsationem redeant.

Qui omnia videt et quem nihil latet dicit : Quidam vir nobilis copulavit sibimetipsi cum summa diligentia sponsam valde pulchram in facie, cum sapphirinis oculis, cujus statura æqualis erat et non tortuosa in ulla diversitate, sed speciosa in omnibus ornamentis. Ipsa quoque valde amabilis fuit in omnibus moribus suis, ita quod eam decebat omnis symphonia in citharis et in omni genere musicorum : talis etiam existens, quod noluit esse concubina nec saltatrix in habitu meretricio, et quod nolebat vagari per diversas plateas, nec loqui ad irrisionem juvenum. O vanitas et spurcitia diabolicorum jaculorum! et o ignominia lasciviæ puellarum! contremisce sermonem istum. Cum feminea forma subtrahat se a junctura mariti, propter Deum nolens viro copulari, o quam magna nobilitas in illa tunc est, quia ipsam decet desponsatio superni Regis, quoniam carnalem virum recusavit, et sic debet amplecti Deum, et adhærere Domino suo, quia terrenum virum non habet. Nam ipsa debet sic permanere ut Eva fuit antequam eam Deus Adæ repræsentaret, cum illa tunc non ad Adam, sed ad Deum aspexit. Sic mulier faciat, quæ propter amorem Dei carnalem virum recusat. Ad Deum aspiciat, et non ad alium virum, quem prius habere nolebat. Sed valde durum et amarum est propter dolositatem antiqui serpentis, quod viriditas carnis in seipsa semper arida sit. Attamen cum mulier fortissime armata fuerit, ita quod in thalamum superni Regis se collocat, et quod ipsum Regem dulcissima charitate amplectitur, nolens colere officium carnalis ardoris in concupiscentia, sed volens vultum animi sui ponere in Deum, recusans voluptatem carnis suæ, tunc aspiciat ut aquila in solem, et ut columba per fenestras suas, cogitans et studens quomodo animum abstrahat de divitiis et deliciis sæcularibus, et de consortio carnalis viri. Et ideo femina quæ non vult ire in thalamum carnalis viri propter dilectionem Dei, debet in spirituali vita mecum esse, qui sum sine initio et sine fine; nec sit in furtivis amplexibus rusticum occulte amans. Sed si hæc fecerit, non est mecum, quia vipereos mores habet. Quapropter mulier quæ ita fervet, quod non potest sæculum derelinquere, non in periculum, nec in altum montem ascendat, ne postea in lacum mergatur, quia mihi prius desponsata fuit, et deinde ad carnales amplexus ivit. Nam Virgo Maria in calore Spiritus sancti jucunda fuit, et virginitas ejus floruit. Sed nulla feminea forma hoc incipiat, quod Spiritus sanctus in illam non misit, ne postea vacua remaneat. Mulier quæ ad me vult respicere, non sit in diversitate dispersi cordis super ambitionem hujus sæculi, nec sit tortuosa per flagrantia magniloquia superbiæ, sed sit stabilis in omnibus ornamentis virtutum, et nobilitate charitatis et justitiæ, quæ dominantur in omnibus speciosis superni Regis.

Nunc, o tu turba puellarum, audi quod superna vox ad te sonat. Noli esse concubina, nec in altam vanitatem superbiæ mentem tuam pone, ita quod velis honorem Regis discernere unicuique secundum statum suum, cum putas quod mihi non sit possibile, ut discernam solem et lunam et cætera ornamenta cœli. Meretrix omnia quasi similia et æqualia habet, videlicet principem ut rusticum. Qui sic facit, inhonorat me, sapientiam similem faciens ignorantiæ, et pietatem vanitati, ac cæteras virtutes similes cupro. Nunc, o vos puellæ, nolite esse saltatrices, in similitudine pessimorum morum, secundum quod vobis placet, ne in alterutrum decipiamini in omnibus rebus si sic feceritis. Nam saltatrix unicuique secundum voluntatem illius saltat. Sed et apertis ostiis ne ambuletis propter sordiditatem mentis vestræ, nec nutum faciatis in lascivis nutibus per petulantiam latitudinis vestri cordis, quasi in plateis illud amantes quod contempsistis in amplexibus Regis, cum rusticum pro regio amore in amplexus vestros ponitis. Unde mulier quæ non vult habere consortium carnalis viri, non sit ullo modo in aperto, quia hoc non decet eam; sed in occulto corpore et mente velut columba in caverna maneat, ne eam accipiter, scilicet virilis animus arripiat. Nunc tu, o turba, citius surge ad primam et ad regalem desponsationem primi et principalis viri tui. Ipse enim vocat te. Emenda ergo et corrige quod illum offendisti, et suscipiet te in æterna salvatione et vives.

EPISTOLA CXLII.

A. PRIORIS ET CONVENTUS DE MONTE S. DESIBODI AD HILDEGARDEM.

Conqueruntur quod apud ipsos educata ipsis non rescribat, nec commonitoria verba transmittat.

Hildegardi gratia Spiritus sancti verissime repletæ, A. monachus indignus et prior de Monte S. Desibodi cum fratribus ejusdem loci, de virtute in virtutem ascendere, et Deum deorum in Sion videre.

Cum in exteras regiones verba admonitionum vestrarum mittatis, et quamplurimos viam rectitudinis desiderare faciatis, nos qui vos fere a cunabulis novimus, et apud quos per plurimos annos fuistis, miramur cur verba cœlestium visionum nobis sitientibus subtrahatis. Scimus enim quomodo apud nos educata, quomodo docta, quomodo conversata estis; quia non alio quam muliebri operi institistis, non aliis codicibus quam simplici Psalterio imbuta estis, et sine querela bonam et sanctam conversationem dilexistis; sed divina pietas cœlesti rore, ut voluit, vos imbuit, et magnitudinem secretorum suorum vobis aperuit; et cum in his vobis congaudere deberemus, Deus vos nobis nolentibus eripuit, et ad alios homines transtulit : quod cur fecerit perscrutari nec scire possumus; sed tantum hoc nolentes et volentes in multa perturbatione sufferimus. Nos enim sperabamus salutem loci nostri in vobis situm esse, sed Deus aliud quam vellemus disposuit. Nunc autem quia voluntati Dei resistere non possumus, ipsi cedimus et vobis congaudemus, quoniam plurima hucusque invisa, hucusque inaudita per divinam revelationem manifestastis, hucusque clausa reserastis. Nam Spiritu Dei plena, multa scribitis quæ ab homine non didicistis, quæ sancti et docti viri mirantur. Eapropter quamvis longe a sanctis simus, quia peccatores existimus, supplices rogamus ut tum pro gloria Domini, tum pro antiqua et justa familiaritate memor nostri sitis, et verba consolationum nobis porrigatis, et nobis apud Deum subveniatis, ita ut quod in nobis minus est, Deus per merita orationum vestrarum in nobis supplere dignetur. Valete.

RESPONSUM HILDEGARDIS.

Ut ad Deum redeant.

In vera visione vocem audivi hæc adversum injurias quas et spirituales et sæculares contra justitiam proferunt dicentem : O justitia, tu peregrina et advena es in civitate illorum qui sibi componunt et eligunt parabolas de officio propriæ voluntatis suæ, nec ad tua mysteria, nec ad amicitiam tuam anhelant, quæ es purpurata amica regis. Unde clamas propter sortem illam in qua non quiescit ulla justitia et in ærumnis dicis : Valde erubesco, ita quod faciem meam sub pallio meo abscondo, ne mihi insidiantes me videant ; sed ipsi dicunt : Quodcunque ex nobis est, omnibus prodest. Quapropter, o justitia, magnum zelum habes, ita quod reus judicii est qui tibi resistit. Et iterum in ærumnis dicis : Unde venis? De sinu Patris, et omnes regiones mecum collectæ sunt; sed et ubi positæ sunt omnes staturæ populorum, ac omnia instituta generationum, ibi aderam, et sic columnæ nubis in me erectæ sunt. Nunc autem sum tædium illorum, qui in prima radice in me orti sunt. Quapropter antequam in his doleam propter ignorantiam populorum suspiro, et tanquam inundantes aquæ sic rugitus meus in alta voce sonitus aquarum multarum, propter nimietatem stultorum hominum in garrulitate morum ipsorum, et in strepitu inhonestatis. He, he, o aquilæ, quæ in me transistis per aquam recuperationis quasi auroram rutilantem et quasi gemmam coruscantem, nunc dormitis, et ut stulta animalia estis, quæ interdum procedunt et interdum retro incedunt, et interdum se invicem ambulando intermiscent.

Sed et de hoc monte filiorum Dei hæc in mystico spiramine vidi. Montem multæ magnitudinis vidi, in cujus vertice vir magnus sedebat, qui in utraque manu sua legem Dei quasi in charta scriptam habebat, sicut de Moyse scriptum legitur. Et sub pedibus ejusdem viri quædam turba hominum spiritali circumcisione circumdata erat, qui omnes instrumenta ipsius legis cum gaudio et cum suspirio susceperunt dicentes : o Domine Deus noster, quando ad te veniemus, libenter tibi obediemus ; sed tamen interdum in quamdam turbinem se miscuerunt, et aliquando multa crimina inter illos fuerunt, quæ tamen multis lacrymis abluerunt in aspersione sanguinis Christi Jesu. Nam cum homo in tam magnis peccatis jaceret, quod se de illis in nulla viriditate per seipsum erigere valeret, dixit Deus : Volo hominem per memetipsum erigere, ac denuo in visceribus misericordiæ plantare, ita ut in speculo confessionis resideat, qui se de visceribus diaboli per seipsum eripere non potuit. Sed ego paupercula, quamvis multa crimina in his viderem, superbiam tamen in eis non vidi, quæ per contumaciam in jactu lapidum peccatores contemnit. Sed sub pedibus istorum aliam turbam hominum conspexi, candida nube circumdatos, et pulchras facies habentes ac in cœlum aspicientes: qui tamen petulantiam cum suscitatione multarum inutilitatum, sicut pingues tauri interdum adierunt, ita ut cum cœlum aspicerent, arcus suos intendentes sagittas contra cœlum emiserunt, atque plumbeis fustibus contra cœlum percusserunt, et sic posuerunt in cœlum os suum et lingua eorum transivit in terra. Unde tonitrua super eos venerunt, et grandines super eos ceciderunt, atque multæ nebulæ eos obtexerunt. Et murmurabant quare hujusmodi squalores eos ita circumvallarent. Et gratia Dei illis sic respondit : Ad magnam beatitudinem vos collegi ; sed in temeritate vestra me abjicitis cum dicitis, quis ad vos pertingere possit, aut quis sermo vos vincat, aut qui colles, aut quæ lingua vos percutere valeant? Sicut etiam filii Israel Deum neglexerunt, cum per benedictionem Abrahæ cornu benedictionum super eos erexit, ac in sinum suum per lætitiam honoris levavit. Sed illi in fraude murmurabant, ac in temeritate Deo resistebant, ac sanctitatem per effusionem sanguinis Christi reliquerunt. Tunc benedictio in illis retrorsum abiit et evanuit, quia ad casum mortis se declinaverunt. Et Deus de sacrificiis et de holocaustis illorum aliam civitatem Ecclesiæ ædificavit, usque dum omnes aquæ puteorum educantur in vallem nigrarum nebularum. Et tunc omnes aquilæ in circumeunte rota in unum gregem congregabuntur, quia ipsæ prius in benedictione erant.

Sed et aliam turbam hominum sub pedibus istorum vidi ante quorum oculos aries in spinis aurei coloris pendebat : quem cum odore myrrhæ et thuris et cum fulminante vultu inspiciebant, et de manibus magni viri illius, qui in vertice ejusdem montis sedebat, quidam rivuli ad pectora illorum effluxerunt. Et illi clara voce ad sinum sapientiæ sic clamaverunt : Deus olim nos in multis sacrificiis congregavit ; sed nos omnes in multis obligationibus delinquimus : unde super torcular positi sumus cum propheta dicentes : *Torcular calcavi solus et de gentibus non est vir mecum* (*Isa*. LXIII). Et verum ubi sagena missa est in mare, et ex omni genere piscium congregabat, sicut illi piscantes elegerunt pisces bonos in vasa, sic gratia Dei elegit illos ad gloriam; qui humiles corde sunt et devoti in timore Domini, rapinas non intendentes. Nunc autem prima vox quæ vos ad laudem Dei congregavit, faciat vos in radice boni sicut primos, qui in parietibus templi consecrati sunt. Sed tu, o mons, audi in admonitione Dei, Deus te constituit sicut montem Sinai ad sacrificandum ei hostiam laudis. Nunc autem ad Deum convertere, et esto candelabrum Regis, ita quod non erubescas in prima radice tua, sicut dextera Dei te plantavit.

EPISTOLA CXLIII.

MONACHORUM S. EUCHARII TREVIRENSIS AD HILDEGARDEM.

Admonitionis ipsius stimulis excitari desiderant.

HILDEGARDI Sponsi cœlestis amplexibus jugiter inhærenti, necnon omnibus secum in Christo conversantibus, cœnobii S. Eucharii Trevirensis omnis conventus, id quo nihil est melius.

Quicunque voluntatem Patris qui in cœlis est facere conantur, ipsi fratres, sorores et matres Domini vocantur (*Matth*. XII). Quisquis vero alios commonendo quasi lactando in melius pertrahere studuerit, hic dignitatem matris specialiter obtinebit. Unde non immerito te præ cæteris velut matrem in Domino veneramur, cujus consolationis et eruditionis uberibus in intimis affluenter reficimur. Ipsum quoque qui facit mirabilia magna solus tecum magnificamus. Qui hæc a sapientibus et prudentibus hactenus abscondit, quæ mirabiliter diebus nostris humilitati tuæ revelavit. Proinde quia viam mandatorum Dei corde dilatato currere non possumus, admonitionis tuæ stimulis excitari, prout tibi Deus dederit, vehementer desideramus. De cætero indubitanter cognoscas quia in litteris tuis, scilicet in libro *Scivias*, delectati sumus, sicut in omnibus divitiis. Denique sanctis orationibus vestris nos apud Deum adjuvari et consiliis præmuniri humiliter deposcimus.

RESPONSUM HIDEGARDIS.

Eorum sanctam laudat conversationem.

Vos qui tunicam Christi induistis ac eum imitari vultis, audite quod Psalmista dicit : *Qui ponis nubem ascensum tuum, qui ascendis pennas ventorum* (*Psal*. CIII). Quid est hoc? In constitutione mundi posuisti nubem ascensum viventium volatilium, quæ in altitudine aeris sunt. Quod etiam sic est: Deus præscivit quod spiritualem populum in semetipso constituturus erat, ut propheta dicit : *Qui sunt hi qui ut nubes volant, et quasi columbæ ad fenestras suas?* (*Isa*. LX.) Mentes spirituales velut nubes sunt, quæ est quasi materia luminarium, scilicet solis, lunæ et stellarum. Sic etiam obedientia velut materia est humilitatis, charitatis et aliarum virtutum, in quibus fideles quasi columbæ volant, cum per ligaturam propriæ voluntatis desideria sua a se abscondunt, ita quod per cavernam innocentiæ in solem aspiciunt, quasi homines non sint in voluntate carnis suæ. Et sic Creator omnium ambulat super pennas ventorum, cum supernus Filius in humilitate castitatis pulcher flos processit, ac ita in mansuetudine permansit. Unde scriptum est: *Super quem requiescam, nisi super humilem, et mansuetum, et trementem sermones meos?* (*Isa.* LXVI). Hæ sunt alæ spiritalis populi; sed qui istis carent, velut volatilia cadent, quæ pennas volandi non habent. In his etiam convertitur multitudo maris et fortitudo gentium venit. Nam innumerabilis turba hominum ad istas alas currit. Sed quidam inter illos respiciunt ad aquilonem per turbinem vanæ gloriæ ac superbiæ et per superfluitates sæcularium morum in semetipsos confidentes, ne c Psalmistam sequentes qui dicit: *Bonum est sperare in principibus* (*Psal.* CXVII). Quid est hoc? Multo melius et utilius est aspicere et volare in nubem per tunicam Christi, quam confidere in se, velut in causa perditi angeli factum est, qui in superbia illum superare voluit ante quem sic stare non potuit, sed in abyssum quasi plumbum cecidit. In hac superbia etiam Adam vitam fugit, et alienam peregrinationem invenit, in qua in Patrem suum quasi in alienum in peregrinatione sua aspexit; quem ante bene cognoverat, cum innocens in humilitate fuit. Sic etiam filii hominum in semetipsos confidunt, decepti velut spem habentes in principibus. Sed cum Deus clamavit: *Adam, ubi es?* præscivit quod factura digiti sui omnino perdenda non esset, sed quandoque redimenda, ut scriptum est: *Redemisti virgam hæreditatis tuæ, mons Sion in quo habitasti in eo* (*Psal.* LXXIII). Quid est hoc? Deus hominis recordatus est, quando per mulierem caput serpentis contrivit, ubi Verbum caro factum est et mons Sion fuit, in quo Deus habitat in humilitate, et Filius in corde Patris.

Nunc autem, tu congregatio congregata, audi, ut sis mons Sion. Nam Deus ab initio præviderat quod omnem creaturam facere voluit. Verbum etiam Patris in Virgine, Virga homo surrexit, et ipsa virga materia omnium virtutum sanctitatis fuit, de qua et vos, o spirituales populi, venistis. Eva enim omne genus humanum protulit: ista vero virga illud in sua viriditate denuo reparavit, quando de ventre ejus Filius Dei exivit. Quod sic o spiritualis mons Sion estis, quia Pater in Verbo suo vos plantavit. Nam et Filius excelsi Patris in tabernaculo Mariæ Virginis habitavit, et sicut fortis leo de illa exivit, ita quod totus mundus ipsum vidit, qui et vos spiritales populos in semetipso congregavit, cum ad eum velut nubes volatis, peccata vestra non in voluntate operis portantes. Ipse enim sine peccato fuit. Et tunc eum imitamini, ubi post illum ambulatis, cum vosmetipsos ne peccetis repudiatis, non existentes tanquam pulvis quem projicit ventus a facie terræ, nec ut venenum aspidum, nec quasi plumbum in aquis vehementibus; sed cum in vana gloria curritis, tanquam pulvis estis, qui hac et illac spargitur, et qui fructum justitiæ non seminat, nec vineam electam plantat; sed qui magnam famam producit et animas vestras lædit: cum vero in malignitate superbiæ estis, venenum aspidum insanabile concipitis, quod vos mortificat. Cum autem inquietudo mentium inter vos exsurrexerit, estis quasi plumbum, quod in puteum vehementer cadit. Nam vana gloria et malignitas viscera superbiæ sunt, et quæ sic cum inquietudine mentium invicem implicantur, odium ac invidia illis ministrat. Unde pax et securitas ibi fugiunt, et charitas Christi recedit, et qui in illis malis sunt cadent quasi plumbum in aquis vehementibus, quia alas sublevationis non habent. Nam zelus Domini in ultione sua super illos clamat, ut olim intonuit cum superbum inimicum in abyssum dejecit, ut Psalmista dicit: *Leva manus tuas in superbias eorum in finem, quanta malignatus est inimicus in sancto!* (*Psal.* LXXIII.) Nam Deus elevavit sanctissima opera cum lucem a tenebris divisit, quia ibi superbia cum omnibus visceribus diaboli in finem cecidit, cum ad aquilonem respiciens, scutum suum in nihilum posuit, ubi etiam omnino periit. Sed tamen deinde iterum superbia in hominibus multas civitates absque longitudine dierum ædificavit, et pœnas pœnis addidit, ac ruinas in multitudine ærumnarum fecit, ubi homines dixerunt: Deum nescimus, nec eum colere volumus. Et sic malignatus est inimicus in sancto.

Nunc autem vivens lux ad filios turbæ istius dicit: Vos parietes templi estis, quia primitiva Ecclesia vos plantavit, unde vanam gloriam et superbiam, ac turbinem multarum inquietudinum fugite. Nunc viventibus oculis hæc videte, et audientibus interioribus auribus hæc audite. Locum autem vestrum in dispersione non video, quamvis multa flagella passurus sit. Vivite ergo et vigilate in Deo. Nam etiam in vera visione quosdam in ista congregatione vidi ut auroram rutilantes, quosdam ut sapphirum fulgentes, quosdam u lucem stellarum lucentes. Qui enim ut aurora rutilant, hi timorem Dei habent, et præcepta regularis legis propter Deum libenter custodiunt, quamvis per carnem, velut victima quæ ad occisionem ducitur, interdum deviare videantur. Qui autem ut sapphirus fulgent, charitatem Dei habent, et ideo gravia peccata non operantur, quamvis peccent, et etiam propter delicta sua libenter se castigant, et hæc in consuetudine habent. Sed qui ut lux stellarum lucent, benevolentiam habent, et ideo cum hominibus non rixantur, sed lasciviam puerilium morum tenent, et a gravibus peccatis libenter se abstinent, ac ea odiosa habent. Et alios in nigritudine amari fumi propter consuetudinem squalidorum morum vidi, in qua quidam propter proprietatem mentis suæ amari sunt, et facultates diligunt, et ideo spiritualem consuetudinem non amant; sed illos qui in supradictis tribus modis sunt, sæpe affligunt.

Et audivi vocem de cœlo clamantem: Quandiu congregatio hæc in his tribus modis detinetur, a Deo non relinquitur. Sed et ad illos qui in prædicta nigredine erant, eamdem vocem audivi dicentem : Surge, Aquilo, et veni Auster, perfla hortum meum, et fluent ante illum. Quod dicitur : Recede, malum iniquitatis, et veni bonum justitiæ, et irriga virtutibus plantationem sanctitatis, ut fulgeant in ea opera quæ non marcescant. Aquilo enim sunt rixatores, qui verbis rixæ et excusatione avaritiæ et provocatione injuriarum dulces et utiles herbas virtutum prosternere volunt, quemadmodum Aquilo universa præcipitat. Sed illi quos hoc modo affligunt, patientiam sic discunt, et lacrymabili gemitu pro suis et istorum peccatis ad Deum clamant ; unde etiam aliquando tædiosi ad peccandum sunt ; et ob hoc fumus aromatum ex cordibus eorum ascendit, quem angeli suscipiunt, et sic per aquilonem viriditas bonis tribuitur. Illi etiam qui facultates libenter habent, his qui in tribus præfatis modis fulgent aliqua objiciunt, ut confundantur, et etiam necessariis causis obedientiarum suarum, quærunt quomodo eos affligant, ac multoties in immunditiam carnis se involvunt, velut porcus qui stercori involvitur, et nutibus serpentini oculi cum gravissima consuetudine interdum alios fatigant. Sed vos qui injustitiam diligitis, hanc admonitionem memoriter tenete, ita ut facultates propriæ voluntatis vestræ idololatriam esse cognoscatis, et ab angelicis ordinibus, scilicet spiritalis populi separatas, quemadmodum idolum fallaciæ a vero Deo separatum est, ac etiam alia peccata relinquite ; et ad salientem fontem ut lavemini fugite. Lavacrum quoque pacti illius quo mundum reliquistis inspicite, quatenus a peccatis recedatis, ac studete ut sacrificium vestrum pingue fiat, ita ut perseveretis in bono quod incœpistis. Quandocunque enim homo voluntatem suam in rota carnis suæ mactat, sacrificium Deo est. Hoc enim ut sacrificium Abrahæ Deo acceptabile est, cum ille filium suum ad sacrificandum Deo obediendo ligavit. Manus enim domat qui prava opera dimittit, et pedes ligat qui itinera propriæ voluntatis suæ constringit, ac inclinatus obedit, ut caput ad gladium Isaac inclinavit, et corpus domat qui carnalem concupiscentiam abjicit. In his victoria est quæ vexillum portat, quod in bono rumore, et in suavibus odoribus virtutum redolet. Qui hanc habet, coram cunctis inimicis suis securus incedit. Hoc autem modo sacrificium pingue fiet, velut vitulus saginatus, qui absque omni macula erat, per quos anima macie deficit, quia bonum plenum pingue est. Christus enim injuriis fatigatus non peccavit, et in hoc patientiam sanctorum sanctificavit : unde et vos fideles, corda vestra ad illius prælia qui vobis exemplum dedit præparate, et sollicitudinem illorum quorum non indigetis abjicite, et ut in alpha et omega appareatis studete. In sensualitate enim peccatorum obtenebrati estis ; sed cum a peccatis surrexeritis pulchræ formæ virtutum in vobis apparebunt ; quapropter et dextra Dei vos protegat.

EPISTOLA CXLIV.

N. PRIORIS ET MONACHORUM CISTELLENSIUM AD HILDEGARDEM.

Ab ea rescire desiderant quid in ordine displicet Deo.

HILDEGARDI honorandæ et sinceræ charitatis ulnis amplectendæ dominæ et magistræ sororum de S. Ruperto in Pinguia, N. prior indignus totaque pauper et humilis congregatio Cistellensium fratrum, inter choros virginum sequi Agnum quocunque ierit.

Locorum interstitio sejuncti, quia desiderabili præsentia vestra frui corporaliter non possumus, litterarum officio salutare vos et alloqui gaudemus, quippe quam in Christo veneramur, ut superiorem, et apud Deum mediatricem habere speramus, ut charissimam matrem. Audita namque fama vestræ bonæ conversationis et in Dei... fidelis administrationis, pro vestra stabilitate et orationis obsequium, et ad Deum pro vestra salute exhibemus ministerium. Hanc igitur, o domina, salutatoriam vobis scribimus epistolam, ut et nostri memoriam faciatis, et subditis vobis eadem facere studeatis. Nam multa audivimus de vobis, unde valde gaudemus, ut possitis arcana Dei scrutari, et de occultis suis non modica manifestare. Proinde clementiam vestram petimus, ut quod in nobis et in ordine nostro, scilicet monastico, vobis imo divinis oculis displicet, secundum quod Deus vobis ostenderit nobis rescribere non ambigatis. Vale.

RESPONSUM HILDEGARDIS.

Ego fons vivus, qui propter nomen meum tunica mea induti peregrini sunt in vexatione mundi. O plangendum et lugendum est ! quod cœlum ruptum est, et quod dies obscuratus est ! Nunc ergo denarius revocandus est in atrium vocis laudis. O filii Israel, quare corrumpitis dulcissimam charitatem, quæ in me alto in profundum aspiciente fluit plenissimo opere. Et quia ipsa fluit in me, ideo fluunt etiam de ipsa aquæ vivæ. Ipsa autem stat in forma virgæ, quia sicut in virgine dulcissimi amplexus sunt propter integritatem ejus, sic etiam charitas habet dulcissimos amplexus virtutum. Sed modo luget, quoniam temerarii scindunt illam per garrulitatem murmurationis suæ. Unde etiam fugit ab eis in altitudinem illam unde venit et plangit, quia filii ipsius, quos plenis uberibus enutrivit, deficiunt, nolentes tergi a putredine volantium mentium. O ipsi miseri ! quare adjungunt se miseriæ alienationis et peregrinationis, auferentes se de visceribus regalium nuptiarum novæ sponsæ, quæ semper præparata est Sponso suo, sicut virgo viro suo, cum illi nondum in cognitione conjuncta est, sed cum adhuc in integritate sua incorrupta manet ; et isti a sponsa illa se separant, et ideo obtenebrati et obnubilati sunt, quasi cœlum fregerint. Quid est hoc? Sicut firmamentum cœli in omnibus ornamentis suis, scilicet in sole, in luna et stellis illustrat orbem; et sicut faber de lignis facit ligna, de lapidibus lapides, et de aliis instrumentis alia instrumenta, sic et isti deberent reliquo populo lucere et bonum iter ostendere; sed charitas in eis scissa est, ita quod virginitas quæ deberet in eis lucere sicut sol, et viduitas sicut luna, et reliquus populus sicut stellæ in lumine suo, deficiunt, quia dulcia materna viscera illos non calefaciunt, sed tortuosa mulier plena rugis et nigredine, plena vipereis moribus ac stridentibus dentibus horibilis existens in his omnibus quæ facit, pessime istos secundum mores porcorum emittit; qui debuerunt sancti et electi et relinquentes sæculum esse. Ipsi enim vestem innocentiæ scindunt in semetipsis in spinatis moribus, in iracundia, et corrumpunt vitalia sua in ira. Viventes oculos suos in desperatione excæcantes et omnia indumenta sua per stultitiam morum coinquinantes, et se sapientes super magistros suos existimantes. Heu! heu! filii Israel, in primo ortu vestro non constituit vos sic mysticum et aureum. *Reliqua desiderantur, abscissis a ms. codice tribus sequentibus foliis.*

EPISTOLA CXLV.

HENRICI [*leg.* HELINGERI] ABBATIS ET CONVENTUS MONTIS S. DISIBODI AD HILDEGARDEM.

Ab ipsa rescribi desiderant quid in se ipsis Deo displiceat, orantque ut vitam S. Disibodi scriptis commendet.

HENRICUS, Dei gratia servus in monte S. Disibodi et provisor ovilis Dominici cum tota congregatione fratrum suorum, venerabili matri dominæ HILDEGARDI de S. Ruperto radio divini splendoris, ultra humani sensus capacitatem, quod verissime scimus illustratæ plenissime, donis septiformis sancti Spiritus abundare, ac sitientibus pocula de eodem fonte causa divinæ remunerationis ministrare.

Quia, mater dilecta, omnipotentis Dei sancti paracliti Spiritus instinctu, necnon et jussione ejus qui vult omnes homines salvos fieri, et ad agnitionem veritatis venire (*I Tim.* II), nuper vestram sanctitatem ad nos venisse cognovimus, eidem Paraclito prout possumus, licet non condigne valeamus, gratias incessanter referimus, quia, ut veraciter fateamur, illustrationis ejus ardorem et tactum plenissime inter nos et in nobis persensimus, dum omnis odii et inimicitiarum fomenta per plures jam annos inveterata omnes unanimi consensu abjecimus, et in veræ charitatis unitatem pleniter quasi in uno corpore et anima convenimus. Eapropter sanctitatis vestræ dilectionem obnixis precibus pulsamus, ut prædicti splendoris divina gratia vobis collati inspectu, per quem vestræ charitati clausa et cæteris mortalibus absconsa, oculis cordis vestri reserantur: quoniam ex debito debetis, quia cum sororibus vestris a nobis quamvis corpore, sed non spiritu, ut veraciter speramus et scimus, egressa estis. Si veraciter in vera charitate, quæ est initium omnium bonorum, convenerimus, vel si qua radix alicujus dissensionis inter nos adhuc lateat manifestetis; sed et de aliis quibusque majoribus, ut de minoribus admissis taceamus, quæ divinæ majestatis oculis contraria cognoveritis, nobis scriptis manifestare velitis. Super hæc unanimi consensu januam vestræ charitatis opportune et importune pro descriptione gestorum ac virtutum, necnon et vitæ patroni nostri, necnon et vestri beatissimi Disibodi, in cujus domo ab ipsis cunabulis nutrita estis, pulsamus, vestræque pietatis aures intime commonemus, atque obnixis precibus indefesse profusis expetimus, quatenus etiam memoria vestræ beatitudinis per hoc in laudibus ejusdem Patris nostri habeatur, ut quidquid Deus de ipso vobis revelaverit, nobis aperiatis. Omnipotens Pater æternæ misericordiæ mentem vestræ charitatis lumine sui fulgoris inflammet, et obnixe desiderantibus pocula ad refocillandum subministret.

(*Responsum ad hanc epistolam exstat inter editas S. Hildegardis epistolas* (27), *sed et Vita D. Disibodi ab ipsa composita occurrit apud Surium 8 Julii.*)

---

(27) Fallitur, nam solum exstat responsum ad aliam Herengeri epistolam (ep. 39). EDIT.

SANCTÆ HILDEGARDIS
SCIVIAS
SIVE
VISIONUM AC REVELATIONUM
LIBRI TRES.

(Ex editione principe cui titulus : *Liber trium spiritualium virorum, Hermæ, Uguetini et fratris Liberti, et trium spiritualium virginum, Hildegardis, Elisabethæ et Mechtildis*, editore Jacobo Fabro, Stapulensi, ap. Stephanum avum, Parisiis, in folio, anno 1513, ut adnotatur ad calcem voluminis. « Emissum Parisiis ex Officina Henrici Stephani, chalcographi, e regione Scholæ Decretorum, anno Mil. CCCCC. XIII, sexto Nonas Junias. — Iis qui huic devoto pioque operi emittendo quomodocunque invigilarunt, prosit apud Deum piæ preces legentium. Qui autem hoc opus impressit, partim ære proprio, partim vero socii Joannis Briensis opitulamine rem litterariam auxit. » Et in fine indicis legitur : « Volgatius Pratensis, operis nofficina recognitor, legentibus salutem et pro se preces ad Deum orat. »)

LIBER PRIMUS.
PRÆFATIO.

Ecce quadragesimo tertio temporalis cursus mei anno, cum cœlesti visioni magno timore, tremula intentione inhærerem, vidi maximum splendorem, in quo facta est vox de cœlo ad me dicens : O homo fragilis, et cinis cineris et putredo putredinis, dic et scribe quæ vides et audis. Sed quia timida es ad loquendum, et simplex ad exponendum, et indocta ad scribendum ea, dic et scribe ea non secundum os hominis, nec secundum intellectum humanæ adinventionis, nec secundum voluntatem humanæ compositionis, sed secundum id quod ea in cœlestibus desuper in mirabilibus Dei vides et audis; ea sic edisserendo proferens, quemadmodum et auditor verba præceptoris sui percipiens, ea secundum tenorem locutionis illius, ipso volente, ostendente et præcipiente propalat. Sic ergo et tu, o homo, dic ea quæ vides et audis : et scribe ea non secundum te, nec secundum alium hominem, sed secundum voluntatem scientis, videntis et disponentis omnia in secretis mysteriorum suorum. Et iterum audivi vocem de cœlo mihi dicentem : Dic ergo mirabilia hæc, et scribe ea hoc modo edocta, et dic. Actum est in millesimo centesimo quadragesimo primo Filii Dei Jesu Christi incarnationis anno, cum quadraginta duorum annorum septemque mensium essem, maximæ coruscationis igneum lumen aperto cœlo veniens, totum cerebrum meum transfudit, et totum cor totumque pectus meum velut flamma non tamen ardens, sed calens ita inflammavit, ut sol rem aliquam calefacit super quam radios suos immittit. Et repente intel-

A lectum expositionis librorum videlicet Psalterii, Evangeliorum et aliorum catholicorum tam Veteris quam Novi Testamenti voluminum sapiebam, non autem interpretationem verborum textus eorum, nec divisionem syllabarum, nec cognitionem casuum aut temporum callebam. Virtutem autem mysteriorum, secretarum et admirandarum visionum a puellari ætate, scilicet a tempore illo cum quinquennis essem usque ad præsens tempus, mirabili modo in me senseram, sicut et adhuc : quod tamen nulli hominum exceptis quibusdam paucis et religiosis qui in eadem conversatione vivebant qua et ego eram, manifestavi, sed interim usque ad id temporis quo illud Deus sua gratia manifestari voluit, sub quieto silentio compressi. Visiones vero quas B vidi : non eas in somnis, nec dormiens, nec in phrenesi, nec corporeis oculis aut auribus exterioris hominis, nec in abditis locis percepi, sed eas vigilans, circumspiciens in pura mente oculis et auribus interioris hominis, in apertis locis secundum voluntatem Dei accepi. Quod quomodo sit, carnali homini perquirere difficile est. Sed puellari meta transacta : cum ad præfatam ætatem perfectæ fortitudinis pervenissem, audivi vocem de cœlo dicentem : Ego lux vivens, et obscura illuminans; hominem quem volui, et quem mirabiliter secundum quod mihi placuit excussi in magnis mirabilibus ultra modum antiquorum hominum qui in me multa secreta viderunt posui; sed in terram stravi illum, ut se non erigeret in ulla elatione mentis suæ. Mundus quoque non habuit in eo gaudium, nec delectationem, nec exercitationem in rebus illis quæ ad ipsum pertinent, quia cum de pertinaci audacia abstraxi, timorem habentem, et in laboribus suis paventem. Ipse enim in medullis et in venis carnis suæ doluit : constrictum animum et sensum habens, atque multam passionem corporis sufferens, ita quod in eo nulla securitas habitavit, sed in omnibus causis suis se culpabilem æstimavit. Nam ruinas cordis ejus circumsepsi, ne mens ipsius per superbiam aut per vanam gloriam se elevaret, sed magis in omnibus his timorem et dolorem quam gaudium aut petulantiam sentiret. Unde in amore meo scrutatus est in animo suo, ubi illum inveniret qui viam salutis curreret. Et quemdam invenit et eum amavit, agnoscens quod fidelis homo esset et similis sibi in aliqua parte laboris illius qui ad me tendit, tenensque eum simul cum illo in omnibus his per supernum studium contendit, ut absconsa miracula mea revelarentur. Et idem homo super semetipsum se non extulit, sed ad illum in ascensionem humilitatis et in intentione bonæ voluntatis quem invenit, se in multis suspiriis inclinavit. Tu ergo, o homo, qui hæc non in inquietudine deceptionis, sed in puritate simplicitatis accipis ad manifestationem absconditorum directa, scribe quæ vides et audis.

Sed ego, quamvis hæc viderem et audirem, tamen propter dubietatem et malam opinionem, et propter diversitatem verborum hominum, tamdiu non in pertinacia, sed in humilitatis officio scribere recusavi, quousque in lectum ægritudinis, flagello Dei depressa caderem, ita quod tandem multis infirmitatibus compulsa : testimonio cujusdam nobilis et bonorum morum puellæ et hominis illius quem occulte (ut præfatum est) quæsieram et inveneram, manus ad scribendum apposui. Quod dum facerem, altam profunditatem expositionis librorum, ut prædixi, sentiens, viribusque receptis de ægritudine me erigens : vix opus istud decem annis consumans ad finem perduxi. In diebus autem Henrici Moguntini archiepiscopi et Conradi Romanorum regis et Cunonis abbatis in monte Beati Disibodi pontificis, sub papa Eugenio, hæ visiones et verba facta sunt. Et dixi et scripsi hæc, non secundum adinventionem cordis mei aut ullius hominis, sed ut ea in cœlestibus vidi, audivi et percepi per secreta mysteria Dei. Et iterum audivi vocem de cœlo mihi dicentem : Clama ergo et scribe sic.

VISIO PRIMA.

SUMMARIUM. — *De fortitudine et stabilitate æternitatis regni Dei. De timore Domini. De iis qui pauperes spiritu sunt. Quod virtutes a Deo venientes, timentes Deum et pauperes spiritu custodiunt. Quod agnitioni Dei abscondi non possunt studia actuum hominum. Salomon de eadem re.*

Vidi quasi montem magnum, ferreum colorem habentem, et super ipsum quemdam tantæ claritatis sedentem, ut claritas ipsius visum meum hebetaret, a quo ex utraque parte sui, lenis umbra velut ala miræ latitudinis et longitudinis porrigebatur. Et ante ipsum ad radicem ejusdem montis quædam imago undique plena oculis stabat, cujus nullam humanam formam præ oculorum multitudine discernere valebam, et ante istam, imago alia puerilis ætatis, pallida veste, sed albis calceamentis induta, super cujus caput tanta claritas de eo qui super montem ipsum sedebat descendit, ut faciem ejus intueri non valerem, sed ab eodem qui super montem illum sedebat : multæ viventes scintillæ prodibant, quæ easdem imagines magna suavitate circumvolabant. In ipso autem monte quasi plurimæ fenestellæ cernebantur, in quibus velut capita hominum, quædam pallida et quædam alba apparuerunt. Et ecce qui super montem sedebat, fortissima et penetrantissima voce clamabat, dicens : O homo fragilis pulvis de pulvere terræ, et cinis de cinere, clama et dic de introitu incorruptæ salvationis : quatenus ii erudiantur qui medullam Scripturarum videntes, eam nec dicere, nec prædicare volunt, quia tepidi et hebetes ad conservandam justitiam Dei sunt, quibus clausuram mysteriorum resera : quam ipsi timidi in abscondito agro sine fructu celant. Ergo in fontem abundantiæ ita dilatare, et ita in mystica eruditione efflue, ut illi ab effusione irrigationis tuæ concutiantur, qui te propter prævaricationem Evæ volunt contemptibilem esse. Nam tu acumen hujus profunditatis ab homine non capis, sed a superno et tremendo judice illud desuper accipis, ubi præclara luce hæc serenitas inter lucentes fortiter lucebit. Surge ergo, clama et dic : quæ tibi fortissima virtute divini auxilii manifestantur, quoniam ille qui omni creaturæ suæ potenter et benigne imperat, ipsum timentes et ipsi suavi dilectione in spiritu humilitatis famulantes, claritate supernæ illustrationis perfundit, et ad gaudia æternæ visionis in via justitiæ perseverantes perducit.

Unde etiam, ut vides, mons iste magnus ferreum colorem habens, designat fortitudinem et stabilitatem æternitatis regni Dei; quæ nullo impulsu labentis mutabilitatis potest exterminari, et super ipsum quidam tantæ claritatis sedens, ut claritas ipsius visum tuum hebetaret : ostendit in regno beatitudinis, ipsum qui in fulgore indeficientis serenitatis toti orbi terrarum imperans superna divinitale, humanis mentibus incomprehensibilis est. Sed ab utraque parte sui lenis umbra velut ala miræ latitudinis et longitudinis extenditur: quod est et in admonitione et in castigatione beatæ defensionis suavis et lenis protectio, ineffabilem justitiam in perseverantiam veræ æquitatis juste et pie demonstrans.

Et ante ipsum ad radicem ejusdem montis quædam imago undique plena oculis stat, quia coram Deo in humilitate regnum Dei inspiciens timore Domini vallatus perspicuitate bonæ et justæ intentionis studium et stabilitatem suam in hominibus exercet, ita quod ejus nullam humanam formam præ ipsis oculis discernere vales, quoniam omnem oblivionem justitiæ Dei quam sæpius homines in tædio mentis suæ sentiunt per acutissimam aciem inspectionis suæ ita abjicit: quod mortalis inquisitio vigilantiam ejus in debilitate sua non discutit.

Unde et ante istam, imago alia puerilis ætatis, pallida tunica, sed albis calceamentis induta apparet, quia præcedente timore Domini, illi qui pauperes spiritu sunt subsequuntur, quoniam timor Domini in devotione humilitatis beatitudinem paupertatis spiritus fortiter tenet; quæ non jactantiam nec elationem cordis appetit, sed simplicitatem et sobrietatem mentis diligit, non sibi sed Deo velut in pallore subjectionis justa opera sua quasi indumentum pallidæ tunicæ tribuens, et candida vestigia Filii Dei fideliter subsequens. Super cujus caput tanta claritas de sedente super montem descendit, ut faciem ejus intueri non possis; quia potestatem et fortitudinem beatitudinis ejus serenitas visitationis illius, qui omni creaturæ laudabiliter imperat tantam infundit ut copiositatem ipsius mortali et infirma consideratione capere non valeas, quoniam et ille qui cœlestes divitias habet, paupertati humiliter se subdidit.

Sed quod ab eodem qui super montem illum sedet multæ viventes scintillæ exeunt, quæ easdem imagines magna suavitate circumvolant: hoc est quod ab omnipotente Deo diversæ et fortissimæ virtutes in divina claritate fulgentes veniunt, quæ illos qui Deum veraciter timent et qui paupertatem spiritus fideliter amant, suo adjutorio et custodia circumdantes ardenter amplectuntur et deliniunt. Unde et in ipso monte quasi plurimæ fenestellæ videntur, in quibus velut capita hominum quædam pallida, et quædam alba apparent; quia in summa altitudine, profundissimæ et perspicacissimæ agnitioni Dei nec celari, nec abscondi possunt studia actuum hominum, cum et teporem et candorem in semetipsis sæpissime demonstrent, quoniam et modo homines et in cordibus et in factis suis fatigati in contumelia dormitant: modo exsuscitati in honore evigilant, quemadmodum Salomon in voluntate mea testatur, dicens: *Egestatem operata est manus remissa, manus autem fortium divitias parat* (Prov. x). Quod dicitur, debilem et pauperem se homo ille fecit, qui noluit justitiam operari, nec iniquitatem delere, nec debitum remittere, ubi a mirabilibus operum beatitudinis otiosus permansit. Qui autem operatur fortissima opera salutis: viam veritatis currens, fontem salientis gloriæ capit, in quo pretiosissimas divitias in terra et in cœlo sibi parat. Unde quicunque scientiam in Spiritu sancto et pennas in fide habet, ille admonitionem meam non transgrediatur, sed eam in gustu animæ suæ amplectendo percipiat.

VISIO SECUNDA.

SUMMARIUM. — *Quod beati angeli nullo impulsu injustitiæ territi, ab amore et laude Dei abstrahuntur. Quod Lucifer decorem et vim fortitudinis suæ considerans superbivit, et ideo cum sibi consentientibus a cœlesti gloria ejectus est. Quod Deus injustus esset, si eum non dejecisset. Verba Job ad eamdem rem. De inferno qui in voracitate sua submersionem animarum tenet. Quod in dejectione diaboli, infernus factus est. Quod gehenna impœnitentibus obvia est; purgandis cætera tormenta posita sunt. Verba Ezechielis de eadem re. De diabolica fraude primum hominem per serpentem decipiente; Quod diabolus nescivit arborem illam interdictam esse, nisi ex Evæ responsione. Quæ tenenda vel quæ vitanda sint in conjugio. Verba apostoli de eadem re. Cur ante incarnationem Domini, quidam plures uxores haberent. Cur nec homo nec angelus hominem liberare potuit, sed solus Dei Filius. Verba Sapientiæ de eadem re. Quod consanguinei conjugio non copulentur. Exemplum de lucte. Cur in Veteri Testamento, conjugium inter consanguineos concessum sit: in Novo prohibitum. Quod vir non nisi in forti ætate, non nisi nubilem uxorem ducat. De vitanda illicita et libidinosa pollutione. Quare mulier post partum, vel a viro corrupta, in occulto maneat, et ab ingressu templi abstineat. Qui in commissione prægnantis se polluunt, homicidæ sunt. Oseæ de eadem re. De commendatione castitatis. Joannes de eadem re. Quod expulso Adam, Deus paradisum munivit. Quod quia homo Deo rebellis exstitit, creatura ei prius subjecta, se illi opposuit. De amœnitate paradisi, quæ succum et vim terræ tribuit ut anima corpori. Cur Deus hominem talem fecit ut peccare posset. Quod homo non debet summa perscrutari; cum nec infima valeat examinare. Quod homo nunc clarior fulget quam prius in cœlo. Similitudo horti, ovis et margaritæ ad hominem. De commendatione humilitatis et charitatis quæ clariores cæteris virtutibus existunt.*

Deinde vidi velut maximam multitudinem viventium lampadarum, multam claritatem habentium; quæ igneum fulgorem accipientes, serenissimum splendorem adeptæ sunt. Et ecce lacus multa latitudinis et profunditatis apparuit, os velut os putei habens et igneum fumum cum multo fetore evomens de quo etiam teterrima nebula exhalans ad finem usque quasi visu imperceptibilem attigit, et in quadam clara regione candidam nubem quæ de pulchra hominis forma plurimas stellas in se continens exierat, afflavit, et illam ac eamdem hominis formam ex illa regione ejecit. Quo facto, lucidissimus splendor regionem illam circumdedit, et ita omnia elementa mundi, quæ prius in magna quiete constiterant, in maximam inquietudinem versa horribiles terrores ostenderunt. Et iterum audivi illum qui mihi prius locutus fuerat, dicente: Deum fideli devotione subsequentes, et in dilectione ejus digno amore ardentes, a gloria supernæ beatitudinis nullo impulsu injustitiæ territi abstrahuntur, cum illi qui Deum ficte attendunt: non solum ad majora non promoveantur, sed etiam ab iis quæ se habere fallaciter putant, justa examinatione dejiciantur. Quod et hæc maxima multitudo viventium lampadarum, multam claritatem habentium ostendit: quæ est plurimus exercitus supernorum spirituum in beata vita fulgentium, ac in multo decore et ornatu existentium, quoniam cum a Deo creati sunt: non superbam elationem arripuerunt, sed in divino amore fortiter perstiterunt. Nam ipsi igneum fulgorem accipientes, ita serenissimum splendorem adepti sunt, quia cum Lucifer cum suis superno Creatori rebellari conaretur, isti zelum Dei in casu illius et illi consentientium habentes, vigilantiam divinæ dilectionis induerunt, cum illi cæcitatem ignorantiæ qua Deum scire noluerunt, incurrerunt. Quomodo? In casu diaboli in illis angelicis spiritibus qui cum Deo in rectitudine perseveraverunt, maxima laus exorta est, quoniam illuminati visu perspicaciter agnoverunt quod Deus immobilis, sine ulla mutatione ullius mutabilitatis in potentia sua perseverat, ita quod a nullo bellatore superari poterit. Et ita in amore ejus exardescentes, et in rectitudine perseverantes, omne domicilium injustitiæ contempserunt.

Sed Lucifer qui ob superbiam suam de cœlesti gloria ejectus est, in initio creationis suæ talis ac tantus exstitit, quod nullum defectum nec in decore nec in fortitudine sua sensit. Unde cum decorem suum inspiceret, et cum vim fortitudinis suæ in semetipso consideraret, superbiam invenit, quæ ipsi promisit ut inciperet quod vellet, quia perficere posset quod incepisset. Et videns locum ubi se collocare posse putavit, ibi decorem et fortitudinem suam ostendere volens, in semetipso sic dicebat: Volo fulgere illic, quemadmodum et iste hic. Cui omnis acies ejus assensum dedi, dicens: Quod tu vis, hoc et nos volumus. Et cum in superbiam elatus illud perficere vellet quod cogitaverat, zelus Domini se extendens in ignea nigredine illum cum omni comitatu suo dejecit, ita quod ipsi opaci contra serenitatem quam habuerant, effecti sunt. Quid est hoc? Quia si Deus præsumptionem illorum non dejecisset, injustus esset, quoniam illos foveret qui in ægritatem divinitatis dividere volebant; sed eos dejecit et impietatem eorum ad nihilum redegit, sicut etiam et omnes a conspectu claritatis suæ aufert qui se ipsi opponere conantur, ut servus meus Job ostendit, dicens: *Lucerna impiorum exstinguetur, et superveniet eis inundatio, et dolores dividet furoris sui. Erunt sicut paleæ ante faciem venti, et sicut favilla quam turbo dispergit (Job* xxi). Quod dicitur, gloria superbientis nequitiæ ex falsa prosperitate, quasi lumen honoris in voluntate carnis illorum procedens qui Deum non timent (sed qui illum in perversa impietate spernunt, contemnentes scire quod nullus eum valeat expugnare, in igne ferocitatis suæ volentes exurere quæcunque adversantur): hæc in hora ultionis Dei velut terra conculcatur, et de superno judicio super eosdem impios cadet abjectio indignationis omnium quæ sub cœlo sunt, ita quod et Deo et hominibus molesti erunt. Unde quia Deus non sinit eos habere quod volunt, ideo undique dolore macerati in hominibus bacchantur per rabiem insaniæ suæ, cum ardent hoc possidere quod Deus non permittit eos deglutire. Et cum hoc modo a Deo recedunt, solis inutilibus rebus comparantur, ita quod nec in Deo nec in hominibus quidquam boni facere vellent, de grano vitæ in prævidente oculo inspectionis Dei abscisi. Quapropter et hujusmodi contritioni traduntur, qui in tepido sapore iniqui rumoris dissipantur, cum supervenientem imbrem Spiritus sancti non suscipiunt.

Sed lacus ille multæ latitudinis et profunditatis qui tibi apparet, est infernus, latitudinem vitiorum et profunditatem perditionum, ut vides, in se continens; os etiam velut os putei habens, et igneum fumum cum multo fetore emittens; quia in voracitate sua submersionem animarum tenens, cum eis suavitatem et dulcedinem ostendit, eas ad perversionem tormentorum perversa deceptione perducit, ubi ardet ignis cum suffusione teterrima fumi et cum ebulliente mortifero fetore emanat; quoniam hæc dira tormenta diabolo et eum subsequentibus (qui se a summo bono avertunt, nec illud scire aut intelligere curaverunt) præparata sunt; unde et ab omni bono dejecti sunt, non quia illud nescierunt, sed quoniam illud in magna superbia contempserunt. Quid est hoc? In dejectione diaboli hæ exteriores tenebræ, omne genus pœnarum in se habentes positæ sunt; quia hi maligni spiritus, contra gloriam quæ ipsis præparata fuit, miseriam diversarum pœnarum susceperunt, et contra claritatem quam habuerunt densissimas tenebras induerunt. Quomodo? Cum superbus angelus ut coluber se sursum erexit, carcerem inferni accepit, quia esse non potuit ut ullus Deo prævaleret. Et quomodo conveniens esset, ut in uno pectore duo corda essent: sic nec in cœlo duo dii esse debuerunt. Sed quoniam idem diabolus cum suis superbam præsumptionem arripuit, ideo lacum perditionis sibi paratum invenit. Sic et homines illi qui eos in actibus suis imitantur, participes pœnarum eorum secundum merita sua efficiuntur. Sed quædam animæ sunt quæ cumulum damnationis habentes, a scientia Dei projectæ sunt : et ideo infernales pœnas sine consolatione ereptionis habebunt; quædam autem in oblivione Dei non existentes, sed in superioribus examinationibus purgationem peccatorum suorum in quibus prolapsæ sunt recipientes; tandem absolutionem vinculorum suorum sentiunt, ad requiem ereptæ pervenientes. Quid est hoc? Gehenna iis obvia est qui Deum in oblivione cordis sui sine pœnitentia habent : cætera vero tormenta iis qui quamvis mala opera faciant, tamen in eis usque ad finem non perseverant, sed tandem ad Deum in gemitibus suis respiciunt. Quapropter fideles diabolum fugiant et Deum diligant, mala opera abjicientes et bona cum decore pœnitentiæ complentes, ut servus meus Ezechiel per me inspiratus hortatur, dicens : *Convertimini et agite pœnitentiam ab omnibus iniquitatibus vestris, et non erit vobis in ruinam iniquitas* (*Ezech.* xviii). Quod dicitur : O vos homines qui hactenus in peccatis jacuistis : recordamini Christiani nominis vestri, convertentes vos ad viam salutis, et facite alia opera in fonte pœnitentiæ : qui prius fecistis multa scelera in multis vitiis, et ita a mala consuetudine vestra surgentes : non deprimet vos in ruinam mortis iniquitas illa in qua sorduistis, quia illam in die salvationis vestræ abjecistis. Unde etiam hoc modo gaudium angelorum super vos erit, quoniam a diabolo recessistis et ad Deum cucurristis, eum sic melius in bonis actibus cognoscentes, quam prius eum sciretis cum in irrisione antiqui seductoris fuistis. Quod vero de eodem lacu teterrima nebula exhalans ad finem usque quasi visu imperceptibilem attigit : hoc est quod de profundissima perditione diabolica fraus emanans serpentem virulentum, nefas fraudulentæ intentionis in se continentem ad decipiendum, hominem latenter invasit. Quomodo? Quia cum diabolus hominem in paradiso vidit, cum magna indignatione exclamavit, dicens : O quis assequetur me in mansione veræ beatitudinis? Et ita in semetipso sciebat quod malitiam suam quam in se habuit nondum in alia creatura compleverat, sed Adam et Evam puerili innocentia in horto deliciarum degere videns, cum magno astu extulit se ad eos decipiendum per serpentem. Quare? Quoniam serpentem magis assimilari sibi quam aliud animal intellexit; studuit ut in dolositate illius hoc occulte perficeret quod in forma sua aperte complere non posset. Unde cum Adam et Evam a vetita sibi arbore se avertere et anima et corpore conspexit, in semetipso intellexit eos ibi divinum præceptum habere, et quod in primo opere quod inciperent, ipsos facillime dejiceret. Nesciebat enim arborem illam vetitam esse nisi quod hoc secundum probationem dolosæ interrogationis suæ, et secundum responsa eorum agnovit. Quapropter in ipsa clara regione candidam nubem (quæ de pulchra forma hominis plurimas stellas in se continens exierat) per nebulam teterrimam afflavit, quoniam in eodem amœnitatis loco Evam innocentem animum habentem (quæ de innocente Adam omnem multitudinem humani generis in præordinatione Dei lucentem in suo corpore gestans sumpta fuerat) per seductionem serpentis ad dejectionem ejus diabolus invasit. Cur hoc? Quia sciebat mulieris mollitiem facilius vincendam quam viri fortitudinem; videns etiam quod Adam in charitate Evæ tam vehementer ardebat, ut si ipse Evam vicisset, quidquid illa Adæ diceret, Adam illud perficeret. Unde et diabolus illam et formam hominis ex illa regione ejecit, quin idem antiquus seductor Evam atque Adam de sede beatitudinis sua deceptione expellens in tenebras subversionis detrusit. Quomodo? videlicet Evam primum seduxit, ut ipsa Adæ blandiretur quo ei assensum præberet, quia ipsa citius Adam quam alia creatura ad inobedientiam perducere potuit; quoniam de costa illius facta fuerat. Quapropter mulier virum citius dejicit, cum ille eam non abhorrens, verba ejus facile assumit.

Verum et non puero sed perfecto viro scilicet Adæ perfecta mulier data est, ita etiam modo, cum vir in ætate perfecta fertilis est, perfecta ei mulier conjungenda est, velut cum arbor flores incipit emittere, debita cultura ei adhibenda est. Nam de costa insito calore et humore Adæ, Eva formata est, ac ideo nunc de fortitudine viri et de calore ejus semine suscepto mulier intendit prolem in mundum producere, vir enim seminator existit, mulier autem susceptrix seminis est, unde et mulier sub potestate viri manet, quoniam ut duritia lapidis ad teneritudinem terræ est, ita etiam et fortitudo viri ad mollitiem mulieris. Quod autem prima mulier de viro formata est, hoc est conjunctio desponsationis mulieris ad virum. Et hoc sic intelligendum est. Conjunctio ista non est vane neque in oblivione Dei exercenda, quia qui mulierem de viro tulit, conjunctionem istam bene et honeste instituit, videlicet carnem de carne formans. Quapropter ut Adam et Eva caro una exstiterunt; sic et nunc vir et mulier caro una in conjunctione charitatis ad multiplicandum genus humanum efficiuntur. Et ideo perfecta charitas in his duobus esse debet, quemadmodum et in illis prioribus. Adam enim uxorem suam culpare posset, quod ei consilio suo mortem intulit, sed tamen eam non dimisit quandiu in hoc sæculo vixit, quoniam illam sibi per divinam potentiam datam esse cognovit. Unde propter perfectam charitatem non relinquat homo uxorem suam, nisi propter rationabilem causam illam, quam sibi fidelis Ecclesia proponit. Nec omnino divisio in illis fiat : nisi ambo una mente in Filium meum voluerint respicere, sic in ardenti amore illius dicentes. Volumus mundum relinquere, et illum sequi, qui pro nobis passus est. Quod si hi duo in una devotione dissentiunt ut mundum relinquant, tunc se omnino ab invicem non separent, quia ut sanguis a carne separari non potest quandiu spiritus in illa manet, ita nec maritus nec uxor se ab invicem dividant, sed simul in una voluntate ambulent. Sed si ibi in fornicatione praevaricatio legis aut in viro aut in muliere est, tunc aut a semetipsis, aut a sacerdotibus suis publicati, censuram spiritalis magisterii secundum quod justum est sustinebunt. Maritus autem de uxore et uxor de marito coram Ecclesia et praelatis ipsius de transgressione conjunctionis suae secundum justitiam Dei conqueretur: non tamen ita ut maritus aut uxor aliam copulam quaerat, sed ipsi aut simul in rectitudine conjunctionis permanebunt, aut se ab hujusmodi conjunctione simul abstinebunt, juxta id quod eis per disciplinam ecclesiasticae institutionis demonstratur, nec se viperea laceratione dilaniabunt, sed pura dilectione diligent, quoniam et vir et mulier esse non possunt nisi ista copulatione procreati, quemadmodum Paulus amicus meus testatur, dicens: *Sicut mulier de viro, ita et vir per mulierem: omnia autem ex Deo* (*I Cor.* xi). Quod dicitur: Mulier propter virum creata est, et vir propter mulierem factus est; quoniam ut illa de viro, ita et vir de illa ne alterum ab altero discedat in unitate natorum suorum, quia in uno opere, unum operantur, quemadmodum aer et ventus opera sua invicem complicant. Quomodo? Aer a vento movetur, et ventus aeri implicatur, ita quod in ambitu eorum omnia virentia illis subdita sunt. Quid est hoc? Mulier viro et vir mulieri in opere filiorum cooperatur, unde maxima crimina ibi sunt, ubi fornicatio in diebus creationis filiorum divisionem facit, quoniam proprium sanguinem de fundamento loci sui vir et mulier ibi abscindunt, in alienum locum eum abjicientes. His certe fraudulentia diaboli et ira Dei relinquetur; quia foedus illud praevaricati sunt quod ipsis Deus constituit. Quapropter, vae ipsis, quando peccata ipsorum eis non remittuntur. Sed quamvis vir et mulier in natis suis, ut ostensum est, sibi cooperentur, omnia tamen videlicet tam virum mulier et caeterae creaturae ex divina dispositione et ordinatione sunt, quoniam Deus ea secundum voluntatem suam fecit.

Ante incarnationem autem Filii mei, quidam in antiquo populo plurimas uxores secundum voluntatem suam simul habebant; quia nondum apertae demonstrationis prohibitionem inde audierant, quam Filius meus in mundum veniens ostendit rectissimo ordine hujus copulationis in marito et uxore quandiu in hac vita spirarent secundum conjunctionem Adae et Evae propalatam, quoniam conjunctio haec non secundum voluntatem hominis sed secundum timorem Dei exercenda est; quia melius est rectum conjugium juxta dispositionem ecclesiasticae discretionis habere quam fornicationem appetere, cum tamen vos homines hoc negligentes, vestram libidinem non solum secundum homines sed etiam secundum pecora exerceatis. Fides autem recta et pura dilectio agnitionis Dei inter maritum et uxorem sit, ne semine eorum diabolica arte polluto divina ultio ipsos percutiat, cum se invicem mordentes dilaniant, et cum semina sua inhumane secundum pertula tiam pecorum seminant. Unde cum invidia vipereo more eos cruciat et cum maculosa superfluitas seminis ipsorum absque timore Dei et absque humana disciplina in ipsis est; frequenter ad castigationem hujus perversitatis ipsorum recto judicio Dei, qui ex ipsis nascuntur ad contrarietatem in membris suis destituuntur et a prosperitate vitae suae dejiciuntur, nisi poenitentiam illorum suscipiens, placabilem me istis ostendam. Nam qui in poenitentia peccatorum suorum me invocaverint, poenitentiam ipsorum propter amorem Filii mei suscipiam; quoniam qui digitum suum ad me poenitendo levaverit, id est qui gemitum cordis sui ad me in poenitentia extenderit, dicens: *Peccavi, Domine, coram te*; poenitentiam illam mihi Filius meus ostendit, qui sacerdos sacerdotum est, quia poenitentia quae sacerdotibus in amore Filii mei offertur, purgationem peccatorum eam facientibus concedit. Unde poenitentiam suam digne facientes a maxilla diaboli exeunt homines, quoniam ille hamum divinae potentiae deglutire volens, juxta illam, suam fortiter vulneravit, ubi etiam nunc fideles animae a perditione transeuntes ad salvationem perveniunt. Quomodo? Quia sacerdotes in altari invocatores nominis mei existentes, confessionem populorum suscipient, ubi eis remedium salutis demonstrabunt. Quapropter ut Deum placabilem habeant, semen suum in diversitate vitiorum non contaminent, quoniam qui in fornicatione vel in adulterio semen suum ejiciunt, filios suos qui hoc modo ex ipsis nascuntur negligentiores reddunt. Quomodo? Qui puro limo lutum vel stercus admiscet, nunquid vas stabile facit? Sic qui semen suum in fornicatione vel adulterio contaminat, nunquid filios fortitudinis gignit? Sed multi ex iis in diversitate morum ac medullarum suarum laborant, multi autem ex eis prudentes et ad saeculum et ad Deum efficiuntur. Et cum his coelestis Jerusalem impletur, cum ipsi vitia deserentes et virtutes amantes in castitate ac in magnis laboribus filium meum imitantur, martyrium ipsius in corpore suo secundum passibilitatem suam gestantes. Ubi autem infantes de homine nasci nolo, ibi viriles vires seminis aufero, ne in ventre matris coaguletur; quemadmodum etiam terrae fructiferas vires denego, ubi hoc justo judicio meo facere volo. Sed quid miraris, o homo, quod in adulteriis et in caeteris hujusmodi criminibus infantes nasci permitto? judicium meum justum est. Nam a lapsu Adae non inveni in humano semine justitiam quae in eo esse debuit, ubi eam diabolus in gustu pomi fugaverat, idcirco misi Filium meum in mundum sine ullo peccato de virgine natum, quatenus in sanguine suo cui nulla pollutio carnis inerat, diabolo spolia illa quae in homine rapuerat auferret.

Nam nec homo conceptus in peccato, nec angelus tegmen carnis non habens hominem in peccatis jacentem et corporali gravedine laborantem, a diabolica potestate eripere potuit, praeter illum qui sine peccato veniens et corpus mundum sine peccato habens, cum sua passione liberavit. Unde homines quamvis in peccatis nati sint, tamen eos ad superuum regnum colligo, cum illud fideliter quærunt. Electos enim meos nulla perversitas mihi abstrahere potest, ubi Sapientia testatur, dicens: *Justorum animæ in manu Dei sunt, et non tanget illos tormentum mortis* (Sap. 11). Quod dicitur. Illorum qui viam rectitudinis complectuntur, animæ cum devoto affectu in operibus superni auxiliatoris sunt : ita ut propter bona opera quibus cœlum in altitudine justitiæ attendunt, non confringat illos cruciamentum perditionis, quia verum lumen eos in timore et in amore Dei pascit. Sed postquam Adam et Eva de loco amœnitatis expulsi sunt, opus concipiendi et pariendi filios in semetipsis cognoverunt, et ita de inobedientia sua in mortem cadentes, dulcedinem peccati conceperunt, cum se posse peccare cognoverunt. Sed ipsi hoc modo rectam constitutionem meam in libidinem peccati vertentes, cum commotionem venarum suarum non in dulcedine peccati, sed in amore filiorum scire deberent eam diabolica suggestione in libidinem dederunt, quia innocentiam geniturae suæ perdentes, illam in peccatum miserunt. Unde, quoniam hoc non sine diabolica persuasione peractum est, idcirco et idem diabolus ad hoc opus jacula sua emisit, ne sine suggestione ipsius perficiatur, cum dixit : Mea fortitudo in conceptu hominis est, idcirco homo meus est. Et videns quod homo particeps pœnarum suarum esse debuit, quia ei consenserat, iterum in semetipso dicebat : Fortissimo Deo omnes iniquitates contrariæ sunt, quoniam omnino injustus non est. Et hoc idem deceptor in corde suo maximum sigillum posuit, videlicet quod homo qui sibi sponte consenserat, ipsi auferri non posset. Quapropter secretum consilium in me fuit ut Filium meum ad redemptionem hominum mitterem, quatenus cœlesti Jerusalem redderetur homo. Et huic consilio nulla iniquitas resistere potuit, cum Filius meus in mundum veniens, omnes ad se colligit qui ipsum audire et imitari peccata deserendo volebant. Ego enim justus et rectus sum nullam volens iniquitatem, quam tu, o homo, amplecteris cum te malum posse facere cognoscis. Nam Lucifer et homo, in initio creationis suæ, mihi rebellare tentaverunt, et stare non potuerunt ; de bono cadentes et malum eligentes. Lucifer autem totum malum comprehendit et omne bonum abjicit, nec illud omnino gustavit sed in morte cecidit. Adam vero bonum gustavit cum obedientiam suscepit, sed malum concupivit, et in concupiscentia sua illud perfecit, cum inobediens Deo exstitit. Quod quare factum sit : non est a te, o homo, perquirendum, vel quid ante constitutionem sæculi fuerit, vel quid post novissimum diem futurum mortalis homo scire non potest, sed solus Deus hoc novit : nisi quantum illud electos suos Deus scire permittit. Sed et fornicatio illa quæ se communem hominibus facit, abominabilis coram me est, quia ab initio masculum et feminam in honestate, et non in turpitudine constitui. Unde illi hypocritæ qui dicunt sibi licitum esse secundum appetitum pecorum fornicari cum quocunque voluerint, indigni oculis meis sunt, quoniam honorem et altitudinem rationalitatis suæ despicientes in pecora respiciunt, et se illis similes faciunt : væ illis qui sic viventes, in hac turpitudine perseverant.

Nec etiam volo ut notitia sanguinis in conjugio se commisceat, ubi ardor amoris in consanguinitate nondum attenuatus est ; ne impudens amor in recordatione consanguinitatis ibi oriatur, sed sanguis alienæ stirpis conveniat : qui jam nullam notitiam consanguinitatis in se ardere sentit, quatenus humana disciplina in opere suo sit. Quia lac semel vel bis coctum saporem suum non perdidit, cum septima vel octava vice coagulatum et coctum, vires suas deferens jam delectabilem saporem non nisi in necessitate habeat. Et ut notitia consanguinitatis in propria conjuge nescienda est, ita etiam et notitia consanguinitatis prioris conjugis in aliena copula abhorrenda est ; nec se homo ad hujusmodi copulam conjungat, sicut et Ecclesia per doctores suos prohibet qui ipsam in multa sollicitudine et honore stabilierunt. Quod autem in Veteri Testamento homines in consanguinitate sanguinis sui præcepto legis conjuncti sunt, hoc propter duritiam illorum factum est, ut invicem pacem haberent, et ut tam firma charitas in eis esset : ne tribus divisæ conjunctioni gentilium se miscentes fœdus meum infringerent, usque dum illud tempus venit in quo Filius meus plenitudinem charitatis afferens, conjunctionem consanguinitatis carnalis copulæ in alienam prosapiam cum pudore verecundiæ transtulit. Unde quoniam sponsa ejusdem Filii mei vinculum timoris mei et rectam justitiam in sancto baptismate modo suscepit, idcirco etiam hujusmodi consanguinitatis conjunctio nunc a se longe sit, quia fornicatio sine verecundia et sine moderatione libidinis in amplexibus viri et mulieris in toto sanguine magis quam in alieno ad turpe opus accenderetur. Ego enim opus istud per hunc hominem edissero : cui illud in homine ignotum est ; et qui sermonem istum non ab homine sed a scientia Dei accepit. Sed quid nunc ? Cum autem masculus in forti ætate est, ita quod venæ illius sanguine plenæ sunt, tunc fertilis in semine suo est, tunc mulierem in desponsatione legitimæ institutionis sibi accipiat, quæ etiam in ferventi ætate existens semen illius cum verecundia suscipiat, et illi prolem in via rectitudinis gignat. Sed vir ante annos fortitudinis suæ semen suum in superfluitate libidinis non ejiciat, quia hoc probatio peccati suggerente diabolo est, si semen suum in concupiscentia libidinis seminare tantaverit, antequam ipsum semen rectam coagulationem in fervente calore habere possit. Et cum vir jam fortissimus in generationis opere est, tunc vires suas secundum quod potest in illo tempore non exerceat, quoniam, si tunc ad diabolum respicit, opus diabolicum operatur, corpus etiam suum contemptibile faciens, quod omnino illicitum est. Vir autem secundum quod eum humana natura docet, in fortitudine caloris et in abundantia seminis sui rectum iter in uxore sua quærat; et hoc cum humana disciplina ob studium filiorum faciat. Sed nolo ut idem opus fiat in separatione mulieris cum jam fluxum sanguinis sui patitur: quod est apertio occultorum membrorum uteri ejus, ne fluxus sanguinis ejus susceptum semen maturum effundat, et ita semen effusum pereat; se enim tunc mulier in dolore et in carcere positam videt: portionem scilicet doloris partus sui tangens, sed hoc tempus doloris in muliere non damno; quoniam illud Evæ dedi quando in gustu pomi peccatum concepit, unde et mulier in hoc tempore in magno misericordiæ subsidio levanda est; ipsa autem se contineat in absconso disciplinæ; non autem ita ut in abscessu templi mei se arceat, sed fideli permissione ipsum in officio humilitatis pro salute sua ingrediatur. Quia autem sponsa Filii Dei semper integra est, vir, apertis vulneribus, si integritas membrorum ejus in tactu percussionis divisa est, templum meum nisi cum timore magnæ necessitatis non intrabit ne videatur, sicut integra membra Abel, qui templum Dei fuit, Cain frater suus crudeliter fregit. Sed et mulier cum prolem pepererit, fractis occultis membris suis, templum meum non nisi secundum legem per me sibi datam ingrediatur; quatenus sancta sacramenta ejusdem templi mei ab omni pollutione et dolore viri et mulieris inviolabilia sint, quia Filium meum purissima virgo genuit; quæ integra absque ullo vulnere peccati fuit. Locus enim qui in honore Unigeniti mei consecratus est, integra omni corruptione livoris ac vulneris esse debet, quoniam idem unigenitus meus integritatem virginei partus in se novit; unde et mulier quæ integritatem virginitatis suæ cum viro corrupit, in livore plagæ suæ qua corrupta est ab ingressu templi mei se contineat, usque dum plaga vulneris ipsius sanetur, secundum quod ecclesiastica disciplina ipsi de eadem causa certissime demonstrat. Nam cum Filio meo in ligno crucis sponsa ipsius conjuncta fuisset, ipsa, usque dum Filius meus discipulis suis præcepit ut veritate Evangelii per totum mundum disseminarent, in occulto se continuit, ac deinde aperte surrexit et gloriam sponsi sui in generatione spiritus et aquæ palam prædicavit. Sic et virgo, quæ viro conjungitur, faciat cum pudica scilicet verecundia usque ad tempus illud quod sibi ecclesiastica censura proponit; in occulto maneat, et hoc peracto de occultatione sua se transferens ad dilectionem sponsi sui, aperte procedat.

Nolo etiam ut prædictum opus viri ac mulieris exerceatur cum jam radix infantuli in muliere posita est, ne coagulatio infantuli superfluo et perdito semine polluatur usque ad purgationem partus ipsius, quod iterum ob amorem filiorum in rectitudine et non in petulantia fieri non prohibetur. Sic genus humanum in procreatione sua in honestate humanæ disciplinæ procedere positum est: et non sicut vaniloquium stultorum hominum clamat dicentium sibi licitum esse libidinem suam secundum voluntatem suam exercere, dicentes: Quomodo possumus nos tam inhumane continere! O homo, si respicis ad diabolum, ipse te ad omne malum excitat et mortifero veneno suo interficit; si autem ad Deum oculos levas, ipse tibi adjutorium præbet et te castum facit. Nonne in opere tuo magis libidinem quam castitatem appetis? Mulier viro subjecta est in qua ipse semen suum seminet, sic etiam terram operatur ut fructum afferat. Nunquid vir terram operatur, ut spinas et tribulos gignat? Nequaquam, sed ut dignum fructum det. Ita etiam hoc studium hominis in amore filiorum et non in petulantia libidinis esse debet. Ergo, o homines, plorate et ululate ad Deum vestrum quem tam frequenter in peccatis vestris contemnitis, cum in pessima fornicatione semen vestrum ejicitis; ibi non solum fornicatores, sed etiam et homicidæ existentes, quia respectum Dei abjicitis et libidinem vestram secundum voluntatem vestram completis. Unde etiam diabolus in hoc opere semper persequitur vos, sciens quod magis concupiscentiam vestram appetitis quam gaudium filiorum inspiciatis. Audite ergo qui in turribus ecclesiæ estis. In fornicatione vestra nolite me accusare, sed vosmetipsos inspicite; quoniam, cum ad diabolum curritis me contemnentes, illicita opera facitis, et ideo casti esse non vultis, ut servus meus Osee de contaminato populo loquitur, dicens: *Non dabunt cogitationes suas ut revertantur ad Deum suum, quia spiritus fornicationis in medio eorum, et Deum non cognoverunt* (Ose. v, 4). Quod dicitur: Maligni homines Deum non cognoscentes faciem cordis sui abscondunt, non convertentes eam in diversis involutionibus machinationis suæ ut redeant ad veram claritatem, perspicaci scilicet oculo non discernentes quæ Dei sunt, sed malum in semetipsis nutriunt; quoniam afflatio petulantis immunditiæ per diabolicam suggestionem virilem fortitudinem quam in se habere deberent emollit, non sinens eos ut in Deum bonam conscientiam suam ponant, cum adversarius ipsos a vita felicitatis avertit. Sed nunc ad amantissimas oves meas quæ in corde meo plantatæ sunt me convertam, semen castitatis existentes; virginitas enim per me plantata est, quia etiam Filius meus de virgine natus est. Et ideo virginitas est pulcherrimum pomum inter omnia poma convallium, et magna persona in omnibus personis quæ in palatio indeficientis regis sunt, quoniam ipsa præcepto legis subdita non est, quia unigenitum meum mundo edidit. Quapropter audiant qui Filium Dei sequi volunt in innocentia liberæ castitatis et in separatione mœrentis viduitatis; quoniam nobilior est virginitas non polluta ab initio quam viduitas oppressa virili jugo, cum tamen post dolorem suum in quo virum suum perdidit, virginitatem subsequitur. Filius enim meus plurimos dolores in corpore suo pertulit et mortem crucis subiit; unde et vos in amore ipsius multas angustias patiemini, cum in vobismetipsis superabitis quod in libidine peccati ex gustu pomi seminatum est; sed tamen ibi ab incendio libidinis effluentes rivulos in semine vestro sustinentes, cum tam casti esse non potestis quin fragilitas humanae debilitatis se latenter ostendat in vobis; in illo labore passionem Filii mei imitari debetis, cum vobismetipsis resistitis ardentem flammam libidinis, videlicet in vobis exstinguentes et alia saecularia quae mundi sunt, scilicet iram, superbiam, luxuriam, et caetera hujusmodi vitia cohibentes, atque victoriam istam magno certamine perficientes. Unde tunc praelia ista magno decore et multo fructu clariora super solem et dulciora super aromatum suavitatem coram me apparent; quia unigenitum meum in doloribus ejus imitamini cum ardentem libidinem jam forti certamine in vobis conculcatis. Et cum sic perseveratis, multam gloriam inde in coelesti regno consequimini. O vernantissimi flores, angeli mei, in vestro certamine admirantur quod mortem evaditis, quod in venenoso luto mundi polluti non estis cum tamen carnale corpus geratis, illud hoc pacto conculcantes, quod gloriosi in consortio eorum eritis, quoniam secundum similitudinem ipsorum impolluti apparetis, ideo gaudete cum sic perseveratis, quia tunc vobiscum sum, cum me fideliter suscipitis et vocem meam cum gaudio cordis vestri adimpletis, quemadmodum in secreta visione Joannis dilecti mei ostendo, dicens: *Ecce sto ad ostium et pulso: si quis audierit vocem meam, intrabo ad illum et coenabo cum illo, et ipse mecum* (Apoc. III). Quod dicitur: Vos qui me salvatorem vestrum fideliter amatis, videte quia vobis succurrere volens exspecto ad tabernaculum cordis vestri, considerans quid conscientia vestra in scrinio cordis sui contineat, et cum inspiratione recordationis mentis vestrae spiritum vestrum ad apertionem susceptionis bonae voluntatis commoneo. Quod si tunc fidele cor percipit sonitum amoris mei, conjungo me ad ipsum amplectens eum, indeficientemque cibum capiens cum illo, cum ipse suavem gustum in bonis operibus semetipsum mihi praebet, ita et ipse cibum vitae in meipso percepturus est, quoniam illud amat: quod justitiam desiderantibus vitam affert. Sed, ut vides, Adam et Eva de paradiso expulsis, lucidissimus splendor eamdem regionem circumdedit; quoniam illis ob transgressionem suam locum amoenitatis exeuntibus, potentia divinae majestatis omnem maculam totius contagionis ab eodem loco sequestrans cum ita sua claritate munivit, ne aliquomodo ulla contrarietate tangeretur, ostendens etiam quod transgressio illa quae in eo facta fuerat quandoque clementer et misericorditer abolenda esset. Et ita omnia elementa mundi quae prius in magna quiete constiterant, in maximam inquietudinem versa, horribiles terrores ostenderunt; quia creatura illa quae ad servitutem hominis creata fuerat, nec ullam adversitatem in se senserat (homine inobedientiam capescente et Creatori suo facto inobediente) tranquillitatem suam reliquit, et inquietudinem suscepit, maximas et plurimas contrarietates hominibus inferens ut homo seipsum ad deteriora flexerat; per illam coerceretur. Quid hoc? Quia homo in loco deliciarum Deo rebellis exstitit, idcirco et creatura illa quae homini in servitio subjecta fuit, se homini opposuit. Et paradisus est locus amoenitatis, qui floret, in viriditate florum, et herbarum, et deliciis omnium aromatum, repletus optimis odoribus, dotatusque in gaudio beatarum animarum, dans fertilissimam fecunditatem aridae terrae, quia fortissimam vim terrae tribuit, velut anima corpori vires praebet, quoniam paradisus in umbra et in perditione peccatorum non obscuratur. Quapropter audite et intelligite me vos qui in cordibus vestris dicitis: Quid sunt haec? et cur sunt haec? O cur tam stulti estis in cordibus vestris qui ad imaginem et similitudinem Dei facti estis? Quomodo tam magna gloria et tantus honor qui vobis datus est, posset esse sine probatione: cum tamen aurum quod quasi nihil est et aliquid inane, debeat in igne probari, et pretiosi lapides in purgatione poliri, et hujusmodi omnia in omnibus perquiri? Ergo, o stulti homines, hoc quod ad imaginem et similitudinem Dei factum est, quomodo sine probatione posset subsistere? Nam homo super omnem creaturam examinandus est, et ideo per omnem creaturam probandus est. Quomodo? Spiritus per spiritum probandus est, caro per carnem, terra per aerem, ignis per aquam, pugna per pacem, bonum per malum, pulchritudo per deformitatem, paupertas per divitias, dulcedo per amaritudinem, sanitas per infirmitatem, longum per breve, durum per molle, altitudo per profunditatem, lux per tenebras, vita per mortem, paradisus per poenas, coeleste regnum per gehennam, et terrena cum terrenis, coelestia cum coelestibus. Sic homo in omni creatura probatus est, videlicet in paradiso, in terra et in inferno: postea collocatus est in coelo. Aperte enim videtis pauca de multis, quae ante oculos vestros abscondita sunt. Et cur deridetis ea quae recta, plana, et justa, ac bona in omnibus bonis coram Deo sunt? Quare his indignamini? Deus justus est; sed genus hominum in praevaricatione praeceptorum Dei injustum est, cum sapientius Deo esse contendit. Nunc dic mihi, o homo, quid putas te fuisse cum nondum eras in anima et corpore? Tu vero nescis quomodo creatus sis. Sed nunc, o homo, coelum et terram vis perscrutari, et justitiam eorum in constitutionem Dei dijudicare, et summa dignoscere; cum nec infima valeas examinare, quia nescis quomodo vivas in corpore, vel quomodo exuaris a corpore. Qui te in primo homine creavit, ille haec omnia praevidit.

Sed item mitissimus Pater misit Unigenitum suum mori pro populo, ut hominem a diabolica potestate liberaret. Et sic homo liberatus fulget in Deo, et Deus in homine; consortium homo cum Deo habens, fulgentiorem claritatem quam prius haberet, possidet in cœlo. Quod non fuisset, si Filius Dei carnem non induisset, quoniam, si homo in paradiso permansisset, Filius in cruce passus non fuisset. Sed cum homo per callidum serpentem deceptus est, Deus in vera misericordia tactus, Unigenitum suum in purissima virgine incarnari voluit, atque ita post ruinam hominis elevatæ sunt plurimæ virtutes in cœlo fulgentes, veluti est humilitas regina virtutum, quæ in virgineo partu floruit, ut etiam cœteræ virtutes quæ electos Dei ad cœlestia perducunt. Nam cum ager multo labore colitur, multum fructum profert, ut in humano genere ostensum est; quia post ruinam hominis, plurimæ virtutes ad sublevationem ejus surrexerunt. Sed, o homines, vos gravati corporali pondere, non videtis illam magnam gloriam quæ vobis sine macula, et sine ulla dedignatione in plena justitia Dei præparata est, quam nullus auferre potest; prius enim quam fabrica mundi constituta fuisset, hæc omnia Deus in vera justitia præviderat. Unde, o homo, similitudinem hanc considera.

Dominus qui in multo studio hortum facere vult, primitus aptum locum horti ponit, ac deinde locum cujusque plantationis disponens, fructum bonarum arborum utilitatem, saporem, odorem habentium et diversorum generum aromata considerat. Et sic Dominus magnus et profundus artifex quamque plantationem suam in eo disponit, ut bene discerni in utilitate sua possit, ac deinde cogitat quanta munitione eum circumdet, ut nullus inimicorum plantationem ejus dissipare valeat. Tunc etiam pigmentarios suos constituit, qui eumdem hortum rigare sciant et qui fructum ejus colligant, et exinde diversa pigmenta conficiant. Quapropter, o homo, diligenter considera, quia, si Dominus ille prævidet quod hortus suus nullum fructum nec ullam utilitatem proferens destruendus est, quare tunc tantus et tam profundus artifex hortum illum tam magno studio et tam magnis laboribus exstruit, plantat, rigat et munit? Audi igitur et intellige. Deus qui sol justitiæ est, splendorem suum super lutum quod prævaricatio hominis est misit; et splendor ille in multa claritate resplenduit, quoniam lutum illud valde fœdum et opacum fuit. Sol enim in sua claritate effulsit, et lutum in sua fœditate putruit; unde sol majori delectatione a videntibus amplectebatur, quam si lutum ei appositum non esset. Sed sicut lutum ad similitudinem solis fœdum est, sic etiam transgressio hominis ad justitiam Dei iniqua est. Unde justitia, quia pulchra est, diligenda est; et iniquitas, quoniam fœda est, odienda. In hanc fœditatem cecidit ovis Domini qui hortum plantaverat. Et hujusmodi ovis per consensum suum, non per Domini ignaviam a Domino sublata est; quam postea Dominus multo studio et justitia requisivit. Quapropter tunc chorus angelorum in maximo gaudio illuminatus est, cum hominem angeli in cœlo viderunt. Quid hoc? Cum innocens agnus in crucem suspensus est, elementa tremuerunt, quia nobilissimus virginis filius de manibus homicidarum corporaliter occisus est. In cujus morte perdita ovis ad pascua vitæ reportata est. Nam antiquus persecutor, postquam vidit quod ovem illam propter sanguinem innocentis agni quem agnus in remissionem peccatorum hominum effuderat perdere debuit, tunc primum cognovit quis agnus ille esset, quoniam prius scire non potuit, quomodo cœlestis agnus sine virili semine et sine ulla concupiscentia peccati de virgine in obumbratione Spiritus sancti incarnatus est; idem enim persecutor in initio creationis suæ in flatu superbiæ erexit se, in mortem seipsum præcipitans, et hominem de gloria paradisi dejiciens, cui Deus in potestate sua resistere noluit, sed eum in humilitate per filium suum superavit. Et quia Lucifer justitiam Dei contempsit justo judicio Dei, incarnationem unigeniti Filii Dei scire non potuit. Nam in hoc abscondito consilio perdita ovis ad vitam reportata est. Unde, o rebelles homines, cur tantam duritiam assumitis? Deus hominem deserere noluit, sed Filium suum ad salvationem ejus misit; quoniam sic Deus caput superbiæ in antiquo serpente contrivit. In ereptione enim hominis de morte infernus claustrum suum aperuit, Satana clamante: Væ, væ! quis me adjuvabit? Sed et omnis diabolica turba in fremitu magno seipsam decerpsit, admirans quæ tanta potestas esset, cui ipsa cum principe malitiæ resistere non posset, cum sibi fideles animas auferri videret. Sic homo super cœlos elevatus est; quia Deus in homine, et homo in Deo per Filium Dei apparuit. Idem etiam Dominus qui ovem perdiderat, sed eam tam gloriose ad vitam reduxerat, pretiosam margaritam in eamdem similitudinem habuit, quæ perdita in multas sordes incidit. Sed ipse eam ita in sorde jacere non permittens eam quæsivit, et inventam gaudenter extraxit, et de sorde in qua jacuerat, extractam ita expurgavit: ut aurum in fornace purgari solet et eam in pristinum honorem majori gloria reparavit. Nam Deus hominem creavit, sed ipse diabolica persuasione in mortem corruit; de qua eum Filius Dei per sanguinem suum eripuit, et cum ad cœlestem honorem gloriose perduxit. Quomodo? In humilitate et charitate. Humilitas enim Filium Dei de virgine nasci fecit, ubi ipsa humilitas nec in maris amplexibus, nec in curiositate carnis, nec in divitiis terrenis, nec in aureis ornamentis, nec in sæcularibus honoribus inventa est, sed Filius Dei in præsepio jacuit, quia mater ejus paupercula fuit. Et humilitas semper gemit, plorat et omnia crimina interimit: quod opus ipsius est. Unde quisquis diabolum vult expugnare, se muniat et armet humilitate, quoniam Lucifer tam valde fugit, et velut coluber se coram ea in cavernam abscondit, quia ubi ipse illum apprehenderit, eum quasi fragillimum filu a citius frangit. Charitas quoque unigenitum Dei Filium in sinu Patris in cœlo continet et eum in uterum matris in terram demisit, quoniam ipsa nec peccatores nec publicanos spernit, sed omnes salvare intendit. Quapropter et fontem lacrymarum ab oculis fidelium sæpius educens duritiam cordis emollit. In hoc humilitas et charitas clariores cæteris virtutibus sunt; quoniam humilitas et charitas sunt velut anima et corpus, quæ fortiores vires cæteris viribus animæ et membris corporis habent. Quomodo? Humilitas est quasi corpus et charitas velut anima nec ab invicem separari possunt sed simul operantur, sicut nec anima nec corpus disjungi valent ed sibi cooperantur, quandiu homo in corpore vivit. Et sicut animæ et corpori diversa membra corporis secundum vires suas subjecta sunt, ita etiam humilitati et charitati cæteræ virtutes secundum justitiam suam cooperantur. Et ideo, o homines, ad gloriam Dei et pro salute vestra humilitatem et charitatem sectamini: cum quibus armati diabolicas insidias non timebitis, sed indeficientem vitam possidebitis. Undequicunque scientiam in Spiritu sancto et pennas in fide habet, admonitionem meam non transgrediatur sed eam in gustu animæ suæ amplectendo percipiat.

VISIO TERTIA.

Summarium. — *Quod per visibilia et temporalia ea quæ invisibilia sunt et æterna manifestantur. De firmamento ad similitudinem ovi facto. De lucido igne et umbrosa pelle. De positione solis et trium stellarum. De ascensu solis. De descensu ejusdem et quid significet. Verba actus apostolorum ad idem. De primo vento et turbinibus ejus. De secundo vento et turbinibus ejus. De tenebroso igne, et sonitu, et de acutis lapidibus. De purissimo æthere et positione lunæ et duorum stellarum. De positione aliarum stellarum. De tertio vento et turbinibus ejus. De aquoso aere et alba pelle. De quarto vento et turbinibus ejus. De arenoso globo terræ. Verba David ad eamdem rem. De terræmotu et quid significet. De maximo monte inter aquilonem et orientem. De iis qui perversa arte in creaturis futura scrutantur. Verba Evangelii. Qualiter diabolus hominibus illudit per magicam artem. Parabola de eadem re. Cum salus hominis et utilitas completa fuerit, sæculum mutabitur. Verba Job ad eamdem rem. Verba Dei de eodem. Quod Deus auguria in stellis et in cæteris creaturis amplius tolerare non vult. De stultitia et contumacia hominis. Similitudo de hœdo, et cervo, et lupo. Comparatio de medico. Verba Joannis.*

Post hæc vidi maximum instrumentum, rotundum et umbrosum secundum similitudinem ovi superius arctum et in medio amplum, ac inferius constrictum; in cujus exteriori parte per circuitum lucidus ignis fuit quasi pellem umbrosam sub se habens. Et in igne illo erat globus rutilantis ignis tantæ magnitudinis, ut instrumentum totum ab eo illustraretur, super se tres faculas sursum ordinate positas habens, quæ suo igne eumdem globum ne laberetur continebant, et globus ille se aliquando sursum extulit et plurimus ignis ei occurrit, ita quod exinde flammas suas longius produxit, ac se aliquando deorsum inflexit, multumque frigus ei obviam venit: quapropter flammas suas citius subduxit. Sed et de igne illo qui instrumentum circumdederat flatus quidam cum suis turbinibus exiebat, et de pelle illa quæ sub eo jacebat alius flatus cum turbinibus suis ebulliebat; qui se in ipso instrumento hac et illac diffundebat. In eadem quoque pelle quidam tenebrosus ignis tanti horroris erat quod eum intueri non valebam, qui totam pellem illam sua fortitudine concutiebant plenus sonituum, tempestatum et acutissimorum lapidum majorum et minorum. Qui dum sonitum suum elevaret, ille lucidus ignis, et venti, et aer commovebantur, ita quod fulgura sonitum ipsum prævenerunt, quia ignis ille, primam commotionem ejusdem sonitus in se sentiebant. Sed sub eadem pelle purissimus æther erat sub se nullam pellem habens; in quo etiam globum quemdam candentis ignis plurimæ magnitudinis cernebam, super se duas faculas sursum apparenter positas habentem ipsumque globum ne modum cursus sui excederet continentes et in eodem æthere multæ et claræ sphæræ ubique positæ fuerant; in quas idem globus interdum se aliquantulum evacuans claritatem suam emisit, et ita sub præfatum rubeum igneumque globum recurrens, et ab eo flammas suas restaurans: iterum illas in easdem sphæras efflavit. Sed et ab ipso æthere quidam flatus cum suis turbinibus erumpebat; qui se in præfatum instrumentum ubique dilatabat. Sub eodem autem æthere, aquosum aerem videbam albam pellem sub se habentem qui se hac et illac diffundens, omni instrumento illi humorem dedit. Qui dum se interdum repente congregaret, repentinam pluviam multo fragore emisit; et dum se leniter diffudit, blandam pluviam leni motu effudit. Sed et ex eo quidam flatus cum turbinibus suis exiens, per prædictum instrumentum se ubique expandit. Et in medio istorum elementorum quidam arenosus globus plurimæ magnitudinis erat: quem eadem elementa ita circumdederant, quod nec hac nec illac dilabi poterat. Sed dum interdum eadem elementa cum prædictis flatibus se invicem concuterent, eumdem globum sua fortitudine aliquantulum moveri compellebant. Et vidi inter aquilonem et orientem velut maximum montem, qui versus aquilonem multas tenebras et versus orientem multam lucem continebat; ita tamen quod nec lux illa ad tenebras, nec tenebræ ad lucem pertingere poterant. Audivique iterum vocem de cœlo mihi dicentem: Deus qui omnia sua voluntate condidit, ea ad cognitionem et honorem nominis sui creavit, non solum autem ea quæ visibilia et temporalia sunt in ipsis ostendens, sed etiam illa quæ invisibilia et æterna sunt in eis manifestans. Quod et visio hæc quam cernis demonstrat. Nam hoc maximum instrumentum quod vides rotundum et umbrosum secundum similitudinem ovi superius arctum, et in medio amplum ac inferius constrictum, declarat fideliter omnipotentem Deum in majestate sua incomprehensibilem, et in mysteriis suis inæstimabilem, et spem omnium fidelium existentem, cum primitus homines rudes et simplices in actibus suis essent, postea in veteri ac nova lege instructiores se mutuo molestant et affligunt, et tandem circa finem mundi multas ærumnas in angustiis suis passuri sunt.

In cujus exteriori parte per circuitum lucidus ignis est, quasi pellem umbrosam sub se habens : designat quod Deus illos qui extra veram fidem sunt ubique per ignem ultionis suæ exurit ; eos vero qui intra fidem catholicam manent, ubique per ignem consolationis suæ purificat ; ita diabolicæ perversitatis tenebrositatem prosternens, ut et factum est cum diabolus a Deo creatus se Deo opponere volens in perditionem devictus corruit. Et in igne isto est globus rutilantis ignis tantæ magnitudinis, ut instrumentum totum ab eo illustretur ; qui splendore claritatis suæ ostendit quod in Deo Patre est ineffabilis unigenitus ejus sol justitiæ fulgorem ardentis charitatis habens, tantæque gloriæ existens, ut omnis creatura a claritate lucis ejus illuminetur, super se tres faculas sursum ordinate positas habens, quæ suo igne globum ne labatur continent, videlicet sua administratione trinitatem omnia continentem et demonstrantes quod Filius Dei de cœlo ad terras descendens, angelis in cœlestibus relictis hominibus etiam qui in anima et corpore subsistunt cœlestia manifestavit, qui claritatis ejus beneficio ipsum glorificantes : omne et noxium errorem abjiciunt, cum eum verum Dei Filium de vera virgine incarnatum magnificavit, postquam ipsis eum angelus prænuntiavit, et postquam homo in anima et corpore vivens eum fideli gaudio suscepit.

Quapropter et idem globus se aliquando sursum elevat plurimusque ignis ei occurrit, ita quod exinde flammas suas longius producit : significans quia, ubi tempus illud venit quod Unigenitus Dei pro redemptione et sublevatione humani generis per voluntatem Patris incarnari debuit, Spiritus sanctus in virtute Patris superna mysteria in beata Virgine mirabiliter operatus est, ita quod eodem Filio Dei in virginali pudicitia fecunda virginitate mirificum fulgorem dante, virginitas gloriosa effecta est. Quoniam in nobilissima virgine, summe desiderabilis incarnatio demonstrata est. Et ita etiam se aliquando deorsum inclinat, multumque frigus ei obviam venit ; quam ob causam flammas suas citius subducit, declarans quoniam idem Unigenitus Dei ex virgine natus, et ita ad paupertatem hominum

misericorditer inclinatus, plurimis miseriis ipsi occurrentibus multas corporales angustias sustinens, cum se mundo corporaliter ostenderat, de mundo transiens ad patrem rediit discipulis etiam ipsius astantibus, quemadmodum scriptum est : *Videntibus illis, elevatus est, et nubes suscepit eum ab oculis eorum* (*Act.* 1). Quod dicitur : Filiis Ecclesiæ in interiori scientia cordis sui Filium Dei suscipientibus : sanctitas corporis ejus elevata est in potentia divinitatis ipsius et in mystico miraculo nubes secreti mysterii suscepit cum a mortalibus oculis abscondens ipsum flabrisque ventorum ipsi famulantibus. Sed, ut vides de igne illo qui idem instrumentum circumdederat flatus quidam cum suis turbinibus exiebat : qui ostendit quoniam ab omnipotente Deo totum mundum sua potestate complente, vera disseminatio justis sermonibus processit quando ipse vivus et verus Deus hominibus in veritate demonstratus est. Et de pelle illa quæ sub eo est alius flatus cum turbinibus suis ebullit, quia etiam de diabolica rabie quæ Deum ignorans non timet, pessima fama cum nequissimis locutionibus exit ; qui se in ipso instrumento hac et illac diffundunt, quoniam in sæculo diversis modis utiles et inutiles rumores inter populos se commiscent. In eadem quoque pelle quidam tenebrosus ignis tanti horroris est, quod eum intueri non potes : qui declarat quod in pessimis et in nequissimis insidiis antiqui proditoris, teterrimum homicidium tanti fervoris erumpit quod insaniam illius humanus intellectus discernere non valet, qui totam pellem illam sua fortitudine concutit ; quoniam homicidium omnes diabolicas malignitates suo horrore complectitur, cum in primogenitis ab ira odium ebulliens fratricidium perpetravit, ignis ille plenus sonituum erat, tempestatum et acutissimorum lapidum majorum et minorum : quia homicidium plenum avaritia est et ebrietatibus atque sævissimis nequitiis quæ sine misericordia bacchantur tam in magnis homicidiis quam in minoribus vitiis. Qui dum sonitum suum elevat ille lucidus ignis et venti et aer commoventur ; quoniam, dum homicidium in cupiditate effusionis sanguinis stridet superna judicia, celeres rumores, et ubique ad ruinam homicidæ extentæ præparationis in ultione recti judicii suscitantur : ita quod fulgura sonitum ipsum præveniunt, quia ignis ille primum commotionem ejusdem sonitus in se sentit. Nam severitas divini examinis scelus illud superando opprimit, cum divina majestas, antequam fremitus illius insaniæ publice manifestetur eo oculo cui omnia nuda sunt aperte prævidens.

Sed sub illa pelle purissimus æther est sub se nullam pellem habens ; quoniam sub insidiis antiqui proditoris serenissima fides lucet, in qua nulla incertitudo infidelitatis latet, a seipsa non fundata, sed in Christo sustentata, in quo etiam quemdam globum candentis ignis plurimæ magnitudinis vides qui vere designat junctam Ecclesiam, in fide candorem innocentis claritatis plurimique honoris ut tibi demonstrent prætendentem, et super se duas faculas sursum clare positas habentem ipsumque globum ne modum cursus sui excedat continentes, quod sua significatione sunt ostendentes; quod Ecclesiam de supernis ædita duo Testamenta videlicet veteris et novæ auctoritatis, ad divina præcepta cœlestium secretorum trahunt; quia ipsa eamdem ne in varietatem morum se præcipitanter extendat continent, et quia et vetus et nova testificatio beatitudinem supernæ hæreditatis ipsi ostendunt. Quapropter etiam in eodem æthere multæ et claræ spheræ ubique positæ sunt in quas idem globus interdum se aliquantulum evacuans claritatem suam emittit; quoniam in puritate fidei plurima et splendida opera pietatis ubique apparent, in quibus Ecclesia certo quodam tempore conculcationem aliquantulum sustinuit, et decor mirabilium suorum aliquantulum evanuit, cum ipsa velut in mœrore jacens, claritatem tamen priorum operum in perfectis hominibus admirabatur; et ita sub præfatum rubeum, igneumque globum recurrens et ab eo flammas suas restaurans: iterum illas in easdem sphæras efflavit, quoniam ipsa in contritione posita sub protectionem Unigeniti Dei properans, et ab eo sufferentias divinæ confortationis accipit amorem supernorum in beatis operibus declarans. Unde et ab ipso æthero quidam flatus cum suis turbinibus erumpit, qui se in præfatum instrumentum ubique dilatat; quia ab unitate fidei validissima fama cum veris et perfectis assertionibus in auxilium hominum emanans; fines totius orbis multa celeritate percussit. Sub eodem autem æthere aquosum aerem vides albam pellem sub se habentem, qui se hac et illac diffundens omni instrumento illi humorem præstat; quoniam sub fide quæ tam in antiquis tam in novis patribus erat, baptismus in Ecclesia ad salutem credentium (ut tibi verissimo manifestatur) in innocentia beatissimæ stabilitatis fundatus se divina inspiratione ubique dilatans, universo orbi irrigationis salutis in credentibus attulit. Qui dum se interdum repente congregat, repentinam pluviam multo frigore emittit; et dum se leniter diffundit, blandam pluviam leni motu dat, quia, dum baptismus aliquando per assertores veritatis in velocitate prædicationis et in profunditate mentis ipsorum multiplicabatur, celeri copia verborum in inundatione prædicationis eorum, attonitis hominibus manifestabatur; interdum etiam baptismus suavi temperamento prædicatione dilatatus, suavi irrigatione cum discretionis adjutorio populis attractis propalabatur.

Quapropter et ex eo quidam status cum turbinibus suis exiens, per prædictum instrumentum se ubique diffundit; quoniam ab inundatione baptismatis salutem credentibus afferentis verissima fama cum verbis fortissimorum sermonum egrediens omnem mundum manifestatione beatitudinis suæ perfudit, ut jam in populis infidelitatem deserentibus et fidem catholicam appetentibus: aperte declaratur. Et in medio istorum elementorum, quidam arenosus globus plurimæ magnitudinis est, quem elementa ita circumdant quod nec hac nec illac dilabi potest: qui manifeste ostendit in fortitudine creaturarum Dei, hominem profundæ considerationis degentem de limo terræ mirabili modo mul a gloria factum, et virtute creaturarum ita circumdatum quod ab eis nullo modo separari valet; quia elementa mundi constituunt, ad servitutem hominis creata ipsi famulatum exhibent, dum homo velut in medio eorum sedens ipsis divina dispositione præsidet, ut etiam per me inspiratus David dicit: *Gloria et honore coronasti eum, et constituisti eum super opera manuum tuarum* (*Psal.* VIII). Quod dicitur: O tu Deus qui omnia mirabiliter fecisti, aurea et purpurea corona intellectus et dignissimo indumento visibilis speciei coronasti hominem; ita ponens eum quasi principem super altitudinem perfectorum operum tuorum, quæ in creaturis tuis juste et bene disposuisti. Tu enim præ aliis creaturis tuis magnas et mirandas dignitates homini indidisti. Sed, ut vides, dum interdum elementa illa cum prædictis flatibus se invicem concutiunt, ipsum globum sua fortitudine aliquantulum moveri compellunt; quia, dum congruo tempore, creaturæ Dei cum fama miraculorum creatoris sibi invicem congrediuntur, ita quod miraculum miraculo magno tonitruo verborum involvitur, homo illorum miraculorum magnitudine perculsus concussionem mentis et corporis sui sentit, dum in mirabilibus illis attonitus imbecillitatem fragilitatis suæ considerat.

Et vides inter aquilonem et orientem velut maximum montem, qui versus aquilonem multas tenebras et versus orientem multam lucem habet, quoniam inter diabolicam impietatem et divinam bonitatem magnus casus hominis apparet per pessimam maligni deceptionem, in reprobis multas miserias damnationis et per optabilem salutem in electis plurimam felicitatem redemptionis tenens, ita tamen quod nec lux illa ad tenebras, nec tenebræ illæ ad lucem pertingere possunt; quia opera lucis operibus tenebrarum se non interserunt, nec opera tenebrarum ad opera lucis ascendunt, quamvis diabolus ea frequenter per malos homines offuscare laboret, quemadmodum evenit in paganis, in hæreticis, et in pseudoprophetis, et in iis quos isti sua fallaci deceptione post se trahere conantur. Quomodo? Quia volunt ea scire, quæ ipsis scienda non sunt; illum imitantes, qui se altissimo similem esse voluit. Et quoniam illum subsequuntur; ideo et ille mendacium quasi veritatem eis secundum voluntatem ipsorum demonstrat, unde mecum non sunt: nec ego cum illis, quia vias meas non ambulant, sed extraneas semitas amant, inquirentes quid eis stulta creatura de futuris causis fallaciter ostendat, et hoc ita volunt scire secundum quod illud perverse exquirunt me contemnentes, et sanctos meos abjicientes; qui sincero corde me diligunt. Sed hujusmodi homines qui perversa arte tam pertinaciter me tentant, ita quod creaturam illam quæ ad servitutem ipsorum facta est perscrutantur, sciscitantes ut rem illam quam scire volunt eis secundum voluntatem ipsorum ostendat : nunquid possunt in scrutatione suæ artis elongare vel abbreviare tempus vitæ quod eis a creatore suo constitutum est? Certe hoc nec diem nec horam facere prævalent. Aut nunquid possunt prædestinationem Dei avertere? Nullo modo, o miseri, nonne permitto creaturas vobis passiones vestras interdum demonstrare, quæ signa tunc ideo habent, quia me Deum timent, velut servus facultatem Domini sui aliquando ostendit, et ut bos et asinus ac cætera animalia voluntatem dominorum suorum manifestant, cum eam in servitute sua fideliter adimplent. O stulti, cum me oblivioni traditis, nec ad me respicientes, nec me adorantes, sed aspicientes ad subjectam vobis creaturam quid ipsa portentet et ostendat, tunc pertinaciter me abjicitis infirmam creaturam pro Creatore vestro colentes. Quapropter et ego tibi dico : o homo, cur creaturam illam colis quæ te nec consolari nec tibi auxiliari potest, et quæ tibi nullam prosperitatem in felicitate confert? velut mathematici mortis instructores et in incredulitate gentilium sequaces temere affirmare solent : stellas hominibus vitam tribuere et omnes actus vestros disponere. O miseri, quis stellas fecit? Sed stellæ interdum ex permissione mea cum quibusdam signis hominibus declarantur, ut etiam Filius meus in Evangelio ostendit, ubi ait : *Erunt signa in sole, et luna, et stellis.* (*Luc.* XXI.) Quod dicitur : In lumine horum luminum hominibus ministratur, et circuitu ipsorum tempora temporum ostenduntur. Unde etiam in novissimis temporibus lamentabilia et periculosa tempora permissione mea in ipsis demonstrabuntur, ita quod radius solis, et splendor lunæ, et claritas stellarum aliquando subtrahetur, ut corda hominum ex hoc concutiantur. Sic et per stellam ex voluntate mea incarnatio filii mei ostensa est. Homo autem propriam stellam quæ vitam ipsius disponat non habet, velut stultus et errans populus asserere conatur, sed omnes stellæ omni populo in servitute communes sunt. Sed quod stella illa cæteris stellis præclarior effulsit : hoc est quia Unigenitus meus præ aliis hominibus virginali partu sine peccato natus est. Ipsa autem nullum aliud juvamen filio meo attulit, nisi quod solam incarnationem ejus populo fideliter nuntiavit, quoniam omnes stellæ et creaturæ me timentes, jussionem meam tantum perficiunt, nec ullius rei in ulla creatura significationem ullam habent. Nam cum mihi placuerit, creaturæ jussionem meam ostendunt, velut cum faber nummum faciens in eo sibi placentem formam celat; tunc nummus formam sibi impositam declarat, illius rei nullam de se potestatem habens, non enim novit quando faber aliam formam illi imponere velit, quoniam nec longum, nec breve tempus suæ formæ discernit.

Quid est hoc? O homo, si lapis coram te jaceret in quo aliqua signa passionum tuarum diligenter eum intuens conjectares : tunc secundum fallacem existimationem tuam aut de infelicitate tua contristatus aut de prosperitate tua elatus in deceptione diceres : Ah! moriar, vel evah! vivam, aut heu! quanta infelicitas; seu evah! quanta prosperitas mea est? Et quid tunc lapis ille tibi conferret? Num quidquam tibi auferret aut daret? Sed nec tibi obesse vel prodesse valeret. Sic etiam nec stellæ, nec ignis, nec aves, nec alia hujusmodi creatura in signis scrutationis suæ quidquam te lædere vel juvare possunt. Quod si in creaturam hanc quæ ad servitutem tuam facta est confidis abjiciens me, tunc et ego justo judicio meo ex oculis meis te projicio, felicitatem regni mei tibi auferens. Nam ego nolo ut stellas, aut ignem, aut volatilia, seu alias tales creaturas de futuris causis scruteris, quoniam, si illas pertinaciter inspexeris, oculi tui mihi molesti sunt, et te velut perditum angelum dejicio, qui veritatem deseruit et seipsum in damnationem præcipitavit. O homo, cum stellæ et cæteræ creaturæ factæ sunt, ubi fuisti? Nunquid de institutione earum consilium dedisti? Sed præsumptio hujusmodi sciscitationis orta est in primo schismate : videlicet cum homines Deum ita oblivioni dedissent, quod gens et gens diversas creaturas superbe inspexit, et de futuris causis varia signa in eis quæsivit. Et sic etiam error ille in Baal exortus est : quod scilicet homines creaturam Dei pro Deo decepti colebant, ad quod eos etiam diabolica irrisio excitavit, quia post creaturam magis quam post Creatorem suum respexerunt : hoc scire cupientes quod scire non debuerunt. Unde etiam pejora his apparuerunt : cum homines per diabolum magica arte insanire cœperunt, ita quod diabolum vident et audiunt; ipse eis fallaciter loquens et ostendens, quod velut creaturam unam inspiciant et alia existat. Tacendum autem quomodo per diabolum primi seductores edocti sint, ita et eum vident et audiunt qui cum hoc modo quærunt, sed ipsi de hac nequitia sua valde reprehensibiles sunt; cum me Deum suum hoc modo negant et antiquum seductorem sequuntur. O homo, ego in sanguine Filii mei te quæsivi non cum malitia et iniquitate, sed cum magna æquitate; attamen tu me verum Deum deseris et illum qui mendax est sequeris. Ego sum justitia et veritas; et ideo admoneo te in fide, et exhortor in amore, ac reduco te in pœnitentia, ut, quamvis sanguinolentus sis in pollutionibus peccatorum; tamen exsurgas de casu ruinæ tuæ. Quod si me contempseris, parabolam hujus similitudinis te senties.

Quidam Dominus multos servos sub se habens unicuique eorum, suorum plurima arma bellica dedit, dicens eis : Estote probi et fortes, tarditatem et socordiam abjicientes. Sed dum quoddam iter cum eo agerent servi illi, quemdam illusorem et extraneæ artis pessimum adinventorem secus viam viderunt, unde et quidam ex eis decepti dixerunt, hominis hujus artes discere voluimus. Et arma quæ habebant abjicientes, ad illum cucurrerunt. Quibus illi dicebant : Quid facitis? hunc illusorem sequentes, et Dominum vestrum ad iracundiam provocantes? Et illi responderunt : Quid hoc domino nostro oberit? Et dominus eorum ait illis : O servi nequam, cur arma quæ vobis dederam abjecistis? Et cur charius est vobis hanc vanitatem amare, quam mihi domino vestro, cujus naturales servi estis inservire? Ite ergo post illusorem illum, ut cupitis, quia mihi amplius servire non valebitis, et videte quid vobis fallacia ejus proderit : et abjecit eos abs se. Quod dicitur : Dominus ille est Deus omnipotens, omnes populos sub potestate sua regens, qui omnem hominem ratione et intellectu armavit : mandans ei ut strenuus et vigilans in instrumentis virtutum sit, pravitatem et negligentiam a se excutiens. Sed dum homines viam veritatis arripiunt in divinis mandatis pergere disponentes : ipsis multæ tentationes occurrunt, ita quod diabolum totius orbis seductorem et multiplicium victorum nequissimum artificem, non in via veritatis sed in deceptione in insidiis positum attendunt. Unde et quidam eorum injustitiæ magis quam rectitudinis amatores per diabolum seducti : plus student antiqui seductoris vitia imitari quam virtutes Dei amplecti. Et intellectum quem ad divina mandata convertere deberent; ad vitia terrenæ iniquitatis retorquentes diabolo se submittunt. Quibus directores eorum velut consodales et conservi per sacras Scripturas sæpe numero occurrentes facta eorum improperant, et cur diabolica figmenta sequentes divinam ultionem in se inducant, illis increpant. Sed illi admonitiones eorum sæpissime deridentes se in paucis peccare et Deum suum minime offendere per superbiam suam affirmant. Unde cum in obduratione illa perseverant, divinam sententiam accipiunt, quoniam ipsis servis iniquitatis objiciebatur cur intellectum desuper sibi datum suffocaverint, et cur magis deceptiones antiqui seductoris susceperint quam Creatorem suum cui strenue famulari debuerant contempserunt, ita ipsi a Deo contempti diabolicis illusionibus secundum opera sua (quia Deo servire noluerunt) deputantur, ubi considerare coguntur : quid nequissima seductio ipsis profuerit, quoniam hoc modo abjecti damnationem incurrunt, quod divina præcepta postponentes plus diabolum quam Deum sequi contenderunt. Nolo enim ut me homines contemnant, qui me in fide scire debent, quoniam, si me abjecerint et creaturam sibi subjectam inspexerint, antiquum seductorem in hoc imitantes; tunc et ego permitto ut eis et cum creatura et cum diabolo secundum concupiscentiam cordis sui fiat, quatenus ita experiantur quid ipsis prosit creatura quam adoraverunt, vel quid eis diabolus conferat quem secuti sunt.

Et, o stulti homines, cur creaturam de tempore vitæ vestræ inquiritis? Nullus enim vestrum potest tempus vitæ suæ aut scire, aut illud devitare, aut illud transire quod per me sibi constitutum est vivere, quia, o homo, cum salus tua tam in sæcularibus quam in spiritualibus completa fuerit, præsens sæculum mutabis, et ad illud quod terminum non inveniet transibis. Nam cum homo tantæ fortitudinis est quod præ aliis ardentius in me ardet, ita quod in conscientia terrenæ fecis fetentium peccatorum non torpens insidias antiqui serpentis devitet; hujus spiritum a corpore suo non excutio antequam dulces fructus suos in suavissimo odore ad bonum finem perducat, illum autem quem tantæ fragilitatis considero, quod tener debilis est in gravi dolore sui corporis, et in attractione pessimi insidiatoris jugum meum ferre; de hoc sæculo substraho antequam in tempore marcescentis animi sui incipiat arescere, omnia enim scio. Volo autem humano generi omnem justitiam ad suam cautelam dare, ita ut nullus hominum se possit excusare, cum homines moneo et hortor justitiam facere, quando ipsis judicium mortis incutio velut jam sint morituri, cum adhuc diutius victuri sunt : hoc facio quoniam nemo nisi secundum fructum quem in homine video et secundum voluntatem meam qua ei vivere concedo, aliud tempus habere vel sibi disponere poterit, quemadmodum etiam Job per me testatur, cum dicit : *Constituisti terminos ejus qui præteriri non poterunt* (Job XVI). Quod dicitur : Tu qui super omnes es, et omnia antequam fiant prævides : etiam in secreto majestatis tuæ constituisti terminos humanæ vitæ, ita quod nec scientia, nec prudentia, nec astutia ullius rei præteriri poterunt in ulla ætate seu in infantia, seu in juventute, seu in senectute hominum, nisi secundum providentiam secretorum tuorum, qui homines ad gloriam nominis tui fieri voluisti. Ego enim, o homo, ante constitutionem mundi novi te; sed tamen dies tuos in operibus tuis volo considerare et fructum eorum discernere, et quæque opera tua diligenter et acutissime examinare. Quemcunque autem subito de temporali vita subtraho, hujus vitæ utilitas completa est, ita ut si vita ipsius longius protraheretur nullam ubertatem bonorum fructuum amplius afferret, sed velut teporem carneæ fidei habens, tantum quasi vacuo sono verborum fumum emitteret nec intimo tactu cordis sui me tangeret. Unde ipsi inducias hujus vitæ non tribuo, sed antequam in teporem hujusmodi infertilitatis cadat, eum ab hoc sæculo subduco. Sed ad te sermo meus, o homo. Cur me contemnis? Nonne prophetas meos ad te misi, et Filium meum pro salute tua in lignum crucis dedi, et apostolos meos ut tibi viam veritatis per Evangelium ostenderent ad te destinavi? Unde non potes te excusare quin omnia bona habeas per me. Et cur nunc postponis me? Sed errorem hujus perversitatis, scilicet quod signa actuum tuorum in stellis aut in igne, aut in avibus seu in alia hujusmodi creatura quæris : amplius nolo tolerare, quoniam omnes qui errorem hunc diabolica visione primum adinvenerunt : Deum contemnentes, præcepta illius omnino abjecerunt, quapropter et ipsi contempti sunt. Ego autem super omnem creaturam in claritate divinitatis meæ fulgeo: ita quod miracula mea in sanctis meis tibi manifesta sunt, quare ulterius nolo ut amplius hunc errorem auguriandi exerceas, sed ut in me aspicias. O stulte, considera quis sum ego; considera quia ego sum summum bonum. Unde omnia bona tibi tribuo cum diligenter quæsieris me. Et quem credis me esse? Deus sum super omnia et in omnibus. Sed tu vis me haberi velut rusticum; qui dominum suum timet. Quomodo? Tu vis ut voluntatem tuam faciam, cum tu præcepta mea contemnas. Non autem sic Deus est. Quid hoc? Ipse enim nec opinionem initii, nec timorem finis habet. Cœli in laudibus meis sonant me inspicientes, et secundum justitiam illam qua per me positi sunt mihi obedientes. Sol etiam, luna et stellæ in nubibus cœli secundum tenorem suum apparent: necnon flabra ventorum et pluviæ in aere ut eis constitutum est currunt, et hæc omnia Creatori suo secundum jussionem ipsius obediunt. Tu autem, o homo, præcepta mea non imples, sed voluntatem tuam sequeris: velut justitia legis tibi nec posita nec ostensa sit. In tanta enim contumacia es, quamvis cinis sis, quod tibi non sufficit justitia legis meæ quæ arata et culta est in sanguine Filii mei et bene trita in sanctis meis tam Veteris quam Novi Testamenti.

Sed in magna stultitia vis me apprehendere, cum mihi hoc modo insultas, dicens: Si Deo placet ut justus et bonus sim, quare non facit me rectum? tu ita me capere volens ac si petulans hœdus cervum velit capere, qui fortissimis cornibus cervi valide retruditur et perforatur. Sic et ego cum mecum petulanter in moribus tuis ludere vis in præceptis legis meæ quasi cornibus, meis justo judicio meo te comminuo. Hæc enim sunt tubæ in aures tuas resonantes; sed tu illas non sequeris, sed post lupum curris quem te putas ita domasse ut te lædere non possit. Sed famelicus lupus devorat te, dicens: Ovis ista secus viam erravit nec pastorem suum sequi voluit, sed post me cucurrit, quare illam deglutire volo, quia me elegit et pastorem suum deseruit. O homo, Deus justus est: et ideo omnia quæ in cœlo et in terra fecit, justa ordinatione disposuit. Ego enim sum magnus medicus omnium languorum: faciens velut medicus qui languidum videt, qui medelam ardenter desiderat. Quid hoc! Si languor parvus est, cum facile curat; si vero gravis est, languido dicit. Ego argentum et aurum a te exigo. Quod si illa mihi dederis, te juvabo. Sic et ego, o homo, facio. Minora peccata in gemitu, et lacrymis, ac in bona voluntate hominum abstergo; in gravioribus autem culpis mando, o homo, age pœnitentiam et morum correctionem, et ostendam tibi misericordiam meam et vitam æternam tibi dabo. Et stellas et alias creaturas de causis tibi occurrentibus ne inspicias, nec diabolum adores, nec eum invoces, nec quidquam ab eo perquiras, quoniam, si plus volueris scire quam te oporteat nosse, ab antiquo seductore decipieris, quia, cum primus homo plus quæsivit quam quærere deberet; ab illo deceptus est et in perditionem ivit. Sed tamen diabolus nescivit hominis redemptionem, ubi Filius Dei mortem occidit, et infernum confregit, diabolus enim in initio per mulierem devicit hominem; sed Deus in fine temporum per mulierem contrivit diabolum, quæ Filium Dei genuit, qui diabolica opera mirabiliter ad nihilum duxit, quemadmodum Joannes dilectus meus testatur, dicens: In hoc apparuit Filius Dei, ut dissolvat opera diaboli (I Joan. III). Quid hoc? Propter salutem et salvationem hominum apparuit maxima claritas, scilicet Filius Dei, paupertatem humani corporis induens; sed velut ardens stella in umbrosis nubibus fulgens, ita positus in torculari, ubi vinum sine sorde fermenti, exprimendum erat, quoniam ipse lapis angularis super torcular cecidit; et tale vinum expressit quod maximum odorem suavitatis dedit. Ipse enim absque inundatione polluti sanguinis in humano genere clarus homo effulgens, pede militiæ suæ os antiqui serpentis conculcavit; dissolvens a jecore iniquitatis illius omnia jacula, quæ et furore et libidine plena erant, eum omnino contemptibilem reddidit. Unde quicunque scientiam in Spiritu sancto et pennas in fide habet; iste admonitionem meam non transgrediatur, sed eam in gustu animæ suæ amplectendo percipiat.

VISIO QUARTA.

SUMMARIUM. — *Querela animæ de via erroris per gratiam Dei ad matrem Sion reacuntis. De pœnis animæ. De tabernaculo quod ingressa est. Querela animæ diabolicis turbinibus auxilio Dei fortiter repugnantis. De turbinibus quos diabolica persuasio immittit. Qua de causa errores isti excitantur. Qua ratione: ira, odium, superbia compescitur. Querela animæ de tabernaculo suo cum timore egredientis. Quod scientia Dei nulla obscuritate ullius rei obumbilatur. Quod in pulchritudine justitiæ Dei nulla injustitia inveniri potest. De sculptilibus et quod deserenda sunt. Ezechiel propheta de eodem. De inæqualitate humani feminis et de diversitate hominum inde procreatorum. Verba Moysi ad eumdem rem. Quare contracti et distorti nascantur. Quomodo infans in utero matris vivificatur et inde egressus ab anima solidatur et sustentatur. Quomodo anima secundum vires corporis vires suas ostendit. Quod homo tres semitas in se habet. De intellectu. De voluntate. Similitudo de igne et pane. Quemadmodum in tabernaculo voluntatis, id est in animo omnes vires animæ calefiunt et se invicem conjungunt. De ratione. De sensu. Quod anima est magistra, caro ancilla. Similitudo de arbore ad animam. Quod anima ad peccata inclinata per donum Dei compuncta peccata deserit. Quod anima diabolicis insidiis tentata superna inspiratione a se jacula dia...*

toli expellit. Quod anima habitaculum corporis deserens, cum multo tremore sententiam judicii expectat. Verba Dei ad homines quod divinis præceptis obediant, et malum abjicientes bonum in amore Dei fideliter perficiant. De fide catholica. Verba Isaiæ.

Et deinde vidi maximum serenissimumque splendorem velut plurimis oculis flammantem, quatuorque angulos ad quatuor partes mundi versos habentem; qui secretum superni Creatoris designans, in maximo mysterio mihi manifestatus est, in quo etiam alius splendor similis auroræ in se purpurei fulgoris claritatem tenens apparuit. Et ecce vidi in terra homines in flexilibus lac portantes et inde caseos conficientes; cujus quædam pars spissa fuit unde fortes casei facti sunt, pars quædam tenuis; de qua debiles casei coagulati sunt, et pars quædam tabe permista; de qua amari casei processerunt, et ita vidi quasi mulierem velut integram formam hominis in utero suo habentem. Et ecce per secretam dispositionem superni Conditoris eadem forma motum vitalis motionis ledit, et ignea sphæra nulla lineamenta humani corporis habens cor illius formæ possedit, et cerebrum ejus tetigit, et se per omnia membra ipsius transfudit. Ac deinde forma illa hominis de utero mulieris hoc modo vivificata egrediente, secundum motus quos sphæra in illa forma hominis habuit, secundum etiam illos et colorem suum mutavit. Et vidi quod quamdam hujusmodi sphæram in humano corpore manentem multi turbines invadentes, eam usque ad terram incurvabant, sed illa resumptis viribus se viriliter erigens eis viriliter restitit, et cum gemitu sic quæsta est :

Ego peregrina ubi sum ? In umbra mortis. Et qua via vado ? In viam erroris. Et quam consolationem habeo ? quam peregrini habent. Ego enim debui habere tabernaculum lapidibus quadris sole et stellis lucidioribus ornatum, quia occidens sol occidentes stellæ non debebant in eo lucere, sed in eo debuit esse angelica gloria, quoniam topazius debuit esse fundamentum ipsius, et omnes gemmæ structura ejus, scalæ ejus ex crystallo positæ et plateæ ip ius auro stratæ. Nam ego debui esse consors angelorum; quia sum vivens spiraculum quod Deus misit in aridum limum. Unde deberem Deum scire, et ipsum sentire. Sed heu ! cum tabernaculum meum intellexit se posse oculis suis in omnes vias videre, instrumentum suum ad aquilonem posuit. Ah ! ah ! ubi capta sum et spoliata oculis et gaudio scientiæ, veste mea tota scissa, et sic de hæreditate mea pulsa ; ducta sum in alienum locum, qui omni pulchritudine et honore caret, ubi pessimo servitio subjecta sum. Sed et ii qui me cœperunt colaphis percutientes, cum porcis me manducare fecerunt, et ita in desertum locum mittentes, amarissimas etiam herbas melle intinctas mihi ad esum porrexerunt. Postea quoque super torcular me extendentes, multis tormentis afflixerunt, deinde vestibus meis me exuentes et multas plagas mihi inferentes, in

venationem me dederunt ubi pessimi et venenosi serpentes ut scorpiones, et aspides, et similes mei capturam fecerunt et me totam suo veneno consperserunt, ita quod inde tota enervis et debilitata facta sum. Unde illi me deridentes dixerunt : Ubi nunc est honor tuus ? Ah ! ego tunc tota contremui, et magno gemitu mœroris mecum in silentio dixi : O ubi sum ? Ah ! unde huc veni ? Et quem consolatorem hujus captivitatis quæram ? Quomodo has catenas dirumpam ? O quis oculus vulnera mea videre poterit ? Et quæ nares fetorem hunc tetrum sufferre valebunt ? Aut quæ manus ea oleo perunget ? Ah ! quis dolori meo misericordiam impendet ? Cœlum ergo clamorem meum exaudiat : et terra mœrore meo tremiscat, et omne quod vivit ad captivitatem meam se miserando inclinet, quia amarissimus dolor me premit ; quoniam, sine consolatione et sine adjutorio peregrina sum. O quis consolabitur me, quoniam et mater mea dereliquit me, quia a via salutis erravi ? Quis me adjuvabit nisi Deus ? Cum autem recordor tui, o mater Sion, in qua habitare debui, amarissima servitia quibus subjecta sum inspicio. Et cum omne genus musicorum quod in te est ad memoriam duco ; vulnera mea attendo. Sed cum et recordor gaudii et lætitiæ gloriæ tuæ; tunc venena illa quibus infecta sum detestor. O quo me vertam ? Et quo fugiam ? Dolor enim meus innumerabilis est, quoniam si in malis istis perseveravero, socia illorum ero cum quibus in terra Babyloniæ turpiter conversata sum. Et ubi es, o mater mea Sion ? Hei mihi ! quia a te infeliciter recessi, quoniam si te nescirem, levius dolorem meum perferrem. Nunc autem pessimos sodales meos fugiam; quia infelix Babylonia in plumbeam stateram me posuit, ac maximis trabibus me oppressit, ita ut vix respirare possim. Sed cum lacrymas meas ad te, o mater mea, cum gemitibus meis effundo, tantus strepitus sonantium aquarum infelix Babylonia emittit, quod vocem meam non attendis. Ergo multa sollicitudine arctas vias quæram, in quibus pessimos sodales meos et infelicem captivitatem meam effugere queam. Et cum hæc dixissem, elapsa sum angustam semitam ubi me in parvo foramine contra septentrionem abscondi amarissime flens, quoniam matrem meam perdideram ; ibi etiam omnem dolorem meum et omnia vulnera mea considerabam, tantasque effusiones lacrymarum flendo et flendo ibi emisi; quod omnis dolor et omnis livor vulnerum meorum lacrymis istis perfusus maduit. Et ecce suavissimus odor velut lenis aura a matre mea emissus, nares meas imbuit. O quantos gemitus et quantas lacrymas tunc effudi, cum parvam consolationem illam adesse sensi. Et tantos ululatus cum copiosis fletibus præ gaudio dedi ; ut etiam mons ille in cujus foramine me absconderam inde commotus fuerit. Et dixi : O mater, o mater Sion : quidnam tandem fiet de me? Et ubi nunc est nobilis filia tua? O quandiu quandiu maternæ dulcedinis tuæ expers sum, quæ in multis deliciis me blande enutrieras? Et in his lacrymis ita delectabar; quasi matrem meam viderem. Sed inimici mei clamores meos audientes, dicebant : Ubi est illa quam hactenus in consortio nostro secundum voluntatem nostram tenuimus quæ et omnem voluntatem nostram hactenus perfecit? Ecce nunc cœlicolas invocat. Omnes ergo artes nostras excitemus, eam tanto studio et tanta sollicitudine custodientes, ne usquam a nobis effugere possit, quia eam nobis prius omnino subjecimus. Si hoc fecerimus, iterum nos sequetur. Sed ego foramen in quo me absconderam latenter egressa, in quamdam altitudinem ire cupiebam ubi me inimici mei invenire non valerent. At ipsi quoddam mare tanti fervoris mihi opposuerunt, ut illud nullo modo transvadare potuerim. Sed et ibi quidam pons tantæ parvitatis et angustiæ erat; ut nec per illum transire valuerim. In fine quoque maris illius quædam altitudo montium tantorum acuminum apparuit quod nec ibi iter haberi posse sensi. Et dixi : O quid ego misera nunc faciam? Suavitatem matris meæ nunc parumper senseram, unde putabam quod me vellet ad se reducere; sed ah! num iterum relinquet me? ah! quo me vertam? Nam si modo in priorem captivitatem venero, inimicis meis magis nunc quam prius ero ludibrio, quia ad matrem meam fideliter ejulavi et quoniam suavitatem dulcedinis ejus parumper sensi, cum iterum modo ab ea derelicta sim. Sed ego per suavitatem illam quam prius per matrem meam venientem senseram adhuc tantæ fortitudinis fui quod me ad orientem verti et quod iterum angustissimas semitas tentare cœpi. Illæ autem semitæ spinis et tribulis et aliis hujusmodi impedimentis ita septæ erant, quod vix ulla vestigia in eis figere valebam; sed tamen cum maximo labore et sudore eas tandem vix pertransiens : ex illo labore tantam fatigationem incurri, quod vix respirare valui. Sic tandem cum maxima fatigatione ad cacumen montis in quo me prius absconderam evadens; ad vallem ejus me inclinavi, ubi descendere volenti, aspides, scorpiones, dracones et alii hujusmodi serpentes simul occursantes, in me sibilos suos emiserunt. Unde ego exterrita, maximos ululatus emisi, dicens : O mater, ubi es? Levius enim dolerem, si suavitatem visitationis tuæ prius non sensissem, quia nunc iterum in captivitatem illam incidam in qua dudum jacueram. Ubi ergo nunc est auxilium tuum? Tunc vocem matris meæ audivi mihi dicentem.

O filia, curre, pennæ enim ad volandum tibi datæ sunt a fortissimo datore; cui nullus valet resistere. Ergo velociter transvola omnes has contrarietates. Et ego multa consolatione confortata, pennas illas suscepi et omnia venenosa ac mortifera illa velociter transilii. Et veni ad quoddam tabernaculum, quod interius totum erat ex fortissima calybe fabricatum. Et subiens illud, opera claritatis feci, cum prius opera tenebrarum fecissem. In illo autem tabernaculo ad septentrionem columnam impoliti ferri posui; in qua flabella diversarum pennarum se hac et illac moventium suspendi, et manna inveniens, illud comedi. Ad orientem vero propugnaculum ex quadris lapidibus construxi: et in eo ignem accendens ibi myrrhatum vinum cum musto bibi. Sed ad meridiem turrim ex quadris lapidibus struxi; in qua clypeos rubri coloris suspendi, et in cujus fenestras tubas ex ebore factas collocavi. In medio autem illius turris mel effudi, ex quo pretiosum unguentum cum aliis aromatibus confeci, ita ut ex eo maximus odor per totum ambitum funderetur tabernaculi. Ad occidentem vero nullum opus posui; quia pars illa ad sæculum versa erat. Sed interim dum in hoc labore occupata versarer; inimici mei pharetras suas arripientes, sagittis suis tabernaculum meum aggressi sunt; sed ego præ studio operis quod faciebam; tandiu insaniam eorum non attendi usque dum fores tabernaculi sagittis complerentur : nulla tamen sagittarum nec januam læsit, nec calybem tabernaculi penetrare valuit, unde nec ego ab eis lædi potui. Quod illi percipientes, maximam inundationem aquarum emiserunt, ut me et tabernaculum meum dejicerent : attamen in hac malitia sua nihil profecerunt. Quapropter eos audacter derisi, dicens : Faber qui hoc tabernaculum struxit, vobis sapientior et fortior fuit. Unde sagittas vestras colligentes eas deponite, quoniam nullam amodo victoriam voluntatis vestræ in me valebunt proficere. Ecce quæ vulnera ostendunt? Ego multo dolore et labore plurima bella adversum vos egi, cum me morti tradere velletis; sed tamen non potuistis, quia fortissimis armis munita, acutos gladios contra vos vibravi, per quos me a vobis strenue defendi. Recedite ergo, recedite, quoniam me ulterius habere non poteritis.

Sed ego fragilis et indocta vidi etiam quæ in aliam sphæram plurimi turbines irruentes eam dejicere voluerunt sed non valuerunt, quoniam illa fortiter repugnans, locum eis insaniendi non dedit, attamen sic cum querela dixit : Quamvis paupercula sim, magnum tamen officium nacta sum. Oh quid sum ego? Et quæ est querimonia clamoris mei? Spiraculum enim vivens in homine sum posita, in tabernaculum medullarum, venarum, ossium et carnis, ita quod eidem tabernaculo vegetationem tribuo, et illud ubique in motibus suis circumfero. Sed heu! sensibilitas illius profert spurcitiam, lasciviam et petulantiam morum ac omnia genera vitiorum. Ah! o quam magno gemitu hoc conqueror. Nam cum prosperitatem vitæ in operibus tabernaculi mei habeo : occurrit mihi diabolica persuasio in omnibus me irretiens, ac in flatum elationis ita me erigens quod sæpenumero dico. Ego secundum appetitum virium terræ meæ operari volo; in tabernaculo enim meo omnia opera intelligo; sed concupiscentia ejus ita impedior quo opera mea non discerno antequam dira in me vulnera sentio. O quantum planctum tunc emitto? Et dico: O Deus, nonne creasti me? Ecce vilis terra opprimit me. Et sic fugam in eo? Quomodo? Cum tabernaculum meum carnalem concupiscentiam habet; tunc quia voluptatem in opere habeo, cum ipsa opus illud perficio. Sed ratio quæ in me cum scientia viget, ostendit mihi quoniam a Deo creata sum, in qua ratione etiam sentio; quia Adam cum divinum præceptum transgressus esset, timens abscondit se. Sic et ego timens, a facie Dei me abscondo: cum opera mea in tabernaculo meo contraria Deo sentio. Cum autem plumbeam stateram peccati super pondero: omnia opera illa quæ in carnalibus concupiscentiis ardent contemno. Heu me errabundam! quomodo in his periculis subsistere valebo? Et cum diabolica persuasio me invadit sic dicens: Estne hoc bonum quod nescis, nec quod vides, nec quod facere potes: quid tunc erit? Et cum iterum dicit: Quod nosti, et quod intelligis, et quod facere vales, cur hoc deseris? quid tunc faciam? At plena dolore respondebo. Ah me miseram! quia per Adam noxia venena mihi afflata sunt, cum ipse divinum præceptum transgressus et in terram ejectus carnalia tabernacula coadunavit. Nam in gustu quem ipse in pomo per inobedientiam gustavit, noxia dulcedo sanguini et carni se ingerit, et ita pollutionem vitiorum producit. Unde peccatum carnis in me sentio; purissimum autem Deum, quia per culpam inebriata sum, negligo. Sed hoc quod gustus tabernaculi mei in se habet, sequi non debeo. Nam ex hoc quod Adam in prima apparitione purus et simplex a Deo creatus erat, timeo Deum, sciens quoniam per ipsum pura et simplex creata sum. Sed modo per malam consuetudinem vitiorum, in inquietudinem vertor. O in his omnibus peregrina et errabunda sum! Quapropter turbines diversorum sonituum multa mendacia proferunt, quæ in me surgunt sic dicentia: Quæ es? Et quid ais? Et qualia sunt certamina quæ exerces? Infelix enim es. Nam ignoras utrum bonum an malum opus tuum sit. Quo tandem ibis, et quis te conservabit? Et qui sunt errores illi qui te ad insaniam ducunt? An perficies quod te delectat, an fugies quod te angustiat? Oh! quid facies, quia istud scis, et illud ignoras? Quod enim te delectat hoc tibi licitum non est, et quod te angustat, ad hoc præcepto Dei compelleris. Et unde scis si hæc ita sint? Melius tibi esset, si non fuisses. Et postquam isti turbines ita in me surrexerunt; incipio alteram viam ambulare, quæ carni meæ gravis est, quia incipio justitiam facere. Sed iterum intra me dubito, utrum hoc ex dono Spiritus sancti sit an non, et dico: Hoc inutile est. Et deinde super nubes volare volo. Quo modo? super intellectum meum volo ascendere, et ea incipere quæ perficere

non possum. Sed cum hæc facere tento, maximam tristitiam in me excito, ita quod nec in altitudine sanctitatis, nec in planitie bonæ voluntatis ullum opus perficio, sed inquietudinem dubietatis, desperationis mœroris et oppressionis omnium rerum in me sentio. Et cum diabolica persuasio me sic inquietat. O quanta calamitas me tunc obruit! quia omnia mala quæ sunt aut esse possunt in vituperatione, in maledictione, in mortificatione corporis et animæ, in turpibus verbis contra munditiam, salutem et altitudinem quæ in Deo sunt: hæc omnia mihi infelici occurrunt. Unde etiam hæc iniquitas mihi insurgit, scilicet quod omnis felicitas et omne bonum quod tam in homine quam in Deo est mihi molestum et grave erit magis mortem quam vitam mihi proponens. Ah! quam infelix certamen sic de labore in laborem, de dolore in dolorem, de schismate in schisma se mihi ingerit, omnem felicitatem mihi auferens?

Sed unde excitatur malum istorum errorum? ex hoc videlicet. Antiquus enim serpens in se habet astutiam et deceptricem versutiam, atque mortiferum iniquitatis venenum. Nam in astutia sua ingerit mihi contumaciam peccatorum, a timore Domini intellectum meum auferens: ita quod peccare non timeo, sic dicens: Quis est Deus? Nescio quis Deus sit. In deceptrice autem versutia sua obturationem mihi inducit, ita quod in malo obturor. Sed in mortifero iniquitatis veneno spirituale gaudium mihi aufert, ita quod nec in Deo lætari valeo, sic dubietatem desperationis mihi inducens, scilicet quæ dubito utrum salvari possim an non? O quæ sunt ista tabernacula, quæ tanta pericula sustinent in diabolica deceptione? Sed cum per donum Dei recordor quæ a Deo creata sunt; tunc inter has oppressiones, his diabolicis persuasionibus hoc modo respondeo. Ego fragile terræ non cædam, sed fortissima bella exercebo. Quomodo? Cum tabernaculum meum opera injustitiæ exercere vult: medullam, sanguinem et carnem in sapientia patientiæ conterendo me defendam, quemadmodum fortis leo se defendit, et ut serpens in antro suo ictum mortis fugiens se abscondit. Nam nec sagittas diaboli debeo suscipere, nec voluntatem carnis exercere. Quomodo?

Cum enim ira circa tabernaculum meum intendere voluerit; in bonitatem Dei respicio quem ira nunquam tetigit, et in aere qui sua lenitate ariditatem terræ rigat suavior evado spirituale gaudium habens, cum virtutes in me vigorem suum ostendere incipiunt. Et sic bonitatem Dei sentio. Cum autem odium me denigrare tentaverit: in misericordiam et in martyrium Filii Dei aspicio, et ita carnem meam constringo suavem odorem rosarum quæ de spinis oriuntur fideli recordatione suscipiens, et ita Redemptorem meum agnosco. Sed cum superbia turrim vanitatis suæ sine fundamento petræ in me contenderit ponere, et hanc altitudinem in me erigere quæ nullum sibi similem vult habere, sed semper altior cæteris videri. O quis mihi tunc succurret, quoniam antiquus serpens qui super omnes esse volens in mortem cecidit me dejicere conatur. Tunc cum mœrore dico. Ubi est rex meus et Deus meus? Quid possum boni absque Deo? Nihil. Et sic ad Deum qui mihi vitam dedit respicio, et ad beatissimam virginem illam quæ superbiam antiquæ speluncæ contrivit curro; sic fortissimus lapis ædificii Dei effecta, rapacissimus lupus qui hamo divinitatis strangulatus est, me amodo superare non poterit. Et ita suavissimum bonum, id est humilitatem in altitudine Dei et recordatione inter omnes humilitatem beatissimæ Virginis cognosco, suavitatem indeficientis balsami sentiens, et ita in dulcedine Dei gaudens velut sim in odore omnium pigmentorum; cætera etiam vitia fortissimo humilitatis dejicio.

Et deinde ego paupercula vidi quod alia quædam sphæra ex lineamentis formæ suæ se contrahens: nodos ejus resolvit, et se ab eis cum gemitu extraxit, sedemque suam mœrens dirupit. Et dixit: De tabernaculo meo exibo. Sed ego misera plenaque mœroris quo vadam? Per horrendas et permetuendas semitas ad judicium ubi judicabor. Opera enim quæ in tabernaculo meo operata sum ostendam : et ibi remunerationem secundum merita mea recipiam. O quantus timor? o quanta angustia illic mihi erit? Cumque se hoc modo resolveret : quidam spiritus et lucidi et umbrosi venerunt qui socii conversationis ejus secundum quam in sede sua se moverat fuerunt, resolutionem ejus exspectantes, ut, postquam se solvisset, eam secum abducerent. Et audivi viventem vocem illis dicentem : secundum opera sua, de loco ad locum ducatur; et iterum audivi de cœlo vocem mihi dicentem : Beata et ineffabilis trinitas se mundo manifestavit, cum Pater Unigenitum suum de Spiritu sancto conceptum et de Virgine natum misit in mundum quatenus homines multa diversitate nati, multisque peccatis obligati per eum ad viam veritatis reducerentur, ita ut ipsi a nexibus corporeæ molis absoluti bona et sancta opera secum portantes : gaudia supernæ hæreditatis adipiscerentur.

Quod ut profundius, o homo, capias et apertius dijudices : vides maximum serenissimumque splendorem velut plurimis oculis flammantem, quatuorque angulos ad quatuor partes mundi versus habentem, qui magnum in mysteriis puramque in manifestationibus scientiis Dei significat, maxima profunditate perspicuitatis radiante et acutissimas acies quadrifidæ stabilitatis ad quatuor plagas orbis extendentem ubi ipsa tam illos qui abjiciuntur quam illos qui colliguntur venientes acutissime prævidet; mysterium supernæ majestatis ostendens : quod in typo summæ altitudinis et profunditatis tibi ut cernis demonstratur. In quo etiam alius splendor similis auroræ in se purpurei fulgoris claritatem tenens apparet; quia scientia Dei etiam hoc ostendit, quod unigenitus Patris de virgine carnem sumens, sanguinem suum in candore fidei pro salute hominum fundere dignatus est, in qua scientia Dei, boni et mali ostenduntur, quoniam ipsa nulla obscuritate ullius rei obnubilatur. Sed tu, o homo, dicis : Quid faciet homo, cum Deus prænovit omnia quæ ipse facturus est? Ad quæ ego :

O stulte, in nequitia cordis tui, illum imitaris qui viam veritatis primum recusans mendacium veritati opposuit, cum se summæ bonitati similem facere voluit. Quis poterit initium et finem omnium quidquid latere qui est, fuit et permanebit? Sed tu quis es? Favilla cineris es. Et quid nosti cum non esses? Sed tu lamentabile initium et miserabilem finem habens, contradicis quod nec scis, nec scire debes : videlicet incomprehensibilem pulchritudinem justitiæ Dei in qua nulla suspicio injustitiæ invenitur, nec inventa est unquam, nec invenietur. O stulte, ubi putas esse patrem iniquitatis quem imitaris? Quid hoc? Cum superbia te inflat super sidera, et super alias creaturas, et super angelos vis elevari, qui præcepta Dei per omnia et super omnia adimplent. Sed tu cades sicut et ille cecidit; qui mendacium veritati opposuit. Mendacium enim ipse dilexit, et ideo morte involutus in abyssum corruit. Ergo, o homo, attende. Cum nec inspicis charitatem illam qua te Deus liberavit, nec attendis quanta bona tibi Deus semper impendit, nec tu consideras quomodo ipse te a morte revocat : frequenter in peccata corruis ubi magis mortem quam vitam diligis, si tunc tandem ad mentem tuam revocas scripturas et doctrinas illas quas tibi antiqui et fideles patres tui proposuerunt, scilicet quod malum debes devitare et bonum operari; si tunc ex intimo cordis dixeris, graviter peccavi; quare oportet me cum digna pœnitentia ad patrem meum qui me creavit redire, tunc pater tuus benigne suscipit te et in sinum suum te reponens dulcibus ulnis amplectitur te. Nunc autem beatitudinem illam quæ tibi a Deo proposita est scire contemnis, ac justitiam Dei audire vel operari recusas. Nunquid si fieri posset magis judicium Dei injustum quam justum vocares? Quapropter si sanguine Filii Dei redemptus non esses, in perditione perditus jaceres. Sed judicium Dei verum et justum est. Unde, o homo, quam utilitatem inde consequeris : quod te in judicio meo decerpis? In choro angelorum et in electa vinea mea est laus laudantium et dicentium : Gloria tibi, Domine, qui justus es et verax, nec judicio meo per eos contradicitur; quoniam justi sunt. Sed quid diabolo profuit quod se mihi opposuit? Qui cum vidit se multam claritatem habere; super omnes se voluit exaltare, ita quod ei innumerabilis turba superborum spirituum consensit, quos omnes divina virtus in zelo justitiæ suæ simul cum illo dejecit; sic etiam omnes dejiciuntur qui in perseverantia mali justitiam Dei postponere conantur; quoniam ipsi summum bonum in perversitatem nequitiæ pervertere laborant. Unde nequaquam Deus quod injustum est constituit; sed omne quod rectum est in æquitate bonitatis suæ ordinavit.

Sed et illi homines qui in infidelitate sua Deum abjecerunt, sculptilia sibi facientes in quibus diabolus ingressus illos illusit, in insania hujusmodi vanitatis surrexerunt postquam genus hominum pertransiit quibus Adam et Eva dixerant quomodo a Deo facti essent et quomodo de paradiso expulsi fuissent. Quos alii in eadem perversitate insequentes, creaturam Dei magis quam ipsum creatorem suum coluerunt, et ea quæ non vivunt vitam suam disponere putaverunt. Unde et ii qui adhuc in ipsa infidelitate sordent, stultitiam suam deserant et ad eum qui diaboli laqueos contrivit fideliter convertantur vetustatem ignorantiæ deponentes, et novitatem vitæ amplectentes, ut servus meus Ezechiel hortatur, dicens: *Projicite a vobis omnes prævaricationes vestras in quibus prævaricati estis, et facite vobis cor novum et spiritum novum (Ezech. xviii).* Quod dicitur: O vos qui in rectitudine perseverare vultis in sole justitiæ cujus itinera beatæ oves currunt, projicite a conscientia cordis vestri sciscitationem illorum occultorum quæ in necessaria et salutari doctrina vobis inutilia sunt, in quibus vanam celsitudinem volare voluistis; cum in præcipitem lacum demersi estis in quo nullus ordo habitat, sed illa horribilis confusio quæ Deum ignorat. Et cum hoc feceritis, viam veritatis pergite pro salute vestra, ubi rutilantis cœli novitatem in corde vestro invenietis et ut vivificæ spirationis in vestro spiritu possidebitis.

Vides etiam in terra homines in fictilibus lac portantes et inde caseos conficientes: hi sunt in mundo homines, tam viri quam mulieres, in corporibus suis humanum semen habentes, de quo genus diversorum populorum procreatur, cujus quædam pars spissa est unde formantes casei fiunt; quia semen illud in fortitudine sua utiliter et bene coctum et temperatum strenuos homines producit, quibus etiam magna claritas tam spiritualium quam carnalium donorum in magnis patribus et in aliis personis tribuitur; ita quod in assecutione prudentiæ, discretionis et utilitatis vitæ in operibus suis et coram Deo et coram hominibus perspicue florent, quoniam diabolus in eis locum suum non invenit, et pars quædam tenuis de qua debiles casei coagulantur: quoniam hoc semen in teneritudine sua imperfecte coctum et temperatum, teneros homines educit qui ut plurimum stulti tepidi et inutiles, tam apud Deum quam apud sæculum, in operibus suis inveniuntur, et qui Deum strenue non quærunt. Sed et pars quædam tabe permista est, de qua amari casei efficiuntur; quia semen illud in debilitate permistionis nequiter eductum et inutiliter commistum informes homines efficit qui sæpe amaritudinem, difficultatem et oppressionem cordis habent, unde mentem suam ad superiora levare non valent. Multi tamen ex his utiles fiunt; attamen multas tempestates, et inquietudines, et in cordibus, et in moribus suis patiuntur, sed victores evadunt; quoniam, si inquietudini suæ acquiescerent, tepidos et inutiles se redderent.

Unde Deus illos coercens adjuvat, et ad viam salutis ducit quemadmodum scriptum est: *Ego occidam, et ego vivere faciam; percutiam et ego sanabo, et non est qui de manu mea possit eruere (Dan. xxxii).* Quod dicitur: Ego qui sum, nec initium nec finem habens, flagitiosos homines in actibus suis interimo; qui per spurcitias diaboli in vitiis macerantur, et qui in partibus infelicis seminarii per diabolicas speluncas decipiuntur. O quam versuta est viperæ maxilla quæ eos ita inflat, ut mors in ipsos subintret; unde ab eis prosperitatem hujus sæculi tollo, ubi ita per plurimas ærumnas occiduntur quia superare non possunt, sed quæ eis justo judicio semper adsunt. Sed ego qui nulla malitia deficior, istos etiam in alia parte vivere miserabiliter sæpe facio: ubi in ipsis vivens spiraculum eorum sursum de terrenis traho ne in ipsis pereat, illos etiam percussionibus per multam infirmitatem laboris vitæ suæ interdum affligo; qui per superbiam mentem suam sibi nocivam altitudinem ascendere cupiunt, putando quod a nullo dejici valeant, eos etiam qui ubique præsens sum ita interdum sursum ad veram sanitatem erigens, ne in fallacibus periculis per fallaces vanitates consumantur. Sed in his omnibus non est homo nec alia creatura quæ hujusmodi opera mea suo astu aut proterva potestate possit avertere; quia nullus est qui voluntati et justitiæ meæ valeat resistere.

Sæpe quoque ut vides in oblivione mea et in irrisione diaboli commistio maris et feminæ perpetratur ibi et contractio nascentium hominum invenitur: ut quoniam parentes illorum præcepta mea transgressi sunt, in ipsis filiis suis cruciati ad me in pœnitentia revertantur, sæpe etiam hanc mirabilem creationem pro gloria mea et sanctorum meorum in hominibus fieri permitto, ut, dum illi qui hoc modo distorti sunt per subventionem electorum meorum sanitati restituuntur, nomen meum ex hoc tanto ardentius ab hominibus glorificetur. Qui autem hac lege se constringunt, ita quod virginitatis decus appetunt; velut aurora ad cœlestia secreta ascendunt, quia propter amorem Filii mei delectationes corporis sui a se abscindunt. Sed quod vides quasi mulierem velut integram formam hominis in utero suo habentem: hoc est quia postquam femina humanum semen concepit, infans in integritate membrorum suorum in abdito cubiculo ventris ipsius formatur. Et ecce per secretam dispositionem superni Conditoris, eadem forma motum vividæ motionis dat; quoniam tu in secreta et occulta jussione et voluntate Dei infans in materno utero congruo et recte divinitus disposito tempore spiritum acceperit, motu corporis sui se vivere ostendit, velut terra se aperit et flores fructus sui profert, cum ros super eam ceciderit. Ita quod velut ignea sphæra nulla lineamenta humani corporis habens, cor formæ illius possidet, quia anima in igne profundæ scientiæ ardens, diversas res in circuitu suæ comprehensionis discernit; nec formam humanorum membrorum habens : quoniam ipsa nec corporea, nec caduca quemadmodum corpus hominis est, cor hominis confortat : quod quasi fundamentum corporis existens totum corpus regit et velut firmamentum cœli inferiora continet et superiora tegit, et etiam cerebrum hominis tangit, quia in viribus non solum terrena, sed etiam cœlestia sapit, cum Deum sapienter cognoscit, ac se per omnia membra hominis transfundit, quoniam vigorem medullarum ac venarum et omnium membrorum toto corpori tribuit, veluti arbor ex sua radice succum et viriditatem omnibus ramis impartit. Sed deinde forma illa hominis de utero mulieris hoc modo vivificata egrediens secundum motus quos ipsa sphæra in eadem forma hominis habet, secundum illos etiam et colorem suum mutat ; quia postquam homo in materno utero vitalem spiritum acceperit et ita natus fuerit, et motus operationis suæ dederit secundum opera illa quæ anima cum corpore operatur, secundum hæc etiam et merita ipsius existunt quoniam de bonis claritatem et de malis tenebrositatem sibi induit.

Ipsa quoque secundum vires corporis, vires suas ostendit, ita quod in infantia hominis simplicitatem profert, et in juventute fortitudinem ; at in plena ætate cum omnes venæ hominis plenæ sunt, fortissimas vires suas in sapientia declarat, sicut etiam arbor in primo germine tenera existens ac deinde fructum in se ostendens, tandem cum plenitudine utilitatis educit ; sed et postea in senectute hominis cum medulla et venæ ipsius jam ad debilitatem se incurvare cœperint, anima leviores vires velut in tædio scientiæ hominis ostendit : quemadmodum et succus arboris cum jam hiemale tempus instat, se in ramis et foliis suis contrahit, et ut eadem arbor in senectute sua jam incurvari incipit. Homo autem tres semitas in se habet. Quid hoc ? Animam, corpus et sensus ; in his vita hominis exercetur. Quomodo ? Anima corpus vivificat et sensus spirat ; corpus autem animam sibi attrahit et sensus aperit : sensus vero animam tangunt et corpus alliciunt. Anima enim corpori vitam præbet, velut ignis lumen tenebris infundit : duas principales vires scilicet intellectum et voluntatem velut duo brachia habens, non quod anima brachia ad se movendum habeat, sed quod in his viribus se manifestat, velut sol per splendorem suum se declarat. Unde, o homo, quem non gravat sarcina medullarum, in scientia Scripturarum attende. Intellectus ita fixus est animæ, velut brachium corpori. Nam ut brachium cui manum cum digitis adjuncta est a corpore extenditur, ita etiam intellectus cum operatione cæterarum virium animæ cum quibus quæque opera hominis intelligit, ex anima certissime prodiens ; ipse enim præ aliis viribus animæ quidquid in operibus hominum est sive bonum, sive malum sit intelligit ; ita quod per eum velut per magistrum omnia intelliguntur, quoniam ipsa anima hoc modo omnia discutit, sicut et triticum ab omni contrarietate expurgatur ; per-

quirens utrum utilia an inutilia, utrum amabilia an odibilia sunt, vel utrum ad vitam an ad mortem pertineant. Unde sicut esca sine sale insulsa est, sic etiam cæteræ vires animæ sine intellectu insipidæ et non discernentes sunt. Sed et ipse in anima ut scapula in corpore, medulla in cerebro cæterarum virium animæ existens et velut humerus corporis fortis, divinitatem etiam et humanitatem in Deo intelligens quædam inflexio brachii est, ita quoque rectam fidem in opere suo habens : quod etiam inflexio manus est, cum qua tunc diversa opera in discretione quasi cum digitis discernit ; ipse autem non operatur ut cæteræ vires animæ. Quid hoc ?

Voluntas enim opus calefacit et animus illud suscipit et ratio producit, intellectus autem opus intelligit bonum et malum ostendens, velut angeli intellectum habent bonum diligentes et malum odientes. Et ut corpus habet cor, ita et anima intellectum, qui etiam in illa parte animæ vim suam exercet, sicut et voluntas in altera. Quomodo ? Voluntas enim magnam vim animæ habet. Quomodo ? Anima stat in angulo domus, id est in firmamento cordis velut aliquis homo in aliquo angulo domus suæ ut totam domum perspiciens, omnia instrumenta domus regat, dextrum brachium levans signando et ostendendo quæque utilia domus suæ et se ad orientem vertens. Sic et anima facit per plateas totius corporis, ad ortum solis respiciens ; ipsa enim voluntatem quasi dextrum brachium ponit in firmamentum venarum et medullarum ac in commotionem totius corporis, quoniam voluntas quodcunque opus sive bonum sive malum sit operatur. Nam voluntas est ignis unumquodque opus quasi in fornace coquens. Panis enim ad hoc coquitur ut homines exinde pasti confortentur, quatenus vivere possint. Sic et voluntas totius operis fortitudo est, quia ipsa in deceptione molit et in robore fermentum imponit, ac in duritia tundit ; et ita opus suum velut panem in consideratione parans, illud pleno opere ardoris sui in perfectione coquit, atque hoc modo majorem cibum hominibus in opere quam in pane facit ; nam esca hominis interdum in eo ce sat : opus autem voluntatis in eo usque ad separationem animæ ipsius a corpore perdurat, et in qua magna diversitate opus sit, scilicet ab infantia, a juventute, a plena ætate, a decrepita incurvatione ; in voluntate tamen incedit et in ea perfectionem suam demonstrat. Sed voluntas habet in præcordio hominis quoddam tabernaculum videlicet animum, quem et intellectus et ipsa voluntas ac quæque vis animæ sua fortitudine afflant, et hæ omnes in eodem tabernaculo calefiunt et se invicem conjungunt. Quomodo ? Si ira surrexerit, fel inflatur et ita fumum in tabernaculum emittens iram perficit. Quod si turpis delectatio se erexerit, incendium libidinis in materia sua suscitatur, et petulantia illa quæ ad peccatum pertinet attollitur, ac in eodem tabernaculo coadunatur. Sed aliud amabile gaudium est, quod in isto tabernaculo de Spiritu sancto incenditur; cui anima congaudens illud fideliter suscipit, et opus bonum in coelestibus desideriis perficit. Est etiam quaedam tristitia, de qua in eodem tabernaculo ex humoribus illis qui circa fel sunt, torpor nascitur: indignationem, obdurationem et contumaciam in hominibus pariens, animamque deprimens, nisi gratia Dei succurrente citius eripiatur. Sed et cum illi tabernaculo contrariae causae occurrerint: frequenter in odio et reliquis mortiferis rebus commovetur quae animam occidunt, et magnas ruinas in perditione parant. Cum autem voluntas voluerit, instrumenta tabernaculi sui movet, et ea in ferventi calore sive bona sive mala sint deponit. Quod si voluntati illa instrumenta placuerint, ibi escam suam coquit et eam homini ad gustandum proponit. Unde et in ipso tabernaculo plurima turba boni et mali exsurgit: quemadmodum cum aliquis exercitus in aliquo loco coadunatur. Sed cum princeps exercitus supervenerit, si exercitus ille ipsi placuerit, eum suscipit: si vero ipsi displicuerit, illum abire jubet, sic et voluntas facit. Quomodo? Si bonum vel si malum in praecordio cordis surrexerit, voluntas illud aut perficit aut negligit. Sed et in intellectu et in voluntate ratio velut sonitus animae ostenditur; quae quodque opus sive Dei sive hominis sit perficit. Sonitus enim verbum in altum tollit; sicut ventus qui aquilam sublevat ut volare possit, ita et anima sonitum rationis et in auditu et in intellectu hominum emittit; quatenus vires ipsius intelligantur et ut quodque opus ad perfectum ducatur. Corpus autem omnium virium animae tabernaculum et sublevamen est, quoniam anima in corpore manens, cum corpore operatur, et corpus cum illa sive bonum sive malum sit.

Sensus vero est cui opus interiorum virium animae adhaeret; ita quod ipsae in fructibus cujusque operis per eum intelliguntur, et ille eis subjectus est; quia eum ad opus perducunt, non autem ipse eis opus imponit, quoniam umbra earum est, faciens secundum quod ipsis placuerit. Sed et exterior homo, inprimis cum sensu in ventre matris antequam nascatur, evigilat; caeteris viribus animae adhuc in abscondito manentibus. Quid hoc? Aurora lucem diei denuntiat; sic et sensus hominis omnes vires animae cum ratione declarat. Et ut lex et prophetae in duobus praeceptis Dei pendent, ita et sensus hominis in anima et in viribus ejus vigent. Quid hoc? Lex ad salutem hominis posita est, et prophetae occulta Dei manifestant: sic et sensus hominis quaeque nociva ab homine depellit et interiora animae denudat. Nam anima sensum spirat. Quomodo? Ipsa hominem vivente facie vivificat, et visu, auditu, gustu, odoratu et tactu dotat. Ita quod homo sensu tactus, pervigil in omnibus rebus sit; sensus enim signum omnium virium animae est, sicut et corpus vas animae est. Quomodo? Sensus omnes vires animae claudit. Quid hoc? Homo in facie cognoscitur, oculis videt, auribus audit, os ad loquendum aperit, manibus palpat, pedibus ambulat, et ideo sensus in homine est velut lapides pretiosi, et ut pretiosus thesaurus in vase signatus. Sed ut vas videtur, et thesaurus in eo scitur; ita etiam in sensu caeterae vires animae intelliguntur. Anima autem est magistra, caro vero ancilla. Quomodo? Anima totum corpus in vivificatione regit, corpus autem regimen vivificationis illius suscipit, quoniam si anima corpus non vivificaret, corpus in solutione diffueret. Sed cum homo malum opus sciente anima operatur, hoc tam amarum animae est velut venenum corpori cum illud corpus scienter accipit. De bono autem opere anima gaudet, sicut et corpus suavi cibo delectatur. Et anima corpus ita illabitur, velut succus arborem. Quid hoc? Per succum arbor viret et flores producit ac deinde fructum facit, sic et per animam corpus. Et quomodo tunc fructus arboris ad maturitatem perducitur? Temperie aeris. Quomodo? Sol eum calefacit, pluvia eum irrigat, et ita in temperie aeris perficitur. Quid hoc? Misericordia gratiae Dei velut sol hominem illustrat, spiratio Spiritus sancti velut pluvia ipsum irrigat, et sic eum discretio velut bona temperies aeris ad perfectionem bonorum fructuum ducit.

Sed et anima in corpore est velut succus in arbore et vires ipsius quasi arboris forma. Quomodo? Intellectus in anima est velut viriditas ramorum et foliorum in arbore, voluntas autem quasi flores in ea, animus vero velut primus erumpens fructus ipsius, ratio autem quasi fructus in maturitate perfectus, sensus vero quasi extensio latitudinis ipsius. Et secundum hunc modum corpus hominis, ab anima solidatur et sustentatur. Unde, o homo, intellige quid in anima tua sis; qui bonum intellectum tuum deponis, et te pecoribus comparari vis. Quod autem tu, o homo haec videns, considera etiam quia quamdam hujusmodi sphaeram in humano corpore manentem multi turbines invadentes eam usque ad terram incurvant: hoc est quod animam hominis quandiu homo in anima et in corpore vivit multae invisibiles tentationes perturbant, quae ipsam per delectationem carnis crebro ad peccata terrenarum concupiscentiarum inclinant, sed illa resumptis viribus se viriliter erigens, eis fortiter resistit; quia fidelis et sollicitus homo cum peccaverit, saepe per donum Dei compunctus peccata deserit et spem suam in Deum ponens diabolica figmenta abjicit, Creatorem suum fideliter quaerens, velut etiam fidelis anima miserias suas conquerens superius veraciter ostendit. Sed quod vides quia in aliam sphaeram plurimi turbines irruentes eam dejicere volunt, sed tamen non valent, id est quia animam istam plurimae diabolicae insidiae invadentes ad peccata multorum scelerum protrahere conantur, sed tamen ei suis illusionibus praevalere non possunt quoniam illa fortiter repugnans locum eis insaniendi non dat, quoniam superna inspiratione se muniens, a se jacula fallacium deceptionum expellit, et ad Salvatorem suum recurrit, quemadmodum etiam superius in verbis querelæ suæ declarat, ut præmonstratum est. Quæ vero ut vides alia quædam sphæra ex lineamentis formæ suæ se contrahens nodos ejus resolvit : hoc est quod anima illa membra corporalis habitaculi sui deserens, juncturam eorum reliquit cum tempus resolutionis habitaculi sui institerit, et se ab eis cum gemitu extrahit, sedemque suam mœrens dirumpit, quoniam a corpore suo cum angustia se tollens, locum habitationis suæ multo tremore cadere permittit, imminens judicium superni judicis metuens, quia tunc merita operum suorum justo judicio Dei sentiet, velut etiam in querela sua superius manifestat. Quapropter cum se hoc modo resolvit quidam spiritus; et lucidi et umbrosi veniunt qui socii conversationis ipsius secundum quod in sede sua se movet sunt; quia in resolutione illa cum anima hominis habitaculum suum deserit angelici spiritus et boni et mali secundum justam et veram Dei ordinationem adsunt, qui inspectores operum illius secundum quod in corpore suo cum corpore operata est fuerunt resolutionem ejus expectantes ut postquam se exsolverit eam secum abducant, quoniam ipsi sententiam justi judicis de anima illa in separatione ejus a corpore præstolantur; ut ipsa a corpore soluta, eam ducant quo supernus judex judicaverit secundum merita operum illius ut ibi etiam, o homo, fideliter præmonstratum est.

Idcirco vos, o charissimi filii mei, oculos vestros et aures vestras aperite, et præceptis meis obedite. Et cur Patrem vestrum contemnitis, qui vos de morte liberavit? Chori angelorum canunt : *Justus es, Domine*, quoniam justitia Dei non habet ullam maculam; qui etiam hominem non liberavit sua potestate, sed compassione, quando Filium suum ad redemptionem hominis misit in mundum. Solem enim nulla inquinatio fecis polluit, sic etiam nec Deum ulla perversitas injustitiæ tangere poterit. Sed tu, o homo, in contemplativa scientia bonum et malum inspicis. Et quid es : cum in multitudine carnalium desideriorum sordes? Et quid es : cum clarissimæ gemmæ virtutum in te fulgent? Primus angelus bonum contempsit et malum concupivit, quare malum in morte æternæ perditionis accepit, et in morte sepultus est, quia quod bonum est abjecit. Boni vero angeli malum contempserunt et bonum amaverunt, casum diaboli videntes qui veritatem volebat opprimere et mendacium erigere : quapropter ipsi in amore Dei exarserunt firmum fundamentum totius boni habentes, ita quod aliud nolunt quam quod Deo placet, nunquam in laude ejus cessantes. Sed et primus homo Deum cognovit et eum in simplicitate dilexit ac præceptum ejus suscipiens se obedientiæ subdidit, postmodum ad malum se incurvavit, inobedientiam operatus. Nam cum ei diabolus malum suggereret, bonum deseruit et malum perpetravit, et de paradiso ejectus est. Unde malum in perditione mortis abjiciendum est, et bonum in amore vitæ amplectendum. Sed tu, o homo, cum habes recordationem boni et mali velut in bivio positus es, quia si tunc tenebras mali contempseris volens in illum aspicere cujus creatura es et quem in sancto baptismo confessus es ubi vetus noxa Adæ dejecta est, et si dixerit diabolum et malitiam ejus fugere velis et Deum verum ac ejus præcepta sequi; tunc considera quomodo doctus es a malo declinare et bonum facere, et quia cœlestis Pater Unigenito suo non pepercit, sed eum ad liberationem tuam misit, et ora Deum ut tibi succurrat, et ipse te exaudiens, dicet : Isti oculi mihi placent. Et si tunc tædium abjeceris in mandatis Dei fortiter currens; clamorem precum tuarum ubique exaudit. Carnem enim tuam debes domare et imperio animæ subjugare. Sed tu dicis : Tanta et tam magna pondera in carne mea sentio, quod me superare non valeo. Sed quoniam Deus bonus est, ipse me bonum faciat. Quomodo possem carnem meam domare cum homo sim? Deus bonus est, ipse bona omnia in me perficiat. Nam cum sibi placuerit, me bonum facere poterit. Sed tibi respondeo : Cum Deus bonus sit, cur bonitatem ejus scire contemnis? quia ipse Filium suum pro te tradidit; qui te in multis ærumnis et in magnis laboribus de morte liberavit. Sed cum dicis, quoniam bona opera operari non possis, hoc in injustitia iniquitatis dicis. Oculos enim habes ad videndum, aures ad audiendum, cor ad cogitandum, manus ad operandum, pedes ad ambulandum; ita quod toto corpore te potes erigere vel incurvare, dormire vel vigilare, manducare et jejunare; sic te Deus creavit. Unde et concupiscentiis carnis tuæ resiste et Deus adjuvabit te. Nam cum te opponis diabolo velut fortis bellator inimico suo; tunc Deus delectatur in certamine tuo, volens ut eum omnibus horis et in omnibus angustiis tuis constanter invoces. Sed cum carnem tuam non vis domare, tunc facis eam vitiis et peccatis epulari, quoniam ei frenum timoris Domini abstrahis; cum quo eam coercere deberes, ne in perditionem iret. Quapropter ita ad diabolum respicis sicut et ipse ad iniquitatem respexit, cum in mortem cecidit. Et ipse de perditione tua gaudens dicit : Ecce homo qui nobis similis est. Et tunc super te cadit, atque vias suas in umbra mortis secundum quod sibi placet in te reponit. Sed Deus novit quid boni facere possis; ideo tibi lex posita est, secundum quod laborare potes. Deus ab initio sæculi usque ad consummationem ejus in electis suis complacere vult, ut ipsi in claritate virtutum fidelissime ornati coronentur. Quomodo? Homo voluptati carnis suæ hoc modo resistat ne deliciis hujus mundi diffluat, nec etiam tam secure vivat, quasi in propria domo sua maneat, quoniam peregrinus est, quia Pater ipsius eum exspectat; si ad ipsum in cœlum redire vult, ubi cum esse novit. Unde, o homo, si oculos tuos ad duas semitas, id est ad bonum et ad malum verteris: tunc edoceris, et magna et parva intelligis. Quomodo? Per fidem unum Deum in divinitate et in humanitate intelligis; et etiam diabolica opera in malo esse vides. Et cum ita justas et injustas vias cognoveris; tunc per me interrogaris. Quam viam ire desideras? Si tunc in bonas vias ire volueris, et si verba mea fideliter audieris: assidua et sincera prece Deum ora ut tibi succurrat et ne te deserat, quoniam fragilis in carne tua es, atque ad humilitatem caput tuum inclina; et ea quæ in operibus tuis mala sunt excute, et a te illa festinanter projice; hæc a te Deus requirit. Et ut si quis tibi aurum et plumbum proponeret ac diceret, ad quod volueris manum tuam extende: aurum avidissime caperes et plumbum dimitteres, quia aurum magis quam plumbum diligeres. Sic et cœlestem patriam magis quam depressionem peccatorum attendere debes. Quod si in peccatis cecideris, mox in confessione et pura pœnitentia surge, antequam mors oriatur in te. Pater enim tuus vult ut clames, plores et auxilium petas: ne in sordibus peccatorum permaneas. Sed si vulnera acceperis, medicum quære ne moriaris. Nonne sæpe Deus tempestates hominibus immittit, ut tanto attentius ab eis invocetur? Sed tu, o homo, dicis: Bona opera operari non possum. Ego vero dico: Potes. Et tu quæris, quomodo? Respondeo: Intellectu et ratione. Dices: Desiderium in me non habeo. Respondeo: Disce pugnare contra te. Et dicis: Contra me pugnare non valeo, nisi Deus adjuverit me. Audi ergo quomodo pugnes adversum te: Cum malum in te surgit nescientem quomodo illud abjicias; tunc tactu gratiæ meæ adjutus (nam in viis interiorum oculorum tuorum gratia mea tangit te) clama, ora, confitere et plora; ut tibi Deus succurrat, et ut malum a te auferat, et ut tibi vires in bono tribuat; istud enim habes ex scientia qua Deum per inspirationem Spiritus sancti intelligis; nam si alicujus hominis operarius esses: quoties oporteret te id facere quod corpori tuo difficile esset, nonne multa laboriose sustineres propter terrenam mercedem tuam? Et cur Deo propter supernam mercedem non servis; qui tibi et animam et corpus dedit? Si enim aliquam temporalem rem habere velles, o quantum laborares ut illam saltem vel parvo tempore habere posses. Nunc autem fastidit te illud quærere quod finem non habet. Nam ut bos stimulo agitur, sic et tu corpus tuum timore Domini exercere debes; quia si hoc feceris, Deus non abjiciet te. Si enim aliquis tyrannus te captivaret, protinus ad illum te converteres qui tibi auxilio esse posset et ei supplicares eumque orares, et substantiam tuam illi promitteres ut tibi succurreret. Sic et tu, o homo, fac cum iniquitas te coeperit; ad Deum te convertens supplica, ora et correctionem tuam promitte, et Deus te adjuvabit. Sed tu, o homo, cæcus es ad videndum, surdus ad audiendum, vecors ad te defendendum; quoniam intellectum quem tibi Deus infudit et quinque sensus corporis tui quos tibi dedit, quasi pro nihilo et pro vanitate habes. Nonne intellectum et scientiam habes? Regnum Dei potest emi, non autem joco acquiri. Audite ergo, o homines, et nolite despicere introitum cœlestis Jerusalem, nolite tangere mortem et Deum negare et diabolum confiteri, nolite in peccatis crescere, et in bonis deficere. Deum enim audire non vultis cum in præceptis ipsius ambulare recusatis, et ad diabolum curritis cum desiderium carnis vestræ perficere contenditis. Resipiscite ergo et confortamini quia hoc vobis necessarium est. Fidelis autem homo dolorem suum consideret et medicum quærat antequam in mortem ruat. Quod si dolorem suum inspexerit et medicum quæsierit, inventus ostendet ei amarum succum pigmenti per quem sanari poterit, quæ sunt amara verba per quæ probandus est, utrum pœnitentia ejus de radice cordis ipsius an de vento instabilitatis ejus procedat. Cumque hoc probaverit, dat ei vinum compunctionis et pœnitentiæ, ut fetorem vulnerum suorum abluat et etiam offert ei oleum misericordiæ quatenus eadem vulnera ad sanitatem liniat. Tunc etiam injungit ei ut circa sanitatem suam sollicitus sit, dicens: Vide ut in hac medicina studiosus et stabilis permaneas, nec tædium inde capias, quia vulnera tua gravia sunt. Sed multi sunt qui vix pœnitentiam suorum peccatorum suscipiunt, et quamvis multo labore tamen eam propter metum mortis peragunt. At ego eis manum porrigo, et amaritudinem illam eis in dulcedinem verto, ita quod pœnitentiam illam propter amorem meum magna cum tranquillitate perficiunt, quam cum magna difficultate inceperunt. Qui autem pœnitentiam peccatorum suorum neglexerit, quoniam corpus suum castigare sibi difficile esse dicit, miser est quia non vult in se ipsum respicere, nec ullum medicum quærere, nec vulnera sua sanari, sed pessimum livorem in se celat et mortem in simulationem tegit ne videri possit. Unde piger ad gustum pœnitentiæ est, nolens respicere in oleum misericordiæ, nec consolationem redemptionis quærere: et ideo in mortem properat quoniam mortem dilexit, nec regnum Dei quæsivit. Ergo, o fideles, in præcepta Dei currite, ne vos damnatio mortis apprehendat. Novum Adam imitamini, et veterem hominem abjicite. Nam currenti, regnum Dei apertum est, in terra autem jacenti, clausum est, sed miseri sunt illi qui diabolum venerantur, Deum ignorantes. Quomodo? Qui Deum unum in Trinitate non colunt; nec Trinitatem in unitate scire volunt. Unde qui salvari vult, in recta et catholica fide non dubitet. Quid hoc? Quoniam Patrem non colit, qui Filium abnegat; nec Filium diligit, qui Patrem ignorat; nec Filium habet, qui Spiritum sanctum abjicit; nec Spiritum sanctum accipit, qui Patrem et Filium non veneratur. Ergo unitas in trinitate, et trinitas in unitate intelligenda est. O homo, nunquid es sine corde et sine sanguine vivens? Sic nec Pater sine Filio nec sine

Spiritu sancto, nec Filius sine Patre, nec sine Spiritu sancto, nec Spiritus sanctus sine ipsis esse credendus est. Sed Pater Filium suum pro redemptione hominis misit in mundum et iterum ad se retraxit eum : sicut homo cogitationes cordis sui emittit, et iterum ipsas ad se recolligit. Unde de hac salutifera Unigeniti Dei missione, Isaias in supernæ majestatis voluntate loquitur, dicens: *Verbum misit Dominus in Jacob, et cecidit in Israel* (*Isa.* IX). Quod dicitur: Verbum per quod omnia facta sunt, scilicet Unigenitum Dei, qui in corde Patris secundum divinitatem semper sine initio temporis fuit, ipsum misit Dominus, videlicet supernus Pater per ora prophetarum in Jacob, cum ipsi eumdem Filium Dei in mundum pro salute hominum venturum fideliter prænuntiarent; ut homines per eos præmoniti et præmuniti, diabolum prudenter supplantarent, et versutias deceptionum ejus sapienter declinarent. Et ita idem verbum cecidit in Israel, cum idem Unigenitus Dei venit in altam puritatem virginis, in quam nullus vir gressum suum imposuit; sed quæ florem suum inviolabiliter tenuit, ut ipse natus ex virgine, eos qui lumen veritatis per fallacem cæcitatem ignorabant ad verum iter reduceret, et indeficienti saluti restitueret Unde quicunque scientiam in Spiritu sancto et pennas in fide habet, iste admonitionem meam non transgrediatur, sed eam in gustu animæ suæ amplectendo percipiat.

VISIO QUINTA.

SUMMARIUM. — *De Synagoga matre incarnationis Filii Dei. Verba Salomonis. Verba Isaiæ prophetæ. De diverso colore Synagogæ. De cæcitate ejus, et quod in corde Abraham, in pectore Moyses, in ventre reliqui prophetæ, quid significet. Quod magna ut turris, habens circulum in capite similem auroræ. Verba Ezechielis. Comparatio de Samsone et de Saul et de David ad eamdem rem.*

Post hæc vidi velut quamdam muliebrem imaginem a vertice usque ad umbilicum pallidam, et ab umbilico usque ad pedes nigram, et in pedibus sanguinolentam, circa autem pedes suos candidissimam et purissimam nubem habentem, at oculis orbatam, manus vero sub axellas suas tenebat, stans juxta altare quod est ante oculos Dei, sed ipsum non tangebat. Et in corde ipsius stabat Abraham, et in pectore ejus Moses, in ventre vero reliqui prophetæ, singuli signa sua demonstrantes, et pulchritudinem novæ sponsæ admirantes. Hæc vero tantæ magnitudinis apparuit velut alicujus civitatis ingentissima turris habens in capite suo quasi circulum similem aurorae. Audivique iterum vocem de cœlo dicentem mihi : Antiquo populo austeritatem legis Deus imposuit, cum Abrahæ circumcisionem indixit, quam postea in gratiam suavitatis convertit, cum Filium suum veritatem Evangelii credentibus dedit, in qua jugo legis sauciatos, oleo misericordiæ delinivit. Quapropter vides velut quamdam muliebrem imaginem a vertice usque ad umbilicum pallidam, quæ est Synagoga, mater incarnationis Filii Dei et ab initio surgentium filiorum suorum usque ad fortitudinem eorum, secreta Dei in umbratione prævidens, sed ea non pleniter aperiens. Illa enim non est rutilans aurora quam aperte loquitur, sed eam in multa admiratione a longe intuens, ut in Canticis de ipsa dicitur : *Quæ est ista quæ ascendit per desertum deliciis affluens : et innixa super dilectum suum?* (*Cant.* VIII.) Quod dicitur : Quæ est hæc nova nupta, quæ in plurimis bonis operibus se elevat per deserta gentium legalia præcepta sapientiæ deserentium et idola adorantium, ascendens ad superna desideria deliciis donorum Spiritus sancti abundantius, et sic multo studio anhelans et se innitens super sponsum suum scilicet Dei Filium. Hæc enim est, quæ a Filio Dei dotata in præclaris virtutibus fulget in rivulis Scripturarum abundans. Sed et eadem Synagoga de filiis illius novæ sponsæ in multa admiratione servum meum Isaiam sic interrogat : *Qui sunt ii qui ut nubes volant, et quasi columbæ ad fenestras suas?* (*Isa.* LX.) Quod dicitur : Qui sunt ii qui in mentibus suis se abstrahentes a terrenis ac carnalibus concupiscentiis : pleno desiderio et plena devotione ad superna volant, et columbina simplicitate absque amaritudine fellis, sensus corporis sui muniunt et munimentum firmissimæ petræ, qui Unigenitus Dei est, multo ardore bonarum virtutum appetunt. Hi enim sunt, qui propter supernum amorem terrena regna conculcant, et cœlestia quærunt. Synagoga itaque admirabatur de nova sponsa quæ Ecclesia est, quoniam se similibus virtutibus ita ornatam non agnovit ut illam vidit, quia Ecclesia angelicis præsidiis circumdata est, ne eam diabolus dilaceret et dejiciat, cum Synagoga a Deo deserta in vitiis jaceat.

Quapropter vides etiam ipsam ab umbilico usque ad pedes nigram : quod est a fortitudine suæ dilatationis usque ad consummationem suæ durationis, in prævaricatione legis, et in transgressione testamenti patrum suorum fuisse sordidam, quia multis modis divina præcepta neglexit voluptatem carnis suæ secuta. Et in pedibus sanguinolenta, circa autem pedes suos candidissimam et purissimam nubem habet, quoniam in consummatione sua prophetam prophetarum occidit, ubi et ipsa lapsa corruit; in eadem tamen consummatione in mentibus credentium lucidissima et perspicacissima fide surgente, quia ubi Synagoga finem accepit, Ecclesia surrexit, cum apostolica doctrina post mortem Filii Dei se scindens, et nuda in peccatis tuis jacens : feci quod per totum orbem terrarum diffudit. Sed et imago Ezechiel servus meus loquitur, dicens : *Expandi* illa oculis orbata est manus suas sub axellas tenens *amictum meum super te, et operui ignominiam tuam,* quia Synagoga in veram lucem non aspexit, cum *et juravi tibi et inii pactum tecum* (*Ezech.* XVI). Quod Unigenitum Dei in despectu habuit. Unde et opera dicitur : Ego Filius Altissimi in voluntate Patris justitiæ in tædio boni operis et torpore a se non mei extendi incarnationem meam, o Synagoga, su- projiciens tegit, et ea velut non sint negligenter per te, id est pro salute tua, auferens peccata tua, abscondit. Stat juxta altare quod est ante oculos quæ in multis oblivionibus operata es, et firmavi Dei, sed ipsum non tangit, quoniam legem Dei tibi remedium salvationis, ita quod itinera fœderis quam divino præcepto et divina inspectione accepit mei ad salutem tuam manifestavi, cum veram fidem in cortice quidem novit, sed eam interius non teti- per apostolicam doctrinam tibi aperui, quatenus git, quia eam potius abhorruit quam dilexerit, sa- præcepta mea observares veluti mulier potestati crificia et incensum devotarum orationum Deo mariti sui subjacere debet. Nam asperitatem exte- offerre negligens. Sed in corde ipsius stat Abra- rioris legis a te abstuli, et suavitatem spiritualis ham, quoniam initium circumcisionis in Synagoga doctrinæ tibi dedi ac omnia mysteria mea in spi- ipse fuit. Et in pectore ejus Moses, quia in præ- ritualibus doctrinis per memetipsum tibi ostendi, cordia hominum divinam legem ille attulit, ac in sed tu me justum deseruisti, et diabolo te con- ventre reliqui prophetæ, id est in institutione illa junxisti. Sed tu, o homo, intellige : ut Samsonem quæ ipsi divinitus tradita fuerat, inspectores divi- uxor ipsius deseruit, ita quod lumine suo privatus norum præceptorum. Singuli signa sua demon- est, sic et Synagoga Filium Dei deseruit, cum eum strantes et pulchritudinem novæ sponsæ admiran- obdurata sprevit, et cum doctrinam illius abjecit. tes, quoniam ipsi magnalia prophetiæ suæ in mi- Sed postquam capilli ejus jam renati sunt, ita quod rabilibus signis ostenderunt, et speciositatem gene- Ecclesia Dei confortata est, Filius Dei in fortitudine rositatis Ecclesiæ in multa admiratione attenderunt. sua Synagogam dejecit, et natos illius exhæredita- Ipsa vero tantæ magnitudinis apparet velut alicu- vit, cum etiam per gentiles Deum ignorantes zelo jus civitatis altissima turris, quia magnitudinem Dei contriti sunt; ipsa enim multis erroribus totius divinorum præceptorum suscipiens, munitionem et confusionis et schismatis se subjecerat, et in præ- defensionem nobilis et electæ civitatis pronuntiavit varicationibus totius iniquitatis se polluerat. Sed habens in capite suo quasi circulum similem auroræ, etiam quemadmodum David uxorem suam quam quia Ecclesia in ortu suo miraculum incarnationis sibi primitus desponsaverat et quæ cum alio viro Unigeniti Dei demonstravit, et claras virtutes ac se polluerat, tandem revocavit, ita etiam et Filius mysteria quæ sequuntur ostendit; nam ipsa velut Dei Synagogam (quæ sibi primum in incarnatione primo mane coronata fuit, cum divina præcepta sua conjuncta fuit, sed gratiam baptismi deserens accepit, designans Adam, qui primum jussionem diabolum secuta est) tandem circa novissimum tem- Dei percepit, sed postea in transgressione sua in pus recipiet, ubi ipsa errores infidelitatis suæ de- mortem cecidit. Sic et Judæi fecerunt, qui divinam serens ad lumen veritatis redibit. Nam diabolus legem primitus susceperunt, sed deinde Filium Dei Synagogam in cæcitate illius rapuit, et eam infide- in incredulitate sua abjecerunt. Sed et sicut homo litati in multis erroribus tradidit, nec hoc usque per mortem Unigeniti Dei circa novissimum tempus ad filium perditionis facere cessabit. Qui dum in de perditione mortis ereptus est, ita et Synagoga exaltatione superbiæ suæ ceciderit sicut Saul in ante novissimum diem per divinam clementiam monte Gelboe interfectus periit, qui David de terra excitata incredulitatem deseret, et ad cognitionem sua fugaverat, ut filius iniquitatis Filium meum in Dei veraciter perveniet. Quid hoc? Nonne aurora electis suis expellere tentabit, tunc Filius meus, ante solem ascendit? Sed aurora recedit et claritas Antichristo dejecto, Synagogam ad veram fidem solis permanet. Quid hoc? Vetus Testamentum re- revocabit quemadmodum et David primam uxorem cessit, et veritas Evangelii permanet, quia quæ suam post mortem Saulis recepit : cum enim no- antiqui in legalibus observationibus carnaliter ob- vissimo tempore homines illum per quem decepti servabant, hæc novus populus in Novo Testamento fuerant victum viderint, ad viam salutis cum spiritualiter exercet, quoniam quod illi in carne multa festinatione recurrent. Non autem decuit ut ostenderunt, hoc isti in spiritu perficiunt. Nam veritas Evangelii umbram legis prænuntiaret, quo- circumcisio non periit, quia in baptismum trans- niam decet ut carnalia præcurrant et spiritualia lata est, ut enim illi in uno membro signati sunt, subsequantur, quia etiam servus dominum suum sic et isti in omnibus membris suis. Unde anti- venturum prædicit et non dominus servum in ser- qua præcepta non perierunt, quia in meliorem vitio præcurrit; ita et Synagoga in umbra signifi- statum translata sunt. Etiam in novissimo tempore cationis præcurrit, et Ecclesia in lumine veritatis Synagoga ad Ecclesiam se fideliter transferet. Nam, subsecuta est. Unde quicunque scientiam in Spiritu o Synagoga, cum in multis iniquitatibus errares ita sancto et pennas in fide habet, iste admonitionem quod cum Baal et cum cæteris his similibus te pol- meam non transgrediatur, sed eam in gustu animæ lueres, consuetudinem legis turpissimis moribus suæ amplectendo percipiat.

VISIO SEXTA.

Summarium. — *Quod Deus creaturam suam mirabiliter condidit et disposuit. De habitu angelorum et ejus significatione. De habitu archangelorum et ejus significatione. De habitu virtutum et ejus significatione. De habitu potestatum et ejus significatione. De habitu principatuum et ejus significatione. De habitu dominationum et ejus significatione. De habitu thronorum et ejus significatione. De habitu cherubim et ejus significatione. De habitu seraphim et ejus significatione. Quod hæ omnes acies mirabilibus vocibus miracula illa resonant quæ Deus in beatis animabus operatur. Psalmista de eadem re.*

Deinde vidi in altitudine cœlestium secretorum duas acies supernorum spirituum multa claritate fulgentes, et qui in prima acie erant velut pennas in pectoribus suis habebant et facies ut facies hominum præ se ferebant, in quibus et vultus hominum quasi in pura aqua apparebant, et qui in altera acie fuerunt etiam in pectoribus suis quasi pennas habuerunt et facies ut facies hominum in se ostenderunt, in quibus etiam imago Filii hominis quasi in speculo fulgebat. Sed neque in his nec in illis aliam formam discernere potui. Hæ autem acies alias quinque acies secundum modum coronæ circumcinxerant. Et qui in harum quinque prima acie fuerunt, quasi facies hominum habebant ab humero et deorsum magno splendore fulgentes. Qui in secunda erant, tantæ claritatis exstiterunt, quod eos intueri non poteram. Qui in tertia ut album marmor apparuerunt, et capita ut capita hominum habuerunt; super quæ ardentes faculæ visæ sunt, et ab humero et deorsum velut ferrea nube circumdati fuerunt. Qui in quarta facies ut facies hominum et pedes ut pedes hominum habentes, in capitibus suis galeas gestabant, marmoreis tunicis induti. Qui denique in quinta erant : nullam formam hominum in se ostendentes, velut aurora rubebant. Nullam autem aliam formam in eis conspiciebam. Sed et acies istæ alias duas etiam in modum coronæ circumdederant. Qui autem in prima acie illarum erant, oculis et pennis pleni videbantur, et in unoquoque oculo speculum et in ipso speculo facies hominis apparuit, et pennas suas ad supernam altitudinem elevarant. Et qui in secunda fuerunt, quasi ignis ardebant, plurimasque pennas habentes in quibus quasi in speculo omnes ordines ecclesiasticæ institutionis insignitos demonstrabant. Sed aliam formam nec in his nec in illis vidi. Et hæ acies omnes in omni genere musicalium organorum mirificis vocibus mirabilia illa resonabant, quæ Deus in beatis animabus operatur, per quæ Deum magnifice glorificabant. Et audivi de cœlo vocem mihi dicentem : Omnipotens et ineffabilis Deus qui ante sæcula fuit, nec initium habuit nec post finem sæculorum esse desinet omnem creaturam mirabili modo sua voluntate condidit, eamque mirabili modo sua voluntate disposuit. Quomodo ? Quasdam creaturas terrenis hærere, quasdam vero in cœlestibus esse deputavit. Ipse quoque beatos angelicos spiritus tam ad salutem hominum quam ad honorem nominis sui disposuit. Quomodo ? Nam quosdam ita constituit, ut necessitatibus hominum subveniant, quosdam vero, ut judicia secretorum suorum per eos hominibus manifestentur. Quapropter vides in altitudine cœlestium secretorum duas acies supernorum spirituum multa claritate fulgentes, quia ut tibi monstratur in altitudine illorum occultorum quæ carnalis obtutus non penetrat, sed quæ visus interioris hominis attendit, hæc duo agmina corpus et animam hominis, Deo famulari debere designant ubi ipsa cum supernis civibus claritatem æternæ beatitudinis habent.

Et qui in prima acie sunt velut pennas in pectoribus suis habent, et facies ut facies hominum in se prætendunt, in quibus et vultus hominum quasi in pura aqua apparent ; isti angeli sunt desideria profunditatis intellectus sui quasi pennas expandentes ; non quod pennas ut aves habeant, sed quod voluntatem Dei in desideriis suis velociter perficiant, velut homo in cogitationibus suis celeriter volat ; ita quod et per facies suas pulchritudinem rationalitatis in se manifestant, ubi etiam Deus opera hominum perspicue perscrutatur, quia ut servus verba domini sui audiens, ea secundum voluntatem illius perficit ; ita et ipsi voluntatem Dei in hominibus attendunt et actus eorum illi in semetipso ostendunt. Unde et qui in acie alia sunt etiam in pectoribus suis quasi pennas habent, et facies ut facies hominum in se ostendunt, in quibus etiam imago Filii hominis velut in speculo fulget : archangeli sunt etiam in desideriis intellectus sui voluntatem Dei contemplantes et decorem rationalitatis in se manifestantes incarnatum Verbum Dei purissime magnificant, quia ipsi, arcana Dei cognoscentes, mysteria incarnationis Filii Dei signis suis frequenter præinsinuabant. Sed nec in his nec in illis aliam formam discernere potes, quoniam et in angelis et in archangelis multa secreta mysteriorum sunt quæ humanus intellectus mortali corpore gravatus, capere non valet. Quod autem hæ acies alias quinque acies secundum modum coronæ cingunt : hoc est quod corpus et anima hominis quinque sensus hominis virtute fortitudinis suæ comprehendentes, per quinque vulnera Filii mei emundatos, ad rectitudinem interiorum mandatorum dirigere debent. Unde qui in prima acie harum sunt, quasi facies hominum habent, ab humero et deorsum magno splendore fulgentes ; quæ virtutes sunt in corda credentium ascendentes et in ardente charitate excelsam turrim in eis ædificantes, quæ opera ipsorum sunt. Ita quod in rationalitate sua opera electorum hominum ostendunt, et in fortitudine sua ad bonum finem multo fulgore beatitudinis ipsos perducunt. Quomodo? Scilicet cum electi claritatem interioris sensus habentes, omnes nequitias malorum suorum abjiciunt propter illuminationem illam qua in istis virtutibus in mea voluntate illuminati sunt, et fortiter adversus diabolicas insidias pugnant, et certamina illa quæ illi hoc modo contra diabolicam turbam exercent virtutes istæ mihi Creatori suo incessanter ostendunt. Nam homines certamina confessionis et abnegationis in se habent. Quomodo? Quia iste me confitetur et ille me abnegat. Sed in hoc certamine talis interrogatio est: Est Deus an non? Tunc interrogatio ista tale responsum Spiritus sancti in homine habet: Deus est qui te creavit, sed et qui te redemit. Et quandiu interrogationis responsum hoc in homine est, virtus Dei illi non deerit, quia huic interrogationi et responso pœnitentia adhæret. Ubi autem interrogatio hæc in homine non est, ibi nec hoc responsum Spiritus sancti est, quoniam homo iste donum Dei a se expellit, et sine interrogatione pœnitentiæ semetipsum in mortem præcipitat. Certamina vero istorum bellorum virtutes Deo offerunt; quia ipsi tale sigillum coram Deo sunt, per quod demonstratur qua intentione Deus, colatur vel abnegetur.

Qui autem secunda acie sunt, tantæ claritatis existunt, quod eos intueri non potes; qui potestates sunt designantes quoniam serenitatem et pulchritudinem potestatis Dei, nulla imbecillitas mortalitatis apprehendere poterit, nec se ipsi similem facere, quia potestas Dei indeficiens est. Sed qui in tertia acie sunt, ut album marmor apparent et capita hominum habent, super quæ faculæ ardentes videntur, et ab humero et deorsum velut ferrea nube circumdati sunt; qui principatus sunt, præfigurantes quod ii qui ex dono Dei in sæculo principes hominum existunt, sinceram justitiæ fortitudinem inducere debent ne in diversitatem instabilitatis incidant, et caput suum qui Christus Filius Dei est inspicere ac regimina sua secundum voluntatem ipsius in necessitatem hominum dirigere super se gratiam sancti Spiritus in ardore veritatis attendentes, ita quod in fortitudine æquitatis usque ad consummationem suam firmi et stabiles perseverent. Unde etiam qui in quarta acie sunt facies ut facies hominum et pedes ut pedes hominum habentes in capitibus suis galeas gestant marmoreis tunicis induti; qui dominationes sunt, ostendentes quia ille qui Dominus omnium est rationalitatem hominum quæ in humano pulvere polluta jacuerat a terris ad cœlos sublevavit, cum Filium suum ad terras transmisit, qui antiquum seductorem sua rectitudine conculcavit: ita ut fideles ipsum qui caput eorum est fideliter imitentur, spem suam ad cœlestia ponentes ac forti desiderio bonorum operum se munientes. Sed qui in quinta acie sunt nullam formam hominum in se ostendentes velut aurora rubent; qui throni sunt, demonstrantes quod divinitas ad humanitatem se inclinavit, cum Unigenitus Dei humanum corpus pro salute hominum induit, qui nulla contagia humanorum peccatorum in se habuit; quoniam ipse de Spiritu sancto conceptus, in aurora videlicet in beata Virgine carnem absque omni macula totius sordis accepit. Sed nullam aliam formam in eis conspicis; quia plurima mysteria supernorum secretorum sunt; quæ fragilitas humana non valet apprehendere. Quod autem et acies istæ alias duas in modum coronæ circumdant: hoc est quod fideles illi qui quinque sensus corporis sui ad superna dirigunt, scientes quia per quinque vulnera Filii Dei redempti sunt ad dilectionem Dei et proximi sui omni nisu et circuitione mentis suæ perveniunt, cum voluptatem cordis sui negligunt et spem suam in sola æterna ponunt.

Quapropter et qui in prima acie illarum sunt, oculis et pennis pleni videntur, et in unoquoque oculo speculum et in ipso speculo facies hominis apparet et pennas suas ad supernam altitudinem elevant; qui cherubin sunt, scientiam Dei significantes, in qua ipsi mysteria supernorum secretorum videntes desideria sua secundum voluntatem Dei explent, ita quod ipsi in profunditate scientiæ suæ purissimam perspicuitatem habentes: in ipsa illos mirabiliter prævident, qui verum Deum cognoscentes, intentionem desideriorum cordis sui ad ipsum qui super omnes est velut pennas bonæ et justæ sublevationis dirigunt, magis æterna diligentes quam caduca appetentes, secundum quod et ipsi in elevatione desideriorum suorum ostendunt. Sed qui in altera acie sunt quasi ignis ardent plurimasque pennas habentes, in eisdem pennis quasi in speculo omnes ordines ecclesiasticæ institutionis insignitos demonstrant; seraphin sunt significantes, quod ut ipsi in amore Dei ardent maxima desideria visionis ejus habentes, ita etiam in desideriis suis tam sæculares quam spirituales dignitates quæ in ecclesiasticis mysteriis multa cum puritate vigent, ostendunt quia secreta Dei in ipsis mirabiliter apparent, sic etiam omnes qui sinceritate puri cordis amantes supernam vitam quærunt: ardenter Deum diligant, eumque toto desiderio amplectantur, ut ad gaudia illorum perveniant, quos tam fideliter imitantur. Quod vero aliam formam nec in his nec in illis vides: hoc est quod multa secreta in beatis spiritibus sunt, quæ homini manifestanda non sunt, quoniam quandiu ipse mortalis existit, ea quæ cœlestia sunt perfecte discernere non poterit.

Sed hæ acies omnes ut audis in omni genere musicalium sonorum mirificis modulationibus mirabilia resonant, quæ Deus in beatis animabus operatur per quæ Deum magnifice glorificant, quia beati spiritus in virtute Dei maxima gaudia inenarrabilibus sonis per opera mirabilium illorum in cœlestibus proferunt, quæ Deus in sanctis suis perficit, per quæ ipsi Deum gloriosissime magnificant, ubi eam in profunditate sanctitatis exquirunt lætantes in gaudio salutis quemadmodum et David servus meus inspector supernorum secretorum testatur dicens : *Vox exsultationis et salutis in tabernaculis justorum* (*Psal.* CXVII). Quod dicitur : Sonus lætitiæ et prosperitatis illius quod caro conculcatur et spiritus erigitur, cum indeficiente salute cognoscitur in habitationibus illorum qui injustitiam abjiciunt et justitiam operantur, cum suggerente diabolo id quod malum est facere possent ; sed divina inspiratione id quod bonum est perficiunt. Quid hoc ? Homo frequenter indecentem exsultationem in se ostendit : cum peccatum perfecerit quod perficere inconvenienter concupivit, sed salutem ibi non habet, quia hoc fecit quod divino præcepto contrarium fuit. Ille autem tripudium exsultationis cum prosperitate, veræ salutis habebit ; qui bonum quod ardenter desideravit strenue complet, mansionem illorum dum in corpore habitat amans qui viam veritatis currentes errorem mendacii declinaverunt. Unde quicunque scientiam in Spiritu sancto, et pennas in fide habet, iste admonitionem meam non parvipendat, sed eam in gustu animæ suæ amplectendo percipiat. Amen.

LIBER SECUNDUS.

VISIO PRIMA.

Summarium. — *De omnipotentia Dei. Verba Job ad eamdem rem. Quod Verbum ante et post assumptam humanitatem indivisibiliter et æternaliter apud Patrem est. Quare Filius Dei dicitur Verbum. Quod virtute Verbi Dei omnis creatura suscita est et homo revixit in salvatione. Quod incomprehensibilis potentia Dei mundum fabricavit et diversas species eduxit. Quod creatis aliis creaturis, homo de limo terræ creatus est. Quod Adam dulci præcepto clarissimæ obedientiæ accepto, consiliante diabolo non obedivit. Quod Abraham, Isaac et Jacob et alii prophetæ mundi tenebras significationibus suis repercusserunt. Quod præcipuus propheta Joannes miraculis coruscans Filium Dei præmonstravit. Quod Verbo Dei incarnato, illud magnum et antiquum consilium visum est. Quod homo secreta Dei non debet plus scrutari quam ipse vult manifestare. Quod Filius Dei natus in mundo morte sua diabolus superavit, et electos et hæreditatem suam reduxit. Verba Oseæ de eadem re. Quod corpus Filii Dei in sepulcro per triduum jacens resurrexit, et homini via veritatis de morte ad vitam ostensa est. Quod Filius Dei a morte resurgens, discipulis suis frequenter ad corroborandum eos apparuit. Quod Filio Dei ascendente ad Patrem, sponsa ejus diversis ornamentis fundata est.*

Et ego homo litteras non callens more fortium leonum, nec docta ex infusione illorum, sed manens in mollitie, fragilis costa, imbuta mystico spiramine : vidi quasi lucidissimum ignem incomprehensibilem, inexstinguibilem, totum viventem, totumque vitam existentem, in se autem flammam aerei coloris habentem, quæ leni flatu ardenter flagrabat ; et quæ idem lucido igni ita inseparabiliter hærebat ut in homine hærent viscera. Et vidi quod illa flamma fulminans incanduit, et ecce obscurus aer et rotundus multæque magnitudinis repente exortus est, super quem ipsa flamma quosdam ictus dedit, toties ab eo scintillam educens donec aer ad perfectum deductus est et ita coelum et terra resplenduerunt plena institutione. Deinde etiam eadem flamma in igne et ardore illo extendit se ad parvam glebam limosæ terræ jacentem in fundo aeris eam calefaciens, ita quod carnem et sanguinem effecit, eamque spiravit ita quod in animam viventem effecta est. Quo facto, ille lucidus ignis præbuit per eamdem flammam leni flatu ardenter flagrantem ipsi homini candidissimum florem in flamma pendentem ut ros pendet in gramine, cujus quidem odorem homo naribus sensit, sed gustu oris non libavit, nec manibus attrectavit, hoc modo se avertens atque cadens in densissimas tenebras ex quibus se erigere non valuit. Tenebræ autem illæ in illo aere magis ac magis se dilatando creverunt. Tunc tres magnæ stellæ in fulgore suo sibi cohærentes in tenebris illis apparuerunt, post quas et aliæ multæ tam parvæ quam magnæ plurimo splendore fulgentes, ac deinde quædam maxima stella mira claritate radians et fulgorem suum ad prædictam flammam dirigens. Sed et in terra quidam fulgor velut aurora apparuit ; cui superior flamma mirabiliter infusa est, non tamen a supradicto lucido igne separata et in illo fulgore auroræ maxima voluntas accensa est. Cumque accensionem voluntatis hujus diligentius considerare vellem, in hac visione secretum sigillum mihi appositum est, audivique vocem ex alto mihi dicentem : De hoc mysterio non poteris quidquam amplius videre, nisi ut tibi propter miraculum credendi conceditur. Vidique de eodem fulgore auroræ splendidissimum hominem egredientem, qui claritatem suam ad prædictas tenebras effudit et ab eis reverberatus est, et in ruborem sanguinis et in pallorem albedinis conversus tanta fortitudine tenebras percussit, ut homo ille qui in eis jacebat attractu illo apparens fulgeret, atque ita erectus exiret. Et sic splendidus ille homo qui de aurora egressus est, in tanta claritate apparens ultraquam humana lingua effari possit, in eminentissimam altitudinem innumerabilis gloriæ tetendit, ubi in plenitudine omnimodæ ubertatis et odoris magnifice radiabat. Et audivi ex præfato vivente igne vocem mihi dicentem : Tu quæ es fragilis terra et in nomine femineo indocta in omni doctrina carnalium magistrorum, scilicet legere litteras secundum intelligentiam litteratorum, sed tantum tacta lumine meo quod tangit te interius cum incendio ut sol ardens, clama et enarra ac scribe hæc mysteria mea quæ vides et audis in mystica visione. Noli ergo esse timida, sed dic ea quæ intelligis in spiritu quemadmodum ea loquor per te, quatenus illi verecundia teneantur qui populo meo deberent viam rectitudinis ostendere, sed ex perversitate morum suorum recusant aperte justitiam quam noverunt dicere, nolentes abstinere a malis desideriis suis quæ illis ita adhærent quasi ipsis dominentur, facientia eos fugere a facie Domini et erubescere loqui veritatem. Unde, o pusilla, animo quæ interius es docta mystica inspiratione quamvis suppresso sis per virilem formam propter prævaricationem Evæ; dic tamen igneum opus quod tibi demonstratur certissima visione. Vivens enim Deus qui cuncta per Verbum suum creavit, per idem Verbum incarnatum miseram humanam creaturam quæ se demersit in tenebras, ad fidelem salvationem reduxit. Quid hoc ? Nam ille lucidissimus ignis quem vides, designat omnipotentem et viventem Deum qui in clarissima serenitate sua nunquam ulla iniquitate offuscatur incomprehensibilis manens, quia nulla divisione dividi potest, aut initio aut fine aut ulla scintilla scientiæ creaturæ suæ comprehendi sicuti est et exstinguibilis exsistens, quoniam ipse est illa plenitudo quam nunquam ullus finis tetigit ac totus vivens, quia nulla omnino res ipsi absconsa est quam nesciat, totusque vita existens, quoniam omne quod vivit ab ipso vivere sumit, secundum quod Job per me inspiratus ostendit, dicens : *Quis ignorat quod omnia hæc manus Domini fecerit ? in cujus manu est anima omnis viventis et spiritus universæ carnis hominis* (Job XII). Quid hoc ? Nulla creatura tam hebes est in natura sua quæ vicissitudinem plenitudinis suæ in illis causis ignoret, in quibus fructuosa consistit. Quomodo ? Cœlum habet lucem, lux aerem, aer volatilia et terra nutrit virentia, virentia fructum, fructus animalia ; quæ omnia testantur quod ea posuit fortissima manus, id est maxima potentia Dominatoris cunctorum, qui omnia in possibilitate virtutis suæ ita operatus est quod eis nihil deest in usibus suis, et in omnipotentia ejusdem fabricatoris est motio cunctorum viventium et terrestrium, ut pecorum terram in terrenis quærentium nec rationalitatem spiraculi Dei in se habentium, et excitatio spirituum qui humanam carnem inhabitant, in quibus est rationalitas, discretio et sapientia. Quomodo ? Anima circuit in terrenis causis laborans in multis varietatibus secundum quod carnales mores expostulant. Spiritus vero erigit se in duobus modis, videlicet suspirium, gemitum et desiderium ad Deum habens, aut Dominum et regimen et optionem in diversis rebus quasi in præcepto quærens, quia discretionem in rationalitate habet. Unde etiam homo similitudinem cœli et terræ in se continet. Quomodo ? Ipse habet circulum in quo apparet perspicuitas, spiraculum et rationalitas, velut in cœlo notantur luminaria ; habet spiritum per omnem sensum et motum celeriter meantem, ut aer volatilia etiam humoris receptaculum in quo notatur humiditas, apparet germinatio ac parturitio, sicut in terra virentia, fructificantia et animalia. Quid hoc ? O homo, tu totus es in omni creatura et obliviscerís Creatoris tui ; et subjecta tibi creatura obedit ei sicut illi constitutum est, et tu præcepta illius transgrederis.

Sed vides quod idem ignis in se flammam aerei coloris habet, quæ leni flatu ardenter flagrat et quæ eidem lucido igni ita inseparabiliter inest ut in homine sunt viscera, quod est in æternitate ante tempora constitutæ creaturæ infinitum Verbum, quod in ardore charitatis sub decursum labentium temporum mirabiliter sine sorde et gravamine peccati per virtutem suavitatis Spiritus sancti in aurora beatæ virginitatis erat incarnandum, ita tamen ut sicut ante susceptam carnem indivisibiliter fuit in Patre, sic etiam post assumptam humanitatem inseparabiliter in eo maneret, quoniam ut homo non est absque vitali tactu in via præcordiorum, sic a Patre non erat omnino separandum ejus vitale Verbum. Et quare dicitur Verbum ? Quia ut per locale verbum quod in terreno pulvere hominis transitorium est, prudenter intelliguntur jussa præceptoris ab iis qui sciunt et prævident jussionem præcipientis ; ita etiam per illocale verbum quod per inexstinguibilem vitam quæ vivit in æternitate intransitorium est, vere cognoscitur vis patris a diversis creaturis mundi ipsum sentientibus et intelligentibus in ortu quo creatæ sunt, atque ut per officiale verbum potestas et honor scitur hominis ; sic etiam per divinum Verbum sanctitas et bonitas resplendet Patris.

Quod autem vides quomodo flamma illa fulminans incandet : hoc est quod Verbum Dei virtutem suam quasi exardescens ostendit, cum per ipsum omnis creatura condita est, et quasi incanduit, cum in aurora et candore virginitatis incarnatum est, et ex eo stillaverant omnes virtutes in agnitione Dei : cum homo revixit in animarum salvatione. Sed et obscurus aer et rotundus multæque magnitudinis repente exortus est, qui est instrumentum eorum in obscuritate imperfectionis, scilicet nondum illustratum plenitudine creaturarum, et rotundum est, quia sub incomprehensibili potentia Dei est, divinitate nusquam absente, ipsum tamen in maxima potestate Dei surgens quasi in ictu oculi in superna voluntate elevatum, super quod ipsa flamma velut faber quosdam ictus dedit toties ab eo scintillam educens, donec idem aer ad perfectum deductus est, quia cœlum et terra resplenduerunt plena institutione, quando ille qui excellit universam creaturam supernum Verbum in creatione creaturarum servitutem tenentium virtutem fortitudinis suæ ostendit ab instrumento suo, diversas species creaturarum lucentes in mirabili ortu conditionis eorum educens, ut faber formas suas ex aere competenter excudit, usque dum eaedem creaturae in pulchritudine plenitudinis suae effulserunt; sursum et deorsum decorem et stabilimentum perfectae creationis suae habentes, quia superiora resplenduerunt ab inferioribus, et inferiora a superioribus.

Quod autem deinde eadem flamma in igne et ardore illo se extendit ad parvam glebam limosae terrae, jacentem in fundo aeris : hoc est quod, creatis aliis creaturis, Verbum Dei in forti voluntate Patris et in amore supernae suavitatis Spiritus sancti inspexit fragilem materiam mollis et tenerae fragilitatis humanitatis omnium tam malorum quam bonorum procreandorum hominum in imo insensibilitatis et ponderositatis suae detentam, et nec dum efficaci et vitali flatu excitatam, eam fovens et calefaciens carnem et sanguinem efficit in virtute calorem ei infundens, quoniam terra est carnalis materia hominis nutriens eum fructu suo, sicut mater lacte filios suos, eamque aspiravit Deus ita quod homo in animam viventem effecta est, quia ipsam per supernam virtutem excitavit atque in anima et corpore discernentem hominem mirabiliter ex ea eduxit.

Quo facto, ille lucidus ignis praebuit per illam flammam leni flatu ardenter flagrantem, ipsi homini candidissimum florem in flamma illa pendentem ut ros pendet in gramine, quoniam creato Adam Pater qui lucidissima lux est, dedit per Verbum suum in Spiritu sancto ipsi Adae dulce praeceptum clarissimae obedientiae adhaerentis ipsi Verbo in multo imbre fructuosae virtutis, quia per ipsum Verbum suavissimus humor sanctitatis a Patre in Spiritu sancto stillavit faciens maximum et plurimum fructum sicut purus humor super gramen descendens illud ad multum germen fecundat. Cujus quidem odorem homo naribus sensit, sed gustu oris non libavit, nec moribus attrectavit, quoniam ipse praeceptum legis cum intelligentia sapientiae quasi naribus attraxit, sed vim illius intimae perfectionis in os perfecte non intromisit nec opere manuum in plenitudine beatitudinis adimplevi, hoc modo se avertens atque cadens in densissimas tenebras ex quibus se erigere non valuit, quia divino praecepto suggerente diabolo terga dedit in barathrum mortis corruens; quia Deum non in fide nec in opere exquisivit. Unde ad veram cognitionem ejus peccatis gravatus surgere non potuit, donec ille venit qui Patri suo pleniter sine peccato obedivit. Sed tenebrae illae in illo aere magis ac magis se dilatando creverunt : potestas mortis in mundo semper in latitudine vitiorum sumpsit incrementum scientia hominis se movente in diversitatem multiplicium vitiorum et fetentium peccatorum per errorem emergentium. Quod autem tres magnae stellae in fulgore suo sibi cohaerentes in illis tenebris apparuerunt, post quas aliae multae tam parvae quam magnae plurimo splendore fulgentes : haec sunt in figuratione supernae Trinitatis magna luminaria, videlicet Abraham, Isaac et Jacob tam fideli opere quam carnis conjunctione se mutuo complectentes mundique tenebras annuntiationibus suis repercutientes, et eos subsequentes alii quamplurimi prophetae majores et minores in magnis et admirandis miraculis radiantes. Deinde vero apparens quaedam maxima stella mira claritate micans et fulgorem suum ad praedictam flammam dirigens, illa est praecipuus propheta Joannes scilicet Baptista fidelissimo et clarissimo opere in magnalibus coruscans, et in eis verum Verbum, id est Dei Filium demonstrans, quia iniquitati non cessit, sed eam in operibus justitiae strenue et fortiter calcavit.

Sed quod in terra illa fulgor velut aurora apparet, cui superior flamma mirabiliter infusa est : non tamen a supradicto lucido igne separata : hoc est quod Deus in loco generabilium rerum magnum splendorem rutilantis luminis plantavit, in illum Verbum suum perfecta voluntate mittens non tamen ab eo separatum, sed dedit ipsum, copiosum fructum, atque eduxit ipsum, magnum fontem ex quo omne fidele guttur bibens ultra siti non arescit. Unde et in illo fulgore aurorae maxima voluntas accensa est, quia in claritate rubentis serenitatis virtus magni et antiqui consilii cognita est, ita quod omnes praemissae legiones et coelestium spirituum acies hoc in lucidissima felicitate admiratae sunt. Sed tu, o homo, dum eminentiam consilii hujus humano more plenius scire desideras, claustrum occultationis tibi opponitur, quoniam secreta Dei non debes plus scrutari quam propter amorem fideliter credentium divinae majestati placet manifestari.

Quod autem vides de fulgore aurorae splendidissimum hominem egredientem, qui claritatem suam ad tenebras effudit et ab eis reverberatur, qui in ruborem sanguinis et in pallorem albedinis conversus tanta fortitudine tenebras illas repercussit, ut homo ille qui in eis jacebat ipso attactu apparens fulgeret atque ita erectus exiret : hoc designat Dei Verbum in candore intemeratae virginitatis inviolabiliter incarnatum, et sine dolore natum, nec tamen a Patre separatum. Quomodo? Cum Filius Dei natus est in mundo ex matre : apparuit in coelo in Patre, unde et angeli mox contremuerunt et exsultantes mellifluas laudes concinuerunt. Qui Filius Dei sine macula peccati in saeculo conversatus lucidissimam beatitudinis et salvationis doctrinam in tenebras infidelitatis emisit, sed ab incredulo populo abjectus, atque ad passionem ductus roseum sanguinem suum fudit et caliginem mortis corporaliter gustavit. Ex quo diabolum superans ex inferno electos suos qui in eo detenti et prostrati fuerant liberavit, atque eos tactu redemptionis suae ad haereditatem ipsorum quam in Adam perdiderant misericorditer reduxit. Qui dum in hæreditatem suam pervenerunt, excitata sunt tympana et citharæ omnisque musicorum concentus innumerabili decore, quia homo qui in perditione jacuerat, jam in beatitudine erectus mortem superna virtute liberatus evaserat, ut per servum meum Osee locutus sum : *Colligata est iniquitas Ephraim, absconditum peccatum ejus: dolores parturientis venient ei, ipse filius non sapiens. Nunc enim non stabit in contritione filiorum. De manu mortis liberabo eos, de morte redimam eos. Ero mors tua, o mors, ero morsus tuus, inferne* (*Ose.* XIII). Quid hoc? In efficacia ligaturæ alligata est perversitas nequitiæ diaboli ut a zelo furoris Dei non mereatur solvi, quia nunquam illum recta cogitantem vidit, sic neque eum aspiciunt qui Deum fideliter timent. Nam se semper elevat contra Deum, se Deum esse dicens, semper errans contra Deum, et propter ipsum homini Christiano contradicens. Et ideo malitia ipsius ita profundata est ut nulla medicina reparationis peccatum ejus quod in contemptibilissima superbia impie commisit, in salvatione dignum sit, unde et ipse erit in perduratione doloris sicut parturiens in afflictione desperationis quæ diffidit quod in apertione uteri sui vivere non possit. Nam hæc infelicitas semper super eum manebit quod a beatitudine ejectus est, quia filiorum sapientia fugit ab eo qui ad se non revertitur, sicut filius prodigus ad se reversus de iniquitate sua ad patrem suum rediit. Quapropter nunquam confidet in contritione illa qua filii salvationis in superni filii morte mortem sævissimæ iniquitatis conterunt, quam ipse callidus serpens ebullire fecit cum primo homini dolositatem quam homo nesciebat suggessit. Sed quia filii Salvatoris venenum funestissimum suggestionis contemnunt et ad salutem suam respiciunt, de servitute idolorum liberabo eos, de servitute, inquam, idolorum quæ fallaciam in potestate perditionis habent et in quibus infideles honorem Creatoris sui commutant, se in laqueum diaboli involventes et opera sua secundum voluntatem illius perficientes. Et ideo animas illorum qui me colunt, animas scilicet sanctorum et justorum ab infernali poena redimam, quoniam nullus hominum poterit erui a vinculis diaboli in quibus durissima morte propter prævaricationem præceptorum Dei vinctus est, nisi in redemptione illius qui electos suos proprio sanguine redempturus est. Ubi ad internecionem te, o mors, interficiam, quia in quo te vivere putas, hoc tibi extraham, ita quod inutile cadaver vocaberis, quoniam in fortissimis viribus tuis prostrata jacebis, sicut et corpus quod ab anima deseritur omnino ad interitum prosternitur. Nam fons aquæ vivæ te suffocabit, cum felices animæ per novum hominem qui venenosæ deceptionis insons erit misericorditer in superna beatitudine rapientur.

Unde etiam ad confusionem tuam *ero morsus tuus, inferne,* cum potestas mea in magna virtute tibi spolia illa detrahet quæ fraudulenter rapuisti; ita ut et tu, o mors, juste despoliata, nunquam deinceps plena in divitiis tuis appareas, sed vulneribus confossa et in fœditate prostrata jacens, confusionem tuam in perpetuum reportes.

Sed ut vides illo lucente homine qui de aurora egressus est in tanta claritate apparente ultra quam humana lingua effari possit, demonstratur quod augustissimum corpus Filii Dei ex speciosissima Virgine natum et per triduum in sepulcro reconditum, ad insinuandum quod tres personæ sunt in una divinitate, paterna claritas infulsit, atque ita Spiritum recepit, et in fulgentissima immortalitate resurrexit quam nullus hominum cogitatione aut verbo explicare poterit. Quem et Pater nudatis vulneribus, cœlestibus choris ostendit, dicens : *Hic est Filius meus dilectus* (*Matth.* III), quem misi ut moreretur pro populo: Ob quam rem supra humanum intellectum innumerabile gaudium in ipsis innovatum est quia cæca oblivio qua Deus nesciebatur sic depressa est ut rationalitas hominis quæ suadente diabolo prostrata jacebat, ad agnitionem Dei elevata sit, quoniam per summam beatitudinem homini via veritatis ostensa est, in qua de morte ad vitam reductus est. Sed secundum hoc ut filii Israel ex Ægypto liberati per quadraginta annos desertum transeuntes, in terram lac et mel fluentem pervenerunt, ita Filius Dei a morte resurgens per quadraginta dies discipulis suis cum beatis feminis quæ post ipsum suspirabant et magno desiderio videre desiderabant, se benigne ostendit, ad eas in fide confirmandas, ne dubitarent, dicentes : Nos non vidimus Dominum : ideo credere non possumus quod ipse sit nostra salus, sed frequenter manifestavit se illis, ad corroborandos ipsos ne caderent.

Quod vero in eminentissimam altitudinem innumerabilis gloriæ tetendit ubi in plenitudine omnimodæ ubertatis et odoris mirifice radiat : hoc est quod idem Filius Dei ascendit ad Patrem cui una cum Filio et Spiritu sancto eminentissima et præcellentissima altitudo inenarrabilis gaudii et lætitiæ est, ubi idem Filius in abundantia præfulgentissimæ sanctitatis et beatitudinis fidelibus suis gloriose apparet; qui ipsum puro et simplici corde verum Deum et hominem esse credunt. Nam etiam tunc nova sponsa ejusdem agni illi præsentata est in diversis ornamentis quibus ornanda est in omni genere virtutum fortissimi certaminis totius fidelis populi; qui contra callidum serpentem pugnaturi sunt. Sed qui vigilantibus oculis videt, et attentis auribus audit, hic mysticis verbis meis quæ de me vivente emanant, osculum præbeat amplexionis.

AISIO SECUNDA.

Summarium. — *De sensu mysteriorum Dei. De tribus personis. Quod homo nunquam obliviscatur unum Deum in tribus personis ardenter invocare. De tribus viribus lapidis. Joannes de charitate Dei. De tribus causis humani Verbi. De tribus viribus flammæ. Verba Salomonis. De unitate essentiæ.*

Deinde vidi splendidissimam lucem et in ipsa sapphirini coloris speciem hominis quæ tota suavissimo rutilante igne flagrabat, et illa splendida lux perfudit universum illum rutilantem ignem, et ille rutilans ignis totam illam splendentem lucem, et illa splendidissima lux et rutilans ignis totam hominis speciem, unum lumen una virtute et potentia existentes. Et iterum audivi viventem illam lucem mihi dicentem : Hic est sensus mysteriorum Dei, ut discrete cernatur et intelligatur quæ sit plenitudo illa quæ sine ortu est et cui nihil deest, quæ potentissima virtute plantavit omnes rivulos fortium. Nam si Dominus vacuus esset propria virtute, quid tunc esset opus ejus? Certe vanum, ideoque in perfecto opere cernitur quis artifex ejus sit. Quapropter vides splendidissimam lucem quæ sine ortu est, et cui nihil deesse potest; quæ designat Patrem, et in ipsa sapphirini coloris specie hominis sine omni macula imperfectionis invidiæ et iniquitatis declarat Filium, ante tempora secundum divinitatem a Patre genitum, sed post in tempore secundum humanitatem in mundo incarnatum. Quæ tota suavissimo rutilante igne flagrat, qui ignis sine tactu ullius aridæ et tenebrosæ mortalitatis demonstrat Spiritum sanctum de quo idem Unigenitus Dei secundum carnem conceptus et de virgine temporaliter natus, lumen veræ claritatis mundo infudit. Sed quod illa splendida lux perfudit universum illum rutilantem ignem, et ille rutilans ignis totam illam splendentem lucem ac splendida lux rutilans ignis totam speciem hominis, lumen unum in una virtute et potestate existentes: hoc est quia Pater qui summa æquitas, sed non sine Filio nec Spiritu sancto est, et Spiritus sanctus qui accensor cordium fidelium, sed non sine Patre et Filio, et Filius qui est plenitudo virtutis, sed non sine Patre et Spiritu sancto, in majestate divinitatis inseparabiles sunt, quoniam Pater non est sine Filio, nec Filius sine Patre, nec Pater et Filius sine Spiritu sancto, nec Spiritus sanctus sine ipsis, et hæ tres personæ Deus unus in una integra divinitate majestatis existunt : et unitas Divinitatis in eisdem tribus personis inseparabilis vigens, quia Divinitas scindi non potest, sed ipsa absque ulla mutabilitate inviolabilis semper manet, sed et Pater declaratur per Filium, Filius per ortum creaturarum, et Spiritus sanctus per eumdem Filium incarnatum. Quomodo? Pater est qui ante sæcula genuit Filium; Filius, per quem omnia a Patre facta sunt in initio creaturarum, et Spiritus sanctus, qui in specie columbæ apparuit in baptismate Filii Dei in fine temporum. Unde nunquam obliviscatur homo me solum Deum in his tribus personis invocare; quia eas propterea ostendi homini ut homo tanto strictius in amore meo ardeat, cum propter amorem ejus misi proprium Filium in mundum quemadmodum Joannes dilectus meus protestatur, dicens : *In hoc apparuit charitas Dei in nobis, quoniam Filium suum Unigenitum misit Deus in mundum ut vivamus per eum. In hoc est charitas, non quasi nos dilexerimus Deum; sed quoniam ipse prior dilexit nos, et misit Filium suum propitiationem pro peccatis nostris* (I Joan. IV). Quid hoc? Quia in hoc quod Deus dilexit nos : alia salus exorta est quam illa quam in proximo ortu habuimus cum hæredes innocentiæ et sanctitatis fuimus, quoniam supernus Pater ostendit charitatem suam in periculis nostris quando constituti eramus in pœnis : Verbum suum solum inter filios hominum in perfecta sanctitate, mittens per supernam virtutem in tenebras sæculorum ubi ipsum Verbum omnia bona operatum illos ad vitam per mansuetudinem suam reduxit qui per immunditiam prævaricationis dejecti erant, nec in sanctitatem quam perdiderant redire valebant. Quid hoc? Nam per ipsum fontem vitæ paterna dilectio amplexionis Dei venit; quæ nos ad vitam educavit, et quæ in periculis auxiliatrix nostra fuit quæ est profundissima et suavissima charitas, nos ad pœnitentiam instruens. Quomodo? Deus magni operis sui atque pretiosissimæ suæ margaritæ, hominis, inquam, quem de limo terræ formavit et cui spiraculum vitæ inspiravit, misericorditer recordatus est. Quomodo? Ipse instruxit vitam in pœnitentiam cujus efficacia nunquam peribit; quia callidus serpens decepit hominem per superbam invasionem, sed Deus dejecit illum in pœnitentia quæ humilitatem ostendit, quam diabolus nescivit nec fecit; quoniam ad rectam viam assurgere ignoravit. Unde ista salvatio charitatis non est orta a nobis, quia nec novimus nec valuimus diligere Deum in salvatione, sed quia ipse Creator et Dominus omnium ita dilexit mundum quod propter salvationem ejus misit Filium suum, principem et Salvatorem fidelium, qui vulnera nostra lavit et tersit, unde etiam de illo dulcissima medicina sudavit, ex qua omnia bona salvationis fluunt. Quapropter et tu, o homo, intellige, quia Deum nulla instabilitas mutabilitatis tangit. Nam Pater est Pater, Filius est Filius, Spiritus sanctus est Spiritus sanctus : tres personæ in unitate divinitatis indivisibiliter vigentes. Quomodo? Tres vires in lapide, et tres in flammam, et tres in verbo sunt. Quomodo? In lapide est virtus humoris, virtus palpabilitatis et ignea vis, sed virtutem humoris habet ne dissolvatur et comminuatur; palpabilem vero comprehensionem ut habitationem et defensionem exhibeat, igneam autem virtutem ut confoveatur et consolidetur ad duritiam suam; ipsa autem humida virtus significat Patrem; qui nunquam arescit aut finitur in sua virtute, et palpabilis comprehensio designat Filium; qui natus ex virgine tangi et comprehendi potuit, et vis rutilantis ignis significat Spiritum sanctum; qui est accensor et illuminator cordium fidelium hominum. Quid hoc? Sicut homo qui corpore suo frequenter humidam virtutem lapidis attrahit, inde infirmando debilitatur; sic et homo qui per instabilitatem cogitationum suarum temere vult Patrem intueri, perit in fide, et ut in palpabili comprehensione lapidis faciunt homines habitationem suam se per eam ab hostibus defendentes; ita et Filius Dei qui est verus lapis angularis, habitatio est fidelis populi, eum a malignis spiritibus protegens. Sed et sicut rutilans ignis illuminat tenebrosa, comburens ea super quæ incubuerit; sic et Spiritus sanctus fugat infidelitatem, auferens omnem rubiginem iniquitatis. Et quo modo hæ tres vires sunt in uno lapide, ita et vera trinitas est in una deitate.

Item sicut flamma in uno igne tres vires habet, sic et unus Deus in tribus personis est. Quomodo? Flammam enim in splendida claritate et insito vigore ac igneo ardore consistit, sed splendidam claritatem habet ut luceat, et insitum vigorem ut vigeat, atque igneum ardorem ut comburat. Unde in splendida claritate Patrem considera qui paterna pietate claritatem suam fidelibus suis expandit, et in insito vigore qui splendidæ flammæ in qua ista flamma virtutem suam ostendit, Filium intellige; qui ex virgine corpus assumpsit, in quo Divinitas mirabilia sua declaravit, ac in igneo ardore Spiritum sanctum perspice, qui mentes credentium suaviter urit. Sed ubi nec splendida claritas, nec insitus vigor, nec igneus ardor est, ibi nec flamma cernitur; sic ubi nec Pater nec Filius, nec Spiritus sanctus colitur, ibi nec digne veneratur. Ergo sicut in una flamma hæ tres vires cernuntur, sic in unitate divinitatis tres personæ intelligantur. Ita etiam ut tres vires in verbo notandæ sunt; sic et trinitas in unitate divinitatis consideranda est. Quomodo? In verbo: sonus, virtus et flatus est. Sed sonum habet ut audiatur, virtutem ut intelligatur, flatum ut compleatur. In sono autem nota Patrem, qui inenarrabili potestate omnia propalat. In virtute, Filium, qui mirabiliter ex Patre genitus est, in flatu vero, Spiritum sanctum, qui ubi vult spirat, et omnia consummantur. Ubi vero sonus non auditur, ibi nec virtus operatur nec flatus elevatur; unde nec ibi Verbum intelligitur, sic etiam Pater, Filius et Spiritus sanctus non sunt a se divisi; sed suum opus unanimiter operantur. Unde sicut hæ tres res in verbo uno sunt, ita etiam superna Trinitas in superna unitate est; itaque sicut in lapide nec est nec operatur humida virtus sine palpabili comprehensione et sine ignea virtute, nec palpabilis comprehensio sine humida virtute et igneo rutilantis ignis vigore, nec rutilantis ignis vigor sine humida virtute et palpabili comprehensione, et ut in flamma non est, nec operatur splendida claritas sine insito vigore et igneo ardore, nec insitus vigor sine splendida claritate et igneo ardore, nec igneus ardor sine splendida claritate et insito vigore, et sicut in verbo non est nec operatur sonus sine virtute et flatu, nec virtus sine sono et flatu, nec flatus sine sono et virtute, sed indivisibiliter in opere suo sibi hærentia sunt; ita etiam hæ tres personæ supernæ Trinitatis in majestate divinitatis inseparabiliter vigent nequæ a se dividuntur. Sic Deum unum in tribus personis, o homo, intellige. Sed tu in stultitia mentis tuæ putas Deum tam impotentem esse ut non sit ei possibile in tribus personis vere subsistere, sed tantum in una posse consistere: cum neque vocem videas sine tribus consistere. Quid hoc? Deus certe est in tribus personis verus et unus Deus primus et novissimus.

Sed Pater non est sine Filio, nec Filius sine Patre, nec Pater nec Filius sine Spiritu sancto, nec Spiritus sanctus sine ipsis; quoniam hæ tres personæ inseparabiles in unitate divinitatis sunt. Quomodo verbum resonat ex ore hominis; sed non os sine verbo, nec verbum sine vita. Et ubi manet verbum? In homine. Unde exit? De homine. Quomodo? Vivente homine. Sic est Filius in Patre quem Pater pro salute hominum in terram sedentium in tenebris misit, de Spiritu sancto in Virgine conceptum. Qui Filius ut est unigenitus in divinitate, ita est unigenitus in virginitate, et sicut est unicus Patris, ita est et unicus matris, quia ut Pater illum unum ante tempora genuit, sic et virgo mater illum unum solum genuit in tempore, quoniam virgo mansit post partum. Unde, o homo, intellige in his tribus personis Deum tuum qui te creavit in fortitudine divinitatis suæ, et qui te redemit a perditione. Noli ergo oblivisci Creatoris tui, sicut et Salomon tibi suadet, cum dicit: *Memento Creatoris tui in diebus juventutis tuæ antequam veniat tempus afflictionis tuæ, et appropinquent anni, de quibus dicas: Non mihi placent (Eccle. xii).* Quid hoc? Intellectuali sensu tuo recordare illius qui te condidit velut cum in diebus stultæ confidentiæ tuæ putas tibi possibile esse ut secundum desiderium tuum ascendas in altum, te præcipitans in profundum, at in prosperitate stans in extremas ærumnas cadens. Nam vita quæ in te est semper nititur ut perficiatur usque ad tempus illud dum perfecta appareat. Quomodo? Infans a primo ortu suo usque ad perfectam staturam ascendit, et deinde in perfecta ætate manet, relinquens petulantiam morum stultæ adolescentiæ tantum cum magnis curis sollicite providens quid sibi in rebus suis agendum sit, quod tunc nequaquam fecit cum stulta adolescentia inconstantia fervebat. Sic fidelis homo faciat, infantiam morum relinquat; et ad culmen virtutum conscendat in fortitudine earum perseverans, extollentiam cupiditatis suæ deserens quæ in amentia vitiorum pullulat et in angustia sollicitudinem meditetur quid sibi utile sit postquam infantiam morum puerilium declinavit. Unde, o homo, sic amplectere Deum tuum in fortitudine vigoris tui priusquam veniat homo purgationis operum tuorum, cum omnia manifestabuntur, neque quidquam occultum relinquetur ubi veniunt tempora quæ in duratione sua non deficient. De quibus humano sensu tuo, ne murmurans, dicas: Non mihi placent, neque intelligo utrum in prosperitate aut in ærumna illa sint, quia humana mens semper in hoc dubia est; nam et dum bona operatur anxietatem habet utrum Deo placeant an non. Et dum mala perpetrat, de salute remissionis formidat. Sed qui vigilantibus oculis videt et attentis auribus audit, hic mysticis verbis meis quæ de me vivente emanant osculum amplexionis præbeat.

VISIO TERTIA.

SUMMARIUM.—*De constructione Ecclesiæ quæ semper gignit filios suos in regeneratione spiritus et aquæ. Quod Ecclesia in ortu suo in apostolis et martyribus decorata est. Quod in sacerdotali officio et eleemosynarum distributione ornatur Ecclesia. De materna benignitate Ecclesiæ. Quod Ecclesia ad candorem completionis suæ nondum perfecta circa tempus filii perditionis ad perfectum perducetur. Quomodo Ecclesia filios suos in puritate devotissime offert. Quod Ecclesiam nulla perversitas diabolicæ artis obscurare potest. Quod secreta Ecclesiæ humanus intellectus ad plenum intueri non valet. De virginitate Mariæ. De dilatatione sacramentorum veræ Trinitatis. Quod cuique fidelium adest ministerium angelorum. De iis qui in fide sanctæ Trinitatis a matre Ecclesia regenerantur ipsa integra permanente. Similitudo de balsamo et onycino et carbunculo. Quod beatissima Trinitas in baptismo, aperto cœlo baptizatis apparet: et eis nigredinem peccatorum abstrahens singulos candida veste induit. De querimonia Ecclesiæ super errore filiorum. Quod duo signa tradita sunt hominibus ad defendendum se. Similitudo de juvene. Quare Adæ non erat danda duplex lex. Quod admonitio sancti Spiritus apparene, minabatur antiquo serpenti in Noe, circumcisio percussit eum in maxilla in Abraham, Ecclesia ligavit eum. De tribus aliis quid significent. Quod masculi qui in tempore circumcisionis circumcisi non sunt, transgressores legis fuerunt. Sicut in creatione Adæ tres causæ designatæ sunt, ita etiam tres causæ sunt in viro in procreandis filiis. Quod mulier in amore Dei observans virginitatem suam valde ornatur a Deo: Quod vir recusans matrimonii consortium in amore Dei consors Filii Dei efficitur. Verba Isaiæ prophetæ. Quod casus Adæ clausit homini cœlum, quæ clausura duravit usque ad Filium Dei. Verba Evangelii. Verba exhortantis Dei. Quod in circumcisione Abrahæ membrum unum, in baptismo autem Christi omnia membra circumciduntur. Verba Evangelii. Quod omni tempore et omni ætate omnem sexum, scilicet masculum et feminam in baptismo pie Deus suscipit. Quod tres in honore sanctæ Trinitatis adesse debent baptizando, videlicet sacerdos et duo qui pro illo fidem spondeant, et isti eidem baptizato carnali copula non commisceantur. Comparatio de infante. Quod omnia peccata in baptismo remittuntur. Quod quamvis sacerdos peccator sit, tamen officium baptismi Deus ab eo suscipit. Similitudo de divite. In necessitate si sacerdos non adest, conceditur cuilibet fideli homini baptizare servata forma baptismi.*

Post hæc vidi quasi muliebrem imaginem proceræ magnitudine instar magnæ civitatis habentem caput miro ornatu coronatum, et brachia de quibus splendor velut manicæ propendebant a cœlo ad terram usque radians. Venter autem ejus in modum retis multa foramina habentis, per quæ plurima hominum multitudo subit; crura vero et pedes non habebat, sed tantum super ventrem suum ante altare quod est ante oculos Dei stabat ipsum expansis manibus circumplexa, oculis autem suis per omne cœlum acutissime intendebat. At nulla vestimenta ejus considerare poteram, nisi quod tota lucidissima claritate fulgens, multo splendore circumfusa fuerat, in pectore ejus velut aurora rubeo fulgore micante ubi etiam multimodo genere musicorum audivi de ipsa hoc canticum quasi aurora valde rutilans decantari. Et imago illa expandit splendorem suum velut vestimentum dicens: Me oportet concipere et parere. Et mox occurrit ei ut fulgur multitudo angelorum gradus et sedes in ea hominibus facientium, per quos ipsa imago absolvenda erat. Deinde vidi nigros infantes juxta terram in aere quasi pisces in aqua repentes et ventrem imaginis in foraminibus (quibus ingredi volentibus aperta patebat) intrantes. At illa ingemuit sursum eos attrahens qui et ore ejus exierunt, ipsa tamen integra permanente. Et ecce illa serena lux et in ipsa species hominis tota, rutilante igne flagrans, secundum visionem quam prius videram iterum mihi apparuit, et singulis eorum nigerrimam cutem abstrahens et extra viam cutes illas projiciens singulos illorum candidissima veste induit, ac eis clarissimam lucem aperuit, singulis eorum dicens: Exue vetustatem injustitiæ, et indue novitatem sanctitatis, reserata est enim tibi janua hæreditatis tuæ. Considera ergo quomodo doctus sis, ut cognoscas patrem tuum quem confessus es. Ego suscepi te et tu confessus es me. Nunc ergo respice duas semitas, unam ad orientem, et alteram ad aquilonem. Si igitur interioribus oculis tuis diligenter inspexeris me ut in fide doctus es, suscipiam te in regno meo. Et si me perfecte dilexeris, faciam quodcunque petieris. Si autem me despexeris, te a me avertens et retro respiciens, nec me scire aut intelligere volens, te sordidum in peccatis ad puram pœnitentiam revocantem si tu ad diabolum recurris quasi pater tuus ille sit: tunc suscipiet te perditio, quia secundum opera tua judicaberis, quoniam cum bonum dederim tibi, cognoscere me noluisti. Infantes autem qui ventrem imaginis subierant, in splendore qui eam circumfuderat ambulabant. Et illa benignissime eos intuens, tristi voce dicebat: Isti filii mei rursum revertentur in pulverem; multos tamen concipio et pario qui me matrem suam diversis concussionibus fatigant et opprimunt me impugnantes hæreticis et schismaticis ac sibi inutilibus præliis, in rapinis et homicidiis, in adulteriis et fornicationibus, atque in multis aliis hujusmodi similibus erroribus. Sed plurimi ex istis resurgunt in veram pœnitentiam ad vitam æternam, et plurimi cadunt in fallaci obduratione ad mortem secundam. Et iterum audivi vocem de cœlo dicentem mihi: Plena constructio viventium animarum quæ construitur in cœlis vivis ex lapidibus ornata immenso decore virtutum in filiis suis quos complectitur tanquam capacissima civitas: plurimam turbam populorum et ut latissimum rete maximam multitudinem piscium in supernis virtutibus decentissime floret secundum quod in nomine Christiano viget opus fidelium hominum.

Unde quod nunc vides quasi muliebrem imaginem procera magnitudine instar magnæ civitatis, designat sponsam Filii mei quæ semper gignit filios in regeneratione spiritus et aquæ, cum eam fortissimus præliator posuerit in latitudinem virtutum comprehendere et perficere plurimam turbam in electis suis et est instar turris magnæ, quoniam nullus hostis eam prævalet expugnare, contraria impugnatione a se infidelitatem expellentem et se fideliter expandentem: quod in mortali sæculo secundum hoc intelligitur quod unusquisque fidelium præbet exemplum proximo suo, per quod ipsi plurimas virtutes operantur in cœlestibus. Sed cum unusquisque justorum pervenerit ad filios lucis, tunc in ipsis apparebit opus bonum quod operati sunt, quod in mortalitate terreni pulveris cognosci non potest, quoniam hic in umbra inquietudinis obscuratum est. Et habet caput miro ornatu coronatum; quia ipsa in ortu suo cum in sanguine Agni suscitata est, decenter in apostolis et martyribus decorata est vera desponsatione desponsata Filio meo, quoniam in cruore ejus se fideliter exstruxit in fidelem ædificationem sanctarum animarum. Quapropter et brachia habet de quibus splendor velut manicæ descendit a cœlo ad terram usque radians; quæ est operatio fortitudinis in sacerdotibus qui in puritate cordis et manuum in sacramento corporis et sanguinis Salvatoris sui, sacrosanctum sacrificium super sanctum altare in virtute bonorum operum offerunt, quod est clarissimum opus misericordiam facientibus qui in largitate semper omni dolori adjutorium impendunt, mitissimo corde eleemosynam in pauperes distribuentes, et sic in perfecto animo suo dicentes: Hæc non est substantia mea, sed ejus qui creavit me, quia hoc opus a Deo inspiratum: ante oculos ejus repræsentatur in cœlo cum in cultura Ecclesiæ, per fideles homines perficitur in terra. Quod autem venter ejus est in modum retis multa foramina habentis per quæ plurima hominum multitudo subit: hoc est materna benignitas ipsius quæ ad capturam fidelium animarum aperta est in multiplici celsitudine virtutum in quibus credentes populi per fidem veræ credulitatis devote conversantur. Sed is qui rete suum projecit in capturam piscium est Filius meus sponsus dilectæ Ecclesiæ suæ, quam in sanguine suo sibi ad reparandum casum perditi hominis desponsavit. Quæ nondum crura aut pedes habet, quia ad fortitudinem constitutionis suæ neque ad summum nitorem completionis suæ deducta est, quoniam circa tempus filii perditionis qui mundo errorem inducet, ignitam et sanguinolentam crudelissimæ perversitatis angustiam copiosissime in membris suis patietur, per quam calamitatem sanguineis vulneribus ad perfectum deducta: propere curret in cœlestem Jerusalem, et cum in sanguine Filii mei nova nupta suaviter orta sit, ipsa hoc ardore vitam in plenitudine gaudii sobolis suæ intrabit. Sed tantum super ventrem suum ante altare quod est ante oculos Dei stabat ipsum expansis manibus circumplectens; quoniam ipsa semper prægnans atque filios suos in vera ablutione procreans et eos devotissime per purissimas orationes sanctorum Deo offerens. Et per suavissimum odorem discretionis occultarum et manifestarum virtutum quæ proferuntur in intentione oculorum mentis, abjecta omni fictione simulationis et appetitu humanæ laudis; ut thus purgatur ab omni injuria contrarii fœtoris quæ quidem bona operatio, conspectui Dei suavissimum sacrificium est; in quo nova sponsa frequenter laborat toto desiderio in opere fructuosarum virtutum ad cœlestia anhelans, atque tricesimo et sexagesimo et centesimo fructu excelsam turrim supernorum murorum ædificans.

Unde et oculis suis per omne cœlum acutissime intendit, quia intentionem suam quam in cœlestibus devotissime habet, nulla perversitas obscurare potest, nec ulla persuasio diabolicæ fraudis, nec error prævaricantis populi, nec diffusæ in diversis terris concussiones ubi insani homines in incredulitate furoris sui crudeliter se discerpunt. Sed quod nulla vestimenta ejus considerare potes, hoc est quod secreta illius, humanus intellectus in infirmitate fragilitatis suæ gravatus, ad perfectum intueri non valet, nisi quod tota lucidissima claritate fulgens, multo splendore circumfusa est; quoniam verus sol clarissima inspiratione Spiritus sancti et decentissimo ornatu virtutum eam undique perfudit. In pectore ejus velut aurora rubeo fulgore micante, quia in cordibus fidelium integritas beatissimæ Virginis Filium Dei generantis ardentissima devotione fulget, ubi etiam multimodo genere musicorum audis de ipsa hoc canticum quasi aurora valde rutilans decantari; quoniam omnis vox credentium ut intellectui tuo infunditur virginitatem illius illibatæ virginis tota intentione in Ecclesia amplecti debet. Quod vero eadem imago expandit splendorem suum velut vestimentum dicens quod oporteat ipsam concipere et parere: hoc est quod in Ecclesia dilatatur sacramentum confessionis veræ trinitatis, quia amictus ipsius est in protectione fidelium populorum, per quos ipsa consurget in ædificationem viventium lapidum in fonte purissimi lavacri dealbatorum, sicut et ipsa confitetur necesse ad salvationem ut concipiat filios in benedictione, et ut pariat eos in ablutione per regenerationem spiritus et aquæ. Quapropter et mox accurrit ei ut fulgur multitudo angelorum gradus et sedes in ea hominibus facientium per quos eadem imago perficienda est; quia cuique credenti homini adest metuendum et diligendum ministerium beatorum spirituum ascensus per fidem et repositiones per summam quietem illis fidelibus præparantium in quibus ipsa felix mater Ecclesia ad decorem sui perducenda cognoscitur.

Sed et deinde vides nigros infantes juxta terram in aere quasi pisces in aqua repentes et ventrem imaginis in foraminibus (quibus ingredi volentibus aperta patet) intrantes; quæ est nigredo stultorum hominum qui nondum abluti sunt in lavacro salvationis, sed ipsi terrena diligentes, et in eis ubique discurrentes atque habitationem suam in eorum instabilitate ponentes, ad matrem sanctitatis tandem perveniunt, et dignitatem secretorum ejus intuentes benedictionem ipsius suscipiunt, per quam diabolo abstrahuntur ac Deo redduntur sacram constitutionem ecclesiastici ordinis in qua fidelis homo ad salvationem beatificari debet subeuntes, cum in semetipsis dicunt *Credo in Deum*, et reliqua ad beatam fidem spectantia. Unde ei illa ingemuit sursum eos attrahens, qui ex ore ejus exeunt, ipsa tamen integra permanente; quoniam hæc beata mater intima suspiria trahit quando baptisma cum charismate in sanctificatione Spiritus sancti consecratur, ut homo in vera circumcisione spiritus et aquæ innovetur, hunc in modum sursum summæ beatitudini quæ caput omnium est offerendus, quo membro Christi facto, cum per invocationem sanctæ Trinitatis quasi per os beatæ Mariæ ad salvationem regeneratur; nullam læsionem eadem mater patitur, quia ipsa in æternum permanebit in integritate virginitatis suæ, quæ fides catholica est, quoniam ipsa nata est in sanguine veri agni sponsi sui; qui sine ulla corruptione integritatis ex integerrima virgine natus est. Sic et ipsa sponsa integra permanebit, ita quod nullum schisma eam corrumpere poterit. Sæpe tamen a perversis hominibus fatiganda, sed per adjutorium sponsi sui semper fortissime se tuetur ut virgo quæ sæpe in concupiscentiis carnis per diabolicam artem et per-suasiones multorum hominum oppugnatur; sed tamen ipsa per orationes suas quas fundit ad Dominum, a tentationibus illorum strenue liberatur conservans benignitatem suam. Ita etiam Ecclesia repugnabat nequissimis corruptoribus qui sunt errores hæreticorum, scilicet tam malorum Christianorum quam Judæorum et aliorum infidelium qui eam infestant, virginitatem ejus quæ fides catholica est, corrumpere volentes, ipsa tamen eis viriliter resistente, ne corrumpatur, quia semper virgo fuit et est et permanebit, vera fide, id est materia virginitatis ejus contra omnem errorem integra permanente; ut et honor castæ virginis in materia pudoris corporis ejus contra omnem tactum libidinis incorruptus perseverat. Unde et Ecclesia omnium Christianorum virginea mater est; quoniam in secreto Spiritus sancti eos concipit et parit, illos Deo offerens, ita quod et filii Dei vocantur. Et ut beatissimam matrem Spiritus sanctus obumbravit, ita quod sine dolore mirabiliter Filium Dei concepit et peperit et tamen virgo permansit; sic et Ecclesiam felicem matrem credentium Spiritus sanctus illustrat, et sine ulla corruptione simpliciter filios concipit et parit, et virgo perdurat. Quid hoc? Ut balsamum ex arbore sudat, et ut fortissimæ medicinæ ex onychino vase quæ in eo latent emanant, et ut clarissimus splendor ex carbunculo absque omni impedimento se diffundit; sic Filius Dei sine omni obstaculo corruptionis ex virgine natus est, et sic etiam Ecclesia sponsa ejus absque omni inquinatione erroris filios suos generat; virgo tamen in integritate fidei permanens.

Quod autem vides, quomodo illa splendida lux, et in ipsa species hominis tota rutilante igne flagrans, secundum visionem quam prius videras iterum tibi apparet; hoc est quod vera trinitas in vera unitate, scilicet lucidissimus Pater, et in Patre dulcissimus Filius ejus qui ante tempora secundum divinitatem in Patre manens, sed in tempore secundum carnem de Spiritu sancto conceptus et de virgine natus ut in verissima visione tibi præmonstratum est, nunc etiam ad confirmationem fidei tibi ostenditur, quoniam eadem beata trinitas in sancto baptismo baptizatis aperto cœlo apparet: ut fidelis homo hanc fidem suscipiat, quomodo unum Deum in vera trinitate colat, quæ etiam in primo sacramento baptismatis veraciter apparuit. Et singulis eorum integerrimam cutem abstrahens ac extra viam cutes projiciens, singulos illorum candidissima veste induit ac eis splendidissimam lucem aperit singulis eorum verba beatæ admonitionis proferens; quia divina potestas corda hominum aspiciens, in lavacro baptismi infidelitatem scelerum suorum misericorditer aufert, atque scelera illa extra viam qui Christus est abjicit, quoniam non mors in Christo sed vita per puram confessionem et per ablutionem peccatorum in ipso est; cum per ipsum quisque fidelis candore salutis induuntur, et cum illi per eum claritas beatæ hæreditatis de qua primus homo expulsus est aperitur, ipse scilicet admonetur per verba veritatis, ut deponat veterem consuetudinem iniquitatis, et ut assumat novum donum gratiæ ad salvationem. Sed quod infantes qui ventrem imaginis subierant in splendore qui eam circumfuderat ambulant : hoc est quod ii quorum mater felix Ecclesia per fontem sacri baptismatis existit ; in lege divina qua eadem mater illustrata et ornata eos instruxit permanere atque eam conservare debent, ne si eam infideliter abjecerit ; rursum peccatis a quibus mundati erant inquinentur. Unde etiam illa benignissime eos intuens tristi voce dicit, quod illi filii sui rursum revertentur in pulverem ; quia eadem beata mater illos interiori dilectione diligens ac eis ex intimis visceribus condolens, conqueritur quod ipsi quos in lavacro regenerationis genuit, mundos videlicet in coelestibus effectos, iterum terrenis causis inhiantes in peccatis sordescant. Quomodo? Quia multi fidem exterius percipientes : interius eam diversis vitiis impugnant, magis viam erroris quam viam veritatis gradientes, ex quibus tamen plurimi a falsitate resipiscunt, plurimi etiam in iniquitate permanent ; ut et illa mater verbis suis quæ supra adducta sunt, demonstrat.

Nam duo signa legis signatorum tradita noscuntur hominibus, scilicet circumcisio in antiquis patribus, et baptismus in novis doctoribus, per quæ ingrati sunt homines ut bos jugo suo ; quoniam quamvis ille stimulo corriperetur, curruum tamen sulcum induceret si jugo non esset alligatus. Simili modo non incederent homines per vias meas, si non essent ligati jugo signorum suorum. Hoc tale est velut si juvenis aliquis incederet via aliqua, et pater ejus ei diceret : Ambula recto itinere, et tamen non daret illi gladium nec alia bellicosa arma, quibus si occurreret periculum, se defenderet. Quid tunc? Nudus fugeret : nec auderet nec posset se defendere a periculo sibi occurrente, et eum a via sua impedire volente, sed absconderet se, quia signatus non esset terribili armatura, per quam se defendere deberet. Sic esset populus meus nudus si non esset baptizatus, unde terribilis apparet inimicis suis qui eum cum chrismate baptismatis signatum vident, per quod signum etiam fortiter illis repugnat, qui eum destruere volunt, sive humana turba sive acies sit diabolica. Sed Adæ non erat danda duplex lex. Quomodo? Ego dedi ei legem in arbore, cum me videret in innocentia cordis ; ipse autem contempsit me callido serpenti consentiens, quod ita noxium fuit ut nunquam mortalis oculis me videre possit quandiu in hoc transitorio sæculo manet. Sed quia Adam præceptum meum transgressus est, sine lege cum genere suo fuit, usque ad tempus illud quod nobilitatem Filii mei præuntiavit. Admonitio autem Spiritus sancti in Noe apparuit cum genus humanum perire properavit : ubi super diluvium arcam erexit, quoniam ante sæcula prævidit quod post illud iniquum genus quod se teterrima iniquitate polluerat, nova soboles exsurgere debuit. Nam post transitum Adæ, genus ipsius ignorans quod ego Deus sum, errabat, dicens : Quis est Deus? Quis est Deus? Et tunc oriebatur in illis omne malum : ita quod inter eos antiquus serpens soluta potestate cucurrit, suadens illis ut omnem voluntatem ejus explerent. Ipse enim tunc a vinculo ligaturæ solutus erat : ita quod ei ante diluvium non minans adversabatur admonitio Spiritus sancti, ut illi adversatus sum in Noe, in quo nova soboles exorta est : cum populum meum taliter erudivi quod eruditionis illius non poterit oblivisci. Nam admonitio Spiritus sancti, primum illi in Noe minata est ; postea autem circumcisio in maxillam percussit eum, in Abraham ; deinde vero Ecclesia ligavit in novissimo tempore usque dum pertranseat mundus in ultimo die. Sed ego permisi diabolum potestatem suam ante diluvium exercere in mundo, propter antiquum certamen quo devicit Adam donec ventrem suum cadavere omnis iniquitatis implevit ; et hoc ideo permisi, quia justum est judicium meum. Unde etiam ego suscitavi aquas diluvii, et peccatores occidi, reservans in mysterio meo Noe, quem idem Satanas exspoliare non potuit, quoniam in voluntate mea super diluvium erat. Et ego designavi in diluvio rectissimum germen, videlicet Filium meum novo sæculo præmuntians eum, qui silenter veniens in mundum, sanctam Trinitatem manifestavit veracissime colendam. Quomodo?

Tres alas ostendit quæ sanctam Trinitatem significant : ubi tu Synagoga me negabis, et ubi alienus populus me suscipiet, ubi et tu, o Abraham, magnificaberis. O Abraham, tu es circumdatus circumcisione, tu es ut muro septus Veteri Testamento, tu es ornatus aurora solis Ecclesiæ. Ego tibi et generi tuo dedi circumcisionem usque ad Filium meum, qui aperte peccata hominum remisit, et ubi carnalis circumcisio veteris præputii cecidit : cum fons baptismi in sanctificatione lavacri filii mei veraciter ebullivit. Sed qui in tempore circumcisionis ex genere tuo circumcisi non sunt secundum tempus quod eis ostensum est, sive minoris sive majoris ætatis essent, pactum fœderis mei transgressi sunt, præter mulieres quibus circumcisio non est injuncta ; nam mulier non est circumcidenda, quia maternum tabernaculum latet in corpore ejus, nec tangi potest tactu exteriori, et quoniam ipsa est sub potestate viri, ut servus sub domino suo. Nam vir tres causas habet in opere suo, id est concupiscentiam, fortitudinem et studium. Concupiscentia autem incendit fortitudinem, unde in utroque est studium laboris et ardentis voluntatis ipsorum. Hoc tale est ut in creatione Adæ tres causæ designatæ sunt ; quia voluntas Dei in potestate formavit hominem, et hoc in magna pietate complevit, cum ipse hominem ad imaginem et similitudinem suam fecit. In voluntate autem Dei, nota viri concupiscentiam; et in potestate Dei, viri fortitudinem, atque in pietate voluntatis ac potestatis Dei, studium concupiscentiæ et fortitudinis viri. Hoc modo per virum procreatur genus humanum ex muliere; quia et Deus fecit hominem de limo terræ, quoniam ut terra in virtute germinis fructuum agrorum est, ita et mulier in humore partus ad pariendum filios posita est. Quid hoc? Mulier habet tempus revelationis humoris qui in ipsa est, et qui se humida virtute cum calore in ea diffundit: alioqui voluntarie virum non susciperet, sed dedignando eum voluntati illius non consentiret, nec filios procrearet. Nam si virtutem humoris in calore non haberet, infructuosa maneret: sicut arida terra quæ se non flectit ad ullum usum fructuositatis. Sed et illa virtus humoris non semper in calore incendium ardoris concupiscentiæ in muliere habet, nisi ipsa prius tacta a viro, agnoscat ardentem concupiscentiæ fervorem: quia in illa non est tam fortis et tam fervens concupiscentia sicut in viro, qui fortis est tanquam leo ad concupiscentiam operis filiorum; ita quod ipse habeat fortitudinem concupiscentiæ ac operis, muliere tantum hoc negotium habente quod subjacet imperio voluntatis illius, quoniam ipsa occupata est in procreatione natorum, usquedum eos producat in mundum. Quæ dum desiderat Filium meum, in amore ejus cupiens observare virginitatem suam: valde ornatur in thalamo ipsius, quoniam contemnit ardorem viri quem pro charitate illius sustinet: nolens dissolvi incendio ardentis libidinis, perseverans in pudicitia, quia carnalem virum in spirituali desponsatione despicit; toto desiderio anhelans post Filium meum, recordationem viri carnalis abjiciens. O charissima germina, et o dulciores et suaviores flores super omnia aromata: ubi mollis et fragilis natura quasi aurora ad desponsationem Filii mei consurgit, casta dilectione valde eum amans, illa ei sponsa, et ipse illi sponsus, cum hoc genus virginum valde diligit eum in superno regno insignibus ornamentis adornandum. Sed quid nunc?

Cum etiam fortitudo viri recusat ducere consortium matrimonii, ita quod vir propter amorem Filii mei se coercet in vivida natura sua, cum floret in germine filiorum; ipse tamen constringens membra sua ne exerceant concupiscentiam carnis suæ, hoc mihi valde amabile est quia scilicet vir hoc modo vincit se ipsum. Unde et ego faciam eum consortem Filii mei; et ponam eum serenissimum speculum ante faciem ejus, quia fortiter restitit diabolo; qui sibi humanum genus per infidelitatem nequissimæ sordis attraxerat. De cujus laqueo ut eriperetur, Filium meum misi in mundum, natum ex dulcissima virgine sine omni macula peccati, afferentem fontem salvationis, quem ipse innocens agnus sacravit, ut præputium veteris criminis in eo aboleretur. Quid hoc? Amarissimum præputium est crimen transgressionis Adæ quod Filius meus abstulit; cum ipse fontem salutis ingressus Christianam cohortem nobilissime dedicavit, ut serpens antiquus, qui hominem deceperat, in illo lavacro mergeretur. Quomodo? Filius conditioni patris sui respondet; necnon et hæreditatem ejus retinet. Quid hoc? Genus Adæ transgressione illius de loco amœnitatis expulsum est, et in baptismo salvationis per Filium meum ad vitam revocatum est. Quomodo? Ipse super incredulos qui præceptis meis repugnaverunt vocem benedictionis dedit; ita quod exterriti veniam in spiritu contritionis peterent, ut Isaias servus meus secundum hoc quod a me accepit protestatur, dicens: *Et venient ad te curvi filii eorum qui humiliaverunt te, et adorabunt vestigia pedum tuorum omnes qui detrahebant tibi* (*Isa.* LX). Quid hoc? O tu qui es superna pax et purissimus sol, per te ebulliet vivens radix quæ est regeneratio spiritus et aquæ, cum illi solerter venient ad agnitionem tuam qui in spurcitia nefandissimæ immunditiæ sub gravissima maledictione prostrati erant, quoniam ipsi hoc modo quasi curvi vix tandem ad veritatem et ad justitiam surgent. Quomodo? Ipsi maternam dulcedinem veræ fidei sugent, eam visibiliter videndo, nescientes; sed tantum illam fideliter credendo rapientes. Et qui sunt illi? Videlicet qui in materia peccati de his orti, te in ardenti charitate nunquam viderunt; sed qui te crudeliter opprimendo pertinaciter afflixerunt, quasi tu illorum non dominareris: te in bono sensu dulcissime amaverunt. Et adeo cum veram fidem secuti fuerint, velut regem apprehendent te, et tanquam Dominum adorabunt te, atque festinanter current sequentes sanctissima itinera tua quæ eis præcepisti ita ut semper elevatis manibus in te aspiciant atque in bonis operibus ad te semper vigilent, in fide, scilicet te videre tædium non capientes, et hoc omnes illi facient; qui prius impudice et irreverenter te dilaniaverunt, et qui in odio ac in invidia se a te diviserunt, cum tunc in speculo fidei ardenter te amplexerunt. Quid hoc?

Nam casus Adæ clausit cœlum in indignatione mea, cum homo me sprevit, et callidum serpente audivit. Unde et ipsi clausa est omnis gloria paradisi. Quæ clausura duravit usque ad claritudinis meæ Filium, qui in voluntate mea fluentem Jordanem intravit; ubi et vox mea clare intonuit cum dicerem, quia ipse esset Filius meus dilectus, in quo mihi bene complacuissem; quoniam hoc volui, ut in fine temporum redimerem hominem per Filium meum mihi indissolubili amoris vinculo ita adhærentem, ut favus melli adhæret, quem etiam idcirco mihi in fontem; me fontem aquæ vivæ designantem, ut et ipse fons salutis, animas illas de æterna morte resuscitaret, quibus in aqua per Spiritum sanctum remissio peccatorum daretur. Quapropter et ibi Spiritus sanctus apparuit, quia fidelibus per eum remissio peccatorum fit, ubi ob mysticum secretum unigenitum meum Spiritus sanctus in specie columbæ ostendit quæ simplicis et sinceri moris est, quoniam et Spiritus sanctus in simplicitate et in bonitate omnium bonorum indeficiens justitia est. Et hoc decebat, quia Filius meus sine ulla macula criminis ex virgine natus est, ut etiam homo qui cum peccato de viro et muliere nascitur sine peccato splendide et gloriose renasceretur, sicut ipse Filius meus in Evangelio ad Nicodemum ait : *Amen, amen dico tibi, nisi quis renatus fuerit ex aqua et spiritu, non potest introire in regnum Dei* (Joan. III). Quid hoc? Constantissima certitudine et non instabili ambiguitate dico tibi qui natus es ex corruptione, quia homo qui ortus est de ardenti concupiscentiæ calore et involutus venenosa veste, nisi in vero gaudio novæ sobolis renascatur ex aqua sanctificationis et spiritu illuminationis, in tempore neglectus sui confundetur. Quomodo? Quia homo velut aqua, cum spiritu vegetationis suæ inundat, quoniam ut aqua sordes emundat, et ut spiritus inanimata vivificat (nisi in vera generatione purgetur) non poterit per introitum salvationis hæres regni Creatoris sui fieri, quia in peccato primi parentis quem diabolus fraudulenter decepit obligatus est. Quomodo? Quoniam ut fur qui nobilissimam et pretiosissimam pecuniam regis furatur, furtive subintrat, sic tortuosa conceptio in ingluvie suggesta a diabolo subdole irrepsit, ita quod ipse dilectissimam gemmam sanctæ innocentiæ et castitatis in quibus Spiritus sanctus habitat nequiter abstraxit. Unde nunc in sanctificatione ablutionis emundanda est. Nam mortiferus calor quem libido in cumulatione concupiscentiæ prævaricationis præceptorum omnipotentis Dei succendit, in illo submergendus est, qui nunquam mirabilia sua invidiose abscondit, sed ea in incomprehensibili pietate misericorditer ostendit. Audite ergo Filium in hac constitutione regenerationis quæ revelatio regni mei est, et discite ab eo ut præcepta mea compleatis. Sic facite. Nam hoc mihi acceptum est, et cavete ne vos antiquus serpens seducat; et non moriemini si baptismum vestrum servaveritis, ut vobis in nomine beatissimæ Trinitatis præceptum est. Et quoties cecideritis, surgite cum correctione pœnitentiæ secundum misericordiam meam de peccatis vestris. O vos charissimi filii mei, cognoscite bonitatem Patris vestri; qui vos in semetipso per puram confessionem et per veram veniam de maxilla diaboli liberavit, et qui vobis omnia bona contulit, in quibus laborare debetis, ut cœlestem Hierusalem possideatis; quam per fallacem deceptionem perdidistis, quia nemo perditam hæreditatem suam recuperare potest, nisi per sudorem laboris sui. Vos autem supernam beatitudinem scilicet excellentissimam hæreditatem vestram, facile non difficili lege recipere potestis. Nam Spiritus sanctus, ut prædictum est, potestatem Satanæ in baptismo expellit ab homine, sanctificans eum novum hominem in regeneratione, ut perdita gaudia recipere valeat.

Unde quisquis salvari desiderat in purgatione criminum suorum, regenerari non recuset.

Nam, ego dedi masculis generis Abrahæ circumcisionem membri unius, sed in Filio meo præcepi viris ac mulieribus cunctorum populorum circumcisionem omnium membrorum suorum. Quomodo? Circumcisio baptismi orta est in baptismo Filii mei quæ et duratura est usque in novissimum diem ; et post illum diem, sanctitas ejus in æternitate manebit, nec finem accipiet; atque ita qui in lavacro baptismi circumciduntur, verissime conservabuntur, si hoc lavacrum justis operibus fideliter conservaverint, quia ego hominem sive infirmioris sive fortioris ætatis sit, suscipiam si fœdus meum custodierit, quod mecum pepigit, scilicet in me credendo, et in vera Trinitate me confitendo, seu per se ipsum seu per alios qui pro eo fidejubent, ut infans aut mutus qui non loquitur, qui verba alieni oris expostulat, et non delebo eum in æternum; ut illum qui fontem hunc cum opere fidei recipere recusaverit, quemadmodum in doctrina Evangelii Filii mei scriptum est : *Qui crediderit et baptizatus fuerit salvus erit, qui vero non crediderit condemnabitur* (Marc. XVI). Quid hoc? Ille homo qui per suam scientiam, quæ interior oculus est, istud videt quod exteriori visui absconsum est, et in hoc non dubitat, hic certissime credit, et hæc fides est. Nam quod homo exterius cernit, hoc et exterius novit, et quod interius videt, hoc et interius considerat. Ideo cum scientia hominis per speculum vitæ ardenter percipit incomprehensibilem divinitatem quam exterior oculus aspicere non valet, tunc desideria carnis opprimuntur et alliduntur ad petram. Unde et spiritus hominis illius ad veram altitudinem suspirat, hanc regenerationem sentiens, quam Filius hominis Spiritu sancto conceptus attulit, quem intacta mater non de carne viri sudantis in libidine accepit; sed de secreto patris omnium. Qui suaviter veniens, purissimum et vivum speculum in aqua ostendit; ita quod homo per illud in regeneratione vivit. Nam sicut homo nascitur ex carne, divina potestate in forma Adæ illum creante; ita Spiritus sanctus recuperat vitam animæ per inundationem aquæ, cum ipsa spiritum hominis in se accipit, eum resuscitans ad vitam, ut prius in unda sanguinis suscitatus est; quia in corporali vasculo manifestatus est, ut enim forma hominis tunc sensibiliter formatur cum homo dicitur : sic spiritus hominis ante oculos Dei tunc in aqua vivificatur, ita quod eum Deus ad hæreditatem vitæ novit. Unde qui sic fontem salutis cum fœdere justitiæ suscipit, vitam in salvatione invenit, quia fideliter credidit; qui vero credere non vult, mortuus est, quoniam spiracula spiritus non habet, cum quibus in altitudinem cœli volet : sed tantum tangendo cæcis oculis palpitat, in obumbrata scientia carnis non vivens, quia vitali disciplina caret, quam Deus spiravit in hominem, sursum contra voluntatem carnis ascendentem. Quapropter iste in mortem infidelitatis condemnabitur, quia lavacrum salutis non habuit. Ego enim nec tempus nec genus ab hac salute separavi, sed hanc vocationem omni populo per Filium meum clementer instítui.

Nam, in quocunque tempore labentium horarum, cujuscunque sexus aut ætatis homo sive masculus sive femina, infans aut decrepitus : cum in affectu devotionis ad baptismum venerit, ego cum pietatis adjutorio suscipiam eum. Et non recuso lavacrum baptismi infantis, ut quidam falsi deceptores loquuntur; qui me talem oblationem abjicere mentiuntur, sicut etiam in Veteri Testamento non sprevi infantis circumcisionem; cum ille eam nec voce expeteret nec voluntate susciperet, quam tamen parentes pro ipso compleverunt. Ita etiam nunc in nova gratia non abjicio baptismum infantis : quamvis ille eum nec loquendo, nec consentiendo quærat, sed tantum parentibus ejus id pro eo exsequentibus.

Et tamen si ille salutem consequi desiderat, omni jure fidelem promissionem adimplebit, quam illi pro eo spoponderunt, qui eum ad sacrosanctum fontem exhibuerunt, qui tres homines in honore sanctæ Trinitatis esse debent, sacerdos scilicet qui ipsum perfundit, et duo qui pro illo verba fidei spondent. Qui autem hoc modo in lavacro baptismatis baptizato conjunguntur; in carnali procreatione ei non commisceantur, quia in spiritali generatione ei adhæserunt. In baptismo enim Filii mei ego Pater intonui : quod sacerdotem in lavacro benedictionem dantem ostendit, et Spiritus sanctus in specie levis volucris visus est, quod unum in simplicitate cordis, ibi hominem baptizandum alloquentem et docentem denuntiat, atque Filius meus in carne baptizandus aderat ; quod mulierem in suavitate matris astantem ob dulcissimam incarnationem ejusdem Unigeniti declarat. Quid nunc? Sed sicut infans lacte et escis ab alio sibi contritis corporaliter pascitur, ita etiam doctrinam et in baptismate sibi propositam fidem ex intimo corde observabit. Quod si ubera matris suæ non sugit, nec contritas sibi escas suscipit incunctanter moritur ; sic etiam si nutrimenta piissimæ matris Ecclesiæ non accipit, nec verba fidelium doctorum in baptismate proposita retinet ; crudelitatem mortis animæ non evadit, quoniam salvationem animæ et dulcedinem æternæ vitæ recusavit. Et sicut cum idem infans corporalem cibum dentibus suis molere non potest, alius ei illum ad deglutiendum ne moriatur conterit; sic etiam faciendum est cum ille in baptismo verba ad confitendum me non habet, aderunt ei spirituales adjutores qui ipsi cibum vitæ, id est catholicam fidem ne in laqueo perpetuæ mortis comprehendantur proponant. Quomodo? Dominus servo suo voluntatem suam voce præcipientis proponit, et ille eam in timore opere complet, et mater filiam suam in charitate docet, et illa verba ejus cum subjectione perficit ; ac simili modo debitores fidei baptizato verba salutis opportune proferant, ut ille ea fideli devotione ob amorem cœlestium adimpleat.

Nam nullus tam gravi pondere peccatorum premitur, si in nomine sacrosanctæ Trinitatis in sanctum baptisma mittitur quin vere omnia crimina sceleris ejus deleam, sicut et in infante cum in lavacro regenerationis perfunditur : veterem culpam Adæ veraciter abluo. Sed non mireris, homo, quod in fonte baptismatis ab omnibus peccatis suis homo justificatur, ita quod de pondere peccatorum suorum in eo clementissime alleviatur. Nam innocens agnus qui sine ulla macula peccati fontem baptismi ingressus est, cum magno sacramento incarnationis suæ crimina peccatorum hominum in baptismate misericorditer abstulit. Sed omnia attentissime perscrutor, et in hoc sæculo et in æternitate ubi mors corporum non est, sed omnia aperta. Quid est hoc? Gehenna in operibus mortis probatur, et vita æterna in operibus quæ pertinent ad vitam. Quomodo? Mors per mortem probatur, quia cum homo sine pœnitentia et sine misericordia Dei (quoniam non requirit eam) justo Dei judicio in peccatis moritur ; mors enim in morte inferi discutitur. Vita quoque probatur per vitam ; ita quod bona opera fulgent in cœlis, cum vita æterna dominatur illis. Ita etiam qui in fonte benedictionis baptizantur, in sanctitate sanctæ regenerationis probantur. Et cum ibi per invocationem benedictionis sacerdotis invocor, aures meæ verbis fidei patent, quamvis ille, qui ibi me invocat, in obligationibus peccatorum sit. Nam, quamvis sacerdos peccator sit, tamen officium baptismi ab eo suscipio, si illud per invocationem nominis mei fideliter exerceat. Ipsius autem iniquitas condemnabit eum, si in ea sine pœnitentia perseveraverit. Celebrationem vero baptismi non recuso ab eo suscipere, cum in verbis fidei me invocaverit. Quid est hoc? Si aliquis dives homo dispensatorem habet, qui militibus suis bona sua recte dispensans, officium suum fideliter exerceat, qui etsi idem dispensator de alio opere suo culpabilis est ; tamen dominus suus non dedignatur ab eo suscipere officium suum, dicens forsitan ei : Serve nequam in opere tuo, unde et illum in mente sua indignum habet ; officium tamen justitiæ suæ ab eo non dedignans accipere. Sic etiam ego qui plurimos dispensatores habeo, a sacerdote qui recte unctus in officio suo fideliter manet, quamvis de aliis operibus suis culpandus sit, non dedignor suscipere sacramentum meum, de aliis tamen injustis actibus suis eum mihi contrarium judicans, nec tamen quod meum est ab eo suscipere contemnens.

Quod si aliquis baptizandus separationem animæ et corporis sui adesse putans baptisma quæsierit nec sacerdotem a quo baptizetur habere possit, tunc si quis eum per invocationem trinæ majestatis perfuderit, baptizatus est. Et remissionem peccatorum suorum, gratiamque supernæ beatitudinis per hanc perfusionem accipiet, quia in fide catholica perfusus est, nec hoc baptisma mutari poterit.

Sed tamen in invocatione hac nulla persona istarum trium ineffabilium personarum omittenda est, quoniam si ibi ulla earum per infidelitatem invocari omittitur; tunc ibi veritas salutem non operatur, sed potius falsitas deceptionem tribuit. Unde et ibi invocatio hujus ineffabilis Trinitatis non deerit; quia et purissimo baptismati Filii mei Trinitas non defuit, sed ibi mirabilia sua mirabiliter per semetipsam declaravit. Quapropter et homines qui salvari desiderant, regenerationem vitæ ad salvationem percipiant; et hanc percipere non negligant ne pereant, quia ut abortivum abjicitur quod perit sine calore vitæ nec in formatione nec in excitatione adhærens visceribus matris suæ, ita etiam in periculo mortis sine consolatione Spiritus sancti detinentur; qui nec in mente nec in opere sacramentis Ecclesiæ quæ mater totius sanctitatis existit purificantur. Hoc audiant et intelligant omnes populi; qui regnum Dei in regeneratione spiritus et aquæ intrare volunt, secundum quod eis in sanctis Scripturis per donum Spiritus sancti propositum est. Sed qui vigilantibus oculis videt et attentis auribus audit, hic mysticis verbis meis quæ de me vivente emanant, osculum amplexionis præbeat.

VISIO QUARTA

Summarium. — *Quod omnis baptizatus per unctionem episcopi ornari et stabiliri debet. Quod immensa et indeficiens dulcedo Spiritus sancti, datur in confirmatione. Quod ineffabilis Trinitas in confirmatione manifestatur et viridissimis virtutibus declaratur. Quod Ecclesia unctione Spiritus sancti munita, nunquam in errore perversitatis dejici potest. Verba Moysi de eadem re. Quod baptizati in unctione chrismatis a pontifice decorantur. Verba libri Regum ad eamdem rem. Quod baptizatus et non confirmatus claritatem baptismatis habet et ornatum et unctionem superioris doctoris sui non habet. Quod in honore Spiritus sancti per solos episcopos confirmatio exercenda est. Qui confirmandum manibus tenet, in carnali procreatione ei non conjungatur. Qui post baptismum ad diabolum revertitur, nisi pœnituerit, condemnabitur; qui autem baptismum fideliter sequitur, a Deo suscipitur, Ecclesia pro filiis suis Deum exorante. Tres modi quibus Ecclesia resonat ut tuba. De diversitate baptizatorum multimoda. Verba Ezechielis de eodem.*

Et deinde vidi velut magnam et rotundam turrim totam integrum et candidum lapidem existentem, tresque fenestras in summitate sui habentem, ex quibus tantus fulgor resplenduit, ut etiam tectum turris illius, quod se velut in cavum erexerat, in claritate fulgoris illius manifestius conspiceretur. Ipsæ autem fenestræ pulcherrimis smaragdis circum ornatæ erant. Sed et illa turris velut in medio dorsi prædictæ muliebris imaginis imposita erat, instar turris alicujus quæ in muro urbis imponitur; ita quod illa imago præ fortitudine ejus nullo modo cadere poterat. Et infantes illos qui ventrem imaginis (ut prædictum est) subierant, vidi multa claritate radiantes; quorum alii in fronte usque ad pedes ipsorum, velut aureo colore ornati erant; alii vero claritatem tantum habentes, illo colore carebant. Ex ipsis item aliqui purum et lucidum splendorem; alii vero quemdam turbidum et rubeum fulgorem ad orientem vergentem inspiciebant. Sed ex iis qui ipsum purum et lucidum splendorem considerabant, quidam claros oculos et fortes pedes habentes in ventre illius imaginis fortiter incedebant. Alii autem infirmos oculos et debiles pedes habentes, huc et illuc a vento propellebantur. Sed et ipsi baculum manibus tenentes, coram imagine volitabant, ac eam aliquando sed tamen tepide feriebant. Quidam vero serenos oculos sed imbecilles pedes habentes, ante imaginem illam hac et illac in aere discurrebant. Alii autem infirmos oculos, sed fortes pedes habebant, et tamen coram imagine lente ambulabant. Sed ex iis qui illum turbidum et rubeum fulgorem inspiciebant, alii in præfata imagine bene ornati alacriter incedebant; alii ex ipsa se rapientes, eam impugnabant, et ordinatas constitutiones ejus evertebant, de quibus quidam per fructum pœnitentiæ ad ipsam humiliter revertebantur; quidam vero per contemptum in obdurata elatione mortis remanebant. Et iterum audivi vocem de cœlo mihi dicentem : Sicut nova sponsa agni post illustrationem inundationum quæ orta est in sole justitiæ, qui mundum sua perfusione sanctificavit, in igneo ardore Spiritus sancti decorata et confirmata ad perfectionem decoris sui est ; ita etiam fidelis homo qui regenerationem in spiritu et aqua percipit, per unctionem superioris doctoris ornari et stabiliri debet, ut in omnibus membris suis ad effectum beatitudinis conformatus plenitudinem fructus summæ justitiæ proferens, decorem sui ornatus perfecte inveniat. Quapropter turris hæc, quam vides, designat flagrationem donorum Spiritus sancti quam misit Pater in mundum propter amorem filii sui, incendentem corda discipulorum illius in igneis linguis, unde robustiores redditi sunt in nomine sanctæ et veræ Trinitatis. Sed quod ipsi ante adventum ejusdem ignei Spiritus sancti in habitaculo suo clausi sedebant, clausuram corporis ipsorum ostendebant, per quam timidi ad loquendam justitiam Dei, et imbecilles ad patiendas pœnas adversariorum erant. Et quia filium meum in carne viderant, ideo clausis interioribus oculis suis illum in carne diligebant : ita quod tunc non videbant apertam doctrinam quam postea in mundum effuderunt, cum in Spiritu sancto robustiores effecti sunt. In cujus adventu ita confirmati sunt, ut nullam pœnam abhorrerent, quin strenue tolerarent eam. Hæc est enim fortitudo turris hujus, per quam Ecclesia ita roborata est, quod nulla insania diabolici furoris superari poterit. Sed quod eam vides magnam et rotundam, totamque integrum et candidum lapidem existentem, hoc est quod immensa est dulcedo Spiritus sancti, et volubilis in gratia omnes creaturas circuiens ; ita quod nulla corruptela in integritate plenitudinis justitiæ eam evacuat ; quoniam ipsa torrens iter habens, omnes rivulos sanctitatis in claritate fortitudinis illius emittit, in qua nunquam maculositas ullius sordis inventa est, quia ipse Spiritus sanctus est ardens et lucens claritas et quæ ardentes virtutes fortiter accendit et nunquam exstinguetur, ac ideo omnes tenebræ ab eo fugantur.

Quæ tres fenestras in summitate sui habet : ex quibus tantus fulgor resplendet, ut etiam tectum turris illius quod se velut in cavum erigit in claritate fulgoris illius manifestius conspiciatur, quia ineffabilis Trinitas in effusione donorum excellentiæ Spiritus sancti manifestatur; ita quod ex eadem beatissima Trinitate tanta claritas justitiæ per doctrinam apostolorum emanat, ut etiam exinde fortissima virtus divinitatis quæ incomprehensibilis in altitudine omnipotentiæ majestatis suæ existit, homini mortali creaturæ apertius innotescat; sed tamen ita quantum fide credentis et fidelis hominis, capi possibile dignoscitur. Unde ipsæ fenestræ pulcherrimis smaragdis circumornatæ sunt; quoniam ipsa beatissima Trinitas virentissimis virtutibus et ærumnis apostolorum quæ nunquam ariditatem tepiditatis fidei sensisse dicitur, ubique in toto mundo apertissime declarata est. Quomodo? Quia notum est quomodo propter fidem veritatis, rapacissimi lupi eos diversis pressuris oppresserunt; unde robustiores ad bellum certaminis effecti sunt : ita quod præliando Ecclesiam acquisierunt, et eam ad ædificationem fidei fortissimis virtutibus roboraverunt : et multimodis coruscationibus virtutum ornaverunt. Et quoniam Ecclesia in inspiratione Spiritus sancti per eas ita confirmata est, idcirco et ipsa vult et exposcit ut filii sui ornentur signo Spiritus sancti in hac unctione, ut idem Spiritus sanctus penetravit corda fidelium in alta misericordia quæ valde mystica est, ita quod in igneis linguis per voluntatem Dei Patris in mundum venit. Quapropter et homo baptismate salvationis perfusus confirmandus est unctione excellentis doctoris, sicut et Ecclesia super firmam petram firmata est.

Unde eadem turris velut in medio dorsi prædictæ mulieris imaginis imposita est, instar turris quæ in muro urbis imponitur, ita quod illa imago præ fortitudine ejus nullo modo cadere poterat; quia Spiritus sanctus in maxima fortitudine incarnationis illius qui verus sponsus Ecclesiæ existit, mirabilia sua mirabiliter operatus est, et ecclesiam tam fortem in defensione munitionis suæ ostendit; ut illa ob eam fortitudinem qua ab igneo dono ejus munita est, nunquam in errore ullius perversitatis decidere possit ; quoniam per supernam protectionem in amore sponsi sui sine macula et sine ruga semper gaudebit; quia et idem unigenitus meus de Spiritu sancto conceptus, nobiliter sine macula ex virgine natus est; quemadmodum ad Mosem locutus sum : *Ecce, inquit, est locutus apud me; stabisque supra petram, cumque transibit gloria mea, ponam te in foramine petræ, et proteget te dextera mea, donec pertranseam, tollamque manum meam, et videbis posteriora mea* (Exod. xxxiii). Quid hoc? Prope est miraculum ; quod implebitur in voluntate mea. Sed tu prius pugnabis in duritia legalium præceptorum, per exteriorem significationem vim eorum ostendens : ubi dulcedinem et levitatem non invenies quæ in Filio meo aperietur. Et hæc duritia legis quam in præcepto meo scribes, tandiu in duritia lapideorum cordium stabit, quousque omnis gloria illa manifestabitur quæ mihi a te et ab imitatoribus tuis usque ad manifestationem Filii mei exhibenda est. Cumque hoc adimpletur in lege quam nunc scribis, glorificabor, ponamque te in perforatum lapidem. Quomodo? Ego ponam te in duritia legis cum te in præcepto meo super eam constituo; te videlicet magistrum hujus antiquitatis nominans, quam Filius perforabit : plus eam quam tu in mysticis verbis exponens, cum eum in opportuno tempore in mundum misero. Et ideo proteget te fortitudo ipsius ; quia ipse acutiora verba quam tu afferet, et clausuram in legalibus præceptis aperiet; donec ad me redeat. Quid hoc? Ipse tandiu salutaria verba mundo corporaliter dabit, donec in carne sua quam de virgine sumet, mortem corporaliter subeat. Tunc et ego tollam manum meam ; quia super sidera eum ad me levabo, omnia mysteria ejus per Spiritum sanctum denudans; et sic videbis incarnationem ejus, ut cum homo a dorso cernitur et non ante perspicitur, quoniam eum incarnatum senties, sed divinitatem illius non capies, quia filii tui magis eum videbunt cum ad me redierit, quam eum intellexerint cum apud eos visibiliter conversatus fuerit.

Et quod vides infantes illos qui ventrem imaginis (ut prædictum est), subierant multa claritate radiantes : hoc est quod ii qui in innocentia munditiæ puri cordis per fontem regenerationis matrem, scilicet Ecclesiam, ut tibi præmonstratum est, adepti sunt : filii lucis propter ablutionem peccatorum suorum existunt. Quorum alii a fronte usque ad pedes velut aureo colore ornati sunt ; quia ab initio bonorum operum usque ad finem sanctitatis per fulgentissima dona sancti Spiritus in unctione veræ credulitatis per manum pontificis in chrismate decorantur. Quomodo? Ut pretiosis lapidibus aurum decoratur cui imponuntur, ita et chrismate per manum superioris doctoris fideliter baptizatus in unctione baptismatis ornatus ostenditur; quemadmodum scriptum est: Rex quoque transgrediebatur torrentem Cedron; et cunctus populus incedebat contra viam olivae quae respiciebat ad desertum. Quid hoc? Filius virginis qui dominatur universo mundo, ut terrenus rex reliquo populo transgressus est torrentes aquas sacrosancti lavacri: quod in admonitione Spiritus sancti forti desiderio viam salutis demonstrat. Quid hoc? Ipse reliquit mortem transiens ad vitam, cum in regeneratione Spiritus et aquae, id est in magno ornamento urbis coelestis Hierusalem, quae nunquam deficit, summam beatitudinem annuntiavit. Unde omnis populus qui in illum credebat, incessit per inspirationem Spiritus sancti per viam illam quae absconsa erat in unctione olei, respicientis ad praevaricationem Adae quae deserta erat pulchritudine haereditatis justitiae Dei, et ad hoc spectantis ut Adae posteritas ad salutem redire vellet; quia vulneratum peccatum primi hominis necesse habuit ut per sacerdotale officium inungeretur, quod filio virginis necesse non erat; quoniam ipse totus in sanctitate conceptus est non vulnerato nec corrupto matris suae utero, sed in integritatis honore perseverante. Nam quod per vulnera suggestionis diaboli maceratum et confusum est, hoc per unctionem olei impinguandum et ornandum est; ita quod edax livor abstergatur quem carnis concupiscentia operatur.

Alii vero, ut vides, claritatem tantum habentes aureo illo colore carebant; quoniam ipsi in baptismate ablutionis tantum mundati, unctionem superioris sui sacerdotis in chrismate non sunt adepti, quod signum ardentis Spiritus sancti est. Quid hoc? Unctio confirmandi per donum sancti Spiritus in episcopali officio specialiter fulget: quod populo fideli post regenerationem Spiritus et aquae exercendum est, cum credulus homo confirmandus est supra firmam petram. Quomodo? Filius meus baptisma in corpore suo suscepit: ipsum hoc pacto in carne sua sanctificans; in qua non est divisus; quia ipse solus virginis vivus Filius est, ac ideo filius hominis dictus, quoniam illa virgo cum non concepit ex utero, sed ex integritate virginitatis suae peperit illum. Qui post passionis miseriam et resurrectionis gloriam in eadem carne coelum penetravit ad me rediens, ac deinde Spiritus sanctus in igneo ardore mundum illustravit, confirmans omnem justitiam in cordibus discipulorum illius, cum eis aperuit quod antea absconsum erat. Quomodo? Sic Spiritus sanctus corda illorum accendit, ut sol, cum sub nube incipit apparere, ardentem calorem suum ostendit in sua praeclara luce. Quid hoc? Amor Filii mei in mentibus eorum latenter ardebat; et ita calor Spiritus sancti eos penetrans fortissimum solem doctrinae illorum ostendebat, quoniam hoc est testimonium illud quod Spiritus sanctus Ecclesiae declaravit;

ita quod mors, justitiae Dei resistere non valet.

Unde vos, o filii veritatis, audite et intelligite confirmationem Spiritus sancti; quam ipse in suavi unctione magisterii sui qui est magister omnium unctionum vobis benigne offert. Et ideo haec unctio in honore ejusdem Spiritus sancti per superiorem sacerdotem tantum exercenda est; quia omnis ecclesiasticus ordo in Spiritu sancto institutus est; et propterea haec unctio Spiritus sancti est. Quapropter et homo ille qui mysterium regenerationis ad vitam suscepit; si hoc modo non est unctus, tunc nec ornatum ecclesiasticae plenitudinis percepit, secundum quod ecclesia per flagrantem Spiritum sanctum ornata ostendit, ut supra monstratum est. Sed et quemadmodum Ecclesia in donis sancti Spiritus perficitur; sic et fidelis homo confirmandus est in unctione principalis doctoris, qui in honore Spiritus sancti formidandus magister est, quoniam idem Spiritus sanctus calore suo certissimam doctrinam Christiano populo ardenter profert et accendit. Unde qui in hac unctione sancti Spiritus sic uncto adhaeserunt, in saeculari procreatione, illi non conjungantur; quia in Spiritu sancto ei copulati sunt. Quid hoc? Fides portat hominem ad hanc unctionem: et ideo qui illum tunc in manibus tenet fidem designat, quae carnalia non quaerit, sed semper ad spiritualia tendit. Nam oculus meus videt hominem, ut in operibus suis venturus est ad me.

Quod si tu, o homo, post baptismum me dimittis et ad diabolum reverteris, inde justo judicio condemnaberis; quoniam magnum donum intellectus tibi dedi, et quia misericordiam meam in fonte baptismatis tibi ostendi. Omnes enim qui misericordiam meam in baptismo quaerunt, eam benigne inveniunt propter Filium meum in mundum venientem et multos labores in corpore suo sustinentem, et propterea, o homo, pugnas animae et corporis tui patienter debes tolerare, et propter Filium meum suscipiam te, et nemo repellendus est a lavacro baptismi qui illud in nomine meo fideliter sequitur, quia in quocunque tempore me homo quaerit, illum ferventer suscipio. Quod si postea illius opera prava erunt, ipsa eum judicant ad mortem. Ideo, o homo, in regeneratione Salvatoris inundare, atque in unctione sanctitatis inungere: mortemque fuge, et vitam imitare. Nam et mater fidelium quae Ecclesia est, ut filii sui mortem effugiant, et vitam inveniant, fideliter in ipsis exorat. Quomodo? Ipsa gemebundam vocem in filiis suis habet; quae adeo in ipsa posita est, usque dum plenitudo filiorum ejus in tabernaculum supernae civitatis ingrediatur. Et hanc vocem idcirco habet; ut me qui sum ante aevum admoneat semper videre et intueri, quod unigenitus meus incarnatus est, quatenus propter amorem illius filiis suis parcam; quos ipsa in regeneratione spiritus et aquae suscepit; quia coeleste regnum non possunt intrare nisi in salvatione. Unde sic resonat: Timete Patrem, amate Filium, et ardete in Spiritu sancto. Quomodo? Hic sonus de me Patre per Filium meum in sancto Spiritu ei datus est; qui est vox in ipsa resonans quasi tuba in civitate. Et alio modo non loquitur; nisi sic in filiis suis. Quapropter et ita fortissimus Deus admonetur per Filium suum ut parcat peccatis hominum, quæ propter pœnitentiam sine perditione toleranda sunt, quia ipse Filius Dei humanitatem sine peccato assumpsit. Qui non debuit indui polluta carne quæ de semine peccati concepta est; quoniam Deus justus est, et quia splendor cœlestis regni non tangitur ulla macula sordis. Et quomodo esse posset ut homo qui immensa fœditate maculatus est supernum regnum intraret, nisi per Filium meum sine sorde incarnatum? qui peccatores suscipit in pœnitentia purgatos. Et quis posset hoc facere nisi Deus? Unde et Ecclesia ad filios suos convertitur, et eos materna dilectione fovet.

Sed quod vides quod ex prædictis infantibus alii quemdam purum et lucidum splendorem, alii vero quemdam turbidum et rubeum fulgorem ad orientem vergentem inspiciunt: hoc est quod ex filiis Ecclesiæ quos ipsa innocentia corruptionis suæ per virtutem Dei procreat, quidam puritatem spiritualis vitæ in serenissima virtute fulgentem, terrena scilicet conculcantes, propter amorem veri solis attendunt: quidam autem carnales facultates quas multa diversitas vitiorum perturbat habentes, et tamen in recta fide fideliter ardentes, etiam propter supernam retributionem ad æterna suspirant. Et ex iis qui ipsum purum et lucidum splendorem considerant quidam claros oculos et fortes pedes habent, ac in ventre imaginis potenter incedunt, quia hi cum cœlestia sectantur in mandata Dei visum justæ considerationis et incessum bonæ consummationis ponunt; ita scilicet in intima amplexione maternæ dilectionis ambulantes quod nec in caducis nec in æternis devotionem suæ intentionis muniunt. Alii autem infirmos oculos et debiles pedes habent; quoniam nec claram intentionem nec fortem exhibitionem ad opus perfectionis tenent, unde et huc et illuc a vento projiciuntur, quia in diversitatem morum per varias tentationes elationis funduntur. Sed et ipsi baculum in manibus suis tenent, et coram imagine volitant ac eam aliquando sed tamen tepide ferunt; quoniam contumacem fiduciam in operibus suis ponentes, Ecclesiæ Dei falso rumore se ostendunt, ac eam interdum sed tamen insipienter per sæcularem prudentiam notant, quia cum per fictam simulationem sapientes apparent in conspectu hominum; stulti apud Deum per inanem gloriam efficiuntur. Quidam vero serenos oculos sed imbecilles pedes habentes, ante illam imaginem hac et illac in aere vagantur; quia cum ipsis divina præcepta per intuitum considerationis nota sint, in pede tamen completionis claudicantes, sic sponsæ Christi per discursum propriæ instabilitatis demonstrantur, ut in umbra sapientiam quærentes, eamque in potestate sua se habere putantes antequam eos in mente ipsorum contingat et ullam vim illius obtineant. Alii autem infirmos oculos sed fortes pedes habent, et tamen coram eadem imagine debiliter ambulant; quoniam ipsi debilem intentionem ad opus bonum tenent, cum fortiter in operibus justitiæ incedere deberent; sed in ecclesiasticis institutionibus simpliciter non currunt, quia magis ad terrena quam ad cœlestia mentem figunt; et ideo apud Deum stulti sunt, quoniam per sæcularem prudentiam comprehendere volunt quod assequi non possunt. Sed ex iis quæ illum turbidum et rubeum fulgorem inspiciunt, alii in præfata imagine bene ornati fortiter incedunt; quia ista quamvis terrena possideant, tamen in visceribus Ecclesiæ ornatum laborum suorum portantes, in divina lege pedem rectitudinis ponere non dedignantur, cum mandatis Dei obedientes peregrinos suscipiunt, nudos vestiunt, et esurientes alunt. O quam felices isti sunt, quoniam hoc modo Deum suscipiunt, unde et ipse habitat cum illis. Alii autem ex ipsa imagine se rapientes eam impugnant, et constitutas ordinationes ejus opprimunt; quoniam hi, materna viscera et dulcia nutrimenta Ecclesiæ deserentes, illam variis erroribus fatigant, et ideo constitutas leges ejus diversis oppressionibus dilaniant; de quibus quidam per fructum primæ ad ipsam humiliter revertuntur; quia quod graviter deliquerunt, digne pœnitendo propter restaurationem vitæ graviter in se puniunt: quidam vero per contemptum obdurationis in elatione mortis remanent, quoniam ipsi vitam negligentes, obdurato corde propter contumacem et impœnitentem vecordiam judicium mortis suscipiunt, ut in mystica visione sua Ezechiel dicit: *Rex lugebit, et princeps induetur mærore, et manus populi terræ conturbabuntur. Secundum viam eorum faciam eis, et secundum judicia eorum judicabo eos, et scient quia ego Dominus* (*Ezech.* VII). Quid hoc? Anima in qua regalis rationalitas est, cum delectationem peccati adesse sentit; quia malum novit, tunc lugubrem assensum assumit. Quomodo? Quia illi rationalitas, sapientia et scientia a Deo inspirata est; et ideo quamvis corpori consentiat, tamen indignum habet malum, sentiens hoc non esse bonum. Unde cum diversis criminibus per operantem carnem polluitur: alta suspiria trahens, anhelat ad Deum. Cumque criminosum opus ibi cum spiritu superbiæ impletum fuerit: tunc corpus velut ignominiosus princeps inducetur confusione, principatum suum in munditiis videlicet exercens; quoniam ut homo dolet cum vilibus vestimentis operitur; ita etiam mœret, cum infamiæ rumor ad confusionem sui ab ipso procedit. Quapropter et prava opera illorum hominum qui in malis actibus suis ad terram prostrati sunt a cœlestibus præceptis; conturbabuntur, quia vestimenta salutis, id est beatitudinem cum Deo non habent; quoniam quibus hæc felicitas deest, hos maligna conturbatio possidebit. Et ideo secundum viam iniquitatis cui semper assistunt, scilicet peccati viam colentes, nec ullam justitiam cum a Spiritu sancto moventur in itinere cordis sui ponentes; sic faciam eis, nullam scilicet misericordiam eis impendens, quia cum scientiam boni non intelligunt, non timent me; sed cum rabie perversitatis me Creatorem omnium fastidiunt, facientes quaecunque volunt. Unde et secundum judicia eorum quae sunt opera illa quae in desideriis suis perpetrant, judicabo eos : nulla praemia felicitatis eis reddens, sed poenas in perditione suis opponens; quoniam nullum honorem mihi exhibent : et in hoc scient quod nullus eos inde liberare poterit praeter me qui Dominus omnium sum. Sed qui vigilantibus oculis videt, et attentis auribus audit : his mysticis verbis meis osculum amplexionis praebeat, quae de me vivente emanant.

VISIO QUINTA.

SUMMARIUM. — *Quod apostoli et pigmentarii sequaces eorum videlicet sacerdotes, ecclesiam doctrina sua splendidissime circumdant. Exemplum de Abel. Quod ministri Ecclesiae castitatem servare debent. Qui ex his in clausura subjectionis regulariter vivunt curam pigmentariorum non habentes, supernam mercedem acquirunt. De statu nobilissimae perfectionis virgineae jucunditatis. De puellari imagine. De turba quae eamdem circumstant miro modo ornata. Verba Joannis de eodem. Quod virginitas Deo oblata prudenter conservanda est. Quae corrupto pacto virginitatis redierit, flore integritatis carebit; non enim ut domina, sed ut ancilla suscipitur. Exemplum ad eamdem rem. Quod magna differentia est inter coeleste desiderium et terrenam concupiscentiam, ita quod nisi sanguine Filii Dei homo non redimeretur. De iis qui passionem Christi in charitatis ardore imitantes et vivens odor existentes, iter secretae regenerationis arripiunt. Verba evangelii ad eamdem rem. Quod virgineum genus et hic ordo vovens iter secretae regenerationis, in praecepto legis non sunt. Exemplum de Joanne ad eamdem rem. Quod qui sunt vivens ordo vovens iter secretae regenerationis, pro necessitate et utilitate Ecclesiae, regimen ecclesiasticum suscipiant contagia saecularium rerum abjicientes. Verba Evangelii de Joanne. Quod in vestitum istorum vestitui aliorum populorum dissimili, incarnatio et sepultura Christi designatur. Quod prima lux diei apostolicae doctrinam, aurora initium hujus conversationis, sol discretam viam in Benedicto qui est quasi alter Moyses, designat. Qui in hac conversatione probati inveniuntur, pro necessitate Ecclesiae superextensum sacerdotium suscipiant. Quod nullus conversationem istorum repente aggrediatur nisi intima probatione examinatus. Quod saecularis populus legem Dei conservans, Ecclesiam Dei plurimum exornat. Quod nec maritus uxorem, nec uxor maritum in hoc proposito deserat, nisi voluntas amborum sit. Verba Evangelii. Quod praedictae ecclesiasticae institutiones Ecclesiam in gradibus et in ordinibus suis consolidant. Quod in unoquoque ordine servanda concordia, diversitas morum, singularitas et novitas vitae et vestium vitanda est. Verba Joannis ad eamdem rem. Comparatio de artificibus. Quod unicuique cum humilitate sufficere debet institutio praedecessorum suorum. Verba Evangelii de eadem re. Evangelium de iis qui sibi secundum cor suum leges faciunt. Item verba Evangelii. Quod in novitatibus Deus aliquos dejicit, aliquos tacite tolerat; quos tamen in futuro judicat. Quod de inferiori gradu licet ascendere ad superiorem, non autem de superiore ad inferiorem. Exemplum de animabus et angelis. Quod qui sunt vivens ordo vovens iter secretae regenerationis, granum fortis cibi et pigmentarii, poma dulcis saporis, et saecularis populus, carnem designant. Quod hae tres ecclesiasticae institutiones in duabus viis versantur. Qui signum religionis in voluntate cordis acceptum, abjecerit; judicium districti examinis accipiet. Verba David de eodem. Quod illi qui non amore Dei, sed aliqua saeculari modestia constricti, signum religionis fictae accipiunt, Balaam similantur. Exemplum de Balaam. Qui signum religionis insipienter acceperit et male consummaverit, in ruinam vadit. Verba Jeremiae de eodem. Qui infantes suos sanctae conversationi subjicere voluerit, hoc non imprudenter sed sapienter eis consentientibus absque coactione faciat. Exemplum de agro. Qui volentes Deum sequi per livorem malitiae retraxerit, sacrilegium facit. Verba Moysi. Qui voluntate sua servitium Dei aggreditur et postea contemnens neglexerit, districte revocandus est. Verba Evangelii. Qui disciplinate viventes, nulla castigatione corrigi volunt, ne gregem Domini contaminent, expellantur. Verba apostoli ad eamdem rem. Quod ii qui ficte convertuntur, decipiuntur, et quod ii qui toto corde convertuntur, a Deo suscipiuntur. Verba David ad eamdem rem. Qui blasphemiam contra Spiritum sanctum impoenitens dixerit, et qui seipsum in mortem praecipitaverit, hunc Deus nescit. Verba Evangelii. Verba David de eodem. Super quem blasphemia desperationis cadit; si cruciatus repugnaverit, citius ei a Deo subvenitur. Quod in perditionem cadit, qui corpus et animam quae Deus conjunxit, sevarat. Verba Evangelii.*

Post haec vidi quod praedictam muliebrem imaginem quidam splendor albus ut nix, et tanquam crystallus perlucidus, a vertice usque ad guttur ejus circumfulserat. Sed a gutture usque ad umbilicum ejus quidam alius splendor rubei coloris eam circumdederat; qui de gutture usque ad ubera ejus velut aurora rutilabat; sed ab uberibus usque ad umbilicum illius quasi purpura hyacintho intermista fulgebat. Et ubi ipse velut aurora rutilabat, claritatem suam sursum ad secreta coeli extendit, in qua pulcherrima et puellaris imago nudo capite et subnigris capillis et rubea tunica quae circa pedes ejus diffluebat, induta apparuit. Et audivi vocem de coelo dicentem : Haec est floriditas in superna Sion, mater et flos rosarum et lilium convallium. O floriditas, filio potentissimi regis desponsaberis; cui et nominatissimam prolem gignes, cum in tempore tuo confortaberis. Et circa eamdem puellam vidi maximam turbam hominum lucidiorem sole stantem, qui omnes miro modo auro et gemmis ornati erant; et quidam illorum in capitibus suis velati candidis velaminibus aurea zona circumornati fuerunt; supra quorum vertices similitudo ineffabilis Trinitatis quemadmodum mihi superius typice demonstrata est, quasi in sphæra in ipsis velaminibus velut sculpta apparuit, et in frontibus ipsorum Agnus Dei; ac in collo eorum species hominis, et in dextra aure cherubin et in sinistra alia species angelica : ita quod et de ipsa similitudine gloriæ supernæ Trinitatis ad has species quasi aureus radius se extenderet. Sed inter hos quidam alii apparuerunt qui insulas in capitibus suis et pallia episcopalis officii circa humeros habebant. Et iterum audivi vocem ex alto dicentem : Istæ sunt filiæ Sion, et cum eis sunt citharæ citharœdorum, et omne genus musicorum, ac vox totius lætitiæ et gaudium gaudiorum. Sed sub eodem splendore ubi ipse velut aurora rutilabat : vidi inter cœlum et terram densissimas tenebras apparere, quæ tanti horroris erant ut humana lingua effari non possit. Et rursum audivi vocem de cœlo dicentem : Si Filius Dei in cruce passus non esset, istæ tenebræ nullo modo permitterent hominem ad supernam claritatem pervenire. Ubi autem idem splendor quasi purpura hyacintho intermista fulgebat, fortiter prædictam muliebrem imaginem constringens ardebat. Sed alius splendor ut candida nubes eamdem imaginem ab umbilico deorsum, ultra tamen nondum excrescens honeste circumdederat. Et hi tres splendores circa ipsam imaginem se late diffundentes, plurimos gradus et scalas in ea bene et decenter ordinatas ostendebant. Sed cum hæc viderem, ex nimio tremore qui me apprehenderat in terram dissolutis viribus corrui, nec alicui responsum dare valui. Et ecce maximus splendor velut manus tetigit me unde vires et vocem recepi. Et iterum audivi vocem ex illo mihi dicentem : Magna mysteria sunt hæc : Considera enim solem et lunam et stellas. Ego formavi solem ut luceat in die, et lunam et stellas ut luceant in nocte. Sol autem significat Filium meum, qui de corde meo exivit et mundum illuminavit cum natus est ex virgine in fine temporum, sicut et sol egrediens mundum illustrat; cum oritur circa finem noctis. Sed luna Ecclesiam eidem Filio meo in vera et superna desponsatione desponsatam designat. Et ut luna semper incrementum et defectum in sua constitutione habet, sed a se ipsa non ardet nisi quod a lumine solis incenditur, sic et Ecclesia in circuitione motionis est, ita quod filii ejus sæpe proficiunt in incremento virtutum, et quod sæpe deficiunt in diversitate morum, atque in dispersione adversitatum; ita quod sæpenumero in mysteriis suis per rapacissimos lupos impugnatur fidelis per malignos homines tam Christianos quam Judæos et alios infideles, et in hoc per semetipsum ad tolerantiam non accenditur; sed in me per Filium meum ut in bono perseveret illuminatur. Stellæ autem a se differentes in claritate fulgoris sui, significant populos diversi ordinis ecclesiasticæ religionis.

Unde etiam vides quod prævisam muliebrem imaginem quidam splendor albus ut nix, et tanquam crystallus perlucidus, a vertice usque ad guttur ejus circumfulget; quia ecclesiam fidelium incorruptam sponsam Filii Dei circumdat apostolica doctrina, quæ candidissimam incarnationem illius annuntiavit, qui de cœlo in uterum virginis descendit, et qui fortissimum ac lucidissimum speculum omnium credentium est : ita quod eamdem Ecclesiam ipsa doctrina ab hoc initio cum primum ædificari cœpit, usque ad tempus cum cibum vitæ fortiter deglutire valuit, splendidissime eam circumfulgens fideliter circumdedit. Quomodo? Apostolica doctrina circumfulsit Ecclesiam in capite, cum apostoli primum illam sua prædicatione cœperunt ædificare, scilicet cum per diversa loca discurrentes colligerent operarios qui illam in catholica fide roborarent, et qui ipsi presbyteros et episcopos ac omnem ecclesiasticum ordinem providerent, atque jura virorum ac mulierum qui sub conjugio sunt, et reliqua talia fideliter constitueret. Quapropter eamdem doctrinam subsequuntur pigmentarii habentes similitudinem sacerdotum legalis testimonii, qui sub lege circumcisionis positi erant interiori cibo enutrire populos, unde etiam apostoli ordines illos eligebant cum quibus ecclesiam superna inspiratione exornabant. Quid hoc? Nam sequaces eorum in vice ipsorum saluberrima pigmenta gestantes : fideliter plateas et villas et civitates atque alia loca regionum et terrarum pertranseunt, et populo divinam legem annuntiant. Ipsi enim sunt exquisiti patres et dispensatores ad ecclesiasticam disciplinam omni populo in doctrina sua proferendam, et ad cibum vitæ ei dispensandum, itaque etiam se tales in vita sua exhibeant, ne oves meæ in operibus eorum offendantur, sed ut recte post ipsos gradiantur, quia ipsi hoc officium habent ut aperte cibum vitæ populo subministrent, et ut unicuique fidelia officia discrete ordinent, semetipsos etiam ita constringentes, ne carnalem copulam appetant, quoniam spiritualem escam credentibus præbere et immaculatum sacrificium Deo offerre debent ut in innocente Abel præfigurabatur, quemadmodum de ipso scriptum est : *Abel quoque obtulit de primogenitis gregis sui, et de adipibus eorum* (Gen. IV). Quid hoc? In ortu surgentis sæculi sanctificatio regalis ostensionis in illo qui innocens in vita sua erat effulsit; quod domum omnipotentis Dei, non terram sed cœlum fortiter tetigit. Quomodo? Quia Abel in sua integritate obtulit Deo intentionem voluntatis suæ et plenum officium ejusdem voluntatis : cum cogitavit in corde suo illi offerre primum germen quod in substantia sua habuit, et cum illud etiam perfecto opere complevit, ita et fidelis summum patrem honorans eique debitam reverentiam exhibens. Unde etiam sicut Abel gregi suo præfuit, et ut eum pasceret custodivit et ut etiam simplici devotione Deo obtulit de primis emissionibus ejus, ac de pinguibus nutrimentis earumdem emissionum :

ita etiam prædicti pigmentarii qui filiis Ecclesiæ, id est ovibus Christi ipsius dispensatione ad pascendum eos prælati sunt, ipsos in verbis doctrinæ ecclesiasticæ disciplinæ fideliter nutriant, et eos ab insidiis antiqui insidiatoris fortiter muniant, ac etiam sincera consideratione inspectori omnium aliquas donationes ex eis offerant. Quomodo? Quoniam si illos per omnia perfectos facere non possunt, talem aliquem fructum ex ipsis egredientem Deo offerant, primum scilicet rectam intentionem bonæ voluntatis eorum quasi simplex germen de primogenitis gregis ipsorum, ac deinde perfectum opus operationis in eadem voluntate illorum velut suavem fructum de adipibus eorum. Sed unde hoc fuit, quæ Abel Deum tam devote coluit? Fidelis castitas integritatis, eum ad tantam devotionem impulerat.

Quapropter qui in consecratione constituti, Deo sacrosanctum sacrificium offerre debent, in suavitate castitatis ad altare ipsius accedant, quia si ipsi auctores corruptionis sunt: quomodo in corruptione vulneratis manum salutaris medicamenti porrigere possunt? Et ideo ut aliis tanto fiducialius salutare remedium conferre valeant, volo ut Filium meum in amore castitatis viriliter imitentur. Quod si ceciderint, festinent ut citius per pœnitentiam surgant, et in hoc ignominiam peccati velut nudi fugiant, salubrem medicinam requirentes, et Abel cujus sacrificium Deo acceptum erat, fideliter sequentes. Sed qui ex iis in clausura subjectionis in amore Filii mei se continent, et in moribus suis institutionem pravorum quam me inspirante proferunt, observant, sollicitudinem curationis pigmentariorum non habentes; tamen quamvis onera anxietatis eorum non gerant, quoniam propter æterna præmia majoribus suis subjecti sunt, cum eisdem pigmentariis supernam mercedem in electa civitate sibimet acquirunt.

Quod autem vides quoniam a gutture usque ad umbilicum ipsius imaginis quidam alius splendor rubei coloris eum circumdat: hoc est quia post doctrinam apostolorum cum Ecclesia ita roborata est, quod salutarem cibum veraciter valuit discernere, et eum ad interiora fortitudinis suæ transmittere, surrexit nobilissima perfectio ecclesiasticæ religionis, quæ supernam dulcedinem flagranti ardore degustavit, et se asperitate constringens ad coctionem secretioris fortitudinis se tetendit, non tamen ad divisionem carnalis amaritudinis perveniens, quoniam copulam humanæ conjunctionis abjecit. Quomodo? Nam idem splendor de gutture usque ad ubera illius velut aurora rutilat, quoniam illa perfectio a gustu mirabilis vegetationis, ad dulcissima nutrimenta ecclesiasticæ religionis in virginea jucunditate se dilatavit, ita quod etiam ab uberibus usque ad umbilicum illius quasi purpura hyacintho intermista fulget, quia a nobilissimis educationibus ad constrictionem intimæ castitatis se muniunt, passione videlicet Filii mei propter supernam dilectionem quam in corde suo fideliter habuit, imitando. Quapropter et ubi ipse velut aurora rutilat, claritatem suam sursum ad secreta cœli extendit, quoniam illa perfectio quæ in virginitatis honore floret, virtutem suam non deorsum ad terrena, sed sursum ad illa quæ sunt in cœlestibus mirabiliter dirigit.

In qua pulcherrima et puellaris imago nudo capite et subnigris capillis apparet, quæ est serenissima et ab omni fœditate humanæ concupiscentiæ innocens virginitas, nudam mentem ab omni vinculo corruptionis habens, sed tamen nondum perfecte fatigationem tenebrescentium cogitationum in filiis suis quandiu in hoc mundo sunt deserere valens, cui tamen ut resistat, fortiter se opponit. Unde et rubra tunica quæ circa pedes ejus diffluit induitur; quia per sudorem laboris in virtuosis operibus usque ad finem latæ et beatæ perfectionis perseverat, scilicet circumdata varietate virtutum, illum imitans qui plenitudo sanctitatis est. Quæ etiam ut tibi in secreto superni luminis ostenditur, est nobilissimum germen in cœlesti Jerusalem, videlicet gloria et decus illorum qui ob amorem virginitatis sanguinem suum fuderunt, et qui etiam in candore humilitatis virginitatem suam pro Christo observantes, in suavitate pacis quieverunt, quoniam ipsa Filio omnipotentis Dei qui rex cunctorum est desponsata, nobilissimam prolem, id est elegantissimum chorum virginum ei protulit, cum in pace Ecclesiæ proficiens confortata est.

Quod autem circa eamdem puellam vides maximam turbam hominum lucidiorem sole stantem, qui omnes miro modo auro et gemmis ornati sunt: hoc est quoad ardentissimis amplexibus nobilissimam virginitatem præcipuus chorus virginum complectitur, qui omnes ardentiori claritate coram Deo fulgent quam sol in terra appareat, quia se ipsos conculcantes, mortem viriliter devicerunt, unde etiam mirabiliter in summa sapientia propter clarissima opera quæ pro Christo humiliter gesserunt, decentissime exornantur. Quapropter et quidam illorum in capitibus suis velati candidis velaminibus aurea zona circumornati sunt, quia ipsi in gloria virginitatis fulgentes, demonstrant quod ii qui decus virginitatis appetunt, mentes suas ab omni noxio calore circumtegant, et candorem innocentiæ pulcherrimo fulgore castitatis decorati fideliter apprehendant. Supra quorum virtutes similitudo ineffabilis Trinitatis, veluti tibi superius typice demonstrata est, quasi in sphæra in ipsis velaminibus sculpta apparet, quoniam ostendunt quod intentiones hominum honorem supernæ et gloriosæ Trinitatis (ut tibi in ostensione mysterii verissime præsignatum est) in comprehensione amoris et stabilitate castitatis firmiter et strenue teneant. Quod et in frontibus ipsorum Agnus Dei ac in collo eorum species hominis, et in dextera aure cherubin, et in sinistra alia species angelica: declarat, quia in reverentia castitatis suæ mansuetudinem filii Dei imitabuntur, petulantiam superbi colli deponentes, et seipsos fragiles homines considerantes, in prosperitate etiam auditionis suæ veram et indeficientem scientiam amplectentes, ac in occursante adversitate ejusdem auscultationis suæ angelica præsidia appetentes, ita quod et de ipsa similitudine gloriæ supernæ Trinitatis ad has species quasi aureus radius se extendit, quoniam ineffabilis Trinitas infidelibus hominibus qui virtutes quærunt et diabolicas seductiones fugiunt, mirabilia miraculorum profundæ sapientiæ suæ operari non desinit. Sed inter hos quidam alii apparent, qui insulas in capitibus suis et pallia episcopalis officii circa humeros habent, quoniam inter illos qui in virginitatis honore florent, etiam quidam in superna civitate consistunt, qui dignitatem antiquorum patrum et gloriam superioris magisterii in sæculo strenue gerentes decorem tamen virginitatis non perdiderunt. Unde etiam ut audis omnes isti qui cum suspiriis suis pro cœlesti amore integritatem suam conservaverunt, in cœlesti habitatione filiæ Sion dicuntur, qua filium meum virginitatis amore imitati sunt. Ideoque et cum eis sunt, resonantiæ sonorum spiritualium et invocationes omnigenarum melodiarum et agilitatis ornamenta prosperarum mentium et aurea visio fulgentium lapidum et gemmarum. Quomodo? Quia hoc habent de Filio Dei quod de throno sonus exit, cui omnis chorus virginum in maximo desiderio concinit, videlicet novum cantum symphonizando, ut Joannes dilectus virgo testatur dicens: *Et cantabat quasi canticum novum ante sedem et ante quatuor animalia et seniores* (*A. oc.* xiv). Quid hoc? In illis fidelibus qui bona intentione castitatem amplectentes, virginitatem suam pro Dei amore illibatam conservant, bona voluntas ipsorum in laudem Creatoris sui mirabiliter erumpit. Quomodo? Quia in aurora virginitatis quæ Filio Dei semper adhæret, fortissima laus abscondita est, cui nullum terrenum officium, nec ulla ligatura legis resistere valent quin in voce exsultationis ad gloriam Dei cœleste carmen decantet. Quomodo? Videlicet quoniam velox iter habens, canticum illud in novitate libertatis mirabiliter promit, quod antequam unigenitus Dei (qui verus flos virginitatis est) incarnatus de mundo ad cœlos rediens, ad dextram Patris resedit: auditum non est, sed tunc quasi novi mores qui prius visi non sunt, cum videntur, in stupore habentur, ita hoc novum mysterium quod prius auditum non est, tunc in cœlestibus resonans in honore virginitatis cognitum est ante scilicet majestatem Dei, quia Deus hoc facere potuit, et ante quatuor rotas quæ quatuor partes mundi percurrentes veritatem omnis justitiæ et humanitatis Salvatoris velut animalia in nova lege ferebant, et ante illos antiquos quæ Spiritu sancto imbuti viam rectitudinis in vetere lege hominibus, suo itinere demonstrabant. Quid hoc? Quia Deus in nova gratia austeritatem antiquæ institutionis delinivit.

Sed quia virginitas tam gloriosa ante Deum est, ideo quia eam ex voluntate sua Deo obtulerunt, eam prudenter conservent, quoniam hoc sanctum propositum cum summa devotione virginitatis susceptum, fideliter custodiendum est. Unde etiam qui idem sacramentum adierunt, caveant ne retrorsum incedant. Nam ipsi charissimi imitatores filii mei sunt, cum se ita Deo offerunt ut non sint ligati in opinione conjugii, nec onerati sæculari causa carnalem copulam respuentes, ne illi cum omni sollicitudine carnis suæ subjecti sint; sed hoc cupientes ut gloriosæ innocentiæ innocentis Agni adhæreant. Quapropter vir ille qui in animo suo deliberat ut nullam costam sibi copulet, sed hoc desiderat ut in pudore virginitatis propter amorem Filii mei perseveret, sodalitatem ejus accipiet, si tamen in operibus ipsius castitatis perseveraverit, quia hæc sancta munera, in voto sacratissimi pacti ecclesiasticæ religionis ob gloriam supernæ remunerationis eidem Filio meo obtulit. Sed si ille postea idem pactum relinquens propter turpem stimulum carnis suæ adulterium perpetraverat, libertatem suam in servitutem redegit, quoniam honorem colli sui ubi Filium meum pudice imitari debuit, per turpitudinem delectationis suæ nequiter corrupit; et quia mendacium protulit, vovens se caste vivere quod non implevit. Unde etiam si in culpa temeritatis suæ perseveraverit, districtum judicium justissimi judicis inde sustinebit, quoniam nec turpitudo nec mendacium in cœlesti gloria apparebit.

Quod si amaro fletu ante finem suum de hoc reatu suo pœnitentiam fecerit, tunc unda sanguinis Filii mei illum suscipit quia culpam suam exhorruit; non autem ipsum inter sodales suos qui gloria integritatis florent reponit, quoniam societatem illorum deserens libertatem pacti sui abjecit, et eam in servitutem peccati redegit. Sed et puella quæ ex voluntate sua in sanctissima desponsatione filio meo offertur; ab eodem decentissime suscipitur, qui eam hoc modo sibi conjunctam vult habere in consortio suo. Quomodo? Ut illum casta dilectione amplectatur, sicut et ipse eam in secreto suo diligit, quoniam illi semper amabilis est, quia magis eum quam terrenum sponsum quærit. Quod si pactum ejus postea transgressa fuerit, tunc coram iis qui in cœlesti gaudio sunt, polluta erit. Unde etiam si in eadem temeritate perseveraverit, superna gloria justo judicio carebit. Sed si pœnituerit, suscipitur sicut ancilla et non sicut domina, quoniam regalem desponsationem deseruit, et quia magis alium amavit quam illum quem amare debuit. Ille quoque qui eam seducendo violavit, si culpam suam emendare voluerit, ita pœniteat quasi cœlum rupisset, ne in perditionem mortis corruat, quia supernam desponsationem temere corrupit. Quod est hoc? Nam, si aliquis magnus princeps sponsam sibi valde charam habet, quam servus servorum suorum adulterando corrumpit, quid dominus ille facit? Vere in maxima ira lictores suos mittit ut illum perdant, quoniam eum in propriis visceribus confidit. Quod si tunc servus ille timens, omnes missos illos orat, ut pro ipso intercedant, et insuper ad pedes domini sui flebiliter procumbit ut sibi parcat, tunc rex ille propter bonitatem suam, et propter petitionem illorum eum vivere sinens, societatem conservorum suorum illi reddit, sed tamen eum ita ut caeteros inferiores et familiares amicos suos non remunerat, quamvis et inter alios illi consimiles conservos ipsius debitam gratiam exhibeat. Ita et huic erit, qui aeterni regis sponsam seducendo violaverit. Summus enim rex in rectissimo zelo judicia sua exercens illum ad perditionem transmittit, qui eum in hoc facto quasi illusor in oblivione mentis suae habuit. Sed si miser ille diem hujus indignationis anticipans electos Dei suppliciter oraverit, ut veniam sibi a domino suo obtineant, et insuper humanitatem Salvatoris sui flebiliter inspexerit, quatenus per gratiam ipsius a peccato suo absolvatur: tunc rex sanguinem hunc qui pro redemptione humani generis effusus est, et dilectionem supernorum civium attendens, illum a reatu suo et a diabolica potestate ne in perditionem eat eripit, ac eum in salvationem beatarum animarum reponit; sed tamen tripudium regalis desponsationis quo caeteri amici Dei his sacris virginibus quae Filio meo superna dispensatione dicatae sunt congaudent, non decorabit; et tanquam illum qui pudorem virginitatis amisit, decore virginitatis non coronabit, quamvis et inter alios electos suos gaudium in superna civitate cum inaestimabili remuneratione tribuatur.

Sed quod sub eodem splendore ubi ipse velut aurora rutilat, vides inter coelum et terram densissimas tenebras apparere, quae tanti horroris sunt ultra quam etiam humana lingua effari possit: hoc est quod sub virginali gloria inter spiritualem et carnalem intellectum, casus primi parentis qui densissimus in offuscatione infidelitatis erat, ita ut terrorem illius nullus hominum explicare valeret, aperte cognitus est. Quomodo? Quia in incarnatione Filii Dei qui ex virgine natus est coeleste desiderium ascendit, et terrena concupiscentia exclusa est, quoniam praevaricatio Adae per sanguinem ejusdem Filii Dei mirabiliter in salvatione restaurata est, cum prius illam nullus nisi Unigenitus Dei a Patre missus in mundum dissolvere ad supernum ingressum posset. Unde ut audis in typica manifestatione, nisi idem Filius Dei sanguinem suum pro salute hominum fudisset, illa transgressio ita comprimeret hominem, ut ad gaudium supernorum civium pertingere non posset.

Quod autem ubi splendor quasi purpura hyacintho intermista fulget, fortiter praedictam muliebrem imaginem constringens ardet: hoc designat perfectionem illorum qui passionem Filii mei in charitatis ardore imitantes, strenue Ecclesiam in constrictione sua exornant. Quomodo? Quoniam ipsi sunt alta aedificatio surgentis thesauri in divino consilio, quia cum Ecclesia jam roborata convaluit, egressus est ad decorem illius vivens odor, vovens iter secretae regenerationis. Quid est hoc? Quia tunc surrexit, mirabilis ordo qui Filium meum in specie exempli ejus tetigit, quoniam ut Filius meus venit in mundum de communi populo abscisus; ita et haec acies conversatur in saeculo de reliquo populo separata, fragrans ut balsamum de arbore suaviter sudat; sic et populus iste, primum in eremo et in abscondito singulariter exortus est; et deinde veluti arbor, ramos suos expandit, paulatim in multitudine plenitudinis proficiens. Et populum istum benedixi et sanctificavi; quoniam ipsi mihi sunt amantissimi flores rosarum, et liliorum, qui sine humano opere in agro germinant, sic et populum hunc nulla lex ad hoc constringit ut eam arctam viam appetat; sed ipse illam me suaviter inspirante sine praecepto legis sua voluntate aggreditur, plus quam sibi jussum sit efficiens. Unde et plurimum mercedis inde acquirit, sicut et in Evangelio ubi Samaritanus illum vulneratum hominem in stabulum induxit quemadmodum scriptum est: *Altera die protulit duos denarios, et dedit stabulario et ait: Curam illius habe, et quodcunque supererogaveris, ego cum rediero reddam tibi* (*Luc.* x). Quid hoc? In prima die salutis, videlicet cum Filius Dei mirabiliter incarnatus corporaliter in mundo manebat, multa et admiranda opera in humanitate sua usque ad resurrectionem suam perfecit; per quae vulneratum hominem ad vera remedia salubriter reduxit. Sed altera die idem cum omnia mysteria veritatis post resurrectionem suam in Ecclesia aperte posita sunt, protulit in typica manifestatione Novum et Vetus Testamentum aeternae vitae certissimam demonstrationem, et credenti populo dulcissimum cibum. Et haec scripta dedit per gratiam suam pastoribus Ecclesiae qui gregem ejus custodiunt, et ait illis in verbis blandae admonitionis suae. In ecclesiasticis constitutionibus procurate Christianam cohortem, quam in sanguine meo redemptam vobis commisi: hoc habentes in sollicitudine vestra, ne in aliquibus quae pertinent ad vitam deficiens erret. Quodcunque autem quae vobis servanda tradidi, in bona voluntate vestra superaddideritis plus scilicet facientes quam vobis praeceptum sit: ego qui ductor et salvator vester sum, nunc mundum relinquens, et ad Patrem ascendens, cum iterum rediero mundum judicare, eumque in indeficientem stabilitatem ponere, ita quod amplius per labentia tempora non debilitetur; tunc mercedem laborum vestrorum, et bonae voluntatis vestrae, cum augmentato fructu reddam vobis. Et dicam, o fidelis et probe serve, qui fideliter ministras. Quisquis plus voti sui addit quam sibi in lege praeceptum sit, duplicem mercedem accipiet, quia illum in nomine meo gloriosum habeo, quoniam me multum dilexit. Et ego dico: Nec virgineum genus, nec hic ordo singularis devotionis, nec qui eos imitantur ut ii qui in eremo jacent, sunt in præcepto legis, sicut et prophetæ, ab hominibus sub carnali lege constituti non sunt; quia tantum mea inspiratione incedentes vivunt et hi plus addunt quam eis præceptum sit, quod sacerdotalis ordo et reliqua institutio sacerdotalis officii non facit, quia hæc in Abraham et in Mose in Veteri Testamento jussa sunt, sicut etiam et apostoli illa ex eadem lege tollentes, et in Spiritu sancto ea secundum voluntatem meam bene ordinantes, Ecclesiæ conservanda tradiderunt. Sed et ipsa apostolica doctrina in Evangelio per Filium meum disposita est, ubi discipuli ejus in universum mundum verba veritatis effundere missi sunt. Quid tunc? Nam cum apostoli viam salutis populo annuntiarent, lucidissima aurora filiarum Sion in amore Filii mei exorta est, illorum scilicet qui carnem suam fortiter constrinxerunt, et malam concupiscentiam in semetipsis duriter mortificaverunt. Et sicut tunc hæc casta virginitas in ardente amore Filium meum subsecuta est, ita etiam hic mihi valde amabilis ordo singularis devotionis, incarnationem illius imitatus est, qui sunt recta templa mea, videlicet ut chori angelorum me colentes, et ejusdem unigeniti mei passionem et mortem ac sepulturam in corpore suo portantes; non tamen ita ut gladio aut aliis terroribus ex quibus homines deficiunt moriantur, sed Filium meum sic imitantes, ut voluntatem carnis suæ abjiciant, cum se ab omnibus sæcularibus rebus et ornamentis in quibus mundus lætatur abdicant, ut in Evangelio de Joanne lucerna mundi scriptum est: *Ipse autem Joannes habebat vestimentum de pilis camelorum, et zonam pelliceam circa lumbos suos* (*Matth.* III). Quid est hoc? Ille in quo divina gratia mirabilem abstinentiam suscitaverat, per eamdem gratiam habebat, defensionem virtutis hujus, quod in mente sua honorem et divitias sæculares contempserat, et quod etiam per constrictionem quam in mortificatione vitiorum circa voluptatem carnis suæ posuerat, petulantes motus corporis sui fortiter domuerat, cum majores ædificationes quam prædecessores sui institueret, videlicet cum per duras et asperas vias incedens terrenas concupiscentias conculcaret. Quomodo? Quia plurima opera virtutum strenue faciens, castitatem ardenter amavit, præbens etiam iis viam medicamenti qui illud devote exquirebant. Unde etiam illi qui sunt vivens odor, vovens iter secretæ regenerationis, eumdem Joannem in maximis tenebris sæculi lucentem, per acutissimas operationes beatarum virtutum in vita sua subsequentes, ineptam altitudinem et latitudinem mundialium rerum fugiant, et in constrictione diffusi animi sui corpus suum coercentes malam concupiscentiam abjiciant, ita excellentioribus instrumentis quam qui ante ipsos simpliciter in via Domini gradientes, simplicia habitacula faciebant, serenissime fulgentes, acutam et angustam semitam arripiant ea scilicet quæ in voluptatibus sæculi sunt fortiter sub pedibus suis conculcantes. Quomodo? Quoniam seipsos despicientes, et corpus suum servituti Christi in operatione virtutum subjicientes, petulantiam in austeritate morum suorum declinent, sic per bona exempla sua cæteris hominibus lucidissime fulgentes. Nam etiam angelicum chorum fideliter imitantur. Quomodo? In abjectione sæcularium, quoniam, ut angeli nec terrena quærunt nec concupiscunt, ita et isti eos hoc modo mirabiliter subsequuntur, ita quod omnia caduca contemnunt.

Unde etiam sicut Filius meus est nuntius salutiferorum sacramentorum, et sacerdos sacerdotum, ac propheta prophetarum, et ædificator felicium turrium; ita etiam si necessitas ingruerit, qui inter hujusmodi homines radicem odoris cum utilitate habet, sit nuntius et sacerdos, sit propheta et consiliator ecclesiasticæ ædificationis; nec omnino ab his separandus est: si tantum oculus claritatis in eo lucet, nec ad usum ecclesiasticum dormiat, sed ad instructionem ejus vigilet, occupationem tantum sæcularis causæ, et contagia sæcularium rerum abjiciens, quia nec angeli, nec sacerdotes, nec prophetæ justitiam Dei occultabunt; sed eam ex præcepto illius in veritate proferent, quemadmodum de Joanne qui arundo vento agitata non fuit, cujus austeritatem isti subsequuntur; in quorum similitudine in Evangelio iterum scriptum est: *Et egrediebatur ad illum omnis Judææ regio, et Hierosolymitæ universi, et baptizabantur ab illo in Jordane flumine, confitentes peccata sua* (*Matth.* III). Quid est hoc? In suspiriis et gemitibus a delectatione vitiorum egrediebantur ad illum, in quo divina gratia operabatur tota simplicis confessionis devota voluntas et visionis pacis unanimiter omnis effectus illorum scilicet hominum quorum corda per timorem mortis ad amorem vitæ concussa fuerant. Quomodo? Quoniam idem Joannes præcursor veritatis, et amaritudinem et dulcedinem eis intimaverat. Unde et ipsi perfusionem pœnitudinis a rectitudine ejus flagitabant; quatenus per declinationem malorum, et per erectionem bonorum, confessionem scelerum suorum facientes, illum mererentur adipisci qui ipsis non in umbra antiquitatis remedium denuntiaret, sed qui eis in luce novitatis veram salutem conferret. Sed ut idem Joannes homines ad se venientes docens, et flumine irrigationis perfundens: verba pœnitudinis eorum ad honorem venturi Salvatoris suscipiebat; ita etiam nunc in nomine ejusdem Salvatoris qui veniens salutem fidelibus contulit; et illi facere non negligant, qui testimonio sanctificationis fulminantis, operi plus addunt per inspirationem, videlicet Spiritus sancti, in abrenuntiatione sæcularium rerum, novam austeritatem secundum similitudinem illam aggredientes, quam ex præcepto ejusdem testimonii sanctificationis per regenerationem spiritus et aquæ in abjectione diabolicæ servitutis, novum hominem induentes adierunt; sed ubi stimuli impellentis necessitatis se obtulerint, admonendo et erigendo ac sanando manum devoti juvaminis petentibus porrigant, si, tamen ad illam dignitatem ecclesiastica promotione digne pervenerunt, at in hoc prædecessorem suum fideliter imitentur, ut quod ille velut in umbra ostendit, ipsi in novitate lucis veraciter compleant. Ipsi enim sunt zona Ecclesiæ eam valde constringentes; quoniam in incarnatione Filii mei occupati sunt, et quia etiam angelicum ordinem exercent, scilicet non cessantes ullis horis cantando cum sonitu, aut orando in compunctione, non autem excussis clamoribus ut inutilis pulvis aut aridus absque vigore compunctionis; et quia etiam non recusant operari pro necessitate sua; non tamen in manibus suis sæcularia quærentes, sed cum charitate et humilitate se ipsos districte circumspicientes. O ipse fortissimus atque amantissimus populus meus, cum in eis afflictionem illam attendo quam Filius meus in carne sua passus est, quoniam et ipsi secundum mortem illius moriuntur, cum voluntatem suam deserentes, et propter vitam æternam magisterio se subjicientes, secundum imperium prælatorum suorum gradiuntur.

Quapropter et vestitus eorum vestitui aliorum populorum non assimilatur, quia et ipse integer incorruptam incarnationem Filii mei quæ plurimum distat a procreatione aliorum hominum ostendit. Nam illam incarnationem legale imperium viri ac mulieris non tetigit, sicut nec iste populus ulla conscripta lege ad hanc constrictionem cogendus est; sed qui eam pro dilectione Dei sua voluntate vovendo aggreditur, hic in ipsa persevereat, ne retrocedens corruat, sicut Lucifer, qui lucem deseruit et tenebras recepit. Hujusmodi enim vestitus secundum coruscationem supernorum spirituum cum alis subtilitatis suæ circumvolat, et incarnationem ac sepulturam Filii mei designat, quia signum incarnationis in suo vestitu habet, qui se ad fortissimam obedientiam exhibet, et signum sepulturæ ejus in ipso vestitu portat; qui in operibus justitiæ, sæcularibus causis abrenuntiat. Unde qui pura voluntate eodem vestitu induitur, salubri remedio alleviatur. Et ideo qui illum per invocationem Spiritus sancti in benedictionibus suscipit, non illum abjiciat, quoniam qui eum per abjectionem perseverantis mali contempserit, cum illo erit qui angelicum ordinem sprevit et in mortem sepeliendus corruit. Quid est hoc? quoniam hic populus ex præcepto legis ad hanc constrictionem stimulatus non est, sed voluntate sua aggressus est pactum meum observare, et ita Ecclesiam meam sua sancta conversatione illustrare. Quomodo? Ut post primam lucem diei aurora solis aspicitur, ita ordo iste post voces apostolorum exortus est. Quid est hoc?

Prima lux diei fidelia verba apostolicæ doctrinæ designat, aurora initium hujus conversationis quæ primum in solitudine et in speluncis post illam beatam doctrinam germinavit demonstrat, sol autem discretam et bene dispositam viam in servo meo Benedicto declarat; quem ego per ardentem ignem traduxi, docens eum in vestitu conversationis suæ incarnationem Filii mei colere, et in abnegatione voluntatis suæ passionem illius imitari, quia ipse Benedictus est quasi alter Moses in lapideo foramine jacens, et corpus suum, in multa asperitate ob amorem vitæ crucians et constringens quemadmodum etiam primus Moses in lapideis tabulis ex præcepto meo asperam et duram legem scribens Judæis dedit. Sed ut filius meus eamdem legem per dulcedinem Evangelii perforavit, sic etiam Benedictus famulus meus propositum hujus ordinis quod ante ipsum diversissima conversatio fuit, per dulcedinem inspirationis Spiritus sancti discretam et planam viam fecit, ac per hoc plurimam cohortem suæ religionis collegit; ut etiam Filius meus per suavitatem odoris sui Christianum populum sibi coadunavit. Et deinde Spiritus sanctus cordibus electorum suorum suspiria vitæ habentium inspiravit, ut sicut in lavacro baptismi crimina populorum abluuntur, ita et ipsi in significatione passionis ejusdem Filii mei sæculares pompas abjicerent. Quomodo? Nam ut homo a diabolica potestate in sancto baptismo convertitur, crimina veteris maculæ abjiciens; sic et isti terrenas causas in signo vestitus sui abnegant, in quo etiam et angelicum signum habent. Quomodo? Ipsi enim in voluntate mea; protectores populi mei positi sunt.

Unde qui ex ipsis in sancta conversatione probati inveniuntur, pastores Ecclesiæ meæ constituantur, quia et angeli qui nulla macula terrenæ causæ tanguntur, custodes populi mei sunt. Nam sicut angeli coram Deo in duplici honore sunt, sic et homines hujus religionis sunt in duplici vita. Quomodo? Angeli in cœlestibus Deo sine intermissione serviunt, et etiam in terris homines a diabolicis insidiis semper protegunt; sic et populus iste angelicum ordinem imitatur, cum terrena despiciens Deo quotidie famulatur, et cum etiam reliquos homines suis orationibus a malignis spiritibus die ac nocte tutatur. Unde si ecclesia mea rectum pastorem non habet, tunc hujusmodi religionis cœtus clamando et flendo ipsi subveniat; et qui in eo probatus invenitur si necesse fuerit, superintendentiæ sacerdotium suscipiens, ipsam in zelo meo strenue defendat. Nullus autem religionem horum repente et velut ex somno evigilans aggrediatur, nisi prius in constrictione animi sui si in hoc proposito perseverare valeat ex intima probatione examinetur, ne si illud voluntate sua in fœdere benedictionis susceperit, et postmodum in perversitate erroris sui abjiciens mihi sine pœnitentia illuserit, in damnatione mortis miserabiliter pereat. Quapropter, o charissimi filii mei, qui valde in contrarietate dissipati estis, surgite citius in humilitate et in claritate, et sancto proposito vestro viriliter et unanimiter consentite.

Sed, ut vides, alius splendor ut candida nubes prædictam muliebrem imaginem ab umbilico et deorsum ultra tamen nondum excrescens, honeste circumdat: qui est saecularis vita quae in candore serenae intentionis Ecclesiam a plenitudine germinantis fortitudinis usque ad extremitatem illam ubi ultra jam nondum in filiis suis processit, in reverentia justae subventionis circumplectitur. Quomodo? Quia circa umbilicum est germen membrorum de quo omne genus humanum procreatur, unde et ibi in ecclesia saecularis populus per quem ipsa ad plenum numerum in ordinibus suis provehenda est demonstratur, cum ibi reges et duces, principes ac praesides cum subjectis suis, ac etiam caeteri divites ac pauperes et egeni cum reliquo populo conversantes denuntiantur. Et per hos omnis Ecclesia valde ornatur, quia cum saeculares homines legem Dei quae ipsis posita est fideliter conservant, Ecclesiam plurimum exornant, et multis amplexibus Deum amplectuntur cum sincera humilitate et devotione magistris suis obediunt, et cum eleemosynis et vigiliis ac continentia, et etiam viduitate ac caeteris bonis operibus quae Dei sunt corpus suum pro Dei amore castigant. Unde illi qui constituunt sibi legem secundum voluntatem meam custodiunt, valde amabiles mihi sunt. Sed si quis ex illis jugum libertatis meae in abjectione saecularium ferre desiderat, ad me citius veniat nisi in junctura carnalis copulae sit, quam ligaturam temere non solvat nisi per voluntatem illius cujus consortium habet. Quomodo? Nec maritus uxorem, nec uxor maritum in hoc proposito deserat, nisi voluntas amborum sit; et tunc si ita deliberaverint, aut ambo remaneant in saeculo, aut ambo a saeculo separentur; quoniam esse non potest ut pes unus permaneat in corpore et alter a corpore abscindatur salvo homine. Sic etiam non congruit ut maritus saeculum colat, uxor saeculum deserat; aut ut uxor in saeculo resideat, et maritus saeculum fugiat, si in superna vita decorem suum invenire volunt; quia si hoc indiscrete et insipienter agitur, non hostia sed rapina appellabitur. Quapropter qui in carnali copula legali jure sibi conjuncti sunt, unanimiter simul vivant, nec alterum ab altero sine consensu alterius, nec sine dispositione aut demonstratione ecclesiastici vigoris insipienter se discindat, quemadmodum in Evangelio iterum scriptum est : *Quod ergo Deus conjunxit homo non separet (Matth. xix).* Quid est hoc? Deus in creatione humani generis carnem de carne tulit et in unam copulationem conjunxit, ita constituens ne haec conjunctio praecipitanter ab invicem separaretur. Quomodo? Quia ita in conjunctione viri ac mulieris erit ubi caro carni et sanguis sanguini legali sanctione copulatur ne ab invicem sua stulta praecipitatione disjungantur, nisi hoc ex justa causa, aut ex rationabili devotione utriusque ligaturae evenire contingat, quoniam Deus in secreto sapientiae suae hanc conjunctionem maris et feminae ad propagationem hominum benigne disposuit. Et quia haec conjunctio ab ipso ita decenter instituta est, idcirco stulta cupiditas hominis abscisionem in his duabus partibus non faciat, nec pars haec nec illa dotem sanguinis sui in alienum locum ducat; quoniam, sicut Deus praecepit ne homo occidat hominem, ita etiam jussit ne homo per crudelitatem fornicationis, sanguinem suum a recto loco suo abscindat. Unde etiam homo ardorem cupiditatis suae deprimat, nec incendium suum ad alienum ignem transmittat; quia si haec ardens voluntas calorem alterius voluntatis cum fervente concupiscentia fortioris vel mollioris causae conceperit: vere tunc cum desiderio animi sui et cum colligatione amplexionis illius mentis in unum coagulantur. Nam exterior videns oculus interiorem calorem in adustionem excitat. Et quamvis corpus hoc peccatum cum corpore illo non operetur, tamen vivens voluntas facit opus ardoris in illis, ita quod omnia viscera eorum propter conscientiam suam concutiuntur. Quapropter claustra exterioris hominis tam cauta custodia observentur, ne interior homo per insipidam negligentiam saucietur.

Et ut vides quod hi tres splendores circa ipsam imaginem se late diffundunt: hoc est quod in honore supernae Trinitatis praedictae tres ecclesiasticae institutiones ubique felicem Ecclesiam in dilatatione erumpentium germinum et in diffusione beatarum virtutum miro modo circumplectentes consolidant; unde etiam plurimos gradus et scalas in ea bene et decenter ostendunt, qui sunt diversi ordines tam in saecularibus quam in spiritualibus hominibus per quos eadem Ecclesia in bonitate morum et in disciplina virtutum, filios suos cum suavissima reverentia educatos ad superna perducit. Quomodo? Cum terrena spernunt, et cum coelestia diligunt. Quid est hoc? Quia legalia praecepta quae ipsis instituta sunt, in divino amore fideliter complent. Sed, sicut in tribus personis unus Deus est; ita etiam in his tribus praedictis ordinibus una Ecclesia est, cujus fundator ille est qui plantator omnium bonorum est. Quodcunque enim ille non plantavit, hoc stare non poterit. Unde illa institutio quam ipse non instituit, haec in magnis illusionibus decidet. Quomodo? Quia Deus illa non plantavit; quae ad superiora cum flatu superbiae ascendere tentant, nec superioribus suis subjici volunt. Hoc ibi est ubi minor ordo supra majorem ordinem qui de antiquo consilio principalium magistrorum in voluntate mea constitutus est, se elevare contendit; et ubi quidam in diversis signis vestitus sui se volunt dilatare secundum mores suos quemadmodum in insania sua cogitant, veluti si ordo angelorum se erigere vellet super ordinem archangelorum. Et quid hoc esset? Quasi nihilum et inane essent, qui sic recte constitutos Dei ordines in vanitatibus suis dividere vellent. Sed hoc esse non debet, ut ab his in insania diversitatis suae invocet, qui in proposito suo semper novi esse volunt, et rudes in scientia sua ad dicendum ea quae in mentibus suis sunt, deserentes bene tritam viam, et bene complanatam arcam antiquorum Patrum, quam illis Spiritus sanctus inspiravit. Unde multi ex his constitutas ordinationes quas Ecclesia in antiquis Patribus habet, in magna superbia destituunt, et hoc in plurimis schismatibus diversarum institutionum suarum faciunt. Ipsi enim in diversis circuitionibus suis fructiferæ arbores dici volunt ; sed nec vacuæ arundines appellari possunt, quemadmodum dilecto Joanni de illo ostenditur qui in tempore marcens abjicitur, ut scriptum est : *Scio opera tua, quia neque frigidus es, neque calidus. Utinam frigidus esses aut calidus! Sed quia tepidus es, incipiam te evomere ex ore meo* (Apoc. III). Quid est hoc? O stulte, qui in temetipso turpiter marces, ego qui cognitor secretorum sum, in omnia sciente oculo video opera desideriorum tuorum, quoniam opera quæ ad ignem ignei illuminatoris pertinent omnino non effugisti, nec etiam opera quæ glaciem frigidi rigoris inducunt omnino abjecisti. Quomodo? Tu nec es in malis operibus ex toto frigidus, nec in bonis actibus ex toto fervidus; sed in utroque per instabilitatem mentis tuæ ut tepidus ventus pendens, videlicet in neutro sciens quis sis, quia nec in malo emeritas pœnas, nec in bono digna præmia consideras. Quomodo? Quia in tam magnam profunditatem respicis quod fundum ejus invenire non vales; et quia etiam tam altum montem ascendis quod cacumen ejus ascendere non potes. O melius tibi esset ut inutilem servum et peccatorem te scires, quam sic in tempore esses ut vix ad justitiam respicias. Nam si a bonis actibus separatus esses, peccatorem te intelligeres; vel si a malis operibus te abstraheres, aliquam spem vitæ haberes. Nunc autem ut tepidus ventus es ; qui nec humiditatem fructibus affert, nec eis calorem inducit. Tu enim es velut incipiens et non quasi perficiens; quia bonum tangis in inceptione, sed illo te nunquam pascis in perfectione, ut ventus qui os hominis percutit, et non sicut esca quæ in ventrem ejus labitur. Utrum etiam charior est inanis sonitus, an perfectum opus? Sed acceptius est perfectum opus quam inanis sonitus. Et ideo cum silentio humilitatis operare et non cum superbia extollere, quoniam illi pro nihilo computabuntur; qui societatem sanctificationis illorum qui me in lenitatis obsequio amant, abjiciunt; hoc enim per stolidam superbiam insectantur, quod per suavem mansuetudinem adimplere dedignantur. Quod si per inchoationem rectitudinis vim verborum meorum quæ cibum fidelibus præbent intrare tentaveris, et si tunc in ea torpens ac nullam dulcedinem justitiæ te tangentibus ostendens ad deteriora cadis, tunc et ego propter teporem negligentiæ tuæ incipiam te ejicere, ex eadem vi verborum meorum te expellens, quoniam nullum saporem suavitatis per efficaciam operationis tuæ exhibens, ad interiora beatæ receptionis non anhelas. Unde et ita abjectus conculcaberis, sicut et cibus ille qui propter insipiditatem gustus ex ore hominis projicitur, antequam in ventre ejus recipiatur. Sed quid nunc? Venti enim volant, et ventorum strepitus resonant ; sed radices non florent nec germen proferunt. Nam qui sub jugo meo esse deberent, lascivi sunt, nec secundum disciplinam incedunt. Quid est hoc? Ipsi rectam viam transiliunt, et multa inutilia tabernacula sibi faciunt. Hujusmodi enim homines nullum fervorem justitiæ habentes, sed in semetipsis torpentes; nec in constituta sibi lege ardent, nec secundum conversationem præcedentium patrum suorum faciunt; sed quisque eorum quamdam singularitatem in semetipso sibi plantat, et secundum voluntatem suam legem sibi ponit, sic in propriis cogitationibus suis et in magna instabilitate per inflatam superbiam se ad volandum elevans. Et quoniam isti recto fœdere patrum suorum non adhærent, idcirco semper novi et rudes in magna instabilitate hac et illac secundum voluntatem suam vagantur.

Quapropter et ego comparo illos stultis artificibus : qui magnum ædificium in altum erigentes, non imitantur prudentiam illorum artificum, qui in multis instrumentis optime edocti et diversis probationibus ædificationum examinati omnia ad ædificationem pertinentia bene noverunt, et omnia instrumenta sua recte disponunt; sed ipsi vacui et insipientes, in semetipsis confidunt, quia præ aliis sapientes esse volunt, et ædificia sua ita disponunt : quod ad tempestates mobilia sunt, unde etiam a ventis dejiciuntur; quoniam non supra petram, sed supra arenam posita sunt. Ita et illi faciunt qui in superbia sua in semetipsis confidentes præ antiquis patribus suis prudentes videri cupiunt, nec secundum fœdus eorum ambulare volunt, sed sibimetipsis leges secundum voluntatem suam in magna instabilitate statuunt, et ideo perfrequenter per diabolicas tentationes ad peccata quatiuntur; quia non super Christum, sed super instabilitatem morum suorum innituntur.

Unde ne inspiratio Spiritus sancti quæ in antiquis patribus operabatur per superbam inflationem evacuetur, volo ut fideli homini cum humilitate sufficiat quod ei a prædecessoribus suis institutum est, ne si plus inaniter voluerit quam humilitatem quærere debuerat, ne postea tepefactus inde recedens, ex hoc ruborem confusionis accipiat, ut in Evangelio scriptum est : *Cum invitatus fueris ad nuptias, non discumbas in primo loco, ne forte honoratior te sit invitatus ab illo, et veniens is qui te et illum vocavit, dicat tibi : Da huic locum, et tunc incipias cum rubore novissimum locum tenere* (Luc. XIV). Quid hoc? Quando per supernam inspirationem admonitus fueris ut per fideles labores tuos ad tabernaculum illud venias quod semper in nuptiali vita abundat, ita quod assidue in sinceritate et honore ac sanctificatione in virgineæ virga et in beata matre, scilicet Ecclesia lætatur et non in corruptione et confusione ac dejectione germinis et floris sui tristatur; tunc comprime mentem tuam in humilitate, non elevans eam in elatione.

Quomodo? Cum sæculares causas in amore Dei a corpore tuo abjeceris, tunc quasi pulcherrimus flos ascendes qui in cœlesti Hierusalem sine ariditate cum Filio Dei floret, in quo omnia ornamenta animarum apparent; quia vetus homo omnes abominationes hominum profert, novus autem omnem sanctificationem virtutum ædificat. Et ideo cum ad hanc sanctificationem veneris, erubesce antiquum serpentem qui semetipsum a beatitudinis loco dejecit, per appetitum inanis gloriæ imitari. Quid hoc? Si videris aliquem te ornatiorem, cave ne per cupiditatem mentis tuæ super eum ascendas, dicens: Volo super illum, aut sicut ille est esse. Quod si hoc modo te exaltaveris, nunquid tunc fidelis servus es, cum Dominum ad iracundiam provoces, ita quod te illi opponis? Sed si intellexeris aliquem valentius naturæ, gratiæ aut fortunæ donum habere quam tu habeas, si tunc illi per invidiam detraxeris, planam viam non ambulas, sed per devia incedis. Quapropter stude in humilitate Deo servire, et non in superbia bacchari, nec te per vanitatem simulationis super illum extolle; qui justa examinatione majori desiderio æternæ vitæ lucet quam tu ardeas, ad ejusdem beatitudinis culmen per supernum ardorem ita invitatus ab illo qui omnibus veritatem diligentibus pium se manifestat, ne in omnia sciente oculo veniens ille qui te humilitatis obsequio, et iterum in charitatis dono per inspirationem beatæ admonitionis vocavit, recto judicio suo dijudicet te, dicens: Tu qui te per flagrantem superbiam in locum illum erexisti cujus socius non es, relinque vanam gloriam tuam, et da subjectionis officio huic dilecto meo culmen honoris, quod temere rapuisti. Et quid tunc de te? Quoniam si hoc modo dejectus fueris, incipies per angustiam mœroris et tristitiæ extremitatem abjectionis sentire, et ita te projectum abhorrere, quia custos animarum auferet tibi alienum honorem quem fraudulenter invasisti: cum te illi opponens, hoc temere rapere tentabas quod habere non debuisti, unde et tibi auferetur quod habere volebas, et tibi dabitur quod habere noluisti. Ita etiam cum minor ordo supra majorem se exaltat, per justum judicium meum dejectus supprimitur, quoniam nolo ut aliter ante oculos meos superbia sit quam in dejectione confusionis. Nam si ancilla supra dominam suam se exaltaverit, tanto despectior omnibus eam inspicientibus erit, quia hoc fieri tentaverit; quod desiderare non debuit.

Quapropter qui sibi secundum cor suum leges faciunt, et in hoc voluntatem meam non quærunt, magis ex hoc in dejectionem quam ad profectum veniunt, ut iterum Filius meus in Evangelio testatur, dicens: *Omnis plantatio quam non plantavit Pater meus cœlestis eradicabitur* (*Matth.* xv). Quid hoc? Omne germen scientiæ cordis et mentis ac morum surgens in fertilitate illa naturæ qua homo vivit, cum homo illud ita in semetipso seminat, quod postea in calore fervens ita ei copuletur secundum quod hoc perficere vult; illud videlicet transpositum aut in exaltatione mentis, aut in petulantia carnis, aut in superflua pollutione, aut in occasione excusationis, aut in vicissitudine operationis, sursum aut deorsum imprudenter vadens, nec quale fundamentum sit discernens, et an utile aut inutile sit, scire contemnens: vere hoc justo judicio destruetur, quoniam plantationem illam in tali non plantavit Pater ille; qui cœlorum et omnis justitiæ habitator est, et ideo ejecta arescet, quia de rore cœli non ascendit, sed de succo carnis venit. Quomodo? Quia homo per stultam scientiam suam hoc opus faciens, nec justitiam nec voluntatem Creatoris sui inspicere voluit; sed ad illum qui semper rotam carnis ipsius infatigabiliter exagitat, respexit. Nam quod hominibus cum oculum suum acute in Deum figere nolunt, per deceptionem mentis suæ aliquando bonum videtur; si hoc inspiratio Spiritus sancti non calefacit, in interitum ibit, quia hæc vana gloria pertransit. Cum enim vani homines in uno per tædium officiuntur; in altero per vanam gloriam innovantur, frequenter in superbia et in stimulatione ac in spiritu zelotypiæ se extollentes, et etiam frequenter in molestia et in indignatione ac in contradictione aliarum institutionum quæ de me fluxerunt altercantes, necnon in cæteris bonis quæ non sunt ad torporem tædii, sed in ardore desiderii de die in diem proficiendi, se invicem comprimentes. Nam quod de me fluxerit dulcem et suavem gustum animæ præbet semper in perseverantes proficiens, et non in instabilitate retro aspiciens. Unde ille beatus est, qui in me fidens, spem suam et initium ac finem operum suorum non in se sed in me reponit. Qui facit hæc, non cadet; qui vero sine me stare voluerit, in ruina ibit. Et qui sunt illi qui semetipsos per vanam gloriam novos faciunt, et propter tædium quod in præceptis meis patiuntur, in semetipsis confidunt. Non enim ut vetus vestimentum in cogitationibus hominum molestum est, sic ego in donis meis spernendus sum, quoniam illa in simplicitate semper nova sunt, et quanto vetustiora tanto chariora sunt. Quapropter quæ homines in semetipsis absque inspiratione mea excogitant in vanitate morum: per inania studia eorum diffluet, et quamvis aliquando in conspectu hominum stare videantur, tamen ab oculis meis projecti, pro nihilo eos habeo, ut in Evangelio scriptum est: *Sinite illos, cæci sunt, duces cæcorum. Cæcus autem si cæco ducatum præstet, ambo in foveam cadunt* (*ibid.*). Quid est hoc? Dimittite illos qui in factis suis perversi sunt in perversitate sua diffluere; quia in rectitudine bonorum operum se corrigere nolunt. Et quoniam in æstimatione sua se justos nominant cum in actibus suis vani sint, ex ipsa facilitate sua cæci efficiuntur, quia per viam justitiæ ambulare contemnunt, et quoniam magis viam iniquitatis quam veritatis illis hominibus proponunt qui eos in malis operibus sequi festinant. Unde qui hoc modo visum rectitudinis non habent æstimantes se justos esse et injusti sunt, cum viam veræ doctrinæ ignorantibus viam falsæ justitiæ demonstrant, pariter in foveam desperationis cadunt, quoniam nec isti nec illi quo eant sciunt. Sed in his quædam in indignatione mea coram hominibus aliquando dejicio, quædam autem per moderationem perspicuæ visionis tacite coram hominibus interdum tolero; sed tamen ea per ponderationem justi judicii mei in futuro ulciscor. Et ob hoc qui fidelis est, studeat ascendere ad altitudinem virtutum, et non ad ima sæcularium descendere. Quomodo?

Qui in minori gradu est ad majorem ascendere potest, non autem qui in majore est ad minorem se declinare debet. Quid hoc? Nam prætores possunt ad duces pervenire, duces vero ad reges ascendere; non autem decet reges ad duces descendere, nec duces ad prætores se declinare. Si enim reges ducibus se subjugarent, vel si duces prætoribus se subderent, indignanter omnis populus vociferaretur, et eos derisui haberet. Ita qui sunt in sæcularibus possunt viam prædictorum pigmentariorum subire; et qui sunt in via eorumdem pigmentariorum possunt præfatos qui sunt vivens odor vovens iter secretæ regenerationis decet ad pigmentarios transire, nec ipsos pigmentarios ad sæculares corruere. Quod si isti qui sunt vivens odor vovens iter secretæ regenerationis ad pigmentarios respiciunt, vel si pigmentarii ad sæculares transeunt: heu! heu! heu! ab animabus justorum super eos dicetur, et coram me in abjectione habebuntur, nisi digna pœnitentia revertantur, quia si altior gradus super inferiorem ceciderit, ambo destruentur. Sic et illis erit qui rectum iter suum deserunt, et retrorsum incedunt. Nam qui Filium meum induerit, quem talem filium induere posset? Nullum, et vere nullum. Gaudete autem in Patre vestro; quoniam sæpius in minoribus majores video, et in majoribus minores invenio, quia superbia cadit et humilitas ascendit.

Unde pacem et charitatem ac humilitatem habete inter vos, sicut et animæ justorum cum angelis et angeli cum archangelis habent. Animæ enim justorum officio angelorum non invident, nec angeli gloriam archangelorum dedignantur. Quid hoc? Archangeli in majori necessitate majora demonstrant; angeli vero in frequenti vicissitudine minora denuntiant; fidelis autem populus humiliter obtemperat. Unde unusquisque officium suum fideliter exerceat. Quomodo? Qui sunt vivens odor vovens iter secretæ regenerationis, cum major occasio ecclesiasticæ necessitatis ingruerit, inevitabiles causas subventionis suæ velut archangeli recolant; et qui sibi in opere pigmentariorum, assidua determinatione in frequentibus causis circa negotia institutionis suæ quasi angeli exerceant, et homines qui ad summam beatitudinem deside-

rant pervenire, verba eorum fideliter suscipiant. Quomodo? Nam qui vivens odor vovens iter secretæ regenerationis existunt, velut granum sunt, qui siccus et fortis cibus hominum est; sic et ille populus meus asper et durus ad gustum foci sæcularium rerum est. Sed prædicti pigmentarii quasi poma quæ dulcem saporem se gustantibus præbent; qui ut et illi, per utilitatem officii sui se suaves hominibus exhibent. Communis autem sæcularis velut caro æstimatur; in qua et casta volatilia inveniuntur, quoniam qui in sæculo degunt, carnaliter viventes filios procreant, inter quos tamen castitatis imitatores reperiuntur, scilicet viduæ et continentes, qui ad superna desideria per appetitum bonarum virtutum volant. Sed et iidem ordines ecclesiasticæ institutionis, in duabus viis versantur. Quomodo? Spiritualium et sæcularium. Quomodo? Ut dies et nox. Quid est hoc? Dies claritatem solis, et serenitatem lucentis aeris habet, quod præsignat; quia spirituales homines et ordinem viventis odoris voventis iter secretæ regenerationis, et ordinem prædictorum pigmentariorum in se servant. Nox vero lucem lunæ cum stellis et obscuritatem umbrosæ tenebrositatis tenet, quod demonstrat: quod sæculares homines et justos in operibus suis lucentes, et peccatores obscuritate delictorum gravatos in se tenent. Sed qui noctem sæcularium deseruerit et ad diem spiritualium propter amorem vitæ sæ convertit: stabilis in hoc facto sit, ne si retrorsum incesserit, veteri Adæ assimiletur qui præceptum vitæ transgrediens in sæculares ærumnas expulsus est. Unde nemo præceps sit mundum relinquere et fœdus meum sua voluntate audacter intrare, nisi prius in magna probatione examinatus sit; quia qui Filium meum per tunicam ceperit, nolo ut eum relinquat. Nam qui ejus incarnatione se induerit, et crucem ejus in manus suas susceperit, nunquid conveniens est ut abjiciat Dominum suum? Nullomodo. Ergo his attende. Homo qui in voluntate cordis sui confessus fuerit et in devotione animæ suæ voverit jugum meum in abjectione sæcularium rerum portare; si tunc etiam in ipso ardore cordis sui per voluntatem desiderantis animæ suæ signum religionis in condimento justæ intentionis susceperit, in illo permaneat, ne si illud postea in contemptu perseverantis mali abjecerit; judicium districti examinis accipiat. Quid hoc? Quia illum sprevit cujus signum in semetipso suscipiens conculcavit; sicut et Judæi eum contempserunt, cum illum in insania incredulitatis in cruce affixerunt. Nam ut Judæi nefas illud non timuerunt, ita et iste non veretur quod eamdem passionem in voto suo abjicit: Quod enim homo mihi promittit; hoc etiam reddere debet secundum quod David testatur, dicens: *Introibo in domum tuam in holocaustis, reddam tibi vota mea quæ distinxerunt labia mea* (*Psal.* v). Quid hoc? Per intentionem bonæ et justæ operationis introibo, o Deus meus, in constitutionem sanctissimi doni tui, scilicet in ardente desiderio stratum voluptatis meæ relinquens, ita quod nihil mihi dulcius est quam anhelare ad te Creatorem omnium. Et ob hoc reddam tibi vota mea quæ protulit os meum cum anima mea; quia perficere volo quod tibi justo judici in ardenti desiderio meo prius promiseram: videlicet ut actus meos ad te dirigerem, quod insipienter transgressus sum; sed nunc ad te recurrere desiderans, volo mala devitare, et bona facere, quoniam rationalitas et intellectus qui in me fervent, per discretionem veræ castigationis magis quærunt ad te vivum Deum anhelare, quam per stultitiam falsæ contrarietatis diabolum imitari. Unde, o homo, cum cor tuum hoc modo mihi obtuleris, considera quomodo illud prudenter perficias. Oculus enim meus acutissime videt quid voluntas hominis mihi loquatur. Ubi quod meum est, hoc districtissime requiro. Quapropter, o stulti et plusquam stulti, utquid vobis tam magna onera imponitis quod putatis vobis tam facile esse quod carnalem voluntatem vestram deseratis? Nam per legem quæ vobis ex præceptis meis data est, ad hoc non cogemini ut sæculum relinquatis, nisi prius per multos labores ita exerceamini, ut carnalibus desideriis quæ in vobis sunt frenum imponere possitis.

Sed tepido vento assimilamini, quoniam cum vana gloria mentem vestram afflaverit, tunc ex aliqua asperitate loquimini sic dicentes: Amplius cum sæculo laborare nolo, sed illud festinanter fugere delibero. Et cur ita me frangam in casso labore? Sed cum hæc intra vos dicitis, putatis ea ita terminari ut excogitatis. Nam multi vacillanti animo me quærunt, ita quod tantum signo religionis exterius notantur, puris oculis me non quærentes, nec semetipsos in vera doctrina simpliciter circumspicientes quomodo diabolum qui eos devorare cupit effugiant, quemadmodum columba in puritate aquæ considerans accipitrem qui eam rapere tentat, effugit; non autem sic illi diabolum effugiunt cum eum in scriptura doctrinarum venientem vident, sed in repentino sopore qui ei per cæcitatem mentis suæ inest, ut tepidus ventus ad me currunt. Quidam enim non voluntatem suam, sed tantum sæcularem habitum abjicientes, spiritualem religionem aggrediuntur; quia multas miserias et paupertates in sæculo sustinentes divitias habere non possunt, et ideo mundum relinquunt, quoniam eum ita ut vellent habere non possunt. Alii autem ad sæculum stulti et fatui sunt, ita quod hominibus contemptibiles et seipsos regere non volentes, et propterea sæculum fugiunt, quia illi ludibrio sunt. Sed et quidam debilitatem ac infirmitatem corporis sui habentes et in his calamitatibus multum laborantes, non propter me, sed ut his doloribus tanto suavius subveniant, sæculum derelinquunt. Alii vero tantas angustias et oppressiones a carnalibus dominis suis quibus subjecti sunt patiuntur, ut propter timorem eorum a sæculo recedant, non ut præceptis meis obediant, sed ne carnales eorum Domini amplius super eos potestatem suam exerceant. Et hi omnes non propter cœlestem amorem sed propter has terrenas molestias quas sustinent ad spiritualem religionem veniunt, non considerantes utrum salsus an insulsus, an dulcis an amarus, an cœli an terræ habitator sim. Quid hoc? Ipsi nec condimentum, nec dulcedinem Scripturarum attendunt; nec quomodo in cordibus illorum homines habitent qui superna quærunt, considerant. Et quoniam hæc scrutari nolunt, ideo timorem meum abjicientes secundum voluntates suas incedunt, unde et inde alieni sunt et fugitivi vocantur. Quapropter nec ego dico eos sæculum dimisisse et ad me venisse, sed in hoc rei sunt quod servum timent, et Dominum contemnunt, quia terrenas causas sequuntur; et me non verentur, et ideo pavidi in minimo, et audaces in maximo dicuntur. Ergo et Balaam assimilantur, qui Israeliticum populum in tabernaculis suis pulchrum videns, mansionem cum illis ficto animo se habere concupivit, dicens: *Moriatur anima mea morte justorum, et fiant novissima mea horum similia* (*Num.* XXIII). Quid hoc? Cum homo aliquando in suspiriis animæ ad hoc concutitur ut opera justitiæ incipiat, tunc insurgente desiderio ea gemebunde exoptat, sic dicens in semetipso: Ego miser qui multis peccatis et obligationibus præpeditus sum, studiose desidero ut in abjectione carnalium concupiscentiarum anima mea omnem malitiam iniquitatis relinquat, et ut per contritionem illam qua justi semetipsos despiciunt in habitaculo bonorum operum maneant. Quomodo? Ut in rectis actibus inveniatur finis meus, illis hominibus qui justitiam Dei operantur similis: ita ut terminus bonorum operum meorum initio justæ intentionis eorum adæquatur. Sed homo qui intra semetipsum ista loquitur, si postea transacto tempore illorum suspiriorum cum tentationibus malignorum spirituum afflatur, et carnali concupiscentia devictus ad iniquitatem revertitur, facit ut ipse Balaam per nequitiam cupiditatis deceptus fecit. Quomodo? Quia ipse postea per illud schisma tactus per quod prius populo meo maledicere volebat, ubi ei per angelum meum et per asinam ipsius restiti, ad hoc eum tamen in zelo meo perducens, quia benedictione verborum illorum quæ in os ipsius posui eidem populo meo benedicebat: post desiderium illud quo eidem populo Israeli in morte sua assimilari desideravit, ad primum schisma reversus est, et populum meum in pecunia mortis suo consilio per fornicationem dispersit, ut pollicitus est dicens: Verumtamen pergens ad populum meum dabo consilium quid populus tuus hic faciat extremo tempore. Quid hoc? Videlicet cum me retorsero ad iter desideriorum meorum quæ ad decorem carnis pertinent; tunc concupiscentias illas ingrediar quas prius cognoveram. Quomodo? Quia scio quid in carne mea cui honeste deservio, ita ut et ego qui his causis quæ ipsi semper adsunt imbutus sum; tibi, o homo, qui etiam in eisdem delectabilibus rebus ardens, in abscondito menti meæ stimulum concupiscentiis tuis ostendo; cum per suggestionem voluptatis meæ fumigantem ardorem tuum ita succendo, ut per agnitiones venalium terrenarum rerum quæ in corde tuo florent, illud ardens desiderium quo prius ad opera illa quæ sancta dicuntur anhelasti exstinguas: hoc modo finem eis imponens, et eas opportuno tempore ita relinquens, quasi nunquam ea cognoveris. Unde, o homo, sicut iste Balaam post illud rectum desiderium quo prius sursum aspiciebat, ad fallaces concupiscentias se deorsum inclinabat; ita et ii faciunt qui me ficte quærunt, quia cum viderint illos qui sæculum veraciter abjecerunt simpliciter incedere, et in arcta ac beata conversatione laudabiliter ac veraciter perdurare; dicunt eos pulchros et suaves esse, ac protinus repentino impetu vitam eorum aggrediuntur, secundum ipsos vivere desiderantes. Sed postquam se illis ita conjunxerint quemadmodum et Balaam Israeliticum populum inspexit, tunc frequenter per diversas nequitias quas prius in cordibus suis habebant cum in sæculo essent, ad carnalia desideria revocantur, quoniam et illis prius dominabantur. Quapropter cum sic impediuntur, veneno et adversitate sua contaminant electum gregem meum, multis tempestatibus eum quatientes, et consilio suæ nequitiæ eum dispergentes. Nam cum ipsi a sæculo deceptuose recederent, me in orationibus suis in adjutorium sibi non invocabant, nec in probatione corporis sui si in hoc proposito perseverare possent an non, me quærebant: unde et ego permitto eos considerare: quid voluntas ipsorum cum in semetipsis confidunt eos possit adjuvare. O, ipsi insipientes et infructuosi existunt; quia sunt inutiles absque aratione legis Dei, et sine fructificatione verbi ipsius; quia non exquisierunt quid facere deberent cum arctam viam adirent, ut bona terra circumspicitur quem utilem fructum profert. Unde audiant: O homo, si hodie cum in carne tua fortiter in concupiscentiis ardeas, igneam fornacem existi, quis tibi tantum refrigerium dedit, quod tam magnum incendium posses evadere in voluptate tua?

Vere qui hæc aggredi voluerit, interioribus oculis suis incedere debet qualiter ea per me incipiat, et qualiter ea meo adjutorio perficiat, ne si illa insipienter inceperit et male consummaverit, in ruinam vadat, sicut et ille antiquus hostis qui in semetipso confisus, in ira zeli mei dejectus est; sic et isti abjicientur, qui nec semetipsos considerantes, in præcipitatione magnæ superbiæ passione Filii mei se induunt, sed eam postmodum in fastidio superflue rejiciunt. Quapropter qui eam super se posuerint, attendant quomodo eam diligant, secundum quod Jeremias propheta in Spiritu sancto hortatur dicens: *O vos omnes qui transitis per viam, attendite et videte si est dolor sicut dolor meus, quoniam vindemiavit me ut locutus est Dominus, in die iræ furoris sui (Thren.* 1). Quid hoc? O vos omnes qui vitia deseritis, videlicet in abjectione sæcularium, et in imitatione spiritualium, transeuntes per viam illam quæ vita et veritas est quæ ego Filius Dei sum; attendite in inceptione bonorum operum ne doloris mei obliviscamini, cum me in passione mea cœperitis imitari, et videte in perfectione justitiæ, ut dolor ille quem pro amore meo vobis imponitis: dolori meo similis sit. Quomodo? ut in eisdem miseriis quas propter me sustinetis usque ad bonum finem indeficienter perseveretis; sicut et ego perseveravi in dolore meo mori pro vobis, quoniam ego compressus et conculcatus in passione crucis sum; sicut uva in torculari exprimitur ut corpus meum manducetis, et sanguinem meum bibatis, ut in præscientia perspicacis oculi sui locutus est dominator cœli et terræ in judicio cum Adam vitam deseruit et mortem accepit; ubi tamen idem Pater meus cœlestis hoc prævidit, quod in fine temporum per me Filium suum ex Virgine incarnatum qui me in fortissimis viribus justitiæ diabolo opponebam, eumdem antiquum seductorem superaret et humanum genus in defensione superni auxilii liberaret. Ergo homo cujuscunque sexus aut ætatis sit, qui passionem meam induit, attendat ut eam fortiter retineat, ne si eam per errorem neglectus sui abjecerit, postea cum ipsam voluerit retinere, eam invenire non possit.

Unde et illi qui infantes suos meæ passioni in humilitatis conversatione subjicere voluerint, hoc non in præsumptione præcipitationis impudenter faciant, sed sapienter in examinatione discretionis, non cogentes illos absque consensu voluntatis suæ hoc adire, quod nec ipsi possunt perferre. Quomodo? Si infantem tuum mihi offers cum ei nondum inest scientia discernentis intellectus, sed cum in stultitia omnis sensus sui jacet, et tamen ita sine voluntate ipsius eum offers, consensum ejus in hoc non considerans, non recte fecisti ita offerens arietem. Quomodo? Si homo arietem ad altare meum offert; si eum cornibus suis non fortiter funibus non alligavit, nonne aries aufugit? Sic etiam si pater aut mater puerum suum qui aries est, ad servitutem meam offerunt, si in hoc voluntatem illius quæ cornua ejus sunt, nec diligenti custodia, nec supplicatione, nec deprecatione, nec exhortatione totius diligentiæ quæ funes colligationis ejus intelligantur, attendunt, quoniam his omnibus puer ad consensum bonæ voluntatis provocandus est; tunc si istis examinationibus non fuerit probatus, certe aut corpore aut mente aufugit, nisi Deus eum in mirabilibus suis custodiat. Si autem tu, o homo, in tam magna custodia corporalis districtionis puerum illum concludis quod se a pressura repugnantis voluntatis suæ absolvere non possit, tunc in omnibus fructibus tam corporis quam animæ propter capturam illam quæ sine consensu ejus ipsi injuste illata est, aridus mihi apparet. Tune et ego tibi, o homo, qui auctor hujus ligaturæ es, dico: Viridem agrum in potestate mea habui; nunquid, o homo, dedi tibi illum, ut cum germinare faceres quemcumque fructum tu ipse velles. Et si in illum semen seminas, an potes illum in fructum producere? Non. Nam tu nec rorem das, nec pluviam producis, nec humiditatem in viriditate tribuis, nec calorem in ardore solis educis; per quæ omnia competens fructus producendus est. Ita etiam in auditum hominis verbum seminare potes; sed in cor illius quod ager meus est, nec rorem compunctionum, nec pluviam lacrymarum, nec humorem devotionum, nec calorem Spiritus sancti infundere vales, in quibus universis fructus sanctitatis germinare debet. Et quomodo audebas delicatum et sanctificatum mihi in baptismo tam temere tangere; ut eum absque voluntate sua in arctissimam captionem ligaturæ ad ferendum jugum meum traderes. Unde nec aridus, nec viridis effectus est; quia nec sæculo mortuus est, nec sæculo vivit. Et cur eum ita oppressisti, quod ad utrumque inutilis est? Nec miraculum meum ad confortandum eum ut in spirituali vita permaneat, ab hominibus exspectandum non est, quoniam nolo ut parentes ejus in oblatione ejus peccent, absque voluntate illius eum mihi offerentes. Quod si aliquis sive pater sive mater puerum suum ad servitium meum offerre voluerit, antequam eum præsentet, dicat: Promitto Deo quod puerum meum solerti custodia usque ad intelligibilem ætatem ejus custodiam supplicando, deprecando, exhortando eum ut in servitio Dei devote permaneat. Et si mihi consenserit, festinanter eum ad servitutem Dei offero: vel si mihi assensum non præbuerit, insons coram oculis majestatis ejus inveniar. Si autem parentes pueri eum his modis usque ad intelligibilem ætatem ejus prosecuti fuerint; si tunc puer se avertens illis consentire noluerit; tunc et ipsi, quia devotionem suam in illo quantum valebant ostenderunt, eum sine voluntate illius non offerant, nec eum ad servitutem illam pervenire cogant, quam nec ipsi ferre nec adimplere volunt.

Qui autem devoto animo se mihi libenter subjicere voluerit, ad hoc strenue exhortandus est ut perveniat, nec per livorem alicujus malevolæ animæ a bona intentione sua retrahendus. Nam si quis aliquem illorum qui me sequi desiderant a proposito suo retraxerit, sacrilegium facit, quoniam fœdus meum in mente illius dirupit, quapropter et in recto judicio rationem inde redditurus est; si in hac nequitia inflexibilis perduraverit, quia mihi servire volentem avertit: quod facere non debuit, ut scriptum est: *Omne quod Domino consecratur, sive homo fuerit sive animal, sive ager, non veniet, nec redimi poterit* (Lev. xxvii). Quid hoc? Cum quælibet anhelans anima, pleno officio scientiæ ita bonum sensum in homine tangit, ut ille aliquam rem perficiat; tunc rem illam voluntas ejus confirmat dicens: Hoc decet ad honorem Dei. Et ita cum bona devotione et cum justa reverentia homo ille promittit Deo, illud ei offerens per osculum cordis, quod est per voluntatem desideriorum suorum. Et tunc illud hoc modo in dotem sanctificationis

oblatum est. Quomodo? Quia Deus in illo homine ædificantem voluntatem videns, ita eum per annulum sanctificationis suscipit, ut vir sponsam suam per annulum desponsationis sibi in fœdus colligationis ne ipsam amodo dimittat munire solet. Unde cum Deus voluntatem illam virilitate animi hominis susceperit, qui semetipsum ita constringit quod reliquit quod habet, et qui magis Deo dividit quam sibi quod possidet, tunc colligatio hujusmodi consecrationis ita permanebit, nec devotionem suam relinquet. Quare? Quia illam scientia hominis cognovit, quoniam bonus sensus ejus illam intellexit, et quia illam voluntas ipsius ad honorem Dei ædificavit; et ideo sive homo fuerit qui semetipsum ita Deo obtulit, sive animal homini subjectum quod eodem modo ad honorem Dei oblatum est, seu ager fructum proferens qui etiam ita Deo est consecratus, nec pro cariore pretio dari, nec sub viliore recompensatione retineri debet, ne honor Dei quasi in contemptibilem æstimationem deputetur. Sed sicut nullus contra voluntatem suam a sæculari via ad spiritualem tramitem converti cogendus est; ita etiam qui cum devotione voluntatis suæ servitium meum aggressus est, et postea illud contemnens neglexerit, justo judicio ut illud recipiat revocandus est. Quomodo? Si habet æquos rectores et spirituales magistros zelum meum habentes, ii debent eum ad servitutem meam revocare, et hoc primum facient supplicatione, exhortatione, et blando sermone cum liniéntes, et deinde verberibus et constrictione frigoris et famis et aliis his similibus castigationibus eum corripientes, quatenus his miseriis admonitus, infernales pœnas ad mentem suam revocet, et eas timens a se putredinem animæ suæ auferat, et ad semitam illam quam deseruerat ita revocatus redeat, ut etiam de his Evangelio scriptum est: *Exi in vias et sepes et compelle intrare, ut impleatur domus mea* (Luc. xiv). Quid hoc? Tu qui spiritualis pastor et justus rector et rectus magister es, exi de pristinis moribus tuis qui tibi de primo parente tuo adhærent, et vade in viam arctam et angustam, et in compositionem inflexorum præceptorum quæ justissimi viri in textura Spiritus sancti composuerunt; et acutissime in zelo meo considera eos qui sub præcepto et magistratione tua degentes aut susceperunt aut voverunt sua voluntate et non ex alterius hominis injusta coactione sanctum propositum pacti mei observare, et cum postea illud contemnentes ad vetera vitia cupiunt redire: hos dulcibus et amaris correptionibus compelle ecclesiasticam disciplinam intrare, ut domus dotationis meæ tam ex strenue correptis quam ex suaviter admonitis impleatur, quoniam alii ad vitam diversis castigationibus et alii variis blandis admonitionibus vocandi sunt. Quomodo? Ut diligens pastor perditam ovem suam sollicite requirit, ita et spirituales magistri subjectos suos per diversa vitia errantes multa diligentia requirere debent, sua scilicet solertia cogentes eos, ut in domum stitiæ de qua exierunt vel exire volebant revertantur, ut Ecclesia in una parte ex amore correptis et in altera ex blande adhortatis ovibus impleatur, et ita ad superna pascua perducatur.

Qui autem tunc ita obturati sunt, quod nec propter corporalem castigationem quæ eis a præpositis magistris suis in zelo meo infertur, nec propter timorem meum quoniam ego sum Deus nolens iniquitatem, nec propter amorem effusi sanguinis Filii mei qui pro ipsis passus est se corrigere volunt, sed fidelissimos amicos meos qui vias meas velociter currunt polluere sua putredine laborant ; tunc ab amicis meis ne gregem meum contaminent ut lupi expellendi sunt, quemadmodum Paulus amicus meus hortatur dicens : *Auferte malum ex vobis* (I Cor. v). Quid hoc ? Vos qui in culmine regiminis estis, et qui in humilitate subjectionis manetis, expellite malum illud a vobis quod timorem meum contemnens mihi Creatori cœli et terræ contradicit, illud tam forti examinatione a vobis expellentes, ut in conscientia vestra radicem non figat, nec in consortio vestro pedem suum ponat, ne dulcia pigmenta bonorum operum in vobis vilescant. Sed qui ex his in pœnitentia reverti voluerit, et me Creatorem suum pro corde quæsierit ; etiamsi in extremitate cursus sui venerit ego tamen suscipiam eum quia cuncta juste judico.

Qui autem thesaurum cordis sui subtrahendo abscondit, dicens : Nisi sentiam me moriturum, a sæcularibus causis me non convertam et ita conversionem suam usque ad expirationem animæ suæ differt, et cum jam amplius spirare non valet, diutius præsentem vitam se posse habere desperans sæculo renuntiare tentat : hic animam suam decipit, quoniam conversio ejus deceptibilis est, hoc ludificando fecit, ut ludificatio etiam accipitur. Ille vero qui jam morti proximus, toto corde propter peccata sua et propter amorem meum sæculo renuntiaverit, scilicet quamdiu vivat mihi ardenter servire desiderans ; vere devotionem ejus cum omnibus choris angelorum suscipio, et ei gloriam vitæ tribuo. Nam quamvis homo in multo crimine occupatus sit, cum tangit peccata sua ita quod amare delicta sua deflet, et hoc simplici oculo facit quia me ad iracundiam provocavit, ego eum a morte ad salutationem erigo, nec ei supernam hæreditatem denego, secundum quod psalmista David in Spiritu meo testatur, dicens : *In quacunque die invocavero te, ecce cognovi quoniam Deus meus es* (Psal. LV). Quid hoc ? In quacunque luce vitæ meæ ulla claritas supernæ illustrationis in mente mea qui in tenebris jaceo, per divinam gratiam se ostenderit, ita quod in amaritudine pœnitentiæ peccatorum meorum et in vulneribus gravati cordis mei invocavero te qui omnibus te puro corde invocantibus remedium tuæ pietatis concedis ; tunc in eadem visitatione cognovi, quia tu qui hæc misericorditer operaris Deus meus es ? Quid est hoc ? Cum per gratiam tuam me ad hoc perduxeris, quod te Deum meum in operibus justitiæ cognovero, ita quod in operibus iniquitatis meipsum damno et reprimo : tunc suscipis me simpliciter te quærentem, et lacrymose post te clamantem atque in viriditate animæ meæ te cognoscentem, quia tu es ille qui hæc facere potes ; tunc enim corpus meum in vera pœnitentia contero, et illud quasi pro nihil habeo. Et cum tali modo pœnitentiam suam homo fecerit, remedium peccatorum suorum inveniet. Quomodo ? Quia me Deum suum cognovit. Quomodo ? Quoniam peccata sua deseruit, et ideo per oculum pœnitentiæ videbit quod illa vana fuerunt quæ prius ardenter in mala concupiscentia perpetravit.

Quapropter nemo negligat remedium pœnitentiæ quærere, quia si illam sanus in corpore neglexerit, studeat tamen ut eam vel in extremo tempore suo inveniat, et ad salvationem eum suscipiam quoniam quamvis sordes magnæ sint in peccatis, tamen propter Filium meum in pura pœnitentia abluuntur, præter hunc qui blasphemiam contra Spiritum sanctum impœnitens dixerit, et qui se ipsum in mortem corporis sui obduratus præcipitaverit, quia hæc duo velut unum sunt. Istos in gloria supernæ vitæ nescio, ut in Evangelio scriptum est : *Omne peccatum et blasphemia remittetur hominibus, spiritus autem blasphemiæ non remittetur.* (Math. XII). Quid hoc? Omne peccatum quod in superfluitate carnis, aut cum libidine, aut cum amaritudine, aut aliis his similibus vitiis peractum fuerit, seu blasphemia quæ est in cultu idolorum ubi verus Deus ignoratur et falsum figmentum adoratur, aut invocatio dæmoniorum ubi verus Deus scitur, et tamen in perversitate hominum diabolus invocatur : hæc omnia in pura pœnitentia remittentur hominibus, cum per compunctionem lacrymarum ex intimo corde verum Deum omnibus se invocantibus misericordiam suam misericorditer præstantem fideliter quæsierint. Quoniam, quamvis hujusmodi homines graviter in peccatis errando delinquant, tamen si Deum imperio et potestate in cœlis regnantem omnino non abjiciunt, manum auxilii ejus quærentes invenient. Sed si in infidelitate sua perseveraverint, ita quod ab hac perversitate nunquam resipiscant, sed fixo corde et anima consentiente Deum omnino abnegent, sic intra semetipsos dicentes : Quid est hoc quod dicitur Deus? Nam Dei non est misericordia aut veritas, ut velit aut possit me adjuvare : et ita impœnitentes diffidant a peccatis suis se posse mundari, aut ullo modo salvari : hi Deum blasphemant, et ob hoc propter nequitiam obdurationis suæ si ita perseveraverint, remissionem blasphemiæ non percipient, quia intellectum cordis sui ita suffocant, quod sursum suspirare non valent, quoniam illum per cujus misericordiam salvari debent, quasi nihilum habent, ut etiam David testatur, dicens : *Dixit insipiens in corde suo : Non est Deus* (Psal. XIII). Quid est hoc? Per stultam locutionem qui sapientia et intellectu vacuus erat, Deum in corde suo abnegavit, etiam ad cognoscendum eum insipiens fuit. Quomodo? Quia verum Deum nec scire nec intelligere voluit, cum in obdurato sensu dicebat : Quid est Deus? Deus non est. Et quid vel ego sum? Nescio quid sum. Qui hæc dicit insipiens est, quoniam veram sapientiam qua Deus cognoscitur non habet. Sed quisquis Deum in potestate sua regnantem non ficte cognovit, hic sapiens est, quamvis peccator sit. Unde quisquis hoc fixum in corde suo habet, de Dei misericordia desperat, dicens : Deus nihil est, hunc nescio, jam me nescivit, et hunc nego, quoniam me negavit. Et ideo ille ad vitam non resurget, nec ullum gaudium habere potest, quia omnes creaturæ eum destituunt, quoniam Creatorem earum pro nihilo habuit. Sed et ille qui de peccatis suis desperat, ita quia præ magnitudine ponderis eorum se posse salvari non credit, infidelis est, et ideo ad vitam non perveniet, quia illi qui vitam omnibus dat contradicit. Quod si quis ex his omnibus pœnitentia ductus, me veraciter quæsierit, me inveniet, quoniam neminem abjicio qui puro corde recurrit ad me.

Si autem nigerrimæ tempestates hujus blasphemiæ et desperationis super quempiam hominem ceciderint, et ipse nec in corde suo nec in voluntate sua, nec in sapore perversi gustus eis consenserit, sed in hoc certamine valde cruciatur, tunc si in eodem agone fortiter repugnans perseveraverit, citius ei subvenio. Et propter has gravedines non dubitet, quia contra maximas procellas cum fortissimum pugnatorem dico, et cum velocius juvabo atque eum in amicum habebo, quoniam propter amorem meum tantas adversitates patienter sustinens nobiliter superavit. Sed et sicut ille qui me verum Deum nullo modo, ulla fide aut spe in corde suo vult scire, ad vitam non resurgit, ut dictum est, ita nec ille qui se ipsum in mortem corporis sui præcipitaverit, quia separationem illam quam hominibus constitui non exspectat; sed se ipsum sine ulla spe misericordiæ discindit. Unde et in perditionem cadit, quoniam hoc occidit cum quo pœnitere debuit. Nam qui illud ab homine separat quod in homine posui, magno reatui se subdit, quemadmodum in Evangelio Filius meus ostendit, dicens : *Audistis quia dictum est antiquis : Non occides? Qui autem occiderit reus erit judicio.* (*Matth.* v). Quid est hoc? Vos qui pedem vestrum super fundamentum petræ ponere vultis, notate quoniam per sonum illum qui de radice rationalitatis exit percepistis, quia in verbis Scripturæ quæ sensum illum habet quem digitus Dei dedit demonstratum est iis qui vos in antiquitate præcessernnt, ne dividerent in homine quod divina dispositione in illo conjunctum est. Quid hoc ? Quia qui Adæ lignum scientiæ boni et mali interdixit, dicens: *In quocumque die comederis ex eo, morte morieris* (*Gen.* II). Hic etiam per Moysen generi ejus locutus est : *Non occides*, nec dissipabis quod ad imaginem Dei factum est. Sed sicut Adam præceptum transgressus vita salutis semetipsum et genus suum privavit, ita etiam homo qui facturam Dei in homine destruit, fideles generationes salutarium operum ab anima et a corpore suo abscindit. Ex hoc etiam reum judicialis sententiæ se faciens, in exsilium miseriæ vadit. Quapropter ille qui tam crudelem separationem in homine fecerit, in multas calamitates se mittit, videlicet hoc separans quod meum est, quia corpus et animam simul in homine conjunxi. Et quis est ille qui hæc audeat separare? Et cum ille in multa gravedine peccati sit qui alium occidit, quid vero iste erit qui seipsum in mortem tradit? et hoc in pulverem mittit cum quo debuit crimina sua diluere. Nam qui se ipsum occiderit perditum angelum imitatur, qui primus iniquitatem inveniens se ipsum in perditionem tradidit et se ipsum in morte occidit. Quomodo? Quoniam Deo invidit; qui nec ortum habuit, nec finem accipiet, et qui omnia regit quæ in cœlo et in terra sunt. Et sicut superbus ille diabolus noluit aspicere in me cum se ipsum in perditionem dejecit, sic nec is homo me scire dignatur qui se ipsum violenter discindit; unde et in mortem cadit, sicut et ille cum semetipsum in perditionem præcipitavit. Nam antequam corrueret, iniquitatem suam super pennas ventorum elevare voluit, et quasi volatile quod in aere volat, sic in cœlestibus volare tentavit. Unde et in hac præsumptione, semetipsum a beatitudine in infelicitatem dejecit. Sed ego de terra formavi hominem, ut ab inferioribus ad superiora conscenderet, et ut incipiendo et perficiendo bona opera; sursum præclaras virtutes ad ardua ædificaret. Quapropter et homo qui et corpus et animam habet, cum bona operari potest, et cum pœnitere valet, semetipsum non occidat, ne postea locum illum recipiat, ubi nec opus nec pœnitentiam habere potest, sicut et diabolus qui dum semetipsum occiderit, in tartara dejectus est. Sed qui vigilantibus oculis videt et attentis auribus audit, hic mysticis verbis meis osculum amplexionis præbeat quæ de me vivente emanant.

VISIO SEXTA.

SUMMARIUM. — *De venerabili sacramento corporis Christi. Quod Ecclesia Christo in passione sua juncta et sanguine ejus decorata est, et salvatio animarum exorta est. Quod Deus Pater in humilitate Filii sui serpentem antiquum vicit, non in potestate. Verba Psalmistæ. Quod Ecclesia crescens, dotem suam devote Deo coram angelis offert : et profunditas sacramentorum Spiritu sancto inspirante manifestata est, et similitudo auri. Quod sacerdote ad altare ad immolandum accedente, magna claritas cum mysterio* supernorum spirituum effulget. Quod in sacramento altaris, Deus Pater, passionis Filii sui in salutem populi recordatur. Quare in sacramento altaris, panis, vinum et aqua offerantur. Verba Joel de eodem. Quod sacerdotem in sacramento præsens auxilium Dei non deserit, serenitate manente donec mysteria compleantur. Cum sacerdos Sanctus, sanctus, sanctus decantat, et mysteria sacramentorum inchoat : incomprehensibilis serenitas eadem sacramenta irradiat. Quod divina claritas oblationem altaris sursum invisibiliter quasi in puncto trahit, et remittit veram carnem et verum sanguinem effectam. Comparatio de unguento et sapphyro ad eamdem rem. Quare homo hoc spirituale donum visibiliter sumere non possit. Quod sacerdote fideliter in Deum credente et humili devotione offerente, oblatio caro et sanguis efficitur. Similitudo de pullo et volatili. Quod vera manifestatione mysteria nativitatis, passionis et sepulturæ, resurrectionis et ascensionis Christi, in sacramento altaris, ut in speculo apparent. Quod diu fidelis homo dicere debet : « Dimitte nobis debita nostra, sicut et nos dimittimus debitoribus nostris; » tandiu passio Christi in misericordia Dei Patris apparebit. Quod oblatio nunquam cruda caro apparet nisi in magna necessitate electis demonstretur. Dum canticum innocentis Agni canitur, fideles homines communicant ut a prævaricatione mundati æternæ hæreditati restituantur. Verba Salomonis in Canticis canticorum. Qualiter accipienda sint verba Domini dicta discipulis in cœna sua de eodem mysterio. Verba David ad eamdem rem. Quod sacramentum illud omnes sordes emundans, usque ad novissimum hominem colendum est. Item verba David de eodem. Quare in sacramento altaris panis offeratur. Verba Moysi ad eamdem rem. Quare vinum in sacrificio altaris offeratur. Verba de Canticis ad idem. Quare in sacramento altaris aqua vino interesse debet. Verba Sapientiæ. Item de libro Sapientiæ. Quod Adam ante peccatum mundum sanguinem habuit, post prævaricationem sparsit eum in fetorem immunditiæ. Quod corpus et sanguinem Christi accipientes, multa dulcedine vivificantur. Verba Salomonis de eadem re. Quod ad invocationem sacerdotis in altari, sacramentum corporis et sanguinis Christi perficitur. Quod Deus in omni creatura potestatem et fortitudinem voluntatis suæ secundum quod sibi placet, exercet. Quod a prima hora diei usque ad nonam officium missæ pro necessitate temporis exerceri potest. Quod omnes jejuni communicare debent exceptis iis qui in oppressione mortis positi sunt. Quod diabolus sine suggestione alterius cecidit, homo autem quia fragilis suadente diabolo cecidit, a Deo sublevatus est. Quod in perceptione corporis et sanguinis Domini, non quantitas sed sanctitas consideranda est. Comparatio de manna ad eamdem rem. Quod non est dubitandum quin verum corpus et verus sanguis Christi sit in altari. Quod in sacramento altaris tria offerenda sunt in nomine Trinitatis : panis, vinum et aqua. Quod sacerdos qui per negligentiam aut per oblivionem hæc tria in sacramento altaris neglexerit, graviter puniendus venit. Qualiter corpus et sanguis Christi populo distribuatur. Quod sacerdos his indumentis et his verbis in sacramento altaris utatur secundum quod antiqui Patres instituerunt. Verba Domini ad negligentem sacerdotem. Quod sacerdos quia has epulas in altari offert, ab altari jejunus his epulis non recedat. Quod sacerdos in sacramento altaris multis et magnis sermonibus non utatur secundum ordinationem priorum magistrorum. De quinque modis communicantium. De iis qui in corpore lucidi et in anima ignei sunt. De iis qui in corpore pallidi et in anima tenebrosi videntur. De iis qui in corpore hirsuti et in anima multa immunditia sordent. De iis qui in corpore acutissimis spinis circumdantur et in anima leprosi apparent. De iis qui in corpore sanguinei et in anima velut putridum cadaver fœtidi videntur. De iis qui ad hoc sacramentum devota mente et pura fide, et de iis qui contrario corde et vacillante animo accedunt. Verba Apostoli. Quod sacramentum altaris magna diligentia et sollicitudine a sacerdote et a populo tractandum et custodiendum est. Quod mystica secreta corporis et sanguinis Domini scrutanda non sunt. Quod ministri Ecclesiæ qui non per ostium sed per devia intrant; quia amari et illusores et impoliti lapides sunt, diabolum et Baal imitantur, et Christum vulnerare contendunt quasi crucifixores. Quod idem ministri Ecclesiæ omni diligentia exemplo apostolorum debent castitatem servare et ab omni immunditia se abstinere. Verba Moysi ad eamdem rem. Quod sacerdos duas copulas non debet habere. Quomodo diabolus sit sacerdos sacerdotum. Verba legis de eodem. Verba Evangelii ad idem. Verba Apostoli ad eamdem rem. Item Paulus de eodem. De tribus generibus eunuchorum. Qui se non valet continere, nec sacerdos nec alius minister sacerdotalis ulla occasione fiat. Qua causa ante conjugalis, sed postea ab invicem separatis concessum est in primitiva Ecclesia ad sacerdotium accedere, et quare modo non conceditur. Similitudo regis de eadem re. Quod immaturi et non consecrati, Ecclesiam non suscipiant : et unus plures appetere non præsumat. Quod de omni populo Christiani nominis, sacerdotes boni ingenii, et virilis animi integritatem membrorum habentes eligendi sunt. Quod feminæ ad altaris officium accedere non debent. Quod vir femineo vestitu nullo modo induatur nec femina virili, nisi aliqua magna necessitate coacti. Quod fornicatores mulierum, et in contrariæ te fornicationis, aut in aliis aut in seipsis tam mulieres quam viri se contaminantes, et pecorum fornicatores, districte judicat Deus. De pollutione quæ dormientibus occurrit; Verba Moysi de eodem. Qui fortiter in libidine ardet, ardori suo nullum incendium subministret. Diversis vitiis gravatus, ad misericordiam Dei in confessione fugiat. Quod remedium purgationis et in antiquis Patribus diu præfiguratum est. Qui peccata sua confiteri recusat, seipsum decipit. Quod in hora mortis si sacerdos non adest, alii homini homo confiteatur; si nullum hominem habere potest, soli Deo confiteatur in præsentia elementorum. Quod nemo propter pondus peccatorum suorum desperet. Evangelium de eodem. Quod peccata et per eleemosynam et per corporalem satisfactionem deleri debent. De libro Sapientiæ. Quod elementa lacus voluptatis hominum sunt. Qui eleemosynam dant et qui eam suscipiunt hoc in vanum non faciant. Quod pauperes et divites et honorem potestatis appetentes, unusquisque secundum intentionem suam remuneretur. Sacerdotes exorando et coercendo moneant populum de confessione. Quod sacerdotes auctoritate magisterii, populo non ostendentes, non sacerdotes sed lupi vocantur. Quod elementa coram Deo ululant super iniquitatem sacerdotum, et cœli iniquitatem eorum suscipiunt. Quod sacerdotes habent potestatem ligandi et solvendi. Verba Evangelii de eodem. Quod nullus absque rationabili culpa ligandus est. Quod si aliquis constrictus fuerit, propter honorem Dei solutionem quærere debet. Quod rebelles ad Christum reverti nolentes, et obdurati nullam misericordiam quærentes, antiquum serpentem imitantur. Verba diaboli. Quod homines de tenebrositate infidelitatis per incarnationem Filii Dei reducti sunt.

Et post hæc vidi cum Filius Dei in cruce pependit, quod prædicta muliebris imago veluti lucidus splendor ex antiquo consilio propere progrediens A per divinam potentiam ad ipsum adducta est, sanguine qui de latere ejus fluxit se sursum elevante perfusa; ipsi per voluntatem superni Patris felici desponsatione associata est, atque carne et sanguine ejus nobiliter dotata. Et audivi vocem de cœlo illi dicentem : Hæc, fili, sit tibi sponsa in restaurationem populi mei; cui ipsa mater sit, animas per salvationem spiritus et aquæ regenerans. Et cum eadem imago jam hoc modo in viribus suis proficeret, vidi quasi quoddam altare ad quod ipsa frequenter accedens dotem suam devote revisebat, eam superno Patri et angelis ejus humiliter ostendens. Unde etiam cum sacerdos sacris vestibus indutus ad celebranda divina sacramenta ad altare illud accederet, vidi quod subito magna serenitas lucis cum obsequio angelorum de cœlo veniens, totum altare illud circumfulsit, et ibi tandiu permansit, quousque completo sacramento sacerdos ab altari secederet. Sed et ibi evangelio pacis recitato, et oblatione quæ consecranda erat altari superposita cum sacerdos laudem omnipotentis Dei quæ est : *Sanctus, sanctus, sanctus, Dominus Deus Sabaoth*, decantaret, et sic mysteria ineffabilium sacramentorum inchoaret, repente ignea coruscatio inæstimabilis claritatis, aperto cœlo, super eamdem oblationem descendit, et eam totam sua claritate ita perfudit, ut solaris lux rem illam illustrat quam radiis suis transfigit. Et dum eam hoc modo irradiaret, sursum illam ad secreta cœli invisibiliter sustulit, et iterum eam deorsum super ipsum altare remisit, velut cum homo anhelitum suum introrsum trahit, et iterum eum extrorsum emittit, ita veram carnem et verum sanguinem effectam quamvis in conspectu hominum, velut panis et velut vinum apparerent. Cumque hæc aspicerem, statim etiam signa nativitatis, passionis et sepulturæ, necnon resurrectionis et ascensionis Salvatoris nostri Unigeniti Dei velut in speculo apparuerunt, quomodo etiam cum Filius Dei in sæculo esset in ipso patrata sunt. Sed dum sacerdos canticum innocentis Agni quod est *Agnus Dei qui tollis peccata mundi* decantaret, et ad percipiendum sanctam communionem se exhiberet, prædicta ignea coruscatio ad cœlestia se recepit, et ita clauso cœlo audivi vocem ex eo dicentem : Manducate et bibite corpus et sanguinem Filii mei ad abolendam prævaricationem Evæ, ut in rectam hæreditatem restauremini. Et dum etiam cæteri hominum ad percipiendum ipsum sacramentum ad sacerdotem accederent, quinque modos in eis considerabam. Nam alii in corpore lucidi et in anima ignei erant; alii autem in corpore pallidi et in anima tenebrosi videbantur. Quidam vero in corpore hirsuti et in anima multa immunditia humanæ pollutionis perfusi sordebant. Quidam autem in corpore acutissimis spinis septi erant et in anima leprosi apparebant. Alii vero in corpore sanguinei, et in anima velut putridum cadaver fœtidi videbantur. Sed ex his omnibus dum quidam eadem sacramenta perciperent, alii velut igneo splendore perfundebantur, alii vero velut obscura nube obtenebrabantur. Post completionem autem sacramentorum, dum sacerdos ab altari recederet, prædicta serenitas quæ de cœlo veniens totum illud altare, (ut dictum est), circumfulserat, sursum ad superna secreta subtracta est. Et iterum audivi vocem de supernis cœlorum dicentem mihi : Christo Jesu vero Filio Dei in ligno passionis suæ pendente, Ecclesia in secreto supernorum mysteriorum ipsi associata, purpureo sanguine ejus dotata est. Sicut et ipsa demonstrat; cum frequenter ad altare accedens dotem suam reposcit, et quanta devotione filii ejus ad divina mysteria accedentes ea percipiant, attentissime considerat. Quapropter vides cum idem Filius Dei in cruce pependit, quod prædicta mulieris imago velut lucidus splendor ex antiquo consilio propere progrediens per divinam potentiam ad ipsum adducta est; quia eodem innocente Agno in aram crucis pro salute hominum elevato, Ecclesia in puritate candoris fidei et cæterarum virtutum ex divino secreto repente per profundissimum mysterium apparens in cœlo, per summam majestatem eidem Unigenito Dei adjuncta est. Quid est hoc? Quia cum de vulnerato latere Filii mei cruor exivit, mox salvatio animarum exorta est. Quoniam gloria illa de qua diabolus cum sequacibus suis expulsus est, homini data est, cum Unigenitus meus mortem in cruce temporaliter subiens, inferno spoliato fideles animas ad cœlestia duxit, ita etiam quod in discipulis suis et in iis qui eos sincere subsecuti sunt, fides jam augmentari et corroborari cœpit; ut hæredes cœlestis regni fierent. Unde sanguine qui de latere ejus fluxit se sursum elevante, illa imago perfusa, ipsi per voluntatem superni Patris felici desponsatione associata est; quoniam fortitudine passionis Filii Dei ardenter inundante et ad altitudinem cœlestium mysteriorum se mirabiliter tollente, quemadmodum odor bonorum aromatum in sublime diffundit, ex ea in candidis hæredibus æterni regni Ecclesia roborata eidem Unigenito Dei per ordinationem superni Patris fideliter conjuncta est. Quomodo? Ut sponsa sponso suo in subjectionis et obedientiæ obsequio subjecta fertilitatis donum cum fœderis amore ab eo in procreatione filiorum accipiens, ut eos ad hæreditatem suam adducat; ita etiam Ecclesia Filia Dei in humilitatis et charitatis officio conjuncta, regenerationem spiritus et aquæ cum salvatione animarum ab eo ad restaurationem vitæ suscipiens eas ad superna transmittit. Unde etiam carne et sanguine ejus nobiliter dotata est; quia ipse Unigenitus Dei corpus et sanguinem suum in præcellentissima gloria fidelibus suis qui et Ecclesia et filii Ecclesiæ sunt, ita contulit, ut vitam in superna civitate per ipsum possideant. Quomodo?

Quia ipse carnem et sanguinem suum in sanctificationem credentium dedit, ut etiam cœlestis Pater ipsum pro redemptione populorum ad passionem tradidit, ita serpentem antiquum in humilitate et justitia per eum devincens, nec illum potestate et fortitudine sua superare volens, quoniam Deus justus nolens iniquitatem, quemadmodum psalmista loquitur, dicens : *Beatus vir qui non abiit in consilio impiorum, et in via peccatorum non stetit, et in cathedra pestilentiæ non sedit* (Psal. 1). Quid hoc? Quoniam Deus est auctor omnium beatitudinum et felicitatum creaturarum suarum; in ipsis creaturis suis multa et diversa signa ostendens. Sicut etiam incarnatio filii ejus suavissimum gutum in multa dulcedine stillabat, cum cœlestes virtutes, plurimas ædificationes in ipso ædificarent, per quas homo ad supernum regnum rediret, quod nulla umbra mortis obscuratum est. Et ita etiam ipso superno Patre validissimæ vires omnium virtutum esse manifestatæ sunt. Quoniam per Unigenitum suum mortem viriliter occidit, et infernum fregit; atque in novissimo die orbem terrarum in aliam et meliorem novitatem convertit. Unde etiam per diffusionem cordis sui non abiit in vacillantia itinera malignorum spirituum, qui veritatem reliquerunt et mendacium arripuerunt. Quomodo? Quia veritatem per mendacium dividere voluerunt. Quomodo? Antiquum dierum qui ante tempus dierum et horarum erat, opprimere volebant; et antiquum serpentem qui ante tempus temporum non fuit illi consortem facere inhiabant. Sed hoc esse non potuit nec debuit, quoniam unus Deus est. Quapropter et diabolus mendax est. Nam a Deo recessit vitam deserens et mortem inveniens. Et ita etiam Deus in via illa qua peccatores gressum figunt non stetit, quia viam Adæ abjiciens peccatum illius non amavit; sed illum a diabolo seductum de paradiso projecit. Nec etiam in potestate illius iniquitatis regnavit, quemadmodum omne genus humanum in mortem implicatur in umbra mortis sedens, cum genus humanum veritatem superbe deserit. Quid hoc? Nam Deus nec diabolicæ præsumptioni nec humanæ negligentiæ ita potestate sua restitit, ut eas per fortitudinem suam dejiceret. Quomodo? Velut si duo pugnatores essent et alter alterum fortioribus viribus præcelleret; certe fortior ille majores pugnas in sua possibilitate illi infirmiori demonstraret, ut confusum illum sibi subjiceret, nec in aliquo illi cedere vellet. Sed ita Deus non fecit, quia operi iniquitatis per summam bonitatem restitit, videlicet Filium suum mittens in mundum; qui in corpore suo cum maxima humilitate perditam ovem suam ad cœlos reduxit. Quomodo? Quoniam sanguis qui de corpore ejus exivit, mox ut apertis vulneribus emanavit in cœlestibus secretis apparens: ut salvatio animarum emitteretur petivit. Quomodo? Quia omnis creatura in Filio Dei ostenditur; quod per passionem et mortem ejus perditio hominis ad vitam restaurata est. Quomodo: Quoniam Unigenitus Dei vita existens, semetipsum pro redemptione humani generis ad passionem in ara crucis obtulit. Ubi etiam ut veraci auditione vocem de supernis secretis resonantem percepisti, sponsam sibi Ecclesiam ut ad restitutionem salutis credentium populorum mater existeret elegit. Videlicet ut sine macula spirituali regeneratione ad cœlestia eos transmitteret.

Sed præfata imagine jam hoc modo in viribus suis proficiente vides quasi quoddam altare ad quod ipsa frequenter accedit et ibi dotem suam devote revisens eam superno Patri et angelis ejus humiliter ostendit; quia Ecclesia, ut dictum est, in beatis et fortissimis virtutibus augmentum capiente mox velut tibi manifesta demonstratione ostenditur. Spiritu sancto inspirante sanctificatio mysticorum altarium in profunditate fidelium suspiriorum exorta est. Ubi eadem Ecclesia continua intentione vestigia exemplorum suorum ponens dotem suam, videlicet corpus et sanguinem Filii Dei profundissima devotione considerando : Creatori omnium in conspectu viventium et ardentium luminum scilicet supernorum civium in subjectione humillima obedientiæ offert. Quid hoc? Quoniam ut caro Unigeniti mei in incontaminato utero Mariæ virginis orta est, et postea pro salute hominum tradita : ita etiam et nunc caro ejus frequenter in incorrupta integritate Ecclesiæ augmentata ad sanctificationem fidelium datur. Quia, sicut faber aurum suum per ignem modo liquefaciens unit, et modo unitum dividit, ita etiam et ego Pater carnem, et sanguinem Filii mei, per sanctificationem Spiritus sancti, in oblatione nunc glorifico, et nunc glorificatum fidelibus hominibus ad salutem ipsorum distribuo.

Unde etiam cum sacerdos sacris vestibus indutus ad celebranda divina sacramenta ad altare accedit, vides quod subito magna serenitas lucis cum obsequio angelorum de cœlo veniens, totum altare illud circumfulget; quoniam procuratore animarum sacrata cinctione circumamicto, et ad immolationem innocentis Agni vivificam mensam adeunte, repente magna claritas supernæ hæreditatis densitatem tenebrarum pellentis, cum immissione supernorum spirituum de secreto cœlorum effulgens ubique illam compositionem sanctificationis irradiat. Quia ibi refectio animarum ad salutem credentium exercetur. Quomodo? Quia cum Ecclesia per vocem sacerdotis reposcit dotem suam quæ corpus et effusio sanguinis Filii mei est, ut ipsa in salvatione animarum beato partui apta sit, quia etiam in effusione hujus pretiosi sanguinis in magna multitudine populorum augmentum accepit; tunc ego qui indeficiens lumen sum, locum sanctificationis illius ad honorem corporis et sanguinis ejusdem Unigeniti mei, in sanctitate mea irradio. Nam cum sacerdos super sanctificationem altaris me invocare cœperit ut inspiciam quod Filius meus panem et vinum in cœna mortis suæ mihi obtulit cum de mundo transiturus esset, tunc video quod ipse Filius meus in hora passionis suæ hoc mihi ostendit, cum in ligno crucis moriturus esset, illud designans ut eamdem passionem suam in conspectu meo semper haberem, nec illam ab acutissima visione mea delerem quoties felix oblatio sacrosancti sacrificii per sacerdotale officium mihi offerretur. Quoniam et ipse in effusione sanguinis sui panem et calicem mihi obtulit, mortem dejiciens et hominem erigens.

Sed et quia dignitas ingredientis et egredientis clausuram virginalis pudicitiæ, non fuit humanæ naturæ, sed divinæ potentiæ: ideo et hoc esse potest, quod caro ipsius Unigeniti mei de pane frumenti, et sanguis ejus de vino uvæ cum aqua in sanctificatione iteretur, quemadmodum per fidelem servum meum Joelem prophetam ostendi, dicens: *Et implebuntur areæ frumento et redundabunt torcularia vino et oleo. Et reddam vobis annos, quos comedit locusta et brucus, et rubigo et eruca. Fortitudo mea magna quam misi in vos. Et comedetis rescentes et saturabimini: et laudabitis nomen Dei vestri qui fecit vobiscum mirabilia, et non confundetur populus meus in sempiternum* (Joel. II). Quid est hoc? Per mirabilem dispositionem Dei implebuntur omni bono areæ fidei credentis Ecclesiæ. Quoniam fructum frumenti trado in carnem Filii mei, ita quod etiam in vera salvatione qua fideles mei ad patriam revocabuntur: abundabunt contritiones illæ in quibus ipsi concupiscentias carnis suæ propter nomen meum conterunt. Ubi et eis liquorem uvæ duco in sanguinem ejusdem Unigeniti mei; dans eis etiam oleum misericordiæ. Quomodo? Quoniam per alium modum scilicet in salute vestra restituam vobis circuitus vanitatum illarum; quos per infidelitatem ignorantiæ comedit locusta oblivionis, videlicet ubi primum in filiis Adæ nequitiæ exortæ sunt. Ita quod ipsi fructuositate justitiæ meæ hoc modo in oblivione habebant; ut homo escam necessitatis suæ obliviscitur postquam in stomachum suum illam transfuderit, in impietate sua ita justitiam meam discerpentes, ut et locusta fructus corrodit. Quomodo? Quia ubi locusta negligentiæ per desidiam mentis utilitatem bonorum fructuum aufert, ibi et brucus fœditatis in fæce immunditiæ se involvit. Quoniam hujusmodi homines se involventes in sorde infidelitatis idolorum, et aliorum similium schismatum, et in diabolicis sciscitationibus atque in magicis artibus, et inspectione creaturarum Creatoris, in fortuitis casibus humanarum rerum atque in vilissima fœditate homicidiorum et fornicationum; ita se in his pascunt, quemadmodum brucus luto nutritur. Quomodo? Quoniam ubi brucus turpitudinis fetorem sordium diligit, ibi etiam rubigo amaritudinis metalla fidelis splendoris consumit, quia illi homines justitiæ Dei contrarii existentes ita eam offuscare laborant, ut et rubigo decorem metallorum auferre solet. Quomodo? Quia ubi rubigo mordacitatis fulgorem bonorum actuum inficit, ibi etiam eruca nocivæ actionis virentes herbas multæ utilitatis depravat. Quoniam tales homines clarissimas virtutes, veluti est simplicitas, castitas ac fortis constantia, quas Spiritus sanctus in omni viriditate beatitudinis irradiat; per malitiam nequitiæ suæ de se abjicientes, ita illas delere conantur,

quemadmodum et eruca utilitatem herbarum imminuit. Et in his omnibus declaratur maxima fortitudo mea quæ magnitudine virtutis suæ diabolicas adversitates superavit, cum eam ad salutem vestram misi in vos. Quomodo? Ego Pater misi Filium meum in mundum de Virgine corporaliter natum, ut per eum de perditione mortis vos redimerem. Ita ut ego in vobis, et vos in me habitaretis, cum etiam Filius meus ad passionem vadens carnem suam vobis ad manducandum et sanguinem suum vobis ad bibendum tradidit. Unde sacramentum hoc ad salutem vestram devote comedetis, per illud vos feliciter pascentes: ac propterea per oleum misericordiæ meæ de fame perditionis animæ saturabimini. Quoniam etiam Filius meus medicinam vulnerum vestrorum in pœnitentia attulit, et quia etiam sponsa Filii mei omni justitia et veritate exornata est: idcirco nomen meum (qui in vera Trinitate Deus unus existens vos guberno ostendens in vobis mirabilia mea, vos scilicet immobiliter de diabolica potestate eripiens) fideliter laudabitis. Et ideo per confusionem mortis non confundetur populus meus in futura æternitate, quem tam mirabiliter de faucibus inferorum volui educere. Et vides quod prædicta serenitas in altari tandiu permanet quousque completo sacramento sacerdos ab altari secedat; quia illa serenitas scilicet æternæ visionis in mirabilibus illis tam diu clarissime ostenditur usque dum, peractis ejusdem sacrosancti officii mysteriis ille qui dispensator illorum sacramentorum est, a sanctificatione illa se recipiens secreta mysteria compleat. Quid hoc? Quoniam dignum est ut divina majestas virtutem suam in eisdem felicissimis sacramentis plenissime manifestet, et qui etiam dum homo manet in iis quæ ad Deum pertinent, auxilium Dei illum non deserit.

Sed et ibi Evangelio pacis recitato, et oblatione quæ consecranda est altari superposita cum sacerdos laudem omnipotentis Dei quæ est: *Sanctus, sanctus, sanctus Dominus Deus Sabaoth*, decantat, et sic mysteria ineffabilium sacramentorum inchoat, repente ignea coruscatio inæstimabilis claritatis, aperto cœlo, super eamdem oblationem descendit; quoniam virtute viventis spirationis in osculo regis prolata, et fructu claritatis vitæ qui in sanctificatione candidandus est ædificationi parietis Dei, imposito, cum idem nuntius veritatis dulcissimum sonum in laude Creatoris omnium trina invocatione unctionis ejusdem dominatoris exercituum emittit, et sic absconsa fulgoris auroræ, scilicet incarnati Filii Dei ex Virgine inchoat, subito impervia serenitas incomprehensibilis altitudinis, aperto clarissimo tabernaculo, super mysteria sacrosancti sacramenti se inclinat, et eam totam sua claritate ita perfundit ut solaris lux rem illam illustrat, quam radiis suis transfigit; quia eumdem rutilantem circulum ejusdem oblationis sanctissimus calor in virtute Patris ita perfundit, ut radians fulgor rem illam intrat super quam se diffundendo jacit. Quid hoc? Sponsa Filii mei, oblationem panis et vini super altare meum devotissima intentione offert. Quomodo? Videlicet per manum sacerdotis fideli recordatione monens me, ut in eadem oblatione carnem et sanguinem Filii mei ipsi tradam. Quomodo? Quia passiones ejusdem Unigeniti mei in coelestibus secretis semper apparent: ideo et illa oblatio Filio meo in ardente calore meo profundissima admiratione ita coadunatur, ut caro et sanguis ejus veracissima certitudine efficiatur, unde Ecclesia felicissima vegetatione roboratur. Nam dum præfata claritas oblationem illam ita, ut dictum est, irradiat, sursum eam ad secreta coeli invisibiliter sustollit; quia eadem ignea coruscatio, dum ipsum sacramentum sua illustratione perfundit, sursum illud ad illa occulta quæ mortalis oculus videre non valet, invisibili virtute trahit. Et iterum illud deorsum super idem altare remittit, quoniam ipsum condescensionis respectu super mensam sanctificationis suavissime deponit; veluti cum homo anhelitum suum introrsum trahit et iterum eum extrorsum emittit; dum ipse spiraculum viventis vegetationis quo vivit per mirabilem dispositionem Dei sibi introrsum mittit et rursum, ut vivere possit, extra se deducit. Ita eam oblationem veram carnem et verum sanguinem effectam, quamvis in conspectu hominum velut panis et vinum appareat: quia ut Deus verax est sine illusione, ita etiam et illa altitudo sacramenti firma altitudo est quam nullus dejicere potest, vera caro et sanguis existens absque deceptione. Quoniam ut anima veraciter viget in carne et sanguine dum homo vivit in corpore, ita est etiam hoc mysterium in pane et vino ubi colitur veraci celebratione. Sic etiam apparens hominibus: quia ut cæcus oculus hominis Deum perfecte videre non potest, ita etiam homo mysteria ista corporaliter intueri non valet. Quoniam, ut homo corpus hominis et non spiritum ejus videt, sic etiam homo panis et vini speciem et non hæc sacramenta perspicere potest. Quid hoc? Claritas quæ super corpus Filii Dei in sepulcro sepultum apparuit ipsum a sopore mortis resuscitans, hæc etiam in altari super sacramentum corporis et sanguinis ejusdem Unigeniti mei resplendet, illud ita in conspectu hominum tegens, quod sanctitatem ejus videre non possunt nisi in specie panis et vini secundum quod illa oblatio altari superposita est. Sicut etiam humanitate Filii Dei divinitas quæ in ipso erat ita hominibus objecta fuit; quod eum non nisi ut hominem videre potuerunt, cum ipsis ut hominem, sed tamen sine peccato, conversantem. Quid hoc? Ego qui omnia creavi; cum ab Ecclesia per sacerdotalem manum prædicta oblatio mihi offertur, eam benigne suscipio. Quoniam ut Divinitas mirabilia sua in utero Virginis ostendit, etiam in hac oblatione secreta sua demonstrat. Quomodo? Quia caro et sanguis Filii Dei manifestatur. Quomodo? Quoniam dum oblatio illa sursum invisibiliter velut in puncto per virtutem Dei trahitur et iterum remittitur, ita in calore divinæ majestatis fovetur, quod caro et sanguis Unigeniti Dei efficitur.

Idem mysterium hominibus carnali sensu non cernentibus quasi aliquis pretiosissimum unguentum simplici pani involverit, et sapphirum vino imponet, et ego illud in tam dulcem saporem convertere ut in ore tuo, o homo, nec panem illum cum unguento nec vinum illud cum sapphiro discernere posses, sed tantum suavem saporem sentires; quoniam et Filius meus suavis et lenis est. Quid hoc? In unguento hoc intelligitur Filius meus ex Virgine natus qui pretiosissimo unguento unctus est. Quomodo? Quia sancta humanitate indutus est, quæ tam pretiosum unguentum est, quod suavitate sua mortifera vulnera hominum ita perfundit, ut ultra in perditione Adæ nec putrescant, nec feteant, cum se ad illum convertunt. In sapphiro autem isto divinitas notatur quæ in eodem Filio meo est, qui lapis angularis existens mitis et humilis est, quoniam de radice humanæ carnis qui de viro et muliere est non radicavit, sed in calore meo mirabiliter ex suavissima Virgine incarnatus est. Unde etiam caro et sanguis ejus dulcis et suavis ad sumendum credendus est.

Sed tu, o homo, hoc spirituale donum ita visibiliter sumere non potes velut visibilem carnem comedas, et velut visibilem sanguinem bibas, quoniam putredo limi es; sed, ut vivens spiritus tuus in te invisibilis est: ita etiam hoc vivens sacramentum in oblatione ista invisibile existens, a te invisibiliter suscipiendum est. Quia quemadmodum corpus Filii mei in utero Virginis surrexit, sic etiam et nunc caro ejusdem Unigeniti mei in sanctificatione altaris ascendit. Quid hoc? Nam spiritus hominis qui invisibilis existit sacramentum hoc quod in obligatione hac invisibile est invisibiter suscipit, corpore hominis quod visibile est oblationem istam quæ in sacramento visibilis existit visibiliter accipiente, ita tamen unum sacramentum existentibus, sicut Deus et homo unus Christus est, et ut anima rationalis et caro mortalis in homine unus homo existit; quoniam homo qui recta fide me inspicit, cum sacramentum istud accipit, ad sanctificationem sui illud fideliter suscipit. Quid hoc? Filius meus mirabiliter natus est ex integerrima Virgine, cujus caro in delectatione libidinis nunquam efferbuit semper intacta manens; quia vas ipsius Virginis mundissimum fuit: in quo ipsum Unigenitum meum incarnari volui. Unde non permisi ut vas ipsum ipsius suavissimæ Virginis in calore ardoris difflueret: quoniam in eo Filius meus humanum corpus mirabiliter suscepit.

Sed quod ipsa beatissima Virgo per angelicum sermonem in eodem secreto veram allocutionem audivit et exinde credula effecta suspiria mentis suæ sursum tenuit, cum diceret: *Ecce ancilla Domini, fiat mihi secundum verbum tuum* (*Luc.* 1), mox Unigenitum Dei Spiritu sancto superveniente, concipiens, designat quod omnipotens Deus per verba sacerdotis in officio sacerdotali invocandus est. Ita quod sacerdos fideliter in Deum credens et cum devotione cordis sui puram oblationem ipsi offerens verba salutis in obsequio humilitatis dabit, ubi et superna majestas eamdem oblationem suscipiens, in carnem et sanguinem pii Redemptoris mirabili virtute transfundit. Quomodo? Quia Filius meus mirabiliter prius humanitatem in Virgine suscepit, ita etiam et nunc oblatio hæc mirabiliter caro et sanguis ejus in altari efficitur. Unde et hoc sacramentum totum et integrum est, invisibile et visibile existens: ut etiam Unigenitus meus totus integer est secundum divinitatem invisibilis, et secundum humanitatem visibilis in sæculo manens. Nam ut pullus avium de ovo egreditur, et ut volatilis vermiculus de exiguo grano oritur, quo animali avolante illud remanet de quo ipsum ortum est: ita etiam in oblatione ista veritas carnis et sanguinis Filii mei per fidem tenenda est, quamvis eadem oblatio in conspectu hominum velut panis et ut vinum apparet. Unde etiam ut aspicis signa nativitatis, passionis et sepulturæ, necnon resurrectionis et ascensionis Salvatoris Unigeniti Dei velut in speculo ibi apparent, quomodo etiam cum Filius Dei in sæculo esset, in ipso patrata sunt; quoniam (ut vera manifestatione consideres) mysteria nascentis ex Virgine et patientis in cruce, ac sepulti in sepulcro, nec non resurgentis a mortuis, et ascendentis ad cœlos, videlicet illius qui pro salute hominum ad terras venit, purissima claritate in eisdem sacramentis fulgent ut etiam cum idem Unigenitus Dei temporaliter in mundo cum eisdem conversaretur per voluntatem Patris pro redemptione humani generis ea in suo corpore passus est. Quid hoc? Quia ante oculos meos apparet quid Filius meus propter amorem hominis in mundo passus sit; quoniam nativitas, passio et sepultura, resurrectio et ascensio Unigeniti mei, mortem humani generis occiderunt. Unde et ea in cœlestibus coram me fulgent, quia eorum non sum oblitus, sed usque ad consummationem sæculi quasi aurora ante me in multa claritate apparebunt. Quid hoc? Quoniam in illa passione usque ad finem mundi omnes illos prævideo qui eam credituri sunt et qui eam abjecturi; quia ipsa coram me semper fulgebit, quandiu homo id dicere debet quod Filius meus discipulos suos docuit ut Deum orarent, sicut scriptum est: *Et dimitte nobis debita nostra, sicut et nos dimittimus debitoribus nostris (Matth. VI).* Quid hoc? Tu, quod omnia in potestate tua habes, inspice effusionem illius sanguinis qui pro humano genere effusus est, *et dimitte nobis* qui Filii transgressioni sumus *debita nostra* quæ tibi persolvere debuimus, sed propter incarnationem cordis nostri non fecimus. Quid hoc? Quia quod in baptismo promisimus non adimplemus; quoniam præcepta tua transgressi sumus et innocentiam abjecimus, sicut et Adam in paradiso tibi non obedivit et vestem innocentiæ corrupit. Sed tu qui pius es noli punire nos secundum nequitiam nostram, sed relaxa nobis transgressionem nostram secundum pietatem tuam; *sicut et nos*

qui prævaricatores sumus, quamvis multam malitiam in nobis habeamus, tamen propter timorem et amorem Salvatoris nostri *dimittimus* ex corde nostro *debitoribus nostris* injuriam illam, quam nobis intulerunt. Quomodo? Quoniam illos qui nos diligere deberent quia homines sumus, in multis nos conturbantes et per hoc te non amantes sed præcepta tua negligentes, non persequimur secundum malitiam illam quam in nos exercuerunt, sed justum judicium tuum inspicientes non vindicamus nos in eis quantum possumus; ita et tu, o Deus, nobis sis propitius: quoniam justus et bonus es. Tu ergo audi, o homo, quia quandiu tibi subveniendum est, et quandiu tu aliis hominibus succurrere potes, tandiu passio Filii mei coram me in misericordia apparebit, et tandiu etiam caro et sanguis ejus in altari consecrabitur ad percipiendum, credulis hominibus ad salvationem et ad purgationem criminum eorum. Nam cum Unigenitus meus in mundo corporaliter esset, corpus ejus in nutrimento carnis et sanguinis sui de frumento et vino sustentatum est; unde etiam et nunc in altari caro et sanguis ejus in oblatione frumenti et vini consecratur, quatenus inde fideles homines in anima et in corpore reficiantur. Quoniam idem Filius meus hominem de perditione Adæ mirabiliter redemit, et nunc etiam homines de quotidiano malo in quo frequenter prolabuntur misericorditer absolvit. In consecratione enim prædictæ oblationis apparet quidquid Filius meus in carne sua pro redemptione hominis corporaliter passus est, et hoc nolo abscondere; quia electos ejus sursum ad cœlestia traho, ut per ipsos corpus ejus in prædictis membris perficiatur.

Quapropter et ego omnia sacramenta hæc in oblatione ista mirabiliter demonstro, quoniam, cum ea super altare apparuerint, tunc etiam caro et sanguis Filii mei eadem oblatio fit, tamen in conspectu hominum panis et vinum apparens; quia tam tenera est fragilitas hominis, quod crudam carnem et crudum sanguinem percipere abhorreret. Nam mortalis homo Divinitatem non potest inspicere quandiu mortalis est. Unde etiam mysterium hoc quod totum est Divinitatis, ipsi homini obscuratum est: ita quod illud invisibiliter percipiet, quia et idem Unigenitus meus nunc immortalis existens ultra non moritur. Quapropter et ego, o homo, carnem et sanguinem ejus in oblatione panis et vini tibi trado; quatenus per illud quod visibile est illud quod invisibile est in vera fide percipias. Et idem sacramentum in vera certitudine per divinam potentiam suscipis: ita tamen quod tibi visibile non apparet, ut etiam in magna necessitate illud electis meis cum per hoc in magna afflictione positi essent, aliquando demonstratum est. Hæc autem omnia propter amorem et propter utilitatem hominis facio. Sed omnis creatura præceptis meis subjecta est; tu vero, o homo, mihi semper rebellis existis; unde cæcus et surdus es, sed tamen mihi rebellare non potes. Nonne facio te non vidente quod mihi placitum est? Tu autem non vides oculis tuis nec audis auribus tuis in carne, quomodo animam hominis in corpus ejus immittam, et quomodo illam de corpore ejus auferam; sed anima tua intelliget me, cum mortale corpus suum reliquerit. Sic etiam carnem Filii mei trado tibi ad manducandum et sanguinem ejus ad bibendum, et hoc in potestate mea, te, o homo, non vidente, efficio.

Quapropter ut vides dum idem sacerdos canticum innocentis Agni, quod est *Agnus Dei qui tollis peccata mundi,* decantat, et ad percipiendam sanctam communionem se exhibet, prædicta ignea coruscatio ad cœlestia se recipit; quia eodem ministro laudem illius qui innocentia mansuetudinis suæ tulit piacula hominum denuntiante, et interiora pectoris sui cum exteriore devotione ad eadem sacramenta aperiente, illa invicta claritas quæ ibi virtutem suam ostendit, ad superna secreta se subtrahit et ita, clauso cœlo, id est se subtrahentibus eisdem cœlestibus mysteriis, audis vocem ex alto dicentem, ut credentes et fideles homines manducent et bibant cum vera devotione carnem et sanguinem Salvatoris sui, qui pro ipsis passus, mortem temporalem subiit, ad abluendam contaminationem illam quam primi parentes præceptum Dei transgressi mundo intulerant; quatenus ipsi ab hac prævaricatione emundati, rectæ hæreditati quam inobedientia perdiderant fide restaurentur. Nam sicut Unigenitus Dei in cœna corpus et sanguinem suum discipulis suis tradidit, ita etiam et nunc in altari carnem suam et sanguinem suum dat fidelibus suis. Quemadmodum homo, cum opus voluntatis suæ perfecerit, illud ad utendum hominibus tribuit. Quia ipse Filius Dei præcepta Patris sui peragens, semetipsum pro salute hominum obtulit, et corpus et sanguinem suum ad sanctificationem eorum ad manducandum et ad bibendum dedit, ut etiam in Cantico canticorum sponsus amicis suis loquitur dicens: *Comedite, amici mei, bibite et inebriamini, charissimi* (Cant. v). Quid hoc? Comedite in fide vos qui per sanctum baptisma ad amicitiam meam venistis, quoniam effusus sanguis Filii mei lapsum Adæ vobis abstersit, ruminantes veram medicinam in corpore Unigeniti mei, ut iterata crimina vestra, cum frequenter injustitiam in operibus vestris operamini, vobis misericorditer abstergantur. Unde etiam bibite in spe ex hac vita quæ vos de æterna pœna eduxit; sumentes poculum salutis videlicet, ut fortiter et viriliter in illa gratia credatis qua redempti estis. Quoniam et sanguine illo perfundemini qui pro vobis effusus est. Et ita inebriamini in charitate qui mihi charissimi estis, abundantes in rivulis Scripturarum, quatenus cum summo studio a carnalibus desideriis vos subtrahatis; ut et ego præclaras virtutes valde mihi amabiles in vobis exsuscitem, tradens etiam vobis corpus et sanguinem Unigeniti mei, sicut et ipse discipulis suis idem sacramentum dedit, ut in Evangelio scriptum est: *Cœnantibus autem eis, accipiens Jesus panem, benedixit ac fregit deditque discipulis suis et ait: Accipite et comedite, hoc est corpus meum. Et accipiens calicem gratias egit et dedit discipulis suis, dicens: Bibite ex hoc omnes; hic est sanguis meus Novi Testamenti, qui pro multis effundetur in remissionem peccatorum. Dico autem vobis, non bibam amodo de hoc genimine vitis usque in diem illum cum illud bibam vobiscum novum in regno Patris mei* (Matth. xxvi). Quid hoc? Filio Dei una cum discipulis suis consummationem illam celebrante, qua ipse transiturus erat de mundo, videlicet cum in terrenis capsis diutius conversari non debuit ut prius fecerat, sed in voluntate Patris ad passionem crucis perdurans, summa devotione accepit pro salute hominum panem in recordatione corporis sui toto desiderio Patrem suum movens ut, quomodo de eo exivit ad eum redire voluit, ita etiam ipse inspiceret si possibile esset, ut a fragilitate carnis suæ calix ille, quem erat bibiturus transiret, quamvis hoc fieri non deberet. Unde et panem illum benedixit in recordatione sudoris corporis sui, cum præcepto Patris se subdens scilicet in cruce mori volens in angustia ejusdem passionis corpus et sanguinem suum discipulis suis tradidit. Ita etiam, ne et ipsi obliviscerentur, quod eis hoc exemplum dedisset. Ac fregit eis, quia quamvis passio illa corpori suo dura esset, tamen Patri suo obediens crudelissimam mortem in morte corporis sui vicit, designans etiam quod in eum credentibus caro sua et sanguis in sacramento oblationis esset tradenda. Deditque ad veram salutem eisdem discipulis suis: ita ut et ipsi hæc in nomine ejus facerent, sicut et ipse ea propter amorem eorum faciebat, mitissima voce dicens: Vos, qui humiliter me sequi vultis, ardenti amore accipite hoc exemplum quod relinquo vobis, videlicet passionem meam et opera mea, quæ in præcepto Patris mei complevi; quoniam ipse misit me docere et ostendere regnum ejus. Et comedite fideliter hoc quod vobis do; quia corpus meum est. Quid hoc? Comedite corpus meum; quoniam in spiritu et in carne vestra debetis opera mea imitari, cum ea Spiritus sanctus cordi vestro inspirat, velut homo escam glutit quam in corpus suum mittit, quia ut me in operibus meis sequi debetis, ita etiam et corpus meum manducabitis vos et omnes qui præcepta mea servare voluerint. Et deinde Filius Dei accipiens in salvatione poculum salutis Patri suo gratias egit; quoniam, cum de latere ejus sanguis effusus est, hæc gratia credentibus data est: quæ tam fortis fuit quod et antiquum serpentem superavit, et perditum hominem liberavit, et totam Ecclesiam fideliter corroboravit. Quomodo? Quia idem Salvator pretiosissimum exemplum suum in suavitate amoris sui tradidit fidelibus suis, dicens ea leni inspiratione admonitionis: Bibite fiducialiter ex hoc salutari poculo vos omnes, qui me fideliter sequi desideratis, ita ut corpus vestrum in angustia castigetis, et sanguinem vestrum in sudore arceatis propter amorem meum ad roborandam Ecclesiam, vosmetipsos abnegantes, sicut et ego passioni me subjeci, et sanguinem meum pro redemptione vestra fudi, teneritudinem carnis meæ in hoc non considerans, sed salutem vestram faciens. Nam hic sanguis, qui vobis effusus est, non est sanguis ille qui in veteri Testamento sub umbra spargebatur, sed sanguis meus novi Testamenti qui ad salutem populorum datus est. Quomodo? Ego qui sum unicus matris meæ videlicet integerrimæ Virginis Filius, sanguinem meum in cruce pro redemptione hominum fudi qui me per fidem inspiciunt. Et ut eum tunc pro liberatione humani generis dedi, ita eum etiam et nunc in altari pro hominibus trado, scilicet pro purgatione illorum qui eum fideliter suscipiunt. In cœna enim passionis meæ corpus et sanguinem meum vobis ad manducandum et ad bibendum dedi: quatenus et vos nunc in altari idem in memoria mea faciatis. Unde etiam in apertione veritatis dico vobis qui me fideliter subsecuti estis: Non bibam amodo hoc poculum angustiæ in gravedine illa, quam nunc de Judæis patior, usque in diem illum cum de morte resurgens, morte prostrata diem salvationis afferam, ubi idem poculum redemptionis vestræ bibam vobiscum qui mei estis, novitatem exsultationis vobis ostendens; quia perditio veteris criminis abjicietur, aperto vobis regno illo: quod Pater meus diligentibus se præparavit. Quid hoc? Quoniam morte mea quam in cruce passus sum salvationem animarum sentietis, cum etiam post resurrectionem meam, in ascensione mea Spiritum paracletum accipientes, novitatem novæ doctrinæ suscipietis: ita et propter nomen meum multas tribulationes sustinebitis, quas et ego vobiscum sustinebo; non quod amodo ullas miserias corporaliter patiar ut prius, cum in mundo corporaliter essem, passus sum; sed quia vos eas nomine meo sustinetis, ubi et ego illas vobiscum sustineo; quoniam vos in me estis et ego in vobis.

Et ita, ut dictum est, corpus et sanguinem Filii mei vos qui in me fideliter credidistis, ad abolitionem criminum vestrorum percipietis, ut per hoc sacramentum exhilarati virtutem supernæ confortationis adipiscamini, sicut et David servus meus in voluntate ardoris mei clamat dicens: *De fructu operum tuorum satiabitur terra, producens fenum jumentis, et herbam servituti hominum; ut educas panem de terra et vinum lætificet cor hominis. Ut exhilaret faciem in oleo: et panis cor hominis confirmet* (Psal. cm). Quid hoc? O Deus, cujus magnificentia super omnes est, de fide illa qua tu in veritate cognosceris (ita quod ipsa fructus virtutum in sapientia tua est) satiabitur homo, videlicet qui fidei adhærens esuriem infidelitatis in via justitiæ abjicit, cum prius veritatem ignorans jejunus a rectitudine defecerat. Sed nunc in saturitate bonorum operum producens contritionem animi sui, illis qui in simplicitate sunt, fragilitatem suam considerans exemplum humilitatis fideliter præbet, ubi etiam cum germine virtutum surgens

in abundantia ejusdem securitatis viriditatem veræ rectitudinis servituti illorum qui terrenis inhiant exhibet; quoniam ad utilitatem ipsorum iis actibus insudat, qui obsequio munitionis et defensionis suæ fideles animos ad superna gaudia perducunt. Ut et illi qui militia fortitudinis et protectionis suæ hos quos tueri debent fortissime defendant. Et hæc in hominibus per voluntatem tuam, o Deus! idcirco præcedant, quatenus illis virtutibus adornatis mirabiliter ipsis educas corpus Filii tui de fructu illo, quem terra in puritate viriditatis profert, sicut etiam Unigenitus tuus ex utero virginalis pudicitiæ corporaliter veniens, panem vitæ credentibus in semetipso misericorditer dedit. Sed et hoc miraculum ideo facies, ut etiam sanguis ejusdem Unigeniti tui qui ad salvationem animarum effunditur, lætificet interiorem vim hominum, id est animas eorum in remissionem peccatorum ipsorum. Quomodo? Quia ut prius Filii tui corpus pro redemptione humani generis in cruce oblatum est: ita etiam et nunc caro et sanguis ejus ad salutem credentium in altari consecrantur. Quapropter cum hoc in voluntate tua mirabiliter factum fuerit, tunc et illud erit ut ipsum sacramentum exhilaret faciem, id est Ecclesiam oleo misericordiæ perfusam, quia cum gaudio fidei credentes, misericordiam amplectentes, oculis Domini pulchri apparent; quoniam cum salus mundi in cruce pendens hominem de laqueo diaboli misericorditer liberavit, tunc etiam homines a vinculo peccatorum benigne absolvit, ut et ipsi in lætitia simplicis cordis sui fideliter in Deum credentes miseriam patientibus cum ardore devotionis subvenire non desinant. Et in hoc amore fideles ardere debent, ut panis ille qui vitam se gustantibus præbet, sensus ipsorum qui semper in instabilitate vacillant confirmet, ne intentio cordis eorum in malum declinet, sed ut ad hoc quod vita est fortiter ascendat.

Panis autem iste caro Filii mei est, quam nulla obscuritas in peccatis obfuscat, nec ulla macula in iniquitatibus obnubilat: ita ut qui eam digne susceperint, in anima et corpore cœlesti lumine perfundantur, et a maculis interioris sordis suæ fideliter emundentur. Et ideo nulla dubitatio in ista sacratissima carne sit; quoniam qui primum hominem nec de carne nec de osse formavit, huic possibile est sacramentum istud hoc modo operari. Unde, o virginalis ortus, tu surgis, crescis, dilataris, ac magnum ramum in multis germinibus producis, per quem cœlestis Jerusalem ædificabitur, non ex virili semine, sed ex mystico spiramine veniens. Nam in ortu tuo non es ligatus ulla maculositate criminum, sed floruisti in mirificatione virtutum, qui ex inarato agro talis flos surrexisti qui nunquam ullo casu mortalitatis marcescet, sed qui in plenitudine viriditatis suæ semper durabit. Quapropter et hoc sacramentum corporis et sanguinis tui tandiu in officio veritatis in Ecclesia colendum est, quousque in fine mundi novissimus homo veniat, qui per idem mysterium veraciter salvandus est;

quoniam illud de secreto Dei veniens salutem credentibus eo fert, ut idem David testatur dicens : *Et mandavit nubibus desuper, et januas cœli aperuit. Et pluit illis manna ad manducandum, et panem cœli dedit eis. Panem angelorum manducavit homo, cibaria misit eis in abundantia* (*Psal.* LXXVII). Quid hoc ? Cœlestis Pater per potentiam gloriæ suæ emollivit mentes hominum a superna celsitudine, cum patriarchis et prophetis in secreto mysteriorum suorum hoc demonstravit per quod et Filium suum in Spiritu sancto veraciter predixerunt, et eum in fugalibus præceptis per sanguinem hircorum et per alias ostensiones hominibus mirabiliter designaverunt. Et hoc modo suavitatem et dulcedinem cordis sui aperiens, in lenitate et in ardore charitatis misit eis Filium suum, ut per eum a fame infidelitatis suæ reficerentur : ita refectionem cœlestinam dans eis, cum qua plenum gaudium omnium felicitatum ac beatitudinum fideliter satiati adipiscerentur. Ergo panem illum cujus dulcedine superni angeli non satis possunt satiari, Deum videlicet inspicientes, ita suscepit homo in humanitate Filii Dei, cum has refectiones beatitudinis summus Pater misit hominibus in abundantiam spiritualis gaudii. Ac ideo fidelis homo fideli auditione audiat : O vos fideles homines, qui ecclesiasticum germen estis, audite et intelligite præsidium animæ vestræ, ubi non estis filii diaboli, sed hæredes cœlestis regni, et considerate quomodo ego mitissimus ac benignissimus Pater, magnis felicitatibus salutis vestræ circumdedi vos. Ergo attendite bonitatem Patris vestri, quomodo per me ordinatum est, quod in salute vestra est ; quoniam quamvis vilis cinis sitis, tamen salutem vestram humanitas Filii mei exposcit. Quomodo ? Filius meus natus est de incorrupta virgine, quæ ignara illius doloris fuit, sed quæ in virenti puritate integritatis suæ permansit : ut gramen in gloria viriditatis suæ viget, super quod ros de cœlo cadit.

Et quia virgo illa incorrupta fuit de qua Filius meus hoc modo carnem sine peccato assumpsit : ideo et justum est ut caro ejus nunc de fructu illo fiat, qui sine succo amaritudinis est. Quomodo ? Granum frumenti fortissimus et optimus fructus aliorum fructuum est, nec in culmo suo succum aut medullam ut cæteræ arbores habens sed in gramine suo in spicam surgens, ita ad fructum suum tendit, nec per calorem nec per frigus amarum succum producit, sed siccam farinam tribuit. Ut etiam caro Filii mei sicca fuit, sine omni fœditate humanæ pollutionis per quam humanum genus in amplexibus libidinis viri ac mulieris surgit. Non sic Unigenitus meus natus est, sed in virenti integritate virginea exivit, ut etiam granum intextum granum frumenti gignit. Nam ut culmus frumenti sine medulla vigens siccum granum in puritate spicæ profert, ita etiam beata Virgo sine virili fortitudine gignens sanctissimum Filium suum in simplicitate innocentiæ edidit, qui de eadem matre sua nullum succum peccati traxit ; quoniam et ipsa eum sine medulla viri concepit, ut etiam culmus succum grano non tribuit quoniam illud non de medullato stipite viret : sed de sole et pluvia ac de blanda aura viget, sicut et prædicta integerrima Virgo, non de viro, sed virtute Altissimi obumbrata et infusione Spiritus sancti perfusa, in suavitate castitatis Unigenitum suum genuit. Quamvis autem illa Virgo de voluntate viri ac mulieris orta esset, tamen eumdem Filium suum non ita protulit, sed eum de cœlo venientem verum Deum et hominem sine voluntate viri in integritate sua purissimum genuit. Quæ quoniam eum in virginitate sua sine sorde purissimum peperit, ideo et nunc panis qui caro illius veraciter consecratur, purissimus in integritate sua existens ; a fidelibus in puritate cordis et sine admistione diversitatis suscipi debet, ut filiis Israel præmonstravi, quemadmodum in voluntate mea scriptum est : *Mementote diei hujus in qua egressi estis de Ægypto et de domo servitutis : quoniam in manu forti eduxit vos Dominus de loco isto, ut non comedatis fermentatum panem* (*Exod.* XIII). Quid hoc ? Vos qui imitatores Filii mei esse vultis, estote respicientes de morte ad vitam, videlicet in memoria vestra habentes salvationem diei illius qui Filius meus est, qui mortem conculcavit et vitam dedit, in quo in salute vestra egressi estis miserabile exsilium perditionis ; cum scilicet abjecistis densissimas tenebras infidelitatis, ita etiam vos eripientes de mansione diabolicæ servitutis, cui in transgressione Adæ dati fuistis. Nunc ergo de terrenis actibus ad cœlestia respicite ; quoniam in divina potentia de malis eduxi vos ego Dominus, qui cunctis tanta fortitudine præsum, quod virtuti meæ nullum obstaculum contrarietatis obsistit quin omnia acutissime penetrem : ita per Filium meum eripiens vos de loco isto, in quo in infidelitatem vestram morti famulantes in bonis operibus non laborastis, sed in perversitate vestra jacentes turpiter in eo perstitistis. Sed quia nunc in Unigenito meo ab oppressione ista liberati estis, currite de virtute in virtutem, caventes ne in conscientiam vestram mittatis infidelitatem illam, quæ cor vestrum in sua receptione non confortat, sed potius sua amaritudine gravat. Quid hoc ? Nolite diabolicas artes sectari ; nec cætera figmenta quæ homines in humanis contagiis philosophorum, paganorum, ac hæreticorum sibimetipsis adinvenerunt ; sed Filium meum in speculo fidei imitamini, qui vos de carceribus inferni liberavit, cum semetipsum pro vobis ad passionem crucis obtulit. Sed ut vestigia ejus tanto cautius sequi valeatis ; corda vestra cœlesti pane confortate, et corpus ejus fideli devotione sumite, quoniam ipse de cœlo veniens, de suavi et de pura Virgine natus, et in ligno pro salute vestra passus, semetipsum vobis contulit : ita ut et vos sine admistione illius amaritudinis, suavem et purum panem divina invocatione corpus ejus in altari consecratum sincero affectu suscipiatis, quatenus per hoc esuriem interioris hominis effugientes, et epulas æternæ beatitudinis pervenire valeatis.

Unde etiam in vino quod de vite defluit eadem invocatione per sacramentum sanguinis ejus volo mirabilia demonstrare. Quid hoc? Sanguis Filii mei de latere suo fluxit, ut et uva de vite sudat. Sed ut uva pedibus conculcatur et in torculari premitur, ita dulcissimo ac fortissimo vino effluente ad roborandum sanguinem in homine : sic etiam Unigenito meo in sudore angustiæ, verberibus et flagellis macerato et ligno crucis oppresso, optimus et pretiosissimus sanguis de vulneribus ejus emanavit, saluberrima liberatione credentes populos perfundens. Quemadmodum etiam uva dissimilis est aliis pomis quæ duros cortices habentia comedi possunt, cum homines uvam magis soleant sugere quam comedere : ita etiam Filius meus dissimilis erat in peccatis cæteris hominibus ; quia ipsi sub pondere nequitiæ gravati diversis passionibus subjacent, cum ipse Unigenitus meus de castissima Virgine mirabiliter natus, omni contagione peccati careret. Quapropter et quoniam uvam tenere materiæ est, idcirco et vinum in sanguinem ejusdem Filii mei volo consecrari. Nam, ut vinum de vite sudat, ita et Filius meus de corde meo exivit, etiam eodem Unigenito meo vera vite existente, et diversis palmitibus ex eo exeuntibus ; quia fideles in ipso plantati sunt, qui per incarnationem ejus in bonis operibus fructuosi existunt. Et ut iste liquor de dulcissimo ac fortissimo fructu vitis emanat, sic etiam omnis justitia in misericordia et veritate per incarnationem ejusdem Filii mei apparet, quas virtutes in ipso inveniunt omnes qui eum fideliter quærunt. Quomodo? Quoniam qui ipsi fideliter adhærent, ii virides et fructuosi ab ipso efficiunt, ita quod optimos fructus in virtutibus afferunt ; sicut et ipse suavis et mitis existens, pretiosissima germina in sanctitate et justitia attulit, et sibi credentes ab omni sorde infidelitatis emundavit, ut in Canticis canticorum de eo scriptum est : *Botrus cypri dilectus meus mihi in vineis Engaddi* (Cant. 1). Quid hoc? Filius Dei qui me exsulem animam in passione sua salvat, in resurrectione etiam sua mihi misericorditer poculum vitæ dat. Quomodo? Sicut botrus Cypri fortissimam plenitudinem potionis in se continet : ita quod ipse Filius Dei nunquam hoc modo exhaurietur, quin semper potum vitæ sitientibus dare possit, quoniam ipse salus vitæ est. Nos enim qui prius in defectu fuimus, nunc in ostensione et in scientia veræ sanctificationis bonorum operum confortati, per illum cibum vitæ manducamus, in quo etiam Deum scientes ad vitam perginus. Cum in Veteri Testamento quod quasi per umbram plenum sensuum non habuit, sed in ostensione significationis multam diversitatem in se tenuit, magnam famem sustinentes, ad salvationem surgere non valuimus ; nunc ergo in ipso saturati, etiam in illo salutare poculum bibimus, scilicet in vera fide fideliter gustando quis Deus sit, quem exterioribus oculis mortalis carnis videre non possumus, sed quem spirituali intelligentia intus habemus ; sicut et vinum fortissimam vim suam in venis hominum ostendit : hoc tamen hominibus non sentientibus, sed tantum ita esse intra se scientibus. Et ideo sponsus animarum botrus Cypri est, cujus fructus non deficiet. Quomodo? Cæcus ingressus portam exigit sui ductoris visum. Quomodo? Quia homo claritatem fidei non habens, cum ad fidem pervenerit, per pressuram torcularis in rorem sanguinis Christi intrat. Quomodo? Sicut per præcepta illius vitam in anima nostra habemus : ita etiam in donatione illius emundationem in carne nostra recepimus ; quoniam nos nati in prævaricatione Adæ immundi existimus, sed in sanguine ipsius sanctificamur. Unde desponsatio animarum, de ipso in Spiritu sancto dicit : Dilectus meus qui cordi meo dulcis et amabilis existit, fortissimum vinum per sanguinem suum in plena sanctificatione mihi est ; quia dum sum immunda in plantatione carnis, sicut vinea quæ adhuc inculta jacet in spinis: ipse fons salvationis existens, peccatores a sordibus suis misericorditer abluit, et in mysterio secretorum suorum gloriosissime sanctificat ; quoniam ut de corde Patris suaviter exivit, sic etiam in vino sanguinem suum suaviter ostendit, et ut ex Virgine mirabiliter natus est, ita etiam et in pane corpus ejus mirabiliter declaratur ; quia ipse botrus est, qui nunquam defectum ullo detrimento patietur. Quapropter et super altare velut in torculari per voluntatem Patris calcatur : quatenus homo qui per semetipsum nullatenus subsistere potest, ob fragilitatem debilitatis suæ non deficiat. Quoniam et sicut sanguis hominis augmentum ex potu accipit : ita etiam homo sanctificationem ex sanguine Filii Dei habet. Et ut ne sanguis hominis sine irrigatione potus in ariditatem vertatur, ex potu reficiendus est : sic etiam vinum in consecratione sanguinis Filii Dei non deficiet, sed super altare in sacramento mysterii ejus semper erit.

Sed et tu, o homo, attentissime scias quod in consecratione ista vino aqua immista esse debet, quia de latere Filii mei sanguis et aqua emanavit, ita quod et in vino divinitas ejus intelligitur, et in aqua humanitas ipsius sentitur. Et ideo quoniam in ipso divinitas et humanitas est, ita etiam in consecratione ista vino aqua adjungetur ; quia cum vinum divinitatem ejus signet, aqua etiam humanitatem ipsius ostendit, quæ sine commistione virilis sanguinis pura et munda existit. Quoniam etiam Unigenitus meus fons aquæ vivæ existens, homines in regeneratione spiritus et aquæ de veteri culpa Adæ emundavit, et eos ad cœlestia transtulit, cum pro salute eorum in mundum venit, quemadmodum scriptum est : *Ego quasi fluvius Diorix, et sicut ductus aquæ exivi de paradiso* (Eccli. xxiv). Quid hoc? Deus hominem rationalitate firmans, ei plurima mystica dedit, cum spiraculum vitæ in eum emittens, illum rationalitate sublimavit. Qui dum seductus in mortem caderet, ego Filius Dei qui ipsum liberare veni, fluens in decore omnium rigationum infixæ charitatis, et emanans in diffusione veræ et indeficientis puritatis exivi de secreto supernæ amœnitatis; quatenus homo, qui ex reatu suo perierat, misericorditer de perditione eriperetur. Quomodo? Ut innoxius sanguis innocentis innocentiæ, in angustia desudantis passionis pro eo effunderetur. Quomodo? In transgressione Adæ, cum ipse de paradiso expulsus est; sanguis ejus ob expulsionis angustiam, quia reus erat, totus inundavit, et sic in angustia illa liquefactus, cum sudore aquæ perfusus est. Et ita sanguini hominis aqua per sudorem admista cognoscitur. Unde, o homo, cum Unigenitus Dei in carne angustiari cœpit, videlicet quando pro humano genere pati voluit, sanguis ejus guttas sudoris emisit, ac deinde, ipso in cruce suspenso, de vulnere lateris ejus aqua cum sanguine emanavit. Et ideo in sacramento illo ubi mysterium passionis ejus celebrandum est, aqua vino immisceri debet; quia et de vulnere lateris Filii Dei aqua et sanguis effluxit. Sed et in eodem sacrificio vinum aquæ superabundabit; quia et sanguis tabem superat, sicut et lac succum suum quod serum est excedit. Qui autem mysterium hoc celebrant id ita perficiant, quemadmodum eis monstratum est, et ut etiam ibi homines exhortantur, ubi inspiratione mea per sapientiam audiunt, ut scriptum est : *Venite, comedite panem meum, et bibite vinum quod miscui vobis* (*Prov.* IX). Quid hoc? Vos qui stultitiam deponere vultis, venite de ignorantia illa qua Deum nescitis, et de stupro illo per quod in exsilium missi estis, et redite in candidam regionem vestram, quæ per speculum fidei in fonte viventis aquæ vobis præmonstrata est, et pia devotione comedite panem meum, quem vir in agro non seminavit, et cui terra viriditatem non dedit, sed qui de Deo exivit, atque in eo permanet. Nam ut panis manducatur, et ut terra conculcatur, sic et Filius Dei panis vivus filios hominum præcellit; quia ipse Filius Dei in virtute divinitatis suæ stabilis est; et filii hominum in debilitate carnis suæ labiles sunt; Filius enim Dei corporaliter manens in mundo, mollitiem liquoris peccati in carne sua non habuit, quoniam sicut ignis panem (excoquens) arefacit, nec ei ullum mollem humorem dimittit, ita et ipse Unigenitus Dei de fortissimo igne Spiritus sancti conceptus, et de castissima Virgine natus, sine ulla contagione peccati in corpore suo substitit. Et ita ut panis hominem reficit, sic etiam et fideles homines per eumdem Filium Dei in fide nutriuntur; quia ipse fortissimus fructus est, qui nunquam deficiet. Unde et vos, fideles, hunc panem comedentes, bibite etiam pura intentione vinum hoc quod omni prorsus sorde caret, et quod in hanc inanem vagationem non vadit, ubi corruptio immunditiam innocentiæ absorbens eam in venenum convertit.

Nam et secundum modum illum primus homo mundus fuit quando creatus fuit; quoniam in nulla diversitate erat, sed mundus in carne et sanguine suo fuit. Qui, cum prævaricationem faceret, illusus est : ita quod postea semper sanguinem suum in fetore immunditiæ mœchiæ sparsit. Quia, sicut idem homo honorem innocentiæ abjecerat, ita etiam et sanguis ipsius sanguinum colorem suum perdidit, in humana conceptione in liquorem pollutionis subversus. In quo etiam liquore ita sine fornicatione est donec sanguis apparet : et ita sanguis ille formam aliam accipiens post ortum suum in debilitate jacet, donec medulla ejus plenitudinem fortitudinis suæ inveniat et donec sensus in ipso per excitationem occultæ suscitationis exsurgat. Et tunc ita munda caro et mundus sanguis de veneno expiatus apparet, donec eum noxius calor percutit, qui percussione sua noxiam spumam immunditiæ ejicit. Sed ab his omnibus Filius Dei mundus exstitit; mundam videlicet carnem et mundum sanguinem habens, ita quod eum nunquam tactus ullius noxii caloris tetigit; sed in sanctificatione et honore virentissimæ castitatis manens, nulla contagione violari potuit. Qui tamen in angustia passionis positus, aquam in sanguinem lateris sui effudit ; quia sanguis sine aqua in effusione sua non est; sed ita temperatus exstitit, ut sanguis aquam confortet, et ut aqua sanguinem deliniat.

Quapropter et vos qui Deum devote colere vultis, ita quod vestram salutem amatis, sumite hoc poculum sanctificationis, quod ita temperavi vobis ut asperitatem ultionis in lenitate remissionis non sentiatis, quoniam et divinitas et humanitas in superno Filio est, per cujus passionem de morte liberati, et per cujus corpus et sanguinem vegetati, societatem in æterna mansione habeatis. Sed ego qui *sum initium et finis* (*Apoc.* XXI), iterum dico tibi, o homo, de nobili Filio meo, qui flos est rosarum et liliorum convallium, natus de castissima Virgine, quæ eum in integritate sua genuit. Qui partus talis exstitit, quod per eum de iniquitate priorum parentum humani generis placatus sum, qui me in transgressione sua ad indignationem provocaverunt. Unde et eumdem partum semper inspicio, cum corpus et sanguinem Filii mei quotidie super altare nomini meo consecratum habeo. Ita quod per ipsum sacramentum tu, homo, sanctificaris, carnem ejus manducans et eumdem sanguinem ejus bibens. Nam cum ibi sacerdos officium suum exercet sicut illi constitutum est, sacratissimis verbis me invocans, tunc in eadem potestate ibi adsum qua et ibi aderam, ubi Unigenitus meus sine schismate ullius contagionis incarnatus est. Unde et corpus ejus purissimum et suavissimum in omni sanctitate fuit : ita quod nunc carnem et sanguinem ipsius fideliter suscipientes, tanta dulcedine vivificentur, quod nullum despectum abjectionis patiantur, sicut et in Cantico canticorum scriptum est : *Quis mihi det te fratrem meum sugentem ubera matris meæ, ut inveniam te foris, et deosculer te et jam me nemo despiciat?* (*Cant.* VIII.) Quid hoc? Gemitus et devotio in Ecclesia positorum certissima fide dicit : Quis est ille qui mihi miserrimo homini in ærumnis posito, mitissima oblatione det te sponsum Ecclesiæ: cum te fratrem meum propter incarnationem tuam nomino, sugentem misericordiam et veritatem quæ sunt nutrimenta illa quibus divinitas homines nutrit, quæ mihi mater in creatione mea est, scilicet cum educatione vegetationis vitam mihi dans. Quid hoc? Quia et nutrimenta Ecclesiæ plena est gratia tua; cum ei plenam ubertatem in sacramento corporis et sanguinis tui tribuis, qui panis vivus et fons aquæ vivæ es. Et hoc ideo facis ut manifesta certitudine inveniam te foris : cum scilicet sciens te Filium Dei in cœlis, videam te etiam hominem in terra, quem in divinitate mortales oculi mei cernere non valent, ita ut etiam inveniam te in pane et vino divini mysterii: quod sacramentum sine pondere deceptionis, et sine ambiguitate fallaciæ est; ac deinde hoc modo deosculer te : quoniam pro salute mea incarnatus es, et quia etiam me participem corporis et sanguinis tui facis, quatenus per hoc quod in mundum propter me venisti, et quod temetipsum mihi tradidisti, jam nulla creatura deinceps me despiciat, cum ipsa voluntatem tuam tibi subjecta semper sequatur, et cum ego præceptis tuis rebellis existens tibi creberrime contrarius inveniar.

Nunc ergo, ut vides, o homo, cum sacerdos his verbis quæ in Spiritu sancto constituta sunt, oblato sacrificio ad altare me cœperit invocare : amen tibi dico, quod in ardente calore meo ibi adsum, et pleno desiderio ipsum sacramentum perficio. Quomodo? Quoniam in effectu ejusdem mysterii ardentem charitatem super eamdem oblationem expando, videlicet ab initio verborum sacerdotis me invocantis, et hanc memoriam facientis, quod Filius meus in angustia passionis suæ panem et vinum benedicens, in sacramento corporis et sanguinis sui discipulis suis tradidit; ut et ipsi idem pro salute populi facerent. Vere dico vobis, quia nunquam invocatio ista super hujusmodi oblationem in recordatione Unigeniti mei erit quin mysterium corporis et sanguinis ibi perficiatur, quod carnalis oculus quandiu cinis est videre non poterit; nisi in fide illud humili devotione perspiciat. Quomodo? Cum ales ovum sibi in nidum suum poni viderit : ardenter super illud volat, et calore suo illud fovens pullum educit: ita quod testa ovi remanet, et quod pullus ille evolat. Quid hoc? Ego Omnipotens, cum oblatio panis et vini super altare nomini meo dedicatum in memoria Filii oblata fuerit, eam mirabiliter virtute et gloria mea illustrans, in corpus et sanguinem Unigeniti mei transfundo. Quomodo? Ipso miraculo quo Filius meus carnem ex virgine suscepit : etiam oblatio hæc in consecratione ista caro et sanguis ejus efficitur. Sed panis et vini species ibi exterioribus oculis visibile cernitur; intus autem sanctitas corporis et sanguinis ejusdem Filii mei invisibiliter manet. Quomodo? Cum Filius meus apud homines esset in mundo apud me etiam erat in cœlo : et nunc apud me manens in cœlo apud homines etiam manet in terra, sed hoc spirituale et non carnale est. Sic et ego Pater omni creaturæ adsum a nulla abstrahens me; sed tu homo ab ea te subtrahis; ut cum in aquam vides, facies tua in ea quidem apparet, sed tamen ita ut nullas vires tuas in illa exercere vales, sed cum te ab ea avertis, amplius in illa non appares. Ego autem in hujusmodi mutabilitate non appareo creaturæ, sed adsum veraci ostensione, nec ab ea potestatem meam subtraho, sed in ea fortitudinem voluntatis meæ secundum quod mihi placuerit exerceo. Unde etiam in sacramento corporis et sanguinis Filii mei majestatem meam veraciter demonstro; videlicet ab initio secretorum verborum sacerdotis donec ipsum mysterium a populo percipiatur, miracula mea ibi mirabiliter exercens.

Sed et hoc sacerdotale officium, a prima hora diei usque ad nonam horam a fidelibus exerceri potest, secundum quod necessitas temporis in moribus hominum invenerit, quoniam et Adam mane surgens ad horam nonam seductus est, et quia etiam passio Filii mei in crepusculo diei inchoata, ad horam nonam consummata dignoscitur: ita quod in cruce moriens exspiravit, et morte sua mortem viriliter superavit. Ubi et Ecclesia Unigenito meo assistens, dotem suam ibi suscepit; quod et nunc a filiis ejusdem Ecclesiæ celebrandum est. Hoc autem officium a sacerdotibus in sacrificio in jejunio ventris et non in repletione ejus celebrandum est, ne coagulatio escarum spirituale desiderium evacuet; quoniam prius etiam sumi debet spiritualis epulatio, et postea carnalis refectio; et quia etiam spiritus honorandus est, et caro refocillanda. Nam hoc sacramentum spirituali desiderio et non carnali cupiditate accipiendum est : et ideo in jejunio, et non super epulis percipi debet, nisi in necessitate illa, si homo in hac opinione positus est, quod de mundo transiturus sit. Sed Filius meus circa finem diei corpus et sanguinem suum discipulis suis dedit; quoniam eis verum mane vitæ attulit. Et quia etiam in consummatione sæculi, morte in hominibus temporaliter transeunte, *electi sicut sol in regno meo fulgebunt* (*Matth.* XIII). Et hoc modo ipse Unigenitus meus resurrectione sua demonstravit animas justorum ab inferno se abstrahere, et genus humanum in restaurationem æternæ vitæ se reducere, quam reprobi angeli perdiderunt mortem, nullo alio eis suggerente, appetentes, ita quod a nullo alio insidiatore quam a seipsis seducti sunt; cum nec gustum peccati in seipsis haberet, velut homo in fragilitate corporis sui habet. Unde et homo quando ab insidiante seductus est fragilitatem corporis habens, a sublevante etiam ad vitam reductus est, et diabolus corporalem gravedinem non habens in perversitate sua relictus est. Sed et homini vera et salubris refectio in perceptione corporis et sanguinis Filii mei data est, ut per hoc sacramentum invisibiliter in anima refocillatus surgat, et invisibili adversario suo viriliter resistat.

Qui autem idem sacramentum in majori aut minori quantitate percipiunt, sic intelligant; quia et ille qui plus et ille qui minus accipit unam eamdemque vim percipiunt, quoniam hoc sacramentum non in quantitate, sed in sanctitate est, ut percipientes secundum fidem ipsorum salvat, ut de manna sic scriptum est: *Feceruntque ita filii Israel, et collegerunt, alius plus alius minus, et mensi sunt ad mensuram gomor. Nec qui plus collegerat habuit amplius: nec qui minus paraverat reperit minus, sed singuli juxta id quod edere poterant, congregaverunt* (Exod. XVI). Quid hoc? Supernum sacramentum juxta id quod eis præceptum est attendunt filii electionis; qui Deum ardenter videre desiderant, et colligunt illud in cordibus suis, secundum doctrinam principalium magistrorum suorum: et secundum id quod ab eis didicerunt scrutantur illud in animabus suis, alius plus devotionis; et alius minus intentionis in secreto cordis sui habens. Unde et eum æstimatione sua metiuntur: secundum id quod in animabus suis sentiunt, discernentes fidem quam in Deum habent, nec eam dividentes, sed ipsam integram habentes, et quanta et quali devotione corpus et sanguinem redemptionis sui percipiant considerantes. Sed idem sacramentum non erit huic sanctius qui plus ex eo perceperit, nec illi contractius qui minus ex eo sumpserit; sed secundum fidem ejus qui illud percipit, ita et cum illuminabit. Quapropter, o homo, in magnitudine percipiendum non est; quia fortissimus Deus tam in parva, quam in magna oblatione hujus mysterii est, et ideo qui illud percipiunt, solum hoc attendant, quod trinum et unum Deum firma et integra fide in corde suo habeant. Et sic quisque fidelis sincero et recto corde secundum id quod possibilitas fidei in ipso exposcit, vires animæ suæ congregat, cavens ne altius aut profundius divinitatem scrutetur quam sensu aut cogitatione sua capere potest, sed sobrie ut in Spiritu sancto edoctus est; timori Domini subjectus sit, quoniam homo pauper cinis est. Sed vos, o stulti homines, nolite dubitare an sacramentum istud quod hoc modo vobis demonstratum est, corpus et sanguis Filii mei sit. Recordamini ergo unde Adæ carnem et sanguinem creaverit, videlicet de limo terræ. Quid ergo vobis videtur? An possibilius est mihi de oblatione ista facere carnem et sanguinem Filii mei, aut de limo terræ facere hominem? Sed vir semen de sanguine suo fundit, et femina suscipit illud. Et quid tunc amplius addunt? Nihil omnino aut in creatione aut in carne infantuli. Quis ergo format hominem in carne et in ossibus, ac in medullis, et in pulchra facie ejus, nisi ego Pater omnium? Sed pater et mater non habent illam potestatem facere aut creare infantulum, nisi quod tantum in ardente libidine sanguinem suum excutiunt, et postea nullam potestatem in ea formandi habent. Nunquid videre potestis quomodo hæc fiant, nisi quod ea cernitis in formis suis? Tu autem, o homo, dicis: Ego non video hanc oblationem carnem esse et sanguinem, ut hominem corpus et sanguinem esse cerno. Ad quod tibi respondeo: Vos vidistis Filium meum in corpore et in sanguine, mortalem in terra: qui nunc immortalis in cœlo est, et ideo corporalibus oculis eum modo videre non potestis, nec etiam quomodo caro et sanguis ejus in altari consecretur; quod sacramentum, propter gloriam sacerdotis ibi non fit, sed propter gloriam Unigeniti mei, qui hoc officium cum discipulis suis in cœna sua peregit. Sed ut me in claritate mea quandiu mortales estis videre non valetis: sic etiam nec carnem nec sanguinem Filii mei carnalibus oculis vestris carnaliter videtis, secundum quod ea quæ invisibilia sunt perspicere non potestis, sed secundum hoc quod mortalis obtutus vester ea quam visibilia sunt visibiliter capere valet.

Hoc autem sacramentum in triplici materia mihi offerendum est. Quomodo? In pane, et vino, et aqua, ob honorem Trinitatis. Unde si de his tribus aliquid defuerit; tunc ibi Trinitas veraciter non colitur, quoniam in vino intelligitur Pater, in pane Filius, et in aqua Spiritus sanctus; ita qui vinum sine pane et sine aqua offert, Patrem colit, sed Filium et Spiritum sanctum negat; aut qui panem sine vino et sine aqua dat, Filium habet, sed Patrem et Spiritum sanctum abjicit; aut qui aqua sine vino et sine pane utitur, Spiritum sanctum attendit, sed Patrem et Filium recusat; aut qui vinum et panem sine aqua dat, Patrem et Filium habet, sed Spiritum sanctum abnuit; aut qui vinum et aquam sine pane offert, Patrem et Spiritum sanctum colit, sed Filium negat; aut qui pane et aqua sine vino utitur, Filium et Spiritum sanctum attendit, sed Patrem recusat. Ergo in hoc sacramento divisio non fiat; quia et ego individuus manens, in tribus personis unus Deus inseparabilis sum, sicut et cogitatio, voluntas et opus in uno homine sunt: sine quibus homo non est. Quod si in isto sacrificio defectus fuerit, ita quod ibi aut panis, aut vinum aut aqua negligitur, vere tunc ille ex cujus negligentia hoc evenit, gravi vindictæ subjacebit. Nam si hoc scienter per negligentiam teporis, seu infideliter per dubietatem incredulitatis actum est, illum qui huic reatui subjacet ab oculis meis ejiciam, nisi ipse gravi pœnitentia ad se reversus, se ipsum pro hoc graviter pœnitendo puniat; vel si hoc ignoranter per negligentiam oblivionis evenit, tunc ille qui in hoc reus est, de hac culpa sua in correctione pœnitentiæ mihi responsurus est; quoniam acute non pro pexit si hæc omnia adessent quæ ad sacrificium meum pertinebant. Cum enim Filius meus in cruce pependit, ibi nihil salvationis defuit, quia per effusum sanguinem suum salvationem animarum hominibus attulit, unde nec in hoc mysterio quidquam deesse debet. Nam sacramentum hoc, sacratissima sanctificatio in omni sanctitate est, et propterea caro ista et sanguis iste omni fide et devotione accipiendus est.

Quicunque hanc sacratissimam carnem accipit et sanguinem ejusdem mysterii sumere non recuset, quoniam Filius meus supra omnia est mundus, et speculum in virtutibus, ac ideo nobilissimus sanguis ejus est accipiendus, nisi præ simplicitate accipientis sacerdos timeat periculum effusionis, et tunc illo accepturo fiat secundum simplicitatem infantium, quibus esca panis conceditur, et potus vini denegatur, ita et isti hæc sacrosancta caro tribuatur: et fluens sanguis subtrahatur, ne majus periculum inde oriatur, et quia etiam illa sacrosancta caro sanguini suo et sanguis ille carni suæ in una sanctitate conjunctus est. Quod si homo ille hujus discretionis est, quod possit mysterium custodire, tunc cum ei illa sancta caro ad comedendum datur, tunc et sanguis ejusdem carnis ipsi ad potandum datur. Sacerdos autem qui hoc sacramentum celebrat, diligenter iis indumentis quibus antiqui Patres edocti per Spiritum sanctum ad idem officium indui constituerunt, vestitus sit, et accuratissime verba illa quæ Spiritus sanctus eisdem Patribus ad celebrationem hujus mysterii inspiravit attendat: sollicite cavens ne quidquam in eis omittat, devotissime etiam inspiciens, ne exemplum hoc transcendat, ubi Filius meus panem et calicem accepit, et discipulis suis ad manducandum et ad bibendum dedit. Sed qui in indumentis aut in verbis ad hoc officium pertinentibus quidquam per negligentiam oblivionis ignoranter deliquerit, gravi et salubri pœnitentia corripiendus est. Attamen misericordiam meam quærens inveniet, quia transgressionem istam non in voluntate aut in malitia cordis sui perpetravit. Qui vero id scienter aut per indevotionem voluntatis suæ, aut per nequitiam cordis sui in eisdem sacramentis transgressus fuerit, huic offensus dicam : Serve nequam, cur non eras sacerdotali veste recte indutus, ut in Spiritu sancto tibi instituerunt antiqui majores magistri tui, in significatione spiritualis officii ut mihi semper ministrant angeli mei? Et cur etiam neglexisti modum verborum illorum quæ tibi in Spiritu sancto tradiderunt iidem Patres tui in consecratione corporis et sanguinis Filii mei, ad salutem et gloriam generis humani? Unde qui in hoc reatu culpabilis est, inde mihi responsurus est, si non gravi afflictione pœnitendo seipsum punierit. Sed sacerdos qui epulas istas ad altare meum offert, inde jejunus his epulis non recedat, sed refectionem animæ suæ in corpore et in sanguine Filii mei percipiat. Quod si novit gravioribus oneribus se gravatum et his epulis indignum, tunc non præsumat ad mensam meam accedere, nec illotus a fetore criminum suorum Filium meum tangere, ut illi et mensam et gloriam nativitatis suæ contaminaverunt, qui caput lucentis lucernæ crudeliter absciderunt. Quapropter et iste qui ita contaminatus est, varietatem pestis suæ summo sacerdoti, scilicet Filio meo ostendat, et etiam coram alio mortali sacerdote se accuset, qui sibi remedium consolationis cum pœnitentia demonstret, et sic demum ad officium suum purifactus accedat.

Sed ego Pater omnium, secretam dispositionem sacratissimi colloquii per quod me sacerdos ad altare invocare debet; in multis et in magnis sermonibus esse nolo, sed in recta ordinatione priorum magistrorum, quos donum sancti Spiritus in recta admonitione me invocare edocuit, et hoc in multiplicitate stultæ sapientiæ esse non debet, sed in simplicitate cordis; quia in multiloquio non delector, sed in puritate cordis illorum, qui me devote quærunt, et qui me in ardore charitatis benigne amplectuntur. Alias enim electis meis cum me quærunt gratiam meam secundum vicissitudinem donorum Spiritus sancti impendo : in hoc autem sacramento me totum ipsis ostendo, quoniam Filius meus in me et ego in ipso, et Spiritus sanctus in nobis et nos in ipso et unum in divinitate sumus, sicut et corpus et alia et vires illius unus vivens homo est. Unde qui ad hoc sacramentum accedit, caveat ne ita veniat ut gloriam Divinitatis offendere possit. Sed tu ; o homo, dum cæteri homines ad percipiendum ipsum sacramentum ad sacerdotem accedunt, quinque modos in eis consideras, quia illi qui perceptionem divini mysterii a sacerdote suo accipere desiderant, quinque sensus corporis sui a fæce peccatorum suorum emundet, et eos a subripiente immunditia, digne et laudabiliter custodiat, ut tanto salubrius idem percipiant. Quapropter etiam ex iis qui ad ipsum sacramentum ut vides accedunt, alii in corpore lucidi et in anima ignei sunt, quoniam ipsi claritatem fidei ad ipsum sacramentum habentes, non dubitant quin verum corpus et verus sanguis Filii mei sit, et ideo dum illud hac fide percipiunt in carne sua vegetantur et sanctificantur, ita ut per hoc mysterium sanctificati, post resurrectionem in eodem corpore suo appareant in cœlo, atque in anima sua igneo dono Spiritus sancti transfunduntur et accenduntur; quatenus hac illustratione perfusi, terrena respuant et cœlestia desiderent. Quomodo? Quia ut a vento ignis incendium excitatur, sic et isti per sacramentum hoc ut in superno amore ardeant, imbuuntur. Sed alii in corpore pallidi et in anima tenebrosi videntur, quia tepidi in fide, firmam fidem ad idem sacramentum non habent, sed duri sunt sapientiam intelligere, veluti puer cujus opera in stultitia sunt. Nam foris in audita auris audiunt, et in tarditate cordis sui ea quæ ipsis de ipso sacramento dicuntur non sapiunt, ita quod illa libenter in fide perfecte comprehenderent, sed tamen præ dubietate quæ in ipsis est non possunt intueri, quanta sanctitas in illo sit. Unde et in interiori homine tenebris circumdati sunt, quoniam mentem suam sursum ad perfectionem illam elevare non valent, quia in peccatis concepti, præ pendere corporalis fragilitatis ad perfectionem credulitatis illius graves sunt, spiritui tamen plus consentientes ita quod fidem libenter intelligerent si præ tepore cordis sui possent. Qui enim majoribus oneribus peccatorum in operibus suis nondum sunt gravati, hos quamvis veluti invitos spiritui consentire oportet, quoniam anima majorem potestatem adhuc habens, quia nondum in peccatis interempta est, corpus voluntati suæ subjicit. Nam hæc sunt certamina quæ sunt inter corpus et animam; quia anima corpori vult dominari, quoniam ipsi contrarium est quod caro in concupiscentia sua habet quod peccatum est, et corpus dedignatur justitiam quæ in desiderio animæ est quia ipsa vitam diligit. Quid hoc? Quod mortuum est, mortuum appetit, et quod vivit, vivens diligit. Quomodo? Caro amat peccatum, et anima diligit justitiam, et in hoc sibi adversantur, et raro sibi consentiunt. Sed ut puer sine labore et sine intellectu sensus sui pascitur et saturatur: ita et isti homines hoc sacramento quasi per ignorantiam vivificantur, quoniam illud nec per infantiam nec per contumaciam dedignantur; sed tantum simplici animo amplectuntur.

Quidam vero in corpore hirsuti in anima multa immunditia humanæ pollutionis perfusi sordent, quoniam isti in carne sua turpes et impudici sine pudore existentes, et fæce vitiorum se polluentes; ut porcus luto se involvit, hoc modo animam suam diversa sorde peccatorum humanæ contagionis inficiendo contaminant. Et cum ipsi in his vitiis sordentes ad sacramentum corporis et sanguinis Filii mei ita illoti accedere non verentur, gravi examinatione pro hac præsumptione sua emundandi sunt. In qua tamen purgatione misericordiam meam eis non denego, quia in mentibus eorum dignam pœnitentiam assurgere prævideo. Alii autem in corpore acutissimis spinis septi sunt, et in anima leprosi apparent; quia in corde suo ira, odio et invidia circumdati, lenitatem, dulcedinem, et charitatem his spinis iniquitatis a se expellunt, unde ita mala appetentes, et bona deserentes, atque in irrisione cæteros homines contumelia afficientes, animam suam velut pessimis ulceribus immundam reddunt. Qui cum hoc modo ad divinum mysterium accedunt, seipsos graviter lædunt, sed tamen oculos meos ad eos converto, cum se in amaritudine punientes, gratiam meam pœnitendo postmodum requirunt. Quidam vero in corpore sanguinei et in anima velut putridum cadaver fetidi videntur; quoniam ipsi cruenta manu divisionem in hominibus facientes, animam suam quasi putrescente tabe crudelissimæ perversitatis, fetidam reddunt, quia timorem meum non inspicientes, hoc quod in homine constitui sua crudelitate destituunt. Unde, si ipsi hac contaminatione coinquinati corpus et sanguinem Filii mei percipere non timent, seipsos gravi læsione dejiciunt, quoniam ita illoti sacramentum hoc con ingere præsumunt, sed tamen fons salvationis eos postmodum pertransibit,

si digna pœnitentia seipsos ab hac nequitia sua lavare studuerint.

Sed ex his omnibus dum quidam eadem sacramenta percipiunt, alii velut igneo splendore perfundunt, alii vero obscura nube obtenebrantur, quia dum credentes ad mysterium corporis et sanguinis Filii mei accedere satagunt, tunc ii qui illud devota mente et pura fide in bonis operibus fulgentes percipiunt, dono Spiritus sancti tam ad salutem corporis quam animæ suæ illustrantur, et illi qui illud contrario corde et vacillante animo in perversis actibus torpentes sumunt, obscuritatem præsumptivæ infelicitatis ad detrimentum sui, et exterius et interius sibi ipsis inducunt, quoniam huic sanctitati illoti temere se conjungere præsumpserunt. Nam homo qui tam rebellis et contumax est quod non timet se polluere, aut simplici fornicatione in visceribus proprii corporis sui tactu et delectatione, aut se contaminare duplici fornicatione educens semen suum cum viro aut cum muliere, aut se discerpere ira, odio et invidia cum cæteris hominibus, aut se cruentare homicidio in sibi occursantibus, et ita illotus et incorrectus temere præsumit accedere ad corpus et sanguinem Filii mei sine purgatione confessionis, et sine pœnitentia correctionis, ille scienter et intelligenter judicialem ignem culpa sua ingreditur. Quomodo? De hac præsumptione et peccato suo ut aurum in fornace examinabitur, ita quod nullus pulvis hujus præsumptionis in eo relinquetur, qua pollutus et incorrectus ad communionem innocentis Agni accessit. Qui enim ita illotus ut dictum est ad sanctificationem corporis et sanguinis Filii mei accesserit, et ita sacramentum illud sumpserit, ad judicium sibi hoc sumit. Quomodo? Sicut Paulus amantissimus meus dicit: *Ita quicunque manducaverit panem vel biberit calicem Domini indigne, reus erit corporis et sanguinis Domini. Probet autem se ipsum homo, et sic de pane illo edat et de calice bibat. Qui enim manducat et bibit indigne judicium sibi manducat et bibit, non dijudicans corpus Domini. Ideo inter vos multi infirmi et imbecilles, et dormiunt multi* (I Cor. XI). Quid hoc? Vere dico vobis: Qui comederit panem vitæ, vel qui sumpserit poculum salutis quod sacramentum illius est qui Dominus cœli et terræ est, ita quod hoc indigne tractet sordens scilicet in peccatis, in hoc culpam suam sentiet. Quomodo? Quia corpus et sanguinem Domini sui id est Salvatoris mundi, mordaciter et moribunde accipit, cum pronus ad malum et pollutus immunditia, et oblitus timoris Domini, ita contaminatus palatium salutiferæ redemptionis aggreditur. Unde et homicidium ibi facit. Quomodo? Quoniam in multis vulneribus se ipsum confodit, cum sine detersione et sine lavatione pœnitentiæ crimina sua celans, sacramentum hoc temere tractat. Quapropter et ego illi dico: O miserrime et amarissime, quomodo audebas in lacum tantæ miseriæ Dominum tuum mittere, quem semper desiderant coelestes cives inspicere. Unde amara poenitentia in corpore et in anima tua examinaberis: ita ut si reatum tuum non correxeris, post resurrectionem mortuorum correptio ista in te inveniatur.

Et ideo fideli inspectione probet seipsum homo ille qui hic purgator sui esse voluerit, et sic hac devotione considerationis suæ de pane illo sanctitatis accipiat, et de poculo illo suavitatis gustet, ut ita ad indeficientem refectionem perveniens esuriem debilitatis animæ effugiat. Nam qui hoc sacramentum male tractaverit, et a sorde iniquitatis se non purgans illud indigne sumpserit, judicium ultionis sibi imponit, quia illud impurgatus manducat et bibit; non tamen in hac præsumptione sua lædere aut offuscare mysterium prævalens, sed seipsum condemnans. Et quia in vitiis sordentes ita ad sacramentum hoc accedere præsumitis, ideo sunt in vestro consortio multi infirmi, scilicet illi qui sanctitate ista medicinam animæ quærere nolunt, sed qui sibi ipsis amarissimam infirmitatem in eisdem sacramentis imponunt, quoniam ea sibi ad judicium sumunt. Et etiam multi imbecilles, videlicet illi qui in lege Dei ita debiles sunt, quæ nullo modo inspicere volunt, quis ille vel quem tam indigne suscipiunt. Quid hoc? Quia nolunt considerare quomodo Dominum suum timere et venerari debeant, aut quomodo amara poenitentia carnem suam puniant, quam ita in vitiis enutrierunt. Sed quoniam ita negligentes sunt, idcirco etiam in oblivione hujus negligentiæ obdormiunt multi nescientes nec scire volentes quomodo peccata sua deflere debeant, velut homo cum in dormitione somni est, nescit nec intelligit quid vel quomodo in corpore suo sit. Unde tu, homo, cum nec in confessionibus, nec in poenitentia per te purgatus, corpus et sanguinem Filii mei illotus accipis, tunc in tremenda exquisitione de hac præsumptione sordis peccatorum tuorum ita examinaberis, ut et mustum de immunditia illa quam in se habet purgatur, cum eam in fervore suo ab se ejicit.

Idem quoque sacramentum tanta diligentia et sollicitudine a sacerdote et a populo tractandum et custodiendum est: ne a quoquam ita negligatur, ut super terram neglectum projiciatur. Quia si per torporem neglectum super terram ceciderit, contumaciam illam per zelum meum, aut in terra, aut in homine ulciscor, nisi ipse homo poenitentia et amaris verberibus se puniat; quoniam caro et sanguis carnem et sanguinem restituere debet. Quomodo? Caro et sanguis hominis in homine lugebunt; quæ caro et sanguis Filii mei negligenter ab homine tractata sunt, sicut et tunc terra contremuit, et ut homines in timore concussi sunt: cum Filius meus in cruce positus spiritum tradidit. Sed si tu, o homo, in instabilitate cordis tui in te ipso dixeris: Quomodo oblatio ista in altari corpus et sanguis Filii mei efficiatur, tunc ego respondebo

tibi: Cur hoc, o homo, interrogas, et quare hæc sciscitaris? Num hæc a te requiro? Quid scrutaris secreta mea de corpore et sanguine Filii mei? Nec ista a te requirenda sunt, sed tantum in magno timore et veneratione ea suscipiens, diligenter custodi, et amplius de hoc mysterio noli hæsitare. Nam me tam temere non debes tentare. Et quid hæc ad te? Sed in certissima fide require me. Cum enim totam fidem tuam inspexero, tunc non quæro a te quid sit corpus et sanguis Filii mei, vel quomodo mysterium hoc in altari consecretur. Et quis quærit a te, o homo, an in igne ardorem ignis non sentias? Nullus. Sic nec tu in secretis meis temere require me, ne inde lædaris. Quod, si ea cum devotione animi tui quærere volueris, tunc ea in oratione, et fletu et jejunio diligenter quærere, sicut et antiqui Patres tui illa certissime quæsierunt, et frequenter eis revelata sunt. Cumque illa hoc modo scrutatus fueris, et inveneris, tunc quod reliquum est, Spiritui sancto relinques. Sed qui ad sacramenta hæc accedunt, non per devia sed per rectam viam veniant: ne ab eis projecti, magnum casum animæ patiantur. Quomodo? Nam pessimus deceptor, qui sine electione et sine consecratione principalis unctionis cathedram pastoralis officii fallaciter sibi usurpaverit, et nequissimus raptor qui pastorem suum expellens per sibyllos sibi consentientium cathedram ejus violenter invaserit: isti aut per seipsos sua voluntate gravi vindictæ subjacebunt, aut per zelum meum gravem sententiam inde sustinebunt; quia in pessima amaritudine ipsi sunt illum imitantes, qui in seipso maximum honorem habere volens, ab omni gloria felicitatis in mortem dejectus est; et quia etiam Baal sequuntur; qui sibi ita illusit, quod se Deum fallaciter nominans, in dissipationem datus est. Et si in hac perversitate mendacii et præsumptionis suæ sacros meos dare se simulaverint, tunc illi qui ab eis hoc modo potius inficiuntur quam deliniantur, ita in conspectu meo computantur, veluti ii a populo derisui habentur quos pueri in jocis et in ludis suis sibi jocularias personas constituunt. Sed ut hoc in hominibus vanum est, ita et istud apud me ludibrium est, quod hujusmodi invasores in deceptione sua se facere simulant. Unde, quia ædificatio eorum prava esse probatur, stare non potest, quoniam casura est. Et ideo si in templo meo quidquam in sacris ordinibus ædificare visi sunt, delendum est; quia justitiam non habens, frivolum esse dignoscitur.

Ergo ab hac temeritate sua resipiscant: ne in poenis consortes illius fiant, qui dum plus quæreret quam deberet, ab altitudine in profunditatis abyssum missus est. Sed et ille laniator, qui unctionem sacerdotalis officii non habens per insaniam mentis suæ ita furiose ad altare meum accedit, tanquam illusor sim, aut joculator, hic mensam nomini meo consecratam temere tangens, sacram videlicet oblationem offerre volens, quod sui officii non est, Filium meum duro cruciatu vulnerare non timet. Quomodo? Ut incredulus sua incredulitate Deum invadit, et ut vesanus sua insania in ignem currit : sic iste me Deum nesciens, nec ardentem ignem me sentiens, timorem meum abjicit, nec mansuetudinem meam diligit; sed Filium meum vulnerat, cum non unctis labiis sermonem illum dilaniat, quem ipse Unigenitus meus sponsæ suæ contulit, cum ei corpus et sanguinem suum in dotem dedit. Unde huic tam temere eum invadenti dicitur : Quis tangit Filium meum tam contumax et non unctus? Sed iste qui hoc modo ad altare meum accedit, quoties Filium meum prædicto secreto sermone invocare præsumit, toties eum vulnerare contendit; non quod eum ita ullo dolore cruciet, sed quia eum tam præsumptuose tangere non timet. Qui, si in hoc contemptu sine pœnitentia permanserit, inter illos in pœnis stabit, qui Filium meum sine causa vulnerarunt. Quapropter ne hæc tormenta sentiat, lamentationem afflictionis sibi assumat, ita tamen ne amodo ad ministerium altaris mei accedere præsumat. Cæteri autem qui sub sacerdote in servitio ecclesiastici officii ministrare contendunt, caveant ne sine modo justitiæ eidem ministerio appropiare præsumant, ne si rectitudinem illam sibi fallaciter usurpaverint, tunc informes et impoliti inventi a constructione ecclesiasticæ ædificationis justo judicio ejiciantur. Volo enim ut ministri mei, sine dolo et sine sorde in conspectu meo mundi appareant. Quomodo? Ut recta electione ad altare meum accedant, et tunc etiam ibi sine immunditia mihi assistant. Quomodo? Ne ad sæcularem copulationem respiciant, quia spiritualem elegerunt. Quomodo? Quia servitutem meam adierunt. Sed si quis eorum ardenti libidine carnis suæ utitur, corpus suum abstinentia et jejunio maceret, atque frigore se et flagellis castiget. Quod si tandem in pollutionem mulieris labitur, tunc contaminationem illam velut ardentem ignem et mortiferum venenum fugiat, atque amara pœnitentia vulnera sua detergat; quoniam volo ut mihi in castitate serviatur. Quomodo? Quia et Filius meus castissimus erat, qui et hos omnes ecclesiasticos ordines in se ipso demonstrabat. Quomodo? Videlicet obsequendo, precando et offerendo. Quomodo? Quoniam et circumcisio eum suo obsequio tetigit, et prophetia eum suo clamore demonstravit, ac ipse per se ipsum hominibus prædicavit, et tandem vivum sacrificium in ara crucis se obtulit. Et quia ipse se ipsum in castitate holocaustum dedit, sic et illi castitatem ejus imitentur qui ei ad altare holocaustum offerre conantur; qui tamen non solum castitatem in aliis tenebunt, sed et in se ipsis eam conservabunt. Quomodo? Ut sacerdos a contagione mulieris se custodire debet : sic etiam a seipso se contineat, scilicet cavens ne tactu manuum suarum pollutionem de se educat, ita ne strepitus libidinis in ipso ærumnose tumultuet. Nam crimen Adæ hominibus mortem inferens, in ipsis sensus fornicationis excitavit, et ideo carnem suam homines constringant ne casibus mortis turpiter subjaceant. Quomodo? Quia Filius meus mortem superavit, et ipsis vitam dedit. Qui quoniam in integritate virginalis pudicitiæ carnem assumpsit, idcirco etiam casti esse debent, qui ipsi famulari desiderant ut ex divino præcepto scriptum est : *Estote parati in diem tertium, et ne appropinquetis uxoribus vestris* (*Exod.* xix). Quid hoc? Qui Deo singulariter servire vultis, estote cum voluntate cordis vestri parati in diem serenitatis illius, ubi sancta et ineffabilis Trinitas veraciter apparens mirabilia sua in magno miraculo demonstrat. Et ideo, si ibi Deo digne appropiare vultis, cavete ne carnali affectu vos conjungatis, carnalibus copulis videlicet, ne sanguinem vestrum sanguini fragilioris æstimationis commisceatis. Quod vos, o sacerdotes et cæteri ministri mei, qui sub spirituali nomine militatis, cavere debetis; quia etiam nec apostoli quos subsecuti estis, se in diversa dividebant, nec vobis tale exemplum relinquebant. Nolo enim ut duæ copulæ scilicet spiritualis et carnalis studii in sacerdotibus sint; quoniam sacerdos justitiam Dei sibi copulabit, ita ut uxor ejus sit, cum qua cæteros populos enutriet et docebit, ut pater filios suos educare et docere solet. Et quomodo aptum esset ut sacerdos duas copulas in recta mensura exerceret : quæ sibi in diversitate contrariæ sunt. Quomodo? Una carnalis et alia spiritualis.

Et cum sacerdos pastor et pater illorum hominum sit qui carnale conjugium habent, si tunc ipse æquali modo possideret, quis tunc ipsius sacerdos esse deberet? Nullum alium sacerdotem habere posset qui ipsi præesset, quam diabolum qui sacerdos illius esse deberet, quoniam et eum venenum sub melle abscondentem imitatus fuisset. Quomodo? Quoniam ut diabolus malum sub bono abscondit, ita etiam hujusmodi sacerdotes qui turpitudinem suam magis sequuntur quam castitatem diligant, carnalem copulationem sub spirituali conjugio, quasi venenum sub melle celare nituntur. Sed quia Filius meus totus in castitate est : ideo etiam et hi castitatem amare debent, qui corpus et sanguinem ejus in altari tangunt; quemadmodum scriptum est : *Sacerdos, et scortum et vile prostibulum non ducet uxorem, nec eam quæ repudiata est a marito, quia consecratus est Deo suo, et panes propositionis offert* (*Lev.* xxi). Quid hoc? Ille qui ad hoc positus est, ut sacrificium Deo offerat, injustitiam diaboli qui in omni spurcitia totius iniquitatis communis auctor est non diligat, nec etiam sensus suos ita viliter dejiciat, ut cum jugum meum ferre vult, voluntatem carnis suæ contra justitiam Dei et contra exempla antiquorum sanctorum turpiter amplectendo sequatur, ne ita immunditiam illam quæ repudiata est ab eisdem antiquis Patribus suis (cum eam de flatu antiqui serpentis esse cognoscerent) in contumeliosis actibus perficiat. Has ergo sordes ipse deserens, amator justitiæ Dei sit; quoniam in sanctitate consecratus Deo suo est, videlicet a carnalibus concupiscentiis in operibus nascentium filiorum abstractus. Unde ita sobrius et impollutus existens, panem illum qui pro salute hominum in mensa consecrationis ponitur, offerre potest. Quid hoc? Scilicet quia sacrificium illud quod est vita viventium, et refectio animarum, speculumque omnium virtutum, quæ per sanctam innocentiam in forma castitatis perspicuæ sunt, ab omni sorde mundissimum est. Quapropter et illi qui idem sacrificium oblaturi sunt, sine spurcitia pollutionum esse debent, se etiam continentes ab epulatione et ebrietate, a joco, a risu, atque a levibus et incompositis moribus; sed sint in reverentia illa, ut successoribus antiquorum patrum de quibus plantati sunt convenit, et in dignitate illa ut honorabiles patronos decet. Et etiam ita vivant ne sint duplices in duabus personis, id est ne simul in sæculari et in spirituali via ambulent, quia difficile est duobus dominis simul famulari, ut etiam Filius meus in Evangelio testatur dicens: *Nemo potest duobus dominis servire* (Matth. vi). Quid hoc? Nullus qui mortalem tunicam indutus est, valet præ teneritudine sensus et corporis sui duobus dominis pariter et æquali obsequio servitium exhibere. Quid hoc? Quia non potest domino rectitudinis et domino injustitiæ simul famulari. Quare? Quoniam rectitudo justitiam abjicit, et injustitia rectitudinem impugnat. Sic etiam sacerdos non potest simul et pari devotione habere ancillam et dominam, videlicet carnalem copulam et spirituale consortium; quia hæc duo in perfectione simul esse non valent. Quoniam illud quod carnale est, impugnat hoc quod spirituale est, et spirituale deprimit illud quod carnale est. Quod et Paulus amicus meus cognoscens, illud ita esse voluntate mea demonstrat, cum dicit: *Oportet ergo episcopum irreprehensibilem esse, unius uxoris virum* (I Tim. iii). Quid hoc? Necesse est ut ille qui cæteris hominibus in officio spiritualis magisterii præeminet, ita vitam suam constituat, ne scandalum offensionis et reprehensionis in eo inveniatur. Quomodo? Quia sacerdos duas personas habere non debet, ita ut simul maritus carnalis uxoris et vir spiritualis conjugis sit; sed unius uxoris vir, scilicet Ecclesiæ in sanctitate erit, quæ unica in Filio meo est, quoniam una Ecclesia in ipso surrexit. Sed hæc quamvis una sit, tamen plurimos maritos habet; quia cum sacerdotibus Filii mei qui quotidie in officio ipsius sunt nuptias peragit; virgo tamen in integritate sua permanens, quoniam in ipsa fides incorrupta est. Quapropter et idem Paulus vas meum non dixit ut hæc uxor unius mariti esset, quia sacerdotibus illis qui usque ad novissimum diem in eodem Unigenito meo surgunt conjuncta est, usque dum etiam nuptiæ illæ veniant, quæ nunquam ulla mortalitatis instabilitate deficiant;

sed et illi qui sub sacerdotibus in servitio altaris mei proxime ministrant, ejusdem uxoris mariti sunt, quemadmodum idem Paulus fidelem doctrinam hominibus per me præbens locutus est, dicens: *Diaconi sint unius uxoris viri, qui filiis suis bene præsint, et suis domibus* (ibid.). Quid hoc? Isti qui sui juvaminis obsequio sacerdotibus assistunt, sint unius uxoris fideli conjunctione mariti. Et quæ est uxor illa? Videlicet castissima sponsa quæ nulla corruptione lædi potest, ut mulier illa corrumpitur quæ virginitatis florem et innocentiam suam perdit quam in initio desponsationis suæ habet, cum adhuc cum sponso suo incorrupta manet. Unde et isti desponsatores cum hac uxore justitiæ tam fideliter conversentur, ut et iis qui adjutorio eorum in spiritu et aqua regenerati sunt, bona exempla virtutum præbeant, ut et etiam officio suo quod ad munimen ecclesiasticæ mansionis pertinet, fideli sollicitudine insudent, quemadmodum sæcularis homo filiis suis et domui suæ omnem devotionem procurationis suæ intendit. Sponsam enim istam ostendit Paulus amicus meus sacerdotibus et cæteris ministris altaris mei, quatenus illam sibi in uxorem eligerent, et carnalem conjugem non appeterent. Nam nec idem Paulus, nec cæteri discipuli filii mei, nec reliqui Patres scilicet eorum sequaces hoc exemplum per semetipsos illis dabant, ut carnalem conjugem acciperent, et illam desererent quam sibi prius in spiritualem uxorem elegerant. Sacerdos enim qui tam contumax in peccato est ut mulierem secundum voluntatem carnis suæ illicite accipiat, adulterium perpetrat; quoniam rectam uxorem suam, id est Ecclesiam quæ sibi spirituali officio desponsata erat deserit, et aliam secundum libitum mentis suæ impudice ducit. Sed quamvis sibi difficile sit ut in hoc ardore se constringat, tamen propter supernum amorem a concupiscentiis istis se contineat, ut etiam Filius meus in Evangelio hortatur, dicens: *Sunt etiam eunuchi qui de matris utero sic nati sunt, et sunt eunuchi qui facti sunt ab hominibus, et sunt eunuchi qui seipsos castraverunt propter regnum cœlorum; qui potest capere capiat* (Matth. xix). Quid hoc? Quoniam sunt aliqui homines qui de materno utero ita egressi sunt, quod præ frigiditate vel imbecillitate corporis sui conjuges habere non possunt. Unde propter hanc continentiam suam, utilitatem mercedis non accipient, nisi quod solum de opere illius peccati pœnas non sustinebunt; quia de peccato quod non perpetraverunt pœnas non habebunt. Et sunt alii homines qui per voluntatem aliquorum hominum ita in corpore suo debilitati sunt, quod voluptatem carnis suæ in hoc conjugali opere exercere non valent; sed et ipsi ita se continentes gloriam laudis inde non merentur, quoniam hoc opus incendii perficere non possunt, tamen in voluntate sua multoties ardorem turpitudinis sentiunt. Et sunt alii homines scilicet spiritualem vitam aggredientes qui sibimetipsis hoc subtrahunt, quod facile cum corpore suo perficere possent; quoniam propter gloriam supernæ hæreditatis carnalem copulam contemnunt, nec eam habere volunt, et ideo maximam laudem cum mercede beatæ remunerationis inde habebunt. Quapropter et eos sacerdotes mei, et omnes ad officium altaris mei pertinentes plenissima voluntate sua imitari debent, ut coronam continentiæ cum maximo tripudio superni gaudii percipiant. Et ideo quicunque in voluntate cordis sui potest hoc exemplum capere, ita quod pleno desiderio beatitudinis corpus suum superare valet, et concupiscentias carnales abjicere, ille cum ardentissima devotione capiat coeleste consortium, in constrictione carnis suæ carnalem copulam fideliter relinquens.

Qui autem se non valet continere qui in voluntate carnis suæ ardeat, hic nec propter personam superbiæ, nec propter appetitum divitiarum, sacerdos aut alius minister sacerdotalis gradus fiat ne, si postea in delectatione carnis suæ ceciderit, magnum detrimentum sui sentiat. Nam ipsi corpus suum a contagione feminarum continebunt, qui ad ministerium altaris mei accedere solent; nec qualibet occasione matrimonia conjugiorum sibi copulabunt, sed et sua voluntate et servitii mei rectitudine se caste continebunt, alloquin sanctum servitium in altari meo vitare debent. Quod tamen servitium quamvis quibusdam hominibus, qui se prius sæculo subjugaverant, aliquando concessum fuisse reperiatur; tamen in illis apparuisse cernitur qui ante susceptum et non post susceptum servitium meum carnali jugo se supposuerant, ita tamen quod eodem jugo ab eis postmodum absciso, deinde in ipsis Spiritus sanctus præconia laudis in mirabilibus suis operatus est, cum hoc in primordio surgentis Ecclesiæ propter paucitatem sacerdotum in miraculo concessum sit; sed nunc ipsa adulta et bene confortata, ministris ejus multiplicatis, juxta id quod ecclesiastica censura de eadem causa ostendit præcavendum est, secundum hoc exemplum, quoniam ab initio nascentis mundi masculis feminas de proxima stirpe suam ducere ob raritatem hominum concessum est, quod tamen nec ipsis dilatatis prohibendum est. Quia etiam informes et impoliti lapides in fundamentum ædificii poni solent, cum tamen postea pulchri et bene compositi lapides in muro parietum ejus exquirantur: ita etiam in infantia Ecclesiæ sacerdotes secundum quod tunc inveniri poterant, in officium illud positi sunt: sed modo in spirituali populo plenus numerus illorum reperitur qui ad sacerdotalem officium apti sunt ita quod sæculari onere terrenæ copulationis occupati non sunt. Quoniam non expedit ut paterfamilias qui præceptum in sæculari conjugio suscipit, nuntius meus in sacerdotio vocetur. Unde audi similitudinem hanc: Rex quidam multa fortitudine pollens parvum exercitum congregaverat, quem cum diligenter intuitus esset, rudem cum ad exercitium laboris videns, ex eo quemdam cum quibusdam aliis communis plebis tollens quos idoneos ad procurationem prospexit, eidem exercitui præfecit, quia excellens germen hujus nobilitatis nondum maturum erat. Sed cum deinde jam idem exercitus augmentum sui coepisset, et cum jam in eo nobiles adulti fuissent, rex ille quodque jus in illo exercitu bene et ordinate disposuit, ac duces et præsides ex nobilioribus illis ei secundum quamque justitiam præfecit. Quid hoc? Rex coelestis cujus fortitudo super omnes est, in plantatione Ecclesiæ medicum agmen credentium coadunaverat. Quod acutissima exquisitione perscrutans infirmum et debile illud adhuc ad sustentandum corporales passiones pro ejus nomine consideravit, et ita Petrum qui unus ex ipso existens prius in terrenis actibus conversatus fuerat, atque post eum aliquos alios qui etiam aliquando succum terræ gustaverant a sorde temporalium rerum emundans, quoniam eos sagaces et fideles, et ad curam animarum, et ad sustentationem corporum in plantatione sua esse prænovit, fidem catholicam amplectentes, in officio districtionis et relaxationis prætulit; quia rutilans aurora in ardore castitatis humana contagia exurens, nondum flores suæ dulcedinis in hominibus late diffuderat. Sed jam multitudine ecclesiastici germinis per circuitus totius mundi late disseminata, et gloria ecclesiastici honoris jam nobiliter confortata, idem rex supernus tam sæcularia quam spiritualia dona hominibus benignissima et decentissima dispositione inspiravit, atque sacerdotes et cæteros ministros divinorum officiorum sobrietatem et castitatem suam ecclesiastico juri secundum justitiam Dei honestissime conservantes instituit. Unde, o homo, quia jam inter spirituales homines multi exorti sunt qui contra sæculum et contra diabolum militare laborant et qui in castitate et constrictione corporis sui ad altare meum accedere festinant, volo ut sacerdotes mei sine contagione terrenæ copulæ in conspectu meo appareant. Nam cum in veteri Testamento sacerdotibus præceptum sit ut cum ad altare meum accederent se a contagione mulierum continerent, hoc totum in novo Testamento sacerdotibus meis ad plenam perfectionem perductum est, ita ut quod illi veteres quasi una hora in castitate cavebant, hoc isti novi ab initio pueritiæ suæ usque ad finem senectutis suæ compleant. Et cum de veteribus sacrificium in conjunctione mulieris pollutum suscipere nolui, multo magis de novis sacerdotibus Filium meum in castitatis officio tractari volo.

Nec quisquam immaturus et inconsecratus ecclesiam suscipiat, nec etiam plures ecclesias appetere præsumat, ne si in ætate pueritiæ aut sine consecratione sacerdotalis officii ecclesiam suscipere præsumpserit, vel unam habens etiam plures sibi subjugare tentaverit, prævaricator justitiæ in hoc existens gravissimæ districtionis judicio discutiatur, velut ille qui ante legitimum tempus, vel sine legitima desponsatione fornicari non timet, vel legitimam uxorem habens, se polluere cum aliis in adulterio festinat. Sed et de omni populo qui est in Christiano nomine sacerdotes sapientis ingenii et virilis animi eligendi sunt : ita tamen ut recto ordine, et justa unctione atque voluntario animo ad servitutem meam veniant. Hoc tamen esse non debet ut ii ad officium altaris mei accedant, qui in aliquo membrorum suorum debilitate claudicant; quia nec etiam in regno coelorum ulla macula diversorum vulnerum in animabus hominum apparebit. Et ideo nolo ut altari meo assistant qui aliquo membrorum suorum destituti sunt. Sed quamvis ipsi in corporibus suis debiles sint : tamen pro hac destitutione membrorum suorum a regno coelorum non separabuntur, si tamen sanitatem animarum suarum habeant, ita si in puritate bonorum operum me quaerunt; nolo tamen ut ministerio altaris mei fungantur, sed ut efficaciam bonorum operum humiliter operentur. Sic etiam nec feminae ad idem officium altaris mei debent accedere, quoniam ipsae infirmum et debile habitaculum sunt, ad hoc positae ut filios pariant, et eos parientes diligenter enutriant. Sed femina, non per semetipsam, sed de viro infantem concipit, sicut nec terra per semetipsam, sed per agricolam aratur. Quapropter ut terra semetipsam arare non potest, ita nec femina in officio consecrationis corporis et sanguinis Filii mei sacerdoti comparanda est, quamvis in laude Creatoris sui sonare possit, ut et terra ad irrigationem fructuum pluviam suscipit. Et ut terra omnem fructum profert, ita etiam et in femina omnis fructus boni operis perficitur. Quomodo? Quia summum sacerdotem : sponsum accipere potest. Quomodo? Virgo desponsata Filio meo sponsum eum accipit : quoniam corpus suum carnali viro conclusit, et ideo in sponso meo sacerdotium et omne ministerium altaris mei habet, atque omnes divitias ipsius cum eo possidet. Sed et vidua ejusdem Filii mei sponsa potest appellari, quae carnalem virum renuens sub alas protectionis ejus fugit. Et ut sponsus sponsam suam valde diligit, sic etiam Filius meus sponsas suas dulcissime amplectitur, quae ad eum amore castitatis sollicite currunt. Sed et nullo modo vir femineo vestitu induatur, nec femina viri habitu utatur, ut hoc modo utraque persona discernatur; scilicet ut vir virilem fortitudinem in se demonstret, et ut femina femineam infirmitatem in se ostendat. Quoniam hoc ab initio humani generis ita in dispositione mea est : nisi aut vir in periculo mortis, aut femina in periculo castitatis sit. Tunc si ad horam illam aut vir secundum feminam, aut femina secundum virum vestitum suum humiliter in timore mortis mutaverint, cum misericordiam meam de hoc facto suo quaesierint eam invenient; quia illud non in temeritate, sed in periculo salutis suae fecerunt. Et quoniam femina virili habitu vestiri non debet : ideo etiam ad officium altaris mei non accedet; quia virilem personam nec in capillis nec in vestitu suo demonstrabit.

Qui autem ad altare meum accedunt, in castitate in conspectu meo appareant. Et non solum isti : sed et caeteri qui sacramentum corporis et sanguinis Filii mei percipere desiderant, ne se ipsos in casum ruinae mittant. Sed multi tam inter spirituales quam inter saeculares inveniuntur qui se non solum fornicatione mulierum polluunt, sed etiam in contrarietate fornicationis se contaminantes, gravissimum onus districti judicii sibi imponunt. Quomodo? Vir qui secundum modum feminae cum alio viro peccaverit, amare contra Deum peccat, et contra conjunctionem illam qua Deus masculum et femi am conjunxit. Unde etiam ambo coram Deo polluti, nigri, atque luxuriosi; horribiles ac molesti Deo et hominibus, et rei mortis apparent; quia contra Creatorem suum, creaturam quae in ipsis est destituunt. Quomodo? Deus virum et feminam conjunxit, scilicet hoc quod forte et infirmum erat simul copulavit, ut alterum ab altero sustentaretur. Sed isti contrarium adulteri, cum virilem fortitudinem suam in mollitiem contrarietatis transferunt, rectam institutionem maris et feminae abjicientes, Satanam in perversitate sua turpissime subsequuntur, qui illum qui individuus est scindere et dividere in superbia sua volunt. Nam ipsi alienum et contrarium adulterium in perversis artibus suis in semetipsis constituunt, et ideo in conspectu meo polluti et contumeliosi apparent. Qui autem eodem modo in hanc contraria fornicatione peccaverit cum muliere, voracissimus lupus in ista perversitate sua est. Quomodo? Nam ut homo ille contrarius et molestus esset hominibus, qui pulcherrimas et mundissimas epulas habens eas abjiceret, et stercus quod in egestione hominis egreditur comederet : ita etiam et isti indigni et immundi coram me sunt; quoniam rectam institutionem conjunctionis in muliere deserunt, et alienam praevaricationem in ea quaerunt. Sed et femina quae has diabolicas artes rapit quod se virili officio cum altera femina conjugari simulat, vilissima in conspectu meo apparet, simul et illa quae se huic in tam contumelioso facinore subjicit. Quia cum verecundiam ad passionem suam habere deberent, alienum jus sibi impudice usurpaverunt. Et quoniam in extraneum modum se transmutaverunt, idcirco transpositae et contemptibiles mihi sunt. Illi quoque mares qui cum tactu praeputii sui semen suum educunt, magnum casum animae suae imponunt; quia in hac inquietudine se omnino concutiunt, et ideo velut immunda animalia quae catulos suos devorant, coram me apparent. Quoniam semen suum perverse excutientes, illud ad contumeliosam pollutionem deducunt. Quos et feminae impudico tactu imitantes, cum in incentivo ardore ardentis libidinis in constrictione corporis sui semetipsas fatigant, valde culpabiles exinde sunt, quia cum in castitate se continere deberent, se in immunditia polluunt. Unde tam feminæ quam viri qui proprio tactu corporis sui semen suum de se excutiunt, in hac sorde sua ulceribus et vulneribus semetipsos in animabus suis inficiunt, cum propter amorem meum in officio castitatis se constringere noluerunt. Quid hoc? Quia cum homo stimulum carnis suæ se pungere senserit: in cavernam continentiæ currat, et scutum castitatis apprehendat, atque ita se ab immunditia defendat. Quomodo? Zizania de tritico ejiciat, id est strepitum libidinis a suavitate castitatis separet. Unde quisquis gustum libidinis sic a se projecerit: valde dulcis et amabilis mihi est. Sed vos, o homines, castitatem abjicitis et libidinem amatis, cum etiam non solum fornicatores hominum, sed etiam fornicatores pecorum estis ita quod semen vestrum non in illud quod vivit, sed in illud quod mortuum est mittitis, et quod consortem vestri deseritis, et illud quod vobis in servitute subjectum est appetitis. Quapropter clamant super vos elementa dicentia: Heu! heu! nostri dominatores miscent se nobis in commistione seminis sui. Et ita de indignatione mea in operibus vestris tristitiam se habere demonstrant. Cur ergo intelligibilem intellectum vestrum in pecualem stultitiam vertitis, cum scitis vos homines esse? Nunquid creavi vos ad juncturam pecorum? Nequaquam. Et quoniam illis vos conjungitis, idcirco amarissima consortia nefandorum criminum cadent super vos, quia institutionem meam in junctura maris et feminæ contomnitis. Nam quisquis in actibus suis se ita transmutat, quod hoc facit quod facere concupiscit, videlicet quod se ita destituit, quod semen suum cum pecore effundit, hic maximam ruinam sibi inducit, ut etiam Satanas semetipsum per adversitatem suam dejecit cum similis Deo e se voluit. Quapropter vos omnes qui perverso usu in diversis hujusmodi pollutionibus vos contaminatis: concupiscentiæ vestræ resistite, et corpora vestra castigantes amarissimam et veram pœnitentiam cum planctu magno et jejunio ac maceratione carnis vestræ atque cum diris verberibus facite, ne in cumulum crudelissimi reatus vos impœnitentes mittatis.

Non solum autem volo ut homines a vigilanti immunditia se emundent, sed ut etiam a pollutione illa quæ ipsis dormientibus occurrerit se digne purgent. Nam si dormienti homini commotio seminis in somnis subrepserit; nolo ut ita in ardenti calore illo in sacramento officii altaris mei accedat, quousque ardor ille in eo sedetur, ut scriptum est: *Si fuerit inter vos homo qui nocturno pollutus sit somno, egredietur extra castra; et non revertetur priusquam ad vesperam lavetur aqua, et post solis occasum regredietur in castra* (Deut. XXIII). Quid hoc? Si est inter vos qui servitio meo irsudatis homo qui per noctem polluitur in somno dormitionis suæ, separet se de congregatione sanctitatis illius quæ ad altare meum pertinet, ita ut se mysterio illi conjungere non præsumat, antequam, abeunte noxio calore, illo emundetur lavacro pœnitentiæ in confessione et compunctione cordis de incendio libidinis suæ. Et tunc, pœnitentia illa quæ cor ipsius ita illustraverat peracta, redeat in amore castitatis ad illos qui se fideliter ab immunditia pollutionis defendunt, et sacramentum illud quod totum in sanctitate est digne et honorifice adeat. Sed homo ille qui tam dormiendo quam vigilando fortiter in libidine ardet, caveat ne ardori suo incendium subministret. Quomodo? Scilicet escis illis quæ sibi succum libidinis offerunt, se non inflammet, sed a carnibus illis quæ sine tegmine nudæ de matribus suis, id est de pecoribus, egressæ sunt humiliter abstineat; quia in ipsis fervor ardoris est, qui tantus non est in carne volucrum quæ sine tegmine non egreditur, sed cum tegmine teste fracto ovo nascitur. Unde etiam minus incendium in ipsa est. Sed et ab immoderato vino se abstineat, ne in superfluitate potato, venæ ipsius noxio sanguine repletæ, in ardore incendii turpiter incalescant. Si quis autem in superfluitate causarum istarum laborat, sibimetipsi resistere per se non valens, devotissima intentione me quærat, ac vulnera cordis sui humillima detectione mihi demonstret. Quomodo? Videlicet humili confessione coram sacerdote ea mihi aperiat. Et cur hoc? Quia vera confessio secunda resurrectio est. Quomodo? In casu veteris Adæ humanum genus occisum est, quod novus Adam in morte sua excitavit. Quapropter et in morte ejusdem novi Adæ resurrectio animarum exorta est, ita quod homo peccata sua confiteri debet, quod vetus Adam non fecit, cum prævaricationem suam magis obtexit, quam eam confessus sit. Quomodo? Quia eam non est confessus pœnitendo, sed eam obtexit feminam accusando; unde et confessio posita est, ut postquam homines ceciderint, de casu suo per eam erigantur. Et ideo quicunque pura confessione sacerdoti in amore meo, peccata sua confessus fuerit: de morte ad vitam resurgit, ut etiam illa de morte erepta est quæ in convivio coram filio meo cum lacrymabili pœnitentia de sordibus suis se purgavit. Quod remedium purgationis et in antiquis patribus diu præfiguratum est. Quomodo? Nam ante legem gratiæ, patriarchæ et prophetæ consolatio hominum erant, et sub lege pontifices et sacerdotes eruditio ipsorum fuerunt, cum deinde apostoli venientes veram justitiam in Filio meo attulerunt, ita quod multi homines ad eos currentes, adjutorium eorum devote imploraverunt. Et ita ab Adam usque ad apostolatum apostolorum, semper ii erant qui per supernam inspirationem, consolatione et instructione sua miseriis hominum subveniebant. Sed et ut apostoli hominibus sua prædicatione et multis miraculis ostendebant, homo qui diabolica suasione in mortem cadens per se numquam erigi potuit, per Filium meum a morte ereptus est. Quomodo? Quoniam cum in mundo esset multos labores in corpore suo perferens, denique pro redemptione mundi in crucem positus est. Istud fideles homines pro salute sua cum sacerdotibus suis imitari debent. Quomodo? Adjutorium Filii mei quærent ; quia cum post baptisma vetus crimen Adæ revocaverint, de casu suo per semetipsos surgere non valent. Et ideo velut a patriarchis et prophetis consilium quærent , et ab apostolis auxilium accipient : ubi peccata sua , denudatis vulneribus suis, in vera et pura manifestatione fideliter demonstrabunt. Quomodo? Peccata sua sacerdoti qui minister Filii mei est, devotissimo corde et ore confitebuntur. Et tunc sacerdos ille remedium eis in pœnitentia ipsorum conferens, ita peccata eorum in morte Unigeniti mei sepeliet. Sed illi deinde hoc modo ad vitam resurgentes, resurrectionem etiam filii mei glorificabunt.

Qui autem vulnera peccatorum suorum denudare recusat, sed tacens per semetipsum sine sublevatione alterius ea curare tentat, secundum quod tunc cor suum velle probat, seipsum decipit, quia sibimetipsi sacerdos vult esse. Quapropter et sine adjutorio alterius surgere non valet ; quoniam nec homo per semetipsum in salvatione erectus est, sed per Filium meum salvatus est. Unde qui salvari desiderat, nec in fine vitæ suæ peccata sua confiteri desperet. Quod si quis in hora mortis suæ positus remedia vulnerum peccatorum suorum quærit, nec tamen sacerdotem cui peccata sua confiteatur habere possit, tunc alii homini quem eodem tempore opportunum habet ea manifestet. Vel si tam repente nullum hominem habere potest , ea mihi coram elementis cum quibus etiam illa perpetravit, ex intimo affectu cordis sui aperiat, et ego devotionem cordis ejus videns , pœnitentiam ejus non abjicio. Quapropter nemo de ponderibus iniqui talis suæ desperet , quoniam si de misericordia mea desperaverit , ad vitam non resurget. Qui autem cum desperatione certaverit, et tandem eam ad nihilum deduxerit, hic se liberavit, quia fortis existens viriliter vicit. Sed qui remedium salutis suæ per tumorem mentis suæ non quærit , huic succurrendum non est; quoniam, dum me invenire posset, me quærere recusavit. Ergo dum homo tempus habet: seipsum non negligat, sed refugium puræ confessionis quærat , ut etiam Filius meus præcepit in Evangelio , dicens : *Vade et ostende te sacerdoti , et offer munus tuum quod præcepit Moses in testimonium illis* (*Matth.* VIII). Quid hoc? Tu qui in peccatis sordes cum te ab illis emundari desideras, vade bona intentione , et ostende illa pura confessione sacerdoti qui minister meus est, et offer devoto corde munus veræ pœnitentiæ, quod ex voluntate Dei præsignavit ille , qui de multis inundationibus terrenæ iniquitatis per divinam potentiam ablutus est, ut testificentur illi qui te prius in malis actibus viderant

sorduisse, quod nunc in amaritudine pœnitentiæ ab eis velut in camino examinationis purgatus sis. Quapropter, o homo, si peccator facta sua in absconso cordis sui occultaret : quis tunc pœnitentiæ illius contra accusatorem testis existeret? Nullus. Unde homo peccata sua manifestet, quatenus pœnitentiæ suæ testem habeat. Sed qui pœnitentiam peccatorum suorum perficere desiderat, eleemosynam sibi in adjutorium assumat. Quomodo? Quia cum corpus hominis per imbecillitatem suam in labore pœnitentiæ defecerit, eleemosyna illi in adjutorium accurrat. Et quoniam difficile est homini ut aspere et secundum quod justum est pœniteat : ideo matrem sibi eleemosynam assumat, quatenus cum ea id perficiat quod corpori suo laboriosum est. Nam quemadmodum mater necessitati filii sui subvenire non cessat, quamvis ille jam educatus esse videatur : ita etiam eleemosyna teneritudini corporis in pœnitentia hominis succurrit , quamvis idem homo in maceratione corporis sui pœnitendo fortis appareat. Attamen mala opera quæ homo in corpore suo per concupiscentiam carnis suæ perpetravit , illa etiam in seipso corporaliter puniat, ut opus illud quod carni suæ charum et dulce fuerat : per amaritudinem pœnitentiæ fideliter ab eo abstergatur ; quoniam amaritudo pœnitentiæ, mortifera vulnera peccatorum cum adjutrice eleemosyna in hominibus sanare debet. Quomodo? Quia cum homo in castigatione se constringit , se quoque per eleemosynam dilatet. Quomodo? Quoniam eleemosyna misericordiam meam designat. Quomodo? Cum fidelis homo pauperibus cum substantia sua propter amorem meum subvenit , præcepta mea custodit, quia indigentibus misericordiam suam propter honorem nominis mei impendit, sicut et ego in puritate cordis sui me quærentibus gratiam meam non subtraho. Qui autem hoc modo refectione eleemosynarum pauperibus motu misericordiæ succurrit : valde mihi amabilis est , quoniam viscera misericordiæ habet hoc implens quod scriptum est : *Pone thesaurum tuum in præceptis Altissimi : et proderit tibi eleemosyna magis quam aurum* (*Eccli.* XXIX). Quid hoc? Justa et recta consideratione tolle de materia pecuniæ tuæ quæ in sinu tuo et in amplexione cordis tui est, dividens eam secundum præcepta illius qui super omnes est, quia Deus mandavit ut a malo declines et bonum facias. Et ideo in præcordiis tuis per bonam voluntatem tuam hoc modo abundare debes, ne de perditis ovibus sis, sed sanctifica teipsum ante Deum , in refectione deficientibus de tua substantia tribuens ; quoniam et tunc Deus misericordiam suam in tuis miseriis super te non continebit. Quod si hoc feceris, tunc majorem utilitatem tibi affert compassio illa quam super illum habes qui nullum thesaurum possidet, quam si super magnum montem ascenderes multam pecuniam auri in superbia tua possideres. Quomodo? Melius enim est tibi ut modicum pusillis in humilitate des, quam regnum mundi cum magna voluptate possideas; quia tunc misericordia in remuneratione Dei ob pondus superbiæ tuæ tibi deesset, quoniam ibi viscera compassionis super pauperem non haberes. Unde et elementa lacus voluptatum hominum sunt, et mores eorum ostendunt. Quomodo? Quia vindictam Dei illis peccantibus superinducunt. Et ideo, o homo, inanitatem naufragantis avaritiæ desere; quia justissima hæreditas tua in æterna vita est, et malum relinquens, bonum fac, ut malevolentiam duritiæ dimittas. Et ut misericordiam consequaris, de tua substantia indigentibus da, in hoc imitatus Deum qui misericors est.

Quapropter etiam, o homo, nullus mendax huic contradicere potest quin vos qui pauperibus ita subvenitis, voluntatem meam in hoc compleatis. Quomodo? Sicut ego vobis gratiam meam impendo, ita et vos pauperibus eleemosynam vestram tribuere debetis. Sed qui eleemosynam accipiunt, eam non in vanum nec secundum avaritiam sumant. Quid hoc? Quoniam multi sunt qui ignaviam amantes, corporaliter laborare nolunt ut seipsos pascere valeant, nec bona opera spiritualiter facere student ut animabus suis subveniant; sed ut pecora sunt, intellectum justitiæ nec in anima nec in corpore suo habentes. Unde etiam indigni ante oculos meos apparent, si hoc modo sine correctione et sine pœnitentia in tepore hujus pravitatis perseveraverint. Sed et multi sunt qui corporaliter necessitatem patientes, eleemosynam cum humilitate in timore percipiunt, atque pro illis orant et laborant qui eis misericordiam suam impendunt, prava etiam opera immundissimæ sordis devitantes. Inter hos etiam multi inveniuntur quibus idcirco terrenas divitias subtraho, quoniam eis cœlestes divitias dare volo. Qui autem paupertatem propter nomen meum libenter sufferunt, valde mihi amabiles sunt; qui vero divitias sæculares propter cupiditatem suam libenter haberent, nec eas habere possunt, hi mercedem hujus laboris perdunt. Sed qui ob hoc divitias quærit ut voluntatem meam et non cupiditatem suam in eis compleat, hic pro bona voluntate sua mercedem honoris apud me reportabit. Ita etiam et ille qui potestatem honoris propter jactantiam superbiæ suæ et non ad gloriam nominis mei appetit: hic mihi velut putridum cadaver est; qui autem idcirco eam quærit, ut non superbiam suam sed honorem meum inde defendat, gloriosus in regno meo ob idipsum apparebit. Quapropter et sacerdotes officii spiritualis regiminis magisterium suum non propter se, sed propter me subire debent, ut populo meo tanto securius et devotius præesse valeant. Quomodo? Quia populum meum docere, admonere, hortari et coercere debent, ut legem Dei digne et laudabiliter custodiant. Et hoc pastores semper ruminabunt: dum populum exhortando movent, ne sine confessione et sine pœnitentia in peccatis suis perseverent, sed ut mala opera conculcent et bona perficiant. Quod si populus sacerdotes suos in admonitione ista non obaudierit: tunc populus reatum suum sentiet, et sacerdotes de casu negligentiæ hujus se eripuerunt; si vero sacerdotes auctoritatem magisterii sui populo non ostendunt, tunc sacerdotes non vocantur sed lupi rapaces dicuntur, quoniam officium suum in rapina habent: sicut et lupus ovem crudeliter diripit, ita quod magis voluntatem suam sequuntur quam custodiam ovium suarum amant. Et quia perverse vivunt, idcirco veram doctrinam populo seminare timent, ita iniquitati ut alicui domino suo consentientes, quod carnales concupiscentiæ sunt, et ostium cordis sui æquitati velut alieni domestico suo claudentes, quod justitia Dei est. Unde, o vos pastores, ululate et plangite crimina vestra quæ in iniquitate vestra diram vocem emittunt, ita quod et elementa clamorem eorum suscipiunt, et cum eis coram me reboant. Quomodo enim in officio vestro audetis Dominum vestrum tangere in sanguineis manibus et in contraria spurcitia, et in adulterina iniquitate? Vere vos in immunditia vestra fundum terræ commovetis. Quomodo? Videlicet cum in tantis criminibus sordentes Deum vestrum tangere non timetis, terram in magno dolore opprimo, ita carnem et sanguinem Filii mei ulciscens; quoniam non solum terram in hoc horrore crudeliter commovetis, sed etiam cœlum in immunditia vestra pessime contaminatis. Quomodo? Cum in fetore immunditiæ vestræ Dominum Deum vestrum tangitis, sicut porcus in stercore margaritas contaminat: tunc cœli iniquitatem vestram suscipientes, ultionem judicii mei in voluntate mea super terram emittunt. Nam cum vera justitia et cum divina lege populum meum præcedere deberetis in bonis operibus ei lucentes, ita ut idem populus meus gradiens post vos pedem suum in nulla offensione contereret; sed vos aliquando majore iniquitate populum meum contaminatis quam vel ipse se contaminet in quo malum et pessimum exemplum in vobis habet. Vos enim tam lucida gemma esse deberetis, ut credentes in lumine vestro, incedentes viam rectitudinis agnoscere possent; sed vos eis exemplum mortis præbetis, ita ut iniquitate vestra modum invenire non valeant. Et quomodo pastores eorum esse potestis, cum eos ita seducitis? Quomodo ergo pro eis respondebitis: qui nec pro vobis responsum dare potestis? Unde plorate et ululate antequam tempus mortis vos subtrahat. Et quare non consideratis honorem vestrum: qui præ cæteris hominibus vobis datus est? Quid hoc? Quoniam in Filio meo præ cæteris claves cœli accepistis, quæ judicio recti sensus et justi judicii in scientia Scripturarum sunt: quando recte consideratis quid sit quid ligare debeatis. Quid hoc? Cum homines se mihi in lege mea pertinaciter opponunt: timorem judicii mei eis incutere debetis. Et si tunc culpam suam non correxerint, ligaturam vestram super eos extendite. Quomodo? Quia rebelles sunt: ideo aperitis vocibus in verbis meis eos ligabitis, et eis ligaturam illam indicabitis; quoniam et pro contumacia sua coram me ligati sunt : ut Filius meus primo pastori Ecclesiæ ostendit dicens : *Tibi dabo claves regni cœlorum. Et quodcunque ligaveris super terram, erit ligatum et in cœlis; et quodcunque solveris super terram, erit solutum et in cœlis* (*Matth.* xvi). Quid hoc? Ego qui potestatem cœli et terræ habeo, tibi qui me devote imitatus es per gratiam meam dabo judicia illa quæ dignitatem regni cœlorum tangunt, ita ut nefas sit hoc, quod justo judicio ligaveris super terram, secundum quod homines super terram peccare videris; quia postquam hominis animam de corpore suo abstraxero, tunc judicium tuum super eam non extendes; quoniam judicium illud meum est : in nequitia sua vincta sit, et in cœlestibus, scilicet a cœlo, separata et projecta, quia in superna mansione nulla iniquitas libertatem aut locum habere permittitur. Sed et vinculum hoc quod ita prius in rebellione constrinxisti, cum deinde in pœnitentia delinquentium denotaveris, super terram erit solutum et in supernis secretis. Et tunc post mortem hominis, pro anima ejus orabis; sed tunc eam a nexibus ligaturæ suæ absolvere poteris, quia gemitus devoti cordis Deus non abjicit.

Vos autem, o sacerdotes, qui hoc modo per Filium meum potestatem hanc percepistis : neminem absque culpabili causa propter rabiem cordis vestri in verbis meis ligabitis; sed acutissime vobis considerandum est, quem ita constringere debeatis. Nam qui nec propter pudorem hominum, nec propter timorem meum, nec precibus nec præceptis vestris cohiberi poterit quin in iniquitate sua perseverare velit, hunc ecclesiastica censura in verbis meis ab Ecclesia mea submovebitis. Sed innocentem non ligabitis; quoniam si illum constrinxeritis vosmetipsos in nodum diri reatus immittitis. Quod si tamen ille hoc modo inconvenienter constrictus fuerit quamvis innocens sit; tamen humillima subjectionis obedientia propter honorem nominis mei solutionem quærere debet, ne si spretor exstiterit, reatum superbiæ sibi contrahat. Sed ligatura ista talis sit. Homo qui nec mihi, nec præceptis majorum suorum in perversitatibus suis obedire voluerit, hic in verbo meo a cœlestibus separandus est, velut Adam mihi inobediens existens in præcepto meo de paradiso ejectus est, nec in consortium fidelium recipietur, nisi in pœnitentia obedientiæ; sicut etiam genus humanum in martyrio obedientis Filii mei, ad cœlestem patriam revocatum est. Qui vero ita rebellis est quod in humilitatis officio reverti non vult, tunc, si ita in contumacia sua perduraverit, consortium illorum habebit qui lapideum cor abjicere recusantes sed in infidelitate sua permanentes, gloriam ecclesiasticæ beatitudinis habere recusaverunt. Nam qui ita obduratus est quod de nequitia sua nullam misericordiam quærere curat, hic antiquum serpentem imitatur qui misericordiam sprevit et qui primum hominem in paradiso decipiens in seipso ita dicebat. Quamvis ego de cœlis projectus sum cum contra exercitum Altissimi cum angelis meis præliatus resistere non valuerim, quoniam ab eo victus sum; tamen nunc in terra hominem inveni, in quo iram meam exercens me fortiter vindicabo. In terra enim in homine complebo, quod in cœlis facere volui, scilicet ut Altissimo similis essem. Et si Deus justus est, potestas ista mihi non auferetur, quia homo mihi consentiet et Deo non obediet. Hæc diabolus in seipso loquens : omnes artes suas contra hominem instruxit ut ille a Deo recederet, qui et diabolum secutus est; unde et eum sibi tam fortiter alligavit, quod homo illum pro Deo coluit, et Deum creatorem suum abnegavit.

Sed cum homo in tanta tenebrositate infidelitatis jaceret, nec se erigere valeret : ad salvationem ejus misi Filium meum miro modo de virgine incarnatum, verum Deum et verum hominem existentem. Quid hoc? Quia de me Patre secundum divinitatem veraciter exivit, et quoniam de Virgine matre secundum humanitatem veraciter carnem assumpsit. Quid hoc? O homo mollis et tener in tuo corpore es; sed durus et inflexibilis in tua incredulitate manes; nam lapis poliri ad ædificium potest, tu autem molliri ad fidem non vis. Attende tamen. Sicut homo in arca sua pulcherrimam gemmam habens, eam metallo imponit ut hominibus appareat, sic et ego in corde meo Filium meum habens eum de Virgine incarnari volui ut ipse credentibus salutem vitæ conferret. Quod si ei carnalem patrem dedissem, quis tunc esset? Videlicet non filius sed servus meus; sed hoc esse non debuit. Ipse autem de Virgine natus, comedit, bibit, et dormiens requievit, atque alias corporales miserias sustinuit; sed tamen gustum peccati in carne sua non sensit; quia non in mendacio sed in veritate carnem assumpsit. Quid hoc? Quoniam cæteri homines in prævaricatione Adæ et Evæ per gustum delectationis nascuntur, quod in mendacio et non in veritate est. Non sic Filius meus ortus est : sed in sanctitate de castissima Virgine ad redemptionem hominum natus est. Nam similis similem de vinculo suo solvere non valeret, nisi major veniret qui eum eripere posset. Quid hoc? Quoniam homo natus in peccatis, hominem peccatorem de perditione mortis liberare non valuit; quapropter Filius meus sine peccato venit : quia hominem devicta morte misericorditer de morte eripuit. Sed qui vigilantibus oculis videt, et attentis auribus audit, hic mysticis verbis meis osculum amplexionis præbeat, quæ de me vivente emanant.

VISIO SEPTIMA.

SUMMARIUM. — *Quod Deus omnia juste dispensans et in justitia diversa dona Spiritus sancti declarans, fideles homines in bonis operibus confortat ut a diabolo superari non possint. De multitudine fidelium et de divina lege coram ipsis extensa. Quod deceptiones diaboli hominibus in via hujus mundi patent. Quod diabolus divitias et delicias hominibus aperte et fraudulenter offert; quas qui concupiscit, emit. Quod diabolicam persuasionem viriliter ei resistentes abjiciunt, quidam tepide viventes ei consentiunt. Verba Ezechielis de eadem re. Quod diabolus omni nequitia plenus, veneno multiformis artis suæ, quinque sensus hominum decipere laborat. Quod superbia diaboli in incarnatione Filii Dei dejecta est. De oculis et auribus et naribus serpentis quid significent. De manibus et pedibus et cauda ejus quid significent. Quod potestas omnipotentis Dei fortitudinem diaboli ita contrivit quæ nequitiam suam secundum voluntatem suam exercere non potest. Quod diabolus in quatuor partibus mundi incendium iniquæ persuasionis in omne genus diversorum hominem emittit. Verba David de eodem. Qualiter diabolus in igneis persuasionibus diversa genera hominum spiritualium et sæcularium multimodis tentationibus aggreditur. De tribus aciebus eorum. De tentatione sæcularium. De sex modis tentationum spiritualium hominum. De non baptizatis. De sagittis oris ejus et de fumo pectoris et de humore lumborum quid significent. De turbine umbilici et de immunditia ranarum ventris ejus quid significent. Quod diabolus stultos homines per iniquam incredulitatem exagitat, verum esse putante quod ipse eis fallaciter demonstrat. Quod hæretici vitandi et ab Ecclesia abjiciendi sunt qui diabolum pro Deo colunt et sunt viscera diaboli et præcurrens germen filii perditionis. Quod auditorium Dei contemnentes gratia Dei deserit, quærentibus autem misericorditer subvenit. Verba Salomonis de eodem. Quod veri cultores Dei qui toto adnisu terrena conculcant, antiquum serpentem forti contritione dejiciunt.*

Deinde vidi ardentem lucem tantæ magnitudinis quantæ mons aliquis magnus et altus est, in summitate sua velut in multas linguas divisam. Et coram luce illa quædam multitudo albatorum hominum stabat, ante quos velut quoddam velum tanquam crystallus perlucidum a pectore usque ad pedes eorum extensum apparebat. Sed et ante multitudinem illam quasi in quadam via velut quidam vermis miræ magnitudinis et longitudinis supinus jacebat : qui tanti horroris et furiæ videbatur : ultra quam etiam homo effari potest. Ad cujus sinistram quasi forum erat, ubi divitiæ hominum atque deliciæ sæculares et mercatus diversarum rerum apparuerunt; ubi etiam quidam homines multa celeritate currentes, nullum mercatum exercebant, quidam autem lente euntes et venditioni et emptioni ibi insistebant. Vermis autem ille niger hirsutus, ulcerosus et pustulis plenus erat, quinque varietates a capite per ventrem suum usque ad pedes in modum zonarum descendentes in se gerens, quarum una viridis, alia alba, alia rubea, quædam crocea et quædam nigra apparebat, plenæ omnes veneno mortifero. Sed caput ejus ita contritum fuit, quod et sinistra maxilla ipsius jam dissolvi videbatur. Oculi vero ejus extrinsecus sanguinei et intrinsecus ignei, aures autem rotundæ et hispidæ, nares vero et os secundum nares et os viperæ; sed manus secundum manus hominis, pedes autem ut pedes viperæ, et cauda brevis et horribilis apparebat. Et collo ejus catena imposita fuerat quæ et manus et pedes ipsius alligaverat, ita quod et illa catena in lapidem abyssi fortissime firmata, illum tam valide constrinxerat ut se nec hac nec illac secundum nequitiam voluntatis suæ movere posset. Ex ore autem ejus multæ flammæ exeuntes in quatuor partes se diviserunt, quarum pars una usque ad nubes ascendebat, et alia inter sæculares homines, alia autem inter spirituales se extendebat, alia vero usque ad abyssum descendebat. Sed flamma illa quæ nubes appetebat contra homines illos præliabatur qui ad cœlos ascendere volebant. Quorum tres acies videbantur ; nam acies una prope nubes, et una in medietate illa quæ inter nubes et terram est, et una juxta terram pergebat : omnes repetitis vocibus pergamus ad cœlos vociferantes ; sed a flamma illa hac et illac projecti, quidam non cadebant, alii autem pedibus suis se vix sustentabant, alii vero ad terram cadentes sed iterum surgentes ad cœlos tendebant ; flamma autem illa quæ se inter sæculares homines diffudit, quosdam ex eis comburens et in teterrimam nigredinem vertit, quosdam autem suo acumine ita transfixit, ut eos quocunque voluit inflexerit. De qua tamen quidam se eripientes et ad illos qui cœlos petebant pergentes : O vos fideles ! præstate nobis adjutorium, resumpto clamore vociferabantur ; quidam autem ita transfixi permanserunt. Illa vero flamma quæ se inter spirituales extendebat : eos sua caligine obtexit ; quos etiam in sex modis considerabam ; nam alios eadem flamma crudeli incendio læsit : quos autem lædere non potuit illos aut viridi, aut albo, aut rubeo, aut croceo, aut nigro mortifero veneno illo quod a capite vermis usque ad pedes ejus defluebat ardenter afflavit. Sed flamma quæ abyssum petebat, diversas pœnas illorum in se continebat, qui per fontem baptismatis non loti, lucem veritatis et fidei ignorantes, Satanam pro Deo coluerant. Et vidi etiam ex ore ejus acutissimas sagittas stridentes, et a pectore ejus nigrum fumum exhalantem ac a lumbis ipsius ardentem humorem ebulientem, et ab umbilico ejus fervidum turbinem flantem, atque ab extremitate ventris ipsius velut immunditiam ranarum scaturientem ; quæ omnia magnam inquietudinem hominibus afferebant. Sed et de ipso teterrima nebula cum pessimo fetore egrediens, multos homines sua perversitate infecit. Et ecce magna multitudo hominum in multa claritate fulgentium veniebat quæ illum vermem fortiter ubique conculcans acriter eum cruciabat : ita tamen quod ipsa nec a flammis nec a veneno illius laedi poterat. Audivique iterum vocem mihi de coelo dicentem : Deus omnia juste et recte dispensans, fideles populos ad gloriam supernae haereditatis vocat; sed antiquus deceptor in insidiis positus eos impedire tentans, artes nequitiae suae in ipsos excitat, sed tamen ab eis victus, confusionem praesumptionis suae accipit, cum illi coelestem patriam possideant, et ipse infernales horrores subeat. Quapropter vides ardentem lucem tantae magnitudinis quantae mons magnus et altus est, in summitate sua, velut in multas linguas divisam, quae est ardens in fide credentium justitia Dei in fortitudine potentiae suae magnitudinem sanctitatum et altitudinem gloriae demonstrans, atque in eadem gloria sancti Spiritus diversa dona mirabiliter declarans.

Et coram luce illa quaedam multitudo albatorum hominum stans : est in praesentia justitiae Dei turba in fide lucentium hominum per bona opera sua bene et honeste compositorum, ante quos velut quoddam velum tanquam crystallus perlucidum a pectore usque ad pedes eorum extensum apparet; quia in conspectu suo divinam legem fortem et splendidam ab intentione bonarum actionum usque ad completionem earum semper habent, in quibus ita confortantur, quod astutia et deceptione fallacium persuasionum superari non possunt. Sed quod ante multitudinem illam quasi in quadam via velut quidam vermis mirae magnitudinis et longitudinis supinus jacet, hoc est quod ante notitiam hominum manifeste cognitus in via mundi hujus quae et bonis et malis ad gradiendum proposita est antiquus serpens non ita in forma sua, sed in significatione mysterii, videlicet magnus in malitia, longus in insidiis projectus apparet, sursum hians ut eos qui ad coelestia tendunt per deceptionem suam dejiciat, sed tamen jacens, quoniam per Filium Dei vires ejus protritae sunt, ita quod in eis stare non valet; quamvis tanti horroris et furiae videatur, ultra quod etiam homo effari potest; quia venenosum furorem et malitiosos conatus in multiplicitate diversitatis ejus, aestimatio mortalis hominis explicare non valet. Unde et ad ejus sinistram quasi forum est ubi divitiae hominum atque deliciae saeculares, et mercatus diversarum rerum apparent; quoniam in morte quae illius proditoris sinistra intelligitur forum cernitur, quod nequissima opera ipsius sunt mortis: ita quod ibi in divitiis corruptibilibus superbia et vana gloria et in deliciis transitoriis lascivia et concupiscentia ut in mercatu venditiones ac emptiones multarum varietatum terrenarum cupiditatum fervent : ita ut qui diabolicum terrorem palam exhorruerit, ab his latenter decipiatur, videlicet cum ei multae suasiones vitiorum leviter offeruntur, veluti cum per mercatorem diversa mercimonia hominibus ostenduntur, ut per hoc delectati, tanto ardentius emant quod sibi oblatum viderint; nam diabolus artes suas hominibus fraudulentor offert; sed qui tunc eas concupiscunt, ii eas emunt. Quomodo? Bonam conscientiam suam quasi vendentes abjiciunt, et mortifera vulnera animarum suarum quasi ementes sibi contrahunt. Sed ibi quidam homines multa celeritate currentes nullum mercatum faciunt, quia ipsi Deum cognoscentes, thesaurum bonae voluntatis, et aromata virtutum portant et sibi ea virilissime comparant : ita quod saeculares voluptates et diabolicas spurcitias velociter in mandatis Dei transeuntes, dulcedinem carnis suae contemnunt. Quidam autem lente euntes et venditioni et emptioni ibi insistunt, quoniam hi tarditatem in bonis operibus habentes, per teporem corporis sui coeleste desiderium velut illud vendentes in semetipsis exstinguunt, et voluptatem carnis suae quasi eam ementes in se enutriunt. Quapropter illi mercedem bonae operationis accipient, et isti poenas iniquitatis suae sustinebunt, quemadmodum Ezechiel ostendit dicens : *Justitia justi super eum erit : et impietas impii erit super eum* (*Ezech.* XVIII). Quid hoc? Fulgida opera puri hominis illum in sanctitate perfundunt, et quasi mille oculi aspicientes in altum atque in profundum ubique eum circumdant, sursum ferentes eum in magnum honorem et in voluptatis suae mortificationem, prout Spiritus sanctus illi inspiraverit, veluti ala volucrem sursum in aere tollit quocunque illi placuerit. Sed vipereum venenum nequitiae sunt saevissimae viperae, quae conspumat coelum, margaritam luto involvens, et super pulcherrimum omnium speciosorum fremens, eum vero qui illud infideliter subsequitur, de nobilissimo opere digiti Dei, et ab omni honore et a beatitudine supernae visionis abjicit, atque eum exsulem faciens, a vivente fructu et a radice justae arboris abscindit.

Quod autem vides quod vermis ille niger, hirsutus, ulcerosus et pustulis plenus est : hoc indicat quod idem serpens antiquus in nigredine tenebrarum infidelitatis, et in pilis absconsionum deceptionis, atque in ulceribus immunditiarum pollutionis, et in pustulis cavernarum furoris abundat. Quinque etiam varietates a capite per ventrem suum usque ad pedes in modum zonarum descendentes in se habet, quia quinque sensus hominum diversis passionibus vitiorum, a deceptione illa cum se primum implere studuit usque ad consummationem illam cum insania ejus finem accipiet afflare non cessans, sed fallacem rectitudinem simulans, homines ad declivia immundarum artium suarum trahit, quarum una viridis, alia alba, alia rubea, quaedam crocea, quaedam nigra apparet plenae omnes veneno mortifero ; quoniam in viriditate saecularem tristitiam, in albedine ineptam irreverentiam, in rubore fallaciae gloriam, in croceo mordacem detractionem atque in nigredine turpem similationem ostendunt, cum plenitudine aliarum perversitatum quae mortem animabus hominum sibi consentientium inferunt. Sed quod caput ejus ita contritum est quod et sinistra maxilla ejus jam dissolvi videtur, hoc est quod superbia illius in incarnatione Filii Dei ita dejecta est quod et adversitas mortis jam evacuata fortitudinem amaritudinis suæ exercere non valet. Oculi vero ejus extrinsecus sanguinei et intrinsecus ignei apparent; quia intentio perversitatis ipsius velut extrinsecus sanguineum nefas corporibus hominum incutit, et velut intrinsecus ignem jaculum animabus eorum inferi; aures autem ipsius rotundæ et hispidæ sunt, quoniam hominem quasi in rotunditate pilis artium suarum circumdat ut eum celerrime dejiciat si quid in illo quod suum est deprehenderit; nares vero et os ejus secundum nares et os viperæ apparent, quia indiscretos et fetentes mores hominibus ostendit, per quos in multis vitiis eos transfigens crudeliter occidit. Sed manus ejus secundum manus hominis videntur, quoniam machinationes artium suarum in operibus hominum exercet. Pedes autem ipsius ut pedes viperæ sunt, quia itineribus hominum in insidiis suis diabolicis lacerationes inferre non desinit; et cauda ejus brevis et horribilis apparet quæ est potestas ipsius parvi sed tamen pessimi temporis in filio perditionis, qui plus apprehendere bacchando cupit quam perficere possit. Et quod collo ejus catena injecta est quæ et manus et pedes ipsius alligat, hoc est quod diabolica fortitudo per potestatem omnipotentis Dei ita fracta et contrita est, quod et pessima opera et nequissima itinera illius in quibus homines seducit, in contritione sua compressi sunt : ita quod et illa catena in lapidem abyssi fortissime firmata illum tam valide constringit, quod se nec hac nec illac secundum nequitiam voluntatis suæ movere potest; quoniam potestas Dei in stabilissima æternitate sine defectione manens, diabolum tanta fortitudine in salvatione animarum opprimit, quod ille nec exterioribus nec interioribus instrumentis nequissimi conatus sui, salutem redemptionis a fidelibus animabus removere valebit, quin in locum gaudii quem ipse pertinaciter amisit perveniant.

Quod autem ex ore ejus multæ flammæ erumpentes in quatuor partes se dividunt, hoc est quod ipse ex rapacissima voracitate sua, pessimum et multiplex malum crudelissimi incendii iniquæ persuasionis emittens, in quatuor plagas totius mundi inter homines ut ipsum sequantur varie spargit. Quarum pars una usque ad nubes ascendit; quia illa diabolica afflatio cœlum toto desiderio mentis suæ petentes suo acumine retrahit, et alia inter sæculares homines se spargit, quoniam ipsa in terrenis causis conversantes, sua diversitate decipit; alia autem inter spirituales se extendit, quia illos spiritualibus disciplinis insudantes, sua simulatione inficit. Quædam vero usque ad abyssum descendit, quoniam ipsa infideles sibi consentientes in infernalia tormenta sua seductione mittit; quia ipsi viam falsitatis et deceptionis euntes, viam rectitudinis non tenuerunt, nec vero Deo debitam reverentiam exhibuerunt, quemadmodum David testatur dicens : *Contritio et infelicitas in viis eorum, qui viam pacis non cognoverunt; non est timor Dei ante oculos eorum* (Psal. XIII). Quid hoc? Innocentia et fortissima opera Dei quæ in vivo et purissimo fonte militant; illos qui Deum a corde suo cum nequissimis et damnabilibus operibus expellunt ita conterunt, velut magna pluvia rem quampiam dimergit, ita quod amplius non appareat. Et ideo etiam in conspectu Dei non fulminant; quoniam infelicitas cum infelicissima consuetudine est in itineribus eorum quocunque se cum pastu mortis extenderit. Quo modo? Videlicet gustando et comedendo hoc quod malum est; unde et viam illam quæ in calore solis ascendit, in operibus suis nesciunt, quia dulcedinem Dei nec in honore nec in amore gustant, ubi timorem ejus quasi timorem alieni abjiciunt, cum ipsum nec videre nec aspicere desiderant. Unde et ut vides flamma illa quæ nubes petit contra homines illos præliatur qui ad cœlos ire volunt; quia nequissimum illud incendium cum mentes fidelium hominum sursum tendere senserit, adversus eos suis artibus crudelissime bacchatur, ne ad illa cœlestia quæ ipsi multis suspiriis quærunt, perveniant. Quorum tres acies vides, quoniam ipsi veram et ineffabilem Trinitatem (quamvis in suis certaminibus plurimum fatigentur) colere non cessant. Nam acies una prope nubes pergit; quia isti fortissime contra diabolum pugnantes, mentem suam de terrenis actibus ita sursum ad cœlestia tollunt, quemadmodum et nubes super terram fluere solet; et una in medietate illa quæ inter nubes et terram est discurrit, quoniam ipsi quadam moderatione se continentes, nec ex tota mente cœlestibus, nec ex toto desiderio terrenis insudant, sed in his modum sibi imponentes et interiora quærunt, nec tamen exteriora respuunt; et una juxta terram pergit, quia isti caduca perfecte non deserentes, caducis aliquantulum adhærent, ita ut in eis valde laborantes, multas fatigationes passionum in ipsis sentiant, sed tamen superno auxilio victores existant, omnes repetitis vocibus pergamus ad cœlos vociferantes; quoniam et isti et illi in multis suspiriis desideriorum suorum, ut tendant ad illa quæ in supernis secretis sunt seipsos exhortantes, quamvis artibus antiqui serpentis in hac intentione sua multoties fatigentur. Sed a flamma illa hac et illac projecti; quia a flatu diabolicæ tentationis in diversitatem morum agitati, quidam tamen non cadunt, quoniam ipsi fortissimi pugnatores existentes, ab his illusionibus se viriliter defendunt; alii autem gressibus suis se vix sustentant, quia hi in viam rectitudinis itinera sua ponunt, sed in multis laboribus fatigati vix tamen diabolicas artes superantes in mandatis Dei perseverant; alii vero ad terram cadentes, sed iterum surgentes ad cœlos tendunt, quoniam ipsi in diversitate vitiorum prolapsi, sed postea per pœnitentiam erecti, spem suam cum bonis operibus in Deum ponunt.

Quod autem flamma illa quæ se inter sæculares homines diffundit, quosdam ex eis comburens in teterrimam nigredinem vertit, hoc est quod idem incendium nequissimæ deceptionis ad illos qui terrenis causis insistunt, tendens, quosdam illorum suæ perversitati subjiciens, pessimis vitiis tenebrosæ iniquitatis eos inficit: ita quod ipsi claritatem veræ fidei despicientes, et seipsos amara morte interficientes in terram cadunt et nefandissima opera in actibus suis perficiunt; quosdam autem suo acumine ita transfigit, quod eos quocunque vult inflectit, quoniam eos sua nequitia ita domat, quod ipsos ad universa vitia pravitatis suæ inclinat, videlicet sæcularem dulcedinem in amplexione ardentis libidinis eis suggerens: ita quod et diversos mores multipliciam rituum suorum, scilicet in verbis, in capillis, in veste, in incessu et in cæteris his similibus habent. Unde tortuosi efficiuntur, justitiam Dei negligentes, et prævaricatores legis existentes, nec sibimetipsis circumcisionem mentis imponentes; quia superfluitatem in libidine quærunt, nec ullum tempus legis ut eis a Deo constitutum est servant; sed ut mare a vento in inquietudinem concutitur, ita et ipsi de flatu antiqui draconis in diversa vitia moventur. De qua tamen quidam se eripiunt, ad illos qui cœlos petunt pergentes. O vos fideles, præstate nobis adjutorium, resumpto clamore vociferantur; quoniam de turpi et noxia consuetudine se abstrahentes et eos qui mentem suam cœlestibus infigunt imitantes, ut suam sollicitudinem impendant, ipsisque juvamen corde et voce desiderant; quidam autem ita transfixi permanent: quia ipsi diversis vitiis irretiti in malis perseverant. Sed quod illa flamma quæ se inter spirituales extendit eos sua caligine obtegit, hoc est quod eadem afflatio diabolicæ persuasionis incendia sua ad illos qui toto nisu spiritui servire deberent, emittens eos perversitate vitiorum suorum obnubilat, quatenus magis carni quam spiritui inhiant. Quos etiam in sex modis consideras; quoniam antiquus hostis tam quinque exteriores sensus eorum quam interiorem devotionem cordis ipsorum velut sextum modum pervertere conatur. Nam alios eadem flamma lædit; quia diabolus artes suas eis immittens, carnalibus desideriis et voluptatibus eos afflat, ita quod eos ad libidinem et ad pollutionem multæ immunditiæ accendit. Quos autem lædere non potest, hos aut viridi aut albo aut rubeo aut croceo aut nigro mortifero veneno illo quod a capite ejusdem vermis usque ad pedes ejus descendit ardenter afflat. Quomodo? Quoniam cum voluptates pollutionem recusant, aut tristitiam sæculi quasi pullulantem viriditatem per quam ita opprimuntur, quod nec in spiritualibus nec in sæcularibus rebus valent, eis infundit; aut irreverentiam vitiorum velut ineptam albedinem, ita quod nec coram Deo nec coram hominibus turpitudinem suam abscondunt, ipsis immittit, aut recordationem terrenæ gloriæ quasi fulgentem ruborem, unde amaritudinem et anxietatem cordis habent, eis ostendit; aut detractionem proximorum velut tepidum crocum, ita quod susurrones et bilingues inde efficiuntur, ipsis inducit, aut simulationem justitiæ quasi horridam nigredinem, per quam in cordibus suis miserabiliter obtenebrantur, eis imponit. Quæ omnia mortiferæ pestes sunt; ab initio deceptionis ejusdem perditoris usque ad finem illum cum jam in ania ipsius finem in mundo accipiet, procedentes, per quas noxium ardorem vitiorum hominibus infert.

Sed quod flamma quæ abyssum petit, diversas pœnas illorum in se habet qui per fontem baptismatis non loti lucem veritatis et fidei ignorantes, Satana pro Deo colunt, hoc est quod incendium illud perditioni adhærens, dira et amara tormenta illis animabus infert, quæ in fonte salutis non emundatæ claritatem supernæ hæreditatis et fidem ecclesiasticæ institutionis non videntes, illum qui in insidiis positus animas hominum in mortem mittere conantur, pro illo qui hominibus vitam, et salutem tribuit venerari non cessant. Ut vides ex ore ipsius acutissimas sagittas stridentes, quæ sunt a diabolica rabie pessimæ et nequissimæ infixiones procedentes, et multis iniquitatibus bacchantes, et a pectore ejus nigrum fumum exhalantem qui est a malitiosis conatibus ejus teterrimæ iræ et invidiæ emissio, ac a lumbis ipsius ardentem humorem ebullientem: qui est ab immunditia ipsius in prælatis ferventissimæ libidinis effusio. Et ab umbilico ejus fervidum turbinem flantem: qui est a voracitate ejus in subjectis ardentissimæ fornicationis suffocatio, atque ab extremitate ventris ipsius velut immunditiam ranarum scaturientem: quæ est a perditione perversæ absorptionis ejus in obduratione desperationis fetida egestio cum ipse antiquus insidiator se subsequentes ad omnem voluntatem suam perduxerit, quæ omnia magnam inquietudinem in hominibus faciunt; quoniam hujusmodi perversitates maximam calamitatem miserrimæ irretitionis illis imponunt, qui spem suam non cœlestibus, sed terrenis affigunt. Sed quod de ipso, teterrima nebula cum pessimo fetore egrediens multos homines sua perversitate inficit, hoc est quod ab eodem diabolo nigerrimus error fetentis conscientiæ procedens, stultos homines per iniquam credulitatem exagitat. Quomodo? De abscisione capitis Joannis Baptistæ, Filium Dei esse remissiorem vulnerum peccatorum ostendentis, pessimus error exortus est, ubi diabolus multos homines in diversis imaginibus seducit: hoc verum esse putantes quod ipse eis secundum æstimationem ipsorum fallaciter demonstrat. Unde et multi secundum hunc modum decipiuntur; quia et fides ipsorum semper in infirmitate vacillat. Sed, o vos filii mei, si juste et pie vivere volueritis, hunc nequissimum errorem fugite, ne amarissima mors in incredulitate vos apprehendat. Fugite etiam illos qui morantur in speluncis, inclusæ cohortes diaboli existentes, væ illis, væ illis qui sic perseveraverint, quia viscera diaboli sunt, et præcurrens germen filii perditionis. Quapropter, o vos dilecti filii mei, omni devotione et omni virtute animæ et corporis vestri illos devitate; quoniam antiquus serpens sua arte illos pascit et vestit, quia eum pro Deo colunt, et quia in eum per fallacem deceptionem confidunt. Ipsi sibi pessimi homicidæ, ita quod illos qui eis simpliciter adhæserint occidunt, antequam eos errorem suum declinare permittant, et sunt in se ipsis turpissimi fornicatores, semen etiam suum in homicidio mortificantes et diabolo offerentes, ita etiam in schismatibus suis et in plenitudine vitiorum suorum Ecclesiam meam invadentes, cum baptisma et sacramentum corporis et sanguinis Filii mei, et cætera instituta quæ Ecclesia mea habet, in turpibus machinationibus suis nequiter derident. Sed quamvis propter timorem populi mei his institutis meis aperte non repugnent, tamen in cordibus et factis suis ea pro nihilo ducunt. Nam diabolica illusione sanctitatem se habere simulant, in quibus a diabolo decipiuntur, quoniam, si diabolus se eis palam demonstraret, ab eis cognosceretur, ita quod illum devitarent. Unde ipse sua arte quædam eis ostendit velut bona et sancta sint, et sic eos illudit. O væ illis qui sic in morte hac per everaverint. Sed quia diabolus novit se modicum tempus erroris sui habere, idcirco nunc festinat infidelitatem in membris suis perficere, quæ vos pessimi deceptores estis qui fidem catholicam subvertere laboratis. Vos instabiles et molles ad devitandum venenosas sagittas humanæ pollutionis estis, quas secundum voluntatem vestram contra legem exercetis. Unde postquam venenoso semine fornicationis libidinem vestram evacuatis, tunc ficte oratis et sanctitatem vobis fallaciter imponitis, quod oculis meis fetente luto indignius est. Certe schisma quod exortum est in Horeb ubi Judaica plebs sculptile faciens in diabolica irrisione ludere cœpit: sic etiam et adhuc quidam petulanter ludere solent, et schisma quod fuit in Baal in quo multi perierunt, et schisma fornicationum ubi cum Madianitis turpia facta perpetrata sunt, et cætera his similia super vos cadent: quia in his omnibus in malis vestris partem habetis, pejores priore populo existentes, quoniam veram legem Dei cernentes, eam pertinaciter abjicitis. Sed, o vos qui salutem vestram desideratis, ita quod baptisma suscepistis, et unctus mons Dei estis, Satanæ resistite, et de monte salvationis vestræ descendere nolite.

Homo autem qui tantæ duritiæ est quod adjutorium Dei ad repugnandum diabolo contemnit, huic ipse insidias suas ponere non desistit, cum etiam in eo nigredinem iniquitatis surgere videt, quæ toti corpori illius tantam amaritudinem infert quod etiam corpus ejus inde in infirmitate arescit. Unde cum homo cœperit malum ruminare et seipsum ita in desperationem conterere, quasi sibi non sit possibile malum devitare et bonum facere; tunc diabolus hoc videns dicit: Ecce homo qui nobis similis est, Deum suum negans et se ad nos convertens, nos jam sequitur. Quapropter properemus omnes et ad eum festinanter curramus: ita ipsum nostris artibus coercentes, ne a nobis aufugere possit. Nam Deum suum deserere vult: et nos sequi. Sed homo qui his malis diabolicam suggestionem impugnatur, videlicet qui homicidio, adulterio, voracitate, ebrietate, et superfluitate omnium vitiorum polluitur, si tunc in his impœnitens perseveraverit, in mortem cadit; qui autem diabolo repugnans, his vitiis pœnitendo se subtraxerit, ad vitam resurgit. Nam qui cupiditatem carnis suæ secutus fuerit, et bonum desiderium spiritus sui neglexerit, de hoc fabricator orbis dicit: Iste me despicit et carnem suam cum peccato diligit, nolens scire quod a perditione se debet avertere, et ideo abjiciendus est. Qui vero bonum ardorem spiritus sui dilexerit, et voluptatem carnis suæ abjecerit, de illo dicit Creator mundi: Hic ad me respicit et corpus suum in sordibus non enutrit, desiderans scire quod a morte se debet submovere, unde ei succurrendum est. Quomodo? Ut Salomon in voluntate mea dicit. Peccatores persequuntur malum: et justis retribuentur bona. Quid hoc? Ruentes in lapsu, et cadentes in ruina undique mortiferi morbi invadunt: ita quod prudenter in hoc quod verum est non aspiciunt, sed illud negligenter abjiciunt. Unde quia non sunt digni Deum aspicere, nec ullam felicitatem in Deo aut in hominibus habere, quoniam Deum respuunt et diabolum eligunt; idcirco multam adversitatem illis infert id malum quod operantur. Sed in bonis rectus sensus et justa cogitatio in excelso ædificat: ita quod in sinu suo suscipiunt hæreditatem patris, quoniam supernum lumen attendunt, fallaces in irrisione fori quomodo hoc vel illud sine comparatione venundetur non existentes; sed id quod in Deo verum est habentes. Sed ut vides quod magna multitudo hominum in multa claritate fulgentium venit quæ prædictum vermem fortiter ubique conculcans diro cruciatu eum afficit, hoc est quod fidele agmen credentium sed in humana miseria procreatorum, in fide baptismatis et in beatis virtutibus multo ornata et decore ad superna desideria properat: ita quod ipsi in factis suis hunc antiquum seductorem fortissima contritione circumdantes dejiciunt, et eum diro cruciatu comminuunt, veluti sunt virgines, martyres, et cæteri hujusmodi veri Dei cultores qui toto nisu terrena conculcant et cœlestia desiderant, ita tamen quod ipsa nec a flammis nec a veneno illius lædi potest; quia isti tanta fortitudine et constantia in Deo muniti sunt, quod nec ab apertis incendiis, nec ab occultis persuasionibus diabolicæ iniquitatis contaminari valent, quoniam magna fortitudine virtutum vana figmenta deserunt, et sanctitati, juste viventes adhærent. Sed qui vigilantibus oculis videt et attentis auribus audit, hic mysticis verbis meis osculum amplexionis præbeat quæ de me vivente emanant.

LIBER TERTIUS.

VISIO PRIMA

Summarium. — *Quod corda fidelium timere et venerari debent magnitudinem, latitudinem, altitudinem timoris Domini. Quod omnis fidelis anima sapienter timens Deum, per fidem sedes Dei est. Quod profunditas mysteriorum Dei, hominibus incomprehensibilis est, nisi quantum, ipso donante, fide concipitur. Quod in sapientia Dei Patris per amorem Filii sui perfectio omnium electorum computata est. Exemplum in Evangelium de eadem re. Quid significat luteus limus in pectore et cur homo ab angelo non superatur. Verba Isaiæ ad eamdem rem: Verba David. Quod Deus Pater in Filio suo ab aurora Virgine incarnato operatur, ordinat ac perficit omnia opera sua. De circulo gyrante. Quod potestas Dei altior est quam homini sciendum sit, et cur angeli laudent Deum absque commutatione. Quod Deus est perspicua justitia, verus et justus. Quod virtus, justitia et judicium Dei nullum finem habent quod comprehendi possit humano sensu. De casu primi angeli et sibi consentientibus et quare et quomodo et quo ceciderunt. Verba Ezechielis de eadem re. Quod gloria splendoris illius quem diabolus per superbiam perdidit servata est in secreto patris alteri factæ luci. Quod diabolus ceciit absque hærede. Exemplum de Goliath et de David. Quod fides quæ in antiquis occulta fuit, in mysterio incarnato Dei Filio processit in lucem.*

Et ego homo sumpta ab aliis hominibus, quæ non digna nominari homo propter transgressionem legis Dei, cum deberem esse justa et sim injusta, nisi quod Dei creatura sum ipsius gratia, quæ me etiam salvabit : vidi ad orientem, et ecce illic conspexi veluti lapidem unum totum integrum immensæ latitudinis atque altitudinis, ferreum colorem habentem, et super ipsum candidam nubem : ac super eam positum regalem thronum rotundum, in quo sedebat juvenis perlucidus mirabilis gloriæ, tantæque claritatis ut nullatenus eum perspicue intueri valerem, habens quasi in pectore suo limum nigrum et lutulentum, latum instar humani pectoris, circumdatum lapidibus pretiosis atque margaritis. Et de ipso lucido sedente in throno protendebant magnus circulus aurei coloris ut aurora (cujus amplitudinem nullo modo comprehendere potui) gyrans ab oriente ad septentrionem, et ad occidentem atque ad meridiem, ita se reflectens ad orientem ad ipsum lucidum, nec ullum habens finem. Et circulus ille erat a terra tantæ altitudinis, ut eam comprehendere non possem, ex se reddens splendorem valde terribilem, scilicet lapidei, calybei, igneique coloris undique secundum amplitudinem suam sursum in altitudinem cœli, et deorsum in profundum abyssi ita se extendentem, ut nullum finem ejus videre sufficerem. Vidi etiam tunc de secreto sedentis in throno stellam magnam, plurimi splendoris ac decoris prodeuntem, et cum ea plurimam candentium scintillarum multitudinem, quæ cum stella illa omnes eductæ ad austrum, inspiciebant sedentem in throno quasi alienum, seque ab eo avertentes magis inhiabant ad aquilonem quam in eum inspicere vellent. Sed statim in ipsa aversione inspectionis suæ, omnes exstinctæ sunt, sic versæ in carbonum nigredinem. Et ecce ventus turbinis ortus est ab ipsis, qui eas mox ab austro retro sedentem in throno projecit ad aquilonem, præcipitans in abyssum, ita ut earum amplius nullam videre valerem. Splendorem autem illum magnum qui eis abstractus est, vidi subito in earum exstinctione reverti ad ipsum sedentem in throno. Et audivi eum qui sedebat in throno mihi dicentem : Scribe quæ vides et audis. Et respondi de interiori scientia ejusdem visionis : Rogo te, mi Domine, ut mihi des intellectum, quatenus possim enarrabiliter proferre hæc mystica, et ne derelinquas me ; sed confirma me in aurora tuæ justitiæ, in qua manifestatus est Filius tuus, et da mihi quomodo possim et qualiter debeam proferre divinum consilium, quod in antiquo consilio ordinatum est; quomodo Filium tuum voluisti incarnari, ita ut homo sub tempore fieret, hoc volens ante omnem creaturam in simplicitate tua et in igne columbæ scilicet Spiritus sancti, ut ipse Filius tuus, quasi splendida solis forma mirabiliter surgens, in incipiente capite virginitatis veraciter indueretur humanitate propter hominem sumpta hominis forma. Et iterum audivi eum dicentem mihi : O quam pulchri sunt oculi tui in divina narratione, dum ibi consurgit aurora in divino consilio. Et iterum respondi de interiori scientia visionis ipsius : Ego mihi appareo in sinu animi mei, ut cinis cinereæ putredinis, et sicut pulvis instabilitatis, unde sedeo pavens in umbra sicut penna ; sed ne deleas me de terra viventium ut peregrinam ; quia in magno sudore laboro in hac visione, et quia etiam de vilitate mei stulti sensus qui meus est in carne, reputo me frequenter in minimum et in vilissimum locum, ita quod non sim digna vocari homo, quia valde timeo non audens tua mysteria narrare. O bone ac mitis Pater, doce me quæ tua voluntas sit, quid debeam proferre. O tu metuende Pater et o tu dulcissime, et o tu plene omnis gratiæ, ne derelinquas me : sed conserva me in tua misericordia. Et iterum audivi eumdem mihi dicentem. Nunc dic quomodo edocta es. Volo ut dicas : Quamvis cinis sis. Dic revelationem panis qui Filius Dei est, qui vita est in igneo amore, omnem mortuum suscitans in anima et corpore, et dissoluta peccata relaxans in serena claritate, ipse initium suscitationis sanctitatis in homine existens, antequam in se exuscitetur. Unde etiam magnificus et gloriosus ac incomprehensibilis Deus dedit magnum praesidium mittens Filium suum in pudicitiam virginitatis, quae non potuit habere ullam varietatem macularum in sua virginitate unde ipsa molliretur. Ibi non potuit nec esse debuit ulla pollutio carnis in mente Virginis, quia interfectrix et mortificatrix mortis generis humani, ipsamet nesciente, ut in somno decepta est, quando Filius Dei in magno silentio venit in auroram, videlicet in humilem puellam. Mors quasi secura processit nesciens vitam, quam illa dulcis Virgo portavit; quia sibi absconsa erat ejus virginitas. Ipsa enim Virgo erat pauper in terrenis opibus, quia divina majestas eam ita invenire voluit. Nunc scribe de vera agnitione Creatoris in bonitate ipsius sic.

Deus qui cuncta creavit et hominem ad gloriam illam de qua perditus angelus cum suis imitatoribus projectus est ordinavit, ab omni creatura sua maximo honore et timore venerandus et metuendus est, quia justum est ut Creatori omnium veneratio a creatura sua exhibeatur, et Deus super omnia fidelissime adoretur. Quod et lapis iste quem vides certissime designat. Ipse est enim in mysterio magnitudo timoris Domini: qui purissima intentione in cordibus fidelium semper oriri et perseverare debet. Sed quod vides eum totum integrum et immensae latitudinis atque altitudinis ferreum colorem habentem, hoc est quod eadem firma et grandis magnitudo timoris Domini firmissime tenenda est, quia Deus metuendus est ab omni creatura in tota integritate, ut cognoscatur unus et verus Deus esse, cum nullus praeter eum est, nec similis illi, in quo est immensa latitudo; quoniam incomprehensibilis est in omnibus et super omnia, et altitudo; cum sanctam divinitatem nullus comprehendere, nec ad eam pertingere cum altitudine sui sensus potest, quia ipsa est super omnia. Quod autem est similitudinis ferrei coloris, hoc est quod onerosum et durum est humanis mentibus Deum timere, illud valde grave existens mollitiei fragilis cineris, quia humana creatura ipsi rebellis est. Super lapidem vero ipsum candida nubes clara sapientia humanae mentis est, ac super eam positus regalis thronus rotundus est, fortis et principalis fides circuiens in Christiano populo, cui Deus fideliter cognitus est, quia ubi timor Domini radicat, ibi etiam sapientia humanae mentis superapparebit, et deinde Deo opem afferente, fides super hanc imponetur, in qua ipse Deus sibi requiem parat. Cum enim Deus timetur per sapientiam humanae mentis, in fide intelligitur; quia cum his tangendus est ut sedes tangit Dominum suum. Et tunc in his Deus parat sibi sedem, summus exsistens super omnia; qua neque potestate neque dominatione comprehendi potest, sed residet in unica et pura fide; quoniam unus est qui credendus Deus super omnia.

Unde sedens in throno juvenis perlucidus, mirabilis gloriae, tantaeque claritatis ut nullatenus eum perspicue valeres intueri, habens quasi in pectore suo limum nigrum et lutulentum latum ut magni hominis pectus, circumdatum lapidibus pretiosis atque margaritis; est super omnia regnans unus Deus, lucens in bonitate, et mirabilis in operibus suis, cujus immensam claritatem in profunditate mysterii sui, nullus hominum perfecte potest intueri, nisi quantum fide comprehenditur atque portatur; sicut sedes continet ac circumdat dominum suum, quae ita illi subjecta est, ut nec se elevare possit contra dominum suum: sic fides non desiderat superbe aspicere in Deum, sed tantum intima devotione tangit eum. Et quasi in pectore suo, id est in sapientia mysterii sui habet per amorem Filii sui infirmum et debilem ac pauperem limum qui homo est, nigrum in nigredine peccatorum, et lutulentum in pollutione carnis, et latum secundum similitudinem pectoris hominis, quod est dilatatio profundae et magnae sapientiae in qua ipse Deus creavit hominem, illos respiciens qui sunt in salvatione animae per poenitentiam, in qualicunque crimine contra Deum sint in sua debilitate calcitrantes, quia tandem ad eum pervenient. Hi sunt circumdati compluribus ornamentis illorum qui inter eos surgunt; ut lapides pretiosi in magnis personis qui sunt martyres ac virgines sanctitatis, et ut margaritae, qui sunt innocentes et poenitentes filii redemptionis, cum quibus idem limus valde ornatus est; dum in humano corpore fulgent tantae virtutes, quae in Deo sunt fulgentes in omni claritate. Nam qui constituit spiraculum et vitam homini, ille inspexit semetipsum. Quomodo? Scilicet cum redemptione dum praescivit in sua praedestinatione Filium suum incarnari, ita quod in ejus corpore deberet abstergi omnis maculosa varietas criminum. Et sic videt etiam animas quae justificabuntur post multiplicationem superfluorum peccatorum dum adhuc in corporibus suis sunt, et quae consuescent in justitia Dei ambulare post diversitatem errorum suorum qualiter consistant in Deo, ac qualiter desistant de multa oblivione, et quomodo revertantur de unoquoque vitio quo ipsae sunt vulneratae cum in mortalibus ceciderunt peccatis, et sicut sunt videntes quod multi populi surrexerunt de errantibus viis in quibus ambulabant pleni vulneribus in plagis pessimis restaurati de morte foeditatis criminum: sic etiam multi veniunt qui in amaritudine acerbi doloris peccati tam graviter sunt vulnerati, quod ipsi etiam in consuetudine malorum morum in quibus supra modum peccaverunt sunt ita tediosi, quod nequeunt ultra respirare in fluctibus, ad operandum mortiferum opus in adulterio, et homicidio et superfluitate omnium malorum.

O miseri, nonne veniunt ipsi quasi peregrini de longinqua regione sicut Scriptura habet in Evangelio, ubi adolescentior filius dixit: *Surgam et ibo ad patrem meum et dicam illi: Pater, peccavi in coelum et coram te; jam non sum dignus vocari filius tuus, fac me sicut unum ex mercenariis tuis?* (*Luc.* xv). Hoc tale est. Homo qui de lapsu peccati per admonitionem Spiritus sancti revertitur in se, dicit: Volo surgere de importabilibus peccatis quæ a me nullatenus sunt sustinenda, de gravi culpa, sed revertar in recordatione mentis meæ plangens ac mœrens peccata mea : sic veniens ad patrem meum, qui pater meus est, quoniam creavit me, et dicam illi : *Pater, peccavi in cœlum*, id est in cœleste opus quod ego sum, quem formasti in voluntate tua, me sic tangendo in creatione ipsa, quod ego etiam cœlestis debui esse in actibus meis, sed feci me contractum cum turpissimis operibus, peccans etiam *coram te*, quia humanam naturam destitui in me. Quomodo? In multis abominationibus, ideo sum et ego reus in mea perditione et in tua majestate : et *non sum dignus nominari filius tuus*, quia propter nequitiam cordis mei creaturam tuam duxi in me in alium modum quam a te constitutus sum. Sed nunc fac mihi ut tuo redempto servo in mercede sanguinis Filii tui, qui ipsum dedisti in tantam mercedem quam mors nunquam rependere poterit ulla recompensatione, sed dimittit peccatores per pœnitentiam quæ in passione Filii tui orta est, quia rectam hæreditatem filiorum amisi in Adam, qui creatus filius, in justitia destitutus est gloria felicitatis. Nunc autem debet pœnitentia redimere hominis peccata cum sanguine Filii tui. Istud est dicendum ab iis qui iterant casum Adæ et post hæc revertuntur per pœnitentiam sic pertingentes ad salvationem, et memores sunt quod multas monitiones audierunt, quæ de Scripturis sunt narratæ et de cruciatu et de sanguine Redemptoris eorum, et recordantur gementes quod transgressi sunt cum auditu, quo cum studio debuerunt percipere quomodo servarent verbum Dei, cum ipsi negligerent legem ejus quæ eis erat instituta ad custodiendum, in constitutione præcepti recusantes inspicere quid deberent facere vel quid deberent dimittere propter timorem Domini, qui tamen veniunt ad veritatem, recordantes ea quæ audierunt vel sciverunt a Deo, quamvis prius ita cæcati essent, quod omnino nollent scire justitiam ipsius, ut se ad hoc declinarent quod ipsam præponerent peccatis suis, cum spernerent eam et cum rejicerent retro verbum Dei, respuentes legem ejus. Multi de his erunt superabundantes in bonis : ita ut nec satientur, nec eis sufficiat epulari in domo Dei celebrando divinum officium et operando justitiam ejus superabundanter, ita quod semper sunt flentes et memores in doloribus malorum quæ in anteactis rebus perpetrarunt dum colebant illicita opera, transeuntes legis Dei licita.

Iste est luteus limus quem vides in pectore pii Patris. Quomodo? Filio Dei qui de corde Patris exivit veniens in mundum, adest credens populus, adhærens ipsi hac intentione qua credit in eum. Certe propterea sic etiam isti apparent in pectore pii Patris, ut non spernat angelus nec ulla creatura hominem, quia summi Dei Filius incarnatus habet formam hominis in seipso. Beatus enim angelicus chorus propterea in indignatione habet hominem quia nimium sordescit in peccatis suis, cum ipsi beati angeli inviolabiles sint absque ulla transgressione justitiæ; semper attentissime videntes faciem Patris. Et quod amatur a Patre : hoc etiam ipsi amant in Filio. Quomodo? Scilicet quod Dei Filius natus est homo, nam ego Pater Filium meum ex Virgine natum posui in salvationem et in restaurationem hominis, ut vobis annuntiat Isaias propheta servus meus. *Sicut pastor gregem suum pascet in brachio suo congregabit agnos et in sinu suo levabit, fœtas ipse portabit.* (*Isai.* LX). Hoc tale est. Sicut pastor gregem suum pascit, sic pascet Filius meus pastor bonus redemptum gregem suum. Quomodo? Ipse pascit eum lege sua, quam ipsemet per me plantavit. Unde etiam in sua extensa potestate ut in brachio suo; quia idem Filius meus est homo, congregabit innocentes agnos de culpa Adæ per innocentiam baptismi, cum ab eis exuitur vetus homo cum operibus suis, et levabit ipsos in virtutibus suis et in lege sua in sinu suo. Quomodo? Videlicet quia levat eos super excelsa cœlorum tali modo quod fiunt membra ejus. Quapropter sic in interiori secreto deitatis apparet homo in forma sua, quod nec angeli habent nec ulla alia creatura, quia Unigenitus meus propter redemptionem generis humani in virginea carne formam assumpsit hominis. Ipse portabit etiam fœtas in corpore suo. Quomodo? Ipse Filius meus portat homines in sanguine suo : sic quod salvi facti sunt per quinque vulnera ejus; quia quodcunque peccaverint per quinque sensus suos, hoc abstergetur per summam justitiam post pœnitentiam, quoniam ipsemet eos ita portavit, quod incarnatus est, et quod passus est quinque vulnera in cruce, et quod mortuus et sepultus est et quod a mortuis resurrexit. Ipse porrexit etiam ipsis manum suam, cum eos retraxit ad se. Quomodo? Scilicet quia Filius meus assumpsit humanitatem pro illis, qui se putabant propter casum Adæ in æternum periisse. Idem Unigenitus meus vicit etiam mortem, sic quod non potuit amplius dominari super eos. Unde et ipse ita novit eos, in virtute claritatis suæ, ut venturi sunt in purgatione pœnitentiæ. Quod autem eos vides in sinu Patris apparere, hoc est quod Filius hominis perficitur cum membris suis in secreto Patris. Quomodo? Cum enim mundus complebitur, tunc electi etiam Christi qui membra ejus sunt, perficiuntur. O quam pulcher ille est, ut etiam Psalmista ait : *Speciosus forma præ filiis hominum.* (*Psal.* XLIV). Hoc tale est. Pulcherrima pulchritudo fulget in eo clarissimæ formæ sine ulla macula peccati, et absque liquore humanæ fœditatis, et sine ulla concupiscentia facti operis in desideriis peccatorum, quæ exigit caro mortalis infirmitatis. Hoc nunquam tetigit hunc hominem. Et forma illa Filii hominis nata est in simplicitate præ aliis hominibus, ita quod illæsa Virgo genuit natum suum in ignorantia peccati, se nesciens in ærumna habere filium. Quomodo? Quoniam non sensit ullum contactum in peccatis, ideo ignorabat se habere dolorem in partu, sed intus in ea corporis sui integritas gaudebat. O quam speciosus forma! Sed noscant homines ibi carnalem pulchritudinem non fuisse majorem nisi quatenus ordinatio profundæ sapientiæ constituit formam hominis, quia Pater et Filius et Spiritus sanctus unus Deus in tribus personis non delectatur in pulchritudine carnis, sed in magna humilitate qua Filius Dei se induit humanitate. In forma autem filii hominis non erat ulla maculositas, ut aliquando distorquetur homo molesta facie in diversitate corporis, quod est in judicio Dei, scilicet cum membra hominis divisa sunt non recte ordinata ut debilium quod non est secundum naturam formationis in corpore hominis, sed secundum judicium Dei. Et fortis quidem natura existit in recta formatione, infirma autem defluit in diversitatem formationis contrariæ formæ, quod non erat opus in homine Filio meo.

Sed, inquam, magna diversitate sint homines in suis membris, ita quod ipsi sunt nigri, fœdi, polluti, leprosi, hydropici, et pleni vitiis, habentes etiam rubiginem maleficii in suasione diabolicæ artis, et insipientes et duri videre bona Domini, et accusandi atque culpandi de multa oblivione quod justitiam debuerunt operari et operantur malum, ac dimittunt bonum, despicientes crucem et martyrium Domini sui. Deus tamen Pater inspicit intentione suæ bonitatis factum opus de limo sicut pater respicit ad filios suos dum eos elevat in sinum suum. Et quoniam ipse Deus est; habet pii patris dilectionem ad filios suos. Tali enim modo est ei interior dilectio cordis ad homines, quod Filium suum misit ad crucis opprobrium quasi agnum mansuetum qui portatur ad victimam occidendus: ita quod Filius meus reportavit perditam ovem, quam e faucibus lupi tulit, supra humerum suum, assumpta humanitate, in magnis eam portans doloribus, cum dignatus est mori pro ovibus suis. In illis autem hominibus sunt multi circumdati ornamentis, qui et decorati sunt pretioso ornatu virtutum: qui sunt martyres, virgines, innocentes et pœnitentes ac subjecti magistris suis, ut jam dictum est, et qui seipsos conscios reddunt in criminibus suis, in his se cruciantes cum inexpugnabili certamine, dum negant in seipsis quod sunt. Ibi non est dicendum qui sunt, vel ubi sunt electi; nam omnes computati sunt. Quis est ille cui possibile sit videre in profundam sapientiam Altissimi et in discretionem scientiæ ejus quid ipse habeat in numero salvandorum. Incomprehensibilia sunt judicia ejus omnibus hominibus. Vobis currendum est; quia paratum est vobis regnum Dei. Nam secundum studium fidelium operantium justitiam Dei qui sunt abluti in baptismo cognitique in fide, talis etiam merces eorum erit.

Quod autem vides quod de sedente in throno protenditur magnus circulus aurei coloris ut aurora, cujus amplitudinem nullo modo comprehendere potes, hoc est quod ab omnipotente Patre extenditur fortissima potestas et fortissimum opus ejus omnia comprehendens in potentia ipsius, cum qua est operans in Filio suo quem semper in majestate divinitatis apud se habuit, per eum ordinans ac perficiens omnia opera sua ante mundum et in mundo ab initio, qui pulcherrimi fulgoris velut aurora rubet; quia Filius in sapientissima Virgine quam aurora significat, incarnatus est inspiratione digiti Dei qui Spiritus sanctus est; in quo etiam factum est omne opus Patris. Hujus gloriæ circuitum nulla ratione comprehendere vales, quia nec ipsius potestas nec opera, nec ulla est mensura ullius bonitatis, vel potestatis ad illam mensurandam quæ sit, vel fuerit, vel fieri debeat in ulla creatura, nisi quod Deus est inestimabilis et incomprehensibilis in potestate sua, et invictus ac mirabilis in opere suo. Et idem circulus gyrans ab oriente ad septentrionem, et ad occidentem atque ad meridiem se reflectens ad orientem ad ipsum sedentem in throno nec habens ullum finem; hoc est quod potestas ac opus Dei circumeunt, comprehendendo omnem creaturam. Quomodo? In voluntate Patris qui cum Filio et Spiritu sancto Deus unus est, ortæ sunt omnes creaturæ, quæ omnes sentiunt eum in potestate. Quomodo? Omnes sunt eum in creatione sentientes scilicet gyrantem ab oriente quod est in ortu omnis justitiæ, et tendentem ad septentrionem in confusionem diaboli et ad occidentem ubi tenebræ mortis lucem vitæ volunt opprimere, luce tamen iterum resurgente, devicta tenebrarum caligine, et ad meridiem, ubi ardens ardor est justitiæ Dei in cordibus fidelium, se convertendo tandem ad ortum justitiæ quasi ad orientem se recipit. Quid hoc? Dum per summam potestatem opus Dei secundum præordinatum a Deo tempus completum fuerit in hominibus in hoc mundo, tunc etiam implebitur circuitus ipsius mundi, perfectus in fine temporis in novissimo die, refulgebunt omnia opera Dei in electis ejus, sedente in throno non habente finem; quia Deus perfectus est in potestate ac in opere suo, qui erat et est et permanebit absque ulla inceptione ullius temporis in divinitate, ita quod non fuerit sed est. Et quod ille circulus, a terra est tantæ altitudinis ut eum comprehendere non possis, hoc est quod superna potestas ita excelsa est super omnes vitas creaturarum in sensu et in intellectu hominis, et ita incomprehensibilis in omnibus et super omnia, quod nulla creatura eam poterit metiri ulla capacitate sensus quin ipsa sit multo sublimior quam ei sit cognoscendum. Unde etiam angeli frequenter resonant Deum in laudibus. Ipsi enim vident eum in sua potestate et gloria; sed non possunt eum perfecte intuentes comprehendere quasi ad finem perveniunt, neque unquam valent fastidio satietatis capi tam magnitudinis quam pulchritudinis ejus.

Quod autem ex se reddit splendorem valde terribilem scilicet lapidei, chalybei et ignei coloris, hoc est quod divina potestas ex se demonstrat duram virtutem in magna severitate contra dissimulatam et impœnitentem ac impunitam iniquitatem, formidabilem, et velut chalybeum; quia Deus est perspicua justitia quæ non habet ullam injustitiæ cedentis mollitiei, (tanquam pulvis, ut dicitur, injustum est quod Deo non placet) sed ipse est illa justitia quæ quasi chalybe confirmavit omnem aliam justitiam quæ multo fragilior est justitia ejus quam ferrum chalybi cedit, et etiam quasi igneum; quia ipse est judicialis ignis comburens peccatum ob omnem injustitiam quæ se nunquam convertere voluit ad illum quærens ejus misericordiam. Est etiam Deus quasi lapis in homine; quoniam ipse est verus et justus absque ulla mutatione; quia ut lapis in mollitiem non potest converti, ita ille non habet ullam mutationem, et est velut chalybs, scilicet in efficacitate pertransiens omnia absque ulla mutatione ullius aut loci aut temporis, quia ipse est Deus super omnia existens, est etiam quasi ignis; quoniam inflammat et incendit et illuminat omnia absque vicissitudine succedentis temporis in novitate, quia ipse Deus est. Et quod ipse splendor undique secundum amplitudinem suam sursum in altitudinem cœli et deorsum in profundum abyssi ita se extendit ut nullum finem ejus videre possis, hoc est quod virtus potestatis ac operis Dei, et justitia atque rectissimum judicium ejus ubique in incomprehensibilitate sua nec in superioribus cœli, nec in inferioribus abyssi ullum finem habet qui comprehendi possit humano sensu cum super omnia sit.

Vides etiam de secreto sedentis in throno stellam magnam plurimi splendoris ac decoris prodeuntem, et cum ea plurimam multitudinem cadentium scintillarum; quia præcepto omnipotentis Patris Lucifer angelus, qui nunc est Satanas, in ortu suo magna gloria ornatus et multa claritate ac decore vestitus prodiit, et cum eo omnes scintillæ sui agminis tunc candentes in lucis fulgore, nunc autem exstinctæ in caliginis tenebrositate; quoniam pronus ad malum, non aspexit in me solum perfectum; sed existimabat confidens in seipsum, posse incipere quod vellet, et perficere quod inciperet. Unde quod sedenti in throno debebat honoris quia per eum creatus est, hoc retorsit in seipsum, atque in hoc ipso declinabat se ad malum. Quod vero cum stella illa omnes eductæ ad austrum, inspiciebant ipsum sedentem in throno quasi alienum, seque ab eo avertentes magis inhiabant ad aquilonem quam eum inspicere vellent, hoc est quod Lucifer omnisque comitatus ejus miserabiliter creatus in ardente bono Dei constitit, quasi per obliquum, in superbia videlicet dedignans regnantem in cœlo; quia ipsi omnes orti in creatione; ab initio gustaverunt impietatem quæ ad perditionem se vertit, Deum inspicientes non sic quod eum scire vellent in bonitate, sed quod se super eum velut super alienum vellent elevare, cum flagrante scilicet elatione se a cognitione ejus avertentes, et plus tendentes ad casum suum quam Deum in gloria sua cognoscere desiderarent. Sed quod statim in ipsa aversione inspectionis suæ omnes exstinctæ sunt sic versæ in nigredinem carbonum, hoc est dum Deum superbe dedignarentur scire, ipse Lucifer cum omnibus sequacibus suis in malitia sua exstinctus est a fulgore clari splendoris, quo per divinam potentiam indutus erat, delens in seipso interiorem pulchritudinem, qua debuit usus esse ad bonum; et se porrigens ad deglutiendam impietatem; ita exstinctus est ab æterna claritate ut caderet in æternam perditionem. Unde omnes versi sunt in nigredinem carbonum exstincti ignis; quia cum duce suo, scilicet diabolo, exuti claritate sui splendoris sic exstinctæ sunt in perditione tenebrositatis, carentes omni gloria beatitudinis, ut carbo caret omni luce igneæ scintillæ. Quod autem ventus turbinis ortus est ab ipsis, qui eas mox ab austro retro sedentem in throno projecit ad aquilonem præcipitans in abyssum, ita ut earum amplius nullam videre valeres, hoc est quod maximus flatus impietatis erexit se in ipsis angelis iniquitatis, cum Deo vellent prævalere et eum per superbiam opprimere, qui exsufflatus est in amarissimam nigredinem perditionis, et eos de austro, id est de bono projecit retrorsum; quod est in oblivionem Dei cuncta regentis, quasi ad partem aquilonarem, ut ubi superbe exaltari volebant, ibi confusi casum invenirent, propter superbiam suam præcipitati in abyssum mortis æternæ, quæ perditio ipsorum est ut in nulla claritate amplius videantur, ut per servum meum Ezechielem saltui meridiano qui ardenter fructum justitiæ debuit et non attulit locutus sum dicens: *Ecce ego succendam in te ignem, et comburam in te omne lignum viride, et omne lignum aridum; non exstinguetur flamma succensionis et comburetur in eo omnis facies ab austro usque ad aquilonem. Et videbit omnis caro, quia ego Dominus succendi eam, nec exstinguetur* (*Ezech.* xx). Hoc tale est. O stulte, qui in superbia tua te erexisti contra me, ego qui nec initium nec finem habeo, faciam ut in zelo meo accendatur in te ignis indignationis meæ, per quem comburam in te omnem viriditatem tuam qua voluisti opus incipere, in falso vigore magis confidens in te quam in me; quia elegisti in tua stulta scientia esse secundum superbiam tuam comburamque in te omnem ariditatem illam peccati tui et aliorum perditorum cum peccatum in bono aridum suggeris homini qui cinis est, quia suggestio tua non recipiet in te ullam salvationem; sed fiet in te ignis æternus. Nec restat ulla tibi muneratio salutis, nec illis qui te sequuntur in exemplo tuo. Et non exstinguetur illa succensio pœnarum in suppliciis suis, sed comburet præcipitem superbiam quasi in facie concupiscentiæ aspectus honoris quem concepisti velle habere in teipso, qui ejectus es ab omni gloria tua; ab austro scilicet surgens in ardente clarissima luce, et cadens in tenebras aquilonis, id est inferni. Et hoc videbit omnis homo: videlicet electi et reprobi cognoscentes gehennam, quoniam electi eam cognoscunt; quia illam effugerunt; reprobi autem, quoniam cum ea in poenis permanebunt, scientes quia ego Dominus omnipotens succendi eam ad retributionem malorum tuorum, o diabole, nec exstinguetur in malis tuis nec sequentum te. Et sic perditio diabolicæ superbiæ projecit Satanam et angelos ejus in exteriores tenebras æternorum tormentorum sine ulla consolatione luminis; ita ut illi nullus sit locus inventus in æterno lumine, et tu, o fragilis homo horrens et stupens, eorum ultra nihil conspicere potuisti; sicut etiam idem Ezechiel in spiritu meo regi Tyri sub mystica significatione dicit: *Omnes qui viderint te in gentibus obstupescent super te. Nihil factus es, et non eris in perpetuum (Ezech. XXVIII).* Hoc tale est. Omnes recti corde qui viderint te, diabole, inebriatum vitiis in illis gentibus qui te amplexantur in prævaricatione legis Dei, arescent obstupescentes in tua sorde, quomodo polluis suggestione tua templum in ædificatione Dei quod homo est; et propterea nihil factus es per superbiam tuam in qua cecidisti ab omni gloria salvationis; quia omnino nullus vigor es, in nulla felicitate, neque eris inventus ullam gloriam amplius habens in æternitate cœlestium, quia tu confusus es in illis in perpetuum sine fine.

Sed quod splendorem illum magnum qui eis abstractus est, vidisti subito in earum exstinctionem reverti ad ipsum sedentem in throno: hoc est quod perspicuus et magnus fulgor quem diabolus propter superbiam et contumaciam suam perdidit cum in ipsum et omnes sequaces ejus intravit germen mortis (erat enim Lucifer purioris luminis quam cæteri angeli), reversus est ad Deum Patrem unde prodierat, servatus in secreto ejus; quia locus gloriæ splendoris illius non debuit esse vacuus; sed Deus servavit eum alteri factæ luci. Nam ejus quem Deus nudum surgere jussit atque non coopertum carne qui diabolus est cum omni comitatu ejus in splendore tamen clarum; splendorem servavit limo quem formavit in hominem, tegens ipsum vilissima natura terræ, ob idipsum ne se extolleret in similitudinem Dei, quia quem clarum creaverat in multo fulgore sed non coopertum tam fragili et tam misero tegmine quo et homo, hic non potuit stare in elatione sua, quia non est nisi unus Deus sine initio et sine fine in æternitate. Ac ideo sceleratissimum est præ cæteris criminibus, quo quis se Deo simulat. Nunc autem ego, Deus cœlestis servavi illustre lumen quod retraxi a diabolo propter malum ejus, hoc diligenter abscondens apud me, et dedi illud limo terræ quem formavi ad imaginem et similitudinem meam, quemadmodum aliquis homo facit, cum filius ejus moritur cujus hæreditas non transit in natos ejus; quia absque liberis decessit; hæreditatem filii attrahit sibi pater et proponit eam in mente sua alii suo filio nondum sibi nato, daturus eam illi cum natus fuerit ex ipso. Nam diabolus cecidit absque hærede, quod est in recta intentione bonum opus: quia nunquam aliquid boni fecit nec incepit, et ob hoc accepit alter hæreditatem ejus, qui etiam cecidit, habens tamen hæredem, scilicet inceptionem obedientiæ; quoniam eam suscepit cum devotione, quamvis opus ad hoc pertinens non perfecerit, sed gratia Dei perfecit illud opus in incarnatione salvationis populorum, in restaurationem bonæ hæreditatis. Atque ideo recepit homo hæreditatem suam in Christo, quia non dedignatus est in initio præceptum Dei, cum omnino diabolus non desideravit servitium Creatoris sui in bono, sed honorem in superbia: unde non recepit gloriam suam sed in perditione periit.

Et sicut Goliath surrexit despiciens David; ita erexit se diabolus in præsumptionem in seipso, volens similis esse Altissimo. Et ut Goliath ignorans vires David eum prorsus nihili reputans vilipendit, sic cumulata superbia diaboli contempsit humilitatem in humanitate Filii Dei, qui in mundo natus, non gloriam suam sed gloriam Patris per omnia quæsivit. Quomodo? Diabolus non desideravit imitari hoc exemplum, ut se subderet suo Creatori quemadmodum se Filius Dei subdidit suo Patri. Attamen David amputavit caput Goliath in secreta fortitudine Dei, ut Spiritu sancto inspirante scriptum est: *Assumens autem David caput Philisthæi attulit illud in Jerusalem, arma vero ejus posuit in tabernaculo (I Reg. XVII).* Hoc tale est. Spolia et direptiones diaboli accepit fortissimus Filius meus, cum dejecit caput ejusdem serpentis antiqui. Ubi? In utero Virginis quæ hoc caput contrivit. Per quem? Per eumdem Filium suum. Quæ est hæc contritio? Sancta humilitas, quæ in matre et filio apparens percussit primum initium superbiæ, quod est caput diaboli. Et sic Filii mei, secundum carnem, victrix humilitas attulit ipsum caput in sanctam Ecclesiam quæ est visio pacis, ei ostendens quod per ipsam fortissimam humilitatem interfecta esset superbia diaboli; fortissima vero arma ejus sunt multiformia ejus vitia, quibus ille superavit genus humanum quod eum pro Deo coluit, sic exterrens in vitiosis artibus suis ut armis exterrere solent homines. Hæc confregit Filius meus ponens ea in tabernaculo suo, id est in passionem corporis sui dum pateretur in cruce. Unde ipsam pugnam dimisit etiam in tabernaculis simul in corporibus electorum membrorum suorum: ut et ipsi distribuant arma diaboli cum ipso. Quomodo? Ut sicut ipse devicit diabolum in passione sua, sic et ipsi eum devincant se constringentes in desideriis, et non sint consentientes vitiis illius. Et secundum similitudinem hanc, ut gloria Goliath data est David: ita gloriam quæ ablata est primo angelo, dedi Adæ et generi ejus, quod confitetur me servans præcepta mea, interempta super-

bia diaboli. Qui autem interioris sensus perspica- A speculi mei, ad verba hæc anhălet, et ea in conscien-
ces audiendi aures habet, hic in ardenti amore tia animi sui conscribat.

VISIO SECUNDA.

SUMMARIUM. — *Quod fides magna in virtute, palam surrexit in circumcisione Abrahæ. Quod fides conjuncta est timori Domini et timor Domini fidei. Quod fideles per quatuor partes terræ super fide bona opera ædificant. De quatuor quadris. Quod oportet hominem humiliter incedere et insidias diaboli sapienter fugere. De quatuor angulis ædificii quod significent. Item aliter de eisdem angulis. Quod hominibus a Deo Patre datur munitio et defensio ad bene operandum et circumspecti sunt quia cinerea caro sunt. De speculativa scientia. Verba Pauli. Verba Salomonis. De operatione duarum causarum. Quod rectæ institutiones surrexerunt in Abraham et in Moyse. Quod spectativa scientia cœpit in Noe apparere regnante tamen iniquitate usque ad Abraham et Moysen sine interruptione. Verba Pauli ad eamdem rem. Quod rectum opus ostensum est in Abraham et in Moyse, perspicua justitia in Incarnatione Filii Dei, ardens opus per baptismum in Ecclesia durans in finem mundi. Verba David ad eamdem rem. Quod membra Christi constant adhuc imperfecta in electis suis et Ecclesia caret adhuc futura perfectione quam habitura est. Quomodo denarius numerus attenuatus per Adam, surrexit in Filii Dei in denarium, et denarius in millenarium. Verba Evangelii de eadem re. Quod in quinque vulneribus Christi peccata hominum delentur. Quod homo quinque sensibus Spiritu sancto sibi inspiratis, discerni bonum et malum. Quod homo anima et corpore laboret devitare malum et facere bonum in prosperis et in adversis. Quod humana mens debet habere sapientiam et discretionem ad cognoscendum Deum. Quod homo ex quatuor elementis constans fidem catholicam æquali devotione colat. Quod fidelis homo ascendat de virtute in virtutem. Quod Filius Dei missus est in mundum secundum tempus præordinatum a Patre ut proficeret voluntatem Patris in redemptione hominis. Quod superbiam mali vel finem ejus in operante creatura, aut initium aut finem supernæ justitiæ jus amque distributionem voluntatis Dei: nullus homo perscrutari potest.*

Deinde vidi inter ambitum circuli qui protendebatur de sedente in throno quasi montem magnum conjunctum radici illius immensi lapidis super quem nubes cum throno et sedente in eo posita erant : ita quod lapis in altitudinem erectus et mons in latitudinem extensus videbatur. Et super ipsum montem stabat velut quoddam ædificium quadrangulum ad similitudinem urbis quadratæ formatum, aliquantulum obliquum habens situm, cujus angulus unus respiciebat ad orientem, et alius ad occidentem et unus ad septentrionem et alius ad meridiem ; ædificium autem circuitu suo murum unum biformem gerebat, cujus forma una erat quasi splendor lucidus ut lux diei, et altera quasi compaginatio lapidum adinvicem conjuncta in angulo orientali et in angulo septentrionali, ita ut pars illa lucida muri protenderetur ab angulo orientali et finiretur in angulo septentrionali, tota integra et non habens ullum locum interruptum, et pars alia scilicet lapidea extenderetur ab angulo septentrionali ad angulum occidentalem et ad angulum meridianum et finiretur in angulo orientali, habens duo loca interrupta inter angulum videlicet occidentalem et angulum meridianum. Longitudo autem ædificii erat centum cubitorum, et latitudo ejus quinquaginta cubitorum, et altitudo ipsius quinque cubitorum : ita ut ejus duo parietes in utroque latere ipsius essent unius longitudinis, et alii ipsius duo parietes in fronte et in fine ejus, unius latitudinis. Sed et idem quatuor parietes ubique in circuitu ipsius ædificii æqualis erat altitudinis, exceptis propugnaculis ejus quæ aliquantulum eminebant altitudinem ipsius. Latitudo autem inter ipsum ædificium et splendorem ex prædicto circulo se in profundum abyssi extendentem erat in vertice orientalis anguli unius palmi, alibi autem, id est in septentrionali et in occiden-

B tali atque in meridiana parte tanta undique erat latitudo inter idem ædificium et splendorem, ut ejus amplitudinem nullo modo comprehendere possem. Et hæc, me admirante, qui sedebat in throno iterum dixit ad me : Fides quæ in antiquis sanctis cum opere justitiæ per bonitatem Patris desuper ædificato, velut in pallore apparuit, incarnato Dei Filio, aperta manifestatione, cum ardentibus operibus ardenter in lucem processit, quando Filius Dei caduca non concupiscens, ea exemplo suo conculcari et cœlestia amari perdocuit ; cum priores Patres mundum non fugientes, nec se ab eo separantes Deum simplici tantum credulitate et humili devotione colebant ; quia nondum ut omnia desererent eis ostensum fuerat. Unde etiam quod vides intra ambitum circuli qui protenditur de sedente in throno, montem magnum conjunctum radici illius immensi lapidis super quem nubes cum throno et descendente in eo posita sunt, ita quod lapis in altitudinem erectus et mons in latitudinem extensus videtur : hoc est quod in potente ac forti opere potestatis superni Patris qui potenter operatur, stat mens significans fidem, quæ magna est in virtute, palamque surgens in circumcisione Abrahæ, et ita proficiens usque in Filium superni Dei post ruinam serpentis antiqui per Spiritum sanctum inspirata hominibus, ut in bonitate Patris fideliter operantes illum credant omnipotentem esse Deum, qui tam magnum hostem superare potuit, ita quod per eamdem credulitatem sublevati ad gloriam illam pertingant, de qua diabolus per superbiam suam dejectus periit.

Atque idem mons positus est ad radicem prædicti lapidis mysterium timoris Domini habentis, quia fides conjuncta est stabilitati timoris Domini, et timor Domini etiam fortitudini fidei, scilicet cum de

Patre missus est Filius nasci ex Virgine, et cum de Filio pullulabat vera fides primum in fundamentum boni operis, quam timor Domini profert cum omnibus virtutibus tangens Deum in altitudine sua: ita ut in sapientia fidelium mentium Deus super omnia regnans fideliter colatur: Quomodo? Quoniam timor Domini secreta cœli visu circumspectionis acute penetrat; quia ipse initium justæ intentionis est, cum qua etiam beata fides apud Deum in latitudinem perfectionis extenditur cum in bonis operibus ad sanctitatem dilatatur. Sed quod super ipsum montem stat ædificium quadrangulum ad similitudinem urbis quadratæ formatum, hoc est quod super fidem bonitas Patris bona opera ædificans, multos fidelium per quatuor angulos terræ colligens trahit ad cœlestia, sic monitos in stabilitate virtutum ut cœlestis Pater in sinu suo, hoc est in interiori potestate et in mystico consilio suo eos benigne componat cum quatuor quadris in fide. Quomodo? Ego, qui sum Altissimus, ordinavi in opere meo primum quadrum hominum, videlicet Adam, cujus genus ipso dormiente per magnum schisma se debilitans, processit usque ad secundum quadrum, id est ad Noe sub quo diluvium factum est, ubi et mysteria Filii mei in arca præmonstravi. Sed in eo quadro quæ est Noe, per admonitionem meam manifestavi illam lucidam partem muri prædicti ædificii; quia ibi in diluvio suffocans peccatores, innui hominibus ut mortem fugerent et vitam appeterent, sic eis palam aperiens speculativam scientiam cognitionis duarum viarum. Quid hoc? Homo viret et viget in vivente vita quæ anima est, per quam speculatur et cognoscit duas semitas videlicet bonum et malum, quoniam homo tangitur alterutra parte harum: ita quod manens in corpore sive bonum sive malum cum anima et corpore operatur, quod quidem ipse incipit per operationem animi sui, voluntatem suam ita in opere complens. Et sic in nos ostensa est per admonitionem meam speculative scientia duarum viarum, scilicet acutissima consideratione malum spernere et bonum diligere, quæ ita cum emissione circumcisionis tendit in præcursu voluntatis Dei, usque ad tertium quadrum, in quo Abraham et Moses conjuncti sunt in circumcisione et lege; quæ circumcisio et lex ita procedebat usque ad quartum quadrum sanctæ Trinitatis: in quo Vetus Testamentum in Filio Dei finitum est cum exteriori significatione. Unde etiam surrexit interius germen per Filium Dei in Ecclesia: qui natus et passus pro salute hominum resurgens etiam et rediens ad Patrem, angulum illum qui in casu Adæ absconsus et attenuatus erat restauravit in salvationem, per animas hominum.

Quod autem ædificium aliquantulum est in obliquum situm, hoc est quod homo qui opus Dei est, non potest præ fragilitate sua incedere firmiter sine peccato, et audacter sine timore fragilis carnis diabolum superando, sed eum oportet illum humilitate devitare, et insidias ejus sapienter fugere ne peccet, atque fideliter se conjungere bonis operibus, et sic constare in Filio Dei, qui quasi in angulo sedens lapis angularis est, hoc pacto opus electum in homine conjungens. Sed quod angulus unus respicit ad orientem et alius ad occidentem et unus ad septentrionem et alius ad meridiem, hoc est quod Filius Dei natus est ex Virgine et passus in carne, ut in ortu justitiæ homo restauraretur ad vitam cui omnis justitia apposita est, quod est angulus orientalis; inde surgente salvatione animarum, ut Deus complevit in Filio suo omnem justitiam quæ ab Abel usque ad ipsum præfigurata est; in quo finita est constitutio carnalis observationis Veteris Testamenti, jam veniente salute fidelium hominum per fidem, quam Filius Dei attulit missus a Patre in mundum in fine temporum, quod est angulus occidentalis. Contra diabolum quoque in Abraham et in Mose elevavit se justitia qui præmonstrabant promissam gratiam per quam homo salvatus est quem diabolus deceperat, occidendo eum ut latro in lapsu Adæ, quod est angulus septentrionalis; unde et miserabilis ac mortalis casus qui factus est in humano genere, postea per supernam gratiam nobiliter et magnifice restauratus est pleno fructu, in ardente opere Dei et hominis, quod est angulus meridianus. Angulus etiam meridianus est, quia primus homo Adam a Deo creatus est. Sed quod ab hoc angulo speculativa scientia cognitionis duarum viarum non incipit fulgere, id est ab ipso Adam; hoc ideo est, quia genus suum incompositum erat, non colens Deum in scientia sua officiosum servitute legis, sed tantum propriam voluntatem suam adimplens cum summo malo, ita ut nec in recta scientia Dei nec in vera beatitudine esset fulgens: imo in morte jacens, sed absconsus erat tantum in corde Patris, quid cum homine facere decrevisset. Angulus etiam in oriente designat Noe, ubi se justitia ostendere incœpit, et ubi etiam aperte manifestata est præmonstrata speculativa scientia, ostendens omnem sanctitatem quæ postea in Filio Dei perficienda erat. Et quia unaquæque justitia in Filio Dei qui est verus Oriens erat incipiens, ideo est hoc ædificium primum appellandum ad orientem in honore sanctitatis, quæ primum etiam in Noe veraciter declarata est. Angulus quoque in septentrione est Abraham et Moses: qui adversus Satanam cum operis exsecutione prædictam speculativam scientiam circumtegebant quasi eam circumædificarent cum pretiosis lapidibus, et cum desuper aurato opere perspicuæ justitiæ Dei quod erat circumcisio et lex; quia justitia ante circumcisionem et legem, quasi nuda erat absque opere. Et quartus angulus occidentalis præfigurat etiam veram Trinitatem; quæ palam manifestata est in baptismo Salvatoris, qui erexit plenam et sanctam civitatem Jerusalem cum omni opere suo, recurrens ad cœlum in salvatione animarum. Sed quod ipsum ædificium in circuitu suo murum unum binæ formæ habet, cujus una est quasi splendor lucidus ut lux diei et altera quasi compaginatio lapidum adinvicem conjuncta in angulo orientali et in angulo septentrionali, hoc est quod per bonitatem Patris hominibus ex omni parte data est quasi securitas una, id est munitio et defensio in bonis operibus ut ipsis circumdati et confortati carnales concupiscentias deserant, et ad unum Deum qui munimentum eorum est confugiant. Qui murus in duabus est formis quia una forma muri est veluti speculativa scientia duarum viarum, quoniam illam scientiam in acutissima et certissima exquisitione speculationis animi sui habet homo, ut sit circumspectus in omnibus viis suis et etiam alia forma muri est veluti cinerea caro hominis, quia a Deo creatus est homo operans, factum opus in operatione.

Et hæc speculativa scientia lucet in splendore lucis diei; quin per eam homines actus suos vident et considerant, quia splendidus radius est humanæ mentis, se caute circumspicientis, in homine siquidem apparet hæc præclara scientia ut candida nubes permeans mentes populorum in celeritate sicut et nubes cito difflatur in aere, lucensque ut lux diei quoniam ipsa candida declaratur propter splendidissimum opus quod Deus benigne operatur in hominibus, scilicet ut cum ipsi devitant malum, perficiant bonum quod in eis quasi lux diei lucet. In ipsa quoque scientia procedit unumquodque opus in homine. Quomodo? Homo habet duas vias. Quomodo? Ipse est sciens bonum atque malum cum sensibilitate, qui, dum transit de malo, operando bonum, imitatur Deum faciens bonum in ipso, qui justus est nolens injustitiam. Sed dum operatur malum, implicatur per seductorem diabolum in peccatis, qui non vult desistere nisi sentiat illum in vinculo malorum operum, quoniam diabolus quærit iniquitatem, fugiens sanctitatem. Si autem homo abstrahit se a malo et operatur bonum: tunc suscipit eum summa bonitas, quia seipsum propter amorem Dei superavit: qui Filium suum tradidit pro eo in mortem crucis. Unde etiam scientia hæc est speculativa: quia ipsa est quasi speculum hoc modo, quoniam ut homo aspicit faciem suam in speculo utrum sit in ea pulchritudo an maculositas; sic inspicit ipse in scientia bonum et malum in facto opere, quod considerat intra se, quia hæc consideratio est in rationali sensu quæ Deus inspiravit in homine, cum in faciem ejus inspiravit spiraculum vitæ in anima. Nam vivere pecorum deficit; quia rationale non est, anima autem hominis nunquam deficit; quia in æternum vivet, quoniam rationalis est. Unde etiam homo sentit in consideratione boni et mali quod ipse opus sit reprobum vel electum, per gratiam Dei formatus et inspiratus rationali sensu in ortu creationis suæ, illa gratia eum iterum restaurate in electione baptismi, et in salvatione animæ novi testimonii, ut dicit Paulus amantissimus meus de illa electione gratiæ: *Reliquiæ secundum electionem gratiæ salvæ factæ sunt. Si autem gratia, jam non ex operibus: alioquin gratia jam non est gratia (Rom. XI).* Hoc tale est. Reliquiæ quas laqueus mortis non comprehendit, ut declinarent ad exemplum diaboli, illæ salvæ factæ sunt aperta salvatione dum Deus misit Filium suum incarnari quod est electio gratiæ pro salute manifestata hominum. Quomodo? Gratia Dei constituit hominem, sed ille lapsus est in pravis operibus. Tunc ostensa est electio gratiæ in electo vase, cum ex Virgine Filius Dei natus est, in quo possibile non erat fieri ullum lapsum. Nam si quisquam hominum rem aliquam utilem facit quæ ipsi ab alio abstrahitur, tunc eligit sibi aliam utiliorem, quam ei nullus auferre possit, et in qua ipse plene abundet. Sic fecit gratia Dei. Ipsa enim formavit Adam primum hominem, quem diabolus abstraxit ab innocentia operis, sed eadem gratia fecit postea plenitudinem bonorum operum per Filium Dei in salvatione animarum. Si autem gratia Dei fecit salvationem, tunc salvatio non est facta ex merito hominum. Quomodo? Justitia operis defecit in Adam: ita quod homo nunquam rediret in salvationem per merita operum suorum, nisi recuperaretur per eamdem gratiam in justissimo Filio Dei per opera ipsius, quia obediens factus est Patri suo, et nisi homo etiam mundaretur per baptismum quod Filius Dei tradidit hominibus cum bono opere, quod opus gratia Dei operatur cum homine: et homo opus illud cum illa. Ideoque est gratia Dei cum hoc opere; et hoc opus ortum est de gratia. Quod si salvatio esset ex merito hominum et rectum opus hominis esset proprium ei a seipso, ita quod gratia Dei opus illud non accenderet, tunc gratia non esset gratia. Quomodo? Tunc esset homo a seipso et non a Deo: et nulla creatura redderet gratias Deo, et gratia Dei nihil esset. Nunc autem gratia Dei constituit hominem rationalitate subnixum ut justitiam operetur in scientia boni et mali, quatenus hac scientia appetat bonum abjiciens malum et ut sic cognoscat vitam et mortem per hoc eligens in qua parte remanere desiderat, ut Salomon in intellectu sapientiæ inquit: *Apposuit tibi aquam et ignem: ad quod volueris porrige manum tuam (Eccli. XV).* Hoc tale est. Deus apposuit homini in prima suscitatione animæ vim magnam et acutam videlicet notitiam malorum et bonorum, quæ sunt aqua et ignis. Nam sicut aqua semper inundat et celat in se multa mortifera animalia plurimaque inutilia, ita est etiam homo inundans in malis factis suis, celans ea ne divulgetur. Et ut etiam ignis urit non perferens intra se ullam impuritatem incombustam, et ut faber per ignem puriora facit monilia sua ablata rubigine, sic etiam bonum facit hominem purum, evellens ab eo rubiginem nequitiæ. Nam aqua et ignis dissentiunt, suffocantes et necantes se invicem. Sic etiam facit homo. In malo enim necat bonum, et in bono necat malum atque in utroque semper occultat intra se silenter sua desideria, hac aut illac versans illa,

Et in ipsa commotione desideriorum habet optionem voluntatis illius viæ quam desiderat : et ad illam convertit se cum voluntate operis, quasi manum ad hoc porrigendo scilicet bonum opus perficiens adjuvante Deo per gratiam, et malum peragens insidiante diabolo per suggestionem artium suarum, ipso quidem homine hæc inspiciente in scientia rationalitatis suæ. Nam in illa scientia inspicit bonum et malum, et inde oritur in ipso desiderium optionis duabus viis boni videlicet et mali, secundum voluntatem ipsius. Quid hoc? Optio est quod homo videt in desiderio animi sui quasi in speculo res aliquas dicens intra se : Utinam possem hoc vel illud agere, ad quod nondum accedit per opus, sed habet illud in scientia sua, positus quasi in capite duarum viarum, quod est scientiam habens occasionum boni et mali, et ita secundum desiderium suum tendit tandem ad opus illud sive sursum sive deorsum.

Et altera forma muri quam vides quasi compaginationem lapidum ostendens genus humanum, designat etiam rectas institutiones quæ surrexerunt in mentibus hominum, ut in Abraham et in Mose ac in cæteris, qui erant præcedens germen legis Dei, cum omnibus appendiciis justitiæ Dei in lege usque in novissimum tempus. Quomodo? Scilicet quod opus Dei est in homine et per hominem, ita quod Deus misit Filium suum propter salvationem hominum in fine legis, sine peccato et operantem in humano corpore, atque ponentem fundamentum fidei super seipsum, hoc modo quod portavit genus humanum cum primo homine ejecto de paradiso propter prævaricationem justitiæ, faciens omne hoc mirabile in homine per legem suam ubi comprehendis Christianam multitudinem quæ hæc ædificatio est in bonitate Patris, et quod homo reponendus est in cœlesti Jerusalem. Unde et ipsæ duæ muri formæ in unum coadunatæ sunt in parte orientis et septentrionis, quoniam in speculativa scientia et in humano opere est communis terminatio injustitiæ, in qua genus humanum erat in oblivione Dei implicatum, quæ se erexit primum ab Adam cum insana injustitia ante diluvium : ita quod ipsa depressa est cum omni sua gente propter magnam iniquitatem in diluvio aquarum, ubi scientia speculativa apparere incœpit per inspirationem meam cum scientia boni in Noe admonitio Dei erexerit : tamen cervix et appetitus mali in recordatione ipsius processit exitialiter ad aquilonem, ita quod iniquitas rebellionis contra Deum non est conculcata usque ad Abraham, in quo suffocata est ut in angulo septentrionali : cum in eo orta est acutissima acies justitiæ Dei. Quod vero illa lucida pars muri protenditur ab angulo orientali et finitur in angulo septentrionali, tota integra, et non habens ullum locum interruptum, hoc est quod speculativa scientia in munitione mentium hominum ab angulo orientali, id est a diebus Noe incœpit apparere, cum prius ante Noe studebat iniquitas hoc adimplere quod perpetrare posset in irritatione Dei, hominibus magis concupiscentias suas sequentibus quam culturam Dei amantibus, quia primum genus hominum ab Adam ubi speculativa scientia a' sconsa erat, deglutivit diabolus in omni voluntate sua usque ad Noe, in quo illa scientia aperte ostensa est, ut dictum est, nihilominus tamen adhuc confidebat diabolus quod esset habiturus omne genus humanum : iniquitate ita in præcepto ejus procedente usque ad angulum septentrionalem, hoc est ad Abraham et Mosen ; quoniam ante eos in speculativa scientia erat iniquitas quasi integra in sua nequitia, et nondum interrupta aut contrita per constitutam justitiam legis Dei, quia necdum circumcisio aut lex data fuerat, in quibus tunc Patribus ipse diabolus incœpit confundi, cum prius quasi confidenter in mundo regnaret, sicut aperit Paulus meum lucidum vas electionis : *Regnavit mors ab Adam usque ad Mosen etiam in eos qui non peccaverunt, in similitudinem prævaricationis Adæ qui est forma futuri* (Rom. v). Hoc tale est : Mors regnavit nullo contra eam militante, nulloque eam superante bello, ab Adam usque ad Mosen. Quomodo ? Quia austeritas et cultura legis ante Mosen data non erat : excepto quod circumcisio in Abraham jussione Dei facta, ipsam leviter præmonstraverat, sed mortis vitium processit de errore in errorem, ut sibi placuit. Tunc surrexit in voluntate Dei fortis miles Moses, et præparavit fortia arma justitiæ, in quibus mors in suo cultu destructa est per instrumenta legis, quia lex abscondit in se omnem salvationem animarum, cum præsignificatione Filii Dei, quia etiam mors dominabatur in innocentibus : qui præ simplicitate moderationis suæ nesciebant in actibus suis opus prævaricationis Adæ in nationibus, qui est forma futuri. Quomodo ? Adam a Deo fuit creatus justus et innocens ab omni conceptione et inceptione peccati : sic etiam Filius Dei natus est ex virgine Maria, veniens absque ulla macula peccati.

Sed ut vides quod illa lapidea pars muri extenditur ab angulo septentrionali ad angulum occidentalem et ad angulum meridianum, et finitur in angulo orientali ; hoc est quod recta opera hominum cum quibus in Deum muniti sunt, processerunt quasi de angulo septentrionali, id est de circumcisione Abrahæ cum lege Mosi et cum appenditiis justitiæ eorum in hominibus usque ad angulum occidentalem, ubi surrexit perspicua justitia in incarnatione Filii Dei, ab inde ultra extensa usque ad angulum meridianum, ubi ardens opus per baptismum et per reliquam justitiam electæ et novæ sponsæ ejusdem Filii Dei, ad restaurandum Adam in salvationem accensum est, iterum inde ultra prolongata terminumque ponens in primo angulo orientali, ita revertendo ad summum Patrem. Quomodo? Ipse summus Pater erat in mysterio suo unamquamque justitiam ordinans quomodo redire deberet primi hominis casus in salvationem animarum revertendo ad Deum. Quia homo ceciderat, ideo surrexi in misericordia et misi Filium meum in restaurationem salvationis animarum, sicut servus meus psalmista David ostendit dicens : *Sed in lege Domini voluntas ejus, et in lege ejus meditabitur die ac nocte* (*Psal.* 1). Hoc tale est : In lege justitiæ quam Unigenitus meus natus ex Virgine demonstravit mundo, qui cum Patre et Spiritu sancto unus Deus existens omni dominatur sæculo : ita quod ipse Filius Patris incarnatus et homo visibilis visus, Dominus et elevatus in carne super omnem creaturam fuit voluntas Patris in salvatione. Quomodo ? Quia Filius Dei ante sæcula a Patre genitus, postea in mundo natus ex matre in fine temporum necdum incarnatus manebat in Patre invisibilis, ut voluntas invisibilis est in homine antequam exeat in opus, visibilis deinde apparuit in carne pro salute hominum : ita ut cum Filio suo meditatur omnipotens Pater omnem justitiam contra primum casum Adæ. Ubi ? In dilectione Filii Dei, qui ante tempora in divinitatis gloria manens in Patre mirabiliter postea sub statuto tempore mundi, incarnatus est, quem Pater de corde suo in mundum misit summum sacerdotem super omnem justitiam. Unde et legem justitiæ ipse Filius collegit ut eam accepit a Patre facta lege hominum in eum creditururum. Sed in illa lege quam Pater in Filio suo constituere atque condere voluit, meditatur in die. Quomodo ? Scilicet in die quæ ipse est, cum nulla obscuritas iniquitatis erat in ulla creatura priusquam ullam creaturam conderet sæculorum meditatus est istam legem Filii sui. Et etiam in nocte. Quomodo ? Quia in facta creatura dum se incepit erigere malum quod est quasi obscuritas noctis, in angelo et in homine meditatur etiam Pater usque in novissimum diem in quem pertingunt opera sua quæ ineffabiliter operatur, ostendens et aperiens legem Filii sui, cum in ipso perficit omnia bona, quæ in homine perfici debent.

Sed ut vides quod lapidea pars muri habet duo loca interrupta inter angulum videlicet occidentalem et angulum meridianum : hoc est quod opus humani generis in munitione defensionis suæ, duobus modis adhuc imperfectum est, cum membra incarnati Filii Dei constant adhuc quasi imperfecta in electis suis, quod est primus interruptus locus velut ab occidente, quoniam Filius Dei missus est in mundum in fine temporum, et cum deinde Ecclesia similiter adhuc quasi imperfecta est in omnibus virtutibus suis, ut consistere et ædificari debet in cœlesti Jerusalem, quod est alter interruptus locus velut ad meridiem, cum Ecclesia perficietur in cœlestibus. Quod autem longitudo ipsius ædificii est centum cubitorum, hoc est quod denarius numerus attenuatus erat in prævaricatore homine, et recuperatus est in Filio meo per multiplicem denarii centenarium numerum, multiplicium virtutum in salvatione animarum, de quo denario per centenarium deinde ascendit millenarius numerus perfectus in omnibus virtutibus, ut plane evacuentur mille artes diaboli, cum quibus seducit omnem gregem amabilium omnium omnipotentis Dei. Quid hoc? Ego Omnipotens constitui initio ardentia et viventia lumina quæ lucerent in splendoribus suis; sed quædam perstiterunt in amore meo, quædam autem ceciderunt despiciendo Creatorem suum. Sed non decuit me Creatorem ut institutionem meam, vacuam et irritam relinquerem. Quomodo ? Angelica scilicet creatura superbientis agminis hoc bonum quod Creator suus ipsi indulsit ad cognitionem suam ; illud sibi ipsi deputavit in fallacem gloriam, se posse similem esse Creatori suo, unde cecidit in mortem. Tunc prævidit Deus, quia quod in perdito agmine illo cecidit, fortius restaurandum esse in alio. Quomodo? Quia creavit hominem de limo terræ viventem in anima et corpore ut ad gloriam illam pertingeret, de qua prævaricator diabolus cum suis imitatoribus ejectus est ; quoniam homo valde charus est Deo, cum et eum fecerit ad imaginem et similitudinem suam, ita ut in perfectione sanctitatis operaretur omnes virtutes, sicut et Deus condidit creaturas omnes, et ut etiam impleret operando in humillima obedientia et in opere virtutum subministratione laudis inter gloriosos angelos ordinem, ut in hoc beatitudinis culmine, adornaret laudem supernorum spirituum, qui assidua devotione sunt laudantes Deum, atque in eadem beatitudine sua hoc adimpleret, quod perditus angelus in præsumptione sua ruens evacuavit. Ideoque est homo plenus denarius numerus, qui hæc omnia per virtutem Dei perficit.

Sed denarius numerus in sua natura multiplicat centenarium in hac intentione, quia homo diabolica seductione corruens, a Deo tandem divina miseratione et inspiratione admonitus strenue incipit Deum agnoscere cum lege et prophetia Veteris Testamenti, et deinde acutius cum sanctitate ac omnibus ornamentis invictæ constantiæ Ecclesiæ. Sicque incepit homo operari omnes virtutes ab Abel ita eas perficiendo usque ad novissimum justum, quod est centenarius numerus longitudinis hujus ædificii, quod Deus in mystica figura demonstrat hominibus, ne desperent prolapsi in iniquitatibus suis ; sed ut surgentes ab eis fortissime laborent in opere Dei ; quia et unusquisque cadens in peccatis, cum se erigit ab eis, fortior erit quam prius esset, sicut et Deus majores et fortiores virtutes restituit in homine, Filium suum mittens in mundum ad erigendum collapsum genus humanum, quam primus homo operatur. Unde et homo fortius operatur in anima et corpore quam si esset sine corporali gravedine, quoniam militat in seipso in multis periculis perficiens fortissima bella, et victoriosus existens cum Domino Deo suo fideliter militans ei, sic ipsum cognoscens in militia sua, corpus suum castigando, quia angelus carens gravedine terreni corporis, est tantum miles cœlestis harmoniæ lucidus et purus perseverans in visione Dei ; homo vero gravatus corporali putredine est fortis et gloriosus sanctusque miles, cum restaurato opere, qui operatur propter Deum in anima et corpore, ita per centenarium numerum praesentis laboris pertingens ad millenarium futurae retributionis, videlicet cum in novissimo die plenam mercedem accipiens sine fine in anima et corpore gaudebit in coelesti habitatione. Sic ergo denarius attenuatus numerus, recuperatus est per Filium meum, qui natus ex virgine et passus in cruce hominem reduxit ad coelestia, ut ipse in Evangelio dicit : *Quae mulier habens drachmas decem, si perdiderit drachmam unam, nonne accendit lucernam et everrit domum, et quaerit diligenter donec inveniat? Et cum invenerit, convocat amicas et vicinas, dicens : Congratulamini mihi, quia inveni drachmam quam perdideram* (*Luc.* xv). Hoc tale est : Sancta divinitas habuit drachmas decem, id est in electis angelis et in homine decem ordines supernarum distinctionum, sed drachmam unam perdidit, cum homo magis diabolicam seductionem, quam divinum praeceptum secutus in mortem cecidit. Unde ipse accendens lucernam ardentem, scilicet Christum verum Deum et verum hominem, splendidissimumque solem justitiae, everrit per eum domum, id est Judaicum populum, et inter legem quaesivit diligenter omnem sanctificationem quae fuit in salvatione, in qua instituit novam sanctificationem, et sic invenit drachmam suam, hominem scilicet quem perdiderat. Tunc convocavit amicas, id est saeculares justitias et vicinas, id est spirituales virtutes, dicens : Congratulamini mihi laudabiliter et congaudete et aedificate coelestem Jerusalem ex vivis lapidibus, quia hominem inveni, qui perierat deceptione diaboli.

Sed ut vides quod latitudo hujus aedificii est quinquaginta cubitorum, hoc est quod omnis latitudo vitiorum hominum, qui in opere Dei aedificare debuerunt, magis tamen concupiscentias suas sequentium quam opus Dei colentium, in diffusis quinque vulneribus Filii mei quae in cruce passus est, misericorditer abstergitur et remittitur, ita quod vulnera manuum ejus opera manuum inobedientiae Adae et Evae deleverunt, et vulnera pedum ejus liberaverunt itinera humani exsilii, et vulnus lateris ejus de quo orta est Ecclesia, delevit culpam Adae et Evae, quoniam de latere Adae Eva creata est. Unde et Filius meus in ligno fixus est, ut ea aboleret quae per lignum praevaricatio facta est, atque aceto et felle potatus est, ut gustus pomi noxialis dilueretur. Et altitudo ejus est quinque cubitorum ; qui est excellentia divinarum scientiarum in Scripturis quae propter opus Dei sunt in quinque sensibus qui sunt in homine ; quos inspiravit Spiritus sanctus ad utilitatem hominum, quia homo cum quinque sensibus suis respicit ad altitudinem divinitatis, discernens unumquodque, bonum scilicet et malum. Unde et ejus duo parietes in utroque latere ipsius sunt unius longitudinis ; quoniam in aedificio bonitatis Dei quasi in duobus parietibus animae et corporis utriusque lateris, prosperi scilicet et adversi, hominem constantissime oportet laborare. Quomodo ? Ut devitet malum et operetur bonum. Quomodo ? Quia profunda et incomprehensibilis divina potestas instituit hominem, ut totis viribus suis et toto sensu suo colat Deum aequali devotione in longitudine intelligibilis rationalitatis ; quoniam dignum est ut Creator omnium, ante omnia, et super omnia dignissime colatur Deus. Quapropter et alii ejus duo parietes in fronte et in fine ejus, unius sunt latitudinis, quoniam in opere Dei sapientia et discretio sunt velut duo parietes, videlicet sapientia quasi in superiori et discretio quasi in inferiori parte, quas Deus aspirat aequo et justo dono suo in magnitudinem latitudinis, humanae mentis ; ad cognoscendum se.

Sed quod quatuor illi parietes ubique in circuitu ipsius aedificii aequalis sunt altitudinis, exceptis propugnaculis ejus quae aliquantulum eminent altitudinem ipsius ; hoc quod homo in quatuor elementis positus, ubique fidem catholicam per bonitatem Patris aequali devotione et cultura in alto habebit, filium cum Patre et Spiritu sancto, videlicet colens, qui omnia opera sua operatur in ipsis. Quomodo ? Omne opus quod Filius Dei operatus est et operatur, hoc perficit per bonitatem Patris in Spiritu sancto. Quid hoc ? Quoniam secundum voluntatem Patris erat Filius rediturus hominem per incarnationem suam, quae est magna bonitas ; quia Pater sic ordinavit ut Filius ejus nasceretur ex Virgine de Spiritu sancto conceptus, humanitatem assumens propter amorem hominis, ut eum reduceret in restaurationem vitae, quatenus homo cum Deo partem haberet, cum qua intraret in salvationem per ipsum in recta et catholica fide, in qua Pater et Filius et Spiritus sanctus cognosci debet, unus et verus Deus. Sed et ibi sunt propugnacula praestantioris altitudinis. Quomodo ? Quia, cum homo respicit in culmen bonae mentis, tunc aedificat altitudinem murorum fidelium, in virtutibus operis Dei ascendens super intelligibilem fidem, Deum videlicet sciens esse in potentia divinitatis suae, super quam fidem deinde construit altiorem staturam virtutum praestantissimorum propugnaculorum. Quomodo ? Nam aedificat altiores virtutes, sibi non sufficiens ut solummodo fidem habeat in Deum : sed ascendit in virentem palmam, quod est de virtute in virtutem quibus exaltata et decorata est rectissima fides quasi civitas propugnaculis.

Quod vero latitudo, inter ipsum aedificium et splendorem ex praedicto circulo se in profundum abyssi extendentem, est in vertice orientalis anguli unius palmi : hoc est quod amplitudo supernorum secretorum est inter opus Filii Dei quod demonstravit quasi aedificium, conversatus sine peccato corporaliter in saeculo, scilicet faciens virtutes multas in bonitate Patris et inter potestatem Patris quasi splendorem in maxima virtute sua se in inferiora et in superiora extendentem, cum Filium suum misit in mundum, in capite scilicet anguli qui respicit ad orientem, hoc est, in justitia quæ primum præsignata est in Noe per admonitionem Spiritus sancti præfigurantem perfectam illam justitiam, quæ declarata est in incarnatione Filii Dei, ita quod in his secretis erat quasi spatium unius staturæ ut extenta manus est a pollice usque ad alios digitos; quod est ordinatum tempus in paternis visceribus quando Unigenitum suum mittere voluit in manu fortissima, ut ipse ita circuiret cum omnibus articulis digitorum qui sunt omnia opera ejus in Spiritu sancto ut perficeret voluntatem Patris sui passus in cruce propter miseram ac contemptibilem inobedientiam, quam diabolus primo homini instillavit in sua suggestione, cum propter hoc ad redimendum hominem misericordia Dei se inclinavit ad terram, per humanitatem Filii Dei incomprehensibili altitudine divinitatis.

Sed quod alibi, id est in septentrionali et in occidentali atque in meridiana parte, tanta undique est latitudo inter ædificium et splendorem ut ejus amplitudinem nullo modo comprehendere possis; hoc est quod nullus hominum mortali corpore gravatus poterit scire elationem mali in visceribus aquilonaris diaboli : nec finitum ejus in operante creatura in occasu cadentis hominis, nec initium aut finem ardentis meridiei quod est supernæ justitiæ, nec considerare quomodo hæc dilatata et discreta sint inter opus et potestatem scientiæ meæ in omnibus populis, scilicet aut in electis aut in reprobis, qui omnes positi sunt in æquissima perscrutatione, ita quod acutissima et diligentissima districtione examinabuntur in præceptis meis, cum tamen ipsi omnes accurate debent confidere, quod eos pasco in omnibus necessitatibus suis, quia hæc omnia in secretis meis ita occultata sunt, quod amplitudinem profunditatis eorum, nec sensus aut intellectus hominis ullo modo comprehendere vel intelligere valeat, nisi quantum permissione mea conceditur. Qui autem acutas aures interioris intellectus habet hic in ardente amore speculi mei, ad verba hæc anhelet, et ea in conscientia animi sui conscribat.

VISIO TERTIA.

SUMMARIUM. — *Quod divinæ virtutes sub lege pullulantes in nova lege plurimum fructum afferunt. Quod voluntate Dei virtutes operantur in hominibus. De statu amoris cœlestis, disciplinæ, misericordiæ, victoriæ. De habitu earumdem et quid significet. Specialiter de amore cœlesti et habitu ejus et quid significet. Specialiter de verecundia et habitu ejus quid significet. De misericordia. Specialiter de victoria et habitu et quid significet. De statu patientiæ et gemitus et quid significet. De habitu eorumdem et quid significet. Specialiter de patientia et habitu ejus et quid significet. Specialiter de gemitu et habitu ejus et quid significet.*

Post hæc vidi et ecce quasi in medio longitudinis prædictæ lucidæ partis muri designati ædificii stabat velut turris ferrei coloris ipsi muro exterius imposita, latitudinis quatuor cubitorum et altitudinis septem cubitorum, in qua conspexi quinque imagines singulariter stantes in singulo quoque arcu desuper quasi turritum conum habentes, quarum prima respiciebat ad orientem, secunda autem ad aquilonem, tertia vero ad septentrionem, et quarta ad columnam verbi Dei; in cujus radice Abraham patriarcha residebat, ac quinta ad turrim Ecclesiæ et ad illos homines qui in ipso ædificio huc et illuc discurrebant. Similitudo autem una erat eis in hoc: singulæ earum vestitæ erant solummodo quasi singulis vestibus sericinis et calceatæ calceamentis candidis, excepta quinta, quæ omni ex parte armata videbatur. Secunda vero et tertia nudo erant capite, dissoluta coma et candida carentes amictu palliorum; prima autem et tertia ac quarta indutæ erant tunicis candidis. Sed dissimilitudo ex hoc erat eis : Prima imago gestabat in capite suo pontificalem infulam, sparsis capillis et albis, induta quasi pallio albo, inferius in duabus oris ejus purpura contexto; in dextera vero gerebat lilia et alios flores; in sinistra autem palmam. Et dixit : O dulcis vita, et o dulcis amplexio æternæ vitæ, et o beata felicitas in qua sunt æterna præmia, quæ semper es in veris deliciis, ita tamen quod nunquam possum impleri, nunquam satiari interiori lætitia quæ est in Deo meo. Secunda autem induta erat purpurea tunica, stans ut adolescens qui nondum est ad plenum virilis ætatis : sed tamen magnæ gravitatis; et dicebat : Me non terrebit horribilis inimicus qui est diabolus, nec inimicus homo, nec hoc sæculum in disciplina Dei, cujus conspectui semper assisto. Tertia vero tegebat faciem suam alba manica dexteræ manus suæ, et aiebat : O spurcitia et o immunditia hujus sæculi; abscondite vos et fugite ab oculis meis, quia dilectus meus natus est de pura virgine Maria. Quarta autem erat velata capite albo velamine more muliebri, et circumamicta pallio crocei coloris; in pectore vero suo gerebat imaginem Jesu Christi; circa quam in pectore suo scriptum erat : *Per viscera misericordiæ Dei nostri, in quibus visitavit nos Oriens ex alto* (Luc. 1). Et dicebat : Porrigo manus semper ad peregrinos et egenos ac ad pauperes et debiles, atque ad gementes. Quinta porro armata erat galea superposita capiti suo, induta quoque lorica et ocreis, atque ferreis chirothecis ferens etiam in sinistra sua clypeum ab humeris pendentem, accincta quoque gladio et hastam manu dextera tenens. Sub pedibus autem ejus lacebat quasi leo hians ore, lingua extensa ex ore ejus, et etiam velut quidam homines, quorum alii tubis resonabant, alii quibusdam instrumentis ludicris jocularitur concrepabant, et alii diversis ludis ludebant : quos imago illa simul et ipsum leonem pedibus suis conculcans, hasta quam dextera tenebat acriter transfodiebat, et dixit : Vinco fortem diabolum et te odium et invidiam, atque te, o spurcitia, cum ludentibus fallaci deceptione. Sed intra illud aedificium vidi duas alias imagines versus hanc eamdem turrim stantes : quarum prior apparebat stans supra pavimentum ipsius aedificii, quasi in arcu ignei splendoris diversis imaginibus malignorum spirituum interius depicto, et contra praedictam turrim posito, altera vero ipsi arcui exterius tantum collateralis in nullo arcu consistens, ambae videlicet interdum ad praedictam turrim aspicientes, et interdum ad homines aedificium intrantes et exeuntes. Vestitae autem erant etiam ipsae sericinis vestibus et velatae in ligatura capitis albo velamine more femineo, non circumamictae palliis, indutae vero calceamentis albis. Sed prior earum habebat in capite suo quasi triangularem coronam rubentem, ut rubeus hyacinthus rubet in colore suo, induta quoque tunica nivea, cujus implicamenta erant viridi colore ubique distincta, et ait : Vinco in oriente cum fortissimo Filio Dei : qui exivit a Patre veniens in mundum pro redemptione hominum, et qui iterum rediit ad Patrem; cum in maxima aerumna moriens in cruce resurgensque a mortuis ascendit in coelum, ideoque nolo confundi; fugiendo miserias et dolores hujus saeculi. Altera vero induta erat tunica alba sed aliquantulum pallidi coloris. Et in dextero brachio suo portabat crucem cum imagine Salvatoris Jesu Christi caput suum inclinans super illam, et dicebat : Hic infans pertulit multas miserias in hoc saeculo; et idcirco volo semper plorare et habere moerorem propter gaudium aeternae vitae, in quam bonae oves adducendae sunt per nobilem Filium Dei. Et vidi quod omnes praedictae imagines singula verba sua per mysterium Dei dicebant ad admonitionem hominum.

Tunc iterum sedens in throno qui mihi haec omnia ostendebat, dixit mihi : Per fortitudinem et constantiam voluntatis Dei, divinae virtutes in Veteri Testamento celeriter pullulabant, sed ibi se velut in ignorantia colentibus nondum plene suavem et dulcem gustum praebebant, quia tunc tantum austeritas legis delinquentes acriter corripiebat; postmodum autem per gratiam Dei in nova lege plurimum fructum proferentes, fortem et perfectum cibum et in amore coelestium esurientibus cum summa dulcedine exhibebant, cum prius, ut dictum est, quaedam occulta ostensio et signum futurorum essent, secundum quod etiam spectaculum hoc cum appositionibus suis demonstrat. Nam haec turris quam vides quasi in medio longitudinis praedictae lucidae partis muri designati aedificii stantem, habet typum praecursus voluntatis Dei, quae in circumcisione multis modis et diversis significationibus manifestata est : ita quod Deus in signum ejusdem circumcisionis demonstravit legem, et per legem gratiam Evangelii; quoniam fide propalata in fideli Abraham : surrexit in ipso etiam circumcisio in mysterio verae praefigurationis; quia per divinam potentiam instruxerunt se fortes virtutes incipientes in Abraham quasi in medio longitudinis speculativae scientiae duarum humanae optionis viarum sub munitione firmissimae bonitatis superni Patris, cum postmodum apertae futurae erant per voluntatem Dei, illud in figura praesignantes quod Deus facere voluit priusquam hoc manifeste ostenderet in opere. Quae ferrei coloris est, ipsique muro exterius imposita, quae est justitia Dei fortis et invincibilis, se in ipsa speculativa scientia quasi exterius ostendens per circumcisionem quae se foris carnaliter formavit posita cum beatis virtutibus in spiritualibus spiritualis muri, quem constituit Deus in hominibus. Et eadem turris est latitudinis quatuor cubitorum, quia per voluntatem Dei ipsae virtutes operantur in homine, posito sub extensione quatuor elementorum, cum quibus vegetatur corporaliter in corpore, et altitudinis septem cubitorum; quia in altitudine septem donorum Spiritus sancti tanta firmitas est, ut se ipsa turris ita erigeret, quod ex ea prodiret Ecclesia in incarnatione Filii mei, praefigurata in circumcisione Veteris Testamenti.

Quod autem conspicis in ea quinque imagines singulariter stantes, in singulo quoque arcu desuper quasi turritum conum habentes, hoc est quod in turri hac, id est in fortitudine circumcisionis pendebant quinque fortes virtutes, non quod ulla virtus sit vivens forma in seipsa, sed solummodo praelucida sphaera a Deo fulgens in opem hominis; quia homo perficitur cum virtutibus, quoniam ipsae sunt opus operantis hominis in Deo. Unde ipsae quinque virtutes ad similitudinem quinque sensuum hominis in hac turri positae sunt; quia multo zelo tangebant circumcisionem, abscindentes ab ea iniquitatem, ut quinque sensus hominis, in Ecclesia circumciduntur per sacratissimum baptisma, sed tamen in hominibus non operantes per seipsas; quia homo cum illis operatur, et ipse cum homine, sicut etiam quinque sensus hominis non operantur per se, sed homo cum illis et ipsi cum homine, ita invicem fructum facientes. Et sunt singulariter; maximo studio desudantes in singulari scilicet statura magisterii turritum apicem habente, id est praecellentem et bene compositam dignitatem validissimae constantiae. Et prima imago respicit ad orientem, quia virtus illa prospexit ad Filium Dei planctu amoris, ut quandoque veniret, hoc aperte loquens de aeterna vita quam circumcisio habuit in absconco. Secunda autem imago videt ad aquilonem; quoniam ipsa consideravit partem orientis et partem aquilonis, in magna disciplina aspiciens ad Deum quasi ad orientem, dedignando inconvenientiam indisciplinatæ lasciviæ, scilicet quod Deus non habeatur in veneratione, despiciendoque quod lex Dei d'gne non habeatur in populo illo, quasi in aquilone. Tertia vero tendit ad septentrionem; quia fortissime illa prosternit superfluam fornicationem, despiciendo eam, et seipsam ab illa protegendo legali institutione. Quarta autem imago vertitur ad columnam verbi Dei, in cujus radice Abraham patriarcha residet; quoniam ipsa versa fuit adhærens in incarnatione Filii Dei, quam velut in fundamento Abraham tetigit, cum præsignificatione miræ profunditatis, ariete pendente in spinis. Quinta vero respicit ad turrim Ecclesiæ, et ad illos homines qui in ipso ædificio huc et illuc discurrunt; quia illa erexit se victoriose destruere omnem injustitiam quæ orta est in Adam, respiciens ad fortitudinem catholicæ Ecclesiæ, ut victoriose et sine intermissione pugnet contra vitia diaboli, et ad homines qui in ea diversa varietate morum discurrunt, ostendens eis in pertimescendo zelo Dei ut oves justitiæ esse perseverent.

Quod autem similitudo una est in eis: hoc est quod pari devotione Deum colunt in operibus hominum; nam singulæ earum vestitæ sunt solummodo quasi singulis vestibus sericinis, quia unaquæque earumdem virtutum, habet in se dulcedinem et suavitatem quibus nullatenus gravant nec constringunt homines; sed ut suaviter balsamum sudat de frutice suo: sic molliter operantur dulcedinem coelestis regni in humanis mentibus sine sorde et duritia injustitiæ. Et sunt calceatæ calceamentis albis, quoniam recte sequuntur justitiam meam in albedine coelestis regni, transeundo subjectionem diaboli, et omnino conculcantes vestigia ejus in hominibus. Sed quinta virtus ex omni parte armata videtur; quia ipsa prospicit ad Ecclesiam, in qua fortissimæ pugnæ adversus diabolica vitia perficiuntur, extendens in ea ubique victoriam suam, cum pretiosissima armatura quæ est invictissima fortitudo Dei, quæ pertranseundo occidit omnem injustitiam in confusione diabolicæ fraudis. Quod vero secunda et tertia sunt nudo capite dissoluta coma et alba: hoc est quod nullum supplicium laboris, nec onus divitiarum aut concupiscentiæ sibi imponunt pro amore meo; sed nudo capite, id est aperta conscientia sua, aperiunt mihi omne occultum suum, ardentes semper in dilectione mea, cum omnem confusionem et lasciviam concupiscentiæ carnis a se abjiciunt; hoc incipientes in albis crinibus quod est claritas mentis, bona opera desiderantis. Et carent amictu palliorum; quoniam a se projiciunt mores paganorum, cum impudicitia et spurcitia diaboli et cum omnibus curis sæcularibus; quia *sapientia hujus mundi, stultitia est apud Deum* (*I Cor.* 3). Prima quoque et tertia ac quarta indutæ sunt tunicis albis; quod est apprehensio innocentiæ præfigurantis incarnationem Filii Dei mei cum suavitate castitatis, qui morti subtraxit hominem, induens eum vita in salvatione. Quod autem dissimilitudo est eis: hoc est quod vis earum vicissim est in dono Spiritus sancti, cum virtus hæc habet hoc instrumentum animæ, et virtus alia aliud, unum tamen studium existentes in Deo: ita quod coelestis Jerusalem perfecte construatur cum eis; quia ipsæ sunt opus quod homines operantur: per quod ad Deum perveniunt.

Unde hæc prima imago designat coelestem amorem, quia ipse præ animi cura inesse debet hominibus; gestans in capite suo pontificalem infulam, sparsis capillis et albis, quia valde coronata est in summo sacerdote Jesu Christo, et in summis sacerdotibus Veteris Testamenti, et in illis qui eidem Filii Dei dixerunt: Utinam disrumperes coelos et descenderes; stans denudatis capillis sine muliebri velamine capitis in albedine apparentibus: præfigurans in eis quod sacerdotale officium denudandum esset conjugali officio in adventu Filii mei, ipsius qui imitandus est a sacerdotibus suis in castitate propter salvationem; quia ipsi perfectissimo coelesti amore sic semper adhærere debent: ut excutiant pravos mores hominum, a contagione peccati: clara et candida pars existentes in spirituali dono Dei. Quæ etiam induta est quasi pallio albo, inferius in duabus oris ipsius purpura contexto; hoc est quod eam circumdedit gratia Dei in albedine lenitatis, subnixa et ornata in finibus protectionum suarum cum decoris ornamentis charitatis; quia comprehensio divinæ gratiæ inesse debet termino uniuscujusque boni operis, constans in duabus partibus videlicet in virtute dilectionis Dei et hominis. Quod vero in dextera sua habet lilia et alios flores, hoc est quod in bono opere habet candida præmia liliorum æternæ vitæ et claritatem æterni luminis, et alios sanctitatis flosculos qui sunt sodales sui, qui se illi conjungunt coelesti amore. Sed quod in sinistra sua gestat palmam, hoc est quod ipsa in recordatione mortis habet palmam ascendentem de occulto beatæ virtutis, cum qua mortem quasi torrentibus lapidibus obruit, ut etiam declarat in verbis suis ad filios Dei, ut supra dictum est.

Secunda autem, prætendit disciplinam; quoniam post ardentem coelestis vitæ amorem oritur constrictio carnalium concupiscentiarum in disciplina magnæ contritionis. Quæ induta est purpurea tunica; quia circumdata est lege mea et mortificatione carnis in hominibus, quod est exemplum Filii mei in purpureo indumento: ut idem Filius meus ex purissima Virgine natus est in charitate, quæ omnimodo operata est in ipso. Constat enim ut adolescens qui nondum est ad plenum virilis ætatis, sed tamen magnæ gravitatis; quoniam disciplina semper est in puerili timore, ut puer est in constrictione timens magistrum suum sub magistratione. Unde et ego omnipotens, semper magister sum disciplinæ, quia ipsa erga me est quasi non virilis; quoniam non vult esse potens in officio propriæ voluntatis suæ, sed semper fideliter timere in magna districtione reverentiæ, sicut etiam manifestissime ostendit in supradictis verbis suis.

Tertia vero declarat verecundiam : quoniam post disciplinam surgit pudor verecundiæ, a se fugans confusionem peccati. Quapropter tegit etiam faciem suam alba manica dextræ manus suæ; quia protegit interiorem conscientiam suam quasi faciem animæ, fugiens a fornicatione et a pollutione diabolica, se defendens candida veste innocentiæ et castitatis, eam habens in dextera, quod est in salvatione operis sui; quoniam ipsi potenter adhærent contemptus omnis spurcitiæ Satanæ, quam omnimodo abjicit a se, ut etiam declarat in prædictis verbis suis monitionis suæ.

Quarta autem significat misericordiam ; quia post verecundiam elevat se ad egentes virtus misericordiæ, quia etiam in corde æterni Patris est vera misericordia gratiæ ejus quoniam ipse per eam hoc ordinavit in antiquo consilio suo quod primum ostendit misericorditer Abraham in circumcisione, educens eum de terra ejus et præcipiens ei ut circumcideretur ipse et genus suum, quando illi demonstravit magna mirabilia in vera Trinitate, per quæ et Filium suum prænuntiaverat in figura, quod totum est illa misericordia quam idem Abraham præsignavit offerens Isaac. Et est velato capite ex albo velamine capitis more muliebri; quod est tegmen et initium salvationis, quasi caput miserantis perditas animas de exsilio mortis reducentis sub candore pii velaminis ; quoniam albas facit animas et hominem fulgentem ; dum coopertus fuerit cum misericordia a Deo, quia illis hominibus qui Deum in indignatione habent, dum adhuc in peccatis sunt, his fulget post illatam eis cœlitus misericordiam, ut radius solis in blanda suavitate, quoniam misericordia in muliebri persona fecundissima mater est animarum de perditione. Nam ut mulier operit caput suum, ita deprimit misericordia mortem animarum, et sicut mulier suavior est viro, sic et misericordia suavior vesana insania criminum in insania peccatoris priusquam cor ejus visitetur a Deo : sicut et eadem virtus in muliebri forma apparet, quoniam in feminea castitate clausa virginea materia surrexit in ventre Mariæ suavissima misericordia, quæ semper erat obumbrata in Patre, donec Pater eam visibilem ostendit per Spiritum sanctum in utero Virginis. Et circumamicta est pallio crocei coloris; quia circumdata est splendidissimo sole quod est signum Filii mei fulgentis de cœlo in mundum, sicut solis splendor in terram. Quoniam idem Filius meus verus est sol illuminans mundum cum sanctificatione Ecclesiæ. Quod vero in pectore suo habet imaginem ipsius Unigeniti mei: hoc est quod in pectus misericordiæ inclinavi eumdem Filium meum, dum cum misi in uterum Mariæ virginis. Unde et circa eam in pectore virtutis ejus scriptum est : *Per viscera misericordiæ Dei nostri, in quibus visitavit nos Oriens ex alto*

(*Luc.* 1). Quid hoc? Quia ubique in circumeunte potestate mea demonstratur in secreto scientiæ pectoris misericordiæ : quod Filius meus vera misericordia est. Quomodo? ut prædictum est in verbis Zachariæ servi mei in Evangelio dicentis : *Per viscera misericordiæ Dei nostri in quibus visitavit nos Oriens ex alto*. Hoc tale est : Per viscera paternæ misericordiæ salvatio est, qui absconsum in corde Patris erat, ut viscera manent in homine : quod Filius ejus in fine temporum incarnaretur ubi visitavit Deus homines. Quomodo? Cœlesti scilicet pane qui Filius ejus est natus in carne ex Maria virgine, qui veniens ex alto, id est de corde Patris exiens, præbuit maximam quærentibus se misericordiam, sicut etiam ipsa virtus in supradictis verbis suis filios Dei alloquitur.

Quinta vero imago præfigurat victoriam : quoniam post misericordiam quam ostendi in circumcisione Filium meum volens mittere in mundum, erexit se victoria in eadem circumcisione, ita procedens cum majore virtute usque ad Filium meum, atque cum ipso in novissimum diem. Nam in Filio meo superavi antiquum serpentem ; qui super caput suum extulit se, humanum genus rapiens per mille nequitias quibus illud comprehendit quasi in catena sua, quia illas nequitias Unigenitus meus devicit per omnia bellicosa arma quæ surrexerunt in incarnatione ejus qui est flos omnium virtutum. Quid hoc? Post misericordiam surgit victoria cum seipsum homo devicit et aliena vitia. Quomodo? In prædictis vitiis quinque virtutibus: primus est amor cœlestis, scilicet in hoc quod homo scit et agnoscit Deum, diligens eum super omnia. Deinde causa illius fidei ligatur idem homo in legem disciplinæ ; de qua ipse compescit crimina peccandi per bonam et rectam verecundiam. In his ergo tribus viribus justificabitur homo in corde suo : sic inspiciens aliam rem quæ est angustia proximi sui quem procurabit in omnibus necessitatibus ejus ut se. Unde et mox surgit homo fortissimus miles cum his tribus viribus in quibus perfectus est in mente sua imitando in misericordia Filium meum verum Samaritanum sic in victoria pertransiens vires diaboli cum armis victoriosissimarum virtutum, cum seipsum vincit et proximum suum regit, in ipsis virtutibus occidens omne malum, abjiciendo videlicet superbiam quæ Adam expulit de paradiso. Et eadem virtus armata est galea supposita capiti suo; quia homo pleno cœlesti desiderio ad Deum qui est caput omnium suspirare debet ut salutem consequatur æternam. Induta est quoque lorica, ut homo resistat diabolo constringens injustam voluntatem carnalium desideriorum suorum, in vero timore et cum justo tremore subjectus Deo, fideliter metuens districtum judicium ejus ut per me commonitus dicit David: *Illuxerunt coruscationes tuæ orbi terræ : commota est et contremuit terra* (*Psal.* LXXVI). Hoc tale est : Effulserunt mirabilia et secreta tua, o Domine cunctorum ; et mirifice apparuerunt.

Quomodo? Ut coruscatio quæ ex parte videtur et ex parte occultatur; quoniam mysteria tua nunc intelliguntur, nunc autem nesciuntur; nam non est gens diffusa in latitudine totius orbis qui in tua voluntate mirabiliter creatus est; quin ad eam nomen gloriæ tuæ et potentia majestatis tuæ diversis modis et admirandis signis mirifice pervenerit, etiam si eam lumen fidei et veritatis nedum perfecte ad salutem sui illustraverit. Quapropter homo in magnis suspiriis commotus avertit se a voluntate sua, deseritque concupiscentias suas, tremendo videlicet supernum judicium; quia ipse prius in terrenis actibus ambulans sui ipsius imprudenter oblitus erat, cum nunc sapienter redit ad se. Est etiam præfata virtus induta ocreis ut, recta via sibi denuntiata, effugiat itinera mortis per castigationem corporalem. Induta est et ferreis chirothecis, quatenus effugiat opera diaboli per circumcisionem mentis, et per rectissimam fidem, ita ut in Deum credat: sic evadens laqueos truculentissimi inimici. Habet etiam in sinistra sua clypeum ab humeris pendentem; quoniam in sinistra parte quæ est diabolica pugna contra hominem, circumdata ex gratia fortissimorum præceptorum Dei, quibus homo tanta Fidei fortitudine circumdetur et defendatur, ne diabolus eum corrumpat suasionibus suis, et ne ipse homo se subjiciat vitiis illius protectione Dei, ab humeris circumdatus; quoniam gratia Dei adhæret rectæ fortitudini animæ ad Deum in ligatura dilectionis Dei et proximi. Et accincta est gladio; qua homo debet se constringere castigatione corporis, in austeritate sermonis Dei; et a se et ab aliis abscindens iniquitatem. Hastam quoque manu dextera tenet; quod est ut homo cum fiducia sit audax in Deo superare omnem sapientiam diaboli; hoc faciens cum fortissima pace Domini quæ vera justitia est contra nequissimum certamen diaboli et hominis; quod difficile debellari potest nisi adjutorio Dei. Quod autem sub pedibus ejus jacet quasi leo hians ore, hoc est diabolus quem victoria pedibus recti itineris vitæ et veritatis prostravit, cum idem Satanas acerrima et amarissima crudelitate hians deglutiret genus humanum. Lingua vero extensa ex ore ejus, est existimatio ipsius qua terribili iniquitate putabat omne genus hominum ab Adam procreatum omnino devorare. Et quod etiam sub pedibus ejus jacent velut quidam homines : hi sunt sub agilitate ejus torpentes fistulæ diaboli, quæ se flectunt ad initium omnis mali, quas ipsa protexit in zelo Dei recte procedens in justitia; quia eædem perversæ machinationes in diversis moribus se subdunt diabolo illi famulantes. Quorum alii tubis resonant; quoniam bacchantur sonitu omnium malorum, et insaniunt elati flagrante mente odio habentes justitiam Dei, genus scilicet super genus hoc facientes in magna superbia. Et alii quibusdam instrumentis ludicris jocunditer concrepant; qua fallaces sunt in illusionibus phantasticis ad diabolum pertinentibus, et quoniam pertinaces sunt in tortuosa lascivia elationis invidentis disciplinæ Dei. Alii quoque diversis ludis ludunt; quoniam versantur in diversitate et spurcitia vitiorum, quæ secundum libitum voluntatis suæ excogitantes in seipsis per insidias diabolicas adimplent. Et hos omnes eadem imago simul et ipsum leonem pedibus suis conculcat; qua nimio zelo omnes has vanitates artium propellit et suasiones Satanæ conterit in justitia Dei. Sed et hasta quam dextera tenet eos acriter transfodit; quoniam per fiduciam et audaciam ad Deum fortissime transfigit superando et vulnerando in doloribus omnes has immunditias, quia a Deo deluduntur et ad nihilum deputantur; ut ipsa etiam in prædictis verbis admonitionis suæ demonstrat.

Sed quod intra ipsum ædificium vides duas alias imagines versus hanc eamdem turrim stantes, hoc est quod intra opus illud quod cœlestis Pater operatus est per Filium suum, palam cum ostendens in aperto opere quo in circumcisione ostensus est, in obumbratione duæ virtutes surrexerunt quod est exemplum Christi in una et sequi vestigia ejus, in altera obviam præcursui voluntatis Dei maxima fortitudine et reverentia apparentes; quia in seipsis declarant fructum qui præfiguratus est in circumcisione. Et prior earum apparet stans supra pavimentum ipsius ædificii quasi in arcu igneo splendoris diversis imaginibus malignorum spirituum interius depicto, et contra prædictam turrim posito; quia eadem virtus perficitur in terrenis rebus eas conculcando in bonitate Patris, cum diligenter pertransit desideria carnis in exemplo Filii Dei. Quomodo? Quia in multa tolerantia pertransit adversa mundi fortiter examinata et excribrata in arcu, id est in excellentia sæcularis potestatis, quæ ignea est in terrore detrahentis superbiæ quam diabolica turba subsequitur : interiora animæ sæcularium desideria carnalia diligentium attrahens suæ voluntati, cum etiam idem arcus per terrenam potentiam in multis modis interdum opponat se justitiæ; repugnans vero testamento quod ædificatum est in Deo, quæ tamen omnia superat victrix virtus per adjutorium Dei in bonis hominibus quamvis multum impugnentur et fatigentur ab insidiis malignorum. Altera vero ipsi arcui exterius tantum collateralis in nullo arcu consistit; quoniam cum prior virtus tumidam potestatem patienter devincit quæ ipsi multas pœnas intulit, procedit virtus hæc foris eamdem potentiam, quia de pœnis quas illa pertulit, hæc quasi extra eamdem potestatem orta est rabiem ejus effugiens; sed tandem juxta eam, quod est recordatio ærumnarum unde originem duxit; sine depressione arcus consistens, quoniam libera est a potestate hujus sæculi, palam crucem Christi bajulans. Quod autem ambæ interdum ad præfatam turrim aspiciunt, hoc est quod ipsæ sunt plenum opus præfiguratum in præcursu voluntatis Dei, in circumcisione Veteris Testamenti, considerantes initium radicis suæ; majores tamen eodem initio suo quod in circumcisione habuerunt existentes, quia fulgens opus præ ceilit inceptionem doctrinæ, interdum etiam aspicientes ad homines idem ædificium intrantes et exeuntes; quod est admonitio earum in Spiritu sancto ad populos qui ad Deum in via legis justitiæ ambulant, et ad illos qui sunt in criminibus diaboli volentes recedere de via justa, unde exhortantur ab eis, ut eas in bono imitentur.

Vestitæ sunt etiam ipsæ sericinis vestibus, quia habent suavitatem illam, ut homo non gravetur in indignatione laboris persecutionum. Et sunt velatæ in ligatura capitis albo velamine more femineo, quoniam justum est ut homo subjectus sit Deo capiti suo, ipsum menti suæ jugiter circumponens in candore dilectionis, ita ut eum in gaudio et lætitia amplectatur, sicut mulier virum suum habet in honore timoris et amoris, ut constituit Deus. Sed non sunt circumamictæ palliis, quia carent omni sollicitudine sæculari, se tantum declinantes post illa quæ sunt æterna in Deo in vita futura. Indutæ sunt autem calceamentis albis; quoniam lucent in itineribus justitiæ per albedinem fidei in mentibus hominum, ut et ipsi sequantur vestigia exempli earum.

Prior autem imago designat patientiam, quia illa surrexit in cornu Abrahæ, quod est in inceptione obediendi cum obediendo Deo in circumcisione primum sonum obedientiæ post casum Adæ significaverit præcurrentem operantem obedientiam in vero verbo, quod est in Filio Dei, ut sonus verbum præcurrit, in septentrionali parte, videlicet opposita nequitiis et inquietudini antiqui serpentis. Et habent in capite suo quasi triangularem coronam rubentem, ut rubeus hyacynthus rubet in colore suo, quoniam in principio mentis fidelium hominum per fidem sanctæ Trinitatis valde coronata est, qui carnem suam contemnentes pro amore Dei et vera fide sanguinem suum fundere non dubitant, quia et Filius Dei apparens in carne, mortem devicit cum rubore sanguinis sui per quem Ecclesia decorata est, quasi cum nobili rubente hyacintho in decore suo. Induta est quoque tunica alba cujus implicamenta sunt viridi colore ubique distincta, quia sibi induit vestimentum operis Dei in albedine perpetui luminis ornatum, scilicet in implicamentis suis, quæ sunt ærumnæ et gemitus dicentis: O quando veniam ad aspectum veri luminis? quod desiderium feliciter in præsenti vita habetur in adobumbrato exemplo, per quod decorantur ipsæ adversitates fidelium in viriditate animæ multis calamitatibus distinctæ, propter Deum in patientia hæc omnia sufferentes, ut etiam eadem virtus declarat in prædictis verbis suis.

Altera vero imago prætendit gemitum, quoniam post patientiam contrariorum, elevat se in electis meis gemitus recordationis vitæ, surgens admonitione mea, ut de corde meo Filium meum misi propter gemitum populi mei. Nam populus meus in Veteri et in Novo Testamento habebat et habet hanc recordationem mentis, quam gemitus comprehendentis in lamentabili ornamento suo, quoniam ipsa vera compunctio cordis est. Propter quod etiam stat in septentrionali plaga, ut repugnet dissolutæ immunditiæ diabolicarum insidiarum. Et induta est tunica alba, sed aliquantulum pallidi coloris, quia circumdata est bonis operibus in candore fidei; turbulentum tamen pallorem ostendentis, quoniam semper suspiria et fletus habet pro æterna felicitate. Quod autem in dextero brachio suo portat crucem cum imagine Salvatoris caput suum inclinans super illud, hoc est quod in dextera, id est in recta parte fortis operis sui amplectitur passionem Filii mei toto desiderio intentionis suæ anhelans, et se inclinans ad eum, imitando ipsum in doloribus et ærumnis, sicut etiam in supradictis verbis exhortationis suæ demonstrat. Unde etiam vides quod omnes prædictæ imagines singula verba sua per mysterium Filii Dei dicunt ad admonitionem hominum, quia in omnibus virtutibus dulcissima suavitate pietas Dei docet, exhortando mentes populorum ut dimittant malum, erigentes se ad bonum. Qui autem acutas aures interioris intellectus habet, hic in ardenti amore speculi mei ad verba hæc anhelet, et ea in conscientia animi sui conscribat.

VISIO QUARTA.

SUMMARIUM. — *Cum austeritas legis aulcorata est in incarnatione Verbi Dei: potentes se ostenderunt, et iustitia Dei palam facta est. Quod patriarchæ in mysterio signabant legem vicinam esse. Quod fortitudini Dei nulla superbia resistere potest. Quod justitia Dei metuenda est et altitudo omnes creaturas excellit. Quod Verbum Dei tria acumina incidentia habet, antiquam legem et novam gratiam et expositores divinorum librorum. De initiali cognitione divina legis et de operatione Evangelii et exquisita sapientia principalium magistrorum. Quod ab initio legis tempora patriarcharum et prophetarum, extendit Deus usque ad manifestationem Filii sui. Quod patriarchæ et prophetæ evangelicam doctrinam venerantes, de incarnatione Filii Dei admirati sunt. Quod Verbum Dei per typum præfigurationis latuit in animabus antiquorum a primo electo usque ad ultimum. Quod doctrina Filii egreditur a Patre et revertitur ad Patrem diffundens se in fructum benedictionis sic perveniens ad Ecclesiæ doctores. Quod prædicante Christo facti sunt apostoli, martyres, et alii electi. Diffuso Evangelio extensa est in hominibus sapientia divinæ Scripturæ, quæ in initio minoris studii erat, et in fine debilis refrigescente charitate multorum. Quod homo in principio boni operis debet esse timidus, in medio fortis et constans, in ultimo humilis. Quod mysteria Filii Dei in profundissimo secreto Patris in Veteri et in Novo Testamento edita, gratia sancti Spiritus declarata sunt, quando cinereo homini nonnisi in umbratione ostenditur. De scientia Dei et statu ejus quid significet. Quod angeli circa eam sunt et cur alati sunt. De iis qui dicuntur compulsæ oves. Quod Deus quosdam leniore, quosdam fortiore flagello, quosdam maxima ærumna mentis et corporis constringit. Exemplum de Pharaone, et Moyse, et Aaron ad eamdem rem. De modis castigationum et Dei consolationum vias hominum inspicientis. Verba sapientiæ Salomonis. Quare scientia Dei invisciat homines nova veste indutos.*

Et deinde ultra prædictam turrim præcursus voluntatis Dei, sed cubito uno infra angulum qui respicit ad septentrionem vidi quasi columnam calybei coloris præfatæ lucidæ parti muri ejusdem ædificii exterius appositam, valde terribilem aspectu, tantæque magnitudinis ac altitudinis ut mensuram ejus nullo modo discernere possem. Et illa columna tres angulos habebat ab imo usque ad summum quasi gladium acutos, quorum primus respiciebat ad orientem, secundus autem ad septentrionem, et tertius ad meridiem, exterius ipsi ædificio aliquantulum conjunctus. Ex angulo autem qui respiciebat ad orientem procedebant rami a radice usque ad cacumen ejus, juxta cujus radicem vidi in primo ramo Abraham sedentem, in secundo vero Moysen, in tertio Josue, ac deinde reliquos patriarchas et prophetas ita sursum singulos in singulis ramis ordinate sedentes : secundum tempus quo in hoc sæculo sibi invicem successerant, qui se omnes convertebant ad angulum ejusdem columnæ qui respiciebat ad septentrionem, admirantes ea quæ in spiritu futura viderunt in ipsa. Sed inter hos duos angulos unum scilicet vergentem ad orientem et alterum ad septentrionem, erat ante facies ipsorum patriarcharum et prophetarum illa columna ab imo usque ad summum quasi tornatilis et rotunda, plenaque rugarum, ut de arboris cortice solet germen pullulare. A secundo vero angulo respiciente ad septentrionem exivit splendor miræ claritudinis se extendens et reflectens ad angulum qui respiciebat ad meridiem. Et in illo splendore in tam magnam latitudinem se diffundente, conspexi apostolos, martyres, confessores et virgines, atque alios plurimos sanctos, in magno gaudio ambulantes. Tertius vero angulus qui respiciebat ad meridiem, erat in medio latus et extentus; in imo autem et in summitate aliquantulum gracilior et constrictus, secundum modum arcus qui extenditur ad sagittas jaciendas. In cacumine autem ipsius columnæ vidi tantam claritatem luminis ut humana lingua effari non possit; In qua apparuit columba habens in ore suo radium aurei coloris, multo fulgore columnam illam irradiantem. Cumque illuc aspicerem audivi vocem de cœlo, magno terrore me redarguentem et dicentem : Quod vides, divinum est. Ex qua voce ita contremui, ut amplius illuc aspicere non auderem. Vidi etiam tunc intra prædictum ædificium velut quamdam imaginem coram hac eadem columna super pavimentum illius ædificii stantem, et aliquando ipsam columnam, aliquando etiam homines illos qui in ipso ædificio discurrebant inspicientem; illa autem imago tanti fulgoris et claritatis erat, ut præ nimio splendore qui in ipsa lucebat, nec faciem ejus, nec

vestimenta quibus induebatur considerare valerem, excepto quod tantum ut cæteræ virtutes in forma hominis apparuit. Et circa eam conspexi pulcherrimam multitudinem, angelicam formam et alas habentem et in tanta veneratione stantem, ut et eam timerent ac diligerent. Sed ante faciem ejus vidi aliam multitudinem in humana forma, tenebrosa veste apparentem, atque in multa constrictione timoris stantem. Et prædicta imago inspoxit homines illos qui de mundo venientes in eodem ædificio nova veste induebantur, dicens unicuique eorum : Considera indumentum quod induisti, et noli oblivisci Creatoris tui qui te creavit. Cumque hæc admirarer, ille qui sedebat in throno, iterum mihi dicebat : Verbum Dei per quod omnia facta sunt, ipsum ante tempora ex corde Patris genitum, sed post in fine temporum ut veteres sancti prædixerunt ex virgine incarnatum, quamvis humanitatem assumpserit, divinitatem tamen non deseruit, sed cum Patre et Spiritu sancto unus et verus Deus existens, mundum sua dulcedine dulcoravit, ac eum suæ claritatis fulgore illustravit. Quapropter et hæc columna quam ultra prædictam turim præcursus voluntatis Dei vides, designat ineffabile mysterium Verbi Dei, quia in vero Verbo, id est in Filio Dei, impleta est omnis justitia Novi et Veteris Testamenti, quæ fideliter credentibus hominibus enucleata sunt per divinam inspirationem ad salutem ipsorum, cum idem Filius superni Patris ex suavissima Virgine incarnari dignatus est, quia postquam per præcursum voluntatis Dei in initio circumcisionis se potentes virtutes ostenderunt ; tunc etiam declaratum est in stricta justitia mysterium Verbi Dei, insinuatum videlicet per sonum patriarcharum et prophetarum, qui prædixerunt ipsum cum omni justitia manifestandum, et cum omnibus administrationibus, Deo subjectis, atque cum maxima austeritate quæ tetigit incidentem justitiam Dei, nullam injustitiam dimittentem illæsam, quin abscindat eam in legalibus præceptis.

Sed cubito uno infra angulum qui respicit ad septentrionem stantem, quod est in humano et singulari cursu præcellens vicinitas, quæ fuit de patriarchis loquentibus strictam justitiam ejusdem Verbi Dei in significationibus suis usque ad legem quasi in septentrionali parte diabolo repugnantem. Unde et calybæi coloris est præfatæ lucidæ parti muri illius ædificii exterius apposita, quia invicta ac insuperabilis est fortitudo verbi Dei, cui nullus resistere valet per inanem rebellionem aut per vilem superbiam, ita quod etiam speculativæ scientiæ per munitiones et actiones justitiæ, id est antiqui patres quasi exterius conjuncti erant : nondum infixi igni et perfecto operi se in Filio Dei erigenti, quod ipsi tantum in exteriore sono verborum suorum præmonstrabant.

Est quoque valde terribilis aspectu, quoniam justitia in verbo Dei metuenda est humanæ scientiæ in impio judicio injustorum judicum secundum se ipsos solummodo judicantium. Tantæ est etiam magnitudinis ac altitudinis, ut mensuram ejus nullo modo discernere possis, quia ipsum Verbum Filius scilicet Dei in magnitudine gloriæ suæ, et in altitudine divinitatis suæ omnes creaturas superexcellit in paterna majestate, ita ut hoc nullus hominum in corruptibili carne id ad perfectum possit considerare.

Quod autem eadem columna tres angulos habet ab imo usque ad summum instar gladii acutos, hoc est quod circuiens et volubilis in gratia fortitudo Verbi Dei quam Vetus Testamentum præsignavit in Novo declarandam manifestavit per Spiritum sanctum, tria incidentia acumina, id est antiquam legem et novam gratiam atque enucleationem fidelium doctorum in quibus factus homo quod justum est operatur, ab initio videlicet inceptionis suæ ut in imo cum bonum incipit, ita sursum tendens ad perfectum quasi ad summum cum hoc consumat; quia omne quod justum est, fuit et est, et permanet in æternum in simplicissima deitate quæ omnia penetrat, ita quod nulla potestas potest constare in malitia sua, quam vult devincere pietatis ejus gloria.

Et primus angulus respicit ad orientem, qui est primus ortus inceptionis cognoscere Deum in divina lege, ante perfectum diem omnis justitiæ. Secundus autem ad septentrionem, quoniam post inceptionem bonæ et institutæ operationis, Evangelium Filii mei et alia præcepta in me Patre surrexerunt contra partem aquilonis, ubi omnis injustitia orta est. Tertius vero ad meridiem exterius ipsi ædificio aliquantulum conjunctus, qui est roboratis operibus justitiæ profunda et exquisita sapientia principalium magistrorum per calorem Spiritus sancti qui obscura in lege et prophetis apparuerunt, et qui in Evangeliis ostenderunt germen quod fructuosum fecerunt ad intelligendum, tam gentes exteriorem materiam Scripturarum in opere bonitatis Patris, et suaviter ruminantes in ea mysticam significationem.

Quod autem ex angulo qui respicit ad orientem, procedunt rami a radice usque ad cacumen ejus: hoc est quod in ortu cognitionis Dei per legem justitiæ, quasi in angulo orientali apparuerunt rami, tempore scilicet patriarcharum et prophetarum, quia illa acuta columna divinitatis, hæc omnia extendit ab initio radicis, id est bonæ inceptionis in mentibus electorum suorum usque ad cacumen ejus: quod est usque ad manifestationem Filii hominis, qui omnis justitia est. Unde etiam juxta radicem ejus vides in primo ramo Abraham sedentem, quia per omnia subeuntem divinitatem exspirabatur hoc tempus quod primitus ortum est in Abraham, cum quieta mente reliquit patriam suam obediens Deo.

In secundo vero Mosen, quoniam deinde plantatio surrexit inspiratione Dei in initio datæ legis per ipsum Mosen in præfiguratione Filii Altissimi, et in tertio Josue, quia ipse postmodum habuit spiritum hunc a Deo, ut consuetudinem legis Dei confirmaret robustiorem in præcepto divino. Ac deinde vides reliquos patriarchas et prophetas ita sursum singulos in singulis ramis ordinate sedentes, secundum tempus quo in hoc sæculo sibi invicem successerunt, quoniam in unoquoque tempore subsequentium patriarcharum et prophetarum inspiravit Deus desuper ad altitudinem præceptorum suorum uniuscujusque singulare germen, cum ipsi in diebus suis disposite et ordinate in ostensa sibi justitia quiescebant, divinæ majestati fideliter subjecti, ut in temporibus suis venientes erant.

Et hi omnes convertunt se ad angulum columnæ qui respicit ad septentrionem, admirantes ea quæ in spiritu futura vident in ipsa quia omnes admoniti spiritu, per Spiritum sanctum se verterunt et viderunt ad evangelicam doctrinam fortitudinis Filii Dei diabolo repugnantis, de incarnatione ejus loquentes, et admirantes quod ipse veniens ex corde Patris et de utero Virginis in magnis mirabilibus se ostendit in suo opere et sequentium qui ipsum in nova gratia mirabiliter imitantes caduca conculcabunt, et ad æternorum gaudia fortiter anhelabunt. Sed quod inter hos duos angulos (unum scilicet vergentem ad orientem et alterum ad septentrionem) ante faciem ipsorum patriarcharum et prophetarum est columna illa ab imo usque ad summum quasi tornatilis et rotunda, plenaque rugarum ut de arboris cortice solet germen pullulare: hoc est quod inter binas summitates, videlicet inter manifestam cognitionem meam et subsequentem doctrinam Filii mei, latuit per typum præfigurationis in animabus antiquorum patrum in legibus meis commorantium, unicum Verbum qui est Filius meus a primo electo usque ad ultimum sanctum; in mystica coronatura circumornatus, quia ipse omnia instrumenta sua bene composuit ac limavit, scilicet per nobilem gratiam omnibus se pium manifestans, ut præfigurabatur in rugis circumcisionis, quæ fuit umbra futurorum in appositis significationibus per austeritatem legis in se habentis rectissimum germen latens, summæ et sanctissimæ incarnationis. Quod vero a secundo angulo respiciente ad septentrionem exit splendor miræ claritatis se extendens ac reflectens ad angulum qui respicit ad meridiem, hoc est quod ab altero, Novo scilicet Testamento diabolo opposito, exeunt verba Filii mei quæ egrediuntur de me et revertuntur ad me; quia micante sole in carne, qui est Filius meus, fulget lumen sancti Evangelii in prædicatione ejus, ab ipso et a discipulis ejus se diffundens in fructum benedictionis; et se retorquens in fontem salvationis, sic perveniens usque ad rectores, videlicet ad profundos scrutatores verborum Veteris et Novi Testamenti, ostendentes quod sapientia erecta est in ipso sole mundum illustrante, qui in suo latere valde ardet, velut meridies in electis suis.

Et in eodem splendore in tam magnam latitudinem se diffundente, conspicis apostolos, martyres, confessores, virgines atque alios plurimos sanctos in magno gaudio deambulantes; quia in perspicuo lumine, dum Filius meus fuit prædicans et dilatans lumen veritatis, facti sunt apostoli administratores veri luminis, et martyres robusti milites sanguinem suum fideliter fundentes et confessores officiosi post Filium meum, ac virgines supernum germen sequentes, atque alii electi mei lætantes in fonte lætitiæ et in fonte salutis, dum Spiritus sanctus eos perfundit, ita ut sint flagrantes et manantes de virtute in virtutem. Sed quod tertius angulus qui respicit ad meridiem est in medio latus et extentus, in imo autem et in summitate aliquantulum gracilior et constrictus secundum modum arcus qui extenditur ad sagittas jaciendas, hoc est diffuso Evangelio ardens in fervore Spiritus sancti, illa sapientia sanctorum, quam in profunditate quærebant, ut per eam reperirent typicum germen profunditatis, scilicet quod eis esset intelligendum in verbo Dei; ipsa immediata, videlicet lata, quia confortata et roborata fide in populo Christiano, quasi in medio erat latus sensus exiens de animabus sanctorum doctorum, qui profundam asperitatem Scripturarum scrutantes, protulerunt eam in scientiam multorum qui ab eis discebant, ita quod dilatabant sensum suum in extensione sapientiæ et scientiæ divinæ Scripturæ, quæ in initio quasi in imo ecclesiasticæ institutionis erat adhuc gracilioris et minoris studii, quia populi nondum eam amplectebantur tali amore, ut postmodum fecerunt, cum etiam in fine sæculi ut in summitate ejus, refrigescent studia multorum, ita quod eis divina scientia non erit amabilis in amore operis, sed abscondent sibi ipsis conscientiam suam, quasi non sit eis mutandum bonum in opere, illud tantum exterius ut in somno cognoscentes.

Et ideo est iste angulus in medio sui latissimus in asperitate, quoniam aspera opera cultus Dei denudata ab obumbratione Veteris Testamenti, erant a constrictiore initio suo se protendentes, quasi ad medium sui, quæ sunt fortissimæ virtutes in altiori studio, cum populus velocior fuit, contra iniquitatem diabolum scilicet in verbis quæ Dei sunt, et ejicere atque conculcare omnia vitia ejus cum magna austeritate justitiæ Dei, ipse tamen sic tandem descendens, in oblivione sui, et constrictior existens in fervore Spiritus sancti circa finem mundi; ita videlicet extensus ut cum nervo lignum extenditur ad bellum, quia in anima et corpore se homo debet erigere contra vitia, ex utraque parte sui constrictior et in medio largior, ut in primo et in ultimo opere suo circumspectus sit magno timore et humilitate et in medio fortis ac constans emittere jacula bonorum operum per donum Spiritus sancti adversus insidias diaboli. Nam in inceptione boni est homo gracilioris virtutis, in prosecutione autem operationis suæ cum bonum operatur, est robustioris fortitudinis, quoniam Spiritus sanctus eum pertransivit infusione sua, in qua tamen operante virtute frequens esse non potest. Unde iterum constrictioris erit virtutis, quasi in fine operis per fragilitatem carnis suæ. Sic semper extendi debet arcus se munientis contra vitia diabolica.

Quod autem in cacumine ejusdem columnæ vides tantam claritatem luminis ut humana lingua effari non possit, hoc est quod cœlestis Pater in altissimo et in profundissimo secreto suo edidit mysteria Filii sui, qui in eodem Patre suo fulget clarissima coruscatione, in qua prolata est omnis justitia, et in legali propositione et in Novo Testamento quod est maxima claritas lucentis sapientiæ, ita ut non sit possibile ulli terreno homini hoc aliquo sermone proferre, dum est in corruptibili carne. Et in eadem claritate apparens columba habens in ore suo radium aurei coloris multo fulgore columnam illam irradiantem, est in coruscatione luminis Filii Dei in corde Patris fulgentis, igneus Spiritus sanctus, per quem declarata sunt mysteria ipsius altissimi Filii Dei ex summa altitudine venientis pro redemptione populi, ab antiquo serpente seducti. Unde et idem Spiritus sanctus inspirans omnia legalia præcepta et nova testimonia, dans videlicet legem claritatis mysterii sui ante incarnationem Domini, atque in eadem claritate virtutem suam ostendens in incarnationem ejusdem Filii Dei; habet in profundissima inspiratione sua aureum splendorem, scilicet eximiam et excellentissimam illuminationem unctionis suæ multa et magna perfusione mystica, secreta ipsius Unigeniti Dei antiquis præconibus, ut dictum est, aperiens, qui Dei Filium typice ostendebant, et valde mirabatur ineffabiliter exeuntem a Patre, et mirabiliter surgentem in aurora perpetuæ Virginis, fortiter etiam exurens textum Veteris Testamenti et Evangelii in spirituale germen, in quo omnis justitia erecta est. Ideoque propter immensam vim divinitatis, non est tibi possibile intueri divinam claritatem, quæ a nullo mortali homine poterit videri, nisi ut eam ostendo in obumbratione, cui volo. Quapropter et tu cave ne præsumas temere intendere in id quod divinum est, sicut etiam tremor qui te apprehendit tibi demonstrat.

Sed quod vides intra prædictum ædificium veluti quamdam imaginem coram hac columna super pavimentum ipsius ædificii stantem, hoc est quod intra opus Dei Patris, se virtus hæc ostendit declarans mysterium Verbi Dei, quia ipsa aperuit omnem justitiam in civitate Omnipotentis in populo, scilicet Veteris et Novi Testamenti, super pavimentum, id est super cuncta terrena in opere ejusdem pii Patris stans, quoniam omnia terrestria sicut et cœlestia in ejus sunt providentia. Quod autem aliquando ipsam columnam aliquando etiam homines illos qui in ipso ædificio discurrunt inspicit, hoc est quod et secretum suum quod protulit vis divinitatis

Verbo Dei considerat, et etiam homines qui in bonitate Patris operantur perspiciens, qui se tangunt vel non tangunt in opere, quia novit qualitatem uniuscujusque secundum studium ejus. Eadem autem imago declarat scientiam Dei; quia illa prævidet omnes homines et omnia quæ in cœlo et in terra sunt, tanti fulgoris et claritatis existens ut præ nimio splendore qui in ipsa lucet, nec faciem ejus nec vestimenta quibus induitur considerare valeas; quoniam ipsa terribilis est in terrore ut fulgur minantis, et lenis in bonitate ut splendor solis: ita quod in terrore et in lenitate sua incomprehensibilis est hominibus, per terribilem fulgorem, divinitatem quasi per faciem ejus, et per claritatem quam habet in se ipsa quasi vestimenta decoris sui, quomodo etiam nec sol considerari potest in ardente facie sua nec in decoro vestitu radiorum suorum. Ipsa est enim apud omnia et in omnibus, ac tantæ pulchritudinis in secreto suo; ut a nullo homine sciri possit quanta suavitate toleret homines, et quomodo parcat eis in perspicabili misericordia; quousque durissimus lapis amplius perforari non possit in imperforabili duritia sua, qui est durus et incorrigibilis homo, qui nullatenus vult declinare a malo suo. Sed tamen ut cæteræ virtutes, in forma apparet hominis; quia Deus in virtute bonitatis suæ fecit hominem, rationalitate et scientia ac intellectu profundissimæ adornatum, ut eum intima dilectione diligens et maxima devotione colens spernat figmenta dæmoniorum; eum præcipue amans, qui illi tantum et talem dedit honorem.

Quod vero circa eamdem imaginem conspicis pulcherrimam multitudinem, angelicam formam et alas habentem, et in tanta veneratione stantem ut eam timeant ac diligant: hoc est quod ubique scientiam Dei beati et excellentes spiritus in angelica ministratione, per inexplicabilem et purissimam laudem colunt, quod tam digne non potest homo adimplere, cum adhuc in mortali corpore est; ipsi Deum amplectentes in ardore suo, quia lux vivens sunt, et elati: non quod alas habeant ut alia volatilis creatura, sed quod flagrant in sphæris suis per virtutem Dei, quasi pennati sint. Unde venerantur me Deum verum, persistentes in recto timore et in vera subjectione, scientes judicia mea, atque ardentes in amore meo, quia faciem meam semper aspiciunt, nihil aliud desiderantes neque volentes nisi quod vident placere perspicacibus oculis meis.

Sed quod ante faciem ejus vides aliam multitudinem in humana forma et tenebrosa veste apparentem, atque in multa constrictione timoris stantem, hi sunt in scientia Dei homines existentes. Quomodo? Homo est in conspectu Dei in magno honore, quem prævidet ad se pertinere, illo abjecto qui magis in perditione contendit perdurare quam in Deo esse. Sed homines illi, [quos vides in hac multitudine, dicuntur compulsæ oves, humanam speciem habentes, propter opera hominum, et umbrosum vestitum, quod est dubitatio in operibus peccatorum; in districtione tamen timoris metuente, judicium Dei. Ideo autem compulsæ oves nominantur quoniam multis modis compello eos ut ad vitam perveniant per sanguinem Filii mei ereptos a morte. Unde et compulsæ oves homines sunt illi, qui per multas tribulationes et ærumnas contra voluntatem suam compelluntur a me, ut relinquant iniquitatem suam quam per voluntatem propriæ carnis, et per florem juventutis suæ tandiu libentissime adimplerent quandiu sæculo adhærerent, sic volentes permanere in ardore libidinis usque dum eos desereret ignis carnis per frigus ætatis suæ; quos tamen omnes diversis modis constringo, secundum quod in eis video, ut cessent a peccatis suis.

Nam quosdam eorum in quibus sæculum tam forti desiderio non ardet non constringo fortiori flagello sed leniori; quia non video in eis tantam amaritudinem quantam in aliis, quoniam cum sentiunt correptionem meam, mox relinquunt in festinatione voluntatem suam, et veniunt ad me, pompis sæcularibus renuntiantes. Quosdam autem fortiori verbere corripio, quoniam tam ardentes et tam pervicaces sunt in peccatis ex vitio carnis suæ, ut nisi fortiter per me coarctarentur, non essent apti regno meo. Scientia mea prævidet et cognoscit eos, ac constringit illos secundum superfluitatem corporis ipsorum. Et iterum quosdam in maxima et fortissima ærumna ac miseria mentis et corporis eorum supero; quia tam rebelles, tamque superflui in opere carnalis voluptatis sunt, ut si non constringerentur, gravissima calamitate, non cessarent a criminibus per petulantiam suæ carnis, quia dum essent in prosperitate suæ voluntatis, se non converterent ad Deum, quoniam unde unus per pusillanimitatem mentis suæ omnino cadit in desperationem: inde alius jocatur per stoliditatem superbiæ suæ, atque per quod ipse omnino conculcatur in desperatione; per hoc ille vix constringitur in plenitudine animi sui. Hoc modo coerceo pertinentes ad me cum mihi repugnant in operibus suis; ut quia eos novi, saltem per calamitates tam corporis quam spiritus quas patiantur ad me pervenire compellantur, quatenus ipsi salventur, ut etiam Pharao Israeliticam plebem a terra sua perterritus, tandem discedere compulit, sicut scriptum est: *Vocatisque Pharao Mose et Aaron nocte ait: Surgite, egredimini a populo meo, et vos et filii Israel. Ite et immolate Domino, sicut dicitis. Oves vestras et armenta assumite, ut petieratis, et abeuntes benedicite mihi* (Exod. XII). Hoc tale est: Onerosa et gravissima crimina quæ adhærent huic sæculo in multis ærumnis ac miseriis, gravant supermodum multos homines, in cordibus suis dicentibus: Heu, heu! quo fugiemus? Et tunc cædem ærumnæ rixando illos expellunt a se: ita quod etiam ipsi homines festinant ab eis recedere, quia in seipsis arescunt in corpore suo de gravedine flagelli manus Dei, non valentes cum gaudio vivere in voluptate sæculi, quoniam Deus requirit eos: quod est vocatio justorum per diversas calamitates in tenebrosis operibus noctis peccatorum. Unde Pharao vitia, scilicet diabolica vocant in clamore ærumnarum et miseriarum Mosen, id est homines illos quos Deus constringit fortissimis doloribus sive spiritualibus sive corporalibus, et Aaron, eos videlicet quos coercet levioribus adversitatibus in nocturno tempore malorum operum convocatos, ipsis vitiis in oppressione voluptatis hominum dicentibus: Surgite de carnali consuetudine vestra et egredimini de veteri habitatione quam nobiscum habuistis separantes vos a communi populo quem possidemus, cum nos colit, et subtrahentes a sæcularibus negotiis quibus libenter adhæremus, vos qui exterriti estis in nobis cum in captura nostra fuistis, et filii Dei vobiscum qui vident ipsum in agnitione ejus. Ite itaque aliam viam relinquentes nos, et efferte vos ipsos Deo inexpugnabilibus causis quibus nos superastis (ut dicitis) in desideriis vestris, lenitatem quoque vestram in ovili mansuetudine, cum qua vobis est durum nobiscum laborare, quia vultis alium dolorem sustinere sequendo Agnum et victoriosissima arma in armentorum fortitudine cum quibus nos superastis, et quibus nos resistere non possumus, assumite in novitate mentis vestræ, quam modo habere vultis, et separamini a nobis ut dudum voluistis cum nos acriter impugnastis, et euntes ad patriam pro qua doletis in animo vestro comprehendite aliam vitam quæ vos ducit a nobis, atque benedicite in laude Dei pugnam illam in qua abcessistis a sæcularibus causis et negotiis.

Ego quoque omnipotens Deus, ut prædictas oves transire compello ad me, sic etiam columnas meas, id est fortiores cœlestes hæredes in fundamento castigationis me consolido, secundum nequitiam implicationis peccati in invasione prævaricationis Adæ qua impugnantur, quia stare non possent, si eos gratia mea non confirmarem. Quorum quidem alios quos tam grave pondus non gravat vitiorum, leniore castigatione castigo, quoniam si eos acriori verbere constringerem, omnino deficiente spiritu caderent in desperationem, quia afflatu majoris turbinis diabolicæ suggestionis non catenantur. Alios autem graviore mole in varietate sævissimorum morum, et in superfluitate concupiscentiarum ex pugna diabolica oneratos, habeo in duritia constrictionis gravissimorum dolorum, ut non exeant a fœdere meo, cui assistunt me toto desiderio volentes apprehendere, atque præcepta mea observare, quia si istos ut priores leniter castigarem, ipsas correptiones meas pro nihilo ducerent, quoniam gravissimo certamine antiqui serpentis impugnantur. Sunt etiam quidam exsules cœlestis patriæ quos nescio, quia me omnino relinquunt aviditate mentis suæ seipsos rapaci rabie seducentes nec me quærentes, nec scire volentes, sed in seipsis suffocantes bonum desiderium, ita quod non postulant a me ullum auxilium, avide tantum se oblectantes in propriis rebus suis, ut eos delectat in carnalibus desideriis. Quorum alii ex his operantur in superfluitate ac in delectatione carnis quidquid volunt; non tamen existentes in odio et in invidia, sed voluntantur in blandis voluptatibus habentes delicias et suavitatem carnis suæ, quibus dimitto fruges terræ in prosperitate, ut non deficiant in paupertate; quia et creati sunt per me, et quia etiam populum non absorbent per malitiam suam, atque idcirco dabitur eis secundum desideria ipsorum. Alii vero sunt tantæ ferocitatis et nimietate amaritudinis fellis et odii ac invidiæ, reddentes malum pro malo, nec volentes sufferre ullam injuriam sibi illatam, ita ut si haberent honorem et divitias sæculi, cœlestes virtutes dirumperent in hominibus ne colerentur in eis; unde ipsis abstraho fruges atque divitias, in magnis miseriis eos dejiciens, quatenus se non possint ad tantum malum erigere quantum est in voluntate ipsorum, quia diabolica opera perpetrarent, si facultatem ad hoc haberent. Sic obsisto viis hominum bonorum scilicet et malorum recta mensura ponderans ascensus eorum, secundum quod oculus meus videt cupiditates ipsorum, sicut etiam sapientia testatur per Salomonem, dicens: *Omnes viæ hominum patent oculis ejus, spirituum ponderator est Dominus* (Prov. XVI). Hoc tale est: Omnia itinera quæ spirat vivens animus hominum in præsentia scientiæ suæ in hoc quod homo habet circuitionem intellectus utilitatis, scilicet fructuositatis atque imbecillitatis inutilitatis: hæc sunt aperta conspectui omnipotentis Dei. Sic per omnia videt Deus, et omnino non absconditur quidquid aspectui divinitatis ejus quia scit omnia, sic videlicet aspiciens universa ut unamquamque rem recte dispenset. Quomodo? Ipse est enim spirituum ponderator, mulcens eos in suavitate blandimentorum et tranquillitatum, castigansque eos in tribulatione dolorum et miseriarum, ut excutiantur ad rectam mensuram, quam contra eum nec currendo nec fugiendo transcendere valent, nisi quantum ipse probat juxta merita eorum, quoniam ponderatio ipsorum est quod in excussione retributionis eorum sive in hoc sæculo sive in futuro ostenditur quomodo Deum coluerunt. Unde etiam ipsi spiritus juste ponderantur, ita scilicet ut rationalitas hominis non plus elevetur in superiora nec deprimatur in inferiora quam justo judicio suo recompensat Deus, quoniam sic ipse resistit illi quod nulla anima est tantæ potestatis in superfluitate ullius rei, ut possit Deo repugnare; quia ipse cuncta rectissime dijudicat, obsistens eis justitia sua, cui resistere non valent, ut plus possint quam sit promissionis ejus. Nam ut plumbum juste ponderat pecuniam, sic Deus æqua libra bonis et malis tale obstaculum opponit, quod nullo modo possunt effugere æquissimam normam judicii ejus, isti pro meritis suis gloriam et gaudium vitæ, hi vero pœnam et mœrorem mortis recipientes, secundum quod Deus acutissime prævidet in eis.

Quæ autem prædicta imago inspicit homines illos qui de mundo venientes, in eodem ædificio nova veste induuntur : hoc est quod scientia Dei novit eos, qui perfidiam infidelitatis suæ relinquentes, in potestate operis Dei pro vita æterna novum hominem in baptismo induunt, movens illos ne revertantur retro incedentes ad diabolum, vel si in illud deviaverunt ut redeant ad Deum Creatorem suum, secundum quod dicit unicuique eorum in verbis admonitionis suæ, ut supra dictum est. Qui autem acutas aures interioris intellectus habet, hic in ardente amore speculi mei, ad verba hæc anhelet, et ea in conscientia animi sui conscribat.

VISIO QUINTA.

SUMMARIUM. — *De forma zeli Dei et quid operetur. Quod Deus peccata hominum diligenter examinat aut puniendo in corpore hominis aut in pœna futuri sæculi, aut ipse homo purgabit per pœnitentiam in anima et corpore. Verba Job de eadem re. Qui cum timore peccant merentur gratia Dei resurgere per pœnitentiam in purgatione : quam si hic plenius non inveniunt, in futuro invenient. Quomodo in rationalitate hominis bonum respondeat malo et malum bono ad mortem. Quod homo habet in se duas vocationes, una vocatur ad vitam et altera ad mortem. Verba Psalmistæ de eodem. Quod mirabilia et admiranda judicia zeli Dei in Veteri Testamento visa sunt ut Deus timeatur. Quod Deus a rectitudine judicii nec fallacibus, nec adulatoriis sermonibus movetur. Quod superna ultio non excedit actus hominum gravius vindicando. Verba David ad eamdem rem. Quod oculi Domini vident unamquamque injustitiam puniendo eam, ita ut quamvis hi manus sensus judicio Dei perscrutari non possit : tamen crimina hominum non negliguntur indiscussa. Quod zelus Domini juste dijudicans opera hominum terribilis est omni creaturæ. Quod virtus sanctæ Trinitatis in multa suavitate et recta ultione sibi subjicit mentes hominum secundum diversi atem intentionis ipsorum. Quod zelus Dei vicit primo diabolum in Christo, deinde in electis fugavit, tertio in filio perditionis omnino conteret : timentibus parcens, rebelles castigans. Quod indurati justitiam Dei despicientes et admonitionem Dei et exhortationem hominis non recipientes in perditionem abjiciuntur. Quod ementa conquerunt de duritia impænitentium; et super eos vindictam inducunt. Quod Deus super rapidos et præsumptuose et scienter peccantes vindictam Cain et Pharaonis et illorum qui idolum in Oreb adoraverunt et qui initiati sunt Beelphegor inducit. De justitia Dei orta in Abel, culta in aliis electis, suavi in Filio Dei; hanc transgressam ulciscitur zelus Dei qui tunc erat, tunc est et permanebit. Qui canino more abominatur Ecclesiam, et dedicationem Ecclesiæ, et res ad Ecclesias pertinentes destruit, zelo Dei ejicitur. Quod in facto Jacob præfigurabatur dedicatio Ecclesiæ. Ubicunque corpus Christi immolandum est, debet esse lapis signatus, etiamsi ibi ex aliqua impossibilitate templum esse non poterit. Quod templum debet habere causam constitutionis suæ quæ adhæret sibi de labore populi. Quomodo ex qua causa Jacob decimas omnis substantiæ suæ dederit. Qui ecclesias destruunt, dedicationes sanguine homicidii vel fornicatione polluunt, et qui signatum lapidem in sacrificio non habent et qui decimas vel res templi diripiunt : O væ illis, o væ miseris illis! Qui res ecclesiæ canibus et porcis, id est pravis hominibus dividunt, hos vel semen eorum de summo gradu usque ad infimum zelus Dei projiciet. Quomodo Deus ultione sua cædit credulos et incredulos. Qui putant se sapientes et potestatem suam per injusta judicia elevant, quam miserabiliter hos zelus Dei exurit. Quod in zelo Dei non est clamor minantis vocis, sed immobilis et firma potestas justi judicii. Quod scientia in homine est quasi speculum in quo latet desiderium vel boni vel mali. Quomodo ex metu procedit timor, et de timore tremor, et quomodo homo per hæc tria debet operari quod justum est. De prima radice, id est discretione hominis et de ignea supradicta gratia in Christo. Quod nemo in excusatione peccati debet mussitare contra Creatorem suum.*

Post hæc vidi et ecce in septentrionali angulo conjunctionis duarum formarum muri dicti ædificii apparebat tanquam caput mirabilis formæ illi angulo exterius immobiliter a collo impositum tantæ altitudinis a terra quanta erat altitudo ipsius anguli, non tamen eum excellens, sed tantum pari æqualitate ei in summitate coadæquatum. Et caput illud erat ignei coloris, rutilans ut flamma ignis, terribilemque habens faciem hominis, atque in ira magna respiciens ad aquilonem. A collo autem et deorsum non vidi ullam formam ejus, quoniam reliquum corpus ipsius omnino absconsum et obstrusum latuit in prædicto angulo. Caput vero ipsum vidi quasi nudam formam humani capitis, nec crinibus obtectum instar virilis formæ, nec velamine more muliebri, plus tamen virile quod muliebre apparuit multumque terribile ad intuendum. Habebat autem tres alas miræ latitudinis et longitudinis albas, ut est candida nubes non in altum erectas, sed solummodo a se separatim in directum extentas, ita tamen ut ipsum caput eas aliquantulum altitudine præcelleret, quarum prima a dextra maxilla surgens tendebatur ad aquilonem; secunda vero quæ et media erat, a gutture ipsius dirigebatur ad septentrionem, tertia autem a sinistra maxilla tendebatur ad occidentem; aliquando magno terrore se moventes, atque in illas partes percutientes; aliquando autem a percussione cessantes. Et non audivi caput illud ulla verba proferre; sed tantum in se ipso immobile manens, alis suis interdum illuc percutiebat quo et ipse alæ tendebantur, ut dictum est. Et iterum audivi sedentem in throno mihi dicentem : Deus qui in veteri populo zelum suum graviter exercuit, in novo propter amorem Filii sui mitem et suavem se ostendit; non quod nunc peccata delinquentium dissimulans negligenter parvipendat, sed quod misericorditer, puri cordis intimam et veram pœnitentiam exspectet, indurati autem nequitiam non tolerans, justo judicio suo puniat. Unde et caput hoc quoddam vides in septentrionali angulo conjunctionis biformis muri dicti ædificii apparens : ostendit in significatione zelum Domini, qui est vindicta inflexibilis iniquitatis, nec ullam medicinam desiderantis, aperte surgens insinuato mysterio Verbi Dei per figuras et per sonum patriarcharum et prophetarum, in significationibus eorum praenuntiati. Sic et zelus ejus in forma videtur capitis; quoniam super omnem timorem cognitus est in severitate ultionis suæ, ut homo in facie sua cognoscitur, ardetque contra septentrionalem partem quia ipse in Deo velocissimus et acer occidit diabolum et omne malum, cum etiam in Abraham et in Mose duæ partes defensionis operantium, speculativa scilicet scientia duarum optionis causarum, id est duarum viarum boni scilicet et mali, et genus humanum in opere Dei conjungunt, quoniam fortissime adversus diabolum in scientia boni et mali debet homo operari in omnibus causis per bonitatem Patris. Prævaricationem autem quæ fit per speculativam scientiam in operibus hominum præcepta Dei transgredientium ulciscitur zelus Domini, ubi locus non est indulgentiæ. Ubi est hoc? Ibi videlicet ubi nec est timor Domini, nec hominis in agnitione Dei. Et tale cor quod ita in sorde iniquitatis obduratum et emortuum est, quod nec veretur judicium Dei, nec vultum hominis: hoc justo judicio confundit et deprimit ultione sua zelus Domini in lege Dei. Quomodo?

Post constitutum præceptum ubi fit prævaricatio legis est zelus qui abstrahit injustitiam cum rectissimo judicio, ipsa injustitia abstracta in Veteri Testamento cum austeritate repensionis in exteriore homine: cum transgressio legis corporaliter ulciscebatur in ipso, et post gratiam Evangelii est idem zelus per pœnitentiam, atque post mortem hominum est ipse per pœnas et per tormenta gehennæ, quia iniquitates hominum conceptas et prolatas atque contortas in operantibus, ita examino quod eas ulciscor aut corporaliter in corpore hominis, aut in pœna futuri sæculi, aut ipse homo purgabit illas per pœnitentiam remissionis vivens in anima et corpore, cum quibus etiam operatus est eas, ut dicit in spiritu meo servus meus Job: *Commuto faciem meam, et dolore torqueor. Verebar omnia opera mea, sciens quod non parceres delinquenti. Si autem et sic impius sum, quare frustra laboravi?* (Job IX.) Hoc tale est: Immutabo aspectum meum interiorem. Quomodo? Evertam scilicet hoc quod sum mutabilis et inundans in sanguine venarum mearum, habens in me aliquando delectationem, aliquando etiam iracundiam et aliquando conterentem tristitiam, quod in me aspicio quasi videam delectabilem faciem cum hoc ipsum libenter perficerem. Et illud mutabo contra voluntatem meam convertens me ad opus bonæ operationis. Cumque hoc fecero, graviter in hoc flagello torqueor, quod me ipsum constringo, abstrahens me a cognoscibili facie mea, quod est opus voluntatis meæ in contraria delectatione, adjungens me contemplativæ speculationi Deum videns in bona conscientia, et non in concupiscentia carnis, per quam illum non attendo. Et ab his duabus causis timeo omnia opera mea. Quomodo? Cum bonum opus facio, vereor illud non esse perfectum coram Deo, quia illud perspicue non inspicio sed obscure quasi in speculo: aliquando illud cognoscens in spiritu, aliquando etiam ignorans ab onere corporis mei. Malum autem opus cum facio, sum in confusione per conscientiam spiritus mei, quoniam in interiori intellectu cognosco quod Deus non parcet scientiam habentibus in peccatis, quod est quando homo intelligit, quid in opere suo contrarium sit Deo, sed eum oportet purgari, vel ultione in corpore, vel pœna pœnitentiæ vel pœna tormentorum in alia vita. Et ideo non parcit delinquenti si eum non pœnitet; quia non datur ei potestas peccandi ut peccet, sed eum oportet castigari aut hic aut illic. Quapropter si sic impius sum, tantæque obdurationis ut ad hoc non velim molliri quæ declinem a propriis rebus meis quæ sunt peccata mea, ita ut non aspiciam in magnum certamen illud mihi ipsi repugnans, quod ego in fragilitate sum, sed quod Deo semper contrarius existo in notis causis meis, quia conceptus sum in peccatis semper cupiens operari iniquitatem, nec metuens judicari a Domino; quare tunc si constrictus sum in tam vano labore quod frequenter cum scientia qua Deum agnosco, in meipso iniquitati contradico? Non autem tam impotens sum ut ignorem bonum et malum. Unde si intelligibilem sensum a me repello sic dicens: Ignoro Deum, mendax sum, quia ipsa scientia arguit me reprehensibilem, quod debitor sum Deo, cum incipio iniquitatem operari. Sed non in vanum laboro, cum in bona conscientia contradico malo, quoniam opus Dei sum; unde et me converto ad ipsum, ex hoc bonam mercedem recipiens.

Itaque ego Dominus omnium testificor, quia oportet hominem cum dolore gemitus, aut cum contritione pœnitentiæ, seu cum digna ultione peccata sua diluere, sive in hoc sæculo sive in futuro, ut dictum est. Quomodo? Qui peccant cum timore et dolore pœnitentiæ metuentes peccata sua, merentur per gratiam Dei quod sæpe surgunt a commissis suis in purgatione eorum; cum tamen eam purgationem plenius non inveniunt in hoc sæculo, inveniunt eam in futuro ad vitam. Qui vero sunt tanta duritia cordis, ut nec desiderent, nec velint scire in timore et dolore pœnitentiæ peccata sua, sed in tanta nequitia permanet, quasi non sit eis Deus in timore habendus: hi non consequentur purgationem peccatorum nec in hac vita nec in futura, sed habebunt pœnas sine consolatione purgationis ad vitam; quia de rationalitate sua ut creati sunt per me, noluerunt rationem reddere inobedientiæ. Quomodo?

Intellectus in rationalitate hominis habet duas semitas in scientia boni et mali, ad quas pertinent duo responsus bonum scilicet et malum. Quomodo? Bonum respondet malo, cum resistit ei in Domino. Malum vero respondet bono, cum repugnat illi cum diabolo. Sed hi in bono respondent malo, qui se refrenant semper in malo, ne delectentur in propriis delectationibus suis. Hi autem in malo respondent bono; qui nullatenus se abstrahunt a pravis actibus quin delicientur cum concupiscentiis suis, nolentes respondere vocationi mali. Quomodo? Homo habet in se duas vocationes, desiderium videlicet fructus et concupiscentiam defectus. Quomodo? Per desiderium fructus vocatur ad vitam, et per concupiscentiam defectus vocatur ad mortem. Sed in desiderio fructus, cum homo desiderat bonum operari sic dicens in seipso, fac bona opera : hic est responsus contra malum ut devitet illud, et faciat utilem fructum ; in concupiscentia vero defectus, cum concupiscit perpetrare malum, sic etiam adhortans semetipsum : Fac opus delectationis tuæ: hic etiam est responsus adversus bonum, cum ille non vult resistere iniquitati suæ, sed delectatur pervenire ad defectum, despiciens me in hoc responso, et habens me quasi ludibrio debitum honorem mihi non exhibendo. Et quia avertit se a bono, non dolens affligendo se propter timorem meum, convertit se ad illusionem in cœlestibus, ut per manifestationem meam dicit Psalmista : *Posuerunt in cœlum os suum, et lingua eorum transivit in terra* (*Psal.* LXXII). Hoc tale est : Multi homines sunt insipientes in rationalitate, nolentes intelligere innumerabilem timorem Domini , et abstrahentes sibi ipsis bona desideria in quibus deberent anhelare ad me, et cognoscere verum Deum ; recusantes assensum præbere bonæ scientiæ, quæ semper homini assistit ut bona opera operetur in Deo, sed frequenter amplectuntur amaritudinem in contradictione boni, cum se ipsos despoliant, sibi ipsis auferentes bonum thesaurum diversæ iniquitatis sibi thesaurizando. Et in his ponunt in cœlestibus circuitionem mentis suæ quasi os suum male opertum, despicientes illa in se ipsis per rabiem subsannationis, sic dicentes in corde suo: Hæc opera voluntatis nostræ tam licenter facere possumus quam illa quæ dicuntur cœlestia, quæ antiqui (nobis ignorantibus) secundum quod eis placuit instituerunt. Atque tali modo subsannant verba et institutiones antiquorum Patrum, quæ per cœleste opus in me positæ sunt. Unde etiam in gustu pravi operis velut in lingua sua commovent se et transeunt in audacia possibilitatis suæ se ipsos : ita quod pertinaciter adimplent voluntates suas, nolentes habere constrictionem corporis sui contra vitia, sed absque labore sui spiritus volutantur in desideriis carnis suæ quasi in terra, quæ est diabolica seductio.

Et quod vides prædictum caput mirabilis formæ, hoc est quod in zelo Domini sunt mirabilia et admiranda judicia Dei, quæ a nullo homine peccatis gravato sciri possunt. Quod vero eidem angulo exterius immobiliter a collo impositum est, hoc est quod zelus meus adversus diabolum, ut in Veteri Testamento per Abraham et Mosem ostensum est, in speculativa scientia et humana exercitatione exterius apparet in visione populorum, ut me timeant, oculo ad oculum terrorem meum sentientes,

cum etiam justitia mea minatur ad aquilonem crudelissimæ iniquitati Satanæ. Atque immobile manet, quia Deus nec fallacibus nec adulatoriis sermonibus omnino moveri aut molliri potest a rectitudine judicii sui non emendatis criminibus, velut per collum fortitudinis suæ a Deo constitutæ legi ad operandum hominibus infixum, reddens scilicet unicuique non observanti præcepta legis emeritas pœnas, secundum mala opera ipsius in quibus sordens emarcuit, repugnans etiam excellentissima fortitudine sua, quasi in virtute colli sui diabolo et sequentibus illum, se opponendo injustitiæ eorum.

Est quoque tantæ altitudinis a terra, quanta est altitudo ipsius anguli; quoniam Deus in summa justitia ultionis suæ cuncta terrena superat, eadem ultione hujus altitudinis existente, ut in præfiguratione Abrahæ et Mosi per legem designata sunt opera hominum, quia divinum judicium est in summitate speculativæ scientiæ et actuum populorum, ut prosternat ignorantiam ipsorum, cum nolunt scire Deum. Non tamen ipsum angulum excedit sed tantum pari æqualitate ei in summitate coadæquatur, quoniam superna ultio actus hominum non excedit, plus et gravius in eis mala ulciscendo quam sint merita eorum solummodo æquo et justo judicio in excellentia justitiæ suæ omnia recte dijudicans, ut iterum in spiritu novit David cum diceret: *Cognovi, Domine, quia æquitas judicia tua, et in veritate tua humiliasti me* (*Psal.* CXVIII). Hoc tale est : Per bonitatem tuam in me ipso cognovi, Domine, cum pro peccatis meis non occidisti me, non auferens mihi in anima et corpore efficaciam operandi, quod nec propter potentiam, nec propter iram tuam plus judicas in scientibus aut ignorantibus quam sint merita eorum. Bonum enim operor luctando contra me, malum vero facio per concupiscentiam carnis. Et ideo das bono mercedem et malo judicium, non tamen aliter judicans quam quod æquum et justum est. Quomodo? Si acrius instares quam sunt opera hominum in peracta actione, non esset æquitas judicii. Si vero tepide negligeres ita ut non provocares ad pœnitentiam, et quod non esset exquisitio in purgatione iniquitatis, tunc tu justus Deus delinires et confoveres injustitiam. Mors enim erat quondam amarissimum judicium in morte Adæ: nunc autem reddita gratia in pœnitentia, revocans hominem ad vitam, quod impossibile esset fieri per ullum, nisi per te Deum. Et hoc est justissimum et æquissimum judicium tuum, purgatio scilicet ad vitam cum gratia, quoniam unicuique operi in recta mensura metientur judicia tua. Nam in veritate sunt omnia quæ facis, ita quod nullam nimietatem exerces supra modum fallaciter ; quia fallax est quod plus in nimio, vel minus in parvo quam quod justum est. Sed tamen parcis in multis miserationibus potentiæ tuæ, non occidens ullum per possibilitatem clarissimæ virtutis tuæ : hoc deputans in te ipso quod parcis per pœnitentiam; ideoque de misericordia tua humiliavi me, dans gloriam nomini tuo : interdum etiam turbatus in promeritis culpis meis, de tuo judicio.

Quod autem caput vides ignei coloris rutilans ut flammam ignis, hoc est quod in zelo Domini est igneum malis obstaculum, rubens in fortissimo ardore ultionis suæ, terribilem habens faciem hominis; quoniam oculi Domini facie ad faciem vident unamquamque injustitiam, ita quod culpæ diversorum criminum non relinquuntur neglectæ ante Deum, quas non terribiliter inspiciat, eas examinando justo judicio suo; et quia etiam monstruosa et horrenda sunt iniqua opera hominis, humanam faciem ostendentia in actibus carnalium desideriorum. Atque in ira magna respicit ad aquilonem, quia Deus in ultione sua dedignatur omne malum quod oritur de suggestione diabolica. Sed quod a collo et deorsum non vides ullam formam ejus, quoniam reliquum corpus ipsius omnino absconsum et obstrusum est in prædicto angulo, hoc est quod in zelo Dei recta judicia quæ potenter dispergunt prava opera diversorum hominum nullus humanus sensus quasi ad finem perscrutari potest, quoniam occulantur et conteguntur in angulo speculativæ scientiæ et operis hominum; ita quod nec videri nec comprehendi ulla scrutatione valent, nisi quod aliquando cognoscuntur cum ostenditur res gesta in causa ultionis Dei, ut facies hominis videtur secundum desideria voluntatis ipsius. Unde etiam in ipsa ultione non est ulla simulatio alicujus facilitatis nisi semper justum judicium secundum peccata hominum, quoniam crimina eorum non negliguntur indiscussa, ut dictum est, quia zelus Domini examinatio ejus est.

Quod vero caput ipsum vides quasi nudam formam humani capitis, hoc est quod idem zelus Domini nulli mortalitati subjectus est, permanens videlicet nudus ab omni subjectione debilitatis, juste dijudicans opera hominum. Nec est crinibus obtectum instar virilis formæ, nec velamine more muliebri, quoniam ipsi non est aliqua sollicitudo sensus se quemquam superiorem ulla virili fortitudine, debellare, nec ei inest ulla feminea mollities timidi animi sibi adversa non posse superare. Est plus tamen virile quam muliebre; quia fortissima virtus Dei magis est in virili vigore quam sit in mollitie femineæ negligentiæ, multumque terribile ad intuendum, quoniam zelus terribilis et metuendus est omni creaturæ, cum ipsa est eum sentiens in data causa ultionis ejus. Sed quod habet tres alas miræ latitudinis et longitudinis albas ut est candida nubes, hoc est inexplicabilis virtutis sanctæ Trinitatis expansio, quam nullus hominum comprehendere prævalet in latitudine gloriæ ejus, nec in longitudine potestatis ejus, in multa suavitate et claritate divinitatis fulgens, rectaque ultione sibi subjiciens mentes hominum, in magna diversitate ut nubes discurrentium. Quæ non sunt in altum erectæ sed solummodo a se separatum in directum extentæ, ita tamen ut ipsum caput eas aliquantulum altitudine præcellat; quia ultio Domini non elevatur ulla arrogantia, sed coaptat se unicuique causæ secundum merita ipsius, in rectissima scilicet norma extenta, justo judicio correctionis suæ; sic tamen ut possibilitas potentiæ Dei quasi in capite ejusdem ultionis suæ: humana opera quæ vera Trinitas non tolerat indiscussa, in altitudine fortitudinis suæ præcedat, non tamen ea tam acriter ulciscens et conterens ut posset ipsa possibilitas potestatis ejus.

Et ala prima a dextra maxilla surgens tenditur ad aquilonem; quoniam Deus justo judicio primum a dextra salvationis parte in Filio suo devicit diabolum, et omne malum. Secunda vero quæ et media est a gutture ipsius dirigitur ad septentrionem; quia post salvationem quæ in Filio Dei facta est, quasi in medio jam roborata fide, gustataque dulcedine electorum, per ipsos etiam fugavit rugientem inimicum, eos eruens de faucibus illius. Tertia autem a sinistra maxilla extenditur ad occidentem; quoniam ab electis Dei, Satana fugato, etiam a sinistra perditionis parte in filio perditionis omnino conteratur, mundo jam in occasum termini sui tendente. Et aliquando magno terrore se movent atque in illas partes percutiunt, quia terribile atque performidabile judicium omni creaturæ zelus Domini in ultionem movetur, ibi exercens judicia percussionis suæ ubicunque justo judicio placuerit divinæ majestati. Ubi enim timor et amor atque honor Dei in reverentia fideliter habentur; ibi Deus mitem et suavem se ostendens, ultionem suam non exercet, duros autem et rebelles terribiliter et justo castigans. Unde prima ala ultionis meæ percutit et abjicit homines illos in abyssum perditionis; qui ita indurati sunt super duritiam lapidum, ut interioribus oculis dedignando semper despiciant justitiam meam, retro respicientes per scientiam intellectus sui, plusque consentientes carnalibus desideriis atque diabolicis suasionibus quam volentes scire veram justitiam, et quam ullo consensu suo aut per admonitionem meam, aut per hominis exhortationem reverti, veluti de sua iniquitate sic cruciantes spiritum scientiæ suæ, quia magis amant et faciunt injustitiam diaboli quam justitiam meam. Hi infundunt in corda sua quasi resolutum plumbum, id est dissoluta desideria pravæ mollitiei, mittentes illud velut ad stabiliendam duritiam ferri, videlicet oblivionis Dei, sic indurati quasi sint ferrei : ita quod nec causa Dei nec hominis, sibimet aut ulli parcant iniquitati.

Super istos clamant et conqueruntur elementa cum reliqua creatura, quod tam vilis natura hominis, brevissimo tempore suo tam rebellis est Deo, cum ipsa semper in timore et reverentia præcepta Domini perficiant. Unde et super hominem terribiliter vociferantur? Quomodo? Non sic quod elementa clament in voce, aut conquerantur in scientia rationalis creaturæ; sed quod secundum modum suum vociferantur in strepitu sonituum, et quod querimonias proferunt in timore terrorum, ut cum ea aut aliam creaturam justum Dei judicium inducit super homines ipsos rebelles existentes; illa non aliter stant nec aliter se in seipsis imitantur quam ea jussione sua vertit divina potestas. Unde tam crudeliter illi indurati homines imitantur Satanam, qui in duritia iniquitatis suæ nolunt subdi Deo Creatori suo, propter id quod periit, ab omni beatitudine et ipsi cum eo peribunt sequentes illum. Media autem ala zeli mei cædit insanos homines et unumquodque præsumptuosum malum quod scienter ac temere faciunt; quod se primum erexit in homine in sanguine Abel, quem frater suus ob hoc odio habebat, quia propter oblationem substantiæ ejus quam in bona voluntate distribuit, Deo charus erat; et quod ac etiam erexit in Pharaone, qui in mirabilibus meis admonitus est; ita quod exterritus in terrore meo, invitus dimisit populum meum Israel, quem iterum per dementiam suam retrahere voluit, propter quod illum zelus meus absorpsit, et quod se etiam in illo populo meo erexit, qui me cognoscens atque mirabilia mea videns, idolum in Oreb adoravit, unde corona de capite illius cecidit, ita quod eis lex Dei facta est corruptibilis in duabus lapideis tabulis, aliis his similibus propter eas quæ de gloria sua et felicitate ceciderunt hæc omnia ulciscente ultione mea. Unde etiam Moses famulus meus de contraria illa plebe mihi tam frequenter adversante in isto zelo meo fecit vindictam ex voluntate mea; cum efficaciter diceret electis meis, ut occideret unusquisque fratrem et amicum et proximum suum; et iterum cum ardenter judicibus ejusdem populi ait, quod occideret unusquisque proximos suos, qui initiati essent Beelphegor, ubi ultus sum me, occisa iniquitate illa pugnante contra me.

Sed in Abel primum orta justitia Dei, post ipsum inventi sunt multi alii electi, ex omnibus his malis et perversis generationibus, qui collegerunt et coluerunt subtiliora præcepta mea, ut filii Israel, inter quos etiam ortus est luctus et mœror, desiderantes humanitatem Filii mei. Peracta autem ejusdem Filii mei manifestatione quem misi natum ex Virgine: coquebatur, et condiebatur omnis justitia legis, dulcis et suavis cibus facta omni populo credenti in me, apostolis veritatis ipsam veritatem manifestantibus. Itaque in omnibus istis prædictis generationibus scienter transgressam justitiam meam, ulciscebatur et ulciscitur hic zelus meus; quia Deus qui erat tunc, est et nunc, ac semper manebit, atque zelus meus qui tunc erat, est et nunc, et semper stabit, usque dum finiantur tribus et populi, non finiente justitia Dei, omnem rubiginem injustitiæ discutiente.

Propter quod etiam in hoc eodem zelo meo hanc iniquitatem aufero, illum videlicet dicens, qui canino more abominatur florentem in me Ecclesiam, aut qui per insaniam iniquitatis suæ destruit constitutam per me dedicationem, vel alias constitutas justitias ad templum meum pertinentes, quæ surrexerunt in præsignificatione servi mei ut hæc Scriptura habet; *Surgens ergo Jacob tulit lapidem quem supposuerat capiti suo, et in titulum fundens oleum desuper, appellavitque nomen urbis Bethel* (Gen. xxviii). Hoc tale est: Jacob surrexit mane, quia ipse ortus est tempestivus amator veracis justitiæ in constituto templo, cui ipse conveniens nomen imposuit, quoniam de illo debuit oriri rectissimum templum, virgo scilicet Maria, de qua Sol justitiæ effulsit. Et tollens lapidem quem in figura altaris supposuerat superiori capiti suo, id est Christo, ut in nomine ipsius qui est vera petra, sanctificaretur, et sanctificatus nominaretur, quia unaquæque sanctificatio altaris supposita est potestati omnipotentis Dei, capiti omnium fidelium, erexitque illum in titulum libri vitæ, et in personam præcipui odoris cœlestis Jerusalem, quia ut Christus est caput membrorum suorum in superna Jerusalem, sic est unumquodque sanctificatum altare excellentior pars templi sui, effuso desuper oleo in sanctificatione chrismatis quod est effusa gratia Dei omnipotentis in sancto baptismo. Et appellavit sanctificatum locum illum, domum et templum Dei secundum nomen civitatis cœlestis Jerusalem, quod est vivens templum Dei viventis.

Hoc itaque exemplo et significatione, erigendus est lapis in templo in nomine meo ordinando, ipsum videlicet templum idcirco signatum cum lapide, quia ego firma petra sum, ad quem omnis justitia et lex Christianorum pertinet. Ubicunque enim fuerit sanctificatus locus, ubi corpus Filii mei immolandum est, ibi volo esse lapidem in nomine meo signatum; quia ego veracissima fortitudo sum, etiam si ibi ex aliqua impossibilitate non poterit esse templum, quoniam servus meus Jacob erexit lapidem in sua præfiguratione in nomine meo ut dictum est, quia et Filius meus de stirpe illius incarnatus est. Templum autem tale mihi dedicatum, non debet esse vacuum hujus negotii quin postulet causam constitutionis suæ, quæ adhæret sibi de labore ministrantis ei populi, sicut etiam cœlestis Jerusalem cum capite suo Christo, non vult carere justitia sua semper, aspiciens in labores filiorum suorum, quos susceptura est in Deo. Quomodo? Ut se abstrahant a diabolica servitute, se constringentes a voluntariis desideriis carnis suæ, et se affligentes contra se ipsos in abscisione propriarum rerum ob amorem cœlestium; non eis omnibus utentes, sed sibi ipsis aliquas subtrahentes, atque Deo offerentes ad honorem ipsius, sic etiam præcurrens servus meus Jacob instituit decimam omnis substantiæ suæ cum dicebat, ut iterum scriptum est: *Cunctarumque quæ dederis mihi, decimas offeram tibi* (ibid.). Hoc tale est: Ex omni quod dederis mihi, offeram tibi decimam partem, quia hoc lex tua est: primum scilicet in anima mea, o Deus meus, abscindens ab ea propriam voluntatem meam, offerens tibi contra me justitiam meam, et postea decimam partem omnis substantiæ meæ quam possideo super terram. Quid hoc? Omnis scilicet fidelis homo qui comprehensus est in decimum ordinem supernorum civium, debet semper ad templum meum decimam partem dare substantiæ suæ, propter restitutionem illam qua computatus est in decimum numerum numeratorum, id est in scientia Dei existentium, et ad verum templum videlicet cœlestis Jerusalem pertinentium. Qui autem obliti timoris mei templa in nomine meo dedicata, per sævitiam iniquitatis suæ destruunt, vel qui dedicationes eorum secundum exemplum a Jacob ortum demunt, sanctificata loca scilicet polluendo, seu cum sanguine homicidii, seu cum pollutione seminis illud educendo in adulterio aut fornicatione, vel qui in superno sacrificio negligunt institutam dedicationem antiquorum patrum absque signato lapide quem Jacob erexit in sua præsignificatione, vel qui destituunt constitutam per me justitiam in decimis, aut in substantiis templi mei: O væ miseris, o væ miseris, o væ miseris hominibus illis qui se tam turpiter seducunt, et tam perversi ante oculos majestatis meæ existunt, videlicet, ut dictum est, instituta mea negligentes quæ omnia de veteri lege translata sunt, quia de Veteri Testamento prolata sunt nova lex in Filio meo secundum misericordiam gratiæ; et quia de omni justitia legis et prophetarum, quod erat minus factum est majus in eodem Filio meo, qui omnia signa priorum patrum quæ ipsi absconse in umbra dixerunt, manifeste ostendit in se ipso in omni justitia.

Et qui hæc omnia destituunt ita quod ipsi cibum vitæ qui de utroque Testamento factus est dedignando, sicut lutum conculcant, et canibus et porcis ac aliis pecoribus, id est pravis hominibus dividunt, eum magis dantes paganicis moribus et vanæ ignorantiæ quam mihi omnipotenti Deo, atque in usum suum secundum voluntatem suam eum parantes: hos et semen eorum ego destituam, eos projiciens de summo gradu usque ad infimum, et de divitiis in paupertatem, in ultione hujus zeli mei.

Tertia vero ala ultionis meæ cædit et credulos et incredulos in suis impiis et injustis operibus. Ipsa percutit credulos non operantes in voluntate sua bona et justa opera; qui bene vident fidem, et quibus nota est justitia Dei, et tamen sedent in tenebrositate malorum operum, gementes ignorantur post tenebras iniquitatis, volentes bacchari in perversitate, quod tamen eis non permittit Deus secundum voluntatem ipsorum perficere, hoc idem abscindens illis ultione sua, dum sic sunt obscurati quod obliti sunt ejus, ita ut ab eo libentissime recederent. Incredulos autem cædit in infidelitate eorum, ita quod etiam eis abstrahitur iniquitas ipsorum cum retributione ultionis, cum non permittantur malum hoc perficere quod libenter facerent, unde et malignus diabolus superatus in beatitudine fidelium hominum ante oculos Dei scintillantium; vellet illos trahere in tenebras mortis secundum nequitiam suam, sed eos amplius comprehendere non potest, nisi ut sunt opera illorum. Sed quædam alia mensura hominum est super terram, qui habent prosperitatem in forma sensati spiritus, ita quod sapientes sunt ad recordationem Dei, secundum voluntatem suam accensi cum scientia sensus; unde tunc in seipsis præsumptuose habere volunt scientiam sapientiæ facientes quidquid cogitaverint, et miscentes justitiam cum iniquitate, sed stulti sunt in sapientia, quoniam reputant se ipsos quasi pleni et perfecti sint ad habendum et comprehendendum, atque ad acquirendum plenitudinem voluntatis suæ secundum arbitrium suum quidquid cogitaverint. Et dum alas suas levare volunt per potestatem suam in provinciis et civitatibus ac in aliis locis atque in aliis causis in quibus tunc occupati sunt cum imperio, in quo nolunt habere intelligibilem mensuram in Deum aspiciendo quid faciant, tunc effunduntur et abjiciuntur ante oculos Dei, propter impia et injusta judicia illorum quæ ipsi prius dijudicabant, in quibus nolebant timorem Domini scienter habere. Et sic per istum zelum meum facti erunt in planctum magnum, et in flebiles voces coram omni populo qui viderit et audierit tempus judicii iniquitatis eorum, quibusdam videlicet ex ipsis adhuc in hac vita in multis miseriis multi defectus ipsorum viventibus, quibusdam etiam pessima morte, in diversis passionibus sublatis. In tam diversa vicissitudine ulciscitur et exurit zelus meus omnem injustitiam, quia illa est contra me.

Tunc autem quod non audis prædictum caput ulla verba proferre, sed tantum in seipso immobile permanens aliis suis interdum illuc percutere quo et ipse alæ tenduntur: hoc est quod in zelo Domini non est clamor minantis vocis, et in superbiam se erigentis, sed in potestate fortitudinis suæ et in rectis judiciis suis immobilis persistens, ultione sua post insaniam operum demeritas absque timore Domini res gestas confundendo, et conterendo eas secundum extensionem ultionis judicii sui ulciscitur, ut tibi, o homo, veracissima manifestatione præmonstratum est. Et quia Deus justus est, omnem injustitiam examinari oportet per justum, quoniam ipse Deus bene novit discretam examinationem, quæ est in scientia hominis. Nam scientia in homine est quasi speculum, in quo latet desiderium sive bonum sive malum voluntatis. Unde homo inter has duas partes positus, inclinat se voluntate sua ad partem illam quam desiderat. Sed homo qui convertit se ad bonum, illud fideli opere amplectens per adjutorium Dei; mercedem beatæ remunerationis laudabiliter accipiet, quia malum sprevit et bonum fecit; qui vero se inclinat ad malum, hoc perversa actione deglutiens per suggestionem diabolicam, pœnas justæ retributionis inde miserabiliter incurret, quoniam bonum neglexit et malum perpetravit. Idcirco in multa devotione et humilitate se homo subjiciens Deo, fideliter operetur salutem suam, quæ de summo bono emanat, ita ut anima ipsius interiori sanctitate inebriatur, quia in bene disposita et recte ordinata discussione et timore servit Creatori suo. Quomodo? Quoniam metus, id est inceptio angustiæ facit timorem; timor autem concutit tremorem, per quæ debet homo operari quod justum est. Quomodo? Quod homo metu angustiari incipit hoc per donum Spiritus sancti de rationali sensu habet, propter quod etiam nullo modo evenire potest quin Deum sciat, illaque scientia quam habet in Deum facit in ipso timorem, in hoc quod incipit timere secundum ea quæ Dei sunt. Et si hæc habet cum studio sciens Deum, tunc concutit eum iterum ignea gratia in Christo, admonens ut deinde incipiat tremere, quatenus per compunctionem terreatur, ut justitiam Dei fideliter operetur.

Nunc ergo, o homines, intelligite et discite unde sint hæc. Quid hoc? Deus est qui in vobis quod bonum est operatur. Quomodo? Ipse vos ita constituit, ut per rationalem sensum in operibus vestris eum sentiatis, quæ sapienter cum discretione facitis. Irrationale enim animal facit omnia opera sine intellectu et sapientia, ac sine discretione atque verecundia, nec scit Deum quia irrationale est, sed tantum eum sentit, quoniam illius creatura est. Rationale vero animal qui homo est, habet intellectum et sapientiam, discretionem et verecundiam in operibus suis, quæ rationabiliter operatur, quæ est prima radix quam gratia Dei fixit in omnem hominem, cum animam ad vivendum excitavit. Hæc ergo prædicta vigent in rationalitate, quia in his omnibus homines Deum scientes sunt, ut ea quæ justa sint velint. Unde ebulliens et perfectum opus atque prosperum in bona voluntate hominis quod ipse homo amplectitur in Salvatore suo, in Filio videlicet Dei, per quem Pater omnia opera in Spiritu sancto operatur : hoc denuo incendit et admonet ignea gratia data in Christo Jesu. Ideoque in gaudio Spiritus sancti faciat homo opera justitiæ, non dubitans in perversa inusitatione, id est ne dicat quod aliquid sibi desit in omnibus his, aut in prima scilicet radice per donum Dei homini primitus imposita, aut in ignea gratia Spiritus sancti radicem illam iterum in admonitione tangentis, ita ne perverse corruens deinde angustietur in his quæ propter reprehensibilem impetum fecit, quasi interiori sua radice quidquam minus habuerit, scilicet ne postquam ceciderit in necessitate positus murmuret, sic dicens in se ipso: Heu, heu! quid feci quod opera mea non potui prævidere in Deo? Et etiam sine pondere infidelitatis incedat, ita ut non diffidat Deo in operibus suis, sed ut sit securus sine lacrymabili querela pravi operis; ipse enim Deus et homo existens non in duos divisus est, sed unus est Christus; non tamen per commutationem divinitatis in carnem, sed per assumptionem carnis quam divinitas sibi adjunxit, et quam claritate sua sic perfudit, ut radius solis in sole lucet, nec ob hoc ulla confusione substantia divinitatis seu substantia carnis in invicem confusæ sunt, sed in vera unitate personæ unus est Christus verus Dei Filius. Sicut enim in rationali anima nulla commutatio per carnem hominis est, quin ipsa rationalis spiratio sit a Deo quæ totum corpus hominis perfundit, et quæ cuncta opera operantis hominis movet ut sit anima et caro unus homo, ita etiam absque omni dubio Dei Filius ante sæcula natus carne ex Virgine assumpta pleniter ut prædictum est indutus, Deus et homo existens unus est Christus, per unctionem utique gratiæ Dei Christus dictus. Qui in sancta humanitate sua per fixuram clavorum et lanceæ vulneratus est, propter vulnus unum primi hominis quod cuncto generi suo ille inflixerat, quatenus livore sanguinis sui illud sanaret, et unctione olei gratiæ illud perfunderet, ac per pœnitentiam illud ligaret cum homo se peccasse doleret. Vulneratus autem descendit spiritus in puteum infernalis profundi, illique quamplurimos sibi attraxit, scilicet ab inferno primum hominem abstulit, et omnes qui Deum in moribus humanæ honorificentiæ nunquam tetigerant, et eos in locum deliciarum et gaudiorum quem in primo parente perdiderant locavit. Sed quod die tertia surrexit a morte dormientis corporis in hoc tres personas Deitatis designavit, atque cum eodem corpore ascendens ad cœlos ivit, ibique dominando sedet ad dextram Patris quæ salvatio credentis populi est, illis vitam tribuens quos sanguine suo redemit. Et hi omnes ante tempora omnium principiorum præsciti sunt, quoniam Verbum Patris per quod omnia facta sunt carnem induit, ut hominem quem formaverat redimeret. Qui autem acutas aures interioris intellectus habet, hic in ardente amore speculi mei ad verba hæc anhelet, et ea in conscientia animi sui conscribat.

VISIO SEXTA.

SUMMARIUM. — *Verba abstinentiæ. Verba largitatis. Verba pietatis. Verba veritatis. Verba pacis. Verba beatitudinis. Verba discretionis. Verba salvationis. Quod nullus fidelium contemnat magisterio subesse quia etiam per magistros Israelitici populi in lege præfigurabantur rec ores temporis gratiæ. Quæ duritia legis quasi sub velamine occultavit, incarnatio Filii Dei per gratiam Spiritus sancti elucidavit. Quod homo in dignitate magisterii fungitur vice Dei. Quod præter speciale magisterium sunt quidam sæcularis potentiæ majores, sunt et minores in populo qui ab utrisque reguntur. Quod per exterius magisterium intelligitur interius. Qua de causa Deus permisit genus unum excellere et aliud subjacere. Verba Isaac et Jacob de eadem re. Hic innuitur trinus ordo : dominantium, liberorum, famulantium. Quod sæculares et spirituales in quatuor et quatuor dividuntur. Quod nemo spiritualem, aut sæcularem dignitatem, aut per rapinam, aut per furtum, aut per emptionem sibi usurpet. Qui maturo sensu sunt bonam conscientiam habentes, et volantia verba, et laudes hominum non quærentes, electione regiminis digni sunt. Quicunque potestatem regiminis adipiscuntur, despicientes utrum Deo placeat an non, a facie Dei fugientes, in parte diaboli sunt quibus non resistitur ut quando quid amplius puniantur. Quod prædictæ differentiæ hominum ut fuerunt ita et sunt et semper erunt pro extensione humani temporis secundum auctoritatem divinæ Providentiæ. Quod in conditione sæcularium scilicet majorum et minorum tres partes sunt. Quod spirituales magistri populo in unitate fidei præesse debent. Quod potestas sæcularis regiminis et populus, invicem se tangant puritate innocentiæ et simplici devotione. Quod in opere Dei sex virtutes cæteras præfigurabant. De statu abstinentiæ, largitatis, pietatis, veritatis, pacis, beatitudinis, discretionis, salvationis animarum; et quid significet. De habitu earumdem et quid significet. Specialiter de abstinentia et habitu ejus et quid significet. Specialiter de largitate et habitu ejus et quid significet. Specialiter de pietate et habitu ejus et quid significet. Specialiter de veritate et habitu ejus et quid significet. Specialiter de pace et habitu ejus et quid significet. Specialiter de beatitudine et habitu ejus et quid significet. Specialiter de discretione et habitu ejus et quid significet. Specialiter de salvatione animarum et habitu ejus et quid significet.*

Et post hæc vidi inter angulum septentrionalem et angulum occidentalem murum parietis præfati ædificii in interiore ejus parte totum arcuatum secundum modum cancellorum, non tamen apertum ut cancellos; sed integrum habentemque in singulis arcubus quasi picturam hominum. In exteriore autem parte ejusdem muri vidi alios duos minores muros, longitudinis spatii quod fuit a prædicto angulo septentrionali usque ad angulum occidentalem ipsisque angulis ex utraque parte sui conjunctos juxta modum testudinis. Altitudo vero eorumdem duorum minorum murorum, erat cubitorum trium. Latitudo autem inter interiorem arcuatum murum et medium erat cubiti unius, atque inter exteriorem et eumdem medium, fuit latitudo unius palmi quasi puerilis manus. Intra idem quoque ædificium vidi sex imagines ante prædictum arcuatum murum super pavimentum ipsius ædificii stantes, tres scilicet juxta se in fronte illius muri prope angulum qui respiciebat ad septentrionem, et tres etiam simul in fine parietis ejusdem, secus angulum qui tendebatur ad occidentem, omnes picturam in arcubus ipsius muri inspicientes. In ipso autem fine ejusdem parietis vidi aliam imaginem intra ipsum ædificium super lapidem unum in modum sedis in pavimento positum sedentem, et latus dexterum ad murum inclinantem, faciem vero suam ad columnam veræ Trinitatis vertentem. Sed in eodem fine vidi alteram imaginem super eumdem murum in altiori loco stantem, et etiam ad prædictam columnam veræ Trinitatis versam. In his ergo imaginibus conspexi similitudinem talem. Indutæ erant ut priores imagines quasi sericinis indumentis et candidis calceamentis, excepta illa quæ a dextris mediæ harum trium erat, quas in extrema parte ejusdem parietis videram; quæ tota tantæ puritatis tantæque claritatis exstitit, ut præ nimio splendore nullam ejus formam, perfecte intueri possem, et excepta illa quæ super murum stabat, ut dictum est, quæ nigris calceamentis, calceata fuerat. Sed omnes sine palliis erant, præter mediam illarum trium quæ in prima parte muri stabant, quæ pallio induebatur. Duæ quoque trium superiorum quæ ad dexteram scilicet et ad sinistram mediæ imaginis stabant, et duæ trium inferiorum, media videlicet et quæ ad sinistram ejus erat non habebant muliebria velamina in capitibus suis, nudis tantum albis crinibus stantes. Media autem trium priorum, et illa quæ super lapidem juxta murum sedebat, erant velato capite candida velatura capitis, ut mos est mulierum. Eadem quoque media trium superiorum et quæ ad dextram ejus stabant vestitæ erant tunicis candidis. Sed vidi talem dissimilitudinem earum. Imago quæ stabat in medio trium superiorum habebat in capite suo in modum coronæ circulum crocei coloris, dextra parte insculptum semper accende. Et vidi quod a dextra ejusdem imaginis columba advolabat ore suo spirans in eamdem sculpturam. Atque illa imago dicebat: Ego perfusa sum per interiorem misericordiam, ex qua oritur rivulus qui nullatenus abscondere vult pecuniam, nec aurum, nec pretiosos lapides, nec margaritas coram egenis et in necessitatibus eorum necessariam substantiam non habentibus, ac propterea plorantibus. Nunc consolabor illos et semper reficiam paupertatem ipsorum propter amorem Filii Dei, qui suavis et mitis est ac qui bona sua distribuit in animas justorum, tangens vulnera peccatorum eorum propter pœnitentiam. Alia vero imago quæ stabat a dextris ejus habebat in pectore suo quasi leonem tanquam speculum lucidum, et a collo suo velut serpentem pallidi coloris in torta flexura virgulæ ad pectus etiam suum dependentem. Et ait: Lucidum leonem inspicio, et propter amorem ejus do. Ignitum autem serpentem fugio, sed serpentem in ligno pendentem diligo.

Tertia autem imago quæ a sinistris ejus erat tunica simili hyacintho rubri coloris induebatur. Et ad pectus ejus apparuit angelus ex utroque latere suo alam unam habens, ita ut ala dextra ad dextrum humerum illius imaginis extenderetur, et ala sinistra ad sinistrum humerum illius. Et ipsa imago dicebat: Angelicum habeo consortium, nec cum dissimulantibus se hypocritis ambulo, sed epulor cum justis. Imago quoque quæ fuit media trium inferiorum induta erat tunica crocei coloris. Et super dextrum humerum ejus candidissima columba stabat, spirans ore suo, in dextram aurem illius. In pectore vero ipsius monstruosum et informe caput hominis apparuit. Jacebant quoque sub pedibus ejus quasi species hominum conculcatorum et contritorum ab ipsa. In manibus autem suis habebat chartam expansam et ex una parte videlicet versus cœlum septem lineis inscriptam, quam legere volui sed non potui, et dixit: Virga amaræ correptionis et flagelli esse volo contra illum mendacem qui filius diaboli est, quia etiam ipse diabolus persecutor ineffabilis justitiæ Dei est. Unde illi contraria et molesta causa sum, quoniam nunquam inventa sum in ore ipsius, ita quod et ego eum de ore meo sicut mortiferum et lethale venenum expuo, quia ipse me nunquam in astutia sua invenit. Ipse est etiam mihi pessimum ac molestissimum malum omnium malorum, quoniam omne malum ab ipso ortum est. Propterea abjicio et conculco eum in amabili justitia Dei, quæ mihi incessabiliter sine fine amabilis est, cujus etiam sustentatrix et ductrix ego sum, quia super me solidabitur et constabit omne ædificium virtutum Dei, quæ ædificant in altitudine. O fortissime et nobilissime Deus, attende.

Altera autem imago quæ ad dextram ejus erat faciem habebat angelicam, et ex utroque latere suo volatilem alam unam, in specie tamen hominis ut cæteræ virtutes apparens. Et ait: Ego repugno diabolico certamini quod se erigit contra me pertinaciter, dicens: Non possum sufferre ullam tribulationem, sed omnia mihi contraria volo abstrahere a me. Nullum timebo. Quem timerem? Neminem timere volo. Sed qui hoc malum dicunt, abjicientur per me, quia posita sum semper lætari semperque gaudere in omnibus bonis, quia Dominus Jesus est remissor et consolator omnis doloris, quoniam et ipse dolorem pertulit in corpore suo. Et quia ipse etiam est justa correctio, idcirco et ego volo me illi conjungere, semperque ipsum portare, abjiciens de me odium et invidiam, ac omnia mala. Volo quoque semper faciem lætam in tua justitia habere, o Deus. Sed tertia imago quæ stabat ad sinistram ejus, induebatur tunica alba, viridi colore distincta. Habebat autem in manibus suis modicum vasculum pallidi splendoris, multam lucem ut fulgur ex se reddens, ita quod eadem lux in faciem, et circa collum ipsius imaginis luceret. Et dicebat: Ego felix sum. Dominus enim Christus Jesus facit et parat me pulchram et albam, cum illud mortiferum consilium diaboli effugio, quod semper ruminat infelicitatem illam scilicet quod Deus abjiciatur et diabolus malis operibus attrahatur. Hunc Satanam fugio, hunc abjicio, ipsumque mihi semper molestum habeo, quia amatorem illum desidero, quem assidue amplectar, et quem cum gaudio habeam in omnibus et super omnia. Imago vero quæ in fine hujus parietis super lapidem sedebat, induta erat tunica subnigra. In dextro autem humero suo habebat modicam crucem impositam imagine Jesu Christi, quæ hac et illac versabatur. Et quasi ex nubibus effulsit in pectus ejus quidam splendor miræ claritatis: a se in multos radios divisus, ut splendor solis a se dividitur, cum per parva et multa foramina alicujus rei fulget.

In dextra quoque manu modicum lignum in modum flabelli habebat, ex cujus summitate tres ramusculi miro modo cum flore pullulaverant. Habebat etiam in gremio suo minutissimos lapillos omnium gemmarum, quos multa sollicitudine et diligentia considerabat, veluti mercator res suas diligenter considerare solet, et dixit: Ego mater virtutum, justitiam Dei in omnibus rebus semper habeo. Nam in spirituali militia et in sæculari strepitu, intra conscientiam meam Deum meum semper exspecto. Non damno, non conculco, non sperno reges, duces et præsides, ac cætera sæcularia magisteria, quæ ab auctore omnium rerum ordinata sunt. Quomodo licitum esset, ut cinis cinerem sperneret? Crucifixus Dei Filius convertit se ad omnes, eos secundum justitiam et misericordiam suam movens. Ego etiam unamquamque ordinationem et institutionem ejus secundum voluntatem ipsius habere volo. Illa autem imago quæ in eodem fine super murum stabat nudum caput et nigros ac crispos crines habebat, faciemque obscuram. Induta quoque erat varia tunica plurimo colore intexta. Et vidi quod tunicam et calceamenta sua exuit stans nuda. Et subito crines ac facies ejus resplenduerunt in pulchritudinem albedinis et novitatis, ut jam nati infantis, atque per totum corpus suum effulsit ut purus et lucidus splendor illucet in claritate. Tunc etiam vidi in pectore ejus splendidissimam crucem cum imagine Christi Jesu, super arbusculam inter duos flores lilii et rosæ stantem positam, qui se sursum ad illam crucem aliquantulum recurvabant. Vidique quod exutam tunicam atque calceamenta sua fortiter excutiebat, ita quod pulvis multus ab eis excuteretur. Et ait: Exuo Vetus Testamentum et induo nobilem Filium Dei cum justitiis ejus in sanctitate et veritate. Propter quod reparata sum in bonis et mutata de vitiis. Unde et tu, Deus meus, delicta juventutis meæ et ignorantias meas ne memineris, neque vindictam sumas de peccatis meis. Et cum hæc attentius inspicerem, iterum qui sedebat in throno dixit ad me: Nullus fidelium qui humiliter vult Deo obedire dubitet recusare humano magisterio subjacere, quia per Spiritum sanctum regimen in populo, propter efficaciam utilitatis viventium dispositum est, illudque in ecclesiasticis observationibus futurum, et fideliter firmiterque habendum in antiquo populo præfiguratum est. Hinc etiam quod vides inter angulum septentrionalem et angulum occidentalem murum parietis præfati ædificii in interiore ejus parte totum arcuatum, secundum modum cancellorum, non tamen apertum ut cancellos, sed integrum: hoc est quod ab Abraham et Mose diabolo repugnantibus, quasi in angulo respiciente septentrionem usque ad veram Trinitatem quæ aperte declarata est in vera et catholica fide, cum a Deo Patre Filius Dei missus in mundum doctrinam suam abundanter emisit in fine temporum, quasi ad angulum respicientem ad occidentem erat murus, id est Israeliticus populus in lege justitiæ Dei constitutus, operans in constructione bonitatis Patris omnipotentis, scilicet in Veteri Testamento frenatus, et ei convictus, quia post ostensionem asperitatis quæ in zelo Domini excitata est per institutiones veterum prælationum, præsignata sunt regimina novarum dignitatum. Nam Vetus Testamentum tendebatur usque ad Novum, ex se germinans multo majora præcepta legis Novi Testamenti, quam primum orta essent in ipso; itaque de minore factum est majus, de minore videlicet doctrina veterum præceptorum major et latior doctrina novorum, cum Vetus Testamentum solummodo esset quasi fundamentum primitus positum: super quod ædificata est profundissima sapientia omnis doctrinæ, manifestata in incarnatione Filii Dei, tendens a veteri lege circumcisionem usque ad novam regulam baptismi majoribus præceptis ornatam.

Et ille murus plebs scilicet Judaica in interiore parte intellectus sui, in quo anima hominis Deum cognoscit, est ubique arcubus circumdata, id est circumquaque per significationem magisterii præcursorum suorum, præcepta legis Dei clamantium, et sibi ostendentium vallata, ut minores per majores quasi per præcellentes sibi homines ordinari solent, juxta constructionem cancellorum, quæ est typica præfiguratio Spiritus sancti, duras litteras perforantis in incarnatione Filii Dei, qui cancellos misericordiæ suæ petentibus plenissime demonstravit. Non tamen apertus est in perforatione ostiarii Spiritus sancti videlicet spiritualem intellectum in veteri lege non denudantis ut postmodum factum est in cancellis misericordiæ in carne manifestati Filii Altissimi, sed integer manet in duritia legalium præceptorum, quæ postea per Spiritum sanctum in fonte aquæ vivæ elucidata sunt.

Habet quoque in singulis arcubus quasi picturam hominum, quia ut hæc pictura ostendit imaginem hominum, sic in triumphali arcu scilicet in dignitate magisterii positus est homo, in vice Dei. Quomodo? Quoniam profundissima et capitalis sapientia per gratiam Dei posita est in os rationalitatis hominis, ut homo in nomine Dei exerceat officium magistrationis, per districtionem justitiæ et misericordiæ ipsius Altissimi.

Quod, autem in exteriori parte ejusdem muri vides alios duos minores muros, hoc est quod in exterioribus negotiis præter spirituale magisterium est intercepta constitutio populorum majorum et minorum, qui constituti sunt præcepto Dei, quasi duo muri, quoniam exterior sunt majores natu ex fortitudine sæcularis potentiæ in mea ordinatione, et medius sunt minores qui consistunt sub potestate et spiritualium et sæcularium personarum, quasi inter interioris præfati muri arcus qui est spirituale magisterium, et exteriorem murum qui est sæcularis potentia, ut dictum est. Unde duo muri positi extra ambitum interioris arcuati, quia sæculares personæ sunt in terrenis causis, magis videlicet exteriora quam interiora habentes, ita quod tamen sunt in linea constitutionis meæ. Quomodo?

Per exterius intelligitur interius, quoniam ut homo cognoscit ex visibili et alta persona hominis, quomodo homo timendus ac orandus et amandus sit, sic etiam in eodem intellectu intelligat qualiter invisibilis et altissimus Deus metuendus ac venerandus et diligendus sit super omnia. Nam per exteriorem et sæcularem dominationem admonetur homo interioris et spiritualis potestatis divinæ majestatis, quæ ita clausa et abscondita est homini, ut non possit carnalibus oculis ejus videri nisi quantum fide illius capitur. Et quandoquidem mortali creaturæ Deus invisibilis est, saltem per visibile magisterium discat homo timere et venerari ipsum altissimum præliationis ejus institutorem. Quomodo?

Inspiratio divina dedit in sensus hominum per rationalitatem eorum, ut in recta constitutione inter populos magnæ personæ dominentur, quæ ab illis timeantur ac honorentur. Nam Deus idcirco permisit genus unum excellere et aliud subjacere, ut ita homines dividerentur ne invicem per semetipsos interficerentur et perirent: alioquin otiosi essent nescientes procedere ad agnitionem Dei, nisi hoc præviderent per timorem et honorem in hominibus. Et ita processit Spiritus sanctus, ducendo populum ad interiorem legem spiritus, qua homo intus et exterius regeretur, donec fons saliens exivit apparens mundo in plenitudine justitiæ, qui regit utrumque corpus scilicet et animam. Unde etiam cura sæcularis potentiæ sic constituta est ad usum terrenarum rerum, ut corpus requirat refectionem ne deficiat et spirituale magisterium ad interiorem suspirationem perveniendi ad servitutem Dei, ut anima ad cœlestia anhelet. Hæc itaque constituta sunt mea ordinatione secundum quod etiam Isaac dixit filio suo Jacob: *Esto dominus fratrum tuorum et incurventur ante te filii matris tuæ* (Gen. xxvii). Hoc tale est: Dominus esse debes fratrum tuorum pollens super eos in honoribus et in beatitudinibus, benedictus in benedictionibus quæ mihi a Deo datæ sunt, et inclinentur ante te omnes nati filiorum matris tuæ subjecti tibi, propter precellentem causam benedictionis tuæ. Ex te enim exiet magnum genus de quo fortissimus et potentissimus vir exsurget, quem fratres ejus ipsum fugando persequentur; sed ipse velocissime in maximis viribus suis, quasi leo se illis eripiens, excellentissima dominatione illis dominabitur, et premet eos in nomine potestatis suæ, quæ nunquam in vilissima cauda eradicabitur, fratribus suis in caudam effectis. Sic et ego Pater cœlestis dixi Filio meo incarnato: *Esto Dominus omnium nascentium procreatorum de concepto semine humano quos creavi per te, quia tu mirabiliter natus ex Virgine non concepta hominis semine, sed existi de me per flagrantem ignem apparens in terra, verus homo clauso sigillo integerrimæ et castissi-*

meæ Virginis. Tu ergo es Dominus illorum in superna claritate divinitatis, qui fratres tui sunt propter incarnationem tuam in qua homo est. Et inclinatio, id est subjectio exhibeatur tibi a filiis matris tuæ scilicet tuæ incarnationis, atque in obsequio piissimæ devotionis subjiciantur tibi homines nati ex hominibus. Et quoniam Filius Dei sic est Dominus omnium creaturarum, per ipsum etiam in voluntate Patris et in tactu Spiritus sancti instituta est dispositio diversarum potestatum in mundo. Quomodo? Sic videlicet quod Deus abstulit nimietatem et jactantiam illam quam populus populum non honoraret; ita quod unusquisque faceret quod fieri placeret si hoc Deus inæstimabili sapientia consilii sui non prostravisset, sed ipse discrevit populum inter populum, minorem scilicet cum ministratione obedientiæ majori suo subjacere, majorem vero in omni utilitatis regimine solerter et devote minori subvenire, sicut etiam in ascensione Spiritus sancti datum est Jacob per patrem suum, quod esset dominus fratrum suorum, ut et dictum est.

Sed in hoc quod ostensum est, quod esset Dominus, demonstratum est quod sæculare negotium habet personam dominandi super libertatem aliorum, quibus propter timorem honoris sibi ab eis impensi per potestatem suam parcat, non eos opprimens jure servitiorum, sed illos habens quasi in dilectione fratrum. In hoc autem quod dictum est quod incurvatio ante ipsum fieret, innuitur servitium ministrationis illorum, qui per vinculum famulantium dominis suis substracti sunt, ut filii carnis curam carnalem habentes. Sed postquam ipse Jacob hoc dominium per paternam benedictionem fratri suo subripuit; deinde cœlestem celebritatem per lapidem quem erexit in titulum, et per decimam quam se vovit daturum constituit, ut præsignatum est, significans principalem personam in spirituali militia, quia quisque fidelis de minimo gradu ascendere debet ad summum: per sæcularem videlicet potentiam discere superius magisterium clarioris lucis, spiritualis vitæ, in quo adimpletur officium nauclerii secundum iter immaculati Agni, qui sursum levavit hominem cum plenitudine et bonitate omnis justitiæ, scilicet erigens hominem prostratum insidiis perversi raptoris.

Unde etiam hæc duo instituta ad terrena videlicet et ad cœlestia procedentia in quatuor et quatuor partes dividuntur, quia Deus magnam vim scientiæ rationalitatis hominibus dedit, ita ut in ascensione Spiritus sancti hæc in semetipsis scrutarentur in figura quatuor elementorum, plus prædictis duobus modis addentes, quod non aspernor nec abjicio, quoniam qui in nomine meo multiplicat quod minus, dignus est mercedis et non abjectionis, quæ etiam quatuor partes tam in sæcularibus gravaminibus quam in spiritualibus institutis sunt. Quomodo? Quia in sæcularibus causis sunt nobiles et nobiliores, sunt et famulantes atque obsequentes. In spiritualibus vero sacramentis sunt præcellentes et superiores, sunt et obedientes atque corripientes. Ego autem illas officiorum causas ordinatione mea constitutas omnino rapi nolo furtivo munere emptionis in venundatione, sed volo ut eis rationabili causa assistatur, ita ut qui ipsas suscipiunt utiles sint coram Deo et hominibus. Sed, quidam venenati scorpiones justitiam meam transgrediuntur, et eas mortifero veneno avaritiæ et superbiæ subripiunt, non solum in sæcularibus præpositoris, sed etiam in dispositionibus spiritualibus. Rapina autem sæcularium dignitatum, terrena scilicet per terrena comparata est quidem, severissime in iracundia zeli mei examinanda; sed tamen majoris ponderis et examinationis est rapina spiritualium. Nam sæculares sunt in exterioribus caro de carne; spirituales autem in interioribus spiritui conjuncti. Sed quamvis sæculares in exterioribus occupentur curam terrenam habentes, tamen sub illa specie ad interiora spiritus in regimine suo deberent anhelare; spirituales vero in specie religionis et in contemptu mundialium positi, interius in corde Patris omnipotentis ordinati, multo magis sub spirituali nomine deberent Filium ejus in summo sacerdotio ardenter imitari; quia, sicut Filius Dei exivit de corde Patris sui, ita constituit Pater apud semetipsum in Filio suo personas magistrorum qui in tam egregiam ordinationem positi sunt propter utilitatem Ecclesiæ, et in recto opere Deo conjuncti. Quomodo?

Qui in compunctione et probatione cordis atque in maturo sensu sunt, quod mihi omnino perspicuum est bonam videlicet conscientiam habentes, ita ut perverse et contrarie magisterium non appetant, illud nec diabolica arte sciscitantes, nec per pecuniam aut per sæcularem potentiam acquirentes, nec inde volantia verba laudis humanæ quærentes, sed illud vera electione mea et populi, in humilitate suscipientes; hi charissimi et probatissimi custodes, atque certissimi amici mei sunt. Sed qui retro incedunt, et illud alio modo in tenebris acquirunt videlicet per sæcularia terrenorum furtim mysteria cœlestium diripientes, faciem meam fugiunt, atque animas suas acriter occidunt; in hoc me deridentes, quia sic me denegant et contra voluntatem meam calcitrant. Quomodo? Quia ipsi despiciunt me non desiderantes potestatem magisterii adipisci per me; ita ut interiores oculos cordis sui ad me elevent sic dicentes: Placet hoc Deo an non? sed unusquisque eorum dicit in semetipso: Etiamsi hoc malum est apud Deum, ego tamen hoc accipiam confidens in Domino, quod quandoque vivens adhuc in corpore pœniteam, et tali modo acquirunt magisterium absque me Deo vivo; ita quod nec hoc a me postulent, nec se ad hoc mea voluntate pervenire confidant; sed in hoc ardore a facie mea fugiant sic rapientes magisterium, a misericordia mea natufragantes. Isti non sunt intra in corde summi Patris, sed sunt extra in parte aquilonis, qui in his causis est princeps eorum, nolentes quærere me Creatorem omnium, sed propriam voluntatem suam quam pro Deo habent sequentes et me derelinquentes. Nam nolunt scire me, nec ego eos. Concupiscentia ipsorum suggerit eis quod volunt. Et quia timorem meum habere recusant, idcirco et ego nolo eis tunc resistere in terrore iræ meæ, ut eis repugnetur in die illa in qua nihil amplius prævalere possunt; ipsi autem per me dimissi in hac vita, responsuri in futuro tremendo judicio de his quæ faciunt ; me videlicet scientes in fide, sed in his quæ perpetrant ad me respicere nolentes.

Nunc autem ut vides quod præfati duo minores muri sunt longitudinis spatii, quod est a prædicto angulo septentrionali usque ad angulum occidentalem : hoc est quod in constitutione populorum majorum et minorum cum extensione longitudinis humani temporis ab Abraham scilicet et Mose, quasi a septentrione usque ad manifestationem catholicæ fidei in veram Trinitatem, quam fidem Filius meus a me missus in mundum ut ad occidentem, edocuit exstiterunt in lege mea populi et principales eorum magistri præcurrens videlicet germen et exemplum populi novi testimonii a zelo usque ad Filium meum in carne natum tendentes, ut fuerunt et sunt et semper erunt interpositæ differentiæ in hominibus interiorum et exteriorum, id est spiritualium et sæcularium, majorum atque minorum. Qui sunt ipsis angulis ex utraque parte sui conjuncti juxta modum testudinis, quoniam tam Veteri quam Novo Testamento ex utroque latere initii sui, in honore et magistratione coadunati declarantur populi, et hoc in similitudinem testudinis, quod est in auctoritate divinæ providentiæ bene et digne compositi ad statum ædificationis cœlestis Jerusalem.

Quod vero altitudo eorumdem duorum minorum murorum est cubitorum trium: hoc est quod in sublevatione rectitudinis duarum sæcularium, conditionis scilicet majorum et minorum, tres partes sunt hominum, id est præcellentiores rectores et alii a vinculo servitutis famulantium liberi, atque communis populus prælatis suis in subjectione substratus. Unde etiam latitudo inter interiorem arcuatum murum et medium est unius cubiti, quæ est amplitudo dignitatis inter superiores personas spiritualis magisterii et inter minora vocabula terrenæ servitutis, in unitate fidei secundum Deum ad corripiendum subditos suos constituta. Atque inter exteriorem et eumdem medium est latitudo unius palmi quasi puerilis manus, quia est etiam inter inferiorem potestatem sæcularis regiminis, et inter subjectionem sæcularis ministrationis extensio justæ considerationis, ita ut hæ unanimi et simplici devotione puerilis innocentiæ se invicem tangant in manu conjunctæ operationis suæ. Sed quod intra idem ædificium vides sex imagines ante prædictum arcuatum murum super pavimentum ipsius ædificii stantes, hoc est quod in opere bonitatis Dei sex virtutes extenduntur, cæteras virtutes præfigurantes, ut Deus in sex diebus creaturas suas creavit; ipse videlicet virtutes in figura futurorum ante murum, id est ante Israeliticum populum divina lege frenatum, et magisterio ac defensione præcursorum suorum circumvallatum apparentes, cum etiam pavimentum terrenarum curarum in eadem constructione summi Patris in hac significatione conculcant, ut Christiana militia per ipsas se diabolo opponat.

Quapropter tres stant juxta se in fronte ipsius muri prope angulum qui respicit ad septentrionem; quia sancta Trinitas inseparabilis in virtute majestatis suæ, in initio Veteris Testamenti ab Abraham et Mose diabolo oppositis inchoati per diversas et secretas figuras designata est. Et tres etiam simul in fine parietis ejusdem secus angulum qui tendit ad occidentem, quoniam eadem Trinitas in unitate divinitatis regnans, in fine ejusdem defluentis legis aperto nomine suo prædicata est, nato in carne Filio Dei ob redemptionem hominis ad occasum tendentis. Quæ omnes picturam in arcubus ejusdem muri inspiciunt, quia semper pari devotionis studio in hominibus magisterium ordinationis Dei per potentiam ejus in legitiam Novi quam Antiqui Testamenti designatum attendunt considerantes qualiter in ipsis perficiatur. Quod autem in ipso fine ejusdem parietis vides aliam imaginem intra idem ædificium super lapidem in modum sedis in pavimento positum sedentem, hoc est quod in ipsa repositione veteris legis antiqui populi, et in initio novæ fidei inchoata in vera Trinitate, cum Deus omnes constantes virtutes in Ecclesia construxit, decenter etiam apparuit virtus hæc in opere summi Patris, operans in eo per hominem usque ad consummationem mundi. Unde sedet etiam super fortissimam petram, super unicum, scilicet Dei Filium, qui sedes et quies est omnium fidelium caduca despicientium, et in se pura fide credentium. Et latus dextrum ad murum inclinat, quia in quietis rectitudine et in salvationis parte huic populo qui sub magisterio dispositione Dei positus est, adhæret; ita ut et ipsi majores cum minoribus eam in operibus suis excolant. Faciem vero suam ad columnam veræ Trinitatis vertit, quoniam in omni re intentionem suam ipsi Trinitati acutissimo visu justæ considerationis intendit, ut sicut perpetua Trinitas in tribus personis inviolabiliter consideranda est: ita omnes Deum colentes, eam in factis suis diligentissime considerent, et considerando non relinquant. Sed quod in eodem fine vides alteram imaginem super eumdem murum in altiori loco stantem: hoc est quod etiam in translatione umbræ legis antiquæ, in fide sanctæ Trinitatis clarescente vera luce justitiæ, hæc virtus in principali magisterio et ndeli populo in cacumine salvationis cœlestis desiderii elevata est stans, pugnans contra vitia in Filio Dei erecta, quia ab ipso incepit, et cum ipso in cœlesti Jerusalem post finem sæculi permanebit. Quæ etiam ad prædictam columnam veræ Trinitatis versa est, quoniam per sanctam et ineffabilem Trinitatem confortata, reducit animas ad patriam.

Quod vero in ipsis imaginibus conspicis similitudinem, hoc est quod eædem virtutes unanimes sunt in diversitate donorum Dei. Quapropter indutæ sunt etiam ut priores imagines quasi sericinis indumentis; quæ sunt circa eas, ut circa reliquas virtutes suavissima opera, quæ in divina lege cultores Dei ipsi exhibent : facientes ea in justitia veritatis, et candidis calceamentis ; quia in ardore earum est etiam candor sequendi exemplum bonorum actuum in hominibus. Sed illa quæ a dextris media harum trium est quas in extrema parte ejusdem parietis vides, tota tantæ puritatis tantæque claritatis existit, ut præ multo splendore nullam ejus formam perfecte intueri possis, quoniam virtus illa cum salute veræ confortationis per donum sanctæ Trinitatis, in fine sanctæ veteris austeritatis exsurgens, omnis perlucida et pura est, carens cuncta indignatione diabolica in claritate læti gaudii unanimitatis hominum, ita ut præ multitudine gloriæ et honoris quem habet in cœlestibus; nulla ratione inæstimabilis unanimitas ipsius, quasi forma ejus, ab ullo mortali homine valeat considerari, nisi quantum Deus revelare dignatus fuerit. Et illa quæ super murum stat nigris calceamentis calceata est, quia tam in altiore dignitate quam in minore ante incarnationem Filii mei mortis signum et vestigium fuit in hominibus. Sed quod omnes sine palliis sunt, hoc est quod pariter terrenos cultus et exteriorem textum legalis institutionis abjecerunt intrinsecus veram justitiam inspicientes, præter mediam illarum trium quæ in prima parte ejusdem muri stabant, quæ pallio induitur, quoniam ipsa sub defensione Dei in initio præceptæ austeritatis desudans circumdata est comprehensione amoris Dei, in qua cœlestem thesaurum abscondit, abjecto desiderio carnalium. Et duæ trium superiorum quæ ad dexteram scilicet et ad sinistram mediæ imaginis stant, et duæ trium inferiorum, media videlicet et quæ ad sinistram ejus est, non habent muliebria velamina in capitibus suis nudis, tantum albis crinibus stantes, quia lex et prophetæ per virtutem supernæ majestatis emanantes et vitam ac mortem sua fortitudine ostendentes, cum duobus præceptis geminæ dilectionis per eamdem divinam potentiam subsequentibus atque constantiam intimæ circumspectionis habentibus in contrariis, et gaudium suavitatis in divinis fideliter soluti sunt ab omni subjectione ullius doloris seu laquei mortis, in capite in Christo videlicet Filio meo, nuda tamen coma fulgentes in candore virginitatis, quia divinitas virgineam naturam in Virgine Maria valde dilexit. Sed quod media trium priorum, et illa quæ super lapidem juxta murum sedet sunt, velato capite candida velatura capitis, ut mos est mulierum : hoc est quod ipsæ in auxilio supernæ altitudinis et in stabilitate conversationis beatæ quietis, blande ac dulciter ligatæ sunt forti ligatura subjectionis, Deum caput omnium fidelium in albedine piæ devotionis venerando, ut maritus ab uxore sincera charitate honorari debet. Et media trium superiorum et quæ ad dexteram ejus stant vestitæ sunt tunicis candidis, quia per eamdem virtutem divinæ majestatis in suavissima beatitudine emanant lucidissima et candidissima opera earum in hominibus stabilita sub lege Domini cui conjunctæ sunt. Sed quod etiam vides dissimilitudinem in eis, hoc est quod diversas vires habent in Deo, concorditer ipsum tamen colentes.

Propter quod imago quæ stat in medio trium superiorum præfigurat abstinentiam, quoniam ipsa in primo certamine est quasi civitas et firmamentum, atque ornamentum sibi adhærentium virtutum, continens se a peccato in gravitate morum. Ita quod perscrutatrix et recusatrix est cunctorum puerilium in malis, nullam petulantiam habens in se, et apparens quasi mater in medio earum virtutum quæ Trinitatis gloriam in initio datæ legis antiqui populi designant. Et habet in capite suo in modum coronæ circulum crocei coloris dextra parte insculptum, semper accensæ, quia ipsa per summum caput coronata est croceo radio splendidissimi solis, scilicet Filii Dei in cujus claritate tota comprehensa est et nullum appetens nisi illum qui etiam in dextra parte salvationis animæ eam semper accendit. Unde ut vides a dextra ejusdem imaginis columba advolat, ore suo spirans in eamdem Scripturam, quoniam in dextera cœlestis prosperitatis adest donum veræ simplicitatis, videlicet Spiritus sancti in abstinentia quæque bona per supernam inspirationem in salvatione animarum accendentis, ut etiam illa virtus demonstrat in supradictis verbis suæ admonitionis.

Alia vero imago quæ est a dextris ejus, significat largitatem, puerilis simplicitatis existentem, nec omnino astutiam aut duritiam adversus dolores hominum habentes, cum qua abstinentia se semper aufert ab omni asperitate in dextris bonorum operum, sic tendens ad Deum, quia largitas initium operationis ejus est, cum primum abstinentia opus suum aggreditur. Quæ habet in pectore suo quasi leonem tanquam speculum lucidum, qui est in corde illius Filius meus Christus Jesus, leo fortissimus, veluti speculum piæ et splendidæ dilectionis conclusum. Quod autem a collo suo gestat velut serpentem pallidi coloris in torta flexura virgulæ ad pectus etiam ipsius dependente : hoc est quod quasi colla fortissima scilicet patientiam idem Filius meus prudentissimus in pallore angustiatæ carnis sustinuit flexuram pœnarum cum exaltatione crucis in medicamento videlicet omnium vulnerum quod largitas per cœlestem amorem pectori suo imprimit illud frequenter inspiciens in mentibus hominum, sicut etiam in prædictis verbis exhortationis suæ fatetur.

Tertia autem imago quæ a sinistris ejus est, declarat pietatem nullo modo habentem odium aut invidiam, aut ullam fœditatem hominis, sed semper gaudentem et amplectentem prosperitatem omnium hominum, cujus viriditate et largitatis unctione abstinentia, sinistræ parti diabolicæ sufflationis resistit, quoniam pietas est plenum opus abstinentiæ in signifera pugna per quam semper victrix existit. Unde etiam tunica simili hyacintho rubri coloris induitur, quia splendidissimo opere sub quo pulcherrima sustentatione sanguineæ contrarietates latent, omnes scilicet injurias pati, post passionem Filii mei per ipsius exemplum circumdata est. Quod vero ad pectus ipsius apparet angelus ex utroque latere suo alam unam habens, hoc est ut homo in cognitione sua semper angelicum ordinem imitetur, unamquamque Dei ordinationem diligendo, cum ex utraque parte sui tam prosperarum quam contrariarum rerum in singulis et geminis alis videlicet in uno Deo per geminam virtutem non elatus supra modum in bonis, nec omnino prostratus in malis se elevat ad volandum quod est Deum in puritate cordis aspicere, sic sursum tendendo et non ad terram se dijiciendo. Quapropter etiam ala dextera ad dexterum humerum ejusdem imaginis extenditur, quoniam prosperitas hominis in dextra salvationis animarum ad auxilium pietatis porrigitur, cum Filius meus hominem reportavit in patriam. Et ala sinistra tendit ad sinistrum humerum illius, quia in sinistra contrarietatis diabolicarum insidiarum fidelis homo volatilem pennam, per quam abjiciat opera tenebrarum sursum extendit ad refugium Filii mei, per quem fortis contra omnem adversitatem existit, imitans vitam justorum, ut etiam virtus hæc in dictis suis declarat, quomodo supra ostensum est.

Imago quoque quæ est media trium inferiorum prætendit veritatem, quia post abstinentiam et illi cohærentes virtutes surgit veritas in omnibus causis, cum sibi astantibus imaginibus, veluti turris et tutamen earum existens, videlicet forte præsidium designans, quasi in medio virtutum sanctam Trinitatem in occasu Judaicæ consuetudinis et in ortu veræ fidei præfigurantium. Super cujus dextrum humerum candidissima columba stat spirans ore suo in dextram aurem illius : quod est in superiore parte dextræ, scilicet beati reditus per incarnationem Filii Dei ad vitam apparens admirabilis virtus Spiritus sancti, qui spiravit tactu suo in dextrum auditum, id est in corda credulorum hominum ut intelligant quid Deus in sua divina potentia sit. Quod autem in pectore ipsius monstruosum et informe caput hominis apparet : hoc est quod Deus in cordibus electorum suorum miserias et persecutiones principum esse permittit, sicut et Filius ejus pati voluit a principibus sacerdotum. Et quoniam Deus est in corde fidelis hominis, ideo debet et ipse homo pro Dei amore patienter sufferre Dei persecutionem, atque quia mors in casu diaboli erecta est, idcirco oportet et fidelem hominem adversus diabolicas nequitias multa certamina in diversis ærumnis sustinere, quæ sæpe ipsius corpori laboriosæ et contrariæ sunt, quoniam homini adhæret : quod idem antiquus serpens semper persequitur. Quid est hoc? Carnis concupiscentia, cui ille malignus hostis in insidiis positus insidiatur. Quod vero jacent sub pedibus ejus quasi species hominum conculcatorum et contritorum ab ipsa : hoc est quod sub vestigiis veritatis, omnes diabolicæ falsitates quæ in operibus hominum fiunt, ad nihilum deducuntur, ipsa amorem habente ædificationis Ecclesiæ cum omnes virtutes manifeste apparent et probantur in veritate, quæ ante tempora sæculorum in corde Patris latens, fuit invisibilis, sed in fine temporum visibilis apparens in vera carne Filii Dei. Unde etiam in manibus suis habet chartam expansam et ex una parte, videlicet versus cœlum septem lineis inscriptam, quia in omnibus operibus veritatis, est textura expansa per gratiam Dei Christiano populo constitutæ legis, et ex parte cœlestium desideriorum aperto cultu tenenda et ex parte carnalium cupiditatum metuenda, ostendens in se septem dona Spiritus sancti, videlicet inexpugnabile firmamentum contra diabolicas mortis insidias. Et illam legere vis sed non potes, quoniam, quamvis homo multum desideret scire mysteria et occulta in donis Dei tamen non est ei possibile dum est gravatus mortali corpore intelligere, aut capere quid Deus in mirabilibus suis fieri velit, sed ipse homo amplectatur et comprehendat ea in veritate : videlicet sequendo præcepta Dei, sicut etiam hæc eadem virtus in prædictis verbis suis ostendit.

Altera autem imago quæ ad dextram ejus est, designat pacem, supernum signum et angelicum consortium habentem, quia in plena viriditate veritatem germinat, quoniam eadem veritas circumdata est eximiis et supernis donis in dextra parte salvationis animarum habens pacem per Filium Dei. Quomodo? Ut scriptum est in angelico carmine, ubi dicitur : *Gloria in excelsis Deo et in terra pax hominibus bonæ voluntatis* (Luc. II). Hoc tale est : In altissimo Deo fulget homo et Deus in homine, quia Filius Dei mirabiliter incarnatus est. Ideoque laudabilis et gloriosus est in cœlo Deus, ab omni creatura sua. Unde etiam in terra fit pax salvationis illis hominibus, qui voluntatem Patris cum devotione et fide suscipiunt, quia etiam pax bonæ voluntatis est voluntas totius bonitatis Patris, quæ Filius ejus est, qui est Deus et homo. Et quomodo est ipse pax? Ipse est pax hominum, defendens eos ab insidiis antiqui serpentis, qui primus prævaricator exstitit, qui lumen vitæ perdidit dejectus in tenebras, quod lumen pax vera, id est verus Dei

Filius attulit hominibus : ita quod ipsi facti sunt participes regni Dei in beato loco quem perdidit diabolus. Et ut vides prædicta virtus faciem habet angelicam, quoniam ipsa fugit ab omni malo in intentione sancta, quasi in facie sua Deum aspiciens cum angelico desiderio. Unde etiam ex utroque latere suo volatilem alam unam habet, quoniam in utraque parte tranquillæ, scilicet et turbidæ ostensionis, sursum ad Deum tendit non faciens terrorem nec amaritudinem, sed semper in prosperitate placida existens unum Deum in unanimitate duarum alarum comprehendit, quia nulla tempestate instabilitatis nec in bono nec in malo eversa, tantum in tranquillitate persistit. Et in specie hominis ut cæteræ virtutes apparet, quia per Filium Dei mirifice claruit, cum etiam omnes virtutes per illam in hominibus probantur, ita quod nullo modo contentionem aut rixam quærit, sed semper in lenitate, sic se diabolicæ pugnæ opponens ut etiam supra in verbis locutionis ejus manifestatur.

Sed tertia imago quæ stat ad sinistram ejus, indicat beatitudinem æternam vitam appetentem, per cujus fidelitatem et intimam lenitatem, veritas a sinistris omni fallaciæ serpentinæ persuasionis hominem decipientis ipsi consentientem contradicit, quia beatitudo est invicta securitas veræ claritatis in qua ipsa infelicitatem mortis non timet. Propter quod etiam induitur tunica alba, viridi colore distincta, quoniam circumdata est fidelibus operibus in cœlesti desiderio albescentibus, atque multimodis donis in viriditate Spiritus sancti virentibus decoratis. Quod autem in manibus suis modicum vasculum palli splendoris : hoc est quod in opere suo demonstrat qualiter in parvo retentaculo, id est in contrito secreto cordis sui, homo Deum per fidem apprehendat, in pallore tamen fragilitatis humanæ carnis, quia fides etiam in ipsa mortali vita pure colenda est, ut miseria hominis non deserit. Unde etiam multam lucem ut fulgur ex se reddit, ita quod illa lux in faciem et circa collum ipsius imaginis luceat, quoniam cognitio æterni luminis et in timore et in dilectione Dei diffunditur, videlicet tendens de interiori corde hominis usque ad faciem, id est usque ad inceptionem recti operis, in bono exemplo intentionem suam manifestantis, et circa collum quod est postea ubique prudenter fortitudinem comprehendentis in completo opere, cum illud in homine ante Deum præclarius sole fulget per beatitudinem, sicut etiam in prædicta manifestatione ejusdem virginis declaratur.

Imago vero quæ in fine muri super lapidem sedet, prætendit discretionem, quia ipsa in consummatione antiquæ observationis in Christo requiescens, pleniter apparuit, solertissima existens cribratrix omnium rerum, tenens scilicet quod tenendum est et abscindens quod abscindendum est, ut triticum a lolio separetur. Et induta est tunica subnigra, quoniam circumdata est mortificatione carnis, abjiciens levitatem totius vanitatis. Quod autem in dextro humero suo habet modicam crucem imposita imagine Jesu Christi : hoc est quod eadem virtus radicem posuit in dextra parte potentiæ fortitudinis Dei, cum Deus omnipotens misit Filium suum mirabiliter incarnari et humiliter pati cujus dilectioni conjuncta est discretio, quoniam ab ipsa manifestata est, ut per eam omnis justitia discernatur. Et ut Deus est dispensator convenientis staturæ hominis, ita est discretio imitatrix illius in officio suo, opera sua videlicet adimplens in dispensatore cruxifixo Filio Dei, cum ipsa in utraque dignitate est divinitatis scilicet et humanitatis. Quæ hac et illac versatur, quia in comprehensione latitudinis per significationem sanctæ crucis circuitum inter bonos et malos habet. Quod vero quasi ex nubibus effulget in pectus ejus quidam splendor miræ claritatis : hoc est quod de misericordia Dei quasi de nube clarissima, accensio divinæ pietatis aspiratur in mentes hominum, discretionem in eis faciens, eosque illuminans. Unde etiam a se in multos radios divisus est ut splendor solis a se dividitur, cum per parva et multa foramina alicujus rei fulget, quoniam Spiritus sanctus in superna virtute diversos radios donorum suorum dividens hominibus, eos scilicet lucidiores sole et ineffabiliter discretos in humilibus cavernis, id est in perspicacibus visibus animarum fidelium suorum diffundit, illustrans sensus et mentes eorum, ita ut acutissime in quibusque causis intelligant quod eis apte in Deo faciendum sit. Sed quod in dextera manu modicum lignum in modum flabelli habet : hoc est quod discretio in dextra parte salvationis animarum, opus suum per donum Spiritus sancti in hominibus quasi in ligno fragilis carnis semper considerat, hoc signum tamen in se habentis, ut a se per divinum auxilium diversas muscas diabolicarum videlicet persuasionum abigat, ne per eas in diversas vanitates dispergatur. Propter quod etiam ex ejus summitate tres ramusculi miro modo cum flore pullulant, ut fideles homines super omnia et in omnibus sanctam Trinitatem in mirabilibus suis semper florentem, fideliter credant in unitate divinitatis gloriosissimæ regnante, non temere in se ipsis cœlestia secreta examinantes ; sed sicut Deus omnia opera sua in diversis creaturis suis juste discrete disponit ; sic etiam ipsi homines per vim discretionis cuncta facta sua bene et recte dispensent. Quod autem habet in gremio suo minutissimos lapillos omnium gemmarum, quos multa sollicitudine et diligentia considerat veluti mercator res suas diligenter considerare solet : hoc est quod ipsa in sinu mentium hominum, omne quod aptum et conveniens est in minutissimis consiliis et artibus eorum, continet quasi in gemmis virtutum unamquamque justitiam a Deo constitutam cauta et diligenti examinatione perquirens, ut congrue et juste in omnibus rebus procedat in cordibus hominum propter mercedem operis acutissime considerans, ubi est remuneratio in Deo, ut etiam in verbis suis quomodo præmonstratum est propalat.

Illa autem imago quæ in fine stat super murum, significat salvationem animarum, quoniam ipsa in occasu veteris duritiæ effulsit in culmine auctoritatis novæ gratiæ : ita quod quasi fundamentum ejus existat discretio, cum qua et super quam apparet eadem salvatio animarum, orta in Filio Dei cum natus est ex Virgine pro salute hominum. Et nudum caput et nigros ac crispos crines habet, quia nuda est a servitute subjectionis liberæ scilicet dignitatis manens, quoniam Filio Dei aperte adhæret, a quo etiam clementer suscitata est, nigredinem tamen patiens capillorum, quoniam in Judaica plebe offuscata apparebat, non habente veram claritatem, sed multiplicem diversitatem, quasi crispam comam diversarum observationum. Habet quoque faciem obscuram; quoniam ante incarnationem Filii Dei, in umbra mortis non visa est retinere felicitatem æternæ salutis. Unde etiam induta est varia tunica, plurimo colore intexta, quoniam in veteri populo multis modis circumdabatur varietate operum, immista diversitate multorum vitiorum. Sed quod vides quomodo tunicam et calceamenta sua exuit stans nuda : hoc est quod in passione Filii mei, morte abstersa cum etiam post adventum Spiritus sancti sonus et verba apostolorum emissa sunt in mundum, excitata est in salvatione animarum, ita quod ipsa spernens mala opera, et abjiciens contraria vestigia exuta est, fortiter denudata diabolica magistrationi intra se ipsam sic dicens : O tu, turpissime diabole, nunquam relinqueres me, si non redempta essem in sanguine Agni. Nam in lacu inferni voluisti retinere me, sed nunc gratia Dei liberata sum. Et sic crines ac facies ejus resplendent in pulchritudine albedinis et novitatis, ut jam nati infantis, quia post incarnationem Filii mei crevit multus populus in figura criminum illius, bene illuminatus in interiore facie animæ, adhærens veræ et splendidæ justitiæ, ita quod exquirebat felicitatem æternam, confidens in albedine vitæ et in liberatione fidelium membrorum Christo capiti suo adhærentium per novam regenerationem, et per veram infantiæ innocentiam salutari in vita cœlesti, atque per totum corpus suum effulget ut purus et lucidus splendor illucet in claritatem, quoniam ipsa quasi per omnia sua membra per fidelem scilicet populum sibi per Filium meum subjectum facta est pura, in columbina simplicitate, clara in lucidissima pulchritudine justitiæ Dei. Quod autem vides in pectore ejus splendidissimam crucem cum imagine Christi Jesu, super arbusculam inter duos flores lilii et rosæ stantem positam, qui se sursum ad eamdem crucem aliquantulum incurvant : hoc est quod eadem virtus facta est credentium populorum forte præcordium in passione Jesu Salvatoris, qui martyrio suo in vestigiis boni et recti exempli sui, arborem mortis et perditionis Adæ depressit atque contrivit, adversus quam etiam duo Testamenta, scilicet Vetus in candore et Novum in rubore illi repugnantia per dispositionem Dei procedebant, se in altitudine spiritualis intellectus ad passionem ejusdem pii et nobilissimi Redemptoris, atque ad omnem justitiam ejus a perditione mortis reflectentia. Unde vides etiam quod exutam tunicam atque calceamenta sua fortiter excutit, ita quod pulvis multus ab eis excutiatur, quia salvatio animarum ostendit in novis et justis operibus hominum, abstractam tunicam prioris consuetudinis et omnium vitiorum veterum delictorum, atque abjectum malum exemplum transgressionis Adæ, fortissima examinatione ea discutiens atque contemnens, et pulverem vanæ gloriæ aliorumque peccatorum a se projiciens, sicut etiam superius in prolocutione sua de se ipso confitetur. Qui autem acutas aures interioris intellectus habet : hic in ardenti amore speculi mei ad verba hæc anhelet, et ea in conscientia animi sui conscribat.

VISIO SEPTIMA.

SUMMARIUM. — *Quod ineffabilis Trinitas in fine temporum declarata, simplici et humili corde a fidelibus credenda et colenda est : ne quis plus investigans quam oportet, quia comprehendi non potest, in deterius cadat. Quod in sanguine Christi mundus salvatus est, et cultus sanctæ Trinitatis manifestissime declaratus est : ipsa tamen nullius intellectui patet. Quod ineffabilis Trinitas omni creaturæ apertissime imperio et potestate apparet exceptis incredulis cordibus cuncta tamen velut incidens gladius penetrat. Qui in Christiano populo catholicæ fidei, in ariditate infidelitatis adversantur : hoc divinitas in confusione succidit. Quod divinitas jactantiam Judaici populi dejicit. Quod diabolicum schisma gentilis populi a Deo abscisum vadit in perditionem. Parabola ad eamdem rem. Verba Joannis ad eamdem rem. De differentia et unitate trium personarum. De tribus similitudinibus ad Trinitatem. Verba de libro Regum ad eamdem rem.*

Deinde vidi in angulo occidentali demonstrati ædificii mirabilem et secretam atque fortissimam columnam colorem purpureæ nigredinis habentem, eidemque angulo ita impositam ut et intra et extra ipsum ædificium appareret. Quæ etiam tantæ quantitatis erat, ut nec magnitudo nec altitudo ipsius intellectui meo pateret, sed quod tantum miro modo planissima absque omni ruga fuit. Habebat autem in exteriore sui parte tres angulos calybei coloris a pede usque ad cacumen ipsius, velut acutissimus gladius incidentes, quorum unus contra Africam respiciebat ubi plurimum putridi straminis ab eo succisum et dispersum fuerat, et unus contra chorum, ubi multæ pennulæ per illum discissæ ceciderant, atque medius contra occidentem, ubi plurima putrida ligna ab ipso desecta jacebant, hæc singula ab eisdem angulis propter temeritatem ipsorum succisa. Et iterum ille quem aspiciebam in prædicto throno sedentem et hæc omnia mihi demonstrantem dixit mihi: Hæc mystica et miranda atque ignota plenissima dona, quæ tibi, o homo clarissime, apparent in vero lumine tibi demonstro, tribuo dicere et ostendere ad accendendum ignea corda fidelium, qui purissimi lapides sunt ad ædificationem cœlestis Jerusalem.

Nam sancta et ineffabilis Trinitas summæ unitatis sub jugo legis servientibus occultata, sed in nova gratia de servitute liberatis manifestata, simplici et humili corde, in tribus personis unus et verus Deus a fidelibus credenda est, et non temere perscrutanda est, ne qui noluerit contentus esse dono quod a Spiritu sancto accepit, dum plus quærit quam oporteat propter temeritatem elationis suæ potius in deterius cadat, quam id quod indecenter appetit inveniatur. Quod et visio præsens ostendit. Hæc enim columna quam vides in angulo occidentali demonstrati ædificii, in figura veræ Trinitatis est, quoniam Pater, Verbum et Spiritus sanctus unus Deus in trinitate et eadem trinitas in unitate existens, perfecta columna totius boni et penetrans summa et infima, regensque universum orbem terrarum. Quæ in plaga occidentis apparet, quia Filius Dei sub tempore quasi in occasu incarnatus, Patrem suum ubique glorificavit, et Spiritum sanctum discipulis suis promisit, cum etiam idem Filius in voluntate Patris mortem subeundo adimplevit bonum hominibus, ut et ipsi in ædificio summi Patris recte incedant, vera et justa opera in Spiritu sancto perficiendo. Sed mirabilem, secretam atque fortissimam se ostendit, quoniam Deus in creaturis suis tam mirabilis existit, ut nullo modo ab eis ad finem perduci possit, tamque secretus ut nulla earum scientia vel sensibilitate pertinaciter sit examinandus, atque tam fortis quod omnis fortitudo ipsarum ab eo dirigatur, nec ejus fortitudini valeat comparari.

Quod autem colorem purpureæ nigredinis habet, eidemque angulo ita imposita ut et intra et extra ipsum ædificium appareat: hoc est quod in voluntate Patris unicus Filius ejus purpureum sanguinem suum pro nigredine peccatorum hominum fundens, et sic passione sua mundum salvans, veram et rectam fidem credentibus attulit, quia in defectu veteris observationis, et in ortu novæ sanctificationis cultus sanctæ Trinitatis manifestissime declaratus est, cum aperte creditum est, quod supernus Pater Filium suum misit in mundum de Spiritu sancto conceptum, qui gloriam Patris et non suam quæsivit, sanctique Spiritus profundam consolationem aperuit, ut dictum est, ita quod hoc in nulla parte lateret, quin et fidelibus in opera Dei manentibus,

et infidelibus extra fidem positis denuntiaretur. Et quod tantæ quantitatis est ut nec magnitudo nec altitudo ipsius intellectui tuo pateat: hoc est quod eadem Trinitas tam ineffabilis gloriæ et potestatis est, quod nec in magnitudine majestatis, nec in altitudine divinitatis ullo circuitu aut præsumptione sapientiæ humanæ mentis determinari possit. Miroque modo planissima absque omni ruga est, quoniam quod admiratione dignissimum existit, mitissima est in gratia et semper benigna planaque in suavitate justitiæ occurrentibus, ita ut nihil rugosum ullius injustitiæ in ea inveniatur, justa et bona existens in parte salvationis.

Quod autem habet in exteriore sui parte tres angulos calybei coloris a pede usque ad cacumen ipsius velut acutissimus gladius incidentes: hoc est quod contrarietate tenebrarum opposita in universo mundo ineffabilis Trinitas in unitate deitatis apertissime apparet, nec ulli creaturæ suo imperio et potestate absconsa latens exceptis incredulis cordibus quibus ob incredulitatem ipsorum occultatur, propter quod etiam judicium Dei cum digna recompensatione eos ut meriti sunt occidit, veluti fortissima calybs nulli inflammationi cedens, sed se ipsi opponit, unde et quod a summo usque ad summum tendit: ab initio scilicet creationis sæculi usque ad finem ejus, et quod superest hoc potenter in acutissima divinitate quasi in incidente gladio semper sapientia et potestate penetravit et penetrat.

Et quod angulus unus circa Africum respicit ubi plurimum straminis aridi ab eo succisum et dispersum est, hoc est quod justissima divinitas Trinitatis, in Christiano populo omnem ariditatem diversitatis et contradictionis atque abjectionis rectissimæ catholicæ fidei adversantem, in maxima illius confusione succidit et comburit, sicuti fœnum quod conculcatur et in igne comburitur a fructuoso frumenti grano separatum, quod fides est cum operibus in scientia Scripturæ, de qua omne quod eidem veræ fidei contrarium et inutile est in credulitate sua, dispergitur et aufertur, quia insipiens populus quasi stultum pecus ea abutitur. Atque unus contra chorum se dirigit ubi multæ pennulæ per illum discissæ cadunt, quia eadem divinitas elatam jactantiam Judaici populi, qui cum magna superbia in altitudine mentis suæ volabat, dejecit, cum ille in seipso et non in Deo justus esse volebat, ut Pharisæi qui in alta cœlorum ascendere tentabant, secundum propriam fiduciam suam in se ipsis confidentes, sed justo judicio Dei ob diversitatem morum suorum discissi in hac præsumptione cadentes.

Medius vero contra occidentem respicit, ubi plurima putrida ligna ab ipso dejecta jacent, quoniam per ipsam Trinitatem abscinditur nefandum et diabolicum schisma gentilis populi, qui in occasu infidelitatis errat in recta fide, quia ut putrida ligna molesta et inutilia sunt ad usus hominum, sic etiam abscissus et abjectus est populus iste a gaudio vitæ, magis diabolica sectans figmenta quam divina præcepta. Unde etiam hæc singula ab eisdem angulis propter temeritatem ipsorum succisa sunt, quia in omnibus prædictis causis vera et sancta Trinitas infideles, qui vel audacter eam dirumpere volunt, vel qui eam pertinaciter credere nolunt, a se abscissos ire permittit in perditionem, quoniam rabide et ignoranter invadunt divinitatem, nolentes se inclinare fidei quam Filius Dei per se ipsum attulit, et quam etiam per discipulos suos hominibus transmisit, secundum quod hæc parabola dicit: Dominus quidam lapidem igneum habens per ipsum et per nuntios suos necessariam rem multo populo mandare volebat. Sed nuntii non erant sapientes et scientes verba domini sui intelligere, sed insipientes et ignari ad mandatum illud perficiendum. Interea ortus est tumultus et tempestas magna et torrens ac sævus tonitruus, ita quod terra mota est, et quod lapides scissi sunt, sic etiam quod vas unum in quo plurima vascula erant in terra jacens absconsum, dorso ad cœlum verso, maxima fortitudine eradicaretur e terra, et quod uterus illius ad cœlum converteretur. Tunc etiam a Domino illo per lapidem ipsum vehementissimo flatu ignis advenit, qui tanto ardore nuntios illos pertransivit ut omnes venæ eorum calefierent, quod et omnis desidia timoris ab eis tanta velocitate excuteretur, ut ab arida pelle velocissime decidit, quod ei super effunditur. Et sic demum recordati sunt illi omnium quæ audierant et didicerant a domino suo, et abierunt ad populum qui umbilicos non habebat, et cujus civitas destructa fuerat, et illi mandatum domini sui annuntiabant. Sed et quibusdam et ipsis umbilicos restituerunt, et civitatem eorum reædificantes ipsis eam reddiderunt, quibusdam autem nec umbilicos nec eis civitatem reddiderunt, sed ipsos occidentes ut porcos eos diviserunt. Et sic lapis ille universo mundo innotuit, concutiens et occidens omnia mendosa facta humanæ carnis. Hoc tale est: Dominus iste est Pater omnipotens apud quem est Unigenitus ejus, ille scilicet lapis angularis qui de igneo Spiritu sancto conceptus est, et ex integerrima Virgine natus homo, ipse videlicet flos candidissimus et pulcherrimus existens in albedine et pulchritudine totius sanctitatis. Nam Filius Dei erat secundum divinitatem inenarrabiliter ante ævum omnis creaturæ, cum Patre et cum igneo refrigeratore postea in tempore placito missus a Patre, ut conceptus de Spiritu sancto, sicut dictum est, veraciter incarnatus nasceretur ex Virgine, ad conferendum credentibus candorem et decorem vitæ. Quo incarnato, ostendit cœlestis Pater per illum et per discipulos illius benigne nuntians necessariam rem, salutem videlicet et salvationem hominibus, qui in ipsum crediderint. Sed illius discipuli cum idem Filius apud eos corporaliter maneret in mundo, erant stulti et inscii ac stolidi, et tardi vigilanter verba illius in Spiritu intelligere et opere complere, sed tantum quasi in somno in simplicitate ea audiebant, nondum confirmati, sed pavidi et exterriti velut homines. Interea venit tempus insanorum cordium, ita quod Judæi tumultum facientes exquirebant, suscitantes multa schismata contra Filium Dei, ut in hac magna tempestate occiderent eum. Et dum ita implerent omnem malignitatem suam ut desideraverunt, tunc in hoc præcipiti et maximo tonitruo peractum est jam grande homicidium, quale antea non fuit nec postea futurum est, ita ut terra moveretur, id est ut terrenæ mentes hominum exterrerentur cum reliqua creatura, et ut lapidea lex Judæorum scinderetur in criminoso facto eorum. Tunc primus homo cum genere suo in quo latuit signum reliquæ creaturæ jacens sepultus in morte; ita quod omnem intentionem suam ad terrena verteret, habens a dorso cœlum nolens respicere ad Deum in magna fortitudine Filii Dei eradicatus est e terra mortis in qua dormiunt cum filiis suis, ita quod suspiraret de toto corde omni scientia sua quasi in utero ad cœlestem patriam se convertens, quia audivit Christum Dei Filium propter ipsum occisum. Sed post ejusdem Filii Dei ascensionem a Patre et per ipsum Filium, ut ipse promiserat Spiritus sanctus, advenit, quia tota terra in superna dulcedine stillabat, quoniam cœlestis panis in mundo manserat, quem infideles transitorie quasi in rumore neglexerant, fideles autem cum omni devotione susceperant. Quia ergo Verbum incarnatum erat, aperte Spiritus sanctus in igneis linguis apparuit, quoniam de Spiritu sancto Filius conceptus est qui in prædicatione sua mundum ad veritatem convertit. Et quoniam etiam apostoli per eumdem Filium docti erant, ipse Spiritus sanctus ita in calore suo perfudit eos, ut diversis linguis anima et corpore loquerentur, quoniam in eis anima corpori dominabatur, sic illis clamantibus quod in vocibus eorum totus orbis terrarum commoveretur.

Abstulit quoque idem Spiritus sanctus ipsis humanum timorem; itaque talis pavor nullus eis inerat ut sævitiam hominum timerent, ne verbum Dei loquerentur, sed omnis hujusmodi timiditas tanto ardore et tanta festinantia eis ablata est; ut quasi aridi et non molles sed ut mortui ad cunctam adversitatem redderentur quæ ipsis accidere potuisset. Unde etiam mox perfecto sensu, recordati sunt omnium quæ prius tardi fide negligenter audierant et perceperant a Christo: ea ita ad memoriam reducentes quasi eadem hora ab ipso illa cognovissent. Et abeuntes iter faciebant inter incredulos populos qui umbilicos, id est sigillum, scientiam scilicet sanctæ innocentiæ et justitiæ non habebant, et quibus civitas eorum instrumenta videlicet legis Dei in infidelitate destructa erat, ipsis verba salutis et veræ fidei in Christo annuntiantes. Unde multos ex eadem turba ad agnitionem Dei reduxerunt deducentes eos ad umbilicum, id est ad fontem baptismatis, in quo receperunt sanctitatem perditam in superba transgressione, atque sanctam civitatem præceptorum Dei erexerunt reædificantes eis ipsam qua eos insidiator diabolus spoliaverat in Adam et eam in fide ad salutem eis reddiderunt. Qui autem fidem baptismatis et munimentum jussionis Dei propter incredulitatem suam recipere nolebant, hos in præconiis signorum pertransierunt, ac eos ob duritiam et incredulitatem quæ in ipsis erat condemnantes, morti tradiderunt, quia in sceleribus suis et in sordibus pollutionum carnis, atque in illecebris fornicationum et adulteriorum suorum se involventes ut porcus luto involvitur, ad veram fidem converti noluerunt, unde et a vita divisi et separati sunt. Sicque Filius Dei a multis et admirandis signis in toto terrarum orbe manifestatus est ex Patre secundum divinitatem ante tempora ineffabiliter genitus fuisse, et post in tempore secundum humanitatem mirabiliter incarnatus esse ex Virgine, ita quod corda omnium hæc audientium horrore et tremore nimio sint concussa, et quod vana ac fallacia opera quæ secundum voluptates suas fecerunt, ad nihilum in eis per contemptum mortis sint redacta vero verbo Dei testimonium sanctæ Trinitati atque vivificæ salvationis quæ fit per aquam regenerationis ad vitam reddente, ut dilectus Joannes in verbis exhortationis suæ ostendit dicens : *Et Spiritus est qui testificatur quoniam Christus est veritas, quia tres sunt qui testimonium dant in terra : spiritus, aqua et sanguis, et tres unum sunt. Et tres sunt qui dant testimonium in cœlo : Pater, Verbum et Spiritus, et tres unum sunt* (I Joan. v). Hæc tale est : Spiritus hominis spiritualis est videlicet non procedens de sanguine nec nascens de carne, sed currens de arcano Dei, existens illi invisibilis quod mutabilitati subjectum est. Ideoque est illius testificatio ad Filium Dei cujus gloria mirabilis est in mystico spiramine, quam nullus hominum perfecte intelligere valet, scilicet quomodo idem Unigenitus Dei de Spiritu sancto receptus sit et in hunc mundum venerit, sicut etiam nullus hominum plene scire poterit : quomodo anima pertranseat corpus et sanguinem hominis, ita quod eis una vita sit. Et sicut spiritus hominis in certissima causa scientiæ quæ ei a Deo data est, pertransiens in ea omnia quæ sibi a Deo concessa sunt, quoniam non est falsa et deceptoria vita sed vera et fida : ita est Christus perfecta veritas in qua vita surrexit, et lumen salvationis refulsit, de qua mors cecidit quia ipsa fallax est. Et tria sanctam Trinitatem significantia testimonium dant in terra : ita quod ostendunt et tribuunt in præsenti sæculo remedium vivificæ salvationis per quod veniendum est ad cœlestia sine termino permansura, quæ nondum immortalitatis habentur in re, sed in spe exspectantur. Nam spiritus hominis habet ex me testimonium in se quod non est in plena vita restaurationis salutis, nisi resurgat pro me in aqua regenerationis, quia defecit in illo lumine quod lucet in me : expulso de felicitate per corruptam conceptionem criminis quod crescit in sanguine. Et aqua habet testimonium illud, quæ omnia sordida purget in se, et quod ipsa mortifera perditio mortis per purissimam purgationem pereat in ea, hic spiritui ante sanguinem adjuncta, quia ut spiritus spiritualis est; sic et aqua spiritualem affert sanctificationem, et media inter spiritum et sanguinem posita, quoniam et animam et corpus per spiritualem generationem confortans transmittit ad vitam. Sanguis quoque hoc testimonium habet, quod venenosa itinera sua retorqueat ad domum sanctificationis per aquam salvationis, quæ est medicinalis vis in Filio meo incipiens, et in ipso ad vitam permanens, quia sanguis in se continet valde culpabilia crimina, magnamque inquietudinem injustitiæ per errantia scilicet itinera currens in tortuosa dulcedine quæ ardenti libidini servit et quæ innocentiam per horrida vitia suffocat, crescere incipiens per gestum comedentis de suggestione insidiatoris diaboli. Et hæc tria unum quoniam spiritus non est vivens homo sine sanguinea materia corporis, nec sanguinea materia corporis vivens homo, sine anima, nec hæc duo reviviscunt in gratia novæ legis ad vitam nisi per aquam regenerationis, et ita unum sunt in redemptione, nec sunt integra in salvatione quandiu ab hac salutari aqua sunt separata, quia rationalitati deest præcellens honor vitæ, in qua redemptus homo semper resonare debet perfectam laudem in conspectu Dei qui ipsi rationalitatem dedit. Nam Deus propria voluntate sua creavit hominem ad honorem illum qui completur in corpore Filii ejus in vita æterna : cum perditus homo, reviviscit in honore vitæ salutifera gratia redemptus in Deo. Et spiritus quidem invisibilis corporalibus oculis existens, designat Patrem omni creatura inæstimabilem, et aqua purgationem sordis faciens, significat Verbum, id est Filium passione sua abstergentem maculas hominum, atque sanguis circumplectens et calefaciens hominem, figurat Spiritum sanctum suscitantem et incendentem clarissimas virtutes in hominibus. Sic tria hæc videlicet spiritus, aqua et sanguis sunt in uno, et unus in tribus, et unum sunt in salvatione, scilicet ut dictum est, atque Trinitatem in unitate et unitatem in Trinitate demonstrant. Quomodo? Sancta et cœlestis Trinitas dat cœleste testimonium : ita quod non est ab alio sumptum, sed certa fide in ipsa manifestatum. Quomodo? Pater testificatur quod unicum fructuosum Verbum suum, quod ante sæcula genuit, per quod omnia creata sunt, ipsum postea in prædestinato tempore in Virgine gloriosissime floruit. Verbum autem testificatur quod exivit a Patre, inclinans se ad humanam naturam incarnatus videlicet in pudore virginitatis, quia exivit a Patre spirituali egressione, et iterum rediit ad Patrem in carnis fructuositate, hic in medio positum, quoniam a Patre est ante tempora invisibiliter genitum, et de Spiritu sancto in Virginis utero in tempore corporaliter conceptum. Sanctus vero Spiritus testificatur quod accendit integritatem Virginis, ita quod Verbum Dei conciperet : et quod doctrinam ejusdem Verbi in igneis linguis firmavit, cum apostolos ita perfudit ut per totum mundum veram Trinitatem vociferarentur. Quomodo? Ipsi clamabant quod Deus Pater perfecit illud quod creavit hominem ad supernam felicitatem, qua spoliatus erat homo, quia ipse de limo terræ factus in erectione sursum, sed voluntate sua declinans se ad terram deorsum: nunc in gratia per incarnatum Dei Filium erectus denuo sursum, et per Spiritum sanctum illuminatus et confirmatus ne periret in perditione, sed ut salvaretur in redemptione restitutus est æternæ claritati.

Sic Pater, Filius et Spiritus sanctus testantur quod omnino non distinguuntur in potestate, quamvis in personis distinguantur, quia simul operantur in unitate simplicis et incommutabilis substantiæ. Quomodo? Quoniam Pater est creans scilicet omnia per Verbum, id est per Filium suum in Spiritu sancto; Filius per quem omnia perficiuntur, in Patre et Spiritu sancto; Spiritus sanctus per quem virent omnia, in Patre et Filio. Et hæ tres personæ sunt ita in unitate inseparabilis substantiæ, quod non confunduntur vicissim in se. Quomodo? Ideo quoniam qui genuit Pater est, et qui natus est Filius est, et qui a Patre et Filio ardentissima viriditate procedit, et in specie innocentis alitis super aquas apparens eas sanctificavit, et apostolos igneo ardore perfudit, Spiritus sanctus est. Pater enim ante tempora sæculorum habuit Filium, Filiusque erat apud Patrem, Spiritu sancto æternaliter Patri Filioque in unitate divinitatis coæterno. Unde considerandum est quia si ex his tribus personis duæ vel una deesset, non esset Deus in plenitudine sua. Quomodo? Quia ipsæ sunt una unitas divinitatis, quoniam si aliqua earum deesset, Deus non esset. Nam quamvis eædem personæ ita distinctæ sint, tamen sunt una et integra atque incommutabilis substantia inæstimabilis pulchritudinis, permanens in indivisa unitate. Quomodo? Potestas, voluntas, ardor: hi tres apices in uno culmine operationis sunt. Quomodo? In potestate voluntas, in voluntate ardor et inseparabiles sunt, sicut et halitus hominis in sua emissione. Quomodo? Circuiens ventus cum humiditate et calore est indivisibili emissione in hominis spiratione, sicut et oculus tuus in sua integritate. Quomodo? Circulus oculi tui habet duo perlucida in se unum tamen habitaculum existens, omniaque regens quæ sibi constituta sunt. Audi et intellige, homo. Sic tres personæ in una incommutabili essentia divinitatis sunt. In Patre Filius, in utroque Spiritus sanctus, et unum sunt sibique inseparabiliter cooperantur; quoniam nec Pater operatur sine Filio, nec Filius sine Spiritu sancto, nec Spiritus sanctus sine ipsis, nec Pater, nec Filius, sine Spiritu sancto, qui unitas indivisa sunt. Sic est Deus in tribus personis absque initio ante ævum; nondum ante exordium mundi assumptione carnis in Filio peracta, usque ad præordinatum tempus ubi venit plenitudo temporis illius cum misit Deus Filium suum. Sed et eodem Filio incarnato, idem Deus est in tribus personis, volens ita in eis invocari, cum idem virgineus flos floruit in integritate virginitatis, nec ineffabili Trinitati ob hoc persona addita est; sed tantum ipse Filius Dei induit carnem inviolabiliter assumptam. Unde et hæ tres personæ sunt unus Deus in divinitate. Et qui sic non credit, ille abscindetur de regno Dei, quia scindit integritatem divinitatis et se ipsum in fide, ut scriptum est: *In die autem tertia apparuit homo veniens de castris Saul veste conscissa et pulvere aspersus caput* (*II Reg.* 1). Hoc tale est: In illa die cum catholica fides orta est in manifestatione sanctæ Trinitatis, pullulabant homines in multo schismate venientes ab exercitu mortiferæ cohortis, perverse illud scrutantes quod non est possibile homini scire. Unde incarnati per multas suasiones diabolicæ artis, fingunt se ascendere super illam altitudinem, ita quod volunt scire plus quam eis sciendum sit de incomprehensibili divinitate. Et ideo a veste salutis et justitiæ scinduntur quia Deo contrarii sunt, atque fœdantur pro diversitatem sparsionis; in capite fidei fidem integram non habentes, sed unicum honorem deitatis in multas sectas spargentes, atque superiorem honorem suum in irrisione schismatis minuentes. Qui omnes a Deo dijudicabuntur, ut in sequentibus ita continetur: *Dixit David ad juvenem qui nuntiaverat ei: Unde es tu? Qui respondit: Filius hominis advenæ Amalachitæ ego sum. Et ait ad eum David: Quare non timuisti mittere manum tuam, ut occideres christum Domini? Vocavitque David unum de pueris suis et ait: Accedens irrue in eum. Qui percussit illum et mortuus est. Et ait ad eum David: Sanguis tuus sit super caput tuum. Os enim tuum locutum est adversum te, dicens: Ego interfeci christum Domini* (*ibid.*). Hoc tale est: Ille victoriosus qui incomprehensibilis est omni creaturæ, dicit ad puerilem ignorantiam, quæ est in homine, ad illam scilicet pueritiam quæ sibi ipsi facit exaltationem, hoc volens scire quod sciendum non est, in qua stultitia invadit Deum quasi per temeritatem annuntians ei: scio te bene, Domine. Ita quod ipse respondet illi, sic: Unde es tu qui habens initium vis scire totum quod caret initio? Et stultitia quæ orta est in homine initium habens, respondet quasi in scientia sua dicens: Ego sum filius hominis qui peregrinus est, huc veniens ab hac maledicta terra, quia primus homo lapsus in gustu pomi, fecit iter in hoc exsilium de patria, cujus et ego progenies sum. Tunc dicit Deus ad eum: Quia homo es a maledicta terra et pulsus de patria ut exsul, quare non timuisti tanta præsumptione scrutari, quod tibi sciendum non est, suffocans opus tuum, ita quod nullo modo utile est in lumine spei, et tangens in eo malum homicidii; quia quicunque temere scrutatur quid Deus fecerit ante creaturam mundi, vel quid Deus facturus sit post novissimum diem: hic anathematizatus sit a portione beatæ communionis, quoniam hoc ei sciendum non est, qui habet mortale initium, peccatis gravatum; sed miser erit a felici salute bonæ scientiæ, quia in pertinacia perscrutatus est quod scrutari non debuit. Idcirco tu qui hæc præsumptuose et crudeliter per occisionem facis, beatam intelligentiam regalis prophetiæ in te interficis, quia anima tua deberet providere sibi puram scientiam, fideliter scilicet in illa simplicitate quæ conveniens, et credere in Deum. Tunc præcipit Deus zelo purissimæ justitiæ suæ quæ non habet ullam maculam iniquitatis, vocans eum per rectissimam unitatem judicii judiciorum suorum, sic dicens : Festina et opprime illum de bona scientia sua quam habuit ne quiescat in ulla felicitate sui sensus; quoniam nullam fecit mihi requiem in corde meo. Et sic plaga zeli Domini percutit illum : ita quod nulla scintillula ullius oculi ipsi permanebit ad videndum, id est cognoscendum Deum. Unde et moritur justitiæ vitalis consolationis, se ipsum non valens regere. Tunc dicit ad eum Deus : Sanguinolentum nefas tuum, quo te elevas ad illa excelsa quæ non potes intueri, sit super animum tuum; quem injuste erigis contra me, illud malum conculcet te in depressum locum de quo te levare non possis, in rectam mensuram propositionis fidei; qui recta vestigia ire noluisti, sed in sensu tuo magnum schisma quæsivisti. Nam os tuum sit relictum a verbis sapientiæ; quoniam locutum est contra salutem tuam, cum fallaciter scrutatus es secretam et incomprehensibilem divinitatem, præsumens scire quæ non sunt scienda, temere dicens in te ipso quid Deus sit bene scio, per temeritatem istam occidens interiorem salutem tuam, cum caute in Deum credere noluisti, sed te superbe contra eum erexisti. Qui autem acutas aures interioris intellectus habet : hic in ardenti amore speculi mei, ad verba hæc anhelet et ea in conscientia animi sui conscribat.

VISIO OCTAVA.

SUMMARIUM. — *Verba humilitatis. Verba charitatis. Verba timoris. Verba obedientiæ. Verba fidei. Verba spei. Verba castitatis. Verba gratiæ Dei ad admonitionem hominum. Quod humanitas Salvatoris ecclesiasticam ædificationem sustentans, apparet in fide populorum fideliter operantium. Quod sanctitudo veræ incarnationis humanis mentibus obumbrata, ab interioribus fide et opere cognoscitur, exterioribus fama et voce manifestatur. Quod soli Deo cognitum est quot et quales futuri sint ut perficiatur corpus Christi. Quod omnia opera incarnati Filii Dei et collectio Ecclesiæ de quatuor partibus mundi, sunt in voluntate Patris. Quod in Christo omnes virtutes acuto studio pleniter operantur et in ipso aperte manifestatæ sunt. Quod septem virtutes, septem dona Spiritus sancti significant. Verba Isaiæ de eadem re. Verba Salomonis ad eamdem rem. De statu et habitu prædictarum virtutum et quid significet. De humilitate. De charitate. De timore Domini. De obedientia. De fide. De spe. De castitate. De gratia Dei et statu et habitu ejus et quid significet.*

Et deinde in plaga meridiana in præfato lapideo muro demonstrati ædificii ultra prædictam columnam veræ Trinitatis, iterum vidi quasi columnam magnam et obumbratam intra et extra ædificium apparentem, quæ scilicet visui meo tam umbrosa apparuit, ut nec magnitudinem, nec altitudinem ejus cognoscere valerem. Et inter columnam hanc atque columnam veræ Trinitatis erat interruptus locus longitudinis trium cubitorum, vacuusque absque muro, ut superius ostensum est, fundamento ibi tantum posito. Hæc ergo umbrosa columna in hoc ipso ædificio in illo loco stabat, ubi desuper in cœlestibus mysteriis coram Deo illum magnum et quadratum lucidissimique candoris splendorem prius videram, qui secretum superni Creatoris designans in maximo mysterio mihi manifestatus est, in quo etiam alius splendor velut aurora in se aeream in alto purpureæ lucis claritatem habens fulgebat; per quem mihi in mystica ostensione mysterium incarnati Filii Dei demonstratum fuerat. In columna autem ista ab imo usque ad summum ejus in modum scalæ ascensus erat, ubi omnes virtutes Dei descendentes et ascendentes oneratas lapidibus ad opus suum ire videbam, intentum studium idem opus perficiendi habentes. Et audivi lucidum illum qui sedebat in throno dicentem: Isti fortissimi operarii Dei sunt. Sed inter has virtutes, præcipue septem videbam; quarum etiam formas et habitus diligentissime considerabam. Talis igitur similitudo in eis erat, omnes ut aliæ virtutes quæ supra memoratæ sunt, veluti vestibus ex serica induebantur. Sed et omnes albis crinibus retecto capite, et absque amictu palliorum incedebant, præter primam more femineo in capite velatam, atque quasi casula tanquam crystallus perlucida indutam, et præter secundam nigros capillos habentem, atque præter tertiam quæ dissimilis humanæ formæ videbatur. Prima quoque et quarta atque quinta, albis tunicis vestiebantur. Omnes etiam alba calceamenta habebant, excepta tertia secundum speciem hominis non apparente, ut dictum est, et excepta quarta quæ crystallinis calceamentis miro modo lucentibus calceabatur. Hæc autem in eis fuit dissimilitudo.

Prima imago portabat coronam auream capiti suo impositam, tres ramos altius exstantes habentem, atque pretiosissimis lapidibus viridis et rubei coloris et albis baccis multo fulgentem ornatu. In pectore vero suo habebat speculum lucidissimum, in quo mira claritate imago incarnati Filii Dei apparebat. Et ait: Ego sum columna humilium mentium, et interfectrix superborum cordium. In minimo incepi et ad ardua cœlorum ascendi; Lucifer erexit se sursum super se, et corruit sub se deorsum. Quisquis me vult imitari Filius meus esse desiderans, si me matrem suam amplecti opus meum: in me perficiendo, hic tangat fundamentum, et leniter ad alta sursum ascendat. Quid hoc? Ipse primum carnis suae vilitatem inspiciat; et sic sursum de virtute in virtutem suavi et leni animo gradatim proficiat, quia qui summum ramum arboris primum apprehendit ad ascendendum, repentino casu saepissime cadit. Qui autem volens ascendere a radice incipit, huic non est tam facile cadendum, si caute incedit.

Sed secunda tota videbatur ut hyacinthus aerei in alto coloris videlicet tam forma quam tunica ipsius. Et eidem tunicae duae zonae inaestimabili modo auro et gemmis ornatae mirabiliter intextae erant; ita ut super utrumque humerum ejusdem imaginis zona una usque ad pedes ipsius, ante et retro descenderet. Dixitque: Ego ad indignationem in coelo provocabar, cum Lucifer se ipsum odio et superbia momordit. Sed OOO humilitas! hoc tolerare noluit. Propter quod etiam ille ruina magna dejectus est; formato autem homine, OOO nobilissimum granum et OOO dulcissimum germen, Filius Dei propter hominem in fine temporum natus est homo. Et quoniam Lucifer voluit et tentavit vestem et integritatem meam scindere, idcirco lucidissimus splendor apparui in Deo et in homine. Nunc autem caeci et mortui, lupanaria et meretrices atque incestas appellant aequivocas meas. Sed quantum impossibile est lutum contingere coelum, tantum impossibile est hanc spurcitiam tangere voluntatem meam. Pennas igitur in aliis virtutibus mihi faciam; cum quibus haec inutilia quae Lucifer per mundum sparsit abjiciam. O virtutes, ubi est Lucifer? In inferno est. Surgamus ergo omnes, ad veram lucem propinquantes, atque aedificemus maximas et fortissimas turres in provinciis; ut cum venerit dies novissimus, plurimum fructum et in spiritualibus et in carnalibus apportemus. Cumque plenitudo gentium introierit, tunc et nos in terra et in coelo perficiemus. O turpissime Lucifer, quid tibi profuit repentina temeritas tua? In primo splendore tuo, cum creatus es a Deo, voluisti me insaniendo et bacchando conculcare et a coelo dejicere; sed tu in abyssum cecidisti, et ego in coelo permansi, postea descendens ad terras in incarnato Filio Dei. Et per me perfecta est multitudo fidelium mille justis et bonis artibus armatorum; quas ipsis, si posses, jamdudum libentissime diripuisses. O humilitas quae quasi terram calcatos et contritos usque ad sidera elevas: o humilitas quae es gloriosissima regina virtutum, quam forte et invictum es tuis ubique praesidium; nullo cadente qui puro corde diligit te, sicut et ego tecum valde utilis multumque exoptabilis defensio meis sum, quia valde gracilis et subtilis existens parvissima foramina me colentium exquiro, et ea acutissime pertranseo.

Tertiam autem imaginem vidi in eodem schemate ut in priori visione eam videram, majoris scilicet et longioris staturae quam caeteras virtutes, dissimilemque formae humanae et plurimos oculos undique in se habentem, totamque in sapientia viventem, atque indutam quasi umbroso indumento per quod quidem oculi prospiciebant, multoque timore trementem coram praedicto lucido sedente in throno. Et ait: O vae miseris peccatoribus Deum non timentibus sed eum quasi illusorem habentibus. Quis potest incomprehensibilis Dei timorem effugere quem ipse culpabilem sinit perire non abjicientem a se mala? Propterea ego valde et valde Dominum Deum timebo. Quis me adjuvabit coram Deo vero? Quis me liberabit in tremendo ejus judicio? Nullus omnino nisi idem justus Deus. Illum ergo quaeram, ad illum semper fugiam.

Quarta vero niveum vinculum circa collum portabat, atque manus et pedes candido religamine habebat ligatos. Et dixit: Non possum currere secundum voluntatem meam per viam saecularem, nec per contagia humanae voluntatis: et ideo volo redire ad Deum patrem omnium, quem diabolus recusavit, et quem obaudire noluit.

Quinta quoque circa collum rubeum torquem habebat, et ait: Unus est Deus in tribus personis, unius essentiae, et aequalis gloriae colendus; fidem ergo et fiduciam habebo in Domino, et non delebo in aeternum nomen ejus de corde meo.

Sexta autem tunica pallidi coloris induebatur. Et crux passionis crucifixi Filii Dei ante eam in aere apparuit; ad quam ipsa oculos et manus cum multa devotione erigebat, dixitque: O pie Pater, parce peccantibus, qui non dereliquisti exsules; sed elevasti in humeros tuos. Unde etiam jam non perimus spem habentes in te.

Sed septima lucidiore et puriore crystallo tunica induebatur; quae ita in candore relucebat, ut aqua resplendet cum sole perfunditur. Et super caput ejus expansis quasi ad volandum alis columba stabat, versa secundum faciem illius. Apparuit autem et quasi in ventre ipsius veluti in speculo candidissimus infans; cujus fronti inscriptum erat innocentia. Habebat quoque in dextra manu regale sceptrum, sinistram autem ad pectus suum apposuerat. Et dicebat: Ego libera sum et non ligata. Purissimum fontem pertransivi, dulcissimum scilicet et amantissimum Filium Dei. Pertransivi eum, ab eoque exivi. Superbissimum autem diabolum conculco non praevalentem ligare me. Ipse abcissus est a me, quia semper maneo in superno Patre. Sed in summitate praefatae obumbratae columnae vidi aliam pulcherrimam imaginem, nudo capite stantem, et crispos ac subnigros capillos habentem, faciemque virilem tantae ardentis claritatis, ut eam perspicue considerare non possem, ut faciem hominis. Erat quoque purpurei et subnigri coloris tunica induta; cui super utrumque humerum ejusdem imaginis zona una coloris rubicundi croci, ante et retro usque ad pedes ejus se extendens intexta fuerat. Habebat autem circa collum episcopale pallium, mirabili modo auro et pretiosissimis gemmis adornatum. Splendor vero candidissimus ita eum ubique circumdederat, ut nusquam nisi ante a capite videlicet et deorsum usque ad pedes ejus ipsam inspicere possem. Brachia autem et manus atque pedes ipsius mihi ad videndum obumbrati erant. Sed splendor idem qui eam circumdederat, oculis undique plenus erat, totusque vivens, atque hac et illac se diffundens, ut nubes diffluere solet, ita ut nunc latiorem nunc autem constrictiorem se redderet. Et eadem imago voce magna clamavit in mundum, dicens hominibus: Gratia Dei sum, filioli mei: ideo audite et intelligite me, quia illis do lumen animæ, qui me intelligunt in admonitione; quos etiam in eadem beatitudine contineo, ne revertantur ad iniquitatem. Et quoniam ipsi me non despexerunt, ob hoc etiam volo eos tangere mea admonitione, quatenus incipiant bona operari, et me illis dico qui me requirunt in simplicitate et cordis puritate. Et dum tribuo margaritas boni admonens et exhortans hominem; ita scilicet dum intellectus hominis tangitur per me sum ei initium, hoc est dum sensus hominis intelligit admonitionem meam audita, ita quod etiam idem sensus ducitur ad consensum tactus mei in animo suo, tunc sum in ipso initium boni quod eum oportet incipere, me sic illi adjutrice. Tunc et ibi colluctatio est; ut vel perficiatur quod do vel non. Quomodo? Hoc sic volo intelligi; quia dum hominem admoneo tali modo quod incipit gemere ac flere peccata sua, tunc si voluntas illius acquiescit admonitioni qua illum admonui, quoniam homo in sensu suo taliter sentit mutationem animi sui, qualiter oculos suos levat ad videndum, et aures ad audiendum, et os ad loquendum, et manus ad palpandum, et pedes ad ambulandum secundum desiderium illud ut sibi in animo est; si tunc voluntas susceperit admonitionem meam, mox ipsa elevat se et deprimit ac superat sensum, ita quod sensus discit ignota in sua consuetudine. Quomodo? Ipse mutat se, quoniam eum oportet quisquis invitum sequi voluntatem quæ super eum est. Ipse enim subjectus est illi in servitio; quia ei inferior est, eamque sequetur sive velit sive nolit. Nam ego do bonum in initio, et calefacio illud in mente tribuoque opus voluntati ad perficiendum, et hoc facio admonitione, exhortatione atque calore doni inspirationis Spiritus sancti. Si autem voluntas his donis repugnat, tunc ad nihilum deducuntur hæc quæ memoravi. Unde in eodem tempore dum homo potest recipere in incendio donorum in signis præconii quod de me oritur; tunc ad illud properet, ac etiam citius veniat voluntas in bonis, et perficiat opus hoc in claritate. Nam scientiam boni et mali ob hoc habet homo ut ipse in omnibus operibus suis Deum tanto melius intelligat, devitando malum et operando bonum; quia sic Deum colit cum timore, eum amplectens in perfecta charitate. Quomodo? Ita scilicet si aperit interiores oculos spiritus ad bonum, et si negat et abjicit in exteriori homine malum quod facere potuit. Idcirco etiam subjecta est terrena creatura sub potestate ipsius; ut eo amplius Deum intelligat et diligat, ac operetur in eo opus scientiæ suæ cum intellectu, quo ipse timeat et amet omnipotentem, qui ipsi deputavit magnum honorem servitutis plurimarum creaturarum. Unde et ob has causas effundit homo, hoc quod ipse in intellectu suo scienter comprehendit: discretionem in creaturis, ita quod novit quæ sint amabiles et odibiles, et quæ utiles atque inutiles, et quod etiam post hæc in fide qua ipse Deum intelligit concluduntur omnia opera ipsius; ita quod et Deo et angelis ejus placent, aliquando etiam tango hominem in animo ipsius, et moneo eum ut incipiat operari justitiam et devitare malum; sed dedignatur me, et putat quod possibile sibi sit quidquid facere voluit, ac spatium pœnitendi sibi ipsi constituit usque ad tempus illud dum corpus ejus in simplicitate frigidæ ætatis sibi consentiat, et dum etiam propter senectutem sibi fastidio sit amplius peccare. Tunc iterum admoneo atque hortor eum ad bonum, et ut animo suo resistat. Qui dum me negligit: sæpe per multas adversitates ut in divitiis et cæteris his similibus quæ patitur, ad hoc perducitur, quod eum quasi invitum et adversus se ipsum oportet facere bonum, et quod eum in tam exasperato animo non multum delectat ea adimplere quæ prius proposuerat perficere in prospero tempore; in quo ei videbatur nihil contrarium ipsi posse obesse, secundum quod ipse in se ipso ordinaverat tanto tempore illa agere ut sibi placuisset. Hic homo si dubie susceperit me, nolo tamen eum relinquere; quia, quamvis sic susceperit me, tamen non omnino despexit me. Unde et ego non laboravi frustra in ipso. Tædio enim mihi non est tangere ulcerosa vulnera quæ circumdata sunt circumrodentium vermium in innumerositate vitiorum, et fetore mali rumoris et infamiæ, et languore inveteratæ iniquitatis peccatorum; nec despiciam quin leniter illa contractem: eo tempore dum incipio extrahere edacem livorem malitiæ, hoc est cum intueor et tango illa vulnera blando calore inspirationis Spiritus sancti. Sed sæpe cum hujusmodi dolor veteri fomento inveteratur, ita quod peccatum incipit calere ardens in animo hominis, et cum etiam sic oriuntur in dolore vulnera peccatorum, ita quod erunt in coagulatum opus hujus immunditiæ quasi globus et acervus se erigens de magna sorde vermium et fomentatione involuti luti de quo nascuntur mortifera venena scorpionum, serpentum, ranarum et aliorum similium venenosorum vermium, et cum etiam tunc ita indurantur ut lapis in talem scilicet duritiam quam nullus cogitat effringere, quæ sunt importabilia onera scelerum in illis hominibus qui gravati sunt gravioribus oneribus; quid tunc ad hæc? Tunc sane homines propter infidelitatem suam non possunt confidere, ut possibile sit huic homini se ad Deum convertere de sua iniquitate; propterea quia vident eum quasi escam esse diaboli. Ego tamen nolo illum deserere, sed medio adjutorio et prælio volo esse pro ipso in certamine, ubi suaviter primum incipio tangere quasi duritiam lapidis illius peccati, quoniam quasi difficile est eum confringi in tam maximo fetore horribilium scelerum, quæ sibi sunt prædictæ causæ magnæ sordis et nequitiæ, et quæ sunt veluti cadaver putredinis, et esca diaboli, quam ipse certissime absorbuit in ventrem suum. Quomodo? Scriptura habet de Filio Dei dicente: *Meus cibus est ut faciam voluntatem Patris mei (Joan. iv)*, et contra, cibus est diaboli ut hominem deprimat in mortem, per quam illos talibus venenis, ut prædictum est, afflat, qui ei in voluntate sua consentiunt, et post eum declinant. Et id ipsum est diaboli desiderium et continuum studium, quia de hac sorde oritur omne malum. Sed de istis hominibus plures me intelligunt. Quomodo? Dum eos primum tango, dicit homo ille intra se: Quid mihi est? Ego nescio nec cogitare scio quidquid boni. Et iterum nesciens suspirat et dicit: Heu me peccatorem. Nihil autem amplius sentit; quia mole peccatorum gravatus est, et quoniam tenebræ iniquitatis conturbaverunt eum. Tunc iterum tango vulnera illius. Et quoniam prius per me admonitus erat, tunc eo melius intelligit me, et respiciens in se ipsum iterum dicit: Væ mihi, quid faciam? Nescio, nec excogitare valeo quid fiat de me, propter multiplicia peccata mea. Ah! quo me vertam vel ad quem properabo qui me adjuvet, ut turpissima scelera in me contegam et deleam in pœnitentia. Unde iterum respicit in se ipsum ea colluctatione quam prius habuit in studio peccandi; ac eodem desiderio ad veram pœnitentiam se convertit, ut ante studebat in peccatis. Et quia tunc ille homo mea admonitione sic evigilavit de somno mortis, quam sibi pro vita elegerat: idcirco tunc nec cogitatione, nec verbo, nec facto quæ prius ardenter habuit ad scelera, vult amplius peccare, sed studiosissime in fortissima pœnitentia se elevat ad me. Quapropter mox et ego suscipio eum totum: et deinceps dimitto eum quasi liberum: ita quod in prædictis concupiscentiis gravem infestationem ultra non habebit; ut charissimi filii mei sustinent, quos moneo multipli,i miseria ignitis sagittis diabolicarum persuasionum, quia ipse harum tunc non indiget. Nam ipse semper dolebit propter transacta peccata sua, ita ut etiam sibi ipsi iratus tam acrem pœnitentiam agat quod se etiam indignum æstimet hominem vocari. Sed hæc victoria est in fetore sordis illorum hominum quos abjicere nolo, quoniam post peccata sua me tandem quæsierunt. Nam qui me non spernunt, sed admonitionem meam suscipiunt, et me devote quærunt, illis parata sum facere quidquid volunt; qui autem me contemnentes abjiciunt, illi mortui sunt, nec eos scio.

Sunt enim multi homines qui dum me adesse sentiunt intelligentes suam mentem tactam esse admonitione mea, fugiunt me per malam consuetudinem conceptorum peccatorum, quæ in se deglutiebant voluntate atque consensu et opere. Unde etiam et ipsi sunt coram Deo quasi nihilum et inane reputati; quia nolunt esse conscii quod possint facere, tacti per me. Ego autem nolo esse in pollutione horum peccatorum qui nolunt suscipere admonitionem meam; nec se volunt purgare per exhortationem illam quatenus se avertant a peccatis suis, nec desiderant comedere cibum illum qui est Scriptura Evangelii, quo satiari debent omnes fideles, nec gustare saporem ejus secundum quod eis datum est; sed festinant fugere gratiam Dei; quia nec videre, nec audire, nec cogitare volunt quid eis faciendum sit, dum vocantur admonitione boni. Ipsi fugiunt admonitionem bonam, ut vermis qui terram intrat se abscondens ab omni decore hujus sæculi. Hoc faciunt et isti nequissimi homines fugientes præcepta Dei, seque polluentes in fæce qua se involutant in mortem, cum se abscondunt in malitia sua, nolentes de fetore nequitiæ ad lucem prodire. Qui tales sunt, non pertinent ad me. Nam ego nolo hac et illac dividi in pollutione luti. Quomodo? Cum his esse volo, qui me pura pœnitentia intelligunt; ubi me etiam adjungo humanæ corruptibilitati, quia eam volo purgare. Qui autem me nolunt suscipere, illos a me abjicio, nolens esse cum eis; quia nulla pars mihi cum illis est, quia sunt in parte stultæ ignorantiæ me intelligere nolentes, et quoniam nolo esse in opere quod pertinet ad conglutinationem obduratæ perversitatis: quod est ad mortem. Et qui hoc modo spernunt me, imitantur perditum angelum, qui dum Deum videre potuit, eum inspicere noluit, ita ut eum humiliter agnosceret; et propterea subito effugit omnem gloriam cœlestem, cadens in mortem; dum Deo voluit assimilari simili honore. Isti despiciunt me, quoniam operantur opus malignum, ut exigunt illicita desideria carnis in voluptatibus ipsorum. Et quoniam me despiciunt, idcirco faciunt quod male volunt. Ipsi contemnunt Deum, sic etiam negligunt illius præceptum. Unde et perfrequenter in indignatione mea permittuntur ad plenitudinem mentis suæ facere quod voluerint; quia vita æternæ felicitatis eos fugit quasi nihilum sint, frequenter etiam deficientes tam in prosperitate præsentis vitæ quam futuræ, quoniam duri et immobiles ad felicitatem boni sunt. Contumacem enim peccatorem, in malis suis perseverantem desero: vivificans eum qui in se respicit et a peccatis suis in timore meo cum pura pœnitentia se ad me convertit. Nam ego sum columna firmæ stabilitatis, quæ nunquam desero quærentem me, quoniam qui me apprehendit et se mihi intime ac fideliter conjungit, nunquam decidet in perditionem. Qui vero me habet in oblivione mentis suæ, et superbiendo se elevat super me, id est qui in se ipsum magis confidit quam in me, ac ideo fiduciam in me contemni habere quoniam pro nihilo computat gratiam Dei, quia in animo ejus sum et ventus turbinis, ipse habens me negligenter in irrisione et superbe cum elatione in desperatione, non propter gravedinem peccatorum quæ perpetraverit, sed propter superbiam me deridendo sic dicens, quid est gratia Dei? Hunc ego dejiciendo occidam, et in electione mea eum erigere nolo; quia mortuus est ab æterna felicitate. Sed et hi homines qui non habent fiduciam se posse surgere de gravioribus culpis peccatorum suorum sic abjicientes omnipotentem Deum et gratiam ipsius, desperantes scilicet in nimia tristitia quasi non possint salvari de enormitate criminum suorum, deficiunt projecti a me, et acerbe corruunt in mortem, morientes in inferno inferiori cruciatu mortis æternæ.

Nunc etiam loquar de dilectis filiis meis qui me suscipiunt aperto sensu et voluntario animo atque acuto intellectu, et qui me gemitu et fletu tangunt, me excipientes cum gaudio atque omni amplectentes intentione. O flores mei, qui dum me adesse sentiunt subito gaudent in me, et ego in illis. Ipsi dulciores suavioresque mihi sunt super amorem lapidis pretiosissimi, et super fulgentes pretiosas margaritas in mente hominum, qui eas amplectuntur ardenti desiderio. Ipsi etiam sunt mihi nobilissimi quadrati lapides; quia in conspectu meo mihi semper sunt amabiles, hos assidue volo limare et purgare: quatenus recte ac decenter ponantur in cœlesti Jerusalem, quia semper in mentibus suis bona voluntate mecum epulantur, nec mea justitia possunt satiari. Nam mox cum tactum meum sentiunt properant ad me, tanquam cervus ad fontem aquæ. Sed ego sæpe relinquo eos, ita quod ipsis videtur quasi sint sine adjutorio: quod ideirco facio, ut exterior homo in eis non infletur per superbiam. Tunc plorant ac lugent æstimantes me ipsis esse offensam; sed ego sic perscrutor fidem eorum. Attamen forti manu teneo eos: sic auferens ab ipsis elationem, nec permittens eos cognoscere quid sint in occultis bonis suis, quia multiplices fructus in eis facere volo: animis ipsorum dolentibus ac cordibus eorum vulneratis in doloribus. Permitto enim frequenter diabolicas persuasiones ipsos invadere in igneis sagittis de flatu immunditiæ incendii ardentis spiritus fornicationis, quæ vulnerant corpora eorum in infirmitate fragilis naturæ; et hoc idcirco permitto quatenus hoc modo tam fortiter imbuantur inspiratione Spiritus sancti, quod præterea fiant insignes præcones et flagrantes in virtutibus. Ipsi quippe erunt in probatione quasi aurum in fornace, id est probati in irrisione et in indignatione, ita quod nihilum computabuntur, et quod sæpissime per raptores substantia sua denudabuntur, ac per dissensionem plebis in adversitatibus sicut agni a lupis dilacerabuntur. Et ut oves, dum eas lupus dispergens dissipat, tamen non moriuntur; ita sunt et isti homines in morte animæ non morientes, sed eo magis viventes purgati in adversis. Nam bona arbor ut fructum ferat irrigatur, putatur, atque circumfoditur; et ab ea erucæ ne fructum ejus corrodant abstrahuntur. Quid hoc? Bonus scilicet homo non sit durus, nec malevolus ad justitiam Dei, sed lenis ac flexibilis ad quodque bonum, a se abscindens malum, seque considerans in scrutatione operum suorum, atque auferens a se infestationem lædentium se inimicorum. Sed tamen antequam homo sentiat me in cogitatione sua aut intellectus ipsius intelligat me intra se; sum et caput et radix fructuositatis, et virtus fortitudoque firmæ civitatis, quæ ædificata est supra firmam petram. Omnis ergo fidelis homo audiat me sibi dicentem: O homo, estne conveniens et congruum ut homo rationalis sine intellectu sit, ut irrationale pecus quod non aliter facit nisi secundum quod expetit libido ipsius? O miseri homines, qui nolunt scire magnam gloriam illam, quam Deus ipsis dedit ad similitudinem sui. Sed non potest esse ut volunt quod libere et quasi hæreditario jure omnia mala faciant quæ desiderant; quasi hoc ex natura corporis sui possideant, nolentes considerare se habere honorem illum, quod bona opera operari valeant. Deus in sua ordinatione omnia juste constituit. Et quis potest ei repugnare? Quid hoc? In hujusmodi videlicet comparatione quod aliquis ordinationi Dei simili exemplo possit comparari, aut sapientia aut discretione in illius rebus. Et cur est hoc quod efficaciam illam quæ eis data est sibi ipsis auferre nolunt: quod bene scilicet et male facere possunt? Quomodo? Nam ego cum eos tactu meo admoneo, qui tunc me apprehendunt mox ut me adesse sentiunt, hi bonum opus quod volunt ad effectum meo adjutorio perducere possunt. Qui vero me contemnunt, in imbecillitatem sui et in malum corruunt. Sed pravi homines excusare se nituntur: ita quod bona opera operari non possunt, et hoc propterea faciunt quod exterior homo in eis voluntatem suam exerceat in libertatem. Nunc, o charissimi filii mei, qui mihi dulciores in odore super omnia aromata estis, audite me vos admonentem. Dum tempus habetis facere bonum et malum, sincera devotione colite Deum vestrum. O vos iterum dulcissimi filii mei, qui ascenditis sicut aurora, vos qui ardere debetis in charitate ut sol in radio suo, currite et properate, charissimi mei, in via veritatis quæ lux mundi est, quæ est Jesus Christus Filius Dei, qui nos redemit sanguine suo in fine temporum, ut cum gaudio post transitum vestrum pervenire possitis ad ipsum. Et iterum audivi eum qui sedebat in throno dicentem ad me: Desiderantibus cœlestia fideliter credendum et non pertinaciter examinandum est, quomodo Filius Dei missus in mundum a Patre natus sit ex virgine; quia humanus sensus fragili et mortali corpore gravissimo peccatorum onere gravatus, secreta Dei plus dignoscere non poterit, quam Spiritus sanctus cui vult revelaverit.

Quapropter per mysticum mysterium, hæc etiam columna quam vides in plaga meridiana, in præfato lapideo muro demonstrati ædificii, ultra prædictam columnam veræ Trinitatis, significat humanitatem Salvatoris, qui conceptus de Spiritu sancto, natusque ex suavissima virgine, filius est Altissimi, fortissima sanctitatis columna existens, omnem videlicet ecclesiasticam ædificationem sustentans. Cujus humanitas apparet in ardente fide lapidum fidelium populorum, in bonitate superni Patris fortissime operantium, post declarationem Trinitatis manifestata; quia Trinitate in uno Deo certificata credenti populo, creditum est etiam incarnatum Dei Verbum, verum Deum cum Patre et sancto Spiritu in unitate divinitatis in uno et vero Deo colendum.

Quæ columna magna est, et obumbrata intra et extra idem ædificium apparens; quoniam s nctitudo veræ incarnationis magna et inæstimabilis, ita humanis mentibus est obumbrata ut non possit considerari, nisi quantum possibile est per fidem intueri, et interioribus divino cultu laborantibus fide et opere cognosci, et exterioribus otio vacantibus fama et voce manifestari. Visuique tuo tam umbrosa apparet, ut nec magnitudinem nec altitudinem ejus cognoscere valeas; quia Filius meus inter homines in mortalitate carnis, quoniam pro populo mortem subiturus erat, quasi obumbratus mortalis scilicet existens sine omni macula peccati apparuit; ita tamen quæ vera ejus incarnatio in mystica magnitudine secretorum Dei incomprehensibilis, et in excellentia divinæ potentiæ inæstimabilis, omnem cognitionem humani intellectus excedat.

Sed quod inter columnam hanc atque columnam veræ Trinitatis est interruptus locus longitudinis trium cubitorum, vacuusque absque muro ut tibi superius ostensum est : hoc est quod incarnatus Dei Filius, Deus verus cum Patre et Spiritu sancto existens, adhuc latet in membris suis qui fideles homines sunt, qui usque ad finem mundi nascituri sunt, per viventia opera membra capitis sui effecti, ut supra mirabiliter et typice edocta es. Qui quot et quales futuri sint in prolixitate supervenientium temporum, hoc est in mysterio ineffabilis Trinitatis eamdem Trinitatem in unitate divinitatis fideli cultura adoraturi : locus eorum (ut qui adhuc nascituri sunt) vacuus est, cum iste ædificato muro bonorum operum sit. Ubi tamen fundamentum positum est, quoniam in præsentia Dei sunt, et quia etiam fide salvationis eorum quam habituri sunt jam posita fortiter consistit : ita ut homo spem et fiduciam non habeat in alio quam in Deo, non differens de misericordia ejus, sed confidens in eum quod fortissimum fundamentum fidelis animæ est.

Quod autem hæc umbrosa columna in hoc ipso ædificio in illo loco stat ubi desuper in cœlestibus mysteriis coram Deo illum magnum et quadratum lucidissimumque candoris splendorem prius vidisti, qui secretum superni Creatoris designans in maximo mysterio tibi manifestatus est : hoc est quod incarnatus Dei Filius, omnia opera sua quæ corporaliter in mundo multas injurias passus operatus est, ea secundum secretam voluntatem Patris adimple-

vit. Quid etiam ille splendor designat, magnus videlicet in significatione mysteriorum Dei, quatuorque angulorum; quoniam ad cognitionem Christi multi ex iis qui per quatuor partes mundi nascuntur perventuri sunt, atque eximii candoris; quia lucidissimam divinitatem nulla tenebrositas offuscare potest, ubi idem secretum supernæ et gloriosæ majestatis in magna profunditate et mysterio scientiæ Creatoris omnium qui cuncta creavit typice ibi aperitur; ita ut ipsi Creatori nullus ad hoc in auxilio succurreret, nec ullus ipsi resistendo in hoc repugnaret, ea tantum in voluntate bonitatis suæ per verbum suum creans. Unde in eo alius splendor velut aurora in se aeriam in alto purpureæ lucis claritatem habens fulget, per quem tibi in mystica ostensione mysterium incarnati Filii Dei demonstratum est; quoniam in secreto summi Dei, candor auroræ virginis scilicet Mariæ declaratur, quæ in utero suo Filium cœlestis et altissimi Patris portavit, qui purpureum sanguinem suum clarissima luce salvationis fulgentem effudit, secundum quod tibi in hac secreta visione incarnatio ejusdem Filii mystica obumbratione ostendit.

Sed quod in prædicta columna ab imo usque ad summum ejus in modum scalæ ascensus est : hoc est quod in incarnato Filio Dei omnes virtutes pleniter operabantur, qui in se vestigia salvationis reliquit, ita ut tam pusillus quam magnus fidelium sibi competenter gradum in ipso reperiant; in quo pedem in ascensum virtutum ponant, ut ad optima loca perveniant ubi virtutibus operandum est. Quomodo ? In optimis locis bonorum cordium aggregantur virtutes ad sanctissimum opus suum : quatenus Filium Dei in membris suis perficiant, quod est in electis hominibus. Unde et in ipso est exemplum perfectionis omnibus fidelibus qui in lege Dei occupati sunt; ut se de bono recipiant ad melius, scientes manifestationem veræ incarnationis, ubi Filius Dei veraciter in carne demonstratus est, in quo fidelissimus ascensus ad cœlestia reperitur, Propter quod etiam omnes virtutes Dei descendentes et ascendentes oneratas lapidibus ad opus suum hic ire vides; quia in Unigenito Dei lucidissimæ virtutes quasi per humanitatem ejus descendunt, et quasi per divinitatem ipsius sursum tendunt. Descendunt etiam per ipsum ad corda fidelium hominum; qui bono corde voluntatem suam relinquentes, ad recta opera flexibiles se reddunt secundum quod operarius ad levandum lapidem se inclinat quem ad ædificium deferat. In ipso etiam sursum ascendunt, cum cœlestia opera in hominibus perfecta Deo gratulabunde offerunt, ut corpus Christi in fidelibus membris ipsius quam citissime perficiatur. Unde etiam quasi lapides ad altiora portant; qui sunt pennata et lucida opera, quæ cum ipsis homines ad tutelam suam operantur, quoniam unaquæque actio Deo offert alas suas, per quas se de fæce humanæ mentis elevet, fulgentem etiam splendorem habens, per quem ante Deum luceat;

quia obstrui et abscondi non potest, quod fluit de fonte vitæ æternæ. Nam ut fons non debet esse in absconso, sed in manifesto ut omnis homo qui sitit ad ipsum veniat et hauriat atque bibat, sic Filius Dei non est obstrusus nec absconsus electis suis, sed manifestus præparans se ad retributionem operum, ut ea manifestet justa remuneratione, quæ propter ipsius voluntatem ab hominibus perficiuntur. Idcirco fidelis homo ambulet in fide ad Deum quæratque misericordiam ejus, et dabitur illi. A non quærente autem non invenietur, veluti fons non fluit ad homines ipsum solummodo scientes nec ad eum venire volentes ; sed illos oportet ad eum accedere, si aquam ejus haurire desiderant, sic homo faciat. Ad Deum accedat per legem sibi ab ipso constitutam, et inveniet eum, dabiturque illi cibus vitæ et aqua salutaris ita ut amplius nec esuriem nec sitim sustineat. Unde et prædictæ virtutes intentum studium idem opus perficiendi habent ; quoniam studiosissime sicut torrentes aquæ ad opus divinum currunt, quatenus fulgentiores sole Christi membra capiti suo in lucidis acquisitionibus nobilissime perfecta conjungantur. Propter quod etiam ut audisti fortes operarii Dei appellantur, quia strenue in bonis operibus fidelium hominum semper conversantur.

Sed quod inter has virtutes præcipue septem vides, quarum etiam formas et habitus secundum quod tibi permittitur consideras : hoc est quod inter studiosa opera hæ septem virtutes præstantissimæ, septem ardentissima dona Spiritus sancti designant, quia in obumbratione Spiritus sancti virgo clarissima Filium Dei sine peccato concepit in sanctificatione scilicet sanctarum virtutum, quæ aperte in eodem Unigenito Dei manifestatæ sunt; quasi in forma sua illuminantes corda fidelium, et quasi in habitu suo in unitate fidei se dilatantes, ut Isaias servus meus testatur, dicens : *Egredietur virga de radice Jesse, et flos de radice ejus ascendet, et requiescet super eum spiritus Domini, spiritus sapientiæ et intellectus, spiritus consilii et fortitudinis, spiritus scientiæ et pietatis, et replebit eum spiritus timoris Domini* (Isa., xi). Hoc tale est : Virgo Maria egressa est de angustiis sæcularium oppressionum in dulcedinem honestatis morum, ut aliquis de domo egreditur in qua inclusus continebatur, quise non elevat supra ipsam domum, sed recto itinere coram se graditur, et ut rivulus vini de torculari exprimitur non se exaltans supra torcular, sed moderate defluens in locum suum. Et quare virga ? Quia non spinosa moribus, nec nodosa terrenis cupiditatibus, sed plana, id est carnali concupiscentia non copulata, orta scilicet de radice Jesse, id est de illo qui quasi fundamentum erat regalis prolis, de qua illa illibata mater nata processit. Unde et de radice ejusdem virgæ ascendit suavissimus odor, qui fuit integra puritas ejusdem virginis, volens in altissimum cacumen, Spiritu sancto ita eam irrigante, quod ex ipsa almus flos natus est. Quomodo ? Ut flos nascitur in agro non seminato semine ; sic surrexit in ea cœlestis panis sine radice virilis commistionis, et absque omni humano onere, sed tantum natus in suavitate divinitatis, non tactus ulla indignatione peccati, veniens, tortuoso serpente nesciente, nec eum propius tangente. Unde et ille flos latenter illum decepit ; ita quod sursum ascendit, et genus humanum in peccato conceptum ad alta sustulit, quod ille serpens prius fraudulenter deceperat, et in perditionem secum detraxerat. Et quoniam hic flos Filius Dei erat, requievit super eum Spiritus Domini, id est spiritus æternæ divinitatis. Quomodo ? Quando humilitas exaltata est in ascensu illius floris ; ubi in irrisione prostrata est superbia, quam prima mulier attendit, cum plus quam deberet sapere voluit, secunda muliere servitio Dei se subdente, dum se recognovit parvam, in humilitate confessa Deum suum ; Spiritus sanctus ardenter in ipso requievit : in quo electa charitas latuit, quæ salvavit perditam plebem abstergens crimina et scelera hominum. Nam plenitudo temporis erat in eo ; quia vivens lumen in ipso radiavit, in quo noxium pomum cum sequentibus se nequitiis aruit, surgente in illo medicina mortuorum, quæ vexillum illud elevavit quod mortem superavit et contrivit. Sanctitas enim in eo non caruit ulla possibilitate, ipso concepto absque omni peccati commistione, sicut sæpius offenditur in natis hominum qui nascuntur in multiplicium criminum varietate. Sed et cum flos ille dedit operando et docendo omnem inspirationem justitiæ ; jam fructum in plenitudine Spiritus sancti protulit, quoniam ipse Filius Dei indutus carne, aperte in opere suo demonstravit, quod antea Spiritus sanctus mystice et quasi in occulto, inspiratione sua commovit. Qui Spiritus sanctus super illum florem septempliciter requiescere designatur ; quia cum Deus omnia per Verbum suum in Spiritu sancto crearet, septima die ab omni opere suo requievit. Sed et eadem dona in signatione sua geminantur ; quoniam corpus et anima sibi conjuncta simul in gemina dilectione per unctionem Spiritus sancti debent operari timore Domini solo posito ; quia ipse quasi in tremore charitatem venerans, unum super omnia adorari designat. Unde etiam et Spiritus Domini dominatur fortissimis virtutibus ab eo clarescentibus, ut a radice rami procedunt, quoniam unus Deus est a quo omnia bona veniunt, et per quem omnia bona sapienter disposita sunt. Et quia Spiritus Domini super ipsum florem requievit ; spiritus etiam sapientiæ super ipsum mansit, quoniam magna sapientia apparuit, cum Deus omnia per Verbum suum creavit, sapientia sic diffusa est in illo : quod idem Verbum erat sapientia. Sed ipsum Verbum nondum incarnatum invisibile fuit : id autem incarnatum visibile apparuit, quoniam Verbum quod ante omnem creaturam erat in corde Patris per quod omnia facta sunt, et sine quo factum est nihil : ipsum enituit flos sub tempore scilicet emicans in humanitate, bonum intellectum hominibus proferens suis testificationibus. Quid hoc? Sapientiæ intellectus congrue adjungitur; quia cum homo a Deo in sapientia creatus sit, Creatorem suum digne intelligere debuit. Ergo ante partum virginalem Deus intelligendus erat absque ulla dubitatione. Sed post partum, virginalem prædictum florem in carne proferentem, idem flos intelligendus erat Deus et homo, sed non sine admiratione. Et ille intellectus prius invisibilis, visus est visibilis in flore : cum ipse flos hanc intelligibilem causam protulit, quod homo scilicet sapienter intelligit Deum in factis suis. Quomodo? Sapientia est origo bonorum operum, cum homo sapienter veneratur Deum suum. Cui intellectus adhæret, quoniam cum homo per sapientiam bonum operatur, jam illud dilatatur ad alios, ita ut bonum odorem et dulcem gustum ab ipso emicantem cum gaudio intelligant in eo. In virgineo quoque isto flore intellectum subsequitur consilium ; quia homo intellectum habens, divino consilio liberandus erat. Inde spiritus consilii et fortitudinis super eum requievit; quoniam hoc consilium apud Patrem sine tempore fuit, ut Verbum suum incarnaretur, sub tempore perficiens omnia opera sua secundum voluntatem Patris, et offendens obedientiam per se ipsum, ita ut ipsa ab eo ad homines fulgeret, quatenus eum ita in factis suis imitari discerent. Quod dum ita apparuit in fortissima virtute totum surgens de divinitate : fortitudo se in ipso occuluit, quatenus diabolum tanto fortius debellaret quanto secretius illi se per consilium abscondisset. Quomodo?

Consilio apte fortitudo adhæret; quoniam consilium Dei per fortitudinem Filii ipsius regnum diaboli destruxit. Unde idem Filius Dei, fortissimus videlicet leo, contrivit infidelitatis mortem per splendidissimum lumen quod fides est, quia magna fortitudo est homineim ea per consilium credere quæ corporali visu non valet videre. Quid hoc? Consilium per conjunctam sibi fortitudinem perforat duritiam lapideorum cordium, quæ obdurata sunt in consuetudine pravorum morum ita ineptam duritiam transiens quod carnale opus abjicitur, et Dei opus aptissime perficitur. Quapropter et in prædicto flore fortitudinem scientia comitatur, quoniam homines per fortitudinem Dei ad scientiam ipsius ita ut eum cognoscant perveniunt. Hinc est quod et spiritus scientiæ et pietatis in eo etiam per supernam dulcedinem requiem habuit, quoniam ipse scienter miseriis hominum condoluit; spes etiam existens per quam intratur ad salvationem, cum scelus mundi scienter per mortem suam abstersit in magna pietate. Quid hoc? Scientiæ pietas recte adjungitur, quia Filius Dei scienter in magna pietate adimplevit voluntatem Patris sui. Ipse enim Filius solus natus ex virgine, transfudit inter populos germen cœlestis virtutis; ut sequantur consortium angelorum quod pudicitia castitatis est, quia virtus hæc surrexit in superna pietate : sic videlicet quod in egrediente virga de Jesse, virtutes floris hujus germinarent, quas prima mulier fugaverat dum consensit audiens consilium serpentis, ita quod in ea cecidit omne genus humanum, carens gaudio supernæ claritatis, nisi quod floriditas virgæ illius scienter illud elevavit per pietatem in sanctitate salvationis. Quomodo? Fortitudini quæ diabolum devincit, adhærentem illi scientiam, Spiritus sanctus inspirat; cum Deus per fideles homines devotissime in ardentibus desideriis agnoscitur, et intimo tactu fidelis animæ desiderantissime amplexatur. Sed et in virgineo flore pietatem timor Domini subsequitur; quia cum pietas inest fidelibus hominibus, timorem Domini acquirunt, ad explenda præcepta ipsius. Unde timor Domini eumdem florem replevit; quia ipse tantam plenitudinem virtutum in se habuit, quod in eo nullus vacuus locus inventus est, ubi aut mortifera superbia, aut delectatio honoris, aut prævaricatio legis sedem invenire potuisset ; sed totus plenus erat timoris Domini : non quærens alienam gloriam ut primus angelus et Adam quæsierunt, sed honorans Patrem suum in omni opere suo, dignam ei præbens obedientiam. Ideo et timor Domini initium habet omnis justitiæ; quia ipse est finis et initium cæterarum virtutum, ut requiei septima dies, ostendit completionem et ortum creaturarum. Quomodo? Timor excutit et movet tremorem, qui radix est germinandi ut fructuosæ virtutes procedant. Unde et flos iste plenus timoris Domini est; quia omnia germina bonorum operum adhærent ei, quoniam ipse materia eorum est; flore eodem germinante viriditatem quarumcunque virtutum, fructu earum præ cæteris repleto quatenus omnia bona perficiat, ut etiam de ipso Scriptura habet : *Sicut malum inter ligna silvarum, sic dilectus meus inter filios. Sub umbra illius quem desideravi sedi, et fructus ejus dulcis gutturi meo* (Cant. 11). Hoc tale est : Filius virginis, dulcissimus amator castæ dilectionis, quem apprehendit fidelis anima desiderans dulcissima ejus amplexione integritatem suam coronare; relicto carnali viro, et se copulans Christo, eumque certissimo fœdere amans et in speculo fidei aspiciens, est pulcherrimus fructus fructiferæ arboris, id est Filius virginis exiens de virginali candore, sicut pomum de fructuosa floriditate præbensque escam refectionis esurientibus, et succum dulcedinis sitientibus, et hoc modo ligna silvestria præcellens, id est filios hominum qui in peccatis concipiuntur, et in ipsis conversantur, nec talem fructum afferentes qualem ipse attulit, quoniam a Deo exivit plenum fructum suavitatis vitæ afferens, aliis quidem nec viriditatem nec fructum a se ipsis habentibus sed ab ipso. Quomodo? Ipse per incarnationem suam mundo salvationem dedit, dilectus Dei Filius inter filios hominum apparens qui per fervorem ipsius virebant et fructum afferebant, sed non tanta plenitudine secundi quanta ipse repletus erat, quia totus sanctus a Deo exiens de virgine natus est. Et quare dilectus? Quia ipse hoc conculcat, quod fideli animæ ad cœlestia properanti obsistit. Unde et sancta anima æquissimo judicio cum dilectum nuncupat : quoniam per fidem dilectionis se ipsam relinquens, et in magno certamine carnalium voluptatum ad illum benevole anhelans, atque in ardore lacrymabilis desiderii se ipsam reprobans, ei adhæret, ut mulier viro, cui cum gaudio voluntatis suæ associata est. Et ideo cum in exordio conservandæ castitatis ad eum incipit suspirare, ad se ipsam dicit : Volo prosternere carnalem voluptatem et me conjungere illi sub cujus dilectionis umbra qua me in ardore ardentis desiderii sui a contrario igne obumbravit sedeo. Quomodo? Dum inebriatum studium in ejus amore habens, subjectum in igneum carnis amorem in consensu animæ meæ premo. Et ob hoc dulcissimus fructus ejus quem gustabam in anima mea suspirans ad Deum, dulcior mihi est in ea super omnem dulcedinem carnis, quam sentiebam in concupiscentiis ejus. Et quare dulcis? Quoniam ipse ex virgine natus habet dulcissimum saporem, et fortissimum unguentum stillans ut balsamum : quod est resurrectio ad vitam in qua mortui erecti sunt, ac continens maximam medicinam quæ tersit vulnera peccatorum per incarnationem ipsius, quæ plenissima sanctitatis et dulcedinis in omni genere virtutum cum virginitate est. Unde, o virginitas, quæ de ignea accensione consistis, robustissimum germen quod de stella maris emicans omnem spurcitiam turpitudinis contra sævissima jacula diaboli semper dimicans conculcat, gaude in cœlesti harmonia, in spe consortii angelorum. Quomodo? Spiritus sanctus symphonizat in tabernaculo virginitatis; quoniam ipsa Verbum Dei semper ruminat, quomodo possit Christum amplexari cum omni devotione ardens in ejus amore, hoc habens in oblivione quod in concupiscentia carnis in ardore incendii fragile in homine est, uni viro quem nunquam peccatum tetigit adhærens, cui et sine omni concupiscentia carnis conjuncta est, semper cum illo florens in gaudio regalium nuptiarum.

Nunc autem quod similitudinem in prædictis virtutibus vides, ita quod omnes ut et aliæ virtutes quæ supra tibi demonstratæ sunt veluti vestibus ex serico induuntur : hoc est quod in ordine suo piam unanimitatem illa luminaria in mentibus hominum parant, etiam quomodo reliquæ virtutes in Deo mollitiem indumentorum, id est lenitatem devotionis in respectione sanctarum animarum, vepribus in duritia vitiorum carentium, habentia. Quod autem quædam albis crinibus retecto capite et absque amictu palliorum incedunt : hoc est quod illæ in copula candoris innocentiæ, ligaturam juncturæ pravorum morum in membris fidelium hominum non habent, et quod etiam sæcularibus studiis circumdatæ non sunt, omnino fugientes vicissitudinem vitiorum. Sed prima more feminoe est capite velata, itaque quasi casula tanquam crystallus perlucida induta, quia vinculum subjectionis humiliter Deo subjecta portat, superna scilicet sollicitudine omnem exaltationem diabolicam prosternens, pioque capiti, id est Christo adhærens, humillimum quoque sacerdotem et absque omni pulvere peccati purissimum in lucidissima cordis puritate incitans, quoniam constricti et humiles parique sacerdotes summi sacerdotes esse debent. Secunda autem nigros capillos habet, manifeste ostendens quod in capite suo Christo abstergit nigredinem peccatorum in hominibus. Tertia vero dissimilis humanæ formæ videtur; quoniam hoc ministerium habet, ut hominem ita concuciat quatenus terreatur et tremiscat de Dei judicio. Unde et specie caret hominis, quia homo sæpe Deum postponens, timoris ejus obliviscitur, quod ipsa omnino facere recusat. Prima quoque et quarta atque quinta albis tunicis vestiuntur ; quia circumdatæ sunt veste innocentiæ quam Adam perdidit transgrediens piam jussionem, postmodum autem in candidissimo lilio floridissimæ virginitatis cum induto opere simplicis in Deo subjectionis recuperata in salvationem, quod ante Deum lucet sicut clarissima stella humanis oculis ignescit. Omnes etiam alba calceamenta habent, excepta tertia secundum speciem hominis non apparente; quoniam ipsæ pulcherrimum opus sunt in hominibus qui desideria carnis in se ad nihilum deducunt, juxta exemplum sui Salvatoris, quod est splendor splendidissimus; una earum hominem non simulante, quia non habet respectum ullius audaciæ, semper sollicita et non negligens ut homo qui sæpius sui ipsius per contumaciam obliviscitur, ipsa dispensatrix existens justæ admonitionis ut quisque fidelis judicium Dei caute intueatur, et excepta quarta quæ crystallinis calceamentis miro modo lucentibus calceatur ; quoniam illa in voluntate sua se constringens, pergit lucidissimum iter Christi, ita mortem etiam in se ipsa per igneum ardorem Spiritus sancti suffocans. Quod autem in eisdem virtutibus, est dissimilitudo : hoc est quod quamvis unius studii unanimitatem habeant, tamen diversa opera in hominibus operantur.

Propter quod et prima imago prætendit humilitatem : quæ primitus Filium Dei manifestavit, cum Deus qui cœlum et terram in sua habet potestate Filium suum mittere ad terras non dedignatus est. Unde etiam portat coronam auream capiti suo impositam, tres ramos altius exstantes habentem ; quoniam ipsa cæteras virtutes præcellens, et suaviter antecedens coronata est corona aurea, scilicet pretiosissima et fulgentissima incarnatione Salvatoris, qui eam quasi in capite, id est in hoc mysterio cum incarnatus est decoravit. Quæ triangularis existit; quia Trinitas est in unitate et unitas in Trinitate, Filius scilicet cum Patre et Spiritu sancto, unus et verus Deus omnia excellens in altitudine divinitatis. Et pretiosissimis lapidibus viridis et rubei coloris et albis baccis multo fulget ornatu; quoniam eadem humanitas Salvatoris ostendit in se altissimam et profundissimam bonitatem sui operis, quod idem Filius Dei operatus est in virilitate illa cum virtutes jam in doctrina ejus virebant, et in rubore sanguinis ipsius : cum mortem passus est in cruce, salvans hominem, atque in clarissima albedine resurrectionis et ascensionis ejus, cum quibus omnibus illuminata et ornata est Ecclesia, ut res illa illustratur et decoratur cui pretiosi lapides imponuntur. Quod autem in pectore suo habet speculum lucidissimum, in quo mira claritate imago incarnati Filii Dei apparet : hoc est quod in humilitate quæ in corde sacrati templi est, in beatissima et splendidissima scientia pie et humillime ac splendide firmissimeque effulsit ipse Unigenitus Dei, in omnibus operibus suis quæ corporaliter gessit, in quibus se mundo præcipue manifestavit. Unde etiam et ipsa in illustriori parte corda electorum fidelium consignat, in eis tribunal suum ponens, omnes actus ipsorum videlicet regens et dirigens ; quia solidissimum fundamentum omnium bonorum in hominibus est, veluti etiam in supradicta materna admonitione sua ostendit.

Sed secunda designat charitatem; quoniam post humilitatem illam qua Filius Dei incarnari dignatus est, ostensa est etiam vera et ardentissima lampas charitatis, cum Deus ita dilexit hominem ut propter ipsius amorem Unigenitum suum mitteret incarnandum. Quæ tota videtur ut hyacinthus aerii in alto coloris, videlicet tam forma quam tunica ipsius ; quia incarnatus Dei Filius per humanitatem suam illustravit fideles et cœlestes homines, ut res illa per hyacinthum illustratur cui imponitur, ita eos etiam incendens charitate; ut unicuique homini indigenti fideliter subveniant ; sicut et virtus hæc induitur tunica dulcedinis Dei, hoc habens officium quatenus devotione, actu et usu omnibus hominibus in recto lumine luceat. Propter quod etiam eidem tunicæ duæ zonæ inæstimabili modo, auro et gemmis ornatæ mirabiliter intextæ sunt; quæ sunt in dulcedine Dei gemina præcepta charitatis, bona scilicet et præcipua voluntate quasi auro et justis operibus veluti clarissimis gemmis, mirabili dono summi datoris composita. Ita ut super utrumque humerum ejusdem imaginis zona una usque ad pedes ipsius ante et retro descendat; quoniam eadem præcepta in multa sollicitudine portat unum scilicet in Deo ut in humero dextro, et alterum in proximo ut in humero sinistro, sicut scriptum est : *Diliges Dominum Deum tuum ex toto corde tuo, et ex tota anima tua, et ex omnibus viribus tuis, et ex omni mente tua, et proximum tuum sicut te ipsum* (*Matth.* xxii). Hoc tale est : Sic debes diligere Dominum Deum tuum, qui Dominus tuus est, videlicet hoc honore quo dominatur omni creaturæ, et Deus tuus quia ipse non habens initium, sed creator omnium existens, ita ut propter amorem ejus in corde tuo primum exsuperes et prosternas carnem corporis tui, quod tibi valde durum est, quia primum devicta carne postmodum regnabit spiritus tuus in te, et tunc Deum in anima tua sic intelliges ut mandata ejus scienter custodias, atque ea non pigro opere compleas. Et deinde hoc modo omnes vires corporis et animæ tuæ Deo subjiciuntur ; quoniam hæc prima victoria in corpore tuo facta est, ita ut tunc in omnibus his propositis causis Deum fortissimum in tua mente comprehendas ; quod tibi tanquam firmum propugnaculum est contra insidias inimicorum tuorum, ita ut fortitudinem ejus in prædictis rebus nullus superare valeat inimicus, quia mens tua omnia hæc continere debet, in se confirmans et consolidans cuncta quæ agis. Hæc ergo facies toto corde, tota anima, et omnibus viribus, et omni mente tua: ita ut nihil deficiat tibi in fide, quatenus non consentias ulli rei quæ repugnat Deo, te dividens in aliena ; sed ut colligas te ad dulcedinem dilectionis ejus, diligens et te ipsum. Quomodo? Si diligis Deum, diligis salutem tuam. Et sicut tunc in his omnibus te diligis, sic diliges et proximum tuum, quia quisque fidelis homo est tibi proximus, existens in Christiano nomine ac in fide : ita ut sic gaudeas in ejus recta prosperitate, et superna salvatione ut fideliter in fide conservetur, sicut etiam lætaris de tua salute. Hoc ergo geminum opus charitatis sit in homine, descendens usque ad pedes ejus, id est ad finem consummationis; ante ipsum, scilicet apparens in lege Dei ; et retro, in hominis videlicet subventione, ut et homo sic charitatem sectetur, quatenus rejecta morte perveniat ad perfectionem vitæ, sicut etiam eadem charitas superius in verbis suis declarat.

Tertia autem imago significat timorem Domini, qui post hanc charitatem quam Deus hominibus manifestavit, cum Filium suum pro ipsis mortem subire voluit in mentibus fidelium surrexit, ita ut cœlestia præcepta plenius intelligerent et perfectius quam prius adimplerent. Quam nunc vides in eodem schemate ut in priori visione eam vidisti; quoniam incommutabilis Deus, simili et non dissimili honore et reverentia habendus est in omni creatura et factura ejus, ut et tibi superius declaratum est. Est quoque majoris et longioris staturæ quam cæteræ virtutes, dissimilisque humanæ formæ; quia ipsa præ cæteris angustiam et tremorem infert hominibus, ita ut magnitudinem summæ majestatis et altitudinem divinitatis ipsius perspicacibus oculis semper considerando pavescant; quoniam Deus omnibus hominibus multa veneratione metuendus est, quia ab ipso et non ab alio creati sunt. Unde etiam eadem virtus speciem hominis non habet, quia contradictionem illam qua Deo in malefactis resistitur (ut supra dictum est) abjicit figens tantum in timorem cognitionem suam in Deum, pergensque rectissima itinera voluntatis ejus. Ideo et plurimos oculos undique in se habet, tota in sapientia vivens; quia per oculos boni intellectus, ubique se circumspicit, Deum intuendo in omnibus mirabilibus ejus, ita ut in bonis operibus ejus rectum iter habeat, et in malis confusionem diaboli per cognitionem Dei diffugiat; omnis tali modo in sapientia fulgens, quia omnia mortifera spiritui nocentia contemnit, mortem fugiens et iniquitatem relinquens, atque sapienter domum sibi in vita ædificans. Induta est quoque quasi umbroso indumento, per quod ipsi oculi prospiciunt; quia circumdata est validissima constrictione, frangens desideria carnis in hominibus, et aspiciens per eamdem abstinentiam in lumine vitæ, in quo mirifice fulget homo in beatitudine. Multoque timore tremit coram me; quoniam angustiam et tremorem ponit in cordibus ignitorum hominum, ita ut turbinem et fragilitatem carnis suæ semper habeant in pavore, ne labantur in peccatis, et ne fiduciam suam in se ipsis aut in aliis hominibus ponant, sed in eum qui regnat in ævum, veluti etiam ipsa ut supra visum est in querimonia sua ostendit.

Quarta vero declarat obedientiam; quoniam post timorem illum, qui mihi in reverentia exhibetur, præceptis etiam meis congrue obeditur. Unde et niveum vinculum circa collum portat; quia candidissimas facit mentes hominum, qui per subjectionem fidelis subjectionis ubique fortitudinem colli voluntatis suæ deserunt et innocenti Agno, scilicet Filio meo adhærent. Atque manus et pedes candido ligamine habet ligatas; quoniam ad opus Christi et ad vitam veritatis in albedine veræ fidei ligata est, non faciens neque vadens secundum se, sed secundum vocem præsidentis Dei, ut etiam in prædictis verbis suis demonstrat.

Quinta autem designat fidem; quia post obedientiam qua populus præceptis meis obedit in auditu, fit etiam credulus in fide, ea fideliter complens in opere, quæ solerter percepit in admonitione. Et hæc circa collum rubeum torquem habet; quoniam undique in fortitudine sua fideliter perseverans, martyrio sanguinis decoratur, fiduciam suam non in fallaces vanitates ponens, sed in Deo secundum quod et ipsa de se, ut supra ostensum est, declarat.

Sexta vero præfigurat spem; quæ post finem credendi in Deum surgit ad vitam in terra non habita, sed in cœlestibus usque ad tempus perpetuæ remunerationis celata, ad quam ipsa spes toto desiderio anhelat ut mercenarius ad mercedem suam, et ut puer ad debitam sibi hæreditatem. Unde etiam tunica pallidi induitur coloris; quia fiducia operis sui quasi in pallore circumdatur, cum nondum in præsenti remunerata est, sed ad quod semper gemitibus suspirat, hoc futurum multa fatigatione exspectat. Quod autem crux passionis crucifixi Filii mei ante eam in aere apparet, ad quam ipsa oculos et manus cum multa devotione erigit: hoc est quod ad martyrium ejusdem Unigeniti mei, cœlesti desiderio quasi in aere plurimam fiduciam in mentibus fidelium parat; ita ut ad eum interiorem visum fidei et clarissima opera sui laboris humili et sincera intentione erigunt, sicut et hæc virtus superius ostendit in oratione sua.

Sed septima prætendit castitatem; quoniam postquam homines spem suam pleniter posuerint in Deum, crescit in eis perfectum opus. Ita quod se incipiunt a carnalibus desideriis constringere in castitate, quæ in flore carnis acutissimæ sentit abstinentiam; ut juvencula scilicet sentit ardorem concupiscentiæ nolens tamen in virum respicere. Sic castitas abjicit omnem spurcitiam in pulcherrimis desideriis: anhelans ad dulcissimum amatorem suum, qui est suavissimus et amantissimus odor omnium bonorum, in deliciis cunctarum virtutum, virtutis constantiæ ab amatoribus suis aspiciendus in timore et pulchritudine animæ. Unde et ipsa lucidiore et puriore crystallo tunica vestitur, quæ ita in candore relucet ut aqua resplendet cum sole perfunditur; quia lucidissima in simplici intentione et purissima absque omni pulvere ardentis libidinis concupiscentiarum mirabiliter confortata per Spiritum sanctum, circumdata est veste innocentiæ lucente in clarissima albedine fontis aquæ vivæ, qui est splendidissimus sol æternæ claritatis. Quod vero super caput ejus expansis quasi ad volandum alis columba stat, versa secundum faciem illius: hoc est quod castitas in initio suo velut in capite suo per expansionem et obumbrationem alarum columbæ, id est per protectionem Spiritus sancti confortata est, facientis eam diabolicarum insidiarum vicissitudinem transvolare, cum per igneum amorem sanctæ inspirationis illuc se dirigens aspicit, ubi castitas vultum dulcedinis suæ manifestat. Propter quod apparet etiam quasi in ventre ejus veluti in speculo candidissimus infans, cujus fronti inscriptum est innocentia; quoniam in visceribus purissimæ et evidentissimæ virtutis hujus, est inviolabilis et pulcherrima certissimaque integritas, habens rudem formam propter integritatem simplicis infantiæ, sicut et frons, id est cognitio ejus non arrogantiam et elatam superbiam, sed simplicem ostendit innocentiam. Et quod in dextra manu regale sceptrum habet, sinistram ad pectus suum ponens: hoc est quod in dextra salvationis per Filium Dei regem cunctorum, vita manifestata est in castitate, sinistram libidinis per eumdem propugnatorem confundentem et ad nihilum redigentem, in cordibus eum diligentium. Quomodo? Quia non vult libidini ullam dimittere libertatem; sed ut rapax volucris putridum cadaver rapiens constringit, et ad nihilum deducit, sic ipsam libidinem coram Deo fetentem abjicit et omnino conterit, ita ut nec sub ea spirare valeat, secundum quod etiam in verbis suis hæc virtus supra manifestat.

Sed quod in summitate præfatæ obumbratæ columnæ altam pulcherrimam imaginem vides; hoc est quod summa et præcellentissima pietate omnipotentis, in ipsa incarnatione Salvatoris splendidissima virtus scilicet gratia Dei manifestata est, quæ fortissima plenitudo existit in Deo: monens homines pœnitentiam agere, ut per eam relaxentur ab ipsis perpetratæ nequitiæ. Quæ nudo capite stat;

quia omnibus eam quaerentibus aperta est dignitas et claritas ejus; crispos et subnigros capillos habens, quoniam Unigenitus Dei sub tortuoso et implexo in nigredine infidelitatis suae Judaico populo, humanitate absque macula peccati in virginea carne se induit. Et faciem virilem habet tantae ardentis claritatis, ut eam perspicue considerare non possis, ut faciem hominis; quia in gratia Dei in potenti virtute omnipotenti, Dominus vitae in vita apparuit, ita ardens in clarissima divinitate ut omnem visum tam inferiorem quam exteriorem hominis excedat, dum adhuc gravedine corporali gravatur, nec ita aperta in secretis suis apparens ut judicio hominum nuda appareat, sed absconsa; quia judicia divinae gratiae occulta sunt. Quod autem est purpurei et subnigri coloris tunica induta; hoc est quod opus gratiae Dei ardens in charitate se inclinat ad nigredinem peccatorum, quasi ad indumentum hominum. Quomodo? Ita quod monet illos ad salutem eos levans de luto peccati ad spectaculum luminis per poenitentiam, quoniam ut dies fugat tenebras, sic ipsa aufert facinora reaedificando in poenitentia peccatores ad vitam. Cui etiam super utrumque humerum ejusdem imaginis zona una coloris rubicundi croci, ante et retro usque ad pedes ejus se extendens intexta est; quia gratia Dei se inclinans ad fideles homines, in fortitudine et pietate sua levat eos sursum ad coelestia quomodo? Hoc est: his duobus itineribus zonarum tangens videlicet anxietatem fragilis carnis in sanguinea pugna desudantis, et virtutem roboris animae in corpore tepentis et trahens eos in rubeo et in croceo splendore humanitatis et divinitatis Filii Dei, scilicet serenissimi solis ad amorem supernorum, ita ut sibi ipsi in concupiscentia peccati fidelis homo resistat in integritate gratiae tactus; videlicet coram se ad virtutes et post se ad mortificationem vitiorum, quatenus viriliter bono et vero fine consumet opera sua, indutus in eis exoptabili et delectabili textura. Sed quod circa collum habet episcopale pallium mirabili modo auro et pretiosissimis gemmis adornatum: hoc est quod Christus Filius Dei summus sacerdos Patris existens, ubique in fortissima virtute sacerdotale habet officium, quod auro sapientiae et gemmis virtutum ab imitatoribus ipsius in membris eorumdem fidelium suorum per gratiam Dei debet decorari. Unde et splendor candidissimus ita eam ubique circumdat, ut nusquam nisi ante a capite videlicet et deorsum usque ad pedes ejus, ipsam inspicere possis; quoniam serenissimo candore misericordiae Omnipotentis gratia ipsius circumdata est, quae in mysterio divinitatis in retro actis temporibus, ante humanitatem Salvatoris invisibilis et minus grata latuit, tantum ab ejusdem Salvatoris incarnatione usque ad ultimum membrorum ipsius qui circa finem saeculi futurus est quantum humano intellectui possibile est apertius in operibus suis manifestata declaratur. Sed brachia et manus atque pedes ipsius tibi ad videndum obumbrati sunt; quia fortitudo et opus atque finis itineris gratiae Dei in hominibus, nulli gravato corpore ad cognoscendum plene apparent. Quod vero splendor qui eam circumdat oculis undique plenus est, totusque vivens: hoc est quod divina misericordia gratiae Dei adjuncta multas miserationes oculorum plurimarum misericordiarum suarum ostendit, in dolores hominum aspicientes qui Deum sequi desiderant, omnisque vivens est, in consolatione et in salvatione animarum ipsorum nullo modo parans in eis perditionem sed vitam. Atque hac et illac se diffundit ut nubes diffluere solet; quoniam praecedit justos ut sibi provideant ne cadant, subsequens peccatores ut poeniteant et resurgant, omnibus ipsam quaerentibus coelesti dono se manifestans, ita ut nunc latiorem nunc autem constrictiorem se reddat; quia in miseriis et plangentibus cordibus fidelium, aliquando multa fructuositate exuberat, aliquando etiam in flagitiosis et duris mentibus peccatorum se contrahens, propter ariditatem illorum. Propter quod etiam ipsa praecedit et subsequitur, tangit et monet homines, ut praedictum est; ut qui filii Dei esse desiderant, verba ejus gaudenter suscipiant et suscipientes compleant, caduca scilicet contemnentes, et mansura complectentes, sicut et eadem virtus in superiore exhortatione sua filios Dei alloquitur. Qui autem acutas aures interioris intellectus habet: hic in ardente amore speculi mei ad verba haec anhelet, et ea in conscientia animi sui conscribat.

VISIO NONA.

SUMMARIUM. — *Verba sapientiae. Verba justitiae. Verba fortitudinis. Verba sanctitatis quae triceps erat. Verba dextri capitis. Verba sinistri capitis. Quod Filio Dei incarnato, vocatio novi populi munitione virtutum; nova constructio exorta est. Quod Ecclesia luce humanitatis Filii Dei illustrata, interiori et exteriori scientia hominum demonstratur. Quod Ecclesia omnem ornatum suum sponso suo transmittit. Quod divinam sapientiam in ecclesiastico opere, cor hominis perscrutari non potest. Quod de Ecclesia in scientia Dei, praeconium adhuc occultatum est et solerti industria, doctorum ad perfectionem quotidie properare non cessat. Quod Ecclesia inexpugnabiliter circumdata est septem donis Spiritus sancti. Quod ecclesiastici doctores apostolica doctrina florentes, unanimi operatione sua Ecclesiam confortant. Quod doctores Ecclesiae ad viam veritatis fide et opere perduxerunt errantes. Quod apostoli et sequaces eorum, scilicet apostolici viri, unum tenorem habentes sponsae Dei magna sollicitudine praeesse debent. Verba Salomonis ad eamdem rem. Parabola ad eamdem rem. Quod carnaliter viventes attendant per scientiam potestatem Dei. De diversitate multimoda ingredientium ecclesiam et egredientium. De Simoniacis et de occultis divinis judiciis super eos. Verba Petri apostoli de eadem re. Quod dignitas regiminis bona est ad utilitatem temporum a Deo disposita ut per eam discant timere Deum, cui qui resistit Deo resistit. De Simoniacis qui pænitent vel qui non pænitent. Quod Deus novæ sponsæ dona sancti Spiritus ad defensionem et ad decorem dedit. De sapientia et de statu et habitu ejus et quid significet. De statu justitiæ, fortitudinis, sanctitatis. De justitia. De fortitudine. De sanctitate.*

Post hæc vidi ultra præfatam columnam humanitatis Salvatoris, turrim lucidissimi splendoris prædicto lapideo muro meridianæ plagæ prius visi ædificii ita impositam ut et intra et extra ipsum ædificium videri posset, latitudinis quidem ubique in interiori parte circuitus sui quinque cubitorum, tantæ autem altitudinis ut eam discernere nequirem. Sed et inter turrim illam et columnam humanitatis Salvatoris, fundamentum solummodo erat positum, muro nondum desuper ædificato, sed tantum interruptus et vacuus locus apparens ; longitudinis erat cubiti unius ut etiam supra monstratum est. Et turris hæc nondum fuerat ad plenum ædificata, multa tamen solertia et velocitate per plurimos operarios assidue construebatur : habens in circuitu summitatis suæ septem propugnacula, mira fortitudine constructa, ab interiore autem parte prædicti ædificii vidi quasi scalam usque ad cacumen turris illius erectam, et ab imo usque ad summum in gradibus ejus quamdam multitudinem hominum stantium igneas facies et alba vestimenta sed nigra calceamenta habentium, et inter eos aliquos similis quidem schematis sed majoris staturæ et splendoris, ipsam turrim multa diligentia intuentes. Deinde in septentrionali plaga ejusdem ædificii, vidi mundum et homines qui de semine Adæ procreantur intra prædictum lucidum murum speculativæ scientiæ ipsius ædificii, et ambitum circuli qui de sedente in throno protendebatur discurrentes, ex quibus multi idem ædificium inter turrim præcursus voluntatis Dei et columnam divinitatis verbi ejus : per præfatum murum speculativæ scientiæ intrando et exeundo transibant, ut nubes hac et illac diffunditur. Sed qui ipsum ædificium intrabant, candidissima veste induebantur. Quorum alii de suavitate et lenitate vestis illius gaudio magno exsultantes eam retinebant; alii autem quasi de gravedine et difficultate ejus tristes effecti, illam exuere volebant. Quos benigne virtus hæc, quam scientiam Dei pridem nominari audieram, sæpius compescens, unicuique eorum dicebat : Considera et custodi vestem, qua indutus es. Vidique quod quidam eorum his verbis castigati quamvis illud indumentum ipsis difficile videretur, illud tamen cum multo sudore retinebant ; quidam vero verba illa subsannantes, vestemque ipsam furiose exuentes abjecerunt; ad mundum redeuntes unde venerant multaque perscrutantes, multa inutilia sæcularium vanitatum didicerunt. Quorum alii in ipsum ædificium tandem reversi, vestem quam abjecerant iterum tollentes sibi induerunt, alii autem reverti nolentes ea denudati in mundo ignominiose remanserunt. Et vidi quod quidam sordidissimi et nigerrimi quasi per insaniam excitati, ab aquilone venientes in ipsum ædificium irruebant, turrimque præfatam bacchando invadentes in eam ut serpentes sibilabant. Ex quibus quidam ab hac stultitia cessantes, mundi effecti sunt; aliis in eadem nequitia et sorde sua perseverantibus. Sed et intra idem ædificium conspexi versus eamdem turrim quasi septem albi coloris marmoreas columnas, in miram rotunditatem tornatas, stantes, altitudinis septem cubitorum, et in summitate sua quasi ferreum et rotundum habentes tabulatum, decenter aliquantulum in altitudinem sursum erectum ; in cacumine autem ejusdem tabulati vidi quasi pulcherrimam imaginem stantem, et ad homines in mundum aspicientem, cujus caput veluti fulgur tanto nitore radiabat, et illud ad plenum non possem considerare. Et manus ad pectus suum reverenter composuerat, pedibus ejus in eodem tabulato mihi ad videndum occultatis. Circulum autem in modum coronæ multo fulgentem splendore gerebat in capite. Sed et tunica aurei coloris induebatur ; in qua a pectore deorsum usque ad pedes zona una descendens, pretiosissimarum gemmarum ornatu viridis scilicet albi et rubei atque aurei purpureo fulgore interlucente coloris decorabatur. Et clamabat ad homines qui in mundo erant; ita dicens : O tardi, cur non venitis ? Nonne succurreretur vobis, si venire velletis ? Cum cœperitis viam Dei currere, culices et muscæ strepitu suo vobis impedimento sunt. Sed vos flabellum inspirationis Spiritus sancti accipite, et eas a vobis citius abigite. Vobis currendum est, et a Deo vobis est etiam auxilium sperandum. Ad servitium Dei non ficte vos exhibete, et confortabimini manu ipsius. Sed in pavimento illius ædificii tres alias imagines vidi ; quarum una præfatis columnis acclivis erat, et reliquæ duæ ante ipsam sibi collaterales stabant, se omnes ad columnam humanitatis Salvatoris, et ad præfatam turrim dirigentes. Quæ autem ipsis columnis acclivis erat, tantæ latitudinis apparuit, ut latitudo quinque hominum sibi astantium notari potest, tantæ autem proceritatis ut longitudinem ejus perfecte discernere non valerem, ita etiam quod per omne hoc ædificium prospiceret. Magnum etiam caput et claros oculos habens acutissime in cœlum aspiciebat, tota candida et perlucida existens ut serenissima nubes est.

Aliam autem formam hominis in ea nullam conspexi. Et per totum ædificium ad omnes reliquas virtutes clamavit, dicens : Omnes strenue surgamus, quia Lucifer tenebras suas per omnem mundum diffundit. Ædificemus turres et confirmemus eas cœlestibus propugnaculis, quoniam diabolus adversarius et impugnator est electorum Dei. Qui primitus plurimum voluit et tentavit in sua claritate, sic etiam nunc plurimum vult et tentat in sua tenebrositate. Nam malitiam et nequitiam suam sufflando et spargendo dilatat, nec ab hoc cessare vult. Adversum hæc nos cœlestes milites sumus positi in malitia et nequitia sua illum superare, alioquin homines præ illius impugnatione non poterunt in mundo salvari. Et ut ipse in primo ortu suo repugnare tentavit divinitati, sic etiam imitator ejus Antichristus in novissimo tempore resistere tentabit incarnationi Domini. Lucifer cecidit in initio temporum, et Antichristus corruet in fine eorum. Tunc quis Deus verus sit cognoscetur, et quis sit qui nunquam cecidit videbitur. Ut autem Lucifer sectatores habuit dæmones, qui eum ab altitudine cœli secuti sunt in casum damnationis, sic et adhuc habet homines in terra qui eum sequuntur ad interitum perditionis. Sed nos virtutes positæ sumus contra astutias et exsufflationes ejus quas emittit ad absorbendas animas, ita quod omnes artes ejus ad nihilum per nos in animabus justorum redigantur, qualenus ex omni parte confusus appareat. Unde et per nos Deus agnoscetur, quia non debet occultari, sed manifestari, quoniam justus est in omnibus. Prior autem illarum quæ ante hanc imaginem sibi collaterales stabant, armata videbatur, galea scilicet, lorica, ocreis, ac ferreis chirothecis induta, tenens etiam evaginatum gladium dextra, hastam autem sinistra. Et sub pedibus suis horribilem draconem conculcans : os illius ferro hastæ transverberabat, ita ut ipse immundissimas spumas evomeret. Sed et gladium quem tenebat quasi ad feriendum fortiter vibrabat. Et dixit : Fortissime Deus, quis potest resistere et tibi repugnare? Hoc non potest serpens antiquus, draco ille diabolus. Unde et ego tuo auxilio, illi repugnare volo, ita ut nullus mihi prævaleat aut me dejiciat, nec fortis nec debilis, nec princeps nec abjectus, nec nobilis nec ignobilis, nec dives nec pauper. Ego ut fortissima calybs esse volo, omnia arma ad bella Dei apta faciens invictissima, in quibus sum acies acutissima, quoniam nullus perfringere poterit in te fortissimo Deo per quem etiam surrexi ad ejiciendum diabolum. Unde et fragilitati hominum semper certissimum ero refugium, dans mollitiei ipsorum incidentem gladium ad se defendendum. O miserantissime et piissime Deus, adjuva contritos corde. Altera vero imago triceps apparebat, ita ut in naturali loco capitis, et in utroque humero suo caput appareret, medio tamen alia duo aliquantulum supereminente. Sed et ipsum medium et quod a dextris ejus erat, tanto fulgore radiabant, ut claritas ipsorum visum meum reverberaret. Ita quod utrum virilem an muliebrem formam haberent, perfecte considerare non valerem, illo autem quod a sinistris apparebat aliquantulum obscuro, et muliebri consuetudine, candido velamine velato. Tunica vero ex albo serico illa imago induta fuerat, et candidissimis calceamentis. Et in pectore suo signum crucis gerebat, circa quod etiam splendor magnus in pectore ejus velut aurora fulgens rutilabat. In dextra autem nudum versabat gladium, quem pectori suo et cruci cum multa devotione applicabat. Et vidi in fronte medii capitis scriptum, sanctitas, et in fronte dextri, radix boni, et in fronte sinistri, non parcens sibi. Et medium ad alia duo aspiciens, dicebat :

Prior de sancta humilitate in ipsa nata sum, ut infans nascitur in matre. Per ipsam etiam educata et confortata sum, ut per nutricem puer enutritur ad fortitudinem. Mater mea humilitas vincit et superat omnia contraria, quæ aliis etiam intolerabilia sunt. Et caput quod ad dexteram ejus erat respiciens ad caput principale, ait : Ego in primo ortu radico in monte excelsi culminis, qui Deus est. Et ideo, o sanctitas, ut stare possis, oportet ut adhæream visceribus tuis. Quod autem ad lævam ipsius stabat etiam ad ipsum principale caput suum aspiciens dicebat : O væ, o væ, o væ : quomodo tam rigida et inflexibilis sum, quod me tam difficile superare possum, o sanctitas, ad tuum auxilium? quia sine me stare non poteris, si fugero. Ah! ah! ah! bonum negligenti, quia me tamen oportet inquietissimam spinam eradicare, quæ me pungendo conatur in perditionem impellere, si eam non eruero antequam in me tota defigatur, et antequam velut in putrido cadavere in me confoveatur. O sanctitas, ut libere perseverare possim in te, rapacissimum diaboli laqueum devitare volo, et cum dirumpere in vero Deo. Et iterum qui sedebat in throno ut supra, hæc mihi manifestavit, dicens : Incarnato Dei Filio, vocatio novi populi per doctrinam ipsius in Spiritu sancto ad salvationem sublevata surgens confortatione fortium hominum in exhortatione beatarum virtutum munita adversus immanissimum hostem, cui nullus hominum resistere valet, nisi gratia Dei adjutus, ita se inexpugnabilem Dei adjutorio exhibet ut nulla arte insidiarum ejus evelli aut deleri possit a Deo. Unde et turris quam vides ultra præfatam columnam humanitatis Salvatoris præfigurat Ecclesiam; quæ Filii mei incarnatione completa, nova constructio in omni bono opere exorta est, in fortitudine et altitudine cœlestium actuum, ut munitissima turris ad resistendum iniquitati opposita diabolo. Quapropter et lucidissimi splendoris est prædicto lapideo muro meridianæ plagæ ipsius ædificii ita imposita ut et intra et extra ipsum ædificium videri possit; quia serenissima luce humanitatis Filii Dei illustrata, viventes lapides per calorem Spiritus sancti hoc modo successos, in divino opere habet, ut et interiori scientiæ Scripturarum cœlestis intellectus ac exteriori stultitiæ sæcularium rerum ac fidelibus et infidelibus in ædificatione illa quam summus Pater per Unigenitum suum operatur aperte demonstretur. Et latitudinis quidem ubique in interiori parte circuitus sui, quinque cubitorum est, quoniam amplitudinem omnis intimæ inspectionis et intentionem totius continuæ meditationis per quinque sensus sui ornatus in infusione Spiritus sancti, cum omnibus virtutibus illis quas verus agnus ei manifestat, ad honorem ejusdem Agni videlicet sponsi sui remittit. Tantæ autem altitudinis apparet, ut eam discernere nequeas, quia major altitudo et profunditas divinæ sapientiæ et scientiæ in ecclesiastico opere est, quam cor humanum fragile et mortale perscrutari possit sua æstimatione.

Sed quod inter turrim istam et columnam humanitatis Salvatoris fundamentum solummodo est positum muro nondum desuper ædificato, sed tantum interruptus et vacuus locus apparens, longitudinis cubiti unius ut tibi etiam supra præmonstratum est : hoc est quod de Ecclesia in desponsatione filio meo adjuncta, magnum adhuc præconium in scientia Dei quasi in firmo fundamento occultatum manet, quod nondum in completo opere perfectionis propalatum resplendet, sed sine apertione in humanis cordibus latet, longitudinis tamen unius cubiti, quoniam sensus hominum in potestate unius veri et omnipotentis Dei sunt, ita quod etiam homo in scientia boni et mali per intellectum suum potest capere quod sibi utilius sit, ut et tibi aperta ostensione supra manifestatum est. Et quod turris hæc nondum est ad plenum ædificata, multa tamen solertia, et velocitate per plurimos operarios assidue construitur : hoc est quod eadem Ecclesia ad cursum et ad statum illum nondum pervenit, ad quem perventura est, quamvis multa sollicitudine et industria per celeritatem temporum labentium, in transcuntibus et supervenientibus filiis suis quotidie sine dilatione ad effectum decoris sui properare non cesset.

Habet tamen in circuitu summitatis suæ septem propugnacula, mira fortitudine constructa, quoniam circumdata est in celsitudine cœlestium operum septem inexpugnabilibus donis sancti Spiritus, quæ tantæ virtutis existunt, ut nullus adversarius ea possit destruere vel per altitudinem mentis suæ ad ea superbe valeat pertingere.

Quod autem ab interiore parte prædicti ædificii vides quasi scalam usque ad cacumen turris illius erectam : hoc est quod in opere illo quod supernus pater in divino consilio per Filium suum operatus est, multi in unanimitate gradus florent in simplicitate constitutionis ecclesiasticæ processionis, scilicet ad altitudinem cœlestium secretorum pertingentes, in quibus Ecclesia confortata et roborata est consistit. Et ab imo usque ad summum in gradibus ejus quædam multitudo hominum stat, quia a primis temporibus desponsationis ecclesiæ usque ad nuptiale tempus, illud, cum ipsa aperte cum sponso suo in pleno muro filiorum suorum gaudebit, in gradibus constitutionis præceptorum Dei, cum quibus ipsa ædificata est lucebunt apostolica luminaria, eam a tenebris infidelitatis sua tuitione defendentia.

Unde etiam igneas facies et alba vestimenta sed nigra calceamenta habent, quoniam in intellectuali sensu eorum, id est apostolicorum rectorum spectabilis fides credere scilicet in unum Deum per ardorem sancti Spiritus in ipsis quasi facies accensa est, ita quod et per purissimam claritatem in veste bonorum operum coram Deo et sæculo resplenduerunt, nigris tamen indumentis pedum apparentibus, quia itinera infidelitatis et sordis multiplicium scelerum incredulorum pertransierunt, quos suo exemplo ad viam justitiæ (quamvis multa difficultate) tamen convertentes perduxerunt. Sed quod inter eos aliqui similis quidem schematis, sed majoris staturæ et splendoris apparent, hoc est quod inter eosdem ecclesiasticos defensores, primi fundatores ipsius Ecclesiæ sunt, qui eam primum post Filium Dei sua prædicatione ædificantes eumdem quidem tenorem habent quem et sequaces eorum qui eos præcipue imitari noscuntur, quoniam secundum hoc ut illi præcesserunt, sic isti subsecuti sunt, eis tamen forma præstantes, quia ipsi alium nullum prædecessorem habebant, a quo exemplum novæ gratiæ traherent præter Filium Dei, ab cujus ore verbum vitæ audierunt, atque eos claritate præcellentes, quoniam fulgorem incarnationis ejus præ cæteris præsentialiter viderunt. Qui et ipsam turrim multa diligentia intuentur, quia sponsæ Dei in amore divino, suæ pietatis sollicitudine adesse non cessant, ut in robore suo perfecte consistat, ut scriptum est : *Sicut turris David collum tuum quæ ædificata est cum propugnaculis. Mille clypei pendent ex ea, omnis armatura fortium.* (*Cant.* IV.) Hoc tale est. Ut incarnatio Filii summi rectoris, fortissimi scilicet leonis ex virginea floridate venientis fortissimum instrumentum novæ gratiæ posita est, sic fortitudo fidei tuæ, o nova sponsa, incorrupta durans, certissimum munimen fidelis populi constituta est. Quomodo? Fortissimis viribus tuis adsunt et adhærent omnes munitiones filiorum tuorum ; qui nutriendi sunt nova illustratione rivulorum e vino et purissimo fonte stillantium, quos habes in hac fortitudinis conjunctione ; ut collum reliquo corpori conjunctum est, ita ut nec destrui nec dissipari possis, sicut nec victoriosa instrumenta veri David poterunt superari. Quomodo? Virtus Christi Jesu Filii Dei fortissima turris est : in qua victoriosissimæ militiæ fidelium invictissima probatione exercentur, quibus nullus adversarius se prævalere gloriabitur, quia in se Christum verum Deum et hominem continet ; per quem in secunda regeneratione omnis compago filiorum tuorum in salutem decentissime protenditur. Unde est illa purissima incarnatio a prophetis prædicta, et pretiosissimis lapidibus virtutum adornata cum propugnaculis apostolicæ doctrinæ, id est cum plantatoribus justitiæ veri luminis in universum orbem ad salutem credentium propalata est, ut hæc parabola demonstrat : Dominus quidam urbem marmoream habens in quam magna voce intonuit, plurimis cælaturis muros ejus interius cælavit, ex quibus acutissimam limationem impolitorum lapidum spiravit. Quo facto, idem dominus in unico verbo suo aquis aquarum dicebat, ut sua effusione aequalitatem facerent supra montes. Et hoc etiam peracto, ignem ignis similiter admonuit, ut parva tabernacula pararet. Quo etiam adimpleto, eadem tabernacula ita in altum profecerunt, ut urbem illam celeri profectu suo excellerent altitudine. Hoc tale est: Dominus iste est quem nunquam praecessit alius dominatione; sed ipse solus super omnia et in omnibus est, quia nihil ante eum, nec post eum inventum est, ac ideo Dominus omnium est. Hic nobilem urbem chorum scilicet prophetarum adversus rabiem saecularium tempestatum fertem et constantem in sua potestate habuit; quoniam infusione Spiritus sancti repleti erant, cum in eos idem Dominus voce magna intonuit ita quod in eis inspirationem illam suscitavit, qua mysteria ejus obscuris verbis protulerunt, ut primum sonus auditur cum nondum verbum cognoscitur, sonum tamen prophetiae eorum, vero verbo Filio, scilicet Dei incarnato subsequente. Qui Dominus multiplices caelaturas in cordibus eorum fecit: cum intellectum ipsorum multiplici spiritu sapientia infudit, ita quod in spirituali sensu profunda Dei tam praesentis quam futuri videlicet saeculi prophetaverunt, per quem efficacissimos sermones contra contrarios mores hominum protulerunt, quibus durissima corda Judaeorum ad lenitatem et pietatem felicium actuum provocaverunt. Sed incarnato Verbo Dei, coelestis Pater in eosdem Filio suo innuens apostolis (qui homines existentes segregati erant de communi populo ut purissimi rivuli eliguntur de caeteris aquis fluentibus in plano dicebat; ut inundatione verae fidei effluerent in orbem terrarum, deprimentes et conterentes magnum schisma contemptus, sufflatus superbiae et exaltationis culturae idolorum, ut homines verum Deum cognoscendo desererent infidelitatem suam in praedicatione illorum. Qua fide in populis roborata: idem provisor universorum ignitas mentes electorum suorum, qui accensi fuerant de ignitis cordibus illorum quos Spiritus sanctus in igneis linguis adveniens tetigerat, suaviter etiam in Spiritu sancto admonuit, ut contemptores mundi effecti in contemplatione coelestis vitae, parvuli et pauperes spiritu esse non abnuerent; sed ut per haec parva habitacula humilitatis, sibi supernas divitias compararent. Quae humilitatis opera dum contemptores caducorum in excelso studio subtilissima praecepta Dei semper ruminantes imitarentur, ut martyres, virgines et reliqui suimetipsorum abjectiores, ita in hac sui contritione ad amorem coelestium ascenderunt; ut etiam agricolas in vinea Veteris Testamenti laborantes in velocitate bonorum studiorum suorum superarent, dum semetipsos quasi pro nihilo habentes toto desiderio ad aeterna anhelarent. Unde et mille clypei, multae perfectae videlicet defensiones perfectae fidei nova gratia, pendent a Filio Dei;

dum primi pastores Ecclesiae exemplum ab ipso trahentes et ob spem supernorum semetipsos conculcantes, catholicam fidem sanguinis sui effusione roboratam, ab ignitis jaculis diaboli (quae vulnerant animas hominum) protegunt, quis multiplices virtutes armaturae coelestis militiae in caeteris electis subsequentes; etiam in hoc saeculo amori Dei obsequuntur. Quomodo? Quia antiquus serpens primo homini pessimum fetorem contemptus Dei insufflavit: idcirco et ipse diabolus odore omni aromatum castitatis, scilicet et continentiae ac ligaturae praeceptorum Dei, nec non societatis Christi, jugum ejus sufferre atque contemptus totius mundi durissime in his sibi contrariis coelestibus jaculis transfigitur, ita quod abjectus de civitate Dei, confusus et conculcatus in aperta suae damnationis parte a fidelibus abhorreatur.

Quod autem in septentrionali plaga illius aedificii vides mundum et homines qui de semine Adae procreantur, inter praedictum lucidum murum speculativae scientiae ipsius aedificii et ambitum circuli qui de sedente in throno protenditur discurrentes: hoc est quod in carnalibus desideriis quae respicientia ad imbecillitatem versantur in terrenis saecularium cupiditatum mundus et mundiales homines de culpa primi parentis positi sunt, ex altera parte scientia boni et mali ipsis apposita, ut ad opus Dei per bonum accedant, et malum effugiant, et ex altera potestate Dei illis ostensa, ut et se sub majestate ejus esse sciant, et omnia facta sua ab ipso examinari non dubitent.

Unde et multi aedificium ipsum inter turrim praecursus voluntatis Dei et columnam divinitatis Verbi ipsius per praefatum murum speculativae scientiae intrando et exeundo transeunt, ut nubes hac et illac diffunditur; quia multum divinum opus Veteri Testamento et novo exordio admoniti aggredientes, ipsum per speculativam scientiam relictis carnalibus desideriis intrant, multique voluptates suas sequentes illud in malis concupiscentiis suis ibidem exeunt; ita quod in voluntate sua sive ad bonum sive ad malum, in velocitate nubium, id est in motione cogitationum suarum se hac et illac relaxando deducunt. Sed quod ii qui ipsum aedificium intrant, candidissima veste induuntur: hoc est quod ii qui opus Dei bona voluntate aggrediuntur, purissima et lucidissima veste verae fidei ut Deum cognoscant per misericordiam ipsius vestiuntur. Quorum alii de suavitate et lenitate ejusdem vestis gaudio magno exsultantes, eam retinent; quia contrito et humiliato spiritu, imbuti dulcissima et lenissima catholica fide, ac perfusi interiore liquore sanctitatis, semper interioribus oculis laetantur in coelestibus, ea devotissime adimplentes retinentes quae ipsis Spiritus sanctus inspirat. Alii autem quasi de gravedine et difficultate ejus tristes effecti, illam exuere volunt; quoniam veluti gravissimo onere gravati et quasi difficillima via impediti, inquietissima et amarissima consuetudine illicitae voluptatis se intrinsecus dilaniantes et lacerantes, fidem in operibus suis abjicere conantur, nec divinis præceptis se commoveri patiuntur. Quos benigne virtus hæc quam scientiam Dei nominari audisti, sæpius compescens, unicuique eorum dicit vera admonitionis suæ, ut prædictum est; quia altissimus Deus præsciens molliri corda durorum lapidum in hominibus flectit se in misericordia sua ad eos (ut tibi ostensum est) frequenter commonens illos ut intra se gementes et flentes ipsum orent quatenus eos liberet de importunitate nequitiæ suæ qua diabolica suasione perfusi sunt, ita ut in hac pœnitentia possint reverti ad intellectum bonæ voluntatis, recordantes vestis innocentiæ quam susceperunt in regeneratione spiritus et aquæ. Sed ut vides quod quidam eorum his verbis castigati quamvis idem indumentum ipsis difficile videatur, illud tamen cum multo sudore retinent : hoc est quod ipsi inspiratione Spiritus sancti admoniti in fide quam suscipiunt quasi gravem et difficilem mentibus suis viam arripiunt, sed eam quamvis multo labore tamen non desperantes nec tædio torpentes tandem perficiunt. Quidam vero eadem verba subsannantes, vestemque ipsam furiose exuentes abjiciunt, ad mundum redeuntes unde venerunt, multaque perscrutantes, multa inutilia sæcularium vanitatum discunt; isti sunt qui legem Dei et justitiam ejus derisui habentes, fide catholica in vanitatibus errorum suorum se denudant, eam abnegantes in operibus malignis quæ pertinent ad mortem, et ad mundi hujus vanitates se declinant, quas prius flete dimiserant, ac libidinosa facta in actibus perversis sciscitantes ardentem gustum sæculi discunt atque eum diabolicis irrisionibus secundum deceptionem illius pervertunt. Quorum alii in idem ædificium tandem reversi, vestem quam abjecerant iterum tollentes sibi induunt; quia isti ad opus divinum de via erroris sui redeuntes veniunt, et schisma diaboli quod secundum voluntatem illius acceperant abjicientes, habitum veræ fidei quem in baptismo susceperant et quem ipsi in erroribus suis verum Deum deridentes abjecerant, iterum puro et simplici corde confitentes resumunt. Alii autem reverti nolentes, ea denudati in mundo ignominiose remanent, quoniam ipsi ad Deum pura pœnitentia redire contemnentes veste inocentiæ spoliantur, et idcirco nudi a bono fidelium operum, sed pleni malo vitiorium diabolicarum artium, in nequitiis mundialium vanitatum cum maxima confusione tam præsentis sæculi quam futuri vitam suam usque ad mortem impœnitentes deducunt.

Sed quod vides quomodo quidam sordidissimi et nigerrimi quasi per insaniam excitati ab aquilone venientes in ipsum ædificium irruunt turrimque præfatam bacchando invadentes, in eam ut serpentes sibilant : hoc est quod quidam scelerati homines sub mobili calore læti stuporis, sordentes per nigredinem diabolicæ aspectionis Deum aspiciunt, nec causam illam quam desiderant per donum sancti

Spiritus quærunt sed diabolica arte afflati et incitati atque a parte damnationis missi callida arte divinum opus intrant, ac furtim subtrahendo et palam rapiendo atque in insaniam bacchando temere per nefandissimam pecuniam horribilis diabolicæ nigredinis, constituta a Deo officia deglutiunt et Ecclesiam hoc modo per insanum furorem conturbantes, in eam sibilos deceptionis antiqui serpentis dant. Quomodo? Diabolica astutia tandiu incautos homines afflant, donec eos secundum voluntatem suam per mortiferam emptionem exsuperant, hoc sibilo jactantiæ Ecclesiam contaminantes dum sic furantur potestates quæ mea ordinatione constitutæ sunt. Qui quoniam hæc faciunt : a conspectu meo impœnitentes projecti sunt, nec in his factis eos scio ; quia ea per se et non per me adepti sunt, ut Osee servus meus ostendit, dicens : *Ipsi regnaverunt, sed non ex me, principes exstiterunt et non cognovi. Argentum suum et aurum suum fecerunt sibi idola ut interirent* (Ose. VIII). Hoc tale est: Homines voluntatem suam sequentes, computant et constituunt in se ipsis quidquid eorum proprius appetitus deliberat. Quid hoc? Concupiscens videlicet concupiscentia eorum quæ in ipsis est; suadet ut dominentur hominibus furtivo et rapto honore, non postulato nec sumpto, nec constituto ex me, quod tamen aliquando ita fieri permitto; ut judicialis pœna superveniat eis ob proprias voluntates eorum, quia me in hoc non quæsierunt. Et quid hoc eis prodest? Quia in hoc non viriditatem sed ariditatem habent ; et quoniam hoc non plantatur sed inutilis herba nascitur in eis absque trunco. Infructiferæ enim herbæ de terra facile nascuntur per se ; fructiferæ autem seminantur et plantantur magno labore. Sic permitto quod aliquando terrenum desiderium hominis, sine radice in malo facile floreat, plantationem boni non quærens ; quia viriditatem æstatis non habet, permittens etiam quod aliquando rectum desiderium ejus bene radicatum in bono fructum per multas miserias afferat, rigationem sanctitatis amans, quoniam asperitate hiemis caret. Unde etiam sæpe viles homines præcellunt in principatu communem et utilem populum, ut inutiles herbæ aliquando excelsiores sunt utilibus; ipsis tantum positis in propriis desideriis suis non mea plantatione, aut tactu cognitionis doni mei, aut ordinationis meæ radicatis, sed hoc justo judicio permitto fieri; quia illud a me non quæsierunt, sed intra se ipsos constituerunt, unde et mihi super hoc in judicio meo respondebunt. Nam et felicitatem optimæ doctrinæ quam in animo suo ab omni indignitate infidelitatis deberent examinare ut argentum purgatur a cuncta falsitate, et utilitatem profundissimæ sapientiæ quam in voluntate sua deberent ordinare splendidissima fide, semper videntes quomodo Deus colendus, venerandus, et confitendus sit ; faciunt sibi in contrarietatem vanitatis. Quomodo? Ipsi incurvant eam ad maximam infelicitatem, intellectum suum quem a Deo habent insatiabilibus concupiscentiis carnis suæ offerentes; quasi fetens modo? Sapientiam et consilium quod a me in corde et putrida ipsa caro eorum deus sit, nolentes oculos suos erigere ad Deum qui formavit illos, sed voluntatem suam pro Deo habentes, quoniam secundum hoc vivunt; ut in se ipsis ordinant et constituunt. Hoc autem ideo non faciunt; ut agrum illum qui gignit cibum vitæ æternæ possideant, sed ut absint ab eo et impœnitentes in perpetuum intereant, quoniam ille quem pro Deo colunt mortuus est: sicut et ipsi mortui sunt, videlicet tam venditores quam emptores spiritualium, hoc esse desiderantes quod a me non quæsierunt. Nam qui potestatem per vesanam concupiscentiam invadit, ita quod rationabile donum Spiritus sancti venale facit; quomodo posset ex tali venditione salvari? quia homo qui substantiam suam alienis vendit, ea non debet amplius uti. Et quomodo deberet etiam mercator ille uti empta salvatione quam a Deo nolebat recipere, sed festinavit eam adipisci pecunia, quam tamen ut adipisceretur recto judicio suo Deus fieri permisit? Nam quibusdam Deus indignatus illud eos furari permittit; pro quo tamen occulto judicio in præsenti eos punit, et non in futuro; ut secundum quod in oblivione Spiritus sancti amaverunt, in se ipsis confundant, ita quod per confusionem hanc ad hoc perducuntur ut ad Deum in pœnitentia revertantur; unde et hac peracta remissionem in futuro consequuntur. Quosdam autem in hoc tolerat, non in præsenti eos crucians, sed justa ex causa in futurum differens, quia voluntatem suam pro Deo habent; quapropter et ipse eis in futuro ostendit, quod voluntas eorum ipsis in amaris cruciatibus prosit. Sed et alios tam in præsenti quam in futuro punit, quoniam clarus eorum intellectus in ipsis vilem ac contemptibilem sua sponte se facit, imitans diabolum in malis suis. Alios quoque ad hoc pervenire permittit; ut ipsum malum in pœnitentia eorum confundatur, cum se pro perpetrata injustitia acriter punientes, illam quasi putridum cadaver abjiciunt. Quibusdam vero ne hoc adipiscantur, misericorditer resistit; quia si ad illud pertingerent, pœnas gehennales non effugientes in eis fortiter cruciari mererentur. Quicunque autem prostituerit aut sibi usurpaverit cathedram potestatis in consilio patris sui qui pecunia est, quoniam ipsa pater illius efficitur in mercatu, ipsi perditionem acquirens ab illa dignitate; et ille qui dedit et qui accepit abjiciendus est, quia si homini pecus suum furtim ablatum et alii venundatum fuerit; ille cui ablatum est, repertum cum omni jure repetit, qui vero vendidit aut qui emit, absque contradictione uterque dimittet illud. Sic et dignitas potestatis quæ secundum justitiam meam debet possideri, si per aliquem furtivo munere diripitur, et in alios perverse dissipatur; a me cum districto judicio requiritur, ac propterea ille qui eam in mercatum posuit, vel qui eam indigne comparavit, utilitate illius justo judicio uterque carebit, quia templum homini meo consecratum, donum rapinæ fecerunt. Quo-

suo habuerunt: sua sententia in forum posuerunt, sibi ex hoc pecuniam iniquitatis in aliorum perditione recipientes. Quapropter mercatum illum in amara pœnitentia abjicient; vel mihi inde in igne diri ardoris respondebunt. Nam qui viventem dignitatem quam spiritus in spiritualibus apicibus vivificat, mortuo pretio comparans ad fetorem scaturientis putredinis perducere conatur: ex ipsa præsumptionis perversitate (nisi citius pœniteat) in perditionem detrudetur, ut accensus in Spiritu sancto desertor erroris relinquensque omnia filius columbæ Petrus, transeunti turbini qui in tæterrima nigredine lucem volebat absorbere dicit: *Pecunia tua tecum sit in perditionem; quoniam donum Dei existimasti pecunia possideri. Non est enim tibi pars neque sors in sermone isto. Cor enim tuum non est rectum coram Deo* (Act. VIII). Hoc tale est: Pecunia fallacis confidentiæ tuæ quam habes in aliena re ut dominum, ipsa autem te habens ut mancipium imo ut nihilum, sit tibi in perditione gehennalis ignis; si hoc donum quod ignei Spiritus sancti est, per nefas pecuniæ comparatum, impœnitens retinueris, quoniam in transitoria scientia animæ tuæ accensionem ipsius acutissimi inspectoris, fallaciter existimasti pecunia possideri; quam diffisus es te posse habere dono Dei. Si autem ob causam hanc pœnitueris: illud quod emisti dimittes, pecuniamque quam pro ipso dedisti sic perditam senties, quia quod æternum est, cum luto mercari voluisti ab illo, qui te formavit ex limo. Sed te in illa emptione durante, non habebis partem lucis in consortio supernorum angelorum; quoniam in sermone linguæ tuæ rapacitatem cordis tui protulisti, aliud concupiscens quam cives æternæ claritatis desiderent. Unde et cor tuum in hac perversitate coram Deo injustum est: hoc volens habere per emptionem pecuniæ, quod gratis a Deo donandum est. Itaque desertores hujus divini pacti, quia illud quærere deberent gratuito dono Spiritus sancti et non faciunt, justo judicio per me vanis simulacris comparantur; quoniam ut illa opus manuum existentia a veritatis consortio sunt vacua, sed tamen ab infidelibus pro Deo coluntur, sic et isti per contrarietatem terrenorum munerum illuminatione Spiritus sancti carentes, fallaces magistri efficiuntur, non electi in suspirio animæ suæ veluti officio illo sint indigni, sed in flagrante superbia illud ab hominibus accipientes voluntatem meam in hoc non considerantes. Quapropter nescio unde sint illi et quasi alieni sunt a me; quia ob hanc injustitiam suam si sic perseveraverint, a me projecti sunt. Si autem ex toto corde pœnituerint, eos suspiciens, gaudium super ipsos faciam angelorum.

Sed, quamvis injuste agant qui perverso ardore has dignitates desiderant, nec eis consentiendum sit qui eas sua nequitia invadere nituntur, ut dictum est; ipsa tamen regimina bona ad utilitatem hominum a Deo bene disposita sunt, nec eis superbe et pertinaciter resistendum est, sed potius in amore meo obediendum. Unde nullus fidelium qui Deo vult digne obtemperare opponat se magisterio sibi præsidenti : quoniam illud imitatur honorem Dei, custodiens et pascens oves ipsius, ut honor ipsarum ovium non dissipetur in alienum qui fur et latro est ; quia ut nullus debet repugnare Deo, sic nemo debet insipienter resistere magisterio suo. Ergo omnis homo vivens in anima et corpore altioribus se dignitatibus, sive corporales sive spirituales justitias retineat : subjectus eis debet obedire ut in timore magisterii earum dirigatur constituta lex hominum, ne ipsi deviantes in indisciplinata libertate voluntatis suæ sibi ipsis legem ponant secundum quod voluerint, sic errantes in via Domini, quia ne errent; propter hoc potestas a Deo est. Quomodo ? Inspiratione Spiritus sancti regimina hominum disposita sunt ; ut per ipsa discant homines timere Dominum. Quæ si illi secundum libitum suum in contrarietatem perverterint ; non tamen sic in voluntate Dei est, sed in secreta permissione ejus ut justo judicio concupiscentia illorum in perverso ardore ad detrimentum sui compleatur. Ergo dignitates potestatum inspiratæ a Deo ad utilitatem hominum ob magnam necessitatem eorum ab ipso juste ordinatæ sunt ; ne plebs Dei more pecudum sine regimine vivens, per devia quæque instabilitatis suæ incederet. Unde quæ ipsis repugnat, nolens per impulsum superbiæ eis in humilitatis subjectione, ut justum est, obedire; non hominibus contradicit, sed mihi Creatori qui cuncta juste dispono, se pertinaciter secundum transgressionem Adæ opponitur, propter hanc rebellionem tenebras damnationis sibi accumulans, sicut et ille de gaudio in ærumnas expulsus est ; non autem ille qui perversæ nequitiæ hominum in zelo meo in humilitate incedens non consentit, quia is justitiam justitiæ Dei potius auget quam minuat, si hoc congruenter et opportune fecerit; sed is qui ipsas dignitates per elatam superbiam indecenter opprimere voluerit, quoniam ille mea dispositione ad utilitatem viventium, ut prædictum est, propalatæ sunt. Et qui contra eas superbe calcitrat, inspirationi meæ repugnant, quamvis aliqui insania ignorantiæ suæ timorem meum non inspicientes, eisdem dignitatibus in iniquitate voluntatis suæ divinum præceptum prævaricantes se ingerant, quod justo judicio ita fieri permitto ut desiderant ipsi, per æquissimam examinationem ex hoc in gravi pœnitentia aut in igne gehennæ responsuri.

Sed ut vides quod ex his quidam ab hac stultitia cessantes mundi effecti sunt, aliis in eadem nequitia et sorde sua perseverantibus : hoc est quod ex eis aliqui per inspirationem divinam a perversitate sua resipiscentes, per puram et veram pœnitentiam mundari et salvari merentur, aliis obduratis et impœnitentibus in eadem calliditate sua et immunditia usque ad finem vitæ suæ permanentibus, atque ita suffocatis miserabiliter et crudeliter in tormentis diræ mortis morientibus.

Quod autem intra prædictum ædificium conspicis versus præfatam turrim Ecclesiæ, quasi septem albi coloris marmoreas columnas in miram rotunditatem tornatas, stantes : hoc est quod in opere omnipotentis Patris ad munimentum et ad decorem novæ sponsæ, Spiritus sanctus inspirationis suæ septem candidissima sustentacula omnem adversitatem tempestatum sua fortitudine abstergentia declarans, summam potestatem nec initium nec finem in rotunditate æternitatis habentem manifestavit. Quæ sunt altitudinis septem cubitorum ; quia omnem fortitudinem et altitudinem totius humani intellectus illa dona excedentia, eum qui cuncta creavit purissima fide colendum demonstrant. Et in summitate sua quasi ferreum et rotundum habent tabulatum, decenter aliquantulum in altitudinem sursum erectum; quoniam in excellentia suæ claritatis invincibilem et incomprehensibilem divinitatis potestatem designant, tegentem et sustentantem illos elegantissima rectitudine sua in cœlestibus, qui se hic per dona sancti Spiritus separaverint a carnalibus voluptatibus.

Quod autem in cacumine ejusdem tabulati vides quasi pulcherrimam imaginem stantem : hoc est quod virtus hæc in altissimo Patre ante omnem creaturam fuit, ordinans in consilio ejus quæque instrumenta creaturarum quæ in cœlo et in terra condita sunt, ipsa scilicet magnus ornatus fulgens in Deo, latissimusque gradus graduum cæterarum virtutum existens in ipso, eique dulcissima amplexione inardentis amoris conjuncta tripudio. Quæ ad homines in mundum aspicit; quoniam illos qui eam sequi voluerint sua protectione semper regit et custodit, eos valde diligens ; quia constant in ipsa. Nam imago illa sapientiam Dei designat; quia omnia per ipsam a Deo creata sunt et reguntur, cujus caput veluti fulgur tanto nitore radiat, ut illud ad plenum non possis considerare ; quoniam divinitas terribilis et blanda omni creaturæ est, omnia videns et considerans, ut oculus hominis ea dijudicat quæ sibi fuerint apposita, a nullo tamen hominum in profunditate mysterii sui ad finem valens perduci. Unde et manus ad pectus suum decenter componit : quæ est potestas sapientiæ quam ad se ipsam sapienter constringit, ita quod omne opus suum tali modo dirigit, ut nullus ei in aliquo nec prudentia nec potentia resistere possit, pedibus ejus in ipso tabulato tibi ad videndum occultatis; quia profunda ejus in corde Patris absconsa nulli hominum patent, soli Deo secreta ejus nuda et manifesta. Quod vero circulum in modum coronæ multo fulgentem splendore habet in capite : hoc est quod majestas Dei initio et fine carens incomparabili nitet honore, tanto fulgore Divinitate radiante, ut acies mortalium mentium in ipsa reverberentur. Sed quod tunica aurei coloris induitur : hoc est quod opus sapientiæ quasi in purissimo auro frequenter consideratur. Quapropter et a pectore deorsum usque ad pedes zona una descendens pretiosissimarum gemmarum ornata, viridis scilicet albi et rubei atque aerei purpureo fulgore interlucente coloris decoratur; quoniam ab exordio mundi cum primum sapientia opus suum in apertam ostensionem dedit, jamque se usque ad finem sæculorum quasi una via tetendit in sanctis et justis mandatis ornata, videlicet prima plantatione viridis germinis patriarcharum et prophetarum, quæ in ærumnis gemitus laboris sui maximo desiderio Filium Dei flagitabant incarnari, et deinde decorata candidissima virginitate in virgine Maria, et postea in robustissima et rubente martyrum fide, ac demum in contemplationis purpurea et lucida charitate, qua Deus et proximus per calorem sancti Spiritus diligendus est, quod ita ad terminum mundi procedet admonitione illius non cessante, sed semper quandiu sæculum durat emanante, ut etiam hæc virtus in exhortatione sua declarat, ut prædictum est.

Sed quod iterum in pavimento ipsius ædificii tres alias imagines vides : hoc est quod hæ virtutes terrena calcantes, et cœlestia in divino opere sectantes tria instrumenta per quæ Ecclesia in filiis suis æterna petit designant, nutrimentum scilicet magistrorum et pugnam fidelium adversus diabolum, ac reversionem eorum de consensu vitiorum; quarum una præfatis columnis acclivis est ; quia ecclesiastici doctores per donum sancti Spiritus imbuti, requiem capiunt ipsius fortitudine; et reliquæ duæ ante ipsam sibi collaterales stant, quoniam dilectio Dei et proximi ejus exhortatione in istarum conjuncta et sociabili continetur operatione. Unde et se omnes ad columnam humanitatis Salvatoris ad præfatam turrim dirigunt; quia pari unanimitate Filium Dei verum Deum et verum hominem in Ecclesia devotissime coli et adorari ostendunt, justitiam per justitiam elevantes, designando videlicet in antiquis sanctis altissimum Deum in incarnatione Filii ejus salvationem operatum animarum.

Sed hæc imago quæ ipsis columnis acclivis est, præfigurat justitiam Dei; quoniam ipsa post sapientiam per Spiritum sanctum in hominibus cum omnibus justitiis suis operatur, tantæ latitudinis apparens ut latitudo quinque hominum sibi astantium nominari potest; quod est expansio quinque sensuum humanæ capacitatis, cum quibus ipsa in latitudine legis Dei conversatur, continens et conservans a Deo instituta præcepta vitæ, ipsam diligentibus. Quæ in tantæ proceritatis est, ut longitudinem ejus perfecte discernere non valeas, ita etiam quod per omne hoc ædificium prospiciat; quia ipsa in latitudine sua humanum intellectum excellens, sursum tendit ad cœlestia ; sic quod etiam in incarnatione Salvatoris de cœlo prospexit : cum idem Salvator scilicet Filius Dei a Patre exivit, qui vera justitia existit. Unde et in omnia ecclesiastica instrumenta aspectum suum dirigit; quoniam illa per eam fabricantur et continentur, ut altiora propugnacula ad fortissimam turrim per quam constare possint conjungantur. Quapropter et magnum caput et claros oculos habens, acutissime in cœlum videt; quoniam maxima et summa bonitas justitiæ, lucidissimum visum per incarnatum Filium Dei hominibus declaravit, cum ille in humano corpore terrenis ac tenebrosis oculis se manifestavit : cœlestia intuens per redemptionem animarum. Et tota candida et perlucida existit ut serenissima nubes est; quia ipsa in candore et puritate mentium justorum hominum habitat, qui omne studium suum ad hoc intendunt, ut justitiæ Dei fidelissime subditi sint. Unde et ipsa nubibus se assimilat; quoniam in cordibus justorum gratam sibi habitationem parat. Sed quod aliam formam hominis in ea nullam conspicis : hoc est quod cœlestis et non terrestris manet, secundum quod et tibi declaratum est, videlicet humanis operibus quibus gravantur homines illi non adhærentibus, sed quæ ipsos ad justificationem vitæ perducunt; quoniam Deus justus est, ut et ipsa diabolo opposita in opere Dei cæteras virtutes exhortans superius fideliter demonstrat.

Imago autem prima illarum quæ ante prædictam imaginem sibi collaterales stant ; ostendit fortitudinem, quia post justitiam Dei surgit fortitudo quasi princeps in conspectu summi regis, recto et sancto opere repugnans in hominibus cunctis insidiis adversariorum ; armata apparens, videlicet virtute omnipotentis Dei ; quoniam ipsa fortis in fide fortiter resistit diabolicæ subjectioni. Quapropter et galea, id est superno vigore ad salutem credentium induitur, et lorica : quod est Christianorum lege, quæ per justitiam quam continet in se nulla sagitta diabolicæ artis aboletur; ac ocreis, scilicet rectis itineribus in doctrina principalium magistrorum frequentatis: atque ferreis chirothecis, quæ sunt fortissima et acutissima opera quæ fideles perficiunt in Christo. Tenet etiam evaginatum gladium dextra, id est in bono opere nudam et apertam in divina Scriptura Dei admonitionem, quam verus Dei Filius in mystica significatione denudavit, cum interiorem dulcedinem nuclei in detectione legis ostendit. Hastam autem habens sinistra, qua fiduciam æternorum in hac etiam actione designat infidelibus hominibus se habere, ubi carnalibus concupiscentiis per voluptatem carnis impugnantur. Quod autem sub pedibus suis horribilem draconem conculcat : hoc est quod per viam rectitudinis antiquum et horridum serpentem potestati suæ subigit; os etiam illius ferro hastæ transverberans ita ut ipse immundissimas spumas evomat; quoniam rictus sordidissimæ et diabolicæ libidinis, in acutissima audacia castitatis transfodiens conspumationem ardentis libidinis, qua ille homines polluit ab eo extorquet. Unde et gladium quem tenet quasi ad feriendum fortiter vibrat; quia Deus penetrabile verbum suum ad interficiendum omnem infidelitatem idolorum et aliorum schismatum quæ incredulitatis sunt, in extensa fortitudine manifestavit, sicut et virtus hæc in admonitione sua manifestat.

Altera vero imago sanctitatem significat ; quoniam cum per fortitudinem diabolo repugnatur, sanctitas in hominibus bonis ad ornatum cœlestis militiæ oritur. Quæ triceps est; quoniam hac trina dignitate ad statum suum perducitur, ita ut in naturali loco capitis et in utroque humero suo caput appareat; quia justa et digna actione Deus caput totius veræ exsultationis et in prosperis et in adversis ex quibus vel lætificari vel contristari potest homo, metuendus et venerandus est; medio tamen alia duo aliquantulum supereminente; quoniam ille qui judex bonorum et malorum existit, omnia supereminet sua æquitate. Sed quod idem medium et quod a dextris ejus est tanto fulgore radiant, ut claritas ipsorum visum tuum reverberet, ita quod utrum virilem an muliebrem formam habeant perfecte considerare non valeas: hoc est, quod sanctitas in culmine honoris et in parte prosperitatis æternæ dulcedinis, tanto splendore divinæ gratiæ perfusa consistit, ut profunditas mysterii ejus ita intellectum hominum excedat, ut præ gravedine mortalitatis nec libertatem nec subjectionem ejus in Christo possit intueri, præterquam quod viget in ipso. Illo autem capite quod a sinistris apparet aliquantulum obscuro et muliebri consuetudine candido velamine velato; quoniam perfectio hæc quæ se fortiter constringit ob amorem Dei, in adversitate illa qua ipsa diabolica infestatione et humano opere impugnatur, quasi anxietatem et sollicitudinem quomodo se divino auxilio defendat habet, humillima subjectione in albedine et pulchritudine Christiani certaminis se Redemptori summo gemitibus fidelium cordium commendans. Quod vero tunica ex albo serico eadem imago induta est, hoc est quod opere lucidissimi et suavissimi studii, in quo perfecta sanctitas Filium meum imitatur circumamicta apparet, candidissimis etiam calceamentis munita; quia per mortem Christi, in candore regenerationis spiritus et aquæ refulget in mentibus hominum, ut et ipsi mortem ejus imitentur. Et in pectore suo signum crucis habet, circa quod etiam splendor magnus in eodem pectore velut aurora fulgens rutilat; quoniam in intentione mentium fidelium illam diligentissime complectentium recordationem passionis Christi Jesu ruminat. Hac etiam ubique serenissima claritate fidei in eisdem mentibus designans; quod ille qui obediens Patri taliter in sancta humanitate sua passus est voluntate Patris, in pulcherrima aurora solis quæ virgo Maria est sine macula peccati natus advenerat. Quod autem in dextra nudum gladium tenet, quem pectori suo et eidem cruci cum multa devotione apponit: hoc est quod bono et sancto opere ostendit, quomodo Scripturas per Spiritum sanctum denudatas in recordatione mentis electorum hominum (quia et ipsi passionis Redemptoris sui dulcissime recordantur) diligit. Unde etiam vides in fronte medii capitis scriptum sanctitas, quia in interiori facie quæ est animæ absque ulla indignatione pudoris cum gaudio vitæ sanctitas cognoscitur, et in fronte dextri, radix boni; quoniam ipsa palam initium et fundamentum in salvatione sanctitatis est, et in fronte sinistri non parcens sibi; quia sine corpore mollitiem et vanitatem carnalium voluptatum abjiciens, semper se in districtione constringit, ornamenta cæterarum virtutum sibi conjungens ut possit perfici et perdurare contendit. Sed et medium ad alia duo aspiciens et illa ad ipsum, utilitatem suam ad invicem conferunt; quoniam ipsa fortiter in unanimitate interioris visionis et dilectionis consistentia, ita ut nullum eorum sine adjutorio alterius durare valeat, verba et admonitiones suas ad profectum hominum dirigunt, ut dictum est. Qui autem acutas aures interioris intellectus habet; hic in ardente amore speculi mei ad verba hæc anhelet, et ea in conscientia animi sui conscribat.

VISIO DECIMA.

SUMMARIUM. — *Verba Filii hominis. Quod homo habens scientiam boni et mali, inexcusabilis est. Admonitio ad conjugatos. Comparatio de agro. Quod homo non debet scrutari quod sibi sciendum non est, sicut in exemplis patet. Quod nullus repente viam sanctitatis arripiat ut in suppositis exemplis videtur. Admonitio ad virgines et continentes qualiter sanctitatem aggredi debeant. De interiori continentia mentis ut in subjectis exemplis manifestum est. Comparatio thesauri. Verba constantiæ. Verba cœlestis desiderii. Verba compunctionis cordis. Verba contemptus mundi. Verba concordiæ. Quod in altitudine justitiæ et fortitudine donorum Spiritus sancti opera quæ Deus in hominibus operatur solidantur. Quod omnis actio quæ fide et opere in fidelibus perficitur timori Domini divina providentia coadunatur. Quod volentem perseverare in bono opere Filius Dei regit ne cadat in errorem qui humilitate sua destruxit mortem. Quod umbra legis in nativitate et passione Filii Dei finem accepit. Quæ gessit Deus in Ecclesia ab hominibus videri et sciri possunt; futura autem non nisi fide vel revelatione divina. Quod Deus misericorditer hominem conspiciens admonet ut imitando sanctos cœlestem patriam petat. De statu constantiæ, cœlestis desiderii, compunctionis cordis, contemptus mundi. De habitu earum. De constantia, De cœlesti desiderio. De compunctione cordis. De contemptu mundi. De concordia. Quod in vigilante fortitudine fidei opus bonum explanatur et in perfectione operis qua devotione quisque Deum colat ostenditur. Quod per fortitudinem fidei Deus antiquum serpentem in profundum æternæ confusionis dejecit. Pagani, Judæi, falsi Christiani veram fidem abnegantes, in potestate Dei sunt quamvis ab Ecclesia quæ in alto posita est ejecti sunt. Verba Joannis ad eamdem rem. Quod Deus Ecclesiam ab omnibus partibus mundi collectam, secundum quæ prædestinavit; ad effectum confuso diabolo perducit, quod est in novissimo die.*

Et post hæc in summitate orientalis anguli præmonstrati ædificii, ubi prædictæ duæ partes muri ipsius illa lucida et lapidea videlicet, conjunctæ erant: vidi quasi septem gradus candidissimi marmoris, qui ad lapidem illum magnum super quem præfatus lucidus sedens in throno apparuit in modum testudinis advoluti videbantur. Et super illos gradus sedes posita erat: super quam juvenis quidam sedens virilem et nobilem vultum pallidi tamen coloris, et capillos subnigros usque ad scapulas ejus diffluentes habebat, purpurea tunica indutus. Qui a capite usque ad ombilicum ejus mihi apparuit; sed ab ombilico deorsum obumbratus mihi ad videndum fuerat. Et ipse respiciens in mundum, maxima fortitudine vociferabat ad homines qui in eo erant, dicens : O stulti homines qui tepide et turpiter marcetis in vobis ipsis, nolentes vel oculum unum aperire ad videndum, quid in bonitate spiritus vestri sitis, sed semper ardetis operari malum quod habet concupiscentia carnis vestræ, recusantes esse in bona conscientia et in recta speculatione animi vestri, quasi intellectum boni et mali non habeatis, nec gloriam hanc ut malum sciatis devitare et bonum perficere : audite me Filium hominis dicentem ad vos : O homo, respice quid esses : dum coagulatio in ventre matris tuæ fuisti? Etenim tunc insoius et impotens tui in vivificatione eras. Sed tunc datus est tibi spiritus et motio ac sensibilitas; ut vivens movearis et te movens, intelligas fructum utilitatis. Habens enim scientiam boni et mali atque efficaciam operandi unde excusare te non vales, quin omnia bona ex his habeas in te; ita ut summa inspiratione admonitus, Deum diligas in veritate et justitia, tibique resistas in concupiscentia et delectatione injustitiæ, ita ut te in his crucies : et hoc modo martyrium meum colas, tibi ipsi in his ardoribus repugnans, crucem meam scilicet in tuo corpore bajulando, id est illicita desideria fugiendo, cum te delectat peccare. Et cur tibi est tanta potestas videlicet ut devites malum et facias bonum? De scientia enim boni et mali ; qua intelligis quod homo es, mihi responsurus es. Sed bonum contemnis, et malum operaris ardens in carnalibus desideriis, quia bonum tibi quasi grave videtur : malum autem in te facile excitatur. Et eum hoc sit : non vis te constringere, sed libere peccare. Quid feci quando pro te in cruce passus sum in infirmitate carnis, cum contremui ac angustiatus sum ego Filius hominis? Ob hoc requiro a te adversum te martyrium quod pateris in voluptate carnis tuæ, et in reliquis perturbationibus ac illicitis desideriis tuis quæ sunt contra voluntatem meam, atque in aliis hujusmodi nequitiis quæ hæc subsequuntur in quibus te non potes excusare quin noveris quando bene et male operaris.

Sed non abjicio copulam castæ legalis conjunctionis, quæ per divinum consilium constituta est in multiplicationem procreationis filiorum Adæ; ubi hoc in vero desiderio prolis est non in falsa voluptate carnis ab iis sit quibus illud sine injuria licitum est, secundum quod eis in lege divina præceptum est, scilicet sæculo deditis et non spiritu segregatis. Bonum ergo quod habes a me, diligere debes adversum te. Cœlestis es in spiritu, terrestris in carne. Unde quæ cœlestia sunt debes amare, et quæ terrestria sunt conculcare. In opere autem cœlestium demonstro tibi supernum præmium; in voluntate vero carnis tuæ cum vis perficere quod injustum est, ibi ostendo tibi martyrium meum et pœnas quas sustinui propter te, ita ut tu in contrariis desideriis tibi ipsi resistas propter amorem passionis meæ. Plurimum intellectum habes in te, plurimum etiam sensus inde requiretur a te. Multum tibi datum est, multum etiam a te requirendum est. Sed in omnibus his caput et adjutorium tuum sum. Nam superno tactu tactus, si invocaveris me, responsum audies a me ; si pulsaveris ad januam, tibi aperietur. In spiritu perspicacissimæ scientiæ quo donatus es, omne quod tibi utile est, habes in te. Et quoniam hoc est in te, idcirco et oculi mei acutissime perspicientes, considerabunt quid inveniant in te. Quapropter de conscientia tua requiro vulnera et dolorem cordis tui : in quibus te coerceas, cum senseris te voluntate tua trahi ad peccatum. Et cum ita in eo exarseris ut quod totus liquefactus vix suspirare valeas; ecce tunc inspicio te. Quid tunc facies? Si tunc in hoc labore, vulnerato corde et madentibus oculis, concussus timore judicii mei invocaveris me, et si tunc etiam in hoc clamore perseveraveris ut tibi succurram adversus nequitias carnis tuæ et contra pugnas malignorum spirituum : faciam omne quod tibi fieri desideras, atque domum habitationis meæ ponam in te.

Nunc ergo, fili mi, respice quanto labore et sudore in agro laboretur antequam semine seratur; sed postquam semine seminatus fuerit, dat fructum suum. Ergo attende et considera hæc. Nonne recuso terræ id præstare, ut fructum gignat absque sudore laboris? Sed cum mihi placuerit ipsa fructibus superabundanter ita repletur, ut homines abundantissime sufficientiam habeant, aliquando etiam superabundent, et cum voluero ita eis attenuatur, ut homines aliquando prænimia fame vix vivant, aliquando etiam multi in illis attenuati deficiant. Secundum modum hunc homines per me positi ; scilicet homini illi qui bono corde semen verbi mei voluntarie suscipit, magna dona Spiritus sancti ut bono agro superabundanter tribuo. Ille autem qui aliquando verbum meum recipit, aliquando etiam recipere recusat, est quasi ager quod hoc tempore viret, hoc autem arescit. Hic homo tamen omnino non perit; quia quamvis famem in anima patiatur, aliquid tamen quamvis parum viriditatis habet; sed hic per omnia moritur, qui nulla intentione verba mea recipere exoptat, et qui nec admonitione Spiritus sancti, nec doctrina hominum, cor suum ullo modo excitare vult ad bonum. Hæc miraris, o homo, et scire vis cur hæc ita fiant.

Sed ut nec divinitatem mortali obtutu vales aspicere ; sic nec secreta ejus mortali sensu poteris capere, nisi quantum in permissione ipsius tibi possibile est. Tu autem vacillante animo tuo, huc et illuc versaris. Unde veluti aqua a calore ardentis camini absorbetur, sic spiritus tuus ab inquietudine stulti animi tui opprimitur. Quoniam haec scire cupis quae non sunt scienda carni humanae conceptae semine humano in peccatis. Leva ergo digitum tuum, et tange nubes. Quid nunc? Sed hoc fieri non potest, sic nec illud dum hoc scrutaris quod tibi sciendum non est. Sed velut herbae agros suos comprehendere non valent quia sensu et intellectu carent, nescientes quid neque ipsi, neque quid ipse sint vel quid operentur fructu suo, quamvis impleant et circumdent agros utilitatis gratia et veluti culices aut formicae, aut caetera minora animalia non desiderant dominari super reliqua sibi similia, aut scire sive intelligere virtutem vel significationem leonis seu aliorum majorum animalium, sic nec tu cognoscere poteris quid in scientia Dei sit. Quid tu fecisti vel ubi fuisti, quando coelum et terra creata sunt? Qui haec creavit auxilio tuo tunc non indiguit, sic nec nunc. Utquid scrutaris judicium Dei, cum desuper imbre salutaris tactus fueris? Ostende mihi quomodo in agro cordis tui labores, et quomodo eum colas. Quod si labor ille mihi placuerit, fructum optimum tibi do secundum laborem tuum, erit et fructus tuus cum mercede. Nunquid do fructum terrae sine labore? Sic etiam nec tibi facio, o homo, absque sudore, quem requiro a te. Habes enim per me illa in te, in quibus potes laborare. Ergo diligenter in labore te exerce, et fructum inde consequeris. Et cum fructum habueris, mercedem inde referes. Sed quid? nunc multi devoto et puro ac simplici corde quaerunt me, et invenientes retinent me.

Multi autem joculantes et ludentes volunt me adire sine labore animi et cogitationis suae, nolentes praemeditari quid facere debeant, me scilicet invocando, et sensum corporis sui considerando, volentes tantum me apprehendere, quasi de gravi somno evigilent repentino motu simulationis et deceptionis arripientes viam sanctitatis, ut in se ipsis excogitant; alii autem in abjectione saecularium negotiorum, alii in continentia carnalium, alii in virginitatis pudore super humeros suos assumentes jugum meum, existimantes sibi possibile esse omne quod voluerint, nolentes intueri qui sint aut quid perficere possint, nec volentes habere in scientia sua quis eos formaverit, aut quis eorum Deus sit, volentes eum tantum habere ut domesticum suum qui omnem voluntatem ipsorum perficiat. Sic nolo dare donum meum nec seminare vacuum agrum in homine illo, qui in hujusmodi vanitate se mihi in alienatione ignorantiae nesciat. Unde et pes ejus saepe in lapsum erit. Cui et dico; O homo, quare non inspexisti agrum animi tui ut eradicures inutiles herbas et spinas ac tribulos, me scilicet invocando et te ipsum considerando, antequam velut ebrius et insanus ac te ipsum ignorans venires ad me, quoniam nullum lucidum opus, sine adjutorio meo perficere potes. Nam post hanc praecipitationem qua me velut in somno quaesisti; cum in servitio meo taedio affectus recordatus fueris somni illius, in quo prius in consuetudinalibus peccatis tuis dormivisti, ad eadem priora scelera insanus et inscius boni, adjutorio et consolatione spiritus Paracleti destitutus reverteris. Tu autem quae quaesisti ductorem et adjutorem ad haec? fallacem certe et deceptibilem animum tuum, qui te stulte in ariditatem ducebat, sine viriditate et recordatione intellectus tui, oblitum quod nihil boni sine me facere posses. Et quid tunc habes? Certe tunc miser et vacuus cades coram me et coram populo, atque ut inutilis pulvis conculcaberis. Nam quid est tibi possibile contra me? Nihil. Et quid potes meo auxilio? Lucidissima potes opera quae sunt splendidiora solis splendore, et dulciora in interiore gustu super mel et lac, cum desideranti populo manifestantur. Nam cum requiris me intimo intellectu animae tuae, ut in baptismo per fidem doctus es, nonne do totum quod desideras? Sed post casum suum, multi gemendo et dolendo requirunt me; qui priusquam caderent me quaesisse debuerant. Quibus manum meam porrigo, dicens: Quare non quaesisti me ante casum? Ubi eram? Et ubi requisisti me? Numquid cum quaereretis me, abjeci vos? Et dico: O homo, si secus pontem profundissimae aquae stares, et propter inanem jactantiam et tui cordis oblivionem (qua me in omnibus despexisti, cum possibile tibi putabas esse omne quod voluisti, quasi non indigeres adjutorio meo) temerarie in te ipso diceres pontem hunc volo devitare et per aquam ambulare, nonne prudenter faceres? Quod si praesumptuose et insipienter faceres; nonne in eadem creatura quam tibi subjecta ad utilitatem tuam creata est, spiritum tuum exhalares? Sed ne hoc tibi contingat: praecaves propter praesentem et visibilem timorem aquae, te absorpturae in mortem. Aut si maximam arborem abscisam ruere videres, nonne fugeres ne ab ea comprimereris? Vel si leones aut ursos tibi occursuros aspiceres, nonne si posses prae timore quem conciperes te in terra absconderes? Et cum corporis laesionem ita fugis; quare non devitas terribilissimam mortem animae, timens creatorem tuum? Nonne vidisti aut audisti ullum mihi unquam resistere? Nam qui non est mecum, dissipabitur; et super quem cecidero, confringetur. Quid fuisti quando coelum et terra creata sunt, quae ita vires suas peragunt ut eis constitutum est? Tu vero consilio Dei formatus, et ipsius illuminatione tactus, praecepta ejus transgrederis. O magna amentia! Per creaturam quae tibi subjecta famulatur, Deum tuum contemnis, tu terram calcas ac coelum suspicis quae Creatorem suum timentes ei obediunt et jussionem ipsius adimplent: quid tu insipientissima minime facis cum eum in cogitatione aut in opera tuo neque vis scire neque ad eum respicere, ita ut velis ipsum ut decet agnoscere. Quapropter si non poenitueris, infernus justo judicio te deglutiet, sicut et illum qui obduratus de coelo projectus est, quem tu imitatus es. Attamen cum lapsus fueris, clamans fideliter quære me, et sublevatum suscipiam te. Tu autem, o homo, tam frequenter vis summa tangere, qui nec infima vales comprehendere.

Unde audi me tibi dicentem : Si per me admonitus in abjectione sæcularium negotiorum, aut in continentia carnalium jugum meum ferre desideras, antequam hoc aggrediaris primum clama, et in hoc persevera quærens me, et ego adjuvabo te. Quod si etiam admonitione mea tactus, me vis imitari ad me respiciens, in virginitatis pudore quia ut flos de inarato agro nascitur, sic et ego sine virili semine de virgine Filius Dei natus sum ; ostende mihi agrum animi tui in multa humilitate, et alloquere me in largitate interiorum lacrymarum tuarum, et dic : O Deus meus : ego indignus homo non habeo a meipso hanc possibilitatem perficere ut virginitatem meam possim conservare, nisi tu, Domine, adjuves me, quia totus culpabilis sum in ortu ardentis succi de quo pullulo in multis miseriis, frequenter repetens originem fragilitatis meæ, Unde etiam non possum mea virtute me ipsum superare in gustu dulcedinis carnis meæ, dum sum arbor concepta et nata in peccatis. Ob hoc tu, Domine, da mihi in virtute tua igneum donum, quod in me exstinguat hunc fomitem et hunc ardorem perversitatis, ita ut cum rectis suspiriis bibam de aqua fontis vivi qui me faciat gaudere in vita, qui sum cinis et pulvis plus aspiciens in opera tenebrarum quam in opera lucis. Et si tu tunc hac supplicatione studiosus et constans fueris, agrum illum paro mihi in te, quem Isaac filio suo proposuit cum dicebat : *Ecce odor filii mei sicut odor agri pleni, cui benedixit Dominus* (Gen. XXVII); eumdemque agrum meum in corde tuo benedicam et ut etiam persecutus aiebat ; *Esto dominus fratrum tuorum, et incurventur ante te filii matris tuæ* (ibid.). Atque eodem modo et tu ante communem populum sublimata generatio eris. Ego autem rosas et lilia, ac alia optima virtutum pigmenta in agrum illum seminabo, et cum inspiratione Spiritus sancti assiduo imbre rigabo, atque in eradicatione infæcunditatis abscindam ab illo malum, ita ut oculos meos circumferens, eos in viriditate et in floriditate hujus incorrupti agri pascam. Istud est meum et per me, et non tuum, o homo, nec per te. Nam *ego sum flos campi* (Cant. II) : quoniam ut sine aratro campus gignit florem, sic ego Filius hominis sine virili conjunctione genitus sum ex virgine. Ideoque hoc donum est meum et non tuum, quia tu in peccatis conceptus, in peccatis natus es ex corruptione. Sed si id donum a me fideliter petieris, illud a me fiducialiter impetrabis, tibique dabo ut coram patre meo consortium meum habeas in virginitate. Hoc autem præ fragilitate corporis tui non poteris habere sine labore caloris qui in te est, quia humana natura fragilitatis tuæ sæpe prodit in te, quam devitare non vales, quia caro de carne es. Sed in hoc ferre debes crucem meam et imitari martyrium meum : te videlicet constringendo, ita ut per me devincas te, quod mihi semper amabile est, quia te fragile vasculum scio, tunc autem volo tibi communicare ac compati doloribus tuis.

Quod si etiam in his aliquando cecideris, surgens citius pœnitentiam ex corde age et suscipiens salvabo te.

Quidam autem decepti a diabolo, et perdurantes in malo, putant se sanctificatos esse, cum exteriorem hominem in se continent a conjugio, abjicientes circumcisionem mentis ubi superflui sunt in immundis cogitationibus et etiam abnegantes circumcisionem spiritus ubi proferunt malum in locutionibus et operibus suis, nolentes scire quoniam hoc flagitiosum sit, sed tantum tepide observantes ut caro eorum integra sit a commistione, renuentes omnino integritatem spiritus sui. Unde indigni coram me, sunt projecti extra legem tam carnalem quam spiritualem; quia nec in carne nec in spiritu secundum justitiam Dei vixerunt. Nam nec constitutam sibi legem conjugii tenuerunt, nec quod plus est, quam quod in lege præceptum est, in virginitatis amore servaverunt. Quapropter indigni oculis meis sunt, quoniam nescio qui sint. Non enim vidi eos in præcepto legis ambulare, nec quod in illa re plus faverent quam quod eis præceptum est. Unde et repulsi a visione mea sunt. Ego comparo eos infertili terræ gignenti spinas et tribulos ac infelices herbas , ad nullos usus hominum valentes quæ in altitudine et colore suo se assimilant rosis et liliis ac aliis utilibus floribus et herbis utilem succum et dulcem fructum atque bonum odorem usibus medicinæ in se habentibus et iterum comparo eos cupro : quod se extrinsecus assimilat auro, intus autem deceptionem et hypocrisim auri retinens, quoniam secundum hunc modum hi homines foris ostendunt se habere similitudinem prudentium virginum, interius autem fallacia et indignatione pleni sunt. Unde, et coram me sunt ut tepidus ventus, cujus nec calor nec frigus ullum vigorem habet; quia nec utiles sunt in calore animi sui ut perseverent in virginitatis continentia ut cœperunt, nec valent in frigore mundanæ vitæ ut degant in sæcularibus rebus ut sibi proponunt. Nam nec extra legem peccant ut publicani, nec intra legem ut injusti ; sed in semetipsis tepentes nec perfecte justi, nec injusti sunt. Sed ut catulus immundorum animalium abjicitur antequam se sentiat vivere, vel antequam confortetur in fortitudine ætatis suæ, sic iste populus projicitur in mortem, quoniam nec se scit vivere ad vitam, nec in se intelligit fortitudinem virtutum quæ sunt in domo sapientiæ. Unde et ab ore meo exsufflo eos; quia indigni sunt aspectu meo, si sic impœnitentes perseveraverint. Nunc autem, o homo, respice in te.

Si enim quispiam hominum tibi thesaurum daret, quoniam te plurimum diligeret, tibique diceret, lucrare in hoc et esto dives, ut et hoc pacto sciatur quis ille scit qui tibi thesaurum hunc dedit : tunc te oporteret acutissime cogitare quomodo illum utiliter lucrifaceres, dicens in te : Thesaurus Domini mei in optimo lucro apparere debet in me, ita ut et ipse laudetur in illo. Et cum illum utiliter hoc modo augmentatum multiplicares, bonus rumor inde ad aures illius qui tibi thesaurum dederat perveniret. Unde et ipse propter hoc recordatus tui magis te diligeret, ac una jora dona tibi conferret. Sic et Creator tuus fecit. Ipse dedit tibi thesaurum optimum viventem, scilicet intellectum, valde diligens te, quoniam creatura ipsius es, præcepitque tibi per verba ab eo constitutæ legis, ut intellectu tuo lucrum facias bonis operibus, divesque evadas in virtutibus : ita ut ipse bonus dator, per hoc diligentius cognoscatur et laudetur. Quapropter omni hora te oportet meditari, quomodo hoc tam grande donum quod percepisti utile tam cæteris quam tibi ipsi factus in operibus justitiæ, splendorem sanctitatis reddat ex te, quatenus homines bono exemplo tuo provocati, Deo honorem laudis inde exhibeant. Quod cum humiliter in omni justitia multiplicaveris : laus et gratiarum actio ad cognitionem Dei, qui in Spiritu sancto tibi virtutes has inspiravit, accrescit, unde et ipse misericordiam gratiæ suæ ad te convertens, per dulcedinem dilectionis suæ superabundanter magis te faciet ardere in amore ipsius ; ita ut consolatione Spiritus sancti repletus, sapienter omne quod bonum est discernas, et majora opera bona facias, ardentissimo amore glorificans Patrem tuum, qui tibi benigne dedit hæc. Verba autem ista oves meæ audiant, et quicunque aures interioris spiritus habent ea concipiant ; quia mihi placent ut sic operentur homines qui me cognoscunt et diligunt, ut et ipsi in se ipsis intelligant quid eis in donis Spiritus sancti faciendum sit. Sed in eadem orientali plaga vidi super pavimentum præfati ædificii coram eodem juvene tres imagines juxta se stantes, et illum devotissime inspicientes, contra aquilonem autem inter circulum illum magnum qui de prædicto lucido sedente in throno protendebatur, et inter idem ædificium conspexi quasi rotam in aere pendentem, et in ea imaginem hominis usque ad pectus apparentem, et in mundum acutissime prospicientem. Ante angulum vero ejusdem ædificii ad austrum vergentem, imago alia intra ipsum ædificium super pavimento apparebat ; quæ se ad prædictum juvenem cum magna hilaritate convertebat. Et his imaginibus talis erat similitudo, ut, cæteræ virtutes quas prius videram, sericinis omnes vestiebantur indumentis. Omnes quoque albis velaminibus capita sua obtectæ erant : excepta illa quæ a dextris media prædictarum trium stans, nudo capite candidos capillos habere videbatur. Nulla autem earum pallio circumamicta fuerat ; præter eamdem mediam ipsarum trium quæ albo pallio induebatur. Sed tunicis albis omnes vestiebantur : excepta illa quæ in rota apparens tunicam subnigram habebat. Et præter hanc quæ sinistris media earumdem trium existens tunica pallidi coloris utebatur. Omnes etiam calceamentis albis indutæ fuerant : excepta media ipsarum trium cujus indumenta pedum nigra videbantur, et diverso colore depicta. Sed hæc dissimilitudo fuit in eis. In pectore imaginis quæ media fuit trium prædictarum sibi astantium, duæ fenestellæ apparuerunt, et supra ipsas, cervus ad dextram ejusdem imaginis versus : ita ut anteriores pedes suos super fenestram dextram et posteriores super sinistram posuisset, quasi se ad currendum coaptasset.

Et eadem Imago dicebat : Ego sum fortissima, columna et non mobilis levitate instabilitatis, ita ut a flabro venti possim commoveri ut folium arboris quod ab eo movetur, et hac et illac propellitur ; sed perdurare debeo in vero lapide qui est verus Filius Dei. Et quis potest me commovere? Quis potest me lædere ? Hoc non poterit fortis aut debilis princeps aut ignobilis, dives aut pauper, quin perseverem in vero Deo qui non commovebitur in æternum. Nec ego movebor ; quia supra fortissimum fundamentum fundata sum. Nolo enim esse cum adulantibus qui a vento tentationis in omnes vias sparguntur, nunquam in requie stabilitatis persistentes, sed semper ad inferiora et deteriora cadentes. Sic autem non ego : quoniam supra firmam petram posita sum. Sed imago quæ ad dextris ejus erat, prædictum cervum aspiciens dicebat : *Quemadmodum desiderat cervus ad fontes aquarum ita desiderat anima mea ad te, Deus* (Psal. XLI). Unde volo transilire montes et colles, ac imbecillitatem dulcedinis transitoriæ vitæ, respiciens tantum simplici corde ad fontem aquæ vivæ ; quia ipse innumerabili gloria plenus est cujus suavitate satiari nemo potest, tædio saturitatis ejus. Imago autem quæ a sinistris ejus stabat, ad præfatas fenestellas videns aiebat : Semper aspicio, semper teneo lumen verum et æternum : nec cogitando aut suspiciendo ac intuendo satiari potero perpetua dulcedine quæ est in superno Deo. Sed imago quæ contra aquilonem in rota apparuit, in dextra manu virentem ramusculum habuit ; ipsa vero rota assidue circumvolvebatur eadem imagine in ea immobili permanente. In circuitu autem ejusdem rotæ scriptum erat : *Si quis mihi ministrat me sequatur ; et ubi sum ego, illic et minister meus erit* (Joan. XII). Et in pectore ipsius imaginis sculptum : Ego sum hostia laudis in provinciis. Et ipsa imago dicebat : Vincenti dabo edere de ligno vitæ quod est in paradiso Dei mei, quia fons salutis mortem submergens rivulos suos in me transfudit et me virentem in redemptione fecit. Imago vero quæ ante angulum ad austrum respicientem apparebat, tanti splendoris in facie erat ut eam perfecte intueri non possem. Sed ab utroque latere suo alam albi coloris habebat, quarum latitudo longitudinem cujusdam imaginis superabat, et ait : Quis tantæ fortitudinis est, ut tentet Deo repugnare ? Et quis hujus audaciæ est qui audeat me denudare et corrumpere in turpitudine odii et invidiæ ? Deus justus est et unus in sincera potestate et gloria. Eum semper amplecti volo puro corde et læta facie, semperque gaudere in omnibus justitiis ejus. Nolo autem esse mutabilis, sed semper in uno animo durare et assidue Deum laudare. Unde nec diabolus nec malevolus homo me poterunt emollire, aut ad hanc rabiem dolositatis dejicere ; quin semper imitatrix pacis in recta unanimitate perseverem. Transacto autem mundo, clarius in cœlesti visione apparebo. Post hæc vidi et ecce omne pavimentum prædicti ædificii totum ut album vitrum apparuit, a se reddens splendorem serenissimum. Sed et splendor lucidi illius sedentis in throno, qui omnia hæc mihi demonstrabat per ipsum pavimentum usque in abyssum resplenduit. Inter circulum autem illum de sedente in throno protensum, et inter hoc ædificium terra tunc apparuit, et quasi aliquantulum deorsum vergens ita ut ipsum ædificium inde velut super montem positum videretur. Et lucidus qui sedebat in throno iterum mihi dicebat: Filius Dei viventis natus ex Virgine, ipse lapis angularis existens, quem ii reprobaverunt qui in lege Dei ob salutem suam ædificare debuerunt, quod tamen facere recusaverunt magis diligentes tenebras quam lucem et mortem quam vitam: potenter in his regnat, qui tactu Spiritus sancti ardentes, salubriter se ipsos exterius conculcant, ad interiora spiritus toto adnisu in plenitudine virtutum et bonorum operum se rapientes.

Idcirco etiam in summitate orientalis anguli præmonstrati ædificii, ubi prædictæ duæ partes muri ipsius, illa lucida et lapidea videlicet conjunctæ sunt, quasi septem gradus candidissimi lapidis vides, quoniam in altitudine justitiæ a vero oriente qui lapis angularis in divino opere est emanante ubi duæ conjunctiones necessariæ munitionis, scilicet speculativa scientia et humanum opus in unanimitate quietis sibi cohærent: adest septenarius ascensus candidissimæ fortitudinis, plenus rectissima actione existens, quam Deus operatur et perficit in homine, ut in sex diebus operatus in septimo requievit.

Qui ad lapidem illum magnum super quem præfatus lucidus sedens in throno apparet, in modum testudinis decenter advoluti videntur; quia omnis actio quæ fide et opere in fidelibus hominibus perficitur, t mori Domini cui ipse fortissima omnipotentia præsidet qui cuncta regit, auctoritate providentiæ ejus dignissimo compositionis effectu coadunatur. Unde et super illos gradus sedes posita est, id est super opera quæ Deus operatur in hominibus firmissimum protectionis firmamentum regentis et adjuvantis eos; quia quicunque vult cum eo perseverare, non decidet in errore; quoniam ipse fortissimum sustentaculum existit, super quod omnis justitia constituta est. Et super sedem juvenis quidam sedens est constantissimo regimine Filius hominis Filius Dei in omni justitia cum Patre et Spiritu sancto regnans Deus unus; virilem et nobilem vultum habens, quia ipse fortissimus leo destruxit mortem nobili facie, sine peccato scilicet visibilis veniens, natus ex virgine; pallidi tamen coloris existens, quoniam cum terrenis terrenum honorem non quæsivit, sed humillimus, modicus et pauper in sancta humilitate apparuit.

Unde etiam capillos subnigros usque scapulas suas descendentes habet, quia Judaicus populus claritatem fidei quæ in incarnatione ejusdem Filii Dei demonstrata est non quærens, obumbratus in umbra exterioris intellectus legis pertinaciter et infideliter tabuit; ortus tamen in capite justitiæ et usque ad humerum fortitudinis ubi perfectum opus in humanitate Filii Dei floruit perveniens, ibi in incredulitate sua finem accepit. Et purpurea tunica indutus est; quoniam in charitate sanguinem suum fundens, hominem qui perierat redemit.

Quod autem a capite usque ad umbilicum tibi apparet: hoc est quod ab incarnatione ejus usque ad præsens tempus opera quæ gessit in Ecclesia fidelibus manifesta sunt, sed ab umbilico deorsum obumbratus tibi ad videndum est; quia illa quæ a tempore hoc usque ad completionem sæculi hujus, in eadem Ecclesia futura sunt, nec videri nec sciri poterunt nisi quantum revelatione divina et fide catholica percipiuntur, quoniam maximæ coruscationes virtutum quæ ante novissimum diem in hominibus manifestandæ sunt, adhuc hominibus incognitæ latent. Et ipse respiciens in mundum, quia idem Filius Dei aspectu misericordiæ suæ dirigens ad homines, propter præteritas et futuras causas dicit fidelissima verba suæ admonitionis ad eos, ut ipsi in sanctis ejus cœlestem militiam imitentur effugientes pericula peccatorum, et ut fortissime præliando supernam felicitatem adipiscantur in factis suis contradicentes pœnis impiorum.

Sed quod in eadem orientali plaga vides super pavimentum præfati ædificii coram eodem juvene tres imagines juxta se stantes, et illum devotissime inspicientes: hoc est quod in ortu justitiæ, carnalia desideria deprimentis, in dispositione omnipotentis Patris apparente Filio Dei in carne, hæ tres virtutes in devotione unanimes per virtutem trinitatis constantissimæ manifestatæ sunt ad ipsum dirigentes aspectum suum; quia illum in fidelibus hominibus desiderant et quærunt. Unde etiam contra aquilonem inter circulum illum magnum qui de prædicto lucido sedente in throno protenditur, et inter ipsum ædificium conspicis quasi rotam in aere pendentem, et in ea imaginem hominis usque ad pectus apparentem, et in mundum acutissime prospicientem; quia adversus diabolicas artes inter secretam potestatem Dei et spiritualem ædificationem ipsius circuitio misericordiæ ejus in mentibus hominum quasi in aere pendens, et nunc potentiam justitiæ Dei tangens, nunc opus ipsius in eis fortiter confirmans volvitur, in qua perfectio Christiana in contemptu mundi usque ad pectus fortitudinis suæ apparet; quia virtus hæc in robore fortissimi certaminis confidens in Deum, homines in mundo sæculariter conversantes acutissimo intuitu admonitionis suæ commonet, ut in abjectione terrenorum imitentur præcedentis Filii Dei exemplum, constantissima intentione fortiter aspirantes ad ipsum. Idcirco etiam ante angulum ejusdem ædificii ad austrum vergentem, imago alia intra ipsum ædificium super pavimentum apparens, se ad prædictum juvenem cum magna hilaritate convertit; quoniam ut casus hominis per bonitatem superni patris in acdore fructuositatis restauraretur ad vitam, hæc virtus in plenitudine divini operis sæcularia conculcans, et in dulcedine sui affectus se aperte manifestans, ad Filium Dei in consortio angelici ordinis cum gaudio fidelium hominum intendit, quia in incarnatione ejusdem Salvatoris per supernam virtutem floruit. Sed his imaginibus una similitudo est, quia pari devotione Deum manifestant in hominibus, qui ipsum in operibus suis concorditer magnificant.

Unde etiam ut cæteræ virtutes quas prius vidisti sericinis omnes vestiuntur indumentis; quoniam in viribus suis reliquis virtutibus quæ sibi superius veracissimæ demonstratæ sunt, dissimiles non existunt, sed in leni negotio suavissimi operis fidelium hominum, semper ad Deum pariter sursum tendentes sunt. Quod autem omnes albis velaminibus in capitibus suis obtectæ sunt, hoc est quod simul in candido proposito legalis institutionis cum magna colligatione ante Deum caput omnium occupatæ sunt, ut mulier ante virum suum velari solet, excepta illa quæ a dextris mediæ prædictarum trium stans nudo capite candidos capillos habere videtur; quia eadem prosperitate roboris per supernam trinitatem apparentis, nulla sollicitudine hujus sæculi gravata, in candore tantum cœlestis desiderii quærit dissolvi et esse cum Christo, propter quod etiam nulla earum pallio circumamicta est; quoniam ab omni officio servitutis denudatæ sunt, per quod ab officio libertatis suæ semper videlicet in cœlum aspicere, et ad Deum anhelare possint impediri, nihil aliud desiderantes nisi quod a terrenis rebus separatum est, præter mediam ipsarum trium quæ albo pallio induitur; per quod in sustentatione divina pulchritudo discreti operis beatæ legis insinuatur, cum quo eadem virtus ita circumamicta obtegitur ut homo pallio suo circumdatur. Sed quod tunicis albis omnes vestiuntur: hoc est quod in candore bonorum operum absque nigredine pravorum morum conversantur qui in nequitiis et vitiis obcæcatæ infidelitatis obtenebrantur: excepta illa quæ in rota apparens, tunicam subnigram habet; quia hæc in volubilitate divinæ clementiæ his actibus circumdata est, quæ in districtione sua carni difficiles sunt, et præter hanc quæ a sinistris mediæ earumdem trium assistens tunica pallidi coloris utitur; ipsa in adversitate per munimentum summæ majestatis ad defensionem sui circumdata et vallata, lacrymabili mœrore gementis operis, in qua flens et ejulans ad Deum semper suspirat. Unde etiam omnes calceamenta albis indutæ sunt; quoniam in morte Filii mei lucentes viam pacis in mentibus hominum parant, quatenus cœlestia desiderent, excepta media ipsarum trium cujus indumenta pedum nigra videntur et diverso colore depicta; quoniam hæc sub protectione Dei manens, sed magna schismа infidelium in irrisione nigredinis a via veritatis deviantium sustinens, recto tamen itinere fidei decorata in mortifi-

catione Filii mei non dissidens per multas infestationes diabolicarum artium et per diversas tribulationes morum hominum, in sua fortitudine et pulchritudine perseverans tendit ad superna. Sed tamen dissimilitudo est in eis; quia quamvis unanimes et sibi invicem in operatione sunt adhærentes, tamen suas vires unaquæque in subjectis sibi hominibus singulariter in fervore supernæ claritatis demonstrat.

Unde imago quæ media est trium prædictarum sibi astantium, declarat constantiam; quæ columna et munimen est earum quæ sibi adhærent virtutum in medio hujus numeri Trinitatem sanctam significantes, se manifestans et hominibus ut in bonis operibus constantes sint ostendens, quia etiam Christus Deus et homo opera sua quæ in mundo operatus est, bono fine consummavit, sicut et virtus hæc firmamentum interiorum virtutum in hominibus existens, cum magna disciplina homines ad Deum perducit. Ergo et in pectore ejus duæ fenestellæ apparent: quod est in cordibus hominum manifestatio cœlestium in duobus speculis fidei demonstrata, quoniam divinitas et humanitas in Filio Dei credenda est; per quem virtus illa in hominibus perfecta a fortitudine rectitudinis suæ non movebitur. Sed super ipsas fenestras cervus ad dextram ejusdem imaginis versus apparet, quia super fidem hanc quod Filius Dei Deus et homo creditur ipse per credulitatem fidelis populi firmissime ponitur, cum per cursum velocitatis suæ cœleste desiderium designans, ad dextram constantiæ vertitur; quoniam vita æterna in perseverantia boni operis reperitur, ita ut anteriores pedes suos super fenestram dextram, et posteriores super sinistram ponat; quia quod ipse verus Deus sit, nec in tranquillitate fidei contemnendum, aut quod verus homo sit nec in ejusdem fidei impugnatione ab ullo Deum veraciter diligente diffidendum est. Unde et se quasi ad currendum coaptat, quoniam salvatio animarum in cursu ejus reperta est; cum ipse in magnis doloribus properans ad passionem crucis, vitam in veritate perseverantibus contulit, ut et virtus hæc in verbis suæ confessionis supra designat.

Sed secunda imago quæ a dextris ejus est, cœleste desiderium præfigurat, in cœlum semper aspiciens et ad salvationem tendens, per quod constantia prosperitatem caducorum non appetens, magis felicitatem æternorum desiderat. Quapropter et prædictum cervum inspicit; quia Filium Dei in lucidissimo opere suo assidue attendens, in dulcissimis amplexibus illius saturari non poterit, quemadmodum et superius in locutione desiderii sui affirmat.

Tertia autem imago a sinistris ejus stans, ostendit compunctionem cordis atque recordationem mentis assidua contritione exsilium suum gementem et plorantem, cujus beata effusione constantia contrarietatem sinistræ partis quæ perditio animæ est declinans, ad vitam de morte festinat. Unde etiam ad præfatas fenestellas aspicit; quoniam in cordibus fidelium omnem intentionem suam ad Filium Dei, tam in humanitate quam in divinitate regnantem intendens, ejus dulcedine continua visione perfrui delectatur, sicut etiam in verbis suis aperta manifestatione demonstrat.

Sed imago quæ contra aquilonem in rota apparet, perfectionem Christi et contemptum mundi prætendit, quia plenitudo virtutum in abjectione sæcularium per Filium Dei apertissime declarata est; qui inter homines conversatus terrenis non inhians, imitatores suos fortiter ad cœlestia toto ardore commonuit anhelare. Quæ in dextra manu virentem ramusculum habet, quoniam in felicitate salvationis animæ opus viridissimi et pulcherrimi germinis beatarum virtutum quod inspiratione Spiritus sancti perfusum est, continet. Quapropter et ipsa rota assidue circumvolvitur eadem imagine in ea immobili permanente, quia misericordia Dei pia compassione se ad homines flectens, et miseriis eorum compatiens, se quærentibus semper flexibilis est, perfectione Christi in contemptu mundi nullam mobilitatem instabilitatis habente, sed semper ad ea tendente quæ sunt sine ulla mutabilitatis offensione. Quod autem in circuitu ejusdem rotæ scriptum est: *Si quis mihi ministrat me sequatur. Et ubi sum ego illic et minister meus erit* (Joan. XII): hoc est quod ubique flexibilis misericordia Dei, hoc continet in se, quod quicunque Filio Dei obsequium exhibuerit exemplum ejus imitando, in cœlesti beatitudine gaudebit, cum ipso consortium sine fine adepturus angelorum. Unde etiam in pectore imaginis sculptum apparet. *Ego sum hostia laudis in provinciis;* quia Christus sapienter contemptum docens sæcularium, per secretum consilii sui cordibus electorum suorum insinuat, quod ipsum omnis fidelis anima hostiam Patris oblatum in ligno crucis, intima devotione veneratur et adorat: cum etiam in toto terrarum orbe gloriam et laudem ejus, vox et lingua omnium fidelium propter remunerationem vitæ non cesset resonare, ut etiam ipsa in locutione sua aperte propalat.

Imago vero quæ ante angulum ad austrum respicientem apparet: significat concordiam, rabiem malignorum spirituum fugientem, sed consortium beatorum angelorum amplectentem, cum ipsa ob amorem Dei scissuras infidelium devitat; et ad visionem perpetuæ pacis anhelat. Unde et tanti splendoris in facie est, ut eam perfecte intueri non possis; quoniam mortifero odio et invidia carens, majorem claritatem in animabus hominum parat, quam mortalis mens capere valeat fragili corpore gravata. Sed quod ab utroque latere suo alam albi coloris habet quarum latitudo longitudinem ejusdem imaginis superat; hoc est quod et in prosperis et in adversis ad sudorem justi laboris se conjungentibus, illa virtus protectionem suæ candidissimæ bonitatis extendens, plus in latitudine expansionis suæ quam possidet in charitate supernorum tenet,

quam in longitudine nascentis humani generis habeat; quia finito mundo ipsa super cœlos cœlorum volans, magis tunc quam nunc in claritate sua apparebit. Ubi nihil terrenum nihilque caducum quæritur; sed quod cœleste ei æternum est, dulcissima amplexione amatur, et ubi omnia clara atque læta perdurabunt; abstersa omni nebula iniquitatis, quemadmodum et in verbis professionis virtutis hujus fideliter denuntiatur.

Quod vero vides pavimentum ædificii totum ut album vitrum apparens et ex se reddens splendorem serenissimum: hoc est quod fortitudo veræ fidei portans et explanans opus et civitatem Dei, tota in candore et in speculo simplicitatis purissima et planissima est, ipsa fide cum omnibus operibus ad se pertinentibus in ipsa civitate Dei vigilante et ædificante, quatenus Deus in initio bonorum operum hominum per splendorem serenissimæ intentionis tangatur; et in fine eorum per salvationem animæ apertissime cognoscatur, quia peracta operatione: fides ipsa ostendit qua devotione quæque anima Deum quæsivit. Unde et splendor lucidi illius sedentis in throno qui omnia hæc tibi demonstrat per ipsum pavimentum usque in abyssum resplendet; quoniam gratia omnipotentis Dei cuncta regentis quæ in hac visione cognoscis tibi manifestantis, per fortitudinem fidei diabolum in perditione mortis ad nihilum redegit. Quomodo? Deus serpentem antiquum et mortem æternæ perditionis per purissimam fidem, quæ est in regeneratione spiritus et aquæ dejecit in profundum perpetuæ confusionis, fortiter pertransiens tenebras infidelitatis, cum Filius Dei fideles suos admonuit, ut verba doctrinæ suæ ab ipso accepta in mundum emitterent.

Sed quod inter circulum illum a sedente in throno protensum, et inter hoc ædificium terra tantum apparet, quasi aliquantulum deorsum vergens, ita ut ædificium inde velut super monte positum videatur; hoc est quod inter fortitudinem potestatis omnipotentis Dei et inter electum opus bonitatis ipsius, plurimi homines sunt qui veram fidem abnegantes magis temporalia quod æterna sectantur, ut sunt pagani, Judæi ac falsi Christiani semper de malo in malum descendentes, nec in caducis rebus speculum catholicæ fidei sursum aspicientes, sed magis in voluptatibus suis pravum opus in profundum peccatorum protrahere laborantes; ita ut maximum et pulcherrimum opus Dei, inter tenebras hujus infelicitatis omni homini illud quærenti in altitudine summæ bonitatis palam appareat; ut Joannes dilectus evangelista in revelatione divina testatur, dicens: *Et sustulit me in spiritu in montem magnum et altum, et ostendit mihi civitatem sanctam Hierusalem descendentem de cœlo habentem claritatem Dei* (Apoc. XXI). Hoc tale est: Spiritus elevat spiritum. Quomodo? In virtute sua Spiritus sanctus trahit hominis mentem de pondere carnis, ut possit volare in visione oculorum spiritus illius qui interiora videt non obscuratus cæcitate carnalium voluptatum. Quid hoc? Sed Spiritus sanctus sursum elevat spiritum hominis ad montem cœlestium desideriorum : ut perspicue considerare valeat opera quæ in spiritu peragenda sunt, quod est magnitudo operum Dei; cui mille artes diabolici operis substratæ sunt, ita quod eis dominatur sicut mons planitiei terræ præfertur, et quod immobile fundamentum est sicut mons qui de loco suo non transit, tantæ etiam altitudinis existens quod mortalis homo eam in sensu suo enarrare non possit; quia omnem humanam prudentiam superexcellit, quæ de terrenis mentibus terrenarum qualitatum ascendit. Et sic fideli et sanctæ animæ opera spiritus ostenduntur : sicut etiam cœlestis Hierusalem sine opere manuum carnis, per opus a Spiritu sancto datum spiritualiter ædificanda est, ita magnitudine et altitudine sanctorum operum in spiritu apparente, ut eadem civitas in operibus bonis quæ tactu Spiritus sancti fiunt in hominibus, adornatur; quoniam ipsa sic supra montem posita et innumeris ædificationibus ædificata, in se nobilissimos lapides qui sanctæ animæ in visione pacis sunt, colligit ab omni putredine peccati purgatos. Unde etiam cum ipsis pretiosis lapidibus ut aurum fulget quia in bonis hominibus sapientia opus suæ claritatis demonstrat. Sed opera illa in rectitudine justitiæ peracta, cum quibus etiam ipsa cœlestis Hierusalem adornata perficitur, unde exorta venerunt? videlicet de altitudine cœli, quoniam ut ros de nubibus descendit et terram humore suo perfundit, sic bona opera a Deo in homines descendunt, et infusione Spiritus sancti rigantur; ita quod fidelis homo bonum et suavem fructum generans, consortium supernæ civitatis adipiscitur. Sic ergo cœlestia opera per donum Spiritus sancti de cœlo in homines venientia, habent claritatem in ipso, a quo etiam emanaverunt. Quomodo? Quia claritas Dei in bonis operibus justorum hominum fulget : ita quod ipse tanto ardentius in terra cognoscitur, adoratur et colitur per quas virtutes ipsa facta civitas in ornamentis suis decoratur; quia homo adjutorio Dei bona opera faciens, eum in mirabilibus suis veneratur. Et sic est hæc revelatio per oculos spiritus visa et cognita, ut inspiratione Spiritus sancti recta opera in hominibus peracta coram Deo in supernis apparent.

Itaque, ut præmonstratum est Deus operatur ab oriente et a septentrione et ab occidente ad meridiem; ubi per filium suum in dilectione Ecclesiæ omne quod ante constitutionem mundi prædestinatum fuerat, ad effectum illum perducit qui novissimus dies est, sicut etiam hoc opus suum per se educens illud cum prædictis in mystica designatione turribus et virtutibus confirmatum et ornatum, atque in summa perfectione completum reducit ad seipsum. Quomodo? Justitia justæ actionis post casum Adæ designata in Noe; ad novissimum diem tendit multis miraculis circumvallata, quæ Deus in electis suis per diversa tempora demonstrare non cessavit ut in præparatione in Noe, et in ostensione in Abraham et in Mose, et in operatione in filio suo. Quomodo? Ante tempora in corde cœlestis Patris erat quod Filium suum in fine temporum pro vera salute et redemptione perditi hominis mittere voluit in mundum; qui natus ex virgine omnia quæ antiqui sancti Spiritu sancto repleti prædixerant, perfecto opere complevit, veluti brachium hominis se primum flectit ad opus, et ut deinde manus operatur. Quid hoc? Justitia videlicet justo judicio Dei cum Adam de terra floriditatis projectus est : cœpit primum in Noe moveri ut in prima junctura humeri, ita tendens ad fortiora in Abraham et in Mose quasi ad flexibiliora secundum juncturam brachii, sic tandem perveniens ad perfectum opus in Filio Dei, per quem omnia signa et præconia veteris legis aperto opere completa sunt; et per quem omnes virtutes cum quibus cœlestis Hierusalem in filiis suis adornabitur, certissima declaratione in regeneratione spiritus et aquæ manifestatæ sunt, ut manus in digitis suis opus quod operatur ad perfectam ostensionem perducit : hoc modo opus meum ad gloriam meam et ad tuam confusionem perficio, o diabole, tibi per fortitudinem brachii mei oppositus in aquilone, in septentrione et in occidente, nec non etiam secundum solis cursum tibi resistens ab oriente et a meridie, ita te subvertens in occidente, quatenus in omni parte confusus sis, quia in ecclesia mea quæ mons est fortitudinis, ad interitum tuum, o deformissime impostor, facio opus justitiæ et sanctitatis; ita ut tu devictus omnino intereas, qui volebas ut plebs mea interiret. Qui autem acutas aures interioris intellectus habet : hic in ardente amore speculi mei ad verba hæc anhelet, et ea in conscientia animi sui conscribat.

VISIO UNDECIMA

SUMMARIUM. — *De quinque ferocissimis cursibus temporalium regnorum. De cane igneo. De fulvo leone. De equo pallido. De nigro porco. De griseo lupo. De colle quinque apices habente et de quinque funibus bestiarum quid significet. Verba Job ad eamdem rem. Quod Ecclesia a perfectione sua fulget in decore justitiæ usque ad tempus Antichristi. Quod tunc fides Ecclesiæ quasi in dubio est præter testimonium Enoch et Eliæ. Quod ante finem mundi testimonio eorumdem sponsus Ecclesiæ candidissime fulgebit, devicto filio perditionis et manifestata fide veritatis. Verba David ad eamdem rem. Quod Ecclesia, refrigescente justitia, multas et diversas passiones, et persecutiones lamentabiliter sustinebit. Quod Antichristus horribili terrore fideles dilanians, fetorem suæ crudelitatis et insaniam mordacitatis suæ hominibus infundit. Quod Filius perditionis quos blanditiis non potest, crudelissimis persecutionibus incurvare tentabit. Quod Ecclesia in consummatione mundi nobilissimo sanguine perfundetur, usque ad duos testes veritatis. Quod nos in septimo millenario sumus. Qua de causa Deus nova secreta et multa mystica hactenus latentia per non loquentem et indoctum loquitur. Exhortatio Dei ad doctores ne hunc sermonem spernant, sed vel victoriosissimum vexillum contra filium iniquitatis elevent. Verba Spiritus sancti ad Ecclesiam de novissimo tempore. Evangelium de eodem. Quod turbato orbe quatuor elementa abluentur et Ecclesia in filiis suis implebitur, ne membra desint capiti. Quod cursus mundi nunc in septimo numero est, et post laborem sigilla Scripturarum aperte et leniter ut in hoc libro proferuntur, et alius numerus non est, quod superest, homini sciendum non est. Quare Deus Filium suum voluit incarnari. De Antichristo et matre ejus. Quod a matre magicis artibus instructus, in diversis creaturis voluntatem suam permissione Dei exercet. De potestate ejus et diversis miraculis quæ facere videtur. Verba Moysi de visione Dei. Quod quidam a diabolo decepti portenta in creaturis fallaciter ostendunt; sed eas in alium modum transmutare non possunt. Quod diverso modo Antichristus suos decipiat et cur hoc illi permissum sit. De simulata morte Antichristi, de scriptura maledictionis; qui huic contradixerit, occidetur. Verba Joannis. De Enoch et Elia quare ad id tempus reservati sunt. Verba illorum ad filios Dei. De veris signis illorum quibus falsa Antichristi abjicientur. Quod permissione Dei consummati, mercedem laborum suorum consequentur. Quod omnia membra Ecclesiæ ex præsumptuosa arrogantia Antichristi, tremore concutientur, putantis se posse penetrare secreta cœlestia. Quod potestas Dei manifesta virtute filium perditionis ad modum diaboli in æterna damnatione prosternit. Quod infernalis fetor et nebula locum elationis illius replebit ut decepti redeant. Quod filio perditionis prostrato, sponsa Christi candore miræ pulchritudinis clarescet errantibus ad viam veritatis redeuntibus. Quod diem judicii nemo scire poterit nisi Deus. Exemplum de Samsone.*

Deinde vidi ad aquilonem, et ecce ibi quinque bestiæ stabant, quarum una erat ut canis igneus, sed non ardens, una ut leo fulvi coloris, alia ut equus pallidus, alia ut niger porcus, alia ut lupus griseus, et se ad occidentem vertebant. Et in occidente coram bestiis illis veluti quidam collis quinque apices habens apparuit; ita ut ab ore cujusque bestiæ funis unus ad unumquemque apicem ipsius collis extenderetur, omnes subnigri coloris, præsertim funem illum qui ab ore lupi tendebatur, qui ex parte niger et ex parte albus videbatur. Et ecce in oriente, juvenem illum quem prius super angulum conjunctionis lucidi et lapidei muri ædificii purpurea tunica indutum videram, super ipsum angulum iterum vidi, sed nunc ab umbilico deorsum mihi apparentem : ita vides ut ab umbilico usque ad locum illum ubi vir discernitur quasi aurora fulgeret, et ibi erat veluti lyra cum chordis suis in transversum jacens, et ab hoc loco usque ad calces pedum, id est ad mensuram duorum digitorum transpositorum superius tangentem talum umbrosus erat ac ab illa mensura per totos pedes suos lacte candidior apparebat. Sed et illa muliebris imago quam ante altare quod est ante oculos Dei prius conspexeram, nunc etiam mihi et hic iterum ostensa est; ita tamen quod eam etiam ab umbilico ventris deorsum viderem. Nam ab umbilico usque ad illum locum ubi mulier cognoscitur, varias et squamosas maculas habebat. In loco autem muliebris cognitionis monstruosum et nigerrimum caput apparuit igneos oculos, et aures ut aures asini, et nares et os ut nares et os leonis habens ac magno hiatu frendens, et velut ferreos ac horribiles dentes horribiliter acuens. Sed ab illo capite usque ad genua sua imago illa alba et rubea et velut multa contritione contusa erat. Ab ipsis autem genibus usque ad duas zonas quæ per transversum superius tangentes calcem pedum albæ videbantur, sanguinea apparebat. Et ecce illud monstruosum caput se tanto fragore a loco suo emovit

A ut omnis muliebris imago in omnibus membris suis inde concuteretur. Sed et velut magna massa multæ fæcis ipsi capiti conjuncta est, unde illud supra quemdam montem se elevans altitudinem cœlorum ascendere tentavit. Et ecce velut ictus tonitrui repente veniens, ipsum caput tanta fortitudine repercussit quod et de monte illo cecidit et quod spiritum in mortem emisit. Unde subito fetens nebula montem ipsum totum comprehendit, in qua caput illud tanta sorde involutum est ut astantes populi in maximum terrorem converterentur, ipsa quidem nebula circa ipsum montem aliquantulum diutius immorante. Quod astans populus cernens, multo timore concussus adinvicem dicebat : Heu ! heu! quid est hoc? quid videtur nobis hoc esse? B Ah nos miseros! quis nos adjuvabit? aut quis nos liberabit? Nescimus enim quomodo decepti sumus. O omnipotens Deus, miserere nobis! Revertamur, revertamur ergo; properemus testamentum evangelii Christi, quoniam ah, ah, ah ! amare decepti sumus. Et ecce pedes prædictæ muliebris imaginis candidi apparuerunt, splendorem super splendorem solis reddentes. Audivique vocem de cœlo mihi dicentem : Quamvis omnia quæ in terra sunt ad finem suum tendant, ita quod mundus in defectu virium suarum positus ad exitum suum multis ærumnis et calamitatibus oppressus incurvetur; tamen sponsa Filii mei tam a prænuntiis filii perditionis quam ab ipso perditore in filiis suis multum fatigata nequaquam contereretur, quamvis ab eis multum impugnetur. Cum ipsa in fine sæculorum robustior et C validior exsurgens pulchrior et clarior reddetur; quatenus hoc modo ad amplexus dilecti sui suavius et dulcius procedat. Quod et hæc visio quam cernis mystice designat. Vides enim ad aquilonem, et ecce ibi quinque bestiæ stant, quæ sunt in carnalibus desideriis quibus macula peccati non deest, quinque ferocissimi cursus temporalium regnorum ferociter in se bacchantes.

Quarum una est ut canis igneus sed non ardens;

quia cursus temporum illorum homines suæ constitutionis mordaces habebit, in sua quidem æstimatione velut ignis apparentes, sed in justitia Dei non ardentes. Et una ut leo fulvi coloris est; quoniam cursus ille bellicosos homines sustinebit, multa quidem bella moventes, sed in eis rectitudinem Dei non inspicientes, quia in fulvo colore regna illa incipient fatigationem debilitatis incurrere. Alia autem ut equus pallidus; quia tempora illa homines in diluvio peccati lascivos et in velocitate voluptatis suæ operationem bonarum virtutum transilientes producent, ubi tunc cor regnorum illorum in pallore ruinæ suæ confringetur, quoniam ruborem fortitudinis suæ tunc perdet. Sed alia, ut niger porcus; quoniam cursus ille rectores magnam nigredinem tristitiæ in se ipsis facientes habet, et se luto immunditiæ involventes, videlicet divinam legem in multis contrarietatibus fornicationum et aliarum similium abominationum postponentes, ac multa schismata divinorum præceptorum in sanctitate machinantes.

Alia vero ut lupus griseus; quia illa tempora habebunt homines multas rapinas tam in potestatibus quam in reliquis successibus sibi ipsis congerentes cum in his certaminibus, nec nigros nec albos, sed velut griseos in versutiis suis se ostendentes: capita regnorum illorum dividentes dejicient, quoniam tunc veniet tempus irretitionis animarum multarum, ubi error errorum ab inferno usque ad cœlum erigetur; ita quod filii lucis torculari martyriorum suorum imponentur, Filium Dei non negantes, sed filium perditionis abjicientes qui diabolicis artibus voluntates suas perficere tentabit. Et hæ bestiæ se ad occidentem vertunt, quoniam hæc caduca tempora cum occidente sole cadunt; quia sicut ille oritur et occidit, ita etiam faciunt homines cum hic nascitur et cum ille moritur.

Unde etiam ibi in occidente coram bestiis illis velut quidam collis quinque apices habens apparet; quia in carnalibus concupiscentiis in ipsis excursibus disposita potestas, quinque altitudinum propalata ostenditur, ita ut ab ore cujusque bestiæ funis unus ad unumquemque apicem ipsius collis extendatur; quoniam ab initio illorum temporum tenor prolixitatis ad quamque altitudinem dispositæ potestatis protenditur, omnes subnigri coloris præter funem illum qui ab ore lupi protenditur qui ex parte niger et ex parte albus videtur, quia istæ prolixitates sunt in varietate contumaciæ voluptatis hominum. Tenore illo qui in voracitate rapinæ positus est in parte nigredinis, multas iniquitates protendente, ita tamen quod ex ipsa hi in multo candore justitiæ procedunt qui terrentibus miraculis filio perditionis ut ipsi resistant occurrent, quemadmodum servus meus Job de justo viro justitiam facientem ostendit dicens: *Innocens contra hypocritam suscitabitur, et tenebit justus viam suam et mundis manibus addet fortitudinem (Job xvii).* Hoc tale est: Qui innocens est sanguinei operis, id est homicidii et fornicationis et similium malorum operum velut ardens scintilla contra illum excitatur, qui semper in operibus suis mentitur. Quomodo? Quia ille mel nominat; sed venenum devorat et amicum vocat, quem sicut inimicum suffocat. Videlicet cum dulcia verba sonant; sed intra se malitiam habent, et cum amico blande loquitur, sed illum in insidiis occidere nititur. Sed qui habet virgam, indigna pecora a se ipso fugans ex recto itinere cordis sui, habet etiam clara itinera coram fulgente sole, quoniam ipse clara scintilla et clara lux in Deo suscitatur quasi fulgens facula; atque ita fortissimis purissimisque operibus se circumferens, ipsis apponit fortem loricam et incidentem gladium, a se etiam vitia expellens et virtutes sibi concilians.

Quapropter etiam in oriente juvenem illum quem prius super angulum conjunctionis lucidi et lapidei muri ipsius ædificii purpurea tunica indutum videras, super eumdem angulum iterum vides, quia orientis justitiæ Filius hominis, præsidens fortitudini conjunctionis speculativæ scientiæ et humano operi in bonitate Patris sursum ædificante, cum ipse Filius hominis in voluntate Patris sui sanguinem suum pro salute mundi ludit (ut tibi monstratum est) ibi ipse etiam modo sedens in eadem altitudine ad confirmationem veritatis tibi denuo per mysteria miraculorum suorum manifestatur, sic tamen ut nunc ab umbilico deorsum tibi appareat; quoniam a fortitudine membrorum suorum quæ est electorum ejus, ubi modo ipse Sponsus Ecclesiæ viget usque ad completionem eorum multa admiranda et obscura signa vides, ita videlicet ut ab umbilico usque ad locum illum ubi vir discernitur, quasi aurora fulgeat; quia a perfectione illa cum jam fidelia membra sua perfectionem fortitudinis habent usque ad tempus filii perditionis, qui se virum virtutis esse simulabit in rectitudine se devote colentium fulgorem justitiæ demonstrabit. Unde et ibi velut lyra cum chordis suis in transversum jacet; quod est in persecutione illa qua filius iniquitatis multos cruciatus electis inferet, gaudium canticorum eorum qui jam propter dira tormenta quæ in corporibus suis patiuntur a corporalibus nexibus solvuntur, ad requiem transeuntes.

Sed ab ipso loco usque ad calces pedum, id est ad mensuram duorum digitorum transpositorum superius tangentem talum ejus umbrosus est; quoniam a persecutione hac quam fideles a filio diaboli passuri sunt, usque ad doctrinam duorum testium, scilicet Enoch et Eliæ terrena despicientium, et ad superna desideria labores suos ponentium, fides ecclesiasticæ institutionis velut in dubio habenda est: hominibus multo mœrore dicentibus: Quid est quod dicitur de Jesu? Verumne est an secus? Sed ab illa mensura superius tangente talum per totos pedes suos lacte candidior apparet: quod est a testimonio testium illorum æterna præmia exspectantium filio perditionis devicto. Filius ante finem mundi in catholica fide candidissimus et pulcherrimus fulgebit, ita quod tunc palam veritas per ipsum cognoscetur; et quod falsitas in filio iniquitatis per omnia abjicietur, ut et David servus meus testatur, ubi dicit: *Rex vero lætabitur in Deo, laudabuntur omnes qui jurant in eo; quia obstructum est os loquentium iniqua (Psal.* LXII). Hoc tale est: Profunda scientia quæ est magnus status in homine scilicet pulchram formam linguarum hominum voluntate et dispositione Dei tangens, strenue symphonizat in altari Dei, quia Deum novit et beati in laudibus sonantium mentium currunt, torrens iter verborum in purissimo fonte fortissimi dominatoris facientes: cum in perdito tempore desiruuntur hiatus sibilorum diabolicarum artium, quæ mentes hominum turpiter inficiunt. Sed et illa muliebris imago quam ante altare quod est ante oculos Dei prius conspexeras, nunc etiam tibi et hic iterum ostenditur; quia sponsa Filii Dei purissimis orationibus sanctorum instans, et eas supernæ inquisitioni secundum quod tibi permonstratum est devotissime offerens, modo etiam tibi in eisdem sacramentis pro assertione justitiæ declaratur; ita tamen quod eam modo etiam ab umbilico ventris deorsum videas; quoniam ipsa pro creatione illa qua nunc ecclesiastica dignitate provehitur, usque ad plenitudinem filiorum ejus multis miraculorum mysteriis ad tuitionem multorum, tibi manifestatur. Nam ab umbilico usque ad locum illum ubi mulier cognoscitur, varias et squamosas maculas habet: quod est a fortitudine illa qua modo in filiis suis digne et laudabiliter viget, usque ad tempus illud ubi filius perditionis artes suas, quas diabolus primæ mulieri immisit, perficere conabitur, varietatem et duritiam in objectione multorum vitiorum tam in fornicatoriis quam in mortiferis et rapacibus malis lamentabiliter et miserabiliter sustinebit. Quomodo? Quoniam ii qui eam diligere deberent, eam acriter persequentur.

Unde etiam in loco muliebris cognitionis monstruosum et nigerrimum caput apparet; quia cum artibus primæ seductionis in monstruosis turpitudinibus, et in nigerrimis iniquitatibus, perditionis filius insaniens veniet, igneos oculos et aures ut aures asini, et nares et os ut nares et os leonis habens: cum furibundos actus nequissimi ignis et turpissimos sonitus contradictionis, Deum abnegari faciens hominibus immittit, ita pessimum fetorem sensibus eorum infundens, ac crudelissima rapacitate ecclesiastica instituta dilanians, scilicet magno hiatu frendens et velut ferreos ac horribiles dentes horribiliter acuens; quoniam voracissimo rictu vitiorum fortitudinem et insaniam mordacitatis suæ, sibi consentientibus pessime infigit. Et ab illo capite usque ad genua illa, alba et rubea et velut multa contritione contusa est; quoniam a pessima deceptione qua filius perditionis homines primum blande et leniter seducere conabitur, usque ad tem-

A pus illud cum eos jam crudelius inflectere et incurvare tentabit, Ecclesia in filiis suis albedinem veræ fidei, sed in ipsa angustiam sanguinei stuporis ac maximas ærumnas diversarum passionum sustinebit. Ab ipsis autem genibus usque ad duas zonas quæ per transversum superius tangentes calcem pedum albæ videntur, sanguinea apparet; quia cum jam velut motionem oppressionis suæ sustinuerit, usque ad duos testes veritatis qui Ecclesiam fortissime continebunt, jam circa consummationem mundi candorem justitiæ et rectitudinis ostendentes, sceleratissimas persecutiones et crudelissimas effusiones sanguinis, in iis qui ipsum perditorem contempserint patietur. Quid hoc? Cum filius perditionis in contraria sua doctrina jam fiduciam et fortitudinem fallaciter confortatus acceperit; tunc et Ecclesia in cursu festinationis suæ nobilissimo sanguine perfundetur, ubi et ipsa tunc plene jam cœleste habitaculum construetur. Nam vos, o plateæ Hierusalem, tunc in optimo auro per sanguinem sanctorum fulgebitis; quia diabolus tunc exstinguetur, quoniam membra superni regis persecutus est, ita quod ipse præ magno terrore suo ad nihilum redigetur.

Sed o vos homines, qui in ipsis habitare desideratis, illum fugite, et Deum qui vos creavit adorate. In sex enim diebus perfecit Deus opera sua; et in septimo requievit ab opere suo. Quid hoc? Sex dies sex numeri sæculi sunt; sed in sexto nova miracula mundo ædita sunt, ut etiam in sexto die Deus opera sua complevit. Nunc autem mundus, in septimo numero sæculi ante novissimum diem, est sicut in die septimo. Quomodo? Prophetæ voces suas compleverunt, Filius etiam meus voluntatem meam in mundo perfecit, et aperte Evangelium in toto mundo prædicatum est, sed et hoc per tempus temporum pleni numeri, et per plus temporum annorum ipsius pleni numeri, quamvis in multa diversitate morum hominum tamen per me bene fundatum persistit. Sed nunc catholica fides in populis vacillat, et Evangelium in hominibus claudicat, fortissima etiam volumina quæ probatissimi doctores multo studio enucleaverunt: turpi tædio diffluunt, et cibus vitæ divinarum Scripturarum jam tepefactus est. Unde nunc loquor per non loquentem hominem de Scripturis, nec edoctam a terreno magistro; sed ego qui sum edissero per eam nova secreta et multa mystica quæ hactenus in voluminibus latuerant, velut homo facit qui limum sibi primum componit: et deinde ex eo quasque formas secundum voluntatem suam discernit.

O fructuosi doctores boni lucri, animas vestras redimite et hunc sermonem fortiter clamate, nec ad ipsum increduli estote; quia si illum spernitis non illum sed me qui verax sum contemnitis. Vos namque populum meum sub lege mea nutrire debetis, habentes curam usque ad præfinitum tempus illius curationis, cum deficiet omnis cura omnium laborum. Sed de hoc tempore habetis tempora temporum præfixæ prædestinationis, ad tempus illud currentes in quo filius perditionis veniet. Convalescite ergo et confortamini, electi mei, præcaventes ne in laqueum mortis cadatis; sed victoriosissimum vexillum horum sermonum elevate, et super filium iniquitatis ruite. Nam in errore semitarum illarum quæ præcurrunt et subsequuntur filium perditionis, quem vos Antichristum nominatis : vestigia illius imitamini qui vos viam veritatis edocuit cum in carne in mundo cum magna humilitate et non cum superbia apparuit. Audite ergo et intelligite. Spiritus enim dicit Ecclesiæ de tempore novissimi erroris. Mors irruet in Ecclesiam in ipsa hora cum in fine temporum maledictus, maledictionis filius, veniet; qui est maledictio maledictionum, velut filius meus in Evangelio de civitate pessimi erroris testatur dicens : *Et tu Capharnaum, nunquid usque in cœlum exaltaberis? usque in infernum descendes (Matth.* xi). Hoc tale est : O tu antrum iniquitatis, fossa absconsionis existens, et alas simulationis hypocritarum habens, quomodo in excelso parietum stare posses, cum oculus tuus nequitias vitiorum inspiciat, quæ ardens lumen in sordibus abscondunt, dicentes : Quis similis est parricidæ in hypocrisi, quem stulti dominatorem nominant. Nunquid cœlum in miraculis signorum habebis, cum digitum tuum barathro intinges. Quomodo? Opera tua fundum inferni petent, in cujus voracitate absorpta jacebis : ita quod etiam infernus fetorem illum evomet, in quo mundus amaritudinem mortis in perditore perditionum videbit.

Sed caput sine ventre et absque cæteris membris es e non debet. Caput Ecclesiæ Filius Dei est, venter et cætera membra quæ sequuntur, Ecclesia cum filiis suis est. Ecclesia autem nondum in membris et in filiis suis perfecta est, sed in novissimo die cum numerus electorum implebitur, tunc et Ecclesia plena erit. Sed et tunc in ultimo die turbatio orbis terrarum fiet; cum ego Deus quatuor elementa abluam, cum illo quod mortale in carne hominis est, et tunc in consummatione sæculi plenum gaudium sobolis Ecclesiæ erit. Ut enim prædictum est, in sex diebus perfecit Deus opera sua. Quinque dies, quinque numeri sæculi sunt, in sexto nova miracula in terris propalata sunt velut in sexta die primus homo formatus est. Sed nunc sextus numerus finitus est et deventum est in septimum numerum; in quo nunc cursus mundi velut in septima die requiei positus est, quia labor ille quem prius fortissimi doctores in profunditate clausorum sigillorum sanctarum Scripturarum habuerunt : modo apertus existen aperte proferendus est, in levitate verborum velut verba hujus libri sunt, quasi in septima quietis die. Sex enim dies operis sunt, septima requiei est. Numerus dierum alius non est, quod superest tibi, o homo, sciendum non est; sed in secreto Patris est. Sed vos, o homines, de tempore hoc : tempus temporum in cursu vestro habetis antequam homicida ille veniat, qui fidem catholicam pervertere cupiet. Quid autem deinde fiat; nec tempus nec momentum vobis de hoc sciendum est, sicut nec quid post septem dies hebdomadis sit, scire potestis; sed solus Pater hoc novit, qui et hæc in sua potestate posuit. De diebus enim hebdomadis aut de temporibus temporum sæculi, amplius tibi, o homo, sciendum non est.

Sed post quinque numeros sæculi cœlestia miracula mundo edidi; sicut et in quinque diebus alia creatura ante hominem creata fuerat, quæ homini subjecta est. Sic etiam et plenitudo infidelium et Judæorum fuerat, et diversa schismata diversorum malorum tam gentilis quam Judaici populi efferbuerant, et lex ac prophetia jam sudaverant, atque omnes populi tam in malis quam in bonis probati erant, antequam unigenitus meus carnem de virgine susciperet. Nam eum mittendum decretum non fuerat nisi præmissis omnibus his, ut omnis justitia in illo probaretur, et ut omnis injustitia ab illo scandalizaretur. Quod si Filius meus prius venisset, hoc quasi insipienter factum fuisset, velut homo ille imprudenter agit qui fruges suas antequam maturescant colligere vult, vel si incarnatio ejus in ipsum finem mundi dilata esset : tunc raptim veniret quasi auceps ille qui aves fraudulenter capit, illis nescientibus quomodo rete ejus intraverint. Sed Filius meus venit in tempore illo velut cum jam dies post nonam ad vesperas tendit, scilicet cum jam maxima virtute diei abscedente, frigus adesse incipit : ita post quinque numeros mundi Filius meus mundo adfuit cum mundus jam ad occasum currit. Quid tunc? Ipse enim veniens medullam legis aperuit ubi aquam legis in vinum Evangelii convertit, ubi et maxima fluenta virtutum emanare fecit, quod tam tempestive veniens complevit; ut ecclesiasticæ virtutes quas Spiritus sanctus incendit firmis radicibus in hominibus confortarentur, et ut virginitas quam in se ipso attulit, in dignissima germina florum pullularet et dilataretur.

Sed insanus homicida, filius scilicet perditionis in brevissimo tempore veniet; cum jam dies abscedit, sole in occasum latente videlicet cum novissimum tempus jam cadit et mundus tenorem suum deserit; hoc autem testimonium, o fideles mei, audite, et illud devote ad cautelam vestram intelligite, ne vobis nescientibus error ipsius perditoris repente veniens, in ruinam infidelitatis et perditionis vos præcipitet. Unde vos armate et ad validam linam pugnam hoc modo fidelissimis munitionibus præmoniti : vos præparate. Cum enim tempus illud advenerit quo nequissimus ille deceptor horribiliter apparebit, mater illa quæ istum fallacem in mundum pariuriet a pueritia sua in puellari ætate diabolicis artibus plena vitiis, in deserto abjectionis inter nefandissimos homines enutrita est, ibi parentibus ejus eam nescientibus, nec illis cum quibus moratur eam scientibus, quoniam diabolus eam illuc ire persuadet, et ibi eam secundum voluntatem suam decipiendo componit, quasi angelus sanctus sit. Et ideo illa ab hominibus se separat, ut tanto facilius celari possit; unde etiam aliquibus sed tamen paucis viris nequissimo latrocinio fornicationis occulte commiscetur, et in tanto studio turpitudinis cum illis se polluit, velut angelus sanctus fervorem pravitatis illius eam perficere jubeat. Et sic in ferventissimo ardore fornicationis illius filium perditionis concipit, nesciens de quo semine virorum ipsorum eum conceperit. Sed Lucifer serpens, scilicet antiquus turpitudine ista delectatus, coagulationem hanc justo meo judicio artibus suis afflat, et eam omnibus viribus suis totam in ventre matris illius possidet, sic illo perditore de ventre matris suæ pleno diabolico spiritu egrediente. Deinde illam consuetam fornicationem devitat: et aperte stulto et insipienti populo dicit, quia virum non habeat, nec patrem infantis sui sciat; fornicationem autem quam perpetravit, sanctam dicit. Unde et populus illam sanctam putat et nominat.

Sic filius perditionis diabolicis artibus usque ad fortiorem ætatem enutritur, semper noto populo sibi se subtrahens. Sed mater ejus eum cum quibusdam magicis artibus interdum tam populo Deum colenti, quam non colenti ostendit; sic eum ab eis faciens videri et amari. Qui cum ad plenam ætatem pervenerit, manifeste contrariam doctrinam docebit; ita mihi et electis meis repugnans, tantamque fortitudinem acquirens ut in magna potestate sua, se supra nubes elevare conetur. Nam ego justo judicio meo permitto eum in diversis creaturis voluntatem suam exercere; quoniam ut diabolus in initio dixit: *Similis ero Altissimo* (*Isa.* xiv) et cecidit, ita etiam permitto ut idem diabolus in tempore novissimo cadat cum ipse in hoc filio suo dicit: Salvator mundi ego sum. Et ut omne sæculum fidelium cognovit quod Lucifer mendax fuit, cum se in initio dierum similem Deo esse voluit; sic etiam omnis fidelis homo videbit quod filius iniquitatis mendax est, cum se ante novissimum diem Filio Dei similem facit.

Ipse enim est pessima bestia, homines qui ipsum negant interficiens et regibus, ducibus, principibus, divitibusque se adjungens, humilitatemque deprimens, ac superbiam erigens, orbemque terrarum diabolica arte sibi subjiciens. Potestas namque ejus usque labrum venti procedit; ita quod aerem videtur commovere, ignemque de cœlo educere, et fulgura, tonitrua ac grandines producere, montes etiam evertere, aquas exsiccare, silvis viriditatem suam auferre, eisque iterum succum viroris sui reddere. Tales enim illusiones in diversis creaturis ostendit; videlicet in humore, in viriditate et in siccitate earum. Sed et in hominibus deceptiones suas facere non desinit. Quomodo? Videbitur enim sanis immittere ægritudinem, et infirmis sanitatem, dæmones ejicere, ac interdum mortuos suscitare. Quomodo? Cum enim aliquando quispiam vita evanuerit, cujus anima in potestate ipsius diaboli est, circa cadaver illius qui vita discesserit interdum permissione mea illusiones suas ostendet, cadaver illius quasi vivat moveri faciens, quod tamen per brevissimam horam et non per longius spatium facere in eerdum permittetur; ne hac præsumptione gloria Dei derideatur atque nihilipendatur. Quod quidam videntes in eum confident; quidam autem et priorem fidem suam retinere volentes, eum tamen sibi propitium semper optabunt. Quos tamen durius lædere nolens, quasdam infirmitates ipsis immittit. Qui, dum medicinam et auxilium medicorum quærent nec curari poterunt, ad ipsum recurrent tentantes, si eos curare valeat; quos dum ad se venientes viderit, debilitatem quam eis intulit ipsis aufert. Unde valde eum amantes in ipsum credent. Et sic multi decipientur, cum ipsi oculos interioris hominis obnubilant; per quos in me respicere debuerant, volentes in probatione animi sui velut in quadam novitate illa scire quæ exterioribus oculis vident, et quæ manibus palpant, contemnentes illa invisibilia quæ in me manent, et quæ vera fide comprehendenda sunt quia mortales oculi me videre non possunt, sed miracula mea in obumbratione illis ostendo quibus voluero; meipsum autem nullus videbit, dum in mortali corpo e manet, nisi in umbratione mysteriorum meorum ut servo meo Mosi locutus sum, quemadmodum scriptum est: *Non enim videbit me homo et vivere poterit* (*Exod.* xxxiii). Hoc tale est: Obtutum mortalitatis suæ non ponet in claritatem divinitatis meæ, ille qui mortalis est, ita quod in corruptibili cinere mortalem vitam possit habere, dum in transeuntis temporis mutatione est, scilicet quod vitam unam deserit et ad aliam transit; quoniam omnia viventia per me solidata sunt, et quia ego vivo nec ulla mutatio in me est. Nam ut culex vivere non potest si se in flammam ignis immittit, ita etiam mortalis homo non posset subsistere, si coruscationem divinitatis meæ videret, sed ego mortalibus hominibus quandiu gravamine mortalitatis suæ gravati sunt, me ita in obumbratione ostendo; velut pictor ea quæ invisibilia sunt, per imagines picturæ suæ hominibus declarat. Quod si, o homo, me dilexeris, te amplectar, et calore sancti Spiritus te calefaciam. Cum enim bona intentione tua me inspexeris, meque in tua fide cognoveris, tunc et ego tecum ero. Sed qui me contemnunt, ad diabolum se convertunt, quoniam me scire nolunt. Unde et ego ipsos abjicio.

Eosdem autem diabolus illudit et decipit quomodocunque sibi placuerit: ita quod ipsi putant quod verum sit, quidquid eis ostenderit. Et hanc ipsam arcem deceptionis suæ diabolus illis infundit, qui in ipsum confidunt: ita quod ipsi in hac arte diversa portenta in creaturis secundum voluntatem suam hominibus fallaciter ostendunt. Sed tamen nec elementa, nec alias creaturas quæ a Deo creatæ sunt in alium modum transmutare possunt; nisi quod solum per deceptiones suas, quædam monstra velut quasdam nebulas in eis sibi credentibus fingunt. Nam et Adam cum plus quæreret quam habere deheret, gloriam paradisi perdidit; sic et isti visum et auditum interioris hominis amittunt, quoniam Deum deserunt et diabolum colunt.

Secundum hunc modum filius perditionis, deceptiones artium suarum in elementis operatur, ostendens in eis pulchritudinem, dulcedinem et suavitatem secundum voluntatem hominum quos decipit. Sed hæc potestas ei ob hoc promissa est, ut fideles in recta fide cernant, quod diabolus nullam potestatem in bonis habet, sed solum in malis æternæ mortis. Quidquid enim iste filius iniquitatis operatur, id in potestate, superbia et crudelitate facit, misericordiam, humilitatem et discretionem non habens; sed cum imperio et magno stupore homines ad hoc præcipitat, ut ipsum sequantur, plurimos enim populos sibi acquirit, dicens eis ut voluntates suas libere peragant, ne se multum in vigiliis aut in jejuniis constringant, proponens eis ut tantum Deum suum diligant quem se esse simulat : quatenus sic ab inferno liberati ad vitam perveniant. Unde illi hoc modo decepti dicunt : O væ miseris illis qui ante tempora ista fuerunt, quia diris cruciatibus vitam suam afflixerunt, pietatem Dei nostri heu ignorantes! Ille enim thesauros et divitias eis ostendit, ac eos secundum voluntates ipsorum epulari permittit, fallacibus signis doctrinam suam confirmans; ita quod ipsi putant quod non oporteat eos ullo modo corpora sua constringere et castigare. Sed et circumcisionem et judaismum secundum mores Judæorum illis observare jubet, fortiora præcepta legis, quæ Evangelium cum digna pœnitentia in gratiam convertit, ipsis juxta voluntatem eorum leviora faciens. Et dicit qui ad me convertitur, peccata illius delebuntur, vivetque mecum in æternum. Baptismum etiam et evangelium Filii mei abjicit. Et omnia præcepta illa quæ Ecclesiæ tradita sunt deride. Et iterum sibi famulantibus diabolica irrisione dicit : videte quis et qualis ille insanus fuerit, qui hæc observare per mendacia sua simplici populo instituit.

Ego autem pro vobis et ad gloriam vestram mori, et a morte resurgere volo. Et sic populum meum ab inferno liberabo; ut deinceps mecum in regno meo gloriose vivatis, quod ille fallax prius se fecisse simulavit. Et deinde dilectis suis dicit : ut eum gladio percutiant, atque in mundum sindonem usque ad diem resurrectionis suæ involvant, illis ita deceptis quod putant se illum occidere, et præcepta ejus hoc modo perficere, postea se resurgere simulans diræ maledictionis scripturam velut salvationem animarum profert; quam pro signo hominibus tradens, jubet ut ipsum adorent. Quod si quis fidelis propter amorem nominis mei recusaverit, diro cruciatu tormentorum ab illo consumetur, unde omnes qui hæc viderint vel audierint maximo admirationis et dubietatis stupore concutientur, quemadmodum etiam Joannes dilectus meus ostendit, dicens : *Et vidi unum de capitibus ejus tanquam occisum in mortem, et plaga mortis ejus curata est. Et admirata est universa terra post bestiam* (Apoc.

A. xiii). Hoc tale est : Ego amator mysteriorum Dei vidi fallacem et maledictum in maximis et innumerabilibus iniquitatibus omnem sanctimoniam sanctorum circumeuntem, et multiplicibus vitiis eam fatigantem; qui actibus mendaciorum suorum sanguinem suum in occisione se effundere et ita mori assimilabit, non in corpore suo cadens sed in fallaci umbra, velut percussus et moriens æstimatus. Unde etiam in errore fallacium vulnerum suorum quasi mortuus fuerit simulat se quasi a sopore mortis revixisse; et ita admirabilem et terribilem stuporem omnes homines qui in tota terra sunt, in horrore hujus maledicti capient, sicut etiam populus in magnitudine et fortitudine Goliath obstupuit, cum eum armatum in bello adversum se stare videret. Et ita ut vides columnæ electorum meorum, tam de cruciatibus istis quam de contrariis et immanibus ac horribilibus signis, quæ filius perditionis emittet magno stupore pavoris commoveri videbuntur, gemitum lamentabilis angustiæ emittentes.

Sed duos testes meos quos ad id tempus in secreto voluntatis meæ reservavi, scilicet Enoch et Eliam; ut ipsi repugnent et ut errantes ad viam veritatis reducant emittam. Qui fortissimas et robustissimas virtutes fidelibus ostendent; quia cum verba testimonii eorum in ore utriusque sibi æqualiter consentient, fidem audientes adhibebunt. Nam idcirco hi duo testes veritatis tandiu per me reservati sunt, ut tunc ipsis procedentibus, sermo eorum in cordibus electorum meorum teneatur et solidetur, quatenus inde germen Ecclesiæ meæ in magna humilitate subsistat. Et ipsi ad filios Dei quorum nomina in libro vitæ sunt, dicent : O vos recti corde et electi in gloriosa laude beatarum gratiarum vitæ, audite et intelligite quæ vobis fiducialiter disserimus. Hic maledictus a diabolo missus est, ut animas quæ se præceptis illius subjiciunt in errorem mittat. Nos enim de hoc mundo reclusi eramus, reservati in secretis Dei quæ hominibus abscondita sunt, ita quod in sollicitudine et angustia hominum non fuimus. Nam ad hoc reservati sumus, et ad vos missi; ut erroribus istius perditoris contradicamus. Videte ergo, si vobis aut in corporali statura aut in ætate similes simus. Et omnes qui cognoscere et confiteri verum Deum volent : hos duos senes et veraces testes, vexillum justitiæ Dei portantes subsequentur, iniquum errorem deserentes, quoniam ipsi in magnis præconiis et coram Deo et coram populo fulgebunt; vicos, et plateas, et civitates, atque alia loca ubicunque filius perditionis contrariam doctrinam efflaverit percurrentes, ac in eis multa signa in Spiritu sancto facientes, ita ut omnis populus qui eos viderit in maximam admirationem ducatur. Idcirco autem hæc magna signa supra firmam petram solidata illis dabuntur, quatenus illa contraria et falsa signa abjiciantur. Nam ut fulgur incendit et comburit, sic et filius perditionis perversa iniquitate et nequitia sua faciet, populos magicis

artibus velut igne fulguris comburens. Sed Enoch
et Elias cum recta doctrina quasi cum ictu tonitrui
omnem cohortem illius exterrentes dejicient, fideles
hoc modo stabilientes.

Attamen in permissione voluntatis meæ ab illo
tandem consummati, mercedem laborum suorum
in cœlestibus consequantur. Tunc flores doctrinæ
eorum cadentes, quia voces ipsorum jam in mundo
non audientur, bonum fructum in electis ostendent,
verba et rabiem diabolicæ artis contemnentibus, et
in spe supernæ hæreditatis bene firmatis, quemadmodum et Salomon de bono et recto homine ostendit, dicens: *Domus justi plurima fortitudo, et in
fructibus impii conturbatio.* (Prov. xv). Hoc tale est:
Acutum habitaculum ubi contritio et infelicitas non
est: speciale speculum oculi Dei in recto homine
est, in quo idem oculus fortitudinem miraculorum
suorum quasi in appetitu percutientis gladii videt.
Sed in procedentibus factis, velut in crescentibus
fructibus superbi cordis, quod in propriis voluptatibus suis ruinas ædificat, tristitia illa erit, quia
superbum cor in eam spem non confidit, quæ in superna saturitate floret.

Sed ut vides quod ipsum monstruosum caput se
tanto fragore a loco suo emovit, quod omnis prædicta muliebris imago in omnibus membris suis inde
concutitur: hoc est cum se filius perditionis caput iniquitatis existens, multa arrogantia superbiæ
velut a parvo errore infixæ sibi nequitiæ tollit, majorem errorem arripiens, scilicet supra omnes exaltari volens, id est cum deceptiones suæ finem accep-
turæ sunt, omnis Ecclesia in omnibus filiis suis tam
majoribus quam minoribus in maximum timorem
mittitur, exspectans insaniam præsumptionis illius.
Et velut magna massa multæ fæcis ipsi capiti conjungitur, unde illud super quemdam montem se
elevans, altitudinem cœlorum ascendere tentat;
quia maximæ artes diabolicarum insidiarum, multam immunditiam afferentium eidem filio iniquitatis assistentes, ipsi alas superbiæ subministrant,
ac eum in tantam præsumptionem erigunt, quod
ipse etiam secreta cœlestia se putat posse penetrare.
Quomodo? Nam cum omnem voluntatem seductoris diaboli compleverit, ita quod justo judicio Dei
amplius tantam potestatem iniquitatis et crudelitatis suæ habere omnino non permittetur; omnem
cohortem suam congregabit, et sibi credentibus dicet quia ad cœlos ire velit. Sed sicut diabolus nescivit Filium Dei ad redemptionem et salutem animarum nasci, ita et iste pessimus cum se in mortiferum malum omnium malorum involvet, fortissimum ictum manus Dei super se venire ignorabit.

Et ecce velut ictus tonitrui repente veniens caput
ipsum tanta fortitudine percutit quod et de monte illo
dejicit et quod spiritum suum in mortem emittit;
quoniam potestas Dei se manifestans, eumdem perditionis filium tanta virtute zeli sui prosternit, quod
et de superbia illa qua se contra Deum erexerat,
magno præcipitio præsumptionis suæ ruit, et quod

vitalem flatum suum in mortem æternæ damnationis ita consummatus evomit; quia sicut tentationes
Filii mei finitæ sunt, cum ipse tentatus diabolo dixit: Vade, turpissime Satana, et ille exterritus
fugit; sic etiam et tentationes istæ quas filius iniquitatis Ecclesiæ infert, in hoc zelo meo consummationem accipient.

Inde subito fetens nebula montem ipsum totum
comprehendit, in qua caput ipsum tanta sorde involvitur, ut astantes populi in maximum terrorem
mittantur; quia immundissimus intolerabilisque
et infernalis fetor locum elationis illius totum replebit, in quo ille pessimus criminator tanta immunditia et fetore effervebat, ut justo Dei judicio nec
initium nec finis ejus amodo in memoria habeatur;
quoniam populi illi cadaver ipsius sine voce in terra
prostratum et multa tabe perfusum videntes : se
deceptos esse cognoscent, ipsa nebula circa montem illum aliquantulum diutius immorante; quoniam fetor ille diabolicam elationem circumample-
ctens, immundam ostendit, ut homines ab illo seducti fetorem et immunditiam illam videntes, errorem suum declinent, et ad veritatem redeant. Nam
astans populus hæc cernens, multo timore concutitur; quia hæc videntes maximus horror incutit, ita
ut lugubres voces et flebiles querelas proferant, et
se graviter errasse dicant.

Et ecce pedes præfatæ muliebris imaginis candidi apparent, splendorem super splendorem solis
reddentes : hoc est quod fortitudo fundamenti et
sustentatio sponsæ filii mei multum candorem fidei
ostendet, et pulchritudinem illam quæ omnem pulchritudinem terrenæ claritatis superat demonstrabit,
cum filio perditionis ut dictum est prostrato, multi
ex iis qui erraverant ad veritatem revertentur. Sed
post casum illius impii, quando novissimus dies in
solutione mundi occurrat mortalis homo non quærat;
quia eum scire non poterit, quoniam eum Pater in
abscondito secreti sui servavit. Ad judicium ergo,
o homines, vos præparate. Ut autem prædictum est
filius perditionis cum patre suo diabolo et cum omnibus artibus illius in novissimo tempore per Filium
meum fortissimum præliatorem cum magna confusione superabitur; sicut et inimici fortissimi Sam-
sonis in præfiguratione ipsius dejecti sunt, velut in
sacra Historia scriptum est : *Concussisque fortiter
columnis, cecidit domus super omnes principes, et
cæteram multitudinem quæ ibi erat : multoque plures
interfecit moriens quam ante vivus occiderat* (Judic.
xvi). Hoc tale est : Filio Dei, scilicet fortissimo
Samsoni primum Synagoga conjuncta est; cui ipse
occulta illa quæ in Veteri Testamento abscondita
erant, in mirabili doctrina sua distribuit, interiorem
dulcedinem legis quæ fortior leone erat, ipsi benigne aperiens. Sed ipsa decepit eum ; faciens ut
secreta ejus illuderentur, in doctrinam illius respicere nolens, sed eam magno fastu superbiæ despiciens. Quapropter ipse commotus regnum Dei ab
ea auferri et alii genti dari prædixit; ita in multis

prodigiis cum plurima turba civitatem Hierosolymam ascendens, infidelitate illorum qui vestimenta sua in via straverunt occisa, ubi quod promiserat illis per miracula reddidit, quibus per sponsam suam proditus fuerat. Et in illo fervore sponsam suam deseruit, cum domum ejus desertam derelinqui prænuntiavit. Sed pater sponsæ illius, videlicet diabolica seductio; alii viro, id est infidelitati eam conjunxit. Tunc Filius Dei astutas vulpes, scilicet apostolos emisit, qui igne sancti Spiritus segetes inimicorum suorum combusserunt, id est qui legalia præcepta ad spiritualem intellectum verterunt, ita Synagoga cum patre suo combusta, scilicet perversa infidelitate Synagogæ eversa. Deinde magnis signis et stupendis miraculis incredulos occidit; ita quod omnes multo stupore contremuerunt, cum dicerent se timere Romanos venire, et locum et gentem ipsorum tollere. Quapropter concilium suum congregaverunt ut illum perderent, sed ipse abscondit se in monte, in oratione cum diceret ut, si fieri posset, calix ille ab eo transiret. Sed Judas Iscariothes prodidit eum, tradens eum in manus sævissimas inimicorum suorum. Et ipse vim fortudinis suæ abscondit, quam in crine, id est in patre suo habuit; quæ omni populo ignota est, nisi quantum in fide capitur, veluti et capilli in capite hominis videntur. Postea cum pati voluit vim fortudinis suæ ostendit, videlicet maudibulam asini tollens cum filiabus Hierusalem diceret, ne super eum sed super se ipsas flerent; ita illas occidens, scilicet terrorem futurorum malorum eis verissime prædicens. Et sic in cruce fatigato cum sitiret, fons veræ fidei de gentili populo emanavit; de quo ipse bibens non erubuit, dicens etiam quod sic consummatum esset. Unde cum spiritum emisit, in gehennam, videlicet ad mulierem meretricem postea descendit, inimicis suis cum obsidentibus, cum custodes ad sepulcrum ipsius ponerent, sed ipse a morte resurgens, cum duabus portis, id est cum specialibus electis suis, et cum communi populo quos ex inferno liberavit, cœleste regnum petivit. Sed sic pulcherrima sponsa, scilicet Ecclesia, ipsi conjuncta, diligentissime ab eo quæsivit quomodo fortitudinem ipsius cognoscere posset. Ipse autem vires suas ei, non repente, sed paulatim et cum discretione aperuit. Quomodo.

Cum primum catholicam fidem percepissent in veteri lege et in nova, usque ad perfectam correctionem putabant se quidam illorum debere ambulare, quæ ligatura humentium nervorum seu nondum perfectam siccitatem habentium erat. Unde Ecclesia rudis adhuc, multis turbis dicebat : Hæc est fortitudo sponsi mei. Et populus hæc audiens, volebat repentino motu Deum in auditu verborum tantum colere, et non in significatione Spiritus sancti conversari. Sed ita fortitudo ejus cognita non est. Deinde virginitas velut novi fumes qui nunquam in opere fuerunt, sicut et virginitas ante non est gloriose habita; nobiliter erecta est, quæ ligatura Filium Dei fortiter quidem tetigit, sed tamen eum plene non ostendit. Sed Ecclesia se sursum erigens dicebat : O vos, amici mei, hæ maximæ virtutes sponsi mei sunt. Et subito in magno strepitu multus populus super eum ruit, dicens : Nos in maximis viribus ejus, ipsum cepimus. Sed nec sic vires ejus manifestatæ sunt. Postea in septem donis Spiritus sancti velut in septem crinibus illius Ecclesia solidata est, ipsis forti clavo in firmamento apostolicorum prædicatorum infixis. Unde reti fidei hoc modo contexto, Ecclesia clamabat : O quam fortis sponsus meus in septem crinibus suis est. Et omnes populi illam audientes, in eum irruerunt, putantes ipsum majores vires non habere. Sed et hoc modo non est agnita fortitudo ipsius. Dehinc multas lacrymas Ecclesia fudit ; quia fortitudinem sanctæ Trinitatis ignoravit, dicens humanitatem Filii Dei se quidem vidisse, sed divinitatem ipsius nondum perfecte intellexisse. Unde ipse commotus in dilecto suo Joanne secreta sanctæ Trinitatis quantum homini licitum erat scire : in honore Patris et in ardore Spiritus sancti manifestavit. Et ita in gremium sponsæ suæ caput suum reclinans : ibi usque ad maxima schismata quæ in filio perditionis futura sunt, requiescet ; ibi fortitudo ejus abrasis crinibus ipsius abscindetur : cum homines in tempore illo magis filium perditionis, quam ipsum sequi studebunt dicentes : Quid est, o Deus, quod talia et tanta miracula videmus ? Et ita fortitudo ipsius diluitur, cum jam vera fides in cæcitate infidelitatis obnubilari videtur. Sed vires ejus resurgent, cum Enoch et Elias apparuerint. Quapropter superbiam et præsumptionem fortiter concutiens, filium perditionis cum omnibus diabolicis artibus et cæteris vitiis ejus dejiciet, multoque durius diabolica vitia conteret, cum jam Ecclesia cum Christiano nomine de præsenti et temporali sæculo ad æterna transibit, quam antea fecerit cum adhuc divinus cultus in mundo temporaliter vigeret. Quid hoc? Quia cum jam sæculum finem accipiet, tunc et diabolicæ persecutiones et virtutum fortissimæ operationes, in hominibus etiam temporaliter cessabunt. Qui autem acutas aures interioris intellectus habet : hic in ardente amore speculi mei, ad verba hæc anhelet, et ea in conscientia animi sui conscribat.

VISIO DUODECIMA.

SUMMARIUM. — *Quod in novissimo tempore mundus multis calamitatibus ut homo in hora mortis dissolvitur. Quod omnes creaturæ repente commoventur et quidquid in aere vel in aqua vel in terra mortale est vitam reddit et quod fœditatis est in eis evanescet. Quod corpora mortuorum ubicunque fuerint in integritate corporis et sexus sui resurgunt. De signatis et non signatis resurgentium. Quod Filius cui*

Pater potestatem dedit judicium facere, in forma humanitatis ad judicium veniet. Evangelium de eodem. Quod signati obviam justo judici non in difficultate celeriter rapiuntur et opera eorum apparebunt. Quod omnes flores : patriarchæ, prophetæ, apostoli, martyres, confessores, virgines, et monachi et alii præpositi fulgebunt. Quod cœli interim laudes suas in silentio continent cum Filius sententiam judicialem proferet conscientia singulorum aperta. De bonis et malis qui judicandi sunt. De infidelibus qui jam judicati ad judicium non perveniunt. Quod finito judicio, maxima quies tranquillitatis exoritur. Quod electos gloria æternitatis cum magnis laudibus recipit, sed reprobos infernus magno ululatu absorbet. Evangelium de eodem. Quomodo elementa, et sol, et luna, et stellæ, finito judicio in melius mutantur et nox non erit. Verba Joannis de eodem.

Post hæc vidi et ecce omnia elementa et omnes creaturæ diro motu concussa sunt : ignis, aer, et aqua eruperunt, et terram moveri fecerunt, fulgura et tonitrua concrepuerunt, montes et silvæ ceciderunt : ita ut omne quod mortale erat vitam exhalaret. Et omnia elementa purgata sunt, ita ut quidquid in eis sordidum fuerat, tali modo evanesceret, ut amplius non appareret. Et audivi vocem maximo clamore per totum orbem terrarum vociferantem et dicentem : O vos, filii hominum, qui in terra jacetis, surgite omnes. Et ecce omnia ossa hominum in quocunque loco terrarum erant, velut in uno momento congregata, et sua carne obtecta sunt, et omnes homines integris membris et corporibus suis in sexu suo surrexerunt : boni in claritate fulgentes, et mali in nigredine apparentes, ita ut et opus cujusque in ipso aperte videretur. Et quidam ex eis in fide signati erant, quidam autem non, ita ut signatorum illorum alii ante faciem suam velut aureum fulgorem, alii velut umbram haberent quod ipsorum signum erat. Sed subito ab oriente maxima coruscatio effulsit : et ibi in nube Filium hominis eo vultu quo in mundo fuerat, nudatis et apertis vulneribus cum angelicis choris advenientem vidi, et supra sedem flammantis sed non ardentis throni sedentem, et sub se hanc maximam tempestatem purgationis mundi habentem. Et qui signati erant obviam ei in aere quasi in turbine rapti sunt, ubi et prius splendorem illum qui secretum superni Creatoris designat videram ; bonis scilicet a malis ibi separatis. Sed ipse blanda voce quemadmodum evangelium manifestat, justos cœlesti regno beatificavit, ac terribili voce injustos infernalibus pœnis ut etiam scriptum est, deputavit ; nulla tamen alia inquisitione vel responsione de operibus eorum, nisi quemadmodum evangelica vox ostendit, ibi facta ; quoniam opus cujusque sive bonum sive malum esset, in ipso manifeste apparuit. Qui autem signati non erant a longe in parte aquilonis cum diabolica turba stabant, nec ad judicium hoc pervenerunt ; sed tamen hæc omnia velut in turbine videntes, finem judicii exspectabant, et intra se amaros gemitus edebant. Et sic judicio peracto, fulgura, et tonitrua, et venti ac tempestates cessabant ; et quidquid in elementis transitorium erat, subito evanuit et maxima tranquillitas facta est. Tunc electi super splendorem solis repente splendidi effecti : cum Filio Dei, et cum beatis agminibus angelorum in gaudio magno cœlestia petebant, reprobis cum diabolo et angelis ejus ad loca infernalia cum magno ululatu tendentibus. Et sic cœlum electos recepit, et infernus reprobos absorbuit. Sed subito tanta gaudia et tantæ laudes in cœlestibus, et tanta tristitia ac tanti ululatus in abyssi lacu exorti sunt, ultra etiam quam humanus sensus effari possit. Et mox omnia elementa in maxima serenitate resplenduerunt, veluti eis nigerrima cutis abstracta fuisset ; ita quod nec ignis fervorem, nec aer spissitudinem, nec aqua æstum, nec terra fragilitatem amplius ullam haberent. Sol quoque, luna et stellæ, velut plurimus ornatus in firmamento, multo splendore et decore rutilabant : et sine motu circuitionis fixa manebant, ita quod ultra diem et noctem non discernebant. Et ita nox non erat, sed dies. Et finitum est. Iterumque audivi vocem de cœlo mihi dicentem : Hæc mysteria novissima tempora ostendunt : in quibus temporalia tempora, in æternitatem coruscationis illius quæ sine fine est transmutabuntur. Novissima enim tempora multis periculis fatigabuntur, et occasus mundi variis signis demonstrabitur. Nam ut vides, in ipso novissimo die totus orbis terrarum terroribus concutietur, et tempestatibus quassabitur : ita ut quidquid in eo caducum et mortale est, his calamitatibus finiatur ; quia tunc cursu mundi completo, ipse amplius durare non poterit, sed secundum divinam dispositionem consummabitur. Sicut enim homo cum finiendus est, multis infirmitatibus præventus dejicitur, ita quod etiam in ipsa hora mortis suæ multo dolore dissolvitur ; sic etiam finem mundi maximæ adversitates præcurrent, et ipsum in fine suo diversis terroribus dissolvent, quoniam elementa terrores suos tunc ostendent ; quia eos amplius exercere non poterunt.

Repentino et inopinato motu in hoc fine elementa relaxantur, omnes creaturæ commoventur, ignis erumpit, aer solvitur, aqua effluit, terra concutitur, fulgura fervent, tonitrua concrepant, montes scinduntur, silvæ ruunt, et quidquid in aere, vel in aqua, vel in terra mortale est vitam reddit. Ignis enim totum aerem movet, et aqua totam terram replet ; et hoc modo omnia purgantur, ut quidquid in mundo fœditatis est, ita evanescat, quasi non fuerit, velut sal diffluit cum in aquam immittitur. Sed divino præcepto, ut tibi monstratum est, ad resurgendum accepto, mortuorum ossa ubicunque fuerint suo loco velut in ictu oculi conjunguntur, et sua carne teguntur, nec ullo modo retardantur, sed sive ab igne, sive ab aqua, sive ab ave, sive a bestia, consumpta fuerint, citissime restituuntur; ita quod ea hoc modo terra reddit, velut sal ex aqua sudat, quia oculus meus omnia novit, nec quidquam me latere poterit. Ita omnes homines in anima et corpore, sine ulla contractione et abscisione membrorum suorum, sed in integritate et corporis et sexus sui, velut in ictu oculi resurgunt: electi fulgorem bonorum operum suorum habentes, et reprobi nigredinem infelicium actuum suorum portantes, ita quod ipsorum ibi opera non abscondantur, sed palam in ipsis apparebunt.

Et quidam ex eis in fide signati sunt, quidam autem non; ita ut fidem habentium, conscientiæ per opera fidei in fulgore sapientiæ fulgeant, aliorum vero in tenebrositate neglectus sui appareant, per quæ aperte discernuntur, quoniam illi fidem in operibus impleverunt, isti autem eam in se ipsis extinxerunt. Quidam autem signum fidei non habent; quia illi nec in veteri lege, nec in nova gratia cognitionem vivi et veri Dei habere voluerunt. Et tunc in claritate lucis æternæ, sed tamen in nube qua reprobis cœlestis gloria abscondita est. Filius Dei in forma humanitatis et passionis suæ quam in voluntate Patris pro salute humani generis passus est, ad judicandum ipsum humanum genus cœlesti exercitu circumdatus advenient; quoniam Pater ei hoc dedit, ut quia ipse in mundo visibiliter conversatus fuerat, quæ visibilia mundi sunt dijudicet, ut etiam ipse in Evangelio ostendit, dicens: *Et potestatem dedit ei judicium facere quia filius hominis est* (Joan. v). Hoc tale est: Pater testificatur de Filio suo. Quid hoc? Pater potestatem dedit Filio; quoniam ipse semper cum Patre in divinitate manens, sed humanitatem de matre accipiens secundum quod homo est, accepit etiam a Patre, quod omnis creatura ipsum Dei Filium sentit, sicut et omnis creatura in creatione formæ suæ a Deo creata subsistit. Et ideo cuncta opera discernuntur a Filio in quacunque dignitate vel incurvatione sint: et secundum hoc quod collocanda sunt, ea collocat ut quia ipse homo palpabilis et visibilis in mundo fuit, etiam illa quæ in mundo visibilia fuerunt secundum quod justum est discernat, videlicet in potestate judiciali terribilis injustis, sed blandus justis apparens; ipsos ita dijudicans, quod etiam purgationem suam elementa sentiant.

Tunc et qui signati sunt, obviam justo judici, non in difficultate sed in multa celeritate rapiuntur, ut quoniam ipsi fidem in Deum credentes habuerunt: etiam opera fidei in eis manifeste appareant, ubi et scientia Dei actus eorum et in bonis et in malis non ignorat, ut tibi monstratum est; ibi enim boni et mali separabuntur, quia et opera eorum dissimilia sunt. Nam ibi tam in malis quam in bonis certissime apparet quomodo vel in infantia, vel in pueritia, vel in juventute, vel in senectute, vel in decrepita ætate Deum quæsierint. Ibi etiam fulgent omnes flores Filii mei, videlicet patriarchæ et prophetæ qui ante incarnationem ipsius fuerunt, et apostoli qui cum eo in sæculo conversati sunt, ac martyres, confessores, virgines, viduæ, qui omnes fideliter illum imitati sunt, et illi qui Ecclesiæ meæ tam in sæcularibus quam in spiritualibus præpositi fuerunt, nec non anachoretæ et monachi, qui in castigatione et mortificatione carnis suæ propter nomen Filii mei se viles fecerunt, quod et in vestitu suo, cum magna humilitate et charitate angelicum ordinem imitantes, ostenderunt. Sed qui me ideo in contemplativa vita quærunt, quia dicunt hæc vita gloriosior est quam illa, hoc ante me quasi nihilum est; sed qui me quærit in humilitate in ea conversatione quæ inspiratione Spiritus sancti data est, hunc in cœlesti patria in prioribus locis exaltabo.

Deinde cœli laudes suas iterum in silentio continent, cum Filius Dei judicialem sententiam et ad justos et ad injustos profert: auscultantes cum reverentia honoris, quomodo illos dijudicet cum blande justis superna gaudia tribuit, et cum terribiliter injustos ad infernales pœnas mittit. Sed ibi nec excusationes nec interrogatio operationum suarum major erit; quam quod ibi conscientiæ hominum et bonorum et malorum nudæ et apertæ sunt. Justi autem qui ibi verba æquissimi judicis percipiunt, plurima quidem opera justitiæ fecerunt; sed tamen ea in plenitudine perfectionis dum in sæculo viverent non habuerunt, unde et nunc in eis dijudicandi sunt. Injusti vero qui judicialem severitatem ibi in se sentiunt; mala quidem facta perpetraverunt, sed tamen ea non in ignorantia divinæ majestatis, quod est in iniquitate præjudicatæ damnationis infidelitatis egerunt, et ideo sententiam ipsius judicis ibi non effugient, quoniam omnia æquo pondere ponderanda sunt. Illi autem qui in fide signati non sunt, quoniam ipsi in Deum non crediderunt; in parte aquilonis, id est perditionis cum diabolica turba interim tardant, nec ad hoc judicium pervenient; sed tamen illud in obumbratione videntes, finemque ejus præstolantes intra se multum gemunt; quoniam ipsi in infidelitate perdurantes, verum Deum non cognoverunt, quia ipsi nec arte baptismum vivum Deum in Veteri Testamento coluerunt, nec sub Evangelio remedium baptismatis susceperunt; sed in maledictione casus Adæ perseveraverunt, damnationis pœnas habentes. Unde et in infidelitate scelerum suorum jam judicati inveniuntur. Sicque judicio finito, terrores elementorum, et fulgura, tonitrua, et venti in tempestatibus cessant, et omne quod caducum et transitorium est dilabitur, nec amplius apparebit, velut nix esse desinit quæ a calore solis liquescit, maxima quiete tranquillitatis divina dispensatione ita exorta. Et sic electi splendorem æternitatis habentes, una cum capite suo, scilicet Filio meo, et cum glorioso cœlesti exercitu in magna gloria cœlestia gaudia petunt: et reprobi una cum diabolo et cum angelis ejus ad æterna supplicia in multa contritione tendunt ubi æternam mortem sibi præparatam æternaliter vident; quia magis concupiscentias suas quam præcepta mea secuti sunt. Et sic cœlum electos in gloriam æternitatis recipit, quoniam ipsi dominatorem cœlorum dilexerunt, et infernus reprobos absorbet, quia diabolum non abjecerunt, ita omnium gaudiorum tantis laudibus in cœlesti gloria resonantibus, et omnium gemituum tantis ululatibus in inferno exortis, ultra quam humanus intellectus capere valeat; quoniam illi vitam æternam possident, et isti mortem æternam habent, quemadmodum in Evangelio Filius meus loquitur, dicens : *Et ibunt hi in supplicium æternum, justi autem in vitam æternam.* (*Matth.* xxv.) Hoc tale est : Qui in lenocinio omnium malorum fatent, nec sitium quod justum est haurire in summa bonitate : per iter infidelitatis et nequitiæ suæ in pœnas æternæ perditionis dimerguntur, secundum opera sua infernalia tormenta recipientes. Ædificatores vero coruscationis cœlestis Hierusalem qui portis filiæ Sion fideliter instant, fulgebunt in luce vitæ æternæ : quam castissima virgo in fecunditate virginitatis suæ credentibus mirabiliter attulit.

Et ut vides elementa in maxima claritate et pulchritudine his omnibus pactis fulgebunt : omni videlicet impedimento nigredinis et sordis ablato. Nam ignis sine fervore tunc ut aurora rutilabit, et aer absque spissitudine purissimus fulgebit, et aqua sine impetu effusionis et submersionis perspicua et lenis stabit, et terra absque omni fragilitate et inæqualitate fortissima et planissima apparebit, his omnibus in magnam tranquillitatem ac pulchritudinem translatis. Sed et sol et luna ac stellæ, velut pretiosissimi lapides in auro, ita etiam in firmamento multa claritate et maximo fulgore rutilabunt, nec ultra inquietudinem circumvolutionis suæ ad diem discernendum a nocte habebunt, quia finito mundo jam in immutabilitate sunt; itaque et nullæ tenebræ noctis amodo apparebunt, quoniam tunc dies indeficiens est, ut etiam Joannes dilectus meus testatur dicens : *Et nox ultra non erit, et non egebunt lumine lucernæ, neque solis : quoniam Dominus Deus illuminabit illos.* (*Apoc.* xxii.) Hoc tale est : Qui thesaurum habet, eum interdum subtrahit, interdum etiam emittit ; sicut et nox lumen celat, et ut dies tenebras fugat, homini lumen afferens. Ita non erit in immutatione temporum, quia tunc noctis umbra fugabitur, itaque tenebræ noctis amodo non apparebunt, quia etiam et mutatio illa, jam non egebit lumine illo, quod sibi homines incendunt umbras tenebrarum expellentes. Nec etiam mutabilitatem sol tunc amplectetur, qui modo continet tempora quæ in umbra habentur ; quoniam tunc dies sine ulla mutatione erit, quia tunc etiam dominator omnium claritate divinitatis suæ quam nulla mutabilitas offuscat, illuminat eos qui in sæculo tenebras sua gratia effugerunt. Qui autem acutas aures interioris intellectus habet, hic in ardente amore speculi mei, ad verba hæc anhelet, et ea in conscientia animi sui conscribat.

VISIO TERTIADECIMA.

SUMMARIUM. — *Symphonia de sancta Maria. De novem ordinibus supernorum spirituum. De patriarchis et prophetis. De apostolis. De martyribus. De confessoribus. De virginibus. Vox harmoniæ in querelis de revocatis ad eosdem gradus. In hortatione virtutum et in contradictione diabolicarum artium. Quod de ineffabili gratia sua, corde et ore Deus incessabiliter laudandus est. Quod symphonia in unanimitate et concordia proferenda est. Quod verbum corpus, symphonia autem spiritum, et harmonia divinitatem, verbum vero humanitatem Filii designat. Quod per symphoniam rationalitatis, torpens anima excitatur ad vigilandum. Quod symphonia dura corda emollit et humorem compunctionis inducit et Spiritum sanctum advocat. Quod fidelis omni devotione incessanter jubilare debet. Verba David de eadem re.*

Deinde vidi lucidissimum aerem, in quo audivi in omnibus prædictis significationibus mirabili modo diversum genus musicorum in laudibus civium supernorum gaudiorum, in via veritatis fortiter perseverantium, ac in querelis revocatorum ad laudes eorumdem gaudiorum et in exhortatione virtutum se exhortantium ad salutem populorum, quibus diabolicæ insidiæ repugnant ; sed ipsæ virtutes eas opprimunt, ita tamen quod sic fideles homines tandem a peccatis ad superna per pœnitentiam transeunt. Et sonus ille ut vox multitudinis in laudibus de supernis gradibus in harmonia symphonizans, sic dicebat : O splendidissima gemma, serenum decus solis tibi infusum est, fons saliens de corde Patris, qui est unicum Verbum ejus per quod creavit mundi primam materiam ; quam Eva turbavit : hoc verbum fabricavit in te hominem, et es illa lucida gemma, a qua ipsum verbum eduxit omnes virtutes, quemadmodum in prima materia omnes protulit creaturas. O tu suavissima virga frondens de stirpe Jesse, o quam magna virtus est quod divinitas in pulcherrimam filiam aspexit, sicut aquila in solem oculum suum figit, cum supernus Pater claritatem virginis attendit, quando verbum suum in ipsa incarnari voluit. Nam in mystico mysterio Dei illustrata mente virginis, mirabiliter clarus flos ex ipsa virgine prodiit. Et iterum dixit : o gloriosissima lux vivens, angeli qui infra divinitatem divinos oculos cum mystica obscuritate omnis creaturæ aspicitis, in ardentibus desideriis, unde nunquam potestis satiari! O quam gloriosa gaudia illa vestra habet forma, quæ in vobis est intacta ab omni pravo opere, quod primum ortum est in vestro socio perdito angelo, qui volare voluit supra intrinsecus latens pinnaculum Dei. Unde ipse tortuosus demersus est in ruinam, sed ipsius instrumenta casus suggestionis ejus concilium facturæ digiti Dei instituit. Nam, o vos angeli, qui custoditis populos, quorum forma fulget in facie vestra, et o vos archangeli, qui animas justorum suscipitis, et vos virtutes, potestates, principatus, dominationes, et throni, qui estis computati in quintum secretum numerum, et o vos cherubim et seraphim, sigillum secretorum Dei, sit laus vobis, qui loculum antiqui cordis in fonte aspicitis. Videtis enim interiorem vim Patris, quæ de corde illius spirat quasi facies. Itemque dicebat : O spectabiles viri qui pertransistis occulta aspicientes per oculos spiritus, et annuntiantes in lucida umbra acutam et viventem lucem in virga geminantem, quæ sola floruit de introitu radicantis luminis, vos antiqui sancti prædixistis salvationem exsulum animarum quæ immersæ fuerant morti, qui circuistis ut rotæ, mirabiliter loquentes mystica montis qui cœlum tangit pertransiens ungendo multas aquas, cum etiam inter vos surrexit lucida lucerna, quæ ipsum montem præcurrens illuminat. O vos felices radices, cum quibus opus miraculorum et non opus criminum per torrens iter perspicuæ umbræ plantatum est! et o tu ruminans ignea vox præcurrens limantem lapidem subvertentem abyssum, gaudete in capite vestro. Gaudete in illo, quem non viderunt in terris multi, qui ipsum ardenter vocaverunt. Et iterum dixit : O cohors militiæ floris virgæ non spinatæ, tu sonus orbis terræ circuiens regiones insanorum sensuum, epulantium cum porcis, quos expugnasti per infusum adjutorem ponentis radices in tabernacula pleni operis verbi Patris, tu etiam nobilis es gens Salvatoris, intrans viam regenerationis aquæ per agnum, qui te misit in gladio inter sævissimos canes, qui suam gloriam destruxerunt in operibus digitorum suorum, statuentes non manufactum in subjectionem manuum suarum, in qua non invenerunt eum. Nam, o lucidissima apostolorum turba, surgens in vera agnitione et aperiens clausuram magisterii diaboli, abluendo captivos in fonte viventis aquæ, tu es clarissima lux in nigerrimis tenebris, fortissimumque genus columnarum sponsam Agni sustentans, in omnibus ornamentis ipsius, per cujus gaudium, ipsa mater et virgo prima est vexillifera. Agnus enim immaculatus est sponsus : et sponsa ejus immaculata. Itemque dicebat:

O victoriosissimi triumphatores, qui in effusione sanguinis vestri salutantes ædificationem Ecclesiæ intrastis sanguinem Agni, epulantes cum vitulo occiso! O quam magnam mercedem habetis, quia corpora vestra viventes despexistis, imitantes agnum Dei, ornantes pœnam ejus, in qua vos introduxit in restaurationem hæreditatis. Vos flores rosarum qui in effusione sanguinis vestri beati estis in maximis gaudiis, redolentibus et sudantibus in emptione quæ fluxit de interiori mente consilii, manentibus ante ævum in illo, in quo non erat constitutio, a capite sit honor in consortio vestro : qui estis instrumentum Ecclesiæ, et qui in vulneribus vestri sanguinis undastis abunde. Et iterum dixit : O successores fortissimi leonis, inter templum et altare dominantes in ministratione ejus, sicut angeli sonant in laudibus, et sicut adsunt populis in adjutorio, vos estis inter illos qui hæc faciunt semper in officio Agni curam habentes. O vos imitatores excelsæ personæ in pretiosissima et gloriosissima significatione, o quam magnus est vester ornatus, ubi homo procedit solvens et stringens in Deo pigros et peregrinos, etiam ornans candidos et nigros, et magna onera remittens. Nam et angelici ordinis officia habetis : et fortissima fundamenta præscitis ubicunque constituenda sunt, unde magnus est vester honor. Itemque dicebat : O pulchræ facies Deum aspicientes, et in aurora ædificantes. O beatæ virgines, quam nobiles estis, in quibus rex se consideravit, cum in vobis omnia cœlestia ornamenta præsignavit, ubi etiam suavissimus hortus estis in omnibus ornamentis redolentes. O nobilissima viriditas quæ radicas in sole et quæ in candida serenitate luces in rota, quam nulla terrena excellentia comprehendit : tu circumdata es amplexibus divinorum mysteriorum. Tu rubes ut aurora, et ardes ut solis flamma. Et iterum sonus ille, ut vox multitudinis in querelis de revocandis ad eosdem gradus in harmonia, sic querebatur, dicens : O plangens vox est hæc maximi doloris. Ah! ah! quædam mirabilis victoria in mirabili desiderio Dei surrexit ; in qua delectatio carnis se latenter abscondit. Heu! heu! ubi voluntas criminis nescivit, et ubi desiderium hominis laciviam fugit, quia tam pauci ad te veniunt. Luge, luge ergo in his innocentia; quæ in pudore bono integritatem non amisisti, et quæ avaritia gutturis antiqui serpentis ibi non devorasti, quia tam negligenter homines te attendunt. O vivens fons, quam magna est suavitas tua, qui faciem istorum in te non amisisti ; sed acute prævidisti quomodo eos de angelico casu abstraheres, qui se æstimabant illud habere, quod non licet sic stare. Unde : Gaude, filia Sion, quia Deus tibi multos reddit, quos serpens de te abscindere voluit, qui nunc in majori luce fulgent quam prius illorum causa fuisset. Vivens enim lux de his dicit : Tortuosum serpentem scandalizavi in sua suggestione, quæ non ita plena fuerat sicut ille existimabat. Unde juravi per me ipsum, quod in his causis feci amplius et amplius, quam in eis. O serpens tuum gaudium proderet, quia in tua suggestione amputavi : quod nunquam inventum est in tua sævitia, o turpissime illusor.

Itemque sonus ille, ut vox multitudinis in exhortatione virtutum in adjutorium hominum, et in contradictione repugnantium diabolicarum artium, virtutibus vitia superantibus, et hominibus tandem divina inspiratione ad pœnitentiam redeuntibus, in harmonia sic clamabat : Nos virtutes in Deo sumus, et in Deo manemus ; Regi regum militamus, et malum a bono separamus. Nam in primo agone apparuimus, ubi victrices exstitimus : dum ille corruit, qui super se volare voluit. Ergo et nunc militemus,

Illis qui nos invocant subvenientes, et diabolicas artes calcantes : et eos qui nos imitari voluerint ad beatas mansiones perducentes.

QUERELÆ ANIMARUM IN CARNE POSITARUM. O nos peregrinæ sumus. Quid fecimus, ad peccata deviantes? Filiæ regis esse debuimus, sed in umbram peccatorum cecidimus. O vivens sol, porta nos in humeris tuis in justissimam hæreditatem, quam in Adam perdidimus. O Rex regum, in tuo prælio pugnamus.

INVOCATIO FIDELIS ANIMÆ. O dulcis divinitas, et o suavis vita, in qua perferam vestem præclaram, illud accipiens quod perdidi in prima apparitione : ad te suspiro, et omnes virtutes invoco.

RESPONSUM VIRTUTUM. O felix anima et o dulcis creatura Dei, quæ ædificata es in profunda altitudine sapientiæ Dei, multum amas.

FIDELIS ANIMA. O libenter veniam ad vos, ut præbeatis mihi osculum cordis.

VIRTUTES. Nos debemus militare tecum, o filia regis.

FID. A. O gravis labor et o durum pondus quod sustineo in veste hujus vitæ, quia nimis grave mihi est contra carnem pugnare.

VIRT. O anima voluntate Dei constituta, et o felix instrumentum : quare tam debilis es contra hoc, quod Deus contrivit in virginea natura? Tu debes in nobis superare diabolum.

FID. A. Succurrite, me adjuvando, ut valeam consistere.

SCIENTIA DEI. Vide quid illud sit quo es induta, filia salvationis, et esto stabilis et nunquam cades.

FID. A. O nescio quid faciam, aut ubi fugiam? O væ mihi non possum perficere id quo sum induta! Certe illud volo abjicere.

VIRT. O infelix conscientia, o misera anima; quare abscondis faciem tuam coram tuo Creatore?

SCIENTIA DEI. Tu nescis, nec vides, nec sapis illum qui te constituit.

FID. A. Deus creavit mundum, non facio illi injuriam si volo uti illo.

DIABOLUS. Fatua, fatua, quid prodest tibi laborare? Respice mundum et amplectetur te magno honore.

VIRT. Heu! heu! nos virtutes plangamus et lugeamus, quia ovis Domini fugit vitam.

HUMILITAS. Ego humilitas, regina virtutum, dico : Venite ad me, omnes virtutes, et enutriam vos ad requirendam perditam drachmam et ad eam coronandam in perseverantia felicem.

VIRT. O gloriosa regina et o suavissima mediatrix, libenter veniemus.

HUMIL. Ideo dilectissimæ filiæ, teneo vos in regali thalamo. O filiæ Israel, sub arbore suscitavit vos Deus, unde in hoc tempore recordamini plantationis ejus. Gaudete ergo, filiæ Sion.

DIABOLUS. Quæ est hæc potestas, quod nullus sit præter Deum? Ego autem dico : Qui voluerit me et voluntatem meam sequi, dabo illi omnia; tu vero cum tuis sequacibus nihil habes quod dare possis, quia etiam vos omnes nescitis quid sitis.

HUMIL. Ego cum meis sodalibus bene scio quod tu es ille antiquus draco, qui super summum volare voluisti, sed ipse Deus in profundum te præcipitavit abyssi.

VIRT. Nos autem omnes in excelsis habitamus.

FID. A. O vos regales virtutes, quam speciosæ et quam fulgentes estis in summo sole, et quam dulcis est vestra mansio; et ideo o væ mihi, quia a vobis fugi.

VIRT. O fugitiva, veni, veni ad nos, et Deus suscipiet te.

FID. A. Ah! ah! fervens delectatio absorbuit me in peccatis, et ideo ad vos non ausa sum intrare.

VIRT. Noli timere nec fugere, quia pastor bonus quærit in te perditam ovem suam.

FID. A. Nunc est mihi necesse ut suscipiatis me, quoniam in vulneribus feteo, quibus antiquus serpens me contaminavit.

VIRT. Curre ad nos, et sequere vestigia illa, in quibus nunquam cades in societate nostra, et Deus curabit te.

FID. A. Ego peccatrix quæ fugi vitam plena ulceribus veniam ad vos, ut præbeatis mihi scutum redemptionis.

VIRT. O anima fugitiva, esto robusta, et indue te arma lucis.

FID. A. O omnis militia reginæ virtutum, et o vos candida lilia ejus cum rosea purpura, inclinate vos ad me, quia peregrina a vobis exsulavi, et adjuvate me, ut in sanguine Filii Dei possim resurgere. Et o vera medicina humilitas, præbe mihi auxilium; quia superbia in multis vitiis multas cicatrices mihi imponens vulneravit me. Nunc fugio ad te, et ideo suscipe me.

HUMIL. O omnes virtutes, suscipite lugentem peccatricem in suis cicatricibus propter vulnera Christi, et perducite eam ad me.

VIRT. Volumus te reducere, et nolumus te deserere, et omnis cœlestis militia gaudet super te : ergo decet nos in symphonia sonare.

HUMIL. O misera filia, volo te amplecti, quia magnus medicus dura et amara vulnera propter te passus est.

DIABOLUS. Quæ es, aut unde venis? Tu amplexata es me, et ego foras eduxi te; sed nunc in reversione tua confundis me, ego autem pugna mea dejiciam te.

FID. A. Ego omnes vias tuas malas esse cognovi, et ideo fugi a te; modo autem, o illusor, pugno contra te.

FID. A. Unde tuo regina humilitas, tuo medicamine adjuva me.

HUMIL. O victoria quæ eumdem in cœlo superasti, curre cum sodalibus tuis et omnes ligate diabolum hunc.

VICTORIA AD VIRTUTES. O fortissimæ et gloriosissimæ milites, venite et adjuvate me istum fallacem vincere.

VIRT. O dulcissima bellatrix in torrente fonte

qui absorbuit lupum rapacem, o gloriosa coronata nos libenter militamus tecum contra illusorem animarum.

Humil. Ligate ergo illum, o virtutes præclaræ!

Virt. O regina nostra, tibi parebimus, et præcepta tua in omnibus adimplebimus.

Victoria. Gaudete, o sociæ, quia antiquus serpens ligatus est.

Virt. Laus tibi, Christe, rex angelorum. O Deus, quis es tu qui in te ipso hoc magnum consilium habuisti, quo destruxisti infernalem haustum in publicanis et peccatoribus; qui nunc lucent in superna bonitate; unde, o rex, laus tibi sit. O Pater omnipotens ex te fluit fons in igneo ardore, perduc filios tuos in rectum ventum velorum aquarum, ita ut et nos eos hoc modo perducamus in cœlestem Hierusalem. Et voces istæ erant ut vox multitudinis, cum multitudo voces suas in altum extollit. Et sonus earum ita me pertransivit quod eas absque difficultate tarditatis intellexi. Audivique vocem ex eodem lucido aere, dicentem mihi: Laudes superno Creatori incessabili voce cordis et oris dandæ sunt: cum ipse non solum stantes et erectos, sed etiam cadentes et curvatos in supernis sedibus sua gratia collocat. Unde vides, o homo, lucidissimum aerem: candorem gaudii supernorum civium designantem, in quo audio in omnibus prædictis significationibus, mirabili modo diversum genus musicorum, in laudibus civium supernorum gaudiorum, in via veritatis fortiter perseverantium, ac in querelis revocatorum ad laudes eorumdem gaudiorum; quoniam ut aer comprehendit et sustinet ea quæ sub cœlo sunt, ita ut audis in omnibus præmonstratis tibi mirabilibus Dei, suavis et dulcis symphonia sonat in gaudio, miracula electorum in superna civitate existentium, et in Deo suavi devotione persistentium; ac in querelis incurvationem illorum quos antiquus serpens perdere tentat, quos tamen divina virtus ad societatem beatorum gaudiorum fortiter perducit: proferens in eis illa mysteria, quæ humanis mentibus ad terram inclinatis sunt incognita, et in exhortatione virtutum se exhortantium ad salutem populorum quibus diabolicæ insidiæ repugnant, sed ipsæ virtutes eas opprimunt, ita tamen quod sic fideles homines tandem a peccatis ad superna per pœnitentiam transeant; quoniam ibi virtutes in mentibus fidelium, ad redemptionem ipsorum vitiis resistunt, quibus diabolico afflatu fatigantur; sed eis fortissima fortitudine superatis homines in peccatis prolapsi, divino nutu ad pœnitentiam revertuntur, cum perquirunt et deflent anteriora facta, et cum considerant et cavent posteriora.

Quapropter et sonus ille, ut vox multitudinis in laudibus de supernis gradibus in harmonia symphonizat, quia symphonia in unanimitate et in concordia gloriam et honorem cœlestium civium ruminat, ita quod et ipsa hoc sursum tollit quod verbum palam profert. Sic et verbum corpus designat, sym-

phonia vero spiritum manifestat, quoniam et cœlestis harmonia divinitatem denuntiat, et verbum humanitatem Filii Dei propalat. Et ut potestas Dei ubique volans omnia circuit, nec ei ullum obstaculum re istit, ita et rationalitas hominis magnam vim habet in vivis vocibus sonare, et torpentes animas ad vigilantiam in symphonia excitare. Quod et David in symphonia prophetiæ suæ probat, et Jeremias lamentabili voce in planctu suo ostendit. Ita et tu, o homo, quæ es paupercula et fragilis natura, audis in symphonia sonum de igneo ardore virginalis pudoris, in amplexibus verborum florentis virgæ, et sonum de acumine viventium luminum in superna civitate lucentium, et sonum de prophetia profundorum sermonum, et sonum de dilatatione apostolatus mirabilium verborum, et sonum de effusione sanguinis fideliter se offerentium, et sonum de sacerdotali officio secretorum, et sonum de virginali gradu in superna viredine florentium, quoniam superno Creatori fidelis creatura sua in voce exsultationis et lætitiæ resultat, et grates frequentes ei impendit. Sed et sonum audis ut vocem multitudinis, in querelis revocatorum ad eosdem gradus in harmonia resonantem; quia symphonia non solum in unanimitate exsultationis, in via rectitudinis fortiter persistentium gaudet, sed etiam in concordia resuscitationis de via justitiæ lapsorum, et tandem ad veram beatitudinem erectorum exsultat, quoniam et pastor bonus ovem quæ perierat, cum gaudio reportavit ad gregem. Itemque ut audis, sonus ille ut vox multitudinis, in exhortatione virtutum in adjutorium hominum, et in contradictione repugnantium diabolicarum artium, virtutibus vitia superantibus et hominibus tandem divina inspiratione ad pœnitentiam redeuntibus in harmonia clamat, quoniam dulcis complexio est in virtutibus fideles homines ad veram beatitudinem trahentibus, sed dira coacervatio est in vitiis diabolicarum insidiarum; non tamen ita ut virtutes vitia non superent; sed sic quod virtutes ea omnino debilitant, et sibi consentientes auxilio superni adjutorii ad æternam retributionem per veram pœnitentiam perducant, ut etiam in vocibus harmoniæ earum tibi est demonstratum.

Nam in symphonia, dura corda emollit; et ipsis humorem compunctionis inducit, ac Spiritum sanctum advocat. Unde et voces istæ quas audis, sunt ut vox multitudinis, cum multitudo voces suas in altum extollit; quia laudes jubilationum in simplicitate unanimitatis et charitatis prolatæ, fideles ad unanimitatem illam ubi nulla discordia est perducunt, cum eos in terris positos, corde et ore ad supernam remunerationem suspirare faciunt. Et sonus earum ita pertransit te, quod eas absque difficultate tarditatis intelligis; quoniam ubi divina gratia operata fuerit omnem tenebrositatem obumbrationis aufert, illa pura et lucida faciens, quæ carnalibus sensibus in infirmitate carnis obscura sunt.

Quapropter quisquis Deum fideliter intelligit, laudes indefessas, et fideliter offerat, eique fideli devotione incessanter jubilet, quemadmodum et David servus meus spiritu profunditatis et altitudinis a me perfusus, hortatur, dicens : *Laudate eum in sono tubæ, laudate eum in psalterio et cithara. Laudate eum in tympano et choro, laudate eum in chordis et organo. Laudate eum in cymbalis bene sonantibus, laudate eum in cymbalis jubilationis ; omnis spiritus laudet Dominum* (*Psal.* CL). Hoc tale est : Vos, qui Deum simplici intentione et pura devotione scitis, adoratis et diligitis : *laudate eum in sono tubæ,* id est in sensu rationalitatis, quia perdito angelo cum sibi consentientibus in perditionem cadente, agmina beatorum spirituum in veritate rationabiliter perstiterunt. Deoque fideli dilectione adhæserunt. *Laudateque in psalterio* profundæ devotionis, *et in cithara* melliflui canoris, quoniam tuba sonante psalterium, et psalterio canente cithara procedit, sicut et beatis angelis in amore veritatis perseverantibus, deinde homine creato prophetæ in mirabilibus vocibus surrexerunt : quos apostoli in dulcissimis verbis subsecuti sunt. Et *laudate eum in tympano* mortificationis, *et in choro* exsultationis, quia post citharam tympanum, post tympanum chorus exsultat, quemadmodum apostolis verba salutis prædicantibus, martyres in honore Dei, in corporibus suis diversa supplicia sustinuerunt, ex quibus deinde sacerdotalis officii veraces doctores surrexerunt. *Laudateque eum in chordis* humanæ redemptionis, *et in organo* divinæ protectionis, quoniam choro exsultante voces chordarum, et organi se manifestant, sicut et veris doctoribus in officio beatitudinis veritatem ostendentibus : virgines processerunt, quæ Dei Filium verum hominem velut in chordis amaverunt, et verum Deum velut in organo adoraverunt, cum ipsum verum hominem et verum Deum crediderunt. Quid hoc ? Quia cum Filius Dei pro salute hominum carnem assumpsit, gloriam divinitatis non amisit. Unde et beatæ virgines ipsum sibi sponsum eligentes, verum hominem in desponsatione, et verum Deum in castitate, ipsum fideli devotione apprehenderunt. Sed et *laudate eum in cymbalis bene sonantibus,* id est in iis assertionibus, quæ bonum sonum in vero gaudio faciunt, cum homines in imis peccatorum jacentes, ad supernam celsitudinem divina inspiratione compuncti, se sursum ab imis tollunt. *Laudateque eum in cymbalis jubilationis,* videlicet in assertionibus divinæ laudis, ubi potentes virtutes victoriam fortissime facientes, vitia in hominibus opprimunt, et eos forti desiderio ad beatitudinem veræ remunerationis in bonis perseverantes perducunt. Unde *omnis spiritus* qui benevolentiam habet credendi in Deum et honorandi eum, *laudet Dominum,* id est illum qui Dominus omnium est : quia justum est ut ille qui vitam desiderat eum qui vita est glorificet.

Et iterum audivi vocem ex prædicto lucido aere dicentem : O rex altissime ! laus tibi sit, qui in simplici et in indocto homine facis hæc. Sed et iterum vox de cœlo vociferatione maxima clamabat, dicens : Audite et attendite, omnes qui supernam remunerationem et beatitudinem habere desideratis. O vos homines qui credula corda habetis, et supernam remunerationem exspectatis : sermones istos suscipite, et eos in interiora cordis vestra ponite, nec admonitionem istam in visitatione vestra recusate. Nam ergo testificator veritatis, vivus et verus loquens et non tacens Deus, dico atque iterum dico : Quis mihi prævalere poterit ? Qui hoc tentaverit, dejiciam eum. Unde homo montem non apprehendat, quem movere non poterit ; sed in valle humilitatis subsistat. Sed quis transiliet vias sine aqua ? Ille qui se in turbinem ventilat, et qui fructus sine refectione dividit. Et quomodo tabernaculum meum ibi erit ? Sed tabernaculum meum ibi est, ubi Spiritus sanctus irrigationem suam perfundit. Quid hoc ? Ego in medio sum. Quomodo ? Quicunque digne me apprehendit, hic nec in altitudinem, nec in profunditatem, nec in latitudinem incidet. Quid hoc ? Quia ego sum charitas illa, quam nec flagrans superbia dejicit, nec profundi casus perfringunt, nec latitudo malorum conterit. Nunquid non possum ædificare in altitudine scabelli solis ? Fortes qui in vallibus fortitudinem suam ostendunt, me contemnunt ; hebetes, in sonitu turbinum me abjiciunt ; sapientes, cibum meum renuunt, et quisquis turrim secundum voluntatem suam sibi parat. Sed ego istos in parvo et pusillo confundam, sicut Goliath in puero dejeci, et sicut Holofernem in Judith superavi. Unde et quisquis mystica verba hujus libri recusaverit, arcum meum super eum extendam, et sagittis pharetræ meæ eum transfigam, et coronam ejus de capite ipsius abjiciam atque eum illis similabo, qui in Oreb ceciderunt, quando contra me murmuraverunt. Sed et quicunque maledicta sua contra prophetiam istam protulerit, maledictio illa quam Isaac protulit, super eum veniet ; et benedictione cœlestis roris replebitur, qui eam amplexus fuerit, et qui eam in corde suo tenuerit, atque qui eam in vias planas produxerit. Et qui eam gustaverit, et in memoriam suam posuerit, fiet mons myrrhæ, et thuris, et omnium aromatum et dilatatio multarum benedictionum, de benedictione in benedictionem ascendens sicut Abraham, atque nova nupta sponsa Agni sibi illum columnam in conspectu Dei copulabit ; et umbra manus Domini illum proteget. Sed si quis hæc verba digiti Dei temere absconderit, et ea per vesaniam suam minuerit, aut in alienum locum alicujus humani sensus causa abduxerit, et ita deriserit, ille reprobus erit, et digitus Dei conteret illum. Laudate, laudate ergo Deum, beata viscera, in omnibus iis miraculis, quæ Deus constituit in molli forma speciei excelsi, quam ipse prævidit in prima apparitione costæ viri illius, quem Deus de limo creavit. Qui autem acutas aures interioris intellectus habet, hic in ardente amore speculi mei, ad verba hæc anhelet ; et ea in conscientia animi sui conscribat. Amen.

SANCTÆ HILDEGARDIS

LIBER

DIVINORUM OPERUM SIMPLICIS HOMINIS.

(Baluz. *Miscell.* edit. Mansi, t. II, p. 337.)

JOANNES DOMINICUS MANSI

LECTORIBUS.

In vetusto codice bibliothecæ meæ eleganti, et auro ac coloribus exornato, sæculi XII, vel saltem ineuntis XIII, nactus sum volumen istud cum inscripto hoc titulo : Liber divinorum operum simplicis hominis; nec operosa disquisitione inquirendum mihi fuit de auctore, cum in ejus lectione offenderim vocem Scivias, quam peculiarem esse S. Hildegardis, virginis Germanæ, et divinis revelationibus sæculo XII celebris; ac reipsa sub eo titulo ab ea scriptum indicari a Trithemio De Script. Eccles. comperi. Affert etiam idem Trithemius scripti illius initium, quod etiam in nostro totidem verbis recurrit. Ac de auctore nihil ultra ambigendum superarat ; sed et erat adhuc, de quo suspicarer, num scilicet idem fuerit opus quod plus vice simplici lucem aspexit ; consului ea de re editionem Parisiensem, anno 1513, Jacobo Fabro curante, vulgatam ; factaque collatione agnovi aliud esse illud ab hoc nostro, cum præsertim alius utrinque sit titulus, aliud initium libri ; ac denique editiones jam vulgatas ab auctore suo scripta fuisse cum ætatem ageret annorum XLIII ; istud vero dedisse se eadem sanctissima virgo anno ætatis suæ LXV, testatur ; illud demum pertinet ad annum 1141 ; hoc vero ad annum 1163 ; demum opus exeunsum in libros distinguitur tres ; quod vero modo a me evulgatur unicus est quidem liber, ut et Trithemius indicat, sed in partes tres distinc.us.

Ambiguitatis tamen aliquid adhuc remaneret, cum in exordio operis hic evulgati legantur hæc verba : Et factum est in sexto anno postquam mirabiles verasque visiones, in quibus per quinquennium laboraveram vera visio indeficientis luminis, etc. . . . . Qui primus annus exordium præsentium visionum fuit; hunc vero annum illigat cum millesimo centesimo sexagesimo tertio Christi, ætatis vero suæ XLV. Si prior visio duravit quinquennio, et post illam antequam secunda inciperet sexennii spatium interjacuit, recte hinc deducimus prioris visionis exordium collocandum fuisse anno 1152, ætat s vero Hildegardis LV. Quomodo vero ista cohæreant cum epocha prioris visionis excusæ, signantis exordium illius anno 1141 ætatis vero Hildegardis XLII ? Anno 1141, ætatisque XLII, junge undecim, pertinges ad annum Christi 1152, ætatis vero LIII.

Nodus iste vix ac ne vix quidem solveretur, nisi visiones tres statuerimus. Prior, quæ excusa est, cœpit anno 1141; quando autem desierit ignoramus. Successit vero altera, cœpta anno Christi 1152, ætatis vero Hildegardis LIII, eademque indicatur in visione modo typis evulga a. Altera hæc duravit quinquennio, i.l est ad annum Christi 1157, Hildegardis LVIII. Hanc excepit pausa annorum VI, quæ nos perducit ad exordium hujus visionis, optime illigatum cum anno Ch.isti 1163, ætatis vero Hildegardis LXX inceptorum.

Ita chronologicis tricis expeditis, pauca nunc de opere ipso dicenda sunt. Mirum quantum abundat physicis rebus, sive harum figuris, imaginibus et s.militudine ad expl can a, tum d.vina fidei catho.icæ dogmata, et sacrosancta mysteria, tum humana, quæ ad nostros mores componendos regendosque spectant, vitiorum fuga, atque exercitatione virtutum omn.um. Hic passim Dei gloria enarratur, ejusque attributa ac perfectiones celebrantur, bonitas, misericordia, sap entia, omnipotenia, prov dentia, justitia in creandis, conservandis, ac ad suum singulos finem dirigendis rebus omnibus ; in reparatione humani generis, in sanctificatione ac remuneratione justorum, atque impiorum pœnis et in altera æterna vita pro culparum modo suscipiendis.

Hoc opus tanto in pretio sem er habitum est, ut æqui rerum æstima:ores semper opinati fuerint in hoc opere perlegendo meditandoque mo estiam qualemcunque ac laborem, suavissimi fructus ubertate tanta levari, ut fere omnino tolli aut vix sentiri videatur. Quid de S. Hildegarde ejusque revelationibus, ac scriptis non decrevit Trevirense concilium ab Eugenio III. S. pontifice præsente habitum ? Ut enim Trithemius ait in Caronico Hirsaugiensi : Aderat ibi S. Pater Bernardus, quo med ante summus pontifex cum cæteris movebatur omnibus ne tam insignem lucernam silentio tegi pateretur; sed gratiam tamen, quam Dominus suo tempore manifestasset, ipse sua auctoritate confirmaret. Ad hæc sanctus pontifex benigno favore consentiens, devotam Christi virginem litteris salutatoriis visitavit, in quibus et d entiam auctoritate apostolica proferendi et scribendi quæcunque per Spiritum sanctum cognovisset, gloriose concessit; eamque ut sine timore revelata sibi conscriberet, animavit. *Ejusmodi autem litteras Eugenii PP. ad Hildegardem habet Severinus Binius in concilio Trevirensi, ex quo refert Mauriques in Annal. Cisterciens., ad an. Christi 1148, pag. 101. Eadem fere legas apud Baronium Annal. eccl., tomo XII, an. 1148, et Surium in Vita S. Hildegardis. Quid plura? Et ipse Guillelmus Cave in Historia litteraria scriptorum ecclesiasticorum ad an. 1170, pag. 684, de S. Hildegarde hæc dicit:* Raris animi dotibus prædita et egregia erga Deum pietate, erga religionem zelo insignis, visionibus divinitus concessis et prophetiis inclarescere quadragenaria jam cœpit. Cujus rei fama excitati Eugenius III papa, ac primores Galliæ Germaniæque episcopi ac abbates, et in his S. Bernardus visiones illius propheticas anno 1148 acriori examini subjecerunt, et infucatas deprehenderunt, et in concilio Trevirensi confirmaverunt. Eamdemque postea sententiam ratam habuerunt Anastasius IV et Adrianus IV pontifices, qui datis ad illam litteris, et se ipsos et Ecclesiam Romanam precibus ejus commendarunt. *Quidquid igitur Casimirus Oudinus in Comment. de scriptoribus eccl., tom. II, col. 1571 et seq., et similis furfuris homines effutiant,* in lucem prodeat opus dignissimum, quod in eruditorum omnium manus deducatur, ab iisque tandem aliquando majori cum fructu perlegatur attentius et veritatis amore.

INCIPIT

LIBER DIVINORUM OPERUM SIMPLICIS HOMINIS.

Et factum est in sexto anno postquam mirabiles verasque visiones, de quibus per quinquennium laboraveram, vera visio indeficientis luminis mihi homini diversitatem multiplicium morum quammaxime ignoranti demonstraverat, qui primus annus exordium præsentium visionum fuit, cum sexaginta quinque annorum essem tanti mysterii et fortitudinis visionem vidi, ut tota contromiscerem, et pro fragilitate corporis mei inde ægrotare inciperem. Quam visionem tandem per septem annos scribendo vix consummavi. Itaque in millesimo centesimo sexagesimo tertio Dominicæ Incarnationis anno, pressura apostolicæ sedis nondum sopita, sub Friderico Romanæ dignitatis imperatore vox de cœlo facta est ad me, dicens: O paupercula forma, quæ es plurimorum laborum filia, multisque et gravibus corporis infirmitatibus excocta, sed tamen profunditate mysteriorum Dei perfusa, hæc quæ interioribus oculis vides, et interioribus auribus animæ percipis, stabili scripturæ ad utilitatem hominum commenda, quatenus et homines per ea Creatorem suum intelligant, eumque digno honore venerari non refugiant. Itaque scribe ista non secundum cor tuum, sed secundum testimonium meum, qui sine initio et fine vita sum, nec per te inventa, nec per alium hominem præmeditata, sed per me ante principium mundi præordinata, quoniam ut ante creatum hominem ipsum præscivi, sic etiam illa quæ ei necessaria sunt prævidi. Ego igitur paupercula et imbecillis forma, testificante homine illo, quem velut in prioribus visionibus meis præfata sum, occulte quæsieram, et inveneram, testificante etiam eadem puella, cujus in superioribus visionibus mentionem feci, quamplurimis infirmitatibus contrita, manus tandem ad scribendum tremebunda converti. Quod dum facerem sursum ad verum vivensque lumen aspexi quid scribere deberem, quoniam omnia quæ a principio visionum mearum scripseram, vel quæ postmodum sciebam, in cœlestibus mysteriis vigilans corpore et mente, interioribus oculis spiritus mei vidi, interioribusque auribus audivi, et non in somnis, nec in exstasi, quemadmodum in prioribus visionibus meis præfata sum, nec quidquam de humana sensu veritate teste protuli, sed ea tantum quæ in cœlestibus secretis percepi. Iterumque vocem de cœlo sic me docentem audivi, et dixit: Scribe ergo secundum me in modum hunc.

PARS PRIMA.

PRIMA VISIO.

Mirificæ visionis, de qua sequens opus pendet, positio, et in ea divinæ cujusdam imaginis in hominis forma apparentis, et habitus vel circumstantiæ ipsius subtilis descriptio.

I. Et vidi velut in medio australis aeris pulchram mirificamque in mysterio Dei imaginem, quasi hominis formam, cujus facies tantæ pulchritudinis et claritatis erat, ut facilius solem quam ipsam inspicere possem. Circulus amplus aureique coloris caput ejusdem faciei circumdederat. In eodem autem circulo supra idem caput alia facies velut senioris viri apparuit, cujus mentum et barba verticem capitis hujus tangebat. Et ex utraque parte colli ejusdem formæ ala una præcedebat, quæ supra præfatum circulum ascendentes se ibi invicem conjungebant. In summitate autem arcuatae recurvationis hujus dexterae alae quasi caput aquilae, quod igneos oculos habebat aspiciebam, in quibus fulgor angelorum velut in speculo apparebat. In summitate vero arcuatae recurvationis sinistrae alae quasi facies hominis erat, quae sicut fulgur stellarum radiabat. Et facies istae ad orientem versae erant. Sed ab utroque humero imaginis hujus ala una usque ad genua ipsa extendebatur. Tunica quoque fulgori solis simili induebatur, et in manibus suis agnum velut lucem diei splendidum habebat. Quoddam autem monstrum horribilis formae venenosi, nigrique coloris, et serpentem quemdam sub pedibus suis conculcabat, qui os suum dextrae auri ejusdem monstri infixerat, quippe reliquum corpus suum in transversum capitis ipsius incurvans, caudam suam in sinistra parte illius usque ad pedes ejus extenderat. Et imago haec dicebat:

Verba ejusdem imaginis, per quam charitas intelligitur, igneam vitam substantiae Dei se nominans, et multifarios potentiae suae effectus in diversis creaturae naturis vel qualitatibus enarrantis.

II. Ego summa et ignea vis, quae omnes viventes scintillas accendi, et nulla mortalia efflavi; sed illa dijudico ut sunt, circumeuntem circulum cum superioribus pennis meis, id est cum sapientia circumvolans, recte ipsum ordinavi. Sed et ego ignea vitae substantiae divinitatis super pulchritudinem agrorum flammo, et in aquis luceo, atque in sole, luna et stellis ardeo, et cum aereo vento quadam invisibili vita, quae cuncta sustinet, vitaliter omnia suscito. Aer enim in viriditate et in floribus vivit, aquae fluunt, quasi vivunt; sol etiam in lumine suo vivit, et cum luna ad defectum venerit a lumine solis accenditur; ut quasi denuo vivat; stellae quoque in lumine suo velut vivendo clarescunt. Columnas etiam quae totum orbem terrarum continent constitui; item ventos illos qui pennas sibi subditas, scilicet leniores ventos, habent, qui lenitate sua ipsis fortiores sustinent, ne enim periculo se ostendant; quemadmodum corpus animam tegit et continet, ne exspiret. Sicut etiam spiramen animae corpus firmando colligit, ut non deficiat, sic quoque fortiores venti sibi subjectos animant, ut officium suum congruenter exerceant. Ego itaque vis ignea in his lateo, ipsique de me flagrant, velut spiramen assidue hominem movet, et ut in igne ventos flamma est. Haec omnia in essentia sua vivunt, nec in morte inventa sunt, quoniam ego vita sum. Rationalitas etiam sum, ventum sonantis verbi habens, per quod omnis creatura facta est, et in omnia haec sufflavi, ita ut nullum eorum in genere suo mortale sit, quia ego vita sum. Integra namque vita sum, quae de lapidibus abscissa non est, et de ramis non frondui, et de virili vi non radicavi, sed omne vitale de me radicatum est. Rationalitas enim radix est, sonans vero verbum in ipsa floret. Unde cum Deus rationalis sit, quomodo fieri posset ut non operaretur, cum omne opus ipsius perfloreat, quam ad imaginem et similitudinem suam fecit, et omnes creaturas secundum mensuram in ipso homine signavit. In aeternitate namque semper fuit, quod Deus opus suum, scilicet hominem, fieri voluit, et cum idem opus perfecit, omnes creaturas ut cum ipsis operaretur ei dedit, quemadmodum etiam ipse Deus opus suum, id est hominem, fecerat. Sed et officialis sum, quoniam omnia vitalia de me ardent; et aequalis vita in aeternitate sum, quae nec orta est, nec finietur, eademque vita se movens et operans Deus est, et tamen haec vita una in tribus viribus est. Aeternitas itaque Pater, Verbum Filius; spiramen haec duo connectens Spiritus sanctus dicitur, sicut etiam Deus in homine, in quo corpus, anima et rationalitas sunt, signavit. Quod autem super pulchritudinem agrorum flammo, hoc terra est, quae materia illa est de qua Deus hominem fecit; et quod in aquis luceo, hoc secundum animam est; quia, sicut aqua totam terram perfundit, ita anima totum corpus pertransit; quod vero in sole et in luna ardeo, hoc rationalitas est; stellae autem innumerabilia verba rationalitatis sunt. Et quod cum aereo vento quadam invisibili vita, quae cuncta sustinet, vitaliter omnia suscito, hoc est, quoniam aere et vento ea quae in incremento procedunt, vegetata subsistunt a nihilo revocata in id quod sunt.

Quod in homine ad imaginem et similitudinem suam facto, omnem creaturam Deus signavit, et eum post lapsum ex sola benignitatis charitate per incarnationem suam reparatum in beatitudine, quam prolapsus angelus perdiderat, collocaverit, et quia hoc mystica praesentis visionis significatione monstretur.

III. Et iterum audivi vocem de coelo mihi dicentem: Deus, qui omnia creavit, hominem ad imaginem et similitudinem suam fecit, et in ipso tam superiores quam inferiores creaturas signavit, eumque in tanta dilectione habuit, ut in locum de quo ruens angelus ejectus erat, destinaret, et ad gloriam et honorem, quem ille in beatitudine perdiderat, ordinaret; hoc visio haec quam vides demonstrat. Nam quod vides velut in medio australis aeris pulchram, mirificamque in mysterio Dei imaginem quasi hominis formam, hoc est quod in fortitudine indeficientis divinitatis, pulchra in electione, et mirifica in donis secretorum superni Patris charitas est, hominem ostendens, quia cum Filius Dei carnem induit, in charitatis officio hominem perditum redemit. Unde ejus facies tantae pulchritudinis et claritatis est, ut facilius solem quam ipsam inspicere possis, quoniam largitas charitatis in tanta eminentia et coruscatione donorum suorum est, ut omnem intellectum humanae scientiae, quae in animo diversas res intelligere potest, ita transcendat ut eam nullo modo in sensu suo capere valeat. Sed hic in significatione ostenditur ut per ipsam ille in fide cognoscatur, qui visibilibus oculis visibiliter non videtur.

Quod devota fides excellentiam divinæ charitatis complectatur, et per hanc Deus in trinitate unus agnoscatur; quodque ejusdem fidei merito ipse Deus homines protegendo ad cœlestia reducat.

IV. Et circulus amplus aureique coloris caput ejusdem faciei circumdat, quia fides catholica per totum orbem terrarum diffusa, in prima aurora eximii fulgoris surgens, excellentiam largitatis veræ charitatis omni devotione complectitur, ubi Deus in humanitate Filii sui hominem redemit, et per infusionem Spiritus sancti illum confirmavit, ita ut unus Deus in Trinitate cognoscatur, qui sine tempore initii ante ævum Deus in divinitate fuit. Quod autem in eodem circulo supra idem caput alia facies velut senioris viri apparet, hoc est quod fidelibus omnia excellens benignitas Divinitatis, quæ sine initio et fine est, succurrit, ita ut ejusdem faciei mentum et barba verticem capitis hujus tangat, quoniam Divinitas disponendo et protegendo omnia celsitudinem summæ charitatis obtinet, ubi Filius Dei in humanitate sua perditos homines ad cœlestia reducet.

Quod dilectio Dei et proximi virtute fidei roborata separari non possit.

V. Et ex utraque parte colli ejusdem formæ ala una procedit, quæ supra præfatum circulum ascendentes se ibi invicem conjungunt, quia dilectio Dei et proximi per virtutem charitatis in unitate fidei procedentes, et per summum desiderium eamdem fidem intra se comprehendentes ab invicem non separantur, cum sancta Divinitas innumerabilem splendorem gloriæ suæ hominibus obnubilat, quandiu in umbra mortis, cœlestis vestimenti, quod in Adam perdiderunt, expertes sunt.

Quod quilibet Deo humili devotione subditus, Spiritu sancto juvante ignitus, et se ipsum in eo quod vitiosus est et diabolum superet, et quod angeli de bonis justorum exsultantes, Dei omnipotentiam collaudent.

VI. In summitate autem arcuatæ incurvationis hujus dexteræ alæ, quasi caput aquilæ, quod igneos oculos habet aspicis, in quibus multitudo angelorum velut in speculo apparet, quoniam in celsitudine triumphantis subjectionis, cum quilibet Deo subjectus se ipsum et diabolum superat, celsus in beatitudine divinæ protectionis efficitur. Et cum mentem suam sursum erigit, Spiritu sancto ignitus, intentionemque suam ad Deum figit, in ipsa beati spiritus perspicue apparent, ac Deo devotionem cordis illius offerunt. Nam in aquila spirituales homines designantur, qui omni devotione cordis sui in contemplatione Deum frequenter velut angeli intuentur. Quapropter beati spiritus Deum assidue intuentes, de bonis operibus justorum gaudent, eaque ipsi in semetipsis ostendunt, ac sic in laude Dei perseverantes, nunquam extædiantur, quia eum ad finem nunquam perducere valebunt. Innumerabilia etenim miracula quæ Deus in potentia suæ possibilitatis facit, quis dinumerare posset? Nemo. Angelis quippe fulgor quasi multorum speculorum adest

in quo vident quia nullus ita operatur, nec tantæ potentiæ est, sicuti Deus, unde et nullus ei similis est, quoniam nec tempus habet.

Quod ab æterno inlocaliter in Deo erant universa quæ ipso creante numero, et ordine, et loco et tempore distincta processerunt.

VII. Omnia quidem quæ Deus operatus est, ante principium temporis in præsentia sua habuit. In pura enim et sancta Divinitate cuncta visibilia et invisibilia absque momento et absque tempore ante ævum apparuerunt, quemadmodum arbores vel alia creatura aquis vicina in ipsis videntur, quamvis in eis corporaliter non sint, sed tamen omnis formatio earum in ipsis apparet. Quando autem Deus dixit: Fiat, statim formatione induta sunt, quæ præscientia ipsius ante ævum nulla corpora habentia intuebatur. Sicut enim in speculo omnia quæ coram ipso sunt radiant, sic in sancta Divinitate omnia opera ejus sine ætate temporum apparuerunt. Et quomodo Deus præscientiæ suæ opere vacuus esset, cum omne opus ipsius postquam corpore induitur, in officio quod ei adest plenum sit, quod ipsa sancta Divinitas sciendo, cognoscendo, ministrando sibi adesse præscivit. Nam quemadmodum etiam radius cujusque luminis quamque formam creaturæ per umbram ostendit, sic pura præscientia Dei omnem formationem creaturarum, antequam incorporatæ essent, intuebatur, quoniam opus quod Deus facturus erat in præscientia ipsius antequam idem opus incorporaretur, secundum similitudinem hanc enituit, velut homo splendorem solis aspicit, priusquam substantiam ipsius intueri possit. Et sicut splendor solis ipsum indicat, ita etiam angeli Deum laudando ostendunt; et quemadmodum fieri non potest ut sol absque lumine suo sit, sic nec Divinitas sine laude angelorum est. Præscientia etenim Dei præcessit, et opus ipsius subsecutum est; et si præscientia Dei non præcessisset, opus ejus non apparuisset, quemadmodum si facies hominis non aspicitur, corpus ipsius non cognoscitur: cum autem facies hominis videtur, corpus ejus laudatur. Itaque præscientia Dei et opus ejus in ipso sunt.

Quod diabolus et angeli desertores justitiæ, cum prius magnæ essent potentiæ, propter ingratitudinem vel superbiam suam ad hoc reducti sunt, ut in omni creatura nihil possint nisi quantum superno nutu permittuntur.

VIII. Quædam autem innumerabilis multitudo angelorum erat qui a se ipsis esse voluerunt, quoniam cum claritatem suam magnam et gloriosam in maxima coruscatione viderent, Creatorem suum in oblivionem duxerunt. Et priusquam etiam eum laudare incœpissent, in semetipsis computabant quod fulgor honoris eorum tantus esset, ut nullus eis resistere valeret; quapropter et Deum obfuscare volebant. Nam cum viderent quod eum in miraculis suis nunquam ad finem perducere possent, ipsum abhorruerunt, et cum eum laudare deberent, per fallacem opinionem dicebant quod in magna claritate sua alium deum eligerent. Unde in tenebras ceciderunt, ad tantam imposs.bil tatem redacti, ut in nulla creatura quidquam facere possint, nisi quantum eis a Creatore suo permittitur. Cum enim Deus primum angelum, qui Lucifer dictus est, cum omnibus ornamentis creaturarum quæ omnibus creaturis dederat, ita ornasset, ut etiam totum agmen ejus inde splendorem haberet, ipse in contrarium vadens, horribilior cunctis horribilibus factus est, quoniam sancta Divinitas in zelo suo illum in locum qui sine luce est ejecit.

Quod homo ad imitationem Creatoris sui se dirigens, quasi ex quadam bestiali irrationabilitate abstractus, fulgore rationalis naturæ radiare incipiat.

IX. Quod vero in summitate arcuatæ incurvationis, sinistræ alæ quasi facies hominis est, quæ sicut fulgor stellarum radiat, hoc est quod in apice vincentis humiliationis, cum homo terrenas causas, velut in sinistra sibi adversantes, in humilitate conterit, et ad defensionem Creatoris sui se convertit, aspectum hominis habet, quia non secundum pecus, sed secundum quod humana natura eum docet, in honestate vivere incipit. Unde etiam in his justis operibus bonam intentionem cordis sui, ut eximium splendorem radiare ostendit.

Quod in verbo Dei dicentis « Fiat lux, » rationalis lux, id est angeli creati sunt, et quod ex his a beatitudine quibusdam cadentibus, Dominus aliam rationabilem vitam, quæ carne tegeretur, id est hominem qui locum et gloriam lapsorum obtineret, fecerit.

X. Nam quando Deus dixit : *Fiat lux*, rationalis lux exorta est, scilicet angeli, tam illi qui cum eo in veritate perstiterunt quam illi qui in tenebras exteriores sine omni luce ceciderunt, quoniam verum lumen quod ante ævum absque initio in claritate erat, Deum esse negaverunt, et quia quemdam quod esse non potuit, illi similem facere voluerunt. Tunc Deus aliam vitam, quam corpore texit, exsurgere fecit, quod homo est, cui et locum et gloriam perditi angeli dedit, quatenus iste in laude Dei perficeret quod ille facere noluit. In facie autem ista hominis illi demonstrantur, qui sæculo corporaliter dediti, spiritu tamen Deo continue serviunt, nec propter hoc quod in sæculo sæculariter detinentur, ea quæ spiritus sunt in famulatu Dei obliviscuntur. Et facies istæ ad orientem versæ sunt, quia et spiritales et sæculares, qui Deo famulari animasque suas in vita conservare desiderant, ad ortum sanctæ conversationis et beatitudinis se convertere debent.

Quod Deus in fortitudine charitatis suæ prædestinatos ad se colligens, infusione munerum Spiritus sancti eos de quibusque necessariis erudiat.

XI. Sed et ab utroque humero imaginis hujus ala usque ad genua ipsius extenditur, quoniam in fortitudine charitatis Filius Dei justos et peccatores ad se collegit, ac eos, et humeris, quia juste vixerant, et genibus quoniam eos a via injustitiæ revocaverat, sustentavit, consortesque superiorum civium fecit, velut etiam homo tam genibus quam humeris illa quæ portat sustentat. Nam in scientia charitatis homo est anima et corpore ad plenitudinem integritatis perductus, quamvis a statu rectæ stabilitatis multoties moveatur. Quem cum dona sancti Spiritus desuper in pura et sancta largitate perfundunt in cœlestibus et in spiritalibus abundanter eum docent. In terrenis quoque ad utilitatem corporalis necessitatis alio modo eum erudiunt, in quibus tamen se debilem et infirmum et mortalem intelligit, quamvis multiplicibus donis istis munitus sit.

Quod Filius Dei naturam humanitatis absque peccati labe suscipiens, et in carne apparens, publicavos et peccatores ad pœnitentiam vocaverit, et eos ex fide sua justificaverit.

XII. Quod autem tunica fulgori solis simili induitur, hoc est quod Filius Dei in charitate humanum corpus absque omni contagione peccati in similitudine pulchritudinis solis induit, quia ut sol præ aliis creaturis in tanta altitudine lucet, ut a nemine hominum tangi possit, ita etiam humanitatem Filii Dei quomodo sit, nulla humana scientia nisi credendo capere valet. Et in manibus suis agnum velut lucem diei splendidum habet, quoniam charitas in operibus Filii Dei mansuetudinem veræ fidei super omnia lucentem protulit, ubi de publicanis et peccatoribus martyres et confessores atque pœnitentes elegit, et ubi de impiis justos fecit, quemadmodum de Saulo Paulum, quatenus super pennas ventorum, hoc est in cœlestem harmoniam volarent. Sic charitas opus suum paulatim et distincte perfecit, ita ut nulla imbecillitas, sed omnis plenitudo in eo esset, quod homo non facit, quia cum ille modicam possibilitatem aliquid faciendi habuerit, vix sustinet, quousque illud perficiat, quin ab aliis videatur. Hæc homo intra se consideret, quia etiam volatile de ovo egrediens, et pennis carens, volare nondum properat, sed postquam pennas acceperit, volat quo sibi congruum viderit.

Quod imitatio charitatis Filii Dei cruce sua diabolum conterentis etiam nunc in suis fidelibus discordiam et cætera vitia, ipsumque humani generis antiquum deceptorem conculcet et ad nihilum redigat.

XIII. Quod vero quoddam monstrum horribilis formæ, ac venenosi nigrique coloris, et serpentem quemdam pedibus suis conculcat, hoc est quod vera charitas injuriam discordiæ plurimis vitiis distortam, multisque perversitatibus horribilem, ac in deceptione venenosam, et in perditione nigram, antiquumque serpentem quibus que fidelibus insidiantem, per vestigia Filii Dei conterit, cum etiam idem Filius Dei illum in cruce ad nihilum deduxerit. Qui os suum dextræ auri ejusdem monstri infigit, et reliquum corpus suum in transversum capitis ipsius incurvans, caudam suam in sinistra parte illius usque ad pedes ejus extendit, quoniam diabolus deceptionem suam se bene facere interdum simulans, discordiæ infigit, totumque genus vitiorum hac et illac initio illius leviter apponens, in fine tamen illorum perversitatem pessimæ consummationis discordiæ se habere ostendit. Serpens enim cæteris vermibus in dolo callidior existens, in eadem calliditate omnia quæ potest destruit, et in id quod pessimum est se convertit. Quod etiam varii colores qui in ipso sunt designant. Sic et Satan fecit, quoniam cum pulchritudinem suam cognosceret, Creatori suo se similem esse voluit, et hoc etiam homini per auditum quasi per caput serpentis immisit, et nec hoc usque ad novissimam diem facere desinet, quod velut cauda ipsius est. Charitas itaque in rota æternitatis sine tempore est, quemadmodum calor in igne. Deus enim in æternitate sua omnes creaturas præscivit, quas in plenitudine charitatis iia protulit, quatenus homo nulla refectione vel servitio in eis careret, quoniam ipsas ad hominem velut flammas ad ignem conjunxit. Primum autem angelum Deus cum plurimis ornamentis, ut etiam prædictum est, constituit, sed ubi ille se ipsum conspexit, Dominum suum odio habuit, et Dominus esse voluit, sed Deus in puteum abyssi illum projecit. Tunc idem transgressor homini malum consilium intulit, cui homo consensit.

Quod Adam et Eva suasione diaboli invidentis eis, consentiendo gloriam cœlestis vestimenti, id est immortalitatem, perdiderunt.

XIV. Nam cum Deus hominem crearet, cœlesti vestimento eum induit, ita ut in magna claritate fulminaret. Sed diabolus mulierem inspiciens, matrem cujusdam magni mundi eam futuram esse cognovit, ac in eadem malignitate qua a Deo recessit, effecit ut ipsum in hoc opere suo superaret, ita ut idem opus Dei quod homo est in societatem suam converteret. Tunc mulier in gustu pomi se aliam esse sentiens, pomum viro suo dedit, et sic ambo cœleste vestimentum perdiderunt.

Quod Deus, eorum misertus, ad puniendam transgressionis culpam de paradiso eos in exsilium istud expulerit; et quod quisquis matrimonii fidem inter illos a Deo institutam violaverit, ultione gravi, nisi pœniteat, plectendus sit.

XV. Sed quod Deus deinde dixit : *Adam ubi es*, per hoc præsignavit quod memor esset quia ipsum ad imaginem et similitudinem suam fecerat, et quod cum ad se retrahere vellet. Nuditatem quoque ipsius de servili ministerio suo operuit, eumque in exsilium misit, ita ut pro lucida veste ovinam pellem acciperet, quemadmodum paradisum exsilio isto permutavit. Deus etenim mulierem viro cum juramento fidei adjunxit, ita ut fides hæc in ipsis nunquam destruatur, sed ut in unum consentiant, sicut corpus et anima, quæ Deus in unum conjunxit. Quapropter quicunque fidem hanc destruxerit, et ita impœnitens sine emendatione perduraverit, in terram Babylonis convertetur, videlicet in terram confusionis et ariditatis, quæ sic absque pulchra viriditate agri, id est benedictionis Dei, permanebit, atque ultio Dei super illum cadet, usque ad ultimam lineam consanguinitatis, quæ de ferventi sanguine ipsius præcessit, quoniam peccatum istud hominem illum tangit.

Quod in prædicatione incarnati Filii Dei spirituali populo exoriente completa sit promissio Dei dicentis ad Abraham, quia secundum numerum stellarum cœli semen ipsius multiplicaretur.

XVI. Et quemadmodum Adam genitor omnis humani generis est, ita etiam per Filium Dei, qui in virginea natura incarnatus est, spiritalis populus processit, qui ita ascendet, ut Deus Abrahæ per angelum repromisit, scilicet quod semen ejus sicut stellæ cœli fieret, ut scriptum est : *Suspice cœlum, et numera stellas si potes. Et dixit ei : Sic erit semen tuum. Credidit Abraham Deo, et reputatum est illi ad justitiam* (Gen. v). Quod sic intellectui patet. Tu qui bona voluntate Deum adoras et veneraris, inspice secreta Dei, et discute remunerationem meritorum illorum, qui ante Deum die ac nocte lucent, si hoc tamen possibile est homini corporali onere gravato, quia quandiu homo ea quæ carnis sunt sapit, illa quæ spiritus sunt ad plenum capere non valet. Et veraci ostensione dicitur illi qui Deum in recto suspirio cordis sui colere laborat. Hoc modo erit semen cordis tui multiplicatum et elucidatum, quod seminasti in bonum agrum gratia Spiritus sancti perfusum, quod etiam coram summo Deo in beatis virtutibus multipliciter exsurget et lucebit, quemadmodum stellæ in firmamento clarescunt. Quapropter quicunque fideliter crediderit divinæ promissioni, celsitudinem veræ fidei ad Deum habens, ita ut omnia terrena despiciat, et ad cœlestia sursum tendat, computabitur justus inter filios Dei, quoniam veritatem dilexit, et quia dolum in corde suo non habuit.

Quod Deus de genere Abraham credentis et obedientis sibi virginem Mariam elegerit, de qua Christus institutor et rector novellæ, id est spiritualis generationis, corporaliter nasceretur.

XVII. Nam et Deus animum Abrahæ absque dolo serpentis esse cognovit, quoniam ea quæ operabatur ad nullius læsionem faciebat; unde et de genere ipsius dormientem terram Deus elegit, quæ ex toto ignara gustus illius fuit in quo idem antiquus serpens primam mulierem decepit. Terra autem ista, per virgam Aaron præsignata, Virgo Maria erat, quæ clausum cubiculum regis in magna humilitate exstitit, quia cum ipsa nuntium hoc a throno acciperet, quod summus Rex in clausura ipsius habitare vellet, terram, de qua creata fuit, inspexit, et se ancillam Dei esse dixit. Quod prima decepta mulier non fecit, cum illud habere desideraret quod habere non debuit. Obedientia quoque Abrahæ, in qua Deus fidem illius probavit, cum et arietem in spinis pendentem ostendit, obedientiam beatæ Virginis præsignavit, quæ verbo nuntii Dei credens, ut sibi secundum verbum ejusdem nuntii fieret optavit, ideoque et Filius Dei in ipsa carnem induit, quem aries in vepribus pendens præfiguraverat. Sed et quod Deus secundum stellas cœli genus ejusdem Abrahæ multiplicandum dixit, in hoc genus illud prævidebat, quod in plenum numerum cœlestis consortii computandum erat. Et quoniam ille Deo fideliter in omnibus credidit, idcirco etiam pater illorum qui hæredes regni cœlorum erunt appellatus est. Omnis itaque homo qui Deum timet et diligit, verbis istis devotionem cordis sui aperiat, ac ea et ad salutem corporum et animarum hominum, non quidem ab homine, sed per me qui sum prælata sciat.

VISIO SECUNDA

Descriptio sphæræ totius mundi cum circulis, et planetis, et ventis suis in modum rotæ in pectore imaginis, quæ in prima visione descripta est apparentis.

I. Deinde in pectore præfatæ imaginis, quam velut in medio australis aeris conspexeram, ut prædictum est, rota mirificæ visionis apparuit cum suis signis hujus fere similitudinis, ut instrumentum illud, quod ante viginti octo annos, velut in figura ovi significative videram, quomodo in tertia visione libri *Scivias* ostenditur, ita ut in ejus summa parte per circuitum rotunditatis suæ circulus in similitudine lucidi ignis, et sub illo circulus alius sicut circulus nigri ignis demonstraretur, ubi et idem circulus lucidi ignis eumdem circulum nigri ignis bis densitate sua superabat. Et hi duo circuli quasi unus circulus essent sibi invicem conjungebantur. Sub eodem autem circulo nigri ignis, alius circulus in similitudine puri ætheris erat, ubique tantæ densitatis quantæ circuli duorum præfatorum ignium apparebant. Sed sub ipso circulo puri ætheris alius velut circulus aquosi aeris tantæ densitatis in rotunditate sua, quantæ etiam densitas circuli prædicti lucidi ignis manifestabatur. Et sub eodem circulo aquosi scilicet aeris, alius circulus quasi fortis et albi lucidique aeris hujus similitudinis in rigore suo existens, ut nervus in corpore hominis est, ostendebatur, ubique in circuitu suo ejusdem densitatis, cujus densitas, circuli præfati nigri ignis apparens. Hi quoque duo circuli sibi invicem ita copulabantur, ut velut unus circulus essent, apparerent. Sub hoc autem circulo videlicet fortis et albi, lucidique aeris, quasi alius aer tenuis signatus erat, qui ut nubes interdum elatas et lucidas, interdum inclinatas et umbrosas videbatur superius portare, et se quasi per totam præfatam rotam diffundere. Omnes vero isti sex circuli absque omni interstitio ad invicem conjuncti erant. Supremus vero circulus, velut igne suo cæteros circulos perfundebat; aquosus autem alios omnes quasi humore suo rigabat. Et quasi a principio orientalis partis ejusdem rotæ velut ad finem occidentalis partis ipsius linea versus septentrionalem ejus partem extendebatur, quasi septentrionalem plagam a cæteris plagis discernens. Sed etiam globus in medio signi prædicti tenuis aeris signatus erat, qui ubique in circuitu suo æquali spatio a signo fortis et albi lucidique aeris distabat, tantæ latitudinis quidem in transversum, quanta profunditatis spatii a summitate supremi circuli usque ad extremitatem nubium, seu ab extremitate nubium usque ad summitatem ejdem globi existit. In medio quoque rotæ istius imago hominis apparebat, cujus vertex superius et plantæ subterius ad præfatum circulum, velut fortis et albi lucidique aeris pertingebant. A dextro autem latere summitas digitorum dexteræ manus ejus; a sinistro quoque summitas digitorum sinistræ manus ad ipsum circulum hinc et hinc in rotunditate designatum porrecta erat, quoniam eadem imago brachia sua sic extenderat. Sed et versus easdem partes quatuor capita, scilicet quasi caput leopardi et lupi, ac velut caput leonis et ursi apparebant. Nam supra verticem prædictæ imaginis in signo puri ætheris, quasi caput leopardi, ex ore suo velut flatum emittens videbam, qui etiam in dextrali parte ejusdem oris se aliquantum in longum recurvans, in caput cancri cum duabus forficibus, quasi, cum duobus pedibus formabatur; in sinistrali autem parte oris ipsius aliquantum etiam in longum regirans in caput cervi desinebat. Ex ore autem capitis hujus cancri quasi alius flatus exiens usque ad medietatem spatii quod inter capita leopardi et præfati leonis erat procedebat; ex ore vero capitis cervi velut alius flatus veniens usque ad medietatem spatii, quod erat inter caput leopardi et ursi tendebat. Et flatus qui a dextera parte oris leopardi usque ad caput cancri procedebat, flatus etiam qui a sinistra parte ipsius oris usque ad caput cervi exibat, flatusque qui ex ore capitis cervi usque ad medietatem spatii inter capita leopardi et leonis exstantis tendebat. Flatus quoque qui ex ore capitis cervi usque ad medietatem spatii, quod inter capita leopardi et ursi erat prolongabatur, æqualis longitudinis erant. Omnia quoque capita hæc in præfatam rotam et ad imaginem hanc hominis spirabant. Sub pedibus autem ejusdem imaginis hominis in signo aquosi aeris velut caput lupi quasi flatum ex ore suo producens apparebat, qui etiam a dextra ipsius oris aliquantum in longum erumpens in medio medietatis spatii, quod inter capita lupi et ursi erat formam capitis cervi accipiebat, ex cujus etiam ore velut alius flatus veniens in eamdem medietatem finiebatur. A sinistra vero oris ejusdem lupini capitis, flatus qui ab ipso ore procedebat se prolongans in medio etiam medietatis spatii, quod inter capita lupi et leonis erat, in caput cancri cum duabus forficibus quasi cum duobus pedibus surgebat, de cujus quoque ore quasi alius flatus exiens in ipsa medietate residebat. Qua autem spatiorum mensura capita hæc ad invicem distabant, eadem mensura et forma flatus eorum hinc et hinc in longitudine extendebatur, ut et de aliis superius dictum est, ipsaque in rotam præmonstratam, et ad imaginem hominis in ea stantem, spiramina sua mittebant. Sed ad dexteram imaginis ipsius in signo lucidi ignis velut caput leonis aspiciebam, ex cujus ore quasi flatus egrediens ab utraque parte oris ejusdem aliquantum prolongabatur, ac sic etiam in dextra parte in caput serpentis, in sinistra autem in caput agni formabatur. Et caput serpentis in medio medietatis spatii, quod inter caput leonis et lupi erat se ostendens velut flatum emittebat, qui se ad eamdem medietatem extendebat, ac flatui qui de capite cancri egrediebatur, quod inter caput lupi et leonis erat se conjungebat. Caput autem agni in medio medietatis spatii, quod inter caput leonis et leopardi existebat apparens quasi flatum producebat, qui se ad ipsam medietatem prolongans, flatui qui de capite cancri, quod inter caput leopardi et leonis erat, in conjunctione occurrebat. Sed secundum spatia quibus capita hæc a se separata, erant, longitudo flatuum eorum procedebat, quemadmodum et de superioribus capitibus flatibusque eorum præmonstratum est, et in præfatam rotam, et ad prædictam humanam imaginem, ipsa flare se ostendebant. Ad sinistram vero ejusdem imaginis in signo nigri ignis, quasi caput ursi apparebat, quod velut flatum ex ore suo dabat, qui etiam ad dextram et ad sinistram oris ipsius aliquantum se in longum extendens, ad dextram in caput agni desinebat, ad sinistram vero formam capitis serpentis accipiebat. Ex ore autem capitis agni hujus quemadmodum alius flatus usque ad medietatem spatii, quod inter capita ursi et leopardi existebat se prolongabat, sed ex ore capitis serpentis istius sicut alius flatus usque ad medietatem spatii quod inter capita ursi et lupi erat, se extendendo procedebat. Sed similitudo flatus istius qui a dextra parte oris ursi usque ad caput agni veniebat, similitudo quoque ejusdem flatus, qui a sinistra parte ipsius oris usque ad caput serpentis procedebat. Flatus etiam qui ex ore capitis agni usque ad demonstratam medietatem spatii, quod inter capita ursi et leopardi videbatur exibat, flatusque qui ex ore capitis serpentis usque ad medietatem spatii inter capita ursi et lupi exstantis prolongabatur unius et æqualis longitudinis erant. Capita quoque hæc omnia in supradictam rotam, atque ad præfatam imaginem hominis flatus dabant. Sed et super caput imaginis hujus septem planetæ sursum ab invicem signati erant, tres in circulo lucidi ignis, unus etiam in subjecto illi circulo nigri ignis, tres autem in subjecto illi circulo puri ætheris, ita ut etiam versus austrum ad latus ejus, nec non et sub pedibus ipsius, sol eodem modo ac ordine signatus et distinctus in circulo suo apparet. Et a medio signi summi primique planetæ, qui super caput ejusdem imaginis signatus erat, velut radii quidam exibant, quorum unus ad signum solis descendebat, et unus ad dextrum pedem capitis prædicti cancri, quod a capite leopardi procedebat radiabat, unus vero ad dextrum cornu cervini capitis, quod etiam ab eodem capite leopardi exibat se tendebat. A medio quoque signi planetæ secundi, ut radius quidam super signum solis se declinabat, atque alius ad caput agni, quod a signo capitis leonis veniebat egrediebatur, et alius ad prædictam lineam, quæ a principio orientalis partis præfatæ rotæ, velut ad finem occidentalis partis ipsius, versus septentrionalem ejus plagam extendebatur, capite agni illic superius posito, quod a signo capitis ursi exibat dirigebatur. Signum etiam tertii planetæ a medio sui quemadmodum radium unum ad signum solis extendebat, alium autem ad caput serpentis, quod a signo capitis leonis procedebat dirigebat; sed alium ad præfatam lineam versus caput serpentis, quod a signo capitis ursi egrediebatur prolongabat. Solis quoque signum quasi quosdam radios de se emittens, alio signum capitis leopardi, alio signum capitis leonis, alio signum capitis lupi, non autem signum capitis ursi tangebat; alium autem radium super signum lunæ, alium velut super cerebrum, et usque super utrumque calcaneum præfatæ imaginis extendendo figebat. Et a medio signi planetæ quinti qui proximus sub sole est, quasi radius quidam sursum ad signum solis ascendebat, quidam vero ad caput cancri quod a signo capitis lupi exibat se extendebat; sed quidam ad sinistrum cornu signi lunæ se dirigebat. De medio etiam signi planetæ sexti, qui proximus super lunam est, velut radius unus sursum ad signum solis tendebat, et alius ad dextrum cornu signi lunæ dirigebatur, alius autem ad caput cervi, quod a signo capitis lupi procedebat extendebatur. A signo quoque lunæ quasi radius super utrumque supercilium, ac super utrumque talum præfatæ imaginis radiabat. Sed et quomodo supra dictum est, signum solis eodem etiam modo et ordine quo supra verticem imaginis hujus radiis suis ad præfata loca designatum erat, versus quoque dextrum latus ejus, necnon et sub pedibus ipsius in circulo suo ad eadem loca signatum apparebat. In circuitu quoque circuli, in quo similitudo lucidi ignis videbatur, sedecim etiam principales stellæ apparebant, quatuor videlicet inter caput leopardi et leonis, quatuor quoque inter caput leonis et lupi, quatuor inter caput lupi et ursi, quatuor etiam inter caput ursi et leopardi. Quarum octo quæ mediæ sibi utrimque astantium stellarum inter capita hæc erant, scilicet duæ inter duo capita quasi radios suos in signum tenuis aeris sibi oppositi extendebant; reliquæ autem octo, quæ ex utraque parte harum mediarum præfatis capitibus proximæ videbantur, velut radios suos tantum ad nigrum ignem dirigebant. Circulus quoque puri ætheris, circulus quoque fortis et albi aeris lucidique, quasi stellis pleni erant, quæ fulgores suos ad sibi oppositas nubes mittebant. Unde et ille in dextra parte præfatæ imaginis, quemadmodum duas linguas ab invicem separatas de se proferentes, ab eis ut quosdam rivulos in suprædictam rotam, et versus eamdem imaginem dirigebant. A sinistra vero parte illius a signatis ibidem nubibus, velut etiam duæ linguæ a se aliquantum separatæ, in eamdem rotam, et ad ipsam imaginem, quasi quibusdam rivulis de se profluentibus se convertebant. Hoc modo imago hæc signis istis implexa et circumdata erat. Vidi etiam quod ex ore prædictæ imaginis in cujus pectore rota apparebat, lux clarior luce diei, in similitudine filorum exibat, quibus signa circulorum, signaque cæterarum figurarum, quæ in eadem rota discreta erant, singulaque signa membrorum formæ hominis, scilicet ejusdem imaginis, quæ etiam in ipsa rota apparebat, recta et distincta mensura metiebatur: quemadmodum in præcedentibus, et subsequentibus verbis suis manifestatur.

Quia Divinitas instar rotæ integræ nec initium, nec finem habens, nec loco vel tempore circumscripta omnia in se comprehendat.

II. Et iterum audivi vocem de cœlo mihi dicentem: Deus qui ad gloriam nominis sui mundum elementis compilavit, ventis confirmavit stellis innectens elucidavit, reliquis quoque creaturis replevit, hominem in eo omnibus his circumdans et muniens, maxima fortitudine ubique perfudit, quatenus ei in omnibus assisterent, operibusque ipsius interessent, ita ut cum illis operaretur, quia homo absque illis nec vivere, nec etiam subsistere potest, quemadmodum in præsenti visione tibi manifestatur. Nam in pectore præfatæ imaginis rota mirificæ visionis apparet cum signis suis hujus fere similitudinis, ut instrumentum illud quod ante viginti octo annos velut in figura ovi significative videras quomodo in prioribus visionibus tuis tibi ostensum est, quoniam absque oblivione in scientia veræ charitatis quæ Deus est forma mundi existit, insolubiliter volubilis, humanæque naturæ mirabilis, ita ut nec ulla vetustate consumatur, nec ulla novitate augeatur, sed ut a Deo primum creata est, sic usque ad finem sæculi perdurabit. Divinitas etenim in præscientia et in opere suo velut tota integra est, et nullo modo divisa, quoniam nec initium nec finem habet, nec ab ullo comprehendi potest, quia sine tempore est. Et sicut circulus ea, quæ intra ipsum latent, comprehendit, ita sancta Divinitas infinite omnia comprehendit et superexcellit, quia ipsam in potentia sua nullus dividere, nec superare, nec ad finem perducere potuit.

Quare in libro Scivias sphæra mundi in figura ovi, et in isto in similitudine rotæ ostensa, vel descripta sit.

III. Sed quod supradictum instrumentum in prioribus visionibus tuis in figura ovi denotatum est hoc ostendit, quod distinctio elementorum in eadem similitudine solummodo significatur, quoniam mundo elementis distincto discretiva forma ovi similitudini distinctionis ipsius, qua elementis distinctus est, aliquantum assimilatur; hic autem in rota circuitio et recta mensura eorumdem elementorum tantum ostenditur, cum neutrum ipsorum similitudinem figuræ mundi per omnia teneat, quoniam illa undique integra, rotunda, et volubili existente globus aliquis qui integer et volubilis existit, formam ipsius in omni parte potius imitatur.

De duobus circulis lucidi et nigri ignis, quare alter alteri subpositus sit, et quomodo sibi invicem cooperentur, et quid significent.

IV. Quod autem in ejus suprema parte per circuitum rotunditatis suæ circulus in similitudine lucidi ignis apparet, hoc est quod primum elementum quod ignis est primum existit, quia levis est, cæteraque elementa comprehendit, et illuminat, ac omnes creaturas pertransit eisque gaudium luminis sui subministrat, significans potentiam Dei, qui super omnes est, et qui omnibus vitam tribuit. Sub quo circulus alius sicut circulus nigri ignis demonstratur, quia ignis iste sub potestate prioris existens, judicialis et fere gehennalis est ad vindictam malorum factus, nec ulli rei parcit super quam justo judicio cadit, quoniam in eo ostenditur, quod omnis qui se Deo opponit, in casum nigredinis multarumque calamitatum vertetur. Nam in æstate cum sol sursum ascendit, idem ignis vindictam Dei in combustione fulguris exercet, cum vero in hieme sol deorsum descendit, ille judiciales plagas in gelu et grandine, ac in frigore ostendit, quoniam quodque peccatum seu igne, seu frigore, seu aliis quibusdam plagis secundum modum suum examinatur. Et idem circulus lucidi ignis eumdem circulum nigri ignis bis densitate sua superat, quia niger ignis iste tantæ fortitudinis et amaritudinis in nigredine sua existit, ut superiorem lucidum ignem obumbraret et dissiparet, si ille hunc densitate sua non superaret dignans quod vindicta peccatorum hominum tot pericula pœnarum non se habet, ut homo durare non posset si gratia et clementia Dei illa non præveniret. Et ii duo circuli quasi unus circulus sint sibi invicem conjunguntur, quia in ardore ignis flagrant, et quoniam potestas et judicium Dei in una rectitudine se continentes ab invicem non separantur.

De circulo puri ætheris, qui tertius est, ad quid in constitutione sua valeat, et quid significet, et quare tantæ densitatis sit quantæ duo superiores.

V. Sub eodem autem circulo nigri ignis alius circulus in similitudine puri ætheris est, ubique tantæ densitatis, quantæ circuli duorum præfatorum ignium apparent, quoniam sub præfatis ignibus tam lucido quam nigro rotunditate sua mundum comprehendens purus æther est ab ipsis procedens velut fulgora flammante igne, quando ignis flammam suam expandit demonstrans puram pœnitentiam peccatorum, quæ per gratiam Dei velut a lucido igne, et per timorem ejus quasi a nigro in homine excitatur. Et ejusdem densitatis est, ut duo supradicti ignes sunt, quia ipse ab hoc utroque igne resplendens, densitatem utriusque in se habet, nec lenior in fulgore lucidi, nec severior in repercussione nigri existit, quam justum judicium Dei dijudicat, quoniam nec dies nec nox aliud in se demonstrant, quam quod divina voluntas disponit. Idem quoque æther superiora et subteriora retinet, ne terminum suum excedant, nec super ullam creaturam judiciali judicio cadit, sed subtilitate et æquitate sua multoties illi restitit, quemadmodum pœnitentia vindictam peccatorum constringit. Quod vero densitatem ignium istorum habet, hoc est quod pœnitens homo casum primi angeli, qui lucidus fuit, in lucido igne attendat, et quod in densitate nigri ignis casus hominum in incredulitate et temeritate peccantium consideret, ac sic potentiam justumque judicium Dei inspiciens pure digneque pœniteat.

De quarto circulo, qui in modum aquosi aeris videtur, et quantæ densitatis sit, et quid significet.

VI. Sed et sub ipso circulo puri ætheris alius circulus velut circulus aquosi aeris tantæ densitatis in rotunditate sua, quantæ etiam densitas circuli prædicti lucidi ignis manifestatur, significans quod sub præfato æthere per circuitum firmamenti aquæ illæ sunt, quæ super firmamentum esse noscuntur ejusdem videlicet densitatis in circuitu suo, ut densitas supradicti lucentis ignis existit. Et aquosus aer iste sancta opera in exemplis justorum ostendit, quæ velut aqua perlucida sunt, et quæ immunda opera mundant, quemadmodum aqua quæque sordida abluit hujus capacitatis in perfectione sua existentia secundum quod divina gratia in igne sancti Spiritus ea accendit.

De circulo fortis albi et lucidi aeris quanta utilitate quintum locum obtineat, et quantæ densitatis sit, et quid et ipse significet, vel quare superiori, ut velut unus sint, copuletur.

VII. Sub eodem autem circulo, aquosi scilicet aeris, alius circulus fortis, et albi lucidique aeris hujus similitudinis in rigore suo existens, ut nervus in corpore hominis est, ostenditur, qui periculis superiorum aquarum oppositus, fortitudine et tenacitate sua inundationes illarum retinet, ne repentina et incongrua effusione terram obruant, significans etiam, quod discretio sancta opera in hujusmodi temperamento confirmat, ut homo corpus suum ita constringat, ne injuste constrictum in ruinam vadat. Qui ubique in circuitu suo ejusdem densitatis, cujus densitas circuli præfati nigri ignis apparet, quoniam iste ad utilitatem hominum æquali modo, sicut et ille ad vindictam peccatorum eorum positus est. Sed quoties inferiores aquæ ad vindictam malorum justo Dei judicio in nimietate sursum per nubes trahuntur, quidam humor de aquoso aere per istum fortem et album lucidumque aerem, velut potus hominis in vesicam ipsa integra permanente transsudat, qui easdem aquas periculosa inundatione descendere facit. Unde et discretio opera hominum ad salutem eorum ubique justa moderatione discernit, cum judicia Dei peccata illorum in vindicta non transcendunt, sed cum ea juste dijudicant, quoniam protector et rector

justa æquitate se invicem continent. Hi quoque duo circuli sibi invicem ita copulantur, ut velut unus circulus sint appareant, quia in humore madescunt, et aliis humorem infundunt, quemadmodum et discretio bona opera in moderatione sua continet, ne in ruinam vadant.

De sexto circulo, qui in similitudine tenuis aeris a superioribus procedere videtur, quid in suo loco valeat, et quid in mystica ratione per eum figuretur.

VIII. Et sub hoc circulo, videlicet fortis et albi lucidique aeris quasi alius aer tenuis signatus est, qui de superioribus circulis seu elementis, velut sufflatum aerem se procedentem demonstrat, qui et ab ipsis elementis non separatur, quemadmodum halitus hominis ab ipso egreditur, nec tamen ab eo separatur. Idem etiam aer ut nubes interdum clatas et lucidas interdum inclinatas et umbrosas videtur superius portare, quas supradictus aquosus aer exspuit, et recolligit, sicut follis fabri flatum emittit, et retrahit, ita ut dum quædam stellæ in præfato elemento ignis positæ, in circuitionibus suis sursum ascendunt, nubes istas sursum trahunt, unde et lucidæ fiunt. Sed cum in circuitionibus suis descendunt, illas deorsum remittunt, et sic umbrosæ sunt et pluvias serunt. Et præfatus tenuis aer videtur se quasi per totam prædictam rotam diffundere, quoniam omnia quæ in mundo sunt ab eo vegetantur et sustentantur. Sed et sub defensione discretionis recta desideria fidelium hominum in subtilitate justitiæ degentia de superioribus virtutibus et confortationibus per Spiritum sanctum se processisse demonstrant, cum se ab illis non avertunt, sed cum omni devotione ipsis sine intermissione adhærent, firmam mentem in ipsis fidelibus nunc in fiducia clarescentem, nunc in humilitate trementem, ad Deum habentia quæ de sanctis operibus et exemplis justorum oritur, et ad ipsa recolligitur, quemadmodum operarius de opere suo remuneratur. Nam dum in hominibus bona scientia Spiritu sancto ignita in justificationibus suis ad cœlestia se tollit, mentes illorum secum trahit, easque puras ibi facit, et dum in eisdem justificationibus ad corporales necessitates se declinat, mentes eorum ad ipsas remittit, ita ut in curis istis quasi turbidæ sint appareant, imbrem lacrymarum tamen ferentes, quia terrenis se inhærere prorsus gemunt, quamvis se totos divinæ potentiæ committendo inferant.

Quare isti sex circuli sine intervallis sibi invicem jungantur, et quid per hanc connexionem innuatur.

IX. Omnes vero isti sex circuli absque omni interstitio ad invicem conjuncti erant, quia si divina dispositio ista conjunctione eos sic non solidasset, firmamentum dirumperetur, nec consistere posset, ostendentes quod perfectæ virtutes in fideli homine sibi consociatæ per inspirationem Spiritus sancti ita confortantur, ut contra vitia diaboli pugnantes, quæque bona opera unanimiter perficiant.

Quod primus circulus igne suo alios inflammet, quartus eos lumine suo temperet, et quod hoc in nobis figuraliter ostendat.

X. Supremus vero circulus velut igne suo cæteros circulos perfundit, aquosus autem alios omnes quasi humore suo rigat, quoniam superius elementum quod ignis est, cætera fortitudine et candore suo roborat, aquosum vero aliis viriditatem humectatione sua immittit, quemadmodum et potentia Dei in mirabilibus gratiæ suæ fideles homines sanctificat, opera autem fidelium Creatoris sui pietatem in vera humilitate sanctitatis magnificat.

De linea in præscriptam rotam quasi a primo solis ortu usque in extremum ejus occasum protensa apparente, et quid hoc idem gerat mystice.

XI. Et quasi a principio orientalis partis ejusdem rotæ, velut ad finem occidentalis partis ipsius linea in firmamento versus septentrionalem ejus partem extenditur quasi septentrionalem plagam a cæteris plagis discernens, quia a primo ortu orientis, scilicet ubi sol primum oritur, cum dies prolongari incipiunt usque ad ultimum occasum occidentis, videlicet ubi sol ultra non procedit, linea, id est via solis septentrionalem plagam devitans reflectitur, quoniam sol eisdem partibus se non immergit, sed eas velut in neglectu habet, ubi antiquus seductor sedem mansionis sibi elegit, unde et illas Deus accessu solis privavit. Sic etiam ab initio bonorum operum in potestate Dei existentium usque ad bonam consummationem eorum fidelis homo rectitudinem justitiæ iniquitati opponit, diabolicas artes a bonis et sanctis operibus secernens, quia qui Deo fideliter adhærere voluerit, ea quæ animam suam lædunt devitare studebit, ut illud audiat quod scriptum est.

Testimonium de Apocalypsi, et quomodo intelligi debeat ad idem exprimendum.

XII. « Vincenti dabo manna absconditum, et dabo illi calculum candidum, et in calculo nomen novum, quod nemo scit nisi qui accipit (*Apoc.* II). » Quod sic intellectui patet : Quicunque sinistram partem fugit, hic magnum prælium contra tortuosum serpentem habet, qui semper quærit, ut illum ad sinistram partem secum trahat. Et si ille in pugna ista perseverans Satanam fugaverit consilio illius non consentiens, ego qui sum, ei dabo panem vivum qui de cœlo descendit, qui ab omni humilitate voluntatis viri, et ab omni dolo antiqui serpentis absconditus erat, ac etiam dabo ipsis participationem illius, qui lapis angularis existens in candida claritate Deus et homo est, et in ipso nomen novæ regenerationis, quod Christus est, a quo et Christiani sunt, quod nemo dum in caduca et temporali vita est ad perfectum intelligit, nisi qui vitam æternæ beatitudinis in remuneratione cœlestium præmiorum adipiscitur.

Quod moles terræ instar globi infra prædictos sex circulos æquali distantia a quinque superioribus remota, in medio sexti, id est tenuis aeris immobiliter fundata sit, et quid inde significationis colligatur.

XIII. Sed etiam globus in medio signi prædicti tenuis aeris signatus est, qui ubique in circuitu suo æquali spatio a signo fortis et albi lucidique aeris distat, terram ostendens quæ in medio reliquorum elementorum existit, quatenus ab omnibus temperetur. Unde etiam hinc et hinc æquali modo ab illis sublata, illisque conjuncta, viriditatem et fortitudinem ad sustentationem sui ab eis assidue recipit. Activa quoque vita velut terram designans, et quasi in medio rectorum desideriorum conversans, ei circumquaque discurrens, æquo moderamine devotionis ad vires discretionis se continet, cum nunc spiritalibus officiis, nunc corporalibus necessitatibus per fideles homines temperate insistit, quoniam qui discretionem amant, omnia opera sua ad voluntatem Dei dirigunt. Et tantæ latitudinis quidem in transversum est, quanta profunditas spatii a summitate supremi circuli, usque ad extremitatem nubium, seu ab extremitate nubium usque ad summitatem ejusdem globi existit, quoniam a supremo Creatore terra hac mole conglobata et roborata est, ne a strepitu superiorum elementorum, aut vi ventorum, seu inundatione aquarum dissolvi possit. Nam etiam quilibet fideles dilatato corde magnitudinem potentiæ Dei considerant, atque instabilitatem mentis, debilitatemque carnis suæ inspiciunt, et sic omnia quæ agunt temperant, ne vel in superioribus vel in inferioribus necessariis causis justum modum excedentes deficiant, quemadmodum et Paulus fideles exhortatur, dicens :

Verba Pauli ad eamdem significationem competentia et quomodo intelligenda sint.

XIV. « Omnia autem facite sine murmurationibus et hæsitationibus, ut sitis sine querela, et simplices filii Dei sine reprehensione, in medio nationis pravæ et perversæ, inter quas lucetis sicut luminaria in mundo verbum vitæ continentes (*Philip.* II). » Quod sic intellectui patet : Homo quasi in bivio est, ita ut si in luce salutem a Deo quæsierit, illam recipiet; si autem malum elegerit, diabolum ad pœnam sequetur, et ideo homo humanam naturam ac omnia opera sua sine murmurationibus, id est sine gibbis peccatorum, ac sine hæsitationibus, scilicet fidem perfectam habens portet, ita ut non dubitet cum bonum amat et malum odit, in futuro judicio liberari, et a perditis separari, qui a bono malum amplectendo declinant. Et qui hæc faciunt, nullum lædentes, sine clamore contumacis querimoniæ erunt, in simplicitate quoque bonorum operum filii Dei existentes, et absque omni dolo deceptionis irreprehensibiles coram æstimatione illorum manentes qui in pravis et perversis actibus se fortes esse gloriantur. Inter quos in perfectione veræ fidei sic lucent, quemadmodum luminaria, quæ in officio suo secundum quod Creator omnium disposuit, mundum illuminant, cum ipsi doctrina sua quæ ad vitam respicit, quam plurimos ad Deum convertunt, ut etiam Filius Dei sine peccato omnibus in mundo lucebat. Nam et Deus duo luminaria videlicet solem et lunam in firmamentum posuit, quæ scientiam boni et mali in homine designant, quia sicut firmamentum sole et luna confirmatur, ita et homo scientia boni et mali hac et illac versatur. Sed et ut sol cursum suum perficit, circulum suum non minuens, ita et bona scientia cursum suum facit, malum non desiderando, sed malam scientiam deprimendo et increpando, eamque corripiendo, quoniam nulla utilitas in ipsa est, et eam gehennalem vocando, cum illa concupiscentias suas compleverit, et ut luna deficit et crescit, sic et mala scientia bonam despicit, ipsamque stultam et quasi nihilum esse dicit, sed tamen eam novit, quemadmodum diabolus Deum scivit, quamvis se illi opponeret.

De imagine in forma hominis in medio prædictæ rotæ apparentis vertice pedibus et manibus distentis, circulum fortis albi et lucidi aeris contingentis, et quid, et ipsa imago, et talis positio ejus designe'.

XV. Quod autem in medio rotæ istius imago hominis apparet, cujus vertex superius, et plantæ subterius ad præfatum circulum velut fortis et albi lucidique aeris pertingunt, a dextro autem latere summitas digitorum dextræ manus ejus, a sinistro quoque summitas digitorum sinistræ manus ad ipsum circulum hinc et hinc in rotunditate designatum porrecta est, quoniam eadem imago brachia sua sic extenderat, hoc designat, quod in structura mundi quasi in medio ejus homo est, quia cæteris creaturis in illa degentibus potentior existit, statura quidem pusillus, sed virtute animæ magnus, caput silicet sursum, pedes vero deorsum, ad elementa tam superiora quam inferiora movendo, necnon a dextris et a sinistris operibus, quæ manibus operatur, illa penetrando, quoniam in viribus interioris hominis potentiam hanc operandi habet. Quemadmodum enim corpus hominis cor suum magnitudine sua excedit, ita et vires animæ corpus hominis virtute sua superant, et ut cor hominis in corpore ejus latet, sic corpus hominis viribus animæ circumdatum est, cum illæ per totum orbem terræ se extendunt. Sed et in scientia Dei fidelis homo existens, et in spiritalibus, ac in sæcularibus necessariis causis ad Deum tendit; in prosperitate quoque et adversitate factorum suorum ad ipsum anhelat, cum in illis omnem devotionem suam ad eum incessanter expandit. Nam ut homo corporalibus oculis quasque creaturas undique videt, sic in fide Dominum ubique inspicit, ipsumque per creaturas cognoscit, cum eum Creatorem illarum esse intelligit.

De quatuor capitibus bestiarum in quatuor partibus ejusdem rotæ apparentium, et quid tam in mundo quam in homine significent.

XVI. Sed et versus easdem partes quatuor capita scilicet, quasi caput leopardi et lupi, ac velut caput leonis et ursi apparent, quia in quatuor partibus mundi quatuor principales venti sunt, non tamen sic in formis suis existentes, sed in viribus suis naturam denominatarum bestiarum imitantes. Homo quoque quemadmodum in quadruvio sæcularium curarum existens, quamplurimis tentationibus appetitur, in quibus etiam quasi in capite leopardi, id est cum timore Domini velut in lupo infernalium pœnarum recordatur, et quasi in leone judicium etiam Dei metuens, cum velut in urso in corporali tribulatione quamplurimis tempestatibus angustiarum quatitur.

Quare principalis ventus orientalis in modum capitis leopardi super caput imaginis hominis in circulo puri ætheris videatur, cur etiam duo collaterales ejus venti alter in specie capitis cancri, alter instar capitis cervi ostendatur.

XVII. Supra verticem vero prædictæ imaginis in signo puri ætheris, quasi caput leopardi ex ore suo velut flatum emittens vides, quod principalem orientis ventum de puro æthere, velut leopardum venientem designat, non quod ventus iste in forma sua ut leopardus sit, sed quia ut leopardus ferocitatem leonis absque scientia habet, et ut leopardus lenior et debilior leone est, sic ventus iste in ferocitate timoris exsurgit, ac deinde in lenitatem versus flare cito desistit. Nam de superiore nigro igne ferocitatem, de puro autem æthere in quo est lenitatem habet. Et etiam in dextrali parte ejusdem oris se aliquantum in longum recurvans in caput cancri cum duabus forficibus quasi cum duobus pedibus formatur, quia ad partes illas idem ventus tendens, naturam cancri sibi illic assumit; in sinistrali autem parte oris ipsius aliquantum etiam in longum regirans in caput cervi desinit, quoniam in partibus illis cervum qui velox est imitatur. Ex ore enim capitis hujus cancri quasi alius flatus exiens usque ad medietatem spatii, quod inter capita leopardi et præfati leonis est procedit, quia secundum naturam cancri collateralis ventus surgens flatus suos ut turbo dissimiliter profert, ita ut interdum hac interdum illac in instabilitate discurrat, sicut cancer qui nunc procedit, nunc retrocedit, et sic usque ad medietatem quæ inter orientem et austrum est pervenit. Sed ex ore capitis cervi, velut alius flatus veniens usque ad medietatem spatii, quod est inter caput leopardi et ursi tendit, quoniam juxta naturam cervi alius collateralis ventus procedens, in flatu suo fortis et celeres strepitus emittit, et in hoc cito cessat, quemadmodum cervus fortiter pungit, et celeriter currit, nec in hoc diu durat, talique modo usque ad medietatem, quæ est inter orientem et septentrionem properando se continet. Et flatus qui a dextra parte oris leopardi usque ad caput cancri procedit, flatus etiam a sinistra parte ipsius usque ad caput cervi exit; flatusque qui ex ore capitis cancri usque ad medietatem spatii inter capita leopardi et leonis ex tantis tendit; flatus quoque qui ex ore capitis cervi usque ad medietatem spatii quod inter capita leopardi et ursi est prolongatur, æqualis longitudinis sunt, quia principalis ventus orientalis ex utroque latere suo ad collaterales sibi ventos æquali longitudine extenditur, ipsique collaterales venti tam versus austrum, quam versus septentrionem eadem longitudine ad fines suos pertingunt.

Quare capita ista in rota ad imaginem hominis spirent et moralis descriptio significationis eorum.

XVIII. Omniaque capita hæc in præfatam rotam, et ad imaginem hanc hominis spirant, quoniam venti isti flatibus suis mundum temperant, hominemque ministerio suo ad salutem conservant. Nam nec mundus subsisteret, nec homo vivere posset, si flatibus ventorum istorum non vegetarentur. Sed et cum homo in intentione animæ suæ se sursum erigit, ita ut malefactorum suorum meminerit et quando deinde pœnitere disponit, quasi supra verticem illius cum eadem intentione in signo puri ætheris, id est in ipsa pœnitentia sicut leopardus timor Domini exsurgit, qui quasi ex ore suo, id est de virtute sua contritionem educens, cum mentem hominis tangit in prosperitate eam prolongat usque dum ad caput cancri scilicet fiduciæ, de qua velut duæ forfices id est duo pedes videlicet spes et dubium extenduntur perveniat, in adversitate quoque mentis illius eamdem contritionem extendens in caput cervi quod fides est perducit. Nam cum homo pondera peccatorum suorum reminiscitur, pœnitentiam aggreditur, in qua Deum timere non desistit, quamvis prospera mundi quasi ex altera parte habeat, quousque fiduciam, de qua sicut duo pedes spes et dubium oriuntur, apprehendat. De fiducia enim spes surgit, cui tamen dubietas interdum se conjungit, quia dum homo in Deum confidit, remissionem peccatorum suorum velut procedendo se adipisci sperat, dum autem multitudinem et gravedinem illorum considerat, multoties utrum peccata sua sibi remittantur an non quasi retrocedendo dubitat, quamvis in Deo confidat. Sed dum aliquando inter adversa quasi in altera parte corporalem contritionem patitur, ad divitias fidei se convertit, quæ in cornibus veræ consolationis infidelitatem dubietatis in illo ad nihilum deducit. Unde velut ex ore cancri, id est de fiducia alius flatus quod constantia est exiens usque ad plenitudinem perfectionis procedit, ibique inter timorem Domini et judicium Dei consistit, quoniam cum quilibet in Deum confidens in bonis operibus constans et perfectus est, timorem Domini ad se colligit, ne gravius delinquat, judicium Dei etiam inspicit, ne peccatis peccata adjiciat. Et quasi ex ore cervi, scilicet de fide alius flatus qui sanctitas intelligendus est veniens, usque ad plenitudinem perfectionis quæ inter timorem Domini et corporalem tribulationem est extenditur, quia fidelis homo in sanctitate pollens in perfectione ista durat, ita ut veraciter Deum timeat, et ut etiam ob hoc corpus suum castigare non cesset. Itaque flatus, videlicet contritio in prosperitate a timore Domini ad fiduciam procedens, flatus etiam scilicet eadem contritio in adversitate ab eodem timore Domini ad fidem exiens, flatusque id est constantia de fiducia ad plenitudinem perfectionis, quæ inter timorem Domini et judicium Dei est, tendens; flatusque videlicet sanctitas a fide ad plenitudinem perfectionis quæ inter timorem Domini et corporalem tribulationem est se prolongans, ut supra dictum est, uno modo æqualique studio exspirationis virium suarum hominem ad beatitudinem provocant, quia quamvis diversas operationes habeant, ad unam tamen beatitudinem tendunt. Nam virtus altera ab altera in operatione rectitudinis procedit. Omniaque capita hæc, id est virtutes istæ in scientia Dei sunt, scientiamque Dei attendunt, hominique tam in corporalibus, quam in spiritalibus necessariis causis assistunt. Timore enim Domini hominem inspirante, homo ipse Deum vereri incipiens, sapienter incedit bona et recta opera perficiendo. Fiducia quoque qua homo in Deum confidit, cum constantia ipsum tangit, quatenus in Deum constanter confidat, cogitationesque ad Deum erigat, quoniam mentes fidelium a virtute constantiæ roborantur. Fides autem cum sanctitate ea quæ in infidelitate dijudicanda sunt dijudicat, seque velociter dilatans, credentes cito imbuit, cum auditus illorum omnes tumultus perversarum cogitationum deserens, lubricas etiam voluptates interius evertit. Quod si homo viriditatem virtutum istarum deserens in ariditatem negligentiæ vertitur, ita ut humore et viriditate bonorum operum careat, vires animæ ipsius deficiunt et arescunt; si vero luxu voluptatum quasi incongrua inundatione nimis perfunditur, mens ipsius lubrice incedens liquescit. Si autem recto tramite incedit, omnia opera ipsius ad prosperitatem diriguntur, velut in Cantico canticorum scriptum est:

Testimonium de Canticis canticorum ad eadem conveniens, et quomodo intelligendum sit.

XIX. « Introduxit me rex in cellaria sua. Exsultabimus et lætabimur in te memores uberum tuorum super vinum; recti diligunt te (*Cant.* I). » Quod sic intellectui patet: Quia ego anima fidelis hominis, gressu veritatis Filium Dei, qui per humanitatem suam hominem redemit, secura sum, introduxit me ille, qui cunctorum rector existit, in plenitudinem donorum suorum, ubi omnem saturitatem virtutum invenio, et ubi de virtute in virtutem fiducialiter ascendo. Unde et nos omnes qui per sanguinem ejusdem Filii Dei redempti sumus, toto corpore exsultabimus, totaque anima lætabimur in te, o sancta Divinitas, per quam subsistimus, ad memoriam revocantes dulcedinem supernorum præmiorum super omnes passiones et tribulationes quas ab adversariis veritatis passi sumus, ita ut illas quasi pro nihilo ducamus, dum delicias quas nobis in ostensione mandatorum tuorum proponis degustamus. Et sic qui in operibus sanctitatis recti sunt diligunt te vera et perfecta dilectione, quoniam omnia bona te diligentibus concedis, et quia etiam tandem vitam æternam eis tribuis. Sed et sapientia cellariis, id est mentibus hominum infundit et apponit justitiam veræ fidei per quam verus Deus cognoscitur, ubi eadem fides hiemem et omnem humiditatem vitiorum ita comprimit, ut nequaquam ulterius virescere aut crescere possint, et ubi ipsa omnes virtutes etiam sibi attrahit et adjungit, ut vinum vasi infunditur, quod ad bibendum hominibus datur. Quapropter et fideles in vera fiducia æterni præmii exsultantes et gaudentes manipulos bonorum operum quæ operati sunt portant, justitiamque Dei sitiunt, et sanctitatem de uberibus ejus sugunt, nec hoc modo extædiari poterunt, quin semper in contemplatione Divinitatis delectentur, quoniam sanctitas omnem humanum intellectum præcellit. Cum enim homo rectitudinem recipit, se ipsum relinquit, virtutesque gustat et bibit, ac per illas confortatur, sicut venæ bibentis vino implentur, nec in vitiis infidelitatis officialis et immoderatus est, quemadmodum ebrius a vino extra se est, non attendens quid faciat. Sic recti diligunt Deum, quia tædium in illo non est, sed perseverantia in beatitudine.

Quare principalis ventus occidentalis in effigie capitis lupi sub pedibus supradictæ imaginis in circulo aquosi aeris appareat; cur etiam duo collaterales venti, alter in cervi, alter in forma capitis cancri demonstrentur.

XX. Quod autem sub pedibus ejusdem imaginis hominis in signo aquosi aeris velut caput lupi quasi flatum ex ore suo producens appareat, hoc est quod sub potestate illius, qui propter homines homo factus est, in plaga occidentis de aquoso aere quemadmodum lupus principalis occidentalis ventus spirans venit in forma lupi, qui in silva latet, et qui rapax est, eum cibos quærit, significans quod ventus iste de latibulo suo scilicet de aquoso aere exiens, viriditatem herbarum nunc educit, nunc repente arefaciendo opprimit. Qui etiam a dextra oris ipsius aliquantum in longum erumpens in medio medietatis spatii, quod inter capita lupi et ursi est, formam capitis cervi accipit, ex cujus etiam ore velut alius flatus veniens in eadem medietate finitur, quoniam partes illas ventus iste petens, in medio medietatis, quæ inter occidentem et septentrionem est, ad naturam cervi se convertit, ita ut ibi collateralis sibi ventus exiens, quemadmodum cervus fortiter pungendo, velociterque currendo, flamina sua usque ad medietatem ipsam emittat. A sinistra vero oris ejusdem lupini capitis flatus, qui ab ipso ore procedit, se prolongans, in medio etiam medietatis spatii quod inter capita lupi et leonis est, in caput cancri cum duabus forficibus quasi cum duabus pedibus surgit, de cujus quoque ore quasi alius flatus exiens, in ipsa medietate residet, quia in partibus illis idem ventus officia sua exercens, in medio medietatis, quæ inter occidentem et austrum est, ad naturam cancri ante et retro incedentis revertitur, quoniam ibi collateralis ejus ventus procedens, in instabilitate ut cancer nunc hac nunc illac flando ad prædictam medietatem se diffundit. Qua autem spatiorum mensura capita hæc ab invicem distant, eadem mensura et forma flatus eorum hinc et hinc in longitudine extenditur, ut et de aliis superius dictum est, quia mensura qua venti isti a se separati sunt, illa etiam et spiramina flatuum suorum emittunt, quoniam ventus ad ventum flatus suos dirigit, ipsique in occursu illo metam suam non transcendunt, nec ventus ventum flando supergreditur, nisi hoc ex judicio Dei flat. Quod si divino examine judicante, interdum acciderit, terrores ibi fiunt, plurimæque adversitates malorum illic insurgunt.

Quare et hæc sicut superiora capita ad hominis imaginem spiramina sua dirigant, et moralis horum intellectus.

XXI. Ipsaque in rotam præmonstratam, et ad imaginem hominis in ea stantem spiramina sua mittunt, ita ut iidem venti mundum et hominem omniaque quæ in mundo sunt viribus et officiis suis retineant. Itaque cum quilibet fideles caduca terrenarum cupiditatum justis exemplis quasi sub pedibus suis bona operando conculcant, quasi de aquoso aere ex ipsis sanctis operibus ut lupus infernales pœnæ denudatæ prodeunt, quia cum illi peccare desistunt, ad viam rectitudinis tendentes, infernales pœnas, quæ animas devorant se pertimuisse demonstrant. Quæ cum quasi flatum scilicet contritionem in corde hominum ex ore suo quod est a voracitate sua perducunt, quoniam fideles illas abhorrent, eadem contritio quamvis homo prospere in actibus suis incedat, secundum Deum se prolongans, in plenitudine perfectionis quæ inter infernales pœnas et corporalem tribulationem est, formam capitis cervi, id est fidei accipit, ex cujus etiam ore, id est virtute, alius flatus videlicet sanctitas veniens, in eadem perfectione permanet. Cum enim homo infernales pœnas timet, corpus suum variis tribulationibus miseriarum tamdiu multoties conterit, quousque ad perfectionem illam pertingat, in qua totus in fide ardeat, credens quod Deus eum ab infernalibus pœnis eripiat, sicque sanctitas in eo surgit, cum sæcularia opera abjiciens spiritalibus se totum immergit. Cum vero a sinistra adversitate voracitatis prædictarum infernalium pœnarum homo permissione Dei quamplurimis calamitatibus corporaliter castigatur, contritio quoque in cor illius ascendit, et cum se nullam prosperitatem præsentis vitæ habere considerat, se ab inde extendens, et sic ad plenitudinem perfectionis quæ inter infernales pœnas et judicium Dei est pertingens, in caput cancri, videlicet fiduciæ, quæ nunc spem nunc dubium habet, surgit, quia homo opera sua in Deum ponens, modo remissionem delictorum suorum se obtinuisse sperat, modo dubitat, sed tandem de fiducia alius flatus qui constantiam designat exiens, illum ad perfectionem hanc virtutum perducit, ut deinceps de bonitate Dei nihil hæsitet. Tenore autem quo assertiones istæ a se discretæ sunt illo etiam et efficacia operationum ipsarum protelatur, quoniam infernales pœnæ, quamvis metuendæ sint, cum homo propter timorem illarum se in contritione affligit, iisdem tamen cum sanctitate, fiduciam quoque cum constantia robustiores reddunt, ita ut cum infernus timetur, homo in omnibus cautior judicetur. Et hæ omnes visionem Dei, qui cuncta comprehendit, inspicientes, hominem etiam ut voluntatem Dei perficiat, virtute virium suarum impellunt. Nam infernales pœnæ, ut Deus timeatur, faciunt, quia cum homo pœnas veraciter timet, peccare desistit, atque cum bona exempla in aliis hominibus videt, plurimas indignationes in semetipso multoties suffert, ita ut cum illas patienter portat, in omnibus operibus suis sanctitatem demonstret. Sed cum per sustentationem bonorum operum prospere incedit, nulla adversa patiens, virtute illorum ad velocitatem rectitudinis se conjungit, ita ut prosperitatem temporalium habens, gratiæ Dei nihil hæsitans, fiducialiter se commendet, quatenus etiam caducis rebus velut in ante gradiens sic utatur, ne æternis in cœlestibus post se vadens privetur. Qui autem viriditate Spiritus sancti caret, in infidelitate suffocatur, in pravisque actibus consumitur, submersionemque tartaream incurrit, quoniam gratia Dei se commendare non studuit. De hoc loquitur Isaias servus meus, dicens:

Verba Isaiæ ad idem pertinentia, et quomodo accipi debeant.

XXII. « Auferam sepem ejus, et erit in direptionem, diruam maceriam ejus, et erit in conculcationem, et ponam eam desertam. Non putabitur, et non fodietur, et ascendent super eam vepres et spinæ, et nubibus mandabo ne pluant super eam imbrem *(Isa.* v). » Quod sic intellectui patet: Omnis qui in Deum non confidit, nec attendit quomodo a Deo creatus sit, sed eum reprehendit tanquam in peccatis ipsius culpabilis sit, et quasi recta itinera in eo non constituerit, nec vult aspicere ortum et occasum solis et lunæ ac stellarum, quas Deus in cœlum posuit, nec ventum cum aere, nec terram cum aquis, et cæteris creaturis, quæ omnia Deus propter hominem creavit, quatenus in omnibus his cognosceret ad quantum honorem creatus esset, me qui sine initio, et sine fine sum contemnit, atque omnem creaturam destruit, nec illam, nec seipsum perfecte cognoscit. Unde et ego auferam defensionem ejus, quoniam alium adjutorem non habet, et alieni a vita eum diripient, diruam quoque minutionem ipsius, et a dæmonibus conteretur, et sic a bonis angelis deseretur. Nam omnis connexio concupiscentiarum illius auferetur, et canibus bestiisque distribuetur, quia minus quam animalia me cognovit, cum illa ut creata sunt faciant, quapropter etiam ut stercus conculcabitur, atque ab omni beatitudine deseretur. Sed et in numerum filiorum Dei non ponetur, nec sæculo fidei de peccatis suis evertetur, quia illum imitatus est, qui similitudinem Dei habere voluit, qui a nullo processit, et sine fine est. Et ideo quoque per superbiam insurgunt in eo dissensiones et iræ, furores, qui eum omnino ab omni gloria supernæ hæreditatis scindunt, atque hoc modo Spiritus sancti rore et gratia carens, in tantam ariditatem vertitur, ut nullum fructum bonorum operum præferat. Sed ut homo a Deo quærit, quatenus horrida potestas sedetur, et ea quæ sibi necessaria sunt concedantur, sic etiam a Deo postulet, ut mala scientia in ipso superetur.

Quare principalis ventus australis in dextera parte ejusdem imaginis velut caput leonis in circulo lucidi ignis ostendatur; cur etiam duo collaterales venti ejus alter in serpentis, alter in figura capitis agni conspiciatur.

XXIII. Sed ad dexteram prædictæ imaginis hominis, in signo lucidi ignis, velut caput leonis aspicis, quod ab australi plaga ad prosperitatem hominis directum, de supradicto elemento lucidi ignis leonem quasi principalem australem ventum exeuntem demonstrat, quoniam ut leo fortis est, et in fortitudine sua voluntatem suam exercet, ita et ventus auster in igne et ab igne fortis et præceps existit, atque cum dies in longitudine se protrahunt potens est, et in eadem potentia collisionem et diruptionem nubium, ac pericula in repentina emissione imbrium parat. Et cujus ore quasi flatus egrediens ab utraque parte oris ejusdem aliquantum prolongatur, quia de plaga hac australi idem ventus procedens se in utramque partem sui, videlicet hac et illac extendit, et sic etiam in dextera parte in caput serpentis, in sinistra autem in caput agni formatur, quoniam in dextrali parte ventus iste naturam serpentis sibi assumens, qui leniter supplicat, acriter autem insidias ponit, quemadmodum serpentes aliquando lenes flatus producit, sed interim etiam fortes punctus et ictus emittit; in sinistrali autem in agnum qui mitis et lenis est vertitur, quia in eisdem partibus suavem et non periculosum se ostendit. Et caput serpentis in medio medietatis spatii quod inter caput leonis et lupi est se ostendens, velut flatum emittit, qui se ad eamdem medietatem extendit, ac flatui qui de capite cancri egreditur, quod inter caput lupi et leonis est se conjungit, quoniam juxta naturam serpentis, ut supra demonstratum est, ventus iste principali vento austri collateralis, in medio medietatis longitudinis illius, quæ inter austrum et occidentem existit emergens, spiramina sua usque ad eamdem medietatem, quæ inter austrum et occidentem est extendit, nec terminum hunc quemadmodum nec alii nisi ex judicio Dei transgreditur, ibique flatum de collaterali vento surgentem, qui inter occidentem et austrum est excipit. Nam si longitudo spatii quæ inter austrum et occidentem est, in partes quatuor dividitur, terminus ab austro partis primæ, qui et initium est partis secundæ, medius est inter initium partis primæ, ac terminum partis secundæ, terminusque partis secundæ, qui et initium est partis tertiæ, medietas longitudinis illius est, quæ inter austrum et occidentem est. Eodem quoque modo finis ab occidente e contra partis primæ, qui et initium est contra partis secundæ, medius est inter initium ibidem partis primæ, ac finem illic partis secundæ, terminusque ibidem partis secundæ, qui et initium illic est partis tertiæ, medietas longitudinis hujus est, quæ e contra inter occidentem et austrum existit, ubi et collaterales venti sibi occurrunt. Sicque venti isti tam principales quam eorum collaterales inter orientem et austrum, inter austrum et occidentem, inter occidentem et septentrionem, ac inter septentrionem et orientem æquali modo ad invicem connexi, ab invicemque discreti sunt, ut præfatum est. Caput autem agni in medio medietatis spatii quod inter caput leonis et leopardi exstat apparens, quasi flatum producit, qui se ad ipsam medietatem prolongans, flatui qui de capite cancri quod inter caput leopardi et leonis est, in conjunctione occurrit, quia secundum naturam agni, ut supra ostensum est, alius collateralis ventus in partibus istis, id est in medio hoc spatio quod inter austrum et medietatem hanc longitudinis, quæ inter austrum et orientem existit, oritur. Is etiam flatum suum ad eamdem medietatem dirigit, ibique spiramini, quod de vento naturam cancri imitantis, qui inter orientem et austrum exsurgit, strepitu suo obviam venit, ita ut ibi multoties quamplurimi terrores et collisiones ex congressu eorum fiant. Sed et secundum spatia quibus capita hæc a se separata sunt, longitudo flatuum eorum procedit, quemadmodum et de superioribus capitibus flatibusque eorum præmonstratum est, quoniam juxta longitudinem, qua initia ventorum istorum a se discreta distant, et spiramina flatuum suorum usque ad loca illa emittunt, in quibus exsurgunt, in quibus etiam spiramina eorum sibi occurrunt.

Quare hæc, ut et anteriora capita, in rotam et in imaginem eamdem flatus suos emittant.

XXIV. Et in præfatam rotam, et ad prædictam humanam imaginem ipsa flare se ostendunt, quia venti, tam principales quam isti qui eis collaterales sunt, mundum universum ac hominem, in quo omnes creaturæ latent, fortitudine sua conservant, ne in defectum cadant. Collaterales enim venti pennæ principalium ventorum sunt, et assidue quamvis leniter cum aere flare non cessant; principales vero venti in fortissimis viribus nonnisi ex judicio Dei ad vindictam circa finem mundi provocantur. Nam auster et septentrio judicio Dei collateralibus ventis suis secundum quod voluntas Dei est immittunt, auster scilicet magno calore, magnaque inundatione; septentrio autem in fulgure, in tonitru, in grandine et frigore. Venti namque principales, videlicet orientalis et occidentalis, collaterales ventos suos ad judicia Dei facienda, remissius et tardius provocant; sed tamen cum eos per voluntatem Dei ad hæc excitant, hoc in æstate aut per frigus, aut per siccitatem, seu in hieme aut per calorem; aut per pluviam, aut per similia mala faciunt, quæ terræ et hominibus contraria et nociva sunt. Et sicut venti orbem terrarum viribus suis tenent, ita etiam in officiis suis faciunt hominem scire et intelligere quid operaturus sit. Cum autem iidem venti flatus suos super terram emittunt, eos etiam sub terra dispergunt, atque ibidem in quibusdam locis quasdam subterraneas cavernulas intrantes cum exitum non habent terram movent; sed ubi exitum habent, ibi oriri a quibusdam hominibus videntur, cum illic non oriantur, sed in superioribus elementis, ut præfatum est, se tam sub terra quam super terram dispergentes.

Quod homini diligenter investigandum sit quomodo hæc omnia ad salutem animæ suæ, et ad Dei judicia peragenda nihil inexaminatum relinquentis respiciant.

XXV. Quomodo autem omnia hæc ad salutem animæ respiciant homo intelligat, quia quod in signo lucidi ignis divinam potentiam designantis, velut caput leonis, id est judicium Dei, quod terribile est, aspicitur, hoc ideo est, quoniam Deus justa æquitate omnia dijudicans, nihil inexaminatum relinquit. Idem enim judicium in virtute sua ad rectitudinem se hinc et hinc extendens, homini prospere incedenti, caput serpentis, quod prudentiam significat, proponit, in adversitate autem laboranti, caput agni, scilicet formam patientiæ demonstrat. Nam necesse est ut homo in prosperitate judicium Dei prudenter timeat, quatenus dolositatem astutiamque malorum fugiens, in vana securitate viam veritatis non deserat, et in adversitate sub eo judicio patientiam habeat, sciens quod Deus tortuositatem in operibus hominum dissimulando multoties tolerat. Et caput serpentis, videlicet prudentia in plenitudine perfectionis, quæ inter judicium Dei et infernales pœnas est apparens, velut flatum, id est providentiam, de se procedere facit, quia dum homo per judicium Dei exterritus, prudenti animo infernales pœnas metuit, ne illas ex merito patiatur, per bona opera studiose providet, quæ se hoc modo ad perfectionem rectitudinis extendens, constantiæ, quæ de capite cancri, id est de fortitudine fiduciæ, oritur, quæ inter infernales pœnas et judicium Dei est conjungitur, quoniam fidelis ut ad vitam æternam sibi quælibet bona provideat, in hoc constans esse studet. Caput autem agni, quod patientiam designat, in plenitudine perfectionis, quæ inter judicium Dei et timorem Domini est, apparens, quasi flatum, scilicet mansuetudinem producit, quæ etiam ad rectam perfectionem perveniens, constantiæ quæ de vera fiducia quæ inter timorem Domini et judicium Dei est se associat, quia beatus homo cum patiens ad opprobria est, et etiam mansuetum se in his ostendit, constantiam ut bono fine consummetur, amplecti debet.

Quia nulli ordo virtutum a se vel in se discretus negligendus sit, quoniam virtutis effectus hominem ad justitiam vel rectitudinem cœlestium perducit.

XXVI. Sed secundum quod ordo earumdem virtutum a se et in se discretus est, ita quod virtus hæc vires istas, illa vires illas ostendit, sic et operationes eorum in hominibus sunt, quemadmodum et de cæteris virtutibus intelligendum est, quoniam voluntatem bonam opera bona sequuntur, eodemque modo ad scientiam Dei declinantes, quia in scientia Dei sunt, hominem ad quamque justitiam, et ad rectitudinem coelestium pariter perducunt. Omnes enim virtutes ad salvationem hominis festinanter currunt, quamvis in uno homine pariter non appareant. Nam judicium Dei hominem exterret, ipsumque examinat, nec opus hominis relinquitur, quod judicio Dei non excutiatur, quia judicium Dei justum omnia juste dijudicat. Sed et prudentia vires suas cum providentia homini immittit, quatenus luxum sæculi prudenter abjiciens, castitatem amplectatur; patientia vero cum mansuetudine ipsum tangit, ut tentationes carnis patienter quoque sufferat, quoniam in utroque sexu, viri scilicet et feminæ, ardor carnalis concupiscentiæ virtutibus istis sine tædio negligentiæ sopiendus est. Quapropter nullus fidelium ipsas negligenter habeat, ne eum in ariditate desiccatum, aut in concupiscentiis carnalibus suffocatum relinquant, sed eas bonis operibus imitetur, quatenus ipsum in omni sanctitate conservent. Si autem homo Deum negligit, justo judicio ipsius etiam corporales castigationes, ut prædictum est, sæpius incurrit, ita ut tam de superioribus quam de subterioribus elementis, et creaturis, et in calore et frigore, in siccitate et humiditate, ac in aliis multimodis pressuris, flagello Dei subjaceat, quia constantiam virtutum non inspiciens, intelligere noluit quid facere deberet. Cum enim virtutes in spiritualibus causis homines imbuunt, in carnalibus quoque prudentes illos faciunt, ita ut cum nondum in illis palam apparent, ad timorem Domini ipsos silenter multoties concutiant. Sed cum se in eis manifestant, ita ut illi virtutes aperte per charitatem colant, tunc timorem Domini prius ipsi in temporalibus habuisse videbuntur, cum nunc magis propter desiderium cœlestium quam propter metum infernalium pœnarum a carnalibus se subtraxerint, et ad spiritualia converterint per fortitudinem beatarum virtutum roborati, quemadmodum David testatur, ubi in voluntate mea dicit:

Testimonium de psalmo CXVII *ad hoc consonans, et quomodo intelligendum sit.*

XXVII. « Dextera Domini fecit virtutem, dextera Domini exaltavit me, dextera Domini fecit virtutem. Non moriar sed vivam; et narrabo opera Domini. » Quod sic intellectui patet: Homo primitus per timorem Dei et gehennalium pœnarum a sinistra declinat, ac postea per amorem Dei ad dexteram, id est ad desideria cœlestium bonorum ascendit. Quod dum facere incœperit, fortissima arma sibi induit, quia bonam scientiam a mala separavit. Unde et huic duplici scientiæ oculus comparatur, qui aquosum circulum infra albedinem suam situm habet, quemadmodum et vas speculum in se continet, quoniam mala scientia, quæ per sinistram intelligitur, est velut vas bonæ scientiæ quæ per dexteram accipitur. Nam dexter oculus bonæ scientiæ ubique circumspicit et considerat quod carnalis concupiscentia inutilis est, et lucem veritatis non inspicit, et quod cum incestis operibus exsultat, post per tristitiam quasi aquosa submersione suffocatur. Itaque dextera pars bonæ scientiæ ad Deum se levat, et malam delectationem conculcat, atque tristitiam abstrahit. Sic ergo dextera Domini, id est fortitudo ejus facit virtutem hanc, ut homines eum per fidem cognoscant, et opera sua in timore ipsius operentur, atque eadem dextera per pœnitentiam exaltat me, qui prius in peccatis sordueram, necnon et ipsa facit virtutem post pœnitentiam peccatorum meorum, ita ut tanto desiderio in amore Dei ardeam, quatenus inde saturari non possim. Unde etiam in peccatis non moriar, quando per pœnitentiam eorum resurgo, sed per veram et puram pœnitentiam quam ad Deum habeo, in æternitate vivam, et sic de morte ereptus, narrabo mirabilia Domini in timore et amore ipsius, quoniam morti me non tradidit, sed me de infernali perditione eripuit.

Quare principalis septentrionalis ventus a sinistra parte illius humanæ imaginis quasi caput ursi in circulo nigri ignis appareat; cur etiam duo collaterales ejus venti alter in agni, alter in forma capitis serpentis videatur.

XXVIII. Ad sinistram vero præfatæ imaginis in signo nigri ignis quasi caput ursi apparet, quod a septentrionali plaga multoties contrarium homini de nigro igne velut ursum principalem ventum, scilicet septentrionalem, in periculis tempestatum sæpius prodire ostendit, quoniam ex nigro igne est. Et ideo etiam quemadmodum ursus in ira submurmurat, et ut ille in natura sua nequam existit, ita et ventus iste quasi submurmurando commotiones et strepitus ac pericula in tempestatibus aliquando parat. Sed quod velut flatum ex ore suo dat, qui etiam ad dextram et ad sinistram oris ipsius aliquantum in longum se extendens, ad dextram in caput agni desinit, ad sinistram vero formam capitis serpentis accipit, hoc designat quod ventus hic a præfata septentrionali plaga exiens, et ab utraque parte sui in longum procedens, ad dextram in lenitate naturæ agni, qui lenis et non periculosus est, transit, quoniam in partibus illis ventus idem se interdum mitem ostendit. Ad sinistram autem serpentem imitatur, qui leniter quidem primum labitur, sed postmodum præcipitanter movetur, et cum sic nihil prævalet, hominem timens, supplicare incipit, quia et ventus iste illic quasi deceptuose sine strepitu in primordio progreditur, sed tandem cum periculo velut dolosum et inmitem se demonstrat, et cum homines se jam perire putant, iterum in lenitatem revertitur. Ex ore autem capitis agni hujus, quemadmodum alius flatus, usque ad medietatem spatii quod inter capita ursi et leopardi exstat, se prolongat, quoniam ad similitudinem agni ventus iste principali vento, qui de plaga septentrionis procedit collateralis, usque ad medietatem extensionis quæ inter septentrionem et orientem est, vires suas flando emittit, quia in partibus illis velut agnum se mitem ostendit, quamvis alibi quasi in ira grassetur. Sed ex ore capitis serpentis istius, sicut alius flatus, usque ad medietatem spatii, quod inter capita ursi et lupi est, se extendendo procedit, quoniam ut natura serpentis est, sic ventus iste, vento septentrionali in latere vicinus, ad partes illas pervenit ubi medietas longitudinis illius existit, quæ inter principalem ventum septentrionis ac principalem ventum occidentis extenditur, nunc vires suas blande, nunc velut in dolo præcipitantes, exercens. Sed similitudo flatus illius, qui de dextra parte oris ursi usque ad caput agni venit, similitudo quoque ejusdem flatus, qui de sinistra parte ipsius oris usque ad caput serpentis procedit; flatus etiam qui ex ore capitis agni usque ad demonstratam medietatem spatii, quod inter capita ursi et leopardi videtur exit, flatusque qui ex ore capitis serpentis usque ad medietatem spatii inter capita ursi et lupi exstantis prolongatur, unius et æqualis longitudinis sunt, quoniam septentrionalis ventus, scilicet principalis, ex utraque parte sui ad ventos qui sibi in subjectione collaterales sunt, pari extensione prolongatur. Venti quoque ipsi collaterales, et ad orientem et ad occidentem vergentes, eodem longitudinis tenore finem accipiunt, quo et principalis ventus, qui initium eorum existit, ut supra dictum est, finitur.

Quare etiam ista sicut et superiora capita in rotam et ad imaginem eamdem impetus flatuum suorum convertant.

XXIX. Capita quoque hæc omnia in supradictam rotam atque ad præfatam imaginem hominis flatus dant, quia prædicti venti flatibus virium suarum circuitum orbis continent, et hominem in eo degentem, ne in defectu pereat, ad utilitatem suam respicere instigant. Itaque cum quilibet ventus omnium prædictarum qualitatum, sive naturaliter sive per dispositionem Dei flatus suos extulerit, nullo obstaculo obsistente, corpus hominis penetrat, illumque anima suscipiens ad interiora, ad quodlibet membrum corporis quod naturæ illius convenit, naturaliter ducit; sicque per flatus ventorum homo aut confortatur, ut supra dictum est, aut destituitur. Sed et homo cum prosperitatem sæcularium habet, a judiciali igne, qui vindicta Dei est, quemadmodum ursus, corporalis tribulatio egrediens illum constringit; nec eum secundum voluptates suas procedere permittit, sed velut flatum, scilicet miseriam, de tenore suo tam in prosperitate quam in adversitate ipsius protelans, in humilitate paupertatem spiritus eum desiderare et habere facit, ita ut ille hoc modo juste incedens, quasi in capite agni patientiam amplectatur, mala quoque devitans, velut in capite serpentis prudentiam imitetur. Nam per corporales tribulationes homo multoties pervenit ad divitias spiritales, atque per easdem divitias superna regna adipiscitur. Ex ore autem capitis agni, patientiam, ut supra dictum est, demonstrantis, alius flatus, id est mansuetudo, ad perfectionem quæ inter corporalem tribulationem et timorem Domini est, perveniens; sed ex ore capitis serpentis, prudentiam designantis, alius flatus, videlicet providentia, ad perfectionem, quæ inter corporalem tribulationem et infernales pœnas existit, procedens, hominem per vindictam Dei castigatum, ut terrena contemnat, et ut ad cœlestia anhelet, quomodo etiam superius de eis ostensum est, commonent. Nam et principia et fines præfatorum mysteriorum in factis et in significationibus suis unius et æqualis studii ad eruditionem hominis existunt, quamvis diversa opera habere videantur; et omnia quæ scientia Dei saluti animæ convenientia demonstrat, ad ereptionem illius perducunt, hominemque ut corpore et anima Creatori suo fideliter adhæreat, viribus suis impellunt. Quapropter homo seipsum ad sanctitatem confortet, ita ut carnalia desideria fugiat, et ut luxus fetentium vitiorum abneget; Deoque, qui continentiam et castitatem diligit, sapienter deserviat; nec supramodum aridus, nec supramodum humidus in opere virtutum sit, quoniam qui carnem suam nec castigare nec constringere voluerit, in interitum animæ ibit. Qui vero seipsum domando virtutes amaverit, et amando retinuerit, animam suam in vitam æternam collocabit, cum a Domino corripitur et castigatur, sicut et David per me inspiratus loquitur dicens:

Verba David in eodem psalmo CXVII, *ad eadem competentia, et explanatio ipsorum.*

XXX. « Castigans castigavit me Dominus, et morti non tradidit me. » Quod sic intellectui patet: Homo casualis et indisciplinatus multoties existit, nec timidus est, nisi omnes venæ ipsius doloribus infundantur. Unde et diabolus primum hominem decepit, cum magnam vanitatem iniit, esse cupiens quod esse non debuit, et idcirco etiam magna tristitia cum dolore illi infusa est. Nam ex labore homo timorem habet, ex vanitate autem oblivionem, et ex prævaricatione legis stultam fiduciam. Sed omnia hæc timor Domini excellit, quia homo per timorem coram Deo tremiscit, et quod in multis aliis nulla utilitas sit veraciter cognoscit. Timor enim in homine præcurrit, ac postea charitatem amplectitur, ubi homo Deum diligit, considerans quomodo eum placare possit, quatenus iniquitatis suæ non recordetur. Sed cum homo Deum in amore quærit, Deus illum sæpe cum laboribus castigat, ita ut ille fiducialiter dicat: Flagellis suis castigans castigavit me peccatorem ille qui Dominus omnium est; sed tamen in eadem castigatione, qua me flagellat, morti infernalium pœnarum non tradidit me, quia illum amando quæsivi, et peccata mea illi confessus sum, atque in ipsa patiens et prudens sum, quando judicia ejus super culpas meas recta cognosco, et cum duabus alis, scilicet scientiæ boni et mali, ad illum volare studeo, ita ut cum dextra ala sinistram mihi subjiciam, quatenus recto et æquali tramite incedam.

De septem planetis in diversis circulis rotæ supra-dictæ imaginis distinctis intervallis apparentibus.

XXXI. Sed et super caput prædictæ imaginis septem planetæ sursum ab invicem designati sunt; tres in circulo uno lucidi ignis, unus etiam in subjecto illi circulo nigri ignis, tres autem in subjecto illi circulo puri ætheris, quoniam ab oriente initia sua quilibet eorum sumens, alterque alterum in altitudine circuitus sui transcendens, cum cursum suum compleverit, iterum versus orientem, ut currere possit, ortum suum repetit. Et tres in prædicto lucido igne, unus etiam in subjecto illi circulo nigri ignis; tres autem sub ipsis in puro æthere cursus suos habent, quoniam hi qui in eodem igne currunt, ab ipso igne ad ignes suos excitantur, idemque ignis a viribus illorum ad ardorem suum confortatur, quemadmodum ligna ab igne incenduntur, et ut ignis per ligna ad ardorem roboratur. Et tres sunt, quia si plures essent, eumdem ignem nimis ardere facerent, eumque circuitionibus suis confunderent; vel si pauciores forent, idem ignis, conveniente juvamine destitutus, in ardore suo torpesceret. Et primus spendore suo splendorem solis illustrat, secundus vero ardore suo ardorem soli administrat; tertius autem cursu suo cursum solis ad rectitudinem retentat. Cum his enim sol circumdatur, dirigitur et retinetur, quatenus firmamento omnique mundo rectum temperamentum calore et splendore suo tribuat. Sed tres qui in prædicto æthere, puritatem a superiore igne et a subteriore aqua habente, discurrunt, ab eodem ad puritatem splendoris examinantur, puritateque sua ipsum perfundunt. Et non plures nec pauciores quam tres sunt, quoniam ad confortationem puritatis illius nec superabundant, nec minus sufficiunt, sed congruenti temperamento ei assistunt, nec superfluitate ipsum aggravant, nec tenuitate destruunt. Et qui in eodem æthere primus super lunam est, illi ad incrementum succurrit, eamque protegit, ne supramodum accendatur; secundus autem, qui proximus ipsi existit, eam in detrimento conservat, ne tota dissolvatur. Isti lunam quasi ministerio suo percurrunt, et subsequuntur, eamque ad totius mundi temperamentum distincte et convenienter exhortantur.

Quomodo iidem planetæ a Deo mundi conditore in firmamento dispositi sint, et de variis ipsorum efficientiis.

XXXII. Versus austrum autem ad latus ejusdem imaginis, nec non et sub pedibus ipsius, sol eodem modo ac ordine signatus et distinctus, in circulo suo apparet, quia et ad austrum et ad occidentem currit, non tamen ita ut sub pedibus hominis sit, sed quod in occidente cum revolutione firmamenti occidua mundi petens, a plaga septentrionali declinet, et iterum in oriente cum eodem firmamento resurgat. Et a medio summi signi primique planetæ, qui supra caput ejusdem imaginis signatus est, velut radii quidam exeunt, quorum unus ad signum solis descendit, significans quod a fortitudine principali hujus planetæ, qui in oriente primitus ostenditur, quoniam ibi lux diei procedit, radii fortitudinis prodeant, quorum unus ad solem dirigitur, illi succurrens cursumque ipsius temperans, ne ignes suos supramodum excutiat. Sed unus ad dextrum pedem capitis cancri quod a capite leopardi procedit radiat, quia a parte illa cui ventus iste obvius est idem planeta surgens, radium ad robur egressionis illius ante et retro incedentis, et a principali vento orientis, cui collateralis est, procedentis mittit, cum stabilitate sua retinens, ne plus procedat quam sibi a Deo permissum est. Unus vero ad dextrum cornu cervini capitis, quod etiam ab eodem capite leopardi exit, se extendit, quoniam ab hac parte ejusdem planetæ radius alius veniens, fortitudini venti hujus, qui illic principali vento egreditur resistit, impulsus illius compescens, quatenus flatus suos ad rectitudinem convenientis necessitatis emittat, quemadmodum vir qui brachia inimici sui retinet, ne aut se aut alios occidat; sic creatura per creaturam continetur et unaquæque ab alia sustentatur. A medio quoque signi planetæ secundi, ut radius quidam super signum solis se declinat, quia vires suas planeta iste demonstrans radio suo solem contingit, eum ad lenitatem demulcens. Atque alius ad caput agni, quod a signo capitis leonis venit, egreditur, quoniam a forti parte ejus claritatis, radius ad initium collateralis venti mansuetudinem designantis, qui de majori vento australis plagæ procedit, extenditur, illum tenens ne lenitatem suam ad ferocitatem immutet, sed ut in ea sine petulantia perseveret. Et alius ad prædictam lineam quæ in firmamento a principio orientalis partis præfatæ rotæ, velut ad finem occidentalis partis ipsius, versus septentrionalem ejus plagam extenditur, capite agni illic superius posito, quod a signo capitis ursi exit, dirigitur, significans etiam quod a robusto splendoris illius tenore radius veniens, ad excursum alterius collateralis venti, qui de supradicto majore vento septentrionalis partis exit, ducitur, temperamento suo illi resistens, quatenus æquali modo flatus suos emittat. Signum etiam tertii planetæ a medio sui, quemadmodum radium unum ad signum solis extendit, quia hic planeta ut superiores, robore fortitudinis suæ et splendore proprii ardoris soli assistit, eique in temperamento ministrat, velut servus domino suo deservit, cum ad omnem voluntatem illius celeriter promptus et paratus est. Alium autem ad caput serpentis, quod a signo capitis leonis procedit, dirigit, demonstrans quod a virtute sua radius ad principium collateralis venti nunc astutiam, nunc prudentiam ostendentis. quia de principali vento australi oritur se extendit, flatusque illius comprimendo retinet, ne supramodum in motibus suis grassetur. Sed alium ad præfatam lineam versus caput serpentis, quod a signo capitis ursi egreditur; prolongat, significans quod etiam a strenua parte ardoris sui in quo ipse viget, splendor quoque ad initium collateralis venti, velut versutiam et acritatem in motione sua sæpius exercentis, qui etiam de principali vento septentrionalis plagae procedit, extenditur, fortitudini illius resistens, ne ampliorem laesionem et periculum hominibus faciat, quam judicium divini examinis ipsum permittit, quemadmodum et de aliis superius ostensum est. Et praedicti planetae suffraganei solis sunt, et sine ipsis sol esse non posset, caloremque soli addunt, quemadmodum visus, auditus et odoratus cerebro calorem et vires subministrant.

Ut autem vides, solis quoque signum quasi quosdam radios de se emittens, alio praedictum signum capitis leopardi, alio signum capitis leonis, alio signum capitis lupi, non autem signum capitis ursi tangit, quoniam sol maximus planetarum existens, totum firmamentum igne suo calefacit et roborat, orbemque terrarum splendore suo illuminat, principalique vento orientali, necnon australi ac occidentali, viribus fortitudinis suae resistit, ne terminos ipsis a Deo constitutos excedant. Ventum autem septentrionalem non tangit, quoniam ille quasi inimicus solis existens, omnem splendorem luminis dedignatur, quapropter et sol eum velut contemnens non radium de se procedentem, sed tantum illi viam itineris sui opponit, per quam furorem ipsius reverberat, nec ad partes illas accedit, quia diabolus ibidem Deo repugnando nequitiam suam demonstrat. Alium autem radium super signum lunae, quia eam calore suo incendit, quemadmodum sensualitate et intellectu hominis totum corpus ipsius tegitur. Alium velut super cerebrum, et usque super utrumque calcaneum praefatae imaginis ipsum extendendo figit, quoniam sol a summo usque deorsum omni corpori hominis fortitudinem et temperamentum immittit, cerebrum praecipue confortans, ita ut intellectu vigens, cunctas vires corporis retineat; et ut etiam superior pars hominis existens, cum sensualitate omnia viscera ipsius perfundat, ut sol terram illuminat. Sed cum aliquando elementa sub sole tempestatibus diffunduntur, ignis solis obnubilatur, velut eclipsis sit, quae errores significans tunc ostenditur, cum corda et mentes hominum in errorem vertuntur, ita ut recte in lege non ambulent, sed invicem plurima certamina exerceant. Et praefatus radius calcaneos hominis tangit, quoniam ut cerebrum corpus reliquum regit, ita calcaneus totum corpus hominis portat, et sic sol viribus suis omnia membra hominis temperat, quemadmodum et reliquas creaturas vegetat. Et a medio signi planetae quinti, qui proximus sub sole est, quasi radius quidam sursum ad signum solis ascendit, quia fortitudine ministerii sui idem planeta soli subjectus eum delinire contendit, ne ignes suos supra modum emittat. Quidam vero ad caput cancri, quod a signo capitis lupi exit, se extendit, designans quod a robore ejusdem planetae radius ad initium collateralis venti, qui a principali vento occidentalis plagae egreditur, se expandit, instabilitatem illius retinens, velut etiam de aliis supradictum est. Sed quidam ad sinistrum cornu signi lunae se dirigit,
ostendens quod etiam a vigore suo radium ad debiliorem partem lunae mittit, sive in augmento, sive in detrimento sit; in augmento quidem ipsi subveniens, ut tanto citius et fortius lumen suum recipiat; in detrimento vero, ut tanto lenius absque periculo decrescat. De medio etiam signi planetae sexti, qui proximus super lunam est, velut radius unus sursum ad signum solis tendit, quoniam a forti robore ejus contiguam vicinitatem lunae habentis, radius ad solem ascendit, ardorem illius lenitate subjectionis suae ne in nimietate erumpat retinens. Et alius ad dextrum cornu signi lunae dirigitur, quia fortitudo ejus radium ad fortiorem partem lunae mittit, ipsam retinendo, quatenus septentrionalem plagam devitet, et ordinate in defectu suo ad solem accedat, incensaque ab illo distincte recedat. Alius autem ad caput cervi, quod a signo capitis lupi procedit, extenditur, quoniam a robusto claritatis illius splendore radius ad principium collateralis venti, qui de principali vento occidentali ebullit, se prolongans, repentinam velocitatem ipsius reverberat, ne metam illam quam divina ordinatio ipsi proposuit transeat, sed in recta extensione procedat.

At signo quoque lunae, ut vides, quasi radius super utrumque supercilium, ac super utrumque talum praefatae imaginis radiat, quia luna naturali virtute sua corpus hominis temperat, ita ut sicut supercilium oculum ad visum conservat, et ut talus hominem portat, sic per dispositionem Dei viribus lunae membra hominis a sursum usque deorsum temperantur, non tamen tanta perfectione, quanta solis fortitudine, quoniam sol corpus hominis perfectius, luna vero parcius ministerio suo tangunt. Et luna cursum suum in calore et frigore peragit, quoniam crescendo calida est, decrescendo autem frigida; sol vero ab oriente usque in austrum in ardore est, sed postea frigiditatem usque in occidentem sibi attrahit. Luna quoque prius defectum suum lumen de sole accipit, quia sol exstinctum circulum lunae cum scintilla quasi cum lampade ex ipso spirata accendit, et tunc illa in alto est; sed postquam accensa fuerit in locum suum descendit. Et ut sol circulum lunae accendit et illuminat, sic etiam omnia subteriora, tam firmamenti quam eorum quae sub firmamento sunt, firmat, et luna adjutrix illius est, subteriora illuminando, quemadmodum et ipse superiora et inferiora illuminat. Sed et luna de aquosa humiditate, ac de nube quae sub ipsa est, et de aere qui super terram est, multo frigidior sole est; et sol multa perureret, si luna illi non resisteret, quoniam ardorem solis luna frigido humore suo temperat.

Sol itaque et luna hoc modo divina ordinatione homini serviunt, eique aut sanitatem, aut debilitatem secundum temperiem aeris et aurae inferunt, quemadmodum ostenditur ubi signum solis velut a cerebro usque ad calcaneum; signum autem lunae quasi a supercilio usque ad tahum præfatæ imaginis hominis radios suos mittunt. Nam cum luna in incremento est, cerebrum et sanguis hominis in ipso augmentatur; cum vero luna in detrimento est, cerebrum et sanguis in homine minuuntur. Si enim cerebrum hominis in uno statu esset, homo frenesim incurreret, ita ut etiam magis quam bestia indomitus appareret; et si sanguis in homine secundum modum unum foret, ita ut nec incrementum nec detrimentum in se sentiret, homo citissime scinderetur, nec vivere posset. Et cum luna plena est, cerebrum etiam hominis plenum est; et tunc homo sensatus est; sed cum vacua est, cerebrum quoque hominis vacuatur, et tunc etiam homo vacuus sensu aliquantum est. Cum autem luna ignea et sicca est, cerebrum quorumdam hominum igneum et siccum est, et ideo illi in cerebro infirmantur, ac minus sensati sunt, ita ut plenum sensum ad quælibet opera tunc non habeant. Sed cum illa humida est, cerebrum etiam eorumdem hominum supramodum humidum fit, et sic illi in cerebro dolent ac sensu evacuantur. Cum vero luna temperata existit, homo in cerebro et in capite sanitatem habet, et in sensu viget, quia per temperiem exteriorum elementorum humores qui in homine sunt in quiete subsistunt, et per commotionem ac inquietudinem illorum humores hominis multoties disturbantur, quoniam absque temperamento et servitio eorum homo vivere non posset. Sed et, quomodo supradictum est, signum solis eodem etiam modo et ordine quo supra verticem imaginis hujus radiis suis ad præfata loca designatum est; versus quoque dextrum latus ejus, nec non et sub pedibus ipsius in præfato circulo suo ad eadem loca signatum apparet, quia sol eodem statu et circuitione quemadmodum in orientali plaga consistit, et splendores radiorum suorum ad loca quæ præmonstrata sunt emittit, sic etiam in australi ac in occidentali plaga, in supra demonstratis distinctionibus et circuitionibus ad ipsa loca fulget fortitudine circumvolutionis firmamenti, ab oriente per austrum, in obliquo ad occidentem impulsus, quamvis in itineribus suis contra motionem firmamenti currere nitatur. Nam prædicti planetæ contra firmamentum ab occidente ad orientem circumferuntur, quatenus igne suo ignem illius retineant, et ad incendium instaurent, quoniam si cum illo ab oriente in occidentem volverentur, ignis illius dum ad anteriora festinaret, a retro instauratione carens, torpesceret; quapropter contra illud paulatim feruntur, ut ipso ad anteriora properante, ignem ejus a torpore velut in dorso excutiant. Sed plagam septentrionalem devitant, quia ibidem locus tenebrarum in aquilone est, quoniam lux et tenebræ sibi invicem non concordant. Hoc itaque modo præfati planetæ a Conditore mundi in firmamento dispositi sunt.

Tu autem, o homo qui hæc vides, intellige quod ad interiora animæ ista etiam respiciant.

Quid significet quod eorumdem planetarum tres in circulo lucidi ignis, unus in spatio nigri ignis, tres item in ambitu puri ætheris conspiciantur.

XXXIII. Super caput enim imaginis hujus septem planetæ sursum ab invicem signati sunt, tres in præfato circulo lucidi ignis, unus etiam in subjecto illi circulo nigri ignis; tres autem in subjecto illi circulo puri ætheris, significantes quod omnem intellectum hominis, septem dona Spiritus sancti excellentia per tria tempora mundi, videlicet ante legem, in lege, et in Evangelio. Sol etiam in subjecto illi circulo nigri ignis positus Deum omnipotentem designat, qui solus justo judicio contra inimicos suos pugnavit et eos potenter superavit. Tres autem in subjecto illi circulo puri ætheris constituti demonstrant quod tres personæ Divinitatis in bono affectu subjectionis puræ pœnitentiæ homini veraciter colendæ sint, ubi homo se totum Deo subjicit, ita ut etiam versus dextrum latus ejus, nec non et sub pedibus ipsius, sol eodem modo ac ordine signatus et distinctus in circulo suo ad prædicta loca appareat, quia in judicio Dei, ac in salute animarum, et in exemplo bonorum operum, eadem dona ipsa exhibitione, ut præmonstratum est, in significationibus suis se declarant, quoniam ut Deus timeatur pureque colatur, judicium Dei salusque animarum ac exempla justorum exhortantur.

Quorsum tres primi planetarum radios, qui in hac visione ex eis procedere cernuntur, dirigant; et quid tam per ipsos planetas, quam per radios eorum designetur.

XXXIV. Quod autem a medio signi summi primique planetæ, qui super caput ejusdem imaginis signatus apparet, velut radii quidam exeunt, quorum unus ad signum solis descendit, hoc est quod ab exoptabili præcellentique dono Spiritus sapientiæ, totam altitudinem intellectus hominis transgredientis virtutes prodeunt, ex quibus exspiratio sancta ad signum solis, id est ad Spiritum fortitudinis descendit, illi se associans, quatenus in fideli homine fortitudo sanctitatis sapienter incedat, ne insipienter præsumat hoc facere quod complere non possit. Sed unus ad dextrum pedem capitis cancri, quod a capite leopardi procedit radiat, ostendens quod in salute animarum exspiratio Spiritus sapientiæ propalata, ad rectum incessum fiduciæ, quæ a timore Domini exsurgit, se dilatat, illam muniens ita ut cum timore Domini in Deum confidat, nec frivole misericordiam ipsius velut pro nihilo habeat. Unus vero ad dextrum cornu cervini capitis, quod etiam ab eodem capite leopardi exit se tendit, quia in castigatione exspiratio rectitudinis se demonstrans, ad fortitudinem fidei, quæ etiam a timore Domini oritur, se expandit, illam ad rectam viam ducens, quatenus a diabolicis artibus se avertat, cum hominem pro ignorantia veritatis castigare non cessat. A medio quoque signi planetæ secundi, ut radius quidam super signum solis se declinat, significans quod ex abundanti plenitudine spiritus intellectus effusio intelligentiæ ad spiritum quoque fortitudinis accedit, in hoc etiam manifestans, ut quilibet fidelis homo subtiliter intelligat, forti animo se Creatori suo servire debere, ac diabolo abrenuntiare. Atque alius ad caput agni, quod a signo capitis leonis venit, egreditur, quoniam ut homo ad Creatorem suum prospere incedat, exspiratio de spiritu intellectus ad patientiam quæ ex judicio Dei procedit, extenditur, ostendens quod cum homo patientiam imitatur, prosperitatem et tribulationem æquo animo ferre debeat. Et alius ad prædictam lineam, quæ in firmamento principio orientalis partis præfatæ rotæ velut ad lineam occidentalis partis ipsius, versus septentrionalem ejus plagam extenditur, capite agni illic superius posito, quod a signo capitis ursi exit, dirigitur; quia ut quilibet fidelis contraria animæ suæ devitet, exspiratio iterum a spiritu intellectus veniens ad rectitudinem justitiæ quæ ab exordio bonorum factorum in virtute Dei manentium usque ad finem ipsorum diabolicas insidias de justis operibus segregans, patientia illi a sursum assistenti, quæ de corporali tribulatione producitur, se extendit, hominem monens ut cum judicium Dei ipsum castigat, castigationem illam patienter sufferat, ne acrius feriatur. Signum etiam tertii planetæ a medio sui quasi radium unum ad signum solis extendit, quod designat spiritum consilii a virtute sua exspirationem ad spiritum fortitudinis dirigere, quia quamvis hæc dona Spiritus sancti diversa nomina habeant, uno tamen studio et opere hominem ad beatitudinem perducunt, sicque spiritus consilii fortitudinem temperat, ut homo ad Deum bene et ordinate se erigat. Alium autem ad caput serpentis, quod a signo capitis leonis procedit, dirigit, quoniam in prosperitate veræ salutis spiritus consilii exspirationem suam ad prudentiam, quæ ex judicio Dei progreditur, dilatat, innuens quatenus homo prudenter corpus suum castiget, ne si illud sine discretione turbaverit, victus per stultam contritionem in labore succumbat. Sed alium ad præfatam lineam versus caput serpentis, quod a signo capitis ursi egreditur, prolongat, quia ne homo adversitatem animæ incidat, prædictus spiritus consilii exspirationem suam iterum ad rectitudinem justitiæ prudentia superius apparente, quæ de corporali tribulatione extenditur, se convertit, hominem qui judicium Dei metuit, per hoc docens ut provideat, ne supramodum illud timens, in desperationem cadat, sed ut prudenter per consilium bonæ inspirationis illud evadat.

Quare sol medius eorum plures quam cæteri radios emittere videatur, et vel quid ipse vel radii ejus significent.

XXXV. Ut autem vides quod solis quoque signum, quasi quosdam radios de se emittens, alio signum capitis leopardi, alio signum capitis leonis, alio signum capitis lupi, non autem signum capitis ursi tangit, hoc est quod spiritus fortitudinis exspirationes suas effundens, quadam timorem Domini, quadam judicium Dei, quadam infernales pœnas tangit, ostendens ut homo propter timorem Domini peccare metuat, et propter tremendum judicium ejus peccata sua deserat, et propter crudelissimas infernales pœnas consuetudinem peccatorum abjiciat. Non autem signum capitis ursi tangit, quia spiritus fortitudinis corporali tribulationi quæ simpliciter propter Deum non fit, se subtrahit (ursus enim interdum humanos mores, interdum bestiales in se ostendit); quoniam dum homo corpori suo tribulationem sine discretione infert, corpus ipsum, labore et tædio affectum, multoties fatigatum, succumbit, et dum se in his perseverare posse dubitat, quasi in ira velut bestia submurmurat. Unde nec tribulatio illa quæ homini per semetipsum sine recto moderamine infertur, nec illa quæ ab aliis ipsi etiam nolenti infligitur, spiritum fortitudinis advocat, quia æquitate discretionis caret. Nam quoniam instabilis est, ita quod nunc sursum, nunc deorsum extra rectum modum quasi volando movetur, fortitudinem habere non potest, scilicet ut in uno statu permaneat, quoniam fortitudo nec hac nec illac vacillando fortis semper persistit. Homo autem qui propter timorem seu amorem Dei cum moderamine discretionis et rectitudinis corpus suum affligit, in interiori spiritu quemadmodum in epulis gaudet; quapropter contritio hæc non afflictio, sed potius quemadmodum benedictio habenda est, et hic spiritus fortitudinis operatur, quatenus fidelis iste in his operibus rectitudinis permaneat, quia cum Deo sunt. Alium autem radium sol super signum lunæ mittit, quoniam spiritus fortitudinis ad timorem Domini se conjungit, videlicet ut quilibet fidelis in timore quo Deum timere debet fortis sit, ne per levitatem victus a loco beatitudinis dejiciatur. Alium quoque velut super cerebrum, et usque super utrumque calcaneum præfatæ imaginis extendendo figit, quia idem spiritus fortitudinis ut intentionem et initium boni operis ad rectam consummationem homo perducat, ipsum inspirat, quoniam beatus est qui seipsum ad bonum finem constringit.

Quorsum tres infimi radios suos intendunt, et quid etiam tam per ipsos quam per radios eorum figuretur.

XXXVI. Sicut autem vides quod a medio signi planetæ quinti, qui proximus sub sole est, quasi radius quidam sursum ad signum solis ascendit, hoc est quod a virtute spiritus scientiæ, qui per vicinitatem rectæ operationis spiritui fortitudinis adesse debet, exspiratio sursum ad eamdem fortitudinem tendit, quia scientia ut a fortitudine roboretur, ne in insipientia vertatur ad ipsam se elevat. Quidam vero ad caput cancri, quod a signo capitis lupi exit, se extendit, quoniam a virtute virium scientiæ exspiratio ad fiduciam quæ a corporali tribulatione egreditur se dilatat, quia cum homo scienter et simpliciter ac cum munimine discretionis corpus suum castigat, peccata sua punita et purgata esse confidit. Sed quidam ad sinistrum cornu signi lunæ se dirigit, quoniam cum a temporalibus scientia se subtrahit, expirationem suam, temporalia postponens, ad timorem Domini diffundit, eumque ut terrorem hominibus fideliter incutiat apprehendit. De medio etiam signi planetæ sex i, qui proximus super unam est, velut radius unus sursum ad signum solis tendit, ostendens quod de munimine spiritus pietatis, qui suavitate sua vicinus timori Domini est, exspiratio sursum ad spiritum fortitudinis ascendit, ibique confortatus, ut malignitati resistere possit se munit. Nam quicunque pie incedere disponit, fortitudinem sibi associet, ut in pietate perseverare valeat. Et alius ad dextrum cornu signi lunæ dirigitur, demonstrans quod prospere incedens, spiritus pietatis prosperitate timoris Domini aggreditur, hominibus etiam ut cum pietate timorem Domini habeant innotescens. Alius autem ad caput cervi, quod a signo capitis lupi procedit, extenditur, significans quod adversitatem spiritus pietatis abjiciens, exspirationem suam ad fidem quæ ab infernalibus pœnis egreditur producit, quatenus homo, pietate et fide munitus, infernales pœnas sic effugiat, ne supernam felicitatem per impulsum contumaciæ amittat. Quod vero vides qualiter a signo lunæ quasi radius super utrumque supercilium, ac super utrumque talum præfatæ imaginis radiat, hoc ostendit quod a timore Domini exspiratio salutifera veniens, hominem ut aciem mentis suæ custodiat, ne cæcitatem animæ incurrat monet, et ut robur gressuum interioris spiritus ad viam rectitudinis sic dirigat exhortatur, quatenus in veritate gradiens æternam beatitudinem adipiscatur. Nam sicut supercilium oculum tuetur, et sicut talus corpus hominis portat, ita timor Domini interiorem visum ne Dei obliviscatur informat, interioremque fortitudinem, per quam homo ad quælibet utilia et recta defertur, conservat.

Quod fidelis quilibet quamvis virtutibus emineat, eisdem tamen al quando quasi destitutus salubriter tentationibus pulsetur, ne præsumptione elationis seductus pereat.

XXXVII. Sed et, quomodo supra dictum est, signum solis eodem etiam modo et ordine quo supra verticem imaginis hujus radiis suis ad præfata loca designatum est, versus quoque dextrum latus ejus nec non et sub pedibus ipsius in circulo suo ad eadem loca signatum apparet, quia supradictum spiritus fortitudinis mysticum donum eodem moderamine et effusione quemadmodum intentionem hominis exspirationibus suis perfundit, sic et perfecta opera ejus exemplaque ipsius, quibus proximos suos ædificat, in plenitudine beatitudinis ad desideratam sanctitatem rectæ inceptionis inspirat. Cum enim virtutes fidelem hominem eisque bona voluntate consentientem, ea quæ recta sunt incipere faciunt, illa etiam ut ad profectum perducat, et

ut in eis exemplum justitiæ bona consummationes cæteris exhibeat exhortantur. Sed tamen eædem virtutes quamvis hominem diversis modis inspirationis suæ protegant, tentatione tamen carnis diabolicisque artibus quasi versus aquilonem illum multoties tentari permittunt, quatenus per hæc cognoscat quomodo se ab his defendat, ne præsumptione elationis injustum modum elatus, postmodum in deterius corruat et pereat, quemadmodum et illi in præsumptione elati perierunt, de quibus in verbis Isaiæ prophetæ scriptum est.

Testimonium de libro Isaiæ ad hæc insinuanda appositum, et quomodo intelligendum sit.

XXXVIII. « Propterea infernus dilatavit animam suam, et aperuit os suum absque ullo termino, et descendent fortes ejus, et sublimes ejus, gloriosique ejus ad eum, et incurvabitur homo et humiliabitur vir, et oculi sublimium deprimentur (*Isa.* v). » Quod sic intellectui patet : Deficienti lunæ, quæ obscurum circulum habet, cum tota deficit, et reaccenditur, homo in peccatis manens assimilatur, quia cum se tenebrosum videt, per gratiam Dei sæpius excitatur, ut digne gratiam Dei quærat; et cum digne gratiam Dei invocaverit, Spiritus sanctus ad intuendum verum lumen ipsum accendit, velut luna a sole reaccenditur. Sed postquam bonis operibus ita confortatus fuerit, ut illis saturari non possit, omni studio caveat ne hæc sibimetipsi ascribat; velut a se et non a Deo sint, in hoc etiam quasi Deum se faciens, et se posse facere quæ voluerit computans, sicut et Satan putabat, qui in proprietate sua ut Deus esse voluit, unde et claritatem suam in oblivionem duxit. Propterea quoque infernus dilatavit animam suam, id est pœnas quas in se habet, et aperuit voracitatem suam indesinenter, quoniam absque omni gaudio est, et ideo etiam in cupiditate absorbitionis suæ non saturatur, quia ut immunda volatilia animalium cadavera vorare cupiunt, ita infernus in nequitia sua fortes qui contra Deum pugnant, et sublimes qui se injuste exaltant, atque gloriosos qui gloriam suam et non gloriam Dei quærunt ad se trahit ac devorat. Unde etiam incurvabitur homo qui præfatis malis consentit, sicut et supradicti infelices spiritus cum principe suo incurvati sunt; et humiliabitur ille, qui virilem fortitudinem habere deberet, cum de bono ad malum declinat, atque oculi, id est scientia illorum qui in sublimitate superbiæ se sapientes esse putant ad nihilum deducetur, quoniam mercedem gloriæ humilitatis amittunt, quia gloriam a populo pro bonis operibus impœnitentes quærunt. Nam si exinde pœnituerint, in sanguine vituli velut pœnitentes suscipientur.

De sedecim principalibus stellis, in circulo lucidi ignis ad solidandum firmamentum et temperandos ventos in circuitu ipsius firmamenti æqua distinctione constitutis.

XXXIX. Ut autem vides in circuitu quoque circuli, in quo similitudo lucidi ignis videtur, sexdecim etiam principales stellæ apparent, ostendentes quod per circulum superioris igni firmamenti, maximæ stellæ, ut præfatum est, positæ sunt, quatuor videlicet inter caput leopardi et leonis, quatuor quoque inter caput leonis et lupi, quatuor inter caput lupi et ursi, quatuor etiam inter caput ursi et leopardi ; id est quatuor inter ventum orientalem et australem, quatuor quoque inter ventum australem et occidentalem, quatuor inter ventum occidentalem et septentrionalem, quatuor etiam inter ventum septentrionalem, et orientalem, viribus suis easdem partes firmamenti confirmantes, ipsosque ventos contemperantes. Sed si istæ in numerositate superabundarent, superfluitate sua firmamentum aggravarent, vel si in paucitate essent, penuria paucitatis suæ firmamentum consolidare non valerent, quia unicuique creaturæ Deus et superfluam nimietatem, indignamque penuriam subtraxit. Et quatuor inter duos ventos existunt, quoniam æquo et necessario, et non superfluo numero rectitudinis suæ easdem partes firmamenti ubi positæ sunt, insimul viribus suis tenent, quemadmodum clavi parietem, cui infixi sunt, nec de locis suis moventur, sed cum firmamento circumvolvuntur, illud solidantes. Quarum octo, quæ mediæ sibi utrumque astantium stellarum inter capita hæc sunt, scilicet duæ inter duo capita, quasi radios suos in signum tenuis aeris sibi oppositi extendunt, quia stellæ, istæ quæ mediæ quatuor stellarum inter præfatos ventos sunt, quoniam quatuor inter duos ventos consistunt, ut prædictum est, radios suos in tenuem aerem prolongant, quemadmodum venæ a capite hominis usque ad pedes descendunt. Et ut eædem venæ totum corpus hominis confortant, ita etiam stellæ istæ totum firmamentum viribus suis consolidant, et ventis qui ipsis proximi sunt resistunt, ne firmamentum extra modum suum commoveant, aeremque ad rectum temperamentum perducunt, sibique æquali modo vicinæ sunt, quatenus altera ab altera ad confortationem ejusdem firmamenti sustentetur. Reliquæ autem octo, quæ ex utraque parte harum mediarum præfatis capitibus proximæ videntur, velut radios suos tantum ad nigrum ignem dirigunt, quia iste in medio sui alas tenentes, ventisque ut supra ostensum est vicinitate assistentes, radios de se procedentes solummodo ad nigrum ignem mittunt illi repugnantes, ne furorem ardoris cui immoderate emittant. Et stellæ istæ per circuitum firmamenti æquali moderamine a se positæ, et separatæ sunt, quatenus idem firmamentum æquali modo viribus suis sustineant.

Quod aliarum discreta numerositas stellarum in duobus circulis scilicet puri ætheris et albi lucidi aeris positarum firmamentum calefaciat et nubes ne suos transeant terminos coerceat.

XL. Quod autem vides quod circulus puri ætheris, circulus quoque fortis et albi lucidique aeris, quasi stellis pleni sunt, quæ velut fulgores suos ad sibi oppositas nubes mittunt, hoc est quod superior purus æther, et sub eo fortis, et albus lucidusque aer stellis majoribus et minoribus pleniter perfusi et firmati sunt, quia in nulla superfluitate existentes, ignibus suis totum firmamentum calefaciunt, et confortant, radiisque suis nubes sub forti et albo lucidoque aere infundentes pertranseunt et tenent, ne metas a Deo ipsis constitutas excedant.

De quatuor statibus in modum linguarum propter mobilitatem suam dextro lævoque imaginis apparentibus quid utilitatis habeant.

XLI. Unde et eædem nubes in dextra parte prædictæ imaginis tanquam duas linguas ab invicem separatas de se proferentes, ab eis ut quosdam rivulos in supradictam rotam, et versus eamdem imaginem dirigunt, quoniam ad salutem hominis, velut duæ munitiones ab invicem disjunctæ, sicut et duo principales venti in eisdem partibus a se distant, de ipsis nubibus quæ versus australem partem apparent exeunt, ita ut etiam de ipsis nubibus quædam spiramina in communem aerem, per quem diversæ creaturæ vegetantur, procedant, ad hominemque se dirigant, quia et ille scilicet homo, quemadmodum et aliæ creaturæ, superiori adjutorio ac ministerio carere non potest. In sinistra vero parte illius a signatis ibidem nubibus, velut etiam duæ linguæ a se aliquantum separatæ, in eamdem rotam et ad ipsam imaginem, quasi quibusdam rivulis de se fluentibus se convertunt, quoniam ut contraria quæque ab homine amoveantur, scilicet tam de sinistra quam de dextra illius a nubibus quæ versus septentrionalem partem sunt, etiam duo retentacula munitionum ab invicem separata procedunt, velut et principales earumdem partium venti a se separati sunt, sicut et de aliis superius dictum est, quæ illa, quæ in mundo subsistunt, videlicet et hominem et reliquas creaturas quemadmodum Deus ipsis disposuit conservant. Istæ autem quatuor linguæ de quatuor principalibus ventis procedunt, quia eas ad retentationem nubium exspirant, quoniam ut principales venti totum firmamentum confortant et tenent, ita et isti status eorum qui ut linguæ propter mobilitatem suam apparent, nubes quæ sub firmamento sunt continent, ne hac aut illac diffluendo, modum suum excedant.

Mystica et luculenta ratio de numero et ordine vel positione sedecim principalium stellarum.

XLII. Hoc modo, ut præfatum est, imago hæc signis istis implexa et circumdata est, quia homo fortitudine elementorum ac juvamine cæterarum creaturarum ita confortatus et munitus existit, ut nullo impulsu adversitatis de statu suo evelli possit, dum ipsum divina potestas custodit. Hæc autem omnia et alio modo intelligenda sunt. Nam quod in circuitu circuli, in quo similitudo lucidi ignis videtur, sexdecim etiam principales stellæ apparent, hoc est quod in integritate divinæ potentiæ principales doctores sunt, qui decem præcepta legis per sex ætates mundi compleri docuerunt et docent, quatuor videlicet inter caput leopardi et leonis, quatuor quoque inter caput leonis et lupi, quatuor inter caput lupi et ursi, quatuor etiam inter caput ursi et leopardi, quoniam iidem doctores per quatuor partes mundi timorem Domini, judiciumque ejus et infernales pœnas cum corporali tribulatione quoslibet fideles expavescere hortantur, quatenus per formidinem istorum, etiamsi dilectionem Dei postposuerunt, peccare desistant. Quarum octo quæ mediæ sibi utrinque astantium stellarum inter capita hæc sunt, scilicet duæ inter duo capita quasi radios suos in signum tenuis aeris sibi opposti extendunt, designantes quod octo beatitudines in perfectione prædictarum virtutum degentes, dilectionemque Dei et proximi pronuntiantes, cum summo studio exspirationes suas desideriis fidelium hominum infundunt, quatenus illi quamvis sæculo plurimis modis dediti sint, temporalibus postpositis, ad cœlestia festinent. Reliquæ autem octo, quæ ex utraque parte harum mediarum præfatis capitibus proximæ videntur, velut radios suos tantum ad nigrum ignem dirigunt, ostendentes quod eædem beatitudines et in prosperitate et in adversitate veræ perfectioni cæterarum virtutum assistentes, acumen exspirationum suarum ad judicialem ignem mittunt, his qui Deo in spiritu deservire debent innuentes, quod nulla peccata quamvis levia in neglectum ducantur, quin per judicium et vindictam Dei examinentur.

Item mystica ratio de discreta multiplicitate et constitutione aliarum communium stellarum.

XLIII. Quod autem vides quod circulus puri ætheris, circulus quoque fortis et albi lucidique aeris, quasi stellis pleni sunt, quæ velut fulgores suos ad sibi oppositas nubes mittunt, hoc est quod integritas veræ pœnitentiæ, integritas quoque discretionis sanctorum operum, in rationalitatis multiplici splendore vigent, quoniam ut stellæ diversæ et multiplices sunt, sic etiam et pœnitentia, discretioque sanctorum operum quamplurimas vires beatitudinis in se demonstrant, ac rationabiles splendoribus suis mentes fidelium faciunt, quoniam eis infundunt, quatenus omnia opera quæ agunt, rationabilia coram Deo appareant.

Item mystica ratio de utilitate quatuor flatuum in dextra seu læva parte imaginis instar linguarum se commoventium.

XLIV. Unde et eædem nubes in dextra parte prædictæ imaginis, tanquam duas linguas ab invicem separatas de se præferentes, ab eis ut quosdam rivulos in supradictam rotam et versus eamdem imaginem dirigunt, quia mentes beatorum hominum ad prosperitatem suam duo testamenta, alterum quidem secundum carnem, alterum vero secundum spiritum a se distantia, a se directa ostendunt, ita ut tamen illa in unum consentiant, velut linguæ istæ formam unam habent, quorum testificationibus orbis terrarum repletus, hominem ad Creatorem suum respicere docent. In sinistra vero parte illius a signatis ibidem nubibus, velut etiam duæ linguæ a se aliquantum separatæ, in eamdem rotam, et ad ipsam imaginem quasi quibusdam rivulis de se profluentibus se convertunt, significantes ut cum homo per diabolicas tentationes impugnatur, ad mentem suam quemadmodum duo testamenta, videlicet dilectionem Dei et proximi colligat, quæ a se aliquantum distant, quoniam dilectio ad Deum tendens major dilectione proximi est, ac sic rotam sæcularium curarum, nec non concupiscentiam carnalium impugnationum irrigatione justæ admonitionis exstinguat.

Quod fidelis quisque vestigia Filii Dei devote sequens munimine virtutum inter tentationes roboratus ad gaudia superna perveniat, et verba Isaiæ ad idem approbandum congruenter exposita.

XLV. Et hoc modo, ut præfatum est, imago hæc signis istis implexa et circumdata est, quoniam homo fidelis, qui vestigia Filii Dei fideliter subsequitur, claritate beatarum virtutum defensus et ornatus, hoc modo circumdatur, quatenus eum diabolicis insidiis ereptum, ad beatitudinem supernorum gaudiorum feliciter perducant, ubi in æternum gaudebit, Isaia servo meo attestante qui dicit : « Iste in excelsis habitabit, munimenta saxorum sublimitas ejus, panis ei datus est, aquæ ejus fideles sunt. Regem in decore suo videbit, oculi ejus cernent terram de longe (*Isa.* XXXIII). » Hoc sic intellectui patet : Qui de sinistra parte ad dexteram declinat, attendens quia Deus requiescit super humilem et quietum corde, superbum diabolum superat, cum se ipsum conterit dicens : Deus oculis duobus me illuminavit, quibus considero quantam gloriam lux in tenebris habet, ubi eligere possum qua via incedam, quoniam aut videns, aut cæcus ero, cognoscens etiam quem ductorem ad diem vel ad noctem invocem. Ego enim in tenebris me abscondendo lasciva opera facere possum, quæ in luce perpetrare non valeo, quia ab omnibus ibi astantibus inspicior ; sed tamen in tenebris nullum præmium, sed damnabilem pœnam consequar, et ideo cordis pressuram, qua peccatis oblector vulnerabo, vivumque Deum invocabo, quatenus in viam lucis me ducat, et ut ulcera mea curet, ne in luce pro his erubescam. Quod dum fecero, funes captionis meæ rumpentur, quoniam inimicum meum, cujus suggestioni in tenebris consenseram, captum hoc modo tenebo, quia in me illusus est. Ille namque qui sic operatur in excelsis cœlorum habitabit, atque munimentum saxorum, quod Christus est, sublimitas ejus erit, ubi panis vitæ ei datur, cujus nunquam refectionem fastidire potest, quoniam in dulci gustu veræ charitatis semper delectatur. Quapropter et sic fluens rivulus de vivente aqua efficitur, et per donum sancti Spiritus omnia opera sua in sanctitate ita fluunt, ut columbini oculi Spiritus sancti illa inspiciant, unde et aquæ istæ fideles sunt, quia nec evacuabuntur, nec exsiccabuntur, nec homo eis saturabitur, quoniam ab oriente fluunt, nec altitudinem eorum homo quandiu in corpore manet, videbit, nec profunditatem ipsarum inveniet, quia etiam aquæ in quibus homo ad vitam renascitur Spiritu sancto perfunduntur. Isto quoque modo fidelis homo regem in decore beatitudinis videbit, et in scientia sua cernet terram viventium cum de peccatis corde et corpore longe segregat se, unde etiam consideret quid eligat.

De luce clarissima ex ore imaginis rotam in pectore gestantis in similitudine filiorum procedente, quibus signa ipsius imaginis et rotæ et circulorum præostensorum dimetiri videtur, et mystica horum ratio.

XLVI. Vides etiam quod ex ore prædictæ imaginis, in cujus pectore præfata rota apparet, lux clarior luce diei in similitudine filorum exit, quoniam ex virtute veræ charitatis, in cujus scientia circuitus mundi est, elegantissima ejus ordinatio super omnia lucens, omniaque continens, et constringens procedit. Quibus filis signa prædictorum circulorum, signaque cæterarum figurarum, quæ in eadem rota discreta sunt, et singula signa membrorum formæ hominis, scilicet ejusdem imaginis, quæ etiam in ipsa rota apparent, ut præfatum est, recta et distincta mensura metitur, quemadmodum in præcedentibus et subsequentibus verbis illius manifestatur, ubi per eam vires elementorum aliorumque superiorum ornamentorum, quæ ad munimentum et ad ornatum mundi spectant, omnesque compagines membrorum hominis, qui in illo scilicet mundo dominatur, decenter distinguit, convenienterque justæ mensuræ coaptat, ut tibi multoties propalatum est. Sed etiam de vera charitate, quæ tota divina est, bonum quod omni desiderabili pretiosius existit, omnes ipsum quærentes ad se colligens et trahens venit, atque cœlestium desideriorum spiritaliumque gemituum divino instinctu procedentium, merita, nec non et omnia hominis opera, pro Dei amore prolata, recto judicio pensat, sicut et omnibus qui Deum perfecte diligunt patet, velut per Jeremiam servum meum loquor, dicens:

Verba Jeremiæ prophetæ ad eamdem rationem spectantia, et quomodo intelligenda sint.

XLVII. « Ego Dominus scrutans cor et probans renes, qui do unicuique juxta viam suam, et juxta fructum adinventionum suarum (*Jer.* XVII). » Quod sic intellectui patet : Qui Deum diligunt, per nullam clausuram falsæ occasionis alium quam ipsum quærunt, nec ullas susurrationes concupiscentiarum carnis suæ cum alio habere volunt ; cum tamen homo voluntates suas multoties perficiat, sicut et Adam tentavit quid facere posset. Homo autem Deo et diabolo simul servire non potest, quoniam quod Deus diligit, diabolus odit, et quod diabolus diligit, Deus negligit, quemadmodum in homine est, quia caro in peccatis delectatur, et anima justitiam sitit, atque in his duobus pugna magna est, quoniam pars altera parti alteri contraria existit. Sed tamen opus quod homo incipit, hoc modo in magna contentione perficitur, sicut et servus domino suo servire cogitur, quoniam caro cum anima sibi subjecta peccatum aggreditur, animaque cum carne illi substrata opus bonum operatur. Cum autem homo secundum desideria animæ currit, se ipsum propter amorem Dei repudiat, atque peregrinum in concupiscentiis carnis se facit, quod justi et sancti faciunt, et etiam Abel fecit, qui in Deum aspexit; et in cujus sanguinis effusione tota terra contremuit, ita ut postmodum vidua nominata sit, scilicet integritate sanctitatis per homicidium Cain privata, velut mulier solatio viri in viduitate destituitur. Nam et ego Dominus cunctorum scrutor corda contrita, quæ peccata negligunt, proboque renes, qui de gustu concupiscentiarum se continent, qui reddo homini mercedem secundum laborem gressuum viarum suarum, et secundum quod fructus in deliberatione cogitationum suarum profert, quia omnes fructus hominis coram me scriptos habeo. Homo enim qui voluntates suas concupiscentiarum suarum deserit, justus est; qui vero omnem voluntatem suam in concupiscentiis sequitur, justus nominari non poterit ; sed tamen si ad bonum conversus fuerit, cicatrices ejus in sanguine Agni abluuntur, et tunc etiam cœlestis exercitus illas curatas videns in admirabilem laudem Dei excitatur. Omnis itaque homo qui Deum timet et diligit, verbis istis devotionem cordis sui aperiat, eaque et ad salutem corporum et animarum hominum, non quidem ab homine, sed per me qui sum prolata sciat.

VISIO TERTIA.

Simplex collectio quarumdam visionum physicam tangentium de ventis superius et inferius firmamentum circumagentibus, de circulo superiore ad planetas ab occasu in ortum regradandos, et in cursu suo moderandos emittentes; de humoribus hominis qualitates aeris et ventorum invicem concurrentium suscipientibus; de venis et de intestinis totius humani corporis, quomodo sibi in diversis officiis cohæreant et cooperentur, et quibus de causis ab æqualitate vel temperie sua interdum dissideant.

I. Vidi et ecce ventus orientalis ventusque australis cum collateralibus suis per flatus fortitudinis suæ firmamentum moventes, illud ab oriente usque ad occidentem super terram circumvolvi faciebant, ibique ventus occidentalis, nec non et ventus septentrionalis et collaterales ipsorum illud suscipientes, spiramibibusque suis impellentes, ab occidente usque ad orientem sub terra rejiciebant. Vidi quoque quod a die quo dies prolongari incipiunt, præfatus australis ventus cum collateralibus suis, idem firmamentum in australi plaga sursum versus septentrionem usque in diem quo ultra non prolongantur, quasi fulciendo paulatim attollebat, et quod ab eodem die quo dies abbreviari incipiunt, septentrionalis ventus cum collateralibus suis ipsum firmamentum claritatem solis abhorrens a septentrione ad austrum repellendo paulatim deprimebat, usquedum auster illud iterum a longitudine dierum erigere incipiebat. Sed et vidi quod in superiori igne circulus apparebat, qui totum firmamentum ab oriente versus occidentem circumcingebat, de quo ventos ab occidente ad orientem contra circumvolutionem firmamenti ire compellebat, et iste sicut alii praefati venti in mundum flatus suos non emittebat, sed tantum cursum planetarum, ut praedictum est, temperabat. Deinde etiam vidi quia per diversam qualitatem ventorum et aeris cum sibi invicem concurrunt, humores qui sunt in homine commoti et immutati, qualitatem illorum suscipiunt. Unicuique enim superiorum elementorum aer qualitati illius conveniens, per quem illud scilicet elementum vi ventorum ad circumvolutionem impellatur, inest, alioquin non moveretur, et de quolibet istorum cum ministerio solis, lunae et stellarum, aer qui mundum temperat exspiratur. Cum autem aliquando aut per ardorem cursus solis, aut per judicium Dei, quodcunque elementum versus quamlibet plagam mundi tangitur, illud ibi cum aere se movente commotum, ex eodem aere flatum qui ventus dicitur, in subteriorem praefatum aerem emittit, qui se mox illi intermiscet, quia etiam ex aliqua parte ex ipso est, et aliquantum ei consimilis existit, sicque hominem tangit, unde et humores qui in ipso sunt, secundum qualitatem ipsius venti et aeris, cum ejusdem qualitatis sunt, seu ad debilitatem, seu ad fortitudinem saepius immutantur.

Et iterum vidi cum quispiam ventorum omnium praedictarum qualitatum in qualibet plaga mundi aut diverso cursu solis et lunae aut judicio Dei, ut praedictum est, excitatur, ita ut illic aere commoto, sibique contemperato, flatum suum emittat, quod idem aer per mundum spirans, et ea quae in mundo sunt temperando conservans, secundum eumdem flatum hominem in humoribus suis aliquantum mutabilem reddit, quoniam cum ille scilicet homo cujus naturalis qualitas eidem flatui convenit, aerem hunc sic immutatum in se inducit et emittit, eo quod anima illum suscipiens ad interiora corporis transmittat, humores qui in ipso sunt etiam immutantur, eique aut infirmitatem aut sanitatem, ut supra demonstratum est, multoties inducunt. Humores enim sicut leopardus in hominem ferociter interdum insurgunt, sed tamen deinde leniores fiunt, et ut cancer nunc procedendo, nunc retrogradiendo mutationem saepius in se ostendunt; atque velut cervus saliendo et pungendo diversitatem in se aliquando manifestant, et etiam quemadmodum in rapacitate lupi, et cum ipso velut in qualitate cervi et cancri, ut praedictum est, hominem interdum invadunt; interdum quoque ut leo fortitudinem suam in illo non cessando demonstrant, atque ut serpens nunc lenitatem nunc acritatem in se proferunt, et quemadmodum agnus, se mites aliquando simulant, sed etiam ut ursus interdum velut in ira submurmurant, interdum quoque cum illo qualitatem agni et serpentis, velut supra ostensum est, manifestant. Nam humores in homine hoc modo saepius immutantur. Quapropter et multoties ad jecur ipsius sic immutati transeunt, in quo scientia ejus probatur, quae de cerebro per vires animae temperata procedit, et quod humiditas cerebri tangit, ita ut illud pingue et forte ac sanum sit. In dextera enim parte hominis jecur et magnus calor corporis est, idcirco et dextera velox ad erigendum se et ad operandum est, in sinistra autem cor et pulmo sunt, quae illa ad onera confortant, et calorem de jecore quemadmodum de fornace habent. Sed venae jecoris commotis humoribus istis tactae, venulas auditus hominis concutiunt, auditumque illius aliquando confundunt, quoniam per auditum homini multoties seu sanitas, seu infirmitas infertur, scilicet cum de prosperis supramodum in gaudio concutitur, sive cum de adversis supramodum in tristitia contrahitur. Vidi quoque quod interdum humores isti ad umbilicum hominis tendunt, qui quasi caput viscerum exstans illa leniter claudit ne dissipentur, et qui itinera caloremque eorum et venarum ad rectum temperamentum conservat, licet multoties suis impulsibus inquietus sit, alioquin homo vivere non posset. Sed et lumbos hominis aliquando petunt, qui in viribus suis velut ludendo deceptuosi et periculosi sunt, et qui a nervis et a caeteris venis retinentur, in quibus etiam rationalitas floret, ita ut homo sciat quid faciat, vel qui devitet; unde et delectationem ad opera illa habet, et quae in dextra parte corporis de flatu spiraminis hominis, et de jecore ejus calefiunt, et roborantur, unde et sic homo discretionem disciplinamque recipit, quomodo procellas aliorum humorum compescat, quatenus opera sua disciplinate perficiat.

Iidem quoque humores venas renum et aliorum interdum tangunt, quae ad venas splenis, pulmonis et cordis tendunt, et haec omnia cum visceribus in sinistra concutiuntur, cum illa pulmo calefacit, dextram vero partem corporis jecur accendit. Et venae cerebri, cordis, pulmonis et jecoris, caeteraeque renibus fortitudinem afferunt, et venae renum ad suras descendunt, easque confortant, et ita cum venis earumdem surarum sursum redeuntes, seque aut in virili fortitudine, seu in muliebri matrice ad invicem connectentes, quemadmodum stomachus cibos comprehendit, locis illis vires ad gignendum prolem immittunt, velut per lapidem ferrum acuitur. Lacerti enim musculi brachiorum, et surae, tumores quoque crurium sunt pleni venis et humoribus, quoniam ut venter viscera et cibos in se retinet, sic lacerti brachiorum, et surae crurium venas et humores in se conservant, et fortitudine sua hominem roborant et portant, quemadmodum venter illum nutrit. Sed cum homo interdum festinanter currit, seu incedendo iter facit, nervi qui sub genibus existunt, et venulæ quæ in genibus sunt supramodum distentæ, venas in suris, quæ ut rete sibi connexæ et plurimæ sunt, tangunt, et sic in fatigatione ad venas jecoris redeuntes, illas cerebri venas tangere faciunt, et hoc modo totum corpus in fatigationem mittunt. Venæ autem renum suram sinistram illi subvenientes magis tangunt quam dextram, quia sura dextra a calore jecoris confortatur. Ad venas quoque renum atque illorum venæ suræ dextræ ascendunt, illarumque venæ jecoris venas tangunt, et jecur renes in pinguedine quæ ex humoribus est jacentes calefacit ita ut extendantur, velociter delectationem inducentes, et educentes citoque cessantes, quia cum jecur homini calorem dat, ille joculatur et lætus est. Itaque humores qui in homine sunt in justo modo commoti, cum venas jecoris illius aliquando tangunt, ut supra dictum est, humiditas illius minuitur, humiditas quoque pectoris attenuatur, unde etiam hominem sic exsiccatum in infirmitatem impellunt, flegma etiam in eodem homine aridum et venenosum sit, illudque ad cerebrum ejus sic ascendit, caputque in dolorem ducit, oculos quoque dolere facit, medullaque in ossibus illius marcescit, ita ut interdum ille caducum morbum incurrat, cum luna in defectu est. Humiditas etiam quæ in umbilico illius est, per eosdem humores fugata, in siccitatem aliquando vertitur et indurescit, unde et caro ipsius ulcerosa, et squamosa fit, velut leprosus sit, cum lepram non habeat. Venæ etiam lumborum ipsius, per illos injustæ tactæ cæteras eodem modo commovent, ita ut recta humiditas in ipso exsiccetur; sicque humore relicto, impetigines in illo exsurgunt. Venæ quoque renum ejusdem hominis a præfatis humoribus injuste commotis interdum tactæ, alias venas quæ ipsis in suris, aut in reliquo corpore adhærent, ut prædictum est, concutientes, medullas ossium et venas carnis illius in siccitate arefaciunt, et sic homo diu languet, in languore isto vitam diu trahens. Sed aliquando præfati humores in pectore hominis supramodum in humiditate mundant, illique jecur ejus humiditate ista humectant, unde quamplurimæ et variæ cogitationes in eumdem hominem insurgunt, ita ut se nunc nimis stultum esse putet, et deinde iidem humores ad cerebrum ascendentes, illud inficiunt, atque ad stomachum descendunt, febresque in eo generant, sicque homo ille diu infirmatur. Venulas quoque aurium cum superfluitate flegmatis interdum angunt, illæque venas pulmonis cum eodem flegmate ita inficiunt, ut homo tussiat, et vix suspirare possit, et eadem superfluitas flegmatis de venis pulmonis ad venas cordis transiens, illud in dolorem ponat, dolorque iste ad latus ejusdem hominis vadens, pleurisim excitet, eumque ita concutiat, quasi caducum morbum in defectu lunæ habeat. Superflua etiam inundatione viscera in umbilico hominis movent, atque sic ad cerebrum illius ascendunt, eumque freneticum multoties faciunt, venasque in lumbis illius concutiunt, melancholiam quoque in ipso tangunt, ita ut ille hoc modo conturbetur, tristisque sine discretione efficiatur. Interdum quoque iidem humores inconvenienti humectatione venas renum hominis tangunt, illæque sic commotæ venas surarum illius, et cæteras venas corporis ipsius superflua inundatione inficiunt, et si etiam idem homo superfluis cibis et potibus tunc superabundaverit, pinguem lepram illi aliquando inferunt, quoniam carnes ejus ingrossescunt. Quod si præfati humores nec supramodum humidi, sed æquali et congruo modo temperati per membra hominis diffunduntur, in corpore suo ille sanus permanet, et in scientia sive ad bonum sive ad malum vigens.

Quod omnes creaturæ non minus in anima quam in corpore utilitati deserviant, et quid significet quod venti orientalis et australis cum collateralibus suis firmamentum ab oriente in occidentem circumvolvere conspiciantur.

II. Et iterum vocem de cœlo ad me sic dicentem audivi: Omnes creaturas quas Deus tam in superioribus quam in inferioribus fecit, utilitati hominis adjunxit; quas si ille pravis actibus evertit, judicium Dei ipsa cum vindicta super illum inducit. Quæquamvis homini in corporali necessitate assistant, ad salutem quoque animæ illius respicere non minus intelligendæ sunt. Nam ut vides quod ventus orientalis ventusque australis cum collateralibus suis flatibus fortitudinis suæ firmamentum moventes, illud ab oriente usque ad occidentem super terram circumvolvi faciunt, hoc designat quod exspiratio timoris Domini exspiratio quoque judicii Dei, cum cæteris virtutibus fortitudine sanctitatis suæ interiorem spiritum hominis tangentes, cum velut in oriente bona incipere, et in his usque ad bonam consummationem, quasi ad occidentem carnalia convincentem, conversari et perseverare faciunt, quoniam cum homo Deum timet, judicium ejus pro excessibus suis incurrere pertimescit. Unde cum sic bona incipit ut in illis perseveret, pro æterna remuneratione studet. Ibique ventus occidentalis, necnon et ventus septentrionalis ac collaterales ipsorum illud suscipientes, spiraminibusque suis impellentes, ab occidente usque ad orientem sub terra rejiciunt, quoniam exspiratio rectitudinis infernalibus pœnis, exspiratione castigationis corporalibus tribulationibus et cæteris flagellationibus spiritum hominis exterrentes, terrorisque suis concutientes, cum jam in tædio lassitudinis bona operari velut ad occidentem declinans desinit, ad ortum justitiæ sub terrena calamitate reducunt, illum exhortantes, ne quasi in fine justorum operum tepida facilitate victus succumbat, sed ut strenue ad initium sanctitatis redeat, quia non incipienti et negligenti, sed incipienti et perficienti merces beatitudinis dabitur.

Quid significet quod itidem ventus australis, sed et septentrionalis diversis anni solstitiis, alter ab austro in septentrionem attollat, alter a septentrione in austrum paulatim deprimat.

III. Vides quoque quod a die illo quo dies prolongari incipiunt, præfatus australis ventus cum collateralibus suis idem firmamentum in australi plaga sursum versus septentrionem usque in diem quo usque ultra non prolongantur, quasi fulciendo paulatim attollat, quia cum in luce veritatis bona opera per fidelem hominem extenduntur, ab igne justitiæ exspiratio rectitudinis cum aliis virtutibus veniens, interiorem spiritum ipsius in ardente justitia, sursum contra concupiscentiam carnis, quamplurimis tentationibus attritum et probatum, usque ad bonam fidem erigendo, bene et ordinate attollit. Quod autem ab eodem die quo dies abreviari incipiunt, septentrionalis ventus cum collateralibus suis claritatem solis abhorrens, ipsum firmamentum a septentrione ad austrum repellendo paulatim deprimit, usque dum auster illud iterum ad longitudinem dierum erigere incipiat, hoc est quod cum hominem in bonis operibus tædium et tarditas apprehendendo in fatigationem duxerunt, tribulatio etiam corporalis, qua se idem homo diabolicæ persuasioni resistens, multis modis prius afflixerat, et claritatem eorumdem operum tædio affectus neglexerat, spiritum illius contrariis cogitationibus interius tangit, ipsique immittit, quatenus se in his afflictionibus contineat, rigoremque, quem in eis habuit, deponat, quoniam gratia Dei velut in austro benigne et clementer ipsi peccata sua indulgeat, sicque illum paulatim decipit, quosque ignis donorum Dei hæc recte dijudicans, spiritum ipsius in carne hoc modo certamen, iterum ad pristinum vigorem virtutum reducat.

Quid circulus in superiori igne apparens significet tam totum firmamentum cingens, quam ventum superiora perflantem et planetarum cursum regradando temperantem emittens.

IV. Sed et vides quod in superiori igne circulus appareat, qui totum firmamentum ubique circumcingit, de quo ventus egrediens septem planetas ab occidente ad orientem contra circumvolutionem firmamenti ire compellit, quoniam in divina potentia integritas sanctitatis est, quem interiorem spiritum hominis ex omni parte munit, qui se Deo conjungit. Unde et de ipsa exspiratio veniens, mystica sancti Spiritus dona illum ubi in tædio torpescere incipit, tangere facit quatenus a torpore se excutiat, et ad justitiam strenue exsurgat; quod tamen multoties grave spiritui hominis est, quia corpus, in quo per divinam dispositionem positus manet ut sibi obediat, vix interdum perducere potest, quoniam illi sæpius tanquam habitaculo suo in carnalibus desideriis consentit, sicque exspiratio donorum Dei multoties voluntati hominis resistit. Et istæ sicut cæteri præfati venti in mundum flatus suos non emittit, sed tantum cursum planetarum, ut prædictum est, temperat, quia præmonstrata exspiratio ex integritate sanctitatis procedens, sicut cæteræ virtutes quæ hominem sæculo deditum a malo ad bonum convertunt, se non manifestat, quoniam cum homo per donum Dei bona facere incipit, nondum in plenitudine sanctitatis perfectus existit; sed tandem cum ad perfectionem eorum veraciter pervenerit, exspiratio sanctitatis in plenis et perfectis sancti Spiritus donis ipsum tenet, nec hac, nec illac eum vacillare permittit. Nam ut columna sanctitatis inferius supra Christum fundata, superius ad cœlestia erigitur, sic in Christo eum tenente, super quem septem bona sancti Spiritus requieverunt, tempestatibus variarum tentationum quassatus ruere non poterit, dicetque quemadmodum, me inspirante, per Habacuc scriptum est.

Verba Habacuc prophetæ ad eamdem significationem declarandam apposita et expositio eorum.

V. « Dominus Deus fortitudo mea, et ponet pedes meos quasi cervorum, et super excelsa mea deducet me victor in psalmis canentem (HABAC. III).» Quod sic intellectui patet : Deus qui me creavit, et ut Dominus, potestatem super me habet, fortitudo mea est, quoniam sine ipso nihil boni facere valeo, quia per ipsum vitalem spiritum quo vivo et moveor habeo, et quo omnia itinera mea cognosco. Unde et idem Deus et Dominus cum ipse veraciter invocavero, ponet gressus meos in velocitatem mandatorum suorum, quemadmodum cervus properat cum fontem desiderat, atque hoc modo super altitudinem illam, quæ in præceptis ejus mihi ostensa et injuncta est, deducet me terrenas concupiscentias in victoria fortitudinis mihi substernens, ita ut laudes indefessas ipsi referam, cum ad beatitudinem cœlestium pervenero. Nam ut sol in firmamento cœli positus terrenæ creaturæ dominatur, nec aliquid eum obruere valet, sic etiam nec quilibet fidelis, cor et animum suum in Deo figens ab ipso evelli poterit. Et quoniam in ipso fixus est, omnia terrena veraciter despicit, quapropter et nullus in ipso scandalizatur. In nullo enim strepitu mortis movetur, nec in ullo labore tempus ipsius lamentabile esse cognoscitur, nec in speluncis latronum, id est in doloso odio invenitur, in quo homo multoties decipitur, nec etiam in turbine instabilitatis ambulat, secundum instabiles mores hominum qui Creatorem suum non inspiciunt, opera sua secundum libertatem voluntatis suæ perficientes. Unde et cancro retro incedenti et turbini qui herbas arefacit assimilatur.

Quid significet quod secundum diversam qualitatem ventorum et aeris invicem in se concurrentium humores qui sunt in homine commoti permutentur.

VI. Quod autem deinde vides quia per diversam qualitatem ventorum et aeris, cum sibi invicem concurrunt, humores qui sunt in homine commoti et immutati qualitatem illorum suscipiunt, hoc designat, quod per diversos modos exspirationis virtutum, necnon et per qualitatem desideriorum hominum cum sibi invicem concordant, atque homo vult ea quæ Dei sunt, cogitationes hominum a Deo remotæ, et ad bonum conversæ dignitati virtutum et sanctorum desideriorum se substernunt. Unicuique enim superiorum elementorum aer qualitati illius conveniens, per quem illud scilicet elementum vi ventorum ad circumvolutionem impellatur, inest, alioquin non moveretur, significans quod quibusque superioribus virtutibus et confortationibus desiderium fidelis hominis conveniens, per quod exspiratione virtutum ad eversionem mali confortatur, adest; alioquin ad bonum non converteretur, et de quolibet istorum cum ministerio solis, lunæ et stellarum, aer, qui mundum temperat, exspiratur, ostendens quod de omnibus superioribus virtutum confortationibus, de spiritu quoque fortitudinis, de spiritu timoris Domini, cum cæteris bonarum exspirationum illuminationibus, desideria quæ in cordibus fidelium ad supernam beatitudinem anhelant incenduntur. Quidquid enim boni homo operatur, non de merito ipsius, sed de dono gratiæ Dei procedit. Cum autem aliquando aut per ardorem cursus solis, aut per judicium Dei quodcunque elementum versus quamlibet plagam mundi tangitur, illud ibi cum aere se movente commotum, ex eodem aere flatum qui ventus dicitur, in subteriorem præfatum aerem emittit, quoniam cum per spiritum fortitudinis et per divinam dispositionem superiorum virtutum, vires ad salutem hominum excitantur, ubi desideria fidelium hominum ad Deum ascendunt, Deumque invocant, illæ cum superno desiderio advocatæ, ab ipso exspiratione ad mentes eorum hominum dirigunt, quatenus ad quælibet bona convertibiles sint. Nam cum homo Deum pure et fideliter invocat, justo judicio Deus illum munimine circumdat, quia malo abjecto ad bonum festinat properare. Qui se mox illi intermiscet, quia etiam ex aliqua parte ex ipso est, et aliquantum ei consimilis existit, significans quod mentes justorum exspirationi virtutum concordant, quia dum id quod justum est amant ex virtutibus est, quapropter et se illis similes hoc modo faciunt. Sicque idem aer hominem tangit, unde et humores qui in ipso sunt secundum qualitatem ipsius venti et aeris cum ejusdem qualitatis sunt, seu ad debilitatem, seu ad fortitudinem sæpius immutantur, quoniam eædem mentes beatorum ad justitiam conversæ carnales concupiscentias in illis domant, cogitationesque ipsorum exspirationi virtutum et devotioni supernorum desideriorum infigunt, debilitatem vitiis fortitudinemque virtutibus addentes. Cum enim homo propter Deum carnem suam rationabiliter constringit, spiritum interiorem sursum ad beatitudinem attollit, Sapientia attestante quæ ait :

Testimonium de proverbiis Salomonis ad hanc significationem elucidandam insertum, et quomodo intelligendum sit.

VII. « Domus justi plurima fortitudo, et in fructibus impii conturbatio (*Prov.* xv). » Quod sic intellectui patet : Sicut sol cum in meridie sursum ascendit, in calore suo maxime ardet, ita etiam domus, id est mens justi hujus, qui omnia opera sua hoc modo operatur, quasi judicio Dei assistat, plurimam fortitudinem in se ostendit, cum de virtute in virtutem ascendendo proficit, nec in hoc minuitur, quemadmodum nec sol propter ascensum suum, nec propter distributionem caloris sui in circulo suo attenuatur, quoniam beatus homo quanto plus in bono calescit, tanto plus felici studio inardescit. Nam mansiones istius in supernis locis sunt, in quibus tota intentione et toto desiderio versatur, nec eorum dulcedine saturari poterit. Fortitudo quoque ejus altior firmamento est, et usque ad profundum abyssi pertingit, quia homo cum omni creatura fortissimus est, et omnis creatura ei deservit. Terra etiam de motione firmamenti aliquando concutitur et movetur, ac firmamentum terræ deservit, eam pluvia perfundendo ne ab invicem separetur, et ut per aerem et rorem fructus suos laudabiliter proferat; beatus autem homo omnia terrena sibi abstrahit, nec propter contritionem, nec propter metum terrenarum concupiscentiarum desistit quin in supernam altitudinem ascendendo, bona opera ædificet cum gaudio æternæ vitæ. Sed in fructibus illis quos impius in malis et perversis operibus profert, conturbatio est, quoniam ille in conturbatione sæculi inundando titubat, nec in die ambulat, nec in æterna luce sperat, sed siliquas porcarum comedit, in eis vitam non invenies, quia carnalia desideria non abjicit.

Quod ex multifaria necessitudine ventorum et aeris, ex diverso cursu solis et lunæ, seu judicio Dei accedente, homo quoque immutationem suscipiens variationes sanitatis et infirmitatis nonnunquam incurrat, et quid per hoc in spirituali ejus vita figuretur.

VIII. Sed et iterum vides, cum quispiam ventorum omnium prædictarum qualitatum in qualibet plaga mundi, aut diverso cursu solis et lunæ, aut judicio Dei, ut prædictum est, excitatur, ita ut illic aere commoto, sibique contemperato, flatum suum emittat, quod idem aer per mundum spirans, et ea quæ in mundo sunt temperando conservans, secundum eumdem flatum hominem in humoribus suis aliquantum mutabilem reddit, significans quia cum exspiratio virtutum plurimorum donorum, ubicunque Spiritus sanctus eas exspirat, et per inspirationem spiritus fortitudinis et humilitatis, spiritusque timoris Domini animique contriti, et per dispositionem divinæ considerationis in fideli homine exsurgit, ita ut recto desiderio illius quod ipsi concordans est per effluentem inspirationem assistat, idem desiderium quæque utilia perscrutans, seque ad illa cum devotione reclinans, eidem inspirationi se coaptat. Et sic idem quoque desiderium cor ejusdem hominis concutit, quoniam cum ille scilicet homo cujus naturalis qualitas eidem flatui convenit, aerem hunc sic immutatum in se inducit et emittit, eo quod anima illum suscipiens, ad interiora corporis transmittat, humores qui in ipso sunt etiam immutantur, eique aut infirmitatem, aut sanitatem, ut supra demonstratum est, multoties inducunt, cum ipse cujus voluntas bona exspirationi huic concordat, desiderium hoc a malo separatum ruminando discutit, et quia anima illud per seipsam secretius exscribat, procellæ cogitationum quæ in ipso inundant etiam immutantur, ita ut ei nunc adversitatem, nunc prosperitatem promittant.

Quia humores in homine etiam secundum modum complexionis quorumdam animalium vel bestiarum nunc acrius, nunc levius moveantur, et quod juxta mutationem vel impulsionem eorumdem humorum affectus et cogitationes, in ipso scilicet homine frequenti alternatione varientur.

IX. Humores enim, sicut leopardus, in homine ferociter interdum insurgunt, sed tamen deinde leniores fiunt, et ut cancer nunc procedendo nunc retrogradiendo mutationem sæpius in se ostendunt, atque velut cervus saliendo et pungendo, diversitatem in se aliquando manifestant, quoniam quantumlibet homo timorem Domini habeat, cogitationes tamen in eo aliquando surgunt, quæ deinde tædio affectæ ad vanitatem se deponunt, aliquando velut in cancro per fiduciam bonæ consummationis illum procedere exhortantur; sed deinde illum retrorsum trahentes, immittendo [*f.* innuendo] sic eum perseverare non posse, decipiunt, aliquando quasi in cervo per fidem eum securum faciunt, postmodo autem in fide vacillantem pungunt. Et etiam quemadmodum in rapacitate lupi, et cum ipso velut in qualitate cervi et cancri, ut prædictum est, hominem interdum invadunt, quia aliquando quemadmodum in lupo infernales pœnas homini offerunt, ita ut solummodo quasi per cervum, id est per fidem, et velut per cancrum, id est per fiduciam, absque aliis justis operibus eas evadere possit, ipsi fallaciter promittunt, deinde autem illum multoties in desperationem ducunt. Interdum quoque ut leo fortitudinem suam in illo non cessando demonstrant, atque ut serpens nunc lenitatem, nunc acritatem in se proferunt, et quemadmodum agnus, se mites aliquando simulant, ubi judicium Dei homini exponunt; sed postmodum ne illud metuat ei persuadent, quia velut serpens prudenter incedens, qualiter illud leni astutia evadat ipsi deceptuose suggerunt, cum etiam quasi agnum in patientia eum nihil timere exhortantur, velut peccatis obligatus non sit. Sed etiam ut ursus interdum velut in ira submurmurat, interdum quoque cum illo qualitatem agni et serpentis, velut supra ostensum est, manifestant, quoniam aliquando, quemadmodum ursus, corporalem tribulationem pro Deo hominem sufferre submurmurant, per quam velut in agni patientia, et quemadmodum serpentis prudentia, ipsum castigatum et a peccatis emundatum esse demonstrant, iterumque eum in hoc incertum per plurimas varietates reddunt. Nam humores in homine hoc modo sæpius immutantur, quia cogitationes hominis hujusmodi turbinibus aliisque modis permutatæ, illum nunc in justam securitatem, nunc in desperationem ducunt, interdum etiam per rectam devotionem eum sursum attollunt. Quapropter et multoties ad jecur ipsius sic immutati transeunt, in quo scientia ejus probatur, quæ de cerebro per vires animæ temperata procedit, et quod humiditas cerebri tangit, ita ut illud pingue et forte ac sanum sit, significantes quod cogitationes hominis sæpius quasi ad jecur ejus, scilicet ad fortitudinem justitiæ, in quo justus per scientiam operatur, se dirigunt, quia scientiam boni et mali vires animæ ostendunt, quæ per justitiam in credentibus vitam comprehendit, quemadmodum Filius Dei peccatores et publicanos ad se collegit, quos etiam in abundantia Spiritus sancti robustos fecit.

Quod homo in dextra sui parte, eo quod jecur, in quo fons caloris est, dextrorsum habeat, ad operandum expeditior sit; in sinistra vero pro corde vel pulmone sinistrorsum in se locatis et pulsum respirationis habentibus ad onera ferenda habilior; et quid ista spiritualiter in ipso designent.

X. In dextra enim parte hominis jecur et magnus calor corporis est, idcirco et dextra velox ad erigendum se et ad operandum est; in sinistra autem cor et pulmo sunt, quæ illam ad onera confortant; et calorem de jecore quemadmodum de fornace habent, quæ designant quod in dextra, id est in prosperitate salutis boni et recti hominis, justitia cum Spiritu sancto operatur, ita ut ille prospere ad Deum se erigens, quælibet bona perficiat; in sinistra autem ut adversa devitet, Deum recto corde confitendo se confortari per robur justitiæ exoptat. Sed venæ jecoris commotæ, humoribus istis tactæ, venulas auditus hominis concutiunt, auditumque illius aliquando confundunt, quoniam per auditum homini multoties seu sanitas seu infirmitas infertur, scilicet cum de prosperis supramodum in gaudio concutitur, sive cum de adversis supramodum in tristitia contrahitur, ostendentes quod tenor justitiæ cogitationibus rectis provocatus, hominem a malo auditu avertit, et ad bonum dirigit, qui animæ illius interdum, et ea quæ sancta sunt, et ea quæ turpia existunt infert, ita ut homo nec in bonis, nec in malis sibi aliquando modum imponere scire velit. Nam bona scientia sine bono auditu muta est, quia quod bona scientia scit, bonus auditus recipit, illeque magnum studium habet tractare et dictare, quod sibi per bonam scientiam fertur. Qui postquam omnia hæc congruenter composuerit, aliquantum ab ipsis cessando quiescit, velut homo qui thesaurum in arcam suam ponit, scilicet cum bonum et malum intelligit, bonum in secreto cordis sui recondens, et malum a se prorsus abjiciens, quemadmodum Isaias dicendo exhortatur:

Verba Isaiæ prophetæ ad horum astruendam significationem congrua, et quo sensu accipienda sint.

XI. « Solve vincla colli tui, captiva filia Sion, quia hæc dicit Dominus : Gratis venundati estis, et sine argento redimemini (*Isa.* XLII). » Quod sic intellectui patet : Contere per pœnitentiam vinculum primæ captivitatis et transgressionis, o homo, qui inter filias supernæ pacis in paradiso computatus eras, quoniam illo perdito, multis malis subjugatus es. Quapropter dicit ille, qui Dominus cunctorum est, vobis qui spontanee peccatis involuti estis. Tali modo absque pretio venundati estis, sicut Deus primæ mulieri dolorem promisit, quæ propter prævaricationem divini præcepti paradiso caruit, atque nomen quod est *filia Sion* amisit; sed sine argento terrenæ cupiditatis redimemini, ubi in virginea natura Redemptor noster surrexit, et nos per Spiritum et aquam renasci ad vitam constituit, ac si in hæreditarium locum nos reduxit. Qui autem in nativitate ista juste perseveraverit, a celsitudine Sion non movebitur. Fidelis igitur homo ad Deum se erigat, peccata sua abjiciendo, omniaque mala relinquendo, atque in desiderio suo ad cœlestia anhelet, auxilium bonorum operum a Deo petens. Qui si in petitione hac stabilis perseveraverit, quemadmodum cæcus sedens secus viam fecit, mox gratia Dei ad ipsum aspicit, et si tunc illa eum lumen attendentem, et a tenebris semetipsum erigentem viderit, in omnibus illi aderit, ea quæ justa et sancta sunt ipsi inspirans. Iste namque a malo declinans, in bonis et sanctis operibus delectatur, et dulcedinem eorum gustat, quia a Deo recedere non vult, sed a serpentino dolo se avertit.

Quid designet in homine quod humores qui in eo sunt, umbilicum, qui caput viscerum existit, et lumbos, in quibus petulantia est, conspergentes, venas quoque renum, et iliorum interdum tangunt, et per has ad venas etiam splenis, pulmonis et cordis ascendunt.

XII. Vides quoque quod interdum humores isti ad umbilicum hominis tendunt, qui quasi caput viscerum exstans, illa leniter claudit ne dissipentur, et qui itinera caloremque eorum et venarum ad rectum temperamentum conservat, licet multoties impulsibus suis inquietus sit ; alioquin homo vivere non posset : quoniam cum fidelis homo malum auditum excludit, bonis cogitationibus suis umbilicum diversarum concupiscentiarum constringit, quatenus ad vitam veræ beatitudinis pertingere valeat, quia ille eum sæpius ad inquietudinem malorum provocat. Sed et lumbos hominis aliquando petunt, qui in viribus suis velut ludendo deceptuosi et periculosi sunt et qui a nervis, et a cæteris venis retinentur; in quibus etiam rationalitas floret, ita ut homo sciat quid faciat, vel quid devitet ; unde et delectationem ad opera illa habet, et qui in dextra parte corporis de flatu spiraminis hominis, et de jecore ejus calefiunt, et roborantur ; unde et sic homo discretionem disciplinamque recipit, quomodo procellas aliorum humorum compescat, quatenus opera sua disciplinate perficiat, quia lumbos, in quibus luxus est, præcingit, et hoc ad salutem animæ per virtutem justitiæ confortatur discrete et honeste complet. Idem quoque humores venas renum et iliorum interdum tangunt, quæ ad venas splenis, pulmonis et cordis tendunt, et hæc omnia cum visceribus in sinistra concutiuntur, cum illa pulmo calefacit ; dextram vero partem corporis jecur accendit, quoniam homo eisdem rectis cogitationibus renes, quæ per injustam concupiscentiam cor suum sæpius tangunt, et ad malum concutiunt, fortissime constringit, cum levitas carnis illos tangit, hocque per vias justitiæ incedendo facit.

Quod venæ cerebri, cordis et jecoris, renes confortando, venæ quoque renum suras descensu suo roborando, et cum venis ipsarum sursum redeundo locis opportunis invicem conjunctæ utrique sexui vires ad gignendum conferunt, et quod lacerti, brachia et crura venis et humoribus plena sint, et brevis horum exemplificatio.

XIII. Ut venæ cerebri, cordis, pulmonis et jecoris, cæteræque renibus fortitudinem afferunt, et venæ renum ad suras descendunt, easque confortant, et ita cum venis earumdem surarum sursum redeuntes, seque aut in virili fortitudine, seu in muliebri matrice ad invicem connectentes, quemadmodum stomachus cibos comprehendit, locis illis vires ad gignendum prolem immittunt, velut per lapidem ferrum acuitur ; quia postquam, concupiscentia sopita, per pudicitiam eosdem renes homo constrinxerit, per bonam quoque scientiam, quæ in ipso est, illos in castitate mundat, tenoreque justitiæ et continentiæ eos circumdat, et sic in his in quibus incontinens prius erat, ad continentiam se inclinans, ipsam etiam solidat, ne ad levitatem corruat. Unde et cum in eadem continentia ad Deum tendit, se et in virili et in muliebri sexu per eam muniens, diversis virtutibus suffultus prolem sanctitatis profert, cum recto tramite discretionis incedit. Lacerti enim, musculi brachiorum et suræ, tumores quoque crurium sunt pleni venis et humoribus, quoniam ut venter viscera et cibos in se retinet, sic lacerti brachiorum, et suræ crurium venas et humores in se conservant, et fortitudine sua hominem roborant et portant, quemadmodum venter illum nutrit, quia etiam abstinentia comprehensio fortitudinis ac sustentationis justificationum in homine est, circumdata tenore gemituum bonarum cogitationum, interiora quoque animæ ad plenitudinem retinens, et ad perfectionem salutis conservans, totumque hominem corpore, scilicet et anima, in sanctitate nutriens.

Quod ex nimia nervorum et venarum totius corporis distentione homini currenti fatigatio accidat, et quarum venarum complexione vel impulsione delectatio illa momentanea concitetur, et moralis utilisque in ipso homine horum assignatio.

XIV. Sed cum homo interdum festinanter currit, seu incedendo iter facit, nervi qui sub genibus existunt, venulæque quæ in genibus sunt supramodum distentæ, venas in suris quæ ut rete sibi connexæ et plurimæ sunt, tangunt, et sic in fatigatione ad venas jecoris redeuntes, illas cerebri venas tangere faciunt, et hoc modo totum corpus in fatigationem mittunt. Quoniam et cum homo interdum viam rectitudinis indiscrete arripit, immoderatio tenoris hujus illum ad quæque inconvenientia flectens, abstinentiam quoque in ipso in injustum modum scientiæ ducit, ita ut cum ille a licitis se immoderate abstinet, in aliis virtutibus tædium incurrit; et cum se ad justitiam redire, et superabundantem scientiam habere putat, laqueum fatigationis sibi paret, quia per hanc incongruentem abstinentiam audaciæ et præsumptionis temeritatem parvipendens, se hoc modo perseverare posse solummodo dubitat, sicque in laqueum desperationis corruit. Venæ autem renum suram sinistram illi subvenientes magis tangunt quam dextram, quia sura dextra a calore jecoris confortatur, ita videlicet sicut et tenor concupiscentiæ per abstinentiam cum incongrua et indiscreta est magis augmentatur, quam per eam minuatur, quoniam nec secundum Deum, nec propter Deum est, quia abstinentia quæ cum discretione operatur, virtute justitiæ roboratur. Ad venas quoque renum, atque illorum venæ suræ dextræ ascendunt, illarumque venæ jecoris venas tangunt, et jecur renes in pinguedine, quæ ex humoribus est, jacentes calefacit, ita ut extendatur velociter delectationem inducentes et educentes, citoque cessantes, quia cum jecur homini calorem dat, ille joculatur et lætus est, quoniam et tenorem concupiscentiæ abstinentia quæ in Deo vera est, transit, illamque ad judicium justitiæ pertrahit, et ibidem discutit, quatenus omnino pereat. Sed justitia ipsam quæ in pinguedine sordium jacebat ad nihilum ducens, igne Spiritus sancti comburit, ita ut mala quæ in ea fuerunt, ad contritionem et ad amaritudinem extendantur, cum prius delectationem quamvis brevem in se ostenderent, quia homo peccator justificatus in gaudio mercedem metet.

Quibus de causis flegmate et humoribus interdum in homine corruptis, ipse homo in corpore vel caducum morbum vel alias infirmitates incurrat, et quibus malis secundum horum significantias in anima plerumque corripiatur.

XV. Itaque humores qui in homine sunt, injusto modo commoti, cum venas jecoris illius aliquando tangunt, ut supra dictum est, humiditas illius minuitur, humiditas quoque pectoris attenuatur, unde etiam hominem sic exsiccatum in infirmitatem impellunt. Flegma etiam in eodem homine aridum et venenosum fit, illudque ad cerebrum ejus sic ascendit, caputque in dolorem ducit, oculos quoque dolere facit, medullaque in ossibus illius marcescit, ita ut interdum ille caducum morbum incurrat, cum luna in defectu est. Cum enim cogitationes hominis ferocitatem et duritiam tyrannidemque in se assumunt, ac sic ad quamque vanitatem declinant, justitiam quæ rore Spiritus sancti perfusa sanctitate bonorum operum in ipso germinare deberet, hac tyrannide opprimunt, reliquasque virtutes in illo debilitant et arefaciunt. Scientiam quoque illius principium et intentionem, ac fortitudinem justæ operationis, quæ prius in ipso vigebant, velut in caducum morbum in desperationem ducunt, quoniam lumen veritatis, quod illi lucebat, jam attenuatur. Humiditas etiam quæ in umbilico illius est, per eosdem humores fugata, in siccitatem aliquando vertitur et indurescit, unde et caro ipsius ulcerosa et squamosa fit, velut leprosus sit, cum lepram non habeat; venæ etiam lumborum ipsius per illos injuste tactæ, cæteras eodem modo commovent, ita ut recta humiditas in ipso exsiccetur, sicque humore relicto impetigines in illo exsurgunt, quia humiditas continentiæ, quæ quasi in umbilico ejus concupiscentiam destruere deberet, per has feroces ac duras illicitasque cogitationes fugata, rore Spiritus sancti in illo non perfunditur. Unde cum illum deserit, peccata ipsius per malam consuetudinem putrescunt, ita ut omnibus velut lepra fetendo manifesta fiant; lumbique illius castitate non præcincti per easdem cogitationes commoventur, ita ut, germine bonorum fructuum in ipso exsiccato, quemadmodum impetigines prava exempla in eo attollantur, sicut etiam Osee per Spiritum sanctum demonstrat, dicens:

Verba Osee prophetæ ad hæc competentia, et quo sensu accipienda sint.

XVI. « In domo Israel vidi horrendum, ibi fornicatione contaminatus est Israel (*Osee.*, v). » Quod sic intellectui patet: In latibulis illis, in quibus iste, qui Deum puro corde inspicere deberet, quasi quiescendo in peccatis jacebat, ego qui omnia occulta delictorum perscrutor, vidi abominationem nefandissimam, scilicet quod fornicatione immundissimarum et fetentium prævaricationum ille involutus est, se in his polluens velut porcus luto involvitur, qui munditiam quærere et intueri atque amplecti debuit, cum se in omnibus contemptibilem et dissolutum fecit. Immunditia enim hominem enervat, eumque quasi a mente sua eliminat, ita ut nec illa quæ ad sæculum, nec ea quæ ad Deum respiciunt, cum perfectione honestatis attendere valeat, quia carnis incendium cum voluntate ipsius superbiam, vanamque gloriam, et omne malum quasi insufflando suggerit.

Quod venæ renum hominis ab humoribus injuste aliquando commotis nonnunquam tactæ alias venas concutiendo etiam medullas ossium arefaciunt, et quæ incommoditas per hæc designata interius hominem apprehendat.

XVII. Venæ quoque renum ejusdem hominis a præfatis humoribus injuste commotis interdum tactæ, alias venas quæ ipsis in suris, aut in reliquo corpore adhærent, ut prædictum est, concutientes, medullas ossium et venas carnis illius in siccitate arefaciunt, et sic homo diu languet, in languore isto vitam diu trahens, quoniam cum homo umbilicum lumbosque suos constringere negligit, ita ut etiam cogitationes suas per tyrannidem et per quæque inutilia vagari permittat, tenorem virtutum quæ abstinentiæ adhærent, ipsamque abstinentiam, quæ pro conservanda pudicitia discrete et ordinate tenenda est, contemnit. Quapropter et reliqua opera infusione superni roris carentia, in ariditatem vertuntur, animamque illius languescere faciunt quousque ad vigorem virtutum redeat.

Quid humores in pectore hominis superflue abundantes, jecur et venas aurium vel renum moventes, et ex umbilico ad cerebrum ascendentes, in spiritualibus ejus designent.

XVIII. Sed aliquando præfati humores in pectore hominis supramodum humiditate inundant, illique jecur ejus humiditate ista humectant, unde quamplurimæ et variæ cogitationes in eodem homine insurgunt, ita ut se nunc nimis sapientem, nunc nimis stultum esse putet; et inde idem humores ad cerebrum ascendentes illud inficiunt, atque ad stomachum descendunt, febresque in eo generant, sicque homo ille diu infirmatur. In his quoque ostenditur, quia si diversæ cogitationes hominis feritate deposita, mollitie, et facilitate lubricaque vanitate se diffundunt, justitiam in illo levitate ista suffocare nituntur. Unde et cum in eo sic insurgunt, eum nunc velut in sapientia attollunt, nunc quasi in stultitia deprimunt, scientiamque illius confundentes, voracitatem illi immittunt, ita ut anima illius his malis velut diuturno languore irretita, multoties periculosam oppressionem patiatur. Venulas quoque aurium cum superfluitate flegmatis, interdum tangunt, illæque venas pulmonis cum eodem flegmate ita inficiunt, ut homo tussiat, et vix suspirare possit, et eadem superfluitas flegmatis de venis pulmonis ad venas cordis transiens, illud in dolorem ponat, dolorque iste ad latus ejusdem hominis vadens, pleurisim excitet, eumque ita concutiat, quasi caducum morbum in defectu lunæ habeat. Hæc etiam designant, quod aliquando variæ cogitationes tantam tumultuationem in eodem homine faciunt, ut auditum animæ ipsius ita confundant, quatenus nec bonum intelligere, nec in se colligere valeat, sed illud quasi tussiendo pro fastidio habeat. Cor etiam ejus per amentiam hoc modo conturbant, ut nullam quietem ad utilitatem animæ suæ recipere possit, sed ut hac et illac in rectitudine titubans, quasi moribundus incedat, quia lumen rectitudinis illi jam obnubilatur. Superflua etiam inundatione viscera in umbilico hominis movent, atque sic ad cerebrum illius ascendunt, eumque freneticum multoties faciunt, venasque in lumbis illius concutiunt, melancoliam quoque in ipso tangunt, ita ut ille hoc modo conturbetur, tristisque sine discretione efficiatur, quoniam immoderata etiam perturbatione lubricæ effusionis cogitationes in illo concupiscentiam ad libitum suum movent. Scientiam quoque ipsius, ut in pravis actibus sordescat discindunt, eumque quasi vesanum, et in impudicitia incontinentem reddunt; tristitia quoque, cum voluptatem carnis suæ perficere non potest, ipsum obfuscat. Interdum quoque iidem humores in inconvenienti humectatione venas renum hominis tangunt, illæque sic commotæ, venas surarum illius, et cæteras venas corporis ipsius superflua inundatione inficiunt, et sic etiam idem homo superfluis cibis, et potibus tunc superabundaverit, pinguem lepram illi aliquando inferunt, quoniam carnes ejus ingrossescunt. Per quod demonstratur quoniam aliquando cogitationes immunda et lubrica voluptate hominem tangunt, et ad turpem mollitiem trahunt, fortemque abstinentiam, quæ carnem illius domare deberet, ab eo depellunt, et in voracitatem, quæ libidinis flammas accendit, ipsum molliter inducunt; unde et velut lepra putredine peccatorum illum inficiunt, qui voluptati corporis sui non resistit. Nam qui carnem suam per congruentem abstinentiam non macerat, sed eam cum vitiis et concupiscentiis nutrit, pinguedinem peccatorum sibimet accumulat, et sic coram Deo se in sordibus fetere facit.

Quid etiam profectus in interioribus cogitationum significent iidem humores in corpore hominis æqualiter et temperati, et testimonium de Canticis canticorum ad hoc consonans cum expositione sua.

XIX. Quod si præfati humores nec supramodum sicci, nec supramodum humidi, sed æquali et congruo modo temperati per membra hominis diffunduntur, in corpore suo ille sanus permanet, et in scientia sive ad bonum sive ad malum vigens. Quod significat etiam quia si cogitationes hominis nec nimis in feritate duræ, nec nimis in facilitate lubricæ sunt, sed quod tam secundum hominem quam secundum Deum in honestate morum bene et decenter compositæ existunt, ipsum in corpore per mansuetudinem quietum, in scientiaque subtilem reddunt, ita ut nec ad dextram nec ad sinistram favorem mundi fugiens declinet, sed quamplurimis virtutibus suffultus, ad cœlestia gaudia anhelet, ut in Cantico canticorum (cap. VII) scriptum est : « Quam pulchri sunt gressus tui in calceamentis, filia principis. » Quod sic intellectui patet : Tu qui in corde tuo delectaris bonis operibus ad Deum anhelando, per quem spem æternæ vitæ habes, quæ tibi in gaudio resplendet, velut cum sol exoritur, pulcherrimos gressus in itinere Filii Dei cæteris exhibens, cum mortificationem carnis quasi in calceamentis tibi imponis, nuditatem videlicet peccatorum tuorum tegens, ubi in bona voluntate Deum magis quam te diligis. Et tunc etiam anima *filia principis* dicitur, principis scilicet illius qui Princeps pacis vocatur, qui etiam antiquum serpentem superans, populum suum liberavit, et omnem inimicitiam, quæ inter Deum et hominem fuit, in sanguine suo abluit. Pacem istam angeli in humanitate Filii Dei hominibus nuntiabant, et de ipsa multum gaudebant, quoniam Deus terræ ita se adjunxerat, ut eum homines in humana forma conspicerent, et angeli ipsum hominem et Deum perfecte vident. Omnis itaque homo qui Deum timet et diligit, verbis istis devotionem cordis sui aperiat, eaque et ad salutem corporum et animarum hominum, non quidem ab homine, sed per me qui sum prolata sciat.

VISIO QUARTA.

Visiones diversæ sub uno capitulo breviter comprehensæ. De firmamento, quantæ cum universis sibi adhærentibus densitatis sit, et de incommoditatibus aliquorum circulorum, quomodo aliorum oppositione repellantur, vel temperentur, et de lactea zona instar arcus incurvati apparente.

I. Et vidi firmamentum cum omnibus sibi adhærentibus tantam spissitudinem a summo usque ad summum super terram habere, quantam terra a summo usque ad summum habebat. Vidi quoque quod superior ignis firmamenti interdum commotus, quasdam squamas velut favillas ex se in terram emittebat, quæ stigmata et ulcera hominibus et animalibus et fructibus terræ inferebant. Vidi etiam quod de nigro igne quædam nebula aliquando ad terras descendens, viriditatem terræ arefaciebat, et humiditatem agrorum exsiccabat; sed purus æther et squamis istis et nebulæ huic resistebat, ne supra modum prædictis creaturis plagas inferrent. Et etiam vidi quod de forti et albo lucidoque aere alia quædam nebula ad terras se interdum extendebat, magnam pestilentiam hominibus et pecoribus incutiens, ita ut exinde multi diversis infirmitatibus subjacerent, quamplurimi quoque mortem incurrerent, cui tamen nebulæ aquosus aer se opponebat, eamdem nebulam temperans, ne creaturis ultra modum læsionem inferret. Vidi quoque quod tenui aere humor super terram ebulliens, viriditatem terræ suscitabat, omnesque fructus germinando procedere faciebat, et qui etiam quasdam nubes superius ferebat, quæ omnia superiora sustentabant, et ab omnibus superioribus confortabantur. In eodem quoque aere quamdam nubem candidi coloris videbam, quæ in utraque parte sui ubi finem habebat, hinc et hinc aliis nubibus firmamenti velut infixa erat, et cujus medietas ut arcus incurvata manens in prædictum aerem extendebatur. Iterumque audivi vocem de cœlo dicentem mihi:

Quod Deus omnium Creator rerum per superiora inferiora confirmet, et per ea etiam peccatores puniendo emundet, et quid firmamenti spissitudo undique æqualis terræ in homine designet.

II. Deus, qui omnia creavit, superiora ita constituit ut per illa etiam subteriora confirmet et mundet, et in forma hominis illa assignata ad salutem quoque animæ introducat. Nam vides firmamentum cum omnibus sibi adhærentibus tantam spissitudinem a summo usque ad summum supra terram habere, quantam terra a summo usque ad summum habet; quia, o homo, quemadmodum tibi ostenditur, et dicitur, firmamentum et terra æqualis spissitudinis sunt, et quanta vacuitas aeris supra terram ad superiora obstacula est, tanta quoque vacuitas aeris sub terra ad inferiora obstacula consistit, tantaque versus austrum versusque septentrionem inter terram et ibidem opposita obstacula firmamenti vacuitas aeris est. Quod designat, quia interior spiritus hominis vires suas tam in cœlestibus quam in terrenis ita manifestat, prout corpus hominis fortitudine sua in eisdem modis versari contendit. Ubi enim anima et corpus in rectitudine sibi consentiunt, superna præmia in gaudio uno adipiscuntur.

Item de firmamento a Conditore ad quaslibet habilitates igne, æthere, aquis, stellis, ventis congrue disposito, et unde creentur squamæ a lucido igne superioris circuli in modum favillarum decidentes, et tam terram quam ejus incolas lædentes, et quid per hoc interioris ultionis demonstretur.

III. Vides quoque quod superior ignis firmamenti, interdum commotus, quasdam squamas velut favillas ex se in terram emittit, quæ stigmata et ulcera hominibus et animalibus et fructibus terræ inferunt, quoniam Deus firmamentum igne firmavit, ne diflueret, æthere alleviavit, ut moveri posset, aquis perfudit, ne aresceret, stellis illuminavit, ut claresceret, ventis quoque sustinet, quatenus cursum suum assidue peragat. In quatuor enim plagis, scilicet in oriente, in austro, in occidente, et in septentrione firmamentum ad circumvolutionem per ventos impellitur. Sed lucidus ignis ejus, dum ab humore subterioris aquæ per dispositionem et judicium Dei superatur, ita ut a recto modo ardoris sui cesset, squamas de ardore fervidas, de aqua humidas ad ultionem emittit, ut supra dictum est. Hoc ostendit, quod potentia Dei spiritum hominis in potestate sua habens, justo judicio provocata, ultionem suam perversis actibus hominum immittit, ita ut illi confundantur, et dejiciantur, quia non humanos, sed pecuales mores nullum fructum bonorum operum habentes in se ostendunt.

Quod niger ignis secundo comprehensus circulo vel judicio Dei, vel ventorum collisione excitatus nebulam viridia terræ exsiccantem emittat, et nunc calore, nunc membrorum inundatione periculosus fiat, et quid ista significet.

IV. Et de nigro igne quædam nebula aliquando ad terras descendens, viriditatem terræ arefacit et humiditatem agrorum exsiccat, quia cum in eodem igne ardor et frigus per voluntatem Dei commoventur, nebula, quemadmodum præfatum est, descendit, quæ de periculoso ardore fumosa, et de nocivo algore humida, ad vindictam peccantium existit. Niger enim ignis iste vento austri excitatus ardet, de vento autem aquilonis nimietatem frigoris in grandine habet, sed utrumque ventus orientalis sedat; ventus vero occidentalis in aquoso aere saliens, cum niger ignis interdum commovetur, periculosam inundationem facit, significans quod etiam de judiciali examinatione, alia vindicta ad carnales concupiscentias se extendens, eas in ariditatem contemptus evertit, atque pinguedinem earum omnino consumit, quia Deus hoc quod se ipsi opponit ad nihilum deducit.

Quod circuitus puri ætheris suavitate sua superiora et inferiora temperet, et squamis prioris et nebulæ secundi circuli ne terras nimium lædant resistat, et quid fumus ab aquis superioribus cœlesti igne fervefactis procedens, vel utilitatis vel significationis habeat.

V. Sed purus æther et squamis istis et nebulæ huic resistit, ne supramodum creaturis plagas inferant, quia idem æther inter ignes et aquas medius existens, puritate et suavitate sua superiora mitigat, subteriora quoque temperat, nec plagas de se producit, quoniam si singula elementa creaturas ferirent, nec aliquid illis subveniret, nec durare, nec subsistere possent. Aquæ vero secundum divinam dispositionem aliquando per ignem comprimuntur, ne incongrua effusione diffluant. Unde et illæ quemdam fumum emittunt, qui tamen nocivus non est, sicut nec halitus hominis ullum lædit. Idemque fumus convenienti humore subteriora temperat, ne plagas suas plus quam debent extendant, ut et pura pœnitentia divinam ultionem et vindictam mitigat, Deumque creaturæ suæ placabilem facit.

De nebula pestifera a circulo fortis et albi aeris ad terras se extendente, unde creetur, et quod ei densitas aquosi aeris ne supramodum noxia sit resistat, et quod plagæ quævis nunquam nisi Dei judicio super homines inducuntur, et quid hæc omnia designent.

VI. Et etiam vides quod de forti et albo lucidoque aere alia quædam nebula ad terras se interdum extendit, magnam pestilentiam hominibus et pecoribus incutiens, ita ut exinde multi diversis infirmitatibus subjaceant, quamplurimi quoque mortem incurrant, quia cum de ipso aere nebula, ut præfatum est, interdum procedit, aquæ superiores, quibus idem aer pro vicinitate subtus adhæret, per voluntatem Dei a superiori igne supramodum commoventur, quæ de inquieto ardore nunc fervent, et de pessimo frigore quod in nigro igne est, nunc algent, et sic nebula ab utroque perfusa, in utraque parte nociva existit. Plagæ autem istæ non procedunt, nisi cum, peccatis hominum provocatæ, justo Dei judicio super ipsos inducuntur, demonstrantes quod de discretione sanctorum operum, vindicta ad operationes, quæ sine discretione sunt, procedit, contritionem hominibus immoderatam in peccato moderationem non habentibus infligens, ita ut in ipsis ea quæ indiscreta secundum corpus hominis sunt, debilitet, et illa quæ ad salutem animæ discretione carent, omnino mortificet. Discretio enim omnia quæ tam corpori quam animæ utilia sunt, temperat. Cui tamen nebulæ aquosus aer se opponit, eamdem nebulam temperans, ne creaturis ultra modum læsionem inferat, quoniam aquositate sua vires fortitudinis illius attenuat, quia sancta opera in exemplis justorum vindictæ huic quæ de discretione procedit, demonstrant quibus modis illa quæ immoderata sunt feriat.

De humore a tenui aere emanante, cujus utilitatis sit, et quod guttæ pluviarum superiori frigore in nivem vertantur, et quod idem tenuis aer a superioribus terram muniat, eamque fecundet.

VII. Quod autem de tenui aere humor supra terram ebulliens viriditatem terræ suscitat, omnesque fructus germinando procedere facit, et qui etiam quasdam nubes superius fert, quæ omnia superiora sustentant, et ab omnibus superioribus confortantur, hoc ideo est, quoniam idem tenuis aer nivem ex se emittit, quæ quasi volando in terram sternitur, cum per descensum solis in terra frigus est, quia guttæ aquæ de superiore frigore in nivem convertuntur. In ardore autem ascensus solis idem aer rorem supra terram cadentem in similitudine favi mellis exsudat, qui de suavitate orientalis venti in suavem pluviam interdum liquescit. Et aer iste superiora pericula comprimit, atque velut scutum ad defensionem terræ est, quemadmodum scutum de plurimis ictibus virum defendit, atque de suavissimo et temperato calore solis rorem benedictionis quem Jacob filio suo dedit supra terram emittit. Interdumque aer iste de ascensione aquæ, et de humiditate roris fumat, quod tamen nocivum non est, sed unamquamque fructuositatem terræ lambit, ipsam a squalido fetore mundans, a quo per aliquam tempestatem tacta est.

Quomodo nubes in eodem aere superno vel igne, vel frigore modificatæ, nunc lucidæ, nunc umbrosæ appareant, et pluviam quasi a quibusdam mammis expressam non repente, sed sensim diffundant, et quid in nobis designent.

VIII. Ipse quoque prædictas nubes, quæ interdum lucidæ et interdum umbrosæ sunt, super se portat, et sustentat, quæ velut singulares mammas habent, per quas pluvias in terram mittunt, quemadmodum de mammis lac extrahitur; istæque aliquando ad superiora se extendunt, et de singulis vim accipiunt. Per ignem enim confortantur, æthere alleviantur, aquis perfunduntur ac frigore coagulantur, ne sparsio pluviæ per singulas mammas supramodum grossa super terram diffundatur. Sed et eædem nubes speculositas illa sunt, quam homines cœlum nominant, quoniam localia instituta solis, lunæ et stellarum per eas quasi formæ aliquæ per speculum videntur, ita ut homines constitutionem illorum se videre existiment, quod tamen ita non est, quia ipsæ nubes officia tantum earumdem constellationum, velut in umbraculo speculi ostendunt, atque quemadmodum aqua fluunt, in qua omnia opposita conspiciuntur, designantes quia de recto desiderio fidelis hominis cogitatio ad fructiferam utilitatem bona opera præferentem exiens, viriditatem illius tangit, quatenus multiplices fructus sanctitatis producat, et mentes hominum ad cœlestia elevet, ita ut ad illa anhelent; et ab ipsis roborentur, quia dum homo recto desiderio ad fructum bonorum operum tendit, terrena despicit, seque illis quæ sursum in cœlestibus sunt ita infigit, ut se, velut homo non sit, totum immutatum ostendat.

De nube quæ lactea vocatur, quod aerem extensione vel incurvatione sua comprehensum roboret, et quid per hoc significet.

IX. In eodem quoque aere quamdam nubem candidi coloris vides, quæ in utraque parte sui ubi finem habet, hinc et hinc aliis nubibus firmamenti velut infixa est, et cujus medietas ut arcus incurvata manens, in prædictum aerem extenditur, quoniam in eisdem nubibus, quas aer iste superius ferendo sustentat, alia nubes velut lacteum colorem habens dirigitur, quæ eumdem aerem firmat, sicut columna domum sustentat, quemadmodum et in præfato ordine recti desiderii mentes quorumdam hominum ita constituti sunt, ut tam in sæcularibus quam in spiritualibus causis mercedem finis operum suorum præstolentur, quia et terrena et cœlestia negotia quatenus superno judici placeant, perficiunt, et quamvis perfectio mentium ipsorum aliquando fragilitatem carnis velut incurvata sentiat; in recto tamen desiderio perseverat ut etiam servus meus Job ostendit dicens:

Verba Job ad idem consona, et quo sensu accipienda sint.

X. « Et tenebit justus viam suam, et mundus manibus addet fortitudinem (*Job* XVII). » Quod etiam sic intellectui patet: Homo qui justitiam diligit, itinera rectitudinis conatu fortitudinis tenebit, et qui a sordibus mundus existit, bonis operibus acquiret sanctitatem, cum se a malis abstinens, ad omne quod Deo placet se convertit, quatenus vitam illam quæ sine fine est adipiscatur. Justus enim sapientiam capit, et sapientia in rationalitate illa est quæ vitale et mortale scit et recta itinera docet. Obcæcatio autem cordis, quæ ex gustu carnis exoritur, puram voluntatem obnubilat, cum secundum voluntatem suam quæcunque vult, se facere posse tentat. Unde et tandiu cæcatur quousque ipsam et vulnera sua sentiat, ita ut sibimetipsi displiceat, reputans quomodo stare possit si a Deo recesserit.

Quia homo instar firmamenti cujusdam in Deo roboratus, ipsum et opera ejus sedule semper considerare debeat, quoniam ad cognoscendum et glorificandum se inter omnia maxime rationalem creaturam fecit Deus.

XI. In his cogitationibus homo omnipotentem Deum sicut sigillum inspiciat, omnia miracula et signa ipsius affirmando, atque in similitudine firmamenti domum suam hoc modo confortando, quo per nullum terrorem seu timoris seu amoris a Deo avellatur: firmamentum itaque Deus in scabellum throni sui posuit, illudque circumeuntem circulum habet, in similitudine potentiæ Dei, quæ nec initium, nec finem habet, quemadmodum nullus intueri potest, ubi circuiens rota incipiat, vel finiatur. Thronus etenim Dei æternitas ipsius est, in qua solus sedet, omnesque viventes scintillæ radii splendoris ejus sunt, velut radii solis ab ipso procedunt. Et quomodo Deus vita esse cognosceretur, nisi per vitalia, quæ ipsum glorificarent, quoniam gloriam ipsius laudantes ab ipso processerunt? Quapropter viventes et ardentes scintillas ad claritatem vultus sui posuit, quæ ipsum nec initium, nec finem habere conspiciunt, et ideo nullum tædium aspicere in eum habentes, studiose absque fastidio ipsum intuentur, nec studium hoc unquam præteribit. Quomodo autem cognosceretur quia solus æternus est, si ab angelis ita non consideraretur? Quod si scintillas istas non haberet, quomodo gloria ejus plena appareret? Et quomodo æternus esse innotesceret, si nulla claritas ab ipso procederet? Nulla enim creatura est, quin aliquem radium habeat, videlicet aut viriditatem, aut semina, aut flores, aut pulchritudinem, alioquin creatura non esset. Sed et si Deus possibilitatem omnia facere non haberet, ubi esset potentia ipsius?

Quia Deus pulchritudinem operum suorum in primo angelo signaverit, et quod ad demonstrandum in qua mundi parte infernus sit, tribus partibus solis et lunæ præsentia illustratis, quartam partem, id est septentrionalem vacuam lumine reliquerit, et quod fulgore lucis tenebræ arguantur, et oppositione tenebrarum lux gratior sit.

XII. Omnem quippe pulchritudinem operum possibilitatis suæ Deus in primo angelo signavit, ipsumque stellis et pulchritudine viriditatis, omnique genere fulgentium lapidum, quasi stellatum cœlum ornavit, et eum Luciferum nominavit, quoniam ab ipso, qui solus æternus est, lucem portavit. Ego enim qui sum in tribus parietibus opera mea ostendi, videlicet in oriente, in austro et in occidente; quartum autem parietem in septentrione vacuum dimisi, in quo nec sol nec luna lucet. Quapropter et in illa plaga extra firmamentum infernus est, qui nec superius tectum, nec inferius fundum habet, et etiam ibi tenebræ existentes, ministerium omnium lucidorum laudis meæ sunt, quia quomodo lux cognosceretur nisi per tenebras? Et quomodo tenebræ scirentur, nisi per radiantem fulgorem ministrorum meorum? Si hoc non esset, potestas mea plenitudine careret, ita ut omnia miracula mea non nominarentur. Sed nunc potestas mea plena et perfecta est, nec ullus defectus in miraculis meis est. Quoniam enim lumen absque tenebris est, ideo lux nominatur. Vivens quippe oculus lux est, cæcitas autem tenebræ sunt. In his etenim duobus partibus omnia cognoscuntur, sive bona, sive mala sint; per lucem quidem opera Dei, per tenebras vero fuga a Deo quæ lucem non tangit, in illis scilicet qui per superbam partem ipsum confiteri nolunt.

De superbia vel tumore primi angeli et sequacium ejus in Deum, et de præcipitatione eorum in locum tenebrarum et clamor beatorum angelorum illos detestantium.

XIII. Innumerabilis quidem turba scintillarum,

quæ primo perdito angelo aderant; in fulgore omnium ornamentorum ejus resplenduit, ut mundus per lucem illustratur. At cum ille sensit quia in omni ornatu suo Deo servire deberet, ab amore ipsius secessit, atque in tenebras tetendit, et intra se dixit: Valde gloriosum mihi est ut a me ipso operer, et opera faciam, quemadmodum Deum facere video. Cui omnis comitatus ipsius consensit dicens: Thronum Domini nostri ad aquilonem contra Altissimum ponemus. Atque intra se deliberabant, quod cum ministris Dei errorem et schisma semper facere vellent, quia dominus ipsorum tantæ potentiæ, tantæque magnificentiæ foret, quantæ Altissimus illorum. Tunc oculi unicæ æternitatis inflammati sunt, et ipsa in magno tonitruo insonuit, atque per ministeria angelorum primum trangressorem cum omni exercitu suo dejecit. Et angeli Dei in voce tonitrui clamabant: « Quæ iniqua præsumptio Deo creatori nostro, qui a se ipso est, æquari potest? Quia autem tu qui ex præcepto ipsius es, hanc æstimationem in te habuisti, ut ei similis esse velles, in ruinam ibis. » Qui statim cum cæteris sibi adhærentibus in locum prædictarum tenebrarum quasi vehemens plumbum retrorsum corruit, quoniam contra Deum præliator esse voluit, cujus opera in tenebras lucere non vidit.

Quia Deus in arcano consilii sui ab æterno habens quod homo ipse fieret, hominem qui semper diabolo mysterium hoc deprehendere non valenti repugnaret, et ejus locum obtineret, ad imaginem et similitudinem suam fecerit, in quo etiam anima ossibus et carne compacto omnes majoris mundi creaturas recapitulavit.

XIV. Quapropter ipse Deus manifestum prælium contra illum fecit, ita scilicet ut ad indumentum suum, quod in scientia sua absque initio habuerat respiceret, in quo eum Satan qui ab eo fugerat, nunquam perfecte intueri poterit, donec omne prælium suum adversus illum perfecerit, et tunc ipsum in maximo dolore confusionis suæ videbit, cum ab eodem justo judice in fine sæculorum totus confundetur. Et in antiquo consilio suo quod semper cum ipso fuit ordinavit, quomodo opus illud perficeret, et de lutulenta terra hominem formavit, sicut formam illius ante ævum ordinaverat, quemadmodum cor hominis rationalitatem in se claudit, et omnia sonantia verba ordinat, quæ postmodum emittit. Sic etiam Deus in verbo suo fecit, cum omnia crearet, quoniam in Patre Verbum, quod Filius est, latuit, velut cor in homine latet. Et Deus ad imaginem et similitudinem suam formam hominis fecit, quia etiam ut forma illius sanctam divinitatem tegeret voluit; ideoque et omnes creaturas in homine signavit, quemadmodum etiam omnis creatura per verbum suum processit. In capite itaque hominis, videlicet in circumeunte rota, cerebri vertex est, ad quem scala posita est, quæ gradus ascensionis habet, scilicet oculis videndo, auribus audiendo, naribus odorando, ore loquendo, in quibus homo omnes creaturas videt, cognoscit, discernit, dividit,

et nominat. Deus enim hominem formavit, eumque cum viventi spiramine, quod anima est, vivificavit, carne quoque et sanguine coagulavit, et ossibus exaggerans firmavit, quemadmodum terra per lapides firmata est, quia sicut terra sine lapidibus non est, ita nec homo sine ossibus esse posset. Firmamentum etiam, solem, lunam et stellas absque locorum suorum constitutionibus, in quibus cursum suum peragunt non habet, quoniam constellationes istæ sine designatione locorum suorum nequaquam firmari possent, unde omnia eorum loca recta mensura constituta sunt, quatenus circulus rotæ firmamenti recte circuire valeat, sicut etiam omnia hæc in forma hominis signata sunt, quamvis non eo ordine, nec ea perfectione, ut in exsuperioribus exisunt; hæc quoque ad animam prospiciunt.

Quomodo exterior habitudo, vel forma hominis animæ secundum interiorem profectum vel defectum assignetur.

XV. Summitas namque capitis inceptionem operis animæ designat, quæ cum circumeunte rationalitate omne opus hominis disponit et ordinat, et ipsa anima ut vertex existens, ea in corpore hominis discernit, quæ corpus postulat et desiderat, illaque operatur quatuor gradus ascendendo et descendendo, qui sunt visus, auditus, odoratus et gustus, in quibus etiam creaturas intelligit et sentit, atque carneum vas ejus cum ipsa ad creaturas se extendit, illas secundum velle suum sibi attrahens. Cum omni etiam crescente creatura, velut aer in omnibus desideriis corporis ea perficiendo volat, atque in cognitione nominum creaturarum secundum corpus, seu in amorem, seu in odium illorum elevatur. Nam longitudo staturæ hominis latitudoque ipsius, brachiis et manibus æqualiter a pectore extensis, æquales sunt, quemadmodum etiam firmamentum æqualem longitudinem et latitudinem habet, quia etiam per mensuram longitudinis et latitudinis hominis, quæ in ipso æquales sunt, scientia boni et mali intelligitur, quæ in utilitate bonum, in inutilitate vero malum scit. Per gustum enim carnis et sanguinis cæterorum membrorum anima irretitur, sicut et per venatorem bestia capitur, ita ut anima vix suspirare possit, antequam corpus concupiscentias suas perficiat, et postmodum corpus multoties secum suspirare facit.

Quod in constitutione sua firmamentum et homo multam similitudinem ab opifice suo Deo acceperunt, et quid per hoc in anima ipsius hominis demonstretur.

XVI. Sed et in rotunditate capitis hominis rotunditas firmamenti ostenditur, et in recta æqualique mensura ejusdem capitis, recta et æqualis mensura firmamenti demonstratur, quia idem caput rectam mensuram ubique habet, ut etiam firmamentum æquali mensura constitutum est, quatenus ex omni parte rectum circuitum habere possit, et ne ulla pars ejus partem alteram injusto modo excedat. Deus enim hominem secundum firmamentum plasmavit, et fortitudinem illius cum viribus elementorum confortavit, viresque ipsorum interiora hominis consolidavit, ita ut homo illas spirando inducat et emittat, velut sol qui mundum illuminat radios suos de se expandit, iterumque ad se retrahit. Sic etiam rotunditas et æqualitas capitis hominis designant quoniam anima secundum voluntatem carnis operatur in peccatis, et iterum in suspiriis eadem anima ad justitiam se reparat; unde et in hoc æqualitas est, quia sicut in delictis delectata est, ita et pro illis dolendo se affligit, et hoc per verecundiam habet. Anima quippe in verecundia stat, nec in peccatis delectatur, sed per gustum carnis illa cum carne operatur, quia cum homo in peccatis usque ad tædium illorum vixerit, per verecundiam animæ multoties superata, ab illis revocatur; quemadmodum etiam anima per naturam carnis vincitur, et ideo etiam quandiu corpus et anima simul vivunt, tandiu fortem conflictum simul habent, quoniam unde caro in peccatis delectatur, inde anima dolet. Et ex hoc malignis spiritibus magna confusio est, quia ipsi in animabus justorum pœnitentiam nunquam delere potuerunt, cum ipsi in casu suo propter magnum odium quod contra Deum habent, nunquam pœnitendo considerent quid fecerint. In his enim modis anima rotunditatem et æqualitatem in se ostendit, quoniam scientia boni scientiæ mali repugnat, et scientia mali scientiæ boni resistit. Nam alia ab alia probatur. Sed scientia boni ut plena luna est, quando bene operando carnem superat; cum autem ipsa superata, tunc est ut luna quæ in defectu est, cujus circulus umbrosus videtur.

Quia in capite hominis per tres æqualium distinctiones mensurarum, scilicet a vertice usque ad guttur superiores firmamenti tres circuli cum duobus sibi interpositis deputentur, et qualiter eorumdem circulorum densitas in circuitu capitis æquali divisione assignetur, et quomodo hæc etiam viribus animæ per significationem coaptentur.

XVII. In capite quoque hominis tria superiora elementa designata sunt, scilicet a superficie calvariæ usque ad frontem lucidus ignis cum subteriori nigro igne; a fronte autem usque ad extremitatem nasi, purus æther; et de naso usque ad guttur aquosus aer cum sibi subposito forti et albo lucidoque aere. Et loca ista æquali mensura ab invicem discreta sunt, quemadmodum et densitas superioris ignis cum nigro igne, densitas etiam puri ætheris, necnon densitas aquosi aeris cum forti et albo lucidoque aere æqualis mensuræ existunt. Nam et in anima tres vires sunt, videlicet comprehensio, qua in potentia Dei cœlestia et terrestria comprehendit; et intelligentia, qua plurima intelligit, cum etiam peccata mala esse novit, ubi ea per pœnitentiam negligit; ac motio, qua in se ubique movetur, cum sancta opera in exemplis justorum cum habitaculo suo perficit; comprehensio ista et intelligentia ad motionem animæ se in unum conjungunt, ita ut si anima plus comprehenderet quam intelli-

gere aut movere posset, in injusta mensura esset. Atque eædem vires in anima hoc modo unanimes sunt, nec alia aliam excedit. Comprehensio enim animæ totum corpus cum omnibus appendiciis suis circumdat, omnia scilicet in ipso recta mensura movens ad illa quæ caro sentiendo et gustando concupiscit, velut fabricator ædificium suum hominibus ad habitandum recte metitur, corpusque per animam movetur, nec anima omittere potest, quin corpus ad diversa opera moveat, quia intelligit illa quæ caro concupiscit, quoniam et caro per eam vivit. Et anima vita existens etiam vivens ignis in corpore est, corpus autem factum opus, et ideo se continere non valet, quin in duabus viis operetur, videlicet aut secundum gustum carnis, aut secundum desiderium animæ. Bonum autem opus animæ quasi pulcherrimum ædificium coram Deo et angelis est, sed malum opus illius velut ædificium ex luto factum et plurimo stercore infectum apparet. Quapropter et anima quæ bona opera facit ab angelis Dei laudatur, et quæ mala opera secundum gustum carnis operatur, a laude repudiatur. Sed et in recta æqualique mensura, quæ a summo capitis hominis in ante usque ad supercilia, et usque in utramque aurem ejus, et retro usque ad initium colli ipsius est, æqualis densitas elementorum cum sibi adhærentibus constitutionibus designatur. Hoc etiam modo pares in anima tres vires sunt, id est exspiratio, scientia et sensus, cum quibus perficit opera sua. Per exspirationem enim hæc incipit quæ facere potest, et hoc quasi anterior pars capitis est, atque per scientiam velut ad utramque aurem se dilatat, et per sensum quasi retro usque ad initium colli se reflectit. Istæ namque vires hoc modo æquales sunt, scilicet quoniam anima exspirando non plus facere incipit quam scientia comprehendere aut quam sensu sufferre possit, et sic unanimiter operantur quia nulla istarum aliam excedit, quemadmodum et caput rectam mensuram habet.

Descriptio quarumdam mensurarum, quæ in labiis, in auribus, in humeris, in gutture hominis inveniuntur, et qualiter secundum ista interior homo in opere Dei vel pœnitentia se agere debeat; quodque maligni et impœnitentes sæpe valde confunduntur, quod pœnitentiam homini abstrahere non possunt.

XVIII. Superius quoque ac inferius labium, quæ utraque pariter flegma capitis et ventris ejiciunt, in ore hominis unius mensuræ sunt, sicut etiam niger ignis purgationem in vindicta Dei faciens, fortisque et albus lucidusque aer illa temperando moderans æqualis densitatis sunt. Quod etiam in mensura, quæ ab aure hominis ad alteram aurem a retro per obliquum capitis, et a foraminibus aurium usque ad humeros, ab humeris quoque ad finem gutturis æqualiter procedit manifestatur. In his ergo ostenditur quod homo et in superioribus, id est in cœlestibus, et in inferioribus, videlicet in terrenis, mala tam animæ quam corporis de se abjiciens, ore suo Deum æquali studio laudare debeat, quoniam ipse conservator et animarum et corporum est. Quod etiam ab aure ad alteram aurem, et ab auribus ad humeros, atque ab humeris ad finem gutturis, una mensura, ut prædictum est, existens, significat quod homo præcepta Dei auribus percipiens, humerisque suis illa fideliter imponens, et quasi gutture suo ea in se trahens, in omnibus æqualem et discretum modum habere debet, quatenus ad æquitatem illam perveniat, ubi nulla fortitudo est. Nam quandiu corpus peccat, tandiu anima in corpore peccatis dedita conturbatur, et quantum corpus per abstinentiam in pœnitentia affligitur, tantum anima de præmio æternæ gloriæ gaudet, quoniam sicut homo initium operum suorum inspicit, ita etiam finem eorum et merita diligenter consideret. Anima itaque adeo in formam hominis mittitur, quatenus eadem forma per ipsam vivificetur, et quia a Creatore suo se venisse consentit, idcirco etiam homo tam in secta aliqua, quam in fide recta positus, Deum nominat, quoniam hoc ex bonis viribus animæ sibi insitum habet. Quapropter et ipse nomen Dei quærendo in altitudinem ascendit, atque per quamdam legem disciplinam excribrat, qua illum quem nominat veneretur. Sed et anima judicium Dei supra prævaricationem legis casurum cognoscit, unde et pro criminibus suis quæ thesaurizavit cum dolore, tegmen suum aliquando lacrymas educere facit, sicut etiam flegma per labia ejicitur, atque eum dolore isto corpus in quo latet ita capit, ut illud de injustis operibus suis erubescere faciat. Attamen corpus gustum carnis sequitur, animæque multoties resistit, ne in altitudinem illam ascendat, in qua Deum sentit, et eam sic excæcat, sed tamen ita opprimere non valet, quin pro peccatis doleat, quamvis homo in ipsis delectetur, et hujusmodi pœnitentiam maligni spiritus nunquam habuerunt, unde et valde erubescunt quia eam homini abstrahere non possunt.

De duabus viribus animæ, quarum altera in his quæ ad Deum spectant juvatur, altera in vivificando vel regendo corpore suo fungitur.

XIX. Et anima duas vires habet, quibus laborem et quietem studiorum suorum æquali fortitudine temperat, ita ut cum altera in altitudinem Deum sentiendo ascendat, et cum altera totum corpus in quo est possideat in illo operando, quia in corpore operari delectatur, quoniam illud a Deo formatum est, et ipsa opus corporis ad perficiendum velox est. Ipsa etiam in cerebrum, et in cor, ac in sanguinem, et in medullam, et in totum corpus illud implendo ascendit; nec illud ultra nec plus quam possibilitas ipsius corporis valet levat, quia quamvis anima in corpore manens plurima bona operari studeat, plus tamen procedere non potest quam divina gratia ei concedit. Ipsa quoque multoties secundum gustum carnis tandiu operatur, quousque sanguis per fatigationem in venis aliquantum exsiccetur, et sudor per medullam emittatur, et tunc per quietem se subtrahit, usque dum sanguinem carnis calefaciat et medullam repleat. Et sic corpus ad vigilandum excitat, et ad laborem recreat, quia dum aliquando carnalibus concupiscentiis insistit, tædium illarum sæpius incurrit, sed dum exinde vires suas reparaverit, ad servitium Dei se totum reflectit. Cum autem secundum desideria sua operatur, ad Deum se levans, verba David sequitur, qui me inspirante dicit :

Verba David et sensus quo accipi debent ad diversas animæ et corporis exercitationes pertinentia.

XX. « Sub umbra alarum tuarum protege me a facie impiorum qui me afflixerunt (*Psal.* xvi). » Quod sic intellectui patet : Tu qui defensor omnium fidelium es, sub quiete fortissimarum virium tuarum defende me, qui sub potentia tua sum te adorans, te colens, et non ad alienum et illusorem deum respiciens; et libera me a pessimis et turpissimis concupiscentiis malignorum spirituum, quæ in delectatione carnis me affligunt. Unde et anima in perfectione hujus victoriæ dicit : « O caro, et o membra, in quibus habito, quamplurimum gaudeo, quoniam in vos missa sum, quia cum mihi consentitis, ad æterna præmia me mittitis. » Anima autem quæ sentit quod prava opera ipsam tangant, sic dicit mœrendo : « Ach! quia in hujusmodi habitaculum missa sum, quod in umbram mortis me trahit, quoniam delectatio ejus quemadmodum molendinum me currere facit, et opera mortis operari. »

Quod sicut per firmamentum et varias circulorum ejus qualitates terræ officia complentur, ita et per caput et sensus qui in eo maxime vigent totum corpus regatur; et quia etiam secundum ista principale quiddam, id est ratio, quo cœlestia appetat et vires aliæ quibus corpus administret animæ attributæ sunt.

XXI. Et totum corpus hominis capiti suo adjunctum est, sicut et terra cum omnibus appendiciis suis firmamento adhæret; atque homo per sensualitatem capitis totus regitur, quemadmodum et per firmamentum quæque officia terræ complentur. Ita etiam eodem modo experientia cœlestium et terrestrium animæ adest, et rationalitas, qua cœlestia et terrestria sentit, ipsi infixa est. Nam et sicut verbum Dei omnia pertransivit creando, ita et anima totum corpus pertransit cum ipso operando. Anima quoque viriditas carnis est, quoniam corpus hominis per illam crescit et proficit, quemadmodum terra per humiditatem fructifera est; et etiam eadem anima humiditas corporis est, quia illud humectat ne arescat, sicut imber terram infundit. Si enim humiditas imbrium recte et ordinate et non superflue descendat, eam germinare facit; si autem inordinate defluat, illam suffocando cum germine suo destruit. Ab anima quippe vires quædam corpus hominis vivificando procedunt, quemadmodum humiditas ab aqua, quapropter et anima cum corpore delectatur operari. Quod si homo secundum desiderium animæ operatur, omnia opera ejus bona fiunt, si vero secundum carnem, mala erunt. Caro namque humiditatem per animam exsudat, quoniam spiramen animæ carnem movet, secundum quod natura ipsius expostulat; homoque ex spiramine animæ desiderium ad quæque habet. Nam anima ad cœlestia ascendit, et sentiendo cognoscit qualiter quælibet opera secundum merita ipsorum judicet; et ut per sensualitatem corporis totum corpus regitur, sic et rationalis anima omnia opera membrorum hominis ad se colligit, considerando quod secundum desideria sua operari possint, et hoc modo membra hominis quemadmodum humiditas terram germinare facit, quia per totum corpus hominis, sicut humiditas per totam terram diffusa est. Et ut terra utilia et inutilia germinat, ita et homo suspirium sursum, et gustum peccati in se habet.

De intervallis et vicaria cooperatione septem planetarum, et quomodo a summitate humani cerebri usque ad imum frontis per septem loca æquali mensura iidem planetæ disterminandi sint; et qualiter juxta hæc anima se et corpus suum quinque subsistens sensibus secundum septem dona sancti Spiritus bonis et affectibus et operibus exercere debeat.

XXII. A superiori etiam summitate vasis cerebri usque ad ultimam extremitatem frontis hominis, septem loca æquali mensura a se discernuntur, per quæ septem planetæ æquali spatio a se in firmamento distantes, signati sunt, ita ut in prædicta summitate summus planeta notetur, et in prædicta frontis extremitate luna ostendatur, et in medio spatio istorum sol demonstretur, reliquis planetis ex utraque parte loci hujus scilicet duobus superius, duobus quoque inferius in eumdem locum notatis, et a se, et a termino loci solis et aliorum planetarum pari mensura a se distantibus, quoniam spatia hæc in capite hominis æquali mensura a se differunt, sicut et planetæ isti in firmamento æqua mensura spatiorum a se distant. Et in summitate capitis summus planeta signatur, quia ipse alius ampliorem circulum circuitionis habet; fronti autem luna imponitur, quoniam ut in fronte hominis verecundia notatur, ita etiam in luna, quæ in aperto velut frons apparet, tempora et qualitates temporum discernuntur. In medio autem horum sol locatur, quoniam ipse quasi princeps aliorum est, super se planetarum duorum defensionem, velut scutum contra superiorem ignem habens; sub se vero aliorum duorum substentationem tam sui quam lunæ retinens. Sed quanto spatio summus planeta in superiori gradu suo a sole distat, tanto etiam luna in infimo gradu circuitus sui ab ipso differt, aliis æqualia spatia, ut supra dictum est, inter se habentibus. Superior itaque et inferior pars firmamenti, ut crater tornatilis rotunda est, in superiorique rotunditate sol positus est, qui idem firmamentum superius inferiusque pertransit, splendoremque suum emittit, velut et vinum de cratere funditur. Hæc autem designant quoniam anima in humano corpore ab inceptione operum suorum usque ad finitionem eorum septem dona sancti Spiritus æquali studio venerari debet, ita ut in initio operationis suæ sapientiam adeat, et in fine ejus timorem habeat, et ut in medio illius fortitudinem ponat, intellectu et consilio in cœlestibus se muniens, scientia quoque et pietate in terrenis se circumdans, quæ pari devotione illi in auxilium sui ad plectenda sunt. Proinde curandum illi, id est animæ, ut primitus sapienter se dilatet, in ultimo autem timide cum verecundia se constringat, et inter hæc fortitudine se cum decore intellectus et consilii exornet, atque etiam scientia et pietate, ut supra dictum est, se communiat. Et unumquodque istorum alii se conjungit, quodlibet opus bonum in honestate perficiendo. Spiritus enim sapientiæ, spiritus quoque fortitudinis, ac spiritus timoris Domini, animam hominis hoc modo imbuunt, ut in vera fortitudine sapienter incedat, et in illa timorem habeat, et etiam in aliis ejusmodi quinque donis æquo animo ad supernum Creatorem se contineat. Motus enim rationalis animæ, et opus corporis cum quinque sensibus ejus, quod totus homo est, parem modum habent, quoniam anima corpus non plus movet quam illud operari potest, nec corpus plus operatur quam per animam movetur, nec discreti sensus ab invicem se separant; sed in alta fortitudine ad invicem se continent, et totum hominem, tam in superioribus quam in inferioribus, ad quælibet bona elucidant.

Quia cerebrum hominis, tribus divisum cellulis, et sensualitatem toti subministrans corpori, vicem solis obtineat, qui tres mundi partes perlustrans, omnia quæ in terris sunt temperando vel fovendo confortat, et etiam igne suo lunam accendit.

XXIII. Cerebrum quoque hominis, in tribus cellulis constans, nec plures habens, humiditati etiam subjacens, omnique corpori sensualitatem viriditatemque præbens, vires solis demonstrat, qui orientalem et australem occidentalemque plagam perlustrat, septentrionalem autem devitat, atque terræ viriditatem per bonam suavitatem roris, et pluviarum multoties immittit, et creaturas totius orbis virtute sua temperando confortat, quia etiam cerebrum in fortitudine calvariæ continetur, ut etiam vires solis ardore superioris lucidi ignis roborantur. Cum autem sol cursum suum in longitudine dierum facit, majus periculum ab igne suo in terra est, quam cum se declinat, quasi faciem suam abscondat. Nam cum se declinat (28), atque cum sideribus ipsi occurrunt, eumque cum aere sustentant, sed ipse hoc modo sub scabellum pedum Domini descendens, ibi in statu suo permanet, et omnia quæ subtus terram sunt regit, quemadmodum gallina pullos suos fovet, ac deinde per lætum diem super terram ascendens, cuncta quæ super illam sunt confortat, velut etiam gallina pullos suos de ovis provocat. Et homo in die operatur, et in nocte dormit, ut sol prædictis duobus modis super terram et subtus terra operatur, dum in die super terram lucet, et

---

(28) Videtur deesse aliquid.

in nocte cum descensu illius terra superius obtenebratur. Sed et sicut per vires animæ caro hominis in defectu suo reviviscit, quoniam ipsa carnem et sanguinem illius sustinet ne deficiat, ita etiam de igne solis luna accenditur quoties deficit.

Quod eodem modo anima viribus suis et corpus suum regens, et Deum in Trinitate unum colens, eumdem planetam quasi imitando quamdam vel diem, vel noctem vicissim facere videtur, dum modo spiritu fortitudinis, quem sol significat roborata, et sublimata sanctorum luce operum refulget, modo concupiscentiis carnis succumbens operatur.

XXIV. Sic quoque anima scienter in viribus suis corpus hominis regit, cum ille in bonitate et perfectione et sanctitate intelligit et sentit, et scit ea quæ ad Deum pertinent, verum Deum in Trinitate colens, nec alium Deum in fallacia quærens, sicut etiam eædem vires animæ se in unum conjungunt simul operantes. Quæ cum spiritu fortitudinis ita tangitur, ut initium operum perfectionemque eorum cum fine ipsorum ubique contempletur, ab illis quæ mala sunt declinat, et sic corpori in quo habitat suavitatem supernorum donorum inducit, per quæ omnia membra illius ad honestatem inducit, quoniam vires ejus per fortitudinem potestatis Dei in unum coadunatæ sunt. Sed cum eadem fortitudo animam hoc modo roborat, dominio illius totum corpus hominis servire facit, ita ut illuc lacrymas cum gemitibus multoties educat, et tunc ipsum hominem in tanta humilitate et quiete continet, ut et in sæcularibus et in spiritualibus se regere valeat, in omnibus bonis decenter instructus. Unde etiam anima ipsius per bonum studium velut in die bona operando in altum ascendit; sed dum concupiscentiæ carnis consentiendo superatur, quasi in nocte sopore deprimitur, nunc quidem fortitudine se muniens, nunc autem desidiam sibi conjungens. Per bonum namque studium, velut dies est omnia considerando, per desidiam vero quasi nox nihil providendo; sed sicut nox per lunam aliquando illuminatur, eaque subtracta iterum obtenebratur, sic opera hominis permista sunt, ita ut nunc lucida, nunc obscura existant. Cum enim anima per corpus coacta malum cum ipso operatur, tunc virtus ipsius lucis veritatis carens obtenebratur; sed cum deinde in peccatis se gravari senserit, contra voluntatem carnis se sursum tollit carnem affligendo, et quæque mala opera ipsi improperando. Sicque lux beatitudinis nocte peccatorum superata exoritur, ita ut per animam mala scientia cum carne superetur, et caro in pœnitentia et emendatione pravorum operum deinde castigetur. Et cum caro hoc modo constringitur, anima quoque illam secum cœlestia appetere facit, quia spiritu fortitudinis tecum roboratam, timori Domini etiam celeriter illam subjicit. Anima quippe carnem adjuvat, et caro animam, quia per animam et per carnem unumquodque opus perficitur, unde etiam anima cum carne bona et sancta opera faciendo reviviscit. Sed caro multoties tædium patitur, quando cum anima operatur; qua-propter anima tunc carni condescendit, illamque in aliquo opere delectari permittit, quemadmodum mater flentem infantem ridere facit. Atque hoc modo caro cum anima aliqua bona opera, quibusdam tamen peccatis intermista, operatur, quod anima tolerat, ne caro obruatur, quoniam sicut caro per animam vivit, ita etiam anima cum carne bona operando reviviscit, quia in opere manuum Domini collocata est. Sicut enim sol noctem superando usque ad mediam diem ascendit, ita quoque homo prava opera vitando sursum incedit; et quemadmodum sol post mediam diem inclinatur, sic et anima carni consentit; et ut luna per solem reaccenditur ne deficiat, ita et viribus animæ caro hominis sustentatur ne in interitum eat.

Quod sicut cerebro, humiditatem a visceribus trahenti, omnes corporis venæ calorem administrant, ita et soli rorem et pluviam interdum diffundenti superiores circuli ne a calore deficiant ignibus suis assistunt, et quod secundum ista concordiæ vel dissonantiæ inter animam et carnem inveniantur.

XXV. Et quoniam cerebrum humidum est et lene, frigus habet, omnes venæ cunctaque membra corporis calorem ei subministrant, sic etiam soli, qui interdum rorem et pluviam ad terras descendere facit, omnia superiora in igne lucentia ne in calore deficiant ignem subministrando ei assistunt. Sed et quia humore humectatur, caloreque confortatur, totum corpus sustentat et regit, quemadmodum humor et calor conjuncti omnem terram germinare faciunt. De corde enim et pulmone, et jecore, et de omnibus visceribus hominis, humiditas ad cerebrum ascendit, illudque adimplet; et cerebro humiditate istorum adimpleto, de eadem humiditate aliquid ad reliqua interiora descendit, eaque replere festinat. Similiter scientia animæ humiditatem lacrymarum educit, cum peccata in ipsa frigescunt, et tenor rectitudinis cum cæteris bonis operibus calorem supernorum desideriorum ei infert, velut etiam fortitudini, quæ humectationem sanctitatis cuilibet fideli homini immittit, reliquæ virtutes in adjutorio subveniunt. Et cum tali modo anima rore et calore sancti Spiritus infunditur, carnem sibi subjicit, eamque Deo secum servire cogit. De bonis itaque cogitationibus et rectis confessionibus de utilitate justitiæ, atque plenitudine interiorum desideriorum vigor sanctitatis ad scientiam animæ tendit, illamque ita confortat, ut etiam per eumdem virorem totus homo contra omnia adversa tantis tuitionibus patientiæ muniatur, quatenus deinceps in diversa vitiorum moveri non possit. Sicut enim superiora sidera soli ignem ministrant, ita quoque omnia interiora hominis animæ vires ad officia sua afferunt, et dum illa ad perficiendum justitiam peccata neglexerit, cum rationalitate sursum ascendit; sed cum deinde corpus in defectu esse senserit, illi condescendit ne deficiat. Ipsa namque vivens spiraculum est totum corpus hominis excitando, sed tamen delectationi carnis contra voluntatem suam multoties subjacet. Et in bono persistere volens, velut sol est, caro autem in gustu suo permanens, quasi luna est; unde cum ipsa peccando deficit, quemadmodum luna detrimentum sentit, sed tamen eadem anima contra voluntatem carnis quasi sol se sursum sæpius erigit, et ita homo per querelam ipsius, hoc modo resurgit, sicut et luna per solem reaccenditur. Per humiditatem itaque caro in peccatis delectatur, et per calorem pœnitendo luget, quia humiditas ex carne, et calor ex anima est; atque per hæc duo omne opus, scilicet malum et bonum, perficitur, quemadmodum et per ea fortitudo terræ omnia inutilia et utilia germinat. Conflictus etenim iste in homine est, videlicet quia caro in peccatis delectatur, et anima in ipsis affligitur, ita ut carne et anima omnia opera hominis perficiantur, quoniam animæ mala displicent, quæ carni placent, quia caro mortalis est, anima vero immortalis, animaque absque carne vivit, caro autem sine anima vivere non potest. Anima nempe rationale spiramen est, atque in habitaculo cordis sapientia ipsius est, qua omnia computat, et disponit, velut paterfamilias in domo sua omnes res suas ordinat, atque inde etiam habet prudentiam, qua vasi suo cuncta utilia recte constituit, sicut et cor a pulmone tegitur, et ex hoc quoque discretionem ad se colligit, omnia juste dividendo, ut etiam viscera hominis recte et discrete sibi conjuncta sunt. Nam anima ignea est, unde et omnia itinera quæ cordi deputata calefacit, et in unum coquit, insimul ea retinens, ne alia ab aliis disjungantur, eaque implens, ne ulli eorum quidquam desit, atque sic etiam cum sapientia in cogitationibus prudenter omnia officia corporis ordinat: in bona quoque et sancta intentione per fidem ad Deum ascendens, quoniam ab ipso se missam cognoscit. Sicut enim humiditas ab inferioribus corporis ad cerebrum ascendit, ita et anima cum sancto desiderio Deum cognoscendo omnia officia corporis hominis sursum trahit, et ut iterum eadem humiditas descendit, inferiora corporis implendo, sic etiam anima corpori condescendit, ne officia illius in offensione Dei operentur.

Quod sicut cerebrum et intestina dum humoribus redundant purgatione indigent, ita etiam aer et terra tempore autumni, ille per fila longa et coagulata, hæc per spumam sordidam quibusdam locis purgari videantur, et quod eodem modo caro veneria exsudatione exsiccari, anima pœnitentiæ labore expiari comprobetur.

XXVI. Cerebrum etiam impletum ex se rheuma spumat, visceraque cum impleta fuerint egestionem faciunt, et ista frequenter in homine sunt, sicut et humor et calor super terram descendunt, eamque germinare faciunt, sed postquam fructus ipsius maturitatem pleniter acceperint, humor et calor sursum retrahuntur. Quapropter in initio frigoris cum hiems appropinquare videtur, aer sursum tendit, et de calore solis aliqua parte coagulatur, qui sicut fila se prolongando volare, et tunc etiam de superiori humiditate terra mollescit, et sordidam spumam evomit; similiter cum officia carnis implentur, caro sudorem emittit; et sic in ipsa delectatio exoritur, et deinde homo per gustum delectationis operari incipit. Sed cum anima in scientia sua senserit secundum voluntatem et concupiscentiam carnis se opera fecisse, carni multoties afflictionem peccatorum inspirat, quia malum operata est, et deinde a concupiscentia carnis se subtrahit, ne peccatum sciat, et ita etiam corpus optat a peccatis abstinere. Et anima nequaquam omittit quin corpus affligat, et asperitatem de factis peccatis ei inferat, et ideo in afflictione homo semper est, ita scilicet ut anima querelam contra carnem habeat, et caro delectationem nutriat; quapropter et in opere peccati velut in egestione malum cognoscitur. Anima quippe multoties in delectatione carnis operatur, quam postea repudiat, sicut etiam humore et calore terra tacta inutiles et utiles herbas germinat. Ac etiam cum peccatorum diuturna consuetudo peccata homini infesta facit, tunc anima corpori multoties inspirat, quatenus pœnitentiam illorum a Deo quærat, velut etiam humor et calor sursum sæpius retrahuntur, et sic in medio istorum homo et malum et bonum operatur. Aliquando etiam cum caro hominis delectationem suam inspicit, anima ad calorem rationalitatis se extendit, quamvis per terrenam inhabitationem sæpius impediatur, quoniam cum per fortitudinem corpus coagulationem conceptionis suæ retractat peccando, tunc rationalis anima refrigescit carni consentiendo. Sed tamen deinde eadem anima ad rationalitatem se sursum extendit, cui et prava opera exponens cor hominis etiam tangit, et illud gemere et lacrymari facit, et hoc modo carnem superat, ita ut corpus pro viribus animæ effectum peccatorum non perficiat, sed de superiore rore sancti Spiritus tactum pristinam duritiam deponat, et peccata sua considerans, illa quasi pro luto computet.

Quia vas cerebri superioris ignis solem accendentis vicem teneat, et humor aquosi aeris ejusdem solis et calori temperamentum, et cursui terminum ne subjecta concremet præbeat, et quomodo secundum hæc anima sub potestate Dei et judicio posita, et rationalitate sibi indita discrete et se et corpus suum in omnibus regere debeat.

XXVII. Vas itaque cerebri, quod cum fronte ad oculos extenditur, superiorem ignem notat, sub quo sol ardet, cujus ignis cum leni humiditate aquosi aeris permistus est, idemque humor punctum est solis, per quod ille terminum loci sui transire non potest; et humor iste per puritatem ætheris ad solem ascendens ardorem illius mitigat, ne ea quæ in terra sunt nimio fervore suo consumat. Sic et anima scientiam et rationalitatem cum manifesta verecundia et salubri circumspectione in se habens, potentiam Dei ostendit, sub qua fortitudo illa est quæ felicia suspiria mentibus fidelium hominum immittit; eademque suspiria judicium fortitudinis Dei retinent, ne in multa severitate se demonstret, atque per veram pœnitentiam ejusdem fortitudinis examinationem ita deliniunt, ut peccata hominis quando ille pœnitet oblivioni tradat. Sed et quemadmodum ventus ignem ardere facit, ita et rationalitas animam hominis movet et illuminat. Rationalitas enim in anima est quasi ventus, et quasi lumen in igne; et anima spiraculum est a Deo in homine missum, quod indeficiens et rationale est, et sicut ignis sine ardore ignis non esset, ita et anima sine rationalitate intelligibilis non esset, cum cætera creatura irrationalis velut ventus pertranseat, quia flammans ignis non est. Nam rationalitas animam cum scientia ubique ducit, mille modis ea considerando; et cognoscendo quæ homo facit, unde etiam e in ipsa anima bonum in scientia sua intelligit, in gaudio sicut sol ardet, et cœlestis est. Sed tamen in hoc ardore cœlestium anima semper manere non potest, quoniam caro hominis deficeret, et ideo anima refrigerium in aliqua re corpori infert, quemadmodum Filius meus in mundo corporaliter manens modo oravit; modo laboravit, et deinde corpus suum recreavit, et hoc absque peccato fecit, quia sine peccato conceptus fuit. Quemadmodum etiam punctum solem retinet, ne metam suam transeat, sic et anima corpori consentiendo illud temperat, ne deficiat; et hoc in magna puritate facit, quatenus corpus hominis pravis operibus non derideatur, et ne etiam pro nimia cœlesti intentione exterminetur, velut humiditas solem temperat ne consumatur. Anima itaque discretionem in omnibus amat, et ideo quoties corpus hominis absque discretione aut comedit, aut bibit, aut aliud quid tale indiscrete fecerit, vires animæ scinduntur, quoniam omnia cum discretione agenda sunt, quia homo in cœlestibus semper esse non potest. Et ut per nimietatem æstus solis terra scinditur, et per incongruentem pluviam germen utiliter non exsurgit, sed per rectam conjunctionem caloris et humoris terra quæque utilia germinat, ita etiam et per justam temperantiam omnia opera cœlestium et terrestrium discrete et bene ordinantur et perficiuntur. Hanc autem discretionem illi cum quibus cœlum illuminatum est dilexerunt, et adhuc diligunt; sed diabolus eam habere noluit, nec habere vult, quoniam vel in nimiam altitudinem, vel in nimiam profunditatem tendit, unde cadens non resurget.

Quod sicut nigredo cerebri calore et humore coagulata flegma vel livorem corpori hominis diffundit, sic et niger ignis, qui in secundo circulo est, tempestates et fulgura mundo inducat, et in hunc etiam modum anima elatione et caro concupiscentiis corrupta, diversa ad invicem altera alteri resistendo certamina habeant.

XXVIII. Sed et cerebrum quamdam nigredinem superius habet, quia anhelitus hominis humidus existens humiditatem illam sursum mittit, quæ in fine suo ubi ultra non procedit, nigredinem facit, et nigredo hæc ardori resistit, ne idem cerebrum in fervorem erumpat, velut etiam niger ignis lucidum ignem retinet, ne terminum suum transeat; eademque nigredo cerebri flegma et livorem reliquo corpori immittit; quemadmodum et niger ignis iste tempestates, tonitrua et grandinem multoties super terram producit. Isto modo anima cum scientiam suam in favore elationis sursum extendit, per illum eam quasi superius denigrat, quoniam suspiria hominis ibi in elationem extenta puritate veræ lucis carent. Unde etiam et ipsa turbulentia supernæ fortitudini hoc modo repugnat, quod eadem fortitudo calore cœlestium desideriorum eamdem scientiam non excitat, sicut et vindicta Dei, quæ peccata hominum paulatim examinat, potentiam ejus multoties retinet, ne peccantem hominem omnino conterat. Et tenebrositas ejusdem scientiæ concupiscentiam et temeritatem peccatorum negligenti homini sæpius infert, quia supernum judicium non inspicit, ut etiam idem judicium in vindicta diversos excessus delinquentium conterit. Anima utique quoniam amplexionem dilectionis ad corpus cum quo operatur habet, sæpe illi consentit, et cum iterum nigredinem consensus istius in ignea rationalitate agnoverit, carnem per pœnitentiam se affligere facit, et iterum illam confortat, ne homo in sensibus suis deficiat. In corpore namque hominis anima manet, secundum quod illud in humoribus suis invenit, ut etiam apis favum cum melle in vase suo operatur, nunc scilicet purum, nunc autem turbidum. Quando enim anima cum ignea rationalitate sursum hoc modo ascendit, ut corpus ascensum illum tolerare non possit, tunc iterum descendit, et corpus confortat, quia caro velut terra fragilis est, et sic anima et corpus diversa certamina inter se habent, quoniam homo lucida et tenebrosa opera cum anima et carne operatur.

Quod ita cerebro totum corpus hominis quemadmodum sole, qui medius planetarum est, superiora et inferiora roborentur, et de eo quod tribus partibus mundi a sole illustralis, quartam Deus tenebrosam et frigidam reliquerit, et mystica horum ratio secundum interiorem hominem.

XXIX. Et sicut præfatum est, per vires cerebri totum corpus hominis retinetur, quemadmodum et per solem superiora et inferiora roborantur. Sol namque in superiora et subteriora lucet, totumque firmamentum, excepta plaga aquilonis, circuit. Cum enim Deus totam terram cum creaturis roboravit, unum locum vacuum dimisit, quatenus creatura cognosceret quæ et qualis claritas Dei esset, quoniam per tenebras lux honoratur, et lucidæ parti tenebrosa pars ministrat, vacuus locus existens, quia Lucifer illum elegit quando Domino suo æquari voluit. Sol quoque in oriente oritur, et in meridie in ardore suo magis et magis fortior est; sed post meridiem in occasum se declinat, et sic cursum suum usque in mane perficit. Et quia in partem aquilonis non procedit, ideo in mane et circa vesperam frigiditas in terra est. Ego autem qui sine initio sum ignis sum, per quem omnia luminaria accenduntur, lux quæ tenebras obtegit, nec tenebræ lucem comprehendere valent. Itaque lux tenebris se non admiscet, nec tenebræ ad lucem transire possunt. Sicut enim homo in bona scientia, quæ lumen veritatis existit, a Deo constitutus est, et ut in mala scientia, quæ vacuum locum habet in quo nulla constitutio meritorum aut præmiorum est, ad malum declinat, sic etiam in homine cœlum et terra, lux et tenebræ signantur. Per scientiam utique omnia opera hominis reguntur, ut etiam per spirituum fortitudinis cæteræ virtutes continentur, quia idem spiritus et in spiritualibus et in sæcularibus causis viget, hominemque ab insidiis antiqui serpentis defendit, qui vacuus ab omni felicitate, claritatem Dei demonstrat, ut per malum id quod bonum est cognoscatur, quoniam servus domino suo subjectus esse debet. Fortitudo enim in inceptione et in actione bonorum operum robusta existens, post completionem eorum in illo mala devitat, et sic ad initium suum recurrit, nec malum appetit, quia tam in initio quam in fine perversitatis calor Spiritus sancti non adest, sed torpor et negligentia hominem ad nociva pertrahens. Sed ille qui sine principio est lumen hoc existit, quod omnia lucentia incendit, et omnes adversitates tenebrarum depellit quoniam ab ipsis exterminari non valet. Et ut fidelis homo a Deo regitur, et sicut perversus ab eo alienatur, ita et in homine quælibet elementa ordinate distincta sunt. Anima quoque velut ignis apparet, sed rationalitas in ipsa quasi lumen est, et rationalitate quæ lucida est, hoc modo perfunditur, quemadmodum mundus sole illuminatur, quia per rationalitatem omnia opera quæ in homine operatur, prævidet et cognoscit. Homo quippe gustum et desiderium se habet, atque per hæc duo sanguis in venis ipsius cum calore medullarum movetur; et sic idem homo operatur, quemadmodum rota cursum suum peragit, cum ad currendum impellitur, quoniam corpus gustum et desiderium habens animam hac et illuc impellit, ita ut secundum eosdem impulsus illa gressus suos multoties dirigat.

Quid significet in actibus hominis ortus vel occasus solis, et quid nunc nubibus vel nimietate tempestatum occultatus non apparet, nunc his abstersis lumen suum terris restituit.

XXX. Sol etiam nigra nube obscuratus, atque fulgure et tonitru, et nimietate pluviarum obrutus non apparet, sed illis omnibus cessantibus iterum lumen suum effundit, in hoc animam hominis demonstrans, quia cum illa per corpus ita premitur, ut secundum concupiscentiam carnis operetur, rationalitatis lumen in ipsa obnubilatur, quoniam ira sicut fulgor, et avaritia velut tonitrus, et illicita carnis desideria, quemadmodum nimietates pluviarum sunt. Sed cum deinde per pœnitentiam ab his se purgaverit, iterum in claritate veri luminis illustratur, sperando quod liberari et salvari possit. Rationalitatem itaque anima exspirat, velut ignis scintillas emittit, et per eam cœlestia et terrestria discernit. Quapropter etiam si corpus per eam ita superatur, ut justa et bona opera operetur, de æterna vita gaudebit; vel si hoc modo per corpus opprimitur, quatenus bona negligens id quod malum est faciat, semetipsam tartareis locis immittit. Diabolum quoque repudiat, qui Deo similis esse voluit, et per hoc a parte aquilonis separatur, quod sive bonum sive malum operetur, Deum se non nominat, sed a Deo creaturam per rationalitatem cognoscit. Ipsa quoque terrenum vas suum multoties docet ut opera quæ cœlestia sunt faciat, iterum concupiscentiis carnis consentit, de quibus se iterum extorquens, vas suum affligit, cum ad officia sua ascendit, omnia mala in eodem vase suo per pœnitentiam excribrans, sicut hordeum a tritico ejicitur. Hæc animæ opera sunt, quoniam quando illa bonum operatur, est quasi sol cum in meridie ardet; cum autem ad malum anhelat, est velut sol cum ad occasum declinat; sed cum deinde per pœnitentiam resurgit, est ut sol cum a tempestatibus splendorem suum avertit. Sed tamen cum homo per vires animæ crescit, venis et medullis suis nondum impletis vel roboratis, propter teneritudinem corporis ea quæ cœlestia sunt nondum cognoscere potest, nec etiam pœnas infernales discernere valet, quia corpus suum ad perfectionem nondum excoctum est; unde etiam anima cum vase suo tunc vacat, quoniam idem homo timorem tunc non habet, quemadmodum et homines in prima ætate mundi timore legis carebant. In plena vero ætate hominis anima cum corpore roboratur, illudque bona opera facere cogit; sed corpus a voluntate ipsius declinat, vires suas secundum concupiscentias carnis exercens, et hoc quandiu vivit facere satagit, nisi per pœnitentiam viribus animæ refrenetur.

Quia frons inter cerebrum et oculos consistens, ita infirmitates quæ de cerebro et stomacho nascuntur colligit, quemadmodum luna ea quæ de superioribus descendunt et de inferioribus ascendunt recipit; et quod oculi albugine et pupillis in humore suo purum ætherem, stellas et vaporem de subjacentibus aquis ascendentem insinuent, et multiplex horum in qualitatibus animi consideratio.

XXXI. Ut autem prædictum est, a fronte usque ad extremitatem nasi puro æthere designato, frons inter cerebrum et oculos existens constitutionem cerebri et oculorum sustinet, et infirmitatem quæ de cerebro et stomacho nascitur in se continet, velut etiam luna sub sole stellis circumdata, ea quæ de superioribus descendunt, et quæ de inferioribus ascendunt, multoties recipit. Oculi enim, qui plurima conspiciunt, stellas firmamenti, quæ undique lucent, ostendunt. Nam albugo eorum puritatem ætheris, claritas quoque ipsorum splendorem illius, pupilla vero stellas, quæ in eodem æthere sunt, designat; humor vero eorum, humorem quo idem æther a subterioribus aquis humectatur, ne a superiori igne lædatur, demonstrat. Hoc itaque est, quod inter scientiam et circumspectionem anima in vera pœnitentia locata, vas suum per gratiam Dei ad pœnitentiam impellit. Verecundia quoque inter scientiam et circumspectionem degens, viam illarum notat, quia recte incedit, cum pudicitiam amat, atque noxia quæque in se occultando ad nihilum redigit, ne in palam prorumpant, sicut et timor Domini fortitudine cœlestium virtutum vallatus, æterna et caduca in semetipso bene moderatur. Circumspectio namque, qua fidelis homo quælibet bona sibi prævidet, ardens desiderium ipsius quod ad superna habet demonstrat. Consideratio enim circumspectionis, qua homo ea diligenter considerat quæ animæ suæ utilia videt, sinceritatem veræ pœnitentiæ appetit; perspicacia autem ejusdem considerationis decorem ipsius pœnitentiæ diligit, cum homo a peccatis se purgatum aspicit. Intentio quoque ejus, quæ quasi pupilla oculi est, ardentia et lucentia opera quæ in illa sunt clarificat, sed indulgentia peccatorum, gemitus et suspiria, quibus pœnitentia humore lacrymarum discutitur, ne potentiali judicio Dei feriatur, exornat. Anima etenim undique circumspicit, unumquodque opus incipiens et operans, quoniam ignea est, et cum aere spirat, atque cum scientia et rationalitate omnia peragit et discernit. Nam anima in corpore roborata fortiter operari incipit, et hoc facere desiderat; sed quamplurimæ infirmitates, carnis videlicet, in medullis, in sanguine et in stomacho ei occurrunt. Ex calore namque medullæ sanguis hominis æstuat, et ex pondere ciborum stomachi sanguis ardet; istæque infirmitates viribus animæ quoddam obstaculum sunt, quia de ardore carnis incestus, quem Satan dolose texuit, pullulat, atque ad animam de terrenis ascendit, illique proponit quia homo caro sit et eum secundum carnem vivere oporteat. Unde et ipsa per corpus quod deorsum est, multoties cogitur mala cum illo operari. Opera quippe animæ cum mobili corpore sunt, quemadmodum luna stellis circumdata est, ipsaque anima per scientiam artificiosa cum reliqua creatura est, ita ut opera artis ejus, sive de superioribus, sive de inferioribus sint, in vase suo videantur et cognoscantur, velut stellæ aut lucidæ aut obscuræ in firmamento lucent. Candida etiam scientia quasi albugo oculorum in homine apparet, intellectusque velut claritas eorum in eo fulget, et rationalitas quemadmodum pupilla ipsorum in eo lucet. Quapropter etiam homo sic ad cœlestia tendere gemendo et flendo cogitur, ubi se indignum præmio æternæ remunerationis æstimat, quoniam multis peccatis se oneratum novit, ideoque ut pœnas judicii tantum evadat, contendit.

Quibus ex causis et lacrymæ de humoribus corporis collectæ ab oculis, et pluviæ ab aquis inferioribus sursum tractæ e nubibus defluant, et diligens horum secundum affectiones animæ expressio.

XXXII. Et cum homo aut lætitia aut tristitia in corde suo commovetur, venulæ cerebri ejus, pectorisque, et pulmonis ipsius etiam concutiuntur, unde et venulæ pectoris et pulmonis humores sursum ad venulas cerebri mittunt, illæque eos suscipientes oculis infundunt. Sicque hominem ad lacrymas perducunt, quemadmodum cum aut in initio augmenti seu detrimenti lunæ firmamentum per ventos commotum strepitu suo mare aliasque terrarum aquas concutit, illæ fumum et humorem de se producunt. Sed nubes ipsas, fumum scilicet et humorem, excipientes ad lunam extendunt, quos illa velut sitiat ebibens, iterum ad nubes remittit, pluviamque congruentem illas producere facit, quoniam hoc modo de subterioribus aquis quas nubes sursum trahunt, iterumque remittunt, pluvia super terram descendit. Sic etiam cum anima in homine aliquando, vel ex securitate salvationis suæ gaudet, vel quasi de pressura peccatorum suorum mœret, scientia hominis cum conscia confessione pœnitentiæ per timorem movetur, atque cum his suspirando sursum erigitur, operaque illius circumspiciendo, lacrymas ab ipso educit, cumque plangere facit, quia cum timor Domini hominem concutit, ipsum sitibunde in gemitibus flere compellit. Unde fit ut cum homo interdum adversitatem sæcularium rerum deflet, animum multoties ad appetitum cœlestium, neglectis sæcularibus, retorqueat. Nam cum homo a Deo recedit, et eum in oblivionem ducit, mox anima ejus contremiscit; unde et omnia membra hominis, quæ viribus illius impleta sunt, in alienam viam commoventur, quasi Deus venerandus et timendus non sit; sed illa vasi suo verecundiam et confusionem peccatorum proponit, illudque suspirare facit, ita ut suspiria hæc lacrymas educant. Et sic de suspiriis et lacrymis istis viriditas pœnitentiæ exsurgit. Quapropter et ipse in operibus bonis denuo suscitatus, gravamina peccatorum suorum in tanta diligentia et pœnitentia examinat, ut carnes membrorum suorum aliquantulum exsiccentur, et tanta amaritudo in corde ipsius crescit, ut intra se multoties dicat: Utquid ad tanta crimina natus sum? Cum anima mea in Deum peccavi, et cum ea pœnitentiam ago ad Deum suspirando, qui formam Adæ de Virgine dignatus est suscipere. Unde et ego confido quod me non despiciat, sed a peccatis meis absolvat, et etiam per vultum sanctæ humanitatis suæ, in vera fide me pœnitentem suscipiat. Tunc anima et corpus in unum se conjungunt, et concordes ad Deum anhelant, quoniam animæ peccata nequaquam placent, sed tantum ex stupore carnalis concupiscentiæ carni cogitur consentire, quia si delectationem anima ad peccatum haberet, homo in luto peccatorum semper sordesceret. Nam in peccatis anima non delectatur, quamvis illa cum corpore operetur, ut etiam elementa quæ hominem sustinent, ipsum ad peccatum non cogunt, sed tamen eum per judicium Dei in peccatis dijudicant, in operibus autem bonis suavitatem et lenitatem super illum ostendunt. Et quoties anima cum corpore mala operari cogitur, illud tristitia replet, quoniam eadem opera sibimetipsi displicent, sed cum id quod bonum est cum corpore perfecerit, idem corpus gaudere facit. Quapropter etiam homo qui bonum operatur, per gratiam Dei, ipso nesciente, ab hominibus diligitur; qui aliquando in tantum pro ficit, ut bona inexplebiliter operari appetat, quemadmodum etiam angeli vultum Dei inspiciendo, contemplatione ejus extædiari non possunt. Anima quoque ipsius gaudium bonæ operationis habens corpori condescendit, illudque a peccatis concutit, atque per humilem pœnitentiam suspiria et lacrymas ei immittit, quatenus ad virtutes virescat, velut etiam nubes aquas sursum trahunt et iterum remittunt.

Quia sicut nulla forma visibilis sine nomine, ita nec sine mensura sit; et quid in interiori homine æqualis exteriorum mensura oculorum significet.

XXXIII. Ut autem nulla forma visibilis sine nomine est, sic nulla sine mensura est. Unde etiam ambo oculi hominis æqualem mensuram habent, atque speculativa vasa eorum in circuitu suo æqualia existunt. Deus enim virtutes a vitiis, sancta quoque opera a peccatis separavit, velut creaturas quæ homini notæ sunt formis et nominibus suis ab invicem discrevit, ita ut etiam homo in circumspectione quæ sibi, quemadmodum in oculo, quælibet bona prævideat, et etiam in consideratione bonæ intentionis suæ, sinceram æqualemque discretionem habeat, ne si in bono modum excesserit, in profundum corruat, aut ne si in malo nimietatem apprehenderit, in desperatione omnino pereat.

Quia judicium rationalis animæ et bono præmium et malo pœnam debeat constituere, et quod ad comparationem æternæ retributionis nulla pœnitentia sufficeret, etiamsi arenam omnem et maris guttas transcenderet.

XXXIV. Anima quoque in rationalitate ostendit quæ et qualia peccata sint, modumque peccandi et pœnitendi demonstrat. Ex viribus enim animæ homo ad pœnitentiam imbuitur, cum omni studio peccata sua per pœnitentiam affligit, velut pluvia ignem exstinguit; sed tamen, ad comparationem æternæ gloriæ et ineffabilis retributionis, vix considerare poterit quomodo salvandus sit. Nam si pœnitentia hominis supra arenam et supra aquas maris esset, salvationem tamen gaudii sui pro ineffabili gloria æternæ vitæ vix considerare posset. Et o ubi invenitur iste qui concupiscentias carnis suæ non impleat, a peccatis declinando? Scientia namque rationalis animæ in duobus modis est, quia bonum cognoscit, et malum sentit, bono scilicet præmium, et malo pœnam constituens; atque hæc officia animæ sunt, quibus corpori adest multoties operando, secundum quod illud expostulat. Unde et homo ut dies est in bonis, et ut nox in malis.

Quia sicut homo oculis et cæteris sensibus confortatur, et cœlum sole, luna et stellis, vicaria sibi luce subvenientibus, illustratur, ita et anima veræ operibus pœnitentiæ illuminetur, et suspiriis vel lacrymis cito a peccatis diluatur.

XXXV. Homo quoque per oculos videt, per nasum odorat et per os gustat; sicut etiam per vim solis et lunæ a summis stellis, quæ ipsis cum ministerio adsunt, quidam radii aliquando in cætera sidera mittuntur, ita ut alterum lumen ab altero excitetur. Anima quippe, cum prava et turpia opera videt, tristatur, et cum ea per malum rumorem quasi per odorem intellexerit, suspirat, atque cum ea quasi per gustum cum corpore perfecerit, hominem lacrymas effundere facit, illique pœnitentiam immittit per scientiam, suspiria per rumorem peccatorum, lacrymas autem per effectum eorum. Illuminatrix vero animæ pœnitentia est, et in ipsa suspiria et lacrymæ sunt, et velociter culpas in homine diluit, in qua suspiria et lacrymæ generantur, quæ veræ pœnitentiæ adsunt, quemadmodum etiam per spiritum fortitudinis et timoris Dei cæteræ virtutes excitatæ fidelem hominem efficaciter illuminant.

Quod sicut mento caput et superiora per nubes sustentantur, sicut etiam ossa in homine ver ignem durantur, et per frigus medullæ coagulantur, et in mundo terra per æstatem et hiemem ad fructificandum excolitur, ita et mentes fidelium igne Spiritus sancti et rore compunctionis ad quælibet bona corroborantur, et inertia torporis et negligentiæ debilitantur.

XXXVI. Ut omnia quæ in capite hominis sunt per mentum continentur, tali etiam modo cuncta prædicta in statutis locis suis per nubes sustentantur, quod designat ut mentes fidelium stabilitatem bonorum operum ita arripiant, ut in bonis perseverantes ad cœlestia perveniant. Æstus etiam ossa et frigus medullæ in homine significant, quoniam anima per ignem ossa coquit, et per frigus quod in vas suum trahit medullam coagulat; sic etiam per æstatem, et hiemem tota terra probatur, ita ut fructus ejus per frigus firmamenti sub terra coaguletur, et per calorem illius solvatur. Calor etenim solis et humor de aquis in nubibus ita se conjungunt et admiscent, ut per hæc omnis fructus in terra regatur et firmetur, quia calor solis et humiditas aquarum totam terram quasi colendo ita fructificant et perficiunt, sicut tornator vasa sua ad perfectum perducit, tanta quoque firmitate in nubibus ad invicem copulantur, ut nequaquam ante novissimum diem intrando et exeundo, nec hac nec illac se spargendo dissipentur aut separentur. Et anima in homine per ignem sancti Spiritus ad quælibet bona roboratur, atque per frigus torporis et negligentiæ debilitatur. Ignis quippe fortitudinis et compunctio mentis hominis se in invicem admiscentes, bonum fructum in homine proferunt, hominemque in omni utilitate ita confortant et exornant, ut nequaquam a servitio et dilectione Dei separari possit. Nam cum homo molestiam et tædium peccatorum incurrerit, per eamdem molestiam peccata in ipso ita constringuntur velut per densum fumum ignis deprimitur, ne in viribus suis ardeat. Cum enim per vires animæ, voluptas carnis in mente hominis dirumpitur, mox suspiria ad cœlestem patriam in eo texuntur, quemadmodum per apem favus cum mello in vase ipsius ædificatur, ubi etiam nova et vetera ejusdem hominis opera simul admista, cum vera humilitate regantur, ne per calorem superbiæ combusta arescant. Per ignem itaque Spiritus sancti, et per humiditatem humilitatis fructiferæ virtutes in vase Spiritus sancti, in quo sapientia mansionem sibi ædificat, perficiuntur, ita ut idem homo virtutes quæ serenissimæ coram Deo et angelis ejus sunt, ad se colligat, quasi in odore omnium aromatum, ubi deinceps non deficiunt.

Item de utilitate sensuum in homine et siderum in mundo, et quod dolus diaboli, quo Evam decepit, et originale peccatum toti per eam posteritati transfudit, quasi nebula sit, quæ de nocivo aere consurgens terram obtegendo et fructus lædit, et ne claritas diei cernatur visum præpedit.

XXXVII. Sed et per visum oculorum, auditus, odoratus rationalitasque oris et tactus reguntur et cognoscuntur, sic utique ut sciatur vel quid sint, vel quomodo sint, sicut et per solem ac lunam et per stellas omnis constitutio firmamenti regitur et illuminatur. Homo enim per oculos videt, quæ cum sapientia cognoscit, eademque per auditum, odoratum et per gustum capit. Quæ autem in pectore sua congregat, ea per scientiam scit, sed ea per oculos non videt. Nam et serpentinus dolus occultus erat, qui se tunc manifestavit, cum Evam primo interrogavit quod illa nesciebat, eamque decepit, quoniam ipsa sine dolo fuit. Istud initium in primo originali peccato per deceptionem diaboli exortum est, ipsumque est quasi nebula quæ de nocivo aere surgit, totam terram obtegens, ne purus dies inspici possit, et quæ opera sapientiæ quasi designando corrodit. Sic quoque dolus nec jocunditatem, nec gaudium habet, nec in ulla parte in quiete est. Hæc etiam designant, quod ad intentionem hominis quilibet sensus ipsius declinat, sicut et virtutes ad correctionem ipsius festinant, cum hoc a Deo poposcerit. Quo enim intentio hominis eum ducit, illuc quoque et sensus suos dirigit, sed tamen cogitationes cordis ipsius quandiu in occulto manent nesciuntur. Sic etiam nec Eva cum a diabolo decepta est, calliditatem illius novit, quoniam ille se totum ita obtexerat, ut dolus ipsius a primo parente videri non posset. Unde et omnem mundum in malo evertit, quia nihil boni in se habuit.

Quod supercilia ad munimentum oculis data itinera lunæ designent, menstruis crementis et detrimentis obnoxia, et quod secundum hoc animæ inter prospera et adversa in timore Dei constantia et securitas tenendæ sint.

XXXVIII. Supercilia vero hominis itinera lunæ declarant, viam scilicet alteram, qua ad restaurationem sui sub solem vadit, alteram autem, qua a sole incensa recedit. Et supercilia defensio et munimentum oculorum sunt, velut et luna tutamen et nutrimentum stellarum est, quia dum a sole incensa crescere incipit, ignem tam a stellis quam a sole recipit, in hoc illis subveniens, ne in nimietate ignium superabundent; et dum in detrimento est, ignes suos stellis non autem soli infundit, quoniam ille velut princeps existens, in uno statu semper est. Hoc quoque modo anima constantiam et securitatem in homine ad timorem Domini mittit, quæ quasi via illius sint, quia dum homo Deum timet, interdum prosperitas, interdum quoque adversitas ei occurrit, in quibus eum recte incedere oportet, ita ut nec de prosperitate elevetur, nec de adversitate opprimatur. Unde et cum spiritu fortitudinis munitur, se robustum in omnibus ostendit. Virtutes enim istæ protectionem intentioni hominis faciunt, quemadmodum timor Domini fundamentum et scutum aliarum virtutum est, quoniam cum ipse fortitudine induitur, cæteras virtutes ad se colligit, easque et fortitudine et timore munitas ostendit, ubi hominem cœlestibus desideriis tam in adversitate quam in prosperitate inhærere facit.

De naso, ore, auribus, quantum in homine valeant, et quid diversi effectus eorum in exterioris mundi elementis et in interioribus animæ significent, et quod in omnibus exempla sanctorum sequenda sunt.

XXXIX. Sed et a naso usque ad guttur, aquoso aere cum sibi supposito forti et albo lucidoque aere præmonstrato, nasus hominis aerem qui aquas movet significat; os vero in rationalitate humiditatem earum demonstrat, aures autem strepitum et sonum ipsarum aquarum manifestant, quæ per ventum aquosi aeris et per elevationem nubium convenienter inundant. Nam audito auris interiora hominis concutiuntur, sicut et sono superiorum aquarum elementa penetrantur, et humore os rationalitatis perfunditur, velut humiditate earumdem aquarum superiore humectantur, ne ariditate consumantur, atque odore nares replentur, sicut et aere eædem aquæ commoventur. Quod autem nasus sursum ad superiora in longitudine tendit, hoc e t quod aer iste qui aquosus est in puritatem superioris ætheris et in ardorem superioris ignis humores suos transmittit, et ab eis temperamentum fortitudinis ne diffluendo dissipentur aut dissolvantur recipit. Per nasum quoque cerebrum et venæ purgantur, quia etiam eadem elementa interdum commota, humore et fumo in superioribus multoties expurgantur. Purus enim æther humiditate aquosi aeris, ut præfatum est, perfunditur, quemadmodum pœnitentia operibus et exemplis justorum illuminatur, et ut auditus aurium verba scientiæ capit, in qua verba ejus sonant. Flatus quoque odoris et humiditas rationalitatis oris in unum se conjungunt, madidumque humorem habent; et sicut etiam aqua fluit et sonat, et humiditate sua totam terram perfundit, similiter et aquosus aer superiora elementa humectat. Spiramen etiam animæ rectum iter per nasum et per os habet, quod extra terminum suum nec ascendit nec descendit, sicut et idem aquosus aer itinera sua ut positus est tenet. Hæc etiam designant, quod anima dono Dei in homine facta, cum discretivo intellectu boni odoris intente gustat exempla justorum, quæ illi verborum viriditate auditus aliorum infuderat, interna cordis concutit, quatenus gratia Spiritus sancti perfusa, odorem virtutum omni desiderio retineant. Quapropter et temperantia odorem beatitudinis recipiens, et considerans opera fidelium, quæ tam bonis insistendo quam a malis per pœnitentiam desistendo perficiunt, potentiæ Dei committit, ne per immoderationem dissolvantur, quia per temperantiam boni odoris scientia hominis purgata, ipsum in bonis ubique robustum reddit. Pœnitentia quippe veris gemitibus multoties sublevatur, ubi vera et sancta verba ædificatione fidelium proferuntur. Virtus enim rectæ moderationis in his esse debet, quatenus omnia opera sua homo bene disponat, et se ad cœlestia justo intuitu ita attollat, ne modum suum excedat. Et ut in aquoso aere quidam sufflatus est, qui cum humiditate roris super terram descendens, viriditatem et ariditatem fructuum temperat, in æstate scilicet viriditatem, in hieme vero ariditatem; et ut per sufflatum istum fructus terræ vires recipiunt, ita et per os hominis totus homo pascitur; et sicut per splendorem solis mundus illustratur, ita etiam per eumdem sufflatum omnia superiora spiramina temperantur et producuntur. Similiter per exempla justorum compunctio in fideli homine aliquando exoritur, quæ illi viriditatem bonorum operum et ariditatem malorum infert, videlicet cum quasi in æstate bona appetit, et cum velut in hieme mala contemnit. Hoc modo in his justitiæ fructibus delectatus et pastus, ut cœlestibus desideriis semper intendat.

Quod in lingua hominis inundatio aquarum ostendatur, et quid per eamdem exteriorem fluctuum inundationem in interioribus figuretur.

XL. In lingua vero elevatio aquarum, qua ad inundationem sustolluntur, ostenditur, quia ut per linguam verba formantur, ita per elevationem ipsæ aquæ in undas procreantur. Per quod designatur quod anima cœlestibus desideriis inesse desiderans, vas suum ad laudes Creatoris sui impellit, illudque assiduas orationes cum devotione mentis proferre facit. Et anima de humiditate movetur, et de igneo strepitu sonat, atque per hoc quod ignea est Deum cognoscit, et per hoc quod spiraculum est, ad Deum, qui spiritus est, anhelat. Quæ cum ea quæ bona sunt perficit, justum iter habet, velut purus aer qui tenebrosis nubibus caret; cum autem putredinem peccatorum operatur, quasi inundatio aquarum est, quæ purum iter aeris evertunt. Sed cum deinde a peccatis se amoverit, sicut in Evangelio scriptum est de villico qui, peccata relinquendo et debita minuendo, ad misericordiam se convertit, et cum post peccata gratiam Dei quærit, ut eam velut quatriduanum Lazarum exsuscitet, intima suspiria trahens, et correctionem sui quasi firmam sepem nectens, atque bonis operibus insistens, ne consuetudini peccatorum iterum appropinquet, pœnitentiam stabilem velut firmamentum operatur, ne denuo per incœptionem peccandi mala faciat.

Quid virtutis vel fortitudinis per dentes, qui cavernosi sunt, nec medullam habent, in nobis exprimatur.

XLI. In dentibus autem retentaculum earumdem aquarum monstratur, quod secundum modum dentium forte et firmum est, videlicet fortis et albus lucidusque aer, qui aquas istas continet, ne modum suum excedentes dissolvantur. Per hoc ostenditur quod mens hominis cum gratia Dei per animam firmatur, et retinetur, ne per malas cogitationes nimis diffluat, ita ut eas sibi voluntarie per illicita desideria attrahat, quæ etiam modo per opera peccatorum quasi tempestas, modo per pœnitentiam eorum quasi medicina in homine efficitur. Dentes etenim hominis cavernati non sunt, nec mollitiem medullæ habent, quoniam carne induti non sunt, sed per cerebrum atque per omnes constitutiones formæ hominis, quæ secundum firmamentum positæ sunt, coagulantur et obdurantur, et per calorem et humiditatem capitis in duritiam exsurgunt. Hæc autem designant quod anima rationalis in æqualitate infinita vita consistens, nec per corporis vegetationem incrementum, nec per ejus defectionem accipit detrimentum, quoniam spiraculum ipsa omnipotentis Dei est, qui omnes creaturas in præscientia sua ordinatas per Verbum suum mirabiliter creavit. Anima namque corpus cui per Creatoris sui potentiam invisibiliter infunditur, visibiliter movet, ac illud vivificando invisibilis in eo manet, quemadmodum Deus omnem creaturam, quam ad ministerium hominis creavit, invisibili quadam possibilitatis suæ vi ex viriditate terræ, et aeris calore, sed et aquarum humiditatem firmavit, et eidem animæ indumentum, scilicet corpus, naturæ suæ incognitum atque alienum præviderit.

Quare infans, cum ossa habeat, sine dentibus nascatur, et homines cum in senium declinant eosdem sæpe dentes amittant, et quid secundum ista demonstretur.

XLII. Nam infans cum tener est, et fortitudinem sanguinis nondum habet, dentibus caret, quia etiam frigidus est, sed postquam sanguis in eo roboratur, et calore perfunditur, dentes ejus oriuntur et confortantur. Cum autem ad senectutem pervenerit, sanguis in eo minuitur, et calor in ipso attenuatur, dentesque ejus iterum pro frigiditate in detrimentum et in commotionem convertuntur. Sic et cum anima primum ex præcepto omnipotentis Dei incorporatur, corpus suum, quod ex quatuor elementis creatum est, igne suo tandiu calefacit quousque per præceptum omnipotentis Dei inde transeat. Ipsa etiam anima in infantia hominis, propter innocentiam ipsius cum adhuc sugendo teneris cibis pascitur, in ipso multum gaudet, quia nondum peccata, sicut nec Adam ante prævaricationem pure et simpliciter vivendo gustavit. Sed homo cum, per incrementum temporis confortatis ossibus, carnis et sanguinis sui robur acceperit, innocentia cessat, quoniam gustus peccatorum in homine tunc surgit, anima contra naturam suam operando in ipso depressa, et per corpus in peccatis vivendo superata. Et quemadmodum post solis occasum splendor ipsius hominibus subtrahitur, sic ipsa post perpetrationem peccati, de amissione gaudii quod prius habuerat, gemens et plorans cruciatur. Gustus namque peccatorum corpus et sanguinem et omnia viscera hominis per opus peccatorum contaminat; post peracta vero peccata, homo tædio peccatorum suorum in dolorem cordis per suspiria animæ multoties coactus ducitur.

Quomodo vel unde dentes in pueris formentur, et quare gravi interim dolore constringantur, et horum in nobis significatio.

XLIII. Cum autem infans tener est, liquor de cerebro illius ad gengivas descendit, et cum cæteris quibusdam humoribus cavernulas in illis facit, in quibus etiam usque ad præfatam maturitatem latet, velut flosculi per hiemem in ramis arboris latent. Sed cum deinde fortitudo sanguinis et calor quasi æstas in illo exsurrexerit, idem liquor cum aliis humoribus et calore sanguinis coagulatus, in dentes erumpit, quemadmodum cum calor æstatis supervenerit, flosculi in ramis arborum apparere incipiunt. Infans enim priusquam dentes in ipso oriantur, gengivis per liquorem cerebri cæterosque humores cavatis, gravi dolore infirmitatis interim tenetur, qui postea puerili ætate transacta, in plenitudine sanguinis sui constitutus, sanctitate animæ per gustum carnis in eo jam deficiente, lasciviam amplectitur, ideoque homo illius ætatis sub magna custodia timoris habendus est. Ita et anima corpori dominatur, dum homo adhuc in dubio positus cogitat quid eligere vel agere velit, vel quid non; quæ tamen in corpore sine mora quasi captiva ducitur et ligatur, et quando homo gustu peccati per ferventem sanguinem coagulato malum committit, ipsa quoque cum corpore suo contraria naturæ suæ licet invita operatur. Et quemadmodum calor æstatis germina terræ et fructus arborum ad maturitatem perducit, sic homo per fervorem sanguinis sui illecebris carnis delectatus, quælibet vitia prout valet perficere non desistit.

Quod dentes, qui cibos quibus homo alitur comminuunt et circumferunt, similitudinem molendini obtineant, et quomodo anima in interioribus suis ista imitetur.

XLIV. Dentes quoque, qui unumquemque cibum per cujus vires homo pascitur comminuunt et circumferunt, in similitudinem molendini positi sunt, quod cum aere aquarum circumfertur, et cujus lapidis circulus cum calore ardet. Sicut enim homo cibum quo reficitur dentibus suis conterendo temperat, sic etiam anima in ipso quidquid ipse secundum voluntatem suam elegerit, ardenti studio operatur. Ipsa quoque anima, per quam homo sensum et gustum ad perficiendum quodlibet opus sive bonum sive malum accipit, animo velut molendinum per cogitationes circumeunte, illum ardentissime instigat, in modum ignis, qui per sufflatus follium inflammatus fortius ardet. Sic anima etiam in quatuor elementis ex quibus homo creatus est, quæcunque vult homo per capacitatem rationalitatis operatur, per desideria cordis sui circumferens, sicut molendinum humana arte constructum per aquas velocissime circumfertur. Et quemadmodum ad servandam circuitus sui velocitatem per artem hominis convenienter et sæpe firmatur, sic animæ quandiu manet in homine per gratiam Dei in bono subvenitur, cui tamen alias in malo per suggestionem diaboli delectatio mala et consensus ingeritur.

Quia per mentum guttur et collum diversa in corpore habentium officia, et varii in mundo nubium, et multiplices in anima virtutum effectus indicentur.

XLV. Per mentum autem, quod quasi arcus incurvatum dependet, et faciem hominis elevat, et per guttur quod omnem fortitudinem refectionis recipit, et ventri temperate immittit, et per collum quod etiam totum caput fortitudine sua sustentat, diversitas nubium designatur, quarum quædam pluviis gravatæ aliquantulum se deorsum inclinant, in serenitate vero velut hilaritatem superiorum demonstrant. Quædam etiam cum virtute aeris terram tangentes, illam hoc modo contemperant, ut plenitudinem fructuum ad utilitatem reliquarum creaturarum proferat; quædam etiam, quemadmodum columna, omnem volubilitatem firmamenti ferendo conglutinant. Homo namque fiducialem spem per animam ad Deum extendens, cum duobus oculis rationalitatis, scilicet scientia boni et mali, coelestem patriam et pœnas inferni cognoscit, quia facie sua, quæ per mentum elevatur, quamlibet rem visibilem conspicit, et qualis illa sit per intellectum considerat. Sicut enim homo per animam quæque discernit, ita ea disponit, ut coram Deo et hominibus honeste fiant; sicut etiam guttur cibum quem recipit ventri pro confortatione temperate transmittit, quatenus homine per veram et puram fidem hoc modo confortato, ipsa ad regalem sedem veri Salomonis, qui Christus est, digne valeat aspicere.

Fides enim cogitationes omnes quæ ex peccato in homine surgunt dissipat, cogitationes autem quæ ex ipsa in simplici veritate procedunt, per suspiria animæ ad verum regem dirigit. Ipsa quoque fortis et vera virtus cæteras virtutes, ut collum caput, sustentat, et velut nubes volubilitatem firmamenti in modum columnæ sustinent, sic omnia bona et sancta opera, quæ coelestem Jerusalem ædificant, per bonam perseverantiam in hominibus conservat. Infideles autem qui, fide postposita, omnia opera sua per infidelitatem male operantur, coram Deo indigni, sicut cibus digestus cum fetore emittitur, sic pœnis infernalibus, nec immerito, deputantur.

Quod per crines, qui caput decenter ornant exterius, roris vel pluviarum guttæ, quibus terra fecundata graminum vel fructuum decore vestitur, et interius innocentiæ et castitatis et humilitatis cultus, quo ante Deum fulget anima, demonstremur.

XLVI. Sed crines de capite dependentes guttas pluviarum ostendunt, quæ per nubes singulariter descendunt, et totam terram rigando per viriditatem ad fructuositatem perducunt. Similiter anima, quæ in mortale et deficiens corpus infantis a Deo mittitur, illud viribus suis vivificando suscitat. Ipso quoque in naturali simplicitate adhuc persistente, anima quasi quadam eleganti veste innocentiæ induta valde decoratur, quia quæque vitia, quæ ut tempestates sunt, depellit, fructuositatem omnium virtutum producens, in modum terræ quæ per suavem pluviam fructum suum germinando profert. Innocentia enim regina est circumamicta aurea veste, per quam castitas intelligitur, cujus virtutes sicut pluvia multiplicantur, et ejusdem castitatis caput humilitas est. Hæ duæ virtutes sibi in homine sociatæ cœlum laudibus resonare faciunt, et terram exemplis sanctarum virtutum replent.

Unde fiat quod in quorumdam hominum capitibus capilli fortitudinem suam tenentes non eradicentur, et in quorumdam capitibus infirmati per calvitiem defluant, et quod secundum istam tam fertilitas quam sterilitas, et fructuum in terra exterius, et virtutum in anima interius denotetur.

XLVII. Quod autem crines in quorumdam hominum capitibus fortitudinem suam superius non evulsi retinent, ita ut non eradicentur, hoc in illis est, quorum caro ex humoribus humida existit, quoniam isti capillos nutriunt, quemadmodum et terra irrigua multitudinem graminis producit. Per hoc ostenditur quod anima per vires suas fructuosas virtutes bonorum operum in illis hominibus operatur, qui devotis mentibus verba Dei libenter audientes per igneam inspirationem Spiritus sancti humiditatem lacrymarum in suspiriis et desiderio cœlestium sæpe producunt. Istorum sancta intentio quasi in pinguedine bonæ terræ fructuosorum operum fructus cum gaudio profert, ita ut anima, in bonis operibus corpore sibi consentiente, in Christo jam exsultando gaudeat, ejusque charitatis dulcedine veraciter firmata in beata perseverantia ita persistat, ut jam nulla vagatione spiritualium vel carnalium vitiorum deficiendo arescat. In quorum vero capitibus capilli evelluntur, ita ut calvi efficiantur, hoc ideo est, quia caro eorum sicca in calore existit, quoniam calor ad verticem ipsorum transiens, capillos paulatim et singillatim evellit, cum humorem non habent, velut etiam terra humore carens pro ariditate sua viriditate graminum expers est. Sic homines illi qui in tanta duritia oblivionis Dei vivunt, ut nec per admonitionem Spiritus sancti, nec per doctrinam, vel consilium fidelium doctorum voluntati animæ consentiant, aridæ terræ quæ sine humore est, et pro ariditate nullum fructum profert, assimilantur, quoniam omnia opera sua secundum voluntatem desiderii sui et non secundum naturam animæ constituunt. Unde etiam multiplici vicissitudine peccatorum oppressi, nulla spe beatitudinis ad cœlestia tendunt, nec in terrenis adjutorio alicujus utilitatis hominibus prodesse cupiunt. Isti namque homines igne Spiritus sancti non calentes, discretione quæ mater virtutum est, carent, ita ut propter inconstantiam morum suorum, quod prius placuit modo displiceat, ideoque stabilitate sanctarum virtutum privantur quemadmodum caput crinibus suis destituitur.

Quid in diversis effectibus animæ designet positio hominis in facie orientem, retrorsum occidentem, dextrorsum austrum, et sinistrorsum aquilonem habentis.

XLVIII. Homo itaque ad orientem versus et velut occidens ad orientem respiciens, brachiaque sua extendens, quemadmodum auster et septentrio ab invicem separati sunt, brachium suum dextrum ad austrum, sinistrum vero ad septentrionem dirigit. Hoc modo et anima cum viribus suis et quatuor elementis per scientiam boni et mali operando in homine volat, per scientiam boni ad orientem, et per scientiam mali ad occidentem respiciens; ita ut homo scientia boni per ignem, qui Deus est, accensus, in perfectione sanctissimorum operum cum austro volet, in effectu vero malorum operum in pœnis aquilonis, secundum quod peccaverit, puniatur. Ipsa enim anima, quæ corpus sensibile reddit, hominem in viribus suis frigidum aut calidum facit, ita ut per ipsam calorem austri, et frigus aquilonis sentiat, quod in flatu hominis probari potest, quem ipse secundum quod voluerit sive calidum sive frigidum emittit. Homo etiam in creatura, quam per visum discernit, secundum quod caro desiderat, bonum vel malum cum anima operatur, ipsaque anima in timore et amore Dei bonum quasi in dextera parte facit. Unde et mala scientia per bonam auxilio gratiæ Dei in homine superatur sicut etiam sinistra manus per dexteram, quæ majoris fortitudinis est, premitur. Anima enim, quæ spiramen a Deo est, in corpore invisibiliter manens, illud ad quodlibet opus movendo, non vi u sed virtute rationalitatis agnoscitur; quemadmodum et ventus non per visum, sed per sonum et motum in flatu suo sentitur: sed tamen quid ista sint, humana scientia nec comprehendere, nec intelligere valet.

Quia, sicut collo humeri et brachia cum manibus, sic firmamento quatuor principales venti cum collateralibus suis inhæreant; et quomodo iisdem quatuor ventis quatuor vires in homines, scilicet cogitatio, locutio, intentio et gemitus assimilentur; et quid significet quod in dextra quam in sinistra vis major sit.

XLIX. Ut collo scapulæ et humeri cum brachiis et manibus adhærent, sic et quatuor principales venti cum collateralibus suis firmamento conjuncti sunt; et flexuræ brachii, humerus cum scapula, manus cum digitis subveniunt, sicut et iidem p incipales venti cum alis suis, id est cum collateralibus ventis, firmamentum sustentant, et manus ad manum conjungitur, ut et ala cujusque ad alam alterius extenditur. Hæc autem designant quod anima, quæ per vitam, quæ Deus est, vita existit, et spiraculum de Spiritu Dei finem vivendi ut humanum corpus non habet, corpus viribus suis vivificat et sustentat, velut sidera firmamentum cum puncto suo, quod terra est, quam in medio firmamenti verbum Dei constituens, immobilem firmavit et illuminavit. Siquidem anima quæ a Deo missa in corpus invisibiliter et occulte descendit, hominem Deum per fidem cognoscere, cœlum respicere, et cœlestia operari facit. Et sicut ros invisibiliter super gramen cadens, illud fructiferum reddit, sic Deus hominem qui spem suam in ipso constituit, et terram, videlicet carnis desideria, pedibus calcat, toto corpore ad cœlum erigit, ad fructus bonorum operum perferendos, occulta dulcedine gratiæ suæ misericorditer irrigat, contraria vero opera æternis gehennæ suppliciis damnat. Homo namque omnia opera sua bona vel mala cum quatuor elementis operatur, in modum quatuor ventorum qui in superioribus partibus aeris vires suas exercent, et tamen flatus suos interdum in sordes et in immunditias luti deponunt. Quatuor enim principalibus ventis quatuor vires in homine, scilicet cogitatio, locutio, intentio et gemitus, assimilantur. Et sicut unusquisque eorum flatus suos dextrorsum et sinistrorsum mittendi potestatem habet, sic anima his quatuor stipata viribus per naturalem scientiam in quam partem voluerit, sive bonum sive malum eligendo, declinare potest. Australis enim ventus duos collaterales ventos quasi duas alas habet, quarum altera versus orientem calida est, quæ bonas et sanctas cogitationes, quæ per ignem Spiritus sancti studio piæ intentionis accenduntur, significat. Altera vero versus occidentem frigida est, quæ pravas et inutiles cogitationes in igne Spiritus sancti non calentes, sed frigidas et opera prava designat. Ignem quoque spiraculum, quod anima rationalis est, quæ opera carnis et sanguinis, quibus homo delectatur, sentit, licet ad cœlestia naturaliter suspiret, corpori tamen vires et calorem in immundissimo fetore peccatorum etiam subministrat, quemadmodum sol fetentem putredinem immundissimorum vermium radiis suis calefacit. Sed septentrionalis ventus omnibus creaturis inutilis est, qui etiam duas alas habet, quarum altera ad orientem, altera ad occidentem extenditur; quæ scientiam boni et mali in homine designant, per quam ipse quæque utilia et inutilia in animo suo velut in speculo considerat, sicut terra per firmamentum superius et inferius regitur. Orientalis autem venti ala, quæ ad austrum tendit, demonstrat hominem qui per bona opera ad Deum in amplexione veræ charitatis ascendit; ala vero quæ ad aquilonem respicit hominem carnis voluptatibus sordidatum significat. Et sicut ii duo collaterales venti orientali vento quasi duæ alæ juncti sunt, sic animæ bonum et malum, bonum in gaudio et lætitia, per quæ tanquam sol in virtute sua coram Deo lucet, malum per quod opera bona et sancta nigredine peccatorum, velut claritas solis tenebrosis nubibus obscuratur. Homo namque per bonam intentionem animæ suæ pœnas quas in aquilone esse cognoscit, valde timet, quamvis corpus delectationibus peccatorum assuefactum, animam multoties premat. Sed et hæc intentio animæ duas alas habet, quarum altera timor Dei est, qui per admonitionem Spiritus sancti in homine accenditur, altera vero abrenuntiatio peccatorum, quæ postea, timore Dei postposito, homo sæpissime repetit. Occidentalis ventus etiam duas alas habet, quarum altera ad austrum et altera ad aquilonem extenditur, quæ significant quod homo bonum sentit et per bonum malum scit. Et dextera ala ostendit quod anima desiderium et suspirium ad bona opera habet, sinistra autem fatuitatem hominis, cum qua mala perpetrat, quæ ex debito originalis peccati contraxit.

Quia anima per Spiritum Dei in corpus missa viribus suis illud totum perfundat, quemadmodum flatus ventorum mundum omnem percurrit.

L. Sed et anima per totum corpus diffunditur, sicut et ventositas eorumdem ventorum per totum firmamentum discurrit. Anima enim, quæ per Spiritum Dei in corpus missa est, viribus suis illud totum perfundit: et quemadmodum flatus ventorum in firmamento discurrunt, sic ipsa hominem Deum ardentissime diligere, et sanctissimas virtutes mellifluum saporem habentes operari facit, quia eloquia Domini super mel et favum ori ejus dulcescunt. Sicque anima firmamentum, scilicet corpus suum, incomparabili ornamento virtutum et suavissimo decore sanctorum operum diligentissime perfundit.

Quia sicut homo brachiis et cruribus regitur et sustentatur, ita et venti alii aliis in confortationem firmamenti subveniunt, et quid vel ista, vel etiam eorumdem ventorum placidus flatus, aut turbulentus discursus in anima figurent.

LI. Nam et homo cum brachiis et cruribus suis totum se regit et sustentat, et ventosus est, quemadmodum quatuor principales venti cum collateralibus suis omne firmamentum in illud positi tenent, et ut unusquisque eorum ad confortationem firmamenti aliis subvenit. Hæc designant quod anima quatuor alis, scilicet cum sensualitate, intellectu et scientia boni et mali, in homine volat. Cum sensualitate namque secundum gustum carnis in homine operatur, per intellectum vero opera sua discernit, si Deo aut hominibus placeant. Per duas etiam alas, scientiæ videlicet boni et mali, homo omne opus in anima perficit, quarum diversitate qualis sit innotescit, quia salvationem per animam a Deo, per carnem vero honorem ab hominibus expetit. Et sic interdum per scientiam boni in cœlum ascendit, interdum etiam per scientiam mali in terram prosternitur. Sed cum homo aliquando gratia Spiritus sancti intrinsecus tactus, pondere peccatorum suorum in anima se gravari senserit, de pravis operibus pœnitentiam agens, ad Deum suspirat; et quemadmodum venti modo in aura placida, modo in tempestate magna in firmamento discurrunt, sic homo vel cum bono vel cum malo semper occupatus est.

Quomodo in flexuris brachiorum et in juncturis scapularum vel manuum reflexiones ventorum determinandæ sint, et quod sicut dextera et sinistra firmamentumque et terra sibi in aliquibus cooperantur, sic et homo per scientiam boni et mali licet contraria omnia opera sua perficiat.

LII. In flexura etenim sinistri brachii principalis ventus orientalis designatur, in flexura autem, et in junctura ubi manus eidem brachio conjungitur, collaterales venti illius ostenduntur, in scapula quoque et in manu illius flatus eorumdem collateralium ventorum manifestantur. In flexura vero dextri brachii principalis australis ventus demonstratur; in humero vero atque in junctura, qua manus ipsi brachio coadunatur, collaterales etiam hujus venti declarantur; sed et in scapula et in manu ejusdem brachii spiramina ipsorum collateralium ventorum notantur. Hoc est quod anima in membris hominis similitudinem venti tenens, quodlibet illorum flecti et moveri naturaliter facit, et homo etiam secundum gustum carnis cum ipsa operatur. Quapropter ipsa de peccato excusare se non potest, quoniam homo per ardorem libidinis sicut lac coagulatus et conceptus est, et in dextra parte bonum, in sinistra autem malum per animam operatur; et ut quisque ventus alteri, sic anima corpori adjungitur. Homo quoque in terra scientia ad Deum tendit, in mala vero scientia, quæ bonæ, velut ancilla dominæ, subdita est, ad malum se inclinat, et sicut domina per ancillam sæpius offenditur, similiter et bona scientia a mala interdum superatur. Quemadmodum etiam manus ad operandum sibi conjunguntur, et ut firmamentum et terra, licet a se invicem plurimum distent, aliqua societate concordant, sic homo per has dissimiles scientias quas in se habet quælibet opera sua perficit.

De tripertita dimensione humani corporis et spissitudinis sphæræ mundi, et qualiter vita hominis secundum pueritiam, adolescentiam et senectutem eidem dimensioni conveniat.

LIII. Et a vertice capitis hominis usque ad finem gutturis ejus, et ab eodem fine gutturis usque ad umbilicum ipsius, et ab umbilico usque ad locum egestionis, æqualis mensura est; quemadmodum etiam a summitate firmamenti usque ad inferiorem partem nubium, et ut ab eadem inferiori parte nubium usque ad summitatem terræ, et ut ab eadem summitate terræ usque ad infimum finem ipsius æqualis mensura existit. Anima namque a primo die nativitatis usque ad ultimum diem vitæ hominis secundum quod pueritia, adolescentia et senectus requirunt, operatur. In pueritia scilicet per innocentiam, in adolescentia per gustum carnis, quem peccata criminalia sæpius sequuntur; in senectute autem tædium operandi habet; quapropter operibus suis, qualiacunque sint, finem cito imponere contendit. Sicut enim summus artifex firmamentum cum parietibus suis æquali mensura constituit, sic anima, quæ in corpore operatur, a principio operis sui usque in finem æqualem possibilitatem operandi cum scientia boni et mali habet, quarum neutra sine altera operatur.

Quia superior pars terræ tenera, mollis et perforabilis; inferior vero tenax, dura et impenetrabilis sit, et quid secundum ista in hominis anima inveniatur.

LIV. Media autem pars terræ, id est superior pars ipsius, tenera, mollis et perforabilis est; altera vero medietas, scilicet inferior pars illius, tenax, dura et impenetrabilis existit, ita ut etiam duritia et fortitudo ipsius duritiam et fortitudinem chalybis exsuperet. Hoc modo etiam anima rationalis quamdam viriditatem in viribus suis habet, qua mollitiem carnis et duritiam ossium omnesque venas penetrat, velut arma quæ per duritiam chalybis secandi quaslibet res majorem soliditatem capiant; et ut panes igne fornacis coquuntur, ita opera corporis ardenti studio animæ complentur. Ipsa enim corpus amore, ut dura pars terræ mollem partem terræ sustentat, et omnia opera sua cum ipso inseparabiliter operatur, cui etiam ut mulier viro suo, a quo separari non potest, quoniam duo in carne una sunt, adhæret.

Quid mensura humerorum, cubitorum, manuum quoque et pedum, usque ad finem majoris digiti, ventis in aliqua proportione similis, in interioris hominis qualitatibus demonstret.

LV. Sed et ab utroque humero usque in flexuram utriusque brachii, et ab eadem flexura usque ad finem medii digiti utriusque manus æqualis mensura est. Manus quoque a junctura sua usque ad summitatem finis medii digiti, eamdem mensuram habet, quæ a talo usque ad finem majoris articuli est, velut etiam quilibet principalis ventus cum collateralibus suis, et flatibus ipsorum in una mensura existit. Homo namque per vim rationalitatis bonis et sanctis operibus vana intentione interdum delectatur, quæ dum operari incipit, sanguis ejus, qui in peccatis conceptus est, per laborem cœpti operis totus in ipso commovetur, sicque tædio operandi opus suum imperfectum relinquit. Bonum etiam quod prius, non in Deo, sed de propria virtute confidendo, inchoaverat, imperfectum propter elationem mentis suæ deridet; et quantum, priusquam illud inciperet, in eo delectabatur, tantum post de imperfectione ejus erubescit, et quia tale quid fecerit, dolere et mœrere incipit. Mensura enim quæ ab humeris usque ad flexuram utriusque brachii est, opera quæ homo per elationem mentis operatur significat; et mensura quæ a flexura brachiorum usque ad finem medii digiti utriusque manus extenditur, demonstrat quod homo opera quæ per elationem mentis operatus est per pœnitentiam deleat. Unde etiam anima dum in corpore manet, plenum gaudium nunquam habere valet, quia corpus et anima sibi invicem adversantur. Quorum conflictum homo ferre non valens, pro magnitudine tristitiæ in se ipso deficit, gemensque ad Deum contrito corde se ipsum per crebra suspiria humiliat, et ita per timorem Dei humiliatus, ab operibus malis et animæ contrariis declinat, operans bona quæ per manum significantur, currens etiam vias Dei quæ per pedes ostenduntur. Manuum namque motus et pedum significat quoniam animæ de bonis operibus gaudendum sit; quod autem a motu cessant, designat quod eidem animæ in malis operibus sit tristandum et dolendum.

Quid mensura femorum in ante per latitudinem, et mensura ab umbilico usque ad loca digestionis per longitudinem, latitudini vel spissitudini terræ proportionaliter congruens in diversis animæ affectibus ostendat.

LVI. Mensura quoque quæ est in ante in transversum a femore usque ad femur tantæ longitudinis est quanta illa existit quæ ab umbilico usque ad locum egestionis est, quoniam latitudo terræ tantæ longitudinis in transversum existit, quanta spissitudo profunditatis ipsius est. Homo quippe qui frequenter peccat, si aliquando animæ in bono opere consenserit, lætatur, in qua tamen lætitia dolorem timoris habet, quia timet quod inceptum opus forte non possit perficere, et cum timore isto quem per vires animæ in se retinet, bonum opus tandiu operatur, quousque hominem tædio peccandi anima sibi attrahat. Sic igitur omnis homo in hac vita positus modo voluntati animæ, modo voluptati carnis consentit; sic quoque omnes sancti et electi martyres Dei, dum adhuc in sæculo viverent facientes vexillum passionis Christi portabant. Carne enim peccante anima, sicut, homo jejunans, esuriem habet; et carne esuriente, id est a peccatis cessante, anima, sicut qui cibis reficitur, in bonis operibus gaudet. Mensura etiam quæ ab umbilico usque ad locum egestionis est, petulantiam carnis significat, cui homo interdum consentit, interdum resistit, velut cuique domino obsequium servi sui modo placet, modo displicet, et sicut terra per spissitudinem suam sustentatur, ita et jam in longitudine et latitudine sua utilia et inutilia procreat. Spissitudo enim terræ, quæ servo comparatur, desiderium carnis designat; longitudo autem et latitudo ipsius abstinentiam ostendit quæ pro domina hic computatur.

Quia per spatium quod est a fine gutturis usque ad umbilicum aer designetur, ipsique aeri omnia vacua penetranti, et terram ad ferendos fructus diversis modis temperanti, anima totum corpus vivificans, et ad operandum movens comparetur.

LVII. Sed et in spatio quod est inter finem gutturis et umbilicum aer designatur, qui de nubibus usque ad terram descendit, et naturali virtute sua creaturas terrarum temperat. Anima nempe quæ vivens scintilla et rationale spiraculum ex divina potentia consistit, totum corpus vegetando penetrat, ejusque amore circuit, illud ad quodlibet opus movens, et licet in gustu peccatorum exortum sit, secum operari compellit. Anima enim ab altitudine cœli ad terrena descendens, hominem quem vivificat, sed a Deo creatum esse intelligere facit, ipsaque aeri, qui inter cœlum et terram medius videtur, assimilatur, quoniam homo per ipsam in superioribus bonum et in infimis malum operatur. Nam aer iste omnia loca terræ temperando pertransit, ita ut eam ubi arida est humidam faciat, ubi pinguis est, cum calore constringat, ubi aquosa est, exsiccet, ubi dura est, emolliat; atque hoc usque ad medietatem profunditatis ipsius facit, ad calorem quoque et ad frigus quasi aratro eam evertit, rectaque temperie eam fructiferam reddit. In hunc quoque modum cum anima corpus suum ab omni viriditate virtutum aridum senserit, in mœrorem et luctum convertitur, et corpus suum per scientiam rationalitatis et per spiritum compunctionis ad suspiria et lacrymas impellit, quia opera ejus prava esse cognoscit, et ita aridum corpus suum per humorem divinæ gratiæ revirescere facit. Sed si homo majora quam perficere possit, de viribus suis præsumendo, operari tentaverit, anima ipsum ad mensuram possibilitatis suæ rursus retrahens, opera ipsius melius disponit; et si in oblivione Dei quasi in securitate tunc vivit, timore Dei perterritum ab oblivione Dei evacuat. Cum autem homo qui alienum Deum quærendo in duritiam infidelitatis ducitur, tantis tribulationibus ab anima perturbetur ut nec spem salutis, nec ullum gaudium habere possit, per hanc tristitiam ipsa admonitione sua eum ad meliorem partem trahens ad Deum verum suspirare facit. Sic igitur corpus per animam, quæ vivens scintilla et vita ex Deo est, ad spem veniæ et quælibet opera discernenda et sequenda revocatur, et relicto errore duplicitatis, in rectum iter bonorum operum ducitur, ut etiam aqua cursu suo in recto meatu fluit, et sic postea bene vivendo in timore Dei fortis efficitur. Suavissimus quoque calor cum leni frigore ipsius humiditatem terræ immittit, eamque fructiferam in arboribus, in herbis et in granis facit, ita ut omnia hæc per eamdem humiditatem virescant. Similiter anima in suavissimo calore fidei, et in fortissima patientia ad tolerandas omnes injurias hominem confortat, et opera quæ non bene vivendo prius operatus est, et in quibus eum præstare non licebat, fugienda sibi proponit. Sic quoque eum in bonis operibus fructiferum et in sanctis virtutibus virescere facit. Niveum etiam frigus idem aer aliquando super terram mittit, quod ipsam totam obtegit, et per quod ad germinandum calefit, unde et illa ex se frigus suum educit, quousque ad fructiferum officium suum germinando interius præparetur, ac sic deinde viriditatem fructui cunctorum germinantium infert. Anima namque hominem a gustu operum suorum,

quibus eum velut molendinum circuire cogit, temperat, quoniam ipsa aer ille est qui sanguinem, per
quem homo sensum et intellectum capit, fluere facit.
Ipsa etiam carnem sudorem emittere facit, per cujus calorem homo sensum, et per cujus humorem,
qui frigidus et humidus est, intellectum habet, et
ideo omnis fructus operum ejus in sensualitate et
in intellectu constat.

*Quod ex aere et aves ad volandum subvehantur, et
etiam quidam pisces in aquis ita ut aliquandiu sine
pastu vivant nutriantur; et quod in hunc modum
homo non carnis, sed animæ desideria sequens, et
per contemplationem volet, et Scripturarum suavitate pascatur.*

LVIII. Quædam etiam volatilia, quæ magnæ fortitudinis sunt, in æstate in eumdem aerem volantia
ab ipso confortantur, ipseque aer aliquando in flumina descendens quosdam magnos pisces confortat,
ita ut aliquandiu sine pastu esse possint. Similiter cum anima corpus ad consensum suum traxerit,
in altitudinem cœli, velut avis in aerem, volat, et
sicut avis sine aere volare non valet, sic nec corpus
per se, sed per animam movetur. Sed cum homo
desideriis animæ aliquando consenserit, in charitate Dei totus ardet, sicque de die in diem in jucunditate æternæ lætitiæ volans, in speculativa fide
et in sapientia sanctarum Scripturarum delectatur,
quarum suavitate invisibiliter pascitur et confortatur, velut piscis qui per aerem et per fluxum
aquarum confortatus, in aquis sine pastu interdum
vivit.

*Quod et mare et flumina per aerem, et per venas
sanguine infusas corpus, et per virtutes anima moveantur, quibus sicut terra rivulis irrigata bonorum germina operum proferat.*

LIX. Iste etiam aer cum aquoso aere mare movet,
a quo flumina divisa fluunt, quæ terram irrigant et
confirmant, quod etiam venæ sibi connexæ totum
hominem cum sanguine confortantes ostendunt. Anima quoque, quæ aerea est, et per quam omnia
opera hominis quemadmodum per aerem omnes
fructus terræ perficiuntur, per gratiam Spiritus
sancti homini opera sua proponit, ut per cogitationes, quæ velut mare inundant, utilia et inutilia
discernat. Idem etiam homo naufragium sæpe patitur, cum per bonas cogitationes animæ non consentiens, de peccatis suis in magnam confusionem
dimergitur, et sic in gravissimo labore cum nave
cogitationum remigat, nisi per inspirationem Spiritus sancti supra petram, qui Christus est, eas
ædificet. Cum enim mens hominis per varias virtutes dilatata ad laudem Dei erigitur, stabile fundamentum supra petram ædificat, quod ventis, id est
variis tentationibus diaboli, moveri non possit, quia
quemadmodum venæ cum nervis humanum corpus
ne dissolvatur confirmant, sic virtus humilitatis bona
opera ne per elationem dissipentur connectit et confirmat. Flumina namque rivulos educunt, terram
viriditate sua adjuvando, quæ omnia per prædictum aerem moventur, qui calore et humiditate sua

omnia germinare facit. Ita cum anima carnis delectationem superans desideriorum suorum fundamentum in homine constituit, ipsa et corpus opera
sua unanimiter perficiunt, unde et in sanctis operibus gaudens in dulci odore virtutum volat. Et
quemadmodum majora flumina diversos rivulos
emittunt, qui terram germinare faciunt, sic anima
corpori dominans, charitatem, obedientiam et humilitatem cum aliis fortissimis virtutibus in eo suscitat, quibus hominem in laude Dei per exercitium
bonorum operum introducat.

*Quia sicut terra, calore æstatis et frigore hiemis in
lutum resoluta ad quælibet germinanda imprægnatur, ita et homo, anima et carne inter se confligentibus, nunc virtutum, nunc vitiorum fructus at-
ferat.*

LX. Terra enim de calore æstatis et de frigore
hiemis semper lutulenta est, et lutum istud ad germinandum eam imprægnat. Hoc modo et corpus
animæ, velut ancilla dominæ, subjacere debet, quæ
per corpus, sicut domina per ancillam, multoties
superatur, ipsaque omnia bona in homine operatur, velut etiam æstivum tempus omnes fructus ad
maturitatem perducit. Sed cum corpus in putredine
peccatorum involutum contrarium animæ existit,
homo intra se sic dicit. « Ego in tanta duritia vivere nequeo, ut carni meæ quæ desiderat prorsus
negare valeam, sed idipsum quod possum facere
mihi sufficit. » Ipse vero in putredine peccatorum
suorum jacens, priorum virtutum quas operatus est
interdum reminiscitur, et de lutulentis peccatis suis
pœnitentiam agens ad justa opera et sanctas virtutes quas prius habuerat cum gaudio revertitur. Et
quemadmodum lutulenta terra omnes fructus per
hiemis tempus in se servat, quos æstivo tempore
ad gaudium hominum profert, ita homo priores
virtutes quasi pretiosis lapidibus exornat et elegantiores reddit.

*Quia sicut pectus hominis, cor, jecur, pulmonem, sic
et aer calorem, siccitatem et humiditatem aurarum
in se comprehendat, et hoc etiam modo memoria,
animæ cogitationes et opera sua disponendo contineat.*

LXI. Pectus autem hominis plenitudinem et perfectionem ejusdem aeris ostendit, quoniam, ut pectus cor et jecur ac pulmonem, et cætera interiora
ventris in se retinet, sic et aer iste calorem, siccitatem et humiditatem aurarum in se comprehendit.
Tali modo et anima in pectore hominis cogitationes cujuslibet utilis vel inutilis causæ considerando
et velut scribendo discernit, et qualiter homo rationalis ipsam causam operari debeat disponit. Ipsa
quoque anima quælibet opera hominis sive mollia
sint, eo quod carni placeant, sive dura, quia ei
contraria sunt, congregat, et in se discutienda demonstrat. Per hoc etiam quod ignea est, calore suo
illecebras carnis exsiccat; quibus desiccatis gemitum cum humiditate lacrymarum in eo suscitat,
per quas anima omnia bona operando opera sua
exornat. Anima enim delectationem carnis odit, et

per hoc quod aerea, est carni suæ mala opera et vulnera tempestatum diabolicæ suggestionis ostendens, hominem ad cognoscendum opera sua qualia sint provocat, velut etiam cor cum omnibus appendiciis suis hominem confortat, qui anhelitu suo omnia humectat.

Quia sicut cor jecore, pulmone et cæteris cohærentibus sibi intestinis vegetatur, et sicut tempus diei et noctis, et aer tranquillitatis et tempestatum vicissitudinibus variatur, sic et vita hominis inter carnis et animæ certamina modo vitiorum turbine quatitur, modo virtutum claritate lætatur.

LXII. Nam cor hominis calorem, jecur siccitatem, pulmo humiditatem illius demonstrant, quia ut calor cordis, et siccitas jecoris, et humiditas pulmonis hominem vegetant, ita et calor, siccitas humiditasque aeris et aurarum ea quæ in mundo sunt confortant. Pari ratione sicut cor cum omnibus sibi cohærentibus vitalibus hominem calefacit et roborat, sic anima cum sibi collatis virtutibus a Deo actus hominis perficit, sanctum desiderium ad bona opera ei tribuens. Sed cum hoc opus desiderii malum esse cognoverit, moleste ferens quod gessit, hominem per compunctionem ad lacrymas rursus impellit, talisque tunc efficitur velut qui in bonis operibus delectatus pro gaudio lacrymatur. Ipsa quoque anima omne opus hominis, sive bonum sive malum, quocunque animo fiat, secundum desiderium carnis regit, et quemadmodum prædictus aer in omnem creaturam, modo germinantem et florentem, modo arescentem et deficientem, spirat, sic anima opera carnis modo gaudiis, nunc vero lacrymis variando commutat. Et sicut sol et luna cursum suum sine vicissitudine nubium nunquam perficiunt, sic homo nullum bonum opus quod facere inchoaverit, in tali puritate ut proposuit ad finem perducere valet, quin aliqua tempestas eum sæpius perturbet. In similitudine namque diei et noctis, quæ interdum in luce sua clarius lucent, et interdum ex vicissitudine nubium in luce sua deficiunt, homo certamen corporis et animæ habet. Per desiderium enim carnis in bono deficit, sed per desiderium animæ gaudens in ipso proficit, quia in omnibus operibus suis calore ipsius vegetatur, quemadmodum prædictus aer cum omnibus creaturis volat.

Quod sicut venter viscera et cibos mollis dentium contritos in se ad utilitatem totius corporis claudit et retinet, ita et anima in arcano memoriæ cogitationes correctionis suæ reponere et sollicita discretione ruminare debeat.

LXIII. Et quemadmodum per guttur cibi ventri immittuntur, qui per molendinum dentium prius confringuntur, et ut pectus hominis cogitando et cognoscendo omnia quæ hominis sunt temperat, et sicut venter viscera hominis continet et claudit, ita et prædictus aer virentes vires in fructus mittit, et sic ea quæ in mundo sunt, ad salutem hominis conservat. Eodem modo anima omnia opera hominis ruminat et memoriæ commendat, ita ut nullum illorum indiscussum relinquat, velut esca ventri per guttur immittitur, et sicut esca dentibus conteritur, sic anima cum spiramine suo opera hominis discernendo scribit, et hanc scripturam per cogitationes colligit, ut homo opera sua qualia sint cognoscat, quæ ipse velut aliquas formas rerum in cogitationibus suis in quibus formantur jugiter inspiciat. Homo igitur operum suorum non potest oblivisci, quia in cogitationibus suis sicut viscera in ventre clausa servantur, ipseque in omnibus operibus suis per animam viret, quoniam ipsa aerea est. Cogitationes quoque cum scientia in pectore hominis quasi famulatus omnium operum illius sunt, quoniam ea præveniendo præparant, sicut sinistra dexteræ famulatur, quia et hiems æstati servit, quoniam omnia conservat quæ æstas profert. Etiam anima servitium cogitationum est, et cogitationes sicut pugillaris in quo scribitur animæ sunt, quoniam ipsa omnia opera hominis cum illis limat, et quasi scribendo ad id ad quod per corpus cogitur præparat. Cum enim homo mala opera secundum desiderium carnis operatur, tamen ex virtute animæ interdum compunctus lacrymas fundit, quia mala opera carnis animæ displicent, quamvis in consensu eorum carnis subjecta multoties famuletur. Ipsa quoque mala opera quæ homo per delectationes carnis commisit, lacrymabili suspirio quasi scribendo ipsi in memoriam revocat, et sicut hiems fructus æstatis in se conservat, sic anima delinquenti homini suspirium quo salvetur in se diligenter proponit

Quod tumores carnium qui in pectore eminent et ubera vocantur, et exterius aeris ubertatem et interius hominis desideria cordi inhærentia significent; et quia sicut mulier viro comparata mollis est et infirma est, ita et delectatio carnis ad vires animæ nullam fortitudinem habeat.

LXIV. In pectore autem, in quo omnia quæ homo facere vult congregantur, quidam tumores carnium insurgentes in ubera vertuntur, quæ ubertatem supra demonstrati aeris designant, quoniam ut ubera fortitudinem et plenitudinem hominis ostendunt, ita et ejusdem aeris ubertatem ad fertilitatem terræ manifestant. Sic et anima scit quæ eam sicut aerem sursum volare faciant, quia sicut cordi mentem, sic animæ scientiam inesse constat. Quapropter omnia opera hominis per ipsam perficiuntur, Et sicut humanum corpus diversis generibus indumentorum vestitur, sic anima singulis quibusque operibus carnis, qualiacunque sint, tanquam vestimentis cooperitur, quæ etiam in ipsa jugiter apparent, animabus tantum et solis spiritibus visibilia, quoniam quæ homo seminaverit hæc et metet, manipulos operum suorum in fine reportans. Desiderium namque hominis cordi ejus velut ubera pectori adhærent, in quibus omnis vis pectoris consistit; ideoque anima per desiderium carni cooperari cogitur, ita ut per ipsam, quia aerea, humida et calida est, omnia opera perficiantur, quemadmodum ubertas totius terræ per aerem abundanter profertur. In loco enim illo vir in viribus suis potens est, sed ibi mulier lac infantibus effundit, qui cibo refici non possunt. Ita et vires animæ fortissimæ sunt, quoniam per ipsas Deum scit et sentit, quamvis desideriis carnis etiam famuletur. Quapropter cum dolenti suspirio corpus macerat, dum contra voluntatem suam Deo servire contemnit, velut servus qui a domino suo cum indignatione recedit. Delectatio namque carnis vires animæ, cui peccata displicent non habet, sed motu ardentis sanguinis agitur, ideo corpus per vires animæ in tantum affligitur, quod gravia peccata sine dolore suspirii cum gaudio perficere nunquam valet. Ipsa quoque delectatio viribus animæ comparata nullam fortitudinem ad bene operandum habet, sed gustu carnis pascitur, sicut infans cum lacte matris alitur, quia omnino debilis est, sicut mulier si fortitudini viri comparetur. Sed desiderium animæ sicut volans sagitta acutum est, quæ hominem in quem mittitur vulnerat. Unde delectatio carnis viribus animæ, sive velit sive nolit, multoties subditur. Quapropter desiderium animæ homini in delectationibus carnis secure viventi sic imperando loquitur : « Attende quod opus tuum quasi fetens lutum est, ideo in confusionem convertitur, quia omnem suavem odorem spirans a te longe factum est. »

Quod mulier propter debilitatem suam ad viri procurationem respiciens, ei subdita et ad serviendum parata semper esse debeat, et quid extrinseca communis eorum conversatio in interioribus designet.

LXV. Unde et mulier debilis est, et ad virum respicit, ut per eum procuretur, quemadmodum luna fortitudinem suam a sole recipit, ideoque et viro subdita, et ad serviendum parata semper esse debet. Ipsa enim opera scientiæ suæ virum operit, quia et de carne et de sanguine plasmata est, quod vir non est, quoniam primum limus fuit, quapropter etiam in nuditate sua ad mulierem respicit, ut ab ipsa operiatur. Hoc est quod delectatio carnis ad desiderium animæ cum magno tremore aspicit, quoniam ab illa sæpe reprehenditur et superatur; nec tamen a viribus animæ superari potest, quia quemadmodum mulier ad virum aspicit, quatenus ab eo procuretur, quoniam ei cum timore servit, sic ipsa ad animam semper respicit. Sed cum homo per delectationem carnis totus defecerit, per admonitionem desiderii animæ iterum excitatur, cogitando apud se cum in tanto honore a Deo constitutus sit, cur a vitiis non desistat ; sicque anima corpus suum ad amorem bonorum operum sæpius retrahit. Istam namque diversitatem operandi homo in se semper habet, ut etiam angeli cum Deo in gaudio sunt, et ut mala opera hominum cum ira judicio ejus per ipsos judicantur. Animam etiam a spiritu Dei spiraculum est, et in corpus hominis missa per se ipsam nihil operatur; sed quidquid illud ab ea postulaverit, hoc in natura sua cum scientia boni, qua Deum sentit, et cum scientia mali, qua ipsum timet, velut ignis accenditur in bonis operibus semper gaudens, et in malis corpus affligens. Homo enim per vires animæ ita reviviscit, ut opera quæ secundum desiderium carnis operatus est, et quibus animam a viribus suis denudaverat intelligens, ad lacrymas quibus anima velut camisia induitur moveatur.

Quod quisquis per pœnitentiam peccata sua absterserit, ulterius de ipsis non erubescat ; et quod qui per jejunia et orationes se cruciat, quasi purpurea veste animam suam exornet.

LXVI. Quapropter quicunque per lacrymas veræ pœnitentiæ peccata sua sicut Maria Magdalena, quæ super pedes Domini flevit, absterserit, de ipsis amplius non erubescet. Sed cum post lacrymas jejuniis et orationibus carnem suam macerat, animam suam quasi purpurea veste exornat, per quam cicatrices vulnerum ita obteguntur, ut in ipsa nunquam appareant. Anima etiam pœnitentiam ab homine semper quærit, quoniam ipse gustum peccatorum habet; ipsaque per pœnitentiam operari postulat, ut etiam mulier per subtilem scientiam operis sui virum operit, Homo autem qui a peccatis, quibus per gustum carnis occupatus est, declinaverit, bona opera omni studio operans, animam suam aureis, coronis et omnibus ornamentis ornat. Unde etiam angeli super eam, quæ perdita ovis erat, gaudium habent, et ipsa cum illis lætatur. Vitia namque et virtutes ut mulier fertiles sunt, quia vitium vitia, et virtus virtutes parit; virque qui secundum Deum fortis et potens est, omnia opera sua, scilicet bona et mala, cum muliere perficit, quæ prima casum dedit, et per quam eadem mala in melius postmodum reparata sunt.

Quia sicut aer per calorem et humiditatem fructus terræ ad maturitatem perducit, sic cor, jecur et pulmo ventrem ad conficiendos et digerendos cibos confovent, et quod perversas peccatorum consuetudines igne zeli sui consumat Deus.

LXVII. Sed cor ventrem etiam calefecit, jecurque eum confirmat, et pulmo humectat, ita ut ille receptionem ciborum usque ad egestionem conservet, sicut et supra demonstratus aer viriditatem, calorem et humiditatem omnium germinantium fructuum usque ad maturitatem ipsorum perducit. Sic etiam anima, quæ rationalis et ignea est, rationalitatem cum vento, sicut et ardens ignis flammam suam sine vento non emittit. In circumeunte quoque circulo scientiæ boni et mali, cum rationalitate, per quam cognoscit quid Deo placeat vel discernit per quam etiam intelligit quod Deus malam consuetudinem peccatorum in zelo suo comburit, sicut scriptum est :

Verba David ad idem pertinentia, et quod sensu accipienda sint.

LXVIII. Descendit fumus in ira ejus, et ignis a facie ejus exarsit, carbones succensi sunt ab eo (*Psal.* xvii). Quod sic intellectui patet : Homo qui peccando in oblivionem Dei ducitur, super hunc ira vindictæ Dei ascendit, et peccata illius coram eo per ignem examinantur, quia sicut exstincti carbones per ignem succenduntur, sic ipse pœnas ad comburendum peccata parat. Ipse enim per scientiam boni et mali pro malis factis suis se puniendum, et etiam bona opera in laude Dei volantia super cherubin ascendere cognoscit. Ista vero scientia fiducialem spem quam homo ad Deum habet calefacit, eumque ad timorem et amorem Dei confortat. Per has namque virtutes humiditas lacrymarum educitur; per has etiam omnia bona in homine perficienda conservantur, quemadmodum venter per cor, per jecur, et per pulmonem receptionem ciborum usque ad egestionem servat. Omnia quoque opera, sive bona sive mala, per rationalitatem aeriæ et rationalis animæ cum viriditate scientiæ, cum calore sensualitatis, et cum humiditate sapientiæ ad agnitionem hominum proferuntur, sicut etiam prædictus aer viriditatem, calorem et humiditatem omnium germinantium fructuum usque ad maturitatem ipsorum producit.

Quod teneritudo ventris, costis et ossibus vallata, mollitiem terræ fructiferæ et lapidibus interpositæ designet; et quid etiam per hæc in diversa qualitate humanæ vitæ exprimatur, adhibito in testimonium versu psalmi XVI ad idem congruente.

LXIX. Et venter, qui costis et aliis ossibus quæ succum medullæ non habent, sustentatur, mollem fructiferamque terram, quæ lapidibus interposita est designat. Hoc exemplo anima gustum peccata in natura sua non habet, quamvis peccata cum corpore operetur, et illud ad opera quæ gustus carnis suæ postulat, in similitudine aeri venti qui totam terram ad germinandum movet, accendat. Ipsa enim corpus in omni opere suo continet, ut mollis fructifera terra interpositione lapidum firmatur; et sicut tener infans de peccatis quæ nondum gustavit loquitur, et velut Adam ante prævaricationem peccatum scivit, et non gustavit, sic ipsa in corpore quod peccat peccatum non naturaliter gustat. Anima vero quæ sancta et bona opera operatur, pro meritis operum suorum coram Deo in cœlesti regno gloriosa est; sed animæ quæ mala opera perpetrat magnæ pœnæ per judicium Dei adsunt. Beatus etiam homo de bonis operibus suis coram Deo et hominibus laudatur, quapropter anima ipsius gaudet; sed homo qui lubricis peccatis involvitur, coram Deo et hominibus in magnam confusionem ducitur. Unde ipse cum sudore pudoris homines propter peccata sua fugiens, cum se in his culpabilem cognoverit, omni honore beatitudinis se mortuum et despoliatum plangit dicens : « Susceperunt me sicut leo paratus ad prædam, et sicut catulus leonis habitans in abditis (*Psal.* XVI). » Quod sic intellectui patet : Homo cum peccaverit omni beatitudine propter peccata sua denudatur, quando per propriam voluntatem ipsius omnis sanctitas ab eo rapitur, sicut leo quod devorare vult rapit ; et propter miserabilem confusionem peccatorum suorum, sicut catulus leonis in abditis, sic ipse de peccatis suis erubescens, hominibus absconditur, ne opera ejus cognoscantur. Sic quoque omne opus hominis aut præmium in gloria, aut pœnam in judicio Dei consequetur. Sed anima quæ in sanctitate gaudet ad Deum dicit : « O altissime Deus, omnia vota mea tibi ad laudem reddo, quia sine te per me nihil possum, nisi quantum per gratiam Spiritus sancti in me accendis. »

Quia sicut succedente fructu flores excutiuntur, ita et esuries subveniente saturitate depellatur, et quod eodem modo anima peracta pœnitentia de peccatis in quibus quasi fame tabescebat, justitia Dei in exsecutione sanctorum operum saturetur.

LXX. Esuries quoque, quæ cibum postulat, flores fructuum manifestat, sed cum fructibus venter saturatus fuerit, esuries cessat, velut cum fructus procedunt, flores corruunt. Anima similiter, quæ spiraculum a Deo est, et cum scientia boni et mali veritatem semper quærendo thesaurus justitiæ existit, Deum super omnia diligendum esse in natura sua intelligit, quoniam ab eo sicut scintilla ab igne processit, et etiam opera hominis sicut scintillas fulminare facit, quia homo per eam quasi per scintillam illustratur. Ipsa etiam hominem pro vilissimis operibus suis, quæ cum ipsa contra Deum operatur suspirare facit, eumque justitiam Dei in se esuriendo tandiu affligit, quousque peccata sua cognoscendo lacrymas cum pœnitentia pro illis effundat. Cum igitur homo peccata sua hoc modo pœnitendo conculcaverit, anima justitia Dei saturatur; sed cum postea flores virtutum cum bonis operibus ad se collegerit, ipsa bonis operibus repleta, statim non esurit, quæ prius in malis operibus dolendo famem patiebatur, quoniam fames ista per fructus bonorum operum velut cum flores corruunt deficit.

Quibus congruentiis stomachus, mundus et anima sibi invicem confortantur, et quod Deus hominem sine præcepti lege nunquam esse velit; et quid in eo et æstatis viriditas, et hiemis ariditas, ipsiusque mundi capacitas ampla designent.

LXXI. Sed stomachus, cujus sedes in ventre est, et cui cibi immittuntur, et a quo emittuntur, et qui ut saccus ligatus est cum visceribus, capacitatem mundi ostendit, quem creaturæ germinando et crescendo replent, et quem deficiendo quasi inanem reddunt, hoc est quod homo, qui sicut luna crescit et deficit, per animam, quæ omnibus creaturis repleta est, operatur, et sicut sanguis in venis est, sic omnia opera hominis in anima sunt. Quæ cum bonis operibus secundum desiderium suum repleta fuerit, in æternam mansionem ubi cibo vitæ reficitur ascendit, et cum malis operibus occupatur, in fetentem putredinem infernalium pœnarum peritura descendit. Deus enim, qui præceptum Adæ dedit, hominem sub præcepto esse vult, in cujus observatione anima opera salvationis cum gaudio colligit, quæ in exsilium perditionis lacrymabiliter mittitur, cum homo desideriis carnis suæ præceptum relinquendo consenserit. Sed sicut stomachus, qui cibum recipit et emittit, cum visceribus ligatur, sic ipsa cum omnibus creaturis vel in ascensione boni, vel in descensione mali in homine operatur. Et sicut creaturæ in æstate florent et virent, in hieme vero arescunt et deficiunt, ita ipsa in bonis operibus gaudendo floret et viret, et in malis operibus dolendo arescit et deficit. Stomacho etiam non prodest ut vacuus sit, quemadmodum nec capacitati mundi utile esset, si diversis creaturis evacuaretur. Capacitas quoque ista dispensatrix virium fructuositatis terræ est, quia eam nec desolatam, nec vacuam in ulla re quæ necessaria ad officium fructuum est dimittit, quoniam si mundus arctus et constrictus esset, ita ut dilatatione careret, plenitudinem creaturarum, quam nunc habet, ferre non posset. Sic et homini non prodesset si tantum unam scientiam haberet, quoniam quasi vacuus tunc esset, cum nullum opus incipere aut perficere, seu lucem diei vel tenebras noctis discernere posset. Qui modo in duabus scientiis plenus est, et per bonam scientiam Deum cum bonis operibus amat, quem etiam per malam mala opera cognoscendo timet. Anima vero cum magna sollicitudine in corpore, sicut paterfamilias in domo sua, habitat, qui semper sollicitus est ne in bonis suis deprædetur, quoniam ipsa curam istam ne homo per involutionem peccatorum a sanctis desideriis, quæ per ipsam fiunt, despolietur semper habet. Cum autem homo propter tædium peccatorum suorum animæ aliquando consenserit, ipsa, inde gaudens, homini omnia peccata sua in amaritudine proponit, et cœlestia desideria super mel et favum ei dulcia faciens, ipsum sanctum sæpissime efficit, et ad cœlestia regna perducit. Sicut enim homo periret si stomachus vacuus semper foret, sic anima sine istis duabus scientiis nequaquam esse posset; et ut mundus aresceret a bonis et malis fructibus inanis esset, ita anima arida et inanis existeret si operibus quæ homo per has duas scientias operatur careret. Ipsa namque omnia quæ hominis sunt in rectum iter dirigendo cum discretione recte dispensat, et per bonitatem Dei, a quo divina est, per sancta etiam opera quæ cum homine operatur mansionem in terra viventium se habituram confidit. Per scientiam quoque boni, qua malum cognoscit, illud injustum esse judicat, quamvis idem malum per corpus coacta sæpe operetur; et si scientiam istam boni et mali non haberet, sicut follis cum qua faber nihil operatur esset. Et sicut mundus absque omni plenitudine fructuum esset, si non in viriditate germinaret, sic etiam ipsa sine honore et beatitudine bonorum operum esset, si in rationalitate scientiæ boni et mali non floreret.

Quod in similitudinem aeris terram ad fructificandum juvantis, anima quoque per vires suas corpus ad quælibet opera exsequenda moveat, quibus, si recta fuerint, in æternum decorata, Deum et angelos et beatas animas perfecte intueatur; si vero perversa, velut immunda ab hac visione repellatur.

LXXII. Prædicta autem mundi capacitas aerem in se habet, qui viribus suis viriditatem terræ immittens, eam fructiferam facit, fructusque ipsos cum ad maturitatem pervenerint ventosa frigiditate ad ariditatem inclinat; sed quamvis terram frigiditate hac exterius arefaciat, ipsa tamen ex hoc interius pinguescit quatenus in æstate germinare possit. Proinde Creator omnium, qui terram ad operandum firmavit, animam, per quam homo omnia opera sua operatur, secundum se ipsum constituit, quæ homini, qui ipsius Dei opus est, et usque ad novissimum diem operabitur, sicut sancta Divinitas invisibilis existit; sed post novissimum diem, cum homo totus spiritalis effectus fuerit, sanctam Divinitatem et omnes spiritus et animas perfecte intuebitur. Eadem vero anima fructifera vis est, quæ totum hominem movendo secum vivere facit; et sicut homo panno ex filis texto induitur et vestitur, sic ipsa omnia opera quæ cum homine operatur, ut vestem induens, cum illis, sive bona sive mala sint, sicut homo in corpore in quo habitat obtegitur. Bona quidem opera, cum de corpore abcesserit, sicut vestimentum in fulgore purissimi auri quod omni ornamento decoratum est in ipsa apparent; sed prava opera ut vestimentum omni immunditia pollutum in ipsa fetent. Ipsa etiam in similitudine aeris cum homine operatur, qui vires suas terræ immittit, per quas fructifera est et fructus suos perficit, et qui frigiditate hiemis totam terram arefacit; quæ tamen ad fructuositatem terræ calorem in se conservat, quoniam per vires animæ pueritia, adolescentia, juventus et senectus, fructus bonorum operum operantur et perficiunt, quæ decrepita ætas per defectum quasi arefacit, sed tamen in vera fide ad præmia æternæ beatitudinis post finem hominis conservabuntur.

Quia sicut terra, si bis in anno viresceret et passim gigneret, arescendo in pulverem verteretur, sic et anima in opere suo deficeret, si omnibus desideriis suis et voluptatibus carnis immoderate deserviret; et quod instar terræ inæqualiter fructificantis, ex mutabilitate sui et conflictu carnis nunc in projectu, nunc in defectu posita, nec fidem in Evangelio commendatam, nec visionem Dei in paradiso perditam in hac vita perfecte obtinere valeat.

LXXIII. Quod si terra bis in anno viresceret et passim gigneret, in ariditatem verteretur et sicut pulvis efficeretur. Per hoc designatur quia si anima desideriis ac voluntati carnis suæ pariter consentiret, nullum opus perficere posset, quoniam ipsa vivens spiraculum est, quod nobili tactu totum corpus illud vivificando pertransit, quemadmodum etiam flatus prædicti aeris totam terram fructiferam reddit. Idem vero aer quasi anima terræ existit, cujus humiditatem flatu suo tangens, eam virescere facit; et sicut aer iste, cujus viriditas sanguinis et humiditas sudorem in homine significat, in terra invisibilis et impalpabilis est, sic anima in corpore impalpabilis sanguinem calefacit, et per rationalitatem, in illo visibiliter operatur. Homo namque se Deum habere per animam intelligit, ideoque sive per se ipsum, sive per alium legem sibi semper constituit; et hoc ei naturale est, quoniam primus homo legem in præcepto accepit quam per consilium serpentis repudiavit. Qui post prævaricationem præcepti Dei in exsilium istud expulsus, paradisum inhabitare non potuit, ad quem tamen in multis suspiriis anhelavit. Ut etiam anima, cum per corpus superata fuerit, plurima suspiria dolendo trahit: sed cum illud desideriis naturæ suæ subdiderit, in magno gaudio lætatur. Et sicut terra in frigore et in calore fructus suos non æqualiter profert, sic etiam ipsa male et bene operando inæqualia opera habet. Ex natura namque ista, in qua anima per corpus, et corpus per animam sæpe superatur, homo illam puram fidem nequaquam habere potest per quam ipse montem elevare et in mare mittere possit, ut Dominus discipulis suis de grano sinapis dicebat, et quam Adam habuit quando invisibilem claritatem Dei exterioribus oculis suis videbat, in qua quæcunque vellet se posse facere non dubitabat. Sed post prævaricationem, nec Adam nec ullus hominum hanc visionem habere potuit. Unde fidelis homo cum interiori visu animæ suæ in speculo fidei ad Deum respiciat, et ab eo qui omnia potest se salvari confidat. In qua fide multi desideria carnis suæ mortificando plurima signa fecerunt.

Quia sicut venæ cordis, jecoris et pulmonis, ad receptionem vel emissionem ciborum stomacho subveniunt, et eidem stomacho continua vel nimia repletio aut exinanitio obessent; ita et anima corpori quidem in quibusque operibus adest, sed eam læderet, si corpus ipsum desideria carnis semper sequi permitteret.

LXXIV Nam et de corde, et de jecore, et de pulmone, quædam venæ quasi fistulæ extenduntur, quæ ad receptionem et ad emissionem ciborum stomacho subvenientes adsunt. In hunc modum anima, quæ magna vi corpus quod dormiens invenit exsuscitat, in multis itineribus suis Deum sentit. Et quemadmodum venæ stomacho adsunt, cum impletur et evacuatur, sic ipsa in omni bono et malo homini adest, ita ut homo cogitationes, duritiam malitiæ et mollitiem carnalis desiderii incipiendo et perficiendo per eam exerceat; et sicut sanguinei rivuli ad stomachum currunt, sic ipsa viribus suis totum corpus pertransit. Sicut etiam stomacho non prodesset, si semper plenus vel vacuus foret, sic etiam animæ obesset, si corpus in deliciis desideriorum carnis semper viveret, quoniam in viribus esuriem desideriorum naturæ suæ habendo deficeret, ut etiam sensu et corpore sæpe deficit, qui in pinguedine carnis suæ incessanter peccat.

Quia sicut caro hominis læditur si vel superflue vel minus necessario ciborum alimenta percipiat, sic et anima si plus vel minus justo districtioni vel remissioni insistat; et quod stomachus mundos quidem recipiens, sed fetentes cibos rejiciens, hominem qui in peccatis delectatur, sed postea per pœnitentiam purgatur, significet.

LXXV. Si igitur cibi superflue accipiuntur, caro hominis ex indigno livore infirmatur; vel si minus necessario sumuntur, caro in defectu attenuatur.

Sic itaque stomachus recte dispensator receptionis et emissionis ciborum est. Cum etiam anima ignea vi sua hominem ita superaverit, ut a carnalibus desideriis et a propria voluntate sua abstinendo se maceret, tunc per suggestionem diaboli superbia inflatus, alios spernendo sæpe dicit : « Sanctus sum et ab omnibus laudari et honorari merito debeo. » Sicque oculis animæ ejus per superbiam obcæcatis, pro nimia tristitia gaudium et cœleste desiderium habere non potest, et ideo in ipso homine turbata dicit : « Ach, ach, ego per fetentem superbiam obcæcata cœlestibus desideriis, in quibus Deum vidi et intellexi despoliata sum. » Unde etiam homo, qui non per carnem et sanguinem, sed per vires animæ, qua Deum scit et sentit, bona operatur, elationem in bonis operibus diligentissime caveat, ne per illam præmia æternæ beatitudinis amittat. Sicut enim homo si cibos superflue vel si minus necessario receperit, caro ejus infirmatur, sic etiam anima per elationem superbiæ et per nimiam abstinentiam quæ sine discretione est, deficit. Anima vero quæ corpus vivificat, et quæ Deum in Trinitate unitatis intelligit, humilis spiritus est, humilitatemque suam in pueritia hominis ostendit, qui needum superbiam vel odium in gustu peccatorum habet. In quo etiam tandiu lætatur quousque idem homo per desideria carnis ad peccata moveatur, pro quibus ipsa dolendo semper lamentatur. Neque enim secundum desiderium naturæ suæ in fictili vase corporis nunquam pleniter operari potest, cum caro exsilium et ipsam vitam quærat, sed corpus, quo peccante sæpe affligitur, immunda illi et fetida peccata cum dolore proponendo affligit, atque eadem peccata in tristitia cognoscere facit. Stomachus enim qui cibos recipit, quos iterum in fetore emittit, hominem qui in peccatis delectatur significat, et postea per pœnitentiam in molestiam peccatorum convertitur.

Quod sicut umbilicus omnium interiorum sibi adhærentium fortitudo et ambitus terræ cæterarum creaturarum retentaculum existit, sic et universorum quæ per corpus et animam geruntur, sive bona, sive mala sint, ad ipsam animam respiciunt, et quia magna distantia sit inter hos qui per elationem et hos qui per negligentiam delinquunt

LXXVI. Et umbilico omnia interiora ventris adhærent, sicut et ad circuitum terræ reliquæ creaturæ respiciunt, quia umbilicus fortitudo ventris est, sicut et ambitus terræ receptaculum cæterarum creaturarum existit, hoc designat quod anima, quæ mediatrix omnium operum hominis est, in sanctis et bonis operibus non in se, sed in Deo confitendo gaudet, et in peccatis quibus vas suum implicitum esse cognoscit erubescendo contristatur, per quam tristitiam idem vas, scilicet corpus, quasi stimulo affligit, per quod homo intra se coactus dicit : « Quare anima mea pro peccatis in quibus natus sum, et a quibus me continere non possum, me tantum contristat, cum ea ante finem meum emendare confidam? » Sic quoque homo in peccatis se consolando, in ipsis quasi in sono epulantium gaudet. Unde anima, de cujus natura consolatio ista non procedit, tristitia repletur, quoniam ipsa vita et de divina rationalitate procedens, quæ hominem, qui omnis creatura est, movet. Deus enim, qui de vilissima natura hominis tunicam humanitatis suæ ex virginea carne Mariæ Virginis sibi texuit, humilitatem valde diligit, per quam superbiam et malignitatem diaboli superavit. Anima vero hominem in bono et malo ut columna domum sustentat, quia cum ipse per elationem sanctitatis in Deo fugerit, per eam se Deo et hominibus odibilem intelligit, et ipsa cum hoc modo affligendo gaudium habere non permittit. Multi enim per elationem sanctitatis pereunt, et plurimi præmia laborum suorum amittunt, ita ut in fine suo ad Deum suspirando vix salvari possint. Qui autem per negligentiam sanctitatis et per carnalia desideria sine superbia peccaverint, illis Deus plurima peccata, cum pro ipsis in pœnitentia suspiraverint, ignoscit, multique ex his sancti et columna cœlestis Jerusalem postea efficientur. Sicut enim umbilicus fortitudo omnium interiorum sibi adhærentium est, sic omnia opera, sive bona sive mala sint, ad animam aspiciunt, quia ipsa fortitudo illorum omnium existit.

Quod umbilicus etiam terræ lutulentas et aquosas immunditias in paludibus emittenti comparetur, eo quod calor, frigus et humiditas cibum et potum sub eo discoctum ad inferiora digerendum urgeant; et quod similiter anima voluptatibus carnis superata et in sordidis involuta operibus ad inferiora et pœnalia loca, nisi suspiriis pœnitentiæ purgetur, devolvenda sit.

LXXVII. Umbilicus quoque cum carnalibus fistulis cordis, jecoris et pulmonis, omniumque viscerum, in auxilium refectionis hominis surgit, quæ omnia spiramen animæ movet, quemadmodum aer cunctas vires terræ perflando confortat. Idem etiam umbilicus usque ad finem lumborum quasi terra quæ semper quasdam lutulentas et aquosas immunditias in paludibus emittit, et, quia calor, frigus, humiditasque hominis, quibus ille regitur, in umbilico latent, et cibus ac potus, quibus homo in carne et sanguine vegetatur, ibi ad inferiora defluentes, velut lutum ejiciuntur. Homo namque, qui per vires animæ cum omni creatura secundum Deum operatur, etiam secundum naturam terræ, cujus pars altera mollis, altera dura est, durus et mollis existit, in cujus mollitie per gustum carnis anima contristatur, cum idem homo per illa superatus, ei non consenserit. Sicut enim aer omnes creaturas ad crescendum confortat, et ut umbilicus cum carnalibus fistulis in auxilium ciborum surgit, sic anima omnia opera hominis viribus suis pertransit, continet et perficit. Ipsa etiam operibus corporis, sicut vermis tabernaculo suo quod ex luto facit, tegitur; et sicut per vermes, qui interdum non videntur, lutum movetur, sic homo per invisibilem animam ad sordida opera movetur. Et licet ipsa omnia opera hominis, quemadmodum hamus piscem, ad se trahat, tamen per corpus ita superatur, ut ei nullo modo resistere valeat. Pro peccatis quoque quæ per corpus coacta operatur se puniendam et ad judicialia tormenta adducendam cognoscit, quoniam omnia in ipsa quasi scripta videntur. Quapropter quandiu ipsa in corpore manserit, suspiria doloris emittit, quia ut umbilicus ad lumbos extenditur, sic peccata in ipsam extenduntur; et etiam cum ipsa in pœnas emittuntur, sicut esca hominis in luto emittitur, et ut terra lutulentas immunditias emittit.

Quia sicut terra et homo, illa per æstatem, hic per juventutem virent et florescunt, itemque illa per hiemem, iste per senectutem arent et marcescunt, sic et anima manens in corpore, et illud sibi servire compellens, de virtute in virtutem ascendendo in bonis operibus et exemplis Filii Dei virescit, et postmodum educta de corpore velut pretiosis ornata lapidibus, et receptionem corporis in quo laborarat inhianter exspectans coram Deo requiescit.

LXXVIII. Et homo in puerili et in juvenili ætate florendo perficitur, ac postmodum per senectutem in ariditatem inclinatur, sicut et terra in æstate per viriditatem florendo decoratur, et postmodum in hieme per frigus in pallorem vertitur. Cum enim anima corpus suum ita superavit, ut simplici corde in bona voluntate sibi consentiat, et bonis operibus velut dulcissimo cibo delectetur, homo ille in cœlesti desiderio dicit : « Quam dulcia faucibus meis eloquia justitiæ tuæ, quæ etiam ori meo multo dulciora melle sunt; » et sic cum puerili simplicitate sine gustu carnis in innocentia vivit. Anima vero hominum istum desideriis suis tandiu imbuit, quousque de virtute in virtutem ascendendo virescat, et in bonis operibus et exemplis quæ Filius Dei hominibus reliquit floreat, quia livore peccatorum impolluta in ipso gaudet et decoratur. Et sicut in frigore hiemis viriditas, floriditas et maturitas omnium fructuum deficiunt, sic homo per mortem in omnibus bonis et malis operibus deficit. Homo autem qui in pueritia, in juventute et in senectute bona opera feliciter complevit, anima ipsius cum eisdem operibus lucida, et quasi pretiosis lapidibus ornata coram Deo ascendit, et corpus, quod per eam operabatur, ut in jucunda mansione simul habitent vix exspectat.

Quid fortitudo vel petulantia renum, et pinguedo terræ, quæ moderata uberes, immoderata inanes fructus producit in diversis animæ affectibus significent.

LXXIX. In renibus autem, in quibus et fortitudo et lubrica petulantia diffunditur, pinguedo terræ notatur, quoniam ut in illis aliquando vires hominis, aliquando quoque ea quæ incongrua sunt exsurgunt, ita etiam moderata pinguedo terræ ubertatem fructuum, immoderata vero inanes fructus, quamvis plurimi appareant, interdum producit. Homo namque omnia quæ sub circulo solis et lunæ in temporibus mensium operatur, per vires animæ in sapientia, in scientia et in discretione perficit; per eam etiam, quia ignea et aerea est, secundum lunam quæ crescit et deficit, bonum et malum facit. Per vires quoque ejusdem animæ, quæ per intellectum boni cœlestis est, homo quæque cogitat et operatur, temporaque temporum, et elementa cum quibus bonum et malum facit, cum differentia rationalitatis discernit et omnia quæ cognoscit nominat. Et sicut in renibus fortitudo probitatis et infirmitas, prosperitas et inutilitas latent, et ut terra per solem, lunam et aerem, omnia per quæ homo vivit utilia et inutilia germinat, ita fortitudo ista in anima est quatenus homo per vires ejus bona et mala, utilia et inutilia operetur.

Quod terra in medio aeris constituta sit, adversus tempestates montibus et collibus partim calidis vel frigidis, partim æstu et gelu temperatis, velut urbs turribus et propugnaculis munita; et quod hoc modo anima in multiplici quem contra desideria carnis exercet conflictu sanctorum operum protectione ornetur et defendatur.

LXXX. Terra enim in medio aeris ut favus in medio mellis est, diversis collibus elata, ita ut in quadam parte colles nimio æstu, in quadam nimio frigore inhabitabiles habeat, in quadam autem parte colles æstu et frigore temperatos. Per colles quippe firmata est, ut urbs cum turribus et propugnaculis. Colles itaque valles obtegunt, et montes terram contra varias tempestates defendunt; quapropter et ipsa montibus et collibus velut muro circumdata et firmata est. Hoc designat quod anima, quæ ex præcepto Dei tota corpori infixa est, in illo se cum omni creatura operaturam cœlestia et terrena opera cognoscit. Intelligit etiam quia Deus, qui omnia mala opera judicat in bonis operibus hominis, ab omnibus angelis et sanctis suis laudatur, quoniam ipse rex et imperator omnium in cœlestibus et liberator in infimis existens, hominem mortalitate carnis assumpta liberavit, et quod ipse mirabilis Deus plurima miracula in sanctis suis operatur. Cum enim homo secundum gustum carnis suæ peccaverit, per animam in pœnitentia sæpe revocatur: sed qui a peccatis nunquam cessando animam superaverit, in illo anima lacrymabili voce plangit, eo quod esuries naturæ suæ nunquam reficiatur, dum pene nullam spem salvationis ad Deum habere possit. Sed gratia Dei eumdem hominem in amara pœnitentia peccata sua tandem cognoscere faciens, eum ad relinquendum sæculum confortat, per quod anima multum lætatur; sicque opera hominis terræ, quam aer super et subtus undique tenet, assimilantur, et anima cum corpore ut aer cum terra, et ut favus in medio mellis est. Sicut enim terra colles ad habitandum æstu et frigore temperatos; et quosdam intemperatos et inhabitabiles habet, sic etiam homo bona opera quibus ad cœlestem patriam, et mala quibus ad pœnalia loca ducitur exerce' Cum autem ipsa voluntatem carnis superando victrix exstiterit, bonis operibus ex natura sua quoniam spiritus est delectatur, Deoque quemadmodum angeli, qui faciem ejus inspiciunt, in amore fidei famulatur. Corpus quoque, cui desideria carnis contraria sunt, ad bona opera et sancta cogit; et cum illud per fortissima bella bonorum operum devicerit, ejusdem bonis operibus velut urbs cum turribus et propugnaculis ornatur et firmatur. Ipsa enim humilis est, et per vilissimam naturam carnis qua opprimitur lamentabilem vocem habet, per quam hominem, qui collum suum in superbiam erigit, nunquam plenum gaudium habere permittit. Qui etiam ex natura ejusdem animæ propter molestiam peccatorum in pœnitentia illorum gandere non potest, et sic anima in vera ascensione humilitatis, hominem ne in vanis viis superbiæ vagari possit constringit. Anima quippe quæ per scalam humilitatis ad altum montem, qui habitatio cœlestis Jerusalem est, ascendit, hominem a superbia discedere, et ad humilitatem se inclinare, ne per dolum antiqui serpentis dimergatur semper monet, quoniam sicut valles de incongrua pluvia per colles, sic homines per humilitatem a malis defenduntur. Et sicut terra per montes et colles, quibus velut muro defensa et firmata est, a variis tempestatibus defenditur, sic anima per sancta opera quæ humilitate velut muro muniuntur, ad cœlestem patriam a confusione diaboli perveniet.

Quia sicut terra sic posita est, ut undique a sole temperetur, ita et anima Deo subjecta a luce sapientiæ discretionis virtute illuminanda perfundatur.

LXXXI. Terra enim ad cursum solis sic posita est, ut in omni loco suo per ipsum temperetur. Sic et anima, quæ cum sapientia temperata est, per guttas salientis fontis, qui Deus est, hominem imbuit, ut in plateis discretionis et sanctorum desiderium, Deum cognoscendo, ambulet et propter amorem ipsius gustum peccatorum suorum relinquat. Sed homo qui secundum desideria animæ operatur, per eam cum sanctis operibus, quemadmodum terra in omnibus officiis suis per solem, illuminatur.

Quia homo in similitudine terræ factus ossa sine medulla lapidum vice, ossa cum medullis vice arborum habeat; et quod secundum qualitatem morum suorum, vel duritiam lapidum, vel amœnitatem horti floridi seu pomerii fructiferi per significationem recipiat.

LXXXII. Terra etiam cum lapidibus et arboribus firmata est, et secundum illam homo factus est, quia caro ejus ut terra est; ossa autem ipsius sine succo medullæ, ut lapides sunt; ossa vero cum medulla velut arbores existunt. Unde et homo ædificium suum secundum se ex terra, ex lapidibus et ex lignis componit. Anima quoque, cui desideria carnis contraria sunt, et quæ firmamentum totius corporis est, illud viribus suis infundens, omnia opera cum homine operatur et perficit, ipseque homo floridus hortus, in quo Dominus oculos suos pascit secundum desiderium animæ, operando efficitur; cum autem secundum voluntatem carnis operatur, coram oculis Dei sicut sol cum eclipsim patitur non lucet. Homo enim qui bona opera fecerit, pomerio omnium bonorum fructuum repleto assimilatur, sicut terra quæ lapidibus et arboribus firmatur et ornatur; cum autem per duritiam peccatorum mala opera perpetraverit, sicut dura terra quæ sine fructu est coram Deo infructuosus existit. Caro namque hominis bonam scientiam, quæ fructiferam mollitiem habet, et ossa malam scientiam, quæ contra Deum se indurat, significant; ossa autem quæ sine medulla in eo sunt, mala opera ipsius designant. Anima vero secundum Deum in homine operans est, quoniam, sicut ipse cœlum in pleno gaudio cœlestibus constituit, et ut terram hominibus ad habitandum dedit, sic anima in gaudio cum homine bona opera, quæ cœlestia sunt, et in querela tristitiæ mala opera quæ terrena sunt operatur. Scientia itaque boni et mali viscera animæ sunt, quibus hominem humilitatem, quæ materia omnium virtutum est, docet, et quæ hominem in viribus suis in peccatis ita constringit, ut illa in gaudio nunquam perficere possit. Et sicut homo omnia ædificia domus quam ædificare vult secundum voluntatem suam prævidet, sic ipsa omnia opera in homine secundum quod potest disponit.

Item quod sicut aer terram in medio sui æquali undique mensura positam sustentat et continet, ita corpus et anima a Deo conjuncta, licet natura plurimum distent, in faciendis communiter præceptis Creatoris sui patienter se invicem sustentare et instruere debeant.

LXXXIII. In medio quoque aeris terra posita est, ita scilicet ut aer æquali mensura super terram, ac sub terra, et in utraque parte terræ sit. Anima etiam quæ vivens spiraculum a Deo in corpus missa est, hominem ut cum patientia præceptis Dei in hac laboriosa vita obediat, instruit; in qua in tanta dissocietate quanta cœlum et terra distant, inhabitat manetque, ut qui scientia sua quid ipse sit pleniter comprehendere non valet, in labore certaminis sui cum patientia et obedientia ad Creatorem suum tendendo respiciat. Sicut enim aer in medio terræ eam sustentando et continendo est, sic anima in medio corporis, illud totum sustinendo, habitat, et in illo secundum quod ab eo postulat operatur.

Quod vesica, quæ potus recipit et emittit, cursus fluminum quæ per terram diffunduntur ostendit; et quod in hunc modum victrix carnis anima corpus suum fluentis præceptorum Dei bona recipiendo, mala emittendo irrigare debeat, apposito in testimonium versu psalmi CXVIII *ad hoc competente.*

LXXXIV. Sed vesica hominis inundationem fluminum quæ hac et illac per terram diffunduntur, ostendit, quoniam ut illa fluenta ventris recipit et emittit, sic etiam et flumina nunc crescunt, nunc vero decrescunt, totamque terram irrigant. Anima itaque, cui natura carnis et sanguinis contraria est, hominem ut ab inquietis cogitationibus se abstineat, et pro peccatis suis de gratia Dei non despe-

ret, sed ut in vera humilitate ad pedes Domini pro illis se prosternat, docet, quatenus omnipotens Deus in amara pœnitentia ei peccata sua misericorditer ignoscere dignetur. Cum enim ipsa hominem in humili natura sua ita superavit, ut ei in omnibus consentiat, cœlum sic dicendo victoriose pertransit. « Concupivi salutare tuum, Domine, et lex tua meditatio mea est (*Psal.* CXVIII). » Quod sic intellectui patet : Ego in carne mea, quæ præceptis tuis per se in bono non consentit, te desideravi et intellexi, et per vim salutaris tui quasi veloci aqua ita infundebat, ut in medio virium mearum et in medio cordis mei, mandata tua contra voluntatem ejusdem carnis meditarer. Et quemadmodum molendinum grana ad edendum per aquas conterit, sic ego, quæ torrens iter aquæ in corpore sum, omnia præcepta tua ex natura mea requirendo diligenter observo. Sicut enim vesica hominis aquosam humiditatem corporis recipit et emittit, et ut flumina crescendo et decrescendo totam terram perfundunt, sic victoriosa anima totum corpus, bonum recipiendo et malum emittendo, præceptis Dei regit, cujus vires in bonis crescunt et in malis decrescunt.

Quod ex locis corporis per quæ digestio ciborum et potuum fit, secreti et sub.erranei meatus fluminum designentur, et querela animæ lutulentis et fetidis operibus pollutæ, et per spem pœnitentiæ et passionem Christi in Deum respirantis, adducto in testimonium versu psalmi XLI *in hoc convenienti.*

LXXXV. In locis autem ubi digestio ciborum et potuum emittitur, secreti et subterranei meatus prædictorum fluminum designantur, quia, ut digestio in corpore hominis permanere non potest, sed ejecta apparet, ita quoque et meatus isti flumina ejiciunt, illaque ad apertam manifestationem perducunt. Cum vero anima in lutulentis peccatis a luce abscondita est, se abstinere non potest quin lamentabili voce dicat : « Ach, ach, ego infelix quæ vivens spiraculum adeo sum, tanto fetore peccatorum involuta sum, ut nulla lætitia cœlum respicere valeam. Ach, unde veni, aut quo vadam, et quid prosunt mihi omnia bona quæ Deus creavit, cum in infernum dimergar? » Sed postea in se reversa iterum dicit : « Confido in Deo meo, quia in vera pœnitentia per misericordiam ipsius de infernalibus tormentis quæ promerui liberari possim. Et sic per gratiam Dei consolata et confortata iterum dicit : « Quare tristis es, anima mea, et quare conturbas me? Spera in Deo, quoniam adhuc confitebor illi salutare vultus mei et Deus meus (*Psal.* XLI). » Quod sic intellectui patet : Cum homo peccata sua per naturam animæ coactus emendare cogitaverit, in gaudio quod ex rivulis aquæ vivæ ei influxit dicit : « Quare tantum contristor et perturbor in anima mea, cum per gratiam Dei vulnera peccatorum meorum cum suspiriis et lacrymis delere possim, quæ per vulnera Domini mei, qui clavos et lanceam pro peccatis meis sustinuit, me liberandam confido? » Omnia vero mala opera in amara pœnitentia postea manifestat, sicut etiam egestio ciborum et potuum emittitur. Sed et sicut de subterraneis aquis lumina super terram producunt, sic de his rebus optima fama super terram volat, quoniam qui in peccatis exstinctus erat, in bonis operibus revelatur.

Quod per dorsum et latera hominis planities terræ, per femora vero et loca sessionis colles et asperitas ejusdem terræ inferius duræ et impenetrabilis, et superiorem partem, quæ mollis est, constringentis insinuetur; et quod similiter viribus animæ mollities carnis a vitiis restringatur, ut virtutum margaritis decorata angelos sanctos et ad admirationem sui et ad laudem Dei accendat.

LXXXVI. Dorsum autem et latera hominis planitiem terræ demonstrant; anima vero, quæ operans spiritus nominatur, sancta opera et claras virtutes, per quas Deus ab angelicis spiritibus laudatur, cum homine operatur; ipsaque corpori, quod per omnia regit, invisibilis existit, quemadmodum Deus, qui totam terram creavit, homini invisibilis est. Et sicut homo cum dorso et latere potenter operatur, sic etiam anima cum corpore omnia opera sua perficit. In femoribus quoque et in loco sessionis colles et asperitas præfatæ duræ et impenetrabilis terræ ostenduntur, quoniam ut femora lumbis et ventri adhærent, et hominem portant, et ut locus sessionis hominem retinet, sic etiam hæc inferior et impenetrabilis pars terræ, superiori tenera et molli parti ejus conjuncta existit, illamque fortitudine sua quasi chalybs retinet ne dissolvatur. Sicut enim homo totam terram artibus suis regit, eamque aratro aliquando profundius, aliquando levius evertit, sic anima viribus et virtutibus corpus secundum gustum carnis pertransit et evertit, et cum fortissimis viribus ejusdem animæ homo gravia et criminalia peccata perficit, sed leviora, quæ per cogitationes sine opere fiunt, aliis animæ tantum perficiuntur. Diabolus namque propter odium quod ad Dominum suum habet, delectationem homini suggerit, ex qua fumus quoties homo irascitur in corpore ejus ascendit, quia homo nunquam irasceretur si delectatione carnis careret. Anima vero quæ immortalis vita est, in cujus discessu corpus emoritur, omnia opera secundum desideria corporis perficit, quemadmodum aerius ventus totam terram germinare facit, ipsaque in corpore operando, sicut torrens aqua fluendo, nunquam cessat. Omnes quippe angeli super hominem illum qui sanctis operibus velut elegantissima veste induitur, mirantur, quoniam societatem cum illis Deum laudando etiam habebit; omniaque opera ejus anima sustinet, sicut femora et locus sessionis totum hominem sustentant. Et sicut aspera et acuta terra mollem partem terræ atque flumina portat, sic vires animæ totum hominem continent, quæ ei, quemadmodum femora cum lumbis ventri, serviendo adhærent. Ipsa etiam cum viribus suis opera hominis, quemadmodum posterior pars ipsum sustinet, et eum in bono gaudere et in malo contristari cogit, bonisque ope-

ribus et variis virtutibus velut baccis et margaritis eum circumdat. Unde et Joannes dicit:

Verba sancti Joannis apostoli in Apocalypsi sua decorem sponsæ Christi, id est animæ sanctæ, contemplantis et describentis, et David in Psalmo excellentiam hominis prædicentis.

LXXXVII. « Vidi Jerusalem descendentem de cœlo, ornatam tanquam sponsam viro suo (*Apoc.* XXI). » Quod sic intellectui patet : Sponsa ista sanctam et ornatam animam, quæ Christo in dote sanguinis sui adjuncta est, et ad eum quemadmodum sponsa ad sponsum respicit, designat; quia ipse Filius Dei in alvum Virginis descendit de cœlo, in qua novam et sanctam civitatem Jerusalem ædificavit. Angeli namque, qui faciem Dei semper inspiciunt, in operibus sanctorum, quæ cum innumerabilibus ornamentis ad faciem Dei lucent, et ad cœlestem Jerusalem ascendendo nova tabernacula semper ædificant, et etiam coram eis ut aurea scriptura fulgent, mirantur. Unde in sono psalterii, citharæ, et vocis omnium laudum sonant. Deus vero hominem ideo creavit, ut lucida opera quæ in cœlo fulgerent operaretur, quatenus angeli in operibus ejusdem hominis, ut etiam in facie Dei, mirarentur. Unde etiam scriptum est : « Minuisti eum paulo minus ab angelis; gloria et honore coronasti eum, et constituisti eum super opera manuum tuarum (*Psal.* VIII). » Quod sic intellectui patet : Deus angelis, qui laus ejus sunt, præsens semper est, ideo ab eis videtur et cognoscitur, cum homo, qui opus [ejus] cum anima est, eum in fide et non in divinitate videat; quem Deus glorificat, honorat et multum ornat, quoniam eum ad obedientiam præceptorum suorum creavit, et super omnia opera quæ fecerat eum constituit.

Item de comparatione duræ et mollis vel calore vel algore inhabitabilis terræ, et unde terræmotus contingant, et quod eadem terra si subtus quasi ferrea chalybinea non esset, ab ascensu solis nimio æstu, et ab occasu ejus nimio frigore disrumperetur, et de multifaria concertatione carnis et animæ secundum supraposita.

LXXXVIII. Nam teneræ parti terræ dura et velut ferrea pars altera terræ, subjuncta est, quæ in duritia sua, quemadmodum chalybinea fit, perdurat, ita ut nec confringi, nec emolliri ulla inundatione circa eum concurrentium aquarum possit. Homo quoque cum delectationem carnis amplectitur, anima in spiritali natura sua dicit : « O væ mollitiei gustus carnis, quam ego affligo, et a qua affligor! » Unde homo in peccatis suis mox ingemit dicens : « O væ mihi, quod ad tanta peccata, quæ in me superare non possum, natus sum! » Et mox ut anima mœrorem istum senserit, hominem plus quam prius in peccatis puniendo ad se trahit, et eum propter peccata sua tristem reddit, quoniam vires animæ in ipso aruerunt. Postea namque homo secundum naturam animæ operando, ipsam in mortificatione carnalium desideriorum prodit, quatenus eam in cœlesti desiderio inveniat. Sic quoque anima hominis in quo obdurationem cordis non invenit, superat, quemadmodum dura et quasi ferrea terra mollem in potestate sua sustentat; ipsaque anima fortitudine fidei quasi chalybe eum firmat, ne per circumeuntia mala consuetudinum peccatorum deficiat. Pars itaque haec durae et velut ferreae terrae colles cum rupibus habet, et flumina quae in oriente in quatuor partes divisa fluunt, eam scindere non praevalent, sed eam interdum movent, nec tamen vulnerant. Motio autem ista ex nimio aestu solis ab illa parte firmamenti fit, ubi sol ascendit, et si terra subterius, ut ferrea seu quasi chalybinea non esset, ex nimio aestu hoc tota scinderetur. Ab altera quoque parte firmamenti ubi sol occidit ex nimio etiam frigore rumperetur. Nam et ex immoderato fervore solis et ex immoderato frigore istae partes terrae inhabitabiles sunt. Proinde et anima, quae humilis naturae est, contra superbiam hominis semper pugnat, eique dicit : « Quare in tantam altitudinem, quasi te ipsum creaveris, ascendis? Si enim per te ipsum esse vel operari desideras, ut primus angelus cades. » Ipsa etiam Deum, a quo ipsa spiritalis essentia facta est, scit, et sentit, et quod ei nullus similis est intelligit, ideo superbiam quae sine gaudio est, et per seipsam esse et nulli obedire vult, odit. Unde etiam superbae menti corporis sui dicit : « Omnia quae quaeris vana et fallacia sunt, et quae tu honorem nominas, haec blasphemia sunt; et cum te ascendere putas sine adjutorio Dei et hominum, cades. » Sed homo ex moerore animae saepe suspirat, et ab omnibus operibus superbia declinando, in altitudinem sanctorum operum humilitatis ascendit, per quam ipse in medio peccatorum, quemadmodum dura terra collibus et rupibus tenetur et firmatur. Et tunc homo bona et sancta opera cum clementis in alio modo quasi reviviscendo operatur, ne quasi vulneribus mortis condemnatus, coram Deo et hominibus derideatur, sicut etiam eadem terra de quatuor fluminibus in viribus suis non disrumpitur. Anima autem, quae ventosa est, omnem creaturam per cor et venas in homine, dum peccata quae sibi molesta et contraria sunt cum eo operatur, movet; ipsumque post gaudium peccatorum saepe plorare facit, et post securitatem eorum in magnum confusionem convertit. Homo etiam magnam infirmitatem multoties incurrit, cum omnia interiora viscera sua rectum iter perficiendo, quae vult non habet; sicque anima quasi tempestas in homine cum peccatis, et etiam cum poenitentia ipsum affligendo est; et quantum ipsa in peccatis doluit, tantum eum in poenitentia dolere facit. Ipsa quoque anima in omni fervore peccandi et poenitendi hominem, quemadmodum ferrea et chalybinea terra mollem, sustentat ne deficiat, quia ipsa vitalis virtus corporis est, quod nunquam cum gaudio peccata sua operari permittit, quodque in peccatis ita saepe affligit, ut ab illis se surgere vix speret. Anima vero per hoc eum iterum excitat, et ut per gratiam Dei se liberandum confidat, ne in dispersionem desperationis decidat consolatur, quod etiam terra quae ex nimio frigore occidentis non rumpitur significat. Terra enim quae pro nimio frigore et aestu inhabitabilis est, designat quod homo, qui propter expulsionem Adae parvum locum habitabilis terrae ut peregrinus inhabitat, inter praelia et bella peccatorum et poenitentiae nunquam securitatem habere possit, quoniam in lacrymabili exsilio plenum gaudium coelestis patriae videre non potest, nisi quod illuc a longe in umbra fidei tendit. Unde cum nullam securitatem se habere videt dicit :

Verba David in psalmo CI *velocitatem dierum suorum et defectum suum deplorantis.*

LXXXIX. « Dies mei sicut umbra declinaverunt, et ego sicut fenum arui. » Quod sic intellectui patet : Homo ex originali peccato in his quae praeterita et futura sunt, caecus est. Unde ea in scientia sua quasi umbram habet. Qui etiam per hoc quod nullam securitatem habet, ut fenum arescit, cum omnia opera sua ei incerta sint. Omnes enim dies hominis deficiendo in oblivionem ducuntur, sed aeterna vita stabilis et nova est, ut etiam aestas omni anno novos fructus profert.

Quod terra quidem in omni superficie sua rotunda, sed non plana, propter tumores collium et montium quos undique gestat existens, inaequalem humanae conversationis propter diversa virtutum et vitiorum quae inter animam et carnem geruntur certamina, tenorem significet.

XC. Terra namque montes et colles portat, et intra rotunditatem suam plana non est; sed tamen aer eam ubique tangit, ipsaque supra et subtus montes et colles fert, quemadmodum cervus cornua sua. Anima, quae spiraculum a Deo est, frendenti molestia avaritiam, quae collum luxuriae existit, odit, quoniam homo per haec duo vitia pacificos et mansuetos mores nec in se nec ad alios habere potest. Ipsa quoque anima corpori ideo immissa est, ut ad confusionem diaboli contra suggestionem ipsius cum homine pugnet, quia luxuria per ipsam suggestionem Leviatan, qui totum mundum deglutire vult, in ipso exsurgit, per quam etiam, ut avarus homo pecuniam, animas inquinare et ad se trahere desiderat. Homo namque qui superbus et avarus existit, possibilitate peccandi, quemadmodum terra montibus et collibus ponderata, nequaquam plana est, se ponderat, cum relicto timore Dei ac si per eum judicandus non fit, secundum desideria cordis sui quaecunque vult operatur. Et sicut aer terram non communit, sed secundum qualitatem tempestatis tangit, sic ipse opera iniquitatis excusando secundum vanitatem cordis sui injuste operatur. Sed anima etiam viribus suis hominem istum affligendo ad Deum pro peccatis suis suspirare facit, ac montem superbiae in ipso prosternens, eum super terram in humilitate sancta et bona opera facere cogit, qui prius peccata in superbia quasi sub terra operatus est. Ipsa etiam in potestate scientiae suae bonum et malum operatur, et ex magna afflictione quam in corpore ex superbia habet dicit : « Ach, Ach, unde veni, et quid operor modo? cum suspiriis plangentem vocem profero, quia scientiam meam cum putredine peccatorum misceo. » Et ita lugendo hominem cogit, ut his verbis Dominum adoret. « Miserere mei, Domine, quoniam animam meam in peccatis pollui, et sana contritiones cicatricum vulnerum meorum, quia tibi soli peccavi. O Deus meus, amplius, amplius doce me sancta et bona operari, quibus anima mea sanetur, quam multum perturbavi. » Postea namque homo se totum ad Deum inclinat, et esurie animæ suæ deficiente, in convivio pœnitentiæ lætatur.

Quod sicut inferior superficies terræ pulsantes se et circumfluentes aquas quasi ferrea repellit, sic et vis animæ velut chalybs qui cætera acuit ferramenta fallaciam et immissiones diaboli domare et a se repellere debeat.

XCI. Nam superficies terræ subtus quemadmodum supra rotunda existit, ipsaque ad intrantes et circumfluentes aquas quasi ferrea est. Anima quoque quæ in corpore latitat, et in omnes sensus corporis cogitando, loquendo et operando volat, secundum ista cum omni creatura in homine operatur, cum alii spiritus laus Dei tantum sint, nec operentur. Homo enim de cujus operibus angeli Deum laudando mirantur, cœlestis et terrestris est, unde in cœlo gloriose laudatur, et totam terram operando replet, et ita vis animæ ipsius rotunditati terræ assimilatur, quæ in corpore et in omnibus operibus hominis circuit, et etiam secundum naturam carnis, et secundum naturam suam operatur. Vis itaque animæ ut chalybs est, per quem omnia ferramenta acuuntur et firmantur, quoniam ipsa desideria carnis quæ naturam ipsius intrant pugnando superat, ne homo pereat, ipsaque ne pondere peccatorum suffocetur, contra omnem fallaciam diaboli bellatrix existit.

Quod flexuræ, tam æquales quam dispares, quæ in homine a femore per genu et talum usque ad finem majoris articuli pedis, et a vinctura manus usque ad extremum medii digiti inveniuntur, in mundo oceani et fluminum incurvationes et reflexiones significent, et in homine impetus, et æstus libidinum, et multiplices compaginationes naturarum, carnis et animæ oppositiones designent.

XCII. A genibus vero usque ad talum eadem mensura est quæ a loco egestionis seu a femore usque ad genu existit. Et in mensura membri hujus, scilicet quod a genu usque ad talum est, oceanus, qui totam terram comprehendit, designatur, quoniam, ut crura ad posteriora recurvantur, ita et aquæ istæ omnem rotunditatem terræ circumamplectentes, metam suam non transeunt. Aquæ etiam istæ extra meatum suum non ruunt, quia velut in sulco et quasi in canalibus fluentes, eosdem terminos non excedunt, et aquis quæ super firmamentum sunt in profunditate sua æquales existunt. Sic et anima, quæ in omnibus membris hominis constituta est, per illum ad omnia desideria carnis festinat, ut follis flare cogitur, unde et lamentando ad eumdem hominem dicit : « Ach, ach, cinerosa putredo, cur a Deo meo in te unquam missa sum, quæ in tua desideria me ita involvisti, ut diabolica suasione criminalia opera tecum cogat perficere? » Tunc homo, licet in petulanti convivio peccatorum vivat, propter querelam animæ intra se sæpe dicit : « O væ mihi, quare a peccatis me continere non possum! qui opera mea coram Deo et hominibus polluta esse cognosco, et quare non timeo Deum meum, qui omnem maculam peccatorum sicut malitiam diaboli judicando abjicit! » Post ea homo in amara pœnitentia a peccatis ea dinumerando declinat, et in eamdem molestiam, in qua anima ipso peccante fuit, sic dicendo ducitur : « Ach, ach, ego Creatoris mei oblita sum, quando a desiderio carnis in scientia rationalitatis meæ propter timorem et amorem ejus non declinavi!» sicque in vera pœnitentia se ad terram prosternens, ad Deum sic orando clamat : «O Deus meus, adjuva me, et per sanguinem tuum educ me de profunditate peccatorum meorum, quibus quasi in infernum mersus sum, et per gratiam tuam trahe me ad te, ut ad salvationem surgere possim. » Sicque singula peccata sua in vera pœnitentia considerando abluit. Mensura enim quæ a loco egestionis seu a femore usque ad genu existit, significat quodvis libidinis in lumbis viri, et in umbilico mulieris per primam suggestionem diaboli excitatur, cum per malum ejusdem deceptionis pari studio desiderando et operando peccata luxuriæ perficiunt. Sed homo post ea per animam in dolorem et in molestiam eorumdem peccatorum ducitur, quod etiam mensura quæ a genibus usque ad talum est designat. Talus quidem locum exsilii in quo Adam positus est ostendit, quod homo in omnibus operibus suis bonis et malis oblivisci non potest, quia in malis operibus expulsionis Adæ recordatur, et in bonis operibus qualiter a Deo creatus sit reminiscitur. Deus quippe animæ rationali habitaculum in tanta plenitudine creavit, ut in illo omnes virtutes suas exercere posset, sicut et homo domum ædificat, quatenus in illa omnia quæ vult operetur; et ut etiam venti a Deo creati sunt, ut aliquando in jucunditate, alio modo in periculo, quæque flatu suo pertranseant. Et sicut oceanus locum in quo fluit non excedit, sic anima modum istum non relinquit, quin in bonis operibus gaudeat, et in malis contristetur. Cum enim homo secundum desideria carnis peccat coram Deo ut tenebrosa nox est; cum autem secundum naturam animæ operatur, coram Deo et angelis ejus sicut lux diei lucet. A talo autem usque ad finem majoris articuli ea mensura existit, quæ a junctura manus usque ad summitatem finis digiti qui medius dicitur, est, ut supra demonstratur. Pedes quoque cætera flumina demonstrant, quæ se per totam terram dividentes, illam ubique irrigant. Et sicut iidem pedes cruribus, et ut manus brachiis adhærent, sic et flumina ista vires suas ab oceano sumunt. Deus quippe elementum terræ creavit, quæ per vires cæterorum elementorum germinat, ut etiam mulier per vires viri feta existit. Homo itaque per animam divinus, et per terram terrenus, plenum opus Dei est; unde etiam terrena scit, et in speculo fidei cœlestia cognoscit. Sicut enim a talo usque ad finem majoris articuli, et a junctura manus usque ad summitatem finis medii digiti æqualis mensura existit, sic anima, per quam homo se Deum habere intelligit, æquali mensura sine omni defectu corpus possidet, illudque eam æquali mensura sustinet, ita ut anima in illo nullum defectum in omnibus operibus quæ cum corpore operatur, habeat. Et ut etiam terra utilia et inutilia germinat, sic pedes hominem ad utilia et inutilia opera portant; et ut ab oceano omnes aquæ fluunt, sic per corpus et animam omnia opera hominis peraguntur.

Item quod in flexuris humerorum et brachiorum, manuum, lumborum, poplitum et pedum, in quibus duodecim majores inflexiones sunt, quatuor principalium ventorum et octo collateralium ipsorum flatus et spatia quibus a se differunt, insinuent, et quod iidem venti calore, frigore, siccitate et humiditate invicem temperentur.

XCIII. Sed in poplite dextri cruris, ubi crus hominis incurvatur, principalis occidentalis ventus demonstratur; in femore autem et in talo ejusdem cruris spiramina eorumdem collateralium ventorum designantur. In poplite quoque sinistri cruris principalis ventus septentrionalis notatur; sed in femore ac in talo ipsius collaterales venti ejus ostenduntur; in lumbis quoque et in pede cruris illius flatus collateralium eorumdem ventorum manifestantur. Deus itaque, ut præfatum est, constitutionem ventorum in homine signavit, videlicet in flexura brachiorum, in scapulis ac in manibus, in genibus, quoque in lumbis et in pedibus, in quibus duodecim majores inflexiones sunt, quemadmodum etiam duodecim venti existunt. Flexuræ etenim brachiorum cum sibi appendentibus membris orientalem et australem ventum cum collateralibus eorum, ut prædictum est, designant; genua vero cum appendentibus sibi membris occidentalem et septentrionalem ventum cum collateralibus ipsorum demonstrant; atque quemadmodum membra ista omni corpori adhærent, ita etiam et venti isti cum ministris suis firmamento assistunt. Alter quoque per alterum calore, frigore, siccitate et humiditate temperatur, officiaque sua congrue exercent, ut etiam homo brachiis et manibus suis omnia operatur quæ in scientia sua dictat. Et sicut hæc membra æquali mensura a se differunt, ita etiam venti æquali spatio a se distant.

Specialiter de periculosa asperitate et noxio flatu aquilonis, qui in æstate interdum frigido humore fructus lædit et arbores arefacit, solem offuscat, et lunæ nitorem per diversos calores immutat.

XCIV. Sed inter hos aquilo asperitatem et horrorem suum sæpius ostendit, cum ventosam alam suam in rotam firmamenti et contra orientem extendit, ubi et terribilem et nocivum fumum multoties movet, frigidamque humiditatem in æstate emittit, quæ fructus terræ lædit arboresque arefacit. Cum istuc acciderit, idem horribilis flatus cum magna ferocitate se aggerat, nubemque per quam sphæra solis lucet obtegit, ita ut hominibus sol defecisse videatur. Sic quoque idem flatus errorem sub nubibus facit, unde et tenebræ in terra tunc fiunt. Sed istud ab hominibus videri non potest, nisi cum magna portenta præfigurantur, quoniam per elementa ista moventur, velut manus per brachium flecti, signare omniaque operari potest. Et idem flatus propter contraria opera hominum cum luna multoties ita ludit, ut ipsa eis interdum coloris nigri, interdum ferrei et interdum coloris varii distincta appareat. Quapropter et aspectus ejus terribilis hominibus tunc est. Aquilo namque in omni parte ad quam se dirigit periculosus est, et omni rei super quam efflat nocens, calidumque flatum, qui de sole cum humiditate roris suaviter volat et omnem viriditatem et fructus agrorum in terra perficit, frigiditate et asperitate sua conturbat, pro peritatemque utilitatis devitat. Alios autem ventos sustinet, quemadmodum homo, qui ad parietem se reclinat, et eis sic ministrat, omniaque luminaria per tenebras aquilonis ornatiora et speciosiora in creaturis videntur, quia lumen in ipso non est. Et secundum hunc modum sinistrum etiam brachium dextrum sustentat, eique ministrat.

Quomodo universa hæc quæ de mensuris vel inflexionibus humanorum artuum seu ventorum duobus superioribus capitulis comprehensa sunt, sed et vicissitudo diei et noctis et horarum ad animam referenda sunt; et quod ipsam animam Deus quatuor viribus, quas secundum corpus ex elementis, scilicet igne, aere, aqua et terra habet, et secundum se item quatuor quasi quibusdam alis ad regendum se ipsam et idem corpus suum instruxerit.

XCV. Hæc omnia ad animam prospiciunt. Quæ scilicet anima in corpore, in similitudine ventorum quorum flatus non videtur sed auditur, manens, per hoc quod aeria est, sufflatum et suspirium et cogitationes suas quemadmodum aer volans dilatat, et quæ etiam per humiditatem sapientiæ rori assimilatur, per quam bonas intentiones ad Deum habet. Sicut enim splendor solis totum mundum illuminat, et tamen in se non minuitur sic ipsa in brevi statura hominis tota est; quamvis per cogitationes suas ubique volet, per sancta quidem opera in laude Dei ad sidera ascendens, per mala autem opera peccatorum in tenebras descendens. Quod etiam sol designat, qui viribus suis in die super terram, et in nocte sub terra lucet. Ipsa quoque bona intentione ascendit, et mala intentione perverse operando descendit, sicut et crura cum poplitibus superius et inferius in diversis negotiis agitantur. Occidentalis enim ventus, qui aliquantum timendus est, bonam intentionem hominis, quæ nunquam sine timore esse debet, per quem homo dum adhuc in fetore peccatorum est, sicut per poplitem sustinetur ostendit, cujus talus et pes voluntatem et desiderium, per quæ bona intentio cum operibus perficitur, demonstrant. Et sicut vento occidentali collaterales sui in officio suo assistunt, sic voluntas et desiderium operi adsunt. Dexter quippe collateralis occidentalis venti designat quod homo velut in dextra parte animæ consentiendo peccata in se ipso devincit; sinister vero quod peccatis superatus velut in sinistra parte in oblivione Dei vivit, ostendit. Aquilo autem, qui flatu suo omnem viriditatem terræ arefacit, ad quod eum collaterales venti sui adjuvant, ostendit hominem secundum voluntatem et delectationem cordis sui desideria carnis perficientem, per quæ ab omni felicitate cœlestium bonorum destituitur. Sed cum idem homo velut homo sinistra parte mala perpetrando animæ non consentit, vis rationalitatis ipsius quasi in dextra parte ab hoc eum prohibet, et tamen omnia opera bona et mala per ipsam perficiuntur, sicut per æstatem omnes fructus terræ proferuntur. Deus etiam animam per quatuor vires quas de igne, de aere, de aqua et de terra habet, sapientem ad regendum vas suum, scilicet corpus, creavit, cum quibus etiam omnia officia ejusdem corporis cum ipso operando perficit. Ipsa vero antequam in corpus mittatur, nihil operata est, sicut etiam cum illud exuerit, nihil amplius operabitur. In flexuris namque membrorum hominis Deus quatuor ventos cum collateralibus ipsorum signavit, in humeris, in ulnis, in manibus et in lumbis, in genibus ac in pedibus, quorum unus, scilicet orientalis ventus, fortitudini auroræ adjunctus est; quæ de frigiditate noctis rorem habet, quem super terram mittit. In mane enim aurora lucet, in prima sol diem illuminat, in terra ardere incipit, et in sexta plenitudinem ardoris apprehendit. Per quod designatur quod homo per bonam intentionem primum suspirat, postea lacrymatur, post lacrymas bona opera incipit, quæ post ea magno studio bonæ intentionis complet. Homo namque qui in sancta conversatione bonorum operum fortiter ardet, velut auster est, qui prius per suspiria et bonam intentionem velut in oriente sancte vivere incepit; sed postea velut in occidente inquieta bella, quibus anima corpus domabat cessant, quemadmodum æstus solis, qui in oriente incipit, et in austro pleniter ardet, in occidente tepescit. Sicut enim oriens et auster in calore diei se conjungunt, ita anima virtutem virtuti adjungit, et omnia bona opera sicut manus cum brachiis perficit. Sol autem finito die in occidente descendit, sicut et genua hominum cum pedibus super terram currunt. Ad vesperum etiam jocunditas diei in tædium ducitur, nec homo in luce diei tunc gaudet, sed tædium dormiendo habet. Hoc est quod homo secundum gustum carnis operans, et carnalibus operibus occupatus, cœlestium bonorum obliviscens, nocturnalis efficitur; cum autem per animam in igne Spiritus sancti sanctas virtutes operatur, in amore Christi a concupiscentia carnis refrigescit. Anima quippe rationalis cum sono verba multiplicando profert, quemadmodum arbor ramos multiplicat, et ab ea omnes vires hominis sicut ab arbore rami procedunt, ipsiusque opera, qualiacunque sint, quæ cum homine operatur, sicut fructus arboris cognoscuntur. Ipsa namque quatuor alas habet, scilicet sensum et scientiam, voluntatem et intellectum. Per alam sensus se vulneratam sentit, et quæ caro diligit, declinat, quia semper mobile spiramen est; per alam quoque scientiæ corpus desiderium operandi habet, quia se per animam vivere cognoscit; per alam autem voluntatis anima cum corpore operari desiderat, quoniam illud factum videt; sed per alam intellectus fructus cujusque operis, sive utile, sive inutile sit, quoniam ipsa in finita vita manet cognoscit. Per istas itaque quatuor alas, ante et retro cum scientia boni et mali oculos habens, per bonam quidem scientiam, quasi ante cum bonis operibus; per malam autem quasi retro malis operibus velut avis volat.

Item de creatione aquilonis, et quomodo ea quæ specialiter de asperitate ejus et læsionibus quæ per eum exterius in creaturis fiunt, de suggestionibus vitiorum, quibus anima et corpus a diabolo interius irritantur, intelligenda sint.

XCVI. Nam cum aquilo flatum suum horribiliter levaverit, orientalis ventus ei resistit, et occidentalis eum prohibet, ne super eum flare possit; sed auster, qui his duobus fortior est, cum illis etiam ei repugnat, ne super ipsum flatum suum emittat. Sic quoque omnes venti ab ortu solis usque in occasum ejus aquiloni, quem lumen solis nec tangit nec illuminat, resistunt. Aquilo enim aliis ventis pejor est, quoniam in casu diaboli quando Deus illum in lacum exteriorum tenebrarum projecit, ubi in tenebris absque omni luce manet, tenebrosus factus est. Ex quo enim Adam cecidit, maligni spiritus flatum suum de tenebris in quibus sunt, in totum mundum homines in errorem urgendo emittunt, et hoc in eadem malitia qua veræ luci contra fix runt, faciunt. Deus autem non permittit eos horribili forma ut sunt, hominibus qui sub sole sunt apparere; sed secundum intentionem et mores eorum in omni forma creaturarum eos decipiendo, et a bonis operibus quantum possunt avertendo eis apparent. Aquilo enim, qui homines et fructus terræ lædit, et qui alis suis in calore æstatis contrarium frigus adversus orientem et occidentem emittit, per quod fructus terræ arefacit, tenebrositati et nequitiæ aeriorum spirituum similis est, quia ipsi pessimi spiritus calorem ignis Spiritus sancti per oblivionem Dei in hominibus frigidum faciunt. Anima nempe, quæ conflictu corporis ita superatur, ut illi consentiendo in desideria carnis, velut vermis in habitaculum suum involvitur, per spumam serpentis peccatis inquinata, spiraculum a Deo se esse non recordatur. Ipsa vero in his non diu manens, sed pro amplexione peccatorum, quibus quasi magnis inhiabat deliciis, suspirat et gemit, et peccata sua non in deliciis ut prius, sed in molestia habens, et quasi contra se rixando postmodum bonis operibus insistit. Sed cum homo in mala scientia se ipsum vendiderit, et per fervorem libidinis Deum in oblivionem ducendo ad consilium serpentis aspexerit, eadem libido per flatum diabolicæ artis in eo ferventius ardet, cumque sic dicendo decipit : « Quomodo posses te continere, quin caro tua per delectationem concuteretur, cum homo sis, et iterum pœnitendo mundus fieri possis ? » Sic namque homo iste in similitudine venti qui horrorem suum sub nubibus facit, per irrisionem errantis mentis in scientia sua obnubilatus, in tenebris oblivionis Dei cum criminalibus peccatis dormit. Et cum tali modo in peccatis suis Deum obliviscendo dormierit, in scientia hominum illorum qui Deum juste vivendo vident, velut pessimi et horribiles vermes quos homines fugiunt habetur. Unde et de ipso dicunt : « Qualis est homo iste, qui se, in tanta immunditia vivendo, hominem esse non recordatur ? » sicque eum ut mortiferum signum fugiunt, se ipsos considerantes, omniaque opera sua cum timore Dei signando, propter terrorem illum, quem in homine illo cognoverunt, ne ei similes efficiantur. Hæc quoque in similitudine illorum signorum quæ ærumnas et inutilia præfigurant, faciunt. Et sicut manus per brachium omnia signat, et ut portenta in motu elementorum præfigurantur, sic homo per animam utilia et inutilia in se ipso considerando operatur. Diversitas namque aquilonis instabilitatis mentium hominum illorum significat qui quæque secundum voluntatem suam prævidendo convenientia æstimant, in se et non in Deo confidentes ; per quod et spissæ nubi per quam fulgor solis nunquam perfecte videtur, similes sunt, cum omnia quæ Creatori suo contraria sunt eligendo et constituendo thesaurizant. Unde etiam in nigredine malignitatis hominibus molesti sunt. Sicut enim luna vario colore distincta apparet, sic ipsi cum oblivione Dei in ferream duritiam per duplicitatem doli ita convertuntur, ut se interdum suaves et utiles sine recta fide hominibus ostendant, ipsique diabolica arte delusi per odiosa et malitiosa opera sua coram Deo et hominibus in confusionem convertuntur. Idem enim aquilo periculosus in parte existit, et omni utilitate caret, quia illum malitiosum qui Deo contradicit, ex judicio justissimi judicis suscepit. Ipse quoque ardentem iram in qua per suggestionem diaboli sanguis hominis effunditur, et etiam hominem, qui in odio iræ suæ cum nequitia sua illum quem Spiritus sanctus inspiravit, quantum in se est occidit, cum in dulci sono dilectionis eum nunquam laudare potest, designat. Idem namque homo in malitia sua aquam inhonestatis super illum quem sapientia infusum viderit fundit, et eum ubique conterendo prosequitur ; hominemque charitatem habentem per verba mendacii ab omni honore, quantum potest, despoliat, et pacem cum verbis asperitatis et perfidiæ undique in omnibus quibus potest destruit. Aquilo enim, qui a Deo alienatus est, omnia vitia hominum suscipit, ut in ipso torqueantur, quia sicut hordeum a tritico excribratur, sic ipse ab omni utilitate et beatitudine ac sanctitate separatus, omnes virtutes quæ per inspirationem Spiritus sancti procedunt, et quæ per eum ornatiores et lucidiores fiunt sustinet, quemadmodum paries hominem sustentat qui se in illum reclinat. Per tenebras quoque suas omnia lucida quæ cœlesti harmoniæ adhærent, et quæ Filius hominis in virginea natura seminavit, cognoscuntur ; et sicut suggestio diaboli homines seducit, sic etiam flatus aquilonis homini nocivus est. Cum etiam homo qui iniquitates et peccata quasi in sinistra parte cum diabolo susurrando operatus est, per pœnitentiam et conversionem quasi in dextera parte eorum reminiscitur, et per recordationem peccatorum suorum fortior et sanctior in bonis operibus efficitur, quemadmodum sinistra dextræ ministrat.

Ratio quare Deus Adam de terra suscitans vel erigens ita primo statuit ut in facie orientem, dextro austrum, lævoque aquilonem haberet ; et quod in brevi parvaque statura ejus immensum totius mundi instrumentum collegerit, et omnes creaturas dominationi viribusque sensuum ipsius subjecerit.

XCVII. Faciem vero justi germinis, scilicet Adæ, Deus contra orientem vertit, quando eum suscitavit et erexit, ac in dextra ipsius australem partem beatitudinis, et in sinistra ejus exteriores tenebras, quæ aquilo nominantur, signavit. Ipsi quoque vires elementorum cæterarumque creaturarum infixit, ut cum illis contra aquilonem operaretur, quæ habitaculum perditorum angelorum est, qui se ab ipso separaverunt, quoniam in proprietate voluntatis suæ eum negando, Deum esse noluerunt. Quapropter etiam Deus vult ut homo aquilonem per sinistram partem repudiet, cumque retrorsum abjiciat, nec ulla imitatione ad illum aspiciat, sicut nequaquam facie sua dorsum suum videre potest, et ut omnibus viribus creaturæ adversus serpentem in prælio Michaelis pugnet ; aquilonemque omnino in oblivionem sinistræ partis habeat, quemadmodum tenebræ a luce segregatæ sunt. Sic Deus hominem cum viribus omnium creaturarum firmavit, eumque ipsis velut omni armatura induit, ita ut per visum creaturas cognoscat, per auditum intelligat, per odoratum discernat, per gustum ab eis pascatur, et per tactum eis dominetur. Unde et ipse verum Deum creatorem omnium creaturarum scire debet, nec adversus eum præliari contendet, quamvis per consilium antiqui serpentis multoties decipiatur, quia Deus supradictis viribus eum non ad hoc replevit, ut ullatenus mentem suam in stultitiam pravi angeli elevare tentet. Deus enim formam hominis secundum constitutionem firmamenti cæterarumque quarumdam creaturarum formavit, quemadmodum fusor aliquam formam habet secundum quam vasa sua facit. Et ut Deus magnum instrumentum firmamenti æquali mensura mensus est, sic etiam æqualiter mensus est hominem in parva et brevi statura sua, quemadmodum supradictum est, eumque sic creavit, ut membrum membro conjunctum, rectam mensuram suam, rectumque pondus suum non excedat, nisi hoc ex judicio

Dei fiat, et ut a pluribus partibus corporis sui se flectat, scilicet in collo, in humeris, in ulnis, in manibus, in femoribus, in genibus atque in pedibus et in cæteris quibusdam membris.

Item multifariæ rationes, adjunctis interdum congruis Scripturæ testimoniis, qualiter et tempora et menses totius anni juxta proprietates qualitatum suarum, et juxta ascensum vel descensum solis, et incrementa seu detrimenta lunæ, homini qualitatibus assignentur tam secundum distinctiones vel mensuras membrorum et ætatum, vel etiam proprietates humorum corporis, quam secundum diversos et profectus et defectus affectuum mentis.

XCVIII. Sed et sicut creaturas Deus in homine signavit, sic etiam tempora anni in illo ordinavit. Nam æstatem in homine vigilante, hiemem in dormiente ostendit, quoniam et hiems infra se abscondit quod æstas in gaudio profert; ita et dormiens per somnum confortatur, quatenus vigilans in viribus suis ad quælibet opera promptus efficiatur. Menses quoque in eo distinxit, cum qualitates et virtutes eorum in ipso discrevit. Nam mensis primus, in quo sol sursum erigitur, frigidus et humidus existit, et in multa diversitate est, et aquam in candorem conversam exsudat. Unde et qualitates ejus cerebro conjunguntur, quoniam illud frigidum et humidum exstans, vilem humorem per oculos, et per aures, atque per nares ejiciendo emundat. Ita et anima in pueritia hominis, quæ nec dolum, nec carnalem gustum habet, et eam contra naturam suam operando non concutit, in gaudio operatur; ipsaque in eadem pueritia, quæ juxta desiderium suum simplex et innocens est, fortis et potens existit. Postea vero gaudio puerilis innocentiæ carens, in magnam tristitiam velut peregrinus qui ex patria sua pulsus est convertitur, cum corporales humores in homine crescunt, et ipse per gustum carnis maculosus effectus, lasciviam amplectendo cum oblivione Dei in convivio peccatorum gaudet et lætatur. Sicut enim sol in primo mense sursum erigitur, sic anima in prima ætate nec ligata nec tenebrosa gustu et effectu peccatorum est, per quæ homo cum diversis moribus instabilitatis in duritiam sordiditatis et vanitatis sanctitate legitimorum operum carendo convertitur. Sed cum idem homo humiditatem lacrymarum per doctrinam, et admonitionem Spiritus sancti effuderit, a fœditate peccatorum in suavissimo odore boni rumoris, ignorantiam et tædium bonorum operum devitando mundatur.

Secundus autem in qualitate sua purgatorius est, et in oculis designatur, quia et oculi aquosi et lutulenti et pestiferi existentes, purgationem aliquando in semetipsis faciunt. Hoc modo anima in homine velut succus in arbore est, quia sicut per succum omnes fructus arboris crescunt, sic etiam per animam omnia opera hominis perficiuntur; et cum venæ et medullæ ipsius impletæ fuerint, secundum desideria carnis operari incipit, quæ cum profecerint, ex spiritali natura ipsius animæ coactus sæpissime ingemit. Sic quoque cum oculo scientiæ quomodo peccata inceperit, et qualiter sine pœnitentia illa perfecerit considerando ab omni pollutione mundatus, ea ulterius vitare studet.

Per tertium vero, qui tumultuosus existens, tempestates portat, et pestes in se retinet, et diversis flatibus omnia germina terræ movet, aures intelliguntur, in quibus sonus cunctorum utilium et inutilium sonat, per quæ totum corpus movetur. Similiter et anima in corpore quod per eam movetur et impletur, et velut venis connectitur, conflictum contra vires naturæ suæ habet, cum homo in medio juventutis suæ similis est arbori, quæ prius grossos et postea fructus suos emittit. Homo enim tempestates inquietorum morum habet, cum intelligit quid facere possit, quia medulla ejus jam pinguis est, et venæ ipsius plenæ sunt; et tunc anima in illo plangentem et querulam vocem habet, eo quod dolor suus de peccatis illius magis et magis augeatur, quoniam ipsa vita illa est quæ omnia in homine movet. Ille autem plus justo appetentior laudis, se sapientem reputando magis desipit, cum per temeritatem et superbiam suam quasi putridum vulnus existit, et in mendacium ducitur, cum in eo fama honesti et boni rumoris quam habere quærit nunquam apparet. Unde et anima in quam omnia bona et mala revertuntur, sicut etiam in auribus omnia utilia et inutilia sonant, et per cujus vires omnia perficiuntur, lugendo tristatur. Cum autem, compresso tumore juvenilis mentis, per gratiam Dei ad meliorem partem peccata sua emendando convertitur, anima, quæ prius tristis erat, et in ipso omnia utilia et inutilia perflat, propter mala et inutilia opera eum ad pœnitentiam commovet, et propter bona et utilia opera eum sicut in paradisiaco loco gaudere facit.

Sed et per quartum, qui viridis et odoriferus est, et velut cum timore tonat, nares designantur, in quibus spiramen animæ odorem attrahit, et emittit omnium quæ sibi homo cum timore eligit. Huic quoque, scilicet mensi, homo qui per spiramen rationalitatis in scientia sua viriditatem bonorum operum sapienter elegerit, assimilatur, in quo omnes fructus virent, et qui odoriferus est, quoniam in dulcissimo odore rumor probitatis et utilitatis in laude Dei ubique emittitur. Sed tumultus odiosorum et malorum hominum, virtutes et bona opera illius hominis sæpe repudiat, et eum injustum et malum vocat, quemadmodum Judæi Dominum Jesum Christum injustum et coinquinatum esse mendaciter dicebant, cum eum in omnibus operibus suis sanctum et justum cognoscerent. Sicut enim mensis iste cum periculo et timore sonat, et tamen fructus terræ non arefacit, sic etiam vires et virtutes beati hominis per prædicta mala non arescunt, sed illi qui dentibus suis super eum frendent deficiunt. Et sicut homo in spiramine rationalitatis per nares quæque dulcissima et nobilissima eligendo sibi attrahit, et fetentia et lutulenta abjicit, æterna prænia promereretur, et ab hominibus cum laude honoratur, ubi ejus persecutor cœlestibus præmiis careus, in terra ab hominibus nunquam in veritate laudari potest. Qui enim Deum timet et diligit, mentem suam ab omni quod malum est se custodit, quemadmodum homo nasum suum de fetenti et immunda re avertit.

Quintus autem suavis et lenis est et gloriosus in omnibus terræ est, ut etiam gustus oris dulcis et delectabilis est, quoniam per ipsum cognoscuntur et sciuntur, quibus homo cum gaudio reficitur. Sic et rationalitas columna et medulla quinque sensuum existit, qui per eam sustentantur, et ad operandum diriguntur, quemadmodum terra, per aratrum eversa, germinando fructuosa efficitur. Visus enim, scilicet sensus oculorum, per quem homo omnia videt et cognoscit, inter alios jure principatum tenet, quia ut loco sublimior cæteris est, ita et remotiora magis quam alii percipit. Unde et idem visus oculorum jucundus et gloriosus est, quia homo cum eo cognoscendo et eligendo utilia ab inutilibus discernit. Sicut ergo quintus mensis, videlicet Maius, suavissimum odorem florum habet, in quo corda hominum lætantur, eo quod in ipso omnes fructus terræ de quibus homo gaudet procedant; sic etiam homo in visu oculorum omnem usum naturarum naturaliter cognoscendo, quid inter illa quæ videt differat, acumine rationalitatis discernit. Fructuositas vero istius mensis gustui oris similis est, per quem homo ea quæ ad refectionem suam utilia sunt cognoscit.

At sextus cum calore siccus existens, in processu fructuum cum aere illo se elevat, qui maturitatem fructibus immittit, et aquas aliquando in nimietate effundit; in quo et humeri hominis notantur, qui cum calore siccitatem habentes, unumquemque laborem sustinent, et omnia opera complent, totumque corpus retinent, et tamen interdum pro labore quietem quærunt, velut cum avis pro lassitudine alas suas remittit, et ut radix ramos suos continet. Eodem modo secundus sensus, scilicet auditus, ad intelligenda verba quæ suscipit, quasi quædam pennula rationalitatis existit. Unde fit ut dum aures sonum cujusque creaturæ recipiunt, qualis sit vel ubi sit eadem creatura cognoscat, ideoque tunc homo magis ad investigandam eam animum intendit. Vis enim animæ, quæ per aures sentit, sicut audiendo non laborat, ita nec extra dieta satiatur, sed potius desiderium multa cognoscendi et notandi habet, ut etiam sextus mensis, qui humidus non est, fructibus quos cum leni calore produxerat, multiplici incremento dilatat, et eis maturitatem immittere incipit. Et sicut in mense isto inundationes aquarum cum periculosis sonis tonitruum in timore funduntur, sic etiam inter illa quæ de rebus humanis placide auditus admittit, sunt multa quæ cum horrore et tristitia recipit. Auditus vero initium rationalis animæ est, quia sicut verba quæ scribuntur, prius dictantur, sic per ipsum dictata et composita quæque secundum hominis intentionem perficiuntur. Anima tamen omnia ista bona et mala, utilia et inutilia sustinere cogitur, quæ per initium auditus in suspiriis lacrymarum, quia nondum bona opera incœpit, plene gaudere non potest. Humeri quoque, qui humiditatem viscerum et aliorum membrorum hominis, sicut totum corpus sustinent, etiam nonnullam auditus, qui initium animæ est, similitudinem habent, per quem omnia opera perficiuntur, quemadmodum per humeros onera cuncta portantur. Sicut enim viscera ad invicem cohærent, sic et opera hominis conjuncta sunt; et per bona quibus mala arguuntur gaudium habet, et per mala quibus bona cognoscuntur, tristatur; et ita cum jam in gaudio manet, mox in tristitiam convertitur. Quapropter et requiem quærit, ut homo quietem quam habere non potest sæpe desiderat. Unde et eadem anima quæ quandiu in corpore manet fatigatur, in æternis tabernaculis pro bonis recipitur, et pro malis secundum merita sua in pœnis collocatur.

Septimus quoque per ardentem solem magnas vires habet, fructusque terræ maturos et aridos facit, atque per tempestates ariditatis et pluviæ torrens est, quemadmodum et flexuræ brachiorum per scapulas et per manus fortes sunt, quibus homo omnia necessaria colligit. Sic et homo per odorem naturam cujusque rei sapit discernendo et cognoscendo quæ utilis et inutilis sit, et ea quæ ad conservationem naturæ suæ pertinent eligit, et in sinu suo colligit, quatenus, malis humoribus arefactis, in sanitate crescat, quibus temperatur, ne humores per corruptum succum a fortitudine sanguinis destituantur. Ipse enim, scilicet homo, in scientia sua omnia ista ad se trahens, ea sub potestate ligat, ut livor humorum expellatur, et ipsi in fortitudine sanitatis persistant, et sic cum discretione ista fortiter disponit, ut etiam flexuræ brachiorum per scapulas et per manus fortes sunt. In mente quoque sua conservat quæ ad sanitatem suam pertinent, et sic omnia sibi necessaria providet, quemadmodum omnes fructus in mense isto maturi jam colliguntur. Anima vero quæ a Deo spiramen est, torrens iter habet, ut etiam sapientia torrenti itinere gyrum cœli circuivit. Unde et septem donis Spiritus sancti cum quinque sensibus homo per eam incipit et perficit omnia opera sua, ut etiam septimus mensis omnes fructus terræ proficit. Quæ videlicet opera vel ad laudem quasi per dextram, vel ad confusionem quasi ad sinistram, ac si in quadam maturitate et ariditate fructuum perficiuntur. Ex recordatione enim peccatorum in amara pœnitentia sæpe lacrymæ effunduntur, velut in fortissimis viribus leonis, qui alias bestias præcellit, omnia vitia et peccata cum magnæ intentionis studio conculcat, et per sapientiam qua Deum cognoscit, pro operibus peccatorum, quibus a Deo fugerat, luget. Anima namque cum suspiriis suis per admonitionem Spiritus sancti in multis viribus hominem movet et sustinet, cum eum in pœnitentia omnem viriditatem virtutum ad abstergenda vulnera peccatorum colligere facit, per quod ipsa gaudium habet, semper desiderando ut ad æterna tabernacula perveniat et in ipsis sine fine permaneat.

Octavus autem velut magnus princeps in viribus suis est, qui omnia in potestate sua per plenitudinem habet. Quapropter et lætitiam in se ostendit, atque per fervorem solis ardens, rorem etiam de quadam frigiditate habet, horribilisque in tempestatibus suis est, quia sol jam ad inferiora declinavit. Qualitates itaque ipsius in manibus hominis ostenduntur, quæ plurima opera perficiunt, et potestatem totius corporis in se habent, quoniam omnia quæ possunt sibi attrahunt, et thesaurizant, ita ut homo operibus manuum suarum sæpe laudetur. Similiter et homo per gustum oris vires illorum quibus reficitur præ cæteris sensibus perfectius cognoscit, et eas in potestate scientiæ suæ habet, sicut etiam mensis iste in viribus suis magnus est. Ipse etiam lætitiam in se habet, sapienter discernens quæ frigidæ et calidæ naturæ ad sanitatem suam conveniant, ut etiam mensis iste ardorem solis et frigiditatem roris in se habet. In scientia enim sua ab illis quæ periculosa et inutilia sunt declinans, bona et utilia colligit, sicut manus laudabilia opera fortiter in probitate perficiunt, et ut ædificator in potestate artis suæ omnia ædificia domus suæ construit, in qua omnem substantiam suam sapienter conservat. Anima vero præliatrix existens, desideriis suis illicitas cupiditates hominis superando penetrat, et torrenti itinere circulum suum circumeundo, in incœptione prælii sui ad altissimum Deum ascendit. Ipsa enim scuto fidei et omni armatura virtutum, contra desideria carnis pugnat; et cum illa vicerit, velut vir præliator qui secundum voluntatem et intentionem suam inimicos suos superavit, gaudet, quia in calore veri solis ardendo, hominem suspirare facit, ita ut in frigiditate veræ pœnitentiæ, quæ omnia peccata arefacit, lacrymas effundat. Homo enim in pœnitentia, in qua plurimæ contrarietates ei occurrunt, cum humilitate se pro luto computando descendit, ita ut vix salvationem animæ suæ speret. Sed anima mox crucem et omnes passiones Jesu Christi, per quas peccata abluuntur ei proponit in spem eum elevando, et ex qua pœnitentia ipso de virtute in virtutem ascendente floret, ita ut pro singulis per eam perpetratis flores bonorum operum et sanctarum virtutum quibus nunquam extædiari possit operetur. Sic enim per pœnitentiam in magnis viribus quotidie proficiendo sustollitur, et thesaurizat bona et sancta opera de quibus omnis cœlestis turba Deum laudando gaudet.

Nonus vero maturi temporis est, nec per tempestates se terribilem ostendit, omnemque indignum succum fructuum qui boni ad edendum sunt aufert, quia ipse omnia velut in sacculo secure tenet. Unde et in qualitatibus suis sicut venter hominis est, in quo ex calore jecoris et aliorum viscerum quidquid ei immittitur excoquitur; quod etiam mistum calore et frigore in statuto modo recte ejicitur. Sed iste modus, per infirmitates aliquando destituitur, ut etiam mensis iste per percurrentia tempora in modo suo interdum commovetur. Homo quoque per sensum tactus quæ ad edendum matura sunt cognoscit et comedit, ne de immaturis ejus humoribus turbatis, infirmitatem incurrat, ut etiam mensis iste indignum succum fructuum aufert. Ipse etiam intendit ut non immoderate, sed recte et sufficienter reficiatur, ne humores vili sanie moveri possint, et etiam quæque utilia caute sibi colligit, ut quilibet rem quam diligit diligenter claudit, ne sibi auferatur. Sic ergo homo tactu suo ventri similis est, qui ea quæ recipit calore et frigore temperate coacta emittit, ut etiam in mense isto omnia matura apparent, quorum succus postea exsiccatur. Anima vero, quæ multis bellis et laboribus tribulationibusque lapsum Adæ, et etiam per prælia carnis suæ turbatur, in bonis operibus cum gaudio ad cœlestia ascendit, et in malis per tristitiam descendit. Ipsa enim fortissimam loricam, quæ diligentissime texta et connexa est, scilicet patientiam induit, quam nulla sagitta perforare valet, et in ascensione bonorum operum hominem provehit, ut in descensione veræ humilitatis quidquid boni fecerit illi qui summum bonum est, et per quem illud habet, attribuat. Cum vero homo in tanta tristitia est pro peccatis suis, ut vix salvationem animæ suæ speret, tunc ejus iterum anima patienter sustinens ei proponit quod Deus pro salute hominis humanam formam assumpserit, et cum in spe ab ista dubitatione surgere facit, sicut scriptum est : « Si ascendero in cœlum, tu illic es; si descendero ad infernum, ades (*Psal.* cxxxviii). » Quod sic intellectui patet. O Deus, omnis ascensio sanctorum et cœlestium operum eorum quos igne tuo accendis, tua est, qui homini in amore tuo rorem compunctionis cordis immittis, per quam cæteræ virtutes postea virendo frondent. Cum autem in profunditatem peccatorum descendero per oblivionem tui infernales pœnas promerendo, si in vera pœnitentia ad te clamando suspiravero, gutis sanguinis tui me ungis et salvas, et sic liberator et salvator meus ades. Patientia cum humilitate in altis est superbiam superando, et etiam in tenebris peccatorum est hominem monendo, ne pro peccatis suis de misericordia Dei desperet, et sic omnia opera in recta moderatione quasi in maturitate habet, illa quæ in sanctitate fiunt a vana gloria defendendo, et ea quæ in putredine peccatorum perficiuntur, a desperatione liberando salvat. Ipsa enim patientia in recto itinere est, quoniam cœlestia non relinquit nec terrena despicit, sed omnia incitamenta vitiorum fallentis diaboli in vero lumine, quod Deus est, conculcat, et in omnibus his nec nimis lætatur, nec in tristitiam cadit, licet interdum ex deceptione diaboli commoveatur, cui cum scuto fidei fortiter resistit.

Decimus quoque quasi homini sedenti assimilatur, quoniam viribus suis in viriditate non volat, nec calorem parat, sed ramos arborum exspoliat, frigusque exsudat, quemadmodum et homo dum sedet se complicat ut frigus evadat, qui in eodem mense vestem sibi attrahit, quia tunc calorem per vestimentum habet. Hoc exemplo et homo cum per senilem ætatem frigescere incipit, tunc sapientior quam prius effectus pueriles mores in tædium ducit, et vicissitudines lascivorum et stultorum morum in ista matura ætate desiccat, et stultorum societatem, ne eum per ignorantiam decipiant, devitat, quoniam inutiles et varii sui gustus carnis ex frigiditate ætatis, in ipso jam deficiunt, ut etiam mensis iste ex viriditate jucundus non est, per cujus ariditatem cum frigore rami exspoliantur. Anima quoque, quæ vivens et prudens spiraculum a Deo facta est, qui vera sapientia est, hominem docet ut firmiter teneat quæ ab ipso Deo sunt, et per gratiam Dei cum viribus suis in beato homine velut domina ancillam corpus sibi dominando subjicit, et illi in bonis delectationem parit. Si enim aliquando caro hominis illius per gustum delectationis mota fuerit, anima in ipso indignando miratur, et idem venenum in venis et in medullis illius exstinguendo cessare facit, et per gratiam Spiritus sancti cum doctrina Scripturarum eum consolando, de vitiis ad virtutes, ne in peccatis deficiat, colligit et caute observat.

Sed undecimus se inclinat et frigus ædificat, nec gaudium de æstate, sed tristitiam de hieme in se ostendit, et frigus de ipso super terram cadit, eamque lutum spumare facit, quod et homo imitatur, cum genua sua flectit, ne frigus per eum transeat. Unde etiam cum genua sua in tristitia flectit, in corde suo cogitationes doloris exaggerat, et se quasi lutum computat, nec aspectum ad gaudium habet, quoniam in mœrore recordatur quod genua hominis in primordio suo naturaliter flexa sunt. Non dissimiliter, cum homo ad senectutem pervenerit, frigiditate attenuatur, et gaudium juventutis non habens, ex defectu ariditatis suæ, in qua macie afficitur et indignis humoribus defluit, tristatur. Quilibet enim senex propter timorem frigoris ad ignem se calefaciens membra sua colligit, quoniam naturaliter frigidus est, ut etiam mensis iste absque jucunditate æstatis omnes dies suos frigidos habens, genibus hominis similis est, quæ ipse in tristitia flectit, cum primordii sui reminiscitur, scilicet quando in utero matris suæ complicatis genibus quasi captus sedebat. Cum vero anima viribus suis hominem ita superavit, ut per eam a peccatis quæ operatus est aliquantulum cesset, et tamen eam prohibere non potest quin peccare desideret, tunc in vase suo, quod est caro quam inhabitat, ingemit, quoniam ipsa totum corpus perfundit et movet, velut ventus qui in aliquam domum flat, cujus parietes moveri facit, et cujus cavernas seu fenestras flando pertransit. Sed cum homo in tenebras peccatorum velut vermis in foramen luti se involvit, tunc anima, quæ in venis et in medullis cum omnibus compaginibus membrorum sita est, quoniam de igne Spiritus sancti non calet, in viribus suis deficit; et quia per carnalem naturam jucunda opera habere non potest, diurnum lumen sanctitatis transiliendo, semper ingemiscit, et in natura sua quid sit vel unde venerit obliviscitur. Gemitus vero animæ plenus doloribus existit, cum gustus spiritalis naturæ suæ ab ea alienatus fuerit, quia per gratiam Spiritus sancti non accensa, opera quæ corpus ab ea postulat, licet invita, ad operandum ei consentit. Unde contra voluntatem suam operando magnam tristitiam habet, sicut etiam corpus nonnunquam tristitiam habet cum secundum naturam animæ operari cogitur.

Duodecimus quoque cum magna potentia frigus habet et terram cum duritia coagulat, et ipsam cum spuma frigoris totam obtegit et eam tædiosam et laboriosam facit. Quapropter in qualitate ejus pedes hominis notantur, qui plurima conculcant et dispergunt, et terram temperant, ne se terra in altum levare possit, sed super illam stant. Hoc modo et anima hominis illius qui in ira sua sanguinem proximi sui effuderit, vel aliam injuriam rixando ei intulerit, graviter commaculatur, quia sicut corpus post discessum animæ absque omni calore frigidum manet, sic ipsa sine calore donorum Spiritus sancti per iram indurata, naturæ suæ obliviscitur, in qua coram Deo sanguinea apparet, quoniam ipsa, quemadmodum Cain in sanguine fratris sui, a Deo abjecta est. In ira enim hominis sanguis inundat. Unde et ipse rectis sensibus suis destitutus quasi insanus efficitur; per irrationabiles irarum et blasphemiæ motus corde et ore ab omni beatitudine fratrem suum invidendo abscidit, et quantum potest cogitando et dicendo, omnia bona illius dispergit, et ideo per malum odii in anima sua coram Deo homicida est. Ipse enim dentibus suis super eum frendet, malitiosa verba quæ in corde suo cum odio dictaverat, ei obfundens, et per duritiam injustorum itinerum nullam dulcedinem sanctitatis in se habere, nec semen bonorum operum seminare potest, et pro ista duritia, in qua assidue moratur, ad cœlestia nunquam suspirat. Unde et qui hujusmodi est a bonis sanctæ et puræ scientiæ operibus cæcus, sanctitatis gaudia quæ in ira sparserat, nunquam habebit, quoniam ipse velut camelus fœdis peccatorum sarcinis oneratus et pollutus est. Hoc modo qualitates et virtutes mensium homini coaptantur. Unde et Psalmista inspiratione mea dicit:

Verba David in psalmo CIII *ad hæc competentia.*

XCIX. « Fecit lunam in tempora, sol cognovit occasum suum. » Quod sic intellectui patet: Deus posuit lunam esse temporalem, quatenus omnia tempora velut mater infantem nutriret, primo quidem lacte, postea cibo. In defectu enim suo luna debilis est, unde et velut lacte tempora lactat; in augmento autem suo quasi solido cibo illa nutrit. Solem vero Deus super terram lucere, et se sub terra abscondere constituit. Quapropter in die super terram lucet, quemadmodum homo in die apertis oculis vigil est, et in nocte sub terra est, ut etiam homo in nocte clausis oculis dormit. Sic homo terrenus secundum ima in carne est, et coelestis secundum altitudinem coeli in anima existit, et tempora temporum novit, quia per hæc omnia vivus movetur.

Quod homo ad imaginem Dei creatus, et quasi alter Dominus super tribunal terræ sedens, omnique creaturæ propter se factæ imperans, plenum ipsius Dei opus sit, et ei valde placeat; et quod alter sexus ad adjutorium et consolationem alterius factus sit, virque divinitatis, et mulier humanitatis Christi formam teneat.

C. Cum autem Deus hominem inspexit, valde bene ei placuit, quoniam secundum tunicam imaginis suæ, et secundum similitudinem suam illum creaverat, quatenus per tubam vocis rationalis omnia miracula ejus pronuntiaret. Homo enim plenum opus Dei est, quia Deus per eum cognoscitur, et quoniam Deus omnes creaturas propter illum creavit, eique in osculo veri amoris per rationalitatem ipsum prædicare et laudare concessit. Sed ipsi adjutorium similitudinis suæ defuit. Unde et Deus illi adjutorium, quod speculativa forma mulieris fuit, in qua omne humanum genus latuit, quod in vi fortitudinis Dei producendum erat, sicut et primum hominem in vi fortitudinis suæ profecerat. Vir itaque et femina sic ad invicem admisti sunt, ut opus alterum per alterum est, quia vir sine femina vir non vocaretur, nec femina sine viro femina nominaretur. Femina enim opus viri est, et vir aspectus consolationis feminæ est, et neuter eorum absque altero esse posset. Et vir divinitatem, femina vero humanitatem Filii Dei significat. Homo itaque super tribunal terræ sedet, omnique creaturæ imperat, illaque in disciplinatu illius existens ei subdita est, et ipse super omnes creaturas est, sicut David inspiratione mea loquitur dicens:

Verba David in psalmo CIX, *et expositio eorumdem verborum quomodo de Incarnatione et potestate Christi, et in subjectione inimicorum ejus intelligenda sint.*

CI. « Dixit Dominus Domino meo : Sede a dextris meis, donec ponam inimicos tuos scabellum pedum tuorum. » Quod sic intellectui patet : Dicat ergo homo : Dixit ille qui Dominus et Pater omnium est Filio suo incarnato, cui a Patre data est omnis potestas in coelo et in terra, ita ut Dominus meus sit, qui homo peccator sum : « Dominare sedens a dextris meis, » id est dominare homini, qui dextra mea est, quoniam omnes creaturas ei subjugavi; illumque per fidem tibi subjice, ita ut idola deserat, et ad Creatorem suum, videlicet verum Deum, se convertat. Hoc autem facies, quandiu ponam rebelles, qui inimici tui, per incredulitatem sunt, scabellum vestigiorum tuorum, quia illos in perpetuum tibi subjugabo, faciamque ut adorent vestigia pedum tuorum. Nam cum ab infidelitate sua conversi fuerint, te verum Deum cognoscent. Sic Deus per Verbum suum omnes creaturas produxit, idemque Verbum carnem in homine induit, qui dextra Dei est, quoniam comprehensio potentiæ ipsius existit. Idem quoque Verbum, quod Filius Patris est, dominando super hominem sedet, donec impleatur numerus fratrum suorum, quod in novissimo die erit, et tunc diabolica turba cum sequacibus suis velut scabellum quod etiam post ultimum tempus mundi est, ei subjicietur, et tunc videbitur et cognoscetur quis et qualis Dominus ipse est, quoniam ipse Satanas sicut scabellum tunc conculcabitur et omnino dissipabitur.

Quia homo signis omnipotentiæ Dei per quinque sensus insignitus auctorem suum in trinitate unum, et in unitate trinum cognoscere et venerari debeat, a quo ad hoc et conditus et post lapsum reparatus est, ut et dominus mundi esset, et decimum in cælis chorum faceret.

CII. Dominus etenim in coelo in potentia sua potenter regnat, et sidera quæ per ipsum accenduntur et reliquam creaturam inspicit. Sic et homo super sedem, quæ terra est, sedet, et reliquæ creaturæ dominatur, quia signis omnipotentiæ Dei insignitus est. Signa vero hæc quinque sensus hominis sunt, per quos ex potentia Dei intelligit et sentit quod trinitatem in unitate, unitatem in trinitate in Deo venerari per rectam fidem debet; et veneratio ista ornamentum novem ordinum angelorum est, de quibus diabolica turba expulsa corruit. Homo autem decimus chorus est, quem Deus in semetipso in prima constitutione perditorum angelorum reparavit, quoniam homo fieri voluit, in cujus humanitate turris est, in qua illi ambulant qui in decimo choro sunt. Itaque, ut supradictum est, Deus in homine tam superiores quam inferiores creaturas signavit. Qui postquam per spiraculum vitæ, quod est anima, inspiratus est, surrexit, omnesque creaturas cognovit, ac in animo suo fortissima dilectione illas amplexatus est.

Quod natura animæ ignea et multiplicis efficaciæ in viribus suis sit, quibus et Deum cognoscit, et se ipsam intelligit vel regit, et corpus suum sensificat et ad operandum movet.

CIII. Anima vero hominis ignea est, totumque corpus hominis calefacit ac vivificat; et quoniam ignea est, homo sanguineus existit. Ventosa quoque itinera habet, spiramen introrsum in hominem trahendo et emittendo. Quod cum in hominem trahit, ille intus siccatur, idque ei valde utile est, quia caro hominis per siccitatem istam in sanitatem crescit; cum autem illud emittit, ignis intra hominem tabescit, caloremque suum educit. Unde et cum sensualitate totum corpus ædificatur, ita ut homo vivere possit, et omnes quinque sensus corporis cum officiis suis regat. Et si calor iste non emitteretur, ignis animæ corpus suffocaret, velut domus quæ igne tota consumitur. Per vires quoque animæ homo carne et sanguine induitur et totus perficitur, quemadmodum etiam per flatum ventorum omnes fructus terræ complentur. Sed et per hoc quod anima ignea est, se Deum habere cognoscit; et per hoc quod spiritale spiraculum est, se operari cum corpore posse intelligit. Quapropter et præceptum a Deo habet ut opera sua recte operetur, et ne in vacuum locum aquilonis aspiciat, ubi primus angelus regnare volebat et periit. Cum enim elatio proprietatem voluntatis suæ congregaverit, ex ea mox superbia volans velociter ad aquilonem tendit cum proprietatem voluntatis suæ perficit, quocumque modo voluerit. Elatio autem et volans superbia aquis similes sunt, quas navis nequaquam pertransire valet, quia Deo et hominibus molestæ sunt et omnia destituunt. Unde et opera earum defluunt, nec charitas eas pertransit, quoniam nec diligere, nec diligi a fidelibus possunt; sed quæ non habent capere volunt, illaque disponendo constituunt super quæ nullam potestatem habent; quapropter in interitum vadunt. Anima itaque magistra domus corporis sui est, in qua Deus omnia habitacula quæ illa possessura erat, formavit; nec eam ullus videre potest, sicut nec ipsa Deum videt, quandiu in corpore manet, nisi quantum eum in fide videt et cognoscit, et cum omni creatura quæ a Deo processit in homine operatur, ita scilicet ut sicut apes in vase suo favum ædificat, sic et homo opus suum velut favum cum scientia animæ, quæ quasi liquor est, perficiat. Et quoniam a Deo missa est, in corde cogitationes fundat et pectore congregat, quæ deinde in caput et in omnia membra hominis transeunt. Oculos quoque ipsa penetrat, quoniam fenestræ ejus sunt per quas creaturas cognoscit, quia rationalitate plena in solo verbo vires earum discernit. Hinc etiam homo omne opus suum secundum voluntatem cogitationum suarum ad unamquamque necessitatem suam perficit, quia cum ventus scientiæ animæ in cerebro moveatur, a cerebro in cogitationes animi descendit, et sic opus voluntatis perficitur. Anima enim in scientia sua seminat, quod opus cogitationum complectatur, illudque per ignem animæ coquitur, et in gustum convertitur per quem scienter probatur. Ipsa etiam refectionem ciborum et potuum introrsum in hominem ducit, ut caro illius refocilletur. Nam per vires suas quomodo homo in omnibus naturis carnis suæ crescat et consistat, disponendo ordinat, viribusque suis viscera illius replet. Ipsa namque caro et sanguis non est, sed ista adimplet, ita ut eam secum vivere faciat, quia rationalis a Deo orta est, qui primo plasmati vitam inspiravit. Unde anima et caro in duabus naturis unum opus existunt. Sed et aerem cogitando, calorem congregando, ignem suscipiendo, aquam immittendo, ac viriditatem germinando corpori hominis inducit, quomodo et a prima constitutione confectum est et supra et subtus, circa et intra corpus ubique est. Et hoc modo est homo.

Quia Deus secundum opera sua sive ad vitam sive ad pœnam hominem dijudicet, et quod sancta anima corpore exuta Deum, quem nunc impediente corruptione carnis non potest, plene videat, diemque judicii ad recipiendam amabilem vestem suam, hoc est idem corpus suum, desideranter exspectet, ut in eo cum angelis contemplatione et laudibus Dei sine fine fruatur.

CIV. Quando autem homo recta opera facit, elementa recta itinera habent; sed cum injusta opera perficit, elementa cum pœnali afflictione super se inducit. Corpus enim secundum desiderii sui voluntatem cum anima operatur, et Deus hominem secundum opera sua sive ad vitam sive ad pœnam dijudicat. Et anima in totum corpus cogitando loquendo et suspirando defluit, quemadmodum ventus, qui in aliqua domo ubique flatus suos emittit. Sed quandiu corpus cum anima in homine operatur, ille localis et gravis est, nec a terra se levare potest; cum vero corpus cum vivente anima renovabitur, scilicet post novissimum diem, tunc levis et volatilis erit quasi avis quæ pennas habet. Ipsa quoque dum in corpore est Deum sentit, quoniam ab eo venit, et quandiu in creaturis officialis est, Deum non videt; sed postquam ab ergastulo corporis educta ante conspectum Domini venerit, tunc cognoscet quid ipsa sit, et quid ei adhæserit dum in corpore maneret. Et quia tunc gloriam magni honoris sui sciet, habitaculum suum reposcet quatenus gloriam suam secum sciat. Unde et inhianter novissimum diem exspectabit, eo quod amabili veste, scilicet corpore suo, nudata est, in quo cum angelis gloriosam faciem Dei plenarie videbit, videlicet cum illud receperit. Quod postquam evenerit, angeli denuo in laudibus accenduntur, sicut in primo die per victoriam prælii sui accensi sunt. Nam post novissimum diem in laudibus Dei perficientur, cum nova miracula operis Dei, quod homo est, laudabunt, et cum citharam gloriosæ jucunditatis exinde percutient, nec in hoc tædio afficientur, nec deficient, nec finientur. Et sicut in vultum Dei sine defectu semper aspicere desiderabunt, sic etiam nunquam cessabunt quin opera Dei in homine semper mirentur. Itaque, ut supra dictum est, talis est forma hominis cum corpore et anima, opus etiam Dei cum omni creatura existens, quemadmodum Joannes spiritu meo inspiratus scripsit dicens:

Expositio capituli primi Evangelii secundum Joannem, ab eo loco ubi scriptum est: « In principio erat Verbum, » usque ad id, « plenum gratiæ et veritatis. » In qua scilicet expositione tractatur de æternitate Verbi Dei, de creaturis quomodo in arte Creatoris sine coæternitate ipsius erant antequam essent in se ipsis. De creatione angelorum et ultione zeli Dei in apostatas spiritus, de consilio faciendi hominis ad imaginem Dei, et quomodo vis potentiæ, et lux sapientiæ Conditoris in opificio humani corporis resplendeat. De Incarnatione Dei et verbis doctrinæ, et exemplis justitiæ, quæ mundo edidit. Item de reparatione lapsi hominis et felicitate ejus post hanc vitam.

CV. « In principio erat Verbum. » Quod sic intellectui patet: Qui sine initio sum, et a quo omnia initia procedunt, et qui Antiquus dierum sum dico;

Ego per memetipsum dies sum qui a sole nunquam processi, sed de quo sol accensus est. Ego etiam ratio sum quæ ab alio non sonuit, sed ex qua omnis rationalitas spirat. Ad intuitum igitur faciei meæ specula feci, in quibus omnia miracula antiquitatis meæ quæ nunquam deficient considero, ac eadem specula in laudibus concinentia paravi, quia vocem ut tonitruum habeo cum qua totum orbem terrarum viventibus sonis omnium creaturarum moveo. Hæc ego Antiquus dierum facio, quoniam per Verbum meum, quod sine initio semper in me fuit et est, quemadmodum magnum lucidum, et cum eo innumerabiles scintillas, scilicet angelos, prodire jussi, qui ut in lumine suo evigilaverunt, mei obliti sunt, et sicut ego sum esse voluerunt. Et ideo in magno tonitru ultio zeli mei, in præsumptione quia mihi contradixerunt, illos dejecit, quia solummodo unus Deus est, et alius esse non potest. Unde parvum opus, quod homo est, in me dictavi, et illud ad imaginem et similitudinem meam feci, ita ut in aliquo secundum me operaretur, quoniam Filius meus in homine indumento carnis operiendus erat. Illud quoque de rationalitate mea rationale institui, et in eo possibilitatem meam signavi, sicut rationalitas hominis in arte sua per nomina et per numerum omnia comprehendit, quia homo nullam rem alio modo nisi per nomina discernit, nec multiplicitatem rerum nisi per numerum cognoscit. Angelus etiam fortitudinis sum, quoniam angelicis agminibus per miracula me annuntio, et quia omnibus creaturis in fide me ostendo, ubi me creatorem esse cognoscunt, sed tamen a nullis perfecte pronuntiari possum. Homo quippe vestimentum illud est, quo Filius meus circumamictus in regali potentia, se Deum omnis creaturæ et vitam vitæ ostendit. Sed agmen angelorum qui regali potentiæ illius specialiter adsunt, nemo præter Deum dinumerare potest, nec illos qui eum Deum omnis creaturæ singulariter profitentur, ullus ad finem producere valet, nec eos qui ipsum vitam omnis vitæ specialiter vociferantur, ulla lingua sufficit determinare. Unde beati sunt qui cum illo habitant.

Deus autem omne opus suum in forma hominis designavit, ut prædictum est, sicut etiam hic per quædam exempla in ipso demonstratur. Nam in circulo cerebri hominis dominationem suam ostendit, quia cerebrum corpus totum tenet et regit; et in crinibus capitis ejus possibilitatem suam, quæ ornamentum ipsius est, designat, quemadmodum crines caput ornant. In superciliis quoque oculorum illius fortitudinem suam demonstrat, quoniam supercilia tutamen oculorum hominis sunt, ita ut quæque nociva ab eis avertant, et decorem faciei ostendant et ut pennæ ventorum sunt, quibus illi sublevantur et sustentantur, velut avis quæ pennis suis interdum volat, interdum a volatu cessat, quoniam de fortitudine Dei ventus flat, et flatus venti pennæ ipsius sunt. Sed et in oculis hominis scientiam suam, per quam omnia prævidet et præscit, declarat, quia plurima in se ostendunt, quia lucidi et aquosi sunt, quemadmodum umbra aliarum creaturarum in aqua apparet. Homo enim in visu omnia cognoscit et discernit, et si visu careret, in his velut mortuus esset. In auditu etiam ejus omnes sonos laudum secretorum mysteriorum et angelicorum agminum, in quibus ipse Deus laudatur, aperit, quoniam indignum esset si nonnisi per se cognosceretur, cum homo ab homine in auditu cognoscatur, ubi etiam in semetipso omnia intelligit, et velut inanis esset, si auditu careret. In naribus autem sapientiam, quæ odorifera ordinatio in omnibus artibus est, ostendit, ita ut homo per odorem cognoscat quid sapientia ordinet. Odoratus enim in omnibus dilatatur illa trahendo quatenus sciat quæ et qualia ea sint. Sed per os hominis Deus Verbum suum, per quod omnia creavit, designat, sicut etiam ore omnia sono rationalitatis proferuntur, quia homo plurima profert sonando, quemadmodum Verbum Dei creando in amplexione charitatis fecit, ita ut operi suo nihil necessarium desit. Et sicut genæ et mentum ori circumposita sunt, sic eidem Verbo cum sonuit illud principium omnis creaturæ afficit, cum omnia creata sunt, et sic: « In principio erat Verbum, et Verbum erat apud Deum, et Deus erat Verbum. » Quod sic intellectui patet: In principio inceptionis illius, cum voluntas Dei ad pariendum facturam creaturarum se jam aperuit, quæ sine initio in ipso fuit, quatenus se non aperuisset, erat Verbum absque principio illius inceptionis, « et Verbum erat apud Deum, » sicut verbum in rationalitate est, quoniam rationalitas verbum in se habet, et in rationalitate est verbum, et hæc a se divisa non sunt. Nam sine principio ante principium creaturarum, et etiam in principio ipsarum erat Verbum, et idem Verbum ante principium, et in ipso principio creaturarum erat apud Deum, et nullo modo Deo divisum, quoniam Deus in verbo suo voluit ut Verbum suum omnia crearet, sicut ante sæcula præordinaverat. Et quare dicitur Verbum ? Quia cum sonante voce omnes creaturas suscitavit, et eas ad se vocavit. Nam quod Deus in verbo dictavit, hoc Verbum sonando jussit, et quod Verbum jussit, hoc Deus in verbo dictavit. Et ita Deus erat Verbum. Verbum enim in Deo fuit, et Deus in illo omnem voluntatem suam secreto dictavit, et verbum sonuit, et omnes creaturas produxit et sic Verbum et Deus unum sunt. Cum autem verbum Dei sonuit, omnem creaturam quæ ante ævum in Deo præordinata et disposita fuit ad se vocavit, et per vocem ejus omnia ad vitam suscitata sunt, sicut etiam in homine designavit, qui Verbum in corde suo occulte dictat antequam illud emittat, quod in emissione secum est, et sic dictatus verbi in verbo est. Quando enim verbum Dei sonuit, idem verbum in omni creatura apparuit, et idem sonus in omni creatura vita fuit. Unde etiam de eodem verbo rationalitas hominis opera sua operatur, et de eodem sono opera sua sonando, clamando et cantando profert, quia per acumen artis suæ in creaturis citharas, et tympana sonando sonare facit, quoniam homo secundum Deum per viventem animam rationalis est, et anima ejus cum calore suo carnem ad se trahit, in qua prima figura digiti Dei quam in Adam formaverat apparet, et quam eadem anima vivificando, et plenitudine sua in incremento replendo pertransit. Caro enim sine rationali anima se non movet, anima autem carnem movet et vivere facit. Nam caro rationali animæ adest, quemadmodum omnes creaturæ Verbo adsunt. Quapropter hominem in voluntate Patris creavit. Sed quemadmodum homo sine connexionibus venarum homo non esset, sic etiam sine creaturis vivere non posset; et quia mortalis est, operi suo vitam non præstat, quoniam ipse incipiens vita a Deo est; Deus autem operi suo vitam dat, quia ipse vita sine inceptione vitæ est.

« Hoc erat in principio apud Deum, » scilicet in principio illo de quo Moyses servus meus per me inspiratus loquitur dicens : « In principio creavit Deus cœlum et terram (*Gen.* I), » quia Verbum quod sonuit *fiat*, sicut etiam ibidem scriptum est, « Dixitque Deus : Fiat lux,» erat in eodem in principio cum creatura a Creatore initium acciperet apud Deum, id est in una æqualitate divinitatis, quoniam istud Verbum quod apud Deum est, illi æquale in divinitate est, videlicet quia Verbum quod in Deo est, a Deo inseparabile est et consubstantiale illi existit. Sic omnia per ipsum facta sunt, quoniam cunctæ creaturæ per Verbum Dei, ut Pater voluit, factæ sunt, quia nullus Creator est nisi solus Deus. Omnia enim utilia quæ res formatæ et vitales sunt, per ipsum factæ sunt. Ipse etiam in brachiis hominis et in juncturis illis adhærentibus fortitudinem firmamenti cum signis suis, quæ ipsum firmamentum sufferunt et regunt, ostendunt, quemadmodum brachia cum juncturis articulorum suorum dominationem et operationem totius corporis manifestant. Nam etiam dextra ut auster, et sinistra ut aquilo sunt, qui firmamentum sunt ne procedat ultra quam positum est, ut scriptum est. Et in his omnibus inter nos et vos chaos magnum firmamentum est, scilicet ne tenebræ lucem exstinguant, et ne lux tenebras expellat. « Et sine ipso factum est nihil, » quoniam sine Verbo Dei facta est nulla creatura, quia per Verbum Dei omnis creatura, tam visibilis quam invisibilis, facta est, quæ in illa essentia, videlicet viventis Spiritus, aut viriditatis aut virtutis subsistit ; et sine ipso non factum est aliquid, præter malum quod a diabolo est, et ideo ab oculis Dei projectum ad nihilum deductum est, quoniam solummodo unus Deus est, et alius non est. Rationalis quoque homo, in quem possibilitas operandi a Deo posita est, peccatum fecit, quod in nihilum ducitur, quia a Deo creatum non est, et huic nihilo Deus inexterminabiles tenebras posuit, quoniam fugiendo lumen recusavit. Sed « quod factum est in ipso vita erat, » quia omnia quæ creata sunt, in ipsius Creatoris ratione apparuerunt, quoniam in præscientia ejus fuerunt, non tamen illi cœterna, sed ab ipso præscita et prævisa ac præordinata. Deus enim unica vita est, quæ non accepit initium vitæ illius, quæ initium habet. Quapropter omne « quod factum est in ipso vita erat, » quia ab eo præscitum fuit; et Deo vivebat, ita ut Deus nunquam recordationem illius habere cœperit, quoniam illud nunquam oblivioni tradiderat, quia in præscientia ejus erat, quamvis in formis suis nondum temporaliter fuisset. Nam sicut non est quin Deus sit, sic non est quin per ipsum opera illa in creaturis procederent, quæ in sapientia ejus præscita et præordinata fuerant. Et sicut hoc quod in creatione factum est, in Deo vita sine exstinctione fuit, quia creandum erat, ubi factæ creaturæ nihil deerat, quin plenitudinem profectus sui in crescendo haberet, ita etiam quæ homo operatur, ipsi vita sunt ei ad vitam succurrendo, quia in ipsis subsistit et perficitur. Sed et quoniam Deus sine initio et sine fine plena vita est, ideo etiam opus suum in ipso vita est, quod in hoc nullo modo illudetur, quemadmodum et Deus in pectorali loco hominis designavit, ubi homo desiderando, componendo et ascendendo unamquamque rem, scilicet bonam et malam, in cogitationibus suis congregat, considerans quid sibi placeat vel displiceat, quia quod sibi placet cum gaudio conservat, quatenus ei vitam retineat, et quod sibi displicet indignando a se projicit, ne vitam ejus lædat. Sic omne quod Deus fecit, in ipso vita est, quoniam illud a Deo vitale in natura sua est. Unde et sicut Verbum Patris carnalem vitam hominibus dedit cum eos creavit, ita etiam cum tunicam suam induit, spiritalem vitam eis ostendit, quatenus per alienam vitam, et non secundum carnem incedendo in turbas spiritalium se dilatarent, et ita utrumque populum in manu sua tenet, quoniam ipse Filius Dei, Deus et homo est. Spiritalem quippe populum in amore complectitur, quia Filius Dei est ; sæcularem autem secundum justitiam habet qua dictum est : « Crescite et multiplicamini (*Gen.* I), » quoniam Filius hominis est.

« Et vita erat lux hominum, » quoniam vita quæ creaturas suscitaverat, vita vitæ hominis, quia per eam vivit, existens, ratione et scientia lucem hominibus dabat, in qua Deum fide aspicerent, eum Creatorem suum agnoscentes, et ipsa luce ita perfusi, quemadmodum lux diei mundum illuminat. Homo enim alas scientiæ per cœlum intelligit, quod solem et lunam producit, quia dies scientiam bonam, nox malam demonstrat, velut sol diem, luna noctem manifestat. Et ut homo cum creaturis sine luminibus istis in officio vitæ suæ velut cæcus esset, et ut corpus ejus sine spiritu vivere non posset, sic etiam homo sine alis scientiæ quid esset non intelligeret. Unde « lux in tenebris lucet, » quemadmodum lux diei per lunam in nocte lucet, quatenus homo in bonis operibus mala opera cognoscat, quæ a luce separata sunt, quoniam bona scientia ratio ne suffulta malam reprehendit, et eam a se expellit. « Et tenebræ eam non comprehenderunt, » velut nox diem obnubilare non potest, quia malum hoc illud quod bonum est nec scire nec intelligere vult, sed illud fugit. Hæc Deus in corde hominis declarat, quod vita et firmamentum totius corporis est, et totum corpus sustentat, quia in corde cogitatio hominis ordinatur et voluntas pascitur. Unde et voluntas quasi lux hominum est, quoniam sicut lux omnia penetrat, sic et voluntas in eo quod desiderat abundat, atque in eodem desiderio suo, quod pro luce sibi computat, in tenebras malorum operum quæ perficere vult sæpe ambulat. Sed « tenebræ » eamdem voluntatem ita « non comprehendunt, » ut illi scientiam boni abstrahere possint, quin bonum sciat, quamvis hoc non faciat.

« Fuit homo missus a Deo, » qui gustum lumi non habebat, quia missus a superno Creatore et non ab homine fuerat, quoniam calor Verbi Dei ariditatem carnis illorum qui eum genuerunt, viridem fecerat, ita ut etiam caro ipsius in plurimis operibus velut aliena consuetudine in peccatis nascentium esset. Nam qui eum genuerunt per gratiam Dei attacti, ipsum procrearunt, et ita per gratiam Dei processit in testimonium Filii Dei missus. Unde et angelus Joannem eum nominavit. « Cui nomen Joannes erat, » quia opera quæ fecit nomini ipsius concordabant, quoniam gratia Dei ipsum præveniendo et subsequendo confortaverat. Gratia enim Verbi, quod Deus est, Joannem misit motione vicissitudinum morum illorum, qui in vicissitudinibus hominum in peccatis nascentium mundavit, et ob hoc quamdam stabilitatem secundum rectitudinem spirituum habuit, qui nec vicissitudinem morum hominum habent, nec peccare desiderant. Deus autem, qui mirabilis existit, ad ventrem hominis miracula quæ in Joanne fecit, conformat. Venter enim vires creaturarum quas recipit et emittit postulat, ut de succo earum sicut Deus constituit pascatur. Sed tamen in omnibus creaturis, scilicet in animalibus, in reptilibus, in volatilibus, et in piscibus, in herbis et in pomiferis quædam occulta mysteria Dei latent, quæ nec homo, nec alia ulla creatura scit aut sentit, nisi quantum eis a Deo datum est. Joannes autem mirabiliter ad elementa missus est, et mirabiliter ab eis pastus est, et sicut quodam modo a consuetudine peccati abstractus erat, sic quoque per abstinentiam mirabiliter de elementis vixit. Et ipse purus homo digne et laudabiliter nuntius ante occultum Filium Dei fuit, per quem mundus cum innumerabili numero positus est, et omnes creaturæ creatæ sunt. Quod etiam per ventrem designatur, quia sicut mundus omnia capit, ita et venter alias creaturas in comestione in se recipit. Sed et quemadmodum omnis creatura a Deo processit, sic et Adam omnes homines in forma sua portavit, quibus Dei Filius vera pascua subministravit, cum hominem in humanitate sua portavit. « Hic venit in testimonium ut testimonium perhiberet de lumine, ut omnes crederent per illum, » quoniam Joannes in mirabilibus rebus per consuetudinem carnalis nativitatis mirifice homo factus et mirabilis homo existens, venit divina dispensatione in testimonium mysteriorum Dei, ut testimonium per virtutes quæ in ipso operabantur perhiberet de lumine, scilicet de Deo, de quo omnia lumina accenduntur, ut omnes qui per Spiritum sanctum ignei sunt crederent Deo per testificationes illius, quas mirabiliter proferebat. Venit itaque testando divinitatem, humana forma indutam. Et sicut ipse in arida natura quantum ad ipsam sine viriditate natus est, sic Filium meum ex Virgine Maria sine peccato natum dixit. « Hoc ideo volui, quatenus per miraculum istud quod in Joanne operatus sum, homines miraculis Filii mei crederent. » Et sicut in Joanne testimonium hoc apparuit, sic etiam in feminibus hominis verum testimonium declaratum est, quæ testimonium omnium nascentium sunt, et propago totius corporis sui quod videt, palpat, cogitat et optat, et in scientia sua omnia computat quæ operatur. Nam homo miraculum Dei est, et ideo justum est ut mirabilibus Dei testimonium det. « Non erat ille lux, sed ut testimonium perhiberet de lumine, » quia Joannes non fuit illa lux quæ nunquam dividitur, nec mutatur, videlicet quæ Deus est. Sed venit a Deo missus, quatenus testimonium daret de illo qui verum lumen existens, omnia lumina accendit, quoniam Deus absque omni indigentia necessitatis ullius in se et per se est, quia ipse omnia in omnibus facturus erat. Unde et in omni factura operis sui est. Hinc etiam Joannes testificatum testimonium de Christo nuntiavit, quoniam ut pomum testis est radicis qualis sit, sic ipse in mirabilibus Dei surrexit. Quapropter et mirabilia ejus testificatus est. Homo autem designatum opus et lumen a Deo est, quod vivere incipit, et in carne quandoque deficiet, et exinde Deo testimonium perhibet, quia Deus sic non est.

« Erat lux vera, » quæ nunquam umbra ulla obumbrata est, et cui nunquam tempus serviendi vel dominandi, minuendi seu augendi datum est; sed quæ ordinatio omnis ordinationis et lux omnis luminis est, et ex se lucens. Deus enim nunquam in aliquo mane, in ulla aurora surrexit, sed ante ævum semper fuit. « Quæ illuminat omnem hominem venientem in hunc mundum, » quoniam hæc lux cum spiraculo vitæ perfundit omnem hominem carnem et ossa habentem, et in præsentem mundum crescentis et deficientis mutabilitatis per ortum inceptionis venientem, ut quando sol cum luminaribus suis eum susceperit, creaturas aspiciat et cognoscat. Deus enim per viventem scintillam animæ primum hominem suscitavit, quem de limo formavit, ita ut ille per eamdem animæ scintillam de limo caro et sanguis factus sit. Unde et in posteris ipsius cum spuma per naturam hominis mulsa fuerit, per igneam scintillam animæ caro et sanguis pleniter efficitur, quia, si hoc modo per calorem animæ non suscitaretur, caro et sanguis pleniter non efficeretur, quemadmodum materia primi hominis limus permansisset si per animam mutatus non fuisset. Nam sicut per aquam et ignem panis ex farina efficitur, sic etiam per ignem animæ caro et sanguis fit. Homo enim quasi lux aliarum creaturarum in terra commorantium est, quæ multoties ad ipsum currunt, et qui cum multo amore lambunt. Unde etiam et homo a creatura in cujus amore ardet, ea vult, diligenter sæpius inquirit. Creatura autem quæ hominem non diligit ipsum fugit, et omnia quæ ad eum respiciunt conculcat et dissipat, quoniam timore ejus perterrita, ipsum esse moleste fert, et ideo multoties eum invadit quatenus ei vitam excutiat. « In mundo erat, » cum regale indumentum de carne Virginis induit, ubi sancta Divinitas in uterum illius se reclinavit, quia in aliena natura homo factus est, et non sicut alius homo, quoniam caro ipsius per sanctam divinitatem inflammata est. Quapropter post novissimum diem, cum quilibet homo transfiguratus fuerit, animæ electorum corpora sua per fidem in cœlum levabunt, quæ prius in mundo erant. Hæc Deus per semetipsum in virtute sua faciet, quam nulla creatura exterminare potest, quia tunc homo, ut prædictum est, carne induetur, et ossa ipsius medulla implebuntur, sed ampli . . . . si cibi et potus et vita non deficiet, quoniam tunc in viribus divinitatis sine omni vicissitudine diversitatis procedet, quia in bono membrum Christi est, qui in mundo multas passiones et plurima opprobria sustinuit, quamvis Filius Dei esset. Quod diabolus omnis fallaciæ inventor scire non potuit, qui initium habuit, et illum cum omnibus membris suis, quæ Deum respuunt, negare festinavit; sed tamen quin homo in indeficientem vitam elevaretur impedire non potuit.

« Et mundus per ipsum factus est, » ita ut mundus ab ipso, non ipse a mundo exortus sit, quoniam creatura per Verbum Dei processit, scilicet quidquid creaturarum, tam invisibilium quam visibilium, est, quia quædam sunt quæ nec videri nec tangi possunt, quædam autem et videntur et tanguntur. Sed homo utrumque in se habet, animam scilicet et corpus, quoniam ad imaginem et similitudinem Dei factus est. Unde et verbo jubet, ac manibus operatur. Sic Deus hominem secundum se ordinavit, quia Filium suum de homine incarnari voluit. « Et mundus eum non cognovit, » quoniam filii mundi, videlicet qui mundum sequuntur, propter cæcitatem ignorantiæ suæ ipsum venientem nescierunt, nec eum operantem cognoverunt, quemadmodum infans scientiæ et operationis nescius est. Quapropter et hic in femore ac in genibus hominis Deus ignorantem infantiam incredulorum demonstrat, quia sicut infans incedere non potest, quoniam et medullæ et ossa ejus nondum firmata sunt,

eo quod per lac et per mollem cibum alatur; et quoniam sine cruribus et sine pedibus per femur ac per genua adultus homo incedere non valet, ita cum scientia et sensus incredulorum ab igne sancti Spiritus vacui erant, per quem Deum agnoscere debuerant, in via rectitudinis ambulare non poterunt.

« In propria venit, » quia mundum creaverat, et quoniam humanam carnem induerat. Unde et omnes creaturæ ipsum ostenderunt, ut nummus dominum suum ostendit. Nam Deus mundum creavit, quem homini tabernaculum præparare voluit; et quia hominem induere voluit, idcirco eum ad imaginem et similitudinem suam fecit. Quapropter omnia ipsius propria erant. « Et sui eum non receperunt, » scilicet qui sui erant quoniam eos creaverat, quia eos specialiter ad imaginem suam fecerat; sed tamen eum neglexerunt, ubi eum Factorem suum esse non cognoverunt, et ab ipso solo se creatos non intellexerunt. Increduli namque humanitatem illius non receperunt, nec propter obcæcationem incredulitatis suæ Deum in humana forma cognoverunt. Unde et in cruribus hominis juventus ipsius designatur, quæ stulta et inutilis est, ubi viriditates et flores et alias creaturam attendit, et ubi sapientiorem se aliis existimat, quia medulla et ossa ejus tunc pleniter firmata sunt. Sic Judæi et pagani fecerunt, qui vanitatem sæculi diligentes, se putabant scire quod nesciebant, et esse quod non erant, et illum qui eis carnem et spiritum dederat, per fidem non attenderunt. Quemadmodum enim juventus in creaturis decepta delectatur, ita mundus tunc in vanitate conversabatur; et ideo necessarium fuit ut Deus illis se ipsum ostenderet, et eos ad se colligeret, sicut etiam asinam et pullum ejus absolvi et sibi adduci jussit, ubi se ipsum cum lege veritatis super eos posuit.

« Quotquot autem receperunt eum, dedit eis potestatem filios Dei fieri, » quoniam omnibus hominibus utriusque sexus qui eum receperunt credendo eum esse Deum et hominem, quia Deus primum fide capitur, deinde quod Deus homo factus est recipitur, dedit potentia sua potentialiter potestatem hanc, ut propria voluntate sua filii Patris sui in cœlesti regno fiant, id est ut participationem regni sui hæredes hæreditatis ejus facti secum habeant, et hoc ea potestate qua filius hæres patris sui existit. Nam quia eum Deum et Creatorem suum cognoverunt, et eum charitate amplexi et fide osculati sunt, et omnia sua ab eo diligenter et caute sciscitati sunt, eos Spiritus sancti in eos cecidit, ita ut tota Ecclesia ab eis germinare et fructum supernorum gaudiorum proferre inceperit. Quapropter datum est eis ut per virtutem veræ fidei filii Dei sint. « Illis qui credunt in nomine ejus, » istis qui fidem hanc credendo habent, quod in nomine ipsius per baptismum salvi fiant, participatio cœlestis regni datur, quoniam omnia opera sua in ardenti amore quasi Deum videant faciunt, et non in umbra fidei nomen Dei sine operibus colendo ubi deos alienos abjiciunt, qui se ipsos facere non possunt, et a se ipsis non sunt, sed qui socii hominum sunt. Nomen autem hoc, in quo vera credulitas est, tale est, quod initio caret, et quod per ipsum omnes creaturæ surrexerunt, et quod vita est, per quam omnis vita spirat. Unde et ab omni creatura sua adoratur. Secundum autem has tres vires quæ in hoc nomine sunt, omnis creatura quæ nomen habet ex tribus viribus subsistit. Sed et arida et putrida creatura nomine caret, quoniam vitalis non est. Nomini autem vitalis creaturæ tres vires adsunt, quarum altera videtur et altera scitur, sed tertia non videtur. Corpus enim vitalis rei videtur, et quod gignit scitur; sed unde vitalis fit, nec cognoscitur nec videtur. Sic et Deus magna mirabilia per pedes hominis manifestavit, quia sicut pedes totum corpus sustentant, et quo vult illud portant, sic etiam fides nomen Dei cum mirabilibus quæ et videri et non videri, et quæ cognosci et non cognosci possunt, fortiter sustinet, ac ubique magnifice fert. Et corpus hominis et opera ejus videntur; sed multo plus in ipso est id quod nec videtur nec cognoscitur. Sed cum tanta obscuritas in homine sit, quomodo manifestus ille esset qui eum creavit? Nam hunc nullus hominum in sæculo vivens scire potest sicuti est.

« Qui non ex sanguinibus, neque ex voluntate carnis, neque ex voluntate viri, sed ex Deo nati sunt. » Filius enim Dei dixit : « Quod natum est ex carne, caro est; et quod natum est ex spiritu, spiritus est (*Joan.* III). » quoniam caro de carne in peccatis concepta nata est; sed quia Deus spiritus est, per ipsum omnes spiritus orti sunt, nec spiritus in carnem, nec caro in spiritum vertitur; sed per carnem et spiritum homo perficitur, alioquin homo nec esset nec nominaretur. Deus quippe Adam plasmavit, ut æternaliter immutabilis viveret; sed ille inobedientia prævaricatus est consilium serpentis audiendo. Quapropter et idem serpens eum omnino periturum existimavit, quod tamen Deus noluit, qui mundi exsilium illi præparavit, in quo filios suos in peccatis concepit et genuit. Sicque cum omni genere suo mortalis factus, per conceptam spumam peccati in putredinem vertitur, usque ad novissimum diem cum Deus hominem renovabit, ita ut postea immutabili vita, ut Adam creatus fuit, vivat. Hæc autem vita in filiis qui in peccatis concepti et nati sunt nequaquam esse potuit; sed in humanitate Filii Dei exorta est, per quem supernus Pater recordatus est ut hominem liberaret qui perierat. Isti enim qui per virtutem bonorum operum filii Dei efficiuntur, hanc potestatem ut filii Dei sint non habent ex coagulatione sanguinis parentum, in qua sanguinei sunt, nec ex voluntate infirmioris carnis quæ ad partum pullulat, nec ex voluntate fortioris partis illius quæ ad gignendum robusta est; sed ex remuneratione divinæ revelationis in ablutione baptismi, et in

ignea effusione Spiritus sancti hoc accipiunt quomodo ex Deo nascuntur, et hæredes regni ejus efficiuntur. Deus enim omnia opera sua priusquam formarentur, præviderat, quæ postea in creatione formatæ formæ in se vacuæ non remanserunt, sed vitalia facta sunt. Caro enim sine vita caro non esset, quoniam cum vita ab ea recesserit, in defectu deficit. Spiraculum autem quod Deus in Adam misit igneum et intelligibile ac vita fuit. Unde et per calorem ejus limus terræ rubicundus in sanguine factus est. Et sicut omnis creatura in præscientia Dei ante ævum fuit, sic etiam et adhuc omnes nascituri homines in præscientia ipsius sunt. Sed homo intelligibilis et sensibilis est; intelligibilis scilicet quia omnia intelligit, sensibilis quoniam ea quæ sibi adsunt sentit, quia Deus totam carnem hominis vita implet, cum in eam spiraculum vitæ mittit. Quapropter et præscientiam boni et mali eligit quod sibi placet, et reprobat quod sibi displicet. Deus autem considerat quid sibi homo proponat. Quod si homo sibi illa proposuerit quæ a Deo non sunt, Deus ab eo se subtrahit, et mox illi occurrunt qui primum malum incœperunt, videlicet qui cœlum destruere voluerunt, quod Deum non tetigit, quoniam indecens esset, ut Deus seipsum destrueret. Si autem homo ad nomen Patris sui anhelaverit, et illum bono desiderio vocaverit, angelica præsidia illi aderunt, ne per inimicos impediatur, et Deus per delectationem desiderii bonorum operum quasi lac illi suaviter primum immittit, ac deinde pluviam gratiæ suæ illi infundit, per quam de virtute in virtutem fortiter ascendat. Et hoc modo ille in hujusmodi virtutibus usque ad obitum suum semper novus est. Sed qui modicum quid et non magnum facere potest, semper in impetu vadit, ut idem quod potest perficiat; qui vero multa et magna facere valet, moderationem in eis cum temperamento habet. Diabolus enim unum vult, scilicet, ut animas in mortem seducat, nec aliud facere quærit nec facere potest, et vix sustinet donec illud perficiat quod facere valet. Deus autem quia in omnibus et per omnia potens est, in cunctis operibus suis moderationem habet, et cum temperamento discretionis facit quatenus homo fortior et promptior in stabilitate bonorum fiat. Nam unusquisque qui in impetu vadit, multoties in ruinam se ponit. Sed homo significatio totius honoris Dei est, quoniam bona scientia quæ in ipso est angelica agmina quæ Deo laudabiliter serviunt demonstrat; mala vero scientia quam habet, potestatem Dei manifestat, quia Deus illam vicit cum primum hominem de paradiso expulit. Sic in omni homine fit, quoniam in illo qui per bonam scientiam bonum eligendo operatur, bonitas Dei ostenditur; et in illo qui malum arripiendo illud perficit, potestas Dei declaratur, quia Deus illud quandoque dijudicat, quandoque remittit. Homo itaque hoc modo, ut prædictum est, vita est, et omnia quæ ipsi adhærent per ipsum vitalia sunt, quoniam

Deus hominem cum omnibus appendiciis suis sub sole creavit, quatenus in terra solus non sit, quemadmodum ipse Deus in coelo solus non est, sed in omnibus coelestibus harmoniis glorificatur. Haec autem quae in terra circa hominem sunt, cum eo in terra perdurant, quousque numerus ille impleatur quem Deus impleri constituit. Post futuram autem resurrectionem beatus homo non indiget ut crescat aut ab ullo pascatur, quia in claritate illa tunc erit quae nunquam transibit nec mutabitur. Hac namque claritate per sanctam Trinitatem beatus homo tunc induetur, et illum inspiciet, qui terminum initii et finis nunquam habuit; et ob hoc senio et taedio nunquam afficietur, quia etiam semper et nova psallendo citharizabit. Itaque, ut praedictum est, per vitam caro vivit, et nisi per vitam caro plene non esset; et ita caro cum vita, et vita cum carne unum sunt. Haec Deus attendit quando in Adam per spiraculum quod in illum misit carnem et sanguinem roboravit, quoniam carnem illam tunc inspexit qua induendus erat, et illam in ardenti amore habuit.

« Et Verbum caro factum est, et habitavit in nobis. » Verbum enim quod apud Deum aeternaliter ante aevum erat, et quod Deus erat, per ardorem Spiritus sancti carnem de utero Virginis assumpsit, quem ita induit, quemadmodum venae compago carnis sunt, et ut ipsae sanguinem portant, et tamen sanguis non sunt. Deus enim hominem ita creaverat, ut omnis creatura ei serviret. Unde etiam Deum decuit quatenus indumentum carnis in homine acciperet. Sic etenim Verbum carnem induit, scilicet quod Verbum et caro unum sunt, non tamen sicut alterum in alterum transmutatum sit, sed unum in unitate personae sint. Sed et corpus indumentum animae est, et anima cum carne officia operandi habet. Corpus autem sine anima nihil esset, et anima sine corpore non operaretur, unde unum in homine sunt, et homo sinit, et sic opus Dei, videlicet homo, ad imaginem et similitudinem Dei factus est. Cum enim spiraculum hominis a Deo mittitur, idem spiraculum et caro unus homo efficitur. Verbum autem Dei ex inarata carne Virginis absque omni calore incendii carnem assumpsit, ita ut Verbum Verbum sit, et caro caro, et unum sint, quia Verbum quod sine tempore ante tempora in Patre fuit, se non immutavit, sed tantum carnem induit.

« Et habitavit in nobis, » quoniam homo factus sine peccato ut homo habitat in nobis, humanitatem nostram non negligens ubi et nos cum spiraculo vitae hominis sumus ad imaginem et similitudinem ejus facti. Quapropter et nos in ipso habitamus, quoniam opus ipsius sumus, et quia in praescientia sua nos semper habuit, nec nostri oblitus est. « Et vidimus gloriam ejus, » quia nos qui cum ipso eramus, specialiter vidimus eum in mirabili natura absque omni peccato venientem. « Et gloriam quasi Unigeniti a Patre, » manifestante, quia mirabiliter ante saecula a Patre natus Unigenitus, gloriam suam mirabiliter a Patre veniens ostendit, ubi eum Virgo de ardore Spiritus sancti concepit, nec operis viri indiguit, cum alius quilibet homo a viro, scilicet ex patre, cum peccato seminetur. Deus enim hominem de limo formaverat, et in illum spiraculum vitae miserat. Unde et Verbum Dei in homine regale vestimentum cum rationali anima assumpsit, et illud totum ad se traxit et in eo permansit. Nam et spiraculum quod in homine anima nominatur carnem perfundit, et illam pro delectabili vestimento et decoro ornamento habet. Quapropter et eum amat, et ipsi consentit, nec tamen in ea videri potest. Ex natura quoque et ex desiderio animae homo vestem vitae postulat, et quoniam Deus nullam creaturam sine viribus vacuam creavit, ideo homo mirabilia semper operatur. Et idem Verbum « plenum gratiae et veritatis » est, quia in plena gratia erat omnia in divinitate creando, et in humanitate redimendo; et in plena veritate exstitit, quoniam nullum mendacium iniquitatis et peccati ipsum tetigit, nec se ipsi associavit, quia Dominus est qui praelio suo mala vicit, quae sine ipso nihil sunt. Nam ipsum Verbum, scilicet verus Dei Filius, plenum est gratia, dando et remittendo secundum suam misericordiam; qui se ipsum in divinitate non exinanivit, sed humanitatem induit; et humanitas ipsius plena est, quoniam nulla ruga peccati humanae naturae eum tetigit. Plenus etiam veritatis est, quia dat, remittit et judicat ut justum est; quod homo non facit, quoniam in ruga peccatorum conceptus et natus est. Sic Deus rotundus, rotae similis est, omnia creando et bona volendo, ac bona perficiendo. Voluntas enim Dei omnia praeparavit quae Verbum Dei creavit. Omnis itaque homo qui Deum timet et diligit, verbis istis devotionem cordis sui aperiat, ac ea et ad salutem corporum et animarum hominum non quidem ab homine, sed per me qui sum prolata sciat,

PARS SECUNDA.

VISIO QUINTA.

Visio magnæ admirationis, in qua et orbis quinque distinctus partibus, sed et dimensiones et qualitates earumdem partium tam lucis et amœnitatis quam pœnarum et tenebrarum horrore refertæ; duo quoque globi, alter sapphirino colore circumdatus, alter luminosis splendescens radiis cum circumstantiis suis subtili acumine describuntur.

I. Deinde vidi rotunditatem terræ in quinque partes distinctam, ita ut pars una ad orientem, altera ad occidentem, tertia ad austrum, quarta ad septentrionem, quinta autem in medio istarum esset. Et ambitus partis orientalis ambitusque partis occidentalis æqualis mensuræ erant, formamque extenti arcus uterque habebat. Ambitus quoque partis australis ambitusque partis septentrionalis unius mensuræ existentes, longitudini et latitudini priorum duarum partium adæquabantur, excepto quod in interioribus finibus suis propter arcuatos interiores fines earumdem priorum duarum partium quasi truncati videbantur, formamque extenti arcus præter ipsos truncatos interiores fines suos imitabantur. Nam hæ utræque partes, scilicet pars australis, parsque septentrionalis in tres partes distinguebantur, quarum duæ mediæ ipsarum partium unius formæ uniusque mensuræ erant. Reliquæ quatuor e iam, quæ finetenus erant, aliam sed tamen parem sibimet formam, paremque distinctionem habebant, atque longitudini et latitudini earumdem duarum mediarum partium æquales existebant, excepto quod in interioribus finibus, suis constrictiores, in exterioribus vero latiores cæteris duabus videbantur, secundum quod supradicta pars orientalis parsque occidentalis in utrisque finibus suis, ut præfatum est, se incurvando, hinc constrictius, hinc largius spatium istis concedebant. Quinta autem pars priorum partium, quæ in medio omnium istarum erat, in quadrata forma apparebat, atque alibi ardore, alibi frigore, alibi autem temperamento aeris perfusa erat. Et prædicta pars orientalis multa claritate lucebat; occidentalis autem quadam tenebrositate obtecta tenebrescebat; australis vero, quæ tribus distinctionibus distinguebatur, duas distinctiones, quæ finetenus erant, plenas quibusdam pœnis habebat. Tertiam autem, quæ medio videbatur, non quidem pœnis, sed aliis quibusdam monstruosis terroribus horrendam demonstrabat. Quod et septentrionalis pars, tres etiam separationes habens, in duabus extremis separationibus diversis pœnis abundantibus, et in media quamplurimis horroribus sive pœnis horrenda ostendebat. Sed versus orientem, supra præfatam terræ rotunditatem, in quadam altitudine videbam globum rubeum circulo sapphirini coloris circumdatum, a cujus dextra et sinistra parte utrinque duæ alæ procedebant, quarum altera earumdem duarum partium ab utraque parte ejusdem circuli sursum in altum se extendebat, ita ut ambæ in summitate sua se recurvando ad invicem respicerent; altera vero ab eisdem partibus deorsum usque ad medietatem prædictæ rotunditatis terræ descendebat, ita ut eædem alæ eamdem mediam rotunditatem extra firmamentum circumamplectendo tegerent. Et ab eadem medietate rubeus circulus in modum arcus se extendens, totam exteriorem partem occidentis, nec non et quasdam distinctiones quæ extra rotunditatem illius erant, comprehendebat, scilicet a termino præfatæ australis alæ circa occidentem, usque ad terminum septentrionalis alæ se retorquendo. Ab ipsa autem rotunditate versus orientem inter præfatas alas quasi ædificium sursum usque ad supradictum globum ascendens apparebat, et ab eodem globo sursum usque ad medietatem prædictarum alarum velut platea extendebatur, supra quam quasi stella candida radiabat.

Et deinde inter summitatem earumdem alarum velut globus igneus quosdam radios de se emittens videbatur, ita ut a summitate prædictæ rotunditatis terræ usque ad præfatum globum rubeum, ut ab ipso globo usque ad prædictam stellam candidam, et ab eadem stella usque ad supradictum globum igneum, æqualia spatia essent. Inter priores quoque alas ex utraque parte præfatæ plateæ, a prædicto globo circa demonstratam stellam usque ad præfatum globum igneum, quasi quidam radii stellarum discreti videbantur. Sed et versus occidentem extra prædictam terræ rotunditatem tenebræ apparebant, quæ ab utraque parte ejusdem rotunditatis ad medietatem ipsius quo et præfatæ alæ deorsum descendebant, in modum arcus se extendebant. In quibus inter angulum occidentalem et angulum septentrionalem aliæ densiores et acriores tenebræ velut formam horribilis et devorantis hiatus oris habentes erant, aliis quibusdam densissimis et pessimis, infinitisque tenebris quæ extra istas erant, quasi os et rictus earum essent, adhærentes. Illas autem infinitas tenebras sciebam, sed eas non videbam. Iterumque audivi vocem de cœlo mihi dicentem:

Quia artificis Dei sapientia vel potentia in hoc mirabilis enitescit, quod elementum terræ non angulosum, sed rotundum, et quinque non amplius vel minus distinctum partibus certæ causa rationis in medio aliorum trium elementorum immobilem suspenderit, quodque hominem instar quinariæ divisionis terræ, et in hac vita quinque sensibus ditaverit, et in futura de pulvere sepulcri in integrum restituat.

II. Orbem terræ Deus in medio trium elementorum ita suspendit, ut nequaquam labi nec dissolvi possit, et in hoc se mirabilem atque potentem ostendit, cum etiam nec carnem nec ossa hominis in pulverem sic redigit, quin ea in novissimo die ad integritatem suam restituat. Aliam quoque terræ partem lucidam, aliam tenebrosam, aliam horribilem, aliam pœnalem, aliam quoque homini aptam, aliam vero ineptam fecit, cum et quasdam animas regno suo consociat, quasdam autem justo judicio ad tartara damnat. Vides enim rotunditatem terræ in quinque partes distinctam, ita ut pars una ad orientem, altera ad occidentem, tertia ad austrum, quarta ad septentrionem, quinta autem in medio istarum sit; et hoc ideo est, quoniam, si terra angulosa et non rotunda esset, anguli ipsius defectum et inæqualitatem ponderositatis ei inferrent. Et si quinque partibus non distingueretur, recto moderamine non pensaretur, quia quatuor exteriores partes eam ad rectitudinem ponderant, quinta autem, quæ media est, eam in rectitudine ista solidam et stabilem facit, designans etiam quod homo, quem terra demonstrat, quinque sensibus qui in eo vigent, ad quæque sibi necessaria solidatur, atque ad salutem animæ suæ dirigitur.

Item de quinque distinctionibus terræ, quomodo nativis mutuo qualitatibus temperentur, et qualiter quinque sensibus homines coaptentur.

III. Unde et pars una ad orientem versa mediæ parti succum bonum viriditatemque utilem tribuit, quemadmodum et hominis visus, quasi ad ortum claritatis directus, ipsi, qui velut in medio elementorum est, salutem corporis et animæ subministrat. Altera autem ad occidentem respiciens, humiditatem interdum bonam, interdum nocivam eidem parti dat, ut etiam auditus totum corpus hominis velut ad occidentem concutiens et penetrans, nunc prospera, nunc adversa, nunc animæ salutem, nunc desperationem illi denuntiat. Tertia vero ad austrum vergens, calorem frigido flatu ventorum temperatum ipsi parti immittit, sicut et odoratus, quemadmodum vapor de calore surgens, odorem de calidis et frigidis temperamentis procedentem, odoremque de supernis suspiriis venientem homini infundit. Sed quarta ad septentrionem tendens, frigus a septentrione, et calorem ab oriente venientem, prædictæ mediæ parti inducit, velut gustus frigida recipiens, frigidaque et calida discernens, diverso sapore supernaque dulcedine hominem concutit. Quinta autem in medio istarum existens, ab ipsis in soliditate confortatur diversisque infusionibus temperatur, quemadmodum et tactus, velut in medio aliorum sensuum vigens, ab eis roboratur, cum omnes ipsi vires tribuunt, et eum ad vegetationem consolidant, ut etiam in dispositione digitorum ostenditur, quia et per ipsos opera ad æternam remunerationem respicientia perficiuntur. Et ut vides, ambitus partis orientalis ambitusque partis occidentalis æqualis mensuræ sunt; formamque extenti arcus uterque habet, quoniam sol oriendo et occidendo æqualia spatia terrarum in circuitu cursus sui occupat. Quod etiam ostendit visum per scientiam boni et mali in hac similitudine esse, videlicet quod sicut visus per scientiam boni ad hoc quod bonum est sursum tendit, ita et per scientiam mali ad hoc quod malum est deorsum descendit; per illam quidem se a malo retorquendo, per istam autem a bono se recurvando. Ambitus quoque partis australis ambitusque partis septentrionalis unius mensuræ existentes, longitudini et latitudini priorum duarum partium adæquantur, excepto quod in interioribus finibus suis propter arcuatus interiores fines earumdem priorum duarum partium quasi truncati videntur. Formam quoque extenti arcus præter ipsos truncatos interiores fines suos imitantur, quia quantum terræ auster in calore, tantum septentrio in frigore occupat; in hoc etiam longitudinem et latitudinem orientis et occidentis imitantes, præter quod fines eorum qui ad quintam partem prædictarum partium diriguntur, per extensionem partis orientalis nec non occidentalis aliquantum constringuntur, cum tamen alibi similitudinem circuli imitentur. Sic et odoratus per odorem virtutum tendit ad dexteram, gustus vero per saporem vitiorum ad sinistram; in hoc obtentu velut par studium, quamvis contrarium, habentes, origini suæ se assimilant, cum ille bono, hic malo se coaptat; sed tandem neuter istorum in initio incœptionis suæ plenitudinem conatus sui habere potest, quia dum primitus homo sive bonum sive malum incipit, scienter in eodem facto se constringit, quoniam nondum illi se totum committere audet.

Quod duarum partium divisionis terræ, australis scilicet et septentrionalis, in tres unaquæque subdivisiones distincta contemplanti ista appareant, et quomodo hæc secundum corpus, et animam, et opera hominis intelligenda sint.

IV. Nam et hæ utræque partes, scilicet pars australis parsque septentrionalis, in tres partes distinguuntur, quæ hinc pro ardore, hinc pro frigore, hinc pro serpentibus inhabitabiles hominibus sunt. Hoc quoque demonstrat, quod odoratus cum ascendit ad odorem virtutum, gustus vero cum declinat ad saporem vitiorum, hominis corpus animamque ejus ac opera ipsius diverso modo tangunt, ubi et illum quasi inhabitabilem ostendunt, si non intelligit quid corpus, quid anima, quid opera in ipso sint, et si etiam in semetipso nec rectum temperamentum discernere novit. Quarum duæ mediæ ipsarum partium unius formæ uniusque mensuræ sunt, quoniam pars australis et pars septentrionalis in recta mensura existentes, his etiam sua rectitudine iusta moderamina concedunt, atque designant quod anima in odore virtutum et in sapore vitiorum velut media inter corpus et opera ipsius existens, unius moderaminis et dispositionis est, cum mala metuendo ad Deum suspirat. Sed et reliquæ quatuor, quæ finetenus sunt, aliam, sed tamen parem sibimet formam paremque distinctionem habent, quia illæ tam australi quam in septentrionali parte ex utroque latere præfatarum mediarum partium dilatatæ, in interioribus finibus suis, qui versus prædictam quintam partem respiciunt, aliquantum constrictæ sunt. In exterioribus vero finibus suis aliquantam latitudinem habentes, ubi aliam formam quam supradictæ mediæ partes habeant videntur habere, sibi autem invicem similes et in forma et in dispositione sua existentes; quod demonstrat quia corpus hominis operaque ejus, quæ velut terminum illi imponunt cum in se defectum sentiunt, aliud officium habent, in quo tamen pariter sibi consentiunt, quam anima habeat, cum homini vegetationem corporis et sensuum pleniter infert. Nam cum corpus labitur, opera ipsius attenuantur; cum autem anima corpus sustulerit, opera corporis sublevantur. Atque longitudini et latitudini earumdem duarum mediarum partium æquales existant, excepto quod in interioribus finibus suis constrictiores, in exterioribus vero latiores cæteris duabus videntur, secundum quod supradicta pars orientalis parsque occidentalis in utrisque finibus suis ut præfatum est se incurvando, hinc constrictius, hinc largius spatium istis concedunt. Hoc ideo est quoniam partes istæ quæ in utroque latere mediarum sunt, longitudinem earumdem mediarum quidem habent, sed latitudinem versus præfatam quintam partem eisdem mediis partibus minorem; versus autem exteriorem terminum suum illis latiorem, alibi vero ipsis æqualem, quia utrique fines, scilicet partis quæ ad orientem dirigitur, et partis quæ ad occidentem extenditur, secundum modum arcus juxta interiores fines supradictarum quatuor similium partium contrahuntur. Sed et omnia hæc designant quod corpus hominis et opera ejus ita in ipso ad sustentationem sui extenduntur, secundum quod anima in illo ad confortationem excitatur, propter quod idem corpus eademque opera hominis in securitate arctiora, in dubio autem ampliora multoties se reddunt quam suspirium animæ desideret, quoniam illa modum rectitudinis appetit, corpus autem hominis ad immoderationem in operibus suis sæpius currit.

Quod media quoque omnium quinta pars terræ quadrata apparens, et triplici etiam ipsa distinctione divisa, hinc calore, hinc frigore inhabitabilis, hinc temperata habitabilis reddatur; et quid hic per hæc in hominis conversatione significetur.

V. Quinta vero pars priorum partium, quæ in medio omnium istarum est, in quadrata forma apparet, quatenus a cæteris æqualiter contineatur et perfundatur, designans etiam quod tactus perfectionem operum et non levitatem vitiorum habeat. Atque alibi ardore, alibi frigore, alibi autem temperamento aeris perfusa est, quia ardor solis eam hic propter vicinitatem suam perurens, frigus vero propter remotionem ipsius eam illic constringens, inhabitabilem hominibus reddit. Temperies autem caloris et frigoris illam isthic habitabilem concedit, quemadmodum et digiti a se differentes, manum tamen fortitudine sua continentes roborant, et ut quinque sensus hominis quamvis sibi dissimiles sint, velut per ignem et aquam tentationem transeuntes, adminicula adjutorii sibi invicem ad virtutes exhibent. Sed et hæc eadem loca habitabilia fideles homines demonstrant, qui divinam legem semper ruminantes, et se totos ad superbam vitam erigentes, in bonis operibus se habitabiles reddunt; inhabitabilia autem infideles designant, qui verbis Dei resistere et repugnare conantes, et fidem abnegare, veritatemque et soliditatem ejusdem fidei lacerare et prærumpere laborantes, his perversitatibus se inhabitabiles faciunt, quia Spiritui sancto habitaculum in semetipsis non concedunt.

Item de qualitatibus ipsarum quatuor partium, et quibus in locis pœnæ purgandis pœnitentium animabus hominum collocatæ sint, alibi leves, alibi graves, alibi acerrimæ, secundum modos culparum eorum qui examinantur differentes; et quare in mediis earumdem partium finibus non pœnæ, sed monstruosi quidam horrores habeantur.

VI. Et prædicta pars orientalis multa claritate lucet, quoniam in ipsa locus voluptatis et deliciarum est, refrigerium beatarum animarum in se habens, et ut anima interiorem visum ad aspectum veri luminis figat monens. Contra vitia autem multorum peccatorum, quibus homines justitiam prævaricantur, pœnalia et transitoria loca in quatuor angulis terræ posita sunt, quibus animæ salvandorum, secundum quod culpæ eorum exigunt, corporibus exutæ examinantur. Unde occidentalis pars quadam tenebrositate obtecta tenebrescit, his tenebris pœnas levium minorumque peccatorum in se continens, scilicet hominum illorum qui ignorantia delinquunt, et in eis auditum hominum a clamore veritatis aversum ostendens. Australis vero pars, quæ in tribus distinctionibus divisa est, duas distinctiones, quæ finetenus sunt, plenas quibusdam pœnis habet, in quibus fortia peccata animarum illarum puniuntur, quæ, dum in corporibus suis essent odorem virtutum neglexerunt. Nam in distinctione anguli hujus, qui inter orientem et austrum est, acerrimæ pœnæ ignei et ventosi aeris, aliorumque cruciatuum sunt, in quibus pessima pœnæ homicidarum, raptorum, furum, atque quorumdam aliorum hominum exquiruntur, quoniam judicia Dei semper parata sunt super impietatem et infidelitatem, et super peccata et horribiles sensus qui se Deo opponere nituntur. In distinctione autem anguli illius qui inter austrum et occidentem est, pessimæ pœnæ abundant, ita ut ibi in æstate frigus, in hieme vero ardor, aliæque pœnæ existant, per quas illorum animæ corporibus exutæ purgantur, qui de multis et magnis peccatis suis vix vel in fine suo pœnitentiam habent; unde et odore virtutum carentes vix salvabuntur. Tertia autem, quæ media istarum esse videtur, non quidem pœnis, sed aliis quibusdam monstruosis terroribus demonstrat se horrendam, quia si etiam ista quemadmodum et aliæ duæ pœnis abundaret, eædem pœnæ superfluitate sua ebullientes, habitationem hominum in terris inhabitabilem redderent, cum nunc pro multis horroribus qui in ipsa sunt pestilentiam hominibus et animalibus læsionemque fructibus multoties immittat, quoniam homines odorem virtutum animabus suis non inferunt. Quod et septentrionalis pars tres etiam separationes habens, in duabus extremis separationibus diversis pœnis abundantibus ostendit, in quibus animæ illorum purgantur, qui gustum vitæ postponentes, concupiscentias carnis suæ seculi sunt. In separatione enim anguli istius, qui inter orientem et septentrionem est, durissimæ pœnæ frigoris et ventorum aliorumque cruciatuum sunt, in quibus infidelitas quorumdam incredulorum hominum examinatur, qui, dum in sæculo manerent, incredulitatem imitantes gustum veræ fidei neglexerunt, in hora tantum mortis suæ per pœnitentiam ad fidem catholicam redeuntes, gustum rectitudinis tandem receperunt. Et in separatione anguli hujus, qui inter septentrionem et occidentem est, immundissimæ pœnæ lutulentæ humiditatis, mortiferique fetoris et fumi, necnon et aliorum cruciatuum abundant, in quibus opera adulterorum, voracium et ebriosorum exquiruntur, qui gustum vitæ velut alienum habuerunt. Sed media quamplurimis horroribus sine pœnis horrenda ostenditur, ut prædictum est, quia ista multos horrores in se habens si pœnis etiam abundaret, flatibus illarum habitatio hominum inficeretur, horroribus tantum qui in ea sunt hominibus, et aliis creaturis pericula interdum inferentibus, cum homines saporem vitæ in insipientiam ducunt. Et quemadmodum in fetore sordium vermes ebulliunt, ita etiam ex fetore peccatorum pœnæ in præfatis angulis ascendunt. Unde et multoties ex eisdem pœnis fumus in terram ubi homines habitant se dilatans, magnam pestilentiam in hominibus, et in animalibus parat.

Quod judicia Dei quæ super terram vel homines veniunt, de pœnalibus locis earumdem partium effundantur, quodque contra pœnas vel tenebras inferni ne mundum occupent, altissimi quidam et durissimi montes oppositi sunt, et in quarum locis partium animæ pro suorum qualitate commissorum examinandæ constituantur.

VII. Judicia autem hæc quæ super terram et super homines veniunt, de prædictis angulis procedunt, ita ut plurima mala ab eis effundantur; sed tamen contra horribiles tenebras infernalium pœnarum altissimi durissimique montes, qui per nullam tempestatem scindi possunt, positi sunt, tenebris resistentes, terramque defendentes, velut parietes domum ne labatur continent. Quia autem homo in quinque sensibus consistens semper peccat, idcirco in præfatis quinque partibus terræ purgationem patitur; sed parvas pœnas in supradicta tenebrositate occidentalis partis illi sustinent, quibus præsens terra dum in corporibus suis essent quasi carcer ob amorem cœlestium fuit. Qui autem voluptati carnis serviunt, in aliis purgatoriis pœnis, qui et in partibus austri et septentrionis sunt, ut prædictum est, purgantur, quia quamvis peccaverint, Deum tamen et justam fidem non abjecerunt. Has etenim supradictas, orientis et occidentis scilicet, duas rotunditatis terræ principales partes, necnon et austri et septentrionis, ut præfatum est, quatuor angulares fines mortalis homo non inhabitat, quoniam pro immutabilitate caloris seu frigoris, seu pro aliis incommoditatibus illarum in eis vivere non posset, quemadmodum etiam si homo supra modum se exaltaverit, aut si in desperationem ceciderit, vel si dextram negligens ad sinistram declinaverit, Spiritum sanctum in habitaculum cordis sui non recipit. Itaque Deus judicia sua multoties super quatuor angulos terræ exercet, ut Joannes electus meus in Apocalypsi vidit, quemadmodum loquitur dicens:

Verba de Apocalypsi Joannis apostoli ad hoc consona, in quibus per quatuor equos album, rufum, nigrum et pallidum quatuor tempora et qualitates eorum ab exordio usque ad finem mundi significatæ subtiliter describuntur.

VIII. « Et ecce equus albus et qui sedebat super illum habebat arcum, et data est ei corona, et exivit vincens ut vinceret (*Apoc.* vi). » Hoc considerandum sic est: Tempus primum quod in Adam incœpit, ut equus albus fuit, quoniam homo per ignorantiam prævaricatus est, super quod Deus iram animadversionis suæ posuit, quæ et vindictam in se habuit, cui et Deus dedit potestatem victoriæ, inimicosque superare, ita ut etiam in prælio præliorum contra antiquum draconem dimicaret. Et vindictam hanc in defectu legis quam Adæ dederat posuit, ut etiam in defectu diluvii, arcum in nubibus cœli fecit. Tempus autem hoc ab expulsione Adæ usque ad diluvium perduravit, in quo Deus in ira arcus sui cunctum populum præter illos qui in arca servati sunt, per concurrentes aquas, quæ ut tonitrus sonuerunt submersit. Et sicut in primo tempore Deus iræ suæ arcum in vindictam ostendit, sic et post diluvium nubibus cœli arcum in hoc signum dedit, ne deinceps per tonitrualem sonum aquarum totum mundum dimergeret, ubi et per baptismum fideles salvari præsignavit. Iterumque subsequitur: « Et exivit alius equus rufus, et qui sedebat super illum datum est illi ut sumeret pacem de terra, et ut invicem se interficiant, et datus est illi gladius magnus (*ibid.*). » Hoc considerandum sic est: Equus iste tempus illud est, quo post diluvium per iram Dei justo judicio ablata est pax ab illis qui se Deo opposuerunt, quoniam pacem ab ipso non quærebant, nec illam hominibus dabant, et ideo etiam judicium Dei permisit quod invicem se crudeliter fidelitatem ab eo recesserant sicut et anima se ipsam occidit cum Deo adhærere non quærit. Deinde iterum scriptum est. « Et ecce equus niger, et qui sedebat super eum habebat stateram in manu sua (*ibid*.). » Et subsequitur: « Bilibris tritici denario uno et tres bilibres hordei denario uno, et vinum et oleum ne læseris (*ibid*.) » Hoc considerandum sic est: Tempus quo post passionem Filii Dei persecutores in Ecclesia surrexerunt, equus iste est niger, videlicet per incredulitatem, ubi increduli fidem contemnentes, nigredinem infidelitatis sibi attraxerunt; sed ira Dei recta mensura cruciatus martyrum ponderabat, tortoribus quidem condignam pœnam, martyribus autem gloriam sempiternam. Nam victoria martyrum pinguis radix omnium virtutum erat, quæ grossos suos in illis emiserunt, quibus convivia propriæ voluntatis et legis secundum carnem abstulerunt; et in quibus defectus voluntatis carnis in amore æternæ vitæ factus est, fides quam in se continet quilibet fidelis, et ista quoque in beata esurie facta sunt, qua fideles esuriunt, et sitiunt justitiam. Sic et statera illud est, quod quidem homo in spiritali abstinentia fructibus terræ pascitur, et quod in virgine a natura cœlestem patriam amat. Quapropter tempus istud martyrum erat, quod nigredine aquilonis mistum fuit, quando martyres ab injustis, velut agni a lupis, oecisi sunt. Idcirco etiam judicio temporis hujus statera data est, qua in bilibre libraret, hæc duo scilicet abstinentiam et cœlestis patriæ dilectionem, quæ martyrum sunt, ut prædictum est. Ipsi enim martyres corpus suum per abstinentiam affligunt, et in cœleste desiderium aspiciunt, velut aquila in sole oculos suos ponit, quod bilibris tritici designat, denarium unum vitæ comparans. Qui vero secundum præcepta legis per abstinentiam a peccatis se continent et consortium viri aut uxoris sibi abstrahunt, et relictis divitiis suis se pauperes faciunt, quæ omnia valde dura et aspera sunt, per tres bilibres asperitatum istarum, in amore denarii unius, qui cœlestis patria est sibi connexi sunt, et hoc sapientia facit, quæ omnia per misericordiam æque ponderavit, quia Deus super omnes misericors est. Istoque modo vinum et oleum non læditur, cum per pœnitentiam et misericordiam homo a peccatis suis redimitur. Et iterum subsequitur: « Et ecce equus pallidus, et qui sedebat super eum nomen illi mors et infernus sequebatur eum. Et data est illi potestas super quatuor partes terræ, interficere gladio et fame et morte, et bestiis terræ (*ibid*.). » Hoc considerandum sic est: Equus hic denotatus, illud tempus est in quo omnia legalia et plena justitia Dei, velut in pallore pro nihilo computabuntur, ubi homines dicent: Nescimus quid facimus, et qui hæc nos facere præcipiebant, quid dicere nesciebant, atque sic absque timore et tremore judicii Dei omnia hæc contemnent, et hoc etiam per diabolicam suasionem facient. Opera autem hæc ira Dei in occiderunt, et magnis præliis perierunt quia per in- vindicta sua dijudicabit, eaque omnino conculcabit, quia mortem istis non pœnitentibus inferet eosque ad tartarea loca damnabit. Nam etiam in tempore illo per omnes fines terræ cum gladiis contentiones in ipsis fient, et fructus terræ auferentur, hominesque repentina morte et morsibus bestiarum peribunt.

Quod antiquus hostis cœlestem gloriam quam amisit homini invidens, de pœnis ejus semper gaudeat, et propterea in eum horror odii, homicidii, Sodomitici criminis et cæterorum vitiorum contaminet ardenter insistat.

IX. Antiquus itaque serpens de omnibus supradictis pœnis, quibus homo seu in anima seu in corpore punitur gaudet, ut quia ipse cœlestem gloriam amisit, homo etiam ad illam non perveniat. Nam quando sensit quod homo consilio suo consenserat, pugnam contra Deum facere studebat dicens: « Nunc in homine omnem voluntatem meam complebo. » Et deinde in odio suo odibilem consensum inter homines misit, quatenus se invicem interficerent. Et dicebat: « Faciam homines mori, eosque magis perdam quam perditus sim, quia, cum ego sim, ipsi non sunt. » In sufflatu suo quoque habuit, ut processio filiorum hominum interiret, ubi viri in viros exarserunt turpia operantes. Unde et valde gavisus clamabat: « Maxima blasphemia illi est, qui hominem formavit, quod homo in forma sua evanescit, naturali usu mulierum abjecto. » Itaque in suggestione diabolica infideles et seductores sunt; in odio autem homicidioque raptores et latrones; in contrario vero peccato virorum immundissima prævaricatio omniaque vitia sunt. Et cum peccata hæc in populis se invicem conjunxerint, tunc constitutio legis Dei dividetur, Ecclesiaque quasi vidua conculcetur, et principes, nobiles et divites per suos minores de locis suis expellentur, et de civitate in civitatem fugabuntur, nobilitasque generis eorum ad nihilum deducetur, et de divitiis ad paupertatem redigentur. Ista omnia tunc fient cum antiquus serpens varietatem morum varietatemque vestimentorum in populo sibilabit, quem ipsi imitabuntur, hæc abjiciendo, hæc attrahendo, cum in prædictis operibus se semper novabunt et variabunt. Sed idem antiquus inimicus cæterique nequissimi spiritus pulchritudinem formæ suæ quidem perdiderunt, non autem sufflatum rationalitatis amiserunt, et pro timore Creatoris sui formam perditionis suæ nulli mortali creaturæ sicuti est ostendunt; sed suggestionibus suis unicuique homini secundum mores ipsius insidiantur, cum et in reliqua creatura malitiæ suæ aliquid simile invenjunt. Deus autem contra impietatem eorum magnum prælium instituit, cum rationalitas hominis rationalitati illorum resistit, eosque confundit, et prælium hoc usque ad novissimum diem perdurabit, ubi et confusio eos per omnia inquinabit, ubi et homo qui eos superavit, mercedem vitæ accipiet.

Quod per globum rubeum et alas eum utrinque sursum et deorsum ambientes in hac visione ostenditur zelus Dei quo cum charitate peccata puniuntur, et defensiones ejus quibus salvandi proteguntur ostendantur.

X. Sed quod versus orientem supra præfatam terræ rotunditatem in quadam altitudine vides globum rubeum circulo sapphirini coloris circumdatum, hoc est quod in plaga orientis ortum justitiæ designantis, humanum intellectum supergrediens, et in altitudine cœlestium secretorum consistens, zelus Dei in potentia ipsius cum justitia charitatis ostenditur, quoniam cum Deus potens sit judicia sua perficere, ea tamen per æquitatem charitatis complet. A cujus dextra et sinistra parte utrinque duæ alæ procedunt, quarum altera earumdem duarum partium se sursum in altum extendit, ita ut ambæ in summitate sua se recurvando ad invicem respiciant, quia et in prosperis et in adversis scilicet et suavi inspiratione atque aspera correptione divina protectio ad tutelam hominis se demonstrans ea quæ per ipsum ad superiora tendunt, in celsitudine majestatis suæ conservando concludit; altera vero utrinque ab eisdem partibus deorsum usque ad medietatem prædictæ rotunditatis terræ descendit, ita ut eædem alæ eamdem mediam rotunditatem extra firmamentum circumamplectendo tegant, quoniam sicut superna defensio hæc quæ in cœlestibus sunt defendit, sic et illa quæ in inferioribus existunt protegit, sed ad plenitudinem bonæ voluntatis hominum inclinans, illamque in amplexu veræ dilectionis ponens.

Quod per circulum rubeum in modum arcus circa exteriorem occidentis partem se extendentem, extensio vindictæ Dei in eos qui extra integritatem veræ fidei et ambitum bonorum operum sunt designetur.

XI. Et ab eadem medietate rubeus circulus in modum arcus se extendens, totam exteriorem partem occidentis, nec non et quasdam distinctiones quæ extra rotunditatem illius sunt, comprehendit, quia a perfectione illa qua Deus ipsum colentes misericorditer fovet, ignis zeli sui per vindictam justæ extensionis eos qui extra ambitum bonorum operum incedunt, illosque qui extra integritatem veræ fidei sunt juste dijudicat, atque ad loca pœnalia damnat, scilicet a termino præfatæ australis alæ circa occidentem usque ad terminum septentrionalis alæ se retorquendo, cum a prosperitate præsentis vitæ culpabilia facta projiciens, ea in asperitatem flagellorum suorum mittit, quoniam veritatem justitiæ non tenuerint. Quod autem ab ipsa rotunditate versus orientem inter præfatas alas quasi ædificium sursum usque ad supradictum globum ascendens apparet, hoc est quod a terrenis causis se avertens per ortum justitiæ inter protectionem Dei civitas vivis ex lapidibus constructa, ad judicium Dei aspectum suum dirigit, ipsum glorificans, quia fideles animæ Deum assidue laudant, quoniam omnia recte dispensat.

De ædificio supra rotunditatem terræ apparente, de platea et stella super eam radiante, et de alio globo et radiis stellarum inter easdem alas micantibus, et de spatiis quibus hæc omnia distabant, quomodo ad civitatem Dei, quæ est Ecclesia, et Christum, et ad Spiritum sanctum, et munera ejus et ad angelos, quorum custodia sancti muniuntur, referantur.

XII. Et ab eodem globo sursum usque ad medietatem prædictarum alarum velut platea extenditur, supra quam quasi stella candida radiat, quia a judiciis potentiæ Dei ad perfectionem protectionum ejus via dirigitur, supra quam virginitas floret, ubi incarnatus Dei Filius de Virgine natus apparet, quem maxima multitudo virginitatem diligens, perfectionemque arripiens, pia devotione potenter subsequitur. Et deinde inter summitatem earumdem alarum velut globus igneus quosdam radios de se emittens videtur, quoniam in altitudine supernarum defensionum Spiritus sanctus plurima dona electis suis tribuens se manifestat. A summitate vero prædictæ rotunditatis terræ usque ad præfatum globum rubeum, et ab ipso globo usque ad prædictam stellam candidam, et ab eadem stella usque ad supradictum globum igneum, æqualia spatia sunt, quia judicia potentiæ Dei et virginitatis opera, necnon sancti Spiritus dona sibi non dissentiunt, sed æquo moderamine sibi concordant, quoniam quod gratia sancti Spiritus exspirat, hoc opera sanctitatis confirmant, eaque divina judicia juste dijudicant. Inter priores quoque alas ex utraque parte præfatæ plateæ a supradicto globo circa demonstratam stellam usque ad præfatum globum igneum, quasi quidam radii stellarum discreti apparent, significantes quod in protectione illa quæ sursum in cœlestibus est, itinera virginitatis ubique circumteguntur, cum per invictam potentiam eadem virginitas, quæ in Filio Dei incœpit, et per fortitudinem sancti Spiritus munita etiam custodia angelicorum spirituum nullatenus careat, quia virginitas socia angelorum existens, consortium eorum promeretur. Nam Filius meus per suavitatem humanitatis suæ illos ad se colligit, qui ipsum fideli devotione castitatis imitantur, et qui judicia Dei metuentes, per inspirationem sancti Spiritus passionem ejusdem Filii mei corporibus suis inferunt, dum concupiscentiis carnis suæ resistunt.

De tenebris exterioribus et pœnis vel cruciatibus diversi generis in quibus animæ damnatorum cum diabolo et ejus sequacibus torquentur, quibus in partibus habeantur, et quod dira inferni tormenta nullus in corpore vivens comprehendere possit.

XIII. Sed et versus occidentem extra prædictam terræ rotunditatem, tenebræ apparent, quæ ab utraque parte ejusdem rotunditatis ad medietatem ipsius, quo et præfatæ alæ deorsum descendunt, in modum arcus se extendunt, quæ in plaga illa extra mundum exteriores tenebræ sunt; ex altera parte usque ad mediam plagam austri, ex altera usque ad mediam plagam septentrionis se prolongantes, ac sic per nequitiam rebellionis contra plenitudinem protectionis Dei se erigentes, ubi antiquus prœliator, qui in ipsis dominatur super animas oblivioni traditas, cruciamenta se habere gaudet. In quibus inter angulum occidentalem et angulum septentrionalem aliæ densiores et acriores tenebræ velut formam horribilis et devorantis hiatus oris habentes sunt, quæ ejsdem partibus extra mundum acerbitate sua os infernalis putei existentes, animas damnatorum devorant, dirisque afflictionibus cruciant, quoniam illæ damnationis opera magis facientes quam Deum diligentes diabolum subsequuntur. Prædictæ autem tenebræ aliis quibusdam densissimis et pessimis infinitisque tenebris, quæ extra istas sunt, quasi os et rictus earum sint, adhærent, quæ infernalia loca sunt, in quibus omnia genera pœnarum absque consolatione abundant, ab aliis pœnis separata, quia illis aeriora sunt, et cuncta devorant, quæ Deus in oblivionem mitti dijudicat, per quæ animæ illorum cruciantur, qui per infidelitatem incredulitatis et per facta exsecrationis Creatorem suum oblivioni tradunt. Quapropter et has infinitas tenebras scis; sed eas non vides, quoniam infernum ejusque diros cruciatus homo per scientiam et intellectum esse quidem scire potest, sed eos, dum in corpore est, nullo mortalis intuitu perfecte videt, nec etiam quæ et quanta tormenta in ipsis sint discernere valet, sicut nec animam suam, nec merita illius, quandiu in sæculo vivit cognoscit.

Quia Deus unica vita in semetipso subsistens a nullo esse acceperit, sed omnibus esse dederit; item de creatione angelorum et de ruina superborum, et de confirmatione beatorum spirituum, et quod diabolus, quamvis in hoc semper laboret, numerum salvandorum destruere non possit.

XIV. Deus itaque, qui omnia quæ prædicta sunt fecit, unica vita est, ex qua omnis vita spirat, ut etiam radius a sole est, et ignis ille est a quo omnis ignis, qui ad beatitudinem respicit, accenditur, quemadmodum scintillæ ab igne procedunt. Et quomodo conveniens esset ut huic vitæ nihil vitale adhæreret, et ignis iste nullam calefaceret, nec illuminaret? Et quomodo deceret quod a Deitate quæ, ante ævum vita fuit, nulla vita nec claritas ulla procederet? Et quid prodesset si lumen per ignem accensum nulli luceret, cum nec ignis lumen suum, nec sol radium suum abscondit? Deus enim vita illa est per quam multitudo angelorum accensa est, quemadmodum scintillæ ab igne procedunt. Unde et indecens esset ut vita hæc non claresceret. Et clarias ista indeficiens est, quoniam nulla mors in ipsa esse potest. Quomodo? Deus solus et per semetipsum et in semetipso est, nec ab ullo alio esse accepit, sed alia quælibet creatura ab illo esse cœpit. Ipse quosdam spiritus magni honoris creavit, quibus magnum principem præfecit, in quem omnes aspexerunt, ut lucerna inspicitur in qua ardens lumen lucet, quia in ipso omnia ornamenta illorum quasi lapides pretiosi fulgebant. Sed ille in vacuum locum respexit, ubi et sedem suam ponere voluit. Quapropter cum omni agmine suo sicut stipulam in puteum inferni projectus est, ita ut ad ejus casum exteriores tenebræ et os infernalis putei cum ipso puteo parata sunt; qui puteus sine mensura est, sicut et numerus perditorum angelorum numerum non habet. Nam contra similitudinem illam, qua Deo similis esse voluit, exteriores tenebræ illæ paratæ sunt, et propter illicitam discordiam, qua inter exercitum Dei et suum esse voluit, ipsi os infernalis putei factus est, atque propter invidiam hanc, qua Deum nullo modo confiteri volebat, illi puteus inferni præparatus est. Et Deus in fortitudine majestatis suæ beatos spiritus ita circumdedit, ut amplius nullo stupore antiqui deceptoris terreantur, faciesque illorum claritate sua ita replevit, ut faciem ejus intueri semper delectentur, atque potentiam suam hoc modo super infernum extendit, quod antiquus deceptor nullo bello nec ulla arte plenum numerum salvandorum destruere valet, quemadmodum ille se ipsum secundum vipereos mores occidit.

Quia homini in virtute divini luminis facto, sed fraude diaboli decepto, Deus vestem de aere creaverit, indutumque a paradiso in exsilium hujus mundi ad luendam inobedientiæ culpam expulerit; et quod in dejectione ejusdem hominis creatura a pristino decore obnubilata sit, et qualiter homo ipse per elementa adjutus vivat et operetur.

XV. Tunc Deus in lumine virtutis suæ hominem fecit, illumque in inexstinguibilem lucem paradisi posuit, quæ imputribilis cum fructibus suis manet; sed homo inobedientiam arripuit, ac sic nudum se esse cognovit; quod diabolo multum placuit, qui eum denudaverat, quoniam et ipse pulchritudinem gloriæ suæ perdiderat. At Deus in pallida nube sicut flamma, quasi illi alienus, apparuit, velut etiam objecta facie postmodum Moysi et cæteris charis suis se ostendit, eumque nudum esse noluit, quia ut filius suus vestimento humanitatis quandoque indueretur voluit, et ideo etiam vestem de aere per quem animal vivit illi dedit, quoniam ipse Adam et Eva animal audierant, ubi præceptum Dei deseruerant. Et sic in miseram peregrinationem expulsi cum aliis fructibus terræ putribiles effecti sunt, atque in casu et egressu eorum omnis creatura mundi obnubilata est, velut si radius solis per densam nubem fulgeat, quemadmodum etiam ingressus paradisi antiquo deceptori obnubilatus est, ita ut deinceps illuc non introeat. Deinde homo cum creatura operari cœpit, quia sicut ignis alia quæque accendit et perficit, ita et homo cum reliqua creatura est, atque creatura in igne latet, qui omnia perfundit et probat; ipsique aqua adest, quæ omnia mundat; et ignis in tanta vi ardet, ut nulli parceret nisi per aquam temperaretur. Et ut aqua igni parcendo adest, sic etiam humanitas divinitati adjuncta est, ut parcat, quoniam homini non prodesset, quod in tenebris jaceret, nec ullum lumen daret. Ipse enim igne coagulatur et aqua perfunditur, ut forma esse possit, et propterea etiam omnem formam luteam quam facit, igne et aqua perficit. Deus utique vivens lumen est, a quo omnia lumina clarescunt, unde et homo per ipsum vitale lumen manet, et ipse etiam ignis est. Quapropter et hominem igne coquit et aqua perfundit, ideoque etiam aqua ex nimio calore in carne hominis rubet et manat. Et quomodo conveniens esset ut homo tenebrosus maneret, qui de lumine clarescit, et se non moveret cum de igne vivat? Quod si homo absque opere esset, et si habitaculum non haberet, vacuus foret. Nam Deus ignis et lux existens per animam hominem vivificat, et per rationalitatem eum movet, sic etiam in sono verbi totum mundum creavit, qui habitaculum hominis est, qui scilicet homo cum omnibus his operatur, sicut et Deus eum in omnibus perfectum fecit.

Quod hominem a perditione nullus posset eruere; neque deceptorem ejus diabolum revincere nisi solus Deus; et verba libri Apocalypsis Joannis apostoli, et quo sensu accipienda sint; de odio et persecutione draconis in mulierem et semen ejus, et quomodo a terra adjuta sit.

XVI. Et quis levaret perditum hominem, qui deceptus Creatoris sui oblitus est, nisi ille qui nulla caligine obumbratus ignorantiæ illius condoluit? sed cum diabolus mulierem vestitam vidisset, invida scientia, qua se de cœlo projectum cognovit, intra sciscitando ut quid Deus illi vestitum dedisset, se ipsum decerpsit, ut in Apocalypsi scriptum est: « Et postquam vidit draco quod projectus est in terram, persecutus est mulierem quæ peperit masculum. Et datæ sunt mulieri duæ alæ aquilæ magnæ, ut volaret in desertum locum suum, ubi alitur per tempus et tempora, et dimidium temporis a facie serpentis (*Apoc.* XIII). » Hoc considerandum sic est: Antiquus draco, videns quia locum illum perdidisset in quem sedem suam ponere volebat, quoniam in tartarea loca projectus erat, iram suam in mulierem exacuit, quia illam radicem omnis humani generis per partum esse cognovit; et in maximo odio eam habens, intra se dixit quod nunquam cessaret illam persequendo quousque ipsam velut in mari suffocaret, quia eam primum deceperat. Sed ipsa quasi pariendo angustiata, fortissimum adjutorium consolationis tandem arripuit, divinaque protectione suffulta in omnibus modis diabolo se opposuit. Nam ipsi data sunt duo munimenta beatitudinis, scilicet cœleste desiderium et salvatio animarum, ut cum in his in secreta cordis sui tenderet, ibidem nutrimenta salutis accipiens, per tempus quod ante diluvium fuit, et tempora post diluvium et dimidium temporis quod in circumcisione ante Incarnationem Filii mei erat, et perduravit usque ad plenum tempus Evangelii; in quo omnis plenitudo veræ et justæ constitutionis, adversus antiquum serpentem surrexit. Ante diluvium et post diluvium, necnon et in circumcisione, Deum colentes fuerunt, qui redemptionem animarum suarum per effusum sanguinem Filii mei adepti sunt. Cum autem tempus rutilans auroræ, id est plenæ justitiæ per Filium meum venit, antiquus serpens valde exterritus obstupuit, quoniam per mulierem, videlicet Virginem, totus deceptus est. Quapropter in furore suo contra illam exarsit, ut in voluntate mea scriptum est: « Et misit serpens ex ore suo post mulierem aquam tanquam flumen, ut eam faceret trahi a flumine, et adjuvit terra mulierem (*Ibid.*). Hoc considerandum sic est: Misit antiquus persecutor ex nequissima voracitate sua rectitudinem mulieris, quæ virum protulerat, incredulitatem et infidelitatem in populos Judeorum et paganorum, hoc intendens ut illam plurimis persecutionibus attritam sibi subjugaret, vel omnino suffocaret, quemadmodum navis per naufragium suffocatur, quatenus nomen ipsius totum de terra deleretur, sicut et res illa de terra deletur quæ in profundum fluminis projicitur. Sed adjutorio terræ mulier erepta est, quia Filius meus vestem humanitatis suæ de ipsa sumpsit, qui plurima opprobria et passiones ad confusionem ejusdem serpentis in corpore suo pertulit.

Quia Deus mundum constituens et se ipsum glorificaverit, rationali creaturæ ostendendo se omnium creatorem et hominem simul ex subjectione eorum quæ in mundo sunt magnificaverit; et quomodo secundum litteram intelligendum sit initium libri Genesis ab eo loco quo scriptum est: « *In principio creavit Deus cœlum et terram,* » *usque ad id,* « *factumque est vespere et mane dies unus.* »

XVII. Itaque, ut supradictum est, Deus mundum cœlo ornavit, terraque ipsum firmavit, ac per eum se ipsum glorificavit, atque per illa quæ in mundo sunt hominem sublimavit, cum illi omnia terrena subjecit, velut servus meus, secretorum meorum conscius, ostendit dicens: « In principio creavit Deus cœlum et terram (*Gen.* I). » Hoc considerandum sic est: In principio, id est in inceptione omnium rerum quæ in scientia Dei erant qualiter fieri deberent, creavit Deus, hoc est per se ipsum procedere fecit, cœlum et terram, scilicet materiam omnium creaturarum cœlestium et terrestrium, cœlum, id est lucidam materiam, et terram, videlicet turbulentam materiam. Et hæ duæ materiæ simul creatæ sunt, et in uno circulo apparuerunt, qui circulus potestas Dei est in cœlo et in terra. De claritate illa, quæ æternitas est, prædicta lucida materia velut spissa lux fulminabat, et hæc eadem lux super turbulentam materiam lucebat. Ipse quoque nec firmamentum nec terram statim illuminavit, quemadmodum nec homo facit, qui quasdam formas parat, quia unamquamque prius cum circino suo signat, et eam postmodum coloribus depingit. « Terra autem erat inanis et vacua, et tenebræ erant super faciem abyssi (*ibid.*), » quoniam terra fuit inanis, scilicet forma carens, et invisibilis, lumen non habens, quia necdum splendore lucis, nec claritate solis, lunæ aut stellarum illustrabatur, et inculta, quoniam nulla creatura sulcabatur, et vacua, id est incomposita, quia nondum plena erat, cum necdum viriditatem, germen, aut floriditatem herbarum, seu arborum haberet. Quod autem non est dictum quod cœlum inane et vacuum esset, hoc ideo est quia nullos fructus parere debebat. Sed tenebræ, quæ necdum per splendorem luminis evanuerant, quoniam nulla forma fulminabat, erant super faciem abyssi, videlicet super eamdem indistinctam confusionem terræ ; quæ facies abyssi est, cum illa videatur, abyssus vero occultetur, quia terræ abyssum, sicut corpus animam obtegit, ut non videatur. « *Et Spiritus Dei ferebatur super aquas* (*ibid.*). » Nam Spiritus Dei vita est, et vita hæc aquas ad manandum movit, quatenus terra per illas firmaretur, ne per ventum velut cinis spargeretur, quia ut Spiritus sanctus homini infunditur, sic et aquæ torrens iter habent et omnia immunda lavant, quemadmodum et Spiritus sanctus sordes peccatorum. Dixitque Deus : « *Fiat lux, et facta est lux* (*ibid.*). » Dixit Deus, inexstinguibile lumen quod a nullo obscuratur existens, et per Verbum suum velut tonitrus sonuit dicens : *Fiat lux, et facta est lux*, quia nox indeficiens, hominibusque invisibilis lux, quæ nunquam obscurabitur fulminabat, cui etiam viventes sphæræ scilicet angeli adhærebant, quoniam Deus vita est, et verbum suum non dormit, sed vita apparet. Et quod illud protulit, hoc Deus ad laudem sibi posuit, non autem lux solis, quia sol nondum erat, et quoniam splendor solis super terram non semper apparet, sed multoties obnubilatur. « *Et vidit Deus lucem quod esset bona*, et divisit lucem a tenebris, appellavitque lucem diem, et tenebras noctem* (*ibid.*). » Nam Deus vidit quod lux esset bona, quæ faciei suæ splendorem redderet, et ideo illam a tenebrositate etiam segregavit, ne officia sua in invicem admiscerent, quia ex his duobus alterum indeficiens est, alterum in defectu cadit. A Deo namque dies est, quoniam Deus per Verbum suum lumen primum prodire jussit, quod appellavit diem, non diem solis, sed diem indeficientem, quæ in superioribus nulla tenebrositate opprimitur. Et tenebras, non quæ luce solis fugantur, sed quæ indeficientem obscuritatem habentes, nulla claritate lucis perstringuntur ; tenebras quoque quæ erant super faciem abyssi, et quas nondum illuminaverat, appellavit noctem. Nox quippe carens die cæca est, et dies a nocte segregata est, et a cæcitate noctis separata in claritate est. Sic Deus lucem a nocturnalibus tenebris separavit. « *Factumque est vespere et mane dies unus* (*ibid.*). » Nam factus est finis operis hujus, et incœptio ipsius, claritas una in perfectione, quia cum Verbum Dei lucem fieri jussit, incœptio ipsius velut mane fuit ; perfectio autem ipsius quasi vespere, ubi completa apparuit. Et alio modo :

Quia sicut Filius Dei, intemporaliter ex Patre natus, principium est ; in quo condita sunt universa, sic idem ipse ex matre virgine nascens initium sit creationis, vel ædificationis ecclesiæ, et auctor justificationis plenariæ, ad quam nulla patrum justitia vel legis sacramenta suffecerunt, sed in prædicatione vel susceptione baptismi, et Evangelii, et in fide Trinitatis reformata est.

XVIII. « *In principio creavit Deus cœlum et terram* (*Gen.* 1). » Hoc considerandum sic est : In principio incipientis temporis, cum Deus per Verbum suum omnia crearet, creavit cœlum et terram, id est primam materiam, in qua omnis cœlestis et terrestris creatura per Verbum Dei processura latuit. Similiter Deus in creatione Ecclesiæ fecit, antequam eam construeret. Ipse incœpit, incipiens in principio, id est in Filio suo, quem per auream portam virginis, in clausura pudicitiæ ejus, in mundum misit. Per ipsum omnia, scilicet cœlum et terra creata sunt, sicut Joannes evangelista dilectus Dei dicit, atque eodem modo omnis justitia cœlestis et terrestris in ipso facta est. Et quomodo est ipse principium, qui ante sæcula in Patre natus est ? Ante sæcula in Patre spiritaliter non carnaliter natus est ; ipse autem incarnatus initium omnis justitiæ existit, quia quæque justitia, quam antiqui sancti ante nativitatem ejus habuerunt, in salvatione non vixit, neque hominem in eam reduxit. Illa vero justitia, quæ in eo surrexit, scilicet baptismus et Evangelium, et unum Deum in nomine sanctæ Trinitatis credere, ipsa hominem in paradisum reducit. Quapropter ipse principium salvationis in opere suo est, ut Adam initium perditionis in opere suo fuit. Et quemadmodum ipse Verbum illud est, quod omnem creaturam produxit, quia omnia per ipsum facta sunt, sic etiam in humanitate sua principium omnis ædificationis sanctæ Ecclesiæ est. Quomodo ? Ipse in prædicatione prophetarum, qui eum venturum esse prædixerunt, quasi umbra erat, velut etiam ab Abel usque ad nativitatem ipsius Filii Dei, quæque justitia umbra Ecclesiæ fuit, quæ de latere Christi in sanguine ejus orta est. Quæ per regenerationem spiritus et aquæ, quæ nunquam ante fuit nisi quantum Joannes Baptista in umbra baptismi pronuntiavit, in forma sua tunc pleniter apparuit, quoniam ipse Christus, qui ante nativitatem suam quasi umbra a prophetis prædictus erat, homo in carne apparuit, ut Psalmista David in Spiritu meo dicit :

Verba David prophetæ in psalmo primo, et quomodo intelligantur, de Incarnatione Filii Dei et fertilitate fructificationis doctrinæ ejus ver omnem mundum.

XIX. « *Et erit tanquam lignum quod plantatum est secus decursum aquarum, quod fructum suum dabit in tempore suo.* » Hoc considerandum sic est : Filius Dei, qui per omnia voluntatem Patris sui secutus est, lignum salutis fuit, conceptus de Spiritu sancto, de quo viventes aquæ fluunt, multum fructum sanctitatis dans, cum discipulos suos ad ecclesiasticam doctrinam pleniter instruxit. Nam Filius Dei secundum divinitatem quasi radix in corde Patris, et vis divinitatis fuit, et sic in uterum Virginis descendens, plenum fructum per humanitatem suam protulit, quia sicut humor aquæ in viriditate ligni est, ita Filius Dei in Patre usque ad prædestinatum tempus humanitatis ipsius semper erat, cum cibus vitæ omnibus spiritualibus factus est. Cœlum etenim Filium Dei tetigit, dum ipse in cœlo in sinu Patris apparuit; et terra tetigit, dum in præsepi jacuit; et aqua sensit, dum ipse supra mare ambulavit. Et licet illum populi corporaliter viderent, Deum tamen esse non cogitaverunt.

Quia id quod scriptum est : « Terra autem erat inanis et vacua, et tenebræ erant super faciem abyssi,» de incredulis a bono opere vacuis, et infidelitate tenebrosis per allegoriam intelligantur; et illud quod sequitur: « Spiritus Domini ferebatur super aquas » in apostolis ei populo credente per gratiam Spiritus sancti impletum sit.

XX. « Terra autem erat inanis et vacua, et tenebræ erant super faciem abyssi (*Gen.* 1). Omnis populus, scilicet Judaicus et gentilis, qui super faciem abyssi, id est terram habitabat, per irritationem spiritus sui inanis fidei, et cæcus et surdus in agnitione Dei fuit, et vacuus a bonis operibus, quoniam ea secundum doctrinam Altissimi Filii non operabatur, donec ipse ad Patrem ascendit. Et sic super terram, quæ facies abyssi est, tenebræ infidelitatis erant, in qua homines Deum non cognoscentes quasi cæci vivebant. « Et Spiritus Dei ferebatur super aquas. » Post ascensionem Domini igneus Spiritus sanctus super aquas, id est apostolos ferebatur, quod charitas Filii in voluntate Patris fecit, quia ut in creatione mundi ante alias creaturas aquæ ortæ sunt, sic etiam apostoli primi doctores præ aliis doctoribus Ecclesiæ fuerunt. Et ut etiam ab aquis illis quæ in creatione mundi ortæ sunt, omnes aquæ profluunt, sic ab apostolis primis doctoribus omnes doctores Ecclesiæ propagati sunt, ut Psalmista David testificatur dicens:

Item verba David in psalmo XXVIII *prophetæ, apostoli et doctores consona voce, et qualiter accipienda sint.*

XXI. « Vox Domini super aquas, Deus majestatis intonuit, vox Domini super aquas multas. » Hoc considerandum sic est: Vox primum sonat et vim verbi in se habet, ita ut quæcunque annuntiat, scienter intelligantur. Ita vox illius qui omnibus dominatur super aquas, id est super prophetas venit, cum eis multa secreta tam cœlestia quam terrena denudavit, et idem Dominus Deus majestatis existens, quia super omnia potens est, potenter innotuit, cum Filium suum in mundum misit. Tunc quoque ille Dominus omnium populorum Spiritum sanctum super apostolos cæterosque credentes, qui in catholica fide multiplicati erant, misit, ita ut doctrina ipsorum totum orbem terræ penetraret. In humana namque forma homines Filium Dei aspiciebant; sed quomodo conceptus et natus fuisset nesciebant. Sed et vox aliquantum aliena est, nec intelligibilis, verbum autem notum et intelligibile est, per quod homo Deum majestatis in fide cognoscit, qui prophetiam in hominem misit; quam aqua etiam significat, unde et Dominus prophetarum in vocibus eorum cognoscitur.

Quomodo verba Dei dicentis, « Fiat lux; » et cætera usque ad id, « Factum est vespere et mane dies unus » in exortu fidei Christianæ, et prædicatione apostolorum, et divisione fidelium ab incredulis secundum allegoricum sensum complete sint.

XXII. « Dixitque Deus: Fiat lux, et facta est lux. » Locutus est Deus per Spiritum sanctum apostolis dicens: « Estote ardens lumen, veritatem in nomine sanctæ Trinitatis docentes. » Qui statim Spiritu sancto accensi, clausuram in qua inclusi erant aperientes, lumen unum facti sunt, in mundum cum doctrinis suis ita fulgentes. « Et vidit Deus lucem quod esset bona, et divisit lucem a tenebris. Appellavitque lucem diem, et tenebras noctem. » Vidit Deus quoniam ipsi lumen utile mundo essent, et divisit lumen, id est apostolos, a tenebris, scilicet ab infidelitate incredulorum, et appellavit lumen istud diem unum, qui per Verbum suum, quod Filius ejus est, eis in carne loquens, mundo in prædicatione eorum lucet; tenebras quoque, scilicet infidelitatem infidelium, appellavit noctem. « Factumque est vespere et mane dies unus. » Infidelitate incredulorum quasi ad vesperas se declinare incipiente, factum est hoc vespere cum transitu suo, et mane primæ lucis, id est initium fidei fidelium dies unus, quod unica fides est, per quam unus Deus creditur, quia primus ortus in Abel, bono fine in Christo consummatus est, et ideo vespere Filium Dei cum opere salvationis sensit et tetigit, quod usque in finem mundi dies unus perseverat, quia Abel quasi mane et Filius Dei quasi vesperum diei fuit. Et iterum alio modo:

Quomodo hæc eadem quæ de creatione cœli et terræ, vel de opere primi diei in Genesi scripta sunt, in conversatione hominis ex diversis naturis animæ et corporis constantis juxta moralem sensum accipienda sunt.

XXIII. « In principio creavit Deus cœlum et terram. » Hoc considerandum sic est: Dum ego Deus hominem quasi in principio cujusdam creationis in bonis moribus formo, viventem scientiam boni et mali in illo creo, ita videlicet ut malum devitet, et me Patrem suum in bono imitetur, qui discretionem boni et mali ad similitudinem meam ipsi dedi, ad hoc ut cum scientia illa omnes creaturas discernat, easque cognoscens potestatem super eas post me habeat. Sed ipse homo per magnam vanitatem diabolo suadente me dimittens, in lacrymabiles labores peccatorum cadit, quia in fragili natura Adæ natus, lætam scientiam, quæ eum nullatenus vulneraret, relinquit. Attamen in anima sua habet quod in rectis suspiriis ad cœlestia desideria frequenter anhelat, quod quasi cœlum est, in carne autem habens, quod terrena desideria semper requirit, quapropter de fragilitate quæ sibi de Adam orta est, et de consilio insidiatoris diaboli, sine contagione peccati nunquam esse potest, quod quasi terra est. « Terra autem erat inanis et vacua, et tenebræ erant super faciem abyssi. » Homo qui in moribus suis nunquam stabilis esse potest, magna inanitas est, et quasi fluctuatio maris semper inundat. Sed sicut in creatione mundi creatura post creaturam de prima materia ordinate processit, ita homo deberet per bona desideria de virtute in virtutem ascendere, ut eum in prima creatione instituit. Nunc autem per consilium diaboli bona desideria in magnam vanitatem ut prædictum est subvertit, et in ipsa vanitate morum a bonis operibus libenter vacat. Quapropter tenebrosis factis quæ ad pravos mores pertinent circumdatus est, qui supra corpus ita dominantur, ut qui facit peccatum servus sit peccati. Et corpus quasi facies abyssi, anima autem velut abyssus est, quia corpus visibile et palpabile sicut facies abyssi, anima vero invisibilis et impalpabilis sicut abyssus terræ existit. « Et Spiritus Dei ferebatur super aquas. » Dum homo fidelis in peccatis implicatur, ad Deum aliquando suspirat. Quomodo? Ex compunctione quæ de gratia Spiritus sancti in ipso surgit, humores lacrymarum profert, quia omne bonum opus suspiria præcedere debent. Et sicut in prima creatione aquæ præ aliis creaturis de exspiratione Spiritus Dei prælatæ sunt, Spiritui sancto in significatione specialiter adjunctæ, ita etiam ipse Spiritus sanctus ante incœptionem bonorum operum humorem lacrymarum de corde hominis producit. Dixitque Deus : « Fiat lux, et facta est lux. » Deus in admonitione Spiritus sancti dicit : Nunc ædificatio bonorum operum post compunctionem cordis in homine isto fiat, et viriditas fructus in eo producatur, unde lux in anima ipsius fiat. Tunc homo cum tristitia pœnitentiæ in luce bonorum operum surgit. Quomodo? De illicitis desideriis voluptatum carnis seipsum restaurans, malumque sibi abstrahens, incipit in illa novitate lucis operari, quam prius non agnovit, dum in illecebrosis desideriis carnis dormiret, et sic in initio opus ipsius lucidum sit. « Et vidit Deus lucem quod esset bona, et divisit lucem a tenebris. Appellavitque lucem diem, et tenebras noctem. » Cum ergo Deus hominem illum bonum operari incipientem, et domum ejus ita fulgentem viderit, sciens et videns initium boni in eo, amando et amplectendo eum inspicit. Et in eodem initio illa lucida opera a contagione tenebrosorum factorum quæ ad tormenta pertinet separat, et hoc divisio illa est, quod Deus bonum in homine illo videns, malum ab eo removet, lucida quoque opera in se ipso diem salvationis nominat, quia in ipsis bonis operibus animas ad se de perditione, quæ in Adam fuit revocat, contraria opera noctem perditionis vocans, quæ se in diabolo patre homicidii crexit, « Factumque est vespere et mane dies unus. » Sic in homine illo vespertina illa consuetudo mali

operis cum initio incœptionis bonorum operum, quasi in mane unius virtutis dies unus fit, quia relinquens malum, bono se adjunxit, eo quod compunctio prima virtus lucis sit.

Quomodo ea quæ de constitutione firmamenti et divisione aquarum leguntur ad litteram intelligenda sint et verba David ex psalmo XVIII *ad idem spectantia.*

XXIV. « Dixit quoque Deus : Fiat firmamentum in medio aquarum, et dividat aquas ab aquis (*Gen.* 1). » Hoc considerandum sic est : Deus, qui inexstinguibilis lux est, per ardens verbum suum firmamentum fieri præcepit, scilicet hanc volubilitatem, quæ superioribus signis ita firmata est, ut labi non possit, et illam in medio aquarum posuit, sic separando aquas ab aquis. Aquas enim, quæ in altitudinem sicut mons ascendebant, ita continuit, ut quemadmodum nec mons de altitudine sua descendit, sic nec illæ quoquam declinent, nisi secundum quod eas posuit, congregans sicut in utrem aquas maris, qui firmamentum est; ponens etiam in thesauris abyssos, qui terra sunt, quoniam terra thesaurus in ipsa viventium est, sicut et Deus in arca Noe designavit, quam in medio aquarum sustentavit, cum creaturas clausas teneret. Isto modo inter segregatas aquas Deus firmamentum posuit, quatenus aquas ab aquis divideret. Deus namque hanc divisionem antequam firmamentum illuminasset fecit, illudque nondum illuminatum in loco suo absque circumvolutione stetit, exspectans quando a Creatore suo illuminaretur, quia omnis creatura primum radix existens, postea pariendo multiplicatur, velut et hiems radicem, æstas autem floriditatem viriditatis tenet. Sic Deus creaturas terræ cum circulo suo signavit, quas deinde secundum naturas suas vivificavit, et solum hominem spiramine suo inspiravit, reliquas vero creaturas aerio flatu vivificavit, qui cum nube pertransit. « Et fecit Deus firmamentum, divisitque aquas quæ erant sub firmamento ab his quæ erant super firmamentum. Et factum est ita (*ibid.*). » Deus firmamentum in divisionem aquarum illarum quæ subter et super illud erant posuit, et sic firmamentum apparuit. Vocavitque Deus firmamentum cœlum, quoniam quæque res quæ aliam sustentat, juste firmamentum illius vocatur. Ideo etiam firmamentum cœlum nominavit, quoniam omnia excellit, et gloriam ipsius semper narrat, quia dum homo inspicit, plene cognoscere non potest quid sit, quia et homo Deum perfecte non cognoscit, quem tamen in fide videt. Cœlum autem, quod habitaculum Dei est, homo non videbit, nisi prius spiritalis totus efficiatur, quoniam sensus et scientiam illius præcellit. Quapropter et Propheta dicit : « Cœli enarrant gloriam Dei, et opera manuum ejus annuntiat firmamentum (*Psal.* XVIII). » Hoc considerandum sic est : Omnia instrumenta firmamenti juste cœli dicuntur, quoniam, Deus ea per se solum posuit; nec scientia illius creaturæ indiget, quia nullus est qui sensu suo diffinire possit qualiter illa fecerit. Unde et hæc enarrant miracula Dei, quæ per ipsum in firmamento velut in speculo signata sunt, ita ut sol divinitatem, luna vero humanitatem Filii Dei ostendant, et stellæ reliqua secreta ipsius demonstrent; et isto modo Deo, qui Deus et homo est, tam innumerabilis turba fidelium adhæret, ut eam nemo dinumerare valeat, quoniam et ipse innumerabilis in gloria sua existit. Hominem quoque, qui opus manuum Dei est, in lucido officio suo annuntiat firmamentum; quia secundum illud ædificatus est. Quapropter et hominem manifestat, ubi signa ipsius in se aperte portat. *Et factum est vespere et mane dies secundus,* quoniam Deus opus suum in firmamento eodem studio finivit quo et incœpit, quia omnia opera sua in æquitate disponit. Item alio modo :

Quod secundum allegoriam firmamentum Christus, vel fides Christi, divisio aquarum firma interpositio ejusdem fidei, qua ab infidelibus fideles dirnuntur, vespere et mane in casu vitii et virtutis ortu accipiatur,

XXV. « Dixit quoque Deus : Fiat firmamentum in medio aquarum, et dividat aquas ab aquis (*Gen.* I). » Hoc considerandum sic est : Dixit Deus : Fiat firmamentum fidei in medio infidelium populorum, qui intelligant prædicationem apostolorum, et qui etiam cum illis verba eorum voluntarie percipiant; et dividat aquas, id est fideles, ab aquis, scilicet incredulis Judæis et paganis, ut Filius meus ad Judæos dixit : « Auferetur a vobis regnum Dei, et dabitur genti facienti fructus ejus (*Matth.* xxi). » Hoc considerandum sic est : Vos qui infideles estis, hæreditatem vestram per infidelitatem perdidistis. Quapropter justo Dei judicio auferetur a vobis regnum in quo cum Deo regnare debuistis, et dabitur illis qui, peccata sua deserentes, proferunt fructus per quos regnum Dei glorificatur. Nam magna duritia in cordibus infidelium est, qui non secundum scientiam boni, sed secundum illicita desideria cordium suorum operantur. Rationalitas enim materia scientiæ boni et mali est, et quasi faber ædificando et destruendo existit. Nam qui diem fidei diligit, domum suam in cœlesti Jerusalem ædificat; qui autem illam repudiat, domum suam ab honore et beatitudine supernæ hæreditatis destruit; et quoniam idem omnia quæ facit in noxiali pomo secundum concupiscentias suas operatur, opera ejus obscura sunt, quia in tenebris fiunt lucem fugiendo. Increduli itaque veram lucem, id est Filium Dei, reprobaverunt, nec eum videre, nec opera ipsius facere volebant, et ideo etiam hæreditatem suam perdiderunt; illi autem qui eum bona fide susceperunt, et præcepta ipsius compleverunt, dote sanguinis ejus cœleste regnum adepti sunt. « Et fecit Deus firmamentum : divisitque aquas quæ erant sub firmamento ab his quæ erant super firmamentum. Et factum est ita (*Gen.* I). » Deus firmamentum fidelium auditorum in prædicatione apostolorum fecit, et divisit aquas, id est infideles populos, qui in terrenis rebus cum idolis et his similibus sub firmamento fuerant, ab hominibus illis qui super firmamentum, id est super Christum erant. Vocavitque Deus firmamentum cœlum, per quod intelligitur fides, quia ipsa firma et magna civitas cum cœlestibus operibus est. Quomodo ? Ipsa civitas omnis ecclesiastici ordinis est, et victoriosissimum certamen contra incredulitatem omnium incredulorum. » Et factum est vespere et mane dies secundus (*ibid.*). » Facta est illa finitio infidelium cordium cum ortu firmamenti illius diei, scilicet rectæ fidei, dies secundus, quod quasi in secunda luce fidei est in Christum credere.

Quia sicut dies secundus sine luminaribus cœli fuit, ita et fides absque lucidis operibus nullius laudis sit, et ideo in opere ejusdem diei sicut in operibus cæterorum non est positum, « vidit Deus quod esset bonum. »

XXVI. Quod autem hic dictum non est, « et vidit Deus quod esset bonum (*ibid.*), hoc est quod hoc igneum opus fidei et cæteræ virtutes nondum in opere surrexerant : sed tantum in auditu populorum illis eas in gustu operis nondum gustantibus se formaverunt. Et sicut homo quis cibus bonus sit nisi per gustum nescit, sic homines opera fidei operando nondum gustabant; sed quasi in umbra auditus ea tantum audiebant. Itaque sicut firmamentum super orbem terræ sine splendore solis, lunæ ac stellarum adhuc erat, sic etiam tunc quasi in secunda luce fidei, ipsa fides sine lucido opere juste constitutarum ordinationum manebat, ita ut illi homines fidem tantum quasi in umbratione perciperent. Et iterum alio modo :

Quod secundum moralem sensum firmamentum intelligatur virtus discretionis, quia fidelis quisque in activa et contemplativa vita et corpori necessaria a superfluis, sed et animæ salubria a noxiis secernere novit.

XXVII. « Dixit quoque Deus : fiat firmamentum in medio aquarum, et dividat aquas ab aquis (*Gen.* I). » Hoc considerandum sic est : Deus in dilatatione cordis homini interdum loquitur. Quomodo ? In dulcedine Spiritus sancti, quia in homine ipso locus domus suæ fulget. Et deinde instrumenta virtutum ad tutelam operis illius quod incipiebat in eo facit, ita ut homini illi nulla necessaria ullius virtutis desint, sicut etiam in cœlo et in terra fecit, ubi nullæ creaturæ homini necessariæ desunt. Dicente igitur Deo fit firmamentum, quod discretio est in diversitate spiritalium et carnalium hominum, in eo quod homo cœleste desiderium et necessariam curam carnis habere debet, scilicet ut in rebus cum discretione ita detineatur, ne exaltatio ruinæ per bona opera in illo ædificetur, et etiam ne de aliena instantia diversorum morum corrumpatur; sed interdum cum suspiriis oret, in alia hora bonis operibus occupetur; alia autem vice necessaria carni ne deficiat providcat. Et quæcunque dona sancti Spiritus habuerit, illa cum discretione frequenter reædificet, et ita semper exercendis virtutibus pro modo earum instet, ut per has ferventibus suspiriis ad cœlum anhelet, et curæ carnis nonnisi ex necessitate deserviat. In his quoque muneribus Spiritus sancti vana gloria, quam Deus omnino abjecit, effugetur, quia homo eam pro Deo se ipsum honorans habet, et radicem boni unam post aliam eradicat. Unde semper instabilis manens, in uno loco nullo modo stare valet, et super talem requiescere gratia Spiritus sancti non potest. « Et fecit Deus firmamentum; divisitque aquas quæ erant sub firmamento ab his quæ erant super firmamentum. Et factum est ita (*ibid.*). » Nunc quoque facit Deus omnia instrumenta virtutum in homine, cum discretione quam in exspiratione Spiritus sancti constituit, propterea ut ipse homo omnia instrumenta hæc, quæ Deus utilia esse videt, in se ipso discernat, ita ne ulla virtus quam incipit per vagationem mentis dimergatur. Et sic Deus terrenas necessitates et cœlestes virtutes dividit, quas Spiritus sanctus irrigat, et quæ cœlestibus semper adhærent, quatenus homo cum eis ad contemplativam vitam semper anhelet. Has quoque virtutes discretio continet, quasi ancilla quæ dominam suam servitio suo obtinet, quia in terrenis rebus quæ carni adsunt, et quæ discretioni subjacent, ipsa domina ancilla carere non vult. Sic discretio firmamentum est, terrena, id est activam vitam, sub se; cœlestia autem, id est contemplativam vitam, super se habens; quibus ipsa scala est, in qua mentes hominum per bona opera ad cœlum ascendunt, et in qua etiam propter necessitatem carnis ad terram descendunt, velut Maria et Martha diversa servitia Deo exhibuerunt, cui tamen utrumque placuit, quia ipse constitutor utriusque vitæ est. Sicque firmamentum virtutis inter utramque vitam sit, cum ipse homo sibimetipsi discretionem facit, ita ut cœlestia et terrestria suo statuto modo recte habeat, sicut ea Deus constituit. « Vocavitque Deus firmamentum cœlum (*ibid.*). » Et Deus per inspirationem Spiritus sancti in homine discretionem cœlum vocat, quæ vere certissima significatio cœli est, quia, ut firmamentum omnia ornamenta quæ mundum illuminant et regunt atque continent in se habet, ita discretio omnia instrumenta virtutum quæ a Deo procedunt, quibus corpus et anima regitur, obtinet; et sic quæ intrinsecus latent non deficiunt, et quæ extrinsecus sunt per jactantiam non obscurantur. « Et factum est vespere et mane dies secundus (*ibid.*). » Sic etiam in homine illo fit, qui ipse in bona consuetudine vespertinus est, cum omnia opera sua in discretione perficit. Nam Deus in initio omnium virtutum finem earum prævidet, quoniam ipsas se tangentes sentit, et etiam in fine initium earum approbat, quia bonum initium non prodest nisi etiam bonus finis sequatur, ut Filius meus in Evangelio de sponso loquitur, qui ad fatuas virgines dixit:

Testimonium Evangelii, in quo Sponsus fatuis virginibus dicit : « *Nescio vos,* » *et ad quid hic assumptum et quo sensu accipiendum sit.*

XXVIII. « Amen, amen dico vobis, Nescio vos (*Matth.* xxv). »Hoc considerandum sic est : Ego qui sum certissime dico vobis, qui propter gustum carnis secundum concupiscentias vestras operantes, ex toto exstincti estis : « Nescio vos, » quia me cognoscendo ita non tangitis, ut virtutes justorum operum, quas bonæ scientiæ vestræ proposui, faciatis, nec eas a me petatis. Animæ etiam vestræ suspiria sua prohibetis, illam ad hoc cogentes, ut voluntatem carnis perficiat, et nullum auxilium a me quærat. Quis enim potest illi respondere, cujus vox et verba non audiuntur? Nullus. Vos enim nullum clamorem ad me dirigitis. Et quod donum illi dabitur, qui nec aliquid quærit, nec postulat, sed qui muta voce donum fugit? Vere nullum. Itaque vos a me nihil postulatis. Nam illos qui cum suspirio animæ non clamant ad me, et me corde et mente non attendunt, utpote mei oblitos, quasi scientiam eis non dederim nescio, et ob hoc maxime quia per iniqua opera me irritant. Nam propter otiositatem fatuitatis suæ ad me non respiciunt, et discretionem virtuosarum mentium quæ de Spiritu sancto accenduntur propter amplexionem carnis repudiant. Unde et ab oculis meis exclusi sunt. Unum enim eligunt, at aliud abjiciunt, quia terram cum viriditate sua apprehendunt, et cœlum propter voluptates suas negligunt, sola voce pulsant, sine opere ingredi volunt, sed idcirco porta ejus aperiri non poterit. Omnes namque virtutes per cœlestia et per terrestria discerni possunt, quia homo in terra ambulat, et cœlum suspicit, ac in his duabus eum eligere oportet, quid secundum Deum diligat, et quid odio habeat, ita ut in bono ad cœlestia tendat, et a malo se avertat. Sic utique dicitur Deo ignotum uniuscujusque hominis initium, cujus etiam finem ipse non approbat. Et ut in fine mundi qui multo utilior initio ipsius est, salvatio in Filio meo surrexit, quia in ipso initio perditio, in ipso autem fine salvatio processit; ita etiam bonus finis multo utilior quam bonum initium est. Tali modo discretio secunda lux boni operis, ut dies secundus est.

Quare etiam juxta moralitatem opus secundi diei, cum bonum sit, laude bonitatis careat.

XXIX. Quod autem hic dictum non est, « et vidit Deus quod esset bonum (*Gen.* 1), » hoc est quod discretio officium aliarum virtutum est, non operando, sed cæteris virtutibus ministrando, ut etiam firmamentum, quod sustentaculum illorum est per quæ volvitur, alias operantes creaturas ipsis obsequium existendo continet, quæ propter servitium hominis operariæ nominantur, quoniam per illud singula opera sua die ac nocte operantur. Et ut etiam idem firmamentum unumquodque quod ei impositum est sustentans, illi locum dat, ita discretio per opus, ut cæteræ virtutes quæ ab opere operatrices nominatæ sunt, operatrix non est, sed tantum aliarum virtutum sustentaculum.

Quomodo quod scriptum est, « *Congregentur aquæ* » *usque ad id* « *factum est vespere et mane dies tertius* » *secundum litteram competenter intelligendum sit.*

XXX. « Dixit vero Deus : Congregentur aquæ

quæ sub cœlo sunt in locum unum, et appareat arida. Factumque est ita (*Gen.* 1). » Hoc considerandum sic est : Per verbum quod inexstinguibile est confluxerunt aquæ quæ sub firmamento remanserant in locum unum, quatenus terra appareret, ne eis cooperta inanisceret, et hoc antequam firmamentum illuminaretur factum est ita, ut illud stellis elucidatum, plateis aquarum quæ terra sunt ab aquis segregatis luceret. Et vocavit Deus aridam terram, quæ mater omnium germinantium in terra est, quia et primus homo ex ipsa factus est, congregationesque aquarum appellavit maria, ex quibus aquæ fluunt, quasi ab eis generentur. « Et vidit Deus quod esset bonum, et ait : Germinet terra herbam virentem et facientem semen, et lignum pomiferum faciens fructum juxta genus suum, cujus semen in semetipso sit super terram. Et factum est ita (*Ibid*). » Vidit Deus quia omne quod fecerat recte et bene ad officium suum positum erat, ac per vivens verbum suum præcepit, ut ad germinandum florentem herbam materna terra viresceret, facientem quoque semen, quatenus in semine suo multiplicaretur, per quod iterum renasceretur, quoniam omne germen semen in se habet, ne in natura sua deficiat. Jussit etiam ut germinaret lignum fructiferum faciens fructum ad vescendum, in natura sua semen in semetipso habens quo iterum germinet cum super terram ceciderit. Et sic adimpletum est, quemadmodum cum servus læto animo præcepta domini sui perficit, cum paterfamilias illum vocans ei negotia sua committit, et quid de unoquoque faciat ipsi indicat, quia et terra cum gaudio ad jussa Domini sui movebatur, illa in omnibus adimplendo. « Et protulit terra herbam virentem et afferentem semen juxta genus suum, lignumque faciens fructum, et habens unumquodque sementem secundum speciem suam (*Ibid*), » quoniam ut Deus præcipiebat protulit materna terra viriditatem herbarum semen suum in se habentium, viriditatemque lignorum congruentem fructuum proferentium et in semine suo renascentium, quia dum semina istorum in terra cadunt, secundum speciem formationis suæ iterum alia resurgunt. « Et vidit Deus quod esset bonum, » ut omnia hæc quæ homini necessaria erant, quem facturus fuerat, ita præcederent, ne in sequenti necessitate hominis deficerent. « Factumque est vespere et mane dies tertius (*Ibid*). », scilicet finis et initium, quibus completur tertium opus, quoniam Deus præfata tria opera cum circulo scientiæ suæ profecerat, quæ nondum cum circuitu luminarium illustrata fuerant. Nam sicut ignis silet antequam flatu venti excitetur, sed flatu venti excitatus flagrat, ita opus Dei in præscientia ipsius siluit antequam prodiret, sed virtute viventis verbi excitatum in forma sua apparuit. Unde etiam inspiratione mea scriptum est

Verba Dei in libro Isaiæ prophetæ dicentis, « *Tacui, semper silui, patiens fui, sicut pariens loquar,* » *et in psalmo secundo loquentis ad Filium,* « *Ego hodie genui te,* » *et ad quid hic posita sint, et quomodo intelligantur.*

XXXI. « Tacui, semper silui, patiens fui, sicut pariens loquar (*Isa.* XLII). » Hoc considerandum sic est : Ego prophetia prophetarum Spiritu sancto imbuta, tacui in patientia, silui in mansuetudine, sicut pariens post dolorem suum loquar. Nam ante incarnationem Filii Dei velut muta tacui, ita ut secreta ipsius in me silenter continerem, nec ea in aperto protuli, quemadmodum ignis flammam in se continet quæ non per se, sed a vento movetur; sed nunc post dolorem illum quem idem filius Dei secundum carnem in cruce passus est, sicut pariens dolore abjecto loquar, ea scilicet quæ prius occultaveram, in gaudio aperte proferens. Prophetæ etenim voces suas silenter comprimebant, quoniam quæ scientia locutionis eorum esset, pleniter nesciebant. Unde et apud semetipsos dicebant : « O. o. o. pleniter non videmus quæ loquimur, scimus tamen quod Deus illa temporibus suis manifestabit? » Et sic patienter sustinebant, scientiæ Dei illa committentes. Deus autem ad ministerium operis sui quod ad imaginem suam fecerat, illa postmodum illuminavit, velut mater post partum lætatur, cum infantem viderit, quem de se genuit, ad ipsum suspirando dicens : « Hic est filius meus. » Sic etiam summus Pater de Filio suo loquitur : « Ego hodie genui te (*Psal.* II). » Quod *hodie* æternitas illa est in qua secundum divinitatem Patri semper æqualis est; post cujus incarnationem prophetia in sanctis aperte flagrabat, qui prophetiam prophetarum exponendo palam loquebantur, sicut et Deus firmamentum lucentibus luminaribus illuminavit. Alio modo : « Dixit vero Deus : »

Quia id quod Deus vocavit aridam terram, et congregationes aquarum appellavit maria, juxta diversos respectus allegorice de Ecclesia accipiatur, quæ de pluribus populis collecta, et fidei soliditate fundata, a David terra viventium, et a Joanne apostolo in Apocalypsi mare vitreum mistum cum igne nominatur, et quo sensu hæc eadem testimonia accipi debeant.

XXXII. « Congregentur aquæ quæ sub cœlo sunt, in locum unum, et appareat arida. Factumque est ita (*Gen.* 1). » Hoc considerandum sic est : Deus populos Christianorum congregavit qui inter paganos (sic) eum plus et doloribus impugnati in diversis locis erant, et eos in unam Ecclesiam tulit, et sic ipsi terra viventium apparuerunt, sicut Propheta dicit : « Credo videre bona Domini in terra viventium (*Psal.* XXVI). » Hoc considerandum sic est : Ego qui Deum sequi studeo, cum ea quæ bona sunt operor, credo nec dubito quin visurus sim bona illa quæ Dominatoris omnium sunt, in terra illa in qua beati vivunt, nulla pericula mortis amodo metuentes. Verbum quoque Dei dormientes mentes hominum excitat, illosque in vera visione fidei videre facit ita ut qui in infidelitate in inarata terra prius erant, hos postmodum gratia Spiritus sancti, eum aratro fidei evertat. Eos etiam terram viventium parat, quæ omni fructifera viriditate florens, plenum fructum profert, sicut et prophetæ Virginem Filium Dei parituram dicebant, qui terram dormientem aratro veræ fidei in sanctis suis suscitat, ita ut ipsi fluens aqua de vivente aqua Spiritus sancti fluant. Atque hoc ita in præcepto Dei factum est, ut Deus voluit. « Et vocavit Deus aridam terram, congregationesque aquarum appellavit maria (*Gen.* I). » Itaque Deus Israel Ecclesiam promissam terram fluentem lac et mel nominavit, quia ipsa et dulcedo et candor coelestis regni est, cum fide et confessione Dei Patris in Christiano populo effulsit, ita ut idem populus Deum in vera Trinitate, quam Judæi percipere noluerunt, confiteretur. Ista etiam Ecclesia ab aquis, scilicet apostolis, congregata mare nominatur, quia inimicitiæ diabolicæ pugnæ contra animas et tempestates malorum Christianorum et paganorum contra corpora in magnis periculis in Ecclesiam inundant, eam opprimere volentes, nisi Deus eos liberet, qui nauta et remex suorum semper est, quia nullus Christianus cœlestem Jerusalem intrare potest, nisi tempestates illas, Deo adjuvante, pertransierit. Et Ecclesia etiam hoc ipsum mare est, quod Joannes evangelista, ut vitreum mare mistum cum igne vidit, ut in Apocalypsi dicit : « Et vidi tanquam mare vitreum mistum cum igne, et eos qui vicerunt bestiam, et imaginem illius, et numerum nominis ejus stantes supra mare vitreum, habentes cytharas Dei et cantantes canticum Moysi servi Dei, et canticum agni (*Apoc.* xv). » Hoc considerandum sic est : Ego cui secreta Dei demonstrata sunt, vidi in interioribus oculis Ecclesiam quam Deus de communi populo Judæorum et paganorum vocavit, in fide puram, nec non e multis tribulationibus concussam, ubi fideles per Spiritum sanctum accensi, vivum Deum in vera fide cognoscebant et inspiciebant, quia fides velut umbra Divinitatis est, quam mortalis homo perfecte videre non potest. Et umbra formam quæ non videtur demonstrat, sicut et circinus formam nondum formatam signat, quemadmodum et Filius Dei Philippo Patrem desideranti videre dicit, quod ille qui videt eum videat et Patrem suum (*Joan.* xiv). Sancta enim divinitas in humanitate latuit, et per doctrinam qua totum mundum illustraverat, mundo illuxit ; sicut et aqua terram, quæ velut corpus ipsius est, totam perfundit, et ad refectionem omnis creaturæ fructiferam facit ; quia etiam ut Deus a cœlestibus spiritibus videtur, sic quoque voluit, ut a creatura in humana natura conspiceretur. Sed et illos attendi qui superaverunt antiquum serpentem, ac membra ipsius et numerum angelici exercitus ejus, quoniam locus et numerus eorumdem cadentium spirituum per hominem implebitur, quem diabolus per invidiam de paradiso seduxerat; attendi, inquam, stantes in altitudine Ecclesiæ, dum carnem suam mortificarent cum sanctis operibus, et cum signis quibus undique in laude Dei volabant. Et etiam habebant laudem illam quæ ex præcepto Dei scripta est, et quam Deus per creaturas constituit, quia sicut cœlestis Jerusalem ex impolitis lapidibus qui in terrenis jacebant primitus fundata existit, ita et vetus lex, spiritualia in se occultans, tandem spiritualia intelligere incœpit per quæ muri ejusdem civitatis postea ædificabantur. Cantabant quoque canticum Moysi in similitudine cantoris, qui præsentia et futura cantat, quæ tamen ei ignota et aliena sunt, excepto quod tantum ad ipsa suspirat, sicut et Moyses cum veteri lege quasi vox erat, in qua Verbum, scilicet humanitas Salvatoris latuit, qui scilicet Moyses omnia mirabilia incarnationis ejusdem Filii Dei signficanter scripsit, quemadmodum Deus eum docuit. Ipsi etiam cantabant canticum Agni, quod in ordine virginum est, quæ Agnum Dei in fide habent, desponsationem carnis postponentes, eumque in dilectione intuentes velut ipsum præsentem habeant, quem in carne non vident. Quapropter et ipsis valde jucundum est quod summo Regi desponsatæ sunt, et quod cum jubilatione laudis ipsi cantant, quia etiam ad alienam vitam cum suspirio animæ semper anhelant, et omnem sollicitudinem suam Deo commendant voce et opere eum laudantes.

Quod uterus Ecclesiæ, instar cujusdam terræ, et herbam virentem in simplicitate fidelium parvulorum, et ligna pomifera in robusta operatione perfectorum modo germinet, et juxta semen laus fidei in successione credentium usque in finem germinativa sit, et hoc in die tertio, scilicet in claritate ejusdem fidei.

XXXIII. « Et vidit Deus quod esset bonum, et ait : Germinet terra herbam virentem et facientem semen, et lignum pomiferum faciens fructum juxta genus suum, cujus semen in semetipso sit super terram. Et factum est ita (*Gen.* I). » Vivens terra Ecclesia est, fructum justitiæ cum doctrina apostolorum pariens, sicut ipsi filiis suis in initio prædicaverunt, ut quasi herba in viriditate rectæ fidei essent, quam in semine verborum Dei percepissent, et ut etiam fructiferæ arbores secundum legem Dei flerent, ita ut in semine eorum fornicationes et adulteria non perpetrarentur, sed in recta nativitate filios super terram parerent. « Et factum est ita, » quia in sono apostolorum fidem suscepit Ecclesia, et unaquæque constitutio populorum rectæ legi subjecta est. « Et protulit terra herbam virentem, et afferentem semen juxta genus suum, lignumque faciens fructum, et habens unumquodque sementem secundum speciem suam. » Ecclesia, quæ est terra viventium fructum bonorum operum in viriditate fidei protulit, et afferentem semen Verbi Dei, et fructum ita ut etiam filii ejus, sive divites sive pauperes, sive majores natu sive minores, rectum conjugium secundum formas suas exercent. « Et vidit Deus quod esset bonum. » Et illud ante Deum bonum erat. « Factumque est vespere et mane dies tertius, » Tunc divisio sparsionis Christiani populi, quæ ex præliis infidelium et doloribus quos ei propter rectam fidem inferebant facta est, quasi per vesperum se declinare coepit ad mane illius diei, scilicet stabilis fidei in qua Christiani constitutam legem acceperunt, per quam scirent quid eis in eadem lege Dei faciendum esset; et hoc factum quasi dies tertius cum tertia luce rectæ fidei est. Et iterum alio modo : « Dixit vero Deus :

Item quomodo ea quæ eodem tertio die facta narrantur, per historiam in moribus filiorum Ecclesiæ inveniantur juxta tropologiam, adjuncto ad hoc competenti testimonio Evangelii, et quo sensu accipi debeat.

XXXIV. « Congregentur aquæ quæ sub cœlo sunt in locum unum, et appareat arida. Factumque est ita (*Gen.* 1). » Hoc considerandum sic est : Deus in compunctione cordis hominis dicit ut omnes necessitates corporis quæ discretioni subjacent, in placidum locum unius usus congregentur. Quomodo ? Ut homo in epulis, aut in ebrietate, aut in illecebrosis ornamentis vestimentorum, aut in tortuosa mente superfluus non sit, in omnibus his gloriam sibimetipsi requirens ; sed necessitas corporis ibi tantummodo appareat. Quomodo ? Ut corpus ita modice pascatur, ut eo recte refecto, anima gaudium habere possit ; et ut justa itinera cum illo habeat, ita ut de nimia abstinentia in præcipitium non prosternatur, et ne etiam de superfluitate prædictæ immoderationis prematur. Et sic in homine omnia hæc per admonitionem Spiritus sancti fiunt, quam ipse in hilaritate mentis suscepit. « Et vocavit Deus aridam terram, congregationesque aquarum appellavit maria. » Et Deus cum eadem admonitione homini illi per sanctam humilitatem insistit, ita ut se ipsum miseram aridamque terram propter diversas necessitates corporis su. nominet ; unde etiam propter sæculares res, quæ in ipsis necessitatibus latent, suspiria habet, se ipsum ut fluctuationem maris existimans, et ob hoc etiam in humilitate se deprimens, quasi spirituali gaudio indignus sit. « Et vidit Deus quod esset bonum et ait : Germinet terra herbam virentem, et facientem semen, et lignum pomiferum, faciens fructum juxta genus suum, cujus semen in semetipso sit super terram. Et factum est ita (*Ibid*). » Deus in amplexione dulcis ac profundæ humilitatis videns quod modo seipsum propter terrena despiciat, quæ de fragilitate sua sine contagione esse non possunt per admonitionem Spiritus sancti ait : « Quia homo compunctionem cordis et discretionem boni et mali suscepit, et seipsum terram esse cognoscens sanctæ humilitati prostratum subjecit, nunc in viriditate virtutum diligenter germinet, ita ut in cogitationibus et operibus suis carnalibus desideriis non succumbat, quia ipse in corpore suo succum habet, qui eum ad hoc semper allicit, ut in operibus suis peccare incipiat.

Et hæc bona opera in consuetudine habens, semen faciat, videlicet ut secundum verba doctorum se corrigens a prædictis desideriis, se abstrahat, et deinde ad fortiores virtutes fructus facientes, secundum doctrinam magistrorum ascendat. Quomodo ? Homo a doctoribus quid bonum, quidve malum sit scrutari debet, et secundum doctrinam eorum faciat, ita ut instrumenta virtutum illarum quas incœpit, hoc semen Verbi Dei in semetipsis habeant, et illud super terram, scilicet super hominem sit ; sicque fiet ut quod de admonitione Dei ardenter suscepit, ex amore Dei in ipso perficiatur. « Et protulit terra herbam virentem et afferentem semen juxta genus suum, lignumque faciens fructum, et habens unumquodque sementem secundum speciem suam (*ibid.*). » Homo a Spiritu sancto interius doctus, tunc de corde suo viriditatem abstinentiæ, delectationes carnis coercendo, et verbum correctionis profert, quando in se secundum magistrationem qua se ipsum constringit, ad Deum semper anhelat. Nam unaquæque virtus arida est, si verbo correctionis intra hominem non radicat, ut Salvator in Evangelio ait : « Aliud cecidit supra terram, et natum aruit, quia non habebat humorem (*Luc.* VIII). » Hoc considerandum sic est : Semen verborum doctrinæ Spiritus sancti in terra seminatur, quatenus homo per illud in anima pascatur. sed quoniam illud multimoda dona Spiritus sancti sunt, aliud cadit supra dura incredulorum hominum, ita ut illi hoc interdum quasi gementes percipiant, sed tamen fructum pietatis non proferunt, quia humore lenitatis carent, quemadmodum nec terra sine humore infecunda ad fructus existit, fructum utilitatis non affert. Deus enim creaturas ad intellectum hominis creavit, quatenus in illis utilia eligerent et inutilia reprobarent, sicut et terra ubi humore perfusa mollis est, fructum facit, ubi vero absque humore dura et lapidea existit, fructum afferre non potest. Nam homo in scientia boni terra bona et delicata notatur, in scientia autem mali terra dura et lapidea intelligitur, ita ut ros Spiritus sancti super illos qui cum delectatione spiritalis vitæ bona opera operantur, ad plurimum fructum fundatur, et illi qui per gustum carnis quæque peccata voluptatis ad se colligunt, per duritiam cordis ut petrosa terra infructuosi permaneant, quoniam succus bonæ voluntatis in ipsis exaruit. Et quomodo virtus intra hominem verbo correctionis radicabit ? Ut ipse verbo cordis sui se constringat, cum quo contra vitia pugnare debet. Et sic altas virtutes quibus se per doctrinam majorum instruit proficiet, ita scilicet ut intelligat qualiter cum timore se constringere, et a malo per abstinentiam recedere debeat, quia homo qui in delectatione a pravis operibus se abstinet, majoris virtutis est quam ille qui non delectatur, opera carnis suæ devitat. Et sic homo per verba dictorum quæque sapienter perficiens, in semetipso fructum secundum exemplum quo doctus est proferet, et verba eorum contra se cum correctione verborum suorum habebit. « Et vidit Deus quod esset bonum (*Gen.* 1). » Prædictæ causæ Deum ita tangunt, ut eas acceptando sciat et videat quia homo se ipsum restaurans, de instabilitate quæ sibi in ruina Adæ orta est, et quam malam esse novit humiliter surrexit, et hoc valde bonum est, quia Deo tunc reviviscit, dum ad Deum pervenire desiderat. « Factumque est vespere et mane dies tertius (*ibid.*). » Et ita fiet hoc vespere, scilicet bonus finis, cum initio bonum incipientis dies tertius, ut prædictum est, in hoc quod homo se ipsum a malis operibus constringit, facta tertia virtute boni operis, quæ humilitas est.

Quomodo ad litteram accipiendum sit quod scriptum est : « Dixit Deus : Fiant luminaria in firmamento cœli, » et cætera usque ad id, « et factum est vespere et mane dies quartus.

XXXV. « Dixit autem Deus : Fiant luminaria in firmamento cœli, et dividant diem et noctem, et sint in signa et tempora, et dies et annos, et luceant in firmamento cœli, et illuminent terram. Et factum est ita (*Gen.* I). » Hoc considerandum sic est : Per divinam jussionem illuminatio firmamenti opus Dei pulchrum et gloriosum ostendebat, ut etiam anima corpus pulchrum et gloriosum faciet, quod licet post transitum illius propter primam conceptionem in putredine feteat, tamen sicut et superiora immutabitur, cum ipse homo denuo resuscitabitur. Et officia luminarium istorum Deus constituit et divisit in diem et noctem, quia in his duabus divisionibus, videlicet in die ac in nocte, omnis dispositio necessitatis hominis pendet, quatenus ille cum rationalitate per signa eorumdem luminarium, quæ creatura illa et illa sit, et quomodo tempora dierum, noctium et annorum per singula hæc signa nominentur, atque ut ipsa luminaria in firmamento elucidata videantur illuminantia terram, et ea quæ in ipsa sunt. Omniaque hæc ita constituta sunt, ut ea Deus apparere jussit. « Fecitque Deus duo magna luminaria, luminare majus, ut præesset diei, et luminare minus, ut præesset nocti; et stellas, et posuit eas in firmamento cœli, ut lucerent super terram, et præessent diei et nocti, et dividerent lucem et tenebras (*ibid.*). » Deus per Verbum suum hæc duo magna luminaria lucide illuminavit, majus scilicet in die, minus vero in nocte, quorum alterum in ordine suo stat, nec crescit, nec minuitur, alterum per signa firmamenti crescit, et defectum accipit. In his quoque duobus luminaribus Deus quomodo opus suum, quod homo est, in duabus naturis perficeret prævidit. Unde et ille in bona scientia cœlestis, et in mala scientia terrenus est. Bona enim scientia ex Deo cœlestis est, nec ullus rationali animæ abstrahere potest, quin per bonam scientiam reptilia terræ scientiæ assimilata præcellat, quæ de terra roborata in nocte super ea audacius reptant et in sordibus gaudent. Mala vero scientia cum sordibus peccatorum est, bonæ scientiæ subjacet; eamque justam cognoscit, quamvis ipsam abhorreat. Sed bona scientia fortissimum bellatorem malæ scientiæ resistere facit, illumque, si ceciderit, per pœnitentiam erigit, et ne in gustum peccati recurrat præmunire non desinit, quoniam bona scientia ut dies, mala autem ut nox est.

Quapropter et ista in malo delectatur malumque perficit, cum delectatio peccatum præcedit, atque per has duas scientias, omnis homo mundas et immundas res cognoscit. Dies namque noctem scit, et ab ea secedit ; nox vero diem novit, et ab illa fugit eodemque modo bona scientia a mala declinat; mala quoque a bona se separat, quoniam altera alteram abhorret. Sic homo cœlestis et terrestris est, quia cum cœlum in primo casu angeli motum est, Deus cum vili natura terræ illud reparavit, atque hoc modo terra fundamentum cœli est, cœlumque cum majoribus miraculis, quam in primo angelo fuisset, super terram ædificatum est, quoniam homo de terra factus, plenum opus Dei est. Stellæ quoque de luna, ut flamma de igne, flagrant, et per totum firmamentum lucenti lumine infusæ sunt, velut si flamma per cribrum luceat, et sic totam terram illuminant, atque ut positæ sunt, usque ad novissimum diem præstabunt. Ipsæ etiam in defectu lunæ lucidiores, quam in augmento illius videntur, quia in augmento ejus præ fortitudine serenitatis ipsius perfecte videri non possunt, solique occurrunt diem ostendentes, et lunæ subveniunt noctem illuminantes, et sic dividunt lucem a tenebris, ubi diem et noctem cum ministerio suo ostendunt. Et vidit Deus quod esset bonum, scilicet approbans quod per spirantem sphæram luminis opus suum plenum, et ad ministerium paratum et elegans esset tenebris fugatis. « Et factum est vespere et mane dies quartus, quia quatuor elementa, videlicet ignis, aer, aqua et terra, per gratiam Dei parata et occultata in omnibus rebus apparuerunt in quibus constituta erant. Item alio modo :

Quia secundum allegoriam firmamentum firmitas Christianæ fidei, per duo magna luminaria duæ potestates, spiritualis in sacerdotibus, et sæcularis in regibus, per stellas minores qui sub illis sunt, prælati vel judices designantur; qui omnes positi sunt ut illuminent terram, Ecclesiam per diem et noctem instruendo, spiritales doctrinæ et exemplorum lumine, et coercendo carnales censura justitiæ.

XXXVI. « Dixit autem Deus : Fiant luminaria in firmamento cœli, ut dividant diem et noctem, et sint in signa, et tempora, et dies, et annos, et luceant in firmamento cœli, et illuminent terram. Et factum est ita (*Gen.* I). » Hoc considerandum sic est : Deus per Spiritum sanctum in cordibus discipulorum suorum dixit : « Fiant sacerdotes, et doctores in Filio meo, qui Ecclesiam, quæ supra firmam petram, id est Christum, ædificata est, illuminent, de quo lapide justitia veræ fidei emanavit. » Ipsi quoque sacerdotes in omnem Ecclesiam mittantur, eam ita illuminantes, ut populo per verba sua diem, id est salutem fidei dividant, et felicitatem illam quam per eamdem fidem consequantur, si ea observaverint annuntient. Et etiam populo noctem, scilicet æterna tormenta, quæ ad infinitatem pertinent, insinuent, et hoc eis ipsi doctores etiam cum variis signis probent, ita ut illa quæ ipsis observanda sunt annuntient, scilicet festa quæ celebranda sunt, et tempora jejuniorum quæ constricta sunt, et dies qui in lege Dei remissibiles sunt, ut annum cum institutis præceptis observent. Et præcepta illa per fidem in cœlo, id est in Filio meo, luceant, quia laudem angelorum sequuntur, et etiam ecclesiam terram viventium cum laude Dei illuminent. » Et factum est ita. Fecit itaque Deus duo magna luminaria, luminare majus ut' præesset diei, et luminare minus ut præesset nocti. Et stellas. Et posuit eas in firmamento cœli ut lucerent super terram, et præessent diei et nocti, et dividerent lucem ac tenebras (*ibid.*). » Fecit Deus duo magna luminaria, quæ Ecclesiæ necessaria erant; luminare majus ut præesset diei, videlicet principales et spirituales magistros, qui præpositi Ecclesiæ, lumen fidelium oculorum existunt, ita ut reliqui spirituales magistri, id est minores personæ, sub præcepto eorum, sicut bos sub jugo subditi et ligati sint, ne sine pastore errando ambulantes, ab acri volucre, scilicet diabolo, arripiantur. Et etiam luminare minus, scilicet reges et alias sæculares potestates, ut terrenis rebus et sæcularibus populis tanquam nocti præsint, qui cum tenebrositate multarum illicitarum rerum frequenter obscurantur, quia sensibilis voluptas carnis, quæ in Adam orta est, in illis multoties surgit. Unde in semetipsis quid facere possint computant, et a justo judicio se non recte dijudicantes abscondunt. Fecit etiam stellas, videlicet eos qui in minori potestate majoribus principibus subjecti sunt, ut viventi terræ, id est Ecclesiæ luceant, ubicunque ipsa in firmamento petræ, id est in Christo, fuerit, ita ut lucidis, id est recte viventibus, et umbrosis, id est in malo rixantibus præsint, lucidos secundum opera eorum, et malos secundum nequitiam ipsorum judicantes. « Et vidit Deus quod esset bonum, » hoc est in beneplacito suo disposuit, ut in Ecclesia diversis distincta gradibus, et simplices sapientum doctrina illuminarentur, et delinquentes rectorum disciplina corrigerentur. « Et factum est vespere et mane dies quartus (*ibid.*). » Ordinante Deo Ecclesiam instabilitas illa, quæ in ea erat quando Christiani spirituales pastores et sæculares rectores non habebant, quasi quarto die ab obscuritate confusionis illius se declinare cœpit ad ortum stabilis diei, qui in eadem Ecclesia refulsit cum in veræ fidei et cæterarum virtutum luce sanctæ operationis studio confirmata est. Et iterum alio modo:

Item quia secundum tropologiam per firmamentum discretio rationis, per duo magna luminaria duo præcepta charitatis, per stellas rectæ cogitationes intelliguntur, ut per ista quisque fidelis illuminatus sollicite discernat quid honoris et gratiæ Deo, quid et suæ et proximorum necessitati secundum salutem animæ et utilitatem corporis debeat.

XXXVII. « Dixit autem Deus: Fiant luminaria in firmamento cœli, et dividant diem et noctem, et sint in signa, et tempora, et dies, et annos, et luceant in firmamento cœli, et illuminent terram. Et factum est ita (*Gen.* I). » Hoc considerandum sic est: Deus in admonitione Spiritus sancti dixit: Fiant ex dono Spiritus sancti in discretione luminaria, ut homo Deum et proximum suum sicut se ipsum diligat. Quomodo faciet hoc? Tota viriditate animæ ad Deum firmiter anhelet, ita ut alienum deum in infidelitate quasi extraneus non quærat, sed in virili animo ad me respiciat. Proximum quoque suum sicut se ipsum diligat, ita ut quæque necessaria, quæ ad formam suam pertinent, illi diligenter provideat, quia ipse forma et frater ejus secundum humanitatem est. Et eum indignum non habeat, quo sicut vilis illi creatura subjectus sit, sed in societate sua voluntarie suscipiat, quia Deus qui justum, ipse etiam et illum in eadem forma constituit. Caveat quoque ne in morte animæ illius ullam communionem peccatis ipsius consentiendo habeat, ita ne animam ipsius sicut nec suam occidat. Et ista luminaria in firmamento cœli, id est in discretione rationis luceant, ita ut ipse homo cum discretione diem recte discernat, scilicet quali honore me omnipotentem Deum in desiderio animæ suæ habeat, et in gemitibus suis ad me libenter suspiret. Noctem quoque, id est illud obscurum quod in corpore latet, et ad terrena pertinet, scilicet necessitatem sui ipsius et proximi, ita cum eadem discretione illuminet, ut nec propter inferiora a spe superiorum avocetur, sed in his etiam ad cœlestia desideria semper suspiret. Ipsa quoque luminaria sint ei in interiora signa, quomodo suspirare, orare et flere ad Deum et Spiritum sanctum in adjutorium suum advocare debeat; sint ei et in tempora, videlicet qualiter in proprio et in proximi sui usu exerceatur; sint ei etiam in dies fidei, ut omnia opera sua in ædificatione boni operis in me reluceant. Et sint ei in annos, ita ut annuale tempus observet, bonum in his omnibus per sancta opera cum Deo et proximo suo incipiens, et in omni lege Dei bene finiens, ita ut per omne tempus vitæ suæ bona exempla proximo suo præbeat, in omnibus constitutis rebus, quæ in duobus præceptis pendent. Et hæc luminaria in prædictis præceptis in firmamento cœli, id est in discretione mentis luceant, atque omnia lumina operis hujus terram, videlicet hominem, illuminent, ut ante Deum mente et corpore refulgeat. Et hoc in homine ita fiet per compunctionem ardentis amoris Dei et proximi sui, ut hæc omnia in Deo discernat. « Fecitque Deus duo magna luminaria, luminare majus ut præesset diei, et luminare minus ut præesset nocti, et stellas. Et posuit eas in firmamento cœli ut lucerent super terram, et præessent diei et nocti, et dividerent lucem ac tenebras (*ibid.*). » Facit Deus in homine per inspirationem Spiritus sancti, ut totis viribus ipsum amando inspiciat, ut hoc lumen diei, id est veræ fidei, quæ ante oculos Dei lucet, præsint, quia homo Deum exterioribus oculis videre non potest, sed eum per fidem in anima interius tangit. Et luminare minus, scilicet dilectionem proximi sui; quæ minor dilectione Dei est, quia homo toto desiderio Deum intra animam suam aspicit, proximum autem palpando et videndo cum exterioribus oculis facie ad faciem videt; et ideo ipsa nocti præest, quia visio hujus mundi nocturna est, quæ sine contagione peccati esse non potest. Et stellas, id est rectas et bonas cogitationes quas Deus in firmamento, id est in discretione hominis ponit, ut in omnibus rebus quid bonum et utile sit deprehendat, ne tenebris ignorantiæ in scientia sua obscuretur, et ut ipse super infirmitatem corporis illud regendo vigilet, et cogitationibus suis agenda quæque prævideat; ipsæ quoque cogitationes lumini justitiæ et necessitati corporis ita præsint, ut eas recte disponant, et ut lumen justitiæ Dei a tenebrosa necessitate sæculi et corporis illam isti præponendo discernant. « Et vidit Deus quod esset bonum, » approbans scilicet domum suam in homine secundum justitiam suam recte dispositam, et gaudens illum præcepta sua quibus ei reconciliatus est, operibus adimplevisse. « Et factum est vespere et mane dies quartus (*ibid.*). » Ipse Deus in homine bonum finem cum initio prædictæ legis facit, quia omnibus virtutibus bonum finem providet. Quod si finis bonus non est, operatio initii etiam obtruncatur, sicut inutilis arbor peribit, cujus rami virescunt, et florere incipiunt, sed tamen fructum non proferunt. Et quemadmodum arbor illa, si sic perseveraverit, abscindetur, ita et homo ille a Deo eradicabitur, qui bene operari incipit, et cœptum ad finem non perducit, quia Deus initium bonorum operum sine bono fine non respicit. Et in credentibus populis, qui quatuor elementis utuntur, quasi dies quartus fiet hæc quarta virtus, scilicet dilectio Dei et proximi, quæ spiritalibus et sæcularibus ad observandum communis est.

Quomodo ad litteram intelligendum sit, et quomodo homini coaptetur quod scriptum est: « Producant aquæ reptile animæ viventis, et volatile super terram, » usque ad id: « Et factum est vespere et mane dies quintus. »

XXXVIII. « Dixit etiam Deus: Producant aquæ reptile animæ viventis, et volatile super terram sub firmamento cœli (*Gen.* 1). » Hoc considerandum sic est: Per vivens Verbum suum imperavit Deus ut producerent aquæ reptilia, et volatilia viventis animæ, velut flores, qui de ramis arborum procedunt, quia Deus creaturas primitus creavit, deinde alias ex aliis produxit, quoniam prævidit, quid unicuique constitutioni in firmamento et sub firmamento quæ per ipsum tangitur adesset, sicut etiam forma primum constituitur, et post ad unumquodque opus suum movetur. Et processerunt quæ in aquis natant, et quæ in aere volant, ne aqua vacua foret opus illud adimplere, quod per ipsam perficiendum erat, et ne etiam aer corporalibus et viventibus volatilibus careret, quæ ex aere replentur et vivificantur. Unde et pisces ex natatu natabiles; volucres vero ex volatu volatiles dicuntur; homo autem nec natare ad perfectum, nec volare potest, sed pedibus suis super terram incedit, de qua creatus est. Sed pisces et volucres mundioris geniturae genitura cæterorum animalium sunt, quia Spiritus sanctus aquas præ cæteris elementis sanctificavit; et sicut aqua omnia munda et immunda superat, ita et anima omnia penetrat atque carnem superexcellit. Anima etiam humana ad imaginem Dei facta est, et cum omnibus creaturis in homine operatur; sed Deus in omnibus creaturis est, omnesque creaturas excedit, quoniam nec initium nec finis in eo reperitur. « Creavitque Deus cete grandia, et omnem animam viventem, atque motabilem, quam produxerant aquæ in species suas, et omne volatile secundum genus suum (*ibid.*). » Deus in aquis genera piscium formavit, ac de ventosa flagrantia viventem animam eis induxit. Quapropter et ipsi motabiles vivunt de aquis generati, et inter omnia reptilia primi apparuerunt. Et quia vivens spiramen formas corporum excellit, ideo et aqua primum viventia produxit, quoniam aqua et sanctificata et spiritalis est. Genitura quippe in aquis quæ fit genitura illa quæ per primam fraudem antiqui serpentis decepta est mirabilior existit, quia in dilectione carnis gustus peccati exoritur; sed quoniam diabolus regenerationem in aquis destruere non potest, aquas odio habet. Deus autem squamam concepti peccati in Filio suo per lavacrum abluit, quo diabolus hominem denudare non potest, quoniam nescit unde virgo hominem illum conceperit, qui omnem gustum peccati per aquam diluit. Et quia diabolo partus Virginis occultus est, quæ viscera sua non vulnerata, sed integra esse cognovit, idcirco et genituram hanc Spiritus et aquæ dissipare non valet. Per pisces autem Deus designavit, quod homo per viventem animam mobilis est, quemadmodum et pisces in aquis agiles sunt; per volatilia vero ostendit quod per rationalitatem ubique volat, velut etiam volatilia in aere feruntur. Quapropter et spiritalibus hominibus, qui communem populum fugiunt, spiritales cibi secundum genus suum convenientes adhibendi sunt, sicut et pisces et volucres a cæteris animalibus segregati in aquis et in aere vivunt. « Et vidit Deus quod esset bonum, benedixitque eis dicens: Crescite et multiplicamini, et replete aquas maris, avesque multiplicentur super terram (*ibid.*). » Vidit Deus, id est approbavit, esse bonum, ut prædicta genera piscium et volatilium aerem in se haberent unde viverent; et benedicendo eis ne deficerent, jussit unamquamque earum secundum genus suum crescere in formatione, multiplicari in numero velut germina et fructus agrorum crescunt et proficiunt, quatenus et pisces replerent aquas, quia in ipsis versantur, et aves in multitudinem exsurgerent, quæ propter pascua sibi convenientia terræ immorantur. « Et factum est vespere et mane dies quintus (*ibid.*), » qui finis et ortus operis hujus hoc idem opus ostendit quod Deus ad quinque sensus hominis posuit, quos anima in homine perlustrat. Quod enim anima videt, hoc spiritale est, quoniam ex spiritali spiraculo visum lucis habet, discernens quid visibile et quid invisibile sit, quia et per rationalitatem societatem angelicorum spirituum se habere intelligit. Ipsa quoque invisibilis ut angelus existit, formamque corporis sui movet, quod quasi tunica ipsius est per quam obtegitur ne videatur, licet omnis creatura eam intelligat, quia vivens motus est. Alio modo :

Quia Deus unicum Filium suum mundo destinaverit, cujus prædicatione sublimia cœlestis conversationis præcepta data sunt, quibus spiritales a carnalibus discernerentur: et verba Evangelii de relinquendis omnibus cum eleganti expositione ad instructionem evangelicæ disciplinæ pertinente.

XXXIX. « Dixit Deus : Producant aquæ reptile animæ viventis, et volatile super terram sub firmamento cœli (*Gen.* i). » Hoc considerandum sic est : Deus per prædicationem discipulorum suorum Ecclesiæ dixit : Nunc subtiliora præcepta per abstinentiam producamus, quæ cum vigiliis, et jejuniis, ac orationibus in Christo fideliter vivendo terrenis rebus non adhæreant, et quæ sub firmamento cœli, quod Christus est, cum altioribus pennis virtutum quasi virgines et viduæ in Ecclesia volent et cœlestia sequantur. « Creavitque Deus cete grandia, et omnem animam viventem atque motabilem, quam produxerant aquæ in species suas, et omne volatile secundum genus suum (*ibid.*). » Ostendit scilicet unicum Filium suum in carne in quo ortum est Evangelium, in quo dicitur : « Omnis qui reliquerit domum vel fratres, aut sorores, aut patrem, aut matrem, aut uxorem, aut filios, aut agros propter nomen meum, centuplum accipiet, et vitam æternam possidebit (*Matth.* xix). » Hoc considerandum sic est : Omnis fidelis qui reliquerit domum, id est propriam voluntatem, vel fratres, scilicet carnales concupiscentias, aut sorores, id est gustum peccatorum, aut patrem, videlicet delectationem carnis, aut matrem, id est amplexionem vitiorum, aut uxorem, scilicet avaritiam, aut filios, videlicet rapinam et furtum, aut agros, id est superbiam pro gloria nominis mei, ita me inspiciens qui Filius Dei et Salvator hominum sum, centies tantum in quiete mentis suæ corporaliter accipiet, quia omnem sollicitudinem sæculi a se projecit, et me subsecutus est. Unde ei et omnia hæc in ministerio occurrent. Nam primitus relinquenda est domus, videlicet propria voluntas, in qua homo pro libitu suo requiescit, velut ille qui in domo sua in quiete manet ; deinde fratres, id est carnales concupiscentiæ, quæ propriæ voluntati conjunguntur ; et postea sorores, scilicet gustus peccatorum qui carnales concupiscentias ubique subsequitur ; deinde autem pater, per quem delectatio carnis notatur, quæ in carnalibus concupiscentiis valde delectatur ; et post hæc mater, id est amplexio vitiorum, quæ delectationem carnis per omnia amplectitur ; et deinde uxor, videlicet avaritia, quæ amplexionem vitiorum imitatur, ita ut illis non saturetur, sicut et vir cum uxorem duxerit, in avaros quæstus labitur. Et postmodum filii, id est rapina et furtum quæ avaritiam subsequuntur, quemadmodum homo filiis suis divitias congregare nititur ; et tandem agri, scilicet superbia, quæ rapinam et furtum defendere conatur, quoniam cum homo injuste acquisita impune sibi attraxerit, superbire per jactantiam incipit. Sed cum quilibet fidelis ista omnia a se abjecerit, et meliora superabundanter recipit, ut prædictum est ; vitam quoque æternam in beatitudine indeficientem possidebit, eo quod se ipsum pro Deo temporaliter neglexerit, et ad cœlestia anhelaverit. Iste enim qui seipsum et genus suum et natos suos propter Deum relinquit, quemadmodum Abraham fecit, pro unoquoque quod oculis videt et corde attendit, præmium centupli accipiet, velut etiam de Maria dicitur : « Dimissa sunt ei peccata multa, quoniam dilexit multum (*Luc.* vi), » quia et illa a vertice usque ad plantam pedis se totam dimittens, de singulis mercede remunerata est. Quapropter et iste cum omnibus supradictis laboribus decorabitur, ut etiam faber opus suum cum eleganti decore exornat, et ad cœlestia gaudia tandem transibit. Hæc vetus lex nesciebat, quoniam humanitas Salvatoris illa nondum tetigerat, sed nova hæc in se fideliter colligebat. Filius namque Dei, qui in igne Spiritus sancti a matre genitus est cui et humana genitura omnino ablata et abstracta est, rectam genituram spiritalis vitæ docuit, ita ut homo se ipsum constringat et sanctificet, et sic vivendo angelicam conversationem habeat, quia idem Filius Dei humanitate sua hominem liberavit, et ad superna gaudia reduxit. Deus etiam omnem vitam virtutum creavit, quæ in viventibus mentibus hominum qui se de terra elevant, manent, et qui etiam in hoc mobiles sunt quod de malo ad bonum se semper convertunt, et de virtute in virtutem proficiunt. Et has virtutes illæ aquæ super quas Spiritus sanctus venit, iidem apostoli produxerunt, cum in bonis exemplis populum præibant, et etiam cœlestem conversationem ostenderunt, quæ quasi nubes volat, omnia terrena secundum possibilitatem suam in genere virtutum transiens, sicut Filius meus in Evangelio dicit :

Item verba Evangelii de multis mansionibus quæ in domo Patris sunt, et de duplici genere filiorum Ecclesiæ, spiritalium scilicet et sæcularium.

XL. « In domo Patris mei mansiones multæ sunt (*Joan.* xiv). » Hoc considerandum sic est : Filius Dei fidelibus suis vitam æternam promittens dixit : In cœlesti habitaculo quod Patris mei est, receptacula quamplurima secundum merita hominum sunt, ita ut unusquisque mansionem sibi illic faciat, quemadmodum in corporali vita Deum diligendo quærit. Nam in homine qui se ipsum abnegat, quasi homo non sit, et tamen sensibilem gustum peccatorum in corporali vase suo per omnia deserere non potest ; sed hoc modo victoriam corporalium desideriorum propter amorem Christi, et propter spem veræ fidei in passione habet, Deus valde delectatur, quoniam spiritui magis quam carni consentit. Hujus quoque tabernaculum cum innumerabilibus ornamentis propter studium victoriæ quo contra semetipsum pugnat ornatur, atque pro singulis hujusmodi laboribus singula præmia recipiet, in quibus etiam viventibus citharis gaudebit, quia Deus nullorum fulgentiam laborum obliviscitur. Unde et omnis harmonia Deum laudando miratur, quod terrenus homo, qui de terra est, in altitudinem illam in qua Deus est, in fide aspiciat, et eadem laus cum omni genere musicorum supra cœlos sonat propter miracula quæ Deus in illo operatur. Ipse enim ex illis est qui sæculum reliquerunt, cum rore Spiritus sancti totum mundum bona opinione replentes, et cum gratia ejusdem Spiritus multitudinem hominum ad se trahentes, ita ut per verba et opera eorum quamplurimi in Deo regenerati sint. Iste namque homo omnibus jucundus exist t; et quemadmodum aqua quæ hominibus necessaria est, omnem necessitatem eorum sustentat, sic et per istum reliquus populus sustentatur. Sed et sicut terra germinando fecunda existit, ita etiam Deus homines alterum ab altero procreari constituit. Et ut ipse Deus in prima creatione terram creavit et aquam produxit, sic etiam homines in duas partes separari prævidit, alteram scilicet, ut filios procrearent, alteram vero ut in tunica Filii Dei a procreatione desisterent. Sæculares autem homines, qui propter Deum magistros suos audiunt, qui eos ut angeli homines custodiunt in cœlesti gaudio Deus secundum merita illorum eleganter exornat. Quapropter et spiritales populi super eos multum gaudent, quemadmodum etiam angeli super ipsos lætantur, quoniam in societate eorum sunt.

Quod benedictio piscibus et avibus ad incrementum a Deo data in spiritali generatione baptizatorum, et in fecunditate virtutum cujusque fidelis impleatur, et cur ista quinto diei ascribantur.

XLI. « Et vidit Deus quod esset bonum, benedixitque eis dicens: Crescite et multiplicamini et replete aquas maris, avesque multiplicentur super terram (*Gen.* 1).) » Vidit Deus quod bonum erat ut justi populi sibimetipsis et propriis voluntatibus renuntiarent, et hoc cum interiori benedictione cordis in Filio suo, qui etiam hoc exemplum dedit, benedixit dicens: Istæ virtutes in Deo crescant, et in bono multiplicentur, et repleant viventes et torrentes aquas, id est apostolos, qui rivulos Scripturæ Dei per scientiam suam in Ecclesia, quæ vitreum et igneum mare est, perducant, ut recordatio Incarnationis Domini cum contemptu hujus sæculi in hominibus fiat. Et volatilia spiritalium populorum super terram Ecclesiæ, quæ figura cœlestis Jerusalem est, multiplicentur, quæ replebitur cum Ecclesia, dum novissimus dies pertransierit. « Et factum est vespere et mane dies quintus

(*ibid.*). » Illa scilicet importunitas cum Christianus populus non haberet nisi communem vitam, in sæcularibus operibus tantum vivens, quasi per vesperum declinare se cœpit ad initium fortis diei, in qua singularis vita in abstinentia, in jejunio et in contemptu hujus sæculi pullulavit, quod in quinta luce veræ fidei per Christum confirmatum, ad ædificationem Ecclesiæ cum benedictione Dei ut dies quintus est. Et iterum alio modo:

Qualiter ea quæ opere quinti diei et benedictione Dei super idem opus suum data ad instructionem mortalitatis referri debeant, adhibito testimonio Isaiæ prophetæ dicentis: « Qui sunt isti qui ut nubes volant, et quasi columbæ ad fenestras suas, » et quomodo hoc quoque intelligendum sit.

XLII. « Dixit etiam Deus: Producant aquæ reptile animæ viventis, et volatile super terram sub firmamento cœli. (*Gen.* 1). » Hoc considerandum sic est: Deus in admonitione Spiritus sancti dicit, ut spiritalia dona in mentibus hominum ædificentur, et in prædictis causis se constringentes, a sæcularibus curis removeantur; et ut homines isti qui aquæ sunt, omne reptile virtutum producant, id est animas in contemplativa vita viventes, et etiam volantes virtutes commune præceptum sæcularis vitæ excellentes, ut propter amorem Dei supra constitutam justitiam seminis sui superabundanter ascendant, sicut bonus ager qui de semine quod in se seminatum est, superabundantem fructum profert, ut servus meus Isaias dicit: « Qui sunt hi qui ut nubes volant, et quasi columbæ ad fenestras suas (*Isa.* LX). » Hoc considerandum sic est: Qui sunt isti qui terrena respuentes, se ipsos abnegant, et mentibus suis ad cœlestia properant et velut columbina simplicitate semetipsos considerant, et sic Deum aspiciunt. O quam magna merces eorum apud Deum est, cum illum retrorsum non abjiciunt, sed ipsum omni devotione colunt? Deus enim opus suum ante omnem creaturam præsciverat, et cœlum et terram creavit, atque inter hæc duo reliquam creaturam constituit, quemadmodum eidem creaturæ necessarium fuit. Nam in aqua spiritalia, et in terra corporalia significavit; omneque quod immundum est, in aqua mundatur, sicut etiam corpus ex anima vivit, et ut homo corporalia tangit, quamvis animam tangere non possit, sed ab ipsa se vivere scit, et tamen quæ et qualis sit ignorat; atque in hoc scientia ipsius debilis est, terraque cum viriditate sua per aquam subsistit, quam eam portat, et ex ipsa perfunditur. Et Deus quasdam creaturas ad fortitudinem facti operis sui, id est hominis constituit, quoniam homo cum ipsis operatur, et ideo etiam in creaturis signavit, sed quantam possibilitatem homo desideria animæ operari habeat, quæ nunquam deficiet, et cujus suspiria per ventositatem ipsius ad cœlum volat. Quicunque enim ascendit, ille quærit ad quem ascendat. Sic etiam anima cum desideriis suis pulsat, quatenus ei Deus virtutem ad operandum det; et quia Deus eam in hoc approbat, ipsi concedit quæ ab eo postulat, sed cum ipsa descenderit, tunc concupiscentias carnis secundum quod gustus illius cupit operatur. Unde et sic duobus modis affligitur, ita scilicet ut supplicia de carne patiatur cum ad Deum ascendit, et multam afflictionem per scientiam cœlestis desiderii habeat, cum concupiscentiam carnis perfecerit. Quopropter etiam Deus homini creaturam discernit, alteram, videlicet visibilem, et alteram invisibilem, quemadmodum et corpus visibile est, et anima invisibilis, ut per hanc quoque conjunctionem quod bonum est eligat. Corpus autem per creaturas pascitur, animaque gustum carnis ad edendum movet, atque per suspiria sua ad hoc tendit, ne ex superfluitate ciborum corpus ita suffocetur, ut suspirare non possit. In hoc namque commixto opere anima ita operatur, ut corpus in spiramine suo cibis recto modo pascatur, quoniam si illud supramodum pascitur, vires animæ dilabuntur; si autem congrui cibi per nimiam abstinentiam illi subtrahuntur, superbus diabolus hominem ita extollit, velut in cœlum ascensurus sit, quatenus illum sic per superbiam ruere faciat. Itaque Deus hoc modo crapulam odit, atque irrationabilem abstinentiam reprobat, ideoque fidelis homo in utroque justum modum sibi imponat. Et omnes prædictæ virtutes sub discretione quasi sub firmamento cœli esse debent, ut ipsa eas ita regat, ne propter favorem aut elationem mentis altius ascendant quam ferre possint, nec etiam in iteratione sæcularium rerum profundius cadant quam illa constitutio quam a Deo acceperint habeat. « Creavitque Deus cete grandia, et omnem animam viventem atque motabilem quam produxerant aquæ in species suas, et omne volatile secundum genus suum (*Gen.* 1). » Deus magnas virtutes, scilicet integritatem carnis et continentiam in hominibus per inspirationem Spiritus sancti creat, ipsis omnem pompam atque delicias carnis cum desiderio ardentis amoris Dei abstrahens, ita ut in delectatione carnali se ipsos tanquam mortui sint conculcent, et omnes virtutes viventis animæ, quæ instabili vita persistunt, ita in eis confirmat, ut de humanæ naturæ conjugiis non maculentur. Et hæ sunt viventes virtutes quæ Agnum sequuntur, qui nunquam ulla macula iniquitatis maculatus est, atque motabiles ad meliora, cum a negotio conjugii, cui sæcularis sollicitudo adest, desistunt. Hæ quoque illustres virtutes in populis istis diversa varietate specierum producuntur, quarum altera castitas, altera continentia est; quibus cæteræ virtutes adhærent, quæ ad superiora quasi palma in multitudine generis sui ascendant. « Et vidit Deus quod esset bonum, benedixitque eis dicens : Crescite et multiplicamini et replete aquas maris, avesque multiplicentur super terram (*ibid.*). » Vidit Deus has virtutes valde bonas esse, quia in eis magna dulcedine delectatur, cum ipsæ virtutes Verbum Dei illud imitando tangunt. Quia namque Deus hominem, ut bonum operaretur, creavit, sed ipse bonum deferens, malum operatus est, voluit Deus Verbum suum hominem fieri, qui in bonitate sua omnem justitiam quam Adam reliquerat plenius proferret. Et idcirco etiam populus iste cum ipso Filio Dei exempla ipsius profert, quæ sancta divinitas in eo ostendit, ideoque virtutes istæ benedictæ, quia in ipso surrexerunt. Et tunc virtus Deus dicit : Istæ virtutes quæ me imitari per me inceperunt, crescant, et genimina bonorum operum in eis multiplicentur, et homines qui in instabilitate carnis fluctuant ita repleant, ut in ipsis de vi divinitatis fortiores virtutes, quam humana fragilitas carnis sit, appareant, et sic volantes super terram, id est hominem, multiplicentur, ut infirmitas carnis earum fortitudini subjiciatur. « Et factus est vespere et mane dies quintus (*ibid.*). » Ita, ut prædictum est, in Deo fiet bonus finis, cum initio quintæ virtutis, quæ contemptus mundi est ut dies quintus.

Quomodo historia quæ de opere sexti diei in productione jumentorum et reptilium terræ et formatione hominis scripta est, ad litteram intelligenda sit, et quod homo secundum corpus ad imaginem humanitatis filii Dei, quam ab æterno ex Virgine assumpturum præsciverat, et secundum animam per scientiam vel imitationem boni ad similitudinem divinitatis factus sit.

XLIII. « Dixit quoque Deus : Producat terra animam viventem in genere suo, jumenta et reptilia et bestias terræ secundum species suas (*Gen.* 1). » Hoc considerandum sic est. In inexstinguibili Verbo suo jussit Deus ut terra animalia viventia in genere suo, id est diversa genera animalium, in formis suis produceret, scilicet jumenta, quæ homini servirent, reptilia in quibus homo timorem Dei habere disceret; bestias etiam, quæ illi honorem Dei demonstrarent; unumquodque animal speciem generis sui habens. Quod et sic impletum est; quatenus homo omnem plenitudinem in eis haberet, ita ut illud eligeret quod ad necessitatem suam sibi prodesset, illudque negligeret quod sibi contrarium foret, et hoc modo honor ejus plenus foret. Jumenta enim homini se adjungunt, reptilia autem eum abhorrent; bestiæ vero eum fugiunt, et omnibus his dominatur. « Et fecit Deus bestias juxta species suas, et jumenta; et omne reptile terræ in genere suo (*ibid.*), » videlicet bestias quæ ferocitate sua timorem homini incutiunt, jumenta quæ illi serviunt, reptilia quoque quæ se coram eo abscondunt, ut præfatum est. « Et vidit Deus quod esset bonum et ait : Faciamus hominem ad imaginem et similitudinem nostram, et præsit piscibus maris, et volatilibus cœli et bestiis, universæque creaturæ, omnique reptili quod movetur in terra (*ibid.*). » Vidit intuitu bonitatis suæ quod esset bonum et utile ut totus orbis terrarum plenitudinem honoris hominis haberet, et ait quasi hominem ad prandium vocans, qui una vis unius substantiæ divinitatis in tribus personis sumus : « Faciamus hominem ad imaginem nostram, id est secundum tunicam illam quæ in utero Virginis germinabit, quam persona Filii pro salute hominis induens, de utero illius, ipsa integra permanente, exibit, et a qua tunica divinitas nunquam recedet, sed humana anima pro redemptione ejusdem hominis corpus per mortem exuet, illudque per potentiam Divinitatis suscitantem, iterum resumet. Faciamus quoque eum ad similitudinem nostram, ut scienter et sapienter ea intelligat et discernat, quæ in quinque sensibus suis operaturus est, ita ut etiam per rationalitatem vitæ suæ, quæ intra ipsum abscondetur, et quam nulla creatura in corpore manens videre potest, præesse sciat piscibus qui in aquis natant, et volatilibus in aere suspensis et bestiis indomitis, universæque creaturæ super terram commoranti, omnique reptili se moventi in terra, quia rationalitas hominis omnia hæc præcellet. « Et creavit Deus hominem ad imaginem suam, ad imaginem Dei creavit illum, masculum et feminam creavit eos, benedixitque illis Deus et ait; Crescite et multiplicamini et replete terram, et subjicite eam, et dominamini piscibus maris et volatilibus cœli, et universis animantibus quæ moventur super terram (ibid.). » Creavit Deus hominem secundum formam humanæ carnis, qua filius ejus sine peccato induendus erat; sicut et homo tunicam suam ad similitudinem sui facit, secundum formam utique illam quam Deus ante sæcula præsciebat. Creavit hominem, masculum, scilicet majoris fortitudinis, feminam vero mollioris roboris, faciens et in recta mensura longitudinem et latitudinem in omnibus membris illius ordinans, quemadmodum etiam altitudinem, profunditatem et latitudinem reliquæ creaturæ in rectum statum posuit, ne aliqua illarum alteram inconvenienter transcendat. Sic et Deus omnem creaturam in homine signavit, et intra ipsum similitudinem angelici spiritus, hoc est animam ordinavit, quæ in forma hominis operatur, nec ab ulla creatura dum in corpore est videtur, sicut nec divinitas ab ulla mortali creatura videri potest. Anima enim de cœlo, corpus autem de terra est, et anima per fidem, corpus vero per visum cognoscitur. Masculum nempe et feminam Deus creavit; sed masculum prius, feminam vero postea de viro tollens, illaque parit, sicut et masculus per fortitudinem virium suarum generat, quæ in ipso absconditæ sunt. Per hiemem enim et æstatem fructus crescunt, et proferuntur, et absque istis nulli perficiuntur. Per radicem quoque arboris, quæ viriditatem in se continet, flores et poma enutriuntur et ab uno sunt; ita per masculum et feminam multi procreantur, qui tamen ab uno creatore procedunt. Nam si masculus solus, vel si femina sola esset, nullus homo generaretur. Unde etiam vir et femina unum sunt, quoniam vir est quasi anima, femina vero velut corpus. Benedixitque eis ille in quem angeli ipsum cognoscendo et laudando aspiciunt, et præcepit ut in augmentatione crescerent,

et in multitudine proficerent, et imperio suo terram replerent, et eam sibi subjicerent, quatenus dum ab homine coleretur, in fructus prorumperet; et ut etiam dominarentur in aquis natantibus, et in aere volantibus, quia ea cum expansione quinque sensuum præcellerent, et omnibus animantibus motionem vitalis aeris super terram habentibus, quoniam illa gloria rationalitatis superarent. Cum enim homo in plenum numerum sicut Deus eum constituit perficietur, ad terram illam quæ ex terrenis hominibus terra viventium nominatur proveniet, et deinde societatem cum Agno in cœlis habebit. O quam magnum gaudium est, quod Deus homo fieri dignatus est, existens in angelis divinus, in hominibus humanus! Quapropter vere Deus et homo credendus est. Et ideo etiam Deus hominem ad tunicam suam, et ad plenum numerum qui nunquam ab homine secedit posuit, quia et illi velut pater filio suo fecit, qui ei hæreditatem quæ ad ipsum respicit, distribuit, cum ei pisces et volatilia omniaque viventia quæ sine rationalitate vivendo super terram moventur subjecit.

« Dixitque Deus : Ecce dedi vobis omnem herbam afferentem semen super terram, et universa ligna quæ habent in semetipsis sementem generis sui, ut sint vobis in escam, et cunctis animantibus terræ, omnique volucri cœli et universis quæ moventur in terra, et in quibus est anima vivens, ut habeant ad vescendum; et factum est ita (ibid.). » In inexstinguibili Verbo suo dixit Deus, quod dederit homini herbam seminariam, ligna quoque in semetipsis sementem emittentia, ut sint illi in cibum, non quod homo omnibus herbis et lignis vescatur, sed quod illis animantibus pascatur quæ et herbis et lignorum fructibus vescuntur, et quod etiam ei concesserit, ut in animantibus terram inhabitantibus, volucribusque et omnibus quæ hac et illac in motibus suis in terra feruntur, et in quibus vitalis aer continetur habeat pastum. Omnia enim quæ in terra vivunt viriditate illa quæ de terra prorumpit vesci noscuntur; non ita quod omne animal herbis aut lignorum frugibus utatur; sed quod cum alterum alteri escam in semetipso exhibet, prædictarum herbularum et virentium ramusculorum usu nutriatur. Et præceptum Dei hoc modo adimpletum est, quoniam omne quod est voluntati Dei subjectum est; cunctaque ordinatio Dei propter hominem in creaturis patrata est. Nam homo qui indeficiens in anima est, post novissimum diem Deum, qui nunquam incepit nec finem accipiet, videbit, quia quandiu homo ut luna crescit et deficit, scilicet dum mortalis est, Deum non videbit, nisi quantum ipse in umbra prophetiæ se hominibus ut sibi placet ostendit. Cum enim Deus initium hominis fecit, tunc et novissimum tempus ipsius prævidit, et etiam tempus hoc quo, ex utero matris suæ egrediens, per aquam denuo in Spiritu sancto regenerandus esset. « Viditque Deus cuncta quæ fecerat, et erant valde bona, » quoniam omnes creaturas in plena perfectione absque omni defectione creaverat, illudque bonum erat, ut nullum defectum habitura essent. « Et factum est vespere et mane dies sextus (*ibid.*). » Finito principio illo quod Deus in præfatis creaturis et in homine fecerat, quem in locum perditi angeli prædestinaverat, dies sextus perfecto homine fulminabat, qui etiam eumdem hominem per sex ætates mundi diversa opera facturum præmonstrabat. Alio modo :

Quomodo juxta allegoriam per Verbum Dei loquentis per apostolos de terra Ecclesiæ in fide catholica jumenta, et reptilia, et bestiæ, homo quoque qui cunctis præesse deberet secundum differentias ætatum, intellectuum, vel graduum in Ecclesia viventium, et illa producta, et iste formatus, et in quo vel ad quid crescere et multiplicari intelligatur.

XLIV. « Dixit quoque Deus : Producat terra animam viventem in genere suo, jumenta et reptilia et bestias terræ secundum species suas. Et factum est ita (*Gen.* 1). » Hoc considerandum sic est : Terra, scilicet Ecclesia mea, omnes viventes virtutes producat, quas per doctrinam apostolorum in omnibus generibus virtutum constitui. Conjugati namque, qui sub jugo legis sunt, recte vivant; illi etiam qui in abstinentia carnalium desideriorum reptant, corpora sua in vigiliis, in jejuniis et in orationibus macerent. Qui autem omnem substantiam suam Deo offerunt, etiam animas suas pro ipso ponant, omnia illicita in operibus suis sic dimittentes, ut Deo Salvatori per subjectionem præceptorum ejus, quæ eis constituta sunt, placeant. Et sicut bestiæ terræ naturam secundum species suas sibi constitutam non transeunt, ita etiam ipsi constitutam sibi formam secundum vires suas observent; et sic in virtutibus istis abstinentia sæcularium rerum perfecta erit. « Et fecit Deus bestias juxta species suas, et jumenta et omne reptile terræ in genere suo (*ibid.*). » De gratia Dei in Spiritu sancto omnes illæ magnæ virtutes spiritalium institutionum, et omnes istæ ordinationes sæcularium, atque omnes hæ vires abstinentium in catholica fide factæ sunt. « Et vidit Deus quod esset bonum et ait : Faciamus hominem ad imaginem et similitudinem nostram et præsit piscibus maris, et volatilibus cœli et bestiis, universæque creaturæ, omnique reptili quod movetur in terra (*ibid.*). » Et similiter vidit Deus omnes virtutes istas bonas esse, et ait in semetipso : « Nunc faciamus hominem ad imaginem et similitudinem nostram, ad ædificationem Ecclesiæ. » Quomodo ? Faciamus eum ad instructionem Ecclesiæ, ut ipsa cum homine ad omnem ædificationem ejus erigatur, et ut ipse in forma sua ornatus in rationalitate, id est ad imaginem nostram, et in scientia ac in sapientia, id est ad similitudinem nostram formetur, ita ut ipse eum divino opere et humanis justis operibus Ecclesiam ædificet, ut ei lex in Filio meo detur, qui de corde meo natus est, quæ etiam in Spiritu sancto accenditur. Et homo in Ecclesia cum scientia sua terrenis rebus cum observationibus Evangelii quod Deus dedit, et cum virtutibus ad bonum volantibus præsit; ipse etiam substantiam et animam suam cum subjectione præceptorum Dei, et cum omnibus cæteris virtutibus cœlorum pro Deo ponat, atque in abstinentia carnalium corpus suum maceret, ita ut ipse homo virtutes istas perficiat. Ipsæ quoque virtutes in observatione omnium præceptorum Dei hominem ipsum perficiant, sicut de virtute in virtutem ascendendo, ipsis nunquam saturari possit; et semper in hoc mobilis sit, ut a malo recedat, et bonum faciat.

« Et creavit Deus hominem ad imaginem suam, ad imaginem Dei creavit illum, masculum et feminam creavit eos, benedixitque illis Deus et ait: Crescite et multiplicamini et replete terram et subjicite eam, et dominamini piscibus maris et volatilibus cœli, et universis animantibus quæ moventur super terram. » Deus hominem in Ecclesia ad agnitionem divinitatis suæ creavit, ut in anima sua cœlestes virtutes operari cum suspiriis animæ possit, cum quibus Ecclesia gemmis virtutum ornata est. Creavit eum etiam ad imaginem Dei, quæ Filius est, ut cum ardenti amore circumdatus sit, omnia bona in castitate eum excellentioribus virtutibus perficiendo, et ut Ecclesia Dei cum operibus Dei perficiatur. Sic ergo Deus populos creavit, ut viriles, quæ masculina persona sunt, in cœlestibus virtutibus haberent, et ut etiam in timore Dei, in angustia animæ, in sæculari vita sub nascentium cura filiorum vincerent, quæ feminea persona est, ut et Ecclesia cum ea ædificaretur. Et in his prædictis causis Deus ea cum plena benedictione sanctæ Incarnationis benedixit; in hoc, scilicet quod Filius Dei humanitate indutus est, atque ideo omnia genera virtutum in spiritalibus, et in sæcularibus quæ propter amorem Dei proficiunt, fortiter stillare debuerunt, quia Deus, Deus et homo est, de quo omnis viriditas pullulat. Et in admonitione Spiritus sancti ait, ut populi in Ecclesia in affluentibus justis desideriis crescentes, in unaquaque vita secundum timorem Dei procederent, et in his multiplicarentur, ut in studiis suis fructuosi essent, et virtutes in se ipsis semper innovando, non arescerent; et sic, replerent illam terram, scilicet Ecclesiam, et subjicerent eam Christo et dominarentur in ea, ita ut Evangelium sequerentur, et cum volantibus atque viventibus virtutibus, quæ se a terrenis rebus removent, et in bono stabiles sunt, se ad cœlestia erigerent.

« Dixitque Deus : Ecce dedi vobis omnem herbam afferentem semen super terram, et universa ligna quæ habent in semetipsis sementem generis sui, ut sint vobis in escam et cunctis animantibus terræ, omnique volucri cœli, et universis quæ moventur in terra, et in quibus est anima vivens, ut hateant ad vescendum. Et factum est ita (*ibid.*). » Deus in omni constitutione Ecclesiæ dixit : Ecce jam dedi et misi vobis rectam fidem per Filium meum, quem vos in viriditate inaratæ terræ, id est in utero Virginis, super terram natum vidistis, ut intacta terra flores germinat. Filius autem meus semen Verbi Dei attulit, ut super promissam terram, scilicet sanctam Ecclesiam, qua cœlestis Jerusalem construitur, seminaretur, attulitque legem conjugatorum, qui propagationem seminis sui in nationibus habent, quomodo secundum timorem præceptorum meorum vivere debeant, ita ut data lex mea vobis in cibum sit, unum in constructione animæ, sicut corpus cum cibis pascitur, pascimini, quia Filius meus dixit : « Meus cibus est ut faciam voluntatem Patris mei (*Joan.* IV). » Hoc considerandum sic est : Meus cibus qui Filius Dei sum, ille est, ut passioni me corporaliter subjiciam, per quam hominem ad paradisum unde ejectus fuerat, devicto diabolo, secundum voluntatem Patris mei reducam, quia Pater meus ad hoc me misit in mundum, ut salvum faciam illum. Nam ego a Patre missus, in maternis visceribus carnem sine virili humiditate suscepi. Cibus ergo ille in quo Patri meo absque ætate æqualis sum, melior cibo illo est, quo ad horam secundum carnem pascor, ubi cœlestis Pater me ad tempus in sæculo isto esse, et cum hominibus conversari voluit, quatenus per verba mea in salvationem redeant, cum eos mecum ad cœlestia sursum retraxero. Sic enim opus meum est, cum in humanitate mea hominem redemi, ut et illo secundum me operetur. Vos ergo cum lege mea pascamini, ut animæ vestræ non deficiant, quia vobis tempus escarum in lege Dei constitui, in qua pascua vitæ invenietis, in quibus omnibus non deficietis, si ea servaveritis, sed in æternum vivetis. Hominibus quoque per virtutes præceptis Dei vivi subditis et in cœlesti militia imitatoribus Christi effectis, qui a terrenis rebus se removentes, omni devotione ad justitiam anhelant, et de virtute in virtutem quæ ad bonum mobiles sunt, in terra repromissionis ascendunt, et illis sint ciborum differentiæ, et tempora temporum, quæ eis a magistris constituta sunt. Tempora etiam illa populus ex institutione legis observare debet, in quibus festivitates celebrandæ sunt et jejunia peragenda. De ipsis quoque cibis ista distinctio tenenda est, ut non ad superfluitatem, sed sicut opportunitas necessitatis exegerit assumantur, et unicuique secundum mensuram illam qua ipse in Spiritu sancto confortatus et instructus est, recte dispensentur. Istud Christianus homo, qui ædificatio Ecclesiæ est, audiat, ut capiti suo recte consentiat. Et hoc ita factum est, quia verba Dei et virtutes in Christiano populo cibus vitæ in Ecclesia factæ sunt. « Viditque Deus cuncta quæ fecerat, » hoc est approbavit omnia hæc proposita et præcepta, et data tempora omnium prædictarum virtutum; « et erant valde bona, » quia in plenitudine exoptabilis gratiæ omnipotentis Dei peracta sunt, ita ut eis nihil deesset, unaquaque virtute solum bonum prius existente; sed hic pariter omnia bona erant, cum omnia pariter apparerent, ut convivium plenum est cum in omnibus justitiis suis perficitur. « Et factum est vespere et mane dies sextus. » Illa mutatio instabilitatis quod in Ecclesia nondum firmitas constitutorum præceptorum erat, cœpit se declinare pro mane fortis justitiæ omnis constitutæ legis, quemadmodum dies cum viribus solis confortatur, dum sol in ordine suo stat, ut hinc fieret dies sextus, et ut quasi in sexta luce fortis fidei, populus præcepta Dei secundum voluntatem ejus, et secundum doctrinam magistrorum suorum in Ecclesia adimpleret. Et iterum alio modo?

De diversitate victualium homini et jumentis in Genesi concessorum, qualiter modo spiritualiter in ecclesia secundum distributionem vel perceptionem spiritualis alimoniæ, quod est verbum Dei, teneatur; et quomodo appositum Christi testimonium dicentis : « Meus cibus est ut faciam voluntatem Patris mei; sed et hoc quod scriptum est : « Et factum est vespere et mane dies sextus, » accipiendum sit.

XLV. « Dixit quoque Deus : Producat terra animam viventem in genere suo, jumenta et reptilia et bestias terræ secundum species suas. Et factum est ita (*Gen.* I). » Hoc considerandum sic est : Deus in admonitione Spiritus sancti hominibus dicit, qui se omnibus prædictis causis subdunt, scilicet quomodo se Deo in desiderio animæ suæ diligenter adjungant. Nunc hæc terra, id est homo, viventes virtutes animæ producat, ita ut exterior homo negotium animæ tenens, ad Deum semper suspiret, ut anima et corpus Deo in genere fortissimæ virtutis obedientiæ, quæ morti vim suam in Deo occulte abstulit, obediant, quemadmodum jumenta per subjectionem homini subdita sunt, et ut etiam reptile in officio vilitatis illi subjacet, et sicut bestiæ terræ ei serviunt, et ut homo propter subjectionem humilitatis homini se subdit, quia obedientia pœna superbiæ est omnino eam confundens. Et fecit Deus bestias juxta species suas, et jumenta, et omne reptile terræ in genere suo. Ab omnipotente Deo in homine, qui prius per superbiam libere peccaverat, timor surgit, ita ut ipse homo Deum requirere incipiat, ut primus homo præceptum obedientiæ a Deo suscepit. Et sic Deus in homine facit, quod seipsum sua propria voluntate in subjectionem hominum propter amorem Dei prosternit, ut bestiæ ab hominibus comprehenduntur, a quibus etiam nutriuntur et instituuntur, sicut ipsi volunt. Similiter homines in illam subjectionem magistrorum secundum speciem sanctæ humilitatis computantur, mancipati obedientiæ in forma jumentorum, ac etiam in illa vilitate reptantis naturæ, ita ut in propria voluntate sua secundum voluntatem magistrorum suorum conculcentur, sicut vilis natura reptilis in genere suo conculcatur.

Repetitio omnium quæ de opere sexti diei scripta sunt in Genesi, quomodo secundum moralitatem intelligi vel teneri debeant, et appositio duorum testimoniorum Psalmi et Evangelii, et quo sensu ipsa quoque accipienda sint.

XLVI. « Et vidit Deus quod esset bonum, et ait : Faciamus hominem ad imaginem et similitudinem nostram, et præsit piscibus maris, et volatilibus cœli et bestiis terræ, universæque creaturæ, omnique reptili, quod movetur in terra (*Gen*. 1). » Videt Deus hoc bonum esse, et multum cum superiori dulcedine in hoc delectatur, quod homo in prima justitia quam ipse in homine constituit eum requirit, et in semetipso dicit : Iste homo cum omni inceptione justitiæ se ipsum in illicitis desideriis suis superando tangit me, et cum lucido desiderio primæ constitutionis meæ, quam in primo ortu, dum homo mihi debuit obedire, constitui, per bona opera erigit. Nunc nos tres personæ, illa vis unius substantiæ, quæ primum hominem ad imaginem et similitudinem suam creando tetigit, faciamus ut homini isti magnus honor de sanctitate et cognitione divinarum rerum detur, ita ut sicut patronus habeatur, et dilectionem sanctæ Incarnationis in imagine Dei ad proximum suum habeat, et in scientia sua honorem divinitati in similitudine Dei exhibeat, quatenus per institutionem Evangelii, et per virtutes temporalibus rebus prælatus, se ipsum etiam Deo sacrificet, ita scilicet ut corpus suum per abstinentiam affligat, et se a terrenis ad cœlestia promoveat, quatenus cum ipsis virtutibus quæ in eo impletæ sunt operetur, et ipsæ virtutes cum eo, atque in hac prælatione ipse Deum timeat et diligat.

« Et creavit Deus hominem ad imaginem suam, ad imaginem Dei creavit illum, masculum et feminam creavit eos, benedixitque illis Deus, et ait : Crescite et multiplicamini et replete terram, et subjicite eam et dominamini piscibus maris, et volatilibus cœli, et universis animantibus quæ moventur super terram (*ibid*.). » Et nunc Deus hominem ad honorem sibi creat ita ut ipse omnino in deitate et in humanitate sua in illo cognoscatur. Quomodo? Potentia Deitatis omnia creantis et regentis in magistratione hominis ad imaginem ejus secundum rationem facti, qua cæteris creaturis præest, apparet, miseratio ejus qua mundo ex humanitate subvenit, in compassione ipsius hominis, qua proximo suo secundum possibilitatem suam parcere et misereri debet, agnoscitur ; et hæc bona exempla Verbi Dei sunt, ut Psalmista David ait : « Ego dixi : Dii estis, et filii Excelsi omnes (*Psal*. LXXXI). » Hoc considerandum sic est : Ego vobis hominibus dixi : in hoc Dii estis, quod homo omni creaturæ dominatur, eam ad omnem necessitatem suam sicut desiderat sibi subjiciens, quoniam quemadmodum omnipotentem Deum in fide et timore et amore habet, sic creatura hominem velut Deum per magisterium timoris inspicit et diligit, cum ab ipso pascitur. Sed et filii illius qui in excelsis altus est, vos homines dicimini, quia per gratiam viventis Dei rationales creati estis, quasi ab ipso nati sitis, et quoniam omnem scientiam quæ vobis necessaria est ab ipso habetis ; irrationale autem animal nihil aliud scit nisi quod sensu capit. In homine quoque, id est in viventi scientia hominis, vim et fortitudinem perspicuæ justitiæ creat, ita ut nec in se ipso, nec in aliis iniquitati ullatenus prave cedat, quod quasi virile est. In eo etiam creat, ut per donum divinæ gratiæ homini in peccatis vulnerato, cum misericordia parcat, et ut miserias ipsius ita adtendat, quatenus vinum pœnitentiæ ei infundat, ipsumque oleo misericordiæ ungat, sic ne ipse homo propter excedentem mensuram, et in remissibilem pœnitentiam cadat, et ne tepidus in vanitatem pravorum operum involvatur, quod quasi femineum est. Et istud Deus benedicit, quia humanitatem Filii ejus tangit, ut idem Filius Dei in Evangelio dicit : « Quicunque fecerit voluntatem Patris mei qui in cœlis est, ipse meus frater, soror, et mater est (*Matth*. XII). » Hoc considerandum sic est : Omnis homo gratia Dei suffultus, qui fecerit bona intentione voluntatem Patris mei, qui per divinitatem Pater meus est in cœlis habitans, quia Filius Virginis sum, ita ut hoc in quo natus est repudians, ad Deum cum interiori homine velit, iste in alia natura quam conceptus sit, Deum imitando, et in veneratione perfecti timoris ipsum semper inspiciendo frater meus est. Deum quoque fideliter in amplexione charitatis assidue habendo soror mea in hac devotione est, atque in omnibus operibus suis cum voluntate perfectionis ad eumdem Patrem meum ascendendo ; et in corde, ipsum in corpore suum frequenter portando, mater mea existit, quoniam sic me generat, ubi toto studio sanctitatis in Patre meo per plenitudinem beatorum virtutum floreo. Tunc Deus in semetipso dicit : Iste homo in viribus fortissimarum virtutum crescat, et multiplicatio earumdem virtutum in eo colatur, ut illa terra scilicet cæteri homines pretiosa pigmenta bonorum operum de eodem nomine audiendo et intelligendo repleatur, et præceptis ejus se subdant, atque ipse homo cum superabundanti felicitate desideriis suis dominetur, in eisdem virtutibus omnem pompam sæculi, quæ quasi mare est sibi abstrahens, et ut in virtutibus et in his quæ in viribus suis ad bonum mobiles sunt superno desiderio ad cœlestia currat, ita ut hæ virtutes homini illi illicita desideria, quæ quasi terra sunt, abstrahant. « Dixitque Deus : Ecce dedi vobis omnem herbam afferentem semen super terram, et universa ligna quæ habent in semetipsis sementem generis sui, ut sint vobis in escam et cunctis animantibus terræ, omnique volucri cœli, et universis quæ moventur in terra, et in quibus est anima vivens, ut habeant ad vescendum. Et factum est ita (*Gen*. 1). » Et nunc etiam in Spiritu sancto dicit : Ecce omnia germina virtutum, quæ supra dicta sunt, semen verbi mei afferentia super desideria carnis hominis istius, qui se ita constringit, et omnes fortiores virtutes ad majora præcepta ascendentes posui, ut in semetipsis recto desiderio bonum semen generis sui in verbo meo habentes, sint ei in cibum refectionis animæ; ita ut etiam omnes virtutes per humilitatem Deo subjectæ, et in cœlesti militia volantes, et quæ hominem a terrenis rebus ad cœlestia removent, et in quibus viventes vires de plantatione Spiritus sancti sunt, cum eo in anima ipsius pascantur, et ipse etiam cum illis in his omnibus alatur. Et hæc omnia in homine illo ita fiunt, qui sic in Deo proficit : « Viditque Deus cuncta quæ fecerat, et erant valde bona (*ibid.*). » Videt et nunc Deus quod omnia quæ Spiritus sanctus tribuit, valde bona sunt, quia in plenitudine omnium virtutum perfecta sunt, cum prius unaquæque virtus in semetipsa tantum unum bonum esset, hic autem omnia pariter bona sunt, quia in homine simul apparendo impleta sunt. « Et factum est vespere, et mane dies sextus (*ibid.*). » Et nunc a Deo in homine fit, ut bonus finis cum bono initio sextæ virtutis, quæ obedientia est, tanquam dies sextus resplendeat.

De perfectione cœli et terræ, et omni ornatu eorum, et completione operum Dei, quæ septimo diei ascribitur, et de sanctificatione ejusdem diei, et de requie ipsius Dei quomodo ad litteram intelligenda sint.

XLVII. « Igitur perfecti sunt cœli et terra, et omnis ornatus eorum (*Gen.* II). » Hoc considerandum sic est : Superiora et inferiora elementa cum omnibus sibi adjacentibus viribus tanta plenitudine et perfectione perfecta sunt, ut omni penuria ablata, in abundantia convenientis utilitatis gaudeant. « Complevitque Deus die septimo opus suum quod fecerat, et requievit die septimo ab omni opere quod patrarat (*ibid.*). » Completio sex distinctionum præfatorum operum dies septimus appellata est, cum Deus omnia quæ creare præordinaverat ad perfectum duxit. Ac sic requievit die septimo operari cessans, quoniam omne opus suum in formis suis perfecerat. Et benedixit diei septimo, et sanctificavit illum, quia in ipso cessaverat ab omni opere suo, quod creavit Deus ut faceret. Deus benedixit diei septimo cum laude, atque eum cum honorificentia solemnitatis sanctificavit, quoniam omnis creatura in illo pleniter creata existit, quam Deus præordinaverat fieri, de qua alia genita procedit. Unde et omnis angelica turba, omniaque occulta mysteria Divinitatis, de perfectione operis Dei Deo benedicebant, ipsumque laudabant, quia cum septem donis Spiritus sancti omne opus suum perfecerat. Item alio modo?

Qualiter hæc secundum allegoriam per Incarnationem Filii Dei et prædicationem Evangelii et operationem sancti Spiritus compleantur in filiis Ecclesiæ, et subjectis fidei Christianæ.

XLVIII. « Igitur perfecti sunt cœli, et terra, et omnis ornatus eorum (*Gen.* II). » Hoc considerandum sic est : Perfecta sunt cuncta cœlestia opera, quæ in transitu terrenarum rerum ad cœlos tendunt, cum terrenis rebus quas necessitas nascentium filiorum hominum habet, et ita omne illud perfectum decus cœlestium operum in Ecclesia constitutum est. « Complevitque Deus die septimo opus suum quod fecerat, et requievit die septimo ab omni opere quod patrarat (*ibid.*). » Completa est omnis constitutio hæc in omnibus his; et hoc ita scilicet quod ego in Filio meo die septimo, id est in plenitudine totius boni, omnem operationem meam sic definivi, ut omnis ecclesiasticus populus videndo, audiendo, et per doctrinam scrutando, bene noverit quid sibi in præceptis meis faciendum sit. Et omnis constitutio mea ita festiva fuit, ut eam in nullo alio nisi in Filio meo a me misso ostenderem, qui omnes ordinationes meas per doctrinam suam, et per apostolos suos cum manifesto opere complevit, quas prophetæ prius in umbratione viderunt. Tunc etiam septimus dies requiei meæ in Ecclesia refulsit, ita ut postea in aperto opere nihil aliud nec in prædicatione, nec cum signis miraculorum, nec cum visione antiquorum sanctorum operarer, nisi ut in Filio meo opera vitæ, et quamplurima secreta, tam futura quam præterita et præsentia, manifestarem; et electos meos tam benigne monerem, ut Incarnationem ejusdem Filii mei, quæ in primo germine floruit, imitarentur. « Et benedixit diei septimo, et sanctificavit illum (*ibid.*), » quia in ipso cessaverat ab omni opere, quod creavit Deus ut faceret. Istum septimum diem in salvatione animarum benedixi, et sanctificavi, dum Filium meum in utero Virginis misi incarnari. Et benedixi ac sanctificavi eum, quia in isto die meo multum delector, scilicet in illis qui quasi flores rosarum et liliorum jugo legis emancipati, tantum me inspirante se constringere libere incipiunt, ut etiam Incarnatio Filii mei, quam in prophetia ante promiseram, præcepto legis obnoxia non est. Cessavique operari tali modo in Ecclesia, quæ jam in opere sancto sicut nunc lucet, in plena constitutione perfecta est, quia Filius meus, qui meum septimum opus est, ex utero Virginis per humanitatem procedens, omnia hæc in Spiritu sancto mecum perfecit, secundum hoc quod in Evangelio dicit : « Data est mihi omnis potestas in cœlo et in terra (*Matth.* XXVIII). » Hoc considerandum sic est : A Deo Patre data est mihi, qui Filius Virginis sum, omnis potestas hæreditario jure in cœlo facere, et in terra dijudicare quæ facienda et dijudicanda sunt, non tamen ut voluntatem Patris mei transcendam, sed illam in omnibus inspiciam, quia ego in Patre et ipse in me est. Et iterum alio modo :

Item quomodo hæc eadem juxta tropologiam in profectu et perfectione uniuscujusque fidelis consummentur.

XLIX. « Igitur perfecti sunt cœli et terra, et omnis ornatus eorum (*Gen.* II). » Hoc considerandum sic est : Illæ cœlestes et terrenæ virtutes et omnis ornatus eorum in justitia et veritate cum bonis operibus in homine perficiuntur. « Complevitque Deus die septimo opus suum quod fecerat, et requievit die septimo ab omni opere quod patrarat (*ibid.*). »

Et Deus per septimum diem, qui Filius ejus est, in quo omnis plenitudo boni operis orta est, in homine bonum opus cum omnibus perfectis virtutibus complet, ut faber pretiosos lapides operi suo quod facturus est imponit, quia omnia bona opera in homine, qui per gratiam sancti Spiritus operatur, pleniter ornantur. Tunc etiam Deus in Filio suo ab omni opere requiescit, scilicet ab opere illo in quo homo jam perfectus est, quia ipse juxta opera in Filio Dei, qui septimum opus erat, in utero Mariæ Virginis operari cœpit. « Et benedixit diei septimo et sanctificavit illum, quia in ipso cessaverat ab omni opere quod creavit Deus ut faceret (*ibid.*). » Benedixit Deus septimum diem in perfectione bonorum operum, hoc est homini, qui membrum Filii ejus est in ipso. Quomodo? Scilicet ut interiorem benedictionem, id est eumdem Filium ejus, qui de corde ipsius exivit, imitetur, quatenus per exempla ejus, qui Deo Patri obediens factus est, ad vitam revertatur. In ipso quoque homine præfata cœlestia opera sanctificat, cum illi secum gloriam et honorem concedit, ut proximo suo unumquodque debitum, cum voluerit dimittat. Atque ab hac Pater operum severitate jam cessat, qua ante Incarnationem Filii sui nullum cœleste regnum intrare permittebat; nunc autem in eodem Filio suo introitum supernorum gaudiorum patefacit, cum unumquodque debitum homini quod ex corde confitetur, per eumdem Filium suum remittit. Hæc ergo fidelis fideliter intelligat, nec in his illum qui verax est contemnat.

PARS TERTIA.
VISIO SEXTA.

Mystica visio de ædificio in modum civitatis ostenso, de monte quoque et speculo in illo resplendente, de nube superius candida, inferius nigra, et cæteris in eadem visione apparentibus.

I. Et iterum vidi quasi cujusdam magnæ civitatis, instrumentum quadratum, velut quodam splendore et quibusdam tenebris quasi muro hinc et hinc circumdatum, ac etiam quemadmodum quibusdam montibus et imaginibus exornatum. Vidi quoque in medio orientalis plagæ ejus, quasi montem magnum et excelsum, duri albique lapidis, sicut ejus, de quo ignis ejicitur, formam habentem, in cujus summitate velut speculum tantæ claritatis et puritatis resplenduit, ut etiam splendorem solis excellere videretur, in quo etiam velut columba expansis alis apparuit, quasi ad volandum præparata. Idem quoque speculum quamplurima occulta miracula in se habens, quemdam splendorem magnæ latitudinis et altitudinis de se emittebat, in quo multa mysteria et plurimæ formæ diversarum imaginum apparebant. Nam in eodem splendore ad australem plagam, quemadmodum nubes superius candida, subterius autem nigra apparebat, supra quam velut plurima multitudo angelorum fulgebat, quorum quidam ignei, quidam clari, quidam ut stellæ videbantur, qui et omnes a quodam vento ut ardentes lampades volante movebantur, qui etiam plenus vocum erat, quæ ut sonus maris sonabant. Et ventus idem voces suas in zelo suo extendebat, atque per ipsum in præfatam nigredinem prædictæ nubis ignem misit; unde illa in nigredinem sine flamma exarsit; sed et mox in illam flavit, eamque ut densum fumum evanescere et corruere fecit. Sic quoque illam corruentem ab austro supra dictum montem ad aquilonem in quamdam infinitam profunditatem projecit, ita ut se deinceps erigere non valeret, præter quod nebulam quamdam aliquando super terram inittit. Audivique quasi tubas de cœlo voci-ferantes: Quid est hoc quod fortis in viribus suis cecidit? Et sic candida pars præfatæ nubis clarior effulsit quam prius fecisset, nec vento, qui tribus modis vocum suarum prædictæ nubis nigredinem dejecerat, ullus amodo resistere potuit. Iterumque audivi vocem de cœlo dicentem:

De præscientia et prædestinatione et ordinatione Dei ab æterno omnia præoscentis, et in tempore cuncta creantis, et opera rationalis creaturæ districto judicio examinantis.

II. Deus in præscientia sua omnia novit, quoniam antequam creaturæ in formis suis fierent, eas præscivit nec quidquam eum latuit, quod a principio mundi usque ad finem ejus procedit. Quod et præsens visio declarat. Vides enim quasi cujusdam magnæ civitatis instrumentum quadratum, quod designat divinæ prædestinationis opus stabile et firmum, velut quodam splendore et quibusdam tenebris, quasi muro hinc et hinc circumdatum, quia fideles ad gloriam, infideles autem ad pœnas justo judicio ab invicem separati deputantur, ac etiam quemadmodum quibusdam montibus et imaginibus exornatum, id est magnis prodigiis miraculorum et virtutum munitum et exaltatum, quoniam Deus omnia opera sua vera et justa faciens, ea tanta fortitudine corroboravit, ut nullo impulsu illius defectus exterminari possint. Quod autem velut in medio orientalis plagæ vides quasi montem magnum et excelsum duri albique lapidis, sicut ejus de quo ignis ejicitur, formam habentem, hoc designat quod in fortitudine justitiæ Deus est, magnus in potestate, excelsus in gloria, durus in severitate, albus in lenitate, quoniam omnia judicia sua in ardore æquitatis perficit. Ipse enim justus est, et injustitiam omnino conterit, quia cœlum et terra super eum fundata sunt firmamentumque cum omnibus creaturis sustinet quemadmodum lapis angularis totum ædificium continet. In cujus summitate sicut speculum tantæ claritatis et puritatis resplendet, ut etiam splendorem solis excellere videatur, quia in excellentia Dei præscientia ipsius tam lucida tamque perspicua existit, ut omnem fulgorem creaturarum excedat. In quo etiam velut columba expansis alis apparet, quasi ad volandum præparata, quoniam in eadem præscientia divina ordinatio se expandens, ad manifestationem sui processit. Nam cum Deus voluit, omnem creaturam prodire fecit. Et ut alibi duæ alæ ad volandum assunt, et ut supra montem sedens considerat, quo volare velit, ita et divina ordinatio duas alas in angelis et hominibus habens, in possibilitate sua velut in monte omnia ordinando sedet; quemadmodum etiam vir qui silendo omnia quæ vult ordinat, atque in præsidiis angelorum hominem muniens, ipsi cum voluntate et opere quasi alas ad volandum dedit, et in veteri lege velut tacens siluit, quoniam lex tota significativa fuit. Ipsa enim in omnibus præviderat, quod figura in quo vivens spiraculum et scientia erat, nosset quid operari deberet, cum per viventem ventum, id est animam, seu ad dexteram seu ad sinistram respiceret, et si ad dexteram volaret mercedem vitæ acciperet; si vero ad sinistram tenderet, debitis pœnis ibidem subjaceret. Ordinationem itaque istam Deus sub velamento alarum suarum habet, ita ut illum qui ad eum volat sic dicendo : « In te exsultabo quoniam fecisti me, unde et anima mea hæret post te, » ipsius dextera protegens suscipiat, plurimaque ornamenta illi tribuat ; hunc vero qui ei adhærere recusat, perire permittat ut præfatum est. Sed et cum Filius Dei indumentum carnis assumpsit, quod sanctæ divinitati adhæsit, per quam ipse opus suum quod nondum perfectum erat, in humanitate sua proficeret, mox virtuose cum hominibus, de quo angeli mirabantur, volavit, quod nullus alius hominum nisi Verbum Dei incarnatum facere potuit, illosque per idem indumentum suum sanctificavit, quatenus in eum aspicientes, seipsos abnegarent, atque ut in expansis alis suis cum eo ad superna desideria volarent.

Quod scientia Dei multa incognita et secreta in se habens, ostensionem mirabilium suorum secundum placitum suum producat, et quid significet trimoda angelorum qualitas in hac visione apparentium.

III. Præfatum quoque speculum, quamplurima occulta miracula in se habens, quemdam splendorem magnæ latitudinis et altitudinis de se emittit, significans quod scientia Dei, multa et incognita secreta in se habens, ostensionem mirabilium suorum dilatando et elevando, secundum placitum suum producit. In quo multa mysteria et plurimæ formæ diversarum imaginum apparent, quia cum ostensio mirabilium Dei se aperuerit, ea quæ prius incognita et non visa fuerant, in apertam manifestationem procedent. Nam in eodem splendore ad australem plagam quemadmodum nubes superius candida, subterius autem nigra apparet, designans quod in ostensione ardentis justitiæ Dei intentio beatorum spirituum laudabilis, reproborum vero exsecrabilis denudatur. Supra quam velut plurima multitudo angelorum fulget, quorum quidam ignei, quidam clari, quidam ut stellæ videntur, quoniam qui ignei apparent, in fortissimis viribus sunt, ita ut nullo modo moveri possint, quia ad faciem suam Deus eos fieri voluit, ut ipsam semper inspiciant. Qui autem clari demonstrantur, in officiis operum hominum, qui opus Dei sunt, nunc moventur, quorum opera officiorum in conspectu Dei coram eisdem angelis sunt, quoniam illa semper considerant, eorumque bonum odorem Dei offerunt, utilia eligentes inutiliaque abjicientes; qui vero ut stellæ videntur, naturæ hominum condolent, eamque ut scripturam Deo repræsentant, hominesque comitantur, verbisque rationalitatis quomodo Deus vult eis loquuntur, atque de bonis operibus illorum Deum laudant; a malis autem se avertunt.

De spiritu Dei zelum suum per beatos angelos ad repellendam et comprimendam præsumptionem reproborum angelorum excitante, et de symphonia bonorum angelorum infatigabili, et ultra hominum intellectum inæstimabili et semper nova admiratione Deum laudantium.

IV. Qui et omnes a quodam vento, ut ardentes lampades, volante moventur, quia angelicos spiritus istos Spiritus Dei vivens et in veritate ardens, ad zelum suum contra inimicos suos movet. Qui etiam plenus vocum est, quæ ut sonus maris sonant, quoniam plenitudinem et perfectionem omnium laudum habet, quibus et angelica et humana creatura ad laudem Dei infunditur. Et, ut vides, ventus idem voces suas in zelo suo extendit, quia Spiritus Dei voces rectitudinis judiciorum suorum ad vindictam reproborum convertit. Atque per ipsam in præfatam nigredinem prædictæ nubis ignem misit, unde illa in nigredinem sine flamma exarsit, cum beati spiritus inceptionem perditorum angelorum videntes ad honorem Dei properabant. Ignem quoque ultionis super pessimam infidelitatem intentionis eorumdem inimicorum suorum ardenter fundebant, illis non ad correctionem, sed ad majorem exsecrationem absque omni luce salutis æstuantibus, nec Creatori suo debitum honorem exhibere volentibus. Nam quia sine fulgore laudis Creatoris sui esse volebant, pro nihilo computati sunt, quemadmodum pergamenum non scriptum vacuum est, honorem scripturæ non habens. Sed et mox in illam flavit, eamque ut densum fumum evanescere et corruere fecit, quoniam idem zelus per beatos spiritus conatum reproborum adnihilavit, sursumque ascendere volentem, attenuavit et depressit. Multitudines enim bonorum angelorum in Deum aspiciunt, atque cum omni symphonia laudum eum cognoscunt, et cum mirifica singularitate mysteria ipsius, quæ semper in eo fuerunt et sunt, laudant, et nequaquam hoc omittere possunt, quia nullo terreno corpore gravantur. Divinitatem quoque cum viventibus sonis excellentium vocum enarrant, quæ super numerum arenæ maris sunt, superque numerum cunctorum fructuum qui in terra germinantur, atque super numerum sonorum qui per omnia animalia proferuntur, et super omnem fulgorem qui per solem et lunam et stellas in aquis fulget, et super omnes sonos ætheris qui per flatus ventorum, qui quatuor elementa elevant et sustinent, fiunt. Sed in omnibus his vocibus laudum suarum beati spiritus divinitatem nullo fine capere possunt. Quapropter et ipsi in vocibus suis novitatem semper faciunt. Præfatus quoque zelus sic illam corruentem ab austro retro supradictum montem ad aquilonem in quamdam infinitam profunditatem projecit, ita ut se deinceps erigere non valeat, præter quod nebulam quamdam aliquando super terram mittit. In quo ostenditur quod ipse per virtutem sanctitatis angelorum, intentionem malignorum spirituum jam vacillantem, a loco beatitudinis retro aspectu semper viventis ad infelicitatem perditionis, et indeficientis calamitatis repulit, cum illos ad tantam contritionem redegit, ut deinceps rebellare Deo non possint, quamvis pessimis suggestionibus suis homines attentare non negligant.

Quod aliqua pars beatorum spirituum arcana in cœlo manens, et vultui sui Creatoris semper assistens, raro ad exteriora mittatur; aliqua vero quæ angelorum nomine censetur, ad diversa officia semper exiens, cum necesse est, hominibus appareat; et quod omnis rationalis creatura non suam, sed Creatoris gloriam semper debeat quærere.

V. Est etiam multitudo quædam angelorum cum Deo arcana in cœlo, quam Divinitas lumine suo perfudit, et quæ humanæ creaturæ obscura est, præter quod illa per lucida signa cognoscitur. Et multitudo ista cum Deo magis quam cum homine rationalis est, raroque hominibus apparet, cum angeli qui cum hominibus officiales sunt, quando Deo placuerit illis quibusdam signis se ostendunt, quoniam Deus quosdam ad diversa officia constituit, et cum creaturis eos officiales esse fecit. Qui tamen quamvis diversa officia habeant, omnes unum Deum colendo et sciendo venerantur. Quod si scientia cum sono laudis ad illum de quo est non volaret, sed a se ipsa esse vellet, quomodo stare posset, cum per se ipsam non sit? Rationalitas enim sonum laudis in alium semper prætendit, indeque jucundatur, quoniam si a se ipsa sonare vellet, glorificari non posset; quod Satan fecit, cum vivere incepit, quia cum laude ad Creatorem suum non respexit, sed per seipsum esse volens corruit, a divinitate abscissus et conculcatus, quemadmodum stipula a grano abscissa conculcatur. Quapropter quælibet creatura quæ vivit, ad Creatorem suum respiciat, nec gloriam a se ipsa habere quærat. Plenum namque gaudium utilitatis ex se ipso homo habere non potest, nisi illud ab alio percipiat; et cum per alium utilitatis gaudium intellexerit, exsultationem magnam in corde suo exinde habebit. Hinc etiam anima se a Deo creatam recordatur, et in fide ad illum respicit, sicut et homo faciem suam in speculo considerat, quomodo formata sit. Omnipotens enim Deus opus suum hoc modo constituit, ut cum laudibus ad ipsum respiciat, quoniam in magno honore illud perfecit, disponens etiam quod beati spiritus veræ beatitudini contrarios abjicerent dicentes: « Istos a nobis abjiciamus, qui volunt terrere nos. » Unde in voluntate Dei scriptum est:

Verba Psalmistæ ex psalmo XCII ad idem spectantia, et quo sensu intelligenda sint.

VI. « Elevaverunt flumina, Domine, elevaverunt flumina vocem suam. Elevaverunt flumina fluctus suos a vocibus aquarum multarum (*Psal.* XCII). » Hujus sententiæ intellectus hoc modo accipiendus est: In zelo tuo erecti sunt angelici Spiritus, o Domine omnium creaturarum, extuleruntque quasi fluctus vires suas in submersione hostium tuorum, ac iterum in altum tetenderunt exercitus eorumdem spirituum fortitudinem suam voces sonorum quamplurimarum laudum Deo offerentes, quia angelica agmina quasi flumina aquæ vivæ sunt, quæ ventus Spiritus Dei, ad gloriam laudis suæ movet, cum eædem voces contra nigrum draconem præliarentur. Nam Michael in vocibus tubarum occulti judicii Dei eumdem serpentem percussit, quoniam claritatem Divinitatis cognoscere voluit, eumque per virtutem Dei in puteum inferni projecit, qui absque obstaculo fundi est, ubi et sequaces ejus qui ipsi consenserunt eum velut magistrum habentes, cum ipso ceciderunt. Sed tamen idem omnibus illis plus pœnarum recepit, quia in ullum alium quam in seipsum aspicere voluit, cum isti in illum respicerent. Post ruinam autem hujus antiqui hostis, cœlestes chori Deum laudabant, quod accusator eorum cecidisset, et quod locus ejus in cœlo amplius non esset inventus. Et tunc etiam majori fulgore mirabilia Dei cognoscebant, quam ea prius vidissent, intelligentes quoque quod in cœlo tale prælium amodo non fieret, et quod nullus de cœlo ulterius caderet. Sed et in pura divinitate cognoscebant numerum cadentium spirituum fictilibus vasis impleri. Unde et pro gaudio isto quod numerum illorum qui ceciderant hoc modo restaurari sciebant, eumdem casum in hujusmodi oblivionem ducebant, quasi non fuisset. Omnipotens quippe Deus cœlestem militiam in diversos ordines constituit, sicut eum decuit, ita ut singuli ordines officia sua teneant, et quisque ordo speculativum sigillum alii ordini sit, et in unoquoque speculo divina mysteria sunt quæ idem ordines nec pleniter videre, nec scire, nec sapere, nec finire possunt. Quapropter admirantes de laude in laudem, de gloria in gloriam ascendunt, et sic novi semper sunt, quoniam omnia hæc ad finem perducere non valent. Ipsi quoque a Deo spiritus et vita sunt. Unde etiam in divinis laudibus nunquam deficiunt, igneamque claritatem Dei semper inspiciunt, atque ex claritate

divinitatis velut flamma coruscat. Verba autem hæc A per illum qui primus et novissimus est, ad utilitatem credentium edita sunt.
fideles devoto cordis affectu percipiant, quoniam

VISIO SEPTIMA.

Visio mystica de lapide marmoreo instar montis in orientali parte ædific i præmonstratæ civitatis consistente; de innumera quoque multitudine hominum tam in orientali, quam in australi plaga ejusdem ædificii apparentium; sed et de forma et habitu mirabili duarum imaginum juxta angulum orientalem constitutarum.

I. Post hæc in angulo orientali, scilicet ubi B oriens incipiet, quasi marmoreum lapidem sicut montem magnum, et altum, ac integrum aspiciebam, in quo tantum porta velut magnæ civitatis excisa videbatur, quam splendor quidam lucidus ab ortu solis veniens totam perfundebat, nec ultra se extendebat. Et ab eodem lapide fere usque ad alterum orientalem finem qui versus austrum erat, quasi imagines hominum, videlicet puerorum, juvenum ac senum, quemadmodum stellæ per nubem apparebant, sonum usque ad occidentem dantes, velut mare cum inundando per ventum movetur. Quos etiam quidam splendor de supernis veniens, omnemque pulchritudinem humanæ æstimationis excedens, quodam radio suo perfundebat, quem C iterum deinde ad se retrahebat. Juxta istum autem præfatum orientalem finem, aliæ duæ imagines sibi vicinæ stabant, quarum altera, quæ prior erat, caput et pectus quemadmodum leopardus habebat; brachia vero ut homo; sed manus ejus ursi pedibus assimilabantur; aliam autem formam in ea non videbam. Tunica autem lapidea induebatur, nec hac, nec illac movebatur, sed visum suum ad aquilonem retorquebat. Sed altera imago, quæ prædicto angulo vicinior erat, faciem manusque hominis sibi invicem complicatas habebat, et pedes accipitris in se ostendebat. Et quasi tunica lignea induebatur, quæ a summitate sua usque ad umbilicum illius apparebat candida, ab umbilico autem usque ad lumbos ejus subrubea, a lumbis vero D usque ad genua ipsius subgrisea, et a genibus usque ad finem pedum illius turbida. Gladium quoque velut supra lumbos suos in transversum positum tenebat, atque immobilis permanens, aspectum suum ad occidentem verterat. Deinde autem quasi alias innumerabiles hominum imagines per totam australem plagam sicut nubem in aere fluentes videbam, quarum alii in capitibus suis velut coronas aureas ferebant, alii ut palmas valde ornatas in manibus suis tenebant, alii ut fistulas, alii ut citharas, alii ut organa, sonusque eorumdem instrumentorum, quemadmodum dulcis sonus nubium intonabat. Et iterum vocem de cœlo audivi dicentem ad me:

Quia Deus omnipotens, nulla sibi mutabilitate diversus, justo judicio superbientes angelos damnaverit, et pia miseratione decepto homini subveniens, multis et miris in Veteri Testamento futuræ salutis ejus nuntiis præmissis, in Novo demum Testamento per plurima miracula liberationem ejus compleverit; et quod prophetia ad instructionem et correctionem divinitus data, nulli nunquam mundi ætati defuerit vel defutura sit.

II. Postquam exercitus perditorum angelorum cecidit, Deus hominem in gloriam illorum quam perdiderant ordinavit; sed eo etiam corruente, ipsum magno pretio beatæ ereptionis redemit, multis et admirandis nuntiis quibus eum ad vitam revocaret, in Veteri Testamento multoties promissis; in Novo quoque Testamento quamplurimis per liberationem illius miraculis perpetratis. Quapropter in angulo orientali, scilicet ubi oriens incipit, quasi marmoreum lapidem sicut montem magnum et altum ac integrum aspicis, qui designat quod a principio creaturarum, cum mundus creatus est, Deus firmissima petra potens et excelsus in integritate stabilitatis exstitit nullam mutabilitatem in se habens. In quo tantum porta velut magnæ civitatis excisa videtur, quam ab ortu solis lucidus splendor quidam veniens, totam perfundit, nec ultra se extendit, quia voluntas Dei quemadmodum porta ad quælibet bona patens, purissimæ divinitatis ordinatione tangitur, quæ supra id quod ordinatum est non procedit, quoniam voluntas et ordinatio Dei hoc modo sibi conveniunt, ut neutra aliam transcendat. Nam Deus in locum quem antiquus serpens perdidit, pia bonitate voluntatis suæ hominem ordinavit, ipsumque in perversa vacillantem, aquis diluvii expiavit, et mundum in Noe justa examinatione renovavit. Unde et ab eodem lapide fere usque ad alterum orientalem finem qui versus austrum est, quasi imagines hominum, videlicet puerorum, juvenum ac senum, quemadmodum stellæ per nubem apparent, sonum usque ad occidentem dantes, velut mare inundando per ventum movetur, quoniam a divina fortitudine usque ubi vetus lex cum severitate apparens, finem ardore justitiæ et veritatis veniente accepit, prophetia in primo opere Dei, videlicet in Adam incepit. Quæ ita a generatione in generationem per diversas ætates hominum, ut lumen per tenebras, lucebat, nec a sono suo usque ad terminum mundi cessabit, voces multimodarum significationum proferendo, cum inspiratione Spiritus sancti, diversis mysteriis imbuitur. Prophetia enim in homine velut anima in corpore est; quia sicut anima in corpore obumbrata est, et ut per eam corpus regitur, ita et prophetia a Spiritu Dei veniens, qui omni creaturæ præeminet, invisibile est, atque per eam quæque declivia corripiuntur, et ad viam rectitudinis deviantes reducuntur, sicut etiam inspiratione mea David servus meus loquitur dicens:

Verba David ex primo versu Psalmi XLIV, *id est, « Eructavit cor meum verbum bonum » ad idem et ad utramque Christi generationem pertinentia, et quomodo intelligenda sint.*

III. « Eructavit cor meum verbum bonum, dico ego opera mea Regi. » Hujus quoque sententiæ intellectus hoc modo accipiendus est. Ego qui Pater omnium sum, manifeste ostendo quod ante omnem creaturam eructavit interior vis mea verbum bonum, scilicet quod genui Filium meum per quem omnia valde bona facta sunt. Quapropter etiam dico in diversa non mutans me, ego qui sum propalans opera mea illi, qui per orbem terrarum regnaturus est. Omnia enim opera mea quæ ab initio facta sunt, Filio meo nota sunt. Prophetia quoque eructavit in virtute sua verbum bonum, cum idem verbum, per quod omnia facta sunt, carne induendum dicendo mira illa opera pronuntiavit, et cum illud regem regum futurum demonstravit, atque justum germen hoc integra terra proferre deberet, quæ per opus viri contrita non esset. Istud prophetia per infusionem Spiritus sancti cognovit scilicet in quibusdam senibus, in quibusdam quoque juvenibus, atque in quibusdam pueris, qui in plurimis signis de eodem germine, quod Verbum Dei est, per inspirationem Spiritus sancti loquebantur. Deus namque masculum de terra creavit, et illum in carnem sanguineam mutavit; sed mulier de eodem viro sumpta, caro de carne in aliud non mutanda permansit. Et isti in spiritu prophetiæ cognoverunt, mulierem per inspirationem Spiritus sancti Filium Dei parituram, quemadmodum flos de suavissimo aere crescit, et ut etiam in virga Aaron præsignatum est, quæ ab arbore abscissa Mariam Virginem ostendebat, de cujus mente vir ita abscissus est, ut nunquam delectatione copulationis alicujus tangeretur, sed per ardorem Spiritus sancti virum unum procreavit, quem omnibus creaturis circumdedit, quoniam illæ ab ipso procedendo, gustum perceperant, quapropter etiam omnes voci ipsius obediebant. Prophetæ namque dixerant quod ex opere charitatis mulier paritura procedere deberet, sicut virga de stirpe Jesse, omnesque virginalem hunc partum Regi, scilicet Filio Dei ascripserunt. Cum enim mulier hæc Filium Dei circumdedit, homines qui ipsum in similitudine imaginis suæ videbant et audiebant, plus eum diligebant, quam si ipsum non viderent, quia quod homines in umbra vident, ad plenum scire non possunt. Unde et prophetæ cum in sono umbræ loquerentur, hæc aliquando velut umbra ipsos pertransierunt; quæ tamen omnia in hominibus postea formata sunt, quoniam sonus prophetiæ de occultis mysteriis divinitatis procedit.

Quia prior duarum imaginum in orientali fine ostensi ædificii consistentium, tota fere ferino habitu apparens, tempus quod ante diluvium fuit significet, in quo homines sine lege et cognitione veri Dei crudeli et magis bestiali quam humano ritu vivebant.

IV. Quemadmodum autem vides, juxta præfatum orientalem finem, aliæ duæ imagines sibi vicinæ stant, significantes quod in ortu justitiæ qui in Abel demonstratus est, jam titubante, duo tempora diversorum morum hominum sibi in vicinitate conjuncta, Deus propalavit, aliud quidem ante diluvium sine lege, aliud vero post diluvium sub lege. Quarum altera quæ prior est caput et pectus quemadmodum leopardus habet, brachia vero ut homo, sed manus ejus ursi pedibus assimilantur; aliam autem formam in ea non vides, quia tempus illud quod ante diluvium sine lege fuit, in moribus hominum potestatem et fortitudinem diversarum bestialium naturarum ostendebat, quoniam tunc homines per primam diabolicam deceptionem omnibus vitiis implicati erant, Deum oblivioni tradentes, et secundum gustum voluntatis suæ viventes; interdum vero quasi in brachiis suis ut homo operantes, interdum autem in operibus manuum suarum crudelium bestiarum naturam et rapinam imitantes. Quapropter et honestatem morum homines negligebant, nec secundum humanam disciplinam vivere studebant; sed tantum informes sic remanebant. Tunica autem lapidea induitur, nec hac nec illæc movetur, sed visum suum ad aquilonem retorquet, quia iidem homines, qui in præfato tempore fuerunt, duritiam et gravedinem peccatorum sibi circumdederant, nec se a malo ad bonum convertebant, in scientia sua quidem videntes, quod mala et turpia opera, quibus antiquus serpens congaudet, faciebant, nec tamen ea deserere volebant. Cum enim Deus cœlum et terram creavit, terram divisit ita, ut quædam pars terræ immutabilis, quædam vero mutabilis fit, ex qua etiam Deus hominem plasmavit. Homo quoque vigilando et dormiendo mutabilis est. Quando enim vigilat, secundum cursum solis lumine oculorum suorum lumen non habet, sic est quasi ille qui in anima sua velut in nocte obtenebratur.

De fortitudine, crudelitate et impuris moribus hominum ante diluvium, et quomodo arte diaboli præter paucos a cultu Dei recesserunt.

V. Et Deus hominem in terra viventium posuit, quæ per sphæram solis non illuminatur; sed quæ vivente luce æternitatis perfunditur; sed ille divinum præceptum transgressus, iterum in terram mutabilitatis missus est. Ipse autem duos filios generavit, quorum alter Deo immolavit, alter vero fratrem occidens, reus mortis factus est, et qui Deo immolavit, et vocem Dei audivit, interemptus est. Unde et planctus magnus exortus est. Nam in illa prima creatione homines tantæ fortitudinis, tantarumque virium erant, ut etiam fortissimas bestias superarent. Unde ut cum illis jocularentur multoties delectati sunt, ipsæque bestiæ homines timentes, ferocitatemque suam cohibentes, illis subjiciebantur; sed tamen ob hoc naturam suam non mutabant. Homines autem pulchram formam rationalitatis suæ mutantes, bestiis se admiscebant, et quod sic generabatur, si homini magis quam bruto animali assimilaretur, illud odio habentes negligebant, si vero magis formam bruti animalis quam formam hominis haberet, osculo dilectionis amplectebantur. Mores quoque eorumdem hominum in duobus modis tunc erant, scilicet nunc secundum pecora, quemadmodum leopardus et ursus secundum mores hominum et bestiarum sunt; ideoque etiam pulcherrimas pennas rationalitatis non habebant, quibus ad Deum recta fide et spe anhelarent, quoniam propter prædicta peccata eædem pennæ in ipsis defecerant. Istud antiquus serpens eis suggessit quatenus gloria rationalitatis eorum periret, quam in homine magno odio laniabat. Diabolus enim intra se dicebat : « Quid est hoc quod Altus fecit? Illud quippe consilio meo plus quam suo consentit. Quapropter in plasmatione ipsius eum superabo. » Sic homines in primo sæculo per spumam serpentis polluti secundum gustum terreni vasis sui, et non secundum spiramen animæ operabantur, nec quidquam cognoscere volebant præter quod formatum videbant dicentes : « Quid prodest mihi ventus, qui nec formatus est, nec mihi loquitur? Quod mihi loquitur, et quod mihi accurrit, illud teneo! Nam diabolica ars quædam magna animalia insufflavit, atque per illa hominibus dicebat : « Ego sum qui vos creavi. » Et hoc modo suggessit hominibus ut per illa polluerentur, quatenus sonum vocis rationalitatis quo Deum laudare deberent, in eis everterent, ne Deum laudarent, sicut nec ipse voluit, nec velle quærit. Quidam autem pauci qui protoplastum audierant, qui ipsis retulerat quomodo a Deo formatus et quomodo in locum voluptatis positus fuisset, et quomodo inde exiisset, naturam suam humanam gustantes, nec se pecoribus commiscentes, ut Deus eos constituit, in eadem natura sua recte et sobrie vivebant, atque propter molestiam et gravedinem communis plebis, quæ hoc modo, ut prædictum est, polluebatur, ad altos montes fugiebant, ibique ex spiramine animæ ita confortabantur, ut eos peccare non liberet : sed semper suspirabant dicentes : « Ubi quæremus illum qui nos creavit? » Unde a prædictis populis deludebantur dicentibus : « Quid est quod isti colunt, quod nec oculis suis vident, nec manibus palpant? » Sed et ædificium Noe deludebant. Et Deus istis in mysticis miraculis suis loquebatur, sicut etiam Abel filio primi hominis locutus est.

Quia Deus iniquitates et crimina hominum ævi illius non sufferens, omne genus humanum et cuncta viventia exceptis his quæ arca concluserat aquis dilurii exterminaverit; et de mutatione solis, lunæ, siderum et terræ ab eis qualitatibus quas ante diluvium habuerant; et quod in fine mundi tanta terram profunditate ignis consumpturus sit quanta altitudine aquarum infusione penetrata est.

VI. Postquam autem terra hoc contrario populo repleta est, ego qui sum, hæc criminalia nec a diutius non sufferens, decrevi hoc, ut genus humanum in aquis suffocaretur, exceptis paucis qui me cognoverant. Terra vero nequaquam exsiccata est, donec delusus populus totus submersus est. Aquæ enim totam terram ita perfuderunt, ut velut lutum fieret, et huic cadavera hominum ita immergebantur, ut postea inveniri non possent, quibusdam tamen cadaveribus pecorum ex levitate sua in superficie aquarum apparentibus. Nec terra etiam exsiccata est, antequam sol cum itineribus lunæ et stellarum, et cum omnibus officiis sui ortum et occasum compleret, nec antequam omnia hæc aquas in constituta loca sua ut primum positæ fuerant ad se retraherent. Et sic terra per calorem solis in alium modum cocta est quam prius apparuisset. Sol quippe, et luna ac stellæ, cæteraque sidera, post casum Adæ ante diluvium ex nimio et valido calore aliquantum turbulenta fuerunt, hominesque tunc in corporibus suis tam fortes erant, ut eumdem calorem tolerare valerent. Quod etiam nunc fervor magni caloris interdum ostendit, cum præfata sidera ab illo turbida aliquando existunt, quoniam post diluvium aquis ita perfusa sunt, ut in frigore et in calore suo lucidiora quam ante diluvium fuissent existunt, terra vero et hominibus in majori debilitate et infirmitate postmodum permanentibus quam prius essent. Nam aqua in diluvio totam terram usque ad fundum penetrabilis terræ perfundens, in lutum mutavit, sicut et in novissimo die ad eamdem profunditatem ardebit, quoniam homo ea deinceps non indigebit. Judicia enim sua Deus per aquam et ignem super hominem exercet, ut quoniam per hæc hominem composuit, per eadem etiam homo comprimatur. Et sicut Deus humiditate aquæ totam terram perfundit, et calore ignis eam componit et firmat, ita et hominem humiditate corporis humectat, atque calore ignis animæ eum confortat. Illi autem quos Dominus post diluvium ad procreationem novi generis servaverat, terribili judicio Dei quod viderant perterriti, in timore Dei ardebant, atque sacrificia sua ad honorem Dei immolare cœperunt.

Quia ex mutatione elementorum vires quoque hominum post diluvium imminutæ sint, et de correctione eorum ad tempus terrore ejusdem judicii perterritorum, et de arcu tunc primum pro fœdere vel signum inter Deum et homines posito.

VII. Sed deinde genus in genus in minoribus viribus processit quam homines ante diluvium fuissent, ut præfatum est, quoniam cum terra immutata est, vires etiam hominum immutatæ debiliores factæ sunt, quia antiquum insidiatorem subsecuti fuerant, qui gloriam suam in serpentinos mores mutaverat, quoniam serpens astutus est ad decipiendum illum quem decipere vult, et ad fugiendum ab illo a quo fugere quærit. Sic et antiquus hostis facit, cum illum quem superat per dolum mortiferi veneni infidelitatis decipit, et cum ab illo quo devincitur velociter fugit, quia per illum conculcatur, quemadmodum de cœlo projectus est. Istud enim tempus in timore Domini ita floruit, quod antiquo serpenti restitit, ne per sufflatum suum oblivio Dei sicut ante diluvium fecerat homini infunderetur. Post diluvium namque Deus novam terram cum novo populo fecit, arcum pro signo in nubibus ponens; ne aquæ omnem terram et omnes populos amplius suffocarent; ostendens etiam quod omnes inimici ejus cognoscerent quam magnam potestatem in tremendo judicio suo super eos haberet. Judicium quippe Dei magnam fortitudinem inimicos ejus ad percutiendum habet, qui veritatem divinitatis destruere volunt, atque cum igne magnisque tempestatibus post casum filii perditionis, finem omnium mortalium hominum faciet ita ut postmodum nullo modo quidquam mortale appareat.

Quod altera imago tempus illud quod post diluvium sub lege fuit designet, et varietates diversi habitus ejus, distinctiones temporum ab ipso diluvio usque ad adventum Domini, vel finem sæculi, et qualitates morum hominum qui in eis sunt vel futuri sunt significent.

VIII. Sed altera imago, quæ prædicto angulo vicinior est, faciem manusque hominis sibi invicem complicatas habet, sed pedes accipitris in se ostendit, designans tempus illud quod post diluvium sub lege in moribus hominum erat, ita usque ad terminum illum procedens, ubi tam austeritas ejusdem legis claudicabat, in quo intentio et opera eorumdem hominum ad carnalia magis quam ad spiritalia spectantium, absque labore vacabant, in quo etiam gradiendo, acerbitatem et non lenitatem sanciebant, quoniam lex nulli pepercit, sed delinquentem acriter punivit. Et quasi tunica lignea induitur, quia præfatum tempus veterem legem spiritales fructus negligentem sibi attraxerat. Quæ a summitate sua usque ad umbilicum illius apparet candida, quoniam tempus quod ante Noe fuit, qui Creatorem suum cognovit, et se hominem esse scivit, et ædificium sanctitatis primum incepit, et oblationes Deo obtulit, quasi candidum usque ad Abraham, qui velut umbilicus fortitudinis erat, surrexit, quia per voraginem aquarum homines in tantum exterriti fuerant, ut deinde per aliqua tempora timorem Dei per rectitudinem ad se colligerent. Ab umbilico autem usque ad lumbos ejus subrubea est, significans tempus quod ab Abraham usque ad Moysen in circumcisione ardens se extendit, quoniam ut aurora solem prævenit, sic Abraham per signum circumcisionis, in qua luxuriam contrivit, humanitatem Filii Dei præcessit. A lumbis vero usque ad genua ipsius subgrisea est, ostendens quod tempus illud quod a Moyse legislatore, usque ad Babylonicam transmigrationem fuit, in duritia et asperitate legis, secundum carnem processit, quod et ibi ad multas vanitates incurvari cœpit. Et a genibus usque ad finem pedum illius turbida est, significans tempus quod a Babylonica transmigratione usque ad exterminium ejusdem legis se extendit, ubi Filius Dei venit, qui ipsam in semetipso totam complevit. Quod scilicet tempus turbidum in negligentia et in torpore apparuit, quia eadem lex, jam tunc pro dedecore computata, et quasi turbulenta aqua pro nihilo habita, ad casum suum carnaliter tendebat. Nam qui eo tempore sub lege esse videbantur, solem justitiæ orientem scire nolebant, sed solas litteras in tabulis scriptas se inspicere velle dicebant, nec aliud quidquam in eis intelligendum esse affirmabant. Unde ego qui omnia juste dijudico, judicia mea quæ in Ægypto et in aliis locis super eos extenderam, quando in se ipsis confidebant, faciendo quod volebant, nunc super eos quosdam populos misi, qui eos caperent, et in regiones longinquas dividerent. In hac autem duritia infidelitatis tamdiu durabunt, quousque antiquus serpens in quodam errante et perdito homine oculum suum movebit, quem occulta divinitas ita occidet, ut ictum illum nec angelus nec homo noverit, et tunc idem legalis populus cum magnis ærumnis ad me respiciet, lugens et plangens quod tandiu deceptus sit. Sed quandiu homines deinde in transitorio sæculo permansuri sint, angelo et homini ignotum est. Et prædicta imago gladium velut supra lumbos suos in transversum positum tenet, quoniam circumcisione velut in carnali transitu se habuisse demonstrat, ubi tamen ab umbilico vitalium usque ad lumbos homo per motionem eorum peccat, cum mens hominis ea ad peccandum movet. Et etiam judicia Dei puram justitiam habentia declarat, ita scilicet quod Deus super illum qui membra hominis dividit, sanguinem ejusdem occisoris fundit, et etiam illum qui se ab eo in aliis malis avertit, justo examine dijudicatum conterit. Atque immobilis permanens aspectum suum ad occidentem vertit, quoniam homines qui in eodem tempore fuerunt, cum vetus lex vigebat, ad spiritalem intelligentiam se non movebant, casum quidem antiqui serpentis scientes, multaque pericula videntes; sed tamen animarum suarum salutem in torpore et in negligentia habentes. Nam igneus draco videns quod Deus quosdam servaverat, quos inundatio aquarum non devoraverat, magnam iram per flatum suum emisit, intra se furibunde dicens: « Omnes artes meas excitabo, illasque sigillatim excribrabo, quatenus istos quos diluvium non submersit, in aliquibus impedimentis decipiam, et sic eos iterum mihi subjugabo. »

De significationibus hostiarum et circumcisionis et legis quæ per prophetiam in Patribus incarnandum Dei Filium præcesserunt, et de prædicatione prophetarum, et quod homo salvari non posset nisi Verbum caro fieret, et de suggestionibus diaboli, quibus homines illudendo decipit, et de modis subventionum quibus semper Deus resistit.

IX. Itaque tempus hoc post diluvium a Noe usque ad Filium meum incarnatum se extendit, qui in se credentes ad spiritalem intellectum convertit, ubi et aliud tempus non secundum carnem, sed secundum spiritum ad vitam processit. In Noe enim multa miracula ostendi, sicut etiam in prima apparitione in Adam quamplurima miracula perfeci, quoniam ut in Adam omnes nascituros homines prævidi, ita etiam in Noe novum sæculum resurrecturum præsignavi. De germine namque isto fortissimi et velocissimi prophetæ surrexerunt, qui linguam suam acuentes, ea quæ in Spiritu sancto videbant, fiducialiter protulerunt, scilicet quia Deus Verbum suum, quod in ipso ante ævum fuit, in mundum missurus esset. Et hoc sic incarnatum est, ut totus mundus inde miretur, atque ad hoc miraculum linguæ ipsorum velociter mundum transibant, cum speciosum pro filiis hominum ad terras venturum affirmarent. Sed et rationalitas dictat, et secundum dictatum opus exercetur, quia si dictatus non procederet, opus non subsequeretur. Mundum enim et hominem Deus in Verbo suo dictavit. Nam Verbum, quod sine initio est, opus quoddam dictavit, de quo mundum indumentum sibi induit, ut quando homo peccasset, si Deum confiteretur cum eodem indumento eum ad se retraheret; et ideo si idem Verbum indumentum hoc non induisset, homo non salvaretur, sicut nec perditus angelus salvabitur. Et unde esset hoc quod Deus non haberet possibilitatem illum loco suo restituere qui ab eo recesserat, cum eum pœnitens confiteretur? Quemadmodum enim omnipotenti Deo placuit ut hominem faceret, ita et ipsi placuit ut illum redimeret, qui in eum confidit. Quapropter prophetiam occulte exspiravit, et eam obumbratam misit, usque dum opus suum perficeret; sed antequam illud ad profectum duxisset, per præcurrentia signa ipsum demonstravit. Nam Noe arcam ostendit, Abrahæ circumcisionem dedit, Moysen autem legem docuit, quatenus motio libidinis, quæ sicut serpentis lingua movetur, per istos confunderetur; et ut diabolus per animalia hominem deceperat, antequam Sanctus sanctorum veniret, per animalia in cæremoniis Dei idem diabolus conculcaretur.

Et hæc tria signa, videlicet hostia, circumcisio et lex, Filium Dei præcurrebant, eaque ipse pati et finiri in se voluit secundum verba inspirationis prophetarum, qui et de Deo et de omnibus malis aquilonis loquebantur, quia quandiu antiquus serpens contra Deum pugnare vult, sicut etiam in cœlo contra eum pugnavit, homines invadit, eis suadendo ut et ipsi Deo se opponant, et illud quod oculis et manibus palpant pro Deo colant, quemadmodum in Baal et in aliis idolis eis ostendit. Sed ut Deum nemo comprehendere valet, nec opus ipsius quisquam ad finem perducere potest, ita nec diabolus hominem cognoscere valet, nisi prius per suggestionem ipsius homo ad eum anhelet, et tunc in nequitia sua multum gaudet, quod opus Dei sic deludendo vincat. Nam cum hominem operari posse sentit, necdum cognoscit quid ille operari velit, et cum eum ad Deum anhelare intellexerit, ita ut ipse opera sua in Deo ponat, quia per illum creatus est, mox suggestione sua ad ipsum accedit dicens: « Cum tu possibilitatem faciendi quæ volueris habeas, quare opus tuum ab alieno quæris? Et quid nocebit te, quod opera quæ operari potes facis, cum ille quem creatorem tuum esse dicis, opus suum ut voluit, fecit? » Et sic suggerendo eum decipit. Ventus itaque aquilonis suggestionem et persuasionem istam designat, quia sicut ille domum totam destruit et evertit, ita et hæc diabolica sufflatio rectos sensus hominis in hanc oblivionem ducit, ut inspirationis Dei obliviscatur, et ad Deum suspirare non possit. Spiramen quoque animæ illius quod ad Deum anhelare deberet abscidit, atque ad peccata quæ per corpus suum perpetrare potest ipsum accendit. In sufflatu etenim hujus fetidæ suggestionis confidit quod animas etiam rationalium hominum ad se trahere possit, quemadmodum et vermis in luto jacens, ex suco immunditiæ suæ alios vermes procreat. Ipse namque homines in hæc prava et fetentia opera perduxit, quod genua sua ad Baal et ad reliqua idola flexerunt, ex quorum ore immundus spiritus sonuit et loquebatur, incesta opera eos docens. In initio enim a generatione in generationem populi processerunt, quorum horribiles mentes propter gustum carnis suæ a Deo recesserunt. Sed tamen, ut prædictum est, per arcam Deus justitiam protulit, per circumcisionem, quæ velut chalybs erat, mortem vulneravit, ita ut etiam libido quam serpens exsufflaverat, per illam denudata sit; per legem vero, quam digito suo scripsit, illam confudit, hoc revolvens, quod hominem digito suo fecerat, ministerio hominis, scilicet creatura quam Deus illi dedit: prius præcurrente, de qua homo munda animalia sumens, hostiam omnipotenti Deo primum obtulit. Quod autem Abel incœpit, hoc lex totum perfecit, significans quod homo qui hostiam de animali de quo alitur offert, se ipsum hostiam Deo offerat. Et ut sol lunam sibi subditam tam crescentem quam deficientem habet ita et Filius Dei verus Sol legem in se habuit, quæ in ipso crevit, cum eam complevit, et quæ in ipso finem accepit, cum se ipsum Deo Patri immolavit. Et ut per mortem ejus eclipsis solis facta est, qui iterum per totum mundum effulsit, sic idem Filius Dei voluit ut homo secundum ipsum luceat, mortem ejus inspiciendo, et in illa considerando quid facere debeat. Quemadmodum etiam aratrum cum jumentis terram evertit, in quam semen magnum fructum faciens seminatur de quo homines pascuntur, ita etiam scriptas litteras in præceptis Dei legalis populus tenuit, sed fructu illorum saturatus non est, quia quod in litteris absconditum fuit non cognoscebat. Filius autem Dei per semina verborum suorum credentibus revelavit quod carne et sanguine ipsius saturati vitam habeant, et hoc idem in divinis secretis absconditum per seipsum manifestavit.

De innumerabili multitudine fidelium diversis modis in hac vita tam in exercitiis quam in mortificatione vitiorum pro honore Dei et sua salute viriliter obcertantium et diversa pro meritis præmia munere Dei percipientium.

X. Quod autem quasi alias innumerabiles hominum imagines per totam australem plagam sicut nubem in aere fluentem vides, hoc est quod multitudo credentium qui Filium Dei in ardenti justitia imitati sunt et imitantur, mentes suas ad coelestia elevantes, de virtute in virtutem ascenderent et ascendunt. Quorum alii in capitibus suis velut coronas ferunt, quoniam isti cum mentes suas sursum erigunt, justis et sanctis desideriis cordium suorum animabus suis ornatum supernorum præmiorum imponunt, quia bona desideria initium bonæ inceptionis sunt, alii ut palmas valde ornatas in manibus suis tenent, quoniam victoriam boni certaminis in operibus suis ostendunt; alii ut fistulas, id est mercedes, quas in timore et amore Dei per doctrinam suam promeruerunt; alii, ut citharas, videlicet præmia duræ et angustæ viæ, quæ ad vitam ducit; alii ut organa, quia multiplices virtutes, quæ in laudibus ad Deum tendunt, in eis apparent; sonusque eorumdem instrumentorum quemadmodum dulcis sonus nubium intonat, quoniam laudes quæ in prædictis virtutum dignitatibus et remunerationibus resonant, exoptabili merito in virtutibus operantium, mentesque suas ad coelestia extollentium consonant, quia secundum quod homines bona in rectitudine facientes promerentur, mercedes eorum in remuneratione erunt. Mentes itaque fidelium, ut præfatum est, velut nubes discurrunt, cum in desiderio animæ in quo beatus homo quærit a Deo opus quod operetur, nunquam saturatur, sicut nec rivuli de mari fluentes, ab inundationibus suis desistunt. Et quoniam sancta desideria, quæ initium omnium bonorum existunt, ipsis hoc modo ut præfatum est infixa sunt, Deus cum coelesti militia eos coronat, quia ipsi ita adhærent, quod nullo modo ab eo separabuntur. Ordinatio enim Dei in creaturis primum designavit quod homo in spirituali vita revivificari debuit, quia cum in lege quædam pecora ligari, occidi ac comburi, eorumque sanguinem spargi præcepit, quosdam homines sicut nubes currentes, et ad ipsum respicientes, in amore ejus torqueri, et occidi, atque sic immolari præmonstravit. Et quoniam isti ubera virtutum sugunt, quatenus luxuriam aliaque vitia fugiant, victoriam palmarum ferunt, cum etiam sanguinem suum effundunt, antequam per opera infidelitatis ex reti justitiæ cadant; sic duobus modis se cruciantes, videlicet contra corpus suum pugnando, atque per ordinationem Dei sanguinem suum effundendo. Unde etiam angelis qui Deo semper assistunt assimilantur. Qui autem per doctrinam omnipotentis Dei officium suum exercent, alios docendo, fistulis sanctitatis resonant, cum per vocem rationalitatis justitiam in mentes hominum canunt; sicut etiam verbum dicitat, et sonus resonat, et ut per sonum verbum auditur, et circumdatur, quatenus audiri possit. Et ut per fistulam vox multiplicatur, ita in timore et amore Dei vox doctoris in hominibus multiplicari debet, ubi fideles congregat, et infideles fugat. Hoc modo et alii exsurgunt, qui se ipsos contemnunt et abjiciunt, in virginitatis pudore se constringentes, voluptatemque sæculi pro poena habentes, atque in angelicis laudibus perseverant, et sicut aquila in pleno desiderio cordium suorum ad Deum volant, similes auroræ quæ solem præcedit existentes, et cum oculis columbinæ simplicitatis Deum semper intuentes. Quapropter et in citharis Deum cui hoc modo adjuncti sunt, hujusmodi laudes referunt, quas humana scientia nequaquam explicare potest. Sed et alii sunt qui innumerabiles virtutes quemadmodum manipulos in præceptis Dei ad se colligunt, atque humilitati reginæ virtutum in organis militant, cum se ipsos quasi ad terram pro Dei timore et amore prosternunt. Humilitas enim ipsam imitantibus coelum aperit, eamque negligentibus illud claudit, ita ut nulla persecutione inimicorum reserari possit, superbiamque in infernum dejicit, qui hæreditas hominum elatarum mentium est. Atque cum his qui cum ea militant in coelo dominatur; quia sicut cum generibus vocum organa ad sonum laudis convertuntur, ita Deus laudes hominum ad similitudinem angelorum constituit, quoniam ut coelestis exercitus in conspectu Dei superbiam superavit, ita et homines qui se a malis continent, superbiam in semetipsis semper superant. Homo namque opus dexteræ omnipotentis Dei, quod ipsa operata est existit, chorumque perditorum angelorum implebit, et ideo etiam in defensione bonorum angelorum est. Et in his duobus ordinibus angelorum et hominum Deus valde delectatur, videlicet in laudibus angelorum, ac in sanctis operibus hominum, quia cum his secundum voluntatem suam omnia perficit, quæ sic in æternitate præscita fuerant. Angelus autem coram Deo stabilis est, homo vero instabilis, et ideo convenienter opus hominis deficit; laudes autem angelorum non deficiunt. Coelum quoque et terra Deum tangunt, quoniam per ipsum facta sunt, et ad gloriam Dei sunt; sed quia homo mortalis est, divinæ revelationes quæ prophetis et sapientibus aliquando manifestantur, velut umbra multoties obnubilantur. Cum autem homo ex mutabilitate immutabilis fuerit, tunc claritatem Dei cognoscendo videbit, et cum Deo permanebit, quemadmodum David servus meus in voluntate mea dicit:

Verba David ex psalmo LXII ad idem pertinentia, et quo sensu accipi debeant.

XI. « Et in velamento alarum tuarum exsultabo; adhæsit anima mea post te, me suscepit dextera tua. » Hujus sententiæ intellectus hoc modo, accipiendus est: In defensione protectionum tuarum, o Deus, gaudebo, cum a gravedine peccatorum liberatus lucro; et quia desideravit anima mea in bonis operibus venire post te, idcirco me alta suspiria trahentem et ad te vociferantem collegit potentia fortitudinis tuæ, quatenus amodo ab inimicis meis salvus sim. Nam ego opus sum quod operatus es, quoniam ante antiquitatem dierum in ordinatione tua habuisti, quod me hoc modo faceres, ut omnis creatura mihi adesset; et cum me creares, mihi secundum te operari dedisti, sicut etiam tu me feceras, unde tuus sum, carnemque immaculatam sicut te Creatorem decuit induisti, et sic fimbriam vestimenti tui dilatasti. Quapropter etiam cum laudibus cœlum movisti, illudque cum varietate omnis ornatus in circumcinctione angelorum circumdedisti, qui ad plenum mirari non possunt, cum se velut in circumcinctione cinguli laudum circumdant, quod hominem sic fecisti, quia cingulo laudis illius qui cœlestem gloriam recusavit, cum ab ipso evanuit, hominem circumcinxisti, eumque indumento tuo ita firmasti, ut amodo in laude non evanescat. Sed et angeli mirantur, quia de mortali Adam vestimentum tuum tulisti, quod tamen ideo fecisti, quatenus idem transgressor revivisceret, et ut divina claritas, quæ nulla sciscitatione experimenti finiri potest, cœlesti angelo claresceret dicens: « In conspectu meo semper es, et ideo revocatione non indiges, sicut ille qui per indumentum meum inventus es, quoniam ad plenum me non negaverat, cum per alium seductus fuerat. Cum enim similitudinem meam quæsivit mortalis factus est, unde et per crucimenta indumenti mei revocandus erat, ne societas fraternitatis tuæ in ipso periret, quia quamvis te sine carne, et eum cum carne creaverim, utrumque tamen virum feci. « Tali modo occulta Divinitas, quæ tota justa est, et quæ a nullo perfecte videtur, nisi quantum se ipsa revelare dignatur, angelo qui in cœlestibus sine casu permanserat se ostendit. Ipsa namque in comprehensione dexteræ suæ plenitudinem hanc habet, ut nullus, qui cum pupilla oculi fidei ipsam inspicit pereat, quoniam illi qui eam oculo fidei non inspiciunt, ab aspectu ipsius evanescunt, sicut et perditus angelus et ei consentientes perierunt. Cum enim Deus omnia creasset, omnia etiam bene ordinavit, illis videlicet præmia meritorum, qui ad eum aspiciunt; illos autem dijudicando, qui in eum respicere nolunt, ut prædictum est.

Quia per Verbum sine initio ex Patre ortum omnia creata, et per idem Verbum in Virgine carnem factum, homo redemptus sit.

XII. Et hæc omnia per Filium Dei incarnatum revelata sunt, quia qui in eum credunt salvabuntur, qui vero se ab illo avertunt condemnabuntur, quoniam ipse non de radice terræ, sed de integra virgine per voluntatem Patris processit, ante Incarnationem suam cum Patre omnia creans, post Incarnationem vero suam hominem quem plasmaverat salvans, quia formam hominis absque peccato induit et per hominem quem creaverat redemit; quod nullus alius facere potuit quam ille qui hominem creaverat. Nam cum Adam simplex et lucidus filius esset, vigilans et dormiens exstitit, quatenus per spiritum saperet, et per somnum caro illius requiesceret, et sic in immutabilem terram voluptatis ductus est, ut per spiritum immortalitatem cognosceret, et ne per exteriorem visum oculorum invisibilia negaret. Immortalis quidem vita nullam nebulosam lucem habet, quemadmodum formatus oculus, qui per modicum tempus videt, quia illi tenebræ iterum accedunt; et hoc homo patitur, quoniam oculus ipsius nebulosa pelle obductus est. Et pupilla oculi visum interiorum oculorum qui carni ignotus est ostendit; palpebra vero virum carnis qui exterius funditur demonstrat. In duobus itaque modis scientiæ omne opus hominis perficitur. Scientia namque interioris visus hominem divina docet, sed hoc caro prohibet, scientia autem obcæcata nocturnalia opera secundum visum serpentis operatur, qui lumen non videt. Unde et ab operibus lucis quoscunque potest avertit, sicut et in Adam fecit, cum in ipso lumen vitalis scientiæ disturbavit. Scientia quoque in Adam velut prophetia fuit, et hæc usque ad Filium Dei hominem factum perduravit, ita quod ipse illam per se illustraret, quemadmodum sol totam terram illuminat, et quod omnia quæ prædicta sunt, scilicet quæ ante legem, et sub lege facta dignoscuntur, spiritualiter in se complevit, cum se totum superno Patri obtulit, ut etiam scriptum est.

Verba David ex psalmo CIII ad hoc ipsum spectantia, et quomodo intelligenda sint.

XIII. « Qui ponis nubem ascensum tuum, qui ambulas super pennas ventorum. » Hujus sententiæ intellectus hoc modo accipiendus est: Domine Deus, tu es ille qui facis justa et recta desideria fidelium esse ascensum tuum, ita ut regnes in cordibus illorum, et qui etiam itinera tua dirigis super verba et scripta doctorum, ubi illos excellis, quia sine macula incedis, nullum delictum in te sentiens. Quapropter et nubes ascensus tui sunt, quas velut scalam tibi fecisti, cum per indumentum tuum, o Fili Dei, eas ascendisti, quod de unica et integerrima Virgine, cujus claustrum nullus unquam aperuit, nec tetigit, assumpsisti, quia velut ros in terram, ita in eam intrasti, nec de radice viri, sed de divinitate radicatus es, quemadmodum radius solis terram confovet, ut germen suum proferat. Ex ipsa quoque sicut in ipsam absque omni corruptione et dolore, quasi in somno existi, sicut etiam Eva a dormiente viro sumpta est, quam idem vir sine vulnere cum gaudio inspexit, et ita etiam unica Virgo Filium suum in sinu suo cum gaudio amplexa est. Et Eva non ex semine, sed ex carne viri creata est, quoniam Deus illam in eadem vi creavit, qua et Filium suum in Virginem misit, nec Evæ virgini et matri, nec Mariæ matri et virgini aliæ postmodum similes inventæ sunt. Hoc modo Deus forma hominis se induit, deitatemque suam cum illa obtexit; quæ angelis in cœlo visibilis est, quod habitaculum ejus existit. Unde etiam et homo, quem in altitudine et latitudine ac in profunditate formaverat habitaculum ejus est.

Quia Filius Dei in his quæ per carnem gessit vel pertulit, universa quæ et ante legem et in lege de ipsa vel typicis factis significata, vel mysticis verbis prænuntiata sunt, compleverit; et quod post ascensionem suam instar duodecim ventorum seu duodecim signarum cœli, misso Sp̄ritu duodecim apostolos roborans, et per prædicationem eorum mundum illustrans omnia in melius convertit.

XIV. Iste Filius Dei incarnatus omnia præterita miracula, quæ eum præcesserant, in semetipso complevit, ut supra dictum est. Nam in infantia sua cum Herodes illusus est a Magis, quærens eum perdere, casum antiqui serpentis ostendit, qui cœlestia studebat perturbare. In pueritia autem sua tempus quod ab Adam usque ad Noe erat demonstravit, cum contra ignorantiam Adæ magnam sapientiam in se habuit, ita ut eum nulla macula peccati tangeret, ubi etiam æstimatio diaboli, qui hominem ex toto perditum esse putabat, per hoc decepta est, cum nesciret quod Deus humana forma indutus fuisset. Omnes enim qui eum tunc videbant et audiebant admirabantur dicentes: « Talia nunquam vidimus nec audivimus qualia in hoc puero sunt, » scilicet quod in simplici et in indocta pueritia, magnæ profunditatis sapientia apparet. Hæc dicentes nesciebant eum radicem esse scientiæ angelorum et hominum, nec illum de quo angeli et homines radicati sunt. Ipse quoque in humanitate sua erexit illud quod per Adam defecerat, videlicet revelationem justitiæ, quoniam omne opus suum patri suo ascripsit, et sicut arbor de viriditate radicis grossos suos profert, ita et ipse in divinitate de qua in humanitate radicavit, universa opera sua perfecit, quia ab illa venit, et cum illa absque omni divisione est. Sed et in carne sua in melius sordida opera hominum reparavit, et doctrina sua cum inspiratione Spiritus sancti, sanctitatem eos induit, atque tali modo velut quodam diluvio dimersos et peccatis mortuos, ad vitam justitiæ revocavit, quemadmodum et sub Noe præsignatum fuerat. Idem autem Filius Dei in carne juvenis apparens, tempus a Noe usque ad Abraham cui circumcisio injuncta est in se declaravit, quoniam ipse in aquam se mittens, illamque in corpore suo sanctificans, magnas quoque virtutes faciens, ostendit, quod homines post diluvium sanctius quam ante diluvium viventes, atque incesta quæ prius dilexerant repudiantes, ab injustitia oblivionis Dei cessabant, ita ut nuditas incesti operis, in confusionem duceretur. Castitas quippe in eodem Filio Dei luxuriam conculcavit, atque fune magisterii eam ligavit; ipsamque per abstinentiam peccatorum sibi servire coegit, quia ipse Filius Dei omnem justitiam per se ostendens et docens, eam per abscisionem peccatorum in humanitate sua perfecit, quemadmodum etiam circumcisio, quæ in uno loco ad confusionem serpentis facta est, manifestavit. Sed eum deinde carnalia præcepta, quæ per Moysen data sunt, in semetipso complesset, ligaturam vinculorum cæteraque opprobria passus, vivaque hostia in cruce pro ovibus suis factus, a sæculo declinavit, velut dies a nocte separatur, quia postquam plurima signa fecerat, et per semetipsum multa occulta miracula ostenderat, de terra ablatus est. In passione et in morte quoque sua manifestavit Babylonicam potestatem, cum filii Israel in captivitatem ducti sunt, sicut et ipse gentibus ad crucifigendum traditus est. Et tunc discipuli ejus tristes effecti sunt, sicut et præfati captivi lætitiam deponentes, organa sua in lugubres voces mutaverunt. Qui tamen a morte resurgens, discipulisque in quamplurimis argumentis apparens, reversionem præfatorum captivorum per hoc notavit. Atque ubi eosdem discipulos ire in orbem universum jussit, quatenus credentes baptizarent, et eos post ascensionem suam infusione Spiritu sancti confortavit, ne diversis tribulationibus adversariorum victi succumberent, sed ut illos gloriosis miraculis superarent, veterem legem carnaliter finitam ipsamque in spiritualem vitam esse conversam demonstravit. Eos quoque, quantum capere potuerunt, docebat, quia eum nondum ut in divinitate sua est videre valebant, quemadmodum homo qui formam alterius inspicit, sed tamen animam ejus intueri non prævalet. Nam cum Pater eum in cor suum unde exierat, et ubi nunquam deerat retraxit, sicut homo anhelitum suum in se reducit, omnes exercitus angelorum, omniaque cœlestia arcana eum Deum et hominem palam videbant. Unde et ipse discipulos suos illo igne tangebat, de quo in ventre matris suæ conceptus est, fortissimamque vim super vim leonis, qui bestias non timet, sed capit, in igneis linguis illis infudit, ne homines vererentur, sed ut eos caperent. In aliam enim vitam quam prius non cognoscebant Spiritus sanctus eos mutavit, spiramineque suo eos ita suscitavit, quod se homines esse nesciebant. Atque in majore et fortiore parte ipsos visitavit, quam ullum antea seu postea visitaret, quoniam prophetæ plurima per Spiritum sanctum loquebantur, multique plurima miracula post eosdem discipulos faciebant; nullus tamen eorum igneas linguas videbat. Per hoc etiam quod exterioribus oculis igneas linguas videbant, interius sic confortabantur, ut omnis timida motio periculorum eis ita in venis auferretur, quatenus in nullo periculo terrorem aut timorem haberent; quam fortitudinem divina vis ipsis in igneis linguis infixerat. Omnipotentem enim Patrem decebat, ut hunc duodenum numerum quem Filio suo conjunxerat conservaret, quatenus iidem discipuli alios docerent, quæ ab eo audierant. Et sic etiam Deus firmamentum constituit, et firmitatem ipsius cum flatibus duodecim ventorum, et duodecim signis currentium mensium composuit, et ut idem firmamentum omnia officia sua cum igne perficit, ita et isti in omnibus miraculis igne Spiritus sancti firmati sunt, quoniam doctrina eorum ut flatus ventorum in omnem terram exivit, et ut sol illuxit, atque martyria ipsorum velut cum austro ardebant. Menses enim cursum suum cum omnibus illis quæ firmamentum sustentant perficiunt, et Deus cum veridicis hominibus istis omnia signa sua in catholica fide complevit, ac decimum numerum, qui homo est, quem dragma illa significat, quam sapientia invenit, per Filium suum ad cœlestia reduxit. Sic Unigenitus Dei et Filius Virginis, cujus nomen est *Stella maris*, de quo omnia flumina exeunt, et ad quod iterum redeunt, quemadmodum et de eodem Unigenito Dei omnes salvationes animarum venientes, iterum in ipso manent, omnia quæ prædicta sunt, quæ ante eum in lege, seu ante legem fuerunt, per semetipsum perfecit. Omnia quoque in meliorem statum convertit, ita ambulans super pennas ventorum, id est in præfatis mirabilibus excellens facta patriarcharum et verba prophetarum, ad documenta scriptaque omnium doctorum, atque in humanitate sua super omnem creaturam quæ homo est volans; omnemque creaturam a Patre suo in hæreditatem accipiens, ut etiam discipulis suis loquebatur dicens:

Verba Christi in Evangelio de potestate a Patre sibi tradita loquentis et quomodo intelligenda sunt.

XV. « Omnia tradita sunt mihi a Patre meo (*Matth.* XI). » Hujus sententiæ intellectus hoc modo accipiendus est: Ego qui Verbum et Filius Dei sum a Patre meo exivi, a quo mihi tradita sunt omnia quæ ipse prædestinaverat, producens in formas, quemadmodum verba proferunt cogitationes quæ in corde latent. Ad quem iterum vado Incarnationis meæ dispensatione completa, opere scilicet quod mihi commisit in eadem æternitate, qua semper ante aevum cum ipso eram inseparabiliter manens, qui me propter numerum supplendum quem constituerat misit. Et sicut in excelsis creandi potestatem, sic etiam in inferioribus mundi partibus quod creatum perierat, ab eo reparandi potestatem accepi. In vera namque Dei præscientia omnia ut futura erant æternaliter latuerunt, quæ postea per Verbum suum; scilicet Filium suum creavit; cui etiam liberandi quæ creaverat, ac regendi potestatem commisit, et sic omnia Filio suo tradita sunt, qui ante ævum in deitate Patri coæternus erat, et consubstantialis.

Quia prophetarum verba ante Incarnationem Domini obscura et ignota intelligi non poterant; sed Christus secundum ea vivens in mundo, et hæc adimplens intelligibilia reddiderit, et quod per aquam baptismi et originale et actualia peccata in fide Trinitatis abluantur.

XVI. Filius namque Dei ambulabat super pennas ventorum, quoniam prophetæ pennæ verborum Spiritus sancti fuerunt, quia ut Spiritus sanctus eos inspiraverat, sic ipsa loquendo prophetabant. Atque in hoc exemplum eidem Filio Dei dederant, quoniam secundum quod ipsi de eo prædixerant, ita et ipse in mundo manens faciebat, hominemque humero suo ad cœlos et ad paradisiaca loca ut præfatum est reportavit. Supernam autem mansionem et paradisiacum locum Deus hoc modo constituit, sicut homo qui ædificia subditis suis ædificat. Atque in hæc eadem loca Filius Dei animas fidelium in præcepto Patris sui a tartareis locis ereptas secum tulit, ut homo ille facit, qui civitatem suam cum paucis hominibus primum comprehendit, quam postea magna multitudine implet. Omnipotens itaque Deus ante Incarnationem Filii sui hæc omnia præsignaverat, hominique creaturam ad operandum concesserat; sed solus homo erectus visu suo sursum ad cœlum aspicit, cætera autem animalia ad terram prona et homini subdita sunt; et sic homo per rationalem spiritum inexstinguibilis est, per carnem vero cum vermibus putribilis. Et prophetia verbis infantium similis erat, quorum verba intelligi non possunt, sed postquam maturiores fuerint, tunc verba ipsorum intelliguntur, et sic ante incarnatum Dei Filium prophetia ignota fuit, nec intelligebatur, in Christo autem aperiebatur, quia ipse radix ramorum omnium bonorum existit. Radix enim primum gramen profert, et gramen germen, de inde germen ramos, rami vero flores et flores fructum, et sic etiam et radix Adam ostendit, gramen patriarchas, germen prophetas, rami sapientes, flores vero legalia præcepta, fructus autem Filium Dei incarnatum, qui per aquam fideles et credentes in remissionem peccatorum reduxit. Per aquam enim omnem blasphemiam peccatorum mundavit, quæ in Adam surrexit, et quemadmodum ignis per aquam exstinguitur, ita et originale crimen ac cætera peccata in lavacro baptismi abluuntur, et quoniam Spiritus sanctus in aquam venit, hominem per circumcisionem peccatorum mundavit. Animam quoque ejus, quæ per deceptionem antiqui serpentis venenosa fuit, sanctificavit, ita ut illa in communione veræ fidei deinceps tabernaculum ipsius existat. Quapropter de illo qui in baptismo remissionis peccatorum non abluitur, David inspiratione mea loquitur dicens:

Verba David ex psalmo CIII, et de his qui in baptismo per infidelitatem remissionem delictorum non percipiunt, et de his qui in eo per fidem mundantur.

XVII. « Posuisti tenebras, et facta est nox, in ipsa pertransibunt omnes bestiæ silvæ. » Hujus sententiæ intellectus hoc modo accipiendus est: O Deus et rector, qui omnia juste dispensas, tu posuisti recto judicio tuo tenebras pœnarum ad vindictam malorum, de quibus etiam erecta est nox, quod perditio est reproborum, quia dum increduli in tenebris infidelitatis sunt, tenebras mortis incurrunt. Et sic deinde æternaliter in perditionem ruunt, et in ipsa nocte fidei luce carente pertranseunt omnes qui feroces sunt in tyrannide, et infructuosi in incredulitate, quoniam dum infidelitatem non deponunt, et ad te Deum per gratiam baptismi non currunt, quasi nunquam fuerint, in oblivionem ibunt.

Sed fidelis ille est qui, deposita tenebrositate incredulitatis, et fugata nocte æternæ damnationis, pertransit universos mores bestiales, atque infructuosas actiones, se ad vitam convertens, quam ille qui vita est attulit, diabolo quoque renuntians, et in lavacro baptismi se mundans. Filius enim Dei discipulis suis hominem in aqua regenerandum esse evangelizavit, alioquin in cœlum non levaretur, nisi prius per aquam et Spiritum sanctum a peccatis mundaretur, quia cum homo seminatur ex patre in matrem missus, et ex ea generatus, in baptismo inspirationem Spiritus sancti recipit, et sic etiam particeps sanctitatis fit; infidelis autem a sanctitate projicitur, et in pœnalia loca mittitur. Verba autem hæc fideles devoto cordis affectu percipiant, quoniam per illum qui primus et novissimus est, ad utilitatem credentium edita sunt.

VISIO OCTAVA.

Visio brevis de tribus imaginibus, et descriptio status vel habitus earum, et de ordinibus sanctorum coram eis apparentibus.

I. Vidi etiam quasi in medio præfatæ australis plagæ tres imagines, duas videlicet in quodam purissimo fonte stantes, circumsepto et ornato superius rotundo et perforato lapide, velut in ipsa radicatæ essent, quemadmodum arbores in aqua interdum crescere videntur, alteram quidem purpureo, altera autem candido fulgore ita circumdata, ut eas perfecte intueri non possem. Tertia autem extra eumdem fontem supra præfatum lapidem illius stabat, candida veste induta, ejusque facies tanta claritate fulgebat, ut ipsa claritas faciem meam reverberaret. Et coram eis beati ordines sanctorum velut nubes apparuerunt, quos diligenter intuebantur.

Verba primæ imaginis, virtutis scilicet charitatis, magnificentiam operum suorum in angelis et hominibus, et in doctrina prophetarum et apostolorum enarrantis, et excellentiam virtutum sapientiæ et humilitatis summa laude extollentis.

II. Prima autem imago dicebat: Ego charitas viventis Dei claritas sum, et sapientia mecum opus suum operata est, atque humilitas quæ in vivo fonte radicavit adjutrix mea exstitit, ipsique pax adhæret. Et per claritatem quæ ego sum vivens lux beatorum angelorum fulminat, quoniam sicut radius a lumine fulget, ita claritas hæc beatis angelis lucet, nec esse debuit quin luceret, sicut nec lux absque fulgore est. Ego enim hominem scripsi, qui in me velut umbra radicatus fuit, quemadmodum umbra cujusque rei in aqua conspicitur. Unde et vivus fons sum, quia omnia quæ facta sunt velut umbra in me fuerunt, et secundum umbram hanc homo factus est cum igne et aqua, quemadmodum et ego ignis et aqua viva sum. Quapropter et homo in anima sua habet, ut quæque secundum quod vult ordinet. Omne autem animal umbram habet, ei quod in ipso vivit, ut umbra in eo hac et illac vadit, et cogitationes in rationali animali sunt, in brutis autem animalibus non, quoniam illa tantum vivunt et sensus habent quibus cognoscunt quid fugere, vel quid appetere debeant; sed tantum anima a Deo spirata rationalis est. Claritas quoque mea prophetas obumbravit, qui per sanctam inspirationem futura prædixerunt, ut in Deo omnia quæ facere voluit antequam fierent umbra fuerunt; sed rationalitas cum sono loquitur, et sonus velut cogitatio est, et verbum quasi opus. De umbra autem hac scriptura *Scivias* processit per formam mulieris, quæ velut umbra fortitudinis et sanitatis erat, quoniam vires istæ in ea non operabantur. Vivens itaque fons Spiritus Dei est quem ipse in omnia opera sua divisit, quæ etiam ab ipso vivunt vitalem vitam per eum habentia quemadmodum umbra omnium in aqua apparet, et nihil est quod manifeste hoc videat unde vivit; sed tantummodo illud sentit per quod movetur. Et ut aqua illud quod in ipsa est fluere facit, sic et anima vivens spiraculum est, semper in homine manens, eumque sciendo, cogitando, loquendo et operando quasi manare facit. In umbra quoque hac sapientia æquali mensura omnia metiebatur, ne aliud pondere suo aliud excederet, et ne etiam aliud ab alio in contrarium moveri posset, quoniam ipsa superat et constringit, omnem diabolicæ artis malitiam, quia ante initium omnium initiorum fuit, et post finem eorum in fortissima vi sua erit, nec ullus resistere valebit. Nam nullum in auxilium suum vocavit, nec ullius eguit, quoniam prima et novissima fuit, nec ab ullo responsum accepit quia prima et cunctarum rerum institutionem operata est. Et in se ipsa, et per se ipsam constituit omnia pie et leniter, quæ etiam a nullo inimico destrui poterunt, quoniam inceptionem et finem operum suorum excellenter vidit, quæ omnia pleniter composuit, ita ut etiam omnia per ipsam regantur. Ipsa quoque opus suum inspexit quod in umbra aquæ vivæ in rectam constitutionem ordinavit, cum etiam per hanc prædictam et indoctam muliebrem formam quasdam diversarum rerum naturales virtutes, quædamque scripta vitæ meritorum nec non et quædam alia profunda mysteria aperuit, quæ illa in vera visione videns valde debilitata est. Sed ante omnia hæc sapientia verba prophetarum, verbaque aliorum sapientium, nec non et Evangeliorum in vivo fonte hauserant, æque discipulis Filii Dei commiserat, quatenus flumina vivæ aquæ per illos in totum orbem diffunderentur, quibus homines velut in rete ducti ad salvationem reducerentur. Fons utique saliens viventis Dei puritas est, et in ipsa claritas ejus resplendet, in quo splendore Deus cum magno amore omnia complectitur, quorum umbra in salienti fonte apparuit, antequam Deus ea in formis suis prodire jussisset. Et in me charitate omnia resplenduerunt, splendorque meus formationem rerum ostendit, sicut umbra formam indicat, atque in humilitate quæ adjutrix mea est, per jussionem Dei creatura processit, in eademque humilitate Deus ad me se reclinavit, quatenus arida folia quæ ceciderant, in ea beatitudine relevaret, qua omnia quæ vult facere potest, quoniam illa de terra formaverat, unde et post casum ea liberavit. Nam homo pleniter factura Dei est qui cœlum respicit et terram dominando conculcat, et omnibus creaturis imperat, quia per animam altitudinem cœli aspicit. Quapropter et per illam cœlestis est, sed per visibile corpus terrenus existit. Deus itaque hominem in imis jacentem in humilitate collegit contra illum qui in confusione de cœlo projectus est, quoniam cum antiquus serpens per superbiam scindere vellet angelorum concordiam, Deus ipsam forti potentia sua tenuit ne per rabiem illius laceraretur. Satan enim in altis gloriam magnam habens in se computavit se posse facere quæcunque vellet, ne ob hoc gloriam siderum perdere, sed omnia habere volebat, et ideo cum ad omnia inhiaret, perdidit totum quod habebat.

Quod quæcunque Deus operatus est in charitate, humilitate et pace perfecerit, et expositio præscriptæ visionis sub imaginibus harum trium virtutum ostensæ.

III. Iterumque vocem de cœlo ad me dicentem audivi : Omnia quæcunque Deus operatus est, ea in charitate, in humilitate ac in pace perfecit, quatenus etiam homo charitatem diligat, humilitatemque apprehendat, pacem quoque teneat, ne cum illo in interitum vadat, qui virtutes istas in primo ortu suo subsannabat. Nam vides etiam quasi in medio præfatæ australis plagæ tres imagines, duas videlicet in quodam purissimo fonte stantes, circumsepto et ornato superius rotundo et perforato lapide, velut in ipso radicatæ sint, quemadmodum arbores in aqua interdum crescere videntur, quæ in fortitudine ardentis justitiæ tres virtutes in nomine sanctæ Trinitatis sunt, quarum prima est charitas, secunda humilitas, tertia pax. Charitas quidem et humilitas in purissima divinitate, de qua flumina beatitudinis fluunt existunt, quia hæ duæ virtutes ad liberationem et erectionem hominis, qui in imis peccatorum depressus jacebat, unicum Dei Filium per totum orbem terræ diffamatum demonstrant, cum corpus ejus in cruce perforatum et sepultum mirabili potentia divinitatis surrexit, lapidemque fortitudinis et honoris se esse ostendit, quoniam omnia miracula quæ idem Filius Dei in mundo gessit ad gloriam Patris sui reduxit. Nec eædem virtutes a divinitate separatæ sunt, sicut nec radix ab arbore secernitur, quia Deus charitas existens, in omnibus operibus et judiciis suis humilitatem tenet. Charitas enim et humilitas cum eodem Dei Filio ad terras descendentes, eum ad cœlos redeuntem reluxerunt. Altera quidem purpureo, altera autem candido fulgore ita circumdata, ut eas perfecte intueri non possis, quod designat charitatem in cœlesti amore velut purpuram ardere, humilitatem vero terrenas sordes in candore rectitudinis de se excutere. Quod quamvis mortali homini difficile sit per omnia imitari quandiu vivit in carne, Deum tamen super omnia diligere, et se in omnibus humiliare propter mercedem æternorum non negligat. Quod autem tertia imago extra eumdem fontem supra præfatum lapidem illius stat, hoc est quod pax quæ in cœlestibus manet etiam terrena negotia, quæ extra cœlestia sunt defendit, quia ipsam Filius Dei verus angularis lapis existens attulit, cum totum mundum nativitate sua illuminavit, et cum ipsum angeli in laudabili carmine suo Deum et hominem cognoverunt. Ejusque facies tanta claritate fulget, ut ipsa claritas faciem suam reverberet, quoniam pax, quæ per Filium Dei surrexit, non ita ut in supernis est, in terrenis teneri potest, quia cum cœlestia in stabilitate unanimitatis semper sint, terrena in titubatione hac et illac projecta multotiens immutantur. Sed tamen homo, qui opus Dei est, ipsum laudabit, quoniam anima hominis in laude erit, ut angelus est, quia dum homo in sæculo vivit, terram colit, quomodo vult et quomodo desiderat, Deumque ostendit, quoniam secundum illum signatus est. Et coram eis beati ordines sanctorum velut in nube apparent, quos diligenter intuentur, quia per charitatem et humilitatem ad gloriam supernæ celsitudinis pervenitur, cum mentes fidelium quasi nubes de virtute in virtutem fluunt, ubi etiam illos charitas et humilitas diligenti examinatione et tuitione considerantes, ad desideria supernorum strenue et leniter accendunt. Nam charitas ornatrix operum Dei est, quemadmodum annulus per nobilem lapidem ornatur; humilitas autem in humanitate Filii Dei aperte se manifestavit, qui de integra stella maris surrexit. Et ipse casum primi hominis non extimuit, nec expulsio primi hominis eum exterruit, quoniam nullum peccatum ipsum tetigit, quia totus in divinitate radicatus fuit, sed quidam qui eum videbant et cum eo ibant exaruerunt, et velut arida folia ceciderunt. Ipse tamen in locum eorum alios germinare fecit, nec ullius hominis consilium habuit, quomodo inimicos suos superaret, qui ab eo voluntate propria ceciderant. Sed et otiosus non erat sicut primus homo in casu suo a bonis operibus vacabat, quoniam in gloriosiorem vitam, quam prius positus fuisset, hominem renovabat, nec in sedem superbiæ se reclinavit, quemadmodum diabolus qui hominem cum pestilentia inobedientiæ decepit, timoremque non habuit, quomodo hominem illi auferret, quia caput ejus valida fortitudine conterendum praescivit. Praedictis quoque virtutibus Ecclesia exornata et dotata in cubiculum regis ducebatur, ut scriptum est:

Verba David ex psalmo XLIV *Ecclesiam vario virtutum cultu decoratam commendantia.*

IV. « Astitit regina a dextris tuis in vestitu deaurato circumdata varietate. » Hujus sententiae intellectus hoc modo accipiendus est: O Fili Patris, in desponsatione catholicae fidei astitit Ecclesia prosperitati supernorum desideriorum dotata humanitate tua, quae rubore sanguinis tui perfusa est, circumamicta quoque multiplicibus virtutibus, quas de domo patris tui tulit, cum in amplexus dilectionis tuae se posuit. Ista quippe desponsatio per voluntatem omnipotentis Dei processit, qui illam cum fulgenti opere perfecit, ubi a summo usque ad imum hominem collegit, quem indumento justitiae decoravit, cum Filius Dei pro redemptione hominis in carne pati voluit. Homo enim opus dextrae Dei est, per quem ipse vestitus et vocatus ad regales nuptias est, quas humilitas fecit, cum Deus altissimus in ima terrae respexit, et ecclesiam de communi populo collegit, quatenus ille qui ceciderat per poenitentiam resurgeret, seque in sanctis moribus renovaret varietate virtutum quasi viriditate florum adornatus. Superbia autem semper corrupta est, quia unamquamque rem comprimit, dividit et abstrahit; humilitas vero nulli quidquam rapit seu abstrahit, sed omnia in charitate retinet, et in ipsa Deus ad terras se reclinavit, atque omnes virtutes per ipsam collegit. Virtutes namque ad Filium Dei tendunt, sicut virgo virum repudiando Christum sponsum suum vocat, ipsaeque humilitati adjunctae sunt, cum eas ad nuptias Regis perducit. Verba haec fideles devoto cordis affectu percipiant, quoniam per illum qui primus et novissimus est ad utilitatem credentium edita sunt.

VISIO NONA.

Visio de duabus imaginibus mirabili claritate fulgentibus, et descriptio habitus earum; et de tenebris totam occidentalem aedificii plagam occupantibus et de igne cum sulphure et aliis tenebris usque ad medium septentrionalis plagae se incurvante.

I. Deinde prope septentrionalem angulum qui versus orientem respiciebat vidi imaginem cujus facies et pedes tanto fulgore radiabant, ut idem fulgor visum meum reverberaret. Vestem autem quasi ex albo serico induerat, et viridis coloris desuper tunicam habebat, quae diversis margaritis ubique ornata apparebat, atque velut in auribus, inaures, in pectore monilia, in brachiis vero armillas portabat, quae omnia velut ex purissimo auro erant, pretiosis lapidibus ornata. Sed quasi in medio ejusdem septentrionalis plagae vidi aliam imaginem erectam stantem, formamque mirabilem habentem, in cujus summitate ubi locus capitis ejus esse debebat, tanta claritas fulgoris radiabat, ut idem fulgor visum meum repercuteret. In medio autem ventris ipsius caput hominis capillos canos, barbamque habens apparebat, et pedes ejus similitudinem pedum leonis imitabantur. Sed et sex alas habebat, quarum duae ab humeris sursum ascendentes, et se recurvantes ad invicem se conjungebant, praedictamque claritatem tegebant; duabus autem a praefatis humeris usque ad verticem supradicti capitis deorsum se extendentibus; duabus vero a lumbis ejusdem imaginis usque ad talum pedum ipsius descendentibus, et se aliquantulum quasi ad volandum expandentibus, reliquo corpore velut piscium et non volatilium pennulis per totum velato. Et in duabus alis quae se ad verticem praefati capitis extendebant, quinque specula apparebant, quorum unum in summitate dextrae alae erat, in quo scriptum videbatur, *Via et veritas,* et unum in medio ejus in se scriptum habens: *Ego ostium omnium arcanorum Dei sum,* unumque in fine ipsius in quo scriptum continebatur: *Ostensio omnium bonorum existo,* atque in summitate sinistrae alae unum erat in se scriptum continens: *Speculum sum in quo intentio electorum consideratur,* et unum in fine ejusdem alae scriptum habens: *Nuntia nobis si tu es ipse qui regnaturus es in populo Israel.* Et imago haec dorsum ad aquilonem verterat. Per totam autem occidentalem plagam velut teterrimas tenebras fumigantes aspiciebam, sed prope angulum eidem plagae qui versus septentrionem erat, nigerrimus ignis cum sulphure et densissimis tenebris ebulliens fere usque ad medietatem septentrionalis partis se recurvando extendebat. Audivique vocem de coelo mihi dicentem.

Quia prima duarum imaginum sapientiam insinuet, et multifaria pulchritudino habitus ejus universa creaturae genera quam Deus in diversis rerum naturis et speciebus condidit significet.

II. Omnipotens Deus, qui per sapientiam omnia condidit, mirifica opera sua diversis significationibus aperit, atque in donis suis mirabilis existens, ea unicuique creaturae secundum quod vult dividit. Hominem quoque ad beatitudinem supernorum reducere volens, ei in mirabilibus figuris haec quae in coelestibus, et quae in terrestribus, et quae in infernalibus mansionibus sunt, prout vult congrue demonstrat. Unde prope septentrionalem angulum, qui versus orientem respicit, vides imaginem cujus facies et pedes tanto fulgore radiant, ut idem fulgor visum tuum reverberet, quoniam ubi stultia finitur et justitia oritur, sapientia veræ beatitudis manifestatur, cujus initium et finis humanum intellectum superant, quia eadem luce præscientiæ qua principium operis sui inspexit, eadem et finem ejus prævidit. Vestem autem quasi ex albo serico induit, quoniam hominem in candore et suavitate dilectionis amplectens, etiam Filium Dei in decore virginitatis incarnatum ostendit et quomodo hoc fieret homini ignotum est, sed sola divinitas hoc novit. Et viridis coloris desuper tunicam habet, quæ diversis margaritis ubique ornata apparet, quia etiam exteriores creaturas, scilicet in aere volantes, et in terra ambulantes, seu reptantes, ac in aquis natantes, quorum spiritus cum carne deficiunt, sapientia non abjicit, sed eas vegetat et retinet, quoniam servitium homini impendunt, et ab eis pascitur, et etiam ipse velut ornatus in margaritis ejusdem sapientiæ existunt, cum naturam suam non excedunt ut homine multoties rectam sibi institutam viam transgrediente. Atque velut in auribus inaures, in pectore monilia, in brachiis vero armillas portat, quæ omnia velut ex purissimo auro sunt, pretiosis lapidibus ornata, quoniam omnes creaturæ illi obediunt, præceptorumque ipsius recordantur. Unde etiam opera ejus comprehensione plenitudinis ita muniuntur, ut nulla creatura ita imperfecta sit, quod ei quidquam in natura sua desit, quin plenitudinem totius perfectionis et utilitatis in se habeat : et sic omnia quæ per sapientiam processerunt in illa quemadmodum purissimus et elegantissimus decor sunt, splendidissimo quoque fulgore essentiæ suæ lucentia. Homo etiam complens præcepta mandatorum Dei, vestis candida et suavis sapientiæ est, virideque indumentum per bonam intentionem et viriditatem operum multimodis virtutibus ornatorum, auriumque illius decor, cum se ab auditu malarum susurrationum avertit, pectoris ejus munitia, cum illicita desideria negligit, brachiorum quoque ipsius honor fortitudinis est, cum a peccato defendit, quia omnia hæc ex puritate fidei oriuntur, profundissimis donis sancti Spiritus, justissimisque scripturis doctorum decorata, ubi fidelis homo bonis operibus illa perfecit.

Quod altera imaginum omnipotentem Deum designet, et quid claritas in loco capitis, quid hominis caput in medio ventris ejus apparens, quid etiam pedes ejus similitudinem pedum leonis habentes exprimant.

III. Sed quasi in medio ejusdem septentrionalis plagæ vides aliam imaginem, erectam stantem, formamque mirabilem habentem, quæ contra fortitudinem injustamque æstimationem antiqui serpentis, omnipotentem Deum designat, in majestate sua invincibilem et in virtutibus suis mirabilem, quoniam profunditatem mysteriorum ejus nullus ad finem perducere potest. In cujus summitate, ubi locus capitis ejus esse deberet, tanta claritas fulgoris radiat, ut idem fulgor visum tuum repercutiat, quia excellentiam divinitatis, quæ omnia illuminat, nullus dum mortali corpore gravatur videre potest, cum nec angeli aspectui ejus semper assistentes ipsum ad finem perducere valeant, eum inspicere assidue desiderantes, quoniam Deus claritas illa est, quæ nec esse incœpit nec finietur. In medio autem ventris ipsius caput hominis capillos canos barbamque habens apparet, significans quod in perfectione operum Dei antiquum consilium ad salvationem hominis fuit, magnam dignitatem rectitudinis in se ostendens, quam nemo dinumerare nec comprehendere potest, quemadmodum initium et finis rotæ quæ æqualem circulum habet, ab homine discerni non prævalet. Nullus enim homo illud finire potest, quod angeli comprehendere nequeunt, quia æternitas ante ipsos æqualiter volendo et perficiendo fuit, nec illius rei eguit quoniam semper plena fuit. Unde et idem caput formam humani capitis habet, quia Deus hominem ad imaginem et similitudinem suam fecit, et potestatem operandi illi dedit quatenus quod bonum est operaretur, Creatoremque suum laudaret, nec illius obliviscerentur. Deo etenim nullus similis est, nec esse potest ; sed qui illi assimilari voluit deletus est, quia hoc esse non debuit. Cum autem Deus virtutem suam potenter ostendere voluit, in alvum Virginis respexit, et sicut in die septimo ab omni opere suo requievit, hominemque deinde operari instituit, ita et Filium suum in utero Virginis requiescere fecit cui et omne opus suum commisit. Nam Spiritus sanctus leni calore suo carnem Virginis absque omni incendio motus carnalis viri tetigit, quemadmodum ros super gramen leniter cadit, ita ut flos scilicet Filius Dei in carne ejusdem Virginis formam hominis assumeret, qui etiam multa tolerantia propter hominem crimina ejus sustinuit. Nam in circumcisione sua per baptismum hominem purgandum designavit, et in passione ac in morte sua illum de criminalibus peccatis redimendum, ac in ascensione sua ipsum cœlesti regno associandum demonstravit, atque his modis numerum beatorum usque ad tremendum tempus judicii complebit. Et pedes prædictæ imaginis similitudinem pedum leonis imitantur designantes quod Deus divinitatem suam hominibus quandiu mortales sunt abscondit, quibus tamen in legalibus præceptis, et in aliis creaturis plurima bona ostendit. Quæ tandem omnia per Filium suum velut cum pedibus leonum ad se trahet, et examinabit, ita ut tota terra concutiatur, et firmamentum evertatur, et mortalis homo sic finem habens, rationem de operibus suis reddat, ubi et Filium Dei immortalem videbit.

Quomodo sex alis eadem imago circumamicta apparuerit, et quid figurent eædem alæ.

IV. Sed et sex alas habet, quæ sex dierum opera sunt, in quibus homo Deum invocando laudat, et seipsum adjutorio Dei procurat ; quarum duæ ab humeris sursum ascendentes, et se recurvantes ad invicem se conjungunt, prædictamque claritatem tegunt, quæ dilectionem Dei et proximi ostendentes, et se per fortitudinem bonorum operum sursum erigentes, rigore deposito, necessitati proximorum condescendunt. Mysteria etiam arcanorum Dei comprehendunt, quoniam et eædem alæ etiam cœlestem militiam supernorum spirituum manifestant, quos Deus ad vultum suum posuit, eos specula miraculorum suorum constituens, cum vultum ipsius inspiciunt, quem tamen nulla celebritate laudis, nec ullo termino ad finem perducere valent. Duabus autem alis a præfatis humeris usque ad verticem supradicti capitis deorsum se extendentibus, vetus et novum testamentum significatur, quæ fortitudinem præceptorum Dei portant, et se ad antiquum consilium declinando extendunt, cum in veteri testamento prophetæ Filium Dei prædixerunt, quem in novo filii Ecclesiæ per devotionem fidei susceperunt. Ipse etiam potestatem Dei declarat, quæ possibilitatem creandi et faciendi qui vult habet, quemadmodum et avis expansis alis suis in altitudinem, in latitudinem et in profunditatem volat, quoniam et Deus omnia cœlestia secreta in recto itinere constituit, ita ut eorum splendor nunquam cesset, et in veritate ipsius nunquam finem habeant, sicut nec veritas umbram falsitatis habet. Alis vero duabus a lumbis ejusdem imaginis usque ad talum pedum ipsius descendentibus, et se aliquantulum quasi ad volandum expandentibus, præsens sæculum et futurum ostenditur, ubi in præsenti generatio præterit et alia succedit, et ubi in futuro stabilitas indeficientis vitæ adveniet, cum circa finem mundi idipsum manifestabitur, terroribus et prodigiis quamplurimis eumdem finem velut volando præcurrentibus. Et lumbis ingluvies gutturis diabolici gustum peccatorum et carnalium desideriorum immittit, ubi cibi descendunt et emittuntur, et ubi carnis concupiscentia in peccatis crescit; sed divina protectio eos defendit, et castitatem cum erectione bonorum operum ipsis tribuit. Nam Deus incestos actus qui per motum linguæ serpentis in primis hominibus surrexerunt, postea per hominem unum constrinxit, qui potentibus alis virgineæ naturæ, officium luxuriæ in mentibus hominum contra carnis jura contrivit.

Quid significet quod hæc eadem imago toto corpore pennulis piscium et non pennis volucrum velata videtur; et quod Dei Filius, diabolo nesciente, mundum per carnem intraverit, et ad quid Pater illum tantas passiones sustinere voluerit.

V. Unde et reliquo corpore velut piscium et non volatilium pennulis per totum velato designatur quod sicut forma piscium formæ volatilium dissimilis existit, et ut occultum est quomodo pisces nascantur, et qualiter crescant et aquæ in quibus vivunt festinum cursum habent, et pisces etiam cum ipsis festinanter fluunt, ita quoque et Filius Dei totus in sanctitate natus est, et in aliena natura, scilicet ab aliis hominibus separatus, in justitia totus sanctus fuit, in qua et hominem expansis alis om-

nium bonorum operum in cœlum reportavit, sicut et in antiqua lege per signa sacrificiorum multoties præsignatum fuerat, et ut per ipsum in virginea natura deinde completum est. Mox enim ut Adam noxiale pomum comedit, gustum in peccatis concepit, ita ut peccare posset. Quapropter et paradisiaca gloria ab ipso recessit, et in exsilium missus est. Statim quoque diabolus luxuriam adversus Deum protulit, et nativitatem hominum cum impudica confusione evertit, atque in dolo suo cogitabat, quod homo qui in tantis sordidus esset, regnum cœlorum intrare non posset quoniam fornicationis non esset populus Dei, nec ipse Deus eorum. In spurcitiis namque motus carnis diabolus valde gaudebat, et intra se dicebat : « Ego hominem de glorioso loco suo dejeci, eumque in maximas sordes misi, et ideo nulla pars Deo in illo est, quia ipse totus mundus nullam sordiditatem vult nec recipit. Quapropter et homo in loco meo remanebit. » Sed Deus antiquum serpentem celavit quomodo hominem liberare vellet, et spurcitias quæ per dolum illius ebullierant, per Filium suum abluit, et vulnera quæ homini luxuria infixerat per illum delevit. Istud Deus in medio potentiæ suæ, in qua ante omnia initia fuit, et in medio noctis infernalis putei fecit, sicut et in medio noctis per angelum percutientem signaverat, in medio videlicet potentiæ suæ quoniam potens erat facere quæcunque voluit; atque in medio noctis, cum antiquus inimicus superba opinione putabat quod homines cepisset sicut vellet, et ita tantam multitudinem hominum possedisset, quasi eos in medio cordis sui haberet : tunc Filius Dei, ut præfatum est, diabolo nesciente, occulte venit, atque humanitate sua hamum illius quo homines capiebat confregit, quem etiam devictis hostibus suis pro signo triumphi in vexillum crucis suspendit, et Patri suo cum omni militia cœlestis exercitus ostendit. Unde et idem exercitus canticum novæ laudis elevabat, gaudens quod tam magna multitudo beatarum animarum a tam truculenta captivitate liberata esset, quia prædictus Dei Filius eas in locum beatitudinis collocaverat.

Et quare omnipotens Deus unicum Filium suum qui nullum debitum in peccatis habuit, tantas passiones pati permisit ? Idcirco videlicet, ne antiquus deceptor ullam occasionem adversus Deum haberet, quia homo illi libenter consenserat, et quoniam præcepta illius per omnia secutus fuerat. Si enim homo peccator pro aliis hominibus occideretur, malignus spiritus diceret quod ille nullum liberare posset, quoniam de propriis peccatis arguendus esset, in quibus ei consensisset, quapropter et nullam possibilitatem haberet, ut et sibi et aliis funem captivitatis abstraheret. Unde vivens Deus Filium suum dedit, cujus forma similis formæ Adæ fuit, quatenus per indumentum humanitatis suæ hominem redimeret.

De quinque speculis in diversis locis duarum mediarum alarum ejusdem imaginis apparentibus, quid designent, et quomodo scriptura quæ in eis ostensa est intelligenda sit.

VI. Et in duabus alis quæ se ad verticem præfati capitis extendunt, quinque specula apparent, quia in Veteri et Novo Testamento, quæ ad dignitatem antiqui consilii respiciunt, quinque luminaria diversorum temporum ostenduntur; primum videlicet in Abel, secundum in Noe, tertium in Abraham, quartum in Moyse, quintum in Filio Dei, quæ omnia hominibus ad viam veritatis lucent; cum etiam ipse Filius Dei clausuram cœlestium gaudiorum per passionem suam aperuit. Quorum unum in summitate dextræ alæ est, in quo scriptum videtur: *Via et veritas;* quod alta mysteria miraculorum Dei designat, quæ nullus hominum per scientiam suam plenarie comprehendere valet, nisi quantum in circulo fidei capit, sicut nec umbra in speculo quidquam plus operatur quam ei per formam demonstratur, et quæ ad salutem populorum viam justitiæ ac veritatem rectitudinis ostendunt, quatenus homo Deum timens, ad cœlestia perveniat; velut etiam opera et finis Abel declarant. Et unum in medio ejus in se scriptum habet: *Ego ostium omnium arcanorum Dei sum;* quoniam in perfectione salutaris defensionis manifestatio secretorum Dei declaratur, ostendens quod omnipotens Deus in latitudinem totius creaturæ miraculis suis se expandit; sicut etiam a primo homine usque ad novissimum multiplicia signa miraculorum perficit, videlicet prophetando, nuntiando, et faciendo, nec in his cessabit, donec omnia quæ facturus est compleat, quemadmodum nec in prima creatione creaturæ requievit, antequam ex toto eam compleret, sicut et in Noe variis signis præfiguravit. Unumque est in fine ipsius, in quo scriptum continetur: *Ostensio omnium bonorum existo,* quia in fine isto finis diabolicæ irrisionis est præmonstratus, atque ortus cunctorum bonorum præfiguratus, designans etiam quod Filius Dei formam hominis de simplici virgine esset assumpturus, et omnia bona per se completurus. Quod et liber vitæ denuntiat, qui nunquam delebitur, in quo etiam cœlestis Jerusalem cum omnibus virtutibus suis descripta est, quas nullus enarrare valet; sicut nec mirabilia Dei quispiam ad finem perducit, quæ etiam omnia Abraham in circumcisione quam præcepto Dei complevit, fideliter præmonstravit. Atque in summitate sinistræ alæ unum est in se scriptum continens: *Speculum sum, in quo intentio electorum consideratur,* quoniam in initio justitiæ cum superna defensio per virtutem electorum suorum iniquitatem opprimeret, tam simplex et pura devotio illorum apparuit, ut diabolicis artibus resisterent, et se vivum holocaustum Deo offerrent. Quapropter et Satan retrorsum projectus, Deum tam fortem super inimicos suos cognovit, ut etiam in profundo inferni exterritus, eum per omnia contremisceret. Unde et multi, qui in parte aquilonis per mortiferum pomum dormiebant, in speculo timoris Dei per pœnitentiam evigilaverunt, scilicet homicidæ, adulteri, raptores, mendaces ac alii quique peccatores Deum exorantes, quatenus eos ab antiquo hoste liberaret. In pœnitentia namque istorum Deus valde laudatur, quoniam omnes ordines pœnitentium et fidelium hominum Deum in potestate sua magnum cognoscunt, qui eos sic liberat, et peccata eorum delet. Quapropter et in eis valde delectatur, qui cum velut nox in peccatis mortales fuissent, quasi purum diem per pœnitentiam illos fecit. Unde et multo plus eum diligunt, a diabolo sic erepti, quam si ereptione per pœnitentiam non indiguissent, nec deinceps ab amore ejus torpescent. Itaque timor Dei omnibus tam electis simplicibus et innocentibus quam peccatoribus necessarius est, quoniam eos oportet timorem Dei prius habere quam amorem ejus gustent; et ideo etiam in præfato speculo intentiones ipsorum velut scriptura apparent, quas Deus semper inspicit. Et unum in fine ejusdem alæ scriptum habens: *Nuntia nobis si tu es ipse qui regnaturus es in populo Israel,* quia ubi Vetus Testamentum finitum est, et novum incœpit, Unigenitus meus apparuit, qui Satan in inferiorem puteum inferni velut lapidem submisit, ita quod in nullo ventoso flatu voluntatis suæ spirare poterit, ut prius fecit, in quo facto idem Filius meus electis suis æterna præmia demonstravit, quemadmodum ad Moysen locutus sum dicens:

Verba Dei in Exodo loquentis ad Moysen, « *Ostendam tibi omne bonum,* » *et quomodo de Incarnationis Dominicæ mysterio accipienda sint.*

VII. « Ostendam omne bonum tibi, et vocabor in nomine Domini coram te, et miserebor cui voluero, et clemens ero in quem mihi placuerit. » Rursumque ait: « Non poteris videre faciem meam, non enim videbit me homo et vivet. » Et iterum: « Ecce, inquit, est locus apud me, stabis super petram. Cumque transibit gloria mea ponam te in foramine petræ, et protegam te dextera mea donec transeam, tollamque manum meam, et videbis posteriora mea (*Exod.* XXXIII). » Hujus sententiæ intellectus hoc modo accipiendus est: Ego qui Dominus cunctorum sum, quoniam per memetipsum sum, tibi qui puro corde me colis, æternæ vitæ beatitudinem quæ omne bonum est ostendam. Vocaborque Dominus coram te, qui creator omnium creaturarum sum, cum tu Israel tunicam Filii mei videris, quam Adæ promisi, quando eum nomine suo vocavi, et quando tenebrosam vestem illi dedi, quia tenebrosus erat. Ob hoc etiam nullus hominum peccatis hominum gravatus vultum meum videre potest, quandiu mortalis existit, quoniam per suggestionem diaboli de nigredine aquilonis niger est, et sicut quæque lucida ab aquilone aversa sunt, sic claritas veræ lucis ab Adam secessit, cum per consilium antiqui serpentis ad aquilonem respexit. Proinde quia mortalium nemo gloriam meam perfecte intueri potuit, per prophetas meos loquendo miracula mea ostendi, qui in umbra loquebantur, quæ de luce formabatur, quæ etiam obscurior luce sua erat, sicut omnis umbra obscurior substantia sua est de qua procedit. Sol quoque et luna atque omnia sidera homini obnubilata erant, ita ut nudam claritatem illorum videre non posset; atque omnia ventorum spiramina illi ad videndum obtecta erant, et ideo quasi in umbra dicebatur, ut prædictum est: « Nuntia nobis si tu es ipse qui regnaturus es in populo Israel. » Nam Spiritus sanctus in populo suo prophetando protulit, quod per primam vocationem qua Adam vocatus est præfiguratum erat, quod liberator hominum venturus esset. Tunc Filius Dei humanitate indutus venit, cujus claritatem divinitatis homines videre non poterant, cum eum quasi alium hominem inspicerent; sed tamen ipse in alia via quam homines viverent, scilicet sine gustu peccati, eis se ostendebat, sic autem ut comederet, biberet, dormiret et se vestiret, nullam maculam delictorum habens. Judæi vero aliique multi ipsum videntes, Filium Dei esse dubitabant, atque in hoc scientiam suam obnubilabant, nec mirabilia ipsius in fide capiebant; sed in duritatem saxorum conversi sunt, quemadmodum coluber in caverna petræ latet. Sed tamen ipse dextra sua quamplurimos Judæorum et paganorum cum innumerabili exercitu salvandorum obtinebit, donec omnia mirabilia ipsius pertranseant, et tunc manum magni operis sui levabit, omnibusque amicis suis posteriora sua demonstrabit, quatenus omnes cognoscant qualiter cum diabolo dimicaverit. Et tunc, o Israel, in illo fiducialiter confides, cujus miracula, ut Adam claritatem æternæ vitæ fugisti in ipsum non credendo; ipseque tunc tibi erit sub lingua tua, ut favus mellis; et ut cibus lactis in ostensione operum suorum, quæ ad te colliges, et brachio tuo apprehendes querula voce dicendo: « Ach, ach, quandiu decepti sumus! » et sic adimplebitur quod me inspirante scriptum est:

Item verba David ex psalmo XCI, *ubi loquitur:* « *Mirabiles elationes maris, mirabilis in altis Dominus* », *et quomodo intelligi debeat.*

VIII. « Mirabiles elationes maris, mirabilis in altis Dominus. » Hujus sententiæ intellectus hoc modo accipiendus est. Deus, qui via et veritas est, sub arcanis rectæ constitutionis suæ omnia ornamenta firmamenti cum mirabilibus elationibus maris posuit, et cum mirabili elatione maris ornamenta firmamenti perfudit, eaque in aliqua parte secundum cœlestia arcana in similitudine speculi posuit; sed sicut umbra in speculo nihil absque forma sua potest, sic nec ornamenta firmamenti quidquam per se nisi per superna secreta operari prævalent. Ornamenta quippe firmamenti de supremis arcanis resplendent, quemadmodum fulgor ab igne procedit, quia ignis materia fulguris est, et fulgur pertransit, ignis autem permanet; ita et ornamenta firmamenti pertranseunt, cœlestis autem harmonia manendo perdurat. Quapropter et mirabilis in altis cœlorum Dominus est, quoniam nulla transitoria res perfecte potest ea respicere, quæ nunquam transibunt, quia illa in deficiente perfectione sunt. Sed Deus in ornamentis et in signis firmamenti hominibus cœlestia demonstravit, quatenus in speculo fidei miracula sua per hæc cognoscant; et si prædicta ornamenta videre non valerent, scientia eorum cæca esset; sicut etiam aquilo omni luce privatus, post ruinam diaboli nunquam claruit, qui quoniam honorem Altissimi subsannavit, ideo et ipse nullum lumen retinuit. Mirabiles quoque elationes maris sunt, cum homines qui in instabilitate hac et illac inundant, Spiritu sancto accensi a terrenis ad cœlestia se elevant; et sic etiam mirabilis in altis virtutibus Dominus, cum illo ad quæque bona ita confortat, ut sordibus vitiorum deinceps se subdere recusent. Unde etiam Scriptura habet:

Item verba ejusdem ex eodem psalmo ubi dicit: « *Etenim firmavit orbem terræ qui non commovebitur.* »

IX. « Etenim firmavit orbem terræ qui non commovebitur. » Hujus sententiæ intellectus hoc modo accipiendus est: Deus cum pleno opere replevit orbem terræ, et ideo non commovebitur, quoniam si creaturis repletus non esset, quadam inanitate concussus moveretur. Omnis enim creatura locum suum qui ipsam ministrando portat replet; sed Deus miracula sua in homine operatur, orbemque terræ illi ad necessitatem corporis sui commisit. Ipse etiam firmavit Ecclesiam toto orbe terrarum diffusam, quæ nulla tempestate adversariorum conteretur, quamvis plurimis tribulationibus multoties fatigetur. Nam miracula sua Deus in illa assidue perficit, nec in hoc cessabit, quousque numerus electorum suorum cum cœlesti harmonia compleatur. Vultus autem Divinitatis super harmoniam istam est, nec ipsa ullo fine terminari poterit, nec quidquam per se sed per ostensionem vultus Divinitatis facere valet, sicut nec umbra in speculo apparens aliquid per se facit, sed per formam suam de qua procedit. Et cœli dicuntur qui Deum inspiciunt, cœlique qui eum prophetant, cœlum quoque fuit, quod Filius Dei in humanitate se ostendebat. Cœli autem illi nominantur qui de splendore vultus Dei quemadmodum scintillæ ab igne resplendent, et in quibus Deus omnes inimicos suos superavit. Sed cum Deus cœlum et terram creavit, in medio eorum hominem posuit, quatenus eis dominando imperaret, et hoc medium secundum medium illud est, quo Filius Dei in medio corde Patris est, quia ut consilium a corde hominis, ita et Filius a Patre Deo exivit. Nam cor consilium habet, et consilium in corde est, et unum sunt, nec ulla divisio ibi esse potest.

Quia in eo quod præscripta imago dorsum ad aquilonem verterat hoc designetur quod Deus consilium Incarnationis Filii sui et redemptionis humanæ a diabolo et omnibus spiritibus malignis absconderit.

X. Et imago hæc dorsum ad aquilonem verterat,

quoniam omnipotens Deus cunctos aquilonis amicos celavit, quod cum Filio suo facere voluit, et sicut illos retrorsum dejecit, ne ullum lumen viderent, ita in nulla scientia opus Filii Dei videbant, et quoniam hæc omnia Deus per antiquum consilium ordinaverat, idcirco illis abscondita erant. Per vim enim zeli Dei diabolus in abyssum dimersus est, omneque lumen illi ablatum est, ita ut jam nullum fulgorem beatitudinis videat, quia omnino excæcatus est, quoniam similitudinem illius qui de nullo, sed qui per semetipsum est habere voluit, et licet inutili timore judicia Dei nunc sentit et eis respondet, illa scilicet quæ ad ipsum pertinent puniendo. Nam in timore judiciorum Dei novit, quod Deo nequaquam resistere potest; sed tamen ramos operis illius abscindit, sicut in primis hominibus fecit, illos videlicet seducendo qui ei ex toto corde consentiunt. Propter quod etiam in perditionem vadunt, quia idem hostis semper rugit ut animas devoret, nec ab hoc furore ullo tædio cessat. Deus autem in magnis præconiis et multis signis occultam divinitatem suam hominibus ostendit, atque per sapientiam in creaturis multa eis demonstravit, in quibus secreta divinitatis ipsius cognoscant, quemadmodum homo multas formas per scientiam suam coloribus depingit. Sed et sicut antiquus serpens in casu suo Deo resistere non potuit, sic etiam nec contradicere valuit, quin Deus supernum chorum in majore laude per Filium suum cum animabus justorum restitueret, de quo illi ceciderunt, qui opus ejusdem Filii Dei ante novissimum diem pleniter scire non poterunt, et qui tunc de cœlesti exercitu magnam confusionem sustinebant, quia locus eorum in majore benedictione replebitur, quam ante fuisset. Filius enim Dei, ut prædictum est, in aliena via præ aliis formosus processit, proles virgineæ naturæ existens, quoniam prima virgo per serpentinum consilium corrupta est; Virgo autem Maria tota sancta fuit, quæ de Spiritu sancto Filium concepit, et virgo peperit virgoque permansit. Hæc nativitas per antiquum consilium prædestinata erat, et tota spiritalis in divinitate occultata latebat, nec in scientiam hominum volavit, eo quod non multiplex, sed unica in divinitate esset, ubi idem Dei Filius ante antiquitatem dierum ex Patre natus exstitit, quoniam Pater eum hominem fieri in voluntate sua semper habuit. Qui in aliena natura humanitatis veniens, sinistram partem Leviatan evertit, cum mille vitia peccatorum de gutture illius per opera castitatis abstraxit, quia abstinentia et contritio peccatorum alæ castitatis sunt, in quibus virgines et pœnitentes propter dimissa peccata carnalium desideriorum ad desponsationem Agni volant, quoniam et Filius Dei, Virginis Filius, virginitate coronatus, pœnitentes ad ipsum currentes suscepit. Ab initio enim indumento humanitatis suæ omnia spiritualia in homine operabatur, quæ etiam usque ad novissimum diem perficiet, et hæc in medio potentiæ suæ sunt, non per numerum dierum, sed per vim operis sui, ac ea in recta statera habet, ita ut per nullam illusionem superari possit. Nam in humanitate sua super pennas ventorum volavit, et sicut aquila in solem, sic ipse in faciem Patris aspexit, quia sicut Abraham circumcisionem carnis acceperat, per quam spiritalis vita, quam aqua significat, intelligitur, ut pisces in aqua vivunt, ita etiam anima hominis per baptismum circumciditur, atque in aqua spiritaliter ad vitam regeneratur, in qua in æternum in sede beatitudinis vivet, quemadmodum etiam de sede majestatis Dei dicitur.

Verba David ex psalmo CI, ubi scriptum est: « Dominus in cœlo paravit sedem suam, » et quo sensu accipienda sint, et brevis recapitulatio de incarnatione Domini.

XI. « Dominus in cœlo paravit sedem suam, et regnum ipsius omnibus dominabitur. » Hujus sententiæ intellectus hoc modo accipiendus est: Filius Dei, qui Dominus hominum, Dominus angelorum Dominusque omnium virtutum est, in cœlo beatitudinis paravit sedem suam, quemadmodum cogitatio hominis instrumentum operis sui secundum desiderium ipsius operatur; et ut omne opus secundum voluntatem ejus perficit, nec in illa re idem Filius a Patre suo recessit ut Adam fecit, qui in lacum mortis cecidit. Unde etiam regnum ipsius omnibus, videlicet in cœlo et in terra, dominabitur, ut inimicos suos ut scabellum pedum suorum conculcabit, quia caro ipsius per gustum peccati in terra numquam tacta est, ac ideo etiam nullus dolor eum evicit; sed per duram et asperam passionem omnia terrena superavit. Quem autem deceret liberare hominem, nisi igneum Filium Dei, qui de cœlo ad terras descendit, et de ipsis ad cœlos ascendit, et qui rore divinitatis sicut guttam mellis supernam gratiam super populum suum stillat, ita ut fideles nunquam ab invicem superari possint? Omnia enim opera bona Pater in Filio suo operatus est, quod in nullo alio fieri potuit, quoniam ipse, ut præfatum est, a Patre nunquam recessit, sicut nec splendor solis a sole separatur. Ipse itaque pro liberatione hominis ad terras venit, hominemque redemit, quem nemo alius redimere potuit, quia Pater eum sic venire disposuit, velut propheta David, Spiritu sancto inspirante, dicit:

Item verba ejusdem ex psalmo LXXI ubi legitur: « Descendit sicut pluvia in vellus, » et quod hoc quoque ad Incarnationem Domini referendum sit.

XII. « Descendet sicut pluvia in vellus, et sicut stillicidia stillantia super terram. » Hujus sententiæ intellectus hoc modo accipiendus est: Adam in consilio diaboli per transgressionem præceptorum Dei mortalis fuit, et ideo Filius Dei descendit, velut ros suavitatis, in alvum Virginis, quæ suavis, mitis et humilis ut ovis in moribus suis erat, quatenus hominem de morte suscitaret, sicut et per eversionem terræ per aratrum fructus in pluvia suscitatur.

Aratrum quippe præceptum legis est, quod in humanitate sua idem Filius Dei hominibus dedit, ut in cognitione præcepti hujus ad vitam resuscitarentur, et secundum exemplum suum quasi cum aratro carnalia desideria in semetipsis everterent, et etiam sic per exempla sanctorum operum fructuosi fierent, de die in diem perficiendo, quemadmodum ipse eos præcesserat. Et hoc modo stillicidia super eos mittebat, agrumque virtutibus plenum ex ipsis faciebat, quem benedixit, et fructibus omnium bonorum scilicet castitate, continentia et patientia, et cæteris beatitudinibus replevit.

Quia tenebræ ad occidentalem plagam visæ itemque ignis cum sulphure aliisque densioribus tenebris ad septentrionalem præscripti ædificii partem ostensus, ubi in exteriori mundo pœnalia loca sint, in quibus peccatorum animæ crucientur, demonstrent, et etiam interiorem eorumdem peccatorum cæcitatem, qua per infidelitatem obscurantur significet.

XIII. Per totam autem occidentalem plagam velut teterrimas tenebras fumigantes aspicis, quoniam ibi pœnalia loca sunt, quæ diversa genera tormentorum in se habent, quia cum homo per declivia peccatorum ad occidua tendit, cæcitatem infidelitatis per nequitiam malum vaporem emittentem sibi attrahit; et sic etiam earumdem tenebrarum pœnas incidens, se ipsum in confusionem mittit, cum creatorem suum negligit. Sed prope angulum ejusdem plagæ, qui versus septentrionem est, nigerrimus ignis cum sulphure et densissimis tenebris ebulliens, fere usque ad medietatem septentrionalis partis se recurvando extendit, quia idem locus est pœnalis profunditas, et lacus perditionis animarum illorum, qui Deum contemnentes eum bonis operibus scire noluerunt. Quapropter et ibi acer ignis cum amaritudine sulphuris, et inextricabilibus tenebris evaporat, et ad destinata loca se dilatat, ita ut diversitatem earumdem pœnarum humana scientia ad perfectum scire non possit, quandiu homo in mortali sæculo vivit. Homo quoque cum ad occasum infidelitatis pervenerit, quæ ad perditionem respicit, ita ut nec justa opera nec Deum diligat; ignis perversitatis cum acerbitate et cæcitate morum illi occurrens, ad plenitudinem infelicitatis et submersionis eum perducit, ita ut spem vitæ non habentem, perditio ipsum per omnia in se trahat. Nam homo qui stultitiam sequitur, et sapientiam per quam Deus omnia creavit abominatur, se ipsum condemnat, cum nullam moderationem in malis habens, de futura vita nihil cogitat, nec si alia vita sit scire desiderat, nec quomodo mutabilis sit perspicaciter perpendit. Infantiam enim suam et pueritiam, juventutem et maturam ætatem homo capere valet, quid vero in decrepita ætate de ipso fiat, nequaquam comprehendere potest, aut quomodo mutandus sit. Per rationalitatem quippe animæ se initium habere cognoscit; sed quomodo sit quod anima non moritur, et quod finem non habet, nequaquam scire aut capere potest.

Quia Deus omnia per sapientiam qua confutandam diaboli malitiam fecerit, et ut cum sit invisibilis ab homine per fidem intelligeretur, et per opus suum cognosceretur; et quid ordinationem totius operis sui ante ævum in se ipso habuerit quod temporaliter condidit, in hoc quoque hominem secundum se constituens ut prius in se cogitando dis oneret, quidquid postmodum operando exerceret.

XIV. Deus itaque per sapientiam firmamentum posuit, et hoc cum viribus siderum velut cum clavis compilavit, sicut et homo domum suam cum clavis firmat ne cadat. Sidera etiam lunæ adsunt, quæ de sole accenditur, et in defectu suo lumen sideribus stillat, et quam utique sapientia in antiquo consilio secundam cum sole homini fecit, qui omnis creatura est, cum illa succum terræ infundit, sed sol divinitatem, luna vero innumerabilem numerum humani generis designat, et hæc omnia ornatus sapientiæ sunt. Firmamentum quoque sedes omnium ornamentorum suorum est, sicut et homo sedem habet, quæ terra est, quæ illum sustinet; illudque Deus cum ornatu suo ad laudem suam posuit, sicut sapientia hoc præordinaverat. Unde et creatura ipsi sapientiæ quasi vestis fuit, quoniam opus suum tetigit, sicut et homo vestem suam sentit. Si autem homo sic creatus esset, ut vestibus carere posset, tunc opere non indigeret, nec ullo ministerio honeraretur, nisi quod tantum corpus tegimen animæ esset, et per animam moveretur. Deus quoque videri non potest, sed per creaturam cognoscitur, quemadmodum etiam corpus hominis propter vestes videri non potest. Et sicut interior claritas solis non cernitur, ita nec Deus a mortali creatura videtur, sed per fidem intelligitur, velut etiam exterior circulus solis vigilantibus oculis aspicitur. Et omne opus quod sapientia instituit, hoc contra malitiam diaboli fecit, quia ille omne opus ipsius semper odio habuit et odit, usque in finem pleni numeri, cum ipso in tanta fortitudine percussus peribit, ut deinceps adversus Deum præliari non tentet. Omnis quoque ordinatio sapientiæ suavis et lenis existit, quoniam ipsa tunicam suam in sanguine Agni qui misericors est lavat, cum sordibus aspersa fuerit; quapropter et super omnia ornamenta creaturarum amanda est, omnibusque sanctis animabus amabilis videtur, quia in amplexione aspectus ejus nunquam extædiari poterunt. Quemadmodum etiam sapientia ordinavit, spiritus in homine vivit et vigilat, nec ullatenus finietur, sed quandiu homo in corpore vivit, cogitationes ipsius supra numerum in eo multiplicantur, sicut etiam sonus laudis in angelis innumerabilis est. Cogitatio quoque in juventute hominis vivit, et ipse illam verbo rationalitatis emittit, ac per eam opus suum operatur, quod tamen in se nequaquam vivit, quoniam ille initium habuit. Sed æternitas in semetipsa vivit, nec unquam in defectu apparuit, quia ante ævum æternaliter vita fuit. Cum autem anima in immortalitatem mutatur, postmodum anima non vocatur, quoniam per cogitationes cum homine tunc nihil operatur, sed deinceps in laudibus angelorum est qui spiritus sunt. Unde et ipsa etiam tunc spiritus vocabitur, quia cum corpore carnis deinceps non laborabit. Merito autem homo vita dicitur, quoniam cum per spiraculum vivit vita est, sed et cum per mortem carnis in immortalitatem mutatur, in vita erit; post novissimum quoque diem cum corpore et anima in æternitate vita est, quoniam cum Deus hominem plasmavit, occulta mysteria sua in ipso clausit, quia sciendo, cogitando, et operando ad similitudinem Dei factus est. Divinitas enim ordinationem omnis operis sui in semetipsa habuit, quemadmodum illud fieri deberet, et secundum hoc hominem ut cogitare posset constituit, ita ut ille omnia opera sua in corde suo primitus dictet, quam faciat quia clausura mirabilium Dei est. Deus namque ordinat, homo autem cogitat, angelus vero scientiam habet, in qua semper cum voce laudis et cum dilectione honoris Dei sonat, nec aliud quam in Deum perspicere et ipsum laudare desiderat. Et Deus ante ævum absque omni cessatione operis quod facturus erat in se habuit; et sic homo, qui clausura miraculorum ejus est, cum oculo fidei ipsum cognoscit, eumque cum osculo scientiæ amplectitur, quem oculis carnalibus videre non potest, atque secundum ipsum operatur. Angelus etiam electa opera ejus Deo cum odore bono offert, quæ ille ad superna per bonam voluntatem mittit, viliaque opera quæ in aliam viam magis quam ad Deum aspiciunt, etiam idem justo judici demonstrat. Verba autem hæc fideles devoto cordis affectu percipiant, quoniam per illum qui primus et novissimus est, ad utilitatem credentium edita sunt.

VISIO DECIMA.

Visio extrema, in qua rota multæ amplitudinis ostensa, qualis esset diligenter describitur; iterumque imago charitatis sub alio schemate conspicitur.

1. Deinde juxta montem quem velut in medio orientalis plagæ conspexi, ut prædictum est, quasi rotam miræ amplitudinis similitudinem candidæ nubis habentem, et ad orientem versam vidi, quam in medio in transversum, scilicet a sinistro latere usque ad dextrum latus suum, linea obscuri coloris velut halitus hominis est distinguebat, ita ut etiam ejusdem rotæ medietatem quæ super eamdem lineam erat, alia linea quemadmodum aurora rutilans, a summitate ipsius rotæ usque ad medietatem præfatæ lineæ descendens ostenderet. Superior autem pars medietatis ejusdem rotæ a sinistro latere usque ad medietatem sui quasi viridem colorem emittebat, et a dextro latere usque ad medietatem sui velut rubeus color fulgebat; ita ut hi duo colores æquali mensura spatiorum inter se dividerentur. Medietas vero ejusdem rotæ, quæ sub prædicta linea in transversum ducta erat, colorem pallidum quadam nigredine intermistum demonstrabat. Et ecce in medio ejusdem rotæ in præfata linea iterum vidi imaginem, quæ charitas mihi prius denominata est sedentem; alio tamen ornatu eam nunc apparentem, quam prius vidissem. Nam facies ejus ut sol lucebat, tunica autem ipsius ut purpura fulgebat, et torquem auream pretiosis lapidibus decoratam circa collum suum habebat; calceamentis claritatem fulguris ex se reddentibus induta. Sed et ante faciem ejusdem imaginis quasi tabula ut crystallus perlucida apparebat, in qua scriptum erat: *Pulchram formam argentei coloris manifestabo, quia divinitas quæ initio caret magnam claritatem habet; sed unumquodque quod initium habet ambiguum in terroribus est; nec secreta Dei in plena scientia* capere potest. Et imago hæc prædictam tabulam inspiciebat. Unde et linea in qua sedebat movebatur, et mox ubi eadem linea prædictæ rotæ in sinistra ejus parte conjuncta videbatur, exterior pars ipsius rotæ per breve spatium aliquantulum aquosa, et deinde aliquantulum ultra medietatem medietatis ejusdem rotæ, quæ sub præfata linea in transversum ducebatur rubicunda, et postmodum pura et lucida, et tandem velut turbida et procellosa tempestas efficiebatur, scilicet prope finem ejusdem medietatis, ubi præfata linea ejusdem rotæ affixa erat. Audivique vocem de cœlo mihi dicentem:

Quia Deus vere unus dici non posset si sibi similem ex natura haberet, et quod præmonstrata rotæ qualitas ipsum Deum initio et fine carentem et omnia bona paratum ostendat, et quomodo tota ejusdem rotæ descriptio ad æternitatem vel potestatem Dei seu animarum salutem referatur.

II. O homo, audi et intellige verba illius qui erat, et qui est absque officio mutabilitatis temporum, quia in ipso hoc antiquum consilium fuit, quod diversa opera facere voluit; et hæc quasi radium solis ante antiquitatem dierum inspexit, quoniam futura erant. Nam Deus unus est, et huic unitati nihil se conferre potest, sed ipse præscivit, quia quoddam opus quod facturus erat, similitudinem hujus unitatis sibi usurpare tentaret. Unde et illi obstaculum repercussionis opposuit, quoniam ipsa illa unitas est, quæ nullum sibi similem habet, alioquin unitas nominari non posset; et ideo etiam illum a se abjicit, qui similitudinem hanc perverse appetit, et sic quælibet rationalis anima in homine quæ de illo qui verus Deus est existit, ut quod sibi placet eligat, et quod sibi displicet abjiciat, quia quid bonum seu quid nocivum sibi sit cognoscit. Sed quamvis Deus unus sit, in vi tamen cordis sui opus quoddam præscivit, quod magnifice multiplicavit; ipseque Deus ille vivens ignis est, per quem animæ spirant, et ante initium fuit, et etiam initium et tempus temporum existit. Haec omnia praesens visio manifestat. Nam juxta momentum, quem velut in medio orientalis plagae conspicis ut praedictum est, quasi rotam mirae amplitudinis similitudinem candidae nubis habentem, et ad orientem versam vides, quae Deum initio et fine carentem, sed autem in operibus suis existentem, et ad omnia bona paratum ostendit. Quam in medio in transversum, scilicet a sinistro latere usque ad dextram latus suum, linea obscuri coloris velut halitus hominis est distinguit, quia perfecte per principium caduci mundi, et per finem ejus ad aeternitatem tendentem voluntas Dei apparet, cum temporalia ab his quae aeterna sunt sequestravit; ita ut etiam ejusdem rotae medietatem quae super eamdem lineam est, alia linea quemadmodum aurora rutilans a summitate ipsius rotae usque ad medietatem praefatae lineae descendat. Per hoc ostenditur quod perfectionis Dei plenitudinem quae in coelestibus per voluntatem ipsius temporalia excellens existit, divina ordinatio ad quaelibet bona directa, et quasi quodam fulgore indeficiente, ante principium mundi, et post finem ejus, et in ipsis mundi temporibus mirabiliter apparens, ad omnem justitiam paratam esse manifestat. Unde superior pars medietatis ejusdem rotae a sinistro latere usque ad medietatem sui quasi viridem colorem emittit, quoniam Deus quando creaturas quemadmodum ab ipso praescitae erant in formis suis ad laborem prodire faceret, quasi in viriditate voluntatis suae habebat. Et a dextero latere usque ad medietatem sui velut rubens color fulget; quia Deus post finem mundi ea quae a transitorio saeculo ad vitam sunt in melius commutans, animabus quoque fidelium mercedem fulgentium laborum suorum reddens, nullum laborem, nullumque defectum eis ultra dominari permittit : « ita ut ii duo colores aequali mensura spatiorum inter se dividantur, » quoniam sicut aeternitatis ante principium mundi initio caret, sic etiam finito mundo finem non habet; sed principium et terminus mundi quasi uno circulo comprehensionis concluduntur. « Medietas vero ejusdem rotae, quae sub praedicta linea in transversum ducitur, colorem pallidum quadam nigredine intermistam demonstrat; quia caduca tempora mundialium rerum initium et finem habentia, quibus indeficiens aeternitas nullo fine conclusa dominatur designat; atque nunc pallorem angustiarum, nunc nigredinem tribulationum, quandiu mundus durat multoties graviter portat. Sed et haec omnia, quae praedicta sunt, alio modo ad salutem animarum hominum respiciunt, ita ut ad summam fortitudinem, quae in perfectione fulgentis justitiae consistit, potestas Dei conjuncta sit, quoniam potestas et fortitudo Dei sibi adhaerentes sunt. Potestas quidem Dei rotunda aequalitate temperantiae est, quia initio caret et fine, et ampla possibilitate omnia quae vult facere potest : candidaque in lenitate coelestium judiciorum fulget, quoniam nulla mutabilitas, nulla vicissitudo incrementi seu detrimenti Deum tangit, nec ullum tempus eum unquam dividit, sed semper absque initio illaesus, et immutabilis permanet, omnibus quae sunt vitam tribuens, et se ipsam pure colentes, ad summam beatitudinem colligens. Plenitudo quoque potestatis ejus justa moderatione cuncta disponens, atque in altitudine, et in profunditate sua incognita homini existens, aeterna et temporalia quasi in circulo nec initium nec finem habentem demonstrat. Itaque et potestatis Dei perfectio, quae aeternitatem divinae ordinationis manifestat, et providentia ejus in his quae aeterna sunt fulgens, ab aeternitate ipsius potestatis ad plenitudinem divinae ordinationis se extendens, in operibus suis se ipsam declarat, animasque beatorum in superna gloria permansuras enuntiat. Aeternitas quoque perfectionis potestatis Dei in his dispositionibus quae futurae erant, cum plenitudine creaturarum, velut viriditatem venturi et processuri germinis ostendit, cum coelum et terra nondum fuissent, sicut et dona sancti Spiritus cordi hominis viriditatem inferunt, ut bonum fructum afferat. In his vero quae post finem mundi ac stabilitatem immutabilitatis pervenient, quasi rutilantem fulgorem demonstrat, quia tunc omnia perfecta erunt, nec ullum deinceps defectum sentient, animabus quoque sanctorum ad superna sublatis; ita ut etiam aeternitas Dei sicut ante principium mundi initium non habuit, sic quoque post finem illius nullo termino claudatur, sed tunc beati sine fine in coelestibus gaudebunt. Sed et perfectio potestatis Dei sub aeternitate omnia temporalia diversos modos habentia concludens, omnia Deo subjecta esse ostendit; eosque, qui Deum negligunt, ad infernalia loca mitti deprimit; quoniam omnia examinabuntur, quae Deo repugnare videntur.

Quare virtus charitas alio in hac quam in superiori visione cultu adornata conspiciatur.

III. Quod autem in medio ejusdem rotae in praefata linea iterum vides imaginem, quae charitas tibi prius denominata est sedentem, alio tamen ornatu eam nunc apparentem quam prius vidisses; hoc est quod in perfectione illa qua potestas Dei omnia sibi subjicit, voluntati Dei charitas quasi quiescendo conjuncta est, quoniam charitas omnem voluntatem Dei adimplet, nunc isto, nunc illo ornatu decorata, quia virtutes quae in hominibus operantur, charitatem velut quodam decore ornatam demonstrant, cum omnia bona per charitatem fiant. Nam facies ejus ut sol lucet, monens ut homo omnem intentionem cordis sui in verum solem figat; tunica autem ipsius ut purpura fulget, quatenus homo cum visceribus misericordiae indumentum sibi faciens, omnique petenti quantum potuerit subveniat. Et torquem auream pretiosis lapidibus decoratam circa collum suum habet; innuens ut homo jugum subjectionis sibi imponens, cum beatis virtutibus illud adornet, ita ut in omnibus humiliatus Deo se veraciter subjectum esse ostendat, quemadmodum et Filius Dei

Patri suo usque ad mortem carnis per omnia obedivit. Calceamentis quoque claritatem fulguris ex se reddentibus induta est, quatenus omnia itineris hominis in lumine veritatis sint, et ut homo vestigia Christi sequens aliis exempla rectitudinis fideliter præbeat.

De tabula instar crystalli perlucida ante imaginem charitatis apparente, et quid significet quod, ipsa imagine eamdem tabulam inspiciente, linea sessionis ejus movetur; et brevis repetitio de creatione cœli, terræ, angelorum et hominis.

IV. Sed et ante faciem ejusdem imaginis quasi tabula ut crystallus perlucida apparet, scriptumque habens, quod divinitatem quæ initio caret, nihil initio subjacens, ad plenum capere possit, quoniam coram Charitatis intuitu præscientia Dei ostenditur, quia Charitas et præscientia Dei in unum consentiunt. Præscientia enim absque omni offensione perlucida, nec initio aut fine conclusa, nec etiam a mortali creatura determinata, ostendit quod homo qui Charitati subjectus esse vult, cum ea quæ in Deo sunt diligit, et Deum in puritate fidei inspicit, nec quidquam ipsi quod caducum est proponit, in superioribus gaudiis sedem sibi ponit, quoniam Deus eum illo venturum prævidit. Et imago hæc prædictam tabulam inspicit, unde et linea in qua sedet movetur, quia cum charitas Dei præscientiam ipsius intuebatur, in qua omnia quæ in creaturis futura erant apparuerunt, cum creaturæ quæ creandæ erant nondum fuissent, voluntas Dei ad quam Charitas quasi quiescendo conjuncta est, ad formationem creaturarum se movit, et sic cœlum et terra, cæteræque creaturæ quæ in eis sunt, per jussionem Dei surrexerunt. Nam cum angeli præcesserunt, quidam ex ipsis Creatorem suum negligentes, irrevocabiliter corruerunt, quidam vero in servitute et dilectione illius perstiterunt. Deus itaque post alias creaturas hominem creavit, quatenus omnia quibus indigeret sibi præparata inveniret, eumque viventi spiramine illuminavit, atque mirifice factum duobus modis munivit, scilicet ut ignis et flamma esset, ignis quidem in anima, et flamma quæ de ipsa flagrat in rationalitate. Flamma autem rationalitatis novit ubi cum osculo electionis operetur, quod scientia boni et mali est, per quam non ardet in illo quod ad opus suum non eligit, sed cum molestia ab illo fugit, quod operari non vult, nisi faber eam percutiat, quatenus aliquantulum ibi ardeat, quo ipse eam vertere voluerit, et ubi illa etiam per electionem interdum ardet, ibi eam faber multoties cessare facit. Et has duas vires Deus in fictili vase posuit, quatenus illud quod sibi utile esset operaretur. Sed et sicut ignis flammam in se continet, sic et rationalis homo vires ad operandum habet, et istæ duæ præfatæ vires in fictili vase sunt, ipsumque fictile vas cum illis existit. Si autem ignis et flamma in nulla re arderent, ardor eorum ubi videri posset? Unde et prædictas vires oportet opus habere, quo fictile vas est, in quo anima et rationalitas opera sua exercent. Ventus quoque aerius est, reliquasque creaturas implet, cum quibus homo operatur, ita ut etiam homo non esset, si reliquæ creaturæ non fuissent. Et Deus ignis et vivens spiritus est, magnumque opus fecit, de quo Filius ejus indumentum tulit, per quod deitatem suam occultans, quamplurima miracula perpetravit, cum quo etiam mundum pertransivit quousque decimum numerum, qui perditus erat, sibi attraxit. Idem etiam opus contra illum qui aquilonem concupivit Deus constituit, eumque per illud omnino superavit, in maxilla ipsum ita percutiens, ut caput suum ulterius levare non possit sicut prius fecit. Divinitas enim bonos angelos claritate sua vestivit, et apud se ordinavit, ut opus suum quod in se ipsum aspiceret, et propriam voluntatem suam sequendo a Creatore suo recederet, zelo suo castigando comprimeret, quia rationalitas cum secundum voluntatem carnis operatur, ultionem Dei sibi attrahit; quod autem ad Creatorem suum respiceret dicens : « Deus meus es tu, » illud igne sancti Spiritus laudes suas ad multiplicandum accenderet, quemadmodum scintillæ ignis multiplicantur. Sed et rationalitas in duabus partibus electionis consistit, et quod eligit hoc ad se colligit, et aliud reprobat, quoniam in una electione duo quæ sibi dissentiunt habere non potest, quia qui alii ministrat, se ipsum despicit, et qui sibimetipsi operatur, per ea quæ facit alii non ministrat, et ideo in unum hæc non consentiunt. Rationalis enim homo primum optat et desiderat, et postea in aliquo idem operatur. Irrationale vero animal vivit sicut ei constitutum est, nec plus valet, quia oculum scientiæ in rationalitate non habet; sed ad materiam naturæ suæ se vertit; homo autem per fidem cum Deo habitat.

De ultione Dei in transgressores naturalis legis per aquam diluvii, et diverso statu temporum ab initio usque ad incarnationem Domini.

V. Quod autem, ut vides, mox ubi eadem linea prædictæ rotæ in sinistra ejus parte conjuncta videtur, exterior pars ipsius rotæ per breve spatium aliquantum aquosa fit, hoc est quod postquam voluntas mea potestati meæ ad procreationem creaturarum conjuncta creaturas produxerat, judicia ejusdem potestatis meæ ad effusionem aquarum in diluvio apparuerunt, quoniam, primo homine filios generante, progenies eorum de malo in malum se immersit. Adam namque et filii ejus propter timorem meum secundum naturam hominis juste germinaverunt; sed posteri eorum contra naturam hominis se nequissime violaverunt, quod ego diutius sustinere nolens per diluvium eos suffocavi. Quapropter et diabolus exterritus contremuit, quia fortitudinem meam per quam homo sic dissipatus est invincibilem vidit. Et deinde aliquantum ultra medietatem medietatis ejusdem rotæ, quæ sub præfata linea in transversum ducta est rubicunda, ac postmodum pura et lucida existit, quoniam a diluvio usque ad Incarnationem Filii mei, quem transacta fortitudine temporum in fine eorum potenter sub silentio voluntatis meæ misi, judicia potestatis meæ in ruborem justitiæ transierunt, quia etiam post diluvium per diversas ætates dierum homines in operibus suis fulgorem timoris mei arripuerunt. Nam ædificatio justitiæ in Noe surrexit, circumcisio in Abraham, legalis propositio in Moyse, prophetia vero in prophetis, istaque omnia idololatriam compresserunt, velut dies noctem fugat, in quibus omnia tempora currunt, quemadmodum opera hominum in hominibus apparent. Cum autem omnia hæc ad occasum tenderent, velut cum sol occidit, et cum sic populus generando procederet, plenitudinem numeri illius inspexi, de quo inspiratione mea scriptum est :

Verba Pauli de plenitudine temporis, in quo misit Deus Filium suum factum ex muliere, qui et in adventu suo mystica dicta vel facta veterum implendo absolvit et doctrina sua et prædicatione apostolorum vel magistrorum Ecclesiæ mundum illustrans omnia in melius convertit.

VI. « Ubi venit plenitudo temporis misit Deus Filium suum factum ex muliere, factum sub lege, ut eos qui sub lege erant redimeret, ut adoptionem filiorum reciperemus (*Galat.* IV). » Hujus sententiæ intellectus hoc modo accipiendus est : Deus Pater, qui caret initio et fine, in plenitudine temporis ab æterno præordinati, Filium suum pro redemptione perditi hominis ad terras misit signis et miraculis quamplurimis præfiguratum. Quod bene per arcam Noe nobis insinuare videtur. Significat enim Ecclesiam in præsenti sæculo tentationum variarum impulsibus fluctuantem, quam Filio suo nunc in restaurationem filiorum ejus per fidei gratiam conjunxit. Quæ etiam in vertice montium constituta Dei omnipotentis æternitatem figurare potest, qui omnes creaturas antequam fierent tales longe ante præviderat, quales in præsenti per verbum suum distincte per species suas apparent. Cœlestis etiam illa civitas, quæ Dei filiorum habitaculum est, opere turrim elegantissimo constructam profert, per cujus ornatum pulcherrimum Abrahæ summe fidelis obedientia significatur, Dei Filium nobis, et infinita miraculorum ejus insignia repræsentat. Lex namque data per Moysen obedientiam indefessam postulavit, sine qua nullo modo, sicut nec domus absque columnis, quibus sustentetur, nec homo sine corde, quo regatur, valeret subsistere. Obedientia etenim quidam ignis est, et lex splendor ejus est. Et sicut Abraham ad Domini præceptum domum suam patriamque relinquens, primus per circumcisionem immutatus est ; sic Dei Filius absque omni contagione sanguinis, ex integerrima Virgine sancti Spiritus igne conceptus et genitus legem per Moysen datam in meliorem statum per semetipsum spiritaliter convertit. Quos enim de peccatorum sanguine procreatos hostiarum legalium sanguis liberare nequivit, decebat Conditoris sui clementiam, ut sui sanguinis inæstimabili pretio solus ipse eos liberaret. Et velut homo de creatura sibi concessa Deo sacrificium offerre consuevit, sic

Dei Filius carne de homine sumpta, quam Deo Patri pro ipso offerret indutus est. Filius itaque Dei in mundum veniens, puram et lucidam doctrinam hominibus proposuit, et omnia quæ prædicta sunt perlustrans, ea in alium modum permutavit, ita ut idola in Deum vivum, et prophetia in spiritalem viam conversa sint, quoniam sicut verbum hominis in inspiratione spiritus ejus emittitur, ita et Unigenitus Dei de Patre in aulam Virginis missus, et de Spiritu sancto conceptus est. Atque sic carne assumpta ex eadem Virgine natus, omnia præterita et futura per semetipsum manifestavit, et quæque narrata et audita hominum gesta in meliora convertit, inutilia scilicet delendo, utiliaque conservando; quemadmodum in exercitu bonorum angelorum fecit, quos post ruinam perditorum plus clarificavit. Nam ante nativitatem ejus omnia velut in tenebris erant, quæ post assumptam carnem sicut sol illuminavit, quia ipse lex fuit eam complendo, et in id quod melius erat convertendo, præceptisque Patris sui obediendo, quod Adam facere neglexerat. In eodem quoque Filio Dei justitia et pax conjunctæ sunt; atque in justitia, de qua mundus cum spuma serpentis in peccatis obscuratus est per humanitatem illius compressa, est, quoniam ipse præliator cum justitia et pace injustitiæ resistit, justitia scilicet quæ divinis præceptis circumdata est, pace autem quæ gratia Dei homini parcente munita existit, atque electos suos in similitudine illa, qua beati angeli cum Deo perstiterunt ad se collegit. Qui cum in cœlos corporaliter ascenderet, Spiritus sanctus igneis linguis ita accendit, ut in interiori scientia sic perlustrarentur, ut etiam alios hoc modo sibi conjungerent, quatenus ipsi quamplurima miracula et signa facerent, catholica fide decorati, et bonis operibus sanctificati. Sic doctrina Filii Dei multum fructum afferens, et de virtute in virtutem ascendens in puritate processit; plurimusque populus in luce fidei fulgens ei se subdidit, ita ut multi qui per oblivionem et infidelitatem in casu Adæ obnubilati erant, cum vera fide et sanctissimis operibus elucidati sint. Et necesse fuit ut Filius Dei in fine temporum veniret, quia antiquus serpens deceptione et irrisione ac blasphemia totum hominem violaverat. Sed et hoc necesse erat, ut præsentia humanitatis corporis ejusdem Unigeniti Dei opus suum operaretur, quod operari incœpit per summos rectores Ecclesiam regentes, et per alios eidem Ecclesiæ præla...s, et deinde cum sacerdotibus eorumque subditis, atque cum eremitis virgineum ordinem habentibus, et cum acie spiritalium hominum, qui secundum angelicam aciem sunt, et qui etiam in tuba laudum secundum angelicam laudem Deum colunt, et cum pœnitentibus, qui per imitatores Dei ad ipsum clamant, atque cum bonis conjugatis, magistrorum suorum præceptis obedientibus, et cum continentibus, qui se ipsos repudiantes mundum relinquunt. Sic enim Filius Dei a regalibus sedibus operatus est, et ut cum præsentia corporis sui ad Patrem suum rediit se illi ostendens, ita et recta opera horum omnium colligens, ea Patri suo ostendit. Isti autem prædicti ordines qui per doctrinam Filii Dei constituti sunt, in magno studio de virtute in virtutem ascendendo arserunt, quemadmodum dies post primam horam per ardorem solis usque ad nonam ferventius ardet.

Quod tempora ista a pristina apostolicæ disciplinæ fortitudine quasi in muliebrem debilitatem deficiant, et universa tam in elementorum conturbatione quam in morum depravatione in deterius abeant.

VII. Et postmodum per doctrinam apostolorum, et per virtutes cæterorum sanctorum puri et lucidi facti sunt usque ad dies istos, qui quasi in muliebri debilitate a fortitudine sua descenderunt, quia tunc in eis omnis bona consuetudo, quæ per gratiam Spiritus sancti a temporibus apostolorum in hominibus plantata primitus erat, in caliginem jaculorum, quibus antiquus serpens mundum deceperat ducebatur. Apostoli enim doctrinam suam quasi chalybe firmaverant, atque cum clausura cœli illam clauserant, et in timore Dei frena ipsi imposuerant, ne in irrisionem duceretur; sed ut in quotidiana strenuitate haberetur, et quia doctrinam suam secundum cursum solis constituebant, ipsam per abstinentiam ciborum, et per laudem et orationem sanctificabant. Antiquus autem serpens in semetipso scrutando sciscitabatur quomodo legem istam destrueret et exstingueret, quoniam se ex toto deceptum videbat, et quia etiam se bellandi tempus contra filios hominum per hoc cognovit habere, quod conceptionem hominis in peccatum verterat. Unde et quemdam regalis nominis judicem æstuanti libidine prævaricationis inflammavit, ita ut plurimas nefandas vanitates sibi advocaret, quasi eas coleret, qui etiam hoc tandiu fecit, quousque manus Domini eum percussit, sicut Neronem necnon et alios tyrannos in omni honore ipsorum conculcavit. Tunc viriditas virtutum aruit, atque omnis justitia in defectum declinavit, et ideo etiam viriditas terræ in omni germine suo descendit, quoniam superior aer in alium modum quam prius constitutus fuisset mutatus est, ita ut æstas contrarium frigus, et hiems contrarium calorem postmodum multoties habuerit, et tanta ariditas, ac tanta humiditas cum aliis quibusdam præcurrentibus signis, quæ Filius Dei ante diem judicii discipulis suis perquirentibus ventura prædixerat in terra multoties fuerint, ut multi dicerent diem judicii imminere.

Verba quædam arcana Filii ad Patrem interpellantis eum pro vexatione quam in corpore suo, quod est Ecclesia, a quibusdam membris suis deserentibus justitiam sustinet, et pro completione numeri electorum ab æterno dispositi, et quomodo eadem verba intelligenda sint secundum diversas qualitates temporum ab exordio mundi usque in præsens.

VIII. Unde et Filius ad Patrem loquitur dicens : « In principio omnes creaturæ viruerunt, in medio flores floruerunt, postea viriditas descendit. » Et istud vir præliator vidit et dixit : « Hoc tempus scio. Sed aureus numerus nondum est plenus. Tu ergo paternum speculum aspice. In corpore meo fatigationem sustineo; parvuli etiam mei deficiunt. Nunc memor esto quod plenitudo quæ in primo facta est arescere non debuit. Et tunc in te habuisti, quod oculus tuus nunquam cederet, usque dum corpus meum videres plenum gemmarum. Nam me fatigat, quod omnia membra mea in irrisionem vadunt. Pater, vide : vulnera mea tibi ostendo. Ergo nunc, omnes homines, genua vestra ad Patrem vestrum flectite, ut vobis manum suam porrigat. » Hujus sententiæ intellectus hoc modo accipiendus est : In principio, scilicet ante diluvium, tanta fuit terræ viriditas, ut illa fructus suos absque labore hominum produceret, et tunc etiam homines nec disciplinam ad sæculum, nec devotionem ad Deum perfecte habentes, terrenis tantum et voluptatibus suis insudabant. Post diluvium autem, velut in medio temporis, scilicet quod medium inter diluvium et Filium Dei in mundum venientem fuit, flores cum novo succo et cum omni germine in alia vice quam prius fecissent floruerunt, quoniam terra humiditate aquarum et æstu solis tunc cocta fuit. Et sicut flores fructuum tunc plus quam prius multiplicati ascendebant, ita etiam scientia hominum in sapientia per Spiritum sanctum accensa proficiebat usque ad novam stellam, quæ Regem regum ostendebat; itaque sapientia de igne Spiritus sancti ardebat, per quem Verbum Dei in utero Virginis incarnatum est, quod etiam prædicta stella demonstrabat, in qua Spiritus sanctus hoc opus gentibus manifestavit, quod in utero Virginis perfecerat; claritasque flammæ Spiritus sancti sonus Verbi est, quod omnia creavit. Nam Spiritus sanctus uterum Virginis fecundavit, atque in igneis linguis super discipulos Filii Dei venit, et post easdem igneas linguas cum eisdem discipulis et cum ipsorum sequacibus multa miracula operatus est. Quapropter et idem tempus de virtute in virtutem ascendens tempus virile dictum est, et sic per plurimos annos in forti curatione perduravit. Postmodum viriditas a fortitudine sua descendit, et in muliebrem debilitatem versa est, omnem justitiam postponens, et stultitiæ morum hominum subjiciens, quia in diebus istis quisque hominum quod sibi placet facit. Unde et in eis Ecclesia desolata est, quemadmodum vidua quæ solatio sollicitudinis viri sui caret; quemadmodum rectum baculum magistrationis non habet, super quem homines se inclinent. Sed perversi mercenarii propter avaritiam pecuniæ parvulos meos in valles prosternunt, eosque ad colles et ad montes ascendere prohibent; ipsisque nobilitatem, hæreditatem, prædia et divitias abstrahunt; et hoc ut lupi rapaces faciunt, qui vestigiis ovium insidiantes, oves quas rapiunt laniant, et quas laniare non possunt fugant; atque dolosa deceptione parvulos meos per majores judices, et per iniquos tyrannos devorant. Quapropter dies isti diabolicæ artis carcer sunt, quia diu sustinui populum meum per tyrannidem inimicorum derideri, quoniam ipsis funes dimissi sunt, quatenus diversis pœnis homines affligant, velut etiam in Veteri Testamento mihi rebelles sæpius castigavi. Ego etiam quosdam aerios spiritus multa tempestate aliquos homines in his eisdem diebus terrere permisi, et sic eos percussi, ipsosque plurimis plagis pœnarum et plurima imbecillitate ac infirmate corporis afflixi, quoniam ab inquietis moribus suis non cessant. Invidiam quoque et odium in sinum suum collocant, damna aliorum in semetipsis computantes, atque pallium honestatis et utilitatis eis auferentes, et omnem nequitiam et sanguinis effusionem super illos inducentes. Sed et per creaturam, quam ad utilitatem hominis feci, multoties judicantur, ita ut per ignem et per aquam suffocentur, et per ventum et aerem fructus terræ ipsis auferatur, et sol et luna ipsis inconvenienter ostendantur, quia cursus suos ut a Deo constituti sunt non peragunt, sed eos excedunt. Unde etiam terra aliquando movetur, velut currus qui aliquo impulsu dissolvitur. Hoc modo dies isti cursum suum qui squalidis moribus hominum complebunt, sanguinem effundendo, omnemque honestam constitutionem Ecclesiæ destruendo, atque auream justitiam cum aere et plumbo iniquitatis contaminando, et omnem voluntatem hominum in diversitate nequitiæ librando. Ante finem autem dierum horum, muliebris scilicet debilitatis, justitia, quam Filius Dei cum annulo desponsationis discipulis suis in omnem terram eos mittendo commiserat, surget, vestesque suas, quas ab apostolis susceperat, per iniquitatem populorum contaminatas et scissas demonstrabit.

Mystica descriptio quomodo apostoli justitiam, quam a Domino per mundum prædicandam susceperant, et secundum diversitatem naturalium morum suorum, et secundum distributionem gratiarum cœlitus sibi infusarum multiplici vestitu gloriæ decoraverunt ; et de excellentia doctrinæ Pauli apostoli, et quare sublimitate revelationum elevatus et pondere infirmitatis depressus sit.

IX. Nam Matthæus, mitis in moribus suis existens, nec profundum ingenium habens, blande et leniter homines docuit ; doctrinamque apostolorum utique affirmans, eam doctrinæ suæ quasi magistram prætulit. Et sic plurimum populum cum prædicatione, quæ ut favus mellis dulciter stillavit, in vera fide ad Deum convertit, quoniam propter suavitatem morum ipsius doctrinam ejus populi lambebant, quemadmodum infans lac sugit ; et ideo etiam Spiritus sanctus eum tetigit, ita ut de incarnatione Filii Dei fideliter scriberet. Ipse utique ex serico piæ intentionis camisiam, id est bene ordinatam contritionem, et ut lux diei lucidam paravit, illaque justitiam induit, ubi pro justitia a martyrio non declinavit. Sed Thomas fortes strenuosque mores ad usus hominum habuit, nec leviter ad quamque causam se convertit, nec ulli rei facile consensit ; sed quod vidit hoc credidit, et quidquid interius invisibile erat, hoc nonnisi per ostensionem signorum capiebat. Unde enim est ut signa per opera cognoscantur, quoniam corporalia corporaliter videntur, et spiritalia spiritaliter capiuntur ; et per sanctitatem operum homo spiritalis esse scitur. Sic iste plurimum populum ad Deum convertit, justitiamque cum veste ex viridi serico et prolixa super camisiam vestivit ; quæ ut radius solis fulsit, ubi cum rectitudine bonæ intentionis illam ornavit, et per omnia lucere fecit, corda incredulorum ab idolis ad Deum convertens, seque martyrio suo rectori omnium offerens. Petrus autem tunicam ex bysso et purpura contexuit, cum rectitudinem, lenitatem et strenuitatem propalavit, illaque justitiam cum ecclesiasticis ordinibus induit, ubi et se multis tribulationibus corpore et anima subjecit. Matthias vero, mitis et humilis existens, columbinosque mores habens, ac diversitatem morum hominum, invidiamque et odium fugiens, vas Spiritus sancti fuit, qui in illis habitat qui mentes suas in plateis discurrere et diversa sciscitare non permittunt ; atque coram fidelibus et infidelibus multa signa et mirabilia in humilitate quasi nesciens fecit, martyriumque velut epulas desideravit. Unde justitiæ regalem sedem super quam honeste sederet paravit, capita aquilarum et leoninos pedes in quatuor columnis suis continentem, quia per quatuor partes mundi in humilitate volavit, et a nulla injuria vinci potuit. Prædicationem quoque suam late diffundens, et quamplurima opprobria patienter sustinens, omne opus suum viriliter ad perfectum perduxit. Quapropter et homines eum libenter audierunt, eumque quamplurimum dilexerunt, justitiamque super sedem quam paraverat per humilitatem suam sedere fecit. Deus namque duodecim apostolos in vicissitudine diversorum morum elegit, sicut etiam duodecim prophetas elegerat, quoniam mirabilis Deus est.

Et deinde scintillam unam invenit, eamque igne suo accendit, scilicet Paulum, in quo etiam multa mirabilia fecit, quia et in ferocibus et in strenuis signa sua complet, quemadmodum et in mitibus, ne populus eos abjiciat dicendo quod tantum in bonis miracula sua operetur. Spiritus enim sanctus omnem doctrinam apostolorum per Paulum decoravit, qui montem altæ mentis portavit, et ferox ut leopardus fuit, super omnia frendens, quæ superare voluit, quoniam omnia quæ voluisset se posse perficere putavit ; scintillamque fidelitatis Spiritus sanctus in illo invenit, quia persecutionem non propter invidiam et odium, sed propter amorem veteris legis agebat. Et Deus bestias prius quam hominem creaverat, hominemque ad imaginem et similitudinem suam præcedentibus bestiis fecerat. Veterem quoque legem secundum bestias primum dedit, quam per humanitatem Filii sui in spiritalem intellectum secundum exercitium laudis angelorum postea convertit. Nam sicut hominem primum plasmavit, et ut deinde spiraculum vitæ in illum misit, ita et veterem legem præmisit, quam postmodum nova lege in melius commutavit. Sic et Paulum in nimio zelo inveniens, in vetere lege ipsum prostravit, atque per hoc illi ostendit, quod nomen Filii sui in nova lege portaturus esset. Spiritum quoque illius in altitudinem elevans demonstravit ei mirabilia quibus contra ipsum pugnavit; sed tamen intra illum anima ejus latuit, ita ut vix sentiret se vivere, quemadmodum anima in corpore manens cogitationes suas emittit. Si enim Deus illi miracula sua leniter manifestasset, propter ferocitatem animi sui ad priorem zelum reversus fuisset. Quapropter Deus eum valde constrinxit, totumque corpus illius labore perfudit. Infirmitas quippe illius in duobus modis erat, ita ut omnes venæ corporis ejus languore perfunderentur, et ignea jacula diaboli quadam dulcedine carnis ipsum fatigarent. Sed quia mirabilia Dei in spiritu viderat, idcirco etiam fortissimam vim in spiritu suo habebat, et quoniam plurima arcana et occulta mysteria ultra quam homini licitum sit loqui inspexerat, ideo etiam verba et prædicatio ipsius velut clavi in altum fixi, qui domum sustinent, fuerunt, quoniam et Filius Dei, quem Maria Virgo genuit, istum de tribu Benjamin elegit. Unde et cæteris omnibus qui cum ipso corporaliter manebant, prædicando plus laboravit. Mulier quoque ad honorem et ad gloriam mariti sui se ornat, et ut ipsi tanto pulchrior esse videatur. Et per hoc homo cognoscat qualiter animam suam coram summo rege ornare debeat, quia cum homo charitatem habuerit, vestem auream sibi induit; atque cum castitatem amat faciem suam cum pretiosis margaritis ornat, et cum abstinentiam ciborum ad se colligit, purpura et bysso se vestit. Quapropter etiam homo qui a peccatis se abstinere vult, carnes devitet, quæ tamen ob reparationem sanitatis manducentur, quoniam carnes sæpe carnem hominis ad peccata trahunt. Paulus autem præceptum virginitatis in lege non habuit, unde et illam hominibus non indixit, sed consilium dedit, quia præceptum timorem, consilium vero amorem habet; et ideo præceptum timoris quod exterius auditur, multoties prævaricatur; consilium vero amoris, quod omnes venæ hominis in desiderio percipiunt firmiter tenetur. Sed quoniam primitus per serpentem consilium disturbatum est, ex antiquo consilio Deus homo factus est, in quo charitas ita ardebat, ut totum mundum illuminaret. Et ideo etiam Paulus ex occulto consilio de virginitate consilium, et non imperium dedit, quam nemo hominum per imperium constituere debet, quoniam Deus illam in semetipso ad perfectum duxit. Unde et castitas legale præceptum servitii seu timoris non habens, sola libera in Deo absque omni timore stat.

Rota itaque currus justitiæ Paulus est, quia sicut rota currum, currus vero omne pondus portat; ita doctrina Pauli legem Christi fert, quoniam nova lex de veteri lege texta est, in qua Moyses circumcisionem et oblationes conclusit, quæ omnia Spiritus sanctus in novam sanctitatem renovavit, et quæ Paulus cum novo igne in subscripta catenula monilis justitiæ conglutinavit. Quæque enim opera in recta honestate sanctificavit, ita videlicet ut conjugium in timore Dei fieret, et recte viventes continentes essent; et ut homo per abstinentiam se non plus affligeret, quam per gratiam Dei sufferre posset; et ut virginitas cum corona summi regis se ornaret, quia a Deo sumpta est, quoniam sicut Deus primum hominem absque omni succo carnis plasmavit, ita et ipse indumentum suum sine omni sudore peccati a virginitate tulit. In his enim tribus modis scilicet conjugio, continentia, et virginitate Paulus omnes virtutes omnemque vitam sanctorum collegit, atque doctrinam apostolorum eleganti colore decoravit. Ipse quoque calceamenta justitiæ ex purpureo serico faciebat, cum sæculum per omnia relinqueret, et cum plus omnibus condiscipulis suis per vias ecclesiarum discurrendo laboraret; illaque purissimo auro velut stellis lucentibus exornavit, cum per bona opera quibusque credentibus exempla in sanctitate lucentia proposuit, ubi etiam corpus suum ad passionem dare festinavit.

Jacobus autem qui frater Domini dictus est suaves mores habens mitis fuit, doctrinamque suam soli Deo intrinsecus obtulit, nec vanam gloriam quæsivit, sed in magno studio rectas vias currens lutulentas plateas infidelitatis purgavit. Populum quoque ad veram fidem convertit, atque dulciter dictavit, quomodo doceret Filium Dei de Virgine natum, quod etiam dulcibus verbis ostendens, sanctis quoque operibus ac plurimis signis affirmavit. Per suavem itaque auditum verborum suorum in aures justitiæ paravit. Sinistra enim auris ex hyacintho fuit, coloremque puræ nubis habuit, significans quod Filius Dei absque peccato in mundo conversatus est peccata hominum delens et abluens; dextera autem ex rubicundo hyacintho fuit, passionem ejusdem Filii Dei demonstrans, per quem diabolus devictus est. Unde et ipse martyrio se subdidit.

Simon vero sapiens et strenuus fuit, atque innumerabilibus peccatis infidelium amara tormenta prædicavit, magnaque signa in firma fide fecit. Unde et homines eum libenter audierunt, ac torrens iter ad fidem paravit, quia timorem mortis eis proposuit. Hoc modo per magnum præconium ex smaragdo et rubeis lapillis, et ex bacis atque margaritis monile justitiæ fabricavit, cum per munimentum strenuorum morum monile fecit, cui smaragdum per viriditatem prædictionis, ac rubeos lapillos cum cæteris bacis et margaritis per timorem pœnarum imposuit, nec tormentum martyrii metuit, sed illud patienter sustinuit. Cui Paulus succurrit, et quamvis calceamenta justitiæ fecisset, ad idem monile elegantissimam catenulam suspendit ex purissimo auro factam duodecimque lapidibus et pretiosissimis margaritis sine defectu firmissime ornatam. Quæ usque ad pedes ejusdem justitiæ descendens, in fine suo formata duo capita habebat, scilicet ad dextram partem suam ex rubicundo sardio velut caput capricorni, ad sinistram vero ut ex auro quasi caput leopardi, ita ut etiam caput capricorni capiti leopardi resistere videtur. Nam munimento doctrinæ cæterorum apostolorum doctrinam suam adjunxit, eamque bonis operibus, et tam apostolicis doctrinis quam cæteris virtutibus irreprehensibilem adornavit, ita ut ad finem rectitudinis perdurans non deficiat, quousque mundus finiatur. Ubi etiam circa eumdem finem velut in duobus capitibus duæ potestates apparebunt, altera scilicet ad salvationem in laboriosa constrictione per Enoch et Eliam sursum ascendens; altera vero ad perditionem in dissimulatione gloriosorum miraculorum et virtutum per Antichristum frendendo properans, sic etiam ostendentes, quod hi qui ad cœlestia tendunt, illos qui ad diabolicam seductionem festinant opprimunt. Jacobus autem frater Joannis muliebre velamen ex albo serico et auriphrygio Incarnationem passionemque Filii Dei prædicando contexuit, dum idola per plurima miracula destrueret, quo caput justitiæ circumdatum ita ornavit, ut omnis Ecclesia Deo laudem daret, ubi et ipse ad martyrium capitis se inclinavit.

Joannes vero per miracula quæ Deus illi ostendit cingulum ex viridi serico castitatem viridi et suavi intentione producens fecit, cui duodecim lapides propheticarum virtutum cum plurimis margaritis bonæ voluntatis inseruit. In cujus oris viridem colorem ramo de quo balsamum sudat similem posuit, quia perseverantiæ castitatis viriditatem et odorem virtutum adjunxit, illoque justitiam circumcinxit, quando per preces populi « in principio erat Verbum » edidit. Sed Philippus mitis existens, ac in doctrina sua humilis apparens, plurimum populum sibi attraxit, Unde etiam hoc modo armillas ex auro fabricavit, quibus smaragdos rubicundosque hyacinthos, ac nobilissimas margaritas imposuit, ita ut etiam aurum pro multitudine lapidum istorum vix videri posset, quoniam in doctrina, et in operibus suis viriditatem, laborem et innocentiam virtutum demonstrans bonam voluntatem suam quantum potuit intrinsecus celavit, armillasque istas brachiis justitiæ circumdedit, cum martyrio suo bona opera sua complevit. Bartholomæus autem in magno studio prædicationis nec fatigari potuit, nec etiam ab hoc cessare voluit. Quapropter ex auro, et ex alia pulcherrima materia electrum cum elata cælatura, et cum pretiosis lapidibus intermistum fecit, quod de præfatis armillis usque ad ulnas brachiorum justitiæ dilatando extendit, et etiam ab eisdem armillis usque ad prædictas ulnas in tribus locis dividendo distinxit; easdemque divisiones cum quibusdam gracilibus et aureis catenulis connexuit. Nam ipse ex bona voluntate quam in fide habuit, verba prædicationis suæ cum occultis secretis mysteriorum Dei, et cum electis virtutibus extulit, eaque usque ad sanctam operationem dilatavit, cum in uno Deo tres personas recte distinguens, veram Trinitatem invisibiliter et ineffabiliter sibi connexam fideliter et decentissime asseruit; sic quoque mentes hominum ad se trahens, corpusque suum passioni totum subjiciens, brachiaque justitiæ mirabili ornatu circumponens. Andreas quoque annulum ex auro purissimo faciens, optimum topazium illi inseruit; Filiumque Dei sponsum justitiæ esse manifestavit, quando sinceram fidem per pulchritudinem virtutum in ecclesia ornavit; annulumque istum digito justitiæ imposuit, cum in crucem se suspendi permisit. Sed et Thaddæus prudens et subtilis fuit, moresque hominum investigare studuit, et ideo etiam quamplurimos ad utilitatem fidei convertit, quia ipsum superare non poterant, dolumque serpentis vincens per sancta opera coram populo multa miracula ostendit. Pallium quoque ex rubicundo serico fecit, illudque diligenter adornare studuit; ornatumque justitiæ circumdedit, quoniam cum charitatis opera in fulgore cæterarum virtutum composuit, et illa ad verum decorem perduxit, justitiamque cum eis obtexit, ubi etiam se passioni corporale subjecit. Petrus vero eam sic vestitam videns, et quamvis ipsam tunica induisset, coronam tamen ex auro optimo fabricavit, quam etiam pretiosissimis lapidibus et gemmis decoravit, illamque capiti justitiæ imposuit, quia per hoc quod gloriam Filii Dei infideliter et intrepide prædicavit, et omnibus virtutibus et occultis mysteriis ornatam demonstravit, cum corona sanctitatis et honoris justitiam exornavit; ipsamque in cruce pendens, martyrio suo super caput illius decenter dedit. Tali modo justitia ab apostolis vestita erat.

Brevis superiorum repetitio; quomodo in diebus istis virilem fortitudinem non habentibus omnia ecclesiastica instituta in deterius concidant, et testimonium Psalmistæ ubi dicit : « *Justus es, Domine,* » *et ad quid appositum et qualiter intelligendum sit.*

X. Sed ipsa faciem velut solis splendorem fulgentem habens, quoniam semper coram Deo splendida et immutabilis est, forti clamore supernum judicem invocat, vestesque suas a sceleratis hominibus pollutas esse, ut præfatum est, demonstrat. Nam dies isti muliebris debilitatis virilem fortitudinem non habent, ita scilicet ut omnia ecclesiastica instituta, sive sæcularia sive spiritalia sint, in deterius descendant, et nunc in alio modo quam apostoli seu cæteri antiqui Patres ea constituerint, consistant, per quæ omnia primitus Ecclesia velut sol lucebat, et justitia coronata erat, quemadmodum propter dominationem regni rex nominatur, et ut propter diadema et regales vestes suas honoratur. Justitia enim Dei per ecclesiasticas dispositiones et per omnia ad illas spectantia coronata et ornata est; ipsaque materia est omnium legalium justificationum, quæ ab omnipotente Deo constitutæ, et igne Spiritus sancti accensæ sunt, quemadmodum domus per inhabitantes eam sublimatur. Unde scriptum est : « Justus es, Domine, et rectum judicium tuum (*Psal.* cxviii.) » Hujus sententiæ intellectus hoc modo accipiendus est : Justus es in omnibus judiciis tuis, o Domine, qui omnibus dominaris; quoniam tu justitia illa es quæ nunquam ab ulla iniquitate obnubilatur : sed quæ opus suum ostendit, sicut vexillum constitutum ducem præcedit. Opus quoque justitiæ cœlum et terra cum reliqua creatura est, et justitia Deus est, qui veritatem ostendit, cum bonis rumoribus sanctorum operum, quæ eidem justitiæ, velut rami arbori infixa sunt. Quapropter et rectum in æquitate judicium Dei est, quia nullam obscuritatem falsitatis habet; quoniam illa velut immundissimum lutum conculcat, quod in putredine fetet. Justitia itaque Dei super montes clamat, et vox ipsius ad cœlum sanat, atque conqueritur, quod primum facta mons sanctitatis in ecclesia, modo in monte sanctitatis destructa jacet. Nam ego justitia Dei lugubri voce dico :

Querimonia sive clamor justitiæ ad Deum judicem adversus sceleratos et impios, et diversis criminibus contaminatos, qui antiquis Patrum institutionibus repudiantes, ornamentis gloriæ suæ eam despoliando destituunt

XI. Corona mea schismate errantium mentium obnubilata est, quoniam quisque secundum voluntatem suam legem sibi constituit, et qui magistrum deberent habere, ac virgam illius pati, magistri esse volunt, atque petulanti constitutione semetipsos regentes, et utile dicentes quidquid eligunt; sicque infideles existentes, quia in se confidunt, nec a se ipsis, nec ab aliis hoc modo salutem vitæ consequuntur, quam nemo præter Deum dare potest. Nam per omnia hæc corona mea obnubilata est, quoniam ista facientes in claritate illa me non inspiciunt, qua a Deo processi. Tunica quoque mea pulvere terræ aspersa est, quam illi contaminant, qui sancta et bona conversatione, sæculo relicto, tunicam Filii Dei induunt, quoniam meretricibus se admiscent, quemadmodum de juniore evangelico filio scriptum dignoscitur. Jugo namque Christi per imitationem circumcisionis et legalis constitutionis sacerdotum jugati sunt; sed prævaricando fornicatores existunt, nec cum juniore filio clamant, qui ad patrem suum recurrit dicens : « Pater, peccavi in cœlum et coram te (*Luc.* xv), » malumque adulterii velut eis constitutum sit in consuetudine habent. Quapropter et tunicam meam pulvere peccatorum maculant, nec ab ea eumdem per pœnitentiam pulverem excutiunt, sed quasi vermes in putredine peccatorum se fovent. Hinc etenim cæci, surdi et muti sunt, officium meum non clamantes, nec judicium meum judicantes; sed avaritiam deglutiunt, et vulnera non sanant, quia vulneribus pleni sunt, et ad Scripturam quæ eis loquitur surdi sunt, eam nec audiendo, nec eam alios docendo. Et his modis tædium in omnibus constitutis ordinibus ecclesiæ est, ipsaque velut sine baculo incedit, quoniam omnes constitutiones suæ jam pene defecerunt. Cum enim sol in nube obnubilatus fuerit, gaudium jucunditatis in creaturis non est, nec etiam in populis, cum sine rege sunt. Constitutiones namque ecclesiasticorum ordinum obnubilatæ sunt, quia constitutiones absque opere nominari solummodo volunt, ideoque etiam verum gaudium in ipsis non est, sicut nec in fide quæ sine operibus est. Vere istud sic non perdurabit, nec permanebit, quoniam judicium Dei his minatur, qui omnes voluntates suas in proprietate sua quasi absque Deo sint complent. Ego enim quæ in antiquo consilio surrexi ad judicium Dei clamo de his querimoniam faciens, qui pallium meum a me abstraxerunt, et qui omnibus ornamentis meis me destituerunt; judicesque eorum adversum ipsos in adjutorium mihi advoco, in eadem vocatione qua creator cunctorum mulierem vocavit, quando illam de viro tulit, quatenus faceret ei adjutorium simile sibi. Quemadmodum enim mulier viro subdita est, et ut filios producit, sic etiam homines præcepta Dei per me deberent audire, eisque obedire. Et quia hoc non faciunt, sed me negligunt; idcirco quoties ab eis percutior, toties judicium Dei ipsos vallat, velut in antiquo tempore per diluvium accidit; et ut in veteri lege, et in nova lege multoties factum est, sicut et adhuc sæpius fit. Ego quippe Justitia nominor, et Ecclesia per regenerationem spiritus et aquæ de me orta est, et unum sumus, sicut etiam Deus et homo unus sunt. Igitur ferocissimis judicibus clamabo, qui me vindicabunt de furiosis morsibus illorum, qui me, ut lupi agnos, persequuntur. Ipsi quoque peccatores existentes cum saginato vitulo non epulantur, sed Samaritanis similes sunt, qui in duabus legibus esse volebant. Quapropter et in irrisionem Eliæ prophetæ convertentur, qui illis qui Baal colebant, quasi illudendo dicebat, quod clamarent voce majore. Deus enim si esset Baal, et forsitan loqueretur, aut in diversorio esset, aut in itinere, aut certe dormiret ut excitaretur. Et ideo etiam decepti sunt, quoniam gratia Dei longe ab eis est, quia præcepta quæ suscipiunt non servant, sed illa retrorsum projiciunt dicentes : « Cum voluerimus præcepta Dei nostri observabimus, quia modicum tempus in correptione ipsi placet. »

Quia Deus ista justitiæ detrimenta in indeficienti lumine claritatis suæ considerans, quamvis peccata hominum propter pœnitentiam dissimulet, oblivioni non tradat, et verba ipsius super hoc idem.

XII. Et istos incongruentes dies detrimenti totius æquitatis vir ille qui contra diabolicas acies, et contra omnem nequitiam fortis præliator existit, in indeficienti lumine claritatis suæ videt, nec oblivioni tradit, quamvis dissimulet peccata hominum, quatenus pœnitentiam agant, et dicit : « Hoc tempus quod a bono declinat, et in malum cadit, in occultis judiciis meis scio ; quoniam iniquitates hominum quæ per diversa curricula succedentium sibi temporum discurrunt, ita transitorie non negligo, quin illas flagellis justæ correctionis examinem. Sed aureus numerus, scilicet martyres illi, qui in rubore sanguinis sui velut aurum fulgentes, in primitiva Ecclesia propter veram fidem occisi sunt, nondum est plenus, quia martyres illos exspectant, qui in novissimo tempore perditi erroris ob confusionem nominis mei corpora sua ad passionem martyrii tradent, quemadmodum Joannes dilectus meus testatur dicens :

Testimonium de Apocalypsi Joannis apostoli ad ista competens, et quo sensu accipienda sint.

XIII. « Et dictum est illis ut requiescerent tempus adhuc modicum, donec compleantur conservi eorum, et fratres eorum, qui interficiendi sunt sicut et illi (*Apoc.* VII). » Hujus sententiæ intellectus hoc modo accipiendus est. Divina inspiratione ostensum est illis, qui propter amorem Dei temporali morti se subjecerant, ut corpora eorum requiescerent in pulvere resolutionis tempus adhuc modicum, id est ad prædestinationem illam donec compleantur in omni perfectione qui servi Dei erunt, videlicet Deo in omni veritate servituri, sicut et ipsi et fratres eorum, quia etiam in corporibus suis quemadmodum et ipsi passibiles erunt, ita quoque ut propter Filium Dei quamplurimis tribulationibus attriti, mortem corporalem subeant. Sanguinea etenim vox martyrum, qui nec peccata, nec quare occiderentur sciebant, ad Deum ascendit ; sed splendor divinitatis eis resplendet, ita ut in eodem divinitatis splendore innumerabilem multitudinem futuram prævideat. Nam claritas æternæ vitæ illis datur, in qua cognoscunt responsum quod ipsis ostenditur ; clamorque eorum cum squalidis operibus peccatorum obnubilatus non est, quoniam innocentes fuerunt, et quia sanguis ipsorum propter Incarnationem Filii Dei effusus est, ubi et Agnum sanguinem suum effusurum protestati sunt. Et horum conservi dicuntur, qui propter fidem et justitiam occiduntur ; fratres autem, qui in novissimo tempore per Antichristum consumentur, sicut infantes per Herodem consumpti sunt, qui Filium Dei negavit, quemadmodum et Antichristus eum negabit. Nam vox effusi sanguinis hominis per animam ejus sursum ascendit clamando et conquerendo, quod illa de sigillo corporis, in quo eam Deus posuerat, expulsa sit ; ac deinde mercedem operum suorum sive in gloria, sive in pœnis eadem anima recipit. Prima nempe vox sanguinis in Abel ad Deum clamare cœpit, quoniam Cain constructionem operis Dei præcipitanter et proterve destruerat. Quapropter Filius Dei iterum dicit :

Item querimonia Filii ad Patrem pro tribulatione quam in corpore suo patitur ab his qui per malitiam contra eum calcitrant, et pro parvulis qui vanitatem amplectendo a bono deficiunt ; et quod angeli licet ex immensa claritate refulgeant, sanctorum tamen opera hominum quasi speculum laudis approbando inspiciant.

XIV. Tu ergo paternum speculum, quod claritas divinitatis est, in qua exercitus angelorum fulget, quemadmodum formæ illæ quæ in speculo ostenduntur, quia idem speculum ipsis angelis semper resplendet, aspice et ostende quantas injurias patior ab his qui me negligunt. In corpore meo, scilicet in membris meis quæ contra me per malitiam calcitrant, cum mihi in rectitudine adhærere deberent, fatigationem perversitatis sustineo, quoniam ubi in eis per viriditatem bonorum operum quiescere possim non invenio. Parvuli etiam mei qui in humilitate deberent incedere, et omnem pompam sæculi abjicere, in eo quod nihil est deficiunt, quia vanitatem superbiæ amplectuntur sanctos se esse putantes, operaque sua in laudibus humanæ gloriæ portantes. Et quoniam in hac transitoria laude a cœlesti laude deficiunt, laudem angelorum non attendunt, quia angeli sanctam divinitatem frequenter laudant, in Deo novam laudem semper invenientes, quoniam illum ad finem perducere non possunt. Ipse enim clarissimum lumen est, quod nullo modo exstinguetur, ita ut angelica turba ab ipso clarescat, quia angelus sine opere carnali laus est ; homo autem cum opere carnali laus existit, ejusque opera angeli laudant. In laudibus enim quibus Deum laudant, sancta etiam opera hominum approbant, illaque quasi speculum laudis inspiciunt, quoniam Deus hominem mirifice ex anima et corpore composuit, nec claritate angelorum caret, cum in illorum societate sit, quia Deus etiam ordinavit ut divinitas et humanitas in uno Deo gloriose laudetur. Hinc autem diabolus illuditur, qui angelus existens Deus esse voluit ; sed Deus illum quasi decepit, cum de limo terræ hominem creavit, qui anima et corpus in uno est, nec anima sine corpore, nec corpus sine anima homo existit ; animaque cum corpore, et corpus cum anima operatur. Corpus namque clausura est, in qua anima clauditur, et animam multoties constringit, ita ut ipsa corpori cedat, nec illud cohibere valeat, quin opus suum quod quærit faciat, quoniam cum illo occupata est, gustusque carnis ipsi displicet, qui tamen contra voluntatem ejus per venas sæpius perficitur, in quibus ipsa operatur. Sed cum homo alienam vitam desiderat, quæ contra concupiscentiam carnis est, anima celeri itinere illam apprehendit et perficit, quia toto desiderio illam in semetipsa gustat.

Quod justitia et morum honestas et dignitas virtutum a diebus diluvii usque ad adventum Domini per prophetas roboratæ, et deinde per apostolos et doctores in Ecclesia longo tempore refulgentes, sed modo depravatæ post dies istos qui ex injusti-

tia torpent, iterum ante finem post multas tribulationes in hominibus reformabuntur.

XV. Dies autem istos qui injustitia torpent, ut præfatum est, canis igneus, sed non ardens in libro *Scivias* designat, aliis in fortitudine fortioribus eos subsequentibus, in quibus homines quidam rectitudinem inspicientes supradictamque levitatem deponentes ad justitiam se convertent. Justitia itaque ab Incarnatione Filii Dei per plurima curricula dierum ad excelsa sanctitatis velut per quasdam scalas in fide catholica ascendit, et quasi purissimo auro bonorum operum perfusa et per lucida in eadem fide effulsit, nec ulla indignitate pravorum operum sorduit, sed invincibilis perstitit. Diebus autem illis, inquam, plurima longitudine usque ad supradictos muliebris levitatis dies transactis, in eadem fide per quasdam descensus indignationes cœpit inclinari, et quibusdam tenebris injustitiæ obtenebrari. Nam justitia et honestas morum, cæteræque dignitates virtutum a diebus diluvii in hominibus paulatim creverunt, et ad fastigia sua paulatim ascenderunt usque ad dies prophetarum, qui illas ita corroboraverunt, ut maximum splendorem usque ad Filium Dei darent. Et deinde in apostolis cæterisque doctoribus per plurimam longitudinem dierum in eadem dignitate et splendore duraverunt usque fere ad ortum præfati sæcularis judicis, mœchiæ magis quam timoris Dei cultoris, ante cujus initium paulatim decrescere et ad deteriora inclinari cœperunt, sicut etiam a diluvio usque ad prophetas paulatim sursum ascenderant. A diebus autem ejusdem judicis radix iniquitatis ac oblivio justitiæ et honestatis ortæ sunt, quæ ita se dilatando et propagando quasi in muliebri debilitate processerunt usque ad alium rectorem spiritalis nominis gestatorem, qui prudentiam et malitiam serpentis habuit, quem judicium Dei occidit. In cujus diebus præfata iniquitas, atque superfluæ consuetudines vitiorum hominum per divinam examinationem ad purgationem cœperunt incalescere, et fervere, atque spumas ejicere. Unde et tam acriter et acerbe nunc colantur, et a spumis suis purgantur, ut homines in periculis istis magno mœrore et tristitia commoveantur. Sed dies mœroris et tristitiæ nondum adsunt.

Quia supernus judex querimoniam justitiæ interim suspiciens, vindictam suam super prævaricatores æquitatis, et maxime super iniquos Ecclesiæ prælatos per multa incommodorum judicia inducet, donec debita examinatione purgati per pœnitentiam resipiscant, et sic ordo quisque in rectitudine restitutus ad honorem dignitatis suæ revertetur.

XVI. Justitia enim postquam ad supernum judicem querelam suam ut supra dictum est direxerit, ille voces querimoniæ ejus suscipiens, justo judicio suo vindictam suam super prævaricatores rectitudinis atque tyrannidem inimicorum eorum super eos grassari permittet, sic ad invicem dicentium : « Quandiu rapaces lupos istos patimur et tolerabimus, qui medici esse deberent et non sunt ? » Sed quoniam potestatem loquendi, ligandi et solvendi habent, idcirco ut ferocissimæ bestiæ nos capiunt. Scelera quoque eorum super nos cadunt, omnisque Ecclesia per eos arescit, quia quod justum est non clamant, legemque destruunt, quemadmodum lupi agnos devorant, atque in crapula voraces sunt, adulteriaque quamplurima perpetrant, et propter talia peccata absque misericordia nos judicant. Raptores etiam ecclesiarum sunt, et per avaritiam quæcunque possunt deglutiunt, atque cum officiis suis nos pauperes et egenos faciunt, ac se ipsos et nos contaminant. Quapropter justo judicio dijudicemus et dividamus eos quia seductores magis quam doctores existunt, et hoc etiam idcirco faciamus ne pereamus, quoniam si sic perseveraverint, totam regionem sibi subjiciendo disturbabunt. Nunc autem dicamus eis, quod secundum justam religionem habitum et officium suum compleant, quemadmodum antiqui Patres illa constituerunt, vel a nobis recedant, et ea quæ habent relinquant. Hæc et his similia divino judicio excitati illis acriter proponent, atque super eos irruentes dicent : « Nolumus hos regnare super nos, cum prædiis, et agris, et reliquis sæcularibus rebus, super quas principes constituti sumus. » Et quomodo decet ut tonsi cum stolis et casulis suis plures milites et plura arma quam nos habeant ? Sed et num conveniens est, ut clericus miles sit, et miles clericus ? Unde abstrahamus eis quod non recte sed injuste habent. Diligenter autem consideremus quid cum magna discretione pro animabus defunctorum oblatum sit, et illud eis relinquamus, quoniam hoc rapina non est. Omnipotens enim Pater recte divisit omnia, cœlum scilicet cœlestibus, terram vero terrestribus ; atque hoc modo justa divisio inter filios hominum sit, videlicet quod spiritales homines ea habent, quæ ad ipsos respiciunt, sæculares autem illa quæ eis conveniunt, ita ut neutra pars istorum aliam per rapinam opprimat. Deus quidem non præcepit ut tunica et pallium alteri filio daretur, et alter nudus remaneret, sed jussit ut isti pallium, illi tunica tribueretur. Pallium itaque sæculares propter amplitudinis sæcularis curæ, et propter filios suos qui semper crescunt et multiplicantur habeant ; tunica vero spiritali populo concedatur, ne in victu aut in vestitu deficiant, et ne plus quam necesse sit possideant. Quapropter judicamus et eligimus ut omnia quæ prædicta sunt recte dividantur ; atque ubicunque pallium cum tunica in spiritalibus invenitur ibi pallium subtrahatur, et indigentibus detur, ne per inopiam consumantur. Et sic tandem per hanc judicialem sententiam omnia ista secundum voluntates suas perficere conabuntur. Sed pontificales dignitates, omnesque in spiritali habitu sub eis degentes, illis cum clausura cœli primitus resistere multum laborabunt. Sed cum tandem præsenserint quod nec potestate ligandi, nec solvendi, nec confirmatione oblationum suarum, nec strepitu armorum, nec blanditiis, nec minis, ipsis resistere potuerunt, divino judicio territi inanem superbamque fiduciam quam prius in semetipsis semper habuerant deponentes et in se redeuntes, coram illis humiliabuntur, atque ululando clamabunt, et dicent : « Quia omnipotentem Deum in ordine officii nostri abjecimus, idcirco super nos confusio hæc inducta est, videlicet ut ab illis opprimamur et humiliemur, quos opprimere et humiliare debueramus. » Nam illis super quos principes constituti eramus, et his qui nobis per disciplinatum subjiciebantur, Deus funem subjectionis abstraxit, nobisque eos dominari permittit. Quapropter consideremus quod justa judicia Dei patimur, quoniam regna mundi nobis subjugare voluimus, sicut et nos sub jugo Dei esse debebamus, et quia voluptatem cujusque carnalis concupiscentiæ perfecimus, ne ob hoc ullus nos arguere audebat. Deus enim genti Judæorum præcepit ut sacrificia de animalibus Creatori suo offerrent; sed illi jussa ejus contemnentes, in omnes carnales sensus se convertebant. Unde et gentes alienigenarum super eos inducti sunt : nobis autem ut vivum et spiritale sacrificium offerremus indixit, sed nos illud pollutis manibus tractare non pertimuimus, et cum diademate sceptri sui nos coronaret, super omnia nos exaltavimus, atque concupiscentias carnis nostræ omnibus modis complevimus ; et ideo inimici nostri super nos grassantur, quemadmodum prioribus prævaricatoribus inimici eorum dominati sunt. Et tunc tam majores quam minores utriusque populi, clerum ita ordinabunt, et ea quæ illi necessaria sunt hoc modo disponent, ut nec in victu aut in vestitu defectum habeant ; et a sæcularibus hujusmodi opprobria deinceps non sustineant. Hæc autem tam in spiritali quam in sæculari populo quasi in prima hora diei incipientur, et deinde velut in tertia in plenum opus perducentur, et tandem quemadmodum in sexta ex toto perficientur, et omnes gradus hominum quasi post sextam considerabuntur, et in alium modum quam modo sint disponentur, ita scilicet, ut quisque ordo in rectitudine sua consistat, et etiam liberi ad honorem libertatis suæ, et famuli ad debitam servitutem subjectionis suæ redeant.

Quod ultione Dei per correctionem prævaricatorum sedata, ordinatio justitiæ et pacis tranquillitas ante sæculum sicut et ante primum Domini adventum resplendeant, Judæorum etiam aliqua parte conversa et gaudente, et illum advenisse fatente quem modo negant.

XVII. Sed tamen inter hæc omnia velut leo in libro *Scivias* notatus ostendit, dura etiam crudeliaque bella timore Dei abjecto multoties exsurgent, et plurimi hominum in occisione cadent, plurimæque civitates per destructionem ruent. Sicut enim vir fortitudine sua femineam mollitiem vincit, et ut leo reliquas bestias superat, ita et crudelitas quorumdam hominum quietem aliorum in diebus illis per divinum judicium consumet, quoniam Deus crudelitatem pœnarum ad purgationem iniquitatum inimicis suis tunc concedet, sic etiam a principio mundi semper fecit. Cumque homines prædictis afflictionibus purgati fuerint, tædium præfatorum præliorum incurrent, atque justitiam in cunctis ecclesiasticis constitutionibus, quæ Deo placitæ sunt per timorem Dei apprehendent, illique plurima bona superaddent, et hoc tam in diebus pacis quam belli et cujusque laboris facient. Et tunc justitia recte sponsa nominabitur, quæ in lectum veri regis relicta concubina ducetur, cujus studium fuit, ut interdum quædam legalia præcepta per simulationem servaret, et interdum consuetudinem pravæ sodalitatis sibi conjungeret, unde et rex illam abjiciet, quia prædicti dies velut concubina erant, hominibus in quibusdam constitutionibus ecclesiastica mandata observantibus ; in quibusdam vero illa omnino relinquentibus. Omnipotens namque Deus, qui verus Salomon est, sponsam suam videlicet justitiam cum omnibus ornamentis, id est cum omnibus ecclesiasticis ordinibus ornabit, ita ut ornamenta ipsius palam appareant, quæ concubina hoc modo in illa obscuraverat, ut aliquando videri non possent. Unde et dies illi destructionem inutilium dierum demonstrabunt, et consolatio desolationem evacuabit, quemadmodum nova lex veterem legem immutavit, et ut tempus curationis tempus casus ad meliora perduxit, quoniam si prædicta mala in levitate et in scandalo consuetudinis suæ inconcussa perdurarent, veritas ita obnubilaretur, ut turres cœlestis Jerusalem moverentur, et omnis ecclesiastica institutio contaminaretur velut homines absque vero Deo essent. Nam prævaricatores justitiæ in tali opprobrio tunc erunt, quasi mulier quæ, justo conjugio relicto, adulterium facit, quia ecclesiastica præcepta prævaricando quasi adulterium perpetrarant, et ideo etiam afflictionem et despectionem sustinebunt, quemadmodum femina quæ a viro suo relicta consolatione illius caret. Sed et tam novæ et incognitæ ordinationes justitiæ et pacis tunc advenient, ut homines inde admirentur dicentes, quoniam talia prius nec audierint, nec cognoverint; et quia pax ante diem judicii ipsis data sit, sicut etiam pax primum adventum Filii Dei præcucurrit, pro timore tamen superventuri judicii pleniter gaudere non valentes, sed omnem justitiam in catholica fide ab omnipotente Deo quærentes, Judæis etiam aliquantibus, et illum jam adesse dicentibus, quem venisse modo negant. Pax enim illa quæ adventum Incarnationis Filii Dei præcesserat, illis diebus pleniter perficietur, quoniam fortes viri in magna prophetia tunc surgent, ita ut etiam omne germen justitiæ in filiis et in filiabus hominum tunc florebit, velut per prophetam servum meum in voluntate mea sic prædictum est : « In die illa erit germen Domini in magnificentia et gloria et fructus terræ sublimis, et exsultatio his qui salvati fuerint de Israel (*Isa.* IV). »

Hujus sententiæ intellectus hoc modo accipiendus est :

Verba Isaiæ prophetæ primum Domini adventum testificantia, quæ in sæculo maxime complebuntur per illuminationem Judæorum, qui scandalo Christi obcæcati in passione ipsius a viriditate fidei et bonorum operum exaruerant.

XVIII. In die hac cum angeli pacem hominibus datam canerent, fuit Filius meus de virgine natus, ab eisdem angelis magnificatus, a pastoribus quoque, qui eum pia devotione quærebant, glorificatus, et fructus terræ cui pax reddita erat, et cui aer suavitatem administrabat, superabundans, et gaudium illis qui de præterita tribulatione malorum liberati erant in filiis Jacob, quia multis tribulationibus justo judicio prius conterebantur. Sed et cum lux veræ fidei corda fidelium illustrabit, Filius meus in ipsis magnificabitur, quoniam illum de me exisse credent, atque glorificabunt, ubi eum ad me in gloria redisse confitebuntur. Quapropter et ipsis fructus bonorum operum sublimabitur. Exsultatio quoque in eis augebitur, cum de diabolica potestate erepti, et de tartareis pœnis liberati inter filios Dei computabuntur. Floriditas autem vineæ Sabaoth, quæ de flore virgæ Aaron processit, quæ per spumam serpentis non incaluit quando Filius meus in cruce passus est exaruit, quia oculi Judæorum in umbra mortis gravati fuerunt, ubi verba prophetiæ audientes, ea cum vero flore abjecerunt, quem tota terra cognovit, cum in cruce exspiravit. Et ideo etiam seipsos occiderunt, ac sic tam in Veteri quam in Novo Testamento exaruerunt, quoniam Vetus Testamentum est sicut hiems, quæ omnem viriditatem in se abscondit; Novum vero quasi æstas, quæ gramina et flores producit.

Verba ejusdem Christi Domini, quæ, dum ad mortem duceretur, de viridi et arido ligno lamentantibus se respondit, et quomodo intelligi debeant.

XIX. Quapropter ipse etiam lamentantibus se dicebat: « Si in viridi ligno hæc faciunt, in arido quid fiet? » (*Luc.* XXIII.) Hujus sententiæ intellectus hoc modo accipiendus est: Ipse viride lignum fuit, quia omnem viriditatem virtutum protulit, sed tamen ab incredulis abjectus est; Antichristus autem aridum lignum est, quia omnem viriditatem justitiæ conculcans ea quæ in rectitudine viridia sunt arida facit, unde etiam ad nihilum deducetur. Viride quoque lignum illi dies fuerunt, in quibus homines respectum reparationis omnium dolorum habebant, et in quibus nullum timorem futuri judicii novissimi temporis metuebant; aridum vero lignum cum discessio, de qua Paulus electum vas meum loquitur, ante filium perditionis apparebit, ubi etiam omnis dolor superveniens cœlum et terram commovebit. Cœlum quippe et terra in futuro judicio movebuntur, quemadmodum in viridi ligno præsignatum est, cum rota firmamenti, quæ plurima signa in se habet, illo occumbente splendorem lucis subtraxit, sicut etiam in prædictis verbis prophetarum ostenditur.

Quanti diversis gaudiis in Ecclesia propter recuperatum justitiæ statum, et temporalium rerum copia et spiritualium bonorum abundantia in diebus penultimis per aliquantum temporis perfruentur, ea Judæorum et hæreticorum parte qui in malo perstiterunt de proximo Antichristi adventu perniciosa præsumptione exsultante.

XX. In diebus itaque supradictis suavissimæ nubes cum suavissimo aere terram tangent, illamque viriditatem fructuositatis exsudare facient, quia homines ad omnem justitiam tunc præparabunt, quemadmodum in præfato tempore femineæ debilitatis fructuositas terræ defecit, quoniam elementa peccatis hominum violata, in omnibus officiis suis destituta tunc fuerunt. Principes quoque cum reliquo populo justitiam Dei recte ordinabunt, omniaque arma, quæ ad necem hominum parata erant, interdicent, illa tantum ferramenta conservantes quibus terra colitur, et quæ ad necessitatem usus hominum respiciunt; et si quis hæc transgredietur, ferro proprio necabitur, atque in desertum locum abjicietur. Et ut nubes suavem et rectam pluviam ad fructum justi germinis tunc emittent, sic et Spiritus sanctus rorem gratiæ suæ cum prophetia, sapientia et sanctitate in populum fundet, ita ut ille tunc appareat quasi in alium modum bonæ conversationis mutatus sit. Vetus namque lex umbra spiritalis vitæ fuit, quoniam illa tota per creaturam signata erat, velut in hieme omnis fructus in terra absconditus nequaquam cernitur; quia nondum formatus est, nec eadem lex æstatem habebat, quoniam Filius Dei nondum incarnatus apparuerat; sed ipso veniente illa tota in spiritalem significationem mutata fructus æternæ vitæ in præceptis Evangelii ostendit, quemadmodum etiam æstas flores et fructus producit. In diebus etenim illis vera æstas per virtutem Dei erit, quia tunc omnia in veritate consistent, sacerdotes scilicet et monachi, virgines quoque et continentes et reliqui ordines in rectitudine sua stabunt, juste et bene viventes, omnemque sublimitatem et superfluitatem divitiarum abjicientes, quoniam sicut per temperiem nubium et aeris necessaria utilitas fructuum tunc producetur, ita et germen spiritalis vitæ per gratiam Dei tunc propalabitur. Prophetia quippe, ut præfatum est, tunc aperta erit, sapientiaque jucunda et robusta, omnesque fideles in his velut in speculo considerabunt se, et tunc etiam veri angeli hominibus familiariter adhærebunt, novam et sanctam conversationem in eis videntes, cum nunc propter felentia peccata eorum ab ipsis sæpius declinent. Sed et tunc justi gaudebunt ad terram repromissionis tendentes, ac spem æterni præmii exspectantes; et tamen pleniter non lætabuntur, quia futurum judicium adesse videbunt; et hoc in similitudine peregrinorum facient, qui ad patriam tendunt, plenum gaudium non habentium cum adhuc in peregrinatione sunt. Judæi autem et hæretici tunc valde lætabuntur dicentes: « Gloria nostra in proximo est, illique conculcabuntur, qui nos fatigaverunt et expulerunt. » Attamen quamplurimi paganorum Christianis se tunc adjungent copiam honoris et divitiarum eorum videntes; atque baptizati cum ipsis Christum prædicabunt, quemadmodum in tempore apostolorum factum est; Judæisque et hæreticis dicent : « Quod vos gloriam vestram dicitis, hoc mors æterna erit, et quem vos principem vestrum nominatis, illius finem cum maximo horrore et periculo videbitis, atque tunc ad nos convertimini diem illum inspicientes, quem nobis stirps auroræ videlicet stellæ maris Mariæ ostendit. » Dies utique illi fortes et laudabiles in pace et stabilitate erunt, similesque armatis militibus qui in rupe jacentes hostibus suis insidiantur, et quos ad internecionem persequuntur, adventumque novissimi diei annuntiabunt, quia quidquid prophetæ boni seu gratiæ prædixerant, in ipsis complebitur. Sapientia quoque, religiositas et sanctitas in eis confirmabitur, quoniam si Filius Dei a prophetis prædictus non fuisset, et velut in ictu oculi venisset, cito oblivioni traderetur, sicut et perditus homo qui quasi latenter veniens, citissime destruetur.

Quod eamdem pacis quietem et fructuum redundantiam hominibus sibi et non Deo tribuentibus et circa religionem denuo torpore incipientibus iterum tantæ subsequentur tribulationes quantæ nunquam ante in mundo efferbuerunt.

XXI. Attamen in eisdem diebus præfata justitia et religio ad fatigationem debilitatis in eisdem diebus interdum in hominibus inclinabuntur, sed vires suas cito resument; interdum etiam iniquitas surget et iterum cadet, interdum quoque bella, fames, pestilentia et mortalitas grassabuntur, et iterum evanescent, nec omnia ista in uno statu ac tenore diu tunc stabunt, sed hac et illac movebuntur, ita ut nunc appareant, nunc autem elabantur. Sed et in ipsis diebus inter omnia hæc, quemadmodum equus in libro *Scivias* demonstrat, petulantia morum, atque jactantia animorum, necnon plenitudo voluptatum et aliarum vanitatum absque reverentia in hominibus multoties exsurgent, quia illi in quiete pacis quiescentes, et abundantia frugum redundantes, nullo incursu bellorum terrebuntur, nec penuria frugum constringentur. Sed hæc sibimet tribuentes, Deo, a quo omnia bona procedunt, debitum honorem in his non exhibebunt. Quapropter et tanta pericula præfatam quietem et abundantiam subsequentur, quanta prius visa non sunt. Nam cum homines in hujusmodi quiete, ut prædictum est, residebunt, nulla pericula metuentes, alii dies omnium dolorum advenient, in quibus lamentabilis vox prophetarum, atque vox Filii Dei adimplebitur, hominibus præ timore continuarum afflictionum mortem desiderantibus et dicentibus : « Ut quid nati sumus, » et optantibus ut montes decidant super eos. Priores namque dies dolorum et calamitatum aliquam refocillationem et reparationem interdum habebant, isti autem omnium dolorum et iniquitatum pleni a malis non cessabunt, sed dolor dolori, iniquitas iniquitati in eis accumulabitur, omnique hora homicidium et injustitiam pro nihilo computabuntur, et quemadmodum animalia ad manducandum occiduntur, ita et homines in furore aliorum in eisdem diebus interficientur. Cum enim gentes paganorum Christianos in pace residere et in substantia locupletos esse viderint, crudelem fiduciam in fortitudine sua habentes dicent : « Christianos armis nostris invadamus, quoniam sine armis et sine robore sunt, eosque velut oves occisionis capere et occidere possumus. » Et sic de longinquis regionibus ferocissimam et immundissimam gentem convocabunt, cui et se in fornicatione et in immunditia atque in omni malo adjungent; populumque Christianum ubique rapinis et præliis invadent, et plurimas regiones et civitates destruent. Ecclesiasticas quoque disciplinas quamplurimis vanitatibus et immunditiis polluent, et omnes quos poterunt eodem modo contaminabunt. Unde et dies illi alios pessimos dies futuros manifestabunt, adventum quoque perditi hominis denudabunt, quoniam ut immundus, qui in immunditia se semper polluit, inde non saturatur, sic et idem dies immunditiarum pleni erunt, nec his saturari valebunt. Quod et David prævidens clara voce dixit :

Verba David ex psalmo XXI *in persona Christi et Ecclesiæ persecutiones iniquorum denuntiantis, et quomodo intelligenda sint.*

XXII. « Diviserunt sibi vestimenta mea, et super vestem meam miserunt sortem. » Quod quamvis ob certitudinem futurorum ad litteram de præteritis sonet, de futuris tamen sic accipiendum est. Increduli per multam stragem infidelitatis divident secundum voluntates suas ordinationes sæcularium dignitatum et operationum quibus velut vestimentis in Ecclesia indutus fueram; atque super hos qui quasi vestis mea in spiritali vita mihi viciniores erant mittent quamplurimas vanitates, cum eos a rectitudine viarum suarum averterunt, et omnia jura ecclesiastica per destructionem ad nihilum redegerunt, atque cum super eos dederint leges iniquitatis, ut ipsos omnino conterant. Sed his malis etiam idem David respondet dicens : « Tu autem, Domine, ne elongaveris auxilium tuum, ad defensionem meam conspice (*Psal.* XXI). » Hujus sententiæ intellectus hoc modo accipiendus est : Ego Ecclesia, quæ sponsa Filii tui, o cœlestis Pater, esse debui, quamvis modo debilitata sim, ad te, o Pater omnium, vociferor petens ne differas mihi auxiliari, quoniam membra mea, quæ membra Filii tui sunt, in destructionem et dispersionem vadunt, ideo quantocius ad defendendum et me et illos inclina oculos misericordiæ tuæ, ne a te neglecti omnino conteramur.

Item interpellatio Filii ad Patrem pro liberatione corporis sui, quod est Ecclesia.

XXIII. Sed et Filius eisdem verbis ad Patrem loquitur : « O Pater, ego semper tecum fui, et tu me misisti carne vestiens me, et sic in terra ambulavi, et quidquid mihi jussisti hoc perfeci, quia veritas tua sum, et ideo etiam omnes inimicos meos sub pedibus meis posuisti, et super ipsos sto, quoniam in sinistra parte sunt, et ad te non pertinent, quia verum opus tuum ad dextram tuam est. Illud quoque tecum operor quemadmodum ante exordium dierum præordinaveras, atque inimicos meos judico, velut Dominus scabellum pedum suorum comprimit. Itaque adjutorium tuum ad me inclina me vindicans de inimicis meis, quoniam ego filius tuus super aspidem et basiliscum ambulo. Quapropter etiam ad protectionem meam membrorumque meorum conspice, quia omne opus quod voluisti, et mihi imposuisti ad profectum duxi, et ita ego sum in te, et tu in me, et unum sumus. » Iterumque idem Filius ad Patrem dicit : « Nunc memor esto quod plenitudo quæ in primo facta est arescere non debuit, quia in principio mundi finem mundi inspexisti, nec oblivioni tradidisti, sicut illorum obliviscieris, qui in perditionem vadunt, et quod plenitudo generationis hominum quæ in primo tempore et in primo homine prævisa et facta est, nondum arescere in defectione debuit, quoniam in te non fuit, quod homines ante præordinatum tempus in generationibus suis omnino deficerent. Et tunc etiam cum hominem creasti in te scilicet in antiquo consilio habuisti, quod oculus tuus videlicet scientia tua omnia pleniter prævidens, omniaque recte disponens nunquam cederet ab illo quod in te præordinatum erat, id est quod homo propter ullam intemperantiam suam ex toto periret, aut quod mundus deficeret, usque dum corpus meum in membris suis, quia fideles membra mea ordinatione tua sunt, videres plenum gemmarum, id est perfectum in omnibus illis, qui per me in te confidunt, et te colunt; quasi gemma in virtutibus coruscantes. »

Quia tunc temporis Christiano populo in pœnitentiam redacto, et multis afflictionibus pro peccatis suis macerato, gratia eis divina per multa miracula, sicut et antiquo populo suo fecit subveniet, et hostibus subactis plurimam paganorum multitudinem fidei suæ adjiciet.

XXIV. Denique cum incredulæ et horribiles gentes, ut supradictum est, facultates ac possessiones ecclesiarum circumquaque invadentes, ad internecionem delere studuerint, velut vultures et accipitres ea quæ sub alis et sub unguibus suis habent constringunt, et cum eis Christianus populus omnibus modis in pœnitentia peccatorum suorum maceratus, nec morte corporali perterritus, resistere in armis tentaverit, fortissimus ventus ab aquilone cum maxima nebula, et cum densissimo pulvere veniens, flatus suos divino judicio contra illos emittet, ita ut guttura eorum nebula, et oculi ipsorum pulvere hoc modo impleantur, quatenus ferocitatem suam deponentes in maximum stuporem convertantur. Sancta enim Divinitas signa et miracula in Christiano populo tunc faciet, sicut etiam cum Moyse in columna nubis fecit, et sicut Michael archangelus ad defensionem Christianorum contra paganos pugnavit, ita ut fideles filii Dei in protectione ipsius euntes super inimicos suos irruant, et victores illorum per virtutem Dei existant, alios quidem morti tradentes, alios vero de finibus suis ejicientes. Quapropter quam maxima turba paganorum Christianis in vera fide tunc addetur ipsis dicentibus : « Deus Christianorum Deus verus est, qui talia signa in ipsis fecit. » Sed et victores quos Deus in defensione sua habebit, Deum laudabunt dicentes : « Laudemus Dominum Deum nostrum; vere enim magnificatus est in nobis, quia in nomine ipsius victores existimus. Unde etiam et fortitudo nostra laus ipsius est, quoniam per eum tam inimicos ipsius quam nostros superavimus, cum in eum fideliter credidimus. » Et iterum dicent : « Attendamus quoque Dominica verba in Evangelio. Exsurget gens paganorum contra gentem Christianorum, sicut in nobis factum est. Quapropter adjacentes nobis civitates et villas destructas reædificemus, ac fortiores, et munitiores eas faciamus quam prius fuissent, ne amodo per hujusmodi mala conteramur, ut nunc contriti sumus. Et hoc totis viribus suis, omnique substantia sua fortiter et largiter complebunt. »

Quod in diebus illis Romanis imperatoribus a pristina fortitudine decidentibus imperium in manibus eorum paulatim decrescet et deficiet, et etiam insula apostolici honoris dividetur, et alii aliis magistri vel archiepiscopi in diversis locis superponentur.

XXV. In illis autem diebus imperatores Romanæ dignitatis a fortitudine qua prius Romanum imperium strenue tenuerant descendentes, in gloria sua imbecilles fient, ita ut imperium in manibus eorum divino judicio paulatim decrescat et deficiat, quoniam ipsi squalidi et tepidi et serviles et turpes in moribus suis existentes, in omnibus inutiles erunt, et a populo quidem honorari volent; sed prosperitatem populi non quærent, et ideo etiam honorari et venerari non poterunt. Quapropter etiam reges et principes multorum populorum, qui prius Romano imperio subjecti erant, se ab eo separabunt, nec ulterius ei subjici patientur. Et sic Romanum imperium in defectum dispergetur. Nam unaquæque gens et quisquis populus regem sibi tunc constituet cui obediat, dicens quod latitudo imperii Romani magis sibi oneris prius fuerit, quam honoris. Sed postquam imperiale sceptrum hoc modo divisum fuerit, nec reparari poterit, tunc etiam infula apostolici honoris dividetur. Quia enim nec principes nec reliqui homines tam spiritalis quam sæcularis ordinis in apostolico nomine ullam religionem tunc invenient, dignitatem nominis illius tunc imminuent. Alios quoque magistros et archiepiscopos sub alio nomine in diversis regionibus sibi præferent, ita ut etiam apostolicus eo tempore dilatatione honoris pristinæ dignitatis attenuatus, Romam et pauca illi adjacentia loca vix etiam tunc sub infula sua obtineat. Hæc autem ex parte per bellorum incursionem evenient, ex parte quoque per commune consilium et consensum et spiritalium et sæcularium populorum perficientur, illis hortantibus ut quisque sæcularis princeps regnum et populum suum muniat et regat, ut quilibet archiepiscopus seu alius spiritalis magister subditos suos ad rectitudinem disciplinæ constringat, ne deinceps malis illis alligantur, quibus divino nutu prius afflicti sunt.

Quod iterum tunc temporis iniquitate repressa, et justitia revalescente, disciplina honestatis, et antiquarum jura consuetudinum repullulabunt et observabuntur, et prophetæ multi erunt, et occulta Scripturarum sapientibus patebunt, plurimis interim hæresibus passim ebullientibus, quæ Antichristi vicinum denuntient adventum.

XXVI. Et tunc iterum iniquitas aliquantulum debilis jacebit, interdum quoque surgere attentabit; sed justitia in rectitudine sua interim stabit, ita ut homines illorum dierum ad antiquas consuetudines et disciplinas antiquorum hominum in honestate se convertant, et eas teneant, et observent, sicut antiqui illas tenere et conservare consueverant. Sed etiam tunc unusquisque rex et princeps, ac episcopus ecclesiasticæ dignitatis se ipsum in alio castigabit, cum alium justitiam observare et honeste vivere videbit, atque unaquæque gens correctionem ab alia sumet, cum illam ad bona proficere et ad rectitudinem surgere audiet. Aer quoque tunc iterum suavis erit, et fructus terræ utilis, hominesque sani et fortes fient. In ipsis etiam diebus multæ prophetiæ ac plurimi sapientes erunt, ita ut etiam occulta prophetarum et aliarum Scripturarum sapientibus tunc ad plenum pateant, et filii et filiæ eorum prophetent, velut ante multa tempora prædictum est, et hoc in tali puritate veritatis fiet, ut aerei spiritus irrisionem in illis tunc facere non possint. In eodem quoque spiritu illi prophetabunt quo prophetæ secreta Dei olim annuntiaverunt, et in similitudine doctrinæ apostolorum, quorum doctrina super omnem humanum intellectum fuit. Interim etiam tam multæ hæreses et tam plurimæ turpitudines cum aliis malis ebullient, quæ etiam Antichristum in proximo adesse ostendent, ita ut homines eorumdem dierum dicant quod tanta crimina et tantæ immunditiæ prius non fuerunt sicut in diebus eorum apparuerint. Quod et porcus in libro *Scivias* descriptus manifestat, quia dum justitia aliquando regnat, iniquitas illam oppugnat; et dum aliquando iniquitas viget, justitia illam confundit, quoniam mundus in uno statu nunquam permanet.

De qualitate judiciorum divinæ potestatis circa finem mundi manifestandorum, et quia tunc plurima pars hominum sinceritatem catholicæ fidei deserens ad filium perditionis convertetur.

XXVII. Nunc autem, o homo, quod vides, quoniam prædicta exterior pars supradictæ rotæ tandem velut turbida et procellosa tempestas, scilicet prope finem ejusdem medietatis ubi præfata linea eidem rotæ affixa est apparet, hoc demonstrat quod judicia potestatis Dei turbida et procellosa in diebus illis erunt, cum nec puritatem nec quietem catholicæ fidei in cordibus incredulorum hominum circa finem fortitudinis illius in qua mundus modo viget inveniant, videlicet ubi voluntas Dei potestati ipsius ita conjungitur, quatenus in voluntate Dei sit, quando mundus et ea quæ in mundo sunt per potentiam ejus finiantur, quia homines temporis illius sinceritatem atque stabilitatem veræ fidei fugient, et a vero Deo recedent ad filium perditionis se convertentes, qui omnia ecclesiastica instituta conturbans, maximas procellas adversitatis fidelibus ipsi resistentibus inducet. Nam cum post multas tribulationes, quas homines in invasionibus alienarum gentium, et in semetipsis cum divisione imperii perpessi erant, jam velut in quiete resederint, iterum repente multæ hæreses, multæque contrarietates ecclesiasticæ dignitatis ebullient.

De conceptione et ortu Antichristi, et quod ab exordio diabolico spiritu repletus, et in abditis locis occultatus et nutritus, omnibus magicis artibus usque ad virilem ætatem imbuetur; et quanta in diebus illis rerum vel temporum in mundo, vel in Ecclesia perturbatio et incertitudo futura sit.

XXVIII. Immunda quoque mulier in eodem tempore immundum filium concipiet, quoniam antiquus serpens, qui Adam absorbuit, illum hoc modo cum omni turba sua inflabit, ut nec aliquid boni in ipsum intret, nec in eo esse possit. In abditis enim et in diversis locis nutrietur, ne ab hominibus cognoscatur, omnibusque diabolicis artibus imbuetur, et usque ad plenos dies ætatis suæ occultabitur, nec perversitates, quæ in se erunt, manifestabit, usquedum se plenum et superabundantem in cunctis iniquitatibus cognoverit. Ab initio autem ortus illius multa certamina multaque contraria rectarum ordinationum ebullient, et ardens justitia a rectitudine sua obtenebrabitur, et charitas in hominibus exstinguetur. In eis quoque amaritudo et asperitas orietur, ac tantæ hæreses fient, ut etiam hæretici errores suos aperte et indubitanter prædicent; tantaque dubietas et incertitudo in catholica fide Christianorum erit, ut homines in dubio habeant quem Deum invocent; atque plurima signa in sole, et luna, et in stellis, et in aquis, et in cæteris elementis et creaturis apparebunt, ita ut etiam velut in pictura in portentis suis futura mala prænuntient. Unde etiam tanta tristitia illo tempore homines occupabit, ut mori quasi pro nihilo ducant. Qui autem in catholica fide tunc perfecti erunt, in magna contritione exspectabunt quid Deus ordinare velit. Et hæ tribulationes hoc modo procedent: usquedum filius perditionis os suum ad contrariam doctrinam aperiat. Sed cum ille verba falsitatis, et deceptionum suarum protulerit, cœlum et terra contremiscent, catenaque monilis just ita quam Paulus usque ad eumdem, ut supra dictum est, velut magno flatu venti tacta tunc primum movebitur, quoniam usque ad idem tempus inconcussa et inconvulsa permaneabit. Paulus quippe doctrinam suam multis miraculis tam fortiter corroboravit, ac illam profundissimis verbis tam honeste decoravit, ut etiam usque in finem mundi sic perduret, quemadmodum et hæc eadem catena ad pedes ejusdem justitiæ quasi ad finem mundi descendens demonstrat. Ipse quoque per veritatem in elevatione spiritus sui de secundo adventu Filii Dei, ac de mortifero incursu filii perditionis credentibus locutus est dicens:

Testimonia Epistolæ Pauli ad Thessalonicenses finem mundi et adventum et opera et judicium Antichristi denuntiantia, et quomodo intelligi debeant.

XXIX. « Neque terreamini, neque per spiritum neque per sermonem, neque per epistolam tanquam per nos missam, quasi instet dies Domini. Ne quis vos seducat ullo modo, quoniam nisi venerit discessio primum, et revelatus fuerit homo peccati, filius perditionis, qui adversatur, et extollitur supra omne quod dicitur Deus, aut quod colitur, ita ut in templo Dei sedeat, ostendens se tanquam sit Deus (*II Thess.* II). Hujus sententiæ intellectus hoc modo accipiendus est : Vos qui Dei estis, et qui verbis ejus creditis, cauti estote ne in cordibus vestris ullo terrore quatiamini, neque spirituali scilicet deceptione, neque verbosa seductione, neque per scripta velut ad vos veraciter sint directa, quasi adsit dies ille, quo conditor cunctorum abscondita cordium denudabit. Cavete etiam ne quis per illusoria et phantastica facta vos inclinet ulla occasione in seductionem, quoniam nisi venerit tempus illud, quo ecclesiastica sublimitas dissipabitur, et quo vera fides conculcabitur, quod discessio intelligitur, quæ fiet in tempore scelerati filii cujus mater immunda existit, nesciens a quo conceperit, et manifestus fuerit ille qui-homo peccati erit, quia per initium suum totus peccatis infundetur, unde et sic peccator existet, omnia peccata recitando et recolligendo, ac filius crudelissimæ perditionis quoniam totus in perditione manebit ; ea quæ contraria Deo sunt homines docens, quem etiam seductor humani generis ita inflammabit, quemadmodum ipse furere primitus incœpit, cum Deo similis esse voluit ; quapropter etiam adversabitur omnibus Deum colentibus, et efferet se ultra omnem creaturam Deum se nominans, et ut quasi Deus colatur præcipiens, non credatis, quasi adsit dies Domini, scilicet quo judicabit orbem terrarum cum mundus finem accipiet. Iterumque idem Paulus Spiritu sancto infusus dicit : « Nam mysterium jam operatur iniquitatis, tantum ut qui tenet nunc teneat, donec de medio fiat (*ibid.*) » Hujus sententiæ intellectus hoc modo accipiendus est : Occulta suggestio jam in operibus hæreticorum manifestatur, in quibus persuasor iniquitatis jacula præmittit, veritatem veræ fidei opprimere volens ; ideoque recta intentione, ac bono conamine studium hoc in fideli homine tantum sit, ut qui fidem apostolicam et vere catholicam tenet, nunc firma stabilitate teneat illam inconvulsam, donec de medio illo quod inter ortum et defectum sui est fiat, quoniam circa tempora filii perditionis fides a fortitudine sua declinans, jam incurvata debilitabitur. Nam qui ecclesiasticam in Deo sublimitatem et fidem rectam habet habet aliquid magni tenet, quia per illam cœleste regnum intrabit ; qui vero fidem non habet nihil tenet, quoniam in perditionem ibit ; et sic etiam homo in medio potestatis Dei existit, quia antequam homo formatus fuisset Deus erat, et postquam homo corporaliter finietur Deus in virtute sua perdurat.

Quod antiquus hostis, qui primum hominem seducendo devicit, et per hominem Christum revictus per alium hominem iterum se putans posse vincere Antichristum justo Dei permissione tota malignitate sua infundet, ut ad impugnandam fidem catholicam et doctrinam Christi destruendam inniatur.

XXX. Antiquus enim hostis, quem fortitudo divinitatis in lacum abyssi projecit, quemadmodum in vehementes aquas plumbum decidit, quoniam iniquitatem constituere voluit, cum Deus justus et verax sit, et nullum sibi similem habeat, quia per se ipsum æternaliter subsistens cuncta ex nihilo fecit, quoniam hominem primum superaverat, per alium hominem scilicet Antichristum æstimat se posse perficere quod olim incœperat, cum adversus Deum pugnare tentavit. A diabolo quippe Antichristus infusus cum os suum ad perversam doctrinam ut prædictum est aperuerit, omnia quæ Deus in antiqua, et in nova lege constituerat destruet, incestumque et alia similia non esse peccata affirmabit. Dicet enim quia peccatum non sit, si caro carnem calefaciat, sicut nec hoc si homo ab igne calefiat, affirmans etiam quod omnia castitatis præcepta per ignorantiam facta sint, quoniam cum homo alter calidus, alter frigidus sit, calore et frigore oporteat eos invicem temperari. Et iterum ad fideles dicet : « Vestra lex continentiæ contra modum naturæ constituta est, scilicet quod homo calidus esse non debeat, in cujus spiramine ignis est, qui totum corpus hominis incendit. Et quomodo iste contra naturam suam frigidus esse possit? Sed qua ratione homo omitteret, quin carnem aliam calefaceret? Homo enim ille, quem magistrum vestrum esse dicitis, legem quæ supra modum est vobis dedit, quia sic videre vos jussit. Ego autem dico : Vos in his duobus modis videlicet caloris et frigoris estote, atque in invicem vos fovete, et prædictum hominem injusta præcepta vobis dedisse considerate, quoniam quamvis juberet ne homines se mutuo foverent, ipsi tamen naturam suam carnaliter coluerunt. Videte ergo ne injusta doctrina amodo seducamini, quoniam in me est quid facere possitis vel non, nec magister vester rectas propositiones vobis proposuit, qui vos esse voluit sicut spiritum qui carne coopertus non est, et qui non operatur, cum nata caro hominum sic creata non sit, quæ per ignem infunditur et formatur, quia si filii non crearentur, possibilitatem operandi non haberent. Unde et vos quid sitis scitote. Nam ille qui vos primum docuit vos decepit, et in nullo vos adjuvit : ego autem vobis infundo, ut vosmetipsos cognoscatis, et ut quid sitis sciatis quoniam creavi vos, et totus in omnibus sum ; ille vero omnia opera sua alii assignans a se ipso nihil loquebatur, quoniam de se nihil potuit ; sed ego a meipso loquor, atque per me ipsum omnia possum. » Hic verbis et aliis similibus iste infelix filius perditionis homines seducet, docens eos ut secundum igneum carnis gustum vivant, et omnem voluntatem carnis suæ perficiant, cum tam vetus quam nova lex homines ad castitatem invitet, ita scilicet ne castitas modum suum transcendat. Et hoc modo Lucifer per illum justitiam Dei abnegabit, atque omne quod facere incœperit, per ipsum se posse perficere putans, Jordanem in os suum fluere æstimabit ita ut baptismus deinceps non nominetur, sed illum retrorsum abjiciat, quemadmodum ipse per baptismum abjectus est. Unde sic dominando tantum numerum populi sibi subjugare putabit, ut Filius Dei parvum numerum fidelium ad comparationem numeri sui habeat.

Quare Antichristus homo peccati, et filius perditionis ab Apostolo vocatur, et testimonium ex Apocalypsi Joannis ad hoc competens, et quomodo intelligendum sit, et quod diabolus et in Veteri et in Novo Testamento sectatores habuerit, alios per idola, alios per hæreticos decipiens.

XXXI. Præfatus quoque homo peccati homo dicitur, quoniam omnia mala perficiet, et quia illa omnia super ipsum fundentur, filiusque perditionis vocatur, quoniam mors et perditio ipsi dominabuntur, atque, ut prædictum est, perversis et nefandissimis modis multitudinem populorum seducendo, sibi attrahet, seque ut Deum adorare faciet, videlicet etiam ut Joannes sub imagine bestiæ feritatem ejus describens per ostensionem veritatis dicit : « Et adoraverunt eam omnes qui habitant terram, quorum non sunt scripta nomina in libro vitæ Agni (*Apoc.* XIII). » Hujus quoque sententiæ intellectus hoc etiam modo de futuris accipiendus est : Proni corpore et mente adorabunt bestiam iniquitatis, qui habitationem cordium suorum terrenis rebus infigent, quorum non sunt exarata signis sanctitatis nomina in æternitate vitæ illius, in cujus ore dolus inventus non est. Quapropter in perditione erit quicunque scripta hujus perditi hominis ipsum colendo adorabit, et qui scripta Satan in corde suo geret, qui a Deo expulsus est, quoniam a se ipso Deus esse voluit. Unde et mors nominatus est, quia vitam fugit, in qua nulla mortalitas invenitur, sed quæ omnia vivificat. Et isti omnes qui huic perditionis filio adhærebunt opera illius facientes, in libro vitæ Agni non scribentur, quoniam Agnus iste Verbum Dei est per cujus verbi *fiat* omnis creatura processit. Diabolus autem in Veteri et in Novo Testamento sequentes se assidue habuit; in Veteri quidem per Baal ; in Novo autem per Sadducæos, qui nervi ipsius in schismate sunt, quia legem Dei,

quæ radix justitiæ est, in qua patriarchæ et prophetæ latebant, cum sordibus Baal primum violaverunt; sed et illos qui postea in Novo Testamento cum Sadducæis in resurrectionem in afflictione justitiæ abnegaverunt quia prædictæ radicis rami evangelium est, fructusque ramorum Christi testimonium existit, quod idola Baal et Sadducæos fortiter contrivit. Sed tamen deinde ab istis hæretici procedent, qui conditioni primæ pullulationis contradicent, errorque istorum pejor priore erit, quoniam Deum in creatione sua, et in viventibus animabus ex toto negabunt. Omnes autem isti infelicem bestiam, videlicet perditum hominem, adorabunt, fidemque omnipotentis Dei deserentes dicent, quod nihil eis obsit, si præcepta Dei negligant.

De signis vel portentis et tempestatibus quas per magicas artes facturus est, et quomodo mori et resurgere se simulans quamdam scripturam fallacia diaboli inventa in frontibus sequentium se describi faciet, qua decepti ulterius ab eo divelli et separari non poterunt.

XXXII. Et sic infidelitas eorum ad præfatum aureum caput leopardi in prædicta catena monilis apparens descendit, quod Antichristum designat, qui se Deum velut aureum caput nominans, per diabolicas artes et per suscitationem elementorum horrenda portenta maximasque tempestates faciet, quod Deus ita fieri permittet, quatenus omne genus humanum casum illius cognoscat. Nam et ideo quasi pro redemptione populi sui per occisionem se mori et per resuscitationem se resurgere simulabit, quamdamque scripturam in frontibus sequentium se scribi faciet, per quam omne malum eis immittet, ut etiam antiquus serpens hominem decipiens, cum quoque in captione sua postmodum habens, libidine incendit, atque per eamdem scripturam contra baptismum, et contra Christianum nomen magica arte eos ita infundet, ut ab illo discedere non cupiant, et ut secundum ipsum quemadmodum Christiani secundum Christum omnes vocentur. Hanc scripturam Lucifer in se diu habuit, nec eam ulli hominum revelavit, excepto huic soli, quem in utero matris suæ totum possidebit. Quapropter etiam omnem voluntatem suam se confidit per illum posse perficere. Sed idem perditus homo animam, et quod vivit non a diabolo sed a Deo habebit, cum et ipse infelicissimus inquisitor antiquæ seductionis, qui omnia bona odit, vivere suum a Deo acceperit. Nam Deus solus vita est, omnisque anhelitus, et omne quod vivit per illum movetur, quoniam ipse solus initium sine initio est. Et sicut Lucifer in cœlo contra Deum pugnavit, ita etiam per hunc perditum hominem in terra adversus humanitatem Filii Dei certare tentabit. Et hoc per scripturam hanc faciet, qua Deum et Creatorem omnium negabit, se majorem illustrationem donorum suis conferre confidens, quam Christus Filius Dei in se credentibus contulerit. Scriptura autem hæc in nulla lingua prius visa aut inventa est, quia Lucifer eam in semetipso primum invenit, illamque eo dolo proferet, quo homines seducit ne Creatorem suum cognoscant; atque per ipsam infideles hoc modo deludet, ut nequaquam aliud colere, quam quod illi videbunt placere, studeant. Dicet enim idem filius perditionis quod sicut lignum abscissum deponitur, quousque pictor illud componat et ornet, ut ab omnibus veneretur, ita quoque homo natus honore careat, quousque scriptura ista extollatur, quoniam major salus et virtus in ipsa sit quam in creatione hominis fuerit. Sed Deus omnes conatus ejusdem scripturæ cum auctore suo destruet; scriptura autem quam Spiritus sanctus dedit non pertransibit. Cumque his falsis signis ex omni genere hominum ad se colligere incœperit, sancti et justi in timore magno concutientur.

Promissio Dei de restitutione Enoch et Eliæ, et quomodo interim cum eis agatur, et qualiter cum restituti fuerint se in adversis inter homines habebunt, et quanta adversus Antichristum prædicationis et miraculorum potestate enitescent, a quo tamen martyrizati cum innumeris aliis e mundo migrabunt, et beatorum numerus martyrum ad plenitudinem debitæ perfectionis perducetur.

XXXIII. Sed Ego qui sum recordabor quomodo primum hominem formaverim, et quali modo omnia opera quibus Lucifer contra me per hominem pugnaturus esset præviderim, atque quomodo sanctas virtutes adversus illum pugnando signaverim, quemadmodum in Enoch et Elia feci, quos de germine hominum, qui toto desiderio mihi adhæserant, elegi. Et circa novissimum tempus hominibus ostendam quatenus testimonium istorum duorum testium homines confidenter recipiant. Nam in mysterio meo eos doceo, operaque hominum eis manifesto, ita ut illa sciant, quasi ea corporaliter viderint; sapientioresque scriptis et sermonibus sapientium sunt. Cum enim ab hominibus corporaliter sublati sunt, omnis timor et tremor eis ablatus est, ita ut æquanimiter omnia quæ circa ipsos sunt sufferant, egoque in secretis locis absque omni læsione corporis eos servo. Et cum filius perditionis perversam doctrinam suam evomet, istos eadem vis per quam prius de medio hominum ablati fuerant, quasi in vento reducet, et quandiu cum hominibus in terra morabuntur, semper post quadraginta dies reficientur, quemadmodum etiam Filius meus quadraginta diebus transactis esurivit. Istos autem fortes et sapientes caput capricorni in præfata catena monilis justitiæ demonstratum significat, quoniam sicut capricornis fortis est, et in altum ascendit, sic ipsi in potentia mea fortes erunt, in altitudinem miraculorum meorum velociter elevandi. Tantam enim virtutem in miraculis meis habebunt, quod majora signa in firmamento et in elementis, ac in cæteris creaturis filio perditionis facient, ita ut fallacia signa illius veris signis istorum deludantur. Unde et ob nimiam virtutem miraculorum eorum ex omnibus populis homines ad ipsos current verbis eorum credentes, atque ad martyrium, quod eis filius perditionis inferet, cum ardenti fide velut ad convivium properantes, ita ut etiam occisores ipsorum pro nimia multitudine occisos dinumerare tædeat, quia multitudo sanguinis eorum sicut rivus aquarum effundetur. Sed tandem cum filius perditionis hos duos veræ sanctitatis viros nec blanditiis, nec minis potuerit superare, nec signa, nec miracula eorum offuscare, jubebit eos crudeli martyrio consummari, memoriamque ipsorum de terra penitus deleri, quatenus nec ullus hominum in tota terra sit, qui ei deinceps audeat resistere. Tunc, ut supra dictum est, aureus numerus beatorum martyrum, qui in primitiva Ecclesia propter veram fidem occisi sunt, in martyribus istis, qui in errore novissimi temporis occidentur, ad plenitudinem perfectionis suæ perducetur, quoniam tempus hoc omnia conculcans omniaque devorans, lupus, qui in libro *Scivias* describitur, designat, quia ut lupus in rapacitate sua quæcunque potest devorat, ita et in tempore illo fideles qui in Filium Dei credunt, absorbebuntur. Quapropter et idem Filius Dei ad Patrem iterum dicit ut præfatum est :

Item interpellatio Filii ad Patrem in ostensione vulnerum suorum ipsis hominibus ut eis parcat commendantis, et eosdem homines ut genua sua Patri flectant, quod ipsorum misereatur, exhortantis.

XXXIV. « Jam me fatigat, quia ordinatione tua carne indutus sum, quod membra mea, videlicet illi qui sacramento baptismatis mihi adhæserant, nec a me recedunt, et quod in irrisionem diabolicæ illusionem vadunt, cum filium perditionis audientes colunt, ex quibus tamen lapsos recolligo, rebelles autem et in malo perseverantes abjicio. Pater, quoniam ego Filius tuus sum, vide ea charitate, qua me in mundum misisti, et considera vulnera mea, quibus præcepto tuo hominem redemi, illaque tibi ostendo, quatenus et tu illorum miserearis quos redemi, neque permittas eos de libro vitæ deleri; sed per sanguinem vulnerum meorum ipsos in pœnitentia ad te recolligo, ne ille qui et incarnationem ac passionem meam illudit, eis in perditione dominetur. Ergo nunc, omnes homines, qui antiquum serpentem deserere, et ad Creatorem vestrum redire desideratis, attendite quod ego Filius Dei et hominis Patri meo vulnera mea ostendo pro vobis. Unde etiam vos genua vestra quæ multoties ad vanitatem iniquæ contrarietatis inclinastis, ad Patrem vestrum qui vos creavit, et qui vobis spiraculum vitæ dedit, in puritate fidei flectite, peccata vestra ex corde pleniter confitentes, ut vobis qui in afflictione tam corporis quam animæ estis, manum suam fortem et invincibilem porrigat, quatenus a diabolo et ab omni malo vos eripiat. » Sic Filius ad Patrem loquitur, membraque sua illi commendat, ac illa castigat, ut vero capiti suo adhæreant, ne perditio primi et novissimi proditoris ea absorbeat. Quotiescunque enim omnipotens Pater pravis operibus hominum irritatur, Filius ejus ipsi vulnera sua ostendit, videlicet ut propter illa hominibus parcat, quoniam ipse corpori suo non pepercit, quatenus ovis quæ ei ablata fuerat, in sanguine suo retraheretur; ideoque etiam eadem vulnera ipsius tandiu aperta permanebunt, quandiu homo in mundo manens peccat. Quapropter et idem Filius Dei ab hominibus requirit ut genua sua ad omnipotentem Patrem suum flectant, quoties judicia ejus promerentur, quatenus propter vulnera sua quæ in carne passus est, et quæ Pater ipsius semper inspicit, eos ab omni malo liberet.

Quod Enoch et Elia in oculis omnium a morte suscitatis et ad nubes sublatis, et resurrectio mortuorum omnimodis confirmabitur, et antiquus serpens per filium perditionis adversus Deum et sanctos in maximum furorem excitabitur.

XXXV. Postquam autem Enoch et Elias per filium perditionis mortem corporalem subierint, sequaces illius multum gaudebunt, quoniam eos defecisse videbunt; sed deinde cum spiritus vitæ eos suscitaverit, ac sursum in nubes sustulerit, gaudium illorum in timorem et in tristitiam atque in magnam admirationem vertetur. Nam per resuscitationem et sublevationem istorum ego omnipotens probabo, quod resurrectio et vita mortuorum nulla repugnatione incredulorum contradici possit, quin eo die cum elementa, cum quibus homo peccaverat, purgabuntur, homo quoque de morte resuscitetur, atque in majorem claritatem, quam prius creatus sit, per pœnitentiam, quæ Deo placet, restituatur; quia sicut omnis compago hominis per pœnitentiam movetur, ita et ipse cum lugubri voce pœnitentiæ cœlum movet, ac Deum cum cherubin ex toto laudat. Tunc antiquus serpens propter resuscitationem istorum in maximam iram commovebitur, et perditum hominem in æstimationem illam ducet, ut thronum suum de quo expulsus est, possideat, quatenus per hoc resuscitatio præfatorum virorum et memoria Filii Dei in hominibus omnino deleatur, et in semetipso loquetur, dicens : « In hoc filio meo majus prælium nunc faciam quam dudum in cœlo fecerim, omnemque voluntatem meam per ipsum complebo, nec huic voluntati meæ Deus aut homo resistere valebit, scioque et cognosco quod superari non potero. Unde et in omnibus victor ero. Et deinde idem filius perditionis multitudinem populi convocabit, ut gloriam suam manifeste videat, cum supra cœlos ire tentabit, ita etiam ut si quid catholicæ fidei in Ecclesia inconvulsum remanserit, per ascensionem ipsius in toto tabescat. Sed cum astante populo audiente superioribus elementis præceperit, ut eum suscipiant ad cœlum euntem, verba Pauli fidelis mei implebuntur, quæ piritu veridico repletus dicit : »

Quod ille iniquus in præsumptione sua revelatus dum multitudine populi adstante et audiente superioribus elementis præceperit, ut eum in cœlum euntem suscipiant, juxta testimonium Apostoli, a spiritu oris Domini Jesu interficietur, et quod hæc videntes ad veram fidem relicto errore convertentur, et sic tota diaboli elatio subruetur.

XXXVI. « Sed tunc revelabitur ille iniquus, quem Dominus Jesus interficiet spiritu oris sui (*II Thess.*

II). Hujus sententiæ intellectus hoc modo accipiendus est : Eo tempore denudabitur ille filius iniquitatis, eumque mendacem fuisse omni populo apparebit, cum præsumptionem ad cœlos ascendendi arripuerit, quoniam ipsum in præsumptione ista damnator et salvator populorum qui Filius Dei est occidet, et hoc fortitudine illa faciet, qua ipse Verbum Patris existens, totum orbem terrarum justo judicio judicabit. Cum enim iste filius perditionis diabolica arte se sursum extulerit, divina virtute dejicietur, atque fetor sulphuris et picis eum suscipiet, ita ut etiam astantes populi ad præsidia montium fugiant. Tantus quippe terror hæc videntes et audientes occupabit, ut diabolo filioque ejus abrenuntiantes, ad veram fidem baptismi convertantur. Quapropter antiquus serpens attonitus in semetipsum frendens dicet : « Et nos confusi sumus. Amodo homines nobis ita subjugare non valebimus, quemadmodum hactenus fecimus. »

Quia post ruinam Antichristi gloria Filii Dei amplificabitur, et omnes credentes in eum humili voce laudabunt eam, et testimonium ex Apocalypsi Joannis ad ista competens, et quo sensu intelligendum sit.

XXXVII. Sed et omnes in Filium Dei fideliter credentes flebili atque laudabili voce Deum laudabunt, velut per dilectum et veridicum testem meum scriptum est : « Nunc facta est salus, et virtus, et regnum Dei nostri, et potestas Christi ejus, quia projectus est accusator fratrum nostrorum, qui accusabat illos ante conspectum Dei nostri die ac nocte. Et ipsi vicerunt illum propter sanguinem Agni, et propter verbum testimonii sui, et non dilexerunt animas suas usque ad mortem (*Apoc.* XII). Hujus sententiæ intellectus hoc modo accipiendus est : Nunc diabolo devicto, filioque ejus Antichristo prostrato, facta est superna dispositione salus, nulla diabolica pericula metuens, et virtus illa omnino conterens, et regnum omnibus dominans, qui sub regimine Dei nostri sunt, et potestas invincibilis Christi scilicet Filii ejus, quem verum Sacerdotem super salutem animarum constituit. Nam projectus est in æternam damnationem accusator pertinacissimus et insidiator inquietissimus illorum videlicet qui filii Dei sicut et nos existentes supernam hæreditatem nobiscum habebunt, qui accusabat illos diversis suggestionibus ipsius consentientes, coram intuitu summi Creatoris et Judicis, et hoc tam in spirituali quam in sæculari transgressione omni tempore faciebat, quoniam homo semper peccat. Primum enim prælium perditi angeli, quo contra Deum pugnavit, volens se Deus esse, Deus vicit, et in illo, etiam ultimum prælium, quod cum illo facturus erat, prævidit, cum filium ejus eum dejecit, et eum ipsum per illum omnino tam confudit. Et ipsi qui veraciter Deum confitentur vicerunt illum cum ei non consenserunt propter sanguinem Agni, per quem redempti sunt, et per quem ipsi etiam plurimas adversitates in corporibus suis sustinentes victores exstiterunt, et propter verbum, id est doctrinam quam testificatus est in catholica fide, quæ etiam ab illo verbo se extendit, per quod omnes creaturæ processerunt, nec dilexerunt animas suas eas in corporibus suis retinentes, sed ad mortem corporum suorum præcedere fecerunt, cum corpora sua temporali morti in plurimis passionibus subjecerunt, ubi et easdem animas suas omnipotenti Deo reddiderunt. Martyres enim usque ad mortem cucurrerunt, et priusquam Filium Dei negarent passionibus se subjecerunt, et ideo etiam Abel, et prophetæ, cæterique martyres qui usque in novissimum diem pro Deo occisi sunt, testimonium Filio Dei perhibent, quod etiam ipse in voluntate Patris sanguinem suum pro ipsis fuderit. Itaque bellum filii perditionis hoc modo finitum est, nec ipse deinceps in ulla cultura apparebit. Unde gaudete, qui in cœlo et in terra habitationem habetis. Post casum autem Antichristi gloria Filii Dei amplificabitur.

Epilogus libri ipsius, in quo pro opere suo, scilicet pro reparatione hominis, Deo laus cœlesti voce exsolvitur, et opusculum istud cum auctore suo eidem Deo et fidelibus ejus studiose commendatur.

XXXVIII. Et iterum de cœlo vocem verba ista me docentem audivi : Nunc laus Deo sit in opere suo, homine videlicet, pro cujus reparatione maxima prælia in terra fecit, quemque super cœlos elevare dignatus est, ut simul cum angelis faciem ipsius in unitate illa qua verus Deus et homo est laudet. Sed ipse omnipotens Deus pauperculam femineam formam per quam hanc scripturam edidit, oleo misericordiæ suæ ungere dignetur, quoniam ipsa absque omni securitate vivit, nec etiam scientiam ædificationis Scripturarum, quas Spiritus sanctus ad instructionem Ecclesiæ proposuit, et quæ velut nurus magnæ civitatis sunt habet. A die enim nativitatis suæ in doloribus infirmitatum, quasi reti illaqueata est, ita ut in omnibus venis, medullis et carnibus suis, continuis doloribus vexetur, nec dum tamen eam dissolvi Domino placuit, quoniam per cavernam rationalis animæ quædam mystica Dei spiritaliter videt. Hæc autem visio venas ejusdem hominis ita pertransivit, ut ipsa propter eam multa fatigatione sæpe commoveatur, aliquo tamen tempore levius, aliquo depressius, in fatigatione infirmitatis laborans. Unde etiam mores a diversis moribus hominum alienos habet, quemadmodum infans, cujus venæ nondum ita plenæ sunt, quatenus mores hominum discernere possit. Ipsa enim cum inspiratione Spiritus sancti officialis existit, et complexionem de aere habet ; ideoque de ipso aere, de pluvia, de vento, et de omni tempestate infirmitas ei ita infixa est, ut nequaquam securitatem carnis in se habere possit, alioquin inspiratio Spiritus sancti in ea habitare non valeret. Sed Spiritus Dei magna vi pietatis suæ ea interdum ab hac infirmitate quasi rore cujusdam refrigerii a morte suscitat, quatenus officialis cum inspiratione Spiritus sancti in sæculo vivere possit. Omnipotens autem Deus, qui omnem fatigationem passionis ejusdem hominis veraciter cognovit, gratiam suam in ipsa ita perficere dignetur, ut pietas ejus in hoc glorificetur, et illius anima cum de hoc sæculo migraverit ad æternam gloriam ab eo clementer suscipi et coronari gaudeat. Sed liber vitæ, qui scriptura Verbi Dei est, per quod omnis creatura apparuit, et quod omnium vitam secundum voluntatem æterni Patris velut in se præordinaverat, exspiravit, hanc scripturam per nullam doctrinam humanæ scientiæ, sed per simplicem et indoctam femineam formam ut sibi placuit mirabiliter edidit. Unde nullus hominum tam audax sit, ut verbis hujus scripturæ aliquid augendo apponat, vel minuendo auferat, ne de libro vitæ, et de omni beatitudine quæ sub sole est deleatur, nisi propter excribrationem litterarum, aut dictionum, quæ per inspirationem Spiritus sancti simpliciter prolata sunt, fiat. Qui autem aliter præsumpserit, in Spiritum sanctum peccat. Unde nec hic nec in futuro sæculo illi remittetur. Nunc iterum laus sit omnipotenti Deo in omnibus operibus suis ante ævum, et in ævum, quia ipse primus et novissimus est. Verba autem hæc fideles devoto cordis affectu percipiant, quoniam per illum, qui primus et novissimus est, ad utilitatem credentium edita sunt.

TRIGINTA OCTO QUÆSTIONUM

SOLUTIONES

Petente Wiberto monacho Gemblacensi per sanctam Hildegardem ad ipsum transmissæ.

(*Bibliotheca Patrum* ed. Lugdun., t. XXIII, p. 583.)

WIBERTUS MONACHUS HILDEGARDI.

Matri sanctissimæ HILDEGARDI, WIBERTUS.

Gaudium quod de visione et collocutione tua, cum abbate nostro tempore Quadragesimali, ad te proficiscendo, divinitus mihi indultum crediderum, ad tempus quidem mihi invidia, ut puto, diaboli sublatum est. Nam cum Coloniam usque processissemus, iter nostrum impediente Satana, et per iniquas car nalium propinquorum suorum suggestiones proposituin abbatis ad te protendendi conturbante, ulterius destituimus. Sed spero quia quod ablatum mihi doleo, opportuniori tempore, remotis omnibus impedimentis, gratia mihi divina restituet. Interim tamen de quæstionibus illis, quas per me fratres Villarenses et te solvendas mittebant, quasque ego revocatus ab itinere, tibi perferendas, dilecto mihi Baldo commisi, quid actum sit, vehementer scire cupio, utrum videlicet, necne ad te pervenerint. Quod si pervenerunt, obsecramus omnes, nostræ partis amici tui in spiritu, tuis affusi pedibus, ut mare solutionis earum fiducialiter ingrediens, auræ Spiritus sancti vela committere non pertimescas, tali duce freta sine difficultate, placido portui mox adlapsura. De quibus etiam precor, ut cum præscriptis litteris Villarensium et nostris solutionibus earum præscribas, ut alteræ ex alteris gratiores fiant, et clarius elucescant.

RESPONSUM HILDEGARDIS.

Charitas, quæ cum abstinentia peccatorum fidem instituit et castitatem cum patientia ædificat, columnæ quæ quatuor partes domus sustinet, similis est. Ipsa enim charitas plantaverat hortum valde gloriosum cum pretiosissimis aromatibus et nobilissimis floribus, rosis et aliis, qui suavissimum odorem spirabant, in quibus verus Salomon oculos suos pascere solebat. Hortus iste virtutes sanctas designat, quas Deus, qui vera charitas est, in virga Jesse operatus est, Maria videlicet, quæ in castitate floruit, et nobilissimum florem protulit. De flore ista *vox turturis audita est* (*Cant.* II), quæ virginalem naturam vocavit, quam lilium significat, quod in suo stipite candidos flores, cum fragrantia gratissimi odoris emittit. Sicut et ipsa virginitas propter dulcissimum odorem bonæ intentionis in mundo honoratur. Eremitæ quoque sive monachi, qui propter Christum sæculo renuntiaverunt, sine societate sæcularis pompæ vivere debent, sicut virgo post votum sine memoria viri; quia virgines et monachi inter angelicos ordines idem sunt; quoniam sicut angeli nihil aliud quam faciem Dei inspicere desiderant, sic et ipsi omnibus pompis sæcularibus abjectis, Agnum Dei, Christum scilicet, crucem ejus bajulantes, sequuntur, in quibus propter verum contemptum sæculi rutilantes flores passionis Dominicæ generant. Nunc, o fili Dei, in valle veræ humilitatis positus, in quiete ambula sine elatione quæ præcipiti monti assimilata, difficilem, et velut impossibilem ascensum vel descensum præbet innitentibus, et in cujus summitate nullum ædificium patet. Homo enim qui tentat altius ascendere quam possit pervenire, ille nomen sanctitatis absque securitate possidet; quia solo nomine sine ædificio bonorum operum et quadam inepta lætitia mentis gloriatur. Tu enim gloriosissimum hortum quem charitas plantavit, aspice, et unamquamque virtutem in vera humilitate et simplicitate cordis ad te collige; et licet inter varias hominum mentes constitutus sis, disce tamen quoniam longanimiter et patienter omnes nos divina bonitas tolerat. Fuge etiam inconstantiam pigri servi, qui hodie uni domino, cras alteri servit; et gladio verbi Dei viriliter accingere, exemplo fortissimorum militum, qui lectum veri Salomonis ambientes custodiunt (*Cant.* III). Mentis quoque tuæ sinceritatem cum vigilantibus oculis Deo omnipotenti, ne in dubio dormire incipias, iterum atque iterum commenda. Et esto probus et dilectus miles veri Salomonis, quem pro victoria quotidianæ pugnæ diligit et coronat. Spiritus sanctus igne sui amoris te accendat, ut in amore servitii sui indeficiens perseveres, quatenus vivus lapis cœlestis Jerusalem quandoque fieri merearis.

QUÆSTIO I.

Quomodo intelligendum est quod legitur: « Qui vivit in æternum, creavit omnia simul (*Eccli.* XVIII)*, » cum per sex dies opera sua Deus distribuisse referatur?* (*Gen.* I.)

SOLUTIO.

Omnipotens Deus, qui sine initio et sine fine vita est, et qui omnia in scientia sua æternaliter habuit, materiam omnium cœlestium et terrestrium simul creavit, cœlum scilicet, lucidam materiam, et terram, quæ turbulenta materia erat. Ista vero lucida materia, de claritate quæ æternitas est, sicut spissa lux fulminabat, quæ etiam super turbulenta materia lucebat, ita quod ei adjuncta erat: et istæ duæ materiæ simul creatæ sunt, ut unus circulus apparuerint. In primo namque *Fiat*, angeli de prædicta lucida materia cum eorum habitaculo processerunt; et quia Deus, et homo est, ad faciem Patris angelos creavit : et hominem, de quo tunica induendus erat, ad imaginem et similitudinem suam formavit : sic quoque ad imperium omnipotentis Dei, cum diceret : *Fiat*, quælibet creatura de turbulenta materia secundum speciem naturæ suæ apparuit. Sex enim dies, sex opera sunt; quia inceptio et completio singuli cujusque operis, dies dicitur. Post creationem etiam primæ materiæ nulla mora fuit; sed mox quasi in ictu oculi, *Spiritus Domini ferebatur super aquas*, nec etiam postea mora aliqua erat; sed Deus illico dixit : *Fiat lux* (*Gen.* I).

QUÆSTIO II.

Quid est quod scriptum est : « Divisit Deus aquas, quæ erant sub firmamento, ab his quæ erant super firmamentum? » (*Gen.* I.) *Nunquid credendum est materiales aquas super firmamentum esse?*

SOLUTIO.

Deus aquas quæ super firmamentum erant, ab his quæ sub firmamento erant, ideo divisit, ut sicut inferiores aquæ terrenis constitutionibus adsunt, ita etiam et superiores aquæ superioribus constitutionibus adessent. In aquis enim superioribus nihil est quod crescat aut deficiat, sicut in istis inferioribus aquis, in quibus quidquid vivit, hoc quemadmodum homo crescit et deficit. Sed illæ superiores aquæ in primo statu suo sicut Deus eas constituit, persistunt, et in circulo suo fluunt, et materiales sunt, non tamen ut aquæ inferiores, quoniam multo subtiliores, et nostris visibus omnino invisibiles existunt, quarum humiditate et ignis ibi exstantis calore, desuper firmamentum solidatur, velut corpus per animam subsistit, ne dissolvatur. Aquæ vero inferiores istæ de sub firmamento grossiores, speculum sunt cœlestium luminarium, solis scilicet, lunæ et stellarum, quæ infinita diversarum specierum animalia continent, quæ in eis nascuntur et subsistunt; ideoque officia superiorum et inferiorum aquarum in cunctis dissimilia sunt.

QUÆSTIO III.

Antequam primus homo peccaret, videbat ipse corporeis oculis Deum, vel visuri sumus nos eum corporeis oculis, cum secundum Apostolum (I Cor. xv), corpora spiritalia in resurrectione receverimus?

SOLUTIO.

In resurrectione cum homo corpus spiritale receperit, et cum idem corpus animæ inseparabiliter unitum fuerit, splendidam faciem sanctæ Divinitatis cum angelis sine fine intuebitur. Adam namque, qui ita sapiens et perfectus a Deo formatus erat, quod scientia et sapientia super omnes homines repletus fuit, Deum in divinitate sua, sicuti est, nunquam videbat; sed quando claritatem de vultu ejus procedentem, exterioribus oculis vidit, in qua verum Deum esse veraciter cognovit. Sicut enim ante peccatum cum adhuc anima ipsius corpori suo dominaretur, oculis suis, qui per innocentiam tunc spiritales fuerunt, prædictam claritatem inspexit, quod postea facere non potuit, quia visionem istam in paradiso post peccatum statim perdidit, cum oculi ejus in prævaricatione præcepti Dei, quod ante cognovit, per carnale desiderium aperti sunt.

QUÆSTIO IV.

Quo genere locutionis usus est Deus, et in qua specie primo homini apparuit, cum præceptum ei dedit, et in qua, cum post peccatum in paradiso deambulavit? (Gen. II, III.)

SOLUTIO.

Omnipotens Deus angelicis verbis Adæ locutus est, quæ ipse bene cognovit et intellexit. Per sapientiam enim suam quam a Deo acceperat, et per spiritum prophetiæ omnes linguas, quæ per homines postmodum inventæ sunt, tunc in scientia sua habuit, ac naturas omnium creaturarum ad plenum novit. Dominus etiam cum inæstimabili claritate ipsi apparuit in qua nullius creaturæ forma fuit, et iterum post peccatum deambulans in paradiso, in flamma ignis apparuit.

QUÆSTIO V.

Quid est hoc, quod Deus dixit: « Ecce Adam quasi unus ex nobis factus est, sciens bonum et malum? » (Gen. III.)

SOLUTIO.

Hoc tale est: Adam per scientiam boni et mali aliquid commune nobiscum habuit; sed bonum in scientia boni deseruit, malum in scientia mali, cum gustu vetiti ligni elegit. Et iterum Adam a nobis alienatus, quia bonum quod prius experimento cognovit, per consilium serpentis contempsit, et per gustum delectationis, malum prius inexpertum, illi consentiendo, perfecit. Et iterum dixit: *Videte ne forte sumat de ligno vitæ, et vivat in æternum* (ibid.). Hoc Deus ideo dixit, quia in magna misericordia super opus suum, scilicet hominem qui peccaverat, movebatur, ne ipse a gloria sic mutatus, miserabiliter in æternum viveret; et eum hoc modo; quemadmodum pater filium suum, qui ab eo discedere vult, ad se misericorditer traxit. Ipse enim hominem, quem indumentum Verbi sui præscivit, valde diligebat; nam etiam omnem creaturam ad servitium suum creavit, et eum in locum, unde ille lucidus velut cadaver in mortem cecidit, deputabat.

QUÆSTIO VI.

Quales oculi primis parentibus aperti sunt, cum ante peccatum ambo viderent. Unde dicit: « Vidit mulier lignum, etc. » (Gen. III.)

SOLUTIO.

Primi parentes ante originale peccatum (anima per innocentiam corpori dominante) spiritales oculos habebant. Sed ipsis post peccatum spiritali visione eorumdem oculorum privatis, atque per conditionem peccati mortalibus effectis, carnales oculi aperti sunt, ita quod per scientiam mali, opera peccatorum videndo et cognoscendo, secundum desideria carnis, diabolo suadente, faciebant. Sic etiam omnem gloriam quam prius habuerant, ita oblivioni tradiderunt, quod vix aliqua eorum recolebant, sicut homo qui rem aliquam de longe conspiciens, vix considerare potest quid sit; et sicut etiam umbra pertransit, quæ in speculo videtur.

QUÆSTIO VII.

Quid est quod Dominus dicit ad Noe, et ad filios ejus: « Sanguinem animarum vestrarum requiram de manu cunctarum bestiarum, et de manu hominis? » Et paulo post: « Quicunque effuderit humanum sanguinem, effundetur sanguis ejus? » Gen. IX.)

SOLUTIO.

Deus post novissimum diem in resurrectione per indumentum hominis de manu, id est de mobili natura cunctarum bestiarum sanguinem animarum Noe et filiorum ejus, ac totius humani generis (qui sedes animæ est) requiret; quoniam ipse non vult, vt anima alio corpore aut sanguine induatur, nisi illo quod ipsa calefecit, et qui sedes ipsius fuit. Ipse enim in potenti præscientia sua, qua hominem de limo terræ, spiraculum vitæ, quod anima est, cum carne et sanguine formandum, ut eum postea formabat, præscivit, in eadem præscientia sua, eum etiam resurrecturum, requiret. De manu etiam hominis sanguinem animarum requiret; ita scilicet, ut homo ille, qui proximum suum comprimendo, animam suam emittere facit, per macerationem carnis et sanguinis sui in pœnitentia, cum mœrore plangentis vocis ad Deum creatorem suum semper clamet; quoniam animam illius quam ipse creaverat, vulneribus mortis exire coegit. Quicunque autem effuderit sanguinem humanum, hoc quasi pro vano ducens, sine labore amissi sudoris, super hunc judicium Dei, vel per ferrum, vel paupertatem, vel divitiarum suarum amissionem, et si non super eum, qui reus sanguinis factus est, super filios tamen ejus et nepotes judicetur.

QUÆSTIO VIII.

Qualia corpora habuerunt angeli, qui apparuerunt Abrahæ, quibus similam, vitulum, butyrum et lac apposuit, et comederunt? (Gen. XVIII.)

SOLUTIO.

Tres angeli, qui apparuerunt Abrahæ sedenti ad ostium tabernaculi, in humana forma apparuerunt, quia sicut ab homine, nullo modo videri possunt. Immutabilem quidem Spiritum mutabilis homo videre non potest, et hoc est ex inobedientia Adæ, qui spiritalibus oculis in paradiso privatus, in omne genus humanum cæcitatem suam transduxit. Omnis creatura (quod homo est) umbram suam habet, quæ hominem in indeficientem vitam renovandum esse significat. Et sicut umbra hominis imaginem suam ostendit; sic et angeli, qui naturaliter invisibiles sunt, per corpora quæ de aere sumunt, eis ad quos mittuntur, in humana forma visibiles apparent, moribus illorum se aliquantulum contemperantes, non angelicis loquelis, sed talibus verbis, quæ possunt intelligere, eis loquuntur, ipsique ut homines comedentes, sed eorum cibus evanescit tanquam ros, qui semper super granum cadens, a calore solis in momento dissolvitur. Maligni vero spiritus, specie cujuslibet naturæ ad seducendos homines utuntur, ejus creaturæ naturam considerantes, quæ vitio illi comparetur, per quod hominem quem impugnant, superare possint, quemadmodum tentator etiam per serpentem seduxit.

QUÆSTIO IX.

Cur Abraham et Jacob, ille servo, iste filio, præceperunt, ut juraturi, manus suas sub femoribus eorum ponerent? (Gen. XXIV, XLVIII.)

SOLUTIO.

Abraham, qui ad præceptum Domini patriam et cognationem suam reliquit, per vulnus carnis suæ (quod signaculum fidei fuit) tanquam gloriosus signifer, ad prælium contra vitia pugnaturus processit. Ipse enim per gratiam Spiritus sancti vexillum sanctitatis præ cæteris portabat, et per finem operum suorum, privilegium summæ sanctitatis obtinuit. Unde in juramento sub femore, sanctam humanitatem Christi præsignavit, qui antiquo consilio omnipotentis Dei, de semine ipsius descenderet per humanitatem suam, consilium antiqui serpentis, hominem liberando destruxit.

QUÆSTIO X.

Quare in spelunca duplici, quam emit Abraham a filiis Heth, sancti patriarchæ tanto desiderio sepeliri voluerunt? (Gen. XXIII.)

SOLUTIO.

Per speluncam duplicem, quam in sepulturam Abrahæ sibi pretio comparavit, vetus lex et nova figuratur; quia sicut anima in corpore, sic nova lex in veteri latebat, et in his duabus mors, quæ per mulierem subintravit in mundum, sepulta est: sancti vero patriarchæ in eadem spelunca sepeliri desiderabant; quia spiritu prophetiæ attacti, sacramentum novæ legis in veteri cognoverant, ut etiam in virga Aaron, quæ floruit (*Num.* XVII), sacramentum Filii Dei in redemptione hominis latebat, quoniam in creatura Creatorem cognoverant, ut etiam in sacrificio agnorum et arietum Christus passurus significabatur.

QUÆSTIO XI.

Fuitne verus ignis, qui Moysi in rubo apparuit, et rubum non combussit (Exod. III), *vel qui in monte Sinai resplenduit (Exod.* XIX), *vel qui in die Pentecostes super discipulos in linguarum modum cecidit (Act.* II), *vel qui super caput Martini sacramenta celebrantis apparuit?*

SOLUTIO.

Ignis qui Moysi de medio rubi flammantis, et non ardentis, visus est, Spiritus sanctus credendus est; scintillæ vero prosilientes, diversarum dona virtutum. Varia quidem hujus ignis apparitio, nequaquam de superiorum elementorum coruscatione descendit. Sed de igne qui vita est, et qui sibi adhærentia non exurendo dissipat, sed vivificando confirmat.

QUÆSTIO XII.

Quid est quod in libro Regum de arca dicitur (III Reg. VIII; *II Par.* V): « *In arca non aliud est, nisi tabulæ Testamenti;* » *et in Epistola ad Hebræos legitur:* « *Post velamentum aliud tabernaculum, quod dicitur Sancta sanctorum, aureum habens thuribulum, et arcam Testamenti circumtectam ex omni parte auro, in qua urna aurea habens manna, et virga Aaron, quæ fronduerat, et tabulæ Testamenti?* » (*Num.* XVII; *Hebr.* IX.)

SOLUTIO.

Qui dixit, non aliud in arca populo Israelitico in magna veneratione habita contineri, quam tabulas Testamenti; ille nec plus in ea esse cognoscebat, nec etiam plus inde scire quærebat; Paulus vero, qui ob spiritus sui profundam scientiam, divina gratia revelante, plus aliis sapiebat, quid amplius in arca secreti servaretur, plenius edocuit.

QUÆSTIO XIII.

Nunquid vere credendus est Samuel ad invocationem pythonissæ evocatus? (I Reg. XXVIII.)

SOLUTIO.

Saul qui propter peccata sua a Deo reprobatus et derelictus fuit, eventum futuri prælii per pythonissam scire volebat; unde Samuelem a mortuis sibi avocari præcepit, qui ei indicaret quod quærebat. Sed hoc nullo modo fieri potuit; quia impossibile esset, ut sanctus et justus homo post mortem mendacium loqueretur, cum nulla fidelis et infidelis anima a corpore soluta, mendacium loqui possit. Animæ namque Samuelis et Saulis æqualem mansionem habere non possunt, quia Samuel fidelis amicus Dei fuit, et Saul præceptorum ejus rebelli prævaricator exstitit. Diabolus etiam hominem per nullius hominis animam decipere potest, sed per formam alicujus creaturæ eum decipit. Saul enim regnum cum vita amisit, quia a Deo recesserat; sicut etiam Adam propter prævaricationem, a gloria paradisi nudatus, filius mortis effectus est; ideoque quod inquirebat apud Dominum, obtinere non potuit.

QUÆSTIO XIV.

Quid est quod Paulus dicit : « Si linguis hominum et angelorum loquar ? » (I Cor. XIII.) Quæ sunt linguæ angelorum ?

SOLUTIO.

Angeli qui spiritus sunt, nisi propter hominem verbis rationalitatis non loquuntur; quoniam linguæ eorum sonans laus sunt. Homo enim, qui omnia quæ sonant, per sonum eorum cognoscit, jucunditatem cordis sui in sono vocis, quam cum spiramine animæ levat, ostendit.

QUÆSTIO XV.

Quæ est longitudo et latitudo, et sublimitas, et profunditas, quæ Paulus optat Ephesios (cap. III) comprehendere cum omnibus sanctis?

SOLUTIO.

Per longitudinem istam, divina essentia, quæ sine fine et initio est, intelligitur; quoniam ipsa ab opere suo, quod initium habet, in nulla ascensione ullius scientiæ comprehendi potest. Per latitudinem vero, infinita potestas Dei significatur, quæ a nullo incœpit, et quæ proficiendo non augetur, nec deficiendo minuitur. Per sublimitatem namque claritas sanctæ divinitatis, quæ nunquam clarescere incœpit, et cujus fulgor nunquam transibit, accipienda est. Per profundum autem designatur, quod Deus in his tribus prædictis viribus contra abyssum aquilonis, qui in potestate sua sunt, et qui nequaquam ei resistere valent, pugnat, in cujus claritate omnes sancti comprehenduntur, qui eum amaverunt, et cum eo in bona perseverantia ministerii sui, cum fide et operibus perstiterunt.

QUÆSTIO XVI.

Quid est quod Apostolus dicit : « In ipso vivimus, movemur et sumus? » (Act. XVII.)

SOLUTIO.

In ipso cum elementis movemur, quibus ita utimur, quod omnia, quæ ad usum nostrum pertinent, ab eis quærimus; in ipso etiam illuminati, et per spiraculum vitæ vivificati vivimus, per quod eum Deum et Creatorem nostrum esse cognoscimus. In ipso etiam sumus, quia finem vitæ in anima, qualiacunque merita ipsius sunt nunquam habebimus, per quam cum omni sensualitate nostra cum elementis et in elementis, sicut ventus volamus et movemur.

QUÆSTIO XVII.

Quid est, quod idem dicit : « Nocte et die in profundo maris fui? » (I Cor. XI.)

SOLUTIO.

Paulus labores suos attendens, verba ista in mœrore dixit, per ea ostendens, quod ex permissione Dei in ærumnis et laboribus fuit, quasi in periculis tempestatum et fluctuum maris, quod nunquam inundare cessat, esset. Deus etiam voluit, ut per tenebras deceptionis diaboli fatigaretur, et quod magna in quiete infirmitatem temperaretur, quæ tamen ab ipso confortatus, fideliter et patienter passus est.

QUÆSTIO XVIII.

Quid est quod dicit : «Ego minimus apostolorum,» cum plus omnibus laboraverit ? (I Cor. XV.)

SOLUTIO.

Paulus se minimum vocat; quia cum Christo, qui sine peccato in humana forma apparuit, ut cæteri discipuli, non erat; et quia etiam per Filium Dei in spiritali visione, cum anima ejus nec pleniter in corpore, nec pleniter extra corpus esset, ad fidem, quam nunquam discere, nec scire desiderabat coactus est.

QUÆSTIO XIX.

Quid est quod dicit : « Omne peccatum, quodcunque fecerit homo, extra corpus est ; qui autem fornicatur in corpus suum peccat ?» (I Cor. VI.)

SOLUTIO.

Omne peccatum quod homo cum sensualitate per volantem scientiam suam, diabolo suadente, in alium hominem operatur, diabolica arte agitur, quæ discordiam inter homines, eos ad iram et odium incitando seminat; et ideo illud extra corpus est; qui autem in calore carnis suæ cum incesto desiderio in venis et in medullis motus per fornicationem, se ipsum tandiu incitat et vulnerat, quousque fessus fuerit, ille in corpus suum peccat.

QUÆSTIO XX.

A die resurrectionis usque ad diem ascensionis, quando Dominus inter discipulos non erat, ubi fuisse credendus est ?

SOLUTIO.

Deus qui per humanitatem suam apud nos visibiliter manendo, totam terram miraculis suis replevit, post resurrectionem suam per illos quadraginta dies eadem humanitate sua, quam de Spiritu sancto conceptam ex Maria Virgine sibi assumpsit, omnia elementa, quæ per prævaricationem primi hominis immunditiam contraxerant, mundavit. Animæ quoque sanctorum et salvandorum, quas multitudine angelorum comitatus cum victorioso vexillo potestatis suæ captivas de inferno redemerat, in aere, ubi omnia sanctificavit, secum manebant.

QUÆSTIO XXI.

Quid est quod de Domino scriptum est : « Et accesserunt angeli, et ministrabant ei ? » (Matth. IV.) In quo ministraverunt, vel quale ministerium exhibuerunt ei ?

SOLUTIO.

Cum diabolus se a Christo ita separatum cognovit, ut nulla suggestione eum tangere posset, tunc eum reliquit, et ab eo fugiebat, ut homo ab inimico suo, a quo occidi timet, fugit; et mox angeli in laudibus miraculorum sanctae divinitatis sonabant, quoniam humanitas, quae in protoplastis devicta fuerat in paradiso, in Christo homine, omnia diaboli tentamenta victoriose superavit, et ita ipsi uni, quem Deum et hominem esse sciebant, ministrabant.

QUÆSTIO XXII.

Cum novæ animæ de nihilo noviter creatæ, providentia Creatoris, in uteris matrum corpusculis parvulorum infundi credantur, qua ratione originalis peccati maculam contrahunt, et qua justitia puniuntur?

SOLUTIO.

Sicut vas figuli, quod veneno perfusum est, omnia quae in illud mittuntur, cum periculo immunditiae inficit: sic omnis caro hominum, per carnem primi hominis commaculata et infecta existit, nisi per mundam carnem Filii Dei, quam ex Maria Virgine induit, in baptismo et poenitentia mundetur. Anima enim ex forma, quam Deus in utero matris ad hoc format, ut spiraculum vitæ ad hoc mittat, per consilium serpentis, quo primus homo deceptus est, peccati maculam, pro qua punitur, sibi contrahit, quæ per antiquum consilium sanctæ divinitatis in Filio Dei per fidem et baptismum abluitur. Qui autem cum fide et baptismo carnalia desideria omni studio perfecerit, et ad hoc poenitentiam non agit, ille cum his (qui per Christum redempti non sunt) in perditione manebit.

QUÆSTIO XXIII.

Cum Dominus in Evangelio de seipso dicat: « Ego ex Deo processi et veni (Joan. VIII); » et de Spiritu sancto dicatur: « Spiritus, qui a Patre procedit (Joan. XV), » inter processionem Filii et processionem Spiritus sancti, quæ differentia est, ut ille dicatur Filius, quod dici non debet, nec recte dici potest Spiritus sanctus? Inter generationem Filii et processionem Spiritus sancti quæ distinctio, cum utraque ex parte fit?

SOLUTIO.

Pater meus, potestas est. Et ego sonans Verbum suum, ab eo processi, quando omnes creaturas per me creavit: et Spiritus sanctus ab ipso, scilicet Patre meo, processit; quoniam ego in uterum Virginis, cujus caro serpentina deceptione vulnerata non est, descendebam, et humanitatem ex ipsa, de eodem Spiritu sancto conceptam, indui. Igneus enim Spiritus sanctus, qui ignea vita et vera accensio et æqualis vita in æternitate est, et per quem omnes formæ quæ per Filium Dei formatæ sunt, invisibiliter moventur; in virginem, quæ creatura est, a patre processit: uterumque illius igne suo ita accendebat, ut ipsa per eum impraegnata, Verbum Dei (per quod omnes creaturæ factæ sunt) sine carnali patre genuerit. Sicut enim forma hominis videtur, et anima ejus carnalibus oculis videri non potest, et tamen in duabus naturis unus homo est;

sic Filius Dei, qui in utero Virginis de Spiritu sancto conceptus, homo factus est, in humanitate sua ab omni carne videbatur, et in deitate sua invisibilis est, et etiam in duabus naturis, scilicet humanitatis et deitatis suæ, unus Deus existit.

QUÆSTIO XXIV.

Quid est quod Paulus dicit, se in paradisum, et usque in tertium cœlum raptum, nescire sive in corpore, sive extra corpus hoc factum sit, utrum e corpore, cum anima ejus ad ista raperetur, exivit, an in corpore manens, et illud vivificans ad ista pervenit? (I Cor. XIII.)

SOLUTIO.

Paulus in exstasi, per rationalem animam, quo Christus eam vocabat, volabat, ut homo, qui dormit, in multis per somnia circuit; ita tamen, quod ipsa interim sanguinem in carne illius calefecit, ne per frigus coagulatus exsiccaretur, quemadmodum sol, qui in altitudine stat, per vires suas cum splendore suo a longe lucet et ardet. Ipse miracula firmamenti, ut Deus illud constituit, conspiciendo penetravit, et ipse etiam usque ad tertium cœlum, id est usque ad claritatem suam illam raptus est, quæ de claritate (quæ sancta divinitas est) fulminat, et in qua beatæ animæ requiescunt, et ibi tantam fortitudinem a Deo suscepit, qua nequaquam ultra dubitare potuit; sed ubi sancta divinitas ardet, et ubi angeli, qui ut fulgor solis sunt; et ubi etiam alii angeli, qui ut splendor ignis apparent, qui immutabilem Divinitatem, quæ sine initio et sine fine est, intuentur, non venit; quoniam ea quemadmodum aquila superiorem ignem sufferre non posset. Ipse etiam in splendore angelorum, qui cum hominibus officia sua faciunt, in paradisum venit, ubi omnia arcana, quæ per animam vidit, pleniter cognovit, et ea corpore ita sensit, ut sciret in scientia sua, illa homini importabilia esse, qui cinis est, et ideo omnibus prophetis sapientior existit, quorum prophetia, quam in umbra videbant, melli apum, quod ad multas utilitates multiplicatur, similis fuit. Omnia namque quæ anima vidit, corpore sensit; unde in dubio dimisit, utrum illa in corpore, an extra corpus videret; et ideo etiam omnia verba illius, profunda et acuta, et chalybi similia sunt. Deus vero, mox ut anima in corpus suum reversa resedit, eum valde domabat; quoniam feroces mores habuit, ne in proprietate sua disceret, quæ ad altitudinem sancti non pertineret.

QUÆSTIO XXV.

Gratia Dei et liberum arbitrium quid habent commune, quid proprium?

SOLUTIO.

Liberum arbitrium in anima est, quæ spiraculum a Deo existit, et quam Deus ad formam facturæ suæ creat, et per quam homo se Deum habere sentit, sive fidelis, sive infidelis, in quacunque professione vel opinione sit, qui in scientia sua malum eligendo, ad illud se declinat, quemadmodum Adam fecit, qui præceptum Dei scivit, et per consilium serpentis ad malum declinavit (*Gen.* III). Gratia Dei et liberum arbitrium hoc commune habent, quod homo in scientia boni et mali, utrumque et bonum et malum ad operandum eligere potest; et quod per proprietatem liberi arbitrii secundum gustum et desiderium carnis, quæ nunquam coactus dimittere potest, elegerit, hoc diabolo adjuvante perficit, et quod secundum voluntatem animæ elegerit hoc gratia Spiritus sancti adjuvante perficit.

QUÆSTIO XXVI.

Quomodo intelligendum est quod dicitur: « Omnia in pondere et mensura et numero constituisti ? » (Sap. XI.)

SOLUTIO.

Deus omnia tabernacula corporum nostrorum in recta mensura ita constituit, ut nullum eorum illos qui in ipsis habitant, pondere et latitudine excedant, ut etiam sol, luna, ignis, aer, aqua, terra, in firmamento æquali pondere, numero et mensura constituta sunt, et ut homo, qui omnis creatura est, in recta mensura consistit, quia omnia membra ejus per animam ita impleta sunt, quod ipse, quandiu anima in eo est, nec arescere, nec deficere potest. Superbia vero, quæ super omnia, quæ Deus constituit, volat, et quæ Dominum spernit, nec eum cognoscere, nec adorare vult; et quæ de omnibus creaturis exsul cadit, mors est, et nullam rectam mensuram habet, quoniam omnia, quæ Deus in providentia et sapientia sua recte disposuit et constituit, dispergit.

QUÆSTIO XXVII.

Quæ, et qualis est harmonia illa elementorum, de qua dicitur: « In se elementa dum convertuntur, sicut in organo qualitatis sonus immutatur, et omnia suum sonum custodiunt ? » (Sap. XIX.) *Nunquid ad hoc pertinet, quod Dominus dicit: « Et concentum cœli quis dormire faciet ? » (Job* XXXVIII.)

SOLUTIO.

De torrente itinere superioris ætheris, per quem firmamentum evolvitur, sonus elementorum jucundus et gloriosus existit, ut etiam symphonialis vox spiritus hominis, dulcis est in vita sua; quia unumquodque elementum, secundum quod constitutum est a Deo, sonum habet, qui omnes sicut sonus chordarum et citharæ in unum conjuncti sonant. Concentus vero cœli ad harmoniam elementorum, quæ cum homine commutabuntur, non pertinet; ut etiam sol, qui in firmamento positus est, mundo isti, et non summo cœli lucet.

QUÆSTIO XXVIII.

Quomodo intelligendum est: « Fons ascendebat de terra, irrigans universam superficiem terræ ? » (Gen. XXII.)

SOLUTIO.

Ex præcepto Dei, fons in terra voluptatis ascendebat, qui eam cum omnibus fructibus suis absque diversitate commutationis (ut primum a Creatore constituta est) irrigat, quia ipsa vicissitudinem æstatis et hiemis et aliarum tempestatum, quæ in terra nostra sunt, et quæ instabilibus moribus hominum similes sunt, non habet. Sicut enim per splendorem solis luna obtegitur; sic et in splendore claritatis hujus immutabilis terræ, sol, luna et stellæ obnubilantur, in qua nihil est, quod mortale sit, et quæ etiam nihil mortale recipit; et si aliquid in eam veniret, quod mortale esset, hoc per vires velut per aquam morte suffocaretur. Terra autem, in qua ardor solis tantus est, quod guttas pluviæ, sicut magnus et fortis ignis guttas aquarum, quæ in eum funduntur, calore suo explicat; per aquam irrigatur, quæ de fonte, qui in paradiso ascendebat, fluit, et qui stabilem ascensionem sanctarum virtutum, quæ per ignem Spiritus sancti accensæ sunt significat.

QUÆSTIO XXIX.

Cum Enoch (Gen. V) *et Elias (IV Reg.* II) *in terreno paradiso corporaliter translati esse credantur, nunquid in loco tantæ felicitatis corporeo cibo et indumento egere credendi sunt ?*

SOLUTIO.

Deus in providentia sua de Enoch et Elia ordinaverat, quod in loco illo esse deberent, ubi nec cibo, nec potu, nec etiam vestitu indigerent, et sic omnis qui in miraculis Dei raptus fuerit, quandiu in illis moratur, istis quæ mortalibus adsunt, non utitur.

QUÆSTIO XXX.

Quid est quod de Jonatha dicitur, cum comedisset de melle, illuminati sunt oculi ejus? (I Reg. XIV.)

SOLUTIO.

Jonathas, pingui et fructiferæ terræ, quæ per aratrum facile evertitur, et quæ etiam in aratra sæpe utiles herbas germinat, similis erat, quoniam mitis in moribus suis fuit, et non in judiciis; quæ vera et justa erant, sine ira et sine odio libenter affirmabat. Quicunque enim tales mores habet, illius humores per omnes cibos, quibus reficitur, in cerebro, in venis, et in medullis sani et optimi sunt, quoniam in ipso per melancholiam, ira et tristitia cum vicissitudine diversorum morum non surgunt, quoniam donum Dei illa adest, et eum quemadmodum ros super quod cadit, germinare et virescere facit. Qui autem per melancholiam infirmatur, hic duræ terræ, quæ vix per aratrum evertitur similis est; quoniam in moribus suis iram, tristitiam et contradictionem omnis justitiæ habet, nisi per naturam animæ sibimetipsi semper resistat, nec etiam lætitiam in operibus habere potest. Sed qui prædictos mores habet, ille in omnibus operibus suis benevolus est, et per cibos caro et sanguis illius crescunt, et ipse per eos confortatur, et etiam Jonathas, cujus oculi præ imbecillitate corporis qui prius turbidi erant, acutum visum receperunt, quando per gustum mellis quod per aerem qui super eo volavit, majores vires alio melle habuit, confortatus est.

QUÆSTIO XXXI.

Cum ex corde humano cogitationes malæ frequenter exeant (*Matth.* xv), *quomodo sciri potest, quæ ex corruptione nostræ pravitatis oriantur, vel quæ malorum angelorum immissione* (*Psal.* LXXVII) *moveantur?*

SOLUTIO.

Cogitationes, quæ ex primo originali peccato cordibus hominum ita infixæ sunt, quod ipsi per eas in carne et sanguine et in venis suis ad delectationem moventur, illæ humanæ sunt; sed aereæ cogitationes, quibus homines in cordibus suis habere optant, et scire desiderant quæ impossibilia sunt, quia fieri non possunt, illæ vanæ sunt; quoniam undique ut aer inutiliter volant. De istis quoque cogitationibus scriptum est: *Dominus scit cogitationes hominum, quoniam vanæ sunt* (*Psal.* XCIII). Quid dicitur? Homo, qui per rationalitatem volat, et qui ea scit, quæ cum experimento, videndo et tangendo cognoscit, semper illa occulta, quæ ad animam pertinent, et quæ præ corporali sensibilitate comprehendere non valet, scrutatur. Malæ autem cogitationes, quæ ex diabolica arte homini immissæ, ex corde et ore ipsius exeunt, esca diaboli sunt, quoniam ipse per eas animas (sicut homo in ventrem suum escam) deglutit, cum eas in deceptione sua, per infidelitatem Deo et præceptis ejus contradicere facit et eum sic de ipsis exspoliat, licet multi per sancta opera et per puram fidem cum Deo persistentes, ipsum per gratiam Dei fortiter superent.

QUÆSTIO XXXII.

Nunquid spiritalibus oculis corporalia videntur, et e diverso corporalibus oculis aliqua spiritalia cognoscuntur? (*II Cor.* IV.)

SOLUTIO.

Spiritales oculi, scientia rationalis animæ sunt, qui nequaquam corporalia, ut sunt, videre possunt, sicut etiam cæcus exterioribus oculis non videt, sed quod tantum per auditum, quæ videntur, intelligit et cognoscit. Corporales etiam oculi possibilitatem non habent, ut spiritalia perfecte intueantur. Sed ut forma hominis in speculo, in quo non est, videtur; sic homo ea, quæ spiritalia sunt, per auditum verborum in fide videt et cognoscit. Nullus enim spiritus, sicut in natura sua est, homini apparere potest, quia ipse vivens spiraculum a Deo est, et qui tunicam suam, scilicet corpus, vivificando confortat, et cum eo operari non cessat, qui etiam cum ab eo discesserit, vel in lumine beatitudinis, vel in tenebris pœnarum erit.

QUÆSTIO XXXIII.

Ignis gehennæ corporeus est, an incorporeus? Si autem (ut sentiunt multi fideles) corporeus est, nunquid de materia quarta elementorum credendus est?

SOLUTIO.

Nequaquam. Quia nec illis de his elementis, nec hic ignis ab illo, et ille invisibilis. Corporales et spiritales pœnæ æquales non sunt, ut etiam corpus animæ dissimile, et ut anima corpori æqualis non est, quia ex corporalibus pœnis corpus arescit et moritur, et in spiritali igne gehennæ spiritus et animæ torquentur, nec tamen in ipsis moriuntur. Ignis quoque purgatorius, in quo salvandæ animæ vivunt et puniuntur, de igne gehennæ accensus non est; sed per judicium Dei, secundum peccata hominum surgit, de quo multi in exstasi facti, valde obstupuerunt.

QUÆSTIO XXXIV.

Sancti in cœlo, et impii in inferno, nunquid sciunt ea quæ aguntur in terris?

SOLUTIO.

Sancti qui in cœlesti patria sunt, omnia quæ in terris geruntur, sciunt: quoniam vel in judicio Dei, vel in sonantibus laudibus angelorum, omnia quæ in terris aguntur, coram Deo apparent. Impii etiam qui a peccatis suis nunquam cessabant, nec ea per pœnitentiam emendabant, ex irrisione qua sequaces suos derident, ea quæ mala sunt, cognoscunt; et ex ululatu, quo super beatos, qui eos non sequuntur, ululant, ea, quæ bona sunt, intelligunt.

QUÆSTIO XXXV.

Parabolæ, quæ in Evangeliis multifarie referuntur, sicut est de eo, qui incidit in latrones (*Luc.* x); *de rege, qui fecit nuptias filio suo, de decem virginibus* (*Matth.* XXII, XXV), *et aliæ, nunquid secundum rei gestæ veritatem contigerunt, an tantum ad ostendendum aliud sola similitudine proponuntur?*

SOLUTIO.

Christus parabolas suas hominibus proposuit propter spiritalia vitia, quibus sæpe falluntur, et etiam propter virtutes, quibus contra illa victoriose pugnant, quatenus per eas cognoscerent, quia ipse pro malis eos judicaret, et pro bonis præmia donaret.

QUÆSTIO XXXVI.

Cum secundum animam Abraham et Lazarus in refrigerio, et dives sit in inferno, quid Abrahæ sinus, quid Lazari digitus, et quid lingua divitis credenda est? (*Luc.* XVI.)

SOLUTIO.

Sinus Abrahæ obedientiam, quam per immolationem filii sui et circumcisione Deo exhibuit (*Gen.* XXII, XVII), significat quia obedientia omnia bona conservat et sustentat, ut etiam sinus quæque congregata continet. Et digitus Lazari, ministerium obedientiæ (quæ materia præceptorum Dei est) intelligitur, quia ipsa omnia bona docet, ut etiam homo digito suo, quæ vult, ostendit. Lingua autem propriam voluntatem designat, quæ convivia carnalium desideriorum profert; quia ut per gustum linguæ omnes cibi, quales sint, discernuntur, ita et per eam voluntas hominis dignoscitur.

QUÆSTIO XXXVII.

Quid specialis meriti, significat, quod, sicut in libr. Gregorii Turonensis episcopi invenitur, sanctus Martinus toties in specie ignis ostensus sit?

SOLUTIO.

Deus omnipotens, qui amor et fortitudo existit, animam beati Martini ignea effusione Spiritus sancti perfuderat, et ideo propter merita humilitatis, pietatis et misericordiæ, quibus Deum vivum in contrito corde semper inspexit, toties in igne apparuit.

QUÆSTIO XXXVIII.

In quali corpore B. Nicolaus, vigilantibus nautis et dormientibus, tam Constantino quam præfecto apparuit, cum id in proprio corpore non fecerit? Sed et Petrus et Paulus et cæteri sancti, quorum corpora in terra sepulta sunt, cum dormientibus vel vigilantibus visibiles fiunt, in quo vel quali corpore veniunt?

SOLUTIO.

Si ista spiritalis visio hominibus non appareret, eam non intelligerent, quid esset, nec etiam ei crederent, quoniam ipsi in duabus naturis corpus et spiritus sunt. Forma Dei, scilicet homo, cujus altera pars mutabilis, et altera pars immutabilis est, immutabilem spiritum nunquam videre posset, nisi in mutabili forma appareret; quoniam forma mutabilis non nisi per spiritum vivificatur; sicut etiam cornu per sonum, et non per se, sonat. In bona enim intentione, quam Deus in sanctis hominibus istis significaverat, bonæ etiam intentioni hominum istorum respondebat, sicut etiam homines signa firmamenti inspiciunt.

REGULÆ S. BENEDICTI EXPLANATIO.

(Bibl. Patr. ed. Lugd, XXIII, 590.)

CONGREGATIO HUNNIENSIS COENOBII HILDEGARDI.

Petunt interpretationem Regulæ S. Benedicti.

Templo Spiritus sancti et reverendæ ac Deo dilectæ sponsæ Christi HILDEGARDI, et sororibus de S. Roberto in Pingis magistræ exoptatiss., tota concors congregatio Hunniensis coenobii, cum bonorum operum humilitate et instantia, æterna sublimari gloria.

Gratiosæ revelantia opinionis vestræ tanquam paradisici narcissi inæstimabili flore respersi, usque adeo delectamur, ut cum Apostolo dicere cogamur: *Gratias ei qui semper triumphat in nobis, in quibus odorem notitiæ suæ manifestat in omni loco* (II Cor. II). Contemplantes enim totam compagem universi corporis Ecclesiæ, in qua *unus Spiritus dividit singulis prout vult* (I Cor. I), ejus exuberantiam in vestræ sanctitatis excellentia congaudemus effluitare. Quia igitur vos post tempora apostolorum, quasi quoddam speculum divinæ pietatis contemplamur, ideo in necessitatis articulo tanquam ad firmissimum inexpugnabilis municipii asilum confugientes, consilio et orationibus vestris ut nobis succurratis, deprecamur. Ordo quippe noster, licet per omnia simus nobis dissimiles, per vos honoratur et beatificatur. Itaque relatum est nobis de operibus vestris, quoniam breviter et lucidæ Ecclesiæ filiis, tanquam desiderabiles divitias contulistis, et quia nec hoc dono caretis, pedibus sanctitatis vestræ convoluti, omnes in commune petimus pietatis vestræ almitatem, ut aliquid super Regulam B. Benedicti Patris nostri memoriale vestrum relinquatis admodum nobis necessarium. Dicimur enim mendaces, perjuri, prædictæ Regulæ transgressores, synodaliumque decretorum contemptores. Quod ideo maxime evenit, quia quisque prælatorum nostrorum pro libitu mentis suæ tam instituta canonum, quam Regulæ, despicit, ut dum ipsi sibi sunt lex, secundum ejusdem Regulæ testimonium, quod volunt, hoc dicunt sanctum et justum; et quod nolunt, hoc putant non licere. Unde fit, quod *omni vento doctrinæ circumferamur* (Eph. IV), et valde præsumptionibus hominum aggravamur. Quas et B. Pater Augustinus abhorrens, de eis sic religionem nostram, quam paucissimis et manifestissimis celebrationum sacramentis, misericordia Dei voluit esse liberam, adeo servilibus oneribus premunt, ut tolerabilior sit conditio Judæorum. Qui quamvis veræ libertatis tempus non cognoverunt, regalibus tamen sacramentis, non humanis præsumptionibus subjiciuntur. Pretiosius itaque opibus Croesi, imo totius mundi gazis opus charius exhibebitis si petitioni nostræ in hoc admodum universis claustris necessariæ sategeritis. Si enim totam S. Scripturam exponeretis, nihil tam utile, tam charum nobis exhibere possetis. De reliquo orate pro nobis, ut Spiritu S. nostra collecta societas nulla unquam hostilis fraudis machinatione disturbetur. Si qui coepit in nobis bonum opus, perseverare in nobis dignetur in beneplacita sibi operatione. Valeat materna dilectio vestra.

REGULA S. BENEDICTI JUXTA S. HILDEGARDIM EXPLICATA.

Et ego paupercula feminea forma, et humano magisterio indocta, ad verum lumen et ad memoriam beati Benedicti secundum petitionem vestram prospexi, quatenus ea, quæ in doctrina Regulæ ipsius intellectui hominum difficiliora et obscuriora sunt, mihi per gratiam Dei manifestarentur. Et audivi vocem a vero lumine mihi dicentem : Lucidissima et mystica spiramina Spiritus S. in B. Benedicto operatus est, ita quod mens ipsius in amore Dei rutilabat, nec suasionem diabolicæ artis in operibus suis perfecit. Ipse enim gratia Spiritus sancti hoc modo perfusus erat, quod in nullo opere suo velut in puncto momenti et ictus oculi virtute Spiritus sancti carebat. Fons quoque clausus fuit, qui in discretione Dei doctrinam suam effudit, cum acutum clavum doctrinæ nec nimis in altum, nec nimis in profundum, sed in medium rotæ fixit, ita ut unusquisque, sive fortis, sive imbecillis sit, ex ea secundum possibilitatem suam bibere competenter possit. Rota autem hæc circumiens potestas Dei est, qua Deus in antiquis sanctis usque ad Moysen, qui populo Dei legem dedit, operatus est; et qua etiam in aliis sanctissimis viris operabatur, quorum clavus laborum in tam altam altitudinem infixus erat, ut communis populus illum capere non valeret. Beatus quippe Benedictus doctrinam suam in timore Dei mitissime hausit, et in pietate præcepta Dei docuit, et in charitate murum sanctitatis Regulæ constituit, et in castitate omnibus pompis et deliciis terreni sæculi peregrinus fuit. Et quoniam ipse in timore et pietate, in charitate et castitate doctrinam suam scripsit, ideo nihil eidem doctrinæ addendum vel auferendum est, quia ei nihil deest, quoniam in Spiritu S. facta et completa est. Et quia filius columbæ erat, *Ausculta, fili, præcepta patris tui*, dicebat, et etiam idcirco sanctitate prædictarum virtutum plenus erat, quemadmodum *Moyses vir mitissimus super omnes homines, qui morabantur in terra* (*Num.* XII). Quod autem pius iste Pater dicit, monachi quidam in diversitate morum dispergunt : considerantibus apertum est, unde ipsis secundum merita operum suorum merces donabitur. Nam ante tempora B. Patris hujus Benedicti, nulla certa regula monachi confirmati, diversa incertitudine et instabilitate hac et illac vagabantur, certo magisterio et certa locatione carentes. Quapropter ipse vitia instabilitatis morum illorum describens, ut vita eorum a fidelibus monachis devitetur, monet.

Sed doctrinam ejus vere sequentibus propter taciturnitatis gravitatem rara loquendi concedatur licentia, scilicet tunc cum aliqua in consiliis, aliqua in negotiis seu in majoribus necessitatibus agenda sunt, in invicem, et non singulatim loquendo, data licentia, et modice ac breviter quæ opus, et deinde signo facto, omnes in silentio secundum consuetum morem sileant ; quoniam idem Benedictus licentiam hanc, statuta hora in qualibet die non præfixerat, sed eam in potestate sua, quemadmodum oportuit, habebat. Nam licentiam hanc non dabat, nisi aliqua justa necessitate, seu aliqua pia utilitate compulsus. Attamen quia inhumanum est hominem in taciturnitate semper esse, et non loqui, idem Pater in potestate et discretione abbatis dimittit, quemadmodum alia plurima ei concedit, ut discipulis suis horam competentem prævideat, qua ipsi hæc, quæ honesta et necessaria sunt, adinvicem loquantur, et ne in indiscreto silentio tædio afficiantur, quoniam post hujusmodi ad invicem loquendi permissionem, convenientius et severius ad taciturnitatem silentii admoneri et coerceri poterunt. Quod autem dicit : *Hiemis tempore, id est a Kalendis Novembris usque in Pascha, juxta considerationem rationis, octava hora noctis surgendum est, ut modice amplius de media nocte pausetur, et jam digesti surgant:* hoc ideo est, quia qui tertiam partem horarum noctis in hieme vigilat, seu qui tertiam partem horarum noctis et diei in hieme dormit, nec pro his vigiliis, nec pro hac dormitione in cerebro aut in reliquo corpore debilitatur; quoniam homo qui aut supra modum vigilat, aut supra modum dormit, debilitatem sensus et corporis incurrit. Sicque dormientes ad vigilias digesti surgunt, quia cum cibus comestus et potus sumptus, per tam morosas horas jam in aliud se vertunt, oportet ut homo surgat, quoniam et vigiliæ istæ sanitatem homini inferunt, cum ille inerti somno se excusserit, et cum se purgaverit; quoniam si homo supra modum dormierit, febres facile incurreret, atque per interiorem calorem, commotionem carnis suæ sentiret. Sed ut ab his se defendat, et ut Deo fideliter serviat, exhortationem pii P. bono animo adimpleat.

Et subditur : *Quod vero restat post vigilias noctis, a fratribus, qui psalterii vel lectionum aliquid indigent, meditationi inserviatur*, monens, ne aut sopori, aut otiositati postea dediti sint; sed caute utilitati animæ, hoc hiemali intervallo ita disposito, secundum quod tempus tunc permittit, usque dum laus matutinalis, illucescente jam die, incipiatur. Illic post vigilias noctis, id est psalmis nocturnis finitis, intervallum haberi per meditationem orationum aut lectionum designavit. Sed mox de æstivali intervallo dicit : *A Pascha autem usque ad supradictas Kalendas Novembris, sic temperetur hora vigiliarum agenda, ut parvissimo intervallo, quo fratres ad necessaria naturæ exeant, custodito, mox matutini qui incipiente luce agendi sunt, subsequantur*. In his itaque verbis notandum est, quod tam in æstate, quam in hieme, scilicet in tribus lectionibus et etiam cum una dicitur, fratres nec post nocturnos, nec post matutinos, ad lectum ad pausandum redibant; sed ita post mediam noctem nocturnas vigilias utroque tempore temperabant, quod laudes jam cantantes, illucescentem diem viderent. Et pro recto disposito temperamento non gravabantur, sed gaudebant, quia etiam amplius quam media nocte pausatione facta, et deinde excussa, homo postea vigilans, in viribus suis pro his vigiliis non debilitatur, ut prædictum est. Quod autem postea dicit : *Quibus dictis, dicto versu, benedicat abbas*, Dominicam orationem ibi præmitti non demonstrat; sicut nec illic, ubi de primo nocturno Dominici diei hoc modo scribit : *Modulatis, ut supra diximus, sex psalmis et versu, residentibus omnibus disposite per ordinem in subselliis, legantur in codice, ut supra diximus, quatuor lectiones*; nec etiam, ubi de secundo et tertio nocturno loquitur, quia finito tertio nocturno dicit : *Dicto autem versu, et benedicente abbate, legantur aliæ quatuor lectiones*, Dominicæ orationis nullam memoriam illic faciens, ne interruptio ibi esse videatur. Sed et finitis sex psalmis secundi nocturni privati diei, dicit : *Post hos lectio Apostoli sequitur ex corde recitanda, et post hæc pro ipsis tribus lectionibus una de Veteri Testamento memoriter legatur*; et iterum : *Deinde lectio una Apostoli memoriter recitata*, videlicet sequatur, in hoc ostendens, quod cum fratres lectionibus et meditationibus inserviunt, ea quæ in divina Scriptura necessaria habent, memoriæ suæ commendent, ita ut cum opportunum tempus institerit, et cum necessitas se emerserit, absque materialiter scripto illa in medium proferant, quemadmodum et prædictas lectiones ex corde et memoriter, id est sine libro, quoniam breves sunt recitabunt; ne in brevitate eorum impedimentum sustineant, si aut codicem ad legendum, aut lumen ad videndum in promptu non habuerint. Sed quod in diurnis horis divini operis de his reticet, hoc ideo est, quia in arbitrio ipsorum dimittit; quod aut ex corde et memoriter, aut in codice cum claritate diei capitula, id est, prædictas lectiones proferant, quoniam minus impedimentum propter lucentem diem tunc sustinebunt.

In Dominicis autem diebus et in aliis solemnitatibus post nocturnos Evangelium legi præcipiens, intelligi vult quod omni tempore, videlicet tam in nocte quam in die, nuntium Dei audiri et compleri, et per illud Deo serviri debet; et ut etiam audito Evangelio, monachi illius Evangelii recordentur : *Ecce nos reliquimus omnia et seculi sumus te* (*Matth.* xix); et etiam hoc intendi, ut si quis pro raritate sacerdotum seu præ occupatione alicujus impedimenti, eo die missam habere, vel missæ interesse non poterit, lectum et auditum Evangelium sibi sufficiat. Et quo Evangelio lecto, dicit : *Data benedictione*, scilicet in consuetudinaria oratione, *incipiant matutinos*; hic intervallum ad meditationem orationum seu lectionum non ostendit, nec in his diebus fratres, finitis matutinis, ad quiescendum ad lectos redire prohibet; sed si tempus permiserit, ita ut maturius surrexerint, quia in prolixitate nocturni et divini servitii fatigati sunt, in arbitrium eorum, ut ad lectos redeant. silenter ponit. Quæ enim fieri recusat, ea aperte interdicit : et quæ fieri exhortatur, illa aperte manifestat. Hæc autem de quibus tuli modo reticet, arbitrio et discretioni abbatis et fratrum dimittit. Unde et in fine nocturnarum, matutinarum, diurnaliumque divini servitii horarum, post Kyrie eleison Dominicam orationem dicendam manifestat, ubi dicit : *Cæteris vero agendis, ultima pars ejus orationis dicatur : ut ab omnibus respondeatur :* « *Sed libera nos a malo* (*Matth.* vi): » et ibi collectam dicendam esse non ostendit, quia dicto scilicet : *Sed libera nos a malo*: dicit: *Et sic finiantur vigiliæ nocturnæ*; et iterum : *Et completum est*; et iterum : *Missæ sunt*, nulla collecta designata, quatenus fastidium orantibus tollatur, et ne præmissa oratio Dominica in neglectum ducatur, quoniam orationem Dominica oratione pretiosiorem non invenit, per quam divinum servitium terminetur. Sed et deinde in fine completorii subdit : *Kyrie eleison, benedictio et missæ fiant*, illa videlicet benedictio, quæ eo tempore hucusque in usu habetur. Et quod dicit: *Semper memores simus quod ait Propheta :* « *Servite Domino in timore* (*Psal.* ii); » *et iterum :* « *Psallite sapienter* (*Psal.* xlvi); » in hoc intelligi vult, quoniam divinum servitium abbreviaverat, ut in gaudio et sine tædio studiose illud deinde perficiatur; quia breve esse scitur, et quia ubi distinctio longa est, ad spiritum a psallentibus pariter sustineatur: ubi vero brevis est, ad spiritum non sustinendo, procedatur. Garrulitates enim in divino officio coram Deo quasi pro minimo habentur. Quoniam dignum est, ut coram rege stans (beato Benedicto fatente) ipsum honeste alloquatur. Postea autem subinfert : *In conventu tamen omnino brevietur oratio*, quoniam ante singulas canonicas horas orationem dici admonebat; quia cum in sequentibus jubeat, *quod hospiti pacis osculum non prius offeratur, nisi oratione præmissa*, multo magis cum omnipotens Deus salutandus est, oratio præmittenda est et brevis, ne forte psalmodiæ postea insistentes, minus ipsi psalmodiæ intendant, cum per præmissam et prolixam orationem fatigati fuerint.

Quod autem monachi *lectisternia pro modo conversationis secundum dispensationem abbatis sui accipiant*, hoc manifestat, cum de vestimentis fratrum loquitur, ubi dicit: *Stramenta autem lectorum sufficiant, matta, sagum, et læna et capitale*. *Vestiti dormiant*, scilicet simplici et sola veste, quæ proxima ad cutem hominis est, ne nudi jaceant; quæ lanea fuit, et non duplici veste induti, quia hoc pati non possunt; *cincti cingulis aut funibus*, ne vestis, qua induti dormiunt, ab eis diffluat, et ne ita nudi appareant. Et etiam dicit: *Si quis frater contumax, aut inobediens, aut superbus*, etc. Et mox subjungit : *Si intelligit qualis sit pœna, excommunicationi subjaceat*, non illa jure sacerdotii sub stola prolata, sed excommunicationi, qua verbis tantum simplicibus a consortio fratrum, seu in refectorio, seu in divino officio in choro, seu in dormitorio, seu his similibus separatur, quoniam pœna hæc intelligentibus graviorem confusionis ruhorem infert quam vindicta corporalis, cum non intelligentibus corporalis disciplina inferenda sit, et subditur: *Sin autem improbus est, vindictæ corporali subdatur,* id est, aut verberibus, aut aliis corporalibus castigationibus castigetur, quia hunc non verba, sed diri morsus carnis vix ad correptionem ducunt. Et de cellario monasterii sic dicit: *Fratribus constitutam annonam sine aliquo typo vel mora offerat,* id est sine præsignata mensura determinatæ institutionis, ubi etiam in typo intelligitur *ti*, quod est *tibi*; et *po*, quod est potestas, scilicet ne cellarius intra se dicat: Tibi potestas est dare et negare ubi vis, ita ut cui velit, plures et meliores cibos det, seu cui velit, pauciores et deteriores cibos subministret, quemadmodum sæcnlares in curiis principum aliquando facere solent, qui annonam ibi dispensant, et ne potestatem hanc accipiat, quod non plus indigenti annonæ subministret, quando illi plus dabit, qui indiget, quam illi, qui indigus non est, nec etiam in dando, quæ danda sunt, moram retardationis facit. Postea subinfertur: *Egressurus de septimana, Sabbato munditias faciat, scopis sordes et pulverem, ubi necesse fuerit, extergendo.* Et iterum: *Pedes vero tam ipse qui egreditur, quam ille qui intraturus est, omnibus lavent,* videlicet ad mandatum. Et deinde: *Ante unam horam refectionis, accipiat mistum* scilicet prandium, id est panem et potum, panem videlicet potui intinctum, quod offæ sunt, quoniam ibi panis potui commiscetur. Et postea: *Accipiat benedictionem egrediens,* videlicet orationis: et mox subsequitur: *Et accepta benedictione ingrediatur,* id est orationi convenienti.

Deinde dicit: *Sed et carnium esus infirmis omnino debilibusque pro reparatione concedatur,* carnes tam quadrupedum quam volatilium intelligi volens, et nullas carnes quas homines comedere solent, excipiens. At ubi meliorati fuerint, a carnibus omnes more solito abstineant, scilicet a carnibus quadrupedum, quia sani illas et succum earum comedere non solebant, sed infirmi; sani vero carnes volatilium, quoniam mundæ sunt, nec ardentem libidinem comedentibus inferunt, manducabunt. Deinde subinfert: *Et præveniant horas canonicas,* scilicet in alimentis, id est horas in Regula constitutas, ita quidem ut ante alios et sæpius aliis, senes et infantes prandium et suaviores cibos accipiant. Et iterum dicit: *Et sic ingrediantur ad legendum,* videlicet benedictione orationis. Et mox subsequitur: *Nec præsumat aliquis ibi de ipsa lectione, aut aliunde quidquam requirere, ne detur occasio,* nisi forte prior pro ædificatione voluerit aliquid breviter dicere, quia eo tempore, is qui ibi cæteris prælatus erat, præsentibus de eadem lectione monita salutis faciebat, antequam ab invicem discederent; quoniam tunc pauci fuerunt, quod postmodum multitudine crescente devitabant, ne hac in occasione in verba otiosa prorumperent. *Frater autem lector hebdomadarius accipiat mistum,* ut supra dictum est, *prius quam incipiat legere, propter communionem sanctam,* quia in tempore beati Benedicti ad mensam lecturus, velut Deo ad altare serviret, quoniam sancta verba proferre debebat, Dominica die communicabat; sed deinde prandebat, ne jejunans, in legendo forte defectum cordis sentiret, in quo etiam præfatus Pater intelligi volebat, quod quisque fidelis post perceptam Eucharistiam se cautius et diligentius solito in omnibus observaret.

Quod autem subinfert: *Duo pulmentaria cocta fratribus omnibus sufficiant:* pulmentaria, cibos illos ostendit, qui ad ignem positi, hac et illac ligniolo moventur, ne comburantur. Et quod subsequitur, dicens: *Si ibi fuerint poma, aut nascentia leguminum, addatur et tertium.* Fabas et pisa et alia hujusmodi legumina demonstrat, quæ de agro recentia colliguntur, velut poma de arboribus tolluntur, et illa non cocta, sed a cortice ablata, pro tertio cibario fratribus apponi jubet. Pisces quoque aut casei, aut ova in tertio cibario intelligenda sunt, et in gratia existunt: et hæc pius Pater non nominavit, quia præscivit quod monachi ab his se non abstinerent: et ideo hæc non interdixit, cum nec illa nominavit. Postea iterum scribit: *Carnium quadrupedum omnino ab omnibus abstineatur comestio, præter omnino debiles et ægrotos,* ubi de volatilibus reticet, quoniam comestionem illorum sanis non interdicit. Nam idem Pater, quia tempore suo monachorum conversatio rudis et adhuc fere insolita fuit, esum carnium ipsis per omnia interdicere devitabat. Unde ut esu volatilium uterentur, eis permittebat. Deinde dicit: *Ut videatur ab ipso vel ab omnibus, usque dum completo opere Dei, publica satisfactione pœniteat, prostratus veniam petendo;* et iterum: *Ita tamen, ut satisfaciat reus per hoc,* id est, super terram se prosternendo. Postea subinfertur: *Hora qua quis desideraverat hoc quod prius recusavit, aut aliud omnino nihil accipiat, usque ad emendationem congruam,* quoniam propter contemptum, quælibet necessaria res protervo fratri denegabitur, usque dum pœnitendo humiliatus, emendationem ostendat. Et iterum: *Deinde omnium vestigiis fratrum, ut orent pro ipso, videlicet ad Deum, quem gravibus culpis suis offendit.* Et mox iterum: *Et hoc perficiant usque dum benedicat illos, in publico salutando, et ad humilitatem provocando, et deinde nisi per satisfactionem,* id est, in terram per corporis sui dejectionem veniam petendo, ibi coram omnibus humiliatus fuerit, *majori vindictæ subjaceat,* scilicet coram illis in carnis suæ exacerbatione. Sed quod dicit, *si animæ vero peccati causa fuerit latens,* id est, si frater in aliquibus causis latenter excessit, vel si peccatum aliquod occulte permisit, tantum abbati aut senioribus spiritalibus patefaciat, cingulum peccati confitendo, et sic indulgentiam consequatur. Et subinfert: *Hoc ipsum tamen quod unusquisque offert, abbati suo suggerat, et cum ejus fiat benedictione et voluntate.* Nullus itaque fratrum regularem aut communem cibum et potum in conventu fratrum suorum sibi regulariter et communiter appositum, devitare debet ex integro, nisi abbatis sui permissione, nec cum fratres communibus orationibus aut operationibus insistunt, propria voluntate sua ab eis declinabit, nisi a spirituali Patre suo sibi permissum fuerit. Sed tamen de quolibet regulari et communi cibo et potu, in conventu fratrum suorum sibi regulariter et communiter apposito, corpori suo partem subtrahere licenter poterit, ita sane ne clamor inde rumoris exsurgat, sic communem consuetudinem monasterii regulariter et humiliter sine querimonia ubique sequendo. Postea sic scribit : *Non præsumat foris manducare, etiam si omnino a quovis rogetur, nisi forte ab abbate sibi præcipiatur.* Quod si aliter fecerit, excommunicetur excommunicatione, qua contumax et inobediens frater a communione et societate fratrum suorum, ut etiam supradictum est, usque ad satisfactionem separetur. Et dicit : *Expleto opere Dei, omnes cum summo silentio exeant, et agatur reverentia Deo, ut reverenter exeuntes incurventur et ut reverentiam in aliis operibus suis habeant, quasi in servitio Dei sint, nec ullam lasciviam, nec ullum excessum arripiant.* Deinde infert : *Ut autem nuntiatus fuerit hospes, occurratur ei a priore vel a fratribus cum omni officio charitatis, et primitus orent pariter,* id est, omnes quicunque sint ad ecclesiam ad adorandum ducantur, ita quod fratres Deum orent, ne cum eisdem hospitibus ordinem suum infringant ; illi autem, ut conversationem istorum videntes, meliores fiant. Et iterum : *Inclinato capite, vel prostrato omni corpore in terra, Christus in eis adoretur, qui et suscipitur* ; quia cum hospites superveniunt, qui eos tunc suscipiunt, seu cum discedunt, qui eos tunc prosequendo benedicunt, aut coram eis ob reverentiam Christi, se inclinabunt, aut coram eis veniam petent, quasi Christus præsens sit. Mox quoque subinfert : *Et post hæc omnis exhibeatur ei humanitas,* quod est tam in affabili et sociali sermocinatione collocutionis quam in omni necessaria corporali necessitate. Et iterum : *Abbas aquam in manibus hospitibus det, propter humilitatis exhibitionem, et pedes hospitibus omnibus tam abbas quam congregatio lavet,* scilicet illi, quibus abbas idem opus injungit. Nam beatus Pater Benedictus, cum hospites quos susceperat, comesturi essent, aquam manibus eorum porrexit ; et cum a mensa surrexissent, pedes eorum lavit ; et hoc propter exemplum Filii Dei, quod in coena discipulis exhibuit, fecit ; exceptis mulieribus, quarum pedes non tetigit, sed contemptum mundi et in habitu, et in sancta conversatione sua eis ostendebat. Illo etenim tempore, monachi tumultum supervenientium extraneorum nondum sentiebant ; sed qui eos adibant, Christum et non aliud ibi quærebant, quem etiam in sanctis operibus ibi inveniebant.

Et idem sic procedit : *Vestimenta fratribus, secundum locorum qualitatem, ubi habitant, vel aeris temperiem dentur.* Ubi ostendit, fratribus vestimenta dari secundum quod poti possunt, et ut etiam absque murmurationibus sint. Nam ubi regio tantæ frigiditatis est, quod homines a calidis indumentis in necessitate se abstinere non valent, quia superfluitatem illorum vitabunt, tam agnina lana pellicii, quam agninum filum tunicæ pro indumento monachorum superno judici placent. Mox quoque subsequitur : *Nos tamen mediocribus locis sufficere credimus monachis per singulos cucullam et tunicam :* cucullam videlicet amplam, et ad talum descendentem, manicis brevibus et manum modice præcedentibus, duobus quoque gyronibus in utroque latere sub axella deorsum perfluentibus, qui caputium desuper adhærebat, quod singulare signum monachi est, significans, ne hac vel illac ad sæculum prospiciat, cum illud super caput suum habet. Tunicam vero laneam et aliquantum cuculla constrictiorem, sed circa crura aliquantulum largiorem, et ad pedes tendentem, brachialiis nec multum amplis, nec multum constrictis ad manus tendentibus, imo autem gyrone in utroque latere sub ascella deorsum descendente, quæ desuper caputio carebat. Et deinde : *Abbas autem de mensura prævideat, ut non sint curta,* velut quorumdam laicorum, sed ad talum descendentia, quoniam femoralibus in cella sua non utebantur. Quapropter subinfert : *Femoralia hi qui in via diriguntur, de vestiario accipiant ; qui revertentes, ibidem lota restituant :* ubi intelligi potest quod monachi sub magisterio ejusdem Patris degentes, non nisi de cella exeuntes, femoralibus utebantur. Nam quia multitudo hominum femoralibus eo tempore non utebatur, idcirco idem Pater propter mores hominum et propter signum puerilis simplicitatis et humilitatis, dum in cella residerent, discipulis suis femoralia non concessit, sed exeuntibus sive equestribus, sive pedastribus, propter exemplum castitatis, et propter virilem honestatem et reverentiam hominum, eis indulsit. Sed nunc tempore isto, quoniam mores hominum ita ostendunt, Deo non displicet, si monachi propter blasphemiam incestus, quam in nuditate carnis degustare poterunt, femoralibus utantur, ne nudi carne carnem attingentes, carnalium peccatorum reminiscantur. Et iterum : *Stramenta autem lectorum sufficiant matta, sagum,* videlicet aut de grosso lino, aut de canabe factum, et fere in modum sacci formatum, et quodam genere stramentorum repletum, et sic super mattam positum, quod monachi pro lecto sternio habebant, et læna scilicet ex lana, quam in die super lectum propter honestatem expandebant, et qua in nocte, cum vellent, se tegebant. Statimque dicit : *Dentur ab abbate omnia quæ sunt necessaria ;* et subinfert : *Zona,* id est, qua super tunicam cingebantur, ne illa difflueret, quia absque femoralibus dormiebant, et brachiale quod ad cutem erat, a quo caligæ ligatæ dependebant, et mox prosequitur : *Mappula* velut sudarium ex lino formata, qua sudorem a se profluentem, dum in opere laborabant, abstergebant.

Postea autem dicit : *Et cum oblatione ipsam ve-*

titionem et manum pueri involvant in palla altaris, ubi intelligendum est, quod petitio parentum pueri, pro testimonio et confirmatione litteris commendabatur, cum illum Deo offerebant, quemadmodum et illius qui stabilitatem et conversionem et obedientiam suam coram Deo et sanctis ejus in consecratione sua promisit ut supra ostenditur. Et deinde : *Si quis de ordine sacerdotum in monasterio se suscipi rogaverit, non quidem citius ei consentiatur :* qui sacerdos intelligendus est ille, qui aut praepositurae, aut archipresbyteratui, aut parochiae praeerat, qui etiam propter eamdem praelationem, animam suam vix ad subjectionem coercere poterit. Non autem episcopus, quia indecens esset quod princeps animarum populi, qui et magister abbatis exstitit, abbati subjiceretur. Sed hic, si converti voluerit, solus in poenitentia sit absque subjectione magistri. Deinde subinfertur : *Et si forte ordinationis aut alicujus rei causa fuerit in monasterio,* id est si aut in obedientiis et in officiis magisteriorum, seu in negotiis exteriorum, aliqua ibi per consilia tractanda sunt, *illum locum attendat, quando ingressus est in monasterium,* videlicet locum, id est, propositum conversationis humilitatis et subjectionis, quae bonum et altum gradum sibi acquirit, in quem locum ipse ideo venturus est, prae oculis in corde suo teneat, cum in monasterio monachalem habitum suscepit, qui contemptum mundi demonstrat, non illum qui ei pro reverentia sacerdotii concessus est : scilicet non attendat, quod prius locum doctoris habuit, videlicet, quod prius doctor et magister in populo seu in clero fuit, nec cogitet nec aestimet se prudentiorem et doctiorem, seu in loquendo promptiorem aut cautiorem, aliis fratribus suis in claustro nutritis esse, cum ipse in saeculo conversatus saecularibus adhaesit, et eos omnes pertransivit sed magis pro voluntaria conversione, quia se disciplinae Regulae sponte subjecit, et pro reverentia sacerdotii sui cum aliis bonum exemplum sanctitatis dabit, obedientiam et subjectionem in omnibus causis se habere ostendat. Et idem Pater deinde dicit : *Si vero postea voluerit stabilitatem suam firmare, non renuatur talis voluntas.* Et deinde: *Non solum, si petierit suscipiatur, congregationi sociandus, verum etiam suadeatur ut stet, ut ejus exemplo alii erudiantur; et quia in omni loco uni Domino servitur, uni Regi militatur.* Itaque quod pius Pater iste superius scripsit, suscipiendus novitius in oratorio, coram omnibus promittat de stabilitate sua, et quod mox intulit : *De qua promissione sua faciat petitionem ad nomen sanctorum, quorum reliquiae ibi sunt;* et quod hic dicit : *Non renuatur talis voluntas;* et postea : *Verum etiam suadeatur ut stet;* et iterum : *Quia in omni loco uni Domino servitur;* sic intelligi voluit : Nam si quispiam monachus monasterium suum, in quo stabilitatem et petitionem suam, ut supra scriptum est, promiserat, qualibet occasione instabilitatis suae latenter vel proterve exierit, et ita ad longinquas provincias pervenerit, et si ibidem monasterium conversationis suae viderit, in quo poenitentia ductus, manere in stabilitate voluerit, et se suscipi per confirmationem rogaverit, tunc si dignus est, etiam quamvis prae longitudine peregrinationis litteras commendatitias non habeat, nec habere possit, melius erit ut suscipiatur, quam introitus ei denegetur; quia si non susciperetur, forsitan aut debilitate, aut infirmitate, aut senectute, seu alio quoque gravamine oppressus, seu longitudine itineris et reversionis ad monasterium, unde exierat, in desperationem ductus, ad saeculum rediret, et in saeculo permaneret, et eo modo in anima et corpore periret.

Sed tamen multo utilius illi est, ut ad monasterium suum, de quo absque permissione spiritalis Patris sui exivit, si ullo modo potuerit, redeat, aut remissionem petat, quam in alio pertinaciter maneat, ita sane si ibi disciplinam monasticae religionis esse novit. Quod idem Pater in sequentibus affirmat: *Caveat autem abbas, ne aliquando de alio noto monasterio monachum ad habitandum suscipiat, sine consensu abbatis ejus aut litteris commendatitiis,* ubi non vult, quod monachi supradicta stabilitate et petitione obligati, de loco ad locum secundum liberum suum sine permissione moveantur, sed ut votum suum firma tenacitate conservent. Deinde prosequitur : *Nec occasione sacerdotii, obliviscatur Regulae obedientiam et disciplinam, sed magis ac magis in Deum proficiat : locum vero illum semper attendat, quo ingressus est monasterium, praeter officium altaris.* Quod dicitur : Monachus sacerdos in monasterio suo ordinatus, de sacerdotio suo non superbiat, sed pia devotione locum illum humilitatis et subjectionis prae oculis in corde suo teneat, quo exemplum Christi sequens, monachalem habitum suscepit, et contemptum mundi arripuit, quoniam ea hora se et Deo et homini ad serviendum subjecit, et insuper in humili mente cogitet, quod se servum et ministrum Dei fecit, cum se servituti altaris subjugavit. Unde in omnibus humiliorem se et subjectiorem demonstrabit. Nam non solum attendat, quod humiliter et devote habitum monachi suscepit, quapropter se vilem et obedientem in omnibus sine simulatione aestimabit; sed etiam attendat, quod propter hoc, quod se Deo in officio altaris subjecit, humilem et mitem atque ultimum se deinceps in aestimatione sua computabit. Et subinfert : *Ubicunque autem sibi obviant fratres, junior a priore benedictionem petat,* scilicet velut in salutatione, quia seniori suo se subjectum esse in omni humilitate demonstrabit.

Deinde etiam dicit : *Et semper ad orationem ultimam operis Dei, commemoratio omnium absentium fiat,* quae oratio ultimi operis Dei, oratio Dominica intelligitur, quoniam superius dicit, per eamdem orationem divinum opus finiri, quemadmodum ibi ostendit, videlicet litania et oratio Dominica, et missae fiant ; quia discipuli hujus Patris, cum in eadem oratione dicerent : *Sed libera nos a malo:* de absentibus addiderunt: *Et famulos tuos fratres nostros absentes:* in hoc, eorum commemorantes. Collectas enim orationum plenarie illo tempore nondum habebant: et ideo divinum servitium per Dominicam orationem sæpius terminabant. Postea autem dicit: *Infantibus vero usque ad quintum decimum annum ætatis, disciplinæ diligentia sit, et custodia adhibeatur ab omnibus;* et hoc ideo dicit, quoniam cum puer infra quintum decimum annum tener in corpore est, tener est et animo: atque interim timorem habet, et ad quæque bona flecti potest, nec se corripientibus resistere proterve audet: cum autem ad quintum decimum annum pervenerit, jam in juventute florescit, velut arbor quæ flores producit et medulla ac sanguis in ea confortatur, unde etiam vires animi ejus exsurgunt, ita quod pueriles correptiones suscipere et pati, ut prius fecerat, dedignatur. Ad ultimum vero beatus Pater omnia hæc sic affirmat: *Facientibus hæc regna patebunt æterna;* quoniam omnia quæ in hac Regula descripta sunt, nec nimis constricta sunt, sed ad dextram et ad sinistram, respiciunt, quapropter ea conservantem, ad cœlestia mox producunt. Igitur ego paupercula feminea forma, hæc verba de sapientia audivi, quæ me obscura verborum Regulæ supradicti Patris B. Benedicti docuit, quatenus illa aperte proferrem. Unde mansueti, mites et timorati, hæc audiant, et pio corde intelligant, et humili devotione suscipiant.

SANCTÆ HILDEGARDIS

EXPLANATIO

SYMBOLI SANCTI ATHANASII

AD CONGREGATIONEM SORORUM SUARUM.

(*Biblioth. Patr.*, ed. Lugdun., XXIII, 594.)

O filiæ, quæ vestigia Christi in amore castitatis subsecutæ estis, et quæ me pauperculam in humilitate subjectionis propter supernam exaltationem vobis in matrem elegistis, non ex me, sed ex divina ostensione per materna viscera vobis dico: Locum istum, videlicet locum requietionis reliquiarum beati Roberti confessoris, ad cujus patrocinium confugistis, inveni in evidentibus miraculis per voluntatem Dei in sacrificium laudis, et in permissione magistrorum meorum ad ipsum perveni, et eum mihi et omnibus me subsequentibus, cum divino adjutorio libere attraxi. Postea autem per admonitionem Dei, ad montem beati Dysibodi, a quo per licentiam secesseram, perrexi: et petitionem hanc coram omnibus ibidem habitantibus perfeci, scilicet ne locus noster et prædia eleemosynarum loci nostri ab illis essent ligata, sed soluta, quærens tamen in opportunitate utilitatis salvationem animarum nostrarum, et sollicitudinem regularis districtionis. Et secundum quod in vera visione percepi ad Patrem, videlicet ad abbatem loci illius dixi: Serena lux dicit: Tu sis Pater præpositi et salutis animarum mysticæ plantationis filiarum mearum. Eleemosyna earum nec ad te, nec ad fratres tuos pertinet, sed locus vester refugium earum sit. Si autem in contrariis sermonibus vestris perseverare volueritis, contra nos frendentes, eritis similes Amalechitis et Antiocho, de quo scriptum est quod templum Domini despoliavit (*I Macch.* 1).

Quod si aliqui inter vos in indignitate sua dixerint: Allodia earum volumus imminuere: tunc ego, qui sum, dico, quod pessimi raptores sitis. Si autem pastorem spiritalis medicinæ ipsis abstrahere tentaveritis, tunc iterum dico quod similes sitis filiis Belial, et in hoc justitiam Dei non inspicitis; unde et justitia Dei destruet vos. Et cum ego paupercula forma his verbis prædictam libertatem loci et allodiorum filiarum mearum a præfato abbate et a fratribus ejus peterem, eam cum permissione codicis omnes mihi constituerunt. Cuncti autem, tam majores, quam minores, hæc videntes, audientes et percipientes, maximam benevolentiam ad ista habebant, ita ut etiam ad nutum Dei scriptis firmata sint. Unde fideles hæc discant, affirment, perficiant et defendant, quatenus benedictionem illam percipiant, quam Deus Jacob et Israel dedit.

Sed o quam magnum planctum hæ filiæ meæ post obitum matris suæ habebunt, quoniam verba ejusdem matris suæ amplius non surgent, et sic in gemitu et luctu per plurima tempora cum lacrymis heu, heu, libenter matris nostræ ubera sugeremus, si eam modo nobiscum præsentem haberemus. Quapropter, o Filiæ Dei, admoneo ut charitatem habeatis inter vos sicut ego mater vestra a pueritia mea vos admonui, quatenus charissima lux cum angelis sitis propter benevolentiam vestram, et fortissimæ in viribus vestris, sicut Pater vester Benedictus vos docuit. Spiritus sanctus vobis dona suadet, quia post finem meum, vocem meam amodo non audietis. Sed vox mea nunquam ducatur inter vos in oblivionem, quæ frequenter inter vos in charitate sonuit. Filiæ meæ nunc rutilant in cordibus suis, præ tristitia, quam habent de matre sua, anhelantes et suspirantes ad cœlestia Postea in lucidissima et rutilante luce lucebunt per gratiam Dei, et fortissimæ milites in domo ejus fient. Unde si quis in hac turba filiarum mearum discordiam et discessionem hujus habitationis et spiritalis disciplinæ facere voluerit, donum Spiritus sancti avertat hoc de corde illius. Quod si Deum contemnens, id tamen fecerit, manus Domini occidat illum coram omni populo, quia dignus est, ut confundatur. Quapropter, o filiæ, locum istum, quem ad militandum Deo elegistis, omni devotione et stabilitate inhabitate, quatenus in eo superna præmia adipiscamini. Unde et charitas in Sapientia dicit : Ego ab antiquo ordinata sum, et in formatione primi hominis sui, cum a Deo plasmatus est, quia cœlum et terram et reliquas creaturas Deus propter hominem sapienter creavit, ut ab illis et sustentaretur et pasceretur. (Eccli., XXIV.) Unde et sapientia faber recte dici potest, quoniam cœlum et terram circuivit, et æquali pondere ponderavit. Caro autem hominis, cum anima in venis et medullis pleniter perfusa est, ita ut caro per animam semper suscitetur; et quia etiam homo creaturas per animam cognoscit, ipsas in jucunditate et gaudio habet. Sic namque homo in carne et anima velut de misericordia et charitate amabilis est, quemadmodum sapientia et charitas unum sunt.

Per has duas virtutes, scilicet sapientiam et charitatem, angeli et homines Deo in humilitate obtemperabunt, quoniam humilitas ad honorem Dei frequenter se inclinat, et ita omnes virtutes ad se colligit. In his itaque virtutibus Deus hominem plasmavit, ne totus periret, sicut etiam angeli omnes non perierunt, quia multi cum Deo perstiterunt, alii vero cum antiquo serpente ceciderunt. Deus enim hominem in sapientia creavit, in charitate eum vivificavit, in humilitate vero et obedientia illum rexit, quatenus intelligeret, quomodo vivere deberet : sed primus Angelus hæc intelligere noluit, quod esse non potuit, quoniam vita una a seipsa est, a qua omnia vitalia sunt; quapropter ille de vita cecidit, et aruit, velut etiam in creaturis, videlicet in arboribus, in herbis et in aliis creaturis quandoque fit, cum aliqua de ipsis cadendo arescunt, quia succum non gustaverunt. Angelus quippe a Deo vitalis est; homo autem plenum opus Dei est, quoniam Deus in ipso semper operatur, quod homo in seipso intelligere potest, quia quandiu in hac vita vivit, cogitare et operari non desinit aliqua, in quacunque parte sit; cum autem in hac vita finitus fuerit, in alia vita infinite vivit. Cum enim homo bona operatur, bonis angelis similis efficitur, cum autem magnum honorem, quomodo Deus ipsum formaverit, non cognoscit, et cum a recta obedientia fugit, nec in humilitate operatur, sed a seipso esse vult, similis pessimis angelis effectus, de vita, ut Satanas, cadit et arescit. Tu autem, o homo, Deum in his culpabilem habere vis : quapropter tibi respondetur : Num teipsum creasti ? Non. Convenientius ergo est, ut magis tibi servias, quam illi, qui te creavit ? Et quam mercedem tibi parare poteris, cum teipsum non fecisti? Nullam, sed pœnam ignis. Sic in duabus partibus istis angeli et homines atque reliquæ creaturæ Dei divisæ sunt, sicut etiam tibi factum est, cum Deus hominem in circumcisione signavit. Quoniam primus deceptor primum hominem fallaciter illusit, ita quod inobediens Deo factus, verbis illius consensit et per inobedientiam fecit, ut ei consiliatus erat. Sed eadem in obedientia per circumcisionem in præcepto Dei scissa est, quando Abraham benevolus Deo obedivit, ita faciens, sicut ei præcepit (Gen. XVII). Tunc idem deceptor cum dolositate in se fremuit, quibusdam hominibus malum hoc immittens, quod possibile non esset, ut illum Deum confiterentur, quem nec videre, nec audire, nec palpare possent. Et sic in populo, qui per obedientiam signatus erat, bacchatus est, atque meminit, quia primum hominem deceperat, ubi dixit : Eritis sicut dii, scientes bonum et malum (Gen. III) : et eis pessimum sufflatum immisit, dicens, quod nullo modo nisi in aliqua fornicatione Deum cognoscere possent, quia et homo forma esset, et si Deus hominem creasset, cur se ita absconderet, ut homo illum nec videre, nec audire, nec comprehendere valeret.

Sed tota vetus lex et vere signatus populus, antiquum hunc deceptorem et errantes homines istos opprimere non potuit, nec adhuc poterit, sed Deus ante novissimum diem illos opprimet, et coram omni populo vincet, tali modo vetus lex cum omnibus his, videlicet cum illis, qui circumcisionem observabant, etiam cum eis, quia in prædicto errore erant, usque ad nativitatem Christi cucurrit, ubi ipse verus Sol justitiæ in veritate apparuit. Et idem Sol magnum splendorem per doctrinam suam dedit, in humanitate sua visus et auditus, quoniam prophetæ ipsum præcucurrerant, quemadmodum quidam planetæ supra solem sunt, quod Deus præviderat, quando firmamentum cum omnibus ornamentis suis constituit ; soli vero cum luna et stellis, Deus aquam adjunxit, et nubes cum tempestate posuit, quas fulgura perforant, et quæ per sonitum tonitrui interdum scinduntur, ita ut moveantur. Sicut enim Deus creaturam istam ad servitutem hominis constituit, ita etiam et Filium suum per eam præsignavit, quem prophetæ prædixerunt, et cujus humanitatem cum servitute prophetiæ tetigerunt, velut planetæ solem ipsi serviendo sustentant. Prophetia namque quæ dixit : Ecce Virgo concipiet (Isa. VII), humanitatem ipsius tetigit, quia integritas Virginis de calore Spiritus sancti, et non de calore carnis, concepit; quemadmodum sol rem aliquam radiis suis ita transfigit, ut ex ardore ipsius tota caleat, nec tamen consumatur, quoniam sol justitiæ de illibata Virgine processit, et totum mundum illuminavit, velut etiam sol per firmamentum totum mundum illuminat, quod tamen integrum permanet, sic Virgo peperit filium, cujus nomen Emmanuel, quia in integritate ex ipsa processit, ut sol per firmamentum fulminat neutro diviso; et ideo nobiscum Deus, quoniam in eadem incarnatione, quæ de obumbratione Spiritus sancti in utero Virginis orta est, sancta divinitas integra tota fuit, sicut sol in firmamento, atque vis divinitatis, cœlos, abyssos, et omnes creaturas transcendit; et tamen Filius Dei per sanctam humanitatem suam tunc nobiscum erat. Sed et per oblationem corporis sui, et per doctrinam suam nunc nobiscum est et erit, donec ipsum manifeste videamus. Eidem quoque soli justitiæ cum luna et stellis aquæ adsunt, scilicet ut discipulos suos in universum orbem mitteret prædicare Evangelium omni creaturæ (*Marc.* XVI). Nam quæ prophetæ de ipso prædixerant, in semetipso complevit, sicut etiam in die septima a creatione mundi, Deus ab omni opere suo requievit (*Gen.* II). Et ut Deus omnem tunc creaturam ad serviendum homini subjecit, sic et nunc Filius Dei post ascensionem suam opera incarnationis suæ discipulis commisit, cum ex præcepto ipsius Evangelium omni creaturæ prædicabant. Ipsi namque hominibus fidem rectam de Filio Dei ostendebant, quemadmodum cum eo manentes miracula ejus viderant et cognoverant, sicut sol in firmamento lucet.

Hanc itaque fidem innumerabili turba populorum suscipiente, Ecclesia ordinata est, ut luna cum stellis in firmamento constituta est. Sed et iidem populi inter se diversos magistros et prælatos, Spiritu sancto inspirante, constituebant, velut etiam firmamentum cum sole, luna et stellis, illustratum est, qui totam Ecclesiam sustentarent. Deinde tonitrua et fulgura per infideles homines et per crudeles tyrannos elevabantur, qui fideles Domini, qui in fide ardebant, sicut sol in virtute sua lucet, quasi lupi invaserunt, et sanguinem ipsorum effuderunt, ita quod etiam non erat, qui eos sepeliret. Tonitrus quoque, qui in primo casu Satanæ, cum ille in infernum demersus est, sonuerunt per inimicos Dei, qui in peccatis peccare non cessabant, surrexerunt, et fulgura in plurimis Christianis, qui fidem in infidelitate dividebant, apparuerunt, et multos Catholicos comburebant: sicut per Arium factum est, quem Athanasius omnino conculcavit, de Joanne Evangelista confortatus, qui de pectore Jesu hoc suxit, quod in altum volavit, cum in mystico spiramine de divinitate Evangelium edidit. Quemadmodum idem Athanasius postea de unitate Divinitatis, Ecclesiam muniendo, scripsit, videlicet ut omnis homo qui voluerit salvari, teneat fidem integram et inviolatam, in Deum perfecte credens, ne in gehennam demersus, gehennalis fiat. Sed fides vera est, ut unus Deus in Trinitate personarum, eadem Trinitas in uno Deo, gloriose honoranda sit, sine ulla confusione divisionis unitatis, quia unus Deus in una substantia, divinitatis inseparabiliter est. Non enim aliud est Pater in substantia, nec aliud Filius, nec aliud Spiritus sanctus, nec ab invicem in substantia divinitatis segregati sunt; sed in Patre et Filio et Spiritu sancto, una divinitas unius substantiæ in gloria majestatis est. Attamen alia est persona Patris, quæ nec Filii, nec Spiritus sancti est; alia Filii, quæ nec Patris, nec Spiritus sancti est; alia Spiritus sancti, quæ nec Patris, nec Filii est; et personarum istarum una divinitas inseparabilis, æquus honor et stabilis, coæterna potentia et invincibilis. Nam qualis est Pater in divinitate, et non in persona, talis est Filius in divinitate, et non in persona; talis quoque est Spiritus sanctus in divinitate, et non in persona; quoniam alius Pater, alius Filius, alius Spiritus sanctus in personarum distinctione est: non tamen aliud Pater, aliud Filius, aliud Spiritus sanctus in divinitatis substantia, et quomodo personæ istæ intelligendæ sunt? Deus utique in verbo suo rationalis est, et vivit. Et Deus creavit mundum, scilicet hominem cum omni gloria sua, quod ita debere esse, Deus semper in æternitate habuit. Hoc Deus solus fecit, sine quo nullus est. Et quis eum non exstantem fieri faceret? Nullus omnino. Deus omnia in verbo suo fecit, ut Joannes, qui supra pectus Christi recubuit, affirmat (*Joan.* 1).

Sed Deus ignis est, et in igne hoc flamma latet, et flamma hæc in vita mobilis est. In igne autem isto nulla divisio est nisi distinctio personarum. Ignis autem materialis et visibilis, aurei coloris est, et in igne suo flamma coruscat, quæ in valido vento flagrat. Ignis quidem hic non coruscaret, nisi flammeus esset, et mobilis non esset, nisi per ventum; unde et tria vocabula in igne isto sunt. Flamma namque de igne est, et ignis de flamma coruscat, et non nisi per validum ventum mobilis est. Ignis quoque cum flamma ardet, et ardor iste integer ignem et flammam æqualiter perfundit et inflat, et si ardor in igne non esset, ignis non esset, nec tonitrum flammæ haberet. Sed et anima ignis est, et ignis ejus totum corpus, in quo est, perfundit, venas scilicet cum sanguine, ossa cum medullis, et carnem cum livore, et inexstinguibilis est. Et ignis animæ ardorem in rationalitate habet, qua verbum sonat. Quod si anima ignea non esset, frigidam coagulationem non perureret, nec sanguineis venis corpus ædificaret. Quia autem anima in rationalitate ventosa est, per omnia loca corporis calorem suum recte dividit, ne corpus exurat. Cum vero anima de corpore se extorserit, corpus deficit: quemadmodum ligna non ardent, cum ardore ignis caruerint. Homo namque secundum Deum, rationalis est, et rationalitas hominis cum igne in vento sonat. Rationalitas enim magna vis est, ignea et non divisa: et si non esset ignea, non esset ventosa: et si ventosa non esset, non sonaret. Deus itaque omnia creavit, et præter ipsum solum nullus unquam aliquod vitale fecit, quamvis homo arte sua quæque fingat, quæ tamen vivere non facit, quoniam homo initium habet. Et qui omnia creavit, creatus non est, quia nullum initium ante ipsum fuit, sed ipse sine initio est, et omnia in ipso sunt, quoniam *per ipsum omnia facta sunt (Joan.* 1). Per illa autem, quæ homo propter timorem fugit, ne eum lædant, fiduciam ad Dominum habet, clamando, ut ipsi succurrat, et eum in requie pacis conservet. Per hæc vero quæ propter hominem sunt, et quæ in ipso existunt, et cum quibus ipse operatur, et quæ ei ex his placide ac convenienter adsunt, charitatem ad Deum habere discit.

Si enim homo nihil sciret, nisi quod sibi leve et suave esset, nesciret, quid idem esset, et quid vocaretur : unde de pondere duritiæ nocivorum summam scientiam habet, et quid bonum, et malum sit, cognoscit, et ea, ut Adam, nominare scit. Nam si unum in rebus tantum sciret, opus Dei in illo perfectum non esset : et rem, quam videret, non cognosceret, et quam audiret, quæ et qualis esset, scire non posset; quapropter vacuus esset et exstinctus, quemadmodum hoc, quod per ignem combustum in carbonem convertitur. Itaque ut prædictum est, increatus Pater est, Filius etiam increatus, sic et Spiritus sanctus increatus; quoniam hæ tres personæ unus Deus est, et omnes creaturæ per eumdem Deum creatæ sunt; *sed sine ipso factum est nihil (Joan.* 1). Initium quippe, quod in initio creationis factum est, similitudinem illius qui sine initio est, habere voluit, quod nullo modo fieri debuit, quia nihilum fuit, quoniam in Deo vita et veritas est, in perdito vero angelo et in homine vanitas est, quam superbia inflavit, quæ tanquam ventus pertransiit. Et quod per Deum et in Deo factum est, vita in ipso est, et Deus caput illius contrivit, qui prædicta mala primum arripuit, ac eum qui sine vita est, in infernum projecit. Immensus etiam Pater est, qui nulla capacitate comprehendi nec numero finiri potest, ut illa possunt, quæ in principio facta sunt. Omnia enim Deus in præsentia sua habuit, sed tamen subito illa non creavit, unde etiam quoddam intervallum in creaturis est, sicut in homine, qui infans, puer, juvenis, senex, ac decrepitus efficitur, quod quidem comprehendi potest. Sed et in Filio et Spiritu sancto intelligendum est, quod immensi nec capacitate nec numero comprehendi possunt. Æternus quoque Pater est, in illa scilicet æternitate, quæ nunquam incepit, et in similitudine circumeuntis rotæ, in qua nec principium, nec finis conspicitur. *Deus enim spiritus est (Joan.* IV). Omnis quippe spiritus, incomprehensibilis et indivisibilis est. Æternitas namque sine omni commutatione hæc, quod dicitur : Fuit et est, æterna manet, nec in ea ullus Deo assimulatur. Nam æternitas unica est, omnesque ejus creaturæ per ipsam factæ sunt. Et co-

æternus Patri in divinitate Filius a creatura indumentum, quod homo est, induit; quod indumentum divinitas ita declaravit, velut soli radius suus infixus est. Sol autem lumen suum in terram emittit nec tamen propter hoc augetur aut minuitur; nec Filius Dei in mundum veniens, auctus, nec minutus in divinitate est, quoniam indumentum suum sic induit, quemadmodum Deus Adam de fragili creatura vestivit, ne nudus videretur. Homo quippe æternitatem nisi in humanitate nequaquam videre posset, quia divinitas in humanitate latuit, ita quod per indumentum humanitatis Filius cognitus est, ut etiam per arma vestitus homo cognoscitur, quamvis in eis latens non videatur.

Sed et æternus est Spiritus sanctus Patri et Filio coæternus, qui in initio omni creaturæ adfuit, et eam inspirando mobilem fecit. Et non tres æternitates in Deo sunt, sed una æternitas in ipso est, et non tres, velut Arius particulas in illa fecit, quemadmodum membra hominis in abscissione truncantur, sed æternitas una divinitas est quam rationalitas hominis, propter fortissima opera illius, nomine uno nominare non potest. Sed et quoniam homo initium habens, in cinerem vertitur, ideo etiam hæc, quæ ante principium et post finem sunt, enarrare non valet; sed in anima sua unam fidem tenens, de substantia Dei, quæ spiritalis est, loquitur. Anima enim spiraculum a Deo est, unde et multa invisibilia capit, et unitatem divinitatis in recta fide sentit; quia non tres increati dii, nec tres immensi, sed unus Deus est, videlicet increatus et immensus, nec in tres modos, nec in tres partes divisus. Omnipotens etiam Pater est, qui per Verbum suum, quod omnipotens Filius ejus est, omnia creavit, quæ omnipotens Spiritus sanctus, qui vita est, ita pertransit, ut etiam calor ignis et flammæ ardet; sic tamen non tres omnipotentes, sed Deus in tribus personis unus Deus omnipotens est. Et ut inconveniens esset, quod homo, qui cum rationali anima unus homo est in tres divideretur, quoniam tunc integra vita non esset, sed mortale cadaver, quomodo posset unica vita, in qua nulla mortalitas initii et mutationis est, dividi : sed et Deus est Pater, qui potens est; Deus est Filius, qui potentia Patris est; Deus est Spiritus sanctus qui vita est, per quam omnis vita procedit. Non autem tres dii sunt, sed absque omni divisione unica deitas est, cujus fortissima vis singulis nominibus nominatur. Ita etiam dominando Dominus est Pater, operando Dominus est Filius, vivificando Dominus est Spiritus sanctus; et hi sunt integra divinitas trium nominum, sicut Deus omne opus suum in una vi divinitatis significavit. Nec domini sunt singulariter dominantes, sed plena integritate una divinitas in tribus viribus trium personarum est, scilicet dominando, operando, vivificando quoque omnes creaturas, et eas ad officium suum movendo : et sic unus Dominus est.

Et Dominus iste duo opera fecit, angelum videlicet et hominem cum omni creatura. Angelus autem spiritus est; homo autem ad imaginem et similitudinem Dei factus est, ut quinque sensibus corporis sui operetur, per quos etiam divisus non est, sed per eos est sapiens et sciens et intelligens opera sua adimplere. Has tres vires Deus in homine signavit, per hoc scilicet, quod anima hominis rationalis est, quæ corpus ad operandum movet, et in qua quinque sensus corporis hominis pleniter perficiuntur. Per visum enim homo creaturas cognoscit; per auditum vero rationalitas ei narrat, quid hoc sit quod audit; per odoratum autem, quid sibi conveniens vel inconveniens ad utendum sit, discernit; per gustum etiam, quibus et qualibus pascatur, cognoscit, et per tactum bona et mala operatur, et omnia opera sua cum prædictis quinque sensibus regit. Hi quinque sensus in homine, ita in unum conjunguntur, quod alius alio nequaquam carere potest et in uno homine sunt, qui tamen non in duos, nec in tres homines dividitur; sed omnia opera sua cum his quinque sensibus perficit, et unus homo est. Sed et per hoc quod homo sapiens, sciens et intelligens est, creaturas cognoscit. Itaque per creaturas, et per magna opera sua, quæ etiam quinque sensibus suis vix comprehendit, Deum cognoscit, quem nisi in fide videre non valet. Homo itaque per quinque sensus suos in creaturis omnia comprehendit et cognoscit, quia per visum amat, per gustum sapit, per auditum discernit, odorando sibi conveniens eligit, et per tactum id quod sibi placet, operatur; et in hoc Deum, qui omnes creaturas creavit, exemplatur. Sic quoque homo per hoc quod sapiens est quid sibi placitum seu nocivum sit, sapit; et per hoc quod sciens est, creaturam jubendo constringit, quod ei ministrando subjaceat, et quod vult, sibi attrahit; et quod non vult, a se fugat; et per hoc quod intelligens existit, quid unicuique creaturæ in officio conveniat, novit. Cum his enim tribus viribus et appendiciis earum, homo rationalis in anima est, quæ nequaquam dividitur, ita etiam ut si per suasionem diaboli membrum aliquod hominis abscinditur, rationalis anima propter hoc nullo modo dividitur. Corpus vero, ædificium animæ est, quod cum illa secundum sensibilitatem suam operatur, quemadmodum molendinum aquis circumfertur.

Omnes ergo populi chrismate uncti tres personas in unitate esse confiteantur; sed quod tres personæ, una vera firmaque divinitas sit. Et quoniam tres animæ non sunt in una rationali anima, quæ tres vires habet, sed una anima est; quare illa separabilis divisio in unitate divinitatis esset, cum omnia de Deo creata sint? Nequaquam ergo dicendum est tres deos aut tres dominos esse, sed unus Deus dicitur, qui omnia creavit, et unus Dominus, quem omnes creaturæ Dominum invocant, et cujus oves propriæ sunt; et ideo prohibendum est, ne ulla singularitas in unitate divinitatis habeatur, quia unus Deus est. Et Pater a nullo est factus, quoniam ante eum nullus apparuit, a quo genitus aut creatus esse possit, sed sine initio æternus est. Filius autem absque omni separatione a Patre solo est, non factus initialis, nec creatus in membris, sed genitus, ut lumen in sole sine omni separatione est. Hic carnem de virgine Maria assumpsit; sed tamen claritas divinitatis ab eo non recessit, quia æternaliter in divinitate cum Patre fuit, quamvis sub tempore indumentum suum, videlicet carnem, de matre Virgine induerit. Sed Spiritus sanctus vita est quæ omnia spiramina in creaturis movet: et hic per nullum spiramentum vita factus, nec etiam ab ullo creatus, nec ab alio ullo genitus est; sed Patri et Filio in divinitate coæternus et coæqualis existit. Ipse enim in prima creatione mundi aderat, quia *Spiritus Dei ferebatur super aquas* (*Gen.* 1), circulum totius orbis illustrans, cum verbum Dei dixit: *Fiat.* Et a Patre et Filio Spiritus sanctus in veritate prophetiæ procedens, prophetas prophetare fecit, qui tamen multoties profunditatem prophetiæ occultabant, licet textum scriberent; quoniam velut in umbra et in visu noctis, interdum per significationem loquebantur. In igneis quoque linguis super apostolos veniens, eos totos replebat, et eos alios homines fecit quam ante fuissent, ita ut ipsi easdem linguas viderent, et tactum ejusdem Spiritus sancti sentirent, qui ante nativitatem Christi nulli hominum sic apparuit, nec postea apparebit; quoniam Christus unigenitus Dei est. Quod autem in igneis linguis eis apparuit, hoc ideo factum est, quia virgo Maria in igneo calore ipsius, Filium Dei concepit, et sic etiam ipse a Patre et a Filio procedit. Et quoniam apostoli eum in igne videbant, cum sapientia et intelligentia manifeste loquebatur. Sed et quia Filius Dei in Maria virgine de Spiritu sancto conceptus est (*Luc.* 1), Spiritus sanctus in ipso mansit, et manet, et semper cum ipso est, nec unquam ab ipso invicem separantur, ideoque integra et pura fides est, quod Spiritus sanctus a Patre et Filio procedit, ut prædictum est. Hoc vero quod Filius dixit: *Qui a Patre procedit* (*Joan.* xv), ad honorem Patris dicebat, attendens quod incarnatio sua ex tempore fuit, cum paternæ divinitati tempus non adsit.

Itaque unus Pater est, et non tres Patres, sed unus Pater; quia si Pater non esset, Filium non genuisset: et si Filius genitus non fuisset, mundus creatus non esset. Unus quoque Filius, non tres Filii, sed unus, per quem omnia facta sunt, Patri consubstantialis: et unus Spiritus sanctus, et non tres Spiritus sancti, sed unus vivificans omnia, et movens. Nam unaquæque radix viriditatem in se habet, de qua fructus procedit; istud autem inæqualiter inspicitur, et tamen in uno sunt. Quare ergo Creator omnium, in Trinitate personarum non esset? Persona enim Patris, per radicem; persona vero Filii, per fructum; persona autem Spiritus sancti, per viriditatem intelligenda est; et ab invicem non separantur, sed unus Deus est. Et in ista Trinitatis unitate nihil prius antecedendo, nihil posterius subsequendo, nihil majus in magnificentia, nihil minus in potentia ; sed totæ hujus Trinitatis personæ sine ulla vacuitate in unum se conjungunt, et in æternitate et in æqualitate coæternæ sibi et coæquales existunt, ita ut in eisdem personis nihil sit, de quo secundum divinitatem dici poss t : *Est et non fuit*, magnum et parvum, quoniam Deus initio et fine carens, nullum augmentum, nullum detrimentum recipit, quia immutabilis est. Opus autem Dei in creatura prius non formatum, modo formatum apparet, et per tempora transit, se in majus dilatando, et in minus se contrahendo. Tres ergo personæ in unitate, unusque Deus, in tribus personis colendus est, quoniam ipse omnia creavit, et vita est, per quam omnia vitalia procedunt, quod quilibet fidelis indubitanter sic accipiat. Fideli etiam necessarium est, ne a fide catholica se separet; sed incarnationem Filii Dei veram esse credat, et seipsum, quomodo creatus sit, et quomodo operans corpus cum rationali anima, unum sit, consideret. Deus enim ante tempora formam hominis, in qua carnem assumeret, præviderat ; et quicunque in hoc dubitat, seipsum abnegat : nec credit, quod in duabus naturis animæ et corporis per tres modos unus homo est ; quia si unum de tribus istis, scilicet anima, corpore et rationalitate, de quibus homo constat, deesset, homo non esset. Nam homo rationalis in anima est, quæ in corpore quælibet cum sono verborum perficit ; quoniam creaturæ homini adsunt, quemadmodum rami arbori, quia homo non sine reliqua creatura, sicut nec arbor absque ramis creatus est.

In veritate ergo recta fides est quod Christus Dei Filius, ante tempora natus, Deus est, et etiam per indumentum carnis verus homo est. Deus itaque est ex substantia Patris, quoniam illi sine tempore coæternus et coæqualis est, ante secula genitus, quia *omnia per ipsum facta sunt* (*Joan*. 1); sed per humanitatem, quæ tempus habet, ex substantia matris homo est : ipse etenim plenus Deus est in integritate æternitatis plenusque homo cum rationali anima et carne munda, et absque ulla virili commistione humanæ naturæ, atque coæqualis Patri in æternitate divinitatis est, minor autem eo in humanitate, quæ tempus habet. Et ipse Deus et homo existens, non in duos divisus est, sed unus est Christus, non tamen per commutationem divinitatis in carnem, sed per assumptionem carnis quam divinitas sibi adjunxit, et quam claritate sua sic perfundit, ut radius solis in sole lucet : nec ob hoc ulla confusione substantia divinitatis, seu substantia carnis in invicem confusæ sunt ; sed in vera unitate personæ, unus est Christus, verus Dei Filius. Sic enim in rationali anima nulla commutatio per carnem hominis est, quin ipsa rationalis spiratio sit a Deo, quæ totum corpus hominis perfundit, et quæ cuncta opera operantis hominis movet ; et

ut sic anima et caro unus est homo, ita etiam absque omni dubio Dei Filius ante sæcula natus carne ex Virgine assumpta pleniter, ut prædictum est, indutus, Deus et homo existens, unus est Christus, per unctionem utique gratiæ Dei Christus dictus. Qui in sancta humanitate sua, per fixuram clavorum et lanceæ vulneratus est (*Joan*. XIX, *Isa*. LIII) propter unum vulnus primi hominis, quod cuncto generi suo ille inflixerat, quatenus livore sanguinis sui illud sanaret, et unctione olei gratiæ illud perfunderet, ac per pœnitentiam illud ligaret, cum homo se peccasse doleret. Vulneratus autem descendit spiritualiter in puteum infernalis profundi, illicque per plurimos sibi attraxit, scilicet eidem inferno primum hominem abstulit, et omnes qui Deum in moribus humanæ honorificentiæ unquam tetigerant, et eos in locum deliciarum et gaudiorum, quem in primo parente perdiderant, locavit. Sed quod die tertia surrexit a morte dormientis corporis, in hoc tres personas deitatis designavit, atque eodem corpore ascendens, ad cœlos ivit, ibique dominando sedet ad dextram Patris, quæ salvatio credentis populi est, illis vitam tribuens, quos sanguine suo redemit.

Et hi omnes ante tempora omnium principiorum præsciti sunt, quoniam Verbum Patris, per quod *omnia facta sunt* (*Joan*. 1), carnem induit, ut hominem quem formaverat, redimeret. Idem autem Filius Dei, in fine sæculi justus judex veniet judicare vivos et mortuos, vivos scilicet, qui opus fidei operantes, in eodem opere bono inventi sunt : mortuos autem, qui opera mortis per infidelitatem operati sunt, cum in voce vocationis canentis tubæ, homo eidem Filio Dei per judicium ut scabellum subjacebit, quoniam tunc eum videndo, qui dignus est, cognoscit. Nam in adventu judicis hujus, per præfatam vocationem, mortui cum corporibus suis resurgent ; quemadmodum etiam per sonum verbi Dei, omnis creatura processit ; et omnes de propriis operibus suis, quæ in morituro corpore operati sunt, judici suo respondebunt, nec ullus se excusare poterit, quia unusquisque opera sua, quæ prius se fecisse tantum sciebat, tunc cognoscendo palam videbit, quoniam ipsis velut in indumento est, unde et illa eum ubique sequentur. Et qui justa et recta opera fecerunt, ibunt in majorem claritatem vitæ, quam mundo huic sol luceat, animabus eorum gratia illustratis, unde et angeli Deum laudant, quia isti tam magna opera operati sunt, quod eis gloriose circumdantur, velut homo pretiosa veste qua induitur. Innumerabilem quoque multitudinem hominum illorum, qui ante finem suum vel etiam in fine suo pœnitentiam perfecte egerunt, ac Deum in peccatis suis confessi sunt, Filius hominis in sanguine suo ad se elevabit, et unicuique secundum opera sua mercedem in vita retribuet. Sed mali de injustis operibus suis nullam excusationem habentes, et quid dicere possint, nescientes, et qui per artes diaboli simulacra adoraverunt, et cum diabolica turba mala opera infinite operati sunt, confusione operum suorum vestientur, et in puteum inferni cum diabolo descendent, quem occupavit, cum Deo similis esse voluit.

In veritate igitur et fiducialiter credendum est, quia una Divinitas in tribus personis, et tres personæ in una Divinitate, vita una æternitatis sunt : et qui sic non crediderit, de die salvationis eradicabitur. Vos autem, o magistri et doctores populi, quare cæci et muti estis in interiori scientia litterarum, quam Deus vobis proposuit, quemadmodum solem, lunam et stellas instituit, ut rationalis homo tempora temporum per eas cognoscat et discernat. Scientia Scripturarum vobis proposita est, ut in illa velut in solari radio unumquodque periculum cognoscatis, et ut per doctrinam vestram in infidelitatem errantium hominum ut luna in tenebris noctis luceatis, qui sunt ut Saducæi et hæretici, et ut alii multi in fide errantes, qui inter vos inclusi sunt, et quos etiam multi ex vobis sciunt, prona facie pecoribus et bestiis similes existentes. Nam nec vident, nec scire volunt, quod per spiraculum vitæ rationales sunt, nec capita sua ad illum elevant, qui eos creavit, et per quinque sensus regit, quos ipsis donavit. Quare ergo in rationali homine similitudo proni animalis est, quod per flatum aeris suscitatur, quem iterum exhalat, et sic finitur, et quod aliam scientiam non habet, quam quod sentit et ferientem timet, et quod per se nihil operatur, nisi ad hoc impellatur? Et quomodo decet ut homo in societate pecoris sit; quod ipsi per ministerium subjacet, et per quod pascitur ac cui imperat et dominatur, quoniam rationale non est? Unde summus Pater ad Filium loquitur, sicut per Spiritum sanctum scriptum est : *Reges eos in virga ferrea, tanquam vas figuli confringes eos* (*Psal.* II). Quod dicitur : Qui tibi resistunt, *reges eos in virga ferrea*, quæ dura est castigans : *et tanquam vas figuli*, quod de luto factum est, *confringes eos*, quia et ipsi de terra sunt. Ostium enim rectitudinis per fidem non ingrediuntur, nec per famam bonorum operum egrediuntur; quoniam fures sunt, et per proprietatem voluntatis suæ, mactant et perdunt, quod volunt; quia hypocritæ sunt, legem sibi in perditionem evertentes. Vos autem qui in magistrali doctrina velut luna et stellæ audientibus estis, quibus tamen magis propter honorem et divitias sæculi, quam propter Deum, Scripturam ruminatis, audite et intelligite, quod multo plus necessarium esset, ut nocturnas tenebras errantium et infidelium hominum scinderetis, qui ignorant in qua via ambulent, quatenus illos per fidem ad nos traheretis. Nunc ergo regite eos, per veram admonitionem ipsis ostendentes, quod Deus in principio propter hominem cœlum et terram et reliquas creaturas creavit, et hominem in voluptuosum locum paradisi posuit, eique præceptum quod prævaricatus est, dedit; quapropter et in tenebras exsilii hujus expulsus est. In eadem vero prævaricatione demonstratum est, quam magnum piaculum fuit, quod homo non Creatori, sed illi qui eum seduxit, obedivit (*Gen.* III); quoniam justius est obedire Domino, quam fallaci servo, qui se domino suo assimilavit. Cum his etenim verbis implete corda illorum in virga ferrea, quatenus cognoscant, ne se a Creatore suo avertant, vel si per infidelitatem ab eo declinaverint, quod in sepulcrum inferni cum illo quem imitati sunt, cadant. Nam qui in infidelitate perseveraverint, tanquam vas figuli, quod figulo indignum incongruumque videtur, confringentur; et quia opera fide non fecerunt, in æternam vitam introire non poterunt sicut nec male factum vas figuli reparatur, sed confringitur. Hæc vos qui populum regitis, intelligite, et ad invisibilem Deum, quem nemo expugnare, nec carnalibus oculis videre potest, adspicite, ac quomodo villicationem vestram regatis, quam ab illo accepistis, attendite, quoniam in nomine illius magno honore glorificati estis, et sic populum regite, ne in die judicii coram illo de regimine vestro erubescatis. Cavete quoque ne per voluptatem carnis et delicias sæculi ita tædio afficiamini, ut vix oculum unum ad cœlestem doctrinam aperire possitis.

Hæc autem dura sunt vobis, quia qui diligenter cœlestia attendit, in his quæ regit, totum corpus suum vulnerat, quoniam desideria carnis sibi abstrahit. Igitur propter timorem Dei, qui vita et veritas est hominem in femineа forma hæc scribentem, ne despiciatis, quæ doctrina litterarum indocta est, et quæ ab infantia sua usque in LX ætatis suæ annum imbecillis erat, et quæ scripturam hanc oculis et auribus exterioris hominis non vidit nec audivit, sed quæ tantum in interiori scientia animæ suæ eam vidit et audivit. Nolite ergo mentem vestram in altum extollere, eam spernendo, quoniam Deus irrationale animal loqui fecit, sicut voluit (*Num.* XXII). Visio autem hæc, in qua ego paupercula forma ista vidi, ab infantia mea usque in prædictam ætatem ab anima mea non recessit; et hæc quæ prædicta sunt, in loco isto scripsi, qui a quibusdam tyrannis destructus, per plurima curricula annorum desolatus mansit, in quo reliquiæ S. Roberti requiescunt, qui nobilis secundum dignitatem præsentis sæculi fuit, et quem Deus in vicesimo ætatis suæ anno ad se gloriose collegit, qui locus nunc tandem post eosdem desolationis annos per gratiam Dei in mirabilibus ipsius restauratus existit. Dominus enim in hoc sancto suo verborum illorum memor fuit, quæ ad discipulos suos loquens, ait : *Vestri capilli capitis omnes numerati sunt* (*Matth.* X), nec omittere voluit, quin eum revelaret. De meritis etenim sanctorum scribendum est, quatenus bona et recta fama in aures fidelium sonet, quemadmodum etiam creatura Deo laudes sonat, quia ab ipso creata est. Deus quippe æternus est, et opus suum ad laudem nominis ejus factum est, quoniam si anima in corpore hominis non esset, homo non viveret, nec anima sine carne operaretur. Sic angelus in Deo laus est, et homo opus in Deo est. Itaque laus illi sit in omnibus mirabilibus suis, et in meritis sanctorum, qui vera æternitas est, omnia creando, et in novissimo die cœlum et terram renovando, cujus altitudinem et profunditatem nullus alius tetigit, et cujus scientiæ latitudinem nullus comprehendere poterit. Hæc itaque Scriptura a fidelibus audienda et intelligenda est : O quam gloriosa Divinitas est, quæ creando et operando, per creaturam suam seipsam ostendit, quemadmodum in tribus pueris fecit, quos ita infundit, quod sine omni visione Scripturarum et absque doctrina hominum, in camino ignis ipsum laudabant (*Dan.* III). Sicut enim felix anima exuta carne nihil aliud quam Deum sapere et cognoscere desiderat, ita isti beati tres pueri adhuc in carne viventes, Deum ardenter desiderando, naturam animæ imitati sunt. Deus etiam Pater Filium suum per incredulitatem ignorantiæ nominari voluit in Nabuchodonosor, velut etiam maligni spiritus ipsum sciunt, nec tamen eum confitentur, quibus omnibus mirabilia sua Deus sæpe ostendit. Omnipotentiam quoque suam in Samson fortissimo manifestavit, qui fortitudine sua leones et feroces bestias superans (*Judic.* XIV), ab uxore sua, sicut Adam ab Eva, deceptus est, qui tamen deinde vires suas recipiens, ipsam mulierem et reliquos inimicos suos vicit (*Judic.* XVI), sicut et Christus infernum despolians, vim inimicorum suorum devastavit. In durissimo autem prælio David contra Goliath præfiguravit (*I Reg.* XVII), quod per humanitatem Filii sui antiquum serpentem ligaturus esset. Sed et in mollem muliebrem sensum tantam vim misit, ut mulier Holophernem in nocte interficiens, Israeliticum populum liberavit (*Judit.* XIII), et in hoc genitricem Filii sui præsignavit per quam fidelis populus liberandus erat. In antiquis enim sanctis per prophetiam prophetarum et holocausta arietum et taurorum, pactum fœderis figurare fecit, quia Ecclesiam per copulationem desponsationis Filio suo adjungendam prænotavit. Per indumentum enim humanitatis Filii Dei, Ecclesia eidem Filio Dei adhæret, qui in sanguine suo illam in hæreditatem sibi dotavit, ita quod ipsa per baptismum ad vitam sobolem regenerat, quam Eva ad mortem generavit. Nam Christus in sanguine suo Ecclesiam sibi desponsavit, sicut per juramentum, quod servus Abrahæ sub femore Domini sui spopondit (*Gen.* XXIV), præfiguratum est, videlicet Ecclesiam Christo desponsandam esse. Sed cum Lucifer cum omnibus se comitantibus sensit, quod Deus Pater Filio suo nuptias palam fecit, in se fremuit, et quemadmodum Cain ad sanguinem Abel concussit (*Gen.* IV), sic corda incredulorum et tyrannorum invasit, quatenus justos bonos et electos Dei caperent, vulnerarent et occiderent. Hinc est quod Christus discipulis suis parabolam de homine rege dicebat, qui servos pro invitatis ad nuptias misit; sed illis venire nolentibus, alios servos misit ad illos ut venirent, quoniam prandium suum paratum esset (*Matth.* XXII). Quod cum neglexissent tenuerunt servos ejus, et contumelia affectos occiderunt, quoniam antiquos sanctos quos Deus primum misit, et apostolos qui postea missi sunt, Judæi et cæteri increduli homines in magna lætitia sæpe convenientes, de terra deleverunt. Deus autem per arcum in nubibus cœli positum juramenti sui memor fuit (*Gen.* IX), quando Filium suum, quem idem arcus significat, ex integra virginea natura nasci voluit, qui omnes inimicos suos potenter expugnando superavit, quemadmodum etiam per aquam diluvii homines deleti sunt (*Gen.* VII), novo tamen sæculo hominum per aquam baptismatis recuperato, in Ecclesia Christo regnante, velut arcu in nubibus apparente. Filio quippe Dei Ecclesia juncta est, sicut circumcisio legi, quæ serviendo Ecclesiam per significationem præcucurrit. Sed novum sæculum, quod per ornamentum Ecclesiæ deauratum est, nunquam in defectu ex toto deridebitur. Sicut etiam arcus in cœlo non deficiet, sed cum timore ita comprimetur, ut vix uno oculo videat, iterum in Filio Dei recuperabitur. In variis quoque coloribus prædicti arcus, vires virtutum millenarii numeri sanctorum significantur, in igneo scilicet colore castitas et continentia, in purpureo martyria martyrum, in hyacinthino doctrina majorum, in viridi autem virtutes bonorum operum sanctorum accipiuntur, quæ per Filium Dei exspiratæ radiando, ut radii a sole procedunt. Præfatus autem rex, missis exercitibus suis, perdidit homicidas illos, et civitatem illorum succendit, quia cum dolores, videlicet veteres præcurrendo prætierant, omnipotens Deus iratus super inimicos suos quando Romani principes Jerusalem, quæ sanguine veri Agni et sanguine aliorum sanctorum perfusa erat, subfodiendo totam everterunt, et omnia legitima eorum, qui in ea habitabant, illos occidendo et videndo, destruxerunt. Tunc Ecclesia iterum reædificata est, quemadmodum civitas sancta Jerusalem nova descendit de cœlo (*Apoc.* XII), a Deo parata sicut sponsa ornata viro suo, quoniam Agnus Dei ad se collegit lactentis, puerilis, juvenis, maturæ ac decrepitæ ætatis homines, quibus Ecclesiam in novitate bonorum operum et in humilitate descendentium de cœlo virtutum ornavit, velut unusquisque eorum bona et sancta opera perfecit, a Spiritu sancto parata, quemadmodum sponsa ornatur viro suo, cum in dilectione ejus ardet, ut etiam Ecclesia Christo conjuncta est, sic et in electo suo, scilicet B. Roberto, Deus fecit, quem in infantia sua totum perfudit, et quem ad bonum finem perduxit qui clarus genere et divitiis sæculi, per libertatem benedictionis Dei charus Deo exstitit. Nam ut in vera visione video, beatus patronus noster Robertus, patre suo orbatus, cum matre sua vidua in hoc loco vivens, et operibus bonis insudans, ac Deo castitate, humilitate et sanctitate serviens, cum caducis et temporalibus æterna præmia mercatus est. Sicut enim vivens lumen in vera visione mihi ostendit, et me docuit, sic de ipso loquar. Ubicunque opinio veræ sanctitatis fuit ibi sanctitas stare et permanere diu potuit, ubicunque vera sanctitas non fuit, ibi mendacium durare diu non potuit, quemadmodum Divina majestas aperte ostendit, cum me et quasdam sorores mecum ad locum reliquiarum ejus per magnum miraculum magnarum visionum transtulit, ut omnibus cernentibus aperte apparet. Pater ergo matris beati Roberti de Lotharingia oriundus, etc. *Quæ sequuntur leguntur initio Vitæ S. Roberti, ab ipsa Hildegarde scripta.*

VITA SANCTI RUPERTI

DUCIS BINGÆ IN DIOECESI MOGUNTINA

A SANCTA HILDEGARDE ABBATISSA SCRIPTA.

(*Acta Sanctorum Bolland.*, Maii t. III, die 15, p. 503.)

Bingium, seu Binga, olim etiam Pingia dicta, oppidum Germaniæ ad Rhenum, ubi is Navam fluvium excipit, quatuor leucis infra Moguntiam, cujus urbis metropolitano capitulo a ducentis propemodum annis paret. Hujus loca vicina a Nava fluvio Nachgouve seu pagus Navensis dictus, cum locis subjectis late describitur a Marquardo Frehero par. II. *Originum Palatinarum*, cap. 11. Ejus ditionis dux olim post suos parentes fuit S. Rupertus, aliquibus *Robertus*, seu *Ropertus* dictus : a quo, inquit Freherus, « Ruperti ceu gentilitii cujusdam Divi prænomen multis palatinorum (decem enim Ruperti in hac familia numerantur) præ aliis complacuit. » Et vivit etiamnum Rupertus, frater comitis palatini Rheni. Hujus Sancti Vitam ex vera visione « edocta, uti in Prologo loquitur, descripsit S. Hildegardis abbatissa, quæ, uti scribit Trithemius in *Chronico Spanheimensi* ad annum 1148 : » in monte S. Disibodi constituta, divinitus admonita, cum decem et octo sanctis virginibus ad Bingas transivit, et monasterium in monte trans Naham fluvium, juxta sepulcrum S. Ruperti ducis et confessoris, ædificavit, atque ut idem Trithemius in *Chronico Hirsaugiensi* ad annum 1150, addit, « cœnobium pro sacris virginibus construxit in eo loco, ubi S. Rupertus dux, cum matre sua, Bertha nomine, sancta femina, temporibus Ludovici primi imperatoris, castellum et mansionem habuit. » Idem Trithemius, libro *De scriptoribus ecclesiasticis*, enumerat opera a S. Hildegarde conscripta, interque illa *Vitam S. Ruperti confessoris*, hoc exordio, « Nam ut in vera visione, » sed defuerunt illi tres quatuorve lineæ præcedentes.

2. Eam Vitam ex MS. codice bibliothecæ Moguntinæ Societatis Jesu edidit Joannes Busæus, ejusdem Societatis, una cum epistolis Hincmari archiepiscopi Remensis et Constitutionibus Caroli Magni, Moguntiæ an. 1602. Eamdem Vitam recudit Nicolaus Serrarius, lib. II *Rerum Moguntiacarum*, cap. 25. Eamdem nostro more illustratam hic damus. Colitur S. Hildegardis 27 Septembris, Martyrologio Romano inscripta : ejus autem Visiones habemus, quales in Bingensi ejus monasterio vidimus ipsimet propria ejus manu scriptas et tribus libris distinctas, Parisiis anno 1513 excusas et Coloniæ anno 1628 recusas a quibus merito abest prophetia sub ejus nomine olim conficta contra ordines mendicantes Prædicatorum atque Minorum, ac Societati nostræ calumniosius nuper aptata, de qua egimus ad Vitam S. Thomæ Aquinatis 7 Martii in notis ad caput 4. Ejusdem S. Ruperti Vitam, sed concinnatam, invenimus in ms. Ultrajectino Ecclesiæ S. Salvatoris, et in ms. cœnobii Rubeæ-Vallis Canonicorum Regularium prope Bruxellas quam et Germanice transtulit Jacobus Kobelius, secretarius urbis Oppenhemii, eamque, dicatam Adelheidæ abbatissæ « monasterii in S. Ruperti monte, » edidit Oppenhemii anno 1524 præclaris imaginibus ornatam.

3. Sacra memoria S. Ruperti confessoris, comitis Palatini, « ad hunc 15 Maii inscripta est dictis verbis in ms. Florario Sanctorum. At Rupertus « dux Palatinus Rheni et confessor » appellatur a Greveno Carthusiano Coloniensi in Auctario Usuardi, excuso sub nota anni 1515 et 1521, et a Canisio in Martyrologio Germanico, atque a Molano in Additionibus ad Usuardum, a quo additur « Apud Bingam. » Ferrarius in Catalogo generali, « Bingii, inquit, in Germania superiore S. Roberti comitis. » Ita etiam Robertum appellat Saussajus in Martyrologio Gallicano, qui ex Vita longum encomium addit. Gelenius in Fastis Agrippinis inter alia scribit ista : « In antiquo Bingio... requiescit S. Rupertus, dux Lotharingiæ et comes palatinus, ex cujus reliquiis Coloniam an. 1632 translatis, articulus ex manu, in sacello S. Margaritæ, Coloniæ recuperatæ sanitatis febricitantibus impendit. » Videntur nunc reliquiæ S. Hildegardis æque ac S. Ruperti ob bella Suecica Coloniam translatæ. Nam anno 1624 solemnis Coloniæ processio ad lucrandum Jubilæum in die Pentecostes habita est, in qua præter reliquias ecclesiarum Coloniensium circumlata fuerunt S. Hildegardis cor adhuc integrum et lingua, item caput S. Ruperti ducis, adhuc carne undique fere vestitum, ut tum Antverpiam scripsit Franciscus vander Veken. Nos anno 1660 fuimus in ipso S. Hildegardis monasterio, et inter reliquias ejus cor adhuc integrum sumus venerati.

4. Laudatus supra Serrarius cap. 50 asserit, S. Ruperti reliquias in eodem adhuc virginum monasterio visas cum scriberet anno 1604 et addit, « corpus quamvis dissolutum, pelle tamen adhuc pœne obtectum est, præsertim pedes, quorum unum argenteus continet ibidem calceus; alterum ex altero qui remanet calceo abstulisse alioque misisse dicitur cardinalis Albertus, » qui fuit archiepiscopus Moguntinus ab anno 1514 ad annum 1545. Verum olim cum ad illud monasterium S. Bernardus venisset, tum, ut scribit Trithemius in *Chronico Hirsaugiensi* ad an. 1148 : Dedit S. Hildegardis viro Dei postulanti particulam reliquiarum S. Ruperti Ducis Bingionum et confessoris: pro quibus et ipse postea nonnulla sanctorum capita ei remisit. Facta sunt hæc in monte S. Ruperti in præsentia Meginhardi comitis de Spanheim, sub cujus ditione temporali cœnobium constructum est .... Aderant ibi cum eo comite præsentes Cuno abbas S. Disibodi, et Bernhelmus primus abbas in Spanheim, cum multis aliis clericis, monachis et secularibus. Ibi tunc Bernhelmus abbas præfatus, per medium S. Bernardi, ad instan-

tiam sui et comitis Meginhardi, dextrum crus a genu infra usque ad pedem exclusive de corpore S. Ruperti ducis, integrum cum cute et carnibus, a B. Hildegarde et tota ejus congregatione sanctarum virginum obtinuit, et cum magna reverentia et honore ad suum monasterium Spanheimense introduxit : quod usque in hodiernum diem integrum habemus. Hæc Trithemius, qui eadem aliquanto contractius refert in *Chronico Spanheimensi,* sed ad annum 1150.

5. Hujus Sancti recitatur officium ecclesiasticum sub ritu duplici monachii in collegio Societatis Jesu, ob sacras ejusdem reliquias, quæ ibidem asservantur, scilicet spina dorsi sive ejusdem magna pars unciarum undecim, item aliud os 13 « unciarum. » Alia ibidem lectio habet : ? De spina dorsi, os cum carne undecim unciarum. » Ita ad nos scripsit 5 Junii anno 1674 Simon Mair, Societatis Jesu sacerdos et Monachii tunc præfectus Ecclesiæ, at postea successor ejus Maximus Ponzen ad nos misit testimonium authenticum de variis hujus Sancti obtentis reliquiis, et aliis S. Hildegardis, imo et Berthæ matris ejus, et S. Satyriæ virginis et martyris in Bavariam translatis ; ex quibus Societati Monachiensi datæ fuerunt ante indicatæ reliquiæ. Ipsum testimonium post ipsam Vitam integrum damus. In his omnibus agnoscimus singulare beneficium admodum Reverendi Patris Christophori Scorrer, qui nos Romæ tum Assistens Germaniæ et vicarius generalis omni cum humanitate fovit, et studia nostra promovit tam ibi quam in Bavaria et Germania superiore, quam et provincialis et visitator rexit, uti et aliquoties collegium Monachiense.

6 Videtur hic addenda memoria Berthæ matris S. Ruperti, quod infra in Vita, eodem modo sicut Robertus appellatur *Beatus,* ita et Bertha semper vocatur *Beata,* quæ est in filii sui sepulcro deposita et simul « Reliquiæ ipsius et B. Ruperti requiescunt et infra in instrumento æque *Sanctæ* titulo honoratur atque filius, et duo ossa de S. Bertha matre » sunt cum aliorum reliquiis translata : « Sanctam feminam » appellat Trithemius : et in Vita Germanica filii, æque ac ipse cum radiis depicta est jam ab an. 1524. Demum Arthurus du Monstier in *Gynæceo sacro* hoc etiam die S. Bertham cum debito encomio celebrat.

INCIPIT VITA.

CAPUT PRIMUM.

B. Berthæ conjugium et viduitas. S. Ruperti pia pueritia : affectus erga pauperes.

1. Beatum Robertum Deus in infantia totum sua gratia perfudit, et ad bonum finem perduxit ; qui clarus genere et divitiis sæculi, per liberalitatem benedictionis Dei, carus Deo exstitit (29). Nam, ut in vera visione video, beatus patronus noster Robertus, patre suo orbatus, cum matre sua in hoc loco vivens, et operibus bonis insudans, ac Deo in castitate, humilitate et sanctitate serviens, cum caducis et temporalibus æterna præmia mercatus est. Sicut enim vivens lumen in vera visione mihi ostendit et me docuit, sic de ipso loquar. Ubicunque opinio veræ sanctitatis fuit, ibi sanctitas stare et permanere diu potuit : ubicunque autem vera sanctitas non fuit, ibi mendacium durare diu non potuit. In beato autem Roberto vera sanctitas fuit, quemadmodum divina majestas aperte ostendit, cum me, quasdam sorores mecum, ad locum reliquiarum ejus per magnum miraculum magnarum visionum transtulit, ut omnibus cernentibus et scire volentibus apparet.

2. Pater ergo matris B. Roberti de (30) Lotharingia oriundus ibidem princeps exstitit, et magnam latitudinem prædiorum ac divitiarum, in regione nativitatis suæ et in aliis circumquaque positis regionibus, et circa fluenta Rheni in Pingis habens, magnus ac nominatus inter principes sæculi habebatur. Qui vere Catholicus existens, in temporibus imperatoris Magni Caroli claruit ; puellamque, matrem videlicet beatæ Berthæ, ex longinquis regionibus in magnis divitiis ortam, sibi in matrimonium conjunxit. Ex qua dum filiam, matrem scilicet beati Roberti, habuisset ; ipsam adultam pagano et tyranno cuidam, nobili tamen et duci secundum sæculi dignitatem, Roboldo dicto, cum adhuc pagani et Christiani propter rudimentum veræ fidei simul habitarent, gloria conjugii solemniter associavit ; et prædia sua, quæ circa Rhenum in Pingis habebat, eidem filiæ suæ in dotem contulit ; quatenus ob elegantiam generis sui, et ob amplitudinem prædiorum suorum, idem Roboldus ad Christianum nomen cogi posset : quod tamen nihil profuit. Qui dum cum ea per aliquod tempus laudabiliter vixisset, postea honestos mores ipsius videns, graviter tulit ; ac se alienis mulieribus conjungens, non illam tamen more conjugii deseruit, sed tyrannidem incredulæ mentis gerens, baptismum non amavit. Unde beata mulier hæc valde cruciabatur in corde suo, Deo vovens, ut si ab illo liberaretur, thalamo alterius viri non associaretur : et ob hoc etiam suspiriis, lacrymis, orationibus ac eleemosynis sacrificium laudis Deo offerens dicebat ; O ! o ! quando liberabor de occupatione sæculi hujus, quæ animæ meæ et corpori meo amarus carcer est? De benevolentia autem beatæ Berthæ magis quam de sanctitate ejus loquamur, ut *gloria in excelsis Deo, et in terra pax hominibus bonæ voluntatis* sit *(Luc.* II, 14). Nam ipsa tandem filium concepit et peperit, et si dicere liceret, pannis illum, ut beata Dei genitrix Maria filium suum, involvit. Cujus pater, plurima gloria sæculi, ut præfatum est, pollens, in monte illo, qui Lubun dicitur, ejus faeta est inter Carolum Calvum et Ludovicum regem patruos ejus, et huic tunc accesserunt Binga et vicina loca.

---

(29) Hinc incipit Trithemius Vitam.

(30) Nomen Lotharingiæ postea natum, ac initio dictum Regnum-Lothari, vulgo *Lother-rijck.* Post cujus Lotharii regis obitum, anno 870 divisio regni

tur, castrum valde munitum habuit, et per totam provinciam illam, fere usque ad Moguntiam civitatem, ducatum tenuit. Cumque beatus infans Robertus trium annorum esset, pater ejus in magnis præliis contra Christianos dimicans, occisus coram Deo et hominibus interiit, et B. Bertha uxor ipsius vidua remansit.

3. Quæ se a vinculo mariti et a sollicitudine sæculi solutam videns, præfatum castrum deseruit, et ad alium locum, scilicet super Naham situm (in quo nunc reliquiæ ipsius et beati Roberti requiescunt) se contulit, ibique ecclesiam ædificavit. Pretiositatem quoque et claritatem vestimentorum abjecit, nec ulterius dignitatem generis sui et divitiarum suarum attendit; sed vili vestitu et grosso velut sacco induta, ac cingulo cincta, deinceps in continentia viduitatis, ut diu optaverat, Deo devota serviebat. Multos quoque perfectos et alios quosdam bonos homines ad se collegit, ac in prædicto loco permansit; ibique vigiliis et jejuniis se macerans, orationibus etiam et eleemosynis Deo quotidie ministrans filium suum bono exemplo in sanctitate munivit; quoniam timebat, quod per cognatos et amicos suos ad voluptatem sæculi moveretur; et, ne hoc fieret, die noctuque illum Deo commendabat. Sed tamen plurimi tyranni, tam Christum colentes quam idolis servientes, eam interim infestabant, et tam elegantiam generis et corporis ipsius amplectentes, quam divitiis et prædiis ejus inhiantes, eam sibi matrimonio conjungi affectabant. Ipsa vero omnes uno animo et una voluntate a se repellebat, et soli Deo placere studebat, et filium suum magis ad gloriam Dei quam ad honorem sæculi educare laborabat. In quo dum bonas virtutes bona spe cœlestis vitæ exsurgere videret, animumque illius magis ad æterna quam ad caduca innixum attenderet; de plurimis donis sancti Spiritus gaudebat, quæ in ipso videbat.

4. Quoniam idem beatus Robertus, cum infans et lac sugens esset, mores malitiæ infantis, plorando seu irascendo, non habuit: et a lacte abstractus in pueritia sua, in moribus suis, velut homo qui diligentissima intentione ad Deum anhelaret, fuit: quapropter pater suus eum odio habens, ipsum stultum et fatuum fieri multoties affirmaverat, dum vivebat. Sed qui Deum bona et recta fide colebant, puerum hunc in pueritia sua tam benevolum existentem cernentes, valde amabant, et beatum futurum, quamvis per ignorantiam, veraciter tamen dicebant. Spiritus sanctus enim, qui Jacob patriarcham in utero matris suæ gratia sua perfuderat, infantem istum etiam inspiravit; quia Deus miracula sua sæpius in iis etiam facit, qui præ mollitia venarum ac medullarum plenam scientiam nondum habent (31)..... In plena etenim benedictione fructuosæ terræ, scilicet benevolentiæ, Deus Jacob antequam nasceretur diligebat, et in eadem inspiratione beatum Robertum in infantia ipsius visitavit. Deus namque prævidit, quod sensibilis terra hujus pueri ad Deum anhelare desideraret; et quia hoc, lac adhuc sugens, in moribus suis (ostendere) incipiebat; omnes qui eum videbant, ipsum valde diligebant; quoniam ubicunque benevolentia in homine est, ad amorem illius desideria hominum accenduntur, velut ros super granum ad viriditatem illius cadit. Itaque (32) cum puer Robertus septem annorum esset, litteras discere desiderabat, quibus eum mater sua instrui faciebat; sed tamen clericum esse nolebat, sed in loco patris sui ducem provinciæ suæ ac defensorem Ecclesiarum eum esse disponebat. Ipse autem gratia Spiritus sancti misericors super pauperes erat, quod ministerium ac sustentatio benevolentiæ est, quemadmodum viscera homini servientes eum continent. Nam et secundum mores puerorum, ubicunque pauperes puerulos invenit, eos matri suæ obtulit, dicens: « Mater, ecce filii tui. » Quod factum illa benigne suscipiens, ei respondit: « Fili mi, fratres tui sunt. » Qui cum competenter et honeste nutriretur, ætate et sapientia coram Deo et hominibus proficiens, ad juvenilem ætatem, in sanctis moribus ac virtutibus educatus, pervenit; unctus oleo sanctitatis, ut David, oleo lætitiæ præ consortibus suis (*Psal.* xxxiv, 8), atque gloriam totius mundi toto nisu mentis suæ sprevit, quamvis eam corporaliter coram hominibus habere videretur. In bonis namque moribus sancte vivebat, et ecclesiam piis orationibus assidue frequentabat, et quæ in sacris voluminibus docebatur, bonæ memoriæ pio studio commendabat.

5. Cumque ad duodecimum ætatis suæ annum pervenisset, mater sua ad ipsum dixit: « Fili mi, quoniam plurimas facultates et divitias habemus (33), oraculum in honorem Dei, et salutem animarum nostrarum faciamus. » Cui ille respondit: « Non, mater mea, sed prius quod Evangelium habet intendamus (34); et propheta dicit: *Frange esurienti panem tuum, et egenos vagosque induc in domum tuam* (*Isa.* lviii, 7). Et iterum: *Cum videris nudum, operi eum, et carnem tuam ne despexeris* (ibid.). » Quod mater ipsius audiens, quamplurimum gaudebat, quia filius ejus tam sanum consilium ipsi dederat. Nam per Spiritum sanctum bona et sancta desideria in animo illius juvenis, sicut balsamum, sudabant: et quomodo hæc quæ locutus fuerat fieri possent, secum silenter tractabat, et sic obdormiebat. Unde per admonitionem Spiritus sancti quemdam senem in somnis vidit, qui pulchram faciem habens, quosdam puerulos in limpida aqua lavit, quos postea in

---

(31) Hic digressio longa inserta, tanquam minus necessaria, a Busæo omissa est et a Kebelio Germanice edita.

(32) Hinc incipiunt mss. compendia Ultrajectinum et Rubeæ Vallis.

(33) Oraculum pro oratorio sumi, sæpius adnotavimus.

(34) Ita mss. et perperam apud Busæum et Serrarium legitur: « Dicit enim Christus; » est autem hic locus Isaiæ xviii.

quoddam pomarium, omni genere florum et arborum amœnissimum, et odore cunctorum aromatum plenum, inducens, candidissima veste induit. At B. Robertus, amœnitate ejusdem loci allectus, ad senem dixit : « Hic manere volo. » Cui senex respondit : « Hic modo non permanebis, quoniam fructuosam scalam in cœlum tibi parabis, ubi socius angelorum eris. Quapropter, quod de pauperibus disposuisti, perficere non negligas, quatenus per victum et vestitum illorum cibo vitæ pascaris ; ac veste, qua Adam per inobedientiam exutus est, induaris ; sæculoque peregrinus mente factus, optimam partem tibi eligas. » Sed postquam beatus puer Robertus evigilavit, hæc quæ in somnis viderat, matri suæ narravit. Unde illa multum gavisa, ad Dominum genua sua flectens, orabat dicens : O Domine Deus meus, desiderium meum in filio meo implebis. Et deinde tam mater quam idem filius ejus, juxta ripam defluentium aquarum quædam habitacula domorum ædificantes, inibi pauperes et nudos conservabant : quibus etiam victum et vestitum per duos fideles et sanctos viros subministrabant ; quorum alter Wigbertus dictus, eis in sacerdotio serviebat ; alter vero quidam ministerialium ipsorum existens, indoctus erat. Ipse quoque B. Robertus, teneræ ætatis et nobilitatis suæ propter amorem Christi oblitus, pedes pauperum multoties lavit, cibum et potum ipsis apposuit, ac lectos sæpius eis stravit, et sic usque ad quintum decimum ætatis suæ annum Deo fideliter servivit.

CAPUT II.

Peregrinatio Romana. Deliberatio de statu vitæ.

6. Et quoniam in pompa sæculi per multas divitias et familiam pollebat, quibus se ad sæculum trahi videbat ; apud se tandem tractare cœpit, quomodo B. Alexius patrem et matrem, domum ac divitias sæculi peregrinatus reliquit ; et se illum in hoc imitari omnino elegit, quatenus Deo tanto liberius servire in quiete posset. Quod mater ipsius quibusdam indiciis in eo sentiens, quamvis eam hoc celaret, ipsi cum lacrymis dicebat : Fili, doloris maternorum viscerum recordare, et gemitus matris tuæ viduæ attende, et familiam tuam in te solum confidentem aspice, et ne nobis intolerabilem miseriam inferas prævide : nam de facultatibus nostris pauperibus et egenis ac omnibus indigentibus, secundum quod tibi placuerit, erogare poteris. Et quid tibi melius et utilius est, quam Deo sic servire ? Hæc matre sua multis lacrymis multisque gemitibus loquente, in corde suo beatus hic juvenis valde turbatus est. Eodem quoque tempore quidam nobiles, tam de extraneis quam de consanguineis suis, ad eum veniebant, dicentes : « Tu qui tantum honorem ducatus tantasque divitias sæculi habes, cur te tam contemptibilem facis ? » His aliisque similibus verbis eum quotidie lacerabant, tentantes, si ipsum a bono proposito et a bona via sua avertere possent. Quod ille cernens, matri suæ dicebat : « Ecce per suggestionem diaboli, qui proposito et vitæ meæ invidet, irretitus sæculo implicabor, et post vias patris mei quamvis nolens, ibo : nam peregrinationem ob hoc desiderabam, ut soli Deo tanto liberius servire possem. » Quo audito mater ipsius, quæ totam spem suam in Deum posuerat, præ timore angustiata et gravata, metuebat, ne filius ejus per nobilitatem generis sui illectus sæculo implicaretur : malensque hærede carere, quam filium suum sæcularibus implicamentis irretitum diabolo servire, ipsi, quantum præ dolore potuit, aiebat : « Fili, quoniam video te, per multa consilia turbatum, inconvenienter ad sæculum trahi ; fac quod vis, et peregrinationem, quam diu optasti, aggredere ; et ille cui dictum est : *Tu solus peregrinus es in Jerusalem* (*Luc.* XXIV, 18), in itinere tuo sit, teque incolumem mihi ad gloriam nominis sui remittat. » At ille ex voluntate matris suæ peregrinationem arripuit, atque ad limina sanctorum apostolorum Petri et Pauli cum quibusdam hominibus suis profectus est. Quem cum homines regionis illius viderent, super eo admirati sunt, ad invicem dicentes : Vere hic homo nobilis est : facies enim ejus clara apparens in benevolentia lucebat, quoniam gratia Spiritus sancti ipsum perfuderat : unde et omnes, qui eum intuebantur, in amplexione charitatis ipsum diligebant. Nam, sicut stella absque nube clarescit et clara est ; sic etiam in facie hominis benevolentia conspicitur, quia idem homo in bona consuetudine Spiritus sancti est. Et cum B. Robertus se Deo meritisque sanctorum apostolorum Petri et Pauli quotidie commendaret, per aliquod tempus ibidem moratus est.

7. Eo autem ibi moras faciente, a quibusdam religiosis viris ejusdem regionis interrogabatur, cujus conversationis aut desiderii foret : quibus ipse omnia, quæ in corde suo habebat, aperuit. At illi consilium ei dabant, ut Evangelium hoc attenderet, ubi scriptum est : *Vade, et vende omnia quæ habes, et da pauperibus, et veni, sequere me* (*Matth.* XIX, 21) ; quoniam peregrinatio ipsi bona et utilis esset, ne divitiæ nobilitatis eum ad perditionem traherent. Qui consilio eorum se subdidit, et se ita facturum in animo deliberavit. Ad matrem suam denique reversus, in prædio suo, quod latissimum fuit, villas et ecclesias, in quibus locis non erant, ædificari fecit, et hominibus suis ea distribuit ; quatenus inibi manentes, et matri suæ, quandiu viverent, ministrarent, ac cunctis supervenientibus et in necessitate laborantibus in adjutorio subvenirent. Ipse vero ducatum, matrem, familiam et possessiones suas, et omnia quæ habebat, relinquere, et pro Christi nomine peregrinus fieri cogitabat (35). Pos-

---

(35) Hunc locum totum a se descriptum edidit Freherus in *Originibus Palatinis* par. II, cap. 11, at quod exspectabamus, ipsa loca et maxime fluvii ubi sint siti, non indicavit.

sessio autem praediorum ejus, quam haereditario jure tam a patre quam a matre et a caeteris progenitoribus suis possederat, a loco illo, ubi reliquiae ipsius conditae sunt; videlicet, ubi Naha fluvius Rheno influit, sursum per ripam Rheni usque ad (36) Selsam fluvium se extendebat; et deinde ad alia duo flumina, quorum primum Wiza, secundum Apsa dicitur, transibat; et illic ultra Naham fluviolum Elram dictum, qui ibidem medius trium fluviorum ejusdem vocabuli est, ascendebat; et abhinc ad (37) Simeram amnem dirigebatur, et inde per silvam Sane, ubi amnis, qui Heienbach vocatur, Rheno se infundit, recurvabatur.

8. Habitatio autem, tam B. Roberti quam matris ipsius, eodem tempore, propter suavitatem defluentium aquarum, in ipso loco erat, ubi reliquiae eorum nunc conditae sunt. Civitas vero ipsorum, ibidem sita et fortissimis aedificiis munita, per totam adjacentem planitiem usque ad radicem vicini montis et usque ad ripam Rheni tendebatur. Sed ex altera parte Nahae fluvii vicus erat, in qua habitacula famulorum et piscatorum eorum, et stabula equorum ipsorum, ac horrea, ubi frumentum eorum condebatur, et torcularia, ubi vinum ipsorum exprimebatur, fuerunt. In ipsis quoque locis major celebritas et major copia divitiarum et omnium saecularium dignitatum illo tempore pollebat, quam in aliis civitatibus ejusdem regionis vigeret; quoniam ibi concursus et transitus multorum hominum diversarum provinciarum assidue frequentabatur.

9. Denique cum B. Robertus juvenilem aetatem attigisset, scilicet cum jam fere viginti annorum esset, multi propinquorum et ministrorum ejus ipsum, quamvis renitentem, ad voluptatem saeculi trahebant. Quos ipse, quia totus in Dei amore ardebat, a se piis et convenientibus verbis repellebat, quia Deus, qui omnia tam futura quam praeterita et praesentia novit, aliud in eo praeviderat. Nam, dum idem beatus, velut arbor fructuum plena, tam pinguis et elegantis naturae esset, ut mens ipsius per generositatem et divitias saeculi in contrarietatem honoris facile perverti, et in sanctitate arescere posset (quemadmodum in quibusdam hominibus saepe accidit, qui bona opera incoeperunt, in quibus postmodum aruerunt) Deus ipsum ad se tulit (38). Denique mater beati juvenis hujus Roberti, cum in viduitatis continentia Deo bonis et sanctis operibus devote serviret, somnium divina revelatione vidit, costam scilicet de latere suo cecidisse; unde multum perterrita, crebros gemitus et crebra suspiria cordis sui pertulit, sicut et postmodum non multo tempore transacto patuit. Nam filius ejus B. Robertus, cum in intentione devotionis quam Deo voverat esset, quatenus eam compleret, magnis febribus infirmari coepit.

10. In qua infirmitate senex, quem dudum in somniis viderat, ei apparuit, dicens: « Ego antiquus dierum, qui Danieli in visu noctis apparui, sum; et nunc etiam me tibi manifesto, teque ad gloriam infinitae beatitudinis voco; quoniam per pomerium, quod tibi olim in visu demonstravi, bona et sancta opera, quae modo complesti, veraciter praemonstravi. » Qui ut de somno evigilavit, tristitia et timore perterritus, quia libenter complesset quod Deo in desideriis suis voverat, matri suae quae viderat indicavit. Sed illa protinus maximo moerore percussa, quantos gemitus quantosque luctus, his auditis, ediderit, a quolibet simile passo animadverti potest. Itaque cum beatus iste per triginta dies in praefata infirmitate laborasset, vicesimo aetatis suae anno Deus eum, in bona confessione et in Dei timore, de hac vita tulit: ne si ad perfectam aetatem perveniret, post vias patris sui incederet; quia qui omnia novit, sic illi expedire praescivit. Deus enim illum praevenit, et ipsum in innocentia fulgentem de hac vita subtraxit. In oratorio autem, quod ipse et mater sua super Naham fluvium in supradicto praedio suo construxerant, cum maximo concursu populorum totius regionis sepultus est: aliis quidem super eum flentibus, quoniam immaturus de praesenti vita sublatus est; aliis vero super eum gaudentibus, quia per miracula, quae Deus ibidem per eum fecit, tota regio illa, velut dies per solem, illuminata est. Per octo namque annos Deus plurima signa et miracula, per merita hujus dilecti sui, in praedicto loco in infirmis, in claudis, et in captivis fecit; ita ut quicunque in tribulationibus vexabantur, ad sepulcrum ejus venientes, per gratiam Dei liberati sint.

11. Beata autem Bertha, vidua Dei electa, post felicem obitum filii sui, sanctam vitam in magna contritione cordis sui deinceps duxit; et omnia quae habuit ad sepulcrum filii sui pro servitio Dei obtulit: et cuncta necessaria congregationi fratrum, qui ibidem Deo in divinis serviebant, ex his pleniter subministravit. Nam post finem filii sui in omni bonitate jejuniorum, eleemosynarum, et orationum fere per viginti quinque annos vivens, multos labores pro Dei amore pie et juste consummavit; et deinde corporali infirmitate correpta, spiritum, quem semper in coelestibus desideriis infixerat, Deo reddidit, et in pace, in sepulcro filii sui, in praefato praedio suo honorifice sepulta est.

12. Qua defuncta praedictus locus in honore sanctitatis, et in pace quietis usque ad tyrannidem Normannorum perstitit. Quibusdam etenim annis post felicem transitum beatae hujus Berthae transactis, gens Normannorum, a finibus suis egressa, plurimas civitates circa fluenta Rheni divino judicio devastavit (39): Treverim quoque destruxit, et sic

(36) Habelius in Vita Germanica Selsam fluvium statuit ad Ingelheimium oppidum, scilicet Sursum ad Rhenum; nec procul inde fluvioli Wiza et Apsa statuuntur, vulgo Selss, Wijss, Apffel dicti.
(37) Simera urbs ducatus titulo celebris est ad amnem Simeram, qui in navim defluit et hinc termini ducatus S. Ruperti videntur assignandi.
(38) Altera hic interjecta digressio fuerat.
(39) Trevirensis urbis excidium contigit anno 882, et sequenti.

grassando ad (40) civitatem Roboldi patris scilicet B. Roberti, ubi Naha fluvius Rheno commiscetur, de quo supra dictum est, perveniens, hanc etiam ruina et incendio ad nihilum redegit. Quo facto, cum nefarii homines isti tandem repercussi, feritatem suam deposuissent, et ad terras suas redirent; incolæ præfati loci, qui superstites remanserant, et qui per diversa latibula dispersi fuerant, revertentes, et civitatem suam dirutam cernentes, ex altera parte Nahæ fluvii, propter munimen decurrentium fluminum et adjacentium montium, alia habitacula sibi ædificabant : et omnia quæ in lignis et lapidibus, in ejectis fundamentis atque in aliis utensilibus, a prædicto destructo loco deferre poterant, ad alteram ripam Nahæ ad illic habitandum deportabant. Et sic prior locus, qui dudum frequentia populorum, celsitudine ædificiorum, amplitudine divitiarum pollebat, desolatus est, atque per subsequentia tempora ad majorem desolationem perductus. Unde et omnia prædia, quæ B. Robertus hæreditario jure possederat, per extraneos et diversos homines in contrarietatem dissipationis distracta sunt, et nihil ex iis inconvulsum permansit, excepta ecclesia, in qua idem Dei electus, ut supra dictum est, una cum matre sua requievit, quæ et usque ad tempora nostra duravit : sic etiam, quod eam oculis nostris perspeximus, cum ad eumdem locum Dei monstratione pervenissemus : et exceptis quibusdam paucis vinetis ad eamdem ecclesiam pertinentibus, quæ a domino (41) Hermanno Hildesheimensi episcopo, et fratre ipsius nobili viro, Bernardo dicto, per nos pretio comparavimus.

TESTIMONIUM AUTHENTICUM DE ALIQUIBUS RELIQUIIS TRANSLATIS.

Nos Joannes Suicardus a Cronbeg, insignis metropolitanæ ecclesiæ Moguntinæ scholasticus, ac S. Albani præpositus, reverendissimi ac illustrissimi in Christo Patris ac domini, D. Wolfgangi sanctæ sedis Moguntinæ archiepiscopi, S. R. imperii per Germaniam archicancellarii, principis electoris, vicarius generalis in spiritualibus, et ad infra scripta ab eodem specialiter deputatus commissarius, universis et singulis, ad quos hæ nostræ pervenerint, post debita nostra promptaque officia et obsequia, notum facimus et esse cupimus, qualiter reverendissimi ac serenissimi Domini et Principes, D. Philippus D. G. episcopus Ratisponensis et Ferdinandus præpositus Argentoratensis, Palatini Rheni comites, ac utriusque Bavariæ Duces, post absolutam in hac nostra Metropolitana urbe et ecclesia, juxta statuta et consuetudinem ipsius, non sine præclaro virtutum et Religionis exemplo, residentiam, cum hinc a nobis ad sacra limina apostolorum recedere statuerunt, pro ea qua sunt erga Deum Deique sanctos, quorum memoria in benedictione est, ardenti pietate et affectione petiverint, ut priusquam ab Ecclesia et diœcesi nostra discederent, sacra loca et monasteria religiosa veneratione visitare, ac de sacris eorum Reliquiis nonnihil secum ferre et asportare gratioso consensu Celsitudinis suæ liceret. Quorum laudabili zelo et pietati Celsitudo sua gratificari cupiens, nobis speciali mandato commisit, ut piis votis eorum satisfacientes, petitionem quam primum effectui mandaremus. Quod pro debito obedientiæ nostræ obsequio exsequentes, accersito ad nos reverendo viro Vito Mileto, sacræ theologiæ doctore ad S. Mauritium huc loco præposito, eum cum litteris et mandatis vicariatus et commissariatus nomine, una cum reverendo et eximio viro ac Domino Quirino Leonino, ejusdem sacræ theologiæ licentiato, cathedralis Ecclesiæ Ratisponensis canonico, serenissimorum principum theologo et moderatore, ad ecclesias et circumjacentia loca sacra amandavimus, iisdemque plenariam potestatem fecimus, sacras eorum reliquias in archiviis et reliquiariis debita cum reverentia inquirendi, aperiendi, examinandi, ac de iisdem quantum discretioni et religioni congrueret, in timore Domini ad nos referendi. Qui commissum sibi munus sedulo exsequentes, prævia diligenti inspectione et informatione; has ad nos ex abbatia virginum montis S. Roberti, vulgariter Rupersberg, ordinis S. Benedicti, juxta oppidum Bingam, reliquias attulerunt, scilicet duas costas de S. Roperto, filio quondam Roboaldi comitis palatini Rheni, ex Berta Austrasia et Lotharingiæ ducissa, adhuc carnosas : item alia tria ossa oblonga ejusdem : item de spina dorsi adhuc carnosa : item dentem ex ejusdem capite, de mento superiori sub oculo dextro : item ossa tria de S. Hildegarde, ibidem quondam abbatissa, Virgine nobilissima et religiosissima, quæ spiritu prophetico plena, conscripsit opus epistolarum pulcherrimum de suis visionibus sive revelationibus, tempore D. Bernardi et Eugenii papæ tertii, quos libros illius Eugenius quartus approbavit et confirmavit ; ejus natalis celebratur 17 Septembris. Item de eadem costulam unam ac de spina ejusdem : item ossa duo de S. Bertha matre S. Ruperti, Austrasiæ et Lotharingiæ ducissa : item guttur cum alia particula de S. Satyria virgine et martyre. Quas quidem sacras reliquias nos debita eis reverentia accipientes et exosculantes, accepto prius a dominis subcommissariis solemni juramento, quod eas in locis debitis, archi-

---

(40) Binga hic appellatur civitas Roboldi, patris S. Ruperti.

(41) Hermannus præfuit Ecclesiæ Hildesheimensi ab an. 1160 usque ad an. 1174, quo redux e Palæstina obiit in Italia. At S. Hildegardis vixit usque ad annum 1177.

viis et reliquiariis, pro veris, certis et indubitatis sacris reliquiis, ab antiquo et ultra hominum memoriam ab omnibus vere Christianis orthodoxe catholicis semper et ubique reverenter habitas et cultas, ac de iisdem non raro ante hac ab archiepiscopis Monguntinis summis regibus et principibus communicari ac transmitti solitas, bona fide deprehenderint et compererint : ita quod de earum fide et veritate nemo vere Christianus ambigere possit aut debeat. Ea qua decebat reverentia animique demissione, nomine et ex parte reverendissimi et Illustrissimi Domini nostri archiepiscopi et principis electoris Moguntini, serenissimis principibus, sub ipsa sanctæ missæ celebratione, cum multis aliis huic instrumento non insertis reliquiis, præsentibus ad hoc specialiter requisitis notario et testibus infra scriptis, in Dei nomine, ad ipsius et omnium Sanctorum suorum gloriam tradidimus : Deum Patrem Domini nostri Jesu Christi, cum quo omnes sancti feliciter vivunt et regnant, humiliter et ex animo precantes, ut hoc qualecunque servitutis nostræ obsequium illis ad gloriam et honorem, serenitatibus vero ipsorum nobisque omnibus eorum intercessione ad salutem proficiat æternam. Amen. In quorum omnium et singulorum fidem præsentes hasce fieri, propriaque manu subscribere, ac sigillis vicariatus nostri et ipsius abbatissæ et conventus memorati monasterii communiri voluimus.

Acta sunt hæc in metropolitana civitate Moguntia, in sacello curiæ serenissimorum principum, sub anno nativitatis Christi millesimo quingentesimo nonagesimo secundo, die vero 10 mensis Augusti, pontificatus S. D. N. D. D. Clementis octavi anno primo, præsentibus ibidem rev. nobilib. magnif. et eximiis viris ac dominis, Dom. Adolpho Wolffg dicto Metternich, canonico Spirensi et præposito Sancti Andreæ Wormatiæ, dictorum principum aulæ præfecto; D. Ætherio Hoffmant S. theolog. doct. collegiatarum ecclesiarum D. Virginis ad Gradus et Sancti Petri extra muros Moguntinenses respective decano et cantore, almæ Universitatis Moguntinæ pro tempore rectore ; D. Balthasaro Bafer ab Holobus, dictorum principum cubiculario, D. Joan. Hagero Bavaro, dd. principum capellano, ad præmissa specialiter requisitis et vocatis. Quæ omnia et singula, in jam dicto loco et die, circa horam septimam antemeridianam, sacro prius missæ officio; ipsis reliquiis super altare positis, devote habito , per tunc D. rever. archiepiscopi Moguntini deputatos commissarios supra memoratos, una ibidem adhuc existentes, tactis primo per ipsos sanctis Dei Evangeliis, ad tenorem datarum litterarum, vere et legitime dicta, acta, gesta, tradita fuisse, ego Georgius Molitoris, publicus notarius , reverendorumque dominorum capituli summæ ædis sacræ Moguntinæ secretarius, juratus, una cum testibus supra scriptis, mecum ad hoc specialiter de novo rogatis, in veritatis testimonium evidentissimum, hac meæ manus subscriptione propria ac signeto notariatus ad marginem solito apposito, coram universis et singulis attestor.

LOCUS SIGILLORUM.

VITA SANCTI DISIBODI

EPISCOPI ET CONFESSORIS IN DYSEMBERG, TERRITORII MOGUNTINI IN GERMANIA,

A SANCTA HILDEGARDE SCRIPTA.

(*Acta Sanctorum Bolland.* Julii tom. II, die 8, p. 581, ex ms. S. Maximi Trevirensis.)

MONITUM

S. Disibodi Vitam scripsit S. Hildegardis an. 1170, jussu Helingeri, Montis a Sancto denominati, abbatis quinti. Vita illa S. Disibodi sola et unica est, quæ a Surio edita, citari passim solet, eo auctoramento donata, ut « divinitus revelata » censeatur. Sic certe testatur ipsa num. 1 : « Prolatas visiones libri *vitæ Meritorum*.... ex divinæ pietate sapientiæ, vocem de cœlo sic dicentem audivi. » Et rursus num. 52 : « Hæc, quæ prolata sunt, per Spiritum sanctum, ad gloriam nominis ipsius ad memoriamque præfati patroni, atque ad castigationem audientium hominum , veraci revelatione manifestata sunt. » Mira sane Hildegardis assertio, de narratione confusa et intricata, nec ullis veris historicis characteribus prædita, quamque adeo dignam non censuit Mabilio, quæ inter Sanctorum ordinis sui Acta locum occuparet. « Disibodi res gestas, inquit, locis fere communibus amplicavit S. Hildegardis. »

Lucubrationem bene longam sæpius et attente evolvi, tum in ms. nostro ex S. Maximini Treviris per Rosweydum accepto, tum in ipsa Surii editione licentius expolita, vel ut alii loquuntur, corrupta : at nusquam mihi apparuere vel levia quidem indicia, unde tali scriptioni revelationis prærogativa adscribi possit, non magis quam quibuslibet aliis id genus sanctorum Legendis; nisi revelatas dixeris sacrarum Litterarum nonnullas sententias , quas Sancta auctor singulari interpretatione exposuit, tota in explicandis moralibus doctrinis, quas si a reliquo opere avulseris, historia ista qualiscunque paucissimis verbis circumscribi queat, saltem qua parte Sancti ipsius gesta enarrantur. Excute, obsecro, diligenter longam istam et satis tetricam orationem; expende capita singula, etiam moralia; fallor si usquam invenias aliquid, cui conveniat revelationis appellatio. Etenim quæ ipsa scire potuit et debuit de Montis S. Disibodi, in quo prius habitaverat, existentia, deque variis ejus casibus et vicissitudinibus per revelationem discenda non fuerunt, S. Hildegardis avo satis nota ea omnia monachis et pervulgata essent.

Vellem equidem, in ea qualicunque visione, exhibita ipsi fuissent distinctiora singularum persecutionum et calamitatum tempora; item quæ S. Disibodi incunabula, parentes, cathedram episcopalem, tum vero ordinatam totius ejus ætatis et gestorum seriem nobis expandissent; de quibus minime sollicita fuisse videtur, ut tota demum revelatio ad ea solum redeat, quæ ipsa ex sæpius auditis præconceperat, quæque « locis fere communibus amplificavit. » Ne hic actum agam, aut pridem agitatas controversias denuo suscitem, videat lector, quæ de hujusmodi visionibus et revelationibus pridem disputavit Papebrochius, in Responsionibus ad articulum xx Exhibitionis errorum, ipsi perperam impactorum; nisi quis compendiosiori via rem totam expediendam censeat, et merito dubitet, utrum ea rerum congeries, saltem sicuti ad nos pervenit, Hildegardis propria et genuina sit, et non potius ab aliquo interpolatore aucta postmodum et amplificata, atque inter alias Sanctæ istius revelationes, aliunde notas et utcunque approbatas, computata, de quibus plura disquirere hoc loco non lubet, neque vero operæ pretium videtur.

Præter hanc vulgatissimam Vitam a S. Hildegarde scriptam, aliam inter schedas nostras reperi, cujus nemo est qui hactenus umquam meminerit : nam ut notavit laudatus Mabilio, sæc. III Benedict. parte II, pag. 498 : « Præter Hildegardem... nemo veterum, quos legerim, Disibodi mentionem facit præter Rabanum Maurum et Marianum Scotum. » Et certe tanti non est vita ista altera, ex Passionali membraneo cænobii Bodecensis a nostro P. Joannes Gamans transumpta, ut memorari aut multum prædicari mereatur. Centonem appello, ab aliquo forte Montis S. Disibodi monacho exornatum : dicamus potius, ex aliis Sanctorum Actis putide compilatum, exordio ex Actis S. Kiliani ferme desumpto, aliisque aliunde corrasis. Narrationis totius pars potissima hæret in describenda venatione regis Dagoberti, qui cum suis cervam toto triduo mire insequens, « montem, quem vir Dei incolebat, » ascenderit, eumdemque ibidem in tugurio suo latitantem invenerit, ab eoque frugali prandio exceptus sit, cujus tempore fera, a venatoribus pressa et fatigata, ad Sanctum se receperit. Narrat deinde, quomodo cervam cicuraverit Disibodus, eamque regi dono dederit, quæ ipsum canis instar domestici quaquaversum sequeretur.

Contra vero, prodigium admirans rex non ingratus, postulanti Sancto tantum terræ spatium, « ad suam posterorumque utilitatem indulsisse dicitur, quantum ab illucescente aurora; quoad vespertinalis advenisset hora, sub vectore asino gyrare posset : » quæ omnia « perpetuali manu scripta rex confirmaverit ; » imo quæ ex aliis Legendis, quas hic enumerare nil opus est, suffurari voluit scriptor plagiarius. Mitto cætera æque puerilia, adeo pueriliter et verbose coagmentata, ut seria lectione digna non judicem. Si recte conjecturam facio, collecta hæc fuerunt sæculo fortasse XIII aut XIV ab aliquo vetustiorem S. Hildegardis vitam ignorante, utpote qui diversissima memoret, et ab hujus auctoris sensus prorsus aliena. Id etiam colligi posse videtur ex paucis miraculis, a recentiori isto Legendæ suæ subnexis, quæ cum Sanctæ Hildegardi, alia longe antiquiora recensenti, ignota fuerint, et facta et scripta oportet post ejus obitum; is autem in ann. 1180 incidit; unde, ni fallor, manifestum est, et Legendam et miracula ad sæcula nobis viciniora referri oportere. Sola igitur jam dicta miracula inde desumenda censuimus, quorum testem se asserit scriptor longis parergis et ambagibus enarrans, quæ commodissime ad pauculas lineas contrahi poterant.

INCIPIT VITA.

CAPUT PRIMUM.

Sancti genus, parentes a tyrannis expulsi, profectus in litteris, electio in episcopum, abdicatio et recessus e patria.

In mystica visione (42), ut Deus voluit, propter petitionem et jussionem prælatorum meorum, scilicet Hebigeri [Helingeri] abbatis cunctorumque fratrum, in Monte beati Disibodi Deo famulantium, de vita et meritis ejusdem beati Patris aspiciebam, et post prolatas visiones libri vitæ meritorum, anno Dominicæ Incarnationis millesimo centesimo septuagesimo, regnante Frederico Romanorum imperatore, sub pressura apostolicæ sedis, fere per triennium in lecto ægritudinis jacens, ex divinæ pietate sapientiæ,

A vocem de cœlo, vigilans corpore et animo, sic dicentem audivi : Electus Dei Disibodus ab infantia sua Spiritu Sancto, ut beatus Nicolaus, et beatus Benedictus eorumque consimiles inspiratus, ad omne bonum, quod vidit et audivit, sitibundo corde anhelabat. Quapropter de ipso dici potest : *Ex ore infantium et lactentium perfecisti laudem propter inimicos tuos, ut destruas inimicum et ultorem (Psal.* VIII).

2. Quod sic intelligendum est (43). In bono affectu infantium, loquelam nondum habentium, et illorum, qui magis lac sugere, quam mirabilia facere deberent, tu, qui Dominus omnium es, ad perfectam duxisti nominis tui laudem, cum mirabilia tua in eis sæpe operatus es : scilicet cum eos, nondum plenam

---

(42) De hac legenda, ex « mystica visione » seu revelatione scripta actum est in admonitione prævia. Mentem suam non satis clare explicat auctor, sed nihil mutare voluimus : videri potest editio Surii, magis expolita.

(43) Diximus etiam supra, loco citato, nonnullas

sacræ Scripturæ sententias, singulari commentatione a S. Hildegarde expositas, quas scrupulosius expendere, fori nostri non est. An vero istiusmodi interpretationes ad veras revelationes pertineant, aliorum esto judicium.

medullam habentes, ita inspirasti, quod multa in loquendo et operando nescienter proferebant; et cum alios, contra carnis jura, tanta fortitudine roborasti, quod toto desiderio ad coelestia tendentes, officia carnis peccando non exercebant. In his autem nullus dubietatem apprehendat, quia serpentinus dolus, in beatis illis, bona et sancta hæc facere non valebat; nam hæc fecisti propter inimicos tuos, videlicet perditos angelos, quatenus ad confusionem suam, virtutem tuam in puerili ignorantia viderent; et ut destruas inimicum, quippe illum, qui in omnibus bonis te abneget. Et ultorem : videlicet hunc, qui lapides et jacula impietatis suæ contra verba et miracula tua, reprehendendo ea, projicit.

3. Hæc mala in supradictis beatis hominibus nihil prævalebant, quoniam ea, quæ recta sunt, loquebantur : Deus enim in beato Disibodo ab infantia ejus usque ad decrepitam ætatem ipsius, in donis suis operatus est; ita quod pueritia illius in nequitia non ludebat, et quod juventus ejus in lascivia non ardebat, et quod maturitas senectutis ipsius ad sinistram non respiciebat. Ipse namque omnem pompam sæculi hujus ita corde et corpore reliquit, quod quidam illum stultum, quidam vanum, quidam errantem, quidam vero mirabilem in operibus suis per hoc esse affirmabant, dicentes : Quid est hoc quod iste facit ?

4. Parentes igitur beati Disibodi, in libertate sæculi pollentes, de excellenti genere Hibernensium originem duxerant, sed tamen pompam et gloriam mundi superfluitate non habebant. Unde quidam tyrannorum, in superbia tumentes, cum in eadem regione quamplurimos per tyrannidem sibi subjugassent, etiam parentes beati hujus viri, qui eo tempore erat, opprimere et ditioni suæ subjugare nitebantur. Ipsi autem libertatis generis sui non immemores, duram injustamque subjectionem recusantes ab illis declinabant, et ad remotiora loca ejusdem regionis se longe contulerunt, et juxta quoddam flumen, quod de mari funditur (44), una cum filio suo beato Disibodo, omnique facultate sua, in quodam oppido mansionem acceperunt, ubi et eum litteris cæterisque liberalibus artibus imbuendum, religiosis viris commendaverunt.

5. At ipse per gratiam sancti Spiritus ea quæ a doctoribus suis bona audiebat, capaci ingenio bonæ memoriæ commendabat, et ex hoc parentibus suis, in afflictione exsilii laborantibus, non parvum gaudium faciebat. Sic puer iste de die in diem proficiens, corporeque et sanctitate crescens, de studio in studium bonorum operum, orando et eleemosynas dando ascendebat, ita quod ad omne, quod de Deo audire vel discere potuit, toto desiderio properabat, et sic per gradus virtutum et per incrementa ætatis suæ, singulis sacris ordinibus susceptis, ad gradum presbyteratus, cum triginta esset annorum, pertingebat. Quo cum timore Domini suscepto, fecit ut bonus pigmentarius, qui in horto suo quæque pigmenta et aromata plantat, semper studens ut hortus suus viridis et non aridus sit.

6. In his namque studiis idem sanctus memor fuit verborum Sapientiæ, ubi dicit : *Messui myrrham meam cum aromatibus meis (Cant. v, 1).* Quod sic intelligendum est (45) : Ego qui justis operibus insudare debeo, bona intentione mortificationem carnis meæ præbeo Deo, cum propter amorem ipsius vitiis peregrinus fieri, et communem immunditiam illorum fugere, nullamque societatem cum illis habere desidero; quoniam in aromatibus virtutum, ipsove verum Deum amare, et venerari festino; cum amore coelestis desiderii de corde meo, ipso adjuvante, non deficiet. In hac recta et sancta voluntate sanctus iste, quasi mortuus sæculo fuit, ita quod multi hæc videntes, fecerunt quasi eum non cognoscerent, et quod cum eo manere abhorrerent; quia ipse se totum spiritui et non carni servire cogebat.

7. Cumque in hujusmodi virtutibus Deo laudabiliter serviret, et ob hoc illis, qui Deum diligebant, irreprehensibilis placeret, accidit ut quidam antistes, in ejusdem regionis partibus, de præsenti vita ad vitam futuram emigraret: et cum populus tam minorum quam majorum, secundum consuetudinem, convenisset, ut alium sibi in præsulem eligeret, quidam illorum, qui mores honestatis, et vitam sanctitatis beati Disidodi cognoverunt, eum sibi in antistitem unanimiter elegerunt (46). Quidam autem, quorum vita et conversatio reprehensibilis erat, hoc fieri prohibebant, dicentes : « Quid prodest hominem tacitum et non loquentem, et populum non cognoscentem, magistrum fieri ? »

8. Sed Deus super beatum hunc respexit, ut scriptum est: *Humilem et pauperem justificare (Psal.* LXXXI, 3). Quod sic intelligendum est : Justum, qui se propter Deum ad terram humiliat, et qui se egenum et pauperem toto corde confitetur, in operibus sanctificare; quia justitia, aperto oculo pietatis, in eum respicit. Hic etenim humilis, paupertatem semper desiderabat, et in columbino oculo simplicitatis, in Deum semper aspexit; quatenus æternas divitias sibi compararet; unde et Deus ipsum dilexit. Mortem quoque pro morte habuit, et omnia deficientia pro nihilo computavit, omniaque opera sua in Deum posuit, et ideo Deus eum elegit. Supernus namque judex virum istum communi populo occultaverat, sed eum

(44) Obscura omnia sunt, quæ hic de sancti genere, parentum fuga, etc., memorantur : hoc vero plane mirum, eos ad flumen consedisse, « quod de mari funderetur, » nisi sinum aliquem, aut fluvii ostium indicet, in quod maris æstus, statis temporibus undas repelleret. Cætera, ut semel dicam, et hic et in sequentibus, ad locos communes reducenda sunt.

(45) De his et aliis omnibus sacrarum litterarum moralibus interpretationibus plura non addam.

(46) Divinarunt aliqui, per « istius regionis partes, » designari Dublinium, ubi nempe per ea tempora episcopus fuerit S. Disibodus, idque Wilsonus et Sirinus adoptari posse censuerunt. Sed hujusmodi anachronismos supra rejecimus.

se diligentibus manifestaverat; unde, quamvis quibusdam obstupescentibus, ipsum magistrum et antistitem esse voluit.

9. Cumque beatus iste a prudentioribus praefatum onus suscipere cogeretur, ipse se indignum tantae dignitatis reclamans, vi qua potuit, manus et pedes retraxit; sed tamen, illis impellentibus et praevalentibus, qui Deum timebant, etiam nolens, divina autem ordinatione, in sedem episcopatus positus est. In quo episcopus ipse felix justitiam Dei clamare et docere coepit, et omnes, quos potuit, subjectos esse Deo monuit, et quod ab infantia sua per Spiritum sanctum imbutus esset, nunc erudiendo manifestavit, bonaque exempla sanctitatum et virtutum paterno affectu eis in se praebuit. Quidam autem ob merita virtutum, quales in ipso videbant, eum amabant, ac intenta cordis aure doctrinam ejus cupiebant; quidam vero, qui Deum post tergum projecerant, super hunc sanctum farendo clamabant: « Iste vivit quasi homo non sit : unde et nos inhumane vivere cogit. Et quis poterit eum audire? » Et multis injuriis eum afficiebant.

10. Ipse autem paucos et fideles homines ad se colligebat, qui ei et consolationem, et adjutorium praebebant. Et cor suum quotidie propter Deum afflixit, dicens: « O Domine Deus! ego servus tuus, ante pietatem tuam prosternor, faciens quae jussisti. Tu enim scis quod te solum desidero; quapropter confido, quod desiderium meum quandoque implebis : quemadmodum scriptum est: *Delectare in Domino, et dabit tibi petitiones cordis tui* (*Psal.* XXXVI, 4). » Quod sic intelligendum est : O! homo, qui in peccatis conceptus et natus es, carnis contra affectum delectare in praeceptis illius qui te creavit; ad memoriam quoque reducens, quis ille sit, qui te liberavit. Quod cum feceris, dabit tibi quae petis, quoniam ea, quae petenda sunt, non petis, sed cordis tui afflictionem, humiliato spiritu, illi ostendens, et clamando et dolendo, te ipsum ut pecus, ea quae recta sunt ad laborandum constringes. Itaque qui poenitere, et mala sua hoc modo emendare studuerint, prudentiores filiis lucis sunt; quia ipsi hoc nec voluerint nec fecerint. Deo namque placet, ut homo durum bellum contra se ipsum, et contra draconem habeat, ut qui hoc habuerit, hujus et preces et desideria Deus festinanter implevit, quemadmodum et in beato Disibodo fecit, qui dura bella habuit, quandiu in corpore vixit, sed tamen ea bono fine feliciter consummavit.

11. Interim autem, dum sanctus iste populo suo verbis et exemplis in fide, praefatae dignitatis praeesset, magna irrisio, magnum schisma tota illa regione ebulliit, aliis quidem Veteri et Novo Testamento resistentibus, Christumque abnegantibus, aliis haereses haereticorum appetentibus; aliis sectam Judaeorum apprehendentibus, aliis sectam paganorum diligentibus (47). Aliis non humane, sed in confusione pecudum, turpi studio vivere ardentibus, aliis autem disciplinam propter humanitatem quidem habentibus, nulla tamen bona facere studentibus. His maximis erroribus et confusionibus beatus Disibodus se viriliter et intrepide opponens, multa opprobria, multasque injurias patienter sustinuit, optans praesentem vitam magis perdere, quam tantis et tam inconvenientibus malis consentire.

12. Cumque ista per aliquos annos sine eradicatione eorumdem malorum, cum periculo etiam corporis sui, sustinuisset, taedio tandem affectus ad Deum in orationibus suis cum magno planctu dixit: « O Deus! et o Judex omnium sanctorum hominum ! quid prodest mihi cum populo isto laborare, qui justitiam tuam rabidis morsibus transfigit ? » Denique fautores praefatorum errorum, cum populo, eisdem erroribus implicato, videntes quod beatus iste erroribus et pravitati eorum non consentiret, sed quod eos ubique constanter, absque timore mortis argueret, plurimas insidias ei posuerunt, et tandem coadunato agmine incredulorum, de sede sua multis contumeliis affectum expulerunt. Ipse autem malens Deo in quiete servire, quam sine fructu utilitatis diutius tardare, paucis et religiosis viris ad se collectis sedem dignitatis suae, quam per decem annos strenue et religiose rexerat ; patriam et omnia quae habebat, pro Christi nomine reliquit, dicens , nec sibi, nec aliis prodesse ut ibi maneret. Ubi tam magna incredulitas cum duritia iniquitatis excreverat, et peregrinationem , quandiu optaverat, pro aeterna vita laeto animo arripuit (48).

CAPUT II.

Peregrinatio in Germaniam, populi ad Rhenum institutio, vita solitaria et austera in monte, initia monasterii et miracula.

13. Cumque Hiberniam exisset, multis regionibus peragratis (49), multisque locis diligenter perspectis, animae suae requiem quaerens in Alamanniam tandem venit, ubi quidem durum immitemque populum invenit, ibique fessus, gressum per aliquod tempus figens, cum eidem populo verba salutis et exempla sanctitatis daret, multi eum audientes, amabant, multi autem eum nec audire nec amare curabant. Cumque in eadem provincia moras faceret, secum simo sacerdos consecratur; inde ad episcopatum, nescio quem, evectus, post multas insidias et persecutiones ab impiis toleratas, ab iisdem demum expulsus est.

---

(47) Quid hic intelligas in tanta rerum confusione ? Ansam inde accepit Sirinus disquirendi utrum Pelagiana haeresis eo tempore in Hibernia repulluisset : at si id indicare voluisset auctor, paulo distinctius locuta fuisset.

(48) Vides, totum hoc caput, tot verbis amplificatum, ad haec paucula historica contrahi posse : S. Disibodus, in Hibernia nobili genere ortus, pie educatus et in litteris eruditus, anno aetatis trigesimo sacerdos consecratur; inde ad episcopatum, nescio quem, evectus, post multas insidias et persecutiones ab impiis toleratas, ab iisdem demum expulsus est.

(49) En alterum decennium « regionibus peragrandis » impensum ; ast quo terrarum perrexerit, ubi moram aliquam fecerit, nusquam declarat Vitae auctor.

deliberando, quo declinare posset, bonam et dulcem famam de religione beati Benedicti audivit, qui nuperrime migraverat (50), religionisque suæ quamplurimos amatores reliquerat, et ita per admonitionem Spiritus sancti, desiderium suum nondum impletum esse cognovit, quo diu desideraverat, quod populo olim sibi commisso, aliquot veræ perfectæ religionis viros sibi consociaret : ob hanc namque causam, iterum de locis ad loca processit, nec in locis, nec moribus populorum quid animæ suæ placeret, inveniebat.

14. Tunc flere et orare cœpit, dicens : *Inclina, Domine, aurem tuam et exaudi me; quoniam inops et pauper sum ego* (*Psal.* LXXXV, 1); quod sic intelligendum est : Tribulationibus meis condescendens, inclina, tu, Domine, qui rector cunctorum es, aurem misericordiæ, et exaudi verba orationis meæ, quoniam inops in anima, per pusillanimitatem mentis, et pauper in corpore, per contritionem afflictionum sum ego, qui te sequi, te diligere super omnia debui. Recordare itaque, quod *ab infantia mea* tibi servire studui, et quod propter amorem tuum, paupertatem et contemptum mundi semper dilexi. Tunc Deus propter viriditatem boni desiderii ipsius, preces has suscipiens, suavem consolationem quietis menti ejus immisit, velut ros super gramen cadit, et etiam in visu noctis, quadam ostensione ipsi manifestavit, quod quandoque locus voto suo aptus ab eo esset inveniendus : nam huic beato viro Deus, ut cæteris dilectis fecit, qui eum tota dilectione desiderabant, cum ipsis ob magnam et bonam intentionem, qua fiducialiter in eum omni corde suo intendebant, præsens esse videndo, loquendo, et audiendo videbatur.

15. Omnem quoque fabulosam famam vanæ gloriæ Spiritus sanctus illi abstraxit, quæ in multis hominibus est, qui secundum voluntatem suam in simulatione orant et jejunant, cum aliquid a Deo injuste quærunt, ubi, ut siquid eis, ut volunt, acciderit, quasi pro ostensione a Deo habent. Si qui tales sunt, velut stipula a vento dispergentur. Sed cum homo a vanitatibus se mortificat, in ipsis quasi somnum capit, et tunc superbia vanaque gloria, ac acquisitio honoris a populis, cæteraque vitia per virtutem Dei constringuntur, ne homo ille ab amore complexionis creatoris sui ullo modo per suggestiones eorum avertatur.

16. Beatus autem Disibodus pro spe boni desiderii sui gaudens, quia illud per adjutorium Dei quandoque impleri sciebat, cum bonam famam, de populo in partibus Galliæ citra Rhenum manentes, audisset, ita scilicet, quod populus ille quidem durus esset, sed tamen ecclesiasticam religionem devotus vivendo teneret, tædebat eum irrisionis illudentis populi, et vix exspectans, festine ad finem Rheni iter suum direxit : et inde divertens, ac per avia quæque incedens, ad fluvium Glan pervenit, illoque transito, montem excelsum et nemorosum vidit, quem post decem annos peregrinationis suæ ascendit, et ibi fessus residens et quiescens, ad comites suos (qui tres erant, quorum primus scilicet senior Gillilaldus, secundus Clemens, tertius Salustus vocabatur) qui cum eo de Hibernia venerant, Spiritu sancto tactus, dicebat : « Hic requies mea erit. »

17. Nam cum deinde eumdem montem circumquaque peragrasset, et quæque latera ejus diligenter considerasset, amœnitas illius, animæ suæ magis ad inhabitandum complacuit, quia et celsitudo illius difficilem accessum advenientibus præberet, et rivuli ex utraque parte fluentes, inibi manentibus refocillationem corporis darent ; et orabat, dicens : «Domine, qui super cœlos resides, et abyssum regis, precor ut amœnitas loci hujus in amœnitatem vertatur animarum ; quia decet, ut in loco isto a fideli populo tibi fideliter serviatur.» Et hæc dicens, sibi habitationem in descensu ejusdem montis, versus orientem, propter compendium aquæ designavit, et conversationem, quam diu desideraverat, strenue incipiens, orando, vigilando et jejunando, dure et aspere solitariam vitam duxit.

18. Socii autem ejus, qui cum eo aderant, ne invicem aliquod gaudium haberent, singillatim habitacula sua, remotius ab eo construebant. Et sciendum est, quod radicibus herbarum aliquandiu inibi sustentabantur, cum alios cibos non haberent. Mons autem ille in circuitu, cum adjacentibus sibi silvis, locis quoque perviis et inviis (non unius hominis, sed comprovincialium, tam minorum quam majorum) plus quam milliare unum eo tempore erat. Unde accidit, quod cum homines eamdem silvam, seu pro captione ferarum, seu pro piscatione adjacentium fluminum, seu pro incidendis lignis, seu pro aliis necessitatibus suis interdum intrarent : beatum hunc virum, aut radices effodientem, aut alia sibi necessaria circumquaque colligentem, multoties viderent, et ita post aliquod tempus manifestatus est.

19. Rumor enim in populum exibat, quod quidam sanctus, cum quibusdam aliis, in locum illum a Deo missus venisset ; quod plurimi admirantes, bono desiderio ad eum veniebant et sibi quæque utilia cum eo conferebant, quibus ipse verba salutis et vitæ reddebat ; quoniam a tempore exsilii sui usque ad id tempus in lingua eorumdem hominum (perdiscenda) præcipue laboraverat ; unde et eam pro modo suo et intelligebat et proferebat. Ex quo factum est, ut hi quibus ipse verba vitæ et monita indeficientis vitæ dabat, ei et cum ipso manentibus quæque necessaria corporis sæpius afferrent. Servus autem Dei, cum sibi associatis viris, pauperes et egenos ad se colligebat : et quidquid præter quotidianum victum sibi remansit, per hoc illos pascebat. Nam semper memor fuit, quod Adam cibo

---

(50) Si tot regiones peragraverit sanctus, haud dubium quin et alibi « S. Benedicti famam » audire potuerit.

periit; quapropter Antonium et Macharium ac eis similes, qui herbis et duris cibariis vixerant, in corde suo frequenter habebat, quatenus illorum exemplo corpus suum a mollibus et delicatis cibis constringeret ne ab antiquo serpente deciperetur. Et quanto plus beatus iste carnem suam affligebat, tanto amplius gratiam suam Deus cum illo multiplicavit; unde infirmi plurimi et debiles ipsi allati sunt, quos Spiritus sanctus per merita ejus repente sanavit : quod tamen ipse humiliter expavescens, laudem hominum, quantum potuit, fugiebat.

20. Cumque fama sanctitatis ejus per totam hanc provinciam, populo prodente, volaret, quidam Deum timentes ad eum venerunt, et parvum oratorium, in descensu præfati montis ad orientem, ei ædificaverunt, in quo divina cum suis officia celebraret, quatenus et ipsi et cæteri pro Deo supervenientes, verba et pascua vitæ ab eo inibi perciperent. Alii autem versus occidentem, in planitie pedis ejusdem montis vepres et fruteta succiderunt, beatoque viro hortos et pascua parvaque tuguria ibi paraverunt : unde et propter fruteta, quæ ibi excisa sunt, quæ vulgari locutione *studim* (51) dicuntur, locus ipse *Studenheim* primitus appellatus est. Multi quoque ex longinquis regionibus ad beatum hunc veniebant, animasque suas ei bona fide et spe commendabant : quod populi in eadem provincia habitantes, divino instinctu extimuerunt, ac se in hoc facto negligentes esse dixerunt, quoniam Deus ad gloriam et ad honorem nominis sui locum illum per sanctum suum visitasset, quem ipsi juxta se habentes visitare et facultatibus suis frequentius honorare negligerent.

21. Unde factum est, quod principes cæterique nobiles et divites, una cum reliquo populo easdem terras inhabitantes, montem ipsum cum omnibus terminis suis, ultra decurrentes fluvios, scilicet Nam [*al.* Nahe] et Glan, in longum et latum, ut prædictum est, directis, eidem beato viro ac posteris ejus offerunt; quia mirabilia Dei in eo viderunt, quatenus etiam sanctæ conversationis inibi bonis hominibus congregatis, necessaria præsentis vitæ et sine indigentia sufficerent; et communi voce et clamore dicebant : « Laus tibi, Domine Deus, quia hunc sanctum tuum nobis mittere dignatus es. » Qua oblatione suscepta, beatus ille extimuit, recordatus quod in episcopali onere plurima adversa prius sustinuerat a gentibus, genibus ad Deum flexis, orabat, ut eadem oblatio ad fructum et ad vegetationem animarum, Spiritu donante, exsurgeret.

22. Deinde die ac nocte in corde suo æstuando, cogitabat quemadmodum in desiderio mentis suæ per plurimos annos ante transactos habuerat, quomodo et ubi religiosos, et asperæ vitæ viros colligeret, quoniam in spiritu intellexit quod Deum deceret, ut spiritalis congregatio in loco illo Creatori suo serviret. Et Spiritu sancto inspirante, omnem devotionem cordis sui ad conversiones et ad doctrinam beati Benedicti posuit, qui jam ad Deum transierat, et quosdam beatos viros, sanctæ institutionis suæ fideles ministros, eisdem temporibus adhuc viventes et superstites reliquerat, atque ad longinquas regiones, ubi eadem conversatio religiose et sancte vigebat, nuntios humili supplicatione pro illis misit, qui vineam Domini Sabaoth, secundum doctrinam prædicti Patris plantarent, qui regulam spirituali populo convenientem, ex omni vita sanctorum, Spiritu sancto docente, constituerat.

23. Et sic quamplurimos ejusdem conversationis viros religiosos sibi attraxit, quibus et oratorium et habitacula convenientia, in supercilio ejusdem montis, propter difficilem accessum, versus orientem ædificare jussit, videlicet ne amodo a populo infestarentur, et ne forte rigor ac religio eorum, quotidiana frequentatione supervenientium, in mollitiem et in segnitiem verteretur. Ipse vero, ut ad omnia occursantia paratus esset, et ut supervenientibus in reddendis responsis, secundum qualitatem eorum omnibus satisfaceret; in descensu montis ipsius ad orientem, in habitaculo et in oratorio, quod sibi paraverat, ut supradictum est, solitarius permansit. Congregatio autem eorumdem fratrum, tam secundum Deum quam secundum hominem augmentabatur : et quidquid facere vel habere debebant, jussione vel permissione hujus sancti viri fiebat, ac communem vitam, secundum institutionem beati Benedicti, exercebant.

24. Studebat etenim pius Pater Disibodus quod congregatio ipsius, per consuetudinem sibi institutæ legis ita composita et firma esset, quod diabolus foveam vitiorum in ea parare non posset, et quod jannis suis eam transfigere et ab invicem separare non valeret; et quod ipsa terribilis per continentiam vitiorum, ac velut acies ordinata, in concordia virtutum diabolo et hominibus appareret. Sapienter quippe eam contra hostiles turmas aeriorum spirituum in humilitate pugnare et vanitatem superbiæ ac arrogantiam mentis, in delectatione sæculi hujus vitare docebat, laudemque ac gloriam victoris, qui legitime certaverit, et se deinde in cautela rectæ circumspectionis bene conservaverit, diligenter proponebat. Vallo etiam rigoris et districtionis totius spiritalis disciplinæ eam circumfodit et munivit, ne diabolus latenter repente super eam irrueret, sciens quod ille maximum studium habet, quatenus super spiritalem populum irruat : et quod multo plus gaudet, si spiritualem hominem secundum voluntatem pravitatis suæ superaverit, quam si multos sæculares vicisset : quoniam illum similem sibi fecisse videt, cum a cœlesti desiderio cadit, quemadmodum et ipse per superbiam de cœlo corruit.

25. Hoc modo sanctus iste filios suos coadunare

---

(51) Norunt Germani *Stauden*, pro frutetis, unde formari debuisset *Staudernheim*; forte melius nomen loci expressit Trithemius, ubi scribit *Sobernheim* : verum in appendice miraculorum rursus legitur *Studernheim*.

et corroborare cœpit. Quod ut sæculares homines viderunt, ex tota provincia illa accurrerunt, et quidquid ipse in necessitatibus suis operari et facere inchoabat, hoc ipsi bono animo studiose perfecerunt. Unde factum est quod beata congregatio illa ad quinquagenarium numerum perfectorum fratrum per duodecim annos multiplicata est. Ipsis namque temporibus pauci conversationis hujus homines inveniebantur, et nullus viam hanc, nisi probatus aggrediebatur. Sed Spiritus sanctus, qui congregationem istam plantaverat, eam et rigavit: quemadmodum ros cum super pinguem agrum cadit, ita quod in ea sub disciplina inventus, de virtute in virtutem ascendebat, nec ab antiquo insidiatore impedimentum habebat; quia ubi ipse Spiritus sanctus in miraculis suis est, ibi idem antiquus hostis pavidus erit, nec audebit illuc intrare; sed si quid ibi latenter seminaverit, hoc Spiritus sanctus iterum, ad confusionem illius, conculcat. Merita autem et sanctitatem beati Disibodi signa et miracula Dei sequebantur, quæ etiam sine tædio sæpius renovabantur, quoniam Deus semper nova faciet.

26. Quidam enim vir, cujus lingua præ nimia invaliditudine corporis sui ita debilitata fuerat, quod humana verba proferre non poterat, ad ipsum ex longinquis partibus veniens, nutibus et manuum indiciis, prout potuit, flebiliter exoravit, ut sibi incommodo isto apud Deum subveniret. At pius Pater, super illum oratione facta, gratiam sibi Dei adesse sentiens, exempliqueque Domini recordatus, ubi mutum loqui fecit, in os istius hominis sufflavit, dicens: In nomine illius, qui muto dixit: Effeta, et ille loqui cœpit, tibi vinculum infirmitatis, quod linguam hominis hujus debilitasti, præcipio ut solvaris, et hinc recedas; nec amodo linguam ejus ad loquendum impedias. Statimque vinculum linguæ ejus solutum est, et humana verba ad rectum protulit, gratiasque Deo et huic sancto egit.

27. Quo facto, etiam quidam hydropicus miro tumore inflatus, amicorum suorum manibus eidem sancto oblatus est, qui multis lacrymis effusis sanitatem corporis ab eo quæsivit. Sed cum ipse aliquantulum hæsitasset, et se indignum tanti facti affirmaret, tandem victus prece supplicantium, omnipotentem Dominum pro illo exoravit, eumque manibus suis tangens benedixit, sicque morbus per gratiam Dei ab illo paulatim disparuit.

28. Sed et leprosus quidam, horrenda cute distortus, ad eum veniebat, precibusque primum pro infirmitate sua effusis, etiam verbis comminabatur se ab eo nunquam discessurum, quin sospitati restitueretur. Hominis importunitate beatus ille tandem commotus eum in habitaculum suum duxit, secumque per aliquod tempus retinuit, precesque pro illo sæpius fundens, eum sanam pulchramque carnem corporis sui habentem, ad sua redire fecit. Ipsa autem veritas, quæ tunc hæc vidit, et fecit ea, hic per semetipsam, nescientibus in apertum produxit.

CAPUT III.

Subditorum erga sanctum veneratio, cœnobii incrementa, vaticinium de secutura ejus destructione, obitus, odoris fragrantia, sepultura, et post eam curationes variæ.

29. Plura quoque signa et miracula per eum facta sunt in cæcis et claudis et in debilibus, ac in possessis a diabolo, et etiam in illis, qui de tempestate malorum humorum, sensus suos amiserant, qui et de longinquis, ac vicinis partibus ad ipsum deferebantur: qui et omnes per eum sanabantur; quoniam virtus Dei in ipso erat. Nam idem servus Dei, inter suos ut eremita vixit, quæ vita radix vitæ monachorum est, quia homines conversationis illius, a sæculo per omnia abstracti, cum laude angelorum in solitudine vivunt, et vita eorum tam laboriosa est, quod etiam plurimi præ fragilitate, tam corporis quam animi, eam sustinere non possent, si ipsam improvide ac repente aggrederentur. In hac autem districtione beatus ipse Pater vivens, subditos suos ad omne opus bonum, doctrina et exemplo confortavit, ut homo qui ignem ardentem, valde ardere facit, fecit hoc; [et] ipsi alium magistrum, eo vivente, nec quærebant nec volebant, præsertim cum ipsos ex præcepto ejus inter se haberent, qui eos ad rectitudinem conversationis suæ absque offensione et murmuratione dirigerent.

30. Habitum autem monasticæ religionis, quo congregatio ejus utebatur, non susceperat (52); quoniam leniorem conversationem secundum Regulam beati Benedicti, quam ipse haberet, subditis suis indulserat, et hoc ideo fecit, ne, si illis in habitu similis foret, cum tamen duritiam rigoris sui in vigiliis, in jejuniis, atque in aliis carnis suæ contrarietatibus deponere nollet, religioni eorum detrahere et vitam communem eorum destruere videretur. Sed miserrimo victu, quo corpus suum vix sustentabat, et aspero ac duro vestitu, sicut de terra sua peregrinando exierat, quoad vixit, frequenter usus est, imitans beatum Paulum, primum eremitam, eique consimiles, qui magis in silvis, quam in villis esse volebant. Divina quoque in officio altaris ex eo tempore, quo de sede sua expulsus est, usque ad finem vitæ suæ, non secundum ordinem antistitum, sed secundum consuetudinem pauperum presbyterorum celebrabat (53), nec in hoc ullam oppressionem mentis, sed lætitiam cordis habebat, passionem Christi imitando.

31. Spiritalem etiam Patrem, et defensorem, ut justum est, congregationi suæ multoties præponere laborabat, sed omnes, qui sub ipso erant, hoc fieri recusabant; quia non alium, præter ipsum, patrem et doctorem habere volebant, dicentes, inspectores conversationis suæ se quidem habere,

---

(52) Ex his patet, nec monachum ord. S. Benedicti, nec abbatem fuisse S. Disibodum, quod supra etiam non semel monuimus.

(53) Hinc mirum videri non debet, si Rabanus ignoraverit episcopum fuisse.

ipsum autem, ut eis in Domino sublimius luceret, quandiu viveret, nunquam immutarent. Quapropter de bono voto, quod in cordibus suis habebant, per plurimas provincias divulgati sunt, multique ad eos venientes, et consilia et auxilia de animabus suis ab eis quærebant. Sed et plurimi, qui in provincia hac manebant, et qui in vicinitate præfati montis, cujus circulus longus et latus est, positi erant, propter suavissimum odorem et rumorem conversationis eorum, quidquid de prædiis et de facultatibus habere poterant, vel sibi superesse sperabant, sancto et beato Disibodo absque omni retractione offerebant, atque villulas in præfata silva, hac et illac ad utilitatem illorum ædificabant.

32. Sanctus autem Dei, cum jam ibidem diu laborasset, et cum jam viribus corporis præ nimiis laboribus fere defecisset, filiis suis tremendo, in spiritu prædixit, quod in hujusmodi prosperitate et securitate ut ad tempus sine offensione pervenerant, semper durare non possent; sed multas et magnas pressuras et tribulationes passuri essent, quia diabolus, quem in plurimam confusionem bene vivendo sæpius derisissent, in magna irrisione, quam in populo se facere contendebat, eos quoque et posteros ipsorum perturbare maximo studio laboraret. Attamen eos pie et abundanter consolabatur, dicens : « Ego in suspiriis et dolore cordis mei, cum magno desiderio hactenus laboravi, ne tribulationem vestram, quandiu vivo in hoc sæculo, videam, quod etiam sic fieri in Domino confido. Vos autem scitote quod post obitum meum, qui citius instabit (quoniam vires corporis mei jam in defectu sunt) et post tribulationes, quas passuri estis, novissima tempora vestra prioribus meliora et prosperiora erunt; ita quod in omnibus necessariis animæ et corporis, tunc amplius, quam me vivente, vos et posteri vestri abundabitis. »

33. Quæ verba cum illi audissent, in magno dolore cum lacrymis plangebant, quoniam finem illius imminere intelligebant. Et rumor iste in populum exivit, multosque ad videndum eum excitavit, unde ipsum audierunt, et se orationibus et sanctitati ejus commendaverunt; quibus ipse monita salutis et verba benedictionis dans, etiam filios suos et locum sibi datum, eis commendabat, et ut hæc attentius cordibus suis infigerent, finem etiam suum adesse, eos non celabat. Tunc illi terminum vitæ ejus adesse audientes, lugubri voce plurimos gemitus dederunt, et quoad vixit, eum solito frequentius visitabant. Unde autem finem suum sciret, nemini aperuit, exceptis quibusdam paucis et religiosis viris, qui fere omnia secreta ipsius noverant, quibus et dixerat, quod et angelica ostensione ei manifestatus sit, et hoc cæteros celavit, qui cuncta opera sua, ne laude perirent, quantum potuit abscondit.

34. Cumque per triginta annos in prædicto monte Deo fideliter servisset, et fratribus suis quæque necessaria præsentis vitæ ad plenum subministrasset, plus labore quam senio jam fessus, ægrotare cœpit quia vires corporis ejus omnino defecerant, et mox, convocatis omnibus fratribus, Patrem eis prænominavit, quem etiam, dum adhuc viveret, tunc primum ipsis petentibus, præfecit, cui et omnia, quæ ad eumdem locum pertinebant, commisit; quoniam in ante transactis temporibus, Patrem se præponi recusaverat, quia eumdem sanctum in omnibus ut Patrem semper secuti fuerant. Sed et locum sepulturæ suæ eis ostendit, et ne in excellenti loco, sed in humili umbraculo oratorii sui, in quo Deo solitarius servierat, ipsum sepelirent (54), effusis gemitibus et lacrymis rogabat. Quod illi se ita implere flendo in magnis doloribus promittebant. Dolentes quoque, omnia bona opera et doctrinam ejus, singillatim dinumerabant : ac amare plangendo, clamabant : Heu heu ! quid erit de nobis, cum te defensorem ac consolatorem corporum et animarum nostrarum perdemus (55). Et quemadmodum sitiens cervus fontes aquarum desiderat, sic et ipsi eum diutius habere desiderabant, quod prius præ gaudio, quod cum eo frequenter habebant, cordibus suis infigere non poterant.

35. Denique ingravescente dolore, iterum convocatis fratribus, suum finem instare, ut potuit, eis innotuit; et post multos labores, post multasque tribulationes, octogesimo primo ætatis suæ anno, octavo Idus Julii, terminum vitæ præsentis accepit. Dominoque, cui fideliter servierat, spiritum illis adstantibus reddidit. Quo migrante, suavissimus odor balsami, et velut odor myrrhæ et thuris ac omnium aromatum, statim subsecutus est, ac plurima signa ibi facta sunt. Per totam autem provinciam illam fama citissime volabant, beatum Disibodum de hac vita migrasse, unde maxima multitudo hominum, ad exsequias ejus properans, cupiebat et sepulturæ ejus interesse, et signa, quæ Deus ibi faciebat, videre. Suavissimus autem odor, qui, eo migrante, apparuerat, usque ad tricesimum migrationis ejus diem, circa sepulcrum ipsius durabat, in quibus etiam diebus homines septem, a malignis spiritibus obsessi, triginta quoque claudi multique cæci et surdi, atque alii quamplurimi, variis languoribus fatigati, sepulcrum ejus tangentes, per gratiam Dei veraciter sanati sunt.

36. Et quoniam hæc singula multa erant, et quia homines temporis illius signa pro consuetudine habebant, cordibus suis insolentius infigebant (56). At populus ille cernens, dicebat : « Deus majora signa et plura miracula post mortem beati hujus, quam eo vivente, nobis ostendit; quapropter etiam confidimus, quod per merita ipsius ab omnibus pe-

(54) Horum verborum sensum sic retulit jam dicta tabella æri incisa : « In humili loco oratorii, ubi Deo solitarius servivi, sepelite me. »

(55) Ista autem sic reddita sunt : « O Pater ! quid erit, cum te pastorem perdemus ? »

(56) Vult dicere, opinor, tam frequentia fuisse miracula, ut iis insolentius exsultarent homines, eaque sensim vilipenderent, ut ex sequentibus satis colligitur.

riculis nostris eruamur. » Sed quia de his signis, quæ tunc ibi facta sunt, et quæ postmodum ibi per gratiam Dei in omnibus fiebant, multi plus et negligentius, quam debebant, gaudebant ; idcirco Deus ea ad castigationem eorum subtrahebat. Spiritus enim sanctus non vult, ut homo, in miraculis quæ, ab ipso sunt, glorietur ; sed ut tremenda laude, illi soli, qui potestatem ea faciendi habet, gloria attribuatur. Deus quippe opera sanctorum suorum ita distinguit, ut etiam creaturas constituit ; sic videlicet, quod quibusdam bona opera et sanctitatem absque signis concedit, quibusdam autem bona opera, et etiam magna miracula attribuit, et aliis per gratiam suam dat, ut per bona exempla eorum multi ad eum convertantur : quemadmodum etiam solem (in diem), et lunam ac sidera in noctem in tempora discernit.

37. Totum quoque circulum orbis cum volatilibus et reptilibus, cæterisque animalibus crescentibus replevit, ita quod ille nullo modo in ulla necessitate vacuus est, unde et quælibet ad officia sua monet in monasterio illo, quod ad hominem pertinet : Una enim quæque creatura in genere suo multiplicatur, sicut Deus illi in prima constitutione præcepit ; sed quæ irrationabilis est, homini ministrando succurrit, quoniam paterfamilias qui homo est, domum suam sine adjutorio et ministerio regere non potest ; Deus autem solum hominem, ex rationabili et vivente anima vivere fecit, quapropter spiramen ipsius non defecit, sicut nec rami arboris deficiunt, quia Deus illi scientiam infudit, ita quod cogitando, quæ vult dictat, et quod in mente habet, quod postea clamanti voce, et rationabili verbo multiplicat, ut etiam folia in arbore multiplicantur.

38. Irrationabilis vero creatura scientiam rationabilitatis non habet, et ideo ventosa est, et præterit ; homo autem rationabilis existens per scientiam utilitatem cognoscit, et illam diligit, ac eam ad se trahit, atque in eadem scientia quid malum, et quid nocivum sit, videt, et illud timet et fugit; ac se ab illo custodit, et in his duobus, timore scilicet et amore, quos in scientia boni et mali habet, se ubique regit, velut etiam avis cum duabus alis volat. Ipse namque solus ad imaginem et similitudinem Dei formatus est, quoniam Deus eum, ut secundum ipsum operaretur creavit : unde ubi conscientia sua ad bonum se erigit ibi per gratiam sancti (Spiritus) adjutorium sibi occurrit. In hac etenim distinctione, ut prædictum est, Deus omnes creaturas posuit, et quia hominem ad imaginem et similitudinem suam fecit, ideo plenam scientiam illi præ omni mortali creatura dedit.

39. Et quoniam caro ipsius finem ac defectum habet, idcirco anima ejus bonum perficere non nisi ab illo, qui sine fine est, habere potest. Qui autem perseveraverint in bono usque in finem, hi in cœlum ad Deum ascendunt, ibique cherubin omnia bona opera eorum ante thronum Dei dinumerat, et tunc etiam facies Dei illa, velut purissimum aurum, et velut pretiosissimos ac nobilissimos lapides, inspicit. Quapropter omnis cœlestis harmonia canticum novum super illa decantat, et sic Spiritus sanctus in operibus sanctorum nova semper facit. Sed qui in malo perseveraverint, hi perditos angelos imitantur, qui ob nequitiam suam a gloria cœli ceciderunt ; et sic per squalidas vanitates mercedem æternæ vitæ amittunt.

40. Deus etenim homini plenam scientiam rationabilitatis, ut prædictum est, immisit, quoniam prævidit, et quod homo per illam diabolum superare posset, quia homo per bonam scientiam, malum, et per malam, bonum scit ; et ideo victoriosissimo bello adversus eamdem antiquum hostem præliatur, quatenus eum vincat, et ut locum, quem ille perdidit, possideat ; quod nullatenus, nisi plenam scientiam haberet, facere posset ; quoniam quod homo cognoscendo scit, ab hoc se vix continere potest, quin per electionem se ad illud interdum vertat. Quod si obscuræ tenebræ in cor hominis ascenderint, ita quod homo in carne sua sapit, quod peccare potest ; et si tunc peccatum elegerit, et in illo impœnitens perseveraverit, illi assimilabitur, qui a claritate luminis recessit, quatenus desideria tenebrosæ proprietatis suæ impleret ; propter quod et gehennales pœnæ exortæ sunt.

41. Beatus autem facere desiderat, quod in carne sua non sapit, et adjutorium a Spiritu sancto postulat, ut in speculum sanctitatis aspiciat. Et ut homo faciem suam in sæculo, in quo tamen non est consideret, et quod indignum ibi viderit, quantum potest emendat, sic beatus per fidem bona opera operari hoc modo, ad confusionem diaboli, contra carnem suam desiderat ; et quod caro ei non addicit, operatur ; ac ita per durissima et fortissima bella se ipsum cum voluntatibus suis exsuperans, charitatem, quam perditi angeli habuerant, possidebit. Deus namque creaturas ita constituit, quod homo opera sua cum illis compleat ; unde etiam quosdam homines hoc modo imbuit, quod sancta ædificia construant, et quod ad serviendum Deo alios colligunt, quos tamen plurimas et varias vicissitudines ipse Deus multoties, secundum voluptates suas, permittit ; quæ omnia tolerat, nec tamen statim illis ultionem suam immittit. Ubi autem Spiritus sanctus in ædificiis et in hominibus ædificat, etiamsi illi negligenter in peccatis vixerint, si quis ibi per contumaciam perversitatis suæ destructionem fecerit, ignis Spiritus sancti illum festinanter in zelo, et in judicio suo exurit (57).

CAPUT IV.

Monachorum dispersio, reditus : sacri corporis per S. Bonifacium translatio ; ruina monasterii ejusque casus et vicissitudines.

42. Hoc modo Spiritus sanctus in præfato loco etiam operatus est, ubi beatus Disibodus in bonis

(57) Quo vergat, aut quo huc adductum fuerit longum istud parergum, fallor, si quis satis perspiciat.

operibus Deo servierat; et ubi ipse ex hac vita migrans, felicem spiritum Domino reddiderat. Nam post transitum ejus, quibusdam annis transactis, magna pressura bellorum omnem praedictam provinciam occupavit : ita quod quidam, tyrannica rabie supervenientes, partes et terras Rheno circumquaque contiguas, cum eadem provincia devastabant; quo horrore et timore habitantes in eis perterriti, quocunque poterant, fugerunt. Principes autem supradictae provinciae cum reliquo populo, praefatum montem altum et inexpugnabilem scientes, cum multa festinatione, antequam ab hostibus occuparetur, nolentibus fratribus ibidem Deo famulantibus, super eum fugerunt, ac firmis eum muris munientes habitacula in eo fecerunt, confidentes, quod tam per merita beati Disibodi, quam per munimenta ejusdem montis, a praedicta crudeli tyrannide eruerentur.

43. Prae multitudine autem, et inquietudine hominum illorum qui ipsum montem occupaverant, congregatio fratrum inibi Deo famulantium, in quiete manere, et Deo in rectitudine servire non valebant, et ideo consilio et rogatu eorumdem principum et hominum in longinquas regiones iidem fratres se diviserunt (quia promittebant eis, quod post tribulationes et labores istos, honorifice eos reducerent) exceptis quibusdam paucis et perfectis viris, qui ad tumbam beati viri, videlicet patroni sui, ut eam in honore servarent, se contulerunt, qui etiam perfectionis erant tantae, quod nec de vita sua quidquam curabant. Supradicta vero afflictio (58), non per multa tempora annorum durabat, sed provincia haec a tyrannide incursantium inimicorum per adjutorium Dei liberabatur. Quo facto, ii, qui eumdem montem occupaverant, pollicitationis suae recordantes, timorem quoque Dei intuentes, fratres supradictae congregationis, ubicunque poterant, investigabant, et eos cum magno honore reducebant, atque omnia, quae ibi congesserant, et quae ibi aedificaverant, cum majoribus facultatibus, amplioribusque allodiis, quam prius illi habuissent, eis contulerunt.

44. Unde factum est, quod secundum verba beati Disibodi, quae vivens praedixerat, novissima tempora eorum prioribus meliora et prosperiora post obitum ipsius, ac post tribulationes eorum fierent, quam prius fuissent : ita quod etiam ex longinquis regionibus quamplurimi, tam spirituales quam saeculares, illo venirent, et consilia ac auxilia, tam animarum quam corporum, ab eis peterent et acciperent. Sed Deus beatos homines istos, propter negligentias suas toties purgavit, quoties delinquebant; quemadmodum et tunc fecit, quando de signis et miraculis, quae per merita praedicti Patris sancti facta sunt, pius et negligentius, quam deberent, gaudebant, unde et amodo tanta frequentatione non apparebant, ut prius apparere solebant. Ubi autem opera Spiritus sancti videntur et cognoscuntur, sed tamen in ostensionem ducuntur, illic idem Spiritus sanctus usque ad novissimum quadrantem judiciali poena eamdem offensionem examinavit.

45. Cumque ad sepulcrum beati hujus Patris signa et miracula fieri cessassent, cum tamen posteri ejus multis annis transitum ipsius ad Deum religiose conservarent, tandem illi cum suspiriis intra se gementes, divino nutu recordati sunt, quod peccatis suis exigentibus, Deus manum suam in prodigiis miraculorum ibi subtraxisset, et quod ea non nisi interdum, ob memoriam ejusdem sancti, ostenderet, seque accusantes, ad invicem dixerunt : Quid facimus in negligentia torpentes, quod hunc sanctum Dei non veneramur, cum plurima miracula et bona propter merita ipsius fecerit nobis Deus? Itaque majores natu ejusdem provinciae et sapientes quosque adeuntes, consiliumque ab eis accipientes, cum consensu et auctoritate Bonifacii, Moguntinae sedis antistitis, tempus et diem praefixerunt, quo ossa beati Disibodi elevarent, diemque hunc per omnem populum ejusdem terrae divulgarent. Et cum dies praefixus advenisset, multitudoque populi accurrisset, praesente praefato antistite, sepulcrum sancti viri adeuntes, cum magna veneratione ossa cineresque ejus sustulerunt, eaque de umbraculo oratorii, in quo tumulata fuerant, in monasterium, pene versus occidentem ejusdem montis constructum, cum hymnorum laudibus magnisque populorum vocibus, post plurimos migrationis ejus ad Dominum annos, transferebant, et in loco ad hoc praeparato honorifice condebant.

46. Sed Deus, qui occulta novit, iterum merita sancti sui inibi manifestavit, ita quod in eodem die, interim dum haec fiebant, quidam hydropicus aliique infirmi, diversa infirmitate gravati, curati sunt : et quod gravius, suavissimus odor, qui in transitu ejus apparuerat, tota die illa iterum mira fragrantia appareret; unde factum est, quod populus ejusdem provinciae, diem annualem, quo haec facta sunt, diemque migrationis ejus ad Dominum ad sepulcrum ejus venientes, cum magna veneratione precum et oblationum, deinceps frequentarent (59). Fratres itaque supradictae congregationis per plurimos annos in pace vivebant, et Deo beatoque Disibodo sine offensione in quiete serviebant : ita quod populus eos valde amabat, et beatificabat, et quod eis cum adjutorio et rebus suis ubique aderat; et propterea locupletes ac divites in multis facultatibus facti sunt.

---

(58). De hac prima monachorum e monte suo migratione hic confuse descripta atque item de secutis aliis casibus, in primo Commentarii paragrapho satis dictum est. Item de elevatione sacri corporis per S. Bonifacium, aliisque translationibus, ut hic frustra sit plures adnotationes congerere.

(59) Expresse hic notat S. Hildegardis duplicem festivitatem; at quod mirere, ne quidem diem signat, quo prima ista elevatio facta, ejusque memoria celebrata fuerit.

47. Denique, plurimis curriculis plurimorum annorum et regum transactis, maxima prælia cum provincialibus præfatæ religionis iterum exorta sunt. Quapropter majores natu cum principibus ejusdem terræ imperatorem, scilicet Carolum Magnum, qui eo tempore Romanum imperium susceperat, adeuntes, dixerunt, non decere, quod ii, qui spiritui et non carni, Deo et non mundo servire deberent, divitias et pompas sæculi in superfluitate possiderent, velut illi facerent, qui in Monte sancti Disibodi essent, cum ipsi præliis et angustiis oppressi, divitias et facultates non haberent, unde regno servire et sibi prodesse valerent. Quorum verba imperator sapienter suscipiebat, sapienterque dissimulabat, dicens quod ipse fratribus illis, nec allodia, nec alias facultates, quas ipsis fideles contulissent, ulla ratione abstraheret. Quod responso accepto, illi ab incepta intentione se continebant.

48. Hoc itaque imperatore defuncto, aliisque quamplurimis temporibus sibi succedentibus, item tyrannis crudelium bellorum exorta est, quæ tanta crudelitate invalescebat, quod etiam quædam civitates Rheno adjacentes, per easdem oppressiones dirutæ sunt. Quapropter nobiliores supradictæ provinciæ, qui erant de progenie prædictorum principum Moguntiæ sedis præsule sibi conjuncto, imperatorem, qui eo tempore imperium tenebat, et ipsi adierunt, et supradictam querelam, acrius clamando, faciebant, dicentes se nullam copiam facultatum habere, unde et imperio servire, et vitam suam defendere possent: quoniam illi, qui in Monte S. Disibodi habitarent, allodia sua et parentum suorum possiderent; et se ignorare, unde hoc esset. Quibus idem imperator auditis, assensum præbuit, cæterisque principibus ac judicibus convocatis, quasi sub judicio, volens inquisivit, qua traditione et confirmatione tam longe et tam late possessiones allodiorum fratribus collatæ fuissent.

49. Sed illi imperatorem intelligentes, et invidia malitiaque excæcati, multa falsa et injuste composita testimonia protulerunt, et prædictos fratres, possessiones illas, quas plurimis temporibus sine querela possiderant, injuste et absque imperiali sententia et concessione habere dicebant. Quapropter judicio judicum, injuste judicantium, imperiali sententia data, acceptaque ab eodem imperatore licentia, supradictæ querelæ proclamatores, una cum præfato pontifice, qui præcipuus invasionis hujus auctor erat, possessiones et allodia, quæ ad Montem beati Disibodi spectabant, ejusdemque montis terminum, divina ultione annuente, crudelissima invasione et abstractione disturbant. Qua persecutione et incommoditate fratres inibi habitantes perturbati et consternati, ac omnino denudati, bellorumque instantium horrore perterriti, eumdem montem, planctu magno ejulantes reliquerunt, atque ad aliena loca, quocunque poterant, se contulerunt.

50. Quibus abeuntibus, ne spem redeundi haberent, per præfatos invasores habitacula eorum etiam ad solum diruta sunt, excepto sanctificato loco, in quo ossa prædicti sancti post translationem ipsius humanata fuerant. Sed tamen ne idem locus divino officio penitus desolatus remaneret, qui auctores destructionis hujus fuerant, sacerdotem unum, qui populum in vicino habitantem regeret, ipsi præfecerunt, cui et victum et vestitum vix sufficienter, de beneficiis ad eumdem locum pertinentibus, designabant; sicque locus iste in hujusmodi desolatione diu permansit. Denique post multa curricula annorum, quidam prius et nobilis vir comesque præfatæ provinciæ, Liuthardus nomine, sæculo quidem deditus, plurimis divitiis circumdatus, prædictum montem altum et pulchrum desolatumque videns, per divinam gratiam compunctus, suspiravit, et propter gloriam sanctæ Trinitatis, et ob memoriam sancti Disibodi, tres sacerdotes ibidem Deo servire disponens, sufficientiam necessariorum præsentis vitæ ipsis de facultatibus suis instituit.

51. Sed et postea, aliis quibusdam annis revolutis quidam Moguntinæ sedis archiepiscopus, pius, humilis, contritusque corde, eumdem montem ascendens, genuaque sua ad tumbam beati Disibodi suppliciter inclinans, de possessionibus, eidem sancto injuste ablatis, se magnum divitemque factum, vehementer indoluit, votumque Deo faciens, ad numerum duodecim apostolorum canonicos ut ibidem Deo, præfatoque patrono die noctuque servirent, disposuit; quibus etiam de allodiis, ad eumdem locum pertinentibus, quantum potuit resignari fecit. Sicque purgatio divina paulatim flagella sua aliquantum retraxit; sed tamen hoc nondum ad plenum perfecerat. Itaque cum Spiritui sancto in secreto suo deinde placuisset, quemdam ad sæculum prudentem virum, qui etiam Moguntinæ sedi præerat, inspiravit, eumque sitire fecit, quatenus locus sæpe prænominatus, fulgorem, quem in primo ortu suo susceperat, reciperet. Hic namque ut prudens paterfamilias fecit, qui filiis suis cum charitate substantiam suam divisit; canonicos in supradicto monte manentes ad alia loca sibi convenientia benigne posuit, atque religiosos viros, qui in magna disciplina secundum Regulam beati Benedicti viverent, et in quibus omne bonum, sancte vivendo, perficeretur, ibidem restituit.

52. Quo facto, eos ut in amplexione cordis sui inspexit, ut et in largitate beatus vir, eleemosynas de substantia et de facultate, quas possidebat, secundum quod potuit, eis ministravit. Congregatio itaque et plurima flagella, tunc et postmodum, illic divina permissione patiebatur; sicut et illi, qui prius ibidem erant, multoties passi sunt, quemadmodum et nunc ibi in flagellis Dei multoties fit, et ut postmodum erit, cum eadem inibi habitantes promeruerint. Plurimæ autem stultæ fabulationes de omnibus prædictis causis per varietates multarum vicissitudinum in populo discurrunt et narrantur, quæ Spiritus sanctus non colligit; et ideo velut stipula dissipantur; sed hæc, quæ prolata sunt, per Spiritum sanctum, ad gloriam nominis ipsius ad memoriamque præfati patroni, atque ad castigationem audientium hominum, veraci revelatione manifestata sunt : unde nec eis de prioribus opinionibus quidquam addendum est; ne verba illius, qui Est, in subsannationem ducantur.

53. Quapropter etiam considerandum est, quid Deus a primo homine hucusque in hominibus operatus sit. Cum enim Adam primum lapsus sit de paradiso peregrinatus est; et quoniam ipse per vilem creaturam cecidit, ideo etiam Deus creaturas sibi offerre [*an non offerri ?*] volebat, quemadmodum infans primum lacte nutritur. Postquam autem Filius Dei humanitatem induit, seipsum Patri sacrificium obtulit, et os hominis ad cibum justitiæ aperuit, sicut etiam puer pascitur. Sed cum idem Filius Dei cœlos ascendit, igne Spiritus sancti homines replevit, eosque cum vitiis et concupiscentiis pugnare, et sic seipsos Deo sacrificium facere docuit : ita quod etiam secundum cœlestem harmoniam vivere elegerunt, velut spirituales homines faciunt, qui se ipsos et mundum propter amorem Dei reliquerunt; et ut etiam alii boni homines facere student, qui in ardenti desiderio secundum donum Spiritus sancti, fortem continentiam aggrediuntur; quemadmodum homo in perfecta ætate per se ipsum escam capit.

54. Sic Deus et hic fecit, quoniam vacillantem opinionem abstulit, et veritatem fiducialiter incedentem prodire jussit. Idem itaque Deus istos, qui in prædicto loco manebant et manent, ut prædictum est, sæpius purgavit, sicut et alios quamplurimos sæpius castigavit, ita tamen quod ex toto non deseruit, quemadmodum Israel fecit, qui cum bonum incepissent, propter multas vanitates, quas deinde perpetrabant, plurimas persecutiones passi sunt, et qui etiam in malitioso tempore requirentur, et sic per omnia non peribunt. Nunc autem laus Deo sit, qui contra antiquum serpentem semper præliatur, ita quod omnem rugam peccati usque ad consummationem sæculi purgavit, ubi et omnis constitutio fidelium suorum pleniter apparebit, in eam primum ordinavit : et tunc antiquus hostis ad plenum confundetur, quia nec sibi, nec aliis prodesse, nec gloriam ulli dare poterit. Verba itaque hæc vera sapientia protulit : Ego autem paupercula, in lecto ægritudinis meæ jacendo, hæc omnia vidi et audivi, et scribere cœpi et finivi; sed Deus potestatem habet, me a lecto erigere, si sibi placuerit. Amen.

S. HILDEGARDIS ABBATISSÆ
SUBTILITATUM
DIVERSARUM NATURARUM CREATURARUM
LIBRI NOVEM

EX ANTIQUO BIBLIOTHECÆ IMPERIALIS PARISIENSIS CODICE MS. NUNC PRIMUM EXSCRIPTI

ACCURANTE

D^{RE} C. DAREMBERG,

BIBL. MAZ. PRÆF., etc.

ACCEDUNT

PROLEGOMENA ET ADNOTATIONES
D^{RIS} F. A. REUSS,

PROFESSORIS WIRCEBURGENSIS.

—

Divini numinis gratiosa dos (1), medicina, sicut antiquissimis temporibus in Ægypto et Græcia, tanquam deorum inventum (2), in templis et a sacerdotibus (3). colebatur, ita quoque, religio postquam Christiana varias Occidentis regiones penetraverat, earumque agros, pridem desertos, diversis frugum generibus recenter illatis, ferosque incolarum mores scientiarum artiumque cultura reddere cœperat mitiores, omne per Ævum medium in cœnobiis et a monachis summa cum solertia exerceri consuevit. Quidquid de salubribus rerum naturalium virtutibus, quidquid de opifera, quæ manu curat, arte sacra antiquitas tradiderat, id priorum cœnobitarum, curiose naturam indagantium studiis religiose servatum et excultum debemus. Iidem Ecclesiæ freti auctoritate, dum sanctos aliquot medicinæ totius ceu tutelares venerarentur, ut Cosmam, Damianum et Pantaleonem (4) viros, dum viverent, medendi arte clarissimos : complures quoque cœlestes votis solebant vocare, præsentia tanquam in certis morborum generibus numina ægrorumque patronos, Christophorum scilicet, subitaneæ mortis averruncum, cujus imago hinc inde vetustis in ædibus picta visitur cum epigraphe :

        Christophori faciem quacunque in luce videris,
        Isto namque die non morte mala morieris ;

Sive :

        Christophore sancte, virtutes sunt tibi tantæ,
        Qui te mane videt, nocturno tempore ridet.

Patricium contra canis rabidi et viperarum morsus, Liborium contra vesicæ calculos in peste Rochum, in podagra Urbanum, colli in languoribus Blasium, in dentium torminibus Apolloniam, in syphilide Minum, nec non Crescentiam, quaslibet, si lepram excipias, infirmitates sanare potentem, aliosque permultos (5) ut taceam innumeras, quæ ad

---

(1) *Ecclesiastic.* xxxviii, 1. Scribon. Larg. *Medicam. compos.* 1, 1.
(2) Plin. *Hist. nat.* xxv, 1; xxix, 1. Ovid. *Metam.* 1, 521.
(3) Plin. *Hist. nat.* xxix, 2.

(4) Procop. *De ædific.* 1, 6, 7.
(5) Hucce etiam chorea S. Viti et ignis S. Antonii referenda esse videntur. Vide Hæser, *Geschichte der Medicin*, § 256.

aras cœlestiumque sepulcra ubique terrarum contigere, morborum curationes. Herbarum quoque varias species, quas vel ex arvis in cœnobiorum hortos translatas, vel ab exteris exceptas alebant monachi, sanctis, ceu earum tutoribus dicavere, eorumque cognominibus fecere clariores, tam benigne gratiam memoria referente. Hujusmodi nomina sunt :

<blockquote>
Oculus Christi = *Myosotis scorpioides* L.
Rosa S. Mariæ = *Pæonia officinalis* L.
Flos S. Mariæ = *Bellis perennis* L.
Carduus S. Mariæ = *Carduus Marianus* L.
Calceus S. Mariæ = *Cypripedium Calceolus* L.
Sigillum S. Mariæ = *Polypodium vulgare* L.
Stramentum S. Mariæ = *Galium Mollugo et verum* L.
Herba S. Barbaræ = *Erysimum Barbarea* L.
Herba S. Catharinæ = *Antirrhinum linaria* L.
Herba S. Margaretæ = *Anemone Silvestris* L.
Herba S. Cunegundis = *Eupatorium cannabinum* L.
Herba S. Claræ = *Valeriana officinalis* L.
Herba S. Pauli = *Primula veris* L.
Herba S. Jacobi = *Senecio Jacobæus* L.
Herba S. Quirini = *Tussilago Farfara* L.
Herba S. Gerhardi = *Ægopodium Podagraria* L.
Herba S. Ruperti = *Geranium Robertianum* L.
Herba S. Joannis = *Hypericum perforatum* L.
Herba S. Antoni = *Plumbago vulgaris* L.
Herba S. Zachariæ = *Centaurea Cyanus* L.
Herba S. Crucis = *Nicotiana Tabacum* L.
Faba S. Ignatii = *Strychnos nux vomica* L.
Radix S. Spiritus = *Angelica Archangelica* (6) L.
Lancea Christi = *Ophioglossum vulgatum* L.
Herba boni Henrici = *Chenopodium bonus Henricus* L.
Sigillum Salamonis = *Convallaria polygonatum* L.
</blockquote>

Carolo Magno, ut fert fama, ab angelo monstrata est *Carlina acaulis* L., præstantissimum in peste remedium (7).

Contra, veterem humani generis hostem, dæmonem, plantarum salubrium vires perdere ne opem ægrotis ferre queant, deprehendisse persuasum sibi habebant in herba quæ vulgo Præmorsa sive Morsus diaboli appellatur, *Scabiosa succisa* L., teste Brunfelsio, *Herbar.* II, 50. « Morsus diaboli dicitur, eo quod præmorsam inferne radicem gerit, quam a cacodæmone fabulantur, extemplo ubi nasci cœperit vel fodi, præcerpi, ne in usum veniat vitæ humanæ. » Eumdem vero dæmonem, domos infestantem, longe pellere credita est herba perforata sive S. Joannis, inde Fuga dæmonum dicta, *Hypericum perforatum* L., magnæ in veterum re magica auctoritatis, quasi φυτὸν ὑπὲρ εἰκόνας. Dioscorid. III, 146 (8).

Plurimis quoque stirpibus nomina tribuebantur pro singulari earum natura et virtute, qualia sunt :

<blockquote>
Gratia Dei = *Geranium Robertianum* L.
Gratiosa = *Gratiola officinalis* L.
Centummorbia = *Lysimachia nummularia* L.
Sanguisorba = *Poterium Sanguisorba* L.
Ocularia = *Euphrasia officinalis* L.
Urinaria = *Ononis spinosa* L.
Rheumatica = *Geranium pratense* L.
Ulceraria = *Ballota nigra* L.
Herniaria = *Herniaria glabra* L.
Cruciata = *Gentiana cruciata* L. (Fuscus. *Stirp.* 158, quod eius radix in modum crucis transfossa sit.)
Aquilina = *Pteris aquilina* L.
Herba paralysis = *Primula veris* L.
</blockquote>

Et plures aliæ.

Taraxaci flos Caput sive Corona monachi nuncupabatur. Ab ordine Carthusiensi ne-

---

(6) Num in honore archangeli illius, *Tob.* XII, 15, ita vocitata?

(7) Cæsalpin. *plant.* lib. XIII, 38. Conf. Joann. Bacchini, cap. *De plantis a divis sanctisque nomen trahentibus*, in C. Gesneri Epistolis.

(8) Hypericum una cum *Eryngio campestri* L. et *Stachyde recta* L. ad philtra adhibebatur. Conf. G. a Reiss *jucund. Quæst. Camp. Elys.* XXIX et XCVII; Sim. Maioli *Colloq.* II, 215.

men traxit *Dianthus Carthusianorum* L. Quarum virtutes herbarum versibus memorialibus leoninis prædicare monachi consueverunt, v. g. :

> Dicit Borago gaudia semper ago.
> Esula lactescit, sine lacte Linaria crescit ;
> Fœtet Amaristus, redolet similis Chamomilla ;
> Sambucus est Actis, sed Ebulus est Chamœactis ;
> Pimpinella pilos, Saxifraga non gerit ullos ;
> Iris purpureum florem gerit, Ireos album,
> Gladiolus croceum, sed Spathula fœtida nullum ;
> Non est in mundo præstantior herba Tabaco.

Et similia.

Ævo Carolino quantopere monastica floruerit medicina, testatur lepidissimum Walafridi Strabi carmen, quod *Hortulus* inscribitur, placidam quasi spirans cœnobitarum vitæ studiique tranquillitatem. Ex eodem S. Benedicti ordine claruere Constantinus Africanus (9) in monte Cassino monachus † 1087, Ægidius Corboliensis, uroscopiæ auctor peritissimus, Bartholomæus Anglicus, aliique complures. Sæculari verum clero adscripti fuerunt Marbodus, Ecclesiæ Redonensis præsul, nec non Theobaldus episcopus ; S. Dominici Regulam professus est inclytus ille Albertus Magnus, Aristoteli Plinioque par polyhistor.

Omnes vero, quæcunque medio ævo medicinam exercuerunt, scriptisque illustrarunt, sanctimoniales supereminet S. Hildegardis (10), in qua quidem, Theodorico monacho teste, curationum tam potens gratia enituit, ut nullus fere ægrotus ad eam accesserit, quin continuo sanitatem receperit. Exstat inter libros virginis fatidicæ superstites opus argumenti partim physici, partim medici, *De natura hominis, elementorum diversarumque creaturarum* (11), in quo, ut Theodoricus idem fusius exponit, secreta naturæ prophetico spiritu manifestavit. Huiccine operi, in quo S. virgo, sacris naturæ arcanis omnino initiata, quæcunque involuta quasi et in latebris recondita, acutissima contemplatione penitiorique rerum cognitione perscrutata erat, divinitus admonita enarrat, insignis semper locus debebitur in artis medicæ rerumque naturalium historia (12). Constat, permulta S. Hildegardi nota jam fuisse, quæ cæteri medii ævi scriptores nescierunt, quæque sagaces demum recentiorum temporum indagatores reperierunt ac tanquam nova venditarunt. Verum ea non sine multo et assiduo studio perspectaque indole omnium S. Hildegardis operum, in quibus sua quadam quasi forma figuraque dicendi, pro more alios apud auctores insolito (13), universum totius orbis systema investigare solet, clarius demum perspici possunt in ejusdem libro *divinorum Operum simplicis hominis* (14), curiosa multa de totius mundi organismo, hominis natura, morbis, aeris siderumque influxu continente. Libros hosce *de natura hominis, elementorum, diversarumque creaturarum*, sive *simplicis et compositæ medicinæ* inscriptos, intra annos 1150-1160 exaratos, genuinum

---

(9) S. Urbani II papæ [† 1099] auctoris sub nomine versus aliquot exstant de viribus Scabiosæ [*Scabiosa arvensis et Columbaria* L.] conditi, qui primum leguntur in codice membran. regiminis Salernitani sæc. xiv exarato et in bibliotheca Palatina Vindobonensi asservato :

Urbanus visæ nescit pretium Scabiosæ,
Confortat pectus, quod deprimit ægra senectus,
Lenit pulmonem, tollit laterumque dolorem,
Intus potatur, sic alvus evacuatur,
Emplastrata foris necat anthracem tribus horis,
Languorem pecudum tollit, dirimitque venenum,
Rumpit apostema leviter virtute probata.

Iidem, sed parum mutati, typis impressi habentur in Matthæi Silvatici *Pandect. medic.* Lugd. 1478, fol., cap. 631, in *Herbariis* Moguntino 1484, 4°, pag. 139, et Patavino 1485, p. 139, in Musæ Brasavoli *Exam. simplic. medicam.* Lugd. 1537, 8°, et Ren. Moreau editione *Scholæ Salernitanæ*, Paris, 1625, 8°.

Dicitur, quod S. Urbanus pontifex maximus, ad petitionem cujusdam sororis suæ anhelantis, super herbæ hujus virtutes, quoniam ipse usebatur continue, misit sibi super petitione infra scriptos versus :

Urbanus pro se nescit pretium Scabiosæ,
Nam purgat pectus, quod comprimit ægra senectus,
Lenit pulmonem, purgat laterum regionem,
Apostema frangit, si locum bibita tangit,
Tribus uncta foris anthracem liberat horis.

(10) Vetustissima s. Hildegardis mentio fit in carmine theodisco in Collect. von der Hagen, III, 468, auct. Marner, 118.

Vrouwe Hildegart von Bingen, in der buoche ge-
[schriben ist,
Allin ir wort han ich mit warheit ganz durchwegen,
Der Kunig namen darinne sint, daz buoch dir der
[vergiht.

(11) Conf. Reuss, *De libris physic. S. Hildegardis comment. hist. medica.*

(12) Choulant, *Handbuch d. Bucherkunde für d. aelt. Medicin.* II. Aufl. 302.

(13) Quibus ex fontibus hauserit, Hildegardis obiter memorat, i, 51 ; vii, 5, et ii, 58.

(14) Fabric., *Bibl. med. et infim. Latinit.* iii, 264. Haupt, *Zeitschrift* vi, 521.

S. Hildegardis opus esse, quanquam varii, variis temporibus id negare ausi sint (15), testatur locus in ejusdem *libro vitæ meritorum*, in codice Wiesbad. ἀνεκδότῳ hisce verbis : *Eadem visio subtilitates diversarum naturarum creaturarum mihi ad explanandum ostenderat.* Loci quoque paralleli sive communes, concordantes sententiæ, verbaque similia occurrunt creberrima in libris hisce medicis æque ac in epistolis, aliisque, quæ S. Hildegardis nomine exstant, operibus, cunctorumque unum eumdemque esse auctorem indicant. Medicum istud S. Hildegardis opus, cujus codices Bruno, canonicus Argentoratensis, in S. Ruperti monasterio, Albericus vero monachus Argentorati viderunt, optime novit permagnique habuit clarissimus J. Trithemius, S. Jacobi Scotor. Herbipolensis abbas, qui archetypum in S. Ruperti monte asservatum sibi transcribi curavit (16). Argentoratensis codex typis primum excusus est auctore J. Scholto, librario, Argentorati d. 14 Januar. 1533, in folio, cum titulo: *Physica S. Hildegardis. Elementorum, Fluminum aliquot Germaniæ, Metallorum, Leguminum, Fructuum, et Herbarum : Arborum, et Arbustorum : Piscium denique, Volatilium, et Animantium terræ naturas et operationes IV Libris mirabili experientia posteritati tradens.*

Subjuncta sunt hac in editione Oribasii, Theodori et Esculapii opuscula medica, Latine versa, proxime insequentia *Physicam*, quatuor in libros digestam, quorum primus, 22 capitibus distinctus, continet *Elementorum, Fluminumque aliquot Germaniæ, Metallorum item naturas et operationes;* secundus 179 capitibus, *Leguminum, Fructuum et Herbarum;* tertius 53 capitibus, *Arborum et Arbustorum naturas et effectus.* Quartus demum, tres in partes divisus, priori, 25 capita tenente, *Piscium*; altera 53 capitum, *Volatilium*; tertia denique 44 capitum, *Animantium terræ* historiam naturalem viresque medicas prosequitur. Anno deinde 1544 in *Experimentario* G. Krautii recusa est integra hæc editio, in quam quidem e codice autographo vocabula permulta, lectu difficiliora, mendose librarius transcripsisse videtur. Quo vero autographum istud pervenerit, vel ubinam locorum nunc lateat, id nescire nos valde dolemus. Utraque *Physicæ* editio inter libros nunc temporis rariores numeratur (17).

Editionis vero nostræ textus ad normam potissimum adornatus est veteris codicis ms. chartacei sæculo XV exarati, foliorum 75, sub numero 6952 in Bibliotheca Imper. Parisiensi adservati, laudatique jam a cl. Hallero in *Bibl. bot.* I, 218, cujus apographum πλείστῃ σὺν ἀκριβείᾳ huncce in finem transcriptum*, benevolentissime mecum communicavit D' C. Daremberg, medicus item ac philologus præstantissimus, bibliothecæ Mazarineæ præfectus. Huic igitur gratiæ sunt agendæ, quod gravissimum S. Hildegardis opus genuinum atque integrum hocce primum volumine typis prodire queat. Scripturæ codicis archaismos fere retinendos esse duxi, perpaucis tantummodo exceptis, uti *comedere, comestus* pro *commedere, commestus, his* pro *hiis*, vel apertis librarii mendis, ut *hyeme, amentia*, pro *hieme, amendia*, etc.

(15) Simleri, *Bibl. C. Gesneri in compend. red.,* p. 300. Olear., *Bibl. scriptor. eccles.*, c. præfat. Buddei, I, 341. Cave, *Scriptor. eccles. histor. litt.*, II, 242. Ersch et Gruber, *Encyclopæd.* VIII, 2, 126. Lipenii, *Bibl. real. med.* p. 180. Manget *Bibl. scriptor. medic.* III, 506. Sprengel, *Histor. rei herbar.* I, 226. Sprengel, *Versuch ein. pragmat. Gesch. d. Arzneikunde*, II, 487. Häser, *Lehrburch d. Gesch. d. Medicin.* 484. Clarus, *Das Leben und die Briefe d. heil. Hildegard.* II, 35. Schmidt, *Jahrbucher d. Medicin.* XIII, 1, 110. Hufeland u. Osann, *Journal*, V, 63.

(16) Trithemii *Catalog. viror. illustr.*, p. 138 : *In libris medicis mirabilia multa et secreta naturæ subtili expositione ad mysticum sensum refert, ut nisi a Spiritu sancto talia femina scire posset.* Trithem., *Chronic. Hirsaug.*, p. 175.

(17) Conf. Meiners, *Progr. de S. Hildegardis vita, script. et meritis.* Dahl, *Die heil. Hildegard.* Remling., *Geschichte d. Abteien und Kloster in Rheinbayern*, I, 159. Tiraquell., *De nobilit.*, I, 31. Paschal. Galli. *Biblioth. medic.*, 281. Spicileg. Dacherian, III, IV, 15, *Chron. c. Senonense.*

* Præterea diligenter editionem cum apographo contuli; præstantissimam varietatem lectionum excerpsi; additamenta ex editione sumpta uncis seclusi; capita in editione a capitibus ejusdem argumenti in apographo omnino discrepantia imis paginis rescripsi; textum typis expressum, quatenus pro temporis mihi concessi brevitate licebat, perlustravi, voces denique Teutonicas in codice manuscripto denuo relegi. Sed, eheu ! tot mendorum monstra typothetarum oculos fugerant, ut timendum sit ne multa minus recta etiam nunc delitescant. Sane quod per me stabat, nec plus nec melius fieri potuit. CAR. DAR.

INCIPIT
LIBER BEATÆ HILDEGARDIS
SUBTILITATUM
DIVERSARUM NATURARUM CREATURARUM
ET SIC DE ALIIS QUAMMULTIS BONIS.

LIBER PRIMUS
DE PLANTIS.

PRÆFATIO.

In creatione hominis de terra (1) alia terra sumpta est, quæ homo est, et omnia elementa ei serviebant, quia eum vivere sentiebant, et obviam omnibus conversationibus ejus cum illo operabantur, et ipse cum illis. Et terra dabat viriditatem suam (2), secundum genus et naturam et mores et omnem circumitionem hominis. Terra enim cum utilibus herbis ostendit circumitionem spiritalium morum hominis, eos discernendo ; sed inutilibus herbis demonstrat inutiles et diabolicos mores ejus. Quædam enim herbæ sunt, quæ cum quibusdam cibis decoquuntur, et hæ hominem velocem ad pastum faciunt, et leves sunt, quia hominem non multum gravem faciunt, et istæ carni hominis assimilantur. Et succus pomiferorum arborum incoctus nocivus, et coctus levis, et comparatur sanguini hominis. Infructifera autem ligna quæ non generant, ligna sunt et non arbores, sed tantum folia habent, quæ homini ad comedendum inutilia sunt, ita ut, si quis illa comederit, ei non multum prosunt, etiamsi eum non multum lædunt, et tabi hominis comparantur. Quod vero in arboribus et lignis est, unde funes fiunt, assimilatur venis hominis. Lapides etiam terræ ossibus hominis comparantur, et humiditas lapidum medullæ ossium, quia lapis, cum humiditatem habeat, calorem etiam habet. Sed lapides cum quibus tecta teguntur, unguibus hominis in manibus et in pedibus assimilantur. Et quædam herbæ aereæ A crescunt, et hæ etiam ad digestionem hominis leves sunt et lætæ naturæ, ita quod hominem qui eas comederit lætum faciunt, atque crinibus hominis assimilantur, quia semper ipsæ leves sunt et aereæ. Sed aliæ quædam herbæ ventosæ sunt, ita quod de vento crescunt, et etiam siccæ sunt et graves ad digestionem hominis, ac tristis naturæ, ita quod hominem, qui eas manducat, tristem faciunt ; sed sudori hominis comparantur vel assimilantur. Succus autem inutilium herbarum, quæ comedi non possunt, venenosus, quia ipsæ mortiferæ sunt ad cibum hominis, et egestioni hominis comparantur.

Et terra habet sudorem (3) atque humorem et succum. Sudor enim terræ inutiles herbas profert, et humor ejus utiles herbas, quæ comedi possunt et quæ ad alios usus hominis valent. Succus autem ejus vindemiam et germinantes arbores producit. Herbæ quæ per laborem hominis seminantur, et paulatim surgunt et crescunt, velut domestica animalia, quæ homo in domo sua cum sollicitudine enutrit, per laborem illum, quo ab homine exaranntur et seminantur, acerbitatem et amaritudinem succorum suorum amittunt, ita quod humiditas eorumdem succorum qualitatem succi hominis aliquantum tangit, et quo in modo cibis et potibus ejus bonæ et utiles sunt. Herbæ autem quæ, cadente suo semine, absque labore hominis crescunt, et repente ac festinanter ut indomitæ bestiæ (4) surgunt, con-

---

(1) *Gen.* I, 27 ; *Eccli.* XVII, 1. Hildeg. epist. ad abbat. Ebracens. (ep. 30). Ejusdem epist. ad prælatos Mogunt. (ep. 47). Ejusdem *Scivias* III, 2. Cf. cap. *De Mandragora*, 1, 56.

(2) *Gen.* I, 2. Hildeg. ep. ad Eberard. episc. Bamberg. (ep. 14).
(3) Hildeg. ep. ad eumdem (ep. 40).
(4) Cf. præf. lib. VII *De animalibus*.

trariæ sunt homini ad comedendum, quia homo lactando, comedendo et [crescendo] temperato tempore nutritur, quod in herbis prædictis non fit. Sed tamen noxios et infirmos humores in hominibus quædam earum in medicina compescunt.

Omnis autem herba aut calida aut frigida est, et sic crescit, quia calor herbarum animam significat et frigus corpus : et in his secundum genus suum vigent, cum aut in calore, aut in frigore abundent. Si enim herbæ omnes calidæ essent, et nullæ frigidæ contrarietatem utentibus facerent. Si autem omnes frigidæ essent, et nullæ calidæ, item hominibus inæqualitatem pararent, quia calidæ frigori et frigidæ calori hominis resistunt. Et quædam herbæ virtutem fortissimorum aromatum, austeritatem amarissimorum aromatum, in se habent. Unde et plurima mala compescunt, quoniam maligni spiritus hæc faciunt et in indignationem habent. Sed et quædam herbæ sunt, quæ velut spumam elementorum in se habent, in quibus homines decepti fortuita sua quærere conantur ; et has diabolus amat, et se his admiscet.

CAPITULA.

Triticum	I	Mandragora	LVI	Reinan	CXI
Siligo	II	Winda	LVII	Doste	CXII
Avena	III	Boberella	LVIII	Garve	CXIII
Ordeum	IIII	Binsuga	LIX	Agrimonia	CXIIII
Spelta	V	Sonwirbel	LX	Dittampnus	CXV
Pisa	VI	Huppo	LXI	Metra	CXVI
Faba	VII	Lilim	LXII	Musore	CXVII
Lens	VIII	Selba	LXIII	Swertula	CXVIII
Hirse	IX	Ruta	LXIIII	Mirredich	CXIX
Venich	X	Ysopus	LXV	Adich	CXX
Hanff	XI	Veniculum	LXVI	Nachtschade	CXXI
Rato	XII	Dille	LXVII	Bingula	CXXII
Balgon	XIII	Petrosilinum	LXVIII	Wullena	CXXIII
Ciuar	XIIII	Apium	LXIX	Gamandria	CXXIIII
Ingeber	XV	Kirbela	LXX	Centaurea	CXXV
Pyper	XVI	Pungo	LXXI	Poleya	CXXVI
Komel	XVII	Crasso	LXXII	Beonia	CXXVII
Bertram	XVIII	Burncrasse	LXXIII	Battenia	CXXVIII
Liquiricium	XIX	Wurtzel	LXXIIII	Sichterwurtz	CXXIX
Cynamomum	XX	Bachmintze	LXXV	Basilia	CXXX
Nux muscata	XXI	Major mintza	LXXVI	Bebinella	CXXXI
Rosa	XXII	Minor mintza	LXXVII	Alba sichterwurtz	CXXXII
Lilium	XXIII	Romische mintza	LXXVIII	Ageleia	CXXXIII
Psillum	XXIIII	Alleum	LXXIX	Frideles onga	CXXXIIII
Spica	XXV	Alsla	LXXX	Springwurtz	CXXXV
Cubebo	XXVI	Porrum	LXXXI	Berwurt	CXXXVI
Gariofiles	XXVII	Onlauch	LXXXII	Steinbrecha	CXXXVII
Gristiana	XXVIII	Omnis lauch	LXXXIII	Ugera	CXXXVIII
Lunckewurtz	XXIX	Kole	LXXXIIII	Grintwurtz	CXXXIX
Hirtzunge	XXX	Wieszgras	LXXXV	Liebestuckel	CXL
Entiana	XXXI	Kurbesza	LXXXVI	Ebich	CXLI
Quenula	XXXII	Stutgras	LXXXVII	Ybisca	CXLII
Andron	XXXIII	Pedema	LXXXVIII	Denemarka	CXLIII
Hirtzsiham	XXXIIII	Ruba	LXXXIX	Nabeta	CXLIIII
Lavendula	XXXV	Retich	LXXXX	Grauchsnabel	CXLV
Fenigracum	XXXVI	Latheca	LXXXXI	Consolida	CXLVI
Sysemera	XXXVII	Wilde latheca	LXXXXII	Byerverwurtz	CXLVII
Pefferkrut	XXXVIII	Senff	LXXXXIII	Grensnig	CXLVIII
Scherling	XXXIX	Synape	LXXXXIIII	Morcrut	CXLIX
Ganfora	XL	Alant	LXXXXV	Gensecrut	CL
Anfora	XLI	Papaver	LXXXXVI	Linsano	CLI
Huszwurtz	XLII	Babela	LXXXXVII	Hausarem	CLII
Schickwurtz	XLIII	Cletta	LXXXXVIII	Nyesewurtz	CLIII
Wuntwurtz	XLIIII	Distel	LXXXXIX	Gechte	CLIIII
Sanicula	XLV	Urtica	C	Ysena	CLV
Heilheubt	XLVI	Wegerich	CI	Satereya	CLVI
Farn	XLVII	Minna	CII	Woulfesglegena	CLVII
Haselwurtz	XLVIII	Viola	CIII	Simesz	CLVIII
Herba Aaron	XLVIIII	Melda	CIIII	Qunckus	CLIX
Humela	L	Ganderebo	CV	Meglana	CLX
Woolffswurtz	LI	Stawurtz	CVI	Dornella	CLXI
Dolo	LII	Biboz	CVII	Scharleya	CLXII
Danwurtz	LIII	Cle	CVIII	Storcksnabel	CLXIII
Brackewurtz	LIIII	Wermut	CIX	Benedicta	CLXIIII
Funffblat	LV	Bils	CX	Risza	CLXV

Museta	CLXVI	Spica	CLXXXIII	Hartz	CXCIX
Bircwurtz	CLXVII	De diversitate fungorum Moyses		Sulfur	CC
Astreutia	CLXVIII		CLXXXIV	Semperviva	CCI
Eripeffir	CLXIX	Wizwurtz	CLXXAV	Brionia	CCII
Waltpeffir	CLXX	Aloe	CLXXXVI	Polipodium	CCIII
Vickbona	CLXXI	Thus	CLXXXVII	Vehedistel	CCIV
Kichgera	CLXXII	Mirra	CLXXXVIII	Sitaria	CCV
Wisela	CLXXIII	Balsamum	CLXXXIX	Weyth	CCVI
Wichim	CLXXIV	Mel	CXC	Hymelsluszel	CCVII
Semen lini	CLXXV	Ezucker	CXCI	Major hufflatich	CCVIII
Balsamita	CLXXVI	Lac	CXCII	Minor hufflatich	CCIX**
Stritgras	CLXXVII	Butirum	CXCIII	Plionia	CCX
Stimir	CLXXVIII	Sal	CXCIV	Rasela	CCXI
Agrestis lactuca	CLXXIX	Acetum	CXCV	Dorth	CCXII
Berla	CLXXX	Merada	CXCVI	Cardo	CCXIII
Pasonata	CLXXXI	Ova	CXCVII		
Berich	CLXXXII	Pix	CXCVIII		

* Capitula CLXX — CCII in textu sequuntur infra post cap. CLXXXVIII.
** In textu sequuntur capita CCXII — CCXXV. *Asarum*, *Hirceswurtz*, *Scampina*, *Nymphya*, *Caczenzagel*, *Zugelnich*, *Psaffo*, *Rifelberæ*, *Merlinsen*, *Dubelkolbe*, *Hartenauwe*, *Thimus*. *Alve*.

INCIPIT LIBER PRIMUS

Cap. I. — De Tritico (1) [*In edit.*, II, 1].

Triticum calidum est, et plenus fructus, ita quod in eo nullus defectus est; et cum recta farina de tritico fit, tuncpanis ex eadem farina factus sanis et infirmis bonus est, et rectam carnem et rectum sanguinem in homine parat. Sed qui *donst* medullam, id est simelam *griesz*, ab eadem farina excutit, et de eodem *donft* panes facit, panis ille infirmior et debilior est quam si ex ipsa de recta farina factus esset, quia *donft* [*eadem medulla ed.*] vires suas aliquantum perdet, et plus de *slim* [*plus livoris ed. et sic infra*] in homine parat, quam ipsa recta farina tritici. Qui autem triticum absque integris granis coquit, et non in molendino tritum, et sic velut alium cibum comedit, iste nec rectum sanguinem, nec rectam carnem in se parat, sed multum *slim*, ita quod vix digeritur; et sic infirmo omnino non valet, etiamsi sanus hoc comestum superare poterit. Sed tamen si quis vacuum cerebrum habet, et ob hoc ita in amentia fatigatur, velut freneticus sit, accipe integra grana tritici (2), et ea in aqua coque, et deinde eisdem granis de aqua ablatis totum caput illius calidis circumpone, et pannum desuper liga, et sic cerebrum illius de succo illo replebitur, et vires suas et sanitatem recipiet; et hoc fac usque dum ille ad mentem suam redeat. Et qui in dorso et in lumbis dolet, grana tritici in aqua coquat, et ita calida super locum illum ponat ubi dolet, et calor tritici vires illius pestis fugabit.

[Si autem canis dentibus hominem mordet, ille pastam farinæ similæ, cum albugine ovi paratam accipiat, et super morsum canis per tres dies et totidem noctes ponat, ut eumdem venenosum morsum extrahat; qui morsus de halitu illius venenosior est quam alterius animalis; postea pastam auferat, et millefolium cum albugine ovi contundat, et super eumdem morsum per tres aut duos dies ponat et postea auferat, et deinde unguentis sanet ut aliud vulnus sanari solet. *Add. ed.*]

Cap. II. — De Siligine (3) [II, 2].

Siligo calida est, sed tamen frigidior est tritico, et multas vires habet. Panis autem ex ea factus, sanis hominibus bonus est et eos fortes facit; et illis qui pingues carnes habent, bonus, quoniam carnes eorum minuit, sed tamen eos fortes facit. Sed illis qui frigidum stomachum habent, et multum ex hoc infirmantur, contrarius est, quoniam ipsorum debilitas illum ad digestionem superare non valet, et ideo plurimam tempestatem in eis parat, quia eum vix digerere possunt.

[Qui autem glandes in corpore suo habet, cujuscunque generis sint, siligineum panem ad ignem calefactum, vel de fornace calidum allatum et ruptum super glandes ponat, et calor virium ejus illas consumit et evanescere facit; et hoc faciat usque dum evanescant. Et si quis scabiem in capite habet, crustam siliginei panis in pulverem redigat, et pulverem ibi inmittiat, quia hoc malum aufert. Et post tres dies eumdem locum oleo olivæ inungat, quoniam illud calidum est, et sanat. Sic autem faciat usque dum sanetur. Et si cancri, scilicet gracilimi vermiculi, carnem hominis comedunt, calida mica panis superponatur; et hoc sæpe faciat, et de calore illius peribunt. *Add. ed.*]

Cap. III. — De Avena (4) [II, 3].

Avena calida acuti gustus existit et fortis fumi (5), et lætus ac sanus cibus est sanis hominibus, et lætam mentem ac purum et clarum intellectum eis parat, atque bonum colorem ac sanam carnem eis

---

(1) *Triticum vulgare.*
(2) *Quia fructus iste plenus in pinguedine est* add. ed.
(3) *Secale cereale.*
(4) *Avena sativa.*
(5) *Verba* acuti — fumi *desunt in ed.*

facit. Et illis qui aliquantulum et modice infirmantur bona est, tam in pane quam in farina ad comedendum, et eos non lædit. Istis autem qui multum infirmi et frigidi sunt ad comedendum non valet, quia avena semper calorem quærit. Et si iste aut panem aut farinam avenæ comederit, in ventre ipsorum se simul *wollent* (coagulantur *ed.*) et *slim* (livorem *ed.*) in eis pararet, atque vires eis non daret, quoniam frigidæ sunt. Sed qui *virgichtiget* est [paralysi fatigatur *ed.*], et inde divisam mentem ac vanas cogitationes habet, ita quod sic aliquantulum amens efficitur, in asso balneo, cum avena in aqua in qua cocta est, ignitos lapides perfundat, et hoc sæpe faciat, et ad se revertetur, et sanitatem recipiet.

Cap. IV. — De Hordeo (1) [II, 4].

Hordeum frigidum est, ita quod frigidius et debilius est præfatis frugibus; et si comedatur aut in pane aut in farina, tam sanos quam infirmos lædit, quia tantas vires non habet ut cætera genera frugum. Sed infirmus qui jam toto corpore deficit, hordeum in aqua fortiter coquat, et aquam illam in dolium fundat, et in ipsam balneum recipiat, et hoc sæpe faciat dum sanetur, et carnes corporis sui recipiet, et ad sanitatem perveniet. Et qui etiam tam valde infirmatur quod panem comedere non potest, hordeum et avenam æquali pondere recipiat, et modicum feniculi addat, et simul in aqua coquat, et, postquam coquitur, succum illum per pannum colat, et ipsum, velut jus pro comestione panis, bibat, et hoc faciat dum convalescat. Sed qui in facie duram et asperam cutem habet, et quæ de vento faciliter se *schebet* [in asperitatem ducitur *ed.*], hordeum in aqua coquat, et tunc cum aqua illa per pannum colatum et temperate calida in facie leniter se lavet, et cutis ejus sibi lenis et suavis erit, et pulchrum colorem habebit. Et si caput hominis infirmum est, ista aqua sæpe lavetur, et sanum erit.

Cap. V. — De Spelta (2) [II, 5].

Spelta optimum granum est, et calida, et pinguis et virtuosa est, et suavior aliis granis est, et eam comedenti rectam carnem facit, et rectum sanguinem parat, atque lætam mentem et gaudium in mente hominis facit; et quomodocunque comedant, sive in pane, sive in aliis cibis, bona et suavis est. Et si quis ita infirmus est quod præ infirmitate comedere non potest, accipe integra grana speltarum, et ea in aqua coque, sagimine addito, aut vitello ovi, ita ut propter meliorem saporem libenter comedi possit, et da hoc infirmo comedendum, et eum, ut bonum et sanum unguentum, interius sanat.

Cap. VI. — De Pisa (3) [II, 6].

Pisa frigida et aliquantulum flegmatica existit.

(1) *Hordeum vulgare.*
(2) *Triticum spelta.*
(3) *Pisum sativum.*

Pulmonem aliquantulum *demphet* [deprimit *ed.*]. Sed tamen homini qui calidæ naturæ est bona est ad comedendum, et ferocem illum facit. Ille autem qui frigidæ naturæ est, infirmis non valet, quia in comestione in eo *mulslim* parat.

[Pisa etiam omnibus infirmitatibus nociva est, nec ullas vires in se habet ut infirmitates expellat. Attamen qui de superfluo suo flegmate in fronte capitis dolet, pisam albam dentibus masticando terat, et hanc purissimo melle contemperet, et sic temporibus apponat et ligamine comprimat; et sic faciat usque dum melius habeat. Sed et qui viscera interius infirma habet, jus pisæ calidum sæpe sorbeat, et melius habebit. Add. *ed.*]

Cap. VII. — De Faba (4) [II, 7].

Faba calida est, et sanis et fortibus hominibus bona est ad comedendum, et est melior quam pisa. Nam si infirmi fabam comedunt, eos non multum lædit, quia tantum livorem et *slim* in eis non parat sicut pisa facit. Farina enim fabæ bona est et utilis tam infirmo quam sano homini, quia levis est et faciliter digeri potest. Sed qui in visceribus dolet, fabam in aqua coquat, modico sagimine aut oleo addito, et separata faba, *soff* (jus *ed.*) ejus calidum sorbeat, hæc sæpe faciat, et eum interius sanat.

[Et qui ebullientem dolorem, et scabiem, ac ulcera, cujuscunque naturæ sint, in carne sua habet, farinam fabæ accipiat, et modicum de pulvere seminis feniculi addat, et hæc cum minima farinula tritici in aqua contemperet, ut cohærere possit; et sic tortellos, aut ad ignem, aut ad solem paret, et eos desuper sæpe ponat, et dolorem illius extrahet et sanabitur. Add. *ed.*]

Cap. VIII. — De Lente (5) [II, 8, 9].

Lens frigida est, et comesta nec medullam hominis, nec sanguinem, nec carnem ejus auget, nec vires ei tribuit, sed tantum satiat ventrem, et vanitate implet; infirmos humores ad procellam in hominibus excitat.

[Si cui maculæ scabiei, et immundi crines, qui radicem ulcerum in se habent, in capite hominis crescunt, lentem super ignito lapide in pulverem leniter redigat, et concham testudinis cum livore, quæ in ea est, in pulverem redigat, et æquo pondere pulveri lentis addat, et super maculas ponat; et livorem ejusdem doloris absterget, et sic sanabitur. — Cap. IX. — *De Vichbona.* — Vichbona frigida est. Qui in visceribus dolet, ita ut quasi interius intumescat, vichbonam in farinam redigat, et huic modicum panis in pulverem redacti addat, et modicum seminis fœniculi, seu de succo levistici, et ita cum aqua velut cibum coquat et aliquantum calidum comedat; et hæc sæpe faciat, et infirma viscera sanat. Add. *ed.*]

(4) *Vicia faba.* Cf. lepid. Waltheri von der Vegelweide poemation; *Waz eren hat fro bone.*
(5) *Ervum lens.*

CAP. IX. — DE HIRS (1) [II, 13].

Hirs frigidum est, modicum calidum est, quia nec sanguinem, nec carnem auget in homine, nec vires eis tribuit, sed tantummodo ventrem ejus implet, et tantum famem in eo minuit quia gustum refocillationis non habet. Sed et cerebrum hominis aquosum facit. Et stomachum ejus tepidum ac tardum parat, et humoribus qui in homine sunt procellam incutit, et est fere ut *unkrut*, nec sanum homini ad comedendum.

CAP. X. — DE VENICH (2) [II, 14].

Venich frigidum est, et modicum calorem habet, et parum valet, quia modicam refocillationem habet, et modicas vires comedenti tribuit, sed tamen eum non lædit, quantum milium illum lædere solet, nec etiam malos humores et pestes in homine commovet tam valide, ut milium facit. [Qui autem ardentes febres habet, venich in vino coquat et vinum illud calidum sæpe bibat, et curabitur. *Ad. edd.*]

CAP. XI. — DE HANFF (3) [II, 16].

Hanff [Cannabus *ed.*] calidum existit, et cum aer nec multum calidus nec multum frigidus est crescit, et ita etiam natura ipsius est, et semen ejus sanitatem habet, et sanabile est sanis hominibus ad comedendum, et in stomacho eorum leve est et utile, ita quod *slim* de stomacho ejus aliquantulum aufert, et faciliter digeri potest, atque malos humores minuit, et humores bonos fortes facit. Sed tamen qui in capite infirmus est et qui vacuum cerebrum habet, si *hanff* comederit, illum facile aliquantulum dolere facit in capite. Illum autem, qui sanum caput habet et plenum cerebrum in capite, non lædit. Sed qui valde infirmatur, illum etiam in stomacho aliquantulum dolere facit. Eum autem, qui moderate infirmus est, comestum non lædit.

[Qui autem frigidum stomachum habet, cannabum in aqua coquat, et expressa aqua, panniolo involvat; et ita calidum stomacho sæpe superponat: et illum confortat, et loco suo restituit. Et qui etiam vacuum cerebrum habet, si cannabum comederit, aliquantum in capite dolere facit; sed sanum caput et plenum cerebrum non lædit. Pannus quoque ex cannabo factus ad ulcera et vulnera liganda valet, quia calor in eo temperatus est. *Add. ed.*]

CAP. XII. — DE RATDE (4) [II, 64].

Ratde [Zizania *ed.*] calida et sicca est, et nulli homini in cibo valet, quia inde dolorem haberet. Pecoribus autem nec prodest, nec multum obest. Si quis autem in capite ulcera habet, ita tamen quod scabies non sit, *ratden* tundat et tunso assum lardum commisceat, et cum illo ulcera, quæ in capite sunt, sæpe perungat, et ulcera sua emordet, ac sanatur. Sed et *radten* tunde et mel ei commisce; et ubi multæ muscæ sunt, in parietem linias, id est *striche*, et muscæ, quæ ex hoc gustaverint, infirmabuntur, et cadent et deficient.

CAP. XIII. — DE GALGAN (5) [II, 17].

Galgan [Galanga *ed.*] totum calidum est, frigiditatem in se non habet et virtuosum est. Homo, qui ardentem febrem in se habet, galgan pulverizatum et pulverem istum in fonte bibat, et ardentem febrem exstinguet. Et qui in dorso aut in latere de malis humoribus dolet, *galgan* in vino *welle* et calidum sæpe bibat, et dolor cessabit. Et qui in corde dolet, et cui in corde *unmecht*, ille mox de galgan comedat satis, et melius habebit.

[Homo quoque qui fœtentem halitum patitur, qui ad pulmonem transit, ita ut etiam aliquando raucam vocem habeat, galangam et fœniculum æquali pondere accipiat, et bis tantum de nuce muscata et de piretro, ut istorum duorum est, et hæc pulverizet, et simul commisceat, et de pulvere isto ad pondus duorum nummorum cum tenui buccella panis quotidie jejunus comedat; et mox modicum calidi vini bibat, et alias nobiles herbas, quæ bonum odorem habent, tam pransus quam jejunus, frequenter comedat, ut bonus odor earum fœtentem halitum compescat.

Qui vero quolibet modo in pulmone dolet, pingues carnes devitet, et a cibo qui multo sanguine perfusus est et incocto cibo se abstineat, quia tabem circa pulmonem faciunt. Sed et pisam, et lentem, cruda poma, cruda olera, nuces et oleum devitet, quoniam livorem pulmoni inferunt. Quod si carnes comedere vult, macras comedat; et si caseum, non coctum, nec crudum, sed aridum comedat, quia mali livores in eo sedati sunt. Et si oleum comedere vult, modice comedat, ne inde pulmoni livores contrahat. Aquam vero non bibat, quoniam circa pulmonem livorem parat. Sed et novum mustum, quod nondum in fervore ebulliendo sordes ejecit, non bibat quia nondum purgatum est. Cervisia autem eum non multum lædit, quoniam cocta est. Vinum vero bibat, quoniam bono caiore suo pulmonem juvat; et ab humida et a nebulosa aura se observet, quia hæc humiditate sua pulmonem lædit. Si mali humores in visceribus et in splene hominis superabundaverint, et cordi multas passiones per melancholiam intulerint, ille galangam et piretrum æquali pondere accipiat, et album piper ad quartam partem unius istorum; vel si album piper non habuerit, accipiat *pfeffertruch* quater tantum ut albi piperis est, et hæc in pulverem redigat. Deinde farinam fabæ tollat, et ei prædictum pulverem addat, atque hæc omnia cum succo fœnugreci, absque aqua et vino, alioque liquore commisceat. Quo facto, ex omnibus his tortellos paret, et eos ad calorem solis exsiccet; unde in æstate, dum solem habere potest, eos faciat, quatenus in hieme eos habeat. Deinde eosdem tortellos tam pransus quam jejunus comedat. Postea liquiricium tollat, et quinquies plus de fœniculo et zuccaro, ad pondus liqui-

---

(1) *Panicum miliaceum.* Cf. infra cap. 193, *De milio*.
(2) *Panicum Italicum.*
(3) *Cannabus sativa.*
(4) *Nigella sativa.*
(5) *Alpinia Galanga.*

ricii, et modicum mellis, et ex his potum faciat, et tam pransus quam jejunus contra dolorem cordis bibat. Sed et homo cui flegma fumum in capite facit, et auditum ejus confundit, galangam accipiat, et ad ejus tertiam partem aloe et origani, bis tantum ut galangæ, et folia persici, ejusdem ponderis ut origani est; et ex his pulverem faciat et eo tam pransus quam jejunus quotidie utatur. Qui autem in pectore, in corde, et in splene dolet, et qui stomachum de flegmate infrigidatum habet, galangam accipiat, et bis tantum origani, et semen apii ponderis ut origanum est, et parum albi piperis; et hæc in pulverem redigat, et huic modicum cocti mellis addat, et inde electuarium faciat, ita ut illud absque repentino fervore leniter coquatur; et idem electuarium sæpe comedat; et puro, leni et bono vino frequenter utatur. Sed et qui a paralysi fatigatur, galangam accipiat, et ad ejus medietatem nucem muscatam, et spicam ad medietatem nucis muscatæ, et githerut, et levisticum æqualis ponderis, sed utriusque singillatim plus quam spicæ; et his saxifricam et polypodium æqualis ponderis addat; sed eorumdem duorum simul tantum erit quantum quinque superiorum; et hæc in pulverem simul redigat. Et si sanus, pulverem istum in pane comedat; si autem infirmus, inde electuarium faciat, et comedat. Add. ed.]

CAP. XIV. — DE ZITUAR (1) [II, 18].

Zituar temperate calidus, et magnam virtutem in se habet. Nam homo, qui in membris suis tremet, id est *bibet*, et in quo virtus deficit, *zituar* in vinum incidat et parum minus *galgan* addat, et hoc cum modico melle in vino coquat, et sic calidum, id est *melch* bibat, et tremor ab eo abscedit, et virtutem recipit. Et qui multam salivam et multas spumas in se habet, *zituar* pulverizet et pulverem istum in panniolum liget, et ita in vasculum, aqua infusa, ponat, ut aqua saporem inde habeat, et sic in aqua per noctem dimittat, ac jejunus in mane sæpe bibat, et saliva et spuma cessabit. Sed qui in capite multum dolet, cum eodem pulvere in panno ligato et in aqua madefacto fronte et tempora madefaciat, et melius habebit. Et cui stomachus malis cibis repletus est et multum gravatus est, zituar pulverizet, et cum pulvere isto et modica farina similæ et aqua tortellum faciat, et eum in sole aut in fornace fere frigidata coquat, et tunc eumdem tortellum in pulverem redigat, et pulverem istum jejunus in manu sua sæpe lingat, id est *lecke*, ac etiam [cum] *ad* dormitum vadit per noctem stomachus ejus molestet (2).

CAP. XV. — DE INGEBER (3) [II, 19].

Ingeber [Zinziber ed.] valde calidum est et diffusum, id est *zuflosszlich*, et sano et pingui homini comestum obest, quia eum inscium et ignarum ac tepidum et lascivum facit. Sed qui in corpore aridus

(1) *Amomum zedoaria*.
(2) Ed., recte: *et pulverem istum jejunus in manu sua sæpe lingat, etiam cum ad noctem dormitum va-*

est, et jam fere deficit, ingewer pulverizet, et in *suffen* pulverem istum jejunus modice sumat, et etiam cum pane ejus interdum modice comedat, et meliorabitur. Sed mox, cum melius habuerit, eum amodo non comedat, ne inde lædatur. Et qui ulcerosus, id est *suerecht*, et turbidos oculos habet, *ingeber* pulverizet et pulverem istum in pannum liget, et in vinum ponat, ut vinum inde atrum, id est *zanger*, fiat, et in nocte cum dormitum vadit, circa palpebras et oculos liniat de vino isto; et si modicum ex eo oculos intraverit, non nocebit; et ita *eyther* [ulcerosum venenum ed.] et turbulenciam de oculis aufert. [Quia dum homo visum oculorum habet, oculis sic subvenire potest; postquam autem visum perdiderit, oculis hoc modo prodesse non poterit. Et cui oculi caligant, succum rutæ et hysopi æquali mensura accipiat, et huic ter tantum de prædicto vino addat, et hoc in æreum vas fundat, ut in illo virtutem suam retineat; et ad noctem, cum dormitum vadit, oculos et palpebras exterius cum illo circumliniat; et si oculos interius aliquantulum tetigerit, non eos nocebit; et hoc sæpe faciat, et caliginem oculorum fugabit. Sed et qui constipationem in stomacho et in ventre patitur, zinziberum pulverizet, et cum modico succo ancusæ pulverem istum commisceat, et ex eodem pulvere, et farina fabæ tortellos faciat, et eos in fornace, qui jam in calore ignis aliquantum cessavit, coquat. Et sic tortellos istos tam pransus quam jejunus sæpe comedat, et fœditatem stomachi minuit, et hominem confortat. Item homo qui in stomacho quemlibet dolorem patitur, zinziber, et bis tantum galangæ, et zituaris ad mediam partem pulverizet, et post cibum pulverem istum in vinum ponat; et sic bibat, et etiam ad noctem, cum dormitum vadit; et sic sæpe faciat, et in stomacho melius habebit. Add. ed.]

Et si quis *citerdrose* in corpore suo habet, de eodem prædicto pulvere ligato in panno in aceto ponat, et modicum vini, si habet, addat, ne nimis acrum, id est *zanger* fiat, et cutem cum panno illo et pulvere locum illum ubi *citerdrosæ* sunt in eo liniet, et sanabitur.

[Homo autem quem vich fatigat, modicum zinziberi et plurimum cinnamomi accipiat et hæc pulverizet. Deinde tollat salviæ minus quam zinziberis et fœniculi plus quam salviæ, et tanaceti plus quam salviæ, et hæc in mortario ad succum terat, et per pannum colet. Deinde mel modice in vino coquat, et ei parum albi piperis addat; vel si illud non habuerit, parum de nimmolo, et prædictum pulverem et prædictum succum immittat. Postea merlinsen sumat, et tormentillæ bis tantum, et synape, quod in campo crescit, tantum ut tormentillæ, sed minus quam merlinsen sit; et hæc in mortario ad succum terat, et in saccellum ponat,

dit, et gravedinem stomachi aufert.
(3) *Amomum zingiber*.

et præfatum mellitum et pulverizatum vinum superfundat, et ex his clarum potum faciat. Qui autem prædictum dolorem patitur, potum istum quantum uno halitu bibere potest jejunus bibat, et simili modo ad noctem cum se in lectum reponit : et hoc faciat usque dum sanetur. Sed et homo qui potiones facere et sumere vult, zinziberum et dimidiam partem tantum de liquiricio, et tertiam partem de zituare quantum de zinzibero pulverizet et colet ; et deinde eumdem pulverem simul penset; postea sumat tantum de zucharo quantum pulvis iste pensat. Omnia hæc simul penset ad pondus triginta nummorum. Deinde accipiat de purissima farinula similæ quantum dimidia testa nucis capit, et tantum lactis citocatiæ quantum incisa penna scriptoris in incisione tenere potest, et sic de prædicto pulvere, et de farina, et lacte citocatiæ tenuissimam massam, vel tortellum faciat; et hanc massam in quatuor partes dividat, et ad solem in martio vel in aprili siccet, quoniam in mensibus istis radius solis ita temperatus est quod nec nimis calidus nec nimis frigidus, et ideo sanitatem præcipue affert. Quod si in istis mensibus lac de prædicta citocatia habere non poterit, ita quod eum oportet differre ad maium : tunc etiam præfato tortello in maio facto, ad solem etiam maii exsiccet, et sic ad opportunum tempus observet. Et qui tunc potionem sumere voluerit, quartam partem de prædicta massa jejunus sumat. Quod si stomachus illius tam fortis et spissus est ut tactum potionis hujus non sentiat, iterum dimidiam partem tertiæ partis præfati tortelli accipiat, et denuo totam cum lacte citocatiæ illiniat; et sic iterum in sole siccatam jejunus sumat. Sed antequam aliquis potionem istam accipiat, si frigus est, se calefaciat, et sic sumat: et postquam eam sumpserit; in lecto vigilando modicum requiescat, et deinde surgens, hac et illac modice deambulet, ita tamen ne frigus patiatur; post solutionem autem, triticeum panem, non siccum, sed in sorbiciuncula intinctum comedat, et pullos gallinarum, et porcinas carnes atque alias suaves carnes edat. Grossum autem panem, et bovinas carnes, et pisces, et alios grossos cibos et assos, exceptis assis pyris, devitet; et a caseo et a crudis oleribus et pomis se abstineat. Vinum autem, sed tamen modice, bibat et aquam dimittat. Claritatem quoque solis fugiat et sic per tres dies hæc observet. Add. ed.]

CAP. XVI. — DE PIPERE (1) [III, 4].

Piper valde calidum est et aridum, et quamdam præcipitationem in se habet, et multum comestum lædit hominem, et pleurisim in eo parat, et humores in eo destituit, ac malos humores in eo facit. Si quis spleneticus est, et qui cibos in fastidio habet, ita quod eum non libet comedere, iste in aliquo cibo cum pane piper modice comedat, et in splene melius habebit, et fastidium comedendi ponet (2).

CAP. XVII. — DE KUMEL (3) [II, 20].

Kumel [Cyminum ed.] temperati caloris est et siccum; homini qui danphet bonum et utile et sanum est ad comedendum, quocunque modo comedatur; sed illum lædit qui in corde dolet, si comederit [quia cor perfecte non calefacit, quod semper calidum esse debet add. ed..] Sano autem bonum est ad comedendum, quia bonum ingenium ei parat et temperiem ei infert, qui nimis calidus est; sed unumquemque lædit, qui infirmus est si comederit, quia pestem in eo excitat, præter illum qui in pulmone dolet.

[Homo qui coctum vel assum caseum comedere vult, ne inde doleat, ciminum superponat, et sic comedat. Qui vero nauseam patitur, ciminum accipiat, et ad ejus tertiam partem piper et bibinellam, velut quartam partem cimini, et hæc pulverizet et puram farinam similæ accipiat, et pulverem istum farinæ huic immittat; et sic cum vitello ovi et modica aqua tortellos, aut in calido fornace, aut sub calidis cineribus faciat, et tortellos istos comedat. Sed et prædictum pulverem super panem positum manducet, et in visceribus calidos et frigidos humores, qui nauseam homini inferunt, compescunt. Add. ed.]

CAP. XVIII. — DE BERTRAM (4) [II, 21].

Bertram [Piretrum ed.] temperati caloris et aliquantum sicci, et eadem temperies pura est, et bonam viriditatem tenet. Nam sano homini bonus est comestus, quia tabem in eo minuit ac bonum sanguinem in eo auget, et purum intellectum in homine facit. Sed et infirmum, qui jam fere in corpore defecit, ad vires reducit, et in homine nihil indigestum dimittit; sed bonam digestionem illi parat. Et homo, qui multum flecma in capite habet, si eum frequenter comedit, flecma in capite ejus minuit. Sed et sæpe comestus pleurisim ab homine depellit, et puros humores in homine parat, et oculos ejus clarificat. Et quocunque modo comedatur, scilicet aut siccus aut in cibo, utilis et bonus est tam infirmo quam sano homini. Nam si homo eum frequenter comedit, ab eo infirmitatem fugat et eum infirmari prohibet. Quod autem comestus in ore humiditatem et salivam educit, hoc ideo est, quia malos humores extrahit, et sanitatem reddit.

CAP. XIX. — DE LIQUIRICIO (5) [II, 22].

Liquiricium temperati caloris est, et homini cla-

---

(1) *Piper longum et nigrum.*
(2) Ed. *De arbore piperis.* Arbor in qua piper crescit valde calida est; piper quoque valde calidum et aridum es . Et multum comestum, hominem lædit, et pleurisim in eo parat, et bonos humores destituit. Homo autem qui poma aut pira comederit, et inde dolet, mox piper comedat, et melius habebit. Sed et qui spleneticus est, et qui fastidium comedendi habet iste piper in aliquo cibo cum pane modice comedat, et in splene melius habebit. »
(3) *Cuminum, Cyminum.*
(4) *Anthemis pyrethrum.*
(5) *Glycyrrhiza glabra.* Sub nomine *Henigwurz* sæpissime occurrit. Ejusdem culturam in agro Bambergensi instituit sancta Cunegundis imperatrix. Cf. Walafridi Strabi *Hortulus* ed. Reuss, p. 66.

ram vocem parat quomodocunque comedatur, et mentem ejus suavem facit, et oculos ejus clarificat, et stomachum ejus ad digestionem mollificat. Sed et frenetico multum prodest, si illud sæpe comedat, quia furorem qui cerebro ejus est exstinguit (1).

Cap. XX. — De Cynamomo (2) [III, 3].

Cynamomum etiam valde calidum est et fortes vires habet, et etiam modicam humiditatem in se tenet; sed calor ejus tam fortis quod humiditatem illam deprimit, et qui eum sæpe comedit, malos humores in eo minuit ac bonos humores in eo parat (3).

Cap. XXI. — De Nuce muscata (4) [III, 2].

Nux muscata magnum calorem habet et bonum temperamentum in viribus suis. Et si homo nucem muscatam comedit, cor ejus aperit et sensum ejus purificat, ac bonum ingenium illi infert. Accipe quocunque nucem muscatam et æquali pondere cynamomi et modicum gariofiles, id est *nelchin*, et hæc pulveriza, et tunc cum pulvere isto ac cum simila farinæ et modica aqua tortellos fac, et eos sæpe comede, et omnem amaritudinem cordis et mentis tuæ sedat, et cor tuum et obtusos sensus tuos aperit, et mentem tuam lætam facit, et sensus tuos purificat, ac omnes nocivos humores in te minuit, et bonum succum sanguini tuo tribuit, et fortem te facit (5).

Cap. XXII — De Rosa (6) [II, 76].

Rosa frigida est, et idem frigus utile temperamentum in se habet. In mane aut orto jam die, folium rosæ tolle, illud oculis tuis superpone, humorem, id est *triefen* ejus extrahit, ac eos clarificat. Sed et qui modica ulcera in corpore suo habet, eis folia rosæ superponat, et livorem illis extrahit (7). Sed et rosa ad potiones et ad unguenta atque ad omnia medicamenta valet, si eis addatur; et tanto meliora sunt, si eis aliquantum de rosa additum fuerit, quamvis parum, hoc est de bonis viribus illius, ut prædictum est.

(1) *Quia — exstinguit* in ed. desunt.
(2) *Laurus Cinnamomum*.
(3) Ed.: « *De arbore cinnamomi*. Arbor cujus cortex cinnamomum est valde calida est. Unde homo qui a gutta paralysis fatigatur, et qui quotidianas, tertianas, et quartanas habet, vas de chalybe factum tollat, et in illud bonum vinum fundat, et de ligno et foliis præfatæ arboris, dum succum in se habent, imponat, et ad ignem fervere faciat, et calidum sæpe bibat, et sanabitur. Et homo cui caput gravatum et obtusum est, ita quod flatum per nares difficulter emittit et intror um trahit, cinnamomum pulverizet, et eumdem pulverem cum buccella panis sæpe comedat, aut in manu sua lingat, et noxios humores per quos caput obtusum est, dissolvit. »
(4) *Myristica moschata*.
(5) Ed.: « *De arbore nucis muscatæ*. Arbor in qua nux muscata crescit calida est. Lignum autem et folia ejus medicinæ non multum conveniunt. Nux quoque muscata magnum calorem habet, et bonum temperamentum in viribus suis. Et si quis nucem muscatam comedit, cor ejus aperit, et sensus ejus purificat, et bonum ingenium bono calore et suavi virtute sua illi infert. Homo quoque nucem muscatam, et pari pondere cinnamomum, et modicum de gari fylo pulverizet; et cum pulvere isto, et farina

Cap. XXIII. — De Lilio (8) [II, 77].

Lilium plus frigidum quam calidum est. Accipe ergo caput radicis lilii, et illud cum veteri arvina fortiter tunde, et tunc in patella *zulasse*, et sic in vasculum pone; et deinde qui albam lepram, scilicet *quedick*, habet, cum eo frequenter unge, prius calefacto unguento, et sanabitur. Sed rubea lepra de simili curari potest.

Et qui *uzslecht* habet, caprinum lac sæpe bibat, et *uzslechte* ab eo perfecte exeant; et tunc *stam* et folia liliorum accipiat, et ea tundat, ac succum eorum exprimat, et eumdem succum eorum cum farina insimul *knede*, et ubi in corpore ab *uzslecht* dolet, semper ungat; sed tamen antequam hoc unguento se ungat, lac caprinum semper bibat. Odor etiam primæ eruptionis, id est *blut*, liliorum, ac etiam odor florum eorum cor hominis lætificat ac rectos cogitatus ei parat (9).

Cap. XXIV. — De Psillio (10) [II, 78].

Psillium frigidæ naturæ est, et in illa frigiditate dulce temperamentum habet; et qui illud in vino coquit, et vinum ita calidum bibit, fortes febres, id est *fiber*, ab eo compescit. Et oppressam mentem hominis per dulce temperamentum suum lætificat, et cerebrum ejus tam frigore quam temperamento suo ad sanitatem juvat et confortat. Sed et qui febres in stomacho habet, psillium in vino coquat, et vino effuso, psillium illud in pannum ponat, et ita calidum super stomachum suum liget, et febres de stomacho suo fugabit.

Cap. XXV. — De Spica (11) [II, 79].

Spica calida et sicca, et calor ejus sanus est. Et qui spicam cum vino coquit, vel, si vinum non habet, cum melle et aqua coquat, et ita tepidum sæpe bibat, et dolorem jecoris et pulmonis, et *dumphedinem* in pectore ejus mitigat, et scientiam puram ac purum ingenium facit.

similæ, et modica aqua tortellos faciat, et eos sæpe comedat, et omnem amaritudinem cordis et mentis ejus sedat, et obtusos sensus ejus aperit, et mentem ipsius lætam facit, et omnes nocivos humores in eo minuit. Sed et quem paralysis in cerebro fatigat, nucem muscatam, et bis tantum galangæ pulverizet, et etiam de radice gladiolæ et plantaginis æquali pondere modice tundat, sale addito; ex omnibus his sorbiunculam (sic) faciat et sorbeat, et hoc semel aut bis in die faciat, usque dum sanetur. »
(6) *Rosa centifolia*.
(7) Ed. post *extrahit* hæc addit : « Et qui præceps est in ira rosam accipiat et minus de salvia, et in pulverem terat, et in hora illa cum ira in ipso surgit, naribus suis apponat; nam salvia consolatur, rosa lætificat. Rosa accipiatur et ad medietatem ipsius salvia, recente quoque arvina quæ infusa est addita; et hæc in aqua simul coquantur ut inde unguentum fiat; et ubi homo a crampho vel a paralysi fatigatur, ipso unguento ibidem inungatur et melius habebit. Quæ sequuntur, sed et rosa, etc., omittit ed.
(8) *Lilium candidum*. Hildeg. ep. ad Wibertum; Scivias, III, 8.
(9) Verba *odor — parat* desunt id ed.
(10) *Plantago psillium*.
(11) *Lavendula spica*.

CAP. XXVI. — DE CUBEBO (1) [II, 23].

Cubebo calidum est, et calor ille temperamentum in se habet, et etiam siccum est. Et si quis cubebo comedit, indignus ardor ille, qui in ipso est, temperatur; sed et mentem ejus lætam parat ac ingenium et scientiam illius puram facit, [quoniam utilis et temperatus calor ejus indignos ardores libidinis, in quibus fœtidi et limosi livores latent, exstinguit, et mentem hominis et ingenium ejus accendendo clarificat. *Add. ed.*]

CAP. XXVII. — DE GARIOFILES (2) [II, 24].

Gariofiles nelchin valde calidum est, et etiam quamdam humiditatem in se habet qua se suaviter extendit ut ipsa suavis humiditas mellis. Et si quis in capite dolet, ita quod ei caput *dumet*, velut surdus sit, gariofiles sæpe comedat, et *dume* quæ in capite est minuit. Et cum infirma viscera aliquando in homine tumescunt, tunc multoties fit quod tumor ille viscerum hydropem morbum in eo crescere facit. Unde jam cum hydropis in homine crescere incipit, ille gariofiles sæpe comedat, et illa vitium morbi compescunt, quia virtus eorum in viscera hominis illius transit ac tumorem eorum minuit, et ydropem morbum sic fugat, nec eum ulterius crescere permittit (3). Sed et calor medullæ hominis multoties exsudat, podagram in eo parat. Quæ cum jam in homine crescere incipit, si tunc ille sæpe gariofiles comedit, virtus eorum in medullam hominis illius vadit et prohibet ne podagra crescat et ne ulterius in eo procedat, cum jam in initio est (4). [Et qui singultum patitur garyofillum frequen'er manducet. Sed et zituar pransus frequenter comedat, et hæc etiam per mensem unum faciat. *Add. ed.*]

CAP. XXVIII. — De CRISTIANA (5) [II, 25].

Cristiana et igneum calorem et frigiditatem in se habet. Et homo, in quo pessimi et mortiferi humores er:guntur, ita quod in aliquo membro ejus ebulliunt, sic quod dicunt *freischlich* (freislichaz *ed.*), cristianam semper comedat, et meliorabitur. Sed et qui quartanas habet, eam in ipso accessu earum comedat, et melius habebit. Et qui de *gicht* valde fatigatur, in ipsa fatigatione comedat, ac meliorabitur. Et qui ardentes febres habet in stomacho, eam in vinum incidat, et vinum hoc calefaciat, et ita calidum bibat, et curabitur.

CAP. XXIX. — DE LUNCKWURCZ (6) [II, 80].

Lunckwurcz frigida est et modicum arida, nec multum ad utilitatem hominis valet. Sed tamen homo cui pulmo inflatus est, ita quod ipse *hustet* et quod spiramen vix trahit, *lunckwurtz* in vino coquat et jejunus sæpe bibat, et sanabitur. Et si oves eam frequenter comedunt, sanæ et pingues fiunt, nec etiam lacti earum obest. Et cum pulmo inflatus est, si *lunckwurtz* in vino coctam sæpe bibit, ut prædiximus, pulmo ejus ad sanitatem recuperatur, quia pulmo naturam ovis fere habet.

CAP. XXX. — DE HIRTZUNGE (7) [II, 81].

Hirtzunge (Scolopendria *ed.*) calida existit, et jecori ac pulmoni et dolentibus visceribus valet. Accipe ergo *hirtzunge*, et eam in vino fortiter coque, et tunc purum mel adde, et ita iterum tunc fac semel fervere, deinde longum piper et bis tantum cynamomi pulveriza, et ita cum prædicto vino fac iterum semel fervere, et per pannum cola, et sic fac *luterdranck* (8), et tam pransus quam jejunus sæpe bibe, et jecori prodest, et pulmonem purgat, atque dolentia viscera sanat, atque interiores putredines et *slim* aufert (9). Et iterum *hirtzunga* in fervente sole aut super calidum laterem suaviter aridam fac, et ita pulveriza, et pulverem istum jejunus et pransus in manu tua sæpe linge, id est *lecke*, et dolorem capitis et pectoris compescit, atque alios dolores qui in corpore tuo sunt sedat (10). Sed et homo qui de aliquo dolore valde et repente *unmechtig*, mox et de eodem pulvere in calido vino bibat, et melius habebit.

CAP. XXXI. — DE GENTIANA (11) [II, 80 *bis*].

Gentiana satis calida exsistit. Qui autem dolorem cordis ita patitur velut chordis ejus vix hæreat [velut cor ejus vix subsistat *ed.*], gentianam pulverizet, et ipsum pulverem in *suffen* comedat, et cor ejus confortat. Sed et qui *fiber* in stomacho habet, de eodem pulvere in calido vino cum ignito calido calibe calefacto sæpe bibat, et stomachus ejus de febre purgabitur.

CAP. XXXII. — DE QUENULA (12) [II, 81 *bis*].

Quenula (Serpillum *ed.*) calida est et temperata. Et homo qui infirmas carnes habet corporis, ita quod caro ejus velut scabies *uszbluet*, quenulam aut cum carnibus aut in *muse* coctam sæpe comedat, et carnes corporis ejus interius sanantur et purgabuntur. Sed qui minutam scabiem, id est *cleynengriut*, habet, quenulam cum nova arvina tundat, et sic ex ea unguentum faciat, et se cum illo ungat, et sanitatem habebit. Et cum cerebrum infirmum et velut vacuum est, quenulam pulverizet, et pulverem istum farinæ similæ commisceat in aqua, et ita tortellos faciat, et eos sæpe comedat, et cerebrum ejus melius habebit.

CAP. XXXIII. — DE ANDRON (13) [II, 82].

Andron [Marrubium *ed.*] calida est, et satis de succo habet, et contra diversas infirmitates valet. Nam qui surdas aures habet, *andron* in aqua coquat, maticisque speciebus parata potio. Vide Barthol. Anglic. *Propr. rer.*, I, 19, 56.
(9) *Atque—aufert* desunt in ed.
(10) *Atque—sedat* desunt in ed.
(11) *Gentiana lutea.*
(12) *Thymus serpillum.*
(13) An legendum *Andorn*? [*Marrubium vulgare*.

(1) *Piper cubeba.*
(2) *Eugenia caryophyllata.*
(3) *Quia—permittit*, in ed. desunt.
(4) *Et ne—initio est* in ed. desunt.
(5) *Helleborus niger.*
(6) *Pulmonaria officinalis.*
(7) *Asplenium Scolopendrium.*
(8) *Luterdranck*, claretum, e vino, melle aro-

et eam de aqua auferat, et *donft* [fumum *ed.*] ejus, calidum in aures suas ire permittat, et etiam ita calidam auribus et omni capiti circumponat, et auditum melius capiet. Et qui in gutture infirmatur, *andron* in aqua coquat, et aquam illam coctam per pannum colet, et bis tantum vini addat, et iterum in patella fervere faciat satis sagininis addito, et ita sæpe bibat, et in gutture sanabitur. Sed et qui tussim habet, feniculum de *dille* æqualis ponderis accipiat, et tertiam partem de *andron* addat, et hæc cum vino coquat, et tunc per pannum colet, et bibat, et tussis cessabit. Et qui infirma et fracta viscera habet, cum vino *andron*, de melle satis addito, coquat, et ista cocta in olla dimittat, et infrigidatum sæpe bibat, et viscera sanantur.

CAP. XXXIV.—DE HIRTZSWAM (1).

Hirtzswam frigidus et durus est, ac nocivus est homini ad comedendum et pecori, quod nulla infirmitas lædit, quoniam has vires in se habet, quod hominem sanum et sanum pecus intus ulcerat, cum nullam infirmitatem invenit. Ubi autem tam periculosi humores in homine erumpunt, quod homo in membris suis ita de *gicht* fatigatur, quasi membra ejus frangi videantur, et si tunc *hirtzswam* comedit, periculum humorum illorum fugat, et *uszbieszet* et educit, quoniam natura ejus talis est, quod semper frangere solet ubi est, et ita quod fœtidum est, effringit, ubi illud invenit. Sed et prægnantem mulierem cum periculo corporis sui abortire facit, si eum comederit.

CAP. XXXV. — DE LAVENDULA (2) [II, 83].

Lavendula calida et arida est, quia modicum succi habet, et homini ad comedendum non valet, sed tamen fortem odorem habet; et homo qui multos habet pediculos, si lavendulam frequenter odorat, pediculi in eo morientur. Et odor ejus oculos clarificat, [quia quamdam virtutem fortissimorum et etiam utilitatem amarissimorum aromatum in se habet, et ideo etiam plurimas malas res constringit, et ex hoc maligni spiritus exterrentur *add. ed.*].

CAP. XXXVI. — DE FENUGRÆCO (3) [II, 84].

Fenugræcum plus frigidum quam calidum; et homo qui quotidianas febres habet, quæ sudorem sæpe de eo educunt, et quem cibus molestat, id est lædit, gramen fenigræci in æstate accipiet, et semen ejus in vino calefaciat, et illud calidum jejunus sæpe bibat, et melius habebit. Sed qui quartanas febres habet, fenigræcum in aqua coquat, et expressa aqua, illud utrisque pedibus in tibiis sæpe ad noctem calidum circumponat, et pannum desuper ligat, atque fenigræcum in vino calefactum, ut supra dictum est, sæpe bibat, et sanabitur.

CAP. XXXVII.—DE SYSEMERA (4).

Sysemera calida existit. Et qui venenum comedit aut bibit, accipiat sysemeram et rutham atque bathemam æquali pondere, et in mortario tunsis, succum eorum exprimat, et tunc etiam de succo *springwurtz* bis tantum sumat ut unius istorum est, et prædicto succo addat, et simul commisceat, ac ita per pannum colet, et jejunus bibat. Sed cum bibit, in calido loco sedeat, ne infrigescat, quia si frigus tunc haberet, periculosum ei esset. Et postquam biberit, *huneckwurtz* bibat, et venenum per nauseam spumabit, aut per eum in inferioribus locis transibit, et sic liberatur. Et qui multos pediculos habet, sysemeram eum arvina tundat, et simul commisceat, et tunc cum illo circa collum suum et sub assellis suis se ungat, et pediculi morientur, et ille inde non læditur. Sed homo in quo lepra crescere videtur, sysemeram in aqua coquat, et sagininis addat, et sic mus parat, et sæpe comedat, et lepram ab eo fugat.

CAP. XXXVIII.—DE PEFFERKRUT [II, 26].

Pefferkrut calida et humida est, et eadem humiditas temperamentum in se habet, et sanis et infirmis bona et utilis est ad comedendum. Et illud quod *sur*, id est amarum, in ea est, hominem interius non mordet, sed eum sanat. Et homo qui debile cor et infirmum stomachum habet, eam crudam comedat, et illum confortat. Sed et tristem mentem qui habet, si eam comedit, eum lætum facit; et etiam comesta oculos hominis sanat et clarificat.

CAP. XXXIX.—DE SCHERLING (5) [II, 85].

Scherling calida est, et periculum in se habet, ita ut si homo eam comederet, omnia et bene ei recte instituta in sanguine et in humoribus ejus destrueret, et malas inundationes in eo faceret, quæ ad modum procellæ inquietudines in aqua parant; et postquam hæc procella cessaret, pessimos livores et pessimas infirmitates in homine relinqueret. Sed ille, qui contis est fustibus valde percussus est, aut qui de aliqua altitudine cecidit, ita quod caro et membra ejus contrita sunt, *scherling* in aqua coquat, et expressam aquam illam super membra in quibus dolet, ponat, et pannum desuper ligat, et sic humores qui illic collecti sunt, dissipabit, quia *scherling* quoque dissipare solet. Et etiam homo, qui a *stosze* aut ictu, aut jactu inter cutem et carnem intumet, *scherling* in aqua calefaciat, et eam super tumorem liget, et tumorem fugabit. Qui autem in aliquo membro de aliqua infirmitate de se ipso tumet, ad tumorem illum expellendum, *scherling* non valet, quia si super illum poneretur, humores illos, qui per infirmitatem ulcerum procedere et de carne exire deberent, introrsum in homine cum periculo redire compelleret (6).

---

(1) Deest in ed.
(2) *Lavendula vera.*
(3) *Trigonella fœnum Græcum.*

(4) Cf. lib. III, cap. 59. Deest in ed.
(5) *Cicuta virosa? Conium maculatum?*
(6) *Quia si—compelleret* desunt in ed.

Cap. XL. — De Ganphora (1) [III, 9].

Ganphora, scilicet gummi, puram frigiditatem in se habet, sed arbor, de qua ganphora sudat, acutam et mundam; et si quis homo ganphoram simplicem comederet et non temperatam cum his herbis, tunc ignis qui in homine est, a frigore illius impediretur. Et etiam frigus, quod in homine est, virtute ejus irruit, ita quod homo ille velut lignum, quod *olemechte* est, ita quod nec frigidus nec calidus in corpore suo. Et ideo nullus homo eam simplicem comedat. Accipe autem aloe et mirrham pondere pari, et de ganphora modicum minus quam de uno istorum sit, et hæc in patella fac simul confluere, id est *zulasze*, et modicum *wilde* lactuca adde, et tunc de his cum farina similæ tortellas fac, aut super lapidem ab igne calefactum sicca, aut eas in sole sicca, et siccatos ut pulverem tere, ac de pulvere isto in calida *hunigwurtz* modicum sæpe jejunus sume; et si sanus et fortis es, sanior et fortior mirabiliter eris, et vires tuæ isto modo constituentur; et si infirmus es, miro modo te attollit et confortat, velut sol turbidum diem illuminat.

Cap. XLI. — De Amphora (2) [II, 27].

Amphora nec calida nec frigida in recta mensura, unde homini ad comedendum non valet, qui contra naturam ejus sollicitus est. Et si homo illam comederet, eum tristem faceret, et naturam ejus in injustam mensuram in visceribus ipsius diffunderet; sed ad pabulum pecoribus et bobus utile est, [quoniam quod in ea debile est ad vires hominis, hoc viribus pecorum utile est *add. ed.*].

Cap. XLII. — De Huszwurtz (3) [II, 86].

Huszwurtz frigida est, et utilis non est homini ad comedendum, quia pinguis naturæ est; nam si quis homo eam comederet qui sanus in genitali natura esset, totus in libidine arderet, quod velut amens fieret. Et si quis masculus in semine suo aridus esset, ita quod absque senio semen in eo deficit, *huszwurtz* in caprinum lac tandiu ponat, dum tota lacte illo perfundatur, et tunc eum in eodem lacte coquat, aliquibus etiam ovis additis, ut cibus esse possit, et sic aut per tres dies, aut per quinque comedat, et semen ejus vires ad gignendum recipiet et ad prolem florebit. Sed cibus iste hoc modo paratus contra sterilitatem feminæ non prodest, sed si femina comederit eum, ipsam ad libidinem provocaret et sterilitatem illi non auferret. Et qui surdus in auribus est, ita quod non audit, lac feminæ tollat, quæ masculum peperit, cum jam decem aut duodecim septimanæ sunt quod filium genuit, et de succo *huszwurtz* illi addat, atque in aurem illius aut tres aut quatuor guttas molliter instillet, et hoc sæpe faciat, et auditum recipiet.

Cap. XLIII. — De Stichwurtz (4) [H, 87].

Stichwurtz [Brionia *ed.*] calida est et inutilis ad usum hominis velut *unkrut*, quod inutile est. Et calor ejus periculosus est, nisi in loco illo ubi venenum paratur. Nam si ibi in igne incenditur, ita quod calor et ejus odor idem venenum tangit, vires illius minuit, sicut etiam vinum vires suas amittit, quod per noctem in scypho dimittitur. Et si in ignem mittitur, et velut rapa assetur, et tunc ita calida ab igne tollitur, et in frusta inciditur, odorem emittit; et odor ille si serpentem aut rubetam tetigerit, eos ita lædit, quod serpens spumat, et quod rubeta inde ita dolet, quod de loco suo fugit. Sed et si odor ejus hominem tetigerit, eum dolere facit, nisi rutam prius comederit quia tam indignos et molestos humores in se habet, quod tam hominem quam pravos vermes occidit. Quod si pedes hominis per ulcera vulnerati sunt, id est *uszgebrochen*, *stichwurtz* in aqua coquat, et aqua effusa *stichwurtz* ita calida super pedes illius, ubi fracti sunt, pone, et eos cum ea *bewe*; tunc putredinem eorum aufert, et sanabitur.

Cap. XLIV. — De Wuntwurtz [II, 89].

Wuntwurtz [Frasica *ed.*] plus frigida quam calida, et tam periculosum succum præ quibusdam aliis herbis habet, sicut etiam aliquis vermis pejor et acerbior est præ aliis. Ubi autem homo magna et eminentia ulcera habet in se, id est *uszgedroszenser*, *wuntwurtz* in aqua coquat, ac ita calidam super ulcera illa ponat, et ea sæpe hoc modo *bewe*, et sanabitur. Si autem homo ferro vulneratus est, et si tunc *Wuntwurtz* vulneri superponit, periculosum est ipsi, quia in superficie cutem exterius repente sanat, et tabem interius dimittit [quia facta ulcera præcipitanter exterius contrahit, et sic interius lædit nisi prius aliis bonis aromatibus et unguentis interius curentur *add. ed.*]. Sed si inter cutem et carnem hominis maculæ et pustulæ, id est *blatern* erumpunt, id est *uszbrechent*, tunc *wuntwurtz* in aqua coquatur et calida superponatur et ille sanabitur. Et pecoribus similiter fiat, si hujusmodi ulcera habuerint.

Cap. XLV. — De Sanicula (5) [II, 90].

Sanicula calida est, et plus munditiæ in se est, et succus ejus suavis et sanus est, id est *heylsam*, et infirmo stomacho ac infirmis visceribus valde bona est. Nam in æstate, cum viridis est, eam radicibus eradica, et in aqua coque, et tunc aquam istam per pannum cola, et deinde huic aquæ mel et modicum laquiricii adde, et sic fac *honigwurtz*, et pransus sæpe bibe; et de stomacho tuo *slim* aufert, atque infirma viscera sanat. Sed et saniculam paulatim in sole sicca, ne vires ejus minuantur, quod sol herbarum vires non aufert, cum in eo siccan-

(1) *Dryobalanops Camphora.*
(2) *Rumex acetosus.*
(3) *Sempervivum tectorum.* Cf. infra cap. 203.

(4) Cf. infra cap. 204.
(5) *Sanicula Europæa.*

tur sed ignis (1), et siccatam modice pulveriza, ne per totum comminuatur, et pulverem istum ad hyemem serva; et tunc in hyeme vinum cum modico melle et laquiricio fervere fac, id est *welle*, et pulverem istum in aquam mitte, et ita pransus sæpe bibe, et a stomacho *slim* purgat, et dolentia viscera ad sanitatem reducit. Qui autem ferro vulneratus est, succum saniculæ exprimat, et eum in aqua fundat, et sic pransus bibat; aut si in hyeme est, pulverem ejus in aquam mittat, et pransus sæpe bibat, et vulnera interius purgat, et paulatim et bene sanat (2).

CAP. XLVI. — DE HEYLHEUBT [II, 91].

Heylheubt [Hermodactylus *ed.*] frigidus est et aridus, et in eo nec salus nec sanitas, et nulli homini ad comedendum valet, quia si comederet, in eo defectum bonorum operum faceret atque ariditatem (3). Et si quis homo eam comederit, ad modicum et ad breve tempus, caro ejus inde quidem [ex erius crescit, quia vis ejus interius deficit, quæ carnem aliquantum extollit quasi crescat, et quod inde etiam *suppl. ex ed.*] sæpe moritur, quia plus venenum quam sanitas est. Sed si pecus *heylheubt* comederit, non inde quidem morietur, sed tamen tardum et pravum erit.

CAP. XLVII. — DE FARN (4) [II, 92].

Farn (Filix *ed.*) valde calida est et arida, et modicum de succo in se habet; sed multam virtutem in se tenet, et talem scilicet virtutem, quod diabolus ipsam fugit [et etiam quasdam virtutes tenet quæ virtuti solis assimilantur, quia ut sol obscura illuminat, sic ipsa fantasias fugat, et ideo maligni spiritus eam dedignantur *add. ed.*] Et in loco illo, ubi crescit, diabolus illusiones suas raro exercet, et domum et locum, in quo est diabolus, devitat et abhorret, et fulgura, et tonitrua ac grande ibi raro cadunt, atque in agro ubi crescit, grando raro cadit. Sed et hominem, qui apud se portat, magica et incantationes dæmonum, atque diabolica verba et alia fantasmata devitant. Et si aliqua imago secundum aliquem paratur ad læsionem et ad mortem illius, et si tunc ille *farn* apud se habet, et nocere non valet. Nam homo interdum per imaginem maledicitur, ita quod inde læditur et amens fit. Cum enim diabolus hominem in paradiso sibi attraxit, quoddam signum memoriale in diabolo factum est, quod in eo usque ad novissimum diem. Et tunc ipse per aliqua verba, quæ per deceptiones ejus aliquando facta sunt, interdum ab homine advocatus, signum quod in eo remansit tangitur, et ita ille, provocatus et electus, multoties per verba illa aut hominem lædit, aut voluntatem ejus implet, super quem dicuntur. Interdum etiam homo per factam imaginem benedicitur, ita quod ei ad prosperitatem et ad sanitatem prodest. Malum autem

per odium et per invidiam paratur, et malum malo conjungitur. Et diabolica suggestio coagulationem hominis inspicit, et se ad illam conjungit, et ita semper homini insidiatur, atque sic malum malo conjungitur. Et sicut homo bonam et malam scientiam habet, ita etiam bonæ et malæ herbæ creatæ sunt ad hominem. Succus autem *farn* positus est ad sapientiam, et in honestate naturæ est in significationem boni et s nctitatis; ac ideo omnia mala et magica illa fugiunt et devitant. Nam in quacunque domo est, ibi venenum, id est *virgilnisse*, et fantasiæ at perfectum fieri non possunt. Unde etiam mulier, cum infantem parit, *farn* illi circumponatur, etiam in cunis infantis circa infantem, et diabolus tanto minus insidiatur, quia cum diabolus faciem infantis primum inspexerit, illum valde odit, ac ei insidiatur (5). Ad has quoque medicinas valet: Nam qui *virgichtiget* est, *farn* accipiat, cum viridis est, et eam in aqua coquat, et in ipsa aqua sæpe balneet, *gicht* cessabit (6). Et etiam in æstate, cum viridis est, folia ejus super oculos tuos sæpe pone et dormi, et oculos tuos purificat et caliginem ab eis aufert. Sed et qui surdus est, ita quod non audit, semen *farn* in paniolum liget, et ita in aurem sæpe ponat cavens ne in caput per aurem intret: auditum recipiet. Et qui *virgichtiget* in lingua, ita quod loqui non potest, semen ejus super linguam suam ponat, et *gicht* in lingua cessabit (7) et loquitur. Sed etiam, si quis homo immemor ac inscius est, semen *farn* in manu sua tenet, ad memoriam sui redit, et intellectum recipiet; ita intelligibilis erit, qui *unverstentlich* est.

CAP. XLVIII. — DE HASELWURTZ (8) [II, 95].

Haselwurtz valde calida est, et periculosam vim in se habet, et eadem timenda est, et valde atra est, et inde instabilis naturæ est, ac similis tempestati, quia calor et periculositas ejus ad periculum currunt. Et ideo naturam hominis magis destituit, quam ei ad sanitatem prosit. Nam si homini ad comedendum daretur, qui aut *sucht* ad *vidden* haberet, aut *vergichtiget* esset, majorem dolorem illi inferret; et si prægnans mulier eam comederit, aut morietur, aut infantem cum periculo corporis sui abortiret, aut si eo tempore cum menstrua non haberet, plus indoleret (9).

CAP. XLIX. — DE HERBA AARON (10) [II, 96].

Herba Aaron nec tepida, nec nimis fortis est, sed æqualem et temperatum calorem habet, quemadmodum sol post auroram suavem calorem tenet, et etiam habet, ut ros in æstate ante diem suavis est, et ideo ad quæque flecti potest, ut suavis vir, qui et periculum sufferre potest et prosperitatem recte tenet. Et cum in aliquo homine tabes ejus in nigram pustulam vertitur, in qua mors hominis est

---

(1) *Quod sol—siccantur* om. ed.
(2) *Aut si in hieme. — Sanat* des. in ed.
(3) *Quia si—ariditatem* om. ed.
(4) *Aspidium Filix* mas et femina.
(5) *Quia insidiatur* om. ed.
(6) *Nam qui—cessubit* desunt in ed.
(7) Hic desinit capitulum in edit.
(8) *Asarum Europæum*.
(9) *Aut si — indoleret* om. ed.
(10) *Aaron u acuCatum*.

quæ dicitur *seltega,* tunc illi aut folia, aut radicem herbæ hujus ad comedendum detur, et nimium ardorem et nimium frigus, quæ in eadem pustula sunt, mitigat, ita quod suaviter deficit. Et si homo ita *vergichtiget* est, quod omnia membra deficiendo cadunt, et quod lingua ejus in loquendo deficit, folia herbæ Aaron mox cum modico sale ei ad comedendum dentur, et *gicht* cessabit; vel si adhuc non cessat, tunc radix ejus in cocto melle intinguatur, et illi statim ad comedendum detur, et melius habebit. Sed et homo qui *slimecht fiber* in stomacho habet, de quo diversus *riddo* crescit, radicem herbæ Aaron in puro vino coquat, et tunc infrigescere permittat, et postea ignitum calibem in idem vinum mittat, et sic denuo calefiat, et ita calidum bibat, et *slim* qui in stomacho ejus est *fiber* ab eo aufert, ut ignis nivem defluere facit. Et homo in quo melancolia furit, ille acrem animum habet, et semper tristis est; et iste vinum cum radice Aaron coctum sæpe bibat, et melancoliam in eo minuit, id est *virswindet,* et febrem.

Cap. L. — De Humela [II, 94].

Humela tepidum frigus in se habet et quemdam torporem caloris, qui luxuriam in homine excitat, ita quod hominem infatuat. Nam in homine illo, qui eam comederit, seu in potu sumpserit, luxuriam parat, quemadmodum vinum forte facit si illud biberit, et eum etiam velut fatuum facit; ac in homine plus tabem quam sanguinem parat, et ideo pene ad nullam utilitatem valet,—[quia nec multas vires nec sanitatem per se habet, nisi aliis herbulis aut pigmentis addatur. *Add. ed.*]

Cap. LI. — De Wulffesmilch (1) [II, 98].

Wulffesmilch [Cardus niger *ed.*] venenum dicitur, et repentinum calorem habet, qui carnem hominis urit; et etiam indignam humiditatem habet, quia carnem hominis destituit, et nulla alia utilitas, nisi ut medicinarum philosophi invenerunt, quod interdum contra induratum stomachum quibusdam potionibus additur, quatenus per eam interdum utilia medicamenta temperentur, et ut malum, quod in corpore hominis est, per hoc malum fugetur.

Cap. LII. — De Dolone [II, 97].

Dolo [Stignus *ed.*] frigus in se habet, sed tamen tædium et torporem in eodem frigore tenet, ac in terra et in loco, ubi crescit, diabolica suggestio aliquam partem et communionem artis suæ habet. Et periculosum est homini ad comedendum et bibendum, quia spiritum ejus concutit, quasi mortuus sit. Sed tamen si quis homo magnis et peracutis, id est *durchsoden,* ulceribus in cute et in carne sua perforatus est, iste accipiat modicum de *gensesmalcz* [arvinæ anseris *ed.*] et de cervino et hircino sepo quantum habere potest, ac eis modicum, velut guttam unam cum penna de succo dolini addat et simul commisceat, ac hoc modo unguentum faciat, et cum eo illa magna ulcera sua moderate et non sæpe perungat, ne inde lædatur. Et ad istud unguentum ideo modicum de dolone addat, quia si multum addiderit et ita sæpe perunxerit, carnem suam illud comedit et perforat.

Cap. LIII. — De Dauwurtz [II, 99].

Dauwurtz calida et arida est, et etiam fortes vires habet, ac munda est in natura. Et si quis eam ut aliam herbam sæpe comedit, stomachum ejus purgat, et caliginem oculorum ejus aufert.

Cap. LIV. — De Brachwurtz [II, 100].

Brachwurz [Esula *ed.*] calida et sicca, et utilis ad multa. Nam qui in corpore suo humorem *gicht,* velut eum in membris suis comedat, et qui impatiens *gicht,* id est *vugedultig,* intrinsecus in corpore suo habet, ita quod inde diversas ac multas cogitationes habet in se, velut scientia ejus in ipso evanescat, iste *brachwurtzel* cum vino et cum melle coquat, et per pannum colet, et pransus et ad noctem ita tepidum sæpe bibat, atque eamdem *brachwurtz* in vino coctam super pectus suum calidam ponat, et panno desuper liget, et hæc sæpe faciet, et melius habebit. Sed et liquiricium et beoniam [brioniam] æquo pondere pulveriza; accipe de pulvere *brachwurtz* tantum, ut illorum duorum e t, et simul commisce, modico lucido sale aut asso sato addito, et pulverem istum hoc modo paratum tam jejunus quam pransus sæpe comede, et vocem tuam serenam facit, et pectus tuum sanat, ac illud, velut lucidum aerem, lucidum parat, atque *gicht* ita deprimit et minuit, quod membra tua per eam non franguntur, et quod intelligentiam mentis tuæ per eam non amittis.

Cap. LV. — De Funffblat (2) [II, 101].

Funffblat [Quinquefolium *ed.*] valde calidum est, et succus ejus modicam humiditatem habet; et contra fortes febres valet. Accipe ergo *funffblat,* et fortiter tunde, et huic farinam similæ cum aqua commisce, quasi tortellum facere velis, et deinde modicum baumoleo, vel, si illud non habes, cum modico oleo papaveris *deick,* illum liquefac ut mollis fiat, et tunc cum eo canabineum pannum perfunde, id est *striche,* et panno illo calefacto totum ventrem hominis qui fortes febres habet cum eo circumcinge, et deinde dimidia die vel dimidia nocte transacta, eumdem pannum aufer, et iterum ad ignem calefac, et ventri illius superpone; et hoc sæpe fac, et febres fugabuntur, ac illum eructuare facit. Et si quis in oculis caliginem patitur, accipiat *funffblat,* et in purum vinum ponat, et in illo terat, et sic per pannum colet, et ita vinum illud æreo vasculo servet; atque cum dormitum vadit, de ipso circa oculos suos liniat, ita quod etiam modice in oculos ejus intret, et hæc sæpe faciat, et caliginem oculorum aufert. Sed et qui *gelsucht* [regium morbum *ed.*] habet, cum *funffblat* et cum farina similæ et cum aqua modicas tortellas faciat, et per

---

(1) *Euphorbia esula.*   (2) *Potentilla spec.*

novem dies ex his jejunus comedat, et curabitur; et homini herba hæc ad medicamenta valet, nisi Deus prohibeat (1).

CAP. LVI. — DE MANDRAGORA (2) [II, 102].

Mandragora calida est et aliquantulum aquosa, et de terra illa, de qua Adam creatus est, dilatata est; homini aliquantulum assimilatur. Sed tamen herba hæc, et propter similitudinem hominis (3), suggestio diaboli huic plus quam aliis herbis adest et insidiatur. Unde etiam secundum desideria sua homo, sive bona, sive mala sint, per eam suscitatur, sicut etiam olim cum idolis fecit (4). Cum autem de terra effoditur, mox in fontem, id est *queckbornen*, per diem et per noctem unam ponatur, et sic omne malum et contrarius humor qui in ipsa est ejicitur, id est *uszgebiszen*, ita quod amplius ad magica et ad fantastica non valet. Sed cum de terra eradicatur, si tunc cum terra sibi adhærente deponitur, ita quod in *queckborn* non purgatur, ut dictum est, tunc ad multas inutilitates magicorum et fantasmagorias nociva est, velut etiam multa mala cum idolis aliquando facta sunt (5). Quod si quis vir aut per magica, aut per ardorem corporis sui incontinens est, accipiat speciem feminæ hujus herbæ quæ in prædicto fonte purgata est, et hoc quod in eadem herba, inter pectus et umbilicum suum per tres dies et per tres noctes ligatum habeat, et postea eumdem fructum in duas partes dividat, atque super utrumque *lanckun* [ilium *ed.*] partem unam per tres dies et per tres noctes ligatum teneat. Sed et sinistram [dextram *ed.*] manum ejusdem imaginis pulverizet, et huic pulveri modicum gamphora addat, et eum ita comedat et curabitur (6). Quod si femina eumdem ardorem in corpore suo patitur, speciem masculi ejusdem imaginis inter pectus et umbilicum recipiat, et, sicut supra dictum est, et ipsa cum ea faciat. Sed et dexteram manum ejus pulverizet et modicum de gamphora addat, et pulverem istum, sicut præfatum est, comedat, et ardor ille in ea exstinguitur. Sed qui in capite qualicunque infirmitate dolet, de capite ejusdem herbæ comedat, quomodocunque velit; aut si in collo suo dolet, de collo illius comedat; vel si in dorso, et de dorso illius; vel si in brachio et de brachio illius, vel si in manu et de manu illius, vel si in genu et de genu illius, vel si in pede et de pede illius (7) comedat; aut in quocunque membro dolet et de simili membro ejusdem imaginis manducet, et melius habebit. Species autem masculi ejusdem imaginis ad medicamenta plus valet quam species mulieris, quoniam masculus muliere fortior est.

Et si aliquis homo in natura sua ita *dissinnatus* est quod semper tristis est et quod in ærumpnis est semper, ita quod defectum et dolorem assidue in corde suo habet, accipiat mandragoram, cum jam de terra eradicatur, et in *queckborn*, ut prædictum est, per diem et per noctem ponat, et tunc de fonte ablatum in lectum suum juxta se ponet, ita de sudore suo eadem herba incalescat et dicat (8): « Deus, qui hominem de limo terræ absque dolore fecisti, nunc terram istam, quæ nunquam transgressa est, juxta me pono, ut etiam terra mea pacem illam sentiat, sicut eam creasti. » Quod si mandragoram non habes, accipe inicium, id est primum cespitem de fago [primum erumpentes grossos de fago *ed.*], quoniam eamdem naturam feliciter in hoc opere habent; sed ita eos de ramusculis suis abrumpas, ne eos frangas, sed ut integros de ligno auferas, et eos in lectum tuum juxta te pone, ut de te incalescant, et ut sudorem de corpore tuo accipiant, atque eadem verba quæ prædicta sunt super eos dic, et lætitiam recipies, et in corde tuo medelam senties. Et idem de cedro et *aspin* facere potes, et te juvabit.

CAP. LVII. DE WINDA (9) [II, 103].

Winda frigida est, fortes vires non habet, et nec multum utilis est. Nam si aliquis homo eam comederit, nec inde doleret, nec ei prodesset. Sed si ungues in aliquo homine *grindig* jam esse incipiunt, [scabiem jam incipiunt habere *ed.*] et cum in initio est, accipiat *windam* et tundat, id est *stampe*, et modicum *quecksilber* [vivi argenti *ed.*] addat, et ista simul *mische*, et tunc super ungues ponat, et panno liget, et pulchri erunt.

CAP. LVIII. — DE BOBERELLA (10).

Boberella. Et cui oculi caligant, accipiat rubeum pannum de serico, et boberellen desuper *striche* liniendo; et cum dormitum vadit, super oculos suos pannum sericum ponat, et hoc sæpe faciat, et caliginem oculorum fugabit. Sed et cui aures *dyszent*, ita quod inde quasi surdus est, *boberellen* accipiat, super filtrum eas lineat, et super totum collum et super *nack* usque ad aures eumdem filtrum ponat, et liget, et hoc sæpe faciat cum dormitum vadit, et *dizo* in auribus cessabit. *Boberellam* in fumo etiam aliquantulum aridam fac, et comede, et *dumphen* aliquantulum compescit, quamvis modice. Sed qui interius per viscerum ulcera dolet, furfures tritici accipiat, et in patella cum *boberella* calefaciat, et super pannum ponat, et ita calidas omni ventri et umbilico suo sæpe circumponat, et curabitur.

---

(1) *Et homini — prohibeat* om. ed.
(2) *Atropa Mandragora*.
(3) Hildeg. epist. ad Glodesindam (ep. 42); ejusdem epist. ad episcop. Hierosol. (ep. 22) et ad S. Bernard. (ep. 29). Utriusque generis icon ligno incisa exstat in opere cui titulus : *Hortus sanitatis*.
(4) *Unde etiam — fecit* desunt in ed.
(5) *Sed cum de terra — facta sunt* desunt in ed.
(6) *Sed et — curabitur* desunt in ed.
(7) *Vel si in brachio — de pede illius* om. ed.
(8) Orationes hujusmodi in hoc nostro opere occurrunt II, 14; III, 20, 25; IV, 1, 2, 6, 7, 8, 13, 18; VII, 3, 9.
(9) *Convolvulus arvensis et sepium*.
(10) Deest in ed.

Cap. LIX. — De Binsuga (1) [II, 104].

Binsuga [Apiago ed.] calida est, et homo qui eam comederit libenter ridet, quoniam calor ejus splen tangit et inde cor lætatur. Sed cui *wisza* [albugo ed.] in oculo crescit, eam de terra eradicet, et jam eradicatam in aqua vivi fontis ponat per noctem, et tunc de aqua ablata, in patella *sweysze*, et ita calidam super oculum illum ponat, et hoc per tres noctes faciat, et *wisza* in oculo ejus curabitur, et evanescet.

Cap. LX. — De Sunnewirbel (2) [II, 105].

Sunnewirbel calida et humida est, et in natura sua ad decorem tendit, et terrigena est. Sed tamen ille qui apud se eam portat, [sicut et ille qui super alios esse appetit, add. ed.] ab aliis hominibus odio habetur. Sed qui circa pectus dolet, ita quod inde raucam vocem habet, *sunnewirbel* accipiat, et æqua.i pondere majorem *clettam*(?), et has in puro vino coquat ac deinde per pannum colet, et pransus ad noctem sæpe bibat, et in pectore et in voce melius habebit. Et qui rectam digestionem habere non potest, *sunnewirbel* et majorem clettam æquali pondere accipiat, et in sole aut super ignitum laterem exsiccet, et ita in pulverem redigat, et huic pulveri secundum terciam partem unius istorum lucidum aut assum sol addat, et tunc cum melle, ex eo, *honigwurtz* [potum ed.] faciet, et ita pransus et ad noctem sæpe bibat, et digestionem ad rectum tempus habebit. Et hoc modo herba hæc ad medicamenta valet, nisi Deus prohibeat (3).

Cap. LXI. — De Hoppho (4) [II, 74].

Hoppho [Humulus ed.] calidus et aridus est, et modicam humiditatem habet, atque ad utilitatem hominis non multum utilis est, quia melancoliam in homine crescere facit, et mentem hominis tristem parat, et viscera ejus gravat. Sed tamen in amaritudine sua quasdam putredines de potibus prohibet, ad quos additur, ita quod tanto diutius durare possunt.

Cap. LXII. — De Lilim [II, 106].

Lilim valde calida est. Et homo qui de splene, aut de stomacho, aut de infirmis visceribus *demphig* est [spiramen difficulter emittit aut immittit ed.] velut circa pectus suum sit *virdumet* [contritus sit ed.] ita tamen quod in pulmone non dolet, iste *lilim* accipiat, et eum cum modica cervisia, modico melle addito, coquat, et sic per pannum colet, et tunc jejunus ac pransus, ac cum dormitum vadit, sæpe bibat, et levitatem ac bonam eructuationem ei facit, ita quod de prædictis infirmitatibus melius habebit. Sed et qui infirmos humores in se habet, ita quod de his flecma in ipso erescit, *lilim* in puro vino coquat, et tunc poleium in modico aceto *stamphe* [contundat ed.], et tunc cum præfato *lilim* et vino in quo coctum est *welle* [fervere faciat ed.] ac per pannum colet, atque in vasculo aliquo tegat,

id est *demphe*, dum infrigescat, et sic pransus et ad noctem sæpe bibat, et primam humiditatem in eo *verswindet*, et humores in ipso purgat, et flecma minuit, velut vulnus purgatur.

Cap. LXIII. — De Selba (5) [II, 28.]

Selba [Salvia ed.] calidæ et siccæ naturæ est, et magis de calore solis quam de humiditate terræ crescit, et contra infirmos humores utilis est, quia sicca est. Nam cruda et cocta bona est illi ad comedendum quem noxii humores fatigant, quoniam eos compescit. Accipe enim salviam et pulveriza eam, et pulverem istum cum pane comede, et superfluitatem malorum humorum in te minuit. [Et qui ab aliqua sordida re fetorem patitur, salviam naribus infigat, et ei prodest add. ed.] Sed et si quis in superfluitate flecmatis habundat, aut si quis fœtentem anhelitum habet, salviam in vino coquat, et tunc per pannum colet, et ita sæpe bibat, et mali humores ac flecma in ipso attenuantur. Quod si ille qui has infirmitates habet aliquantulum *virgicht* est [per paralysim fatigatur ed.] salviam in aqua coquat et bibat, et humores et flecma in eo minuuntur.

[Quod si ille qui has infirmitates habet aliquantum per paralysin fatigatur, salviam in aqua coquat, ut prædictum est, et eam bibat, et calor ejus cum aqua delinitus, paralysin in homine compescit. Nam si homini isti cum vino daretur, vinum paralysiacos humores in ipso modum suum transilire faceret. Qui autem fastidium comedendi habet, salviam accipiat, et minus de cerefolio, et modicum de allio, et hæc in aceto simul contundat, et sic condimentum faciat, et cibos quos comedere vult in eo intingat, et appetitum comedendi habet. Cum cibus qui madidum succum habet hominem in capite dolere facit, salviam, et origanum, et fœniculum æquali pondere accipiat; et marrubii plus quam horum omnium sit, et ad succum contritum butyrum sufficienter addat; vel si illud non habuerit, arvina addita, ex his unguentum faciat, et caput inungat: et melius habebit. Si etiam malus fumus de stomacho ad ilia hominis extenditur, et eum ibi dolere facit, salviam accipiat et quinquies tantum seuwurtz ut salviæ est, et decies tantum rutæ ut salviæ; et herbas istas in nova olla cum aqua usque ad primam ferventem ebullitionem coquat; et deinde expressa aqua, easdem herbas ita coctas et calidas super locum ubi dolet ponat, et panno desuper liget. Si quis urinam præ frigiditate stomachi retinere non potest, salviam in aqua coquat, et per pannum colet; et eam calidam sæpe bibat, et curabitur. Si etiam mali, et concreti, et venenosi humores in homine superabundaverint, et eum sanguinem exscreare et movere per aliqua tempora fecerint, interim nullam medicinam idem homo sibi adhibeat, ne sanguis, per medicinam exterr*tus,

---

(1) *Lamium album.*
(2) *Cichoreum Intybus. — Solsequium* ed.
(3) *Et hoc modo — prohibeat* desunt in ed.

(4) *Humulus Lupulus.*
(5) *Salvia officinalis.*

ipsum interius exulceret, et plus solito effluat; sed postquam sanguis aliquantum cessaverit, salviam in leni et suavi vino modica aqua mixta coquat; modico quoque oleo olivæ aut butyro addito, et cocto, per pannum colet, et modice, non jejunus, sed pransus bibat: et eum confortat, et interius sanat. *Add. ed.*]

CAP. LXIV. — DE RUTHA (1) [II, 29].

Ruta de forti et de plena, id est *queckin*, viriditate terræ magis quam de calore crescit; et calorem temperatum in se habet, sed tamen magis calorem. Est fortis viribus in humiditate, et bona contra aridas amaritudines quæ in illo homine crescunt in quo recti humores deficiunt. Sed et melior et utilior est cruda quam pulverizata in comestione. Et comesta injustum fervorem sanguinis in homine compescit. Nam calor rutæ injustum calorem melancoliæ attenuat, et injustum frigus melancoliæ temperat; et ita homo ille, qui melancolicus est melius habebit, cum eam post alios cibos comedit. Sed et si quis alium cibum comederit unde dolet, rutam postea comedat, et minus dolet.

[Homo quoque qui humentes oculos habet, rutam accipiat, et bis tantum salviæ, et cerefolii bis tantum ut salviæ, et herbas istas in mortario modice contundat, ut aliquantum succi reddant; et deinde easdem herbas ita contritas claro ovi infingat, et ad noctem, cum dormitum vadit, illas super frontem usque ad utraque tempora ponat, et malos humores extrahunt; vel si aliquis de pomo succum sugat. Qui nigros seu turbulentos oculos habet, ut aliquando nubes est, et in eis aliquo modo caligat, succum rutæ accipiat, et bis tantum puri liquoris mellis, et modicum boni et clari vini his commisceat, et micam tritici panis his imponat, et super oculos suos in nocte cum panno liget. Quod si homo in renibus et in lumbis interdum dolet, hoc multoties de infirmitate stomachi fit: tunc idem homo rutham et absinthium æquali pondere accipiat, et plus his de arvina ursi addat, et hæc simul contundat, et cum his circa renes et lumbos suos ubi dolet se juxta ignem fortiter inungat. Si homo aliquando ita in delectatione commovetur, quod sperma ad articulum emissionis pervenit, sed tamen intra in corpore aliquo modo retentum fuerit, et inde infirmari cœperit, rutam et modicum minus de absinthio accipiat, et succum eorum exprimat, et huic succo zuccharum, et plus de melle, et tantum vini quantum succorum istorum est, addat, et ignito chalybe in nova olla, aut in patella quinquies calefaciat, et postquam modicum comederit, istud calidum bibat. Quod si in hyeme est, quod prædictas herbas habere non potest, baccas lauri et bis tantum de dictamno pulverizet, et post modicum cibi, in calido vino ignito chalybe calefacto bibat; et sic noxius livor qui in eo remansit cum urina et digestione egeritur. Si quis autem homo comederit, unde mox dolet, rutam et bis tantum de salvia cum sale temperatas statim comedat et melius habebit. *Add. ed.*]

CAP. LXV. — DE HYSSOPO (2) [II, 30].

Ysophus siccæ naturæ est, et temperate calidus existit, et tam magnæ virtutis est, quod lapis etiam ei resistere non potest, quin ibi crescat ubi seminatur. Et sæpe comestus infirmas et fœtidas spumas humorum purgat, id est *reyniget*, sicut calor in olla *wellet* [spumas ejicit *ed.*], et ad omnes cibos utilis est. Coctus utilior enim est et pulverizatus quam crudus. Et comestus jecor *querck* facit, et pulmonem aliquantulum purgat. Nam et qui *hus* [tussitat *ed.*] et de jecore dolet, et qui *dumphet* de pulmone dolet, et uterque istorum yssopum aut cum carnibus, aut cum sagimine comedat, et meliorabitur, quia si quis yssopum, aut solo vino aut sola aqua addita, comederit, plus inde læditur quam juvetur.

Sed et qui in jecore aut in pulmone dolet, laquiricium accipiat, et cynamomi plus quam laquiricii, et yssopi plus quam istorum duorum, et feniculi plus quam istorum trium, et hæc in nova olla coquat, sufficienter melle addito, ita ne amaritudo in eis sit, et fortissime coquat, et tunc ollam istam cum eisdem herbis per novem et totidem noctes, et tunc per pannum colet, et sic bibat. Nam si in jecore aut in pulmone valde dolet, in novem diebus per singulos dies bibat. Sed antequam in mane diei bibat, modicum comedat, et tunc bibat. Sed ad noctem satis comedat, et cum dormitum vadit, satis ex eo bibat. Si autem in pulmone modice et in jecore dolet, eodem modo tribus diebus transactis bibat, et hoc sæpe faciat, et curabitur, nisi Deus non velit.

[Sed si jecur de tristicia hominis infirmatur, antequam infirmitas in eo superabundet, pullos gallinarum coquat cum hysopo, et tam hysopum quam pullos istos sæpe comedat. Sed et crudum hysopum vino impositum frequenter manducet, et idem vinum bibat, quia hysopus ei utilior est ad infirmitatem istam quam illi qui in pulmone dolet. *Add. ed.*]

CAP. LXVI. — DE FENICULO (3) [II, 31].

Feniculum suavem calorem habet, nec siccæ nec frigidæ naturæ est. Et crudum comestum, hominem non lædit. Et quocumque modo [comedatur] lætum facit hominem, et suavem calorem ac bonum sudorem ei infert, atque bonam digestionem facit. Semen quoque ejus calidæ naturæ est et utile ad sanitatem hominis, si aliis herbis additur in medicamentis. Nam qui feniculum aut semen ejus jejunus quotidie comedit, malum flecma aut putredines in eo minuit, atque fœtorem anhelitus ejus compescit, et oculos ejus clare videre facit [bono calore, et bonis viribus suis. Qui autem aliqua contrarietate occupatus dormire non potest,

---

(1) *Ruta graveolens.*
(2) *Hyssopus officinalis.*

(3) *Anethum Feniculum.*

si in æstate est, fœniculum, et bis tantum mille-folii modice coquat, et aqua expressa, herbas istas calidas temporibus et fronti et capiti circumponat, et desuper panno liget. Sed et viridem salviam accipiat, et eam vino modice aspergat, et sic supra cor suum, et circa collum suum ponat, et dormitione alleviabitur. Quod si in hyeme est, semen fœniculi, et radicem millefolii in aqua coquat, et capiti, ut prædictum est, circumponat, et salviam pulverizatam, et vino modice madefactam super cor et collum ponat, et melius habebit. Cum vero aliquis griseos oculos habens, in eis aliquo modo caligat, et dolet, cum dolor ille adhuc recens est, fœniculum vel semen ejus terat, et sic sumat succum ejus, et rorem quem super recto gramine invenerit, et modicum farinæ similæ, et hoc tortello commisceat, et in nocte oculis suis circumponat, et panno liget, et melius habebit. Sed et si aliquis oculos similes turbidæ nubi, quæ nec ad plenum ignea, nec ad plenum turbida, sed aliquantum glauca, et in eis caliginem et dolorem sustinet, fœniculum si in æstate est, terat, vel si in hyeme est, semen ejus tritum claro ovi bene despumato imponat, et cum dormitum se collocat, oculis superponat, et caliginem oculorum minuit. Si etiam nimius dolor præ multo fluore in naribus hominis excreverit, fœniculum, et quater plus de aneto accipiat, et super lapideam tegulam tecti, vel super tenuem laterem igne calefactum ponat, et hac et illac fœniculum illud et anetum verset, ut fumiget; et fumum istum et odorem ejus naribus et ore introrsum in se trahat, et deinde herbas illas ita calefacias cum pane comedat. Hoc autem per quatuor, aut per quinque dies faciat, ut illi effluentes humores tanto suavius separentur. Homo autem qui malum livorem in infirmo stomacho suo habet, fœniculum accipiat, et modicum plus de urtica, et levistici bis tantum ut istorum duorum est, et ex his cum modica farina, aut modico pane cibum faciat, et sæpe comedat, et infirmo stomacho livorem aufert. Homo etiam quem melancholia lædit, fœniculum ad succum contundat, et frontem, et tempora, et pectus, et stomachum sæpe perungat, et melancholia in eo cessabit. Sed et quis assas carnes, vel assos pisces, vel aliud quicquam assum comederit, et inde dolet, mox fœniculum vel semen ejus comedat, et minus dolebit.

Si etiam interdum a malis humoribus in virilibus viri inflatio pessimi tumoris insurgit, quæ illum ibi dolere facit, fœniculum accipiat, et ter tantum fenugræci, et modicum butyri vaccarum, et hæc simul contundat, et desuper ponat, et malos humores extrahunt. Deinde idem vir tortellos ex quibus cervisia fit accipiat, et cum calida aqua eos modice faciat, et sic calefaciat, et super præfatum tumorem ponat. Sed et si prægnans mulier in partu multum laborat, tunc cum timore et magno moderamine suaves herbulas, ut fœniculum, et asarum in aqua coquat, et expressa aqua, ita calide circa femora et dorsum ejus ponantur, et desuper panno ligato suaviter teneantur, ut dolor, et claustra illius tanto suavius et facilius solvantur. Homo quoque semen fœniculi accipiat, et ad medietatem ejus galangam, et ad eamdem medietatem dictamnum, et ad medietatem dictamni pilosellam, et hæc simul pulverizet, et per pannum colet, et post modicam horam prandii, pulverem hunc calido vino, et non fervente imponat, et bibat. Et pulvis iste hominem qui sanus est, sanum retinet, infirmum autem confortat, et digestionem homini parat, et vires tribuit, et bonum et pulchrum colorem faciei subministrat, et unicuique homini, sive sanus, sive infirmus sit, post cibum ejus comestus prodest. Quod si oves infirmari incipiunt, fœniculum, et plus de aneto accipiat, et in aquam ponat, ut aqua saporem ab eis accipiat, et infirmis ovibus ad potandum imponat. *Add. ed.*]

CAP. LXVII. — DE DILLE (1) [II, 32].

Dille [Anetum *ed.*] siccæ, et calidæ, et temperatæ naturæ est. Et quocunque modo comedatur, tristem facit hominem. Et crudum non valet ad comedendum, quia majorem humiditatem terræ in se habet quam feniculum, et aliquantulum quondam pinguedinem de terra sibi attrahit, unde malum est homini crudum ad comedendum, sed tamen coctum comestum *gicht* compescit, et ita utilis est in comestione.

[Cui ergo multus sanguis de naribus fluit, accipiat anetum, et bis tantum millefolii, et has herbas virides fronti, temporibus, et pectori suo circumponat. Et hæ herbæ virides esse debent, quoniam virtus earum in viriditate præcipue viget. Quod si in hyeme est, herbas istas pulverizet, et ipsum pulverem modico vino aspersum in saccellum ponat, et fronti, temporibus, et pectori superponat, ut prædictum est. Igitur ut homo delectationem et libidinem carnis in se extinguat, accipiat in æstate anetum, et bis tantum bachminzæ, et brochvurtz modicum plus, et radicem irs Illyricæ, et hæc omnia in acetum incidat, et ex eis condimentum faciat, et sic frequenter cum omnibus cibis suis comedat. In hyeme autem hæc pulverizet, et pulverem item cum escis suis manducet, quia viriditatem earundem herbarum tunc habere non potest. In humida enim et leni aura, quia tunc boves facile infirmari incipiunt, anetum, et minus de radice irs Illiricæ pabulo eorum intermisce, et pravos humores in eis consumit. *Add. ed.*]

CAP. LXVIII. — DE PETROSELINO (2) [II, 33].

Petroselinum robustæ naturæ est, et magis calorem quam frigus in se habet; et de vento ac humiditate crescit. Et melior et utilior est homini crudum quam coctum in comestione. Et comestum febres quæ hominem concutiunt, sed leniter tau-

---

(1) *Anethum graveolens.*

(2) *Apium Petroselinum.*

gnat, attenuat ; sed tamen in mente hominis gravitatem generat. Sed qui in corde, aut in splene, aut in latere dolet, petroselinum in vino coquat, modico aceto addito et satis de melle, et tunc per pannum colet, et ita sæpe bibat, et eum sanat. [Sed et qui infirmum stomachum habet, petroselinum accipiat, et bis tantum feniculi, et lanariæ tantum ut petroselini, et ex his pulmentum faciat, cui butyrum aut bovinam arvinam et assum sel addat, et sic coctum sæpe comedat. Sed et qui allium comedit et inde dolet, mox petroselinum comedat et minus dolebit *add. ed.*] Et qui de calculo dolet, petroselinum accipiat, et adde ei tertiam partem *steinbrechent* [Saxifricam *ed.*], et hæc in vino coquat, et per pannum colet, et hoc in asso balneo bibat. Et iterum petroselinum, et adde ei tertiam partem *steinbrechen*, in aqua coquat, et ignitos lapides ejusdem balnei assi cum eadem aqua perfundat, et hoc sæpe faciat et melius habebit.

[Item qui a paralysi torquetur, petroselinum et fœniculum æquo pondere accipiat, et modicum minus de salvia ; et herbas has simul in mortario modice terat, et eis rosatum oleum olivæ addat, et in locum ubi patitur ponat, et desuper cum panno liget. Et qui mollem carnem habet, et de superfluis potationibus de gutta in aliquo membro suo fatigatur, petroselinum accipiat, et quater tantum de ruta, et in patella cum oleo olivæ frixet ; vel si oleum hoc non habuerit, cum hyrcino sepo infrixari faciat, et herbas istas calidas loco ubi dolet ponat, et pannum desuper liget, et melius habebit. *Add. ed.*]

Cap. LXIX — De Apio (1) [II, 34].

Apium calidum est, et plus viridis naturæ quam siccæ ; multum succum in se habet, et crudum non valet homini ad comedendum, quoniam ita malos humores in eo parat. Coctum autem non nocet homini ad comedendum, sed sanos humores ei facit. Quocunque autem modo comedatur, vagam mentem homini inducit [quia viriditas ejus eum interdum lædit, interdum tristem in instabilitate facit. Et homo qui humectantes oculos habet, ita quod de superabundantibus humoribus lacrymas stillando superfundunt, apium accipiat, et parum plus fœniculi, et hæc ad succum contundat, et in claro ovi absque vitello ejus intingat, et cum noctem dormitum vadit, eas super humectantem oculum cum panno liget, et hæc sæpe faciat, et curabitur. *Add. ed.*] Qui autem de gicht ita fatigatur quod os ejus contrahendo torquetur, et quod membra ejus tremunt, et quod etiam in aliis membris suis contrahitur, semen apii pulverizet et addat ei tertiam partem rutæ et etiam nucis muscatæ minus quam pulveris rutæ sit, et gariofiles, minus quam nucis muscatæ, et steinbrechen minus quam gariofiles et hæc omnia in pulverem redigat, et tam jejunus quam pransus pulverem istum comedat, et *gicht* ab eo cessabit, quia optimum remedium contra *gicht* est. Sed qui a *gicht* fatigatur, etiamsi pulverem istum sæpe comederit, *gicht* ab eo fugat, ne lædatur.

Cap. LXX. — De Kirbele (2) [II, 35].

Kirbele [Cerifolium *ed.*] siccæ naturæ est, et nec de forti aere, nec de forti humiditate terræ crescit, sed in debili aura, antequam fertilis calor æstatis oriatur ; sed tamen magis calida est quam frigida, et idem calor sanus est. Et inutilibus herbis aliquantum assimilatur, quia si crudum comeditur, multum fumum in capite hominis parat. Nam nec coctum nec crudum corpori hominis ad comedendum prodest, nisi quod tantum ad medicamenta valet, et fracta vulnera viscerum sanat. *Kirbelam* enim tunde, id est *stamphe*, et succum ejus exprimendo infunde vino, et da ei bibere, qui fracta vulnera viscerum habet, et hæc sæpe faciat, et curabitur.

[Cum autem homo aliquando crudum cibum comedit, mali humores eorumdem ciborum, quia per nullum condimentum temperati sunt, ad splen ascendunt, et illud dolere faciunt ; unde idem homo cerifolium accipiat, et minus de aneto, et cum triticeo pane in aceto, velut offas, et condimentum faciat, et frequenter comedat. Postea etiam semen lini accipiat, et illud in sartagine coquat, et expressa aqua in saccellum fusum loco splenis, quanto calidius pati potest, cum saccello superponat. Homo quoque qui diversa ulcera et scabiem patitur, cerifolium accipiat, et ter plus de polypodio, et enulæ quinquies plus quam cerifolii sit, et hæc in aqua coquat ; postea aqua expressa, et per pannum colata, eam in sartaginem fundat, et modicum novi thuris, et sulphuris addat, et novam arvinam porci plus quam aliorum prædictorum sit addat, ut simul in sartagine super ignem aliquantulum velut unguentum inspissetur. Et cum unguento dolens circa ulcera se inungat ; hæc autem per quinque dies faciat, et cutis et caro ejus per istud transfundantur, et postea idem dolens balneo se abluat, quatenus livores isti et fœtor de ipso auferantur. *Add. ed.*]

Cap. LXXI. — De Pungo (3) [II, 37].

Pungo calidæ naturæ est ; et qui ex eo mus coquit [ex eo solum cibum facit *ed.*], sagimine aut oleo addito, et sic comedit, ventrem ejus velut quædam potio solvit. Et etiam comesta *gicht* compescit.

Cap. LXXII. — De Crasso (4) [II, 38].

Crasso [Nasturtium *ed.*] magis calidus quam frigidus est, et etiam humidus existit, et plus de viriditate terræ quam de sole crescit ; et comesta malos humores in homine auget, et splen lædit, [quoniam illud molle est et facile læditur *add. ed.*]

---

(1) *Apium graveolens.*
(2) *Scandix Cerefolium.*

(3) *Veronica Beccabunga.*
(4) *Levidium Sativum.*

Cap. LXXIII. — De Burncrasse (1) [II, 39].

Burncrasse calidæ naturæ est, et comesta non multum prodest homini, nec multum lædit. Sed qui *gelsucht* [regium morbum *ed.*] habet aut *fiber*, iste *burncrasse* in patella *sweysze*, et sic calidum sæpe comedat, et curabit eum. Et qui comestos cibos vix digerere potest, *burncrasse* item in patella *sweysze*, quia vires ejus de aqua sunt, et sic comedat, et juvabit eum.

Cap. LXXIV. — De Burtel (2) [II, 40].

Burtel [Portulaca *ed.*] frigidum est, et comestum livorem et *slim* in homine facit, nec homini ad comedendum prodest.

Cap. LXXV. — De Bachmyntza (3) [II, 41].

Bachmyntza calida est, sed tamen aliquantulum frigida, et moderate comedi potest, et comesta nec prodest homini, nec multum ei obest. Cum de multis cibis et potibus stomachus ejus gravatur et inde *dumphet*, iste *bachmyntzam* aut crudam aut coctam cum carnibus, aut in *suffen* aut in muse coctam sæpe comedat, et *dumpho* cessabit, quia pinguia et calida viscera et *smero* ejus aliquantum infrigidat, et ita *dumpho* minuetur. Sed qui de infirmo pulmone *dumphet*, ille flecma excreat, et vix se movendo tussitat; qui pinguedine et de multis cibis et potibus *dumphet*, ille tantum anhelitum difficiliter trahit, et flecma non excreat, et ita discernitur et ista *bachmyncza* utatur, sicut prædictum est.

Cap. LXXVI. — De Myntza majori (4) [II, 42.]

Alia *Myntza* [Mentha *ed.*], quæ magna, est calida magis quam frigida. Ista tundatur, et ubi *suern* [sotim *ed.*] aut *snebelcza* hominem comedendo lædunt, illud circa desuper liget, et morientur.

Cap. LXXVII. — De minori Myntza (5) [II, 43].

Minor *Myntza* [Mentha *ed.*] quæ dicitur, calida magis quam frigida est. Et illa tundatur, et oculis ubi *augswer* est [qui livorem dolendo patiuntur *ed.*], superponatur, et panno ligetur, et sic *augswer* extrahit. Sed et qui frigidum stomachum habet et cibos digerere non potest, istam minorem *mynczam* aut crudam, aut cum carnibus, aut cum piscibus coctam comedat, et stomachum ejus calefacit, et digestionem parabit.

Cap. LXXVIII. — De Rossemyntza (6) [II, 44].

Rossemyntza [Rœmische mentha *ed.*] moderati caloris est et acuti, sed tamen aliquantum temperati est. Et quem *gicht* lædit, istam tundat, et succum ejus per pannum colet, et modicum vini addat, et ita mane et sero et ad noctem illam bibat, et *gicht* cessabit. Et ut sal omnem cibum moderate additum temperat, quia, si nimium aut si minus parum ad cibos additur, malum est, sic *Romische Myntza*, aut carnibus, aut piscibus, aut *spise*, aut *muse* moderate addita, bonum saporem illi cibo præstat et bonum condimentum. Et sic etiam comesta stomachum calefacit et bonam digestionem parat.

Cap. LXXIX. — De Allio (7) [II, 46].

Allium rectum calorem habet, et de fortitudine roris crescit, et *queck* habet [et vegetatur *ed.*], id est a primo somno noctis usque jam dum discerere fere incipit et cum jam matutinum est. Sanis et infirmis (8) ad comedendum sanabilius est quam porrum. Et crudum comedi debet, quia qui illud coqueret, quasi perditum vinum fieret, id est *seiger*, quia succus ejus temperatus est et rectum calorem habet. Nec oculis obest, verum tamen propter calorem ejus sanguis circa oculos hominis valde erigitur, sed postea puri fiunt. Sed moderate comedatur, ne sanguis in homine ultra modum incalescat. Cum autem allium vetus est, sanus et rectus fructus ejus evanescet; sed si tunc aliis cibis temperatur, ad vires suas redit.

Cap. LXXX. — De Alslauch (9) [II, 47].

Alslauch [Aschalonia *ed.*] frigida et venenosa est, et nec sano nec infirmo ad comedendum valet. Sed tamen qui eum comedere vult, prius eum in vinum ponat, et in eo *beysze* [temperet *ed.*], et sic tam sanus quam infirmus comedat. Attamen infirmo est melior crudus modice sumptus quam coctus, quia si coctum comederet (10); et ideo cum eum crudum comedere voluerit, eum prius in vino *beysze*, ut præfatum est.

Cap. LXXXI. — De Porro (11) [II, 47].

Porrum quod dicitur *Lauch* (12) act velocem ac inutilem calorem in se habet, ut vile lignum, scilicet *spachin* [virgultorum sepium *ed.*], quod velociter accenditur et velociter cadit; et homini inquietudines in libidine facit. Et crudum comestum tam malum et contrarium est homini ut venenosa et inutilis herba, quia sanguinem et tabem et humores hominis in contrarium, id est *wal* pervertit, ita quod in homine sanguis per eum [recte] non crescit et quod tabes in eo per illum non minuitur, et quod mali humores in eo non mundantur. Sed qui porrum [crudum] comedere vult, in vino, sale addito, aut in aceto primo *beysze*, ita quod in vino aut in sale tam diu jaceat usque dum in eis sic temperetur quod malas vires suas in illis perdat; sicque a mane usque ad mediam diem, aut a nona usque ad vesperam; et sic temperatum bonum est sanis ad comedendum. Crudum autem melius est hoc modo sanis quam coctum. Sed infirmis nec crudum nec coctum valet comedere, quia eorum sanguis rectum calorem non habet, et quia tabes eorum turbida est, et quia

(1) *Nasturtium aquaticum.*
(2) *Portulaca Sativa.*
(3) *Mentha aquatica.*
(4) *Mentha silvestris.*
(5) *Mentha arvensis.*
(6) An *Romischemynoza?* — Mentha crispa.
(7) *Allium sativum.*

(8) *Et cum maturum est, sanis et infirmis*, etc., *ed.*
(9) *Allium ascalonicum.*
(10) Add. ex edit.: *ei in ventre quosdam morsus faceret.*
(11) *Allium porrum.*
(12) *Quod — Lauch* om. *ed.*

humores eorum spumosi, id est *feymechte* sunt. Et ideo si semper infirmus illud comederet, hæc omnia in eo pervertit (1). Quod si tamen aliqui infirmi magnum appetitum habuerint ad comedendum porrum, illum crudum, ut supra dictum est, temperatum modice comedant, quia crudum sic melius est quam coctum. [Et medicamentis non multum congruit, quia instabili aura crescit, scilicet cum calor auræ humiditatem, humiditas calorem in se habet. *Add. ed.*]

CAP. LXXXII. — DE LAUCH (2) [II, 50].

Omnis *Lauch* [Porrum *ed.*] qui cavus est ut *hol*, ut *surige* et *prieslauch* et *planza* et similes, nimis calidi non sunt, sed temperati, et aliquantum quasi vinosum succum habent. De vento ac humiditate terræ crescunt, sed præcipue inter alios *Lauch* [minus] nocivus est, nec procellas in humoribus hominis parat, et cito digeri potest. Sanis autem crudus comestus non nocet; infirmis autem coquatur, ne humiditas ejus ad humiditatem illorum jungatur, quoniam infirmi diversos humores in se habent (3).

CAP. LXXXIII. — DE UNLAUCH (4) [II, 49].

Unlauch [Cepe *ed.*] rectum calorem non habet, sed acutam humiditatem, et de rore illo *queck* [vegetatur *ed.*] qui est circa ortum diei, id est cum vires roris jam elabuntur. Et crudus tam nocivus quam venenosus est ad comedendum, ut succus inutilium herbarum; coctus ad comedendum sanus [q. ia per ignem nociva quæ in eo sunt minuuntur caa. *ed.*]. Et illis qui *vidden*, aut *fiber*, aut *gicht* habent, bonus est coctus. Illis autem qui *magensich* sunt [qui infirmum et debilem stomachum habent *ed.*], tam crudus quam coctus dolere facit, quia tumidus est (5).

CAP. LXXXIV. — DE KOLE (6) [II, 51].

Kole et *Weydenkole* et *Kochkole* [Caulis, et Wendelkœl, et rubeæ caules *ed.*] humidæ naturæ sunt, et *kappus* aliquantum plus frigidum quam calidum est, et aliquantum siccæ naturæ, et de livore roris et aeris crescunt. Et exinde quasi vires et viscera habent, et succus eorum aliquantulum inutilis est, et infirmitates in hominibus ab eis generantur, et debilia viscera vulnerantur. Sed sani homines qui fortes venas [habent], nec multum pingues sunt, si hæc comederint, ea in viribus suis superare poterunt; pinguibus autem hominibus nociva sunt, quia caro eorum in succo abundat, et comesta ipsis fere ita obest (7) quemadmodum infirmis. Et in *muse* et cum carnibus cocta nociva sunt, et malos humores augent magis quam minuant (8).

(1) *Quia eorum sanguis — pervertit* om. ed.
(2) *Allium fistulosum.*
(3) *Ne humiditas — habent* om. ed.
(4) *Allium cepa.*
(5) *Quia — est* om. ed.
(6) *Brassica oleracea.*
(7) *Quia caro — obest* des. in ed.
(8) *Et in muse — minuant* om. ed.

CAP. LXXXV. — DE WISZGRAS [II, 52].

Wiszgras [Weggrasz et Suregrasz et Rœmesgrasz *ed.*] temperatæ naturæ ac temperate sicci sunt, atque sanis et infirmis sunt quasi *melda* et *latichen* [quasi *medela ed.*] ad comedendum, et nocivos humores non generant, et faciliter digeruntur cum sanitate.

CAP. LXXXVI. — DE STUTGRAS (9) [II, 53].

Stutgras, quæ minores sunt, debiles et infirmos humores in debilibus hominibus parant, atque melancoliam in eis augent; gravia sunt ad digerendum, et ita contraria homini ad comedendum, ut *unkrut* [quoniam viriditas eorum mala est. *Add. ed.*]

CAP. LXXXVII. — DE KURBESA (10) [II, 55].

Kurbesa [Cucurbita *ed.*] sicca et frigida sunt, atque de aere crescunt, et tam infirmis quam sanis ad comedendum bonæ sunt (11), ac de humiditate terræ crescunt, et amaritudinem humorum in hominibus movent, et infirmis ad manducandum non valent.

CAP. LXXXVIII. — DE RUBA (12) [II, 57].

Ruba [Rapa *ed.*] magis calida est quam frigida, et gravia in stomacho hominis est, sed tamen facile digeri potest. Et qui crudum comedere vult, exteriorem corticem totam auferat, quod spissa sit, quia viriditas illius hominem lædit, et cortice ablata, id quod interius est comedat. Sed cocta melior est quam cruda, et malos humores non parat. Quod si aliquando humor in ulceribus exsurgescit, *rubam* comedat, et ulcus compescitur. Sed si quis aut in pulmone *dumphet*, si *rubam* coctam aut crudam comederit, eum et in pulmone aliquantulum fatigat. [quia tantas vires non habet ut magnis infirmitatibus resistat. *Add. ed.*]

CAP. LXXXIX. — DE RETICH (13) [II, 58].

Retich [Radix *ed.*] plus calida quam frigida. Sed postquam effoditur, sub terram in humido loco, aut per duos aut per tres dies, fossus ponatur, ut viriditas ejus temperetur quatenus tanto melior sit ad comedendum. Et comestus cerebrum purgat, et noxios humores viscerum minuit. Nam si fortis et pinguis homo *retich* comedit, eum curat et interius purgat; infirmum autem et corpore aridum lædit. Sed si infirmus eum comedere voluerit, ipsum super ignitum lapidem prius exsiccet, et in pulverem redigat, atque huic pulveri lucidum vel assum sal addat, et semen feniculi, et ita cum pane comedat, et fœditatem ejus interius purgat, ac ipsum *crefftiget* [confortat *ed.*]. Sed qui plurimum flecma in se habet, *redich* sic pulverizet, et mel cum vino coquat, et pulverem istum inmittat, et modice infri-

(9) Exstat iterum infra, paucis mutatis. Vide cap. 196.
(10) *Cucurbita lagenaria.*
(11) Hic in ed. ponitur cap. *De peponibus: Pepones humidæ et frigidæ sunt et de humiditate — non valent.*
(12) *Brassica rapa.*
(13) *Raphanus sativus.*

gidatum tam pransus quam jejunus bibat, et pulvis iste flecma ab eo purgat (1), et mel facit ne aridus fiat. Quod autem facere sentitur comestus, hoc est quod malos humores et fetores de homine expellit. Qui autem *retick* comedit, galgan postea comedat, et fetorem anhelitus comprimit, et sic hominem non lædit.

CAP. XC. — DE LATICH (2) [II, 60].

Latich [Lactucæ *ed.*] domesticæ quæ comedi possunt valde frigidæ sunt, et sine condimento comestæ inutili succo suo cerebrum hominis inane faciunt, stomachum infirmitate implent. Unde qui eas comedere vult, primum aut *dille* [aneto *ed.*], aut aceto, aut allio *beysze*, [condiat et temperet *ed.*] ita quod his perfusum sit brevi tempore antequam comedatur. Et si hoc modo temperatum comederit, cerebrum confortant et bonam digestionem parant. [Si quis dolorem, seu tumorem in gingivis patitur, lactucas accipiat; vel si eas non habuerit, primum nascencia folia de quercu sumat, et parum plus de cerifolio addat, et hæc modice terat, et vinum eis addat, et ori suo imponat, et aliquandiu in ore teneat, et injustos humores gingivarum expellunt. *Add. ed.*].

CAP. XCI. — DE LACTUCA AGRESTI (3) [II, 61].

Sed agrestes lactucæ eamdem fere naturam habent. Qui autem lactucas quæ inutiles sunt et quæ *vakrut* dicuntur aut crudas aut coctas comederet, amens, id est *unsinnig* fieret, et in medulla vacuus efficeretur, quia illæ nec calidæ nec frigidæ sunt, sed tantum inutilis ventus qui fructus terræ arefacit, id est *derret*, et nullum fructum affert; et lactucæ illæ de spuma terræ sudoris crescunt, et ideo inutiles sunt. [Sed si asinus in ventre dolet, agrestem lactucam ad furfures in aqua modice calefactos inscidendo misce, et hoc sæpe fac, et curabitur. Si quis etiam scrofulas habet, antequam rumpantur, accipiat lactucam, majorem scilicet, quæ exterius alba, et interius viridis est, et juxta eamdem abrumpat secundum latitudinem scrofularum, et cætera abjiciat, et super illud quod retinuit mel liniat, et sic per tres dies et noctes super scrofulas ponat; et cum illud exsiccatur, iterum eodem modo superponat, et minorari incipient.]

CAP. XCII. DE WILDE LATICH [II, 63].

Wilde Latich [Silvestres Lactucæ *ed.*] frigidæ sunt, et libidinem in homine exstinguunt. Nam vir qui in lumbis superfluus est *wilde latich* in aqua coquat, et in asso balneo aqua illa se perfundat, et easdem *wilde latich* ita coctas et calidas circa lumbos suos in balneo ponat, et hoc [sæpe] faciat, et libidinem in eo exstinguit, nec ad sanitatem corporis eum nocebit. Et si mulier intumescentem matricem in libidine habet, ita quod incontinens est, et ipsa cum *wile latich* assum balneum faciat, et in balneo sedens aquam illam in qua coctæ sunt, lapidibus ignitis superfundat, et eas etiam ita coctas et calidas super umbilicum suum ponat, et hoc sæpe faciat, et libidinem ab ipsa fugabit, ita tamen quod sanitatem corporis ejus non minuit. Sed etiam sive vir, sive mulier, qui in libidine incontinens est, *wilde latich* in sole exsiccet et ita in manu sua in pulverem redigat, et pulverem istum in calido vino sæpe bibat, et libidinem in eo exstinguit absque læsione corporis sui.

CAP. XCIII. — DE HERBA SENFF (4) [II, 64].

Senff [Sinapis *ed.*] herba quæ in campo crescit et in vineis, et comeditur, calida est, sed tamen instabilis caloris, et etiam humida est, ac in illa humiditate indignum frigorem [torporem *ed.*] habet, quia de variis turbinibus crescit et de diversa aura. Nec utilis [et quamvis pauperes eamdem herbam comedant, inutilis tamen est, *add. ed.*], est ad comedendum, quia venenosa est et infirmos humores in homine parat, et stomachum gravat; sed tamen cito digeri potest. Sanos autem et macros non lædit, infirmos vero et pingues lædit; nam infirmos in stomacho gravat, pingues autem *demphet* [halitum difficulter trahere facit. *Ed.*]

CAP. XCIV. — DE SINAPE (5) [II, 65.]

Synape valde calidæ et aliquantum siccæ naturæ est, et in temperato calore et frigore, id est temperata aura crescit, et vires arborum seu herbarum habet, quia de vento illo crescit qui poma educit, et quia etiam de viriditate terræ crescit, et inde aliquantum succi habet. Et herba ejus nociva est ad comedendum, quia virtus ejus debilis et instabilis est; hominem interius decerperet qui eam comederet; sed semen ejus alios cibos *gesmach* habet. Infirmo autem et debili et frigido stomacho non valet, quia eum gravat et non purgat. Sed fortis stomachus eum superat. Oculos autem comestum clarificat, sed fumum in cerebro parat, et quamdam acerbitatem in capite, ita quod illa aliquam humiditatem de capite educit. Sed tamen majus malum et plus nocivum in capite immittit, atque bonam et rectam digestionem non parat, sed cum dolore digestionem educit, et quasi fumum in homine facit. Sed quilibet homo moderate comedat illud, quia infirmos lædit, quoniam vires in se non habent ut vitetur. Sanos autem non multum lædere potest, quia fortitudo illorum illos reparat. Qui autem synape libenter comedit, vinum calefaciat et ad illud fundat, et sic circumferat, id est *zutribe*, cum jam comedere vult, et sic comedat, quoniam hoc modo comestum infirmos non lædit, quia inutilitas ejus per calorem vini ablata est. Quod si vinum non habet, frigidum acetum ei infundat, et sic comestum non lædit (6) Si ita vino et aceto non temperatur, ad comedendum homini non valet, infirmo enim non prodest etiam, si sanum lædat.

---

(1) Reliqua desunt in ed.
(2) *Lactuca sativa.*
(3) *Lactuca virosa.* Cf. infra cap. 193.

(4) *Sinapis arvensis.*
(5) *Sinapis alba et nigra.*
(6) Quæ sequuntur om. ed.

CAP. XCV. — DE ALANT. (1) [II, 67].

Alant [Enula ed.] calidæ et siccæ naturæ et utiles vires in se habet. Et per totum annum, tam arida qua viridis in purum vinum ponatur; sed postquam in vino se contraxerit, vires in ea deficiunt, et tunc illa ejiciatur, et nova imponatur. Et qui in pulmone dolet, eam quotidie ante cibum et post cibum modice sic bibat, et venenum, id est *eyther*, de pulmone ejus aufert, et emigraneam premit, ac oculos purificat. Sed si quis eam frequenter sic biberet, illum præ fortitudine sua læderet. Quod si vinum non habes ut illi imponas, fac cum melle et aqua purum *honigwurtz* [potum ed.], et Alant impone et bibe ut prædictum est. Accipe etiam *vigim* [fructum ficus. ed.] et bis tantum Alant, et adde galgan, et de his fac *luterdrang* [purum potum ed.], et bibe, si in pulmone doles et non de aliis infirmitatibus, et bonum est tibi contra infirmitatem pulmonis. Quod si ad infirmitatem pulmonis alias infirmitates habes, tunc noli sic bibere, quia nimis forte tibi ad bibendum esset, et inde læderis.

CAP. XCVI. — DE PAPAVERE (2).

Papaver frigidum est, et modice humidum; et grana ejus comesta somnum afferunt et pruriginem prohibent, ac effurientes pediculos et lentes compescunt, et in aqua *gerrellet* comedi possunt; sed cruda ad comedendum meliora et utiliora sunt quam cocta. Oleum vero quod ex eis exprimitur, hominem non nutrit nec reficit, nec sanitatem, nec infirmitatem ei ad plenum affert; et idem oleum frigidum est grana autem calida.

CAP. XCVII. — DE BABELA [II, 107].

Babela [Malva ed.] habet in se moderatam frigiditatem, ut ros est, sed tamen plus frigida. Sed nullus homo eam crudam comedat, quia si crudam comederet, quasi quoddam venenum esset, quia *slimecht* est et quoniam spissos et venenosos humores habet, et illos in homine parat. Illis autem qui infirmum stomachum habent bonum est cocta et nova comesta, scilicet quod jam primo incipit, ita quod inde *mus* faciat, addito sagimine, et comedat qui digestionem aliquantum parat. Et pro hac necessitate qui infirmus in stomacho est comedat, sed tamen moderate, ne inde lædatur. Sanus autem eam omnino devitet (3).

CAP. XCVIII. — DE CLETTA (4) [II, 109].

Herba quæ Cletta [Lappa ed.] dicitur, aliquantum

(1) *Inula Helenium.*
(2) *Papaver somniferum.*
(3) In edit. sic legitur hoc capitulum : « Malva moderatam frigiditatem in se habet, ut ros, et ut aer, in mane temperatus est. Et si diversis febribus melancholia tracta cerebrum hominis dolere facit, malvam et bis tantum salviæ in mortario tundat, et hæc modico oleo olivæ aspergat, et hoc a fronte per verticem usque ad occiput suum ponat, et panno liget, et hoc per triduum faciat, et in his tribus diebus circa noctem, aut oleo olivæ, aut aceto renovabit, et insuper sic faciat usque dum melius habeat. Ut homo visum oculorum clarificet, supra malvam rorem quærat, vel supra windam, vel supra folia piri, vel quercus, vel fagi

A contrarium calorem habet, et de succo ac sudore terræ crescit, et utilis [et inutilis] est. Nam radix ejus ad nullam utilitatem valet, et folia tam cruda quam cocta periculosa sunt homini ad comedendum, præter illum cui calculus in corpore nascitur; et ille folia herbæ hujus optimo vino coquat, et vinum hoc per pannum colatum tam pransus quam jejunus bibat calidum, et de fortitudine ejus in ipso calculus conteritur. Flores quoque ejus in pulverem redige, et etiam concham, testudine abjecta, et pulveres istas commisce, ita quod plus sit pulveris de concha. Et si quis *grint* in capite habet, in ulcera illa pulverem istum per novem aut per quindecim dies proice, et in quarta et in quinta die caput ejus lava cum lixivia quæ de sagineo, id est
B *buchen*, venit, et sanabitur.

CAP. XCIX. — DE DISTEL (5) [II, 108].

Distel, tam lævis quam *stechelechter* [Cardus tam lenis quam hirsutus ed.] velocem calorem habet, qui tamen cito torpet, quia de terra sudat. Et sudor iste terræ, de quo herbas hæc nascitur, est *stechelecht*, et tortuosas herbas facit (6). Et ut sudor de homine exit, cum ille angustiatur, ita etiam sudor terræ tortuosas herbas emittit, quæ hominem lacerant. Et quidem distel est *lævis*, id est *ane stechel*, et quidem et homini inutilis est crudus ad comedendum, quia si quis homo eum crudum comederet, sanguinem ejus attenuaret, et tabem in eo pararet, ac humores illius in eo *zuflossen*, ut de bono vino virtus aufertur cum aqua in ipsum
C funditur, et ob hoc fieret homo inanis sensu et destitutus in sanguine et in humoribus. Sed tamen si *distel* ille coquitur, et coctus comeditur, tunc sanis hominibus nec multum obest nec prodest, quia nec sanguini pinguedinem confert, sed tamen esuriem aufert. Infirmos autem tam coctus quam crudus lædit, quia languores in eis excitat. Sed *vehedistel* frigiditatem in se habet et valde utilis est. Si quis autem *stechen* in corde seu alio loco vel aliquo membrorum suorum dolet, *vehedistel* accipiat, et modicum minus de *orechten salben*, et in modica aqua in succum redigat, et statim in ipsa hora cum a *stechen* fatigatur sic bibat et melius habebit.

CAP. C. — DE URTICA (7) [II, 111].

D Urtica valde calida est in genere suo. Nullo modo valet, ut cruda comedatur, propter asperitatem suam. Sed [cum noviter de terra procedit *add.*] (quoniam hæc suavia sunt), et rorem quem in nocte vel in mane invenerit, cum nox clara et pura et suavis est, palpebras et alia oculorum suorum circumungat, et post hoc parumper dormiat. Sed nullus homo malvam crudam comedat, quia illi quasi quoddam venenum esset, quoniam livosa est. Illi autem qui infirmum stomachum habet, bona est, cum jam crescere incipit, cocta, et sagimine addito, quia digestionem aliquantum parat. Et pro hac necessitate infirmus malvam comedat, sed tamen moderate; sanus autem eam omnino devitet.
(4) *Bardana Lappa.*
(5) *Carduus benedictus et Eryngium campestre.*
(6) Reliqua hujus capituli desunt in ed.
(7) *Urtica dioica et urens.*

Ed.] cocta utilis ad cibos hominibus est, quia stomachum purgat et *slim* ab eo aufert. Et hoc facit quodlibet genus urticæ. [Si de noxiis et malis humoribus qui in homine venenosi sunt, vermes in aliquo homine excreverint, ille succum ardentis urticæ, et succum blandoniæ, pari pondere, de foliis nucis vel de cortice ejusdem arboris quantum illorum duorum est accipiat, et modicum aceti, et plurimum mellis addat, et in nova olla fervere faciat, et spumam superius abjiciat, et postquam efferbuerit, de igne tollat, et per quindecim dies istud modice jejunus bibat, sed post cibum sufficienter, et vermes in eo morientur. Et homo qui absque voluntate sua obliviosus est, urentem urticam ad succum contundat, et modicum olei olivæ addat, et cum dormitum vadit, pectus suum et timpora cum eo perungat, et hoc sæpe faciat, et oblivio in eo minuetur. Et si fervor reumatis de naribus equi fluit, ita quod inde *houset*, urentem urticam, et plus de libistico in aqua coque, et fumum istum calidum in nares et os ejus, fræno imposito, transire permitte, et sanabitur. Quod si equus in ventre dolet, urentem urticam et plus de libistico pabulo ejus sæpe commisce, ut simul comedat, et sanabitur. *Add. ed.*]

CAP. CI. — DE PLANTAGINE (1) [II, 112].

Wegerich [Plantago *ed.*] calida et sicca est. Accipe ergo Plantaginem et succum ejus exprime, et per pannum colatum aut vino aut melle tempera, et da illi bibere qui a *gicht* fatigatur, et *gicht* cessabit. Sed et [qui glandes in se habet] radicem ejus igne asset, et ita calidam super glandes pone, id est *druge*, et pannum desuper liga, et ille melius habebit. Non autem super *orfime* pone [non autem nimium superponat, *ed.*], quia inde læderetur. Et qui a *stechen* fatigatur, folia ejus in aqua coquat, et expressa aqua ista calida, ubi dolet, loco illi superponat, et *stechen* cessabit. Et si aranea vel aliquis alius vermis tangit aut figit hominem, mox succo plantaginis fixuræ illius ungatur, et melius habebit. Et si etiam vir et femina *zauber* [maleficium, *ed.*] amoris comedit aut bibit, succus *wegerich*, aut sine aqua aut cum aqua, ad bibendum detur, et postea

(1) *Plantago major, media et lanceolata.*
(2) *Viola odorata.*
(3) In edit. hoc capitulum sic se habet : « Viola est inter calidum et humidum, sed præcipue temperati coloris ; et de suavitate et lenitate aeris crescit. Homo enim oleum olivæ ad solem aut ad ignem in nova olla fervere faciat, et dum fervet, violas immittat ut ab eis inspissetur, et in vitreum vas ponat, et servet. Et ad noctem cum eo oculos et palpebras circumungat, ita ne oculos interius tangat, et caliginem eorum fugabit. Et homo qui igneos oculos habet, et in eis caligat et dolet, succum violæ, et bis tantum succi rosarum, et succi feniculi, secundum tertiam partem rosarum, accipiat, et his modicum vini addat, et cum dormitum vadit, collyrium hoc circa oculos suos ungat, cavens ne oculos interius tangat. Homo quoque qui gravitatem in capite habet aut in renibus, seu alicubi a paralysi fatigatur, de succo violæ per pannum extorqueat, et ei de hyrcino sepo sufficienter addat, et ad mediam

aliquam fortem potionem accipiat, et interius purgetur, et postea levius habebit. [Si autem homini in aliquo loco os casu frangitur, radices plantaginis in mel inscidat, et jejunus quotidie comedat, et etiam viridia folia malvæ, et quinquies plus de foliis vel radicibus plantaginis cum aqua in nova olla modice coquat, et ita calidas loco illi ubi dolet frequenter superponat, et fractum os sanabitur. *Add. ed.*]

CAP. CII. — DE MENNA [II, 113].

Menna calida et sicca, et folium ejus super fractum ulcus positum, venenum extrahit et sanat. Sed in *muse* cocta et sic comesta sanat dolentia et ulcerata viscera

CAP. CIII. — DE VIOLA (2) [II, 113].

Viola est inter calidum et frigidum. Sed tamen frigida est et de aere crescit, scilicet quando post hiemem aer primum incipit incalescere. Et contra caliginem oculorum valet. Accipe ergo bonum oleum, et fac illud aut ad solem aut ad ignem in nova olla fervere, et cum ita fervet, violas immitte, ut illud ab eo inspissetur, et ita in vitreum vas pone, et sic serva ; et ad noctem cum oleo illo ad palpebras et oculos tuos circumunge, et tamen ne oculos interius tangat, et caliginem oculorum fugabit. Et si quis per melancoliam cum molestia in mente oppressus est, et ita pulmonem lædit, hic in puro vino violas coquat, et eas per pannum colet, et huic vino galgan addat, ac liquiricium quantum velit, et sic *luterdranck* faciat, et bibat, et melancoliam compescit, et illum lætum facit, ac pulmonem ejus sanat (3).

CAP. CIV. — DE MELDA (4) [II, 115].

Melda [Atriplex *ed.*] autem frigida est magis quam calida, sed tamen aliquantum temperata, et comesta bonam digestionem facit. Et si in aliquo homine venenosæ glandes, id est orfimæ, crescere incipiunt, cum *melda* et *prieselauch* minus quam melda, et ysopa minus quam *prieslauch*, *mus* sæpe parat, et comedat, et orfimæ siccabuntur. Sed et *melda* in aqua coquatur, et aqua expressa ejusdem orfimæ calida superponatur, et homo ille melius habebit (5)

partem sepi veterem arvinam ; et hæc in patella simul dissolvat, et sic unguentum faciat, et cum eo in capite et alias ubi dolet, se perungat, et melius habebit. Et si quis in capite dolet, aut cujus carnes cancri comedunt, aut si quælibet ulcera in corpore suo habet, succum violæ accipiat, et ad tertiam partem succi hujus oleum olivæ, et ad quantitatem succi violæ hircinum sepum, et hæc simul in nova olla fervere faciat et unguentum paret. Et qui in capite dolet, cum hoc unguento frontem in transversum perungat, et melius habebit. Sed et ubi cancer, et alii vermes hominem comedunt, desuper ungatur, et morientur cum ex eo gustaverint. Et qui tertianas febres patitur, violam, et ad ejus tertiam partem plantaginem, accipiat, et herbulas istas cum aceto aut assato sale frequenter comedat. Sed et si quis, » etc.

(4) *Atriplex hortensis.*
(5) *Sed — habebit* des. in ed.

CAP. CV. — DE GUNDEREBE (1).

Gunderebe calida est magis quam frigida, et sicca est, et quædam pigmentorum habet, quia viriditas ejus utilis est, ita quod homo qui languet et cui ratio deficit, cum incalefacta aqua balneat, et eam in *muse* aut in *suffen* coquat, aut cum carnibus, aut cum *cucheln* sæpe comedat, et juvabit eum; et si quis cum lixivia caput suum frequenter cum illo lavat, multas infirmitates de capite suo fugat, et prohibet ne infirmetur. Sed cui mali humores caput velut *doum* fatigant, ita quod etiam aures ejus dicent, gunderebe in calida aqua fervere faciat, et expressa aqua, ita calidam capiti suo circumponat, et *doum*, quod in capite suo est, minuit, et auditum ejus aperit. Et qui in pectore et circa pectus dolet, velut interius ulcera habeat, in balneo coctam et calidam pectori suo circumponat, et melius habebit.

CAP. CVI. — DE STAGWURTZ (2) [II, 117].

Stagwurtz [Abrotanum *ed.*] calida et sicca est, et odor ejus, etiam si quis cum ea ungitur quod inde odorem dat, melancolicam et iracundiam in homine excitat et caput ejus fatigat. Sed ubi *grint* in capite hominis nasci incipit, succus ejus ulceribus illis infundatur, et curabitur. Et ubi *buln* in corpore hominis eriguntur, vel ubi membrorum aliquod in homine contrahitur, *stagwurtz* tundatur, et ita circa superponatur, et etiam succo ejus locus perungatur, et melius habebit. [Cum autem scabies et contractio membrorum immorantur, abrotanum mox auferatur, quia tunc lædit magis quam prosit. add. ed.] Et si quis de *gicht* in membris suis fatigatur, accipiat satis de *stagwurtz*, et satis de veteri arvina, et modicum baumoleo, hæc simul in sartagine *sweysze*, et tunc ista super membrum in quo *gicht* ita furit, ita calida ponat, et panno per ligaturam constringat, et sic sæpe faciat, et *gicht* ibi cessabit (3).

CAP. CVII. — DE BIBOZ (4) [II, 71].

Biboz [Artemisia *ed.*] valde calida est, et succus

(1) *Glechoma hederaceum*. — Deest in ed.
(2) *Artemisia Abrotanum*.
(3) *Et si quis* — *cessabit* om. ed.
(4) *Artemisia vulgaris*.
(5) *Trifolium pratense*.
(6) *Artemisia Absinthium*.
(7) *Usque ad oculos* — *noctem* om. ed.
(8) Ab inde usque ad finem capituli ed. non concordat, quæ sic pergit : « Si enim huorlen-aures hominis intraverint, vel si alii vermes in eis creverint, ille absinthium accipiat, et secundum ejus mediam partem rutam, et secundum mediam partem rutæ hysopum, et herbas has in aqua coquat, et cum eas coxerit, caput suum inclinet, et fumum istum, qui de herbis istis calidis egreditur, per harundinem in aurem illam, in qua non dolet, intrare permittat, quatenus idem fumus ad aliam aurem in qua vermes sunt perveniat, et fugiant. Sed et primum ipsam aurem, in qua vermes sunt, cum modico melle perungat, et etiam ei modicum de veteri arvina imponat, ut cum prædictum fumum senserint, ad dulcedinem istorum declinent. Sed et spicam de hordeo, cum granis, sive absque granis, ad ignem incendat, ut fumus ab eis egrediatur per

A ejus valde utilis; et si coquitur et in *muse* comeditur, infirma viscera sanat, ac stomachum frigidum calefacit. Sed et si quis comederit aut biberit, unde dolet, tunc aut ex carnibus, aut cum sagimine, aut in *muse*, aut in aliquo alio condimento et temperamento *biboz* coquat et comedat, et putredinem hanc quam in prioribus cibis aut potibus ille sibi attraxit aufert et fugat. [Sed et si troffo, et mali humores, rupta cute absque venenato ulcere in aliquo loco corporis humani coadunati effluunt, homo ille artemisiam accipiat, et exprimat, et eidem succo mel addat, ita ut succus artemisiæ mel excedat, et sic locum doloris perungat. Mox etiam clarum de albugine ovi factum superilliniat, et panno desuper liget. Et hoc tam diu faciat dum

B sanetur. Add. ed.]

CAP. CVIII. — DE CLE (5) [II, 118].

Cle [Cithysus *ed.*] tam calidum quam frigidum est, et etiam siccum est, et ad pascua pecorum utile est. Sed ad medicinam modicum valet, nisi contra caliginem oculorum. Nam flores ejus baumoleo inpone, et illo eos *zutribe* absque coctione, et mox palpebras et oculos caligantes circumunge. Et solummodo in illa hora cum oculi inungendi sunt, flores isti in baumoleum ponantur, et oculis peruncts statim ejiciantur, quia vires non habent, ut in oleo diu jacere et durare possint. Et si hoc modo sæpe fecerit, caliginem oculorum fugabit.

CAP. CIX. — DE WERMUDA (6) [II, 119].

Wermuda [Absinthium *ed.*] valde calida est et multum virtuosa, et est principalis magistra ad omnes languores. Nam de succo ejus calido vino sufficienter infunde, et caput hominis, cum dolet, totum madefac usque ad oculos et usque ad aures et usque ad *nack*, et hoc facias ad noctem (7), cum dormitum vadis, et laneo pileo caput ejus totum tege usque ad mane, et deprimit dolorem tumentis capitis (8) et dolorem qui se in capite *erbulset* de *gicht*, et etiam interiorem dolorem capitis fugat. Et etiam de succo ejus in baumoleum infunde, ita

arundinem in aurem, ut prædictum est. Hoc autem homo sæpe in die faciat, et liberabitur, aut Deus eum liberare non vult. Quod si vermes aurem exierint, oleum olivæ in novo vase ad ignem fervere, et fumum istum in aurem, in qua vermes fuerunt,

D transire permittat, ut ulcerata auris ungatur, et deinde cum eodem oleo infrigidato ipsam aurem in circuitu interius perungat, et si modicum ex eo aurem intraverit, non nocebit. Sed et mettram in aqua coquat, et fumum in sanam aurem transire permittat, et eamdem aurem manu sua comprimat, ne fumus egrediatur; et sic sæpe faciat, et sanabitur. Homo autem qui de putrido sanguine, et purgatione cerebri in dentibus dolet, absinthium et verbenam æquali pondere in bono vino in nova olla coquat, et vinum istud per pannum colet, et bibat, modico zuccaro addito. Sed et herbas istas calidas, cum dormitum vadit, maxillæ suæ circumponat, et panno desuper liget. Et hoc faciat dum sanetur. Et etiam succus absinthii ad oleum olivæ fundatur, ita ut oleum succum duabus partibus superet, et in vitreo vase ad solem calefiat, et sic per annum servetur. Et cum quilibet homo circa pectus dolet, et inde tussitat, cum illa perungatur : et si etiam in quod oleum succum illum duabus partibus superet, ac in vitreo vase ad solem calefac, et sic per annum serva; et cum quilibet homo in pectore et circa pectus dolet, ita quod inde *hustet*, illum in pectore cum illo perunge; et qui in latere dolet, illum ibi inunge, et interim ac exterius eum sanat. Sed *wermudam* in mortario ad succum tunde, et *unslecht*, et sepum cervinum, ac cervinam medullam adde, ita ut de succo *wermudæ* bis tantum sit ut de sepo, et de sepo bis tantum ut de medulla cervi, et sic unguentum fac; et homo qui fortissima *gicht* fatigatur, ita etiam quod membra ejus minantur frangere, cum eo mox igneum ubi dolet perunge, et curabitur. Et cum *wermunda* recens est, eam tunde, et succum ejus per pannum exprime, et deinde vinum cum melle modice coque, et succum istum huic vino infunde, ita ut idem succus vinum et mel sapore superet, et istud a maio usque ad octobrem semper tertia, scilicet die, jejunus bibe, et *lauchsucht* et melancoliam in te compescit, et oculos tuos clarificat, et cor confortat, ac pulmonem infirmari non permittit, et stomachum calefacit, et viscera purgat, ac bonam digestionem parat.

Cap. CX. — De Bilsa (1) [II, 120].

Bilsa frigida est, et mollis absque viribus; et si quis eam, aut oleum ex granis ejus factum, comederet, mortiferum venenum in illo faceret. Sed ubi *surm* in homine sunt, ita quod carnem ejus exulcerant, eodem loco eam cum succo tere, et *suren* morientur. Oleum ex semine ejus factum non multum utile est; sed ubi in aliquo loco membrorum hominis nimius ardor exsurgit, locus ille oleo isto perungatur, et eum absque alia medicina infrigidat. Sed vis ejusdem olei aliis infirmitatibus utilis non est. [Ut autem ebrius ad se redeat, jusquiamum in frigidam aquam ponat, et frontem, tempora et guttur suum madefaciat, et melius habebit. Add. ed.]

Cap. CXI. — De Reynfan (2) [II, 70].

Reynfan [Tanacetum ed.] calidus est et modicum humidus, et contra omnes superfluentes et effluentes humores valet. Nam qui *nasenboz* [catarrhum ed] habet et inde *hustet* [tussitat ed.], *reyfanen* comedat, aut in *suffen* [sorbiciuncula ed.], aut in *cuchen* [tortellis ed.], aut cum carnibus, aut aliquo modo sit. Compescit humores ne in illo supercrescant, et ita deficiunt. Et qui duram *husten* habet, cum farina semilæ et *re·nfanen suffen* paret, et sæpe comedat, et ita ariditas et interiora ulcera illius husten solvuntur, hoc modo quod homo ille sordes habens illas excreando eicit, et melius habebit. Sed et qui in stomacho de diversis malis cibis gravitatem et ponderositatem habet, accipiat *soff* [jus ed.] quod absque oleribus et absque aliis herbis coctum est, et in illud *Reyfanen* ponat, et denuo coquat, et coctum comedat sæpe, et stomachum ejus mollificat, et eum levem facit, et suavem digestionem parat. Et quicunque urinam emittere non potest, ita quod a calculo constringitur [ita tamen quod... non constr. ed.], *Reynfan* tundat, et succum ejus per pannum colet, et modicum vini addat, et sic sæpe bibat, et constrictione urinæ solvetur, et eam emittit. — [Mulier ergo quæ obstrusa menstrua patitur, et inde dolet, accipiat tanacetum, et febrifugam æquali pondere, et vuilenam aliquantum plus quam unius istorum sit, et eas coquat aperto et fluente flumine, quod et sole et aere temperatur; et tunc etiam sumat lateres, et eos in ignem ponat, et assum balneum cum prædicta aqua et herbis faciat. Cumque hoc balneum intraverit, super scabellum herbas calidas ponat, et desuper sedeat. Et si iterum infrigidatæ fuerint, eas iterum in prædicta aqua calefaciat. Et hoc faciat quandiu in balneo illo sedet, ut per humores herbarum istarum cutis et caro illius exterius et matrix interius mollificetur, et ut venæ ejus quæ clausæ sunt aperiantur. Deinde sumat *rifelbire*, et ad eorum tertiam partem millefolium, et rutam quasi tertiam partem millefolii, et tantum de aristologia longa ut rifelbire et millefolii est, et plurimum de dictamno, et has in mortario tundat, et cum bono et puro vino in olla coquat, et coctas cum vino illo in saccellum fundat, et insuper gariofyli, quantum habere potest, et de albo pipere minus quam gariofyli, et simul terat, et satis de novo et recente melle, quod absque sorde est, addat, et in optimo vino fervere faciat, et ad prædictas herbas in saccellum fundat, et ex his claretum paret, et per singulos dies, jejuna et pransa, illud bibat; sed non in præfato balneo, quoniam balneum hominem aliquantum constringit; et sic faciat dum salvatur. Sed interim dum præfatam constrictionem sanguinis patitur, bovinas carnes, et alios grossos et fortes cibos devitet et suaves cibos comedat et vinum bibat. Sed interim aquam bibitura, aquam putei bibat et aquas salientis et fluentis fontis devitet, quoniam aliis aquis aliquanto asperiores sunt. Add. ed.]

latere dolet, ibi inungatur, et unctio hæc eum interius et exterius sanat. Sed et absinthium in mortario ad succum contundatur, et sepum cervi ac cervinam medullam addatur, ita ut de succo bis tantum sit ut de sepo, et de sepo bis tantum ut de cervina medulla, et sic unguentum paretur : et qui a fortissima paralisi fatigatur, quam membra illius minantur frangere, cum eo juxta ignem ubi dolet perungatur et curabitur. Et cum absinthium recens est, homo succum exprimat, et vinum cum melle modice coquat, et succum illum vino inundat, ita ut succus vinum et mel in sapore superet; et istud a maio usque ad octobrem, non omni die, sed semper tertia et tertia die jejunus frigidum bibat. Dolorem renum et melancoliam compescit, oculos clarificat, cor confortat, pulmonem infirmari non permittit, stomachum calefacit, viscera purgat, et bonam digestionem parat. »

(1) *Hyoscyamus niger.*
(2) *Tanacetum vulgare.*

CAP. CXII. — DE DOST (1) [II, 111].

Dost [Origanum *ed.*] calida et sicca est, et nullum istorum fortiter in ea viget. Et si aliquis homo eam comederet aut biberet, aut ullomodo inter corpus suum sumendo duceret, lepram illi inferret, et pulmonem ejus inflaret, jecorem ejus deficere facit, id est *swinden*. Sed qui rubram lepram habet, sive recens, sive inveterata sit, accipiat succum *dost*, et parum minus de succo *adron*, et etiam de oleo *bilsen* addat plus quam istorum duorum, sic et modicum vini, et hæc simul commisceat, atque in asso balneo, cum jam exire vult, se ipsum cum hoc condimento liquorum perungat. Et postquam balneum exierit, eum valde *swiczet*, et ideo mox hircino sepo in patella ad ignem resoluto sæpe desuper ungat, et in lectum se collocet, dum exsiccetur. Et postquam exsiccatus fuerit, item *dost* accipiat et tundat, atque furfures cortici addat, et hæc in calida patella commisceat, et post exsiccationem unctionis, super ulcera lepræ calidum ponat, et desuper ligamine liget, et ita post aliquam horam teneat, dum ab ipso incalescat. Et si hæc sæpe fecerit, absque dubio sanabitur, nisi mors illius sit, [aut nisi Dominus illum curari nolit. Et qui quotidianam febrem patitur, origanum et modicum camphoræ, et dornellæ plus quam istorum duorum sit, pulverizet, et pulverem istum in ipsa accessione febris calido vino immittat, et bibat, et in lectum se collocet, et sanabitur add. *ed.*]

CAP. CXIII. — DE GARWA (2) [II, 122].

Garwa [Millefolium *ed.*] aliquantulum calida et sicca est, et (3) discretas ac subtiles vires ad vulnera habet. Nam si homo in percussione vulneratur, postquam vulnus vino lavatur, et *Garwa* modice in aqua cocta, et modice aqua expressa, ita calida desuper pannum illum qui super vulnus jacet leviter ligetur, et sic vulneri putredinem et *swern*, id est ulcus, aufert, et vulnus sanat. Et sic sæpe fiat, quamdiu necesse fuerit; sed postquam vulnus aliquantum astringi et sanari cœperit, tunc panno abjecto, absque illo, *Garwa* vulneri superponatur, et tanto sanius et perfectius sanatur. Qui autem interius in corpore vulnus accepit, ita quod aut contis [casu *ed.*] fractus, aut constrictus interius fuerit, istam *garwam* pulverizet, et pulverem illum in calida aqua bibat. Et postquam melius habuerit, tunc eumdem pulverem in calido vino accipiat, dum sanetur. — [Et homo quem tertiana febris fatigat, millefolium et bis tantum polypodii in suavi et bono vino coquat, et per pannum colet, et in ipsa accessione febris vinum hoc bibat; herbas autem istas in vino per triduum bibat, et si necesse fuerit, iterum similibus novis herbis renovet, et febrem istam mitigat, et sanabitur. Add. *ed.*]

(1) *Origanum vulgare.*
(2) *Achillea Millefolium.*
(3) Ed. : « Millefolium calidum et siccum est. Et homo qui de fletu lacrymarum in oculis caligat, millefolium modice tundat, et oculis ad noctem superponat, cavens ne oculos interius tangat; et sic

CAP. CXIV. — DE AGRIMONIA (4) [II, 123].

Agrimonia calida est. Et in quo scientia et sensus evacuati sunt, illi crines capitis abscindantur, quoniam capilli horrorem et concussionem tremoris ei faciunt ; et agrimonia in aqua coquatur, et cum aqua illa calida caput illius lavetur; et etiam eadem herba ita calida super cor ejus panno ligetur, primum vecordis defectum sentiat, et tunc super frontem et super tympora illius calida ponatur, et scientiam ac sensus ejus purificat, atque insaniem ab eo aufert. Sed qui livorem et multum flecma de infirmis visceribus excreat et eicit, etiam frigidum stomachum habet, agrimoniam in vino positam tam pransus quam jejunus semper bibat, et livorem excreationis minuit et purgat, et stomachum calefacit. [Item ut de saliva et excreatione et emunctione homo purgetur, succum agrimoniæ, et bis tantum succi feniculi accipiat , et his de succo storkenschnabel quantum obolus ponderat addat : deinde de galanga tantum accipiat quantum istorum trium fuit, et storacis quantum sex nummi ponderant, et polypodii ad pensam duorum nummorum ; et hæc pulverizet, et pulverem istum cum præfato succo comprimat, et ex eo pillulas ad quantitatem fabæ faciat. Postea de succo chelidoniæ majoris, quantum quarta pars nummi pensat, suscipiat, et in illo pillulas intingat, et ad solem ponat ut exsiccentur. Quod si calorem solis non habuerit, in lenem ventum et ad lenem auram ponat, ut suaviter exsiccetur. Cum autem homo pillulas has sumere voluerit, stomachum et ventrem suum agninis vel aliis pellibus circumponat , ut calidus fiat, quoniam calor earum sanus est ; et non multum ad ignem accedat, sed calore vestium utatur, et eas ante solis ortum sumat , quia aurora eo tempore suaviter et lenis est. Et vel quinque vel novem pillulas accipiat, et unamquamque singillatim modice intingat molle, et glutiat, et cum eas sumpserit, modice in umbroso loco , et non in calore solis , deambulet usquequo solutionem sentiat. Circa mediam vero diem, postquam solutionem in se senserit, vel si eam obdurato stomacho nondum habere poterit, primum sorbiciunculam de farina similæ sorbeat, ut viscera per suavitatem sorbiciunculæ sanentur, vel ut induratus stomachus hoc modo mollificetur. Si autem homo de libidine aut incontinentia leprosus efficitur, agrimoniam, et secundum ejus tertiam partem hysopum , et aseri bis tantum ut istorum duorum est, in caldario coquat, et ex his balneum faciat, et menstruum sanguinem, quantum habere poterit, admisceat, et balneo se imponat : sed etiam de arvina anseris accipiat et bis tantum arvinæ gallinarum . et modicum stercoris gallinarum, et inde unguentum faciat ; et cum de prædicto balneo fere usque ad mediam noctem dimittat, et tunc auferat : hoc facto, mox optimo et purissimo vino cilia oculorum modice circumliniat, et sic oculi sanantur. Millefolium quoque discretas, » etc.

(4) *Agrimonia Eupatoria.*

exierit, eodem unguento se perungat, et in lectum se recollocet. Et sic frequenter faciat, dum sanetur. *add. ed.*] Agrimoniam quoque in mortario tunde, et ita tritam super oculos illius ad noctem pone, et ita pannum desuper liga cui oculi caligant; caveas ne oculos intret; atque caliginem oculorum fatigat, et eos clarificat.

Cap. CXV. — De Dictamno (1) [II, 124].

Dictampnus calida et sicca est, et vires ignis et vires lapidis in se habet, quia ut lapis durus est viribus suis; et ut calorem habet in igne qui de eo egreditur, ita dictampnus virtuosus est contra infirmitates quibus ipse prævalet. Nam calculus, id est *steyn*, pingui natura in homine crescit; ita cum jam crescere incipit, ille dictampnum pulverizet, et cum triticeo pane pulverem istum frequenter comedat, et *steyn* crescere prohibet. Et homo iste in quo steyn crevit, pulvere dictampni in acetum melle mixtum ponat et jejunus hoc sæpe bibat, et steyn in eo frangitur. Sed et qui in corde dolet, pulverem de dictampno factum comedat, et dolor cordis cessabit. — [Sed et si quis in aliquo loco membrorum suorum claudicare incœperit, dictamnum in aqua fortiter coquat, et quod in medio velut cor est abjiciat, et dum coquitur bis tantum husmuoszes addat, et urentis urticæ bis tantum ut huszmoszes, et hæc simul commisceantur. Et postquam cocta fuerint, aqua modice expressa, calida super juncturam membri illius, et super venas in quibus claudicare incipit ponat; et hoc sæpe faciat, et curabitur. *Add. ed.*]

Cap. CXVI. — De Metra. [II, 125.]

Metra [Febrifuga *ed.*] calida est, et suavem succum habet, et dolentibus visceribus ut suave unguentum est. Et qui in visceribus dolet, Metram cum aqua et sagimine aut oleo coquat, et farinam similæ addat, et sic *suffen* parat, et illud comedet, et viscera sanat. Et cum feminæ menstrua habent, idem suffen, ut prædictum est, potent et comedant, et purgationem livorum ac interiorum fœtidorum suaviter et leviter parat, et menstrua educit. — [Homo autem qui *stechedim* patitur succum Febrifugæ et butyrum vaccarum commisceat, et se ubi dolet perungat et curabitur *add. ed.*]

Cap. CXVII. — De Musore. (2) [II, 126].

Musore [Pilosella *ed.*] frigida est; et comesta cor confortat, et malos humores qui in unum locum in homine congregati sunt, minuit. Sed homo qui comedit eam, non solam nec simplicem comedat, quia nimis aspera est, et modicum dictampni, aut modicum galgan, aut modicum zitwar addat; et comedat ut prædictum est [et frigidos humores dissipat. *Add. ed.*].

Cap. CXVIII. — De Swertula (3) [I, 127].

Swertula [Gladiola *ed.*] calida et sicca est, et omnis vis ejus in radice est, et viriditas ejus in folia ascendit. In Maio autem succum eorumdem foliorum tolle, et arvinæ in patella liquefac, et succum istum adde, et sic unguentum para, ita ut viride appareat, et illum qui minutam scabiem habet, hoc eodem unguento sæpe perunge, et curabitur. Et qui in facie duram cutem habet ut cortex, aut qui in ea *bulecht* est, aut qui malum colorem habet, in eo succum eorumdem foliorum exprimat, et eum in vas ad aquam magnorum fluviorum, ut jam est dictum; fundat, et simul modice calefaciat, et ita aqua illa cum succo hoc moderate calefacta faciem suam lavet, et hoc sæpe faciat, et suavem cutem, ac bonum ac pulchrum colorem facit in facie; sed et radicem et folia *swerteln* in aqua coquat, et tunc aqua expressa, caput frenetici, et qui *hirnwudig* est, ita calida circumpone, panno desuper ligato, ut ita dormiat, et hoc sæpe facias; et tunc etiam radicem ejusdem *swertela* interius rotunditates incide, ac eas in melle [condiens], et eidem frenetico, id est *hirnwutigen* da frequenter ad comedendum, et sanabitur. Et etiam radicem ejus cum bono vino in mortario tunde, et vinum hoc, panno colatum, calefac, ac ita calidum da illi bibere qui *steyn* habet. Et qui difficultate urinæ constringitur, et calculus in eo mollescit, et urinalia loca, quæ constricta erant, aperiuntur. Contra recentem quoque lepram radicem ejusdem *swerteln* tunde, et sic in lac asinæ pone, ut simul *gerynn*, et mox sagimen porci in patellam funde, et tunsam radicem cum asinæ lacte ad sagimen illud in patellam pone, et fortiter simul commiscendo coque, et hoc facto, per pannum cola, et in vas liquorem excipe, ut inde unguentum habeas. Deinde fac lixiviam de cineribus *elren*; et qui leprosus esse incipit, scilicet cum lepra adhuc in eo recens est, lixivia ista primum corpus suum lavet, ubi lepram sentit; et deinde prædicto unguento se ibi ungat, et hoc sæpe faciat, et sanabitur.

Cap. CXIX. — De Merrich [II, 59].

Merrich [Raphanum *ed.*] calida [frigidum *ed.*] est; et cum in Martio omnes herbæ virescunt, tunc etiam *merrich* mollescit, sed tamen per breve tempus, et tunc comesta sanis et fortibus hominibus bona est, quoniam viriditatem bonorum humorum in eis confortat. Sed postquam indurescit et fortis in cortice erit, periculosa est ad comedendum, quia viriditatem non habet, et tunc hominem aridum facit quemadmodum si lignum comederet. Et ideo homo illam non comedet, sed tamen *sugat* si succum habuerit et aliud ex ore elciat. Macer' autem et aridus homo, si *Merredich* comedere vult, modice comedat ut inde confortetur aliquantum, ne si multum ex eo comederit, inde doleat, quia ipse modicas vires in se habet (4). Et cum merrich viridis est, in sole siccetur, et huic pulvis de galgan æquo pondere addatur; et qui in corde do-

---

(1) *Dictamnus albus.*
(2) *Hierarium Pilosella.*

(3) *Gladiolus communis.*
(4) *Macer autem — se habet* om. ed.

let, pulverem istum pransus et jejunus cum pane comedat, et melius habebit. Sed et qui in pulmone dolet eumdem pulverem aut in calido vino aut in calida aqua jejunus et pransus bibat, et curabitur.

Cap. CXX. — De Hatich (1) [II, 128].

Hatich [Ebulus ed.] frigida est et humida, et naturæ hominis contraria, ita ut si aliquis homo eam comederet, illi periculosum esset. Sed si alicui homini de malis humoribus caput velut torrens aqua diszet, illius capite ita frigida circumponatur, et melius habebit. Et si aliquis homo in digitis aut in pedibus suis grint [scabiosos ungues ed.] habet, tunc bere atich unguibus illis sæpe superliget, ut aut purgentur aut cadant, et sic alii pulchri renascentur.

Cap. CXXI. — De Nachtschade (2) [II, 129].

Nachtschade [Solatrum ed.] calida et sicca est. Et qui in corde dolet, aut qui in corde unmechtigz, nachtschade in aqua modice coquat, et aqua expressa, eam ita calidam super cor suum ponat, et meliorabitur. Sed et qui in dentibus dolet, eam in aqua calefaciat, et cum ad noctem dormitum vadit, eam super maxillam et super mandibula ubi dolet calidam ponat, et dolor cessabit. Et cum pedes intumescunt, eam in aqua modica calefactam pedibus superponat, et tumera cessabunt. Sed et qui in medulla in cruribus dolet, Nachtschaden in aqua coquat, et calefactam cruribus circumponat, et panno circumliget, et melius habebit.

Cap. CXXII. — De Ringula (3) [II, 130].

Ringula [Ringella ed.] frigida et humida est, et fortem viriditatem in se habet, et contra venenum valet. Nam qui venenum comedit, aut et cui virgeben est, ringulam in aqua coquat, et aqua expressa, eam super stomachum suum ita calidam ponat, et venenum mollificat et ab ipso excreatur. Sed et idem homo mox bonum vinum calefaciat, et satis de ringula imponat, et cum ea iterum idem vinum calefaciat, et quia venenum sumpsit, ita semicalidum vinum illud bibat, et venenum aut per nasum spumando emittit, aut per spumam, id est schum, de se eicit. Et si boves aut oves aliquid mali comederint, unde repente inflantur, id est erblewent, ringula tundatur, et succus ejus exprimatur, atque modica aqua succus in illa ora eorum fundatur ut inde gustent, et curabuntur. Sed et si bos aut ovis hustet, succum ringulæ absque aqua naribus eorum infunde, et mox noxios humores excreant, et meliorabuntur.

Et homo cui caput vellecht, abscidat illud quod molle in lardo est, abscidat et etiam swarten ejus lardi, reiciat et hoc quod juxta eamdem swarten in lardo, durum accipiat, et illud cum ringula in mortario tundat, et tunc isto caput suum sæpe ungat, et vellen cadent, et caput illius pulchrum erit. Et qui grint in capite habet, accipiet flores et folia ringeln, et succum de his exprimat, et tunc de succo isto et modica aqua et cum farina simeln, vel cum farina siliginis deyck paret, et cum illo totum caput suum panno cum pilleo, ligatum relinquat dum illud incalescat et dum deyck scindatur, id est schrinde, atque tunc auferat, et iterum deyck simili modo paret, et capiti suo circumponat, et sic per novem dies faciet; et quotiens deyck de capite suo aufert, totiens de succo ringeln lixivium paratam habeat, caput suum ea totiens lavet, et sanabitur.

Cap. CXXIII. — De Wullena (4) [II, 131].

Wullena [Blandonia ed.] calida et sicca est, et aliquantum frigida; et qui debile et triste cor habet, Wullenam aut cum carnibus, aut cum piscibus, aut Kucheln absque aliis herbis coquat et sæpe comedat, et cor ejus confortat et lætificat. Sed et qui in voce et in gutture raucus est, et qui in pectore dolet, Wullenam et feniculum æquali pondere in bono vino coquat, et per pannum colet, et sæpe bibat, et vocem recipiet, et pectus sanat.

Cap. CXXIV. — De Gamandrea (5) [II, 132].

Gamandrea [Alentidium ed.] calida est et pinguis, et nec hominibus, nec pecoribus comesta aut bibita prodest, quia livorem et scabiem fugat et devitat, et in sanguinem cadit, ac illum minorem facit et attenuat (6). Nam sanguinem minuit, et tabem auget cum eam non aufert. Quod si quis eam aliquo modo purgatoriam sumat, ut livorem et tabem qui in eo remanserunt minuat, aliquando pestis subsequitur, quoniam sanguis in eo minutus est et tabes in eo remansit, et ideo caro ejus infirmabitur. Sed tamen qui minorem scabiem quæ inter cutem et carnem est, patitur, gamandream cum veteri arvina tundat, et se cum ea ungat, et caro ejus sanabitur. Sed postquam aliquantum sanari jam cœperit, tunc amodo se eam illa non ungat, quia sanguinem suum lædit, si se diutius ibi unxerit. Contra cutem non valet, quia grint in carne profunda est; et si cum ea ungitur, sanguinem minuet, et tabem interius dimitteret (7).

Cap. CXXV. — De Centaurea (8) [II, 133].

Centaurea calida et sicca est; et cui os et beyn in corpore suo alicubi fractum est, centauream vel radicem ejus aut vino aut aqua mixtam sæpe bibat, et fractum os simul conglutinatur, id est wellet. Sed tunc etiam centauream in aqua calefaciat, et aqua expressa, eam ita calidam loco ubi os fractum sæpe superponat, et sic ipsum locum cum ea bewe, et sanabitur. Nam qui ita vir-
addit : « Si autem sanguis in homine, malis humoribus excitatus, per posteriora ejus cum egestione ciborum effluere cœperit, eum non restringat, quia purgationem ei affert; sed si supra modum per eum transit, alentidium oleribus et aliis bonis herbis addat, et cibum faciat, et eum reficiant. »

(1) Sambucus Ebulus.
(2) Solanum nigrum.
(3) Calendula officinalis.
(4) Verbascum thapsus.
(5) Teucrium Chamædris.
(6) Quia livorem — attenuat om. ed.
(7) Contra cutem — dimitteret des. in ed., quæ
(8) Centaurea Cyanus. Cf. Plin. Hist. nat. xxv, 6.

gichtigit est, quod ei lingua in loquendo deficit, et quod etiam in eo aliquod membrum destituitur, iste radicem et folia centaureæ cum novo sepo cervi commisceat, et ita cum farina tortellos, id est *kucheln*, faciat, et eos sæpe comedat, et *gitch* qui eum fatigat deprimitur. Sed et idem qui *virg'chtiget* est, centauream in vinum istud ita sæpe bibat, et *gicht* in eo cessabit.

CAP. CXXVI. — DE POLEYA (1) [II, 68].

Poleya suavem calorem habet, et tamen humida est; [et harum quindecim herbarum aliquam virtutem in se habet, scilicet zituaris, gariofyli, galangæ, zinziberi, basilicæ, consolidæ majoris, lungvurtz, aristologiæ, millefolii, abrotani, polypodii, agrimoniæ, stur, storckenschnabel, bachminzæ. Et hæ herbæ omnes febribus contrariæ sunt *add. ed.*] et qui in cerebro dolet, ita quod *virseret* est, poleyam in vino ponat et coquat, et ita calidam circa totum caput suum ponat, et desuper panno liget, ut cerebrum calidum sit, et insania in eo deprimitur. Et cui oculi caligant, succum ejus exprimat, et eum circa oculos et circa palpebras ungat, ita tamen ne oculos [interius] tangat, et caliginem eorum fugabit. [Si autem oculos interius tetigerit, carnem eorum virtute sua exulcerabit *add. ed.*] Sed et de galli felle sumat et bis tantum de succo poleyæ, et modicum puri vini adde, et sic collyrium fac, et in vasculum repone, et adolescenti homini, cui oculi præ infirmitate caligant, vel etiam seni qui moderatæ ætatis est, circa oculos et circa palpebras unge, ita quod etiam modice ad oculos intret; hoc faciet per duodecim noctes, cum dormitum vadit, et caliginem ab oculis aufert. Et poleyam pulveriza, et pulverem istum in acetum et in mel æqualis ponderis pone, et jejunus sæpe bibe, id est *suffe*, et stomachum tuum purgat, et oculos tuos clarificat. Sed et qui folia poleyæ cruda cum sale sæpe comedit, ipsa scilicet sola carnibus addita, si frigidum stomachum habet, calefacit eum; et si etiam stomachus ejus veneno, id est *eyter*, plenus est, eum purgat et sanat.

CAP. CXXVII. — DE BEONIA (2) [II, 134].

Beonia [Dactylosa *ed.*] ignea est, et bonam virtutem habet, et contra tercianas et quartanas febres valet. Nam radicem ejus modice tunde, et ita in vinum pone, et sæpe bibe, et tercianam et quartanam a te fugat. Et iterum beoniam pulveriza, et pulverem istum in farinam pone, ac sagimen aut oleum papaveris adde; ita fac quasi *habim*, et sæpe comede, et iterum terciana et quartana a te cessabit. Et si homo mentem excedit, quasi nichil sciat et quasi in extasi jaceat, semen beoniæ in melle intinge et super linguam illius pone, et sic vires beoniæ in cerebrum illius ascendunt, et eum excitant, ita quod cito ad mentem suam redit et quod intellectum recipiet. Sed et qui multum flecma in capite et circa pectus habet, et ideo plurimum sordes excreat, et quod etiam fœtentem anhelitum habet, radicem beoniæ in modicas rotulas incidat, et his etiam de semine ejus addat, et in vino fervere faciat, et ita moderate sæpe calidum bibat, et caput et pectus illius purgat, et anhelitum ejus bonum odorem facit habere. Et postquam hoc vinum ebiberit, aliud vinum usque tercia vice cum eadem beonia calefacere potest. — Sed et semen beoniæ accipe et in sanguine yrudinis intinge, et mox in farina similæ ita inolidum involve; et cum aliquis homo caduco morbo cadit, id est *wallendsucht*, in os ejus pone, dum ita jaceat, et hoc facies quociens per hunc morbum cadit, et tandem curabitur. — Et si lineæ, id est *milwe*, crines hominis comminuunt, cum radice, et semen beoniæ lixiviam faciat, et caput suum sæpe lavet, et tineæ morientur. Sed et radicem et folia ejus inter vestes pone, et lineæ fugiunt nec illas lædunt.

CAP. CXXVIII. — DE BATHENIA [II, 135].

Bathenia [Pandonia *ed.*] calida est, et signa scientiæ hominis plus quam aliæ herbæ in se designat, quemadmodum domestica et munda animalia plus cum homine agunt, quam animalia silvestria (3); et ideo fallacia dyaboli umbras suas interdum super eam parat, et etiam super quasdam alias herbas, quia ipse roralis est, unde etiam omnes vires quæ in herbis sunt novit (4). Qui stultus aut fatuus est, ita quod scientia in eo deficit, batheniam tundat quasi ad succum, et ita super totum pectus suum ad noctem ponat, et panno liget usque mane, et hoc sæpe faciat, et ad scientiam redibit. Et qui a falsis sompniis fatigari solet, batheniam, cum in nocte dormitum vadit, et cum dormit, apud se habeat, et minus falsa sompnia videbit et sentiet. [Mulier quæ injusto tempore multa menstrua patitur inordinate, pandoniam in vinum ponat ut inde saporem habeat, et sæpe bibat et curabitur *add. ed.*] Sed si aliquis vir a muliere, seu aliqua mulier a viro, ulla magica arte illusa fuerit, seu aliquo præstigio illius rei tacta fuerit, seu ullis fantasticis et dyabolicis incantationum conjurata fuerit, ita quod vir in amore mulieris aut quod mulier in amore viri sic incantata insanit, tum bethoniam quærat per quam unquam aliquod medicamentum vel aliqua fantasia prius facta sit, quia si tale aliquod per eam ante factum est, amodo ad medelam medicinæ non valet, quia per fantasias prius irretita est (5). Et cum eam invenerit, folia de ea auferat, et folium unum in utrumque foramen narium suarum, folium unum sub lingua sua ponat, et in utraque manu sua folium unum teneat, atque sub utrumque pedem folium unum ponat, et etiam batheniam oculis suis fortiter inspiciat; et hoc tandiu faciat, dum eadem folia in

---

(1) *Mentha Pulegium.*
(2) *Pæonia officinalis.*
(3) *Quemadmodum — sylvestria* des. in ed.
(4) *Et etiam — novit* des. in ed.
(5) *Quia — est* des. in ed.

corpore ejus incalescant, et sæpe faciat, scilicet dum melius habeat, et sic ab insania amoris illius solvetur, ita tamen si nullum incitamentum amoris aut comedendo aut bibendo gustavit nec in corpus suum induxit. Sed et qui per magica verba in amore alterius irretitus est, sive vir, sive mulier sit, bethaniam apud se semper habeat, et melius habebit. Quod si in hyeme est, ita quod folia ejus ad prædictum remedium non possunt haberi, radicem ejus accipiat, et ita faciat, ut prædictum est. Et nullus ullo modo bethaniam comedat, quoniam si eam comederit, sensum et intellectum ejus lædit, et eum fere amentem facit.

CAP. CXXIX. — DE SICHTERWURTZ NIGRA (1) [II, 136].

Sichterwurtz quæ nigra dicitur, calida est et frigida, et in calore suo dura est et aspera. Si autem aliquis homo ulla peste et infirmitate, et in capite fatigatus, sensus suos et intellectum perdit, ita quod amens efficitur, accipe Sichterwurtz, et minus de Quenula ei adde, et simul tunde, ac in patella cum veteri arvina sweysze, et calidam super totum caput et circa collum totum illius pone, et pannum desuper liga, et hoc per quinque dies fac, semel in mane, semel ad noctem per singulos dies calefaciens. Et post quintum diem, lixiviam cum cineribus de fago fac, et caput ejus lava, et curabitur. Quod si tamen mentem suam nondum receperit, iterum per alios dies quinque cum eodem unguento caput et collum ejus circumpone, ut prædictum est, et iterum post quintum diem cum præfata lixivia caput ejus lava, et quamvis pestis amentiæ illius fortis sit, ab eo fugabitur, et sensus suos et intellectum suum recipiet.

CAP. CXXX. — DE SICHTERWURTZ ALBA [II, 137].

Alba quoque Sichterwurtz eamdem præfatam naturam nigræ Sichterwurtz habet, excepto quod nigra acerbior est quam alba. Et alba Sichterwurtz Quenulæ et feniculo et arvinæ, ut prædictum est, commixta, amentiam in homine etiam fugat, sicut præfatum est, et etiam ad alia pigmenta ac unguenta multum valet, si eis additur (2). Et juvencula, cui menstrua in recto tempore desunt, oleum rosis inpositis accipiat, et etiam de alba Sichterwurtz dimidiam tertiæ partis earumdem rosarum, et hoc idem oleo imponat, et tunc juxta inguen, circa umbilicum et super lank'm forte et sæpe se ungat eodem oleo, et membra [menstrua] ejus movebuntur, et solventur. Sed si aliquibus impedimentis irretita hoc modo menstrua non habuerit, præfata tamen unctio menstrua in ipsa ita defundet et minuit, id est zusluszet, quia minus inde dolebit, si ei recto tempore non occurrerint. — [Sed et homo qui in corde, et in vobin (sic) dolet, citterwurtz album, et ad ejus tertiam partem abrotanum, et minus menuæ quam abrotani sit, simul tundat, et his busyrum vaccarum in Maio paratum addat, et hoc unguentum optimum est ; et cum in corde dolet, ibi inungat; et si in vobim dolet, circa guttur se ungat, et hoc sæpe faciat, et melius habebit. Add. ed.]

CAP. CXXXI. — DE BIBENELLA (3) [II, 139].

Bibenella magis frigida est quam calida, et ad usus hominum non multum valet, quia succus ejus acer est (4). Sed tamen eam in collo tuo semper habeas suspensam, et interim ab invocationibus dæmonum, a magicis verbis, nec a zauber, quod nec comedisti nec bibisti, illudi poteris.

CAP. CXXXII. — DE AGLEYA (5) [II, 140].

Agleya [Acoleia ed.] frigida est. Et homo in quo freischlich, quod dicitur selega, nasci incipit, Agleyam crudam comedat, et freichlich evanescit. Et in quo orsmæ [scrofulæ ed.] crescere incipiunt, Agleyam crudam sæpe comedat, et orsmæ decrescunt. Sed et qui multum flecma eicit Agleyam in melle beyszé [condiat ed.], et sæpe comedat, et flecma minuit, ac illum sic purgat. Qui autem fiber habet, Agleyam tundat, et succum ejus per pannum colet, et eidem succo vinum addat, et ita sæpe bibat, et melius habebit.

CAP. CXXXIII. — DE SPRINGWURTZ (6) [II, 141].

Springwurtz [Citocatia ed.) frigida est, et modicum atque acrem succum in se habet; nec multum per se solam utilis est homini (7). Nam quicunque homo eam solam et simplicem comederet, illum interius in corpore suo dissiparet, id est indrede, ita quod cum periculo ejus ipsum transiret ungesuntliche (8). Sed qui parvam et levem purgationem sumere voluerit, accipiat cynamomum et liquirici pari pondere, et pulverizet, et pulverem istum cum modica farinula simelæ in succo Springwurtz ad modum fabarum involvat, et ad solem vel ad fornacem siccet, et tunc in mane diei hoc sumat, quantum quinque nummi, aut novem, aut quindecim ponderant, et eum leviter purgabit ; et se postea cibo et potu observet, ut justum est (9).

CAP. CXXXIV. — DE FRIDELES (10).

Frideles auga nec rectum calorem nec rectum frigus in se habet, nec ullas vires ad usus hominis tenet, sed est unkrul, nec ad medicinam valet ; unde si aliquis homo eam comederet, illum plus læderet quam ei prodesset.

CAP. CXXXV. — DE BERURTZ (11) [II, 142].

Berwurtz calida est, et siccam viriditatem in se habet (12). Et homo qui fortes et ardentes febres in se habet, berwurtz pulverizet, et pulverem istum

(1) Rumex acutus, ut cap. seq.
(2) Et alba — additur des. in ed.
(3) Pimpinella saxifraga.
(4) Quia — est des. in ed.
(5) Aquilegia vulgaris.
(6) Euphorbia Lathyris.

(7) Et modicum — homini om. ed.
(8) Id est — ungesunt. om. ed.
(9) Et se postea — justum est om. ed.
(10) Myosotis scorpioides. — Deest in ed.
(11) Athamanta Meum.
(12) Et siccam — virid. om. ed.

cum pane, jejunus et pransus, comedat, et melius illi majorem infirmitatem conferret. Si enim eam habebit. Sed et qui *gegicht* habet eumdem pulverem aliquis comedit aut bibit, eum interius exulcerat sæpe comedat, et *gicht* in eo cessabit. Et qui *gelsucht* habet, radicem *berlwurtz*, cum viridis est (1), in aceto tundat, et sic comedat; et tunc etiam cum eodem aceto aliquod *suffen* paret, et sæpe comedat (2), et curabitur.

Cap. CXXXVI. — De Stembrecha (3) [II, 143].

Stembrecha [Saxifrica *ed.*] frigida est, et fortes vires in se habet; et ad usus hominis qui tenerum corpus habet in comestione non valet, quia corpori illius nimis fortis esset. Sed ubi aut in stomacho, aut vesica alicubi in corpore hominis *slim* coagulatur, et ita induratur velut lapillus, tunc ille semen *Stembreche* in aqua tundat, et ita pransus, et non jejunus, sæpe bibat, et sic bibitum illud, quod in homine velut lapillus, durum et contrarium est, frangit, et ita homo ille sanabitur. Et qui *gelsucht* habet, idem semen terat in vino, et per modicam horam in eodem vino jacere permittat, et tunc, pransus, sæpe bibat (4), et *gelsucht* in eo exstinguetur, quia ipsa etiam de superfluitate fellis interdum nascitur, et multociens quamdam duriciam velut lapidem in homine parat.

Cap. CXXXVII. — De Ugera [II, 144].

Ugera valde calida est, et quoddam acumen in se habet, et idem acumen valde forte est, et ideo magnos et fortes ulcus, id est *swern* frangit (5). Nam Ugera in mortario tunde, et modicum baumoleum adde, et ita [frigida *ed.*] super ulcus pone. Quod si baumoleum non habes, modicum de cervino sepo adde, et sic in patella *sweysze* [calefaciat *ed.*], ac infrigidari permitte, et tunc ita frigidum super ulcus pone, et fortitudo ejus venenum emollescit et extrahit, ac illud sanat. Sed et si magnæ rufæ et videlicet *gedoszen* ulcera in homine sunt, eamdem ugeram tunde, et ei aut baumoleum, aut cervinum sepum, ut supradictum est, adde et super ulcera illa pone, et venenum, id est *eyther*, extrahit; sed cum eadem ulcera jam rubescere incœperunt, ugeram abjice, et tunc cum baumoleo aut cum cervino sepo *beneduch* de canabo para, et super ulcera illa pone, et sanabuntur, quia venenum jam tunc extractum est (6). Sed et radicem ugeræ in aceto *beisze*, et ita per noctem eam pone super locum illum ubi in corpore tuo *warczen* noviter crescere incœperunt, et pannum desuper liga, et hoc sæpe fac, et warczen evanescunt.

Cap. CXXXVIII. — De Grintwurtz [II, 145].

Grintwurtz [Chelidonia *ed.*] valde calida est, et enenosum, id est *slimech* succum tenet. Nam tam trum et acerbum venenum in se habet, quod ipsa ullam sanitatem homini conferre potest, quia si in una re homini sanitatem daret, in alia re interius et lædit, et ideo interdum et solutionem et digestionem in homine cum dolore facit et non cum sanitate. Qui autem aliquod inmundum comedit, aut bibit, aut tetigit, unde ulcerosus in corpore fit, veterem arvinam accipiat, et ei satis de succo Grintwurtz addat, et cum eo tunde, et sic in patella simul dissolvat, et tunc cum sepo perungat se, et sanatur.

Cap. CXXXIX. — De Lubestuckel (7) [II, 56].

Lubestuckel [Levisticum *ed.*] temperati caloris est. Et si crudum comedit, hominem in natura sua *zufloszlich* facit [dissolvit *ed.*], et naturam ejus sic destituit. Sed et si quis coctum absque aliis condimentis solum comederit, eum gravem et *unlustig* [tædiosum *ed.*] mente et corpore faceret. Si autem cum aliis condimentis coquitur et comedatur, tunc comedentem non multum lædit. Et si aliquis homo *druse* [glandes *ed.*] in collo dolet, ita quod venæ colli ejus inflatæ sunt, accipiat *Lubestuckel*, et modicum plus de *Gunderebe*, et in aqua simul coquat; aqua effusa, collo calidas circumponat, quia venæ colli ejus supra modum distractæ sunt, et curabitur.

[Et si quis in pectore tussitat, ita quod ibi primum dolere incipit, levisticum accipiat et salviam æquali modo, et fœniculi bis tantum ut istorum duorum est, et in bonum vinum tam diu simul ponat, usque dum idem vinum saporem ex eis capiat, et tunc abjectis herbulis, idem vinum calefaciat, et calidum post cibum bibat, usque dum sanetur. Si autem tussis modica est, homo prædictum poculum non calefactum bibat, quoniam dolor lenis est. Si vero dolor fortis est, idem vinum calefactum bibat, quatenus tanto suavius solvatur. Quod si reuma de naribus equi fluit, ita quod inde tussitat, homo qui eum liberare vult, levisticum accipiat, et modicum minus urentis urticæ, et eas in aqua coquat, et deinde de aqua ablatis, fumum earum ita calidum in nares et in os ejus freno imposito transire permittat, et sanabitur. Si autem equus in ventre velut de morsibus dolet, homo levisticum accipiat, et modicum minus de urente urtica, et pabulo illius sæpe intermisceat, quatenus ista simul comedat, et curabitur. *Add. ed.*]

Cap. CXL. — De Ebich (8) [II, 146].

Ebich magis frigida quam calida, et ad comedendum homini inutilis est, velut *unkrut*. Sed homo qui *gelsucht* habet, *ebich* in patella cum cervino sepo aut veteri arvina *sveysze* [calefaciat *ed.*], et calidum supra stomachum suum ponat, et *gelsucht* in herbam illam transit, id est *uszflecht*, ita quod etiam cutis illius hominis *gelware* exterius apparebit; et cum herbas istas supra stomachum suum posue-

---

(1) *Cum viridis est* om. ed.
(2) *Et tunc — comedat* des. in ed.
(3) *Asplenium Ruta muraria*.
(4) *Et curabitur ed.*, quæ hic capitulum claudit.
(5) Ed.; brevius, *Calida est et magnum et forte ulcus frangit*.
(6) *Quia — extractum est* om. ed.
(7) *Ligusticum levisticum*.
(8) *Hedera helix*.

rit, ut prædictum est, mox *bruncrasse* in frigida aqua tunde, et per pannum cola, ac ita frigida da illi ad bibendum, et *gelsucht* expellitur et curabitur.

[Sed et mulier quæ injusto tempore multa menstrua inordinate patitur, ebech in aqua coquat, et sibi in femoribus, et in umbilico calidam circumponat; et frigiditas illius contrario fluxui resistit. Si etiam in aliquo homine interior pellicula, in qua intestina clausa sunt, aliquo casu scinditur, ille ebech, et bis tantum de majore consolida in bono vino coquat, et postquam eas coxerit herbas, a vino separet, et illi modicum pulveris de zituare facto, et tantum zuccari quantum ebech fuit, et satis de cocto melle inmittat, et ita rursum modice fervere faciat, et deinde per saccellum velut purum potum faciat, et post cibum et ad noctem bibat, et hoc sæpe faciat. Sed et herbas quæ in præfato vino coctæ sunt, super locum ubi interior pellicula rupta est, calidas liget et scissuras ejus colligent. Radicem quoque majoris consolidæ in minuta frusta inscidat, et in vinum ponat, ut inde saporem capiat, et hoc vinum semper bibat, usquedum sanetur. *Add. ed.*]

CAP. CXLI. — DE YBISCHA (1) [II, 147].

Ybischa calida et sicca est, et contra febres valet. Nam homo qui febres habet, qualescunque sunt, *ybischen* in aceto tundat, et mane jejunus et ad noctem ita bibat, et *fiber*, cujuscumque naturæ sit, cessabit. Sed et qui in capite dolet, *Ybischam* accipiat, et modicum minus salviæ addat, et has simul contundat, ac eis modicum de baumoleo commisceat, et tunc juxta ignem in manu sua tantum calefaciat, et sic fronti suæ solummodo superponat, et panno liget, et ita obdormiat, et melius habebit.

CAP. CXLII. — DE DENEMARCHA (2) [II, 147].

Denemarcha calida et humida est. Et qui etiam pleurisim patitur, aut ille qui de *gicht* dolet, *Denemarcham* pulverizet, et huic pulveri modicum minus de pulvere *nebeten* addat (3), et tunc cum farina et aqua tortellas faciat ; aut *kucheln* in patella cum sagimine, et has prædictas pulveres commisceat, et sic sæpe comedat, et pleurisis atque *gicht* in eo cessabunt, ita quod melius habebit.

CAP. CXLIII. — DE NEBETTA (4) [II, 149].

Nebetta [Calamentum *ed.*] calida est. Et homo qui *orfime* [scrophulas *ed.*] in collo habet, antequam rumpentur, *Nebettam* pulverizet, et pulverem istum aut cum pane, aut in *muse*, aut in *kucheln* sæpe comedat, et *orfiniæ* evanescent. Quod si *orfimæ* franguntur, folia ejus ita cruda et recentia superpone, et *orfimæ* siccabuntur.

CAP. CXLIV. — DE CRANCHSNABEL (5) [II, 150].

Cranchsnabel valde calida est, et modicum humiditatis habet, et etiam fere vires pigmentorum in se habet. Accipe ergo *kranchsnabel*, et minus de *bertram* [Piretro *ed.*], quam de *kranchsnabel*, sic nucis muscatam, minus quam de *bertram*, sic et hæc in pulverem redige, et simul commisce, et qui in corde dolet pulverem istum aut cum pane comedat, aut absque pane, et manu sua lingat, (6) et melius habebit, quia optimus pulvis est ad sanitatem cordis. Et qui *nazeboz* habet, eumdem pulverem naribus suis apponat, et odorem ejus in se intrinsecus trahat, et *nazeboz* levius et suavius se solvet, et cito evanescit absque periculo hominis illius. Sed et qui *husten* [tussim *ed.*] et *gebrech* [constrictionem *ed.*] in pectore habet, cum farina et pulvere isto *kuchelu* [tortellos *ed.*] in patella ponat, sagimine aut butyro addito, et jejunus et pransus sæpe comedat, et *husten* et ulcus pectoris leniter et suaviter solvit, et finiri facit, et sic homo melius habebit. Et etiam qui in pectore dolet, ita quod eum pectus *demphet*, aut qui in gutture dolet, ita quod vox subtrahitur, eumdem pulverem in calido vino bibat, et in pectore ac in gutture melius habebit. Sed et qui in capite dolet, ad pulverem istum lucidum sal aut assum sal addat, et ita aut in pane comedat aut in manu sua lingat, et melius habebit.

CAP. CXLV. — DE CONSOLIDA (7) [II, 151].

Consolida frigida est. Et si homo eam absque ratione comederit, omnes humores, qui in eo recte instituti, destituit (8). Sed si aliquod membrum in homine destitutum et ulceratum ac vulneratum est, si tunc eam comederit, livorem illum, qui ibi egreditur, repente sequitur, et ipsum livorem et ulcera superius in cute sanat, et non interius in carne : ac similitudinem habeat, quando lapides in magnam fossam projiciuntur, ut aquam effluere prohibeant, velut in aliquo *vacht* est, et ita aqua cum effluere non potest, in profunditate *licus* consedit (9); et hoc modo vermiculi et quæque prava introrsum manebunt, cum extra effluere prohibeantur. Sic consolida injuste et non recto modo comesta ulcera exterius sanat, et quæque putrida interius dimittit.

CAP. CXLVI. — DE BYVERWURTZ [II, 152].

Byverwurtz [Rustica *ed.*] calida est et modicum frigida. Radicem ergo et folia *biverwurtz* pulveriza, et quantum medietas ejus pensat, tantum de pulvere *bertram* ponderet, tantum de pulvere cynamomi ei addat, et commisceat; et pulverem istum hoc modo commixtum quotidie aut cum pane, aut cum calido vino bibe, aut in *suffen* comede, et nullam magnam aut diuturnam infirmitatem habebis usque

---

(1) *Alihœa officinalis.*
(2) *Valeriana officinalis.*
(3) *Et huic — addat.* om. ed.
(4) *Nepeta cataria.*
(5) *Erodium cicutarium.*

(6) *Et manu sua lingat* om. ed., ut et infra.
(7) *Symphitum officinale.*
(8) *Et si — destituit* desunt in ed.
(9) *Ad similitudinem — consedit* om. ed.

ad mortem tuam. Et nullus homo pulverem istum sic paratum devitet; quia si sanus est et pulverem hunc quotidie comedit infirmus ad longum tempus in lecto decumbens non erit; et qui infirmus est, si eum comederit, sanus erit. Sed pulverem per pannum servare poteris sanum, eum in novum fictile vas pone de limo factum et aridum, et ita sub terra funde, et clausum tege, atque sic vires tuas obtinebis (1).

CAP. CXLVII. — DE GRENSING.

Grensing unkrut, nec ad ullam sanitatem hominis valet. Ita si homo illam comederet, ei nec prodesset nec obesset.

CAP. CXLVIII. — DE MORKRUT (2) [II, 66].

Morkrut est refectio hominis, nec ei ad sanitatem prodest, nec ei obest; sed comesta ventrem implet.

CAP. CXLIX. — DE GENSEKRUT (3).

Gensekrut frigida est et est *unkrut*, nec homini ad sanitatem prodest si comederit, sed eum plus lædit.

CAP. CL. — DE LINSAMO (4) [II, 15].

Linsamo calidum est, etc., *ut infra cap.* 194, de semine lini, *in quo multa leguntur quæ hic desunt.*

CAP. CLI. — DE HUNSDARM (5) [II, 175].

Hunsdarm calida est, et est *unkrut*. Sed si quispiam homo casu ceciderit, vel si quispiam contis percussus fuerit, ita quod cutis ejus inde *weydden* erit [inde varias maculas habet *ed.*], *Hunsdarm* in aqua coquat, et aqua expressa, ita calidum super locum casus aut percussionis sæpe ponat, et pannum desuper liget, et livores ibi collectos depellit.

CAP. CLII. — DE NYESEWURTZ (6) [II, 153].

Nyesewurtz [Gelisia *ed.*] calida et sicca est, et modicum humida, sed quamdam viriditatem habet quæ utilis est (7). Nam qui a *gicht* fatigatur, et etiam ille qui *gelsucht* habet, *Nyesewurtz* contundat, et succum ejus per pannum colet, et tunc eundem succum vino addat, et si *gicht* habet, jejunus hoc modo sæpe bibat, aut si *gelsucht* [regium morbum *ed.*] habet, pransus sæpe bibat, et curabitur. Sed et *Nyesewurtz* in vino, addito melle, coquat, et per pannum colet, et hoc pransus et ad noctem, cum dormitum vadit, bibat, et hoc sæpe faciat, et ipsum curabit, et ipsum in pectore suavem et levem facit, et stomachum suum purgat, et quidquid interius in corpore suo sordidum et fetidum est minuit.

(1) Hujus capituli textum, in codice mancum et corruptum, ex editione sistimus: « Rustica calida in bono temperamento est. Homo autem qui sanus esse vult, radicem et folia rusticæ pulverizet, et quantum medietas ejus pensat de pulvere piretri addat, et quantum medietas piretri ponderat tantum de pulvere cinnamomi commisceat, et pulverem istum quotidie cum pane, aut in sorbicio, aut in calido vino bibat, et nullam magnam vel diuturnam infirmitatem usque ad mortem suam habebit. Et nullus homo pulverem istum devitet, quia si sanus homo illum quotidie comederit, infirmus ad longum tempus in lecto decumbens non erit : si infirmus comederit, sanus erit. Sed ut pulvis iste per annum servari possit sanus, in novum fictile

CAP. CLIII. — DE HERBA GICHT [II, 154].

Herba quæ dicitur *gicht* valde calida est, et quamdam viriditatem in se habet. Et qui in stomacho dolet, eamdem herbam et semen ejus modice contundat, et in vino et in modico melle coquat, et per pannum colet, et ita calidum bibat. Qui autem præcavere vult, ne in stomacho infirmetur, eumdem potum frigidum sæpe bibat, et sanitatem in stomacho retinebit. Sed qui a *gicht* sæpe fatigatur eamdem herbam cum semine contundat, et arvinam ursi addat, et de baumoleo, velut terciam partem baumolei ad arvinam ursi, et sic in aquam coquat, et unguentum faciat, et se ubi dolet inungat, et statim cutim ejusdem hominis ita pertransit, quod tempestas pestis illius *gicht* ab eo cessabit.

CAP. CLIV. — DE YSENA (8) [II, 155]

Ysena [Verbena *ed.*] frigida est magis quam calida, et ubi aut de ulceribus, aut de vermibus putridæ carnes in homine sunt, *Ysenam* in aqua coquat, et tunc lineum pannum supra putrida vulnera aut super putrida loca vermium pone, et de *Ysena* illa modice aqua expressa, eam modice calidam super lineum pannum illum quod super putridas carnes has posuisti depone; et postquam illa exsiccatur, iterum aliam coctam eodem modo superpone, et hoc tam diu fac, donec putredo illa auferatur. Sed et si alicui in gutture intumet, *Ysenam* in aqua modice calefaciat, et ita modice calidam super guttur suum ponat, et panno liget, et hoc faciat, dum tumor evanescat

CAP. CLV. — DE SATEREIA (9) [II, 156].

Satereia magis calida est quam frigida. Homo autem qui *gicht* fatigatur, ita quod membra ejus semper moventur, Satureiam pulverizet, et huic pulveri minus de pulvere *kumels* quam de pulvere salviæ, sic et pulveres istos in *honigwurtz* simul commisceat, et illam pransus sæpe bibat, et melius habebit.

CAP. CLVI. — DE WOLFESGELEGENA (10).

Wolfesgelegena valde calida est, et venenosum calorem in se habet. Et cum masculus aut femina in libidine ardet, si quis homo illum vel illam in cuti ejus viridi Wolfesgelegena tetigerit, in amore illius ardebit, et deinde postquam herba illa aruerit, masculus aut femina, qui cum eadem herba tactus

vas ponatur, et clausum cum terra tegatur, et sic vires suas retinebit.
(2) *Parnassia palustris*. — Hoc capitulum repetitur infra cap. 200, sed cum inscriptione : *De pastinaca*, ut in edit.
(3) *Potentilla anserina*. — Hoc capitulum deest in ed.
(4) *Linum usitatissimum*.
(5) *Alsine medica*.
(6) *Helleborus niger*.
(7) *Et modicum. — Utilis es.* om. ea.
(8) *Verbena officinalis*.
(9) *Satureia hortensis*.
(10) *Arnica montana*. — Deest in ed.

est, de amore illo quo incensus est, fere infatuatur, ita quod stultus deinceps erit.

Cap. CLVII. — De Syme (1) [II, 170].

Symes frigida est. Aut si *maden* aut vermes hominem comedant, *Symes* ad ignem pulverizet, et ipsum pulverem in loco ulceris ponat, et vermes et *maden* morientur.

Cap. CLVIII. — De Junco (2).

Juncus nec recte calidus, nec recte frigidus, sed tepidus est, et ideo ad medicamenta non valet.

Cap. CLIX. — De Meygilana [II, 157].

Meygelana frigida est, et frigiditatem hanc habet quam terra, cum flores ad fructus producit (3). Et si in quolibet homine *orfima* crescunt aut *fregslich*, aut aliquod ulcus, in quo venenum est, ille Meygelanam jejunus sæpe comedat, et evanescent. Sed et qui *vallendsucht* [regium morbum *ed.*] habet, Meygelanam sæpe comedat, et cum de eodem morbo jam super terram cadit, eamdem herbam sub lingua ejus pone, et tanto citius surget, et levius dolebit.

Cap. CLX. — De Dornella (4) [II, 158].

Dornella frigida est, et eadem frigiditas bona et sana est (5), et contra *fiber* valet qui de noxiis cibis oriuntur. Accipe ergo *Dornellam* et eam in vino coque, modico melle addito, et tunc per pannum cola, et sic jejunus ad noctem sæpe bibe, et a febre sanaberis.

Cap. CLXI. — De Scharleya (6) [II, 159].

Scharleya [Cicuta *ed.*] calida est, et contra venenum valet (7). Nam si quis venenum sumpsit, *Scharleyam*, modice melle addito, et modicum ruthæ addat, et postquam coxerit, et modicum stramoniæ addat, et sic per pannum colet, et sic post cibum ter bibat, et venenum aut per nauseam aut per secessum per eum transibit, nisi tale venenum sit, quod ei mortem inferat. Et cui stomachus tam debilis est, quod de cibis facile *Eyterech* sit, *Scharleyam* accipiat, et terciam ejus partem poleyæ, et feniculi quarta, tertia pars poleyæ, et hæc simul in bono vino coquat, modico melle addito, et per pannum colet, et post cibum et ad noctem sæpe bibat; stomachus ejus suaviter curabitur, seu purgabitur, et appetitum comedendi habebit. Sed et qui in capite dolet, *Scharleyam* in aqua coquat, et aqua expressa, ita calidam capiti suo circumponat, et panno caput tegat ut ita dormiat, et melius habebit.

Cap. CLXII. — De Storcksnabel (8) [II, 160].

Storcksnabel est magis frigida quam calida, et contra calculum valet (9). Nam qui *Steyn* [calculum *ed.*] in corpore suo habet, *Storcksnabel* accipiat, et minus de *Steynbrecha*, et in aqua coquat, et per pannum colet, et assum balneum faciat [et illud intret add. *ed.*], et avenam in aqua coquat, et cum

aqua illa, in qua avena cocta est, ignitos lapides perfundat; et postquam hoc modo sudaverit, in ipso balneo prædictam aquam in qua Storcksnabel et Steinbrecka coctæ sunt, calidam bibat, et Steyn in eo suaviter frangetur. Et qui in corde dolet et semper tristis est, *Storcksnabel* accipiat, et minus poleyæ, et ruthæ minus quam poleyæ, et hæc pulverizet, et pulverem istum cum pane suo sæpe comedat, et cor ejus confortabitur et lætus erit.

Cap. CLXIII. — De Benedicta (10) [II, 162].

Benedicta calida est; et si eam aliquis in potu sumit, ad amorem libidinis incendit. Sed si quis homo toto corpore in viribus corporis sui deficit, benedictam in aqua coquat, et aquam illam ita calidam sæpe bibat, et vires corporis recipiet, et postquam corporis melius habuerit, eam devitet (11).

Cap. CLXIV. — De Risza [II, 163].

Risza [Rubea *ed.*] frigida est et contra *fiber* valet. Nam qui *fiber* habet et fastidium comedendi, *Riszam* in aqua coquat modice, et ipsam herbam in eadem aqua ita dimittat, et eamdem aquam in mane et ad noctem ita calidam bibat, atque ipsam herbam in aqua coctam ita calidam stomacho suo per brevem horam superponat, et hoc per tres dies faciat, et febres in eo cessabunt. — [Sed et qui quartanas febres patitur, rubeam et herbam veprium æquali pondere, et brachvurtz, ter tantum ut istorum duorum est, in vino coquat. Deinde clarum et optimum vinum infundat, et ignitum chalybem immittat, et hoc decies cum eodem vino et chalybe faciat; postea sumat vinum illud quod cum prædictis herbis coxit, et vino cui chalybem immisit infundat, et simul una vice fervere faciat, et in ipsa accessione febris illud bibat usque dum sanetur. *Add. ed.*]

Cap. CLXV. — De Musetha (12).

Musetha magis calida est quam frigida, et quibuslibet unguentis addita, ea toto meliora et fortiora reddit; sed per se solam ad medicamentum non multum valet.

Cap. CLXVI. — De Birckwurtz [II, 167].

Birckwurtz plus frigida quam calida est. Et homo qui superfluos et venenosos, id est *eytherecht*, humores in se habet, *Birckwurtz* quæ est *blutwurtz* accipiat, et bis tantum de *Brachwurtz* adhuc ad succum contundat, et sic in fictile vas ponat, et desuper bonum ac clarum vinum fundat, et ita post cibum, et cum dormitum vadit, per quindecim dies, et ei ad annum proderit, ita quod superfluos et venenosos humores hæc potio in ipso imminuit (13).

Cap. CLXVII. — De Astrencia (14) [II, 161].

Astrencia calida est, et contra febres valet (15). Nam qui febres habet, cujuscunque generis sint,

(1) *Stellaria media.*
(2) Deest in edit.
(3) *Et frigiditatem — producit* om. ed.
(4) *Potentilla tormentilla.*
(5) *Et eudem — est* om. ed.
(6) *Salvia Sclarea.*
(7) *Et contra — valet* om. ed.
(8) *Geranium pratense.*

(9) *Et contra — valet* om. ed.
(10) *Geum urbanum.*
(11) *Et postquam — devitet* om. ed.
(12) Deest in ed.
(13) *Ita quod — imminuit* des. in ed.
(14) *Astrantia Ostruthium.*
(15) *Et contra — valet* ed. om.

Astrenciam accipiat, et eam modice contundat, et sic tonsa seu trita dimidium piccarium usque ad summitatem ejus super eamdem astrenciam fundat, et ita cum eodem vino per noctem *reszuet* [reservet ed.], et in mane diei iterum ei vinum superaddat, et sic jejunus bibat, et hoc per tres dies aut per quinque dies faciat, et curabitur. — [Qui autem comestum cibum digerere non potest, succum aristolochiæ longæ ad pondus duorum nummorum accipiat, et succum bibinellæ ad pondus unius nummi; et succum citocatiæ ad pondus oboli unius, et zinziber ejusdem ponderis, et farinam similæ succis istis admisceat, et tortellos ad latitudinem nummi, sed aliquantum spissos faciat, et eos ad solem, vel in fornace jam fere infrigidato coquat. Et homo ille qui supradicto modo infirmatur, si interius calidus est ita quod cibus in eo exustus est, de his tortellis unum in mane diei jejunus sumat; vel si interius frigidus est ita quod cibus in eo præ frigore congelatus et compressus est, duos aut tres tortellos in mane jejunus accipiat. Et cibus quem postea primum comedit, jus vel sorbiciuncula sit, et deinde alios bonos et suaves cibos, et sic tandiu faciat dum se in stomacho liberatum sentiat. Add. ed.]

CAP. CLXVIII. — DE ERTPEFFER (1) [II, 168].

Ertpeffer frigida est, et de lucido aere crescit (2). Et homo qui *fiber* habet *ertpeffer* sufficienter accipiat, et in bonum vinum per noctem unam ponat, et tunc *ertpeffer* abjiciat, et idem vinum ignito calybe calefaciat, et in mane jejunus bibat atque ad noctem cum dormitum vadit, et sic faciat usque quod sanitatem in se sentiat.

CAP. CLXIX. — DE BREMA (3) [II, 177].

Brema in qua *bramber* crescunt plus calida quam frigida est. [Et si quis in lingua dolet ita quod aut intumescit aut ulcera habet, linguam suam cum *brema*, seu cum modico flebotomo parumper inscidi faciat, ut livor erumpat. Sed et qui in dentibus dolet, idem in gingivis faciat, et melius habebit. Add. ed.]. Et si vermes hominem comedunt, idem *bremam* pulveriza, et pulverem istum super locum illum pone, ubi vermes carnem hominis aut pecoris comedunt, et morientur, et sic ille sanabitur. Sed et si quis pulmone dolet, et in pectore hustet, *bertram* accipiat et minus de eisdem *bremen* quam de *bertranis*, sic et hysopi minus quam harum *bremen*, et *dost* minus quam de his, et mel addat, et fortiter in bono vino coquat, et tunc per pannum colet, et sic, postquam illud modicum comederit bibat, et post plenum cibum satis ex ea bibat, et hoc sæpe faciat, et pulmo sanitatem recipiet, et *slim* de pectore auferetur. Fructus autem *bramber*, scilicet qui in *bremen* nascitur, nec sanum nec infirmum hominem lædit, et faciliter digeritur; sed medicina in eo non invenitur (4).

(1) *Polygonum hydropiper.*
(2) *Et de lucido — crescit* om. ed
(3) *Rubus cæsius et fruticosus.*
(4) *Sed — invenitur* deest in ed.

CAP. CLXX. — DE ERPERIS (5).

Herba in qua *erpere* nascuntur plus calida est quam frigida. Illa *slim* in comedente homine parat, et ad medicinam non valet. Fructus quoque *erperæ* velut *slim* in homine, qui eum comedit, faciunt, nec sano nec infirmo homini ad comedendum valent, quia juxta terram crescunt et quia etiam in putrido aere crescunt.

CAP. CLXXI. — DE WALT BERIS (6) [II, 179].

Herba in qua *walt bere* nascuntur, quæ etiam *heydel bere* vocantur, scilicet quæ nigræ sunt, maximum frigus in se habet, scilicet cum frigus aliquantum calori jam cedit, ita quod jam ex terra et ex lapidibus humor frigoris magis lædit quam prosit. Ad medicamenta non valet, fructus vero comedentem lædit, ita quod *gicht* in eo excitat.

CAP. CLXXII. — DE FUNGIS (7).

Fungi qui super terram nascuntur, cujuscunque generis sint, velut spuma et velut sudor terræ sunt, et hominem comedentem aliquantulum lædunt, quia *slim* et *schum* in eo faciunt. Sed tamen fungi, qui in sicca aura et in sicca terra nascuntur magis frigidi quam calidi sunt, et aliquantum meliores illis sunt, qui in humida aura et humida terra nascuntur, sed medicinæ in eis non multum invenitur. Et fungi, qui in humida aura et humida terra nascuntur, nec calidi nec frigidi ad plenum sunt, sed tepidi, et si homo eos comederit, malum humorem in ipso excitant; et medicina in eis non multa est. Fungi autem qui in quibusdam arboribus, sive stantibus, sive jacentibus, nascuntur, ad cibum hominis aliquantum boni sunt, velut quædam herbulæ hortorum, et comedentem minus lædunt, et etiam interdum ad medicamenta valent. Fungus qui in nuce crescit, nec rectum calorem, nec rectum frigus, sed torporem in se habet, sed ad comedendum non valet, quia in eo excitat... Sed si in aliquo homine vermis nascitur, antequam vermis ille vivat, accipe *swam* qui in nuce crescit, et cum novus est, scilicet recens de arbore ablatus, et eum super ferventem aquam tene, ut inde calidus et humidus fiat, et ita calidum et humidum super tumorem illum sæpe pone, et tumor ille, ubi jam vermes crescere incipiunt, evanescet. Si autem ille vermis creverit, ita quod vivus erit, eumdem *swam* in calida fornace absque prunis aridum fac, et eum ita in pulverem redige, et pulverem illum ulceri sæpe superpone, et vermes illi morientur.

Fungus autem, qui in fago nascitur, calidus est, et tam infirmo quam sano homini in cibo ad comedendum bonus est. Et homo qui aut infrigiditatum aut limosum stomachum habet, fungum de fago accipiat, cum recens est, et eum in aqua cum bonis herbulis coquat, modico sagimine addito, et tunc

(5) *Fragaria vesca.* Deest in ed.
(6) *Vaccinium myrtillus.*
(7) Deest in ed

pransus modicum ex eo ita satis et sæpe comedat, et stomachum ejus calefacit, et *slim* ab eo aufert. Sed et si mulier prægnans, cum fatigatur, ita quod tarda, et gravis, et oppressa est in corpore per gravedinem partus, fungum de fago accipiat et cum in aqua tam fortiter coquat ut totus comminuatur, et tunc per pannum colet, et tunc de succo illo, sufficienter sagimine addito, *suffen* faciat, et aut bis aut semel in die ex eo comedat, postquam pransa fuerit, et de dolore partus sui levius solvetur.

Fungus, qui de *holder* crescit, frigidus est, nec ad comedendum homini valet, ita ut si etiam aliquis ex eo comederit, debilitatur. Nec etiam ad medicinam multum valet. Fungus qui in salice nascitur, calidus est, et ad comedendum bonus. Qui autem in pulmone dolet et inde pectore *demphet*, fungum in vino coquat, et modicum cimini et modicum saginimis addat, et ita *suffen* illud sorbeat, et etiam ipsum fungum ita comedat. Sed et idem fungus ita comestus dolorem cordis et dolorem splenis mitigat, quia cor interdum ex hoc dolet, quod stomachus et pulmo et splen malis humoribus illud afficiunt. Sed si purgatoriam potionem sumere vis, accipe fungum de salice, cum recens est, et eum aut in sole, aut in calida fornace exsicca, et sic pulveriza, et deinde, cum potionem sumere volueris, de stramonia tolle, et ei de pulvere istius fungi ad pondus nummi adde, et de lacte *springwurtz* ad pondus oboli, et simul commisce, et ita potionem illam velut aliam potionem jejunus sume quam homines sumere solent, et purgabit te. Nam pulvis iste fungi hujus stramoniam et *springwurtz* temperat, et malos humores in homine velut bona aromata perscrutatur.

Et si quis *wisza* in oculo habet, fungum salicis ad solem exsiccet, et postea, quoties *wisza* oculorum curare volueris, eum in aqua per brevem horam ponat, et deinde aquam, quam in se trahit, excutiet, et tunc de succo, quem in se habet, cum penna ad palpebras *striche*, ita etiam quod oculorum interius modicum tangat, et hoc faciat per quinque aut per tres noctes, cum dormitum vadit, et curabitur. Fungus, qui in piro nascitur, frigidus et humidus est, et homini ad comedendum non obstat nec prodest. Sed homo, cui caput *grindig* est, fungum de piro accipiat, cum recens est, et succum ejus in baumoleum exprimat, et tunc abjecto eodem fungo, cum baumoleo isto caput suum sæpe perungat, et curabitur. Et qui scabiosos ungues habet, de fungo piri accipiat ad latitudinem unguis sui ubi *grinte* est, et in felle bovis, et non vaccæ, intingat, et ita pars illa in felle isto intincta, quam super unguem suum posuit, interius

exsiccatur, iterum in eodem felle intingat, et eodem unguis pulcher ibi crescit. Fungus, qui in *aspa* crescit, calidus est et limosus, et ad comestionem hominum non valet, et nulla medicina in eo reperitur.

CAP. CLXXIII. — DE WICHWURTZ (1).

Wichwurtz plus frigida et humida est quam calida. Homo autem qui ardentes febres habet, id est *brinnende fiber*, *Wichwurtz* accipiat et bis tantum de basilica, et hæc in puro vino coquat, et tunc infrigidari permittat, ac per singulos dies in mane jejunus hoc bibat, et ad noctem cum dormitum vadit; et sic faciat dum sanetur.

CAP. CLXXIV. — DE ALOE (2) [III, 6].

Aloe. Succus herbæ hujus calidus est et magnam virtutem habet. Et si quis homo fortes quotidianas febres in stomacho habet, *beneduch* in canabo cum aloe faciat et stomacho superponat, et super umbilicum, et febris cessabit. Nam odor ejus corpus hominis interius confortat, sed [non?] tamen caput, sed eamdem fatigationem quæ in capite hominis est purgat. Et qui tussim, id est *husten*, habet, idem *beneduch* cum aloe paratum super pectus suum, ita quod etiam odorem ejus naribus capiat, et tussis cessabit. Sed et qui *ridden* habet, accipiat succum de *andorn*; vel si in hieme est, accipiat de pulvere ejus et plus de aloe, sed et liquiricii plus quam *lorber*, et hæc in vino coquat, et sic per pannum colet, et *honigwurtz* addat, et cum jam de *ridden* fatigatur, et cito curabitur, quicumque *ridde* est, præter quartanam. Et qui *gelsucht* habet, aloe in frigida aqua ponat, et mane, et cum dormitum vadit, illam bibat, et hoc ter vel quater faciat et curabitur (3).

CAP. CLXXV. — DE THURE [III, 8].

Thus calidum est plus quam frigidum, et odor ejus absque igne ascendit [utilis *ed.*]; quia oculos clarificat et cerebrum purgat. Accipe ergo thus et pulveriza, et huic modicum farinæ similæ adde, et etiam albuginem ovi (4), et sic tortellos fac, et eos ad solem aut per calidam laterem (5) sicca, et postea eos naribus tuis sæpe appone, et odor eorum te confortat, et oculos tuos clarificat, ac cerebrum tuum implet. Sed qui in capite dolet, ita quod caput suum scindi putat, tortellum sic paratum ut prædictum est ad utrumque tympus ponat, et panno modice constringat, cum dormitum vadit, et dolor capitis cessabit. Et qui cottidianas febres habet, accipiat thus et *Romischmyntzam* et simul contundat, et sic super umbilicum suum sæpe ponat et panno constringat ut incalescat, et curabitur [quia febres stomachum et jecur fatigant. Add. *ed.*

---

(1) Deest in ed.
(2) Cf. infra cap. 224.
(3) Capitulum hoc in ed. brevissime sic expoitur : « Arbor ligni Aloe calida est. Homo qui febres in stomacho suo habet, et qui quotidianas, seu

tertianas, seu quartanas patitur, de ligno hoc in potum suum ponat et meliorabuntur. »
(4) Et etiam — ovi om. ed.
(5) Aut per — laterem om. ed.

CAP. CLXXVI. — DE MYRRHA [III, 7.]

Mirrha calida est et arida. Si autem mirrham apud te portare volueris, eam primum in sole calefac, aut super laterem igne calefactum, ita modice defluat (1), id est *zufliesze*, et tunc eam juxta te habe; ut de carne et de sudore tuo incalescat, et fantasmata, et magicæ artes, atque invocationes dæmoniorum super mala verba et maleficia herbarum a te fugat, ita quod te minus lædere possunt, ita si magica nec comedisti nec bibisti. Sed et qui in libidine ardet, pectus et ventrem suum cum ea *bestriche* et superfluitatem libidinis ab eo fugat. Sed et odor mirrhæ libidinem ab homine fugat, sed mentem ejus non lætificat, sed opprimit et gravat, ac tristem facit. Et ideo qui Mirrham apud se habet, *gebrant* aurum assum simul portet, quoniam hoc mentem hominis lætificat. Et cum magnæ febres hominem invadunt, si ei tunc mirrha in calido vino ad bibendum datur, febris ab eo cessat. Ita etiam quem libido invadit, si mirrham comedit, libidinem in eo exstinguit, sed tamen illum valde aridum facit, et ideo non valet, nec utilis est ut ullus homo illam nisi pro magna necessitate comedat.

CAP. CLXXVII. — DE BALSAMONE [III, 5.]

Balsamon regalis naturæ est, et valde calidum et humidum est, et in tali temperamento, ac cum tam magna cautela ad medicamenta habendum est, ne fortitudo ejus hominem lædat (2), velut nobiles homines venerari et timeri debent ne ad iracundiam provocentur. Et qui magnas febres in stomacho habet, modicum balsami accipiat et satis de baumoleo addat, et plus de medulla cervi, quam elei illius, sic et ex his unguentum faciat, et circa stomachum cum eo se ungat, et febres ab ipso auferet. Sed et si quis freneticus est, idem unguentum accipe, et tympora ac *nack* [occiput *ed.*] illius unge, ita quod nec verticem nec cerebrum ejus tangat, ne de fortitudine ejus lædantur (3), et ad mentem et ad sanitatem redit. Et qui *virgichtiget* est, modicum balsami vel ad paulum [paulinum *ed.*] vel ad alia bona electuaria addat, et comedat, et *gicht* in eo cessabit (4). Sed in balsamon mortua corpora aliquantulum diu tenentur, ne putrescant, ita etiam balsamon forte et timendum liquamen omnibus naturis, ut recte cum eo temperentur; alioquin facile ab eo dissipantur.

CAP. CLXXVIII. — DE MELLE (5).

Mel. Et homo, qui pinguis est et crassas carnes habet, si mel sæpe comederit, tabem in eo parat. Qui autem macer et aridus est, si coctum, ab eo læditur. Quod si quis favum cum cera manducaverit, melancoliam in eo excitat, et illum ita lædit, et gravedinem in eo parat, et melancoliam in ipso crescere facit.

CAP. CLXXIX. — DE ZUCKER (6).

Zucker, cum adhuc crudum est, ita quod non dum ad ullum usum hominis factum est; tunc in æstate in sole, aut in hieme super ignitum lapidem exsiccet, et aridus est, si postea comedit aut bibit eum, refocillat. Et qui in cerebro aut in pectore dolet, et ita conclusus est, quod se purgare non potest, et excreare non potest, si comedit aut bibit, cerebrum illius purgat, et pectori ejus solutionem purgationis facit.

CAP. CLXXX. — DE LACTE (7).

Lac vaccarum et caprarum et ovium, ac omne in hieme sanabilius est quam in æstate, quia tunc varietas succorum in hieme in se non extrahit, sicut in æstate facit. Qui autem in æstate lac comedunt, si sani sunt, eos aliquantum lædit; si autem infirmi et debiles sunt, modicum de lacte comedant. Si tamen sani homines in hieme lac comedere volunt, accipiant radicem *eyter neszeln*, et eam exsiccent et arefaciant, et in lac ponant et comedant, quia mali humores, qui in lacte sunt, per urticam compescuntur. Si autem infirmi et debiles in hyeme lac desiderant, illud coquant, et urticam arefactam imponant. In æstate autem non valet ut urtica in lac ponatur, quoniam ipsa tunc humores et succos ac viriditatem in se habet; et si tunc hoc modo in lac poneretur, lac de novo succo ejus læderetur.

CAP. CLXXXI. — DE BUTYRO.

Butyrum vaccarum melius et sanabilius est quam butyrum ovium aut caprarum. Et homo qui *dunphig*, aut qui *hustet*, aut qui in corpore aridus est, butyrum comedat, et eum interius sanat et refocillat, id est *labet*, qui infirmus et aridus est. Et sano homini aut qui moderatas carnes in corpore habet, butyrum illis bonum et sanum est ad comedendum. Si autem pingues carnes corporis habet, moderate comedat, ne infirmæ carnes ejus plus ingrossentur.

CAP. CLXXXII. — DE SALE (8) [I, 3].

Sal valde calidum est, et aliquantum humidus, et ad multos usus hominis utile est. Sed si quis homo cibos absque sale comedit, eum tepidum interius facit; sed si eum moderate temperatum cum sale comedit, eum confortat et sanat. Qui autem nimis salsum cibum comedit, eum interius aridum facit et lædit, et tunc [sal super pulmonem ut arena cadit et pulmonem] siccat, quia pulmo humiditatem quærit, et pulmonem lædit et *demphet* [opprimit *ed.*]; et si tunc etiam super jecor cadit, illud etiam aliquantum lædit, quamvis jecor forte sit et quamvis sal exsuperet. Unde omnis cibus ita saliri debet, ut cibus saporem plus habeat, quam sal in eo sentiatur. Sal autem super ignem assus sanabilior est, quam sal crudus, quia humiditas quæ in eo fuit exsiccata est; et si homo eum in pane aut cum

---

(1) *Aut — defluat* om. ed.
(2) *Ne — lædat* om. ed.
(3) *Ne — cædantur* om. ed.
(4) Reliqua om. ed.
(5) Deest in ed.

(6) Deest in ed.
(7) De lacte et butyro in editione agitur in capitulo *De Bove*. Vide infra cap. 14 libri VII *De animatibus*.
(8) Cf. infra, cap. 2 libri II

quolibet cibo moderate comedit, bonum et sanum ei est.

[Sal est quasi sanguis, et quasi flos aquarum est, et ideo moderate utenti vires tribuit, immoderate vero utenti velut inundatio et velut procella est *add. ed.*]

Lucidus vero sal majorem calorem habet quam aliud sal, et etiam quamdam humiditatem habet, et [utilis est] ad usum hominis et ad omnia medicamenta, ita ut si eis modicum quid ex ipso additur, tanto meliora sunt, et ita pretiosior etiam alio sale, sicut pigmenta alias herbas præcellunt. Et si homo de sale isto modicum cum aliquo cibo aut cum pane comedit, et non absque alio condimento, tunc eum confortat et sanat, ac pulmonem ejus juvat. Si autem immoderate et sine temperamento eum comedit pulmonem illius in ipso *welhet*, et [debilitat *ed.*] et lædit. [Nam de fortissima vi humiditatis aquarum et terræ sudat, ideoque moderate utenti bono calore et bonis viribus suis vires tribuit, immoderate autem utentem sicut repentinus fluctus evertit. Add. ed.]. Quod autem homo multam sitim patitur, cum plurimum sal comedit, hoc ideo est, quia sal pulmonem ejus siccat et bonos humores in eo arefacit, et tunc pulmo et humores humiditatem requirunt, et sic homo sitit. Quod si homo ille tunc multum de vino bibit, ut sitim in se exstinguat, insaniam in se ducit, cum vinum supra modum bibit [quemadmodum Lot fecit. *Add. ed.*] Unde salubrius et sanabilius homini est, ut aquam post sitim bibat quam vinum, ut sitim in se exstinguat.

Cap. CLXXXIII. — De Aceto (1).

Acetum vini est, et valet ad omnes cibos, ita quod cibis hoc modo addatur, quod eis sapor non auferatur, sed ad modicum aceti in eis intelligatur, et sic acetum cum modico cibo sumptum fœditatem in homine purgat, et humores in eo minuit, et rectum iter cibus in eo facit. Si autem tantum aceti ad cibum additur, quod sapor aceti saporem cibi superat, ita quod cibus ille magis secundum acetum quam secundum cibi saporem, tunc sic comedentem lædit, quia calor ejus cibum in homine altera vice coquit, et ita eum durum facit, quod digeri vix poterit. Quod si aliquis homo fractas *orfime* in corpore suo habet, *eszigkalp*, quod in aceto jacet, accipiat, et acetum premat, velut caseus premitur, et ita siccari permittat et in pulverem redigat, et in *orfime*, quæ fractæ sunt, de pulvere isto ponat, et siccabuntur et sanabuntur. Si autem *orfime* diruptæ non fuerint, tunc idem *kalp* cum succo suo desuper *striche*, et illud etiam super eas pone, et pannum desuper liga, et *virswindet*. Acetum autem de cervisia factum tam bonum non est, velut si a vino factum esset, et etiam tepidum et debile est, et in homine facile *fiber* parat, et stomachum ejus facile indurat, et ideo comedenti parum valet.

(1) Deest in ed.
(2) Deest in ed.

Cap. CLXXXIV. — De Meranda (2).

Qui meranden facere vult, panem tenuem in scissura in vinum aut cervisiam, aut in aquam incidat, et liquor ille ipsum panem sufficienter pertranseat, et sic comedat, quia panis, hoc modo mollis effectus, tanto suavior et facilius digeri potest. Nam si quis panem tantum intingit et mox ita comedit, antequam humiditate liquorum illorum perfundatur, eum interius gravat et constringit, nec faciliter digeri potest. Sed *meranda* vini fortis est, et hominem interius aliquantum aridum facit, nec homini multum prodest, etiamsi ei non multum oberit. *Meranda* autem cervisiæ salubrior, quam vini, quia succus panis succo cervisiæ sibi fere cognato conjungitur et hominem interius aridum non facit, etiam sibi non multum prodest. Sed *meranda* aquæ salubrior est quam cervisiæ, quia illa in stomacho suavis et levis est, et suaviter et leviter digeri potest, velut mollis cibus, qui faciliter et absque læsione per hominem transit. Et homini qui calidum et fortem stomachum habet frequens *meranda* non prodest, quia calorem stomachi ejus infrigidat et aridum facit. Sed et homini qui frigidum stomachum habet *meranda* non multum prodest, quia stomachus ejus tanto plus ab illa infrigidatur et aliquantulum induratur. Illis quoque, qui infirmum et tenuem stomachum habent, *meranda* non multum prodest, quia eum aliquantum gravat; sed tamen *slim* ab eo aufert et minuit.

Cap. CLXXXV. — De Ovis (3).

Quælibet ova magis frigida quam calida sunt et potenter violare possunt. Ad comedendum nociva sunt, quia tenacia sunt et limosa, id est *slimechte*, et fere ut venenum. Nec homo ea comedat, quia si quis ea comederit, *orfime* et malus vermis, qui hominem comedit, in eo faciliter crescerent. Sed ova gallinarum, quæ domesticæ sunt, comedi possunt, sed tamen moderate, quia debilibus visceribus hominis ita nociva sunt, velut intemperata farina et non cocta, quia eis ut *seick* adhærens et *slim* ac putredinem in stomacho ejus parant. Sed homo, qui sana viscera habet, ea quidem superare poterit, si illa comederit; sed tamen moderate comedat, quia ab eis facile infirmabitur. Et etiam sano homini magis mollia ova, quam dura quæ eum in stomacho dolere faciunt, infirmo autem nec mollia nec dura ad comedendum valent. Sed qui infirmus est, si ova comedere voluerit, aquæ modicum de vino infundat, et in patella fervere faciat, et tunc ova in eadem aqua confringat, et testas abjiciat, et sic ea coquat, et cocta comedat, et eum non lædunt, quia venenum et putredo quæ in eis est per ignem excoquitur. Ovum autem ad ignem assum cum testa melius et salubrius est ad comedendum quam ovum aqua cum testa coctum, quia ignis putredinem quæ in eis est per testam extrahit, aqua vero putredinem

(3) Deest in ed.

ab eis non aufert, quia testa desuper est. Et vitellus ovi salubrior est ad comedendum, quam albugo ejus, et etiam vitellus, moderate durus, salubrior est ad cibum quam penitus mollis. Sed si quis homo crudum ovum comederit, eum valde lædit, quia putredinem in eo generat. Ova autem anseris simplicia ad comedendum nociva sunt, nisi ab aliquo quolibet cibo coquantur. Sed et ova anetæ ad comedendum mala sunt et hominem lædunt, sed tamen salubriora et meliora quam caro ejus, quia tota fetidas quæ in aneta est in carne ipsius remanet, et in ova plene non transit.

CAP. CLXXXVI. — DE PICE (1).

Pix valde calida est, et in vasis in quibus potus est, sanabilis est. Si *maden* hominem comedunt, super locum ulceris picem pone, et vermes illos sibi attrahit, ita quod extrahere et abradere potest; et eis ablatis, iterum picem desuper pone, et hoc tam diu fac, dum omnes auferantur. Sed postquam caro illa purgata de vermibus fuit, ipsum locum baumoleo et aliis bonis unguentis inunge, et sanabitur.

CAP. CLXXXVII. — DE HARTZ (2).

Hartz est tepidum; et vas in quo positum est, non est sanum, quia caput fatigat et *dum* in capite parat.

CAP. CLXXXVIII. — DE SULPHURE (3).

Sulfur calidum est, et in ustione velut in coctura malos humores sibi attrahit, et ad medicamenta non valet, nisi si alicui *virginisse* aut *zauber* parantur, aut si alicui fantasmata sunt, si ibi sulfur incenditur, fumus ejus tam fortis, quod illi omnia debilitant, ita quod tanto minus læsiones hominibus inferunt, velut ubi duo nequam sodales sunt, alter alterum dedignando superat.

CAP. CLXXXIX. — DE VIGBONA (4).

Vigbona frigida est. Et qui in visceribus dolet, ita ut quasi intumescat, *vigbonam* in farinam redigat, et huic modicum panis in pulverem redacti addat, et modicum seminis feniculi, seu modicum de succo levistici, et ita cum aqua cibum velut coquat, et aliquantulum comedat, et hoc sæpe faciat, et infirma viscera sanat.

CAP. CXC. — DE KICHER (5) [II, 10].

Kicher calida et suavis existit, et levis et suavis ad comedendum, nec malos humores comedenti auget. Qui autem febres habet, *kicher* super vivos carbones asset et comedat, et sanabitur.

CAP. CXCI. — DE WISELA (6) [II, 11].

Wisela frigida et etiam sicca, et in comedendo febres excitat, et stomachum infrigidat, et medicinæ non multum convenit.

CAP. CXCII. — DE WICHIM (7) [I, 12].

Wichim frigida est, nec homini ad comedendum valet, sed pecoribus non multum nocet. Si autem caro hominis inter cutem et carnem ebullit, velut ibi impetigo [verruca *ed.*] nascitur, *wichim* accipiatur et in aqua coquatur, et ita calida super eumdem locum ponatur, et exsurgens impetigo evanescit quæ de pravis humoribus ibi coagulari cœpit.

CAP. CXCIII. — DE MILIO (8) [II, 13].

Milium frigidum est, nec utile ad comedendum, quia nec sanguinem, nec carnem in homine auget, nec vires ei tribuit, sed tumidum ventrem ejus implet et famem minuit, quia gustum refocillationis non habet. Sed et cerebrum hominis aquosum facit, et stomachum tepidum parat [et tardum *add. ed.*], et humoribus qui in homine sunt, procellam incutit, et fere est ut inutilis campestris herba, nec ad comedendum homini sana. Sed et qui in pulmone dolet, milium super ignito lapide calefactum pulverizet, et huic bis tantum de pulvere scolopendriæ addat, et eum cum buccella panis tam jejunus quam pransus sæpe comedat, et sanabitur.

CAP. CXCIV. — DE SEMINE LINI [II, 15].

Semen Lini calidum est, et ad comedendum non valet. Sed qui in latere dolet, semen lini in aqua coquat, et lineum pannum in aqua illa calida intingat, et absque semine illo eumdem pannum super latus suum sæpe ponat, et dolor ille aliquantum [quamvis *ed.*] gravis modice attenuatur et remittitur. Item qui in latere dolet, semen lini accipiat et modicum minus gummi de Persica, ita quod semen lini quarta parte excedat gummi, et in sartagine *gemeyner glut* [ut gluten *ed.*] coquat; deinde viscum piri in mortario ad succum terat, ita ut de succo isto plus sit quam gummi prædicti, et succum istum, et medullam cervi majoris ponderis quam præfatum gummi aut quam succus piri sit, in sartaginem ad semen lini et ad gummi ponat, et iterum fervere faciat. Quod si medullam cervi non habuerit, sepum juvenis tauri addat eodem modo, ut medulla cervi esse deberet. Quo facto, hæc per pannum sibula ubique perforatum colet, et in novum fictile vas ceratum fundat, et in latere ubi dolet ad ignem cum illo sæpe perungat. Et qui alicubi in corpore suo ab igne ustus est, semen lini in aqua fortiter coquat, et lineum pannum aquæ intingat, et calidum super locum illum ubi ustus est ponat, et ustionem extrahit.

CAP. CXCV. — DE BALSAMITA (9) [II, 45].

Balsamita plus calida quam frigida est. Si autem multis et diversis cogitationibus scientia et sensus cujuspiam evacuantur, ita quod ille in amentiam vertitur, balsamitam accipiat, et ter tantum feniculi, et in aqua simul coquat, et abjectis herbulis, eamdem

---

(1) Deest in ed.
(2) Deest in ed.
(3) Deest in ed.
(4) *Lupinus albus.* — Deest in ed.
(5) *Cicer arietinum.*

(6) *Ervum Ervilia.*
(7) *Vicia sativa.*
(8) *Panicum miliaceum.*
(9) *Tanacetum balsamita.*

aquam infrigidatam frequenter bibat. Homo idem aridos cibos devitet, bonos autem et delicatos comedat, qui ei succum in sanguinem [bonum sanguinem *ed.*] subministrant. Sed et pultes simila, aut butyro aut sagimine, non autem oleo factas comedat, quia cerebrum replens oleum flecma attraheret; et vinum non bibat, quia dissipatos humores in eo magis dissiparet; sed nec aquam simplicem bibat, quia sensus ipsius in majorem inanitatem deduceret. Per triduum [prædictum *ed.*] autem potum et cervisiam bibat, caput suum pileo aut vittro [filtro *ed.*] de pura lana facto cooperiat, ut cerebrum leniter et paulatim incalescat. Et homo qui venenum comederit aut biberit, mox balsamitam, rutham et pandoniam æquali pondere accipiat, et in mortario tunsis, succum eorum exprimat, et deinde de succo etiam purgatorio bis tantum sumat nec minus istorum, et prædicto succo addat, et simul commisceat, et per pannum colet, et jejunus bibat; et cum illud bibit, in calido loco sedeat, ne infrigescat, quia si tunc frigus habuerit, periculosum ei erit. Et postquam illud biberit, mox etiam potum ex melle confectum bibat, et aut venenum quod sumpsit per nauseam evomet, aut per eum per posteriora transit, et liberabitur.

Qui autem multos pediculos habet, balsamitam cum arvina tundat, et hæc simul commisceat, et deinde cum illa circa collum suum et assellis suis se perungat, et pediculi morientur. Et sicut balsamita veneno resistit, sic etiam pediculis contraria est.

Sed et homo in quo lepra crescere incipit, balsamitam in aqua coquat, et satis sagiminis addat, et sic cibum paret, et eum sæpe comedat, et lepram ab eo fugat. Qui autem tertianam febrem patitur, balsamitam accipiat, et majorem *hufflatichen*, æquali pondere, et ter tantum de raphano ut istorum duorum est, et hæc in vino coquat, et per pannum colet; garlofel sumat bis tantum et zinzebri tertiam partem ut istorum duorum est, et hæc in pulverem redigat, et ex his, cum prædicto vino quod per pannum colavit, purum potum faciat, et illo in ipsa accessione atque sequentibus novem diebus utatur, ut plenius juvetur.

Cap. CXCVI. — De Stutgras [II, 53].

Stutgras quæ minora sunt frigida in natura sua et debilia sunt, et infirmos humores in debilibus hominibus parant, et melancoliam augent, et gravia sunt ad digerendum, et contraria homini ad comedendum, quia viriditas eorum mala est.

Cap. CXCVII. — De Stur [II, 54].

Stur magis frigida quam calida est, et eam comedenti non multum prodest nec multum obest. Per se autem nullas vires habet, et quia sic inutilis est, aliis quibuscunque herbis addita, quosdam inutiles humores expellere interdum juvat.

Cap. CXCVIII. — De Lactuca agresti.

(*Vide infra cap. 91, col. 1165, quod, paucis mutatis, idem est, ubi etiam inter varias lactucæ species locum opportuniorem obtinet. Nonnulla quæ in cap. 91 deerant ex cap. 198 supplemus.*)

Cap. CXCIX. — De Gerla (1) [II, 62].

Gerla calida et sicca existit, et moderate comesta, nec multum juvat nec lædit, sed si quis ex ea multum comederet, calor et siccitas ejus febres in illo excitaret, et viscera ipsius læderet. Et qui infirmam cutem in facie habet, ita quod facile dehiscit, gerlam accipiat et in mortario tundat, et tritæ oleum addat; et sic ad noctem, cum in lecto se collocat, faciem suam inungat, et hoc faciat dum sanetur.

Cap. CC. — De Pastinaca (2) [II, 66].

Pastinaca frigida est, et est refectio hominis, nec ei ad sanitatem multum prodest, nec ei obest; sed comesta, ventrem hominis tantum implet.

Cap. CCI. — De Borith [II, 72].

Borith calida et humida est. Homo qui in oculis caligat, rubeum pannum de serico accipiat, et *borith* confringens, desuper illiniat, et ad noctem super oculos suos illinitum ita ponat, et hoc sæpe faciat, et caliginem oculorum fugabit. Quod si de eadem unctione oculos quispiam interius tetigerit, non eos nocebit. Si enim albus vel viridis color in eodem serico esset, in illo succus *borith* accipiat, et super vittrum [filtrum *ed.*] eas liniat, et totum collum suum, et super occiput, et usque ad aures suas, non autem super aures, ponat, et liget, et hoc sæpe faciat, et tinnitus aurium cessabit. Et si quis in pectore *dumphet*, *borith* in vino aliquantulum compescat, quamvis modice, quia pravos humores qui pulmonem lædunt, fugat. [Sed et qui interius in corpore per ulcera viscerum dolet, *suppl. ex ed.*] furfures tritici tollat, et in patella cum *borith* calefaciat, et super pannum ponat, et ita calidas omni ventri et umbilico suo circumponat, et curabitur.

Cap. CCII. — De Spica.

(*Vide cav. 25, col. 1140, quod hic verbatim iterum ponitur.*)

Cap. CCIII. De Semperviva [II, 86].

Semperviva frigida est, et non est utilis homini ad comedendum, quia pinguis naturæ est. Nam si quis surdus in auribus est, ita quod auditu caret, lac feminæ, tollat quæ masculum peperit, cum jam decem aut duodecim septimanæ sunt quod filium suum genuit, et modicum de succo sempervivæ lacti huic addat, et in aurem suam aut tres aut quatuor guttas de eodem modice mitti faciat, et hoc fieri semper permittat, et auditum recipiet.

Cap. CCIV. — De Brionia.

(*Idem est cum capitulo* 43, *col.* 1146, *sub rubrica* De Stichwurtz.)

(1) *Sium sisarum.*

(2) *Pastinaca sativa.*

CAP. CCV. — DE POLYPODIO (1) [II, 93].

Polypodium calidum et siccum est. Homo autem, qui in visceribus dolet, si macer est et si non multum infirmatur, polypodium accipiat, et secundum ejus tertiam partem salviam ei addat, et in pulverem redigat, et pulverem istum comedat, et malos humores minuit. Quod si idem homo multum infirmatur, vinum, melle addito, ad ignem coquat, et per pannum colatum infrigidari sinat et praedictum pulverem immittat, et bibat. Homo autem, qui in visceribus sanus est et qui pingues carnes corporis habet, nec pulverem istum comedat, nec potum bibat, ne sani humores in eo debilitentur.

CAP. CCVI. — DE VEHEDISTEL [II, 110].

Vehedistel frigiditatem, quae de rore est, in se habet, et valde utilis est. Si quis a *stechen* [stechedo ed.] in corde, seu in aliquo alio membrorum suorum dolet, Vehedistel accipiat, et modicum minus *orechter salben*, et hoc in modica aqua in succum redigat, et statim in ipsa hora cum a *stechen* fatigatur, sic bibat, et melius habebit.

CAP. CCVII. — DE FICARIA (2) [II, 164].

Ficaria frigida est et humida. Homo autem qui ardentes febres patitur, ficariam et bis tantum de basilisca in puro vino coquat, et infrigidari permittat, et per singulos dies jejunus ex hoc vino bibat, et ad noctem cum se collocat ad lectum, et sic faciat dum sanetur.

CAP. CCVIII. — DE WEYT [II, 165].

Weyt frigida est, et idem frigus acutissimum est. Homo qui in corpore suo a qualibet paralysi, cujuscunque fortitudinis sit, fatigatur, weyt in aqua fortiter coquat, et per pannum colet, herba abjecta: deinde arvinam vulturis, et secundum medietatem ejus sepum de cervo in praefatam aquam ponat, et simul coquat, et ex his unguentum faciat, et saepius se inungat, et paralysis cessabit.

CAP. CCIX. — DE HYMELSLOSZEL (3) [II, 166].

Hymelsloszel calida est, et omnem viriditatem suam ab acumine solis habet. Nam quaedam herbae praecipue de sole, quaedam autem de luna, quaedam vero de sole et de luna simul confortantur. Sed haec praecipue de virtute solis vires suas accipit. Unde et melancoliam in homine compescit. Melancolia enim, cum in homine surgit, eum tristem et in moribus suis turbulentum facit, et verba contra Deum proferre, quod aerei spiritus videntes, illi accurrunt, et suis suasionibus in amentiam illum multoties evertunt. Unde idem homo hanc herbam super carnem, et ad cor suum ponat, quatenus ab illa incalescat, et aerei spiritus, qui eum fatigant, virtutem ejusdem herbae quam a sole accipit, dedignantes, ipsum hominem fatigare cessabunt.

Sed et homo qui malis humoribus in capite ita opprimitur quod sensu suo interdum vacuatur, A eamdem herbam accipiat, et in vertice, crinibus abrasis, ponat; et ligamine liget, similiter et super pectus ponat, nec in triduo eam auferat, et ad sensus suos reducitur. Qui autem per totum corpus suum a paralysi fatigatur, eamdem herbam in poculum suum ponat, ut inde saporem habeat, et frequenter bibat, et curabitur.

CAP. CCX. — DE HUFFLATTA MAJORI (4) [II, 169.]

Major *hufflatta* frigida et humida, et ob hoc fortiter crescit. In ipso autem acumine et in frigiditate sua pravos humores extrahit, cum ulceribus superponitur. Si quis etiam scrofulas in corpore suo habet, antequam rumpantur, eamdem herbam juxta caudam abrumpat secundum latitudinem scrofularum, et caetera abjiciat, et super partem illam quam retinuit mel liniat, et sic per tres dies et noctes super scrofulas ponat; et postquam exsiccata fuerit, iterum recentem eodem modo superponat, et scrofulae minorari incipient. Quarta autem die triticeam farinam cum melle temperet et commisceat, et ad latitudinem earumdem scrofularum conficiat, et eis *ackeleiam* primo superponat, et desuper mellicam [massam farinae, et sic quotidie per novem dies faciat, et ultra, dum evanescant.

CAP. CCXI. — DE HUFFLATTA MINORI (5) [II, 170.]

Minor *hufflatta* calida est. Et si quis homo de diversis cibis immoderate sumpserit, et jecor illius laeditur et indurescit, hic eamdem herbam et bis tantum de radice plantaginis, et mus quod est circa viscum piri quantum minoris *hufflatta* in modicas incisiones incidat. [Et incisiones istas subula, aut alio minuto instrumento perforet, et in foramina ista praedictum *muesz* infigat, et in purum vinum ponat. Sed ad pondus nummi accipiat tumorem qui aut in folio, aut in ramusculo nucis velut faba, aut velut pisa intumuit, et haec in praedictum vinum mittat; et tam pransus quam jejunus, non coctum, sed tantum vino impositum bibat, et jecur curabitur. Add. ed.]

CAP. CCXII. — DE ASARO [II, 1167]

Asarum calidum existit et siccum, ac quasdam vires pigmentorum habet, quia viriditas ejus suavis et utilis est, ita quod homo qui diu languet et cui caro deficit, cum ea calefactam aquam biberet [cum ea in aqua calefacta balneet, ed.], et aut in pulmento, aut cum carnibus, aut cum tortellis coctum saepe comedat, et multum ei proderit, quia bonus succus ejus hominem interius sanat (6). Et si quis lixiviam cum ea facit, et tunc caput cum illa frequenter lavat, infirmitates bonis viribus suis de capite illius fugat, et prohibet ne infirmetur. Sed et cui mali humores caput velut fumus fatigant, ita quod etiam aures ejus quemadmodum sonus aquarum tinniunt, Asarum in calida aqua fervere faciat, et expressa aqua, ita calidum capiti suo circumponat, et eadem herba fumum, qui

---

(1) *Polypodium vulgare.*
(2) *Ficaria verna.*
(3) *Primula officinalis.*

(4) *Tussilago Petasites.*
(5) *Tussilago Farfara.*
(6) *Quia — sanat* des. in ed.

in capite illius est per bonas vires suas minuit, et auditum in auribus ejus aperit.

Homo quoque qui in pectore et circa pectus dolet, vel interius ulcera habet, Asarum coctum et calidum in balneo pectori suo circumponat, et suavi virtute illius cum suavitate aquæ temperata (1) melius habebit. Quod si etiam homo quolibet dolore in pulmone dolet, scilicet cum primum in pulmone dolere incipit (2), ita quod etiam idem dolor omnem dolorem gutturi cui raucitatem vocis auffert, subministrat, asarum accipiat, et modicum plus de basiliæ, et etiam plus de *humeln* quam basiliæ sit, et herbas illas in olla tertia parte excedat, et coctas per pannum colet, deinde nucem muscatam accipiat ad pondus quod habere poterit, et *galgan* ad tertiam partem nucis muscatæ, et de visco piri bis tantum ut nucis muscatæ, et hoc in pulverem redigat, et pulverem istum cum optimo vino in nova olla coquat, ita quod vinum pulverem istum tertia parte in olla præcellat. Quod cum fecerit, denuo eumdem pulverem cum eodem vino, modico melle addito, faciat denuo in olla effervere, et herbam cum prædictis herbulis coctam vino huic addat, ita ut bis tantum vini hujus sit quantum aquæ illius, et sic istud ante cibum modice bibat, post cibum autem quantum vino addito bibere voluerit [quantum uno halitu bibere potest, ed.], primum ignito calybe calefaciat et bibat (3): calor enim asari putredinem pulmonis aufert, et frigiditas basiliæ pulmonem impinguat, et eum tristem facit ; frigiditas quoque *humeln* pulmonem purgat, et hæc in calefacta aqua temperantur, ut supradictum est. Sed et calor nucis muscatæ et calor *galgan* cum frigiditate visci piri temperantur, et cum alterato calore vini et cum alterato calore igniti calybis roborantur, pulmonem retinuit, ne aut in ullum defectum nec in ullam pinguedinem evadat, sed ut justam moderationem in se retineat, cum hæc omnia simul temperantur, ut prædictum est.

CAP. CCXIII. — DE HIRCESWURTZ (4).

Hirceswurtz acutum calorem habet, et etiam humida est, et ideo acumine suo, et frigiditate, et humiditate sua mala quæ et ab injusto calore et a frigore, et ab humiditate in paralysi surgunt, compescit.

CAP. CCXIV. — DE SCAMPINA [II, 172.]

Scampina [Scamphonia ed.] acutum et acerbum et inutile frigus in se habet, et ad quamlibet destructionem laborat, et naturam inutilium herbarum habet (5). Nam cum medici potiones, quas dare solent, accelerare et veloces facere volunt, Scampinam illis addunt, et inutili frigore et natura sua tam sanos quam infirmos humores ab homine expellit. Si quis autem simplicem et non temperatam homini, seu ad comedendum, seu ad bibendum tradiderit, illum in visceribus interius scindit, et tam vitales quam mortales humores ab eo educit, et eum in destructionem corporis mittit (6).

CAP. CCXV. — DE NIMPHIA (7).

Nimphya frigida est, et inculta, et velut inutilis herba est, nec multum proderit, nec multum oberit.

CAP. CCXVI. — DE CATZENZAGEL (8).

Catzenzagel nec perfectum calorem nec perfectum frigus in se habet ; in utroque tepida est, ac de pravis humoribus terræ nascitur, et comedenti eam homini nullam virtutem confert. Sed tamen si quis illam hoc modo paraverit quod muscæ ex ea gustent, ipsas et torpore et pravis humoribus suis mortificat.

CAP. CCXVII. — DE ZUGELNICH.

Zugelnich calida est et libidinem in homine excitat. Nam vires ejus et lepræ et paralysi aliquantum valerent, nisi quod calor ejusdem herbulæ, qui libidinem homini infert, easdem vires deprimit, ita quod contra hæc non multum valet.

CAP. CCXVIII. — DE PSAFFO.

Psaffo temperatum frigus habet, et utilis est, atque in debili calore ejus crescit. Quod si succus ipsius unguentis aut potionibus additur, eas utiliores reddit.

CAP. CCXIX. — DE HEBBA IN QUA RIFELBERE CRESCUNT.

Herba in qua *rifelbere* crescunt, nec valentem calorem nec valens frigus in se habet; sed et corpori non multum convenit. Fructus autem ejus frigidus est, sed tamen quamdam cognationem sanguinis habet, quia de aere illo crescit, qui sanguinem nutrit, unde et menstrua provocat. Homini vero, qui eumdem fructum comedit, nec multum prodest, nec multum obest.

CAP. CCXX. — DE MERLINSEN (9).

Merlinsen frigida existit, nec per se valentes vires habet, nisi aliis virtuosis addatur ; et si illis addatur, inutiles humores in homine minuit.

CAP. CCXXI. — DE DUDELKOLBE (10)

Herba, in qua *dudelkolbe* nascitur, plus frigida est quam calida, nec medicinæ hominis convenit, quia succus ejus pinguis et limosus est.

CAP. CCXXII. — DE HARTENAUWE.

Hartenauwe frigidus est, et pecoribus in pastu valet ; medicinæ autem non multum convenit, quia inculta et neglecta est herbula.

CAP. CCXXIII. — DE THYMO (11) [II, 181].

Thymus calidus et siccus est.(12) Et si quis bonas

---

(1) *Et — temper.* desunt in ed.
(2) *Scilicet — incipit* des. in ed.
(3) Reliqua desunt in ed.
(4) Deest in ed.
(5) *Et naturam — habet* des. in ed.
(6) *Et tam vitales — mittit* des. in ed.
(7) Deest in ed., ut et num. **216-222** quæ sequuntur.

(8) *Hippuris vulgaris*.
(9) *Lemnæ* spec.
(10) *Typhæ* spec.
(11) *Thymus vulgaris*.
(12) Videtur aliquid deesse. Quæ sequuntur usque ad verba *putredinem ejusdem lepræ minuit* omittit ed. In reliquis etiam multum variat.

herbas et condimenta addat, et calore ac fortitudine sua putredinem ejusdem doloris aufert. Nam si aliis herbis et condimentis non condiretur, eadem ulcera fortitudine sua perforaret, nec ea sanaret, si desuper poneretur. Sed et qui lepram in se habet, eamdem herbam aliis bonis herbis et pigmentis condiat, et sic lepram inungat, et calore et fortitudine sua putredinem ejusdem lepræ minuit, lepra cujuscunque generis sit. Tkymum cum terra radicum ejus accipiat, et igne fervere faciat, et per hæc assum balneum sibi paret, et etiam thymum cum sibi adhærente terra in caldario cum aqua coquat, et hoc modo sibi balneum faciat, et hoc sæpe utatur, et calor et siccitas ejusdem herbæ cum sicca terra ignita, ut præfatum est, pravos humores minuit, aut Deo non placebit. Sed si quis a paralysi et a *stechedo* fatigatur, et a peste illa, quæ membra hominis ita fatigat, quasi corrodantur et comedantur, accipiat salviam et bis tantum esulæ, et ter tantum thymi ut esulæ est, et in aqua coquat, et tunc eis hirczinum sepum addat, et bis tantum veteris arvinæ, et sic unguentum faciat, et se juxta ignem cum eo ubi dolet perungat, et calor salviæ et calor esulæ cum thymi, et cum a suavitate calefactæ aquæ temperati addito, etiam calore hircini sepi et calore veteris arvinæ injuste calidos et injuste frigidos humorum prædictorum dolores minuunt. Et idem unguentum pediculos in homine mortificat, cum illo si inungitur. (1) Si sanguis et aqua in oculis homini, aut præ senectute aut præ aliqua infirmitate, supra modum attenuantur, vadat ad viride gramen, et illud tam diu inspiciat, dum oculi ejus velut lacrymando madefiant, quia viriditas graminis illius hoc quod in oculis illius turbidum est aufert, et eos puros et lucidos facit

CAP. CCXXIV. — DE ALOE (2) [III, 6].

Herba aloen calida est. Homo autem qui gravia ulcera, id est scabies, in corpore habet, herbam istam accipiat, et ei aliquas incisiones sibula et alio minuto instrumento perforet, et in foramina ista prædictum *mus* infigat, et in purum vinum ponat ; sed et ad pondus nummi accipiat tumorem illum qui aut in folio, aut in ramusculo nucis, velut faba aut velut pisa intumet, et hoc in prædictum ramum mittat, et tam pransus quam jejunus, non coctum, sed cum vino impositum bibat, et jecor curabitur (3).

CAP. CCXXV. — DE PLIONIA [II, 171].

Plionia frigida est. Homo autem qui a gutta paralysis frequenter fatigatur, seu concutitur, radicem plioniæ modice tundat et vino imponat, ut inde saporem habeat, et ad noctem, cum se collocat, bibat, et melius habebit.

CAP. CCXXVI. — DE RASELA [II, 174].

Rasela repentinum calorem habet. Et si vermes aut carnem hominis vel pecoris comedunt, succo *razelæ* sal immittat, et loco illi ubi vermes carnes lædunt, imponat, et eas omnino mortificat.

CAP. CCXXVII. — DE DORTH [II, 175].

Dorth calida est. Si quis autem profundam et pravam scabiem in capite habet, *dorth* in pulverem redigat, et veteri arvinæ commisceat, et scabiem sæpe ungat, et putredinem illius minuit.

CAP. CCXXVIII. — DE CARDO [II, 176].

Cardo calida est. Sed homo qui venenum comederit aut biberit, caput cardi, et radicem, et folia pulverizet, et pulverem istum aut in cibo aut in potu sumat, et venenum ab eo expellit. Et si quis *uzslecht* in corpore suo habet, eumdem pulverem recenti arvinæ commisceat, et cum illo se ungat, et sanabitur.

CAP. CCXXIX. — DE EBULO (4).

Ebulus frigidus et humidus est, et naturæ hominis contrarius, ita ut si homo aliquis eum comederit, periculosum esset illi. Sed si alicujus hominis caput sonum velut torrens aqua reddiderit, capiti illius ita frigidum circumponatur, et melius habebit. Et si aliquis homo in digitis aut in pedibus suis scabiosos ungues habet, fructus qui in ebulo nascuntur frequenter superponat, et liget, et ungues aut purgabuntur aut eradicabuntur, et sic alii renascentur.

CAP. CCXXX. — DE BASILISCA (5).

Basilisca frigida est. Homo autem qui lingua sua paralysim habet, quod loqui non potest, basiliscam sub linguam suam ponat, et verba recipiet. Sed et qui fortes febres, aut tertianas, aut quartanas habet, basiliscam in vino coquat, melle addito, et colet, et jejunus et pransus, et ad noctem sæpe bibat, et febres in eo cessabunt.

(1) Reliqua desunt in edit.
(2) Vide etiam cap. 174, supra.
(3) Hæc non concordant cum initio capituli.

Vide supra cap. 211, *De Hufflata minori*.
(4) In edit. II, 128. Deest in cod. ms
(5) Ed. II, 128. Deest in ms.

LIBER SECUNDUS.
DE ELEMENTIS.

CAP. I. — DE AERE [1, 7].

Aer spiramen est quod in rore humorum germinantibus insudat, ita quod omnia virescunt, et quod per flatum flores educit, et quod per calorem omnia ad maturitatem confirmat. Aer autem qui proximus dispositioni lunæ et stellarum est, sidera humectat, velut terrenus aer terram et animalia rationabilia [irrationabilia *ed.*] et sensibilia secundum naturam ipsorum vivificat et movet, et ideo in se minorantur. Sed cum eadem animalia moriuntur, idem aer ad pristinum statum suum revertitur, nec inde nec in se augmentatur, sed manet ut prius fuit. Aer autem terrenus qui terram humectat, arbores et herbas virescere ac moveri facit, nec cum in istis est, in se deficit, nec in ipsis abscissis aut evulsis, cum ab eis egreditur, in se proficit, sed in statu suo, ut ante erat permanet (1).

CAP. II. — DE AQUA [I, 2].

Aqua de vivente fonte est (2), et de ipso etiam salientes aquæ sunt, quæ omnes sordes abluunt. Si autem sanguis et aqua in oculo hominis, aut præ senectute aut præ alia infirmitate supra modum attenuantur, ad flumen vadat, aut novam aquam in aliquod vas fundat et desuper inclinans, humorem ejusdem aquæ oculis excipiat, et sic humor ille aquam oculorum suorum quæ in ipsis arescit excitat, et eos lucidos reddit. Lineum quoque pannum accipiat, et illum in pura et frigida aqua intingat, ac eum sic temporibus suis et oculis circumponens liget, cavens ne oculos tangat, ne ab aqua exulcerentur ; ideo autem lineo panno quia suavis est, oculos madefaciet frigida aqua, quatenus aqua oculorum per aquam istam ad visum restituetur. Quia enim oculi ignei sunt, de igne pellicula oculorum exspissatur, et cum aqua, ut prædictum est, eadem pellicula tangitur, per frigiditatem et humiditatem aquæ attenuatur. Qui autem sanos et firmos dentes habere vult, in mane diei, cum de lecto suo surgat, puram et frigidam aquam in os suum sumat, et ita per modicum in ore suo teneat, scilicet ut livor qui circa dentes suos est mollescat, et sic ipsa, quam in ore tenet, dentes lavet, et hoc sæpe faciat et livor circa dentes amplius non crescit, sed sani permanebunt. Quia enim livor dentibus per somnum adhæret, cum homo de somno surgit, frigida aqua purget, quoniam ipsa dentes magis quam calida aqua purgat, quia calida aqua eos fragiliores facit. Sed et mulier, quæ injusto tempore multa menstrua patitur inordinate, lineum pannum in aqua intingat, et femoribus suis sepe circumponat, ut interius infrigescat, quatenus per frigiditatem linei panni et frigidæ aquæ injustus fluxus sanguinis retineatur. Deinde venas suas quæ in cruribus, et in ventre, ac in pectore, ac in brachiis sunt, sursum manibus suis leviter comprimendo sæpe moveat, quatenus coerceantur ne injustum iter sanguini faciat; sed et caveat ne nimis laboret et ne multum in eundo fatigetur, ne idem sanguis moveatur; et etiam caveat, ne duros et amaros cibos comedat, ne ei injustam digestionem parent, sed mollia et suavia cibaria interim sumat, quatenus eam interius sanent ; et vinum ac cervisiam bibat, quatenus ex his confortetur, ut sanguinem retinere possit (3).

CAP. III. — DE MARI [I, 4].

Mare flumina emittit, quibus terra irrigatur, velut sanguine venarum corpus hominis. Quædam flumina in impetu, quædam in lenitate, procellis [quædam in procellis ed.] a mari exeunt; et terra in decursu uniuscujusque fluminis aliquod genus æramentorum habet, nisi quæ aut nimis pinguis, aut nimis arida, aut rugosa [rigosa ed.] est, ita quod ex illa æramenta fieri nequeunt. Sed ab illa, quæ in his temperata est æramenta [gramenta ed.] fiunt.

CAP. IV. — DE SEH [1, 5].

[Seh] de impetu maris [oritur], et fundus et arena ejus velut palus sordidantur, quoniam cum procellis interdum surgit, et interdum cum eis cadit. Aqua ejus nec cruda in potu, nec cocta in cibo sumpta ad digestionem aut ad alias sanitates sana est; quia de spuma maris oritur. Sed qui ex illa balneum facit et faciem lavat, cutem albam et sanam exterius parat, quia salsa est, sed eum interius lædit. In idem vero seh diversa animalia piscium de mari existunt, quæ de salsugine arenosi fundi ejus sana et pinguia efficiuntur.

CAP. V. — DE RHENO [1, 6].

Rhenus a mari (4) impetu emittitur, ideo lucidus et per arenosam terram decurrit, cujus arena levis et temperata est; unde etiam in ea æramentum reperitur; et quia a mari impetu egreditur, aliquantum asper est ut lixivia, et cruda sumpta noxios et lividos humores in homine [consumit; sed si noxios et lividos humores in homine] non reperit, cruda [ejus aqua] sumpta hominem sanum magis exulcerat, quia in eo [non] invenit quod purget. Quapropter, [denique ed.] cum cibus cum eo coquitur, livores ejusdem cibi consumit, et sic ipsum cibum aliquantum sanum reddit. Sed tamen si eadem aqua in cibis aut in potibus sumitur, aut si caro hominis balneo aut lavatione faciei perfunditur, eam inflat et tumidam facit, et distortam aut nigram facit, ac etiam carnes cum ea coctas nigras facit et inflat, quia aspera est, et carnem hominis cito pertransit. Pisces vero ejusdem [fluminis] noviter capti ad comedendum sani ; sed inveterati cito putrecunt, quia eadem asperitate contriti sunt.

CAP. VI. — DE MOGO [1, 7].

Mogus ab origine maris aliquantum tepide impellitur, et quia tardus est, faciliter impeditur et cessat, et ideo etiam aqua ejusdem fluminis pinguis est, et arena ejus limosa. Aqua ejus in cibo et in potu sumpta, et caro hominis in balneo perfusa, seu facies lota, cutem et carnem lucidam et lævem facit, nec hominem transformat, nec infirmum reddit. Carnes quoque cum ea coctas albas reddit et inflat, quoniam in cursu suo aspera non est, sed lenis. Et pisces ejus noviter capti sani sunt, et diu

---

(1) Pergit editio : *Cum in vre,* cap. 59, lib. III, in cod. ms.
(2) NUM. XX, 6 ; APOC. XXI, 6.
(3) Pergit ms., sine distinctione : *Quasi sanguis et quasi flos aquarum,* etc., quæ sunt capituli 182 *De sale,* supra, lib. I, *De plantis,* in ed. cap. 2 libri II *De elementis.*
(4) Ed. om. *a mari,* hic et infra.

durare possunt, quia propter levitatem [lenitatem *ed.*], ejusdem aquæ [non] fatigantur, nec inde laborant, ideo et caro ejus (*sic*) durat.

CAP. VII. DE DONAUWIA [1, 8].

Donauwia [Dunowa *ed.*] de impetu maris oritur, et ideo aqua ejus lucida et aspera est, et arena ejus sana et pulchra est; sed eadem aqua ad cibum et ad potum non est sana, quoniam viscera hominis asperitate sua lædit, cutem hominis propter asperitatem suam nimis nigram facit, sed cutem infirmam non parat, quia lucida et aspera est; et pisces ejus sani sunt, et durare possunt, quia eadem aqua aspera est.

CAP. VIII. DE MOSELLA [1, 9].

Mossela de aquis oritur quæ de mari fluunt, et ideo levis et lucida; turbulentia ejus ad fundum cadit, unde et arena ejus limosa est. Et ideo etiam pisces ejus non sunt sani, nec diu durare possunt, quia de fœditate pascuntur.

CAP. IX. — DE NA [1, 10].

Na oritur de sordidis aquis quæ de mari effluunt, de quibus quidam lucidi rivuli interdum fluunt. Et ideo omnis in cursu suo instabilis est, ita quod aliquando in impetu, aliquando in torpore fluit. Et quia interdum velociter currit, cito impeditur et cito cessat, et arenam et littus non multum in profunditate edit; et cutem hominis albam et spissam, sed rugosam parat, et viscera dolere non facit, quia impetus et torpor cursus ejus nocivi non sunt, quamvis instabiles sint. Pisces ejus pingues et sani sunt, nec cito putrescunt. Et eadem aqua instabilis est, ita, quod modo velociter, modo tepide currit, nec arenam fodit; et ideo pisces etiam in ea stabiliores sunt, quia plurima pascua in ea inveniuntur.

CAP. X. — DE GLAN [1, 11].

Glan de aliis fluminibus ortum habet, idcirco et aqua ejus aliquantum aspera et sana est, atque ad cibos et ad potus et ad balnea et ad faciem lavandam valet. Pisces quoque ejus sani sunt, sed diu durare non possunt, propter asperitatem ejusdem aquæ. Arena quoque ejus pulchra est et sana. — Sara est et via fluvius (1) in Busendorff (2) est ut Rhenus (3).

CAP. XI. — DE TERRA [1, 12].

Terra naturaliter est frigida, et plurimas vires in se habet. Ipsa namque in æstate inferius frigida est, et superius ardore solis calida, quia sol per vires radiorum suorum calorem tunc gignit. In hyeme autem interius [calida est], alioquin de frigida ariditate scinderetur, et superius frigida est; quoniam sol tunc vires suas super terram subtrahit, et sic terra in calore viriditatem, in frigiditate ariditatem ostendit. Nam in hyeme sol super terram sterilis est, et super terram calorem suum figit, quatenus terra diversa gramina servare possit, et sic illa per calorem et frigiditatem cuncta gramina profert. Et terra alba, id est pallida, et nigra, rufa et subviridis est. Et terra quæ alba, scilicet quæ pallida est et arenosa, aliquantum arida est, ac grossam humiditatem et guttas grossas pluviæ habet. Et ex humiditate hac grossa vinum et pomifera ligna gignit, et modicum frumenti, quoniam terra quæ subtilem humiditatem (velut minutæ guttæ sunt) in se retinet, ex ipsa subtili humiditate frumentum gignit et modicum vini, et pauca ligna pomifera. Terra autem quæ nigra est in recto temperamento frigidam humiditatem habet, quæ nec nimis multa, nec nimis parva existit, sed moderata. Et ex humiditate ista non omnes fructus gignit, sed fructum quem gignit pleniter affert; et de humiditate sua tempestatibus interdum quassata, in fructu defectum habet. Sed terra rubea rectum temperamentum in humiditate et in ariditate habet; et ideo plurimos fructus profert, qui præ multitudine ita ad perfectum pervenire non possunt; et quia rectum temperamentum habet, tempestatibus non facile læditur.

CAP. XII. DE CALAMINO [1, 13].

Terra quæ dicitur *calaminum* nec temperate calida, nec temperate frigida est, sed tepida; et fructus ad perfectum non gignit, sed tamen quosdam fructus [profert], qui ad perfectum non veniunt, quia tepida est; et si aliis pigmentis additur, livores quarumdam putredinum minuit [livores quorumdam post triduum minuit *ed.*].

CAP. XIII. — DE CRIDA [1, 14].

Terra quæ *crida* [creta *ed.*] dicitur, frigida est et arida, nec multum fructum gignit, quia frigida est et arida; sed a velleribus putredinem vetat ne putrescant, cum eis superponitur; et medicinæ non convenit.

CAP. XIV. — DE TERRA SUBVIRIDI (4).

Terra quæ nec album, nec nigrum, nec rubeum colorem habet, sed quæ subviridis et velut lapidea, frigida est et arida, et ideo nec vinum nec frumentum, nec alios fructus fructuose gignit, quoniam rectum temperatum in ariditate non habet. Sed si aliquos profert, illi cito in defectum vadunt. Si quis torpore deficit, velut *halczer* habeat, alius homo de terra modicum a dextra et a sinistra parte ubi caput illius in lecto est accipiat, et simili modo terra a dextro et a sinistro pede, et cum eam fodiendo aufert, dicat : « Tu terra, in homine isto N... dormis, » et terra quæ ab utraque parte capitis ejus ablata est sub caput ejusdem hominis ponat, quatenus ibi incalescat, et simili modo terram sub pedibus illius ponat, ut calorem ab eis recipiat, et cum eadem terra sub caputet sub pedes ejus ponitur, a ponente sic dicatur : « Tu terra, in homine isto N..., ut viriditatem recipiat cresce ac proflce, in nomine Patris, et Filii, et Spiritus sancti qui omnipotens et vivens Deus est; » et sic per triduum.

---

(1) Forte *Seh et Na fluvius*, etc. Hæc ex margine in textum irrepsisse videntur.
(2) Oppidum *Bossonville* ad Niddam.
(3) *Sara — Rhenus* des. in ed.
(4) Deest in ed.

LIBER TERTIUS.
DE ARBORIBUS.

PRÆFATIO.

Omnes arbores aut calorem aut frigus in se habent, quemadmodum herbæ; sed tamen quædam arbores calidiores aliis sunt, quædam autem frigidiores, quia quædam arbores majorem calorem quam aliæ calidæ in se habent, quædam autem plus frigoris quam aliæ frigidæ in se tenent. Nam arbores fertiles sunt, et quæ rectos fructus proferunt, ut silvestres, magis frigidæ quam calidæ sunt. Sed silvestres arbores quæ grandiores et plures fructus proferunt quam aliæ faciant, calidiores aliis silvestribus arboribus sunt. Quæ autem minutos et paucos fructus proferunt, frigidiores aliis silvestribus arboribus sunt.

CAPITULA.

Affaldra	I	Cypressus	XX	Melbaum	XXXIX
Birbaum	II	Sybenbaum	XXI	Erlizbaum	XXXX
Nuszbaum	III	Buxus	XXII	Mazeldra	XLI
Quittenalum	IV	Abies	XIII	Mirtelbaum	XLII
Pirsichbaum	V	Tilia	XXIV	Wachholderbaum	XLIII
Cerasus	VI	Quercus	XXV	Holderbaum	XLIV
Prunibaum	VII	Fagus	XXVI	Gelbaum	XLV
Spirbaum	VIII	Ascha	XXVII	Hartdrogeln	XLVI
Mulbaum	IX	Aspa	XXVIII	Yffa	XLVII
Amigdalus	X	Erla	XXIX	Haubaum	XLVIII
Haselbaum	XI	Ahorn	XXX	Stulbaum	XLIX
Kestenbaum	XII	Ybenbaum	XXXI	Prunia	L
Nespelbaum	XIII	Bircka	XXXII	Hagenbaum	LI
Fickbaum	XIV	Fornhaff	XXXIII	Hyffa	LII
Laurus	XV	Spinelbaum	XXXIV	Sionne	LIII
Oleybaum	XVI	Hagebucha	XXXV	Vitis	LIV
Datilbaum	XVII	Wyda	XXXVI	Gichtbaum (1)	LV
Bontziderbaum	XVIII	Salewida	XXXVII		
Cedrus	XIX	Sulbaum	XXXVIII		

(1) Sequuntur in textu capita quinque :
Fumus LVI
De Mose LVII
Unguentum LVIII
De sysemera LIX
Contra orfima LX

INCIPIT LIBER TERTIUS.

Cap. I. — De Affaldra (2) [III, 19].

Affaldra [Malus *ed.*] calida et humida est, et tantæ scilicet humiditatis, quod etiam deflueret, si calore non constringeretur (3). Et homo, sive senex, sive juvenis sit, si caliginem in oculis quocunque modo patitur, accipiat in verno tempore folia arboris illius, antequam fructus ipsius anni proferat, cum in prima eruptione verni temporis sunt, quia tunc suavia et salubria sunt, velut juvenes puellæ, antequam prolem gignant (4), et eadem folia tundat, et succum eorum exprimat, et huic guttas de vite effluentes æquali mensura addat, et simul in vasculum reponat, et ad noctem, cum dormitum vadit, cum eo palpebras et oculos cum penna intincta modice ungat velut ros super gramen cadit (5), et ita ne oculos intret; et tunc etiam prædicta folia modice contusa cum præfatis guttis de vite fluentibus modice aspergat, et super oculos suos ponat, et

(1) *Pirus malus.*
(2) *Et tantæ—constring.* om. ed.
(4) *Cum in prima—gignant* om. ed.
(5) *Velut — cadit* om. ed.

panno constringat, et sic dormiat, et hoc sæpe faciat, et caliginem oculorum fugabit, et clarius videbit. Sed cum in verno tempore in *affaldra* primæ eruptionis, id est *ceppini* [cespites?], procedant, ramusculum unum absque ferro abscisionis abrumpe, et corrigiam cervi in ipsam eruptione arboris et rami hac et illac trahe, ut de succo ejus madida fiat, et cum ibi nichil plus maditatis senseris, tunc cultello ipsam eruptionem minimis ictibus incide, id est *hacke*, ut plus humoris profluat, et ita corrigiam illam in eodem loco et in ipso ramo trahendo, succo illo quantum poteris perfunde, et tunc in humidum locum eam pone, ut succum illum quem de arbore et ramo accepit tanto plus in se sumat (1). Et si quis de *gicht* in renibus aut in *dincken* fatigatur, eadem corrigia ibi ad nudam carnem se cingat, ut succus quem de prædicta *affaldra* attraxit ad carnem illius transeat, et sic melius habebit. Et qui aut de infirmitate jecoris aut splenis, aut de malis humoribus ventris aut stomachi, aut de emigranea in capite dolet, primas eruptiones, id est *ceppini* de *affaldra* accipiat, et eas in baumoleum ponat, et ad solem in vasculo calefaciat, et ad noctem, cum dormitum vadit, bibat et hoc sæpe faciat, et in capite melius habebit. — Et in verno tempore, cum jam flores procedunt, accipe terram, quæ circa præfatæ arboris radicem est, et eam ad ignem calefac, et si quis aut in scapulis aut in *lenden*, aut in ventre dolet, ita calidum loco doloris superpone, et melius habebit. Sed postquam fructus ejusdem arboris jam creverint, ita quod grossescere incipiunt, tunc terra ista contra has infirmitates amplius non valet, quia humor ejusdem terræ et succus ipsius arboris jam in fructus illos ascendit, et ideo tanto debilior in terra illa et in ramis est. Sed fructus illius arboris levis est et facile digeri potest, et crudus comestus sanos homines non lædit, quia cum ros in fortitudine sua est, scilicet quod a primo somno noctis virtus ejus extenditur usque fere dum jam diescit, tunc de rore illo mala crescunt, id est *queckent*. Et ideo sanis hominibus cruda bona sunt ad comedendum, quia de forti rore cocta sunt. Infirmos autem cruda aliquantum lædunt, quia debiles ipsi sunt. Sed cocta autem et assa tam infirmis quam sanis bona sunt. Sed cum senuerint et corticem contraxerint, ut in hyeme est, tunc infirmis et sanis cruda ad comedendum bona sunt.

CAP. II. — DE BIRBAUM (2) [III, 20].

Birbaum [Pirus *ed.*] plus frigida quam calida est, et tam gravis et tam firma est ad similitudinem *affaldre* sicut jecor et pulmo. Nam sicut jecor fortior et utilior ac etiam magis nocivus est, quam malus. Radices autem et folia ac succus ejus propter duriciam ipsius ad medicamenta non valent, sed *mistel* ejus ad medicinam aliquantum valet (3).

Si quis ergo pectore et pulmone dolet, id est *dumphet*, Birbaumes *mistel* [viscum piri *ed.*] sumat et eum pulverizet, et huic pulveri alium pulverem de liquiricio addat, et ita jejunus ac pransus eum sæpe comedat, et in pectore aut in pulmone melius habebit. Sed qui *gicht* [paralysim *ed.*] patitur, eumdem *mistel* pirorum suavem gustum habentem inscissum per tres dies et noctes oleo olivæ imponat, et postea cervini sepi bis tantum ut olei ad ignem resolvat, et spicam nardi bene contritam et comminutam eidem sepo per duas dies et noctes imponat, et deinde oleum cum visco, cui impositus fuit, fortiter contundat, et succum per pannum exprimat, et etiam cervinum sepum cum spica ad ignem modice denuo resolvat. [Et ubi paralysis in homine furit, eum perungat, et fugabitur, nisi fundamentum mortis ibi sit. Add. *ed.*].

Fructus autem piri gravis est, et ponderosus et asper est; et si quis eum crudum superflue comederit, emigraneam in capite ejus parat atque *dumphen* [fumum *ed.*] (4) pectore ejus facit, quoniam et in pulmone de succo ejus attrahunt, et in se aliquantum ducunt, ita quod idem succus circa jecorem et circa pulmonem velut *sinder* plumbi ut *winsten* indurescit, ac ideo in jecore et in pulmone multociens magnæ infirmitates fiunt. Et ut etiam homo de odore vini interdum plenius, ita etiam anhelitus ejus succo piri commiscetur et asperitatem ipsius capit. Unde etiam ille, postquam crudum pirum comederit, anhelitum difficulter in se trahit, ita quod etiam multæ infirmitates in pectore ejus ex hoc interdum fiunt, quia cum vires roris circa ortum diei dilabuntur, tunc de rore illo pira *queckent*, et ideo etiam noxios humores in homine faciunt, quoniam in defluente rore crescunt, nisi coquantur. Unde qui pira comedere vult, ea in aqua ponat, vel ad ignem asset; sed tamen cocta meliora sunt quam assata, quia calida aqua nocivum succum qui in eis est, paulatim excoquit, sed ignis nimis velox est, et non totum humorem assando in eis exprimit. Et illum, qui pira cocta comedit, aliquantum gravant, quia putredinem in eo minuunt perquirendo et frangunt, sed tamen bonam digestionem in ipso faciunt, quoniam putredinem secum educunt (5). Poma autem faciliter digeruntur, et putredinem secum non auferunt. Accipe autem pira, et ea incide, ac nucleos earum abjice, et tunc ea fortiter in aqua coque, et confringe quod fuerit sicut brimus, et tunc etiam accipe *berwurcz*, et *galgan* minus quam *berwurcz*, et liquiricii minus quam *galgan*, atque *peferkrut* minus quam liquiricii; vel si *berwurcz* non habes, accipe radices feniculi, et hæc in pulverem redige, atque eosdem pulveres simul commisce, et eos in mel modice calefactum pone, et prædicta pira adde, et simul fortiter mo-

---

(1) Hæc omnia brevius in ed. exponuntur: multa etiam desunt.
(2) *Pirus communis.*
(3) *Nam sicut jecor — valet* om. ed.

(4) Quæ sequuntur usque ad *unde qui pira comedere vult*, etc., om. ed.
(5) Reliqua om. ed.

vendo commisce, id est *zutribe*, et ipsa in pixidem pone, et cottidie quantum cocleare unum parvum capit, jejunus comede, et pransus quantum duo coclearia, et ad noctem in lecto quantum tria coclearia; et hoc est electuarium optimum et pretiosius auro, et utilius purissimo auro, quia emigraneam aufert, et *dumphedinem* quem cruda pira in pectore hominis parant minuit, atque omnes malos humores, qui in homine sunt, consumit, et hominem ita purgat, ut vas de fæce purgatur.

CAP. III. — DE NUSZBAUM (1). [III, 21.]

Nuszbaum [Nux *ed*.] calida est (2), et amaritudinem habet, et antequam fructus proferat, in stipe et in foliis ejus amaritudo est et calor; et hæc amaritudo calorem emittit et nuces producit. Et cum nucleus crescere incipit, amaritudo deficit, et dulcedo surgit. Sed cum dulcedo in nucleo creverit, tunc dulcedo illa acumen habet, et sic eadem dulcedo et acumen se commiscent et nucleum producunt, et tunc amaritudo et calor in stipe remanent, et nucem exterius crescere faciunt. Post grossitudinem autem et maturitatem fructuum omnium fructiferarum arborum, folia earum ad medicinam amplius non valent, quia succus earum in fructus transit. Unde a prima eruptione foliorum *nuszbaumes* usque dum fructus ejus crescunt, scilicet cum nuces adhuc immaturæ sunt; ita quod comedi non possunt, accipe folia ejusdem arboris, cum adhuc recentia sunt, et succum eorum exprime in locum illum, ubi vermes hominem comedunt, aut ubi *maden* aut alii vermes in eo crescunt, et hoc sæpe fac, et morientur. Sed et si vermes in stomacho tuo nascuntur, accipe folia *nuszbaum* et folia persici æquali pondere, antequam fructus in eis maturescant, et super calidum ignitum lapidem pulveriza, et pulverem istum aut in ovo, aut in *suffen* [sorbicio *ed*.], aut in modica farina cocta sæpe comede, et vermes in stomacho tuo morientur.

Et in quo jam lepra crescere incipit, succum eorumdem foliorum exprimat, et ei veterem arvinam addat, et sic unguentum faciat, et tunc cum adhuc lepra nova in eo est (3), se juxta ignem ungat; et hoc sæpe faciat, et sine dubio sanabitur, nisi Deus nolit. Et qui *virgichtiget* [a paralysi fatigatur *ed*.] est, accipiat terram quæ circa radices ejusdem arboris est, antequam fructus ejus maturescat; et eam in igne ut lapides accendat, et sic cum eis assum balneum faciat, et cum in balneo illo sedet super eamdem ignitam terram fundat, ut ab ea calorem et sudorem capiat, et sic se balneet, et *gicht*, quæ membra ejus contrahere voluit et frangere fugabitur, et fracta membra ejus curabuntur ita, si hoc sæpe fecerit cum *gicht* in eo primo insanire cœperit. Et qui multum flecma in se habet, accipiat hoc quod de nuce sudat, cum rami ejus abscin-

duntur, sive stirps sive sudor sit, et in vino cum feniculo et pauco *peferkrut* modice coquat, et ita per pannum colet, et calidum sæpe bibat, et flecma ejicit, et mundabitur.

Et qui *grint* [pravam scabiem *ed*.] in capite habet, accipiat exteriorem cutem nucis, scilicet quæ testa est, et succum ejus super ulcera, id est super *grint* capitis sui exprimat, et cum de amaritudine succi ejus intumuerit, mox cum baumoleo ungat, et amaritudo illa comprimatur, et hoc sæpe faciat, et *grint* curabitur. Sed in homine, qui plurimas nuces comederit, sive recentes sive veteres sint, *fiber* faciliter excitatur, sed tamen sani homines eas superare possunt, infirmi autem ab eis læduntur. Oleum autem ab eis expressum calidum est, et carnes comedentium pingues facit, et mentem ejus lætam facit; sed ab eo flecma crescit (4), ita quod pectus hominis livore, id est *slim*, replet, et tamen tam infirmi quam sani illud comestum superare et tolerare poterunt; infirmum autem pectus inde aliquantum *dumphet*.

CAP. IV. — DE QUITTENBAUM (5) [III, 22].

Quittenbaum [Quotanus *ed*.] plus frigida est, et astutiæ assimilatur quæ interdum inutilis est et interdum utilis, sed lignum et folia ejus non multum utilia sunt ad usum hominis (6), et fructus ejus calidus et siccus est, et bonum temperamentum in se habet, et cum maturus est, tam infirmum quam sanum hominem crudus comestus non lædit, sed coctus aut assus infirmo et sano ad comedendum multum valet. Nam qui *virgichtiget* est, eumdem fructum coctum et assum frequenter comedat, et *gicht* in eo ita compescit quod nec sensus illius obtundit, nec membra ejus frangit nec destituit. Et qui multam salivam ejicit ipsum fructum coctum vel assum sæpe comedat, et eum interius siccat, ita quod saliva in eo minuitur. Sed ubi in homine ulcera aut fetiditas est, eumdem fructum coquat vel asset, et ita cum aliis condimentis super ulcera illa ponat, et curabitur.

CAP. V. — DE PERSICHBAUM (7) [III, 23].

Persichbaum [Persicus *ed*.] magis calida est quam frigida, sed tamen aliud habet in se, et similitudinem invidiæ in se habet, et succus ejus ad medicamenta utilior est quam fructus ejus. Nam qui in diversis infirmitatibus diversas maculas, velut *ung*, in corpore suo habet, accipiat interiorem corticem ejusdem arboris, antequam fructus ejus maturescat, et eamdem corticem contundat, et succum ejus exprimat, et illi modicum aceti addat, et tantum cocti mellis quantum istorum duorum est, et sic in novum fictile vas ponat, et ubi malas maculas aut *roseln* in corpore suo habet se frequenter ungat, usque dum minorentur. Et cui anhelitus male fœtet, accipiat mala persici ante maturitatem fructus ejus,

---

(1) *Juglans regia.*
(2) Quæ sequuntur usque ad *ubi vermes hominem comedunt* om. ed.
(3) *Et tunc — in eo est* om. ed.

(*) Hic desinit capitulum in ed.
(5) *Pyrus Cydonia.*
(6) *Et astutiæ — hominis* om. ed.
(7) *Amygdalus Persica.*

et illa contundat, et tunc etiam accipiat manum plenam liquiricii et modicum piperis et satis de melle, et hæc in puro vino coquat, et sic *luterdranck* paret, et pransus et ad noctem sæpe bibat, et anhelitum ejus bene olentem reddit, et putredinem a corpore et pectore aufert

Sed cui vermiculi in stomacho et in ventre crescunt, radicem et folia *bathemen* pulverizet, et huic addat bis tantum de pulvere foliorum persici, sumpta cum jam flores emittit, et in nova olla cum bono et puro vino coquat, et jejunus et ad noctem sæpe bibat, et vermes in eo morientur. Et fructus ejusdem arboris nec sano nec infirmo ad comedendum valet, quia bonos humores in homine destitui et *slim* in stomacho ejus faciet. Sed et qui eumdem fructum comedere voluerit, exteriorem corticem abjiciat, et etiam nucleum auferat, et quod reliquum est in vinum ponat, sale et modico pipere addito, et eum hoc modo paratum non multum lædit, sed tamen bonum saporem sic non habet. Accipe quoque interiores rudes nucleos ejusdem fructus, et abjecta cortice eos ad lac contunde et per pannum exprime ad mensuram quinque coclearium ; et etiam accipe *galgan* ad pondus trium nummorum , et liquiricium duorum nummorum, et euphorbium unius oboli, et pulveriza, et prædicto lacti nucleorum illorum adde *springwurtz*, et farinula semilæ tortellum para, et cum aut ad solem, aut calefactam fornacem paulatim et suaviter sicca, et tunc de eodem tortello præfato lacti ad pondus oboli commisce, et sic ante solis ortum ad ignem prius modice calefacto ad pondus quinque nummorum cocleari de ipso sume, et te ad lectum ad parvam horam pone, et *gicht* in te compescit, et *dumph* pectoris tui aufert, atque *slim*

(1) Edit. : « Persicus calida est. Homo cui oculi frequenter humectant , gummi de persico, vel, de pruno testæ nucis imprimat, et eam ad ignitum laterem modice calefactam oculis circumponat , dum ab illo incalescant, et hoc semper quarta die et semel in die faciat, ne si supra modum fecerit, eos lædat. Et cui halitus male fetet , folia persici , ante maturitatem fructus ejus, contundat et manum plenam liquiricii, et modicum piperis, et satis de melle, et hæc in puro vino coquat, et post cibum et ad noctem sæpe bibat, et halitum illius bene olentem reddit. Sed et cui minuti vermiculi in stomacho et in ventre crescunt, radicem et folia bacheniæ pulverizet, et huic bis tantum de pulvere foliorum persici addat (idque fiat cum arbor flores emittit), et in nova olla cum bono et puro vino coquat, et jejunus et ad noctem sæpe bibat, et vermes in eo morientur. Homo quoque contra dolorem utriusque lateris, quomodocumque ibi doleat, et contra dolorem pectoris, et paralysim, folia persici , et secundum pondus eorum balsamitam, et secundum tertiam partem balsamitæ basilicam, et secundum tertiam partem basilicæ plantaginem in aqua modice coquat, et deinde fortiter torquendo, per pannum colet ; postea laurinum oleum, et bis tantum cervini, vel hircini sepi, et secundum tertiam partem ejus veterem arvinam, et hæc omnia cum prædicta aqua in patella modice calefaciat, et sic unguentum fiat, et deinde eum illo se in latere dolente perungat, et hoc sæpe faciat, et melius habebit. Et fructus persici fere tepidus est , et nec sano, nec infirmo homini ad comedendum valet. Sed qui cum-

de stomacho tuo aufert, et suaviter aliquantum te purgat ut suavis potio. Et si necesse habueris , bis in mense de eodem sume, et ea die qua sumis , a forti cibo, et a saligenio pane, et a pisa, et a lente te observa, et molles cibos comede, vinum bibe.

Sed et qui in pectore dolet, ita quod guttur ejus aliquantum constrictum est, vel quod in eo aliquid mali crescit, vel quod in eo quidam malus vapor, id est *damph* est, absque ulcere et absque tumore, accipiat *deick* de tritico , et *flius* de persico desuper *zuflosze* ita calidum super guttur suum et parvam horam ponat, et hoc sæpe faciat, et melius habebit. Si autem in gutture de ulcere aut de tumore dolet, tunc ei non superponat , quia inde doleret. Quod si etiam homo in *halsedruszen* dolet , ita quod supra modum aut contractæ aut distinctæ sunt, eumdem *deick*, ut præfatum est paratum eis sæpe superponat, si ibi ulcus aut tumor est, et curabitur, quia si *halsadern* ejus aut ulceratæ essent, aut si intumescerent , et tunc eis istum *deick* superponeret, inde pejus haberet. Sed qui in capite dolet, triticum *deick* accipiat, *flius* persici desuper *zulasze*, ut prædictum est, et ita calidum vertici suo, id est *scheden* per aliquam horam superponat , et melius habebit. Et cui oculi humectant, gummi de persico vel de testa nucis imprimat, et eam ad ignitum lapidem modice calefactam oculis circumponat , dum ab illo incalescant, et hoc semper quarta die et semel in die faciat, ne si sibi supra modum fecerit, eos lædat. Nam gummi de persico ac de prima virtute eorum lignorum suorum in se habet, et naturalem humiditatem in se trahit (1).

CAP. VI. — DE CERASO (2) [III , 24].

Cerasus plus calida quam frigida est ; et ad plenum fructum comedere vult , corticem et nucleum auferat, et quod reliquum est in vinum ponat, sale et modico pipere additis, et hoc modo paratum non multum lædit.

« Homo etiam qui sanus esse vult, interiores , recentes nucleos persici ad lac contundat, et per pannum exprimat ad mensuram quinque coclearium, et etiam galangæ ad pondus trium nummorum, et liquiricium duorum nummorum, et euforbium ad pondus unius oboli pulverizet , et lacti nucleorum addat, et de succo citocatiæ, et farina similæ tortellum paret, et eum ad solem , vel ad fornacem paulatim siccet et de tortello isto ad pondus oboli commisceat, et sic ante solis ortum ad ignem prius modice calefacto, ad pondus quinque nummorum cum coeleari ex ipso sumat, et se in lectum ad brevem horam deponat, et velut suavis potio illum aliquantum purgat. Et si idem homo necesse habet , bis in mense de eodem sumat. Et ea die qua sum t, molles cibos comedat; et vinum bibat. Sed et qui in gutture dolet, ita quod aliquantum constrictæ est, vel quod in eo quidam malus vapor absque ulcere et absque tumore est, accipiat pastam de tritico, et gummi quod de persico effluit, desuper dissolvat, et calidum super guttur suum ad brevem horam ponat, et hoc sæpe faciat, et melius habebit. Et si quis in *halsadrin* dolet, ita quod supra modum constrictæ aut distentæ sunt , præfatam pastam eis sæpe superponat, et si nec ulcus, nec tumor ibi est, curabitur. »

(2) *Prunus cerasus et avium*.

num et similitudinem joci habet, qui lætitiam ostendit, et qui etiam nocivus est. Et succus ejus ac folia non multum ad utilitatem medicinæ valent, quia debilitatem in se habet. Et fructus ejus temperate calidus existit, nec multum utilis est, nec multum nocivus (1), et sanum hominem in comestione non lædit, infirmum autem et qui malos humores in se habet aliquantum dolere facit si multum de eo comederit. Sed et interiores nucleos ejusdem fructus, cum rudes sunt, accipe, et eos fortiter contunde, et arvinam ursi in patella *zulasze* et simul commisce, id est *kneyt*, et sic unguentum fac, et illum, qui tam mala ulcera in corpore suo habet, quod etiam fere lepræ assimilantur, sed tamen lepra non sunt (2), cum eo juxta ignem sæpe unge, et sanabitur.

Et qui in ventre suo *biszende* [tortiones *ed.*] habet, quod tamen vermes non parant, iste equidem nucleos crudos sæpe comedat, et melius habebit. Sed et qui in ventre suo vermes habet, nucleos istos in acetum ponat, et sic eos jejunus sæpe comedat, et vermines in ipso morientur. Et qui in oculis dolet, ita quod præ dolore rubent et quod ulcerosi sunt, id est *maczerech*, micas siligínei panis calidas accipiat, et *flius* [gummi *ed.*] cerasi super eas ponat, ita quod flius illud ad cutem oculorum positum sit, et ligamine constringat, et hoc sæpe faciat, et *droppen* ab oculis ejus extrahit, et curabitur. Sed et cui pestis aliqua et mali humores in aures cadunt, ita quod ille velut surdus efficitur et quod aures ejus *diezent*, præfatum flius accipiat, et in patella ad ignem dissolvat, et micis siliginis ita calidum superextendat, et tunc ad noctem foraminibus aurium idem flius cum micis siliginis imponat, et etiam totas aures suas et tempora cum ejusdem micis præfato gummi illitis circumponat, et etiam lineo panno desuper constringat, et hoc sæpe faciat, et pestis et mali humores et *dizedo* de auribus ejus fugabuntur, et curabitur.

Cap. VII. — De Prunibaum (3). [III, 25.]

Prunibaum (Prunus *ed.*) magis calida quam frigida est, et etiam sicca est, et *stechelecht* ut spina, et iram designat (4). Et si aliqui vermes carnes hominis comedunt, accipiat superiorem corticem ejusdem arboris usque ad succum, et folia ejus ad solem aut ad ignem juxta ollam aut in olla quæ ab igne calida est arefaciat et pulverizet, et pulverem istum mittat in locum ubi vermes hominem comedunt, et cum vermes exinde moveri incipiunt, ita quod homo hoc sentit, accipiat acetum et modicum mellis, et simul commisceat, et in eumdem locum vermium fundat, et morientur: Et cum iisdem a vulneribus mortui ceciderint, lineum pannum vino intingat, et ita super ulcera ponat, et putredinem extrahit, et sic homo sanabitur. Sed et de cortice et foliis ejusdem arboris cineres fac, et de cineribus illis lixiviam fac, et si caput tuum aut *stuphete* est, aut *wellchi*, cum eadem lixivia sæpe lava, et caput sanabitur, et pulchrum erit, et multos ac pulchros crines producit. — Et si aliquis per magica aut per maledicta verba amens efficitur, accipe terram quæ circa radices illius arboris est, et eam ad ignem fortiter calefac, ut aliquantum ignescat; et cum igne accensa fuerit, mox satis ruthæ et parum minus de poleya super illam pone, et succum et odorem illorum in se excipiat; vel si poleyam non habueris, viride fenigræcum ei superponas; vel si in hyeme est, semina herbarum istarum super eamdem terram pone moderate calidam, cum eisdem herbis capiti et nudo ventri ac nudis lateribus hominis illius, postquam pransus fuerit, circumpone, et panno desuper constringe, et eum in lectum depone et vestibus tege, ut ita aliquantum cum terra illa sudet; et hoc per tres aut per quinque dies fac, et ille melius habebit. Nam cum antiquus serpens magica (5) et maledicta verba audierit, ista suscipit, et illi insidias ponit super quem dicuntur, nisi Deus prohibeat eum.

Accipe ergo *flius* ejusdem arboris, et si alicui homini labia oris ejus tument aut se inflaverint, id est *erbulsent*, aut si *gicht* in eum saliendo reportat, tunc ad noctem, cum dormitum vadit, idem flius modice calefactum super labia ubi dolet cum panno liga, et hoc sæpe fac, et dolor ille cessabit. Sed et cui digiti et manus de *gicht* tremendo semper moventur, idem flius super totam manum calidum sæpe in panno liget, et tumor ille cessabit. Fructus autem hujus arboris tam sano quam infirmo homini ad comedendum nocivus et periculosus est, quia melancoliam in homine excitat et amaros humores in eo auget, atque omnes pestes quæ in eo sunt, ebullire facit, et ideo tam periculosus est homini ad comedendum velut *unkrut*. Unde qui eum comedere voluerit, modice comedat. Nam qui sanus est quidem comestum superare poterit, infirmum autem lædit. — Sed tamen qui *durren husten* [habet] interiores nucleos ejusdem fructus accipiat; et, cortice abjecta, eos in vinum ponat, et vino perfundantur usque dum aliquantum intumescant, et ita sæpe comedat, et tunc etiam ista in bono vino *suffen* paret, et illud sorbendo sumat et cito curabitur. Omne autem genus *prunibaumes*, sive sit *roszprumen*, sive *garten slehen*, sive *kriechen* et silvestre genus, prædictas vires habet in cortice et in foliis suis, et eamdem naturam in fructu suo habet, ut prædictum est, excepto quod illæ arbores quæ majores hujusmodi fructus proferunt, fortiores etiam hujusmodi vires in se habent.

---

(1) *Et ad plenum — nocivus* om. ed.
(2) *Sed tamen — sunt* om. ed.
(3) *Prunus domestica et insititia.*
(4) *Et etiam — designat* om. ed. Ex his quæ sequuntur nonnulla in editione desiderantur; pleraque tamen passim invenire est, sed alio ordine disposita.
(5) Apoc. XII, 9; XX, 2.

Cap. VIII. — De Spirbaum (1) [III, 26].

Spirbaum [Esculus ed.], calida est et sicca, sed calor ejus non multum utilis est, et simulationem in splendore suo designat. Cortex autem et folia et succus ejus ad utilitatem medicinæ non multum valent. Sed tamen terram, quæ sub arbore ista et circa radicem ejus est in hortos proice, et sparges ubi rupen et zwyfeldern olera comedunt et devastant; et illæ propter molestiam illius abscedent; nec ibi proficere possunt. Et fructus ejusdem arboris velut quodam pondere inflando aggravat hominem, et humores ejus commovet; sed dirigitur (sic), nec ålinι in homine parat, et sic sano homini nec multum prodest nec obest comestus, infirmis autem non valet (2).

Cap. IX — De Mulbaum (3) [III, 27.]

Mulbaum [Mulberboum ed.], frigida est in bono, sed idem est id est queck? Et qui scabiem habet, folia arboris hujus in aqua coquat, et in aqua illa balneet, aut in asso balneo cum eadem aqua fortiter se lavet, et hoc sæpe faciat, et cutis ejus sanabitur. Sed et qui venenum aut comedendo aut bibendo sumpsit, eadem folia contundat et succum eorum exprimat, et huic modicum minus helsim [de succo absinthii ed.] addat, et etiam bis tantum boni et puri vini (4) admisceat, et tunc simul coquat ut ferveat, et cum deinde infrigidatum fuerit, ille pransus moderate bibat; sed tamen venenum illud aut per nauseam exspuet, aut per eum per secessum transibit. Et ubertas in fructu ejus est, et fructus ille nec sanos nec infirmos lædit, sed hominem magis juvat quam sibi noceat (5).

Cap. X. — De Amygdalo (6) [III, 28].

Amygdalus valde calida est, et modicum humiditatis in se habet, et cortex, et folia et succus ejus ad medicamenta non multum valent, quia omnis vis ejus in fructu est (7). Et cui cerebrum fatuum [vacuum ed.] est et facies mali coloris, et inde in capite dolet, interiores nucleos ejusdem fructus sæpe comedat, et cerebrum implet, et ei rectum colorem dat [comedat, et melius habebit ed.] Sed et qui in pulmone infirmatur et in jecore defectum habet, eosdem nucleos, sive crudos, sive coctos, sæpe comedat, et pulmoni vires dant et serum, quia hominem nullo modo demphent, nec eum aridum facient, sed eum fortem reddunt (8).

Cap. XI. — De Haselbaum (9) [III, 29].

Haselbaum [Corylus ed.] magis frigida est quam calida, et ad medicinam non multum valet, et sa-

A sciviam designat (10). Sed tamen coppinos ejus, id est ubi flores primo erumpere debent, accipe et eos in sole sicca, et in pulverem redige, et ubi orsina in homine sunt, pulverem istum inmitte, et durabitur. [Masculus quoque qui diffluentem naturam seminis sui habet, ita quod ad prolem non germinat, hic eosdem grossos Coryli, et ad eorum tertiam partem erdpeffer; et quanta quarta pars est erdpeffers, tantum de uvinda sumat, et aliquantum de usitato pipere, et hæc cum jecore juvenis hirci, qui jam maturus est ad gravandum, coquat, additis etiam aliquantum crudis et pinguibus porcinis carnibus; et herbulis istis abjectis, idem vir carnes has comedat, et etiam panem in aqua in qua hujusmodi carnes coctæ sunt intingat, et manducet, et si hoc sæpe
B fecerit, ad prolem florebit, si justum Dei judicium hoc fieri non prohibebit add. ed.] Fructus autem ejus, scilicet nuces, sanum hominem ad comedendum non multum lædunt nec ei prosunt, sed infirmo nocent, quia eum in pectore demphent.

Cap. XII. — De Kestenbaum (11) [III, 13].

Kestenbaum [Castanea ed.] valde calida est, sed tamen magnam virtutem habet quæ ipsi calori permixta est, et discretionem signat. Et quod in ea est et etiam fructus ejus, utilis est contra omnem infirmitatem quæ in homine est (12). Homo autem qui virgichtiget est [quem paralysis fatigat ed.] et inde iracundus existit, quia gicht semper est cum ira (13), folia et hulsen [corticem ed.] et
C fructus ejus in aqua [coquat et cum] illa faciat assum balneum, et hoc sæpe faciat, et gicht in eo cessabit, et suavem mentem habebit (14). Et si schelmo [pestis ed.] pecora occidit (15), contunde corticem ejus, et in aquam ita pone, ut inde saporem trahat, et sæpe in potu asinis et equis, bobus et ovibus ac porcis, et omnibus cæteris pecoribus, et schelmo ab eis cessabit, et curabuntur [bibant, et pestis ab eis cessabit ed.]. Quod si equus et bos aut asinus, vel aliud quodlibet pecus verfahgen est [de aviditate potus aut cibi dolorem sibi attraxit ed.], da illi folia in pabulo ad comedendum, si potest, vel si comedere noluerit, ipsa folia pulveriza, et
D pulverem illum in aquam projice, et da illi sæpe in potu bibere (16), et curabitur.

Sed homo qui de ligno ejus baculum parat, et illum in manu sua portat, ita quod manus ex hoc calescit, ex illa calefactione venæ et omnes vires corporis ejus confortantur. Et odorem ejusdem ligni sæpe cape, et capiti tuo sanitatem confert.

---

(1) Sorbus domestica.
(2) Ed.: « Esculus calida et sicca est. Homo enim terram quæ sub arbore hac circa radices ejus est in hortos suos spargat, et virvisceilæ quæ olera corrodunt propter molestiam ejus abscedunt, nec ibi proficere possunt. Fructus enim ejus sano homini nec multum prodest comestus, nec obest, infirmo autem non valet.
(3) Morus nigra.
(4) Et etiam — vini om. ed.
(5) Sed hominem — sibi noceat om. ed.
(6) Amygdalus communis.
(7) Et modicum — fructu est om. ed.
(8) Ed. Sæpe comedat, et melius habebit, reliqua omittens.
(9) Corylus avellana.
(10) Et ad medicinam — designat om. ed.
(11) Castanea sativa.
(12) Sed tamen — est om. ed.
(13) Et inde — cum ira ed. om.
(14) Et suavem — habebit des. in ed.
(15) De Æsculi hippocastani fructibus eadem fere prædicat Matthiol. Epistol. lii, 1.
(16) Vel si — bibere des. in ed.

Sed et homo, cui cerebrum de ariditate vacuum est, et exinde in capite infirmatur, interiores nucleos fructus ejusdem arboris in aqua coquat, et nihil aliud addat, et aqua effusa, jejunus et pransus ita sæpe comedat, et cerebrum ejus crescit et implebitur, *senadern* ejus fortes erunt, et ita dolor in capite cessabit. Et qui in corde dolet, ita quod cor ejus in fortitudine non proficit, et sic tristis efficitur, eosdem nucleos sæpe crudos comedat, et cordi ejus succum velut *smalh* (*smalx*?) infundat, et sic in fortitudine proficit, et lætitiam recipiet. Sed et qui in jecore dolet, eosdem nucleos sæpe contundat, et ita in mel imponat, et cum eodem melle eos sæpe comedat, et jecor ejus sanabitur. Qui autem in splene dolorem patitur, nucleos istos ad ignem modice asset, et tunc modice calidos sæpe comedat, et sp.en calidum erit et ad sanum perfectum tendit (1). Sed et qui in stomacho dolet, eosdem nucleos in aqua fortiter coquat, et coctos in ipsa aqua comminuat, scilicet ad *drab*, et tunc farinæ modicum similaginis in scutella cum aqua temperet, id est *cloppe*, et pulverem liquiricii et parum minus pulveris de radice *stemfarn* [Polypodii *ed*.] ipsi farinæ addat, et sic cum præfatis nucleis denuo coquat, et paret ut *mus* [pulmentum *ed*.], et deinde comedat, et stomachum ejus purgabit (2), et calidum et fortem facit.

CAP. XIII. — DE NESPELBAUM (3) [III, 14].

Nespelbaum valde calida est, et suavitatem designat (4). Cortex autem ejus et folia ad medicamina non multum valent, quia virtus eorum tota in fructu ejus est (5). Sed tamen homo, qui *ridden* patitur [quotidianas, seu tertianas, seu quartanas habet *ed*.], radicem ejus pulverizet et pulverem istum in calido vino jejunus et pransus et ad noctem bibat, et etiam in ipsa accessione ejusdem infirmitatis (6), et hoc sæpe faciat, et curabitur. Fructus autem arboris istius sanis et infirmis hominibus utilis et bonus est, quantumcunque ex ea comedant, quia carnes eorum crescere facit, et sanguinem eorum purgat (7).

CAP. XIV. — DE FICKBAUM (8) [III, 15].

Fickbaum magis calida est quam frigida, et semper calorem habebit, et frigus non valet, et timorem designat (9). Accipe autem folia et corticem ipsius, et ea modice contunde, et in aqua valde coque, et tunc etiam arvinam ursi et parum minus de *augssmere*? [butyro *ed*.] et sic fac unguentum; et si in capite doles, caput tuum cum eo unge; vel si oculi tui *swerent*, tympora tua cum eo perunge et circa oculos tuos, ita tamen ne oculum interius tangat.

(1) *Sed et homo cui cerebrum — perfectum tendit* om. ed.
(2) *Et — purgabit* om. ed.
(3) *Mespilus Germanica*.
(4) *Et suavitatem designat* om. ed.
(5) *Quia — est* om. ed.
(6) *Et etiam — infirm*. om. ed.
(7) *Quia — purgat* om. ed.
(8) *Ficus carica*.
(9) *Et semper — designat*, om. ed.

Aut si in pectore doles, pectus unge; aut si in *lenden* [renibus *ed*.], eos cum illo unge, et melius habebis. Si autem lignum ejus in igne accenditur et si quem fumus ejus tetigerit, ipsum aliquantum lædit, ita quod illi *unmechtet*. Vel si quis baculum ex eodem ligno in manu sua portat, eum etiam eodem modo in viribus suis debilem facit, scilicet in *unmechte* (10). Sed et fructus ejusdem arboris homini, qui sanus in corpore est ad comedendum non valet, quoniam facit eum delectationem et tumidam mentem [mutabiles mores *ed*.] habere, et quod erit *zychern* et *glusclich*, ita quod honores appetit et quod avaritiæ intendit et quod mutabiles mores habebit, ita quod in uno statu mentis non perseverat. Sed etiam corpori hominis ad comedendum non valet, quia carnes ejus *zuflosslich* parat et quia omnibus humoribus hominis resistit, ita quod eos in malum irritat velut eorum inimicus sit (11). Infirmo autem qui in corpore deficit, bonus est ad comedendum, quia mens et corpore deficit, et ille eum comedat usque dum melius habeat, et postea eum devitet. Quod si sanus homo eum comedere vult, in vino aut in aceto eum prius *beysze* (12), ut fragilitas illius temperetur, et tunc eum comedat, sed tamen modice. Sed necesse non est ut infirmus homo eum hoc modo temperet, id est *beysze*.

CAP. XV. — DE LAURO (13) [III, 16].

Laurus calida est, et modicum sicci habet, et constantiam signat (14). Accipe ergo corticem et folia Lauri, et ea contunde, et succum eorum exprime, et tunc eodem succo et cum farina tritici fac *kucheln* [tortellos *ed*.], et illa tere et in pulverem redige, et deinde cum melle et aqua *honigwurcz* [potum] fac, et illi de pulvere isto modicum impone et bibe, aut altum pulverem quem in vino bibis, et sic quoties volueris facies, et stomachum tuum ab omni sorde purgabit, nec eum multum vulnerat. Sed et radicem et corticem ac folia ejusdem arboris in aqua coque, et de trabe illo et hircino sepo unguentum fac, et si in capite doles, aut in pectore, aut in latere, aut in dorso, aut in *lenden* [renibus *ed*.], ibi te cum eo unge et melius habebis. Et fructus ejusdem arboris valde calidus est et aliquantum aridus et ad medicamenta utilis est (15). Nam si quis eum crudum frequenter comederit, omnes febres ab eo compescit. (16) Sed qui a *gicht*, et a febribus fatigatur, easdem bachas in pulverem redigat et dimidium tanti de pulvere pomi quod crescit *pinapeles* addat, vel si *pinapel* non habes, ad medietatem ejus fenigra cum pulverizatum commisceat (17), et sic in vino calefaciat, id est *welle*, et calidam bibat, et *gicht* et *fiber* ab eo cessabit.

(10) *Si autem lignum — unmechte* om. ed.
(11) *Et quod erit — inimicus sit* des. in ed.
(12) *Condiat* ed., reliqua omittens.
(13) *Laurus nobilis*.
(14) *Et modicum — signat* om. ed.
(15) *Et fructus — utilis est* om. ed.
(16) *In his quæ sequuntur* edit. plerasque passim repræsentat, sed ordine mutato.
(17) *Et dimidium tanti — commisceat* des. in ed.

Sed et oleum de eisdem bachis exprime, et ubi in corpore tuo *gicht* te fatigat, ibi cum illo te unge, et melius habebis. Si autem huic oleo tertiam partem de succo *sibenbaum* addideris, vel tertiam partem de succo buxi, oleum hoc tanto fortius erit, et cutem tuam tanto citius te ad sanandum pertransit, et ita *gicht* a te cessabit. Et si in capite doles, easdem bachas in mortario, modico vino infuso, contunde, et sic cum eodem vino verticem et frontem ac tympora capitis tui atque totum caput perunge, id est *bestriche*, et hoc facto, caput tuum tege ut incalescat, et te in lectum depone; quantumvis fortiter doleas, dolor ille cessabit. Quod si etiam in pulmone infirmaris, ita quod etiam putrescit, easdem bachas pulveriza, et pulverem istum frequenter cum pane comede, et curaberis. Et si in stomacho doles, ipsas bachas in vino coque, et idem vinum calidum bibe, et *slim* a stomacho tuo aufert, et eum purgat, et etiam *fiber* ab eo expellit. Sed et cum eædem bachæ crudæ sunt, oleum ab eis exprime, et cum eis oculos tuos interius tangas, et caliginem ab eis aufert. Aut si in corde doles, ibi te cum illo unge, aut si in latere, aut si in dorso langues, ibi te cum illo unge, et melius habebis. Quod si etiam fœtidum stomachum habes, ita tamen quod etiam immundam salivam eicis, cum eodem oleo et modica farinula tortellas para et eas comede, et stomachum purgabunt, et fœtidos humores exsuperant, ac rectos et bonos in te parant.

CAP. XVI. — DE OLEYBAUM (1) [III, 17].

Oleybaum plus calida quam frigida est, et misericordiam signat (2). Exteriorem autem corticem et folia arboris hujus in aqua coque, et tunc cum aqua et veteri arvina unguentum fac, et si quis in corde, aut in dorso, aut in latere, aut in *lenden* de *gicht* dolet, ibi eum hoc unguento unge, et cutem ejus ita pertransit velut *smaltz* novam ollam si in ea ad ignem ponitur, et melius habebit (3). Et cui stomachus infrigidatus est, corticem et folia ejusdem arboris in aqua coquat, et aquam illam per pannum colet, et tunc minus de *hartz* et etiam de mirra minus quam de *hartz*, sic in patella ad ignem dissolvat, id est *zulasze*, et prædicto succo addat, et sic emplastrum faciat, et in illo pannum de canapo intinguat, et illum super stomachum suum ponat, et stomachus ejus calefiet, et bonam digestionem ei parabit. Oleum autem de fructu arboris hujus ad comedendum non valet multum, quia si comeditur, nauseam provocat et alios cibos comedendo molestos facit (4). Sed ad plurima medicamenta valet. Nam cum oleum ejus primum paratur, ad ignem coquatur, et tunc rosæ et violæ ei imponantur, et sic contra diversas febres valet, et quia ad ignem coctum est, necesse non est ut amplius ad solem ponatur (5). Si quispiam a *gicht* fatigatur, rosas eidem oleo imponat, et ubi eum in corpore *gicht* movet, ibi se ungat et melius habebit. Sed si quis in capite aut in *lenden* dolet, vel si al cui in corpore ejus absque casu aut absque ictu tumor per se exsurgit, tunc violas præfato oleo imponat, et ubi dolet se ungat, et si tumor est, juxta tumorem et non super tumorem ungat.

CAP. XVII. — DE DATILBAUM (6).

Datilbaum calida est, et humiditatem in se habet, et eadem tenax est ut livor, et beatitudinem signat. Et qui pleurisim habet, de cortice et de ligno, aut de spatulis, aut de foliis ejusdem arboris in aqua coque, et aqua expressa, idem lignum et folia ita calida capiti illius circumpone, et hoc sæpe fac, et sensus suos recipiet. Et ipsa folia, dum viridia sunt, ad solem sicca, et tunc contunde, et in pulverem redige, et huic pulveri modicum lucidi salis adde, et sic eundem pulverem cum pane tuo sæpe comede, et prohibebit ne interius putrescas et ne malum nec multum flecma in te crescat. Sed si quis fructum arboris hujus coquit et ita comedit, corpori suo tantam vim fere confert quemadmodum panis, sed tamen eum faciliter *demphet* et gravat si de eo nimis comederit.

CAP. XVIII. — DE BONTZIDERBAUM (7) [III, 18].

Bontziderbaum, scilicet in qua magna Bonczider crescit, plus calida est quam frigida, et castitatem signat (8). Et homo qui cotidianas febres habet, folia ejusdem arboris in vino coquat, et vinum hoc per pannum colet, et sæpe bibat, et curabitur. Sed et poma ejusdem arboris comesta, *fiber* in homine compescunt.

CAP. XIX. — DE CEDRO (9) [III, 19].

Cedrus calida est et aliquantulum sicca, et confirmationem signat (10). Homo autem qui spleneticus est, de ramis et de ligno ejusdem arboris, dum viride est et dum succum habet, contundat, et ad pulverem comminuat, et sic ex eo electuarium faciat cum et in temporibus suis, quando in capite dolet, cum unguento se ungat, et cerato panno circumliget. Si autem ulcus aliquod seu pustula hominem acerbe dolere facit, antequam rumpatur, oleo olivæ deliniatur. Quod si quispiam a paralysi fatigatur, rosas oleo olivæ imponat, et se ungat, et melius habebit. Quod si crampho alicubi hominem in corpore suo lædit, cum oleo olivæ fortiter se perungat, et melius habebit. »

(1) *Olea Europæa.*
(2) *Et — signat* om. ed.
(3) *Unguentum fac, et ubicunque de paralysi dolet, se inungat et melius habebit.* ed.
(4) *Et alios — facit* om. ed.
(5) *Et quia — ponatur* om. ed.] — Hujus capituli finem in ed. auctiorem hic sistimus : « Si aliquis in capite dolet, oleum olivæ, et minus rosatæ aquæ in sartagine fervere faciat, et de fructu solatri minus quam olei sit, et de urente urtica plus quam de fructu solatri, terat, et per pannum colet, et succum istum in sartaginem ad oleum fundat, et denuo fervere faciat. Quod cum fecerit, iterum colet, et in novum fictile vas fundat. Deinde in vertice, in fronte
(6) *Phœnix dactylifera.* — Deest in ed.
(7) *Citrus medica.*
(8) *Et cast. sign.* om. ed.
(9) *Juniperus Phœnicea et Oxycedrus.*
(10) *Et conf. sign.* om. ed.

melle cocto (1), et pransus modice comedat, et splen ad sanitatem recuperabitur. Et dum sanus fuerit, de electuario isto amplius non comedat.

Et qui interius in corpore infirmus est et qui interius putrescit, de eodem viridi ligno in parum vinum per noctem ponat, ut inde saporem habeat, et pransus de vino illo modice bibat, et infirmitas ac putredo quæ in corpore ejus interius est purgabitur (2) et sanabitur. Et postquam sanitatem interius senserit, amplius idem vinum non bibat; nam qui sanus est, si de hoc electuario comederet, vel si de vino isto biberet, in corpore interius velut lignum durus et rigidus fieret et vir *baumechte*(?) et sic periret, quia virtus arboris hujus est tam magna quod hominem interius læderet (3). Et qui a *gicht* fatigatur, fructus cedri virides comedat, et *gicht* cessabit et peribit (4). Vel si eundem fructum per annum servare non poteris, ipsum fructum pulveriza, et de pulvere illo in aquam inmitte, et jejunus sæpe bibe, et *gicht* cessabit.

CAP. XX. — DE CYPRESSO (5) [III, 11].

Cypressus valde calida est et secretum Dei significat (6). Et qui in stomacho dolet, de ligno ejus accipiat, sive viride, sive aridum sit, et modice in vinum incidat et coquat, et sic jejunus sæpe bibat, et melius habebit. Sed et qui infirmus est, vel etiam qui in toto corpore deficit, ramos cum foliis in aqua coquat, et in ipsa aqua balneum faciat, et sæpe accipiat, et sanabitur, et vires suas recuperabit. Et accipe de ligno quod est in medietate ipsius arboris, quod cor arboris est, et apud te semper porta, et dyabolus tanto plus te devitat, quoniam eadem arbor, propter fortem naturam suam, quamdam prosperitatem inter cætera ligna arborum habet, quia dyabolus omnia quæ virtuosa sunt dedignando fugit, quia ipse nullam virtutem habet (7).

Sed et si quis homo a dyabolo vel per magica irretitus est, accipe de eodem ligno quod est in medietate ejusdem arboris, et cum *nebegor* [terebro *ed.*] perfora, et tunc cum fictile vase aquam vivi fontis tolle, et eam per idem foramen funde et in illud fictile vas excipe, et cum eam jam fundis, dic : « Ego fundo te, aqua, per foramen istud, et in virtuosa virtute illa, quæ Deus, ut cum fortitudine illa quæ tibi adest in natura tua, tu fluas in hominem istum, qui in sensu suo irretitus est, et ut in eo destruas omnes contrarietates quæ in ipso sunt, et ut eum reponas in illam rectitudinem, in qua Deus eum posuit, in recto sensu et in recta scientia. » Et tunc aqua ista per novem dies illi ad bibendum jejuno detur, quia per dyabolum aut per phantasmata aut per magica fatigatus aut irretitus est (8), et melius habebit. Et etiam per novem dies ipsa eodem modo benedicatur.

CAP. XXI. — DE SYBENBAUM (9) [III, 30].

Sybenbaum [Savina *ed.*] plus calida est quam frigida, et idem calor tam fortis est, quod viriditatem suam per annum servat. Et asperitatem significat (10). Et si vermes hominem aliquem comedant, Sybenbaum contunde et succum ejus exprime, huic succo modicum aceti adde, et ubicumque vermes hominem in corpore suo comedunt, ipsum succum in eadem ulcera funde, et vermes morientur, nec vivere possunt. Sed et qui in pulmone dolet, ita quod pulmo ejus venenosus est et putrescit (11), accipe succum de eadem Savina et ad pondus medietatis succi de pulvere liquiricii ipsi succo impone et sic in vino coque, modico de sagimine addito, et sic sæpe bibat, et postquam biberit, quia amarum est, mex *honigwurtz* desuper bibat, et a pulmone venenum et putredinem aufert (12), et sanabitur.

CAP. XXII. — DE BUXO (13) [III, 31].

Buxus calida est, et ita fortis est quod etiam viriditatem suam per annum tenet, et calor ejus calorem Savinæ excedit. Et etiam sicca est, et ipsa siccitas humiditatem in ea superat. Et largitatem designat (14). Et homo qui *uzslecht* sive *utslecht*, in corpore suo habet, corticem et folia ejus contundat, et succum eorum exprimat, et huic parum minus liquiricii addat, et in puro vino calefaciat, et ita calidum sæpe bibat, et dolorem et venenum *uzslechte* extra corpus expellit ita ne corpus intret. Et mox ad prædictum succum ejusdem arboris modicum plus de baumoleo commisceat, et in isto pennam intingat, et cum illa circa *uzslechte* et circa ruse ejus se leniter ungat, et hoc sæpe faciat et sanabitur. Sed tamen antequam se hoc modo ungat, semper eodem succo liquiricii addito et in vino, ut præfatum est, calefacto prius bibat, ne unctio ista exteriorem fœditatem in corpus mittat, sed ut potus isto ipsam interiorem fœditatem expellat, et sic homo ille sanabitur; nam succus ejusdem arboris sanus et fortis est, et ideo etiam lignum ejus sanum et firmum est (15). Et qui de eodem ligno cyphum aut pecarium parat, et illi vinum infundit, ita ut saporem de eodem ligno capiat, et sic sæpe bibat, *fiber* de stomacho aufert, et oculos ejus clarificat. Sed et qui de eodem ligno oculos suos sæpe tangit, tunc exinde caro ejus et caput et oculi ipsius tanto saniores fiunt. [Sed et qui etiam baculum inde parat, et illum in manu sæpe portat, et etiam naribus suis sæpe apponit,

(1) *Cum m. c.* om. ed.
(2) *Et infirm.—purgabitur* om. ed.
(3) *Nam qui sanus — læderet* om. ed.
(4) *Reliqua* om. ed.
(5) *Cupressus semper virens.*
(6) *Et secr. — signif.* om. ed.
(7) *Quoniam ead. arbor — habet* om. ed.
(8) *Quia — irretitus est* om. ed.

(9) *Juniperus Sabina.*
(10) *Et idem. — signif.* om. ed.
(11) *Ita quod — putrescit* om. ed.
(12) *Et postq. biberit — aufert* om. ed.
(13) *Buxus semper virens.*
(14) *Ita fortis est — designat* om. ed.
(15) *Sed tamen — firmum est* om. ed.

aut odorem ejus capiat et oculos suos cum eo tangit, caro, caput et oculi ejus tanto saniores fient. Add. ed.]

CAP. XXIII. — DE ABIETE (1) [III, 32].

Abies plus calida quam frigida est, et multas vires in se habet. Et fortitudinem significat (2). Nam in quocumque loco lignum abietis est, aerei spiritus illa magis odio habent et magis devitant, quam alia loca, et *zauber* [maleficia ed.] et magica ibi minus vigent et minus ibi prævalent quam aliis locis. Accipe autem de cortice et foliis ejusdem arboris, et etiam de ipso ligno ejus quædam minutissima frusta incide, cum ipsa arbor viret, ita quod succum suum nondum amisit, ut in Martio et etiam in Maio est, et ad pondus medietatis istorum salviam adde, et tunc hæc simul in aqua fortiter coque dum spissum fiat; et etiam butyrum, quod in Maio de bobus paratur, adde, et tunc per pannum cola, et sic unguentum fac. Et si quis in capite dolet ita *virgichtiget* est vel *hirnwudig*, vel freneticus, et de fortitudine ejus in corde deficiat, tu: e eodem unguento cor ejus primum perunge, et mox, abrasis capillis illius, caput ejus eodem unguento perunge, et hoc aut secunda aut tercia die iterum fac, et caput ejus sanitatem recipiet, et ad sensus suos redibit. Sed et si quis in stomacho aut in splene dolet, illum eodem unguento propter defectum cordis ad cor primo perunge, et mox super stomachum, si in stomacho dolet, aut super splen, si in eo dolet, unguento perunge, et fortitudine sua totam cutem suam pertransibit, quod cito curabitur. Et qui in pectore *demphet* et *hustet* [tussitat ed.], et etiam in pulmone dolet, ita quod ei inflatur, et quod jam putrescere incipit, de ligno abietis, cum recens est et cum succus ejus adhuc in eo est, in cineres incendat, ita quod nullus alius cinis addatur, et his cineribus bis tantum bibenellæ, et feniculi tantum ut bibenellæ, et liquiricii tantum ut dimidia pars bibenellæ, et hoc simul in bono vino coque, modico etiam melle addito, et sic per saccellum colet, et *luterdrang* [purum potum ed.] faciat, et sic sæpe bibat, et pectus purgabit, et pulmonem sanitati restituet, et sic ille curabitur.

Sed dum caucri hominem comedunt, ille semen abietis, quod in summitate crescit, super ignito latere in pulverem redigat, et super vulnus illud ubi cancri hominem comedunt, et ipsum pulverem projiciat, et cancri morientur. Sed et eundem laterem, super quem semen illud pulverizatum est, cum alio ignito lapide denuo fortiter calefaciat, et eum super vulnus illud, ubi cancri comedunt ita calidum ponat, et ipsi morientur (4). Et si os tuum

et labia ab aliqua infirmitate tument et inflantur, semen vel fructum abietis super laterem pone ad ignem calefactum, ut ab eo calidum flat, non autem ad pulverem redigat (5), et ita calidum ori tuo sæpe superpone, et tumor et inflatio cessabunt. (6) Sed abies fortem calorem habet, et odor ejus humores, qui in homine sunt, extorret, ita quod in quamdam inundationem vadunt. Et homo odorem abietis non capiat, nisi aliqua quædam pigmenta et aliæ quædam odoriferæ herbæ ei addantur, cujuscumque generis sint, ne humores qui in ipso sunt supra modum suum irrident, et ita retinentur et confortantur, ne velut in procellam inundationis excitentur.

CAP. XXIV. — DE TILIA (7) [III, 34].

Tilia magnum calorem habet, et calor ille totus in radice est, et illud in ramos et in folia ascendit, et fragilitatem signat (8). Et homo qui in corde dolet, interiorem radicem et illud quod in medietate radicis tiliæ est accipiat, et in pulverem redigat, et pulverem illum cum pane sæpe comedat, et in corde melius habebit. Sed in *stirpe* (?), non autem in ramis ejusdem arboris corticem aufer usque ad album lignum, cum in æstate viridis est, et tunc de ligno *spechen* abscide, et illud in aureum annulum perforatum pone, et super *span* [astulam ed.] viride vitrum, et non alium lapidem, ita tamen quod inter *span* et vitrum telam araneæ aut *baumwulle* [bouvel ed.] ponas, ne vis ejusdem *span* vitrum pertranseat, et annulum illum in digito tuo semper porta, ita quod calor digiti tui ad illum *span* ascendat, et vis illius *span* digitum tuum et venas ejus tangat, et hæc fortissima virtus contra omnes periculosissimas pestes hominis, et eas ab homine prohibet, sicut *vach* aliquod vetat ne superveniens inundatio aquarum injustum cursum faciant, etiam si istæ pestes modice in homine inundentur (9).

Et in æstate, cum dormitum vadis, recentia folia tiliæ oculis tuis superpone et totam faciem tuam cum eis tege, et oculos tuos clarificat ac puros facit. Et qui *virgichtigit* est, accipiat de terra quæ circa radicem tiliæ illius jacet, et eam in ignem ponas, et ignita, in asso balneo aquam desuper fundat, et sic balneet, et hoc per novem dies facias, et curabitur.

CAP. XXV — DE QUERCU. (10) [III, 35].

Quercus frigida est, et dura et amara est, sed amen modicum in ea ad plenum valet. Et nequitiam designat. Et ipsa dura et amara, nec ulla mollities in ea esse potest. Et etiam fructus homini ad comedendum non valet, nec etiam vermi-

ille suavius solvetur et cessabit. Cineres quoque de ligno abietis fiant, et cum eis lixivia paretur, et caput lavetur; et caput sanat et oculos clarificat.
(7) *Tilia Europæa.*
(8) *Et calor — signat* om. ed.
(9) *Sicut vach — inundentur* om. ed.
(10) *Quercus pedunculata.*

(1) *Pinus abies.*
(2) *Et fortit. signif.* ed. om.
(3) *Ubi — comedunt,* ed. om.
(4) *Sed et — morientur* ed. om.
(5) *Non autem — redigat* ed. om.
(6) *Sed abies — excitentur* om. ed., quorum loco hæc habet: « Si reuma superflue a naribus effluit, fumus de ligno abietis excipiatur, et fluor

culi lignum ejus libenter comedunt. Sed si illud comedunt, cito desistunt et deficiunt (1). Sed tamen de fructu ejus quædam tortuosa [virtuosa *ed.*] animalia pascuntur et pinguia fiunt, velut porci sunt. Ad medicamentum autem nec lignum nec fructus valent.

CAP. XXVI. — DE FAGO (2) [III, 36].

(3) *Fagus* in recto temperamento et æqualis caloris et frigiditatis est et utrumque in ea bonum est. Et disciplinam significat. Et cum folia fagi jam procedere incipiant, sed cum nondum ad plenum apparent, vade ad ipsam arborem, et ramum ejus sinistra manu apprehende, et scultellam in dextra tene, et dic : « Tuam viriditatem ideo abscido quod omnes humores hominis qui in alienam viam et injustam *gelwe* fellis vertuntur emendes, per vivens Verbum, quod hominem absque contritione ejus fecit; » et manu sinistra ramum tene, dum omnia verba hæc dicis, et tunc eum in ferro quod calibs est abscide, et ramum istum id est usque anni circulum serva, et sic fac per singulos annos; et si quispiam homo in illo anno *gelsucht* habet, ex eodem ramo parva frusta abscide, et ea in vasculum pone, ac super ea modicum vini ter funde et totiens hæc verba dic, et vinum super eadem frusta fundis. « Per sanctam *scincturam* (4) sanctæ incarnationis, qua Deus homo factus, abtrahe ab homine isto N. dolorem *gelsucht*, » et tunc vinum illud cum hastulis illis, quas abscidisti in patella vel in crucibulo calefac, et illi jejuno ita calidum ad bibendum per tres dies da, et curabitur, nisi Deus nolit. Sed et si quis *ridden* habet, accipe de fructu fagi, cum primum procedit, et eum in pura aqua, scilicet *springbornen*, commisce; et hæc verba dic : « Per sanctam *scincturam* sanctæ incarnationis qua Deus homo factus est, tu *riddo*, vos febres, deficite et deficite in frigore et in calore tuo in' homine isto N. ; » et tunc aquam illam da illi ad bibendum ; per quinque dies eam parabis, et si aut cottidianam aut quartanam habuerit, ab eis cito liberabitur, aut Deus eum liberare non vult.

Sed et radicem fagi adde, cum super terram apparet, et superiorem corticem ejusdem radicis aufer, et ibi de ea abscide quantum una incisione capere poteris, et dic : «Per primam ostensionem qua Deus hominem vidit in radice Mambre (5), frange undas veneni hominis absque morte illius;» et iterum quantum capere potes secunda incisione abscide, et eadem verba dic ; et simili modo tertiam incisionem in eadem radice, et ideo ter de eadem radices abscides, ne tibi per annum deficiat, et tunc hæc frusta per circulum anni serva,

(1) *Sed tamen modic.—deficiunt* om. ed.
(2) *Fagus silvestris.*
(3) Edit., brevissime, « Fagus in recto temperamento caloris e t. Et si quis de foliis fagi, cum recentia sunt, pulmentum parat, et comedat, et si etiam de fructu ejus comedit, eum non lædit, sed pinguis inde efficitur. Si autem asinus in capite dolet, homo cineres fagi, de quibus lixivia facta est, calidos ante ipsum ponat, et fumum ab eis egre-

et sic per singulos annos facies ; et cum quispiam homo in illo anno *freyszchlich*, quod est *selega*, in corpore suo habuerit, tunc de una inscisione istarum hastarum modicum abscide et in vasculum pone, et de pura aqua *springbornes* modicum desuper ter funde, et hæc verba totiens dic : « Per primam ostensionem, qua Deus in Jordane baptizatus est (6), per venenum hoc, absque morte hominis N. aufer ab eo omnem illam illusionem pestis hujus, sicut et Jesus pura vita fuit ; » et aquam istam per tres dies da illi jejuno ad bibendum, et in unoquoque die quo eam bibit, illa eodem modo, ut prædictum est, parabis, et a *freischlich* liberabitur, nisi Deus prohibeat. Et si quis de foliis fagi, cum nova et recentia sunt, *mus* parat et comedit, eum non lædit ; vel si quis fructum ejus comedit, ab illo non læditur, sed pinguis inde efficitur.

CAP. XXVII. — DE ASCH (7) [III, 37].

Asch [Fraxinus *ed.*] magis calida est quam frigida, et consilium signat (8). Et si quispiam aut in latere aut in aliquo alio membro suo a *gicht* fatigatur, velut omnia membra ejus fracta et *zustoszen* sint, folia *Asch* in aqua coque, et infirmum nudum et in linteamen pone, et aqua illa effusa, eum ipsis foliis ita coctis et calidis ubicunque circumpone, et præcipue in loco illo, ubi dolet, et hoc sæpe fac et melius habebit (9). Quod si etiam cervisiam de avena parare volueris absque *hoppen*, sed tantum cum *grusz* et plurimis foliis de *Asch* additis coque, et cervisea ista stomachum bibentis purgat, et pectus ejus leve et suave facit. [Et si capræ aliquo modo infirmantur, folia fraxini eis sæpe ad comedendum dentur, et curabuntur. *Add. ed.*]

CAP. XXVIII. — DE ASPA (10) [III, 38].

Aspa [Tremulus *ed.*] calida est, et nimietatem designat (11). Et cum aliquis infans in cunis jacens multotiens inter cutem et carnem sanguine perfunditur et vulneratur, ita quod inde valde dolet, accipe nova et recentia folia *Aspen*, et ea super simplicem pannum lineum pone, et sic eundem infantem ipsis foliis et eidem panno involve, ac cum ad dormiendum colloca, et vestibus tege, ut sudorem emittat et virtus foliorum istorum extrahit, et sanabitur. Sed et si quis *virgichtiget* est, aut si quis frigidum stomachum habet, corticem ejusdem arboris, cum viridis est accipiat, et lignum ejus exterius usque ad interius cor ejus, et non ipsum quod dicitur cor arboris, et in minuta frusta inscidat, et in aqua coquat, et tunc eamdem aquam cum ipsis lignis in dolium fundat, et in eis balneet, et hoc sæpe faciat, et *gicht* ab eo cessabit, et etiam frigidus stomachus dientem in os et in nares asini transire permittat. »
(4) Sic. *Scissuram? Cincturam?*
(5) Gen. XVIII, 1.
(6) Marc. I, 1.
(7) *Fraxinus excelsior.*
(8) *Et cons. signat* om. ed.
(9) *Et hoc habebit* om. ed.
(10) *Populus tremula.*
(11) *Et nim. designat* om. ed.

ejus calidus erit, et sic uterque melius habebit (1). In Maio quoque accipe corticem ejusdem arboris, et exterius lignum ejus usque ad cor, et hæc in minuta frusta inscide, et in mortario contunde, et succum abeis exprime, et ipsum succum aliis unguentis, quæ paras, adde, et tanto plus valent (2), contra omnes pestes quæ hominem fatigant in capite, et in dorso, et in lenden, in stomacho ac in cæteris membris ejus, et tanto plus malos humores compescunt.

CAP. XXIX. — DE ARLA (3) [III, 39].

Arla [Alnus ed.] frigida est magis quam calida. Et inutilitatem significat, nec ad medicamenta multum prodest (4). Sed si quis in cute sua modicum ulcerosus est, nova et recentia folia ejusdem arboris ipsis ulceribus superponat, et interim lenius habebit.

CAP. XXX. — DE AHORN (5) [III, 40].

Ahorn [Platanus ed.] frigida est, et etiam sicca est, et quædam exterrita signat (6). Et qui cottidianas et diuturnas febres habet, ramos arboris hujus cum foliis in aqua coquat, et ita cum aqua illa sæpe balneet, et mox cum de balneo exierit, subteriorem corticem ejus contundat et succum exprimat, et in purum vinum fundat, et ita frigidum post præfatum balneum bibat, et hoc sæpe faciat, et diuturnæ febres in eo cessabunt, atque fœditates et tempestates ipsarum in eo evanescunt (7). Et si quis (8) in aliquo membrorum suorum a gicht fatigatur, de ligno ejusdem arboris accipiat et ad ignem valde calefaciat, et ita calidum super locum ubi dolet, ponat, et gicht fugabitur. Vel si idem lignum ibi integrum pati non poterit, tunc de eodem ligno calefacto scobat, et super locum, ubi dolet, ponat, et ligamine desuper constringat, et melius habebit. Sed et si alicui nares suæ aliqua infirmitate inflantur, id est erblasent, illam terram, quæ circa radices hujus arboris est, valde calefaciat, et super nares suas ad noctem ponat, et ligamine eam ibi constringat, et ita per parvam horam jaceat, et hoc sæpe faciat, et inflatio illa evanescet, et melius habebit.

CAP. XXXI. — DE YBENBAUM (9) [III, 41].

Ybenbaum [Taxus ed.] plus frigida est quam calida, et etiam sicca est. Et lætitiam signat (10). Et lignum ejus, cum ad ignem incenditur, nec damph [humor ed.], nec fumus, qui ex eo egreduntur, aliquem lædunt. Nam si aliquis in naribus suis et in pectore suo de malis humoribus gebreche habet, fumum ejusdem ligni in nares et in os suum excipiat, et sic illi mali humores leniter et suaviter solventur, et absque periculo corporis sui evanescent (11). Sed et si quis de eodem ligno baculum paraverit et eum in manibus suis portat, bonum et utile est illi ad prosperitatem et sanitatem corporis sui.

CAP. XXXII. — DE BIRCKA (12) [III, 42].

Bircka [Vibex ed.] magis calida est quam frigida, et felicitatem signat (13). Sed si in corpore alicujus hominis cutis ejus rubescere et bulechte esse [vel intumescentes pustulas habere ed.] incepit, unde ibi tumor insurgere aut vermes ebullire velint (14), accipiat coppini, id est uszproszen, ejusdem arboris, et eos ad solem vel ad ignem calefaciat, et eos ita calidos loco ubi dolet superponat, et panno constringat, et hoc sæpe faciat, et tumor ille cessabit.

CAP. XXXIII. — DE FORNHAFF (15).

Fornhaff plus calida est quam frigida et humida, sic et mœrorem signat, nec felicitatem in natura sua habet. Sed succus ejus ad unguenta et collyria multum valet, ita ut si quis unguenta parat de succo ramusculorum ejus, ipsis unguentis adde, et fortiora et meliora fiunt; vel si quis collyria facit, eis de eodem succo modicum addat, et oculos in lumine ardere facit et clarius videre; simpliciter autem et singulariter ad nulla medicamenta per se valet, quia succus ejus per se nimis fortis esset, nisi cum aliis condimentis temperaretur. Sed tamen si pestilentia, id est schelmo, pecora vexat et occidit, recentes ramos ejusdem arboris ante ipsa pecora pone, ut odorem eorum capiant; ubi eædem arbores nascuntur, illuc ipsa pecora duci facito, et odor earum per nares ipsorum transeat, et abinde inciperent husten et eicere putredines, quæ in naribus et in capitibus eorum sunt, et ita pestis quæ ea vexat evanescet. Sed tamen cavendum est ne eadem pecora quidquam de arboribus illis gustent, ne inde kædantur et doleant.

CAP. XXXIV. — DE SPYNELBAUM (16) [III, 43].

Spinelbaum magis frigida est quam calida, et largitatem signat, et quamdam felicitatem in natura sua habet (17). Et homo, qui hydropicum morbum habet, corticem ejusdem arboris abjiciat et lignum ejus, quod interius est, in igne incendat, et inde cineres faciat, nullis aliis cineribus additis, et easdem cineres in pannum ligatas in purum et bonum lerit, ei postea non proderit. Et si quis in aliquo loco de paralysi fatigatur, de ligno ejus valde calefaciat, et calidum super locum doloris ponat et melius habebit. Sed et si alicui nares inflantur, ille terram quæ circa radicis platani est valde calefaciat, et super nares suas ad noctem ponat, et ita per parvam horam jaceat, et melius habebit.

(1) Et etiam. — habebit om. ed.
(2) Hic desinit capitulum in ed.
(3) Alnus glutinosa.
(4) Et inutilit. — prodest om. ed.
(5) Acer pseudoplatanus.
(6) Et etiam — signat deest in ed.
(7) Atque — evanesc. om. ed.
(8) Reliqua hujus capituli cum editione non concordant quæ sic se habet : « Postquam acuta febris hominem invasit, hoc remedium faciat, et aliquantum levius habebit, et ad sudorem suavius perveniet. Ergo de ligno platani, et bis tantum de sicca salice, et in frigidam aquam modicum abradat, et tantum agrimoniæ eidem imponat; et eam frequenter bibat, et levius dolebit. Quod si remedium istud ad quintam, vel ad sextam diem distu-
(9) Taxus baccata.
(10) Et lætit. signat om. ed.
(11) Et absque — evanescent om. ed.
(12) Betula alba.
(13) Et felic. signat om. ed.
(14) Unde ibi — velint om. ed.
(15) Deest in ed.
(16) Euonymus Europæus.
(17) Et largit. — habet om. ed.

vinum bona, scilicet a mane usque ad mediam diem, et sic sæpe jejunus bibat, et morbum illum in eo *evendet* [consumit *ed.*]. Sed qui in splene dolet, de fructu qui in eadem arbore crescit, in puro vino coquat, et per pannum colet, et pransus sæpe bibat, et splen ejus sanabitur. Et quem vermes in ventre comedunt, *vi qui stechen* in ventre patitur, eundem potum sæpe bibat, et melius habebit.

Cap. XXXV. — De Hagenbucha (1) [III, 44].

Hagenbucha plus frigida est quam calida, et quamdam prosperitatem in natura ostendit (2). Accipe autem ramusculos ejus cum foliis, cum virides sunt, et eos in lacte vaccarum aut ovium, et non in lacte caprarum, coque, et tunc ejusdem ramusculis et foliis abjectis, lac idem cum farina aut cum ovis misce, ut comedi possit; et sic mulieres illæ, in quibus conceptus perire solet, quæ tamen steriles non sunt, sed secundæ, id lac hoc modo paratum sæpe comedant, et eis ad fecunditatem et ut conceptum retineant multum prodest. Sed et de ramusculis ejusdem arboris cum foliis in aqua coque, et sic balneum fac, et illum qui amens, id est *tirmuotig*, est, impone, et abrasis capillis ejus, lineum pannum in eadem intinguat, et ipso panno sic madefacto et calido caput ejus in eodem balneo assidue calefac; et postquam balneum exierit, eum in lectum depone, et tunc de fructu ejusdem arboris in aqua coque, et aqua effusa, eundem fructum coctum et calidum super caput illius pone, et panno simul constringe, ut ita phlegmujat, et hoc sæpe faciat, et melius habebit, et sensus suos recipiet. Et si quis malas maculas in corpore suo habuerit, de ligno ejus, scilicet *spon* [bastulam *ed.*], sub cortice ejus abscide, et ad ignem calefac, et eisdem maculis, id est *flecken* ita calidum superpone, et evanescent (3). Sed et homini bonum est et utile, ut de ligno ejusdem arboris apud se semper habeat. Nam *hagenbucha* et alia ligna, in quibus quædam prosperitates ostenduntur, ut supra dictum, si in aliqua domo in igne ardent, ibi aerei spiritus et dyabolicæ illusiones recedunt et dedignando fugiunt, quia ibi aliquam prosperitatem sentiunt. Et si quis homo circa noctem in silva *henachen* aut in meridie quiescere voluerit, sub *hagenbucha* et sub umbra ejus jaceat, et dormiat, et maligni spiritus tanto minus illusiones suas et horrores circa eum parabunt. Sed et sub aliis arboribus in quorum natura aliqua prosperitas esse ostenditur, homo jacere et quiescere potest, ad devitandos dyabolicos horrores, præcipue tamen sub *hagenbucha*.

Cap. XXXVI. — De Wida (4).

Wida frigida est, et vitia designat, quia pulchra esse videtur; et hominibus minus utilis est, nisi quod in quibusdam exterioribus rebus ei famulatur,

(1) *Ulmus campestris.*
(2) *Et quamdam — ostendit* om. e*
(3) Hic desinit capitulum in edit.
(4) Salicis species. — Deest in ed., ut sequentes num. 37-39.
(5) *Salix caprea.*

sed ad nulla medicamenta valet, nam fructus et succus ejus amarus est et ad usus hominis non valet, quia si quis eam comederet, melancoliam in ipso excitaret et augeret, et eum amarum interius faceret, et sanitatem ac lætitiam in eo minueret.

Cap. XXXVII. — De Salewida (5).

Salewida est ac eandem naturam habet quam wida, et ita ad omnia valet sicut et wida.

Cap. XXXVIII. — De Folbaum.

Folbaum nec rectum calorem nec rectum frigus habet, et ad nullam medicinam valet, nec ad ullam utilitatem valet, nec fructus ejus; sed est velut quoddam unkrut absque utilitate.

Cap. XXXIX. — De Felbaum.

Felbaum plus frigida est quam calida, nec ad medicamenta nec ad utilitatem hominis valet. Et si aliquis homo de fructu ejus comederit, eum lædit, et sanitatem ejus minuit, quia malos humores et frigus in illo auget, propter inutilitatem quæ in ipso est.

CAP. XL. — De Erlizbaum. [III, 85.]

Erlizbaum [Cornus *ed.*] calida est, et calor ejus spaxis est, et dulcem humiditatem in se habet (6). Accipe ergo de cortice et de ligno ac de foliis ejus, et in aqua coque, et sic cum eis balneum fac, et qui *virgichtigit* est, sive infans, sive juvenis, sive senex sit, in eo sæpe balneet, et eisdem balneis se circumponat, et hoc in æstate faciat, cum ipsa arbor viridis est, et infantem et juvenem optime ad sanitatem juvabit, seni autem satis proderit, sed tamen non tantum quantum infanti et juveni, et sic melius habebunt (7). Et fructus ipsius arboris comestus hominem non lædit, sed tam infirmum quam sanum stomachum purgat et confortat, homini ad sanitatem prodest (8).

Cap. XLI. — De Mascel (9).

Mascel inutilem et nocivum calorem habet, et etiam frigus quod habet inutile est, et lignum et succus aut folia ejus inutilia sunt ad omnes usus hominis, et nociva ad sanitatem ejus, ac periculosa ad libidinem, quia libidinem in homine excitarent. Et si homo de fructu ejus comederet, inde infirmaretur. Sed et nec ignis nec fumus ejus ad sanitatem valet homini.

Cap. XLII. — De Mirtelbaum (10) [III, 46].

Mirtelbaum plus calida est quam frigida. Et si in homine orfimæ exsurgant, antequam dirumpantur, folia ejus in aqua coque, et ita calida sæpe superpone, et evanescent. Quod si *orfimæ* dirumpere voluerint, de ligno ejusdem arboris ad ignem calefac, et ita calidum in modum crucis eis sæpe superpone, et evanescent. Sed si *orfimæ* disruptæ fuerint, ramusculos et folia ejus pulveriza, et ipsum pulverem eis sæpe superpone, et exsiccabuntur (11). Et si quis cervisiam parare voluerit, folia et fructus

(6) *Et calor — habet* om. ed.
(7) *Et infantem — habebunt* om. ed.
(8) *Homini — prodest* om. ed.
(9) Deest in ed.
(10) *Myrtus communis.*
(11) *Quod si — exsiccab.* deest in ed.

ipsius arboris cum cervisea coquat, et sana erit, et bibentem non lædit.

Cap. XLIII. De Wacholderbaum (1) [III, 48].

Wacholderbaum plus calida est quam frigida, et nimietatem signat. Accipe ergo fructum ejus, et in aqua coque, et ipsam aquam per pannum cola, et tunc eidem aquæ mel adde et modicum aceti et liquiricii, et minus de zengebern quam liquiricii, sic et iterum denuo coque, et tunc in sacculum impone, et fac luterdrang, et tam pransus quam jejunus sæpe bibe, et dolorem pectoris aut pulmonis et jecoris mitigat et minuit. Sed et ipsos ramusculos ejus virides accipe et eos in aqua coque, et cum aqua illa balneum fac, ut assum balneum, et in eo sæpe balneare, et diversas et malas febres in te minuit (2).

Cap. XLIV. — De Holderbaum (3) [III, 48].

Holderbaum magis calida est quam frigida, et ad usum hominis parum valet, et etiam fructus ejus, nisi quod solummodo homini famulatur (4). Sed tamen qui getaucht habet, assum balneum intret, et folia arboris hujus super ignitos lapides ponat, et aquam desuper fundat, et tunc etiam zecken ejus in purum vinum ponat, ut inde saporem capiat, et sic in eodem balneo modice bibat, et postquam idem balneum exierit, in lectum se collocet ut sudet, et hoc sæpe faciat, et sanabitur.

Cap. XLV. — De Meltzboum [III, 49].

Gelbaum [Meltzboum ed.] magis frigida est quam calida et multam viriditatem habet. Et agonem signat, et naturæ hominis contraria est, ut si homo aut de succo aut de fructu ejus aliquo modo gustaret, multas contrarietates in se faceret, ita quod etiam calorem stomachi ejus everteret, quod cibos suos aut per nauseam exspueret propter frigus succi hujus, et nec ad utilitatem hominis nec jecoris valet. Nec multum ad medicamenta valet, sed tantum ad combustionem ignis (5). Sed qui orfimas in corpore suo habet, coppim, id est primum erumpentem fructum de gelbaum accipiat, et eas in modico vino contundat, et tertiam ejus partem de pulvere talpæ in pulverem redactæ, et hæc omnia commisceat, et in patella coquat, et sic unguentum faciat, et cum eo orfimas sæpe ungat, antequam rumpantur, et evanescent. Quod si orfimæ diruptæ fuerint, coppim gelbaum pulverizet, et pulverem istum in fractas orfimas mittat, et siccabuntur.

Cap. XLVI. — De Hartbrogelbaum (6).

Hartbrogelbaum plus frigida est quam calida, et brevem artem designat, et ad utilitatem hominis parum valet, quia nec homo inde crescit nec con-

(1) Juniperus communis.
(2) Edit. non concordat : « Juniperus calida est. Et homo ramusculos ejus virides in aqua coquat, et cum ea assum balueum faciat, et sæpe in eum balneet, et diversas febres in eo minuat. Homo autem cujus caput tam sanum et forte est quod mali humores cerebrum ejus lædere non valent, sed tamen pulmonem ejus sorde et tabe inficiunt, baccas juniperi, et bis tantum tamarix, e piretri bis tantum ut tamarix, in puro et bono vino coquat, et in olla dimitat', et crudam enulam in modica frusta

fortatur nec pascitur. Nec etiam ad medicamenta prodest.

Cap. XLVII. — De Iffa [III, 50].

Iffa æstivum calorem habet, quia nec multum calidus, nec multum frigidus est, sed temperatus. (7) Et qui a gicht fatigatur, cum solo ligno ejus ignem accendat, et mox ad ignem illum se calefaciat, et gicht ad horam illam cessabit. Sed et qui virgichtiget est, quod lingua ejus in loquendo deficit, folia ejusdem arboris nova et recentia in frigida aqua pone, et illi ad bibendum da, et gicht in lingua ejus cessabit, et loquelam recipiet. Et qui freischlich in corpore suo habet, id est selega, eandem aquam cum eisdem foliis ita temperatam sæpe bibat, et freyschlich evanescet. Sed qui de solo ligno ejus ignem accendit et cum eo aquam calefacit, et in aqua illa balneum accipit, malignitatem et malam voluntatem, id est ubelwillekeit, ab eo aufert, et benevolentiam ei tribuit (8), et mentem ejus lætam facit (9). Sed et ipsa arbor quamdam prosperitatem in natura sua habet, ita quod aerei spiritus per eam fantasmata et injurias et illusiones suas in iracundia et in multis certaminibus proficere non poterunt.

Cap. XLVIII. — De Harbaum [III, 51].

Harbaum æstivum calorem habet, temperatum in se, et audaciam designat (10). Et homo qui minutam aut magnam scabiem habet, folia ejusdem arboris cum nova porcina arvina contundat, et tunc simul in patella smeltze [dissolvat ed.], et cum ea sæpe se perungat, et scabies minuetur, et sanabitur. Sed et si quis ramusculos ejus cum foliis in aqua coquat, et rutham addat, et salviæ plus quam ruthæ, et feniculi plus quam salviæ, et per pannum colet, et bibat, sæpius febres et sordium pravitates in eo purgat, et sanum facit.

Cap. XLIX. — De Schulbaum. (11)

Schulbaum frigida est, et est velut unkrut, nec ad medicamenta valet. Sed succus et fructus ejus inutilis est ad usum hominis. Nam si homo de semine aut de fructu ejus comederet, quasi venenum illi esset.

Cap. L. De Pruma [III, 52].

Pruma [Mirica ed.] valde calida est. Et qui leprosus est Prumam in manibus terat, et succum exprimat, et succo illo ubi leprosus est sæpe liniat, et lepram mitigat, et leviorem reddit, id est seuffut. Sed et flores ejus in butyro vaccarum coquat, et sic unguentum faciat, et sæpe cum illo se ungat, et lepra minorabitur. Sed et cui oculi caligant et iufrinscisam imponat, et vinum hoc tam jejunus quam pransus bibat, dum sanetur. ?

(3) Sambucus nigra.
(4) Et ad usum — famulatur om. ed.
(5) Et multam viriditatem — ignis om. ed.
(6) Deest in ed.
(7) Qui nec — temp. om. ed.
(8) Malignitatem — tribuit om. ed.
(9) Reliqua om. ed.
(10) Temp. — designat om. ed.
(11) Deest in ed.

mantur flores Prymen (*sic*) tam diu inspiciat, usque dum ipsi oculi sui madidi fiant, scilicet *weszern*, et tunc etiam ipsos flores super oculos suos ponat, et ita obdormiat, et hoc sæpe faciat, et oculos clarificat, et si sani sunt, bonum et sanum est, vel infirmi sunt, bonum et utile est, et sani erunt (1).

Cap. LI.—De Agenbaum (2).

Agenbaum nec rectum calorem nec rectum frigus habet, ut *unkrut*, ita quod nec succus nec fructus ejus ad medicamenta nec ad aliam utilitatem hominis valet.

Cap. LII.—De Hyffa (3).

Hyffa valde calida est, et affectionem signat. Et qui in pulmone dolet, *hyffen* cum foliis contundat, et tunc non coctum mel eis addat, et simul coquat, et sumac sæpe auferat, id est *seyme*, et sic per pannum colet, et *luterdrang* inde faciat, et sæpe bibat, ei putredinem a pulmone ejus aufert, et eum purgat et sanat. Sed et qui de solo ligno ejus ignem accendit et inde cineres facit, et tunc de cineribus illis lixiviam parat, et cum ea caput suum sæpe lavet, et tunc sanum et firmum erit de bono calore ipsius succi. Sed et si quis in corpore sanus est, et tantum in stomacho infirmatur, de fructu tribulorum, scilicet *hanelpeffe*, coquat, et sæpe comedat, et stomachum purgat, et *slim* ab eo aufert. Qui autem toto corpore infirmatur, illi coctum non valet ad comedendum, quia eum in stomacho læderet, quia stomachus ejus in eo quasi *welk* est; sed si sæpe comedere voluerit crudum et *deyck* modice comedat, et hoc ei melius est quam coctum aut quam durum et crudum manducet. Qui vero toto corpore sanus est, illum nec crudum nec coctum in commestione lædit.

Cap. LIII — De Spinis. (4) [III, 54].

Spinæ plus calidæ quam frigidæ sunt, et etiam siccæ sunt, et *frebelkeit* assimilantur (5). Et homo qui *virgichtiget* est, ita quod sensus ejus in eo deficiunt et inde amens efficitur, quod vel quia in membris *lamet* [claudicare incipit ed.], virides spinas vel veteres accipiat, et ad ignem ipsas solas incendit, et tunc cum cineribus eorum de pulvere gariofilex, id est *nelchin*, et bis tantum de pulvere cynamomi ut pulvis gariofiles est addat, cocto et puro melle addito, ita cum vino ut cineres isti pulverem gariofiles tercia parte excedant, et simili modo pulverem cynamomi, et sic *luterdranck* paret, et jejunus modice bibat, pransus autem sufficienter sumat,

(1) *Et si sani — erunt* om. ed.
(2) Deest in ed.
(3) Deest in ed.
(4) *Prunus spinosa.*
(5) *Et etiam — assimil.* om. ed.
(6) *Ita quod — auro est.* om. ed.
(7) Ed. brevius, *sed et fructus Spinarum nomo cum melle temperet, et paralysim, sordes et livorem a stomacho ejus aufert.*
(8) *Et morientur* ed. reliqua om.
(9) *Vitis vinifera.*
(10) Multum variat hujus capituli textus editus: « Vitis igneum calorem habet. Et si quis in oculis

et hoc sæpe faciat, et *gicht* ab eo cessabit, ita quod sensus suos etiam recipiet, et sanitatem membrorum recuperabit, quia potus iste melior auro est (6). Et fructum ejus, scilicet *slehen*, cum melle *sulcze* [temperet ed.] et ita sæpe comede, et *gicht* in te cessabit. Sed et qui in stomacho infirmatur, *slehen* in flamma ignis asset, id est *brulwe*, aut in aqua eas coquat, et sæpe comedat, et sordes et *slim* a stomacho ejus aufert, et si nucleos eorum comedit, non nocebit ei (7). Et si cancri, et non alii vermes, hominem in corpore suo comedunt, interiores nucleos Spinarum accipiat, et in testa ad ignem exsiccet, et deinde in pulverem redigat, et pulverem illum mittat ubi cancri eum comedunt (8), et non alii vermes, et postea etiam paucas guttas vini desuper fundat, et sic cancri morientur.

Cap. LIV.—De Vite (9) [III, 55]

Vitis igneum calorem et humiditatem, sed ignis ille tam fortis est, quod succum ejus in alium modum saporis vertit, quam aliæ arbores aut quam aliæ herbæ habeant. Unde etiam ille magnus ignis lignum ejus ita aridum facit, quod aliis lignis fere dissimilis est. Et vitis est lignum de terra extorsum, et magis ad similitudinem arborum. Et quia terra ante diluvium fragilis aut *melmechte* fuit, vinum non protulit; cum autem diluvio perfusa et confortata est, vinum produxit, quia terra nunc est ad terram quæ ante diluvium erat, ut *griesszstein* ad terram quæ nunc est. — Sed et cui caro circa dentes putrescit et cui dentes infirmi sunt, calidas cineres vitis in vinum ponat, velut lixivium facere velit, et tunc cum vino illo dentes et carnem, quæ circa dentes suos sunt, lavet, et hoc sæpe faciat, et caro illa sanabitur, et dentes firmi erunt, quia si etiam dentes ejus sani sunt, lotio ista eis proderit, et pulchri fiunt. Et si quis ulcera in corpore suo habuerit aut vulnere percussus fuerit, cum puro et bono vino terciam partem baumolei addat, cum ulcus aut vulnus jam secunda aut tertia die putredinem aut nigredinem ostendit, tunc si ulcus aut vulnus magnum fuerit, prædictum oleatum vinum modice calefaciat, et ei lineum pannum intingat, et sic tincto ulcus aut vulnus *bewe*, usque dum putredo illa imminuatur. Quod si ulcus aut vulnus parum fuerit, tunc pennam præfato oleato vino ita frigido, et non calefacto, intingat, et cum penna illa ulcus aut vulnus illud modice purget, dum putredo illa imminuatur (10).

caligat, guttis quæ de vite effluunt cum palmes abscinditur, palpebras suas liniat, et modice oculos intrare permittat; et hoc sæpe faciat, et oculos procul dubio claros facit. Postquam enim palmes de vite primum abscinditur, guttæ illæ quæ tunc a mane die usque ad mediam diem in inscisione illa effluunt, bonæ et utiles sunt ad claritatem oculorum. Unde homo illas in vasculum excipiat, et eis oleum olivæ addat, et si in auribus vel in capite dolet, cum eo se inungat, et melius habebit. Et qui tussitat, et in pectore et in stomacho dolet, summitatem palmitis, cum jam flores primum erumpunt, cum foliis abscindat, et fortiter in aqua coquat, et

Cap. LV. — De Gichtbaum. (1)

Gichtbaum valde calida est, et viriditas ac succus ejus per se non valet, nisi aut aliis herbis aut aliis condimentis adJatur, quia si aliis herbis aut aliis condimentis additur, tanto utiliores ad medicamenta valent et erunt. Arbores de medulla sua virescunt, sicut et homo de medulla sua, et si medulla arboris læsa fuerit, arbor detrimentum sui sentiet.

Cap. LVI. — De Fumo (2).

Fumus de lignis est humiditas eorum, quia cum ligna in igne incenduntur, humiditas quæ in ipsis est per fumum egreditur. Et quibusdam fumus lignorum nocivus est et hominem lædit, et oculos ejus in carne ulcerosos facit, sed tamen caliginem eis multum inducit. Nam fumus qui de quercu ascendit, pectus hominis *demphet*, et eum interius aridum facit; fumus autem de fago hominem non tantum lædit, quantum de quercu, quamvis fumus ille nocivus sit. Fumus quoque de *espen* carnem circa oculos hominis stringit et caput dolere facit.

Cap. LVII. De Mose (3).

Cum arbores senescunt, quod interiorem viriditatem amittere incipiunt; aut si juvenes sunt, sed tamen aliquo fortuito casu interius debilitantur, viriditatem et sanitatem, quam interius habere deberent, ad corticem exterius dimittunt, et ita *mose* in corticibus crescunt, quia interiorem viriditatem non habent. Et quidem *mose* quod in quibusdam arboribus crescit, medicinam in se habet, et quoddam scilicet hujusmodi quod in putri is lignis crescit, fere nullam vim medicinæ habet, quia putredo, quæ in fœtidis humoribus tectorum ac putridorum lignorum et lapidum est, erumpunt in *mose* crescit, ac ideo fere utilitate caret. Sed et si quis homo de *gicht* in aliquo membro suo fatigatur, *mose* quod aut in piro, aut in *affaldra*, aut in fago nascitur, accipiat, et illi secundum tertiam partem ejus interaddat, et simul in aqua modice coquat, et tunc eadem aqua expressa, ita calidum supra membrum in quo *gicht* fuerit ponat, et hoc sæpe faciat, et *gicht* in eo cessabit. Sed etiam cum aliquis ardorem de *ridden* patitur, si *mose* tectorum aut putridorum lignorum super se ponit, interim aliquantum patitur, A breviter ardorem illum in se sentiet, sed tamen ideo de febre illa, scilicet *ridden*, non curabitur.

Cap. LVIII. — De unguento Hilarii (4).

Unguentum quod Hilarius (5) Ægyptius ostendit contra dolorem utriusque lateris, quocumque modo ibi doleat, et contra dolorem pectoris, et contra *gicht*. Accipe folia persici, et ad pondus ejus *sysemeram*, et ad tertiam partem sysemeræ accipe basiliam, et secundum pondus basiliæ accipe plantaginem, et hoc in aqua modice coque, et tunc easdem herbas cum ipsa aqua per pannum fortiter torquendo cola; postea laurinum oleum accipe, et bis tantum cervini sepi, et ad ejus tertiam partem veterem arvinam, et hæc omnia cum prædicta aqua modicum in patella *sweysze* et tunc infrigidari permitte, et sic unguentum fac, et tunc cum illo eum qui in quolibet latere dolet perunge, aut circa pectus dolens, aut ubi *gicht* in homine fuerit, ibi cum illo sæpe perunge, et melius habebit.

Cap. LIX. — De Sysemera (6).

De eo quod dicitur sysemera. Cum sol in vere ad æstatem surgit et cum ad hyemem inclinatur, aer *seyger* est, ut vinum, et quamdam albuginem dimittit. De illa ergo sysemera collige quantum potueris, et cui *wisza* aut *herbrado* in oculo jam crescit, super eumdem oculum sæpe liga, et curabitur. Et ubi vermes carnem hominis comedunt, vel comedere incipiunt, ibi de eadem albugine aeris desuper pone, et vermes ulterius non procedunt, sed moriuntur.

Cap. LX. — Contra Scrophulas.

Contra *orfimas*, quæ nondum disruptæ sunt, accipe stercus aliquantulum siccum et durum, quod per egestionem ab homine egreditur, qui sanus et fortis est, sive masculus, sive femina sit, et super lineum pannum illinies, et super *orfimas* ponas, et tunc super eumdem paniculum lineum ligamen hircino sepo inuncto liga, et sic per tres dies aut per duas et totidem noctes constrictum habeas, et tunc iterum humano stercore renova, et sic sæpe fac, et *orfimæ* evanescent. Sed et siccum sanguinem hyrundinis vel siccum jecor vulturis super *orfimas* sæpe pone, et evanescent.

per pannum colet, et illam jejunus et pransus sæpe bibat, et melius habebit. Ut autem viribus homo ad se redeat, si in autumno est, de viridi vite palmitem cum recentibus foliis fronti, timporibus, et gutturi suo circumponat, et refrigerabitur. Sed et cui caro circa dentes putrescit, et cui dentes infirmi sunt, calidos cineres vitis in vinum ponat, et cum illo dentes et carnem quæ circa illas est lavet; et hoc sæpe faciat, et sanabitur. Vinum autem quod de vite nascitur, si purum fuerit, bibenti sanguinem bonum et sanum, turbidum vero malum et velut cineri aspersum facit. Franconicum e forte vinum velut procellas in sanguine parat; et ideo qui eum libere voluerit, aqua temperet. Sed necesse non est ut Hunonicum aqua permisceatur, quoniam illud naturaliter aquosum est. Et homo, cum in lectum se deponit, puro Franconico vino palpebras madefaciat, cavens ne oculos interius tangat, et putredinem, quæ oculis dormentium adhæret et eos caligare facit, aufert. Cum autem aliquis homo in iram aut in tristitiam provocatur, mox vinum ad ignem calefaciat, et frigida aqua commisceat, et levius habebit. Si aliquis urinam præ frigiditate stomachi retinere non potest, vinum igne calefactum sæpe bibat, et omnes cibos suos aceto commisceat, et acetum, quomodocumque poterit, sæpe bibat.

(1) Deest in ed.
(2) Deest in ed.
(3) Deest in ed.
(4) Deest in ed.
(5) An legendum *Hilarion*, cujus *Vitam S. Hieronymus* enarrat in Opp. t. IV?
(6) Cf. supra I, 37. Est pars secunda capituli *De aere* in edit.

Cap. LXI. — De Palma (1).

Palma calida est et humida. Homo autem qui pleurisim habet, de cortice, et de ligno, et de foliis ejusdem arboris contundat, et succum exprimat, et in calido vino sæpe bibat et curabitur. Sed et fructum ejusdem arboris sæpe comedat, et pleurisim in ipso compescit.

Qui autem freneticus est, de ligno et foliis ejus in aqua coquat, et ita calida capiti suo circumponat, et hoc sæpe faciat, et sensus suos recipiet.

Sed si quis fructum arboris hujus coquit, et ita comedit, corpori suo fere tantam vim confert quemadmodum panis; sed eum in pectore facile gravat.

Cap. LXII. — De Picea (2).

Picea calida est, et humida. Et si pestilentia pecora vexat et occidit, recentes rami ante ipsa ponantur, ut odorem eorum capiant, vel pecora sub easdem arbores ducantur, et incipient tussitare et ejicere putredines. Sed tamen cavendum est ne quicquam de arbore ista gustent, ne inde lædantur.

Cap. LXIII. — De Tribulo (3).

Tribulus valde calidus est. Et qui de solis cineribus ligni ejus lixivam parat, et cum illa caput suum lavet; si sanum est, sanius et firmius erit. Et qui in corpore sanus est, et tantum in stomacho infirmatur, de fructu tribulorum coquat, et sæpe comedat, et stomachum illius purgabit. Qui autem toto corpore infirmatur, fructus iste ad comedendum non valet.

EXPLICIT LIBER III DE ARBORIBUS

(1) Ed. III, 12. Deest in cod. ms, ut quæ sequuntur capp. De picea et De tribulo.
(2) Ed. III, 33.
(3) Ed. III, 33.

INCIPIT TERTIUS (QUARTUS) LIBER.
DE LAPIDIBUS (4)

PRÆFATIO.

Omnis lapis ignem et humiditatem in se habet. Sed dyabolus pretiosos lapides abhorret et odit et dedignatur, quia reminiscitur, quod decor eorum in ipsis apparuit, antequam de gloria sibi a Deo data corrueret, et quia etiam quidam pretiosi lapides ab igne gignuntur, in quo ipse pœnas suas habet. Nam per voluntatem Dei per ignem victus est et in ignem corruit (5), sicut etiam per ignem Spiritus sancti vincitur, cum homines per primam inspirationem sancti Spiritus de faucibus ejus eruuntur. In parte autem Orientis et in partibus illis, ubi nimius ardor solis est, pretiosi lapides et gemmæ oriuntur. Nam montes, qui in plagis illis sunt, ab ardore solis magnum ardorem habent velut ignis; sed et flumina quæ in eisdem partibus fluunt nimio ardore solis semper fervent; unde cum interdum inundatio fluviorum illorum eruperit et ad eosdem ardentes montes crescendo ascenderit, cum ipsi montes ab ardore solis ardentes, a fluminibus illis tacti, in aliquibus locis, ubi aqua ignem tangit, aut quam spumam emittunt, id est *singelent*, velut ignitum ferrum seu ignitus lapis facit, si aqua super eum fundatur, et ita in loco illo easdem spuma velut *glitten* hæret, et aut per tres aut per quatuor dies in lapidem durescit. Sed cum inde inundatio aquarum illarum cessaverit, ita quod aqua illæ iterum ad alveum suum revertuntur, spumæ illæ, quæ in diversis locis montibus illis adhæserunt, ardore solis, secundum diversas horas diei et secundum temperiem earumdem horarum, exsiccantur: unde etiam secundum temperiem earum horarum diei, colores suos et vires suas accipiunt, et ex siccitate in pretiosos lapides indurati, de locis suis plurimis (6) velut squamæ solvuntur et in arenam cadunt. Sed cum deinde iterum inundatio fluviorum illorum excreverit, flumina illa multos de lapidibus illis extollunt et ad alias provincias ducunt, ubi postmodum ab hominibus reperiuntur. Præfati autem montes tot et tantis gemmis sibi hoc modo innatis, velut quædam lux diei illi elucent. Et sic pretiosi lapides ab igne et ab aqua gignuntur; unde etiam ignem et humiditatem in se habent, et etiam multas vires et multos effectus operum tenent, ita quod plurimæ operationes cum eis fieri possunt, ista tamen opera quæ bona et honesta, et utilia homini sunt, non autem opera seductionum, fornicationum, adulteriorum, inimicitiarum, homicidiorum, et similium, quæ ad vitia tendunt et quæ homini contraria sunt, quoniam natura eorumdem pretiosorum lapidum quæque honesta et utilia quærit, et prava et mala hominum respuit, quemadmodum virtutes vitia abjiciunt, et ut vitia cum virtutibus operari non possunt. Alii autem lapides sunt, qui de eisdem montibus et de eadem prædicta natura

(4) Deest in edit.
(5) Matth. III, 2.

(6) An *pluris*?

non nascuntur, sed de aliis quibusdam et inutilibus rebus oriuntur, et per quos bona et mala ex natura eorum, permissione Dei, fieri possunt. Nam Deus primum angelum quasi pretiosis lapidibus decoraverat, quos idem Lucifer in speculo Divinitatis splendere videns, et inde scientiam accepit, et in eis cognovit quod Deus multa mirabilia facere voluit tunc mens ejus elevata est, quia decor lapidum (1) qui in ipso erat in Deo fulgebat, putans quod ipse æqualia et plura Deo posset, et ideo splendor ejus extinctus est. Sed sicut Deus Adam in meliorem partem recuperavit, sic Deus nec decorem nec virtutem pretiosorum lapidum istorum perire dimisit, sed voluit ut in terra essent in honore et benedictione, et ad medicinam.

CAPITULA.

Smaragdus	I	Prasius	XI	Margarite	XXI
Jacinctus	II	Calcedonius	XII	Berlen	XXII
Onichinus	III	Crisopassus	XIII	Cornelion	XXIII
Berillus	IIII	Carbunculus	XIIII	Alabastrum	XXIIII
Cardonix (sic)	V	Ametistus	XV	Calx	XXV
Saphirus	VI	Achates	XVI	De cæteris lapidibus, ut marmor,	
Sardius	VII	Adamas	XVII	gryeszstein, calgstein, duckstein,	
Topazius	VIII	Magnes	XVIII	wacken, et de similibus	XXVI
Crisolitus	IX	Ligurius	XIX		
Jaspis	X	Cristallus	XX		

INCIPIT LIBER QUARTUS.

Cap. I. — De Smaragdo.

Smaragdus in mane diei crescit et in ortu solis, cum sol in circulo suo potenter positus est (2) ad peragendum iter suum, et tunc viriditas terræ et gramina maxime vigent, quia aer tunc adhuc frigidus est et sol jam calidus; et tunc herbæ viriditatem tam fortiter sugunt, ut agnus qui lac sugit, ita quod æstus diei vix ad hoc sufficit ut viriditatem diei illius coquat et nutriat quatenus fertiles fiat ad producendum fructus. Et ideo smaragdus fortis est contra omnes debilitates et infirmitates hominis, quia sol eum parat et quia omnis materia ejus de viriditate aeris est. Unde qui in corde, aut in stomacho, aut in latere dolet, smaragdum apud se habeat, ut caro corporis sui ab illo incalescat, et melius habebit. Sed si pestes illæ in eo ita inundent quod a procella sua se continere non possunt, tunc homo ille smaragdum mox in os suum ponat, ut de saliva ejus madidus fiat et ita, ut ipsam salivam de lapide illo calefactam, et corpus suum sæpe inducat et emittat, et repentinæ inundationes pestium illarum absque dubio cessabunt. Et si quis de caduco morbo fatigatus cadit, cum ita prostratus jaceat, smaragdum in os ejus pone, et spiritus ejus revivescit; et postquam ille surrexerit et postquam eumdem lapidem ex ore suo abstulerit, eum attente aspiciat et dicat : « Sicut spiritus Domini replevit orbem terrarum, sic domum corporis mei sua gratia repleat ne ea unquam moveri possit; » et sic etiam per novem sequentes dies in mane diei faciat, et curabitur. Sed et eumdem lapidem semper apud se habeat, et eum cottidie in mane diei inspiciat, et interim, dum eum inspicit, prædicta verba dicat, et sanabitur. Et qui in capite valde dolet, eum ad os suum teneat et spiramine suo calefaciat, ita ut de eodem spiramine madidus fiat, et sic madido tympora et frontem suam liniat, et deinde in os suum ponat, et ita eum per brevem horam in ore teneat et melius habebit. Et qui etiam plurimum flecma et plurimam salivam in se habet, bonum vinum calefaciat, et tunc lineum pannum super vasculum aliquod ponat, et super pannum illum smaragdum, et vinum ita calidum super eumdem lapidem fundat, ut ipsum vinum per pannum transeat, et hoc iterum et iterum faciat, velut ille qui lixiviam parat, et tunc cum illo vino et cum farina fabarum, et eam sæpe comedat, atque idem vinum sic paratum sæpe bibat, et cerebrum illius purgat, et flecma et salivam in eo minuit. Et si quem vermes comedunt, super ulcus lineum pannum ponat, et desuper smaragdum et super alios panniculos liget, velut ille qui cocturam operat, et hoc propterea faciat, ut idem lapis ita incalescat, et sic per tres dies faciat, et vermes morientur.

Cap. II. — De Jacincto.

Jacinctus in prima hora diei ab igne oritur, cum aer mites illos calores habet; et plus aereus est quam ignitus, et ideo etiam aerem sentit et calo-

---
(1) Isa. xiv, 12.
(2) Similia narrant Plin. Hist. nat. xxxvii, 5, et Marbod. Lapid. 134.

rem suam aliquando secundum aerem habet; et tamen etiam igneus est, quia ab igne gignitur. Et homo qui caliginem in oculis patitur, aut cui oculi turbidi sunt aut *swerent*, jaceant ad solem teneat, et ille statim reminiscitur quia de igne genitus est, et cito incalescit, et mox in saliva eum parum permade, et ita oculis citissime apponat, ut inde calefiat, et sic sæpe faciat, et oculi clarificabuntur et sani erunt. Et si quis per fantasmata aut per magica verba *bezaubert* est, ita quod amens efficitur, accipe siligineum panem calidum, et eum in superiori crusta in modum crucis scinde, non tamen eum per totum frangens, et lapidem is*um* per scissuram istam deorsum trahe et dic : « Deus, qui omnem pretiositatem lapidum de dyabolo abjecit, cum præceptum ejus transgressus est, de te, N., omnia fantasmata et omnia magica verba abjiciat, et de te dolorem amentiæ hujus absolvat. » Et iterum eumdem lapidem per calidum panem illum transversum trahens, dic : « Sicut splendor quem dyabolus in se habuit propter transgressionem suam ab eo ablatus est, sic etiam hæc amentia quæ N. per diversas fantasias et per diversa magica fatigat, a te auferatur et a te deficiat; » et eumdem panem circa scissuram illam, per quam jaceant traxisti, illi qui dolet ad comedendum dabis. Quod si ille siligineum panem per debilitatem corporis comedere non poterit, tunc azymum panem calidum, id est *der brot* cum jacincto et præfatis verbis benedices, ut prædictum est, et ipsi ad comedendum tribues. Sed etiam eumdem ad modum crucis per omnes calidos cibos quos ille comesturus est trahes, scilicet per carnes, per *warmuse*, et per reliquos cibos ejus, et ipsos, cum cruces in eis facis, cum præfatis verbis benedices, et hoc sæpe facies, et curabitur. Sed et qui in corde dolet, cum jacincto signum crucis super cor suum faciat, et prædicta verba dicat, et melius habebit.

Cap. III. — De Onychino.

Onychinus calidus est, et circa tertiam horam diei in spissa nube crescit, cum sol valde ardet, et cum tamen diversæ nubes super solem ascendant, ita quod sol per inundationem aquarum per eas apparere non potest; nec ipse magnum ardorem ignis habet, sed calorem aeris tenet et radice solis oritur, atque de diversis nubibus conglutinatur. Ideo magnam virtutem contra infirmitates habet quæ de aere oriuntur. Et cui oculi caligant, vel aliquo modo, scilicet de *augswern*, infirmantur, in vas æneum vel cupreum vel in calibineum purum et bonum vinum ponat, onychinum in illud vinum ponat, et in eo aut per quindecim aut per triginta dies *beysze*, et tunc lapidem istum auferat, et idem vinum in vase illo relinquat, et per singulas noctes eodem vino oculos suos modice tangat, et clarificabuntur, et sani erunt. Sed et qui in corde dolet aut in latere, onychinum in manibus suis vel ad cutem corporis sui calefaciat, et etiam vinum iterum ad ignem vasculo calefaciat, et tunc idem vas de igne auferat, et onychinum super fumigans vinum illud teneat, ut sudor de eo egrediens vino illi commisceatur, et deinde eum in idem vinum calidum ponat, et illud mox ita bibat, et calor cordis et lateris cessabit.

Et qui in stomacho dolet vinum cum onychino, ut prædictum est, paret, et tunc cum eodem vino et cum ovis gallinarum et farinula *suffen* faciat, et hoc sæpe faciat et comedat, et stomachum ejus purgabit, et sanat. Sed et qui in splene dolet, hircinas vel juvenes ovinas carnes coquat, et coctas in vino et cum onychino, ut supradictum est, parato intinctas comedat, velut aliquis cibus in aceto intingi solet, et hæc sæpe faciat, et splen sanabitur, et amplius intumescet. Et qui fortes *fiber* habet, onychinum per quinque dies in acetum ponat, e tunc ablato cum eodem aceto omnes cibos suos temperet et condiat, et eos ita comedat, et *fiber* cessabit et leviter evanescet, quia bonus color onychini, calori aceti commistus, noxios humores de quibus febres oriuntur fugat. Sed et si tristitia oppressus es, eum attente inspice, et eum etiam mox in os tuum pone, et oppressio mentis tuæ cessabit. Quod si etiam *schelmo* boves infestat et occidit, aquam ad ignem in vase calefac, et de igne ablata, onychinum super eamdem fumigatam aquam tene, ut sudor de eo exiens illi commisceatur, et tunc eum in aquam illam per tres dies pone, et deinde ablato, eamdem aquam bobus ad potandum sæpe tribue, et pabulum eorum cum ipsa aqua asperge, atque furfures cum eadem aqua commisce, et eis ad comedendum propone, et hoc sæpe fac, et melius habebunt.

Cap. IV. — De Beryllo.

Beryllus calidus est, et per singulos dies inter tertiam horam diei et inter mediam diem crescit de spuma aquæ, cum sol ipsam fortiter incendit; et vis ejus magis de aere et de aqua est quam de igne, sed tamen aliquantulum igneus. Et si quis homo venenum jam comedit aut bibit, mox de beryllo in *queckbronen* aut in aliam aquam modice *schabe*, et statim bibat, et sic per quinque dies faciat, semel in die jejunus bibens, et venenum aut per nauseam spumabit, aut per eum in posterioribus transibit. Et qui eum apud se semper habet, et sæpe in manu sua tenet, et sæpe inspicit, cum aliis hominibus faciliter non certat, nec *stridig* est, sed tranquillus manet.

Cap. V. — De Sardonice.

Sardonix calidus est, et per singulos dies crescit, cum sexta hora jam defecit, et cum linea una nonæ horæ diei transiit; et tunc de puro sole fovetur, cum sol in puritate sua lucet, quia aer tunc infrigescere incipit, et ideo magis de igne quam de aere aut quam de aqua est; et validas vires in natura sua habet, et quinque sensibus hominis aliquam vir utem tribuit, et eis est quoddam remedium, quia in puritate solis nascitur, cum nulla fœtiditas in claritate solis apparet. Nam cum homo eum apud se ad nudam cutem suam ponat, et etiam ori suo sæpe imponat, ita quod spiramen ejus illum tangat, cum ipsum extra emittit se, et tunc eum in se tollit, et tunc ex hoc intellectus, et scientia, et omnes sensus corporis sui confortantur, et ita ab eodem homine magna ira, et stultitia, et indisciplinatio auferuntur, et dyabolus propter munditiam hanc odit et fugit. Et si vir aut mulier de natura in gestu carnis fortiter ardet, tunc sardonicem ad *lanchen* suos ponat, femina autem super umbilicum suum, et de libidine illa remedium habebunt. Sed et cum quilibet homo acutam *sucht* habet, et postquam de ea sudaverit melius se habendo, mox eumdem lapidem in annulo imponat digito suo, et denuo in *sucht* non cadit.

Cap. VI. — De Sapphiro.

Sapphirus calidus est; secundum tempus meridianum crescit (1), cum sol in ardore suo tam fortiter ardet quod aer aliquantum de ardore ejus obstruatur, et tunc splendor solis de nimio ardore, quem tunc habet, aerem ita transverberat, quod idem splendor tunc tam pleniter non apparet ut tunc facit cum aer aliquantum temperatus est; et ideo etiam turbidus est, et etiam magis igneus, quam aereus aut quam aquosus; et plenam charitatem sapientiæ designat. Et homo qui *vell* in oculo habet, sapphirum in manu sua teneat, et eum in ipsa sive igne calefaciat, et *vell* in oculo suo cum lapide madido tangat, et sic per tres dies in mane et in nocte faciat, et *vell* minorabitur, et evanescet. Et si alicui oculi præ dolore rubent et *seregent*, aut cui caligant, sapphirum jejunus in os suum ponat, et de saliva oris sui madidus fiat, et tunc de eadem saliva qua idem lapis madefactus est digito accipiat, et oculos suos circumliniat, ita quod etiam oculos interius tangat, et sanabuntur, et clari erunt. Sed et homo qui totus *virgichtiget* est, ita quod in capite et in reliquo corpore suo per nimiam oppressionem patientiam habere non potest, eumdem lapidem in os suum ponat, et *gicht* in eo cessabit.

Homo quoque qui bonum intellectum et bonam scientiam habere desiderat, sapphirum in mane diei, cottidie cum de lecto surgit, jejunus in os suum ponat, et eum ita per brevem horam, scilicet tam diu in ore teneat dum de saliva qua ille madefactus est sufficienter in se trahat, ac eum deinde de ore suo tollat, et modicum vini teneat ad ignem et in vasculo calefaciat, atque ipsum in fumum ejusdem vini teneat, ut inde sudando madefiat, et sic lingua sua de humiditate illius linguat, ac etiam de eodem vino salivam, de qua idem lapis incaluit, in ventrem illius hominis ducit, et sic ille purum intellectum et puram scientiam habebit, et etiam stomachus ejus ex hoc sanus erit. Sed et qui stultus est, ita quod omnis scientia in eo deficit, sed tamen prudens esse vellet et prudens esse non potest, nec post maliciam respicit, nec se ad eam extendit, iste linguam sappniro jejunus sæpe ungat, quod calor et virtus eum valida humiditate salivæ noxios humores qui intellectum hominis opprimunt fugant, et sic homo bonum intellectum capit. Et qui in ira valde movetur, sapphirum in os suum mox ponat, et ita exstinguetur, et ab eo cessabit. Quod si lapis iste in purissimum, scilicet *gebrant golt*, annulum, absque *blech mal* positus est, et si etiam sub eodem lapide nihil aliud est, quam aurum, tunc homo eumdem absque *blechmal*, in quem lapis iste positus est, in os suum pro medicina ponat, et ei non oberit; si autem quidquam aliud ibi est quam aurum, tunc non valet, et eum in os suum non ponat, quia diversitas ibi in annulo est.

Et si aliquis homo in maligno spiritu possessus est, alius homo faciat sapphirum in terram poni, et terram illam in corio suo, et ita ad collum illius suspende et dic: « O tu, turpissime spiritus, ab hoc homine festinanter recede, sicut in primo casu tuo gloria splendoris tui a te citissime cecidit; » et malignus ipse spiritus multum torquebitur, et ab eodem homine recedet, nisi acerrimus et nequissimus spiritus sit; et melius habebit. Quod si etiam dyabolus virum aliquem ad amorem alicujus feminæ instigaverit, ita quod, absque magicis et absque invocationibus dæmonum, in amorem illius insanire inceperit, et si mulieri hoc molestum fuerit, ipsa modicum vini super sapphirum ter fundat, et totiens dicat: « Ego vinum hoc in ardentibus viribus super te fundo, sicut Deus splendorem tuum, prævaricante angelo, abstraxit, ut ita amorem libidinis ardentis viri hujus de me abstrahas. » Quod si femina illa hoc facere noluerit, alius homo, cui amor ille molestus est, pro ipsa idem faciat, et viro illo, jejuno aut pranso, et aut scienti aut ignoranti, per tres dies aut plures, ad bibendum det. Sed si etiam femina in amore alicujus viri ardet, et viro hoc molestum est, ipse eædem feminæ cum vino et sapphiro faciat, ut prædictum est, incensus amor ille cessabit.

Cap. VII. — De Sardio.

Sardius post meridiem crescit inundatione pluviarum, cum folia laubrorum arborum in autumpnali tempore destruuntur, scilicet dum sol valde calidus est et aer frigidus, et sol illum in rubedine sua fovet. Et ideo ipse de aere et de aqua purus est, et in bona temperie caloris bene temperatus, et virtute sua adversitates pestilentiæ avertit. Quod si homo de pluribus pestibus et infirmitatibus in capite dolet, ita quod inde velut amens efficitur, sardium aut in pilleo, aut in panno, aut in corio super verticem ejus liget, et dicat: « Sicut Deus primum angelum in abissum dejecit, ita insaniam hanc de te N, abscidat et bonam scientiam mihi reddat, » et curabitur. Et cui auditus aliqua infirmitate obduratus est, ipsum lapidem puro vino intingat, et madidum

---

(1) Marbod. *Lapid.* 126.

gracili linco panno imponat, et surdæ auri insigat, et graciilimum *werck* exterius super panno illo imponat, et calor ejus in ipsam aurem intret, et hoc sæpe faciat, et auditum recipiet.

Sed et qui *gelsucht* habet, simili modo in nocte cum urina et sardio, ut præfatum est, faciat, et prædicta verba dicat, et hoc per tres noctes faciat, et curabitur. Et si aliqua mulier prægnans cum dolore oppressa non poterit, sardium circa ambas *lenden* ejus *striche* et dic : « Sicut tu, lapis, jussione Dei in primo angelo fulsisti, sic tu, infans, procede fulgens homo et manens in Deo, » et statim eumdem lapidem ad exitum infantis tene, scilicet ad muliebre membrum, et dic : « Aperite vos, viæ et porta, in apparitione illa qua Christus Deus et homo apparuit et claustra inferni aperuit, ita et tu infans ad portam istam exeas absque morte tua et absque morte matris tuæ. » Et tunc etiam eumdem lapidem in cingulum liga, et ipso cingulo et eodem lapide eam ita circumcinge, et curabitur.

Cap. VIII. — De Topazio.

Topazius circa nonam horam diei crescit in ardore solis, cum jam fere ante nonam horam est, quia sol de calore diei et diverso aere tunc purissimus est et calidus, atque modicum aeris et aquæ in se habet, et clarus est, et ista claritudo assimilatur aquæ, atque color ejus auro similior est quam gelo, calori et veneno, id est *virginitate* ac *keischmisse* resistit, nec ea patitur, sicut nec mare nec ullas pravitates in se pati potest. Nam si in pane aut in carne, aut in pisce, aut in aliquo cibo, aut in aqua, aut in vino, seu in aliquo potu venenum est, et si topazius ibi prope et præsens est, statim *swadet*, velut mare *schumet*, cum fœditas in ipso est. Et ideo cum homo comedit et bibit, topazium in digito juxta cibum et potum teneat, et eum sæpe inspiciat, et si illi in cibo aut in potu venenum est, statim sudat.

Sed et qui in oculis caligat, topazium per tres dies et noctes in purum vinum ponat, et tunc ad noctem, cum dormitum vadit, cum topazio ita madido oculos suos *bestriche*, sic quod etiam liquor ille oculos interius modice tangat, et ipso lapide ablato, vinum illud per quinque dies servare potest, et quoties deinde ad noctem oculis suis *bestrichen* vult, eumdem lapidem in præfato vino intingat, et ita madido oculos, ut præfatum est, circumliniat; et hoc sæpe faciat, semper vinum per quinque dies cum topazio renovando, et oculos velut optimum collyrium clarificat. Et si aliquis homo febres, id est *fiber*, habet, cum topazio loquo molli pane tres modicas fossas faciat, et purum vinum in illas fundat, et si vinum illud evanescit, aliud vinum de novo infundat, et faciem suam in eodem vino quod fossis illis infudit, velut in speculo consideret et dicat : « Ego inspicio me, quasi in speculo illo cherubin et seraphin Deum aspiciunt, ita quod hæ febres de

(1) Marbod. *Lapid.* 195.

me abjiciat; » et ita ille sæpe faciat, et sanabitur. Et qui leprosus est, laterem valde calefaciat, et paleas, id est *spru* avenæ desuper ponat ut fumigent, id est *demphe*, et topazium super fumum illum, id est *dumph*, teneat, ut sudet, et sudorem illum super locum lepræ *striche*; et cum hoc fecerit, baumoleum accipiat, et ei tertiam partem de succo violæ commisceat, et locum lepræ qui sudore topazii tinctus est cum eodem oleo tingat, et sæpe faciat, et lepra illa rumpetur, et homo ille melius habebit, nisi mors ejus sit. Et qui in splene dolet, aut qui putredines interius habet, quasi in corpore suo interius putrescat, topazium in rectum *morach* (?) per quinque dies ponat, et deinde topazium auferat, et vinum illud fervere faciat, ut fumiget, et ipsum topazium super fumum illum teneat ut sudet, ita quod sudor ejus vino illi commisceatur, et tunc etiam ipsum lapidem in idem calefactum vinum per brevem horam ponat, et eum tunc auferat, atque cum vino illo aut *suffe* aut *jussul* absque sagimine paret, et illud sæpe faciat, et sorbeat, et splen ejus sanabitur, et putredo ejus interior minuetur. Sed et per singulos dies in mane diei, topazium super cor tuum pone, et dic : « Deus, qui super omnia et in omnibus magnificatus est, in honore suo me non abjiciat, sed in benedictione me conservet, confirmet et constituat; » et quandiu hoc feceris, malum abhorret te. Nam a Deo fortissimus lapis topazius virtutem hanc habet quod in declinatione solis crescit, quod contumelias ab homine declinare facit.

Cap. IX. — De Chrysolitho (1).

Chrysolithus de ardore solis et de humiditate aeris post meridiem ad nonam horam diei crescit, et fere quasi vastam virtutem in se habet; ita ut si jaceret circa pullum ovis aut bestiæ, cum jam nascitur, de virtute ejus ita confortatur, quod jam ante tempus suum abire inciperet. Et homo qui *fiber* habet, vinum calefaciat, et chrysolithum super fumum ejusdem vini habeat, et sudor ejus vino illi commisceatur, ut vinum illud ita calidum bibat, atque eumdem lapidem per modicam horam in os suum ponat, et sic sæpe faciat, et melius habebit. Et qui in corde dolet, ipsum lapidem baumoleo intingat, et tunc ita oleo intinctum super locum ubi dolet *striche*, et melius habebit. Et idem lapis scientiam in homine firmat, qui cum apud se habeat, ita ut qui bonam scientiam et bonam artem habet, ipsum lapidem super cor suum ponat, et quandiu ibi jacet, scientia et bona ars in eo non deficit. Nam chrysolithus de septem horis diei quasdam virtutes habet, ut etiam in eisdem. Sed et aerei spiritus eumdem lapidem aliquantulum abhorrent.

Cap. X. — De Jaspide (2).

Jaspis crescit, cum sol post nonam horam diei jam ad occasum inclinatur, et de igne solis fovetur;

(2) Marbod. *Lapid.* 101.

sed tamen magis de aere quam de aqua vel de igne, et ideo etiam diversum calorem habet, quia cum sol post nonam horam ad occasum inclinatur, calor solis jam nube sæpe varius apparet. Homo autem qui in aure surdus est, jaspidem ad os porrigat, et calido spiramine suo in eum exspiret, quatenus ex hoc calidus et humidus fiat; et mox ita in aurem proponat, et gracile *werck* super lapidem illum ponat, et ita aurem concludat, quatenus calor ejusdem lapidis in aure illa transeat; et quomodo lapis iste de viridi aere crescit, etiam varias infirmitates humorum solvit, et ita ille auditum recipiet. Et qui *nasebosz* valde habet, jaspidem ad os ponat, et calido spiramine suo eum inspiret, et calidus et humidus fiat, et ita eum in foramina narium figat, et nares manu comprimat, ut calor ejus in caput intret, et humores capitis tanto citius et lenius solvuntur, et melius habebit.

Et cui in corde aut in *lenden*, aut in alio quocunque membro hominis tempestates humorum, id est *gicht*, insurgunt, jaspidem super locum illum ponat et premat usque dum ibi incalescat, et *gicht* cessabit, quoniam bonus calor et bona virtus injuste calidos frigidos humores illos sanat et sedat. Et cum fulgura et tonitrua apparent in somnis, bonum est ut homo jaspidem apud se habeat, quia fantasiæ et *gedrognuze* eum tunc fugiunt et dimittunt. Et cum mulier infantem parit, ab illa hora cum eum jam gignit, per omnes dies ejusdem *knicbeke* kindbette ? jaspidem in manu sua habeat, ut (et) maligni aerei spiritus tanto minus eam et infantem interim nocere poterunt, quia lingua antiqui serpentis extendit se ad sudorem infantis de vulva matris egredientis; et ideo tam infanti quam matri eo tempore insidiatur. Sed et si serpens in aliquo loco flatum suum emittit, ibi jaspidem pone, et flatus illius ita debilitatur quod minus nocivus erit, et quod ibidem flare serpens desistit.

CAP. XI. — DE PRASIO.

Prasius crescit, cum sol radios suos circa vesperas a superioribus terræ subtrahit et cum ros jam appropinquat, et quod sol paulatim super lapidem præfati montis cadit et eum fortiter incendit, et ita de ardore solis et de humiditate aeris et aquæ ac de viriditate roris prasius ibi nascitur. Qui ardentem *fiber* habet, prasium in modico siligineo pane *deicht* involvat, et ita involutum in panno ligat, et sic per tres dies et noctes, super umbilicum suum eum ligatum habeat, et *fiber* ab eo cessabit. Sed et qui in casu aut ictu alicubi in corpore suo contritus, veterem arvinam accipiat, et ei salviam et *reynefanem* æquali pondere commisceat, et his prasium imprimat, et tunc ad solem aut ad ignem ita calefaciat, et sic omnia hæc cum eodem lapide commixta ita calida super locum ubi dolet ponat, et melius habebit.

CAP. XII. — DE CALCEDONIO.

Calcedonius cum sol post vesperas jam pene subtractus est, crescit, cum etiam aer adhuc aliquantum calidus est. Et ideo ipse plus de aere quam de sole calorem trahit, et bonas vires habet. Et si lapis iste ab aliquo homine portatur, sic eum apud se habeat, ut cutem ejus tangat, ita quod etiam super aliquam venam corporis ejus positus sit, et vena illa et sanguis qui calorem et virtutem ejus recipiunt, vires illas cæteris venis et reliquo sanguini deferunt. Et sic lapis ille infirmitates ab homine avertit, et fortissimam mentem contra iracundiam ei tribuit, ita quod tam mansuetus in moribus erit quod fere nullus homo invenire poterit unde juste in ira provocatus ipsum per injustitiam lædere valeat. Et qui constantem modum ad loquendum habere voluerit, et sapienter ea proferre quæ loquitur, calcedonium in manu sua teneat, et eum spiramine suo calefaciat, ut etiam madidus inde flat, et tunc cum lingua sua lingat, et constantius hominibus loqui poterit.

CAP. XIII. — DE CHRYSOPRASO.

Crisopassus (sic) ita hora crescit, cum sol se jam totum subtrahit, et tunc aer et aqua magis turbidum et *grunfar* colorem habet. Et ideo lapis iste nocturnam vim habet, cum luna de sole fortissima est, scilicet cum media est, et nondum plena est; et etiam magnas vires in temperato et æquali calore est, ita quod nimis calidus non est, sed temperatus. Et in quocunque membro hominem *gicht* fatigat, ille super nudam cutem suam crisopassum ponat, et *gicht* cessabit. Et si quis homo valde irascitur, idem lapis ad guttur illius tam diu ponatur dum incalescat, et illa verba iræ proferre non poterit usque dum ira ejus quiescat. Sed in quocunque loco idem lapis est, ubi mortiferum venenum est, vires suas amittit, ita quod absque viribus velut aqua debile fit, id est *unkrefftig*, et quod calorem suum in debilitatem mittat, et ita minus nocivum erit. Homo autem caducum morbum habens crisopassum apud se semper habeat, et nocturna pestis, scilicet caducus morbus, eum minus lædet, quia aerei spiritus circa eum irrisionem hanc interim parare non poterunt, quin ex ore suo spumam dolens eiciat. Et si aliquis homo a dyabulo possessus est, modicum aquæ super eum funde, et dic : « Ego, o aqua, super istum lapidem in virtute illa te fundo, qua Deus solem cum currente luna fecit ; » et aquam istam illi possesso ad bibendum dabis quocunque modo poteris, quoniam invitus eam bibit; et tota die illa dyabulus in eo torquebitur, et debilior in eo erit, nec vires suas tunc in eo ostendit, ut prius fecit ; et sic per quinque dies fac ; in quinta autem die, cum eadem aqua super ipsum modicum tortellum para, velut *der broit*, et quocunque modo poteris illi ad comedendum dabis; et si acer dæmon non est, ab homine illo recedet. Et hoc modo cognoscendum est, utrum aereus, lenis an amarus dæmon sit. Nam si homo libenter ridet, et si homines benevole, id est *holtselich*, videt, et si interdum dentibus frendit, id est *griszgramet*, ibi aereus spiritus lenis est. Si autem homo ille invitus loquitur et si libenter obmutescit, et si non libenter ridet, et si manibus fortiter *krymet*, et spumas ex ore eicit, ille amarus et acer dæmon est, et ad amarum dæmonem illum expellendum lapis iste non multum prodest, quia dæmon ille amarus et acer, sed tamen eum in homine illo torquet, et eum debilem reddit. Et iste alio modo expellendus erit, cum Deus voluerit.

Cap. XIV. — De Carbunculo.

Carbunculus in eclipsi lunæ crescit. Nam cum jam in tædio est, velut deficere velit, quia interdum se deficere ostendit, cum divina jussione aut famem, aut pestilentiam, aut mutationes regnorum fieri ostendat, et tunc sol omnes vires suas in firmamentum mergit, et lunam calore suo fovet et eam igne suo suscitat et erigit, et eam iterum splendere facit, quæ linguam suam in os alterius ponit, ut illam a morte exsuscitet quæ jam mortua est ; et tunc in illa hora carbunculus nascitur; et ideo de igne solis in incremento lunæ, splendorem habet, ita quod magis in nocte quam in die lucet, et ita crescit usque dum calor solis eum eicit. Et quia eclipsis lunæ raro est, lapis iste etiam rarus est, et virtus ejus rara est, et timenda ita, quod multo timore et sollicitudine exercenda est. Nam si *sucht*, aut *riddo*, quæ *fiber*, aut *gicht*, aut alia quælibet infirmitas hominem invaserit, in mutatione humorum ejus, carbunculum circa mediam noctem, quia virtus ejus tunc præcipue viget, super umbilicum dolentis pone, ut non diutius super umbilicum ejus dimittas quam homo ille aliquantulum ab eo calefactum senserit, et eum mox auferas, quoniam virtus ejus tunc hominem illum et omnia viscera ejus pertransivit plus quam ulla medicina ullorum unguentorum facere posset. Nam statim ut homo ille vel modicam motionem in corpore suo senserit, carbunculum ab eo auferes, quia si eum super umbilicum ejus tunc diutius jacere permiseris, virtus ejus totum corpus illius pertransit, ita quod arescit. Et sic lapis iste quaslibet pestes ab homine depellit et compescit. Et si quis in capite dolet, carbunculum super verticem suum per brevem horam ponat, scilicet tam diu quod caro ejus ab illo ibi incalescat, et statim auferat, quoniam virtus ejusdem lapidis caput illius citius et plus pertransivit, quam pretiosissimum unguentum, vel quam balsamum faciat, et sic in capite melius habebit. Sed et si eumdem lapidem ad vestes seu ad alias quaslibet res ponis, diu durare possunt, et difficiliter putrescunt. Et in quocunque loco carbunculus est, ibi aeri spiritus fantasmata sua ad plenum perficere non possunt, quia eum fugiunt et ab eo declinant.

Cap. XV. — De Amethysto (1).

Amethystus crescit cum sol circulum suum ostendit quasi coronatus sit, et hoc facit cum aliquam mutationem in vestimento Domini, scilicet in Ecclesia, fieri præsignat. Et cum crescit ut *flius*, et ideo multi sunt. Et calidus et igneus est, et aliquantum aereus est, quia tempore illo cum sol circulum suum ostendit, ut præfatum est, aer aliquantum tepidus est. Homo autem qui maculas in facie sua habet, amethystum saliva sua madidum faciat, et ita madido maculas *bestriche* ; et etiam ad ignem aquam calefaciat, et eumdem lapidem super ipsam aquam teneat, et sudor de eo egrediens aqua illi commisceatur, et tunc eum etiam in ipsam aquam ponat, atque cum eadem aqua faciem suam lavet, et hoc sæpe faciat, et lenem cutem ac pulchrum colorem in facie habebit. Sed si homo recente tumore alicubi in corpore suo intumuit, eumdem lapidem saliva sua madidum faciat, et ita madido loco tumoris ubique tangat, et tumor ille minorabitur et evanescet. Et ubi aranea hominem in corpore suo fixerit, ipsum lapidem super fixuram *striche*, et curabitur. Sed et serpens et vipera, id est *nater*, eumdem lapidem fugiunt, et locum devitant, ubi eum esse sciunt.

Cap. XVI. — De Achate.

Achates de quadam arena aquæ nascitur, ab oriente usque ad meridiem extenditur, et calidus et igneus est. Sed tamen majorem vim de aere et de aqua habet quam de igne. Nam cum aqua illa minorabitur ubi ita arena sine aqua apparet, tunc quædam pars ejusdem arenæ de ardore solis et de puritate aeris perfunditur, ita quod in lapidem fulgescit. Sed cum deinde inundatio aquarum excreverit, ipsum lapidem de arena tollit et ad alias terras ducit. Et si aranea aut alius vermis venenum suum super hominem fudit, ita tamen, quod in corpus illius non intrat, achatem ad solem aut super ignitum laterem fortiter calefaciat, et ita calidum super locum doloris ponat, et ipse lapis venenum illud aufert ; et deinde iterum de eodem modo calefaciat, atque eum super fumum calidæ aquæ teneat, ut sudor ejus aquæ illi commisceatur, et tunc eum in aquam illam per brevem horam ponat, et tunc lineum pannum ipsi aquæ intingat, atque locum corporis sui ubi fixura araneæ est aut ubi aliud venenum desuper fusum est, cum eodem panno *berre*, et curabitur.

Et si quis homo lapidem istum secum portat, eum ad nudam cutem suam ponat ut ita incalescat, et natura ejus hominem illum idoneum facit et sensatum, atque prudentem in sermone, quia de igne et de aere atque de aqua nascitur. Nam sicut aliqua mala herba quæ ad cutem hominis ponitur ibi interdum pustulam aut ulcus exsurgere facit, sic etiam quidam pretiosi lapides, ad cutem hominis positi, eum sanum et sensatum sua virtute faciunt. Et homo qui caducum morbum habet et qui lunaticus est, achatem ad cutem suam positum semper habeat, et deinde melius habebit. Nam homines cum infirmitatibus istis multoties nascuntur, etiam de superfluitate malorum humorum et pestium eas sibi attrahunt. Et qui caducum morbum habet, achatem

(1) Marbod. *Lapid.* 253, e ejusd. mystica applic. p. 141.

per tres dies in aqua ponat, cum jam luna plena est, et in quarta die eum auferat, et aquam illam modice coquat, ita ut non ferveat, et eam sic servet atque cum ea coquat omnes cibos quos interim comedit, dum luna tota decrescat; ac quidquam interim biberit, sive vinum, sive aquam, sic achatem imponat ei, et sic bibat, et sic per decem menses faciat, et curabitur, nisi Deus non velit. Sed et qui lunaticus est, ante triduum cum tempus insaniæ suæ instare cognoverit, eumdem lapidem per tres dies in aqua ponat, et in quarta die eum auferat, et tunc aquam illam modice calefaciat, atque omnes cibos, quos interim comedit, dum in amentia est, cum ea coquat, ac eum in omnem potum suum interim ponat, et desuper bibat, et sic per quinque menses faciat, et sensum suum et sanitatem recipiet, nisi Deus prohibeat. Nam cum per virtutem ejusdem lapidis modice calefacta aqua suscitatus (1), ne per fervorem illius infirmetur, cibi ejusdem hominis cum ipsa aqua condiantur, et potus illius eodem modo, ut præfatum est, et ita per virtutem eorumdem temperamentorum, et in virtute Dei, humores, qui insaniam illi inferunt, sedantur. Sed et per singulas noctes, antequam homo in lectum suum se collocet, achatem in aperto per longitudinem domus suæ ferat et deinde per latitudinem ejusdem domus, in modum crucis, et fures per voluntates suas exercere et proficere minus prævalebunt, et in furando minus habebunt.

Cap. XVII. — De Adamante (2).

Adamas calidus est, de quibusdam montibus meridianæ plagæ nascitur qui sunt quasi *legechte* [*leymechte?*] et velut quædam cristallus *glasechte*, et ex eadem *leym* quoddam *gedosze* quasi cor aliquando oritur magnæ fortitudinis. Et quia forte et durum est, antequam magnum fiat, ipsa *leym* ejusdem montis circa pos'tum scinditur, et ita velut in aquam cadit in modum et ad magnitudinem *krisolo*, sed postea in eodem loco ejusdem *leym* debilior priori est. Et cum deinde aliqua inundatio fluviorum excreverit, illum lapidem ad alias provincias educit. Et quidam homines sunt, qui ex natura sua et per diabolicam malitiosi sunt, et ob hoc libenter tacent, sed cum loquuntur, et acrem visum habent, ac interdum mentem suam fere excedunt, velut insania ducantur, et iterum cito ad se redeunt; isti sæpe vel semper adamantem in os suum ponant, et virtus ejus talis et tam fortis est, ut malignitatem et malum hoc quod in eis est exstinguat. Sed et qui freneticus est, et mendax, et iracundus, et ipsum lapidem in ore suo semper teneat, et vi ejus hæc mala ab ipso avertuntur. Et qui jejunare non potest, eumdem lapidem in os suum ponat, et esuriem ei minuit, ita quod tanto diutius jejunare poterit.

Et qui *virgichtiget* est, vel apoplexiam habet, id est hanc pestem, quæ medietatem corporis apprehendit, ita quod se movere non potest, adamantem per totam diem unam in vinum aut in aquam ponat, et desuper bibat, et *gicht* ab eo cessabit, etiam si tam valida est ita quod membra illius dirumpere minantur, et etiam apoplexia minuetur. Sed et qui *gelsucht* habet, eumdem lapidem in vinum aut in aquam ponat, et desuper bibat, et curabitur. Sed adamas tantæ duritiæ est quod nulla duritia eum vincere potest, et ideo ipse ferrum impetit et fodit; unde cum nec ferrum nec calybs duritiam ejus incidere poterunt, calybem ita corroborat quod nec cedit nec frangitur antequam illum incidat. Et dyabulus eidem lapillo inimicatur, quia fortitudini resistit, ideo tam in nocte quam in die dyabulus eum dedignatur.

Cap. XVIII. — De Magnete.

Magnes calidus est et de spuma quorumdam venenosorum vermium nascitur qui in quadam arena et in quadam aqua habitant, sed tamen magis in arena quam in aqua. Nam quidam venenosus vermis est, velut *snecko*, circa quamdam aquam, et in aqua manens, qui aliquando spumam suam in quemdam locum cujusdam terræ emittit, et qua ferrum conflari solet. Quod dum alius quidam venenosus vermis viderit, qui etiam circa aquam ipsam et in ipsa aqua manet, et qui de terra illa pascitur de qua ferrum paratur, ad spumam illam ardenter currit, et venenum suum, scilicet nigrum ad eamdem spumam fundit, et venenum hoc spumam illam fortitudine sua pertransit, ita quod in lapidem durescit, et ideo magnes ferrugineum colorem habet, et ferrum naturaliter post se trahit, quia de veneno illo coagulatur, quod de terra illa nutritur de qua ferrum paratur. Sed aqua illa juxta quam idem lapis jacet, frequenti inundatione sua desuper inundans, maximum venenum quod in eo est attenuat et minuit. Et si homo furit, aut si aliquo modo fantasiæ *virgogeleckt* est, magnetem saliva sua *bestriche*, et verticem furentis ipso lapide ita madido *bestriche*, atque frontem ejus in transversum, et dic : « Tu furens malum cede in virtute illa qua Deus virtutem de cœlo ruentis dyabuli in bonitate hominis mutavit ; » et ille sensus suos recipiet. Nam utilis et inutilis ignis ejusdem lapidis, quia ignis, quem de ferruginea terra habet, utilis est; ignis autem quem de veneno vermium habet, inutilis est. Cum salubri et calida humiditate salivæ hominis suscitatur, noxios humores qui intellectum hominis evertunt (3).

Cap. XIX. — De Ligurio (4).

Ligurius calidus est. De quadam urina et non de omni urina lincis nascitur. Nam linx non est lascivum nec libidinosum, nec immundum animal, sed uno modo temperatum. Et virtus ejus tam fortis est, quod etiam lapides penetrat, unde etiam acutum visum habet, nec facile in oculis caligat. Et

---

(1) Locus corruptus.
(2) Plin. *Hist. nat.* xxxvii, 4 ; Marbod. *Lapid.* 28
(3) Deest aliquid.
(4) Cf. infra vii, 27; Marbod. *Lapid.* 358.

de urina ejus lapis iste non semper nascitur, sed tunc cum sol valde ardet et cum aura levis est et blanda et bene temperata. Nam animal hoc tunc aliquando propter calorem et puritatem solis et propter suavitatem pulchræ auræ lætatur, et tunc cum urinam emittere vult, pede in terram fodit, et in fossam illam urinam emittit, et sic de ardore solis ligurius coagulatur et crescit. De puritate enim solis et blanda aura quæ animal istud tangendo perfulsit et de lætitia animi ejus, et de magna vi quam habet urina in eo calet, et cum ita emittitur, in lapidem istum coagulatur, ita quod coagulatio ista pulchri lapidis in terra fit qui est tenerior lapidibus aliis. Et homo qui in stomacho valde dolet, ligurium aut in vinum, aut in cerviseam, aut in aquam per brevem horam ponat et tunc auferat, et liquor ille viribus lapidis hujus perfunditur, ita quod inde vires accipit; et sic per quindecim dies faciat, et da illi modice ad bibendum parum pranso, et non jejuno, et nulla febris nec pestis tam fortis in stomacho illius est absque morte, quin stomachus ejus purgetur et purificetur et salvetur præter instantem mortem. Nullus autem alius homo pro ulla causa istud condimentum bibat, nisi contra dolorem stomachi: vivere non posset, quia fortitudo ejus tanta est quod cor illius *virseriget* et quod caput ejus scindendo divideret. Sed quem difficultas urinæ constringit, ita quod urinam facere non potest, ligurium in lac vaccarum aut ovium, non autem in lac caprarum, per diem unum ponat, et secunda die auferat, et lac illud calefaciat, id est *welle*, et ita sorbeat, et sic per quinque dies faciat, et urinam in eo solvit.

CAP. XX. — DE CRYSTALLO.

Crystallus de quibusdam frigidis aquis nascitur, quæ subnigri coloris (1), ex aere veniens aquam illam tetigerit, ipsa aqua in aliquo loco, velut quædam massa, per frigus coagulatur, et quasi cor aquæ in fortitudinem coagulatur, et cum deinde calor aeris aut solis eamdem tetigerit, eidem massæ spissam albedinem quam tunc habet, ardore suo aufert, ita quod aliquantum pura fit, sed tamen per calorem illum dissolvi non poterit; sed deinde frigus iterum superveniens eamdem massam magis et magis coagulare facit, et purius; et illud tantæ fortitudinis est quod per calorem ipsum non potest solvi, quamvis tota circumposita glacies dissolvatur, et sic cristallus exsurgit, et cristallus est. Et cui oculi caligant, cristallum ad solem calefaciat, et ita calidum oculis suis sæpe superponat; et quia de aquæ natura est, malos humores ab oculis extrahit, et sic ille melius videbit. Et si *drusæ* aut *orfimæ* in collo hominis nascuntur, eumdem lapidem ad solem calefaciat, et ita calidum super *druse* aut super *orfimas* per diem aut per noctem ligando constringat, et sic sæpe faciat, et evanescent. Sed et cui *hubo* in gutture crescit seu intumescit, cristallum ad solem calefaciat, et ita calida vinum desuper fundat, et de illo sæpe bibat, et etiam cristallum ad solem calefactum ad guttur super *hubin* calidum sæpe ponat, et minorabitur. Sed et qui in corde, aut in stomacho, aut in ventre dolet, cristallum ad solem calefaciat, et ita calidæ aquam desuper fundat, et tunc etiam per brevem horam in ipsam aquam eamdem cristallum ponat et deinde auferat, et ita aquam illam sæpe bibat, et in corde, aut in stomacho, aut in ventre melius habebit. Et qui a *nesseden* fatigatur, eumdem lapidem ad solem calefaciat et ita calidum super locum illum ubi dolet ponat, et *nessia* fugabitur.

CAP. XXI. — DE MARGARITIS.

Quædam aquæ sunt fluminum, quæ salsæ sunt, de quibus margaritæ nascuntur. Nam pinguedo eorumdem fluviorum cum salsugine sua ad harenam cadit, ita quod superior aqua purificatur, et pinguedo hæc cum salsugine sua in margaritas coagulatur, et hæ margaritæ mundæ sunt. Accipe ergo margaritas istas, et eas in aquam pone, et totus livor et *slim* quæ in eadem aqua est circa easdem margaritas congregatur, et superior aqua purificatur et emundatur. Et homo qui *fiber* habet, eamdem superiorem aquam sæpe bibat, et melius habebit. Sed et qui in capite dolet, margaritas ad solem calefaciat, et ita calidas temporibus suis circumponat et panno desuper constringat, et curabitur.

CAP. XXII. — DE BERLIN.

Berlin de quibusdam conchis animalibus nascuntur, scilicet quæ in conchis jacent, et quæ in mari et in quibusdam magnis fluminibus manent. Nam quædam istorum conchatorum animalium circa fundum fluviorum istorum versantur, et ibi pascua sua quærunt, et aliquantulum venenosa, et de sordibus quas in fundo illo in se trahunt, et de veneno suo, cum hoc exspuunt, *berlir* coagulantur et ita nascuntur; quæ aliquando turbidæ sunt, quia ipsa animalia circa fundum earumdem aquarum versantur, et fere nulla utilitas in eis est. Sed de eisdem conchatis animalibus quædam in medietate eorumdem fluviorum versare solent, ubi ipsæ aquæ puræ sunt, et ibi eadem animalia minus sordium in se trahunt, et ideo etiam modicum veneni in se habent. Unde etiam *berlin* illæ quæ nascuntur de eisdem aquis quas ipsa animalia in se trahunt, et de veneno hoc quod illa exspuunt, ibi lucidæ fiunt, quoniam ibi in mediis fluminibus quædam puritas aquarum est. Sed tamen fere nulla utilitas medicinæ in ipsis est, nisi quod tantum alii lucidiores sunt, et quod minus quam aliæ venenum in se habent. Quædam autem eorumdem conchatorum animalium in summitate ipsorum fluminum versantur, ubi spumæ et multæ sortes earumdem aquarum fluunt, et de ipsis spumis et de superioribus sordibus illis cum veneno ipsorum animalium quædam *berlin* coagulantur, quæ etiam aliquantum turbidæ sunt, quia de spumis de collectionibus sordium illarum nascuntur, nec ad ullam utilitatem medicinæ valent, quia plus infirmitatem quam sanitatem hominibus

(1) Deest aliquid.

inferunt. Nam si quis homo in os suum poneret, inde talem infirmitatem sibi fere attraheret et ita infirmaretur velut aliquod venenum sumpsisset; et si eas etiam ad cutem suam poneret, ita quod caro ejus ab ipsis incalesceret, venenum ex eis in se traheret, et hoc modo infirmus efficeretur et doleret.

CAP. XXIII. — DE CORNELIONE.

Cornelion plus de calido aere quam de frigido est, et in arena reperitur. Et si alicui sanguis de naribus fluit, vinum calefac, et calefacto cornelion impone, et sic illi ad bibendum da, et sanguis effluere cessabit.

CAP. XXIV. — DE ALABASTRO.

Alabastrum nec rectum calorem, nec rectum frigus in se habet, sed in utroque quasi tepidum est, ita quod etiam medicina in eo fere non reperitur.

CAP. XXV. — DE CALCE.

Calx calidus est, de quo creta fit, cum incensus fuerit, unde et creta calida. Nam cum calx per ignem in pulverem redigitur, magis roboratur, et terram ac arenam igne suo conglutinat. Sed si homo aut pecus de calce comederit, fortitudo caloris illius comedentem destruit et infirmari facit. Homo autem, quem vermis in aliquo loco suo comederit, cretam accipiat, et bis tantum de *criden*, et ex his cum aceto seu vino velut tenue cæmentum faciat, atque istud loco, ubi vermem patitur, cum penna emittat, et hoc per singulos dies usque ad quintam diem faciat; postea sumat aloe, et secundum ejus tertiam partem myrram, et simul terat, atque ex his cum recenti cera *eyn* plaster paret, et canabineo panno superponat, et ita super locum doloris per duodecim dies liget. Nam creta calida est et *crida* frigida, et sic calor cretæ cum frigiditate cridæ et cum calore et acumine vini temperatus vermes commortificat. Sed calor aloe myrrhæ augmentat, putredines eorumdem ulcerum extrahit, et eumdem locum sanat.

CAP. XXVI. — DE CÆTERIS LAPIDIBUS.

Cæteri lapides qui in diversa terra et diversis regionibus orti sunt, et diversas naturas atque diversos colores de terris in quibus nati sunt, sibi contrahunt, ad medicamenta non multum valent, ut marmor, *griesszstein*, *calckstein*, *ducksteyn*, *wacken*, et similes, quia nimia humiditas aut nimia siccitas in eis est, quæ recta siccitate non temperatur, aut in quibus nimia siccitas est quæ recta humiditate non humectatur.

EXPLICIT LIBER TERTIUS (QUARTUS) DE LAPIDIBUS.

INCIPIT LIBER QUARTUS (QUINTUS).
DE PISCIBUS.

PRÆFATIO.

Quidam pisces sunt, qui de natura sua circa fundum maris et fluminum versantur, et ibi pascua sua quærunt, et fundum ita sulcant, velut porci terram, et ibi quasdam radices in quibusdam herbis comedunt, quibus diu vivunt, et alia quæcunque pastui suo conveniunt, ibi semper quærunt (1), et etiam interdum fere ad medietatem ipsorum [aquarum *ed.*] ascendunt, et interdum ad fundum descendunt, et ibi præcipue manent. Et caro istorum aliquantum mollis et infirma est; nec ad comedendum sani sunt, quia circa fundum aquarum semper versantur. Et quidam ex istis diem et solis splendorem plus diligunt quam noctem aut lunæ splendorem. Quidam vero noctem et lunæ splendorem magis diligunt, quam diem et solis splendorem. Quidam autem ex istis totum *rogim* suum post ordinem effundunt, id est *leychent*, antequam ab hac effusione desistant, ita ut postquam *geleyche* effundunt, et ita dum per omnia a *rogim* et a *milche* evacuantur, et ideo etiam aliquantum debilitantur, qui in hac effusione hoc modo festinant. Quidam autem ex eis in hac effusione intervallum habent, et exspectant dum plus confortentur, et tunc iterum *teychent*, ita quod saltim a Martio usque ad autumnum *rogim* suum effundunt.

Sed alii pisces sunt, qui in medietate et in puritate maris et aliorum fluviorum præcipue versantur et ibi pascua sua quærunt, et ibi etiam quasdam herbas in proeminentibus scopulis valde sanas inveniunt, de quibus pascuntur, scilicet quæ tantam sanitatem in se habent, ut si homo eas haurire posset, omnem infirmitatem per ipsas a se depelleret. Et pisces isti ad comedendum sani sunt, et caro illorum aliquantum fortis est, quia in puritate aquarum præcipue sunt. Sed tamen interdum ad fundum descendunt et interdum ascendunt; præcipue autem in medietate ipsorum fluviorum sunt (2). Et etiam minores illis piscibus existunt, quæ circa fundum libenter versantur; et quidam ex eis magis diem et solem diligunt, quam noctem aut quam lunam; quidam autem magis lunam et noctem, quam diem aut solem. Sed et quidam ex ipsis totum *rogim* suum antequam cessent effundunt et inde aliquantum debilitantur. Quidam autem in hac

(1) *Et alia—quærunt* om. ed.

(2) *Quia in puritate—sunt* om. ed.

effusione intervalla habent, quatenus ad id opus interim conforlentur, ut de prioribus præfatum est (1).

Et alii pisces sunt qui circa summitatem maris et aliorum fluminum versari solent, et ibi in spumis et in superioribus multis sordibus pascua sua quærunt, et a calore solis magis quam alii perfunduntur, et etiam interdum in quibusdam cavernulis se abscondunt, in quibus fœtida aqua est quæ effluere non potest, et ideo caro eorum infirma et mollis est, nec ad comedendum sani sunt. Et isti etiam aliquando modice in aquis descendunt, et circa littera versari solent, et quidam ex eis plus diem et solem diligunt quam noctem et lunam, quidam autem plus noctem et lunam. Et etiam quidam ex eis, cum *leychent*, totum *rogim* suum effundunt, antequam ab hac effusione quiescant, et inde aliquantum debiles efficiuntur, quidam vero intervallum in hoc opere habent et vires suas interdum recipiunt, ut de cæteris dictum est (2).

Et omnes pisces, secundum genus suum, herbas sibi convenientes per hiemem et etiam interdum per æstatem comedunt; unde *milche* [lac ed.] et *rogim* [granula seminis ed.] in eis crescunt, et de his suaviter edunt, ita si etiam homo, scilicet mulier quæ infecunda est, ex eis comederet, fecunda fieret et conciperet. Et nullo alio coitu ad concipiendum sibi commiscentur, et *rogim* aut *milcher* in eis nascitur [quemadmodum alia animalia sibi commisceri solent add. ed.], sed solummodo ad effusionem eorum, id est *leychens*, tam magnum desiderium habent, ut animalia alia ad coitum. Et unusquisque parem et convenientem sibi quærit; et cum tempus effusionis eorum instat, locum circa littus quærunt, ubi nec venti, nec procellæ eos lædere possunt, sed ubi quies bona et tranquilla temperies aquarum sit (3), et ubi herbulæ, quibus interim pascantur, circum natæ sunt, et tunc piscis ille, quæ femina est, ad rectitudinem, scilicet in modum lineæ, procedit usquequam secundum naturam suam ab hac effusione desistat; et ubi finem hujus effusionis facit, ibi alium piscem, scilicet masculum, advenire præstolatur. Et mox masculus, scilicet *milcher*, subsequitur, et lac suum in ordine et mensura super *rogim* fundit, et quod piscis, scilicet femina, præcessit; et cum ad illum pervenerit, lac suum fundere desistit, et sic evacuati et fatigati, aliquantum debiles efficiuntur, et juxta eumdem locum quietem sibi quærunt, dum vires suas recipiant, et herbulis circumpositis interim pascuntur. (4) A tempore autem illo, quo semen suum effundunt, usque ad id, quo pisciculi vivere incipiunt, multæ ac diversæ et repentinæ qualitates et passiones aeris interdum superveniunt. Sed cum istæ effusiones piscium, id est *geleyche*, antequam pisciculi vivere incipiant, multotiens ab inundatione ymbrium et tempestatum atque a navigantibus rumpantur, et ita pereunt, nec ad effectum perveniunt. Et si quis homo istam effusionem, id est *geleyche*, piscium comederit, illi fere ut venenum esset, et ideo multo studio retia lavanda sunt ne eis adhæreat, et ne ita in captura piscium extrahatur. Sed postquam pisces semina sua, id est *geleyche*, effuderint, debiles efficiuntur, quia multum fatigati sunt, ut supra dictum est, et tunc tam sanas carnes ad cibum hominis non habent, ut alio tempore, et pisciculi illi qui simul effunduntur, id est *geleichet werden* et simul versantur, et postquam creverint, similiter semina sua effundunt. Et si aliqui eorum capiuntur, illi qui remanent alios sibi ætatis suæ quærunt similes iterum. Et quidam pisces, ut præfatum est, de claritate diei et de splendore solis delectantur et in eo pascua quærunt, quidam vero de nocte et de splendore lunæ et stellarum, et tunc etiam pascua sua quærunt, quia meliorem temperiem in aqua aliquando in noctibus quam in die habent. Et sicut homo naturam suam destituit, pecoribus se commiscens, ita etiam et pecora in aliud genus suum se aliquando in commixtione ducunt. Et sic etiam pisces a genere suo in aliud genus interdum in effusione seminis sui declinant, et aliud genus extraneum generi suo producunt, ut in anguilla et in aliis quibusdam piscibus notari potest.

Deus autem in quibusdam piscibus quamdam scientiam, secundum naturam suam et secundum genus suum, dedit, ita quod quasdam herbas et radices in aquis cognoscunt, quibus interdum vescuntur, cum alios cibos non habent, quarum fortitudo et natura, cum eas semel cognoscunt seu gustaverint, quod aut per dimidium annum aut per quatuor menses nullo pastu indigent, et tamen

(1) *et quidam—præfatum est* om. ed.
(2) *Et isti etiam—dictum est* om. ed.
(3) *Sed ubi—sit* om. ed.
(4) Ab inde textus editus in multis variat quæ adnotare longum esset. Sic se habet : « A tempore autem illo quo simul effunduntur, se cognoscunt et simul versantur; et postquam creverint, semina sua simul effundunt, et si aliqui eorum capiuntur, illi qui remanent alios sibi ætate similes iterum quærunt. Et sicut homo naturam suam destituit, pecoribus se commiscens, ita etiam et pecora extra genus suum aliquando in commixtione ducuntur, et sic etiam pisces a genere suo in aliud genus interdum in effusione seminis sui declinant, et aliud genus extraneum generi suo producunt, ut in anguilla et in aliis quibusdam piscibus notari potest.

Deus autem quibusdam piscibus quamdam scientiam secundum naturam et genus suum dedit, quod quasdam herbas et radices in aquis cognoscunt, quibus interdum vescuntur, cum alios cibos non habent; quarum fortitudo et natura talis est, cum eas semel gustaverint, quod aut per dimidium annum, aut per quatuor menses nullo pastu indigent. Quod autem pisces clamosas voces non habent quemadmodum cætera animalia concipiuntur : et etiam pro clamore vocis, quam ipsi in alvo non habent, aqua in qua conversantur sonum in cursu suo tenent. Reptantia autem, et illa quæ interdum in aqua, interdum super terram sunt, vel quamdam cognationem cum animalibus habent, et ideo linguas ad sibilos et ad sonos vocum habent. »

carnes eorum ob hoc non deficiunt nec minuuntur. Et cum postea esuriunt, si alios cibos non habent, iterum eisdem herbis et radicibus per longum tempus sustentantur, postquam eas semel cognoverint. Quod si etiam homo herbas et radices istas sciret et cognosceret, et si eas habere posset, et si interdum comederet, aut per quatuor aut per quinque menses absque aliis cibis esse posset, postquam eas semel gustasset; sed caro ejus exinde indurescerel et tortuosa fieret, nec tam lenis esset ut nunc est. Adam enim, cum de paradiso expulsus est, eas cognovit ac eas in aquis quæsivit, et interdum comedit cum alios cibos non habuit, sed postquam deinde alios cibos habere potuit, eas devitabat. Nam eædem herbæ faciliter nec crescunt nec pereunt, et ideo cum aut pisces aut bestiæ modicum de eis gustaverint, diu in ventre eorum indigestæ jacent, quia difficiliter diguruntur; et idcirco animalia quæ eas comedunt per longum tempus esurire non patiuntur, sed cum aliis cibis quos postea comedunt digeruntur.

CAPITULA.

Cete	I	Bersich	XIV	Minewa	XXVI
Huso	II	Concha quoddam genus pis-		Meichefisch	XXVII
Salmo	III	cis est	XV	Rotega	XXVIII
Lasz	IV	Asch	XVI	Carosso	XXIX
Merswin	V	Allec	XVII	Blicka	XXX
Storo	VI	Hasela	XVIII	Slyo	XXXI
Welca	VII	Pafenduno	XIX	Stechela	XXXII
Coppera	VIII	Grundela	XX	Kulhenbecho	XXXIII
Hecht	IX	Steynbisza	XXI	Anguilla	XXXIV
Barbo	X	Cancer	XXII	Alruppa	XXXV
Carpo	XI	Barbo	XXIII	Lampreda	XXXV
Elsua	XII	Breseno	XXIV	Punbelen	XXXVII
Sorbel	XIII	Kolbo	XXV		

LIBER QUINTUS.

Cap. I. — De Cete (1) [IV, 2].

Cete igneum calorem et aquosum aerem habet in se, et naturam piscium et etiam quamdam cognationem de natura bestiarum, scilicet leonis et ursi (2). Et de natura piscium in aquis versatur, et de natura bestiarum crescit in magnitudinem. Nec hominem fugit quoniam si bestiæ in aquis vivere possent, supra modum in magnitudinem crescerent, ita quod tunc præ horrore eorum homo in aquis conversari non posset. Et diem et noctem, et fundum ac summitatem maris quærit. Sed et cibis piscium et cibis bestiarum vescitur, et etiam pisces comedit, quia si pisces in mari comedendo et devorando non minuerentur, a multitudine piscium mare pervium non esset. Et cum multa voraverit, tunc incrassatur et impinguatur, ita quod se vix de loco ad locum movere potest. Et tunc aliquantum se sursum erigit, et ex ore suo spumam emittit, et aliquantum ea quæ devoravit exspuit, et hoc modo se alleviat. Sed cum se tunc movere senserit, paulatim se de loco ad locum movet, et ita crassitudinem et pinguedinem suam aliquantum amittit et levior fit, ac tunc gaudet, quod moveri potest, et ita in ferocitate se hac et illac movet, et quidquid ei tunc occurrit furendo devastat aut devorat. Sed tamen homines eum per insidias eo tempore sæpissime capiunt. Et cum hæc alleviatus fuerit, ut prædictum est, herbas et radices illas quærit, quibus per aliquod tempus absque aliis cibis durare potest; et cum sol sursum ascendit, ita quod dies prolongantur, tunc pisces, scilicet masculus et femina, terram hanc quærunt, quæ de terra illa succum habet et quæ fortior reliquæ terræ est, et ros de aere super herbas illas tunc cadit quæ in eadem terra nascuntur. Iidem autem pisces super terram illam se ambo erigunt et prædicto rore perfunduntur, atque herbis illis *geleyche* eorum in eis crescere incipit, et ita de loco illo abscedunt; sed cum postea *geleich* suum emittent, de succo prædictæ terræ perfusam quærunt, atque femina ubi altitudo ejusdem terræ est grana emittit, id est *leichet*, et ea pennis suis super terram illam ponit, et masculus sequitur, atque lac suum desuper fundit, et interim quietem ibi quærunt, dum vitalem aerem accipiant; et hoc semel in anno faciunt; et piscis unus de granis illis, et tanta vis terræ illius est quod cito vivere incipit; postquam autem vivere inceperint, recedunt. Quibus tanta fortitudo in carnibus, quod com-

---

(1) *Balæna mysticetus*.
(2) Quæ sequuntur usque ad *et caro piscis hujus* om. ed.

esta omnibus pravis et debilibus humoribus resistunt. Nam Deus in omnium creatura animalium quasdam formas fecit, in quibus fortitudinem suam ostendit, velut etiam in hoc pisce facit, et ideo piscis iste nequitias dyabuli interdum sentit, et ideo etiam flatus suos contra eum emittit. Et caro piscis hujus sana est, et sanis ac infirmis hominibus ad comedendum bona est, et aerei spiritus fortitudinem ejus dedignando fugiunt, quia ubi circa se quidquam dyabolicum senserit, cutem suam contrahit, et horribilem se ostendit, et adversum fantasma illud horribiles flatus emittit (1).

Homo autem, qui freneticus et *unsinnig* est, de carnibus ejus, pane tantum addito, sæpe et sufficienter comedat, et sensus suos recipiet. Et qui *virgichtiget* est de eisdem carnibus sæpe comedat, et *gicht* in eo cessabit. Cerebrum autem ejus ad comedendum non valet, ut ullum cerebrum aut piscis, animalis aut avis, quia cerebrum animalis hominem qui comederit debilem facit, id est *unmechtiget*, et molestat. Sed cerebrum piscis istius in nova olla cum aqua fortiter coque et cocleari fortiter move, id est *zutribe*, et tunc in aliud vas fundas et fortiter contunde, et herbam quæ dicitur *gicht* adde et satis de baumoleo, et denuo in priori nova olla coque, et iterum in ea fortiter commove, et sic unguentum fac, et qui a valida *gicht* fatigatur, et qui *ridden* aut alia ulcera habet, cum eo se ungat, et sanabitur.

Et qui in corde repente *unmechtet* [defectum sentit ed.], cor ejus pulverizet et in aqua bibat, et melius habebit. Sed et qui de *vicht* dolet, eumdem pulverem in vino et in aqua sæpe bibat, et *vicht* in eo cessabit. Et si quis de jecore (2) ipsius comederit, stomachum suum interius purgat, et omnia interiora sordida ipsius aufert velut optima potio. Sed in quacunque domo aut loco aerei spiritus irrisiones parare solent, ibi de jecore piscis hujus super vivos carbones incende, et recedunt, nec ibi, propter fortitudinem odoris, remanere poterunt. Et qui nocturnas febres aut diuturnas, aut mutabiles febres, quæ secundum temperiem aeris se immutant, habent, pulmonem ejus in aqua coquat et sæpe comedat, et febres in eo cessabunt. Sed quia pulmo per annum servari non poterit, eumdem pulmonem moderate pulverizet, et pulverem istum aut in aqua aut in vino sæpe bibat, et febres, quæcunque sint, vel si etiam *riddo* fuerint, in illo cessabunt (3). Et qui venenum comederit aut bibit, pulmonem et jecor ejus æquali pondere pulverizet, et tantum de *andron* [marrubio ed.] addat ut pulveris istius est, atque modicum mellis addat, et cum puro et bono vino coquat; et sic calidum, id est *welch* jejunus in mane diei ante diem bis aut ter bibat, et venenum quod sumpsit aut per nauseam spumat, aut per secessum per eum transibit (4). Et qui vesicam ejus per annum servat, et si... ulcus aut *alyer* frangetur et curabitur, sed post fractionem ejusdem ulceris, vesicam auferas. Et si *orfime* in corpore tuo habueris, eam iterum in aqua mollem facias et desuper pones, et evanescent.

Quod si etiam alicui in corpore suo *druszewaczent*, eamdem vesicam cum saliva tua mollem fac, et desuper pone, et evanescent. Et qui in jecore dolet aut in pulmone infirmatur, minora viscera ejusdem piscis cum ysopo in aqua coquat, et ex eis *sulczen* faciat, et sæpe comedat, et dolor in jecore cessabit, et pulmo sanitatem recipiet. Et qui a *gicht* fatigatur, de palpebris ejusdem piscis per noctem aut per diem in vinum ponat, et tunc idem vinum ad ignem calefaciat, et ita sæpe bibat, et *gicht* ab eo cessabit. Sed et qui in lingua sua *virgichtiget* est, quod loqui non potest, de eisdem palpebris in aquam *schabe*, et illi ad bibendum da, et statim loquitur, et fortitudinem recipiet lingua ejus, qui frigidis humoribus paralysis ad loquendum sæpius impeditur, sed igneo calore palpebrarum curatur. Sed et manubrium cultelli de osse ejusdem piscis fac, et manubrium illud in manu tua tene, ita ut in ea incalescat, et nullus dolor in manu tua aut in brachio tuo est, quin cessabit. Sed et si boves et oves ac porci de pestilentia moriuntur, de ejusdem piscis ossibus pulveriza, et pulverem istum in aquam proice, et illis in potu ad bibendum sæpe da, et *schelmo* ab eis cessabit. Ex cute ejus calceos fac et eos indue, et sanos pedes et sana crura habebis. Sed et de cute ejus cingulum facias, et te ad nudam cutem cum eo cingas, et diversas infirmitates a te fugabit, et te fortem faciet.

CAP. II. — DE HUSONE (5) [IV, 4].

Huso [Echinus *ed.*] de calido magis quam de frigido aere est (6), et nocturnum splendorem lunæ et stellarum diligit, et plus noctem quam diem, et in die quiescit, et in strenuis velociter currentibus aquis profectum habet, et eas diligit, ac in eis natando ita laborat quod caro ejus de labore illo mollis efficitur. Ac in medietate aquarum natat, et fundum earum raro quærit; et mundis pascuis tur, et desuper ponatur, et ille curabitur. Sed et eamdem vesicam super scrofulas ponat, et evanescent. Et homo manubrium cultelli de osse ejusdem piscis in manu sua teneat, ut incalescat, et fere nullus dolor in eo est, quin a furore suo cesset. Sed et homo de cute ceti cingulum faciat, et se ad nudam cutem cum eo cingat, et omnes infirmitates ab eo fugabit; et de cute ejus homo calceos habeat, et sanos pedes et sana crura habebit. ›

(5) *Acipenser Huso.*

(6) Quæ sequuntur om. ed. usque ad *Homo autem.*

---

(1) *Et aerei — emittit* des. in ed.

(2) Tob. VI, 8. Cf. infra cap. 20.

(3) *Sed et qui de wicht dolet — cessabunt* om. ed.

(4) Ex his quæ sequuntur multa omittit ed., alia aliter disponit : ‹ Sed et qui albuginem, aut mel, aut lapillum in oculo suo habet, aut qui caliginem in oculis patitur, de crudo felle cete ad oculos suos teneat, et etiam palpebras suas cum penna liniat, ut oculos modice interius tangat, et claros oculos ad videndum habebit. Et etiam vesica ceti per annum servetur, ut si ulcus aut *flier* in corpore alicujus hominis creverit, ipsa vesica in aqua mollifice-

vescitur, et ideo caro ejus sanis hominibus ad comedendum bona est, infirmos autem laedit aliquantum. Et ipse *leychet* ut alii pisces. Homo autem in quo ydropis morbus crescere incepit, vesicam piscis hujus in aquam ponat, ut aqua ista inde saporem habeat, et eam saepe bibat, et ydropis in eo meliorabitur et evanescet (1). Nam vesica piscis hujus aquosa et aspera est, et aliquantum amara, et idcirco cum suavitate aquae temperatur, morbum minuit.

CAP. III. — DE MERSWIN (2) [IV, 3].

Merswin plus de calido aere est quam de frigido (3), et naturam piscium et fere porcorum habet, atque noctem plus quam diem diligit, atque libenter in cavernis aquarum moratur, et etiam aliquando super aquas ascendit, atque inmundis cibis interdum vescitur atque humanis carnibus, scilicet cum homines in aquis submergantur, atque de inmundis spumis, quae super aquam natant; et ideo caro ejus non est sana homini ad comedendum; et tam masculus quam femina quasdam herbas comedunt, de quibus *swanger* fiunt. Et cum ipsis jam instat quod *geleych* suum emittant, tunc masculus et femina colla sua invicem conjungunt, et *strichet*, et ita ambo incalescunt, et deinde femina semen suum emittit, et masculus, hoc videns, illud devorat, et femina ex hoc indignatur, et iterum aliud semen emittit, et desuper incumbit et *ruwet*, et mox masculus veniens, super illud ex ore suo *milch* emittit simul cum illo quod devoraverat, et ita ambo idem *geleyche* affluunt, et sic ibi manent dum vivere inceperint, et sic piscis unus erit. Et postquam ille vitalem aerem acceperit, iterum procedent et simili modo facient, quia una vice totum *geleyche* suum emittunt. Homo autem qui *virgichtiget* est, de jecore et pulmone ejus aequo pondere pulverizet, et pulverem istum in aqua ponat et saepe bibat, et *gicht* in eo cessabit. Reliqua autem quae in eo sunt, non multum valent ad medicamenta.

CAP. IV. — DE STORO (4) [IV, 4].

Storo [Rombus ed.] plus de frigido est quam de calido (5), et magis in die quam in nocte versatur, et etiam in fundo aquarum radices et herbas illas quaerit, quibus diu absque alio pastu vivere potest, et in aquis hac et illac libenter movetur. Sanas carnes habet, quae etiam sanis hominibus ad comedendum non obsunt, infirmos autem dolere aliquantum facit, quia nimis fortis ei est. Et cum *geleyche* in eo crescere debet, ipse super aquas se erigit, et ros de aere super eum cadit, et etiam tunc quasdam herbas similes *cle* tam masculus quam femina comedit, et fecunditatem accipit. Sed cum tempus instat ut *leyche*, quamdam nigram terram quaerit, et ibi quaedam grana emittit, super quae masculus nichil fundit, ita quod haec grana piscis unus fuerit; et iterum juxta semen illud quiescunt ibi, dum vitalem aerem accipiat. Et postquam vixerit, iterum procedunt, et cum aliis granis *leychent*, et ita per ordinem, dum omnem *geleyche* suum emittunt.

Homo autem quem *vicht* fatigat, de jecore hujus piscis sufficienter et saepe comedat, et *vicht* in eo cessabit. Et cui caro circa oculos emergit, id est *uszwelczat*, vel cui oculi caligant, de felle ejus accipiat, et aequali pondere de succo ruthae, et minus de camillen, et hoc simul commisceat, atque in cuprinum vasculum mittat, et cum eo circa noctem oculos suos superius saepe ungat, ita quod oculos modice interius tangat, et in oculis sanabitur, et clare videbit caligine fugata. Sed et si de ossibus ejus in aliqua domo incenduntur, aerei spiritus eam interim devitant, nec ibi illusiones suas interim faciunt, sed velut homo foetentem odorem fugit, sic mali spiritus tunc eam fugiunt, quia mundum animal non diligunt.

CAP. V. — DE SALMONE (6) [IV, 5].

Salmo magis de frigido quam calido aere est, et magis in nocte quam in die versatur, atque plus lunam quam solem diligit. Et cum luna apparet, in splendore ejus summe natat, velut in solis splendore, et ideo caro ejus aliquantum lunae assimilatur, et mollis ac infirma est, nec ulli homini ad comedendum bona est, quia omnes malos humores qui in homine sunt excitat. Et fundum aquarum quaerit, et etiam radices et herbulas illas interdum comedit, quibus diu absque aliis pascuis sustentari potest. Sed et de gramine illo comedit, quod de frumento nascitur, quod in aquas cadit, et ab illo fecunditatem capit, et cum *leychet, leymecht*, terram quaerit, et ibi *rogim* suum emittit, et masculus super illum *milch* fundit, et de granis pisciculus unus fit, et ita iterum procedunt, usque dum a *geleyche* suo evacuentur, scilicet locis variis uno tempore *geleyche* suum effundentes, et ibi quiescunt usque dum ex aere vitam accipiant.

(7) Homo autem cui dentigo putrescit et cui dentes infirmantur et fragiles sunt, de ossibus piscis hujus in pulverem redigat, et modicum assi salis addat, et ad noctem pulverem istum dentibus saepe circumponat, et salivam, scilicet gengivas effluere per de calimino commisceat, et in cuprinum vasculum mittat, et cum eo oculos suos superius saepe ungat, et clare videbit. Si autem homini in aliquo loco corporis sui aliquo casu os frangitur, os strutionis pulverizet, et pulverem istum in puram aquam de puteo non salso extractam mittat, et jejunus bibat; et hoc faciat dum sanctur, sed tamen modice. »

(6) *Salmo Salar*.
(7) Hic incipit textus editus, superiora omittens.

---

(1) Huc usque edit.
(2) Phocae species.
(3) *Et naturam piscium* etc. om. ed. Pergit: *Homo autem*; desinit, *et gicht in eo cessabit*.
(4) Acipenser Sturio.
(5) Ed., intermedia omittens: « Homo autem quem *vich* fatigat, de jecore piscis hujus sufficienter et saepe comedat, et *vich* in eo cessabit. Et cujus caro circa oculos suos evolvitur, vel cui oculi caligant, de felle piscis hujus, de succo rutae, et minus

mittat, et carnem circa dentes ejus mundat et sanat. Et cætera quæ in eo sunt ad alia medicamenta non valent.

CAP. VI. — DE WELCA (1) [IV, 6].

Welca plus de calido aere quam de frigido est, et magis diem quam noctem diligit, et frumento quod in aquas cadit, et de bonis aliis herbis pascitur (2). Et sanas carnes habet, et tam infirmis quam sanis hominibus ad comedendum bonæ sunt, et *leychent* ut alii pisces (3). Et homo cui oculi caligant, fel ejus accipiat, et ei de succo feniculi addat et paucas guttas vini, et tunc sic commixto circa palpebras et circa oculos suos ex eo modice ungat, sed præcaveat ne oculos interius tangat, et caliginem oculorum fugabit. Et si quis de jecore ejus cocto comedit, omnem livorem, id est *slim*, et omne venenum, id est *eyther*, qui in stomacho illius est, circa se colligit et ad se trahit, et ita secum per secessum abjicit, et sic ille in stomacho sanus erit. Cor autem ejus nec ad comedendum, nec ad medicamenta valet, et hominem lædit qui illud comedit. Sed cætera quæ in eo sunt ad medicamenta non valent (4).

CAP. VII. — DE LASZ [IV, 8].

Lasz [Esox *ed.*] de calido aere magis quam de frigido, et diem diligit, et fundum aquarum non quærit, sed in medietate aquarum pascua sua quærit, atque in quibusdam *leym* ubi herbulæ nascuntur, et illas comedit (5); et carnes ejus saniores carnibus salmonis sunt, atque sanis hominibus ad comedendum bona existunt, infirmos autem aliquantum fatigant; quia enim piscis iste de calido aere est, carnes ejus sanis hominibus qui calidi sunt bonæ sunt, infirmis autem qui frigidi sunt illis non valent; et *leychet* ut cæteri pisces (6). Sed jecor ejus mollis est, et hominem lædit. Et cætera quæ in eo sunt non multum prosunt (7).

CAP. VIII. — DE COPPREA (8).

Copprea plus de frigido quam de calido aere est, et diem diligit, et semper in novis et frigidis aquis et juxta fundum aquarum versatur, atque interdum in puris aquis delectatur, et his sed *benachtet*, et sanos cibos quærit. Et carnes ejus comestæ sanos homines non lædunt. Infirmi autem eas moderate comedant, quia de frigido aere sunt. Jecor autem ejus nullus comedat, nisi cum *dille* aut feniculo *gesultze*, et sic comedatur, sed *rogim* et *milch* ejus comedi poterunt. Et herbulæ de quibus fœcunditatem accipit, *catzenzagel* aliquantum assimilantur. Et cum tempus suum instat, *leym* quærit, et ibi grana emittit, de quibus unus piscis erit, et masculus lac suum desuper fundat, et juxta illud morantur, dum ex aere vitam capiant; et iterum procedunt, et simili modo *leychent*, ut prædictum est, et sic ambo faciunt dum per omnia evacuantur. Si autem quilibet homo *virdroszkeyt*, id est *leytsam* animam habet, oculum piscis illius aut in aureo, aut in argenteo annulo *besmyde*, ita ut oculus cutem digiti tangat, quatenus cutis de oculo illo incalescat, et etiam eum sæpe ad os suum ponat, et intellectus ejus evigilat, id est *wacker* erit. Quod si oculus iste hoc modo diu durare in anulo non potest, novum oculum ejusdem piscis ei iterum impone.

CAP. IX. — DE HECHT (9) [IV, 9].

Hecht [Lucius *ed.*] plus de calido aere est quam de frigido (10), atque in puritate ac in medietate aquarum libenter versatur; et diem diligit, et acer est, et *grim*, velut aliqua bestia in silva; atque ubicunque moratur, pisces consumit, et aquas illas de aliis piscibus evacuat. Nam munda pascua quærit, et duras ac sanas carnes habet. Tam infirmis quam sanis hominibus bonæ sunt ad comedendum. Ipse enim medium temperatum calorem habet, et ideo carnes ejus sanæ sunt. Et quasdam herbulas masculus et femina comedunt, de quibus *geleyche* in eo crescit, et illud velut cæteri pisces emittit. Et si quis homo jecor ejus sæpe comedit, bonam et suavem digestionem parat. Et si vermis hominem aut pecus comedit, ossa piscis hujus pulveriza, et pulverem istum super loca ista pone, et vermes moriuntur.

CAP. X. — DE BARBO [IV, 10].

Barbo [Silurus *ed.*] de calido aere est magis quam de frigido, et diem diligit, et calorem libenter habet; et cum aliquod frigus senserit, tum quasdam cavernulas intrat, ut in eis calorem habeat; et in sole libenter est, et in eo summe *vachet*, et ideo caro ejus mollis est et *zuflosszlich*. Sed in medietate aquarum versatur, et munda pascua quærit, et ut alii pisces semen suum exponit quod de quibusdam herbulis *leychet*, ac plurimum in hoc opere studiose laborat, ita quod etiam *leychene* studet. In plurimis locis uno tempore *leychet* antequam cesset. Sed si sanus homo eum frequenter comedit, ei nec sanam carnem nec sanum sanguinem parat. Et si quis caput ejus frequenter comedit, dolorem in capite ejus parat et excitat, atque alias febres in ipso facit. Sed nullus homo grumum ejus comedat, quia si eum comederit, inde dolebit. Nam quia caput piscis hujus aerea viriditate caret, limosum venenum introrsum trahit de quo cerebrum et fauces ejus infi-

---

(1) *Silurus Glanis.*
(2) *Et magis — pascitur* om. ed.
(3) *Et — pisces* om. ed.
(4) *Et si quis — non valent* om. ed., quorum loco hæc habet: « Quod si homo de superfluitate libidinis in oculis caligat, sive masculus, sive fœmina sit, cuticulam fellis piscis hujus, felle effuso, ad solem exsiccet, et purissimo et optimo vino intingat, et ad noctem, cum se in lectum ponit, eam super oculos suos panno liget, et circa mediam noctem auferat, ne oculos transverberet. In tertia nocte,

et in quinta, et in septima idem faciat, non autem in secunda, nec in quarta, nec in sexta. Et si de alia peste homo caliginem senserit, istud remedium ei non proderit. »
(5) *Et diem — comedit* om. ed.
(6) *Quia enim — pisces* om. ed.
(7) *Et cætera — prosunt* om. ed.
(8) Deest in ed.
(9) *Esox Lucius.*
(10) Ed.: *Lucius de calido aere est. Et si quis homo jecor ejus*, etc., ut infra.

ciuntur, et sic comedendo lædit, ac *rogum* ejus quasi venenum est, quoniam grana ipsius a se difficiliter separari poterunt, et magis *gebrechen* sunt, quam cibus sanitatis (1).

CAP. XI. — DE CARPONE (2) [IV, 11].

(3) *Carpo* plus calidus est quam frigidus, et diem magis diligit quam noctem, et calorem paludum in se habet, atque de paludibus molles et infirmas carnes tenet. Et in eis pascua quærit, ac in spuma aquarum libenter versatur. Et caro ejus sano homini in comestione non nocet, infirmum autem aliquantum lædit. Et qui sanus est, *milich* et *rogum* ejus comedere potest, infirmus autem non comedat. Sed idem piscis interdum in puram aquam nat et in ea se *bachelt*, et tunc etiam in ea pascuis mundis vescitur, et ibi etiam de succo cujusdam terræ trahit, et quasdam herbulas ibi comedit, de quibus fecunditatem accipit. Et cum tempus instat quod *leychent*, *gallendesteyn* quærit, et ibi uno tempore *leychet*, masculo suo subsequente, et ibi ad vitalem aerem, nisi abigantur, quiescunt, quemadmodum velut alii pisces faciunt. Et homo qui *fiber* habet, ita quod tædium comedendi habet, et quod cibus ei in fastidio est, piscem illum coquat, et tunc caput ejus auferat, et per medium dividat, et in veru ad ignem *roste*, et sic in vinum ponat, et huic tertiam partem aceti addat, et modicum mellis in his perfundat, et sic paratum sæpe comedat, et *fiber* in eo cessabit, ac fastidium comedendi deponet. Cætera autem quæ in eo sunt ad medicamenta non multum valent.

CAP. XII. — DE BRESMA (4) [IV, 12].

(5) Bresma calida est magis quam frigida, et succum terræ in se habet, et circa fundum aquarum libenter versatur, et terram interdum comedit, et noctem diligit, ac in splendore lunæ se *bechelt*, et ideo nec sanis nec infirmis ad comedendum multum valet, sed tamen eum superare possunt. Sed et circa terram quædam folia herbarum quærit, quæ similitudinem *bremium* habent, et illa comedit, et ab eis fœcundatur, et cum tempus suum advenerit, in quamdam terram *leychet*, et tempore suo masculus lac suum desuper fundit, et illud ita custodiunt, dum ex aere vitam accipiat. Et homo, qui *magensiech* est, eumdem piscem in aqua coquat, et sic in aceto cymino addito condiat, et *sulze*, et comedat, atque stomachus ejus a *slim* et febre purgatur.

CAP. XIII. — DE ELSUA [IV, 13].

Elsua [Elna *ed.*] de frigido aere est (6), et no-

ctem diligit, ac in fundum aquarum et in stercoream terram quasdam herbulas comedit, et inde impinguatur, et munda pascua quærit. Et postquam de stercore fatigatur, ad puritatem aquæ ascendit, et in ea se lavat. Et comestus, nec sanum, nec infirmum hominem multum lædit. Et juxta littus rubeam et *stechelecht* herbam comedit de qua *swanger* fit. Sed cum *leychen* vult, cavernulas quærit, et in eis *leychet*, et de cavernula in aquam *leychet*, secum trahit, et aliam cavernulam intrat, et etiam in illa *leychet*, et sic de cavernula transit dum omne *geleych* suum emittit, ac masculus desuper fundit, et sic semina sua vitalem aerem recipiunt. Sed quod iste piscis aliquando in aquis moritur, hoc ideo est quia cum magnus calor æstatis est, de tempestatibus et de magnis ventis et de magnis inundationibus aquarum quæ tunc fiunt valde timet et angustiatur, quia molles carnes habet, ita quod etiam, cum tonitrua audit, cavernulis ita se infigit, quod se ab eis extrahere non potest, et hoc modo sæpe moritur. Sed si quis jecor suum sæpe comederit, in corde suo confortatur et in stomacho suo sanus erit. Cætera autem, quæ in eo sunt, ad medicamenta non valent.

CAP. XIV. — DE KOLBO [IV, 15].

Kolbo [Scollus *ed.*] calidus est (7), et noctem diligit, et circa fundum aquarum versatur, et in quibusdam immundis pascuis vescitur, et nec sanis nec infirmis hominibus multum valet ad comedendum, quia succus ejus infirmus est. Et cum *leychet* grana sua et iterum in alio folliculo, dum *geleyche* suum totum emittit, et statim masculus adest, et ex ore suo spumam desuper emittit, et his granis adhæret, usque dum vitalis aer ea movet. Et quoniam pisces isti spuma masculi coagulantur, ut prædictum est, infirmas carnes habent, nec comedentem hominem ad sufficientiam recreant. Quod autem ex altera parte corporis sui carnes fere non habent, cutem tantum super spinam extensam, hoc ideo est, quia si ibi carnes haberent, carnes illæ venenosæ essent ad comedendum, velut venenum læderent. Et etiam in capite venenum gestant, et ideo hominem lædit quicunque illud comederet. Idem autem piscis ad medicinam non multum valet.

CAP. XV. — DE FORNHA (8) [IV, 16].

Fornha magis de calido quam de frigido aere est, et noctem diligit, et circa fundum in *bruchwaszern* versatur; sed tamen non multum immunde

---

(1) Ed. brevissime: « Silurus de calido aere est. Si quis autem caput ejus frequenter comedit, dolorem in capite ejus excitat, et alias febres in illo facit. Et nullus cerebrum, nec fauces ejus, nec lac, nec granula quæ in eo sunt comedat, quia ei quasi venenum sunt. »

(2) *Cyprinus carpio*.

(3) Ed.: *Carpo calidus est, et caro et lac et granula sanum hominem in comestione non necant; infirmum autem aliquantum lædunt. Homo autem, etc.,* ut infra, intermedia omittens.

(4) *Sparus pagrus*.

(5) Ed. : « Bresma calida est, et nec sanis, nec infirmis ad comedendum satis valet. Et qui in stomacho dolet, hunc piscem in aqua coquat, et, cimino et aceto addito, comedat, et stomachum a livore et a febre purgat. »

(6) Ed. *De frig. aere est — sed si quis jecor ejus — non valent,* reliqua omittens.

(7) Ed., *nec sanis nec infirmis homin. valet ad comedendum. Quod autem. etc.,* ut in cod.

(8) *Salmo trutta.*

pascitur (1). Et infirmis hominibus non multum valet ad comedendum, sanos autem non lædit, ad medicamenta vero non multum valet.

CAP. XVI. — DE MONUWA [IV, 17].

Monuwa magis de frigido quam de calido aere est (2), et diem diligit, ac in cavernulis atque in spuma aquarum libenter moratur, et immundis vermiculis aliquando pascitur, et ideo caro ejus sana non est, nec etiam sanis et infirmis hominibus in cibo multum prodest, etiamsi eos non multum lædat. Et semen suum de herbulis accipit et in tempore suo emittit. Sed medicamenta in eo non sunt.

CAP. XVII. — DE BERSICH (3).

Bersich magis de calido quam de frigido aere est, et diem diligit, atque in splendore solis libenter est, et etiam in puritate aquarum libenter versatur, et ibi munda pascua quærit. Et etiam in scopulis et in lapidibus et in cavernulis aliquando intrat, et in eis quasdam bonas et salubres herbas quærit quibus pascitur, et ideo caro ejus sana est, atque tam infirmis quam sanis hominibus ad comedendum bona est. Et *leychet* ut alii pisces.

CAP. XVIII. — DE MEYSISCH [IV, 14]

Meysisch de frigido aere est, et humidus magis, et comestus nec sanos nec infirmos multum lædit, sed sæpius comestus, livorem in stomacho hominis aliquantum parat.

CAP. XIX. — DE PISCE CONCHAS HABENTE [IV, ult.].

Quoddam genus piscis est quod conchas super se habet. Sanis et infirmis ad comedendum non valet. [Nam si boves aut de noxio sanguine, aut de forti labore infirmantur, homo conchas istas pulverizet, et cum vetonica in aquam mittat, et bobus tribuatur, et sanabuntur *add. ed.*]. Noctem diligit, et circa fundum aquarum versatur, et quibusdam immundis pascuis vescitur.

CAP. XX. — DE ASCHA (4).

Ascha magis de frigido quam de calido aere est, et diem diligit, atque in medietate aquarum libenter versatur, et etiam supra lapides et *leym* libenter quiescit, et gramine et herbulis pascitur de quibus etiam et carnes ejus sanæ sunt et bonæ tam infirmis quam sanis hominibus. Et ut alii pisces *leychet*. Et homo qui *wisza* in oculo habet, fel ejus accipiat, et ei guttam puri vini addat, et cum illo liniat, ita quod e lam oculum interius modice tangat, et hoc sæpe faciat, et curabitur. Sed cætera in eo ad medicamenta non valent.

CAP. XXI. — DE ROTEGA (5).

Rotega plus de calido quam de frigido aere est, et diem diligit, et sursum in spuma aquarum versatur, atque interdum in medietate aquarum se lavat, et *mos* in scopulis crescit et herbulas ibi crescentes comedit, et etiam de his quæ in spumis aquarum fluunt pascitur, et sanis et infirmis hominibus ad comedendum bonus est, et *leychet* ut alii pisces qui nec nimis magni nec nimis parvi sunt.

CAP. XXII. — DE ALLEC (6) [IV, 20].

Allec de frigido aere est, sed instabilem et frigidam naturam habet, et diem diligit, ac in fundo ac in summitate aquarum versatur, et munda pascua quærit (7). Et cum capitur ita quod recens est, homini ita ad comedendum non valet, quia eum faciliter intumescere facit, et interius in corpore suo *yderecht*, et ideo tam sanis quam infirmis, cum recens est, ad comedendum nocivus est. Sed cum postea plurimo sale perfunditur, teteritas, id est *eyther*, qui in eo sunt, per salem minuuntur, ita quod tanto minus comedentem lædit. Nam homo qui sanus est hoc modo comestum superare potest; qui autem infirmus est, si multum comederit, ipsum nocebit (8). Et infirmo aut sano melius et salubrius est allec assum quam coctum ad comedendum, et *milch* et *rogim*, ut prædictum est comedi poterunt. Si autem allec recens est, et cum coquitur, et cum adhuc de coctione illa calidum est, vinum aceto mistum desuper funde, et sic per brevem horam *beysze*, et tanto minus comedentem lædit. Homo autem qui in capite suo *grint* habet, aut in corpore suo minutam scabiem, aut lepram, accipiat allec quod longo tempore sale purfusum est, et illud in aqua purget, et deinde eadem aqua aut caput, aut scabiem, aut locum lepræ lavet, et post modicam horam alia calida aqua se ibidem lavet, et deinde secunda die *calbaz* [asperam lixiviam *ed.*] de cineribus fagi faciat, et cum eo aut in capite, aut in scabie, aut in lepra iterum se lavabit, et postea in tertio die in eisdem locis hircino sepo se perungat, et sic per ordinem sæpe faciat, ut prædictum est, et a *grint*, et a minuta scabie, aut a lepra melius habebit.

CAP. XXIII. — DE CRASSO [IV, 21].

Crasso magis de calido aere est quam de frigido, et diem diligit, et ubi *springen* aquarum sunt libenter ibi morantur, atque in parvulis ripis sæpe versantur. Et quæ munda sunt, comedit, et sanis et infirmis hominibus ad comedendum bonus est. Ut alii pisculi *leychent* (9).

CAP. XXIV. — DE HASELA (10).

Hasela plus de calido quam de frigido aere est, et diem et calorem diligit, ac in summitate aquarum versatur, atque munda pascua quærit, et sanis et

---

(1) *Et noctem — pascitur* om. ed., ut infra *et ad medic.— valet.*
(2) *Est, et caro ejus valet* ed., alia omittens.
(3) Percæ spec. — Deest in ed.
(4) *Salmo Thymallus.* — Deest in ed. Cf. supra cap. 1.
(5) Deest in ed.
(6) *Clupea Harengus.*
(7) *Sed instabilem — quærit* om. ed.
(8) *Quia eum facil. — nocebit.* om. ed.
(9) Ed. : « Crassus de calido aere est et sanis et infirmis ad comedendum bonus est. Homo autem qui furentem paralysin in se habet, pisciculos istos in patella modice coquat, et postea super ignitum lapidem pulverizet, et modicum de pulvere *gith*, velut poleii addat, et modicum assi salis, et inde jejunus et pransus sæpe comedat, et sanabitur. »
(10) Deest in ed., ut sequentes num. 25-29.

infirmis hominibus ad comedendum bonus est, et ut alii pisces *leychet*.

Cap. XXV. — De Blicka.

Blicka plus de calido aere est quam de frigido, et diem ac calorem diligit, et in spuma ac in summitate aquarum libenter versatur, et munda pascua comedit, et sanis hominibus ad comedendum bonus est. Sed qui sunt infirmi modicum de ea comedant, quia molles carnes habet. Ut alii pisciculi *leychent*.

Cap. XXVI. — De Pafenduno.

Pafenduno magis de calido quam de frigido aere est, et diem ac calorem diligit, et circa littus in spuma aquarum versatur, et vermiculos et herbulas comedit, et sanis hominibus ad comedendum bonus est, infirmis autem non multum valet. Et ut alii pisces *leychet*, sed medicina in eo non est.

Cap. XXVII. — De Slya.

Slya de calore paludum est, et noctem diligit, et circa fundum et littus versatur, et magis inmundis quam mundis pascuis vescitur, et nec sanis nec infirmis hominibus ad comedendum valet. Et cum *leychet*, masculus et femina, *mos* quod in scopulis crescit, ad foramen modicae cavernulae trahunt, et ibi in eadem cavernula retro praefatum *mos* uterque eorum ex ore suo spumam emittit, et juxta illud morantur, et ad illud os et spiramen suum movent, usque dum coagulatum vitalem aerem accipiat, et tunc recedunt, et hoc modo *slyen* nascuntur. Et medicinae non conveniunt.

Cap. XXVIII. — De Gerundula.

Grundula magis de humido aere est quam de sicco, et noctem diligit, ac in fundo ac in summitate aquarum versatur, et etiam in cavernulis petrarum libenter moratur, et herbulis quibusdam et aliis pascuis vescitur; sed caro ejus sana non est ad comedendum, sed homines qui sani sunt, etiamsi comederint, superare quidem poterunt, infirmos autem et praecipue *gichtige* valde laedit, et omnes infirmitates in homine faciliter excitat. Et pisciculus iste magis feminei generis est quam masculini. Et se ad saxa et ad arenam afferant, et inde *rogim* inflatur, et eum accipit, et sic foeta fit. Et cum *leychet* in spuma aquae et a *slim* absque lacte masculi coagulatur et hoc in locis facit, et tunc grana, de quibus pisciculus unus fit, in unum ducit et in alium, et ita separatim grana in unumquemque, et ita in aliis, dum vitalem aerem accipiant aquae vel coagulata. Sed postquam pisciculus iste eadem grana sua in plurimas suffusas diviserit, ut praefatum est, juxta ea non quiescit, sed recedit antequam [vivant. Et ad medicamenta parum valet.

Cap. XXIX. — De Stechela.

Stechela plus de calido aere est quam de frigido, et diem diligit, et quibusdam herbis pascitur, et sanam carnem habet, atque tam infirmos quam sanos homines comesta non laedit. Et de natura *hechtes* et *birsches* est. Nam cum interdum *bersich rogum* suum emittit, *hecht* hoc videns masculum *porche*, qui lac super eadem grana fundere deberet depellit, et ipse *milch* suum desuper fundit, et ita effuso, deinde vitalem aerem ut pisciculi alii recipiant. Sed postquam *birsich* illa vivere inspexerit et sui generis non esse, ab eo recedit.

Cap. XXX. — De Steynbisza [IV, 22].

Steynbisza plus de frigido aere est quam de calido et de humiditate, et in fundo fluminum versatur, et noctem diligit, et quae immunda sunt comedit, et homini ad comedendum sana non est, sed est fere ut *madum*, et de piscibus nascitur. Nam diversi pisces in uno loco et congregati jacent simul, et ibi quasdam spumas et egestiones faciunt, et hoc idem sibi cohaeret et coagulatur, tandem vitalem aerem accipit, velut vermiculi de fimo equi aut bovis nascuntur, et sic *steynbisza* nascitur. Et homini ad comedendum non valet (1).

Cap. XXXI. — De Rulheubt (2).

Rulheubt magis de frigido quam de calido aere est, et diem diligit, et in medietate et in summitate aquarum versatur, et mundis ac immundis pascuis vescitur, et quidquid in pascuis ejus inmundum est, in caput illius ascendit, et in cerebrum crescit, et ideo caput ejus nocivum est et immundum cum stomacho ipsius, et reliquum in corpore ejus de mundo cibo crescit et comedi potest. Et cum *leychet*, in cavernulam transit, et ibi *rogim* hac et illac emittit, et masculus quamdam humiditatem, et non lac, desuper fundit, et humiditas illa tam fortis est quod grana illa per eam coagulantur. Et postquam haec semina sua effuderint, statim recedunt.

Cap. XXXII. — De Cancro (3) [IV, 23].

Cancer magis calidus est quam frigidus, et calorem plus de terra habet quam de aere, et diem ac noctem diligit, quia ante faciem suam secundum solem et retro secundum lunam incedit (4). Et sanas carnes habet, et tam infirmus quam sanus homo eum comedere potest, excepto illo cui stomachus frigidus et *bestoppet*; qui comestos cibos vix digerere potest, illi cancer ad esum nimis fortis est ita quod eum difficile digeri potest, et ideo illi ad comedendum non valet. In capite autem ejus quoddam viride est, quod dicitur *crebeszmar* [crebezes malz ed.] : hoc accipe, et huic butyrum majoris ponderis adde, et haec simul *knyt*, et qui in

---

(1) Ed. aliter : « Steinbiza de frigido aere est, et homini ad comedendum sana non est, sed fere ut vermis. Si quis autem incontinens in libidine est, steinbizim et brunecrassim aequo pondere pulverizet, et huic tertiam partem camphorae addat, et per quindecim vel per plures dies, in frigida aqua modice bibat, et continentiam habebit. »
(2) Deest in ed.
(3) *Astacus fluviatilis*.
(4) *Et calorem — incedit* om. ed.

facie et circa nares est *quedelechte* [minutissimæ pustulæ *ed.*], velut dolor et ulcera ibi ebullire velint, ille ad noctem se ibi sæpe ungat, et cum mane de lecto surgit, unctionem istam in facie vino abluet, et pulchram cutem habebit ita etiam quod ulcera ibi non surgunt.

Cap. XXXIII. — De Anguilla (1) [II, 24].

Unde anguilla fit? In postero autem tempore, ut nunc est, anguilla quodam alio modo fit. Nam cum hyems supervenerit, aquatilis anguis, qui femina est, separat se a masculo, et aut super lapides, aut super harenam se confricat, et ita cutem suam amittit, et sic per hyemem in fossa quiescit. Sed cum deinde tempus æstatis institerit, quemdam lapidem quærit, et super illum flatos suos ex ore suo emittit, et tunc etiam super eumdem lapidem quædam grana ex ore suo scilicet ad magnitudinem fabarum exspuit, et magnum desiderium et studium ad hoc opus habet, quia tunc mundus est, quia veterem cutem suam, in qua venenum fuerat, jam perdidit. Et anguilla qui masculus est, hoc videns, jam illuc properat, et illa anguis fugit eum, et a granis illis, quæ exspuit, recedit, et mox anguilla super eadem grana ex ore suo velut lac emittit, id est *kuwet*, et ea cauda sua tegit, et super illa se extendendo contorquet, quod præfata aquatilis anguis videns, dedignatur, et appropians sub caudam anguillæ, scilicet multos flatus interim emittit, et sic ambo ibi jacent : anguilla scilicet cauda sua grana illa tegendo et anguis sub cauda illius efflando usque dum vitalem aerem acceperint. Sed postquam vivere incipiunt et anguilla hoc senserit, mox tam ipsa quam eadem anguis præ horrore fugiunt, quia naturam suam excesserunt. Et sic anguillæ fiunt, et multæ ex uno prædicto grano erunt. Unde ubi germinare inceperunt, multitudo eorum cito exsurgit.

Anguilla autem magis de calido aere est quam de frigido, et noctem diligit atque naturam quorumdam vermium habet, qui in cavernulis libenter, qui etiam immundi non sunt, et etiam naturam piscium habet, et non multum immunda pascua quærit. Sed tamen caro ejus aliquantulum immunda est, nec in sano homine ad comedendum valet, velut caro porcorum, sed tamen sanos homines non multum lædit, infirmos autem in omnibus febribus et malis humoribus, ac in cunctis infirmitatibus eorum concutit, et comedentes amaros animo et astutos atque *argehse* facit. — Sed et fel ejus pingue est, et qui contra caliginem oculorum cum eo oculos suos inungeret, exinde per modicum tempus clari efficerentur, sed postea iterum tanto plus exinde infirmarentur (2).

Cap. XXXIV. — De Alroppa (3).

Unde *Alroppa* fit. Anguilla femina interdum quamdam coagulationem ex ore suo super quemdam lapidem emittit, et non grana velut alii pisces faciunt ; et masculus, videlicet alia anguilla, hoc videns, feminam depellit, et super hoc se complicat, et cauda sua tam diu fovet, dum vitalem aerem accipiat, et sic *alroppen* nascuntur. Alroppa autem plus de frigido quam de calido aere est, et diem diligit, ac in medietate aquarum versatur, sed immunda pascua quærit magis quam munda, nec sanis nec infirmis hominibus ad comedendum valet, præter jecor, quod tam infirmi quam sani ad esum sumere possunt. nec non utile et bonum est (4).

Cap. XXXV. — De Punbelen (5).

Unde *punbelen* sunt? Alroppen, tam masculus quam femina, uterque quamdam coagulationem ex ore suo, velut sordem, insimul emittunt, et cum illam emiserint, discedunt ; nec morantur, sed illa a se ipsa velut *mado* vitalem aerem accipit, et *punbelim* nascuntur, scilicet illa quæ quasi *kulheuvtchen* in paludibus et in pulveri naturæ esse solet ; non medicinæ convenit.

Cap. XXXVI. — De Lampreda (6).

Unde *Lumpreda* sit. Quidam serpens qui, cum ova aquatilis anguis viderit, mox anguem illam depellit, et se super eadem ova complicat, et ea fovet, et sic ex ovis illis murenæ nascuntur. Lampreda autem plus de calido aere quam de frigido est, et *invederslage* naturam piscium habet, et etiam naturam serpentum tenet, quia venenosa est, et in cauda sua aliquod veneni est ; et duos tantum oculos habet, quia foramina quæ quasi oculi in ea videntur, oculi non sunt, sed tantum cæca foraeboris, et pulverem istum in prædictum acetum ponat, et denuo simul fervere faciat. Quod cum fecerit, hoc in sacellum ponat, et vinum infundat, ut per illum velut purus potus transeat, et in novo fictili vase recipiat. Et homo quem pediculi interius lædunt, potum hunc jejunus quotidie bibat, et ad noctem pediculi deficient et morientur, et arvina in ipso renovabitur. »

(1) *Muræna Anguilla*.
(2) Textum editum sistimus quod in multis variat : « Anguilla de calido aere est, et caro ejus aliquantum immunda est, nec sana homini ad comedendum velut porcorum; sed tamen sanos non multum lædit, infirmos autem in omnibus malis humoribus et infirmitatibus eorum concutit, et comedentes amaros animo, et astutos, et suspiciosos facit. Sed fel ejus pingue est, et qui contra caliginem cum eo oculos suos inungeret, per modicum clari efficerentur, sed postea tanto plus infirmarentur. Si autem quempiam hominem pediculi interius lædunt et non egrediuntur, fel anguillæ, et ter minus de acerrimo aceto, et tantum mellis ut istorum duorum est, in patella fortiter coquat. Postea zinziberum, et bis tantum longi piperis, et tantum basiliæ, insuper ebur ad tertiam partem basiliæ, et de rostro vulturis ad tertiam partem
(3) *Gadus Lota*. — Deest in ed.
(4) Ed. : « Alropa de frigido aere est, et nec sanis nec infirmis ad comedendum valet, præter jecor quod sanis et infirmis utile et bonum est. Quod si scrofulæ in homine rumpuntur, caput alropæ pulverizetur, et super ulcera ponatur, et exsiccabuntur. »
(5) Deest in ed.
(6) *Ps. romyzon* spec. — Deest in ed.

mina. Et noctem diligit, et in cavernulis et in paludibus aquarum libenter moratur, et immundis pascuis utitur. Et tam sanis quam infirmis hominibus ad comedendum mala est, et malam digestionem in stomacho hominis parat, atque in omnibus venis tempestates excitat. Nec ulla utilitas medicinæ in ea est.

EXPLICIT QUARTUS (QUINTUS) LIBER DE PISCIBUS.

INCIPIT LIBER QUINTUS (SEXTUS).
DE AVIBUS.

PRÆFATIO [1]

Cum anima in corpore hominis aerea est, quandiu in corpore manet, ita quod aere attollitur et sustentatur, alioquin in corpore suffocaretur: et in humano corpore cum sensibili intelligibilitate et stabilitate versatur, et ad hæc volatilia creata sunt et posita, cum quibus ipsa sentire et scire debet, quæ sibi scienda sunt, quoniam volatilia in aere pennis suis attolluntur et ubique in aere versantur; et sic anima, dum in corpore est, cogitationibus suis elevatur et ubique se dilatat. Et in humiditate terræ perfectio illa ostenditur, quod homo in formatione sua perfectus est atque in corporabilitate discernitur, quod homo se corporalem esse in arboribus cognoscit; et his duobus, scilicet in humiditate, in corporabilitate intelligere debet, quod accrescere non poterit, quandiu anima in ipso est.

CAPITULA.

Griffo	I	Nebelkra	XXIV	Nachtegalla		XLVII
Strusz	II	Muser	XXV	Stara		XLVIII
Pavo	III	Ordume.	XXVI	Fincko		XLIX
Grus	IV	Merla	XXVII	Distelfincke		L
Cingnus	V	Columba	XXVIII	Imera		LI
Reyger	VI	Turtur	XXIX	Grasemucka		LII
Wultur	VII	Psittacus	XXX	Warckengel		LIII
Aquila	VIII	Pica	XXXI	Merla		LIV
Othobere	IX	Heera	XXXII	Wasserstoltza		LV
Auser	X	Ule	XXXIII	Beynstertz		LVI
Hagelgans	XI	Huwo	XXXIV	Hyrundo		LVII
Aneta	XII	Sisogomi	XXXV	Cimgel		LVIII
Gallus	XIII	Cuculus	XXXVI	Vespertilio		LIX
Urhun	XIV	Snepha	XXXVII	Wichewala		LX
Repphun	XV	Specht	XXXVIII	Apis		LXI
Birckhun	XVI	Passer	XXXIX	Musca		LXII
Falko	XVII	Mersa	XL	Cicata		LXIII
Habich	XVIII	Amsela	XLI	Locusta		LXIV
Sperwer	XIX	Eruscla	XLII	Mugga		LXV
Milvus	XX	Lercha	XLIII	Humbelim		LXVI
Weho	XXI	Ysenbrado	XLIV	Glimo		LXVII
Corvus	XXII	Widehoppo	XLV	Megelana		LXVIII
Kraha	XXIII	Quatela	XLVI			

---

(1) Ed.: « *Cap. 1. — Volatilium natura et varietas.* Volatilia frigidiora sunt animalibus quæ in terra versantur, quoniam tanto calore libidinis non generantur; et etiam mundiores carnes terrenis animalibus habent, quia non nuda de matre procedunt, sed testa cooperta. Quædam etiam ab igneo aere vivunt, et ideo velut ignis sursum tendunt. Sed illa quæ altitudinem in volatu suo petunt plus de igneo aere in se habent quam illa quæ circa terram versantur. Hæc autem quæ, et in aquis, et in terra, et in aere versantur, erectam altitudinem aeris non petunt, sed quo aer terræ et aer aquæ se extendit. Illa quoque quæ plurimis pennis abundant, calidiora illis sunt quæ penuriam p nnarum patiuntur. Et quoniam volatilia de aere vivunt, in aliquo casu de quo aer tangitur, motum aliquando naturaliter sentiunt; et quia etiam aerea sunt, mutationem aeris multotiens in se sentiunt, et secundum eamdem voces suas sæpissime producunt, quemadmodum gallus horas diei et noctis vocibus suis distinguit, et ut etiam aliquando cantare incipit, cum aura seipsam in alium modum mutare videtur. Volatilia quoque virtutem hanc designant qua homo cogitando dictat, et qua in semetipso præmeditando multa deputat, antequam in fulgens opus procedant. Et ut, volatilia in aerem pennis attolluntur, et ubique in aere versantur, sic etiam anima, dum in corpore hominis est, cogitationibus suis elevatur, et ubique se dilatat. »

LIBER SEXTUS.

Cap. I. De Griffone [IV, II, 2].

Griffo valde calidus est, et quiddam de natura volucrum et quiddam de natura bestiarum habet. Nam de natura volucrum ita velox est ut eum moles super corpore suo non gravaret ; de natura autem bestiarum, homines comedit. Et cum volat in aere, in calorem ardentem non volat, sed tamen ei aliquantulum appropinquat (1). Et caro ejus ad esum hominis non valet, quia si homo de carnibus illius comederet, multum inde læderetur (2), quoniam illic pleniter naturam bestiarum in se tenet. Sed in utraque natura defectum habet. Sed cum tempus instat quod ova sua ponat, speluncam quærit, interius quidem amplam, sed exterius in ore foraminis ita acutam et constrictam ita quod vix intrare potest, et in illa, propter timorem quem de leone habet, ova sua sollicite observat, quoniam leo a longe illa odorat, et si ad ea pervenire poterit, ipsa conculcat et confringit, quia griffo ei semper insidiatur, nec eum juxta se patitur manere, virtutem ejus dedignans. Tamen ursum juxta se patitur, quia ille debilior leone sit. Et ova sua hoc modo ponit quod ea nec splendor solis nec flatus venti possit tangere. Sed nec caro, nec ova ejus, nec cætera quæ in eo sunt ad medicamenta multum valent, quia in duobus naturis defectum magis quam perfectionem habet.

Cap. II. — De Strusz (3) [IV, II, 3].

Strusz [Struthio *ed.*] valde calidus est, et de natura bestiarum in se habet. Nam volucrum pennas, sed cum eis non volat, quia velut bestia velociter currit, atque circa terram versatur, et pascuis vescitur. Et tanti caloris est, quod ova ejus comburerentur et quod fœtus non proferret si illa ipse foveret ; et ideo illa in sabulo abscondit, ubi et humore et calore et ipso foventur. Sed postquam pulli de ovis illis exierint, post matrem et cum matre currunt, velut alii pulli faciunt (4). Homo autem qui *vallentsucht* [caducum morbum *ed.*] habet, de carnibus struthionis sæpe comedat, et ei vires tribuunt, atque insaniam caduci morbi ei auferunt. Sed et pinguibus et fortibus hominibus caro ejus ad comedendum sana est, quia superfluas carnes eorum minuit et eos fortes facit ; macris autem et infirmis non valet, quia eis ad esum nimis fortis esset (5). Et qui melancolicus est, ita quod gravedinem et torporem mentis habet, de jecore ejus sæpe comedat, et melancoliam in eo minuit, atque mentem ipsius alleviando suavem facit et blandam. [Ova ejus ad comedendum non valent, quia venenosa sunt. Sed si quis hydropicus est, testas eorumdem ovorum de quibus pulli egrediuntur, pulverizet, et in aquam ponat, et eam tam pransus quam jejunus sæpe bibat, et curabitur *add. ed.*]. Cor autem struthionis et pulmo et quæ in eo sunt ad medicamenta non valent, quia nec virtutem volucrum nec bestiarum perfecte habet.

Cap. III. — De Pavone (6) [IV, II, 4].

Pavo calidus et humidus est, atque de natura [volucrum et] bestiarum in se habet. Et vox ejus secundum volucres et secundum bestias permixta est et sonat. (7) Nam antequam pavo esset, quædam bestiolæ libita suo quibusdam volucribus se commiscuerunt in coitu ; inde pavones nati sunt. Et pavo acer et astutus est, et altitudinem aeris non multum quærit in volatu. Et pavo qui masculus est tortuosos e incestos mores habet, et minutis animalibus et bestiolis se interdum in coitu commiscet, quæ cum pullos generant, secundum matrem et non secundum patrem formas habent, sed tamen aliqui eorum secundum colorem pennarum patris et in crinibus suis interdum colorati sunt. Et ipse pavo, cum bestiolas illas currere videt, eas de se natas cognoscit et diligit. Sed pavo, scilicet femina, cum ova sua ponit, ea abscondit ne masculus suus illa videat, quasi eam pudeat ova pertulisse et non nuda carne pullum generare, sed testa ovi opertum, et ideo ova odit et ea confringit si illa invenerit. Et sic femina ova sua abscondit, ne masculus illa videat, usque dum pulli de ovis egrediantur. Sed adhuc pullos suos tam diu celat, dum plus crescant et dum currere possunt. Postquam autem ita confortantur quod ire possunt, tunc cum illis ad masculum suum procedit. Et ille, eos ire videns, pullos suos esse intelligit, et cum pennis suis illis applaudit, et gaudium se habere ostendit. Sed tamen femina eosdem pullos adhuc ab eo segregat et ab eo movet usque dum plus conforientur, quia timet quod ille pedibus suis conculcet. Sed et idem masculus quamdam altitudinem quærit in qua aerem illum flare intelligit de quo pennæ ejus in multitudinem et in longitudinem cito educentur. Quod cum viderit, de eis gaudet velut bestiæ de saltu suo, sed et alius aer postea easdem pennas afflans eas emollit et educit, et inde tristantur dum iterum crescunt. Femina autem aerem illum ut pennæ ei crescant non quærit, sed velut in constrictione circa inferiora versatur.

---

(1) *Et quiddam — appropinquat* om. ed.
(2) *Læderetur ; et nec caro, nec ova ejus, nec cætera quæ in eo sunt medicinæ conveniunt,* ed., reliqua omittens.
(3) *Job* xxxix, 16 , *Struthio Camelus.*
(4) *Nam volucrum pennas — faciunt* om. ed.
(5) *Quia. — esset* om. ed.
(6) *Pavo cristatus.*
(7) Quæ sequuntur usque ad *Caro autem pavonis ad comedendum, etc.* om. ed.

(1) Caro autem pavonis ad comedendum nec sanis nec infirmis hominibus valet. Sed qui sanus est eam quidem superare potest. Omnes autem noxios humores qui in infirmo sunt commovet et excitat. Sed vesicam pavonis sicca et eam serva, et si ulcus aut *styr* in aliquo homine ebullit, eam desuper liga, et suaviter rumpetur. Et postquam rumpitur, item desuper pone, et putredines illas extrahit, et tanto citius sanabitur.

CAP. IV. — DE GRUE (2) [IV, II, 5].

Grus calida est, et mundam naturam habet et possibilitatem volandi et in terra eundi tenet. Et cum multitudine libenter volat, et tanto facilius insidias effugat. Et magnam virtutem in collo habet, et simplex est et provida, et vigilem sensum habet et artem hanc ut praecaveat quod nec avis nec bestia eam faciliter laedere poterit (3). Caro autem ejus tam infirmis quam sanis ad esum bona est, sed ova ejus ad comedendum non valent. — Homo autem qui a *gicht* fatigatur, de carnibus ejus frequenter comedat, et gicht in eo cessabit. Et qui *vicht* habet, de jecore ejus saepe comedat. Et si *schelmo* porcos fatigat et occidit, rostrum gruis pulveriza, et ipsum pulverem aut *in muz* quod comedunt aut in aquam quam bibunt, et illis ad comedendum et bibendum da, et melius habebunt, et *schelmo* in eis cessabit. Et de sanguine gruis sicca et serva, et dextrum pedem ejus sicca et serva, et si tunc interdum ulla femina in difficultate partus laborat, de sanguine isto in modica aqua comminuat, et cum illo super os vulvae, scilicet superius, inunge, et in eadem aqua, sanguine isto permixta, fac ipsam feminam quasi in speculo se conspicere, atque dextrum pedem gruis super umbilicum ejus liga, et tanta vis in istis existit quod clausa viscera et clausae *lenden* [clausa viscera *ed.*] tanto citius ad partum aperiuntur. Caetera autem quae in ea sunt ad medicamenta non valent.

CAP. V. — DE CYGNO (4) [IV, II, 6].

Cyngnus (sic) frigidus est et humidus, et aliquid de natura anseris habet et natura anetae. Et in aqua se libenter lavat, atque aquam et terram magis quam volatum diligit, ac in aquis quaedam immunda interdum forat (5). Et caro ejus sanis ad comedendum bona est, infirmis autem non valet.

(1) Ed. sic pergit multa addens : «Carnes ejus nec sanis, nec infirmis ad comedendum valet, quia omnes noxios humores qui in homine sunt commovent et excitant. Homo autem qui hydropicum morbum habet, pavonem, scilicet masculum, in aqua putei, non autem in aqua salientis fontis cum hysopo coquat, et carnes illas comedat; postea cor, et os quod in genu illius volvitur, et ungues ipsius pulverizet, ita quod pulvis de osse genuum bis tantus sit quantus pulvis unguium, et quod pulvis cordis ejus tribus partibus pulverem ossium et genuum excedat. Deinde pandoniam et ter tantum de levistico, et modicum de sanguine anguillae in vino coquat, et per pannum colet, et huic vino praedictum pulverem immittat, et ita bibat; et hoc per decem et octo dies faciat. Et homo vesicam pavonis exsiccet et eam servet, et si ulcus aut slier in aliquo homine ebullit, eam desuper liget, et suaviter rum-

Et homo, qui *dumphet*, jecor ejus coquat, et saepe comedat, et putredinem a pulmone illius aufert, et ille curabitur. Sed et qui in splene dolet, pulmonem cygni coquat et saepe comedat, et splen ejus sanabitur. Et qui *urslecht* in corpore suo habet, cingnum pinguem faciat, et eo occiso, *smalcze* accipiat, et in patella primum dissolvat, id est *zulasz*, et tunc *biboz* et sepo (6) corticem quercus aequali pondere addat, ita ut bis tantum de sagimine sit, et sic denuo in patella simul coquat, et inde unguentum faciat, et saepe cum eo se perungat. Sed cutis ejus, ubi se primum ungit, *bulechte* [pustulosa *ed.*] fit, et postea cito sanabitur. Et reliqua quae in eo sunt ad medicamenta non multum valent (7).

CAP. VI. — DE REYGER (8) [IV, II, 7].

Reyger [Ardea *ed.*] calidus et siccus est, et non nisi dus donne (sic) aquarum descendit. Et ideo etiam circa aquas interdum versatur (9). Et caro ejus tam infirmis quam sanis hominibus ad comedendum bona est, quia in stomacho ejus *slim* non parat. Homo autem, qui tristem mentem habet, cor ejus saepe comedat, et mentem ejus laetam facit. Et cui oculi caligant aut *sergent* (?) caput *reygers* in aqua coquat, et postquam coquitur, oculos ejus accipiat, et eos in sole exsiccet, et tunc eos in frigidam aquam per modicam horam ponat, ut in ea mollescant, et iterum ad solem exsiccet, et sic ter faciat, et postquam hoc fecerit, eosdem oculos ad pulverem comminuat, et tunc tantum cum in oculis caligat aut dolet, pulverem istum in purum et bonum vinum ponat, et sic ei pennam intinguat, ac cum ea [palpebras et cilia oculorum suorum circumliniat, et si] oculos interius modice tetigerit, non oberit. Et hoc ad noctem, cum dormitum vadit, saepe faciat, et caliginem ac dolorem oculorum aufert. Sed cui stomachus induratus est, ita quod *getwang* habet, de jecore ejus saepe comedat, et stomachum ejus mollificat. Et qui in splene dolet, de ossibus ejus in aqua sufficienter *schabe*, et ita jejunus et ad noctem saepe bibat, et melius habebit.

CAP. VII. — DE VULTURE (10) [IV, II, 17].

Vultur frigidae naturae est, et artes volucrum et bestiarum novit, et inter alias volucres velut propetur, et postquam rumpitur, iterum desuper ponat, et putredines extrahit, et tanto citius sanabitur. Quod si homo cocturam habet, vesicam pavonis super corticem consuat et tanto minus foetebit, et solummodo sordes extrahit, et non sanitatem. Sed et de minutissimis pennis ejus homo globum parvum faciat, et cocturae suae imponat, et illae quod nocivum est, extrahunt, et minus foetere faciunt. Ova ejus ad comedendum non valent.»
(2) *Ardea Grus*.
(3) *Et possibilitatem volandi — poterit* om. ed.
(4) *Anas olor*.
(5) *Et aliquid — interdum forat* om. ed.
(6) Superscript. *cineres*.
(7) *Et reliqua — valent* om. ed.
(8) *Ardeae spec.*
(9) *Et non nisi — versatur* om. ed.
(10) *Falconis species*.

pheta est, et in tanta altitudine volat, quanta humor terræ sursum ascendit, scilicet usque ad calorem aeris; et nullum volucrem lædit, et præcavet etiam ne ab aliis lædatur, atque cadaveribus pascitur, et etiam de terra illa interdum forat, quæ sanguine animalium perfunditur, scilicet ubi animalia occiduntur (1). Caro autem ejus comedi non debet, quia frigiditas quæ in eo est (2) homini in cibo mortifera esset. Sed cerebrum vulturis hanc naturam habet, dum ipse vultur vivit, ut si homo illud incorruptum habere posset, omnem infirmitatem præter mortem a se depelleret. Sed homo illud incorruptum habere non potest, quia cum mors (3) volucrem illum aliquo modo invadit, ita quod vitalis aer ab eo egreditur, ipso moriente pellicula cerebri frangitur, et mox cerebrum dissipatur, ita quod virtutem suam amittit. Sed cum vulturem occidis, cum adhuc calidus est, pennas ejus aufer, et corpus ejus incide, et tantum viscera in quibus stercora sunt abjice, et totum aliud corpus, scilicet cum integro capite et cum corde, jecore et pulmone (4) in aqua et in nova olla fortiter coque, et tunc *smaltz*, modicum *baumolei* adde, et minus *bilsen* olei quam baumolei sit, et sic unguentum fac, et illum qui *unsinnig* [freneticus *ed.*] est per totum caput suum sepo illo unge; et illum qui *virgichtigit* est et quem *gicht* fatigat, cum eo ubique in corpore suo perunge. Et etiam qui in dorso aut in *lenden*, aut in corpore suo ullam infirmitatem habet, cum eo ibi inunge, et curabitur, aut Deus eum curare non vult, quia hoc unguentum pretiosissimo unguento pretiosior est, quia cutem infirmantis hominis cito pertransit et eum sanat. (5) Etsi ita cum prædicto smalez unguatur caput vulturis, ut prædictum est, coquitur, de succo cerebri ejus haberi poterit, et non alio modo. Et cor ejus in medium divide, ut tanto melius siccari possit, ad ignem suaviter sicca, ita ne assetur, et deinde etiam ad solem sicca, et tunc illud in cervinam corrigiam consue, cum illa te cinge, et si quis te veneno occidere vult, dum cum eadem corrigia cum corde illo accinctus es, mox toto corpore tremis et sudas, et sic intelligere poteris venenum tibi prope esse, et hoc modo illud devitare poteris. Nam quia vultur venenum lædit, ideo etiam omnis læsio ab eo fugit; vultur enim naturaliter tempora aurarum et auras temporum novit, et etiam volentem se occidere declinat. Unde cor ejus, ad ignem positum, ut quod livoris in eo est exsiccetur, et etiam ad solem, ut firmitudo ejus de calore solis roboretur, et ita in cervinam corrigiam positum, quia cervus velocior et sensibilior aliis animalibus est, et ita homini circumcinctum, ut prædictum est, dum corpus hominis ab illo in calescit, ipsa pericula veneni declinare facit, quoniam aer, qui circa hominem est, advenientem noxium aerem et per insidias emissum per virtutem ejusdem cordis et cervinæ corrigiæ, quia et idem aer circa illa versatur depellit. Nam cum idem aer venenum adesse senserit, propter virtutem prædicti cordis et corrigiæ, hominem ad trepidationem commovet, ut cum de bonis operibus loca et homines in sanctificationem et in prosperitatem ducuntur, et ut de malis operibus in scandala et in læsionem sic etiam vertuntur. Sed cum vultur coquitur, oculum ejus in anulo *besmede*, et si illum in digito portaveris, paralisim et gicht a te compescit. Pulmo et pennæ ad medicamenta non valent.

CAP. VIII. — DE AQUILA (6) [IV, II, 18].

Aquila valde calida est, velut ignea sit (7), et oculi ejus magis ignei sunt quam aquosi, et ideo etiam solem fortiter inspicit. Et quoniam fere ignea est, et calorem et frigus pati potest, et alte volat quia calorem bene suffert (8). Sed et caro ejus homini ad comedendum mortifera esset (9) si eam comederet, quia nimis fortis ei esset propter nimium calorem qui in ea est. Et quoniam calore solis perfusa est, et quia etiam eum fortiter inspicit, inde *grim* est, et inde etiam multam sensibilitatem in corde habet. Et plurima rapit et transvehit, quæ abjicit et non comedit, sed ea tantum comedit quæ sana et calida sunt. Et cum ova ponit, calidissimum locum aut solis aut aeris quærit, ut calore illo fortiter perfundantur et confortentur; et si casu evenerit, ut aliquod ex his vacaverit, ita quod calore perfundi non possit, pullus qui ex eo egreditur debilis et infirmus erit et non tam fortis ut vivere deberet; et tam mirabilis natura in corde ejus et ita apud se haberet (10), et tanta scientia super omnem modicum in eo claresceret, quod cor hominis eam sufferre non posset. Nam in ipsa hora qua aquila occiditur vel per se moritur, tota vis in corde ejus est, ita quod ipsum cor fit velut *unmechtig* eit, ita quod etiam debilius erit quam alia corda volucrum aut animalium. Et ideo nullus homo cor illud tam forte habere potest ut in ipso est quando vivit. Sic et *scotbaro* et *gensaro* ac *hasenaro* eamdem naturam habent quam et iste de quo, nisi quod alius acrior, alius lenior est, et quod alius velocius, alius tardius volat, sicut et homines in moribus suis diversi sunt, sed tamen unam naturam humanitatis habent. Et ad illa opera valent, sicut etiam præfatum est.

CAP. IX. — DE ODEBERO [IV, II, 19].

Odebero [Ciconia, *ed.*] calida est atque naturam stultorum animalium habet, et in medio aeris volat,

---

(1) *Et in tanta altitudine — occiduntur* om. ed.
(2) *Quia frigid. — est* om. ed.
(3) *Sed cum mors* etc. ed.
(4) *Scilicet cum integro — pulmone* om. ed.
(5) Reliqua desunt in ed.
(6) *Falco Aquila.* Cf. Job. XXXIX, 30.
(7) *Velut — sit* om. ed.
(8) *Et ideo etiam — suffert* om. ed.
(9) Ed., *mortifera est. Sed aquilæ, quamvis diversa nomina habeant, omnes tamen eamdem naturam habent nisi quod alia acrior, alia levior est, et quod alia velocius, alia tardius volat*, quibus verbis capitulum claudit, alia omittens.
(10) Locus corruptus.

quia volucres quæ in medietate aeris versantur terram sentiunt, et tempora temporum magis intelligunt (1) quam illi qui in altitudine et in alto aere volant, quia isti qui in alto sunt in calore versantur, de ardore illo sæpe decipiuntur, ita quod hyems et alia quædam tempora eis sæpe supervenerint, antequam ea sentiant (2). Et caro ejus non valet ad esum hominis, quia eum læderet. Accipe ergo *odeberum* et caput ejus, et *ingeweide* abice, atque omnes pennas ejus aufer, et reliquum cadaver in nova olla modico foramine perforata absque aqua ad ignem incende, et sub ollam istam aliam novam ollam pone, et *smaltz* [sagimen *ed.*] effluentem accipe, et tunc ad tertiam partem ejus arvinam ursi ipsi adde, atque tantum de butyro, velut tertia pars est arvinæ ursi, et herbam quæ *gicht* dicitur, et *kranchsnabel* æquo pondere contunde, et cum illis in nova olla coque, et deinde per pannum cola, et sic fac unguentum; et qui freneticus est, aut qui paralisi fatigatur, aut qui in aliquo membro corporis sui a *gicht* fatigatur, unguento isto se perungat, et melius habebit. Cætera autem quæ in eo sunt ad medicamenta non multum valent (3).

Cap. X. — De Ansere (4) [IV, II, 8].

Anser, scilicet *gans*, calidus est, et etiam de aere illo, de quo bestiæ vivunt, et etiam de aquoso aere, qui ei pennas educit; sed alte volare non potest, quia de aere bestiarum habet, sed de aquoso aere in aqua libenter versatur, et mundis et immundis pascuis vescitur. Et propter hanc duplicem naturam caro ejus infirmis ad comedendum non valet, quia in homine multociens livorem et ulcera parat, velut scabiem et velut ulcera lepræ similia quia immundis interdum vescitur (5), sed homines qui sani sunt, carnes ejus comestas aliquo modo superare possunt. Si quis autem anserem comedere vult, eam aut per tres aut per duas dies valde esurire permittat, ut mali humores qui in ea sunt evanescant (6), et tunc frumento nutriatur; et deinde occisa ad ignem assa, et cum assatur, *selba* et bonæ aliæ herbulæ ei imponantur, et succus earum ipsam pertranseat, et etiam vino et aceto cum flabello semper aspergatur, ut sanguis de ea effluat, quia sagimen ejus comedi non debet, quoniam hominem infirmari facit, quia de malis humoribus inpinguatur (7). Et qui sanus est, eam hoc modo assatam modice ex ea comedat. Cocta autem in aqua ad esum hominis mala est, quia mali humores qui in ea sunt per aquam ita ipsi non auferuntur sicut ad ignem assata (8). Ova autem ejus, quocunque modo parantur, ad esum hominis mala sunt, [quia scrophulas et alias multas infirmitates in homine parunt *add. ed.*]

Cap. XI. — De Halegans [IV, II, 9].

Halegans [Grandula *ed.*] valde calida est et velox in volatu, et volando laborat (9), et ideo tam infirmis quam sanis ad comedendum bona est; et in calore aeris volat, quia in frigore periret. Et cum multitudine volat ut tanto minus ab ullo lædatur; ac in die non timet, et ideo in nocte aliquantum vigil est. In nocte autem timet, et immundis pascuis vescitur (10). Homo autem, cui oculi caligant aut *serigent*, fel ejus accipiat, et ei bis tantum puri vini addat, et in cuprinum vasculum ponat, et ex eo ad noctem cum penna circa oculos liniat, ita ut etiam oculos interius tangat, et hæc sæpe faciat, et clari et sani fiunt, nec *wisza*, nec pellicula, vel apostema in eis faciliter crescit. Et qui de *vicht* dolet, jecor ejus coquat et sæpe comedat, et melius habebit. Et qui husten habet, de pulmone ejus cocto sæpe comedat, et husto cessabit. Sed et qui in stomacho dolet, *hagelgans* accipiat, capite ac visceribus abjectis, reliquum corpus in aqua fortiter coquat, et tunc de aqua auferat, atque de carnibus illis omnia ossa separet, et easdem carnes in mortario contundat, atque succum qui in eis est per pannum extorqueat, et cum eodem succo et modica farinula suffen paret, et jejunus sorbeat, et *slim* ac malos humores de stomacho ejus, ipso ignorante, leniter auferet. Cætera autem quæ in eo sunt, ad medicamenta non valent.

Cap. XII. — De Aneta domestica (11) [IV, II, 10].

Aneta, quæ domestica, gravem calorem habet, et aliquantum de aere bestiarum, sed tamen plus de aquoso aere naturaliter habet, et immundis pascitur, sed immunda, quæ devorat, per aquam, in qua sæpe natat, in ea purgantur et per eam transeunt (12). Et qui sani sunt, carnes ejus comestas superare possunt, infirmis autem non valent. Cætera omnia non valent. [Sed qui anetam comedere voluerit, in aqua coctam non comedat, sed, ut de Ansere prædictum est, eam ad ignem asset. Ova autem venenum et ut fixura araneæ homini sunt. *Add. ed.*]

Cap. XIII. — De Aneta silvestri (13) [IV, II, 11].

Silvestris autem aneta eamdem naturam habet, quam et domestica; sed silvestris salubrior est ad esum hominis, quam domestica, quia in aquis semper versatur. Silvestrem autem anetam in nova olla ad pulverem combure, capite et visceribus atque pennis abjectis, et pulverem istum in fractas orfimas sæpe mitte, et sanabuntur. Pennæ autem anetarum aliquantum ad lectos et ad

---

(1) Cf. infra cap. 32.
(2) *Atque naturam — sentiant* om. ed.
(3) *Cætera — valent* om. ed.
(4) *Anas Anser.*
(5) *Sed alte volare — vescitur* om. ed.
(6) *Ut mali — evanescant*, om. ed.
(7) *Quia sagimen — impinguatur* om. ed.
(8) *Quia mali — assata* om. ed.
(9) *Et velox — laborat*, om. ed.
(10) *Et in calore aeris — vescitur*, om. ed. Reliqua habet, sed aliter disposita.
(11) *Anas domestica.*
(12) *Et aliq. de aere — transeunt*, om. ed.
(13) *Anas boschas.*

cervicalia plus valent, quam pennæ gallinarum (1).
CAP. XIV. — DE GALLO ET GALLINA (2) [IV, II, 12.]

Gallus et Gallina uterque frigidam et siccam naturam habent et non alte volant, quia præcipue de aere terrestrium animalium (3); et carnes eorum sanis hominibus bonæ sunt, sed comestæ eos pingues non faciunt, infirmos autem aliquantum refocillant. Quod si aliquis valde infirmatur, et carnes istas frequenter comedit, in stomacho ejus *slim* parat, et ipsum stomachum ita infirmari facit, quod comestos cibos vix digerere poterit, quia eædem carnes frigidæ sunt (4). Sed si iste qui valde infirmatur, carnes gallinarum comedere voluerit, eas cum aliis quibuslibet carnibus coqui faciat ut succo illarum temperentur, quia siccæ sunt, et sic comedat, assas autem devitet, quia eas vix digerere poterit. Et gallina ad esum infirmis melior est quam Gallus, quia carnes Gallinæ teneriores sunt quam carnes Galli (5). Sed qui sanus est, in corpore, de utrisque comedere poterit. Sed et sano homini cappo ad comedendum bonus est, infirmo autem non multum valet, quia cappo non satis laborat, sed semper in quiete est, unde etiam et carnes ejus tanto fortiores sunt (6), et jecor tam gallinæ quam galli, sæpe comestum, contra infirmitates valet, quæ hominem interius lædunt. Jecor enim galli et gallinæ durum non est et infirmum, et pennæ gallinarum ad cervicalia malæ sunt, quia *gicht* in homine illo excitant, qui desuper incumbit. Cætera autem quæ in eis sunt ad medicamenta non valent.

[Quælibet ova volatilium magis frigidæ quam calidæ naturæ sunt, et ad comedendum nociva sunt, sed ova gallinarum quæ domesticæ sunt, comedi poterunt, sed tamen moderate. Sed qui infirmus est, si ova comedere voluerit, aquam et vinum commisceat, et in patella fervere faciat, et ova hoc modo testa abjecta coquat, et eum non lædent. Homo autem qui dysenteriam (sic) habet, vitella ovorum in scutella terendo pulset, et ciminum, et modicum piperis addat, et iterum in testas ovorum reponat, et ad ignem asset, et dolenti, postquam modicum comederit, ad manducandum tribuat. Quæcunque autem idem infirmus interim comedit, calida sint et mollia, scilicet pullos gallinarum, et cæteras molles carnes, et pisces; sed allec, et salmonem devitet, et bovinas carnes, et caseum, et cruda et grossa olera, et porrum, et siligineum et ordeaceum panem, et quidquid assum est, præter assum pirum, non comedat; et vinum bibat. Sed si quis fluxum sanguinis habet, duo vitella ovorum distemperet, et succum metridati, quantum medietas unius vitelli est, addat, et aceti quantum duæ testæ ovi capiunt, et modicum de pulvere cinnamomi, et minus de pulvere zituaris immittat, et sorbicium aliquantum spissum inde paret, et modice calidum tam jejunus quam pransus sorbeat, et melius habebit. *Add. ed.*]

CAP. XV. — DE URHUN (7) [IV, II, 13].

Urhun calidum et aliquantulum humidum, et ideo tam infirmis quam sanis in comestione bonum est. Et si *maden* [tarmus *ed.*] aut alii vermes hominem comedunt, vesicam *Urhunes* pulveriza, et pulverem istum in locum ulcerum illorum pone, et cum de pulvere isto gustaverint, moriuntur.

CAP. XVI. — DE REPHUN (8) [IV, II, 14].

Rephun [Perdix *ed.*] frigida est, sed tamen domestica gallina (9) perdice frigidior est, et inperfectionem in se habet, ac etiam perdix instabilior quam domestica gallina, quoniam caro ejus infirma non est, sed fragilis, quia nec pleniter de terra est; et comesta sanos non multum lædit, infirmis autem non valet, quia *slim* in stomacho eorum parat. Accipe autem fel ejus, et veteri arvinæ commisce, et in cujus cutem pediculi exterius de sudore carnis crescunt, ille cum eo sæpe se perungat, et cutem ejus pertransit, et sudorem purificat, ita quod pediculi amplius non crescunt. [Quod si interius ex arvina ejus crescunt, unctio ista non proderit. *Add. ed.*]

CAP. XVII. — DE BIRCKUN (10) [IV, II, 15].

Birckhun eandem fere naturam habet quam Rephun præter quod caro Birckbunes tam infirmis quam sanis melior et sanior est ad comedendum quam caro rephunes. Si autem cancer hominem comedit, vesicam ejus ad solem aut ad ignem sicca, et deinde eam modico vino parumper humidam fac, et sic eam super locum ulcerum extende, et desuper comprime, et ita diu jacere permitte, et cancri morientur.

CAP. XVIII. — DE FALCONE. (11) [IV, II, 20].

Falco [Herodius *ed.*] calidus est, et aliquantum siccus, et magnam vim cordis habet, et volatu velox est, et alte sursum, et ad inferius deorsum, et in medietate aeris volat (12). Nec caro ejus comeditur. Et si orfimæ in homine sunt, sive integræ sive ruptæ sint, *smaltz* [sagimen *ed.*] ejus desuper unge, et siccabuntur. Sed Falco tantam acerbitatem in se habet quod ad medicamenta non valet (13). Sed alii *falken*, de quacumque terra sunt, eandem naturam habent sicut et iste, et etiam ad eandem medicinam valent, nisi quod interdum secundum regiones in quibus nutriuntur, alius alio fortior et velocior existit.

CAP. XIX. — DE HABICH [IV, II, 21].

Habick [Accipiter *ed.*] calidus est et humidus

(1) *Pennæ autem — gallinarum*, om. ed.
(2) *Phasianus Gallus.*
(3) *Et non alte — animalium* om. ed.
(4) *Quod si aliquis — frigidæ sunt* om. ed.
(5) *Quia — Galli* om. ed.
(6) *Sed et sano homini capvo — fortiores sunt* om. ed.
(7) *Tetrao urogallus.*
(8) *Tetrao Perdix.*
(9) *Sed tamen — gallina*, om. ed.
(10) *Tetrao tetrix.*
(11) Falconis species, ut capp., 19-22.
(12) *Et volatu — volat* om. ed.
(13) *Sed falco — valet* om. ed.

[nec caro ejus propter ferocitatem comeditur add. ed.] atque alios volucres novit, et naturam eorum sentit, et secundum quod in eis novit eis insidiatur et rapit. Et alte volat, ac in medietate aeris versatur (1). Homo autem qui in jecore sut in dextro latere dolet, pulmonem *Habichs* in aqua coquat, et ei *scherling* [cicutam ed.] addat, et consolidæ plus quam *scherlings*, et de butyro vaccarum in Maio parato plus quam istorum trium sit, et simul coquat, et per pannum colet, et sic unguentum faciat, et circa jecor suum ac in dextro latere cum eo se inungat, et melius habebit. Et qui leprosus est, fel ejus accipiat, et ei bis tantum vini addat, et ubi in corpore suo lepra est, ibi se perungat, et mox *smaltz* ejusdem ancipitris ipsum locum inungat; et hoc sæpe faciat, et lepra sanabitur (2). Pennæ autem ejus nec ad lectos, nec ad cussinos valent, quia si quis desuper recumberet, cum difficultate graviter dormiret.

Cap. XX. De Sperwere [IV, II, 22.]

Sperwere [Nisus ed.] calidus, et lætus, et velox est in volatu, et alte et in sideribus et in medietate aeris volat (3). Quod si vir aut femina in libidine ardent, accipient Sperwere, et eo occiso, pennas auferant, et tunc capite et visceribus abjectis, reliquum corpus in novam ollam modico foramine perforata, absque aqua ad ignem incendat, et sub olla ista aliam novam ollam ponat, et *smalcz* effluentem ita excipiat, et tunc de calandria, quære quod sit (an sufficit?), et minus de gamphora contundat, et cum præfato *smalcz* commisceat, et denuo ad ignem modice calefaciat, et sic unguentum faciat; et vir verendum suum et *gelancken* cum eo per quinque dies ungat, et per mensem unum ardor libidinis in eo cessabit, absque periculo corporis sui. Mulier autem circa umbilicum et in ipso foramine umbilici cum eo se ungat, et ardor ille in ipsa per mensem cessabit; et mense peracto, tam vir quam mulier, se inungat, et ita remedium de libidine habebunt. Quod si calandriam et gamphoram habere non poterunt, accipiant minutissimam pennam Nisi, sufficienter de eis per quinque dies in baumeolum ponat, ut in illo ad solem incalescat, et sic ferveat, atque in prædictis locis corporis sui, tam vir quam mulier, cum eo se ungat, et ardor libidinis in eis evanescet. Cætera autem, quæ in eo sunt, ad comedendum nec ad medicamenta non valent (4).

Cap. XXI. — De Milvo [IV, II, 23].

Milvus calidus est, et calorem diligit, et cum sol splendet, in calore libenter volat, et etiam in calida umbra libenter manet. Sed ardorem aeris devitat, nec altitudinem ipsius, sed mediocritatem, et inferius eum volat, atque minutas aviculas libenter rapit. Sed tamen non multum acer est (5). Sed caro ejus ad comedendum contraria est, quia omnes aves, qui (*sic*) unguibus *kryment* [rapaces ed.,] ad comedendum homini contrariæ sunt. Homo autem qui *orfimes* in corpore suo habet, Milvum accipiet, et eo occiso, pennas auferat, et tunc, visceribus, in quibus stercora sunt, abjectis, cætera omnia cum capite et unguibus in nova olla modico foramine perforata absque aqua (6) ad ignem accendat, et super olla ista aliam ollam ponat (7), et *smalcz* ejus ita accipiat; quod cum fecerit, carnes illas quæ in illa olla remanserunt, in ipsa ad pulverem comburat, et cum prædicto *smalcz*, *orfime*, si integræ sunt, sæpe inunge, et evanescent. Si autem ruptæ sunt, de ipso pulvere in eadem ulcera pone, et exsiccabuntur.

Cap. XXII. — De Weho (8).

Weho frigidus est, ac furtivos mores habet, et non alte volat, atque inmundis pascuis vescitur, et etiam interdum his quæ venenosa sunt. Et ideo ad medicamenta non valet, sed hominem magis læderet.

Cap. XXIII. — De Corvo (9).

Corvus plus calidus quam frigidus est, et quasi in medio aeris volat. Et astutus est, audax, non timet, atque hominem non multum fugit nec timet, ita quod etiam faciliter cum eo loqueretur, et scientiam fere ad hoc haberet, nisi quod irrationale animal est. Et quia hominem cognoscit, ideo etiam multociens ea rapit quæ homo apud se habet. Et caro ejus homini ad comedendum contraria est, quia naturam latronum et furum habet. Et cætera quæ in eo sunt ad medicamenta non valent.

Cap. XXIV. — De Krewa et Kraha (10).

Krewa et Kraha sunt frigidæ naturæ, et in quadam medietate aeris volant, atque voces hominis imitantur, ac de genere corvi sunt. Nam in primo, antequam cornix et monedula essent, pica videns ova corvi, ea furata est, et super ea se posuit et fovit, et ita primum cornices et monedulæ processerunt, sed deinde inter se, ut nunc est, ova posuerunt, scilicet cornix cum cornice, monedula cum monedula, et ita nunc multiplicatæ sunt. Et ad medicamenta non valent, quia volatile aut aliud animal quod cum homine per astutiam est, ei ad medelam non multum prodest, sed in eo uteretur ut malus nequam in moribus suis, et *ury* inde fleret.

Cap. XXV. — De Nebelkraha (11).

Nebelkraha calida est, ac mores jactantiæ habet Et aerem ac tempora cognoscit; et varios eventus vix exspectat, atque ubi tristitiam futuram novit, illuc properat, et mundis ac inmundis utitur. Sed

---

(1) *Atque alios volucres — versatur*, om. ed.
(2) Huc usque ed.
(3) *Et alte — volat* om. ed.
(4) *Quod si calandriam — non valent* om. ed.
(5) *Et calorem diligit — acer est* om. ed.
(6) *Absque aqua* om. ed.
(7) *Et super — ponat* om. ed.
(8) Deest in ed.
(9) *Corvus corax.* — Deest in ed.
(10) Deest in ed.
(11) Deest in ed.

caro ejus ad medicamenta non multum prodest.

CAP. XXVI. — DE MUSAR (1) [IV, II, 24].

Musar [Larus ed.] de calido aere solis procedit, et cum juvenis est, calidus est et fortis, et fortiores pastus comedit; sed cum in ætate procedit, frigidus erit et debilis, et tunc debiles pastus quærit. Cum autem ad senectutem pervenerit, ad primum calorem et ad primam fortitudinem reditum habet, atque ut prius fortiora pascua quærit (2). Et caro ejus sanis et infirmis hominibus ad comedendum bona est. Homo autem qui *virgibnisse* [venenum ed.] aliquo modo sumpsit, cor ejus et jecorem ac pulmonem ac viscera purgata coquat in aqua, et tunc cum vino et albo pipere ac parum minus de *komel sultzen* paret; vel si album piper non habet, modicum de aloe, scilicet minus quam *komel* sit addat, et hiis carnes illas imponat, ut eis perfundantur, et jejunus sæpe comedat, et si venenum quod comedit aut bibit, etiam in stomacho ejus induratum est, illud auferet et purgabit, et sic homo ille sanabitur.

CAP. XXVII. — DE ORDUMEL (3).

Ordumel pravum calorem in se habet, et ad comedendum non valet, quia totum quod in eo est homini contrarium est. Nec etiam ad medicamenta valet.

CAP. XXVIII. — DE ALKREYA.

Alkreya plus frigida est quam calida, et mundis et quibusdam venenosis pascuis vescitur, et interdum etiam infirmos pisces comedit. Et caro ejus nec sanis nec infirmis hominibus ad comedendum valet, sed qui sani sunt, superare possunt, infirmis autem obest. Et medicina in ea non est.

CAP. XXIX. — DE MEWA (4).

Mewa calida est et in recto temperamento de aere et de aqua est, ac temperate humida est. Et non alte volat, et sanis et infirmis hominibus ad comedendum bona est.

CAP. XXX. — DE COLUMBA [IV, II, 16].

Columba frigida est plus quam calida, et mane diei, id est primum ortum ejus, quod temperate geliduum est, plus diligit quam calorem. Et simplex est et timida, et ideo cum multitudine volat ut tanto minus ab aliis volucribus lædatur, Et quia frigida est, facile esurit, et cibus in ea ita non incalescit ut in alio alite, et idcirco cito esurit, et plus quam alius ales suæ magnitudinis comedit (5). Et caro ejus non est firma, sed aliquantum arida, nec multum succum homini tribuit (6), et sano homini ad cibum non multum prodest, etiamsi ei non obest. Infirmum qui in corpore deficit, comesta lædit. Sed et *holtzduba* et *ringelduba* eamdem naturam habent, excepto quod istæ in silvis morantur et inde aliquantum acriores et majores illis sunt et quod de pascuis silvarum pascuntur. Sed nec istæ nec illæ ad medicamenta valent (7).

CAP. XXXI. — DE TURTURE (8).

Turtur calida et sicca est, et virilis fortitudinis est, nec pavida est, et quasi servum semper habet. Et quoniam humiditatem non habet, nec vivere suum ad diversa ponit, fel in ea crescere non potest, quemadmodum in homine est: qui bonam voluntatem habet, fel in eo crescere non potest, sed in eo decrescit; et cum scelestam mentem habuerit, in eo fel augetur. Et caro turturis ad comedendum non valet, quia *gicht* in homine excitat. Cætera non valent.

CAP. XXXII. — DE PSITTACO (9).

Psitacus valde calidus est, et etiam humidus, ac quiddam et aliquod de volatu grifonis et aliquod de virtute leonis habet. Sed nec in volatu nec in virtute quidquam audet ut posset (?). Et etiam tempora temporum novit, et secundum eventus illos se habet et cantus suos exprimit, ac etiam secundum ignem fel (sic) aliquos colores in pennis suis habet. Sed ad medicinam non valet, qui nullam virtutem ad plenum in se tenet, sed in defectu, quia diversa natura est.

CAP. XXXIII. — DE PICA (10) [IV, II, 25].

Pica gravem calorem in se habet, et *arg* est, ac de aere et de terra diversas pennas habet et quasi jactantiam naturaliter sequitur, ita ut cum alienos homines venire viderit, vocem in adventu eorum emittit. Et pascua quærit, quæ venenosa et nociva sunt, sive herbulæ, sive cadavera sint (11), et ideo caro ejus ad comedendum homini ut venenum contraria est. Et circa hominem velut dyabulus versari solet (12). Et si quis homo *grintslecken* [profundam scabiem ed.] in capite suo habet, *smalcz* ejus accipiat, et cum eo caput suum ungat, et sanabitur. Cætera autem quæ in eo sunt ad medicinam non valent (13).

CAP. XXXIV. — DE HERA (14) [IV, II, 26].

Hera calida est et aliquantulum sicca, et in varia aura et in tempestatibus volare bene potest. Sed alte non volat, et caninos mores habet, et in se ipsa immunda est, et pastum qui hominibus nocivus est, comedit, et quidquid videt in facto suo quantum potest imitatur, et unumquemque hominem quemcare videt voce salutat (15). Caro autem ejus quasi venenum homini esset, qui eam comederet, quia tempestatibus perfunditur et quoniam diversam naturam morum habet. Accipe autem heram, et caput ejus et viscera abjice, atque pennas ejus aufer, et reliquum corpus discinde, et discissum in novam

(1) *Corvus Cornix.*
(2) *Et cum juvenis — pascua quærit* om. ed.
(3) Deest in ed., ut qui sequuntur n. 28, 29.
(4) *Columba speciosa.*
(5) *Et mane diei — comedit* om. ed.
(6) *Sed aliq. arida — tribuit* om. ed.
(7) *Et quod de pascuis — valent* om. ed.
(8) *Columba turtur.* — Deest in ed.
(9) *Psittaci spec.*
(10) *Corvus Pica.*
(11) *Et arg ... est — sint* om. ed.
(12) *Et circa — solet* om. ed.
(13) *Cætera — valent*, om. ed.
(14) *Corvus Caryocatactes.*
(15) *Et in varia aura — voce salutat* om. ed.

ollam pone, et ei fenigrecum et minus de babellum adde, et tunc etiam *hirczmarck*, et minus hunresmalcz et de butyro vaccarum in Maio parato eis tantum adde, quantum istorum duorum est, et omnia simul in aqua coque et sic de *raum* qui desuper natat unguentum fac, et hoc optimum est contra dolorem capitis, et scapularum, aut *lenden* [renum ed.], aut *glancken* [iliorum ed.], si te ibi cum eo saepe unxeris, atque *gicht* ibi cessabit, quamvis fortis sit, et homo ille melius habebit. [Et si boves, aut porci, aut oves aliquo modo infirmantur, avis haec in aqua coquatur et illis ad comedendum detur. et sanabuntur, a quacunque peste teneantur. Add. ed.]

CAP. XXXV. — DE ULULA (1) [IV, II, 27].

Ulula calida est, et mores furis habet, quia diem scit, sed eum fugit et noctem diligit; et alios volucres odit, quia naturam eorum non amat. Et mortem hominis scit. Et ubi moeror et planctus futurus est, odorem illum per aerem sentit, ut avis cadaver, et mox ad illud properat, et priusquam planctus supervenerit, inde fugit. Et his pascitur quae naturae hominis contraria sunt (2). Et si homo carnes ejus comederet, ei quasi venenum esset, propter malam naturam, quam in se habet. Caput autem ejus et viscera ejus abjice, et pennas ejus aufer, et reliquum corpus ad ignem assa, et *smalcz* ipsius excipe, et deinde *bisch* [ibiscum ed.] et bis tantum de *reyufano* [tanaceto ed.] in aqua coque, et postquam coxeris *smaltz* ululae adde et infunde, et denuo *welle* [ad ignem ponatur ed.], et etiam baumolei tantum adde velut quarta pars ejus *smaltzes* est, et sic omnibus his per pannum expressis fac unguentum, et homo qui paralisim habet aut *virgichtigit* est, cum eo saepe ungatur, et curabitur.

XXXVI. — DE HUWONE [IV, II, 28].

Huwo [Rubo ed.] calidus est, et eamdem fere naturam habet quam et ulula, nisi quod *huwo* in nequitia fortior et robustior ulula est; et mores furis habet, et diem scit, sed eum fugit, et noctem diligit, atque alias aves odit, quae in die volant (3). Et caro ejus visui hominis contraria est. Et *smalcz* ejus accipe et in patella *zulasze*, et qui *orfimas* habet, sive integrae, sive ruptae sint, cum eo se ungat, et exsiccabuntur. Caetera autem quae in eo sunt ad medicamenta non valent.

CAP. XXXVII. — DE SISEGONINO (4).

Sisegonino calidus est, et noctem ac splendorem lunae diligit, plus quam diem aut quam solis splendorem, sed tamen diem plus amat quam ulula. Et ideo in nocte versatur, quia alias volucres abhorret nec videri multum vult. Et aliquantum mores furentis, quasi interdum *wudich* sit, velut ille, qui non curat quid faciat. Et cum pullos suos de ovis primo egredi viderit, putat sibi alienos esse et eos occidit; et cum viderit illos non moveri, tristatur, et se lacerat, ita quod sanguine suo suscitantur, et tunc eos valde diligit, quia scit eos de se suscitatos esse. Sed et laeta et tristia tempora hominis sentit ac intelligit, quia si laeta sunt, ei cantando congaudet; vel si tristia, tacendo se tristem ostendit. Et cum interdum in aere pendet in dorso ac terram verso, in aere aspicit et considerat, quando tempora gaudii et laetitiae aut tempora tristitiae futura sunt. Et si homines ibi morituros praevidet, hoc paucis vocibus ostendit, et silet.

CAP. XXXVIII. — DE CUCULO (5) [IV, II, 30].

Cuculus calidus est, et de moribus volucrum et bestiarum in se habet, et audientes homines voce salutat, et in *blind* aura versatur. Sed nec magnum calorem nec magnum frigus pati potest. Et cum magnus calor in aestate est, umbras silvarum quaerit, et magnus calor in aestate pennas commovet, ita quod cadunt in hyeme. Et cum senserit, quod pennae ejus morientur, pascua ejus in nidum suum congregat et studet, quod pennulas suas in ipso nido dimittat, et in eis per hyemem jacet, ut calorem ab eis habeat, et iterum circa initium aestatis pennae ejus renascuntur, et tunc nidum suum a pennis illis purgat, et ita procedit (6). Sed caro ejus ad comedendum homini non valet, quia scabiem habet, et quoniam ut venenum ibi est, qui eam comederet (7). Et homo, qui *urslechte* [uzslechte?] in corpore suo habet ita quod etiam cutis ejus scinditur, et si aliquod *gicht* in membris suis fatigatur, caput et viscera et pennas cuculi abjiciat, et reliquo corpori *biboz* et salviam aequali pondere addat, et modicum plus de dictampno et parum arvinae ursi, et haec omnia in nova olla et in aqua coquat, et *raum* qui desuper natat accipiat, et ex eo unguentum faciat, et cum eo saepe se perungat, et *urslechte* sanabuntur, et *gicht* qui eum in membris suis fatigat cessabit.

CAP. XXXIX. — DE SNEPHA (8) [IV, II, 31].

Snepha calidus est, et de alto aere est, et caro ejus sanis et infirmis ad comedendum bona est (9). Et cui oculi caligant, fel ejus accipiat, et ei modicum vini addat, scilicet minus quam fellis (10), et in cuprinum vasculum ponat vel fundat, et ad noctem, cum se in lectum collocat, ex eo circa oculos suos liniat, et si oculos interius modicum tetigerit, non nocebit, et sic saepe faciat, et caliginem oculorum minuit. Caetera quae in eo sunt, ad medicamenta non multum valent (11).

CAP. XL. — DE SPECHT (12) [IV, II, 32].

Specht calidus est ac de puro aere est, et in quadam medietate aeris volat; et velox est, et calorem

(1) *Strigis spec.*
(2) *Et mores furis — contraria sunt* om. ed., ut mox propter — *habet.*
(3) *Et eamdem fere naturam — volant* om. ed.
(4) Deest in ed.
(5) *Cuculus canorus.*
(6) *Et de moribus volucrum — procedit* des. in ed.

(7) *Quia scabiem — comederet* om. ed.
(8) *Scolopac. spec.*
(9) *Et de alto aere — bona est* om. ed.
(10) *Scil. — fellis* om. ed.
(11) *Caetera — valent* om. ed.
(12) *Pici spec.*

et æstatem diligit, et pastus ejus venenosus non est. Sed *specht*, qui viridem colorem habet, melior et robustior est, quam alius sit. Ille autem alius satis valet, sed non tantum quantum ille, qui viridis est (1). Homo autem, qui leprosus est, viridem *Specht* ad ignem asset et ita sæpe comedat, et lepram consumit, id est *swendet*. Sed et viridem *Specht* accipe, et capite ejus et visceribus abjectis, ac pennis ablatis, reliquum corpus ad ignem assa et superior *ronst*, qui in cute ejus ad ignem succensus est, aufer et serva, et deinde aliud corpus ita assatum mortario modice contunde et in aqua fortiter coque, ita quod per omnia minuatur *addreb*; et postquam coxeris, de aqua aufer, et ossa de carne separata et ilia abjice, atque easdem carnes super ignitum lapidem et pulverem istum, et superiorem cutem *ronse* ejus, et satis de rutha in aquam illam pone in qua *Specht* prius coxisti, et ei satis de arvina vulturis et parum de sæpe hirci adde, et hæc simul fortiter coque, et de *raum* qui desuper natat, unguentum fac, allis reliquis abjectis, et cum unguento illo lepram hominis sæpe unge, et quamvis lepra fortis sit, ille sanabitur, nisi judicium Dei non permittat, aut nisi mors illius in lepra sit (2). Sed cor ejus sicca, et in auro et in argento velut in anulo *virwircke*; quandiu apud te portas, *gicht* a te cessabit. Nam natura ejusdem avis hujus munda, et cor ejus simplex est, nec malam artem habet, et ideo virtus cordis ejus puro æramento diversitates humorum, qui guttas paralisis producunt, sedat (3). Reliqua quæ in eo sunt, medicinæ non conveniunt.

CAP. XLI. — DE PASSERE (4).

Passer plus frigidus est et multas varietates in moribus suis [habet] propter astutiam et versutiam suam, et cum multitudine libenter volat, ne a majoribus avibus lædatur. Et in aere ille sæpius versatur qui spissus est, et ideo infirmam carnem habet, quæ sanis nec infirmis ad comedendum valet. Nec etiam ad medicamenta prodest.

CAP. XLII. — DE MEYSA (5).

Meysa calida est, et sicca et mansueta, et in puro aere libenter volat. Et sanas carnes habet, atque sanis et infirmis hominibus bona est ad comedendum. Et homo qui *virgichtigit* est, *meysam* in aqua coquat, et cum butiro *Jussal* de eo faciat, et hoc sæpe comedat et curabitur.

CAP. XLIII. — DE AMSLA (6).

Amsla calida est et sicca, et mansueta, et in puro aere libenter volat, et etiam de puro aere crescit, et sanis hominibus ad comedendum bona est, sed infirmos lædit quia sicca est (7). Jecor autem ejus sicca, et in aliquo esse quo volueris, *bewircke*, et apud te semper porta, et dyabulus in *grusale* nec in *getrugnisze* interim te fatigat, quia illam odit propter munditiam suam (8).

CAP. XLIV. — DE DROSELA.

Drosela calida est, et moribus suis mansueta. Sed homo qui interius in gutture aliquo modo dolet aut qui raucus in voce est, eam in aqua coquat, et in aqua illa lineum pannum intingat, et cum panno illo madido totum guttur suum usque ad orciatum (?) *belbe* [usque ad aures suaviter constringat ed.] et de residuo ejusdem aquæ *suffen* paret et comedat, et hoc sæpe faciat, et melius habebit (9) in gutture et in voce. Et qui in jecore aut in pulmone dolet, *droselam* accipiat, et eam in aqua coctam sæpe comedat, et sanabitur.

CAP. XLV. — DE LERCHA (10) [IV, II, 37].

Lercha [laudula ed.] valde calida est et aridæ naturæ, et æstatem diligit, ac in splendore solis libenter volat, et in calore viget, sed in frigore faciliter perit, et *wunsam* est et astuta, et munda pascua quærit, et nec sanis nec infirmis hominibus ad comedendum valet (11). Sed si alicui homini guttur tumet, id est *swillet*, accipe *Lercham*, et capite ac visceribus et pennis abjectis, reliquum corpus super calidum laterem paulatim sicca, sic tamen nec comburas, et de pulvere *milwæ* [tiliæ ed.] ad pondus trium nummorum adde, et ita in pannum liga, ac in panno super guttur illius constringe, et tumor ille fugabitur. Et si magnum *swern* [ulcus ed.] alicubi in corpore tuo habes, eumdem pulverem desuper liga, et propter eamdem naturam et virtutem suam, ut præfatum est, idem ulcus molle erit et rumpetur. Quod si etiam *drusse* [glandes ed.] habes, eas saliva tua prius madefac, et pulverem præfatum in panno desuper liga, et evanescent. Et si canis furit, caput *ludulæ* abscide, et idem caput furenti cani ad comedendum da, et furorem dimittit, et mansuetus fiet.

CAP. XLVI. — DE ISENBRADO (12) [IV, II, 38].

Isenbrado calidus est, et in eodem calore temperatus est, et aliquantum humidus, et puritatem aeris semper quærit. In quo etiam prosperitas est, et etiam interdum aquas illas quærit quæ a sorde puræ et claræ sunt. Et si quis homo in aere illo aut juxta aquam illam, ubi nidificat, esse et manere posset, nulla infirmitas ei ibidem occurreret, quia aerem illum semper quærit, ubi nullæ sordes sunt, et mundis pascitur (13). Caput autem ejus et viscera et pennas abjice, et reliquum corpus foliis de quercu involve et super carbones pone, ita dum eadem folia ab igne consumantur, et tertia vice simili modo, dum ipsa incendatur (14), et deinde

---

(1) *Ac de puro aere — viridis est* om. ed.
(2) *Nisi — sit* om. ed
(3) *Nam natura — sedat* om. ed.
(4) *Fringilla domestica.* — Deest in ed.
(5) *Parus spec.* — Deest in ed.
(6) *Turdus Merula.*
(7) *Et mansueta — sicca est* ed. om.
(8) *Quia illam — suam* ed. om.
(9) *Hucusque* ed.
(10) *Alaudæ* spec. Cf. Hugonis de Trimberg, *carmen der Renner*, vers. 19527.
(11) *Et aridæ naturæ — valet* om. ed.
(12) *Alcedo hispida.*
(13) *Et in eodem calore temperatus est — pascitur* om. ed.
(14) *Et tertia — incendatur* om. ed.

aviculam in novam ollam ad ignem sine aqua pone, et in ea modice combure, ut pulverizare possis, et ita paulatim in pulverem redige, et huic pulveri modicum minus quam nux muscatæ sit, et si quis apoplexiam habuerit, id est qui in uno latere jam moveri nusquam poterit, illi de pulvere isto jejuno cottidie in modica aqua da bibere, et eamdem infirmitatem curabit si juvenis homo est, nisi tunc eadem infirmitas longo tempore in eo inveterata sit. Sed et si quis homo ita *virgichtigt* est quod se totum dilacerare quærit, etiam eo tempore cum malum hoc patitur, de eodem pulvere in aqua bibat, et melius habebit propter bonam virtutem eorum quæ prædicta sunt (1).

CAP. XLVII. — DE VEDEHOPPO (2) [IV, II, 39].

Wedehoppo [Upupa *ed.*] calida est et humida, [et cibo hominis non conv. add. *ed.*] et circa quamdam medietatem aeris volat, et diem diligit, et immundam naturam habet, et ideo semper in sordibus ac circa sordes versatur, et in eis proficit, et ideo quærit sordes, quæ fortissimæ sunt, et in eis mansionem suam parat (3). Caput autem ejus et viscera abjice, et pennas extrahe, et reliquum corpus in nova olla ad pulverem redige, et si *orfimæ* in aliquo homine ruptæ sunt, aut si vermis aliquem hominem comedit, in ipsa vulnera de pulvere isto pone, et si orfime sunt, exsiccabuntur, aut si vermes sunt, morientur.

CAP. XLVIII. — DE WACHTELA (4).

Wachtela calida est et humida, et munda pascua quærit, et sanis hominibus ad comedendum bona est, infirmis autem qui malis humoribus inundantur non valet, quia humores eorum in ipsis commovet, quoniam tarda humiditas in ea est.

CAP. XLIX. — DE NACHTGALLA (5) [IV, II, 40].

Nachtgalla [Luscinia *ed.*] calida est, et aliquantum sicca, et de nocturno aere vitam habet, et munda est. Et quia de nocturno aere est, in nocte magis quam in die lætatur et cantat, quia sol ei in die nimium splendorem dat, et hoc abhorret (6). Et cui oculi caligant, *nachtgallam* jam ante comedi capiat, et fel ejus accipiat, et illud effundat, et huic guttam unam roris quam super mundum gramen invenerit addat, et tunc palpebras et cilia oculorum de hoc circa oculos suos, cum dormitum vadit, sæpe liniat, et si etiam oculos interius modice tetigerit, non nocet, et ab oculis mirifice caliginem aufert, velut si spuma, id est *schum*, per fervorem ignis ab æstate purgatur et abiciatur (7).

CAP. L. — DE STARA (8) [IV, II, 41].

Stara calida et timida, et ideo cum multitudine volat, et amicitiam ad genus suum habet, et cætera volatilia non odit, ac aliquantum alte volat. Et caput et viscera ac pennas aufer, et reliquum corpus in nova olla ad pulverem comburendo redige, et pulverem istum in rupta *orfime* pone, et exsiccabuntur. Accipe integram *staram*, et mortuum super illud tene quod venenum esse suspicaris, et si venenum est, pennæ illius disjunguntur et ab *inbicem entwichent* se, et moventur, sed tamen exeunt, quia si viveret, inde doleret et fugeret. Si autem venenum non est, pennæ suæ non disjunguntur nec moventur.

CAP. LI. — DE VYNCO (9) [IV, II, 42].

Vynco [Fringellus *ed.*] calidus est, et de viriditate terræ herbarum pascua quærit, et sanis ad comedendum non multum obest, infirmos autem lædit. Qui siccæ naturæ est et alta in aere non petit (10). Accipe autem *Vincken*, et capite et visceribus et pennis ejus abjectis, eum super vivos carbones pone, et modice assa ita ut tantum incalescat, et ubi infans in cute sua *uszgeslagen* est et ulcerosus, ita calidum superpone, et iterum calefac et alio loco superpone, et sic sæpe fac ubique in corpore infantis, et immundos ac malos humores de cute illius extrahit, et mox hircino sepo desuper unge, et ulcera illa sanabuntur. Cætera quæ in eo sunt parum prosunt (11).

CAP. LII. — DE DISTELWINCKE (12) [IV, II, 43].

Distelwincke calidus, et etiam de aere illo est qui erumpentes flores primo educit, et ideo pulchrum colorem habet. Et homo qui *brustswern* interius in corpore habet, aut qui in stomacho aut in *lenden* dolet, aut infirmitatem in corpore habet, accipiat *distelwincken*, et capite et pennis abjectis purget, et sic cum jecore et pulmone carnem ejus modice asset, et postquam assaverit, carnes istas distrahit, id est *zuzeyse*, et ossa ejus comminuat, et tunc farinam similæ recipiat, et ei modicum saginis addat, et carnes præfatas illas imponat, et denuo in patella coquat, et sic pulmentum paret, et ita sæpe comedat; et si juvenis est, eum interius sanat; aut si senex, dolores istas (sic) in eo minuit, quia est quasi optimum unguentum quod hominem interius sanat.

CAP. LIII. — DE AMERA (13).

Amera calidus est, et in puro aere libenter volat, et nec sanis nec infirmis hominibus ad comedendum valet, quia pastus ejus mundus ac immundus, ac amarus est.

CAP. LIV. — DE GRASEMUCKA (14).

Grasemucka frigida est, et de aere spumantium

(1) *Sed et si quis homo — sunt* om. ed., quæ add. *Et homo qui dormire non potest, de ossibus aviculæ hujus sub caput suum ponat, et dormiet, et horrores eum interim non lædent.*
(2) *Upupa Epops.*
(3) *Et circa quamdam — mansionem suam parat* om. ed.
(4) *Tetrao Coturnix.*
(5) *Motacilla Luscinia.*

(6) *Et de nocturno — abhorret* om. ed.
(7) *Velut — abiciatur* om. ed.
(8) *Turnus vulgaris.*
(9) *Fringilla cœlebs.*
(10) *Et de viriditate — non petit* om. ed.
(11) *Et mox — prosunt* om. ed.
(12) *Fringilla carduelis.*
(13) *Emberiza* spec.
(14) *Motacillæ* spec.

aquarum est, et pastus ejus mundus et immundus est. Et ad medicamenta non multum valet.

Cap. LV. — De Wargkrengel (1).

Wargkrengel frigida est, ac etiam de aere illo ubi meridiana dæmonia sunt (2), nec ullam lætitiam habet antequam tristitiam in aliis animalibus videat. Et etiam ova sua interdum frangit, ac pullis suis inimicitior et durior aliis volatilibus est. Sed tamen hujusmodi vires in se non habet, ut vel malum vel bonum cum eo in medicamentis perfici possit.

Cap. LVI. — De Merla.

Merla frigida est, et pastus ejus inmundus ac nocivus, et nec sanis nec infirmis hominibus ad comedendum valet nec etiam aliqua medicamenta in eo sunt.

Cap. LVII. — De Waszersceltza (3) [IV, 11, 29].

Waszerstelsa [*waszersteltza?*] temperatum calorem in se habet, et etiam de turbinibus est, et ideo caudam semper movet, ac turbines et tempestates pati potest, quod de ipsis est, et juxta aquas libenter manet quod de turbinibus est; et pascua præcipue in aqua quærit. Molles carnes habet, et sano et infirmo ad comedendum bona est, quia infirmum refocillat. Et guttur ejus sicca et serva, et cum aliquis in corde dolet, aut cum aliquis a *gicht* fatigatur, idem guttur per modicam horam in aqua pone, et tunc elevat, et ipsam aquam in guttur illud funde, et illi ad bibendum da, et in corde melius habebit, ac *gicht* ab eo cessabit. Sed et cor ejus sicca, et apud te semper habeas, et cum *gicht* te fatigat, idem cor per modicam horam in aquam pone, et aquam illam bibe, et *vicht* in te cessabit. Et vesicam ejus siccatam tecum habes, et si *freischlich* in aliquo homine insurgit, cum saliva tua illam modice humidam facies, et illam juxta et non super *freischlich* pone, et illud dissipat, id est *swendet*. Sed et super *ziterdrusze*, eamdem vesicam saliva tua parum madefactam pones, et evanescent (4).

Cap. LVIII. — De Beynstercza (5).

Beynstercza calida et humida est, et de turbinibus est, et ideo caudam movet, et aliquantum venenosa et nociva pascua quærit. Et si quis carnes ejus comedit, *gicht* in eo excitat.

Cap. LIX. — De Hirundine (6) [IV, 11, 46].

Hyrundo calida est, et calorem ac blandum aerem quærit et ubi nidificat, calidum habet, et aliquantum acer est, id est *grim*, et inde velociter volat, et multum inmundis pascuis vescitur (7); ad comedendum homini contraria est. Ubi autem *orsime* in homine sunt, sive ruptæ, sive integræ sint, cum *smalcz* hyrundinis inunge et sanabuntur. Et si homo *morklacdrim* dolet, ova hirundinis ita integra cum testa combure et in pulverem redige, et huic pulveri modicum plus de *hanensmalcz* adde, et simul *tinch*, et *orclockdrim* inunge, et melius habebis. [Si quis autem de gulositate et ebrietate leprosus efficitur, stercus hirundinum et quater tantum de herba quæ *lappa* dicitur, rubeos flores habens, et ex his pulverem faciat; arvinam quoque ciconiæ, et modicum plus arvinæ vulturis in sartagine frixet, et prædictum pulverem, et modicum sulphuris huic arvinæ intermisceat, et unguentum faciat, et in asso balneo se perungi jubeat, et se in lectum collocet. Et sic usque ad quintum, vel ad plures dies faciat. *Add. ed.*].

Cap. LX. — De Cungelm.

Cungelm calidus est, et de aere splendoris solis est. Et caro ejus ipsi comedenti non obest. Et per se singulariter ad medicinam non valet, quia modicus est. Sed cum in majo unguenta parantur, caput ejus aufer et viscera abjice, et quod reliquum est de corpore ejus in nova olla ad pulverem redige, et pulverem istum aliis bonis herbis de quibus quælibet unguenta fiant adde, et nulla herba contra infirmitates ibi pretiosior est.

Cap. LXI. — De Vespertilione [IV, 11, 47].

Vespertilio plus calida est quam frigida, et calorem et diem abhorret, et in tempore illo volat, cum præcipue aerei spiritus propter quietem hominis discurrunt, scilicet cum homo quiescit et varias vicissitudines in se habet (8). Sed si quis homo *gelsucht* habet, eam modice percute, ita scilicet ne moriatur, et tunc eam super *glaucken* illius liga, dorso vespertilionis ad dorsum hominis verso, et post pusillum aufer, et tunc super stomachum illius liga, et ibi eam dimitte dum moriatur.

Cap. LXII. — De Widderwalone (9) [IV, 11, 62].

Widdervalo calidus est ac instabilis, et tristem naturam habet. Et homo qui *gelsucht* habet, aviculam istam mortuam cum pennis illius super stomachum suum liget, et *gelsucht* in ipsam transibit, et ille curabitur. Vel homo qui *gelsucht* habet eam

---

(1) Deest in ed., ut infra capp. 56 et 60.
(2) Psal. xc, 6.
(3) *Motacilla alba.*
(4) Ed.: « Pellicanus calidus est. Homo qui freneticus est, et qui obliviosus est in scientia sua, cor pellicani ad solem exsiccet, et super verticem illius liget, et caro ipsius ab illo incalescat, et ad intellectum scientiæ redibit. Et si quis in capite dolet, quod etiam fervere videtur, jecur pellicani pulverizet, et modicum plus de semine fœniculi, et parum minus de semine fenugreci addat, et super pannum ponat, et super frontem et ad tempora sua liget, et melius habebit. Sed et vesica ejusdem avis exsiccetur, et ubi slier, aut alius tumor alicubi in corpore hominis insurgit, vesica cum saliva hominis, seu modica aqua humida fiat, et desuper ponatur, et tumor ille suaviter frangetur, Quod si etiam alicujus hominis os frangitur, aut aliquod membrum de loco suo exilit, intestinum avis hujus purgatum ad solem exsiccetur, et postquam fractum os compositum fuerit, intestinum oleo olivæ modice illiniatur, et super fracturam os ligetur, et os conglutinat. »
(5) *Motacilla flava.*
(6) *Hirund. spec.*
(7) *Et calorem ac blandum — vescitur* om. ed.
(8) *Et calorem et diem — in se habet* om. ed.
(9) Plin. *Hist. nat.*, xxx, 28.

dem avem in pulverem redigat, et pulverem istum in baumoleo modice intinguat, et sic eum per tres aut per duos dies super stomachum suum liget, et curabitur. Et qui in aure sua surdus est, cor ejus in ipsam aurem ponat, ut eadem auris de corde illo interius incalescat, et auditum recipiet. Sed qui *nazeboz* habet, jecor ejus pulverizet, et ipsum pulverem naribus suis apponat, et odorem ejus per nares suas introrsum trahat, et mali humores capitis sui suavius solventur et levius effluent, et ille tanto citius curabitur.

CAP. LXIII. — DE API (1) [IV, II, 48].

Apis de calore solis est, et aestatem diligit, sed et velocem calorem habet, ita quod frigus pati non potest. Et si alicui *uberbeyn* crescit, aut si aliquod membrum de loco suo motum est, aut si aliqua membra contrita sunt, apes quae in vasculo suo mortuae sunt, et non vivas, accipiat, et sufficienter ex eis in lineum pannum ponat et consuat, et pannum istum apibus interius consutum in baumoleo *sveysze*, et eumdem pannum dolenti membro superponat, et hoc saepe faciat, et melius habebit. Et si vermis carnem alicujus hominis comedit, ille apes in vasculo suo mortuas accipiat, et pulverem istum loco ulceris saepe mittat, et vermis morietur.

[Mel autem quod apes parant valde calidum est. Sed homo qui est pinguis, si saepe mel comederit, livorem et tabem in eo parat; sed aridus et macer si coctum mel comedit, non multum ab eo laeditur. Coctum autem mel, et optime despumatum, pingui et macro, sano et infirmo non multum oberit; sed si quis favum cum cera manducaverit, melancholiam in eo excitat. *Add. ed.*]

CAP. LXIV. — DE MUSCA (2) [IV, II, 49].

Musca frigida est. Et cum aestas est, si tunc homo aliquo minuto vermiculo [sicut aranea est *add. ed.*] figitur vel laeditur, muscam desuper contritam liget, et calor ille, quem musca de aestate tunc habet (3), venenum illud aliquantum debilitat. In hyeme autem musca omnino venenosa est, et homini periculosa, nisi quem Deus custodit. Quod si aliquis homo muscam comederit aut biberit, mox *scharleyam* contundat, et de succo illo bono vino immittat, ut idem vinum succum illum excedat, et ad ignem calefaciat, et sic bibat quatenus, si quod veneni musca in eo remanserit, per nauseam emittat.

[Si pustula quae *freislichaz* dicitur in homine se inflaverit, muscas, capitibus earum abjectis, conterat, et circa tumorem illum circulum cum eis exterius faciat, et veneno resistit ne ultra procedat. Deinde rubeam testudinem, quae absque concha est, terat, et cum ipsa circulum quem cum musca fecit faciat; et postea succo lilii cutem quae circa circulum est quem cum testudine fecit, perungat.

Deinde folium *vehendisteles* super eamdem pustulam ponat, et deinde de pura farina similae tortellum faciens, eum super idem folium et super tumorem illum cum panno desuper liget, quatenus mollificetur, ut per se rumpatur. Quod si per se rupta non fuerit, cum arida et lignea spina seu alia arida astula dirumpatur, non autem ullo ignito vel frigido ferro aut acu. Sed interim dum homo pustulam hanc patitur, ab igne, a frigore, a vento et ab humido aere se muniat, et ab omni calido asso et grosso cibo, et a vino se abstineat, et cruda olera et cruda poma devitet. *Add. ed.*]

CAP. LXV. — DE CICADA (4) [IV, II, 51].

Cicada plus frigida est quam calida, et magis hominem laedit, quam ei prosit, cum vivit vel cum mortificatur, quia a pravis livor in ea est. Quam si homo tetigerit, inde dolet (5). Sed si cicada per se mortua fuerit, tunc homo ille quem diruptae *orfime* laedunt, ita mortuam accipiat, et super ignitum lapidem in pulverem redigat, et eumdem pulverem super locum ubi orfime sunt saepe immittat, et siccabuntur.

CAP. LXVI. — DE LOCUSTA (6).

Locusta ut ros frigida, et nec multum utilis est, nec multum periculosa. Sed ubi aura et terra frigida est, ibi in regionibus illis caro locustae aliquantum venenosa et ad comedendum periculosa. Sed ubi aura et terra calida est, illic in regionibus illis minus periculosa est, et ibi fere ut cancer comedi potest. Nam de frigore terrae venenum in se colligit, sed in calida terra, propter bonum calorem ejus, veneno caret. Et medicina in ea non est.

CAP. LXVII. — DE MUGGA [IV, II, 50].

Mugga calida est. Et si quis profundam scabiem in capite suo habet, *muggam* in aliquod vasculum colligat, et cum stramine superius incendat, et in purgatum locum super vivos carbones ponat, ut simul cum carbonibus in cineres vertatur; deinde ex eisdem cineribus lixiviam paret, et caput suum ubi scabies vel pravae maculae in corpore sunt cum illa lavet et saepe hoc faciat, et sanabitur.

CAP. LXVIII. — DE HUMBELEN (7) [IV, II, 52].

Humbelen frigidae sunt. Homo autem cui oculi caligant vesiculam quae inter caput et ventrem in humbelen est tollat, et liquorem qui in eo est oculis suis, cum dormitum se ponit, modice immittat. Sed mox oleo olivae palpebras et cilia oculorum liniat, et sic aut semel aut bis in mense faciat, et clarius videbit. Qui vero immundos ungues habet, eumdem liquorem qui in vesicula *humbelen* est super eos liniat et ligamine constringat, et sic faciat dum pulchri fiant. Et si quis profundam scabiem in capite suo habet, praedictum liquorem super caput suum saepe liniat, et curabitur.

---

(1) *Apis mellifica.*
(2) *Musca domestica.*
(3) *Calor ille — habet* om. ed.
(4) *Gryll.* spec.

(5) *Et magis hominem laedit — inde dolet* om. ed.
(6) Deest in ed.
(7) *Apis terrestris.*

Cap. LXIX. — De Wespa [IV, 11, 53].

Wespa calida est et munda. Homo enim *berwurez* pulverizet, et bis tantum de pulvere vespæ addat, et pulveres istos super calidum fumum teneat, ut paulatim et leniter incalescant, et sic calidos super cibum quod comedere vult teneat, et sic venenum ita infirmabitur quod eum lædere non valet.

Cap. LXX. — De Glimo (1) [IV, 11, 54].

Glimo plus frigidum est quam calidum. Quod si quis caducum morbum patitur, cum jam cadit, viventes *glimen*, quantum habere poterit, in pannum ligentur, et super umbilicum illius ponantur, et statim vires recipiet.

Cap. LXXI. — De Meygelana (2) [IV, 11, 55].

Meygelana frigida est. Si autem scrofulæ in homine sunt, ille vermiculum hunc tollat, et venenum quod in eo est exprimat, et huic minus de pulvere Meygelanæ addat, et aut in vino aut in aqua illud modice bibat, et statim velut sagitta putredinem scrofularum invadit et eas consumit.

Cap. LXXII. — De Parice (3).

Parix calidus est, et caro ejus sanis et infirmis ad comedendum bona est. Homo autem qui a paralisi fatigatur, avem hanc in aqua coquat, et sagimen, acetum et modicum vini addat, et hoc sæpe comedat, et curabitur. Sed et qui regium morbum habet, eamdem aviculam, pennis ablatis, integram super stomachum suum liget, et *gelsuocht* in aviculam transit, ita quod *gelfarb* erit.

EXPLICIT LIBER SEXTUS DE AVIBUS.

(1) *Lampyris noctiluca.*
(2) Cf. supra 1, 159.

(3) Ed. IV, 11, 54. Deest in cod. ms.

INCIPIT LIBER SEPTIMUS.

DE ANIMALIBUS.

PRÆFATIO (4).

Volatilia quæ in aere versantur designant virtutem hanc quam homo cogitando dictat et quæ in semetipso præmeditando deputat multa, antequam in fulgens opus procedant (5). Animalia autem quæ in terra discurrunt et in terra habitant, cogitationes et præmeditationes, quas homo opere perficit, designant. Et sicut opera cogitationes subsequuntur, sic etiam cum bona voluntas et recta sideria ac pia suspiria procedunt, ea fabricator mundi in cœlestibus perficit, nec ibi perficiuntur, antequam hic in mundis cogitationibus spirituali desiderio præcesserunt. Sed leo et sibi similes voluntatem hominis quæ jam opera proferre vult ostendunt; sed panthera et sibi similes ardens desiderium quod jam in incipiente opere est designant. Cæteræ autem silvestres bestiæ designant plenitudinem effluentiæ et quod homo in possibilitate sua habet utilia et inutilia opera perficere demonstrant. Sed mansueta animalia quæ super terram gradiuntur ostendunt mansuetudinem hominis quam per rectas vias habet, et ideo rationalitas hominis invenit quod ad unumquemque hominem dicit : Tu es animal illud vel illud, quoniam animalia quædam naturæ hominis similia in se habent. Sed animalia quæ alia devorant et quæ pravis cibis nutriuntur et generando fetus multiplicant, ut lupus, canis et porcus, ut inutiles herbæ ad comedendum, naturæ hominis contraria sunt, quia homo sic non facit. Pecora autem quæ mundis escis, ut fœno et simili pastu nutriuntur, et fœtus generando non multiplicant, homini ad comedendum bona, ut bonæ et utiles herbæ. In his et in illis quædam medicamenta inveniuntur.

CAPITULA.

Elephans	I	Equus	VIII	Ovis	XV
Camelus	II	Asinus	IX	Hircus	XVI
Leo	III	Cervus	X	Porcus	XVII
Ursus	IIII	Rech	XI	Lepus	XVIII
Unicornus	V	Steeiboch	XII	Lupus	XIX
Tigris	VI	Wisant	XIII	Canis	XX
Panthera	VII	Bos	XLII	Vulpis	XXI

(4) Ed. : *Cap. 1. Animalium terræ ad hominem comparatio.*

(5) *Volatilia — procedant* om. ed.

Biber		XXII	Ericius		XXX	Mustela	XVIII
Otther		XXIII	Eychorn		XXXI	Mus	XXXIX
Symea		XXIIII	Hamstra		XXXII	Lyra	XL
Merkatza		XXV	Marth		XXXIII	Spitzmus	XLI
Cattus		XXVI	Waszermarth		XXXIIII	Pulex	XLII
Loschs		XXVII	Zobel		XXXV	Formica	XLIII
Daschs		XXVIII	Harmo		XXXVI		
Ilodiso		XXIX	Talpa		XXXVII		

LIBER SEPTIMUS.

CAP. I. — DE ELEPHANTE — (1) [IV, III, 2].

Elephans calorem solis et non carnis habet, et etiam magnum sudorem tenet; qui etiam tam fortis est, quod ossa ejus ita excoquit, ut ignis cibum; unde etiam eadem ossa pulchra sunt, (2) et sudor ille sub cute ejus valde spissus est ac exteriorem cutem in fortitudine sua retinet; et magis ossa quam carnem tenet ne in diversitate morum transeat, quia caro in diversos mores semper mutatur; et fortes venas habet, quoniam multa carne caret. Et umbilicus ejus est velut caput viscerum ipsius, et viscera ejus valde calida sunt; atque ad honorem hominis est, ut princeps ad honorem suæ urbis facit; et dolosus non est nec malus in rectitudine; acer est interdum, vadit et quærit terram quæ succum de paradiso habet, et illam tam diu pede fodit, dum succum terræ paradisi naribus odorat; et de odore illius in coitu commistus quærit. Et postquam femina conceperit, catulum quem in se habet, diu portat, qui cito crescere non potest, quia magis de ossibus quam de carnibus est. Et postquam peperit, amplius commisceri non quærit, usque dum catulum suum tantæ fortitudinis videat sicut et ipsa est.

(3) Sed et qui in pulmone dolet, ita quod *dumphet* et *hustet*, idem os ad solem calefaciat, et pulverem de eo *schabe* et in vinum ponat, et in patella coquat, et deinde per pannum colet, et sic pulverem istum adjiciat, et vinum illud sæpe bibat, et curabitur. Cor autem elephantis et jecor et pulmo et cætera quæ in eo sunt, ad medicamenta non valent.

CAP. II. — DE CAMELO (4) [IV, III, 3].

Camelus præcipitem calorem in se habet, sed tamen aliquantum tepidum; inde tepidus est, et etiam est in vicissitudine instabilium morum, et in gibbis suis fortitudinem leonis et pardi ac equi habet, ac in reliquo corpore naturam asini. Nam gibbus

A qui juxta collum ejus est, de fortitudine pardileonis habet; et gibbus qui proximus est de fortitudine pardi; ac gibbus qui deinde est et de fortitudine equi, et de his naturis in magnitudinem crescit et in altitudinem, et ab eis tantæ fortitudinis est, ut si mansuetus non esset, leonem et cæteras bestias virtute sua superaret (5). Homo autem qui in corde dolet de osse gibbi quem de fortitudine leonis habet, in aquam *schabe*, et ita sæpe bibat, et dolor cordis ejus cessabit. Et qui in splene dolet, de osse gibbi, quem de fortitudine pardi in se habet, in aquam abradet, id est *schabe*, et sæpe bibat, et splen ejus sanabitur. Qui autem scabiem et diversas *fiber* in se habet, et qui malum sudorem libenter emittit, de osse gibbi, quem de fortitudine equi in se habet, in aquam *schabe* et sæpe bibat, et sanabitur. Et unguem et *gesuvel* ped s ejus sicca, et in domo vel in quocunque loco vulneris serva, et ibi aerei spiritus nec irrisiones suas faciunt, nec multa certamina ibi parant, quia propter virtutem et fortitudinem cameli dyabulus hæc fugit. Cætera autem, quæ in eo sunt, ad medicamenta non multum valent (6).

CAP. III. — DE LEONE (7) [IV, III, 4].

Leo valde calidus est. Si eum [et de vi hominis in se habet et naturam bestiarum, et tantæ fortitudinis est ut si eum etc. *add. ed.*] bestialis natura non demoraret, lapides penetrare posset. (8) Et hominem noscit; et si in furore suo hominem læserit, post factam læsionem dolet. Et cum leo leænæ in coitu commiscetur, virtutis suæ et bestialis naturæ obliviscitur, ita quod ei honeste commiscetur. Sed leæna cum catulos in se vivere non sentit, tristis efficitur, ac leoni inimicatur, quia nescit se concepisse; et postquam catulos peperit et eos mortuos viderit, ab eis recedit; sed leo, eam tunc videns, morbum habet, nucem muscatam, et liquiricium æquali pondere pulverizet, et de osse elephantis scobet, et bis tantum de pulvere isto præfato pulveri commisceat, et satis de melle addat, et electuarium faciat, et ex hoc jejunus et pransus sæpe comedat, et meliorabitur. Sed et qui in pulmone dolet, etc.

---

(1) *Elephas maximus.*
(2) Quæ sequuntur omittit ed. usque ad : *Sed et qui in pulmone dolet.*
(3) Deest hic aliquid quod ex editione supplemus : « Homo autem cujus cerebrum infrigidatum et evacuatum est, os quod in fronte elephantis est velut pileum incavatum paret, et ad solem calefaciat, et melius habebit. Sed et qui nasebor et multum flegma in capite habet, os quod in naribus elephantis est, ad solem calefaciat, et super nares suas sæpe ponat, usque dum ab eo incalescat, et sanabitur. Et homo qui in pectore, aut in corde, aut in splene, aut in stomacho dolet, aut qui regium
(4) *Cameli species.*
(5) *Nam gibbus qui juxta — superaret* om. ed.
(6) *Quia propter virtutem — valent* om. ed.
(7) *Felis leo.*
(8) Quæ sequuntur edit. omittit usque ad : *Quod si etiam aliquis homo surdus est.*

intelligit eam catulos peperisse, et eos statim odoratur, et ad eos rugiendo currit, et vires suas recolligit, quas in commistione leænæ amisit, et tam validos rugitus emittit, quod catuli de eis exsuscitati erunt. Et postquam suscitati fuerint iidem catuli, tam altos rugitus emittunt, quod leæna eos audit, et mox læta accurrit, ac leonem ab eis depellit, et eos fovet, et surgere facit, atque leonem ad eos amplius accedere non permittit, usque dum crescant. Et Adam et Eva non vociferabantur in planctu, antequam ullus homo nasceretur; sed postquam primus infans natus est, ille statim usque ad multorum altitudinem elementorum vociferando plangunt [planxit?], quam vocem velut incognitam audiens Adam accurrit et eadem voce planctus hujus audita, et ipse simili modo tunc primum vociferabatur, et Eva simul cum eo, sicut et leo et leæna et catulus, simul rugiunt cum exsuscitantur. Et pellem leonis a collo per caput et verticem ejus abstrahe, et eam serva, et tunc si aliquis homo ab aliqua infirmitate in capite vironsinnigt est, ipsam pelliculam super caput illius, de pelle illa incalescat, et ille sensus recipiet. Et qui de ulla alia infirmitate in capite dolet, eamdem pelliculam capitis leonis capiti suo superponat dum caput suum ab eo incalescat, et mox auferat, nec eam desuper diutius jacere permittat ne inde lædatur, quia fortis est, et melius habebit. De reliqua autem cute ejus nec cingulum nec cyrotecas facias, nec sotulares, nec apud te desuper portes, quia fortitudo ejus magis læderet quam juvaret.

Quod si etiam aliquis homo surdus est, dexteram aurem leonis abscide, et alius homo eam in aurem illius surdi hominis tam diu ponat, dum auris illius ab aure leonis interius incalescat, et non diutius, et dic : « Audi adimacus per viventem Deum et acumen virtutis auditus leonis; » et hoc sæpe fac (1), et ille auditum recipiet. Et qui stultus est, id est *wanwiczig* est, idem cor leonis exsiccatum ad præcordium per brevem horam ponat, scilicet usque dum ab eo ibi tantum incalescat, quia si diutius ibi jacere permiserit, de fortitudine illius velut *unsinning* efficietur, et sic per longam horam prudens erit. Et mulier, quæ in difficultate partus est, ita quod parere non potest, cor leonis super umbilicum suum per brevem horam et non per longam ponat, et infans se in ipsa solvet et cito procedet. Sed et jecor ejus sicca et serva, et si quis comestos cibos digerere non potest, idem jecor per brevem horam in aquam pone, et non diu, ne aqua illa de virtute ejusdem jecoris nimis fortis efficiatur, et tunc ipsam aquam illi qui digerere non potest, ad bibendum da, et statim cibos, quos comedit, digerit. Et cor leonis in domo tua vel in quocunque loco volueris ibi sepeli, et quam diu ibi sepultum jacuerit, fulgura, incendia ibi non facient, nec tonitrua ibi percutient.

Nam leo tonitruum cum audit, mox rugitus emittere solet.

[Sed et jecur ejus exsiccetur, et si quis comestos cibos digerere non potest, idem jecur per brevem horam in aquam ponat, ipsamque bibet, et statim cibos quos comederit digeret. Homo quoque caput caudæ leonis exsiccet, et apud se semper habeat; et interim per sibilos aereorum spirituum, et a magicis facile lædi non poterit. Et cum comederit aut biberit, idem caput juxta cibum et potum suum teneat, et si venenum in eis est, in vase in quo sunt moventur, et etiam vas in quo venenum est sudat, et hoc modo notari potest. Quod si homo venenum comederit aut biberit, idem caput caudæ leonis in calidum vinum per brevem horam ponat, et vinum illud calidum bibat, et statim venenum quod sumpsit cum digestione per eum transibit. Et homo chalyben in sanguine leonis intingat, et fortis ad ferrum, et ad alia quælibet in scientia erit. Add. ed.]

Cætera quæ in eo sunt, medicinæ non conveniunt (2).

CAP. IV. — DE URSO (3) [IV, III, 6].

Ursus calorem fere habet ut homo, ita quod interdum frigidus. (4) Etiam cum calidus est, altam vocem habet et blandus est. Sed cum frigidus est, suppressam vocem tenet, et iracundus est, quia in libidine blandos mores habet nec faciliter irascitur; qui autem a libidine continentes existunt, iracundi sunt. Nam cum Deus hominem crearet, eum fecit in compaginibus et in divisionibus et in cursu venarum ac in omnibus itineribus, quæ anima in corpore habet. Sed prius volucres et pisces et animalia fecerat, quæ omnia nichil operata sunt antequam homo operaretur. Sed exspectabant, quod opus homo primum inciperet. Et postquam homo pomum comedit, et in angustia sudavit, sanguis ejus in naturam hominis ut nunc est versus est atque omnia cætera animalia in naturas suas versa sunt. Et ideo ursus dilectionem ad libidinem cum dilectione (5). Cum autem homo in libidine aut in lascivia est, quemadmodum non est, ursus eum fere per dimidium miliare odoratur, et ad eum curreret si posset, ursus scilicet ad mulierem et ursa ad virum, et cum illis in coitu commiscerentur. Quod si homo, tunc ad rationabilitatem tenderet, et si non secundum irrationabile pecus faceret, ursus aut ursa ipsum hominem dilacerarent.

Sed cum ursa concipit, ita impatiens in partum est, quod etiam per impatientiam abortit, antequam catuli in ipsa ad maturitatem perveniant. Sed tamen vitalem aerem in matre accipiunt, sed se in ipsa non movent. Et cum parit (6), illud quod effundit velut caro est nec movetur, quamvis vitalem aerem in se habeat, sed tamen omnia liniamenta formæ suæ habet. Et mater, hoc videns, inde dolet, et illud

---

(1) *Et dic — sæpe fac* om. ed.
(2) *Nam Leo — non conveniunt* om. ed.
(3) *Ursus arctos.*
(4) Quæ sequuntur usque ad *Et caro Ursi ad comedendum* desunt in ed.
(5) Deest aliquid.
(6) Cf. Plin. *Hist. nat.* VIII, 54.

lambit, ac omnia liniamenta illa lingua sua fundit, dum omnia membra a se dividuntur, et super illud se extendit et fovet, et de calore ejus infra sex aut quinque dies in tam magnum catulum crescit quod surgere potest; et iterum ab eis non recedit vel si interim a venatoribus agitatur, unguibus suis illud deportat, et tribus pedibus currit antequam ibi dimittit, dum adhuc immatura sunt.

Et caro ursi ad comedendum homini bona non est, quia si comeditur, hominem ita ad libidinem incendit, velut aqua homini sitim e contrario exstinguit. Quod etiam et porcina caro et aliorum quorumdam animalium simili modo facit, sed non tantum, quantum caro ursi, et hominem in libidinem velut rotam volvi faciunt, sed eum alio modo immundum reddunt. Sed pecora, quæ ruminant in libidine cito non quiescunt (1).

[Cum adolescenti homini primum crines cadere incipiunt, de arvina ursi, et modicum favillarum de tritico aut siligineo stramine factarum commisceat, et cum ista totum caput suum intingat, et ibi præcipue ubi crines effluere incipiunt. Postea diu se abstineat ne caput suum ab ista unctione lavet. Et sic sæpe faciat, et crines ejus qui nondum ceciderunt, per istam unctionem ita humectantur et confortantur quod per longa tempora non cadent *add. ed.*]

Si autem quilibet homo timidus et pavidus est et tremebundus et anxius, ita quod semper in pavore est, pelliculam illam quæ inter aures ursi est accipiat, et eam modice *gerwe*, et tunc illam insuper præcordium et super cor suum tam diu ponat cum ab ea incalescat et statim *balch* erit, et pavor et tremor et anxietas ab eo recedunt (2). Ideo autem pelliculam istam velut aliam cutem *gerwen* facias ut sudor ejus auferatur, quia si homo de cute ursi, quæ caro non est, incalescit, ita quod sudor qui in ipsa est, nudam carnem hominis non tetigerit, tunc eum libidine non oberit. Et smero ursi quibusdam unguentis et medicamentis additur, tanto pretiosiora medicamenta illa erunt. Per se sola ad medicamenta non valet, quoniam ursus instabiles mores habet.

CAP. V. — DE UNICORNI [IV, III, 7].

Unicornus plus calidus est quam frigidus (3); sed fortitudo ejus major est quam calor ipsius, et mundas herbas comedit, ac in eundo quasi saltus habet, et hominem ut cætera animalia fugit, præter ea quæ generis sui sunt, et ideo capi non potest. Et virum valde timet et ab eo declinat; velut serpens in primo casu a viro declinavit et mulierem inspexit, sic et animal istud a viro declinat et post mulierem vadit. Quidam enim philosophus erat, qui naturas animalium perscrutaverat, et ille animal istud nulla arte capere poterat, unde valde mirabatur.

Hic quadam die venatum ivit ut prius facere solebat, et viri et feminæ ac puellæ eum comitabantur. Puellæ autem separatæ ab aliis hominibus ibant, et interim floribus ludebant. Unicornus vero, puellis visis, saltus suos contraxit, et paulatim ivit, ac deinde super posteriores pedes suos a longe ab eis sedit et ipsas diligenter inspexit. Et philosophus, hoc videns, cum omni diligentia hoc consideravit, et intellexit quod unicornus per puellas capi posset, et a tergo ad illud accedens, et ipsum per easdem puellas cepit. Nam unicornus, a longe visa puella, miratur quod barbam non habeat, sed tamen formam hominis; et si duæ aut tres puellæ simul fuerint, tanto plus miratur et citius capitur cum oculos suos in eas figit. Puellæ autem istæ per quas capitur nobiles esse debent et non rusticæ, nec omnino adultæ, nec omnino parvulæ, sed moderatæ adolescentiæ, et has diligit quia eas blandas et suaves esse cognoscit. Et semper in anno semel vadit ad terram illam quæ succum paradisi habet, et ibi optimas herbas quærit, et illas pede fodit ac eas comedit, et de hiis multas vires habet, et ideo etiam cætera animalia fugit. Sub cornu autem suo *æs* [os?] habet quod velut vitrum perspicuum est, ita quod homo in illo faciem suam velut in speculo considerare potest, sed tamen non valde pretiosum est.

Jecor autem unicorni pulveriza et pulverem istum sagimini, id est *smalcz* de vitello ovorum parato immitte, et sic unguentum fac, et nulla lepra est, cujuscumque generis sit, quæ, si eam sæpe cum illo unguento unxeris non curetur, nisi mors illius sit, qui eam habet, aut Deus eam curare non vult. Jecor enim animalis hujus bonum calorem habet et mundiciam, et sagimen vitellorum pretiosissimum est, quod in ovo est, et velut unguentum est. Sed lepra sæpius de nigra colera est et de nigro superhabundante sanguine (4). Et ideo de cute ejus cingulum para, et cum eo ad cutem tuam te cinge, et nulla fortis pestis aut febris te interius lædet. Sed et calcios de pelle ejus para et eos indue, et semper sanos pedes et sana crura aut sanos *gelancken* interius habebis, nec pestis interim te in eis lædit. [Homo qui timet veneno se occidi, unguem unicorni sub scutellam in qua cibus est, aut sub scyphum in quo potus est ponat, et si calidi sunt, et venenum in eis est, eos in vase fervere facit; si autem frigidi sunt, eos fumigare facit, et ita venenum appositum esse scire poterit *add. ed.*] Cætera quæ in eo sunt, medicinæ non conveniunt.

CAP. VI. — DE TIGRIDE (5) [IV, III, 8.]

Tigris calidus est, et cursum in montibus et in vallibus habet, et naturæ *Stembockes* [Ibicis *ed.*] aliquantum habet. Et de multo cursu suo pustulæ ex eo ut *flius* procedunt, et illas de se absterget,

---

(1) *Et hominem in libidinem — non quiescunt* om. edit.
(2) Huc usque ed.
(3) Quæ sequuntur usque ad : *Jecor autem Unicorni pulveriza*, etc., omittit ed.
(4) *Jecor enim animalis — sanguine* om. ed.
(5) *Felis tigris*.

et illæ suavem odorem habent, atque ad medicamenta valent (1). Sed caro ejus *slimechte* [livosa *ed.*] est, et propter fortitudinem et velocitatem (2) ejus homini ad comedendum non valet. Et si aliquis homo recentem et non veterem lepram habet, accipiat cor tigridis, cum jam occiditur, et ita recens et calidum super locum lepræ ponat, et lepra in cor illud transit, et sanabitur. Si autem lepra inveterata est, tunc non proderit, si cor illud ei superposueris, quia si cor recens et calidum aut vetustum aut frigidum lepræ illi, sive recens sive vetusta sit, superponitur, lepra in cor illud non transit, sed in carnem hominis, et ita eum lædit, quod etiam cor ejusdem hominis facile dirumperetur (3).

CAP. VII. — DE PANTHERA (4). [IV, III, 5.]

Panthera valde calida est in natura sua, velut vanam gloriam quærit, ita quod omnia animalia in factis suis libenter imitaretur, et cætera animalia, propter amorem eorum non diligit, sed propter hoc quod secundum naturam suam opera eorum libenter faceret; nec etiam per omnia mundis pascuis utitur, unde et anhelitus ejus non est mundus, sed aliquantum venenosus, quamvis interdum bene olere videatur. Et ea quæ in ipsa sunt, ad medicamenta non multum valent (5).

CAP. VIII. — DE EQUO (6) [IV, III, 10].

Equus plus calidus quam frigidus est, et bonam naturam in se habet, et tam magnam fortitudinem in se habet quod eam nescit habere, et semper desiderium habet in ante procedere, et munda comedit. Et caro ejus tenax est, et gravis est ad comedendum, et homini contraria, ita quod præ fortitudine sua vix digeri potest, quia carnes animalium quæ ruminant ita temperantur velut in torculari positæ sunt, scilicet quod facilius edi et digeri possunt; sed carnes illorum quæ non ruminant graviores et tam facile non digeruntur (7). Sed et homo qui scabiem, quamvis fortem, habeat, accipiat hircinum sepum, id est *unslet*, et de aure equi sanguinem emittat, et sepo illo sanguinem commisceat, et ille ad ignem se sæpe cum eo perungat, et sanabitur. [Sed et homo qui de iracundia

(1) *Et de multo cursu — valent* om. ed.
(2) *Propter — veloc.* om. ed.
(3) *Si autem lepra — disrumperetur* om. ed., sed hæc habet : « sed et qui comestos cibos digerere non potest, cum tigris occiditur, jecur ejus calidum stomacho suo per brevem horam superponat, scilicet dum calorem amittat, et statim stomachus ejus solvetur, et digerit. Et si ulcus, aut slier in corpore hominis est, ita tamen quod non sit quod *freislicha* dicitur, tunc pustulæ quæ in tigride sunt iisdem ulceribus superponantur, et rumpentur, et ille sanabitur. »
(4) *Felis pardus.*
(5) Ed.:— *De pardo,* « Pardus calidus est, et jocundus, et velox, et fortis. Homo autem qui debilis in pectore, et in stomacho est, et defectum in corde sæpius sentit, cor pardi ad solem siccet, et pulverizet; et cum defectum sentit, ipsum pulverem loco ubi dolet superponat, et melius habebit. »

lepram contrahit, vadat ubi sanguis modicus equorum in terram defluit, cum sanguis eorum in vena minuitur, et ubi munda animalia occiduntur; et ipsum sanguinem cum terra infecta tollat, et in caldario cum aqua fervere faciat, cavens ne tanta sit aqua quod sanguini vires auferat. Postea in balneo isto usque ad guttur suum sedeat, et de eodem sanguine et terra modico saccello immittat, quem in faciem suam ponat, si ibi dolet. Qui cum de balneo exierit, in lectum se reclinet, et saccellum cum sanguine et terra super cor suum ponat, ne debilitetur. Et sic quater, vel quinquies vel ad amplius faciat. *Add. ed.*] Cætera quæ in eo sunt ad medicamenta non valent.

CAP. IX. — DE ASINO (8) [IV, III, 11].

Asinus plus calidus est quam frigidus, et stultus, et fere cæcus de superfluitate naturæ, quam in libidine habet, et *grimheit* non tenet nec subjectionem, et hominem non fugit, sed cum homine libenter est, quia in aliqua parte naturæ suæ naturam hominis tangit (9). Sed caro ejus ad comedendum homini non valet, quia fœtida est de stultitia illa quam in se habet. Et si quis homo a paralysi fatigatur et has mutabiles pestes in se habet, quæ secundum lunam in eo crescunt et decrescunt, ut in lunaticis, et tunc considera locum, ubi asinus occiditur vel per se moritur, vel ubi se in terra volvat, id est *walgert,* et mox hominem illum ibi, aut super gramen, aut super terram, panno superposito, vel si valde infirmatur, tenui *bubicio,* et per brevem horam eum jacere permitte et dormire, si dormire potest, et postea dextram manum ejus apprehende, et dic: « Lazarus dormivit (10), et requievit, et surrexit, et sicut eum Christus de fœtenti fœditate excitavit, sic etiam periculosa peste hac et de mutabilibus moribus febrium surge in conjunctione illa qua ipse Christus ad hujusmodi desuper sedendo istud se conjunxit, præsignans quod hominem de peccatis suis redimeret, et eum erigeret. » Deinde post modicam horam in eodem loco ter fac una die, et secunda aut tertia die similiter in eodem loco ter fac, una secunda et tertia die iterum ter fac, et curabitur (11).

CAP. X. DE CERVO (12) [IV, III, 12].

Cervus repentinum calorem habet in se, et mi-

Sed et homo ungulam cum pelle pedis ejus apud se habeat, et ubi fuerint magica, ibi ad plenum fieri non possunt. »
(6) *Equus caballus.* Job XXXIX, 22.
(7) *Ita quod præ fortitudine — digeruntur* om. ed.
(8) *Equus asinus.*
(9) *Et hominem — tangit* om. ed.
(10) Joan. XI, 43.
(11) *Et si quis homo a paralysi — et curabitur* om. ed. quorum loco hæc habet : « Lac autem de asino procedens leproso homini prodest, si illud frequenter bibit. Sed et qui scrofulas in corpore suo habet, si idem lac sæpius bibit, eas plus exurgere prohibet, quia quod immundum est immundum expellit. Si vermis carnem hominis comedit, de ossibus asini pulverizet, et super locum illum ponat, et vermis morietur. »
(12) *Cervus elaphus.*

nus frigescit, sed plus calidus est et mansuetus, atque munda pabula comedit. Caro ejus sanis et infirmis ad comedendum bona est (1). Cum autem senserit, quod rami in cornibus ejus jam ultra non procedunt, tunc scit quod jam in se arescere incipit et tardus fieri, et tunc quoddam flumen intrat, et *damph* de flumine ascendentem in se trahit, et tunc de ipso flumine egrediens, ibi in littore herbulas sibi convenientes comedit, et deinde quærit locum, ubi *unck* inveniat; quod cum invenerit, valde *luet*, ita quod de hoc *hunck* ille valde fatigatur, quod etiam contra ipsum cervum flatus suos emittit. Sed cervus magis ac magis vocem suam exaltat, *luet* et ore *kyat*; at tandem *unck* ille quasi præ ira in fatigatione se in os illius torquet, et ventrem ejus intrat, quod cervus sentiens, mox properat *queckbronnen*, quem hujus naturæ scit, quod omnia putrida et venena aufert, et ex illa supramodum bibit, ita quod etiam idem *unck* de aqua illa in eo submergitur, id est *erdrincket*. Quo facto herbulas quærit, quæ purgationem faciunt, et illas comedit, et ita serpentem per posteriora, velut cum potione emittit, quia si idem serpens per eum non transiret, de veneno illius moreretur. Et tunc infirmari incipit; deinde autem vallem quærit, ubi optimæ herbulæ crescunt, quæ sanitatem conferunt, et eas ibi comedit, et ita ibi fere per mensem in quiete jacet, et ibi etiam cornua et crines ejus ab eo cadunt, et tunc aliquantum meliorari incipit. Et postea et denuo ad prædictum *queckbronnen* vadit, et tunc modicum ex eo bibit, ut si quid fœtidum in eo remanserit, iterum leviter purgetur, ac deinde præfatas herbulas iterum comedit, et ita sanari incipit, et cornua in eo crescunt, et iterum crines ejus procedunt, et postea caro ejus et omnia quæ in eo sunt, saniora sunt, quam prius fuerunt. Si quis autem homo carnes cervi aliquantum calidas et non ferventes comedit, stomachum ejus purgat et levem illum facit. Et de cornu ejus *schabe*, et hoc quod inde *schabest*, thus adde, et ad ignem simul incende, et odor ejus de fortitudine, quam eadem cornua in se habent, aereos spiritus fugat, et magica compescit, et *zauber* et malas vermes fugat. Sed et qui jecor ejus comedit, *gicht* ab eo compescit, et stomachum ejus purgat, et levem illum facit.

CAP. XI. — DE RECH (2) [IV, III, 15].

Rech temperatus [frigida *ed.*] est, et mansuetus, et mundam naturam habet, et montes libenter ascendit, et aerem quærit, nec nimis calidus nec nimis frigidus est, sed temperatus, et in montibus illis herbas quærit, quæ de eodem aere crescunt, et illas comedit (3), et sic bonis et sanis pascuis utitur. Et caro ejus sanis et infirmis hominibus bona est. Homo autem qui de *wicht* fatigatur, de jecore ejus sæpe comedat, et *wicht* in eo compescit. Sed et si quis de carnibus ejus sæpe comedit, *slim* et fœtida ab illo purgant. Et qui inter scapulas de *gicht* fatigatur, cor ejus exsiccet et servet, et cum inter scapulas dolet, idem cor in baumoleo intinge, et ita super locum doloris illius liga, et melius habebit. Sed et qui in stomacho dolet, ita quod stomachus ejus *vireytergit* est, vel frigidus est, vel induratus est, ita quod comestos cibos digerere non potest, *unslet* ejus accipiat, et ad tertiam partem oleum de fructu *hagenbucha*, vel de fago adde, et hæc simul commisceat, et sic per canabineum pannum *striche*, et pannum istum super stomachum suum ponat, et sic portet, et quamvis dolor in stomacho ejus fortis sit, melius habebit. Quod si neutrum oleum habere poterit, sepum de *rech* super præfatum pannum ponat, ut prædictum est, et stomacho suo circumponat, sed ad hoc *eynplaster* faciendum, oleum de *hagenbucha* melius est quam oleum de rutha (4).

CAP. XII. — DE STEYNBOCK (5) [IV, III, 14].

Steynbock plus frigidus est quam calidus, et tortuosus in moribus suis, et in montibus ac in nebula et in *dofte* et in *dauwe* libenter versatur, atque fortitudo ejus tam repentina est, quod sæpe ita laborat (6); sed caro ejus *slimechte* [livosa *ed.*] est et infirma, et nec sano nec infirmo homini ad comedendum valet. Sed tamen homo qui sanus est eum comestum superare potest. De pelle autem ejus cingulum et sotulares fac et eos indue, et sanitatem corpori tuo conservant. Et caudam ejus cum pelle et cum carnibus ipsius caudæ exsicca, et in manu tua ipsum porta, et nec per *zauber* [magica *ed.*] extra voluntatem tuam interim duci poteris. Et si venenum aut in cibo aut in potu sumpseris, tunc statim eamdem caudam aut in vinum aut in alium quemlibet potum per horam unam pone, et sic bibe, et venenum illud aut per nauseam aut per secessum per te transibit, et sic curaberis. Sed et de cornu ejus manubrium cultelli fac, et illud aut in manu tua aut alias apud te semper habeas, et sanitatem tibi confert. Cætera quæ in eo sunt, ad medicinam non valent (7).

CAP. XIII. — DE WISANT [IV, III, 15]

Wisant calidus est, et fere mores cervi habet, sed velocior et modicum sanior cervo est. Et caro ejus sana est ad comedendum et homini bona est. Si

---

(1) Quæ sequuntur usque ad *si quis autem homo carnes cervi aliquantum calidas*, etc., om. ed., quæ hæc interserit: « Et si quisquam homo in aliquo membro a paralisi fatigatur, cervinum sepum in patella dissolvat, et medietatem ejus de hircino sepo, et modicum de pulverizata mirrha addat, et canabineum pannum intingat, et calidum super membrum in quo paralisis fuerit constringat; et sic sæpe faciat, et paralisis cessabit. »

(2) *Cervus capreolus.*

(3) *Et aerem — comedit* om. ed.
(4) *Quod si neutrum — de rutha* om. ed. quæ hæc habet in fine capituli: « Sed et homo de pelle ejus cingulum, et chirothecas, et etiam velut camisiam de pelle ejus faciat, et illam ad cutem, velut super lineam camisiam induat, et fortis pestis interim eum non lædet.
(5) *Capra Ibex.*
(6) *Et in montibus — laborat* om. ed.
(7) *Cætera — valent* om. ed.

autem *schelmo* [*pestilentia ed.*] equos aut asinos, boves et oves, capras et porcos, et alia quæcumque animalia fatigat, de cornibus *wisant* in aquam *schabe*, et per novem dies illis ad bibendum da, et *schelmo* ab eis cessabit. Cætera quæ in eo sunt, medicinæ ad perfectum non conveniunt (1).

CAP. XIV — DE BOVE (2) [IV, III, 16].

Bos frigidus est in temperamento et siccus est, sed cum aereis spiritibus homini non inimicatur, nec ipsi multas illusiones in loco illo facere possunt, ubi bos est, quia bos mundus est, et ideo etiam in holocaustum Deo sæpe antiquitus offerebatur (3). Caro autem ejus propter frigus quod in se habet frigido homini ad comedendum non valet; calido autem qui ex natura sua calidus est, propter frigus quod in ipsa carne est ad comedendum bona est. Et si aliquis *schenden* pestem in membris suis et in juncturis membrorum suorum habet, et si etiam in stomacho suo dolet, pedes, id est *geswil* et *unslet* pedum bovis coquat, et de eis sufficienter comedat, et figentem pestem in juncturis membrorum et dolorem in stomacho compescit. Sed qui jecor bovis sæpe comedit, illum confortat propter bonam naturam; cor autem et pulmo ad comeden-

(1) *Cætera — conveniunt* om. ed.
(2) *Bos Taurus*
(3) *Sed cum aereis spiritibus — offerebatur* om. ed.
(4) Ed. in multis variat : « Bos frigidus in temperamento est, et siccus; et caro ejus frigido homini ad comedendum non valet; sed illi qui ex natura sua calidus est non multum obest. Si quis albuginem in oculis patitur, cum adhuc recens est, recens fel bovis oculis suis in nocte superponat, et liget ne labatur. Et sic per triduum faciat, sed tamen modice. Post triduum autem, fenum græcum rosato oleo immittat, et oculis superponat. Sed et qui calculum in se habet, recens fel juvenis tauri et bis tantum de sanguine ejus exsiccet, et de pulvere saxifricæ tantum quantum fellis est addat, et in subtilem pannum simul liget, in forte, bonum, et purum vinum ponat, et jejunus et pransus inde bibat; non autem infra cibum.

« Et si aliquis pungentem pestem in membris suis habet, induratas plantas pedum bovis coquat, et sæpe et sufficienter ex eis comedat, et curabitur. Et in vacca eandem naturam homo sentiat. Et si quispiam homo scrophulas in corpore suo habet, matricem juvenculæ vaccæ quæ nendum genuit, et ad quam nondum taurus in coitu accessit, super ignitum lapidem exsiccet, et pulverizet, et pulverem jecoris talpæ addat, et de pulvere hoc in sorbicio triticea farina parato, et per novem dies, vel per plures sorbeat, et scrophulæ in eo deficient. Lac autem vaccarum (a) et aliorum animalium, scilicet ovium, et caprarum, et omne lac in hyeme sanabilius est quam in æstate. Sed qui in æstate lac comedunt, nec sani sunt, eos aliquantum lædit; sed si infirmi et debiles sunt, modicum de eo comedant. Butyrum autem quod de lacte exprimitur suavem calorem habet, sed butyrum vaccarum melius et sanabilius est quam ovium aut capræ. Et homo qui ptisicus est, et in corpore suo aridus, quotidie butyrum comedat, et cum interius sanat, et refocillat. Sed et sano homini qui moderatas carnes habet, butyrum bonum et sanum est ad comedendum; si autem pingues carnes habet, moderate

dum non multum valent. Et in vacca eamdem naturam senties. Cætera autem quæ in eo sunt, ad medicamenta non multum prosunt (4).

CAP. XV. — DE OVE (5) [IV, III, 17].

Ovis, sive aries, sive agna sit, frigida est, sed tamen bove calidior, et etiam humida et simplex est, et amaritudinem et acerbitatem non habet. Et caro ejus sanis et infirmis hominibus ad comedendum bona est. Sed ille, qui toto corpore deficit et cujus venæ *virwolket* [debilitatæ et tepidæ *ed.*] sunt, de succo carnium ovis et de *suffen*, [jure *ed.*] in quo coquitur, si vult sæpe sorbeat, et modicum de carnibus earum comedat, et cum convaluerit, sufficienter de ipsis comedat si voluerit. Et eædem carnes in æstate ad comedendum bonæ sunt, quia æstus eas calefacit, in hyeme autem, quia frigidæ sunt, ad comedendum non valent, quia hyems etiam frigida est. (6) Sed et pelles ovium ad indumenta hominis bonæ sunt, quia nec superbiam, nec libidinem, nec pestem homini inferunt sicut aliæ pelles quarumdam bestiarum faciunt; unde et Deus Adæ indumentum de pellibus ovium dedit (7). Et si aliquis de cottidianis, seu tertianis, seu quartanis febribus fatigatur, cujuscumque ge-

comedat, ne plus ingrossescat. Itaque lac, et butyrum, et caseos qui ex lacte vaccarum sunt, infirmus et sanus, frigidus et calidus moderate comedere possunt. Caseos autem qui de quolibet lacte fit diversam naturam, secundum naturam eorumdem animalium de quorum lacte paratur, in se habet, et sic comedenti adhæret. Nam hominem qui sanam, et duram, et aridam carnem in corpore suo habet, duros et aridos caseos comestus non multum lædit; illum autem qui molles, pingues, et humidas carnes habet, mollis et recens caseus non lædit. Cum videris boves, aut de noxio sanguine, aut de forti labore infirmari, accipe de conchis arenarum quæ in littore jaceant, et eas in pulverem redige, et pulverem istum cum bathemia in aquam mitte, ita quod de pulvere isto plus quam bathemiæ sit, et de eis in potum. Nam quia boves aliquantum aquatiles sunt, cum concha arenarum quæ de aquoso aere est, et quæ etiam sicca et calida existit, bathemiæ quæ calida est, et quæ etiam multiplices vires habet, in suavitate aquæ contemperantur, et infirmitatem boum minuunt. Pulvis enim concharum pravos humores in eis minuit, bathemia eos per omnia consumit; et aridum fenum interim ad comedendum dabis, ne de viridi herba pravi humores in ipsis augmententur. »

(5) *Capra ovis.*
(6) *Et eædem carnes — est* om. ed., quæ addit : « Et homo de jecore ejus sæpe et sufficienter comedat, et flegma in eo minuit, et fœtida stomachi ipsius purgat. Sed et qui in pectore tussitat, et spiramen absque dolore pulmonis difficulter immittit et emittit, de pulmone ejus sæpe comedat, et in pectore melius habebit. Mulier autem cujus matrix interius frigida, et tenuis est ad concipiendum prolem, matricem agnæ aut vaccæ, cum adhuc mundæ sunt ita quod nullo fetu gravatæ fuerunt, nec sunt, cum lardo, et aliis pinguibus carnibus coquat, cum in conjunctione mariti esse debet, et hujusmodi carnibus frequenter utatur; et si Deus voluerit, tanto facilius concipet, quia judicio Dei multotiens fit quod virtus generandi hominibus aufertur. »
(7) Gen. III. 21.

(a) De lacte et butyro in cod. ms. seorsim agitur supra capp. 180 et 181 libri I.

ner.s sint, accipe *scheper* [vellus *ed.*] arietum absque pelle, et de ariete tantum tonsum ; et in illa parte, ubi ad cutem arietis fuit, cum sepo ovis ad ignem calefacto idem *scheper* modice asperge, et ita simul ad ignem calefac denuo, et cum *riddo* hominem illum jam in frigore fatigat, mox ipsum *scheper* super stomachum et super pectus ejus et circa scapulas ipsius pone, ut ita incalescat et ut sic dormiat, et hoc quociens *vicho* eum fatigat fac, et cito curabitur.

CAP. XVI. — DE HIRCO (1) [IV, III, 18].

Hircus valde repentinum calorem habet et instabiles mores, et caro ejus sanis et infirmis hominibus ad comedendum bona est, et si sæpe comeditur, fracta et con rita viscera sanat; et stomachum comedentis sanat et confortat. Et capra, si fortis est, usque ad Augustum comedi potest, hircus autem in Augusto ad comedendum bonus est. Sed hædi, sive hirci, sive capræ sint, usque ad autumpnum homini ad comedendum valent. Et homo qui in stomacho dolet, jecor hirci asset, et ita usque ad medium Augusti sæpe comedat, et stomachum ejus purgat et sanat, velut bona potio. [Sepum quoque hirci bonum et salubre est, et plurimis medicinis coaptatur. Et capra eamdem naturam habet quam et hircus, excepto quod hircus fortior capra est. Et si quis in pulmone dolet, lac caprarum frequenter bibat, et curabitur. Add. *ed.*] Cætera quæ in eis sunt, ad medicamenta non valent.

CAP. XVII. — DE PORCO (2) [IV, III, 19].

Porcus calidus est, et ardentem naturam in se habet, et limosus [livosus *ed.*] est, quoniam nullum frigus ipsum purgat; et aliquantum *eyterecht* est, ac semper avidus est ad comedendum, et ideo non curat quid comedat; et etiam interdum immunda comedit; et in aviditate sua lupinos mores habet, quoniam cætera animalia disciadit; et caninos mores habet in eo, quod cum hominibus quemadmodum canis libenter moratur; sed inmundum ani-

mal est (3), unde caro ejus non est sana, sed tortuosa, et nec sanis nec infirmis hominibus ad comedendum bona est, quia nec flecma nec alias infirmitates minuit in homine, sed auget, quoniam calor ejus calori hominis se adjungit, et tempestates in moribus et in operibus quæ mala sunt in homine excitant (4). Sed homo qui valde infirmatur, ita quod in corpore suo deficit et aridus est, ille de juvenibus porcellis, interim dum infirmus est, modice comedat ut de calore illorum calorem acquirat, et postquam convaluerit, amplius ex eis non comedat, quia denuo infirmitates in eo augeret (5). Sed et homo, qui in corpore jam fere deficit, de cocto jecore porci sæpe comedat, et eum refocillat, id est *labet* et confortat. Et silvester porcus eamdem naturam habet, excepto quod silvester mundior domestico est. Cætera quæ in eo sunt ad medicamenta non multum valent.

CAP. XVIII. — DE LEPORE. (6) [IV, III, 20].

Lepus magis calidus est quam frigidus, et mansuetudinem ejus et saltus *Rech* habet. Sed quod aliquando sexum mutare videtur, hoc est, quod masculus aliquando virilia sua introrsum trahit, ita quod sic quasi femina est, interdum non, et quod femina juxta umbilicum suum quasi quoddam os et velut *darm* emittit; ita quod ob hoc quasi masculus esse putatur, sed tamen masculus nequaquam est. Nam nec masculus femina erit, nec femina masculus, ita quod masculus non parit et quod femina masculinum semen non habebit (7). Et simplex fel leporis super lepram hominis funde, et etiam cum eo sæpius inunge, et *ruse* ejusdem lepræ cadent, et ille sanabitur, quia fel leporis satis ad hoc prodest. Cætera vero quæ in eo sunt, ad medicamenta non multum prosunt (8).

CAP. XIX. — DE LUPO (9) [IV, III, 21].

Lupus valde calidus est et aliquantum de moribus aereorum spirituum et de moribus leonis habet. Et aerei spiritus in natura illius sæpe cum illo delectantur et cum comitantur, et lupus homini sem-

(1) *Capra Hircus.*
(2) *Sus scrofa et Aper.*
(3) *Et aliquantum eyterecht — animal est* om. ed
(4) *Quoniam calor. — excitant* om. ed.
(5) Ed. multa addit : « Qui autem leprosus est, porcinas carnes devitet, quia lepram in eo augent. Et homo qui per guttam paralisis fatigatur, lardum per diem et noctem in vinum ponat, ut molle efficiatur, et in vino conteratur, ut succum reddat. Postea acerum terat, et succum istum succo lardi addat, ita ut succus aceri sexies minor sit quam lardi, et modicum de favillis ex stramine avenæ factis in præfatum succum mittat, et simul fervere faciat; postea per pannum colet, et unguentum faciat; et quando de prædicta peste dolet, se ungat, et melius habebit. Homo autem qui qualibet lepra, cujuscumque generis sit, leprosus est porcinas carnes pingues, et jam occisas, temperatæ ætatis, in sola aqua, absque ullo alio condimento tam fortiter coquat ut aqua illa saginæ tota perfundatur, sed tamen ita coquantur ut deinde edi possint. Quibus coctis, de aqua tollantur, et mox in eamdem aquam stercus gallinarum ad sufficientiam ponatur, insuper et arvina cornicum, et bis tantum de arvina cor-

vorum, et ter tantum de sepo cervorum; et hæc omnia in prædicta aqua coquantur. Quo facto, pinguedo quæ desuper natat reservetur. Leprosus autem; qualicumque lepra infectus sit, præfata aqua in loco lepræ fortiter lavetur, et deinde unguento hoc perungatur, et hoc cum eadem aqua non effusa, et cum eodem unguento tamdiu fiat dum sanetur. Lenis enim lepra tali modo cito fugabitur; fortis autem per aliquod tempus durat, sed tamen emundabitur, aut Deus fieri hoc non vult, aut mors ejus succedet. Item si quis leprosus est, sicca cutis porci in qua parte carnes fuerunt, supra lepram ponatur, quatenus incalescat, et sudet, et lepra in cutem hanc transit. Et post sudorem cutis auferatur, et mox infirmus cum hircino sepo inungatur. Deinde idem leprosus cum alia porcina cute simili modo circumdetur, et hircino sepo ungatur et sic tertia vice fiat, et etiam insuper usque dum sanetur. Et silvester porcus, » etc., ut in cod. ms.
(6) *Lepus timidus.*
(7) *Et mansuetudinem ejus — non habebit* om. ed.
(8) *Cætera — prosunt* om. ed.
(9) *Canis lupus.*

per insidiatur, et eum libenter dilaceraret si posset, quamvis etiam esuriem non patiatur; sed secundum leonis naturam hominem scit et intelligit, et eum a longe odoratur. Et cum lupus hominem primo vidit, aerei spiritus qui illum comitantur hominem in viribus suis debilitant, quia homo tunc nescit quod lupus eum videt. Sed cum homo lupum prius videt, Deum in corde suo tenet, et intentione illa et aereos spiritus et lupum cum eis fugat (1). Homo autem qui de *gicht* valde fatigatur, accipiat folia *gichtbaumes* et *scalwurcz* æquali pondere, et in mortario *scumpe*, et tunc eis plus de sagimine [sanguine *ed.*] lupi addat et simul commisceat, et sic unguentum faciat, et cum eo se perungat ubi dolet, et postea, secunda aut tertia die, assum balneum intret, et gicht cum eodem unguento ex eo sudabit; et se in eodem balneo fortiter abluat; et hoc unguentum in cute sua non dimittat quin abluat, quia tam forte est quod *gicht* nullo modo in illo loco permanere poterit quo ungitur. Et si quis præ infirmitate pestium in capite furit et freneticus est, crines de capite abrade, et lupum in aqua coque, pelle et visceribus abjectis, et caput furentis in *broch* ejusdem aquæ lava, oculis et auribus ac ore illius cum panno ligatis, ne in oculos aut in aures aut in os illius intret, quia si de brocho illo corpus ejus intraverit, magis furit, quia ei velut venenum esset; et sic fac per tres dies, et quamvis furor fortis sit, ille sensus suos recipiet. Quod si ille non patitur, ut ei oculos et aures et nares panno constringas, tunc lineum pannum in eodem *broche* intinge, et ipso panno ita calido caput illius madefac, atque per brevem horam super caput ejus acere permitte (2), et hoc per tres dies facias, et ille ad sensus suos redibit. Et cum melius habuerit, caput ejus calido vino lava, ut pinguedo de capite ejus avetur et auferatur. Et in quacumque domo pellis aut crinis aut ossa lupi sunt, in illa homines libenter rixantur et certamina faciunt, et aerei spiritus propter pessimam naturam ipsius ibi libenter discurrunt (3).

CAP. XX.—DE CANE (4) [IV, III, 22].

Canis valde calidus est, et aliquid commune et naturale sibi in moribus hominis habet, et ideo hominem sentit et intelligit, et eum amat, et libenter cum eo moratur, et fidus est, et ideo dyabolus canem odit et abhorret propter fidem quam ad hominem habet (5). Et canis odium et iram et perfidiam in homine cognoscit, et ipsum sæpe fremit; et si in domo odium et iram esse novit, in ipsa et in semetipso silenter submurmurat et frendit, id est *grimet*. Et si etiam aliquis homo traditionem [consilia perfidiæ *ed.*] in se habet, canis in eum dentibus frendit, *zanckelt*, quamvis homo ille eum dem canem diligat, quia hoc in homine sentit et intelligit. Quod si etiam fur in domo est, vel aliquis homo qui voluntatem furandi habet, in eum submurmurat et *grimet*, et alios nutus [motus *ed.*] ad ipsum habet quam ad alium hominem, et post illum vadit, naribus ejus odorem temptat, et post illum *stancket*, et hoc modo fur notari potest. Sed et actus et eventus lætitiæ sive tristitiæ qui homini futuri sunt et jam instant, aliquando præsentit, secundum intellectum et secundum hos vocem emittit, et eos ostendit; quando ea futura sunt quæ læta sunt..., caudam suam lætus movet, ac si ibi tristitia futura est, tristis ululat (6).

Et calor qui in lingua est, vulneribus et ulceribus sanitatem confert, si ea calore linguæ suæ tetigerit (7). Si autem de pelle ejus calcii fiunt, pedes dolere facit infirmos ab immunditia quam in se habet quod immundo sudore carnis suæ sæpe transfusa est. Sed caro ejus ad nullum usum hominis valet, et jecor et viscera ejus fere venenosa sunt, et ideo anhelitus ejus nocivus est. Et si canis in aliquem panem aut in alium cibum mordet, vel si de aliquo potu bibit, quod de his remanet homo nec comedat nec bibat, quia canis interdum aliqua hora de cibo aut de potu gustare poterit quod venenum in reliquiis illis emittit, et ideo si homo postea de his comederit aut biberit, venenum in se sumit. Et canis molle et non forte cerebrum habet, et illud interdum de malis nebulis tangitur. Et ipse canis etiam quemdam aquosum et putridum fumum aeris aliquandiu odoratur in quo aerei spiritus irrisiones suas et quosdam malos sibilos faciunt, et inde ipse interdum furit. Cætera quæ in eo sunt, ad medicinam non multum valent.

CAP. XXI.—DE VULPE (8) [IV, III, 23].

Vulpis valde calida est, et aliquid de moribus pantheri habet, et aliquid de scientia leonis habet, ita quod de natura scientiæ leonis multa novit et quod de natura pantheri diversitatem morum habet, et hominem aliquantum novit. Et interdum immundis pascuis vescitur. Et propter diversitatem quæ in ea est (9), caro ejus homini ad comedendum non valet. Sed pellis ejus sana est, et calor ejusdem pellis ad vestes bonus est. Homo autem qui *orfimas* in corpore suo habet, *smalcz* vulpis accipiat, et huic *smalcz* minus de sagimine addat, vitellorum ovorum, et cum his *orfimas* sæpe inungat, et deinde metram in eisdem saginibus, et commixtis in patellam calefaciat, id est *sweysze* et tunc ipsam metram super *orfime* cum panno liga, et postquam eadem metra exsiccatur, alia eodem modo iterum *sweysze* et desuper pone, et sic fac cum metra per tres dies et per tres noctes, et deinceps cum præfatis saginibus simul commixtis

---

(1) *De moribus Leonis habet — fugat* om. ed.
(2) *Quod si ille — permitte* om. ed.
(3) *Et certamina. — discurrunt* om. ed.
(4) *Canis familiaris.*
(5) *Et ideo hominem — habet* om. ed.

(6) *Sed et actus — ululat* om. ed.
(7) *Huc usque* ed.
(8) *Canis vulpes.*
(9) *Et aliquid de moribus Pantheri — ea est* om. ed.

easdem orfimas inunge, metra abjecta, et ipsæ evanescent.

Cap. XXII.—De Bibere (1) [IV, III, 24].

Biber valde calidus est, et etiam aerem aquæ in se habet, et naturam de terra habet et de aqua, ita quod absque aqua semper in terra vivere non posset, et quod etiam absque terra in aqua manere semper non valet. Et quoniam, dum in corpore suo arescit, ad aquam currit, et inde succum accipit, et sic confortatur, et de aqua crines ejus crescunt, et pellis ejus spissa (2). Sed caro ejus sanis et infirmis hominibus ad esum bona est. Homo autem qui in splene dolet, linguam *bibres* coctam sæpe comedat, et in splene curabitur ; vel eandem linguam in pulverem redige, et de pulvere isto in mel pone, et sic cum ipso melle comede, et in splene melius habebit (3). Et qui *fiber* habet, jecor ejus exsiccet et in pulverem redigat, et modicum ex eo in calidum vinum ponat et sæpe bibat, et melius habebit. [Sed et testiculi ejus eodem modo in calido vino biliti febrem ab homine compescunt *add. ed.*]

Cap. XXIII.— De Ottber (4).

Otther calidus est, et mundam naturam habet, et mundis ac immundis pascuis utitur. Et caput et cauda et caro ejus quasi venenum homini essent qui ex eis comederet. Calor autem pellis ejus homini sanus est. Cætera, quæ in eo sunt, ad medicinam non valent.

Cap. XXIV. — De Simea (5).

Symea calida est, et quia homini aliquantum assimilatur, hominem semper inspicit, ut faciat secundum quod homo facit. Et etiam mores bestiarum habet, sed in ambobus naturis suis deficit, ita quod nec secundum hominem nec secundum bestias ad perfectum facere potest, et ideo instabilis est. Et cum avem interdum volare videt, se elevat et saltat, et volare temptat, et cum perficere non potest ea quæ vult, statim irascitur. Sed et quia homini aliquantum assimilatur, secundum lunam menstrualia tempora habet, et quia in utraque natura instabilis et infirma est, ad medicamenta non valet.

Cap. XXV.— De Merkacza (6).

Merkacza plus frigida quam calida, et de aere et de aqua est, ita quod etiam interdum in aqua versari potest, et etiam aliquantum de natura lupi et de natura catti habet. Sed terram et serpentem non lingit. *Merkacza* quoddam venenum habet in se, ex quo tunc infirmatur, et illud etiam tunc exspuit, ad dedignandum illud sub terra abscondit, quia illud malum esse novit, velut stercus quod de eo egreditur abscondit, quia si quis homo illud tangeret quod *merkakza* hoc modo exspuit, ut venenum esset, ita quod etiam ex eo quidam serpentes et quidam mali vermes multociens nascuntur.

Cap. XXVI.—De Catto.(7).

Cattus plus frigidus est quam calidus, et malos humores sibi attrahit, et aereos spiritus non abhorret, nec ipsi eam, atque aliquam naturalem conjunctionem cum bufone et serpente habet. Nam in fortibus et in æstivis mensibus, cum plurimus æstus est, cattus siccus et frigidus est, tunc sitit ut aut *creden* aut serpentes *lecket*, quatenus de succo illorum succum suum confortet, ut inde *labezocht* (†) habeat, alioquin vivere non posset, sed periret, quemadmodum homo salem libenter gustat, ut inde bonum saporem habeat. Et de succo illo, quem de his accipit, fere ut venenum interius est, ita quod cerebrum et tota caro ejus venenosa est. Nec cum homine libenter est, nisi cum illo qui eum nutrit. Et eo tempore quo *creden* et serpentem lingit, calor homini nocivus est et venenosus. Et cum etiam catulos in se portat, calor ejus homini ad libidinem excitat ; alio autem tempore calor ejus sano homini non oberit.

Cap. XXVII.—De Luchs (8) [IV, III, 25].

Luchs calidus est, et voluntatem suam sequitur, hoc faciens quod vult, et pulchra et splendida aura et de sole in æstate lætatur, et etiam de pulchra aura et de nive in hyeme lætatur ; sed fere nullam stabilitatem habet, nisi quod secundum temperiem auræ facit. Et quoniam voluntatem suam sequitur et ideo oculi ejus lucent velut stella in nocte. Et si *schelmu* equos aut asinos, boves et porcos devastat et occidit, de sanguine lincis aquæ commisce, et per tres dies semel in die eis bibendum dabis si eos infirmari videris, et statim convalescent. Si autem præfata animalia non infirmantur, eis sanguis iste, ut præfatum est, temperatus ad potandum non dabitur, ne inde lædantur, cum pestis ibi non invenit in quibus virtutem suam ostendat. Sed ovibus et capris ad potandum non dabis, etiamsi infirmantur, quia nimis fortis esset illis propter debilitatem eorum, quia debilia pecora sunt. Cætera quæ in eo sunt, excepto ligurio, ad medicinam non multum valent (9).

Cap. XXVIII. — De Dasch (10) [IV, III, 26].

Dasch calidus est, et tacitos mores habet, sed tamen *arg* est et non *frevele*, et fere tam fortes vires

---

(1) *Castor fiber.*
(2) *Et etiam aerem aquæ — spissa* om. ed.
(3) *Vel eandem — habebit* om, ed.
(4) *Lutræ spec.*— Deest in ed.
(5) *Simiæ spec.*— Deest in ed.
(6) *Simiæ spec.*— Deest in ed.
(7) *Felis Cattus.*- Deest in ed.
(8) *Felis Lynx.* Cf. supra IV, 19
(9) Ed.: «Linx calidus est : et gloriosus apparere syderat, et voluntatem suam sequitur, et natura sua fortis est ; ideo oculi ejus lucent velut stella quæ noctem illuminat. Quod si pestilentia equos et asinos, boves et porcos devastat et occidit, de sanuine lincis aquæ commisceatur, et per tres dies emel in die eis ad bibendum detur, et statim convalescent. Sed et ovibus et capris ad potandum detur, si infirmantur. De urina autem animalis hujus ligurius nascitur. »
(10) *Ursus meles.*

in se habet ut leo, sed virtutem quam in se habet pro nihilo reputat, nisi quod eam interdum repente ostendit et iterum cito cessat, quoniam si eam semper os*enderet, viribus leonis fere compararetur. Sed cum tædet vires suas ostendere, nisi quod interdum eas præ lætitia et exultatione ostendit. Accipe autem cor ejus et tam fortiter ad *trab* (?) in aqua coque, et tunc ei de arvina ejusdem bestiæ adde, et etiam de *gichtbaum*, et minus de *stalwurtz* quam *gichtbaumes* sit, et hæc simul in prædicta aqua coque, et sic fac unguentum quod optimum est contra *gicht*, et contra dissoluta membra in nodis membrorum et contra contrita membra de *gicht*. Et homo qui hæc patitur, ibi cum eo se perungat ubi dolet in membris, et sanabitur. Sed et qui in capite dolet, cum eodem unguento se inungat, et in cervice colli sui et in temporibus suis et in fronte sua. Aut qui in latere aut in dorso dolet, se ibi cum eo perungat, et prædicta virtute illius melius habebit. Et etiam qui infirmas et nigras maculosas carnes in corpore suo habet, ibi cum eodem unguento se inungat, et caro ejus pura erit, quia omnes infirmitates in homine compescit. Sed et magna vis in pelle ejus est, nam ex eadem cingulum fac, et cum eo ad nudam cutem tuam te cinge, et omnis pestis in te cessabit, velut cum magna procella in bona temperie et in tranquillo aere compescitur, et periculosa pestis interim te non occupabit. Sed et calceos et caligas ex eadem pelle fac et eas indue, et sanus in pedibus et in cruribus eris (1).

Cap. XXIX. — De Illediso (2).

Illediso frigidus est ac fetidus, et de moribus furis et de natura lupi habet, et quæ immunda sunt sæpe comedit. Et pellis ejus ad vestes hominis sana non est, quia frigus homini infert. Sed et cætera quæ in eo sunt ad medicamenta non conveniunt.

Cap. XXX. — De Ericio (3) [IV, III, 27, 28].

Ericius, scilicet *swinegel*, frigidus est, et immundæ naturæ, et silvestria poma et *hecbere* comedit (4), et porco aliquantum assimilatur, sed immunditia quæ in carne ejus esse deberet in spinas ejus ascendit, et ideo porco mundior est (5). Nam sicut spinæ manus hominis lædunt, ita et caro porci hominis munditiam et sanitatem minuit. Sed homo, qui sanus in corpore est, si *swinegel* comedere vult, eum velut leporem in aqua coquat, et cynamomum et *bertram* et bibenellam æquali pondere pulverizet, et pulveres istas in vino simul calefaciat, et ericio cocto et de olla ablato, vinum hoc in pulveribus istis desuper fundat, ut piper super carnes fundi solet, et sic comedat, et eum non lædit, sed eum tunc fortem facit, et sanitatem ejus in ipso retinet.

(6) Ericius, scilicet qui canem imitatur, hic *egel* frigidus est, et quiddam de natura canis in se habet, et terram interdum comedit, et munda et immunda quæ in eo sunt in spinas ejus ascendunt. Caro autem ejus homini ad comedendum non valet, quemadmodum nec canis. Et si in aliquo homine *orfime* diruptæ sunt, viscera hujus ericii abjiciat, et totam reliquam carnem in pulverem redigat, et pulverem istum in diruptas *orfimas* sæpe mittat, et exsiccabuntur. Sed cætera quæ in eo sunt ad medicamenta non valent.

Cap. XXXI. — De Eichorn (7) [IV, III, 29].

Eychorn [*Spiriolus ed.*] calidus est, et de natura bestiarum et volucrum in se habet, et de volucribus ventosus est (8), et pellis ejus ad vestes hominis bona est. Et si in juncturis membrorum hominis horribilis *gicht* jacet, ita quod membra hominis contrahi et dissolvi videntur, *eichorn* accipiat, et capite et visceribus abjectis, et pelle abstracta, reliquum corpus ad ignem asset, et cum ad ignem assetur, cum arvina ursi superius modice ungatur ut *smalcz* ab eo fluat, et sagimen ab eo fluat, et sagimen illud accipiat postquam assaverit, in pannum ponat, et omnem succum et omne sagimen quod in eo est per pannum illum extorqueat, et de prædicto sagimine addat, et membra sua in quibus de gicht dolet cum eo sæpe perungat, et curabitur.

Cap. XXXII. — De Hamstra (9) [IV, III, 30].

Hamstra frigida et acris est, et aliquantum ursæ assimilatur, et aliquantum mundæ naturæ est, atque pellis ejus ad vestes bona est (10). Et homo qui *orfime* et *druse* in corpore suo habet, jecor Hamstra pulverizet, et pulverem istum aut cum pane comedat aut in suffen bibat, et orfime aut druse inde plus evanescunt quam de carne talpæ. Sed et si aliquis homo inter scapulas suas de *gicht* fatigatur, dextram scapulam *hamster* cum dextro pede ejus exsiccet, et hæc inter scapulas suas liget, et inde melius habebit.

Cap. XXXIII. — De Marth. (11) [IV, III, 31].

Marth [*Martarus ed.*] silvestris calidus est, et mansuetos mores habet, et ideo plurimi simul habitant, velut communem vitam habeant. Sed malum

---

(1) Ed. « Helus calidus est, et tacitam naturam habet, sed tamen aliquantum nequam est. Homo autem jecur ejus in aquam tam fortiter coquat usque dum per omnia comminuatur, et postea de arvina ejusdem animalis ei addatur, et etiam de githboum, et minus de abrotano, et simul in prædicta aqua coquantur, et sic unguentum fiat; et hoc optimum est contra paralisim, et dissoluta membra in nodis membrorum. Qui etiam infirmas, et nigras, et maculosas carnes habet, cum hoc unguento se inungat, et caro ejus pura erit. Sed et habeo caligas ex pelle dachsis faciat, et eas induat, et ei sanum est. »
(2) *Mustela Putorius*. — Deest in ed.
(3) *Erinaceus Europæus*.
(4) *Silv. poma—comedit* om. ed.
(5) Reliqua usque ad *Ericius scil. canis* om. ed
(6) Hic in ed. incipit capitulum alterum cum rubrica : *De Ericio canis*.
(7) *Sciurus vulgaris*.
(8) *Et de natura—ventosus est* om. ed.
(9) *Marmota Cricetus*.
(10) *Et acris est—bona est* om. ed.
(11) *Mustela Martes*.

sudorem in carne sua habet qui carnem ejus homini ad comedendum contrariam facit, et idem sudor in carne remanet et pellem ejus non pertransit (1), et ideo pellis illa bona et sana est ad vestes homini. Et si quispiam homo orfime in corpore suo habet, silvestrem marth excoriet et sagimen, quod in eo est, in patella dissolvat, et capite et visceribus ejus abjectis, reliquum corpus in modica aqua coquat, et sagimen, quod tunc ab illo haberi potest, priori sagimini addat, et etiam sagimen de vitellis ovorum minori pondere huic sagimini addat, et commisceat, et sic unguentum faciat, et orfime, antequam rumpantur, cum eo perungat, et evanescent, vel si ruptæ fuerint, in circuitu eas perungat, et sanabuntur (2).

CAP. XXXIV. — DE WASSER MARTH [IV, III, 32].

Wasser marth frigidus est et juxta aquas in cavernulis moratur, et acrior est quam silvestris *marth*, sed pellis silvestris melior istius (3). Et de sagimine istius et de saginine vitellorum ovorum unguentum fac ut de *silvestre marth* prædictum est, et si quis de gicht fatigatur, cum eo illum perunges, et gicht compescit, quia frigidæ naturæ est.

CAP. XXXV. — DE ZOBEL (4).

Zobel calidus est, et aliquantum naturæ *eychorns* assimilatur, sed tamen mundior et suavior est quam eychorn; sic et pellis ejus ad vestes homini bona non est, quia si in homine incalescit, malum sudorem in eo excitat. Et ea quæ in eo sunt ad medicamenta non valent, quia debilis est.

CAP. XXXVI. — DE HARMINI (5).

Harmini frigidum, aliquantum naturæ catti assimilatur, et mundas carnes non habet, quia *spumechte* et lividæ velut venenum sunt. Et quando spumam eicit, sæpe ita etiam breves crines emittit. Et pellis ejus ad vestes homini bona non est, quia frigida est. Et ea, quæ in eo sunt, medicamentis non multum conveniunt, quia caro ejus aliquantum venenosa est.

CAP. XXXVII. — DE TALPA (6) [IV, III, 33].

Talpa frigida est, et in pingui et in limosa terra libenter manet, et macram terram devitat, atque terram quæ mala et prava et inutilis est eicit (7), et in illa manet quæ bona et sana est, et non videt, quia in aere non versatur, sed magnam scientiam interius habet, et odoratur et intelligit quo ire debeat, et terram comedit. Et caro ejus ad comedendum homini non valet, quia de humiditate nutritur, nec aliquis pro medicina comedat (8). Nam homo, qui interius in corpore putrescit aut orfime in corpore suo habet, ille talpam cum aqua coquat et comedat, aut eam pulverizet, et pulverem istum quomodocumque possit comedat, et interius in corpore suo sanus erit, et orfime, si nondum ruptæ sunt, quia sicut talpa pravam terram eicit, et ita interiorem putredinem quæ in corpore hominis est emittit. Et etiam idem homo jecor talpæ cum reliquo corpore edat, quia putredinem a corpore ejus aufert, sed cor et pulmonem ejus non comedat. [Qui autem a caduco morbo fatigatur, sanguinem talpæ, et rostrum anetæ, scilicet foeminæ, et ungues anseris, etiam foeminæ, pulverizet, ita ut pulvis rostri anetæ bis tantus sit ut pulvis unguis anseris, et sanguis talpæ bis excedat pulverem de rostro anetæ; et hæc simul in pannum ligata, in loco ubi talpa terram noviter ejecit, per triduum ponat. Postea inde ablata ubi glacies est ponat, ut congeletur. Et iterum inde ablata in sole siccari faciat. Deinde sumat partem jecorum cujusque animalis et volucris quæ comeduntur, quantum de his habere poterit, et ex ipsis cum parva farina similæ tortellos paret, et de prædicto pulvere minus addat, et modicum cimini, et sic comedat. Qui autem præfatum morbum patitur, per quinque dies prædictos tortellos comedat; et si nondum convaluerit, per alios quinque dies eis utatur; et si nondum proderit, ita septies eodem numero quinque dierum faciat. Panem autem, et carnes hædi interim comedat, cum apio et petroselino coctas, et etiam agninas edere potest; sed porcinas et bovinas carnes, et anguillam, et caseos, et ova, et cruda poma, et cruda olera interim devitet. Vinum autem suave, et aqua permixtum, et cervisiam bibat. *Add. ed.*]

CAP. XXXVIII. — DE WISELA (9) [IV, III, 34].

Wisela [Mustela *ed.*] calida est (10), et in velocitate sua aliquid de virtute grifonis habet, cum pennas suas erigit, et putredinem in insensibilem naturam habet, ita quod quandam herbulam novit, in qua sanitas vitæ est, ita ut si catulos suos vel aliam mustelam dolere viderit, hanc herbulam, quæ parvula et gracilis est, cito quærit, et post eam in terram fodit, et cum eam invenerit, in ipsam spiramine suo flat, et desuper myngit, et sic virtutem suam virtuti illius admiscet, et ita per brevem horam exspectat dum eadem herbula urina sua bene et pleniter perfundatur, et tunc eam ore suo rapit, ac eam illi mustelæ, cui jam vitalis aer in gutture est, moriturae in os suum ponit, et ita illa sana erit, et surgit et recedit. Et herbula ista homini et aliis animalibus ignota est, quia si etiam homo aut animalia eam scirent, tunc nec spiramen nec urina eorum ad perfundendum eam valeret, quoniam herbula ista ad sanitatem vitæ per se non habet, nisi quod ipsa hujusmodi vires de spiramine et de urina mustelæ accipiat. Sed et mustela tam bonas et for-

---

(1) *Et ideo plurimi — pertransit* om. ed.
(2) *Vel — si sanabuntur* om. ed.
(3) *Et juxta aquas — isti* om. ed.
(4) *Mustela zibellina.* — Deest in ed.
(5) *Mustela herminea.* — Deest in ed.
(6) *Talpa Europæa.*
(7) *Et in pingui — eicit* om. ed.
(8) *Et non videt — comedat* om. ed.
(9) *Mustela vulgaris.* Cf. Plin. *Hist. nat.* VIII, 40.
(10) Quæ sequuntur usque ad *sed et cor ejus sicca* om. ed.

tes herbas semper comedit quod ei vix ulla infirmitas accedere potest. Caro autem ejus ad comedendum homini non valet, quia in stomacho ejus minus fortis esset. Pelliculam autem mustelæ abstrahe et eam sicca, et tunc super balsamum tene, ita tamen ne de balsamo madida fiat, sed ut odorem de eo accipiat; vel si balsamum non habes, ad muscum pone ut odorem de illo habeat, et tunc eandem pelliculam ad oculos tuos et ad nares tuas sæpe pone, et sanitatem in eis retinebit.

Sed et cor ejus sicca, et in tenui cera *bewircke*, et cum in capite doles, eandem ceram cum corde illo in aurem tuam per brevem horam pone, ut scilicet calor de illo caput tuum intret, et in capite melius habebis. Vel si in qualibet aure surdescis, eandem ceram cum eodem corde in aurem illam pone ut calor ejus ipsam aurem interius tangat, et auditum recipies. Et caput ejus abscide, et reliquum corpus in duo frusta aut ad solem aut ad ignem sicca, et tunc ea in cingulum de quolibet corio stomacho separatim consue, ita frustum unum ad umbilicum tuum positum sit et ad utrumque latus tuum frustum unum, et sic cum illo cingulo ad nudam cutem tuam semper te cinge, et te confortat et incolumem ac robustum reddit ita quod etiam *gicht* interim te non fatiget.

CAP. XXXIX. — DE MURE (1) [IV, III, 35].

Mus calidus est, et insidiantes mores [et diabolicas artes *add. ed.*] habet, quia semper fugit, et ideo etiam caro ejus homini contraria est, et tamen non multum ad medicamenta valet (2). Sed tamen si aliquis homo caducum morbum habet et super terram cadit, et postquam deinde surgit, murem in vasculo pone et ipsam aquam homini ad bibendum da, atque frontem et pedes ejus ipsa aqua lava, et hoc fiat quocienscumque cadit et curabitur. Nam quia mus omnia fugit, ideo etiam et ipsum caducum morbum fugat. Et cum mus parere debet, angustiatur et difficultatem pariendi habet, et tunc in dolore ad ripam aquæ vadit, et ibi minutissimos lapillos quærit, et eos vorat quotquot in gutture retinere potest, et ad antrum suum currit, et eos ibi exspuit, ac eos afflat, et super eos se deponit, ac eos calefacit, et sic statim parit; et postquam peperit, illos odit, et eos pedibus abjicit, idest *uzschirrit*, et tunc super pullos suos decumbit et eos fovet. Et si quis lapillos istos infra eundem mensem invenire posset postquam eos abjecerit, et eos super umbilicum mulieris prægnantis liget, quæ jam in partu laborat, ita quod parere non potest, mox pareret, et postquam peperisset, eos statim auferre deberet. Sed et si quis homo *ridden* habet, accipe murem et eum modice percute, ne effugere possit, et antequam moriatur,

dorsum ejusdem muris inter scapulas hominis illius liga, cum *riddo* jam eum fatigat et ubi inter scapulas illius moriatur, et homo ille curabitur, nec amplius eum invadit.

CAP. XL. — DE LIRA (3).

Lira etiam calida est et eandem naturam ut alius mus, excepto quod magis indomitus est et fortior quam mures. Et ad eadem pericula valet sicut et alius mus, ut præfatum est.

CAP. XLI. — DE SPICZMO (4).

Spiczmus eandem fere naturam habet quam et talpa tenet, nisi quod *spiczmus* magis sub terra et magis in aere manere potest quam talpa, et ideo nec pleniter subtus terram manet. Et quæ in ea sunt medicinæ non conveniunt.

CAP. XLII. — DE PULICE (5) [IV, III, 37].

Pulex calidus et de pulvere terræ crescit, et in hyeme cum terra humida est, et calida interius est, pulices in terra jacent et in ea se abscondunt. Cum autem in æstate per calorem terra superius exsiccatur, et de terra procedunt et hominem invadunt ac eum inquietant. Accipe ergo de terra et non de pulvere terræ (6) et eam in testa figuli valde calefac ut exsiccetur, ita quod nulla humiditas in ea remaneat, et terram illam in lectum tuum dissemina, et cum pulices ariditatem ejus senserint, eam pati non possunt et fugiunt et pereunt, et sic homo quietem ab eis potest habere.

CAP. XLIII. — DE FORMICA (7) [IV, III, 36].

Formica calida est et de humore illo crescit qui aromata educit, et etiam velut volatilia ova in natura sua producit (8). Homo autem, qui in capite suo et in pectore ac in stomacho multum flecma habet, cumulum, id est *huffen* formicarum, scilicet cum ipsis formicis, accipiat et in aqua coquat, et aquam illam super ignitum lapidem fundat, *damph* illum naribus et ore in se decies aut quinquies trahat, et flecma in eo minuetur. Sed et qui superfluitatem malorum humorum, id est *gicht* in se habet, cumulum formicarum cum ipsis formicis accipiat, et in aqua coquat, et sic balneum paret, et ipsum balneum intret, et totum corpus in ipso balneo teneat, capite tantum exposito, et panniolo cooperto in eadem aqua madefacto, quia si caput in balneo se tetigerit et haberet de fortitudine aquæ illius, faciliter doleret, et hoc sæpe faciat, et *gicht* ab eo cessabit. Et qui lepram in se habet, cujuscumque generis sit, terram illam accipiat, ubi cumulus formicarum est, ita ut notari potest quantum ipsa terra madefacta est de ipsis formicis, et eam inter ardentes favillas de fago ponat, ut de ipsis favillis inardescat, quod ita eadem terra quantitatem earumdem favillarum excedat, et calidam aquam novies

---

1) Muris spec.
2) *Quia semper — valet* om. ed.
3) Deest in ed.
4) *Sorex araneus.* — Deest in ed.
5) *Pulex irritans.*
6) *Et in hieme — terræ* om. ed. Reliqua sic

exponit: *Homo testam figuli valde calefaciat et in lectum suum disseminet, et cum pulices ariditatem ejus senserint, fugiunt.*
7) *Formicæ* spec.
8) *Et de humore illo — producit* om. ed.

PHYSICA. — LIB. VIII, DE REPTILIBUS.

per ipsam calidam terram velut lixiviam transire permittat, et inde hircinum sepum, modicum plus de arvina veteris porci, et hæc simul commisceat, et in prædictam aquam lixiviæ ponat, ac postquam in illo conglutinatur, ab eadem aqua .ferat; deinde huic sepo addat de pulvere *habichswamp* [habersuam *ed.*] sic et de pulvere *meter* minus quam violæ, et sic unguentum faciat, et se in loco lepræ cum eo lem unguento per novem menses vel per plures juxta ignem inungat, et sanabitur ita si ipsa lepra mors illius non est, aut Deus eum curari non vult. Et cum hoc unguento inungitur, caveat ne alieno homini aut alicui porco appropinquet, ne fortis vapor lepræ, qui de eo egreditur, illos inficiat, quia tunc faciliter lepram de ipso consequerentur (1).

Homo autem qui glandes et *orfimas* habet, ova formicarum super viride folium quercus lineet atque stercus gallinarum super ipsum folium ad eadem ova lineet, et sic calidum super glandes aut super præfatas scrofulas orfime sæpe ponat, et evanescent. Sed et si quis homo iratus est aut oppressus est in mente aut tristis, juvenes formicas, cum adhuc ova ipsis adhæreant, accipiat cum modico *bache* [*buthe?*] [cum ipsis nidulis *ed*] earum, id est cum buccello, in quo jacent, et hæc in lineum pannum liget, et postea, cum gravatum se in mente sua senserit, ipsum pannum in quo eædem formicæ sunt solvat, et eas super cor suum tamdiu ponat usque dum ab eis sudorem capiat, et suavem mentem habebit, et lætus erit, atque bonum intellectum in causis illis capiet, in quibus tunc occupatus est.

CAP. XLIV. — DE HELIM (2).

Helim calidus est et magnæ fortitudinis, atque audax est; et caro ejus præ fortitudine sua cibo hominis inutilis est. Jecur ejus pulverizetur, et huic pulveri arvina ursi, vel butyrum vaccarum commisceatur, et ille qui freneticus est, vel quem paralisis in capite lædit, cum eo sæpius inungatur, et melius habebit.

CAP. XLV. — DE DROMEDA (3).

Dromeda ardorem ignis, et temperamentum aquæ in se habet, et fortitudinem leonis, et velocitatem volatus fortium et magnorum volucrum retinet. Et si homo, aut aliud animal de carnibus ejus comederet, fortitudo ignis, et fortitudo velocitatis quæ in eo est, omnes vires comedentis destrueret. Sed si quis de pelle, aut de ungulis pedum ejus habet, magica et fantasmata eum fugiunt.

EXPLICIT SEXTUS (SEPTIMUS) LIBER.

INCIPIT LIBER SEPTIMUS (OCTAVUS).

PRÆFATIO(4).

Deus ab initio omnem creaturam bonam creavit (5). Sed postquam diabolus hominem per serpentem decepit, ita quod ille de paradiso ejectus est, creaturæ quemadmodum spectant divinam voluntatem, ad ultionem cum homine in deterius mutatæ sunt. Unde et grana crudelium et venenosorum vermium ad ultionem hanc insurrexerunt ut et poenas infernales esse mortifera crudelitate sua ostenderent, ac ut homini timorem infernalem incutientes eum divina permissione veneno suo necarent, cum ante casum hominis nihil mortiferum sed succum delectabilem in se habuissent. Sed et cum terra in effusione sanguinis Abel (6) corrupta est, mox novus ignis, per quem homicidium puniretur, in inferno exarsit, et mox etiam per divinam voluntatem quædam nebula, ex inferno ebulliendo, super terram se extendit et quodam pessimo humore terram infudit, ita quod quidam pessimi et venenosi ac mortiferi vermes ex terra nascendo multotiens ebullierunt, quatenus carnes hominis ab eis punirentur quia homo carnem hominis necaverat. Et cum postea divina ultione in diluvio (7) aquarum homines deleti sunt, tunc etiam iidem vermes, qui in aqua vivere non poterant, in aqua suffocati sunt; sed cum cadavera eorum inundatione aquarum per totam terram dispersa sunt, et deinde, cum diluvium cessasset (8) et cadavera eorumdem vermium veneno plena computruissent, ex ipsa putredine alii vermes ejusdem generis exorti sunt, et ita per totam terram disseminati sunt. Quidam autem vermes venenis suis et homines et animalia necant, quidam autem tantum homines, quia vermes, qui in natura sua diabolicis artibus aliquantum assimilantur, tam cætera animalia quam homines venenis suis occidunt; illi autem, qui diabolicas artes non imitantur, ita quod etiam

---

(1) *Et cum hoc unguento — consequerentur* om. ed.
(2) Ed. IV, III, 9. Deest in cod. ms., ut quod sequitur cap. *De Dromeda*.
(3) Ed. IV, III, 9 bis.
(4) Deest in ed.
(5) *Marc.* x, 6.
(6) *Gen.* IV, 2.
(7) *Luc.* XVII, 27.
(8) *Ovid., Metam.* 1, 416.

aliquantum debilia venena in se habent, hominibus quibusdam venenis suis interdum multas infirmitates et multa pericula etiam cum morte illorum inferunt, sed cætera animalia occidere non possunt.

CAPITULA.

Draco	I	Aranea		X
Serpens	II	Vipera		XI
Blintsleich	III	Basiliscus		XII
Credda	IV	Scorpio		XIII
Ffrosch	V	Darant		XIV
Laubfrosch	VI	Ulworm		XV
Harumna	VII	Testudo		XVI
Molle	VIII	Cyriaca		XVII
Lacerta	IX	Schertzfeder		XVIII

LIBER OCTAVUS.

CAP. I. — DE DRACONE [IV, III, 53].

Draco (1) quemdam siccum et alienum calorem et quamdam igneam intemperantiam in se habet, et caro ejus interius ignea non est. Sed flatus ejus tam fortis et acer est, ut cum emittit, statim ignescat, velut ignis, cum ex lapide elicitur; et hominem fortissime odit, atque velut quamdam naturam et diabolicas artes in se habet; unde cum interdum flatum suum emittit, aerei spiritus de emissione flatus illius aerem interdum commovent. Et quidquid in carne ac in ossibus ejus est, contrarium ad medicamenta hominis existit, excepto sagimine ejus, quia cum draco flatum suum emittit, sanguis exsiccatur nec fluidus est; cum vero flatum suum introrsum habet, sanguis ejus humidus est et fluit, unde etiam in sanguine ipsius medicina non invenitur (2).

Nam homo, qui calculum in se habet, de sanguine draconis accipiat et eum in humidum locum ponat ut modice humescat; et tunc ipsum sanguinem in puram et modicam aquam per brevem horam ponat, scilicet dum eadem aliquid caloris inde capiat, et sic sanguine eodem ablato, de aqua illa jejunus modice bibat, et mox aliquem cibum comedat, et ita cum sanguine et aqua per novem dies moderate faciat, et de fortitudine sanguinis illius calculus in eo frangitur, et sic homo ille liberabitur. Nullus autem homo de puro et simplice sanguine ejus comedat et bibat, quia si quis homo faceret, statim moreretur (3).

CAP. II. — DE QUODAM SERPENTE (4).

Quoddam genus serpentis est, quod valde calidum est et quod in terra et in aqua morari potest, et quod etiam diabolicas artes insidiis suis ad hominem habet. Nam istud genus serpentis homini inimicatur, et flatus suos contra hominem emittit, et plenum est mortifero veneno; unde etiam de veneno quod in se habet cutis ejus exspissatur, ita quod in rugas contrahitur et quod etiam de ardore solis eadem exterior cutis scinditur; et cum hoc idem senserit velut inde de ulceribus gravatur, et tunc angustum foramen petræ quærit, et in illud se tam diu fricat dum spumas illas abjiciat, et tunc aliquantum minus asper est quam tunc fuisset, cum spumis illis premebatur. Et cum easdem spumas jam abjecerit, cutis ejus subtilis et lucida velut recens efficitur, et hoc idem serpens multum gaudet, et tunc etiam in veneno suo et insidiis suis aliquantum minus asper est. Sed homo, qui eum tunc invenerit occidat, et cor ejus caute tollat et ad solem exsiccet, et in aliquo tenui servando metallo obfirmet, et cum deinde aliqua magna tristitia et molestia opprimitur, illud in manu dextra teneat, et lætus efficietur, et quamdiu etiam in manu tenuerit, nullo veneno interius lædi poterit, quia si aliquod venenum interim comederit seu biberit, aut per sudorem, aut per nauseam, aut per secessum per eum transibit. Jecor autem ejus, et quæ in eodem serpente sunt, mortifera existunt, nec ulli remedio hominis conveniunt. Aliud autem genus serpentis est, quod etiam calidum est, quod tantum in terra et non in aqua moratur, cujus venenum hominem aliquantum levius lædit si homo istud tetigerit seu gustaverit, quia aliquantum debile est. Et istud genus serpentis cum homine interdum moratur, et in domibus hominis aut in siccis locis, et minus homini insidias ponit. Sed cum viderit, cum homo ipsum ferire vult, linguam exerit et eum ad ablato, palpebras ei cilia oculorum ad noctem modice inungat, cavens ne oculos interius tangat, et sic tantum ter in mense faciat, et caliginem ab eis fugabit. »

---

(1) De medii ævi draconibus cons. Jules de Saint-Genois, in *Messager belge*, 1840, 58.

(2) *et quamdam igneam intemperantiam — non invenitur* om. ed., quæ addit : « Nam homo cujus oculi caligant, de sanguine draconis per brevem horam in aquam ponat, et de eadem aqua, sanguine

(3) *nullus—moreretur* om. ed.

(4) Deest in ed.

supplicandum movet, quia de genere isto est, quod Adam seduxit, et ideo etiam habitacula hominis sæpe quærit.

CAP. III. — DE BLINTSLEICH (1)

Blintsleich frigidus est, et dum vivit, hominem non lædit, sed ad nullam utilitatem nec ad medicinam valet, sed postquam mortuus fuerit, veneno ejus homines læduntur, si illud tetigerint aut gustaverint.

CAP. IV. — DE CREDDA (2) [IV, III, 39].

Credda [Rubeta ed.] ex parte magnum calorem habet et ex parte magnam acerbitatem in se habet, velut periculosa aura cum fulgura et tonitrua ac grando procedunt, atque quasi diabolicam artem in viriditate sua habet, et mansionem in terra et sub terra quærit, et ideo aliquam societatem cum homine tenet, et interdum, periculo hominis, cum eo est (3). Homo autem qui *orfimas* in se habet, jecor bufonis [Rubetæ ed.] accipiat, et illud in humida terra involvat, et tunc cum eadem humida terra in alia qualibet terra per novem dies sepeliat, et decima die ipsum jecor abjiciat, et illam humidam terram, in qua idem jecor involutum fuit tollat, et eam in testa calefaciat, et sic super *orfime*, quæ diruptæ non sunt, per tres dies ponat, et sine dubio evanescent, nisi aut mors hominis illius sit, aut nisi Deus nolit (4). Quod si *orfime* diruptæ sunt, tunc eamdem terram, quam supradiximus, ad ignem calefaciat, et in vetus lineum pannum ponat qui aliquando sudorem hominis in se recipit, sed telam araneæ prius super eadem ulcera ponat, et tunc eumdem pannum, ipsa calida terra in illo consuta, desuper ponat; cum calorem perdiderit, iterum calefaciat et desuper ponat, et hoc bis vel ter in die per tres noctes faciat, et *orfime* exsiccabuntur (5). Eadem quippe terra in lineum pannum propter munditiam lini ponatur, quia linum livorem sibi attrahit, quod lina (sic) non facit; et in veterem pannum, quoniam ille sudorem hominis esse debet magis perfusus quam novus; in quo sudor hominis esse debet ut putredines sudorem illum, qui etiam fœtidus est, fugiant, quia quod malum est, multoties malum depellit.

CAP. V. — DE FROSCH (6).

Frosch frigidus est et aliquantum aquosus, et ideo tam malas vires in se non habet quemadmodum bufo. Si quis a *gicht* alicubi in corpore suo, excepto capite, fatigatur, *frosch* accipiat, et eum super herbulam aut sub alia quadam herba suffocet, et mox calidum pannum super membrum, in quo *gicht* furit, ponat, et *frosch* jam morientem super eumdem pannum per modicam horam ponat, et *gicht* in loco illo per annum unum aut per annum dimidium cessabit.

CAP. VI. — DE LAUBFROSCH (7).

Laubfrosch plus calidus quam frigidus est, et de aere illo crescit, per quem arbores viriditates et flores suos producunt. Et cum viriditates et flores suos producunt, eo tempore aerei spiritus hominibus magis quam in alio tempore insidiantur, quia tunc etiam mentes homini magis in vanitatem ludendi et ridendi exsurgunt, velut etiam tunc viriditas arborum crescit, et tunc etiam homines idololatriam et multas vanitates cum eodem verme per diabolicas artes faciunt. Sed si quis irretire vult, ne diabolicæ artes per eum fiant, ipsum in unum *queckbronen* projiciat ut madidus fiat, deinceps nullus cum eo quidquam diabolice perficere poterit. Ad medicamenta vero non valet.

CAP. VII. — DE HARUMNA.

Harumna frigida est, et calores, quos in se habet livor et venenum sunt. Sed idem venenum tam forte non est, quod homo multum inde lædatur. Et medicina in eo non est.

CAP. VIII. — DE MOLL (8).

Moll plus calidus est quam frigidus, sed calor ejus cito infrigidatur, et venenum ejus mortiferum. Sed ipse *moll* hominem per se non multum lædit, dum vivit, sed veneno ejus homines occiduntur, si illud gustaverint. Cætera quæ in eo sunt, ad medicinam non valent.

CAP. IX. — DE LACERTA (9) [IV, III, 40].

Lacerta calida et sicca est, sed venenum ejus aliquantum debile est, et homini non multum nocivum. Sed ipsa lacerta aspera et acer in natura sua. Quæ autem in ea sunt ad medicamenta non valent (10).

CAP. X. — DE ARANEA [IV, III, 41].

Aranea plus calida est, quam frigida, et est in periculo veneni sui fere ut scorpio, excepto quod scorpio grossum et pingue cor habet, aranea autem modicum et debile cor tenet (11). Et venenum araneæ si carnem hominis exterius tetigerit, homini periculosum est. Si vero venenum ejus homo comederit et biberit, morietur, aut mortem vix evadet.

CAP. XI. — DE VIPERA.

Vipera velut ignis calida est, et totum quod in ea existit mortiferum est, nec aliquem juxta se vivere permittit quod superare potest, atque tantæ malitiæ

---

(1) *Anguis fragilis.* — Deest in ed.
(2) *Rana bufo.*
(3) *velut periculosa aura—cum eo est* om. ed.
(4) *nisi—nolit* om. ed.
(5) Huc usque ed.
(6) *Rana esculenta.*—Deest in edd., ut seq. n. VI-VIII.
(7) *Rana arborea.*
(8) *Molc, Molch? Lacertæ* species.
(9) *Lacertæ* species.
(10) Ed. : « Lacerta calida et sicca est. Homo utem qui in capite suo immundam scabiem habet, acertam ad pulverem comburat, et pulverem istum in purum et bonum vinum ponat, et huic vino veterem lardum intingat, et cum eo scabiem capitis perungat et sanabitur. »
(11) *Excepto—tenet,* om. ed., quæ sic pergit : « Et interim dum in cavernula sua jacet, ferox in insidiis tam homini quam aliis animalibus existit. Ipsa vero tela araneæ utilitati non multum convenit, nisi quod super quædam ulcera hominum velut suavis sit sentitur.

est quod etiam vipera de alia vipera fugit usque ad tempus illud quo natura ejus est ut concipiat. In regione autem, in qua vipera habitat, si quis homo mortuam viperam repererit, quia viventem habere non potest, magnum ignem in secreto loco, ubi homines non sunt, de forti ligno accendat, et ita mortuam in ignem illum (1) proiciat, et tunc propere ab eodem loco recedat, ne venenum illius aut malus vapor ipsum tangat; et postquam in cineres redacta, si quid de ea residuum est, homo ille relinquat, et cineres ejus et cineres carbonum illorum per quos incensa est accipiat, et in lineo panno reservet. Deinde si quisquam homo in corpore suo intumescit, eumdem pannum cum ipsis cineribus super tumorem illum ponat, et statim tumor iste cessabit.

CAP. XII. — DE BASILISCO.

Basiliscus de quibusdam vermibus nascitur, qui aliquid de dyabolicis artibus in se habent, scilicet quod rubeta. Nam cum aliquando rubeta gravida est, et cum imprægnata est, quod pullos suos gignat, si tunc ovum serpentis aut gallinæ viderit, illud amat, et super se extendit et fovet, usque dum fœtus suos quos naturaliter conceperat, gignit; quos postquam produxerit, statim moriuntur, et mortuos videns, denuo super idem ovum se ponit et illud fovet, usque dum fœtus in eodem ovo vivere inceperint. Et mox de dyabolica arte antiqui serpentis (2) quædam vis illam tangit qui etiam in Antechristo requiescit, ita ut sicut ille omnibus cœlestibus resistit, sic etiam illud animal omnibus mortalibus repugnat eos occidendo. Sed postquam rubeta illud in ovo vivere senserit, statim de injusta consuetudine obstupescit et fugit, et istud testam ovi sui rumpit et egreditur, atque in natura sua fortissimum flatum emittit, qui in se acerrimum et fortissimum ignem qui etiam absque tartareis tormentis esse poterit, similem fulguri et tonitrui. Postquam autem de ovo suo egreditur, mox cum fortitudine flatus sui terram scindi facit usque fere ad profunditatem quinque cubitorum, et tunc ibi in humida terra jacet usque dum ad maturitatem suam creverit. Deinde ad terram sursum ascendit, et flatu suo omnia necat quæ in vita reperit, nam nihil vivens pati vult nec potest. Cum autem aliquid viderit quod vivit, statim indignando præmittit frigus et deinde flatus sui, et sic creaturam illam necat quam afflat, ita quod statim cadit velut fulgore et tonitruo percussa sit. Si autem basiliscus in quolibet agro et vinea mortuus fuerit et ibi cadaver suum computruerit, locus ille infœcundus et sterilis efficitur; vel si in aliqua turre vel in aliqua domo moritur, et ibi computruerit, homines ibi morantes semper infirmi sunt, et animalia quæ ibi sunt pestilentia, id est *schelmo* frequenter occupat, ita quod etiam inde sæpius moriuntur.

CAP. XIII. — DE SCORPIONE (3).

Scorpio ardentem calorem et ardorem in se habet, nec non quamdam acerbitatem infernalium pœnarum, et quidquam in eo est, totum mortiferum venenum est, et mors hominis et aliquando animalium; ita ut si quis hominum venenifica cum illo parare vult, et ille qui parat alicui ad gustandum vel ad tangendum daret, morti subjaceret. Et nulla medicamenta in eo sunt, nisi certissima mors.

CAP. XIV. — DE DARANT.

Darant valde calidus est et venenosus, et omne venenum suum caudæ inmittit, ita quod cauda ejus veneno semper plena est velut ubera pecorum lacte, et veneno caudæ suæ mortem homini et animalibus infert, et nulla utilitas nec aliqua medicamenta in eo sunt.

CAP. XV. — DE TYRIACA.

Tyriaca vermis valde calidus est, et in natura siccum aerem quærit; qui etiam sanam humiditatem habet, quia nec nimis calidus nec nimis frigidus est, sed sanus, et in eodem tempore ab omnibus noxiis humoribus suis se purgat. Alioquin valde periculosus homini esset. Et dum infirmus aer aut aura institerit, quasdam arenosas cavernulas quærit et in illis interim se abscondit, et tunc etiam ibi quasdam herbulas comedit quæ ad sanitatem respiciunt, et ex his sanus tunc perdurat. Sed in eo multa pretiosa unguenta non sunt, sed velut quemdam terrorem facit cum aliquo modo gustatus ab homine sudorem educit, interiores autem infirmitates hominis non multum expellit.

CAP. XVI. — DE SCHERZBEDRA.

Scherczbedra (?) calida est, et etiam humiditatem in se habet. Sed homo iste qui venenum comedit aut bibit, *scherczbedern* totam in pulverem redigat, et modicum farinæ similæ addat, ita ut pulvis iste quinquies farinam excedat, et etiam aquam commisceat, et sic tortellas faciat, et eas ad solem aut in calidum fornacem aliquantum infriginditatum coquat, et tunc ipsas tortellas denuo in pulverem redigat, et in ovo de pulvere isto ipse sumat, et venenum aut per nauseam aut per secessum ab eo purgat.

CAP. XVII. — DE ULWURM (4) [IV, III, 42].

Ulwurm valde calidus est, et in viriditate illa crescit, qua gramina germinare incipiunt, et in strepitu ejusdem viriditatis crescit, et propter mundam naturam suam nulla ossa habet, atque velut aliæ utiles, velut cynamomum, bonus et utilis est. Terra enim quamdam humiditatem in se habet, per quam velut per venas, continetur, ne diffluat, et cum pluvia de aere descensura, eadem humiditas terræ pluviam venturam sentit, de qua venæ terræ impleantur, et hoc *ulwurm* per naturam suam intel-

---

(1) *Act.* XXVIII, 5.
(2) *Apoc.* XII, 9.

(3) Deest in ed, ut qui seq. cap. XIV-XVI.
(4) *Lumbricus terrestris*.

ligentes procedunt propter repletionem venarum terræ (1).

Homo autem, qui orfimas habet, illa hora cum ad descensionem pluviæ *Ulwurm* procedunt, sufficienter de eis accipiat, et in testam aut in ollam ponat, atque eos cum hordeaceis straminibus modice subfumiget, ut moriantur, et tunc eis farinam de tritico addat, et cum ligno de quercu simul fortiter commisceat, et tunc etiam modicum vini et aceti æquali mensura addat, et sic iterum commisceat, et tunc etiam modicum vini et aceti æquali mensura addat, et sic iterum commisceat, quasi pastam, id est *deick* faciendo; et deinde de isto *deick* super orfimas, antequam rumpantur, per tres dies ponat et munditia istorum mundorum vermium immunditiam carnis illius minuit, nec ibi diutius durare poterit. Quod si scrofulæ et orfimæ ruptæ sunt, præfatam pastam, id est *deick*, eodem modo paratam ut prædictum est insuper in *rense eminentiam acerbæ lixiviæ* [in supereminentia acerbæ lixiviæ ed.] intinge, et ita fractæ orfimæ impone, et putredinem illarum aufert et sanat. Et qui in stomacho dolet, idem stercus *ulwurmes* in testeo vase, ut prædiximus calefacto super *broscleffel*, et super stomachum suum ponat et hoc sæpe faciat, et stomachus ejus purgabitur et levis erit.

(1) *Et in viriditate terræ — venarum terræ* om. ed.
(2) *Quod si — procedunt* om. ed.
(3) *Helix et Limax*.
(4) Ed.: « Testudo quæ absque testa est, ad eadem medicamenta valet, si eam homo ita paraverit, quemadmodum de *ulvurme* supradictum est, excepto quod medicamentum de *ulvurme* multo melior et fortior est. »

Quod si *ulwurm* in tempore illo habere non potes in quo eos libenter haberes, et si non pluit, ita quod ipsi de terra non egrediuntur, tunc in humido loco terram fode, et eos quære, et prædictas medicinas cum eis fac; sed tamen ad præfatas medicinas multo utiliores sunt cum descensu pluviæ per se procedunt (2).

CAP. XVIII. — DE TESTUDINE (3) [IV, III, 43, 44].

Testudo quæ in testa est super terram incedit; frigidæ naturæ est. Sed testudo quæ non in testa est non multum ad medicinam valet. Attamen si vermes aliquem hominem comedunt, testam hujus testudinis accipiat, et eam in pulverem redigat, et pulverem istum super locum projiciat ubi vermes eum comedunt, et vermes morientur, et homo ille sanabitur. Testudo autem, quæ absque testa est, frigida fere ad eadem medicamenta valet, si eam ita paraveris quemadmodum de *ulwurm* dictum est, excepto quod medicamentum de *ulwurm* factum multo melius et fortius est quam medicamentum de testudine ista factum. Nam cum *ulwurm* habere non poteris, tunc medicamenta, quæ de eo prædicta sunt, cum testudine ista, quæ absque testa est, para, quamvis debiliora sint illis, quæ de *ulwurm* parantur. Et sic homo ille curabitur, qui de eis utitur ut præfatum est (4).

LIBER NONUS.

PRÆFATIO.
DE GENERE METALLORUM.

De genere metallorum. Cum initio spiritus Domini ferebatur super aquas (5), et cum aqua mundum inundaret, et cum sine fluctuatione inundationis manerent spiritus, ex spiratione sua eas fluere fecit, et sic etiam eædem aquæ terram transfuderunt et eam confirmaverunt ne dissiparetur. Et cum ibi ignea vis quæ in aqua fluit terram pertransivit, ubi ignis ejusdem aquæ in æramentum auri ipsam terram transfudit. Ubi autem puritas inundationis aquæ terram pertransivit, ibi ipsa puritas inundationis in æramentum argenti cum eadem terra de se perfusa facta est. Sed ubi fluctuatio aquæ a ventis commota terram pertransivit, ibi eadem fluctuatio in æramentum calibis et ferri cum ipsa terra quam transfudit versa est, et ideo etiam calibs et ferrum cæteris æramentis fortiora, sicut etiam fluctuatio aquæ a ventis commota fortior quietudine aurarum est, et ut spiritus Domini aquas primo inundare fecit, ita et etiam hominem vivificat, atque herbis et arboribus et lapidibus viriditatem dedit.

CAPITULA.

Aurum	I.
Argentum	II.
Plumbum	III.
Stagnum	IV.
Cuprum	V.
Messing	VI.
Ferrum	VII.
Calibs	VIII.

(5) *Gen.* 1, 2.

LIBER NONUS.
DE METALLIS.

Cap. I. — De Auro [1, 15].

Aurum calidum est, et quamdam naturam velut sol, et quasi de aere est. Homo autem qui *virgichtiget* est, aurum accipiat et illud ita coquat, quod nihil sordis in eo sit, et ut ei nichil *abege*, et sic in pulverem redigat, id est *male*, et tunc accipiat modicum farinæ similæ ad quantitatem medietalis palmæ et eam cum aqua *knede*, et huic *deick* de pulvere illo auri ad pondus unius obuli addat, et eum in mane diei jejunus comedat, et iterum secunda die eodem modo cum farina et cum eodem pondere auri tortellum faciat, et eum ipso die jejunus comedat, et tortellus iste hoc modo paratus et comestus ab illo *gicht* per annum compescit. Et aurum istud in stomacho illius per duos menses jacet, et ipsum stomachum non exacerbat, nec exulcerat, sed si frigidus est et *slimechte*, eum absque periculo ejusdem hominis calefacit et purgat. Sed si sanus homo istud facit, ei sanitatem retinebit, et si infirmus est, sanus erit. Et iterum purum aurum accipe, et illud in olla aut in testa *ghiwe* (*gluwe?*), et ita ignitum in purum vinum pone ut ab eo incalescat, et ita calidum bibe, et hoc sæpe fac, et *gicht* a te cessabit. Sed et qui *fiber* in stomacho habet, ita cum ignito auro purum vinum calefaciat et sic bibat, et *fiber* eum derelinquet. Et si alicubi in corpore tuo tumor exsurgit, aurum ad solem calefaciat et ita circa *geswolst* ejusdem tumoris *bestriche*, et tumor ille evanescet. Et qui surdas aures habet cum *gemalem* auro et farina similæ *deick* paret ut supra dictum est, et modicum de eo in aures suas figat, quatenus calor ejus in aurem transeat, et hoc sæpe faciet, et auditum recipiet(1).

Cap. II. — De Argento [1, 16].

Argentum frigidum est [quia frigidum ventum illum habet, qui etiam terram frigidam facit *ad. ed.*]. Homo autem qui superfluitatem humorum in se habet et illos [per excreationem *add. ed.*] sæpe ejicit, argentum valde purum factum in igne *gluwe*, et ita calidum in bonum vinum ponat, et hoc ter aut quater faciat ut vinum illud ab eo incalescat, et sic jejunus et ad noctem sæpe bibat, et superfluos humores in eo minuit, id est *swendet*.

[Fortis enim natura frigiditatis argenti, caucos A et frigidos, ac humidos humores, acumine suo, cum ardore ignis, et cum calore alterati vini minuit, ut præfatum est. Si autem in argenteo vase cibum, seu potum accipit, nec ipsi multum prodest, nec ipsi ad sanitatem corporis obest *add. ed.*]

Si autem aliquis argentum in pulverem redactum comederet, nimis frigidum et nimis gravis in stomacho ejus esset, et etiam inde postea læderetur, etiam si tunc eum contra aliquam infirmitatem juvaret.

Cap. III. — De Plumbo [1, 17].

Plumbum frigidum est, et hominem læderet, si illud aliquo modo in corpus suum duceret, [et hoc quidem faceret propter frigus quod in se habet, et quia etiam aliquando crudosum est et quasi despumatio et purgamentum aliorum æramentorum *add. ed.*] Sed si mortuus homo intumescit, et si ei plumbum supponitur, tumorem illum aliquantum restringit [quoniam ille vitalem halitum non habet *add. ed.*]. Si autem super vivum hominem poneretur qui intumesceret, totus scinderetur nec vivere posset [quoniam frigiditas ejus pertransit illum et scinderet quia velut despumatio aliorum æramentorum est. Sed nec cibus nec potus in plumbeo vase valet propter frigiditatem quam in se habet. *Add. ed.*].

Cap. IV. — De Stagno [1, 20].

Stangnum plus frigidum est quam calidum. Et si aliquis homo stangnum super cutem suam ponit, ita quod cutis et caro ejus inde incalescat, infirmitatem corpori suo aufert propter frigiditatem suam. Vel si quis homo in stagneo vase comedit aut bibit, infirmitatem inde contrahit, ita quod fere velut venenum ei est. Sed cui caro circa oculos *uszwilczet*, stannum in cineres redigat et illos in purum vinum ponat, et ad noctem, cum dormitum vadit, cum vino isto *augleder* qui se *uszwelczent* circumlineat, et *augleder* sani et pulchri fient, nam frigiditas stanni cum calore vini temperata carnem quam calidi humores excutiunt et emittunt sanat et componit. Sed caliginem oculorum non fugat.

Cap. V. — De Cupro [1, 18].

Cuprum calidum existit, et cito infrigescit, et est velut favillæ auri, scilicet ut favillæ quæ de ardentibus prunis cadunt. Et qui quaslibet febres habet,

---

(1) Ed.: « Aurum calidum est, et quamdam naturam velut sol habet, et quasi de aere, et ruborem ex igne habet; et etiam de humido aere est. Sed qui febrem in stomacho habet, cum ignito auro purum et bonum vinum calefaciat, et sic bibat, et febris eum reliquet, quoniam bona virtus ejusdem auri, cum alterato calore, vi ignis, ut prædictum est, pravos humores stomachi aufert. Vino autem, et non aquæ imponatur, quia vinum livorem in stoma- cho hominis plus consumit quam aqua. Quod si alicubi in corpore hominis tumor exsurgit, aurum in sole calefaciat, et illud ita circum inflationem ejusdem tumoris, quasi liniendo ducat: et idem tumor evanescet. Quoniam bona virtus auri, cum ad ignem solis excitatur, mox idem aurum, quod ab igne sit, quasi per calorem solis reviviscit, atque insurgentes humores fortitudine sua fugat. »

et febres illas quæ in stomacho nascuntur, et non cottidianas, aut tertianas, aut quartanas, *riddo*, id est quod homo oscitat et qui tardus est et fastidium ciborum habet, purum cuprum ad pondus quinque nummorum accipiat et in vinum franconicum ponat, quantum picarium capit, et ita vinum illud fortiter coquat, scilicet usque dum minorari incipiat, et sic de igne auferat, et postea per novem dies jejunus modice bibat, et febres illæ cessabunt. Sed et si quis *virgichtiget* est, ita quod se totum contrahit, idem *crymphet*, accipe purum cuprum et in ignem proice usque dum ignescat, et denuo in ignem proice ut iterum incalescat, et iterum ab igne aufer et denuo frigescat, et tertia vice in ignem proice, et cum tunc ignescat, ita ignitum in bonum vinum pone, et vasculum superius tege, ne calor aut vapor ejus egrediatur, et tunc illi qui virgichtigit est ita modice calidum ad bibendum da, et *gicht* in eo cessabit. Sed et si equi, aut asini, aut boves, aut capræ, aut oves, aut porci, aut alia quælibet animalia *strengel* aut *heuptsichtum* habent, magnum frustum cupri in caldarium seu in ollam seu in patinam ponat, et aquam desuper fundat, et tunc ipsam aquam ad ignem cum eodem cupro calefac ut ferveat, ac sic cum ipsa calida aqua pabulum jumentorum illorum, sive avena, sive fænum sit, semel vel bis asperge, ut ita aspersum comedant, et pestis ab eis cessabit (1).

Cap. VI. — De Messing [l, 19].

Messing [Auricalcum *ed.*] calidum est, et de alio factum velut *kalg* de lapide, et quia ex natura sua *messing* non est, sed ex alio metallo factum (2), velut miles, qui de genere suo miles non est, sed factus est miles. Ideo ad medicamenta non valet, sed hominem magis lædit quam ei prosit, ita ut si homo velut in digito annulum gestaverit, aut si alia caro corporis ejus incaluerit ex hoc, magis infirmitatem quam sanitatem sibi attrahit [quia idem metallum per se nullam virtutem habet *add. ed.*]

Cap. VII. — De Ferro [I, 21]

Ferrum valde calidum in sua natura est, et ideo forte est. Fortitudo ejus ad plurima utilis est. Et si quis ferrum juxta se habet, quod caro ejus in illo incalescit, minus ab eo læditur quam de stanno [quia ferrum calidum et recti temperamenti est cum calor ejus ad ignem excitatur, et stomacho hominis superponitur, frigidos humores, de quibus stomachus dolet fugat, ut prædictum est *add. ed.*]. Cui autem stomachus infrigidatus est ita quod inde dolet, *blech* [laminam *ed.*] tenuem de ferro accipiat, et illud ad ignem calefaciat, et ita calidum super stomachum suum ponat, et iterum auferat, ac denuo calefaciat et stomacho suo iterum calidum superponat, et hoc sæpe faciat, et melius habebit. [Quoniam idem ferrum calorem in se habet et quoniam rectum æramentum est *add. ed.*]

Cap. VIII. — De Calybe [I, 22]

Calybs valde calidus est, et quod fortissimum est in æramento ferri. Et fere quasi divinitatem Dei significat, unde et dyabulus eum fugit et devitat. Et si venenum aut in cibo aut in potu esse suspicaris, aut si cibus humidus est velut *warmume* aut velut *suffen*, clam ignitum calibem ei impone, et si venenum in eo est, illud debilitando attenuat, vel si cibus siccus est, velut carnes aut pisces aut ova, igni-

---

(1) Edit. in multis variat: « Cuprum calidum existit, et cito frigescit, et est velut favillæ auri, scilicet ut favillæ quæ de ardentibus prunis cadunt. Homo autem qui quaslibet febres habet, et etiam febres illas quæ in stomacho nascuntur, ita tamen quod nec quotidianæ, nec tertianæ, nec quartanæ sunt; sed quod idem homo oscitat, et quod brachia ac totum corpus suum sæpius extendit, et quod tardus est, ac quod fastidium ciborum habet, purum cuprum ad pondus quinque nummorum accipiat, et in vinum franconicum et purum ac bonum ponat quantum picarium capit; et ita vinum illud fortiter coquat, scilicet usque dum minorari incipiat; et sic de igne auferat, et postea per novem dies idem vinum jejunus modice bibat, et febres in eo cessabunt. Cuprum enim calorem de repentino et furente igne habet, qui quadam flagrantia de recto igne est: et istud in vinum ponatur, ac fortiter coquat, quatenus virtus cupri virtuti vini pleniter commisceatur, et ita pravos humores, et coagulationem eorum examinet. Sed et si quis per guttam paralysis debilitatus est, ita quod se totum contrahit, purum cuprum accipiat, et illud in ignem projiciat, usque dum ignescat: et sic ab eo auferat, ut infrigescat: et denuo in ignem projiciat, ut iterum incalescat: et iterum ab igne auferat, ut infrigescat denuo; et tertia vice in ignem ponat, et cum tunc ignescit, ita ignitum in bonum vinum ponat, et vasculum in quo idem vinum est superius tegat, ne calor, aut vapor ejus egrediatur; et sic modice calidum idem vinum bibat, et paralisis in eo cessabit. Tertio autem cuprum hoc in ignem ponitur, ut quid fœditatis et corruptionis in eo sit, per ignem examinetur et ita vinum per illud calefactum bibitum, bono calore ei virtute sua, et bono calore vini, noxios humores de quibus paralisis nascitur, fuget.

« Et si quis venenum comedit, aut bibit, bonum vinum accipiat, et quanta tertia pars ejus est aceti addat; et tunc velut medietas istorum duorum est, de succo rutæ commisceat, et sic velut quadrantem puri cupri in ignem ponat; sicque ignitum, vino illi imponat, ut ita incalescat; et deinde sic calidum per tres dies jejunus bibat, et tum aut per nauseam, aut per secessum ab eo venenum recedit. Sed et si equi, asini, aut boves, aut oves, aut capræ, aut porci, aut alia quælibet animalia constrictionem gutturis, seu dolorem capitis habent, homo magnum frustum cupri in caldarium, seu in ollam, seu in patinam ponat, et aquam desuper fundat; et deinde aquam cum eodem cupro ad ignem fervere faciat, ac sic cum eadem aqua calida pabulum eorundem jumentorum, sive avena, sive fænum sit, semel aut bis aspergat, ut ita aspersum comedant, et prædicta pestis ab eis cessabit. Cum enim præfatus calor, et virtus cupri in aqua ad ignem excitatur, et cum sic in pabulo, aut in potu dolentibus pecoribus datur, pravos humores qui ea lædunt, et qui in capitibus eorum de corrupto acre contracti sunt, minuit. »

(2) *Velut — factum* desunt in ed.

tum calibem vino impone, et vinum istud super eundem cibum funde, et si venenum in illo est, siccum cibum vino ignito calibe calefacto impone; et si venenum in eo fuerit, in ipso deprimitur, ita quod hominem istud comedentem minus lædit. Et etiam ignitum calibem potui impone, sive vino, sive cervisia, sive aqua, sive alio quolibet potu, et si venenum in eo est, statim debilitatur. Nam si calibs ad ignem ignitus ita in cibum aut in potum positus fuerit, vel si vinum cum ignito calibe calefactum super cibum, sive panis, sive caro, sive piscis aut alii hu-

A jusmodi cibi sunt, perfundatur, et si venenum in illo est, tunc fortitudo ejusdem veneni constringitur et debilitatur, quia tanta vis calibis est quod venenum illud hoc modo arescere facit, quia comedentem et bibentem minus lædere potest, ita ut si aliquis homo idem venenum sic gustaverit, eum minime ad mortem perducere poterit, etiamsi ille intumescat aut aliquantum diu infirmatur, tamen mortem evadere potest, si venenum illud cum ignito calibe debilitatum fuerit, ut prædictum est (1).

Explicit liber beatæ Hildegardis subtilitatum diversarum naturarum.

(1) Ed. : — « *Cap. XII. — De chalybe.* Chalybs valde calidus est, et quod fortissimum est, in æramento ferri est; et divinitatem Dei fortitudine sua significat; unde et diabolus eum fugit et devitat. Si autem homo venenum, aut in cibo, aut in potu esse suspicatur, tunc si cibus humidus est, velut sorbiciuncula, aut cibus ex oleribus factus, ignitum chalybem ei imponat, et si venenum in eo est, illud debilitando attenuat. Vel si cibus siccus est, ut carnes, aut pisces, aut ova, ignitum chalybem vino imponat, et vinum illud super eundem cibum fundat; et si venenum in illo est, ipsum debilitat. Vel si panis est, ipsum panem, vel similem siccum cibum vino ignito chalybe calefacto imponat; et si venenum in eo fuerit, in ipso deprimitur, ita quod hominem illud comedentem minus lædit. Nam fortitudo chalybis fortissima fortitudo est, ad quam major fortitudo æramentorum procedere non potest; et fundamentum omnium inscidentium feramentorum est, et tantam fortitudinem in se habet ut cum calor ejus ad ignem excitatur, quod et absque calore vini, et cum calore vini venena debilitat, et ea bono calore et bona fortitudine sua ad nihilum ducit. Nam si chalybs ad ignem ignitus ita in cibum, aut in potum positus fuerit, vel si vinum cum ignito chalybe calefactum super cibum, sive panis, sive caro, sive piscis, sive alii hujusmodi cibi sint, superfunditur, si venenum in illis est, tunc fortitudo ejusdem constringitur et debilitatur, quia maxima vis chalybis est, quod venenum hoc modo arescere facit, quod comedentem, vel bibentem minus lædere poterit; etiam si ille intumescat, vel etiam si aliquandiu infirmetur, tamen certo mortem evadere poterit : ut si etiam aliquis homo idem venenum gustaverit, eum minime ad mortem perducere poterit, si venenum illud cum ignito chalybe debilitatum fuerit, ut prædictum est. »

ORDO RERUM

QUÆ IN HOC TOMO CONTINENTUR.

SANCTA HILDEGARDIS ABBATISSA.
SANCTÆ HILDEGARDIS NATALES, RES GESTÆ, SCRIPTA (ex Bolland.)

§ I. — Acta S. Hildegardis jam edita, et illius auctores: alia quædam ex ms. edenda : Vita supplenda in hoc commentario maxime ex sanctæ Scriptis. 9
§ II. — Natales, pueritia, vita monastica in monte S. Disibodi : visionibus a pueritia illustratur, easque demum scribere cogitur : quomodo opera sua scripserit. 12
§ III. — Aucto monialium numero, S. Hi degardis fundat cœnobium in monte S. Ruperti ; non vidit ibi S. Bernardum, nec regulam Cisterciensem amplexa est : scripta Sanctæ ab Eugenio III probata : finitum opus *Scivias.* 20
§ IV. — Fama sanctæ multum inclarescit; ad ipsam scribunt S. Bernardus, Conradus Romanorum rex, multi episcopi, quibus illa liberrime respondet. 28
§ V. — Ad sanctam scribunt Anastasius IV et Adrianus IV, Romani pontifices, Fredericus imperator, episcopi, aliique multi quibus respondet. 31
§ VI. — Sancta a multis personis consulta de occultis et arcanis quæ sine revelatione divina scire non poterat. 35
§ VII. — Sancta a multis congregationibus consulta de iis quæ emendari possent, aut etiam de arcanis aliis, et invitata ad monita conscribenda. 43
§ VIII. — Sancta etiam consulta de quæstionibus theologicis, scripturis'icis aliisque ad fidem vel ad mores spectantibus. 48
§ IX. — Multi ad sanctam scribunt, ut preces, consolationem, monita aliaque similia obtineant: quibus illa rescribit. 50
§ X. — Epistolæ quædam S. Hildegardis ad Philippum abbatem Parcensem, et ejus ad ipsam ex ms. : gesta cum S. Gerlaco : aliæ epistolæ serius ad sanctam datæ cum responsis ejusdem. 58
§ XI. — Sancta monasterium suum omni onere liberat : energumena ibi liberata ; ob sepulturam cujusdam olim excommunicati sanctæ ecclesia interdicto subjecta. 61
§ XII. — Varia S. Hildegardis itinera, et loca ubi fuit exposita. Fundat cœnobium Eibingense. 67
§ XIII. — Scripta S. Hildegardis multorum elogiis celebrata : scriptorum enumeratio, aliqua eidem afficta. 73
§ XIV. — Mors sanctæ figenda anno 1179 : sepultura ; reliquiæ, destructo cœnobio S. Ruperti, ad Eibingense translatæ : miracula : tentata canonizatio, sed non perfecta ; nomen martyrologio ascriptum, et cultus. 84

VITA SANCTÆ HILDEGARDIS AUCTORIBUS GAUDEFRIDO ET THEODORICO MONACHIS.

Præfatio Theodorici in Vitam totam. 91
LIBER PRIMUS. — De gestis sanctæ.
CAP. I. — Sanctæ natales, pueritia visionibus illustrata; vita monastica sub Jutta magistra. 91
CAP. II. — Fundat cœnobium in monte S. Ruperti prope Bingium, illudque cum sororibus suis inhabitat : pergit perpetuis visionibus illustrari. 95
LIBER SECUNDUS. — De visionibus sanctæ.
Prologus. 99
CAP. I. — Sancta, Latini sermonis ignara, libros tamen Latine scribit : visionibus a pueritia gaudet; eas cogitur scribere : multos consilio juvat et monitis, et suas recte dirigit. 101
CAP. II. — Sancta in visione discit locum ad fundandum monasterium, eaque occasione multa patitur : Deum tamen in omnibus adjutorem habet et consolatorem. 103
CAP. III. — Morbi mirabiles sanctæ, instructio monia-

lium, conversio male suspicantis philosophi, visiones variæ. 1.0
LIBER TERTIUS. — De miraculis et morte Beatæ.
Prologus. 117
CAP. I. — Sancta varios patrocinio suo sanat ægrotos, etiam aliquos absentes : exponit litteras divinitus productas : adit multa loca pro populi salute. 117
CAP. II. — Diuturnus S. Hildegardis morbus ; mulier nobilis, quæ a dæmone obsessa, et frustra ad varia loca fuerat ducta, in ejus monasterio liberatur. 122
CAP. III. — Gravis morbus sanctæ, quæ in visione sanatur; beneficia variis præstita : mors et sepultura miraculis honestata. 127
Acta inquisitionis de virtutibus et miraculis sanctæ Hildegardis
NOTITIA de vita et scriptis S. Hildegardis. 139
EPISTOLÆ S. HILDEGARDIS.
EPIST. I. — Eugenii pontificis ad Hildegardem. — Auctoritate apostolica concedit ei licentiam proferendi et scribendi quæcunque per Spiritum sanctum cognovisset, eamque ut sine timore revelata sibi conscriberet, animat. 143
Responsum Hildegardis. — Pontificem de arcanis quæ habebat in corde suo admonet et divinam circa hæc voluntatem et beneplacitum indicat. 145
EPIST. II. — Anastasii papæ ad Hildegardem. — Ejus scripta approbat. Rogat ut pro ipso preces ad Deum fundat. 150
Responsum Hildegardis. — Pontificem Dei nomine hortatur ut mala fortiter eradicet. Deinde varia prophetica prædicit et de suis visionibus aliqua subjungit. Iterum Anastasium hortatur ad subditos corrigendos. 151
EPIST. III. — Adriani papæ ad Hildegardem. — Illam ad perseverantiam hortatur 153
Responsum Hildegardis. — Gravia pontifici certamina prædicit hortaturque ad fortitudinem. 154
EPIST. IV. — Hildegardis ad Alexandrum papam. — Quod abbas S. Disibodi privilegiis parthenonis montis S. Ruperti contradicat. 154
Responsio Alexandri papæ ad Wezelinum præpositum, —De præposito parthenoni montis S. Ruperti præficiendo, non obstante abbatis S. Disibodi contradictione. 155
EPIST. V. — Henrici archiepiscopi Moguntinensis ad Hildegardem. — Ut monialem quamdam abbatissam electam permittat abire cum illis qui veniebant ipsam abducturi. 156
Responsum Hildegardis. — Exemplo Nabuchodonosor prædicit Henricum dignitate sua privandum, et non diu admodum victurum, prout revera factum est. 156
EPIST. VI. — Arnoldi archiepiscopi Moguntinensis ad Hildegardem. — Preces sanctæ flagitat. 157
Responsum Hildegardis. — Arnoldum fortiter increpat et illi interitum prædicit. 157
EPIST. VII. — Christiani archiepiscopi Moguntinensis ad Hildegardem. — Ejus orationibus se committit. 158
Responsum Hildegardis. — Egregie illum adhortatur ad curam pastoralem. 158
EPIST. VIII. — Hildegardis ad Christianum Moguntinensem archiepiscopum. — Quod juvene quodam olim excommunicato, sed dudum absoluto, in cœmeterio montis S. Ruperti sepulto, mandatum a prælatis Moguntinis acceperit ut corpus juberet exhumari, vel absineret a divinis in ecclesia sua celebrandis pontificis opem implorat. 159
EPIST. IX. — Christiani archiepiscopi Moguntinensis ad Hildegardem. — Ejus afflictioni compatitur ; mandat se Ecclesiæ Moguntinæ significasse « ut si bonorum virorum veraci assertione de absolutione præfati defuncti ei ostensum fuerit, divina sororibus montis S. Ruperti officia celebrentur. » 160
EPIST. X. — Hertuvigi Bremensis archiepiscopi ad Hildegardem. — Obitum sororis suæ, Richardis abbatissæ, nuntiat. 161
Responsum Hildegardis. — Hertuvigum et Richardem laudat. Præclara monita suggerit. 162
EPIST. XI. — Arnoldi Coloniensis archiepiscopi ad Hildegardem. — Librum ipsius petit. 163
Responsum Hildegardis. — Mystice et utcunque obscure loquitur; clariora tamen de libro suo subjungit. 164
EPIST. XII. — Eberhardi archiepiscopi Juvavensis ad Hildegardem. — Sanctæ precibus se commendat et ejus litteras petit. 164
Responsio Hildegardis. — Eberhardum passim laudat. Pulchre docet labores externos, ex charitate et obedientia susceptos, minime obesse viro Deum amanti. 165
EPIST. — XIII. Illini Trevirorum archiepiscopi ad Hildegardem. — Rogat ut de cella regis vinaria guttas aliquas ad ipsum stillare scripto dignetur. 166

Responsum Hildegardis. — Prophetice et hortatorie scribit. 167
EPIST. XIV. — Eberhardi Bambergensis episcopi ad Hildegardem. — Quæstionem subtilem admodum proponit : « In Patre manet æternitas, in Filio æqualitas, in Spiritu sancto æternitatis æqualitatisque connexio. » 167
Responsum Hildegardis. — Post brevem hortationem, qua ad gregem suum diligenter pascendum excitat Eberhardum, ad quæstionem progreditur. 168
EPIST. XV. — Episcopi Spirensis ad Hildegardem. 171
Responsum Hildegardis. — Multis ad emendationem vitæ Gunterum hortatur. 172
EPIST. XVI.—Episcopi Wormatiensis ad Hildegardem. — Sanctam encomiis exornat et responsum flagitat. 173
Responsum Hildegardis. — Illum laudat et hortatur. 173
EPIST. XVII. — Episcopi Constantiensis ad Hildegardem. — Sanctæ preces et litteras petit. 173
Responsum Hildegardis. — Inanem gloriam in ipso redarguit. 174
EPIST. XVIII. — Episcopi Virdunensis ad Hildegardem. — Sanctam hortatur ad humilitatem, ac preces ejus flagitat ac litteras. 174
Responsum Hildegardis. — Illum hortatur ad curam pastoralem. 174
EPIST. XIX. — Episcopi Leodiensis ad Hildegardem. — Se in maxima mentis et corporis fluctuatione constitutum ait, quod, ut fatetur, innumeris malis Deum offenderat. Petit preces et rescripta S. Hildegardis. 175
Responsum Hildegardis. — Illum hortatur ad vitam bonam et ad curam animarum. 175
EPIST. XX. — Episcopi Trajectensium ad Hildegardem. — Suum erga sanctam affectum declarat. 176
Responsum Hildegardis. — Illum hortatur ad perseverantiam in bono. 176
EPIST. XXI. — Episcopi Pragensium ad Hildegardem. — Postulat ut orationibus suis subveniat et bona consilia porrigat. 177
Responsum Hildegardis. — Illum ad majorem in virtute constantiam hortatur, tum in prosperis, tum in adversis. 177
EPIST. XXII. — Episcopi Hierosolymitanorum ad Hildegardem. — Ipsius ac sororum ejus precibus se commendat. In laudes Sanctæ excurrit. 178
Responsum Hildegardis.—Patriarcham consolatur 179
EPIST. XXIII. — Episcopi de Bevez ad Hildegardem. — Ejus preces et litteras expostulat. 180
Responsum Hildegardis. — Pulchra utitur parabola qua ipsum ad veram sapientiam et charitatem hortatur. 180
EPIST. XXIV. — Episcopi Trevirorum ad Hildegardem. — Suum erga sanctam Hildegardem affectum gratiose declarat, testaturque ad episcopatum se promotum esse contra voluntatem suam. 181
Responsum Hildegardis. — Post salutaria documenta, serio illum monet ut caveat a superbia, a vanitate, et ut virtutes amplectatur statui suo congruas. 182
EPIST. XXV. — Episcopi Coloniensis ad Hildegardem. — Sanctam laudat ; petit ut ex occulto Dei inquirat, sibique commonitoria verba, prout Deus donaverit, transmittat. 183
Responsum Hildegardis. — Quæ in visione audierit et viderit notificat; præclaram adhortationem subjungit. 183
EPIST. XXVI. — Conradi imperatoris ad Hildegardem. — Favores suos addicit, et filium suum sanctæ precibus commendat. 185
Responsum Hildegardis. — Non obscure prædicit schismata aliaque Ecclesiæ mala quæ nata sunt sub Friderico 1, Conradi successore. Addit multa eodem spiritu prophetico de variis Ecclesiæ temporibus et vicissitudinibus. 185
EPIST. XXVII. — Frederici imperatoris ad Hildegardem. — Quædam a sancta in colloquio apud Ingelheim prædicta impleta esse nuntiat. Preces ejus petit. Solius æquitatis respectu in controversia quæ quasdam inter et S. Hildegardem in ipsius curia dirimenda erat, se judicaturum promittit. 186
Responsum Hildegardis. — Frederici molitiones varias improbat. Ejus regnum satis longum, sed turbulentum fore prædicit. 186
EPIST. XXVIII. — Philippi comitis Flandriæ ad Hildegardem. — Preces S. Hildegardis postulat, consiliumque utrum manere potius debeat in terra sancta, an post expeditionem susceptam reverti ad suos. 187
Responsum Hildegardis. — Instructionem mittit qua ipsum maxime hortatur ad justitiam. 188
EPIST. XXIX. — Bernardi Clarævallis abbatis ad Hildegardem. — Merita ejus et sanctitatem extollit. 189
Responsum Hildegardis.—Eum magnis laudibus exornat. 189
EPIST. XXX.—Adami abbatis de Ebra ad Hildegardem. Precibus sanctæ se commendat et ejus rescripta petit ad

PATROL. CXCVII.

dubitationem suam quæ videtur fuisse de retinendo aut deponendo abbatis munere, ut colligitur ex responso S. Hildegardis 190
Responsum Hildegardis. — De officio non deponendo ipsum monentes inducit varias virtutes, et nominatim charitatem et humilitatem. 191
EPIST. XXXI. — Abbatis de Eberbach ad Hildegardem —Preces sanctæ flagitat et sua eidem servitia offert. 194
Responsum Hildegardis. — Egregia monita reponit et in fine optima prædicit. 195
EPIST. XXXII.—Abbatis S. Anastasii ad Hildegardem. — An munus abbatis retinere vel deponere debeat, ut contemplationi vacet. 196
Responsum Hildegardis. — Ut officio adhæreat. 196
EPIST. XXXIII. — Abbatis de Keisheym ad Hildegardem. — Similem dubitationem sanctæ proponit. 197
Responsum Hildegardis. — Crimina subditorum ejus non dissimulat, sed nec ipsum videtur Conradum excusare, sed ad pœnitentiam hortatur. Addit tamen restrictionem verbis obscuris, quibus insinuat ipsi relinquendum officium ubi nihil boni præstare apud suos posset. 197
EPIST. XXXIV. — Abbatis de Hirsaugia ad Hildegardem. — Sanctam magnis laudibus exornat. 199
Responsum Hildegardis. — Varia prædicit. 199
EPIST. XXXV. — Provisoris Sancti Emmeramni ad Hildegardem.—Pro quodam de salute sua desperanti. 199
Responsum Hildegardis. — Abbatem gravibus verbis hortatur ad curam gregis sui. 200
EPIST. XXXVI. — Abbatis Nuenburgensium ad Hildegardem. — Belli timore impeditum se fuisse quominus ad ipsam accederet. Preces ipsius studiose flagitat. 200
Responsum Hildegardis. — Illum hortatur ad fortitudinem in cura pastorali; non abjicienda belli tempore militi arma ob difficultates exortas. 201
EPIST. XXXVII. — Abbatis S. Mariæ ad Hildegardem. — Post multa in laudem sanctæ prolata, an officium retinere vel dimittere debeat, petit. 201
Responsum Hildegardis. — Illum nimis anxium; ei potius cogitandum de se et subditis corrigendis, quam de officio dimittendo. 202
EPIST. XXXVIII. — Abbatis S. Disibodi ad Hildegardem.—Petit ut si qua de S. Disibodo Deus sanctæ revelaverit, ipsi aperiat. Precibus ejus enixe se committit. 203
Responsum Hildegardis. — Post quædam generatim de S. Desibodo, Cunonem libere reprehendit de nimia in subditos severitate, eique instantem mortem prædicit. 203
EPIST. XXXIX. — Helengeri abbatis S. Disibodi ad Hildegardem. — Seipsum accusat et conqueritur de male observata in suo monasterio disciplina regulari. 204
Responsum Hildegardis. — Illum hortatur ad emendationem vitæ. 205
EPIST. XL. — Abbatis Campidonensis ad Hildegardem. — Ejus precibus se commendat. 206
Responsum Hildegardis. — Præclaram exhortationem mittit. 206
EPIST. XLI. — Abbatis S. Martini in Colonia ad Hildegardem. — Ejus se precibus commendat. 207
Responsum Hildegardis. — Pulchram instructionem et magnam cum adhortatione perpetua consolationem suggerit. 208
EPIST. XLII. — Abbatissæ S. Glodesindis ad Hildegardem. — Anxietates et dubitationes suas exponit, dum multorum animas regere cogitur. 210
Responsum Hildegardis. — Varia dat monita ad recte regendum, et præfecturam non deponendam satis clare insinuat. 210
EPIST. XLIII. — Sacerdotis cujusdam ad Hildegardem. — De corpore et sanguine Christi edoceri petit. 212
Responsum Hildegardis. — De corpore et sanguine Christi. 212
EPIST. XLIV. — Abbatissæ in Elostat ad Hildegardem. — Quod in regimine abbatiali multum anxietur. 214
Responsum Hildegardis. — Abbatissam amice hortatur ad laborem pro suis continuandum. Prudentia tamen opus esse in Dei servitio. 214
EPIST. XLV. — Elisabeth magistræ in Schonaugia ad Hildegardem. — Preces flagitat et consolatoria verba. 214
Responsum Hildegardis. — Disserit de homine et de inspiratione Dei qua homines aliquos præ cæteris illustrare dignetur. 216
EPIST. XLVI. — Præpositi in Franckenfort ad Hildegardem. — Precibus ejus se commendat. 218
Responsum Hildegardis. — Illum hortatur ad mores corrigendos. 218
EPIST. XLVII.—Ad prælatos Moguntinenses.—Propter divina per illos interdicta. 218
EPIST. XLVIII. — Philippi decani et clericorum Coloniensium ad Hildegardem.—Ejus preces flagitant. Rogant ut quæ viva voce illis prius dixerat, litteris commendet et ipsis transmittat. 243
Responsum Hildegardis. — Gravissimis verbis et Dei nomine negligentiam clericorum in cura animarum aliaque vitia reprehendit; monita dat plurima multasque etiam prædictiones miscet. 244
EPIST. XLIX. — Præpositi S. Petri totiusque cleri Trevirorum ad Hildegardem. — Orant ut quæ ipsis nuper in diebus Pentecostes prædixerat, scriptis commendet et transmittat. 253
Responsum Hildegardis. — Postquam negligentiam pastorum et prælatorum multis redarguit, pergit ad prædictiones bonorum et malorum futurorum. 254
EPIST. L. — Decani SS. Apostolorum in Colonia, primi magistri scholarum, ad Hildegardem. — De muliere dæmoniaca ab Hildegarde liberata. 258
Responsum Hildegardis. — Humillime respondet multorum simul bonis operibus ejectionem dæmonis attribuens. Deum varia variorum bona opera ad unum finem dirigere. 258
EPIST. LI. — Meffridi prioris in Eberbach ad Hildegardem. — Preces sanctæ flagitant, et epistolam quam de sæcularibus ad spiritalem conversationem conversis, quos nos conversos dicimus, illam scripsisse audierant. 259
Responsum Hildegardis.—Ordinem Cisterciensem laudat, sed arguit illos quos ipsi conversos vocant, quorum plurimi se ad Deum in moribus suis non convertunt; alia documenta addit. 260
EPIST. LII. — Werneri de Kircheim, cum cæteris societatis suæ fratribus ad Hildegardem. — Preces sanctæ enixe postulant; verba ipsius scripto commendata habere volunt. 268
Responsum Hildegardis. — Ecclesiæ imaginem inducit querelas gravissimas contra peccata sacerdotum fundentis. Varia prædicit quæ seculo XVI omnino impleta sunt. 269
EPIST. LIII. — Fratrum Hagenbensium ad Hildegardem.—Ut discordiam apud ipsos ortam sedare et exstirpare non omittat, precantur. 271
Responsum Hildegardis. — Præclaram mittit de multis vitiis et virtutibus instructionem admonitionemque et adhortationem ad studium virtutum. 272
EPIST. LIV. — Guiberti Gemblacensis monachi ad Hildegardem. — Triginta octo quæstionum solutionem petit. 275
EPIST. LV. — Sororum parthenonis Hunniensis ad Hildegardem. — Regulam Benedictinam sibi explanari petunt. 275
EPIST. LVI. — Hildegardis ad Philippum Parcensem abbatem. — Mittit ad ipsum mulierem quamdam pœnitentem quæ non fuerat recte confessa, et cui peccatum exponendum indicaverat, ut ex responso Philippi patebit. 275
EPIST. LVII. — Philippi Parcensis abbatis ad Hildegardem. — Superiori respondet. 276
EPIST. LVIII. — Hildegardis ad Philippum Parcensem abbatem. — Præclara monita suggerit. 277
EPIST. LIX. — Ejusdem ad eumdem. — Rescripta est ad interrogationem Philippi timentis ob signum quod ei in celebratione divinorum acciderat et de quo multum sollicitus erat. Ejus timorem solvit Hildegardis. 278
EPIST. LX. — G. abbatis et fratrum Brunwillarensium ad Hildegardem. — De muliere dæmoniaca. 278
Responsum Hildegardis. — De muliere liberanda consilium dat. 279
EPIST. LXI. — G. abbatis et fratrum Brunwillarensium ad Hildegardem. — Mulierem eamdem iterum a dæmone vexari. 280
MONITUM IN EPISTOLAS SEQUENTES. 281
EPIST. LXII. — A. abbatis Elevacensis ad Hildegardem. — Orat ut divinum de suis inimicis consulat oraculum, et rescribat quid sibi de Dei misericordia exspectandum sit. 281
Responsum Hildegardis. — Afflictum consolatur, torpentem hortatur, et ad pugnandum viriliter excitat. 282
EPIST. LXIII. — H. abbatis Mulebrunnensis ad Hildegardem. — Anxius de regimine animarum ejus exposcit orationum suffragia. 283
Responsum Hildegardis. — Hortatur ad bona opera et ad frenandas in se sæcularium rerum curas. 283
EPIST. LXIV. — B. abbatis S. Michaelis Bambergensis ad Hildegardem. — Ut divinam imploret misericordiam, quatenus flagellum quo affligitur, temperet, et ut proxime de hoc sæculo migraturam animam habeat commendatam. 284
Responsum Hildegardis. — Ut strenue vigilet et virgam patris honeste ferat sibi profuturam. 284
EPIST. LXV. — Bertholdi abbatis Zwnieldensis ad Hildegardem. — Persecutiones patiens quærit ab ea ali-

quod consolationis præsidium. 284
Responsum Hildegardis. — Declarat filium hæreditatis virga vulneratum propter inquietudinem morum mentis suæ. 285
EPIST. LXVI.—G. abbatis Salemensis ad Hildegardem. — Abbas Rettinhasilis electus in abbatem Salemensem, cupiens utrique præfecturæ renuntiare, quærit ab ea Dei investigare voluntatem. 285
Responsum Hildegardis. — Eum qui propter fidem susceperit ovile regendum, curam pastoralem dimittere non debere; eum vero esse prævaricatorem qui ovile relinquit ut aliud suscipiat. 286
EPIST. LXVII. — B. abbatis S. Eucharii ad Hildegardem. — Dona Dei in ipsa laudat, ejusque precibus se commendat. 286
Responsum Hildegardis. — Pia ei dat monita, præsertim, ut in subditos mansuetudinem exerceat. 287
EPIST. LXVIII. — I.. abbatis S. Eucharii ad Hildegardem. — Suam erga eam testatur reverentiam, oratque ut de sibi commisso negotio rescribat. 287
Responsum Hildegardis. — Docet quomodo suos erga subditos se gerere debeat. 288
EPIST. LXIX. — W. abbatis Bosonis Villæ ad Hildegardem. — Persecutiones et calumnias passus, ab ipsa orationis et consolatorias litteras petit. 289
Responsum Hildegardis. — Monasterium ipsius Dei auxilio sustentari docet, monetque ut quædam vitanda fugiat. 289
EPIST. LXX. — R. abbatis Zwetellensis ad Hildegardem. — Consilium petit an curam pastoralem dimittere debeat. 290
Responsum Hildegardis. — Pia et salutaria ad suorum regimen ei dat'monita. 290
EPIST. LXXI. — Nicolai abbatis Halesbrunensis ad Hildegardem. — Consolatorias ab ea petit litteras. 291
Responsum Hildegardis. — Bonam ipsius ad Deum intentionem laudat, hortaturque ad laborem. 291
EPIST. LXXII. — Abbatem Bellævallis, G. Cari Loci, A. Clari-Fontis, R. Charitatis, et G. Bethaniæ, ad Hildegardem. — Divina in ea dona laudant, mittuntque ipsi sterilem nobilem feminam, ut, suffragantibus ad Deum illius meritis et precibus, parere possit. 292
Responsum Hildegardis. — Post varia eis data pia monita, ait in Dei voluntate esse fecundare vel non matronam, interim oraturam se pro ea pollicetur. 293
EPIST. LXXIII. — N. abbatis Eberburdæ ad Hildegardem. — Gratias immensas agit Deo pro collatis Hildegardi donis, petitque ab ea orationis suffragium. 295
Responsum Hildegardis.—Hortatur ut gregem strenue doceat, et in seipsum oculos deflectat. 295
EPIST. LXXIV. — Richardi abbatis Sprinchersbat ad Hildegardem. — Pastoralis cura pertæsus consultat Hildegardem, eam an retinere aut abjicere debeat. 296
Responsum Hildegardis. — Hortatur ad portandum strenue onus sibi a Deo impositum. 296
EPIST. LXXV. — Cujusdam abbatis ad Hildegardem.—De collatis Hildegardi donis, quorum ipse testis fuit, Deo gratias agit, ac fluctuanti petit consolatoria verba dari. 297
Responsum Hildegardis. — Sub quibusdam figuris eum ad bene operandum hortatur. 297
EPIST. LXXVI. — H. præpositi de Flanheim ad Hildegardem. — Precibus ipsius se commendat. 298
Responsum Hildegardis. — Ut ovile suum corripiat, et Deum in purissimo fonte inspiciat. 298
EPIST. LXXVII. — W. abbatis Hegennehe ad Hildegardem.—Animæ suæ defectus illi aperit, et corporis infirmitatem, petitque utrisque suis precibus medeatur. 298
Responsum Hildegardis. — Ut prælationem fugiat, si suis sit inutilis. 299
EPIST. LXXVIII. —Abbatis de Vescera ad Hildegardem. —Dubius an debeat prælationem retinere, auxilium et consilium quærit an curam animarum sit dimissurus. 300
Responsum Hildegardis. — Fluctuantem erigit, certumque facit de gratia Dei. 300
EPIST. LXXIX. — N. abbatis in Elvestat ad Hildegardem. — Causatur quod sæpius scribenti non rescripserit, oratque ut angustiis circumdatum relevare dignetur. 301
Responsum Hildegardis. — Videtur illum hortari ad celebrandum sæpius. 301
EPIST. LXXX. — H. abbatis in Selboth ad Hildegardem. — Ut pro calamitatibus et miseriis suis Deum orare non dedignetur. 301
Responsum Hildegardis. — Fluctuantem hortatur ad humilitatem. 302
EPIST. LXXXI. — H. præpositi in Herde ad Hildegardem. — Gratias agit quod etiam infirma monasterium suum visitaverit et precibus ipsius se commendat. 302
Responsum Hildegardis. — Hortatur ut in loco suo stet et vagationem fugiat. 303
EPIST. LXXXII. — B. Hamelenensis monasterii provisoris ad Hildegardem. — Gravi pressus infirmitate optat rescire an laborum finis sit proximus. 303
Responsum Hildegardis. — Hortatur ut ad Deum recurrat. 304
EPIST. LXXXIII. — H. abbatis in Wadego ad Hildegardem. — Orat ut si corpore non possit, saltem litteris se visitet. 304
Rescriptum Hildegardis. — Ut caveat ab inimicis et pœnitentiam agat. 305
EPIST. LXXXIV.—N. præpositi in Underestlorf ad Hildegardem. — Ut consolationis auxilium sibi impendat. 305
Responsum Hildegardis. — Sub figura hortatur ad timorem et fortitudinem. 305
EPIST. LXXXV. — Frederici præpositi Vallis Dei ad Hildegardem. — Ipsius orationibus se commendat. 306
Responsum Hildegardis. — Sub figura dehortatur eum ne suos deserat, sed eos potius adjuvet et pœnitentiam agat. 306
EPIST. LXXXVI. — N. abbatis in Rappenberh ad Hildegardem. — Ab ea consilium petit de præsenti statu Ecclesiæ. 307
Responsum Hildegardis. — Hortatur ne tormenta timeat, sed confugientes ad se oves recipiat. 307
EPIST. LXXXVII. — G. præpositi S. Victoris ad Hildegardem. — Multis obvolutus peccatis quærit utrum sibi supersit spes salutis. 308
Responsum Hildegardis. —Ad surgendum animat, hortaturque ut declinet a malo et faciat bonum. 309
EPIST. LXXXVIII. — S. præpositi in Confluentia ad Hildegardem. — Cum omnia quæ de seipso prædixerat S. Hildegardis sint impleta, quærit consolationem super his quæ foris et intus eum premebant. 309
Responsum Hildegardis. — Occulta esse Dei judicia, qui parentum etiam peccata in quarta generatione punit; cæterum speret in Domino. 309
EPIST. LXXXIX. — A. S. Andreæ in Colonia præpositi ad Hildegardem. — Tentatur interius et exterius ad ipsam recurrit sciturus quid sibi faciendum incumbat. 310
Responsum Hildegardis. — Hortatur ad bona opera facienda. 310
EPIST. XC. — A. Erphordiæ præpositi ad Hildegardem, — Commendat illi latorem præsentium. 311
Responsum Hildegardis. — Ut purum habeat cordis oculum et declinet a peccatis. 311
EPIST. XCI. — H. de Domo in Moguntia præpositi ad Hildegardem. — Cupit ab ipsa rescire quid in se displiceat Deo et quid emendandum. 311
Responsum Hildegardis. Ut bonis operibus dignum se reddat Dei protectione. 312
EPIST. XCII. — Helderici præpositi S. Simeonis Treviensis ad Hildegardem. — Laudat mira Dei in ipsa dona, et precibus ipsius se commendat. 312
Responsum Hildegardis. — Ut bonis operibus mortem præveniat. 313
EPIST. — XCIII. H. præpositi in Knethstehtde ad Hildegardem. — Quærit quomodo Deum pro peccatis suis placare possit. 313
Responsum Hildegardis. — Ut ad Deum suspiret, ac cum fiducia ad eum recurrat. 314
EPIST. XCIV. — H. præpositi in Bunna ad Hildegardem. — Cum indesinenter pro ea oret, ipsius vicissim orationes postulat. 315
Responsum Hildegardis. — Arguit eum quod sæculum diligat, hortaturque ut desideria sua cum timore Dei in bono opere purificet. 315
EPIST. XCV. — H. abbatis ad Hildegardem. — Ecclesia schismate laborante, quærit quid sibi sit faciendum. 316
Responsum Hildegardis. — Obediendum magistris quandiu catholicæ fidei non resistunt, atque ad Deum confugiendum, qui Ecclesiam suam non derelinquet. 316
EPIST. XCVI — Hadelheidis abbatissæ Gauderheimnensis ad Hildegardem — Ab Hildegarde educata petit ipsius et sororum suffragia et mutuam inter utrasque parthenonis sorores societatem. 317
Responsum Hildegardis. — Ut pura fide bona opera in die prosperitatis suæ exerceat, et det Deo quod suum est. 318
EPIST. XCVII. — N. abbatissæ ad Hildegardem. — Ipsius preces pro se suaque congregatione deprecatur 318
Responsum Hildegardis. — Ne sit instabilis, neve vana scrutetur. 319
EPIST. XCVIII. — M. abbatissæ in Wetherswinkele ad Hildegardem. — Ut se suasque in filiarum numero admittere velit, ac precibus adjuvare. 319
Responsum Hildegardis. — In abstinentia servandam

esse discretionem. 319
EPIST. XCIX. —H. abbatissæ de Althena ad Hildegardem. — Congratulatur de Dei donis, optatque eam videre. 320
Responsum Hildegardis. — Sub figuris hortatur ad militandum Deo. 321
EPIST. C. — S. abbatissæ in Alturich ad Hildegardem. — Cupienti curæ regiminis renuntiare, et cella singulari includi, orat Dei beneplacitum per Hildegardem significari. 321
Responsum Hildegardis. — Ipsi non esse utile onus regiminis abjicere. 322
EPIST. CI. — Sophiæ abbatissæ in Kisingun ad Hildegardem. — Quærit an onus quod portat deserere debeat. 322
Responsum Hildegardis. — Onus quod portat, cum sit Deo acceptum, non esse deserendum. 323
EPIST. CII. — R. abbatissæ S. Mariæ Ratisponensis ad Hildegardem. Ipsius se precibus commendat, quibus a mortis faucibus se ereptam declarat. 323
Responsum Hildegardis. — Ut a quibusdam pravis consuetudinibus se emendet et ad Deum aspiciat. 324
EPIST. CIII. — N. abbatissæ in Koufungim ad Hildegardem. — Hortatur ut principes Ecclesiæ excitet. 324
Responsum Hildegardis. — Dies sibi paucos superesse, et ut mortem bonis operibus præveniat. 324
EPIST. CIV. — N. abbatissæ in Gerbestethde ad Hildegardem. — Ejus petit orationibus adjuvari, suasque vicissim illi promittit. 325
Responsum Hildegardis.—De casu primorum parentum et eorum per Christum suscitatione. 325
EPIST. CV. — N. abbatissæ Montis S. Cyriaci ad Hildegardem. — Se sibique commissas ipsius commendat precibus. 326
Responsum Hildegardis — Hortatur ne mente sit inquieta, et ne in abstinentia excedat. 327
EPIST. CVI. — N. abbatissæ in Lubboldesberge ad Hildegardem. — Consolatorias ab ea exposcit litteras. 327
Responsum Hildegardis. — A Deo eam valde diligi. 328
EPIST. CVII. — N. abbatissæ ad Hildegardem. — Tentationibus impugnata ipsius consilium auxiliumque precum postulat. 328
Responsum Hildegardis. — Propriam dimittendam esse voluntatem ac carnalia desideria, ut Deo obediatur. 328
EPIST. CVIII. — N. abbatissæ apud Widergoldesdorf ad S. Hildegardem. — Optans dignitati renuntiare, petit ab ea quid sibi sit agendum. 329
Responsum Hildegardis. — Ut constanter sustineat impositum sibi onus et in Deum confidat. 329
EPIST.CIX. — H. abbatissæ de Crouchdal ad Hildegardem. — Ut quid in se correctione dignum sit indicet. 329
Responsum Hildegardis. — Eam dijudicare alios in quibus dijudicari nollet. 330
EPIST. CX. — L. abbatissæ in Babemberch ad Hildegardem. — Petit ab ea et ejus conventu mutuum fraternitatis consortium. 330
Responsum Hildegardis. — Hortatur ad laborem, et ad filias sub disciplina constringendas. 331
EPIST. CXI. — N. abbatissæ Veteris Monasterii Moguntiæ ad Hildegardem. — Ut pro peccatis suis Deum placare studeat. 331
Responsum Hildegardis. — Ut pondus suum devotissime portet, et in Dei servitute perseveret. 331
EPIST. CXII. — E. abbatissæ superioris monasterii Ratisbonensis ad Hildegardem. — An creditam sibi curam dimittere possit, et de his quæ jam inquisierat, an sibi formidandum sit aliquid. 332
Responsum Hildegardis. — Non inquirenda quæ Deus nesciri vult, nec dimittendam ipsi impositam curam. 333
EPIST. CXIII. — N. abbatissæ Nussimensis monasterii ad Hildegardem. — Orationum ejus suffragia exposcit super fluctuanti statu sui monasterii. 333
Responsum Hildegardis. — Hortatur ad pœnitentiam et ona opera facienda. 333
EPIST. CXIV. — N. abbatissæ Coloniensis ad Hildegardem. — Eam cupiens habere in matrem, petit consolatorias litteras. 334
Responsum Hildegardis. — Ut onus suum firmiter portet, et oves suas coerceat. 334
EPIST. CXV. — N. abbatissæ de Didenkirkim ad Hildegardem. — Petit ab ea commonitoria verba quæ animam suam ædificent. 334
Responsum Hildegardis. — Hortatur ut cordis sui terram colat, ut suis sit utilis. 335
EPIST. CXVI. — T. abbatissæ Anturnacensis ad Hildegardem. — Certa fieri cupit de quibusdam monasterii ejus consuetudinibus, præsertim an solas nobiles virgines admittat. 336
Responsum Hildegardis. — Mulieres non debere quærere ornatum, virgines decere vestes candidas; discernendas esse nobiles ab ignobilibus, ne se odio habeant. 337
EPIST. CXVII. — A. abbatissæ de Crouchdal ad Hildegardem. — Ut Deum exoret, quatenus pro excessibus in officio suo commissis satisfacere possit. 338
Responsum Hildegardis — Commendat illi charitatem, obedientiam et propriæ voluntatis abnegationem. 339
EPIST. CXVIII. — G. sanctimonialis ad Hildegardem. — Quam grave ipsius ferat absentiam. 341
Responsum Hildegardis. — Gratulatur illi quod viam angustam sit amplexa. 342
EPIST. CXIX. — B. sacerdotis ad Hildegardem. — Ægre fert quod propositum deserendi sæculi differatur, ipsius preces exposcit, et librum ejus ad transcribendum. 343
Responsum Hildegardis. — Animat eum ad propositum suum prosequendum. 343
EPIST. CXX. — V. ad Hildegardem. — Excusat se quod eam nec corpore, nec scriptis visitaverit. 344
Responsum Hildegardis. — Hortatur ad contemptum mundi. 344
EPIST. CXXI. — T. monachi S. Benedicti ad Hildegardem. — Optat ejus præsentia perfrui aut saltem ipsius litteris in Deo corroborari. 344
Responsum Hildegardis. — Ejus desideria esse bona, et ut fortis sit in prælio. 345
EPIST. CXXII. — B. ad Hildegardem. — Peccatis gravatus ipsius petit orationes. 346
Responsum Hildegardis. — Hortatur ad pœnitentiam cujus varios gradus refert. 346
EPIST. CXXIII. — H. magistri de Trajecto ad Hildegardem. — In camino tribulationis excoctus, ipsius scriptis cupit refrigerari, et an sit in numero salvandorum rescire. 346
Responsum Hildegardis. — Ut declinet a malo et faciat bonum. 347
EPIST. CXXIV. — C. B. sacerdotum in Ruthdelingun ad Hildegardem. — Ejus precibus se commendant. 348
Responsum Hildegardis. — Ut currant ad Deum et propter eum fortiter pugnent. 348
EPIST. CXXV. — B. sacerdotis Trevirensis ad Hildegardem. — Ut sibi consolatoria verba rescribat, et quomodo his præesse possit, quos sub regimine sacerdotii regere debet. 349
Responsum Hildegardis. — Docet qualiter se gerere debeat erga peccatores. 350
EPIST. CXXVI. — Fratris S. ad Hildegardem. — Peccatis gravatus ipsius se commendat precibus. 350
Responsum Hildegardis. — Ut ad Deum suspiret per pœnitentiam. 351
EPIST. CXXVII. V. Parisiensis magistri theologi ad Hildegardem. — Quærit a S. Hildegarde an dici possit, quod paternitas et divinitas Deus non sit. 351
Responsum Hildegardis. — Respondit in visione sibi demonstratum esse quod paternitas et divinitas Deus sit. 352
EPIST. CXXVIII. — Fratris O. ad Hildegardem. — Deplorat Ecclesiæ per schisma scissuram, oratque ut pro ea suas preces interponat, pro se etiam qui a dæmonibus vexabatur. 353
Responsum Hildegardis. — De variis dæmoniorum generibus et quomodo possit eos superare. 354
EPIST. CXXIX. — N. decani S. Martini Moguntini ad Hildegardem. Optat eam videre, seque ejus commendat orationibus 355
Responsum Hildegardis.—Hortatur ad pœnitentiam. 356
EPIST. CXXX. — N. ad Hildegardem. — Fidei ipsius animam suam, corpusque suum, totamque congregationem suam illi commendat. 357
Responsum Hildegardis. — Ut intelligat quæ sint utilia et quæ nociva. 357
EPIST. CXXXI — H. monachi Mulenbrunnunsis ad Hildegardem. — Ut aliquid de scelesti admonitione sibi transmittat. 357
Responsum Hildegardis. — Sub parabola docet in hoc sæculo laborandum esse. 358
EPIST. CXXXII. — N. monachi de Ebra Cisterciensis ordinis ad Hildegardem. — Ipsius se commendat orationibus, verbaque consolatoria ab ea exposcit. 359
Responsum Hildegardis. — Promittit illi futuras consolationes, utpote qui Deo placeat. 360
EPIST. CXXXIII. — V. Wessioniensis ad Hildegardem. Peccatis oppressus quærit an debeat adhuc a Deo sperare veniam. 360
Responsum Hildegardis. — Ut mentem ad bona restauret, et justitiam esuriat. 361
EPIST. CXXXIV. — H. Trajectensis canonicæ ad Hildegardem. — Ut arcana divinæ revelationis de suo statu sibi revelet. 361
Responsum Hildegardis. — Ut velociter surgat et a diabolo fugiat. 362

EPIST. CXXX. — A. monachi et presbyteri ad Hildegardem. — Ipsius sororumque preces petit suas vicissim eis promittens. 362
Responsum Hildegardis. — Sub quadam parabola hortatur ad charitatem, fugam sæculi, et amorem veræ sapientiæ. 363
EPIST. CXXXVI. — N. sacerdotis et magistri pauperum in Lutherum ad Hildegardem. — Exoptat ab ea salutaria audire documenta, paratus iis obedire. 363
Responsum Hildegardis. — Ut Christi imitetur exemplum, qui ut verus Samaritanus hominem qui in latrones inciderat, curavit per se et stabularios, id est apostolos. 364
EPIST. CXXXVII. — Monachorum Sigebergensium ad Hildegardem. — Causantur quod ipsis non rescribat, petuntque ut de statu monasterii Sigebergensis aliquid aperiat, ac verba commonitoria transmittat. 366
Responsum Hildegardis. — Quosdam ipsorum ut stellas lucere, quosdam vero in obscuritate fatigationis lacescere, et de casu primi angeli per superbiam. 366
EPIST. CXXXVIII. — Monachorum Hirsaugensium. — Causantur de abbate, qui non læsus ipsos opprobriis et calumniis onerare non cessabat occasione discordiæ quæ ipsum inter et priorem intercesserat. 367
Responsum Hildegardis. — Deum eorum non oblivisci, tantummodo vitia conculcent et pœnitentiam agant. 368
EPIST. CXXXIX. — Monachorum Eberbacensium ad Hildegardem. — Ut quæ in eis corrigenda sint non celet. 369
Responsum Hildegardis. — Ut caveant ne felicitatem quæ in Dei prædestinatione in ipsis esse videtur abjiciant. 369
EPIST. CXL. — N. prioris de Zwifelda ad Hildegardem. — Quomodo collapsam in suo monasterio disciplinam valeat reparare. 370
Responsum Hildegardis. — Arguit eorum negligentiam, hortaturque ut resipiscant. 370
EPIST. CXLI. — Monialium Zwifeldensium ad Hildegardem. — Ut ostendat quomodo a via negligentiæ ad viam correctionis debeant redire. 371
Responsum Hildegardis. — Ut superbiam vitent, nec sint saltatrices, nec extra monasterium prodeant, et ad primam desponsationem redeant. 371
EPIST. CXLII. — A. prioris et conventus de Monte S. Disibodi ad Hildegardem. — Conqueruntur quod apud ipsos educata ipsis non rescribat, nec commonitoria verba transmittat. 373
Responsum Hildegardis. — Ut ad Deum redeant. 374
EPIST. CXLIII. — Monachorum S. Eucharii Trevirensis ad Hildegardem. Admonitionis ipsius stimulis excitari desiderant. 376
Responsum Hildegardis. — Eorum sanctam laudat conversationem. 376
EPIST. CXLIV. — N. prioris et monachorum Cistelleusium ad Hildegardem. — Ab ea rescire desiderant quid in ordine displiceat Deo. 380
Responsum Hildegardis. 380
EPIST. CXLV. — Henrici abbatis et conventus Montis S. Disibodi ad Hildegardem. — Ab ipsa rescribi desiderant quid in seipsis Deo displiceat, orantque ut vitam S. Disibodi scriptis commendet. 381
Responsum Hildegardis. 382
SCIVIAS SIVE LIBRI TRES VISIONUM AC REVELATIONUM.
LIBER PRIMUS.
Præfatio. [383
Visio prima. 385
Visio secunda. 387
Visio tertia. 403
Visio quarta. 415
Visio quinta. 433
Visio sexta. 437
LIBER SECUNDUS
Visio prima. 441
Visio secunda. 449
Visio tertia. 455
Visio quarta. 467
Visio quinta. 475
Visio sexta. 505
Visio septima. 555
LIBER TERTIUS.
Visio prima. 565
Visio secunda. 577
Visio tertia. 589
Visio quarta. 599
Visio quinta. 611
Visio sexta. 623
Visio septima. 641
Visio octava. 651
Visio nona. 675
Visio decima. 691

Visio undecima. 707
Visio duodecima. 723
Visio decima tertia. 729
LIBER DIVINORUM OPERUM SIMPLICIS HOMINIS.
Monitum ad lectorem. 739
PARS PRIMA
PRIMA VISIO.
I. — Mirificæ visionis, de qua sequens opus pendet, positio, et in ea divinæ cujusdam imaginis in hominis forma apparentis, et habitus vel circumstantiæ ipsius subtilis descriptio. 741
II. — Verba ejusdem imaginis, per quam charitas intelligitur, igneam vitam substantiæ Dei se nominantis, et multifarios potentiæ suæ effectus in diversis creaturæ naturis vel qualitatibus enarrantis. 743
III. — Quod in homine ad imaginem et similitudinem suam facto, omnem creaturam Deus signavit, et eum post lapsum ex sola benignitatis charitate per incarnationem suam reparatum in beatitudine, quam prolapsus angelus perdiderat, collocaverit, et quia hoc mystica præscriptæ visionis significatione monstretur. 744
IV. — Quod devota fides excellentiam divinæ charitatis complectatur, et per hanc Deus in trinitate unus agnoscatur; quodque ejusdem fidei merito ipse Deus homines protegendo ad cœlestia reducat. 745
V. — Quod dilectio Dei et proximi virtute fidei roborata separari non possit. 745
VI. — Quod quilibet Deo humili devotione subditus, Spiritu sancto juvante ignitus, et se ipsum in eo quod vitiosus est et diabolum superet, et quod angeli de bonis justorum exsultantes, Dei omnipotentiam colluadent. 745
VII. — Quod ab æterno illocaliter in Deo erant universa quæ ipso creante numero et ordine, et loco, et tempora distincta processerunt. 746
VIII. — Quod diabolus et angeli desertores justitiæ, cum prius magnæ essent potentiæ, propter ingratitudinem vel superbiam suam ad hoc redacti sunt, ut in omni creatura nihil possint nisi quantum superno nutu permittuntur. 746
IX. — Quod homo ad imitationem Creatoris sui se dirigens, quasi ex quadam bestiali irrationabilitate abstractus, fulgore rationalis naturæ radiare incipiat. 747
X. — Quod in verbo Dei dicentis « Fiat lux, » rationalis lux, id est angeli creati sunt, et quod ex his a beatitudine quibusdam cadentibus, Dominus aliam rationabilem vitam, quæ carne tegeretur, id est hominem, qui locum et gloriam lapsorum obtineret, fecerit. 747
XI. — Quod Deus in fortitudine charitatis suæ prædestinatos ad se colligens, infusione munerum Spiritus sancti eos de quibusque necessariis erudiat. 747
XII. — Quod Filius Dei naturam humanitatis absque peccati labe suscipiens, et in carne apparens, publicanos et peccatores ad pœnitentiam vocaverit, et eos ex fide sua justificaverit. 748
XIII. — Quod imitatio charitatis Filii Dei cruce sua diabolum conterentis etiam nunc in suis fidelibus discordiam et cætera vitia, ipsumque humani generis antiquum deceptorem conculcet et ad nihilum redigat. 748
XIV. — Quod Adam et Eva suasione diaboli invidentis eis, consentiendo, gloriam cœlestis vestimenti, id est immortalitatem, perdiderunt. 749
XV. — Quod Deus, eorum misertus, ad puniendam transgressionis culpam de paradiso eos in exsilium istud expulerit; et quod quisquis matrimonii fidem inter illos Deo institutam violaverit, ultione gravi, nisi pœniteat, plectendus sit. 749
XVI. — Quod in prædicatione incarnati Filii Dei spirituali populo exoriente completa sit promissio Dei dicentis ad Abraham, quia secundum numerum stellarum cœli semen ipsius multiplicaretur. 750
XVII. — Quod Deus de genere Abraham credentis et obedientis sibi virginem Mariam elegerit, de qua Christus institutor et rector novellæ, id est spiritualis generationis, corporaliter nasceretur. 750
VISIO SECUNDA.
I. — Descriptio sphæræ totius mundi cum circulis et planetis, et ventis suis in modum rotæ in pectore imaginis, quæ in prima visione descripta est, apparentis. 751
II. — Quia Divinitas instar rotæ integræ nec initium, nec finem habens, nec loco vel tempore circumscripta omnia in se comprehendat. 755
III — |Quare in libro *Scivias* sphæra mundi in figura ovi, et inisto in similitudine rotæ ostensa, vel descripta sit. 755
IV. — De duobus circulis lucidi et nigri ignis, quare alter alteri subpositus sit, et quomodo sibi invicem cooperentur, et quid significent. 756
V. — De circulo puri ætheris, qui tertius est, ad quid in constitutione sua valeat, et quid significet, et quare

tantæ densitatis sit quantæ duo superiores.   756
VI. — De quarto circulo, qui in modum aquosi aeris videtur, et quantæ densitatis sit, et quid significet.   757
VII. — De circulo fortis albi et lucidi aeris quanta utilitate quintum locum obtineat, et quantæ densitatis sit, et quid et ipse significet, vel quare superiori, ut velut unus sint, copuletur.   757
VIII. — De sexto circulo, qui in similitudine tenuis aeris a superioribus procedere videtur, quid in suo loco, valeat, et quid in mystica ratione per eum figuretur.   758
IX. — Quare isti sex circuli sine intervallis sibi invicem jungantur, et quid per hanc connexionem innuatur.   758
X. — Quod primus circulus igne suo alios inflammet, quartus eos lumine suo temperet, et quod hoc in nobis figuraliter ostendat.   759
XI. — De linea in præscriptam rotam quasi a primo solis ortu usque in extremum ejus occasum protensa apparente, et quid hoc idem gerat mystice.   759
XII. — Testimonium de Apocalypsi, et quomodo intelligi debeat ad idem exprimendum.   759
XIII. — Quod moles terræ instar globi infra prædictos sex circulos æquali distantia a quinque superioribus remota, in medio sexti, id est tenuis aeris immobiliter fundata sit, et quid inde significationis colligatur.   759
XIV. — Verba Pauli ad eamdem significationem competentia et quomodo intelligenda sint.   760
XV. — De imagine in forma hominis in medio prædictæ rotæ apparentis vertice pedibus et manibus distentis, circulum fortis albi et lucidi aeris contingentis, et quid, et ipsa imago, et talis positio ejus designet.   761
XVI. — De quatuor capitibus bestiarum in quatuor partibus ejusdem rotæ apparentium, et quid tam in mundo quam in homine significent.   761
XVII. — Quare principalis ventus orientalis in modum capitis leopardi super caput imaginis hominis in circulo puri ætheris videatur, cur etiam duo collaterales ejus venti alter in specie capitis cancri, alter instar capitis cervi ostendatur.   762
XVIII. — Quare capita ista in rota ad imaginem hominis spirent et moralis descriptio significationis eorum.   763
XIX. — Testimonium de Canticis canticorum ad eadem conveniens, et quomodo intelligendum sit.   764
XX. — Quare principalis ventus occidentalis in effigie capitis lupi sub pedibus supradictæ imaginis in circulo aquosi aeris appareat ; cur etiam duo collaterales venti, alter in cervi, alter in forma capitis cancri demonstrentur.   765
XXI. — Quare et hæc sicut superiora capita ad hominis imaginem spiramina sua dirigant, et moralis horum intellectus.   766
XXII. — Verba Isaiæ ad idem pertinentia, et quomodo accipi debeant.   767
XXIII. — Quare principalis ventus australis in dextera parte ejusdem imaginis velut caput leonis in circulo lucidi ignis ostendatur ; cur etiam duo collaterales venti ejus alter in serpentis, alter in figura capitis agni conspiciatur.   768
XXIV. — Quare hæc, ut et anteriora capita, in rotam et in imaginem eamdem status suos emittant.   769
XXV. — Sub homini diligenter investigandum sit quomodo hæc omnia ad salutem animæ suæ, et ad Dei judicia peragenda nihil inexaminatum relinquentis respiciant.   770
XXVI. — Quia nulli ordo virtutum a se vel in se discretus negligendus sit, quoniam virtutis effectus hominem ad justitiam vel rectitudinem cœlestium perducit.   770
XXVII. — Testimonium de psalmo CXVII. ad hoc consonans, et quomodo intelligendum.   771
XXVIII. — Quare principalis septentrionalis ventus a sinistra parte illius humanæ imaginis quasi caput ursi in circulo nigri ignis appareat ; cur etiam duo collaterales ejus venti alter in agni, alter in forma capitis serpentis videatur.   772
XXIX. — Quare etiam ista sicut et superiora capita in rotam et ad imaginem eamdem impetus statuum suorum convertant.   773
XXX. — Verba David in eodem psalmo CXVII, ad eadem competentia, et explanatio ipsorum.   774
XXXI. — De septem planetis in diversis circulis rotæ supradictæ imaginis distinctis intervallis apparentibus.   775
XXXII. — Quomodo iidem planetæ a Deo mundi conditore in firmamento dispositi sint, et de variis ipsorum efficientiis.   775
XXXIII. — Quid significet quod eorumdem planetarum tres in circulo lucidi ignis, unus in spatio nigri ignis, tres item in ambitu puri ætheris conspiciantur.   780
XXXIV. — Quorsum tres primi planetarum radios, qui in hac visione ex eis procedere cernuntur, dirigant ; et

quid tam per ipsos planetas, quam per radios eorum designetur.   780
XXXV. — Quare sol medius eorum plures quam cæteri radios emittere videatur, et vel quid ipse vel radii ejus significent   781
XXXVI. — Quorsum tres infimi radios suos intendant, et quid etiam tam per ipsos quam per radios eorum figuretur.   782
XXXVII. — Quod fidelis quilibet quamvis virtutibus emineat, eisdem tamen aliquando quasi destituitur salubriter tentationibus pulsetur, ne præsumptione elationis seductus pereat.   783
XXXVIII. — Testimonium de libro Isaiæ ad hæc insinuanda appositum, et quomodo intelligendum sit.   784
XXXIX. — De sedecim principalibus stellis, in circulo lucidi ignis ad solidandum firmamentum et temperandos ventos in circuitu ipsius firmamenti æqua distinctione constitutis.   784
XL. — Quod aliarum discreta numerositas stellarum in duobus circulis scilicet puri ætheris et albi lucidi aeris positarum firmamentum calefaciat et nubes ne suos transeant terminos coerceat.   785
XLI. — De quatuor statibus in modum linguarum propter mobilitatem suam dextro lævoque imaginis apparentibus quid utilitatis habeant.   786
XLII. — Mystica et luculenta ratio de numero et ordine vel positione sedecim principalium stellarum.   786
XLIII. — Item mystica ratio de discreta multiplicitate et constitutione aliarum communium stellarum.   787
XLIV. — Item mystica ratio de utilitate quatuor statuum in dextra seu læva parte imaginis instar linguarum se commoventium.   787
XLV. — Quod fidelis quisque vestigia Filii Dei devote sequens munimine virtutum inter tentationes roboratur ad gaudia superna perveniat, et verba Isaiæ ad idem approbandum competenter exposita.   788
XLVI. — De luce clarissima ex ore imaginis rotam in pectore gestantis in similitudine filiorum procedente, quibus signa ipsius imaginis et rotæ et circulorum præostensorum dimetiri videtur, et mystica horum ratio.   789

VISIO TERTIA.

I. — Simplex collectio quarumdam visionum physicam tangentium de ventis superius et inferius firmamentum circumagentibus, de circulo superiore ad planetas ab occasu in ortum regradandos, et in cursu suo moderandos emittentes ; de humoribus hominis qualitates aeris et ventorum invicem concurrentium suscipientibus ; de venis et de intestinis totius humani corporis, quomodo sibi in diversis officiis cohæreant et cooperentur, et quibusde causis ab æqualitate vel temperie sua interdum dissideant.   789
II. — Quod omnes creaturæ non minus in anima quam in corpore utilitati deserviant, et quid significet quod venti orientalis et australis cum collateralibus suis firmamentum ab oriente in occidentem circumvolvere conspiciantur.   794
III. — Quid significet quod itidem ventus australis, sed et septentrionalis diversis anni solstitiis, alter ab austro in septentrionem attollat, alter a septentrione in austrum paulatim deprimat.   795
IV. — Quid circulus in superiori igne apparens significet tam totum firmamentum cingens, quam ventum superiora perflantem et planetarum cursum regradando temperantem emittens.   795
V. — Verba Habacuc prophetæ ad eamdem significationem declarandam apposita et expositio eorum.   796
VI. — Quid significet quod secundum diversam qualitatem ventorum et aeris invicem in se concurrentium humores qui sunt in homine commoti permutentur.   796
VII. — Testimonium de proverbiis Salomonis ad hanc significationem elucidandam insertum, et quomodo intelligendum sit.   798
VIII. — Quod ex multifaria necessitudine ventorum et aeris, ex diverso cursu solis et lunæ, suo judicio Dei accedente, homo quoque immutationem suscipiens variationes sanitatis et infirmitatis nonnunquam incurrat, et quid per hoc in spirituali ejus vita figuretur.   798
IX. — Quia humores in homine etiam secundum modum complexionis quorumdam animalium vel bestiarum nunc aerius, nunc levius moveantur, et quod juxta mutationem vel impulsionem eorumdem humorum affectus et cogitationes, in ipso scilicet homine frequenti alternatione varientur.   799
X. — Quod homo in dextra sui parte, eo quod jecur, in quo fons caloris est, dextrorsum habeat, ad operandum expeditior sit ; in sinistra vero pro corde vel pulmone sinistrorsum in se locatis et pulsum respirationis habentibus ad onera ferenda habilior ; et quid ista spiritualiter in ipso designent.   800

XI. — Verba Isaiæ prophetæ ad horum astruendam significationem congrua, et quo sensu accipienda sint. 801

XII. — Quid designet in homine quod humores qui in eo sunt, umbilicum, qui caput viscerum existit, et lumbos, in quibus petulantia est, conspergentes, venas quoque renum, et illorum interdum tangunt, et per has ad venas etiam splenis, pulmonis et cordis ascendunt. 801

XIII. — Quod venæ cerebri, cordis et jecoris, renes confortando, venæ quoque renum suras descensu suo roborando, et cum venis ipsarum sursum redeundo locis opportunis invicem conjunctæ utrique sexui vires ad gignendum conferunt, et quod lacerti, brachia et crura venis et humoribus plena sint, et brevis horum exemplificatio. 802

XIV. — Quod ex nimia nervorum et venarum totius corporis distensione homini currenti fatigatio accidat, et quarum venarum complexione vel impulsione delectatio illa momentanea concitetur, et moralis utilisque in ipso homine horum assignatio. 802

XV. — Quibus de causis flegmate et humoribus interdum in homine corruptis, ipse homo in corpore vel caducum morbum vel alias infirmitates incurrat, et quibus malis secundum horum significantias in anima plerumque corripiatur. 803

XVI. — Verba Osee prophetæ ad hæc competentia, et quo sensu accipienda sint. 804

XVII. — Quod venæ renum hominis ab humoribus injuste aliquando commotis nonnunquam tactæ alias venas concutiendo etiam medullas ossium arefaciunt, et quæ incommoditas per hæc designata interius hominem apprehendat. 804

XVIII. — Quid humores in pectore hominis superflue abundantes, jecur et venas aurium vel renum moventes, et ex umbilico ad cerebrum ascendentes, in spiritualibus ejus designent. 805

XIX. — Quid etiam profectus in interioribus cogitationum significet fidem humores in corpore hominis æqualiter et temperati, et testimonium de Canticis canticorum ad hoc consonans cum expositione sua. 806

VISIO QUARTA.

I. — Visiones diversæ sub uno capitulo breviter comprehensæ. De firmamento, quantæ cum universis sibi adhærentibus densitatis sit, et de incommoditatibus aliquorum circulorum, quomodo aliorum oppositione repellantur, vel temperentur, et de lactea zona instar arcus incurvati apparente. 807

II. — Quod Deus omnium creator rerum per superiora inferiora confirmet, et per ea etiam peccatores puniendo emundet, et quid firmamenti spissitudo undique æqualis terræ in homine designet. 807

III. — Item de firmamento a Conditore ad quaslibet habilitates igne, æthere, aquis, stellis, ventis congrue disposito, et unde creentur squamæ a lucido igne superioris circuli in modum favillarum decidentes, et tam terram quam ejus incolas lædentes, et quid per hoc interioris ultionis demonstretur. 808

IV. — Quod niger ignis secundo comprehensus circulo vel judicio Dei, vel ventorum collisione excitatus nebulam viridia terræ exsiccantem emittat, et nunc calore, nunc membrorum inundatione periculosus fiat, et quid ista significet. 808

V. — Quod circulus puri ætheris suavitate sua superiora et inferiora temperet, et squamis prioris et nebulæ secundi circuli ne terras nimium lædant resistat, et quid sumus ab aquis superioribus cœlesti igne fervefactis procedens, vel utilitatis vel significationis habeat. 809

VI. — De nebula pestifera a circulo fortis et albi aeris ad terras se extendente, unde creetur, et quod ei densitas aquosi aeris ne supramodum noxia sit resistat, et quod plagæ quævis nunquam nisi Dei judicio super homines inducuntur, et quid hæc omnia designent. 809

VII. De humore a tenui aere emanante, cujus utilitatis sit, et quod guttæ pluviarum superiori frigore in nivem versantur, et quod idem tenuis aer a superioribus terram muniat, eamque fecundet. 810

VIII. — Quomodo nubes in eodem aere superno vel igne, vel frigore modificatæ, nunc lucidæ, nunc umbrosæ appareant, et pluviam quasi a quibusdam mammis expressam non repente, sed sensim diffundant, et quid in nobis designent. 810

IX. — De nube quæ lactea vocatur, quod aerem extensione vel incurvatione sua comprehensum roboret, et quid per hoc significet. 811

X. — Verba Job ad idem consona, et quod sensu accipienda sint. 811

XI. — Quia homo instar firmamenti cujusdam in Deo roboratus, ipsum et opera ejus sedule semper considerare debeat, quoniam ad cognoscendum et glorificandum se inter omnia maxime rationalem creaturam fecit Deus. 811

XII. — Quia Deus pulchritudinem operum suorum in primo angelo signaverit, et quod ad demonstrandum in qua mundi parte infernus sit, tribus partibus solis et lunæ præsentia illustratis, quartam partem, id est septentrionalem vacuam lumine reliquerit, et quod fulgore lucis tenebræ arguantur, et oppositione tenebrarum lux gratior sit. 812

XIII. — De superbia vel tumore primi angeli et sequacium ejus in Deum, et de præcipitatione eorum in locum tenebrarum et clamor beatorum angelorum illos detestantium. 812

XIV. — Quia Deus in arcano consilii sui ab æterno habens quod homo ipse fieret, hominem qui semper diabolo mysterium hoc deprehendere non valenti repugnaret, et ejus locum obtineret, ad imaginem et similitudinem suam fecerit, in quo etiam anima ossibus et carne compacto omnes majoris mundi creaturas recapitulavit. 813

XV. — Quomodo exterior habitudo, vel forma hominis animæ secundum interiorem profectum vel defectum assignetur. 814

XVI.—Quod in constitutione sua firmamentum et homo multam similitudinem ab opifice suo Deo acceperunt, et quid per hoc in anima ipsius hominis demonstretur. 814

XVII. — Quia in capite hominis per tres æqualium distinctiones mensurarum, scilicet a vertice usque ad guttur superiores firmamenti tres circuli cum duobus sibi interpositis deputentur, et qualiter eorumdem circulorum densitas in circuitu capitis æquali divisione assignetur, et quomodo hæc etiam viribus animæ per significationem coaptentur. 815

XVIII — Descriptio quarumdam mensurarum, quæ in labiis, in auribus, in humeris, in gutture hominis inveniuntur, et qualiter secundum ista interior homo in opere Dei vel pœnitentia se agere debeat; quodque maligni et impœnitentes sæpe valde confunduntur, quod pœnitentiam homini abstrahere non possunt. 816

XIX. — De duabus viribus animæ, quarum altera in his quæ ad Deum spectant, juvatur, altera in vivificando vel regendo corpore suo fungitur. 817

XX. — Verba David et sensus quo accipi debent ad diversas animæ et corporis exercitationes pertinentia. 818

XXI. — Quod sicut per firmamentum et varias circulorum ejus qualitates terræ officia complentur, ita et per caput et sensus qui in eo maxime vigent totum corpus regatur; et quia etiam secundum ista principale quiddam, id est ratio, quo cœlestia appellat et vires aliæ quibus corpus administret animæ attributæ sunt. 818

XXII. — De intervallis et vicaria cooperatione septem planetarum, et quomodo a summitate humani cerebri usque ad imum frontis per septem loca æquali mensura iidem planetæ disterminandi sint : et qualiter juxta hæc anima se et corpus suum quinque subsistens sensibus secundum septem dona sancti Spiritus bonis et affectibus et operibus exercere debeat. 819

XXIII. — Quia cerebrum hominis, tribus divisum cellulis, et sensualitatem toti subministrans corpori, vicem solis obtineat, qui tres mundi partes perlustrans, omnia quæ in terris sunt temperando vel fovendo confortat, et etiam igne suo lunam accendit. 820

XXIV. — Quod eodem modo anima viribus suis et corpus suum regens, ac Deum in Trinitate unum colens, eumdem planetam quasi imitando quamdam vel diem, vel noctem vicissim facere videtur, dummodo spiritu fortitudinis quem sol significat roborata et sublimata, sanctorum luce operum refulget, modo concupiscentiis carnis succumbens operatur. 821

XXV. — Quod sicut cerebro, humiditatem a visceribus trahenti, omnes corporis venæ calorem administrant, ita et soli rorem et pluviam interdum diffundenti superiores circuli ne a calore deficiante ignibus suis assistant, et quod secundum ista concordiæ vel dissonantiæ inter animam et carnem invenientur. 822

XXVI. — Quod sicut cerebrum et intestina dum humoribus redundant purgatione indigent, ita etiam aer et terra tempore autumni, ille per fila longa et coagulata, hæc per spumam sordidam quibusdam locis purgari videantur, et quod eodem modo caro veneria exsudatione exsiccari, anima pœnitentiæ labore expiari comprobetur. 823

XXVII. — Quia vas cerebri superioris ignis solem accendentis vicem teneat, et humor aquosi aeris ejusdem solis et caloris temperamentum, et cursui terminum ne subjecta concremet præbeat, et quomodo secundum hæc anima sub potestate Dei et judicio posita, et rationalitate sibi indita discrete et se et corpus suum in omnibus regere debeat. 824

XXVIII.— Quod sicut nigredo cerebri calore et humore

coagulata flegma vel livorem corpori hominis diffundit, sic et niger ignis, qui in secundo circulo est, tempestates et fulgura mundo inducat, et in hunc etiam modum anima elatione et caro concupiscentiis corrupta, diversa ad invicem altera alteri resistendo certamina habeant. 825

XXIX. — Quod ita cerebro totum corpus hominis quemadmodum sole, qui medius planetarum est, superiora et inferiora roborentur, et de eo quod tribus partibus mundi a sole illustratis, quartam Deus tenebrosam et frigidam reliquerit, et mystica horum ratio secundum interiorem hominem. 826

XXX. — Quid significet in actibus hominis ortus vel occasus solis, et quid nunc nubibus vel nimietate tempestatum occultatus non apparet, nunc his abstersit lumen suum terris restituit. 827

XXXI. — Quia frons inter cerebrum et oculos consistens, ita infirmitates quæ de cerebro et stomacho nascuntur colligit, quemadmodum luna ea quæ de superioribus descendunt et de inferioribus ascendunt recipit; et quod oculi albugine et pupillis in humore suo purum ætherem, stellas et vaporem de subjacentibus aquis ascendentem insinuent, et multiplex horum in qualitatibus animi consideratio. 828

XXXII. — Quibus ex causis et lacrymæ de humoribus corporis collectæ ab oculis, et pluviæ ab aquis inferioribus sursum tractæ e nubibus defluant, et diligens horum secundum affectiones animæ expressio. 829

XXXIII. — Quia sicut nulla forma visibilis sine nomine, ita nec sine mensura sit; et quid in interiori homine æqualis exteriorum mensura oculorum significet. 831

XXXIV. — Quia judicium rationalis animæ et bono præmium et malo pœnam debeat constituere, et quod ad comparationem æternæ retributionis nulla pœnitentia sufficeret, etiamsi arenam omnem et maris guttas transcenderet. 831

XXXV. — Quia sicut homo oculis et cæteris sensibus conformatur, et cœlum sole, luna et stellis, vicaria sibi luce subvenientibus, illustratur, ita et anima veræ operibus pœnitentiæ illuminetur, et suspirii vel lacrymis cito a peccatis diluatur. 831

XXXVI. — Quod sicut mento caput et superiora per nubes sustentantur, sicut etiam ossa in homine per ignem durantur, et per frigus medullæ coagulantur, et in mundo terra per æstatem et hiemem ad fructificandum excolitur, ita et mentes fidelium igne Spiritus sancti et rore compunctionis ad quælibet bona corroborantur, et inertia torporis et negligentiæ debilitantur. 832

XXXVII. — Item de utilitate sensuum in homine et siderum in mundo, et quod dolus diaboli, quo Evam decepit, et originale peccatum toti per eam posteritati transfudit, quasi nebula sit, quæ de nocivo aere consurgens terram obtegendo et fructus lædit, et ne claritas diei cernatur visum præpedit. 833

XXXVIII. — Quod supercilia ad munimentum oculis data itinera lunæ designent, menstruis crementis et detrimentis obnoxia, et quod secundum hoc animæ inter prospera et adversa in timore Dei constantia et securitas tenendæ sint. 833

XXXIX. — De naso, ore, auribus, quantum in homine valeant, et quid diversi effectus eorum in exterioris mundi elementis et in interioribus animæ significent, et quod in omnibus exempla sanctorum sequenda sunt. 833

XL. — Quod in lingua hominis inundatio aquarum ostendatur, et quid per eamdem exteriorem fluctuum inundationem in interioribus figuretur. 835

XLI. — Quid virtutis vel fortitudinis per dentes, qui cavernosi sunt, nec medullam habent, in nobis exprimatur. 836

XLII. — Quare infans, cum ossa habeat, sine dentibus nascatur, et homines cum in senium declinant eosdem sæpe dentes amittant, et quid secundum ista demonstretur. 836

XLIII. — Quomodo vel unde dentes in pueris formentur, et quare gravi interim dolore constringantur, et horum in nobis significatio. 837

XLIV. — Quod dentes, qui cibos quibus homo alitur comminuunt et circumferunt, similitudinem molendini obtineant, et quomodo anima in interioribus suis ista imitetur. 837

XLV. — Quia per mentum, guttur et collum diversa in corpore habentium officia, et varii in mundo nubium, et multiplices in anima virtutum effectus indicentur. 838

XLVI. — Quod per crines, qui caput decenter ornant exterius, roris vel pluviarum guttæ, quibus terra fecundata graminum vel fructuum decore vestitur, et interius innocentiæ et castitatis et humilitatis cultus, quo ante Deum fulget anima demonstrentur. 839

XLVII. — Unde fiat quod in quorumdam hominum capitibus capilli fortitudinem suam tenentes non eradicentur, et in quorumdam capitibus infirmati per calvitiem defluant, et quod secundum ista tam fertilitas quam sterilitas, et fructuum in terra exterius, et virtutum in anima interius denotetur. 839

XLVIII. — Quod in diversis effectibus animæ designet positio hominis in facie orientem, retrorsum occidentem, dextrorsum austrum, et sinistrorsum aquilonem habentis. 840

XLIX. — Quia, sicut collo humeri et brachia cum manibus, sic firmamento quatuor principales venti cum collateralibus suis inhæreant; et quomodo iisdem quatuor ventis quatuor vires in homines, scilicet cogitatio, locutio, intentio et gemitus assimilentur; et quid significet quod in dextra quam in sinistra vis major sit. 840

L. — Quia anima per Spiritum Dei in corpus missa viribus suis illud totum perfundat, quemadmodum status ventorum mundum omnem percurrit. 842

LI. — Quia sicut homo brachiis et cruribus regitur et sustentatur, ita et venti alii aliis in confortationem firmamenti subvenant, et quid vel ista, vel etiam eorumdem ventorum placidus flatus, aut turbulentus discursus in anima figurent. 842

LII. — Quomodo in flexuris brachiorum et in juncturis scapularum vel manuum reflexiones ventorum determinandæ sint, et quod sicut dextera et sinistra firmamentumque et terra sibi in aliquibus cooperantur, sic et homo per scientiam boni et mali licet contraria omnia opera sua perficiat. 843

LIII. — De tripertita dimensione humani corporis et spissitudinis sphæræ mundi, et qualiter vita hominis secundum pueritiam, adolescentiam et senectutem eidem dimensioni convenfat. 843

LIV. — Quia superior pars terræ tenera, mollis et perforabilis; inferior vero tenax dura et impenetrabilis sit, et quid secundum ista in hominis anima inveniantur. 844

LV. — Quid mensura humerorum, cubitorum, manuum quoque et pedum, usque ad finem majoris digiti, ventis in aliqua proportione similis, in interioris hominis qualitatibus demonstret. 844

LVI. — Quid mensura femorum in ante per latitudinem, et mensura ab umbilice usque ad loca digestionis per longitudinem, latitudini vel spissitudini terræ proportionaliter congruens in diversis animæ affectibus ostendat. 845

LVII. — Quia per spatium quod est a fine gutturis usque ad umbilicum aer designetur, ipsique aeri omnia vacua penetranti, et terram ad ferendos fructus diversis modis temperanti, anima totum corpus vivificans, et ad operandum movens comparetur. 845

LVIII. — Quod ex aere et aves ad volandum subvehantur, et etiam quidam pisces in aquis ita ut aliquandiu sine pastu vivant nutriantur; et quod in hunc modum homo non carnis, sed animæ desideria sequens, et per contemplationem volet, et Scripturarum suavitate pascatur. 847

LIX. — Quod et mare et flumina per aerem, et per venas sanguine infusas corpus, et per virtutes anima moveantur, quibus sicut terra rivulis irrigata bonorum germina operum proferat. 847

LX. — Quia sicut terra, calore æstatis et frigore hiemis in lutum resoluta ad quælibet germinanda imprægnatur, ita et homo, anima et carne inter se confligentibus, nunc virtutem, nunc vitiorum fructus afferat. 848

LXI. — Quia sicut pectus hominis, cor, jecur, pulmonem, sic et aer calorem, siccitatem et humiditatem aurarum in re comprehendat, et hoc etiam modo memoria, animæ cogitationes et opera sua disponendo contineat. 848

LXII. — Quia sicut cor jecore, pulmone et cæteris cohærentibus sibi intestinis vegetatur, et sicut tempus diei et noctis, et aer tranquillitatis et tempestatum vicissitudinibus variatur, sic et vita hominis inter carnis et animæ certamina modo vitiorum turbine quatitur, modo virtutum claritate lætatur. 849

LXIII. — Quod sicut venter viscera et cibos molis dentium contritos in se ad utilitatem totius corporis claudit et retinet, ita et anima in arcano memoriæ cogitationes correctionis suæ reponere et sollicita discretione ruminare debeat. 849

LXIV. — Quod tumores carnium qui in pectore eminent et ubera vocantur, et exterius aeris ubertatem et interius hominis desideria cordi inhærentia significent; et quia sicut mulier viro comparata mollis est et infirma est, ita et delectatio carnis ad vires animæ nullam fortitudinem habeat. 850

LXV. — Quod mulier propter debilitatem suam ad viri

procurationem respiciens, ei subdita et ad serviendum parata semper esse debeat, et quid extrinseca communis eorum conversatio in interioribus designet. 851

LXVI. — Quod quisquis per pœnitentiam peccata sua absterserit, ulterius de ipsis non erubescat; et quod qui per jejunia et orationes se cruciat, quasi purpurea veste animam suam exornet. 852

LXVII. — Quia sicut aer per calorem et humiditatem fructus terræ ad maturitatem perducit, sic cor, jecur et pulmo ventrem ad conficiendos et digerendos cibos confovent, et quod perversas peccatorum consuetudines igne zeli sui consumat Deus. 852

LXVIII. — Verba David ad idem pertinentia, et quo sensu accipienda sint. 852

LXIX. — Quod teneritudo ventris, costis et ossibus vallata, mollitiem terræ fructiferæ et lapidibus interpositæ designet; et quid etiam per hæc in diversa qualitate humanæ vitæ exprimatur, adhibito in testimonium versu psalmi xvi ad idem congruente. 853

LXX. — Quia sicut succedente fructu flores excutiuntur, ita et esuries subveniente saturitate depellatur, et quod eodem modo anima, peracta pœnitentia de peccatis in quibus quasi fame tabescebat, justitia Dei in executione sanctorum operum saturetur. 854

LXXI. — Quibus congruentiis stomachus, mundus et anima sibi invicem conforiantur, et quod Deus hominem sine præcepti lege nunquam esse velit; et quid in eo et æstatis viriditas, et hiemis ariditas, ipsiusque mundi capacitas ampla designent. 854

LXXII. — Quod in similitudinem aeris terram ad fructificandum juvantis, anima quoque per vires suas corpus ad quælibet opera exsequenda moveat, quibus, si recta fuerint, in æternum decorata, Deum et angelos et beatas animas perfecte intueatur; si vero perversa, velut immunda ab hac visione repellatur. 855

LXXIII. — Quia sicut terra, si bis in anno virescerel et passim gigneret, arescendo in pulverem verteretur, sic et anima in opere suo deficeret, si omnibus desideriis suis et voluptatibus carnis immoderate deserviret; et quod instar terræ inæqualiter fructificantis, ex mutabilitate sui et conflictu carnis nunc in profectu, nunc in defectu posita, nec fidem in Evangelio commendatam, nec visionem Dei in paradiso perditam in hac vita perfecte obtinere valeat. 856

LXXIV. — Quia sicut venæ cordis, jecoris et pulmonis, ad receptionem vel emissionem ciborum stomacho subveniunt, et eidem stomacho continua vel nimia repletio aut exinanitio obessent; ita et anima corpori quidem in quibusque operibus adest, sed eam tæderet, si corpus ipsum desideria carnis semper sequi permitteret. 857

LXXV. — Quia sicut caro hominis læditur si vel superflue vel minus necessario ciborum alimenta percipiat, sic et anima si plus vel minus justo districtioni vel remissioni insistat; et quod stomachus mundos quidem recipiens, sed fetentes cibos rejiciens, hominem qui in peccatis delectatur, sed postea per pœnitentiam purgatur, significet. 857

LXXVI. — Quod sicut umbilicus omnium interiorum sibi adhærentium fortitudo et ambitus terræ cæterarum creaturarum retentaculum existit, sic et universorum quæ per corpus et animam geruntur, sive bona, sive mala sint, ad ipsam animam respiciunt, et quia magna distantia sit inter hos qui per elationem et hos qui per negligentiam delinquunt. 858

LXXVII. — Quod umbilicus etiam terræ lutulentas et aquosas immunditias in paludibus emittenti comparetur, eo quod calor, frigus et humiditas cibum et potum sub eo discoctum ad inferiora digerendum urgeant; et quod similiter anima voluptatibus carnis superata et in sordidis involuta operibus ad inferiora et pœnalia loca, nisi suspiriis pœnitentiæ purgetur, devolvenda sit. 859

LXXVIII. — Quia sicut terra et homo, illa per æstatem, hic per juventutem virent et florescunt, itemque illa per hiemem, iste per senectutem arent et marcescunt, sic et anima manens in corpore, et illud sibi servire compellens, de virtute in virtutem ascendendo in bonis operibus et exemplis Filii Dei virescit, et postmodum educta de corpore velut pretiosis ornata lapidibus, et receptionem corporis in quo laboravit inhianter exspectans coram Deo requiescit. 860

LXXIX. — Quid fortitudo vel petulantia renum, et pinguedo terræ, quæ moderata uberes, immoderata inanes fructus producit in diversis animæ affectibus significent. 860

LXXX. — Quod terra in medio aeris constituta sit, adversus tempestates montibus et collibus partim calidis vel frigidis, partim æstu et gelu temperatis, velut urbs turribus et propugnaculis munita; et quod hoc modo anima in multiplici quem contra desideria carnis exercet conflictu sanctorum operum protectione ornetur et defendatur. 861

LXXXI. — Quia sicut terra sic posita est, ut undique a sole temperetur, ita et anima Deo subjecta a luce sapientiæ discretionis virtute illuminanda perfundatur. 862

LXXXII. — Quia homo in similitudine terræ factus ossa sine medulla lapidum vice, ossa cum medullis vice arborum habeat, et quod secundum qualitatem morum suorum, vel duritiam lapidum, vel amœnitatem horti floridi seu pomerii fructiferi per significationem recipiat. 862

LXXXIII. — Item quod sicut aer terram in medio sui æquali undique mensura positam sustentat et continet, ita corpus et anima a Deo conjuncta, licet natura plurimum distent, in faciendis communiter præceptis Creatoris sui patienter se invicem sustentare et instruere debeant. 863

LXXXIV. — Quod vesica, quæ potus recipit et emittit, cursus fluminum quæ per terram diffunduntur ostendit; et quod in hunc modum victrix carnis anim a corpus suum fluentis præceptorum Dei bona recipiendo, mala emittendo irrigare debeat, apposito in testimonium versu psalmi cxviii ad hoc competente. 863

LXXXV. — Quod ex locis corporis per quæ digestio ciborum et potuum fit, secreti et subterranei meatus fluminum designentur, et querela animæ lutulentis et fetidis operibus pollutæ, et per spem pœnitentiæ et passionem Christi in Deum respirantis, adducto in testimonium versu psalmi xli in hoc convenienti. 864

LXXXVI. — Quod per dorsum et latera hominis planities terræ, per femora vero et loca sessionis colles et asperitas ejusdem terræ inferius duræ et impenetrabilis, et superiorem partem, quæ mollis est, constringentis insinuetur; et quod similiter viribus animæ mollities carnis a vitiis restringatur, ut virtutum margaritis decorata angelos sanctos et ad admirationem sui et ad laudem Dei accendat. 865

LXXXVII. — Verba sancti Joannis apostoli in Apocalypsi sua decorem sponsæ Christi, id est animæ sanctæ, contemplantis et describentis, et David in Psalmo excellentiam hominis prædicentis. 866

LXXXVIII. — Item de comparatione duræ et mollis vel calore vel algore inhabitabilis terræ, et unde terræmotus contingant, et quod eadem terra si subtus quasi ferrea chalybinea non esset, ab ascensu solis nimio æstu, et ab occasu ejus nimio frigore disrumperetur, et de multifaria concertatione carnis et animæ secundum supraposita. 866

LXXXIX. — Verba David in psalmo ci velocitatem dierum suorum et defectum suum deplorantis. 868

XC. — Quod terra quidem in omni superficie sua rotunda, sed non plana, propter tumores collium et montium quos undique gestat existens, inæqualem humanæ conversationis propter diversa virtutum et vitiorum quæ inter animam et carnem geruntur certamina, tenorem significet. 868

XCI. — Quod sicut inferior superficies terræ pulsantes se et circumfluentes aquas quasi ferrea repellit, sic et vis animæ velut chalybs qui cætera acuit ferramenta fallaciam et immissiones diaboli domare et a se repellere debeat. 869

XCII. — Quod flexuræ, tam æquales quam dispares, quæ in homine a femore per genu et talum usque ad finem majoris articuli pedis, et a vinctura manus usque ad extremum medii digiti inveniuntur, in mundo oceani et fluminum incurvationes et reflexiones significent, et in homine impetus, et æstus libidinum, et multiplices compaginationes naturarum, carnis et animæ oppositiones designent. 869

XCIII. — Item quod in flexuris humerorum et brachiorum, manuum, lumborum, poplitum et pedum, in quibus duodecim majores inflexiones sunt, quatuor principalium ventorum et octo collateralium ipsorum flatus et spatia quibus a se differunt, insinuent, et quod iidem venti calore, frigore, siccitate et humiditate invicem temperentur. 871

XCIV. Specialiter de periculosa asperitate et noxio flatu aquilonis, qui in æstate interdum frigido humore fructus lædit et arbores arefacit, solem offuscat, et lunæ nitorem per diversos calores immutat. 871

XCV. — Quomodo universa hæc quæ de mensuris vel inflexionibus humanorum artuum seu ventorum duobus superioribus capitulis comprehensa sunt, sed et vicissitudo diei et noctis et horarum ad animam referenda sunt; et quod ipsam animam Deus quatuor viribus, quas secundum corpus ex elementis, sci. icet igne, aere, aqua et terra habet, et secundum se item quatuor quasi quibusdam alis ad regendum se ipsam et idem corpus suum instruxerit. 872

XCVI. — Item de creatione aquilonis, et quomodo ea

quæ specialiter de asperitate ejus et læsionibus quæ per eum exterius in creaturis fiunt, de suggestionibus vitiorum, quibus anima et corpus a diabolo interius irritantur, intelligenda sint. 874

XCVII. — Ratio quare Deus Adam de terra suscitans vel erigens ita primo statuit ut in facie orientem, dextro austrum, lævoque aquilonem haberet; et quod in brevi parvaque statura ejus immensum totius mundi instrumentum collegerit, et omnes creaturas dominationi viribusque sensuum ipsius subjecerit. 876

XCVIII. — Item multifariæ rationes, adjunctis interdum congruis Scripturæ testimoniis, qualiter et tempora et menses totius anni juxta proprietates qualitatum suarum, et juxta ascensum vel descensum solis, et incrementa seu detrimenta lunæ, hominis qualitatibus assignentur tam secundum distinctiones vel mensuras membrorum et ætatum, vel etiam proprietates humorum corporis, quam secundum diversos et profectus et defectus affectuum mentis. 877

XCIX. — Verba David in psalmo cm ad hæc competentia. 884

C. — Quod homo ad imaginem Dei creatus, et quasi alter Dominus super tribunal terræ sedens, omnique creaturæ propter se factæ imperans, plenum ipsius Dei opus sit, et ei valde placeat; et quod alter sexus ad adjutorium et consolationem alterius factus sit, virgæ divinitatis, et mulier humanitatis Christi formam teneat. 885

CI. — Verba David in psalmo civ, et expositio eorumdem verborum quomodo de incarnatione et potestate Christi, et in subjectione inimicorum ejus intelligenda sint. 885

CII. — Quia homo signis omnipotentiæ Dei per quinque sensus insignitus creatorem suum in trinitate unum, et in unitate trinum cognoscere et venerari debeat, a quo ad hoc et conditus et post lapsum reparatus est, ut et dominus mundi esset, et decimum in cœlis chorum faceret. 886

CIII. — Quod natura animæ ignea et multiplicis efficaciæ in viribus suis sit, quibus et Deum cognoscit, et se ipsam intelligit vel regit, et corpus suum sensificat et ad operandum movet. 886

CIV. — Quia Deus secundum opera sua sive ad vitam sive ad pœnam hominem dijudicet, et quod sancta anima corpore exuta Deum, quem nunc impediente corruptione carnis non potest, plene videat, diemque judicii ad recipiendam amabilem vestem suam, hoc est idem corpus suum, desideranter exspectet, ut in eo cum angelis contemplatione et laudibus Dei sine fine fruatur. 888

CV. — Expositio capituli primi Evangelii secundum Joannem, ab eo loco ubi scriptum est : « In principio erat Verbum, » usque ad id « plenum gratiæ et veritatis. » In qua scilicet expositione tractatur de æternitate Verbi Dei, de creaturis quomodo in arte Creatoris sine coæternitate ipsius erant antequam essent in se ipsis. De creatione angelorum et ultione zeli Dei in apostatas spiritus, de consilio faciendi hominis ad imaginem Dei, et quomodo vis potentiæ, et lux sapientiæ, Conditoris in opificio humani corporis resplendeat. De incarnatione Dei et verbis doctrinæ, et exemplis justitiæ, quæ mundo edidit. Item de reparatione lapsi hominis et felicitate ejus post hanc vitam. 888

PARS SECUNDA.

VISIO QUINTA.

I. — Visio magnæ admirationis, in qua et orbis quinque distinctus partibus, sed et dimensiones et qualitates earumdem partium tam lucis et amœnitatis quam pœnarum et tenebrarum horrore refertæ; duo quoque globi, alter sapphirino colore circumdatus, alter luminosis splendescens radiis cum circumstantiis suis subtili acumine describuntur. 901

II. — Quia artificis Dei sapientia vel potentia in hoc mirabilis enitescit, quod elementum terræ non angulosum, sed rotundum, et quinque non amplius vel minus distinctum partibus certæ causa rationis in medio aliorum trium elementorum immobilem suspenderit, quodque hominem instar quinariæ divisionis terræ, et in hac vita quinque sensibus ditaverit, et in futura de pulvere sepulcri in integrum restituat. 902

III. — Item de quinque distinctionibus terræ, quomodo nativis mutuo qualitatibus temperentur, et qualiter quinque sensibus homines coaptentur. 903

IV. — Quod duarum partium divisionis terræ, australis scilicet et septentrionalis, in tres unaquæque subdivisiones distincta contemplanti ista appareant, et quomodo hæc secundum corpus, et animam, et opera hominis intelligenda sint. 904

V. — Quod media quoque omnium quinta pars terræ quadrata appareus, et triplici etiam ipsa distinctione divisa, hinc calore, hinc frigore inhabitabilis, hinc temperata habitabilis reddatur; et quid hic per hæc in hominis conversatione significetur. 905

VI. — Item de qualitatibus ipsarum quatuor partium, et quibus in locis pœnæ purgandis pœnitentium animabus hominum collocatæ sint, alibi leves, alibi graves, alibi acerrimæ, secundum modos culparum eorum qui examinantur differentes; et quare in mediis earumdem partium finibus non pœnæ, sed monstruosi quidam horrores habeantur. 906

VII. — Quod judicia Dei quæ super terram vel homines veniunt, de pœnalibus locis earumdem partium effundantur, quodque contra pœnas vel tenebras inferni ne mundum occupent, altissimi quidam et durissimi montes oppositi sunt, et in quarum locis partium animæ pro suorum qualitate commissorum examinandæ constituantur. 907

VIII. — Verba de Apocalypsi Joannis apostoli ad hoc consona, in quibus per quatuor equos album, rufum, nigrum et pallidum quatuor tempora et qualitates eorum ab exordio usque ad finem mundi significatæ subtiliter describuntur. 908

IX. Quod antiquus hostis cœlestem gloriam quam amisit homini invidens, de pœnis ejus semper gaudeat, et propterea in eum horror odii, homicidii, Sodomitici criminis et cæterorum vitiorum contaminet ardenter insistat. 910

X. — Quod per globum rubeum et alas eum utrinque sursum et deorsum ambientes in hac visione ostenditur zelus Dei quo cum charitate peccata puniuntur, et defensiones ejus quibus salvandi proteguntur ostendantur. 911

XI. — Quod per circulum rubeum in modum arcus circa exteriorem occidentis partem se extendentem, extensio vindictæ Dei in eos qui extra integritatem veræ fidei et ambitum bonorum operum sunt designetur. 911

XII. — De ædificio supra rotunditatem terræ apparente, de platea et stella super eam radiante, et de alio globo et radiis stellarum inter easdem alas micantibus, et de spatiis quibus hæc omnia distabant, quomodo ad civitatem Dei, quæ est Ecclesia, et Christum, et ad Spiritum sanctum, et munera ejus et ad angelos, quorum custodia sancti muniuntur, referantur. 912

XIII. — De tenebris exterioribus et pœnis vel cruciatibus diversi generis in quibus animæ damnatorum cum diabolo et ejus sequacibus torquentur, quibus in partibus habeantur, et quod dira inferni tormenta nullus in corpore vivens comprehendere possit. 913

XIV. — Quia Deus unica vita in semetipso subsistens a nullo esse acceperit, sed omnibus esse dederit; item de creatione angelorum et de ruina superborum, et de confirmatione beatorum spirituum, et quod diabolus, quamvis in hoc semper laboret, numerum salvandorum destruere non possit. 913

XV. — Quia homini in virtute divini luminis facto, sed fraude diaboli decepto, Deus vestem de aere creaverit, indutumque paradiso in exsilium hujus mundi ad luendam inobedientiæ culpam expulerit; et quod in dejectione ejusdem hominis creatura a pristino decore obnubilata sit, et qualiter homo ipse per elementa adjutus vivat et operetur. 914

XVI. — Quod hominem a perditione nullus posset eruere; neque deceptorem ejus diabolum revincere nisi solus Deus; et verba libri Apocalypsis Joannis apostoli, et quo sensu accipienda sint; de odio et persecutione draconis in mulierem et semen ejus, et quomodo a terra adjuta sit. 915

XVII. — Quia Deus mundum constituens et seipsum glorificaverit, rationali creaturæ ostendendo se omnium creatorem et hominem simul ex subjectione eorum quæ in mundo sunt magnificaverit; et quomodo secundum litteram intelligendum sit initium libri Genesis ab eo loco quo scriptum est : « In principio creavit Deus cœlum et terram, » usque ad id : « factumque est vespere et mane dies unus. » 916

XVIII. — Quia sicut Filius Dei, intemporaliter ex Patre natus, principium est, in quo con ita sunt universa, sic idem ipse ex matre virgine nascens initium sit creationis, vel ædificationis Ecclesiæ, et auctor justificationis plenariæ, ad quam nulla partum justitia vel legis sacramenta suffecerant, sed in prædicatione vel susceptione baptismi, et Evangelii, et in fide Trinitatis reformata est. 917

XIX. — Verba David prophetæ in psalmo primo, et quomodo intelligantur, de incarnatione Filii Dei et fertilitate fructificationis doctrinæ ejus per omnem mundum. 918

XX. — Quia id quod scriptum est : « Terra autem erat inanis et vacua, et tenebræ erant super faciem abyssi, » de incredulis a bono opere vacuis, et infidelitate tenebrosis per allegoriam intelligatur; et illud quod sequitur :

« Spiritus Domini ferebatur super aquas » in apostolis et populo credente per gratiam Spiritus sancti impletum sit. 919

XXI. — Item verba David in psalmo xxviii prophetæ, apostoli et doctores consona voce, et qualiter accipienda sint. 919

XXII. — Quomodo verba Dei dicentis, « Fiat lux ; » et cætera usque ad id, « Factum est vespere et mane dies unus » in exortu fidei Christianæ, et prædica ione apostolorum, et divisione fidelium ab incredulis secundum allegoricum sensum completa sint. 920

XXIII. — Quomodo hæc eadem quæ de creatione cœli et terræ, vel de opere primi diei in Genesi scripta sunt, in conversatione hominis ex diversis naturis animæ et corporis constantis juxta moralem sensum accipienda sunt. 920

XXIV. — Quomodo ea quæ de constitutione firmamenti et divisione aquarum leguntur ad litteram intelligenda sint et verba David ex psalmo xvii ad idem spectantia. 922

XXV. — Quod secundum allegoriam firmamentum Christus, vel fides Christi, divisio aquarum firma interpositio ejusdem fidei, qua ab infidelibus fideles diruuntur, vespere et mane in casu vitii el virtutis ortu accipiatur. 923

XXVI. — Quia sicut dies secundus sine luminaribus cœli fuit, ita et fides absque lucidis operibus nullius laudis sit, et ideo in opere ejusdem diei sicut in operibus cæterorum non est positum, « vidit Deus quod esset bonum. » 924

XXVII. — Quod secundum moralem sensum firmamentum intelligatur virtus discretionis, quia fidelis quisque in activa et contemplativa vita et corpori necessaria a superfluis, sed et animæ salubria a noxiis secernere novit. 924

XXVIII. — Testimonium Evangelii, in quo Sponsus fatuis virginibus dicit : « Nescio vos, » et ad quid hic assumptum et quo sensu accipiendum sit. 925

XXIX. — Quare etiam juxta moralitatem opus secundi diei, cum bonum sit, laude bonitatis careat. 926

XXX. — Quomodo quod scriptum est, « congregentur aquæ » usque ad id « factum est vespere et mane dies tertius » secundum litteram competenter intelligendum sit. 926

XXXI. — Verba Dei in libro Isaiæ prophetæ dicentis, « Tacui, semper silui, patiens fui, sicut pariens loquar, » et in psalmo secundo loquentis ad Filium, « Ego hodie genui te, » et ad quid hic posita sint, et quomodo intelligantur 928

XXXII. — Quia id quod Deus vocavit aridam terram, et congregationes aquarum appellavit maria, juxta diversos respectus allegorice de Ecclesia accipiatur, quæ de pluribus populis collecta, et fidei soliditate fundata, a David terra viventium, et a Joanne apostolo in Apocalypsi mare vitreum mistum cum igne nominatur et quo sensu hæc eadem testimonia accipi debeant. 928

XXXIII. — Quod uterus Ecclesiæ, instar cujusdam terræ, et herbam virentem in simplicitate fidelium parvulorum, et ligna pomifera in robusta operatione perfectorum modo germinet, et juxta semen laus fidei in successione credentium usque in finem germinativa sit, et hoc in die tertio, scilicet in claritate ejusdem fidei. 930

XXXIV. — Item quomodo ea quæ eodem tertio die facta narrantur, per historiam in modum filiorum Ecclesiæ inveniantur juxta tropologiam, adjuncto ad hoc competenti testimonio Evangelii, et quo sensu accipi debeat. 931

XXXV. — Quomodo ad litteram accipiendum sit quod scriptum est : « Dixit Deus : Fiant luminaria in firmamento cœli, » — et cætera usque ad id : « et factum est vespere et mane dies quartus. » 933

XXXVI. — Quid secundum allegoriam firmamentum firmitas Christianæ fidei, per duo magna luminaria duæ potestates, spiritualis in sacerdotibus, et sæcularis in regibus, per stellas minores qui sub illis sunt, prælati vel judices designantur ; qui omnes positi sunt ut illuminent terram, Ecclesiam per diem et noctem instruendo, spiritales doctrinæ et exemplorum lumine, et coercendo carnales censura justitiæ. 934

XXXVII. — Item-quia secundum tropologiam per firmamentum discretio rationis, per duo magna luminaria duo præcepta charitatis, per stellas rectæ cogitationes intelligantur, ut per ista quisque fidelis illuminatus sollicite discernat quid honoris et gratiæ Deo, quid et suæ et proximorum necessitati et secundum salutem animæ et utilitatem corporis debeat. 935

XXXVIII. — Quomodo ad litteram intelligendum sit, et quomodo homini coaptetur quod scriptum est : « Producant aquæ reptile animæ viventis, et volatile super terram, » usque ad id : « Et factum est vespere et mane dies quintus. » 937

XXXIX. — Quia Deus unicum Filium suum mundo destinaverit, cujus prædicatione sublimia cœlestis conversationis præcepta data sunt, quibus spiritales a carnalibus discernerentur : et verba Evangelii de relinquendis omnibus cum eleganti expositione ad instructionem evangelicæ disciplinæ pertinente. 939

XL. Item verba Evangelii de multis mansionibus quæ in domo Patris sunt, et de duplici genere filiorum Ecclesiæ, spiritalium scilicet et sæcularium. 940

XLI. — Quod benedictio piscibus et avibus ad incrementum a Deo data in spiritali generatione baptizatorum, et in fecunditate virtutum cujusque fidelis impleatur, et cur ista quinto diei ascribantur. 941

XLII. — Qualiter ea quæ opere quinti diei et benedictione Dei super idem opus suum data ad instructionem mortalitatis referri debeant, adhibito testimonio Isaiæ prophetæ dicentis : « Qui sunt isti qui ut nubes volant et quasi columbæ ad fenestras suas, » et quomodo hoc quoque intelligendum sit. 942

XLIII. — Quomodo historia quæ de opere sexti diei in productione jumentorum et reptilium terræ et formatione hominis scripta est, ad litteram intelligenda sit, et quod homo secundum corpus ad imaginem humanitatis Filii Dei, quam ab æterno ex Virgine assumpturum præscivera, et secundum animam per scientiam vel imitationem boni ad similitudinem divinitatis factus sit. 944

XLIV. — Quomodo juxta allegoriam per Verbum Dei loquentis per apostolos de terra Ecclesiæ in fide catholica jumenta, et reptilia, et bestiæ, homo quoque qui cunctis præesse deberet secundum differentias ætatum, intellectum, vel graduum in Ecclesia viventium, et illa producta, et iste formatus, et in quo vel ad quid crescere et multiplicari intelligatur. 947

XLV. — De diversitate victualium homini et jumentis in Genesi concessorum, qualiter modo spiritualiter in Ecclesia secundum distributionem vel perceptionem spiritualis alimoniæ, quod est verbum Dei, teneatur ; et quomodo apposituum Christi testimonium dicentis : « Meus cibus est ut faciam voluntatem Patris mei ; » sed et hoc quod scriptum est : « Et factum est vespere et mane dies sextus, » accipiendum sit. 950

XLVI. — Repetitio omnium quæ de opere sexti diei scripta sunt in Genesi, quomodo secundum moralitatem intelligi vel teneri debeant, et appositio duorum testimoniorum Psalmi et Evangelii, et quo sensu ipsa quoque accipienda sint. 951

XLVII. — De perfectione cœli et terræ, et omni ornatu eorum, et completione operum Dei, quæ septimo diei ascribitur, et de sanctificatione ejusdem diei, et de requie ipsius Dei quomodo ad litteram intelligenda sint. 953

XLVIII. — Qualiter hæc secundum allegoriam per incarnationem Filii Dei et prædicationem Evangelii et operationem sancti Spiritus compleantur in filiis Ecclesiæ, et subjectis fidei Christianæ. 953

XLIX. — Item quomodo hæc eadem juxta tropologiam in profectu et perfectione uniuscujusque fidelis consummentur. 954

PARS TERTIA.

VISIO SEXTA.

I. — Mystica visio de ædificio in modum civitatis ostenso, de monte quoque et speculo in illo resplendente, de nube superius candidi, inferius nigra, et cæteris in eadem visione apparentibus. 955

II. — De præscientia et prædestinatione et ordinatione Dei ab æterno omnia præoscentis, et in tempore cuncta creantis, et opera rationalis creaturæ districto judicio examinantis. 956

III. — Quod scientia Dei multa incognita et secreta in se habens, ostensionem mirabilium suorum secundum placitum suum producat, et quid significet trimoda angelorum qualitas in hac visione apparentium. 957

IV. — De spiritu Dei zelum suum per beatos angelos ad repellendam et comprimendam præsumptionem reproborum angelorum excitante, et de symphonia bonorum angelorum infatigabi i, et ultra hominum intellectum inæstimabili et semper nova admiratione Deum laudantium. 958

V. — Quod aliqua pars beatorum spirituum arcana in cœlo manens, et vultui sui Creatoris semper assistens, raro ad exteriora mittatur, aliqua vero quæ angelorum nomine censetur, ad diversa officia semper exiens, cum necesse est, hominibus appareat ; et quod omnis rationalis creatura non suam, sed Creatoris gloriam semper debeat quærere. 959

VI. — Verba Psalmistæ ex psalmo xcii ad idem spe-

ciantia, et quo sensu intelligenda sint. 960
VISIO SEPTIMA.
I. — Visio mystica de lapide marmoreo instar montis in orientali parte ædificii præmonstratæ civitatis consistente; de innumera quoque multitudine hominum tam in orientali, quam in australi plaga ejusdem ædificii apparentium; sed et de forma et habitu mirabili duarum imaginum juxta angulum orientalem, constitutarum. 961
II. — Quia Deus omnipotens, nulla sibi mutabilitate diversus, justo judicio superbientes angelos damnaverit, et pia miseratione decepto homini subveniens, multis et miris in Veteri Testamento futuræ salutis ejus nuntiis præmissis, in Novo demum Testamento per plurima miracula liberationem ejus compleverit; et quod prophetia ad instructionem et correctionem divinitus data, nulli nunquam mundi ætati defuerit vel defutura sit. 962
III. — Verba David ex primo versu psalmi XLIV, id est, «Eructavit cor meum verbum bonum,» ad idem et ad utramque Christi generationem pertinentia, et quomodo intelligenda sint. 963
IV. — Quia prior duarum imaginum in orientali fine ostensi ædificii consistentium, tota fere ferino habitu apparens, tempus quod ante diluvium fuit significet, in quo homines sine lege et cognitione veri Dei crudeli et magis bestiali quam humano ritu vivebant. 964
V. — De fortitudine, crudelitate et impuris moribus hominum ante diluvium, et quomodo arte diaboli præter paucos a cultu Dei recesserunt. 964
VI. — Quia Deus iniquitatis et crimina hominum ævi illius non sufferens, omne genus humanum et cuncta viventia exceptis his quæ in arca concluserat aquis diluvii exterminaverit; et de mutatione solis, lunæ, siderum et terræ ab eis qualitatibus quas ante diluvium habuerant; et quod in fine mundi tanta terram profunditate ignis consumpturus sit quanta altitudine aquarum infusione penetrata est. 965
VII. — Quia ex mutatione elementorum vires quoque hominum post diluvium imminutæ sint, et de correctione eorum ad tempus terrore ejusdem judicii perterritorum, et de arcu tunc primum pro fœdere vel signum inter Deum et homines posito. 966
VIII. — Quod altera imago tempus illud quod post diluvium sub lege fuit designet, et varietates diversi habitus ejus, distinctiones temporum ab ipso diluvio usque ad adventum Domini, vel finem sæculi, et qualitates morum hominum qui in eis sunt vel futuri sunt significent. 967
IX. — De significationibus hostiarum et circumcisionis et legis quæ per prophetiam in Patribus incarnandum Dei Filium præcesserunt, et de prædicatione prophetarum, et quod homo salvari non posset nisi Verbum caro fieret, et de suggestionibus diaboli, quibus homines illudendo decipit, et de modis subventionum quibus semper Deus resistit. 968
X. — De innumerabili multitudine fidelium diversis modis in hac vita tam in exercitiis quam in mortificatione vitiorum pro honore Dei et sua salute viriliter obcertantium et diversa pro meritis præmia munere Dei percipientum. 971
XI. — Verba David ex psalmo LXII ad idem pertinentia, et quo sensu accipit debeant. 972
XII. — Quia per Verbum sine initio ex Patre ortum omnia creata, et per idem Verbum in Virgine carnem factum, homo redemptus sit. 973
XIII — Verba David ex psalmo CIII ad hoc ipsum spectantia, et quomodo intelligenda sint. 974
XIV. — Quia Filius Dei in his quæ per carnem gessit vel pertulit, universa quæ et ante legem et in lege de ipso vel typicis factis significata, vel mysticis verbis prænuntiata sunt, compleverit; et quod post ascensionem suam instar duodecim ventorum seu duodecim signorum cœli, misso Spiritu duodecim apostolos roborans, et per prædicationem eorum mundum illustrans omnia in melius convertit. 975
XV. — Verba Christi in Evangelio de potestate a Patre sibi tradita loquentis et quomodo intelligenda sint. 977
XVI. — Quia prophetarum verba ante incarnationem Domini obscura et ignota intelligi non poterant; sed Christus secundum ea vivens in mundo, et hæc adimplens intelligibilia reddiderit, et quod per aquam baptismi et originale et actualia peccata in fide Trinitatis abluantur 977
XVII. — Verba David ex psalmo CIII, et de his qui in baptismo per fidelitatem remissionem delictorum non percipiunt, et de his qui in eo per fidem mundantur. 978
Visio OCTAVA.
I. — Visio brevis de tribus imaginibus, et descriptio status vel habitus earum, et de ordinibus sanctorum coram eis apparentibus. 979

II. — Verba primæ imaginis, virtutis scilicet charitatis, magnificentiam operum suorum in angelis et hominibus, et in doctrina prophetarum et apostolorum enarrantis, et excellentiam virtutum sapientiæ et humilitatis summa laude extollentis. 979
III. — Quod quæcunque Deus operatus est in charitate, humilitate et pace perfecerit, et expositio præscriptæ visionis sub imaginibus harum trium virtutum ostensæ. 981
IV. — Verba David ex psalmo XLIV Ecclesiam vario virtutum cultu decoratam commendantia. 983
Visio NONA.
I. — Visio de duabus imaginibus mirabili claritate fulgentibus, et descriptio habitus earum; et de tenebris totam occidentalem ædificii plagam occupantibus et de igne cum sulphure et aliis tenebris usque ad medium septentrionalis plagæ se incurvante. 983
II. — Quia prima duarum imaginum sapientiam insinuet, et multifaria pulchritudo habitus ejus universa creaturæ genera quam Deus in diversis rerum naturis et speciebus condidit significet. 984
III. — Quod altera imaginum omnipotentem Deum designet, et quid claritas in loco capitis, quid hominis caput in medio ventris ejus apparens, quid etiam pedes ejus similitudinem pedum leonis habentes exprimant. 985
IV. — Quomodo sex aliis eædem imago circumamicta apparuerit, et quid figurent eædem alæ. 986
V. — Quid significet quod hæc eadem imago toto corpore pennulis piscium et non pennis volucrum velata videtur; et quod Dei Filius, diabolo nesciente, mundum per carnem intraverit, et ad quid Pater illum tantas passiones sustinere voluerit. 987
VI. — De quinque speculis in diversis locis duarum mediarum alarum ejusdem imaginis apparentibus, quid designet, et quomodo scriptura quæ in eis ostensa est intelligenda sit. 989
VII. — Verba Dei in Exodo loquentis ad Moysen; «Ostendam tibi omne bonum,» et quomodo de incarnationis Dominicæ mysterio accipienda sint. 990
VIII. — Item verba David ex psalmo XCII, ubi loquitur: «Mirabiles elationes maris, mirabilis in altis Dominus,» et quomodo intelligi debeat. 991
IX. — Item verba ejusdem ex eodem psalmo ubi dicit: «Etenim firmavit orbem terræ qui non commovebitur.» 992
X. — Quia in eo quod præscripta imago dorsum ad aquilonem verterat hoc designetur quod Deus consilium Incarnationis Filii sui et redemptionis humanæ a diabolo et omnibus spiritibus malignis absconderit. 992
XI. — Verba David ex psalmo CI, ubi scriptum est: «Dominus in cœlo paravit sedem suam,» et quo sensu accipienda sint, et brevis recapitulatio de Incarnatione. 994
XII. — Item verba ejusdem ex psalmo LXXI ubi legitur: «Descendit sicut pluvia in vellus,» et quod hoc quoque ad Incarnationem Domini referendum sit. 994
XIII. — Quia tenebræ ad occidentalem plagam visæ itemque ignis cum sulphure aliisque densioribus tenebris ad septentrionalem præscripti ædificii partem ostensus, ubi in exteriori mundo pœnalia loca sint, in quibus peccatorum animæ crucientur, demonstrent, et etiam interiorem eorumdem peccatorum cæcitatem, qua per infidelitatem obscurantur significet. 995
XIV. — Quia Deus omnia per sapientiam ad confutandam diaboli malitiam fecerit, et ut cum sit invisibilis ab homine per fidem intelligeretur, et per opus suum cognosceretur; et quid ordinationem totius operis sui ante ævum in se ipso habuerit quod temporaliter condidit, in hoc quoque hominem secundum se constituens ut prius in se cogitando disponeret, quidquid postmodum operando exerceret. 996
Visio DECIMA.
I. — Visio extrema, in qua rota multæ amplitudinis ostensa, qualis esset diligenter describitur; iterumque imago charitatis sub alio schemate conspicitur. 997
II. — Quia Deus vere unus dici non posset si sibi similem ex natura haberet, et quod præmonstrata rotæ qualitas ipsum Deum initio et fine carentem ad omnia bona paratum ostendat, et quomodo tota ejusdem rotæ descriptio ad æternitatem vel potestatem Dei seu animarum salutem referatur. 998
III. — Quare virtus charitatis alio in hac quam in superiori visione cultu adornata conspiciatur. 1000
IV. — De tabula instar crystalli perlucida ante imaginem charitatis apparente, et quid significet quod, ipsa imagine eamdem tabulam inspiciente, linea sessionis ejus movetur; et brevis repetitio de creatione cœli, terræ, angelorum et hominis. 1001

V. — De ultione Dei in transgressores naturalis legis per aquam diluvii, et diverso statu temporum ab initio usque ad incarnationem Domini. 1002

VI. — Verba Pauli de plenitudine temporis in quo misit Deus Filium suum factum ex muliere, qui et in adventu suo mystica dicta vel facta veterum implendo absolvit et doctrina sua et prædicatione apostolorum vel magistrorum Ecclesiæ mundum illustrans omnia in melius convertit. 1003

VII. — Quod tempora ista a pristina apostolicæ disciplinæ fortitudine quasi in muliebrem debilitatem deficiant, et universa tam in elementorum conturbatione quam in morum depravatione in deterius obeant. 1005

VIII. — Verba quædam arcana Filii ad Patrem interpellantis eum pro vexatione quam in corpore suo, quod est Ecclesia, a quibusdam membris suis desereεtibus justitiam sustinet, et pro completione numeri e.ectorum ab æterno dispositi, et quomodo eadem verba intelligenda sint secundum diversas qualitates temporum ab exordio mundi usque in præsens. 1005

IX. — Mystica descriptio quomodo apostoli justitiam, quam a Domino per mundum prædicandam susceperant, et secundum diversitatem naturalium morum suorum, et secundum distributionem gratiarum cœlitus sibi infusarum multiplici vestitu gloriæ decoraverunt; et de excelientia doctrinæ Pauli apostoli, et quare sublimitate revelationum elevatus est pondere infirmitatis depressus sit. 1007

X. — Brevis superiorum repetitio; quomodo in diebus istis virilem fortitudinem non habentibus omnia ecclesiastica instituta in deterius concidant, et testimonium Psalmistæ ubi dicit : « Justus es, Domine, » et ad quid appositum et qualiter intelligendum sit. 1012

XI. — Querimonia sive clamor justitiæ ad Deum judicem adversus sceleratos et impios, et diversis criminibus contaminatos, qui antiquis Patrum institutionibus repudiantes, ornamentis gloriæ suæ eam despoliando destituunt. 1013

XII. — Quia Deus ista justitiæ detrimenta in indeficienti lumine claritatis suæ considerans, quamvis peccata hominum propter pœnitentiam dissimulet, oblivioni non tradat, et verba ipsius super hoc idem. 1014

XIII. Testimonium de Apocalypsi Joannis apostoli ad ista competens, et quo sensu accipienda sint. 1015

XIV. — Item querimonia Filii ad Patrem pro tribulatione quam in corpore suo patitur ab his qui per malitiam contra eum calcitrant, et pro parvulis qui vanitatem amplectendo a bono deficiunt; et quod angeli licet ex immensa claritate refulgeant, sanctorum tamen opera hominum quasi speculum laudis approbando inspiciant. 1016

XV. — Quod justitia et morum honestas et dignitas virtutum a diebus diluvii usque ad adventum Domini per prophetas roboratæ, et deinde per apostolos et doctores in Ecclesia longo tempore refulgentes, sed modo depravatæ post dies istos qui ex injustitia torpent, iterum ante finem post multas tribulationes in hominibus reformabuntur. 1016

XVI. — Quia supernus judex querimoniam justitiæ interim suspicians, vindictam suam super prævaricatores æquitatis, et maxime super iniquos Ecclesiæ prælatos per multa incommodorum judicia inducet, donec debita examinatione purgati per pœnitentiam resipiscant, et sic ordo quisque in rectitudine restitutus ad honorem dignitatis suæ revertetur. 1018

XVII. — Quod ultione Dei per correctionem prævaricatorum sedata, ordinatio justitiæ et pacis tranquillitas ante sæculum sicut et ante primum Domini adventum resplendeant, Judæorum etiam aliqua parte conversa et gaudente, et illum adveniisse fatente quem modo negant. 1019

XVIII. — Verba Isaiæ prophetæ primum Domini adventum testificantia, quæ in sæculo maxime complebuntur per illuminationem Judæorum, qui scandalo Christi obcæcati in passione ipsius a viridate fidei et bonorum operum exaruerant. 1021

XIX. — Verba ejusdem Christi Domini, quæ, dum ad mortem duceretur, de viridi et arido ligno lamentantibus se respondit, et quomodo intelligi debeant. 1021

XX. — Quanti diversis gaudiis in Ecclesia propter recuperatum justitiæ statum, et temporalium rerum copia et spiritualium bonorum abundantia in diebus pœnitentibus per aliquantum temporis perfruentur, ea Judæorum et hæreticorum parte qui in malo perstiterunt de proximo Antichristi adventu perniciosa præsumptione exultante. 1022

XXI. — Quod eamdem pacis quietem et fructuum redundantiam hominibus sibi et non Deo tribuentibus et circa religionem denuo torpore incipientibus iterum tantæ subsequentur tribulationes quantæ nunquam ante in mundo efferbuerunt. 1023

XXII. — Verba David ex psalmo XXI in persona Christi et Ecclesiæ persecutiones iniquorum denuntiantis, et quomodo intelligenda sint. 1024

XXIII. — Item interpellatio Filii ad Patrem pro liberatione corporis sui, quod est Ecclesia. 1024

XXIV. — Quia tunc temporis Christiano populo in pœnitentiam redacto, et multis afflictionibus pro peccatis suis macerato, gratia eis divina per multa miracu.a, sicut et antiquo populo suo fecit subveniet, et hostibus subactis plurimam paganorum multitudinem fidei suæ adjiciet. 1025

XXV. — Quod in diebus illis Romanis imperatoribus a pristina fortitudine decidentibus imperium in manibus eorum paulatim decrescet et deficiet, et etiam insula apostolici honoris dividetur, et alii aliis magistri vel archiepiscopi in diversis locis superponentur. 1026

XXVI. — Quod iterum tunc temporis iniquitate repressa, et justitia revalescente, disciplina honestatis, et antiquarum jura consuetudinum repullulabunt et observabuntur, et prophetæ multi erunt, et occulta Scripturarum sapientibus patebunt, plurimis interim hæresibus passim ebullientibus, quæ Antichristi vicinum denuntient adventum. 1027

XXVII. — De qualitate judiciorum divinæ potestatis circa finem mundi manifestandorum, et quia tunc plurima pars hominum sinceritatem catholicæ fidei deserens ad filium perditionis convertetur. 1027

XXVIII. — De conceptione et ortu Antichristi, et quod ab exordio diabolico spiritu repletus, et in abditis locis occultatus et nutritus, omnibus magicis artibus usque ad virilem ætatem imbuetur; et quanta in diebus illis rerum vel temporum in mundo, vel in Ecclesia perturbatio et incertitudo futura sit. 1028

XXIX. — Testimonia Epistolæ Pauli ad Thessalonicenses finem mundi et adventum et opera et judicium Antichristi denuntiantia, et quomodo intelligi debeant. 1029

XXX. — Quod antiquus hostis, qui primum hominem seducendo devicit, et per hominem Christum revictus per alium hominem iterum se putans posse vincere Antichristum justa Dei permissione totam malignitatem suam fundet, ut ad impugnandam fidem catholicam et doctrinam Christi destruendam innitatur. 1C30

XXXI. — Quare Antichristus homo peccati, et filius perditionis ab Apostolo vocetur, et testimonium ex Apocalypsi Joannis ad hoc competens, et quomodo intelligendum sit, et quod diabolus et in Veteri et in Novo Testamento sectatores habuerit, alios per idola, alios per hæreticos decipiens. 1031

XXXII. — De signis vel portentis et tempestatibus quas per magicas artes facturus est, quomodo mori et resurgere se simulans quamdam scripturam fallacia diaboli inventa in frontibus sequentium se describi faciet, qua decepti ulterius ab eo divelli et separari non poterunt. 1032

XXXIII. — Promissio Dei de restitutione Enoch et Eliæ, et quomodo interim cum eis agatur, et qualiter cum restituti fuerint se in adversis inter homines habebunt, et quanta adversus Antichristum prædicationis et miraculorum potestate enitescent, a quo tamen martyrizati cum innumeris aliis e mundo migrabunt, et beatorum numerus martyrum ad plenitudinem debitæ perfectionis perducetur. 1033

XXXIV. — Item interpellatio Filii ad Patrem in ostentione vulnerum suorum ipsis hominibus ut illis parcat commendantis, et eosdem homines ut genua sua patri flectant, quod ipsorum misereatur exhortantis. 1034

XXXV. — Quod Enoch et Elia in oculis omnium a morte suscitatis et ad nubes sublatis et resurrectione mortuorum omnimodis confirmabitur, et antiquus serpens per filium perditionis adversus Deum et sanctos in maximum furorem excitabitur. 1035

XXXVI. — Quod illo iniquus in præsumptione sua revelatus dum multitudine populi adstante et audiente superioribus elementis præceperit, ut eum in cœlum euntem suspiciant juxta testimonium Apostoli a spiritu oris Domini Jesu interficietur, et quod hæc videntes ad veram fidem relicto errore convertentur, et sic tota diaboli elatio subruetur. 1035

XXXVII. — Quia post ruinam Antichristi gloria Filii Dei amplificabitur, et omnes credentes in eum humili voce laudabunt eam, et testimonium ex Apocalypsi Joannis ad ista competens, et quo sensu intelligendum sit. 1036

XXXVIII. — Epilogus libri ipsius, in quo pro opere suo, scilicet pro reparatione hominis Deo laus cœlesti voce exsolvitur, et opusculum istud cum auctore suo eidem Deo et fidelibus ejus studiose commendatur. 1037

SOLUTIONES TRIGINTA OCTO OUÆSTIONUM, petente Wiberto monacho Gemblacensi per S. Hildegardem ad ipsam transmissæ. 1057

EXPLANATIO REGULÆ S. BENEDICTI.
Congregatio Hunniensis cœnobii Hildegardi petunt interpretationem regulæ S. Benedicti. 1053
Regula S. Benedicti juxta S. Hildegardem explicata. 1055

EXPLANATIO SYMBOLI S. ATHANASII juxta S. Hildegardem ad congregationem sororum suarum. 1065

VITA SANCTI RUPERTI. 1081
Monitum.
Incipit vita.
CAP. I. — B. Berthæ conjugium et viduitas. S. Ruperti pia pueritia : affectus erga pauperes. 1083
CAP. II. — Peregrinatio Romana. Deliberatio de statu vitæ 1087
Testimonium authenticum de aliquibus reliquiis translatis 1091

VITA SANCTI DISIBODI.
Monitum. 1093
Incipit vita.
CAP. I. — Sancti genus, parentes a tyrannis expulsi, profectus in litteris, electio in episcopum, abdicatio et recessus e patria. 1095
CAP. II. — Peregrinatio in Germaniam, populi ad Rhenum institutio, vita solitaria et austera in monte, initia monasterii et miracula. 1100
CAP. III. — Subditorum erga Sanctum veneratio, cœnobii incrementa, vaticinium de secutura ejus destructione, obitus, odoris fragrantia, sepultura, et post eam curationes variæ. 1106
CAP. IV. — Monachorum dispersio, reditus: sacri corporis per S.Bonifacium translatio ; ruina monasterii ejusdemque casus et vicissitudines. 1110

PHYSICA, SIVE SUBTILITATUM DIVERSARUM NATURARUM CREATURARUM LIBRI NOVEM.

Prolegomena et adnotationes doctoris F. A. Reuss.1117
LIBER PRIMUS. — De plantis.
Præfatio. 1125
Capitula libri primi. 1127
CAP. I De Tritico. *Triticum vulgare*, 1129. — II. De Siligine. *Secale cereale*, 1130. — III. De Avena. *Avena sativa*, 1130. — IV. De Hordeo. *Hordeum vulgare* 1131. — V. De Spelta. *Triticum spelta*, 1131. — VI. De Pisa. *Pisum sativum*, 1131. — VII. De Faba. *Vicia faba*, 1151. — VIII. De Lente. *Ervum lens*, 1152. — IX. De Hirs. *Panicum miliaceum*, 1133. — X. De Venich. *Panicum Italicum*, 1153. — XI. De Haust. *Cannabus sativa*, 1153. — XII. De Ratde. *Nigella sativa*, 1153. — XIII. De Galgan. *Alpinia Galania*, 1154. — XIV. De Zituar. *Amomum zedoaria*, 1155. — XV. De Ingeber. *Amomum zingiber*, 1155. — XVI. De Pipere. *Piper longum et nigrum*, 1157. — XVII. De Kumel. *Cuminum vel Cyminum*, 1158. — XVIII. De Bertram *Anthemis pyrethrum*, 1158. — XIX. De Liquiricio. *Glycyrrhiza glabra*, 1158. — XX. De Cynamomo. *Laurus cinnamomum*, 1159. — XXI. De Nuce muscata, *Myristica moschata*, 1159. — XXII. De Rosa. *Rosa centifolia*, 1159. — XXIII. De Lilio. *Lilium candidum*, 1140. — XXIV. De Psillio. *Plantago psillium*, 1140. — XXV De Spica. *Lavendula spica*, 1140. — XXVI. De Cubebo. *Piper cubeba*, 1141. — XXVII. De Gariofiles. *Eugenia caryophillata*. 1141. — XXVIII. De Christiana. *Helleborus niger*, 1141. — XXIX. De Lunckwurcz. *Pulmonaria officinalis*, 1141. — XXX. De Hirtzunge. *Asplenium scolopendrium*, 1142 — XXXI. De Gentiana. *Gentiana lutea*. 1142. — XXXII. De Quenula. *Thymus serpillum*, 1142, — XXXIII. De Andron. *Marrubium vulgare*, 1142. — XXXIV. De Hirtzwam, 1143. — XXXV. De Lavendula. *Lavendula vera*, 1143. — XXXVI. De Fenugræco. *Trigonella fœnum Græcum*,1143.—XXXVII. De Sysemera, 1143. — XXXVIII. De Pesffrkrut, 1144. — XXXIX. De Scherling. *Cicuta virosa*, *vel Conium maculatum*, 1144. — XL. De Ganphora. *Dryobalanops camphora*, 1145. — XLI. De Amphora. *Rumer acetosus*, 1145. — XLII. De Huszwurtz. *Sempervivum tectorum*, 1145. — XLIII. De Stichwurtz, 1146. — XLIV. De Wuntwurtz, 1146. — XLV. De Sanicula. *Sanicula Europœa*. 1146. — XLVI. De De Hyelbeubt, 1147. — XLVII. De Farn. *Aspidium Filix*, 1147. — XLVIII. De Haselwurtz. *Asarum Europœum*, 1148. — XLIX. De Herba Aaron. *Aaron maculatum*, 1148. — L. De Humela, 1149. — LI. De Wulfesmilch *Euphorbia esula*, 1149. — LII. De Dolone. 1149. — LIII. — De Dauwurtz, 1150 — LIV. De Bracwurtz, 1150. — LV. De Funst blat. *Potentilla spec.*, 1150. — LVI. De Mandragora. *Atropa Mandragora*, 1151. — LVII. De Winda. *Convolvulus arvensis et sepium*, 1152. —

LVIII. De Boberella. 1152. — LIX. De Binsuga. *Lamium. album*, 1153. — LX. De Sunnewirbel. *Cichoreum Intybus*, 1153. — LXI. De Hoppho. *Humulus lupulus*, 1153. — LXII De Lilim, 1153. — LXIII. De Selba. *Salvia officinalis*. 1154. — LXIV. De Rutha. *Rutha graveolens*, 1155. — LXV. De Hyssopo. *Hyssopus officinalis*, 1156. — LXVI De Feniculo. *Anethum Feniculum*, 1156. — LXVII. De Dille. *Anethum graveolens*, 1158.— LXVIII. De Petroselino. *Apium Petroselinum*, 1158. — LXIX. De Apio *Apium graveolens*, 1159. — LXX. De Kirbele. *Scandix Cerefolium*, 1160. — LXXI. De Pungo. *Veronica Baccabunga*, 1160. — LXXII. De Crasso. *Lepidum Sativum*, 1160. — LXXIII. De Burncrasse. *Nasturtium aquaticum*, 1161. — LXXIV. De Burtel. *Portulaca sativa*, 1161. — LXXV. De Bachmyncza. *Mentha aquatica*, 1161. — LXXVI De Myncza majori. *Mentha silvestris*, 1161, — LXXVII. De Myncza minori. *Mentha arvensis*, 1161. — LXXVIII. De Rossemyncza. *Mentha crispa*, 1161. — LXXIX. De Allio. *Allium sativum*, 1162. — LXXX. De Aislanch. *Allium ascalonicum*, 1162. — LXXXI. De Porro. *Allium porrum*, 1162. — LXXXII. De Lauch. *Allium fistulosum*, 1163. — LXXXIII. De Unlauch. *Allium cepa*. 1163. — LXXXIV. De Kole. *Brassica oleracea*, 1163. — LXXXV. De Wiszgras, 1164. — LXXXVI. De Stavegras, 1164. — LXXXVII. De Kurbesa. *Cucurbita lagenaria*, 1164. — LXXXVIII. De Ruba. *Brassica rapa*, 1164. — LXXXIX. De Retich. *Raphanus sativus*, 1164. — XC. De Latich. *Lactuca sativa*, 1165. XCI. — De Lactuca agresti. *Lactuca virosa*, 1165. — XCII. De Wilde Latich, 1165. — XCIII. De Herba Senft. *Sinapis arvensis*, 1166. — XCIV. De Sinape. *Sinapis alba et nigra*, 1166. — XCV. De Alant. *Inula Helenium*, 1167. — XCVI. De Papavere. *Papaver somniferum*, 1167. — XCVII. De Babela. 1167. — XCVIII. De Cletta. *Bardana Lappa*, 1167. — XCIX. De Distel. *Carduus benedictus et Eryngium campestre*, 1168. — C. De Urtica. *Urtica dioica et urens*, 1168. — CI. De Plantagine. *Plantago major, media et lanceolata*, 1169. — CII. De Menna, 1170. — CIII. De Viola. *Viola odorata*, 1170. — CIV. De Melda. *Atriplex hortensis*, 1170. — CV. De Gunderebe. *Glechoma hederaceum*, 1171. — CVI. De Stagwurtz. *Artemisia Abrotanum*, 1171. — CVII. De Biboz. *Artemisia vulgaris*, 1171. — CVIII. De Cle. *Trifolium pratense*, 1172. — CIX. De Wermuda. *Artemisia Absinthium*, 1172. — CX. De Bilsa. *Hyoscyanus niger*, 1173. — CXI De Reynfan. *Tanacetum vulgare*, 1174. — CXII. De Dost. *Origanum vulgare*, 1175. — CXIII. De Garwa. *Achillea Millefolium*, 1175. — CXIV. De Agrimonia. *Agrimonia Eupatoria*, 1176. — CXV. De Dictamno. *Dictamnus albus*, 1177. — CXVI. De Metra, 1177. — CXVII. De Musore. *Hierarium Pilosella*, 1177. — CXVIII. De Swertula. *Gladiolus communis*, 1177. — CAP. CXIX. De Merredich, 1178. — CXX. De Hatich. *Sambucus Ebulus*, 1179. — CXXI. De Nachtschade. *Solanum nigrum*, 1179. — CXXII. De Ringula. *Calendula officinalis*, 1179. — CXXIII. De Wullena. *Verbascum thapsus*, 1180. — CXXIV. De Gamandrea. *Teucrium Chamædris*, 1180. — CXXV. De Centaurea. *Centaurea Cyanus*, 1180. — CXXVI. De Poleya. *Mentha Pulegium*, 1181. — CXXVII. De Beonia. *Pœonia officinalis*, 1181. — CXXVIII. De Bathenia, 1182. — CXXIX. De Sichterwurtz nigra. *Rumex acutus*, 1183. — CXXX. De Sichterwurtz alba, 1183. — CXXXI. De Bibenella. *Pimpinella saxifraga*, 1184. — CXXXII. De Agleya. *Aquilegia vulgaris*, 1184. — CXXXIII. De Springwurtz. *Euphorbia Lathyris*, 1184. — CXXXIV. De Frideles. *Myosotis scorpioidea*, 1184. — CXXXV. De Berlburcz. *Athamanta Meum*, 1184. — CXXXVI. De Stembrecha. *Asplenium Ruta muraria*, 1185. — CXXXVII. De Ugera, 1185. — CXXXVIII. De Grintwutz, 1185. — CXXXIX. De Lubestuckel. *Ligusticum levisticum*. 1186. — CXL. De Ebich. *Hedera helix*. 1186. — CXLI. De Ybischa. *Althæa officinalis*, 1187. — CXLII. De Denemarcha. *Valeriana officinalis*, 1187. — CXLIII. De Nebetta. *Nepeta cataria*, 1187. — CXLIV. De Cranchsnabel. *Erudium cicutarium*, 1188. — CXLV. De Consolida. *Simphitum officinale*, 1188. — CXLVI. De Byverwurtz, 1188. — CXLVII. De Grensing, 1189. — CXLVIII. De Morkrut. *Parnassia palustris*, 1189. — CXLIX. De Gensekrut. *Potentilla anserina*, 1189. — CL. Linsamo. *Linum usitatissimum*, 1189. — CLI. De Hunsdarm. *Alsine medica*, 1189. — CLII De Nyeswurtz. *Helleborus niger*, 1190. — CLIII. De Herba Gicht, 1190. — CLIV. De Ysena. *Verbena officinalis*, 1190. —CLV De Satereia. *Satureia hortensis*, 1190. — CLVI. De Wolfesegelegena. *Arnica montana*, 1190. — CLVII. De Syme. *Stellaria media*, 1191. — CLVIII. De Junco, 1191. — CLIX. De Meygilana, 1191. — CLX. De Dornelia. *Potentilla tormentilla*, 1191. — CLXI. De Scharleya. *Salvia Sclarea*, 1191. — CLXII. De Storksnabel. *Geranium pratense*

1191, — CLXIII. De Benedicta. *Geumurbanum*, 1192. — CLXIV. De Risza, 1192. — CLXV. De Musetha, 1192. — CLXVI. De Birckwurtz, 1192 — CLXVII. De Astrencia. *Astrantia Ostruthium*, 1192. — CLXVIII. De Ertpeffer. *Polygonum hydropiper*, 1193. — CLXIX. De Brema. *Rubus cæsius et fruticosus*, 1193. — CLXX. De Erperis. *Fragaria Vesca*, 1194 — CLXXI. De Walt Beris. *Vaccillum Myrtillus*, 1194. — CLXXII. De Fungis, 1194. — CLXXIII. De Wichwurtz, 1196. — CLXXIV. De Aloe, 1196. — CLXXV. De Thure, 1196. — CLXXVI De Myrrha, 1197. — CLXXVII. De Balsamone, 1197. — CLXXVIII. De Melle, 1197. — CLXXIX. De Zucker, 1197. — CLXXX. De Lacte, 1198. — CLXXXI. De Butyro, 1198. — CLXXXII. De Sale, 1198. — CLXXXIII. De Aceto, 1199. — CLXXXIV. De Meranda, 1200. — CLXXXV. De Ovis, 1200. — CLXXXVI. De Pice, 1201. — CLXXXVII De Hartz, 1201 — CLXXXVIII. De Sulphure, 1201. — CLXXXIX. De Vigbona. *Lupinus albus*, 1201. — CXC. De Kicher. *Cicer arietinum*, 1201. — CXCI. De Wisela. *Ervum Ervilia*, 1201. — CXCII. De Wichim. *Vicia sativa*, 1201. — CXCIII. De Millo. *Panicum miliaceum*, 1202. — CXCIV. De semine Lini, 1202 — CXCV. De Balsamita. *Tanacetum Balsamita*, 1202. — CXCVI. De Stutgras, 1203. — CXCVII. De Stur, 1203. — CXCVIII. De Lactuca agresti, 1204. — CXCIX. De Gerla. *Sium sisarum*. 1204. — CC. De Pastinaca, *Pastinaca sativa*, 1204. — CCI. De Borith, 1204. — CCII. De Spica, 1204. — CCIII. De Sempervira, 1204. — CCIV. De Brionia, 1204. — CCV. De Polypodio. *Polypodium vulgare*, 1205. — CCVI. De Vehedistel, 1205. — CCVII. De Ficaria. *Ficaria verna*, 1205. — CCVIII. De Weyt, 1205. — CCIX. De Hymelsloszel. *Primula officinalis*, 1205. — CCX. De Hufflatta majori. *Tussilago Petasites*, 1206. — CCXI. De Hufflatta minori. *Tussilago Farfara*, 1206. — CCXII. De Asaro, 1206. — CCXIII. De Hirceswurtz, 1207. — CCXIV. De Scampina, 1207. — CCXV. De Nimphia, 1208. — CCXVI. De Caczenzazel. *Hippuris vulgaris*, 1208. — CCXVII. De Zugelnich, 1208. — CCXVIII De Psaffo, 1208. — CCXIX. De herba in qua Rifelberæ crescunt, 1208. — CCXX. De Merlinsen, 1208. — CCXXI. De Dubelkolbe, 1208. — CCXXII. De Hartenanlbe, 1208. — CCXXIII. De Thymo. *Thymus vulgaris*, 1208. — CCXXIV. De Aloe, 1209. — CCXXV. De Plionia, 1210. — CCXXVI. De Basela, 1210. — CCXXVII. De Dorth, 1210. — CCXXVIII. De Cardo, 1210. — CCXXIX De Ebulo, 1210. — CCXXX De Basilisca, 1210. LIBER SECUNDUS. — De elementis CAP. I. De Aere, 1210. — II. De Aqua, 1211. — III. De Mari, 1212. — IV. De Seh, 1212. — V. De Rheno, 1212. — VI. De Mogo, 1212. — VII. De Douanwia, 1213. — VIII. De Mosella, 1213. — IX. De Na, 1213. — X. Glan, 1213. — XI. De Terra, 1213. — XII. De Calamino, 1214. — XIII. De Crida, 1214. — XIV. De Terra subviridi, 1214.

LIBER TERTIUS. — De arboribus.
Præfatio. 1215
Capitula libri tertii. 1215
CAP. I. De Affaldra. *Pirus malus*, 1215. — II. De Birbaum. *Pirus communis*, 1217. — III. De Nuszbaum. *Juglans regia*, 1219. — IV. De Quittenbaum. *Pirus Cudonia*, 1220. V. De Persichbaum. *Amygdalus Persica*, 1220. — VI. De Ceraso. *Prunus cerasus et avium*, 1222. — VII. De Prunibaum. *Prunus domestica et insititia*, 1223. — VIII. De Spirbaum. *Sorbus domestica*, 1225. — IX. De Mulbaum. *Morus nigra*, 1225 — X. De Amygdalo. *Amygdalus communis*, 1225. — XI. De Haselbaum. *Corylus avellana*, 1225. — XII. De Kestenbaum. *Castanea sativa*, 1226. — XIII De Nespelbaum. *Mespilus Germanica*, 1227. — XIV. De Fickbaum. *Ficus carica*, 1227. — XV. De Lauro. *Laurus nobilis*, 1228. — XVI De Oleybaum. *Olea Europæa*. 1229. — XVII. De Datilbaum. *Phœnix dactylifera*, 1230. — XVIII. De Bonczidderbaum. *Citrus medica*, 1230. — XIX. De Cedro. *Juniperus Phœnicea et Oxycedrus*, 1230. — XX. De Cypresso. *Cupressus sempervirens*, 1231 — XXI. De Sybenbaum. *Juniperus Sabina*. 1232. — XXII. De Buxo. *Buxus sempervirens*, 1232. — XXIII. De Abiete. *Pinus abies*, 1232. — XXIV. De Tilia. *Tilia Europæa*, 1234. — XXV. De Quercu. *Quercus pedunculata*, 1234. — XXVI. De Fago, *Fagus silvestris*. 1235. — XXVII. De Asch. *Fraxinus excelsior*, 1236. — XXVIII. De Aspa. *Populus tremula*, 1236 — XXIX. De Arla. *Alnus glutinosa*, 1237. — XXX. De Ahorn. *Acer pseudoplatanus*, 1237. — XXXI. De Ybenbaum. — *Taxus baccata*, 1237. — XXXII. De Bircka. *Betula alba*, 1238. — XXXIII. De Fornbaf, 1238. — XXXIV. De Spynelbaum. *Evonymos Europæa*, 1238. — XXXV. De Hagenbucha. *Ulmus campestris*, 1239. — XXXVI. De Wida, 1239. — XXXVII. De Salewida. *Salix caprea*, 1240. — XXXVIII. De Folbaum, 1240. — XXXIX. De Felbaum 1240. — XL. De Erlizbaum, 1240. — XLI. De Mascel, 1240. — XLII. De Mirtelbaum. *Myrtus communis*, 1240. — XLIII. De Wacholderbaum. *Juniperus communis*, 1241. — XLIV. De Holderbaum. *Sambucus nigra*, 1241. — XLV. De Mellzboum, 1241 — XLVI. De Hartbroge.baum, 1241. — XLVII. De Iffa, 1242. — XLVIII. De Harbaum, 1242. — XLIX. De Schulbaum, 1242. — L. De Pruma, 1242. — LI. De Agenbaum, 1243. — LII. De Hiffa, 1243 — LIII. De Spinis. *Prunus spinosa*, 1243 — LIV. De vite. *Vitis vinifera*, 1244 — LV. De Gi htbaum, 1245 — LVI. De Fumo, 1245. — LVII. De Mose, 1245 — LVIII. De unguento Hilarii, 1246. — LIX De Sysemera, 1246. — LX. Contra Scrophulas, 1246. — LXI. De Palma, 1247. — LXII. De Picea, 1247. — LXIII. De Tribuo, 1248.

LIBER QUARTUS. — De lapidibus.
Præfatio. 1248
Capitula libri quarti. 1249
CAP. I. De Smaragdo, 1249. — II. De Jacincto, 1250. — III. De Onychino, 1251 — IV. De Beryllo, 1252. — V. De Sardonice, 1252 — VI. De Sapphiro, 1253. — VII De Sardio, 1254. — VIII. De Topazio, 1255. — IX. De Chrysolitho, 1256. — X. De Jaspide, 1256. — XI. De Prasio, 1257. — XII. De Calcedonio, 1257. — XIII. De Chrysopraso, 1258. — XIV. De Carbunculo, 1259. — XV. De Amethysto, 1259. — XVI. De Achate, 1260 — XVII. De Adamante, 1261. — XVIII. De Magnete, 1262. — XIX. De Ligurio, 1262. — XX. De Chrystallo, 1263. — XXI. De Margaritis, 1264. — XXII. De Berillo, ibid. — XXIII. De Cornelione, 1265. — XXIV De Alabastro, 1265. — XXV. De Calce, 1265. — XXVI. De cæteris lapidibus, 1266.

LIBER QUINTUS. — De piscibus.
Præfatio. 1266
Capitula libri quinti. 1269
CAP. I De Cete. *Balæna mysticetus*, 1269. — II. De Husone. *Ascipenser Huso*, 1272. — III. De Mebswin. *Phocæ species*, 1273. — IV. De Storo. *Ascipenser sturio*, 1273. — V De Salmone. *Salmo Salar*, 1274. — VI. De Welca. *Siturus Glanis*, 1275 — VII. De Lasz, 1275. — VIII. De Copprea, 1275. — IX. De Hecht. *Esox Lucius*, 1276. — X. De Barbo, 1276. — XI. De Carpone *Cyprinus carpio*, 1277. — XII. De Bresma. *Sparus pagrus*, 1277. — XIII. De Elsua, 1277. — XIV. De Kolbo, 1278. — XV De Fornha. *Salmo trutta*, 1278. — XVI. De Monuwa, 1279. — XVII. De Bersich, 1279. — XVIII. De Meysisch, 1279. — XIX. De Pisce conchas habente, 1279. — XX. De Ascha. *Salmo Thynnallus*, 1279. — XXI. De Rotega, 1279. — XXII. De Allec. *Clupea Harengus*, 1280. — XXIII. De Crasso, 1280. — XXIV. De Hasela, 1280. — XXV. De Bliuka, 1281. — XXVI. De Pa'enduno, 1281. — XXVII. De Slya, 1281. — XXVIII De Gerundula, 1281. — XXIX. De Stechela. 1282. — XXX. De Steynbiza, 1282. — XXXI. De Rufheult, 1282. — XXXII. De Cancro. *Astacus fluviatilis*, 1282. — XXXIII. De Anguilla. *Muræna Anguilla*. 1283. — XXXIV. De Alroppa. *Gadus Lota*, 1284. — XXXV. De Punbeien. 1284. — XXXVI. De Lampreda, 1284.

LIBER SEXTUS. — De avibus.
Præfatio. 1225
Capitula libri sexti. 1285
CAP. I. — De Griffone, 1287. — II. De Strusz. *Struthio. Camelus*, 1287. — III. De Pavone. *Pavo cristatus*, 1288. — IV. De Grue. *Ardea Grus*, 1289. — V. De Cigno. *Anas olor*, 1289. — VI. De Reyger, 1290. — VII. De Vulture, 1290. — VIII. De Aquila, 1292. — IX. De Odebero, 1292. — X. De Ansere. *Anas Anser*, 1293. — XI. De Halegans, 1294. — XII. De Aneta domestica, 1294. — XIII. De Aneta silvestri, 1294. — XIV. De Gallo et Gallina, 1295. — XV. De Urhun. *Tetrao urogallus*, 1296. — XVI. De Rephun. *Tetrao Perdix*, 1296 — XVII. De Birgkun. *Tetrao tetrix*, 1296. — XVIII. De Falcone. 1296. — XIX. De Habich, 1296. — XX. De Sperwere, 1297. — XXI. De Milvo, 1297. — XXII. De Weho, 1298. — XXIII. De Corvo, 1298. — XXIV. De Krewa et Craha, 1298. — XXV. De Nebelkraka, 1298. — XXVI. De Musar. *Corvus, Cornix*, 1299. — XXVII. De Ordumel, 1299. — XXVIII. De Alkreya, 1299. — XXIX. De Mewa. *Columba speciosa*, 1299. — XXX. De Columba, 1299. — XXXI. De Turture, 1300. — XXXII. De Psittaco. *Psittaces speciosus*,1300. — XXXIII. De Pica, 1300. — XXXIV. De Hera, 1300. — XXXV. De Ulula, 1301. — XXXVI. De Huwone, 1301. — XXXVII. De Sisegonino, 1301. — XXXVIII. De Cuculo, 1302. — XXXIX. De Snepha, 1302. — XL. De Specho, 1302. — XLI. De passere, 1303. — XLII. De Meysa. 1303. — XLIII. De Amsla. *Turdus Merula*, 1303. — XLIV. De Drosela, 1304. — XLV. De Lercha, 1304. — XLVI. De Isenbrado. *Alcedo hispida*, 1304. — XLVII. De Vedehoppo. *Upapa Epops*. 1305. — XLVIII. De Wachtela. *Tetrao Coturnix*, 1305. — **XLIX. De Nachtgalla**. *Matacilla*

Luscinia, 1305. — IL. De Stara. *Turnus vulgaris*, 1305. — LI. De Vynco, *Fringilla cœlebs*, 1306. — LII. De Distelwincke. *Fringilla carduelis*, 1306. — LIII. De Amera, 1306. — LIV. De Grasemucka, 1306. — LV. De Wargkrengel, 1307. — LVI. De Merla, 1307. — LVII. De Waszersceltza. *Montacilla alba*, 1307. — LVIII. De Beynstercza. *Montacilla flava*, 1307. — LIX. De Hirundine, 1307. — LX. De Cungelm, 1308. — LXI. De Vespertilione, 1308. — LXII. De Widderwalone, 1308. — LXIII. De Api. *Apis mellifica*, 1309. — LXIV. De Musca *Musca domestica*, 1309. — LXV. De Cicada, 1310. LXVI. — De Locusta, 1310. — LXVII. De Mugga, 1310. — LXVIII. De Humbeleu. *Apis terrestris*, 1310. — LXIX. De Wespa, 1311. — LXX. De Glimo. *Lampyris noctiluca*, 1311. — LXXI. De Meygelana, 1311. — LXXII. De Parice, 1311.
LIBER SEPTIMUS. — De animalibus.
Præfatio. 1311
Capitula libri septimi. 1311
Cap. I. De Elephante, 1313. — II. De Camelo, 1313. — III. De Leone, 1314. — IV. De Urso, 1316. — V. De Unicorni, 1317. — VI. De Tigride, 1318. — VII. De Panthera, 1319. — VIII. De Equo, 1319. — IX. De Asino, 1320. — X. De Cervo, 1320. — XI. De Rech. *Cervus capreolus*, 1321. — XII. De Steynbock. *Capra Ibex*, 1322. — XIII. De Wisant, 1322. — XIV. De Bove, 1323. — XV. De Ove, 1324. — XVI. De Hirco, 1325. — XVII. De Porco, 1325. — XVIII. De Lepore, 1326. — XIX. De Lupo, 1326. — XX. De Cane, 1327. — XXI. De Vulpe, 1328. — XXII De Bibere. *Castor fiber*, 1329. — XXIII. De Other, 1329. — XXIV. De Simea, 1329. — XXV. De Merckacza. *Felis Cattus*, 1329 — XXVI. De Catto, 1330. — XXVII. De Lusch. *Felis Lynx*, 1330. — XXVIII. De Dasch. *Ursus melet*, 1330. — XXIX. De Illediso. *Musteli*ª *Putorius*, 1331. — XXX. De Ericio. *Erinaceus Europœus*, 1331. — XXXI. De Eichorn. *Sciurus vulgaris*, 1332 — XXXII. De Hamstra. *Marmota Cricetus*, 1332. — XXXIII. De Marth. *Mustella Martes*, 1332. — XXXIV. De Wasser Marth, 1333. — XXXV. De Zobel. *Mustella zibellina*, 1333. — XXXVI. De Harmini *Mustella herminea*, 1333. — XXXVII. De Talpa, 1333 — XXXVIII. De Wisela. *Mustella vulgaris*, 1334. — XXXIX. De Mure, 1335. — XL. De Lira, 1336 — XLI. De Spiczmo. *Sorex araneus*, 1336. — XLII. De Pulice, 1336 — XLIII. De Formica, 1336. — XLIV. De Helim, 1338. — XLV. De Dromeda, 1338.
LIBER OCTAVUS. — De animalibus.
Præfatio. 1338
Capitula libri octavi. 1339
Cap. I. De Dracone, 1339. — II. De quodam serpente, 1339. — III. De Blinisleich. *Anguis fragilis*, 1341. — IV. De Cre ida. *Rana bufo*, 1341. — V. De Frosch. *Rana esculenta*, 1341. — VI. De Laubfrosch. *Rena arborea*, 1342 — VII. De Harminia, 1342.—VIII. De Moll, 1342. — IX. De Lacerta, 1342. — X. De Aranea, 1342. — XI. De Vipera, 1342. — XII. De Basilisco, 1343. — XIII. De Scorpione, 1344. — XIV. De Darant, 1344. — XV. De Tyriaca, 1344. — XVI. De Scherzbedra, 1344. — XVII. De Ulwurm. *Lumbricus terrestris*, 1344. — XVIII. De Testitudine, 1346.
LIBER NONUS. — De metallis.
Præfatio. 1345
Capitula libri noni. 1345
Cap. I. De Auro, 1347. — II. De Argento, 1347. — III. De Plumbo, 1348. — IV. De Stagno, 1348. — V. De Cupro, 1348. — VI. De Messing, 1349. — VII. De Ferro, 1349 — VIII. De Calybe, 1350.

FINIS TOMI CENTESIMI NONAGESIMI SEPTIMI.

Ex typis L. MIGNE, au Petit-Montrouge.